Wilfrid Haubeck und
Heinrich von Siebenthal

Neuer sprachlicher Schlüssel zum griechischen Neuen Testament

Matthäus bis Apostelgeschichte

BRUNNEN
VERLAG GIESSEN · BASEL

Die THEOLOGISCHE VERLAGSGEMEINSCHAFT (TVG)
ist eine Arbeitsgemeinschaft der Verlage
Brunnen Gießen und R. Brockhaus Wuppertal.
Sie hat das Ziel, schriftgemäße theologische Arbeiten
zu veröffentlichen.

Die Deutsche Bibliothek – CIP-Einheitsaufnahme
Haubeck, Wilfrid:
Neuer sprachlicher Schlüssel
zum griechischen Neuen Testament /
Wilfrid Haubeck und Heinrich von Siebenthal. -
Giessen ; Basel : Brunnen-Verl.
Matthäus bis Apostelgeschichte . - 1997
ISBN 3-7655-9391-5

Umschlaggestaltung: Ralf Simon
Herstellung: Hubert & Co., Göttingen
ISBN 3-7655-9391-5

Inhalt

Vorwort

Der *Neue sprachliche Schlüssel* will dazu helfen, das Neue Testament in seiner ursprünglichen Sprachgestalt besser zu verstehen und so den Schatz neu zu entdecken, den Gott uns mit seinem Wort gegeben hat.

Um den Sinn eines biblischen Textes zu verstehen, genügt es nicht, die einzelnen Wörter ins Deutsche zu übersetzen. Sie sind vielmehr in ihrem jeweiligen Kontext zu verstehen, in dem sie stets in besondere inhaltliche Bezüge treten, die sich allein nicht ohne weiteres auf Grund der lexikalischen Bedeutung des Einzelwortes bestimmen lassen. Ein wesentlicher Faktor bei der Erschließung sowohl dieser Bezüge als auch der gedanklichen Struktur des Textes ist die Kenntnis der Regeln des griechischen Satzbaus (der Syntax).

Darum waren wir bestrebt, diesen beiden Erfordernissen für das Verstehen gerecht zu werden. Wir haben Wert auf die Angabe kontextbezogener Bedeutungen der griechischen Wörter gelegt. Der Syntax und ihrer Bedeutung für das Verstehen und Übersetzen der neutestamentlichen Texte haben wir einen besonderen Stellenwert zugemessen. Diesem Zweck dient auch der grammatische Anhang, der von H. von Siebenthal erarbeitet wurde. Der *Neue sprachliche Schlüssel* will dabei helfen, neutestamentliche Texte in ihrer ursprünglichen Sprache zu verstehen und philologisch sauber begründbar zu übersetzen.

Als befruchtend hat sich die Zusammenarbeit zwischen einem Sprachwissenschaftler und einem Neutestamentler erwiesen. Wir haben die neutestamentlichen Bücher wie folgt aufgeteilt: H. von Siebenthal hat das Matthäus- und Markusevangelium, die Apostelgeschichte, den Hebräerbrief und die Johannesbriefe übernommen, W. Haubeck das Lukas- und Johannesevangelium, die paulinischen und die übrigen katholischen Briefe sowie die Offenbarung. Die erstellten Manuskripte wurden vom Mitherausgeber gegengelesen, mit zahlreichen Verbesserungsvorschlägen versehen und noch einmal gründlich überarbeitet. So ist der *Neue sprachliche Schlüssel* ein gemeinsames Werk beider Autoren geworden, auch wenn die letzte Verantwortung jeweils beim Hauptbearbeiter liegt.

Nachdem der zweite Band mit den neutestamentlichen Briefen und der Offenbarung im Herbst 1994 erschienen war, hofften wir, der erste Band könnte innerhalb von zwei Jahren folgen. Diese Erwartung hat sich leider nicht erfüllt, und oft ist die Frage gestellt worden, wann der erste Band endlich erscheine. Neben nicht vorhersehbaren Belastungen im familiären Bereich hat vor allem der deutlich größere Umfang dieses Bandes ein früheres Erscheinen verhindert. Diese Ausweitung ist dadurch begründet, daß wir versucht haben, den ersten Band noch benutzerfreundlicher zu gestalten, indem wir vermehrt für sprachlich schwierige Wendungen Übersetzungen vorgeschlagen haben. Außerdem sind die im ersten Band erläuterten neutestamentlichen Texte umfangreicher als die des zweiten Bandes.

Martin Luthers Wort, das er 1524 an die Ratsherren aller Städte deutschen Landes richtete, ist für Theologen und Nichttheologen, die die Bibel gründlich erforschen wollen, auch heute noch aktuell. Wir haben es deshalb schon dem zweiten Band vorangestellt und wiederholen es hier: „Denn das können wir nicht leugnen: Obwohl das Evangelium allein durch den heiligen Geist gekommen ist und täglich kommt, so ist's doch durch das Mittel der Sprachen gekommen und hat auch dadurch zugenommen, muß auch dadurch behalten werden ... So lieb nun wie uns das Evangelium ist, so eifrig laßt uns über den Sprachen wachen. Denn Gott hat seine Schrift nicht umsonst allein in den zwei Sprachen schreiben lassen: das Alte Testament in der hebräischen, das Neue in der griechischen. Wenn Gott sie nun nicht verachtet, sondern vor allen andern zu seinem Wort erwählt hat, sollen auch wir sie vor allen andern ehren ... So kann auch die griechische Sprache wohl ‚heilig' heißen, weil sie vor andern dazu erwählt ist, daß das Neue Testament drin geschrieben würde ... Und laßt uns das gesagt sein, daß wir das Evangelium ohne die Sprachen nicht gut behalten werden ... Darum haben's die Apostel auch selbst für nötig angesehen, daß sie das Neue Testament in die griechische Sprache faßten und anbanden ... Darum ist's sicher: Wo nicht die Sprachen bleiben, da muß zuletzt das Evangelium untergehen ... Und in Summa: Der heilige Geist ist kein Narr, gehet auch nicht mit leichtfertigen, unnötigen Sachen um, der hat die Sprachen in der Christenheit für so von Nutzen und von Nöten erachtet, daß er sie oftmals vom Himmel mit sich gebracht hat, was uns allein genugsam bewegen sollte, dieselben mit Fleiß und Ehren zu suchen und nicht zu verachten ..."

Danken möchten wir allen, die uns bei unserer Arbeit ermutigt und unterstützt haben, in erster Linie unseren Ehefrauen, den Kollegen und Studenten. Unser Dank gilt dem Brunnen Verlag – besonders den Herren Wilfried Jerke, Helmut Jablonski und Rudolf Horn – für alle ideelle und finanzielle Unterstützung und für die Geduld, die sie mit ihren Autoren aufgebracht haben. Für ihre Mithilfe bei der Herausgabe dieses Bandes sowie beim Lesen der Korrekturen möchten wir Johannes Demandt, Wolfgang Ertl, Andreas Heiser, Gennaro Iazzetta, Michael Schröder, Irene Schuster, Joachim Schuster, Ulrich Wosylus und Helene Wuhrer danken.

Möge Gott es schenken, daß der nun vollendete *Neue sprachliche Schlüssel* dazu hilft, sein uns im Neuen Testament vorliegendes Wort gründlicher zu erforschen, besser zu verstehen und dabei altvertraute oder auch bisher unbekannte Texte neu zu entdecken.

Im August 1997 Wilfrid Haubeck und Heinrich von Siebenthal

Einführung

1 Der Grundtext

Der *Neue sprachliche Schlüssel* (im weiteren „Schlüssel" genannt) geht vom griechischen Text des Neuen Testaments aus, wie er in der 27. Auflage des *Novum Testamentum Graece* (Nestle-Aland [NA]) vorliegt. Dieser Text ist bis auf eine Ausnahme in 2Tim 2,25 mit dem der 26. Auflage identisch und stimmt mit dem der 4. Auflage des *Greek New Testament* (UBS) überein.
Textvarianten aus dem Apparat werden berücksichtigt (durch eckige Klammern und die Abkürzung „Var." gekennzeichnet; z.B. οἴομαι in Röm 1,13), wenn sie auf Grund ihrer Bezeugung einen gewissen Anspruch auf Ursprünglichkeit erheben können. Damit sollen keine textkritischen Entscheidungen getroffen werden. Es geht lediglich darum, dem Benutzer zu helfen, den Text der Varianten zu verstehen. Dabei werden die in den Varianten vorkommenden Ausdrücke nur soweit erläutert, wie dies der Fall wäre, wenn sie im Grundtext stünden. Die Auswahl bleibt bis zu einem gewissen Grad notwendig subjektiv.

2 Der Schlüssel

2.1 Die einzelnen Teile

2.1.1 Die ***Wörter mit 40 und mehr Vorkommen*** sind zu einem Grundwortschatz zusammengefaßt und der Analyse des Grundtextes auf S. XV-XXXII vorangestellt. Für diese Wörter werden im Schlüssel gewöhnlich nur dann Bedeutungen angegeben, wenn diese von den im Grundwortschatz genannten abweichen.
2.1.2 Die ***Abkürzungen*** werden auf S. XXXIII-XXXVI aufgelöst. Darüber hinaus werden Adjektive mit der Endung „-lich/lisch" abgekürzt (z.B. „mögl.").
2.1.3 Den ***Hauptteil*** des Schlüssels bilden die Erläuterungen zum Grundtext.
2.1.4 Dem Schlüssel ist ein ***grammatischer Anhang*** beigegeben. Auf diesen wird im Schlüssel mit „A" und einer beigefügten Ziffer (z.B. „A281"; bei Querverweisen innerhalb des Anhangs ohne „A") verwiesen. Dieser Anhang umfaßt drei Teile (s.a. spezielles Inhaltsverzeichnis auf S. 413f; auf die ersten beiden Teile wird in der Regel durch eine Hochziffer hingewiesen [s.u. 2.2.2]):
(1) *Flexionstabellen* (A1-32).
(2) *Stammformenreihen wichtiger Verben* (A33, Ziffern 1-228).
(3) *Abriß der Syntax* (A34-386): Darin ist die Syntax des neutestamentlichen Griechisch systematisch dargestellt. Dieser Teil dient nicht nur dazu, die knappen Angaben des Schlüssels zu erläutern, sondern er kann auch als kleines Nachschlagewerk verwendet werden.
Der Lerneffekt bei der Benutzung des Schlüssels erhöht sich durch das Nachschlagen im grammatischen Anhang beträchtlich.
2.1.5 Ein ***Literaturverzeichnis*** listet die im Schlüssel zitierten Werke auf.

2.2 Die im Schlüssel enthaltene Information und ihre Darstellung

Der Grundtext wird Vers für Vers erläutert, und zwar auf folgende Weise.

2.2.1 In ***griechischem Fettdruck*** steht jeweils der zu erklärende Ausdruck (ein Wort oder eine Wortgruppe), z.B. in Röm 1,2:

κλητός, ἀφ-ωρισμένος und **εἰς εὐαγγέλιον.**

In ***griechischer Normalschrift*** erscheinende Ausdrücke gehören zu den Erläuterungen, z.B. die Grundform zum genannten Verb von Röm 1,2:

ἀφ-ωρισμένος ... -ορίζω;

oder der Genitivausgang und der Artikel zu folgendem Substantiv von Röm 1,9:

μάρτυς[6] υρος ὁ.

Dabei werden nicht selten für die Erläuterungen benötigte Grundtextteile (ungewöhnliche Wendungen und grammatisch schwierige Konstruktionen) zitiert, z.B. in Röm 1,4:

ἁγιωσύνη ... κατὰ πνεῦμα ἁγιωσύνης.

Die wichtigeren Grenzen zwischen Wortbestandteilen (Morphemgrenzen) werden durch ***Bindestrich*** gekennzeichnet. Haben Ausgangswort und Grundform gemeinsame (durch Bindestrich zu markierende) Vorsilben, so werden diese bei der Grundform nicht wiederholt (s. oben genannte Verbform von Röm 1,2).

Zum besseren Verständnis eines Wortes wird manchmal nach der Grundform in Klammern mit dem Zeichen „<" auf die ***Herleitung*** von einem verwandten Ausdruck hingewiesen, z.B. in Röm 1,19:

φανερός (< φαίνομαι sichtbar werden).

2.2.2 Die ***Hochziffern,*** die in Verbindung mit griechischen Wörtern stehen, verweisen auf den grammatischen Anhang, gewöhnlich auf eine Flexionstabelle, bei Verben jedoch auf die dazugehörige Stammformenreihe (unter A33 aufgelistet), z.B. in Röm 1,11:

χάρισμα[3] [die dazugehörige Flexionstabelle findet sich unter A3];

μετα-δῶ ... -δίδωμι[201] [A33 enthält unter Ziffer 201 die dazugehörige Stammformenreihe].

Fehlt im Stammformenverzeichnis für ein bestimmtes Verb ein eigener Eintrag, wird häufig in Klammern auf analoge Stammformen verwiesen, z.B. in Röm 1,1:

ἀφ-ωρισμένος ... -ορίζω (vgl. A33[91ff]) [die Stammformen von -ορίζω werden in Analogie zu den unter A33, Ziffer 91ff, aufgelisteten Reihen gebildet].

Die ***Hochziffern fehlen*** bei „regelmäßigen" Wörtern, so vor allem bei: Substantiven der O-Deklination (Tabelle 2), femininen Substantiven der A-Deklination (Tabelle 1); dreiendigen Adjektiven mit Maskulin- und Neutrum-Stämmen auf -o (Tabelle 9); Verben mit unveränderlichem Stamm (wie z.B. A33[1]) und Formen des Präsensstammes; z.B. folgende Ausdrücke in Röm 1,23-25.27:

φθαρτός, πετεινόν, ἐπι-θυμία, ἐ-λάτρευσαν ... λατρεύω und **κατ-εργαζόμενοι.**

Wörter, die im Grundwortschatzverzeichnis bereits eine Hochziffer bei sich haben, erscheinen im Schlüssel ohne eine solche (z.B. γίνομαι in Röm 1,3).

2.2.3 In ***lateinischer Kursivschrift*** erscheinen Bedeutungsangaben bzw. Übersetzungsmöglichkeiten (in Klammern stehen kursiv sinngetreu zu ergänzende Wörter), z.B. in Röm 1,1:

εἰς εὐαγγέλιον *für das Evangelium, zur (Verkündigung) des Evangeliums.*

Im großen und ganzen werden bei einem Ausdruck zunächst dessen Hauptbedeutung bzw. Hauptbedeutungen angegeben, während nach einem Semikolon Nebenbedeutungen bzw. Übersetzungsmöglichkeiten genannt werden, die dem im Kontext gemeinten Sinn gerecht werden sollen (häufig durch „hier" gekennzeichnet). Da jede Übersetzung eines Texts bereits eine Interpretation voraussetzt und sich öfter aus sprachlichen oder sachlichen Gründen mehr als eine Deutung anbietet, werden im Schlüssel nicht selten für einen Ausdruck mehrere Übersetzungsmöglichkeiten angegeben. Hinweise wie „wohl" und „eher" bzw. „od.", „viell.", „evtl.", „kaum" oder ähnliches können dabei verdeutlichen, wie wahrscheinlich den Herausgebern eine bestimmte Möglichkeit erscheint.

2.2.4 In ***lateinischer Normalschrift*** steht alles übrige, insbesondere

(1) die *Verbformenanalyse* (s.a. 3.1), z.B. in Röm 1,1:

ἀφ-ωρισμένος Pf. Ptz. Pass. -ορίζω;

(2) *syntaktische Erläuterungen* (s.a. 3.1.2ff und 3.2), z.B. in Röm 1,4:

ἀναστάσεως wohl instr./kaus. (evtl. temp.) ... (auch ohne Art. best., A106a);

(3) Hinweise (in Klammern) auf *Nachschlagewerke,* vor allem auf das Wörterbuch Bauer-Aland („B") sowie auf die Grammatiken von Blass-Debrunner-Rehkopf („BDR") und Hoffmann-von Siebenthal („H-S"), z.B. in Röm 1,5:

ἐ-λάβομεν ... wohl schriftstellerischer Pl. (A207; vgl. aber BDR §280[3]).

Die gängigen wissenschaftlichen Kommentare zu den neutestamentlichen Büchern wurden zwar ausgiebig zu Rate gezogen, doch wird auf sie in der Regel nur dann ausdrücklich hingewiesen, wenn sie eine Übersetzungs- oder Deutungsmöglichkeit bieten, die sich sonst in Bibelübersetzungen oder Kommentaren nicht findet. Entsprechendes gilt für die Zitierung und den Verweis auf deutsche Bibelübersetzungen; z.B. in Röm 2,2:

κατὰ ἀλήθειαν ... *zu Recht* (GN).

2.2.5 Die ***Absätze im Schlüssel*** entsprechen den Absätzen im Nestle-Aland, wobei kurze Absätze zu einem Absatz im Schlüssel zusammengefaßt sein können. Innerhalb eines Absatzes werden gleiche Ausdrücke nur bei ihrem ersten Vorkommen erläutert. Kommen sie in verschiedenen Absätzen desselben Kapitels wiederholt vor, wird auf den Vers verwiesen, unter dem die notwendigen Angaben im Schlüssel zu finden sind. Lediglich Eigennamen werden in der Regel nur bei ihrem ersten Vorkommen innerhalb eines neutestamentlichen Buches in ihrer deutschen Form angegeben und knapp erläutert.

3 Hinweise zur Behandlung einzelner Wortarten

3.1 Zu den Verbformen (Flexionstabellen s. A21-32)

3.1.1 Bei der Analyse der Verbformen werden folgende ***Kategorien*** berücksichtigt. Aus Platzgründen wird bei den ersten drei und der fünften Kategorie die jeweils häufigere Variante meist nicht besonders erwähnt (in der untenstehenden Tabelle fett); ebenfalls unerwähnt bleiben in der Regel Person und Numerus (eine Ausnahme bilden ungewöhnliche Formen sowie grundsätzlich der Imperativ der dritten Person):

„Tempus" (vgl. A205; 221-250)	**Präs.**/Ipf., Fut., Aor., Pf./Plsqpf.
Modus (vgl. A206; 251-266)	**Ind.**, Konj., Opt., Imp.
Diathese (= genus verbi; vgl. A204; 209-220)	**Akt.**, Med., Pass. (bei Deponentien [Verben ohne aktive Formen] kann die Angabe „Med."/„Pass." fehlen)
Verbalnomina (vgl. A206; 267-304)	Inf., Ptz.
Genus des Ptz. Akt. (u. Aor. Ptz. Pass.)	**Mask.**, Fem., **Ntr.**

Wegen der genannten platzsparenden Ausdrucksweise sind die Angaben des Schlüssels gedanklich jeweils entsprechend zu ergänzen, z.B. bei folgenden Ausdrücken von Röm 1,8.10 und 6,11 (zu Ergänzendes steht in eckigen Klammern):

λατρεύω [Präs. Ind. Akt.] [sowie: 1. Sg.];

δεόμενος [Präs.] Ptz. [Med./Pass. Mask.] [sowie: Nom. Sg.];

λογίζεσθε [Präs.] Imp. [Med.] [sowie: 2. Pl.].

Steht ein Verb im Präs. Ind. Akt., so wird bei der Erklärung im Schlüssel die Grundform des Verbs angegeben, z.B. in Röm 3,5:

συν-ίστημι [für die im Text stehende Form der 3. Sg.: συνίστησιν].

Eine Folge dieser Regelung ist, daß ein zum Grundwortschatz gehörendes Verb im Schlüssel gewöhnlich unerwähnt bleibt, wenn es im Präs. Ind. Akt. steht, z.B. das ἐστέ in Röm 1,6 oder das θέλω in Röm 1,13.

Aus Platzgründen wird meist in folgenden Fällen auf die Angabe der Grundform verzichtet (da sie sich leicht von der Ausgangsform ableiten läßt): (1) beim Präs. Imp. 2. Sg./Pl. der Grundwortschatzverben auf -ω (z.B. in Röm 6,11: **λογίζεσθε** Imp., hier ...); (2) beim Präs. Ptz. Mask. Nom. Sg. der Grund-

wortschatzverben auf -ω (z.B. in Röm 2,1: **κρίνων** Ptz., subst.); (3) beim Präs. Inf. der Grundwortschatzverben auf -ω (z.B. Röm 1,28: **ἔχειν** Inf.).
Weiter werden normalerweise Formen im Ind. Akt. von εἶδον (Aor. von ὁράω), εἶπον (Aor. von λέγω) und ἦλθον (Aor. von ἔρχομαι) wegen ihrer Häufigkeit nicht erklärt (die 1. Sg. dieser Verben steht im Grundwortschatz). Entsprechendes gilt für das als Doppelpunkt zu berücksichtigende Ptz. λέγων (vgl. A297,1).

3.1.2 Mit Ausnahme des Futurstammes (der die Zukunft bzw. Nachzeitiges bezeichnet) haben die griechischen ***Tempusformen*** vor allem Aspektbedeutung (A221-231). Vertrautheit mit den wichtigsten Punkten der Aspektlehre ist für die korrekte Deutung griechischer Texte unentbehrlich (das Verb bezeichnet den Aussagekern). Zu den zentralsten Punkten zählen folgende:
(1) Eigentliche *Zeitbedeutung* (außerhalb des Futurstammes) haben lediglich die Formen des Indikativs (dazu gehören auch diejenigen mit Augment). Alle übrigen haben als Verbformen nur Aspektbedeutung. Die für die Übersetzung ins Deutsche anzunehmende zeitliche Einordnung des bezeichneten Geschehens ist aus dem sachlichen Kontext abzuleiten (A223f).
(2) Der *Aorist* bezeichnet (entgegen einem verbreiteten Mißverständnis) nicht notwendigerweise ein einmaliges Geschehen. Seine Hauptfunktion ist es, die Verwirklichung des Verbinhalts an sich zu nennen, ohne anzudeuten, wie lange bzw. wie oft diese geschieht oder geschehen ist. Häufig (doch bei weitem nicht immer) bezieht er sich auf Einmaliges. Die Einmaligkeit ergibt sich jedoch nicht aus der Verwendung des Aorist, sondern aus dem Kontext (A228 und 240).
Auf die im jeweiligen Kontext anzunehmende Aspektnuance (A225-245) wird im Schlüssel nur dann hingewiesen, wenn dies für die Textdeutung besonders relevant erscheint (so besonders die konative Variante des durativen Aspekts [A227, 232c bzw. 237c]), z.B. in Röm 2,4:

ἄγει hier konatives Präs. (A227) *er will führen/leiten.*

3.1.3 Zu den wichtigsten syntaktischen Phänomenen des Griechischen gehört das ***Partizip,*** besonders für Deutschsprachige, da es in ihrer Sprache eine wesentlich geringere Rolle spielt. Wem an einem richtigen Textverständnis gelegen ist, der sollte sich unbedingt die Grundsätze der Partizipialsyntax einprägen (A283-304). Im Schlüssel werden regelmäßig Hinweise dazu geboten:
(1) Am häufigsten wird das Partizip *adverbial* gebraucht (A286-298), was im Schlüssel nicht speziell vermerkt wird. Allerdings wird stets darauf verwiesen, von welcher Sinnrichtung bei der Übersetzung ins Deutsche am ehesten auszugehen ist (A291). Von den beiden formalen Ausprägungen des adverbialen Partizips wird der „Normalfall", das participium coniunctum (A287), in der Regel nicht ausdrücklich erwähnt; auf den genitivus absolutus (A288f) wird dagegen stets hingewiesen, z.B. in Röm 2,15:

κατ-ηγορούντων ... gen. abs. (A288), mod.

(2) Neben dem *attributiven* (A303) und *substantivierten* (A304) Partizip werden im Schlüssel auch immer die verschiedenen Varianten des *prädikativ* gebrauchten Partizips angegeben: der Akkusativ mit Partizip („AcP"; A300), die Verben des modifizierten Seins und Tuns (A301) und die umschreibende Konjugation (A249; 302), z.B. in Röm 4,19:

νε-νεκρωμένον ... AcP (A300).

3.1.4 Auch der Gebrauch des ***Infinitivs*** erweist sich für den Deutschsprachigen häufig als recht problematisch (A267-282). Deshalb bietet ihm der Schlüssel bestimmte Informationen, die in solchen Fällen weiterhelfen können. So wird etwa regelmäßig auf den Akkusativ mit Infinitiv („AcI") hingewiesen (A268f). Manchmal werden beim Inf. oder AcI auch Angaben zu der Sinnrichtung geboten, von der in der Übersetzung auszugehen ist. Dies geschieht stets, wenn er mit Präposition und Artikel verbunden ist (A282), z.B. in Röm 1,11:

εἰς τό m. AcI fin. (A282) *damit.*

3.2 ***Zu den nominalen Wortformen*** (Flexionstabellen s. A1-20)

3.2.1 Bei ***Substantiven*** wird stets die Grundform (Nom. Sg.) angegeben (vgl. auch 2.2.1f), z.B. in Röm 1,5:

ἀπο-στολή [im Text steht ἀποστολήν].

3.2.2 Ähnliches gilt für ***Adjektive***, bei denen die Grundform im Nom. Sg. Mask. (bei Sonderfällen auch Ntr.) angegeben wird (vgl. auch 2.2.1f), z.B. in Röm 1,14:

ἀ-νόητος[11] [im Text steht ἀνοήτοις].

3.2.3 Zu den ***Pronomina*** enthält der Anhang nebst Tabellen (A13-18) eine Kurzdarstellung ihrer Syntax (A120-137) sowie der Relativsätze (A354-372). Auf die „Attraktion" des Relativpronomens (A360f) wird stets hingewiesen, wobei die aus unserer Sicht zu erwartende Form angegeben und ein „fehlendes" Demonstrativpronomen gegebenenfalls ergänzt werden, z.B. in Röm 15,18:

ὧν = τούτων ἅ Attraktion des Rel.-Pron. (A361c).

3.2.4 Der ***Artikel*** wird im Griechischen z.T. anders als im Deutschen gebraucht (H-S §129). So sind Ausdrücke häufig auch ohne Artikel als bestimmt zu deuten (A106ff), was im Schlüssel aber nur selten erwähnt wird, z.B. in Röm 1,2:

ἐν γραφαῖς ἁγίαις auch ohne Art. best. (A106a).

3.2.5 Hinsichtlich der ***Kasussyntax*** (A139-182) wird vor allem auf auffällige Unterschiede zwischen Griechisch und Deutsch hingewiesen. Wo es für Deutung oder Übersetzung wichtig erscheint, wurde die Bedeutung eines Genitivs, Dativs oder Akkusativs erklärt, z.B. in Röm 1,9:

ὑμῶν gen. obi. (A158).

Wörter mit 40 und mehr Vorkommen im Neuen Testament

Ἀβραάμ (indekl.)	*Abraham,* Stammvater des Volkes Israel
ἀγαθός	*gut; tüchtig, brauchbar*
ἀγαπάω	*lieben*
ἀγάπη	*Liebe*
ἀγαπητός	*geliebt*
ἄγγελος	*Bote; Engel*
ἅγιος	*heilig* (d.h. zu Gott gehörig od. im Sinn v. rein, vollkommen), *gottgemäß* (seinem Wesen entsprechend); *gottgeweiht* (Gott zum Dienst geweiht) οἱ ἅγιοι *die Heiligen* (bez. meist die, die Christus angehören)
ἄγω[59]	*führen; leiten*
ἀδελφός	*Bruder* (eig. u. übertr.; Pl. auch im Sinn v. *Geschwister*)
αἷμα[3]	*Blut;* (auch übertr. v. Sitz des Lebens, dann auch v. vergossenen Blut im Sinn v.) *gewaltsamer Tod,* (im Fall des Blutes Jesu:) *sühnender Tod, Sühnetod*
αἴρω[132]	*aufheben, tragen; wegnehmen*
αἰτέω	(Akt. u. Med.) *fordern, bitten*
αἰών[4] ῶνος ὁ	*Ewigkeit; Zeitalter;* εἰς τὸν αἰῶνα *in Ewigkeit, ewig* (negiert: *niemals, niemals mehr*); εἰς τοὺς αἰῶνας τῶν αἰώνων *bis in alle Ewigkeit*
αἰώνιος[11]	(z.T. m. drei Endungen, A9) *ewig*
ἀκολουθέω	*hinterhergehen; nachfolgen*
ἀκούω[2]	*hören* (häufig m. Gen. der sprechenden Person)
ἀλήθεια	*Wahrheit; Wahrhaftigkeit, Zuverlässigkeit; Wirklichkeit*
ἀλλά	*sondern, aber*
ἀλλήλων	*einander, gegenseitig* (A127)
ἄλλος η ο	*anderer*
ἁμαρτάνω[145]	*sündigen, sich verfehlen*
ἁμαρτία	*Sünde, Verfehlung*
ἁμαρτωλός	*sündig* (Adj.); *Sünder* (Subst.)
ἀμήν	*wahrlich, gewiß, Amen* (aus dem Hebr. entlehnte Bekräftigungspartikel [אָמֵן *ʾāmēn*]); ἀμὴν λέγω (σοι/ὑμῖν) betont (nur bei Jesus) die Wahrhaftigkeit des flgd. Wortes: *wahrlich/wahrhaftig, ich sage (dir/euch)* od. *ich versichere (dir/euch)*

ἄν	*unter Umständen* (Modalpartikel: Verbinhalt ist an eine Bedingung geknüpft; meistens unübersetzt [A252; 262; 336f; 345; 371])
ἀνα-βαίνω[139]	*hinaufgehen, hinaufsteigen*
ἀνά-στασις[8]	*(das) Aufstehen;* (meist:) *Auferweckung, Auferstehung*
ἀνήρ[6] ἀνδρός	*Mann;* (seltener:) *Mensch*
ἄνθρωπος	*Mensch;* (manchmal:) *Mann*
ἀν-ίσταμαι[205]	(A28ff) *aufstehen; auftreten; auferstehen*
ἀν-ίστημι[204]	(A28ff) *aufstellen; auferwecken*
ἀν-οίγω[60]	*öffnen*
ἄξιος	(Sache:) *entsprechend, angemessen;* (Person:) *würdig, wert* (m. gen. pretii, A161)
ἀπ-αγγέλλω[110]	*melden, berichten; verkünden*
ἀπ-έρχομαι[187]	*weggehen; hingehen*
ἀπό (ἀπ' ἀφ') m. Gen.	*von, von ... weg; seit* (A189)
ἀπο-δίδωμι[201]	(A28ff) *abgeben, herausgeben; zurückgeben; vergelten*
ἀπο-θνῄσκω[161]	*sterben* (eig. u. übertr.)
ἀπο-κρίνομαι[128]	*antworten*
ἀπο-κτείνω[131]	*töten*
ἀπ-όλλυμαι[219]	(A28; 30) *zugrunde gehen, verderben* (intr.), *umkommen; verlorengehen*
ἀπ-όλλυμι[218]	(A28; 30) *verderben* (tr.), *vernichten; verlieren*
ἀπο-λύω	*loslassen; entlassen, gehen lassen*
ἀπο-στέλλω[113]	*senden, aussenden*
ἀπό-στολος	*Abgesandter;* (meist:) *Apostel* (Bote u. Bevollmächtigter des gekreuzigten u. auferstandenen Herrn)
ἄρα	*denn, also; folglich* (Folgerungspartikel)
ἄρτος	*Brot;* (auch:) *Nahrung*
ἀρχή	*Anfang, Ursprung;* (auch:) *Herrschaft, Amt*
ἀρχ-ιερεύς[8]	*Hoherpriester* (oberster jüd. Priester, Vorsitzender des Hohen Rats); (Pl. auch:) *Oberpriester, (die) führenden Priester* (im Synedrium bzw. Hohen Rat)
ἄρχω[61]	*herrschen* (m. Gen.); (meist Med.:) *anfangen, beginnen*
ἀσπάζομαι	(vgl. A33[91ff]) *grüßen*
αὐτός[13] ή ό	*er, sie, es* (Pers.-Pron., A124); *selbst* (ὁ ἀνὴρ αὐτός *der Mann selbst*); *derselbe* (ὁ αὐτός ἀνήρ *derselbe Mann*)
ἀφ-ίημι[203]	(A28ff) *fortlassen, wegschicken;* (Schuld o.ä.) *erlassen, vergeben; verlassen; (über)lassen; (zu)lassen, erlauben*
ἄχρι(ς)	(Präp. m. Gen.:) *bis zu;* (Konjunktion [auch mit οὗ], A337:) *bis*

βάλλω[112]	*werfen; setzen, stellen, legen*
βαπτίζω[97]	*ein-, untertauchen;* (meist:) *taufen;* (Pass.:) *sich taufen lassen, getauft werden*
βασιλεία	*Königtum, Königsherrschaft; Königreich;* ἡ βασιλεία τοῦ θεοῦ (bei Mt ἡ βασιλεία τῶν οὐρανῶν) die auf Grund des AT erwartete Herrschaft Gottes, die m. dem Kommen Jesu anbricht u. in der Gott in heilvoller Weise an den Menschen handelt, die sich aber erst am Ende der Zeit vollenden wird
βασιλεύς[8]	*König*
βλέπω[41]	*sehen, bemerken* (auch geistig); (m. μή [A328]:) *sich vorsehen, sich hüten*
Γαλιλαία	*Galiläa*
γάρ	*denn, nämlich*
γενεά	*Geschlecht: Generation* (auch als Zeitabschnitt), *Zeitgenossen;* (seltener:) *Sippe*
γεννάω	*zeugen; gebären* (eig. u. übertr.)
γῆ	(H-S §27) *Erde; Land*
γίνομαι[176]	*werden, entstehen; gemacht/geschaffen werden; sich ereignen, geschehen;* z.T. auch Ersatz für εἰμί
γινώσκω[166]	*erkennen, wissen, kennen; erfahren, verstehen; anerkennen*
γλῶσσα	*Zunge; Sprache*
γραμματεύς[8]	*Schriftgelehrter* (Übersetzung von hebr. סֹפֵר *sōfēr* [eig. „Schreiber"]: Ausleger u. Lehrer der Heiligen Schrift [= AT], der auch bei der Rechtsprechung gemäß dem [atl.] Gesetz mitwirkt)
γραφή	*Schrift* (v. der Heiligen Schrift [fast immer = AT] als ganzer od. einem Teil; auch:) *Schriftstelle*
γράφω[42]	*schreiben*
γυνή[3] αικός ἡ	*Frau; Ehefrau*
δαιμόνιον	*Dämon*
Δαυίδ (indekl.)	*David,* König Israels
δέ	*aber; und*
δεῖ[177]	*man muß, es ist notwendig,* m. Inf. od. AcI
δεξιός	*rechte(r);* ἡ δεξιά *die rechte Hand;* ἐν δεξιᾷ *zur Rechten* v. jmdm. sitzen = den Ehrenplatz einnehmen τὰ δεξιά *die rechte Seite;* ἐκ δεξιῶν (τινος) *rechts* (v. jmdm.) sitzen = den Ehrenplatz einnehmen

δεύτερος[19]	*zweiter;* τὸ δεύτερον (adv.) *das zweite Mal; zum zweiten Mal*
δέχομαι[63]	*aufnehmen, annehmen, empfangen*
δέω[36]	*binden, fesseln, gefangennehmen*
διά	(m. Gen.:) *durch (... hindurch); während, nach* (zeitl.); *durch (Vermittlung von);* (m. Akk.:) *wegen, um ... willen* (A190)
διδάσκαλος	*Lehrer* (häufig als Anrede Jesu entsprechend dem hebr. Ehrentitel hervorragender Gesetzeslehrer רַב/רַבִּי *raḇ/rabbî* „Rabbi“)
διδάσκω[163]	*lehren*
δίδωμι[201]	(A28ff) *geben; über-, hin/hergeben;* (daneben auch:) *befähigen, erlauben*
δι-έρχομαι[187]	*hindurchgehen*
δίκαιος	*gerecht* (u.a. vom Menschen, der v. Gott gerecht gemacht wurde u. deshalb gerecht ist)
δικαιοσύνη	*Gerechtigkeit*
διό	*deshalb*
διώκω[64]	*verfolgen;* (übertr.:) *trachten nach*
δοκέω[170]	*meinen, glauben; scheinen* (= den Anschein haben)
δόξα	*Glanz, Herrlichkeit, Majestät; Ruhm, Ehre, Ansehen*
δοξάζω	(vgl. A33[91ff]) *rühmen, preisen, ehren; verherrlichen*
δοῦλος	*Sklave*
δύναμαι[208]	*vermögen, können*
δύναμις[8]	*Kraft, Macht, Stärke; Krafterweis, Wundertat*
δύο[19f]	*zwei*
δώδεκα[19]	*zwölf*
ἐάν (= εἰ ἄν)	*wenn* (kond., A341ff)
ἑαυτοῦ[14]	*seiner (selbst), von sich (selbst);* (Pl. alle Personen [unatt.]:) *unser/eurer/ihrer (selbst), von uns/euch/sich (selbst)* (Refl.-Pron.)
ἐγγίζω[94]	*sich nähern, hinzukommen, nahe herankommen, nahekommen*
ἐγείρω[137f]	*aufwecken; aufstehen lassen, aufrichten, auferwecken;* Imp. ἔγειρε *steh auf!* (Formel); (Pass. intr.:) *aufwachen; aufstehen; auferweckt werden, auferstehen*
ἐγώ[13]	*ich* (Pers.-Pron.)
ἔθνος[7]	*Volk;* (Pl. τὰ ἔθνη auch:) *Heiden* (Nichtjuden)
εἰ	*wenn* (kond., A341ff); *ob* (A330)

εἶδον	Aor. ὁράω[192]
εἰμί	(A32) *sein; vorhanden sein, existieren*
εἶπον	Aor. λέγω[191]
εἰρήνη	*Frieden;* (entsprechend dem hebr. שָׁלוֹם *šālôm:*) *Wohlbefinden, Heil*
εἰς m. Akk.	*in (... hinein), nach (... hin), auf, zu, gegen* (meist auf die Frage „wohin?“); *bis* (zeitl.); *in bezug auf, hinsichtlich* (A191)
εἷς[20] μία ἕν	*einer* (Zahlwort)
εἰσ-έρχομαι[187]	*hineinkommen, hineingehen, eintreten*
εἴτε ... εἴτε	*ob ... oder*
ἐκ (ἐξ) m. Gen.	*aus, von ... her/weg; seit; infolge, auf Grund von* (A192)
ἕκαστος	*jeder*
ἐκ-βάλλω[112]	*hinauswerfen, hinaustreiben; aussenden; hinausführen, herausholen, entfernen aus*
ἐκεῖ[18]	*dort; dorthin* (Adv.)
ἐκεῖνος[15/18] η ο	*jener* (Demonstrativpron.)
ἐκ-κλησία	*Versammlung;* (meist:) (christliche) *Gemeinde* (lokal od. universal [*Kirche*]); *Gemeindezusammenkunft, -versammlung*
ἐλπίς[3] ίδος ἡ	*Hoffnung, Erwartung; das Erhoffte/Erwartete*
ἐμός	*mein* (Poss.-Pron., A128)
ἔμ-προσθεν	(Adv.:) *vorne;* (Präp. m. Gen.:) *vor, in Gegenwart von; nach dem Urteil von*
ἐν m. Dat.	*in; an, bei* (örtl. u. zeitl., meist auf die Frage „wo?“ bzw. „wann?“); *unter* (= *inmitten von*); *mit, durch* (instr./kaus.) (A193); ἐν Χριστῷ o.ä. *in/in Gemeinschaft mit Christus* (vor allem bei Johannes u. Paulus v. dem durch das Heilshandeln bewirkten neuen Sein)
ἐν-τολή	*Auftrag, Anweisung, Gebot*
ἐν-ώπιον m. Gen.	*vor; in Gegenwart von; nach dem Urteil von*
ἐξ-έρχομαι[187]	*hinausgehen, herauskommen, fortgehen*
ἐξ-ουσία	*Vollmacht, Autorität; Macht, Gewalt, Vermögen* (etwas zu tun); *Freiheit, Recht* (zu entscheiden, zu handeln)
ἔξω	(Adv.:) *draußen; heraus, hinaus;* (Präp. m. Gen.:) *außerhalb von*
ἐπ-αγγελία	*Verheißung, Versprechen; das Verheißene/Versprochene*
ἐπ-ερωτάω	*fragen*
ἐπί (ἐπ' ἐφ')	(m. Gen.:) *auf, über, an, bei; über* (bei Ausdrücken des Herrschens); *auf Grund von; zur Zeit von;*

	(m. Dat.:) *auf, über, an, in, bei* (meist auf die Frage „wo?"); *zu ... hinzu; auf Grund; über, wegen* (nach Verben des Fühlens u. Meinens); *während;*
	(m. Akk.:) *auf, auf ... hin, über, an, bei* (meist auf die Frage „wohin?"); *hin ... zu, zu; gegen; über* (bei Verben des Herrschens); *während* (A194)
ἐπι-γινώσκω[166]	*erkennen, erfahren; verstehen, wissen*
ἑπτά[19]	*sieben*
ἐργάζομαι[92]	*arbeiten, tun, wirken* (tr.)
ἔργον	*Werk: Tat, Handlung, Arbeit, Aufgabe*
ἔρημος[11]	*verlassen, öde, leer;*
	ἡ ἔρημος *Wüste, Steppe, Einöde* (im Ggs. zu kultiviertem u. bewohntem Land)
ἔρχομαι[187]	*kommen; gehen*
ἐρωτάω	*fragen; bitten*
ἐσθίω[188]	*essen, fressen*
ἔσχατος	*letzter, äußerster;* (vom Rang:) *geringster; spätester*
ἕτερος	*anderer; andersartig;*
	ὁ ἕτερος *der Nächste, der Mitmensch*
ἔτι	*noch*
ἑτοιμάζω	(vgl. A33[91ff]) *(zu)bereiten, bereitmachen*
ἔτος[7]	*Jahr*
εὐ-αγγελίζω[99]	(meist Med.) *eine gute Nachricht verkünden; das Evangelium verkündigen*
εὐ-αγγέλιον	*gute Nachricht, Freudenbotschaft; Evangelium* (die Gute Nachricht v. Jesus)
εὐθύς u. εὐθέως	(Adv.) *sofort, sogleich; sodann*
εὐ-λογέω	*loben, rühmen; segnen*
εὑρίσκω[162]	*finden; entdecken; erlangen;* (Pass. auch:) *sich zeigen, sich erweisen als*
ἔχω[189]	*haben, besitzen; (fest)halten;* (m. doppeltem Akk.:) *halten für;* (m. Inf.:) *können, müssen;* (m. Adv.:) *sich verhalten, sein*
ἕως	(Konjunktion [auch mit οὗ/ὅτου], A337) *bis,* (auch:) *während;* (Präp. m. Gen.:) *bis zu*
ζάω[20] bzw. ζήω	*leben*
ζητέω	*suchen; untersuchen; zu erlangen suchen; anstreben, begehren, wünschen; fordern*
ζωή	*Leben*

ἤ	*oder; als* (beim Komp., A114)
ἤδη	*schon*
ἦλθον	Aor. ἔρχομαι[187]
ἡμεῖς[13]	*wir* (Pers.-Pron.)
ἡμέρα	*Tag;* (auch [aber meist im Pl.]:) *Zeit*
Ἡρῴδης[1]	*Herodes* (Name verschiedener idumäischer Machthaber in ntl. Zeit)
θάλασσα	*Meer; See*
θάνατος	*Tod* (eig. u. übertr.)
θαυμάζω	(vgl. A33[91ff]) *sich (ver)wundern, (er)staunen; bewundern*
θέλημα[3]	*Wille: das Gewollte, das Wollen*
θέλω[178]	*wollen: wünschen, begehren; entschlossen sein*
θεός	*Gott*
θεραπεύω	*ärztlich behandeln, heilen*
θεωρέω	*zuschauen, anschauen, betrachten, sehen; beobachten*
θηρίον	*Tier*
θλῖψις[8]	*Bedrängnis, Trübsal*
θρόνος	*Thron*
Ἰάκωβος	*Jakobus* (u.a. Name zweier Apostel sowie eines Bruders Jesu)
ἴδιος	*eigen;* τὰ ἴδια *Heim, Heimat;* ἰδίᾳ (Adv.) *besonders, für sich*
ἰδού	(oft καὶ ἰδού) Demonstrativpartikel (herkömml. *siehe, seht*) zur Belebung der Rede, bes. um die Aufmerksamkeit auf etwas für die Situation Wichtiges zu lenken (gewöhnl. auf ein Geschehen, wenn ἰδού unmittelbar vor dem Verb steht, auf einen Beteiligten, wenn ein solcher unmittelbar nach ἰδού erwähnt wird [Levinsohn, Discourse, S. 169]; bei Mt bes. häufig, dabei meist im Anschluß an eine Umstandsbeschreibung [z.B. gen. abs.]; ein hebraisierendes LXX-Idiom; BDR §442[15]); in einer kommunikativen Übersetzung ist das Wort je nach Kontext unterschiedl. zu berücksichtigen (häufig läßt man es am besten unübersetzt); in verblosen Sätzen kann ἰδού die Rolle des Präd. übernehmen (vgl. A78d) u. läßt sich dann als *da (ist/sind/kommt/kam)* o.ä. übersetzen (vgl. frz. *voici*)

ἱερόν	*Heiligtum, Tempel* (schließt in Jerusalem den gesamten Tempelbezirk ein)
Ἱεροσόλυμα	*Jerusalem* (gräzisierte Form, als Ntr. Pl. od. Fem. Sg. behandelt)
Ἰερουσαλήμ	(indekl.) *Jerusalem* (Umschrift des sem. יְרוּשָׁלַ͏ִם/ יְרוּשָׁלֵם *jərûšāláim/jərûšālēm*)
Ἰησοῦς οῦ	(H-S §26d) *Jesus* (gräzisierte Form von hebr. יֵשׁוּעַ *jēšû*^{ac}, spätere Form für יְהוֹשׁוּעַ *jəhôšû*^{ac} Josua „[Jahwe ist] Retter"; geläufiger jüd. Eigenname der ntl. Zeit)
ἱμάτιον	*Überwurf, Mantel* (d.h. Obergewand im Ggs. zum direkt auf dem Leib getragenen χιτών „Untergewand"); Pl. *Kleider* (Sammelbegriff für jede Art v. Kleidungsstücken)
ἵνα	(m. Konj.) *damit* (A339); *daß* (A328)
Ἰουδαία	*Judäa* (teils vom südl. Palästina, teils v. ganz Palästina [zur Zeit Jesu röm. Provinz Judäa])
Ἰούδας[1] α	*Judas* (u.a. Name zweier Apostel sowie eines Bruders Jesu); *Juda* (Stammvater, Stamm u. Stammesgebiet)
Ἰουδαῖος	*jüdisch;* (meist:) subst. *Jude*
Ἰσραήλ (indekl.)	*Israel* (das Volk od. der Stammvater des Volkes Israel [υἱοὶ Ἰσραήλ *Nachkommen Israels, Israeliten*])
ἵσταμαι[205]	(A28ff) *stehenbleiben; hintreten;* ἕστηκα (Pf.) *stehen*
ἵστημι[204]	(A28ff) *(hin)stellen; aufrichten*
Ἰωάν(ν)ης[1]	*Johannes* (u.a. Name des Täufers sowie eines Apostels)
κἀγώ	= καὶ ἐγώ
κάθημαι	(A32) *sitzen; sich setzen;* (übertr.:) *sich befinden, wohnen*
καθίζω[100]	*hinsetzen; sich setzen*
καθ-ώς	(Vergleich/Maß:) *ebenso wie, wie; in dem Maße wie;* (Begründung:) *da ja*
καί	(Konjunktion:) *und;* (seltener im Sinn v.:) *aber, doch* (adversativ); *und zwar, nämlich* (explikativ); *so daß, (und) so* (konsekutiv); (Adv.:) *auch, sogar* (A311ff)
καινός	*neu*
καιρός	*Zeit; (geeignete, rechte, günstige) Zeit; (bestimmte, festgesetzte) Zeit;* (auch im Sinn v.:) *Endzeit*
κακός	*schlecht, böse* (sittl.); *schlimm* (schädl.)

καλέω[37]	*rufen; nennen; bezeichnen als; einladen; berufen*
καλός	*schön; brauchbar, gut* (sittl. od. v. der Beschaffenheit)
καρδία	*Herz* (biblisch meist: das Zentrum des bewußt lebenden Menschen, also der ganze Mensch im Blick auf sein Denken u. Entscheiden [im Unterschied zum Deutschen!])
καρπός	*Frucht* (Sg. auch kollektiv im Sinn v. *Früchte*)
κατά (κατ' καθ')	(m. Gen.:) *von ... herab, durch ... hin; gegen;* (m. Akk.:) *durch ... hin, über ... hin, entlang; in, auf; auf/zu ... hin;* (ungefähr) *zu, während* (zeitl.); *gemäß, nach, entsprechend; in Hinsicht auf, in Beziehung auf;* (distributiv:) z.B. κατὰ πόλιν *Stadt für Stadt;* (mod.:) z.B. κατὰ ἄγνοιαν *unwissentlich* (A195)
κατα-βαίνω[139]	*hinab-, herabsteigen, -kommen, -gehen*
κατ-οικέω	*wohnen; bewohnen*
κεφαλή	*Kopf;* (übertr.:) *Oberhaupt*
κηρύσσω[75]	*bekanntmachen; laut* (in der Öffentlichkeit) *verkünden, predigen*
κλαίω[11]	*weinen*
κόσμος	*Welt* (= *Weltall; Erde, Erdkreis; Menschheit; Welt* als gottfeindl. Bereich)
κράζω[81]	*schreien, brüllen; (aus)rufen*
κρατέω	*sich bemächtigen; halten, festhalten*
κρίνω[127]	*(be)urteilen; (sich) entscheiden;* (als juristischer term. tech.:) *richten, entscheiden, vor Gericht ziehen, verurteilen*
κρίσις[8]	*Gericht* (als Behörde, aber meist das Gerichtshandeln): *Urteil, Verurteilung, Strafgericht, Strafe*
κύριος	*Herr; Eigentümer, Besitzer* (bes. in AT-Zitaten steht artikelloses κύριος als Gottesbezeichnung anstelle des hebr. Gottesnamens *Jahwe*)

λαλέω	*reden, sagen, verkünden*
λαμβάνω[152]	*nehmen, ergreifen; in Besitz nehmen; empfangen, annehmen, erhalten*
λαός	*Volk, Volksmenge*
λέγω[191]	*sagen, reden; meinen;* (m. doppeltem Akk.:) *nennen;* λέγων Ptz., ist als Redeeinleitung häufig pleonastisch (A297,1) u. kann dann als Doppelpunkt (od. als *folgendermaßen*) berücksichtigt werden
λίθος	*Stein*

λογίζομαι	(vgl. A33[91ff]) (eig. numerisch:) *zählen, rechnen;* (meist übertr. auf Eigenschaften od. Gründe bezogen:) *erwägen, bedenken, sich Gedanken machen; in Rechnung stellen, anrechnen; bewerten, ansehen als, der Meinung sein, denken*
λόγος	(das Sprechen:) *Wort, Aussage, Ausspruch, Rede* (häufig v. Reden Gottes; auch personifiziert für Jesus Christus gebraucht); (seltener das Rechnen bzw. Denken:) *Rechenschaft, Abrechnung; Grund*
λοιπός	*übrig, anderer;* (τὸ) λοιπόν (Adv.) *weiterhin; künftig; im übrigen, übrigens, außerdem, schließlich*
λύω	*lösen, losbinden, befreien* (eig. u. übertr.); *zerstören, vernichten; abschaffen, außer Kraft setzen*
μαθητής[1]	*Schüler, Jünger* (Ggs.: διδάσκαλος); *Anhänger*
μακάριος	*glücklich, beneidenswert, gesegnet*
μᾶλλον	(Adv., Komp.) *mehr: in höherem Grad; lieber, eher; sicherer, gewisser; vielmehr*
μαρτυρέω	*Zeugnis ablegen, Zeuge sein, bezeugen; ein gutes Zeugnis ausstellen, empfehlen*
μέγας[12]	μεγάλη μέγα *groß; erhaben, wichtig*
μείζων[11] ον	(Komp. zu μέγας) *größer*
μέλλω[179]	*im Begriff stehen* (m. Inf. zur Umschreibung des Futurs, A250); *beabsichtigen; müssen, sollen* (oft infolge göttl. Ratschlusses); (selten:) *zaudern;* μέλλων (Ptz.) *zukünftig;* τὸ μέλλον (subst. Ptz.) *die Zukunft*
μέν	*zwar;* μὲν ... δέ *(zwar) ... aber;* ὁ/ὃς μὲν ... ὁ/ὃς δέ (A102; 133) *der eine ... der andere;* μὲν οὖν *also nun*
μένω[117]	*bleiben; bestehen bleiben*
μέρος[7]	*Teil; Anteil*
μέσος	*mittlerer, mitten*
μετά (μετ᾽ μεθ᾽)	(m. Gen.:) (zusammen/gemeinsam) *mit; inmitten;* (m. Akk.:) *nach, hinter* (A196)
μή	*nicht* (grundsätzl. bei nichtindikativischen Verbformen, A307); (in direkten Fragen:) *etwa, doch nicht* (A320); (Konjunktion m. Konj.:) *damit nicht*

μηδέ	*auch nicht, und nicht; nicht einmal*
μηδ-είς	μηδε-μία μηδ-έν (vgl. εἷς[20] u. μή) *keiner, niemand;* (Ntr.:) *nichts*
μήτηρ[6] τρός ἡ	*Mutter*
μικρός	*klein*
μισέω	*hassen*
μνημεῖον	*Denkmal;* (meist:) *Grab* (gewöhnl. Höhlengrab)
μόνος	*allein, einzig;* (Ntr.:) *nur*
Μωϋσῆς έως ὁ	(Dat. εῖ/ῆ, Akk. ῆν/έα) *Mose,* Befreier u. Gesetzgeber Israels
ναός	*Tempel* (in Jerusalem: eig. Tempel [vgl. oben ἱερόν])
νεκρός	*tot* (eig. u. übertr.)
νόμος	*Gesetz;* (meist:) *das* (göttl.) *Gesetz* (vor allem das mosaische Gesetz, aber auch der Pentateuch od. die Heilige Schrift als ganze [= AT])
νῦν	*nun, jetzt* (Adv., A18); τὸ νῦν (subst.) *die gegenwärtige Zeit*
νύξ νυκτός ἡ	(H-S §35e) *Nacht;* (Gen. νυκτός:) *des Nachts, zur Nachtzeit;* (Dat. νυκτί:) *bei Nacht*
ὁ ἡ τό	*der, die, das* (Art.)
ὁδός ἡ	*Weg, Straße; Reise;* (übertr.:) *Lebenswandel, Handlungsweise;* (v. der Glaubensrichtung:) *Richtung, Lehre*
οἶδα	(A27) *wissen, kennen* (Pf. m. präs. Bdtg.)
οἰκο-δομέω	(Häuser) *bauen* (auch bildl.); (uneig.:) *auferbauen, fördern, stärken*
οἶκος u. οἰκία	*Haus; Hausgemeinschaft, Familie* (einschließl. der Sklaven); οἶκος auch *Nachkommen, Geschlecht*
ὀλίγος	(Pl.:) *wenige;* (Sg.:) *klein, kurz*
ὅλος	*ganz* (vgl. A86)
ὅμοιος	*gleich(artig); ähnlich*
ὄνομα[3]	*Name* (häufig [als pars pro toto, A382] für die Person des Namensträgers selbst gemeint; wie im Deutschen auch im Sinn v. *Ruf* gebraucht); ἐν/ἐπὶ τῷ ὀνόματι *im Auftrag von, mit Hinweis auf (die Autorität von),* z.T. *unter Anrufung von*
ὅπου[18]	*wo; wohin* (Relativadv.)
ὅπως	(Relativadv. [A18]:) *wie, auf welche Weise;* (Konjunktion m. Konj.:) *damit* (A339); *daß* (nach Verben des Bittens, A328)

ὁράω[192]	*sehen, erblicken, bemerken* (auch geistig); (Pass.:) *sichtbar (gemacht) werden, erscheinen;* (meist m. μή:) *sich vorsehen, hüten*
ὄρος[7]	*Berg*
ὅς[16/18] ἥ ὅ	*welcher, welche, welches* (Rel.-Pron.; A354ff)
ὅσος[16/18]	*wie groß, wieviel;* (Pl.:) *wie viele* (= *alle, die*) (Rel.-Pron.; A354ff)
ὅσ-τις[16/18] ἥ-τις ὅ τι	*wer auch immer* (= *jeder, der*); (Pl.:) *alle, die;* (manchmal qualitativ gebraucht:) *ein solcher, der* (verallgemeinerndes Rel.-Pron.; A354ff)
ὅταν (= ὅτε ἄν)	(m. Konj.) *wenn, sobald* (A336)
ὅτε	*als, nachdem* (A336; auch A18)
ὅτι	*daß* (A326); *weil* (A338); ὅτι recitativum = Doppelpunkt (A333)
οὐ (οὐκ οὐχ)	*nicht* (A306; in Fragen angedeutete Antwort: „doch!" [A320])
οὐαί	Interjektion des Schmerzes od. Unwillens: *wehe*
οὐ-δέ	*und nicht, auch nicht; nicht einmal*
οὐδ-είς	οὐδε-μία οὐδ-έν (vgl. εἷς[20] u. οὐ) *keiner, niemand;* (Ntr.:) *nichts*
οὐκ-έτι	*nicht mehr/länger/weiter*
οὖν	*also, mithin, demnach* (folgernd od. weiterführend); in Jh häufig *da* (bez. den Übergang zu etwas Neuem)
οὐρανός	*Himmel* (als Teil des Weltalls od. als Wohnstätte Gottes [häufig Pl.]); übertr. auch synonym m. Gott (Antonomasie [H-S §296a]; z.B. βασιλεία τῶν οὐρανῶν = βασιλεία τοῦ θεοῦ)
οὔ-τε ... οὔ-τε	*weder ... noch*
οὗτος[15/18]	αὕτη τοῦτο *dieser, diese, dieses* (Demonstrativpron., das auf schon Genanntes, Vorhergehendes wie auch [unatt.] auf Vorliegendes od. Folgendes weist, A130)
οὕτως	*so:* (zurückweisend:) *so, ebenso;* (od. [unatt.] in die Nähe od. nach vorne weisend:) *so, folgendermaßen*
οὐχί	*nicht* (verstärktes οὐ; in Fragen angedeutete Antwort: „doch!" [A320])
ὀφθαλμός	*Auge*
ὄχλος	*Volksmenge, Volksmasse; das* (gewöhnl.) *Volk*
παιδίον	*kleines Kind; Kind*
πάλιν	*wieder; ferner;* (seltener:) *andererseits*

πάντες	(Pl. v. πᾶς[10]) *alle;* πάντα (Pl. Ntr.) *alles;* (m. Art. auch:) *das All*
πάν-τοτε	*zu allen Zeiten, immer*
παρά	(m. Gen.:) *von seiten, von ... (her);* (m. Dat.:) *bei, neben, inmitten* (auf die Frage „wo?"); *nach dem Urteil von;* (m. Akk.:) *an ... hin/vorbei/entlang; an den/dem Rand von, neben; auf* (auf die Fragen „wohin?" u. „wo?"); (m. Komp.:) *im Vergleich zu, mehr als; gegen* (im Ggs. zu *gemäß*) (A197)
παρα-βολή	*Gleichnis, Bildrede;* (seltener:) *Gegenbild, Sinnbild*
παρα-δίδωμι[201]	(A28ff) *übergeben, überlassen;* (häufig: den Behörden o.ä. od. einem Feind) *übergeben, ausliefern;* (auch v. der Lehre:) *weitergeben, (weiter)überliefern, lehren* (Gegenstück zu παραλαμβάνω)
παρα-καλέω[37]	(ernsthaft) *bitten, ersuchen; auffordern, ermahnen; einladen; ermutigen, trösten*
παρα-λαμβάνω[152]	*zu sich/mit sich nehmen; in Empfang nehmen, übernehmen;* (auch v. überlieferter Lehre [Gegenstück zu παραδίδωμι]:) *empfangen, übernehmen, gelehrt werden*
παρ-ίσταμαι[205]	(A28ff) (zu jmdm.) *herzutreten, kommen; beistehen, helfen;* παρ-έστηκα (Pf.) *da(bei)stehen, anwesend sein*
παρ-ίστημι[204]	παρ-ιστάνω (A28ff) *zur Verfügung/vor Augen stellen* („präsentieren"); *herstellen: ins Leben rufen;* (m. doppeltem Akk.:) *zu etwas machen;*
πᾶς[10] πᾶσα πᾶν	Sg. ohne Art. *jeder* (bei Unzählbarem: *all*); Sg. m. Art. *ganz;* Pl.: *alle* (A86)
πάσχω[193]	*erfahren, erleben* (fast ausschließl. negativ:) *(er)leiden,* (öfter im Sinn v.:) *den Tod erleiden*
πατήρ[6] τρός ὁ	*Vater;* (nicht selten:) *Stammvater, Vorfahre*
Παῦλος	*Paulus,* röm. Geschlechtsbeiname, im NT fast ausschließl. abendländischer Name des Heidenapostels
πείθω[88]	*überreden; überzeugen;* (Pass. außer Pf. auch:) *sich überreden/überzeugen lassen; gehorchen;* πέποιθα (Pf. 2 m. präs. Bdtg.) *vertrauen auf;* πέπεισμαι *überzeugt/gewiß sein*
πέμπω[45]	*senden, schicken*
περί	(m. Gen.:) *betreffs: über, von, in bezug auf, hinsichtlich;* (m. Akk.:) *um ... herum, um* (auch zeitl.); *betreffs: in bezug auf, hinsichtlich* (A198)

περι-πατέω	*umhergehen:* (eig.:) *gehen, wandern;* (übertr.:) *seinen Lebenswandel gestalten, leben, sich verhalten*
Πέτρος	*Petrus,* Beiname des Apostels Simon
Πιλᾶτος	*Pilatus,* röm. Prokurator v. Judäa (26-36 n. Chr.)
πίνω[141]	*trinken*
πίπτω[194]	*fallen, herabfallen, hinfallen; sich zu Boden werfen*
πιστεύω	*glauben* (*an:* meist m. Dat. od. εἰς); *vertrauen; anvertrauen*
πίστις[8]	*Vertrauen, Glaube;* (das, was man glaubt:) *Glauben(slehre); Treue, Zuverlässigkeit*
πιστός	(Vertrauen erweckend:) *glaubwürdig, zuverlässig, treu;* (Vertrauen hegend:) *vertrauend, gläubig*
πλείων[11]	πλεῖον/πλέον (Komp. zu πολύς[12]) *mehr;* οἱ πλείονες/πλείους *die Mehrheit, die meisten*
πληρόω	*füllen; erfüllen* (mit etwas); (einen Zeitraum) *vollenden, den Abschluß* (einer Zeitspanne) *erreichen;* (etwas Unvollkommenes) *zur Vollendung bringen;* (Geplantes/Angekündigtes usw. verwirklichen:) *zur Erfüllung bringen,* (meist Pass.:) *sich erfüllen, in Erfüllung gehen*
πλοῖον	*Schiff, Boot*
πνεῦμα[3]	(meist:) *Geist* (biblisch oft: die Befähigung des Menschen zu Einsicht, Gefühl u. Willen; v. guten od. bösen Geistwesen, bes. auch v. Gottes Geist); (vereinzelt:) *Gesinnung;* (auch:) *Atem, Odem, Lebensgeist* (was dem Körper Lebensfähigkeit verleiht); (selten eig. Bdtg.:) *Hauch, Wind*
ποιέω	*tun, machen, handeln;* (mit AcI:) *bewirken, daß;* (m. doppeltem Akk.:) *jmdn./etwas zu etwas machen*
πόλις[8]	*Stadt* (auch v. der Bevölkerung)
πολλοί	(Pl. zu πολύς[12]) *viele, zahlreiche;* οἱ πολλοί (auch:) *die große Mehrzahl, die meisten*
πολύς[12]	πολλή πολύ *viel, groß; gewaltig,* Pl. s. πολλοί
πονηρός	*schlecht, böse* (sittl.); (seltener:) *in schlechtem Zustand, krank* (körperl.)
πορεύομαι	*gehen, reisen, wandern; „wandeln": leben, sich verhalten*
ποῦ;[18]	*wo? wohin?* (Frageadv.)
πούς[3] ποδός ὁ	*Fuß*
πρεσβύτερος	*älter;* (subst.:) *Älterer, Alter;* (meist:) *Ältester* (jüd. u. christl. Amtsbezeichnung)
πρό m. Gen.	*vor* (örtl., zeitl. u. vom Vorrang) (A199)

πρός	(m. Dat.:) *bei, an;* (m. Akk.:) *zu ... hin, auf ... zu; für* (zeitl.); *zu, zum Zweck von; gegen; im Hinblick auf, gemäß;* (bei Zustandsverben:) *bei, an, neben* (A200)
προσ-έρχομαι[187]	*hingehen, sich nähern, hinzukommen*
προσ-εύχομαι[70]	*beten*
προσ-κυνέω	*niederkniend huldigen, fußfällig verehren;* (meist:) (Gott) *anbeten*
προσ-φέρω[198]	*herzu-, herbeibringen; überbringen; darbringen* (v. Opfern, Geschenken u.ä.)
πρόσ-ωπον	*Gesicht, Angesicht;* ἀπὸ προσώπου = ἀπό; πρὸ προσώπου = πρό (Hebr., A186)
προ-φήτης[1]	*Prophet;* οἱ προφῆται (häufig:) *die (Schriften der) Propheten*
πρῶτος[19]	*erster* (v. der Zeit, der Zahl od. vom Rang); (zeitl. auch:) *frühester, früherer;* (vom Rang auch:) *wichtigster;* πρῶτον (Ntr. als Adv.:) *zuerst,* (doch meist:) *früher, vorher, zunächst*
πῦρ[6] ρός τό	*Feuer*
πῶς;[18]	*wie? auf welche Art und Weise?* (Frageadv.)
ῥῆμα[3]	*Wort, Gesagtes, Ausspruch;* (Hebr.:) *Sache, Angelegenheit, Begebenheit*
σάββατον	*Sabbat; Woche* (der „Pl." τὰ σάββατα hat meist Sg.-Bdtg. [vgl. aram. שַׁבְּתָא *šabbəṯāʾ der Sabbat*])
σάρξ[3] σαρκός ἡ	*Fleisch:* (eig.:) *Fleisch;* (daher:) *Leib; Mensch (von Fleisch und Blut); menschliche Natur; Leiblichkeit, menschliche Bedingtheit* (bes. seine Schwäche, Versuchlichkeit u. Sterblichkeit); *die äußere Seite* (= die sichtbare Körperlichkeit); (bes. bei Paulus:) *Fleisch* (als Bezeichnung für den Menschen, der v. der Sünde beherrscht wird)
σεαυτοῦ[14]	*deiner (selbst)* (Refl.-Pron.)
Σίμων[4] ωνος ὁ	*Simon,* u.a. eigentlicher Name des Apostels Petrus sowie Name eines anderen Apostels
σημεῖον	*Zeichen: Kennzeichen, Vorzeichen;* (häufig:) *Wunderzeichen*
σήμερον	*heute*
σοφία	*Weisheit*

σπείρω[136]	*säen* (eig. u. übertr.)
σπέρμα[3]	*Same; Nachwuchs, Nachkommenschaft*
σταυρόω	*kreuzigen, ans Kreuz schlagen*
στόμα[3]	*Mund,* (bei Tieren:) *Maul*
σύ[13]	*du* (Pers.-Pron.)
σύν m. Dat.	*(zusammen) mit* (A201)
συν-άγω[59]	*zusammenführen: sammeln, versammeln;* (Pass. auch reflexiv gebraucht:) *sich versammeln*
συν-αγωγή	*Versammlungsplatz;* (meist:) *Synagoge* (jüd. Versammlungsraum, auch v. der jüd. Gemeinde od. deren Zusammenkunft)
σῴζω[106]	*unversehrt erhalten, bewahren, retten;* (meist:) *(er)retten* (das göttl. Heil vermitteln)
σῶμα[3]	*Leib, Körper; Leichnam*
σωτηρία	*Rettung, Erhaltung;* (meist: das v. Gott bewirkte) *Heil*
τέ	*und* (steht nach dem dazugehörenden Wort); τε ... τε, τε ... καί, τε καί *sowohl ... als auch*
τέκνον	*Kind* (eig. u. übertr.)
τέλος[7]	*Ende; Endpunkt, Abschluß; Ziel, Ausgang*
τέσσαρες[19f]	*vier*
τηρέω	*bewachen; behüten, bewahren;* (Lehre/Gesetz o.ä.) *beobachten, befolgen*
τίθημι[200]	(A28ff) *setzen, stellen, legen;* (m. doppeltem Akk.:) *jmdn./etwas zu etwas machen*
τιμή	*Wert, Kaufpreis;* (meist:) *Wertschätzung, Ehre*
τίς;[17f] τί;	*wer? was?; welcher? was für einer?* (τί; adv.:) *warum?* (Fragepron.)
τις[17] τι	*irgendeiner, irgend jemand, irgendein, irgend etwas; ein gewisser;* Pl. *einige* (enklitisches Indefinitpron.)
τοιοῦτος[18]	*so (beschaffen), derartig* (Korrelativpron.)
τόπος	*Ort, Platz, Stelle;* (Pl. auch:) *Gegenden*
τότε[18]	*damals; dann, darauf* (ohne korrelierendes ὅτε o.ä. nicht klass. [BDR §459,2], dafür in der LXX gut vertreten]; bei Mt bes. beliebt [ca. 90 v. 160 NT-Vorkommen])
τρεῖς[19f] τρία	*drei*
τρίτος[19]	*dritter;* τὸ τρίτον *das dritte Mal*
τυφλός	*blind* (eig. u. übertr.)

ὕδωρ[3] ὕδατος τό	*Wasser*
υἱός	*Sohn* (eig. u. übertr., s.a. A157); ὁ υἱὸς τοῦ ἀνθρώπου *der Menschensohn* ist eine offenbar mehrdeutige Selbstbezeichnung Jesu, die auf Da 7,13f zurückgeht; Jesus beansprucht m. ihr in verhüllender Weise, der Messias zu sein, dem Gott Macht u. Herrschaft verliehen hat; er füllt den Titel aber durch sein Leben, Wirken u. Leiden in einer Weise, die zeitgenössischen Erwartungen zuwiderlief
ὑμεῖς[13]	*ihr* (Pers.-Pron.)
ὑπ-άγω[59]	*weggehen, hingehen, gehen*
ὑπ-άρχω[61]	*vorhanden sein, zur Verfügung stehen;* (oft = εἰμί als Kopula *sein* [A78])
ὑπέρ	(m. Gen.:) *für = im Interesse von; über, betreffs; anstelle von, anstatt; wegen, um ... willen;* (m. Akk.:) *über .. hinaus, mehr als;* (nach Komparativ:) *als* (A202)
ὑπό	(m. Gen.:) *von* (Urheber/Ursache beim Pass.); (m. Akk.:) *unter* (A203)
φανερόω	*sichtbar machen, sehen lassen, zeigen; bekanntmachen;* (Pass.:) *sichtbar werden; sich offenbaren, sich zeigen, erscheinen*
Φαρισαῖος	*Pharisäer* (Φαρισαῖοι < aram. פְּרִישַׁיָּא *pərîšajjāʾ*, hebr. הַפְּרוּשִׁים *happərûšîm* „die Abgesonderten", „die Separatisten": die religiös einflußreichste Richtung des Judentums in ntl. Zeit, der viele der Schriftgelehrten angehörten [s.o. zu γραμματεύς])
φέρω[198]	*tragen; ertragen; bringen, holen*
φημί	(A32) *sagen; meinen*
φοβέομαι	*Angst haben, sich fürchten;* m. Akk. *jmdn.* od. *etwas fürchten* bzw. *sich vor jmdm.* od. *etwas fürchten;* (Gott od. eine Respektsperson „fürchten":) *Ehrfurcht haben vor*
φόβος	*Furcht, Angst; Ehrfurcht* (vor Gott od. Respektsperson)
φυλακή	*Wache: Wachtlokal, Gefängnis; Nachtwache* (Zeitbestimmung: ein Viertel der Zeit zwischen 18 Uhr und 6 Uhr)
φωνέω	*rufen, schreien, laut sprechen; krähen* (Hahn); *zu sich rufen*

φωνή	*Laut, Ton, Geräusch; Stimme; Ruf, Schrei, Ausruf*
φῶς[3] φωτός τό	*Licht* (eig. u. übertr.)
χαίρω[134]	*sich freuen, fröhlich sein*
χαρά	*Freude* (auch vom Gegenstand der Freude)
χάρις[3] ιτος ἡ	(woran man sich freut:) *Gunst, Wohlwollen, gnädige Fürsorge* (die einer einem anderen gewährt; bes. von der gnädigen Gesinnung Gottes/Christi, die den Menschen unverdiente Gaben schenkt:) *Gnade;* (auch v. der Betätigung des Wohlwollens:) *Gnadentat, -werk;* (selten:) *Anmut, Lieblichkeit;* (Äußerung der Freude:) *Dank*
χείρ[6] χειρός ἡ	*Hand;* (übertr. auch:) *Gewalt, Macht;* διὰ χειρός/(τῶν) χειρῶν τινος = διά m. Gen. (Hebr., A186)
χρεία	*Bedürfnis, Notwendigkeit; Bedarf, Mangel, Not*
Χριστός	*Christus,* im Sinn v. *der Messias* od. oft wie ein Eigenname verwendet (wörtl. „[zum König] Gesalbter“, Übersetzung des hebr. מָשִׁיחַ *māšîªḥ* bzw. aram. מְשִׁיחָא *məšîḥāʾ*)
χρόνος	*Zeit,* (meist:) *Zeitraum, Zeitdauer*
χωρίς m. Gen.	*getrennt (von), ohne*
ψυχή	*Seele* (biblisch meist: Organ der vitalen Bedürfnisse des Menschen, seine Lebenskraft); (daher oft:) *das* (natürl./irdische) *Leben;* (seltener:) *Lebewesen, Person*
ὧδε[18]	*hierher; hier* (Adv.)
ὥρα	*Stunde* (zwölfter Teil des Tages [gezählt von 6 bis 18 Uhr]); *Tag(eszeit);* (häufig auch: jede Art) (passende, vorgesehene) *Zeit*
ὡς	(beim Subst.:) *wie, als;* (bei Zahlwörtern:) *ungefähr;* (beim finiten Verb:) *als, während* (A336); *wie* (vergleichend, A352); (beim Ptz., A291:) *wie wenn, als ob* (mod.: vorgestellter Vergleich); *weil (meiner/deiner* usw. *Meinung nach)* (kaus.: subjektiver Grund); *damit, um zu* (fin. beim part. coni. Fut./Präs.)
ὥσ-τε	(m. Inf./AcI od. finitem Verb, A340) *so daß;* (im HS:) *daher*

Abkürzungen[1]

*	rekonstruiert bzw. nicht bezeugt
=	gleich bzw.: entspricht
<	entstanden aus
>	wird zu

Neues Testament:
Mt Mk Lk Jh Apg Röm 1/2Kor Gal Eph Phil Kol 1/2Thess 1/2Tim Tit Phm Hb Jak 1/2Pt 1/2/3Jh Jud Apk
Altes Testament:[2]
Gen Ex Lev Num Dt Jos Ri Ru 1/2Sam 1/2Kön 1/2Ch Esr Neh Esth Hi Ps Spr Pre HL Jes Jer Kl Ez Da Hos Jo Am Ob Jon Mi Na Hab Ze Hg Sach Mal

א *ʾ* בּ *b* ב *ḇ* גּ *g* ג *ḡ* דּ *d* ד *ḏ* ה *h* ו *w* ז *z* ח *ḥ* ט *ṭ* י *j* כּ *k* כ *ḵ*
ל *l* מ *m* נ *n* ס *s* ע *ʿ* פּ *p* פ *f* צ *ṣ* ק *q* ר *r* שׂ *ś* שׁ *š* (= sch) תּ *t* ת *ṯ*

ָ	*ā*	ַ	*a*	ֲ	*ă*	ַ[3]	*a*				
ֵי	*ê*	ֶי	*ệ*	ֵ	*ē*	ֶ	*e*	ְ[4]	*ə*	ֱ	*ĕ*
ִי	*î*	ִ	*ī*	ִ	*i*						
וֹ	*ô*	ֹ	*ō*	ָ[5]	*o*	ֳ	*ŏ*	וּ	*û*	ֻ	*u*

A	grammatischer Anhang	Anm.	Anmerkung
AcI	accusativus cum infinitivo	Aor.	Aorist
AcP	accusativus cum participio	App.	Apposition
		Aram./aram.	Aramäisch bzw. Aramaismus/aramäisch
Adj.	Adjektiv		
Adv./(-)adv.	Adverb/-adverb bzw. adverbial	Art.	Artikel
		AT	Altes Testament
AFCS	Book of Acts in Its First Century Setting	atl.	alttestamentlich
		att.	attisch
Akk.	Akkusativ	Attr./attr.	Attribut/attributiv
AkkO	Akkusativobjekt	Aug.	Augment
Akt./(-)akt.	Aktiv/(-)aktiv(isch)	B	Bauer-Aland
Albrecht	Übersetzung des NT v. Ludwig Albrecht	BDR	Blass-Debrunner-Rehkopf
allgem.	allgemein	Bdtg./-bdtg.	Bedeutung/-bedeutung

---

[1] Allgemein gebräuchliche Abkürzungen sind nicht aufgeführt. Für genauere bibliographische Angaben zu den angeführten Werken s. Literaturverzeichnis (S. 892ff).

[2] Dieselben Bezeichnungen werden wo immer möglich auch bei LXX-Hinweisen verwendet.

[3] Patach furtivum.

[4] Sofern es auszusprechen ist.

[5] In unbetonter geschlossener Silbe.

bes.	besonders
best.	bestimmt
Best.	Bestimmung
bez.	bezeichnet
bibelaram.	bibelaramäisch
Billerbeck	Strack u. Billerbeck, Kommentar
Bsp.	Beispiel
BST	The Bible Speaks Today
BW	Bezugswort, -element
Dat./dat.	Dativ/dativus
DatO	Dativobjekt
Def.	Definition
Dekl.	Deklination
Dep.	Deponens
DJG	Dictionary of Jesus and the Gospels
dur.	durativ
EBC	Expositor's Bible Commentary
eff.	effektiv
eig.	eigentlich
Einh.	Einheitsübersetzung
EKK	Evangelisch-Katholischer Kommentar
Elb.	Elberfelder Übersetzung
ellip.	elliptisch
Engl./engl.	Englisch/englisch
erg.	ergänze(n)
Erg.	Ergänzung
evtl.	eventuell
EWNT	Exegetisches Wörterbuch zum NT
f	folgend
Fem.	Femininum
ff	folgende
fin.	final
flgd.	folgend
Frisk	Frisk, Wörterbuch
frz.	französisch
Fut./fut.	Futur/futurisch
GBL	Das Große Bibellexikon
GcP	genitivus cum participio
Gen./gen.	Genitiv/genitivus
gen. abs.	genitivus absolutus
gen. obi.	genitivus obiectivus
gen. subi.	genitivus subiectivus

GenO	Genitivobjekt
Ggs.	Gegensatz
GN	Gute Nachricht
GNB	Gute Nachricht Bibel
Griech./griech.	Griechisch/griechisch
Harris	Harris, Prepositions
Hebr./hebr.	Hebräisch bzw. Hebraismus/hebräisch
hell.	hellenistisch
hist.	historisch
HNT	Handbuch zum NT
HS	Hauptsatz
H-S	Hoffmann-von Siebenthal
HThK	Herders Theologischer Kommentar
ICC	International Critical Commentary
Imp./imp.	Imperativ/imperativisch
Ind./ind.	Indikativ/indikativisch
indekl.	indeklinabel
Inf.	Infinitiv
ingr.	ingressiv
Instr./instr.	instrumentales Adverbiale/instrumental/instrumenti
intr.	intransitiv
ion.	ionisch
Ipf.	Imperfekt
ital.	italienisch
iter.	iterativ
jmd(s/m/n).	jemand(es/em/en)
jüd.	jüdisch
Joüon-Muraoka	Joüon u. Muraoka, Grammatik
Kasuskonstr.	Kasuskonstruktion
Kaus./kaus.	kausales Adverbiale/kausal
KEK	Kritisch-exegetischer Kommentar
Klass./klass.	Klassisch/klassisch
KNT	Kommentar zum NT
Köhler-Baumgartner	Köhler u. Baumgartner, Wörterbuch
Komp.	Komparativ

Kond./kond.	konditionales Adverbiale/konditional
Konj.	Konjunktiv
Kons./kons.	konsekutives Adverbiale/konsekutiv
konst.	konstatierend-komplexiv
Konz./konz.	konzessives Adverbiale/konzessiv
KP	Der Kleine Pauly
Kühner-Blass	Kühner u. Blass, Grammatik
Kühner-Gerth	Kühner u. Gerth, Grammatik
Lat./lat.	Lateinisch bzw. Latinismus/lateinisch
LAW	Lexikon der Alten Welt
lin.	linear
LN	Louw-Nida, Greek-English Lexicon
Lok./lok.	lokales Adverbiale/lokal
LSJ	Liddell-Scott-Jones
Lust	Lust, Wörterbuch
LXX	Septuaginta
m.	mit
Mask.	Maskulinum
Med.	Medium
Menge	Bibelübersetzung v. Hermann Menge
Metzger	Textual Commentary
MH(T)	Moulton-Howard(-Turner), Grammatik
Mod./mod.	modales Adverbiale/modal
MT	Masoretischer Text
NA	Nestle-Aland
nachklass.	nachklassisch
Neg./neg.	Negation/negiert
NGÜ	Neue Genfer Übersetzung
NIC	New International Commentary
NIGTC	New International Greek Testament Commentary
Nom./nom.	Nominativ/nominativus
notw.	notwendig
NS	Nebensatz
NT	Neues Testament
NTD	NT Deutsch
ntl.	neutestamentlich
Ntr.	Neutrum
o.ä.	oder ähnlich
Obj.	Objekt
Obj.-Präd.	Objektsprädikativ
od.	oder
Opt.	Optativ
Par./par.	Parallele/parallel
part. coni.	participium coniunctum
Pass./(-)pass.	Passiv/(-)passiv(isch)
Past	Pastoralbriefe
Pers.	Person/Personal-
Pf.	Perfekt
Pl.	Plural
pleon.	pleonastisch
Plsqpf.	Plusquamperfekt
poet.	poetisch
poss.	possessiv(us)/possessoris
Präd./präd.	Prädikat(s-)/prädikativ
Präd.-Nom.	Prädikatsnomen
Präp.	Präposition/Präpositional-
PräpO	Präpositionalobjekt
Präs./präs.	Präsens/präsentisch
Pron./-pron.	Pronomen/-pronomen
Ptz.	Partizip
punkt.	punktuell
Redupl.	Reduplikation
Refl.-Pron.	Reflexivpronomen
Rel./rel.	Relativum bzw. Relativ-/relativisch
Rel.-Pron.	Relativpronomen
resp.	respectus
Robertson	Robertson, Grammatik
röm.	römisch
result.	resultativ
S.	Seite
s.	siehe
s.a.	siehe auch
Schlachter	Bibelübersetzung v. Franz Eugen Schlachter
Schürer	Schürer, History
Sem./sem.	Semitismus/semitisch
Sg.	Singular
sog.	sogenannt
Sp.	Spalte

Spicq	Spicq, Wörterbuch	unflekt.	unflektiert
St.	Stamm	unklass.	unklassisch
s.u.	siehe unten	unregelm.	unregelmäßig
Subj.	Subjekt	u.ö.	und öfter
Subst./subst.	Substantiv/substantivisch bzw. substantiviert	V.	Vers
		v.	von/vom
Temp./temp.	temporales Adverbiale/temporal	Var.	Textvariante
		vgl.	vergleiche
term. tech.	terminus technicus	viell.	vielleicht
TEV(2)	Today's English Version (2. Aufl.)	Vok.	Vokativ
		vorklass.	vorklassisch
ThBNT	Theologisches Begriffslexikon zum NT	WBC	Word Biblical Commentary
ThWNT	Theologisches Wörterbuch zum NT	Wilckens	Übersetzung des NT v. Ulrich Wilckens
TNTC	Tyndale New Testament Commentary	Winer	Winer, Grammatik
		Wz.	Wurzel
tr.	transitiv	Z	Zerwick, Analysis
u.	und	Zahlw.	Zahlwort
übers.	übersetze(n)	ZBK.NT	Zürcher Bibelkommentare. NT
übertr.	übertragen		
UBS	United Bible Societies, Greek New Testament	Zerwick	Biblical Greek
		ZG	Zerwick-Grosvenor
umschrieb.	umschriebenes	Zorell	Zorell, Wörterbuch
unatt.	unattisch	z.T.	zum Teil
unbest.	unbestimmt	Zür.	Zürcher Bibel
uneig.	uneigentlich		

Matthäus

κατὰ Μαθθαῖον erg. τὸ εὐαγγέλιον *die gute Nachricht (von Jesus* 1
Christus) nach Matthäus (einer der zwölf Apostel [vgl. 10,3]); κατά m. Akk.
hier kaum poss. (BDR §224[4]; vgl. A155). **βίβλος** ἡ *Buch* (als Gegenstand
[Schriftrolle usw.] od. Inhalt). **γένεσις**[8] *Entstehung, Ursprung, Geburt; Ent-*
stehungsgeschichte, Stammbaum (B 3); βίβλος γενέσεως (LXX-Ausdruck
Gen 2,4 u. 5,1) hier wohl (Überschrift zu 1,2-17) *Stammbaum* bzw. *Verzeichnis*
der Vorfahren (vgl. dazu 1,17) od. (Überschrift zu 1,2-2,23) *Bericht der*
Geburt/des Ursprungs; viell. (Buchüberschrift) *Buch der Geschichte;* auch ohne
Art. best. (A106c+d; gilt auch für die flgd. Teile v. V. 1). **Δαυίδ** indekl., hier
Gen.; υἱὸς Δαυίδ *der Sohn/Nachkomme Davids* (bez. hier, wie meist in den
Evangelien, den Messias Israels [vgl. B υἱός 2a]). **᾿Αβραάμ** indekl., hier
Gen.; υἱὸς ᾿Αβραάμ *der Sohn/Nachkomme Abrahams* (gemeint ist der
besondere Nachkomme Abrahams, durch den u.a. alle Völker gesegnet werden
[Gen 22,18]).

2 **᾿Αβραάμ** indekl., hier Nom. **ἐ-γέννησεν** Aor. γεννάω hier *zeu-* 2
gen/Vater (im flgd. z.T. [wie nicht selten im AT] im Sinn v. „Vorfahre") *wer-*
den/sein (von). **᾿Ισαάκ** indekl. (erstes: Akk., zweites: Nom.; analog bei allen
flgd. indekl. Männernamen bis V. 15), *Isaak,* Abrahams Sohn. **᾿Ιακώβ**
indekl., *Jakob,* Israels Stammvater. **3** **Φάρες** indekl., *Perez.* **Ζάρα** *Serach.* 3
ἐκ hier (sowie in V. 5 u. 6b) *mit* (B 3a). **Θαμάρ** ἡ indekl., *Tamar* (eine
Heidin; vgl. Gen 38,1ff); Tamar sowie die übrigen Frauen (s. V. 5 u. 6b) werden
wohl u.a. bes. auch wegen ihrer Herkunft aus dem Heidentum im Stammbaum
des Messias erwähnt: durch ihn sollen alle Völker gesegnet werden (vgl. V. 1).
῾Εσρώμ indekl., *Hezron.* **᾿Αράμ** indekl., *Ram.* **4** **᾿Αμιναδάβ** indekl., 4
Amminadab. **Ναασσών** indekl., *Nachschon.* **Σαλμών** indekl., *Salmon.*
5 **Βόες** indekl., *Boas.* **῾Ραχάβ** (= ῾Ραάβ, BDR §39[4]) ἡ indekl., *Rahab,* 5
zieml. sicher Prostituierte aus Jericho (vgl. Jos 6,25; Hb 11,31; Jak 2,25).
᾿Ιωβήδ indekl., *Obed.* **῾Ρούθ** indekl., *Rut,* eine Nichtisraelitin (aus Moab; s.
Buch Rut). **᾿Ιεσσαί** indekl., *Isai,* Davids Vater. **6** **Δαυὶδ ὁ βασιλεύς** 6
der König David, der Stammvater aller Könige Judas, dem Gott eine ewige Dy-
nastie zusagte (vgl. 2Sam 7,12; Ps 89,36f). **Σολομών**[4] ῶνος ὁ *Salomo,* Sohn
Davids, König Israels. **Οὐρίας**[1] ου *Urija,* in Israel ansässiger Nichtisraelit
(Hethiter), der Mann der Batseba, m. der David Ehebruch beging (2Sam 11-12);
ἐκ τῆς τοῦ Οὐρίου *mit* (s. zu V. 3) *der Frau* (A156) *Urijas.* **7** **῾Ροβοάμ** 7
indekl., *Rehabeam.* **᾿Αβιά** indekl., *Abija.* **᾿Ασάφ** indekl., *Asa;* trotz des φ
hier wohl nicht der Psalmist Asaf, sondern der judäische König Asa (1Kön
15,8ff; vgl. auch Var.) (BDR §39,7; vgl. Metzger, S. 1). **8** **᾿Ιωσαφάτ** indekl., 8
Joschafat. **᾿Ιωράμ** indekl., *Joram.* **᾿Οζίας**[1] ου *Usija.* **9** **᾿Ιωαθάμ** indekl., 9

10 *Jotam.* **Ἀχάζ** indekl., *Ahas.* **Ἑζεκίας**[1] ου *Hiskija.* **10 Μανασσῆς**
(vgl. A1 Λουκᾶς) *Manasse.* **Ἀμώς** indekl., *Amon;* trotz der Schreibweise m.
ς ist wahrscheinl. der judäische König Amon (2Kön 21,18ff) u. nicht der Pro-
11 phet Amos gemeint (vgl. Metzger, S. 1f). **Ἰωσίας**[1] ου *Joschija.* **11 Ἰεχο-
νίας**[1] ου *Jojachin.* **ἐπί** m. Gen. hier *zur Zeit von* (B I2). **μετ-οικεσία**
Umsiedlung, Deportation, Gefangenschaft. **Βαβυλών**[4] ῶνος ἡ *Babylon*
(Hauptstadt Babyloniens); ἡ μετοικεσία Βαβυλῶνος Gen. der Richtung
(A162) *die Deportation/Verschleppung (des jüdischen Volkes) nach Babylon.*
12 **12 Σαλαθιήλ** indekl., *Schealtiël.* **Ζοροβαβέλ** indekl., *Serubbabel.*
13 **13 Ἀβιούδ** indekl., *Abihud.* **Ἐλιακίμ** indekl., *Eljakim.* **Ἀζώρ** indekl.,
14 *Azor.* **14 Σαδώκ** indekl., *Zadok.* **Ἀχίμ** indekl., *Achim.* **Ἐλιούδ** indekl.,
15 *Eliud.* **15 Ἐλεάζαρ** indekl., *Eleasar.* **Ματθάν** indekl., *Mattan.* **Ἰακώβ**
16 indekl., *Jakob.* **16 Ἰωσήφ** indekl., *Josef.* **Μαρία** *Maria.* **ἐ-γεννήθη**
Aor. Pass. γεννάω [Var. 1 μνηστευθεῖσα Aor. Ptz. Pass. Fem. V. 18, offen-
bar umschrieb. Ipf. (z.T. ohne ἦν – vgl. A249a u. A78 – hier m. Aor. statt Präs.
Ptz., vgl. BDR §355); παρθένος ἡ *Jungfrau;* Var. 2 μνηστευσάμενον Aor.
Ptz. Med. μνηστεύω Akt./Med. (v. Mann) *werben um* eine Frau; attr.]. **λε-
γόμενος** Ptz. Pass. λέγω, attr.; ὁ λεγόμενος χριστός *der (mit Recht) der
Christus/Messias genannt wird* (vgl. B II3).
17 **17 Ἀβραάμ** indekl., hier Gen. **Δαυίδ** indekl., hier (beidemal) Gen.
δεκα-τέσσαρες[19f] *vierzehn;* πᾶσαι οὖν αἱ γενεαί ... γενεαὶ δεκα-
τέσσαρες *alle (soeben genannten) Generationen* (A86a) *(sind/umfassen)* (A78)
also ... vierzehn Generationen = insgesamt sind es (d.h. soweit im vorliegenden
Stammbaum berücksichtigt) *also ... vierzehn Generationen* (auf Grund im Juden-
tum verbreiteter inklusiver Zählweise wird David sowohl zur ersten als auch zur
zweiten Vierzehnergruppe gerechnet; aus bisher kaum erklärten Gründen fehlt
in der dritten Gruppe ein Glied [vgl. Brown, Birth, S. 83f]); umstritten ist die
Frage nach der Zielsetzung des Vierzehnerschemas, das diesem (z.T. nach atl.
Vorbildern) aus repräsentativen Gliedern selektiv zusammengestellten Ge-
schlechtsregister zu Grunde liegt (evtl. spielen dabei auch mnemotechnische
Gründe eine Rolle); am besten geht man wohl v. flgd. Erklärung aus: um die
Messianität Jesu zu betonen, greift Mt zu einem Stilmittel, das im Judentum so-
wie im hellenistischen Raum beliebt war (in der Bibel selbst aber sonst kaum
Verwendung fand), zur Zahlensymbolik (der sog. „Gematrie"): liest man die
vier Konsonanten der hebr. Standardschreibung von „David" als Zahlen u.
addiert diese, so kommt man auf die Zahl vierzehn (ד *d* = 4, ו *w* = 6, ד *d* = 4);
die Tatsache, daß die Geschlechtsregister des Mt u. des Lk (3,23-38) zwischen
David u. Josef, dem Mann der Maria, auffällige Unterschiede aufweisen, ver-
sucht man herkömml. durch zwei Haupttheorien zu erklären (wobei a plausi-
bler erscheint; s. Carson, Mt, S. 63-65, od. GBL 1, S. 450f): a) das Geschlechts-
register des Lk stellt Josefs physischen Stammbaum dar, das des Mt dagegen ein

Verzeichnis der Erben des davidischen Thrones (wobei diese, statt direkt, über
eine Nebenlinie miteinander verwandt sein können); b) bei Mt findet sich der
(wirkl.) Stammbaum des Josef, bei Lk der der Maria (das ὡς ἐνομίζετο
Ἰωσήφ v. Lk 3,23 wird dabei als Parenthese [vgl. A374] verstanden).
18 γένεσις[8] V. 1, hier *Geburt* (B 1) [Var. γέννησις[8] eindeutig *Ge-* 18
burt]. **ἦν** Ipf. εἰμί; οὕτως ἦν = τοιαύτη ἦν die Geburt *war so* od. =
οὕτως εἶχεν *mit* der Geburt *verhielt es sich so* (BDR §434[3]; B οὕτω 5).
μνηστευθείσης Aor. Ptz. Pass. Fem. μνηστεύομαι (< μνηστός ver-
heiratet, ehelich) m. Dat. (v. einer Frau) *verlobt werden mit,* jmdm. *als Frau ver-
sprochen werden,* jmds. *Braut werden* (m. der Verlobung wurde die Ehe rechtl.
begründet; EWNT 2, Sp. 1072); gen. abs. (A288), temp. **Μαρία, Ἰωσήφ**
V. 16. **πρίν** (A336) *bevor, ehe* (fast immer m. Inf./AcI bzw. ἤ m. Inf./AcI).
συν-ελθεῖν Aor. Inf. -έρχομαι[187] *zusammenkommen, zusammen kommen;*
hier (geschlechtl./ehelich) *zusammenkommen, Verkehr haben* (EWNT 3,
Sp. 729) od. (besser) *heiraten und miteinander Verkehr haben* (vgl. B 1b; NGÜ);
Präd. des AcI. **εὑρέθη** Aor. Pass. εὑρίσκω; Pass. hier *sich zeigen/erweisen als*
(B 2), fast = *sein.* **γαστήρ**[6] τρός ἡ *Bauch;* ἐν γαστρὶ ἔχω *schwanger sein*
(B 2), *ein Kind erwarten.* **ἔχουσα** Ptz. Fem. ἔχω, präd. als Nominativ m. Ptz.
(entsprechend dem AcP beim Akt.; H-S §233e; vgl. A300); εὑρέθη ἐν γαστρὶ
ἔχουσα „sie zeigte sich als Schwangere" = *es zeigte sich/es stellte sich heraus,*
daß sie ein Kind erwartete od. einfach *sie erwartete ein Kind.* **ἐκ πνεύματος**
ἁγίου (auch ohne Art. best.; BDR §257,2; vgl. A108) *vom Heiligen Geist* (B ἐκ
3a), *durch die Wirkung des Heiligen Geistes* (GNB). **19 ἀνήρ** hier *zukünftiger* 19
Mann, Verlobter. **δίκαιος** *gerecht,* hier wohl im Sinn v. *gesetzestreu* (was ihn
zum Handeln verpflichtete). **ὤν** Ptz. εἰμί, kaus. **θέλων** Ptz., kaus. **δειγ-**
ματίσαι Aor. Inf. δειγματίζω (vgl. A33[91ff]) *bloßstellender Schande preis-*
geben, zur Schau stellen, an den Pranger stellen, zum Gespött machen; δίκαιος
ὢν καὶ μὴ θέλων αὐτὴν δειγματίσαι *da er ein gesetzestreuer Mann war*
und sie auch nicht öffentlich bloßstellen (d.h. verklagen) *wollte* [Var. παρα- syn-
onym, LN 25.200]. **ἐ-βουλήθη** Aor. Pass. (ohne bes. Pass.-Bdtg.) βούλο-
μαι[175] *wollen, wünschen.* **λάθρᾳ** Adv. *heimlich, in aller Stille, stillschweigend*
(GNB). **ἀπο-λῦσαι** Aor. Inf. -λύω hier: sie *(mit Scheidebrief/Scheidungsur-*
kunde) fortschicken (B 2a), *die Verlobung m.* ihr *auflösen* (NGÜ). **20 ἐν-θυ-** 20
μηθέντος Aor. Ptz. Pass. -θυμέομαι *überlegen, über* etwas *nachdenken, er-*
wägen; gen. abs. (A288), temp.; ταῦτα αὐτοῦ ἐνθυμηθέντος *während er*
über diese Dinge nachdachte (falls das Ptz. Aor. etwas Gleichzeitiges bez. [vgl.
A285]) od. (ἐβουλήθη entsprechend) *als/nachdem er sich zu diesem Vorgehen*
entschlossen hatte (vgl. ZG). **ὄναρ** τό *Traum;* im NT (nur Mt) stets κατ'
ὄναρ *im Traum.* **ἐ-φάνη** Aor. Pass. φαίνομαι[124] *sichtbar werden, sich*
zeigen, erscheinen. **λέγων** Ptz., mod.; die direkte Rede kann m. V. 21 od. m.
V. 23 enden. **Ἰωσήφ** indekl., hier Vok. **Δαυίδ** indekl., hier Gen.; υἱὸς

Δαυίδ *Sohn/Nachkomme Davids* (hier nicht messianisch; vgl. V. 1). **φοβη-**
θῇς Aor. Konj. Pass. (ohne bes. Pass.-Bdtg.) φοβέομαι, m. Inf. hier *sich*
fürchten/scheuen, etwas zu tun (B 1a); prohibitiver Konj. (A256). **παρα-λα-**
βεῖν Aor. Inf. -λαμβάνω hier *zu sich nehmen, „heimführen"* (B 1); παραλα-
βεῖν Μαρίαν τὴν γυναῖκά σου *deine Braut/Verlobte* (B γυνή 3) *Maria*
(als deine Frau) zu dir zu nehmen (= zu heiraten). **γεννηθέν** Aor. Ptz. Pass.
Ntr. γεννάω, subst.; τὸ ἐν αὐτῇ γεννηθέν *das in ihr gezeugte (Kind)* bzw.
das Kind, das sie erwartet. **ἐκ πνεύματός ἐστιν** *ist vom Heiligen Geist er-*
21 *zeugt* (B εἰμί III3), *stammt vom Heiligen Geist* (Menge). **21 τέξεται** Fut.
Med. (m. akt. Bdtg.) τίκτω[195] *gebären.* **καλέσεις** Fut. καλέω; καλέω τὸ
ὄνομά τινος m. Nom./Akk. des Namens: hebr. LXX-Idiom *jmdn. ... nennen,*
jmdm. den Namen ... geben (BDR §157[4]; B 1aγ); wohl mod. Fut. im Sinn v.
„sollen" od. (hebr.) „müssen" (A247b+d). **σώσει** Fut. σῴζω; vgl. zur Bdtg.
des Namens Ἰησοῦς S. XXII (Grundwortschatz). **αὐτῶν** Pl. sinngemäße
22 Konstruktion (A96). **22 τοῦτο ὅλον** *dies Ganze* (B ὅλος 3), *das alles.* **γέ-**
γονεν Pf. (A242; BDR §343[4]) γίνομαι. **πληρωθῇ** Aor. Konj. Pass. πλη-
ρόω. **ῥηθέν** Aor. Ptz. Pass. Ntr. λέγω, subst. **λέγοντος** Ptz. λέγω, part.
coni. (A287), temp.; das flgd. Zitat aus Jes 7,14 (im wesentl. = MT/LXX) rich-
tet sich in seinem atl. Kontext an den König v. Juda, den Davididen Ahas, der
sich (vor 732 v. Chr.) einer militärischen Bedrohung durch eine syrisch-israeli-
tische Allianz gegenübersieht: die angekündigte Geburt soll der bedrohten davi-
dischen Dynastie als (Wunder-)Zeichen dienen (umstritten ist, worin genau das
Wunderhafte, Überraschende bzw. das durch das Zeichen Signalisierte [göttl.
Rettung od. Gericht?] besteht); Jes 7,1-17 bildet wahrscheinl. den Anfang eines
größeren (m. 11,16 endenden) Textkomplexes, der vom Kommen einer königl.
Gestalt, des „Immanuel", spricht (dieser wird das Land besitzen [8,8], die Pläne
der Feinde vereiteln [8,10], im „Galiläa der Heiden" [8,23] als „großes Licht für
die im Land des Todesschatten Wohnenden" [9,1; vgl. Mt 4,14-16] erscheinen u.
„Wunder-Rat, Starker-Gott, Ewig-Vater, Friedefürst" heißen [9,5]); für Mt gibt
es keinen Zweifel: m. der Geburt Jesu ist dieser „Immanuel" (in der ganzen an-
gekündigten Fülle) in Erscheinung getreten; dazu u. zu den verschiedenen in
Frage kommenden Erklärungsmodellen s. Carson, Mt, S. 77-81; vgl. auch A.
23 Motyer, The Prophecy of Isaiah (Leicester, 1993), S. 80ff. **23 παρθένος** ἡ
Jungfrau. **γαστήρ** V. 18. **ἕξει** Fut. ἔχω. **καλέσουσιν** Fut. καλέω; hier
3. Pl. im Sinn v. „man" (A76a). **Ἐμμανουήλ** indekl. (hebr. עִמָּנוּ אֵל *ᶜim-*
mānû ᵓēl „mit uns [ist] Gott") *Immanuel.* **μεθ-ερμηνευόμενον** Ptz. Pass.
-ερμηνεύω *übersetzen;* umschrieb. Präs. (A249a); ὅ ἐστιν μεθερμηνευό-
μενον (als Formel gebraucht [vgl. A93]) *das heißt übersetzt* (B), *das bedeutet.*
24 **24 ἐγερθείς** Aor. Ptz. Pass. ἐγείρω, temp. [Var. δι- synonym]. **ὕπνος**
Schlaf. **ἐ-ποίησεν** Aor. ποιέω. **προσ-έ-ταξεν** Aor. -τάσσω[79] *an-*
25 *ordnen, befehlen.* **παρ-έ-λαβεν** Aor. παρα-λαμβάνω. **25 καί** (erstes)

adversativ (A311,1) *(je)doch.* **ἐ-γίνωσκεν** Ipf. γινώσκω hier entsprechend einem bibl. u. außerbibl. verbreiteten Euphemismus (vgl. A385) v. Geschlechtsverkehr (B 5). **ἕως οὗ** *bis,* hier m. Ind. (seltener; A337). **ἔ-τεκεν** Aor. τίκτω V. 21. [Var. πρωτό-τοκος[11] *erstgeboren.*] **ἐ-κάλεσεν** Aor. καλέω V. 21.

γεννηθέντος Aor. Ptz. Pass. γεννάω, gen. abs. (A288), temp. **Βηθ-** **2**
λέεμ ἡ indekl., hier Dat., *Betlehem,* Ort südl. v. Jerusalem, Heimatstadt v.
König David. **τῆς Ἰουδαίας** gen. partitivus (A164; hier „chorographischer" Gen., BDR §164[7]) *in Judäa.* **ἐν ἡμέραις** *in den* (A106a) *Tagen, zur Zeit* (B ἡμέρα 4b). **Ἡρῴδης** hier *Herodes der Große,* 37-4 v. Chr. König der Juden (geboren ca. 73 v. Chr.), „Freund u. Verbündeter" Roms, dessen Reich nicht nur fast ganz Palästina, sondern auch Gebiete im Osten u. Nordosten miteinschloß u. dessen Herrschaft u.a. durch eine blühende Bautätigkeit, aber auch durch zahlreiche blutige Exzesse gekennzeichnet war (s. zeitgenössische Belege, vor allem den jüd. Historiker Flavius Josephus, sowie archäologischen Befund; vgl. GBL 2, S. 563f; KP 2, Sp.1090-1092); da das Todesjahr des Herodes festzustehen scheint, wäre das Geburtsjahr Jesu 4 v. Chr. od. früher anzusetzen (die unserer Zeitrechnung zurgrunde gelegte [auf den röm. Abt Dionysius Exiguus, 533 n. Chr., zurückgehende] Datierung beruht offenbar auf einem Mißverständnis; s. Brown, Birth, S. 166f u. 607f). **μάγος** *Weiser, Sterndeuter,* hier Mitglied einer ursprüngl. persischen, dann auch babylonischen Klasse v. Priestern bzw. Weisen, die für außergewöhnl. Einsichten u. Fähigkeiten u.a. im Zusammenhang m. Traum- u. Sterndeutung bekannt waren; hier sind wahrscheinl. nichtjüdische Gelehrte u. Sternkundige gemeint (die Tradition, die v. „drei Königen" spricht – frühester Hinweis bei Tertullian [gestorben nach 220] –, scheint ohne sichere Basis; Brown, Birth, S. 167f, 197ff u. 608ff). **ἀνα-τολή** *(das) Aufgehen, Sonnenaufgang; Osten, Orient;* Pl. bei Himmelsgegenden übl. (BDR §141[5]; A101c); ἀπὸ ἀνατολῶν *aus dem Osten* (aus Babylonien, Persien od. der arabischen Wüste?); Attr. zu μάγοι. **παρ-ε-γένοντο** Aor. Med. παρα-γίνο-
μαι[176] *ankommen, kommen, eintreffen,* εἰς *in/nach.* **2 λέγοντες** Ptz. λέγω, 2
mod. **τεχθείς** Aor. Ptz. Pass. τίκτω[195] *gebären;* attr.; ὁ τεχθεὶς βασιλεύς *der (kürzlich) geborene/neugeborene König.* **ἀστήρ**[6] έρος ὁ *Stern* bzw. *Planet;* es ist unsicher, was diese (offenbar astrologisch arbeitenden) „Weisen" sahen: a) eine Konjunktion der Planeten Jupiter u. Saturn (im Mai, Oktober u. November 7 v. Chr. zu sehen), b) eine Supernova, c) einen Kometen (der Halleysche Komet war 12 v. Chr. zu sehen) od. d) ein nichtastronomisches, rein übernatürl. Phänomen (vgl. Brown, Birth, S. 171ff u. 610ff)? **ἐν τῇ ἀνατολῇ** wohl astronomisch *bei seinem* (A103) *Aufgehen* (BDR §253[7]), evtl. geographisch *im Osten* (vgl. B ἀνατολή 1 u. 2); εἴδομεν αὐτοῦ τὸν ἀστέρα ἐν τῇ ἀνατολῇ *wir haben seinen Stern aufgehen sehen* (evtl. *seinen Stern im Osten*
gesehen). **προσ-κυνῆσαι** Aor. Inf. -κυνέω; fin. (A276). **3 ἀκούσας** 3

Aor. Ptz. ἀκούω, temp.; erg. τοῦτο/ταῦτα (A79). **ἐ-ταράχθη** Aor. Pass.
ταράσσω (vgl. A33[74ff]) *aufwühlen, aufrühren;* übertr. *in Aufregung, Unruhe,
Verwirrung, Angst, Schrecken* bzw. *Bestürzung versetzen* (Pass. *geraten*).
Ἱεροσόλυμα hier als Fem. Sg. (s. πᾶσα; sonst als Ntr. Pl.) behandelt
(BDR §56,4; viell. einfach sinngemäß [vgl. ἡ πόλις bzw. A100] konstruiert
[vgl. A96]); πᾶσα Ἱεροσόλυμα *ganz Jerusalem* (trotz Fehlens des Art.; A86;
4 BDR §275[4]). **4 συν-αγαγών** Aor. Ptz. -άγω, temp. (A291,1 Anm. 1).
ἐ-πυνθάνετο Ipf. πυνθάνομαι *erfragen, sich erkundigen* (παρά τινος *bei
jmdm.*). **γεννᾶται** Pass. γεννάω; Präs. hier fut. (A234); dabei behält die
indirekte Rede die Verbform der direkten bei (A329 u. 333]); ποῦ ὁ χριστὸς
5 γεννᾶται *wo der Christus/Messias geboren werden sollte.* **5 οἱ δέ** *(und/doch)
diese/sie* (A102). **εἶπαν** Aor. (vgl. H-S §105g) λέγω. **γέ-γραπται** Pf.
(A231) Pass. γράφω, Pf. Pass. term. tech. zur Einführung v. Schriftzitaten (vgl.
B 2c): *in der Schrift heißt es/steht,* m. διὰ τοῦ προφήτου etwa: so *ist es in der
Schrift durch den Propheten vorausgesagt* (NGÜ); zitiert wird frei aus Mi 5,1,
6 ergänzt (v. ὅστις an) durch einen NS aus 2Sam 5,2. **6 Βηθλέεμ** ἡ indekl.,
hier Vok. **γῆ** trotz des wahrscheinl. ursprüngl. Nom. (App. [A70] zu Βηθ-
λέεμ?) läßt sich die Form kaum anders als im Sinn eines (chorographischen)
Gen. deuten (vgl. zu V. 1; s. die in NA[25] erwähnte Konjektur v. Drusius [statt
γῆ sei γῆς zu lesen]): *im Land/Gebiet* (der Nom. geht viell. auf das οἶκος τοῦ
Εφραθα der LXX bzw. das אֶפְרָתָה *ʾefrāṯāh* des MT zurück, an dessen Stelle
das vorliegende γῆ Ἰούδα trat). **οὐδαμῶς** *keineswegs.* **ἐλάχιστος**
(Superlativ zu μικρός) *kleinster, ganz klein; geringster, unbedeutendster* (v. Wert
od. Status). **ἐν** *unter* (B I4a). **ἡγεμών**[4] όνος ὁ *Herrscher, Fürst;* hier wohl
metonymisch (Herrscher für Herrschaftsgebiet; vgl. A382c; ZG) *Fürstenstadt,
führende Stadt.* **ἐξ-ελεύσεται** Fut. Med. -έρχομαι hier *hervorgehen*
(B 1bα) ἔκ τινος *aus etwas/jmdm.* **ἡγούμενος** Ptz. ἡγέομαι *meinen;* hier
führen, leiten, Herrscher sein; subst. *ein Herrscher/Fürst.* **ὅσ-τις** qualitativ
(A132) *(ein solcher), der.* **ποιμανεῖ** Fut. ποιμαίνω[121] (als Hirte) *weiden,
hüten;* übertr. *sorgen für,* (v. Messias) *leiten, führen, herrschen;* übers. hier etwa:
der ... *führen wird wie ein Hirte seine Herde* (NGÜ) bzw.: der ... *schützen und
leiten soll* (GNB).
7 **7 Ἡρῴδης** V. 1. **λάθρᾳ** Adv. *heimlich.* **καλέσας** Aor. Ptz.
καλέω, temp. (A291,1 Anm. 1). **μάγος** V. 1. **ἠκρίβωσεν** Aor. ἀκριβόω
sich genau erkundigen/sagen lassen (παρά τινος *bei/von jmdm.*), m. Akk.
φαινομένου Ptz. φαίνομαι *sichtbar werden, sich zeigen;* (Licht bzw. Licht-
quellen) *scheinen, leuchten, erscheinen* (B 2a); attr., Präs. hier vorzeitig (A285);
τὸν χρόνον τοῦ φαινομένου ἀστέρος *den Zeitpunkt des Sterns, der er-
schienen war = den Zeitpunkt, an dem der Stern erschienen war.* **ἀστήρ** V. 2.
8 **8 πέμψας** Aor. Ptz. πέμπω, temp. (A291,1 Anm. 1). **Βηθλέεμ** ἡ indekl.,
hier Akk., V. 1. **πορευθέντες** Aor. Ptz. Pass. (ohne bes. Pass.-Bdtg.)

πορεύομαι, temp. (als Imp. + „und“ übers.; A291,1 Anm. 1). **ἐξ-ετάσατε**
Aor. Imp. -ετάζω (vgl. A33[91ff]) *untersuchen, (er)forschen, sich erkundigen* περί
τινος *nach etwas.* **ἀκριβῶς** *genau, sorgfältig..* **ἐπ-άν** m. Konj. (A336b)
sobald. **εὕρητε** Aor. Konj. εὑρίσκω. **ἀπ-αγγείλατε** Aor. Imp. -αγγέλ-
λω; erg. τοῦτο/ταῦτα (A79). **ὅπως** *damit.* **ἐλθών** Aor. Ptz. ἔρχομαι,
temp. (A291,1 Anm. 1); ὅπως κἀγὼ ἐλθών ... *damit auch ich hingehen und ...*
kann. **προσ-κυνήσω** Aor. Konj. -κυνέω. **9 οἱ δέ** V. 5. **ἀκούσαντες** 9
Aor. Ptz. ἀκούω, temp.; οἱ δὲ ἀκούσαντες τοῦ βασιλέως *als sie (das)*
(A79) *vom König vernommen hatten, nach dieser Audienz beim König.* **ἐ-πο-**
ρεύθησαν Aor. Pass. **ἐν τῇ ἀνατολῇ** V. 2. **προ-ῆγεν** Ipf. -άγω (örtl.
od. zeitl.) *vorausgehen, vorangehen* (τινά *jmdm.*). **ἐλθών** Aor. Ptz. ἔρχομαι,
temp. (als dem ἐστάθη nebengeordnet [+ „und“] berücksichtigen; A291,1
Anm. 1), übers. am besten *schließlich.* **ἐ-στάθη** Aor. Pass. (= ἔ-στη Wz.-
Aor. [s. Var.]) ἵσταμαι, hier *stehenbleiben* (B II1a). **ἐπ-άνω** Adv. *oben*
drüber; uneig. Präp. (A183) *(oben) über, auf;* ἐπάνω οὗ *über dem Ort, wo*
(B 2a). **οὗ**[18] *wo* bzw. *der Ort, an dem* (B 1aβ; BDR §215[3]). **ἦν** Ipf. εἰμί.
10 ἰδόντες Aor. Ptz. ὁράω, temp. **ἐ-χάρησαν** Aor. Pass. (m. akt. Bdtg.) 10
χαίρω. **χαρά** hier Akk. des inneren Obj. (figura etymologica, A145); ἐχά-
ρησαν χαρὰν μεγάλην σφόδρα *sie wurden von sehr großer Freude erfüllt*
(Einh.), *sie waren außer sich vor Freude.* **σφόδρα** *heftig, gewaltig, sehr.*
11 ἐλθόντες Aor. Ptz. ἔρχομαι, temp. **Μαρία** 1,16. **πεσόντες** Aor. 11
Ptz. πίπτω, temp. (A291,1 Anm. 1). **προσ-ε-κύνησαν** Aor. -κυνέω. **ἀν-**
οίξαντες Aor. Ptz. -οίγω, temp. (A291,1 Anm. 1). **θησαυρός** *Vorrats-*
kammer, -haus; Schatzbehälter; Schatz. **προσ-ήνεγκαν** Aor. -φέρω. **δῶ-**
ρον *Geschenk; Opfergabe;* es folgt eine dreigliedrige App. (A70). **χρυσός**
Gold. **λίβανος** *Weihrauch* (weißes Harz eines Strauches, das beim Verbren-
nen [häufig kultisch] einen aromatisch duftenden Rauch entwickelt; vgl. KP 5,
Sp. 1354f). **σμύρνα** *(die) Myrrhe* (wohlriechendes Harz arabisch-afrikani-
scher Herkunft; vgl. KP 3, Sp. 1524). **12 χρηματισθέντες** Aor. Ptz. Pass. 12
χρηματίζω (vgl. A33[91ff]) (v. Gott) *eine Weisung erteilen;* Pass. *eine Wei-*
sung/Offenbarung empfangen; kaus.; χρηματισθέντες κατ᾽ ὄναρ *weil sie im*
Traum eine Weisung erhielten. **ὄναρ** τό *Traum;* im NT (nur Mt) stets κατ᾽
ὄναρ *im Traum.* **ἀνα-κάμψαι** Aor. Inf. -κάμπτω (vgl. A33[51ff]) *zurückkeh-*
ren, umkehren. **δι᾽ ἄλλης ὁδοῦ** *auf einem anderen Weg.* **ἀν-ε-χώρησαν**
Aor. ἀνα-χωρέω *weggehen, sich entfernen.* **χώρα** *Land* (Ggs. *Meer* od. *Stadt*),
Landschaft, Gegend.

13 ἀνα-χωρησάντων Aor. Ptz. V. 12; gen. abs. (A288), temp. **φαί-** 13
νομαι V. 7, hier *erscheinen* (B 2c); hist. Präs. (A235). **ὄναρ** V. 12. **Ἰωσήφ**
indekl., 1,16. **λέγων** Ptz., mod. **ἐγερθείς** Aor. Ptz. Pass. ἐγείρω Pass. hier
aufstehen (B 2b); temp. (als Imp. [V. 14 als Ind.] + „und“ bzw. + Komma
übers.; A291,1 Anm. 1); ἐγερθεὶς παράλαβε ... καὶ φεῦγε *steh*

auf, nimm ... und flieh. **παρά-λαβε** Aor. Imp. -λαμβάνω. **φεῦγε** Imp.
φεύγω *fliehen.* **Αἴγυπτος** ἡ *Ägypten.* **ἴσθι** Imp. εἰμί hier *bleiben* (B I3).
εἴπω Aor. Konj. λέγω; ἕως ἂν (A337) εἴπω σοι *bis ich's dir sage* (B ἕως
I1b). **μέλλω** hier *beabsichtigen* (B 1cγ). **ζητεῖν** Inf. ζητέω; übers. hier kau-
sativ (A218) *suchen lassen.* **τοῦ** m. Inf. fin. (A281). **ἀπ-ολέσαι** Aor. Inf.
14 -όλλυμι hier *töten, umbringen* (B 1aα). **14 ὁ δέ** *(und/doch) dieser/er* (A102).
ἐγερθείς V. 13. **παρ-έ-λαβεν** Aor. **νυκτός** gen. temporis (A166a) *in*
15 *der Nacht.* **ἀν-ε-χώρησεν** V. 12. **15 ἦν** Ipf. εἰμί V. 13. **τελευτή** *Ende*
= Tod. **πληρωθῇ** Aor. Konj. Pass. πληρόω. **ῥηθέν** Aor. Ptz. Pass. Ntr.
λέγω, subst. **λέγοντος** Ptz. λέγω, part. coni. (A287), temp. **ἐ-κάλεσα**
Aor. καλέω; Hos 11,1 bezieht sich primär auf das junge Israel, das Gott als
seinen „Sohn" beim Auszug aus Ägypten „rief" (wo wahrscheinl. ein bestehen-
des Sohn-Motiv m. messianischen Konnotationen aufgegriffen wird); das Leben
Jesu, seines bes. „Sohnes" (s. z.B. 3,17), präsentiert sich nach Mt als typologi-
sche Rekapitulierung der Geschichte Israels: er, in dem u. durch den ein neues,
das wahre Israel entsteht, wird, wie einst das alte Israel, aus Ägypten herausge-
führt (s. Carson, Mt, S. 91-93).
16 **16 Ἡρῴδης** V. 1. **ἰδών** Aor. Ptz. ὁράω, temp. **ἐν-ε-παίχθη** Aor.
Pass. ἐμ-παίζω[83] *seinen Spott treiben mit* (Dat.), *verspotten, verhöhnen* (in
Wort u. Tat); *täuschen, hintergehen;* Aor. Ind. bez. hier Vorvergangenheit (vgl.
H-S §199n; A224). **μάγος** V. 1. **ἐ-θυμώθη** Aor. Pass. θυμόομαι *zornig*
werden. **λίαν** *sehr, ganz.* **ἀπο-στείλας** Aor. Ptz. -στέλλω hier eig.
(jmdn./Leute) hinschicken (temp. Ptz.), doch in Verbindung m. einem zweiten
(hier einem finiten) Verb = (kausatives) *lassen:* ἀποστείλας ἀνεῖλεν ... *er*
ließ ... umbringen (B 2; A218). **ἀν-εῖλεν** Aor. -αιρέω[186] *beseitigen, aufheben;*
meist: *töten.* **παῖς**[3] παιδός *Kind* (ὁ *Junge;* ἡ *Mädchen*). **Βηθλέεμ** ἡ in-
dekl., hier Dat., V. 1. **ὅριον** *Grenze;* NT nur Pl. *Gebiet;* ἐν πᾶσι τοῖς ὁρίοις
αὐτῆς *in dessen/der ganzen Umgebung.* **δι-ετής**[7] *zweijährig, von zwei Jahren.*
κατωτέρω Adv. bei Zahlenangaben *weiter unter, darunter, weniger.* **ἠκρί-
βωσεν** V. 7; Aor. Ind. bez. hier Vorvergangenheit (vgl. H-S §199n; A224).
17 **17 ἐ-πληρώθη** Aor. Pass. V. 15. **ῥηθέν** V. 15. **Ἰερεμίας**[1] ου *Jeremia,*
18 atl. Prophet. **λέγοντος** V. 15. **18 φωνή** hier *Geschrei* (B 1). **Ῥαμά** ἡ
indekl., hier Dat., *Rama,* Stadt nördl. v. Jerusalem an der Straße nach Bet-El (in
Rama wurden die Gefangenen aus Juda u. Benjamin vor ihrer Verschleppung
nach Babylon versammelt [Jer 40,1-2]; in dieser Gegend [in Zelzach] befand
sich Rahels Grab [1Sam 10,2]; gestorben war sie auf der Wanderung v. Bet-El
nach Betlehem-Efrata [Gen 35,16ff; 48,7]). **ἠκούσθη** Aor. Pass. ἀκούω.
[Var. θρῆνος *Wehklage, Totenklage.*] **κλαυθμός** *(das) Weinen.* **ὀδυρμός**
(das) (Weh-)Klagen (Trauernder). **πολύς** hier *heftig, laut* (B I1bβ). **Ῥαχήλ**
ἡ indekl., hier Nom., *Rahel,* Lieblingsfrau Jakobs (idealisierte Mutter der
Juden). **κλαίουσα** Ptz. Fem. κλαίω hier m. Akk. *beweinen* (B 2); wohl um-

schrieb. Ipf. (A249a) m. Wegfall der Kopula ἦν (Ipf. v. εἰμί; A78). **τέκνον** Pl. hier *Nachkommen* (B 1b). **ἤ-θελεν** Ipf. θέλω. **παρα-κληθῆναι** Aor. Inf. Pass. -καλέω hier toleratives Pass. (A219) *sich trösten lassen* (B 4). **εἰμί** hier *dasein, leben* (B I2); οὐκ εἰσίν *sie sind nicht (mehr) da;* die Verbindung zwischen Jer 31,15 u. dem Kindermord in Betlehem ist umstritten; eine gute Möglichkeit bietet Carson (Mt, S. 95): Jer 31 bez. Efraïm/Israel als Gottes „erstgeborenen/lieben Sohn" (V. 9 u. 20) u. kündigt den neuen Bund zwischen Gott u. seinem Volk an (V. 31-34); die m. dem Exil einsetzenden „Tränen" (d.h. die Nöte) des Gottesvolkes sollen unter diesem Bund ein Ende nehmen; daran knüpft Mt an: in 1,11f macht er deutl., daß er das Exil als Wendepunkt versteht: dieses brachte den Niedergang der davidischen Dynastie u. damit den Anfang eines (notvollen) Zeitalters, das bis zur Geburt Jesu dauern sollte; m. dieser kommt nun das Ende der seit dem Exil andauernden Notzeit: die „Tränen", die zur Zeit Jeremias zu fließen begannen, erreichen in den Tränen der Mütter Betlehems ihren Höhe- u. Endpunkt (sie werden gleichsam „erfüllt/voll gemacht"): der Erbe des davidischen Thrones ist da, das Exil ist vorbei, der wahre Sohn Gottes wird nun den durch Jeremia angekündigten neuen Bund stiften (26,28).

19 τελευτήσαντος Aor. Ptz. τελευτάω *sterben;* gen. abs. (A288), 19
temp. **Ἡρῴδης** V. 1. **φαίνομαι** V. 7; hist. Präs. (A235). **ὄναρ** V. 12.
Ἰωσήφ 1,16. **Αἴγυπτος** V. 13 **20 λέγων, ἐγερθείς, παρά-λαβε** 20
V. 13. **πορεύου** Imp. (vgl. A266a). **Ἰσραήλ** ὁ indekl., hier Gen.; γῆ
Ἰσραήλ *das Land Israel(s)* (BDR §262^{2}; vgl. A106c). **τε-θνήκασιν** Pf.
(ἀπο-)θνῄσκω. **ζητοῦντες** Ptz. ζητέω; ζητέω τὴν ψυχήν τινος atl.
Idiom *jmdm. nach dem Leben trachten* (B 2bδ); subst. **21 ὁ δέ, ἐγερθείς,** 21
παρ-έ-λαβεν V. 14. **εἰσ-ῆλθεν** Aor. -έρχομαι.

22 ἀκούσας Aor. Ptz. ἀκούω, temp. **Ἀρχέλαος** *Archelaus,* Sohn 22
Herodes des Großen (4 v. Chr. bis 6 n. Chr. Ethnarch v. Judäa, Idumäa u. Samaria [ein Drittel v. dem Reich seines Vaters], v. den Römern dann aber wegen Unfähigkeit abgesetzt; vgl. KP 2, Sp. 1092). **βασιλεύω** *König sein, herrschen* (m. Gen. *über*); Tempus u. Modus wie in der entsprechenden direkten Rede (A326). **ἀντί** m. Gen. (A188) *anstatt, anstelle.* **ἐ-φοβήθη** Aor. Pass. (ohne bes. Pass.-Bdtg.) φοβέομαι. **ἀπ-ελθεῖν** Aor. Inf. -έρχομαι. **χρηματισθείς** Aor. Ptz. Pass. V. 12; kaus. *weil er eine Weisung erhielt, auf eine Weisung hin* (NGÜ). **ὄναρ, ἀν-ε-χώρησεν** V. 12. **τὰ μέρη** *das Gebiet* (B
μέρος 1bγ). **23 ἐλθών** V. 8; temp. (A291,1 Anm. 1). **κατ-ῴκησεν** Aor. 23
-οικέω; hier wohl ingr. (A240b) *er ließ sich nieder.* **εἰς** für erwartetes ἐν (B 9a; vgl. A184b), doch bei κατοικέω durchaus klass. (BDR §205^{4}). **λεγομένην** Ptz. Pass. λέγω, attr. *namens* (vgl. B II3). **Ναζαρέτ** ἡ indekl., hier Akk., *Nazaret.* **πληρωθῇ, ῥηθέν** V. 15. **Ναζωραῖος** (im NT offenbar als Synonym zu Ναζαρηνός gebraucht [EWNT 2, Sp. 1119], daher:) *Nazarener, aus Nazaret (kommend).* **κληθήσεται** Fut. Pass. καλέω; τὸ ῥηθὲν διὰ τῶν

προφητῶν ὅτι Ναζωραῖος κληθήσεται Mt zitiert hier kein eig. Schriftwort, vielmehr faßt er wohl verschiedene prophetische Aussagen (s. Pl. προφητῶν) in dem ὅτι-Satz zusammen; übers. etwa (m. dem ὅτι-Satz als App. [A353] zu τὸ ῥηθέν) *das, was durch die Propheten gesagt worden ist,* (näml.) *daß er Nazarener genannt werde/werden sollte* (vgl. Menge); das galiläische Nazaret wurde (selbst von anderen Galiläern [vgl. Jh 1,46]) verachtet (Jh 7,41f.52); hier wuchs Jesus auf; genannt wurde er daher (statt „Betlehemiter" [m. den damit verbundenen messianischen Konnotationen]) „Nazarener", was soviel wie „Verachtungswürdiger/Verachteter" bedeutete; daß man den Messias verachten würde, ist Thema verschiedener AT-Stellen (vgl. Ps 22,6-9; 69,8-10.20-22; Jes 11,1; 49,7; 53,2.3.8; der Ausdruck „Nazarener" od. „Nazaret" kommt im AT nicht vor); u. darauf bezieht sich hier wohl Mt (hierzu sowie zu den zahlreichen anderen [m.E. wesentl. problematischeren] Lösungsvorschlägen s. Brown, Birth, S. 207-13, 223-25 u. 617).

3 **ἐν ταῖς ἡμέραις ἐκείναις** *in jener Zeit* (B ἡμέρα 4b), d.h. etwa
26-29 n. Chr. **παρα-γίνομαι** *ankommen, kommen, eintreffen, herzukommen;*
hier *auftreten* (B 2); hist. Präs. (A235). **βαπτιστής**[1] *Täufer.* **κηρύσσων**
Ptz., mod. **ἡ ἔρημος τῆς Ἰουδαίας** *die Wüste von Judäa,* Gebiet, zu dem
das untere Jordantal nördl. des Toten Meeres sowie die Gegend westl. des To-
2 ten Meeres gehörten. **2 λέγων** Ptz., mod. (vgl. A297,1). **μετα-νοεῖτε**
Imp. -νοέω *seinen Sinn ändern, Reue empfinden, umkehren.* **ἤγγικεν** Pf.
3 (A242) ἐγγίζω. **3 ἐστίν** hist. Präs. (A235). **ῥηθείς** Aor. Ptz. Pass. λέγω,
subst. *der, der erwähnt/von dem gesprochen wurde;* wohl pass. divinum (A76b; vgl.
1,22; 2,15). **Ἠσαΐας**[1] ου *Jesaja,* atl. Prophet. **λέγοντος** Ptz. λέγω, part.
coni. (A287), temp.; es folgt im wesentl. ein LXX-Zitat (MT zieht „in der Wü-
ste" zur direkten Rede) aus Jes 40, wo Gott dem im Exil befindl. Volk Erlösung
ankündigt. **βοῶντος** Ptz. βοάω *(laut) rufen, schreien;* subst. (vgl. A304; BDR
§413[2]); φωνὴ βοῶντος ἐν τῇ ἐρήμῳ *(die) Stimme eines Rufenden (ist) in
der Wüste (zu hören)* (A78) = *in der Wüste ruft eine Stimme/ruft einer* (vgl.
A382a). **ἑτοιμάσατε** Aor. Imp. ἑτοιμάζω. **τὴν ὁδὸν κυρίου** *den Weg
des Herrn* (= Jahwes; A107) = *dem Herrn den Weg.* **εὐθύς**[10] εῖα ύ *gerade*
(evtl. auch *eben*). **ποιεῖτε** Imp. ποιέω hier m. doppeltem Akk. (A97,15).
4 **τρίβος** ἡ *Pfad.* **4 αὐτὸς ὁ Ἰωάννης** *ebendieser Johannes* (B αὐτός
1h). **εἶχεν** Ipf. ἔχω hier *anhaben, tragen* (B 1b). **ἔν-δυμα**[3] *Gewand, Kleid;*
εἶχεν τὸ ἔνδυμα αὐτοῦ ἀπὸ τριχῶν καμήλου *er trug sein Gewand (als
eines) aus Kamelhaar* = *er trug ein Gewand aus Kamelhaar* (vgl. A112). **ἀπό**
hier = ἐκ (BDR §209,4; A189). **θρίξ** τριχός ἡ (vgl. A3; H-S §42b) *Haar.*
κάμηλος ὁ u. ἡ *Kamel.* **ζώνη** *Gürtel.* **δερμάτινος** *ledern.* **ὀσφῦς**[8]
ύος ἡ *Hüfte; Lende;* die Bekleidung des Johannes verbindet ihn m. dem Pro-
pheten Elija (2Kön 1,8; vgl. Mal 3,23). **τροφή** *Nahrung, Speise.* **ἦν** Ipf. εἰμί.
ἀκρίς[3] ίδος ἡ *Heuschrecke* (als Nahrungsmittel in Arabien u. Afrika, auch in

Syrien, noch heute bei der ärmeren Bevölkerung beliebt). **μέλι**[3] ιτος τό *Ho-*
nig. **ἄγριος** *auf freiem Feld befindlich, wild;* die Nahrung des Johannes war die
eines armen an das Wüstenleben Gewohnten (was ihn m. dem Prophetentum
verbindet [vgl. 3,1 u. 11,8-9]). **5 τότε** *da,* viell. *in jener Zeit, damals* (B 1a). 5
ἐξ-ε-πορεύετο Ipf. ἐκ-πορεύομαι *hinausgehen, herauskommen;* zum Sg.-
Präd. vgl. A94. **περί-χωρος**[11] *benachbart;* ἡ περίχωρος (erg. χώρα [A88])
die Umgegend, die Nachbarschaft. **Ἰορδάνης**[1] *Jordan;* Ἱεροσόλυμα καὶ
πᾶσα ἡ Ἰουδαία καὶ πᾶσα ἡ περίχωρος τοῦ Ἰορδάνου totum pro
parte (A382b) *Jerusalem, ganz Judäa und die gesamte Jordangegend* (= ein gro-
ßer Teil der Bevölkerung Jerusalems ...), übers. etwa *die Leute aus Jerusalem,*
aus ganz Judäa und der gesamten Jordangegend (vgl. GN); für einen vergleichba-
ren Hinweis auf den Einfluß des Täufers s. Josephus, Antiquitates 18.117.
6 ἐ-βαπτίζοντο Ipf. Pass. βαπτίζω; toleratives Pass. (A219) *sie ließen sich* 6
taufen. **ποταμός** *Fluß, Strom;* ἐν τῷ Ἰορδάνῃ ποταμῷ *im Jordanfluß*
bzw. (idiomatischer) *im Jordan.* **ἐξ-ομο-λογούμενοι** Ptz. Med. -λογέω
(vgl. ὁμολογέω bekennen) *versprechen;* Med. (Unrecht) *bekennen; sich (offen)*
zu etwas *bekennen;* mod.

7 ἰδών Aor. Ptz. ὁράω, temp. **Σαδδουκαῖος** *Sadduzäer,* Angehöri- 7
ger einer politisch einflußreichen religiösen Richtung des Judentums, deren
Mitglieder aus den vornehmen Familien stammten; τῶν Φαρισαίων καὶ
Σαδδουκαίων gen. partitivus (A164): viele *(der) Pharisäer und Sadduzäer.*
ἐρχομένους Ptz. ἔρχομαι, AcP (A300). **βάπτισμα**[3] *Taufe;* ἐπὶ τὸ
βάπτισμα αὐτοῦ *zu seiner Taufe = um sich von ihm taufen zu lassen* od. *zu*
dem Ort, wo er taufte. **γέννημα**[3] *Gezeugtes, Sprößling;* Vok. **ἔχιδνα** *Gift-*
schlange; γεννήματα ἐχιδνῶν *Schlangenbrut* (= böse bzw. bösartige [ge-
fährl., verachtungswürdige] Menschen, die nicht umkehren wollen). **ὑπ-έ-**
δειξεν Aor. ὑπο-δείκνυμι[212] *zeigen, dartun, lehren, nachweisen.* **φυγεῖν**
Aor. Inf. φεύγω[72] *fliehen; entkommen* (hier [statt Akk.] ἀπό τινος
jmdm./etwas); τίς ὑπέδειξεν ὑμῖν φυγεῖν ... *wer hat euch auf den Gedanken*
gebracht, ihr könntet (impliziert: wenn ihr nicht wirkl. umkehrt) ... *entkommen.*
μελλούσης Ptz. Fem. μέλλω, attr. **ὀργή** *Zorn; Zorngericht* (Gottes).
8 ποιήσατε Aor. Imp. ποιέω; ποιέω καρπόν *Frucht tragen/hervorbringen* 8
(B I1bη). **μετά-νοια** *Sinnesänderung, Umkehr, Bekehrung* bzw. *Abkehr;* ποι-
ήσατε καρπὸν ἄξιον τῆς μετανοίας *bringt Frucht, die der Umkehr ent-*
spricht (B καρπός 2a) = *zeigt durch eure Taten, daß es euch mit der Umkehr*
ernst ist. **9 δόξητε** Aor. Konj. δοκέω; prohibitiver Konj. (A256). **λέγειν** 9
Inf.; μὴ δόξητε λέγειν ἐν ἑαυτοῖς (= ὑμῖν αὐτοῖς [A126a])· πατέρα
ἔχομεν τὸν Ἀβραάμ *meint nicht, ihr könntet bei euch sagen/denken: Wir ha-*
ben (ja) Abraham zum Stammvater (impliziert etwa: Gottes Bund m. ihm garan-
tiere euch also das Heil auch ohne Umkehr). **ἐκ τῶν λίθων τούτων** *aus*
diesen Steinen hier (Demonstrativum weist in die außersprachl. Situation). **ὅτι**

daß od. recitativum = Doppelpunkt (A333). **ἐγεῖραι** Aor. Inf. ἐγείρω hier
übertr. *erwecken* im Sinn v. *entstehen lassen* (B 1aε); δύναται ὁ θεός ... ἐγεῖ-
ραι τέκνα τῷ Ἀβραάμ *Gott kann dem Abraham ... Kinder erwecken* (impli-
ziert: und kann somit seine Zusagen an Abraham, falls ihr nicht umkehrt, auch
10 ohne euch erfüllen). **10 ἀξίνη** *Axt.* **ῥίζα** *Wurzel.* **δένδρον** *Baum.* **κεῖ-
μαι** (A32; als Pf. Pass. v. τίθημι gebraucht, A33[200]) *liegen, gelegt sein* πρός τι
an etwas (B 1b). **ποιοῦν** Ptz. Ntr. ποιέω, attr.; μὴ ποιοῦν καρπὸν κα-
λόν *der keine guten Früchte* (griech. Subst. als Kollektivum gebraucht; vgl.
A101a) *bringt.* **ἐκ-κόπτεται** Pass. -κόπτω *fällen, abhauen;* Präs. hier fut.
(A234). **βάλλεται** Pass. βάλλω; Präs. hier fut. (A234).
11 **11 ἐγώ** Subj. betont (A122). **ἐν** (beidemal) instr. *mit* (H-S §177a; BDR
§195[7]). **μετά-νοια** V. 8; εἰς μετάνοιαν fin. *zur Umkehr, damit ihr umkehrt*
od. – wohl besser – eine Beziehung (vgl. B εἰς 5) *mit Bezug auf/mit Blick auf
(eure) Umkehr* bzw. fast kaus. (MHT 3, S. 266f; vgl. B εἰς 6a) *auf (eure) Umkehr
hin, als Bestätigung für eure Umkehr* (NGÜ). **ὀπίσω** uneig. Präp. (A183) *hin-
ter;* (zeitl.) *nach.* **ἐρχόμενος** Ptz., subst.; Präs. Ptz. hier nachzeitig (BDR
§339[7]; vgl. A285). **ἰσχυρότερος** Komp. v. ἰσχυρός *stark, mächtig.* **μού**
gen. comparationis (A168) *als ich.* **οὗ** *dessen* (Schuhe) bzw. (idiomatischer)
diesem/ihm (... die Schuhe) (rel. Verschränkung, A364b). **ἱκανός** *hinlänglich;
tauglich;* hier etwa *würdig, gut genug* (m. Inf. als Obj. 2. Grades; H-S §219; vgl.
A275). **ὑπό-δημα**[3] *Sandale, Schuh.* **βαστάσαι** Aor. Inf. βαστάζω[108]
aufheben; tragen; wegtragen, wegschaffen; hier *abnehmen = ausziehen* (B 3a) od.
nachtragen (vgl. Menge); das Lösen u. Nachtragen der Sandalen gehörte zum
Dienst eines Sklaven (EWNT 1, Sp. 499). **αὐτός** betont (A122 u. 124). **βαπ-
τίσει** Fut. βαπτίζω. **ἐν πνεύματι ἁγίῳ** auch ohne Art. best. (BDR
§257[4]; vgl. H-S §133f). **πυρί** da das ἐν nicht wiederholt ist, bilden πνεύματι
ἁγίῳ u. πυρί wahrscheinl. eine Einheit (Harris, S. 1178; nach Davies-Allison,
Mt 1, S. 317, ein Hendiadyoin [A378]), wobei das Feuer vor allem ein Bild der
12 Reinigung bzw. Läuterung ist (viell. gleichzeitig auch des Gerichts). **12 οὗ**
seine (Worfschaufel) (rel. Anschluß, A364a). **πτύον** *Worfschaufel* (m. der man
das Getreide zur Reinigung v. Spreu u. Staub gegen den Wind wirft); erg. ἐστίν
(A78). **δια-καθαριεῖ** Fut. -καθαρίζω[95] *gründlich säubern/reinigen.*
ἅλων[4] ωνος ἡ *Tenne* (= Dreschplatz), auch *das ausgedroschene* (noch auf der
Tenne liegende) *Getreide.* **συν-άξει** Fut. -άγω. **σῖτος** *Weizen, Getreide.*
ἀπο-θήκη *Scheune, Speicher.* **ἄχυρον** *Spreu.* **κατα-καύσει** Fut.
-καίω[10] *niederbrennen,* (etwas) *verbrennen.* **πυρί** dat. instr. (A176); *mit/in
Feuer.* **ἄ-σβεστος**[11] (< σβέννυμι löschen) *unauslöschlich.*
13 **13 τότε** V. 5. **παρα-γίνομαι** V. 1. **Ἰορδάνης** V. 5. **τοῦ** m. Inf.
fin. (A281). **βαπτισθῆναι** Aor. Inf. Pass. βαπτίζω; zum Pass. vgl. V. 6.
14 **14 δι-ε-κώλυεν** Ipf. δια-κωλύω *hindern;* hier konatives Ipf. (H-S 198d;
A237c) *er versuchte,* ihn *(davon) abzuhalten* (impliziert: da Jesus ja keiner Um-

kehr bedurfte). **λέγων** Ptz., mod. **ἐγώ** ... **σύ** betont (A122). **χρείαν**
ἔχω *nötig haben,* m. Inf.; hier *ich habe es (eigentlich) nötig, ich hätte es nötig.*
βαπτισθῆναι Aor. Inf. Pass. **15 ἀπο-κριθείς** Aor. Ptz. Pass. (ohne 15
Pass.-Bdtg.) -κρίνομαι, pleon. (A297,2); ἀποκριθείς ... εἶπεν *er antwortete.*
ἄφ-ες Aor. Imp. -ίημι hier *geschehen lassen* (B 4). **ἄρτι** *jetzt; sogleich;* hier
sofort (B 2) od. – wohl besser – *für diesmal* (Davies-Allison, Mt 1, S. 324). **οὕ-**
τως best. πληρῶσαι näher. **πρέπον** Ptz. πρέπω *sich ziemen;* πρέπον
ἐστίν (umschrieb. Präs. [A249a]) *es schickt sich, es ziemt sich,* τινί *für jmdn.,* m.
flgd. Inf.; οὕτως πρέπον ἐστὶν ἡμῖν *es ist richtig/erforderlich, daß wir* (wohl
im Sinn v. „wir beide") *auf diese Weise* (d.h. dadurch [u.a.], daß ich von dir ge-
tauft werde). **πληρῶσαι** Aor. Inf. πληρόω. **δικαιοσύνη** hier *Gerechtig-*
keit im Sinn v. Gerechtigkeitsforderung Gottes, Inhalt seines Willens; πληρῶ-
σαι πᾶσαν δικαιοσύνην *alle Gerechtigkeit erfüllen* etwa = *alles erfül-*
len/tun, was gerecht ist (vgl. BDR §275[2]) bzw. *was Gott fordert.* **ἀφ-ίησιν** hist.
Präs. (A235); τότε ἀφίησιν αὐτόν *da gab er/Johannes ihm nach* (Menge), *da*
willigte Johannes ein (NGÜ). **16 βαπτισθείς** Aor. Ptz. Pass., temp. **ἀν-έ-** 16
βη Aor. ἀνα-βαίνω; βαπτισθεὶς ὁ Ἰησοῦς εὐθὺς ἀνέβη ἀπὸ τοῦ
ὕδατος καὶ ἰδού ... *als Jesus getauft worden und eben aus dem Wasser*
gestiegen war, da (plötzlich) ... (εὐθύς best. die ganze temp. Konstruktion näher;
vgl. Menge) od. *sobald Jesus getauft war, stieg er aus dem Wasser; da (plötzlich)* ...
(εὐθύς ist zu ἀνέβη zu ziehen). **ἠν-ε-ῴχθησαν** Aor. Pass. (m. dreifachem
Aug.) ἀν-οίγω; καὶ ἰδοὺ ἠνεῴχθησαν αὐτῷ (dat. commodi, A173) οἱ
οὐρανοί *da öffnete sich (plötzlich) der Himmel über ihm* (wörtl. *für ihn*). **εἶ-**
δεν Subj. Johannes od. Jesus (dann ἐπ' αὐτόν *auf sich* [A126c]). **κατα-**
βαῖνον Ptz. -βαίνω, AcP (A300). **ὡσ-εί** *wie.* **περιστερά** *Taube.* **ἐρ-**
χόμενον Ptz. ἔρχομαι, AcP (A300). **17 καὶ ἰδού** etwa: *und* eine Stimme 17
kam (B 2; vgl. BDR §128[12]). **λέγουσα** Ptz. Fem. λέγω, attr., mod. od. (nach
ἰδού ohne Kopula; A78d) umschrieb. Ipf. (A249a); ἰδοὺ φωνή ... λέγουσα
eine Stimme kam ..., die sprach od. ... *kam und sprach* od. *eine Stimme ... sprach;*
die flgd. Worte greifen messianische u. verwandte Themen aus dem AT auf
(David bzw. sein Erbe als „Gottes Sohn": Ps 2,7; 2Sam 7,13f; Ps 89,27ff; Israel
als „Gottes Sohn", vgl. zu 2,15; der v. Gott erwählte, m. seinem Geist ausgerü-
stete „Knecht Jahwes", durch den Gottes Gerechtigkeit u. Heil weltweite Ver-
breitung erfährt: Jes 42,1-4 [vgl. auch Mt 12,18-21]). **ἀγαπητός** hier wohl im
Sinn des seit Homer bezeugten, in der LXX sehr häufigen (für hebr. יָחִיד *jāḥîḏ*
einzig; dafür auch μονογενής *einzig, einzigartig*) Bezugs auf den einzigen (u.
daher bes. geliebten) Sohn; viell. aber besser (od. gleichzeitig?) „geliebt" im
Sinn v. „erwählt" (12,18 hat ἀγαπητός statt des ἐκλεκτός *erwählt* der LXX;
Davies-Allison, Mt 1, S. 340f). **εὐ-δόκησα** Aor. -δοκέω (vgl. δοκέω)
Wohlgefallen haben an, zufrieden sein mit, m. ἐν; Aor. Ind. hier wohl im Sinn des
zeitlos gebrauchten hebr. Pf. (A241c) *ich habe Wohlgefallen, ich habe Freude.*

4 **ἀν-ήχθη** Aor. Pass. -ἄγω[59] *hinauf/heraufführen, -bringen* (hier: wohl v.
Jordantal in das [mehrere hundert Meter höher] gelegene Hochland; vgl. B 1).
τὸ πνεῦμα *der Geist (Gottes)* (vgl. 3,16). **πειρασθῆναι** Aor. Inf. Pass.
πειράζω (vgl. A33[91ff]) *versuchen* (hier im Sinn v. zur Sünde verleiten) (vgl.
B 2d); fin. (A276). **διά-βολος** (< δια-βάλλω verleumden) *Verleumder;*
2 *Teufel.* **2 νηστεύσας** Aor. Ptz. νηστεύω (< νῆστις nüchtern [= ohne
zu essen]) *fasten;* temp. **τεσσεράκοντα**[19] *vierzig;* ἡμέρας τεσσεράκον-
τα καὶ νύκτας τεσσεράκοντα Akk. der zeitl. Ausdehnung (A148) *vierzig
Tage und vierzig Nächte (lang).* **ὕστερος** *späterer, letzter;* Ntr. als Adv. *später,
danach; zuletzt.* **ἐ-πείνασεν** Aor. πεινάω[34] *hungern, Hunger leiden.*
3 **3 προσ-ελθών** Aor. Ptz. -έρχομαι, temp. (A291,1 Anm. 1). **πειράζων**
Ptz., subst. *(der) Versucher.* **εἰ** m. Ind. indefiniter Fall (A342). **εἰπέ** Aor. Imp.
λέγω hier *befehlen* (B εἶπον 3c). **ἵνα** hier *daß* (A328; bez. das Befohlene).
οἱ λίθοι οὗτοι *diese Steine hier* (Demonstrativum weist in die außersprachl.
4 Situation). **γένωνται** Aor. Konj. Med. γίνομαι. **4 ὁ δέ** *doch dieser/er*
(A102). **ἀπο-κριθείς** Aor. Ptz. Pass. (ohne Pass.-Bdtg.) -κρίνομαι, pleon.
(A297,2); ἀποκριθείς ... εἶπεν *er antwortete.* **γέ-γραπται** Pf. (A231)
Pass. γράφω, Pf. Pass. term. tech. zur Einführung v. Schriftzitaten (B 2c): *in der
Schrift heißt es/steht;* zitiert wird Dt 8,3. **ἐπί** m. Dat. hier *(auf Grund) von*
(B II1bγ). **ἄρτος** hier im Sinn v. Nahrung (pars pro toto; A382a) gemeint.
ζήσεται Fut. Med. (m. akt. Bdtg.) ζάω; Fut. hier wohl im Sinn des zeitlos-
durativ gebrauchten hebr. Ipf. (vgl. H-S §202i) *lebt* od. mod. (A247) *soll/kann
leben.* **ὁ ἄνθρωπος** genereller Sg. (A101; 104) *der Mensch = die Menschen.*
ἐκ-πορευομένῳ Ptz. -πορεύομαι *hinausgehen, herauskommen;* attr.; ἐπὶ
παντὶ ῥήματι ἐκπορευομένῳ διὰ στόματος θεοῦ *von jedem Wort, das
durch/aus Gottes Mund kommt (= das Gott spricht)*, d.h. (u.a.) dadurch, daß man
5 auf Gottes Wort hört u. es beherzigt. **5 παρα-λαμβάνει** hist. Präs.
(A235). **ἡ ἁγία πόλις** *die heilige Stadt,* d.h. Jerusalem. **ἔ-στησεν** Aor.
ἵστημι [Var. hist. Präs. (A235)]. **πτερύγιον** allgem. *(äußerster) Rand, Ab-
schluß;* bei Bauwerken *Türmchen, Dachspitze, Zinne* o.ä.; die Bdtg. v. τὸ πτερύ-
γιον τοῦ ἱεροῦ ist unsicher; übers. etwa *die höchste Stelle des Tempels* od. (so
GN) *hoch oben auf den Tempel* (zu den verschiedenen Erklärungen s. EWNT 3,
6 Sp. 462f). **6 λέγει** hist. Präs. (A235). **βάλε** Aor. Imp. βάλλω; βάλλω
ἑαυτὸν κάτω *sich hinabstürzen* (B 1b). **κάτω** *unten; nach unten.* **γέ-γραπ-
ται** V. 4; zitiert wird Ps 91,11f. **ὅτι** wohl recitativum = Doppelpunkt (A333).
ἐν-τελεῖται Fut. Med. -τέλλομαι[115] *befehlen, gebieten;* τοῖς ἀγγέλοις
αὐτοῦ ἐντελεῖται περὶ σοῦ *er wird deinetwegen seinen Engeln Befehl
geben/seine Engel entsenden.* **ἀροῦσιν** Fut. αἴρω. **μή-ποτε** *damit nicht
(etwa)* (A339). **προσ-κόψῃς** Aor. Konj. -κόπτω[56] *anstoßen; sich stoßen an;*
μήποτε προσκόψῃς πρὸς λίθον τὸν πόδα σου *damit du mit deinem Fuß
7 nicht an einen Stein stößt* (bild. = damit du dich nicht verletzt). **7 ἔ-φη** Ipf.

φημί. **πάλιν** hier *andererseits auch, aber auch* (vgl. B 4). **ἐκ-πειράσεις**
Fut. -πειράζω (vgl. A33[91ff]) *herausfordern, auf die Probe stellen, versuchen;* Fut.
m. οὐκ bez. hier (wie in der LXX) ein striktes Verbot (Hebr.; A247d).
8 πάλιν bei einem sich ähnl. zutragenden Geschehen (B 2), übers. (idioma- 8
tisch) hier etwa *zuletzt* (GN) od. *schließlich* (NGÜ). **παρα-λαμβάνω** V. 5.
διά-βολος V. 1. **ὑψηλός** *hoch.* **λίαν** *sehr, ganz.* **δείκνυμι** *zeigen, sehen
lassen;* hist. Präs. (A235). **καὶ τὴν δόξαν αὐτῶν** *mit ihrer Herrlich-
keit/Pracht* (vgl. B δόξα 2), *in ihrer Größe und Schönheit* (GN). **9 δώσω** Fut. 9
δίδωμι; viell. mod. Fut. (A247a). **πεσών** Aor. Ptz. πίπτω, temp. (A291,1
Anm. 1); ἐὰν πεσὼν προσκυνήσῃς μοι *wenn du dich (vor mir) niederwirfst
und mich anbetest.* **προσ-κυνήσῃς** Aor. Konj. -κυνέω. **10 λέγει** V. 6. 10
ὕπ-αγε Imp. (vgl. A266a). [Var. ὀπίσω uneig. Präp. (A183) *hinter;* ὕπαγε
ὀπίσω μου *weiche hinter mich zurück, geh mir aus den Augen* (B 2aα).] **σα-
τανᾶ** Vok. σατανᾶς[1] ᾶ *Widersacher; Satan,* der Widersacher Gottes. **γέ-
γραπται** V. 4; es wird Dt 6,13 sinngemäß zitiert. **προσ-κυνήσεις** Fut.;
Fut. bez. hier ein striktes Gebot (Hebr.; A247d), auch beim flgd. Verb. **λα-
τρεύσεις** Fut. λατρεύω (Gott) *dienen, verehren.* **11 ἀφ-ίησιν** 3. Sg. 11
-ίημι hier *verlassen* (B 3a), *ablassen von;* hist. Präs. (A235). **διά-βολος** V. 1.
προσ-ῆλθον Aor. -έρχομαι. **διηκόνουν** Ipf. (augmentiert so, als wäre
das Verb ein Kompositum δια-κονέω) διακονέω *(be)dienen* (bes. v. der Be-
wirtung), *sich kümmern um, versorgen.*

12 ἀκούσας Aor. Ptz. ἀκούω, temp. **παρ-ε-δόθη** Aor. Pass. 12
παρα-δίδωμι hier *gefangennehmen* (vgl. B 1b); Aor. Ind. bez. hier Vorvergan-
genheit (vgl. H-S §199n; A224; Tempus wie in der entsprechenden direkten
Rede [A329]). **ἀν-ε-χώρησεν** Aor. ἀνα-χωρέω *weggehen, sich entfernen;*
hier etwa *sich zurückziehen* (B 2b). **13 κατα-λιπών** Aor. Ptz. -λείπω[44] 13
(einen Ort) *verlassen;* temp. (A291,1 Anm. 1). **Ναζαρά** = Ναζαρέθ/Να-
ζαρέτ ἡ 2,23. **ἐλθών** Aor. Ptz. ἔρχομαι, temp. (A291,1 Anm. 1). **κατ-
ῴκησεν** Aor. -οικέω; Aor. hier wohl ingr. (A240b); καταλιπών ... ἐλθὼν
(vgl. A295) κατῴκησεν εἰς *er verließ ... ging und nahm seinen Wohnsitz in = er
verließ ... und verlegte seinen Wohnsitz nach* (Menge). **εἰς** für erwartetes ἐν
(B 9a; vgl. A184b), doch bei κατοικέω durchaus klass. (BDR §205[4]). **Κα-
φαρναούμ** indekl., hier Akk., *Kafarnaum,* Ort am Nordwestufer des See
Gennesaret (GBL 2, S. 764-768). **παρα-θαλάσσιος** *am See/Meer* (hier: am
See Gennesaret) *gelegen.* **ὅριον** *Grenze;* NT nur Pl. *Gebiet.* **Ζαβουλών**
indekl., hier Gen. (ebenso flgd. Wort), *Sebulon,* **Νεφθαλίμ** *Naftali,* die bei-
den nordöstl. Stämme Altisraels, deren Gebiet westl. des Jordans lag, später als
Ober- u. Untergaliläa bekannt (vgl. GBL 1, S. 406f). **14 πληρωθῇ** Aor. 14
Konj. Pass. πληρόω. **ῥηθέν** Aor. Ptz. Pass. Ntr. λέγω, subst.; wohl pass. di-
vinum (A76b; vgl. 1,22; 2,15). **Ἠσαΐας**[1] ου 3,3. **λέγοντος** Ptz. λέγω,
part. coni. (A287), temp.; das flgd. Zitat aus Jes 8,23-9,1 (z.T. dem MT näher als

der LXX) gehört zum Schlußteil eines größeren m. Jes 7,1 beginnenden Text-
komplexes, der vom Kommen des „Immanuel“ (vgl. Mt 1,23) spricht (Carson,
15 Mt, S. 116, vgl. S. 79f). **15 γῆ** (beidemal) auch ohne Art. best. (A106c).
ὁδόν hebr. lok. Akk., wohl ungriech. als Präp. gebraucht *gegen – zu* (B 1a;
BDR §161[2]); ὁδὸν θαλάσσης wohl *gegen (den) See hin* od. *an der Meeresstra-*
ße (wohl Verzweigung der v. Ägypten nach Norden führenden Hauptstraße
[„via maris“]; vgl. Y. Aharoni, The Land of the Bible [Philadelphia, [2]1979],
S. 45f), viell. (zur Präzisierung des in der LXX mehrdeutigen πέραν τοῦ
Ἰορδάνου) *gegen Westen, auf der Westseite* (vgl. Ez 41,12 MT). **πέραν** Adv.
jenseits; uneig. Präp. (A183) *auf der/die andere(n) Seite von;* πέραν τοῦ Ἰορ-
δάνου wie ein indekl. Eigenname für das Land östl. des Jordans, *das Gebiet*
jenseits des Jordans, Peräa, in der LXX (wie im MT) aber öfter einfach *die*
Gegend am Jordan (vgl. Köhler-Baumgartner, S. 738). **Ἰορδάνης**[1] *Jordan.*
Γαλιλαία τῶν ἐθνῶν *das Galiläa* (eig. im Hebr. „Kreis, Bezirk“) *der*
„Heiden“ (am weitesten v. Juda entfernt, war Galiläa den „Heiden“ am nächsten
u. somit deren Einfluß am stärksten ausgesetzt); Galiläa gehörte zu den ersten
altisraelitischen Gebieten, die die Schrecken einer Verschleppung ins Exil
erlebten (732 v. Chr. unter dem assyrischen Herrscher Tiglat-Pileser III. [2Kön
15,29]); nun zählt es zu den ersten, denen das Licht der Erlösung aufgeht (vgl.
16 zu 2,18). **16 καθήμενος** Ptz. κάθημαι hier *wohnen* (B 1b), *leben;* attr.
σκότος[7] *Dunkelheit; Finsternis* (Bereich des Gottfeindl. bzw. der Gottesferne)
[Var. σκοτία synonym, LN 14.53 u. 88.125]. **καθημένοις** Ptz., subst.
χώρα *Land* (Ggs. *Meer* od. *Stadt*), *Landschaft, Gegend.* **σκιά** *Schatten;* ἐν
χώρᾳ καὶ σκιᾷ θανάτου wohl Hendiadyoin (A378) *im Land des Todes-*
schattens (bez. wohl die Gottesferne m. ihren Folgen [vgl. EWNT 3, Sp. 605]).
ἀν-έ-τειλεν Aor. ἀνα-τέλλω[114] (v. Sonne, Licht usw.) *aufgehen, aufgehen*
lassen; εἶδεν u. ἀνέτειλεν geben das hebr. „prophetische“ Pf. wieder, das fut.
Bdtg. hat: die Verwirklichung des angekündigten Geschehens ist so sicher, daß
dieses als bereits vollendet bez. wird (Joüon-Muraoka §112h). **αὐτοῖς** steht
pleon. (BDR §297[3]; A121).
17 **17 ἀπὸ τότε** *von jener Zeit an* (B τότε 1a; unklass. Formel, BDR
§459[4]). **ἤρξατο** Aor. Med. ἄρχω. **κηρύσσειν** Inf. **λέγειν** Inf.; καὶ λέ-
γειν führt (entsprechend einem λέγων [A297,1] bzw. einem ὅτι recitativum
[A333]) den Inhalt der Verkündigung ein = Doppelpunkt. **μετα-νοεῖτε**
Imp. -νοέω *seinen Sinn ändern, Reue empfinden, umkehren.* **ἤγγικεν** Pf.
(A242) ἐγγίζω.
18 **18 περι-πατῶν** Ptz. -πατέω, temp. **παρά** m. Akk. hier *entlang*
(B III1a). **ἡ θάλασσα τῆς Γαλιλαίας** *der See von Galiläa* (= See Gen-
nesaret). **λεγόμενον** Ptz. Pass. λέγω, attr. *mit Beinamen, der auch ... ge-*
nannt wird (BDR §412[4]). **Ἀνδρέας**[1] ου *Andreas,* einer der zwölf Jünger
Jesu. **βάλλοντας** Ptz. βάλλω, AcP (A300) od. attr. **ἀμφί-βληστρον**

rundes *Wurfnetz* des Fischers. **ἦσαν** Ipf. εἰμί. **ἁλιεύς**[8] (< ἅλς Meer) *Fi-*
scher. **19 λέγει** V. 6. **δεῦτε** Adv. (als Pl. zu δεῦρο) *kommt her!, auf!* (vgl. 19
A254/266). **ὀπίσω** uneig. Präp. (A183) *hinter – her;* δεῦτε ὀπίσω μου *auf,*
mir nach! (B 2aβ) bzw. *kommt, folgt mir nach!* **ποιήσω** Fut. ποιέω hier m.
doppeltem Akk. (A97,15); viell. mod. Fut. (A247a). [Var. γενέσθαι Aor.
Med. γίνομαι; Präd. des AcI abhängig v. ποιήσω (ὑμᾶς wäre dann Subj.
des AcI, ἁλιεῖς dazugehöriges Präd.-Nom. im Akk.; vgl. A269).] **ἁλιεῖς ἀν-**
θρώπων *„Menschenfischer",* Bild für solche, die Menschen für Jesus u. seine
Sache „einfangen"/gewinnen. **20 οἱ δέ** *(und) diese/sie* (A102). **ἀφ-έντες** 20
Aor. Ptz. -ίημι hier u. V. 22 *stehen-, liegenlassen* (B 3a); temp. (A291,1
Anm. 1). **δίκτυον** *Netz* (des Fischers). **ἠκολούθησαν** Aor. ἀκολουθέω.
21 προ-βάς Aor. Ptz. -βαίνω[139] *voranschreiten, weitergehen;* temp. **ἐκεῖ-** 21
θεν[18] *von dort.* **Ζεβεδαῖος** *Zebedäus;* τὸν τοῦ Ζεβεδαίου (usuelle) El-
lipse v. „Sohn" (A156 u. 376): *den Sohn des Zebedäus.* **κατ-αρτίζοντας**
Ptz. -αρτίζω *in Ordnung bringen, instand setzen;* AcP (A300) od. attr. **ἐ-κάλε-**
σεν Aor. καλέω; ἐκάλεσεν αὐτούς *er (be)rief (auch) sie* (vgl. B 1e; meint
inhaltl. dasselbe wie V. 19).

23 περι-ῆγεν Ipf. -άγω *herumführen; herum-, umhergehen, umherziehen* 23
(B 2). **διδάσκων** Ptz., mod. **ἐν ταῖς συναγωγαῖς αὐτῶν** *in ihren*
Synagogen sinngemäße Konstruktion (A96; BDR §282[2]) = *in den Synagogen der*
Galiläer, übers. etwa *in den dortigen Synagogen* (Menge). **κηρύσσων** Ptz.,
mod. **τὸ εὐαγγέλιον τῆς βασιλείας** gen. obi. (BDR §163[2]; A158) *die*
Frohbotschaft von der Königsherrschaft (Gottes). **θεραπεύων** Ptz., mod.
πᾶς hier *jede Art von* (B 1aβ). **νόσος** ἡ *Krankheit.* **μαλακία** *(körperliche)*
Schwäche, Krankheit, Leiden.

24 ἀπ-ῆλθεν Aor. -έρχομαι hier (v. Gerücht) *ausgehen und sich ver-* 24
breiten (B 3) [Var. ἐξ- synonym (vgl. A184a)]. **ἀκοή** *(das) Hören; Gehör; Ge-*
hörtes, Kunde; Gerücht, Ruf; καὶ ἀπῆλθεν ἡ ἀκοὴ αὐτοῦ εἰς ὅλην τὴν
Συρίαν *und die Kunde von ihm* (A158; od. *und sein Ruf) ging (von Galiläa) aus*
und verbreitete sich durch ganz Syrien = so wurde er über Galiläa hinaus in ganz
Syrien bekannt (NGÜ). **Συρία** *Syrien,* d.h. hier wohl die nördl. (u. östl.) v. Ga-
liläa gelegene Landschaft, evtl. aber die röm. Provinz (umfaßte neben Syrien
auch Phönizien, das östl. Zilizien, Samaria, Idumäa u. Judäa [EWNT 3,
Sp. 746f]). **προσ-ήνεγκαν** Aor. -φέρω; hier 3. Pl. im Sinn v. „man"
(A76a). **κακῶς** Adv. *schlimm;* ἔχω κακῶς *mir geht es schlecht, ich bin krank,*
ich leide (vgl. B ἔχω II1). **ἔχοντας** Ptz. ἔχω, subst. **ποικίλος** *sehr bunt;*
übertr. *vielfältig, verschiedenartig.* **νόσος** V. 23. **βάσανος** ἡ *Folter, Qual,*
(Menge:) *schmerzhaftes Übel.* **συν-εχομένους** Ptz. Pass. -έχω *zusammen-*
halten; festhalten; (B 5:) *quälen;* m. dat. instr. (A176) *durch/von;* wohl subst.
ohne Art. (A304) als App. (A70) zu πάντας τοὺς κακῶς ἔχοντας *alle Lei-*
denden, (näml.) *Menschen, die von ... geplagt wurden* (analog die beiden flgd. Ptz.

u. παραλυτικούς). **δαιμονιζομένους** Ptz. δαιμονίζομαι *dämonisch*
besessen sein; subst. (A304) *Besessene.* **σεληνιαζομένους** Ptz. σεληνιά-
ζομαι (< σελήνη Mond) *„mondsüchtig" sein, an Epilepsie leiden;* subst.
„Mondsüchtige", Epileptiker; der Ausdruck kann wahrscheinl. verschiedenste
Arten v. Geisteskrankheit od. irrationalem Verhalten (m. od. ohne dämonische
Einwirkung) bezeichnen. **παρα-λυτικός** *Gelähmter.* **ἐ-θεράπευσεν**
25 Aor. θεραπεύω. **25 ἠκολούθησαν** V. 20. **Δεκά-πολις**[8] *die Dekapolis,*
Zehnstädtegebiet (ein Bund v. zehn Städten im Ostjordanland [KP 1, Sp. 1436f]).
πέραν V. 15; (erg. hier ἀπό [BDR §479[2]]) πέραν τοῦ Ἰορδάνου hier
wohl *das* (bzw. hier im Sinn v. *aus dem*) *Gebiet jenseits des Jordans,* (hier *aus*)
Peräa.

5 **ἰδών** Aor. Ptz. ὁράω, temp. **ἀν-έ-βη** Aor. ἀνα-βαίνω. **εἰς τὸ**
ὄρος *auf den* (d.h. etwa: auf den in der Nähe liegenden) *Berg* (B ὁ II1aα),
übers. (idiomatisch) *auf einen Berg,* od. *ins Gebirge/Bergland* (Menge). **καθί-**
σαντος Aor. Ptz. καθίζω, gen. abs. (A288f), temp.; sich zum Lehren zu set-
zen, entsprach zeitgenössischer Sitte (EWNT 2, Sp. 552). **προσ-ῆλθαν** Aor.
(vgl. H-S §105g) -έρχομαι. **οἱ μαθηταὶ αὐτοῦ** *seine Jünger,* hier wohl im
weiteren Sinn (vgl. 10,1-4), d.h. aus der ihm folgenden Menschenmenge all die,
die entschlossen waren, ihm nachzufolgen (den Lesern v. Mt sollen sie als Para-
2 digma für ihr Christsein dienen [Carson, Mt, S. 128]). **2 ἀν-οίξας** Aor. Ptz.
-οίγω, temp. (A291,1 Anm. 1). **ἐ-δίδασκεν** Ipf. διδάσκω; καὶ ἀνοίξας
τὸ στόμα αὐτοῦ ἐδίδασκεν αὐτοὺς λέγων *und er tat seinen Mund auf*
(Redewendung [nach ZG „participium graphicum"; vgl. A296], die die Feier-
lichkeit der Rede unterstreicht; Davies-Allison, Mt 1, S. 425) *und lehrte sie:*
(zum Ipf. s. A238).

3 **3 μακάριοι** erg. εἰσίν (A78a) etwa *zu beneiden, zu beglückwünschen,*
glücklich zu preisen bzw. *gesegnet* (bibl. [LXX] u. außerbibl. gebraucht; vgl. B 1b)
sind; es folgt weitgehend paradoxe Ausdrucksweise (vgl. H-S §296k; vgl. zu wei-
teren Stilmerkmalen BDR §462[4] [Asyndeton; vgl. H-S §293e] u. BDR §488[7] [π-
Alliteration; vgl. H-S §294a]); V. 3-5 enthalten Anklänge an Jes 61,1-3, V. 5 bes.
auch an Ps 37,11. **πτωχός** *bettelnd, auf fremde Untersützung angewiesen, arm*
(B 1); subst. (A105). **τῷ πνεύματι** dat. respectus (A178) *im Geist* (d.h. was
ihre Haltung Gott gegenüber [u. damit ihre Beziehung zu ihm] angeht: sie sind
sich bewußt, daß sie m. leeren Händen vor ihm stehen u. daher ganz auf seine
Hilfe angewiesen sind). **αὐτῶν ἐστιν** gen. poss. (A154) *ihnen gehört* das
„Himmelreich", d.h. sie sind es, die teilhaben an der heilvollen Herrschaft
Gottes, die m. dem Kommen Jesu, des Messias, anbricht, sich aber erst am Ende
der Zeit vollenden wird; die Wiederholung dieser Aussage in V. 10b (Inclusio
[vgl. H-S §294t) unterstreicht die thematische Einheit des Abschnittes.
4 **4 πενθοῦντες** Ptz. πενθέω *klagen, trauern, traurig sein* (hier wahrscheinl.
über ihre Not einschließl. ihrer Schuld); subst. **αὐτοί** (V. 4-9) betont

(A124a). **παρα-κληθήσονται** Fut. Pass. -καλέω; wohl pass. divinum
(A76b) *sie werden* (v. Gott) *getröstet werden.* **5 πραΰς**[10] πραεῖα πραΰ 5
sanftmütig, freundlich, mild; subst. (A105) *die Sanftmütigen* (gemeint sind Men-
schen, die darauf verzichten, sich rücksichtslos u. gewaltsam gegen andere
durchzusetzen). **κληρο-νομήσουσιν** Fut. -νομέω (< κληρο-νόμος Er-
be, Besitzer) *erben; als Anteil/Besitz erhalten* (hier als am „Himmelreich“ Betei-
ligte). **γῆ** hier: die *Erde* (über die sich das „Himmelreich“ schließl. ausdehnt),
evtl.: das *(verheißene) Land* (= die Gesamtheit der Segnungen des neuen Is-
raels). **6 πεινῶντες** Ptz. πεινάω *hungern, Hunger leiden;* übertr. *hungern* 6
nach = heftig verlangen/sich sehnen nach; subst. **διψῶντες** Ptz. διψάω *Durst
haben;* übertr. *dürsten nach = heftig verlangen/sich sehnen nach;* subst. **τὴν δι-
καιοσύνην** *nach der Gerechtigkeit,* d.h. in ihrem eigenen Leben (danach
nämlich, ganz Gottes Willen zu tun) od. allgemeiner (danach, daß sich Gottes
Gerechtigkeit überall durchsetzt, u.a. durch sein heilvolles Eingreifen) od.
(viell. am besten) beides. **χορτασθήσονται** Fut. Pass. χορτάζω (vgl.
A33[91ff]) *satt machen, sättigen;* wohl pass. divinum (A76b). **7 ἐλεήμων**[11] 7
barmherzig, mitleidsvoll; subst. (A105) *die Barmherzigen* (= solche, die anderen
gegenüber Mitgefühl u. Verständnis zeigen, stets bereit, Schuld zu vergeben u.
Not zu lindern). **ἐλεηθήσονται** Fut. Pass. ἐλεέω *sich erbarmen, Erbarmen
haben;* Pass. *Erbarmen finden;* pass. divinum (A76b). **8 καθαρός** *rein.* **τῇ** 8
καρδίᾳ dat. respectus (A178); οἱ καθαροὶ τῇ καρδίᾳ *die, die im Herzen
rein sind* bzw. *die, die ein reines Herz haben* (d.h. u.a. die, die frei v. Heuchelei u.
moralischem Schmutz sind). **ὄψονται** Fut. Med. (m. akt. Bdtg.) ὁράω; αὐ-
τοὶ τὸν θεὸν ὄψονται *sie werden Gott sehen* (d.h. persönl. Gemeinschaft m.
ihm haben, zunächst im „Glauben“, schließl. in unmittelbarem „Schauen“ [vgl.
1Jh 3,1-3 u. Apk 21,22-22,5]). **9 εἰρηνο-ποιός**[11] *Friedensstifter* (Jünger 9
Jesu, des „Friedefürsten“ [vgl. Jes 9,5f], verbreiten seinen Frieden, u.a. indem
sie die Botschaft vom Frieden m. Gott weitertragen, aber auch dadurch, daß sie
Spaltungen, Bitterkeit u. Zank entgegenwirken u., wo immer möglich, Frieden
stiften). **κληθήσονται** Fut. Pass. καλέω; wohl pass. divinum (A76b) *sie
werden* (v. Gott) *genannt werden* (u. es daher sein [vgl. B 1aδ]; sie stehen in bis
dahin unbekannter engster Beziehung zu ihm u. widerspiegeln seinen Charakter
[vgl. 5,48]). **10 δε-διωγμένοι** Pf. Ptz. Pass. διώκω, subst.; οἱ δεδιωγμέ- 10
νοι *die, die Verfolgung erlitten haben/erleiden* (u. nun die Wunden davon gleich-
sam m. sich herumtragen [vgl. ZG; H-S §194k/l u. 206g; A231]), übers. aber am
besten (idiomatischer, ohne exegetisch relevante Btdgs.-Verschiebung) *die, die
verfolgt werden.* **ἕνεκεν** uneig. Präp. (A183) *wegen, um ... willen.* **11 ὀνειδί-** 11
σωσιν Aor. Konj. ὀνειδίζω (vgl. A33[91ff]) *schmähen, schelten, beschimpfen;*
hier 3. Pl. im Sinn v. „man“ (A76a; gilt auch für die beiden nächsten Verb-
formen sowie für ἐδίωξαν in V. 12). **διώξωσιν** Aor. Konj. διώκω [Var.
διώξουσιν Fut. (nachklass., vgl. BDR §382[8], A336b)]. **εἴπωσιν** Aor. Konj.

λέγω; λέγω τι κατά τινος *gegen jmdn. etwas sagen, jmdm. etwas nachsagen.*
πᾶν πονηρόν *alles erdenkbare Böse* (B πονηρός 2c; vgl. πᾶς 1aβ).
ψευδόμενοι Ptz. ψεύδομαι *lügen, belügen;* mod. od. kond. *wobei/falls sie*
lügen, zu Unrecht. **ἕνεκεν ἐμοῦ** *um meinetwillen* fast = *weil ihr zu mir gehört*
12 (GNB). **12 χαίρετε** Imp. **ἀγαλλιᾶσθε** Imp. Med. ἀγαλλιάω *jubeln,*
sich freuen, frohlocken. **μισθός** *Lohn* (eig. „Arbeitslohn“; übertr.: „Beloh-
nung“). **πολύς** erg. (A78) ἐστίν bzw. ἔσται (Fut. v. εἰμί) *ist groß/wird groß*
sein. **ἐ-δίωξαν** Aor. διώκω. **τοὺς πρὸ ὑμῶν** Attr. (A84): die Propheten
vor euch/die vor euch (waren/wirkten) (die Jünger Jesu werden in eine Reihe m.
den atl. Propheten gestellt).
13 **13 ὑμεῖς** betont (A122). **ἅλας**[3] ατος τό (späte Form v. klass. ἅλς)
Salz, in der Antike unentbehrl. Würzmittel u. allgem. zum Konservieren ver-
wendet (KP 2, Sp. 1528); τὸ ἅλας τῆς γῆς *das Salz der/für die Welt* (= *für die*
Menschen; B γῆ 5b) hier wohl ein komplexes Bild: die Jünger Jesu sind für die
Welt das, was Salz für das Alltagsleben ist, wobei die dem Zerfall entgegenwir-
kende Kraft ihres Ethos u. die „Würze“ der durch sie vermittelten göttl. Weis-
heit zu den dominierenden Elementen zählen. **μωρανθῇ** Aor. Konj. Pass.
μωραίνω (vgl. A33[118ff]) *als Torheit entlarven;* Pass. hier *fade werden, den Ge-*
schmack/die Salzkraft verlieren (dadurch wohl, daß das Salz durch Vermischung
m. Fremdstoffen unbrauchbar gemacht wird). **ἁλισθήσεται** Fut. Pass. ἁλί-
ζω (vgl. A33[91ff]) (< ἅλς Salz) *salzen;* hier wohl mod. Fut. (A247); ἐν τίνι
(instr. [B ἐν III1a]) ἁλισθήσεται *womit soll/kann es gesalzen werden?* = *wo-*
mit soll es seine Salzkraft zurückerhalten? (Menge). **ἰσχύω** *stark/kräftig sein;*
hier *taugen zu* (B 2a). **εἰ μή** nach Neg. *außer* (B εἰ VI9a; A341); οὐδέν ... ἔτι
εἰ μή m. Inf. ... *zu nichts (anderem) mehr, als ... zu.* **βληθέν** Aor. Ptz. Pass.
Ntr. βάλλω, temp. (als dem καταπατεῖσθαι gleichgeordnet [+ „und“]
übers.; A291,1 Anm. 1) [Var. βληθῆναι Aor. Inf. Pass.]. **κατα-πατεῖ-**
σθαι Inf. Pass. -πατέω *zertreten.*
14 **14 ὑμεῖς** betont (A122). **κρυβῆναι** Aor. Inf. Pass. κρύπτω[57] *verber-*
gen; Aor. Pass. hier *sich verbergen, verborgen bleiben* (vgl. H-S §191e). **ἐπ-άνω**
uneig. Präp. (A183) *(oben) über, (oben) auf.* **κειμένη** Ptz. κεῖμαι (A32) *lie-*
15 *gen;* attr. od. kond. **15 καίω** *anzünden;* hier 3. Pl. im Sinn v. „man“ (A76a).
λύχνος *Lampe.* **μόδιος** (< lat. modius) *Scheffel* (Getreidemaß v. örtl.
unterschiedl. Größe), *Gefäß* (das einen Scheffel faßt); ὑπὸ τὸν μόδιον *unter*
den Scheffel (GN „kontextualisierend“: *unter eine Schüssel*). **λυχνία** *Leuchter*
(Ständer, an dem eine od. mehrere Lampen aufgehängt od. auf den sie gestellt
wurden), *Lampenständer* (NGÜ). **καί** (zweites) kons. (A311,2) *dann.* **λάμ-**
16 **πω** *leuchten.* **πᾶσιν τοῖς** (A105) **ἐν τῇ οἰκίᾳ** *allen im Haus.* **16 λαμ-**
ψάτω Aor. Imp. 3. Sg. **ὅπως** *damit.* **ἴδωσιν** Aor. Konj. ὁράω. **ὑμῶν**
τὰ καλὰ ἔργα *eure guten Taten* (d.h. ein Leben, das v. den Normen des
„Himmelreichs“ [s. 5,3-7,12] best. ist). **δοξάσωσιν** Aor. Konj. δοξάζω.

17 νομίσητε Aor. Konj. νομίζω (vgl. A33[91ff]) *meinen, glauben, an-* 17
nehmen; prohibitiver Konj. (A256). **κατα-λῦσαι** Aor. Inf. -λύω *niederrei-*
ßen; abschaffen, außer Geltung/Kraft setzen; fin. (A276). **ὁ νόμος καὶ** (bzw.
ἢ) **οἱ προφῆται** (daneben auch einfaches ὁ νόμος) übl. Bezeichnung für
die (atl.) Heilige Schrift. **πληρῶσαι** Aor. Inf. πληρόω; fin. (A276); die hier
anzunehmende Wortbdtg. ist umstritten; am besten geht man v. dem sonst in
Mt gebräuchl. *zur Erfüllung bringen* (d.h. [Geplantes/Angekündigtes] verwirkli-
chen) aus: Ziel des Kommens Jesu ist es, das, was die Schrift (direkt od. [in
Form v. Typologie o.ä.] indirekt) über ihn sagt, zu erfüllen, zu verwirklichen (er
ist das Ziel des ATs u. damit dessen autoritativster Ausleger; in ihm allein fin-
det es seine gültige Kontinuität u. Bdtg. [Carson, Mt, S. 142-145]). **18 παρ-** 18
έλθῃ Aor. Konj. -έρχομαι[187] *vorbei-, vorübergehen;* hier *vergehen, zu Ende ge-*
hen (v. Jod/Strichlein im Sinn v. *die Geltung verlieren, ungültig werden* [B 1bα]);
ἕως ἂν (A337) παρέλθῃ ὁ οὐρανὸς καὶ ἡ γῆ *bis der Himmel und die Erde*
(= das Universum; vgl. H-S §295r) *vergehen* (zum griech. Sg. s. A94). **ἰῶτα** τό
indekl., *Jota* (9. Buchstabe des griech. Alphabets), gemeint ist hier die hebr.
Entsprechung *Jod* (kleinster Buchstabe der hebr. Quadratschrift). **κεραία**
(< κέρας Horn) eig. „kleines Horn“, *Haken, Strichlein* (wohl kleinster Buch-
stabenteil der hebr. Quadratschrift: ein Zierstrich bzw. ein Verzierungskrön-
chen od. das unterscheidende Merkmal, das best. Buchstabenpaare [z.B. ד *d* u.
ר *r*] auseinanderhält? [vgl. EWNT 2, Sp. 531]); ἰῶτα ἓν ἢ μία κεραία οὐ
kein einziges Jod oder Strichlein (BDR §302[4]; vgl. A137c), etwa („kontextuali-
siert“ übersetzt) = *kein i-Punkt und kein Komma* (GNB); durch diese hyperbol.
Ausdrucksweise (H-S §295q; A383) wird die uneingeschränkte u. bleibende
Gültigkeit u. Autorität der (atl.) Schrift betont. **οὐ μή** m. Aor. Konj. stärkste
Verneinung zukünftigen Geschehens (A257). **ἀπό** m. Gen. hier statt gen. par-
titivus (A164). **γένηται** Aor. Konj. Med. γίνομαι; ἕως ἂν (A337) πάν-
τα γένηται *bis alles eingetreten ist* (B I3a), d.h. wohl: bis sich alles erfüllt hat,
was vorausgesagt ist (näml. bei der Vollendung des „Himmelreiches“ am Ende
der Zeit). **19 ὃς ἐάν** = ὃς ἄν (A132; 371) *wer (auch immer)* bzw. *jeder, der.* 19
λύσῃ Aor. Konj. λύω hier *außer Geltung/Kraft setzen, abschaffen* (B 4). **ἐλά-**
χιστος (Superlativ zu μικρός) *kleinster, ganz klein; geringster, unbedeutend-*
ster; μίαν τῶν ἐντολῶν τούτων τῶν ἐλαχίστων (gen. partitivus, A164)
ein einziges von diesen geringsten Geboten = ein einziges von diesen Geboten, und
wäre es das geringste (Menge); gemeint sind die Gebote, bei denen frühjüdische
Ausleger zwischen geringen u. wichtigen Geboten unterschieden (weil das AT
in Jesus u. dessen Lehre seinen Zielpunkt hat, erfüllt man es dadurch in
richtiger Weise, daß man sich nach der Lehre Jesu ausrichtet: er zeigt, welche
Kontinuität dem „Gesetz“ zukommt, in welche Richtung es weist u. in welcher
Weise es zu befolgen ist [Carson, Mt, S. 146]). **διδάξῃ** Aor. Konj. διδάσκω.
κληθήσεται Fut. Pass. καλέω; wohl pass. divinum (A76b); ἐλάχιστος

κληθήσεται *er wird* (v. Gott) *der Geringste* (vgl. A80) *genannt werden* = *er wird*
der Geringste sein (vgl. B 1aδ). **ποιήσῃ** Aor. Konj. ποιέω; ὃς δ' ἂν
ποιήσῃ καὶ διδάξῃ *wer aber (danach) handelt und (entsprechend) lehrt* (vgl.
20 A79). **20 ὅτι** recitativum = Doppelpunkt (A333) od. *daß.* **περισσεύσῃ**
Aor. Konj. περισσεύω intr. *überschießen; im Überfluß vorhanden sein.*
πλεῖον adv. Akk. (H-S §157; A150; entspricht dem dat. differentiae [A117])
mehr, in höherem Grad, m. gen. comparationis (A168); ἐὰν μὴ περισσεύσῃ
ὑμῶν ἡ δικαιοσύνη πλεῖον (= πλεῖον τῆς [BDR §185,1; A116]) τῶν
γραμματέων *wenn eure Gerechtigkeit* (vgl. 5,6) *nicht in größerem Maß*
vorhanden ist als die der Schriftgelehrten (B περισσεύω 1aβ), *wenn eure Ge-*
rechtigkeit die der Schriftgelehrten nicht bei weitem übertrifft = *wenn euer Leben*
der Gerechtigkeit/dem Willen Gottes nicht weit besser entspricht als das der Schrift-
gelehrten (vgl. NGÜ). **οὐ μή** V. 18. **εἰσ-έλθητε** Aor. Konj. -έρχομαι.
21 **21 ἠκούσατε** Aor. ἀκούω. **ἐρ-ρέθη** Aor. Pass. λέγω; pass. divinum
(A76b); ἠκούσατε ὅτι ἐρρέθη τοῖς ἀρχαίοις *ihr habt gehört* (= *ihr wißt*),
daß (v. Gott) *zu den Vorfahren gesagt worden ist* (wohl am Sinai bei der Gesetz-
gebung; auf das Zitat v. Ex 20,13 folgt ein ebenfalls im AT verankerter Kurzhin-
weis auf das damit verbundene Verfahren [vgl. Ex 21,12 = Lev 24,17; Num
35,12; Dt 17,8-13]). **ἀρχαῖος** *alt;* οἱ ἀρχαῖοι *die Menschen früherer Genera-*
tionen, die Vorfahren; DatO (wie ὑμῖν in V. 22 u. Par.) u. nicht dat. auctoris
(dessen Gebrauch auf ganz best. Fälle beschränkt ist [vgl. H-S §176c; A175;
BDR §191]). **φονεύσεις** Fut. φονεύω *töten, morden;* Fut. m. οὐ bez. hier
(wie in der LXX) ein striktes Verbot (Hebr.; A247d). **ὃς ἄν** (A132; 371) *wer*
(auch immer) bzw. *jeder, der.* **φονεύσῃ** Aor. Konj. **ἔν-οχος**[11] (= ἐνεχό-
μενος festgehalten in) *verstrickt in, etwas* od. *jmdm. verfallen* (m. Gen.); juri-
stisch: *schuldig (an jmdm.* [Gen.]; m. Gen. der Sache), *schuldig und* (eine best.
Strafe [Gen.]) *verdienend,* hier m. Dat. wohl: *sich vor jmdm. verantworten*
müssend (vgl. B 2a; Davies-Allison, Mt 1, S. 511). **ἔσται** Fut. εἰμί; ἔνοχος
ἔσται τῇ κρίσει *wird sich vor Gericht verantworten müssen, gehört vor Gericht*
(NGÜ), was bei erwiesenem Mord selbstverständl. die Verhängung der
Todesstrafe zur Folge hatte (m. κρίσις sind wohl [beim eig. Gebrauch] die lok.
22 Gerichtsbehörden gemeint [Dt 16,18; 2Ch 19,5]). **22 ἐγὼ δὲ λέγω ὑμῖν**
ich (betont, A122) *aber sage euch;* durch die sechs „Antithesen" (V. 22, 28, 32,
34, 39 u. 44) stellt Jesus verbreiteten Fehldeutungen des Gesetzes dessen wahre
Stoßrichtung gegenüber (Carson, Mt, S. 148). **πᾶς ὁ** m. Ptz. *jeder, der* (A86).
ὀργιζόμενος Ptz. ὀργίζομαι *zornig werden/sein, zürnen* (τινί *auf*
jmdn./jmdm.); subst. [Var. **εἰκῇ** Adv. *ohne Grund.*] **εἴπῃ** Aor. Konj. λέγω.
ἀδελφός hier im uneig. Sinn v. Mitmensch od. Mitjünger. **ῥακά** (aram.
רֵקָא *rēqā'* „leer") *Narr* (vgl. „Hohlkopf"), *Dummkopf;* Vok. **συν-έδριον**
Synedrium, Hoher Rat (oberste jüd. Instanz in allen religiösen u. zivilen
Angelegenheiten; GNB: *oberstes Gericht*) od. als kleines Synedrium: *Bezirks-*

bzw. *Lokalgericht.* **μωρέ** Vok. μωρός *töricht, dumm;* subst. (A105) *Tor, Idiot.*
γέεννα (< hebr. גֵּי[א] [בֶּן/בְּנֵי] הִנֹּם *gê[ʾ]-[ben-/bənê-] hinnōm* Tal [des Soh-
nes/der Söhne] Hinnoms [vgl. z.B. Jos 15,8]: Tal südl. v. Jerusalem, verschie-
dentl. Schauplatz v. Kinderopfern u. daher v. König Josia verunreinigt [2Kön
23,10] u. durch Jeremia zur Stätte eines drohenden Strafgerichts [Tal der Ab-
schlachtung] erklärt [Jer 7,32]; davon ausgehend, jüd. Bezeichnung für den Ort
des allgem. künftigen Gerichts [vgl. EWNT 1, Sp. 575], daher:) *Gehenna, Hölle;*
ἡ γέεννα τοῦ πυρός gen. qualitatis (A160): *die Feuerhölle* (BDR §165[2]),
wohl praktisch = *das Feuer der Hölle;* ἔνοχος ἔσται εἰς τὴν γέενναν τοῦ
πυρός etwa *der gehört ins Feuer der Hölle* (eig. wohl [Brachylogie, vgl. H-S
§293a]: *schuldig, in die Feuerhölle zu kommen;* B ἔνοχος 2c). **23 προσ-** 23
φέρῃς Konj. -φέρω hier wohl lin. Präs. (A232): wenn *du dabei bist ... darzu-
bringen* (vgl. ZG). **δῶρον** *Geschenk; Opfergabe.* **θυσιαστήριον** *Altar.*
κἀκεῖ = καὶ ἐκεῖ. **μνησθῇς** Aor. Konj. Pass. (ohne bes. Pass.-Bdtg.) μι-
μνῄσκομαι[168] *sich erinnern;* κἀκεῖ μνησθῇς ὅτι ὁ ἀδελφός σου ἔχει
τι κατὰ σοῦ etwa *und dir dort einfällt, daß dein Bruder etwas gegen dich hat*
(d.h. daß du an ihm schuldig geworden bist; vgl. Mk 11,25). **24 ἄφ-ες** Aor. 24
Imp. -ίημι hier *stehen-, liegenlassen* (B 3a), *lassen.* **ὕπ-αγε** Imp. (vgl. A266a),
typischerweise gefolgt v. Asyndeton (BDR §461[1]; vgl. H-S §293e) *geh (und).*
δι-αλλάγηθι Aor. Imp. Pass. (ohne bes. Pass.-Bdtg.) -αλλάσσομαι[74] *sich
versöhnen mit* (Dat.). **ἐλθών** Aor. Ptz. ἔρχομαι, temp. (als Imp. + „und"
übers.; A291,1 Anm. 1). **πρόσ-φερε** Imp. **25 ἴσθι** Imp. εἰμί. **εὐ-νοῶν** 25
Ptz. -νοέω *wohlgesinnt/wohlwollend sein, Freund sein;* umschrieb. Imp. Präs.
(H-S §203a; A249a). **ἀντί-δικος** *Prozeßgegner; Feind;* ἴσθι εὐνοῶν τῷ
ἀντιδίκῳ σου ταχύ *verständige/einige dich* (NGÜ/EWNT 2, Sp. 202) *mit dei-
nem Prozeßgegner* (hier = m. dem Mitmenschen, an dem du schuldig geworden
bist) *unverzüglich/schleunigst.* **ταχύς**[10] εῖα ύ *schnell;* Ntr. Sg. als Adv. (A150).
ἕως ὅτου m. Ind. hier *solange* (A337). **ἐν τῇ ὁδῷ** *unterwegs, auf dem Weg;*
ἕως ὅτου εἶ μετ᾽ αὐτοῦ ἐν τῇ ὁδῷ *solange du noch mit ihm auf dem Weg
(zum Gericht) bist* (d.h. ehe es zu spät ist u. Gottes Strafgericht über dich
kommt). **μή-ποτε** *damit nicht (etwa)* (A339). **παρα-δῷ** Aor. Konj. 3. Sg.
-δίδωμι. **κριτής**[1] *Richter.* **ὑπ-ηρέτης**[1] *Gehilfe, Diener;* hier *Gerichtsdie-
ner.* **βληθήσῃ** Fut. (hier statt Konj. Aor. nach μήποτε [A328; 339]) Pass.
βάλλω. **26 οὐ μή** V. 18. **ἐξ-έλθῃς** Aor. Konj. -έρχομαι. **ἐκεῖ-θεν**[18] 26
von dort. **ἕως ἄν** hier *bis* (A337). **ἀπο-δῷς** Aor. Konj. -δίδωμι hier *zu-
rückzahlen* (B 2a). **κοδράντης**[1] (< lat. quadrans „Viertelas") *Quadrans*
(kleinste röm. Münze [KP 4, Sp. 1283f]): übers. etwa *Heller, Pfennig.*

27 ἠκούσατε, ἐρ-ρέθη V. 21. **μοιχεύσεις** Fut. μοιχεύω *Ehe-* 27
bruch begehen mit (Akk.); Fut. m. οὐ bez. hier (wie in der LXX) ein striktes
Verbot (Hebr.; A247d). **28 ἐγὼ δὲ λέγω ὑμῖν, πᾶς ὁ** V. 22. **βλέπων** 28
Ptz., subst. **πρὸς τό** m. Inf. hier wohl fin. *damit/um zu* (viell. kons. *so daß* [B

πρός III3b]) od. (sem.) mod. (H-S §226a/b; A282; BDR §402[5] spricht hier v.
„epexegetischem“ Gebrauch) *wobei/und dabei.* **ἐπι-θυμῆσαι** Aor. Inf. -θυ-
μέω *begehren, verlangen nach;* hier (wie öfter in der LXX [auch in Ex 20,17]) m.
AkkO (das αὐτήν ist [aus grammatischen u. sachl. Gründen] höchstwahr-
scheinl. Obj. u. nicht Subj.); πρὸς τὸ ἐπιθυμῆσαι αὐτήν wohl *um sie zu be-
gehren* (etwa = *weil er sie haben will*) od. *und sie dabei begehrt* bzw. (idioma-
tischer) *und sie haben will* (GN; GNB: *begehrlich*). **ἐ-μοίχευσεν** Aor. V. 27.
29 **29 εἰ** m. Ind. indefiniter Fall (A342). **δεξιός** *rechte(r)* (impliziert: bes. ge-
schätzt; vgl. EWNT 1, S. 685). **σκανδαλίζω** (< σκάνδαλον Falle; Äger-
nis, Anstößiges) *zur Sünde verführen* (B 1a); hier viell. konatives Präs. (A227)
zur Sün-de verführen will. **ἔξ-ελε** Aor. Imp. -αιρέω[186] *herausnehmen, -reißen;*
die hyperbol. Ausdrucksweise (H-S §295q; A383) betont die Kompromißlosig-
keit, m. der die Jünger Jesu der Sünde widerstehen sollen. **βάλε** Aor. Imp.
βάλλω; βάλε ἀπὸ σοῦ (statt σεαυτοῦ; BDR §283[4]; vgl. A126c) *wirf (es)*
(A79) *von dir, wirf es weg.* **συμ-φέρω** *nützen, förderlich sein, von Vorteil/gut
sein;* συμφέρει τινί m. Inf./AcI od. ἵνα (A270 u. 328; BDR §393[2]) *es ist für
jmdn. förderlich/von Vorteil/gut, daß* (od. Inf.); συμφέρει σοι ἵνα ... καὶ μή
(= ἵνα μή) ... *es ist von Vorteil für dich, daß ... und daß nicht* = (vgl. A118,1) *es
ist besser für dich, daß ... als daß.* **ἀπ-όληται** Aor. Konj. Med. -όλλυμαι.
μέλος[7] *(Körper-)Glied;* gen. partitivus (A164). **βληθῇ** Aor. Konj. Pass.
βάλλω; καὶ μὴ ὅλον τὸ σῶμά σου βληθῇ εἰς γέενναν *als daß dein
ganzer Körper in die Hölle geworfen wird* bzw. *als daß du mit unversehrtem Körper*
30 *in die Hölle geworfen wirst* (NGÜ). **γέεννα** V. 22. **30 ἔκ-κοψον** Aor. Imp.
-κόπτω[56] *abhauen.* **ἀπ-έλθῃ** Aor. Konj. -έρχομαι.
31 **31 ἐρ-ρέθη** V. 21; es folgt eine Zusammenfassung v. Dt 24,1-4. **ὃς ἄν**
V. 21. **ἀπο-λύσῃ** Aor. Konj. -λύω hier *fortschicken* (B 2a), *sich scheiden von*
(NGÜ). **δότω** Aor. Imp. 3. Sg. δίδωμι. **ἀπο-στάσιον** (< ἀφ-ίστη-
μι/ἵσταμαι [sich] entfernen, abtrünnig machen [werden]) *Scheidung;* hier (=
32 βιβλίον ἀποστασίου) *Scheidungsurkunde.* **32 ἐγὼ δὲ λέγω ὑμῖν,
πᾶς ὁ** V. 22 (zur Sache vgl. 19,3-9). **ἀπο-λύων** Ptz., subst. **παρ-εκτός**
Adv. *außerhalb;* hier uneig. Präp. (A183) *außer, abgesehen von.* **πορνεία** *Un-
zucht* (= illegitimer Geschlechtsverkehr jeder Art), *Hurerei;* παρεκτὸς λόγου
πορνείας (vgl. B λόγος 1aε/2bβ) *außer bei einem Fall von Unzucht, außer auf
Grund von Unzucht* (Menge) = *es sei denn, daß sie ihm untreu geworden ist*
(NGÜ). **μοιχευθῆναι** Aor. Inf. Pass. μοιχεύω V. 27; ποιεῖ αὐτὴν
(Subj. des AcI) μοιχευθῆναι (Präd. des AcI) *er macht/bewirkt, daß mit ihr
Ehebruch begangen wird/daß die Ehe mit ihr gebrochen wird* (vgl. B 2b), u. zwar
durch Wiederverheiratung (was im Palästina des ersten Jh.s offenbar
selbstverständl. war), bzw. (freier) *der treibt sie in den Ehebruch* (GNB). **ὃς
ἐάν** V. 19. **ἀπο-λε-λυμένην** Pf. (A231) Ptz. Pass. -λύω, subst. ohne Art.
(A304) *eine Geschiedene.* **γαμήσῃ** Aor. Konj. γαμέω[174] *heiraten* [Var. γα-

μήσας Aor. Ptz., subst.]. **μοιχάομαι** (dorisches Synonym zum att. μοι-
χεύω [BDR §101[51]]) *Ehebrecher(in) sein, Ehebruch begehen.*
33 ἠκούσατε, ἐρ-ρέθη, ἀρχαῖος V. 21; es folgt eine Zusammen- 33
fassung verschiedener Stellen wie Lev 19,12, Num 30,3 u. Dt 23,22-24. **ἐπι-
ορκήσεις** Fut. -ορκέω *einen (geschworenen) Eid brechen;* Fut. m. οὐ bez.
hier ein striktes Verbot (Hebr.; A247d). **ἀπο-δώσεις** Fut. -δίδωμι hier
(Eide) *erfüllen, halten* (B 1); Fut. bez. hier ein striktes Gebot (Hebr.; A247d).
ὅρκος *Eid;* ἀποδώσεις τῷ κυρίῳ τοὺς ὅρκους σου *du sollst dem Herrn
deine Eide erfüllen/halten = du sollst alles halten, was du dem Herrn geschworen
hast* (NGÜ). **34 ἐγὼ δὲ λέγω ὑμῖν** V. 22; λέγω hier im Sinn v. *befehlen* 34
(B II1c) m. Inf. (abhängiger Begehrungssatz; A334a). **ὀμόσαι** Aor. Inf. ὀμ-
νύω[220] *schwören, einen Schwur ablegen,* ἐν/εἰς *bei* (sem. statt klass. Akk. [BDR
§206[3]]; εἰς evtl. *in Richtung*); ἐγὼ δὲ λέγω ὑμῖν μὴ ὀμόσαι ὅλως *ich be-
fehle euch aber, überhaupt nicht zu schwören* bzw. *ich sage euch aber: Schwört
überhaupt nicht.* **ὅλως** *überhaupt.* **μή-τε** *und nicht;* μή ... μήτε ... μήτε
...μήτε *nicht ... weder ... noch ... noch* (B); durch Umschreibungen u.ä. wollte
man sich davor schützen, sich bei Meineid des Mißbrauchs des Gottesnamens
schuldig zu machen (EWNT 2, Sp. 1248). **35 ὑπο-πόδιον** (< πούς) *Fuß-* 35
bank, Schemel. **πόλις** auch ohne Art. best. (A80 u. 106c). **ὁ μέγας βασι-
λεύς** meint wohl Gott (B βασιλεύς 2b; vgl. Ps 48,3). **36 ὀμόσῃς** Aor. 36
Konj.; prohibitiver Konj. (A256). **δύνασαι** 2. Sg. δύναμαι[208]. **θρίξ**
τριχός ἡ (vgl. A3; H-S §42b) *Haar.* **λευκός** *weiß.* **ποιῆσαι** Aor. Inf.
ποιέω hier m. doppeltem Akk. (A97,15). **μέλας** μέλαινα μέλαν (Gen.
Mask./Ntr. ανος [vgl. A4]) *schwarz.* **37 ἔστω** Imp. 3. Sg. εἰμί [Var. ἔσται 37
Fut., mod. im Sinn v. „sollen" od. (hebr.) „müssen" (A247b+d)]. **ναί** *ja.* **οὔ**
nein (B 1); ἔστω ὁ λόγος ὑμῶν ναὶ ναί, οὒ οὔ *eure Rede sei: Ja, ja; nein,
nein* wohl = *sagt ganz einfach Ja oder Nein* (GNB) od. *euer Ja sei ein Ja und euer
Nein ein Nein* (vgl. Jak 5,12). **περισσός** *über das übliche Maß hinausgehend;*
τὸ περισσὸν (volkstüml. Ersatz für πλέον, BDR §60[5]) τούτων (gen. com-
parationis, A168) *was über dieses hinausgeht* etwa = *jeder weitere Zusatz*
(Menge), *jedes weitere Wort* (GNB). **ἐκ τοῦ πονηροῦ ἐστιν** *stammt vom*
(B ἐκ 3c) *Bösen* (Mask. [= Teufel] od. Ntr.; BDR §263[4]); auf die Worte der
Jünger Jesu soll man sich so sehr verlassen können, daß sie keinerlei bekräfti-
gender Zusätze bedürfen (nicht im Blickfeld sind hier staatl. verordnete Eide
etwa bei der Zeugenaussage vor Gericht).
38 ἠκούσατε, ἐρ-ρέθη V. 21; zitiert wird aus Ex 21,24, Lev 24,20 bzw. 38
Dt 19,21. **ἀντί** m. Gen. (A188) *anstatt, für;* hier um zu bez., daß eine Größe
einer anderen gleichwertig ist: *anstelle, für* (B 2; in der LXX gibt es das hebr.
תַּחַת *táhat* „anstelle/als Entgelt für" bzw. das **בְּ** *bə* pretii [den Wert/Preis be-
zeichnend] „um den Preis von, für" wieder); ὀφθαλμὸν ἀντὶ ὀφθαλμοῦ
καὶ ὀδόντα ἀντὶ ὀδόντος (erg. gedankl. etwa „zu erstatten/zu fordern ist"

[in Ex 21,23 LXX steht δώσει davor; BDR §480[8]]) *(ein) Auge für (ein) Auge
und (ein) Zahn für (einen) Zahn,* herkömml. *Auge um Auge, Zahn um Zahn;* die-
ses Vergeltungsprinzip („Talionsrecht") sollte der Willkür in der Rechtspre-
chung (u.a. einer sich steigernden Vergeltung aus Rache) entgegenwirken
(dabei war [zumindest z.T.] keine buchstäbl. Anwendung vorgesehen [z.B. Ex
21,26f]); zur Zeit Jesu wurde diese im AT verankerte Regel zwar v. den Gerich-
ten kaum angewandt, doch konnte sie zu einer vermeintl. bibl. Rechtfertigung v.
Rachsucht mißbraucht werden (Carson, Mt, S. 155). **ὀδούς**[5] όντος ὁ *Zahn.*
39 **39 ἐγὼ δὲ λέγω ὑμῖν** V. 22 u. 34. **ἀντι-στῆναι** Wz.-Aor. Inf. ἀνθ-
ίσταμαι[205] (ἀντί gegen, ἵσταμαι) m. Dat. *entgegentreten, sich widersetzen,
sich zur Wehr setzen gegen.* **τῷ πονηρῷ** Mask. genereller Sg. (A101; 104; B
πονηρός 2a) *gegen den bösen Menschen* (= *gegen die bösen Menschen*) bzw. *ge-
gen den, der euch etwas Böses antut* (NGÜ); es folgen (weitgehend in hyperbol.
Sprache [H-S §295q; A383] gekleidete) Beispiele dafür, daß Nachfolger Jesu,
wenn es um ihre eigene Person geht, nicht nur – auf Rache verzichtend – Un-
recht ertragen, sondern Mitmenschen stets in tätiger Liebe begegnen sollen
(den öffentl. rechtsstaatl. Institutionen wird hier aber die Legitimation u. Pflicht
nicht abgesprochen, ihrerseits für die allgemeine Durchsetzung des Rechts zu
sorgen). **ὅσ-τις** hier nom. pendens (A141a), wobei das αὐτῷ (in V. 41 das
μετ' αὐτοῦ) darauf zurückweist (vgl. BDR §297[3]), im Rel.-Satz m. kond. Ne-
bensinn (A371; BDR §380[1]) übers. statt *wer* am besten *wenn jemand/einer.*
ῥαπίζω [Var. Fut.] *schlagen* (m. Hand od. Stock) εἰς τι *auf etwas.* **σια-
γών**[4] όνος ἡ *Wange, Backe;* ein Schlag auf die Wange war nicht nur
schmerzhaft, sondern auch eine grobe Beleidigung. **στρέψον** Aor. Imp.
40 στρέφω[47] *hinwenden* bzw. (hier) *hinhalten.* **40 θέλοντι** Ptz. θέλω, subst.
κριθῆναι Aor. Inf. Pass. κρίνω, Pass. m. Dat. hier *sich vor Gericht auseinan-
dersetzen mit* (B 4aβ), *vor Gericht gehen mit* (NGÜ), *prozessieren mit* (GNB).
χιτών[4] ῶνος ὁ *Untergewand, Hemd* (unmittelbar auf dem Leib getragen [v.
beiden Geschlechtern]; ein offensichtl. unverzichtbarer Besitz). **λαβεῖν** Aor.
Inf. λαμβάνω *in Besitz nehmen* (B 1c), *wegnehmen* (Einh.). **ἄφ-ες** Aor. Imp.
-ίημι hier *überlassen* (B 3a). **αὐτῷ** steht pleon. (BDR §297[3]; A121).
41 **41 ὅσ-τις** V. 39. **ἀγγαρεύσει** Fut. ἀγγαρεύω (für den Beförderungs-
dienst) *requirieren, zur Zwangsarbeit nötigen, zwingen* [Var. ἐγγαρεύσῃ Aor.
Konj. ἐγγαρεύω = ἀγγαρεύω, BDR §42,2]. **μίλιον** (< lat. milia) (röm.)
Meile (= 1478,5 Meter). **ὕπ-αγε** Imp. (vgl. A266a); ὅστις σε ἀγγαρεύσει
μίλιον ἕν (erg. ὑπάγειν [BDR §392[6]] μετ' αὐτοῦ), ὕπαγε μετ' αὐτοῦ
δύο *wenn einer* (hier wohl: v. den Angehörigen der röm. Besatzung) *dich zwingt,*
42 *eine Meile mit ihm zu gehen, geh mit ihm zwei.* **42 αἰτοῦντι** Ptz. αἰτέω,
subst. **δός** Aor. Imp. δίδωμι [Var. δίδου Präs. Imp., wohl iter. (vgl. H-S
§195b; A265)]. **θέλοντα** Ptz., subst. **δανίσασθαι** Aor. Inf. Med. δα-
ν(ε)ίζω (vgl. A33[91ff]) *Geld ausleihen;* Med. *Geld entleihen, sich borgen.* **ἀπο-**

στραφῇς Aor. Konj. Pass. -στρέφω[47] jmdn. *abwenden;* Pass. hier m. Akk.
sich abwenden von (B 3a) bzw. (idiomatischer) *jmdn. abweisen* (Einh.).
43 ἠκούσατε, ἐρ-ρέθη V. 21; Jesus zitiert aus Lev 19,18 u. greift dann 43
eine anscheinend verbreitete (vermeintl. durch Stellen wie Dt 23,4.7 legiti-
mierte) Einschränkung dieses Gebotes auf (vgl. Davies-Allison, Mt 1, S. 549f).
ἀγαπήσεις Fut. ἀγαπάω; Fut. bez. hier (wie in der LXX) ein striktes Ge-
bot (Hebr.; A247d), entsprechend (doch ohne LXX-Par.) auch beim flgd. Verb.
πλησίον Adv. *nahe, benachbart;* Subst. (indekl.) *Nächster, Mitmensch.* **μι-
σήσεις** Fut. μισέω. **ἐχθρός** *Feind.* **44 ἐγὼ δὲ λέγω ὑμῖν** V. 22. 44
ἀγαπᾶτε Imp. [Var. εὐ-λογεῖτε Imp. -λογέω. κατ-αρωμένους Ptz.
-αράομαι *verfluchen;* subst. ποιεῖτε Imp. ποιέω. μισοῦντας Ptz. μι-
σέω, subst. ἐπ-ηρεαζόντων Ptz. -ηρεάζω *bedrohen, beschimpfen, schmä-
hen; mißhandeln;* subst.] **προσ-εύχεσθε** Imp. **ὑπέρ** m. Gen. *für, zum Vor-
teil von* (vgl. B 1aα). **διωκόντων** Ptz. διώκω, subst. **45 ὅπως** *damit.* **γέ-** 45
νησθε Aor. Konj. Med. γίνομαι hier wohl *sich erweisen als* (ZG; Menge).
ἥλιος *Sonne.* **ἀνα-τέλλω** (v. Sonne, Licht usw.) *aufgehen, aufgehen lassen.*
βρέχω *benetzen; (es) regnen lassen.* **ἄ-δικος**[11] *ungerecht;* subst. **46 ἀγα-** 46
πήσητε Aor. Konj. **ἀγαπῶντας** Ptz., subst.; τοὺς ἀγαπῶντας ὑμᾶς
(nur) die, die euch lieben. **μισθός** *Lohn* (eig. „Arbeitslohn"; übertr.: „Be-
lohnung"). **ἔχω** hier *zu erwarten haben* (Menge) od. fut. Präs. (A234). **οὐχί**
nicht; erwartet als Frageeinleitung die Antwort „doch" (A320). **τελώνης**[1]
Zöllner, Zolleinnehmer (ein für den röm. Staat arbeitender Jude, der bei seinen
Landsleuten als Kollaborateur u. [wegen offenbar verbreiteter Korruption] als
Betrüger sowie [wegen seines Umgangs m. Nichtjuden] als unrein [als „Sün-
der"] verhaßt war). **τὸ αὐτό** *dasselbe* (A124a), *das.* **47 ἀσπάσησθε** Aor. 47
Konj. Med. ἀσπάζομαι hier *grüßen* (pars pro toto, A382a) im Sinn v. *freund-
lich sein* o.ä. (vgl. B 1a). **ἀδελφός** V. 22. **περισσός** V. 37; hier subst.; τί
περισσὸν ποιεῖτε *was tut ihr (da) Außergewöhnliches/Besonderes* (vgl. B 1).
ἐθνικός *heidnisch* (d.h. nichtjüdisch); subst. *Heide* (impliziert: einer, der Gott
nicht kennt). **48 ἔσεσθε** Fut. εἰμί; Fut. bez. hier ein striktes Gebot (Hebr.; 48
A247d): nichts Geringeres als die ethische Vollkommenheit ihres himmlischen
Vaters soll für Nachfolger Jesu Ideal, Leitbild ihres Verhaltens sein (vgl. Car-
son, Mt, S. 161). **τέλειος** (< τέλος) *vollkommen.* **ὡς** hier *wie* (A352), evtl.
(exegetisch gleichwertig) *weil* (einen „durchschlagenden Grund" einleitend;
B II4a) [Var. ὥσ-περ verstärktes ὡς (A352) *geradeso wie, gleichwie*]. **οὐρά-
νιος**[11] *im Himmel befindlich, himmlisch.*

προσ-έχετε Imp. -έχω m. Dat. *den Sinn richten auf;* m. flgd. μή u. Inf. **6**
sich hüten, zu ... (vgl. B 1b). **ποιεῖν** Inf. ποιέω; τὴν δικαιοσύνην ὑμῶν
ποιεῖν *eure Gerechtigkeit* (etwa = eure Frömmigkeit [d.h. euer Bemühen, nach
Gottes Willen zu leben; vgl. 5,6.20]) *zu üben/zu praktizieren* (vgl. B II cβ). [Var. 1
ἐλεημοσύνη V. 2.; Var. 2 δόσις[8] *Gabe, Geschenk; (das) Geben.*] **πρὸς τό**

m. Inf. fin. (A282) *um zu.* **θεαθῆναι** Aor. Inf. Pass. θεάομαι *sehen, ansehen;*
hier Pass. *sich sehen lassen, sich zur Schau stellen* τινί *vor jmdm.* (B 1cβ; BDR
§191[3]); προσέχετε τὴν δικαιοσύνην ὑμῶν μὴ ποιεῖν ἔμπροσθεν
τῶν ἀνθρώπων πρὸς τὸ θεαθῆναι αὐτοῖς *hütet euch, eure Frömmigkeit*
vor den Menschen zu üben, um euch vor ihnen zur Schau zu stellen bzw. einfach
hütet euch, eure Frömmigkeit vor den Menschen zur Schau zu stellen; in V. 2-18
kommen drei typische Ausdrucksweisen jüdischer Frömmigkeit zur Sprache:
Mildtätigkeit, Gebet u. Fasten. **γέ** enklitische Partikel, hier zur Hervorhebung
v. εἰ δὲ μή (B εἰ VI4a; A341): εἰ δὲ μή γε *andernfalls, sonst.* **μισθός**
Lohn (eig. „Arbeitslohn"; übertr.: „Belohnung"). **ἔχω** hier *zu erwarten haben*
2 (Menge) od. fut. Präs. (A234). **2 ποιῇς** Konj. **ἐλεημοσύνη** *(das) Almo-*
sen, milde Gabe (aus Barmherzigkeit gegebene Spende); *Mildtätigkeit;* ὅταν
ποιῇς ἐλεημοσύνην *wenn du Almosen gibst/Mildtätigkeit übst, wenn du den*
Armen etwas gibst (NGÜ). **σαλπίσῃς** Aor. Konj. σαλπίζω[102] *trompeten,*
(Trompete) blasen, in die Posaune stoßen; prohibitiver Konj. (A256); μὴ σαλ-
πίσῃς ἔμπροσθέν σου (Sarkasmus, H-S §296j) *du sollst (es) nicht vor dir her*
ausposaunen, wahrscheinl. bildl. (B; GNB idiomatisch: *häng es nicht an die große*
Glocke), evtl. v. einem (nicht belegten) Brauch, Almosen durch „Ausposaunen"
bekannt zu machen (EWNT 3, Sp. 538) od. v. lärmenden Werfen des Geldes in
posaunenförmige Sammelbehälter (Davies-Allison, Mt 1, S. 579). **ὥσ-περ**
(A352) *geradeso wie, gleichwie.* **ὑπο-κριτής**[1] (< ὑπο-κρίνομαι vor-
täuschen, heucheln; im älteren Griech. meist „Schauspieler") *Heuchler, Schein-*
heiliger. **ῥύμη** *enge Straße, Gasse.* **ὅπως** *damit.* **δοξασθῶσιν** Aor. Konj.
Pass. δοξάζω. **ἀπ-έχω** hier perfektisches Präs. (A236; BDR §322[2]) *empfan-*
gen haben (term. tech. der Geschäftssprache: [einen Betrag] empfangen haben
u. [ihn] quittieren); ἀπέχουσιν τὸν μισθὸν αὐτῶν *sie haben ihren Lohn*
(damit schon) erhalten (GNB: *kassiert*): mehr als menschl. Beifall haben sie
3 nicht zu erwarten. **3 σοῦ** Subj. des gen. abs. betont (vgl. A122). **ποιοῦν-**
τος Ptz., gen. abs. (A288), temp. **γνώτω** Aor. Imp. 3. Sg. γινώσκω. **ἀρι-**
στερός *linke(r);* ἡ ἀριστερά *die linke Hand;* μὴ γνώτω ἡ ἀριστερά σου
... *deine linke Hand soll nicht wissen ...* (die hyperbol. Ausdrucksweise [H-S
§295q; A383] betont die Unauffälligkeit, m. der die Mildtätigkeit geschehen
4 soll). **4 ᾖ** Konj. εἰμί. **κρυπτός** *verborgen, geheim;* subst. (A105); ὅπως ᾖ
σου ἡ ἐλεημοσύνη ἐν τῷ κρυπτῷ *damit deine Mildtätigkeit* (NGÜ: *was du*
gibst) *im Verborgenen/verborgen bleibt.* **καί** wohl kons. (A311,2) *dann.* **βλέ-**
πων Ptz., attr.; ὁ βλέπων ἐν τῷ κρυπτῷ *der (es auch) im Verborgenen sieht*
(B 1c). **ἀπο-δώσει** Fut. -δίδωμι hier m. Dat. *(es) jmdm.* (positiv) *vergelten*
(B 3) = *jmdn. (dafür) belohnen.* [Var. φανερός *sichtbar, bekannt;* τὸ φανε-
ρόν *die Öffentlichkeit* (B 2), ἐν τῷ φανερῷ *öffentlich.*]
5 **5 προσ-εύχησθε** Konj. -εύχομαι. **ἔσεσθε** Fut. εἰμί; Fut. m. οὐκ
bez. hier ein striktes Verbot (Hebr.; A247d). **ὑπο-κριτής** V. 2. **ὅτι** hier

denn (vgl. B 3b). **φιλέω** *lieben, gern haben;* m. Inf. etwas *gern* tun (A83b; BDR
§435[3]). **γωνία** *Ecke, Winkel.* **πλατεῖα** *breiter Weg, Straße.* **ἑστῶτες** Pf.
(Wz.-Pf., H-S §109a; m. präs. Bdtg.) Ptz. ἵσταμαι, mod. (als dem προσεύχε-
σθαι gleichgeordnet [+ „und"] übers.; A291,1 Anm. 1); φιλοῦσιν ... ἑστῶ-
τες προσεύχεσθαι *sie stehen gern ... und beten, sie stellen sich gern zum Gebet*
... (GN). **προσ-εύχεσθαι** Inf. **ὅπως** *damit.* **φανῶσιν** Aor. Konj. Pass.
φαίνομαι[124] *sichtbar werden, sich zeigen, erscheinen* od. (hier; m. Dat. [vgl.
BDR §191,2]) *jmdm. in die Augen fallen,* praktisch = *von jmdm. gesehen werden.*
ἀπ-έχω, μισθός V. 2. **6 προσ-εύχῃ** Konj.; hier viell. konativ (A227): 6
wenn *du beten willst* (Menge). **εἴσ-ελθε** Aor. Imp. -έρχομαι. **ταμεῖον**
Vorratskammer; innerstes Gemach; τὸ ταμεῖόν σου übers. etwa *in dein Zim-
mer.* **κλείσας** Aor. Ptz. κλείω[6] *schließen; verschließen,* temp. (als Imp. +
„und" übers.; A291,1 Anm. 1). **θύρα** *Tür.* **πρόσ-ευξαι** Aor. Imp. Med.
κρυπτός V. 4; τῷ πατρί σου τῷ ἐν τῷ κρυπτῷ *zum Vater, der im Verbor-
genen ist* (vgl. A84). **καί, βλέπων, ἀπο-δώσει** V. 4.

7 προσ-ευχόμενοι Ptz. -εύχομαι, temp. **βαττα-λογήσητε** 7
Aor. Konj. -λογέω (viell. Umbildung v. βατταρίζω „stammeln", evtl. [zu-
sätzl.?] Verbindung m. aram. בָּטֵל *bāṭēl* „nichtig"; vgl. BDR §40[3]) *plappern,
quasseln* (Luz, Mt 1, S. 330), d.h. gedankenlos viele Worte aneinanderreihen;
prohibitiver Konj. (A256). **ὥσ-περ** V. 2. **ἐθνικός** *heidnisch* (d.h. nichtjü-
disch); subst. *Heide* (impliziert: einer, der Gott nicht kennt). **ἐν** kaus. *auf
Grund von, wegen* (B III3a). **πολυ-λογία** *(das) viele Reden, Geschwätzigkeit;*
ἐν τῇ πολυλογίᾳ αὐτῶν *auf Grund ihres vielen Redens, weil/wenn sie viele
Worte machen.* **εἰσ-ακουσθήσονται** Fut. Pass. -ακούω[2] *hören auf, erhö-
ren.* **8 ὁμοιωθῆτε** Aor. Konj. Pass. ὁμοιόω *gleich(artig) machen* (Pass. 8
ähnlich werden, gleichen); prohibitiver Konj. (A256); μὴ ὁμοιωθῆτε αὐτοῖς
seid ihnen nicht gleich, macht es nicht wie sie. **ὧν** für τίνων (H-S §143b;
A133b) *was* ihr braucht. **χρείαν ἔχω** *brauchen, nötig haben,* m. Gen. **πρὸ
τοῦ** m. AcI temp. (A282) *bevor.* **ὑμᾶς** Subj. des AcI. **αἰτῆσαι** Aor. Inf.
αἰτέω; Präd. des AcI.

9 προσ-εύχεσθε Imp. **ὑμεῖς** Subj. betont (A122); es folgt ein Mu- 9
stergebet („Vaterunser"), wie Jesus es wohl bei verschiedenen Gelegenheiten in
unterschiedl. Form lehrte bzw. wie es v. den frühen Christen unterschiedl. über-
liefert wurde (vgl. Lk 11,1-4 u. Didache 8,2-3). **πάτερ** Vok. πατήρ. **ὁ ἐν
τοῖς οὐρανοῖς** (= ὁ οὐράνιος [V. 14]) Attr. zu πάτερ (vgl. A84); πά-
τερ ἡμῶν ὁ ἐν τοῖς οὐρανοῖς *unser im Himmel (befindlicher/wohnender)
Vater,* übers. *unser Vater im Himmel.* **ἁγιασθήτω** Aor. Imp. Pass. 3. Sg.
ἁγιάζω[91] *heiligen, heilig machen, weihen;* hier *als heilig behandeln, heilig halten*
(B 3). **10 ἐλθέτω** Aor. Imp. 3. Sg. ἔρχομαι; ἐλθέτω ἡ βασιλεία σου 10
dein Reich/deine Herrschaft komme; diese Bitte dürfte bes. flgd. Aspekte mitein-
schließen: a) daß sich Gottes heilbringende Herrschaft, die m. dem Kommen

Jesu angebrochen ist, jetzt ausbreite (indem Menschen sich ihm unterstellen u. den Segen des [eschatologischen] Heils schmecken); b) daß sie sich bald in endgültiger Vollkommenheit entfalte. **γενηθήτω** Aor. Imp. Pass. 3. Sg. γίνομαι hier *getan werden* (B I2a), *geschehen.* **ὡς ... καί** *wie ... so auch* (B καί II3; vgl. BDR §453[3]); γενηθήτω ... ὡς ἐν οὐρανῷ καὶ ἐπὶ γῆς (zum „fehlenden" Art. s. A106a) ... *geschehe, wie (er) im Himmel (geschieht,) so auch auf der Erde* bzw. (NGÜ:) ... *geschehe auf der Erde, wie er im Himmel geschieht.*
11 **11 ἐπιούσιος**[11] Bdtg. unsicher; zu den wichtigsten Alternativen zählen
(sprachl. scheint c die beste Lösung): a) *(zum Dasein) nötig* (< ἐπί, οὐσία Dasein); b) *für den heutigen Tag* (< ἐπὶ τὴν οὖσαν [ἡμέραν] für den betreffenden Tag); c) *für den kommenden Tag* (< ἡ ἐπιοῦσα [ἡμέρα, vgl. BDR §241,2; A88] der kommende Tag), d.h. entweder für den morgigen od. (wohl besser) für den heutigen Tag (in diesem Kontext [regelmäßige Bitte] ist das herkömml.
12 *täglich* durchaus vertretbar). **δός** Aor. Imp. δίδωμι. **12 ἄφ-ες** Aor. Imp.
-ἵημι. **ὀφείλημα**[3] *Schuld* (auch v. Sünde), *(das) Geschuldete.* **ἀφ-ήκαμεν** Aor. -ἵημι; m. dem Aor. Ind. als Vergangenheitsform vgl. die Aussage v. V. 14f (evtl. ist der Aor. Ind. aber präs. im Sinn des zeitlos gebrauchten hebr. [bzw. aram.] Pf. [A241c] zu übersetzen) [Var. ἀφ-ίομεν/-ίεμεν (Präs. Ind.) vgl. BDR §94[6f]]. **ὀφειλέτης**[1] *Schuldner; einer, der (durch Sünde) schuldig geworden ist;* τοῖς ὀφειλέταις ἡμῶν gen. obi. (A158) *denen, die an uns schul-*
13 *dig wurden* (NGÜ). **13 εἰσ-ενέγκῃς** Aor. Konj. -φέρω[198] *hineintragen,*
-bringen; prohibitiver Konj. (A256). **πειρασμός** *Prüfung, Erprobung; Versuchung, Anfechtung;* μὴ εἰσενέγκῃς ἡμᾶς εἰς πειρασμόν *führe uns nicht in Versuchung* (d.h. in die äußerl. od. seelische Lage, die uns Anlaß zur Sünde werden kann; B 2b), viell. *laß uns nicht in Versuchung* (durch den Teufel) *geraten* (NGÜ) od. *laß uns nicht der Versuchung zum Opfer fallen* (Davies-Allison, Mt 1, S. 613). **ῥῦσαι** Aor. Imp. Med. ῥύομαι[8] m. ἀπό (BDR §180[1]) *retten/erretten von* od. *bewahren vor* (B). **ἀπὸ τοῦ πονηροῦ** *von/vor dem Bösen* (Mask. [= Teufel] od. Ntr.; BDR §263[4]).
14 **14 ἀφ-ῆτε** Aor. Konj. -ἵημι. **παρά-πτωμα**[3] *Fehltritt, Vergehen, Verfehlung, Sünde.* **ἀφ-ήσει** Fut. -ἵημι. **οὐράνιος**[11] *im Himmel befindlich, vom Himmel stammend, himmlisch.*
16 **16 νηστεύητε** Konj. νηστεύω (< νῆστις nüchtern [= ohne zu essen]) *fasten.* **γίνεσθε** Imp. hier statt Imp. v. εἰμί (A32 Anm. 3; B II1). **ὑποκριτής** V. 2. **σκυθρ-ωπός** *finster, mürrisch* od. *traurig aussehend, mit trübem Blick;* μὴ γίνεσθε ... σκυθρωποί *macht kein finsteres Gesicht* (Menge), *setzt keine Leidensmiene auf* (GNB). **ἀ-φανίζω** *zerstören, vernichten;* hier *unkenntlich machen* (durch Verhüllung des Kopfes od. Vernachlässigung der Körperpflege) od. *entstellen* (B); ἀφανίζουσιν τὰ πρόσωπα αὐτῶν *sie geben sich ein trübseliges Aussehen* (Menge), *sie vernachlässigen ihr Aussehen* (NGÜ). **ὅπως φανῶσιν** V. 5. **νηστεύοντες** Ptz., temp./mod. (bzw. [fast; s.

NGÜ-Fassung] Nominativ m. Ptz. [entsprechend dem AcP beim Akt.; H-S
§233e; A300]); ὅπως φανῶσιν τοῖς ἀνθρώποις νηστεύοντες *damit sie,
wenn/indem sie fasten, den Leuten in die Augen fallen,* praktisch = *damit die Leu-
te ihnen anmerken, daß sie fasten* (NGÜ). **ἀπ-έχω, μισθός** V. 2. **17 σύ** 17
Subj. betont (A122). **νηστεύων** Ptz., temp. **ἄλειψαι** Aor. Imp. Med.
ἀλείφω[40] *salben.* **νίψαι** Aor. Imp. Med. νίπτω (vgl. A33[51ff]) *waschen;* Med.
sich waschen; ἄλειψαί σου τὴν κεφαλὴν καὶ τὸ πρόσωπόν σου νί-
ψαι *pflege dein Haar* (wörtl. *salbe deinen Kopf) und wasche dir das Gesicht*
(impliziert: wie sonst auch; vgl. NGÜ). **18 φανῇς** Aor. Konj. Pass. φαίνο- 18
μαι V. 5. **νηστεύων** Ptz., s. V. 16 zu νηστεύοντες; ὅπως μὴ φανῇς
τοῖς ἀνθρώποις νηστεύων ἀλλὰ τῷ πατρί σου etwa *damit die Leute dir
nicht ansehen, daß du fastest; nur dein Vater ... (soll es wissen)* (NGÜ). **κρυ-
φαῖος** *verborgen;* Synonym zu κρυπτός, s. zu V. 4 u. 6 [Var. κρυπτός].
καί, βλέπων, ἀπο-δώσει V. 4.

19 θησαυρίζετε Imp. θησαυρίζω (bes. Schätze/Reichtümer) *ansam-* 19
meln, (reichlich) aufhäufen. **ὑμῖν** statt ἑαυτοῖς (bzw. ὑμῖν αὐτοῖς [BDR
§283[3]; vgl. A126a/c]). **θησαυρός** *Vorratskammer, -haus;* hier *(das) Aufbe-
wahrte, Schatz* (B 2), *Reichtum.* **σής**[3] σητός ὁ *Motte,* deren Raupen Stoff fres-
sen; hier kollektiver Sg. (A101a), übers. *Motten.* **βρῶσις**[8] *(das) Essen;* hier
Wurmfraß (bzw. Vernichtung durch andere Schädlinge [vgl. Mal 3,11 LXX],
evtl. durch Korrosion [„Rost“; LSJ II3; LN 2.62]; B 2); übers. *Würmer* bzw. *Fraß*
od. (idiomatisch [falls nicht lexikalisch begründbar]) *Rost.* **ἀ-φανίζω** V. 16;
entgegen der übl. Regel (A94) Sg.-Präd. (da das zusammengesetzte Subj. nicht
persönl. ist [vgl. BDR §135[2]] bzw. semantisch eine Einheit bildet). **κλέπτης**[1]
Dieb. **δι-ορύσσω** (v. Dieb, der die Lehmziegelmauer eines Hauses „durch-
gräbt“ u. so ins Innere dringt) *durchbrechen, einbrechen.* **κλέπτω** *stehlen.*
21 ἔσται Fut. εἰμί; ἐκεῖ ἔσται καὶ ἡ καρδία σου *da wird auch dein* 21
Herz sein; in den V. 19-21 impliziert: nicht das Vergängl., sondern die unzerstör-
baren Werte des „Himmelreichs“ (vgl. 5,3ff) sollen das Denken u. Wollen, die
ganze Person, eines Nachfolgers Jesu beherrschen.

22 λύχνος *Lampe, Leuchte;* ὁ λύχνος τοῦ σώματός (Präd.-Nom.) 22
ἐστιν ὁ ὀφθαλμός (Subj.) *das Auge ist die Lampe/Leuchte des Körpers* etwa
= *das Auge gibt dem Körper Licht* (d.h. es ermöglicht ihm, sich zu orientieren u.
sich ohne Gefahr zu bewegen). **ᾖ** Konj. **εἰμί. ἁπλοῦς** (H-S §44c) *einfältig,
lauter, schlicht;* ἐὰν ᾖ ὁ ὀφθαλμός σου ἁπλοῦς *wenn dein Auge „lauter“ ist*
hier = *wenn dein Auge gesund/gut ist* (vgl. LN 23.132), was sich hier (auf Grund
des atl. bzw. jüd. Hintergrundes) m. unterschiedl. (viell. aber kombinierbarem)
übertr. Sinn verbinden läßt: a) etwa: wenn du m. ungeteilter Aufmerksam-
keit/Loyalität Gott dienst; b) wenn deine Haltung anderen gegenüber gü-
tig/neidlos/großzügig ist (Ggs. πονηρός [V. 23] *„böse“ = mißgünstig/geizig*
[EWNT 1, Sp. 297]). **φωτεινός** *hell leuchtend, voll Licht, im Licht (befind-*

lich); ὅλον τὸ σῶμά σου φωτεινὸν ἔσται *dann wird dein ganzer Körper im Licht sein* (d.h. dann bist/lebst du im „Licht" [im Bereich des Göttl.], so daß du dich orientieren u. ohne Gefahr bewegen kannst) bzw. (so nach Davies-Allison, Mt 1, S. 637f) *dann wird sich dein ganzer Körper als von Licht erfüllt erweisen* (d.h. so wird dadurch deutl., daß du wirklich vom „Licht" [vom Bereich des Göttlichen/von Gott] best. bist; darauf würde sich dann τὸ φῶς τὸ ἐν σοὶ σκότος
23 ἐστίν in V. 23 beziehen); analog V. 23. **ἔσται** V. 21. **23 πονηρός** hier *in schlechtem Zustand, krank* (B 1aα); s. V. 22 zu ἁπλοῦς. **σκοτεινός** *finster, dunkel, voll Finsternis, im Finstern (befindlich).* **εἰ** m. Ind. indefiniter Fall (A342). **σκότος**[7] *Dunkelheit; Finsternis* (Bereich des Gottfeindl. bzw. der Gottesferne); εἰ τὸ φῶς τὸ ἐν σοὶ σκότος ἐστίν *wenn „das Licht in dir"* (wohl = „dein Auge" [vgl. aber zu φωτεινός V. 22]) *Finsternis ist* (= wenn du m. geteilter Aufmerksamkeit/Loyalität Gott zu dienen versuchst bzw. wenn deine Haltung anderen gegenüber böse/mißgünstig/geizig ist). **πόσος**[18] *wie groß* hier im Ausrufesatz (nachklass. Interrogativum statt Rel. [ὅσος]; vgl. BDR §304,3; vgl. A133b), nachgestellt (BDR §475[2]); τὸ σκότος πόσον erg. wohl ἔσται (Fut. v. εἰμί; A78) *wie groß* (GN: *wie schrecklich*) *wird/muß dann die Dunkelheit/Finsternis (in deinem Herzen) sein;* impliziert ist: achte darauf, daß das „Licht in dir" tatsächl. „Licht" ist (vgl. Par. Lk 11,35).

24 **24** [Var. οἰκέτης[1] *Sklave, Diener.*] **δυσί** Dat. δύο[19f]. **δουλεύειν** Inf. δουλεύω *Sklave/unterworfen sein, Sklavendienste tun, gehorchen, dienen;* hier beidemal *zugleich* o.ä. impliziert (der Sklave steht im vollzeitl. Dienst des Herrn, dessen Eigentum er ist). **ἤ ... ἤ** *entweder ... oder* (BDR §446[3]). **μισήσει** Fut. μισέω; μισέω u. ἀγαπάω hier im Sinn v. *abweisen* (ThWNT 4, S. 694: *zurücksetzen*) u. *ergeben sein* (NGÜ) bzw. etwa *vernachlässigen* u. *bevorzugen* (GNB). **ἀγαπήσει** Fut. ἀγαπάω. **ἀνθ-έξεται** Fut. Med. ἀντ-έχομαι[190] m. Gen. *sich halten an/zu, festhalten an;* hier (jmdm.) *ergeben sein* (Menge), *sich ganz einsetzen für* (NGÜ). **κατα-φρονήσει** Fut. -φρονέω m. Gen. *verachten, geringachten, verächtlich behandeln.* **μαμωνᾶς**[1] ᾶ (aram. מָמוֹן/מָמוֹנָא *māmôn[āʾ]* „Besitz, Geld") *Mammon, Besitz, Geld* (hier personifiziert; vgl. H-S §295t).

25 **25 διὰ τοῦτο** *darum, deshalb* (im Licht der genannten Alternativen [V. 19-24]); der nachfolgende Abschnitt (in dem sich zweifellos hyperbol. Elemente finden [vgl. H-S §295q; A383]) redet nicht einer verantwortunglosen Gleichgültigkeit, Faulheit od. einem dolce far niente das Wort; vielmehr geht es darum, daß sich Nachfolger Jesu nicht v. der angstvollen Sorge um die Bedürfnisse des irdischen Lebens (u. schon gar nicht von der Jagd nach Luxusgütern [wie in den V. 19-24 impliziert]) beherrschen lassen sollen (Carson, Mt, S. 179). **μεριμνᾶτε** Imp. μεριμνάω *sorgen,* hier *sich* (ängstl.) *Sorgen machen,* hier τινί (dat. commodi, A173) *um etwas* (in V. 28/34 dafür περί τινος bzw. εἴς τι) bzw. m. indirekter Frage (τί *was* bzw. *um das, was*). **ψυχή** hier *(irdisches)*

Leben (B 1aβ). **φάγητε** Aor. Konj. ἐσθίω; deliberativer Konj. (A255) wie
bei der direkten Frage (V. 31), doch hier 2. statt 1. Pl (H-S §273e; gilt analog für
die flgd. drei Verbformen); τῇ ψυχῇ ὑμῶν τί φάγητε ἢ τί πίητε, μηδὲ
τῷ σώματι ὑμῶν τί ἐνδύσησθε *um euer Leben, was ihr essen oder trinken
sollt, noch um euren Körper, was ihr anziehen sollt* bzw. *um das, was ihr an Essen
und Trinken zum Leben und an Kleidung für euren Körper braucht* (NGÜ). **πί-
ητε** Aor. Konj. πίνω. **ἐν-δύσησθε** Aor. Konj. Med. -δύω[12] *anziehen, be-
kleiden;* Med. *sich bekleiden mit, sich anziehen.* **οὐχί** (od. οὐ) *nicht;* erwartet als
Frageeinleitung die Antwort „doch" (A320). **πλεῖον** Präd.-Nom. im Ntr.
nach Subj. im Fem. (A91) *mehr, etwas Größeres/Wichtigeres* (B πολύς II2c),
wichtiger, wertvoller (Menge). **τροφή** *Nahrung, Speise;* gen. comparationis
(A168). **ἔν-δυμα**[3] *Gewand, Kleid;* hier kollektiver Sg. (A101a), übers. *Klei-
dung, Kleider;* gen. comparationis (A168; erg. davor gedankl. ein zweites
πλεῖον). **26** **ἐμ-βλέψατε** Aor. Imp. -βλέπω[41] *den Blick richten auf, anse-* 26
hen, betrachten, hier m. εἰς (vgl. B 1). **πετεινόν** *Vogel;* τὰ πετεινὰ τοῦ οὐ-
ρανοῦ *die Vögel des Himmels/Luftraums* = einfaches deutsches *die Vögel.* **ὅτι**
hier am besten als Doppelpunkt berücksichtigen (vgl. A333). **θερίζω** *ernten.*
ἀπο-θήκη *Scheune, Speicher;* οὐδὲ συνάγουσιν εἰς ἀποθήκας *sie sam-
meln auch nicht in Scheunen = sie sammeln auch keine Vorräte.* **καί** adversativ
(A311,1; B I2g) *und doch, und trotzdem.* **οὐράνιος** V. 14. **τρέφω** *ernähren,
zu Essen geben.* **δια-φέρω** *hindurchtragen;* intr. *sich unterscheiden (von),* m.
Gen.; hier *mehr wert sein als,* m. Gen.; μᾶλλον διαφέρετε αὐτῶν *ihr seid
viel* (BDR §246[2]) *mehr wert als sie.* **27** **ἐξ ὑμῶν** statt gen. partitivus (A164). 27
μεριμνῶν Ptz., mod. *dadurch, daß er sich Sorgen macht.* **προσ-θεῖναι**
Aor. Inf. -τίθημι[200] *hinzufügen* hier τὶ ἐπί τι *etwas einer Sache;* V. 33 τί τινι
jmdm. etwas hinzufügen, dazugeben. **ἡλικία** *(Lebens-)Alter;* hier v. der bisher
durchlaufenen *Lebenszeit,* nicht v. der *Körpergröße* (B 1a). **πῆχυς**[8] εως ὁ (eig.
„Ellenbogen, Unterarm") *Elle* (ca. 45-52 cm), hier übertr. v. einer kurzen Zeit-
spanne (B), übers. etwa *Stunde* (NGÜ) od. *Tag* (GNB). **28** **τί** adv. *warum?* (B 28
τίς 3a; A134a), hier nachgestellt (vgl. BDR §475[2]). **κατα-μάθετε** Aor.
Imp. -μανθάνω[157] *merken auf, beobachten.* **κρίνον** *Lilie* (herkömml.; ver-
schiedene Alternativen vorgeschlagen), doch viell. einfach *prächtige Blume.*
ἀγρός *Feld, Acker.* **αὐξάνω** Akt. *vermehren, wachsen lassen;* Akt./Pass.
wachsen; καταμάθετε τὰ κρίνα τοῦ ἀγροῦ πῶς αὐξάνουσιν *beobach-
tet die Lilien/Blumen auf dem Feld* (vgl. A152ff), *wie sie wachsen* = καταμάθε-
τε πῶς αὐξάνουσιν τὰ κρίνα τοῦ ἀγροῦ (Prolepsis; A373; BDR §476,1)
seht, wie die Lilien/Blumen auf den Feldern (Pl. im Deutschen idiomatischer)
wachsen. **κοπιάω** *sich abmühen, sich plagen, sich abarbeiten* [zur Var. κοπι-
οῦσιν vgl. BDR §90]. **νήθω** *spinnen;* hier pars pro toto (A382a) für *sich Klei-
der machen* (GNB). **29** **ὅτι** recitativum = Doppelpunkt (A333) od. *daß.* **οὐ-** 29
δέ hier *nicht einmal* (B 3). **Σολομών**[4] 1,6 (bekannt für größten Reichtum u.

aufwendigsten Lebensstil [vgl. 1Kön 10,4ff u. 2Ch 9,13ff]). **περι-ε-βάλετο**
Aor. Med. -βάλλω[112] (Kleidungsstücke, Schmuck) *anziehen;* Med. *sich an-*
ziehen, sich kleiden; ἐν πάσῃ τῇ δόξῃ περιεβάλετο ὡς ἓν τούτων (gen.
partitivus, A164): nicht einmal Salomo *in all seiner Herrlichkeit/Pracht hat*
30 *sich/war (so schön) gekleidet wie eine von ihnen.* **30 εἰ** m. Ind. indefiniter Fall
(A342). **χόρτος** *Gras, Heu;* hier v. Unkraut (im Ggs. zum Kulturgewächs); da
τὸν χόρτον τοῦ ἀγροῦ denselben Kontextsinn wie τὰ κρίνα τοῦ ἀγροῦ
hat, kann es m. *die Feldblumen* übersetzt werden (GNB). **ὄντα** Ptz. εἰμί hier
etwa *stehen* (Menge) od. *blühen* (GNB); konz. **αὔριον** *morgen* (= tags
darauf); V. 34 ἡ αὔριον (erg. ἡμέρα, vgl. A88) *der morgige/folgende/nächste*
Tag, hier im Sinn v. *bald, nach kurzer Zeit* (B 2). **κλίβανος** *Backofen* (als
Brennmaterial wurde u.a. Gras verwendet). **βαλλόμενον** Ptz. Pass.
βάλλω, konz.; ... ὄντα καί ... βαλλόμενον *obwohl es* (od. [idiomatischer]
welches/das) ... *steht/blüht und* ... *geworfen wird.* **ἀμφι-έννυμι** *bekleiden,*
schmücken. **οὐ πολλῷ μᾶλλον ὑμᾶς** *(wird er das) dann nicht* (V. 25 zu
οὐχί) *viel* (dat. differentiae [A117]) *mehr für euch (tun) = wird er sich dann*
nicht erst recht um euch kümmern (GNB). **ὀλιγό-πιστος**[11] *von schwachem*
31 *Vertrauen, kleingläubig;* subst., Vok. Pl. *ihr Kleingläubigen.* **31 μεριμνή-**
σητε Aor. Konj.; prohibitiver Konj. (A256). **λέγοντες** Ptz. λέγω, mod.
φάγωμεν, πίωμεν, περι-βαλώμεθα (zum letzteren s. V. 29) delibera-
32 tiver Konj. (A255). **32 πάντα ταῦτα** AkkO. **τὰ ἔθνη** *die Heiden* (impli-
ziert: die Gott nicht kennen). **ἐπι-ζητέω** *suchen; erstreben,* hier *trachten*
nach, bedacht sein auf (Menge), *aussein auf.* **χρῄζω** *nötig haben, brauchen,* m.
33 Gen. **ἅ-πας** = πᾶς. **33 ζητεῖτε** Imp. ζητέω. **πρῶτον** hier v. Rang
zuerst, in erster Linie, vor allem (B 2c). **βασιλεία** das „Trachten nach Gottes
Reich" ist ein kompromißloses Anstreben dessen, was durch die ersten drei
Bitten des Vaterunsers v. Gott erbeten wird (V. 9f; s. bes. zu V. 10; Carson, Mt,
S. 182). **δικαιοσύνη** vgl. 5,6.20 u. 6,1; das „Trachten nach Gottes Gerech-
tigkeit" entspricht sachl. ganz dem „Trachten nach Gottes Reich" (Davies-Al-
lison, Mt 1, S. 661). **προσ-τεθήσεται** Fut. Pass. -τίθημι[200] V. 27; pass. di-
34 vinum (A76b). **34 γάρ** markiert hier eine Begründung, die sich in fast humo-
ristischer Weise auf den gesunden Menschenverstand beruft (Carson, Mt,
S. 182). **μεριμνήσει** Fut. hier *sorgen für* (m. Gen. [bei diesem Verb unge-
wöhnl.; BDR §176[3]]). **ἀρκετός** *genügend, hinreichend.* **κακία** *schlechte Be-*
schaffenheit, Fehlerhaftigkeit; hier *Mühsal, Plage;* ἀρκετὸν τῇ ἡμέρᾳ (erg.
ἐστὶν [A78]) ἡ κακία αὐτῆς *dem/für den (einzelnen) Tag ist seine (eigene)*
Plage hinreichend (zum Ntr. s. BDR §131[2], vgl. A91; zum DatO/2. Grades [vgl.
A172] s. BDR §187[4]), *es genügt, daß jeder Tag seine eigene Plage hat* (B 2), *jeder*
Tag hat genug eigene Plage (Einh.).

7 **κρίνετε** Imp. κρίνω hier *richten* im Sinn v. *ein Urteil fällen* (B 6a), *verur-*
teilen; μὴ κρίνετε *verurteilt nicht (andere).* **κριθῆτε** Aor. Konj. Pass.; pass.

divinum (A76b). **2 ἐν ᾧ** (beidemal) instr.; das BW (κρίματι/μέτρῳ) steht 2
im Rel.-Satz (A357): ἐν ᾧ κρίματι/μέτρῳ = ἐν τῷ κρίματι/μέτρῳ ἐν ᾧ
mit dem Urteil/Maß, mit dem. **κρίμα**[3] *(das) Richten, Gericht;* hier *(richterliches) Urteil* (B 6). **κριθήσεσθε** Fut. Pass.; pass. divinum (A76b). **μέτρον** *Maß,* hier v. Hohlmaß (B 1a), m. dem man einer Pers. etwas zuteilt, übertr. viell. vom Maß der Gerechtigkeit u. Liebe (EWNT 2, Sp. 1036f). **μετρέω** *messen;* hier *zumessen* (d.h. genau abmessend zuteilen; B 2); μετρεῖτε m. dem *ihr (anderen) zumeßt/zuteilt.* **μετρηθήσεται** Fut. Pass.; pass. divinum (A76b; BDR
§130,1). **3 τί** adv. *warum?* (B τίς 3a; A134a), *wie kommt es, daß* (NGÜ). 3
κάρφος[7] *Splitter* (kleines Stück Holz, Spreu od. Stroh; bildl. = etwas ganz Geringfügiges). **ἀδελφός** hier im uneig. Sinn v. Mitmensch od. Mitjünger (vgl. 5,22). **σός** *dein,* hier m. reflexiver Bdtg. *dein eigener* (H-S §140e; A128,2). **δοκός** ἡ *Balken;* τὴν ἐν τῷ σῷ ὀφθαλμῷ δοκόν *den in deinem eigenen Auge befindlichen Balken* (vgl. A84), *den Balken in deinem eigenen Auge.* **κατα-
νοέω** *beschauen, betrachten;* hier *bemerken, wahrnehmen* (B 1). **4 πῶς** hier 4
wie? = mit welchem Recht? (B 1c). **ἐρεῖς** Fut. λέγω; mod. Fut. (A247c); πῶς ἐρεῖς *wie kannst du sagen.* **ἄφ-ες** Aor. Imp. -ίημι hier *(gewähren) lassen* (B 4). **ἐκ-βάλω** Aor. Konj. -βάλλω hier *herausziehen, entfernen* (B 3); adhortativer Konj., hier ergänzt durch asyndetisch davorgesetztes ἄφες: ἄφες ἐκβάλω ... *laß mich!* (GNB: *komm her;* NGÜ: *halt still*) *ich will ... (heraus)ziehen = laß mich ... (heraus)ziehen* (A254). **καὶ ἰδού** etwa *und dabei (sitzt)*
(Menge). **5 ὑπο-κριτά** Vok. ὑπο-κριτής[1] (< ὑπο-κρίνομαι vortäu- 5
schen, heucheln; im älteren Griech. meist „Schauspieler") *Heuchler, Scheinheiliger.* **ἔκ-βαλε** Aor. Imp. **δια-βλέψεις** Fut. -βλέπω[41] *klar sehen* (LSJ 2) od. (übertr.) *(genau) zusehen* (B 2). **ἐκ-βαλεῖν** Aor. Inf.; kons. (Zorell διαβλέπω 2; A278) od. als Obj. (BDR §392[10]; A273); καὶ τότε διαβλέψεις ἐκβαλεῖν *und dann wirst du klar sehen und* (< „wirst du so klar sehen, daß du") *kannst ... ziehen* (NGÜ) od. *und dann kannst* (mod. Fut., A247c) *du zusehen, daß/wie du ... ziehst = und dann kannst du versuchen, ... zu ziehen.* **6 δῶτε** 6
Aor. Konj. δίδωμι, prohibitiver Konj. (A256). **τὸ ἅγιον** *das Heilige,* wohl v. Opferfleisch (B 2aα), hier wahrscheinl. Bild für das Evangelium (EWNT 2, Sp. 822; vgl. Par. μαργαρίτας). **κύων** κυνός ὁ *Hund;* meist v. dem herumstreifenden Hund, der sich v. Abfall od. durch frechen Überfall auf Wehrlose ernährt (EWNT 2, Sp. 822) u. daher Bild (hier zusammen m. „Schwein") für einen unreinen (d.h. schamlos im Widerspruch zu Gottes Normen lebenden), bösartigen u. gefährl. Menschen; hier sind wohl speziell Menschen gemeint, die dem Evangelium eindeutig m. nachhaltiger, böswilliger Verachtung begegnen (vgl. 10,14; 15,14) bzw. solche, die als falsche (für die Sache Jesu gefährl.) Christen entlarvt werden (vgl. EWNT 2, Sp. 822); diese Warnung will wahrscheinl. vor einer überzogenen Anwendung der V. 1-5 bewahren. **βάλητε** Aor. Konj. βάλλω, prohibitiver Konj. (A256). **μαργαρίτης**[1] *Perle,* Inbegriff v. etwas

bes. Wertvollem, übertr. z.B. v. kostbarer Weisheit, Lehre o.ä., hier v. Evange-
lium (vgl. 13,45f). **χοῖρος** *Schwein.* **μή-ποτε** *damit nicht (etwa)* (A339).
κατα-πατήσουσιν Fut. (hier statt Konj. Aor. [s. Var.] nach μήποτε
[A328; 339]) -πατέω *zertreten* τὶ ἔν τινι (instr.) *etwas mit etwas* (B 1a).
στραφέντες Aor. Ptz. Pass. στρέφω[47] *hinwenden;* Pass. hier *sich umwen-
den, sich zuwenden* (in Angriffsabsicht; B 2aα); temp. (A291,1 Anm. 1). **ῥήξω-
σιν** Aor. Konj. ῥήγνυμι[217] *zerreißen;* μήποτε καταπατήσουσιν αὐ-
τοὺς ἐν τοῖς ποσὶν αὐτῶν καὶ στραφέντες ῥήξωσιν ὑμᾶς viell. chia-
stisch (vgl. H-S §294cc) zu deuten: *damit sie* (d.h. die Schweine) *sie nicht zer-
trampeln* (wörtl. „mit ihren Füßen zertreten“) *und sie* (d.h. die Hunde) *sich (ge-
gen euch) wenden und euch zerreißen* (BDR §477[5]).
7 **7 αἰτεῖτε** Imp. αἰτέω; Präs. (gilt für alle drei Imp.) wohl iter. (A265b).
καί (dreimal) kons. (A311,2) *und (dann)* (B I2f). **δοθήσεται** Fut. Pass. δί-
δωμι; wohl pass. divinum (A76b). **ζητεῖτε** Imp. ζητέω. **εὑρήσετε** Fut.
εὑρίσκω. **κρούετε** Imp. κρούω (an die Tür) *klopfen, anklopfen.* **ἀν-οι-**
8 **γήσεται** Fut. Pass. -οίγω; wohl pass. divinum (A76b). **8 πᾶς ὁ** m. Ptz. *je-
der, der* (A86). **αἰτῶν** Ptz., subst. **ζητῶν** Ptz., subst. **κρούοντι** Ptz., subst.
9 **ἀν-οιγήσεται** V. 7. **9 αἰτήσει** Fut. αἰτέω hier τινά τι *jmdn. um et-
was bitten* [Var. αἰτήσῃ Konj. (vgl. A371)]. **ἐπι-δώσει** Fut. -δίδωμι[201] *ge-*
10 *ben, übergeben.* **10 ἰχθύς**[8] ύος ὁ *Fisch.* **ὄφις**[8] εως ὁ *Schlange;* τίς ἐστιν
ἐξ ὑμῶν ἄνθρωπος, ὃν αἰτήσει ὁ υἱὸς αὐτοῦ ἄρτον, μὴ λίθον
ἐπιδώσει αὐτῷ; ἢ καὶ ἰχθὺν αἰτήσει, μὴ ὄφιν ἐπιδώσει αὐτῷ;
„welcher Mensch ist unter euch/wer unter euch (vgl. A164) ist ein Mensch, den
sein Sohn um Brot bitten wird – wird er ihm etwa (verneinende Antwort erwar-
tet; A320) einen Stein geben? Oder (der ihn) auch um einen Fisch bitten wird
– wird er ihm etwa eine Schlange geben?“ wohl sem. bzw. volkstüml. Aus-
drucksweise, Standard-Griech. etwa: τίς ἐξ ὑμῶν τῷ υἱῷ ἄρτον αἰτοῦντι
λίθον ἐπιδώσει, ἢ ἰχθὺν αἰτοῦντι ὄφιν ἐπιδώσει; (BDR §469[1]) *wer
von euch wird/würde seinem Kind einen Stein geben, wenn es ihn um Brot bittet,
oder eine Schlange, wenn es ihn um einen Fisch bittet?* (rhetorische Frage [A325]
= betonte neg. Behauptung: *keiner von euch wird/würde doch seinem Kind ...*).
11 **11 εἰ** m. Ind. indefiniter Fall (A342). **ὄντες** Ptz. εἰμί, konz.; πονηροὶ
ὄντες *obwohl ihr (doch) böse seid* (die Sündhaftigkeit der Menschen [Jesus
ausgenommen: es steht 2. u. nicht 1. Pl.] wird hier vorausgesetzt). **δόμα**[3]
Gabe. **διδόναι** Inf. δίδωμι; οἴδατε δόματα ἀγαθὰ διδόναι τοῖς
τέκνοις ὑμῶν *ihr versteht euren Kindern gute Gaben zu geben* (B οἶδα 3), *ihr
wißt, was euren Kindern guttut, und gebt es ihnen* (vgl. GNB). **πόσος**[18] *wie
groß?* Sg. (bei Unzählbarem) *wieviel?;* πόσῳ (dat. differentiae, A117) μᾶλλον
um wieviel mehr, wieviel mehr. **δώσει** Fut. δίδωμι. **αἰτοῦσιν** Ptz., subst.
12 **12 ὅσα ἐάν** = ὅσα ἄν (A132; 371) *wie viele Dinge auch immer = alles,
was;* πάντα ὅσα ἐάν übers. *alles, was* (B πᾶς 1eγ). **θέλητε** Konj. θέλω.

ἵνα hier *daß* (A328; bez. [statt eines AcI] das Erstrebte; B II1aα). **ποιῶσιν** Konj. ποιέω. **ποιεῖτε** Imp.; πάντα ὅσα ἐὰν θέλητε ἵνα ποιῶσιν ὑμῖν οἱ ἄνθρωποι, οὕτως καὶ ὑμεῖς ποιεῖτε αὐτοῖς *alles, was ihr wollt, daß die Menschen (es)* (Rel.-Pron. ὅσα ist m. dem ἵνα-NS verschränkt; A364b) *euch (gegenüber)/für euch* (B ποιέω II1dβ; dat. commodi, A173a) *tun, (das) tut auch ihr ihnen (gegenüber)/für sie ebenso = alles, was ihr von den Menschen/von anderen erwartet, das erweist auch ihr ihnen ebenso* (Menge) bzw. *handelt den Menschen gegenüber in allem so, wie ihr es von ihnen euch gegenüber erwartet* (NGÜ). **οὗτος** kongruiert (wie übl.) m. dem (hier m. dem ersten Teil des zweiteiligen, aber als Einheit zu verstehenden) Präd.-Nom. (BDR §132[1]; A93); οὗτος γάρ ἐστιν ὁ νόμος καὶ οἱ προφῆται *denn das ist/darin besteht das Gesetz und die Propheten* (d.h. die Erfüllung des Gesetzes u. der Propheten). **ὁ νόμος καὶ οἱ προφῆται** übl. Bezeichnung für die (atl.) Heilige Schrift.

13 εἰσ-έλθατε Aor. Imp. (vgl. H-S §105g) -έρχομαι; εἰσέλθατε διὰ 13
τῆς στενῆς πύλης *geht durch das enge Tor* (impliziert: ins Leben/„Himmelreich"; B 2a). **στενός** *eng.* **πύλη** *Tor, Tür;* das Verhältnis v. „Tor" u. „Weg" wird unterschiedl. gedeutet: a) m. synonymer Funktion (bzw. als Hendiadyoin [A378]) bezeichnen beide das Eingehen in das Verderben bzw. in das „Himmelreich"; b) der „Weg" führt zum „Tor", durch das man schließl. ins Verderben bzw. in das vollendete „Himmelreich" geht; c) (im Mt-Kontext wohl am besten:) durch das „Tor" betritt man (jetzt) den „Weg", der ins Verderben bzw. in das vollendete „Himmelreich" führt. **ὅτι** hier *denn* (B 3b). **πλατύς**[10] εῖα ύ *breit, weit;* erg. ἐστίν (A78). **εὐρύ-χωρος**[11] *weit, geräumig,* hier *breit;* erg. ἐστίν (A78). **ἀπ-άγουσα** Ptz. Fem. -άγω *wegführen;* (v. Weg) *führen* (B 3a); attr. **ἀπ-ώλεια** *(das) Verderben* (nach 25,46 die „ewige Strafe"). **εἰσ-ερχόμενοι** Ptz. -έρχομαι; subst.; πολλοί εἰσιν οἱ εἰσερχόμενοι δι' αὐτῆς *zahlreich sind die, die darauf* (vgl. B διά A I1; od. *die durch dieses [Tor]) (ins Verderben) gehen* etwa = *viele sind auf diesem Weg* (od. *viele gehen*
durch dieses Tor). **14 τί** hier sem. m. Adj./Ptz. *wie!* (BDR §299[4]; A134a). **τε-** 14
θλιμμένη Pf. (A231) Ptz. Pass. θλίβω[43] *drücken; bedrängen;* hier Pf. Ptz. Pass. *eingeengt, schmal* (B 2b) od. *bedrängt = mühselig* (Luz, Mt 1, S. 395); umschrieb. Pf. (A25/249b) m. Wegfall der Kopula ἐστίν (A78); τί στενὴ ἡ πύλη καὶ τεθλιμμένη ἡ ὁδός *wie eng ist die Pforte und (wie) schmal/mühselig der Weg.* **ἡ ζωή** *das Leben* (d.h. das ewige Leben). **εὑρίσκοντες** Ptz. εὑρίσκω; subst. (vgl. V. 13 zu εἰσερχόμενοι).

15 προσ-έχετε Imp. -έχω m. Dat. *den Sinn richten auf; achten auf,* 15
ἀπό τινος *sich vor jmdm./etwas in acht nehmen* (B 1b), *sich vor jmdm./etwas hüten.* **ψευδο-προφήτης**[1] *falscher Prophet.* **οἵ-τινες** qualitativ, hier um eine charakteristische Eigenschaft hervorzuheben, durch die das davor Genannte begründet werden soll (B ὅστις 2b) *die (doch) = da sie ja, denn sie* (vgl. H-S §290b; A368). **ἔν-δυμα**[3] *Gewand, Kleid.* **πρό-βατον** *Schaf;* ἐν ἐνδύ-

μασιν προβάτων *in Schafskleidern* (d.h. durch scheinbar rechtgläubige Leh-
re u. Frömmigkeit tarnen sie sich als echte Propheten). **ἔσω-θεν** *von innen
heraus; innen, inwendig,* hier im Sinn v. *in Wirklichkeit* (GNB). **λύκος** *Wolf.*
ἅρπαξ αγος (vgl. A3) Adj. *räuberisch* (herkömml. [sinngetreu] hier *reißend*).
16 **16 καρπός** hier im Sinn v. Tat (B 2a). **ἐπι-γνώσεσθε** Fut. Med. (m. akt.
Bdtg.) -γινώσκω, τινὰ ἀπό τινος *jmdn. an etwas erkennen* (B 2a). **μήτι**
etwa (verneinende Antwort angedeutet, A320). **συλ-λέγω** *zusammenlesen,
sammeln* bzw. (hier) *pflücken* (GNB), *ernten* (NGÜ); hier 3. Pl. im Sinn v.
„man“ (A76a). **ἄκανθα** *Dornengewächs* (v. stachligen Pflanzen, bes. v. der als
Unkraut wuchernden Ononis spinosa, Hauhechel, im Ggs. zu Nutzpflanzen).
σταφυλή *Weintraube.* **τρί-βολος** stacheliges Unkraut, bes. *Distel.* **σῦ-
17 κον** *Feige.* **17 δένδρον** *Baum.* **ποιέω** hier *hervorbringen, tragen* (B I1bη).
18 **σαπρός** (< σήπω verfaulen) *faul, schlecht.* **18 ποιεῖν** Inf. [Var. ἐνεγ-
19 κεῖν Aor. Inf. φέρω]. **19 ποιοῦν** Ptz. Ntr. ποιέω, attr.; μὴ ποιοῦν καρ-
πὸν καλόν *der keine guten Früchte* (griech. Subst. als Kollektivum gebraucht;
vgl. A101a) *trägt.* **ἐκ-κόπτεται** Pass. -κόπτω *fällen, abhauen;* Präs. hier
wohl fut. (A234). **βάλλεται** Pass. βάλλω; Präs. hier wohl fut. (A234).
20 **20 γέ** enklitische Partikel: hier zur Hervorhebung v. ἄρα (vgl. B 3): ἄρα γε
folglich (B ἄρα 4).
21 **21 οὐ πᾶς ὁ** m. Ptz. *nicht jeder* (klass.; BDR §302^{2}), *der* (A86). **λέγων**
Ptz., subst. **κύριε** Vok.; nachdrückl. Verdoppelung (BDR §493^{2}; vgl. H-S
§294l) soll Inbrunst widerspiegeln. **εἰσ-ελεύσεται** Fut. Med. -έρχομαι.
ποιῶν Ptz. ποιέω, subst.; ἀλλ᾽ ὁ ποιῶν *sondern (nur) der, der tut.*
22 **22 ἐροῦσιν** Fut. λέγω. **ἐν ἐκείνῃ τῇ ἡμέρᾳ** *an jenem Tag,* d.h. am Ge-
richtstag (B ἡμέρα 3bβ). **οὐ** *nicht;* erwartet als Frageeinleitung die Antwort
„doch“ (A320). **σός** (A128) *dein;* τῷ σῷ ὀνόματι (klass.) dat. instr. (BDR
§206^{4}; A176) *in deinem Namen* (d.h. wohl: in deiner Kraft od. in deinem Auf-
trag). **ἐ-προ-φητεύσαμεν** Aor. (zum Aug. vgl. BDR §69^{4}) -φητεύω *pro-
phezeien, prophetisch reden* (im Sinn v. *Zukünftiges voraussagen* od. *die Gottesof-
fenbarung verkünden*). **ἐξ-ε-βάλομεν** Aor. ἐκ-βάλλω; δαιμόνια ἐκβάλ-
λω *Dämonen* (die v. einem Menschen Besitz ergriffen haben) *austreiben* (B 1).
δύναμις hier *Wundertat* (B 4), *Wunder.* **ἐ-ποιήσαμεν** Aor. ποιέω.
23 **23 ὁμο-λογήσω** Fut. -λογέω *bekennen;* hier *frei heraussagen, unumwunden
erklären* (B 4). **ὅτι** recitativum = Doppelpunkt (A333). **οὐ-δέ-ποτε** (vgl.
A18) *niemals, nie.* **ἔ-γνων** Aor. γινώσκω hier *kennen* im Sinn v. *anerkennen*
als das, was man zu sein beansprucht (B 7). **ἀπο-χωρεῖτε** Imp. -χωρέω
weggehen ἀπό τινος *von jmdm.* [Var. ἀνα- synonym]. **ἐργαζόμενοι** Ptz.
ἐργάζομαι, subst. (hier Vok. [A142]). **ἀ-νομία** *Gesetzlosigkeit* (als Gesin-
nung); *gesetzwidrige Tat;* οἱ ἐργαζόμενοι τὴν ἀνομίαν *ihr, die ihr die Ge-
setzlosigkeit/das Gesetzwidrige tut* (vgl. B 2) = *ihr Übertreter des Gesetzes* (Einh.)
bzw. *ihr, die ihr im Widerspruch zu Gottes Willen lebt.*

24 πᾶς ... ὅστις *jeder, der* (B πᾶς 1cγ; vgl. A133a). **οὖν** *darum* (d.h. 24
im Lichte v. V. 21-23). **μου** zu τοὺς λόγους τούτους zu ziehen. **ὁμοιω-
θήσεται** Fut. Pass. ὁμοιόω *gleich(artig) machen* τινί *jmdm./einer Sache*
(Pass. *ähnlich werden, gleichen*); *vergleichen* τινί *mit jmdm./etwas;* Fut. hier ent-
weder mod. (*kann verglichen werden, ist gleich* [A247c]) od. fut. (*wird* [beim Ge-
richt] *gleichen* [Menge]) [Var. ὁμοιώσω Fut. Akt.]. **φρόνιμος** *verständig,
klug.* **ὅσ-τις** (zweites) qualitativ (A132) *(ein solcher), der.* **ᾠκο-δόμησεν**
Aor. οἰκο-δομέω. **πέτρα** *Fels;* ἐπὶ τὴν πέτραν *auf den* (vorhandenen
bzw. für solides Bauen erforderl.) *Felsengrund,* übers. idiomatisch *auf Fels/felsi-
gen Boden.* **25 καί** erstes praktisch = ὅτε *als* (vgl. A311,4 u. 336a; B I2c), 25
fünftes im Sinn v. „dann/da“ (A311,2). **κατ-έ-βη** Aor. κατα-βαίνω hier *fal-
len* (B 1b), *niedergehen* (GN). **βροχή** *(Platz-)Regen, Wolkenbruch* (GN). **πο-
ταμός** *Fluß, Strom;* ἦλθον οἱ ποταμοί *die Wassermassen fluteten heran*
(Einh.), evtl. *die Flüsse traten über die Ufer* (vgl. GNB). **ἔ-πνευσαν** Aor.
πνέω[31] *wehen, blasen.* **ἄνεμος** *Wind;* ἔπνευσαν οἱ ἄνεμοι *die Stürme
tobten* (Einh.). **προσ-έ-πεσαν** Aor. (vgl. H-S §105g) -πίπτω[194] m. Dat.
hier *losstürzen auf, anfallen* (B 2), *stoßen an/gegen, hereinbrechen über, rütteln an.*
ἔ-πεσεν Aor. πίπτω hier *einstürzen* (B 1bβ). **τε-θεμελίωτο** Plsqpf. (hier
ohne Aug.; vgl. A21; H-S §72h) Pass. θεμελιόω *mit einem Fundament* (θεμέ-
λιος) *versehen, gründen;* τεθεμελίωτο *es war gegründet/gebaut* (Zustandspas-
siv; vgl. A242 u. 245). **26 πᾶς ὁ** V. 8. **ἀκούων** Ptz., subst. **ποιῶν** Ptz., 26
subst. **μωρός** *töricht, dumm.* **ἄμμος** ἡ *Sand;* vgl. V. 24 zu πέτρα. **27 καί** 27
wie V. 25. **προσ-έ-κοψαν** Aor. -κόπτω[56] m. Dat. hier *prallen an* (B 1b),
stürmen gegen (Menge), da in diesem Kontext = προσπίπτω (V. 25). **ἦν** Ipf.
εἰμί. πτῶσις[8] (< πίπτω) *Fall, Sturz, Einsturz;* καὶ ἦν ἡ πτῶσις αὐτῆς
μεγάλη *und sein Fall/Einsturz war groß* wohl = *und es wurde völlig zerstört.*

28 ἐ-γένετο Aor. Med. γίνομαι; καὶ ἐγένετο ὅτε ... (gefolgt v. fini- 28
tem Verb) Hebr. = (καὶ) ὅτε ... (A271; BDR §442[11]). **ἐ-τέλεσεν** Aor. τε-
λέω[27] *beenden, vollenden;* Aor. Ind. bez. hier Vorvergangenheit (vgl. H-S
§199n; A224). **λόγος** Pl. hier *Rede* (B 1aδ). **ἐξ-ε-πλήσσοντο** Ipf. ἐκ-
πλήσσομαι *außer sich geraten* ἐπί τινι *über etwas* (vor Schrecken od. Ver-
wunderung; B 2). **διδαχή** *Lehre* (das, was gelehrt wird, od. die Lehrtätigkeit).
29 ἦν V. 27. **διδάσκων** Ptz., umschrieb. Ipf. (A249a). **ὡς** (erstes) *wie/als* 29
(eine wirkl. Eigenschaft bezeichnend, vgl. B III1a). **ἔχων** Ptz., subst. (vgl.
A304); ὡς ἐξουσίαν ἔχων *wie/als einer, der Vollmacht (von Gott)* (vgl. B ἐξ-
ουσία 2) *hatte* = *mit (göttlicher) Vollmacht.* **καὶ οὐχ ὡς** *und nicht wie, ganz
anders als.*

κατα-βάντος Aor. Ptz. -βαίνω, gen. abs. (A288f), temp. **ἀπὸ τοῦ** **8**
ὄρους vgl. zu 5,1. **ἠκολούθησαν** Aor. ἀκολουθέω. **2 λεπρός** (< λε- 2
πίς Schuppe) u.a. *schuppig, uneben, rauh;* im NT *aussätzig* (v. λέπρα befallen
u. damit „unrein“ [Lev 13,45f]; λέπρα war höchstwahrscheinl. eine Sammelbe-

zeichnung für verschiedene Hauterkrankungen, zu denen offenbar auch die
heute unter dem Begriff Lepra bekannte Krankheit zählte); subst. **προσ-
ελθών** Aor. Ptz. -έρχομαι, temp. (A291,1 Anm. 1). **προσ-ε-κύνει** Ipf.
-κυνέω hier etwa *sich niederwerfen (vor).* **λέγων** Ptz., mod. **κύριε** Vok.
θέλῃς Konj. θέλω. **δύνασαι** 2. Sg. δύναμαι[208]. **καθαρίσαι** Aor. Inf.
καθαρίζω[95] *reinigen, säubern; heilen* ([Aussätzigen/Aussatz o.ä.] u. dann zu
3 kultischer Reinheit führen; vgl. B 1bα). **3 ἐκ-τείνας** Aor. Ptz. -τείνω (vgl.
A33[118ff]) *ausstrecken;* temp. (A291,1 Anm. 1). **τὴν χεῖρα** *seine Hand* (H-S
§140d; A103). **ἥψατο** Aor. Med. ἅπτω[51] Med. *berühren,* m. Gen. (A165).
λέγων Ptz., mod. **θέλω** *ich will (es)* (A79). **καθαρίσθητι** Aor. Imp. Pass.
werde gesund/rein. **ἐ-καθαρίσθη** Aor. Pass.; ἐκαθαρίσθη αὐτοῦ ἡ λέ-
πρα *sein Aussatz wurde geheilt* (B 1bß: *sein Aussatz verschwand*), *er wurde von*
4 *seinem Aussatz geheilt/rein.* **λέπρα** *Aussatz* (s.a. V. 1 zu λεπρός). **4 λέγει**
hist. Präs. (A235). **ὅρα** Imp. ὁράω. **εἴπῃς** Aor. Konj. λέγω; prohibitiver
Konj. (A256; 328); ὅρα μηδενὶ εἴπῃς *sieh zu, daß du niemand davon* (A79)
sagst. **ὕπ-αγε** Imp. (vgl. A266a), typischerweise gefolgt v. Asyndeton (BDR
§461[1]; vgl. H-S §293e) *geh (und).* **δεῖξον** Aor. Imp. δείκνυμι[212] *zeigen* (vgl.
Lev 13,49). **ἱερεύς**[8] *Priester.* **προσ-ένεγκον** Aor. Imp. -φέρω. **δῶρον**
Geschenk; Opfergabe. **προσ-έ-ταξεν** Aor. -τάσσω[79] *anordnen, befehlen*
(zur Sache vgl. Lev 14,2-32). **μαρτύριον** *Zeugnis,* im Sinn v. *Beweis* (Hand-
lung, Umstand od. Sache) od. *Zeugenaussage;* **εἰς** (fin.; B 4f) μαρτύριον αὐ-
τοῖς (dat. commodi, A173) *ihnen* (den Priestern od. der Menschenmenge od.
beiden) *zum Zeugnis/Beweis* (für die geschehene Heilung; nach manchen: für
Jesu Gesetzestreue).
5 **5 εἰσ-ελθόντος** Aor. Ptz. -έρχομαι, gen. abs. (zum Gebrauch vgl.
V. 1). **Καφαρναούμ** 4,13; indekl., hier Akk. **προσ-ῆλθεν** Aor. -έρχο-
μαι. **ἑκατόντ-αρχος** *Anführer einer Hundertschaft, Hauptmann* bzw. (röm.)
Centurio (s. KP 1, Sp. 1111f; hier: einer offenbar am Ort stationierten röm. Ein-
heit; im Kontext relevantes impliziertes Element: ein Nichtjude); im Unter-
schied zu Lk (7,1-10) erwähnt Mt keine Mittelsmänner (nach dem Prinzip „qui
facit per alium facit per se" [wer durch einen anderen handelt, handelt selbst];
6 Carson, Mt, S. 200). **παρα-καλῶν** Ptz. -καλέω, temp./mod. **6 λέγων**
Ptz., temp./mod.; παρακαλῶν αὐτὸν καὶ λέγων *bat ihn (um Hilfe) und*
sagte (vgl. A291,1f Anm. 1). **κύριε** V. 2. **παῖς**[3] παιδός *Kind* (ὁ *Junge;* ἡ
Mädchen); hier *Diener, Sklave* (B 1aß/γ; kaum „Sohn" [im NT nur vereinzelt be-
zeugt]). **βέ-βληται** Pf. Pass. βάλλω Pf. Pass. (v. Kranken) *daniederliegen*
(B 1b). **ἐν τῇ οἰκίᾳ** *zu Hause* (B οἰκία 1a). **παρα-λυτικός** *gelähmt;*
Artangabe zum Subj. (A65). **δεινῶς** *schrecklich, furchtbar.* **βασανιζόμε-
νος** Ptz. Pass. βασανίζω *foltern, quälen* (eig. u. übertr.); mod. (vgl. A291,2
7 Anm. 1); δεινῶς βασανιζόμενος *und hat furchtbare Schmerzen.* **7 λέγει**
V. 4. **ἐλθών** Aor. Ptz. ἔρχομαι, temp. (A291,1 Anm. 1). **θεραπεύσω**

Fut. θεραπεύω; hier wohl mod. Fut. (A247a); ἐλθὼν θεραπεύσω αὐτόν
ich will kommen und ihn heilen. **8 ἀπο-κριθείς** Aor. Ptz. Pass. (ohne Pass.- 8
Bdtg.) -κρίνομαι, pleon. (A297,2); ἀποκριθεὶς ὁ ἑκατόνταρχος ἔφη *der*
Hauptmann antwortete. **ἔ-φη** Ipf. φημί. **ἱκανός** *hinlänglich; tauglich;* hier
etwa *würdig, wert* (hier m. ἵνα-NS [statt Inf./AcI] als Obj. 2. Grades; BDR
§393[4]; vgl. A275 u. 328). **στέγη** *Dach.* **εἰσ-έλθῃς** Aor. Konj. -έρχομαι;
ἵνα μου ὑπὸ τὴν στέγην εἰσέλθῃς *daß du unter mein Dach trittst/daß du*
mein Haus betrittst. **εἰπέ** Aor. Imp. λέγω. **λόγῳ** dat. instr. (A176); μόνον
εἰπὲ λόγῳ *gebiete nur mit einem Wort* (Menge), *sprich nur ein Wort* (B 1aα).
καί (zweites) kons. (BDR §442[7]; A311,2) *so, dann.* **ἰαθήσεται** Fut. Pass.
ἰάομαι[17] *heilen.* **9 ἐγώ** Subj. betont (A122). **ὑπό** m. Akk. hier übertr. *unter* 9
(einer Gewalt o.ä.; B 2b). **ἐξ-ουσία** hier *Kommandogewalt* (B 4a), *höherer*
Befehl (Menge); καὶ ἐγὼ ἄνθρωπός εἰμι ὑπὸ ἐξουσίαν *auch ich bin ein*
Mensch unter höherem Befehl, auch ich unterstehe höherem Befehl/Vorgesetzten.
[Var. τασσόμενος Ptz. Pass. τάσσω *ordnen;* jmdn. *einsetzen,* ὑπό τινα/τι
jmdm./etwas unterstellen; umschrieb. Präs. (A249a): ich bin *unterstellt.*] **ἔχων**
Ptz., mod. (vgl. A291,2 Anm. 1). **ἐμαυτοῦ**[14] *meiner (selbst)* (Refl.-Pron.).
στρατιώτης[1] *Soldat.* **καί** (zweites, viertes u. sechstes) praktisch = ὅτε
(immer) wenn (vgl. A311,4; B I2c), (drittes, fünftes u. siebtes) kons. (A311,2) *so,*
dann. **τούτῳ ... ἄλλῳ** *zu diesem/einem ... zu einem anderen.* **πορεύθητι**
Aor. Imp. Pass. (ohne bes. Pass.-Bdtg.) πορεύομαι. **ἔρχου** Imp. (vgl.
A266a). **ποίησον** Aor. Imp. ποιέω. **τοῦτο** *das,* idiomatischer *das und das*
(NGÜ). **ποιεῖ** so *tut er (es)* (A79). **10 ἀκούσας** Aor. Ptz. ἀκούω, temp.; 10
erg. τοῦτο/ταῦτα (A79). **ἐ-θαύμασεν** Aor. θαυμάζω. **ἀκολουθοῦ-**
σιν Ptz. ἀκολουθέω, subst. **τοσοῦτος**[18] (A352) *so groß; so viel.* **εὗρον**
Aor. εὑρίσκω. **11 ὅτι** *daß* od. ὅτι recitativum = Doppelpunkt (A333). 11
ἀνα-τολή *(das) Aufgehen, Sonnenaufgang; Osten, Orient.* **δυσμή** *Westen;*
πολλοὶ ἀπὸ ἀνατολῶν καὶ δυσμῶν (Pl. bei Himmelsgegenden übl.;
BDR §141[5]; A101c) *viele von Osten und Westen* (d.h. Nichtjuden). **ἥξουσιν**
Fut. ἥκω (vgl. A33[187]) *gekommen sein, dasein;* (außerhalb des Präs.:) *kommen.*
ἀνα-κλιθήσονται Fut. Pass. -κλίνω[126] *niederlegen;* Pass. *sich niederlegen*
= *sich zu Tisch begeben* (d.h. hier zum endzeitl. [„messianischen“] Festmahl bei
der Vollendung der messianischen Herrschaft [eine Erwartung, die sich auf
Stellen wie Jes 25,6-9 stützte], v. dem die Nichtjuden nach übl. jüd. Meinung
ausgeschlossen waren). **Ἀβραάμ** indekl., hier Gen. (gilt auch für die flgd.
Namen). **Ἰσαάκ, Ἰακώβ** 1,2. **12 οἱ υἱοὶ τῆς βασιλείας** „die Söh- 12
ne des Reiches“ Hebr. („Sohn“ drückt eine enge Beziehung zu einer Sache aus;
A157) hier etwa = *die* (natürlichen od. rechtmäßigen) *Erben des Reiches* (Da-
vies-Allison, Mt 2, S. 30) od. *die, für die das Reich bestimmt war* (Einh.). **ἐκ-**
βληθήσονται Fut. Pass. -βάλλω [Var. ἐξ-ελεύσονται Fut. -έρχομαι].
σκότος[7] *Dunkelheit; Finsternis* (Bereich des Gottfeindl. bzw. der Gottesferne).

ἐξώτερος (Komp. v. ἔξω) hier wohl superlativisch (A118) *äußerst, ganz drau-*
ßen befindlich (BDR §62[3]; B 2); τὸ σκότος τὸ ἐξώτερον *die äußerste Finster-*
nis (zur Sache vgl. 5,22; 7,13; 25,46). **ἔσται** Fut.εἰμί. **κλαυθμός** *(das)*
Weinen. **βρυγμός** *(das) Knirschen;* ὁ κλαυθμὸς καὶ ὁ βρυγμὸς τῶν
ὀδόντων *das (große) Weinen und das (große) Zähneknirschen/Zähneklappern*
(vgl. B; letzteres: vor Zorn, Verzweiflung od. Schmerz?), *lautes Weinen und Zäh-*
13 *neknirschen* (Menge). **ὀδούς**[5] όντος ὁ *Zahn.* **13 ἑκατοντ-άρχης**[1] =
ἑκατόντ-αρχος V. 5. **ὕπ-αγε** Imp. (vgl. A266a). **ἐ-πίστευσας** Aor. πι-
στεύω. **γενηθήτω** Aor. Imp. Pass. (ohne bes. Pass.-Bdtg.) 3. Sg. γίνομαι
hier *geschehen* (B I3bβ); ὡς ἐπίστευσας γενηθήτω σοι (dat. commodi
[A173]) *wie du geglaubt hast, so geschehe dir* (Menge) = (idiomatischer) *wie du*
es im Vertrauen von mir erwartet hast, soll es geschehen (GNB). **ἰάθη** Aor. Pass.
V. 8. [Var. ὑπο-στρέψας Aor. Ptz. -στρέφω[47] *zurückkehren;* temp. (A291,1
Anm. 1). **εὗρεν** Aor. εὑρίσκω. ὑγιαίνοντα Ptz. ὑγιαίνω *gesund sein;*
AcP (A300).]
14 **14 ἐλθών** Aor. Ptz. ἔρχομαι, temp. **πενθερά** *Schwiegermutter.* **βε-**
βλημένην Pf. Ptz. Pass. βάλλω V. 6; AcP (A300). **πυρέσσουσαν** Ptz.
Fem. πυρέσσω *fiebern, fieberkrank sein, Fieber haben;* AcP (A300); βεβλημέ-
νην καὶ πυρέσσουσαν *daß* dessen Schwiegermutter *im Bett lag und Fieber*
hatte (volkstüml. Koordination der Ptz. [BDR §471[4]]) = *daß ... mit Fieber im*
15 *Bett lag.* **15 ἥψατο** V. 3. **ἀφ-ῆκεν** Aor. -ίημι hier *verlassen* (B 3a), *wei-*
chen von. **πυρετός** *Fieber.* **ἠγέρθη** Aor. Pass. ἐγείρω Pass. hier *aufstehen*
(B 2b). **διηκόνει** Ipf. (augmentiert so, als wäre das Verb ein Kompositum
δια-κονέω) διακονέω *(be)dienen* (bes. v. der Bewirtung), hier im Sinn v. *be-*
wirten (GNB).
16 **16 ὀψία** (eig. Fem. Sg. ὄψιος spät; subst.) *Abend.* **γενομένης** Aor.
Ptz. Med. γίνομαι, gen. abs. (A288), temp.; ὀψίας γενομένης *als es Abend*
wurde/geworden war, am Abend. **προσ-ήνεγκαν** Aor. -φέρω; hier 3. Pl. im
Sinn v. „man" (A76a). **δαιμονιζομένους** Ptz. δαιμονίζομαι *dämonisch*
besessen sein; subst. (A105) *Besessene.* **ἐξ-έ-βαλεν** Aor. ἐκ-βάλλω; πνεύ-
ματα ἐκβάλλω *Geister* (d.h. Dämonen, die v. einem Menschen Besitz ergrif-
fen haben) *austreiben* (B 1). **λόγῳ** dat. instr. (A176) *durch (das) Wort = durch*
sein (bloßes) Wort. **κακῶς** Adv. *schlimm;* ἔχω κακῶς *mir geht es schlecht, ich*
bin krank. **ἔχοντας** Ptz. ἔχω, subst. **ἐ-θεράπευσεν** Aor. θεραπεύω.
17 **17 ὅπως** *damit.* **πληρωθῇ** Aor. Konj. Pass. πληρόω. **ῥηθέν** Aor. Ptz.
Pass. Ntr. λέγω, subst.; wohl pass. divinum (A76b; vgl. 1,22; 2,15).
Ἠσαΐας[1] ου *Jesaja,* atl. Prophet. **λέγοντος** Ptz. λέγω, part. coni.
(A287), temp.; es folgt ein Zitat (dem MT wesentl. näher als die LXX) aus dem
sog. vierten „Ebed-Jahwe-Lied" (Jes 52,13-53,12), in dem beschrieben wird, wie
Gottes idealer Knecht („Ebed-Jahwe" [עֶבֶד יהוה *ᶜéb̲ed̲ jhwh*] = „Knecht
Jahwes"; vgl. auch zu 3,17) stellvertretend für andere leidet: Jesu Heilungswun-

der sind nicht nur ein Vorgeschmack des vollendeten „Himmelreiches“, sondern weisen auf seinen stellvertretenden Sühnetod hin, der die Voraussetzung dafür schafft, daß alle Krankheiten u. jede Form v. Leiden (bei der Vollendung endgültig) beseitigt werden (Carson, Mt, S. 205-207). **αὐτός** Subj. betont (A122 u. 124). **ἀ-σθένεια** *Schwäche* (verschiedenster Art); *Krankheit.* **ἔ-λαβεν** Aor. λαμβάνω hier *wegnehmen, beseitigen* (B 1b), viell. *auf sich nehmen.* **νόσος** ἡ *Krankheit.* **ἐ-βάστασεν** Aor. βαστάζω[108] *aufheben;* hier *tragen* od. *wegtragen, wegschaffen;* ἔλαβεν u. ἐβάστασεν geben im Zitat das hebr. „prophetische“ Pf. wieder, das fut. Bdtg. hat: die Verwirklichung des angekündigten Geschehens ist so sicher, daß dieses als bereits vollendet bez. wird (Joüon-Muraoka §112h).

18 ἰδών Aor. Ptz. ὁράω, temp. **ὄχλον περὶ αὐτόν** *eine Volksmenge* 18
um sich (vgl. A126c), *sich von vielen Menschen umgeben.* **ἐ-κέλευσεν** Aor.
κελεύω[5] *befehlen, anordnen.* **ἀπ-ελθεῖν** Aor. Inf. -έρχομαι hier *hinüber-*
fahren (s. B 2). **πέραν** Adv. *jenseits,* τὸ πέραν *das jenseitige Ufer;* εἰς τὸ πέ-
ραν hier *auf die andere Seite des Sees* (Gennesaret). **19 προσ-ελθών** V. 2. 19
εἷς = τις (A137b). **διδάσκαλε** Vok. **ἀκολουθήσω** Fut. ἀκολουθέω;
hier wohl mod. Fut. (A247a) *ich will folgen.* **ὅπου ἐάν** = ὅπου ἄν *wo/wohin*
auch (immer) (vgl. A132; 371). **ἀπ-έρχῃ** Konj. -έρχομαι. **20 λέγει** V. 4. 20
ἀλώπηξ[3] εκος ἡ *Fuchs.* **φωλεός** *Höhle, Grube, Bau* (Schlupfloch bzw. Behausung v. Tieren); φωλεοὺς ἔχουσιν *haben einen/ihren Bau* (idiomatisches Deutsch: distributiver Sg. [vgl. A101b]). **πετεινόν** *Vogel;* τὰ πετεινὰ τοῦ οὐρανοῦ *die Vögel des Himmels/Luftraums* = einfaches deutsches *die Vögel.* **κατα-σκήνωσις**[8] *Wohnstätte,* (v. Vögeln) *Nest.* **ποῦ** = οὗ (Fragewort als Rel. gebraucht [BDR §298[7]; vgl. A135]); hier *wo = Ort, wo.* **κλίνῃ** Konj. κλίνω *neigen, senken, beugen;* κλίνω τὴν κεφαλήν „den Kopf hinlegen“ = *sich ausruhen* (NGÜ); deliberativer Konj. (A255) wie in der implizierten direkten Frage (vgl. A329) „wo soll ich mich ausruhen?“; οὐκ ἔχει ποῦ τὴν κεφα-
λὴν κλίνῃ *er hat keinen Ort, wo er sich ausruhen kann* (GNB: *wo er sich hinle-*
gen und ausruhen kann). **21 ἕτερος** m. gen. partitivus (A164); ἕτερος τῶν 21
μαθητῶν αὐτοῦ *ein anderer von seinen Jüngern* (Menge) bzw. *ein anderer, einer von seinen Jüngern* (NGÜ; offenbar im weiteren Sinn; vgl. 5,1). **κύριε** V. 2. **ἐπί-τρεψον** Aor. Imp. -τρέπω[48] *gewähren, gestatten, erlauben.* **ἀπ-ελθεῖν** V. 18; hier *weggehen, sich entfernen* (B 1a; NGÜ: *nach Hause gehen*). **θάψαι**
Aor. Inf. θάπτω[53] *begraben.* **22 λέγει** V. 4. **ἀκολούθει** Imp. ἀκολου- 22
θέω. **ἄφ-ες** Aor. Imp. -ίημι; ἄφες τοὺς νεκροὺς θάψαι τοὺς ἑαυτῶν (vgl. A128,2) **νεκρούς** Paradoxie bzw. Oxymoron (vgl. H-S §296k) *laß die Toten* (d.h. die geistl. Toten = Menschen, die Jesus u. m. ihm das Leben des „Himmelreiches“ verwerfen) *ihre eigenen Toten* (im eig. Sinn) *begraben* (viell. besser [so Luz, Mt 2, S. 25f]: **νεκρούς** steht in beiden Fällen für „Tote“ im eig. Sinn; „laß die Toten ihre eigenen Toten begraben“ dann etwa = überlaß das Begra-

ben der Toten den Toten selbst); Jesus betont den Vorrang der Nachfolge vor
allem anderen bis hin zum Bruch m. der Familie.
23 **23 ἐμ-βάντι** Aor. Ptz. -βαίνω[139] (ins Boot) *(ein)steigen;* part. coni.
(zum zweiten αὐτῷ [erstes pleon. als Subj. des Ptz.]; A287), temp. (A291,1
Anm. 1); καὶ ἐμβάντι αὐτῷ εἰς τὸ πλοῖον ἠκολούθησαν αὐτῷ οἱ
μαθηταὶ αὐτοῦ *dann stieg Jesus* (wörtl. *er*) *ins Boot, und seine Jünger folgten*
24 *ihm.* **ἠκολούθησαν** Aor. ἀκολουθέω. **24 καὶ ἰδού** etwa *(und) plötz-*
lich. **σεισμός** *Erdbeben;* hier σεισμὸς μέγας v. der durch einen Sturm
hervorgerufenen heftigen Bewegung des Wassers; übers. *heftiger Sturm* (vgl. B).
ἐ-γένετο Aor. Med. γίνομαι hier *entstehen* (B I1bα), *losbrechen.* **ἐν τῇ**
θαλάσσῃ *auf dem See* (Gennesaret). **καλύπτεσθαι** Inf. Pass. καλύπτω
verhüllen, bedecken; hier wohl konativ (A227; vgl. A237c); Präd. des AcI; ὥστε
τὸ πλοῖον καλύπτεσθαι ὑπὸ τῶν κυμάτων *so daß das Boot fast von den*
Wellen überflutet/begraben wurde. **κῦμα**[3] *Welle, Woge.* **αὐτός** Subj. betont
25 (A122 u. 124). **ἐ-κάθ-ευδεν** Ipf. -εύδω *schlafen.* **25 προσ-ελθόντες**
Aor. Ptz.-έρχομαι, temp. (A291,1 Anm. 1). **ἤγειραν** Aor. ἐγείρω. **λέ-**
γοντες Ptz. λέγω, mod. **κύριε** V. 2. **σῶσον** Aor. Imp. σῴζω; erg. wohl
ἡμᾶς (A79; vgl. Var.). **ἀπ-ολλύμεθα** *wir gehen unter, wir sind verloren*
26 (NGÜ). **26 καί** (erstes) wohl adversativ (A311,1) *aber.* **λέγει** V. 4. **τί** adv.
warum? (vgl. B τίς 3a; A134a). **δειλός** (< δέος Furcht) *feige, verzagt;* τί
δειλοί ἐστε *warum seid ihr (so) verzagt, warum habt ihr solche Angst.* **ὀλιγό-**
πιστος[11] *von schwachem Vertrauen, kleingläubig;* subst. (A105), Vok. Pl. *ihr*
Kleingläubigen. **ἐγερθείς** Aor. Ptz. Pass. ἐγείρω Pass. hier *aufstehen* (B 2b);
temp. (A291,1 Anm. 1). **ἐπ-ε-τίμησεν** Aor. ἐπι-τιμάω m. Dat. *tadeln, zu-*
rechtweisen, (mit aller Strenge) entgegentreten/befehlen. **ἄνεμος** *Wind.* **καί**
(drittes) kons. (A311,2) *dann, da.* **γαλήνη** *(Meeres)Stille* (Ggs. Sturm); ἐγέ-
νετο γαλήνη μεγάλη *es trat völlige/eine große Stille ein, es wurde ganz still.*
27 **27 ἐ-θαύμασαν** Aor. θαυμάζω. **λέγοντες** V. 25. **ποταπός** (etwa =
[ὁ]ποῖος[18]; att. ποδαπός) *was für ein;* ποταπός ἐστιν οὗτος *was ist das*
für ein Mensch. **ὅτι** hier *(in Anbetracht dessen,) daß* (B 1c) od. kons. *(so) daß*
(vgl. B 1dγ; H-S §279a), viell. kaus. *denn.* **καί ... καί** *sogar ... und* (BDR
§444[4]). **ὑπ-ακούω** *gehorchen.*
28 **28 ἐλθόντος** Aor. Ptz. ἔρχομαι, gen. abs. (A288f), temp. **πέραν**
V. 18. **χώρα** *Land* (Ggs. *Meer* od. *Stadt*), *Landschaft, Gebiet.* **Γαδαρηνός**
(< Γαδαρά Gadara, eine der zehn Städte der Dekapolis im Ostjordanland,
10 km südöstl. des Sees Gennesaret) *Gadarener;* ἡ χώρα τῶν Γαδαρηνῶν
das Gebiet der Gadarener: Schauplatz des Berichtes ist wahrscheinl. die nähere
Umgebung einer Ortschaft (πόλις V. 33), m. der das heutige Kursi am Ostufer
des Sees zu verbinden ist (damaliger Name viell. „Gergasa“ [vgl. Var. – auch
bei Mk u. Lk – χώρα τῶν Γεργεσηνῶν], evtl. „Gerasa“ [vgl. χώρα τῶν
Γερασηνῶν; v. der ca. 60 km südöstl. gelegenen bekannten Bezirkshauptstadt

gleichen Namens zu unterscheiden]), wobei χώρα τῶν Γαδαρηνῶν (viell.
ähnl. auch χώρα τῶν Γερασηνῶν [dann auf das bekannte Gesara zu bezie-
hen]) nur allgemein auf das heidnische Gebiet am Ostufer des Sees hinweisen
sollte (GBL 1, S. 401f u. 442f; vgl. Metzger, S. 18f). **ὑπ-ήντησαν** Aor. -αν-
τάω *entgegengehen.* **δαιμονιζόμενοι** V. 16; da Schweineherden (V. 30) in
einem jüd. Umfeld undenkbar waren, ist hier eher an einen heidnischen Hinter-
grund zu denken. **ἐξ-ερχόμενοι** Ptz. -έρχομαι, attr. od. mod. **χαλεπός**
schwer, schlimm; wild, gefährlich. **λίαν** *sehr.* **ἰσχύειν** Inf. ἰσχύω *stark sein,*
vermögen, können; Präd. des AcI; χαλεποὶ λίαν, ὥστε μὴ ἰσχύειν τινά ...
(die) sehr/so gefährlich (waren), daß niemand (vgl. B τὶς 1aγ) ... *konnte.* **παρ-
ελθεῖν** Aor. Inf. -έρχομαι[187] *vorbei-, vorübergehen;* παρελθεῖν διὰ τῆς
ὁδοῦ ἐκείνης *auf jenem Weg vorübergehen* (B διά AI1), *jenen Weg benutzen.*
29 ἔ-κραξαν Aor. κράζω Aor. hier viell. ingr. (A240b); καὶ ἰδοὺ ἔκρα- 29
ξαν *da schrien sie* (Menge: *kaum hatten sie ihn erblickt, da schrien sie laut*), viell.
sie fingen an zu schreien (GNB). **τί ἡμῖν καὶ σοί** erg. ἐστίν (BDR §127[4];
A78) sowohl Hebr. (vgl. מַה־לִּי וָלָךְ *mah-lî wālāḵ*) als auch volkssprachl. Re-
dewendung, die zur Abweisung einer Bitte od. Aufforderung dient (B ἐγώ)
„was haben wir und du (gemeinsam/miteinander zu tun)“ (dat. commodi, A173)
übers. hier etwa *was willst du von uns, was haben wir mit dir zu tun, laß uns in*
Ruhe (vgl. B ἐγώ) od. *was hast du mit uns vor* (Menge). **υἱέ** Vok. **ὧδε** *hierher*
(d.h. wohl auf die Erde od. in heidnisches Gebiet). **πρὸ καιροῦ** *(schon) vor*
der (festgesetzten) Zeit (B καιρός 4: *vor der Endzeit, die das Gericht bringt*). **βα-
σανίσαι** Aor. Inf. βασανίζω (vgl. A33[91ff]) *foltern, quälen;* fin. (A276) [Var.
ἀπ-ολέσαι Aor. Inf. -όλλυμι]. **30 ἦν** Ipf. εἰμί. **μακράν** Adv. 30
(erstarrter Akk. der Ausdehnung v. μακρός lang/entlegen, erg. ὁδόν, BDR
§161[1]) *weit weg, fern;* μακρὰν ἀπ᾽ αὐτῶν *fern von ihnen* od. (idiomatischer)
in einiger Entfernung. **ἀγέλη** *Herde.* **χοῖρος** *Schwein;* ἀγέλη χοίρων
πολλῶν gen. partitivus (A164) *eine große Herde Schweine.* **βοσκομένη** Ptz.
Pass. βόσκω Akt. *weiden, hüten* (Tätigkeit des Hirten); Pass. *weiden, grasen*
(Tätigkeit der Herde); umschrieb. Ipf. (A249a). **31 δαίμων**[4] ονος ὁ 31
Dämon. **παρ-ε-κάλουν** Ipf. παρα-καλέω. **λέγοντες** V. 25, pleon.
(A297,1). **εἰ** m. Ind. indefiniter Fall (A342). **ἐκ-βάλλω** vgl. V. 16. **ἀπό-
στειλον** Aor. Imp. -στέλλω hier *schicken, fahren lassen* [Var. ἐπί-τρεψον
V. 21. ἀπ-ελθεῖν V. 21 u. 32]. **32 ὑπ-άγετε** Imp. (vgl. A266a). **οἱ δέ** 32
(und) diese/sie (A102). **ἐξ-ελθόντες** Aor. Ptz. -έρχομαι, temp. (A291,1
Anm. 1). **ἀπ-ῆλθον** Aor. -έρχομαι, m. εἰς τοὺς χοίρους *in die Schweine*
gehen/fahren. **καὶ ἰδού** etwa *da* od. unübersetzt lassen (Menge: *und ...*
infolgedessen; NGÜ: *und augenblicklich*). **ὥρμησεν** Aor. ὁρμάω *stürmen*
(schnelle, unaufhaltsame Bewegung eines Lebewesens v. od. zu einem Ort), hier
etwa *sich stürzen.* **κρημνός** *steiler Abhang;* κατὰ τοῦ κρημνοῦ *von dem*
Abhang herab (B κατά I1a), *den Abhang hinunter* (H-S §184k). **ἀπ-έ-θανον**

Aor. ἀπο-θνῄσκω. **ἐν τοῖς ὕδασιν** *im Wasser* (im Griech. häufig Pl.; B
33 ὕδωρ 1), *in den Fluten.* **33 βόσκοντες** Ptz., subst. **ἔ-φυγον** Aor. φεύ-
γω[72] *fliehen* (B 1), *davonlaufen* (GNB). **ἀπ-ελθόντες** Aor. Ptz., temp.
(A291,1 Anm. 1). **ἀπ-ήγγειλαν** Aor. -αγγέλλω. **πάντα καὶ τὰ τῶν**
δαιμονιζομένων *alles, nämlich die Begebenheit mit den Besessenen* (B καί
I3; vgl. A311,7) od. *alles, was geschehen war* (Menge: *den ganzen Vorfall*), *auch*
34 *das mit den Besessenen* (NGÜ; vgl. A313). **34 πόλις** hier (wie im Deutschen)
metonymisch *Stadt* = (großer Teil der) Bevölkerung (B 3; vgl. A381f). **ἐξ-**
ῆλθεν Aor. -έρχομαι. **ὑπ-άντησις**[8] *Begegnung;* εἰς ὑπάντησίν τινι
um jmdm. zu begegnen, jmdm. entgegen (B εἰς 4f [fin.]) [Var. συν- statt ὑπ-
synonym]. **ἰδόντες** Aor. Ptz. ὁράω, temp. **παρ-ε-κάλεσαν** Aor. V. 31;
erg. (ein zweites) αὐτόν (A79). **ὅπως** hier *daß* bzw. übers. als Inf. (A328; bez.
[statt eines Inf./AcI] das Erbetene; BDR §392[4c]). **μετα-βῇ** Aor. Konj.
-βαίνω[139] (v. einem Ort) *weggehen* (um an einem anderen Ort zu sein), m.
ἀπό (einen Ort) *verlassen.* **ὅριον** *Grenze;* NT nur Pl. *Gebiet.*
9 **ἐμ-βάς** Aor. Ptz. -βαίνω[139] *(ein)steigen;* temp. (A291,1 Anm. 1). **δι-ε-**
πέρασεν Aor. δια-περάω *hinüberfahren, ans andere Ufer* (hier: des Sees
Gennesaret) *fahren.* **ἡ ἰδία πόλις** *seine eigene Stadt* (vgl. A129,2) = *die*
2 *Stadt, in der er wohnte* (d.h. Kafarnaum, vgl. 4,13). **2 προσ-έ-φερον** Ipf.
-φέρω; hier 3. Pl. im Sinn v. „man" (A76a) bzw. übers. etwa *einige Männer* (vgl.
αὐτῶν V. 2b). **παρα-λυτικός** *Gelähmter.* **κλίνη** *Bett, Tragbahre.* **βε-**
βλημένον Pf. Ptz. Pass. βάλλω Pf. Pass. hier *liegen* (B 1b); attr.; ἐπὶ κλί-
νης βεβλημένον *der auf einer Tragbahre lag, auf einer Tragbahre.* **ἰδών** Aor.
Ptz. ὁράω, temp. **θάρσει** Imp. θαρσέω *guten Mutes, voller Mut, zuversicht-*
lich sein; übers. etwa *hab keine Angst* (GN). **τέκνον** hier Vok. (allgem. ver-
breitet) als vertraul. Anrede *mein Kind/Sohn* (B 2a). **ἀφ-ίενται** Pass -ίημι;
Präs. Ind. bez. hier einen Vorgang, der im Augenblick der Äußerung verwirk-
licht wird (H-S §197a; BDR §320 [„aoristisches" Präs.]): deine Sünden *wer-*
3 *den/sind (dir hiermit) vergeben* [Var. ἀφ-έωνται Pf. Pass.]. **3 τινές** m. gen.
partitivus (A137a/164) *einige* (der) Schriftgelehrte(n). **εἶπαν** Aor. (vgl. H-S
§105g) λέγω m. ἐν ἑαυτῷ *bei sich sprechen/denken, im stillen sprechen/denken*
(B εἶπον 5). **βλασ-φημέω** *verleumden; lästern, Gott lästern* (B 2bα).
4 **4 ἰδών** V. 2, hier etwa *bemerken* (vgl. B 1cα), *durchschauen* (Menge); kaus.
[Var. εἰδώς Pf. (m. präs. Bdtg.) Ptz. οἶδα]. **ἐν-θύμησις**[8] *Überlegung, Ge-*
danke, Erwägung. **ἱνατί** (< ἵνα τί [γένηται], BDR §299[3]) *warum, wozu.*
ἐν-θυμέομαι *überlegen, über* etwas *nachdenken, erwägen, denken.* **πονηρά**
5 subst. *Böses, böse Gedanken* (B 2c). **5 τί γάρ** *was ... denn?* (B γάρ 1f; BDR
§452[2]; vgl. H-S §252,9). **εὐ-κοπώτερος**[11] Komp. v. εὔκοπος *leicht (zu be-*
werkstelligen). **εἰπεῖν** Aor. Inf. λέγω. **ἔγειρε** Imp. (vgl. A266a). **περι-**
6 **πάτει** Imp. -πατέω. **6 ἵνα**-NS gibt hier an, zu welchem Zweck das Folgen-
de gesagt wird bzw. geschieht (Gedankengang wird abgekürzt wiedergegeben;

BDR §483); ἵνα δὲ εἰδῆτε ὅτι ... ἀφιέναι ἁμαρτίας *damit ihr aber wißt,*
daß ... Sünden zu vergeben (gefolgt v. Gedankenstrich; vgl. NA) od. *doch ihr sollt*
wissen, daß ... Sünden zu vergeben. **εἰδῆτε** Pf. (m. präs. Bdtg.) Konj. οἶδα.
ἐξουσία zur „Vollmacht", die der „Menschensohn auf der Erde" hat, vgl. Da
7,13f. **ἀφ-ιέναι** Inf. -ίημι. **λέγει** hist. Präs. (A235). **ἐγερθείς** Aor. Ptz.
Pass. ἐγείρω Pass. hier *aufstehen* (B 2b); temp. (hier als Imp., V. 7 als Ind.] +
Komma übers.; A291,1 Anm. 1); ἐγερθεὶς ἆρον ... καὶ ὕπαγε *steh auf,*
nimm ... und geh. **ἆρον** Aor. Imp. αἴρω. **ὕπ-αγε** Imp. (vgl. A266a). **εἰς**
τὸν οἶκόν σου *in dein Haus = nach Hause* (vgl. B οἶκος 1aα). **7 ἀπ-ῆλ-** 7
θεν Aor. -έρχομαι. **8 ἰδόντες** Aor. Ptz. ὁράω, temp.; erg. τοῦτο/ταῦτα 8
(A79). **ἐ-φοβήθησαν** Aor. Pass. (ohne bes. Pass.-Bdtg.) φοβέομαι [Var.
ἐ-θαύμασαν Aor. θαυμάζω]. **ἐ-δόξασαν** Aor. δοξάζω. **δόντα** Aor.
Ptz. δίδωμι, attr. **τοῖς ἀνθρώποις** *den Menschen* (DatO zu δίδωμι
[A172], nicht etwa dat. commodi [A173]).

9 παρ-άγων Ptz. -άγω *vorbeigehen; weitergehen;* temp. **ἐκεῖ-θεν**[18] 9
von dort. **καθήμενον** Ptz. κάθημαι, AcP (A300) od. attr. **τελώνιον**
(< τελώνης Zöllner, Zolleinnehmer) *Zollstelle, Zollhaus;* ἐπὶ τὸ τελώνιον
am Zollhaus (B ἐπί III1aζ). **Μαθθαῖος** *Matthäus,* einer der zwölf Jünger
Jesu (vgl. 10,3). **λεγόμενον** Ptz. Pass. λέγω, attr. *mit Namen* (B II3) bzw.
der ... hieß. **λέγει** V. 6. **ἀκολούθει** Imp. ἀκολουθέω. **ἀνα-στάς** Wz.-
Aor. Ptz. ἀν-ίσταμαι, temp. (A291,1 Anm. 1). **ἠκολούθησεν** Aor.
10 ἐ-γένετο Aor. Med. γίνομαι; ἐγένετο pleon. (Hebr.: vor Umstandsbe- 10
stimmung [hier gen. abs.] u. finitem Verb [A271; BDR §442[11]]). **ἀνα-κειμέ-**
νου Ptz. ἀνά-κειμαι *liegen;* „(zu Tisch) liegen" = *bei Tisch sein;* gen. abs.
(A288), temp. **ἐν τῇ οἰκίᾳ** *in seinem* (A103) *Haus,* d.h. wohl im Haus des
Matthäus. **τελώνης**[1] *Zöllner, Zolleinnehmer* (ein für den röm. Staat arbeiten-
der Jude, der bei seinen Landsleuten als Kollaborateur u. [wegen offenbar ver-
breiteter Korruption] als Betrüger sowie [wegen seines Umgangs m. Nichtju-
den] als unrein [als „Sünder"] verhaßt war). **καὶ ἁμαρτωλοί** *und andere*
(A376a) *„Sünder"* bzw. *und andere Leute, die als Sünder galten* (NGÜ). **ἐλθόν-**
τες Aor. Ptz. ἔρχομαι, temp. (A291,1 Anm. 1). **συν-αν-έ-κειντο** Ipf.
Med. -ανά-κειμαι *zusammen bei Tisch sein, zusammen am Essen teilnehmen*
τινί *mit jmdm.* **11 ἰδόντες** V. 8. **ἔ-λεγον** Ipf. λέγω. **διὰ τί** *warum?* 11
12 ὁ δέ *(und/doch) dieser/er* (A102). **ἀκούσας** Aor. Ptz. ἀκούω, temp.; 12
erg. τοῦτο/ταῦτα (A79). **χρείαν ἔχω** *jmdn. brauchen, jmdn. nötig haben,*
m. Gen. **ἰσχύοντες** Ptz. ἰσχύω *stark sein; gesund sein;* subst. **ἰατρός** *Arzt.*
κακῶς Adv. *schlimm;* ἔχω κακῶς *mir geht es schlecht, ich bin krank.* **ἔχον-**
τες Ptz. ἔχω, subst. **13 πορευθέντες** Aor. Ptz. Pass. (ohne bes. Pass.- 13
Bdtg.) πορεύομαι, temp. (als Imp. + „und" übers.; A291,1 Anm. 1; hier wohl
„participium graphicum" [A296; B 1; vgl. BDR §419,2]). **μάθετε** Aor. Imp.
μανθάνω[157] *lernen;* πορευθέντες μάθετε (rabbinischer Ausdruck bezogen

auf solche, die es nötig hatten, den Text gründlicher zu betrachten, hier viell. m.
leicht spöttischem Unterton gebraucht) τί ἐστιν *geht hin und lernt, was das*
(näml. das flgd. Gotteswort aus Hos 6,6a) *bedeutet* (B 1) bzw. (freier) *überlegt*
doch einmal, was es bedeutet, wenn Gott sagt (GNB). **ἔλεος**[7] *Barmherzigkeit,*
Erbarmen, Mitleid. **θυσία** *(Schlacht-)Opfer;* ἔλεος ... καὶ οὐ θυσίαν *Barm-*
herzigkeit ... und nicht Opfer im Sinn v. *Barmherzigkeit ... mehr als Opfer* (vgl. Hos
6,6b; sem. hyperbolischer Gebrauch: Zerwick §445, vgl. H-S §249b). **κα-**
λέσαι Aor. Inf. καλέω hier (zur Umkehr, in die Nachfolge bzw. ins „Him-
melreich") *rufen, einladen* (vgl. B 2); fin. (A276). [Var. μετά-νοια *Sinnesände-*
rung, Umkehr, Bekehrung bzw. *Abkehr.*]
14 **14 προσ-έρχονται** hist. Präs. (A235). **Ἰωάννου** *des (Täufers) Jo-*
hannes (vgl. 3,1ff). **λέγοντες** Ptz. λέγω, mod. **διὰ τί** *warum?* **νηστεύω**
(< νῆστις nüchtern [= ohne zu essen]) *fasten.* **πολλά** adv. Akk. (A150) *viel,*
oft (vgl. B πολύς 2bβ) [Var. πυκνός *häufig, zahlreich;* πυκνά adv. Akk.
15 (A150) *häufig*]. **15 μή** *etwa* (verneinende Antwort angedeutet, A320). **νυμ-**
φών[4] ῶνος ὁ (< νύμφη Braut) *Brautgemach, Hochzeitssaal;* οἱ υἱοὶ τοῦ
νυμφῶνος „die Söhne des Brautgemachs" (Sem.) = *die (dem Bräutigam am*
nächsten stehenden) Hochzeitsgäste (B 2; A157). **πενθεῖν** Inf. πενθέω *klagen,*
trauern, traurig sein. **ἐφ᾽ ὅσον** (= ἐφ᾽ ὅσον χρόνον) *solange (wie)* (B ἐπί
III2b; vgl. A194). **νυμφίος** *Bräutigam;* der „Bräutigam" dieses Bildwortes ist
Jesus, der Messias; während er bei seinen Jüngern ist, können sie nicht trauern;
wie die beiden Gleichnisse v. V. 16f deutl. machen, läßt sich das m. seinem
Kommen angebrochene Zeitalter nicht in das Schema bisheriger Frömmigkeits-
vorstellungen pressen. **ἐλεύσονται** Fut. Med. ἔρχομαι. **ὅταν** temp. NS
hier Attr. zu ἡμέραι (A353) *die Tage/Zeit, wo.* **ἀπ-αρθῇ** Aor. Konj. Pass.
-αίρομαι[132] ἀπό τινος *jmdm. weggenommen/entrissen werden.* **νηστεύ-**
16 **σουσιν** Fut. **16 ἐπι-βάλλω** *auf* etwas *werfen/legen;* hier (ein Stück Stoff)
aufsetzen (B 1b), *(darauf) nähen.* **ἐπί-βλημα**[3] *Flicken* (Stück Stoff zum Aus-
bessern einer beschädigten Stelle). **ῥάκος**[7] *Stoffstück;* ἐπίβλημα ῥάκους
ἀγνάφου *ein aus einem neuen Stoffstück bestehender Flicklappen* (B 2), übers.
ein neues Stück Stoff. **ἄ-γναφος**[11] (< γνάπτω walken [bei der Tuchherstel-
lung Fasern miteinander verfilzen]) *ungewalkt* (nicht: „ungebleicht") = *frisch*
vom Webstuhl, neu. **παλαιός** *alt.* **αἴρω** hier *(etwas) abreißen* ἀπό τινος
von etwas (B 4). **πλήρωμα**[3] u.a. „das, was vollständig macht": *Füllstück, Er-*
gänzung, bes. *Flicken* (B 1b); αἴρει τὸ πλήρωμα αὐτοῦ ἀπὸ τοῦ ἱματίου
sein Flicken reißt (ein Stück) vom Kleid ab od. (idiomatischer) *das neue Stück*
reißt wieder aus. **χείρων**[11] ον (Komp. zu κακός) *schlechter, schlimmer.*
17 **σχίσμα**[3] *Riß; Spaltung.* **17 βάλλω** hier *einfüllen* (B 2b); 3. Pl. im Sinn v.
„man" (A76a). **οἶνος** *Wein;* οἶνος νέος *junger* (d.h. noch unvergorener)
Wein, Most. **νέος** *neu, frisch; jung.* **ἀσκός** *Schlauch* (als Weinbehältnis). **γέ**
enklitische Partikel, hier steigernd; εἰ δὲ μή γε *andernfalls, sonst* (B εἰ VI4b;

A341). **ῥήγνυνται** Pass. ῥήγνυμι *zerreißen,* hier *sprengen,* Pass. *bersten*
(B 1), *platzen.* **ἐκ-χεῖται** Pass. -χέω/χύννω *ausgießen, ausschütten,* hier
Pass. *verschüttet werden* (B 1), *ausfließen.* **ἀλλά** übers. hier *nein* (+ Komma)
od. *statt dessen.* **βάλλουσιν** [Var. βλητέος Verbaladj. v. βάλλω (vgl.
BDR §65[5]; H-S §64d) Ntr. *man muß füllen*]. **καί** (drittes) kons. (A311,2) *dann.*
ἀμφότεροι *beide* (d.h. der Wein u. die Schläuche). **συν-τηροῦνται**
Pass. -τηρέω *bewahren, behüten,* Pass. hier *erhalten bleiben* (B 1).
18 λαλοῦντος Ptz. λαλέω, gen. abs. (A288), temp. **ἄρχων**[5] οντος 18
ὁ *Herrscher;* hier *Mitglied der örtlichen Behörde/Synagogenleitung* (vgl. rabbinisch
ארכון *ᵓarkôn;* Mk/Lk-Par.: ἀρχισυνάγωγος „Synagogenvorsteher“
[ראש הכנסת *rōᵓš hakkənéset*], vor allem für die äußere Ordnung bei den Got-
tesdiensten verantwortl.; dieselbe Person konnte sowohl das Amt eines ἄρχων
als auch das eines ἀρχισυνάγωγος innehaben; Schürer 2, S. 433ff). **εἷς** =
τις (A137b). **ἐλθών** Aor. Ptz. ἔρχομαι, temp. (als Ind. [zweites: als Imp.] +
„und“ bzw. m. Komma übers.; A291,1 Anm. 1) [Var. προσ-]. **προσ-ε-κύνει**
Ipf. -κυνέω. **λέγων** Ptz., mod. **ὅτι** recitativum = Doppelpunkt (A333).
θυγάτηρ[6] τρός ἡ *Tochter.* **ἄρτι** *jetzt; eben erst, eben* (B 1). **ἐ-τελεύτη-
σεν** Aor. τελευτάω *sterben* (Par. dagegen „im Sterben liegen“ [Mk 5,23
ἐσχάτως ἔχει; Lk 8,42 ἀπέθνῃσκεν], ein Unterschied, der auf den raffen-
den Erzählstil des Mt zurückzuführen ist; Carson, Mt, S. 230). **ἀλλά** hier
beim Imp. zur Verstärkung der Aufforderung *doch* (B 6). **ἐπί-θες** Aor. Imp.
-τίθημι[200] *auflegen* ἐπί τινα *jmdm.;* ἀλλὰ ἐλθὼν ἐπίθες ... *komm doch
und leg ... auf.* **καί** kons. (A311,2) *da, dann.* **ζήσεται** Fut. Med. ζάω hier
wieder leben (B 1aβ). **19 ἐγερθείς** Aor. Ptz. Pass. ἐγείρω Pass. hier 19
aufstehen (da er wohl sitzend lehrte; vgl. 5,1; B 2b), evtl. „participium
graphicum“ (A296; H-S §238; vgl. BDR §419,2), dann etwa *sich auf den Weg
machen.* **ἠκολούθησεν** Aor. ἀκολουθέω [Var. ἠκολούθει Ipf.]. **καὶ
οἱ μαθηταὶ αὐτοῦ** *auch/und seine Jünger (folgten ihm)* (vgl. H-S §293b od.
§264, A94), übers. *mit seinen Jüngern.* **20 καὶ ἰδού** etwa *unterwegs* od. 20
unübersetzt lassen. **αἱμορ-ροοῦσα** Ptz. Fem. -ροέω *an (schweren)
Blutungen* (Blutfluß) *leiden* (was [rituelle] Unreinheit zur Folge hatte [Lev
15,25-33]); attr. **δώδεκα ἔτη** Akk. der zeitl. Ausdehnung (A148) *zwölf Jahre
lang, seit zwölf Jahren.* **προσ-ελθοῦσα** Aor. Ptz. Fem. -έρχομαι, temp.
(A291,1 Anm. 1). **ὄπισθεν** *hinten, von hinten.* **ἥψατο** Aor. Med. ἅπτω[51]
Med. *berühren, anfassen,* m. Gen. (A165). **κράσ-πεδον** *Saum* (eines
Gewandes); *(Mantel-)Quaste, Troddel* (wie sie der Israelit nach Num 15,37-41 an
den vier Ecken seines Obergewandes zur Erinnerung an Gottes Gebote trug).
21 ἔ-λεγεν Ipf. λέγω m. ἐν ἑαυτῇ *bei sich/im stillen* (B I6; ἐν I5b) 21
sprechen/denken (vgl. V. 3). **ἅψωμαι** Aor. Konj. Med. **σωθήσομαι** Fut.
Pass. σῴζω hier u. V. 22 im Sinn v. *(von Krankheit) befreien,* Pass. *gesund
werden* (B 1c). **22 στραφείς** Aor. Ptz. Pass. στρέφω[47] *hinwenden;* Pass. 22

hier *sich umwenden, sich zuwenden* (B 2aα); temp. (A291,1 Anm. 1) [Var. ἐπι-
στραφείς hier synonym, LN 16.13]. **ἰδών, θάρσει** V. 2. **θύγατερ** Vok.
θυγάτηρ V. 18; hier als (allgem. verbreitete) freundl. Anrede (B 2a) *meine
Tochter.* **σέ-σωκεν** Pf. (A242) σῴζω. **ἐ-σώθη** Aor. Pass. **ἀπὸ τῆς
ὥρας ἐκείνης** *von dieser* (BDR §291[5]) *Stunde an, sofort* (B ὥρα 3).
23 **23 ἐλθών** Aor. Ptz. ἔρχομαι, temp. **ἄρχων** V. 18. **ἰδών** V. 2. **αὐλη-
τής**[1] *Flötenspieler* (u.a. bei Begräbnissen spielend). **θορυβούμενον** Ptz.
Pass. θορυβέω *in Aufruhr bringen;* Pass. *in Unruhe geraten, sich aufregen;* AcP
(A300); ἰδών ... καὶ τὸν ὄχλον θορυβούμενον ... *und die Menschenmenge
sah, wie sie sich aufregte = ... und die Aufregung der Menschenmenge sah.*
24 **24 ἔ-λεγεν** V. 21 [Var. λέγει V. 7]. **ἀνα-χωρεῖτε** Imp. -χωρέω *wegge-
hen, sich entfernen.* **ἀπ-έ-θανεν** Aor. ἀπο-θνῄσκω. **κοράσιον** (Diminu-
tivform v. κόρη Mädchen) *Mädchen.* **καθ-εύδω** *schlafen.* **κατ-ε-γέλων**
25 Ipf. κατα-γελάω *auslachen* τινός *jmdn.* **25 ἐξ-ε-βλήθη** Aor. Pass. ἐκ-
βάλλω. **εἰσ-ελθών** Aor. Ptz. -έρχομαι, temp. (A291,1 Anm. 1). **ἐ-κρά-
τησεν** Aor. κρατέω hier *ergreifen* τῆς χειρός τινος *jmds. Hand* (B 1b;
A165). **ἠγέρθη** Aor. Pass. ἐγείρω hier Pass. *aufstehen* (B 2b) od. *erwachen*
26 (Menge). **26 ἐξ-ῆλθεν** Aor. -έρχομαι hier *sich verbreiten.* **φήμη** *Nach-
richt, Kunde;* ἡ φήμη αὕτη übers. *die Nachricht davon.*
27 **27 παρ-άγοντι** Ptz. -άγω *vorbeigehen; weitergehen;* part. coni. (zu τῷ
Ἰησοῦ [A287]; αὐτῷ steht pleon. [A121]), temp. **ἐκεῖ-θεν**[18] *von dort.*
ἠκολούθησαν V. 19. **κράζοντες** Ptz. κράζω, mod. **λέγοντες** Ptz.
λέγω, mod.; καὶ λέγοντες hier pleon. (A297; BDR §420[6]), am besten als
Doppelpunkt berücksichtigen. **ἐλέησον** Aor. Imp. ἐλεέω m. Akk. *sich er-
barmen über, Erbarmen haben mit.* **υἱός** Nom. für Vok. (A142; s. Var.), in der
Wendung υἱὸς Δαυίδ (vgl. zu 1,1) ohne Art. (BDR §147[6]; vgl. A106c).
28 **Δαυίδ** indekl., hier Gen. **28 ἐλθόντι** Aor. Ptz. ἔρχομαι, part. coni. [Var.
gen. abs.] (A287f), temp. **εἰς τὴν οἰκίαν** *nach Hause* (B οἰκία 1a).
προσ-ῆλθον Aor. -έρχομαι. **λέγει ... λέγουσιν** hist. Präs. (A235): Je-
sus *fragte ... sie antworteten* (B II1a/b). **ποιῆσαι** Aor. Inf. ποιέω; τοῦτο
ποιῆσαι *dies tun* = (im Hilferuf impliziert) *euch helfen.* **ναί** *ja, gewiß, freilich.*
29 **κύριε** Vok. **29 ἥψατο** V. 20. **λέγων** Ptz., mod. **γενηθήτω** Aor. Imp.
Pass. (ohne bes. Pass.-Bdtg.) 3. Sg. γίνομαι; κατὰ τὴν πίστιν ὑμῶν γε-
νηθήτω ὑμῖν (dat. commodi, A173) *nach eurem Glauben soll es euch gesche-
hen = was ihr geglaubt habt/glaubt, soll euch geschehen/zuteil werden* (vgl.
30 B I3bβ/γ). **30 ἠν-ε-ῴχθησαν** Aor. Pass. (m. dreifachem Aug.) ἀν-οίγω;
ἠνεῴχθησαν αὐτῶν οἱ ὀφθαλμοί *ihre Augen wurden geöffnet = sie konn-
ten sehen.* **ἐν-ε-βριμήθη** Aor. Pass. (ohne bes. Pass.-Bdtg.) ἐμ-
βριμάομαι *anfahren, heftige Vorwürfe machen; ergrimmen;* hier m. λέγων *mit
aller Entschiedenheit befehlen, einschärfen* (vgl. Menge; LN 33.320) [Var.
-μήσατο Aor. Med. synonym]. **ὁρᾶτε** Imp. ὁράω; ὁρᾶτε μηδεὶς

γινωσκέτω asyndetisch (BDR §461[2]; vgl. A38 u. 256) *hütet euch!* (B 2bβ) *Nie-
mand soll davon wissen = seht zu, daß es niemand erfährt* (Jesus wehrt sich ent-
schlossen gegen falsch motivierten Beifall, der die Erfüllung seines eig. Auftra-
ges nicht nur behindern, sondern auch gefährden könnte). **γινωσκέτω** Imp.
3. Sg. γινώσκω. **31 οἱ δέ** *(und/doch) diese/sie* (A102). **ἐξ-ελθόντες** Aor. 31
Ptz. -έρχομαι, temp. (A291,1 Anm. 1). **δι-ε-φήμισαν** Aor. δια-φημίζω
(vgl. A33[91ff]) *bekannt machen, erzählen von.*

32 ἐξ-ερχομένων Ptz. -έρχομαι, gen. abs. (A288), temp. **προσ-** 32
ήνεγκαν Aor. -φέρω; hier 3. Pl. im Sinn v. „man" (A76a). **κωφός** *stumm;*
subst. (A105). **δαιμονιζόμενον** Ptz. δαιμονίζομαι *dämonisch besessen
sein;* attr. od. subst. (A105); ἄνθρωπον κωφὸν δαιμονιζόμενον *einen
Stummen, der dämonisch besessen war* od. *einen Besessenen, der stumm war.*
33 ἐκ-βληθέντος Aor. Ptz. Pass. Ntr. -βάλλω; δαιμόνιον ἐκβάλλω *ei-* 33
nen Dämon (der v. einem Menschen Besitz ergriffen hat) *austreiben* (B 1); gen.
abs. (A288), temp. **ἐ-λάλησεν** Aor. λαλέω hier *reden können* (B 2aα).
ἐ-θαύμασαν Aor. θαυμάζω. **λέγοντες** V. 14. **οὐ-δέ-ποτε** (vgl. A18)
niemals. **ἐ-φάνη** Aor. Pass. φαίνομαι[124] *sichtbar werden, sich zeigen, er-
scheinen;* οὐδέποτε ἐφάνη οὕτως (οὕτως hier = τοιοῦτο; B οὕτω 5) *so
etwas ist noch nie/niemals sichtbar geworden* (= vorgekommen; vgl. B 2b), *so et-
was hat man noch nie gesehen* (NGÜ). **34 ἔ-λεγον** V. 11. **ἐν** *mit Hilfe von* 34
(B III1b). **ἄρχων**[5] οντος ὁ *Herrscher, Machthaber, Herr;* ὁ ἄρχων τῶν
δαιμονίων *der Herrscher/Oberste/Fürst der Dämonen.*

35 περι-ῆγεν Ipf. -άγω *herumführen; herum-, umhergehen,* m. Akk. *zie-* 35
hen durch. **κώμη** *Dorf;* τὰς πόλεις πάσας καὶ τὰς κώμας *alle Städte
und Dörfer* (d.h. wohl Galiläas). **διδάσκων** Ptz., mod. **κηρύσσων** Ptz.,
mod. **τὸ εὐαγγέλιον τῆς βασιλείας** gen. obi. (BDR §163[2]; A158) *die
gute Nachricht/das Evangelium von der Königsherrschaft (Gottes).* **θεραπεύ-
ων** Ptz., mod. **πᾶς** hier *jede Art von* (vgl. B 1aβ). **νόσος** ἡ *Krankheit.* **μα-
λακία** *(körperliche) Schwäche, Krankheit, Leiden.* **36 ἰδών** V. 2. 36
ἐ-σπλαγχνίσθη Aor. Pass. (ohne bes. Pass.-Bdtg.) σπλαγχνίζομαι (vgl.
A33[91ff]) (< σπλάγχνα eig. „Eingeweide", gemeint „Herz" [Sitz der Gefüh-
le]) *sich erbarmen, Mitleid empfinden* περί τινος *mit jmdm.* (B; BDR §229[5]).
ἦσαν Ipf. εἰμί. **ἐ-σκυλμένοι** Pf. Ptz. Pass. σκύλλω (vgl. A33[110ff]) *ermü-
den; bemühen, belästigen;* Pass. Ptz. hier *ermattet* (vgl. B 1), *abgehetzt* (Menge),
erschöpft; umschrieb. Plsqpf. (A26/249b). **ἐρ-ριμμένοι** Pf. Ptz. Pass. ῥί-
πτω[58] *werfen; niederlegen;* Pf. Pass. Ptz. hier *am Boden liegend, daniederliegend*
(B 2), *verwahrlost* (Menge), *hilflos* (NGÜ); umschrieb. Plspf. (A25/249b). **ὡσ-
εί** *wie.* **πρό-βατον** *Schaf.* **ἔχοντα** Ptz. Ntr. Pl. ἔχω, attr. od. mod. (vgl.
A292); μὴ ἔχοντα ποιμένα *die keinen Hirten haben* od. *ohne einen Hirten.*
ποιμήν[4] ένος ὁ *Hirte.* **37 λέγει** V. 6. **τοῖς μαθηταῖς αὐτοῦ** *zu sei-* 37
nen Jüngern (wahrscheinl. im weiteren Sinn; vgl. 5,1). **θερισμός** *Ernte* (Hand-

lung u. Zeit des Erntens sowie das zu Erntende, hier Bild für die Mission); erg.
ἐστίν (A78). **ἐργάτης**[1] *Arbeiter;* οἱ δὲ ἐργάται ὀλίγοι erg. εἰσίν (A78)
aber die Zahl der Arbeiter ist klein (Menge), *doch es sind nur wenig Arbeiter da*
38 (NGÜ). **38 δεήθητε** Aor. Imp. Pass. (ohne bes. Pass.-Bdtg.) δέομαι[177] *bit-*
ten, beten, m. Gen. der Pers. **τοῦ κυρίου τοῦ θερισμοῦ** *den Herrn der*
Ernte = den Herrn, dem diese Ernte gehört (GNB), d.h. Gott. **ὅπως** hier *daß*
(B 2b; bez. das Erbetene). **ἐκ-βάλῃ** Aor. Konj. -βάλλω hier *aussenden*
(B 2).
10 **προσ-καλεσάμενος** Aor. Ptz. Med. -καλέομαι[37] *herbeirufen;* temp.
(A291,1 Anm. 1). **τοὺς δώδεκα μαθητὰς αὐτοῦ** *seine zwölf Jünger,* d.h.
seine Nachfolger u. Sendboten/Bevollmächtigten (ἀπόστολοι) im engeren
Sinn (zwölf wahrscheinl. in Analogie zu den zwölf Stämmen Israels, ein Hinweis
auf die eschatologische Erneuerung des Gottesvolkes). **ἔ-δωκεν** Aor. δίδω-
μι. **ἀ-κάθαρτος**[11] *unrein, schmutzig* (kultisch bzw. sittl.-geistl.); ἐξουσίαν
πνευμάτων ἀκαθάρτων gen. obi. (A158) *Vollmacht über unreine/böse Gei-*
ster (B ἐξουσία 3), d.h. über Dämonen. **ὥσ-τε** m. Inf. hier v. der beabsichtig-
ten Folge (also eher fin. [A339] als kons. [A340]; B 2b; BDR §391[7]); ἐξουσίαν
πνευμάτων ἀκαθάρτων ὥστε ἐκβάλλειν αὐτά *Vollmacht über böse*
Geister, so daß/damit sie sie austreiben konnten (vgl. Menge) od. einfach = (eine
Art Prolepsis [A373]?) ἐξουσίαν ὥστε ἐκβάλλειν πνεύματα ἀκάθαρ-
τα (ὥστε m. Inf. statt des einfachen Inf. v. ἐξουσίαν abhängig [vgl. A272];
BDR §393[7]) *Vollmacht, böse Geister auszutreiben.* **ἐκ-βάλλειν** Inf. -βάλλω
hier (Geister/Dämonen, die v. einem Menschen Besitz ergriffen haben) *austrei-*
ben (B 1). **θεραπεύειν** Inf. **πᾶς** hier *jede Art von* (vgl. B 1aβ). **νόσος** ἡ
2 *Krankheit.* **μαλακία** *(körperliche) Schwäche, Krankheit, Leiden.* **2 πρῶτος**
hier wahrscheinl. v. Rang (B 1cβ), übers. etwa *als erster.* **λεγόμενος** Ptz.
Pass. λέγω, attr. *mit dem Beinamen* (B II3; BDR §412,2) bzw. *auch ... genannt.*
Ἀνδρέας[1] ου 4,18. **Ζεβεδαῖος** *Zebedäus;* ὁ τοῦ Ζεβεδαίου (usuelle)
3 Ellipse v. „Sohn“ (A156 u. 376): *der Sohn des Zebedäus.* **3 Φίλιππος** *Philip-*
pus. **Βαρθολομαῖος** *Bartholomäus.* **Θωμᾶς**[1] ᾶ *Thomas.* **Μαθθαῖος**
9,9. **τελώνης**[1] *Zöllner, Zolleinnehmer* (vgl. 9,9). **Ἁλφαῖος** *Alphäus;* ὁ
τοῦ Ἁλφαίου (usuelle) Ellipse v. „Sohn“ (A156 u. 376): *der Sohn des Al-*
phäus. **Θαδδαῖος** *Thaddäus,* offenbar auch „Judas, Sohn/Bruder (BDR
§162[4]) des Jakobus“ (vgl. Lk 6,15, Apg 1,13, evtl. Jh 14,22) genannt [Var. Λεβ-
βαῖος *Lebbäus;* ἐπι-κληθείς Aor. Ptz. Pass. -καλέω[37] *benennen, nennen; ei-*
4 *nen Beinamen geben;* attr. *mit dem Beinamen*]. **4 Καναναῖος** (< aram.
קַנְאָן *kanʾān* „Eiferer“ = griech. ζηλωτής) *Kananäus, Zelot* (Mitglied einer
jüd. Gruppierung, die aktiven Widerstand gegen die Römer leistete) [Var. Κα-
νανίτης[1] *Mann/stammend aus Kana* (Ort in Galiläa, wohl einige km nördl. v.
Nazaret)]. **Ἰσκαριώτης**[1] *Iskariot,* Beiname des Judas; Bdtg. ist unsicher:
< **אִישׁ קְרִיּוֹת** *ʾîš kərijôṯ* „Mann/stammend aus Kerioth“ (in Südjuda), evtl.

< lat. sicarius „Meuchelmord“ (also „Meuchelmörder, Bandit“)? (vgl.
EWNT 2, Sp. 491-493). **παρα-δούς** Aor. Ptz. -δίδωμι, attr.; ὁ καὶ (vgl.
A311,8) παραδοὺς αὐτόν *der ihn (später) verriet* (vgl. B 1b).
5 ἀπ-έ-στειλεν Aor. ἀπο-στέλλω. **παρ-αγγείλας** Aor. Ptz. 5
-αγγέλλω[110] m. Dat. *auffordern, anordnen, anweisen, befehlen;* mod. **ὁδός**
hier m. Gen. der Richtung (A162; BDR §166[2]); εἰς ὁδὸν ἐθνῶν μὴ ἀπέλ-
θητε *geht nicht auf den Weg zu den Heiden* (Nichtjuden) = *wendet euch nicht an
die Heiden* (B 2a) bzw. *setzt keinen Fuß auf heidnisches Gebiet* (vgl. NGÜ). **ἀπ-
έλθητε** Aor. Konj. -έρχομαι, prohibitiver Konj. (A256). **εἰς πόλιν ...
μή** *in keine Stadt ...* (vgl. A137). **Σαμαρίτης**[1] *Samaritaner;* die Samaritaner,
deren Gebiet zwischen Galiläa u. Judäa lag, unterschieden sich v. den Juden
sowohl kultisch (vgl. Jh 4,20) als auch ethnisch (vgl. 2Kön 17,24-28); die Mis-
sion Jesu hatte zwar eine weltweite Ausrichtung (vgl. z.B. 1,1), zunächst galt sie
aber Israel (vgl. etwa 15,24), als dessen Messias er gekommen war; das messiani-
sche Gottesvolk sollte aus dem „Überrest“ der Juden hervorgehen, sich dann
aber ausbreiten, um auch Heiden miteinzubeziehen. **εἰσ-έλθητε** Aor. Konj.
-έρχομαι, prohibitiver Konj. (A256). **6 πορεύεσθε** Imp. **πρό-βατον** 6
Schaf. **ἀπ-ολωλότα** Pf. Ptz. Ntr. -όλλυμαι, attr.; τὰ πρόβατα τὰ ἀπ-
ολωλότα οἴκου Ἰσραήλ *die verlorenen Schafe des Hauses* (d.h. der Nach-
kommen, des Volkes) *Israel(s)* (BDR §262[2]; vgl. A106c): der Gen. v. οἴκου ist
wahrscheinl. epexegetisch (A163): *die verlorenen Schafe,* (näml.) *das Haus/Volk
Israel* (kaum gen. partitivus [A164]; vgl. Jes 53,6; Jer 50,6; Ez 34). **7 πορευό-** 7
μενοι Ptz. πορεύομαι, temp. (als Imp. + „und“ übers.; A291,1 Anm. 1).
κηρύσσετε Imp. **λέγοντες** Ptz. λέγω, pleon. (A297), am besten (zusam-
men m. dem ὅτι) als Doppelpunkt berücksichtigen. **ὅτι** recitativum = Dop-
pelpunkt (A333). [Var. μετα-νοεῖτε 4,17.] **ἤγγικεν** Pf. (A242) ἐγγίζω.
8 ἀ-σθενοῦντας Ptz. ἀ-σθενέω *schwach/krank sein;* subst. **θεραπεύε-** 8
τε Imp. **ἐγείρετε** Imp. **λεπρός** (< λεπίς Schuppe) u.a. *schuppig, uneben,
rauh;* im NT *aussätzig* (v. λέπρα befallen u. damit „unrein“ [Lev 13,45f]; vgl. zu
8,2); subst. **καθαρίζετε** Imp. καθαρίζω *reinigen, säubern; heilen* ([Aussätzi-
gen/Aussatz o.ä.] u. dann zu kultischer Reinheit führen; vgl. B 1bα). **ἐκ-βάλ-
λετε** Imp. -βάλλω V. 1. **δωρεάν** *umsonst, als Geschenk;* zwar durften die
Zwölf erwarten, daß die Menschen, denen ihr Auftrag galt, sie (durch Gast-
freundschaft) m. dem Lebensnotwendigen versorgten (V. 9-13), das Fordern ei-
ner Bezahlung aber (geschweige denn Bereicherungsversuche jeder Art) war m.
dem Inhalt ihres Auftrags unvereinbar. **ἐ-λάβετε** Aor. λαμβάνω. **δότε**
Aor. Imp. δίδωμι hier im Sinn v. *weitergeben.* **9 κτήσησθε** Aor. Konj. 9
Med. κτάομαι *erwerben, gewinnen;* hier wohl (vor der Abreise) *besorgen,
beschaffen,* viell. (während der Reise) *annehmen;* prohibitiver Konj. (A256); μὴ
κτήσησθε χρυσόν ... εἰς τὰς ζώνας ὑμῶν (idiomatisches Deutsch: di-
stributiver Sg. [vgl. A101b]) μὴ πήραν *steckt euch kein Gold ... in euren Gürtel;*

besorgt euch auch keine Vorratstasche (NGÜ). **χρυσός** *Gold;* hier im Sinn v.
Goldmünze(n), Geld (B). **ἄργυρος** *Silber;* hier im Sinn v. *Silbermünze(n),*
Geld (B). **χαλκός** *Erz, Kupfer, Bronze;* hier im Sinn v. *Kupfermünze(n), Klein-*
geld, Geld (B 2). **ζώνη** *Gürtel* (auch zum Aufbewahren v. mitgeführtem Geld).
10 **10 πήρα** *Ranzen, Reisetasche, Vorratstasche;* evtl. *Bettelsack* (wie sie hell.
Wanderphilosophen mitführten). **εἰς ὁδόν** *auf den Weg, für die Reise* (B
ὁδός 1b). **χιτών**[4] ῶνος ὁ *Untergewand, Hemd* (unmittelbar auf dem Leib ge-
tragen); μηδὲ δύο χιτῶνας *auch nicht zwei Gewänder/Hemden* im Sinn v.
auch kein zweites Gewand/Hemd (d.h. kein Ersatzgewand/hemd, was analog evtl.
auch für ὑποδήματα u. ῥάβδον gilt). **ὑπό-δημα**[3] *Sandale, Schuh.* **ῥάβ-**
δος ἡ *Rute, Stab, Stock,* hier *Wanderstab.* **ἐργάτης**[1] *Arbeiter; einer, der arbei-*
tet/etwas tut. **τροφή** *Nahrung, Speise* hier wohl pars pro toto (A382a) v. *Le-*
bensunterhalt; ἄξιος ... τῆς τροφῆς αὐτοῦ (erg. ἐστίν, A78) ... *ist seines Le-*
bensunterhalts wert = ... hat Anrecht auf seinen Lebensunterhalt [Var. μισθός
11 *Lohn*]. **11 κώμη** *Dorf.* **εἰσ-έλθητε** Aor. Konj. -έρχομαι; εἰς ἣν ἂν
πόλιν ἢ κώμην εἰσέλθητε etwa = ἐν (πάσῃ) πόλει ἢ κώμῃ εἰς ἣν
ἂν εἰσέλθητε (A357; vgl. BDR §466[3]) bzw. ἐὰν εἰς πόλιν ἢ κώμην εἰσ-
έλθητε (A371; BDR §380[2]) *wenn ihr in eine Stadt oder in ein Dorf kommt.* **ἐξ-**
ετάσατε Aor. Imp. -ετάζω (vgl. A33[91ff]) *untersuchen, (er)forschen, heraus-*
finden. **ἄξιος** *würdig;* „würdig“ ist hier zieml. sicher der, der willens u. bereit
ist, die Sendboten Jesu aufzunehmen u. ihre Botschaft anzuhören (vgl. V. 14),
kaum der moralische Gute od. der bes. Gastfreundliche. **κἀκεῖ** = καὶ ἐκεῖ.
μείνατε Aor. Imp. μένω. **ἕως ἄν** hier *bis* (A337). **ἐξ-έλθητε** Aor.
12 Konj. -έρχομαι hier im Sinn v. *fortgehen* (vgl. B 1aβ), *weiterziehen.* **12 εἰσ-**
ερχόμενοι Ptz., temp. **οἰκία** hier u. V. 13 Bdtg. sowohl *Haus* als auch
Hausgemeinschaft/Familie/Hausbewohner (B 3). **ἀσπάσασθε** Aor. Imp.
Med. ἀσπάζομαι, implizierter Gruß/Segenswunsch: „Friede (εἰρήνη) sei
mit euch!“ (vgl. Lk 10,5 sowie Var.). [Var. λέγοντες Ptz. λέγω, mod. τῷ οἴ-
κῳ τούτῳ (dat. commodi, A173) erg. εἴη od. ἔστω (Opt. od. Imp. 3. Sg. v. εἰ-
13 μί; BDR §128[6]) *sei (mit) diesem Haus.*] **13 ᾖ** Konj. εἰμί. **ἐλθάτω** Aor. (vgl.
H-S §105g) Imp. 3. Sg. ἔρχομαι hier ἐπί τινα *über jmdn. kommen* (B I2c),
jmdm. zuteil werden (Menge). **εἰρήνη** hier = hebr. שָׁלוֹם *šālôm* u.a. im Sinn
v. *Wohlbefinden, Heil* (B 2); ἡ εἰρήνη ὑμῶν gen. auctoris (A153) *der Frieden,*
den ihr wünscht/bringt. **ἐπι-στραφήτω** Aor. Imp. Pass. 3. Sg. -στρέφω[47]
um-, zurückkehren, sich hinwenden; Pass. *sich umwenden;* hier (unverbraucht) *zu-*
rückkehren (B 2aβ); ἡ εἰρήνη ὑμῶν πρὸς ὑμᾶς ἐπιστραφήτω *so soll eu-*
er (ihnen gewünschter/gebrachter) Frieden zu euch zurückkehren (Konsequenz:
14 bleibt nicht dort). **14 ὃς ἄν** (A132) *wer (auch immer)* od. *jeder, der,* bzw. =
ἐάν τις (A371; vgl. BDR §380,1b) *wenn man.* **δέξηται** Aor. Konj. Med. δέ-
χομαι. **ἀκούσῃ** Aor. Konj. ἀκούω hier *Gehör schenken, anhören.* **ἐξ-ερ-**
χόμενοι Ptz.-έρχομαι hier ἔξω τινός *etwas* (einen Ort) *verlassen* (vgl.

B 1aα); temp. (als Imp. + „und“ übers.; A291,1 Anm. 1). **ἐκ-τινάξατε** Aor.
Imp. -τινάσσω (vgl. A33[74ff]) *ab-, ausschütteln.* **κονιορτός** *Staub* (der in
Bewegung gesetzt wird); ἐκτινάξατε τὸν κονιορτὸν τῶν ποδῶν ὑμῶν
schüttelt den Staub von euren Füßen (evtl. *schüttelt den Staub, den eure Füße auf-
gewirbelt haben, aus [euren Kleidern]*; B ἐκτινάσσω 1); auf diese Weise bekun-
dete der fromme Jude beim Verlassen einer heidnischen Gegend, daß er m. der
dieser anhaftenden Unreinheit u. dem sie erwartenden Gericht nichts zu tun ha-
ben wollte; die Sendboten des Messias würden dadurch jüd. Häusern u. Städten
gegenüber zu verstehen geben, daß sie sie für heidnisch, unrein u. gerichtsreif
hielten (vgl. Billerbeck I, S. 571). **15 ἀν-εκτότερος** Komp. v. ἀν-εκτός[11] 15
(< ἀνέχομαι ertragen) *erträglich;* ἀνεκτότερον ἔσται τινί *es wird für
jmdn. erträglicher sein, es wird jmdm. erträglicher ergehen* (B). **ἔσται** Fut. εἰμί.
γῆ hier *Land* (Territorium einschließl. der Bewohner; B 4); hier auch ohne
Art. best. (A106c). **Σόδομα** τά (BDR §57,1) *Sodom,* **Γόμορρα** τά u. ἡ
(BDR §57,1) *Gomorra,* zwei wegen ihrer Sünde untergegangene Städte (Gen
19,24ff). **ἐν ἡμέρᾳ κρίσεως** *am Tag des Gerichts* (auch ohne Art. best.
[A106a/d]).

16 ἰδού etwa *bedenkt wohl* (Menge) od. unübersetzt lassen. **ἐγώ** hier 16
wohl ohne Nachdruck (BDR §277,2; vgl. A122). **πρό-βατον** *Schaf.* **ἐν
μέσῳ** m. Gen. Pl. *inmitten von, mitten unter* (auf die Frage „Wo?“ od. „Wo-
hin?“; BDR §215[5]). **λύκος** *Wolf* (auch bildl. v. einem bösartigen, gefährl.
Menschen; vgl. 7,15). **γίνεσθε** Imp. hier statt Imp. v. εἰμί (A32 Anm. 3;
B II1). **φρόνιμος** *verständig, klug.* **ὄφις**[8] εως ὁ *Schlange* (auch im Alter-
tum weithin sprichwörtl. u.a. für Klugheit; KP 5, Sp. 16f). **ἀ-κέραιος**[11] *un-
vermischt; rein, lauter, unverdorben, ohne Falsch.* **περιστερά** *Taube* (wegen
ihres „zärtlichen“, gewaltlosen Charakters galt sie im Altertum weithin als Inbe-
griff v. Liebe u. Sanftmut, aber auch v. Ängstlichkeit u. naiver Leichtgläubigkeit;
KP 5, Sp. 536). **17 προσ-έχετε** Imp. -έχω m. Dat. *den Sinn richten auf; ach-* 17
ten auf, ἀπό τινος *sich vor jmdm./etwas in acht nehmen* (B 1b). **παρα-δώ-
σουσιν** Fut. -δίδωμι m. εἰς συνέδρια *an die Lokalgerichte übergeben*
(B 1b). **συν-έδριον** *Synedrium, Hoher Rat* (oberste jüd. Instanz in allen
religiösen u. zivilen Angelegenheiten); hier *Lokalgericht* (B 3). **μαστιγώ-
σουσιν** Fut. μαστιγόω (< μάστιξ Peitsche) *(aus)peitschen; strafen, züchti-
gen.* **18 ἐπί** m. Akk. hier *vor* (Rechtssprache; B III1aγ). **ἡγεμών**[4] όνος ὁ 18
Herrscher, Fürst; (röm.) *Statthalter* (höchster Beamter einer Provinz). **ἀχθή-
σεσθε** Fut. Pass. ἄγω. **ἕνεκεν** uneig. Präp. (A183) *wegen, um ... willen.*
μαρτύριον *Zeugnis,* im Sinn v. *Beweis* (Handlung, Umstand od. Sache) od.
Zeugenaussage; εἰς μαρτύριον αὐτοῖς *zum Zeugnis/zur Zeugenaussage vor
ihnen = um vor ihnen meine Zeugen zu sein.* **καὶ τοῖς ἔθνεσιν** wohl *und vor
den anderen* (A376a) *Heiden.* **19 παρα-δῶσιν** Aor. Konj. -δίδωμι; Subj. s. 19
V. 17 bzw. übers. m. „man“ (vgl. A76a) [Var. 1 -δώσουσιν Fut. (vgl. A336);

Var. 2 -δώσωσιν Aor. Konj. (späte Form; vgl. BDR §95[2])]. **μεριμνήσητε**
Aor. Konj. μεριμνάω *sorgen,* hier *sich* (ängstl.) *Sorgen machen;* prohibitiver
Konj. (A256). **λαλήσητε** Aor. Konj. λαλέω; deliberativer Konj. (A255) wie
bei der direkten Frage, doch hier 2. statt 1. Pl (H-S §273e; A331); πῶς ἢ τί
λαλήσητε *wie oder was ihr reden sollt.* **δοθήσεται** Fut. Pass. δίδωμι hier
eingeben. **ἐν ἐκείνῃ τῇ ὥρᾳ** *in jener Stunde = wenn es soweit ist* (NGÜ).
20 **20 οὐ ... ἀλλά** hier (wohl sem.) hyperbolischer Gebrauch (vgl. A383): *nicht ...*
sondern im Sinn v. *nicht so sehr ... als vielmehr* (Zerwick §445, vgl. H-S §249b).
ἐστέ Präs. hier fut. (A234). **λαλοῦντες,** Ptz. λαλέω, subst. **λαλοῦν** Ptz.
Ntr., subst.; τὸ λαλοῦν ἐν ὑμῖν (erg. davor ἐστίν [A78]) *ist es* (= wird es
sein), *der durch* (vgl. A176) *euch redet/reden wird.*
21 **21 παρα-δώσει** Fut. -δίδωμι m. εἰς θάνατον *zum Tode überliefern*
(vgl. B 1b), *dem Henker ausliefern.* **ἀδελφὸς ἀδελφόν** „ein Bruder einen
Bruder" = *Brüder/Geschwister einander* (A101a; vgl. B 1 [vgl. A382a]). **πατὴρ**
τέκνον „ein Vater ein Kind" = *Väter/Eltern ihre Kinder* (A101a; vgl. B πατήρ
1a [vgl. A382a]). **ἐπ-ανα-στήσονται** Fut. Med. -αν-ίσταμαι[205] *aufste-*
hen, sich stellen ἐπί τινα *gegen jmdn.* **γονεῖς** έων οἱ (A8: ευ-St.) *Eltern.*
θανατώσουσιν Fut. θανατόω *töten, umbringen,* auch bes. v. der Verurtei-
22 lung zum Tode u. ihren Folgen (B 1), *töten/umbringen lassen.* **22 ἔσεσθε** Fut.
εἰμί. **μισούμενοι** Ptz. Pass. μισέω, umschrieb. Fut. (A249a; A77). **διὰ**
τὸ ὄνομά μου *um meines Namens willen* wohl = *um meinetwillen,* d.h. weil
ihr euch m. mir identifiziert u. euch zu mir bekennt (GNB: *weil ihr euch zu mir*
bekennt). **ὑπο-μείνας** Aor. Ptz. -μένω[117] *bleiben, standhalten, durchhalten,*
standhaft bleiben/sein; subst. **εἰς τέλος** *bis zuletzt, bis ans Ende* (B τέλος
1dγ), d.h. bis zum Lebensende od. (eschatologisch) bis zum Ende der Zeit.
23 **σωθήσεται** Fut. Pass. σῴζω. **23 διώκωσιν** Konj. διώκω; hier am be-
sten 3. Pl. im Sinn v. „man" (A76a). **φεύγετε** Imp. φεύγω *fliehen.* **ἕτερος**
= ἄλλος (B 1bγ; s. Var.); ἐν τῇ πόλει ταύτῃ ... εἰς τὴν ἑτέραν *in der ei-*
nen Stadt ... in die/eine andere (bzw. *in die nächste,* vgl. BDR §306[2]) viell. sind
griech. (ἐν τῇ μιᾷ/ἐν ἄλλῃ ... εἰς τὴν ἑτέραν/εἰς ἄλλην) u. sem. (ἐν τῇ
πόλει ταύτῃ ... εἰς τὴν ταύτην) Gebrauchsweisen vermischt (ZG). **οὐ**
μή m. Aor. Konj. stärkste Verneinung zukünftigen Geschehens (A257). **τε-**
λέσητε Aor. Konj. τελέω[27] *beenden, vollenden;* οὐ μὴ τελέσητε τὰς πό-
λεις τοῦ Ἰσραήλ *ihr werdet mit den Städten Israels nicht zu Ende sein* (B 1)
zieml. sicher = *ihr werdet mit eurem Auftrag in den Städten Israels* (= m. der Mis-
sionierung Israels) *nicht fertig werden* (GNB; EWNT 3, Sp. 831). **ἕως ἂν**
V. 11. **ἔλθῃ** Aor. Konj. ἔρχομαι; ἕως ἂν ἔλθῃ ὁ υἱὸς τοῦ ἀνθρώπου
bis der Menschensohn kommt; dieses „Kommen" ist wahrscheinl. m. der Parusie
gleichzusetzen; viell. kann bei diesem Ausdruck aber v. einer ähnl. semantischen
Bandbreite ausgegangen werden wie beim „Kommen des Reiches" (es ist m.
dem Auftreten Jesu bereits angebrochen, endgültig entfaltet es sich aber erst bei

der Parusie): das Kommen des Menschensohnes zum Gericht verwirklicht sich
in Etappen, wobei die Zerstörung Jerusalems 70 n. Chr. die erste, die Parusie
die letzte Etappe, den Höhenpunkt, darstellt (Carson, Mt, S. 250-253).

24 ὑπέρ m. Akk. bez. hier das Übertreffen *mehr als;* οὐκ ἔστιν ὑπέρ 24
ist nicht höher zu werten als (B 2), *steht nicht über.* **25 ἀρκετός** *genügend, hin-* 25
reichend; ἀρκετὸν (erg. ἐστιν) τῷ μαθητῇ *es genügt dem Jünger = es muß*
dem Jünger genügen (B), *ein* (vgl. A104,1) *Jünger muß zufrieden sein.* **ἵνα** hier
daß (statt Inf./AcI; B II1b; BDR §393[3]; vgl. A270, 272 u. 328). **γένηται** Aor.
Konj. Med. γίνομαι hier m. ὡς *sein wie, sich zeigen als* (B II1); ἵνα γένηται
ὡς *daß/wenn er ist wie* wohl = *wenn es ihm ergeht wie.* **εἰ** m. Ind. indefiniter
Fall (A342). **οἰκο-δεσπότης**[1] *Hausherr, Gutsherr* (hier Bild v. Christus
selbst). **Βεελζεβούλ** indekl., hier Akk., *Beelzebul* (Dämonenfürst [vgl.
12,24]; die genaue Herkunft dieses Ausdrucks ist nicht wirkl. geklärt). **ἐπ-ε-
κάλεσαν** Aor. ἐπι-καλέω[37] *benennen, nennen;* hier 3. Pl. im Sinn v. „man"
(A76a) [Var. -καλέσαντο Aor. Med.]. **πόσος**[18] *wie groß?* Sg. (bei
Unzählbarem) *wieviel?;* πόσῳ (dat. differentiae, A117) μᾶλλον *um wieviel
mehr, wieviel mehr.* **οἰκιακός** *Hausgenosse, Familienangehöriger, Verwandter;*
πόσῳ μᾶλλον τοὺς οἰκιακοὺς αὐτοῦ *wieviel mehr (wird man) seine
Hausgenossen/Leute (so nennen), wieviel mehr (wird man das) bei seinen Leuten
(tun).*

26 φοβηθῆτε Aor. Konj. Pass. (ohne bes. Pass.-Bdtg.) φοβέομαι, 26
prohibitiver Konj. (A256); μὴ οὖν φοβηθῆτε αὐτούς *fürchtet euch also/da-
her nicht vor ihnen* (d.h. vor den Verfolgern, V. 23ff). **κε-καλυμμένον** Pf.
Ptz. Pass. καλύπτω[54] *verhüllen, bedecken;* übertr. *verbergen, zudecken;*
umschrieb. Pf. (A25/249b). **ἀπο-καλυφθήσεται** Fut. Pass. -καλύπτω[54]
enthüllen, ofenbaren; Gott sorgt dafür, daß am großen (eschatologischen) Ende
in allem die volle Wahrheit ans Licht kommt; die Sendboten Jesu sollen hier u.
jetzt auf dieses Ziel hin arbeiten: sie machen die Wahrheit durch die
Verkündigung des Evangeliums (all dessen, was sie v. Jesus gehört haben)
bekannt. **κρυπτός** *verborgen, geheim;* erg. das οὐδέν ἐστιν aus Par. in
V. 26b. **γνωσθήσεται** Fut. Pass. γινώσκω Pass. hier *zur Kenntnis kommen*
(B 2a), *bekannt werden.* **27 σκοτία** *Dunkelheit;* ἐν τῇ σκοτίᾳ *im Dunkeln,* 27
heimlich (B 1), Ggs. ἐν τῷ φωτί *in der Öffentlichkeit* (B φῶς 1a), *am hellen
Tag.* **εἴπατε** Aor. (vgl. H-S §105g) Imp. λέγω. **οὖς**[3] ὠτός τό *Ohr;* εἰς τὸ
οὖς ἀκούω etwas *ins Ohr geflüstert bekommen;* ὃ εἰς τὸ οὖς ἀκούετε *was
euch* (d.h. wohl *von mir* [Par. V. 27a]) *ins Ohr geflüstert wird.* **κηρύξατε** Aor.
Imp. κηρύσσω. **δῶμα**[3] *Dach* (meist flach, bestens geeignet für öffentl.
Reden [vgl. Josephus, Bellum Judaicum 2.611]); κηρύσσω ἐπὶ τῶν
δωμάτων *von den Dächern* (= in aller Öffentlichkeit) *verkünden* (B), *aller Welt
bekannt machen* (GN). **28 φοβεῖσθε** Imp. φοβέομαι hier (statt m. Akk.) 28
m. ἀπό τινος *vor jmdm.* (B 1a; H-S §152b) [Var. zum ersten Imp.: φοβηθῆτε

Aor. Konj. (prohibitiv, A256) Pass. (ebenso V. 31); Var. zum zweiten Imp.:
φοβήθητε Aor. Imp. Pass.]. **ἀπο-κτεννόντων** Ptz. -κτείνω/-κτέννω,
subst. **ψυχή** hier *Seele* (Sitz u. Trägerin des überirdischen Lebens; B 1c). **δυ-
ναμένων** Ptz. δύναμαι, subst. **ἀπο-κτεῖναι** Aor. Inf. **δυνάμενον**
Ptz., subst.; τὸν δυνάμενον ... ἀπολέσαι *den, der ... verderben/dem Verder-
ben preisgeben kann,* d.h. Gott. **καί ... καί** *sowohl ... als auch* (B I6). **ἀπ-
ολέσαι** Aor. Inf. -όλλυμι. **γέεννα** (s. zu 5,22) *Gehenna, Hölle;* auch ohne
29 Art. best. (A106a). **29 οὐχί** *nicht;* erwartet als Frageeinleitung die Antwort
„doch" (A320). **στρουθίον** (eig. Diminutivform v. στρουθός Sperling)
Sperling, Spatz (Nahrungsmittel der ärmsten Bevölkerungsschicht). **ἀσσά-
ριον** (< lat. assarius) *As* (röm. Münze v. geringem Wert [war dafür sprich-
wörtl., vgl. Mischna, Chullin 12,5]); gen. pretii (A161), übers. etwa *für einen* (od.
ein paar) Groschen/Pfennig(e). **πωλεῖται** Pass. πωλέω *verkaufen;* Pass. *zum
Kauf angeboten werden* (vgl. B). **καί** adversativ (A311,1) *und doch* (BDR
§442[4]). **ἕν ... οὐ** *keiner/kein einziger ...* (A137c; BDR §302,2). **ἐξ αὐτῶν** hier
statt gen. partitivus (A164). **πεσεῖται** Fut. Med. πίπτω m. ἐπὶ τὴν γῆν
auf die Erde fallen = sterben. **ἄνευ** uneig. Präp. (A183) *ohne;* hier *ohne Beteili-
gung von* (B 1); ἄνευ τοῦ πατρὸς ὑμῶν *ohne den Willen eures Vaters, ohne
30 daß es euer Vater zuläßt.* **30 θρίξ** τριχός ἡ (vgl. A3; H-S §42b) *Haar;* ὑμῶν
καὶ αἱ τρίχες τῆς κεφαλῆς πᾶσαι *sogar alle eure Kopfhaare, bei euch
sogar alle Haare auf dem Kopf.* **ἠριθμημέναι** Pf. Ptz. Pass. ἀριθμέω *zäh-
31 len;* umschrieb. Pf. (A249b); pass. divinum (A76b). **31 δια-φέρω** *hindurch-
tragen;* intr. *sich unterscheiden (von),* m. Gen.; hier *mehr wert sein als,* m. Gen.;
πολλῶν στρουθίων διαφέρετε ὑμεῖς *ihr* (betont, A122) *seid mehr wert als
viele/ganze Schwärme von Spatzen.*
32 **32 πᾶς ... ὅστις** *jeder, der* (B πᾶς 1cγ; vgl. A133a); hier (analog ὅστις
ἄν in V. 33) nom. pendens (A141a; Anakoluth [A375; BDR §466[4]]), wobei das
ἐν αὐτῷ (V. 33 das αὐτόν) darauf zurückweist; übers. *jeder, der ... zu dem*
(V. 33: *wer ... den*); obwohl dieses Wort (V. 32f [wie ein Großteil v. V. 17-42]) zu
den Zwölf (V. 1-5) gesprochen wurde, richtet es sich über die Apostel hinaus an
alle Jünger Jesu (Carson, Mt, S. 256). **ὁμο-λογήσει, -λογήσω** Fut. -λο-
γέω *sich (offen) als* etwas od. *zu* etwas od. jmdm. *bekennen;* hier ἔν τινι (wohl
33 sem. statt eines einfachen Akk.; BDR §220,3) *zu jmdm.* **33 ὅσ-τις ἄν** *wer
(auch immer)* (A132; 371). **ἀρνήσηται** Aor. Konj. Med. ἀρνέομαι *leug-
nen; verleugnen.* **ἀρνήσομαι** Fut.
34 **34 νομίσητε** Aor. Konj. νομίζω (vgl. A33[91ff]) *meinen, glauben, anneh-
men;* prohibitiver Konj. (A256). **βαλεῖν** Aor. Inf. βάλλω hier *bringen*
(B 2b); fin. (A276). **μάχαιρα** *Schwert;* hier metonymisch (A381f) für Krieg
35 bzw. Feindschaft u. Trennung (zwischen Gegnern u. Jüngern Jesu). **35 διχά-
σαι** Aor. Inf. διχάζω (vgl. A33[91ff]) *entzweien* κατά τινος *mit jmdm.* **ἄν-
θρωπος** hier im Sinn v. *Sohn* (B 2bγ); genereller Sg. (A101a; gilt auch für die

flgd. Pl.-Formen); ἄνθρωπον κατὰ τοῦ πατρὸς αὐτοῦ *ein/der Sohn mit seinem Vater = Söhne mit ihren Vätern;* v. hier bis einschließl. V. 36 wird offenbar aus Mi 7,6 (dem MT näher als der LXX) zitiert (in Mi wird die Sündhaftigkeit u. innere Zerrissenheit des Volkes unter dem judäischen König Ahas [zweite Hälfte des 8. Jh. v. Chr.] beklagt; nach dem wohl hier vorausgesetzten Verständnis weist diese Situation auf die noch größere Zerrissenheit der Menschen beim Kommen des Messias hin; vgl. Carson, Mt, S. 257). **θυγάτηρ**^{6} τρός ἡ *Tochter.* **νύμφη** *Braut;* hier *Schwiegertochter.* **πενθερά** *Schwiegermutter.*
36 ἐχθρός *Feind.* **οἰκιακός** V. 25; ἐχθροὶ τοῦ ἀνθρώπου οἱ οἰκιακοὶ 36
αὐτοῦ erg. etwa ἔσονται (Fut. v. εἰμί; A78) *seine Hausgenossen/Angehörigen (werden) jemandes* (vgl. A137b) *Feinde (sein), die nächsten Verwandten werden zu Feinden werden* (GN).

37 φιλῶν Ptz. φιλέω *lieben, gern haben;* subst. **ὑπέρ** m. Akk. hier 37
mehr als (B 2; A202). **οὐκ ἔστιν μου ἄξιος** *der ist meiner nicht wert = der*
ist es nicht wert, mein Jünger zu sein (NGÜ). **θυγάτηρ** V. 35. **38 λαμβά-** 38
νω hier *auf sich nehmen* (B 1a). **σταυρός** *Kreuz;* ὃς οὐ λαμβάνει τὸν σταυρὸν αὐτοῦ *wer nicht sein* (A126c) *Kreuz auf sich nimmt* (eig. das Aufheben des Querbalkens, den der Verurteilte zur Richtstätte trägt; hier wohl übertr. für die Bereitschaft zum Leiden u. Martyrium um Jesu u. seiner Sache willen). **ὀπίσω** uneig. Präp. (A183) *hinter – her;* ἀκολουθέω ὀπίσω τινός
hinter jmdm. hergehen, jmdm. folgen (B 2aβ), *jmdm. nachfolgen.* **39 εὑρών** 39
Aor. Ptz. εὑρίσκω, subst.; ὁ εὑρὼν τὴν ψυχὴν αὐτοῦ *wer sein Leben findet* (hier = *festhalten will* [GNB], dadurch, daß er sich selbst u. nicht die Erfordernisse christlicher Nachfolge zum Mittelpunkt seines Lebens macht). **ψυχή** hier *Leben.* **ἀπ-ολέσει** Fut. -όλλυμι. **ἀπ-ολέσας** Aor. Ptz. -όλλυμι (zweites) *verlieren* im Sinn v. aufzugeben bereit sein; subst. **ἕνεκεν** V. 18. **εὑρήσει** Fut. εὑρίσκω.

40 δεχόμενος Ptz., subst. **ἀπο-στείλαντα** Aor. Ptz. -στέλλω, 40
subst. **41 ὄνομα** hier *Kategorie;* εἰς ὄνομα προφήτου *auf die Kategorie* 41
„Prophet" hin = weil er ein Prophet ist (B II). **προ-φήτης** *Prophet* hier im Sinn v. Sendbote Jesu (vgl. B 4); m. „Prophet", „Gerechter" u. „einer von diesen Geringen" (V. 42) sind wohl Zeugen Jesu im allgem. gemeint (m. dem ὑμᾶς V. 40 ausschließl. die Zwölf), wobei sich diese drei „Klassen" (viell. nach dem unterschiedl. Ansehen der einzelnen Zeugen geordnet) gegenseitig nicht ausschließen (Carson, Mt, S. 258). **μισθός** *Lohn* (eig. „Arbeitslohn"; übertr.: „Belohnung"), hier wohl eschatologisch (vgl. 5,12). **λήμψεται** Fut. Med. λαμβάνω. **δίκαιος** *Gerechter;* gemeint sind Menschen, die in Übereinstimmung m. Gott u. seinem Willen leben (hier viell. speziell solche, die vorbildl. Gottesmännern früherer Generationen [neben „Prophet"; vgl. 13,17; 23,29]
nacheifern; Carson, Mt, S. 259). **42 ὃς ἄν** (A132; 371) *wer (auch immer).* 42
ποτίσῃ Aor. Konj. ποτίζω (vgl. A33^{91ff}) *zu trinken geben.* **μικρός** hier

subst. *Geringer* (B 1c), (durch die Gegner) *Geringgeachteter* (NGÜ); gen. partitivus (A164). **ποτήριον** *Becher, Kelch.* **ψυχρός** *kalt;* ποτήριον ψυχροῦ erg. ὕδατος (BDR §241[10]; gen. materiae, A159) *einen Becher kalten Wassers/kaltes Wasser.* **οὐ μή** V. 23. **ἀπ-ολέσῃ** Aor. Konj. -όλλυμι; οὐ μὴ ἀπολέσῃ τὸν μισθὸν αὐτοῦ *er wird seines Lohnes (auf keinen Fall) verlustig gehen* (B 1b) = *er wird gewiß nicht um seinen Lohn kommen* (Einh.).

11 **ἐ-γένετο** Aor. Med. γίνομαι; ἐγένετο pleon. (Hebr.: vor Umstandsbestimmung [hier ὅτε-NS] u. finitem Verb [A271; BDR §442[11]]). **ἐ-τέλεσεν** Aor. τελέω[27] *beenden, vollenden;* Aor. Ind. bez. hier Vorvergangenheit (vgl. H-S §199n; A224). **δια-τάσσων** Ptz. -τάσσω *anordnen, befehlen, bestimmen;* präd. bei Verb des modifizierten Seins u. Tuns (A301; BDR §414[10]); ὅτε ἐτέλεσεν ὁ Ἰησοῦς διατάσσων τοῖς δώδεκα μαθηταῖς αὐτοῦ *als Jesus diese Anweisungen an seine zwölf Jünger beendet hatte.* **μετ-έ-βη** Aor. μετα-βαίνω[139] (v. einem Ort) *weggehen* (um an einem anderen Ort zu sein); μετέβη ἐκεῖθεν *er zog von dort weiter.* **ἐκεῖ-θεν**[18] *von dort.* **τοῦ** m. Inf. fin. (A281). **διδάσκειν** Inf. **κηρύσσειν** Inf. **ἐν ταῖς πόλεσιν αὐτῶν** *in ihren Städten* (sinngemäße Konstruktion [vgl. A96; BDR §282]) wohl = *in den dortigen* (den im neu betretenen Gebiet befindl.) *Städten* (vgl. Menge), übers. etwa *in den Städten des Landes* (GNB).

2 **2 ὁ Ἰωάννης** *der (Täufer) Johannes* (vgl. 3,1ff). **ἀκούσας** Aor. Ptz. ἀκούω, temp. **δεσμωτήριον** *Gefängnis* (nach Josephus, Antiquitates 18.119 [V2], in der herodianischen Festung Machaerus östl. des Toten Meeres). **τὰ ἔργα τοῦ Χριστοῦ** *von den Taten/von dem Wirken* (einschließl. der Verkündigung) *des Messias.* **πέμψας** Aor. Ptz. πέμπω, temp. (A291,1 Anm. 1); πέμψας διὰ τῶν μαθητῶν αὐτοῦ εἶπεν αὐτῷ *er sandte durch seine Jünger (eine Botschaft an ihn) und ließ ihn fragen* wohl = *er ließ ihn durch*
3 *seine Jünger fragen* (BDR §420[4]; vgl. A218). **3 σύ** Subj. betont (A122). **ἐρχόμενος** Ptz., subst.; ὁ ἐρχόμενος *der, der kommen soll,* d.h. der Messias (vgl. 3,11; der Ausdruck geht wahrscheinl. auf Stellen wie Ps 118,26 u. Jes 59,20 zurück); offenbar hatte Johannes (nicht zuletzt wohl auch wegen seines persönl. Ergehens) inzwischen Mühe, in dem scheinbar zurückhaltenden Vorgehen Jesu den Befreier u. Richter zu erkennen, dessen Kommen er angekündigt hatte (3,7-12). **προσ-δοκῶμεν** Konj. (evtl. Ind.; BDR §366[2]) -δοκάω *erwarten, warten auf;* wahrscheinl. deliberativer Konj. (A255); ἕτερον προσδοκῶμεν *sollen/müssen wir auf einen anderen warten?* (falls Ind., übers. etwa *gibt es einen an-*
4 *deren, auf den wir warten?* [vgl. ZG]). **4 ἀπο-κριθείς** Aor. Ptz. Pass. (ohne Pass.-Bdtg.) -κρίνομαι, pleon. (A297,2); ἀποκριθεὶς ὁ Ἰησοῦς εἶπεν *Jesus antwortete.* **πορευθέντες** Aor. Ptz. Pass. (ohne bes. Pass.-Bdtg.) πορεύομαι, temp. (als Imp. + „und" übers.; A291,1 Anm. 1; hier evtl. „participium graphicum" [A296; B 1; vgl. BDR §419,2]). **ἀπ-αγγείλατε** Aor. Imp. -αγ-
5 γέλλω. **5 ἀνα-βλέπω** *aufblicken;* hier *wieder sehen (können)* (B 2aα); hier

faßt Jesus sein Wirken m. Worten aus Jes 35,5-6 u. 61,1 (m. mögl. weiteren
Anklängen an 26,19 u. 29,18-19) zusammen: in seiner Wirksamkeit erfüllen sich
diese atl. messianischen Visionen; die für das messianische Zeitalter
angekündigten Segnungen sind da u. beweisen, daß dieses nun angebrochen ist,
obwohl die damit verbundenen Gerichte (vgl. die Jesaja-Kontexte) scheinbar
auf sich warten lassen. **χωλός** *lahm, gelähmt;* subst. *Gelähmter.* **λεπρός**
(< λεπίς Schuppe) u.a. *schuppig, uneben, rauh;* im NT *aussätzig* (v. λέπρα
befallen u. damit „unrein" [Lev 13,45f]; vgl. zu 8,2); subst. **καθαρίζονται**
Pass. καθαρίζω *reinigen, säubern; heilen* ([Aussätzigen/Aussatz o.ä.] u. dann zu
kultischer Reinheit führen; vgl. B 1bα). **κωφός** *stumm;* hier *taub* (B 2); subst.
(A105). **ἐγείρονται** Pass. ἐγείρω. **πτωχός** *bettelnd, arm;* subst. (A105).
εὐ-αγγελίζονται Pass. -αγγελίζω hier Pass. m. persönl. Subj. *gute Nach-
richt zu hören bekommen* (vgl. B 2bβ; vgl. A214). **6 ὃς ἐάν** = ὃς ἄν (A132; 6
371) *wer (auch immer)* bzw. *jeder, der.* **σκανδαλισθῇ** Aor. Konj. Pass.
σκανδαλίζω (vgl. A33[91ff]) (< σκάνδαλον Falle; Ärgernis, Anstößiges) m.
Akk. *jmdm. Anstoß geben, jmdn. zur Sünde verführen;* ὃς ἐὰν μὴ σκανδα-
λισθῇ ἐν ἐμοί *wer meinetwegen nicht zu Fall kommt* (d.h. wer in mir u.
meinem Wirken keinen Anlaß findet, mir den Glauben zu verweigern od. sich
von mir abzuwenden u. so in Sünde zu fallen [vgl. B 1b]) bzw. *wer nicht an mir
Anstoß nimmt* od. *wer nicht an mir irre wird.*

7 τούτων *diese* (d.h. die Jünger des Johannes; V. 2). **πορευομένων** 7
Ptz. πορεύομαι, gen. abs. (A288), temp. **ἤρξατο** Aor. Med. ἄρχω. **λέ-
γειν** Inf. **τί** AkkO des Inf. θεάσασθαι (Fragesatz-Verschränkung [m. Inf.;
vgl. ähnl. A364b]); τί ἐξήλθατε εἰς τὴν ἔρημον θεάσασθαι; *um was an-
zuschauen, seid ihr in die Wüste hinausgegangen? = was wolltet ihr euch ansehen,
als ihr in die Wüste hinausgingt?* [Interpunktions-Var. τί ἐξήλθατε εἰς τὴν
ἔρημον; θεάσασθαι ...; *wozu* (vgl. B τίς 3a; A134a) *seid ihr in die Wüste hin-
ausgegangen? Um euch ... anzusehen?*]; Analoges gilt für ἰδεῖν in V. 8f. **ἐξ-ήλ-
θατε** Aor. (vgl. H-S §105g) -έρχομαι. **θεάσασθαι** Aor. Inf. Med. θεάο-
μαι *sehen, ansehen;* fin. (A276). **κάλαμος** *Schilfrohr;* κάλαμον ὑπὸ ἀνέ-
μου σαλευόμενον *ein Schilfrohr, das vom Wind hin- und herbewegt wird;* der
Ausdruck ist wohl als Beispiel für ein ganz alltägl. Schauspiel (Davies-Allison,
Mt 2, S. 247) zu verstehen, od. (so die meisten) als Metapher für einen leicht be-
einflußbaren Menschen. **ἄνεμος** *Wind.* **σαλευόμενον** Ptz. Pass. σα-
λεύω *zum Schwanken/ins Wanken bringen;* Pass. hier *hin- und herbewegt werden,
sich hin- und herbewegen;* attr. **8 ἀλλά** hier u. V. 9 etwa *oder* (B 3). **ἰδεῖν** 8
Aor. Inf. ὁράω. **μαλακός** *weich;* μαλακὰ ἱμάτια *weiche Gewänder,* wie
sie Verwöhnte tragen (B 1), *feine Kleidung;* ἄνθρωπον ἐν μαλακοῖς (erg.
ἱματίοις [s. Var.]; BDR §241[10]) ἠμφιεσμένον *einen Mann* (od. *jemanden*
[A137b]) *in feiner Kleidung;* weltl. Pracht war es nicht, was die Menschen zu Jo-
hannes zog (vgl. 3,4). **ἠμφι-εσμένον** Pf. (zur Redupl. s. BDR §69[1])

Ptz. Pass. ἀμφι-έννυμι[221] *bekleiden, schmücken;* attr. **ἰδού** etwa *nein* (Men-
ge) od. *ihr wißt doch* (NGÜ) od. unübersetzt lassen. **φοροῦντες** Ptz. φορέω
(eig. = φέρω m. iterativ-intensiver Bdtg.) *tragen* (Kleider usw.); subst. **οἱ
οἶκοι τῶν βασιλέων** *die königlichen Paläste* (B οἶκος 1aβ). **εἰσίν** hier
9 *sie sind zu finden, sie wohnen.* **9 ναί** *ja, gewiß, freilich.* **περισσότερον**
Komp. (Ntr. od. Mask.) v. περισσός *über das übliche Maß hinausgehend;* καὶ
περισσότερον προφήτου (gen. comparationis, A168) erg. etwa εἴδετε *ihr
habt etwas gesehen, was sogar noch* (B καί II2) *größer ist als ein Prophet* od. (falls
Mask.) *ihr habt einen gesehen, der sogar noch mehr ist als ein Prophet* (B περισ-
10 σότερος 2). **10 γέ-γραπται** Pf. (A231) Pass. γράφω, Pf. Pass. term. tech.
zur Einführung v. Schriftzitaten (B 2c): *in der Schrift heißt es/steht;* zitiert wird
Mal 3,1 (wobei die Formulierung [durch die der Messias als Angesprochener,
m. Jahwe Gleichzusetzender, eingeführt wird] wohl von Ex 23,20 beeinflußt ist):
der Bote (Elija in Mal 3,23f) soll den Weg für Jahwe bzw. für dessen großen u.
schreckl. Tag bahnen; diesem Boten entspricht Johannes, der Wegbereiter Jesu;
Jesus selbst ist Jahwes Manifestation: m. seinem Kommen bricht der eschatolo-
gische Tag Jahwes an (vgl. Carson, Mt, S. 264). **πρὸ προσώπου** Hebr. =
πρό (A186). **κατα-σκευάσει** Fut. -σκευάζω (vgl. A33[91ff]) *instand setzen,*
11 *(zu)bereiten* (B 1). **11 ἐγήγερται** Pf. (A231) Pass. ἐγείρω Pass. hier *auftre-
ten* (B 2e); οὐκ ἐγήγερται ... μείζων Ἰωάννου (gen. comparationis,
A168) *... ist kein Größerer* (an Rang u. Würde; B μέγας 2bα) *aufgetreten als Jo-
hannes* od. *... gibt es keinen Größeren als Johannes* (NGÜ). **γεννητός** *gezeugt,
geboren;* γεννητὸς γυναικός „ein von einer Frau Geborener" = *ein Mensch;*
ἐν γεννητοῖς γυναικῶν übers. etwa *unter allen Menschen, die je geboren
wurden* (NGÜ). **βαπτιστής**[1] *Täufer.* **μικρότερος** Komp. v. μικρός;
hier Komp. für Superlativ (A118,2) *(der) Geringste* (B μικρός 1c). **μείζων
αὐτοῦ ἐστιν** (gen. comparationis, A168): doch (selbst) der Geringste im
Himmelreich *ist größer als er;* gemeint ist wohl: Johannes war der größte unter
den Propheten, weil er am deutlichsten auf Jesus hinwies; doch noch deutlicher
geschieht dies durch die, die zum „Himmelreich" gehören, selbst durch den Ge-
ringsten unter ihnen (daher sind sie „größer" als Johannes), weil sie (im Unter-
schied zum Täufer) Zeugen dafür sind, daß m. dem Kommen Jesu das „Reich"
12 tatsächl. angebrochen ist (Carson, Mt, S. 265). **12 ἀπὸ τῶν ἡμερῶν Ἰω-
άννου** *seit den Tagen* (d.h. der Wirksamkeit) *des Johannes* (B ἡμέρα 4b) m.
inkludierendem ἀπό. **ἄρτι** *jetzt;* ἕως ἄρτι *bis zum heutigen Tag* (B 3). **βιά-
ζομαι** (fast immer Deponens Med.) *Gewalt anwenden;* hier unterschiedl. ge-
deutet: a) als Med. (lexikalisch etwas wahrscheinlicher) *sich mit Gewalt Bahn
brechen* (B 3a) od. b) als Pass. *Gewalt erleiden* (B 3b). **βιαστής**[1] *Gewalttäti-
ger.* **ἁρπάζω** *rauben, fortschleppen, wegführen, entfernen;* hier unterschiedl. ge-
deutet: *an sich reißen, ausplündern* od. *schnell, eifrig, begierig ergreifen* (B 2b);
ἀπό ... ἕως ἄρτι ἡ βασιλεία τῶν οὐρανῶν βιάζεται καὶ βιασταὶ

ἁρπάζουσιν αὐτήν dieser Vers ist eine alte crux interpretum, zu den sinn-
volleren Lösungen zählen: a) *seit ... bis zum heutigen Tag erleidet das Himmel-
reich Gewalt, greifen Gewalttäter es an* (synonymer Parallelismus [vgl. H-S
§294aa] EWNT 1, Sp. 519f); b) *seit ... bis zum heutigen Tag bricht sich das Him-
melreich mit Gewalt Bahn, gleichzeitig greifen Gewalttäter es an* (die beiden nah
verwandten Wörter [βιάζομαι u. βιαστής] werden m. unterschiedl. Bezug
[das eine vom Wirken des „Himmelreiches", das andere v. den Attacken der
Gegner] gebraucht: eine Ausprägung der unter der Bezeichnung Antanaklasis
[od. Traductio] bekannten Stilfigur [vgl. Menge, Syntax und Stil, §551,7d]; Car-
son, Mt, S. 267). **13 οἱ προφῆται καὶ ὁ νόμος** Bezeichnung für die 13
(atl.) Heilige Schrift; die ungewöhnl. Reihenfolge (vgl. 5,17; 7,12) betont wohl
den prophetischen Charakter der Schrift. **ἕως Ἰωάννου** *bis hin zu Johannes*
(diesen einschließend od. ausschließend; vgl. BDR §216[11]). **ἐ-προ-φήτευ-
σαν** Aor. (zum Aug. vgl. BDR §69[4]) -φητεύω *prophezeien, prophetisch reden*
(im Sinn v. *Zukünftiges voraussagen* od. *die Gottesoffenbarung verkünden*); impli-
zierter Gedanke (vgl. Einh.: *haben ... [über diese Dinge] geweissagt;* NGÜ: *kün-
digten das Himmelreich an*): das Prophezeite erfüllte sich in Jesus. **14 εἰ** m. 14
Ind. indefiniter Fall (A342). **δέξασθαι** Aor. Inf. Med. δέχομαι hier *guthei-
ßen, gelten lassen* (B 3b); erg. etwa αὐτό/τόδε *es/dies.* **Ἠλίας**[1] ου *Elija,* atl.
Prophet. **μέλλων** Ptz. μέλλω hier (m. Inf.) umschrieb. Fut. (A250; B 1cβ);
attr.; Ἠλίας ὁ μέλλων ἔρχεσθαι *Elija, der* (gemäß Mal 3,23f) *kommen soll*
bzw. (idiomatischer) *Elija, dessen Kommen vorausgesagt ist.* **ἔρχεσθαι** Inf.
15 ἔχων Ptz., subst. **οὖς**[3] ὠτός τό *Ohr;* ὁ ἔχων ὦτα *wer Ohren hat = wer* 15
hören kann (GN) [Var. ἀκούειν Inf. eigentüml. Verbindung m. Subst. (BDR
§393[6]; vgl. A272) *zum Hören*]. **ἀκουέτω** Imp. 3. Sg. ἀκούω.

16 ὁμοιώσω Aor. Konj. od. Fut. ὁμοιόω *gleich(artig) machen; verglei-* 16
chen τινί *mit etwas/jmdm.* (B 2); deliberativer Konj. (A255) od. mod. Fut.
(A247b; vgl. 7,24); τίνι ὁμοιώσω ...; *mit wem soll ich ... vergleichen?* **ἡ γε-
νεὰ αὕτη** *das gegenwärtige Geschlecht* (hier der Juden; B γενεά 2), *die Men-
schen dieser Generation* (NGÜ), ein pejorativ gebrauchter Ausdruck, bei dem
das zeitl. Element zurücktritt. **ὅμοιος** m. ἐστίν τινι (A179) *es gleicht
jmdm./etwas* (B 1), *es ist wie;* ὁμοία ἐστὶν παιδίοις ... ἅ ... λέγουσιν *sie*
(die auf ihren Wünschen u. Erwartungen bestehenden Zeitgenossen) *sind wie
Kinder ... die ... sagen* (Davies-Allison, Mt 2, S. 261f), wahrscheinl. aber besser im
Sinn v. *mit ihnen verhält es sich so wie bei* (vgl. EWNT 2, Sp. 1251) *Kindern ... die
... sagen* (es geht um eine Analogie der beiden Situationen [der zeitgenössischen
u. der des Gleichnisses]: Jesus u. Johannes entsprechen den musizierenden, die
Zeitgenossen den sich verweigernden Kindern; Verseput, Rejection, S. 105-
115). **καθημένοις** Ptz. κάθημαι, attr. **ἀγορά** *Marktplatz* (meist Stätte
des gesamten öffentl. Lebens). **προσ-φωνοῦντα** Ptz. Ntr. Pl. -φωνέω *zu-
rufen* τινί *jmdm.;* mod. **17 ηὐλήσαμεν** Aor. αὐλέω (< αὐλός Flöte) *die* 17

Flöte spielen, u.a. (so hier) im Sinn v. *zum Tanz aufspielen.* **καί** (zweimal) ad-
versativ (A311,1) *aber, doch.* **ὠρχήσασθε** Aor. Med. ὀρχέομαι *tanzen.*
ἐ-θρηνήσαμεν Aor. θρηνέω *klagen, jammern, (be)weinen;* hier *Klagelie-
der/Trauerlieder anstimmen* (vgl. B 1b). **ἐ-κόψασθε** Aor. Med. κόπτω[56] *ab-*
18 *schlagen;* Med. *sich* (vor Trauer an die Brust) *schlagen, heftig trauern.* **18 μή-
τε** *und nicht;* μήτε ... μήτε *weder ... noch.* **ἐσθίων** Ptz., mod. **πίνων** Ptz.,
mod.; ἦλθεν Ἰωάννης μήτε ἐσθίων μήτε πίνων *Johannes ist gekommen,
wobei er weder aß noch trank* bzw. *Johannes ist gekommen, hat gefastet und keinen
Wein getrunken* (NGÜ). **λέγουσιν** *die Leute sagen* (vgl. A76a). **δαιμό-**
19 **νιον ἔχει** *er ist von einem Dämon besessen* (B ἔχω I2eα). **19 ἐσθίων
καὶ πίνων** *ißt und trinkt* (impliziert: wie jedermann; vgl. NGÜ).
ἄνθρωπος hier pleon. (B 3aε; vgl. H-S §260j); ἰδοὺ ἄνθρωπος φάγος
καὶ οἰνοπότης *das ist* (vgl. B ἰδού 2) *ein Fresser und Säufer, was für ein
Schlemmer und Säufer* (NGÜ). **φάγος** *Fresser, Schlemmer.* **οἰνο-πότης**[1]
Weintrinker, Säufer. **τελώνης**[1] *Zöllner, Zolleinnehmer* (ein für den röm. Staat
arbeitender Jude, der bei seinen Landsleuten als Kollaborateur u. [wegen
offenbar verbreiteter Korruption] als Betrüger sowie [wegen seines Umgangs m.
Nichtjuden] als unrein [als „Sünder"] verhaßt war). **φίλος** *Freund;* τελωνῶν
φίλος καὶ ἁμαρτωλῶν *ein Freund von Zolleinnehmern und anderen* (vgl.
A376a) *Sündern.* **καί** (fünftes) *und doch* (A311,1). **ἐ-δικαιώθη** Aor. Pass.
δικαιόω *rechtfertigen, Recht geben;* καὶ ἐδικαιώθη ἡ σοφία ἀπὸ τῶν
ἔργων αὐτῆς *und doch ist die Weisheit (Gottes) gerechtfertigt worden durch ihre
Werke* (Menge) bzw. *aber die Weisheit Gottes ist durch die Taten, die sie bewirkt
hat, bestätigt worden* (od. übers. als Präs., falls v. einem gnomischen Aor.
[A241c] auszugehen ist); m. den „Taten" ist wahrscheinl. die Wirksamkeit (m.
den „Kindern" bei der Lk-Par. [s.a. Var.] der Lebenstil, die Person) Jesu u. des
Johannes gemeint (Carson, Mt, S. 271). **ἀπό** hier = ὑπό (BDR §210[2]; A211).
20 **20 τότε** *darauf,* viell. *in jener Zeit, damals* (vgl. Menge). **ἤρξατο** V. 7.
ὀνειδίζειν Inf. ὀνειδίζω *schmähen, schelten, beschimpfen;* hier *(berechtigte)
Vorwürfe machen* τινά *jmdm.* (B 2), *Drohworte richten gegen* (Menge). **ἐ-γέ-
νοντο** Aor. Med. γίνομαι; Aor. Ind. bez. hier Vorvergangenheit (vgl. H-S
§199n; A224); gilt analog für μετενόησαν. **πλεῖστος** Superlativ v. πολύς;
αἱ πλεῖσται δυνάμεις αὐτοῦ *seine meisten Wundertaten, die meisten* (od.
elativisch [A119; vgl. BDR §245[1]] *sehr viele) seiner Wundertaten.* **μετ-ε-νόη-
σαν** Aor. μετα-νοέω *seinen Sinn ändern, Reue empfinden, umkehren.*
21 **21 Χοραζίν** ἡ indekl., hier Vok., *Chorazin,* galiläische Ortschaft (wahr-
scheinl. = heutige Ruinenstätte Kerâze, 3 km nordwestl. v. Kafarnaum; GBL 1,
S. 227f). **Βηθσαϊδά** ἡ indekl., hier Vok., *Betsaida,* Ortschaft am Nordufer
des Sees Gennesaret (GBL 1, S. 197f). **ὅτι** hier *denn* (vgl. B 3b); analog V. 23.
Τύρος ἡ *Tyrus,* phönizische Hafenstadt. **Σιδών**[4] ῶνος ἡ *Sidon,* alte phöni-
zische Königsstadt; in atl. Zeit mußten sich Jahwes Propheten wiederholt m.

Gerichtsbotschaften an Tyrus u. Sidon, der Baalverehrung ergebene Nachbarn
Israels, wenden (Jes 23; Ez 26-28; Jo 4,4; Am 1,9-10; Sach 9,2-4). **ἐν ὑμῖν** et-
wa *bei euch.* **γενόμεναι** Aor. Ptz. Med., attr. **πάλαι** *vor langer Zeit, einst;*
schon lange, längst. **σάκκος** (sem. Lehnwort) *Sack;* das Wort bez. einen gro-
ben Stoff aus kurzem Kamelhaar, den man (in der Antike) gewöhnl. auf der blo-
ßen Haut trug, um Trauer od. Buße auszudrücken (EWNT 3, Sp. 532). **σπο-
δός** ἡ *Asche;* Asche diente der zusätzl. Bekräftigung v. Trauer u. Buße: man
streute sie sich auf den Kopf, setzte od. legte sich in sie od. wälzte sich sogar
darin; εἰ ... ἐγένοντο ... πάλαι ἂν ἐν σάκκῳ καὶ σποδῷ μετενόησαν
irrealer Fall (A345) *wenn ... geschehen wären ... hätten sie* (d.h. ihre Einwohner)
längst in Sack und Asche Buße getan bzw. *wenn ... geschehen wären ... die Men-
schen dort hätten sich längst in Sacktuch gehüllt* (od. *auf Matten aus Sacktuch ge-
setzt*) *und Asche auf den Kopf gestreut* (od. *und in Asche gesetzt*) *und wären zu
Gott umgekehrt* (NGÜ). [Var. καθήμενοι/καθήμεναι Ptz. κάθημαι, mod.]
22 πλήν *aber, jedoch.* **λέγω** hier u. V. 24 *ich versichere* euch (B III1d). **ἀν-** 22
εκτότερος Komp. v. ἀν-εκτός[11] (< ἀνέχομαι ertragen) *erträglich;* ἀνεκ-
τότερον ἔσται τινί *es wird für jmdn. erträglicher sein, es wird jmdm. erträgli-
cher ergehen* (B). **ἔσται** Fut. εἰμί. **ἐν ἡμέρᾳ κρίσεως** *am Tag des Ge-
richts* (auch ohne Art. best. [A106a/d]). **23 Καφαρναούμ** 4,13; indekl., 23
hier Vok. **μή** *etwa* (verneinende Antwort angedeutet, A320). **ὑψωθήσῃ**
Fut. Pass. ὑψόω *erhöhen;* μὴ ἕως οὐρανοῦ ὑψωθήσῃ; *wirst du etwa bis zum
Himmel erhoben werden = meinst du etwa/du meinst doch nicht etwa, du wirst bis
zum Himmel erhoben werden* (Hyperbel [BDR §495[5]; vgl. A383]; in diesem u. im
flgd. Satz wird auf Jes 14,12-15 angespielt, wo sich Jahwe in einer Gerichtsbot-
schaft gegen das sich selbst erhöhende – in dessen König personifizierte – Ba-
bel [für Juden der Inbegriff des Bösen] wendet; Carson, Mt, S. 273) [Var. 1
ὑψωθεῖσα Aor. Ptz. Pass. Fem., attr.; Var. 2 ὑψώθης Aor. Pass.; ἡ/ἥ (statt
μή) ... ὑψωθεῖσα/ὑψώθης ... *die du ... erhoben worden bist*]. **ᾅδης**[1] *Hades,
Unterwelt, Totenreich.* **κατα-βήσῃ** Fut. Med. -βαίνω hier im Sinn v. *hinab-
gestoßen werden* (B 2) [Var. κατα-βιβασθήσῃ Fut. Pass. -βιβάζω (vgl.
A33[91ff]) *hinuntertreiben, hinabwerfen*]. **Σόδομα** 10,15. **ἐ-γενήθησαν** Aor.
Pass. (ohne bes. Pass.-Bdtg.) γίνομαι [Var. ἐ-γένοντο Aor. Med.]. **ἔ-μει-
νεν** Aor. μένω; εἰ ... ἐγενήθησαν ... ἔμεινεν ἂν μέχρι τῆς σήμερον
irrealer Fall (A345) *wenn ... geschehen wären ... wäre es bis heute stehengeblieben*
(B 1cβ) bzw. *wenn ... geschehen wären ... würde es heute noch stehen.* **μέχρι** un-
eig. Präp. (A183) *bis (zu);* μέχρι τῆς σήμερον (erg. ἡμέρας [A88]) *bis zum
heutigen Tag, bis heute.* **24 γῆ** hier *Land* (Territorium einschließl. der Bewoh- 24
ner; B 4); hier auch ohne Art. best. (A106c).

25 ἀπο-κριθείς V. 4; hier *das Wort ergreifen* o.ä. (Hebr./Aram.; vgl. 25
B 2; Zerwick §366); pleon. (A297,2); ἀποκριθεὶς ὁ Ἰησοῦς εἶπεν hier etwa
Jesus sprach (Einh.). **ἐξ-ομο-λογοῦμαι** Med. -λογέω (vgl. ὁμολογέω

bekennen) *versprechen;* Med. (Unrecht) *bekennen;* hier *preisen* τινί *jmdn.*
(B 2c). **πάτερ** Vok. πατήρ. **κύριε** Vok.; κύριε τοῦ οὐρανοῦ καὶ τῆς
γῆς *Herr über* (vgl. A165) *Himmel und Erde* (= *über das Universum* [Merismus,
H-S §295r]). **ἔ-κρυψας** Aor. κρύπτω[57] *verbergen, verhüllen, verstecken* (auch
übertr.) ἀπό τινος *jmdm., vor jmdm.* [Var. ἀπ(ο)- *geheimhalten*]. **ταῦτα**
dies, das alles (NGÜ), d.h. die Bedeutung der Wunder Jesu, das fast unbemerkt
anbrechende messianische Zeitalter, der Inhalt der Lehre Jesu. **σοφός** *ge-
schickt, (sach)kundig; weise;* subst. (A105). **συν-ετός** *verständig, klug;* subst.
(A105); ἀπὸ σοφῶν καὶ συνετῶν *(vor) den Weisen und Klugen,* d.h. Men-
schen, die (wie die Mehrzahl der zeitgenössichen Gelehrten) meinen, sie seien
weise u. klug, im Ggs. zu solchen („Unmündigen"), die sich (von Gott) abhän-
gig wissen u. sich gern belehren lassen (Carson, Mt, S. 275). **ἀπ-ε-κάλυψας**
Aor. ἀπο-καλύπτω[54] *enthüllen, offenbaren.* **νήπιος** *unmündig, unreif;* subst.
26 (A105) *kleines Kind, Unmündiger.* **26 ναί** V. 9. **ὁ πατήρ** hier Nom. m. Art.
statt Vok. (A142). **ὅτι** hier *denn* (vgl. B 3b). **εὐ-δοκία** „das, woran jmd.
(Wohl-)Gefallen hat": *(Wohl-)Gefallen, Wunsch, Wille* (Gottes) (B 2). **ἐ-γένε-
το** Aor. Med. γίνομαι. **ἔμπροσθέν σου** hier = σοι (BDR §214[9]); οὕ-
τως εὐδοκία ἐγένετο ἔμπροσθέν σου *so ist geschehen, was dir wohlgefäl-
27 *lig ist* bzw. *so hast du es gewollt.* **27 παρ-ε-δόθη** Aor. Pass. παρα-δίδωμι.
ἐπι-γινώσκω hier = γινώσκω *erkennen, kennen* (B 2a). **εἰ μή** nach Neg.
außer (B εἰ VI9a; A341). **οὐδέ ... τις** *auch keiner/niemand* (B τὶς 1aγ). **ᾧ
ἐάν** = ᾧ ἄν (A132; 371), erg. davor οὗτος (A358) *der, wem (auch immer) =
jeder, dem.* **βούληται** Konj. βούλομαι *wollen, wünschen.* **ἀπο-καλύ-
ψαι** Aor. Inf. -καλύπτω; erg. αὐτόν (A79).
28 **28 δεῦτε** Adv., als Pl. zu δεῦρο *kommt her!, auf!* (vgl. A254/266). **κο-
πιῶντες** Ptz. κοπιάω *sich abmühen, sich plagen, sich abarbeiten; müde wer-
den, sich erschöpfen;* subst.; πάντες οἱ κοπιῶντες (Vok.) *alle, die ihr euch ab-
müht/plagt.* **πε-φορτισμένοι** Pf. Ptz. Pass. φορτίζω (vgl. A33[91ff]) jmdn.
(Lasten) *tragen lassen, belasten;* Pf. Pass. *mit Lasten beladen sein, Lasten zu tra-
gen haben;* subst. **ἀνα-παύσω** Fut. -παύω *ausruhen lassen, Ruhe gewähren,*
29 *erquicken.* **29 ἄρατε** Aor. Imp. αἴρω. **ζυγός** *Joch* (Holzbalken od. -rah-
men, m. dem zwei Zugtiere auf der Stirn bzw. dem Nacken verbunden u. vor den
Pflug od. Wagen gespannt werden [vgl. LN 6.8]) metaphorisch v. jeder Art v.
Last (B 1), v. dem, was Gehorsam, Unterordnung, Dienst erfordert (bei den jüd.
Lehrern z.B. häufig: „Joch des Gesetzes [der Torah]" [z.B. Mischna, Pirqe
Aboth 3,6 u. Berachot 2,2]); ἄρατε τὸν ζυγόν μου ἐφ' ὑμᾶς *nehmt mein
Joch auf euch* od. (sinngetreu ohne Metapher) *stellt euch unter meine Leitung*
(GNB) bzw. *in meinen Dienst.* **ἐφ' ὑμᾶς** (statt ἑαυτούς/ὑμᾶς αὐτούς
[BDR §283[4]; vgl. A126c]) *auf euch (selbst).* **μάθετε** Aor. Imp. μανθάνω[157]
lernen; μάθετε ἀπ' ἐμοῦ *lernt von/bei mir* (d.h. das, was ich allein euch zu leh-
ren/offenbaren vermag [vgl. V. 25-27]). **ὅτι** hier *denn* (vgl. B 3b). **πραΰς**[10]

πραεῖα πραΰ *sanftmütig, freundlich, mild;* πραΰς εἰμι *ich bin sanftmütig*
(vgl. zu 5,5; GNB: *ich quäle euch nicht*). **ταπεινός** *niedrig; demütig,*
bescheiden. **τῇ καρδίᾳ** dat. respectus (A178; H-S §178a); ταπεινὸς τῇ
καρδίᾳ ich bin *im/von Herzen* (wörtl.: in bezug auf mein „Herz“) *demütig* = ich
habe *ein demütiges Herz* (d.h. meine Gesinnung ist v. Demut bestimmt; vgl. B
καρδία 1bη). **εὑρήσετε** Fut. εὑρίσκω. **ἀνά-παυσις**[8] *(das) Aufhören;*
Ruhe, Erquickung. **ταῖς ψυχαῖς ὑμῶν** dat. commodi (H-S §176a; vgl.
A173) *für eure Seele,* (idiomatisches Deutsch: distributiver Sg. [vgl. A101b])
viell. sem. = ἑαυτοῖς/ὑμῖν αὐτοῖς *für euch (selbst)* (Z; B ψυχή 1f; vgl. H-S
§139l). **30 χρηστός** *brauchbar, tüchtig, geeignet, gut;* hier etwa *sanft* (nicht 30
drückend); ὁ ζυγός μου χρηστός ... ἐστίν *mein Joch ist sanft ... = mein*
Joch drückt nicht ... (GN: *was ich anordne, ist gut für euch ...*). **φορτίον** *Last.*
ἐλαφρός *leicht.*

ἐ-πορεύθη Aor. Pass. (ohne bes. Pass.-Bdtg.) πορεύομαι. **τοῖς** 12
σάββασιν temp. Dat. (A182) *am Sabbat, an einem Sabbat.* **σπόριμα** τά
(< σπείρω) *die Saaten, die Kornfelder.* **ἐ-πείνασαν** Aor. πεινάω[34] *hun-*
gern, Hunger haben. **καί** (erstes) kons. (A311,2) *daher;* das Tun der Jünger an
sich war völlig Rechtens (Dt 23,26). **ἤρξαντο** Aor. Med. ἄρχω. **τίλλειν**
Inf. τίλλω *ausraufen, abreißen.* **στάχυς**[8] υος ὁ *Ähre.* **ἐσθίειν** Inf.
2 ἰδόντες Aor. Ptz. ὁράω, temp.; erg. τοῦτο/αὐτούς (A79; vgl. Var.). **εἶ-** 2
παν Aor. (vgl. H-S §105g) λέγω. **ἰδού** etwa *sieh doch* (Menge), *da sieh dir an*
(GN). **ὅ** AkkO zu ποιεῖν (Inf. ist m. ὅ verschränkt; vgl. A364b). **ἔξ-εστιν**
es steht frei, es ist erlaubt (τινί *jmdm.*). **ποιεῖν** Inf. ποιέω; ὃ οὐκ ἔξεστιν
ποιεῖν ἐν σαββάτῳ *das/etwas, was* (vgl. A358) *man* (A76d u. 270) *an ei-*
nem/am (vgl. A106a) *Sabbat nicht tun darf* bzw. *etwas, was (nach dem Gesetz)*
am Sabbat verboten ist; das Ernten zählte nach rabbinischer Überlieferung zu
den neununddreißig am Sabbat untersagten Tätigkeiten (Mischna, Schabbath
7,1-2). **3 ὁ δέ** *(und/doch) dieser/er* (A102). **οὐκ** *nicht;* erwartet als Frageein- 3
leitung die Antwort „doch“ (A320). **ἀν-έ-γνωτε** Aor. ἀνα-γινώσκω[166] *le-*
sen; gemeint sind 1Sam 21,7 (V. 3-4) u. etwa Num 28,9f (V. 5). **ἐ-ποίησεν**
Aor. ποιέω. **Δαυίδ** indekl., hier Nom. **ἐ-πείνασεν** V. 1. **οἱ μετ᾽ αὐ-**
τοῦ subst. (A105); ὅτε ἐπείνασεν καὶ οἱ μετ᾽ αὐτοῦ *als er und seine Be-*
gleiter Hunger hatten (zum Sg.-Präd. vgl. A94). **4 εἰσ-ῆλθεν** Aor. -έρχομαι. 4
πρό-θεσις[8] *Aufstellung, Schaustellung;* οἱ ἄρτοι τῆς προθέσεως *die*
Schaubrote (d.h. Gott geweihte im Heiligtum [Stiftshütte/Tempel] befindl. Bro-
te; LXX-Ausdruck). **ἔ-φαγον** Aor. ἐσθίω. **ὅ** AkkO zu φαγεῖν (Inf. ist m.
ὅ verschränkt; vgl. A364b). **ἐξ-όν** Ptz. Ntr. ἔξ-εστιν (vgl. A32) *es steht frei, es*
ist erlaubt; umschrieb. Ipf. (A249a; bei unpersönl. Verben bereits att. gebräuchl.;
BDR §353[11]). **ἦν** Ipf. εἰμί. **φαγεῖν** Aor. Inf. ἐσθίω; καὶ τοὺς ἄρτους
τῆς προθέσεως ἔφαγον, ὃ (erwartet: οὓς [vgl. Var.]) οὐκ ἐξὸν ἦν αὐτῷ
φαγεῖν der Rel.-Satz ist am besten als App. (vgl. A70) zu τοὺς ἄρτους τῆς

προθέσεως einzuordnen, wobei sich das ὅ auf die Kategorie (vgl. Kühner-
Gerth §361,2) der den Priestern vorbehaltenen Speisen bezieht (Verseput, Re-
jection, S. 380): *und sie die Schaubrote aßen,* (d.h.) *etwas, was* (= *eine Speise, die*)
er nicht essen durfte. **εἰ μή** hier *vielmehr, sondern* (B εἰ VI9b; dieser Gebrauch
könnte durch den aram. Hintergrund begünstigt sein [BDR §448[9]]). **ἱερεύς**[8]
Priester; auf diese Episode im Leben Davids wird wohl hingewiesen, um Jesu
Vollmacht durch die des David zu verdeutlichen: wenn David schon so handeln
durfte (ohne deswegen durch die Schrift verurteilt zu werden), wieviel mehr
(vgl. flgd. Verse) hatte dann Jesus das Recht, sich in einem weit weniger eindeu-
5 tigen Fall so zu verhalten (vgl. Davies-Allison, Mt 2, S. 311). **5 νόμος** *Gesetz*
hier = Pentateuch (B 4a). **βεβηλόω** (< βέβηλος unheilig) *entweihen;* ὅτι
τοῖς σάββασιν οἱ ἱερεῖς ἐν τῷ ἱερῷ τὸ σάββατον βεβηλοῦσιν *daß*
die Priester am Sabbat (durch ihre Arbeit) im Tempel den Sabbat „entheiligen/ent-
weihen". **καί** adversativ (A311,1) *(und) doch/trotzdem.* **ἀν-αίτιος**[11] *un-*
6 *schuldig, nicht schuldig.* **6 ὅτι** wohl recitativum = Doppelpunkt (A333). **τοῦ**
ἱεροῦ gen. comparationis (A168); τοῦ ἱεροῦ μεῖζόν ἐστιν ὧδε *hier ist et-*
was Größeres als der Tempel am besten (vgl. Var.) = *hier ist einer, der mehr ist als*
der Tempel (näml. der Messias, m. dessen Kommen das „Himmelreich" an-
bricht; zum Gebrauch des Ntr. m. Bezug auf Personen vgl. BDR §138,1): war
der Tempeldienst der Sabbatheiligung übergeordnet (V. 5), so hat der, der grö-
ßer als der Tempel ist, folgl. erst recht Vorrang vor jedem Halten des Sabbats
7 (Davies-Allison, Mt 2, S. 314). **7 ἐ-γνώκειτε** Plsqpf. γινώσκω. **τί ἐστιν**
was das (näml. das flgd. Gotteswort aus Hos 6,6a) *bedeutet/heißt* (vgl. B εἰμί
II3). **ἔλεος**[7] *Barmherzigkeit, Erbarmen, Mitleid.* **θυσία** *(Schlacht-)Opfer;*
ἔλεος ... καὶ οὐ θυσίαν *Barmherzigkeit ... und nicht Opfer* im Sinn v. *Barm-*
herzigkeit ... mehr als Opfer (vgl. Hos 6,6b; sem. hyperbolischer Gebrauch: Zer-
wick §445, vgl. H-S §249b). **κατ-ε-δικάσατε** Aor. κατα-δικάζω (vgl.
A33[91ff]) *verurteilen;* εἰ ἐγνώκειτε ... οὐκ ἂν κατεδικάσατε τοὺς ἀναι-
τίους irrealer Fall (A345) *wenn ihr erkannt/begriffen hättet ... hättet ihr nicht*
die(se) Unschuldigen verurteilt; wie ihr der Absicht Gottes zuwiderlaufendes
Verhalten (ihre „Halacha") beweist, haben die Pharisäer die eig. Bdtg. des
Gesetzes noch nicht begriffen: ihre Haltung ist so verdammungswürdig wie die
der Zeitgenossen Hoseas, die in heuchlerischer Oberflächlichkeit ihr Vertrauen
auf Rituelles setzten; die Jünger sind unschuldig, weil sie es m. dem zu tun
8 haben, der mehr ist als der Tempel (Carson, Mt, S. 282). **8 κύριος** m. Gen.
(vgl. A165) *Herr über;* κύριος γάρ ἐστιν τοῦ σαββάτου ὁ υἱὸς τοῦ
ἀνθρώπου *denn der Menschensohn ist Herr über den Sabbat,* d.h. er (Jesus) hat
die Vollmacht, m. dem Sabbatgesetz so zu verfahren, wie es ihm beliebt, od.
diesem gegenüber auf jeden Fall denselben Vorrang zu beanspruchen, wie er
dem Tempeldienst zukam (Carson, Mt, S. 283; GN: *der Menschensohn hat das*
Recht, zu bestimmen, was am Sabbat geschehen darf).

9 μετα-βάς Aor. Ptz. -βαίνω[139] (v. einem Ort) *weggehen* (um an ei- 9
nem anderen Ort zu sein); temp. (A291,1 Anm. 1). **ἐκεῖ-θεν**[18] *von dort.* **εἰς**
τὴν συναγωγὴν αὐτῶν *in ihre Synagoge = in die dortige Synagoge* (vgl.
A96; BDR §282[2]). **10 καὶ ἰδού** übers. *da/dort war* (vgl. B ἰδού 2; BDR 10
§128[12]). **ἔχων** Ptz., attr.; χεῖρα ἔχων ξηράν *der eine gelähmte Hand hatte*
od. *mit einer gelähmten Hand* (vgl. ähnl. A292). **ξηρός** *trocken, vertrocknet,*
dürr; (v. Hand) *gelähmt.* **ἐπ-ηρώτησαν** Aor. -ερωτάω; ἐπηρώτησαν
αὐτόν übers. etwa *man fragte ihn* od. *er wurde gefragt* (vgl. A76a/b). **λέγον-**
τες Ptz. λέγω, pleon. (A297), am besten (zusammen m. dem εἰ) als Doppel-
punkt berücksichtigen. **εἰ** hier vor direkter Frage = Doppelpunkt (unklass.;
A320; B V1). **ἔξ-εστιν** V. 2. **τοῖς σάββασιν** V. 1. **θεραπεῦσαι**
Aor. Inf. θεραπεύω [Var. θεραπεύειν Präs. Inf.]. **κατ-ηγορήσωσιν**
Aor. Konj. -ηγορέω meist m. Gen. der Pers. *anklagen* (meist [so hier]
juristischer term. tech.; B 1a); ἵνα κατηγορήσωσιν αὐτοῦ (man fragte
ihn ...) *um ihn anklagen zu können = man wollte nämlich einen Grund zur*
Anklage gegen ihn haben. **11 ὁ δέ** V. 3. **τίς ... ἄνθρωπος** wohl = τίς (vgl. 11
A137b; BDR §301[5]). **ἔσται** Fut. εἰμί. **ἐξ ὑμῶν** hier statt gen. partitivus
(A164). **ἕξει** Fut. ἔχω. **πρό-βατον** *Schaf.* **ἕν** hier wohl = τι (vgl. A137b).
ἐμ-πέσῃ Aor. Konj. -πίπτω[194] *hineinfallen.* **βόθυνος** *Grube.* **οὐχί** *nicht;*
erwartet als Frageeinleitung die Antwort „doch" (A320). **κρατήσει** Fut.
κρατέω [Var. κρατήσας Aor. Ptz., temp. (A291,1 Anm. 1)]. **ἐγερεῖ** Fut.
ἐγείρω hier etwa *herausziehen* (Menge); τίς ἔσται ἐξ ὑμῶν ἄνθρωπος ὃς
ἕξει πρόβατον ἓν καὶ ἐὰν ἐμπέσῃ τοῦτο τοῖς σάββασιν εἰς
βόθυνον, οὐχὶ κρατήσει αὐτὸ καὶ ἐγερεῖ; „Wer wird unter euch sein,
der ein Schaf haben wird – und wenn dieses am Sabbat in eine Grube fällt, wird
er es nicht ergreifen und herausziehen?" wohl sem. bzw. volkstüml. Ausdrucks-
weise (vgl. 7,10), übers. etwa *wer von euch wird, wenn ihm am Sabbat sein Schaf*
in eine Grube fällt, es nicht sofort wieder herausziehen? (Einh.). **12 πόσος**[18] 12
wie groß? Sg. (bei Unzählbarem) *wieviel?;* πόσῳ (dat. differentiae, A117) *um*
wieviel, wieviel. **δια-φέρω** *hindurchtragen;* intr. *sich unterscheiden (von),* m.
Gen.; hier *mehr wert sein als,* m. Gen.; πόσῳ οὖν διαφέρει ἄνθρωπος
προβάτου *wieviel wertvoller ist nun aber ein Mensch als ein Schaf!* (Menge).
καλῶς *schön, gut;* καλῶς ποιέω *wohltun* (B 3), *Gutes tun.* **ποιεῖν** Inf.
ποιέω. **13 λέγει** hist. Präs. (A235). **ἔκ-τεινον** Aor. Imp. -τείνω (vgl. 13
A33[118ff]) *ausstrecken.* **ἐξ-έ-τεινεν** Aor. *er streckte sie* (A79) *aus.* **ἀπ-ε-**
κατ-ε-στάθη Aor. Pass. (m. doppeltem Aug.; BDR §69[3]) ἀπο-καθ-ίστη-
μι[204] *in den richtigen Zustand versetzen, wiederherstellen;* medizinischer term.
tech. *heilen;* ἀπεκατεστάθη ὑγιὴς ὡς ἡ ἄλλη *sie wurde wiederhergestellt,*
gesund wie die andere (vgl. Menge) od. *sie wurde so gesund wie die andere* (GNB;
vgl. B 1). **ὑγιής**[7] *gesund, unversehrt.* **14 ἐξ-ελθόντες** Aor. Ptz. -έρχομαι, 14
temp. (A291,1 Anm. 1). **συμ-βούλιον** *Beratung, Beschluß; Ratsversammlung*

(< lat. consilium, BDR §5[16]); συμβούλιον λαμβάνω (< lat. consilium
capere, BDR §5,4) *einen Beschluß fassen* (B 1). **ἔ-λαβον** Aor. λαμβάνω.
ὅπως NS hier App. (A353) zu συμβούλιον, übers. als *daß* bzw. Inf. (A328;
B 2b; vgl. BDR §392[4c]) od. als *wie* (A18b; in diesem Fall m. deliberativem Konj.
[wie in der entsprechenden direkten Frage, doch 3. statt 1. Pl.; A255; H-S
§273e]); συμβούλιον ἔλαβον κατ' αὐτοῦ ὅπως αὐτὸν ἀπολέσωσιν
sie faßten einen Beschluß gegen ihn, (näml.) *ihn umzubringen = sie faßten den Be-
schluß/Plan, ihn umzubringen* od. *sie faßten einen Beschluß gegen ihn,* (darüber
näml.) *wie sie ihn umbringen könnten.* **ἀπ-ολέσωσιν** Aor. Konj. -όλλυμι
hier bes. *töten, umbringen* (B 1aα).
15 **15 γνούς** Aor. Ptz. γινώσκω, temp. od. kaus.; erg. τοῦτο/ταῦτα
(A79). **ἀν-ε-χώρησεν** Aor. ἀνα-χωρέω *weggehen, sich entfernen.* **ἐκεῖ-
θεν**[18] *von dort.* **ἠκολούθησαν** Aor. ἀκολουθέω. **ἐ-θεράπευσεν** Aor.
16 θεραπεύω. **16 ἐπ-ε-τίμησεν** Aor. ἐπι-τιμάω m. Dat. *tadeln, zurechtwei-
sen, (mit aller Strenge) entgegentreten/befehlen.* **ἵνα** hier *daß* bzw. Inf. (A328;
bez. das Befohlene). **φανερός** *bekannt; offenbar, kenntlich; sichtbar;* φανε-
ρὸν ποιέω τινά *jmdn. offenbar/kenntlich machen* als das, was er ist (B 1);
ἐπετίμησεν αὐτοῖς ἵνα μὴ φανερὸν αὐτὸν ποιήσωσιν *er befahl
ihnen (mit aller Strenge), ihn nicht offenbar/bekannt zu machen* od. *er verbot
ihnen, in der Öffentlichkeit von ihm zu reden* (Einh.); zur Sache vgl. 9,30.
17 **ποιήσωσιν** Aor. Konj. ποιέω. **17 πληρωθῇ** Aor. Konj. Pass. πληρόω.
ῥηθέν Aor. Ptz. Pass. Ntr. λέγω, subst.; wohl pass. divinum (A76b; vgl. 1,22;
2,15). **Ἠσαΐας**[1] ου *Jesaja,* atl. Prophet. **λέγοντος** Ptz. λέγω, part. coni.
(A287), temp.; es wird Jes 42,1-4 (dem MT meist [wichtigste Ausnahme:
V. 21/4] näher als der LXX) zitiert: in Jesus, dem Messias, tritt der prophetisch
angekündigte weltweit siegreiche „Knecht Jahwes" (vgl. auch zu Mt 3,17) auf,
18 dessen Wirken Demut u. Sanftmut kennzeichnen (vgl. 11,28-30). **18 ἰδού**
etwa *seht, da ist* od. einfach *hier ist.* **παῖς**[3] παιδός *Kind;* hier (wie häufig)
wohl *Diener, Knecht* (B 1aγ; Hebr. עֶבֶד *ᶜébed*). **ἡρέτισα** Aor. αἱρετίζω
(vgl. A33[91ff]) = αἱρέομαι *erwählen.* **ἀγαπητός** hier gesellt sich wohl zur
Bdtg.„geliebt" das Sinnelement „erwählt" (statt ὁ ἀγαπητός μου steht in
der LXX ὁ ἐκλεκτός μου [= MT בְּחִירִי *bəḥîrî*] *mein Erwählter;* vgl. zu 3,17;
Davies-Allison, Mt 1, S. 340f). **εὐ-δόκησεν** Aor. -δοκέω (vgl. δοκέω)
Wohlgefallen haben an, zufrieden sein mit, hier m. εἰς (Var. m. Akk. od. ἐν;
BDR §148[3]); Aor. Ind. hier wohl im Sinn des zeitlos gebrauchten hebr. Pf.
(A241c); εἰς ὃν εὐδόκησεν ἡ ψυχή μου *an dem meine Seele/mein Herz*
(B ψυχή 1bγ) *Wohlgefallen hat* od. *an dem ich Freude habe* (NGÜ). **θήσω**
Fut. τίθημι. **κρίσις** hier *Recht* im Sinn der *Gerechtigkeit* (B 3; GNB: *meine
Rechtsordnung*) od. *Gericht/Urteil, Urteilsspruch* (Luz, Mt 2, S. 242). **ἀπ-
19 αγγελεῖ** Fut. -αγγέλλω. **19 ἐρίσει** Fut. ἐρίζω (vgl. A33[91ff]) *streiten,
zanken.* **κραυγάσει** Fut. κραυγάζω (vgl. A33[91ff]) *laut rufen, schreien,*

(aufgeregt) brüllen (B 2), *lärmen.* **ἀκούσει** Fut. ἀκούω. **πλατεῖα** *breiter*
Weg, Straße; οὐδὲ ἀκούσει τις ἐν ταῖς πλατείαις τὴν φωνὴν αὐτοῦ
noch wird irgend jemand/und niemand wird seine Stimme auf den Straßen hören
etwa im Sinn v. *er wird keine lauten Reden auf den Straßen halten* (vgl. GNB).
20 κάλαμος *Schilfrohr* (hier als Bsp. für etwas leicht Zerbrechliches). **συν-** 20
τε-τριμμένον Pf. (A231) Ptz. Pass. -τρίβω[50] *zerstoßen, zerschlagen;* hier
knicken; attr. **κατ-εάξει** Fut. -άγνυμι[214] (etwas) *(zer)brechen.* **λίνον** *Lei-*
nengewand; Lampendocht. **τυφόμενον** Ptz. τύφομαι *glimmen;* attr.; κά-
λαμον συντετριμμένον ... λίνον τυφόμενον *ein geknicktes/das geknickte*
Schilfrohr ... einen/den glimmenden (d.h. erlöschenden) *Docht:* zwei Bilder für die
Schwachen u. Hilfsbedürftigen (vgl. V. 15 sowie 11,28f). **σβέσει** Fut. σβέν-
νυμι[222f] (Feuer) *(aus)löschen.* **ἕως ἄν** hier *bis* (A337). **ἐκ-βάλῃ** Aor.
Konj. -βάλλω; ἕως ἂν ἐκβάλῃ εἰς νῖκος τὴν κρίσιν *(so wird er han-*
deln,) bis er das Recht zum Sieg führt bzw. *bis er dem Recht* (GN: *meiner Rechts-*
ordnung) zum Sieg verholfen hat (entspricht dem MT/LXX-Wortlaut „bis er
[das] Recht auf Erden aufgerichtet hat" sinngemäß), viell. *bis er das Gericht/Ur-*
teil siegreich durchgeführt hat (vgl. Davies-Allison, Mt 2, S. 327). **νῖκος**[7] *Sieg.*
21 ὄνομα pars pro toto (A382) für seine Person u. seine heilbringende Wirk- 21
samkeit. **ἐλπιοῦσιν** Fut. ἐλπίζω[93] *hoffen,* hier m. Dat. *auf.*

22 τότε *darauf,* viell. aber *in jener Zeit, damals* (Menge). **προσ-ηνέχ-** 22
θη Aor. Pass. -φέρω [Var. -ήνεγκαν Aor. Akt.]. **δαιμονιζόμενος** Ptz.
δαιμονίζομαι *dämonisch besessen sein;* wohl subst. (A105); δαιμονιζόμε-
νος τυφλὸς καὶ κωφός *ein Besessener, der blind und stumm war.* **κωφός**
stumm. **ἐ-θεράπευσεν** V. 15. **λαλεῖν** Inf. λαλέω hier *reden können*
(B 2aα), erstes Präd. des AcI. **βλέπειν** Inf. βλέπω hier *sehen können* (B 2),
zweites Präd. des AcI. **23 ἐξ-ίσταντο** Ipf. -ίσταμαι *außer sich geraten* (vor 23
Staunen). **πάντες οἱ ὄχλοι** übers. etwa *alle Leute* (Einh.) od. *die ganze*
Volksmenge (Menge). **ἔ-λεγον** Ipf. λέγω. **μήτι** *etwa* (verneinende Antwort
angedeutet, A320), hier aber m. etwas modifiziertem Sinn: *am Ende nicht doch,*
vielleicht doch o.ä. (vgl. BDR §427[2]). **Δαυίδ** indekl., hier Gen.; ὁ υἱὸς
Δαυίδ *der (versprochene)* (vgl. A80 u. 103) *Sohn Davids* (d.h. der Messias, vgl.
1,1). **24 ἀκούσαντες** Aor. Ptz. ἀκούω, temp.; erg. τοῦτο/ταῦτα (A79). 24
ἐκ-βάλλω hier (Dämonen, die v. einem Menschen Besitz ergriffen haben)
austreiben (B 1). **εἰ μή** nach Neg. *außer* (B εἰ VI9a; A341). **ἐν** instr. *durch*
(BDR §219,1; A193), *mit Hilfe von;* οὐκ ... εἰ μὴ ἐν *nicht (anders) ... außer/als*
mit Hilfe von = nur mit Hilfe von. **Βεελζεβούλ** indekl. (wahrscheinl. hebr.
בַּ֫עַל זְבוּב *báᶜal zəḇûḇ* „Fliegen-Baal/Herr") *Beelzebul* (Dämonenfürst; die ge-
naue Herkunft dieses Ausdrucks ist nicht wirkl. geklärt); zur Sache vgl. 9,34.
ἄρχων[5] οντος ὁ *Herrscher, Machthaber, Herr;* [ὁ] (vgl. BDR §268[1]) ἄρχων
τῶν δαιμονίων *der Herrscher/Oberste/Fürst der Dämonen.* **25 εἰδώς** Pf. (m. 25
präs. Bdtg.) Ptz. οἶδα, kaus. [Var. ἰδών Aor. Ptz. ὁράω hier etwa *bemerken,*

durchschauen]. **ἐν-θύμησις**[8] *Überlegung, Gedanke, Erwägung.* **μερισθεῖ-
σα** Aor. Ptz. Pass. Fem. μερίζω (vgl. A33[91ff]) *teilen; zerteilen, spalten, uneins
machen, entzweien;* attr. (od. kond.); πᾶσα βασιλεία μερισθεῖσα καθ'
ἑαυτῆς *jedes Reich, das* (od. *wenn es*) *gegen sich selbst gespalten/entzweit wird/ist*
(vgl. B 1aα) od. *jedes Reich, das* (od. *wenn es*) *mit sich selbst im Streit liegt* (GNB
„kontextualisierend": *jeder Staat, dessen Machthaber einander befehden*). **ἐρη-
μοῦται** Pass. ἐρημόω *verwüsten, entvölkern, zerstören.* **πᾶσα ... οὐ** = οὐ-
δεμία *keine* (A137c). **οἰκία** hier *Hausgemeinschaft, Familie* (B 2). **σταθή-
σεται** Fut. Pass. (= Med.; BDR §97[4]) ἵσταμαι hier *bestehen bleiben, Be-*
26 *stand haben* (B II1d); hier wohl mod. Fut. im Sinn v. „können" (A247c). **26 εἰ**
m. Ind. indefiniter Fall (A342); ebenso in V. 27f. **σατανᾶς**[1] ᾶ *Widersacher;
Satan,* der Widersacher Gottes. **ἐπί** m. Akk. hier *gegen* (B III1aε). **ἐ-μερί-
σθη** Aor. Pass. **πῶς οὖν** *wie ... dann/da* (d.h. in diesem Fall; vgl. B οὖν 1cγ;
27 H-S §259h). **27 υἱός** hier übertr. v. *Schüler, Anhänger* (B 1cα; Sem., vgl.
A157); οἱ υἱοὶ ὑμῶν *eure Anhänger, eure Leute;* zu den im Judentum recht
verbreiteten exorzistischen Praktiken vgl. etwa Josephus, Antiquitates 8.45-48
sowie Bellum Judaicum 7.185; Tobit 8,1-3; Apg 19,13ff. **ἐν τίνι** *durch wen, mit
wessen Hilfe;* in diesem Vers ist wahrscheinl. flgd. Argumentation impliziert:
wenn die Tätigkeit der jüd. Exorzisten – wie die Pharisäer glauben – schon von
Gott gewirkt war, wieviel mehr mußte dies doch für die Befreiungswunder Jesu
gelten, die v. einer Vollmacht zeugten, die – wie die Frage der Menge u. der da-
durch hervorgerufene Angriff der Pharisäer zeigen – v. unbestreitbar überlege-
ner Qualität war (vgl. Verseput, Rejection, S. 223-225). **διὰ τοῦτο** *darum,
deshalb.* **κριτής**[1] *Richter.* **ἔσονται** Fut. εἰμί; αὐτοὶ κριταὶ ἔσονται
ὑμῶν *sie selbst werden eure Richter sein, sie selbst werden* (im Endgericht) *das
Urteil über euch sprechen* (durch ihr Tun beweisen sie schon jetzt, daß die Geg-
28 ner Jesu im Unrecht sind). **28 ἐν πνεύματι θεοῦ** *durch den Geist Gottes,
mit Hilfe von Gottes Geist* (auch ohne Art. best.; A106a-d; vgl. BDR §257,2).
ἔ-φθασεν Aor. φθάνω[143] *zuvorkommen* τινά *jmdm.;* hier *(hin)gelangen, er-
reichen* ἐπί τινα *zu jmdm.;* ἄρα ἔφθασεν ἐφ' ὑμᾶς ἡ βασιλεία τοῦ
θεοῦ *so ist folglich die Königsherrschaft Gottes zu euch gekommen* bzw. *so könnt
ihr daran sehen, daß die Königsherrschaft Gottes (schon) unter euch ist* (vgl. GN),
29 d.h. in eurer Mitte angebrochen ist. **29 ἤ** *oder* hier im Sinn v. „oder, um dies
durch ein Gleichnis zu verdeutlichen". **εἰσ-ελθεῖν** Aor. Inf. -έρχομαι.
ἰσχυρός *stark;* subst. (A105); τοῦ ἰσχυροῦ *des Starken* genereller Art.
(A104) = *eines Starken;* im vorliegenden Gleichnis ist der Satan gemeint: Jesus,
der Messias, „bindet" ihn m. überlegener göttl. Vollmacht u. „raubt" ihm des-
sen Besitz (d.h. die für die messianische Zeit erwartete Entmachtung Satans
[vgl. u.a. Testament des Levi 18,12] hat begonnen). **σκεῦος**[7] *Gerät; Gefäß;*
hier Pl. *Habe, Besitz* (vgl. B 1a). **ἁρπάσαι** Aor. Inf. ἁρπάζω[107] *rauben, fort-
schleppen* (B 1). **δήσῃ** Aor. Konj. δέω. **δι-αρπάσει** Fut. αρπάζω[107] *aus-*

plündern, (aus)rauben; hier wohl mod. Fut. im Sinn v. „können" (A247c) [Var.
-αρπήσῃ Aor. Konj. (wie δήσῃ abhängig v. ἐάν)]. **30 ὤν** Ptz. εἰμί, subst.; 30
ὁ μὴ ὢν μετ' ἐμοῦ *der, der nicht mit mir ist* bzw. *wer nicht auf meiner Seite
steht* (B μετά AII1cδ); gemeint ist keine spezifische Gruppe, sondern
jedermann: der Königsherrschaft Gottes gegenüber kann niemand neutral
bleiben. **συν-άγων** Ptz., subst. **σκορπίζω** *zerstreuen.*

31 διὰ τοῦτο *darum,* d.h. da Gottes Geist es ist, der in Jesus am Werk 31
ist u. durch ihn die endzeitl. Heilswirklichkeit zur Entfaltung bringt (V. 25-29),
u. da niemand Jesus gegenüber neutral bleiben kann (V. 30). **βλασ-φημία**
Verleumdung, Schmähung, Lästerung; übers. beim ersten Vorkommen *Gotteslästerung;*
ἡ τοῦ πνεύματος βλασφημία gen. obi. (A158) *die Lästerung gegen
den (Heiligen) Geist.* **ἀφ-εθήσεται** Fut. Pass. -ίημι; hier wohl mod.
Fut. im Sinn v. „können" (A247c); pass. divinum (A76b); entgegen der übl. Regel
(A94) Sg.-Präd. (da das vorausgehende zusammengesetzte Subj. nicht persönl.
ist [BDR §135[2]] bzw. semantisch eine Einheit bildet) [Var. ἀφ-εθῇ Aor.
Konj., m. οὐ μή stärkste Verneinung zukünftigen Geschehens (A257)].
32 ὃς ἐάν = ὃς ἄν (A132; 371) *wer (auch immer)* bzw. *jeder, der* (das darauf 32
zurückweisende αὐτῷ übers. als *dem*). **εἴπῃ** Aor. Konj. λέγω; ὃς ἐὰν εἴπῃ
λόγον (in V. 32b zu erg.) κατά *wer einen Ausspruch (lästernden Inhalts) gegen
... richtet* (B λόγος 1aγ), *wer etwas gegen ... sagt, wer ... beschimpft* (GNB); während
auf Grund des sich durch Jesus entfaltenden Heils jede Art v. Sünde, selbst
Lästerungen gegen Gott (V. 31) u. dessen Repräsentanten (V. 32a), vergeben
werden kann, ist dies im Fall einer bewußt (vgl. V. 24-29) feindseligen Herabwürdigung
des Heiligen Geistes unmögl.: da Gott gerade durch diesen sein Heil
wirkt, hat eine Ablehnung des Geistes notwendigerweise eine Ablehnung des
Heils u. damit der einzigen Möglichkeit der Vergebung zur Folge – Jesu Worte
sind eine ernste Warnung an seine Gegner: ihr Angriff gegen sein Wirken stellt
nicht nur einen Angriff gegen seine Person als Gottes Repräsentanten dar, sondern
richtet sich im Grunde gegen nichts Geringeres als das Wirken des Heiligen
Geistes, durch das Gott sein Reich aufrichtet (Verseput, Rejection,
S. 239f). **οὐκ ... οὔτε... οὔτε** *nicht ... (und zwar) weder ... noch* (vgl. A310a;
BDR §445[2]). **μέλλοντι** Ptz. μέλλω, attr.; ἐν τῷ μέλλοντι (αἰῶνι) *im
kommenden/zukünftigen (Äon/Zeitalter).*

33 ἤ ... ἤ *entweder: ... oder:* (vgl. BDR §446[3]). **ποιήσατε** Aor. Imp. 33
ποιέω hier (klass.) m. doppeltem Akk. (A97,15) *annehmen, den Fall setzen*
(B I1eβ); ποιήσατε τὸ δένδρον καλὸν καὶ τὸν καρπὸν αὐτοῦ καλόν
„macht den Baum gut/zu einem guten und (dadurch gleichzeitig auch) seine
Früchte (griech. Subst. als Kollektivum gebraucht; vgl. A101a) gut/zu guten" =
ist der/ein Baum gut, dann sind auch seine Früchte gut (analog V. 33b). **δένδρον**
Baum. **σαπρός** (< σήπω verfaulen) *faul, schlecht.* **γινώσκεται**
Pass. γινώσκω hier τὶ ἔκ τινος *etwas an etwas erkennen* (B 1a). **34 γέν-** 34

νημα[3] *Gezeugtes, Sprößling;* Vok. **ἔχιδνα** *Giftschlange;* γεννήματα ἐχιδ-
νῶν *Schlangenbrut* (= böse bzw. bösartige [gefährl., verachtungswürdige] Men-
schen, die nicht umkehren wollen). **λαλεῖν** Inf. λαλέω. **ὄντες** Ptz. εἰμί,
wohl kaus. *da/wo ihr doch* böse *seid.* **περίσσευμα**[3] *Überfluß, Überschuß;* ἐκ
τοῦ περισσεύματος τῆς καρδίας τὸ στόμα λαλεῖ *wovon das Herz*
überfließt/voll ist (vgl. B 1), *spricht der Mund = wie der Mensch in seinem Herzen*
35 *denkt, so redet er* (NGÜ). **35 ὁ ἀγαθὸς** (**πονηρὸς**) **ἄνθρωπος** generel-
ler Art. (A104,1; BDR §263[2]) *die guten* (*bösen*) *Menschen* bzw. *ein guter* (*böser*)
Mensch. **θησαυρός** *Vorratskammer, -haus, Schatzkammer; Schatz;* hier
übertr. vom Herzen (B 1b); ἐκ τοῦ ἀγαθοῦ (πονηροῦ) θησαυροῦ *aus sei-*
nem guten (*schlechten*) *Schatz* (Wilckens), *aus der guten* (*bösen*) *Schatzkammer*
36 (*seines Herzens*) (Menge). **ἐκ-βάλλω** hier *hervorholen* (B 3). **36 ἀργός**
(< ἀ + ἔργον) *untätig; faul; nutzlos, unnütz;* πᾶν ῥῆμα ἀργόν hier casus
pendens (A141a; Anakoluth [A375; BDR §466[4]]), wobei das περὶ αὐτοῦ dar-
auf zurückweist; statt *jedes unnütze Wort ... darüber* übers. *über jedes unnütze*
Wort. **λαλήσουσιν** Fut. λαλέω; ὃ λαλήσουσιν *das sie reden werden* im
Deutschen besser *das sie geredet haben* (vgl. A224; unterschiedl. Bezugspunkte
bestimmen die Tempuswahl: im Griech. die [außertextl.] Sprechsituation [das
gemeinte, im Auge zu behaltende „Reden" geschieht aus der Sicht Jesu u. sei-
ner Zuhörer in der Zukunft: das Fut. wird gewählt], im Deutschen [innertextl.]
der Gerichtstag [das zu beurteilende „Reden" liegt in der Vergangenheit: die
entsprechende Verbform wird gewählt]). **ἀπο-δώσουσιν** Fut. -δίδωμι;
λόγον ἀποδίδωμι *Rechenschaft ablegen/geben* (B 1); ἀποδώσουσιν ... λό-
γον ... *sie werden ... Rechenschaft ablegen (müssen)* (vgl. A247). **ἐν ἡμέρᾳ**
37 **κρίσεως** *am Tag des Gerichts* (auch ohne Art. best. [A106a/d]). **37 ἐκ** hier
nach, gemäß, entsprechend (B 3i), *auf Grund von.* **δικαιωθήσῃ** Fut. Pass. δι-
καιόω *rechtfertigen, für gerecht erklären;* Pass. übers. hier (s. Ggs.) am besten
freigesprochen werden. **κατα-δικασθήσῃ** Fut. Pass. -δικάζω (vgl. A33[91ff])
verurteilen.
38 **38 ἀπ-ε-κρίθησαν** Aor. Pass. (ohne Pass.-Bdtg.) ἀπο-κρίνομαι.
τινές m. gen. partitivus (A137a/164) *einige* (der) Schriftgelehrte(n) und Phari-
säer. **λέγοντες** Ptz. λέγω, pleon. (A297); ἀπεκρίθησαν ... λέγοντες ei-
nige ... *entgegneten.* **διδάσκαλε** Vok. **σημεῖον** hier *Zeichen* als Legitima-
tion für Jesu göttl. Beauftragung (GN: *einen eindeutigen Beweis dafür ... daß du*
39 *von Gott beauftragt bist*). **ἰδεῖν** Aor. Inf. ὁράω. **39 ὁ δέ** V. 3. **ἀπο-κρι-**
θείς Aor. Ptz. Pass., pleon. (A297,2); ὁ δὲ ἀποκριθεὶς εἶπεν *er antwortete.*
μοιχαλίς[3] ίδος ἡ (Fem. v. μοιχός Ehebrecher) *Ehebrecherin;* hier Adj.
ehebrecherisch, übertr. (gegenüber Gott [der Bund zwischen Jahwe u. Israel wird
im AT oft als Ehe u. Israels Abfall zu fremden Kulten als Ehebruch beschrie-
ben; EWNT 2, Sp. 1078f; vgl. Jes 50,1; 57,3; Jer 3,8; Hos 2,1-7; 3,1 usw.]) *bundes-*
brüchig, treulos; γενεὰ πονηρὰ καὶ μοιχαλίς *eine böse und treulose/von*

Gott abgewandte Generation; gemeint ist die Masse der Zeitgenossen Jesu (vgl.
B γενεά 2), die sich dadurch als böse u. treulos/v. Gott abgewandt erweisen,
daß sie gegen Gottes manifestes, vielfach unter Beweis gestelltes Heilswirken
Front machen u. sich dazu noch erdreisten, (durch ihre Anführer) Forderungen
zu stellen (vgl. Verseput, Rejection, S. 258f). **ἐπι-ζητέω** *suchen;* hier *verlan-
gen, fordern* (B 2b). **δοθήσεται** Fut. Pass. δίδωμι; wohl pass. divinum
(A76b). **εἰ μή** nach Neg. *außer* (vgl. B εἰ VI9a; A341); σημεῖον οὐ ... εἰ
μή *kein (anderes) Zeichen ... außer/als.* **Ἰωνᾶς**[1] ᾶ *Jona,* atl. Prophet; τὸ ση-
μεῖον Ἰωνᾶ τοῦ προφήτου gen. epexegeticus (A163) *das Zeichen des Pro-
pheten Jona,* das er durch seine Person als Gerichtsprediger od. (wohl eher) als
wunderbar Erretteter für die Bewohner Ninives darstellte. **40 ὥσ-περ** 40
(A352) *geradeso wie, gleichwie;* es wird offenbar aus Jon 2,1 (LXX) zitiert. **ἦν**
Ipf. εἰμί. **κοιλία** *Bauch.* **κῆτος**[7] *Seeungetüm, großer Fisch.* **τρεῖς ἡμέ-
ρας καὶ τρεῖς νύκτας** Akk. der zeitl. Ausdehnung (A148) *drei Tage und
drei Nächte (lang);* im alten Judentum wurde ein Teil eines (aus einem [Son-
nen-]Tag u. einer Nacht bestehenden) natürl. Tages häufig als ganzer Tag ge-
zählt, so daß die vorliegende Zeitangabe m. den Hinweisen auf eine Auferste-
hung „am dritten Tag“ (16,21; 17,23 usw.; offenbar etwa sechsunddreißig Stun-
den nach der Grablegung), denen eine andere Zählweise zu Grunde liegt,
durchaus vereinbar ist. **ἔσται** Fut. εἰμί. **καρδία** hier übertr. *das Herz =
das Innere;* ἐν τῇ καρδίᾳ τῆς γῆς *das Innere der Erde, in der Tiefe der Erde*
(vgl. Jon 2,4); nach einer verbreiteten, aber umstrittenen These ist hier das To-
tenreich (die Scheol/der Hades) gemeint. **41 Νινευίτης**[1] *Bewohner von Ni-* 41
nive; ἄνδρες Νινευῖται *Männer/Leute von Ninive* (vgl. H-S §260j). **ἀνα-
στήσονται** Fut. Med. ἀν-ίσταμαι hier (als Zeugen) *auftreten* (B 2c). **με-
τά** m. Gen. hier *(gemeinsam) mit* im Sinn v. *gegen* (vgl. B AII3a). **κατα-κρι-
νοῦσιν** Fut. -κρίνω[127] *verurteilen,* hier wohl durch ihre Zeugenaussage. **ὅτι**
hier *denn* (vgl. B 3b). **μετ-ε-νόησαν** Aor. μετα-νοέω *seinen Sinn ändern,
Reue empfinden, umkehren.* **εἰς** hier *auf ... hin* (B 6a; BDR §207[3]). **κήρυγ-
μα**[3] *Botschaft, Verkündigung.* **Ἰωνᾶ** (zweites) gen. comparationis (A168);
ἰδοὺ πλεῖον Ἰωνᾶ (V. 42 Σολομῶνος) ὧδε *hier ist etwas Größeres* (B πο-
λύς II2c) *als Jona* (bzw. *Salomo*) am besten (vgl. auch V. 6) = *hier ist einer, der
mehr ist als Jona* (bzw. *Salomo*). **42 βασίλισσα** (vgl. βασιλεύς) *Königin.* 42
νότος *Südwind; Süden;* hier *Süden, Südland* (B 3); βασίλισσα νότου *die
Königin aus dem Süden* (auch ohne Art. best.; A106c/d; BDR §253[7]), d.h. aus
Saba (vgl. 1Kön 10,1-3 u. 2Ch 9,1-12 sowie Testamentum Salomonis 19,3; 21,1)
am Südzipfel der arabischen Halbinsel (vgl. KP 4, Sp. 1476), für Juden „das
Ende der Erde“ (vgl. Jer 6,20; Jo 4,8). **ἐγερθήσεται** Fut. Pass. ἐγείρω
Pass. hier (als Zeugin) *auftreten* (B 2e). **κατα-κρινεῖ** Fut. -κρίνω[127] *verur-
teilen.* **πέρας**[3] ατος τό *Ende, Grenze;* ἐκ τῶν περάτων τῆς γῆς *von den
Enden/Grenzen der Erde* (vgl. B 1), *vom Ende der Erde/Welt* (hyperbolischer Aus-

druck [H-S §295q; A383], der unterstreicht, welch gewaltige Distanz die Köni-
gin zu überwinden bereit war, um die gottgeschenkte Weisheit/Lehre Salomos
kennenzulernen). **ἀκοῦσαι** Aor. Inf. ἀκούω; fin. (A276). **Σολομών**[4]
ῶνος ὁ *Salomo,* Sohn Davids, König Israels.
43 **43 ἀ-κάθαρτος**[11] *unrein, schmutzig* (kultisch bzw. sittl.-geistl.); τὸ
ἀκάθαρτον πνεῦμα *der unreine/böse Geist* (= Dämon; B πνεῦμα 4c) gene-
reller Art. (A104) = *ein unreiner/böser Geist* (analog τοῦ ἀνθρώπου). **ἐξ-έλ-
θῃ** Aor. Konj. -έρχομαι hier ἀπό τινος *aus jmdm. ausfahren, jmdn. verlas-
sen* (B 1aδ); impliziert ist hier etwa: durch die machtvolle Wirksamkeit v. „Got-
tes Reich" (vgl. V. 28). **δι-έρχομαι** hier etwa *(durch)ziehen* bzw. (kontextge-
mäß) *(durch)irren.* **ἄν-υδρος**[11] *wasserlos, dürr;* δι' ἀνύδρων τόπων *durch
wasserlose Plätze* (B), *durch öde Gegenden* (NGÜ), *durch Wüsten* (GNB); zur Sa-
che vgl. Baruch 4,35; Tobit 8,3; Apk 18,2. **ζητοῦν** Ptz. Ntr. ζητέω, mod.,
viell. fin. **ἀνά-παυσις**[8] *(das) Aufhören; Ruhe, Erquickung;* hier *Ruheplatz,*
44 *-stätte* (B 3). **καὶ οὐχ εὑρίσκει** *(er) findet aber keinen* (A79). **44 ἐπι-
στρέψω** Fut. -στρέφω[47] *um-, zurückkehren;* hier wohl mod. Fut. (A247a).
ὅθεν[8] *von wo, woher;* εἰς τὸν οἶκόν μου ... ὅθεν *in mein Haus ... aus dem.*
ἐξ-ῆλθον Aor. **ἐλθόν** Aor. Ptz. Ntr. ἔρχομαι, temp. (A291,1 Anm. 1).
εὑρίσκει erg. τοῦτον/αὐτόν (A79). **σχολάζοντα** Ptz. σχολάζω)
Zeit/Muße haben; leerstehen; AcP (A300). **σε-σαρωμένον** Pf. (A231) Ptz.
Pass. σαρόω (< σάρον Besen) *fegen, rein kehren;* AcP (A300). **κε-κοσμη-
μένον** Pf. (A231) Ptz. Pass. κοσμέω *in Ordnung bringen; schmücken;* AcP
(A300); καὶ ἐλθὸν εὑρίσκει σχολάζοντα σεσαρωμένον καὶ κεκοσ-
μημένον *und er kommt/kehrt zurück und findet es leerstehend/leer, sauber und
aufgeräumt* (also für einen Wiedereinzug bereit); obwohl grammatisch nicht
entsprechend markiert, steht der Inhalt dieses Satzes wahrscheinl. in einem
kond. Verhältnis zum Inhalt v. V. 45b: *und er kehrt zurück und findet* ... im Sinn
v. *wenn/falls er zurückkehrt und ... findet* (vgl. hebr. Syntax [Joüon-Muraoka
§167b], aber auch ähnl. griech. Gebrauchsweisen [Kühner-Gerth §516,9]); die
Rede ist wohl von der extremen Gefahr, die eine neutrale Haltung Jesus, dem
45 Messias, gegenüber in sich birgt (vgl. V. 30ff). **45 πονηρότερος** Komp. v.
πονηρός. **ἑαυτοῦ** (zweites) gen. comparationis (A168): schlimmer *als er
selbst.* **εἰσ-ελθόντα** Aor. Ptz. Ntr. Pl. -έρχομαι, temp. (A291,1 Anm. 1).
τὰ ἔσχατα *der spätere Zustand* (B ἔσχατος 3a). **χείρων**[11] ον (Komp. zu
κακός) *schlechter, schlimmer;* καὶ γίνεται τὰ ἔσχατα τοῦ ἀνθρώπου
ἐκείνου χείρονα τῶν πρώτων (gen. comparationis, A168) *und der spätere
Zustand jenes/dieses Menschen wird schlimmer als der frühere Zustand, so ist die-
ser Mensch am Ende schlimmer dran als am Anfang.* **ἔσται** Fut. εἰμί hier m.
dat. incommodi (A173); οὕτως ἔσται καὶ τῇ γενεᾷ ταύτῃ τῇ πονηρᾷ
so wird es auch dieser bösen Generation (vgl. V. 39) *zuteil werden/ergehen* (vgl. B
I4).

46 λαλοῦντος Ptz. λαλέω, gen. abs. (A288), temp. **εἱστήκεισαν** 46
Plsqpf. (m. Ipf.-Bdtg.) ἵσταμαι. **ζητοῦντες** Ptz. ζητέω hier am besten
wollen (vgl. B 2bγ); mod. **λαλῆσαι** Aor. Inf. λαλέω. **47 ἑστήκασιν** Pf. 47
(m. präs. Bdtg.) ἵσταμαι. **48 ὁ δέ** V. 3. **ἀπο-κριθείς** V. 39. **λέγοντι** 48
Ptz. λέγω, subst. [Var. εἰπόντι Aor. Ptz.]. **αὐτῷ** DatO zu λέγοντι.
49 ἐκ-τείνας Aor. Ptz. -τείνω (vgl. A33[118ff]) *ausstrecken;* temp. (A291,1 49
Anm. 1). **ἐπί** hier *auf ... hin* (B III1aδ); καὶ ἐκτείνας τὴν χεῖρα αὐτοῦ
ἐπὶ τοὺς μαθητὰς αὐτοῦ *dann streckte er seine Hand in Richtung seiner
Jünger aus und = dann wies er mit der Hand auf seine Jünger und* (NGÜ). **ἰδού**
etwa *hier sind* od. *seht, das sind.* **50 ὅσ-τις ἄν** *wer (auch immer)* (A132; 371). 50
ποιήσῃ Aor. Konj. ποιέω; das Tun des göttl. Willens (nach Mt praktisch =
das, was Jesus lehrt) ist das Erkennungszeichen der wahren Angehörigen Jesu
[Var. 1 ποιῇ Präs. Konj.; Var. 2 ποιήσει Fut. (vgl. A371)]. **αὐτός** Subj.
betont (A124a) *er, der;* αὐτός μου ἀδελφὸς καὶ ἀδελφὴ καὶ μήτηρ
ἐστίν *der ist mein Bruder, meine Schwester und meine Mutter* (Präd.-Nom. ist
gewöhnl. ohne Art.; A80). **ἀδελφή** *Schwester.*

ἐξ-ελθών Aor. Ptz. -έρχομαι, temp. (A291,1 Anm. 1). **ἐ-κάθητο** Ipf. **13**
κάθημαι; sich zum Lehren zu setzen, entsprach zeitgenössischer Sitte
(EWNT 2, Sp. 552). **παρὰ τὴν θάλασσαν** *an das Ufer des Sees* (vgl. B
παρά III1bα), d.h. des Sees Gennesaret. **2 συν-ήχθησαν** Aor. Pass. 2
-άγω; Pass. m. πρός τινα *sich bei jmdm. versammeln* (B 2). **αὐτόν** zweites
Subj. des AcI. **ἐμ-βάντα** Aor. Ptz. -βαίνω[139] (ins Boot) *(ein)steigen;* part.
coni. (zu αὐτόν [A287]), temp. (als dem καθῆσθαι nebengeordnet [+ „und“]
übers.; A291,1 Anm. 1); ὄχλοι πολλοί, ὥστε αὐτὸν εἰς πλοῖον ἐμβάν-
τα καθῆσθαι *so viele Menschen/eine so große Menschenmenge, daß er in ein
Boot stieg und sich setzte* (od. [kürzer] *daß er sich in ein Boot setzte*). **καθῆ-
σθαι** Inf. κάθημαι, Präd. des AcI. **αἰγιαλός** *Strand;* ἐπὶ τὸν αἰγιαλόν
am Strand/Ufer (B ἐπί III1aζ). **εἱστήκει** Plsqpf. (m. Ipf.-Bdtg.) ἵσταμαι.

3 ἐ-λάλησεν Aor. λαλέω. **πολλά** AkkO *vieles, viele Dinge* (B πο- 3
λύς I2bα), evtl. adv.-temp. (A150) *lange* (Einh.). **ἰδού** etwa *hört zu* od. un-
übersetzt lassen. **ἐν** instr. *mit Hilfe von, in Form von.* **λέγων** Ptz., mod. **ἐξ-
ῆλθεν** Aor. -έρχομαι hier *hinausgehen = aufs Feld gehen.* **σπείρων** Ptz.,
subst.; ὁ σπείρων *der/ein Sämann/Bauer.* **τοῦ** m. Inf. fin. (A281). **σπεί-
ρειν** Inf. [Var. σπεῖραι Aor. Inf.]. **4 ἐν τῷ** m. AcI temp. (A282) *als, wäh-* 4
rend. **σπείρειν** Präd. des AcI. **ἃ μέν** *die einen (Samenkörner)* (= σπέρ-
ματα [durch σπείρειν impliziert]), übers. etwa *einiges* od. *ein Teil der Körner,*
hier fortgesetzt nicht m. ἃ δέ (A133c), sondern m. ἄλλα δέ (V. 5, 7 u. 8; BDR
§293[11]; vgl. H-S §130) *andere/anderes* od. *ein anderer Teil;* das αὐτά weist je-
weils (in V. 4 u. 7) darauf zurück. **ἔ-πεσεν** Aor. πίπτω. **παρὰ τὴν ὁδόν**
auf den Weg (B παρά III1d; vgl. Menge) od. *an den Wegrand* (vgl. NGÜ Anm.).
ἐλθόντα Aor. Ptz. Ntr. Pl. ἔρχομαι, temp. (A291,1 Anm. 1). **πετεινόν**

5 *Vogel.* **κατ-έ-φαγεν** Aor. -εσθίω[188] *aufessen, auffressen.* 5 **πετρώδης**[7]
steinig, felsig; subst. τὰ πετρώδη *der felsige Boden.* **εἶχεν** Ipf. ἔχω; ὅπου
οὐκ εἶχεν γῆν πολλήν *wo sie/es* (d.h. dieser Teil der Körner [ἄλλα δέ])
nicht viel Erde (zur Verfügung) hatten/hatte (vgl. B ἔχω I2g). **ἐξ-αν-έ-τειλεν**
Aor. -ανα-τέλλω[114] (v. Saat) *aufgehen.* **διὰ τό** m. Inf. bzw. AcI (erg. αὐτά
als Subj.) kaus. (A282) *weil* (entsprechend V. 6). **ἔχειν** Inf., Präd. des AcI.
βάθος[7] *Tiefe;* βάθος γῆς *Tiefe (des) Erdreiches = tiefes Erdreich* (A384); διὰ
τὸ μὴ ἔχειν βάθος γῆς *weil sie/es kein tiefes Erdreich hatten/hatte, weil es*
6 *nicht tief in den Boden dringen konnte* (Menge). 6 **ἥλιος** *Sonne;* auch ohne
Art. best. (BDR §253[2]; vgl. H-S §133b). **ἀνα-τείλαντος** Aor. Ptz. -τέλ-
λω[114] (v. Sonne, Licht usw.) *aufgehen;* gen. abs. (A288), temp. **ἐ-καυματί-
σθη** Aor. Pass. καυματίζω (vgl. A33[91ff]) *brennen,* (etwas) *verbrennen,*
(etwas) *versengen.* **ῥίζα** *Wurzel;* διὰ τὸ μὴ ἔχειν ῥίζαν *weil sie/es keine
(tiefgehenden/kräftigen) Wurzeln hatten/hatte* (vgl. B 1a; vgl. NGÜ), *weil sie keine
Wurzeln (geschlagen) hatten* (vgl. Menge). **ἐ-ξηράνθη** Aor. Pass. ξηραί-
7 νω[120] etwas *austrocknen, versengen;* Pass. *vertrocknen, verdorren.* 7 **ἄκανθα**
Dornengewächs (v. stachligen Pflanzen, bes. v. der als Unkraut wuchernden
Ononis spinosa, Hauhechel, im Ggs. zu Nutzpflanzen); ἐπὶ τὰς ἀκάνθας
unter die Dornen (B ἐπί III1aγ), *ins Dornengestrüpp* (NGÜ). **ἀν-έ-βησαν**
Aor. ἀνα-βαίνω hier etwa *aufgehen* (B 1b); ἀνέβησαν αἱ ἄκανθαι *die
Dornen wuchsen empor* (Menge) bzw. ... *schossen hoch* (Wilckens) bzw. ... *über-
wucherten (sie/es)* (vgl. GNB). **ἔ-πνιξαν** Aor. πνίγω[69] *würgen, erwürgen;*
(die Saat) *ersticken* [Var. ἀπ-έ-πνιξαν Aor. ἀπο-πνίγω[69] Synonym, LN
8 23.120]. 8 **γῆ** hier am besten *Boden.* **ἐ-δίδου** Ipf. δίδωμι hier (Frucht)
bringen. **ὃ μέν ... ὃ δέ ... ὃ δέ** *das eine (Samenkorn) ... das andere ... wieder
ein anderes* (A133c; vgl. V. 4). **ἑκατόν**[19] *einhundert (Körner),* daher hier =
hundertfach (analog bei den flgd. Wörtern). **ἑξήκοντα**[19] *sechzig.* **τριάκον-
9 τα**[19] *dreißig.* 9 **ἔχων** Ptz., subst. **οὖς**[3] ὠτός τό *Ohr;* ὁ ἔχων ὦτα *wer Oh-
ren hat = wer hören kann* (GN) [Var. ἀκούειν Inf., eigentüml. Verbindung m.
Subst. (BDR §393[6]; vgl. A272) *zum Hören*]. **ἀκουέτω** Imp. 3. Sg. ἀκούω.
10 10 **προσ-ελθόντες** Aor. Ptz. -έρχομαι, temp. (A291,1 Anm. 1). **εἶ-
11 παν** Aor. (vgl. H-S §105g) λέγω. **διὰ τί** *warum?* 11 **ὁ δέ** *(und/doch) die-
ser/er* (A102). **ἀπο-κριθείς** Aor. Ptz. Pass. (ohne Pass.-Bdtg.) -κρίνομαι,
pleon. (A297,2); ὁ δὲ ἀποκριθεὶς εἶπεν *er antwortete.* **ὅτι** hier wohl am be-
sten *weil* (als Antwort auf das διὰ τί v. V. 10) od. dann ὅτι recitativum = Dop-
pelpunkt (A333). **δέ-δοται** Pf. (A231) Pass. δίδωμι; pass. divinum (A76b);
ὅτι ὑμῖν δέδοται *weil es euch (von Gott) gegeben/verliehen ist* (B 1bβ). **γνῶ-
ναι** Aor. Inf. γινώσκω. **μυστήριον** *Geheimnis* (d.h. der Inhalt v. dem, was
zuvor nicht bekannt war, nun aber einem bestimmten Personenkreis offenbart
worden ist [vgl. LN 28.77]); im Vordergrund steht hier (wie auch in den Mk- u.
Lk-Par.) wohl die Tatsache, daß das erwartete „Gottesreich" in Jesus u. dessen

Wirksamkeit (in aller Stille) angebrochen ist (vgl. Davies-Allison, Mt 2, S. 389);
die Funktion des Pl. bei Mt u. Lk (im Ggs. zu Mk) ist nicht eindeutig geklärt
(viell. handelt es sich um eine stilistische Eigentümlichkeit des Mt bzw. der v.
Mt u. Lk verwendeten Quelle; Carson, Mt, S. 308). **ἐκείνοις** *jenen/ihnen*
(A124a; BDR §291[2]), d.h. der Menschenmenge (V. 2 u. 10). **12 ὅσ-τις** hier 12
nom. pendens (A141a), wobei das αὐτῷ (in V. 12b das ἀπ᾽ αὐτοῦ) darauf
zurückweist (vgl. BDR §297[3]), vor Rel.-Satz m. kond. Nebensinn (A371; BDR
§380,1), übers. *wer ... dem* (bzw. *von dem/dem*). **δοθήσεται** Fut. Pass. δίδω-
μι; wohl pass. divinum (A76b). **περισσευθήσεται** Fut. Pass. περισ-
σεύω intr. *im Überfluß vorhanden sein;* hier tr. *überreich machen* τινά *jmdn.*
od. *reichlich gewähren* τί τινι *jmdm. etwas;* καὶ περισσευθήσεται (Subj. an
das ὅστις anknüpfend) *und er wird überreich gemacht werden* (vgl. B 2b), *und er
wird Überfluß haben* od. (die m. δοθήσεται begonnene Konstruktion fort-
setzend): dem wird gegeben, *ja überreichlich gewährt werden* (B 2a). **ἀρθήσε-
ται** Fut. Pass. αἴρω; ὅστις δὲ οὐκ ἔχει, καὶ ὃ ἔχει ἀρθήσεται ἀπ᾽
αὐτοῦ *wer aber nicht hat, dem wird auch (noch) das* (vgl. A358) *genommen
werden, was er hat* (Oxymoron; BDR §495[6]; vgl. H-S §296k); während die Nach-
folger Jesu gottgeschenkte Erkenntnis haben u. (u.a. durch die Gleichnisse)
immer mehr davon empfangen werden, ist derjenige, der sich nicht näher um
Jesu Anspruch kümmert, ohne sie: er versteht nicht u. wird nie verstehen.
13 διὰ τοῦτο *deshalb, aus diesem Grund.* **βλέποντες** Ptz. βλέπω, konz.; 13
ὅτι βλέποντες οὐ βλέπουσιν *weil sie sehen und doch nicht sehen* (Einh.),
weil sie mit sehenden Augen doch nicht sehen (Menge). **ἀκούοντες** Ptz.
ἀκούω, konz. (analog zu βλέποντες). **συν-ίημι** (hier συν-ίω; BDR §94[7];
vgl. H-S §114f) *verstehen, einsehen, begreifen.* **14 ἀνα-πληροῦται** Pass. 14
-πληρόω *anfüllen: vollständig machen;* hier offenbar = πληρόω im Sinn v. *zur
Erfüllung bringen* (d.h. [Geplantes/Angekündigtes] verwirklichen), Pass. *sich er-
füllen, in Erfüllung gehen* (vgl. B 2). **αὐτοῖς** dat. incommodi (A173) *an ihnen*
(BDR §188,1). **προ-φητεία** *Weissagung, Prophetie, Prophetenwort.* **Ἠσα-
ΐας**[1] ου 3,3. **λέγουσα** Ptz. Fem. λέγω, attr.; es wird Jes 6,9-10 (fast ganz
nach LXX [sehr nah an MT]) zitiert, zwei Verse voll bitterer Ironie aus einem
Abschnitt, der v. der selbstverschuldeten (bis zum Exilgericht andauernden)
Verstockung des Gottesvolkes spricht (das Exil u. die dazu führenden Gescheh-
nisse haben paradigmatischen Charakter: diese klassische im Gericht endende
Auflehnung gegen Gott wiederholt sich zur Zeit Jesu auf einer neuen Ebene u.
erfüllt auf diese Weise Prophetie; Carson, Mt, S. 310). **ἀκοή** *(das) Hören;
Hörfähigkeit;* hier dat. modi als Entsprechung zum hebr. infinitivus absolutus
(dient der Intensivierung des Verbinhalts; BDR §198[9]; A180c; H-S §180c);
ἀκοῇ ἀκούσετε *ihr werdet immerfort hören* (Menge) od. m. mod. Fut.
(A247b; MT: Imp.; das ἀκοῇ wird durch die Voranstellung v. „hören" berück-
sichtigt) *hören sollt ihr* (Wilckens) bzw. (das ἀκοῇ wird durch die Wiederho-

lung v. „hören“ berücksichtigt) *hören sollt ihr, hören* (Einh.). **ἀκούσετε** Fut.
ἀκούω. **καί** (zweites u. viertes) adversativ (A311,1; vgl. BDR §442,1b) *und
doch, aber.* **οὐ μή** m. Aor. Konj. stärkste Verneinung zukünftigen Geschehens
(A257). **συν-ῆτε** Aor. Konj. -ἵημι[202] V. 13. **βλέποντες** Ptz. βλέπω,
mod., hier als Entsprechung zum hebr. infinitivus absolutus (A298; BDR §422;
H-S §240); βλέποντες βλέψετε *ihr werdet immerfort sehen* od. *sehen sollt ihr*
bzw. *sehen sollt ihr, sehen* (vgl. zu ἀκοή). **βλέψετε** Fut. βλέπω. **ἴδητε**
15 Aor. Konj. ὁράω. **15 ἐ-παχύνθη** Aor. Pass. παχύνομαι eig. *dick werden;*
übertr. *undurchlässig* (u.a. für Wasser) *werden,* hier *unempfindlich werden* (B 2);
ἐπαχύνθη ἡ καρδία ... *das Herz ... ist stumpf/unempfänglich* (Einh.: *hart*) *ge-
worden* (Menge), *das Herz ... ist verstockt.* **οὖς**[3] ὠτός τό *Ohr;* dat. instr.
(A176). **βαρέως** Adv. *schwer;* τοῖς ὠσὶν βαρέως ἤκουσαν „mit den Oh-
ren haben sie schwer gehört“ = (wohl ingr. Aor. [A240b]) *sie* (Menge: *ihre*
[A103] *Ohren*) *sind schwerhörig geworden* (= sie begreifen langsam bzw. nicht
[B οὖς 2]), *mit ihren Ohren hören sie nur schwer* (Einh.). **ἤκουσαν** Aor.
ἀκούω. **ἐ-κάμμυσαν** Aor. καμμύω *die Augen schließen;* τοὺς ὀφθαλ-
μοὺς αὐτῶν ἐκάμμυσαν *sie haben/halten ihre Augen geschlossen* (d.h. sie
wollen nicht einsichtig werden). **μή-ποτε** *damit nicht (etwa)* (A339). **ἴδω-
σιν** Aor. Konj. ὁράω. **τοῖς ὀφθαλμοῖς** dat. instr. (A176) *mit ihren*
(A103) *Augen* (analog τοῖς ὠσίν/τῇ καρδίᾳ). **ἀκούσωσιν** Aor. Konj.
ἀκούω. **συν-ῶσιν** Aor. Konj. -ἵημι V. 13. **ἐπι-στρέψωσιν** Aor. Konj.
-στρέφω[47] hier intr. *sich umwenden, umkehren, zurückkehren* (hier im Sinn v.
„zu Gott zurückkehren“, „sich bekehren“; B 1bβ). **ἰάσομαι** Fut. Med. ἰάο-
μαι[17] *heilen;* hier bildl. im Sinn v. *wiederherstellen* (B 2); καὶ ἰάσομαι
αὐτούς Fut. hier zieml. sicher statt Konj. Aor. abhängig v. μήποτε (A328;
339) *und ich sie nicht heile,* evtl. (vom μήποτε-NS abgekoppelt) verbunden m.
kons. καί (vgl. BDR §442,2d; A311,2) *so daß ich sie heilen könnte* (NGÜ; vgl.
16 Menge). **16 μακάριοι** erg. εἰσίν (A78a; vgl. 5,3); Genus richtet sich nach
dem am nächsten dabeistehenden Element (οἱ ὀφθαλμοί; A95); ὑμῶν δὲ
μακάριοι οἱ ὀφθαλμοὶ ὅτι βλέπουσιν ... *aber eure Augen sind glücklich
zu preisen, weil sie sehen ...* metonymisch (A381f) für *ihr aber seid glücklich zu*
17 *preisen, denn eure Augen sehen ...* **17 δίκαιοι** hier im umfassenden Sinn v.
allen „Gerechten“, die sich nach dem Kommen des Messias sehnten (vgl. auch
10,41). **ἐπ-ε-θύμησαν** Aor. ἐπι-θυμέω *begehren, verlangen nach,
wünschen.* **ἰδεῖν** Aor. Inf. ὁράω. **εἶδαν** Aor. (vgl. H-S §105g) ὁράω; erg.
αὐτά/ταῦτα (A79). **ἀκοῦσαι** Aor. Inf. ἀκούω. **ἤκουσαν** V. 15; erg.
αὐτά/ταῦτα (A79).

18 **18 ὑμεῖς** Subj. betont (A122). **ἀκούσατε** Aor. Imp. ἀκούω. **τὴν
παραβολήν** *das Gleichnis* offenbar Ellipse (vgl. A376) für *die Bedeutung des
Gleichnisses.* **σπείραντος** Aor. Ptz. σπείρω, subst. (V. 3); gen. obi. (A158;
19 BDR §163[4]) *vom Sämann* [Var. σπείροντος Präs. Ptz.]. **19 ἀκούοντος**

Ptz. ἀκούω, gen. abs. (A288; vgl. zu dieser Stelle BDR §466[4]), temp.; παντὸς
ἀκούοντος ... καὶ μὴ συνιέντος ἔρχεται ὁ πονηρός *wenn/sooft irgend-*
ein Mensch/jemand (ZG; vgl. B πᾶς 1aβ/γ) ... *hört und nicht versteht, kommt der*
Böse. **τὸν λόγον τῆς βασιλείας** gen. obi. (A158) *die Botschaft vom*
Reich (Gottes). **συν-ιέντος** Ptz. -ἵημι V. 13; gen. abs. (A288), temp. **ὁ πο-**
νηρός *der Böse* = der Teufel (BDR §263[1]). **ἁρπάζω** schnell u. gierig an
sich reißen od. fortreißen: *rauben, wegnehmen.* **ἐ-σπαρμένον** Pf. Ptz. Pass.
σπείρω, subst. **σπαρείς** Aor. Ptz. Pass. σπείρω, subst.; οὗτός ἐστιν ὁ
παρὰ τὴν ὁδὸν σπαρείς am besten (ausgehend v. σπείρω m. Akk. im
Sinn v. *besäen* [LSJ II]) „dies ist der (Mensch), der (als „Saatfeld“) auf den
Weg/an den Wegrand besät worden ist“ = *dies ist der* (etwa = *damit ist der ge-*
meint), *bei dem der Same auf den Weg/an den Wegrand gefallen ist* (vgl. Menge);
analog in V. 20, 22 u. 23. **20 πετρώδης** V. 5. **ἀκούων** Ptz., subst.; ὁ δὲ 20
ἐπὶ τὰ πετρώδη σπαρείς, οὗτός ἐστιν ὁ τὸν λόγον ἀκούων (vgl.
V. 19) *der aber, bei dem der Same auf felsigen Boden gefallen ist, das ist derjenige,*
der die Botschaft hört = *mit dem aber, bei dem der Same auf felsigen Boden gefal-*
len ist, ist derjenige gemeint, der die Botschaft hört (analog V. 22f). **λαμβάνων**
Ptz., subst. **21 ῥίζα** V. 6. **πρόσ-καιρος**[11] *eine Zeitlang dauernd, vorüberge-* 21
hend; hier *dem Augenblick hingegeben, wetterwendisch* (B), *unbeständig.* **γενο-**
μένης Aor. Ptz. Med. γίνομαι, gen. abs. (A288), temp. **διωγμός** *Verfol-*
gung; γενομένης (zur Kongruenz vgl. A95) δὲ θλίψεως ἢ διωγμοῦ διὰ
τὸν λόγον *wenn/sobald um des Wortes/der Botschaft willen Bedrängnis oder Ver-*
folgung entsteht, wenn er dieser Botschaft wegen in Schwierigkeiten gerät oder ver-
folgt wird (vgl. GNB). **σκανδαλίζεται** Pass. σκανδαλίζω (< σκάνδα-
λον Falle; Ärgernis, Anstößiges) m. Akk. *jmdm. Anstoß geben, jmdn. zur Sünde*
verführen; Pass. hier *zur Sünde verführt werden, abfallen* (vgl. B 1a), *sich wieder*
davon abwenden (NGÜ). **22 ἄκανθα** V. 7. **καί** (erstes) adversativ (A311,1) 22
doch. **μέριμνα** *Sorge* (ängstl. Besorgnis); ἡ μέριμνα τοῦ αἰῶνος *die Sor-*
ge des (gegenwärtigen) Zeitalters/der Gegenwart (B) bzw. *die Sorgen der/dieser*
Welt (GNB: *Alltagssorgen*), als gen. subi. (A158) = die Sorgen, die die Men-
schen in der Welt haben, od. gen. obi. = die Sorgen um die Dinge der Welt (vgl.
ZG). **ἀπάτη** *Täuschung, Verführung, Betrug;* ἡ ἀπάτη τοῦ πλούτου gen.
subi. (A158) *die Verführung/der Betrug des Reichtums.* **πλοῦτος** *Reichtum.*
συμ-πνίγω *ersticken;* entgegen der übl. Regel (A94) Sg.-Präd. (da das vor-
ausgehende zusammengesetzte Subj. nicht persönl. ist [vgl. BDR §135[2]] bzw. se-
mantisch eine Einheit bildet). **ἄ-καρπος**[11] *unfruchtbar, ohne Frucht, keinen*
Ertrag bringend; καὶ ἄκαρπος γίνεται *so daß* (vgl. A311,2) *er* (d.h. dieser
Mensch) od. *sie/es* (d.h. die Botschaft/das Wort) *keine Frucht bringt.* **23 γῆ** 23
V. 8. **συν-ιείς** [Var. συν-ιών] Ptz. -ἵημι V. 13f; subst. **δή** Hervorhebungs-
partikel, die hier die Selbstverständlichkeit eines Sachverhalts unterstreicht,
übers. etwa *denn auch* (B 1) bzw. *dann auch.* **καρπο-φορέω** *Frucht bringen*

(eig. u. übertr.). **ποιέω** hier *hervorbringen, tragen* (vgl. B I1bη). **ὃ μέν ... ὃ**
δέ ... ὃ δέ im Anschluß an V. 8 Ntr., übers. etwa *im einen Fall/teils ... im ande-*
ren (Fall)/teils ... in wieder einem anderen (Fall)/teils od. (sinngemäß) *der eine ...*
der andere ... wieder ein anderer. **ἑκατόν, ἑξήκοντα, τριάκοντα** V. 8.
24 **24 παρ-έ-θηκεν** Aor. παρα-τίθημι[200] *daneben stellen, vorsetzen;* hier
vorlegen, vortragen (B 1b). **λέγων** Ptz., mod. **ὡμοιώθη** Aor. Pass. ὁμοιόω
gleich(artig) machen τινί *jmdm./einer Sache* (Pass. *ähnlich werden, gleichen*); *ver-*
gleichen τινί *mit jmdm./etwas;* Aor. Ind. hier wohl im Sinn eines präsentisch ge-
brauchten hebr. Pf. bei Zustandsverben (BDR §333[6]; vgl. A241c); ὡμοιώθη
(= ὁμοία ἐστίν [vgl. V. 31]) ἡ βασιλεία τῶν οὐρανῶν ἀνθρώπῳ *die*
Königsherrschaft der Himmel gleicht einem Mann bzw. besser *mit der Königsherr-*
schaft der Himmel verhält es sich wie mit/bei einem Mann (vgl. B 1; gemeint ist
nicht: „Himmelreich“ = „Mann“, sondern: „Himmelreich“ + damit verbunde-
ne Situation = „Mann“ + zu diesem gehörige[s] Situation/Geschehen [Analo-
ges gilt für alle flgd. Gleichnisse: V. 31, 33, 44, 45 u. 47]). **σπείραντι** Aor.
Ptz. σπείρω, attr.; ἀνθρώπῳ σπείραντι ... (ἄνθρωπος eig. pleon. [vgl.
V. 3]; B ἄνθρωπος 3aε; vgl. H-S §260j) *(bei) einem Menschen/Mann, der ... ge-*
25 *sät hatte* [Var. σπείροντι Ptz.]. **ἀγρός** *Feld, Acker.* **25 ἐν τῷ** m. AcI temp.
(A282) *als, während.* **καθ-εύδειν** Inf. -εύδω *schlafen;* Präd. des AcI. **ἐχ-**
θρός *Feind;* als Adj. *verhaßt, feindselig gesonnen.* **ἐπ-έ-σπειρεν** Aor. ἐπι-
σπείρω[136] *dazu-, dazwischensäen* [Var. 1 ἐπ-έ-σπαρκεν Pf.; Var. 2 ἔ-σπει-
ρεν Aor.]. **ζιζάνιον** *Lolch,* ein lästiges Unkraut auf den Getreidefeldern;
übers. am besten *Unkraut.* **ἀνά** (A187) *auf, hinauf;* ἀνὰ μέσον m. Gen. *mit-*
ten hinein in, (in der Mitte) zwischen (H-S §185a,26; B μέσος 2). **σῖτος** *Wei-*
26 *zen, Getreide.* **ἀπ-ῆλθεν** Aor. -έρχομαι. **26 ὅτε ... τότε** *als ... da* (B τότε
2). **ἐ-βλάστησεν** Aor. βλαστάνω[147] (auch βλαστάω) *wachsen lassen,*
hervorbringen; hier intr. *sprossen* (B 2). **χόρτος** *Gras, Heu;* hier *Getreidehalm*
in seiner ersten grasartigen Zartheit (B). **ἐ-ποίησεν** Aor. ποιέω hier *her-*
vorbringen, tragen (B I1bη); ὅτε ἐβλάστησεν ὁ χόρτος καὶ καρπὸν
ἐποίησεν übers. etwa *als die grünen Halme aufsproßten und Frucht/Ähren an-*
setzten. **ἐ-φάνη** Aor. Pass. φαίνομαι[124] *zum Vorschein kommen, sichtbar*
27 *werden* (B φαίνω 2b). **27 προσ-ελθόντες** Aor. Ptz. -έρχομαι, temp.
(A291,1 Anm. 1). **οἰκο-δεσπότης**[1] *Hausherr, Gutsherr.* **κύριε** Vok.
οὐχί *nicht;* erwartet als Frageeinleitung die Antwort „doch“ (A320). **ἔ-σπει-**
ρας Aor. **σός** (A128) *dein.* **πόθεν**[18] *woher?;* πόθεν οὖν *woher ... denn?* (B
οὖν 1cα); πόθεν οὖν ἔχει ζιζάνια *woher hat er denn (das) Unkraut* etwa =
28 *woher kommt jetzt dieses Unkraut* (NGÜ). **28 ὁ δέ** V. 11. **ἔ-φη** Ipf. φημί.
ἐχθρός hier entweder Adj. od. Subst. (ἄνθρωπος dann statt τις [BDR
§301[5]; A137b]); ἐχθρὸς ἄνθρωπος *ein feindselig gesonnener Mensch* od. *ir-*
gendein Feind (B 2a). **λέγουσιν** praesens narrativum (A235). **ἀπ-ελθόν-**
τες Aor. Ptz. -έρχομαι, temp. (als dem συλλέξωμεν gleichgeordnet

[+ „und"] übers.; A291,1 Anm. 1). **συλ-λέξωμεν** Aor. Konj. -λέγω[67] *zu-*
sammenlesen, sammeln; deliberativer Konj., hier erg. durch asyndetisch davor-
gesetztes θέλεις: θέλεις ... συλλέξωμεν αὐτά *willst du? sollen wir ... es*
(ausreißen und) zusammenlesen? entspricht *sollen wir ... es zusammenlesen/aus-*
reißen? (A255). **29 φησίν** Präs. 3. Sg. φημί (A32); praesens narrativum 29
(A235). **οὔ** hier (m. Akzent) *nein* (B 1). **μή-ποτε** *damit nicht (etwa)* (A339).
συλ-λέγοντες Ptz., temp. bzw. mod. *beim Zusammenlesen.* **ἐκ-ριζώσητε**
Aor. Konj. -ριζόω *entwurzeln, ausreißen.* **ἅμα** *zugleich;* hier uneig. Präp. m.
Dat. (H-S §185a,1; vgl. A183) *zugleich mit* (B 2); μήποτε συλλέγοντες τὰ
ζιζάνια ἐκριζώσητε ἅμα αὐτοῖς τὸν σῖτον *damit ihr nicht beim Zusam-*
menlesen des Unkrauts mit diesem zugleich den Weizen ausreißt = sonst reißt ihr
zusammen mit dem Unkraut auch den Weizen aus (Einh.). **30 ἄφ-ετε** Aor. 30
Imp. -ίημι hier *(zu)lassen* (B 4). **συν-αυξάνεσθαι** Inf. -αυξάνομαι
gemeinsam/miteinander wachsen. **ἀμφότεροι** *beide;* Ntr. *beides.* **ἕως** [Var.
μέχρι synonym]. **θερισμός** *Ernte* (Handlung u. Zeit des Erntens sowie das
Geerntete); ἐν καιρῷ (auch ohne Art. best.; A106a) τοῦ θερισμοῦ *zur Zeit*
der Ernte bzw. (idiomatischer) *wenn die Zeit der Ernte da ist.* **ἐρῶ** Fut. λέγω.
θεριστής[1] *Erntearbeiter, Schnitter.* **συλ-λέξατε** Aor. Imp. **δήσατε** Aor.
Imp. δέω. **δέσμη** *Bündel;* δήσατε αὐτὰ εἰς δέσμας *bindet es in Bündel,*
bündelt es. **πρὸς τό** m. Inf. fin. (A282) *um zu.* **κατα-καῦσαι** Aor. Inf.
-καίω[10] *niederbrennen,* (etwas) *verbrennen.* **συν-αγάγετε** Aor. Imp. -άγω
[Var. -άγετε Präs. Imp.]. **ἀπο-θήκη** *Scheune, Speicher.*

31 παρ-έ-θηκεν V. 24 [Var. ἐ-λάλησεν Aor. λαλέω]. **λέγων** 31
V. 24. **ὅμοιος** m. ἐστίν τινι (A179) *es gleicht jmdm./etwas* (B 1); ὁμοία
ἐστὶν ἡ βασιλεία τῶν οὐρανῶν κόκκῳ σινάπεως *die Königsherrschaft*
der Himmel gleicht einem Senfkorn, mit der Königsherrschaft der Himmel verhält
es sich wie mit einem Senfkorn (vgl. zu V. 24). **κόκκος** *Korn, Samenkorn.* **σί-**
ναπι εως τό (vgl. A8) *Senf;* wahrscheinl. der Schwarze Senf („Brassica
nigra"), dessen 1 mm dickes Samenkorn in Palästina für seine Kleinheit sprich-
wörtl. war (vgl. EWNT 3, Sp. 585f). **λαβών** Aor. Ptz. λαμβάνω, temp.
(A291,1 Anm. 1; vgl. A296; zur Verschränkung m. ὅν vgl. A364b). **ἔ-σπει-**
ρεν Aor. σπείρω. **ἀγρός** V. 24. **32 ὅ** Ntr. (statt Mask. wie V. 31): kongru- 32
iert m. dem Präd.-Nom. (vgl. A93; H-S §263e) μικρότερον (σπέρμα). **μι-**
κρότερος Komp. v. μικρός; hier Komp. für Superlativ (A118,2) m. gen. par-
titivus (A164); μικρότερον ... πάντων τῶν σπερμάτων *die* (A80) *kleinste*
unter allen Samenarten (vgl. Menge), *das kleinste von allen Samenkörnern.* **αὐ-**
ξηθῇ Aor. Konj. Pass. αὐξάνω/αὔξω[146] Akt. *vermehren, wachsen lassen;*
Akt./Pass. *wachsen* [Var. αὐξήσῃ Aor. Konj. Akt.]. **λάχανον** *(eßbares)*
Gartengewächs, Gemüse; ὅταν δὲ αὐξηθῇ μεῖζον τῶν λαχάνων (gen.
comparationis, A168) ἐστίν *wenn es aber hochgewachsen ist, ist es größer als die*
anderen (A376a) *Gartenpflanzen.* **δένδρον** *Baum.* **ἐλθεῖν** Aor. Inf. ἔρχο-

μαι; erstes Präd. des AcI. **πετεινόν** V. 4; τὰ πετεινὰ τοῦ οὐρανοῦ *die Vögel des Himmels/Luftraums* = einfaches deutsches *die Vögel.* **κατα-σκηνοῦν** Inf. -σκηνόω *sich niederlassen, wohnen,* (v. Vögeln) *nisten;* zweites Präd. des AcI. **κλάδος** *Zweig.*

33 **33 ἐ-λάλησεν** Aor. λαλέω. **ὅμοιος** V. 31. **ζύμη** *Sauerteig.* **λαβοῦσα** Aor. Ptz. Fem. λαμβάνω, temp. (A291,1 Anm. 1; vgl. A296; zur Verschränkung m. ἥν vgl. A364b). **ἐν-έ-κρυψεν** Aor. ἐγ-κρύπτω[57] *verstecken;* hier εἴς τι *in etwas hineintun, unter etwas mengen.* **ἄλευρον** *Weizenmehl;* gen. partitivus (A164). **σάτον** *Sat* (Getreidemaß wahrscheinl. = ca. 13 l [KP 4, Sp. 1563]); ἀλεύρου σάτα τρία übers. etwa (idiomatisch) *einen halben Zentner/Sack Mehl.* **ἐ-ζυμώθη** Aor. Pass. ζυμόω *(durch)säuern;* ἕως οὗ ἐζυμώθη ὅλον (erg. τὸ ἄλευρον [B ὅλος 2c]) *bis das ganze Mehl/der ganze Teig*
34f *durchsäuert war.* **34 ἐν** V. 3. **ἐ-λάλει** Ipf. **35 ὅπως** *damit.* **πληρωθῇ** Aor. Konj. Pass. πληρόω. **ῥηθέν** Aor. Ptz. Pass. Ntr. λέγω, subst.; wohl pass. divinum (A76b; vgl. 1,22; 2,15). [Var. Ἠσαΐας 3,3.] **λέγοντος** Ptz. λέγω, part. coni. (A287), temp.; es folgt ein Zitat (erste Zeile praktisch = MT/LXX, zweite Zeile dem MT näher als die LXX) aus dem Asaf-Psalm 78 (V. 2), in dem anhand einer (nicht für jeden selbstverständl.) Verknüpfung (an sich) bekannter Episoden der Geschichte Israels Gottes wundersames (manchem verborgenes) Handeln aufgezeigt wird; Entsprechendes (zum prophetischen Charakter der Schrift vgl. 11,13) geschieht nach Mt durch die Himmelreichsgleichnisse (zu deren Ambivalenz s. V. 11f): sie machen deutlich, wie sich in der Wirksamkeit Jesu (in Mt auch als typologische Rekapitulierung der Geschichte Israels präsentiert; vgl. 2,15) Gottes geheimnisvolles Heilshandeln manifestiert, u. zwar tun sie dies (ähnl. wie Ps 78) dadurch, daß sie aus dem AT Bekanntes (der verheißene Davidssohn, der leidende Gottesknecht usw.) in unerwarteter Weise miteinander verknüpfen (vgl. V. 51f; Carson, Mt, S. 320-323). **ἀν-οίξω** Fut. -οίγω; wohl mod. Fut. (A247a); ἀνοίξω ἐν παραβολαῖς τὸ στόμα μου *ich will meinen Mund auftun in Gleichnissen, ich will in Gleichnissen reden* (vgl. B 1eα). **ἐρεύξομαι** Fut. Med. ἐρεύγομαι (vgl. A33[59ff]) *aussprechen, verkünden;* wohl mod. Fut. (A247a). **κε-κρυμμένα** Pf. Ptz. Pass. κρύπτω[57] *verbergen;* subst. ohne Art. (A304); *verborgene/unbekannte Dinge* (B 2a), *was verborgen war.* **κατα-βολή** *Grundlegung, Anfang, Erschaffung;* ἀπὸ καταβολῆς (m. od. ohne κόσμου) *vom Anfang der Welt an* (B 1), *seit der Erschaffung der Welt.*

36 **36 ἀφ-είς** Aor. Ptz. -ίημι hier *wegschicken* (B 1aα) od. *verlassen* (vgl. B 3a); temp. (A291,1 Anm. 1). **εἰς τὴν οἰκίαν** *ins Haus* (vgl. 13,1) od. *nach Hause* (B οἰκία 1a). **προσ-ῆλθον** Aor. -έρχομαι. **λέγοντες** Ptz. λέγω, mod. **δια-σάφησον** Aor. Imp. -σαφέω *erklären* [Var. ohne δια- *erklären, deuten*]. **ζιζάνιον** V. 25. **ἀγρός** V. 24; τὴν παραβολὴν τῶν ζιζανίων (gen. obi.; A158; BDR §163[4]) τοῦ ἀγροῦ *das Gleichnis vom Unkraut auf dem*

Acker. **37 ὁ δέ, ἀπο-κριθείς** V. 11. **σπείρων** Ptz., subst. (V. 3); ὁ 37
σπείρων τὸ καλὸν σπέρμα *der Mann, der den guten Samen sät.* **38 υἱός** 38
hier übertr. (als Hebr.) v. einer engen Beziehung zu einer Sache aus; οἱ υἱοὶ
τῆς βασιλείας „die Söhne des Reiches" = *die Menschen, die zum Reich (Got-*
tes) gehören/die von ihm bestimmt sind (A157); οἱ υἱοὶ τοῦ πονηροῦ „die
Söhne des Bösen (= des Teufels)" = *die Menschen, die zum Bösen gehören* bzw.
die, die dem Feind Gottes gehorchen (GN). **39 ἐχθρός** V. 25. **σπείρας** Aor. 39
Ptz. σπείρω, attr. **διά-βολος** (< δια-βάλλω verleumden) *Verleumder;*
Teufel. **θερισμός** V. 30. **συν-τέλεια** *Ende, Vollendung;* (ἡ) συντέλεια
(τοῦ) αἰῶνος (hier auch ohne Art. best.; A80 [gilt auch für ἄγγελοι] u.
A106d) *das Ende des (gegenwärtigen) Zeitalters, das Ende der Welt* (vgl. B αἰών
2a). **θεριστής** V. 30. **40 ὥσ-περ** (A352) *geradeso wie, gleichwie.* **συλ-** 40
λέγεται Pass. -λέγω *zusammenlesen, (ein)sammeln.* **κατα-καίεται** Pass.
-καίω *niederbrennen,* (etwas) *verbrennen;* πυρὶ (dat. instr. [A176]) κατα-
καίεται *es wird mit/im Feuer verbrannt* bzw. (idiomatisch) *es wird verbrannt*
[Var. ohne κατα- *anzünden;* (etwas) *verbrennen*]. **ἔσται** Fut. εἰμί.
41 ἀπο-στελεῖ Fut. -στέλλω. **συλ-λέξουσιν** Fut. -λέγω[67]. **ἐκ τῆς** 41
βασιλείας αὐτοῦ *aus seinem Reich/Herrschaftsgebiet* (gemeint ist
wahrscheinl. die ganze Welt [vgl. V. 38 sowie 28,18]). **σκάνδαλον** *Falle;*
Verführung (das, was zu Fall bringt, zur Sünde, zum Abfall v. Gott veranlaßt);
Ärgernis, (das) Anstößige (das, was Widerspruch, Entrüstung, Mißbilligung
hervorruft); πάντα τὰ σκάνδαλα hier wohl v. Personen *alle, die andere*
verführt/zu Fall gebracht haben. **ποιοῦντας** Ptz. ποιέω, subst. **ἀ-νομία**
Gesetzlosigkeit (als Gesinnung); *gesetzwidrige Tat;* τοὺς ποιοῦντας τὴν
ἀνομίαν *die, die Gesetzlosigkeit/das Gesetzwidrige tun/getan haben* bzw. *die, die*
ein gesetzloses Leben geführt haben (NGÜ) od. *die, die im Widerspruch zu Gottes*
Willen gelebt haben (vgl. 7,23). **42 βαλοῦσιν** Fut. βάλλω. **κάμινος** ἡ 42
Ofen; ἡ κάμινος τοῦ πυρός *der Feuerofen, der glühende Ofen* (GNB).
κλαυθμός *(das) Weinen.* **βρυγμός** *(das) Knirschen;* ὁ κλαυθμὸς καὶ ὁ
βρυγμὸς τῶν ὀδόντων *das (große) Weinen und das (große) Zähneknir-*
schen/Zähneklappern (vgl. B; letzteres: vor Zorn, Verzweiflung od. Schmerz?),
lautes Weinen und Zähneknirschen (Menge). **ὀδούς**^{5} ὄντος ὁ *Zahn.* **43 ἐκ-** 43
λάμψουσιν Fut. -λάμπω (vgl. A33^{40ff}) *(er)strahlen, (auf)leuchten.* **ἥλιος**
Sonne. **ἡ βασιλεία τοῦ πατρός** = ἡ βασιλεία τοῦ θεοῦ/τῶν
οὐρανῶν. **ἔχων** Ptz., subst. **οὖς**^{3} ὠτός τό *Ohr;* ὁ ἔχων ὦτα *wer Ohren*
hat = wer hören kann (GN) [Var. ἀκούειν Inf., eigentüml. Verbindung m.
Subst. (BDR §393^{6}; vgl. A272) *zum Hören*]. **ἀκουέτω** Imp. 3. Sg. ἀκούω.

44 ὅμοιος V. 31. **θησαυρός** *Vorratskammer, -haus; Schatzbehälter;* 44
Schatz. **κε-κρυμμένῳ** V. 35, attr.; θησαυρῷ κεκρυμμένῳ ... *einem*
Schatz, der ... verborgen/vergraben war. **ἀγρός** V. 24. **εὑρών** Aor. Ptz. εὑρί-
σκω, temp. (A291,1 Anm. 1; zur Verschränkung m. ὅν vgl. A364b). **ἔ-κρυ-**

ψεν Aor. κρύπτω V. 35. **ἀπό** hier kaus. (BDR §210[1]); ἀπὸ τῆς χαρᾶς
αὐτοῦ *in seiner Freude* (B χαρά 1). **πωλέω** *verkaufen.* **πάντα ὅσα** *alles,
was* (vgl. B ὅσος 2). **ἀγοράζω** (< ἀγορά Marktplatz) *kaufen;* ὑπάγει
καὶ πωλεῖ ... ἔχει ... ἀγοράζει praesens narrativum (A235).
45 **45 ὅμοιος** V. 31. **ἄνθρωπος** hier pleon. (B 3aε; vgl. H-S §260j); ἄν-
θρωπος ἔμπορος *ein Kaufmann.* **ἔμ-πορος** (< πόρος Weg, Reise) *Kauf-*
46 *mann.* **ζητοῦντι** Ptz. ζητέω, attr. **μαργαρίτης**[1] *Perle.* **46 εὑρών**
V. 44. **πολύ-τιμος**[11] *sehr wertvoll, kostbar.* **ἀπ-ελθών** Aor. Ptz. -ἔρχο-
μαι; temp. (A291,1 Anm. 1). **πέ-πρακεν** Pf. πιπράσκω[169] *verkaufen;* Pf.
ersetzt hier anscheinend den (für πιπράσκω selbst nicht vorhandenen) Aor.
(Zerwick §289; BDR §344[2]). **εἶχεν** Ipf. ἔχω. **ἠγόρασεν** Aor. ἀγοράζω
V. 44.
47 **47 ὅμοιος** V. 31. **σαγήνη** *Schleppnetz.* **βληθείσῃ** Aor. Ptz. Pass.
Fem. βάλλω, attr. **γένος**[7] *Geschlecht;* hier *Gattung, Art;* ἐκ παντὸς γέ-
νους (ἐκ statt gen. partitivus [vgl. A137a/164]; erg. gedankl. „Fische" [BDR
§164[6]; vgl. A376]) *Fische jeder Art* (vgl. B 4). **συν-αγαγούσῃ** Aor. Ptz.
48 Fem. -άγω hier *zusammenbringen* (B 1), *fangen;* attr. **48 ἥν** *dieses/es* (rel. An-
schluß, A364a). **ἐ-πληρώθη** Aor. Pass. πληρόω; ὅτε ἐπληρώθη *als es ge-
füllt worden war/gefüllt war* (vgl. H-S §199n; A224). **ἀνα-βιβάσαντες** Aor.
Ptz. -βιβάζω (vgl. A33[91ff]) *hinaufbringen;* ἐπὶ τὸν αἰγιαλόν (das Netz) *ans
Ufer/Land ziehen;* temp. (A291,1 Anm. 1). **αἰγιαλός** *Strand.* **καθίσαντες**
Aor. Ptz. καθίζω, temp. (A291,1 Anm. 1). **συν-έ-λεξαν** Aor. συλ-λέγω[67]
zusammenlesen, sammeln; hier 3. Pl. im Sinn v. „man" (A76a; gilt auch für ἔβα-
λον). **ἄγγος**[7] *Gefäß* [Var. ἀγγεῖον Synonym]. **σαπρός** (< σήπω ver-
faulen) *faul; schlecht, unnütz;* τὰ καλά ... τὰ σαπρά *das Gute/die guten Fi-
sche ... das Faule/die unbrauchbaren.* **ἔ-βαλον** Aor. βάλλω; βάλλω ἔξω
49 *wegwerfen* (B 1b). **49 ἔσται** V. 40. **συν-τέλεια** V. 39. **ἐξ-ελεύσονται**
Fut. Med. -έρχομαι. **ἀφ-οριοῦσιν** Fut. -ορίζω (vgl. A33[91ff]) *absondern,
trennen von;* τινὰ ἐκ μέσου m. Gen. *jmdn. herausnehmen aus der Mitte von*
50 (B 1), *jmdn. trennen von.* **50 βαλοῦσιν** usw. V. 42.
51 **51** [Var. λέγει hist. Präs. (A235) *(Jesus) fragte.*] **συν-ήκατε** Aor. -ίη-
μι[202] V. 13. **ταῦτα πάντα** (vgl. V. 34 u. 56) wohl ein umfassender Hinweis
auf das, was Jesus ab V. 3 lehrte. **λέγουσιν** hist. Präs. (A235) *sie* (die Jünger)
52 *antworteten.* **ναί** *ja, gewiß, freilich.* [Var. κύριε Vok.] **52 ὁ δέ** V. 11. **διὰ
τοῦτο** *deshalb* od. (weniger kons. als weiterführend) *also.* **μαθητευθείς**
Aor. Ptz. Pass. μαθητεύω *zum Jünger machen, belehren;* Pass. *Jünger werden,
belehrt werden;* attr.; πᾶς γραμματεὺς μαθητευθεὶς τῇ βασιλείᾳ τῶν
οὐρανῶν *jeder Schriftgelehrte, der ein Jünger des „Himmelreiches" geworden ist*
(B 2; d.h. der ein Jünger Jesu geworden ist) od. *jeder Schriftgelehrte/Schriftkundi-
ge, der in der Lehre von der Königsherrschaft der Himmel ausgebildet/unterwiesen
worden ist;* gemeint sind hier wahrscheinl. die Jünger Jesu (in erster Linie die

Zwölf, dann aber auch die in ihre Fußstapfen tretende christl. Gemeinde [nach manchen ausschließl. die christl. Lehrer]): sie stehen nicht nur in der Tradition der Propheten (5,11f) u. der „Gerechten" früherer Generationen (10,41), sondern auch in der der Schriftgelehrten, die dazu berufen sind, Gottes Offenbarung in richtiger Weise weiterzugeben (vgl. Carson, Mt, S. 333). **ὅμοιος** V. 31. **οἰκο-δεσπότης** V. 27. **ὅσ-τις** qualitativ (A132) *(ein solcher), der.* **ἐκ-βάλλω** hier *hervorholen* (B 3). **θησαυρός** V. 44. **παλαιός** *alt* (schon lange vorhanden); ὅστις ἐκβάλλει ἐκ τοῦ θησαυροῦ αὐτοῦ καινὰ καὶ παλαιά *der aus seiner Schatzkammer* (d.h. aus seinem Herzen, aus der Gesamtheit dessen, was er versteht u. ihm lieb u. teuer geworden ist; vgl. 12,35) *Neues und Altes* (d.h. wohl die Botschaft vom „Himmelreich" u. die durch dieses in Erfüllung gegangene atl. Offenbarung [vgl. 5,17ff]) *hervorholt* (um es weiterzugeben; vgl. Carson, Mt, S. 332f).

53 ἐ-γένετο Aor. Med. γίνομαι; ἐγένετο pleon. (Hebr.: vor Um- 53
standsbestimmung [hier ὅτε-NS] u. finitem Verb [A271; BDR §442[11]]). **ἐ-τέ-
λεσεν** Aor. τελέω[27] *beenden, vollenden;* Aor. Ind. bez. hier Vorvergangenheit
(vgl. H-S §199n; A224). **μετ-ῆρεν** Aor. -αίρω[132] *weggehen.* **ἐκεῖ-θεν**[18]
von dort. **54 ἐλθών** Aor. Ptz. ἔρχομαι, temp. **πατρίς**[3] ίδος ἡ *Vaterland,* 54
Heimat; hier *Vaterstadt, Heimatstadt* (d.h. Nazaret). **ἐ-δίδασκεν** Ipf. διδά-
σκω; ἐδίδασκεν αὐτούς ... ὥστε *er lehrte sie* (d.h. die Bewohner Nazarets;
sinngemäße Konstruktion [A96; BDR §282,1]) ... *so daß* bzw. *er machte ... durch
seine Lehre solchen Eindruck auf sie, daß* (vgl. Menge). **ἐκ-πλήσσεσθαι** Inf.
-πλήσσομαι *außer sich geraten* ἐπί τινι *über etwas* (hier wohl vor Verwun-
derung; B 2); erstes Präd. des AcI. **λέγειν** Inf.; zweites Präd. des AcI. **πό-
θεν**[8] *woher?;* πόθεν τούτῳ (dat. poss., A173b) erg. ἐστίν (A78) *woher hat
dieser* (analog V. 56). **δύναμις** hier *Wundertat* (B 4), *Wunder;* αἱ δυνάμεις
etwa *die(se) Wunderkräfte* bzw. *die Kraft, Wunder zu tun.* **55 οὐ** (od. οὐχί) 55
V. 27. **τέκτων**[4] ονος ὁ *Zimmermann;* Präd.-Nom. m. Art. Gleichsetzung m.
dem Subj. (A80); ὁ τοῦ τέκτονος υἱός *der Sohn des Zimmermanns* (der unter
dieser Bezeichnung Bekannte [vgl. BDR §273[3]; vgl. H-S §135a; A103]). **λέγε-
ται** Pass. λέγω Pass. hier *heißen* (B II3). **Μαριάμ** (= Μαρία) indekl.,
hier Nom., *Maria.* **Ἰωσήφ** indekl., hier Nom., *Josef* [Var. Ἰωσῆς Gen. ῆ od.
ῆτος deklinierbare Kurzform für Ἰωσήφ (BDR §53[4])]. **56 ἀδελφή** 56
Schwester. **πρός** τινά εἰμι *bei jmdm. sein* (B III7); καὶ αἱ ἀδελφαὶ αὐ-
τοῦ οὐχὶ πᾶσαι πρὸς ἡμᾶς εἰσιν; *wohnen nicht auch seine Schwestern al-
le bei/unter uns?* (H-S §184p). **πόθεν οὖν** ... *woher ... denn/nur?* (vgl. B οὖν
1cα). **57 ἐ-σκανδαλίζοντο** Ipf. Pass. σκανδαλίζω (< σκάνδαλον 57
Falle; Ärgernis, Anstößiges) m. Akk. *jmdm. Anstoß geben, jmdn. zur Sünde ver-
führen;* ἐσκανδαλίζοντο ἐν αὐτῷ *sie kamen seinetwegen zu Fall* (d.h. sie sa-
hen sich durch ihn veranlaßt, ihm den Glauben zu verweigern, u. stellten sich
gegen ihn; daher etwa = *sie wollten nichts von ihm wissen* [GNB]) bzw. *sie nah-*

men Anstoß an ihm od. *sie wurden irre an ihm.* **ἄ-τιμος**[11] *verachtet;* οὐκ ἔσ-
τιν προφήτης ἄτιμος εἰ μή *ein Prophet ist überall geehrt außer* (B 1), *nir-
gends hat ein Prophet so wenig Ansehen wie* (Einh.). **εἰ μή** nach Neg. *außer* (B
58 εἰ VI9a; A341). **οἰκία** hier *Familie* (B 2). **58 ἐ-ποίησεν** Aor. ποιέω.
ἀ-πιστία *Unglaube.*

14 **ἤκουσεν** Aor. ἀκούω. **τετρα-άρχης**[1] *Tetrarch* (Titel eines Herr-
schers, dessen Kompetenzen geringer waren als die eines Königs); Ἡρῴδης ὁ
τετραάρχης *der Tetrarch Herodes,* d.h. Herodes Antipas, Sohn Herodes des
Großen (4 v. Chr. bis 39 n. Chr. Tetrarch v. Galiläa u. Peräa [damit Landesvater
Jesu], obwohl er sich um die Königswürde bemühte [gelegentl. wird er in den
Quellen – wohl popularisierend – „König" genannt: V. 9]; vgl. KP 2,
Sp. 1092f). **ἀκοή** *(das) Hören; Gehör; Gehörtes, Kunde; Gerücht, Ruf;* ἤκου-
σεν ... τὴν ἀκοὴν Ἰησοῦ *er hörte die Kunde von Jesus* od. *er hörte, was man
2 von Jesus erzählte.* **2 παῖς**[3] παιδός *Kind;* hier (wie häufig) *Diener,* speziell v.
der Umgebung eines Herrschers οἱ παῖδες *die Hofleute* (B 1aγ). **βαπτισ-
τής**[1] *Täufer.* **ἠγέρθη** Aor. Pass. ἐγείρω. **διὰ τοῦτο** *darum.* **αἱ δυνά-
μεις** *die Wunderkräfte* (v. denen man überall erzählt; vgl. A103) = *diese/solche
Wunderkräfte.* **ἐν-εργέω** *wirksam sein; wirken;* διὰ τοῦτο αἱ δυνάμεις
ἐνεργοῦσιν ἐν αὐτῷ *darum sind die/diese/solche Wunderkräfte in/durch ihn
3 wirksam, darum kann er solche Wunder tun.* **3 κρατήσας** Aor. Ptz. κρατέω
hier *festnehmen, gefangennehmen* (B 1a); temp. (A291,1 Anm. 1). **ἔ-δησεν**
Aor. δέω. **ἀπ-έ-θετο** Aor. Med. ἀπο-τίθεμαι[200] *ablegen;* (ins Gefängnis)
werfen; κρατήσας τὸν Ἰωάννην ἔδησεν αὐτὸν καὶ ἐν φυλακῇ ἀπέ-
θετο Herodes *hatte* (neben V. 2 vgl. 4,12 u. 11,2 [A224; H-S §199n]) *Johannes
festnehmen, in Fesseln legen und ins Gefängnis werfen lassen* (vgl. A218) [Var.
ohne ἀπ(ο)- hier synonym]. **Ἡρῳδιάς**[3] άδος ἡ *Herodias,* Enkelin Herodes
des Großen, Nichte v. Herodes Antipas; bevor sie die zweite Frau des letzteren
wurde, war sie m. dessen Halbbruder Herodes Philippus (vgl. zu Φίλιππος)
verheiratet; Herodes Antipas wurde v. Johannes wahrscheinl. nicht wegen sei-
ner Scheidung, sondern wegen seiner inzestuösen Verbindung m. der Frau sei-
nes Stiefbruders gerügt (vgl. Lev 18,16; 20,21; Carson, Mt, S. 338). **Φίλιππος**
Philippus, wahrscheinl. = Herodes (Philippus), Sohn Herodes des Großen u.
der Mariamme II. (Josephus, Antiquitates 18.136f; zu unterscheiden vom Te-
trarchen Philippus in Lk 3,1; Harold W. Hoehner, Herod Antipas [Cambridge,
4 1972], S. 131-136). **4 ἔ-λεγεν** Ipf. λέγω; Ipf. bez. hier die Vorvergangenheit
(vgl. H-S §198f; A224). **ἔξ-εστιν** *es steht frei, es ist erlaubt* (τινί *jmdm.*).
ἔχειν Inf.; οὐκ ἔξεστίν σοι ἔχειν αὐτήν erg. γυναῖκα *es ist dir nicht er-
laubt, sie zur Frau zu haben* bzw. (sinngemäß wohl) *es war dir nicht erlaubt, sie zur
5 Frau zu nehmen.* **5 θέλων** Ptz.; konz.; καὶ θέλων αὐτὸν ἀποκτεῖναι *er
wollte ihn (deswegen) töten, doch* od. *er hätte ihn (deswegen) gerne getötet, doch.*
ἀπο-κτεῖναι Aor. Inf. -κτείνω. **ἐ-φοβήθη** Aor. Pass. (ohne bes. Pass.-

Bdtg.) φοβέομαι. **εἶχον** Ipf. ἔχω hier m. doppeltem Akk. (A97,15; hier
Obj.-Präd. verstärkt durch ὡς [BDR §453[7]]) *jmdn. für etwas halten/ansehen*
(B I5); Pl. sinngemäße Konstruktion (A96).
6 γενέσια τά (A101c) *Geburtstagsfeier.* **γενομένοις** Aor. Ptz. Med. 6
γίνομαι; γενεσίοις γενομένοις hier scheinen zwei temp. Konstruktions-
möglichkeiten vermischt (BDR §200[10]; übers. am besten auf Grund der zweiten
Möglichkeit): a) temp. Dat. (A182): γενεσίοις *am Geburtstag,* b) gen. abs.
(A288): γενεσίων γενομένων (s. Var. 3) *als der Geburtstag kam/gefeiert wur-
de* [Var. 1/2 ἀγομένοις/ἀγομένων Ptz. Pass. ἄγω hier (Feste) *begehen, fei-
ern* (B 4)]. **ὠρχήσατο** Aor. Med. ὀρχέομαι *tanzen.* **θυγάτηρ**[6] τρός ἡ
Tochter; gemeint ist Salome, die Tochter der Herodias aus früherer Ehe, zu die-
ser Zeit zwölf- bis vierzehnjährig (Harold W. Hoehner, Herod Antipas [Cam-
bridge, 1972], S. 151-156). **ἐν τῷ μέσῳ** *in der Mitte = vor den Gästen* (vgl. B
μέσος 2). **ἤρεσεν** Aor. ἀρέσκω[159] *gefallen.* **7 ὅθεν**[8] *von wo, woher; wes-* 7
halb bzw. (vgl. A364a) *deshalb, daher;* ἤρεσεν τῷ Ἡρῴδῃ, ὅθεν *sie gefiel
Herodes so sehr, daß* bzw. *Herodes war so begeistert von ihr, daß* (NGÜ). **ὅρκος**
Eid; μεθ' ὅρκου *mit einem Eid/Schwur;* διὰ τοὺς ὅρκους (V. 9) *wegen des
Eides/Schwurs* (eig. „wegen der Eidesworte“; BDR §142[1]). **ὡμο-λόγησεν**
Aor. ὁμο-λογέω *zugeben, bekennen;* hier *zusagen, versprechen* (B 1). **δοῦναι**
Aor. Inf. δίδωμι. **ὃ ἐάν** = ὃ ἄν (A132; 371); ὃ ἐὰν αἰτήσηται *was (auch
immer)/alles, was sie sich wünschte.* **αἰτήσηται** Aor. Konj. Med. αἰτέω.
8 ἡ δέ *(und) diese/sie* (A102). **προ-βιβασθεῖσα** Aor. Ptz. Pass. Fem. -βι- 8
βάζω (vgl. A33[91ff]) *vorwärtsführen,* hier *drängen, anstiften;* kaus.; προβιβα-
σθεῖσα ὑπὸ τῆς μητρὸς αὐτῆς *auf Drängen ihrer Mutter, von ihrer Mutter
angestiftet.* **δός** Aor. Imp. δίδωμι. **φησίν** Präs. 3. Sg. φημί (A32); hist.
Präs. (A235); Einschub: δός μοι, φησίν, ... = φησίν: δός μοι ... (BDR
§465[5]). **πίναξ**[3] ακος ὁ *Platte, Schüssel, Teller.* **βαπτιστής** V. 2. **9 λυ-** 9
πηθείς Aor. Ptz. Pass. λυπέω *traurig machen, betrüben;* Pass. Aor. auch *trau-
rig werden;* konz.: der König *wurde traurig, aber* [Var. ἐ-λυπήθη Aor. Pass.].
συν-ανα-κειμένους Ptz. -ανά-κειμαι *zusammen bei Tisch sein, zusam-
men am Essen teilnehmen;* subst.; διὰ τοὺς ὅρκους καὶ τοὺς συνανακει-
μένους *wegen des Schwurs und der Tischgäste/anwesenden Gäste,* viell. (so
BDR §442[29]) Hendiadyoin (vgl. A378): *wegen des vor den Tischgästen geschwo-
renen Eides* bzw. *weil er vor allen Gästen einen Schwur geleistet hatte* (GNB).
ἐ-κέλευσεν Aor. κελεύω[5] *befehlen, anordnen.* **δοθῆναι** Aor. Inf. Pass.
δίδωμι; ἐκέλευσεν δοθῆναι wohl (vgl. B κελεύω; vgl. H-S §218c; BDR
§392,4) = ἐκέλευσεν δοῦναι αὐτῇ τὴν κεφαλήν/δοῦναι αὐτῇ τὸ
αἴτημα (αὐτῆς) *er befahl, ihr den Kopf zu geben/bringen* bzw. *er befahl, ihr die
Bitte zu gewähren/ihr ihren Wunsch zu erfüllen.* **10 πέμψας** Aor. Ptz. πέμπω; 10
temp. (A291,1 Anm. 1); πέμψας ἀπεκεφάλισεν τὸν Ἰωάννην *er sandte
(Diener) hin und ließ Johannes enthaupten* (vgl. Menge) wohl = *er ließ Johannes*

enthaupten (vgl. BDR §420[4] sowie A218). **ἀπ-ε-κεφάλισεν** Aor. ἀπο-κε-
11 φαλίζω (vgl. A33[91ff]) *enthaupten.* **11 ἠνέχθη** Aor. Pass. φέρω. **ἐ-δόθη**
Aor. Pass. δίδωμι. **κοράσιον** (Diminutivform v. κόρη Mädchen) *Mädchen.*
ἤνεγκεν Aor. φέρω; ἤνεγκεν = τὸ κοράσιον ἤνεγκεν αὐτήν (A79).
12 **12 προσ-ελθόντες** Aor. Ptz. -έρχομαι, temp. (A291,1 Anm. 1). **ἦραν**
Aor. αἴρω hier *holen.* **πτῶμα**[3] (< πίπτω) *Leichnam.* **ἔ-θαψαν** Aor. θά-
πτω[53] *begraben.* **ἐλθόντες** Aor. Ptz. ἔρχομαι, temp. (A291,1 Anm. 1).
ἀπ-ήγγειλαν Aor. -αγγέλλω; erg. τοῦτο/ταῦτα (A79).
13 **13 ἀκούσας** Aor. Ptz. ἀκούω, temp.; erg. τοῦτο/ταῦτα (A79); der in
V. 1f begonnene u. durch den Exkurs der V. 3-12 unterbrochene Bericht wird
hier fortgesetzt. **ἀν-ε-χώρησεν** Aor. ἀνα-χωρέω *weggehen, sich entfernen,*
sich zurückziehen. **ἐκεῖ-θεν**[18] *von dort.* **κατ᾽ ἰδίαν** (klass. = καθ᾽ ἑαυτόν
[BDR §286[2]]) *für sich* (B ἴδιος 4), *für sich allein,* hier = *um allein zu sein.*
ἀκούσαντες Aor. Ptz., temp. **ἠκολούθησαν** Aor. ἀκολουθέω. **πεζῇ**
zu Land, zu Fuß, auf dem Landweg [Var. πεζός *zu Fuß (gehend);* Adj. adv. ge-
braucht (A113)]. **ἀπὸ τῶν πόλεων** *aus den (umliegenden) Städten/Ort-*
14 *schaften.* **14 ἐξ-ελθών** Aor. Ptz. -έρχομαι hier *aussteigen* (B 1aβ), *aus dem*
Boot steigen, evtl. *(aus der Einsamkeit wieder) hervorkommen* (so Menge); temp.
ἐ-σπλαγχνίσθη Aor. Pass. (ohne bes. Pass.-Bdtg.) σπλαγχνίζομαι (vgl.
A33[91ff]) (< σπλάγχνα eig. „Eingeweide", gemeint „Herz" [Sitz der Gefüh-
le]) *sich erbarmen, Mitleid empfinden* ἐπί τινι *mit jmdm.* (B; BDR §235[4]; hier
Pl. ἐπ᾽ αὐτοῖς sinngemäße Konstruktion [A96; ebenso das flgd. αὐτῶν]).
ἐ-θεράπευσεν Aor. θεραπεύω. **ἄρ-ρωστος**[11] *kraftlos, krank;* subst.
(A105).
15 **15 ὀψία** (eig. Fem. Sg. ὄψιος spät; subst.) *Abend.* **γενομένης** Aor.
Ptz. Med. γίνομαι, gen. abs. (A288), temp.; ὀψίας γενομένης *als es Abend*
wurde/geworden war, am Abend (hier ist der gerade anbrechende Abend ge-
meint, in V. 23 der spätere). **προσ-ῆλθον** Aor. -έρχομαι. **λέγοντες** Ptz.
λέγω, mod. **ὁ τόπος** *der/dieser Ort (hier), die/diese Gegend (hier).* **παρ-ῆλ-
θεν** Aor. -έρχομαι[187] *vorbei-, vorübergehen;* (Zeit) *vergehen;* ἡ ὥρα ἤδη
παρῆλθεν *die Zeit ist schon verstrichen* (B 1aβ), *die Zeit ist schon vorgerückt*
(Menge), bzw. (idiomatischer) *es ist schon spät.* **ἀπό-λυσον** Aor. Imp. -λύω
hier τινά *jmdn. verabschieden, gehen lassen* (B 2b). **ἀπ-ελθόντες** Aor. Ptz.
-έρχομαι, temp. (als dem ἀγοράσωσιν nebengeordnet [+ „und"] übers.;
A291,1 Anm. 1): ἵνα ἀπελθόντες ... ἀγοράσωσιν ... *damit sie ... gehen*
und ... kaufen können. [Var. κύκλῳ Adv. (erstarrter lok. Dat. v. κύκλος Kreis,
A181) *im Kreis, ringsumher;* hier *umliegend.*] **κώμη** *Dorf.* **ἀγοράσωσιν**
Aor. Konj. ἀγοράζω (vgl. A33[91ff]) (< ἀγορά Marktplatz) *kaufen.* **βρῶμα**[3]
16 *Speise, Nahrungsmittel, etwas zu essen.* **16 χρείαν ἔχω** *nötig haben, brau-*
chen, m. Inf. **ἀπ-ελθεῖν** Aor. Inf. -έρχομαι. **δότε** Aor. Imp. δίδωμι hier
τινὶ φαγεῖν *jmdm. zu essen geben* (B 2). **ὑμεῖς** Subj. betont (A122). **φα-**

γεῖν Aor. Inf. ἐσθίω. **17 οἱ δέ** *(und/doch) diese/sie* (A102). **λέγουσιν** 17
hist. Präs. (A235). **εἰ μή** nach Neg. *außer* (B εἰ VI9a; A341); οὐκ ἔχομεν
ὧδε εἰ μή *wir haben nicht(s) hier außer = wir haben hier nur.* **πέντε**[19] *fünf.*
ἰχθύς[8] ύος ὁ *Fisch.* **18 ὁ δέ** *(und/doch) dieser/er* (A102). **φέρετε** Imp. 18
19 κελεύσας Aor. Ptz. κελεύω[5] *befehlen, anordnen* m. Inf./AcI; temp. (vgl. 19
A291,1 Anm. 1) [Var. 1 ἐ-κέλευσεν Aor.; Var. 2 κελεύσατε Aor. Imp.].
ἀνα-κλιθῆναι Aor. Inf. Pass. -κλίνω[126] *niederlegen, zum Niederlegen bringen;* Pass. *sich niederlegen* (zum Mahl; B 2), *sich lagern* od. (wahrscheinl. auch [vgl. LN 17.24 sowie LSJ]) *sich zurücklehnen/setzen;* κελεύσας τοὺς ὄχλους ἀνακλιθῆναι ἐπὶ τοῦ χόρτου *nachdem er angeordnet hatte, die Leute sollten sich im Gras lagern.* **χόρτος** *Gras, Heu* (Pl. synonym gebraucht). **λαβών** Aor. Ptz. λαμβάνω, temp. (A291,1 Anm. 1). **ἀνα-βλέψας** Aor. Ptz. -βλέπω[41] *aufblicken;* temp. (A291,1 Anm. 1). **εὐ-λόγησεν** Aor. -λογέω hier *Lob und Dank sagen* (B 1), *den Lobpreis sprechen, Gott danken* (GN). **κλάσας** Aor. Ptz. κλάω[23] *(in Stücke) brechen;* temp. (A291,1 Anm. 1). **ἔ-δωκεν** Aor. δίδωμι; κλάσας ἔδωκεν τοῖς μαθηταῖς τοὺς ἄρτους, οἱ δὲ μαθηταὶ τοῖς ὄχλοις *er brach die Brote in Stücke und gab sie den Jüngern, und die*
Jünger (verteilten sie) an die Menge. **20 ἔ-φαγον** Aor. ἐσθίω. **ἐ-χορτά-** 20
σθησαν Aor. Pass. χορτάζω (vgl. A33[91ff]) *satt machen, sättigen;* Pass. auch *satt werden.* **ἦραν** Aor. αἴρω hier *aufheben, einsammeln;* Subj. sind wahrscheinl. die Jünger. **περισσεῦον** Ptz. Ntr. περισσεύω intr. *überschießen, übrigsein;* subst. **κλάσμα**[3] *(abgebrochenes) Stück;* τὸ περισσεῦον τῶν κλασμάτων gen. partitivus (A164) *das, was an Stücken übriggeblieben war.* **κόφινος** *Korb* (großer, fester Tragkorb; 15,37 verwendet das Synonym σπυρίς; über einen Bdtgs-Unterschied zwischen den beiden ist nichts Sicheres bekannt). **πλήρης**[7] *angefüllt, voll;* δώδεκα κοφίνους πλήρεις *zwölf Körbe voll,* am besten m. Doppelpunkt od. Gedankenstrich anschließen (App. [A70]
zu τὸ περισσεῦον). **21 ἐσθίοντες** Ptz. ἐσθίω, subst. **ἦσαν** Ipf. εἰμί. 21
ὡσ-εί *wie;* (bei Zahlen u. Maßen) *ungefähr.* **πεντακισ-χίλιοι**[19] *fünftausend;* οἱ ἐσθίοντες ἦσαν ἄνδρες ὡσεὶ πεντακισχίλιοι *die Zahl derer, die an der Mahlzeit teilgenommen hatten* (wörtl. *die, die aßen/gegessen hatten*), *war/betrug etwa fünftausend Männer* (vgl. Menge). **χωρίς** hier *ohne* im Sinn v. *nicht mitgerechnet.*

22 ἠνάγκασεν Aor. ἀναγκάζω (vgl. A33[91ff]) *zwingen, nötigen;* hier 22
nachdrücklich auffordern (B 2). **ἐμ-βῆναι** Aor. Inf. -βαίνω[139] *(ein)steigen.* **προ-άγειν** Inf. -άγω *vorausgehen* (τινά *jmdm.*), hier *vorausfahren.* **πέραν** Adv. *jenseits,* τὸ πέραν *das jenseitige Ufer;* εἰς τὸ πέραν hier *auf die andere Seite des Sees* (Gennesaret). **ἕως οὗ** hier *solange (wie), während* (B II1bγ). **ἀπο-λύσῃ** Aor. Konj. (s. ἕως [NT öfter ohne ἄν], A337) -λύω V. 15; ἕως οὗ ἀπολύσῃ τοὺς ὄχλους *während er die Leute verabschiedete* bzw. *inzwi-*
schen wollte er die Leute verabschieden. **23 ἀπο-λύσας** Aor. Ptz., temp. 23

ἀν-έ-βη Aor. ἀνα-βαίνω. **εἰς τὸ ὄρος** *auf den* (d.h. etwa: auf den in der
Nähe liegenden) *Berg* (B ὁ II1aα), übers. (idiomatisch) *auf einen Berg* od. *ins*
Gebirge/Bergland. **κατ' ἰδίαν** V. 13. **προσ-εύξασθαι** Aor. Inf. Med.
-εύχομαι; fin. (A276). **ὀψίας γενομένης** V. 15. **ἦν** Ipf. εἰμί; ὀψίας
δὲ γενομένης μόνος ἦν ἐκεῖ etwa *noch am späten Abend war er dort allein*
24 (Wilckens). **24 στάδιον** (Pl. οἱ στάδιοι, BDR §49,3) *Stadion;* hier Län-
genmaß, etwa 180 m; σταδίους πολλούς Akk. der Ausdehnung (A148) *viele*
Stadien. **ἀπ-εῖχεν** Ipf. -έχω hier *entfernt sein* ἀπό τινος *von etwas* (B 2).
[Var. μέσον m. Gen. *mitten auf* (H-S §185a); μέσον τῆς θαλάσσης *mitten*
auf dem See (B μέσος 3).] **βασανιζόμενον** Ptz. Pass. βασανίζω *foltern,*
quälen (eig. u. übertr.), hier *bedrängen, stark zusetzen* (B 3); mod. (vgl. A291,2
Anm. 1); βασανιζόμενον ὑπὸ τῶν κυμάτων *und wurde von den Wellen*
hart bedrängt (Menge), *und wurde von den Wellen hin und her geworfen* (Einh.).
κῦμα[3] *Welle, Woge.* **ἐν-αντίος** *gegen(überstehend), entgegengesetzt;* ἦν γὰρ
ἐναντίος ὁ ἄνεμος *denn der Wind stand entgegen* (Wilckens) bzw. (etwas
25 freier) *denn sie hatten starken Gegenwind.* **ἄνεμος** *Wind.* **25 τέταρτος**[19]
vierter; τετάρτῃ φυλακῇ temp. Dat. (A182) *in der vierten Nachtwache,* d.h.
zwischen drei u. sechs Uhr morgens (idiomatisch etwa *gegen Morgen* [GN]).
[Var. ἀπ-ῆλθεν Aor. -έρχομαι.] **περι-πατῶν** Ptz. -πατέω, mod.; περι-
πατῶν ἐπὶ τὴν θάλασσαν *er ging (dabei) auf dem* (vgl. V. 28) *See.*
26 **26 ἰδόντες** Aor. Ptz. ὁράω, temp. **περι-πατοῦντα** Ptz., AcP (A300).
ἐ-ταράχθησαν Aor. Pass. ταράσσω (vgl. A33[74ff]) *aufwühlen, aufrühren;*
übertr. *in Aufregung, Unruhe, Verwirrung, Angst, Schrecken* bzw. *Bestürzung*
versetzen (Pass. *geraten*). **λέγοντες** Ptz. λέγω hier *meinen, denken* (Menge;
vgl. B 2) od. dann (m. ὅτι recitativum = Doppelpunkt [A333]) *rufen* o.ä.; kaus.
bzw. mod. **φάντασμα**[3] *Erscheinung, Gespenst.* **ἀπό** hier kaus. (BDR
§210[1]); ἀπὸ τοῦ φόβου *vor Furcht/Angst.* **ἔ-κραξαν** Aor. κράζω.
27 **27 ἐ-λάλησεν** Aor. λαλέω. **θαρσεῖτε** Imp. θαρσέω *guten Mutes, voller*
Mut, zuversichtlich sein; übers. etwa *erschreckt nicht* (z.B. GN), *habt Vertrauen*
(Einh.). **ἐγώ εἰμι** *ich* (betont, A122) *bin's.* **φοβεῖσθε** Imp. φοβέομαι;
μὴ φοβεῖσθε *fürchtet euch nicht (länger)* (H-S §246a; vgl. A265a), *ihr braucht*
28 *euch nicht zu fürchten* (NGÜ). **28 ἀπο-κριθείς** Aor. Ptz. Pass. (ohne Pass.-
Bdtg.) -κρίνομαι, pleon. (A297,2); ἀποκριθεὶς δὲ αὐτῷ ὁ Πέτρος εἶπεν
da antwortete ihm Petrus. **κύριε** Vok. **εἰ** m. Ind. indefiniter Fall (A342).
κέλευσον Aor. Imp. V. 19. **ἐλθεῖν** Aor. Inf. ἔρχομαι. **ἐπί** m. Akk. hier
(wie V. 25) Antwort auf die Frage „Wo?" (BDR §233[2]); ἐπὶ τὰ ὕδατα *auf*
dem Wasser (übers. Pl. [im Griech. häufig; s. LSJ ὕδωρ 1; vgl. Kühner-Gerth
29 §348,2] als Sg.). **29 ὁ δέ** V. 18. **ἐλθέ** Aor. Imp. ἔρχομαι. **κατα-βάς** Aor.
Ptz. -βαίνω hier *aussteigen* (B 1aα; ἀπό *aus*); temp. (A291,1 Anm. 1). **περι-**
ε-πάτησεν Aor. -πατέω. [Var. ἐλθεῖν Aor. Inf. ἔρχομαι.]. **πρός** statt
30 *zu* könnte hier *auf ... zu* gemeint sein (vgl. B III1a). **30 βλέπων** Ptz., temp.;

βλέπων δὲ τὸν ἄνεμον ἰσχυρόν erg. ὄντα (Ptz. v. εἰμί) dann AcP (H-S
§233b Anm. 2; BDR §416,1a; vgl. A300) *doch als er sah/merkte, wie heftig der*
Wind/Sturm war. **ἄνεμος** V. 24. **ἰσχυρός** *stark;* hier *heftig* (B 2). [Var.
σφόδρα *heftig, gewaltig, sehr.*] **ἐ-φοβήθη** Aor. Pass. (ohne bes. Pass.-Bdtg.)
φοβέομαι. **ἀρξάμενος** Aor. Ptz. Med. ἄρχω, temp. od. kaus. **κατα-**
ποντίζεσθαι Inf. -ποντίζομαι (< πόντος Meer, offene/hohe See) *ins*
Meer versenken; Pass. hier *versinken, sinken.* **σῶσον** Aor. Imp. σῴζω.
31 ἐκ-τείνας Aor. Ptz. -τείνω (vgl. A33[118ff]) *ausstrecken;* temp. (A291,1 31
Anm. 1). **ἐπ-ε-λάβετο** Aor. Med. ἐπι-λαμβάνομαι[152] m. Gen. *sich hal-*
ten an, festhalten, ergreifen. **λέγει** hist. Präs. (A235). **ὀλιγό-πιστος**[11] *von*
schwachem Vertrauen, kleingläubig; subst.; Vok. *du Kleingläubiger.* **εἰς τί** *war-*
um? (B εἰς 4f; BDR §299[3]). **ἐ-δίστασας** Aor. διστάζω (vgl. A33[91ff])
(< δίς doppelt) *zweifeln.* **32 ἀνα-βάντων** Aor. Ptz. -βαίνω hier *einsteigen* 32
(vgl. καταβαίνω V. 29); gen. abs. (A288), temp. [Var. ἐμ-βάντων Aor. Ptz.
-βαίνω[139] (ins Boot) *(ein)steigen*]. **ἐ-κόπασεν** Aor. κοπάζω (vgl. A33[91ff])
müde werden, (v. Sturm) *nachlassen, sich legen, aufhören.* **33 οἱ ἐν τῷ** 33
πλοίῳ *die, die im Boot waren* (A105). [Var. ἐλθόντες V. 12.] **προσ-ε-κύ-**
νησαν Aor. -κυνέω hier etwa *sich niederwerfen (vor).* **λέγοντες** Ptz. λέ-
γω, mod. **ἀληθῶς** *wahrhaftig, wirklich, tatsächlich.* **θεοῦ υἱός** Präd.-Nom.
kann auch ohne Art. best. sein (A80; H-S §135a/c) *Gottes Sohn, der Sohn Gottes;*
es ist ungewiß, was die Jünger zu diesem Zeitpunkt (!) m. diesem Ausdruck
meinten; wahrscheinl. verbanden sie damit messianische Vorstellungen (vgl.
3,17 u. 11,25-30), ohne aber schon ein tieferes Verständnis dafür zu haben (Car-
son, Mt, S. 345).

34 δια-περάσαντες Aor. Ptz. -περάω *hinüberfahren, ans andere Ufer* 34
fahren; temp. (A291,1 Anm. 1). **Γεννησαρέτ** ἡ indekl., hier Akk., *Gennesa-*
ret (fruchtbare Ebene südl. v. Kafarnaum sowie eine dort gelegene Ortschaft;
GBL 1, S. 439); ἦλθον ἐπὶ τὴν γῆν εἰς Γεννησαρέτ *sie kamen ans Land*
nach Gennesaret (nach manchen *in [die Ebene] Gennesaret* [vgl. B γῆ 4]), *sie*
landeten bei Gennesaret. **35 ἐπι-γνόντες** Aor. Ptz. -γινώσκω, temp. **οἱ** 35
ἄνδρες τοῦ τόπου *die Bewohner des Ortes* (B ἀνήρ 4). **ἀπ-έ-στειλαν**
Aor. ἀπο-στέλλω hier *Boten schicken* (vgl. Zorell 2b; LN 15.67), *benachrichti-*
gen. **περί-χωρος**[11] *benachbart;* ἡ περίχωρος (erg. χώρα [A88]) *die Umge-*
gend, die Umgebung, die Nachbarschaft. **προσ-ήνεγκαν** Aor. -φέρω; hier
3. Pl. wohl im Sinn v. „man“ (A76a). **κακῶς** Adv. *schlimm;* ἔχω κακῶς *mir*
geht es schlecht, ich bin krank, ich leide (vgl. B ἔχω II1). **ἔχοντας** Ptz. ἔχω,
subst. **36 παρ-ε-κάλουν** Ipf. παρα-καλέω. **ἵνα** hier *daß* bzw. übers. als 36
Inf. (A328; bez. [statt eines Inf./AcI] das Erbetene; BDR §392[4c]). **ἅψωνται**
Aor. Konj. Med. ἅπτω[51] Med. *berühren, anfassen,* m. Gen. (A165); παρεκά-
λουν αὐτὸν ἵνα μόνον ἅψωνται ... *sie baten ihn, nur/wenigstens ... anfas-*
sen/berühren zu dürfen. **κράσ-πεδον** *Saum* (eines Gewandes); *(Mantel-)Qua-*

ste, Troddel (wie sie der Israelit nach Num 15,37-41 an den vier Ecken seines
Obergewandes zur Erinnerung an Gottes Gebote trug). **ἥψαντο** Aor. Med.;
erg. τούτου/αὐτοῦ (A79). **δι-ε-σώθησαν** Aor. Pass. δια-σῴζω[106]
(durch)retten, durchbringen, bewahren; Pass. hier *durchgebracht/am Leben erhal-
ten werden, gerettet werden* (vgl. B), viell. aber besser m. perfektivischem, die
Vollständigkeit des Geschehens betonendem δια- (MHT 2, S. 301; vgl. A190):
völlig gerettet/geheilt/gesund werden (vgl. Menge).
15 **τότε** *darauf, da,* viell. *in jener Zeit, damals* (Menge). **προσ-έρχονται**
2 hist. Präs. (A235). **λέγοντες** Ptz. λέγω, mod. **2 διὰ τί** *warum?* **παρα-
βαίνω** (Gebote usw.) *übertreten, mißachten.* **παρά-δοσις**[8] *Überlieferung*
(d.h. die als maßgebl. überlieferte Lehre); ἡ παράδοσις τῶν πρεσβυτέ-
ρων *die Überlieferung der Alten/Vorfahren* (vgl. B πρεσβύτερος 1b) bzw. (kon-
textgemäß) *die Vorschriften, die uns von den Vorfahren her überliefert sind*
(NGÜ); gemeint sind die v. den Pharisäern gehüteten (aber z.B. v. den Sadduzä-
ern [vgl. 3,7] u. der Qumrangemeinschaft abgelehnten) außerbibl. Traditionen,
die später (wohl etwa 200 n. Chr.) in der Mischna (dem Kernstück des Talmuds)
kodifiziert wurden u. praktisch als ebenso maßgebl. galten wie der bibl. Kanon;
sie enthielten Erläuterungen zum atl. Gesetz („Torah") u. legten u.a. detaillier-
te Verhaltensvorschriften („Halacha") fest, die die genaue Befolgung des Ge-
setzes sicherstellen sollten (nach Mischna, Pirqe Aboth 1,1, bildeten sie einen
[nicht zu überschreitenden] „Zaun für die Torah"; vgl. Schürer 1, S. 68ff). **νί-
πτονται** Med. νίπτω *waschen;* Med. *sich waschen;* gemeint ist hier ein ri-
tuelles Händewaschen (vgl. Mischna, Traktat Jadajim [„Hände"], das Einzelhei-
ten dazu festlegt). **ἐσθίωσιν** Konj. ἐσθίω; ἄρτον ἐσθίω „Brot essen"
(pars pro toto, A382a) = *eine Mahlzeit einnehmen* (vgl. B 1a); ὅταν ἄρτον
ἐσθίωσιν *wenn* (hier anscheinend im Sinn v. *bevor*) *sie eine Mahlzeit einneh-*
3 *men* bzw. *vor dem Essen.* **3 ὁ δέ** *(und/doch) dieser/er* (A102). **ἀπο-κριθείς**
Aor. Ptz. Pass. (ohne Pass.-Bdtg.) -κρίνομαι, pleon. (A297,2); ὁ δὲ ἀποκρι-
θεὶς εἶπεν *er antwortete.* **διὰ τὴν παράδοσιν ὑμῶν** *eurer Überlieferung*
4 *wegen/zuliebe.* **4 ὁ θεὸς εἶπεν** *Gott hat gesagt;* zitiert werden (gemäß MT/
LXX m. kleinen exegetisch irrelevanten Abweichungen) Ex 20,12 (bzw. Dt 5,16)
u. 21,17 (bzw. Lev 20,9). [Var. ἐν-ε-τείλατο Aor. Med. -τέλλομαι[115] *befeh-
len, gebieten.*] **τίμα** Imp. τιμάω *abschätzen;* hier *schätzen, ehren;* die Eltern
„ehren" schließt, wie das Folgende zeigt, auch finanzielle Unterstützung m. ein,
so daß die Weigerung, dieser Pflicht nachzukommen, einer Verunglimp-
fung/Verfluchung der Eltern gleichkommen mußte. **κακο-λογῶν** Ptz. -λο-
γέω m. Akk. *Übles/Schändliches reden über, schmähen, verfluchen;* subst. **θα-
νάτῳ** dat. modi als Entsprechung zum hebr. infinitivus absolutus (zur Intensi-
vierung des Verbinhalts; BDR §198[9]; A180c; H-S §180c). **τελευτάτω** Imp.
3. Sg. τελευτάω *sterben;* θανάτῳ τελευτάτω *(der) muß (auf jeden Fall) ster-*
5 *ben* bzw. (sinngemäß) *(der) soll mit dem Tod bestraft werden.* **5 ὑμεῖς** Subj.

betont (im Ggs. zu ὁ θεός V. 4; A122). **ὃς ἄν** (A132) *wer (auch immer);* da-
zugehöriger Nachsatz: V. 6a. **εἴπῃ** Aor. Konj. λέγω. **δῶρον** *Geschenk, Ga-
be; Opfergabe;* hier Übersetzung des hebr. Wortes קָרְבָּן *qorbān* (vgl. Mk 7,11)
eig. (atl.) *(Gott geweihte) Gabe,* dann im Judentum auch in einer Formel ver-
wendet, durch die etwas dem profanen Gebrauch entzogen u. zu einer dem
Tempel/Gott geweihten Gabe erklärt wurde; z.T. handelte es sich bei dieser
Weihe um eine reine Formsache, bei der eine eig. Übergabe der Opfergabe an
den Tempel unterblieb (vgl. Mischna, Nedarim 5,6 usw.), od. gar um eine völlig
säkularisierte Protestäußerung (s. bes. Mischna, Nedarim); zwar gab es wohl
verschiedene Möglichkeiten, voreilig abgelegte Korban-Gelübde später unter
best. Voraussetzungen zu annullieren (vgl. Mischna, Nedarim 9,1), doch be-
stand wahrscheinl. zumindest ein Teil der Gesetzeslehrer zur Zeit Jesu darauf,
daß solche Gelübde (vgl. Num 30,2 3; Dt 23,22 24) in jedem (od. doch wenig-
stens in dem hier angesprochenen) Fall bindend waren (Davies-Allison, Mt 2,
S. 523f); erg. εἴη od. ἔστω (Opt. bzw. Imp. [3. Sg.] v. **εἰμί**) *sei* (BDR §128[7];
vgl. A78). **ὃ ἐάν** = ὃ ἄν (A132; 371) *was (auch immer)* bzw. *alles, was.* **ὠφε-
ληθῇς** Aor. Konj. Pass. ὠφελέω *helfen, nützen, fördern;* Pass. τὶ ἔκ τινος *et-
was von jmdm. als Nutzen haben* (B 1a; zum Akk. der Sache/des Inhalts s. BDR
§159,2, vgl. A213); δῶρον ὃ ἐὰν ἐξ ἐμοῦ ὠφεληθῇς *eine Gott geweihte Ga-
be sei alles, was du von mir als Nutzen hast/hättest = was ich dir schulde* (NGÜ:
*alles, was dir eigentlich von mir als Unterstützung zusteht), erkläre ich zur Opferga-
be* (Einh.). **6 οὐ μή** m. Ind. Fut. (selten statt Aor. Konj.) stärkste Vernei- 6
nung zukünftigen Geschehens (A257; BDR §365[2]), hier mod. (vgl. A247); οὐ
μὴ τιμήσει ... *der muß ... nicht ehren, der braucht ... nicht zu ehren.* **τιμήσει**
Fut. τιμάω. **τὸν πατέρα αὐτοῦ** impliziert ist (Breviloquenz/Ellipse,
A376) καὶ/ἢ τὴν μητέρα (αὐτοῦ) (vgl. Var.). **καί** kons. (A311,2; ZG)
(und) so, dámit. **ἠ-κυρώσατε** Aor. ἀ-κυρόω *außer Kraft setzen, für ungültig
erklären* (juristischer term. tech.). **7 ὑπο-κριτής**[1] (< ὑπο-κρίνομαι vor- 7
täuschen, heucheln; im älteren Griech. meist „Schauspieler") *Heuchler, Schein-
heiliger;* Vok. **καλῶς** *schön, gut;* hier *zutreffend, richtig, zu Recht* (vgl. B 4b).
ἐ-προ-φήτευσεν Aor. (zum Aug. vgl. BDR §69[4]) -φητεύω *prophezeien,
prophetisch reden* (im Sinn v. *Zukünftiges voraussagen* od. *die Gottesoffenbarung
verkünden*). **Ἠσαΐας**[1] ου 3,3; zitiert wird Jes 29,13 (folgt im wesentl. dem
Wortlaut der LXX [eine relativ freie, aber sinngemäße Entsprechung zum
MT]), ein Gotteswort, das zunächst an Bewohner Jerusalems in jesajanischer
Zeit gerichtet ist, dann aber bes. auch den (aus Jerusalem kommenden) Geg-
nern Jesu gilt, die den Anspruch erhoben, Hüter gottgefälliger Überlieferungen
zu sein, in Wirklichkeit aber in der Tradition jener standen, deren Gottesvereh-
rung durch Überbetonung von Äußerlichkeiten u. heuchlerisches Verhalten
wertlos geworden war (vgl Carson, Mt, S. 349). **8 χεῖλος**[7] *Lippe;* dat. instr. 8
(A176). **τιμάω** V. 4. **ἡ καρδία αὐτῶν** Pl. sinngemäße Konstruktion

(A96; analog die Plurale in V. 9). **πόρρω** *weit, fern.* **ἀπ-έχω** *entfernt sein*
9 ἀπό τινος *von jmdm.* (B 2). **9 μάτην** Adv. *vergeblich, umsonst.* **σέβο-
μαι** (Gott) *verehren;* μάτην δὲ σέβονταί με *doch vergeblich verehren sie
mich* od. (freier) *ihr ganzer Gottesdienst ist wertlos.* **διδάσκοντες** Ptz.
διδάσκω, kaus. **διδασκαλία** *Lehre* (die Lehrtätigkeit od. das, was gelehrt
wird). **ἔν-ταλμα**[3] *Gebot;* διδάσκοντες διδασκαλίας (zum Akk. vgl.
A145 u. BDR §153[4]) ἐντάλματα ἀνθρώπων *denn als Lehren tragen sie
Gebote von Menschen vor* bzw. *denn ihre Lehren sind nichts als Gebote von Men-*
10 *schen* (NGÜ). **10 προσ-καλεσάμενος** Aor. Ptz. Med. -καλέομαι[37]
herbeirufen, zu sich rufen; temp. (A291,1 Anm. 1). **ἀκούετε** Imp. ἀκούω hier
11 *zuhören* (B 1c). **συν-ίετε** Imp. -ίημι *verstehen, einsehen, begreifen.* **11 εἰσ-
ερχόμενον** Ptz.; subst.; τὸ εἰσερχόμενον εἰς τὸ στόμα *das, was in den
Mund hineingeht* bzw. *das, was der Mensch durch den Mund in sich aufnimmt.*
κοινόω (< κοινός gemeinsam; [kultisch] unrein) (kultisch [übers. z.B. *in
Gottes Augen*]) *verunreinigen, unrein machen.* **ὁ ἄνθρωπος** genereller Sg.
(A101; 104) *der Mensch = ein Mensch/die Menschen.* **ἐκ-πορευόμενον** Ptz.
-πορεύομαι *hinausgehen, herauskommen;* subst.
12 **12 προσ-ελθόντες** Aor. Ptz. -έρχομαι, temp. (A291,1 Anm. 1). **λέ-
γουσιν** hist. Präs. (A235). **ἀκούσαντες** Aor. Ptz. ἀκούω, temp./kaus.
ἐ-σκανδαλίσθησαν Aor. Pass. σκανδαλίζω (vgl. A33[91ff]) (< σκάν-
δαλον Falle; Ärgernis, Anstößiges) m. Akk. *jmdm. Anstoß geben, jmdn. zur
Sünde verführen;* hier *jmdm. Anstoß geben, jmdn. ärgern, empören, entrüsten*
13 (B 2). **13 ὁ δέ, ἀπο-κριθείς** V. 3. **φυτεία** *Pflanze.* **ἐ-φύτευσεν** Aor.
φυτεύω *(an)pflanzen.* **οὐράνιος**[11] *im Himmel befindlich, himmlisch.* **ἐκ-
ριζωθήσεται** Fut. Pass. -ριζόω *entwurzeln, (mit der Wurzel) ausreißen;* zur
14 Sache vgl. 3,8-10 u. 8,11f. **14 ἄφ-ετε** Aor. Imp. -ίημι hier *(gewähren) lassen*
(B 4). **ὁδηγός** *Führer* od. *einer, der jmdm. den Weg weist;* τυφλοί εἰσιν
ὁδηγοὶ τυφλῶν *sie sind blinde Blindenführer.* **ἐάν** zur Betonung steht τυ-
φλὸς δὲ τυφλόν vor dem ἐάν (BDR §475[1]). **ὁδηγῇ** Konj. ὁδηγέω *leiten,
führen.* **ἀμφότεροι** *beide.* **βόθυνος** *Grube.* **πεσοῦνται** Fut. Med. πί-
πτω.
15 **15 ἀπο-κριθείς** V. 3. **φράσον** Aor. Imp. φράζω (vgl. A33[91ff]) *er-
klären, deuten.* **τὴν παραβολὴν ταύτην** *dieses Gleichnis (von vorhin)*
16 (d.h. v. V. 11; vgl. Menge), *jenes rätselhafte Wort* (Einh.). **16 ὁ δέ** V. 3. **ἀκ-
μήν** Adv. *noch* (vgl. BDR §160[3]). **ἀ-σύνετος**[11] *unverständig;* ἀκμὴν καὶ
17 ὑμεῖς ἀσύνετοί ἐστε; *habt ihr auch noch nichts verstanden?* (GNB). **17 οὐ**
nicht; erwartet als Frageeinleitung die Antwort „doch“ (A320) [Var. οὔ-πω
noch nicht]. **νοέω** *erkennen, begreifen, verstehen, bemerken, einsehen* (vgl. B 1b).
εἰσ-πορευόμενον Ptz. -πορεύομαι *hineingehen, -kommen;* subst. (vgl.
V. 11). **κοιλία** *Bauch, Magen.* **χωρέω** *Raum geben: fortgehen, gehen, gelan-
gen.* **ἀφ-εδρών**[4] ῶνος ὁ (< ἕδρα Sitz) *Klo, Toilette.* **ἐκ-βάλλεται** Pass.

-βάλλω hier *ausscheiden, fallen gelassen;* καὶ εἰς ἀφεδρῶνα ἐκβάλλεται
übers. etwa (vgl. A385) *und dann wird es wieder* (Menge: *auf dem natürlichen*
Wege) *ausgeschieden.* **18 ἐκ-πορευόμενα** Ptz. -πορεύομαι V. 11; subst. 18
κἀκεῖνα = καὶ ἐκεῖνα *und jene* (hier besser *diese*) *Dinge.* **κοινόω** V. 11.
19 δια-λογισμός *Überlegung, Gedanke;* διαλογισμοὶ πονηροί *böse Ge-* 19
danken (erstes v. sieben gleichgeordneten Elementen), viell. *böse Gedanken,*
nämlich (GNB [sinngetreu]: *und mit ihnen;* die nachfolgenden Wörter stehen
appositionell [vgl. A70] dazu). **φόνος** *Mord, Tötung;* der griech. Pl. v. Abstrak-
ta bez. hier u. z.T. im flgd. konkrete Ausprägungen bzw. Erscheinungsformen
(A101c; BDR §142[1]), wofür im Deutschen allerdings meist auch eine Sg.-Über-
setzung adäquat ist (hier z.B. statt *Bluttaten* [B], *Mordtaten* [Menge] einfach
Mord). **μοιχεία** *Ehebruch.* **πορνεία** *Unzucht* (= illegitimer Geschlechts-
verkehr jeder Art), *Hurerei.* **κλοπή** *Diebstahl.* **ψευδο-μαρτυρία** *falsches*
Zeugnis, falsche Zeugenaussage/Aussage. **βλασ-φημία** *Verleumdung, Schmä-*
hung, Lästerung. **20 κοινοῦντα** Ptz. Ntr. κοινόω, V. 11; subst. **ἄ-νι-** 20
πτος[11] *ungewaschen.* **φαγεῖν** Aor. Inf. ἐσθίω; Inf. m. Art. ist Subj. (A280);
τὸ δὲ ἀνίπτοις χερσὶν (dat. instr. [A176]) φαγεῖν *aber mit ungewaschenen*
Händen essen macht ... nicht unrein.

21 ἐξ-ελθών Aor. Ptz. -έρχομαι, temp. (A291,1 Anm. 1). **ἐκεῖ-** 21
θεν[18] *von dort.* **ἀν-ε-χώρησεν** Aor. ἀνα-χωρέω *weggehen, sich entfernen.*
τὰ μέρη *das Gebiet* (B μέρος 1bγ). **Τύρος, Σιδών** 11,21. **22 Χανα-** 22
ναῖος *kanaanäisch;* diese wohl ältere Bezeichnung (vgl. Mk 7,26) wurde ver-
mutl. wegen deren atl. Assoziationen gewählt: eine Nachfahrin der m. dem alten
Israel verfeindeten Kanaanäer wendet sich an den jüd. Messias um Hilfe (Car-
son, Mt, S. 354). **ὅριον** *Grenze;* NT nur Pl. *Gebiet.* **ἐξ-ελθοῦσα** Aor. Ptz.
Fem. -έρχομαι, temp. (A291,1 Anm. 1). **ἔ-κραζεν** Ipf. κράζω [Var. 1
ἔ-κραξεν Aor.; Var. 2 ἐ-κραύγασεν Aor. κραυγάζω (vgl. A33[91ff]) *laut ru-*
fen, schreien, (aufgeregt) brüllen]. **λέγουσα** Ptz. Fem. λέγω, mod., hier pleon.
(A297), am besten als Doppelpunkt berücksichtigen. **ἐλέησον** Aor. Imp.
ἐλεέω m. Akk. *sich erbarmen über, Erbarmen haben mit.* **κύριε** Vok. **υἱός**
Nom. für Vok. (A142) [Var. υἱέ Vok.], in der Wendung υἱὸς Δαυίδ (dazu
vgl. 1,1) ohne Art. (BDR §147[6]; vgl. A106c). **Δαυίδ** indekl., hier Gen. **θυ-**
γάτηρ[6] τρός ἡ *Tochter.* **κακῶς** Adv. *schlimm, übel, furchtbar.* **δαιμονί-**
ζομαι *dämonisch besessen sein;* κακῶς δαιμονίζεται meine Tochter *wird*
von einem Dämon (od. *von Dämonen* [doch vgl. Mk-Par.]) *übel geplagt/furchtbar*
gequält. **23 ὁ δέ** V. 3. **ἀπ-ε-κρίθη** Aor. Pass. (ohne Pass.-Bdtg.) ἀπο-κρί- 23
νομαι. **οὐκ ... λόγον** *kein Wort.* **προσ-ελθόντες** V. 12. **ἠρώτουν** Ipf.
(statt ἠρώτων [vgl. BDR §90; A24]) ἐρωτάω; das Ipf. steht viell., weil die Bit-
te (zunächst) unerfüllt (doch s.a. zu ἀπόλυσον) geblieben ist (BDR §328[3];
vgl. konativen Gebrauch [A237c]) [Var. 1 ἠρώτων; Var. 2 ἠρώτησαν Aor.].
λέγοντες Ptz. λέγω V. 22. **ἀπό-λυσον** Aor. Imp. -λύω hier ent-

weder *verabschieden* (B 2b) im Sinn v. veranlassen, daß jmd. weggeht (vgl.
LN 15.43), od. (wohl besser) *befreien* (EWNT 1, Sp. 337); ἀπόλυσον αὐ-
τήν *sieh zu, daß du sie loswirst* (GNB) od. *befrei sie (von ihrer Sorge)* (Einh.)
bzw. (freier) *erfüll ihr doch die Bitte* (NGÜ). **ὄπισθεν** Adv. *(von) hinten;* un-
24 eig. Präp. (A183) *hinter ... her.* **24 ἀπο-κριθείς** V. 3. **ἀπ-ε-στάλην** Aor.
Pass. ἀπο-στέλλω hier εἴς τινα *zu jmdm.* (B 1bα); pass. divinum (A76b;
B 1c). **εἰ μή** nach Neg. *außer* (B εἰ VI9a; A341); οὐκ ... εἰ μὴ εἰς *nicht ...
außer zu = nur zu ...* **πρό-βατον** *Schaf.* **ἀπ-ολωλότα** Pf. (A231) Ptz. Ntr.
-όλλυμαι, attr.; τὰ πρόβατα τὰ ἀπολωλότα οἴκου Ἰσραήλ *die verlo-
renen Schafe des Hauses* (d.h. der Nachkommen, des Volkes) *Israel(s)* (BDR
§262[2]; vgl. A106c): der Gen. v. οἴκου ist wahrscheinl. epexegetisch (A163): *die
verlorenen Schafe,* (näml.) *das Haus/Volk Israel* (kaum gen. partitivus [A164];
25 vgl. Jes 53,6; Jer 50,6; Ez 34). **25 ἡ δέ** *(und/doch) diese/sie* (A102). **ἐλθοῦ-
σα** Aor. Ptz. Fem. ἔρχομαι, temp. (A291,1 Anm. 1). **προσ-ε-κύνει** Ipf.
-κυνέω hier etwa *sich niederwerfen (vor)* [Var. προσ-ε-κύνησεν Aor.]. **λέ-
γουσα** V. 22, mod. **βοήθει** Imp. βοηθέω *zu Hilfe kommen, helfen.*
26 **26 καλόν** hier *recht* (vgl. B 3b). **λαβεῖν** Aor. Inf. λαμβάνω; λαβεῖν τὸν
ἄρτον τῶν τέκνων *das Brot der Kinder zu nehmen = den Kindern das Brot
wegzunehmen.* **βαλεῖν** Aor. Inf. βάλλω hier *hinwerfen, vorwerfen* (vgl. B 1b).
κυνάριον (Diminutivform v. κύων „Hund“, aber nicht unbedingt m. dimi-
nutiver Bdtg. [H-S §298a]) *Hündchen, Hund* (der Haushund im Ggs. zum her-
umstreifenden Straßenhund [vgl. 7,6]); Jesus will offenbar sicherstellen, daß sich
die Frau der historischen Unterscheidung zwischen Juden (hier „Kinder“) u.
den Heiden (hier „Hunde“, wie die Nichtjuden anscheinend manchmal v. den
27 Juden genannt wurden) bewußt war. **27 ναί** *ja, gewiß, freilich;* ναὶ κύριε,
καὶ γὰρ τὰ κυνάρια ἐσθίει *ganz recht, Herr, aber die Hunde fressen doch*
(vgl. B 2; das γάρ begründet wohl die im Raum stehende Bitte, vgl. B γάρ 1e)
bzw. *das stimmt, Herr ... aber immerhin fressen die Hunde* (NGÜ), dagegen über-
setzt Menge (vgl. die Alternative in B 2 sowie BDR §441[2]): *o doch, Herr! die
Hündlein bekommen ja auch.* **ἀπό** m. Gen. (erstes) statt gen. partitivus (A164;
H-S §184e) *von.* **ψιχίον** *das ganz kleine Bröckchen;* Pl. *Brocken, Brotkrumen,*
28 *Brotreste.* **πιπτόντων** Ptz. πίπτω, attr. **τράπεζα** *Tisch.* **28 ὦ** vor Vok.
m. Affekt (A142); bleibt (idiomatisch) am besten unübersetzt. **γύναι** Vok.
γυνή. **μεγάλη** erg. ἐστίν (A78). **γενηθήτω** Aor. Imp. Pass. (ohne bes.
Pass.-Bdtg.) 3. Sg. γίνομαι; γενηθήτω σοι ὡς θέλεις *dir geschehe nach
deinem Willen = was du willst, soll geschehen/soll dir zuteil werden* (vgl. B I3bβ/γ).
ἰάθη Aor. Pass. ἰάομαι[17] *heilen.* **ἀπὸ τῆς ὥρας ἐκείνης** *von dieser*
(vgl. BDR §291[5]) *Stunde an, sofort* (B ὥρα 3).
29 **29 μετα-βάς** Aor. Ptz. -βαίνω[139] (v. einem Ort) *weggehen* (um an ei-
nem anderen Ort zu sein); temp. (A291,1 Anm. 1). **ἐκεῖ-θεν** V. 21. **παρά**
m. Akk. hier *an* den See (B III1bβ). **ἡ θάλασσα τῆς Γαλιλαίας** *der See*

von Galiläa (= See Gennesaret). **ἀνα-βάς** Aor. Ptz. -βαίνω, temp. (A291,1
Anm. 1). **εἰς τὸ ὄρος** *auf den* (d.h. etwa: auf den in der Nähe liegenden) *Berg*
(B ὁ II1aα), übers. (idiomatisch) *auf einen Berg* od. *ins Gebirge/Bergland.* **ἐ-κά-
θητο** Ipf. Med. κάθημαι; sich zum Lehren zu setzen, entsprach zeitgenössi-
scher Sitte (EWNT 2, Sp. 552). **30 προσ-ῆλθον** Aor. -έρχομαι. **ἔχον-** 30
τες Ptz. ἔχω; attr. od. mod.; ἔχοντες μεθ' ἑαυτῶν ... *die* (od. *wobei sie*) ...
bei sich hatten (vgl. B I3) od. einfach *mit* (GNB; vgl. A292). **χωλός** *lahm, ge-
lähmt;* subst. *Gelähmter.* **κυλλός** *verkrüppelt, verstümmelt;* subst. *Verkrüppel-
ter, Krüppel.* **κωφός** *stumm;* subst. (A105). **καὶ ἑτέρους πολλούς** *und
viele andere (Kranke/Behinderte)* (vgl. BDR §306,2). **ἔρ-ριψαν** Aor. ῥίπτω[58]
werfen; hier *niederlegen* (B 2) παρὰ τοὺς πόδας τινός *vor jmds. Füße.* **ἐ-θε-
ράπευσεν** Aor. θεραπεύω. **31 θαυμάσαι** Aor. Inf. θαυμάζω, Präd. 31
des AcI. **βλέποντας** Ptz. βλέπω; (erstes:) part. coni. zu τὸν ὄχλον (A287;
Pl. des Ptz.: sinngemäße Konstruktion [A96; BDR §134[3]]), temp. *die Leute ... als
sie sahen;* (zweites:) m. τυφλούς kongruierend, AcP (A300) *daß Blinde sehen
konnten* (vgl. B βλέπω 2). **λαλοῦντας** Ptz. λαλέω, AcP (A300) [Var.
ἀκούοντας Ptz. ἀκούω, AcP]. **ὑγιής**[7] *gesund, unversehrt;* κυλλοὺς ὑγι-
εῖς erg. ὄντας (Ptz. v. εἰμί) dann AcP (H-S §233b Anm. 2; BDR §416[2]; vgl.
A300) *daß Krüppel gesund waren/wurden.* **περι-πατοῦντας** Ptz. -πατέω,
AcP (A300). **ἐ-δόξασαν** Aor. δοξάζω [Var. ἐ-δόξαζον Ipf.]. **Ἰσραήλ**
indekl., hier Gen.

32 προσ-καλεσάμενος V. 10. **σπλαγχνίζομαι** (< σπλάγχ- 32
να eig. „Eingeweide", gemeint „Herz" [Sitz der Gefühle]) *sich erbarmen, Mit-
leid empfinden* ἐπί τινα *mit jmdm.* (B; BDR §233[3]); σπλαγχνίζομαι ἐπὶ
τὸν ὄχλον *ich habe Mitleid mit den/diesen Menschen.* **ἡμέραι τρεῖς** auffäl-
liger Nom. (BDR §144,2): zu erwarten wäre ἡμέρας τρεῖς *drei Tage (lang)*
(Akk. der zeitl. Ausdehnung; A148; so Var.), evtl. ἡμέραι τρεῖς εἰσιν καί
drei Tage sind es, daß (vgl. BDR §442[10]; A311,4). **προσ-μένω** m. Dat. *blei-
ben, ausharren bei; noch weiterhin bleiben bei;* Pl. sinngemäße Konstruktion
(A96); ὅτι ἤδη ἡμέραι τρεῖς προσμένουσίν μοι *denn sie sind schon drei
Tage bei mir.* **φάγωσιν** Aor. Konj. ἐσθίω; τί φάγωσιν m. deliberativem
Konj. (A255) wie bei der implizierten direkten Frage τί φάγωμεν *was sollen
wir essen,* doch hier 3. statt 1. Pl (vgl. A331; H-S §273e) u. (unklass. m. τί statt ὅ
[BDR §298[7]; A133b; H-S §143b]) als Rel.-Satz gebraucht (vgl. ähnl. B τίς 1bζ);
οὐκ ἔχουσιν τί φάγωσιν *sie haben nicht(s), was sie essen könnten = sie ha-
ben nichts zu essen.* **ἀπο-λῦσαι** Aor. Inf. -λύω hier τινά *jmdn. verabschie-
den* (B 2b), d.h. veranlassen od. erlauben, daß jmd. weggeht (LN 15.43), bzw.
(idiomatisch) *nach Hause schicken/gehen lassen.* **νῆστις** ι(δ)ος (Akk. Pl. νή-
στεις; BDR §47,3) *nüchtern* (= ohne zu essen), *hungrig;* Objektsartangabe
(A65). **μή-ποτε** *damit nicht (etwa)* (A339) od. *sonst* (Menge). **ἐκ-λυθῶ-
σιν** Aor. Konj. Pass. (ohne bes. Pass.-Bdtg.) -λύομαι *ermatten, schwach wer-*

den, hier etwa *zusammenbrechen* (GNB). **ἐν τῇ ὁδῷ** *auf dem Weg, unterwegs*
33 (B ὁδός 1b). **33 λέγουσιν** V. 12. **πόθεν**[18] *woher?;* πόθεν ἡμῖν (dat.
poss.; A173b) erg. wohl (vgl. A78 u. BDR §128) ἔσονται (Fut. v. εἰμί), evtl.
γενήσονται (Fut. v. γίνομαι) *woher werden/sollen* (vgl. A247b) *wir* so viele
Brote *bekommen* (vgl. H-S §279b). **ἐρημία** *Einöde, unbewohnte Gegend;* ἐν
ἐρημίᾳ *in einer/dieser unbewohnten Gegend* (vgl. A106a). **τοσοῦτος**[18]
(A352) *so groß, so lang; so viel;* Pl. *so viele.* **χορτάσαι** Aor. Inf. χορτάζω
(vgl. A33[91ff]) *satt machen, sättigen;* Pass. auch *satt werden;* ὥστε χορτάσαι ...
(so) daß wir ... satt machen könnten (vgl. H-S §279b) bzw. (idiomatischer) *um ...*
34 *satt zu machen.* **34 λέγει** hist. Präs. (A235). **πόσος**[18] *wie groß?* Sg. (bei Un-
zählbarem) *wieviel?* Pl. *wie viele?* **οἱ δέ** *(und) diese/sie* (A102). **εἶπαν** Aor.
(vgl. H-S §105g) λέγω. **ἰχθύδιον** (Diminutivform v. ἰχθύς Fisch) *kleiner*
35 *Fisch.* **35 παρ-αγγείλας** Aor. Ptz. -αγγέλλω[110] *auffordern, anordnen, an-
weisen, befehlen;* temp. (A291,1 Anm. 1) [Var. ἐ-κέλευσεν Aor. κελεύω[5] *be-
fehlen, anordnen*]. **ἀνα-πεσεῖν** Aor. Inf. -πίπτω[194] *sich niederlegen/lagern,
Platz nehmen (um zu essen)* ἐπὶ τὴν γῆν *auf dem Boden* (vgl. B γῆ 2).
36 **36 ἔ-λαβεν** Aor. λαμβάνω [Var. λαβών Aor. Ptz., temp.]. **ἰχθύς**[8] ύος
ὁ *Fisch.* **εὐ-χαριστήσας** Aor. Ptz. -χαριστέω *dankbar sein; Dank sagen,
danken,* hier *das Dankgebet sprechen, Gott danken* (vgl. B 2); temp. (A291,1
Anm. 1). **ἔ-κλασεν** Aor. κλάω[23] *(in Stücke) brechen.* **ἐ-δίδου** Ipf. δίδω-
μι; ἔκλασεν (erg. τοὺς ἄρτους bzw. auch τοὺς ἰχθύας) καὶ ἐδίδου
τοῖς μαθηταῖς, οἱ δὲ μαθηταὶ τοῖς ὄχλοις *er brach die Brote in Stücke*
(bzw. *er zerteilte die Brote und die Fische*) *und gab sie den Jüngern, und die Jünger*
37 *verteilten alles an die Menge* [Var. ἔ-δωκεν Aor.]. **37 ἔ-φαγον** Aor. ἐσθίω.
ἐ-χορτάσθησαν Aor. Pass. χορτάζω. **περισσεῦον** Ptz. περισσεύω
intr. *überschießen, übrig sein;* subst. **κλάσμα**[3] *(abgebrochenes) Stück;* τὸ πε-
ρισσεῦον τῶν κλασμάτων gen. partitivus (A164) *das, was an Stücken üb-
riggeblieben war.* **ἦραν** Aor. αἴρω hier *aufheben, einsammeln;* Subj. sind wahr-
scheinl. die Jünger. **σπυρίς**[3] ίδος ἡ *Korb* (14,20 verwendet das Synonym κό-
φινος; über einen Bdtgs-Unterschied zwischen den beiden ist nichts Sicheres
bekannt). **πλήρης**[7] *angefüllt, voll;* ἑπτὰ σπυρίδας πλήρεις *sieben Körbe*
38 *voll* (App. [A70] zu τὸ περισσεῦον). **38 ἐσθίοντες** Ptz. ἐσθίω, subst.
ἦσαν Ipf. εἰμί. [Var. ὡς/ὡσ-εί *wie;* (bei Zahlen u. Maßen) *ungefähr.*] **τε-
τρακισ-χίλιοι**[19] *viertausend;* οἱ ἐσθίοντες ἦσαν τετρακισχίλιοι ἄν-
δρες *die Zahl derer, die an der Mahlzeit teilgenommen hatten* (wörtl. *die, die
aßen/gegessen hatten*), *war/betrug viertausend Männer* (vgl. Menge). **χωρίς** hier
39 *ohne* im Sinn v. *nicht mitgerechnet.* **39 ἀπο-λύσας** Aor. Ptz. V. 32; temp.
ἐν-έ-βη Aor. ἐμ-βαίνω[139] *(ein)steigen.* **ὅριον** V. 22. **Μαγαδάν** indekl.,
hier Nom., *Magadan,* sonst nicht bekannter Ort am See Gennesaret (s. GBL 1,
S. 247f) [Var. Μαγδαλά(ν) *Magdala,* Ort an der Westseite des Sees (s.
GBL 2, S. 909f)].

προσ-ελθόντες Aor. Ptz. -έρχομαι, temp. (A291,1 Anm. 1). **Σαδ-** 16
δουκαῖος *Sadduzäer,* Angehöriger einer politisch einflußreichen religiösen
Richtung des Judentums, deren Mitglieder aus den vornehmen Familien
stammten; οἱ Φαρισαῖοι καὶ Σαδδουκαῖοι *die Pharisäer und Sadduzäer,*
die beiden sich sonst häufig bekämpfenden Gruppen gehen hier vereint (s. Ge-
brauch des Art.; vgl. H-S §131c) gegen einen gemeinsamen Feind vor. **πειρά-**
ζοντες Ptz. πειράζω *versuchen, in Versuchung bringen* (Unrechtes zu tun);
prüfen, hier *auf die Probe stellen;* fin. (A291,6). **ἐπ-ηρώτησαν** Aor. -ερω-
τάω hier *bitten* (B 2), *auffordern* (vgl. ZG; nachklass. anzutreffende Bdtg.) [Var
ἐπ-ηρώτων Ipf.]. **σημεῖον ἐκ τοῦ οὐρανοῦ** *ein Zeichen vom Himmel*
= ein gottgewirktes Zeichen (B οὐρανός 2a; vgl. 3: οὐρανός als Umschreibung
v. „Gott“) od. ein kosmisches Zeichen als Legitimation für Jesu göttl. Beauftra-
gung (GNB: *ein Zeichen vom Himmel als Beweis dafür, daß er wirklich von Gott*
beuftragt sei). **ἐπι-δεῖξαι** Aor. Inf. -δείκνυμι[212] *zeigen, vorzeigen, vorführen*
(B 1), *sehen lassen.* **2 ὁ δέ** *(und/doch) dieser/er* (A102). **ἀπο-κριθείς** Aor. 2
Ptz. Pass. (ohne Pass.-Bdtg.) -κρίνομαι, pleon. (A297,2); ὁ δὲ ἀποκριθεὶς
εἶπεν *aber er antwortete.* **ὀψία** (eig. Fem. Sg. ὄψιος spät; subst.) *Abend.* **γε-**
νομένης Aor. Ptz. Med. γίνομαι, gen. abs. (A288), temp.; ὀψίας γενομέ-
νης *wenn es Abend geworden ist, am Abend.* **εὐ-δία** *heiteres/schönes Wetter;*
erg. gedankl. ἔσται (Fut. v. εἰμί; A78) o.ä. *es wird schönes Wetter geben* (ana-
log bei χειμών V. 3). **πυρράζω** *feuerrot/rot sein.* **3 πρωΐ** *früh, frühmor-* 3
gens. **χειμών**[4] ῶνος ὁ *Winter; regnerisches und stürmisches Wetter;* σήμερον
χειμών etwa *heute (gibt es) schlechtes Wetter* (B 1), *Regenwetter* (Menge), *Sturm*
(Einh.). **στυγνάζων** Ptz. στυγνάζω (< στυγνός u.a. „furchtbar, dü-
ster“) *sich entsetzen;* (Himmel) *trüb sein;* mod. (A291,2 Anm. 1); πυρράζει
γὰρ στυγνάζων ὁ οὐρανός *denn der Himmel ist rot und trüb* (GN: *rot und*
verhangen). **πρόσωπον** hier *Aussehen* (B 1d). **γινώσκω** hier m. Inf. im
Sinn v. *verstehen zu, können* (BDR §392[8]; vgl. H-S §218e). **δια-κρίνειν** Inf.
-κρίνω *unterscheiden, einen Unterschied machen;* hier *(sorgfältig/richtig) beurtei-*
len (B 1cβ). **τὰ σημεῖα τῶν καιρῶν** *die Zeichen/Anzeichen* (B σημεῖον
1) *der Zeiten/Zeit* (d.h. Zeit im Sinn v. „[von Gott festgesetzte letzte] Zeit“); ge-
meint sind wahrscheinl. „die Zeichen“, die die messianische Sendung Jesu u.
das Anbrechen des Gottesreiches bezeugen (vgl. 11,4-6; 12,28; Carson, Mt,
S. 361). **οὐ δύνασθε** erg. διακρίνειν. **4 μοιχαλίς**[3] ίδος ἡ (Fem. v. 4
μοιχός Ehebrecher) *Ehebrecherin;* hier Adj. *ehebrecherisch,* übertr. (gegenüber
Gott [der Bund zwischen Jahwe u. Israel wird im AT oft als Ehe u. Israels Abfall
zu fremden Kulten als Ehebruch beschrieben; EWNT 2, Sp. 1078f; vgl. Jes 50,1;
57,3; Jer 3,8; Hos 2,1-7; 3,1 usw.]) *bundesbrüchig, treulos;* γενεὰ πονηρὰ καὶ
μοιχαλίς *eine böse und treulose/von Gott abgewandte Generation* (s. auch zu
12,39). **ἐπι-ζητέω** *suchen;* hier *verlangen, fordern* (B 2b). **δοθήσεται** Fut.
Pass. δίδωμι; wohl pass. divinum (A76b). **εἰ μή** nach Neg. *außer* (vgl. B εἰ

VI9a; A341); σημεῖον οὐ ... εἰ μή *kein (anderes) Zeichen ... außer/als.* **Ἰω-**
νᾶς[1] 12,39; τὸ σημεῖον Ἰωνᾶ gen. epexegeticus (A163) *das Zeichen des Jo-*
na, das er durch seine Person als Gerichtsprediger od. (wohl eher) als wunder-
bar Erretteter für die Bewohner Ninives darstellte. **κατα-λιπών** Aor. Ptz.
-λείπω[44] *zurücklassen,* hier etwa *stehenlassen;* temp. (A291,1 Anm. 1). **ἀπ-**
ῆλθεν Aor. -έρχομαι.
5 **5 ἐλθόντες** Aor. Ptz. ἔρχομαι, temp. **πέραν** Adv. *jenseits,* τὸ πέ-
ραν *das jenseitige Ufer;* εἰς τὸ πέραν hier *auf die andere Seite des Sees* (Gen-
nesaret). **ἐπ-ε-λάθοντο** Aor. Med. ἐπι-λανθάνομαι[154] m. Gen. *verges-*
sen; ἐλθόντες οἱ μαθηταὶ εἰς τὸ πέραν ἐπελάθοντο *bei der Überfahrt*
auf die andere Seite des Sees hatten (vgl. H-S §199n; A224) *die Jünger vergessen.*
6 **λαβεῖν** Aor. Inf. λαμβάνω hier *mitnehmen.* **6 ὁρᾶτε** Imp. ὁράω hier *zu-*
sehen (B 2bβ), *sich in acht nehmen, achtgeben.* **προσ-έχετε** Imp. -έχω m.
Dat. *den Sinn richten auf; achten auf,* ἀπό τινος *sich vor jmdm./etwas in acht*
nehmen (B 1b), *sich vor jmdm./etwas hüten.* **ζύμη** *Sauerteig;* bildl. (s. V. 12) v.
einem negativen Einfluß, der zwar unscheinbar beginnt, sich dann aber schnell
ausbreitet u. das Ganze verdirbt (vgl. 13,33; viell. aber einfach m. dem neutralen
Sinn unaufhaltsamer Durchdringungskraft verbunden, wobei sich die Wertung
7 des Einflusses aus dem Kontext ergibt). **Σαδδουκαῖος** V. 1. **7 οἱ δέ**
(und) diese/sie (A102). **δι-ε-λογίζοντο** Ipf. Med. δια-λογίζομαι *(gründ-*
lich) überlegen, erwägen, sich Gedanken (über etwas) *machen;* (sich Gedanken
machen u. sie austauschen) *sich besprechen, diskutieren.* **ἐν ἑαυτοῖς** *bei sich*
od. *untereinander.* **λέγοντες** Ptz. λέγω, mod. (A291,2 Anm. 1). **ὅτι** recitati-
vum = Doppelpunkt (A333) od. kaus. *(das sagt er sicher), weil.* **ἐ-λάβομεν**
8 Aor. V. 5. **8 γνούς** Aor. Ptz. γινώσκω, temp.; γνοὺς ὁ Ἰησοῦς *als Jesus*
das (vgl. A79) *merkte* (B 4b). **τί** adv. *was/warum?* (vgl. B τίς 3a; A134a). **ὀλι-**
γό-πιστος[11] *von schwachem Vertrauen, kleingläubig;* subst. (A105), Vok. *ihr*
Kleingläubigen. **ὅτι** *darüber, daß* (B 1c) od. *weil* (vgl. V. 7). [Var. ἐ-λάβετε
9 Aor.] **9 οὔ-πω** *noch nicht.* **νοέω** *erkennen, begreifen, verstehen* (vgl. B 1e).
μνημονεύω hier m. Akk. (BDR §175[2]) *sich erinnern an, denken an.* **πέν-**
τε[19] *fünf.* **πεντακισ-χίλιοι**[19] *fünftausend.* **πόσος**[18] *wie groß?* Sg. (bei
Unzählbarem) *wieviel?* Pl. *wie viele?;* οὐδὲ μνημονεύετε ... καὶ πόσους *er-*
innert ihr euch nicht an ... und daran, wie viele (vgl. A331; analog V. 10). **κόφι-**
νος *Korb* (großer, fester Tragkorb; über einen Bdtgs.-Unterschied zwischen
κόφινος u. σπυρίς [V. 10]) ist nichts Sicheres bekannt); πόσας σπυρίδας
wie viele Körbe erg. *mit Resten* o.ä. (analog V. 10). **ἐ-λάβετε** Aor. λαμβάνω
10 hier *einsammeln.* **10 τετρακισ-χίλιοι**[19] *viertausend.* **σπυρίς**[3] ίδος ἡ
11 *Korb.* **11 πῶς** hier *wie ist es möglich, daß* (B 1b) bzw. *warum ... denn.*
12 **12 συν-ῆκαν** Aor. -ίημι[202] *verstehen, einsehen, begreifen.* **ἡ ζύμη τῶν**
ἄρτων *der Sauerteig der Brote = der Sauerteig, den man beim Brotbacken*
verwendet. **διδαχή** *Lehre* (das, was gelehrt wird, od. die Lehrtätigkeit).

13 ἐλθών Aor. Ptz. ἔρχομαι, temp. **τὰ μέρη** *das Gebiet* (B μέρος 13
1bγ). **Καισάρεια ἡ Φιλίππου** *Cäsarea Philippi,* Stadt am südwestl. Ab-
hang des Hermonberges an einer der Hauptquellen des Jordan, vom Tetrarchen
Philippus (vgl. Lk 3,1) ab 3/2 v. Chr. zu seiner hell. Hauptstadt ausgebaut u.
Καισάρεια genannt (durch den Zusatz ἡ Φιλίππου wurde es vom Mittel-
meerhafen u. Statthaltersitz Cäsarea unterschieden; GBL 1, S. 225). **ἠρώτα**
Ipf. ἐρωτάω. **εἶναι** Inf. εἰμί, Präd. des AcI; τίνα (Präd.-Nom. des AcI; vgl.
A269) λέγουσιν οἱ ἄνθρωποι εἶναι τὸν υἱὸν τοῦ ἀνθρώπου (Subj.
des AcI) Fragesatz-Verschränkung (m. AcI; vgl. ähnl. A364b) *wer, sagen die
Leute, ist der Menschensohn = für wen halten die Leute den Menschensohn* (ana-
log V. 15) [Var.: με ist Subj., τὸν υἱὸν τοῦ ἀνθρώπου App. (A70) dazu].
14 οἱ δέ V. 7. **εἶπαν** Aor. (vgl. H-S §105g) λέγω. **οἱ μέν ... ἄλλοι** 14
δέ ... ἕτεροι δέ *die einen ... andere ... wieder andere* (H-S §130; vgl. A102); erg.
jeweils gedankl. λέγουσίν σε εἶναι (wozu die Akkusative Ἰωάννην usw.
[τίνα entsprechend] als Präd.-Nom. treten). **βαπτιστής**[1] *Täufer.* **Ἠλί-
ας**[1] 11,14; Elijas (erneutes) Auftreten wurde auf Grund v. Mal 3,23f erwartet
(vgl. 11,14). **Ἰερεμίας**[1] 2,17 (viell. sah man best. Par. zwischen Jesus u. Jere-
mia, etwa ihre Gerichtsbotschaft u. ihre Angriffe auf den Tempel). **τῶν προ-
φητῶν** gen. partitivus (A164) *der anderen* (A376a) *Propheten.* **15 λέγει** 15
hist. Präs. (A235). **ὑμεῖς δέ** Subj. betont (A122; durch Voranstellung zusätzl.
hervorgehoben [vgl. BDR §475[2]]) *und ihr.* **16 ἀπο-κριθείς** V. 2. **ὁ** 16
χριστός Präd.-Nom. m. Art. (gefolgt v. einer entsprechenden App. [A70]):
betonte Gleichsetzung m. dem Subj. (H-S §135a; A80): *der* (verheißene) *Chri-
stus/Messias.* **ζῶντος** Ptz. ζάω, attr. **17 Βαριωνᾶ** od. ᾶς[1] ᾶ (aram. 17
בַּר יוֹנָא *bar jônāʾ* „Sohn des Jona", offenbar Alternative zu „Sohn des Johan-
nes" [Jh 1,42]; viell. ist Ἰωνᾶ als [volkstüml.?] Verkürzung v. Ἰωάννης zu
verstehen [in der LXX-Überlieferung werden die beiden Namen manchmal ver-
tauscht]; BDR §53[4]) *Barjona,* Beiname des Apostels Petrus (zur Unterschei-
dung dieses Simon v. dessen Namensvettern im Umfeld Jesu); Σίμων Βαριω-
νᾶ Vok. *Simon Barjona* bzw. *Sohn des Jona* (GNB: *Sohn von Johannes*). **ὅτι**
hier *denn* (vgl. B 3b). **σὰρξ καὶ αἷμα** *Fleisch und Blut = Mensch(en) von
Fleisch und Blut* (B σάρξ 3). **ἀπ-ε-κάλυψεν** Aor. ἀπο-καλύπτω[54] *ent-
hüllen, offenbaren;* entgegen der übl. Regel (A94) Sg.-Präd. (da das vorausge-
hende zusammengesetzte Subj. nicht persönl. ist [vgl. BDR §135[2]] bzw.
semantisch eine Einheit bildet); σὰρξ καὶ αἷμα οὐκ ἀπεκάλυψέν σοι
erg. τοῦτο/ταῦτα (A79) *nicht Fleisch und Blut/nicht ein Mensch von Fleisch
und Blut* (NGÜ [sinngetreu]: *nicht menschliche Klugheit*) *hat dir das offenbart.*
18 κἀγώ *ich meinerseits* (B 3b). **ὅτι** wohl recitativum = Doppelpunkt 18
(A333). **πέτρα** *Fels;* m. diesem „Felsen" ist zweifelsfrei Petrus gemeint, der
(dank der ihm geschenkten göttl. Offenbarung) als Primus inter pares (vgl. Apg
1-12, bes. auch 8,14 u. 11,1-18, sowie Gal 2,11-14) den Grundstein der

Gemeinde des Messias als des neuen Gottesvolkes (קְהַל אֵל/יהוה *qəhal ʾēl/jhwh* Versammlung/Gemeinde Gottes/Jahwes) bildete (vgl. Eph 2,20; Carson, Mt, S. 368f); der Wechsel Πέτρος/πέτρα läßt sich am besten wie folgt erklären: das dem Ausdruck Πέτρος (s. Κηφᾶς z.B. in Jh 1,42) wie (wahrscheinl.) auch πέτρα zu Grunde liegende aram. Wort כֵּיפָא *kêfāʾ* kann sowohl „Stein" (wichtige Bdtg. v. πέτρος) als auch „Fels" (= πέτρα) bedeuten: während im Griech. als Männername (wegen des Genus) nur Πέτρος in Frage kam, eignete sich das etymologisch nah verwandte (Teilsynomyn) πέτρα bes. gut, den hier relevanten Aspekt herauszustellen (vgl. Davies-Allison, Mt 2, S. 627). **οἰκο-δομήσω** Fut. -δομέω. **πύλη** *Tor, Tür;* πύλαι „(die) Stadttor(e)" (vgl. LSJ) meint hier (pars pro toto; A382a; EWNT 3, Sp. 476) die „Stadt" bzw. auch deren Bewohner (vgl. Köhler-Baumgartner, S. 1492). **ᾅδης**[1] *Hades, Unterwelt, Totenreich;* πύλαι ᾅδου *die Tore des Totenreiches = das Totenreich;* dieser Ausdruck wird hier gewöhnl. als Umschreibung für den Tod verstanden (nicht einmal der Tod wird die Gemeinde Jesu vernichten können [vgl. GN]), wahrscheinl. ist aber damit die Gesamtheit der m. dem Totenreich verbundenen Kräfte u. Mächte (einschließl. der dämonischen) gemeint (Davies-Allison, Mt 2, S. 633; vgl. LSJ πύλη 3); übers. etwa *das Totenreich mit seiner ganzen Macht* (NGÜ; Einh.: *die Mächte der Unterwelt*). **κατ-ισχύσουσιν** Fut. -ισχύω *die Kraft haben, stark (genug) sein;* m. Gen. *stärker sein als, überwältigen, den Sieg davontragen über.* **αὐτῆς** weist auf
19 ἐκκλησία zurück. **19 δώσω** Fut. δίδωμι. **κλείς**[3] κλειδός ἡ (Akk. Pl.
hier κλεῖδας [Var. κλεῖς], BDR §47[4]) *Schlüssel;* τὰς κλεῖδας τῆς βασιλείας τῶν οὐρανῶν *die Schlüssel des Himmelreichs,* d.h. die m. diesem verbundene Vollmacht, bes. auch die Vollmacht, Eintritt bzw. Zugang zu gewähren u. zu verwehren (GNB: *die Schlüssel zu Gottes neuer Welt*). **ὃ ἐάν** = ὃ ἄν (A132; 371) *was (auch immer)* bzw. *alles, was* (Ntr. Sg. bez. zuweilen [so möglicherweise hier] kollektiv Personen; BDR §138,1 u. §263,3). **δήσῃς** Aor. Konj. δέω; der hier gemeinte (wahrscheinl. in jüd. Gebrauchsweisen verwurzelte) Sinn v. δέω (hebr./aram. אָסַר/אֲסַר *ʾāsar/ʾăsar*) u. λύω (הִתִּיר/שְׁרָא *hittîr/šərāʾ*) ist umstritten; zu den wichtigsten (z.T. [bes. a u. b] durchaus miteinander kombinierbaren) Möglichkeiten zählen (vgl. Davies-Allison, Mt 2, S. 635-641): a) als Begriffe der Lehrgewalt „binden" = „für verboten/falsch erklären", „lösen" = „für erlaubt/richtig erklären" (Petrus, v. göttl. Offenbarung bestimmt, sowie [nach 18,18] andere in seinem Sinn wirkenden Nachfolger Jesu, werden bevollmächtigt, genuine göttl. Lehre zu vermitteln u. so über den Zugang zum „Himmelreich" zu befinden); b) als Ausdrücke der Disziplinargewalt „binden" = „(aus der Gemeinschaft) ausschließen", „lösen" = „(in die Gemeinschaft) aufnehmen" (ὃ ἐάν bez. Menschen; es geht darum, [durch die Verkündigung der Botschaft Jesu] vielen das „Himmelreich" zu öffnen [vgl. Apg 2,14-39; 3,11-26], es anderen aber zu verschließen [vgl. Apg

4,11-12; 8,20-23]); c) als richterl. Ausdrücke „lösen“ = „(Schuld) vergeben“,
„binden“ = „die Vergebung verweigern“ (durch die [auf Grund der Botschaft
Jesu vermittelte] Vergebung öffnet sich das „Himmelreich“; ohne diese bleibt
es verschlossen [vgl. Jh 20,23]); d) evtl. (aber weniger gut belegt) „binden“ =
„(Dämonen) entmachten“, „lösen“ = „(von dämonischer Macht) befreien“ (ὃ
ἐάν bez. Dämonen bzw. Menschen; Menschen sollen [durch die Botschaft Jesu]
v. dämonischer Macht befreit u. ins „Himmelreich“ aufgenommen werden).
ἔσται Fut. εἰμί. **δε-δεμένον** Pf. Ptz. Pass. δέω, umschrieb. Futurperfekt
(A249b; H-S §203a); ἔσται δεδεμένον *wird gebunden sein* (Zustandspassiv
[vgl. A242]: vorausgesagtes Ergebnis des durch δήσῃς bezeichneten Gesche-
hens; analog λελυμένον). **ἐν τοῖς οὐρανοῖς** *im Himmel* wahrscheinl. =
bei/vor Gott (H-S §296a; B οὐρανός 3; GNB). **λύσῃς** Aor. Konj. λύω. **λε-
λυμένον** Pf. Ptz. Pass. λύω, umschrieb. Futurperfekt (A249b; H-S §203a).
20 δι-ε-στείλατο Aor. Med. δια-στέλλομαι[113] *anordnen, befehlen, ein-* 20
schärfen [Var. ἐπ-ε-τίμησεν Aor. ἐπι-τιμάω m. Dat. *tadeln, zurechtweisen,*
(mit aller Strenge) entgegentreten/befehlen]. **ἵνα** hier *daß* bzw. Inf. (A328; bez.
das Geforderte; B II1aδ). **εἴπωσιν** Aor. Konj. λέγω.

21 ἀπὸ τότε *von jener Zeit an, danach* (B τότε 1a; unklass. Formel, 21
BDR §459[4]). **ἤρξατο** Aor. Med. ἄρχω. **δεικνύειν** Inf. (statt δεικνύναι;
BDR §92; H-S §114f) δείκνυμι *zeigen; dartun, klarmachen* (B 3), *hinweisen*
auf. **δεῖ** hier v. der göttl. Bestimmung (B 1). **ἀπ-ελθεῖν** Aor. Inf. -έρχο-
μαι; Präd. des AcI, abhängig v. δεῖ (ebenso die drei flgd. Inf.). **παθεῖν** Aor.
Inf. πάσχω. **ἀπό** (zweites) *von seiten* (B V6), *von* (= ὑπό m. Gen. beim
Pass. od. Verben m. pass. Sinn; BDR §210[2]; vgl. A211). **πρεσβύτερος** Pl.
hier v. Mitgliedern einer Gruppe des Synedriums (B 2aβ; GN: *Ratsälteste*).
ἀπο-κτανθῆναι Aor. Inf. Pass. -κτείνω. **τῇ τρίτῃ ἡμέρᾳ** temp. Dat.
(A182) *am dritten Tag.* **ἐγερθῆναι** Aor. Inf. Pass. ἐγείρω. **22 προσ-λα-** 22
βόμενος Aor. Ptz. Med. -λαμβάνομαι[152] *zu sich nehmen,* hier *beiseite neh-*
men (B 2a); temp. (A291,1 Anm. 1). **ἐπι-τιμᾶν** Inf. -τιμάω m. Dat. *anfah-*
ren, tadeln, Vorwürfe machen, zurechtweisen, auch *ernstlich zureden* (um einem
Tun vorzubeugen od. es zu beendigen; B 1). **λέγων** Ptz., mod. **ἵλεως** (Ntr.
ων; att. Dekl. [BDR §44,1]) *gnädig, huldvoll;* ἵλεώς σοι erg. viell. εἴη (Opt. v.
εἰμί) ὁ θεός *Gott sei dir gnädig* (B; etwa = *Gott bewahre dich [davor]*) od.
ἐστὶν ὁ θεός *Gott ist dir gnädig, (deshalb)* (= *Gott wird dich [davor] bewah-*
ren), wohl aber besser im Sinn des hebr. (לְךָ/לָךְ) חָלִ֫ילָה *ḥālîlāh (ləḵā/lāḵ) das*
sei ferne von dir, das darf nicht sein (GN) (vgl. z.B. 2Sam 20,20 LXX/MT; vgl.
BDR §128[7]). **κύριε** Vok. **οὐ μή** m. Ind. Fut. (selten statt Aor. Konj.) stärk-
ste Verneinung zukünftigen Geschehens (A257; BDR §365,1), hier wohl mod.
(vgl. A247); οὐ μὴ ἔσται σοι τοῦτο *auf keinen Fall wird/darf dir dies* (idio-
matischer: *so etwas*) *zustoßen.* **ἔσται** Fut. εἰμί hier m. dat. incommodi
(A173) *jmdm. zuteil werden, jmdm. zustoßen* (B I4). **23 ὁ δέ** V. 2. **στρα-** 23

φείς Aor. Ptz. Pass. στρέφω[47] *hinwenden;* Pass. *sich umwenden, sich zuwen-*
den (B 2aα); temp. (A291,1 Anm. 1) [Var. ἐπι- hier synonym]. **ὕπ-αγε** Imp.
(vgl. A266a) **ὀπίσω** uneig. Präp. (A183) *hinter – her* (bei Ausdrücken des
Kommens/Nachfolgens häufig: jmdm. *nach*), *hinter;* ὕπαγε ὀπίσω μου *wei-*
che hinter mich zurück, geh mir aus den Augen (B 2aα), *geh weg von mir.* **σα-**
τανᾶ Vok. σατανᾶς[1] ᾶ *Widersacher; Satan,* der Widersacher Gottes; Petrus
drängt Jesus zu einem (messianischen) Königtum ohne Leidensweg u. wird da-
durch zum Sachwalter Satans (vgl. 4,8f). **σκάνδαλον** *Falle; Verführung* (das,
was zu Fall bringt, zur Sünde, zum Abfall v. Gott veranlaßt); *Ärgernis, (das) An-*
stößige (das, was Widerspruch, Entrüstung, Mißbilligung hervorruft); σκάνδα-
λον εἶ ἐμοῦ *du bist mir eine Verführung* (B 2) bzw. *ein Fallstrick* (od. *An-*
stoß/Ärgernis) bist du für mich (Menge). **ὅτι** hier *denn* (vgl. B 3b). **φρονέω**
denken, urteilen, meinen; den Sinn richten auf, bedacht sein auf, m. Akk. **τὰ τοῦ**
θεοῦ... τὰ τῶν ἀνθρώπων *die Sache Gottes ... die Sache der Menschen*
(H-S §132i; A105); οὐ φρονεῖς τὰ τοῦ θεοῦ ἀλλὰ τὰ τῶν ἀνθρώπων *du*
bist nicht auf Gottes, sondern auf der Menschen Sache bedacht (H-S §152a) bzw.
was du denkst, kommt nicht von Gott, sondern ist menschlich (NGÜ).
24 **24 τότε** *dann,* viell. *damals* (Menge). **εἰ** m. Ind. indefiniter Fall (A342);
εἴ τις *wenn jmd./einer ... so = wer ... der* (B VII). **ὀπίσω** V. 23. **ἐλθεῖν** Aor.
Inf. ἔρχομαι hier ὀπίσω τινός *hinter jmdm. hergehen, jmds. Nachfolger/Jün-*
ger sein (B II). **ἀπ-αρνησάσθω** Aor. Imp. Med. 3. Sg. -αρνέομαι *leugnen,*
verleugnen. **ἀράτω** Aor. Imp. 3. Sg. αἴρω hier *aufheben und mit sich tragen*
(B 2), *auf sich nehmen.* **σταυρός** *Kreuz;* ἀράτω τὸν σταυρὸν αὐτοῦ *er*
muß sein (A126c) *Kreuz auf sich nehmen* (eig. das Aufheben des Querbalkens,
den der Verurteilte zur Richtstätte trägt; hier wohl übertr. für die Bereitschaft
zum Leiden u. Martyrium um Jesu u. seiner Sache willen). **ἀκολουθείτω**
25 Imp. 3. Sg. ἀκολουθέω. **25 ὃς ἐάν** = ὃς ἄν (A132; 371) *wer (auch immer)*
bzw. *jeder, der.* **θέλῃ** Konj. θέλω. **ψυχή** hier *Leben,* (das wahre Selbst, das
den Tod überlebt; Davies-Allison, Mt 2, S. 673). **σῶσαι** Aor. Inf. σῴζω; τὴν
ψυχὴν αὐτοῦ σῶσαι *sein Leben retten,* hier dadurch, daß er sich selbst u.
nicht die Erfordernisse christlicher Nachfolge zum Mittelpunkt seines Lebens
macht. **ἀπ-ολέσει** Fut. -όλλυμι. **ἀπ-ολέσῃ** Aor. Konj. **ἕνεκεν** uneig.
Präp. (A183) *wegen, um ... willen.* **εὑρήσει** Fut. εὑρίσκω hier *finden = für*
26 *sich finden, erlangen* (B 3), *gewinnen.* **26 ὠφεληθήσεται** Fut. Pass. ὠφε-
λέω *helfen, nützen, fördern;* Pass. *Nutzen/Vorteil haben,* m. Akk. *etwas als Nut-*
zen/Vorteil haben (B 1a; zum Akk. der Sache/des Inhalts s. BDR §159,2, vgl.
A213); τί ὠφεληθήσεται (viell. mod. Fut. [A247c]) ἄνθρωπος *was*
wird/kann ein Mensch als Nutzen haben, was nützt es einem Menschen [Var. ὠφε-
λεῖται Pass.]. **κερδήσῃ** Aor. Konj. κερδαίνω[125] *gewinnen.* **ζημιωθῇ**
Aor. Konj. Pass. ζημιόω *Schaden zufügen;* Pass. m. Akk. (vgl. BDR §159[2] u.
A213) *in bezug auf etwas Schaden erleiden, etwas einbüßen/verlieren* (vgl. B 1);

... τὴν δὲ ψυχὴν αὐτοῦ ζημιωθῇ wenn er ... *(dabei) aber sein Leben* (bzw.
sein [wahres] Selbst) *einbüßt* bzw. *(dabei) aber selbst unheilbar Schaden nimmt*
(vgl. NGÜ). **δώσει** Fut. δίδωμι; wohl mod. Fut. (A247c). **ἀντ-άλλαγ-
μα**[3] (ἀντί anstatt, ἀλλάσσω verändern, vertauschen) *Tauschmittel, Gegen-
wert;* m. gen. pretii (A161); τί δώσει ἄνθρωπος ἀντάλλαγμα τῆς ψυ-
χῆς αὐτοῦ *was kann ein Mensch als Gegenwert/Lösegeld* (Obj.-Präd., A65) *für
sein Leben* (bzw. *sein [wahres] Selbst*) *geben.* **27 μέλλω** hier (m. Inf.) um- 27
schrieb. Fut. (H-S §202k; A250; vgl. B 1cβ). **ἔρχεσθαι** Inf. **ἀπο-δώσει**
Fut. -δίδωμι hier *vergelten* (B 3). **πρᾶξις**[8] *(das) Handeln;* κατὰ τὴν πρᾶ-
ξιν αὐτοῦ *nach seinem Tun, wie es seine Taten verdienen* (Einh.). **28 ὅτι** am 28
besten recitativum = Doppelpunkt (A333). **εἰμί** hier *vorhanden sein, existie-
ren;* εἰσίν τινες *es gibt einige* (B I1). **ἑστώτων** Pf. (Wz.-Pf., H-S §109a; m.
präs. Bdtg.) Ptz. ἵσταμαι, subst.; gen. partitivus (A137a/164); τινὲς τῶν ὧδε
ἑστώτων *einige von/unter denen, die hier stehen.* **οἵ-τινες** = οἵ (ZG) od. qua-
litativ (B 2a) *(solche), die* (A132). **οὐ μή** V. 22. **γεύσωνται** Aor. Konj.
Med. γεύομαι m. Gen. (Speise) *kosten, schmecken;* übertr. *kennenlernen, er-
fahren;* γεύομαι θανάτου „den Tod schmecken" = *den Tod erleiden, sterben.*
ἕως ἄν *bis* (A337). **ἴδωσιν** Aor. Konj. ὁράω. **ἐρχόμενον** Ptz. ἔρχο-
μαι; AcP (A300); ἕως ἂν ἴδωσιν τὸν υἱὸν τοῦ ἀνθρώπου ἐρχόμενον
ἐν τῇ βασιλείᾳ αὐτοῦ *bis sie den Menschensohn in* (od. *mit* [d.h. unter Mit-
führung/Begleitung von; BDR §198[2]]) *seiner Königsherrschaft kommen sehen;* es
ist umstritten, was m. dem „Kommen" v. V. 28 gemeint ist, zu den wichtigen Al-
ternativen zählen (vgl. Davies-Allison, Mt 2, S. 677-681;): a) die „Verklärung"
Jesu (17,1-8; vgl. 2Pt 1,16-18); b) die Auferstehung Jesu; c) das Pfingstgesche-
hen (Apg 2); d) die Zerstörung Jerusalems 70 n. Chr.; e) die Parusie; f) m. ei-
nem allgemeineren Bezug (viell. am sinnvollsten): die Manifestation der könig-
lichen Herrschaft Christi, wie sie nach Ostern bei der Verbreitung der Botschaft
Jesu unter Juden u. Heiden (schließl. im ganzen römischen Reich) auf vielfältig-
ste Weise zutage trat (s. Apg u. ntl. Briefe).

ἕξ[19] *sechs;* μεθ' ἡμέρας ἕξ *sechs Tage später* (Menge). **ἀνα-φέρω** 17
hinaufführen; παραλαμβάνει ... ἀναφέρει hist. Präs. (A235). **ὑψηλός**
hoch. **κατ' ἰδίαν** (klass. = καθ' ἑαυτόν [BDR §286[2]]) *für sich* (B ἴδιος 4),
für sich allein, hier etwa = *abseits/in die Einsamkeit, wo sie allein waren* (NGÜ).
2 μετ-ε-μορφώθη Aor. Pass. μετα-μορφόω *umgestalten, verwandeln;* 2
μετεμορφώθη ἔμπροσθεν αὐτῶν *er wurde vor ihren Augen* (B ἔμπρο-
σθεν 2c) *verwandelt, vor ihren Augen veränderte sich sein Aussehen* (vgl. NGÜ).
ἔ-λαμψεν Aor. λάμπω (vgl. A33[40ff]) *leuchten, aufleuchten.* **ἥλιος** *Sonne.*
ἐ-γένετο Aor. Med. γίνομαι. **λευκός** *weiß; leuchtend;* hier *hellglänzend*
(Menge; vgl. B 1) od. *blendend/strahlend weiß.* **3 ὤφθη** Aor. Pass. ὁράω (zum 3
Sg.-Präd. s. A94 [Var. Pl.]). **Ἠλίας**[1] 11,14. **συλ-λαλοῦντες** Ptz. -λα-
λέω *sich unterreden, besprechen* τινί (hier μετά τινος) *mit jmdm.;* mod.

(A291,2 Anm. 1) od. viell. präd. als Nominativ m. Ptz. (entsprechend dem AcP
beim Akt.; vgl. H-S §233b/e; A300); καὶ ἰδοὺ ὤφθη αὐτοῖς Μωϋσῆς καὶ
Ἠλίας συλλαλοῦντες μετ' αὐτοῦ *auf einmal erschienen ihnen Mose und
Elija und redeten mit ihm* bzw. „auf einmal wurde ihnen sichtbar (= sahen sie),
daß/wie Mose und Elija m. ihm redeten" = *auf einmal sahen sie Mose und Elija
mit ihm reden;* Mose u. Elija waren atl. Persönlichkeiten, die beide – in Um-
bruchzeiten (Einführung des Sinaibundes bzw. Neubesinnung darauf) wirkend
– auf dem Berg Sinai/Horeb direkte Begegnungen m. Gottes Herrlichkeit hat-
ten u. Vermittler göttlicher Offenbarung waren (Ex 20 u. 24; 1Kön 19); beide
hatten auch eschatologische Bdtg., Mose als Typos des endzeitl. Propheten (Dt
18,18) u. Elija als Wegbereiter des Messias (Mal 3,23f; Mt 3,1-3, 11,7-10; 17,9-
13); sie könnten gut als Repräsentanten der atl. Epoche verstanden werden, die
nun durch das messianische Zeitalter m. seiner alles überstrahlenden Herrlich-
4 keit u. Offenbarung abgelöst werden soll (vgl. Carson, Mt, S. 385). **4 ἀπο-
κριθείς** Aor. Ptz. Pass. (ohne Pass.-Bdtg.) -κρίνομαι hier *das Wort ergreifen*
o.ä. (Hebr./Aram.; vgl. B 2; Zerwick §366); pleon. (A297,2); ἀποκριθεὶς δὲ ὁ
Πέτρος εἶπεν *da ergriff Petrus das Wort und sagte* od. *da sagte Petrus.* **κύριε**
Vok. **εἶναι** Inf. εἰμί, Präd. des AcI, abhängig v. καλόν ἐστιν; καλόν
ἐστιν ἡμᾶς ὧδε εἶναι *es ist gut/wie gut ist es, daß wir hier sind.* **εἰ** m. Ind. in-
definiter Fall (A342). **ποιήσω** Fut. ποιέω hier *aufschlagen, bauen* (B I1aα)
[Var. ποιήσωμεν Aor. Konj., adhortativer Konj. (A254)]. **σκηνή** *Zelt, Hüt-
te* (v. Nomadenzelten). **σοί** ... **Μωϋσεῖ** ... **Ἠλίᾳ** dat. commodi (A173a)
5 *für dich ... für Mose ... für Elija.* **5 λαλοῦντος** Ptz. λαλέω, gen. abs. (A288),
temp. **νεφέλη** *Wolke.* **φωτεινός** *hell leuchtend, voll Licht.* **ἐπ-ε-σκία-
σεν** Aor. ἐπι-σκιάζω (vgl. A33[91ff]) *überschatten;* hier (m. Dat./Akk.) *ihren
Schatten werfen auf* od. *bedecken/einhüllen.* **λέγουσα** Ptz. Fem. λέγω, attr.,
mod. od. (nach ἰδού ohne Kopula; A78d) umschrieb. Ipf. (A249a); ἰδοὺ φω-
νὴ ἐκ τῆς νεφέλης λέγουσα *und aus der Wolke kam eine Stimme, die
sprach* od. ... *kam eine Stimme und sprach* od. ... *sprach eine Stimme;* die flgd.
Worte greifen messianische u. verwandte Themen aus dem AT auf (s. zu 3,17).
ἀγαπητός hier viell. im Sinn des seit Homer bezeugten, in der LXX sehr
häufigen (für hebr. יָחִיד *jāḥîḏ einzig;* dafür auch μονογενής *einzig, einzigartig*)
Bezugs auf den einzigen Sohn; besser aber wohl „geliebt" im Sinn v. „erwählt"
(12,18 hat ἀγαπητός statt des ἐκλεκτός *erwählt* der LXX; Davies-Allison,
Mt 1, S. 340f). **εὐ-δόκησα** Aor. -δοκέω (vgl. δοκέω) *Wohlgefallen haben
an, zufrieden sein mit,* m. ἐν; Aor. Ind. hier wohl im Sinn des zeitlos gebrauchten
hebr. Pf. (A241c) *ich habe Wohlgefallen, ich habe Freude.* **ἀκούετε** Imp.
ἀκούω hier m. Gen. (H-S §167a Anm. 1) *jmdm. Gehör schenken, jmdm. gehor-
6 chen* (B 4), *hören auf.* **6 ἀκούσαντες** Aor. Ptz. ἀκούω, temp.; erg. τοῦ-
το/ταῦτα (A79). **ἔ-πεσαν** Aor. (vgl. H-S §105g) πίπτω hier *niederfallen,
sich zu Boden werfen* (B 1bαב). **ἐ-φοβήθησαν** Aor. Pass. (ohne bes. Pass.-

Bdtg.) φοβέομαι; Aor. hier wohl ingr. (BDR §331[2]; A229); ἀκούσαντες οἱ
μαθηταὶ ἔπεσαν ἐπὶ πρόσωπον αὐτῶν καὶ ἐφοβήθησαν σφόδρα
als die Jünger das vernahmen, warfen sie sich auf ihr Angesicht nieder und gerieten
in große Furcht (Menge), viell. Hendiadyoin (vgl. A314,2, u. 378; BDR §442,9)
als die Jünger diese Worte hörten, warfen sie sich voller Angst zu Boden (GN) bzw.
als die Jünger das hörten, bekamen sie große Angst und warfen sich mit dem Ge-
sicht zu Boden (Einh.). **σφόδρα** *heftig, gewaltig, sehr.* **7 προσ-ῆλθεν** Aor. 7
-έρχομαι. **ἁψάμενος** Aor. Ptz. Med. ἅπτω[51] Med. *berühren, anfassen,* m.
Gen. (A165); temp./mod. (A291,1/2 Anm. 1); καὶ προσῆλθεν ὁ Ἰησοῦς
καὶ ἁψάμενος αὐτῶν εἶπεν *aber* (A311,1) *Jesus trat zu ihnen, berührte*
sie/faßte sie an und sagte [Var. ἥψατο Aor. Med.]. **ἐγέρθητε** Aor. Imp. Pass.
ἐγείρω Pass. hier *aufstehen* (B 2b). **φοβεῖσθε** Imp. φοβέομαι; μὴ φο-
βεῖσθε *fürchtet euch nicht (länger)* (BDR §331[2]; vgl. A265a), *ihr braucht euch*
nicht zu fürchten (NGÜ). **8 ἐπ-άραντες** Aor. Ptz. -αίρω[132] *emporheben;* 8
ἐπαίρω τοὺς ὀφθαλμούς *aufblicken* (B 1); temp. **εἰ μή** nach Neg. *außer*
(B εἰ VI9a; A341); οὐδένα ... εἰ μὴ αὐτὸν Ἰησοῦν μόνον *niemand*
(mehr) außer/als Jesus allein = nur noch Jesus.

9 κατα-βαινόντων Ptz. -βαίνω, gen. abs. (A288), temp. **ἐν-ε-τεί-** 9
λατο Aor. Med. -τέλλομαι[115] *befehlen, gebieten.* **εἴπητε** Aor. Konj. λέγω,
prohibitiver Konj. (A256). **ὅραμα**[3] *(das) Geschaute/Gesehene* (d.h. etwas, was
man wirkl. sehen kann); *Gesicht;* übers. am besten *das, was ihr gesehen habt.*
ἐγερθῇ Aor. Konj. (s. ἕως [NT öfter ohne ἄν], A337) Pass. ἐγείρω [Var.
ἀνα-στῇ Wz.-Aor. Konj. ἀν-ίσταμαι]. **10 ἐπ-ηρώτησαν** Aor. -ερω- 10
τάω. **λέγοντες** Ptz. λέγω, pleon. (A297), am besten als Doppelpunkt be-
rücksichtigen. **τί** adv. *warum?* (vgl. B τίς 3a; A134a), τί οὖν *warum ... denn?*
(B οὖν 1cα). **Ἠλίας** V. 3. **δεῖ** hier v. der göttl. Bestimmung (B 1). **ἐλ-**
θεῖν Aor. Inf. ἔρχομαι; Präd. des AcI, abhängig v. δεῖ. **πρῶτον** *zuerst.*
11 ὁ δέ *(und/doch) dieser/er* (A102). **ἀπο-κριθείς** V. 4, pleon. (A297,2); ὁ 11
δὲ ἀποκριθεὶς εἶπεν *er antwortete.* **ἔρχεται** Präs. hier fut. (H-S §197c;
A234; B 2c). **ἀπο-κατα-στήσει** Fut. -καθ-ίστημι[204] *in den richtigen Zu-*
stand versetzen, wiederherstellen; Ἠλίας μὲν ἔρχεται καὶ ἀποκαταστή-
σει πάντα *Elija kommt zwar und wird alles wiederherstellen,* wahrscheinl. als
„Zukunft in der Vergangenheit" zu verstehen (die Aussage Jesu knüpft an den
Mal-Wortlaut an [ἀποκαταστήσει Mal 3,23 LXX, וְהֵשִׁיב *wəhēšîḇ* Mal 3,24
MT] u. macht sich dadurch wohl gedankl. den zeitl. Standpunkt des Propheten
zueigen) im Sinn v. *Elija sollte zwar kommen und alles wiederherstellen;* πάντα
alles hier kaum absolut, sondern im Sinn v. alles, was er (nach Gottes Auftrag)
wiederherstellen sollte (s. Mal-Kontext). **12 ὅτι** wohl recitativum = Doppel- 12
punkt (A333). **ἐπ-έ-γνωσαν** Aor. ἐπι-γινώσκω. **ἐ-ποίησαν** Aor.
ποιέω hier m. τὶ ἔν τινι *jmdm. etwas antun* (B IIdγ), *mit jmdm. etwas ma-*
chen. **ἠ-θέλησαν** Aor. θέλω. **μέλλω** hier (m. Inf.) umschrieb. Fut. (BDR

§356; vgl. A250), viell. v. einer Notwendigkeit infolge göttl. Ratschlusses im
Sinn v. *müssen* (B 1cδ). **πάσχειν** Inf. **ὑπό** m. Gen. *von* bzw. *durch* bei Verb
13 m. pass. Sinn (B 1b; vgl. A211). **13 συν-ῆκαν** Aor. -ἵημι[202] *verstehen, ein-*
sehen, begreifen. **βαπτιστής**[1] *Täufer.*
14 **14 ἐλθόντων** Aor. Ptz. ἔρχομαι, gen. abs. (A288), erg. αὐτῶν (s.
Var.; BDR §423[3]; H-S §230e), temp. **προσ-ῆλθεν** V. 7. **γονυ-πετῶν** Ptz.
15 -πετέω *sich auf die Knie werfen, niederknien* (*vor* Akk.); temp./mod. **15 λέ-**
γων Ptz., temp./mod.; γονυπετῶν αὐτὸν καὶ λέγων *warf sich vor ihm auf*
die Knie und sagte (vgl. A291,1f Anm. 1). **κύριε** V. 4. **ἐλέησον** Aor. Imp.
ἐλεέω m. Akk. *sich erbarmen über, Erbarmen haben mit.* **σεληνιάζομαι**
(< σελήνη Mond) *„mondsüchtig" sein, an Epilepsie leiden;* subst. *„Mondsüchti-*
ger", Epileptiker (vgl. zu 4,24). **κακῶς** Adv. *schlimm, übel, furchtbar.* [Var.
ἔχω κακῶς *mir geht es schlecht, ich bin krank, ich leide* (vgl. B ἔχω II1).]
16 **πολλάκις** *häufig, oft.* **16 προσ-ήνεγκα** Aor. -φέρω. **καί** (zweites) ad-
versativ (A311,1) *doch.* **ἠ-δυνήθησαν** Aor. Pass. (ohne bes. Pass.-Bdtg.)
17 δύναμαι. **θεραπεῦσαι** Aor. Inf. θεραπεύω. **17 ἀπο-κριθείς** V. 11.
ὦ vor Vok. m. Affekt (A142) *O* od. unübersetzt. **ἄ-πιστος**[11] *ungläubig; un-*
glaubwürdig. **δι-ε-στραμμένη** Pf. (A231) Ptz. Pass. δια-στρέφω[47] *verdre-*
hen, Ptz. Pf. Pass. (sittl.) *verkehrt, verdorben* (B 1b); attr.; ὦ γενεὰ ἄπιστος
καὶ διεστραμμένη Vok. (zur Form s. BDR §147[1]) *O du ungläubige und*
verkehrte Generation, was seid ihr für eine ungläubige und verkehrte Generation
(NGÜ); m. solchen od. ähnl. γενεά-Ausdrücken ist an sich die Masse der Zeit-
genossen Jesu (vgl. B γενεά 2; zu 12,39) gemeint (das zeitl. Element tritt dabei
zurück [vgl. zu 11,16]), m. diesem spricht Jesus aber (zumindest primär) seine
Jünger an: durch ihren Kleinglauben sind sie auf das geistl. Niveau der Menge
zurückgefallen. **πότε**[18] *wann?;* ἕως πότε *bis wann?, wie lange?* (BDR
§216[10]). **ἔσομαι** Fut. εἰμί, mod. Fut. (A247b). **ἀν-έξομαι** Fut. Med.
-έχομαι[190] *aushalten, ertragen* (jmdn./etwas: Gen.); mod. Fut. (A247b); ἕως
πότε ...; *Wie lange* soll ich (noch) ...? – Fragen, die nicht nur persönl. Enttäu-
schung/Schmerz, sondern auch Jesu Bewußtsein seiner himml. Herkunft u. Be-
18 stimmung ausdrücken (Carson, Mt, S. 391). **φέρετε** Imp. **18 ἐπ-ε-τίμη-**
σεν Aor. ἐπι-τιμάω m. Dat. *tadeln, Vorwürfe machen, zurechtweisen, (mit*
aller Strenge) entgegentreten/befehlen. **αὐτῷ** wohl = τῷ δαιμονίῳ (Pron.
kataphorisch [vorausweisend] gebraucht); ἐπετίμησεν αὐτῷ ὁ Ἰησοῦς
καὶ ἐξῆλθεν ἀπ' αὐτοῦ τὸ δαιμόνιον *Jesus bedrohte den Dämon, und er*
verließ ihn/den Kranken. **ἐξ-ῆλθεν** Aor. -έρχομαι. **ἐ-θεραπεύθη** Aor.
Pass. **παῖς**[3] παιδός *Kind* (ὁ *Junge;* ἡ *Mädchen*). **ἀπὸ τῆς ὥρας ἐκεί-**
νης *von dieser* (vgl. BDR §291[5]) *Stunde an, sofort* (B ὥρα 3).
19 **19 τότε** *da, hierauf* (Menge), *später* (GNB). **προσ-ελθόντες** Aor.
Ptz. -έρχομαι; temp. (A291,1 Anm. 1). **κατ' ἰδίαν** V. 1, hier etwa = *als sie*
mit ihm allein waren (Menge). **διὰ τί** *warum?* **ἡμεῖς** Subj. betont (A122).

ἠ-δυνήθημεν V. 16. **ἐκ-βαλεῖν** Aor. Inf. -βάλλω; δαιμόνιον ἐκ-
βάλλω *einen Dämon* (der v. einem Menschen Besitz ergriffen hat) *austreiben*
(B 1). **20 ὁ δέ** V. 11. **λέγει** hist. Präs. (A235). **ὀλιγο-πιστία** *Kleinglau-* 20
be (d.h. ein Glaube, dem das Vertrauen auf Gottes wunderbare Hilfe fehlt)
[Var. ἀ-πιστία *Unglaube*]. **ἔχητε** Konj. ἔχω. **κόκκος** *Korn, Samenkorn.*
σίναπι εως τό (vgl. A8) *Senf;* gemeint ist wahrscheinl. der Schwarze Senf
(„Brassica nigra"), dessen 1 mm dickes Samenkorn in Palästina für seine Klein-
heit sprichwörtl. war (vgl. EWNT 3, Sp. 585f); ἐὰν ἔχητε πίστιν ὡς κόκ-
κον σινάπεως *wenn ihr Glauben wie ein Senfkorn habt* bzw. *wenn ihr senfkorn-*
artigen Glauben (= Glauben auch nur v. der Größe eines winzigen Senfkorns)
habt (vgl. B ὡς II3b) od. (idiomatischer) *wenn euer Glaube auch nur so groß ist*
wie ein Senfkorn. **ἐρεῖτε** Fut. λέγω; hier wohl mod. Fut. im Sinn v. „können"
(A247c). **τῷ ὄρει τούτῳ** *zu diesem Berg hier* (Demonstrativum weist in die
außersprachl. Situation). **μετά-βα** Aor. Imp. (statt -βηθι [so Var.]; BDR
§95[7]; A21) -βαίνω[139] (v. einem Ort) *weggehen* (um an einem anderen Ort zu
sein); μετάβα ἔνθεν ἐκεῖ *geh/rück weg von hier nach dort;* das Bergeversetzen
war sprichwörtl. für das Beseitigen großer Hindernisse (vgl. Jes 40,4; 49,11;
54,10; Mt 21,21f; Mk 11,23; 1Kor 13,2). **ἔν-θεν**[18] *von da, von hier* [Var. ἐν-
τεῦθεν[18] synonym]. **μετα-βήσεται** Fut. Med. -βαίνω. **ἀ-δυνατήσει**
Fut. ἀ-δυνατέω *unvermögend/unfähig sein;* unpersönl. *es ist unmöglich;* οὐδὲν
ἀδυνατήσει ὑμῖν *nichts wird euch unmöglich sein* (d.h. nichts v. dem im je-
weiligen Kontext Relevanten, hier: nichts v. dem, wozu Jesus seine Jünger be-
vollmächtigt hat; Carson, Mt, S. 391). [Var. V. 21 γένος[7] *Geschlecht;* hier *Gat-* 21
tung, Art (B 4); τοῦτο τὸ γένος *diese Art,* übers. etwa *solch ein Geist* (NGÜ).
ἐκ-πορεύομαι *hinausgehen, herauskommen, ausfahren* (B 1a). εἰ μή nach
Neg. *außer* (B εἰ VI9a; A341): οὐ ... εἰ μή *nicht ... außer = nur.* ἐν instr.
προσ-ευχή *Gebet.* νηστεία *(das) Fasten.*]

22 συ-στρεφομένων Ptz. Pass. -στρέφω *zusammenraffen;* Pass. *zu-* 22
sammenkommen; gen. abs. (A288), temp.; συστρεφομένων αὐτῶν ἐν τῇ
Γαλιλαίᾳ *als sie* (d.h. wohl Jesus u. seine Jünger) *in Galiläa zusammen waren*
(< *zusammengekommen waren*) bzw. viell. (kontextbedingt) *als sie in Galiläa*
unterwegs waren (vgl. ZG; Menge), nach anderen *als sie* (d.h. die Leute) *sich in*
Galiläa (um Jesus) herumdrängten (vgl. B 2) [Var. ἀνα-στρεφομένων Ptz.
Pass. -στρέφω tr. *umkehren;* intr. *umkehren, sich umwenden;* Pass. hier *sich auf-*
halten (B 2a)]. **μέλλω** V. 12. **παρα-δίδοσθαι** Inf. Pass. -δίδωμι hier m.
τινὰ εἰς χεῖράς τινος *jmdn. in jmds. Hände/Gewalt geben/überantworten* (B
χείρ 2b), *jmdn. jmdm. ausliefern.* **23 ἀπο-κτενοῦσιν** Fut. -κτείνω. **τῇ** 23
τρίτῃ ἡμέρᾳ temp. Dat. (A182) *am dritten Tag.* **ἐγερθήσεται** Fut. Pass.
ἐγείρω [Var. ἀνα-στήσεται Fut. Med. ἀν-ίσταμαι]. **ἐ-λυπήθησαν**
Aor. Pass. λυπέω *traurig machen, betrüben;* Pass. Präs. auch *traurig sein,* Pass.
Aor. auch *traurig werden.* **σφόδρα** V. 6.

24 **24 ἐλθόντων** Aor. Ptz. ἔρχομαι, gen. abs. (A288), temp. **Καφαρ-
ναούμ** 4,13; indekl., hier Akk. **προσ-ῆλθον** Aor. -έρχομαι. **δί-δραχ-
μον** *Doppeldrachme* (Betrag der jährl. [Februar-März] von jeder [männl.] Per-
son zu entrichtenden Tempelsteuer [Schürer 2, S. 270-272]; entsprach etwa dem
doppelten Tageslohn eines Arbeiters). **λαμβάνοντες** Ptz. λαμβάνω hier
einziehen, kassieren; subst.; οἱ τὰ δίδραχμα λαμβάνοντες *die Männer, die
die Tempelsteuer einzogen/kassierten* bzw. *die Kassierer der Tempelsteuer* (GN).
εἶπαν Aor. (vgl. H-S §105g) λέγω. **οὐ** *nicht;* erwartet als Frageeinleitung die
Antwort „doch" (A320; zur Wortstellung vgl. H-S §244 [durch Frontstellung
bekommt das Subj. wohl mehr Nachdruck]); ὁ διδάσκαλος ὑμῶν οὐ τελεῖ
τὰ δίδραχμα; ... ναί. *„Zahlt euer Lehrer die Tempelsteuer nicht?" ... „Doch!"*
od. *„Euer Lehrer zahlt doch wohl die Tempelsteuer?" ... „Ja!"* (B 4c). **τελέω** *be-*
25 *enden, vollenden;* hier (Steuern o.ä.) *(be)zahlen* (B 3). **25 λέγει** V. 20. **ναί** *ja*
bzw. *doch* (s. V. 24). **ἐλθόντα** Aor. Ptz. ἔρχομαι, part. coni. (A287), temp.
[Var. 1 εἰσ- ἐλθόντα Aor. Ptz., Var. 4 εἰσ-ῆλθεν Aor. -έρχομαι]. **προ-έ-
φθασεν** Aor. -φθάνω[143] *zuvorkommen* m. Akk. u. Ptz. *jmdm. mit* (einem
Tun). **λέγων** Ptz., präd. bei Verb des modifizierten Seins u. Tuns (BDR
§414[7]; H-S §234b; A301); καὶ ἐλθόντα εἰς τὴν οἰκίαν προέφθασεν αὐ-
τὸν ὁ Ἰησοῦς λέγων *als er dann ins Haus trat, kam ihm Jesus mit der Frage
zuvor* (Menge; B προφθάνω 1) od. *als er dann ins Haus kam, fragte ihn Jesus,
noch ehe er etwas von dem Vorfall erzählen konnte* (NGÜ). **δοκέω** hier unper-
sönl. τί σοι δοκεῖ; *was scheint dir (richtig)? = was meinst du?* (B 3a). **οἱ βα-
σιλεῖς τῆς γῆς** *die Könige der/dieser Erde* (d.h. die weltl. Könige [im Ggs. zu
Gott]) steht zur Betonung vor dem Interrogativum (vgl. BDR §475,1b). **λαμ-
βάνω** hier *erheben* ἀπό τινος *von jmdm.* (vgl. B 1d). **τέλος** hier *Zoll, indi-
rekte Steuer* (B 3). **κῆνσος** (< lat. census „Volkszählung; Vermögensein-
schätzung") *Steuer(n).* **ἀλλότριος** *einem anderen gehörend; fremd;* subst.
(A105); ἀπὸ τῶν υἱῶν αὐτῶν ἢ ἀπὸ τῶν ἀλλοτρίων *von ihren eigenen*
(A126c) *Söhnen oder von den fremden Leuten* (wohl kaum *von ihrem eigenen*
26 *Volk oder von fremden* [unterworfenen] *Völkern*). **26 εἰπόντος** Aor. Ptz. λέ-
γω, gen. abs. (A288f), erg. αὐτοῦ (BDR §423[3]; H-S §230e), temp. **ἔ-φη** Ipf.
φημί. **γέ** enklitische Partikel: hier zur Hervorhebung v. ἄρα (B 3): ἄρα γε
folglich (B ἄρα 4). **ἐλεύθερος** *frei,* hier v. der Steuerpflicht *frei/befreit;* wie
Könige ihre eigenen Söhne v. der Steuerpflicht befreien, so sind Gottes Söh-
ne/Kinder Gott, ihrem Vater, gegenüber nicht steuerpflichtig: Jesus (als der
Sohn Gottes; vgl. 17,5) müßte daher die im Auftrag Gottes erhobene Tempel-
27 steuer nicht bezahlen (vgl. Davies-Allison, Mt 2, S. 738ff). **27 σκανδαλί-
σωμεν** Aor. Konj. σκανδαλίζω (vgl. A33[91ff]) (< σκάνδαλον Falle; Är-
gernis, Anstößiges) m. Akk. *jmdm. Anstoß geben, jmdn. zur Sünde verführen;* hier
jmdm. Anstoß geben, jmdn. ärgern, empören, entrüsten (B 2); ἵνα δὲ μὴ σκαν-
δαλίσωμεν αὐτούς *damit wir aber keinen Anstoß bei ihnen erregen* (Menge),

damit wir sie nicht unnötig verärgern (vgl. GN) [Var. σκανδαλίζωμεν Präs.
Konj.]. **πορευθείς** Aor. Ptz. Pass. (ohne bes. Pass.-Bdtg.) πορεύομαι,
temp. (als Imp. + „und“ übers.; A291,1 Anm. 1). **εἰς θάλασσαν** *hin
zum/an den See* (B εἰς 1b; vgl. A106a), d.h. an den See Gennesaret. **βάλε** Aor.
Imp. βάλλω hier *auswerfen* (B 1b). **ἄγκιστρον** *Angelhaken, Angel.* **ἀνα-
βάντα** Aor. Ptz. -βαίνω, attr.; τὸν ἀναβάντα πρῶτον ἰχθύν *den ersten
heraufgekommenen/heraufgezogenen Fisch* (BDR §315[2]) bzw. *den ersten Fisch,
den du fängst.* **ἰχθύς**[8] ύος ὁ *Fisch.* **ᾶρον** Aor. Imp. αἴρω hier *nehmen.* **ἀν-
οίξας** Aor. Ptz. -οίγω, temp. **εὑρήσεις** Fut. εὑρίσκω; τόν ... πρῶτον
ἰχθὺν ᾶρον, καὶ ἀνοίξας τὸ στόμα αὐτοῦ εὑρήσεις στατῆρα *den er-
sten Fisch ... nimm, und wenn du ihm das Maul öffnest, wirst du ein Vierdrachmen-
stück (darin) finden* bzw. (idiomatischer) *nimm den ersten Fisch ... und öffne ihm
das Maul; du wirst darin ein Vierdrachmenstück finden* (NGÜ). **στατήρ**[6] ῆρος
ὁ (< ἵστημι im Sinn v. „abwägen“) *(der) Stater* (Silbermünze), *Vierdrachmen-
stück* (vgl. zu V. 24). **λαβών** Aor. Ptz. λαμβάνω, temp. (als Imp. + „und“
übers.; A291,1 Anm. 1). **δός** Aor. Imp. δίδωμι; ἐκεῖνον λαβὼν δὸς αὐ-
τοῖς *das nimm und gib es ihnen (als Abgabe)* (Menge), *nimm es und bezahle da-
mit die Tempelsteuer* (NGÜ). **ἀντί** (A188) *anstatt, für;* hier *zu Gunsten von, für*
(B 3; BDR §208,3).

ἐν ἐκείνῃ τῇ ὥρᾳ *in jener Zeit, um diese Zeit* (vgl. B ὥρα 3). **προσ-** **18**
ῆλθον Aor. -έρχομαι. **λέγοντες** Ptz. λέγω, mod. **τίς ἄρα** etwa *wer ...
denn?* (B ἄρα 2). **μείζων** hier Komp. für Superlativ (A118,2) *der* (A80)
Größte (B μέγας 2bα). **2 προσ-καλεσάμενος** Aor. Ptz. Med. -καλέο- 2
μαι[37] *herbeirufen;* temp. (A291,1 Anm. 1). **ἔ-στησεν** Aor. ἵστημι. **ἐν μέ-
σῳ αὐτῶν** *in ihre Mitte* (vgl. B μέσος 2). **3 στραφῆτε** Aor. Konj. Pass. 3
στρέφω[47] *hinwenden;* intr. *sich abwenden;* Pass. *sich umwenden,* hier *sich* (in-
nerl.) *umwandeln, sich bekehren* (B 2b), *sich ändern* (GN), *umkehren;* philolo-
gisch unwahrscheinl. (ohne LXX/NT-Par.) ist der manchmal angenommene
hebr./aram. Gebrauch (= שׁוּב/תּוּב *šûḇ/tûḇ*) im Sinn v. *wieder (tun)* („umkehren
und werden“ = *wieder werden*). **γένησθε** Aor. Konj. Med. γίνομαι. **οὐ
μή** m. Aor. Konj. stärkste Verneinung zukünftigen Geschehens (A257). **εἰσ-
έλθητε** Aor. Konj. -έρχομαι. **4 ταπεινώσει** Fut. ταπεινόω *niedrig* 4
machen, einebnen; übertr. *erniedrigen, demütigen;* ὅστις οὖν ταπεινώσει
ἑαυτὸν ὡς τὸ παιδίον τοῦτο *wer sich selbst niedrig macht wie dieses Kind
(niedrig ist) = wer sich selbst erniedrigt und wie dieses Kind wird* (NGÜ); „wie die
Kinder werden“ hat nichts m. Unschuld, Reinheit, Sündlosigkeit o.ä. zu tun,
vielmehr geht es um einen Aufruf zur Demut: gemeint ist nicht, daß Kinder
etwa bewußt demütig wären, sondern daß sie in der Gesellschaft, zu der sie ge-
hören, gewöhnl. ohne nennenswerten Status sind u. daß dies sie auch nicht
bekümmert; zu solcher Demut wird sich auch kindl. Vertrauen gesellen. **5 ὃς** 5
ἐάν = ὃς ἄν (A132; 371) *wer (auch immer)* bzw. *jeder, der.* **δέξηται** Aor.

Konj. Med. δέχομαι. **παιδίον τοιοῦτο** *ein solches Kind;* gemeint sind hier wahrscheinl. „Kinder“, wie sie in V. 3f definiert werden: Menschen, die sich demütigen u. wie Kinder werden, d.h. wahre Nachfolger Jesu (Carson, Mt, S. 398). **ἐπὶ τῷ ὀνόματί μου** hier wohl (als Näherbestimmung zum Präd.) *um meines Namens willen, um meinetwillen* (B ὄνομα II).

6 **6 ὃς ἄν** *wer (auch immer)* (A132; 371); übers. das darauf zurückweisende αὐτῷ demonstrativisch *für den* (vgl. A375). **σκανδαλίσῃ** Aor. Konj. σκανδαλίζω (vgl. A33[91ff]) (< σκάνδαλον Falle; Ärgernis, Anstößiges) m. Akk. *jmdm. Anstoß geben, jmdn. zur Sünde verführen* (vgl. B 1a), *jmdn. zu Fall bringen* (NGÜ). **μικρός** hier subst. *(der/das) Kleine, (das) Kind* (B 1b), wieder im Sinn v. V. 3f, daher *Geringer* (vgl. B 1c), *Geringgeachteter* (NGÜ); gen. partitivus (A164). **πιστευόντων** Ptz. πιστεύω, attr. **συμ-φέρω** *nützen, förderlich sein, von Vorteil/gut sein;* συμφέρει τινί m. ἵνα (A270 u. 328; BDR §393[2]) *es ist für jmdn. förderlich/von Vorteil/gut, daß* (od. Inf.); συμφέρει αὐτῷ ἵνα ... *für den ist es von Vorteil, daß* ... = (vgl. A118,1) *für den wäre es besser* (Menge: *das beste*), *daß* ... **κρεμασθῇ** Aor. Konj. Pass. κρεμάννυμι[226] tr. *hängen.* **μύλος** *Mühle; Mühlstein.* **ὀνικός** *zum Esel* (ὄνος) *gehörend;* μύλος ὀνικός *Eselsmühlstein* (d.h. ein [großer] Mühlstein, der m. Hilfe eines Esels bewegt wurde [im Ggs. zum Stein einer Handmühle]; GBL 2, S. 997). **τράχηλος** *Hals, Nacken.* **κατα-ποντισθῇ** Aor. Konj. Pass. -ποντίζομαι (vgl. A33[91ff]) (< πόντος Meer, offene/hohe See) *ins Meer versenken, ertränken.* **πέλαγος**[7] *hohe See, (Meeres-)Tiefe;* τὸ πέλαγος τῆς θαλάσσης *die hohe See, die Tiefe des Meeres;* ἵνα κρεμασθῇ μύλος ὀνικὸς περὶ τὸν τράχηλον αὐτοῦ καὶ καταποντισθῇ ἐν τῷ πελάγει τῆς θαλάσσης *daß/wenn ihm ein Mühlstein um den Hals gehängt und er in der Tiefe des Meeres* (od. *ins Meer, wo es am tiefsten ist*) *versenkt würde* bzw. *daß/wenn man ihm einen Mühlstein um den Hals hängen und ihn damit in der Tiefe des Meeres versenken würde* (NGÜ) – eine extreme Strafe, doch weit erträglicher als das zu erwarten-
7 de eschatologische Gericht (V. 8f). **7 ἀπό** hier kaus. *wegen* (B V1; BDR §176,1); οὐαὶ τῷ κόσμῳ ἀπὸ τῶν σκανδάλων *wehe der Welt wegen/mit ihrer Verführung* (vgl. Einh.) od. *wehe der Welt wegen der Dinge, durch die Menschen zu Fall kommen* (NGÜ). **σκάνδαλον** *Falle; Verführung* (das, was zu Fall bringt, zur Sünde, zum Abfall v. Gott veranlaßt); *Ärgernis, (das) Anstößige* (das, was Widerspruch, Entrüstung, Mißbilligung hervorruft); Pl. hier *Verführung(en).* **ἀνάγκη** *Not; Notwendigkeit; Zwang;* m. (s. Var.) od. ohne **ἐστίν** *es ist nötig* (bzw. als *müssen* übers.) od. *es ist unausweichlich* (NGÜ), m. AcI (A272). **γάρ** die dadurch gekennzeichnete Begründung (zu V. 7a) schließt den gesamten zweiten Versteil m. ein; ἀνάγκη γάρ ... πλὴν οὐαὶ τῷ ἀνθρώπῳ *denn es ist zwar unausweichlich, daß ..., doch wehe dem Menschen* (ZG; vgl. Zerwick §475). **ἐλθεῖν** Aor. Inf. ἔρχομαι hier *kommen* im Sinn v. *in Erscheinung treten, sich einstellen* (B I2b), Präd. des AcI. **πλήν** *aber, doch, jedoch.*

8 εἰ m. Ind. indefiniter Fall (A342); εἰ ... σκανδαλίζει σε *wenn ... dich zur* 8
Sünde verführt (viell. konatives Präs. [A227] *dich zur Sünde verführen will* [vgl.
Menge]). **ἔκ-κοψον** Aor. Imp. -κόπτω[56] *abhauen;* die hyperbol. Ausdrucks-
weise (H-S §295q; A383) betont die Kompromißlosigkeit, m. der die Jünger Je-
su der Sünde widerstehen sollen. **αὐτόν** distributiver Sg. (vgl. A101b; zur
Kongruenz vgl. A95), übers. als Pl. *sie* (frz. *les,* ital. *li* [vgl. Var.]; engl. aber Sg. *it*
mögl.). **βάλε** Aor. Imp. βάλλω; βάλε ἀπὸ σοῦ (statt σεαυτοῦ [BDR
§283[4]; vgl. A126c]) *wirf (sie)* (A79) *von dir, wirf sie weg.* **καλόν σοί ἐστιν**
Positiv statt Komp. (A118,1; s. zweites ἤ) *es ist besser für dich* (dat. commodi,
A173); hier m. flgd. Inf. (vgl. H-S §217d; A270). **εἰσ-ελθεῖν** Aor. Inf. -ἔρχο-
μαι. **εἰς τὴν ζωήν** *in das (zukünftige/ewige) Leben* (vgl. B ζωή 2bβ); vgl. zu
19,16. **κυλλός** *verkrüppelt, verstümmelt;* hier Artangabe zum Subj. (A65) des
Inf. (σοί) im Akk. (H-S §216e; A269; analog χωλόν u. μονόφθαλμον
[V. 9]). **χωλός** *lahm, gelähmt.* **ἔχοντα** Ptz. ἔχω; steht als Nebenbestim-
mung zum Subj. des Inf. im Akk. (vgl. zu κυλλός); mod. (A291,2 Anm. 1); ἤ ...
ἔχοντα βληθῆναι ... *als daß du ... hast und ... geworfen wirst* od. *als mit*
(A292; vgl. GNB) ... *geworfen zu werden* (analog V. 9). **βληθῆναι** Aor. Inf.
Pass. βάλλω. **9 ἔξ-ελε** Aor. Imp. -αιρέω[186] *herausnehmen, -reißen.* **μον-** 9
όφθαλμος[11] *einäugig;* vgl. zu κυλλός V. 8. **γέεννα** (s. zu 5,22) *Gehenna,*
Hölle; ἡ γέεννα τοῦ πυρός gen. qualitatis (A160): *die Feuerhölle* (BDR
§165[2]), wohl praktisch = *das Feuer der Hölle.*

10 ὁρᾶτε Imp. ὁράω. **κατα-φρονήσητε** Aor. Konj. -φρονέω m. 10
Gen. *verachten, geringachten, verächtlich behandeln;* prohibitiver Konj. (H-S
§210e; A256); ὁρᾶτε μὴ καταφρονήσητε ἑνός *seht zu, daß ihr keinen ...*
verachtet/verächtlich behandelt od. *hütet euch davor, auf einen ... herabzusehen*
(NGÜ). **μικρός** V. 6. **οἱ ἄγγελοι αὐτῶν** *ihre Engel;* der Ausdruck wird
unterschiedl. gedeutet: die meisten denken an individuelle Schutzengel, die
über dem Einzelnen wachen u. ihn vor Gott vertreten (vgl. Tobit 12,14f), andere
an solche, denen die Sorge für die Gesamtheit der Glaubenden übertragen ist
(vgl. 1Kor 11,10; Hb 1,14; Lk 16,22); nach wieder anderen meint der Ausdruck
soviel wie „ihre Seelen" u. bezieht sich auf ihre Existenz nach dem körperl. Tod
(vgl. 22,30 u. Apg 12,15; Davies-Allison, Mt 2, S. 770-772). **διὰ παντός**
immer, beständig (B διά AII1a), *jederzeit.* **βλέπω**: βλέπουσι τὸ πρόσω-
πον τοῦ πατρός μου *sie sehen das Angesicht meines Vaters* wahrscheinl. =
(Ausdruck des orientalischen Hofzeremoniells) *sie haben* jederzeit *Zutritt/Zu-*
gang zu meinem Vater (vgl. B 1a). [Var. V. 11 σῶσαι Aor. Inf. σῴζω, fin. 11
(A276). ἀπ-ολωλός Pf. Ptz. Ntr. -όλλυμαι, subst.; τὸ ἀπολωλός *das, was*
verloren ist.]

12 δοκεῖ hier unpersönl. τί ὑμῖν δοκεῖ; *was scheint euch (richtig)? =* 12
was meint ihr? (B 3a). **γένηται** Aor. Konj. Med. γίνομαι hier m. dat. poss.
(A173b) *gehören* (vgl. B II3); ἐὰν γένηταί τινι ἀνθρώπῳ ἑκατὸν πρόβα-

τα *wenn einem Menschen hundert Schafe gehören* (H-S §176b), *wenn jemand hundert Schafe hat.* **ἑκατόν**[19] *einhundert.* **πρό-βατον** *Schaf.* **πλανηθῇ** Aor. Konj. Pass. πλανάω *in die Irre führen, irreführen;* Pass. oft *in die Irre gehen, sich verirren.* **ἐξ αὐτῶν** hier statt gen. partitivus (A164). **οὐχί** *nicht;* erwartet als Frageeinleitung die Antwort „doch“ (A320). **ἀφ-ήσει** Fut. -ίημι hier *zurücklassen* [Var. ἀφ-είς Aor. Ptz., temp. (A291,1 Anm. 1)]. **ἐνενήκοντα ἐννέα**[19f] *neunundneunzig.* **ὄρος** Pl. *Berge, Bergland* (B) od. etwa (kontextgemäß) *Bergweide* (NGÜ). **πορευθείς** Aor. Ptz. Pass. (ohne bes. Pass.-Bdtg.) πορεύομαι, temp. (A291,1 Anm. 1; hier wohl „participium graphicum“ [A296; B 1; vgl. BDR §419,2]); οὐχὶ ἀφήσει (wohl gnomisches Fut., A248a) ... καὶ πορευθεὶς ζητεῖ τὸ πλανώμενον *läßt er dann nicht ... zurück, geht hin/macht sich auf den Weg, um das verirrte zu suchen* bzw. einfach *läßt er dann nicht ... zurück und sucht das verirrte.* **πλανώμενον** Ptz. Pass., subst./attr., Präs. hier wohl vorzeitig (A285; H-S §206i; dafür V. 13 offenbar Pf. [BDR
13 §318[5]]). **13 γένηται** V. 12; γίνεται m. AcI *es ereignet sich, daß* (A271);
ἐὰν γένηται (erg. als Subj. αὐτόν) εὑρεῖν αὐτό (AkkO) *wenn es sich ereignet, daß er es findet = wenn es ihm gelingt, es zu finden* (Menge), *wenn er es wirklich findet* (B I3e). **εὑρεῖν** Aor. Inf. εὑρίσκω. **πε-πλανημένοις** Pf. Ptz. Pass., subst./attr.; τοῖς μὴ πεπλανημένοις *die sich nicht verirrt haben/hatten.*
14 **14 ἔμπροσθεν** m. Gen. = Gen. (BDR §214[9]). **ἵνα** hier *daß* (statt Inf./AcI;
vgl. A270 u. 328; bez. das [Nicht-]Gewollte); οὕτως οὐκ ἔστιν θέλημα ἔμπροσθεν τοῦ πατρὸς ὑμῶν ... ἵνα ἀπόληται ἕν ... *ebenso ist es (auch) nicht der Wille eures Vaters ..., daß (auch nur) einer ... verlorengeht* bzw. *genauso ist es bei* (vgl. B οὕτω 1b) *eurem Vater ...: er will nicht, daß auch nur einer ... verlorengeht* (NGÜ); diese Liebe zum einzelnen „Schaf“ geht nicht auf Kosten der „Herde“ als Ganzes, sie zielt vielmehr darauf ab, daß die „Herde“ als Ganzes auch nicht eines einzigen seiner Glieder verlustig geht (Carson, Mt, S. 401). **ἀπ-όληται** Aor. Konj. Med. -όλλυμι/όλλυμαι.
15 **15 ἁμαρτήσῃ** Aor. Konj. ἁμαρτάνω (εἰς τινα *gegen jmdn.* [B 4b]).
ἀδελφός hier im uneig. Sinn v. Mitjünger, Mitchrist. **ὕπ-αγε** Imp. (vgl. A266a), typischerweise gefolgt v. Asyndeton (BDR §461[1]; vgl. H-S §293e) *geh (und).* **ἔλεγξον** Aor. Imp. ἐλέγχω (vgl. A33[59ff]) *ans Licht/an den Tag bringen, dartun;* jmdn. einer Sache *überführen,* jmdm. etwas *nachweisen;* hier *tadeln, zurechtweisen, zur Rede stellen* (B 3). **μετα-ξύ** uneig. Präp. (A183) *zwischen;* μεταξὺ σοῦ καὶ αὐτοῦ μόνου *unter vier Augen* (B 2b). **ἀκούσῃ** Aor. Konj. ἀκούω hier m. Gen. (H-S §167a Anm. 1) *jmdm. Gehör schenken, jmdm. gehorchen* (B 4), *hören auf.* **ἐ-κέρδησας** Aor. κερδαίνω[125] *gewinnen,* hier (für das Reich Gottes) *gewinnen* (B 1b) bzw. *zurückgewinnen;* hier fut. Aor. Ind. (nach fut. Bedingung; BDR §333,2; vgl. A241b); ἐκέρδησας τὸν ἀδελφόν
16 σου *so hast du deinen Bruder zurückgewonnen* (NGÜ). **16 παρά-λαβε** Aor.
Imp. -λαμβάνω; παράλαβε μετὰ σοῦ (statt σεαυτοῦ [BDR §283,2; vgl.

A126c]) ἔτι ἕνα ἢ δύο *dann nimm zwei oder drei (andere) mit dir* (vgl. B 1) =
dann geh mit einem oder zwei anderen noch einmal zu ihm (NGÜ). **ἐπὶ στό-
ματος** *auf Grund der Aussage (von)* (B ἐπί I1bβ); zitiert wird der Rechts-
grundsatz aus Dt 19,15. **μάρτυς** υρος ὁ *Zeuge.* **τριῶν** Gen. v. τρεῖς.
σταθῇ Aor. Konj. Pass. (= στῇ Wz.-Aor.) ἵσταμαι, hier *feststehen, Bestand
haben.* **ῥῆμα** hier *Beschuldigung* od. Hebr. (B 2) *Sache, Rechtssache* (ἵστα-
μαι dann etwa *[rechtsgültig] entschieden werden*). **17 παρ-ακούσῃ** Aor. 17
Konj. -ακούω[2] *nebenbei hören; überhören, nicht achten auf;* hier *nicht hören auf*
(m. Gen. der Pers.; B 3). **εἰπέ** Aor. Imp. λέγω. **ἔστω** Imp. 3. Sg. εἰμί; hier
m. dat. commodi (A173) bzw. Dat. des Standpunktes (A175,2; vgl. BDR §190[1]);
ἔστω σοι ὥσπερ ὁ ἐθνικὸς καὶ ὁ τελώνης *dann soll er in deinen Augen
wie ein Heide oder ein Zolleinnehmer sein* bzw. (sinngetreuer) *dann soll er in dei-
nen Augen wie ein gottloser Mensch sein, wie ein Heide oder ein Zolleinnehmer*
(NGÜ), d.h. er soll als nicht mehr zur Gemeinschaft des Messias (ἐκκλησία)
gehörig behandelt werden. **ὥσ-περ** (A352) *geradeso wie, gleichwie.* **ἐθνικός**
heidnisch (d.h. nichtjüdisch); subst. *Heide* (impliziert: einer, der Gott nicht
kennt); m. generellem Art. ὁ ἐθνικός *der Heide = die Heiden* bzw. *ein Heide*
(A104,1; analog τελώνης). **καί** (zweites) wohl im Sinn v. *oder* (καί alternati-
vum, A314,1). **τελώνης**[1] *Zöllner, Zolleinnehmer* (ein für den röm. Staat ar-
beitender Jude, der bei seinen Landsleuten als Kollaborateur u. [wegen offenbar
verbreiteter Korruption] als Betrüger sowie [wegen seines Umgangs m. Nichtju-
den] als unrein [als „Sünder"] verhaßt war).

18 ὅσα ἐάν = ὅσα ἄν (A132; 371) *wie vieles auch immer = alles, was* 18
(Ntr. Pl. bez. zuweilen [so möglicherweise hier] Personen; BDR §138,1 u.
§263,4). **δήσητε** Aor. Konj. δέω; zu den Deutungsmöglichkeiten dieses
„Bindens" u. „Lösens" s. 16,19. **ἔσται** Fut. εἰμί. **δε-δεμένα** Pf. (A231)
Ptz. Pass. δέω, umschrieb. Futurperfekt (A249b; H-S §203a); ἔσται δεδεμέ-
να *wird gebunden sein* (Zustandspassiv [vgl. A242]: vorausgesagtes Ergebnis des
durch λύσητε bezeichneten Geschehens; analog λελυμένα). **ἐν οὐρανῷ**
im Himmel wahrscheinl. = *bei/vor Gott* (H-S §296a; vgl. B οὐρανός 3; GNB).
λύσητε Aor. Konj. λύω. **λε-λυμένα** Pf. (A231) Ptz. Pass. λύω.

19 ὅτι wohl recitativum = Doppelpunkt (A333). **συμ-φωνήσωσιν** 19
Aor. Konj. -φωνέω m. Dat. *passen zu, übereinstimmen mit;* hier *übereinkom-
men, einer Meinung sein, eins werden* [Var. -φωνήσουσιν Fut.]. **ἐξ** V. 12.
πρᾶγμα[3] *Ereignis;* hier *Sache, Angelegenheit;* περὶ παντὸς πράγματος
über jede beliebige/irgendeine Sache (vgl. B 4); dieser Ausdruck ist nicht absolut
zu verstehen, sondern wird u.a. durch die im ὑμῶν implizierte Jüngerschaft
eingeschränkt (vgl. auch das εἰς τὸ ἐμὸν ὄνομα in V. 20). **οὗ ἐάν** = οὗ
ἄν (A132; 371) bzw. ὃ ἄν (Attraktion des Rel.-Pron.; A360; BDR §294[2]) *um
welche (auch immer).* **αἰτήσωνται** Aor. Konj. Med. αἰτέω; ἐὰν δύο
συμφωνήσωσιν ... περὶ παντὸς πράγματος οὗ ἐὰν αἰτήσωνται

wenn zwei ... über irgendeine Sache, um die sie bitten, eins werden = wenn zwei ...
eins werden, um irgend etwas zu bitten (Menge). **γενήσεται** Fut. Med. γίνο-
μαι; γίνεταί μοί (dat. commodi/poss., A173b) τι παρά τινος *mir wird et-*
was von jmdm. zuteil/gegeben (vgl. B I3bγ), *ich bekomme/erhalte etwas von jmdm.*
20 (B παρά I3b). **20 οὗ**[18] *wo;* οὗ ... ἐκεῖ *wo ... da* (A18; B 1aα). **συν-ηγμέ-**
νοι Pf. Ptz. Pass. -άγω, umschrieb. Pf. (A25/249b; H-S §200j). **εἰς τὸ ἐμὸν**
ὄνομα *in meinem* (betont) *Namen* (H-S §140e; A128), d.h. wohl als meine
Jünger (B ὄνομα I4cβ: *im Hinblick auf mich,* d.h. so, daß ich der Grund für
ihre Zusammenkunft bin, wobei der Sinn „unter Nennung/Anrufung meines
Namens“ m. hineinspielen wird). **ἐν μέσῳ αὐτῶν** *mitten unter ihnen* (B
μέσος 2), *in ihrer Mitte.*
21 **21 προσ-ελθών** Aor. Ptz. -έρχομαι, temp. (A291,1 Anm. 1). **κύριε**
Vok. **ποσάκις**[18] *wie oft?* **ἁμαρτήσει** Fut. ἁμαρτάνω (εἴς τινα *gegen*
jmdn. [B 4b]); mod. Fut. (A247). **ἀδελφός** V. 15. **καί** Nebenordnung (hier
wohl Sem.) statt der erwarteten Unterordnung (Zerwick §453); ποσάκις
ἁμαρτήσει εἰς ἐμὲ ὁ ἀδελφός μου καὶ ἀφήσω αὐτῷ; *wie oft darf*
mein Bruder gegen mich sündigen und ich muß ihm vergeben? = wie oft darf mein
Bruder gegen mich sündigen, so daß ich ihm zu vergeben habe? (vgl. Menge), *wie*
oft muß ich meinem Bruder vergeben, wenn er immer wieder gegen mich sündigt?
(NGÜ; vgl. BDR §442[14]). **ἀφ-ήσω** Fut. -ίημι, mod. Fut. (A247). **ἑπτά-**
κις[19] *siebenmal;* ἕως ἑπτάκις *bis zu siebenmal* (B) od. (idiomatischer) *sieben-*
22 *mal.* **22 λέγει** hist. Präs. (A235). **οὐ** best. wohl ἕως ἑπτάκις näher: οὐ
λέγω σοι ἕως ἑπτάκις ἀλλὰ ἕως ... *ich sage dir: nicht siebenmal, son-*
dern ... (vgl. Menge; nach Davies-Allison [Mt 2, S. 793] aber *ich sage dir nicht:*
siebenmal, sondern: ...). **ἑβδομηκοντάκις**[19] *siebzigmal;* ἑβδομηκοντά-
κις ἑπτά a) *siebenundsiebzigmal* od. b) *siebzigmal sieben(mal)* (wahrscheinl.
Hintergrund: Gen 4,24, wo der hebr. Ausdruck der Bdtg. a entspricht [Köhler-
Baumgartner, S. 1302]; die Bdtg. b findet sich in fast allen alten Übersetzungen
[v. Gen 4,24 u. Mt 18,22]; unklar ist, ob der LXX-Ausdruck [= NT] zu a od. b
gehört; vgl. ThWNT 2, S. 631f), d.h. auf jeden Fall: unzählige Male/ohne zu zäh-
len.
23 **23 διὰ τοῦτο** *darum* (da Jesus v. seinen Nachfolgern fordert, anderen
zu vergeben). **ὡμοιώθη** Aor. Pass. ὁμοιόω *gleich(artig) machen* τινί
jmdm./einer Sache (Pass. *ähnlich werden, gleichen*); *vergleichen* τινί *mit*
jmdm./etwas; Aor. Ind. hier wohl im Sinn eines präs. gebrauchten hebr. Pf. bei
Zustandsverben (BDR §333[6]; vgl. A241c); ὡμοιώθη (= ὁμοία ἐστίν) ἡ
βασιλεία τῶν οὐρανῶν ἀνθρώπῳ βασιλεῖ *die Königsherrschaft gleicht*
einem König bzw. besser *mit der Königsherrschaft verhält es sich wie mit/bei einem*
König (vgl. B 1; zu 13,24). **ἄνθρωπος** hier pleon. (B 3aε; vgl. H-S §260j).
ἠ-θέλησεν Aor. θέλω. **συν-ᾶραι** Aor. Inf. -αίρω[132] m. λόγον (in V. 24
AkkO zu erg.) *abrechnen.* **δοῦλος** hier evtl. im Sinn v. *hoher Beamter des*

Königs, Minister (vgl. B 2; EWNT 1, Sp. 846), viell. einfach *Diener* (NGÜ: *Die-*
ner, die seine Güter verwalteten). **24 ἀρξαμένου** Aor. Ptz. Med. ἄρχω, gen. 24
abs. (A288f), temp.; ἀρξαμένου δὲ αὐτοῦ συναίρειν *als er nun mit der*
Abrechnung begann, gleich zu Beginn der Abrechnung. **συν-αίρειν** Inf.
προσ-ηνέχθη Aor. Pass. -φέρω [Var. προσ-ήχθη Aor. Pass. -άγω[59] *her-*
beiführen, τινά τινι *jmdn. zu jmdm. bringen, jmdn. jmdm. vorführen* (B 1a)].
εἷς = τις (A137b). **ὀφειλέτης**[1] *Schuldner;* εἷς ὀφειλέτης μυρίων τα-
λάντων übers. *einer, der ihm zehntausend Talente schuldete.* **μύριοι**[19] *zehn-*
tausend. **τάλαντον** *Talent,* Geldeinheit (= 6.000 Drachmen bzw. [in jener
Zeit] ca. 5.000-6.000 Denare; KP 5, Sp. 502, vgl. KP 2, Sp. 155f); 10.000 Talente,
eine unvorstellbare Summe (50-60 Millionen Denare bzw. Tagesverdienste ei-
nes Tagelöhners = etwa 166.666 bis 200.000 Jahresverdienste [bei 300 Arbeits-
tagen im Jahr]). **25 ἔχοντος** Ptz. ἔχω hier *die Möglichkeit haben, können* 25
(B I6a); gen. abs. (A288f; BDR §423[8]), kaus. **ἀπο-δοῦναι** Aor. Inf. -δίδω-
μι hier *zahlen* (vgl. B 2a). **ἐ-κέλευσεν** Aor. κελεύω[5] *befehlen, anordnen,*
hier m. AcI im Pass. (klass. u. deutsch eher m. Inf. u. AkkO; BDR §392,4; vgl.
H-S §218c); ἐκέλευσεν αὐτὸν ὁ κύριος πραθῆναι „der Herr befahl, daß
er verkauft würde“ = *der Herr befahl, ihn zu verkaufen.* **αὐτόν** Subj. des AcI
(ebenso γυναῖκα, τέκνα u. πάντα). **πραθῆναι** Aor. Inf. Pass. πιπρά-
σκω[169] *verkaufen;* Präd. des AcI. **πάντα ὅσα ἔχει** *alles, was* (vgl. B ὅσος
2) *er hatte* (Tempus u. Modus wie in der entsprechenden direkten Rede; BDR
§324[2]; A326) [Var. εἶχεν Ipf. ἔχω]. **ἀπο-δοθῆναι** Aor. Inf. Pass. -δίδω-
μι; ἐκέλευσεν ... καὶ ἀποδοθῆναι „(der Herr) befahl, daß ... und (so) Er-
satz/Schuldenbegleichung geschaffen würde“ (vgl. Menge) = der Herr *befahl ...*
und so (od. *mit dem Erlös*) *die Schuld zu begleichen;* durch den Verkauf der Fa-
milie (vgl. Lev 25,39; 2Kön 4,1-7) hätte die Schuld unmögl. beglichen werden
können: für einen Sklaven ließ sich im besten Fall etwa ein Talent erzielen, häu-
figer aber lediglich ein Zehntel davon od. weniger (vgl. KP 5, Sp. 232).
26 πεσών Aor. Ptz. πίπτω, temp. (A291,1 Anm. 1). **προσ-ε-κύνει** Ipf. 26
-κυνέω hier etwa *sich niederwerfen (vor).* **λέγων** Ptz., mod. [Var. κύριε
Vok.] **μακρο-θύμησον** Aor. Imp. -θυμέω *geduldig/langmütig sein, Geduld*
haben, ἐπί τινι *mit jmdm.* **ἀπο-δώσω** Fut. -δίδωμι (in V. 29 erg. αὐτό
o.ä. [A79]). **27 σπλαγχνισθείς** Aor. Ptz. Pass. (ohne bes. Pass.-Bdtg.) 27
σπλαγχνίζομαι (vgl. A33[91ff]) (< σπλάγχνα eig. „Eingeweide“, gemeint
„Herz“ [Sitz der Gefühle]) *sich erbarmen, Mitleid empfinden* (ἐπί τινι/τινα od.
περί τινος *mit jmdm.*); kaus. (am besten als HS übers.; vgl. A290 u. 291 Anm.
1); σπλαγχνισθεὶς δὲ ὁ κύριος ... ἀπέλυσεν αὐτὸν καὶ τὸ δάνειον
ἀφῆκεν αὐτῷ *da hatte der Herr ... Mitleid (mit ihm); er gab ihn frei, und auch*
die Schuld erließ er ihm. **τοῦ δούλου ἐκείνου** best. wahrscheinl. ὁ κύριος
näher (BDR §176[1]; ZG) *der Herr jenes/dieses Dieners,* evtl. σπλαγχνισθείς
(vgl. B σπλαγχνίζομαι): der Herr *hatte Mitleid mit jenem/seinem Diener.*

ἀπ-έ-λυσεν Aor. ἀπο-λύω. **δάνειον** od. δάνιον *Darlehensschuld.* **ἀφ-**
28 **ῆκεν** Aor. -ίημι. **28 ἐξ-ελθών** Aor. Ptz. -έρχομαι, temp. **εὗρεν** Aor.
εὑρίσκω hier: jmdn./auf jmdn. *treffen* (vgl. B 1b). **σύν-δουλος** *Mitsklave,*
Mitdiener; gen. partitivus (A164); ἕνα τῶν συνδούλων αὐτοῦ *einen seiner*
Mitdiener, einen anderen Diener (GNB: *einen Kollegen*). **ὤφειλεν** Ipf. ὀφεί-
λω *schulden, schuldig sein.* **ἑκατόν**[19] *einhundert.* **δηνάριον** (lat. denarius)
Denar, röm. Münze, deren Wert etwa dem Tageslohn eines Arbeiters entsprach;
100 Denare waren ein vergleichsweise geringer Betrag (vgl. V. 24). **κρατή-**
σας Aor. Ptz. κρατέω hier *ergreifen* (B 1b), *packen;* temp. (A291,1 Anm. 1).
ἔ-πνιγεν Ipf. πνίγω *würgen, erwürgen.* **λέγων** Ptz., mod.; καὶ κρατήσας
αὐτὸν ἔπνιγεν λέγων *den packte er (an der Kehle), würgte ihn und sagte (da-*
bei). **ἀπό-δος** Aor. Imp. -δίδωμι. **εἴ τι** hier *alles, was* (B εἰ VII).
29f **29 παρ-ε-κάλει** Ipf. παρα-καλέω. **30 ὁ δέ** *dieser/er aber* (A102). **ἤ-θε-**
λεν Ipf. θέλω. **ἀπ-ελθών** Aor. Ptz. -έρχομαι, temp. (A291,1 Anm. 1).
ἔ-βαλεν Aor. βάλλω; übers. hier kausativ (A218) *werfen lassen.* **ἀπο-δῷ**
Aor. Konj. 3. Sg. (s. ἕως [NT öfter ohne ἄν], A337) -δίδωμι. **ὀφειλόμε-**
31 **νον** Ptz. Pass., subst. *Schuld.* **31 ἰδόντες** Aor. Ptz. ὁράω, temp. **γενόμε-**
να Aor. Ptz. Med. γίνομαι, subst.; τὰ γενόμενα *das, was vorgegangen war*
(Menge). **ἐ-λυπήθησαν** Aor. Pass. λυπέω *traurig machen, betrüben;* Pass.
Präs. auch *traurig sein,* Pass. Aor. auch *traurig werden;* ἐλυπήθησαν σφόδρα
wurden/waren sie sehr traurig/betrübt, waren sie bestürzt/entsetzt. **σφόδρα** *heftig,*
gewaltig, sehr. **ἐλθόντες** Aor. Ptz. ἔρχομαι, temp. (A291,1 Anm. 1) . **δι-ε-**
σάφησαν Aor. δια-σαφέω *erklären;* hier *genau schildern, erzählen, melden*
32 (B 2). **32 προσ-καλεσάμενος** V. 2, hier wohl *kommen lassen,* evtl. juri-
stischer term. tech. *vorführen, vorführen lassen* (B 1a/b). **λέγει** V. 22. **δοῦλε**
πονηρέ Vok. *du böser/nichtswürdiger Diener* od. (idiomatischer) *du böser*
Mensch. **ὀφειλή** *Schuld.* **ἀφ-ῆκα** V. 27. **ἐπεί** (A338) *weil, da ja, denn.*
33 **παρ-ε-κάλεσας** Aor. παρα-καλέω. **33 ἔ-δει** Ipf. δεῖ; Ipf. drückt hier
aus, daß etwas tatsächl. notwendig war, aber doch nicht geschah (A239; H-S
§198i); οὐκ ἔδει καὶ σὲ ἐλεῆσαι ... *hättest nicht auch du ... Erbarmen haben*
müssen? **σέ** erstes: Subj. des AcI, zweites: AkkO. **ἐλεῆσαι** Aor. Inf. ἐλεέω
m. Akk. *sich erbarmen über, Erbarmen haben mit;* Präd. des AcI, abhängig v. δεῖ.
34 **ἠλέησα** Aor. **34 ὀργισθείς** Aor. Ptz. Pass. ὀργίζομαι (vgl. A33[91ff])
zornig werden/sein, zürnen; mod. *voller Zorn.* **παρ-έ-δωκεν** Aor. παρα-δί-
35 δωμι. **βασανιστής**[1] *Folterknecht.* **35 οὐράνιος**[11] *im Himmel befind-*
lich, himmlisch [Var. ἐπ-ουράνιος[11] Synonym]. **ποιήσει** Fut. ποιέω hier
m. Dat. *an jmdm. handeln, mit jmdm. verfahren, jmdn. behandeln* (vgl. B I2aβ;
dat. incommodi, A173a). **ἀφ-ῆτε** Aor. Konj. -ίημι. **ἕκαστος** hier (wie
auch klass.) bei einem pluralischen Subj. (B 2; BDR §305[2]); οὕτως καὶ ὁ πα-
τήρ μου ... ποιήσει ὑμῖν, ἐὰν μὴ ἀφῆτε ἕκαστος τῷ ἀδελφῷ αὐ-
τοῦ ... *so wird auch mein Vater ... euch behandeln, wenn ihr nicht – ein jeder sei-*

nem Bruder – ... vergebt od. *so wird auch mein Vater ... jeden von euch behandeln, der seinem Bruder nicht ... vergibt.* **ἀδελφός** V. 15. **ἀπὸ τῶν καρδιῶν ὑμῶν** *von Herzen* (B ἀπό VI), *aufrichtig.* [Var. παρά-πτωμα[3] *Fehltritt, Vergehen, Verfehlung, Sünde.*]

19 **ἐ-γένετο** Aor. Med. γίνομαι; ἐγένετο pleon. (Hebr.: vor Umstandsbestimmung [hier ὅτε-NS] u. finitem Verb [A271; BDR §442[11]]). **ἐ-τέλεσεν** Aor. τελέω[27] *beenden, vollenden;* Aor. Ind. bez. hier Vorvergangenheit (vgl. H-S §199n; A224). **λόγος** Pl. hier *Rede* (B 1aδ). **μετ-ῆρεν** Aor. -αίρω[132] *weggehen,* m. ἀπό (einen Ort) *verlassen.* **ὅριον** *Grenze;* NT nur Pl. *Gebiet.* **πέραν** Adv. *jenseits;* uneig. Präp. (A183) *auf der/die andere(n) Seite von;* πέραν τοῦ Ἰορδάνου wie ein indekl. Eigenname für das Land östl. des Jordans, *das Gebiet jenseits des Jordans, Peräa;* ἦλθεν εἰς τὰ ὅρια τῆς Ἰουδαίας πέραν τοῦ Ἰορδάνου wahrscheinl. *er ging/kam in das Gebiet von Judäa* (GN: *in das judäische Gebiet*) *auf der anderen Seite des Jordans* (d.h. östl. des Jordans; gewöhnl. denkt man hier an Peräa, viell. ist aber das stark jüd. besiedelte Batanäa im nördl. Transjordanien gemeint; s. Pixner, Wege des Messias, S. 77), sprachl. bzw. sachl. schwieriger: *auf seinem Weg in das Gebiet von Judäa bereiste er die Gegend auf der anderen Seite des Jordans* (πέραν τοῦ Ἰορδάνου best. ἦλθεν näher [im Sinn der Var. διὰ τοῦ πέραν τοῦ Ἰορδάνου der Mk-Par. [vgl. Zahn, Mt, S. 587f]) od. (m. einem Ausgangspunkt im Osten) *er ging in das Gebiet von Judäa jenseits des Jordans* (d.h. im Westjordanland; vgl. zu 4,15). **Ἰορδάνης**[1] *Jordan.* 2 **ἠκολούθησαν** 2
Aor. ἀκολουθέω. **ἐ-θεράπευσεν** Aor. θεραπεύω.

3 **προσ-ῆλθον** Aor. -έρχομαι. **πειράζοντες** Ptz. πειράζω *versu-* 3
chen, in Versuchung bringen (Unrechtes zu tun); *prüfen, auf die Probe stellen,* hier etwa *eine Falle stellen;* fin. (A291,6). **λέγοντες** Ptz. λέγω, temp./mod. (A291,1f Anm. 1); *und fragten.* **εἰ** hier vor direkter Frage = Doppelpunkt (unklass.; A320; B V1). **ἔξ-εστιν** *es steht frei, es ist erlaubt* (τινί *jmdm.*). **ἀπολῦσαι** Aor. Inf. -λύω hier *fortschicken* (B 2a), *sich scheiden von* (NGÜ). **αἰτία** *Ursache, Grund;* κατὰ πᾶσαν αἰτίαν *aus jedem beliebigen Grund* (B 1); im palästinischen Judentum standen einander in dieser Frage vor allem zwei Hauptrichtungen gegenüber: sowohl die Schule v. Hillel als auch die v. Schammai erlaubten zwar dem Mann die Scheidung (v. einem entsprechenden Recht der Frau war gar keine Rede), wenn „eine Schande der Sache/etwas Schändliches" (עֶרְוַת דָּבָר *ᶜerwaṯ dāḇār,* Dt 24,1) vorlag; sie stritten sich aber über die Bdtg. dieses Ausdrucks: Schammai u. seine Gefolgsleute beschränkten ihn auf Unzucht (wozu auch Ehebruch gehörte); Hillel dagegen dehnte ihn auf alle mögl. wirkl. u. eingebildeten Vergehen aus (z.B. auf das Anbrennenlassen einer Speise; der Hillelit Aqiba meinte sogar, ein Scheidungsgrund liege schon dann vor, wenn der Mann eine schönere Frau gefunden habe; Mischna, Gittin 9,10); offenbar sollte sich Jesus nun auf eine der beiden Seiten schlagen; er tut dies je-

doch nicht, sondern bekennt sich (indirekt) zu dem Jahwewort in Mal 2,16
(Zür.): „Ich hasse die Scheidung" (Carson, Mt, S. 411f), indem er unmißver-
ständl. erklärt, daß der Schöpfer selbst die Ehe als eine prinzipiell unauflösliche
4 Verbindung zwischen einem Mann u. einer Frau eingerichtet hat (V. 4-9). **4 ὁ
δέ** *(und/doch) dieser/er* (A102). **ἀπο-κριθείς** Aor. Ptz. Pass. (ohne Pass.-
Bdtg.) -κρίνομαι, pleon. (A297,2); ὁ δὲ ἀποκριθεὶς εἶπεν *er antwortete.*
οὐκ *nicht;* erwartet als Frageeinleitung die Antwort „doch" (A320). **ἀν-έ-
γνωτε** Aor. ἀνα-γινώσκω[166] *lesen;* zitiert werden Gen 1,27 (bzw. 5,2) u.
2,24. **κτίσας** Aor. Ptz. κτίζω[103] *(er)schaffen* [Var. ποιήσας Aor. Ptz. ποι-
έω]; subst. *Schöpfer*. **ἀπ' ἀρχῆς** *von (Ur-)Anfang an* (B ἀρχή 1c). **ἄρσην**
εν (Gen. ενος) *männlich;* Ntr. subst. (m. starker Betonung des Geschlechtes
[analog θῆλυ]) *Mann* (B). **θῆλυς**[10] εια υ (< θάω säugen) *weiblich;* Ntr.
subst. *Frau.* **ἐ-ποίησεν** Aor. ποιέω hier *schaffen, erschaffen* m. AkkO u.
Obj.-Präd. (A65); ὅτι ὁ κτίσας ἀπ' ἀρχῆς ἄρσεν καὶ θῆλυ ἐποίησεν
αὐτούς *daß der Schöpfer die Menschen von Anfang an als Mann und Frau ge-
schaffen hat* (vgl. B I1aβ). **αὐτούς** *sie = die Menschen* (MT/LXX: Bezug auf
das kollektivisch gebrauchte אֶת־הָאָדָם *ᵓeṯ-hāᵓāḏām*/τὸν ἄνθρωπον „den
5 Menschen/die Menschheit" [Pl. sinngemäße Konstruktion, vgl. A96]). **5 εἶ-
πεν** Subj. ist ὁ κτίσας. **ἕνεκα** uneig. Präp. (A183) *wegen, um ... willen;* ἕνε-
κα τούτου *deshalb.* **κατα-λείψει** Fut. -λείπω[44] *zurücklassen, verlassen.*
κολληθήσεται Fut. Pass. κολλάω (< κόλλα Leim) *zusammenfügen;*
Pass. m. Dat. *sich eng anschließen an, sich verbinden mit* [Var. προσ- fast syn-
onym, LN 34.22]. **ἔσονται** Fut. εἰμί. **εἰς σάρκα μίαν** für Präd.-Nomi-
nativ (Hebr., A81) ***ein Fleisch*** od. (so NGÜ) ***ein Leib*** (als Ausdruck tiefster per-
6 sonaler Gemeinschaft). **6 ὥστε** hier (vor HS) *daher* (H-S §279c; vgl. A340).
συν-έ-ζευξεν Aor. συ-ζεύγνυμι[213] *verbinden, zusammenfügen.* **ἄνθρω-
πος** hier genereller Sg. (A101a) *ein Mensch = Menschen.* **χωριζέτω** Imp. 3.
7 Sg. χωρίζω *absondern, trennen.* **7 λέγουσιν** hist. Präs. (A235). **τί** adv.
warum? (vgl. B τίς 3a; A134a), τί οὖν *warum ... denn?* (B οὖν 1cα). **ἐν-ε-
τείλατο** Aor. Med. -τέλλομαι[115] *befehlen, gebieten, verfügen;* gemeint ist Dt
24,1. **δοῦναι** Aor. Inf. δίδωμι; erg. τῇ γυναικί (vgl. A79) *der Frau (von
der man sich scheiden möchte).* **βιβλίον** *Buch;* hier *Schriftstück* (B 2). **ἀπο-
στάσιον** (< ἀφ-ίστημι/ίσταμαι [sich] entfernen, abtrünnig machen
8 [werden]) *Scheidung;* βιβλίον ἀποστασίου *Scheidungsurkunde.* **8 λέγει**
hist. Präs. (A235). **ὅτι** recitativum = Doppelpunkt (A333), wohl auch V. 9.
πρός m. Akk. hier *im Hinblick auf, wegen* (B III5a; BDR §239[8]; vgl. A200).
σκληρο-καρδία (< σκληρός hart, καρδία) *Hartherzigkeit, Verstocktheit,
Herzenshärte* (Menge), *Uneinsichtigkeit* (NGÜ); gemeint ist eine hartnäckige
Verschlossenheit gegenüber den Absichten Gottes. **ἐπ-έ-τρεψεν** Aor. ἐπι-
τρέπω[48] *gewähren, gestatten, erlauben;* in Dt 24,1-4 geht es in erster Linie um
ein Verbot der Wiederverheiratung einer zweimal geschiedenen Frau m. ihrem

ersten Mann u. nicht um Scheidungsgründe (der Hinweis auf die Scheidung in
Dt 24,1 [im hebr. Text] ist Teil des erst m. V. 3 endenden Wenn-Satzes u. sollte
nicht imp., sondern ind. übers. werden: „wenn ... und er ihr dann eine Schei-
dungsurkunde ausstellt ... und sie fortschickt“ [nicht: „wenn ... dann soll er ihr
eine Scheidungsurkunde ausstellen ... und sie fortschicken“]); die Möglichkeit
einer Scheidung u. Wiederverheiratung wird v. Moses ledigl. vorausgesetzt, er
„gestattete“ sie (Carson, Mt, S. 412f). **γέ-γονεν** Pf. γίνομαι; ἀπ᾽ ἀρχῆς
δὲ οὐ γέγονεν οὕτως *aber von Anfang an ist es nicht so gewesen = aber so ist*
es nicht von Anfang an gewesen bzw. (etwas freier) *aber das war ursprünglich*
nicht so (GNB). **9 ὃς ἂν** (A132; 371) *wer (auch immer)* bzw. *jeder, der.* **ἀπο-** 9
λύσῃ Aor. Konj. -λύω. **ἐπί** m. Dat. hier kaus. *auf Grund von, wegen* (die
Grundlage des Gerichtsverfahrens angebend; B II1bγ); μὴ ἐπί *außer wegen*
(Menge). **πορνεία** *Unzucht* (= illegitimer Geschlechtsverkehr jeder Art),
Hurerei; μὴ ἐπὶ πορνείᾳ *außer wegen Unzucht* (Menge) = *es sei denn, seine*
Frau ist ihm untreu geworden (NGÜ); eine Parenthese (vgl. A374), durch die die
Protasis als Ganzes (ὃς ἂν ... ἄλλην) modifiziert wird [Var. παρεκτὸς
λόγου usw. s. zu 5,32]. **γαμήσῃ** Aor. Konj. γαμέω[174] *heiraten.* **μοιχάο-**
μαι (dorisches Synonym zum att. μοιχεύω [BDR §101[51]]) *Ehebrecher(in)*
sein, Ehebruch begehen. [Var. καὶ ὁ ἀπολελυμένην usw. s. zu 5,32. ὡσ-αύ-
τως *in gleicher Weise, ebenso.*]

10 λέγουσιν V. 7. **οὕτως** hier = τοιαύτη (B 5). **αἰτία** *Ursache;* 10
hier *Sache, Verhältnis* (B 2); εἰ οὕτως ἐστὶν ἡ αἰτία τοῦ ἀνθρώπου με-
τὰ τῆς γυναικός *wenn es mit dem Rechtsverhältnis des Mannes gegenüber sei-*
ner (A103a) *Frau so steht* (Menge), *wenn es zwischen Mann und Frau so steht.*
ἄνθρωπος V. 3. **συμ-φέρω** *nützen, förderlich sein, von Vorteil/gut sein;*
συμφέρει m. Inf./AcI (A270; BDR §393[2]) *es ist förderlich/von Vorteil/gut* (τινί
für jmdn.). **γαμῆσαι** Aor. Inf. γαμέω[174] V. 9; ... οὐ συμφέρει γαμῆ-
σαι *dann ist es nicht gut zu heiraten* od. *dann ist es am besten, gar nicht zu heira-*
ten (Wilckens). **11 ὁ δέ** V. 4. **χωρέω** *Raum geben/haben, fassen;* übertr. (im 11
geistigen Sinn) *fassen, annehmen, begreifen;* οὐ πάντες χωροῦσιν ... *nicht al-*
le fassen ... bzw. *nicht alle können ... annehmen/begreifen.* **τὸν λόγον τοῦτον**
bezieht sich nach manchen auf V. 4-9, doch sinnvoller scheint ein Bezug auf die
Schlußfolgerung der Jünger v. V. 10: dieser Gedanke, es sei am besten, gar nicht
zu heiraten, ist zwar unmögl. für alle akzeptierbar, doch für best. Menschen
(V. 12) erweist sich die Ehelosigkeit als das richtige (Carson, Mt, S. 419); mögl.
wäre auch ein Bezug auf das, was folgt (V. 12; vgl. A130,1; GNB: *was ich jetzt sa-*
ge). **οἷς** = οὗτοι οἷς (A358); οὐ πάντες ... ἀλλ᾽ οἷς *nicht alle ... sondern*
nur die, denen. **δέ-δοται** Pf. (A231) Pass. δίδωμι; erg. χωρεῖν; pass. divi-
num (A76b; B 1bβ). **12 εἰμί** hier *vorhanden sein, existieren* (B I1). **εὐν-οῦ-** 12
χος (= τὴν εὐνὴν [das Bett] ἔχων Bettschützer) eig. *Eunuch* (durch Eingriff
zeugungsunfähig gemachter Mann; Eunuchen dienten im Vorderen Orient bes.

als Haremsaufseher [Esth 2,14]; häufig hatten sie auch hohe Positionen am Hof inne), hier übertr. im Sinn v. *einer, der nicht heiratet,* sei es, weil er (ob durch Eingriff od. von Geburt an) zeugungsunfähig ist, sei es, weil er von sich aus auf die Ehe verzichtet. **οἵ-τινες** qualitativ (B 2a) *(solche), die* (A132). **κοιλία** *Bauch;* hier *Mutterleib;* ἐκ κοιλίας μητρός (LXX-Ausdruck) *vom Mutterleib an/her* (B 2). **ἐ-γεννήθησαν** Aor. Pass. γεννάω; οἵτινες ἐκ κοιλίας μητρὸς ἐγεννήθησαν οὕτως *die vom Mutterleib her so geboren worden sind, die von Geburt an so sind.* **εὐν-ουχίσθησαν** Aor. Pass. -ουχίζω (vgl. A33[91ff]) *zeugungsunfähig machen.* **εὐν-ούχισαν** Aor.; εὐνουχίζω ἐμαυτόν „sich zeugungsunfähig machen" übertr. im Sinn v. *von sich aus auf die Ehe verzichten;* εἰσὶν γὰρ εὐνοῦχοι οἵτινες ἐκ κοιλίας μητρὸς ἐγεννήθησαν οὕτως, καὶ εἰσὶν εὐνοῦχοι οἵτινες εὐνουχίσθησαν ὑπὸ τῶν ἀνθρώπων, καὶ εἰσὶν εὐνοῦχοι οἵτινες εὐνούχισαν ἑαυτούς *denn es gibt „Eunuchen"* (= solche, die nicht heiraten), *die von Geburt an so* (= *zeugungsunfähig*) *sind, und es gibt „Eunuchen", die von Menschen zeugungsunfähig gemacht worden sind, und es gibt „Eunuchen", die sich selbst „zeugungsunfähig" gemacht haben* (= die auf die Ehe verzichten) bzw. (idiomatischer) *denn es ist so: Manche sind von Geburt an zur Ehe unfähig, manche sind von den Menschen dazu gemacht, und manche haben sich selbst dazu gemacht* (Einh.) od. *es gibt verschiedene Gründe, warum jemand nicht heiratet. Manche Menschen sind von Geburt an eheunfähig, manche – wie die Eunuchen – sind es durch einen späteren Eingriff geworden. Noch andere verzichten von sich aus auf die Ehe* (GNB). **δυνάμενος** Ptz. δύναμαι, subst. *wer ... kann.* **χωρεῖν** Inf., **χωρείτω** Imp. 3. Sg. χωρέω; erg. τοῦτο/ταῦτα (A79).

13 **13 προσ-ηνέχθησαν** Aor. Pass. -φέρω. **ἐπι-θῇ** Aor. Konj. -τίθη-
μι[200] *auflegen* τινί *jmdm.* **προσ-εύξηται** Aor. Konj. Med. -εύχομαι; erg.
ὑπέρ αὐτῶν o.ä. (A79) *für sie.* **ἐπ-ε-τίμησαν** Aor. ἐπι-τιμάω m. Dat.
tadeln, Vorwürfe machen, zurechtweisen, (mit aller Strenge) entgegentreten/befeh-
14 *len;* hier etwa *barsch/schroff abweisen.* **14 ἄφ-ετε** Aor. Imp. -ίημι hier *las-*
sen/gestatten (m. ἐλθεῖν verbinden; B 4) od. *in Frieden/Ruhe lassen* (vgl. Men-
ge). **κωλύετε** Imp. κωλύω *hindern, abhalten* (etwas zu tun: Inf.). **ἐλθεῖν**
Aor. Inf. ἔρχομαι. **τοιούτων** gen. poss. (A154); τῶν γὰρ τοιούτων
ἐστὶν ἡ βασιλεία τῶν οὐρανῶν *denn den so Beschaffenen/denn solchen ge-*
15 *hört die Königsherrschaft der Himmel* (zur Sache vgl. 18,1ff). **15 ἐπι-θείς**
Aor. Ptz. -τίθημι, temp. (A291,1 Anm. 1). **ἐ-πορεύθη** Aor. Pass. (ohne bes.
Pass.-Bdtg.) πορεύομαι; ἐπορεύθη ἐκεῖθεν *er ging von dort weg, er zog wei-*
ter. **ἐκεῖ-θεν**[18] *von dort.*
16 **16 εἷς** = τις (A137b; B 3a). **προσ-ελθών** Aor. Ptz. -έρχομαι, temp.
(A291,1 Anm. 1). **διδάσκαλε** Vok. [Var. ἀγαθέ Vok.] **ποιήσω** Aor.
Konj. ποιέω; deliberativer Konj. (A255); τί ἀγαθὸν ποιήσω *was soll/muß*
ich Gutes tun. **σχῶ** Aor. Konj. ἔχω; Aor. hier wohl ingr. (A240b); ἵνα σχῶ

ζωὴν αἰώνιον *um das ewige Leben zu bekommen;* was hier „ewiges Leben be-
kommen" heißt, wird in V. 17/23f (vgl. a. 18,8) als „in das Leben/Himmelreich
eingehen" u. in V. 25 als „gerettet werden" bez. [Var. ποιήσας Aor. Ptz.,
mod./kond.; τί ἀγαθόν AkkO zu ποιήσας (Fragewort ist m. dem part. coni.
verschränkt [vgl. ähnl. A364b]), τί ἀγαθὸν ποιήσας ζωὴν αἰώνιον κλη-
ρονομήσω; „indem/wenn ich was (für) Gutes tue, werde ich ewiges Leben
empfangen?" = *was muß ich Gutes tun, um ewiges Leben zu empfangen?* κλη-
ρονομήσω V. 29]. **17 ὁ δέ** V. 4. **τί** adv. *warum?* (vgl. B τίς 3a; A134a). 17
[Var. λέγω m. doppeltem Akk. (A97,15) *nennen* (B II3).] **περὶ τοῦ ἀγα-
θοῦ** *nach dem Guten* bzw. *nach dem, was gut ist.* [Var. εἰ μή nach Neg. *außer*
(B εἰ VI9a; A341).] **εἷς ἐστιν ὁ ἀγαθός** *ein einziger ist der Gute* (= *der
Vollkommene,* d.h. Gott [B ἀγαθός 1bα]); im absoluten Sinn gut, wie für das
ewige Leben erforderl., ist nur Gott; sein Wille allein ist es auch, der festlegt,
was gut u. erstrebenswert ist; die Art u. Weise, wie der Reiche sich an Jesus
wendet (s. bes. V. 16 u. 20), zeigte, daß er etwas anstrebte, was über Gottes Wil-
len hinausging (V. 20), u. gleichzeitig eine verfehlte Vorstellung v. Gottes abso-
luter Vollkommenheit hatte (Carson, Mt, S. 422). **εἰ** m. Ind. indefiniter Fall
(A342). **εἰσ-ελθεῖν** Aor. Inf. -έρχομαι. **τήρησον** Aor. Imp. τηρέω
[Var. τήρει Präs. Imp.]. **18 λέγει** V. 8 [Var. ἔ-φη Ipf. φημί]. **ποῖος**[18] 18
wie beschaffen? was für ein? welche (Art)? welcher? **τό** *das (Gebot)/die (Gebote):*
(τό leitet atl. Zitat ein, BDR §267[2b]; vgl. A105); zitiert wird aus Ex 20,13-16.12
bzw. Dt 5,17-18.16 sowie Lev 19,18 (LXX-Wortlaut). **φονεύσεις** Fut. φο-
νεύω *töten, morden;* Fut. m. οὐ bez. hier (wie in der LXX) ein striktes Verbot
(Hebr.; A247d; gilt analog für die übrigen Verbformen des Verses). **μοιχεύ-
σεις** Fut. μοιχεύω *Ehebruch begehen.* **κλέψεις** Fut. κλέπτω[55] *stehlen.*
ψευδο-μαρτυρήσεις Fut. -μαρτυρέω *falsches Zeugnis ablegen, Falsches
bezeugen, falsche Aussagen machen* (NGÜ), *Unwahres sagen* (GN). **19 τίμα** 19
Imp. τιμάω *abschätzen;* hier *schätzen, ehren.* **ἀγαπήσεις** Fut. ἀγαπάω;
Fut. bez. hier (wie in der LXX) ein striktes Gebot (Hebr.; A247d). **πλησίον**
Adv. *nahe, benachbart;* Subst. (indekl.) *Nächster, Mitmensch.* **20 λέγει** V. 8. 20
νεανίσκος *junger Mann* (bis etwa zum Alter v. 40). **ἐ-φύλαξα** Aor. φυ-
λάσσω[80] *wachen, bewachen, beschützen; beobachten, befolgen.* [Var. νεότης[3]
Jugend.] **ὑστερέω** *zu spät kommen; Mangel leiden an, entbehren, ermangeln,* m.
Gen.; *zurückstehen, geringer sein als, jmdm. nachstehen,* m. Gen.; τί ἔτι ὑστε-
ρῶ; „worin (vgl. A149) bin ich noch zurück?" (BDR §154[3]) = *was fehlt mir
noch?* od. *was muß ich noch tun?* (GN). **21 ἔ-φη** Ipf. φημί [Var. λέγει 21
V. 8]. **τέλειος** (< τέλος) *vollkommen;* εἰ (V. 17) θέλεις τέλειος εἶναι
wenn du vollkommen sein willst (vgl. GN: *wenn es dir ums Ganze geht*). **εἶναι**
Inf. εἰμί. **ὕπ-αγε** Imp. (vgl. A266a), typischerweise gefolgt v. Asyndeton
(BDR §461[1]; vgl. H-S §293e) *geh (und).* **πώλησον** Aor. Imp. πωλέω *ver-
kaufen.* **ὑπ-άρχοντα** Ptz. -άρχω, subst. τὰ ὑπάρχοντά τινι/τινος *das*

jmdm. Gehörende (vgl. A154/174), *jmds. Besitz, jmds. Vermögen* (vgl. B 1; H-S
§237a). **δός** Aor. Imp. δίδωμι; erg. gedankl. τὰ χρήματα *das Geld* o.ä.
πτωχός *bettelnd, arm* (B 1); subst. (A105). **καί** (zweites u. drittes) kons.
(A311,2) *so* bzw. *und dann.* **ἕξεις** Fut. ἔχω. **θησαυρός** *Vorratskammer,*
-haus; Schatzbehälter; Schatz (GNB hier: *einen unverlierbaren Besitz*); zur Sache
vgl. 6,19-24. **δεῦρο** Adv. *(komm) hierher* asyndetisch vor Imp. (A266b); δεῦ-
ρο ἀκολούθει μοι *komm und folge mir nach* (darauf liegt der Hauptton der
22 Antwort Jesu). **ἀκολούθει** Imp. ἀκολουθέω. **22 ἀκούσας** Aor. Ptz.
ἀκούω, temp. **ἀπ-ῆλθεν** Aor. -έρχομαι. **λυπούμενος** Ptz. Pass. λυ-
πέω *traurig machen, betrüben;* Pass. Präs. auch *traurig sein;* mod. *traurig.* **ἦν** Ipf.
εἰμί. **ἔχων** Ptz., umschrieb. Ipf. (A249a). **κτῆμα**[3] *Besitz, Habe; Grundbesitz,*
Grundstück [Var. χρῆμα[3] Pl. *Vermögen, Reichtum; Geld*]; ἦν γὰρ ἔχων κτή-
ματα πολλά *denn er hatte ein großes Vermögen.*
23 **23 ὅτι** am besten als Doppelpunkt berücksichtigen (vgl. A333). **πλού-
σιος** *reich;* subst. (A105). **δυσ-κόλως** *schwer, schwerlich;* πλούσιος δυσ-
κόλως εἰσελεύσεται ... *ein Reicher wird (nur) schwer ... hineinkommen* bzw.
für einen Reichen ist es schwer, ... hineinzukommen. **εἰσ-ελεύσεται** Fut.
24 Med. -έρχομαι. **24 εὐ-κοπώτερος**[11] Komp. v. εὔκοπος *leicht (zu be-*
werkstelligen); εὐκοπώτερόν ἐστιν m. AcI *es ist leichter, daß.* **κάμηλος** ὁ
u. ἡ *Kamel* (für den Bewohner Palästinas das größte bekannte Tier) [Var. κά-
μιλος ἡ *Schiffstau* (lautgleich m. κάμηλος; vgl. H-S §2b Anm. 1)]. **τρύπη-
μα**[3] *Loch;* τρύπημα ῥαφίδος *Nadelöhr* (die kleinste bekannte Öffnung);
Versuche (vgl. Var.), diesen (hyperbolisch [A383] gebrauchten) Ausdruck
abzuschwächen u. etwa als bildl. Bezeichnung für eine kleine Tür zu deuten,
durch die sich ein unbeladenes Kamel gerade noch hindurchzuzwängen vermag,
sind verfehlt (Carson, Mt, S. 425; EWNT 2, Sp. 610f) [Var. 1 τρῆμα[3]; Var. 2
τρυμαλιά beide synonym]. **ῥαφίς**[3] ίδος ἡ *Nadel.* **δι-ελθεῖν** Aor. Inf.
-έρχομαι; Präd. des ersten AcI. **εἰσ-ελθεῖν** V. 17; Präd. des zweiten AcI.
25 **25 ἀκούσαντες** Aor. Ptz. ἀκούω, temp.; erg. τοῦτο/ταῦτα (A79). **ἐξ-ε-
πλήσσοντο** Ipf. ἐκ-πλήσσομαι *außer sich geraten* (hier wohl vor Schreck;
B 2); ... ἐξεπλήσσοντο σφόδρα ... *wurden sie ganz bestürzt* (Menge), ...
waren sie zutiefst bestürzt (NGÜ). **σφόδρα** *heftig, gewaltig, sehr.* **λέγοντες**
Ptz. λέγω, mod. **τίς ἄρα** *wer... denn?* (B ἄρα 2), *wer ... dann (überhaupt)?;*
die Frage impliziert: wenn Reiche, die durch den Reichtum doch so offensichtl.
v. Gott gesegnet sind, nicht gerettet werden, wer wird es dann überhaupt?
26 **σωθῆναι** Aor. Inf. Pass. σῴζω (vgl. V. 16). **26 ἐμ-βλέψας** Aor. Ptz.
-βλέπω[41] m. Dat. *den Blick richten auf, ansehen, betrachten;* temp./mod. (vgl.
A291,1f Anm. 1). **παρά** m. Dat. fast = einfacher Dat. (B II2c; vgl. BDR
§238[3]) *bei, für.* **τοῦτο** *das,* d.h. daß Menschen gerettet werden. **ἀ-δύνα-
τος**[11] *unvermögend, kraftlos;* hier *unmöglich.* **δυνατός** *stark, mächtig;* hier
möglich.

27 ἀπο-κριθείς V. 4; τότε ἀποκριθεὶς ὁ Πέτρος εἶπεν αὐτῷ 27
darauf antwortete Petrus ihm bzw. (wohl besser) *da sagte Petrus zu ihm* (vgl. B 2).
ἰδού etwa *du weißt.* **ἡμεῖς** Subj. betont (A122). **ἀφ-ήκαμεν** Aor. -ίημι.
ἠκολουθήσαμεν Aor. ἀκολουθέω. **ἔσται** Fut. εἰμί hier m. dat. com-
modi (A173) *jmdm. zuteil werden* (vgl. B I4); τί ἄρα ἔσται ἡμῖν *was wird uns*
also/denn zuteil werden? bzw. *was werden wir dafür bekommen?* **28 ἀκολου-** 28
θήσαντες Aor. Ptz., attr. bzw. subst. (App. zu ὑμεῖς, A303); ὑμεῖς οἱ
ἀκολουθήσαντές μοι *ihr, die ihr mir nachfolgt/nachgefolgt seid.* **παλιγ-γε-**
νεσία (< πάλιν, γένεσις Entstehung, Geburt) *Wiedergeburt* (das Neuwer-
den des erlösten Menschen); hier *die* (eschatologische) *Wiedergeburt (der Welt)*
= *die zukünftige Welt* (vgl. EWNT 3, Sp. 19). **καθίσῃ** Aor. Konj. καθίζω.
ἐπὶ θρόνου δόξης αὐτοῦ *auf dem/den Thron seiner Herrlichkeit* (auch
ohne Art. best. [BDR §259[3]; vgl. A106a/c/d]). **καθήσεσθε** Fut. Med. κάθη-
μαι. **κρίνοντες** Ptz. κρίνω hier *richten, Gericht halten,* viell. im weiteren
Sinn v. *herrschen, regieren* (B 4bβ); mod. *und (dabei) richten/regieren.* **φυλή**
(Volks-)Stamm. **29 πᾶς ὅστις** *jeder, der* (B πᾶς 1cγ; vgl. A133a). **ἀφ-ῆ-** 29
κεν Aor. -ίημι. **ἀδελφή** *Schwester* (eig. u. übertr. [Angehörige desselben
Glaubens]). **ἀγρός** *Feld, Acker.* **ἕνεκεν** uneig. Präp. (A183) *wegen, um ...*
willen. **ἑκατοντα-πλασίων** ον (A11; 19) *hundertfach* [Var. πολλα-πλα-
σίων[11] *vielfach;* Ntr. Pl. *Vielfaches.*] **λήμψεται** Fut. Med. λαμβάνω; ἑκα-
τονταπλασίονα λήμψεται *der wird (dafür) Hundertfaches* (Menge: *vielmal*
Wertvolleres) *empfangen* od. *der wird das alles hundertfach wiederbekommen*
(GNB). **ζωὴ αἰώνιος** vgl. V. 16 zu σχῶ. **κληρο-νομήσει** Fut. -νομέω
(< κληρο-νόμος Erbe, Besitzer) *erben; als Anteil/Besitz erhalten.* **30 ἔσον-** 30
ται Fut. εἰμί; πολλοὶ δὲ ἔσονται πρῶτοι ἔσχατοι καὶ ἔσχατοι
πρῶτοι *viele Erste aber werden Letzte/die Letzten* (A82) *sein und viele Letzte Er-*
ste/die Ersten od. *aber viele, die jetzt die Ersten sind, werden dann die Letzten sein,*
und viele, die jetzt die Letzten sind, werden dann die Ersten sein (vgl. NGÜ); ein
Sprichwort, das auf die Umkehrung gewohnter Wertskalen im „Himmelreich"
hinweist, hier (s.a. 20,1-16) bes. darauf, daß der entscheidende Faktor dort Got-
tes Gnade ist u. nicht Reichtum, Macht od. sozialer Status: angenommen u. ge-
fördert wird unterschiedslos jeder, der m. kindl. Vertrauen zu Gott kommt
(V. 13-15).

ὅμοιος m. ἐστίν τινι (A179) *es gleicht jmdm./etwas* (B 1); ὁμοία **20**
ἐστὶν ἡ βασιλεία τῶν οὐρανῶν ἀνθρώπῳ οἰκοδεσπότῃ *die Königs-*
herrschaft der Himmel gleicht einem Gutsbesitzer bzw. besser *mit der Königsherr-*
schaft der Himmel verhält es sich wie mit/bei einem Gutsbesitzer (vgl. zu 13,24).
γάρ verknüpft diesen Abschnitt m. 19,27-30 (s. bes. die Frage in V. 27). **ἄν-**
θρωπος hier pleon. (vgl. B 3aε; vgl. H-S §260j). **οἰκο-δεσπότης**[1] *Haus-*
herr, Gutsherr. **ὅσ-τις** = ὅς (A133; B 3), evtl. qualitativ (A132) *(ein solcher),*
der (vgl. ZG). **ἐξ-ῆλθεν** Aor. -έρχομαι hier etwa *ausgehen, das Haus verlas-*

sen (Einh.) od. *sich aufmachen* (m. Inf. *etwas zu tun;* NGÜ). **ἅμα** *zugleich; zu-*
gleich mit (uneig. Präp. m. Dat., vgl. A183); ἅμα πρωΐ *gleich am frühen Morgen*
(B 2), *früh am Morgen.* **πρωΐ** *früh, frühmorgens.* **μισθώσασθαι** Aor. Inf.
Med. μισθόομαι *für sich* (für Lohnarbeit) *anwerben, einstellen;* fin. (A276).
ἐργάτης[1] *Arbeiter.* **εἰς** hier *für* (B 7). **ἀμπελών**[4] ῶνος ὁ *Weinberg.*
2 **2 συμ-φωνήσας** Aor. Ptz. -φωνέω m. Dat. *passen zu, übereinstimmen mit;*
hier statt Dat. μετά τινος (BDR §202[8]) *mit jmdm. übereinkommen, mit jmdm.*
vereinbaren, sich mit jmdm. einigen; temp. (vgl. A291,1 Anm. 1); συμφωνή-
σας μετὰ τῶν ἐργατῶν ἐκ δηναρίου τὴν ἡμέραν *nachdem er sich mit*
den Arbeitern auf einen Denar für den (vgl. A148) *(betreffenden) Tag* (BDR
§252b[4]) *geeinigt hatte* bzw. *er einigte sich mit den Arbeitern auf einen Tageslohn*
von einem Denar und. **ἐκ** statt gen. pretii (B 4b; A151/161). **δηνάριον** (lat.
denarius) *Denar,* röm. Münze, deren Wert etwa dem Tageslohn eines Arbeiters
3 entsprach. **ἀπ-έ-στειλεν** Aor. ἀπο-στέλλω. **3 ἐξ-ελθών** Aor. Ptz.
V. 1; temp. **περί** m. Akk. hier zeitl. *um, gegen* (B 2b; H-S §184n); περὶ τρί-
την ὥραν *um die* (vgl. A106a) *dritte Tagesstunde = um/gegen neun Uhr.*
ἑστῶτας Pf. (Wz.-Pf., H-S §109a; m. präs. Bdtg.) Ptz. ἵσταμαι, AcP (A300)
od. attr. **ἐν** *auf* (B I1b). **ἀγορά** *Marktplatz* (meist Stätte des gesamten öf-
fentl. Lebens). **ἀργός** (< ἀ + ἔργον) *untätig, arbeitslos* (hier Artangabe zum
4 Subj. des AcP, in V. 6 zum HS-Subj. [vgl. A65]). **4 ὑπ-άγετε** Imp. (vgl.
A266a). **ὃ ἐάν** = ὃ ἄν (A132; 371) *was (auch immer).* **ᾖ** Konj. εἰμί. **δί-**
5 **καιος** hier etwa *recht, angemessen, fair* (vgl. B 5). **δώσω** Fut. δίδωμι. **5 οἱ**
δέ *(und) diese/sie* (A102). **ἀπ-ῆλθον** Aor. -έρχομαι. **ἐξ-ελθών** V. 3;
temp. (A291,1 Anm. 1). **ἕκτος**[19] *sechster.* **ἔνατος**[19] *neunter;* περὶ ἕκτην
καὶ ἐνάτην ὥραν *um die* (vgl. A106a) *sechste und um* (vgl. BDR §479[2]) *die*
neunte Stunde = um die Mittagszeit (bzw. *um/gegen zwölf Uhr*) *und um/gegen drei*
Uhr. **ἐ-ποίησεν** Aor. ποιέω hier *handeln, verfahren* (B I2aα). **ὡσ-αύτως**
6 *in gleicher Weise, ebenso.* **6 ἑν-δέκατος**[19] *elfter;* περὶ τὴν ἑνδεκάτην
(erg. ὥραν [vgl. A88; vgl. Var.]) *um die elfte Stunde = um/gegen fünf Uhr.* **εὗ-**
ρεν Aor. εὑρίσκω. **ἑστῶτας** V. 3; εὗρεν ἄλλους ἑστῶτας *er fand*
(noch) andere herumstehen (B ἵστημι II2bγ). **λέγει** praesens narrativum
(A235); analog V. 7f. **τί** adv. *was/warum?* (vgl. B τίς 3a; A134a). **ἑστήκατε**
Pf. (m. präs. Bdtg.) ἵσταμαι. **ὅλην τὴν ἡμέραν** Akk. der zeitl. Ausdeh-
7 nung (A148). **7 ὅτι** *weil* (beantwortet das τί v. V. 6) od. recitativum =
Doppelpunkt (A333). **ἐ-μισθώσατο** Aor. Med. V. 1. [Var. λή(μ)ψεσθε
8 Fut. Med. λαμβάνω.] **8 ὀψία** (eig. Fem. Sg. ὄψιος spät; subst.) *Abend.*
γενομένης Aor. Ptz. Med. γίνομαι, gen. abs. (A288), temp.; ὀψίας
γενομένης *als es Abend geworden war, am Abend.* **ὁ κύριος τοῦ ἀμπε-**
λῶνος *der Weinbergbesitzer.* **ἐπί-τροπος** *Aufseher, Verwalter.* **κάλεσον**
Aor. Imp. καλέω hier *zusammenrufen* (B 1c). **ἀπό-δος** Aor. Imp. -δίδωμι
hier *auszahlen* (B 1). **μισθός** *Lohn.* **ἀρξάμενος** Aor. Ptz. Med. ἄρχω,

mod. (vgl. BDR §419^{3} bzw. H-S §231d zum formelhaften Gebrauch dieses Ptz.);
ἀρξάμενος ἀπὸ τῶν ἐσχάτων ἕως τῶν πρώτων *angefangen bei den
letzten, bis hin zu den ersten* (Einh.) od. (vgl. A291,2 Anm. 1) *fang bei den letzten
an und hör bei den ersten auf* (NGÜ). **9 ἐλθόντες** Aor. Ptz. ἔρχομαι, temp. 9
οἱ περὶ τὴν ἑνδεκάτην ὥραν *die um die elfte Stunde Eingestellten*
(Menge) bzw. *die Männer, die erst um/gegen fünf Uhr angefangen hatten* (vgl.
A105 od. H-S §132e). **ἔ-λαβον** Aor. λαμβάνω. **ἀνά** (A187) *auf, hinauf;*
hier distributiv *je* (BDR §204; A138,2) bzw. (hier) *jeder.* **10 ἐ-νόμισαν** Aor. 10
νομίζω (vgl. A33^{91ff}) *meinen, glauben, annehmen.* **λήμψονται** Fut. Med.
λαμβάνω; hier „Zukunft in der Vergangenheit" (Tempus u. Modus wie in der
entsprechenden direkten Rede [A326]); ἐνόμισαν ὅτι πλεῖον λήμψονται
sie dachten, sie würden mehr bekommen (H-S §271c/d). **καί** (zweites) adversativ
(A311,1) *aber.* **τὸ ἀνὰ δηνάριον** vgl. V. 9, hier m. anaphorischem (rück-
verweisendem) Art. (H-S §131a; vgl. A103) *jeder den vereinbarten Denar, jeder
seinen Denar* (vgl. V. 2 u. 13; ZG; BDR §266^{4}). **11 λαβόντες** Aor. Ptz. 11
λαμβάνω, temp.; *als sie diesen* (A79) *erhielten/erhalten hatten* od. hier (idio-
matischer) einfach *da.* **ἐ-γόγγυζον** Ipf. γογγύζω *murren* κατά τινος
gegen jmdn. (B 1), *gegen jmdn. aufbegehren* (NGÜ). **12 λέγοντες** Ptz. λέγω, 12
mod. **μίαν ὥραν** Akk. der zeitl. Ausdehnung (A148) *(nur) eine einzige
Stunde.* **ἐ-ποίησαν** Aor. ποιέω hier *sich betätigen, arbeiten* (B I2c). **ἴσος**
gleich (m. dat. sociativus, A179). **ἐ-ποίησας** Aor. ποιέω hier m. doppeltem
Akk. (A97,15); ἴσους ἡμῖν αὐτοὺς ἐποίησας *du hast sie uns gleichgestellt,
du behandelst sie genauso wie uns* (GNB). **βαστάσασι** Aor. Ptz. βαστά-
ζω^{108} *aufheben; tragen;* hier übertr. *ertragen, aushalten* (B 2bβ); attr. bzw. subst.
(App. zu ἡμῖν, A303); τοῖς βαστάσασι τὸ βάρος τῆς ἡμέρας καὶ τὸν
καύσωνα *die wir die (ganze) Last des Tages und die Hitze getragen/ertragen
haben* od. (idomatischer) *dabei haben wir den ganzen Tag über in der Hitze ge-
schuftet* (GNB). **βάρος**^{7} *Schwere; Last* (hier v. der Tagesarbeit; B 1). **καύ-
σων**^{4} ωνος ὁ *Hitze.* **13 ὁ δέ** *(und/doch) dieser/er* (A102). **ἀπο-κριθείς** 13
Aor. Ptz. Pass. (ohne Pass.-Bdtg.) -κρίνομαι, pleon. (A297,2); ὁ δὲ ἀποκρι-
θεὶς ἑνὶ αὐτῶν (gen. partitivus, A164) εἶπεν *da erwiderte er einem von ihnen.*
ἑταῖρε Vok. ἑταῖρος *Gefährte, Freund;* Anrede etwa = *guter Freund* od. *mein
Lieber* o.ä. **ἀ-δικέω** intr. *Unrecht tun;* tr. *ungerecht behandeln;* οὐκ ἀδικῶ
σε *ich tue dir kein Unrecht* (B 2a). **οὐχί** *nicht;* erwartet als Frageeinleitung die
Antwort „doch" (A320). **συν-ε-φώνησας** Aor. συμ-φωνέω V. 2; οὐχὶ
δηναρίου (gen. pretii [vgl. ἐκ V. 2]) συνεφώνησάς μοι *hast du nicht einen
Denar mit mir vereinbart?* (Einh.), *hattest du dich mit mir nicht auf einen Denar
geeinigt?* (NGÜ; vgl. B 2a/b). **14 ἆρον** Aor. Imp. αἴρω hier *nehmen.* **σός** 14
(A128) *dein;* Ntr. subst. (A105) *(das) Deine* (B 2b) bzw. (hier) *dein Geld.* **ὕπ-
αγε** Imp. (vgl. A266a) **δοῦναι** Aor. Inf. δίδωμι; θέλω δὲ τούτῳ τῷ ἐσ-
χάτῳ δοῦναι ὡς καὶ σοί *ich will nun einmal diesem letzten hier*

(das Demonstrativum weist in die außersprachl. Situation) *(genausoviel) geben*
15 *wie dir.* **15 οὐκ** wie οὐχί V. 13 gebraucht. **ἔξ-εστιν** *es steht frei, es ist er-*
laubt (τινί *jmdm.*). **ποιῆσαι** Aor. Inf. ποιέω hier τὶ ἔν τινι *etwas mit et-*
was machen (vgl. B ἐν I2 od. [instr.] III1). **τὰ ἐμά** *mein Eigentum* (B ἐμός 2)
bzw. *das, was mir gehört.* **ὀφθαλμός** die Verbindung ὀφθαλμὸς πονηρός
„böses (d.h. neidisch/mißgünstig auf den anderen blickendes) Auge" bez. idio-
matisch (Metonymie, A381f) *Mißgunst, Neid* (B 1; LN 88.165); ἢ ὁ ὀφθαλμός
σου πονηρός ἐστιν ὅτι ἐγὼ ἀγαθός εἰμι *oder bist du neidisch, weil ich*
großzügig/so gütig bin (GNB/NGÜ). **ἀγαθός** hier *gütig* (B 1bα), *großzügig.*
16 **16 ἔσονται** Fut. εἰμί; zu diesem Sprichwort vgl. 19,30 (dort etwas anders,
u.a. in umgekehrter Reihenfolge, formuliert). [Var. πολλοὶ γάρ εἰσιν usw.
s. 22,14.]
17 **17 ἀνα-βαίνων** Ptz., temp.; das „Hinaufgehen" nach Jerusalem meint
hier wohl nicht den unmittelbaren Aufstieg zur Stadt (vgl. 20,29), sondern ist
(wie häufig im Judentum) im weiteren Sinn v. der (Pilger-)Reise als Ganzes zu
verstehen (als term. tech.; vgl. Köhler-Baumgartner, S. 783f) [Var. μέλλων
Ptz., temp. -βαίνειν Inf.]. **παρ-έ-λαβεν** Aor. παρα-λαμβάνω hier m.
κατ' ἰδίαν *zur Seite/beseite nehmen* (B 1), *allein zu sich rufen* (GNB; vgl. B
ἴδιος 4). **ἐν τῇ ὁδῷ** *auf dem Weg, unterwegs* (B ὁδός 1b); ἀναβαίνων ὁ
Ἰησοῦς ... παρέλαβεν ... κατ' ἰδίαν καὶ ἐν τῇ ὁδῷ εἶπεν αὐτοῖς *auf*
dem Weg hinauf ... nahm Jesus ... beiseite und sagte unterwegs/beim Weitergehen zu
18 *ihnen.* **18 ἰδού** etwa *hört zu* (GNB) od. unübersetzt lassen. **ἀνα-βαίνο-**
μεν hier lin. (A232a) *wir gehen jetzt hinauf.* **παρα-δοθήσεται** Fut. Pass.
-δίδωμι. **κατα-κρινοῦσιν** Fut. -κρίνω[127] *verurteilen,* m. τινὰ θανάτῳ
19 *jmdn. zum Tod verurteilen.* **19 παρα-δώσουσιν** Fut. -δίδωμι. **εἰς τό** m.
Inf./AcI fin. (A282); εἰς τὸ ἐμπαῖξαι καὶ μαστιγῶσαι καὶ σταυρῶ-
σαι *zur Verspottung, zur Geißelung und zur Kreuzigung* (Menge) bzw. (vgl. A268
u. A79) *damit die ihren Spott mit ihm treiben, ihn auspeitschen und schließlich*
kreuzigen (NGÜ). **ἐμ-παῖξαι** Aor. Inf. -παίζω[83] *seinen Spott treiben mit*
(Dat.), *verspotten, verhöhnen* (in Wort u. Tat). **μαστιγῶσαι** Aor. Inf. μα-
στιγόω (< μάστιξ Peitsche) *(aus)peitschen* (hier v. der röm. Strafe der Gei-
ßelung [m. unbegrenzter Zahl v. Geißelhieben], der „verberatio", die in Verbin-
dung m. Todesurteilen u. anderen entehrenden Strafvollzügen durchgeführt
wurde, so vor allem bei der Kreuzigung, der sie fast immer vorausging
[EWNT 2, Sp. 974]). **σταυρῶσαι** Aor. Inf. σταυρόω. **καί** (viertes) wohl
adversativ (A311,1) *doch.* **τῇ τρίτῃ ἡμέρᾳ** temp. Dat. (A182) *am dritten*
Tag. **ἐγερθήσεται** Fut. Pass. ἐγείρω [Var. ἀνα-στήσεται Fut. Med.
ἀν-ίσταμαι].
20 **20 τότε** *da* od. *damals* (Menge). **προσ-ῆλθεν** Aor. -έρχομαι. **Ζε-**
βεδαῖος *Zebedäus;* ἡ μήτηρ τῶν υἱῶν Ζεβεδαίου μετὰ τῶν υἱῶν
αὐτῆς *die Mutter der Söhne des Zebedäus mit ihren Söhnen* bzw. (idiomatischer)

die Frau des Zebedäus mit ihren Söhnen. **προσ-κυνοῦσα** Ptz. Fem. -κυνέω, mod. (A291,2 Anm. 1). **αἰτοῦσα** Ptz. Fem. αἰτέω hier τὶ ἀπό τινος (BDR §155[2]) *von jmdm. etwas erbitten* (B), *jmdn. um etwas bitten;* wohl konativ (A227; H-S §195c); mod.; προσκυνοῦσα (erg. αὐτῷ [A79]) καὶ αἰτοῦσά τι ἀπ᾽ αὐτοῦ *fiel vor ihm nieder und wollte ihn um etwas bitten/und fragte, ob sie ihn um etwas bitten dürfe* (GN). **21 ὁ δέ** V. 13. **λέγει** hist. Präs. (A235). 21
εἰπέ Aor. Imp. λέγω hier etwa *bestimmen* (Menge), *versprechen* o.ä. **ἵνα** hier *daß* (A328; bez. [statt eines Inf./AcI] das zu Bestimmende/Versprechende; BDR §392[5b]). **καθίσωσιν** Aor. Konj. καθίζω. **εἷς ... καὶ εἷς** = ὁ μέν ... ὁ δέ *der eine ... der andere* (BDR §247[8]; H-S §130). **εὐ-ώνυμος**[11] *linke(r);* τὰ εὐώνυμα *die linke Seite,* ἐξ εὐωνύμων τινός *zur Linken/links von jmdm.;* ἵνα καθίσωσιν οὗτοι οἱ δύο υἱοί μου εἷς ἐκ δεξιῶν σου καὶ εἷς ἐξ εὐωνύμων σου ... *daß meine beiden Söhne ... neben dir sitzen, der eine an deiner rechten Seite und der andere an deiner linken Seite* (NGÜ), d.h. daß sie die höchsten Ehrenplätze einnehmen u. bes. Anteil an der Macht bekommen werden. **22 ἀπο-κριθείς** vgl. V. 13. **αἰτεῖσθε** Med. αἰτέω. **πιεῖν** Aor. 22
Inf. πίνω. **ποτήριον** *Becher, Kelch;* hier übertr. v. dem eben (V. 17-19) erwähnten Leidensweg (in der atl. Bildersprache typischerweise Bezug auf Gericht u. Vergeltung [vgl. Ps 75,9; Jes 51,17f; Jer 25,15-28]). **μέλλω** hier (m. Inf.) umschrieb. Fut. (BDR §356; vgl. A250), viell. besser v. einer Notwendigkeit infolge göttl. Ratschlusses im Sinn v. *müssen* (B 1cδ). **πίνειν** Inf. [Var. βάπτισμα[3] *Taufe,* hier bildl. v. Martyrium (B 3); βαπτίζομαι Pass., βαπτισθῆναι Aor. Inf. Pass. βαπτίζω; s.a. Mk 10,38]. **λέγουσιν** V. 7. **δυνάμεθα** *das können wir = ja* (A321). **23 λέγει** V. 21. **πίεσθε** Fut. Med. πί- 23
νω; τὸ μὲν ποτήριόν μου πίεσθε *meinen Kelch werdet ihr zwar auch trinken* (NGÜ), *ihr werdet tatsächlich den gleichen Kelch trinken wie ich* (GNB). [Var. βαπτισθήσεσθε Fut. Pass.] **καθίσαι** Aor. Inf. καθίζω; Inf. m. Art. ist hier (vgl. A280) zunächst AkkO (durch das τοῦτο wiederaufgenommen) zu δοῦναι, dann Subj. des m. ἀλλ᾽ beginnenden Satzes. **ἐμόν** Präd.-Nom. (zu δοῦναι als Subj. [A270]); οὐκ ἔστιν ἐμόν *es ist nicht meine Sache* (B 1b). **δοῦναι** Aor. Inf. δίδωμι. **οἷς** = τούτοις (dat. commodi, A173) οἷς (BDR §293[13]; H-S §289d; vgl. A358). **ἡτοίμασται** Pf. Pass. ἑτοιμάζω; τὸ δὲ καθίσαι ... οὐκ ἔστιν ἐμὸν τοῦτο δοῦναι, ἀλλ᾽ οἷς (= ἀλλ᾽ ἔστιν [A78] τούτοις οἷς) ἡτοίμασται ὑπὸ τοῦ πατρός μου „aber das Sitzen ... das zu geben, ist nicht meine Sache, sondern es (das Sitzen) ist für die, denen es von meinem Vater bereitet ist" = *aber die Plätze ... habe nicht ich zu verleihen, sondern sie werden denen zuteil, für die sie von meinem Vater bestimmt sind* (Menge) od. (idiomatischer) *aber ich kann nicht darüber verfügen, wer ... sitzen wird. Auf diesen Plätzen werden die sitzen, die mein Vater dafür bestimmt hat* (GN).

24 ἀκούσαντες Aor. Ptz. ἀκούω, temp.; erg. τοῦτο/ταῦτα (A79). 24
δέκα[19] *zehn;* οἱ δέκα *die zehn anderen* (A376a; BDR §480[2]) *(Jünger).*

ἠγανάκτησαν Aor. ἀγανακτέω *unwillig/ärgerlich/entrüstet sein* περί τι-
25 νος *über jmdn.* (B; BDR §229,2). **25 προσ-καλεσάμενος** Aor. Ptz. Med.
-καλέομαι[37] *herbeirufen, zu sich rufen;* temp. (A291,1 Anm. 1). **ἄρχων**[5] ον-
τος ὁ *Herrscher, Machthaber, Herr;* οἱ ἄρχοντες τῶν ἐθνῶν *die Herrscher
über die Völker.* **κατα-κυριεύω** m. Gen. *Herr werden über, überwältigen;* hier
Herr sein über, (gewalttätig) herrschen über (B 2), *unterdrücken.* **μέγας** Pl. hier
v. Machthabern *(die) Großen/Mächtigen.* **κατ-εξ-ουσιάζω** m. Gen. *die
26 Macht/Amtsgewalt über jmdn./jmdm. gegenüber mißbrauchen.* **26 ἔσται** Fut.
εἰμί; das Fut. bez. hier (m. οὐ[χ]) ein striktes Verbot bzw. (beim zweiten Vor-
kommen im V. sowie in V. 27 [ohne Neg.]) ein striktes Gebot (Hebr.; A247d;
BDR §362[3]). **ἐν ὑμῖν** *bei/unter euch* (A193). **ὃς ἐάν** = ὃς ἄν (A132; 371)
wer (auch immer). **θέλῃ** Konj. θέλω. **γενέσθαι** Aor. Inf. Med. γίνομαι.
διάκονος *Diener, Helfer;* ἔσται ὑμῶν διάκονος/δοῦλος *der soll/muß
euer Diener sein, der soll den anderen dienen/soll sich allen anderen unterordnen*
27 (vgl. GN). **27 εἶναι** Inf. εἰμί; εἶναι πρῶτος *der* (A82) *Erste sein, an der
28 Spitze stehen* (GNB). **28 ὥσ-περ** (A352) *geradeso wie, gleichwie* bzw. hier
etwa *wie ja auch* (Menge) od. *denn auch* (NGÜ). **διακονηθῆναι** Aor. Inf.
Pass. διακονέω[33] *(be)dienen* (v. Dienstleistungen jeder Art); persönl. Pass. *be-
dient werden, sich bedienen lassen* (H-S §191c; A214); fin. (A276; analog die bei-
den flgd. Inf.). **διακονῆσαι** Aor. Inf. **δοῦναι** Aor. Inf. δίδωμι hier *hin-
geben* (B 6). **λύτρον** *Lösegeld;* hier Obj.-Präd. (A65); τὴν ψυχὴν αὐτοῦ
λύτρον ἀντὶ πολλῶν *sein Leben* (B ψυχή 1aβ) *als Lösegeld für viele* (um
durch seine stellvertretende Lebenshingabe die Menschen aus ihrer Todverfal-
lenheit loszukaufen [vgl. Jes 43,3f u. 53,10-12]). **ἀντί** m. Gen. (A188) *anstatt,
für; zu Gunsten von, für.*

29 **29 ἐκ-πορευομένων** Ptz. -πορεύομαι *hinausgehen, herauskommen,*
hier ἀπό τινος zur Angabe des Ausgangspunktes (einen Ort) *verlassen,* (von
einem Ort) *weitergehen;* gen. abs. (A288f), temp. **Ἰεριχώ** ἡ indekl., hier Gen.,
Jericho, Stadt in Judäa (im Jordantal). **ἠκολούθησεν** Aor. ἀκολουθέω.
30 **30 καὶ ἰδού** etwa *(da ...) dort* od. unübersetzt lassen. **καθήμενοι** Ptz. κά-
θημαι παρὰ τὴν ὁδόν *am Wegrand/Straßenrand* (evtl. *auf dem Weg*) *sitzen*
(B παρά III 1bα/1d); attr. od. umschrieb. Ipf. (A249a) m. Wegfall der Kopula
ἦν (Ipf. v. εἰμί; A78); καὶ ἰδοὺ δύο τυφλοὶ καθήμενοι παρὰ τὴν
ὁδὸν ἀκούσαντες *als zwei Blinde, die am Straßenrand saßen, hörten* od. *da
saßen dort zwei Blinde am Straßenrand; als diese hörten* (vgl. Menge). **ἀκού-
σαντες** V. 24. **παρ-άγω** *vorbeigehen, vorbeikommen;* Tempus u. Modus wie
in der entsprechenden direkten Rede (A326). **ἔ-κραξαν** Aor. κράζω. **λέ-
γοντες** Ptz. λέγω pleon. (A297), am besten als Doppelpunkt berücksichti-
gen. **ἐλέησον** Aor. Imp. ἐλεέω m. Akk. *sich erbarmen über, Erbarmen haben
mit.* **κύριε** Vok. **υἱός** Nom. für Vok. (A142; s. Var.), in der Wendung υἱὸς
Δαυίδ (dazu vgl. 1,1) ohne Art. (BDR §147[6]; vgl. A106c). **Δαυίδ** indekl.,

hier Gen. **31 ἐπ-ε-τίμησεν** Aor. ἐπι-τιμάω *tadeln, zurechtweisen, (mit al-* 31
ler Strenge) entgegentreten/befehlen. **ἵνα** hier *daß* od. Inf. bzw. indirekte Rede
(A328 u. 334a; bez. das Befohlene); ὁ ὄχλος ἐπετίμησεν αὐτοῖς ἵνα
σιωπήσωσιν *die Leute wurden ärgerlich und befahlen ihnen zu schweigen*
(Einh.), *die Leute fuhren sie an, sie sollten still sein* (NGÜ). **σιωπήσωσιν**
Aor. Konj. σιωπάω *schweigen, still sein.* **οἱ δέ** V. 5. **μεῖζον** adv. (A150)
noch lauter (B μέγας 2aγ). [Var. ἔ-κραζον Ipf.] **32 στάς** Wz.-Aor. Ptz. 32
ἵσταμαι, hier *stehenbleiben* (B II1a); temp. (A291,1 Anm. 1). **ἐ-φώνησεν**
Aor. φωνέω hier *herbeirufen, zu sich rufen* (B 2b). **ποιήσω** Aor. Konj.
ποιέω deliberativer Konj., hier erg. durch asyndetisch davorgesetztes θέλετε
(A255): τί θέλετε ποιήσω ὑμῖν (dat. commodi, A173) *was wollt ihr, (daß)*
ich für euch tue? (B θέλω 1) = *was soll ich für euch tun?* bzw. *was wollt/wünscht*
ihr von mir? **33 λέγουσιν** V. 7. **ἵνα** vgl. V. 31; hier abhängig v. θέλετε 33
bzw. ποιήσω in V. 32: *(wir wünschen* bzw. *mache,) daß.* **ἀν-οιγῶσιν** Aor.
Konj. Pass. -οίγω; ἵνα ἀνοιγῶσιν οἱ ὀφθαλμοὶ ἡμῶν *daß unsere Augen*
geöffnet werden = daß wir sehen können. **34 σπλαγχνισθείς** Aor. Ptz. 34
Pass. (ohne bes. Pass.-Bdtg.) σπλαγχνίζομαι (vgl. A33[91ff]) (< σπλάγχνα
eig. „Eingeweide", gemeint „Herz" [Sitz der Gefühle]) *sich erbarmen, Mitleid*
empfinden; temp. (als HS übers.; A291,1 Anm. 1); σπλαγχνισθεὶς δὲ ὁ
Ἰησοῦς ἥψατο τῶν ὀμμάτων αὐτῶν *da ergriff ihn tiefes Mitgefühl; er*
berührte ihre Augen (NGÜ). **ἥψατο** Aor. Med. ἅπτω[51] Med. *berühren,* m.
Gen. (A165). **ὄμμα**[3] *Auge.* **ἀν-έ-βλεψαν** Aor. ἀνα-βλέπω[41] *aufblicken;*
hier *wieder sehen (können)* (B 2aα). **ἠκολούθησαν** V. 29.
ὅτε ... τότε *als ... da* (B τότε 2). **ἤγγισαν** Aor. ἐγγίζω m. εἰς *sich* **21**
einer Ortschaft *nähern.* **εἰς** (zweites) *nach,* (drittes) *an.* **Βηθφαγή** *Betfage,*
Ort auf dem Ölberg. **ἐλαία** *Olivenbaum, Ölbaum; Olive;* τὸ ὄρος τῶν ἐλαι-
ῶν *der Ölberg,* Bergzug im Norden u. Osten v. Jerusalem (GBL 2, S. 1088ff).
ἀπ-έ-στειλεν Aor. ἀπο-στέλλω hier etwa *voraussenden.* **2 λέγων** Ptz., 2
mod. **πορεύεσθε** Imp. **κώμη** *Dorf.* **κατ-έναντι** uneig. Präp. (A183) *ge-*
genüber, vor; εἰς τὴν κώμην τὴν κατέναντι ὑμῶν *in das vor euch liegende*
Dorf (B 2a; vgl. A84) [Var. ἀπ-έναντι hier synonym, vgl. LN 83.42]. **εὐθέως**
hier etwa *gleich beim Ortseingang* (NGÜ). **εὑρήσετε** Fut. εὑρίσκω. **ὄνος**
ὁ u. ἡ *Esel, Eselin/Eselstute.* **δε-δεμένην** Pf. Ptz. Pass. δέω hier *anbinden*
(B 2); AcP (A300) od. attr. (A303); εὑρήσετε ὄνον δεδεμένην *ihr werdet*
eine Eselin angebunden finden od. *ihr werdet eine Eselin finden, die angebunden ist.*
πῶλος *Jungtier, Füllen, Fohlen.* **λύσαντες** Aor. Ptz. λύω hier *losbinden*
(B 2a); temp. (als Imp. + „und" übers.; A291,1 Anm. 1); erg. wohl αὐτούς/
τούτους (A79). **ἀγάγετε** Aor. Imp. ἄγω hier *führen, bringen* τινί *zu jmdm.*
[Var. ἄγετε Präs. Imp.]. **3 εἴπῃ** Aor. Konj. λέγω. **ἐρεῖτε** Fut. λέγω; hier 3
imp. Fut. (Hebr.; A247d; BDR §362[3]). **χρείαν ἔχω** m. Gen. *jmdn./etwas*
nötig haben, jmdn./etwas brauchen. **ἀπο-στελεῖ** Fut. -στέλλω; εὐθὺς

δὲ ἀποστελεῖ αὐτούς *und sofort wird er/man* (Subj. τις) *sie (mit euch) gehen*
lassen (NGÜ; vgl. B 2) od. *er* (Subj. ὁ κύριος) *wird sie aber sofort zurück-*
4 *schicken* (vgl. Menge). **4 γέ-γονεν** Pf. (A242; BDR §343[4]) γίνομαι. **πλη-**
ρωθῇ Aor. Konj. Pass. πληρόω. **ῥηθέν** Aor. Ptz. Pass. Ntr. λέγω, subst.
λέγοντος Ptz. λέγω, part. coni. (A287), temp.; zitiert wird zunächst aus Jes
62,11, v. ἰδού an aus Sach 9,9 (im Wortlaut dem MT z.T. näher als der LXX),
einer Prophetie, die sich nach allgem. jüd. Auffassung eindeutig auf den Mes-
sias, den Sohn Davids, bezog; allen, die dafür empfängl. waren, verkündete Jesus
nun nicht nur seine Messianität u. Erfüllung der Schrift, sondern führte ihnen
auch vor Augen, m. welch friedliebenden Absichten er sich Jerusalem näherte
5 (Carson, Mt, S. 437). **5 εἴπατε** Aor. (vgl. H-S §105g) Imp. λέγω. **θυγά-**
τηρ[6] τρός ἡ *Tochter.* **Σιών** ἡ indekl., hier Gen., *(Berg) Zion,* Bezeichnung
für Jerusalem (bes. als Wohnort Gottes [s. Tempel]); θυγάτηρ Σιών „Tochter
Zion(s)“: Stadt Zion (d.h. Jerusalem) u. ihre Bewohner. **ἰδού** etwa *jetzt* od.
unübersetzt lassen. **ἔρχομαι** hier τινί *zu jmdm. kommen* (B I1aδ).
πραΰς[10] πραεῖα πραΰ *sanftmütig, freundlich, mild;* Artangabe zum Subj.
(A65). **ἐπι-βε-βηκώς** Pf. Ptz. -βαίνω[139] *betreten;* hier (ein Reittier) *bestei-*
gen; mod.; πραΰς καὶ ἐπιβεβηκὼς ἐπὶ ὄνον *sanfmütig und auf einem Esel*
reitend od. (idiomatischer) *er ist sanftmütig* (Einh.: *friedfertig;* GN: *er verzichtet*
auf Gewalt), *und er reitet auf einem Esel.* **καί** (zweites) epexegetisch *und zwar,*
nämlich (BDR §442[18]; vgl. B καί I3; A311,7) od. unübersetzt lassen. **υἱός**
hier v. direktem Abkömmling eines Tieres (B 1aβ) *(das) Junge.* **ὑπο-ζύγιον**
6 *Zugtier, Lasttier,* bes. *Esel.* **6 πορευθέντες** Aor. Ptz. Pass. (ohne bes. Pass.-
Bdtg.) πορεύομαι, temp. **ποιήσαντες** Aor. Ptz. ποιέω, temp.; πορευ-
θέντες δὲ οἱ μαθηταὶ καὶ ποιήσαντες καθώς ... ἤγαγον (vgl. A291,1
Anm. 1) *die Jünger gingen hin und führten (alles) so aus, wie ...; sie brachten.*
συν-έ-ταξεν Aor. -τάσσω[79] *anordnen, auftragen* [Var. προσ- statt συν-
7 synonym]. **7 ἤγαγον** Aor. ἄγω vgl. V. 2. **ἐπ-έ-θηκαν** Aor. ἐπι-τίθη-
μι[200] *auflegen, darauflegen.* **ἐπ-ε-κάθισεν** Aor. ἐπι-καθίζω[100] *sich setzen*
auf. **ἐπ-άνω** uneig. Präp. (A183) *(oben) über, (oben) auf;* ἐπάνω αὐτῶν *auf*
8 *sie, darauf* (d.h. die Kleider). **8 πλεῖστος** Superlativ v. πολύς, elativisch
gebraucht (A119). **ἔ-στρωσαν** Aor. στρωννύω/στρώννυμι[228] *auslegen,*
ausbreiten; Pl. sinngemäße Konstruktion (A96; entsprechend auch ἑαυτῶν); ὁ
δὲ πλεῖστος ὄχλος ἔστρωσαν ἑαυτῶν τὰ ἱμάτια ... *Scharen von Men-*
schen (wörtl. *die sehr große Volksmenge*) *breiteten ihre Mäntel (als Teppich) ... aus*
(anscheinend um ihn als König zu ehren; vgl. 2Kön 9,13). **ἔ-κοπτον** Ipf.
κόπτω *abschlagen, abhauen.* **κλάδος** *Zweig.* **δένδρον** *Baum.* **ἐ-στρών-**
νυον Ipf.; das Abhauen u. Ausstreuen v. Zweigen war offenbar ein Ausdruck
9 des Jubels (vgl. 1Makkabäer 13,51 u. 2Makkabäer 10,7). **9 προ-άγοντες**
Ptz. -άγω (örtl. od. zeitl.) *vorausgehen, vorangehen* (τινά *jmdm.*); attr. **ἀκο-**
λουθοῦντες Ptz. ἀκολουθέω; attr.; οἱ ὄχλοι οἱ προάγοντες αὐτὸν

καὶ οἱ ἀκολουθοῦντες *die Scharen, die vor ihm hergingen und die, die ihm*
(A79) *folgten.* **ἔ-κραζον** Ipf. κράζω, wohl iter. (A237b). **λέγοντες** Ptz.
λέγω, hier pleon. (A297), am besten als Doppelpunkt berücksichtigen.
ὡσαννά (< hebr. הוֹשִׁיעָה נָּא *hôšîᶜāh nnāʾ* „Hilf doch!“) *Hos(i)anna,* ein
aus Ps 118,25 stammender, zur liturgischen Formel gewordener Hilferuf an
Gott, der offenbar schließl. auch (so hier) als Lobpreis verwendet wurde
(ThWNT 9, S. 682-684); ὡσαννὰ τῷ υἱῷ Δαυίδ *Hosanna* (bzw. *Heil* [Zahn,
Mt, S. 622]) *dem Sohn Davids* (d.h. dem Messias; dazu vgl. 1,1) od. *gepriesen sei
der Sohn Davids.* **Δαυίδ** indekl., hier Gen. **εὐ-λογημένος** Pf. Ptz. Pass.
-λογέω; umschrieb. Pf. Opt./Imp. (A249b) m. Wegfall der Kopula εἴη od. ἔσ-
τω (Opt./Imp. [3. Sg.] v. εἰμί) *sei* (vgl. BDR §128,5; A78). **ἐρχόμενος** Ptz.,
subst.; εὐλογημένος ὁ ἐρχόμενος ἐν ὀνόματι κυρίου *gesegnet sei er*
(GNB: *Heil dem*), *der im Namen* (= *im Auftrag* [B ὄνομα I4cγ]) *des Herrn
kommt,* ein Zitat aus Ps 118,26 (Ps 118 wurde anläßl. des Laubhütten-, Tempel-
weih- u. Passafestes verwendet). **ὕψιστος** *höchster, erhabenster;* τὰ ὕψιστα
die höchsten Höhen (= der Himmel); ὡσαννὰ ἐν τοῖς ὑψίστοις *Hosanna in
den Himmelshöhen/in der Höhe* wohl = *gepriesen sei Gott in der Höhe* (so die
meisten), viell. = *hilf doch, (du, der du) in der Höhe (bist)* (vgl. B 1).

10 εἰσ-ελθόντος Aor. Ptz. -έρχομαι, gen. abs. (A288), temp. 10
ἐ-σείσθη Aor. Pass. σείω[3] *schütteln, erschüttern;* übertr. Pass. *in Bewe-
gung/Aufregung geraten* (vgl. B 2). **λέγουσα** Ptz. Fem. λέγω, mod. (A291,1f
Anm. 1); ἐσείσθη πᾶσα ἡ πόλις λέγουσα *die ganze Stadt geriet in Aufre-
gung, und man fragte/und alle fragten.* **11 ἔ-λεγον** Ipf. λέγω. **Ναζαρέθ** 11
2,23; indekl., hier Gen.; ὁ ἀπὸ Ναζαρέθ attr. (A84) *aus Nazaret* (B ἀπό
IV1b). **τῆς Γαλιλαίας** gen. partitivus (A164; hier „chorographischer“
Gen., BDR §164[7]) *in Galiläa.*

12 εἰσ-ῆλθεν Aor. -έρχομαι. **ἐξ-έ-βαλεν** Aor. ἐκ-βάλλω hier 12
hinaustreiben (B 1), *hinausweisen* (NGÜ). **πωλοῦντας** Ptz. πωλέω *verkau-
fen;* subst.; dieser Handel diente der Beschaffung der für die Opfer benötigten
Waren (Tiere, Holz, Öl usw.), bes. für Pilger m. langem Anreiseweg; bei den
Geldwechslern tauschte man die übl. griech. u. röm. Währung gegen eine spe-
zielle Tempelwährung (vgl. 17,24-27) ein (s. Mischna, Scheqalim); daß dies auf
dem Tempelgelände geschah, machte die heilige Gottesdienststätte bes. an gro-
ßen Festtagen zu einem Marktplatz, an dem sich das Geschrei der Handeltrei-
benden m. dem Blöken, Muhen u. Gurren des Viehs u. der Vögel mischte.
ἀγοράζοντας Ptz. ἀγοράζω (< ἀγορά Marktplatz) *kaufen;* subst. **τρά-
πεζα** *Tisch.* **κολλυβιστής**[1] (< κόλλυβος kleine Münze) *Geldwechsler.*
κατ-έ-στρεψεν Aor. κατα-στρέφω[47] *umstürzen, umstoßen.* **καθ-έδρα**
Sitz. **περιστερά** *Taube.* **13 λέγει** hist. Präs. (A235). **γέ-γραπται** Pf. 13
(A231) Pass. γράφω, Pf. Pass. term. tech. zur Einführung v. Schriftzitaten
(B 2c): *in der Schrift heißt es/steht;* zitiert wird eine Prophetie aus Jes 56,7.

προσ-ευχή *Gebet.* **κληθήσεται** Fut. Pass. καλέω, mod. Fut. (A247b); ὁ
οἶκός μου οἶκος προσευχῆς κληθήσεται *mein Haus soll ein Haus des*
Gebetes genannt werden (d.h. als das bekannt sein; vgl. B 1aδ) = ... *ein Haus des*
Gebetes sein. **ποιεῖτε** hier m. doppeltem Akk. (A97,15); αὐτὸν ποιεῖτε
σπήλαιον λῃστῶν *ihr macht es zu einer „Räuberhöhle", ihr macht eine „Räu-*
berhöhle" daraus; der Ausdruck σπήλαιον λῃστῶν stammt aus Jer 7,11, wo
vor der Sinnlosigkeit einer abergläubischen Verehrung des Tempels gepaart m.
einem Verhalten, das den Tempel entehrt, gewarnt wird [Var. ἐ-ποιήσατε
14 Aor.]. **σπήλαιον** *Höhle.* **λῃστής**[1] *Räuber.* **14 προσ-ῆλθον** Aor. -ἔρ-
χομαι. **χωλός** *lahm, gelähmt;* subst. *Gelähmter.* **ἐ-θεράπευσεν** Aor. θε-
15 ραπεύω. **15 ἰδόντες** Aor. Ptz. ὁράω, temp. **θαυμάσιος** *wunderbar;* τὰ
θαυμάσια *die Wunder.* **ἐ-ποίησεν** Aor. ποιέω. **παῖς**[3] παιδός *Kind* (ὁ
Junge; ἡ *Mädchen*). **κράζοντας** Ptz. κράζω, attr. **λέγοντας** V. 9.
ὡσαννὰ τῷ υἱῷ Δαυίδ V. 9. **ἠγανάκτησαν** Aor. ἀγανακτέω *un-*
16 *willig/ärgerlich/entrüstet sein.* **16 εἶπαν** Aor. (vgl. H-S §105g) λέγω. **λέγει**
V. 13. **ναί** *ja, gewiß, freilich.* **οὐ-δέ-ποτε** (vgl. A18) *niemals, nie;* erwartet als
Frageeinleitung die Antwort „doch" (A320). **ἀν-έ-γνωτε** Aor. ἀνα-γι-
νώσκω[166] *lesen.* **ὅτι** recitativum = Doppelpunkt (A333); zitiert wird aus Ps
8,3. **νήπιος** α ον *unmündig, unreif;* subst. *Unmündiger, kleines Kind.* **θηλα-**
ζόντων Ptz. θηλάζω (< θηλή Mutterbrust, Zitze) *säugen; saugen;* subst. *von*
Säuglingen, von kleinen Kindern (die Stillzeit konnte sich ohne weiteres bis ins
dritte Lebensjahr ausdehnen [vgl. 2Makkabäer 7,27]). **κατ-ηρτίσω** Aor.
Med. 2. Sg. -αρτίζω (vgl. A33[91ff]) *in Ordnung bringen;* hier (Med. indirekt-re-
flexiv *für sich* [A216a]) *bereiten, herstellen, schaffen* (B 2b); Subj. ist Gott; Aor.
Ind. hier wohl im Sinn des zeitlos gebrauchten hebr. Pf. (A241c); ἐκ στόμα-
τος νηπίων καὶ θηλαζόντων κατηρτίσω αἶνον *aus dem* (A106a/c)
Mund von Unmündigen und kleinen Kindern schaffst du dir Lob bzw. (freier) *du*
sorgst dafür, daß sogar Unmündige und kleine Kinder dich preisen (GN). **αἶνος**
17 *Lobpreis, Lob.* **17 κατα-λιπών** Aor. Ptz. -λείπω[44] *zurücklassen,* hier etwa
stehenlassen; temp. (A291,1 Anm. 1). **ἐξ-ῆλθεν** Aor. -έρχομαι hier ἔξω m.
Gen. u. εἰς m. Akk. *aus* (einer Örtlichkeit) *nach – gehen, etwas* (einen Ort)
verlassen und nach – gehen (vgl B. 1aα). **Βηθανία** *Betanien,* Dorf auf dem
Ölberg (ca. 2,7 km v. Jerusalem entfernt). **ηὐλίσθη** Aor. Pass. (ohne bes.
Pass.-Bdtg.) αὐλίζομαι (vgl. A33[91ff]) (< αὐλή Hof) *übernachten* (ursprüngl.
im Hof/draußen).
18 **18 πρωΐ** *früh, frühmorgens;* das in V. 18f Berichtete steht in der Par. (Mk
11,12-14) vor der „Tempelreinigung" (V. 12ff; Mk 11,15ff): bei Mk findet sich
wohl die eig. Reihenfolge, während Mt, thematisch motiviert, die beiden Fei-
genbaumepisoden offenbar zu einem einzigen Bericht zusammenzieht [Var.
πρωΐα (Fem. Sg. πρώϊος früh, Morgen-; subst. – erg. eig. ὥρα; BDR §241,3;
H-S §260c; vgl. A88) *(der) Morgen;* gen. temporis (A166) *frühmorgens*]. **ἐπ-**

αν-άγων Ptz. -άγω *zurückkehren;* temp. [Var. ἐπ-αν-αγάγων Aor. Ptz.].
ἐ-πείνασεν Aor. πεινάω[34] *hungern, Hunger haben/leiden.* **19 ἰδών** Aor. 19
Ptz. ὁράω, temp. **συκῆ** *Feigenbaum.* **μίαν** = τινά (A137b; BDR §247[5]).
ἐπί (erstes) m. Gen. hier *an, bei* (B I1aγ; BDR §234[3]). **καί** (zweites) adversa-
tiv (A311,1) *aber.* **εὗρεν** Aor. εὑρίσκω. **εἰ μή** nach Neg. *außer* (vgl. B εἰ
VI9a; A341); οὐδέν ... εἰ μή ... μόνον *nichts außer nur ... = nur.* **φύλλον**
Blatt (einer Pflanze); nach Dalman, Orte und Wege, S. 277f, „ist ein Feigen-
baum am Ostabhange des Ölberges an geschützter Stelle ganz an seinem Plat-
ze ... Eine zeitige Entwicklung der ersten, gleichzeitig mit den Blättern an den
Enden der vorjährigen Triebe erscheinenden Früchte ließ sich erwarten. Aber
von ihrer Reife konnte um die Osterzeit nicht die Rede sein. Denn im April gibt
es nur unentwickelte Feigen ... oder höchstens voll entwickelte, jedoch noch
saftlose Früchte ... aber noch längst nicht die reifen, saftreichen ‚Frühfeigen'...
die erst im Juni zu erwarten sind, geschweige die eigentlichen, weniger saftigen
‚Feigen' der Haupternte, welche ... im August reif werden ... Aber der Orientale
ißt auch die noch saftlose Frucht und selbst die kleinen [unentwickelten Fei-
gen], obwohl sie bitter schmecken ... [Es ließ] der volle Blätterschmuck des Bau-
mes zu ganz ungewöhnlich früher Zeit mit Recht Außerordentliches auch in be-
zug auf die Früchte von ihm erwarten ... Wenn der Trieb der Früchte fehlte ...
versprach [er] auch für die Zukunft keinen Nutzen." **λέγει** V. 13. **μηκ-έτι**
nicht mehr, nicht weiter. **γένηται** Aor. Konj. Med. γίνομαι hier m. ἐκ *her-
vorgebracht werden von* (B I1a), *kommen von* (Menge); prohibitiver Konj. (A256
u. 263f); μηκέτι ἐκ σοῦ καρπὸς γένηται εἰς τὸν αἰῶνα *in Ewigkeit soll
keine Frucht mehr von dir kommen, nie wieder sollst du Früchte tragen;* die Verflu-
chung des Feigenbaums soll wahrscheinl. gleichnishaft das Gericht darstellen,
das alle Heuchler treffen wird (dabei scheint die von vielen vertretene einseitige
Beschränkung auf Israel od. Jerusalem exegetisch nicht wirkl. begründet; Car-
son, Mt, S. 445) [Var. γένοιτο Aor. Opt. (kupitiv, A259) Med.]. **ἐ-ξηράνθη**
Aor. Pass. ξηραίνω[120] etwas *austrocknen, versengen;* Pass. *vertrocknen, verdor-
ren.* **παρα-χρῆμα** *sofort, sogleich, auf der Stelle.* **20 ἰδόντες** V. 15; erg. 20
τοῦτο/ταῦτα (A79). **ἐ-θαύμασαν** Aor. θαυμάζω. **λέγοντες** Ptz. λέ-
γω, mod. **πῶς** hier *wie ist es möglich, daß* (vgl. B 1b) bzw. *wie kommt es, daß.*
21 ἀπο-κριθείς Aor. Ptz. Pass. (ohne Pass.-Bdtg.) -κρίνομαι, pleon. 21
(A297,2); ἀποκριθεὶς ὁ Ἰησοῦς εἶπεν *Jesus antwortete.* **ἔχητε** Konj.
ἔχω. **δια-κριθῆτε** Aor. Konj. Pass. -κρίνω[127] *unterscheiden, einen Unter-
schied machen; beurteilen;* Med./Pass. *streiten;* hier *Bedenken haben, zweifeln*
(B 2b). **τὸ τῆς συκῆς** *die Sache mit dem Feigenbaum* bzw. *das, was mit dem
Feigenbaum geschehen ist* (A105; BDR §266[5]). **ποιήσετε** Fut. ποιέω hier
wohl mod. Fut. im Sinn v. „können" (A247c). **κἄν** (= καὶ ἐάν) *auch/selbst/
sogar wenn* (B 2; BDR §374[5]). **τῷ ὄρει τούτῳ** *zu diesem Berg hier;* das Ber-
geversetzen war sprichwörtl. für das Beseitigen großer Hindernisse (vgl. Jes

40,4; 49,11; 54,10; Mt 21,21f; Mk 11,23; 1Kor 13,2). **εἴπητε** Aor. Konj. λέγω.
ἄρθητι Aor. Imp. Pass. αἴρω Pass. hier etwa *sich emporheben* (vgl. B 1a;
A220c). **βλήθητι** Aor. Imp. Pass. βάλλω Pass. hier etwa *sich werfen/stürzen*
22 (vgl. B 1b). **γενήσεται** Fut. Med. γίνομαι. **22 ὅσα ἄν** (A132; 371) *wie*
viele Dinge auch immer = alles, was; πάντα ὅσα ἄν übers. *alles, was* (B πᾶς
1eγ). **αἰτήσητε** Aor. Konj. αἰτέω. **προσ-ευχή** V. 13. **πιστεύοντες**
Ptz. πιστεύω mod. *im Glauben* od. kond. *wenn ihr Glauben habt;* Glauben be-
deutet im NT nie, sich dazu zwingen, etwas zu „glauben", was man im Grunde
gar nicht glaubt; vielmehr geht es dabei um echtes Vertrauen auf Gott u. um die
Entschlossenheit, seinen Willen zu erfahren u. zu tun (Carson, Mt, S. 446).
λήμψεσθε Fut. Med. λαμβάνω.
23 **23 ἐλθόντος** Aor. Ptz. ἔρχομαι, gen. abs. (A288f), temp. **προσ-ῆλ-
θον** Aor. -έρχομαι. **διδάσκοντι** Ptz. διδάσκω, part. coni. (A287),
temp.; ἐλθόντος αὐτοῦ εἰς τὸ ἱερὸν προσῆλθον αὐτῷ διδάσκοντι
οἱ ... *als er in den Tempel gekommen war, traten die ... zu ihm, während er lehrte.*
ἀρχ-ιερεύς V. 15. **πρεσβύτερος** Pl. hier v. Mitgliedern einer Gruppe
des Synedriums (B 2aβ; GN: *Ratsälteste*); οἱ πρεσβύτεροι τοῦ λαοῦ *die Äl-
testen/Ratsältesten des (jüdischen) Volkes.* **λέγοντες** Ptz. λέγω, mod.
ποῖος[18] *wie beschaffen? was für ein? welche (Art)? welcher?;* ἐν ποίᾳ ἐξου-
σίᾳ ταῦτα ποιεῖς *auf Grund welcher Vollmacht* (B ἐξουσία 3) *tust du dies?*
od. *woher nimmst du das Recht, hier so aufzutreten?* (GNB). **ἔ-δωκεν** Aor.
δίδωμι. **τὴν ἐξουσίαν ταύτην** *diese Vollmacht = die Vollmacht/das*
24 *Recht dazu.* **24 ἀπο-κριθείς** V. 21. **ἐρωτήσω** Fut. ἐρωτάω hier m. dop-
peltem Akk. (A97,16) *jmdn. etwas fragen;* ἐρωτάω τινὰ λόγον ἕνα (wohl =
λόγον τινά [A137b; BDR §247[5]]) *jmdn. etwas fragen* (ZG) od. *jmdm. eine*
Frage stellen (B λόγος 1aβ). **εἴπητε** V. 21, hier *(be)antworten;* ὃν ἐὰν εἴ-
πητέ μοι *wenn ihr darauf antwortet, wenn ihr sie mir beantwortet* (zur Ver-
25 schränkung des kond. NS m. ὅν vgl. A364b). **ἐρῶ** Fut. λέγω. **25 βάπτισ-
μα**[3] *Taufe.* **πόθεν**[18] *woher?* zur Betonung steht τὸ βάπτισμα τὸ
Ἰωάννου vor dem πόθεν (vgl. BDR §475[2]). **ἦν** Ipf. εἰμί m. ἐκ *kom-
men/stammen von* (B ἐκ 3b). **οὐρανός** hier synonym m. θεός (B 3; vgl. H-S
§296a). **οἱ δέ** *(und/doch) diese/sie* (A102). **δι-ε-λογίζοντο** Ipf. Med. δια-
λογίζομαι *(gründlich) überlegen, erwägen, sich Gedanken* (*über* etwas) *machen;*
(sich Gedanken machen u. sie austauschen) *sich besprechen, diskutieren.*
λέγοντες Ptz. λέγω, mod.; οἱ δὲ διελογίζοντο ἐν ἑαυτοῖς λέγοντες
da überlegten sie bei sich und sagten (dabei), da überlegten sie und sagten
zueinander od. einfach *da überlegten sie bei sich.* **εἴπωμεν** Aor. Konj. λέγω.
ἐρεῖ Fut. λέγω. **διὰ τί** *warum?;* διὰ τί οὖν *warum ... denn?* (B οὖν 1cα).
26 **ἐ-πιστεύσατε** Aor. πιστεύω. **αὐτῷ** *ihm,* d.h. Johannes. **26 φοβού-
μεθα τὸν ὄχλον** *dann müssen wir uns vor dem Volk fürchten* (vgl. Menge),
dann haben wir die Menge gegen uns (GNB). **ἔχω** hier m. doppeltem Akk.

(A97,15; hier Obj.-Präd. verstärkt durch ὡς [BDR §453[7]]) *jmdn. für etwas hal-*
ten (B I5); πάντες γὰρ ὡς προφήτην ἔχουσιν τὸν Ἰωάννην *denn alle*
halten Johannes für einen Propheten od. *denn alle sind überzeugt, daß Johannes ein*
Prophet war. **27 ἀπο-κριθέντες** Aor. Ptz. Pass. (ohne Pass.-Bdtg.), V. 21. 27
εἶπαν V. 16. **οἴδαμεν** erg. τοῦτο o.ä. (A79). **ἔ-φη** Ipf. φημί; ἔφη αὐ-
τοῖς καὶ αὐτός· οὐδὲ ἐγὼ λέγω ὑμῖν ... *da erwiderte er ihnen: „Dann sage*
ich euch auch nicht ..." (αὐτοῖς καὶ αὐτός viell. etwa im Sinn v. *er ihnen*
seinerseits entsprechend).

28 δοκεῖ hier unpersönl. τί ὑμῖν δοκεῖ; *was scheint euch (richtig)? =* 28
was meint ihr? (B 3a), erg. gedankl. *zu folgender Geschichte* (vgl. GNB). **εἶχεν**
Ipf. ἔχω. **προσ-ελθών** Aor. Ptz. -έρχομαι, temp. (A291,1 Anm. 1). **πρῶ-**
τος *(der) erste* hier = *(der) eine* (B 1b) od. *(der) ältere* (vgl. B 1a). **τέκνον**
Vok. hier etwa *mein Sohn.* **ὕπ-αγε** Imp. (vgl. A266a), typischerweise gefolgt
v. Asyndeton (BDR §461[1]; vgl. H-S §293e) *geh (und).* **ἐργάζου** Imp. **ἀμπε-**
λών[4] ῶνος ὁ *Weinberg.* **29 ὁ δέ** *(und/doch) dieser/er* (A102). **ἀπο-κρι-** 29
θείς V. 21; zu den Var. v. V. 29-31 s. bes. Metzger, S. 44-46. **ὕστερος**
späterer, letzter; Ntr. als Adv. *später, danach.* **μετα-μεληθείς** Aor. Ptz. Pass.
(ohne bes. Pass.-Bdtg.) -μέλομαι[181] *bereuen, Reue empfinden* (hier u. V. 32
viell. *seinen Entschluß/seine Haltung ändern;* B); temp. (A291,1 Anm. 1). **ἀπ-**
ῆλθεν Aor. -έρχομαι. **30 ὡσ-αύτως** *in gleicher Weise, ebenso, genauso.* 30
κύριε Vok.; ἐγώ (erg. gedankl. ὑπάγω [s. Var.; BDR §441[3]]), κύριε *ja, Herr*
od. („kontextualisiert") *selbstverständlich, Vater* (NGÜ). **καί** hier adversativ
(A311,1) *aber.* **31 ἐκ τῶν** hier statt gen. partitivus (A164). **ἐ-ποίησεν** 31
Aor. ποιέω. **λέγουσιν, λέγει** V. 13. **τελώνης**[1] *Zöllner, Zolleinnehmer*
(ein für den röm. Staat arbeitender Jude, der bei seinen Landsleuten als Kolla-
borateur u. [wegen offenbar verbreiteter Korruption] als Betrüger sowie [wegen
seines Umgangs m. Nichtjuden] als unrein [als „Sünder"] verhaßt war). **πόρ-**
νη *Prostituierte, Dirne, Hure.* **προ-άγω** (örtl. od. zeitl.) *vorausgehen, vorange-*
hen (τινά *jmdm.*); προάγουσιν ὑμᾶς εἰς τὴν βασιλείαν τοῦ θεοῦ *sie*
gehen euch voran in das Reich Gottes, sie kommen eher ins Reich Gottes als ihr.
32 ὁδός hier im Sinn v. *Lebenswandel, Handlungsweise* (B 2b); ἦλθεν ... ἐν 32
ὁδῷ δικαιοσύνης (auch ohne Art. best., A106a/c) „er kam ... auf (viell.: mit
[vgl. B ἐν I4cβ]) dem Weg der Gerechtigkeit" wohl = *er kam ... und verkündete*
den Weg der Gerechtigkeit (d.h. wie man nach Gottes Willen leben soll [vgl. 5,6],
was nach seinem Willen richtig ist [ethisch wie auch in bezug auf Jesus, den
Messias]; Carson, Mt, S. 450), nach anderen = *er kam ... in Übereinstimmung mit*
Gottes Willen (vgl. B 2b). **ἐ-πιστεύσατε, ἐ-πίστευσαν** Aor. πιστεύω.
ἰδόντες V. 15, konz.; *obwohl ihr es* (A79) *gesehen habt.* **μετ-ε-μελήθητε**
Aor. Pass. (ohne bes. Pass.-Bdtg.) μετα-μέλομαι. **τοῦ** m. Inf. fin. od. kons.
(A281). **πιστεῦσαι** Aor. Inf. πιστεύω; τοῦ πιστεῦσαι αὐτῷ *um ihm*
zu glauben, so daß ihr ihm geglaubt hättet.

33 **33 ἀκούσατε** Aor. Imp. ἀκούω. **ἄνθρωπος** hier pleon. (B 3aε; vgl.
H-S §260j); ἄνθρωπος οἰκοδεσπότης *ein Gutsbesitzer.* **ἦν** Ipf. εἰμί. **οἰ-
κο-δεσπότης**[1] *Hausherr, Gutsbesitzer.* **ὅσ-τις** = ὅς (A133; B 3), evtl. qua-
litativ (A132) *(ein solcher), der* (vgl. ZG). **ἐ-φύτευσεν** Aor. φυτεύω *(an)-
pflanzen.* **ἀμπελών** V. 28. **φραγμός** *Zaun, Mauer* (hier zum Schutz gegen
wilde Tiere u. Diebe). **περι-έ-θηκεν** Aor. -τίθημι[200] *ringsum anlegen, rings-
um legen;* hier *umgeben* (τί τινι *etwas mit etwas*). **ὤρυξεν** Aor. ὀρύσσω
(vgl. A33[74ff]) *graben, ausheben.* **ληνός** ἡ *Kelter, Weinpresse;* ὤρυξεν ἐν αὐ-
τῷ ληνόν *er hob darin eine Kelter aus* od. (idiomatischer) *er hob auf dem Ge-
lände eine Grube zum Keltern des Weines aus* (NGÜ). **ᾠκο-δόμησεν** Aor.
οἰκο-δομέω. **πύργος** *Turm,* hier *Wachtturm.* **ἐξ-έ-δετο** (klass. -δοτο,
A31) Aor. Med. ἐκ-δίδομαι[201] *verpachten* (hier gegen Bezahlung in Natura-
lien). **γεωργός** *Bauer, Winzer.* **ἀπ-ε-δήμησεν** Aor. ἀπο-δημέω *verrei-*
34 *sen.* **34 ἤγγισεν** Aor. ἐγγίζω. **ὁ καιρὸς τῶν καρπῶν** *die Zeit der
Fruchtreife* (B καιρός 3), *die Zeit der Weinlese.* **ἀπ-έ-στειλεν** Aor. ἀπο-
στέλλω. **λαβεῖν** Aor. Inf. λαμβάνω hier *in Empfang nehmen* (B 1d), *abho-
len;* fin. (A276). **τοὺς καρποὺς αὐτοῦ** *die ihm zustehenden Früchte* (Men-
35 ge), *seinen Anteil an den Früchten/am Ertrag* (vgl. B καρπός 1a). **35 λαβόν-
τες** Aor. Ptz. λαμβάνω hier *packen, Hand anlegen an* (B 1c); temp. (A291,1
Anm. 1). **ὃν μέν ... ὃν δέ ... ὃν δέ** *den einen ... den anderen ... den
dritten/wieder einen anderen* (A133c). **ἔ-δειραν** Aor. δέρω[135] eig. *abhäuten,
die Haut abziehen,* NT nur übertr. *(ver)prügeln, schlagen.* **ἀπ-έ-κτειναν** Aor.
ἀπο-κτείνω. **ἐ-λιθο-βόλησαν** Aor. λιθο-βολέω m. Akk. *mit Steinen*
36 *werfen nach; steinigen.* **36 τῶν πρώτων** gen. comparationis (A168); ἄλ-
λους δούλους πλείονας τῶν πρώτων *andere Knechte in noch größerer
Zahl als die ersten* (Menge), *andere Diener, eine größere Zahl als beim ersten Mal*
(NGÜ). **καί** adversativ (A311,1) *aber.* **ἐ-ποίησαν** Aor. ποιέω hier τινί
an jmdm. handeln, jmdn. behandeln (B I2aβ), *es mit jmdm. machen.* **ὡσ-αύ-**
37 **τως** V. 30. **37 ὕστερον** V. 29; hier superlativisch (A118,2) *zuletzt* (B 2b).
λέγων Ptz., kaus. *weil er (sich) sagte, weil er dachte* (Menge). **ἐν-τραπή-
σονται** Fut. Pass. -τρέπω[48] *beschämen;* Pass. *beschämt werden,* meist τινά
sich vor jmdm. scheuen, jmdn. achten (B 2b), *vor jmdm. Achtung/Respekt haben.*
38 **38 ἰδόντες** V. 15. **εἶπον ἐν ἑαυτοῖς** *sie sagten unter sich/zueinander.*
κληρο-νόμος (< κλῆρος Los; Anteil, νέμομαι besitzen) *(der) Erbe, Be-
sitzer.* **δεῦτε** Adv., als Pl. zu δεῦρο *kommt her!, auf!* (vgl. A254/266b). **ἀπο-
κτείνωμεν** Aor. Konj. -κτείνω, adhortativer Konj., hier erg. durch asynde-
tisch davorgesetztes δεῦτε (A254). **σχῶμεν** Aor. Konj. ἔχω; Aor. hier wohl
ingr. (A229) im Sinn v. *in Besitz nehmen* (Menge; ZG); adhortativer Konj.
(A254); δεῦτε ἀποκτείνωμεν αὐτὸν καὶ σχῶμεν τὴν κληρονομίαν
αὐτοῦ *kommt, wir bringen ihn um und nehmen das Erbe in Besitz* od. (freier)
kommt, wir bringen ihn um, dann gehört das Erbe/der Weinberg uns. **κληρο-νο-**

μία (< κληρο-νόμος Erbe, Besitzer) *(das) Erbe, Erbteil; Besitz, Eigentum.*
39 λαβόντες V. 35. **ἐξ-έ-βαλον** Aor. ἐκ-βάλλω hier ἔξω τινός *aus et-* 39
was hinausstoßen (vgl. B 1). **40 ἔλθῃ** Aor. Konj. ἔρχομαι. **ὁ κύριος τοῦ** 40
ἀμπελῶνος *der Weinbergbesitzer.* **ποιήσει** Fut. ποιέω hier τί τινι
jmdm. etwas antun (B I1dγ), *mit jmdm. etwas machen.* **41 λέγουσιν** V. 13. 41
κακῶς Adv. *schlimm, übel, furchtbar.* **ἀπ-ολέσει** Fut. -όλλυμι; κακοὺς
κακῶς ἀπολέσει αὐτούς „er wird sie als Böse auf schlimme/böse Weise
umbringen", Klangfigur der Paronomasie (H-S §294c; BDR §488^2), übers. etwa
er wird diesen bösen Menschen ein böses Ende bereiten (vgl. B 1aα). **ἐκ-δώσε-
ται** Fut. Med. -δίδομαι V. 33. **οἵ-τινες** qualitativ (B 2a) *(solche), die*
(A132). **ἀπο-δώσουσιν** Fut. -δίδωμι hier *abliefern* (B 1). **τοὺς καρ-
πούς** vgl. V. 34. **ἐν τοῖς καιροῖς αὐτῶν** „in ihren (d.h. der Früchte)
Zeiten" = *zur Zeit der Weinlese* (s. V. 34), übers. etwa *zur rechten/gegebenen Zeit.*

42 λέγει V. 13. **οὐ-δέ-ποτε** V. 16. **ἀν-έ-γνωτε** V. 16; zitiert wird 42
Ps 118,22f: der verworfene Stein, der zum Eckstein wurde, bez. dort möglicher-
weise David (Typos des Messias), der v. den „Bauleuten" – v. Goliat, Davids ei-
gener Familie u. sogar v. Samuel – verworfen, aber v. Gott auserwählt wurde;
wahrscheinlicher dürfte im Ps aber Israel (dessen Geschichte im Leben Jesu ty-
pologisch rekapituliert wird [s. 2,15]) gemeint sein, dem v. allen Seiten Verach-
tung widerfuhr, das Gott aber zum „Eckstein" machte (Carson, Mt, S. 453). **λί-
θον ὅν** ... für λίθος ὅν ... attractio inversa (A362; H-S §289f; BDR §295^2) *der
Stein, den ...* (auch ohne Art. best. [Hebr.: in der hebr. Poesie „fehlt" der Art.
häufig; Joüon-Muraoka §137f]). **ἀπ-ε-δοκίμασαν** Aor. ἀπο-δοκιμάζω
(vgl. A33^{91ff}) (< δόκιμος erprobt) (nach vorausgegangener Prüfung) *verwer-
fen, für unbrauchbar erklären.* **οἰκο-δομοῦντες** Ptz. -δομέω, subst. *(die)
Bauleute.* **ἐ-γενήθη** Aor. Pass. (ohne bes. Pass.-Bdtg.) γίνομαι hier εἴς τι
(Hebr. für Präd.-Nominativ; BDR §145^3; A81) *zu etwas werden* (B I4a). **κεφα-
λή** hier übertr. v. Sachen: *Oberstes, Äußerstes, Ende, Spitze;* κεφαλὴ γωνίας
Eckstein (Grundstein an der äußersten vorderen Ecke), hier bildl. vom Hervor-
ragenden bzw. vom bes. Wertvollen (vgl. B 2b; EWNT 1, Sp. 646f sowie
EWNT 2, Sp. 703). **γωνία** *Ecke, Winkel.* **ἐ-γένετο** Aor. Med. γίνομαι.
αὕτη wohl = τοῦτο (Hebr.; BDR §138,2); παρὰ κυρίου ἐγένετο αὕτη
καὶ ἔστιν θαυμαστή *vom Herrn her/durch den Herrn* (d.h. von ihm verur-
sacht; vgl. B παρά I2) *ist das geschehen* (= *das hat der Herr getan* [NGÜ]), *und
es ist etwas Wunderbares;* evtl. kongruiert αὕτη aber m. κεφαλὴν γωνίας u.
fungiert als Präd.-Nom., dann: *durch den Herrn ist er das geworden, und ein Wun-
der ist er* (Menge). **θαυμαστός** *wunderbar, bewundernswert, erstaunlich.*
43 διὰ τοῦτο *darum, deshalb.* **ἀρθήσεται** Fut. Pass. αἴρω. **δοθήσε-** 43
ται Fut. Pass. δίδωμι. **ποιοῦντι** Ptz. ποιέω hier *hervorbringen* (B I1bη);
attr.; ποιοῦντι τοὺς καρποὺς αὐτῆς *das dessen Früchte* (= *die Früchte des
Reiches Gottes,* d.h. die zu diesem gehörenden/passenden Früchte) *hervorbringt*

= etwa *das die rechten/erwarteten Früchte* (NGÜ/Einh.) *hervorbringt* (GNB [m.
44 Auflösung des Bildes]: *das tut, was dieser Berufung entspricht*). **44 πεσών**
Aor. Ptz. πίπτω, subst. **συν-θλασθήσεται** Fut. Pass. -θλάω *zerdrücken,*
zerschmettern. **ἐφ' ὃν ἄν** (A132; 371) *auf wen (auch immer)* bzw. *jeder, auf*
den; hier eig. casus pendens (Anakoluth, A375), wobei das αὐτόν darauf zu-
rückweist; übers. *jeden, auf den* od. *auf wen ... den.* **πέσῃ** Aor. Konj. πίπτω.
λικμήσει Fut. λικμάω gewöhnl. (Getreide) *worfeln* (d.h. v. Spreu u. Staub
reinigen), hier jedoch *zerdrücken, zermalmen;* in diesem V. wird wahrscheinl. auf
Jes 8,14f sowie Da 2,34f angespielt: der verworfene Stein (V. 42) ist nicht nur v.
Gott auserwählt u. wird v. ihm m. dem Ehrenplatz bedacht, sondern er erweist
sich auch als bes. gefährl. (Carson, Mt, S. 454).
45 **45 ἀκούσαντες** Aor. Ptz. ἀκούω, temp. **ἔ-γνωσαν** Aor. γινώ-
σκω hier *verstehen* (B 3c), *merken.* **λέγει** Tempus u. Modus wie in der ent-
46 sprechenden direkten Rede (A326). **46 ζητοῦντες** Ptz. ζητέω, konz.; ζη-
τοῦντες αὐτὸν κρατῆσαι *obwohl sie wünschten/danach trachteten, ihn fest-*
zunehmen od. *sie hätten ihn gern festgenommen, aber.* **κρατῆσαι** Aor. Inf.
κρατέω hier *festnehmen, gefangennehmen* (B 1a). **ἐ-φοβήθησαν** Aor. Pass.
(ohne bes. Pass.-Bdtg.) φοβέομαι; ἐφοβήθησαν τοὺς ὄχλους *sie fürchte-*
ten sich vor der Menge. **ἐπεί** (A338) *weil, da ja, denn* [Var. ἐπει-δή hier syn-
onym, LN 89.32]. **εἶχον** Ipf. ἔχω hier τινὰ εἴς τι/τινα (od. m. doppeltem
Akk. [A97,15; vgl. A81], z.T. auch verstärkt durch ὡς [s. Var.]) *jmdn. für*
etwas/jmdn. halten (B I5; vgl. V. 26).
22 **ἀπο-κριθείς** Aor. Ptz. Pass. (ohne Pass.-Bdtg.) -κρίνομαι hier *das*
Wort ergreifen o.ä. (Hebr./Aram.; vgl. B 2; Zerwick §366); pleon. (A297,2); ἀπο-
κριθεὶς ὁ Ἰησοῦς πάλιν εἶπεν αὐτοῖς λέγων hier etwa *Jesus sprach*
weiter in Gleichnissen zu ihnen: od. *Jesus fuhr fort, ihnen Gleichnisse zu erzählen.*
2 *Er sagte:* (NGÜ). **λέγων** Ptz., mod. **2 ὡμοιώθη** Aor. Pass. ὁμοιόω
gleich(artig) machen τινί *jmdm./einer Sache* (Pass. *ähnlich werden, gleichen*); *ver-*
gleichen τινί *mit jmdm./etwas;* Aor. Ind. hier wohl im Sinn eines präs. gebrauch-
ten hebr. Pf. bei Zustandsverben (BDR §333[6]; vgl. A241c); ὡμοιώθη (=
ὁμοία ἐστίν) ἡ βασιλεία τῶν οὐρανῶν ἀνθρώπῳ βασιλεῖ *die Kö-*
nigsherrschaft der Himmel gleicht einem König bzw. besser *mit der Königsherr-*
schaft der Himmel verhält es sich wie mit/bei einem König (vgl. B 1; s. zu 13,24).
ἀνθρωπος hier pleon. (B 3aε; vgl. H-S §260j). **ὅσ-τις** = ὅς (A133; vgl.
B 3). **ἐ-ποίησεν** Aor. ποιέω hier *veranstalten* (B I1bζ), *ausrichten* (= *vorbe-*
reiten und durchführen) od. *vorbereiten.* **γάμος** *Ehe;* Sg. od. Pl. (BDR §141[7];
vgl. A101c) *Hochzeitsfeier, Hochzeitsfest, Hochzeitsmahl.* **τῷ υἱῷ αὐτοῦ** dat.
3 commodi (A173) *(für) seinen Sohn.* **3 ἀπ-έ-στειλεν** Aor. ἀπο-στέλλω.
καλέσαι Aor. Inf. καλέω hier *(zusammen)rufen* (B 1c); fin. (A276).
κε-κλημένους Pf. Ptz. Pass. καλέω hier *einladen* (εἰς *zu*); subst. *(die) Ein-*
geladenen, (die) Gäste (B 1b); καλέσαι τοὺς κεκλημένους εἰς τοὺς γά-

μους *um die, die zum Hochzeitsfest/Fest eingeladen waren, rufen zu lassen* (vgl.
A219) od. *um die geladenen Gäste zum Hochzeitsfest/Fest zu bitten.* **καί** (zwei-
tes) adversativ (A311,1) *aber.* **ἤ-θελον** Ipf. θέλω. **ἐλθεῖν** Aor. Inf. ἔρχο-
μαι. **4 λέγων** Ptz., mod. **εἴπατε** Aor. (vgl. H-S §105g) Imp. λέγω. **ἄρι-** 4
στον erste der beiden Mahlzeiten des Tages: *Frühstück* bzw. *Mittagessen;* ein-
fach *Mahlzeit,* hier etwa *Festessen.* **ἡτοίμακα** Pf. ἑτοιμάζω; τὸ ἄριστόν
μου ἡτοίμακα *ich habe das Festessen zubereiten lassen* (A219) *(und es steht
jetzt bereit)* (A242; GN: *alle Vorbereitungen zum Fest sind getroffen*) [Var. ἡτοί-
μασα Aor.]. **ταῦρος** *Stier, Ochse* (im weiteren Sinn v. männl. Rind). **σιτι-
στός** *gemästet;* τὰ σιτιστά *das Mastvieh.* **τε-θυμένα** Pf. Ptz. Pass. θύω[13]
opfern; hier *schlachten* (B 2a); umschrieb. Pf. (A249b) m. Wegfall der Kopula
ἐστίν (A78); οἱ ταῦροί μου καὶ τὰ σιτιστὰ τεθυμένα (zur Kongruenz
s. A95) *die* (wörtl. *meine*) *Ochsen und das Mastvieh sind geschlachtet* (Zustands-
passiv, vgl. A242). **ἕτοιμος** *bereit.* **δεῦτε** Adv. (als Pl. zu δεῦρο) *kommt
her!, auf!* (vgl. A254/266); δεῦτε εἰς τοὺς γάμους *kommt zum Hochzeitsfest.*
5 οἱ δέ *(und/doch) diese/sie* (A102). **ἀ-μελήσαντες** Aor. Ptz. ἀ-μελέω 5
m. Gen. *sich nicht kümmern um;* erg. τούτου/τούτων (A79); temp. (als HS +
„und" [bzw. hier besser „sondern"] übers.; A291,1 Anm. 1). **ἀπ-ῆλθον** Aor.
-έρχομαι. **ὃς μέν ... ὃς δέ ... οἱ δὲ λοιποί** *der eine ... der andere*
(A133c) ... *die übrigen/wieder andere* bzw. *einer ... ein anderer ... manche.* **ἴδιος**
hier = ἑαυτοῦ/αὐτοῦ (B 2c; A129,1). **ἀγρός** *Feld, Acker.* **ἐμ-πορία**
(< ἔμ-πορος Kaufmann) *Handel, Geschäft;* ἀπῆλθον, ὃς μὲν εἰς τὸν
ἴδιον ἀγρόν, ὃς δὲ ἐπὶ τὴν ἐμπορίαν αὐτοῦ *und gingen hin, der eine auf
seinen Acker, der andere an sein Handelsgeschäft* (Menge) od. *sondern wandten
sich ihrer Feldarbeit oder ihren Geschäften zu* (NGÜ). **6 κρατήσαντες** Aor. 6
Ptz. κρατέω, temp. (A291,1 Anm. 1). **ὕβρισαν** Aor. ὑβρίζω (vgl. A33[91ff])
frech/übermütig behandeln, mißhandeln, beschimpfen, verhöhnen. **ἀπ-έ-κτει-
ναν** Aor. ἀπο-κτείνω. **7** [Var. ἀκούσας Aor. Ptz. ἀκούω, temp.] **ὠρ-** 7
γίσθη Aor. Pass. ὀργίζομαι (vgl. A33[91ff]) *zornig werden/sein, zürnen.* **πέμ-
ψας** Aor. Ptz. πέμπω, temp. (A291,1 Anm. 1). **στράτευμα**[3] *Heer;* Pl.
Truppen. **ἀπ-ώλεσεν** Aor. -όλλυμι hier *umbringen (lassen)* (B 1aα; A219).
φονεύς[8] *Mörder.* **ἐν-έ-πρησεν** Aor. ἐμ-πίμπρημι[210] *anzünden, nieder-
brennen.* **8 λέγει** praesens narrativum (A235). **ἦσαν** Ipf. εἰμί; οἱ δὲ κε- 8
κλημένοι οὐκ ἦσαν ἄξιοι *aber die geladenen Gäste waren es nicht wert* (im-
pliziert: *daran teilzunehmen* o.ä.). **9 πορεύεσθε** Imp. **δι-έξ-οδος** ἡ *Aus-* 9
gang, Endpunkt; αἱ διέξοδοι τῶν ὁδῶν evtl. *Wegkreuzungen,* eher aber *Aus-
gänge der (städtischen) Straßen* (d.h. die Stellen, an denen die aus der Stadt füh-
rende Straße die Stadt verläßt [EWNT 1, Sp. 776; LN 1.102], wo verschiedenar-
tigste Menschen anzutreffen waren). **ὅσους ἐάν** = ὅσους ἄν (A132; 371)
wie viele (auch immer) bzw. *alle, die.* **εὕρητε** Aor. Konj. εὑρίσκω hier (zufäl-
lig) *finden, antreffen* (B 1b). **καλέσατε** Aor. Imp. καλέω hier *einladen* (εἰς

10 *zu;* B 1b). **10 ἐξ-ελθόντες** Aor. Ptz. -έρχομαι, temp. (A291,1 Anm. 1).
συν-ήγαγον Aor. -άγω. **εὗρον** Aor. **ἐ-πλήσθη** Aor. Pass. πίμπλη-
μι[207] *anfüllen, vollmachen* τινός *mit etwas* (A165). **γάμος** hier metonymisch
(A381f) *Hochzeitssaal* (B 1c) [Var. νυμφών[4] ῶνος ὁ (< νύμφη Braut)
Brautgemach, hier *Hochzeitssaal* (B 1)]. **ἀνα-κειμένων** Ptz. ἀνά-κειμαι
liegen; „(zu Tisch) liegen" = *bei Tisch sein;* subst.; ἐπλήσθη ὁ γάμος ἀνα-
11 κειμένων *der Hochzeitssaal füllte sich mit Gästen.* **11 εἰσ-ελθών** Aor. Ptz.
-έρχομαι, temp. **θεάσασθαι** Aor. Inf. Med. θεάομαι *sehen, ansehen;* fin.
(A276). **οὐκ** hier beim Ptz. nach klass. Regel gebraucht (H-S §227d; BDR
§430[3]; A284). **ἐν-δε-δυμένον** Pf. (A231) Ptz. Med. -δύω[12] *anziehen, beklei-
den;* Med. *sich bekleiden mit, sich anziehen;* attr. (BDR §416[4]) od. AcP (A300).
ἔν-δυμα[3] *Gewand, Kleid;* ἔνδυμα γάμου *Hochzeits-, Festgewand;* εἰσελ-
θὼν ὁ βασιλεύς ... εἶδεν ἐκεῖ ἄνθρωπον οὐκ ἐνδεδυμένον ἔνδυμα
γάμου *als der König eintrat ..., bemerkte/entdeckte er dort* (d.h. im Saal, unter
den Gästen) *einen* (vgl. A137b), *der* (od. *dort, daß einer*) *kein Hochzeitsge-*
12 *wand/Festgewand anhatte.* **12 λέγει** V. 8. **ἑταῖρε** Vok. ἑταῖρος *Gefährte,*
Freund; Anrede etwa = *guter Freund* od. *mein Lieber* o.ä. **εἰσ-ῆλθες** Aor.
-έρχομαι. **ἔχων** Ptz., mod. (vgl. A292); μὴ ἔχων *ohne.* **ὁ δέ** *(und/doch)*
dieser/er (A102). **ἐ-φιμώθη** Aor. Pass. φιμόω *das Maul zubinden, einen*
Maulkorb vorbinden; übertr. *zum Schweigen/Verstummen bringen* (V. 34), Pass.
hier *verstummen* (B 2) im Sinn v. *nichts zu antworten wissen;* die Sprachlosigkeit
des Gastes zeigt, daß er sich seiner Schuld bewußt ist: es war ihm offenbar klar,
daß er sich – ob er nun zu den „Guten" od. den „Schlechten" (V. 10) zählte –
für dieses Hochzeitsfest in geeigneter Weise hätte vorbereiten müssen (daß der
Gastgeber in ntl. Zeit den Hochzeitsgästen üblicherweise ein Festgewand zur
Verfügung stellte, ist nicht ausreichend belegt u. ist für die Aussage des Gleich-
13 nisses wahrscheinl. irrelevant; Carson, Mt, S. 457). **13 διάκονος** *Diener.*
δήσαντες Aor. Ptz. δέω, temp. (als Imp. + „und" übers.; A291,1 Anm. 1).
[Var. ἄρατε Aor. Imp. αἴρω.] **ἐκ-βάλετε** Aor. Imp. -βάλλω. **σκότος**[7]
Dunkelheit; Finsternis (Bereich des Gottfeindl. bzw. der Gottesferne). **ἐξώτε-
ρος** (Komp. v. ἔξω) hier wohl superlativisch (A118) *äußerst, ganz draußen be-
findlich* (BDR §62[3]; B 2); τὸ σκότος τὸ ἐξώτερον *die äußerste Finsternis* (zur
Sache vgl. 5,22; 7,13; 25,46). **ἔσται** Fut. εἰμί. **κλαυθμός** *(das) Weinen.*
βρυγμός *(das) Knirschen;* ὁ κλαυθμὸς καὶ ὁ βρυγμὸς τῶν ὀδόντων
das (große) Weinen und das (große) Zähneknirschen/Zähneklappern (vgl. B; letz-
teres: vor Zorn, Verzweiflung od. Schmerz?), *lautes Weinen und Zähneknirschen*
14 (Menge). **ὀδούς**[5] όντος ὁ *Zahn.* **14 κλητός** *berufen; eingeladen.* **ἐκ-
λεκτός**[9] *ausgewählt,* im NT fast durchweg: *auserwählt* (ausgesondert, um zu
Gott zu gehören bzw. ihm zu dienen); πολλοὶ γάρ εἰσιν κλητοί, ὀλίγοι
δὲ ἐκλεκτοί (zum Wortspiel vgl. H-S §294i) *denn viele sind berufen, aber nur
wenige auserwählt,* d.h. viele sind eingeladen, doch manche weigern sich zu kom-

men, u. andere weigern sich, die Normen des „Himmelreiches“ zu akzeptieren,
u. werden daher verworfen: die, die bleiben, werden als „auserwählt“ bez. (Carson, Mt, S. 457).
15 πορευθέντες Aor. Ptz. Pass. (ohne bes. Pass.-Bdtg.) πορεύομαι, 15
temp. (A291,1 Anm. 1). **συμ-βούλιον** *Beratung, Beschluß; Ratsversammlung*
(< lat. consilium, BDR §5[16]); συμβούλιον λαμβάνω (< lat. consilium capere, BDR §5,4) *einen Beschluß fassen* (B 1). **ἔ-λαβον** Aor. λαμβάνω.
ὅπως NS hier App. (A353) zu συμβούλιον, übers. als *daß* bzw. Inf. (A328;
B 2b; vgl. BDR §392[4c]) od. als *wie* (A18b; in diesem Fall m. deliberativem Konj.
[A255; H-S §273e]); συμβούλιον ἔλαβον ὅπως αὐτόν ... *sie beschlossen, ihn* ... od. *sie berieten (und faßten einen Beschluß), wie sie ihn* ... (vgl. Menge).
παγιδεύσωσιν Aor. Konj. παγιδεύω eig. *mit einer Schlinge fangen;*
παγιδεύω ἐν λόγῳ „mit einem [hier: von ihm od. von ihnen gesprochenen]
Wort [als Schlinge] fangen“ = *zu einer* (hier: *gegen ihn verwendbaren*) *Äußerung verleiten* (vgl. B λόγος 1aγ, NGÜ) od. *mit einer verfänglichen Frage in die Falle*
locken (GNB). **ἐν** instr. *durch/mit* (A193). **16 ἀποστέλλουσιν** hist. Präs. 16
(A235). **Ἡρῳδιανοί** *Herodianer,* d.h. eine jüd. Minderheit, die die herodianische Herrschaft (vgl. 14,1ff) unterstützte u. als Römerfreunde galt (vgl. EWNT 2, Sp. 307), übers. etwa *Anhänger des Herodes* od. *Parteigänger von Herodes.* **λέγοντες** Ptz. λέγω, mod. (A291,1f Anm. 1) *und ließen* (vgl. A219; B I8c) *sagen/(ihn) fragen* [Var. λέγοντας, mod./fin. *wobei/damit diese* (d.h. die Jünger) *fragten*]. **διδάσκαλε** Vok. **ἀληθής**[7] *wahr; wahrhaftig, aufrichtig;* ὅτι ἀληθὴς εἶ *daß du wahrhaftig/aufrichtig bist* bzw. *daß es dir nur um die Wahrheit geht* (GN). **ὁδός** hier im Sinn v. *Lebenswandel, Handlungsweise* (B 2b); τὴν ὁδὸν τοῦ θεοῦ *den Weg Gottes = wie man nach Gottes Willen leben soll* (NGÜ). **ἐν ἀληθείᾳ** *in Wahrheit = wirklich, wahrhaftig* (B ἀλήθεια 3; BDR §219[4]), viell. aber *der Wahrheit gemäß.* **οὐ ... περὶ οὐδενός** doppelte Neg. verstärkt die Verneinung (A310a). **μέλει**[180] τινὶ περί τινος *es liegt jmdm. an jmdm./etwas, jmd. kümmert sich um jmdn./etwas.* **βλέπω εἰς πρόσωπόν τινος** viell. Hebr. (vgl. etwa Dt 16,19) = *jmds. Person ansehen, sich jmdm. gegenüber parteiisch verhalten* (vgl. B πρόσωπον 1b; ZG) od. *jmdm. auf das Gesicht sehen = jmds. Urteil berücksichtigen* (B βλέπω 5); καὶ οὐ μέλει σοι περὶ οὐδενός. οὐ γὰρ βλέπεις εἰς πρόσωπον ἀνθρώπων *auch nimmst du auf niemand Rücksicht, denn du siehst die Person (= äußere Stellung) der Menschen nicht an* (Menge) od. *und du fragst nicht, was die Leute dazu sagen; denn du läßt dich von keinem Menschen beeinflussen, wie angesehen er*
auch sei (NGÜ). **17 εἰπέ** Aor. Imp. λέγω. **δοκεῖ** hier unpersönl. τί σοι 17
δοκεῖ; *was scheint dir (richtig)? = was meinst du?* (B 3a). **ἔξ-εστιν** *es ist möglich, es ist erlaubt/richtig* (hier impliziert: nach Gottes Willen). **δοῦναι** Aor. Inf. δίδωμι hier *zahlen* (B 4). **κῆνσος** (< lat. census „Volkszählung; Vermögenseinschätzung“) *Steuer(n)* (zur Sache s. EWNT 2, Sp. 708-710).

Καῖσαρ[6] αρος ὁ *Kaiser* (z.T. ohne Art. eigennamenartig gebraucht, BDR
§254,3); gemeint ist hier Tiberius (röm. Kaiser 14-37 n. Chr.; vgl. LAW,
18 Sp. 3083). **18 γνούς** Aor. Ptz. γινώσκω, kaus.; γνοὺς δὲ ὁ Ἰησοῦς τὴν
πονηρίαν αὐτῶν *da Jesus nun ihre böse Absicht durchschaute* (Menge). **πο-
νηρία** *Schlechtigkeit, Bosheit, Sündhaftigkeit.* **τί** adv. *warum?* (vgl. B τίς 3a;
A134a). **πειράζω** *versuchen, in Versuchung bringen* (Unrechtes zu tun); *prü-
fen, auf die Probe stellen,* hier etwa *eine Falle stellen;* τί με πειράζετε *warum
versucht ihr mich* bzw. (wohl konativ, A227) *warum wollt ihr mir eine Falle stel-
len.* **ὑπο-κριτής**[1] (< ὑπο-κρίνομαι vortäuschen, heucheln; im älteren
19 Griech. meist „Schauspieler“) *Heuchler, Scheinheiliger;* Vok. **19 ἐπι-δείξα-
τε** Aor. Imp. -δείκνυμι[212] *zeigen.* **νόμισμα**[3] (< νομίζω auch „anerken-
nen“) *Münze;* τὸ νόμισμα τοῦ κήνσου *die Steuermünze,* übers. etwa *die
Münze, mit der ihr die Steuern bezahlt* od. *eins von den Geldstücken, mit denen ihr
die Steuer bezahlt* (GNB). **οἱ δέ** V. 5. **προσ-ήνεγκαν** Aor. -φέρω hier τί
τινι etwa *jmdm. etwas reichen/hinhalten* (vgl. B 1bα). **δηνάριον** (lat. dena-
rius) *Denar,* röm. Münze, deren Wert etwa dem Tageslohn eines Arbeiters ent-
20 sprach. **20 λέγει** (auch V. 21) hist. Präs. (A235). **εἰκών**[4] όνος ἡ *Bild.*
ἐπι-γραφή *Aufschrift, Inschrift,* hier v. der Münzlegende, übers. etwa *Auf-
schrift* od. *Name;* τίνος ἡ εἰκὼν αὕτη καὶ ἡ ἐπιγραφή *wessen Bild und
Name (ist)* (A78) *das hier;* auf dem am häufigsten benutzten Silberdenar m. dem
Kopf des Tiberius stand „Ti(berius) Caesar Divi Aug(usti) F(ilius) Augustus“
Tiberius Caesar Augustus, Sohn des göttlichen Augustus, auf der Rückseite (m.
dem Bild wohl der Mutter des Kaisers) „Pontif(ex) Maxim(us)“ *Oberster Priester*
21 (EWNT 1, Sp. 64). **21 λέγουσιν** hist. Präs. (A235). **Καίσαρος** (erstes)
des Kaisers. **ἀπό-δοτε** Aor. Imp. -δίδωμι. **τὰ Καίσαρος ... τὰ τοῦ
θεοῦ** subst. (A105) gen. poss. (A154) *was dem Kaiser gehört ... was Gott gehört;*
Jesus gibt nicht nur seinen Gegnern eine weise Antwort, sondern er legt gleich-
zeitig die Basis für das richtige Verhältnis seiner Gefolgsleute zum Staat (vgl.
Röm 13,1-7 u. 1Pt 2,13-17, aber auch Apg 4,19 u. 5,29; Carson, Mt, S. 460).
22 **22 ἀκούσαντες** Aor. Ptz. ἀκούω, temp.; erg. τοῦτο/ταῦτα (A79).
ἐ-θαύμασαν Aor. θαυμάζω. **ἀφ-έντες** Aor. Ptz. -ίημι hier etwa *ablas-
sen von* (B 3a), *in Ruhe lassen* (GN); temp. (A291,1 Anm. 1). **ἀπ-ῆλθαν** Aor.
(vgl. H-S §105g) -έρχομαι.
23 **23 προσ-ῆλθον** Aor. -έρχομαι. **Σαδδουκαῖος** *Sadduzäer,* Ange-
höriger einer politisch einflußreichen religiösen Richtung des Judentums, deren
Mitglieder aus den vornehmen Familien stammten. **λέγοντες** Ptz. λέγω
hier m. AcI *behaupten* (B II1e); attr. **εἶναι** Inf. εἰμί hier *vorhanden sein, exi-
stieren* (B I1); Präd. des AcI; λέγοντες μὴ εἶναι ἀνάστασιν *die behaupten,
24 es gebe keine Auferstehung.* **ἐπ-ηρώτησαν** Aor. -ερωτάω. **24 λέγοντες**
Ptz. λέγω, pleon. (A297), am besten als Doppelpunkt berücksichtigen. **δι-
δάσκαλε** V. 16. **Μωϋσῆς εἶπεν** es folgt kein eig. Zitat, sondern eine

Zusammenfassung der relevanten Punkte des Schwagerehegesetzes v. Dt 25,5-
10. **ἀπο-θάνῃ** Aor. Konj. -θνῄσκω. **ἔχων** Ptz., mod. (vgl. A292); μὴ
ἔχων τέκνα *ohne Kinder, kinderlos.* **ἐπι-γαμβρεύσει** Fut. -γαμβρεύω
(< γαμβρός ein durch Heirat Verwandter; ursprüngl. „sich verschwägern")
(die Frau seines verstorbenen Bruders) *heiraten* (die sog. Leviratsehe/Schwager-
ehe eingehen); Fut. bez. hier ein striktes Gebot (Hebr.; A247d; gilt auch für
ἀναστήσει). **γυνή** hier im Sinn v. *Witwe.* **ἀνα-στήσει** Fut. ἀν-ίστημι
hier übertr. *erscheinen/auftreten lassen,* m. σπέρμα τῷ ἀδελφῷ αὐτοῦ *sei-
nem Bruder Nachkommenschaft erzeugen* (B 1b), *seinem Bruder Nachkommen
verschaffen* (der erste Sohn aus der Schwagerehe galt als Nachkomme des Ver-
storbenen). **25 ἦσαν** Ipf. εἰμί hier παρά τινι *bei jmdm. sein/leben* (vgl. 25
B III8b). **γήμας** [Var. γαμήσας Alternativform] Aor. Ptz. γαμέω[174] *hei-
raten;* temp. (A291,1 Anm. 1). **ἐ-τελεύτησεν** Aor. τελευτάω *sterben.*
ἔχων Ptz., kaus.; καὶ μὴ ἔχων σπέρμα *und weil er keine Nachkommen hat-
te.* **ἀφ-ῆκεν** Aor. -ίημι hier *hinterlassen* (B 3a). **26 ὁμοίως** *gleich(erwei-* 26
se), ebenso. **ἕως τῶν ἑπτά** „bis zu den sieben" etwa = *schließlich alle sieben*
(Menge), *so war es bei allen sieben* (GNB). **27 ὕστερος** *späterer, letzter;* Ntr. 27
als Adv. *später, danach;* hier superlativisch (A118,2) *zuletzt* (B 2b); ὕστερον
πάντων (gen. partitivus, A164) *zuletzt/als letzte von allen.* **ἀπ-έ-θανεν** Aor.
ἀπο-θνῄσκω. **28 τίνος** *wessen?* (gen. poss., A154/174); zur Betonung steht 28
ἐν τῇ ἀναστάσει οὖν vor dem τίνος (vgl. BDR §475[2]); m. gen. partitivus
(A137a/164); ἐν τῇ ἀναστάσει οὖν τίνος τῶν ἑπτὰ ἔσται γυνή *wem
von den sieben wird sie nun bei der Auferstehung als Frau gehören?* od. *wie ist es
nun bei der Auferstehung? Wem von den sieben gehört sie dann?* (NGÜ). **ἔσται**
Fut. εἰμί. **ἔ-σχον** Aor. ἔχω hier im Sinn v. *zur Frau haben, verheiratet sein
mit* (vgl. B I2bα); Aor. Ind. bez. hier Vorvergangenheit (vgl. H-S §199n; A224).
29 ἀπο-κριθείς V. 1; ἀποκριθεὶς ὁ Ἰησοῦς εἶπεν *Jesus antwortete.* 29
πλανᾶσθε Pass. πλανάω *in die Irre führen, irreführen;* Pass. oft *in die Irre ge-
hen, sich verirren,* hier *sich irren* (B 2cγ), *im Irrtum sein* (Menge). **εἰδότες** Pf.
(m. präs. Bdtg.) Ptz. οἶδα, kaus. **30 ἐν τῇ ἀναστάσει** *bei der Auf-* 30
erstehung wohl = *wenn die Toten auferstehen/auferstanden sind,* übers. viell. *nach
der Auferstehung.* **γαμέω** *heiraten* (Subj. hier Mann; B 1b). **γαμίζονται**
Pass. γαμίζω (eine Frau) *in die Ehe geben, verheiraten;* Pass. *sich heiraten lassen*
(BDR §314[1]; A219), *heiraten* (Subj. Frau; B 2); οὔτε γαμοῦσιν οὔτε γαμί-
ζονται (Präs. hier fut.? [A234]) *weder heiraten die Männer (mehr), noch lassen
die Frauen sich (mehr) heiraten = die Menschen heiraten nicht mehr* [Var. ἐκ-γα-
μίζονται u. γαμίσκονται synonym (B)]. **ὡς** zum vorliegenden (wohl
sem./hebr.) Gebrauch vgl. B II3b. **ἐν τῷ οὐρανῷ** best. ἄγγελοι näher.
31 περί m. Gen. hier *was ... betrifft:* (B 1h). **οὐκ** *nicht;* erwartet als Frageein- 31
leitung die Antwort „doch" (A320). **ἀν-έ-γνωτε** Aor. ἀνα-γινώσκω[166] *le-
sen.* **ῥηθέν** Aor. Ptz. Pass. Ntr. λέγω, subst. **λέγοντος** Ptz. λέγω, part.

32 coni. (A287), temp.; zitiert wird aus Ex 3,6. **32 Ἀβραάμ** indekl., hier Gen.,
ebenso die beiden flgd. Namen. **Ἰσαάκ, Ἰακώβ** 1,2. **ζώντων** Ptz. ζάω,
subst.; οὐκ ἔστιν ὁ θεὸς νεκρῶν ἀλλὰ ζώντων *er ist doch nicht der Gott*
33 *von Toten, sondern von Lebenden.* **33 ἀκούσαντες** V. 22. **ἐξ-ε-πλήσ-
σοντο** Ipf. ἐκ-πλήσσομαι *außer sich geraten* ἐπί τινι *über etwas* (hier
wohl aus Verwunderung; B 2). **διδαχή** *Lehre* (das, was gelehrt wird, od. die
Lehrtätigkeit).
34 **34 ἀκούσαντες** Aor. Ptz. ἀκούω, temp. **ἐ-φίμωσεν** Aor. φιμόω
V. 12. **συν-ήχθησαν** Aor. Pass. -άγω. **ἐπὶ τὸ αὐτό** *an demselben Ort,
zusammen* (B αὐτός 4b), hier pleon. (vgl. A379); συνήχθησαν ἐπὶ τὸ αὐ-
τό *sie kamen zusammen* (impliziert *zur Beratung* od. [so die meisten] *zu ihm*).
35 **35 ἐπ-ηρώτησεν** Aor. -ερωτάω. **εἷς** = τις (A137b; vgl. B 3a). **ἐξ αὐ-
τῶν** hier statt gen. partitivus (A164). **νομικός** *das Gesetz betreffend; geset-
zeskundig;* subst. *Jurist,* hier (m. γραμματεύς synonym; EWNT 1, Sp. 624)
(jüd.) *Gesetzeskundiger/Gesetzeslehrer;* die meisten γραμματεῖς/νομικοί
zählten zu den Pharisäern (Schürer 2, S. 213). **πειράζων** Ptz. V. 18, fin.
36 (A291,6). [Var. λέγων Ptz., fin.] **36 διδάσκαλε** Vok. **ποῖος**[18] *wie be-
schaffen? was für ein? welche (Art)? welcher?* **μεγάλη** Positiv statt Superlativ
(A118,1; H-S §138c; BDR §245,2); ποία ἐντολὴ μεγάλη ἐν τῷ νόμῳ erg.
ἐστίν (A78) *was für ein/welches Gebot ist das* (vgl. A80) *größte/wichtigste Gebot
im Gesetz* (vgl. B μέγας 2bβ) od. *welches ist das wichtigste Gebot im Gesetz.*
37 **37 ὁ δέ** V. 12. **ἔ-φη** Ipf. φημί; zitiert werden Dt 6,5 (V. 37) u. Lev 19,18b
(V. 39). **ἀγαπήσεις** Fut. ἀγαπάω; Fut. bez. hier (wie in der LXX) ein
striktes Gebot (Hebr.; A247d). **ἐν** instr. *mit.* **διά-νοια** (LXX meist für hebr.
לֵב/לֵבָב *lēḇ/lēḇāḇ* „Herz“, vgl. καρδία) *Verstand, Vernunft; Gesinnung, Sinn;
(das) Denken, Gedanke;* ἐν ὅλῃ τῇ καρδίᾳ σου καὶ ἐν ὅλῃ τῇ ψυχῇ
σου καὶ ἐν ὅλῃ τῇ διανοίᾳ σου (das letzte Glied ist entweder eine freie
Übersetzung des atl. Zitats [wörtl. „mit aller deiner Kraft“] od. ein erläuternder
Zusatz, evtl. aus Jos 22,5; vgl. Mk- u. Lk-Par) *mit deinem ganzen Herzen, mit dei-
ner ganzen Seele und mit deinem ganzen Verstand* od. *mit ganzem Herzen, mit gan-
zer Seele und mit allen deinen Gedanken* (Einh.); die hier genannten Kategorien
lassen sich nicht scharf unterscheiden, sondern beschreiben gemeinsam die
38 ganze Person m. all ihren Gaben u. Kräften. **38 αὕτη** kongruiert (wie übl.)
m. dem Präd.-Nom. (BDR §132,1; A93). **ἡ μεγάλη καὶ πρώτη ἐντολή**
das größte und wichtigste Gebot od. *das wichtigste und höchste Gebot.*
39 **39 δευτέρα ὁμοία αὐτῇ** erg. ἐστίν (A78) *ein zweites ist ihm gleich = ein
zweites ist ebenso wichtig.* **πλησίον** Adv. *nahe, benachbart;* Subst. (indekl.)
40 *Nächster, Mitmensch.* **40 δυσίν** Dat. δύο[19f]. **κρέμαμαι**[226] intr. *hängen*
(dient als [perfektisches] Med./Pass. zu κρεμάννυμι tr. *hängen, aufhängen*);
ἐν ταύταις ταῖς δυσὶν ἐντολαῖς ὅλος ὁ νόμος κρέμαται καὶ οἱ
προφῆται *in/an* (vgl. B ἐν I5c) *diesen beiden Geboten hängt/hängen das ganze*

Gesetz und die Propheten (wie eine Tür in den Angeln, so hängt das ganze AT in
diesen beiden Geboten; B 2b), d.h. dieses doppelte Liebesgebot ist der Inbegriff
des göttl. Willens (EWNT 2, Sp. 783): *in diesen beiden Geboten ist alles zusam-
mengefaßt, was das Gesetz und die Propheten fordern* (GNB). **ὁ νόμος ... καὶ
οἱ προφῆται** *das Gesetz und die Propheten* (auch ὁ νόμος für sich) war übl.
Bezeichnung für die (atl.) Heilige Schrift; zum Sg.-Präd. vgl. A94f.
41 συν-ηγμένων Pf. Ptz. Pass. -άγω, gen. abs. (A288), temp.; *als/wäh-* 41
rend die Pharisäer *versammelt/beisammen waren.* **ἐπ-ηρώτησεν** V. 35.
42 δοκεῖ hier unpersönl. τί ὑμῖν δοκεῖ περὶ τοῦ χριστοῦ; *was scheint* 42
euch (richtig) in bezug auf den Messias? = was denkt ihr über den Messias? (vgl.
B 3a). **λέγουσιν** V. 21. **τοῦ Δαυίδ** *(der Sohn) Davids* (A109), die allgem.
anerkannte Antwort (vgl. 2Sam 7,12-14; Jes 11,1.10; Jer 23,5). **43 λέγει** 43
V. 20. **πῶς οὖν** hier *warum ... denn* (B οὖν 1cα), *wie kommt es denn, daß*
(vgl. B πῶς 1b). **Δαυίδ** hier Nom. **ἐν πνεύματι** *in/durch den Geist
(Gottes)* (auch ohne Art. best.; A106a) = *vom Geist Gottes inspiriert/geleitet* (vgl.
B πνεῦμα 6c; NGÜ). **λέγων** Ptz., wohl kaus. *denn er sagt;* zitiert wird aus Ps
110,1 (die davidische Verfasserschaft dieses Ps [s. Überschrift] – unter den Zu-
hörern Jesu unbestritten – ist hier vorausgesetzt; viele der Zeitgenossen Jesu
[so offenbar auch die Zuhörer] hielten ihn gleichzeitig für messianisch).
44 κύριος *der Herr* = Jahwe (Gottesname [MT יהוה *jhwh*]; A107). **τῷ κυ-** 44
ρίῳ μου *zu meinem Herrn* (Appellativum [MT לַאדֹנִי *la'ḏōnî* „zu meinem
Herrn"]), d.h. zum Messias. **κάθου** Imp. κάθημαι. **ἕως ἂν** hier *bis*
(A337). **θῶ** Aor. Konj. τίθημι. **ἐχθρός** *Feind.* **ὑπο-κάτω** uneig. Präp.
(A183) *unter, unterhalb;* τίθημί τινα ὑποκάτω τῶν ποδῶν τινος *jmdn.
unter jmds. Füße legen = jmdn. jmdm. völlig unterwerfen* (vgl. B 1b) [Var. ὑπο-
πόδιον *Fußbank, Schemel;* hat innerhalb dieses Idioms dieselbe Funktion wie
ὑποκάτω (vgl. LXX u. NT-Par.)]. **45 εἰ οὖν** *wenn ... also* m. Ind. indefiniter 45
Fall (hier m. erfüllter Bedingung; vgl. H-S §281b; A342). **πῶς υἱὸς αὐτοῦ
ἐστιν** *wie ist er dann sein Sohn* bzw. *wie kann er dann sein Sohn sein;* impliziert
ist: er ist nicht nur sein (menschl.) Sohn (wie in Mt im übrigen konsequent dar-
gestellt [s. 1,1-16 usw.]), sondern gleichzeitig sein (göttl.) Herr (nach Mt 1-2
sowie 3,17 u. 17,5: der Sohn Gottes) – eine sich aufdrängende, für die meisten
Zeitgenossen Jesu aber inakzeptable Konsequenz. **46 ἐ-δύνατο** Ipf. δύνα- 46
μαι. **ἀπο-κριθῆναι** Aor. Inf. Pass. (ohne Pass.-Bdtg.) -κρίνομαι m. λό-
γον *ein Wort erwidern, eine Antwort geben.* **οὐδέ ... τις ... οὐκέτι** *auch ...
niemand mehr ...* (doppelte Neg. verstärkt die Verneinung; BDR §431[5]; A310a).
ἐ-τόλμησεν Aor. τολμάω *wagen.* **ἐπ-ερωτῆσαι** Aor. Inf. -ερωτάω
hier: jmdm. *Fragen/eine Frage stellen.*

τότε *dann* od. *damals* (Menge). **ἐ-λάλησεν** Aor. λαλέω. **2 καθ-** 23
έδρα *Sitz;* hier *Lehrstuhl.* **ἐ-κάθισαν** Aor. καθίζω; ἐπὶ τῆς Μωϋσέως
καθέδρας ἐκάθισαν οἱ ... *auf den Lehrstuhl des Mose haben sich die ... gesetzt*

(Menge) bzw. (kontextgemäß [da sie „sich gesetzt haben“, „sitzen“ sie jetzt] od.
evtl. m. präsentisch [dem hebr. Pf. bei Zustandsverben entsprechend] verstande-
nem Aor. Ind. [vgl. BDR §333[6]; A241c]) *auf dem Lehrstuhl des Mose sitzen*
die ...; d.h. sie verstehen sich als Nachfolger des Mose: als die autoritativen Ver-
mittler göttl. Lehre bzw. die rechtmäßigen Ausleger des mosaischen Gesetzes
3 (vgl. EWNT 2, Sp. 542). **3 ὅσα ἐάν** = ὅσα ἄν (A132; 371) *wie viele Dinge*
auch immer = alles, was; πάντα ὅσα ἐάν übers. *alles, was* (vgl. B πᾶς 1eγ).
εἴπωσιν Aor. Konj. λέγω. [Var. τηρεῖν Inf. τηρέω.] **ποιήσατε** Aor.
Imp. ποιέω. **τηρεῖτε** Imp. τηρέω. **ποιεῖτε** Imp. ποιέω hier κατά τι
nach etwas handeln (B I2bα), *sich nach etwas richten.* **λέγουσιν γὰρ καὶ**
οὐ ποιοῦσιν *denn sie reden zwar, handeln aber* (A311,1) *nicht danach* (A78;
4 NGÜ). **4 δεσμεύω** *fesseln;* hier *zusammenbinden, zusammenschnüren* (B 2).
φορτίον *Last.* **βαρύς**[10] εῖα ύ *schwer.* **δυσ-βάστακτος**[11] *schwer zu*
tragen; φορτία βαρέα καὶ δυσβάστακτα etwa *schwere Lasten, die man*
kaum tragen kann (vgl. NGÜ). **ἐπι-τίθημι** *auflegen;* καὶ ἐπιτιθέασιν ἐπὶ
τοὺς ὤμους τῶν ἀνθρώπων *und sie legen/laden sie den Menschen auf die*
Schultern. **ὦμος** *Schulter.* **δάκτυλος** *Finger;* dat. instr. (A176). **κινῆσαι**
Aor. Inf. κινέω *bewegen;* αὐτοὶ δὲ τῷ δακτύλῳ αὐτῶν οὐ θέλουσιν κι-
νῆσαι αὐτά „sie selbst aber wollen sie nicht mit ihrem Finger bewegen“ = *sie*
selbst aber wollen sie mit keinem Finger anrühren (Menge) od. (noch idiomati-
5 scher) *aber sie selbst machen keinen Finger krumm* (GNB). **5 πάντα τὰ**
ἔργα αὐτῶν hier etwa *alles, was sie tun.* **πρὸς τό** m. Inf. fin. (A282) *um zu.*
θεαθῆναι Aor. Inf. Pass. θεάομαι *sehen, ansehen;* hier Pass. *sich sehen las-*
sen, sich zur Schau stellen τινί *vor jmdm.* (B 1cβ; BDR §191[3]), *jmdn. beein-*
drucken (NGÜ). **πλατύνω** (hier: *besonders/auffällig*) *breit/weit machen.* **φυ-**
λακτήριον *Schutzmittel, Amulett;* hier *Gebetsriemen,* d.h. (normalerweise)
während des Gebets an Stirn u. linkem Oberarm getragene Kapseln (vgl. Ex
13,9; Dt 6,8; 11,18), die ein kleines Stück Pergament mit vier Stellen aus dem
Gesetz (Ex 13,1-10.11-16; Dt 6,4-9; 11,13-21) enthielten (rabbinische Bezeich-
nung תְּפִלִּין *təfillîn* wörtl. „Gebete“; EWNT 3, Sp. 1057f). **μεγαλύνω** m.
Akk. *groß machen,* hier *(besonders) lang machen.* **κράσ-πεδον** *Saum* (eines
Gewandes); hier *(Mantel-]Quaste, Troddel* (hebr. צִיצִית *ṣîṣit;* der Israelit trug
sie nach Num 15,37-41 an den vier Ecken seines Obergewandes zur Erinnerung
6 an Gottes Gebote [B]). **6 φιλέω** *lieben, gern haben;* m. Inf. etwas *gern* tun
(A83b; BDR §435[3]). **πρωτο-κλισία** *Ehrenplatz* (am Tisch). **δεῖπνον**
zweite, größere der beiden Mahlzeiten des Tages: *Hauptmahlzeit;* einfach *Mahl-*
zeit, hier etwa *Festessen;* ἐν τοῖς δείπνοις *bei den Festessen, bei jedem Fest-*
7 *essen.* **πρωτο-καθεδρία** *Ehrenplatz* (in der Synagoge). **7 ἀσπασμός**
(feierliche) Begrüßung, Gruß; (φιλοῦσιν) (V. 6) τοὺς ἀσπασμούς ... *sie lie-*
ben die feierlichen Begrüßungen ... etwa = *sie haben es gern, wenn man sie ... ehr-*
furchtsvoll grüßt (NGÜ). **ἀγορά** *Marktplatz* (meist Stätte des gesamten

öffentl. Lebens); ἐν ταῖς ἀγοραῖς *auf den Marktplätzen,* d.h. in der Öffent-
lichkeit, übers. etwa *auf der Straße.* **καλεῖσθαι** Inf. Pass. καλέω hier tolera-
tives Pass. (A219) *sich nennen lassen, sich anreden lassen mit* (B 1aβ; analog V. 8
u. 11). **ῥαββί** indekl., hier Nom. bzw. Vok., (hebr. רַבִּי *rabbî*) *Rabbi,* Anrede
u. Ehrenbezeichung für (Gesetzes-)Lehrer.
8 ὑμεῖς Subj. betont (A122). **κληθῆτε** Aor. Konj. Pass. καλέω V. 7; 8
prohibitiver Konj. (A256). **ῥαββί** V. 7. **εἷς** übers. *nur einer* (auch V. 9f).
9 μή hier = μηδένα (BDR §157[4]) od. μή τινα (vgl. ZG). **καλέσητε** 9
Aor. Konj., prohibitiver Konj. (A256). **ὑμῶν** (erstes) gehört zu πατέρα
(BDR §473[2]). **οὐράνιος**[11] *im Himmel befindlich, himmlisch.* **10 καθ-** 10
ηγητής[1] *Führer, Wegweiser,* meist *Lehrer,* bes. *(persönlicher) Privatlehrer/Er-
zieher* (Spicq 2, S. 233-235); alle drei Ausdrücke konnten den jüd. Gesetzesleh-
rer bezeichnen: ῥαββί/διδάσκαλος u. καθηγητής offenbar den (öffentl.
bzw. privaten) Lehrer der Gegenwart, πατήρ den bes. angesehenen der Ver-
gangenheit (vgl. Mischna, Pirqe Aboth); m. charakteristisch hyperbolischer
Ausdrucksweise (A383) macht Jesus deutl.: unter den Gefolgsleuten des
Messias – durch ihn nun in Kontakt m. der eig. Quelle göttl. Lehre – soll ein
brüderl., v. Demut geprägtes Verhältnis herrschen (Carson, Mt, S. 474f).
11 μείζων hier Komp. für Superlativ (A118,2) m. gen. partitivus (A164); ὁ 11
μείζων ὑμῶν *der Größte unter euch* (B μέγας 2bα). **ἔσται** Fut. εἰμί; das
Fut. bez. hier ein striktes Gebot (Hebr.; A247d; BDR §362[3]). **διάκονος**
Diener, Helfer. **12 ὑψώσει** Fut. ὑψόω *erhöhen.* **ταπεινωθήσεται** Fut. 12
Pass. ταπεινόω *niedrig machen, einebnen;* übertr. *erniedrigen, demütigen;* pass.
divinum (A76b; analog ὑψωθήσεται). **ταπεινώσει** Fut. **ὑψωθήσεται**
Fut. Pass.
13 ὑπο-κριτής[1] (< ὑπο-κρίνομαι vortäuschen, heucheln; im älteren 13
Griech. meist „Schauspieler") *Heuchler, Scheinheiliger;* Vok. **ὅτι** hier *denn*
(ebenso V. 23, 25, 27 u. 29). **κλείω** *schließen; verschließen;* hier übertr. m. ἔμ-
προσθέν τινος *vor jmdm./jmdm. verschließen,* d.h. den Zugang verwehren
(B 2), *vor jmdm. den Zugang* zu etwas *versperren* (GNB). **ὑμεῖς** Subj. betont
(A122) *ihr (selbst).* **εἰσ-ερχομένους** Ptz. -έρχομαι, Präs. Ptz. hier konativ
gebraucht (BDR §319[2]; A227); subst. *die, die hineingehen wollen.* **ἀφ-ίημι**
hier *lassen* im Sinn v. *zulassen* (B 4). **εἰσ-ελθεῖν** Aor. Inf. -έρχομαι. [Var.
V. 14 s. Mk 12,40 bzw. Lk 20,47.] **15 περι-άγω** *herumführen, immer bei sich* 15
haben; herum-, umhergehen, hier m. Akk. des durchreisten Gebietes: τὴν θά-
λασσαν καὶ τὴν ξηράν *über Meer und Land reisen* (B 2) od. („kontextuali-
sierend") *um die halbe Welt reisen* (GNB), im Sinn v. keine Mühe scheuen. **ξη-
ρός** *trocken, vertrocknet, dürr;* hier ἡ ξηρά (erg. γῆ [BDR §241[2]; A88]) *das
trockene Land, das Trockene, das Land* (im Ggs. zum Meer). **ποιῆσαι** Aor.
Inf. ποιέω hier etwa *gewinnen* (vgl. B I1eα); fin. (A276). **προσ-ήλυτος**
(< προσ-έρχομαι herankommen) *Proselyt* (ein zum Judentum Bekehrter).

γένηται Aor. Konj. Med. γίνομαι; ὅταν γένηται *wenn er (es) geworden*
ist = (sinngemäß) *wenn ihr einen gewonnen habt.* **ποιέω** (zweites) m. doppel-
tem Akk. (A97,15) *jmdn./etwas zu etwas machen* (B I1bι). **γέεννα** (s. zu 5,22)
Gehenna, Hölle; υἱὸς γεέννης „ein Sohn der Hölle, ein Höllenkind" (Sem.;
H-S §159d; vgl. A157) etwa = *ein Anwärter auf die Hölle.* **δι-πλότερος** auf-
fälliger volkssprachl. Komp. (BDR §61,2) v. δι-πλοῦς (H-S §44c) *doppelt,*
zweifach; Komp. m. gen. comparationis (A168) *doppelt so groß/schlimm wie*
(Attr. zu υἱόν [Zorell]; nach B/BDR §102[1] – wohl weniger sinnvoll – Ntr. als
Adv. [*in doppeltem Maße*]); υἱὸν γεέννης διπλότερον ὑμῶν *zu einem Höl-*
lenkind/Anwärter auf die Hölle, das/der doppelt so schlimm ist wie ihr.
16 **16 ὁδηγός** *Führer* od. *einer, der jmdm. den Weg weist;* ὁδηγοὶ τυφλοί
Vok. *ihr blinden Führer,* (wegen des mißverständl. Gleichklangs m. „Blindenfüh-
rer") übers. besser *ihr seid blinde Führer* (Einh.) od. *ihr wollt andere führen und*
seid selbst blind (GNB). **λέγοντες** Ptz. λέγω, attr. zum Vok.: die *ihr*
sagt/lehrt. **ὃς ἄν** (A132) *wer (auch immer)* bzw. *jeder, der* = ἐάν τις (A371;
vgl. BDR §380,1b) bzw. nom. pendens (A141a), am besten übers. *wenn jemand.*
ὀμόσῃ Aor. Konj. ὀμνύω[220] *schwören, einen Schwur ablegen,* ἐν *bei* (sem.
statt klass. Akk.; B ἐν IV5). **οὐδέν** hier *nichts wert, nichtig, ungültig;* ... οὐδέν
ἐστιν ... *ist es/der Eid ungültig* (B 2bβ) = (sinngemäß) ... *braucht er seinen Eid*
nicht zu halten (NGÜ). **χρυσός** *Gold.* **ὀφείλω** *schulden, schuldig sein;* hier
verpflichtet sein; ὀφείλει *er ist verplichtet (den Eid zu halten) = er ist an den Eid*
17 *gebunden* (B 2bα). **17 μωρός** *töricht, dumm;* μωροὶ καὶ τυφλοί Vok. *ihr*
Toren und Blinden (GNB: *töricht und blind seid ihr*) od. (als Hendiadyoin ver-
standen; vgl. A314/378) *ihr blinden Narren* (Einh.). **τίς γάρ** *wer/was denn?* (B
γάρ 1f; BDR §452[2]; vgl. H-S §252,9); τίς γὰρ μείζων ἐστίν *was ist denn*
wichtiger, was steht denn höher (vgl. B μέγας 2bβ; analog τί γάρ V. 18).
ἁγιάσας Aor. Ptz. ἁγιάζω[91] *heiligen, heilig machen;* attr.; ὁ ἁγιάσας τὸν
χρυσόν *der das Gold (doch erst) heilig macht/gemacht hat* (vgl. A285), *durch*
den das Gold doch erst heilig wird (vgl. GNB; analog ἁγιάζον V. 19) [Var.
18 ἁγιάζων Präs. Ptz.]. **18 καί** *auch (sagt ihr).* **θυσιαστήριον** *Altar.* **δῶ-
ρον** *Geschenk; Opfergabe.* **ἐπ-άνω** uneig. Präp. (A183) *(oben) über, auf;* ἐν
τῷ δώρῳ τῷ ἐπάνω αὐτοῦ (vgl. A84) *beim Opfer, das darauf liegt* bzw. *beim*
Opfer auf dem Altar; ἐν πᾶσι τοῖς ἐπάνω αὐτοῦ (V. 20; vgl. A105) *bei al-*
19f *lem, was darauf liegt.* **19 ἁγιάζον** Ptz. Ntr., attr. **20 ὀμόσας** Aor. Ptz.
21 ὀμνύω, subst. *(der), der schwört* od. *wer schwört* (vgl. A285). **21 κατ-οι-
κοῦντι** Ptz. -οικέω, subst.; ἐν τῷ κατοικοῦντι αὐτόν *bei dem, der darin*
wohnt (d.h. Gott) [Var. κατ-οικήσαντι Aor. Ptz.; Aor. viell. ingr., A229)].
22 **22 καθημένῳ** Ptz. κάθημαι, subst.
23 **23 ὑπο-κριτής** V. 13. **ἀπο-δεκατόω** *den Zehnten geben* τί *von et-*
was (der „Zehnte" ist die Abgabe des zehnten Teils v. Ertrag an Gott bzw. des-
sen Priester [vgl. Lev 27,30 u. Dt 14,22-29]). **ἡδύ-οσμον** (< ἡδύς süß,

ὀσμή Geruch, Duft) *Gartenminze.* **ἄνηθον** *(der) Dill* (Gewürzpflanze). **κύ-
μινον** *(der) Kümmel.* **καί** (viertes) *aber* (A311,1) od. *und dabei* (NGÜ).
ἀφ-ήκατε Aor. -ίημι hier *beseite/außer acht lassen* (B 3b). **βαρύτερος**
Komp. v. βαρύς[10] εῖα ύ *schwer* (lastend, zu erfüllen); *schwerwiegend, gewich-
tig;* τὰ βαρύτερα τοῦ νόμου *die bedeutsameren Bestimmungen des Gesetzes*
(B 2b), *die viel wichtigeren Forderungen* (NGÜ) *des Gesetzes.* **κρίσις** hier
Recht im Sinn der *Gerechtigkeit* (B 3). **ἔλεος**[7] (Var. ἔλεος[2]) *Barmherzigkeit,
Erbarmen, Mitleid.* **πίστις** hier *Treue, Zuverlässigkeit* (B 1a); τὴν κρίσιν
καὶ τὸ ἔλεος καὶ τὴν πίστιν App. (A70) *nämlich/das heißt* (od. einfach
Doppelpunkt) *Gerechtigkeit, Barmherzigkeit und Treue.* **ταῦτα ... κἀκεῖνα**
(= καὶ ἐκεῖνα) *dies ... und jenes, das eine ... und das andere* (B κἀκεῖνος 1a).
ἔ-δει Ipf. δεῖ; Ipf. drückt hier aus, daß etwas tatsächl. notwendig ist (hier eher
als: notwendig war), aber doch nicht geschieht (A239; H-S §198i); ταῦτα δὲ
ἔδει ποιῆσαι κἀκεῖνα μὴ ἀφιέναι (erg. ὑμᾶς; BDR §407[1]; vgl. A268;
od. übers. m. „man" [A76d]) *dieses/das eine aber solltet ihr* (od. *sollte man*) *tun
und jenes/das andere nicht außer acht lassen* od. (klarer) *und gerade sie solltet ihr
erfüllen, ohne das andere zu vernachlässigen* (GN). **ποιῆσαι** Aor. Inf. ποιέω;
erstes Präd. des AcI, abhängig v. ἔδει. **ἀφ-ιέναι** Inf. -ίημι V. 23; zweites
Präd. des AcI, abhängig v. ἔδει [Var. -εῖναι Aor. Inf.]. **24 ὁδηγοὶ** 24
τυφλοί V. 16. **δι-ϋλίζοντες** Ptz. -ϋλίζω eig. *durchseihen* (d.h. eine Flüs-
sigkeit durch ein Sieb/Tuch gießen u. dadurch reinigen, filtern); hier *seihen* (d.h.
durch das Durchseihen der Flüssigkeit etwas entfernen), *aussieben, herausfiltern;*
attr. zum Vok. **κώνωψ**[3] ωπος ὁ *Mücke;* genereller Sg. (A101a; gilt auch für
κάμηλος). **κάμηλος** ὁ u. ἡ *Kamel* (war für den Bewohner Palästinas das
größte bekannte Tier). **κατα-πίνοντες** Ptz. -πίνω *hinunterschlucken, ver-
schlucken;* attr. zum Vok.; οἱ διϋλίζοντες τὸν κώνωπα, τὴν δὲ κάμηλον
καταπίνοντες (hyperbol. Ausdrucksweise; A383; H-S §295q) *die ihr Mücken
aussiebt/herausfiltert* (näml. aus dem Wein), *aber Kamele verschluckt.* **25 κα-** 25
θαρίζω *reinigen, säubern;* (kultisch bzw. sittl.-geistl.) *reinigen, rein machen.*
ἔξω-θεν *von außen; außen, draußen; heraus, hinaus;* subst. (A105) τὸ ἔξωθεν
das Äußere (B 1bβ). **ποτήριον** *Becher, Kelch;* genereller Sg. (A101a; gilt auch
für παροψίς). **παρ-οψίς**[3] ίδος ἡ *Schüssel.* **ἔσωθεν** *von innen heraus; in-
nen, inwendig.* **γέμω** *voll sein* τινός/ἔκ τινος (A164f) *von etwas;* καθαρίζε-
τε τὸ ἔξωθεν τοῦ ποτηρίου καὶ τῆς παροψίδος, ἔσωθεν δὲ γέμου-
σιν ἐξ ἁρπαγῆς καὶ ἀκρασίας *ihr reinigt das Äußere eurer* (A103) *Becher
und Schüsseln, innen aber sind sie voll Raubgier und Zügellosigkeit/Maßlosigkeit*
od. (als Hendiadyoin verstanden; vgl. A314/378) ... *voll maßloser Raubgier;* wohl
an zeitgenössische Kontroversen über die rituelle Reinigung v. Gefäßen an-
knüpfend, kommt Jesus hier auf die heuchlerische Überbetonung äußerl. Rein-
heitsvorschriften zu sprechen, m. der man über die eigene totale innere Verun-
reinigung hinwegtäuschen möchte, wobei „Becher" u. „Schüssel" hier wahr-

scheinl. als Bilder für den Menschen selbst gebraucht sind (nach anderen geht
es um Gefäße u. Inhalt im nichtbildl. Sinn [ἁρπαγή im Sinn v. „Geraubtes"],
s. z.B. Einh.: *innen aber sind sie voll von dem, was ihr in eurer Maßlosigkeit zu-*
sammengeraubt habt). **ἁρπαγή** *(das) Rauben; (das) Geraubte;* hier *Raubgier*
(vgl. B 3). **ἀ-κρασία** *Unmäßigkeit, Zügellosigkeit, Mangel an Selbstbeherr-*
26 *schung.* **26 Φαρισαῖε τυφλέ** Vok.; genereller Sg. (A101a). **καθάρι-**
σον Aor. Imp. **ἐντός** (< ἐν) (eig. Adv. „drinnen, in der Mitte") uneig. Präp.
(A183) *innerhalb, mitten unter;* subst. (A105) τὸ ἐντός *das Innere, der Inhalt.*
γένηται V. 15; ἵνα γένηται καὶ τὸ ἐκτὸς αὐτοῦ καθαρόν hier m.
starker kons. Nuance (vgl. A340) *dann wird auch das Äußere rein werden/sein,*
dann wird sich auch das Äußere als rein erweisen (d.h. in den für andere sicht-
baren Bereichen des menschl. Lebens wird sich dann die angestrebte Gottge-
fälligkeit wie von selbst einstellen). **ἐκτός** *außerhalb;* subst. (A105) τὸ ἐκτός
27 *das Äußere* (B 1). **καθαρός** *rein.* **27 παρ-ομοιάζω** *ähnlich sein, gleichen*
τινί (A179) *jmdm./etwas.* **τάφος** *Grab.* **κε-κονιαμένοις** Pf. (A231) Ptz.
Pass. κονιάω (< κονία Staub; Tünche) *weiß tünchen;* attr.; jüd. Gräber waren
durch Kalktünche bez., um die Vorbeiziehenden vor kultischer Verunreinigung
zu bewahren (GBL 1, S. 178); τάφοι κεκονιαμένοι *weiß* (Menge: *frisch*) *ge-*
tünchte/gestrichene Gräber. **οἵ-τινες** qualitativ (B 2a) *die (als solche)* (A132).
φαίνομαι *sichtbar werden, sich zeigen,* hier *erscheinen als* bzw. *aussehen* (hier
m. Adj. als Präd.-Nom./Artergänzung zum Subj. [vgl. A49/95,6]), τινί (V. 28)
jmdm. vorkommen als (B 2d). **ὡραῖος** (< ὥρα) *rechtzeitig; angenehm;* hier
schön. **ὀστέον** *Knochen, Gebein.* **ἀ-καθαρσία** *Unreinigkeit, Schmutz; Un-*
sittlichkeit, Lasterhaftigkeit; ὀστέων νεκρῶν καὶ πάσης ἀκαθαρσίας voll
28 *von Totengebeinen und von Unreinheit aller Art* (vgl. B πᾶς 1aβ). **28 μεστός**
voll, erfüllt von, m. Gen. (A165); οὕτως καὶ ἔξωθεν μὲν φαίνεσθε τοῖς
ἀνθρώποις δίκαιοι, ἔσωθεν δέ ἐστε μεστοί ... *so erscheint auch ihr von*
außen den Menschen gerecht, innen aber seid ihr voll ... (Einh.) od. (freier) *so seid*
ihr: Von außen hält man euch für fromm, innerlich aber steckt ihr voller ... (GNB).
ὑπό-κρισις[8] *Heuchelei.* **ἀ-νομία** *Gesetzlosigkeit* (als Gesinnung; Einh.
hier: *Ungehorsam gegen Gott*).
29 **29 ὑπο-κριτής** V. 13. **τάφος** V. 27. **κοσμέω** *in Ordnung bringen;*
hier *schmücken* (B 2aβ). **τῶν δικαίων** *der Gerechten,* d.h. der Frommen der
30 atl. Zeit (vgl. 13,17; B 1b). **30 ἤμεθα** Ipf. Med. εἰμί hier (erstes Vorkom-
men) *leben* (B I2); εἰ ἤμεθα ... οὐκ ἂν ἤμεθα ... irrealer Fall (A345) *wenn*
wir ... gelebt hätten, wären wir nicht ... gewesen. **ἐν ταῖς ἡμέραις** *in den Ta-*
gen, zur Zeit (B ἡμέρα 4b). **πατήρ** Pl. hier *Vorfahren* (B 1b). **κοινωνός** ὁ
u. ἡ *Genosse/Genossin, Teilhaber(in),* hier τινὸς ἔν τινι *mit jmdm. an etwas*
(B 1c). **αἷμα** hier metonymisch „(vergossenes) Blut" für *gewaltsamer Tod, Er-*
mordung (vgl. A382c); οὐκ ἂν ἤμεθα αὐτῶν κοινωνοὶ ἐν τῷ αἵματι
τῶν προφητῶν *wir wären nicht mit ihnen/ihre Teilhaber am gewaltsamen*

*Tod/an der Ermordung der Propheten gewesen = wir hätten uns nicht mit ihnen am
Tod der Propheten schuldig gemacht.* **31 ὥστε μαρτυρεῖτε ἑαυτοῖς** 31
(= ὑμῖν αὐτοῖς [A126a]; dat. incommodi; A173; BDR §188[1]) *also/damit be-
zeugt ihr gegen euch selbst, damit bestätigt ihr selbst* (Einh.). **φονευσάντων**
Aor. Ptz. φονεύω *töten, morden;* subst.; υἱοί ἐστε τῶν φονευσάντων
τοὺς προφήτας *ihr seid die* (A80) *Söhne/Nachkommen der Prophetenmörder;*
wegen des bei Juden geläufigen übertr. (hebr.) Gebrauchs v. υἱός zur Bezeich-
nung einer engen Beziehung zu einer Person od. Sache (die einen z.B. im Ver-
halten bestimmt; A157; B υἱός 1cγ) kommt es in diesem Satz zu einer Mehr-
deutigkeit (vgl. H-S §296g), die die Ironie der Situation zusätzl. unterstreicht
(Carson, Mt, S. 483): sie sind nicht nur die leibl. Nachkommen der Propheten-
mörder, sondern m. diesen verbindet sie gleichzeitig eine enge ideelle Bezie-
hung, v. der sie nun (bes. im Umgang m. dem Messias) ihr Verhalten bestimmen
lassen (vgl. 13,38). **32 πληρώσατε** Aor. Imp. πληρόω [Var. 1 πληρώ- 32
σετε Fut.; Var. 2 ἐ-πληρώσατε Aor. Ind.]. **μέτρον** *Maß* (Meßgerät od.
Meßergebnis); πληρόω τὸ μέτρον τινός *das Maß* (hier ein Bild für Sün-
de/Unrecht), das ein anderer nicht voll gemacht hat, seinerseits *füllen/voll ma-
chen* (B 1a). **33 ὄφις**[8] εως ὁ *Schlange;* Vok. **γέννημα**[3] *Gezeugtes, Spröß-* 33
ling; Vok. **ἔχιδνα** *Giftschlange;* γεννήματα ἐχιδνῶν *Schlangenbrut;*
ὄφεις, γεννήματα ἐχιδνῶν etwa *ihr Schlangen, ihr Otternbrut* (Menge) od.
einfach *ihr Schlangenbrut* (= böse bzw. bösartige [gefährl., verachtungswürdige]
Menschen, die nicht umkehren wollen). **φύγητε** Aor. Konj. φεύγω[72] *flie-
hen; entkommen* (hier [statt Akk.] ἀπό τινος *jmdm./etwas*); deliberativer
Konj. (äußerst selten in der 2. Pers.; A255; BDR §366[5]); πῶς φύγητε ... *wie
wollt ihr ... entkommen/entgehen.* **γέεννα** V. 15; ἡ κρίσις τῆς γεέννης *die
Verurteilung zur Gehenna/Hölle* (B), *die Höllenstrafe* (B κρίσις 1aβ), *das Straf-
gericht der Hölle* (d.h. das Gericht besteht darin, daß der Verurteilte in die Hölle
geworfen wird [gen. epexegeticus; A163; vgl. z.B. 5,29 u. 18,9], od. das Gericht
wird in der Hölle an ihm vollzogen [vgl. A152ff]).

34 διὰ τοῦτο *deshalb.* **ἰδού** etwa *seht* bzw. *hört.* **σοφός** *geschickt,* 34
(sach)kundig; weise; subst. (A105) *(der) Weise;* προφήτας καὶ σοφοὺς καὶ
γραμματεῖς *Propheten, weise Männer und (wahre) Schriftgelehrte,* d.h. die un-
terschiedl. beauftragten Jünger/Boten des Messias (vgl. 5,10-12; 9,37-38; 28,18-
20). **ἐξ αὐτῶν** = τινὰς (ἐξ) αὐτῶν (A137a/164); ἐξ αὐτῶν ... καὶ ἐξ
αὐτῶν *einige von ihnen ... andere.* **ἀπο-κτενεῖτε** Fut. -κτείνω. **σταυρώ-
σετε** Fut. σταυρόω hier wohl kausativ im Sinn v. *kreuzigen lassen* (A219); ἐξ
αὐτῶν ἀποκτενεῖτε καὶ σταυρώσετε *einige von ihnen werdet ihr töten, ja
sogar* (vgl. B καί I3 u. II2) *kreuzigen/kreuzigen lassen.* **μαστιγώσετε** Fut.
μαστιγόω (< μάστιξ Peitsche) *(aus)peitschen; strafen, züchtigen.* **διώξετε**
Fut. διώκω. **ἀπὸ πόλεως εἰς πόλιν** *von Stadt zu Stadt* (vgl. B ἀπό II1).
35 ὅπως *damit* (Gottes Gerichtsabsicht entsprechend; vgl. B 2aα). **ἔλθῃ** 35

Aor. Konj. ἔρχομαι. **αἷμα** V. 30; πᾶν αἷμα δίκαιον ἐκχυννόμενον „alles/jedes gerechte Blut, das vergossen worden ist“ = *die Strafe für die Ermordung aller Gerechten* (vgl. V. 29) od. ... *aller Unschuldigen.* **ἐκ-χυννόμενον** Ptz. Pass. -χέω/χύννω *ausgießen;* (Blut) *vergießen;* Präs. Ptz. hier vorzeitig (vgl. H-S §206i; A285), iter. (A226); attr. **Ἅβελ** indekl., hier Gen., *Abel,* Sohn Adams (vgl. Gen 4,8.10); ἀπὸ τοῦ αἵματος Ἅβελ τοῦ δικαίου ἕως τοῦ αἵματος Ζαχαρίου übers. etwa *angefangen mit dem Mord an dem gerechten Abel* (od. *an Abel, dem Gerechten*) *bis hin zum Mord an Sacharja/Secharja* od. einfach *vom gerechten Abel* (od. *von Abel, dem Gerechten*) *bis hin zu Sacharja/Secharja* (gemeint ist wohl: alle Gerechten der Geschichte seit der Erschaffung des Menschen bis zur Zeit Jesu). **Ζαχαρίας**[1] ου *Zacharias* od. *Sacharja/Secharja.* **Βαραχίας**[1] ου *Berechja;* Ζαχαρίας υἱοῦ Βαραχίου *Sacharja/Secharja, der Sohn Berechjas;* die Identität dieses Märtyrers ist unsicher; zu den wichtigsten Möglichkeiten zählen: a) der in Sach 1,1 als Verfasser des Buches genannte nachexilische Prophet (er wirkte gegen Ende der atl. Geschichte; für einen Märtyrertod fehlen aber zusätzl. [vorchristl.] Belege); b) der nach 2Ch 24,20-21 im Tempelvorhof ermordete Prophet Secharja (nach dem hebr. Kanon der letzte im AT genannte Märtyrer; laut 2Ch 24 war er aber der Sohn Jojadas [für eine plausible Harmonisierungshypothese s. Carson, Mt, S. 486]); c) ein sonst unerwähnter Märtyrer dieses Namens (das AT erwähnt über dreißig Männer [zu einem großen Teil m. geistl. Aufgaben], die diesen Namen trugen), möglicherweise in der Zeit Jesu bzw. kurz davor (vgl. flgd. Verb; im übrigen s. Carson, Mt, S. 485f). **ἐ-φονεύσατε** Aor. φονεύω *töten, morden.* **μετα-ξύ** uneig. Präp. (A183) *zwischen.* **ναός** übers. hier am besten *Tempelgebäude.* **θυσιαστήριον** *Altar,* hier *Brandopferaltar* (er stand im inneren Vorhof des Tempelkomplexes [außerhalb des eig. Tempelgebäudes]; B 1).

36 **36 ἥξει** Fut. ἥκω (vgl. A33[187]) *gekommen sein, dasein;* (außerhalb des Präs.:)
kommen. **ταῦτα πάντα** *das alles = die Strafe für all das.*

37 **37 Ἰερουσαλήμ** ἡ indekl., hier Vok.; nachdrückl. Verdoppelung
(BDR §493[2]; vgl. H-S §294l). **ἀπο-κτείνουσα** Ptz. Fem. -κτείνω, attr.
zum Vok. *(der) du tötest.* **λιθο-βολοῦσα** Ptz. Fem. -βολέω *mit Steinen*
werfen nach (Akk.); *steinigen;* attr. zum Vok. **ἀπ-ε-σταλμένους** Pf. (A231)
Ptz. Pass. ἀπο-στέλλω; pass. divinum (A76b); subst. **πρὸς αὐτήν** übers.
zu dir (bezieht sich auf Vok.; vgl. ZG). **ποσάκις**[18] *wie oft?* hier vor Ausruf.
ἠ-θέλησα Aor. θέλω. **ἐπι-συν-αγαγεῖν** Aor. Inf. -άγω[59] *sammeln,*
versammeln. **τέκνα** *Kinder* hier = *Bewohner* (Hebr.; B 2fα). **τρόπος** *Art*
und Weise; ὃν τρόπον adv. Akk. *auf welche Weise* od. *wie* (A150; B 1). **ὄρνις**[3]
ιθος ἡ *Vogel,* speziell *Hahn* od. (hier) *Henne.* **νοσσίον** *Jungvogel, Küken.*
38 **πτέρυξ**[3] υγος ἡ *Flügel.* **ἠ-θελήσατε** Aor. **38 ἰδού** etwa *seht, nunmehr*
(Menge), *darum* (Einh.) o.ä. **ἀφ-ίεται** Pass. -ίημι hier *verlassen, im Stich*
lassen (B 3a) od. (in einem best. Zustand [hier m. ἔρημος als Artangabe

zum Subj.; A65]) *hinterlassen, überlassen* (Menge); wohl pass. divinum (A76b); Präs. hier fut. (A234); ἰδοὺ ἀφίεται ὑμῖν ὁ οἶκος ὑμῶν ἔρημος *seht, euer Haus wird euch* (= zu eurem Nachteil [dat. incommodi; A173]) *in ödem/menschenleerem/verwüstetem Zustand verlassen/im Stich gelassen (werden)* = etwa *seht, euer Haus wird verlassen sein und verwüstet daliegen* (NGÜ); es wird wahrscheinl. auf Jer 22,5 (bzw. 12,7) angespielt. **ὁ οἶκος ὑμῶν** *euer Haus* (= der Tempel, Jerusalem od. Israel bzw. alle drei gleichzeitig; Carson, Mt, S. 487).
39 οὐ μή m. Aor. Konj. stärkste Verneinung zukünftigen Geschehens (A257). 39
ἴδητε Aor. Konj. ὁράω. **ἄρτι** *jetzt;* ἀπ' ἄρτι *von jetzt an* (B 3). **ἕως ἄν** hier *bis* (A337); beim gemeinten Zeitpunkt handelt es sich wahrscheinl. um die Parusie (vgl. 26,29.64). **εἴπητε** Aor. Konj. λέγω. **εὐ-λογημένος** Pf. Ptz. Pass. -λογέω; umschrieb. Pf. (A249b) m. Wegfall der Kopula εἴη od. ἔστω (Opt. bzw. Imp. [3. Sg.] v. εἰμί) *sei* (vgl. BDR §128,5; A78). **ἐρχόμενος** Ptz., subst.; εὐλογημένος ὁ ἐρχόμενος ἐν ὀνόματι κυρίου *gesegnet sei er* (GNB: *Heil dem*), *der im Namen* (= *im Auftrag* [B ὄνομα I4cγ]) *des Herrn kommt,* ein Zitat aus Ps 118,26 (Ps 118 wurde anläßl. des Laubhütten-, Tempelweih- u. Passafestes verwendet).

ἐξ-ελθών Aor. Ptz. -ἔρχομαι, temp. (A291,1 Anm. 1); zu den komple- 24
xen Fragen um die (eschatologische) Ölbergrede Jesu (24,1-25,46) s. Carson, Mt, S. 488-523; D. Wenham, The Rediscovery of Jesus' Eschatological Discourse, Sheffield, 1984. **ἐ-πορεύετο** Ipf. Med. πορεύομαι, lin. (im Verlauf befindl.; A237a2); ἐξελθὼν ὁ Ἰησοῦς ἀπὸ τοῦ ἱεροῦ ἐπορεύετο *Jesus ging hinaus und war (nun) im Begriff, vom Tempel wegzugehen* (vgl. B ἀπό IV1aβ) od. *Jesus verließ den Tempel und war im Begriff wegzugehen* (NGÜ). **καί** hier etwa *da* (vgl. A311,2). **προσ-ῆλθον** Aor. -έρχομαι. **ἐπι-δεῖξαι** Aor. Inf. -δείκνυμι[212] *zeigen, vorzeigen,* hier etwa *aufmerksam machen auf* (Menge); fin. (A276). **οἰκο-δομή** *(das) Bauen; Bau, Bauwerk, Gebäude;* αἱ οἰκοδομαὶ τοῦ ἱεροῦ *die (prächtigen/gewaltigen) Tempelbauten, der Prachtbau des Tempels* (Menge). **2 ὁ δέ** *(und/doch) dieser/er* (A102). **ἀπο-κρι-** 2
θείς Aor. Ptz. Pass. (ohne Pass.-Bdtg.) -κρίνομαι, pleon. (A297,2); ὁ δὲ ἀποκριθεὶς εἶπεν *er antwortete* bzw. (in V. 2 [da eine Äußerung der Jünger hier zwar impliziert, aber nicht ausgedrückt wird] im Deutschen besser) *er sagte.* **οὐ** *nicht;* erwartet als Frageeinleitung die Antwort „doch" (A320). **οὐ μή** m. Aor. Konj. stärkste Verneinung zukünftigen Geschehens (A257). **ἀφ-εθῇ** Aor. Konj. Pass. -ἵημι Pass. hier *übrigbleiben.* **κατα-λυθήσεται** Fut. Pass. -λύω *niederreißen, abbrechen, zerstören;* οὐ μὴ ἀφεθῇ ὧδε λίθος ἐπὶ λίθον ὃς οὐ καταλυθήσεται *es wird hier kein Stein auf dem andern bleiben* (B ἀφίημι 3a), *der nicht niedergerissen wird* (Menge) wohl = *kein Stein wird hier auf dem andern bleiben; es wird alles niedergerissen/zerstört werden.* **3 καθημέ-** 3
νου Ptz. κάθημαι, gen. abs. (A288f), temp. **ἐλαία** *Olivenbaum, Ölbaum; Olive;* τὸ ὄρος τῶν ἐλαιῶν *der Ölberg,* Bergzug im Norden u. Osten v. Jeru-

salem (GBL 2, S. 1088ff). **κατ' ἰδίαν** (klass. = καθ' ἑαυτόν [BDR §286[2]])
für sich (B ἴδιος 4), *für sich allein,* hier etwa = *als sie für sich allein waren* (Menge). **λέγοντες** Ptz. λέγω, mod. **εἰπέ** Aor. Imp. λέγω. **πότε**[18] *wann?*
ἔσται Fut. εἰμί hier *geschehen* (vgl. B I4). **σός** *dein.* **παρ-ουσία**
(< πάρ-ειμι [εἰμί] anwesend sein) *Anwesenheit, Gegenwart; Ankunft, (das) Kommen* (außerbibl. [hell.] term. tech. für den offiziellen Besuch eines Kaisers
od. sonstigen hohen Amtsträgers in einer Provinzstadt sowie für die Epiphanie
eines Gottes [EWNT 3, Sp. 103]); im NT term. tech. für die *Wiederkunft* Christi.
συν-τέλεια *Ende, Vollendung;* τί τὸ σημεῖον τῆς σῆς παρουσίας καὶ
συντελείας τοῦ αἰῶνος *was/welches ist* (A78) *das Zeichen/Vorzeichen* (B
σημεῖον 1) *deiner Ankunft/Wiederkunft und des Endes des (gegenwärtigen) Zeitalters/des Endes der Welt* (vgl. B αἰών 2a) bzw. *welches Zeichen wird deine Wiederkunft und das Ende der Welt ankündigen* (NGÜ); die Jünger verbanden offenbar die Zerstörung des Tempels bzw. das diese ankündigende Zeichen m. der
Parusie u. dem Ende der Welt.
4 **4 ἀπο-κριθείς** V. 2. **βλέπετε** Imp. **μή** = ἵνα μή *daß nicht*
(A328); βλέπετε μή τις m. Konj. *seht euch vor/gebt acht, daß niemand* (vgl.
B B1b). **πλανήσῃ** Aor. Konj. πλανάω *in die Irre führen, irreführen.*
5 **5 ἐλεύσονται** Fut. Med. ἔρχομαι. **ἐπὶ τῷ ὀνόματί μου** *unter Nennung meines Namens* (B ὄνομα I4cε), *unter meinem Namen,* d.h. *mit meinem
Anspruch* (GN). **λέγοντες** V. 3, hier *behaupten;* mod. **πλανήσουσιν**
6 Fut. πλανάω. **6 μελλήσετε** Fut. μέλλω m. Inf. umschrieb. Fut. (A250),
hier durch Fut.-Form v. μέλλω verstärkt (BDR §356[1]). **ἀκούειν** Inf. **πόλεμος** *Krieg.* **ἀκοή** *(das) Hören; Gehör; Gehörtes, Kunde; Gerücht;* ἀκοαὶ
πολέμων (gen. obi., A158) *Gerüchte über Kriege;* μελλήσετε ἀκούειν πολέμους καὶ ἀκοὰς πολέμων *ihr werdet von Kriegen und Kriegsgerüchten hören* wohl = *ihr werdet von Kriegen hören, und ihr werdet hören, daß Kriegsgefahr
droht* od. *ihr werdet (den Lärm) von Kriegen (in der Nähe) und Berichte von Kriegen (in der Ferne) hören* (vgl. NGÜ). **ὁρᾶτε** Imp. ὁράω; ὁρᾶτε μὴ θροεῖσθε asyndetisch (BDR §461[2]; vgl. A38 u. 256) *hütet euch/gebt acht, laßt euch
(dadurch) nicht erschrecken.* **θροεῖσθε** Imp. θροέομαι *erschreckt werden,
sich in Schrecken versetzen lassen* (vgl. A219). **δεῖ** hier v. der göttl. Bestimmung
(B 1). **γενέσθαι** Aor. Inf. Med. γίνομαι; Präd. des AcI, abhängig v. δεῖ
(erg. τοῦτο/ταῦτα als Subj.). **οὔ-πω** *noch nicht;* δεῖ γὰρ γενέσθαι, ἀλλ'
οὔπω ἐστὶν τὸ τέλος *denn es muß (so) geschehen/kommen, aber (das) ist*
7 *noch nicht das Ende.* **7 ἐγερθήσεται** Fut. Pass. ἐγείρω hier Pass. *sich erheben* ἐπί τινα *gegen jmdn.* (B 2d); zum Sg.-Präd. vgl. A94. **ἔθνος ἐπὶ
ἔθνος καὶ βασιλεία ἐπὶ βασιλείαν** *ein Volk gegen das andere und ein
Reich gegen das andere* (od. [idiomatischer] *und ein Staat gegen den anderen* [vgl.
GN]). **ἔσονται** Fut. εἰμί; καὶ ἔσονται ... *und es wird ... geben.* **λιμός** ὁ
u. ἡ *Hungersnot.* [Var. λοιμός *Pest,* Pl. *Seuchen.*] **σεισμός** *Erdbeben.* **κα-**

τὰ τόπους *in verschiedenen Gegenden* (B τόπος 1d) bzw. *bald in dieser, bald*
in jener Gegend (vgl. NGÜ), evtl. *an vielen Orten* (Einh.). **8 ὠδίν**[4] ῖνος ἡ 8
(klass. ὠδίς) *Geburtsschmerz; (die) Wehe;* der Ausdruck bez. hier als eine Art
term. tech. „die Wehen des Messias“, d.h. die dem messianischen Zeitalter vor-
ausgehende schwere Notzeit; πάντα δὲ ταῦτα ἀρχὴ ὠδίνων *doch das alles*
ist (A78) *(erst) der* (A80) *Anfang der Wehen* od. (deutlicher) *doch das alles ist*
erst der Anfang, es ist wie der Beginn von Geburtswehen (NGÜ).

9 τότε *dann,* hier nicht im Sinn v. „danach“. **παρα-δώσουσιν** Fut. 9
-δίδωμι; παραδώσουσιν ὑμᾶς εἰς θλῖψιν καὶ ἀποκτενοῦσιν ὑμᾶς
3. Pl. im Sinn v. „man“ (A76a) *man wird euch (großer) Not ausliefern und euch*
töten = man wird euch in große Not bringen und euch töten (Einh.). **ἀπο-κτε-**
νοῦσιν Fut. -κτείνω. **ἔσεσθε** Fut. εἰμί. **μισούμενοι** Ptz. Pass. μι-
σέω, umschrieb. Fut. (A249a; A77). **10 σκανδαλισθήσονται** Fut. Pass. 10
σκανδαλίζω (vgl. A33[91ff]) (< σκάνδαλον Falle; Ärgernis, Anstößiges) m.
Akk. *jmdm. Anstoß geben, jmdn. zur Sünde verführen;* Pass. hier *zur Sünde ver-*
führt werden, abfallen (vgl. B 1a), *vom Glauben abfallen* (GNB). **μισήσου-**
σιν Fut. **11 ψευδο-προφήτης**[1] *falscher Prophet.* **ἐγερθήσονται** 11
V. 7, hier *auftreten* (B 2e). **πλανήσουσιν** V. 5. **12 διὰ τό** m. AcI kaus. 12
(A282) *weil.* **πληθυνθῆναι** Aor. Inf. Pass. πληθύνω (vgl. A33[132ff]) *ver-*
mehren; Pass. *sich vermehren, wachsen,* (an Zahl) *zunehmen;* Präd. des AcI.
ἀ-νομία *Gesetzlosigkeit* (als Gesinnung); *gesetzwidrige Tat;* διὰ τὸ πληθυν-
θῆναι τὴν ἀνομίαν *weil die Gesetzlosigkeit* (Einh.: *die Mißachtung von Got-*
tes Gesetz; GN: *das Böse*) *zunehmen/überhandnehmen wird.* **ψυγήσεται** Fut.
Pass. ψύχομαι[73] *kalt werden, erkalten.* **ἡ ἀγάπη τῶν πολλῶν** *die Liebe*
der/bei den meisten (A105; B πολύς I2aβ). **13 ὑπο-μείνας** Aor. Ptz. -μέ- 13
νω[117] *bleiben, standhalten, durchhalten, standhaft bleiben/sein;* subst. **εἰς τέ-**
λος *bis zuletzt, bis ans Ende* (B τέλος 1dγ), d.h. bis zum Lebensende od.
(eschatologisch) bis zum Ende der Zeit. **σωθήσεται** Fut. Pass. σῴζω.
14 κηρυχθήσεται Fut. Pass. κηρύσσω. **τοῦτο τὸ εὐαγγέλιον τῆς** 14
βασιλείας gen. obi. (BDR §163[2]; A158) *diese gute Nachricht/dieses Evange-*
lium von der Königsherrschaft (Gottes). **οἰκουμένη** (Ptz. Fem. Pass. οἰκέω
wohnen + γῆ) *(bewohnte) Erde, Welt; Menschheit.* **μαρτύριον** *Zeugnis,* im
Sinn v. *Beweis* (Handlung, Umstand od. Sache) od. *Zeugenaussage;* εἰς μαρτύ-
ριον πᾶσιν τοῖς ἔθνεσιν *zum Zeugnis für alle Völker* etwa = *damit alle Völ-*
ker sie hören. **τότε** hier *dann (erst).* **ἥξει** Fut. ἥκω (vgl. A33[187]) *gekommen*
sein, dasein; (außerhalb des Präs.:) *kommen.*

15 οὖν markiert den Übergang zu etwas Neuem (vgl. B 2b); nach einer 15
kurzen Charakterisierung der Zeitspanne bis zum Ende (V. 4-14) kommt Jesus
nun in den V. 15-21 offenbar (zumindest primär) auf die zur Zerstörung Jerusa-
lems (im Jahre 70 n. Chr.) führenden Ereignisse zu sprechen (vgl. Carson, Mt,
S. 499f); ὅταν οὖν *wenn nun.* **ἴδητε** Aor. Konj. ὁράω. **βδέλυγμα**[3]

(< βδέλυσσομαι verabscheuen) *Abscheuliches, Verabscheuungswürdiges,*
Greuel (wie im AT v. allem, was m. Götzendienst zusammenhängt; B 2). **ἐρή-**
μωσις[8] *Verwüstung, Entvölkerung, Zerstörung.* **ῥηθέν** Aor. Ptz. Pass. Ntr.
λέγω, attr.; τὸ βδέλυγμα τῆς ἐρημώσεως τὸ ῥηθὲν διὰ Δανιὴλ τοῦ
προφήτου *„der Greuel der Verwüstung"* (= der die Verwüstung/Entweihung
[des Heiligtums/der heiligen Stadt] herbeiführende „Greuel" [vgl. A162], eher
als der aus der Verwüstung/Entweihung resultierende „Greuel" [vgl. A153]), *der*
durch den Propheten Daniel erwähnt/vorausgesagt worden ist; der Ausdruck findet
sich (in der einen od. anderen Form) in Da 9,27; 11,31 u. 12,11 (Mt 24,15 u. Mk
13,14 = Da 12,11 LXX); während Da 11,31 sich deutl. auf die Verwüstung/Ent-
weihung unter Antiochus Epiphanes (168 v. Chr.; vgl. 1Makkabäer 1,54-61) be-
zieht, ist die Deutung der anderen Da-Stellen umstritten; es ist unsicher, was Je-
sus m. dem „die Verwüstung/Entweihung herbeiführenden Greuel" meinte (je
nach Deutung der Da-Stellen eine Erfüllung einer prophetischen Voraussage
od. eine typologische Erfüllung); am ehesten ist wohl an die herannahende,
Jerusalem bedrohende röm. Armee zu denken, die der Stadt u. dem Tempel
schließl. Entweihung u. Verwüstung brachte (mitgeführt wurden dabei Standar-
ten m. Abbildungen des Kaisers, die wie Götterbilder zu verehren waren). **Δα-**
νιήλ indekl., hier Gen., *Daniel,* atl. Prophet. **ἑστός** Pf. (Wz.-Pf., H-S §109a;
m. präs. Bdtg.) Ptz. Ntr. ἵσταμαι, AcP (A300); ὅταν οὖν ἴδητε τὸ βδέ-
λυγμα τῆς ἐρημώσεως ... ἑστὸς ἐν τόπῳ ἁγίῳ *wenn ihr nun „den Greu-*
el der Verwüstung/Entweihung" ... am heiligen Ort stehen seht. **ἀνα-γινώ-**
σκων Ptz. -γινώσκω *lesen;* subst. **νοείτω** Imp. 3. Sg. νοέω *erkennen, ver-*
stehen, bemerken; bedenken, überlegen; ὁ ἀναγινώσκων νοείτω *der Leser*
merke auf/überlege/möge verstehen, Parenthese (A374), durch die wohl Jesus
(evtl. der Tradent seiner Worte) den Leser der Danielstellen (nach anderen den
Leser der in Mt bzw. Mk vermittelten Worte Jesu) auf deren Bdtg. hinweisen
16 will. **16 τότε** Korrelat zu ὅταν V. 15; ὅταν ... τότε *wenn ... dann* (B 2). **οἱ**
ἐν τῇ Ἰουδαίᾳ *die, die in Judäa sind* (A105). **φευγέτωσαν** Imp. 3. Pl.
17 φεύγω *fliehen.* **17 δῶμα**[3] *Dach* (da meist flach, für verschiedenste Zwecke
als eine Art Terrasse benutzt); ὁ ἐπὶ τοῦ δώματος *wer gerade auf dem Dach*
(seines Hauses) ist. **κατα-βάτω** Aor. Imp. 3. Sg. (statt -βήτω; BDR §95[7];
A21) -βαίνω [Var. -βαινέτω Präs. Imp. 3. Sg.]. **ἆραι** Aor. Inf. αἴρω hier
holen; fin. (A276); μὴ καταβάτω ἆραι τὰ ἐκ τῆς οἰκίας αὐτοῦ (hier
offenbar = τὰ ἐν τῇ οἰκίᾳ αὐτοῦ [vgl. BDR §437[2]] „das in seinem Haus
Befindliche" [vgl. A105]) übers. etwa *(der) soll nicht (erst noch) hinuntersteigen,*
18 *um seine Sachen aus dem Haus zu holen.* **18 ἀγρός** *Feld, Acker;* ὁ ἐν τῷ
ἀγρῷ *wer auf dem Feld ist* (A105). **ἐπι-στρεψάτω** Aor. Imp. 3. Sg. -στρέ-
φω[47] *um-, zurückkehren,* hier verstärkt durch ὀπίσω; μὴ ἐπιστρεψάτω
ὀπίσω *(der) soll nicht (mehr nach Hause) zurücklaufen.* **ὀπίσω** Adv. *hinten,*
19 *nach hinten; zurück.* **19 γαστήρ**[6] τρός ἡ *Bauch;* ἐν γαστρὶ ἔχω *schwanger*

sein. **ἐχούσαις** Ptz. Fem. ἔχω, subst. **θηλαζούσαις** Ptz. Fem. θηλάζω
(< θηλή Mutterbrust, Zitze) *säugen; saugen;* subst.; οὐαὶ δὲ ταῖς ἐν γα-
στρὶ ἐχούσαις καὶ ταῖς θηλαζούσαις ... übers. etwa *wie schwer werden es*
die Frauen haben, die ... ein Kind erwarten oder stillen (NGÜ).

20 προσ-εύχεσθε Imp. **ἵνα** hier *daß* (A328; bez. das Erbetene). **γέ-** 20
νηται Aor. Konj. Med. γίνομαι hier *geschehen/stattfinden (müssen);* ἵνα
μὴ γένηται ἡ φυγὴ ὑμῶν ... *daß eure Flucht nicht ... geschehen muß = daß*
ihr nicht ... fliehen müßt. **φυγή** *Flucht.* **χειμών**[4] ῶνος ὁ *Winter;* gen.
temporis (A166) χειμῶνος *während des Winters, im Winter.* **σαββάτῳ**
temp. Dat. (A182) *am Sabbat;* eine Flucht am Sabbat würde sich als bes. be-
schwerl. erweisen: nur wenige wären zur Hilfe bereit, u. viele würden versuchen,
nicht mehr als einen Sabbatweg (= ca. 1 km; vgl. Apg 1,12) weit zu reisen.
21 ἔσται Fut. εἰμί. **τότε** vgl. V. 9. **οἷος**[18] *wie (beschaffen), welcher Art.* 21
γέ-γονεν Pf. (A242) γίνομαι; οἵα οὐ γέγονεν ... οὐδ᾽ οὐ μὴ γένηται
wie es sie ... nicht gegeben hat und auch nie mehr geben wird; vgl. Josephus,
Bellum Judaicum 5.424-438 für eine Beschreibung der unvergleichl. Drangsal
vor u. bei der Zerstörung Jerusalems [Var. ἐ-γένετο Aor.]. **ἀπ᾽ ἀρχῆς**
κόσμου *seit Beginn der Welt* (auch ohne Art. best. [A106a sowie BDR §253[6]]).
ἕως τοῦ νῦν *bis zur gegenwärtigen Zeit, bis jetzt/heute* (B νῦν 3b). **οὐδ᾽ οὐ**
μή = klass. οὐδὲ μή (A310c; BDR §431[7]) m. Aor. Konj. stärkste Verneinung
zukünftigen Geschehens (A257). **22 ἐ-κολοβώθησαν** Aor. Pass. κολο- 22
βόω (< κολοβός verstümmelt) *verkürzen;* pass. divinum (A76b; vgl. a. Mk
13,20). **αἱ ἡμέραι ἐκεῖναι** *jene Tage = jene/diese Zeit* (vgl. B ἡμέρα 4b);
damit ist nach einer verbreiteten Deutung die Zeit der θλῖψις μεγάλη
(V. 21) gemeint, viell. aber besser (s. Carson, Mt, S. 502) die gesamte
gefahrvolle Zeitspanne bis zum Ende (vgl. V. 4-14; V. 22 wäre demnach zu
V. 23ff zu ziehen, die thematisch m. V. 4-14 verbunden sind). **οὐκ ... πᾶσα**
σάρξ (Hebr.) *kein Fleisch, kein Mensch* (H-S §249a; A137c). **ἐ-σώθη** Aor.
Pass. σῴζω; εἰ μὴ ἐκολοβώθησαν αἱ ἡμέραι ἐκεῖναι, οὐκ ἂν ἐσώθη
πᾶσα σάρξ irrealer Fall (A345) *würde diese Zeit nicht verkürzt, dann würde*
kein Mensch gerettet werden. **ἐκ-λεκτός**[9] *ausgewählt,* im NT fast durchweg:
auserwählt (ausgesondert, um zu Gott zu gehören bzw. ihm zu dienen); subst.
(A105). **κολοβωθήσονται** Fut. Pass.

23 τότε vgl. V. 9. **εἴπῃ** Aor. Konj. λέγω. **ἰδοὺ ὧδε ὁ χριστός** 23
seht, hier ist (A78d) *der Messias.* **πιστεύσητε** Aor. Konj. πιστεύω, prohi-
bitiver Konj. (A256). **24 ἐγερθήσονται** V. 11. **ψευδό-χριστος** *fal-* 24
scher Christus/Messias. **ψευδο-προφήτης** V. 11; ψευδόχριστοι καὶ
ψευδοπροφῆται *falsche Messiasse und falsche Propheten,* aus Gründen des
Wohlklangs viell. besser *mancher falsche Messias und mancher falsche Prophet.*
δώσουσιν Fut. δίδωμι hier *vollbringen, tun.* **τέρας**[3] ατος τό *Wunder*
(tritt häufig synonym in fester Verbindung m. σημεῖα auf). **ὥστε** m. Inf. hier

v. der beabsichtigten Folge (also eher fin. [A339] als kons. [A340]; vgl. B 2b;
BDR §391,5); ὥστε πλανῆσαι ... *um ... irrezuführen.* **πλανῆσαι** Aor. Inf.
V. 4 [Var. πλανᾶσθαι/πλανηθῆναι Präs./Aor. Inf. Pass.; Präd. des AcI (m.
τοὺς ἐκλεκτούς als Subj. dazu)]. **δυνατός** *stark, mächtig;* Ntr. *möglich;* εἰ
δυνατόν *wenn möglich.* **καί** (drittes) *sogar* (A313). **ἐκ-λεκτός** V. 22.
25 **25 ἰδού** etwa *seht* (Menge) od. *denkt daran.* **προ-είρηκα** Pf. (A242) -λέ-
26 γω[191] *voraussagen.* **26 εἴπωσιν** Aor. Konj. λέγω; 3. Pl. im Sinn v. „man"
(A76a). **ἰδού** vgl. V. 23. **ἐξ-έλθητε** Aor. Konj. -έρχομαι, prohibitiver
Konj. (A256). **ταμεῖον** *Vorratskammer; innerstes Gemach;* ἐν τοῖς ταμεί-
οις *in einem der inneren Räume* (B 2), übers. etwa *hier im Haus* (NGÜ) od. *in*
27 *einem Haus verborgen* (GNB). **27 ὥσ-περ** (A352) *geradeso wie, gleichwie.*
ἀστραπή *Blitz.* **ἐξ-έρχομαι** hier *ausgehen* (B 2bβ); ὥσπερ ἡ ἀστραπὴ
ἐξέρχεται ἀπὸ ἀνατολῶν *wie der Blitz vom Osten ausgeht* (Menge), *wie der
Blitz im Osten aufzuckt* (vgl. NGÜ). **ἀνα-τολή** *(das) Aufgehen, Sonnenauf-
gang; Osten;* Pl. bei Himmelsgegenden übl. (BDR §141[5]; A101c; gilt analog für
δυσμῶν). **φαίνομαι** *scheinen, leuchten.* **δυσμή** *Westen.* **ἔσται** V. 21.
παρ-ουσία V. 3; οὕτως ἔσται ἡ παρουσία τοῦ υἱοῦ τοῦ ἀνθρώπου
so (d.h. für alle sichtbar) *wird die Ankunft/Wiederkunft des Menschensohnes sein*
28 od. *so wird es sein, wenn der Menschensohn kommt/wiederkommt.* **28 ὅπου
ἐάν** = ὅπου ἄν *wo (auch immer)* (vgl. A132; 371). **ᾖ** Konj. εἰμί. **πτῶμα**[3]
(< πίπτω) *Leichnam, Aas.* **συν-αχθήσονται** Fut. Pass. -άγω. **ἀετός**
Adler, Aasgeier; ὅπου ἐὰν ᾖ τὸ πτῶμα, ἐκεῖ συναχθήσονται οἱ ἀετοί
wo das Aas liegt, da sammeln sich die Geier; der kontextuelle Sinn dieses Sprich-
wortes ist umstritten; viell. geht es wie beim Blitzvergleich v. V. 27 um die Un-
übersehbarkeit der Parusie.
29 **29 εὐθέως μετὰ τὴν θλῖψιν τῶν ἡμερῶν ἐκείνων** (vgl.
V. 22) *sofort nach der Drangsal jener Tage = sogleich nach jener Drangsalszeit*
(Menge), *unmittelbar nach jener Zeit der Not* (NGÜ); gemeint ist eher die θλῖ-
ψις v. V. 9 u. (wohl) 22 (vgl. V. 4-14) als etwa die θλῖψις μεγάλη v. V. 21
(vgl. V. 15-21; Carson, Mt, S. 504). **ἥλιος** *Sonne.* **σκοτισθήσεται** Fut.
Pass. σκοτίζομαι (vgl. A33[91ff]) *finster werden, sich verfinstern.* **σελήνη**
Mond. **δώσει** Fut. δίδωμι. **φέγγος**[7] *Schein, Licht;* ἡ σελήνη οὐ δώσει
τὸ φέγγος αὐτῆς *der Mond wird nicht (mehr) Licht geben/nicht (mehr) schei-
nen* (B δίδωμι 1bγ). **ἀστήρ**[6] έρος ὁ *Stern* bzw. *Planet.* **πεσοῦνται** Fut.
Med. πίπτω. **σαλευθήσονται** Fut. Pass. σαλεύω *zum Schwanken/ins
Wanken bringen, erschüttern;* Pass. *erschüttert werden, wanken;* αἱ δυνάμεις
τῶν οὐρανῶν σαλευθήσονται *die Kräfte des Himmels werden ins Wanken*
(NGÜ: *aus dem Gleichgewicht*) *geraten* (B 1) od. (freier) *die Ordnung des Him-
mels wird zusammenbrechen* (GNB); V. 29 (m. seinen Anklängen an Jes 13,9-10
u. 34,4, aber z.B. auch an Ez 32,7) ist wahrscheinl. wörtl. gemeint (doch werden
in einzelnen politischen Kontexten des AT ähnl. Ausdrücke auch metaphorisch

verwendet). **30 τότε** vgl. V. 9. **φανήσεται** Fut. Pass. φαίνομαι[124] hier 30
sichtbar werden, sich zeigen, erscheinen (B 2b). **τὸ σημεῖον τοῦ υἱοῦ τοῦ**
ἀνθρώπου *das Zeichen des Menschensohnes,* d.h. das Zeichen, das der Men-
schensohn selbst ist (gen. epexegeticus, A163), od. – wohl besser – das Zei-
chen, das er gibt bzw. das auf ihn hinweist (vgl. A152ff). **κόψονται** Fut. Med.
κόπτω[56] *abschlagen;* Med. *sich* (vor Trauer an die Brust) *schlagen, heftig trau-*
ern, betrauern; κόψονται πᾶσαι αἱ φυλαὶ τῆς γῆς übers. etwa *alle Völker*
der Erde werden jammern und klagen. **φυλή** *(Volks-)Stamm; Volk.* **ὄψονται**
Fut. Med. ὁράω. **ἐρχόμενον** Ptz. ἔρχομαι, AcP (A300); hier wird
offenbar auf Da 7,13f angespielt. **νεφέλη** *Wolke.* **31 ἀπο-στελεῖ** Fut. 31
-στέλλω. **σάλπιγξ**[3] ιγγος ἡ *Trompete, Posaune; Trompetenton, Posaunen-*
klang; μετὰ σάλπιγγος μεγάλης *mit lautem Trompetenklang/Posaunen-*
schall (vgl. B 2). **ἐπι-συν-άξουσιν** Fut. -άγω[59] *sammeln, versammeln,*
zusammenbringen. **ἐκ-λεκτός** V. 22. **τέσσαρες**[191f] *vier.* **ἄνεμος** *Wind;*
οἱ τέσσαρες ἄνεμοι *die/alle vier Wind-* od. *Himmelsrichtungen* (B 1b).
ἄκρον *Spitze; äußerstes Ende;* ἀπ' ἄκρων οὐρανῶν ἕως τῶν ἄκρων
αὐτῶν *von einem Ende des Himmels bis zum anderen* (vgl. B), d.h. von überall
auf der Erde.

32 συκῆ *Feigenbaum.* **μάθετε** Aor. Imp. μανθάνω[157] *lernen,* μαν- 32
θάνω τι ἀπό τινος *etwas von etwas lernen;* ἀπὸ τῆς συκῆς μάθετε τὴν
παραβολήν *vom Feigenbaum lernt den Vergleich/das Gleichnis, lernt etwas aus*
dem Vergleich mit dem Feigenbaum (Einh.). **κλάδος** *Zweig;* ὁ κλάδος αὐ-
τῆς kollektiver Sg. (vgl A101a) *seine Zweige.* **γένηται** V. 20. **ἁπαλός** *zart,*
frisch; ὅταν ἤδη ὁ κλάδος αὐτῆς γένηται ἁπαλὸς καὶ τὰ φύλλα
ἐκφύῃ *wenn seine Zweige schon zart/saftig werden und Blätter* (eig. best.) *treiben*
bzw. *wenn der Saft in die Zweige steigt und die Blätter sprießen* (NGÜ). **φύλλον**
Blatt (einer Pflanze). **ἐκ-φύῃ** Konj. -φύω *hervorbringen* (ἐκφύῃ sollte nicht
als Wz.-Aor. Konj. zum Med. ἐκφύομαι „hervorwachsen“ [in der Koine nicht
mehr gebräuchl., MHT 3, S. 264] gedeutet werden; die Bdtg. „hervorwachsen“
wäre aber dann mögl., wenn ἐκφυῇ, [starker] Aor. Pass. v. ἐκφύω [m. Zir-
kumflex auf der Schlußsilbe] gelesen würde [MHT 3, a.a.O.]). **ἐγγύς** *nahe, be-*
vorstehend; erg. ἐστίν (A78). **θέρος**[7] *Sommer.* **33 ἴδητε** Aor. Konj. 33
ὁράω. **πάντα ταῦτα** *das alles, alle diese Dinge;* gemeint sind wahrscheinl.
die in V. 4-28 beschriebenen Drangsale (m. denen die Glaubenden in der Perio-
de zwischen Himmelfahrt u. Parusie zu rechnen haben). **γινώσκετε** Ind. od.
Imp. **θύρα** *Tür;* ὅτι ἐγγύς ἐστιν ἐπὶ θύραις *daß es* (d.h. wahrscheinl. das
Kommen des Menschensohnes [die Parusie]) *nahe vor der Tür ist, daß es vor der*
Tür steht, daß es nahe bevorsteht. **34 οὐ μή** V. 2. **παρ-έλθῃ** Aor. Konj. 34
-έρχομαι[187] *vorbei-, vorübergehen;* hier *vergehen* (B 1bα). **ἡ γενεὰ αὕτη**
diese Generation (gemeint ist zieml. sicher die Generation, die lebte, als Jesus
diese Worte sprach; eine darüber hinausgehende Ausdehnung des Begriffs läßt

sich schwerl. rechtfertigen). **γένηται** Aor. Konj. Med. γίνομαι; ἕως ἂν
(A337) πάντα ταῦτα γένηται *bis das alles geschieht/eintrifft;* gemeint ist
wahrscheinl., daß die Drangsale v. V. 4-28 einschließl. der Zerstörung
Jerusalems noch zu Lebzeiten der damals lebenden Generation eintreffen
würden (aber nicht etwa, daß sie auch innerhalb dieser Zeit enden würden;
demnach gibt V. 34 den terminus a quo für die Parusie an: m. ihr ist nicht vor
dem Eintreffen der in V. 4-28 beschriebenen Geschehnisse zu rechnen; ein
terminus ad quem für diese Drangsalszeit, abgesehen von der Parusie selbst,
deren Zeitpunkt nur der Vater kennt [V. 36], wird nicht genannt; Carson, Mt,
35 S. 507). **35 παρ-ελεύσεται** Fut. Med. -ἔρχομαι; entgegen der übl. Regel
(A94) Sg.-Präd. (da das vorausgehende zusammengesetzte Subj. nicht persönl.
ist [vgl. BDR §135[2]] bzw. semantisch eine Einheit bildet [s. aber Var.]); ὁ
οὐρανὸς καὶ ἡ γῆ παρελεύσεται *Himmel und Erde* (= das Universum;
vgl. H-S §295) *werden vergehen.* **παρ-έλθωσιν** Aor. Konj. -έρχομαι.
36 **36 περί** m. Gen. hier *was ... betrifft* (B 1h); περὶ δὲ τῆς ἡμέρας ἐκεί-
νης καὶ ὥρας οὐδεὶς οἶδεν *was aber jenen Tag und jene Stunde betrifft, so
kennt diese niemand = doch wann jener Tag und jene Stunde sein werden, weiß
niemand* (gemeint ist: über das Wann der Parusie weiß niemand Bescheid, u.
nicht [wie gelegentl. behauptet]: der genaue Tag u. die Uhrzeit seien zwar unbe-
kannt, doch das Jahr u. der Monat ließen sich durchaus bestimmen; Carson, Mt,
S. 508). **οἱ ἄγγελοι τῶν οὐρανῶν** *die Engel im Himmel.* **εἰ μή** nach
Neg. *außer* (vgl. B εἰ VI9a; A341); οὐδέ ... οὐδέ ... εἰ μὴ ὁ πατὴρ μόνος
auch nicht ... nicht einmal ... sondern nur der Vater.
37 **37 ὥσ-περ** V. 27. **Νῶε** indekl., *Noach,* atl. Frommer (Gen 6-9).
ἔσται V. 21; ὥσπερ αἱ ἡμέραι τοῦ Νῶε, οὕτως ἔσται ... *wie die Ta-
ge/Zeit Noachs (waren)* (A78; vgl. BDR §128,3), *so wird ... sein = wie in den Ta-*
38 *gen/zur Zeit Noachs wird es bei ... sein.* **παρ-ουσία** V. 3. **38 ἦσαν** Ipf.
εἰμί; hier 3. Pl. im Sinn v. „man/die Menschen“ (A76a). **κατα-κλυσμός**
Überschwemmung, hier *die große Flut, die Sintflut.* **τρώγοντες** Ptz. τρώγω
zerkauen, essen; umschrieb. Ipf. (wohl zur Betonung des dur.-iter. Aspekts;
A249a); analog die übrigen Ptz. v. V. 38. **πίνοντες** Ptz. πίνω. **γαμοῦν-
τες** Ptz. γαμέω *heiraten* (Subj. Mann od. Frau). **γαμίζοντες** Ptz.
γαμίζω (eine Frau) *in die Ehe geben, verheiraten* (Subj. Vater od. Vormund);
ὡς ἦσαν ... γαμοῦντες καὶ γαμίζοντες *wie die Menschen ... heirateten
und (ihre Töchter) verheirateten* (od. [einfacher] *heirateten und verheiratet wurden*
od. [idiomatischer] einfach *heirateten*) [Var. ἐκ-γαμίζοντες synonym (B)].
ἄχρι ἧς ἡμέρας = ἄχρι τῆς ἡμέρας ᾗ (Attraktion des Rel.-Pron.;
A361b; ᾗ: temp. Dat. [A182]) *bis zu dem Tag, an dem.* **εἰσ-ῆλθεν** Aor. -έρ-
χομαι. **Νῶε** hier Nom. **κιβωτός** ἡ *Kasten, Kiste: Arche, Schiff* (Noachs
39 [Gen 6,14ff]). **39 ἔ-γνωσαν** Aor. γινώσκω hier *verstehen, begreifen* (B 3b);
καὶ οὐκ ἔγνωσαν *und nicht verstanden/begriffen/merkten (was ihnen bevor-*

stand) od. *und nichts merkten/ahnten.* **ἦρεν** Aor. αἴρω hier *(gewaltsam) weg-*
nehmen, hinwegraffen (vgl. B 4; GNB: *wegschwemmen*). **ἅ-πας**[10] = πᾶς.
ἔσται V. 21. **40 τότε** V. 9. **ἔσονται** Fut. εἰμί. **ἀγρός** *Feld, Acker.* 40
εἷς ... εἷς = ὁ μέν ... ὁ δέ *der eine ... der andere* (BDR §247[8]; H-S §130; ana-
log μία ... μία V. 41). **παρα-λαμβάνεται** Pass. -λαμβάνω; Präs. hier
fut. (A234); δύο ἔσονται ἐν τῷ ἀγρῷ, εἷς παραλαμβάνεται καὶ εἷς
ἀφίεται *zwei (Männer) werden auf dem Feld sein/arbeiten: der eine wird mitge-*
nommen/angenommen und der andere beiseite gelassen (od. *zurückgelassen*) *wer-*
den (vgl. B 1) od. (idiomatischer) *von zwei Männern, die auf dem Feld arbeiten,*
wird der eine angenommen, der andere beseite gelassen/zurückgelassen. **ἀφ-ίε-**
ται Pass. -ίημι; Präs. hier fut. (A234). **41 ἀλήθουσαι** Ptz. Fem. ἀλήθω 41
(klass. ἀλέω) *mahlen;* subst. od. umschrieb. Fut. (A249a) m. Wegfall der Kopu-
la ἔσονται (Fut. εἰμί; A78; vgl. BDR §128,4); δύο ἀλήθουσαι ἐν τῷ μύ-
λῳ ... *zwei Frauen, die mit der Handmühle mahlen, (werden da sein)* od. *zwei*
Frauen werden mit der Handmühle mahlen ... bzw. *von zwei Frauen, die mit der*
Handmühle mahlen (od. [idiomatischer] *die zusammen Getreide mahlen*) ... (vgl.
V. 40). **μύλος** *Mühle* (gemeint ist hier eine [gewöhnl. v. Frauen betriebene]
Handmühle, die aus zwei runden Steinscheiben v. ca. 50 cm Durchmesser be-
stand, wobei der obere Stein m. Hilfe eines am Rand befestigten Griffs für den
Mahlvorgang um die im unteren Stein verankerte Holzachse bewegt wurde;
GBL 2, S. 997) [Var. μυλών[4] ῶνος ὁ *Mühlenhaus*].

42 γρηγορεῖτε Imp. γρηγορέω (= att. ἐγρήγορα, Pf. ἐγείρω) 42
wach sein/bleiben, wachen; wachsam sein. **ποῖος**[18] *wie beschaffen? was für ein?*
welche (Art)? welcher?; ποίᾳ ἡμέρᾳ temp. Dat. (A182) *an welchem Tag;* zur
Sache vgl. V. 36. **ἔρχεται** Präs. hier fut. (A234); analog V. 44. **43 γινώ-** 43
σκετε Imp. od. Ind.; ἐκεῖνο δὲ γινώσκετε ὅτι εἰ *ihr solltet euch darüber*
im klaren sein: Wenn (GN) od. *das aber seht ihr ein: Wenn* (Menge) bzw. *ihr*
könnt gewiß sein: Wenn (vgl. NGÜ). **ᾔδει** Plsqpf. (m. Ipf.-Bdtg.) οἶδα. **οἰκο-**
δεσπότης[1] *Hausherr;* ὁ οἰκοδεσπότης *der Hausherr* (genereller Art.,
A104,1) = *ein Hausherr.* **ποίᾳ φυλακῇ** temp. Dat. (A182) *in welcher*
„Nachtwache", zu welchem Zeitpunkt in der Nacht. **κλέπτης**[1] *Dieb.* **ἐ-γρη-**
γόρησεν Aor. γρηγορέω. **εἴασεν** Aor. ἐάω[32] *lassen: (zu)lassen* m. AcI
daß (H-S §218a; A274); εἰ ᾔδει ὁ οἰκοδεσπότης ... ἐγρηγόρησεν ἂν
καὶ οὐκ ἂν εἴασεν irrealer Fall (H-S §209h; A345) *wenn ein Hausherr (im*
voraus) wüßte ... würde er wach bleiben und nicht zulassen. **δι-ορυχθῆναι**
[Var. -ορυγῆναι] Aor. Inf. Pass. -ορύσσω (vgl. A33[74ff]) *durchbrechen, einbre-*
chen m. Akk. *in;* Präd. des AcI; διορυχθῆναι τὴν οἰκίαν αὐτοῦ *daß in sein*
Haus eingebrochen wird. **44 διὰ τοῦτο** *darum.* **γίνεσθε** Imp. hier statt 44
Imp. v. εἰμί (A32 Anm. 3; vgl. B II1) **ἕτοιμος** *bereit.* **ᾗ** temp. Dat. (A182);
das BW steht im Rel.-Satz (A357; B I5a): ᾗ οὐ δοκεῖτε ὥρᾳ = τῇ ὥρᾳ ᾗ
οὐ δοκεῖτε *zu dem/einem Zeitpunkt, an dem ihr es* (A79) *nicht erwartet.*

45 **45 φρόνιμος** *verständig, klug;* attr. Adj. ohne Art. nach Attr. in Zwi-
schenstellung (BDR §269[8]); τίς ἄρα ἐστὶν ὁ πιστὸς δοῦλος καὶ φρόνι-
μος ... *wer ist demnach der treue und kluge Diener ...?* eine Frage, die eine Auf-
forderung impliziert: *seid wie der treue und kluge Diener* (so GN). **κατ-έ-στη-
σεν** Aor. καθ-ἵστημι[204] *hinstellen; einsetzen, bestellen* τινὰ ἐπί τινος *jmdn.
über jmdn./etwas* (B 2a); ὃν κατέστησεν ὁ κύριος ἐπὶ τῆς οἰκετείας
αὐτοῦ τοῦ δοῦναι αὐτοῖς... *den sein* (A103) *Herr über seine Dienerschaft
eingesetzt hat, um ihnen ... zu geben = den sein Herr eingesetzt hat, um der ganzen
Dienerschaft ... zu geben* bzw. *dem sein Herr die Verantwortung übertragen hat, der
ganzen Dienerschaft ... zu geben.* **οἰκετεία** *Dienerschaft* (Gesamtheit der m.
dem Haus bzw. der Familie verbundenen Sklaven/Diener) [Var. θεραπεία
Heilung; Dienerschaft]. **τοῦ** m. Inf. fin. (A281; H-S §225b). **δοῦναι** Aor. Inf.
δίδωμι. **τροφή** *Nahrung, Speise.* **ἐν καιρῷ** *zur rechten Zeit* (B καιρός 2),
46 *pünktlich* (GNB). **46 μακάριος** erg. ἐστίν (A78a; vgl. 5,3). **ἐλθών** Aor.
Ptz. ἔρχομαι, temp. **εὑρήσει** Fut. εὑρίσκω. **ποιοῦντα** Ptz. ποιέω
hier *handeln, verfahren* (B I2aα); AcP (A300); μακάριος ὁ δοῦλος ἐκεῖνος
ὃν ἐλθὼν ὁ κύριος αὐτοῦ εὑρήσει *wie glücklich ist der Diener zu preisen,
den sein Herr, wenn er kommt, damit beschäftigt/bei seiner Arbeit findet* (wörtl. *so
47 handeln finden wird*). **47 ὑπ-άρχουσιν** Ptz. -άρχω, subst. τὰ ὑπάρ-
χοντά τινι/τινος *das jmdm. Gehörende* (vgl. A154/174), *jmds. Besitz, jmds.
48 Vermögen* (vgl. B 1; H-S §237a). **κατα-στήσει** Fut. καθ-ἵστημι. **48 εἴ-
πῃ** Aor. Konj. λέγω; λέγω ἐν τῇ καρδίᾳ αὐτοῦ „in seinem Herzen
sagen" = *sich sagen, denken* (B καρδία 1bβ); ἐὰν δὲ εἴπῃ ὁ κακὸς
δοῦλος ἐκεῖνος ἐν τῇ καρδίᾳ αὐτοῦ *wenn aber jener böse/schlechte
Diener sich sagt/denkt = wenn jener Diener aber ein böser Mensch* (GN: *aber
unzuverlässig) ist und sich sagt* (NGÜ). **χρονίζω** *sich Zeit lassen, auf sich
warten lassen, zögern;* χρονίζει μου ὁ κύριος übers. etwa *mein Herr kommt
noch lange nicht, so bald kommt mein Herr nicht zurück* (GN). [Var. ἐλθεῖν
49 Aor. Inf. ἔρχομαι.] **49 ἄρξηται** Aor. Konj. Med. ἄρχω. **τύπτειν** Inf.
τύπτω *schlagen, mißhandeln, verletzen, verwunden.* **σύν-δουλος** *Mitsklave;*
τοὺς συνδούλους αὐτοῦ *seine Mitsklaven, die anderen Diener.* **ἐσθίῃ**
Konj. ἐσθίω. **δέ** hier viell. zur Steigerung (vgl. BDR §447,1c), übers. etwa *und
(dazu).* **πίνῃ** Konj. πίνω. **μεθυόντων** Ptz. μεθύω *betrunken sein;* subst.;
ἐσθίῃ δὲ καὶ πίνῃ μετὰ τῶν μεθυόντων *und (dazu) mit den Betrunkenen
50 ißt und trinkt, und (dazu) mit Säufern Gelage feiert.* **50 ἥξει** V. 14. **ἐν ἡμέ-
ρᾳ ᾗ** = ἐν ἡμέρᾳ ἐν ᾗ (A359) *an einem Tag, an dem* od. = ἐν ἡμέρᾳ ἥν
an einem Tag, den (Attraktion des Rel.-Pron.; A360; ZG; ἐν ὥρᾳ ᾗ = ἐν ὥρᾳ
ἥν); ἐν ἡμέρᾳ ᾗ οὐ προσδοκᾷ καὶ ἐν ὥρᾳ ᾗ οὐ γινώσκει *an einem
Tag, an dem er es/ihn* (A79) *nicht erwartet* (od. *an einem Tag, den er/von dem er es
nicht erwartet*), *und zu einem Zeitpunkt, den er nicht kennt.* **προσ-δοκάω**
51 *erwarten.* **51 διχο-τομήσει** Fut. -τομέω *mitten entzweischneiden, in Stücke*

hauen. **ὑπο-κριτής**[1] (< ὑπο-κρίνομαι vortäuschen, heucheln; im älteren Griech. meist „Schauspieler") *Heuchler, Scheinheiliger.* **θήσει** Fut. τίθημι; τὸ μέρος τινὸς μετὰ τῶν ὑποκριτῶν *jmdm. seinen Platz unter den Heuchlern zuweisen* (B μέρος 2), *jmdm. dasselbe Los bereiten wie den Heuchlern* (vgl. NGÜ). **ἔσται** V. 21. **κλαυθμός** *(das) Weinen.* **βρυγμός** *(das) Knirschen;* ὁ κλαυθμὸς καὶ ὁ βρυγμὸς τῶν ὀδόντων *das (große) Weinen und das (große) Zähneknirschen/Zähneklappern* (vgl. B; letzteres: vor Zorn, Verzweiflung od. Schmerz?), *lautes Weinen und Zähneknirschen* (Menge). **ὀδούς**[5] όντος ὁ *Zahn.*

τότε *dann,* d.h. wenn der Menschensohn kommt. **ὁμοιωθήσεται** Fut. 25
Pass. ὁμοιόω *gleich(artig) machen* τινί *jmdm./einer Sache* (Pass. *ähnlich werden, gleichen*); *vergleichen* τινί *mit jmdm./etwas;* ὁμοιωθήσεται (= ὁμοία ἔσται [vgl. V. 31]) ἡ βασιλεία τῶν οὐρανῶν δέκα παρθένοις *die Königsherrschaft der Himmel gleicht zehn Jungfrauen/Mädchen* bzw. besser *mit der Königsherrschaft der Himmel verhält es sich wie mit/bei zehn Jungfrauen/Mädchen* (vgl. B 1; zu 13,24); durch dieses Gleichnis (wie durch die beiden vorausgegangen [24,43-51]) wird ein zentrales Anliegen der Ölbergrede Jesu (24,1-25,46) untermauert: Bleibt wachsam! Seid bereit für das Kommen des Menschensohnes (auch wenn dieses auf sich warten lassen sollte). **δέκα**[19] *zehn* (eine beliebte runde Zahl; vgl. Ru 4,2; Lk 19,13; Josephus, Bellum Judaicum 6.423-424). **παρθένος** ἡ *Jungfrau;* hier im Sinn v. *Mädchen* (im heiratsfähigen Alter; vgl. EWNT 3, Sp. 93f); gemeint sind wahrscheinl. *Brautjungfern* (NGÜ), junge Freundinnen u. Begleiterinnen der Braut; vorauszusetzen ist wohl flgd. (nicht in allen Einzelheiten belegbare u. daher z.T. auch etwas anders rekonstruierbare) Situation: gemeinsam m. Freunden kommt der Bräutigam v. seinem Elternhaus zum Haus der Brauteltern; dort erwartet ihn die Braut, umgeben v. ihren Brautjungfern, die beim Herannahen des Bräutigams ihm u. seinen Begleitern entgegengehen u. ihn empfangen sollen, u. zwar – da seine Ankunft nach Einbruch der Dunkelheit erwartet wird – m. Fackeln (= längere Stöcke, an denen offenbar m. Öl getränkte Lappen angebracht waren; von Zeit zu Zeit mußten die verkohlten Enden abgeschnitten u. die Lappen neu m. Öl versorgt werden, ein Vorgang, der in V. 7 durch κοσμέω bez. wird) od. (weit weniger plausibel) m. Öllämpchen (vgl. Zahn, Mt, S. 679; Carson, Mt, S. 513). **αἵ-τινες** = αἵ (A133; ZG) od. qualitativ (A132) *(solche), die* (B ὅστις 2a). **λαβοῦσαι** Aor. Ptz. Fem. λαμβάνω, hier temp. (A291,1 Anm. 1) od. (besser) mod. formelhaft im Sinn v. *mit* (A292); V. 3 konz. **λαμπάς**[3] άδος ἡ *Fackel; Lampe.* **ἐξ-ῆλθον** Aor. -έρχομαι. **ὑπ-άντησις**[8] *Begegnung;* εἰς ὑπάντησίν τινος *um jmdm. zu begegnen, jmdm. entgegen* (B εἰς 4f [fin.]). **νυμφίος**
Bräutigam. **2 πέντε**[19] *fünf.* **ἐξ αὐτῶν** hier statt gen. partitivus (A164). 2
ἦσαν Ipf. εἰμί. **μωρός** *töricht, dumm.* **φρόνιμος**[11] *verständig, klug.*
3 λαβοῦσαι hier konz. **ἔ-λαβον** Aor. λαμβάνω. **ἔλαιον** *(Oliven-)Öl;* 3

αἱ γὰρ μωραὶ λαβοῦσαι τὰς λαμπάδας αὐτῶν οὐκ ἔλαβον μεθ'
ἑαυτῶν ἔλαιον *denn die Törichten nahmen zwar ihre Fackeln mit, aber keinen*
Öl(vorrat) (vgl. NGÜ); d.h. sie wollten zwar den Bräutigam empfangen, doch
waren sie (im Ggs. zu den Klugen) überhaupt nicht, zumindest aber nicht auf
4f eine Verzögerung seiner Ankunft vorbereitet. **4 ἀγγεῖον** *Gefäß.* **5 χρο-**
νίζοντος Ptz. χρονίζω *sich Zeit lassen, auf sich warten lassen, zögern;* gen.
abs. (A288), temp.; χρονίζοντος δὲ τοῦ νυμφίου *als nun der Bräutigam auf*
sich warten ließ, als nun der Bräutigam lange nicht kam (Einh.). **ἐ-νύσταξαν**
Aor. νυστάζω[82] *schlafen;* Aor. hier ingr. (A240b); ἐνύσταξαν πᾶσαι καὶ
ἐκάθευδον *sie nickten alle ein und schliefen,* übers. etwa *sie wurden alle müde*
6 *und schliefen ein.* **ἐ-κάθ-ευδον** Ipf. -εύδω *schlafen.* **6 μέσης νυκτός**
gen. temporis (A166) hier wohl unklass. für temp. Dat. (A182; vgl. BDR §186[6])
um Mitternacht, mitten in der Nacht. **κραυγή** *Geschrei, lautes Rufen.* **γέ-γο-**
νεν Pf. γίνομαι; Pf. hier wohl (frühes Beispiel für später verbreitetes) erzäh-
lendes Pf. (BDR §343,3), evtl. betont es aber die bleibenden Auswirkungen des
Geschehens (A242; vgl. H-S §200d-f); κραυγὴ γέγονεν *ein lauter Ruf ent-*
stand/ertönte, man hörte laute Rufe. **ἰδού** hier im Sinn v. *da ist/kommt* (= frz.
voici; B 2); ἰδοὺ ὁ νυμφίος *der Bräutigam ist da, der Bräutigam kommt.* **ἐξ-**
έρχεσθε Imp. [Var. ἐγείρεσθε Imp. Pass. ἐγείρω]. **ἀπ-άντησις**[8] syn-
7 onym m. ὑπάντησις V. 1. **7 ἠγέρθησαν** Aor. Pass. ἐγείρω hier Pass.
aufwachen (B 2a) od. *aufstehen* (B 2b). **ἐ-κόσμησαν** Aor. κοσμέω *in Ord-*
nung bringen; Aor. hier wohl ingr. (A240b); ἐκόσμησαν *sie brachten in Ord-*
nung im Sinn v. *sie machten sich daran ... in Ordnung zu bringen* (NGÜ); zur Sa-
8 che s. V. 1 zu παρθένος. **8 εἶπαν** Aor. (vgl. H-S §105g) λέγω. **δότε** Aor.
Imp. δίδωμι. **ἐκ τοῦ** hier statt gen. partitivus (A164); ἐκ τοῦ ἐλαίου
ὑμῶν *(etwas) von eurem Öl* (vgl. H-S §166b; B 4aε). **σβέννυνται** Pass.
σβέννυμι (Feuer) *(aus)löschen;* Pass. *erlöschen, ausgehen;* αἱ λαμπάδες
ἡμῶν σβέννυνται *unsere Fackeln/Lampen sind am Erlöschen/gehen aus* (vgl.
9 H-S 197a). **9 ἀπ-ε-κρίθησαν** Aor. Pass. (ohne Pass.-Bdtg.) ἀπο-κρίνο-
μαι. **λέγουσαι** Ptz. Fem. λέγω, pleon. (A297); ἀπεκρίθησαν δὲ αἱ
φρόνιμοι λέγουσαι *aber die Klugen erwiderten.* **μή-ποτε** (vgl. A18) Adv.
nie; Konjunktion m. Konj. (A308; 328; 339) *daß/damit nicht (etwa);* auch *viel-*
leicht. **οὐ μή** m. Aor. Konj. stärkste Verneinung zukünftigen Geschehens
(A257); μήποτε οὐ μὴ ἀρκέσῃ ἡμῖν καὶ ὑμῖν zwei Deutungsmöglich-
keiten: a) *niemals/nein/ausgeschlossen, es reicht (sonst) weder für uns noch für*
euch (μήποτε als selbständiges Adv. [als Negativpartikel]); b) *es wird unmög-*
lich sowohl für uns als auch für euch reichen (μήποτε ist als Verstärkung zu οὐ
μή zu ziehen [BDR §370[6]]) [Var. μήποτε οὐκ ἀρκέσῃ ... stellt eine vorsich-
tige Behauptung dar: *vielleicht reicht es nicht* ... (H-S §267; B μήποτε 4; vgl.
BDR §370[6])]. **ἀρκέσῃ** Aor. Konj. ἀρκέω[26] *genügen, ausreichen* τινί *für*
jmdn. **πορεύεσθε** Imp. **πωλοῦντας** Ptz. πωλέω *verkaufen;* subst. *Ver-*

käufer, Händler. **ἀγοράσατε** Aor. Imp. ἀγοράζω (vgl. A33[91ff]) (< ἀγορά
Marktplatz) *kaufen;* καὶ ἀγοράσατε ἑαυταῖς (= ὑμῖν αὐταῖς [A126a])
und kauft euch selbst welches (A79). **10 ἀπ-ερχομένων** Ptz. -έρχομαι, 10
gen. abs. (A288), temp.; ἀπερχομένων δὲ αὐτῶν *während sie/die Törichten*
nun weg/unterwegs waren. **ἀγοράσαι** Aor. Inf.; fin. (A276); ἀγοράσαι *um*
Öl (A79) *zu kaufen.* **ἕτοιμος** (hier als zweiendig behandelt [A11]; BDR §59[2])
bereit; αἱ ἕτοιμοι *die (Brautjungfern/fünf), die bereit waren.* **εἰσ-ῆλθον** Aor.
-έρχομαι. **γάμος** *Ehe;* Sg. od. Pl. (BDR §141[7]; vgl. A101c) *Hochzeitsfeier,*
Hochzeitsmahl; metonymisch (A381f) auch *Hochzeitssaal.* **ἐ-κλείσθη** Aor.
Pass. κλείω[6] *schließen; verschließen.* **θύρα** *Tür.* **11 ὕστερος** *späterer, letz-* 11
ter; Ntr. als Adv. *später, danach.* **ἔρχονται** praesens narrativum (A235). **λέ-**
γουσαι Ptz. Fem. λέγω, mod. **κύριε** Vok.; nachdrückl. Verdoppelung
(BDR §493[2]; vgl. H-S §294l). **ἄν-οιξον** Aor. Imp. -οίγω. **12 ὁ δέ** 12
(und/doch) dieser/er (A102). **ἀπο-κριθείς** Aor. Ptz. Pass. (ohne Pass.-Bdtg.)
-κρίνομαι, pleon. (A297,2); ὁ δὲ ἀποκριθεὶς εἶπεν *er aber antwortete.*
13 γρηγορεῖτε Imp. γρηγορέω (= att. ἐγρήγορα, Pf. ἐγείρω) *wach* 13
sein/bleiben, wachen; wachsam sein. **οἶδα** hier im Sinn v. *im voraus wissen/ken-*
nen; zur Sache vgl. 24,36. [Var. ἔρχεται Präs. hier fut. (A234).]

14 ὥσ-περ (A352) *geradeso wie, gleichwie;* ὥσπερ γὰρ ἄνθρωπος *(es* 14
ist) (Aposiopese, BDR §482[4]; vgl. A377) *wie ein Mann = es ist wie bei einem*
Mann (zum Verhältnis zwischen Gleichnis u. gemeinter Sache vgl. zu 13,24).
ἀπο-δημῶν Ptz. -δημέω *verreisen; auf Reisen sein, abwesend sein;* attr.; ἄν-
θρωπος ἀποδημῶν *ein Mann, der im Begriff war zu verreisen = ein Mann, der*
verreisen wollte. **ἐ-κάλεσεν** Aor. καλέω hier *zusammenrufen* (B 1c), *zu sich*
rufen. **ἴδιος** hier = ἑαυτοῦ (BDR §286[4]; A129,1; vgl. B 2c). **παρ-έ-δω-**
κεν Aor. παρα-δίδωμι. **ὑπ-άρχοντα** Ptz. -άρχω, subst. τὰ ὑπάρχον-
τά τινι/τινος *das jmdm. Gehörende* (vgl. A154/174), *jmds. Besitz, jmds. Vermö-*
gen (vgl. B 1; H-S §237a). **15 ᾧ μέν ... ᾧ δέ ... ᾧ δέ** *dem einen ... dem ande-* 15
ren/einem anderen ... dem dritten/wieder einem anderen (H-S §130; A133c).
ἔ-δωκεν Aor. δίδωμι. **πέντε**[19] *fünf.* **τάλαντον** *Talent,* Geldeinheit (=
6.000 Drachmen bzw. [in jener Zeit] ca. 5.000-6.000 Denare [1 Denar = etwa
Tageslohn eines Arbeiters]; KP 5, Sp. 502, vgl. KP 1, Sp. 155f). **δύναμις** hier
Fähigkeit (B 2); ἑκάστῳ κατὰ τὴν ἰδίαν δύναμιν *jedem nach seinen Fä-*
higkeiten. **ἀπ-ε-δήμησεν** Aor. **16 πορευθείς** Aor. Ptz. Pass. (ohne bes. 16
Pass.-Bdtg.) πορεύομαι, temp. (A291,1 Anm. 1; hier wohl „participium gra-
phicum" [A296; B 1; BDR §419,2]); πορευθείς ... ἠργάσατο *er ging hin*
und ... arbeitete hier etwa *er begann zu arbeiten.* **λαβών** Aor. Ptz. λαμβάνω,
subst.; ὁ τὰ πέντε τάλαντα λαβών *der, der fünf Talente bekommen hatte.*
ἠργάσατο Aor. Med. ἐργάζομαι. **ἐν** instr. *durch/mit* (A193). **ἐ-κέρδη-**
σεν Aor. κερδαίνω[125] *gewinnen;* ἐκέρδησεν ἄλλα πέντε *er gewann fünf*
weitere dazu (analog V. 17) [Var. ἐ-ποίησεν Aor. ποιέω hier synonym

17 (B I1bη)]. **17 ὡσ-αύτως** *in gleicher Weise, ebenso.* **ὁ τὰ δύο** erg. λαβών
18 (vgl. V. 16). **18 ἀπ-ελθών** Aor. Ptz. -έρχομαι, temp. (A291,1 Anm. 1).
ὤρυξεν Aor. ὀρύσσω (vgl. A33[74ff]) *graben, ausheben;* ὤρυξεν γῆν *er grub
ein Loch in die Erde.* **ἔ-κρυψεν** Aor. κρύπτω[57] *verbergen, verstecken* [Var.
19 ἀπ(ο)- hier synonym (B 1)]. **ἀργύριον** *Silber; Silbergeld, Geld.* **19 ἔρχε-
ται** praesens narrativum (A235); analog συναίρει. **συν-αίρω** m. λόγον
abrechnen, μετά τινος *mit jmdm.;* συναίρει λόγον μετ᾽ αὐτῶν *er rechne-
te mit ihnen ab* bzw. (vgl. A232c bzw. A237c) *er wollte mit ihnen abrechnen.*
20 **20 προσ-ελθών** Aor. Ptz. -έρχομαι, temp. (A291,1 Anm. 1). **προσ-ή-
νεγκεν** Aor. -φέρω hier *überreichen* (B 1bα), *mitbringen.* **λέγων** Ptz., mod.
κύριε V. 11. **ἴδε** (eig. Imp. Aor. ὁράω[192]) Interjektion (H-S §252,63) etwa
= ἰδού; ἴδε ἄλλα πέντε τάλαντα ἐκέρδησα *hier sind noch weitere fünf
Talente: ich habe sie dazugewonnen* od. (freier) *diese fünf hier habe ich dazuge-*
21 *wonnen* (NGÜ). **21 ἔ-φη** Ipf. φημί. **εὖ** Adv. *gut;* hier als Ausruf etwa *bravo!*
od. *sehr gut (gemacht)!* **δοῦλε ἀγαθὲ καὶ πιστέ** Vok. *du tüchtiger und
treuer Diener* od. (idiomatischer) *du bist ein tüchtiger und treuer Diener.* **ἦς** Ipf.
εἰμί; ἐπὶ ὀλίγα ἦς πιστός *du bist über weniges treu gewesen* (vgl. B ἐπί
1bα), *du bist mit dem wenigen treu umgegangen* (NGÜ). **κατα-στήσω** Fut.
καθ-ίστημι[204] *hinstellen; einsetzen, bestellen* τινὰ ἐπί τινος *jmdn. über
jmdn./etwas* (B 2a); ἐπὶ πολλῶν σε καταστήσω *ich werde/will* (A247a) *dich
über vieles einsetzen* od. (idiomatischer) *darum will ich dir viel anvertrauen*
(NGÜ). **εἴσ-ελθε** Aor. Imp. -έρχομαι. **χαρά** hier wohl metonymisch
24 (A381f) im Sinn v. *Freudenmahl* (Menge; B 2c), *Freudenfest* (NGÜ). **24 εἰλη-
φώς** Pf. Ptz. λαμβάνω, subst.; ὁ τὸ ἓν τάλαντον εἰληφώς *der, der das
eine Talent bekommen hatte* (zum Pf. vgl. BDR §342[2]). **ἔ-γνων** Aor. γινώ-
σκω. **σκληρός** *hart, rauh;* v. Pers. *schroff, hart, grausam, streng, unbarmherzig*
(B 2); ἔγνων σε ὅτι σκληρὸς εἶ ἄνθρωπος (Prolepsis; A373; BDR
§476,1) *ich wußte, daß du ein harter Mann bist.* **θερίζων** Ptz. θερίζω *ernten;*
mod.; *dabei erntest du* od. einfach (vgl. A291,2 Anm. 1) *du erntest.* **ἔ-σπειρας**
Aor. σπείρω. **συν-άγων** Ptz., mod. (wie θερίζων). **ὅθεν**[18] *von wo, woher;*
hier = ἐκεῖθεν οὗ *da, wo* (analog der Attraktion des Rel.-Pron. [vgl. A360];
BDR §437,2; B 1), übers. *wo.* **δι-ε-σκόρπισας** Aor. δια-σκορπίζω (vgl.
25 A33[91ff]) *zerstreuen;* hier (Samen) *ausstreuen.* **25 φοβηθείς** Aor. Ptz. Pass.
(ohne bes. Pass.-Bdtg.) φοβέομαι, kaus. *weil ich Angst hatte, aus Angst.* **ἀπ-
ελθών** V. 18; hier wohl „participium graphicum" [A296; BDR §419,2]);
ἀπελθὼν ἔκρυψα *ich ging hin und versteckte = ich versteckte.* **ἔ-κρυψα**
V. 18. **σός** (A128) *dein;* Ntr. subst. (A105) *(das) Deine* (B 2b); ἴδε ἔχεις τὸ
26 σόν *hier hast du (zurück), was dir gehört.* **26 ἀπο-κριθείς** V. 12. **ὀκνη-
ρός** *träge, nachlässig, faul;* πονηρὲ δοῦλε καὶ ὀκνηρέ Vok. *du bö-
ser/schlechter und fauler Diener.* **ᾔδεις** Plsqpf. (m. Ipf.-Bdtg.) οἶδα. **ἔ-σπει-
27 ρα, δι-ε-σκόρπισα** V. 24. **27 ἔ-δει** Ipf. δεῖ; Ipf. drückt hier aus, daß et-

was tatsächl. notwendig war, aber doch nicht geschah (A239; H-S §198i). **βα-**
λεῖν Aor. Inf. βάλλω; βάλλω τί τινι hier etwa *jmdm. etwas bringen, bei*
jmdm. etwas anlegen (Menge); Präd. des AcI, abhängig v. ἔδει; ἔδει σε οὖν
βαλεῖν τὰ ἀργύριά μου τοῖς τραπεζίταις *dann hättest du meine Gelder*
(wenigstens) bei den Geldwechslern anlegen sollen, da hättest du mein Geld doch
wenigstens zur Bank bringen können (NGÜ). **τραπεζίτης**[1] (< τράπεζα
Tisch; Bank [Geldinstitut]) *Geldwechsler.* **ἐλθών** Aor. Ptz. ἔρχομαι, temp.
bei meiner Rückkehr. **ἐ-κομισάμην** Aor. Med. κομίζω (vgl. A33[91ff]) *her-*
beibringen, -tragen. Med. *davontragen, erhalten;* hier *wiederempfangen, zurücker-*
halten (B 2b); καί ... ἐγὼ ἐκομισάμην ἂν τὸ ἐμὸν σὺν τόκῳ Irrealis
(A252 u. 345) *dann* (A311,2) *hätte ich ... mein Eigentum* (B ἐμός 2) *mit Zinsen*
zurückbekommen. **τόκος** eig. *Geburt/Geborenes;* übertr. *Zinsen.* **28 ἄρατε** 28
Aor. Imp. αἴρω; αἴρω ἀπό τινος *jmdm. wegnehmen/abnehmen.* **δότε** Aor.
Imp. δίδωμι; erg. αὐτό/τοῦτο (A79). **ἔχοντι** Ptz. ἔχω, subst. **δέκα**[19]
zehn. **29 δοθήσεται** Fut. Pass. δίδωμι; pass. divinum (A76b; gilt auch für 29
die beiden flgd. Pass.-Formen). **περισσευθήσεται** Fut. Pass. περισ-
σεύω intr. *im Überfluß vorhanden sein;* hier tr. *überreich machen* τινά *jmdn.*
od. *reichlich gewähren* τί τινι *jmdm. etwas;* τῷ γὰρ ἔχοντι παντὶ δοθήσε-
ται καὶ περισσευθήσεται *denn jedem* (A86), *der hat, wird gegeben werden,*
ja überreichlich gewährt werden (B 2a) bzw. *denn jedem, der hat, wird gegeben, und*
er wird im Überfluß haben (NGÜ). **ἔχοντος** Ptz., subst.; τοῦ δὲ μὴ ἔχον-
τος Anakoluth (casus/genitivus pendens; A373; ZG; vgl. BDR §466[5]); τοῦ δὲ
μὴ ἔχοντος καὶ ὃ ἔχει ἀρθήσεται ἀπ᾽ αὐτοῦ *was aber den angeht, der*
nicht hat – auch das, was (A358) *er hat, wird ihm weggenommen werden = wer*
aber nicht hat, dem wird auch das genommen werden, was er hat. **ἀρθήσεται**
Fut. Pass. αἴρω. **30 ἀ-χρεῖος**[11] *unnütz, nichtsnutzig.* **ἐκ-βάλετε** Aor. 30
Imp. -βάλλω. **σκότος**[7] *Dunkelheit; Finsternis* (Bereich des Gottfeindl. bzw.
der Gottesferne). **ἐξώτερος** (Komp. v. ἔξω) hier wohl superlativisch (A118)
äußerst, ganz draußen befindlich (BDR §62[3]; B 2); τὸ σκότος τὸ ἐξώτερον *die*
äußerste Finsternis (zur Sache vgl. 5,22; 7,13; 25,46). **ἔσται** Fut. εἰμί.
κλαυθμός *(das) Weinen.* **βρυγμός** *(das) Knirschen;* ὁ κλαυθμὸς καὶ ὁ
βρυγμὸς τῶν ὀδόντων *das (große) Weinen und das (große) Zähneknir-*
schen/Zähneklappern (vgl. B; letzteres: vor Zorn, Verzweiflung od. Schmerz?),
lautes Weinen und Zähneknirschen (Menge). **ὀδούς**[5] όντος ὁ *Zahn.*
31 ὅταν ... τότε *wenn ... dann* (B τότε 2). **ἔλθῃ** Aor. Konj. ἔρχομαι. 31
καθίσει Fut. καθίζω. **ἐπὶ θρόνου δόξης αὐτοῦ** *auf dem/den Thron*
seiner Herrlichkeit (auch ohne Art. best. [BDR §259[3]; vgl. A106a/c/d]).
32 συν-αχθήσονται Fut. Pass. -άγω. **πάντα τὰ ἔθνη** *alle Völker* 32
(wahrscheinl. Juden u. Nichtjuden; vgl. 28,18-20 sowie 1,1; 2,1-12; 3,15-16;
8,11). **ἀφ-ορίσει** Fut. -ορίζω (vgl. A33[91ff]) *absondern, trennen,* ἀπό τινος
von jmdm./etwas. **αὐτούς** Mask.: sinngemäße Konstruktion (Bezug auf die

Menschen aller Völker [A96]). **ὥσ-περ** V. 14. **ποιμήν**[4] ένος ὁ *Hirte.*
πρό-βατον *Schaf.* **ἔριφος** *(Ziegen-)Bock* bzw. Pl. (neben πρόβατα) ein-
fach *Ziegen;* Schafe u. Ziegen liefen auf der Weide durcheinander; abends wur-
den sie oft getrennt: die Schafe vertragen die Kälte, die Ziegen aber müssen
zum Schutz davor zusammengetrieben werden (Carson, Mt, S. 521).
33 **33 στήσει** Fut. ἵστημι. **μέν** ... **δέ** hier am besten ... *und.* **ἐρίφιον** (Di-
minutivform v. ἔριφος–[Ziegen-]Bock) *Böckchen* (junger Ziegenbock), auch
synonym m. ἔριφος (V. 32) gebraucht. **εὐ-ώνυμος**[11] *linke(r);* τὰ εὐώνυ-
μα *die linke Seite,* ἐξ εὐωνύμων τινός *zur Linken/links von jmdm.;* ἐκ δεξι-
ῶν αὐτοῦ ... ἐξ εὐωνύμων *zu seiner Rechten ... zur Linken* od. *rechts von sich*
34 *... links.* **34 ἐρεῖ** Fut. λέγω. **τοῖς ἐκ δεξιῶν αὐτοῦ** *zu denen auf seiner
rechten Seite.* **δεῦτε** Adv., als Pl. zu δεῦρο *kommt her!, auf!* (vgl. A254/266).
εὐ-λογημένοι Pf. Ptz. Pass. -λογέω, subst.; Vok.; οἱ εὐλογημένοι τοῦ
πατρός (gen. auctoris; A153; BDR §183,3) μου *ihr von meinem Vater Geseg-
neten* (Menge) od. *die ihr von meinem Vater gesegnet seid* (Einh.). **κληρο-νο-
μήσατε** Aor. Imp. -νομέω (< κληρο-νόμος Erbe, Besitzer) *beerben, Erbe
sein, erben; als Anteil/Besitz erhalten.* **ἡτοιμασμένην** Pf. Ptz. Pass. ἑτοιμά-
ζω; pass. divinum (A76b); attr. **κατα-βολή** *Grundlegung, Anfang, Erschaf-
fung;* ἀπὸ καταβολῆς (mit od. ohne κόσμου) *vom Anfang der Welt an* (B 1),
seit der Erschaffung der Welt; κληρονομήσατε τὴν ἡτοιμασμένην ὑμῖν
βασιλείαν ἀπὸ καταβολῆς κόσμου *empfangt als euer Erbe das König-
tum, das für euch seit Grundlegung der Welt bereitgehalten ist* (Menge), *nehmt das
Reich in Besitz, das seit der Erschaffung der Welt für euch vorbereitet ist.*
35 **35 ἐ-πείνασα** Aor. πεινάω[34] *hungern, Hunger leiden.* **ἐ-δώκατε** Aor. δί-
δωμι hier τινὶ φαγεῖν *jmdm. zu essen geben.* **φαγεῖν** Aor. Inf. ἐσθίω.
ἐ-δίψησα Aor. διψάω[35] *Durst haben.* **ἐ-ποτίσατε** Aor. ποτίζω (vgl.
A33[91ff]) *zu trinken geben.* **ξένος** *fremd;* subst. *Fremder.* **ἤμην** Ipf. εἰμί.
συν-ηγάγετε Aor. -άγω hier *gastlich aufnehmen* (B 5), *bei sich aufnehmen.*
36 **36 γυμνός** *nackt, ohne Obergewand; dürftig gekleidet;* γυμνός erg. ἤμην *ich
war nackt/dürftig gekleidet* (vgl. B 3), *ich hatte nichts anzuziehen* (NGÜ). **περι-
ε-βάλετε** Aor. -βάλλω[112] (Kleidungsstücke, Schmuck) *anziehen, kleiden,*
(jmdm.) *Kleidung geben.* **ἠ-σθένησα** Aor. ἀ-σθενέω *schwach/krank sein.*
ἐπ-ε-σκέψασθε Aor. Med. ἐπι-σκέπτομαι (vgl. A33[51ff]) *sich (prüfend)
umsehen nach;* hier *sehen nach, besuchen* (B 2), *sich kümmern um* (NGÜ). **ἤλ-
θατε** Aor. (vgl. H-S §105g) ἔρχομαι πρός τινα *zu jmdm. kommen, jmdn.*
37 *besuchen.* **37 ἀπο-κριθήσονται** Fut. Pass. (ohne Pass.-Bdtg.) -κρίνο-
μαι. **λέγοντες** Ptz. λέγω, pleon. (A297). **κύριε** Vok. **πότε**[18] *wann?*
πεινῶντα Ptz. πεινάω, AcP (A300); πότε σε εἴδομεν πεινῶντα ... ἢ
διψῶντα *wann haben wir gesehen, daß du Hunger hattest ... oder daß du Durst
hattest* bzw. *wann haben wir dich hungrig gesehen ... oder durstig.* **ἐ-θρέψαμεν**
Aor. τρέφω[49] *ernähren, zu essen geben.* **διψῶντα** Ptz. διψάω, AcP (A300).

38 ξένος V. 35; πότε δέ σε εἴδομεν ξένον ... ἢ γυμνόν erg. (zweimal) 38
ὄντα (Ptz. v. εἰμί) dann AcP (H-S §233b Anm. 2; BDR §416,1a; vgl. A300)
wann haben wir gesehen, daß du ein Fremder warst ... oder daß du nichts anzu-
ziehen hattest bzw. *wann haben wir dich als Fremden bei uns gesehen ... Oder wann*
haben wir dich gesehen, als du nichts anzuziehen hattest (NGÜ). **39 ἀσθε-** 39
νοῦντα Ptz. ἀ-σθενέω, AcP (A300) [Var. ἀ-σθενής V. 43]. **40 ἀπο-** 40
κριθείς V. 12; καὶ ἀποκριθεὶς ὁ βασιλεὺς ἐρεῖ αὐτοῖς *darauf* (vgl.
A311,2) *wird der König ihnen antworten.* **ἐρεῖ** Fut. λέγω. **ἐφ' ὅσον** *in dem*
Maße als, soviel als (B ἐπί III3) od. *alles, was* (Menge) bzw. *was (immer).*
ἐ-ποιήσατε Aor. ποιέω hier τί τινι (dat. commodi, A173) *etwas für jmdn.*
tun (B I1dβ). **ἐλάχιστος** (Superlativ zu μικρός) *kleinster, ganz klein; gering-*
ster, unbedeutendster (v. Wert od. Status); gen. partitivus (A164); ἑνὶ τούτων
τῶν ἀδελφῶν μου τῶν ἐλαχίστων ... *für einen von diesen meinen gering-*
sten Brüdern ... (Menge), *für einen meiner Brüder ... – und wäre er noch so gering-*
geachtet gewesen (vgl. NGÜ); m. diesen „Brüdern" sind wahrscheinl. die Nach-
folger Jesu gemeint, m. deren Schicksal er sich identifiziert (neben 12,48f u.
28,10 vgl. auch 10,40-42; Mk 13,13; Jh 15,5.18.20; 17,10.23.26; Apg 9,4; 22,7;
26,14; 1Kor 12,27; Hb 2,17); das Bildwort redet v. einem Echtheitstest, bei dem
berechnende Heuchelei v. vornherein ausgeschlossen ist: echte Nachfolger Jesu
lieben einander u. dienen dem geringstgeachteten Bruder durch Taten der
Barmherzigkeit; auf diese Weise dienen sie unbewußt Christus selbst; die, die
für die Botschaft des „Himmelreiches" wenig übrig haben, stehen dem Ergehen
dieser Menschen gleichgültig gegenüber, u. dadurch erweisen sie sich als Geg-
ner des Messias (Carson, Mt, S. 518-523). **41 τοῖς ἐξ εὐωνύμων** *zu denen* 41
auf seiner linken Seite (vgl. V. 33f). **πορεύεσθε** Imp. πορεύομαι hier ἀπό
τινος *von jmdm. weggehen.* **κατ-ηραμένοι** Pf. Ptz. Pass. -αράομαι *verflu-*
chen; pass. divinum (A76b); subst.; Vok.; οἱ κατηραμένοι *ihr Verfluchten.*
ἡτοιμασμένον V. 34. **διά-βολος** (< δια-βάλλω verleumden) *Ver-*
leumder; Teufel. **43 ἀ-σθενής**[7] *kraftlos, schwach;* hier *krank.* **44 καὶ αὐ-** 43f
τοί *auch sie* (vgl. V. 37ff). **διηκονήσαμεν** Aor. (augmentiert so, als wäre
das Verb ein Kompositum δια-κονέω) διακονέω[33] *(be)dienen* (v. Dienstlei-
stungen jeder Art); hier *helfen, unterstützen* (B 4), *sich kümmern um.* **45 ἀπο-** 45
κριθήσεται V. 37; im übrigen vgl. V. 40. **46 ἀπ-ελεύσονται** Fut. Med. 46
-έρχομαι. **κόλασις**[8] *Strafe.*

ἐ-γένετο Aor. Med. γίνομαι; ἐγένετο pleon. (Hebr.: vor Umstands- **26**
best. [hier ὅτε-NS] u. finitem Verb [A271; BDR §442[11]]). **ἐ-τέλεσεν** Aor.
τελέω[27] *beenden, vollenden;* Aor. Ind. bez. hier Vorvergangenheit (vgl. H-S
§199n; A224). **λόγος** Pl. hier *Reden* od. *Rede* (B 1aγ/δ); πάντας τοὺς λό-
γους τούτους *alle diese Reden* od. *diese* (bzw. *diese ganze*) *Rede.* **2 πάσχα** 2
τό indekl. (aram. פַּסְחָא/פִּסְחָא *pasḥāʾ/pisḥāʾ,* hebr. פֶּסַח *pésaḥ*) *Passafest*
(14./15. Nisan [Anfang April] zur Erinnerung an Israels Auszug aus Ägypten;

vgl. Ex 12). **γίνεται** Präs. hier fut. (A234); μετὰ δύο ἡμέρας τὸ πάσχα
γίνεται *übermorgen* (wörtl.: *nach/in zwei Tagen*) *findet das Passafest statt* (vgl.
B I3a). **παρα-δίδοται** Pass. -δίδωμι; Präs. hier fut. (A234). **εἰς τό** m.
Inf./AcI fin. Bdtg. (A282); παραδίδοται εἰς τὸ σταυρωθῆναι der Men-
schensohn *wird zur Kreuzigung ausgeliefert werden/wird verraten und gekreuzigt*
3 *werden.* **σταυρωθῆναι** Aor. Inf. Pass. σταυρόω. **3 τότε** *dann* od. *da-
mals* (Menge). **συν-ήχθησαν** Aor. Pass. -άγω. **ἀρχ-ιερεύς** Pl. *(die)
führenden Priester,* d.h. hier wahrscheinl. der amtierende Hohepriester Kajaphas
(18-36 n. Chr. im Amt) u. dessen Vorgänger (u. Schwiegervater [Jh 18,13]) Han-
nas (6-15 n. Chr.) sowie andere (zum Synedrium gehörende) Angehörige der
führenden Priesterfamilien (vgl. B 1b). **πρεσβύτερος** Pl. hier v. Mitgliedern
einer Gruppe des Synedriums (B 2aβ; GN: *Ratsälteste*); οἱ πρεσβύτεροι τοῦ
λαοῦ *die Ältesten/Ratsältesten des (jüdischen) Volkes.* **αὐλή** *Hof; Gehöft;
(Tempel-)Vorhof;* hier *Palast* (B 4); εἰς τὴν αὐλήν *im Palast* (vgl. B συνάγω
2). **λεγομένου** Ptz. Pass. λέγω, attr.; *mit Namen* (B II3) bzw. *der ... hieß.*
4 **Καϊάφας**[1] α *Kajaphas.* **4 συν-ε-βουλεύσαντο** Aor. Med. συμ-βου-
λεύω *einen Rat geben;* Med. *gemeinsam beschließen, übereinkommen.* **ἵνα** hier
daß bzw. Inf. (A328; bez. das Beschlossene; B II1aα; BDR §392[2b]). **δόλος** *Be-
trug, List;* δόλῳ dat. modi (A180) *auf listige Weise, hinterlistig* (B) bzw. dat. instr.
(A176) *mit einer List, mit einem Trick* (vgl. ZG). **κρατήσωσιν** Aor. Konj.
κρατέω hier *festnehmen, gefangennehmen* (B 1a), *in seine* (bzw. hier *ihre*) *Ge-*
5 *walt bringen* (Einh.). **ἀπο-κτείνωσιν** Aor. Konj. -κτείνω. **5 ἔ-λεγον**
Ipf. λέγω. **μή** hier idiomatisch (Ellipse v. „laßt uns das tun" o.ä. [BDR
§480[9]]) *nur ja nicht* (B AIII6), *auf keinen Fall.* **ἑορτή** *Fest.* **θόρυβος** *Auf-
ruhr, Tumult, Lärm;* wegen des Pilgerzustroms stieg die Bevölkerung Jerusalems
während des Passafestes viell. etwa auf das Fünffache; in einer durch religiösen
Eifer u. messianische Erwartungen geladenen Atmosphäre konnte ein kleiner
Funke eine Explosion auslösen. **γένηται** Aor. Konj. Med. γίνομαι.
6 **6 γενομένου** Aor. Ptz. Med. γίνομαι hier *sich befinden,* (an einem
Ort) *sein* (B II4a); gen. abs. (A288f), temp.; zu dem viel diskutierten Verhältnis
dieser Perikope zu vergleichbaren Berichten in den drei anderen Evangelien s.
z.B. Carson, Mt, S. 525f (er zeigt, daß die Annahme v. zwei ähnl., aber separaten
Ereignissen [einerseits Mt 26,6-13, Mk 14,3-6 u. Jh 12,1-8; andererseits Lk 7,36-
50] den vorhandenen Quellen am besten gerecht wird; vgl. DJG, S. 12-13). **Βη-
θανία** 21,17. **λεπρός** (< λεπίς Schuppe) u.a. *schuppig, uneben, rauh;* im
NT *aussätzig* (v. λέπρα befallen u. damit „unrein" [Lev 13,45f]; vgl. zu 8,2); ἐν
οἰκίᾳ Σίμωνος τοῦ λεπροῦ *im* (A106a) *Haus Simons des Aussätzigen* (wohl
= *des einstmals Aussätzigen* [s. Menge]), hier wahrscheinl. im Sinn v. *bei Simon*
7 *dem Aussätzigen zu Gast.* **7 προσ-ῆλθεν** Aor. -έρχομαι. **ἔχουσα** Ptz.
Fem. ἔχω, mod. formelhaft im Sinn v. *mit* (A292). **ἀλάβαστρος** ὁ u. ἡ
bzw. **ἀλάβαστρον** τό *Alabaster;* (grundsätzl. aus Alabaster, aber [bes.

später] auch in Ton u. Glas verfertigtes, beutelförmiges) *Salbfläschchen, Salben-*
gefäß (m. enger, abgeflachter Mündung, ohne Henkel u. Fuß [LAW, Sp. 99]; der
längl. Hals wurde beim Gebrauch abgebrochen [B]). **μύρον** *Salböl* (meist auf
Olivenölbasis, häufig durch verschiedene Techniken m. Aromastoffen angerei-
chert; GBL 3, S. 1317); gen. materiae (A159; H-S §161); ἔχουσα ἀλάβα-
στρον μύρου βαρυτίμου *mit einem Alabastergefäß/Fläschchen voll sehr*
kostbarem Salböl. **βαρύ-τιμος**^{11} *sehr kostbar* [Var. πολύ-τιμος^{11} synonym,
vgl. LN 65.3]. **κατ-έ-χεεν** Aor. κατα-χέω^{39} *ausgießen/ausschütten über,* m.
ἐπί u. Gen.; καὶ κατέχεεν ἐπὶ τῆς κεφαλῆς αὐτοῦ *und goß es* (A79)
ihm über den Kopf. **ἀνα-κειμένου** Ptz. ἀνά-κειμαι *liegen;* „(zu Tisch)
liegen“ = *bei Tisch sein;* part. coni. (A287), temp. *während er bei Tisch war*
(Menge), *während der Mahlzeit* (NGÜ). **8** **ἰδόντες** Aor. Ptz. ὁράω; erg. 8
τοῦτο/ταῦτα (A79). **ἠγανάκτησαν** Aor. ἀγανακτέω *unwillig/ärger-*
lich/entrüstet/empört sein. **λέγοντες** Ptz. λέγω, mod. **εἰς τί** *wozu?* (vgl. B
εἰς 4f; BDR §299^{3}). **ἀπ-ώλεια** *(das) Verderben;* hier *Vergeudung* (B 1), *Ver-*
schwendung. **9** **ἐ-δύνατο** Ipf. δύναμαι; Ipf. drückt hier aus, daß etwas 9
tatsächl. mögl. war, aber doch nicht geschah (A239; H-S §198i); ἐδύνατο
τοῦτο πραθῆναι ... καὶ δοθῆναι ... (unpersönl. Konstruktion m. „man“
[A76b]) *man hätte dieses ... verkaufen und ... geben können.* **πραθῆναι** Aor.
Inf. Pass. πιπράσκω^{169} *verkaufen.* **πολλοῦ** gen. pretii (A161; BDR §179^{1})
für viel Geld, teuer (B I2cα). **δοθῆναι** Aor. Inf. Pass. δίδωμι; erg. *den*
Erlös/das Geld o.ä. (vgl. A79). **πτωχός** *bettelnd, arm* (B 1a); subst. (vgl.
A105). **10** **γνούς** Aor. Ptz. γινώσκω, temp.; γνοὺς ὁ Ἰησοῦς *als Jesus* 10
das (vgl. A79) *merkte/hörte* (vgl. B 4b). **τί** adv. *warum?* (vgl. B τίς 3a; A134a).
κόπος *Mühe;* κόπον/κόπους παρέχω τινί *jmdm. Mühe machen, jmdm.*
das Leben schwer machen; τί κόπους παρέχετε τῇ γυναικί *warum laßt ihr*
die Frau nicht in Ruhe (Einh.), *warum macht ihr es der Frau so schwer* (NGÜ).
παρ-έχω *darbieten; verursachen, bereiten, machen.* **ἠργάσατο** Aor. Med.
ἐργάζομαι; ἐργάζομαι ἔργον καλὸν εἴς τινα *ein gutes Werk an jmdm.*
tun (B 2a). **11** **ἑαυτῶν** = ὑμῶν αὐτῶν (A126a). **12** **βαλοῦσα** Aor. 11f
Ptz. Fem. βάλλω hier *ausgießen* (B 2b); temp. od. mod. **αὕτη** (auch V. 13)
diese = *sie* (A124a). **πρὸς τό** m. Inf. fin. (A282). **ἐν-ταφιάσαι** Aor. Inf.
-ταφιάζω (vgl. A33^{91ff}) *bestatten.* **ἐ-ποίησεν** Aor. ποιέω; πρὸς τὸ
ἐνταφιάσαι με ἐποίησεν *sie hat es* (A79) *für mein Begräbnis getan, sie hat*
ihn (den Körper) *für mein/das Begräbnis vorbereitet* (vgl. GN). **13** **ὅπου ἐάν** 13
= ὅπου ἄν (A132) *wo (auch) immer, überall wo.* **κηρυχθῇ** Aor. Konj. Pass.
κηρύσσω. **τὸ εὐαγγέλιον τοῦτο** = (τοῦτο) τὸ εὐαγγέλιον τῆς
βασιλείας *die gute Nachricht/das Evangelium von der Königsherrschaft (Got-*
tes). **λαληθήσεται** Fut. Pass. λαλέω. **μνημόσυνον** *Gedächtnis,*
Gedenken, Erinnerung; m. gen. obi. (A158) εἰς μνημόσυνόν τινος *zur*
Erinnerung an jmdn. (B 2); λαληθήσεται καὶ ὅ (= τοῦτο ὅ [vgl. A358])

ἐποίησεν αὕτη εἰς μνημόσυνον αὐτῆς *da wird man* (A76b) *auch von*
dem, was diese Frau getan hat, zum ehrenden Gedächtnis für sie erzählen (Menge)
od. *wird man sich auch an sie erinnern und von dem reden, was sie getan hat*
(NGÜ).
14 **14 πορευθείς** Aor. Ptz. Pass. (ohne bes. Pass.-Bdtg.) πορεύομαι,
temp. (A291,1 Anm. 1). **εἷς τῶν δώδεκα** (gen. partitivus; A164) *einer der*
„Zwölf"/der zwölf Jünger (Jesu). **λεγόμενος** Ptz. Pass. λέγω, attr.; *mit Na-*
men (B II3) bzw. *der ... hieß.* **Ἰσκαριώτης**[1] 10,4. **ἀρχ-ιερεύς** V. 3.
15 **15 δοῦναι** Aor. Inf. δίδωμι. **κἀγώ** (= καὶ ἐγώ) m. fin. καί im Sinn v.
damit o.ä. (BDR §442[9]; A311,3); τί θέλετέ μοι δοῦναι, κἀγὼ ὑμῖν πα-
ραδώσω αὐτόν *was wollt ihr mir geben, damit ich ihn an euch ausliefere/verrate*
od. (idiomatischer) *was gebt ihr mir, wenn ich dafür sorge, daß ihr Jesus in eure*
Gewalt bringen könnt (NGÜ). **παρα-δώσω** Fut. -δίδωμι. **οἱ δέ** *(und) die-*
se/sie (A102). **ἔ-στησαν** Aor. ἵστημι der hier gemeinte Sinn läßt sich nicht
genau bestimmen; mögl. sind: *als Bezahlung vereinbaren* (vgl. ZG; B I2c) od.
(wohl „[in einer Waage] zuwägen" >) *zahlen* (Menge; vgl. B I2c), viell. *anbieten*
(LN 57.158 Anm. 36). **τριάκοντα**[19] *dreißig.* [Var. στατήρ[6] ῆρος ὁ *(der)*
Stater (Silbermünze), *Vierdrachmenstück.*] **ἀργύριον** *Silber; Silbergeld, Geld;*
hier bes. *Silberschekel;* wahrscheinl. der Stater, das Vierdrachmenstück, das für
die Bezahlung der Tempelsteuer verwendet wurde (vgl. 17,24.27; GBL 1,
S. 433); 30 Silberschekel entsprachen demnach 120 Drachmen (d.h. etwa dem
Lohn eines Arbeiters für 120 Arbeitstage; 30 Silberschekel waren nach Ex 21,32
offenbar der Verkehrswert eines Sklaven; im griech. Raum galten 150 bis 200
16 Drachmen als Durchschnittspreis für einen Sklaven [KP 5, Sp. 232]). **16 ἀπὸ**
τότε *von jener Zeit an, von da an* (B τότε 1a; unklass. Formel, BDR §459[4]).
ἐ-ζήτει Ipf. ζητέω. **εὐ-καιρία** *günstige Gelegenheit.* **ἵνα** hier statt
Inf./AcI (A328; bez. das, wofür eine günstige Gelegenheit gesucht wurde [vgl.
A272 bzw. 281]). **παρα-δῷ** Aor. Konj. 3. Sg.
17 **17 ἄ-ζυμος**[11] *ungesäuert, ohne/frei von Sauerteig;* τὰ ἄζυμα *ungesäuer-*
te Brotfladen (Mazzen), *das Fest der ungesäuerten Brote* (Mazzenfest); τῇ πρώ-
τῃ (erg. ἡμέρᾳ [A88]) τῶν ἀζύμων temp. Dat. (A182) *am ersten Tag des Fe-*
stes der ungesäuerten Brote; im Anschluß an das Passafest (15. Nisan
[März/April]) durften die Juden sieben Tage lang nur ungesäuertes Brot (Maz-
zen) essen (vgl. Lev 23,6 u. Num 28,17); der Sauerteig mußte dabei offenbar be-
reits am 14. Nisan aus den Häusern entfernt werden (Ex 12,18), so daß in ntl.
Zeit die gesamte Periode vom 14.-21. Nisan (einschließl. des Passafestes) als
„Fest der ungesäuerten Brote" bez. werden konnte (vgl. Josephus, Antiquitates
3.248-250 u. Bellum Judaicum 5.99 sowie Antiquitates 2.315-316); gemeint ist
hier wahrscheinl. der Nachmittag des Donnerstags, des 14. Nisan, (nach moder-
ner Rechnung = 6. April 30 od. 2. April 33); am Abend wurde das Passamahl
gegessen (nach jüd. Zählweise brach bei Sonnenuntergang bereits der 15. Nisan

an); zu den z.T. umstrittenen chronologischen Fragen um die Passionsberichte
u. den relevanten Haupttheorien s. etwa Carson, Mt, S. 528-532, od. DJG,
S. 119-122 u. 148f. **προσ-ῆλθον** Aor. -έρχομαι. **λέγοντες** Ptz. λέγω,
mod. **ἑτοιμάσωμεν** Aor. Konj. ἑτοιμάζω; deliberativer Konj., hier erg.
durch asyndetisch davorgesetztes θέλεις (A255): ποῦ θέλεις ἑτοιμάσωμέν
σοι (dat. commodi; A173) φαγεῖν τὸ πάσχα *wo willst du? (wo) sollen wir
Vorbereitungen für dich treffen, damit du das Passamahl essen kannst? = wo
sollen wir das Passamahl für dich vorbereiten?* **φαγεῖν** Aor. Inf. ἐσθίω; fin.
(A276). **πάσχα** V. 2; hier im Sinn v. *Passamahl* (B 3); zur Erinnerung an die
Bewahrung Israels vor dem göttl. Gericht wurde jeweils ein Lamm (zusammen
m. bitteren Kräutern u. ungesäuertem Brot) gegessen: am Vorabend des Auszugs aus Ägypten wurden auf Anweisung Gottes Türpfosten u. oberer Türbalken jedes israelitischen Hauses m. dem Blut eines solchen Lammes bestrichen, was dazu führte, daß der Strafengel, der das Gericht an den Ägyptern
vollzog, die Israeliten verschonte (Ex 12,1-11.21-30). **18 ὁ δέ** *(doch/und)* 18
dieser/er (A102). **ὑπ-άγετε** Imp. **δεῖνα** ὁ ἡ τό *irgendeiner* (den man nicht
nennen will od. kann); πρὸς τὸν δεῖνα *zu dem und dem.* **εἴπατε** Aor. (vgl.
H-S §105g) Imp. λέγω. **λέγει** hier *läßt (dir) sagen/ausrichten* (vgl. A218). **ὁ
καιρός μου** *meine Zeit, meine Stunde* (hier wahrscheinl. absichtl.
mehrdeutig; Carson, Mt, S. 533). **ἐγγύς** *nahe, bevorstehend.* **πρὸς σέ** =
παρὰ σοί *bei dir* (BDR §239[1]; vgl. A200). **ποιέω** hier *feiern* (B I1bζ); Präs.
hier fut. (A234). **19 ἐ-ποίησαν** Aor. ποιέω; ἐποίησαν οἱ μαθηταὶ ὡς 19
συνέταξεν αὐτοῖς ὁ Ἰησοῦς *die Jünger taten, wie/was Jesus ihnen aufgetragen hatte* (vgl. A224). **συν-έ-ταξεν** Aor. -τάσσω[79] *anordnen, auftragen.*
ἡτοίμασαν Aor.

20 ὀψία (eig. Fem. Sg. ὄψιος spät; subst.) *Abend.* **γενομένης** Aor. 20
Ptz. Med. γίνομαι, gen. abs. (A288), temp.; ὀψίας γενομένης *als es Abend
geworden war.* **ἀν-έ-κειτο** Ipf. Med. ἀνά-κειμαι V. 7. **δώδεκα** vgl.
V. 14. **21 ἐσθιόντων** Ptz. ἐσθίω, gen. abs. (A288), temp.; ἐσθιόντων 21
αὐτῶν *während sie aßen, während des Essens/der Mahlzeit.* **ὅτι** am besten als
Doppelpunkt berücksichtigen (vgl. A333). **ἐξ ὑμῶν** hier statt gen. partitivus
(A164). **παρα-δώσει** Fut. -δίδωμι. **22 λυπούμενοι** Ptz. Pass. λυπέω 22
traurig machen, betrüben; Pass. Präs. auch *traurig sein;* mod.; λυπούμενοι
σφόδρα etwa *sie/die Jünger waren sehr bestürzt und* (vgl. A291,2 Anm. 1).
σφόδρα *heftig, gewaltig, sehr.* **ἤρξαντο** Aor. Med. ἄρχω; ἤρξαντο
λέγειν αὐτῷ εἷς ἕκαστος *jeder einzelne fing an, zu ihm zu sagen = einer
nach dem anderen sagte zu ihm.* **λέγειν** Inf. **ἕκαστος** hier durch εἷς
verstärkt *jeder einzelne* (BDR §305,1b; B 2). **μήτι** *etwa* (verneinende Antwort
angedeutet, A320); μήτι ἐγώ εἰμι,κύριε *ich bin es doch nicht etwa, Herr.*
κύριε Vok. **23 ὁ δέ** V. 18. **ἀπο-κριθείς** Aor. Ptz. Pass. (ohne Pass.- 23
Bdtg.) -κρίνομαι, pleon. (A297,2); ὁ δὲ ἀποκριθεὶς εἶπεν *er antwortete.*

ἐμ-βάψας Aor. Ptz. -βάπτω[52] *eintauchen* ἔν τινι *in etwas;* subst.; ὁ ἐμβά-
ψας μετ' ἐμοῦ τὴν χεῖρα ἐν τῷ τρυβλίῳ *der, der die Hand mit mir in die*
Schüssel getaucht hat wahrscheinl. = *einer, der ... getaucht hat* praktisch = *einer*
meiner Tischgenossen/Freunde (kaum = *der, der gerade ... getaucht hat;* s. V. 25;
vgl. Gebrauch des hebr. Art. [Joüon-Muraoka §137m-o]). **τρύβλιον** *Schüs-*
sel, Schale; wahrscheinl. handelte es sich um eine Schüssel m. Fruchtmus, in das
die Mahlteilnehmer Brotstücke bzw. Grünkräuter vor deren Verzehr (während
der Vorspeise od. der Hauptmahlzeit) tauchten (vgl. Mischna, Pesachim 10,1ff;
Dalman, Jesus, S. 111f; GBL 1, S. 4; DJG, S. 447). **παρα-δώσει** Fut.
24 -δίδωμι. **24 ὑπ-άγω** hier wohl Euphemismus (A385) für den Tod (B 3);
Präs. hier fut. (A234); ὁ μὲν υἱὸς τοῦ ἀνθρώπου ὑπάγει καθὼς γέ-
γραπται περὶ αὐτοῦ *der Menschensohn geht* (im Sinn v. *wird ... gehen* bzw. *ist*
im Begriff ... zu gehen) dahin/seinen Weg, wie über ihn in der Schrift steht = *der*
Menschensohn wird zwar sterben, wie es in den heiligen Schriften vorausgesagt ist
(GN). **γέ-γραπται** Pf. Pass. γράφω, Pf. Pass. term. tech. zur Einführung v.
Hinweisen auf die Heilige Schrift (B 2c): *in der Schrift steht;* zu denken ist etwa
an Jes 53,7-9, Da 9,26 od. auch größere typologische Zusammenhänge (z.B. das
Passalamm; vgl. zu 2,15 u. 5,17-20; Carson, Mt, S. 534). **παρα-δίδοται** V. 2.
καλόν Positiv statt Komp. (A118,1; B 3c). **ἦν** Ipf. εἰμί. **ἐ-γεννήθη** Aor.
Pass. γεννάω; καλὸν ἦν αὐτῷ εἰ οὐκ ἐγεννήθη ὁ ἄνθρωπος ἐκεῖνος
irrealer Fall (bei ἦν sonst ἄν erwartet; A345; BDR §358[2]) *für diesen Menschen*
(dat. commodi, A173) *wäre es besser, er wäre nicht/nie geboren worden.*
25 **25 ἀπο-κριθείς** V. 23, hier wohl *das Wort ergreifen* o.ä. (Hebr./Aram.; B 2;
Zerwick §366); pleon. (A297,2); ἀποκριθεὶς Ἰούδας ὁ παραδιδοὺς αὐ-
τὸν εἶπεν hier etwa *da sagte Judas, der dabei war, ihn zu verraten* od. *der ihn*
verraten wollte. **παρα-διδούς** Ptz.; wohl lin. (d.h. im Sinn v.: im Verlauf be-
findl. [A225]) od. konativ (A227; Menge); attr. **ῥαββί** indekl., hier Vok.,
(hebr. רַבִּי *rabbî) Rabbi,* Anrede u. Ehrenbezeichnung für (Gesetzes-)Lehrer.
λέγει hist. Präs. (A235). **εἶπας** Aor. (vgl. H-S §105g) λέγω; σὺ εἶπας „du
hast es (A79) gesagt" = *doch, du bist es* (Menge; A321) od. *du hast es ausgespro-*
chen (NGÜ), aber nicht etwa = *das sagst du, nicht ich* (BDR §441[4]); vgl. ähnl.
(viell. auch hinsichtl. der bes. Konnotationen) V. 64.
26 **26 ἐσθιόντων** V. 21; zu den Fragen um das Verhältnis der verschiede-
nen Abendmahlsberichte bei Mt, Mk, Lk u. 1Kor 11,23-26 zueinander, um die
ursprüngl. Form der Herrenworte sowie um theologischen Hintergrund u. Sinn
s. z.B. GBL 1, S. 3-6, DJG, S. 444-451. **λαβών** Aor. Ptz. λαμβάνω, temp.
(A291,1 Anm. 1); analog εὐλογήσας u. δούς. **εὐ-λογήσας** Aor. Ptz. -λο-
γέω hier *Lob und Dank sagen* (B 1), *den Lobpreis/das Dankgebet sprechen, Gott*
danken; temp. **ἔ-κλασεν** Aor. κλάω[23] *(in Stücke) brechen;* erg. τοῦτον/αὐ-
τόν (A79), analog zu δούς. **δούς** Aor. Ptz. δίδωμι, temp. [Var. ἐ-δίδου
Ipf.]. **λάβετε** Aor. Imp. λαμβάνω. **φάγετε** Aor. Imp. ἐσθίω. **ἐστίν** *ist,*

hier wohl in Metapher (A380) bzw. erklärend gebraucht im Sinn v. *bedeutet*
(DJG, S. 447; vgl. B εἰμί II3), *stellt ... dar* (vgl. GBL 1, S. 5); analog in V. 28.
27 λαβών V. 26. **ποτήριον** *Becher, Kelch;* v. den während des jüd. Passa- 27
mahls herumgereichten vier Bechern handelt es sich hier wohl um den dritten,
den zum Hauptmahl gehörenden „Segensbecher" (GBL 1, S. 4; DJG, S. 448).
εὐ-χαριστήσας Aor. Ptz. -χαριστέω *danken, danksagen; dankbar sein,*
hier *das Dankgebet sprechen, Gott danken* (vgl. B 2); temp. (A291,1 Anm. 1).
ἔ-δωκεν Aor. δίδωμι, erg. τοῦτο/αὐτό (A79). **λέγων** Ptz., mod. **πίετε**
Aor. Imp. πίνω. **28 δια-θήκη** *Testament;* im NT meist: *Heilsverfügung, -set-* 28
zung, Bund; τὸ αἷμά μου τῆς διαθήκης τὸ περὶ πολλῶν ἐκχυννόμε-
νον εἰς ἄφεσιν ἁμαρτιῶν *mein Blut des Bundes* (Anspielung auf Ex 24,8),
das für viele (Anspielung auf Jes 53,12) *zur Vergebung der Sünden vergossen wird*
(Anspielung auf Jer 31,31-34), d.h. durch meinen gewaltsamen Tod („mein
Blut"), meine stellvertretende Lebenshingabe, die Sühne wirkt, richtet Gott sei-
ne neue Heilsordnung auf. **περί** hier = ὑπέρ *für* (A184; B 1f). **ἐκ-χυννό-
μενον** Ptz. Pass. -χέω/χύννω *ausgießen;* (Blut) *vergießen;* attr. **εἰς** hier fin.
(B 4f); εἰς ἄφεσιν ἁμαρτιῶν (auch ohne Art. best.; A106a/d) *zur Vergebung
der Sünden.* **ἄφ-εσις**[8] *Erlaß* (v. Schuld, Sünde usw.), *Vergebung.* **29 οὐ μή** 29
m. Aor. Konj. stärkste Verneinung zukünftigen Geschehens (A257). **πίω** Aor.
Konj. πίνω. **ἄρτι** *jetzt;* ἀπ' ἄρτι *von jetzt an* (B 3). **ἐκ τούτου** hier statt
gen. partitivus (A164; B 4aε). **γένημα**[3] *Erzeugnis, Ertrag;* τὸ γένημα τῆς
ἀμπέλου *das Erzeugnis/die Frucht des Weinstocks,* im Judentum gebräuchl.
Umschreibung für *Wein* (Dt 22,2 LXX; Jes 32,12; Mischna, Berachot 6,1; vgl.
EWNT 1, Sp. 584); ἐκ τούτου τοῦ γενήματος τῆς ἀμπέλου *von diesem
Erzeugnis des Weinstocks, von diesem Wein* wohl = *den Wein dieses Mahls* (GN:
den Wein des Passamahls). **ἄμπελος** ἡ *Weinstock.* **ὅταν** temp. NS hier
Attr. zu τῆς ἡμέρας ἐκείνης (A353): bis *zu dem Tag, an dem.* **πίνω** Konj.
[Var. πίω Aor. Konj.]. **καινόν** Obj.-Präd. (Artangabe; A65; H-S §259n);
ὅταν αὐτὸ πίνω μεθ' ὑμῶν καινόν *an dem ich ihn neu* (d.h. m. neuer Be-
schaffenheit, in neuer Gestalt) *mit euch trinken werde;* Jesus macht hier deutl.,
daß dies sein letztes Mahl m. seinen Jüngern vor seiner Wiederkunft u. dem
Mahl der Vollendung ist (vgl. Mt 8,11f; 22,11-14; 1Kor 11,26; GBL 1, S. 5; DJG,
S. 448f). **30 ὑμνήσαντες** Aor. Ptz. ὑμνέω *ein Loblied singen, lobsingen;* 30
besingen, preisen; temp. *nachdem sie den Lobpreis gesungen hatten;* gemeint ist
wahrscheinl. der letzte Teil des „Hallel": Ps 114-118 od. 115-118 (daher GNB:
die Dankpsalmen). **ἐξ-ῆλθον** Aor. -έρχομαι. **εἰς** hier *an.* **ἐλαία** *Oliven-
baum, Ölbaum; Olive;* τὸ ὄρος τῶν ἐλαιῶν *der Ölberg,* Bergzug im Norden u.
Osten v. Jerusalem (GBL 2, S. 1088ff).

31 τότε *da* od. *damals/um jene Zeit* od. *dabei/unterwegs* (Menge); zur 31
chronologischen Einordnung der in 26,31-35 berichteten Episode s. Carson, Mt,
S. 540 (wohl am ehesten nach Jh 13,36-38). **λέγει** V. 25. **σκανδαλισθή-**

σεσθε Fut. Pass. σκανδαλίζω (vgl. A33[91ff]) (< σκάνδαλον Falle; Ärger-
nis, Anstößiges) m. Akk. *jmdm. Anstoß geben, jmdn. zur Sünde verführen;* πάν-
τες ὑμεῖς σκανδαλισθήσεσθε ἐν ἐμοί *ihr werdet alle an mir Anstoß neh-
men* (bzw. *an mir irre werden*) (Menge). **γέ-γραπται** Pf. (A231) Pass. γρά-
φω, Pf. Pass. term. tech. zur Einführung v. Schriftzitaten (B 2c): *in der Schrift
heißt es/steht;* zitiert wird aus Sach 13,7 (anscheinend nach einer vorchristl. Re-
zension der LXX od. nach dem MT bzw. einer Kombination der beiden), wo-
nach (s. Sach 13,7-9) angesichts des zunehmenden Abfalls v. Gott, Gottes Hirte
(im Ggs. zum falschen Hirten von Sach 11), der Mann, der Jahwe am nächsten
ist, erschlagen u. seine Herde (d.h. Israel) zerstreut werden soll, v. der aber ein
Teil überleben, geläutert u. zu „meinem Volk“ werden soll (Carson, Mt, S. 540).
πατάξω Fut. πατάσσω (vgl. A33[74ff]) *schlagen, stoßen; niederschlagen, er-
schlagen;* Subj. ist Jahwe (nach MT das Schwert Jahwes). **ποιμήν**[4] ένος ὁ
Hirte. **δια-σκορπισθήσονται** Fut. Pass. -σκορπίζω (vgl. A33[91ff]) *zer-*
32 *streuen.* **πρό-βατον** *Schaf.* **ποίμνη** *Herde.* **32 μετὰ τό** m. AcI temp.
(A282; BDR §402[4]). **ἐγερθῆναι** Aor. Inf. Pass. ἐγείρω; Präd. des AcI;
μετὰ τὸ ἐγερθῆναί με *nach meiner Auferstehung* (H-S §226a). **προ-άξω**
33 Fut. -άγω[59] (örtl. od. zeitl.) *vorausgehen, vorangehen* (τινά *jmdm.*). **33 ἀπο-
κριθείς** V. 23. **εἰ** m. Ind. indefiniter Fall (A342). **σκανδαλισθήσον-
ται, σκανδαλισθήσομαι** V. 31. **ἐγώ** Subj. betont (A122). **οὐ-δέ-**
34 **ποτε** (vgl. A18) *niemals.* **34 ἔ-φη** Ipf. φημί. **ὅτι** V. 21. **πρίν** (A336) *be-
vor, ehe* (fast immer m. Inf./AcI). **ἀλέκτωρ**[6] ορος ὁ *Hahn.* **φωνῆσαι** Aor.
Inf. φωνέω hier *krähen;* Präd. des AcI; πρὶν ἀλέκτορα φωνῆσαι *bevor
ein/der Hahn kräht,* zu verstehen im Sinn v. *vor dem Haupthahnenschrei* (vgl. Mk
14,30: *bevor ein/der Hahn zweimal kräht*), d.h. ca. 1.30 Uhr od. (viell. besser) als
volkstüml. Bezeichnung im Sinn v. *noch vor der Morgendämmerung* (s. Brown,
Death 1, S. 137 u. 605) [Var. ἀλεκτορο-φωνία *Hahnenschrei* (röm. Bezeich-
nung für die dritte Nachtwache)]. **τρίς**[19] *dreimal.* **ἀπ-αρνήσῃ** [Var.: für 2.
Sg. -ει statt -ῃ (vgl. BDR §87[1]; A22)] Fut. Med. -αρνέομαι *leugnen, verleug-*
35 *nen.* **35 λέγει** V. 25. **κἄν** (= καὶ ἐάν) *auch/selbst/sogar wenn* (B 2; BDR
§374[5]). **δέῃ** Konj. δεῖ. **ἀπο-θανεῖν** Aor. Inf. -θνῄσκω; Präd. des AcI, ab-
hängig v. δέῃ. **οὐ μή** V. 29, hier m. Fut. (statt m. Aor. Konj.). **ἀπ-αρνή-
σομαι** Fut. Med. **ὁμοίως** *gleich(erweise), ebenso.* **εἶπαν** Aor. (vgl. H-S
§105g) λέγω; ὁμοίως καὶ πάντες οἱ μαθηταὶ εἶπαν *ebenso/dasselbe
sagten/beteuerten auch alle anderen* (A376) *Jünger.*

36 **36 ἔρχεται** hist. Präs. (A235). **χωρίον** *Grundstück, Landgut.* **λεγό-
μενον** Ptz. Pass. λέγω, attr.; *mit Namen* (B II3) bzw. *das ... genannt wird.*
Γεθσημανί indekl., hier Akk. (hebr. [גַּת שְׁמָנִי[ם *gat šəmānî[m]*
„Öl[e]kelter“) *Getsemani;* gemeint ist ein Garten am Fuß des westl. Ölbergab-
hanges (vgl. Jh 18,1f; GBL 1, S. 460f). **λέγει** V. 25. **καθίσατε** Aor. Imp.
καθίζω. **αὐτοῦ**[18] Adv. *hier; dort.* **ἕως** (οὗ) hier *solange (wie), während*

(B III1bγ). **ἀπ-ελθών** Aor. Ptz. -έρχομαι, temp. (durch Nebenordnung m.
„und“ übers.; A291,1 Anm. 1); ἕως οὗ ἀπελθὼν ἐκεῖ προσεύξωμαι *wäh-
rend ich dorthin* (NGÜ: *ein Stück weiter*) *gehe und bete.* **προσ-εύξωμαι** Aor.
Konj. (s. ἕως [NT öfter ohne ἄν], A337) Med. -εύχομαι. **37 παρα-λα-** 37
βών Aor. Ptz. -λαμβάνω, temp. (als HS + „da“ o.ä. übers.; vgl. A290). **Ζε-
βεδαῖος** *Zebedäus,* Vater der Apostel Johannes u. Jakobus. **ἤρξατο** Aor.
Med. ἄρχω. **λυπεῖσθαι** Inf. Pass. λυπέω V. 22. **ἀδημονεῖν** Inf. ἀδη-
μονέω *beunruhigt/betrübt/in Angst sein;* ἤρξατο λυπεῖσθαι καὶ ἀδημο-
νεῖν *da fing er an zu trauern und zu zagen* (vgl. Menge), *Traurigkeit und Angst
wollten ihn überwältigen* (NGÜ); ungewöhnl. Seelenqualen überkommen ihn,
auf den ein ungewöhnl. Tod wartet: er, der Messias (1,16 usw.), der Sohn Gottes
(3,17 usw.), der „Gott mit uns“ (1,23) soll sein Leben stellvertretend für die
Menschen dahingeben, um die Sühne/Vergebung ihrer Sünden zu erwirken, die
sie im Endgericht bewahren wird (vgl. 1,21; 20,28 usw.); er soll das Opfer sein,
durch das Gott seine neue Heilsordnung aufrichtet, das gerichtabwendende
Passalamm (V. 26-30); er wußte: nach dem Willen seines Vaters sollte er diesen
Weg ganz allein gehen (27,46; Carson, Mt, S. 543). **38 λέγει** V. 25. **περί-** 38
λυπος[11] *tiefbetrübt, sehr traurig;* περίλυπός ἐστιν ἡ ψυχή μου ἕως θα-
νάτου *tiefbetrübt ist meine Seele bis zum Tode* (Menge), *meine Seele ist zu Tode
betrübt,* d.h. die Seelenqualen sind so groß, daß sie mich fast töten (vgl. Carson,
Mt, S. 54). **μείνατε** Aor. Imp. μένω. **γρηγορεῖτε** Imp. γρηγορέω
(= att. ἐγρήγορα, Pf. ἐγείρω) *wach sein/bleiben, wachen;* hier impliziert: um
zu beten. **39 προ-ελθών** Aor. Ptz. -έρχομαι[187] *vorgehen, vorwärtsgehen,* 39
hier *weitergehen;* temp. (A291,1 Anm. 1) [Var. προσ- statt προ-]. **μικρόν** *ein
wenig, eine kleine Strecke, ein paar Schritte* (adv. Akk.; A148ff). **ἔ-πεσεν** Aor.
πίπτω hier *niederfallen, sich zu Boden werfen* (B 1bαב). **προσ-ευχόμενος**
Ptz., mod. **λέγων** Ptz., mod.; προελθὼν μικρὸν ἔπεσεν ἐπὶ πρόσωπον
αὐτοῦ προσευχόμενος καὶ λέγων *er ging ein paar Schritte weiter, warf sich
mit dem Gesicht zu Boden und betete:* (wörtl.: *und betete und sprach dabei:*).
πάτερ Vok. πατήρ. **εἰ** V. 33. **δυνατός** *stark, mächtig;* Ntr. *möglich.*
παρ-ελθάτω Aor. (vgl. H-S §105g) Imp. 3. Sg. -έρχομαι[187] *vorbei-, vorüber-
gehen;* v. einem Leiden, Unglück: *vorübergehen,* ohne zu berühren, ἀπό τινος
an jmdm. (B 1bγ). **ποτήριον** V. 27; εἰ δυνατόν ἐστιν, παρελθάτω ἀπ’
ἐμοῦ τὸ ποτήριον τοῦτο *wenn es möglich ist, gehe dieser Kelch an mir
vorüber* od. *wenn es möglich ist, laß diesen bitteren Kelch* (GN: *diesen Leidens-
kelch*) *an mir vorübergehen* (NGÜ); m. „Kelch“ sind hier nicht nur das Leiden u.
Sterben, sondern auch das Zorngericht Gottes gemeint (wie oft im AT: Ps 11,6;
75,7-8; Jes 51,19-22; Jer 25,15-16.27-29; 49,12; 51,57; Kl 4,21; Ez 23,31-34; Hab
2,16; vgl. Hi 21,20; Ps 60,3; Jes 63,6; Ob 16); „wenn es möglich ist“ wohl im Sinn
v.: wenn es vereinbar ist m. dem Heilswillen des Vaters (Carson, Mt, S. 543f).
πλήν *aber, jedoch;* πλὴν οὐχ ὡς ἐγὼ θέλω ἀλλ’ ὡς σύ (erg. θέλεις)

aber nicht wie ich will, sondern wie du willst (impliziert: soll es geschehen).
40 **40 ἔρχεται, εὑρίσκει** hist. Präs. (A235). **καθ-εύδοντας** Ptz. -εύδω
schlafen; AcP (A300). **λέγει** V. 25. **οὕτως** hier wohl folgernd *so ... also*
(B 1b), od. mod. *so (wenig);* οὕτως οὐκ ἰσχύσατε ... *so konntet ihr also ...?*
od. *so wenig seid ihr imstande gewesen ...?* (Menge). **ἰσχύσατε** Aor. ἰσχύω
stark sein, vermögen, können. **μίαν ὥραν** Akk. der zeitl. Ausdehnung (A148)
41 *eine einzige Stunde (lang).* **γρηγορῆσαι** Aor. Inf. **41 προσ-εύχεσθε**
Imp. **ἵνα** hier fin. od. *daß* (A328; bez. das Erbetene; B II1aγ). **εἰσ-έλθητε**
Aor. Konj. -έρχομαι. **πειρασμός** *Prüfung, Erprobung; Versuchung, Anfechtung;* ἵνα μὴ εἰσέλθητε εἰς πειρασμόν *damit* (od. *darum, daß*) *ihr nicht in
Versuchung* (vgl. V. 31) *geratet.* **πρό-θυμος**[11] *geneigt, bereit, willig.* **ἀ-σθε-
νής**[7] *kraftlos, schwach;* τὸ μὲν πνεῦμα πρόθυμον ἡ δὲ σὰρξ ἀσθενής
der Geist ist willig, aber das Fleisch (d.h. die menschl. Natur) *ist schwach* bzw.
(wesentl. freier, aber idiomatischer) *den guten Willen habt ihr, aber ihr seid nur*
42 *schwache Menschen* (GN). **42 ἐκ δευτέρου** *zum zweitenmal, ein zweites Mal*
(vgl. H-S §184h; B δεύτερος 4); πάλιν (hier pleon. [A379; vgl. BDR §484])
ἐκ δευτέρου übers. einfach *ein zweites Mal.* **ἀπ-ελθών** V. 36, temp.
(A291,1 Anm. 1). **προσ-ηύξατο** Aor. Med. -εύχομαι. **εἰ** V. 33. **παρ-
ελθεῖν** Aor. Inf. -έρχομαι V. 39; Präd. des AcI, abhängig v. οὐ δύναται.
ἐὰν μή *außer wenn/daß, ohne daß* (A351; B ἐάν I3b); εἰ οὐ δύναται
τοῦτο παρελθεῖν ἐὰν μὴ αὐτὸ πίω *wenn dieser (Kelch) nicht (an mir)
vorübergehen kann, ohne daß ich ihn trinke* bzw. (etwas einfacher) *wenn es nicht
anders sein kann und ich diesen Kelch trinken muß* (NGÜ). **πίω** Aor. Konj.
πίνω. **γενηθήτω** Aor. Imp. Pass. (ohne bes. Pass.-Bdtg.) 3. Sg. γίνομαι.
43 **43 ἐλθών** Aor. Ptz. ἔρχομαι, temp.; ἐλθὼν πάλιν *als er zurückkam.* **εὗ-
ρεν** Aor. εὑρίσκω. **καθ-εύδοντας** V. 40. **ἦσαν** Ipf. εἰμί. **βε-βαρη-
μένοι** Pf. Ptz. Pass. βαρέω *beschweren;* Pass. *beschwert, bedrückt, belastet
werden;* umschrieb. Plsqpf. (A249b); ἦσαν αὐτῶν οἱ ὀφθαλμοὶ βεβαρη-
μένοι „ihre Augen waren beschwert" = *die Augen waren ihnen zugefallen, sie*
44 *konnten die Augen vor Müdigkeit nicht offenhalten* (NGÜ). **44 ἀφ-είς** Aor.
Ptz. -ίημι, temp. (A291,1 Anm. 1); ἀφεὶς αὐτούς etwa *er ließ sie (in Ruhe)*
(vgl. B 3a bzw. 4), *er ließ sie schlafen* (NGÜ). **ἀπ-ελθών** V. 36. **προσ-
ηύξατο** V. 42. **ἐκ τρίτου** *zum drittenmal, ein drittes Mal* (H-S §184h; B ἐκ
45 5bβ). **εἰπών** Aor. Ptz. λέγω, mod. **45 ἔρχεται** V. 36. **λέγει** V. 25.
καθ-εύδετε Ind. (evtl. konativ; A232c) od. Imp. V. 40. **τὸ λοιπόν** adv.
Akk. (m. od. ohne Art.; A150) *hinfort, weiterhin.* **ἀνα-παύεσθε** Ind. (evtl.
konativ; A232c) od. Imp. Med. -παύω *ausruhen lassen, Ruhe gewähren,
erquicken;* Med. *sich ausruhen;* καθεύδετε τὸ λοιπὸν καὶ ἀναπαύεσθε
ind. (Frage od. Ausruf) *schlaft ihr immer noch und ruht euch aus?* (od. *ihr schlaft
immer noch ....!*), *wollt ihr noch länger schlafen und euch ausruhen?,* imp.
(ironisch) *schlaft nur weiter und ruht euch aus!* (vgl. B λοιπός 3aα). **ἰδού**

etwa *seht* (NGÜ) od. *jetzt* (Menge) od. unübersetzt lassen; analog V. 46. **ἤγγι-
κεν** Pf. (A242) ἐγγίζω. **καί** hier *daß/da* (zwischen Zeitbestimmung u. dem
davon best. Verbalsatz; BI2c; BDR §442[10]; vgl. A311,2); ἰδοὺ ἤγγικεν ἡ
ὥρα καί *jetzt ist die Stunde gekommen, daß* (Menge) od. *seht, die Stunde ist da,
in der* (NGÜ). **παρα-δίδοται** V. 2, hier m. τινὰ εἰς χεῖράς τινος *jmdn.
in jmds. Hände/Gewalt geben/überantworten* (B χείρ 2b), *jmdn. jmdm. ausliefern;*
Präs. hier fut. (A234). **46 ἐγείρεσθε** Imp. Pass. ἐγείρω Pass. hier *aufstehen* 46
(B 2b). **ἄγωμεν** Konj. ἄγω hier *gehen* (B 5); adhortativer Konj. (A254);
ἐγείρεσθε ἄγωμεν *steht auf, wir wollen gehen.* **παρα-διδούς** Ptz. -δίδω-
μι; wohl lin. (vgl. V. 25); subst.; ὁ παραδιδούς με *der, der mich verrät* (d.h.
der dabei ist, mich zu verraten) bzw. *mein Verräter.*

47 λαλοῦντος Ptz. λαλέω, gen. abs. (A288), temp. **εἷς τῶν δώδε-** 47
κα V. 14. **μάχαιρα** *Schwert.* **ξύλον** *Holz;* hier *Prügel, Knüppel* (B 2b); ὄχ-
λος πολὺς μετὰ μαχαιρῶν καὶ ξύλων *eine große Schar von Männern mit
Schwertern und Knüppeln (bewaffnet).* **ἀπό** bez. den Urheber (vgl. B V4); ἀπὸ
τῶν ἀρχιερέων καὶ πρεσβυτέρων τοῦ λαοῦ (vgl. V. 3) etwa *von den
führenden Priestern und den Ratsältesten des (jüdischen) Volkes geschickt.*
48 παρα-διδούς V. 46; ὁ παραδιδοὺς αὐτόν übers. *der Verräter.* **ἔ-δω-** 48
κεν Aor. δίδωμι; ἔδωκεν αὐτοῖς σημεῖον der Verräter *hatte* (vgl. H-S
§199n; A224) *mit ihnen ein Zeichen vereinbart.* **λέγων** Ptz., mod. **ὃν ἄν**
(A371) *welchen (auch immer)* bzw. (hier [vgl. A358]) *der, den;* ὃν ἂν φιλήσω
αὐτός ἐστιν, κρατήσατε αὐτόν *der, den ich küssen werde, der ist's; den
nehmt fest* (Menge). **φιλήσω** Aor. Konj. φιλέω *lieben, gern haben;* hier *küs-
sen* (B 2). **κρατήσατε** Aor. Imp. V. 4. **49 προσ-ελθών** Aor. Ptz. -έρχο- 49
μαι, temp. (A291,1 Anm. 1). **χαῖρε** Imp. hier Grußformel *sei gegrüßt* (B 2a).
ῥαββί V. 25. **κατ-ε-φίλησεν** Aor. κατα-φιλέω *küssen.* **50 ἑταῖρε** 50
Vok. ἑταῖρος *Gefährte, Freund;* Anrede etwa = *guter/mein Freund* o.ä. **πάρ-
ειμι** (εἰμί) *anwesend sein; dasein, (her)gekommen sein;* ἐφ' ὃ πάρει ist in der
Deutung unsicher; da ein Rel.-Pron. zwar eine indirekte, aber nicht eine direkte
Frage einleiten kann (A133b), scheint die Übersetzung *wozu bist du gekommen?*
kaum haltbar (B ὅς I9b); vertretbar sind u.a. flgd. Möglichkeiten (BDR §300[3];
vgl. Gnilka, Mt 2, S. 418): a) = ἐπὶ τοῦτο πάρει; (rel. Anschluß, A364a) *dazu
bist du gekommen?* (ein durch rhetorische Frage ausgedrückter Tadel); b) =
ποίησον/γενηθήτω ἐφ' ὃ πάρει (Ellipse bzw. Aposiopese [A376f; BDR
§482[2]) *tue/es geschehe, wozu du gekommen bist* (drückt dann Jesu Bereitschaft
zum Leiden aus [vgl. Jh 13,27]). **προσ-ελθόντες** Aor. Ptz. -έρχομαι,
temp. (A291,1 Anm. 1). **ἐπ-έ-βαλον** Aor. ἐπι-βάλλω[112] *auf* etwas *wer-
fen/legen;* ἐπιβάλλω τὰς χεῖρας ἐπί τινα *jmdn. ergreifen/packen* (vgl. B 1b).
ἐ-κράτησαν Aor. V. 4. **51 εἷς** m. subst. Präp.-Gefüge (A105) im gen. par- 51
titivus (A137); εἷς τῶν μετὰ Ἰησοῦ *einer von den Begleitern Jesu.* **ἐκ-τεί-
νας** Aor. Ptz. -τείνω (vgl. A33[118ff]) *ausstrecken;* temp. (A291,1 Anm. 1); hier

wohl „participium graphicum" [ZG; A296]); ἐκτείνας τὴν χεῖρα ἀπέσπα-
σεν τὴν μάχαιραν αὐτοῦ *er streckte seine Hand aus und zog das Schwert*
bzw. (idiomatischer) einfach *er zog das Schwert.* **ἀπ-έ-σπασεν** Aor. ἀπο-
σπάω[24] *herausziehen.* **μάχαιρα** *Schwert.* **πατάξας** Aor. Ptz. πατάσσω
(vgl. A33[74ff]) *schlagen, stoßen;* hier etwa *einschlagen auf* od. (freier) *losgehen
auf;* mod. (A291,2 Anm. 1). **ἀφ-εῖλεν** Aor. -αιρέω[186] *wegnehmen,* hier
abhauen; καὶ πατάξας ... ἀφεῖλεν αὐτοῦ τὸ ὠτίον *er schlug auf ... ein*
52 *und hieb ihm ein* (wörtl.: *das [eine]) Ohr ab.* **ὠτίον** *(äußeres) Ohr.* **52 λέγει**
V. 25. **ἀπό-στρεψον** Aor. Imp. -στρέφω[47] tr. *abwenden, abkehren;
zurückbringen* (an seinen Platz); ἀπόστρεψον τὴν μάχαιράν σου εἰς τὸν
τόπον αὐτῆς *steck dein Schwert wieder an seinen Ort/in die Scheide* (Menge).
λαβόντες Aor. Ptz. λαμβάνω hier *greifen zu* (B 1a); subst. **ἐν** instr. *durch*
(A193). **ἀπ-ολοῦνται** Fut. Med. -όλλυμαι; πάντες οἱ λαβόντες
μάχαιραν ἐν μαχαίρῃ ἀπολοῦνται *alle, die zum Schwert greifen, werden
durchs Schwert umkommen;* zwar geht es hier weder um einen Aufruf zum
Pazifismus noch um eine indirekte Legitimierung v. Gewaltanwendung am
richtigen Ort (da das Schwert „an seinen Ort" zurückzustecken u. nicht etwa
wegzuwerfen sei); doch wird zumindest eines deutl.: zur Verteidigung Jesu ist
Gewalt völlig verfehlt (Jesus ist kein Zelot [vgl. zu 10,4]; Carson, Mt, S. 547f).
53 **53 παρα-καλέσαι** Aor. Inf. -καλέω hier *zu Hilfe rufen* (B 1c), *um Hilfe
bitten* od. m. καί im Sinn v. *daß* bzw. Inf. (BDR §442[9]; A311,3) einfach *bitten;* ἢ
δοκεῖς ὅτι οὐ δύναμαι παρακαλέσαι τὸν πατέρα μου, καί *oder
meinst/glaubst du, daß ich meinen Vater nicht um Hilfe bitten kann, und* (od. ...
meinen Vater nicht bitten kann, daß) = (idiomatischer) *weißt du nicht, daß ich
nur meinen Vater um Hilfe zu bitten brauche, und* (GNB). **παρα-στήσει** Fut.
παρ-ίστημι hier *bereitstellen, zur Verfügung stellen* (B 1a), *zur Seite stellen*
(NGÜ). **ἄρτι** *jetzt; eben erst;* hier *gerade jetzt, sogleich.* **πλείω** (= πλείονα
Ntr. Pl. eig. „eine größere Menge"; [Var. πλείους = πλείονας Mask. Pl.
„mehr", näml. Engel]) *mehr,* erg. ἤ *als* vor Zahlenangabe (H-S §252,26; BDR
§185[7]); πλείω δώδεκα λεγιῶνας ἀγγέλων (gen. partitivus, A164) *mehr
als zwölf Legionen Engel.* **λεγιών**[4] ῶνος ἡ (< lat. legio) *Legion* (militärischer
54 Verband v. etwa 6000 Mann; KP 3, Sp. 538ff). **54 πῶς οὖν** *wie ... dann aber*
(Menge; vgl. B οὖν 1cγ). **πληρωθῶσιν** Aor. Konj. Pass. πληρόω;
deliberativer Konj. (sehr selten bei direkter Frage in der 3. Pers. m. fut. od.
potentialem Sinn; A255; vgl. BDR §366[5]). **ὅτι** *daß*-NS hier Attr. zu αἱ
γραφαί (A353; H-S §288a) *die Schrift, (die sagt) daß* bzw. *die Schrift, nach der*
(Einh.) od. *die Aussagen/Voraussagen der Schrift, nach denen.* **γενέσθαι** Aor.
Inf. Med. γίνομαι; Präd. des AcI, abhängig v. δεῖ (erg. τοῦτο/ταῦτα als
Subj.); πῶς οὖν πληρωθῶσιν αἱ γραφαὶ ὅτι οὕτως δεῖ γενέσθαι; *wie
könnten sich dann aber die Aussagen/Voraussagen der Schrift erfüllen, nach denen*
55 *dies/es so geschehen muß?* (vgl. V. 24). **55 ἐν ἐκείνῃ τῇ ὥρᾳ** *in jener*

Stunde, um diese Zeit (vgl. B ὥρα 3); dieser überraschend gewichtig formulierte
Hinweis (statt etwa τότε) sollte viell. die ersten Adressaten v. Mt auf die zeitl.
Umstände aufmerksam machen, in denen Jesus das flgd. ihnen viell. bes. gut be-
kannte Wort sprach (Carson, Mt, S. 548). **λῃστής**[1] *Räuber, Straßenräuber;*
hier u. 27,38 wohl im Sinn v. *Aufrührer* (Carson, Mt, S. 568f), übers. viell. am be-
sten *Verbrecher.* **ἐξ-ήλθατε** Aor. (vgl. H-S §105g) -έρχομαι hier ἐπί τινα
gegen jmdn. ausziehen (B 1aε). **συλ-λαβεῖν** Aor. Inf. -λαμβάνω[152] *ergrei-
fen, fangen, festnehmen* (B 1a); fin. (A276); ὡς ἐπὶ λῃστὴν ἐξήλθατε μετὰ
μαχαιρῶν καὶ ξύλων συλλαβεῖν με *wie gegen einen Verbrecher seid ihr
mit Schwertern und Knüppeln* (V. 51) *ausgezogen, um mich festzunehmen* (impli-
ziert: weshalb denn nur? o.ä.) od. (als Frage wie Textlesart v. NA) etwa *bin ich
denn ein Verbrecher, daß ihr mit Schwertern und Knüppeln anrücken mußtet, um
mich festzunehmen?* (vgl. ähnl. GN). **καθ' ἡμέραν** *täglich, Tag für Tag*
(A195). **ἐ-καθ-εζόμην** Ipf. Med. -έζομαι *sitzen, sich setzen.* **διδάσκων**
Ptz., mod. (A291,2 Anm. 1) *und lehrte.* **ἐ-κρατήσατε** Aor. V. 4. **56 γέ-** 56
γονεν Pf. (A242; BDR §343[4]) γίνομαι. **ἀφ-έντες** Aor. Ptz. -ίημι hier
wohl *im Stich lassen* (B 3a); temp. (A291,1 Anm. 1). **ἔ-φυγον** Aor. φεύγω[72]
fliehen.

57 κρατήσαντες Aor. Ptz. V. 4; subst. *die, die Jesus festgenommen hat-* 57
ten. **ἀπ-ήγαγον** Aor. -άγω[59] *wegführen;* juristischer term. tech. *vorführen*
(πρός τινα *jmdm.;* B 2a), *zu jmdm. führen;* zu den verschiedenen Fragen um
den Prozeß Jesu (Rolle bzw. Kompetenz der beteiligten Instanzen; chronologi-
scher Ablauf usw.) s. Carson, Mt, S. 549-552; DJG, S. 119-122 u. 841-854;
GBL 3, S. 1242f; eine Kombination der verschiedenen Passionsberichte erlaubt
u.a. flgd. mögl. Rekonstruktion des Prozeßverlaufs (Carson, Mt, S. 552): es fan-
den zwei Prozesse statt, ein jüd. u. ein röm.; der jüd. Prozeß begann m. einer in-
formellen Befragung durch den ehemaligen Hohenpriester Hannas (Jh 18,12-
14.19-23); auf den dabei gefaßten Beschluß des Synedriums (Mt 26,57-68; Mk
14,53-65) folgten ein formeller Beschluß bei Tagesanbruch u. die Überführung
an den röm. Statthalter Pilatus (Mt 27,1-1; Lk 22,66-71); der röm. Prozeß be-
gann m. einem ersten Verhör vor Pilatus (Mt 27,11-14; Jh 18,28-38a), dem sich
kurz darauf die Befragung durch Herodes (Lk 23,6-12) u. das letzte Erscheinen
vor Pilatus (Mt 27,15-31; Jh 18,38b-19,16) anschloßen. **Καϊάφας**[1] V. 3.
πρεσβύτερος V. 3. **συν-ήχθησαν** Aor. Pass. -άγω; ὅπου ... συνήχ-
θησαν *wo sich ... bereits versammelt hatten* (vgl. H-S §199n; A224) od. *wo
sich ... versammelten.* **58 ἠκολούθει** Ipf. ἀκολουθέω. **μακρόθεν** *von* 58
ferne/weitem, aus der Ferne (meist pleon. [A379] ἀπὸ μακρόθεν), hier etwa *in
einiger Entfernung* (NGÜ), *in weitem Abstand* (GNB). **αὐλή** *Hof, Gehöft,
(Tempel-)Vorhof;* hier *Palast.* **εἰσ-ελθών** Aor. Ptz. -έρχομαι; εἰσέρχομαι
ἔσω *ins Innere* (d.h. in den Innenhof des Palastes) *hineingehen* bzw. einfach *hin-
eingehen;* temp. (A291,1 Anm. 1). **ἔσω** (< εἰς) *hinein.* **ἐ-κάθητο** Ipf. Med.

κάθημαι. **ὑπ-ηρέτης**[1] *Gehilfe, Diener;* μετὰ τῶν ὑπηρετῶν *mit/zu den*
Dienern. **ἰδεῖν** Aor. Inf. ὁράω; fin. (A276). **τέλος** hier *Ausgang* einer Sache
(B 1c); ἰδεῖν τὸ τέλος *um zu sehen, wie alles ausgehen würde.*
59 **59 ἀρχ-ιερεύς** V. 3. **συν-έδριον** *Synedrium, Hoher Rat* (oberste jüd.
Instanz in allen religiösen u. zivilen Angelegenheiten; DJG, S. 728-732; GBL 3,
S. 1338f). **ἐ-ζήτουν** Ipf. ζητέω. **ψευδο-μαρτυρία** *falsches Zeugnis, fal-*
sche Zeugenaussage. **ὅπως** *damit, um zu.* **θανατώσωσιν** Aor. Konj. θα-
νατόω *töten,* hier *zum Tod verurteilen;* ὅπως αὐτὸν θανατώσωσιν *um ihn*
60 *zum Tod verurteilen zu können* [Var. θανατώσουσιν Fut. (A339)]. **60 καί**
adversativ (A311,1) *doch, aber.* **εὗρον** Aor. εὑρίσκω; καὶ οὐχ εὗρον erg.
τινά/τι (vgl. A79) *doch sie fanden keine/nichts, doch sie konnten nichts finden.*
προσ-ελθόντων Aor. Ptz. -έρχομαι, gen. abs. (A288), konz.; πολλῶν
προσελθόντων ψευδομαρτύρων *obwohl viele falsche Zeugen herzutra-*
ten/auftraten/gegen ihn aussagten. **ψευδό-μαρτυς** υρος (H-S §42a) *falscher*
Zeuge. **ὕστερος** *späterer, letzter;* Ntr. als Adv. *später, danach;* hier superlati-
visch (A118,2) *zuletzt* (B 2b), *schließlich.* **προσ-ελθόντες,** temp. (A291,1
61 Anm. 1). **61 εἶπαν** Aor. (vgl. H-S §105g) λέγω. **οὗτος** *dieser Mann/*
Mensch (evtl. verächtl. *dieser Kerl;* Carson, Mt, S. 553). **ἔ-φη** V. 34. **κατα-**
λῦσαι Aor. Inf. -λύω *niederreißen, abbrechen, zerstören* (B 1ba). **διά** m. Gen.
hier *binnen, in* (B AII1b; BDR §223[5]). **οἰκο-δομῆσαι** Aor. Inf. -δομέω
hier *wiedererbauen* (B 1c), *wieder aufbauen;* zur Sache vgl. die Aussage Jesu in Jh
2,19-21, wo aber m. dem Tempel Jesus selbst gemeint ist: er ist der wahre Tem-
pel, der eig. Begegnungsort zwischen Gott u. Mensch (ähnl. wie er [typologisch]
auch dem Passalamm entspricht, u. den idealen „Knecht Jahwes", die Offen-
barung des Vaters u. die Erfüllung der Schrift darstellt; s. z.B. V. 27-30; vgl.
62 5,17-20; 8,17; 11,25-30 usw.; Carson, Mt, S. 554). **62 ἀνα-στάς** Wz.-Aor.
Ptz. ἀν-ίσταμαι, temp. (A291,1 Anm. 1). **τί** nach der Zeichensetzung v. NA
offenbar rel. (vgl. A133b) = πρὸς (τοῦτο) ὅ *auf das, was* (geht v. ἀποκρίνο-
μαί τι im [seltenen] Sinn v. *etwas beantworten, auf etwas antworten* [vgl. LSJ
IV; Kühner-Gerth §410,2b] od. v. einem Akk. der Beziehung [vgl. A149] aus);
viell. ist aber nach ἀποκρίνῃ ein Fragezeichen zu setzen (wobei τί im Sinn v.
τί ἐστιν ὅ gedeutet werden kann [BDR §299[1]]): οὐδὲν ἀποκρίνῃ; τί οὗ-
τοί σου καταμαρτυροῦσιν; *Antwortest du nichts? Wie verhält es sich mit*
dem, was (wörtl.: *was [ist das, was]) diese Leute gegen dich vorbringen?* (vgl. BDR
§298[8]). **κατα-μαρτυρέω** *Zeugenaussage machen gegen, aussagen/vorbringen*
63 *gegen* (Gen. der Pers., Akk. der Sache). **63 ἐ-σιώπα** Ipf. σιωπάω *schwei-*
gen, still sein. [Var. ἀπο-κριθείς V. 23.] **ἐξ-ορκίζω** (vgl. ὅρκος Eid) jmdn.
beschwören od. (so wohl hier) *unter Eid nehmen, schwören lassen* (LN 33.467;
vgl. GN) [Var. ὁρκίζω synonym, vgl. LN 33.467)]. **κατά** m. Gen. hier *bei* (im
Zusammenhang m. Schwüren, vgl. H-S §252,33; B I2a). **ζῶντος** Ptz. ζάω,
attr. **ἵνα** hier *daß* bzw. Inf. (A328; bez. das Geforderte) od. fin. (beides imp.

übersetzbar); ἐξορκίζω σε κατὰ τοῦ θεοῦ τοῦ ζῶντος ἵνα ἡμῖν εἴπῃς *ich beschwöre dich bei dem lebendigen Gott: Sage uns* (Menge) od. (wohl besser) *ich nehme dich vor dem lebendigen Gott unter Eid. Sag uns* (NGÜ). **εἴπῃς** Aor. Konj. λέγω. **ὁ χριστός** Präd.-Nom. m. Art.: betonte Gleichsetzung m. dem Subj. (A80). **64 λέγει** V. 25. **εἶπας** Aor. (vgl. H-S §105g) λέγω; σὺ εἶ- 64
πας „du hast es (A79) gesagt" = *ja, ich bin es* (Menge; vgl. A321) od. *du hast es ausgesprochen* (NGÜ), auf jeden Fall eine Bejahung des Inhalts, wohl aber zurückhaltend in bezug auf die Wortwahl (wegen der üblicherweise damit verbundenen Assoziationen; der πλήν-Satz hat dann wohl eine qualifizierende Funktion), u. nicht etwa = *das sagst du, nicht ich* (BDR §441[4]; vgl. Reaktion des Kajaphas u. Mk 14,62). **πλήν** *aber, jedoch.* **ἄρτι** *jetzt;* ἀπ᾽ ἄρτι *von jetzt/nun an* (B 3). **ὄψεσθε** Fut. Med. ὁράω. **καθήμενον** Ptz. κάθημαι, AcP (A300). **ἐκ δεξιῶν τῆς δυνάμεως** *zur Rechten/an der rechten Seite des Allmächtigen* („Macht" ist eine jüd. Umschreibung für den Gottesnamen; EWNT 1, Sp. 862). **ἐρχόμενον** Ptz. ἔρχομαι, AcP (A300). **νεφέλη** *Wolke;* ἀπ᾽ ἄρτι ὄψεσθε τὸν υἱὸν τοῦ ἀνθρώπου καθήμενον ἐκ δεξιῶν τῆς δυνάμεως καὶ ἐρχόμενον ἐπὶ τῶν νεφελῶν τοῦ οὐρανοῦ *von nun an werdet ihr den Menschensohn an der rechten Seite des Allmächtigen* (d.h. auf dem höchsten Ehrenplatz) *sitzen und auf den Wolken des Himmels kommen sehen;* jetzt sehen sie Jesus verlassen u. erniedrigt vor sich; doch dies wird nicht immer so sein: wenn sie ihn in Zukunft („von nun an") wieder zu Gesicht bekommen, dann als unangefochtenen messianischen König (Anspielung auf Ps 110,1) u. souveränen Richter (Anspielung auf Da 7,13-14); vgl. Carson, Mt, S. 555. **65 δι-έρ-ρηξεν** Aor. διαρ-ρήσσω/διαρ-ρήγνυμι[217] *zerreißen;* 65
das Zerreißen der Kleider diente als Ausdruck der Entrüstung od. Trauer (Gen 37,29.34; 44,13; Num 14,6 Ri 11,35 usw.) u. ist nach rabbinischer Tradition (Mischna, Sanhedrin 7.5) für denjenigen vorgeschrieben, der Zeuge einer Gotteslästerung wurde. **λέγων** Ptz., mod. [Var. ὅτι recitativum = Doppelpunkt (A333).] **ἐ-βλασ-φήμησεν** Aor. βλασ-φημέω *verleumden; lästern, Gott lästern* (B 2bα). **τί** adv. *warum?, wozu?* (vgl. B τίς 3a; A134a). **χρείαν ἔχω** *brauchen, nötig haben,* m. Gen. **μάρτυς** υρος ὁ (H-S §42a) *Zeuge.* **ἴδε** (eig. Imp. Aor. ὁράω[192]) Interjektion (H-S §252,63) etwa = ἰδού; ἴδε νῦν ἠκούσατε τὴν βλασφημίαν etwa *jetzt habt ihr die Gotteslästerung selbst gehört* (vgl. B 4). **ἠκούσατε** Aor. ἀκούω. **βλασ-φημία** *Schmähsucht; Lästerung, Gotteslästerung.* **66 δοκεῖ** hier unpersönl. τί ὑμῖν δοκεῖ; *was scheint* 66
euch (richtig)? = was meint ihr? (B 3a). **οἱ δέ** *(und/doch) diese/sie* (A102). **ἀπο-κριθέντες** V. 23. **εἶπαν** Aor. (vgl. H-S §105g) λέγω. **ἔν-οχος**[11] (= ἐνεχόμενος festgehalten in) *verstrickt in, etwas* od. *jmdm. verfallen* (m. Gen.); juristisch: u.a. *schuldig (an* [jmdm.] Gen.; einer Sache: Gen.), *schuldig und* (eine bestimmte Strafe [Gen.]) *verdienend;* ἔνοχος θανάτου ἐστίν *er ist schuldig und hat den Tod verdient/und muß sterben* od. einfach *er muß sterben.*

67 **67 ἐν-έ-πτυσαν** Aor. ἐμ-πτύω *anspucken;* ἐμπτύω εἰς τὸ πρόσω-
πόν τινος *jmdm. ins Gesicht spucken.* **ἐ-κολάφισαν** Aor. κολαφίζω (vgl.
A33[91ff]) *mit der Faust schlagen, schlagen, mißhandeln.* **οἱ δέ** hier (ohne οἱ μέν
[vgl. A102]) *einige/andere (aber)* (B ὁ I2; BDR §250[1]). **ἐ-ράπισαν** Aor. ῥα-
πίζω (vgl. A33[91ff]) *schlagen* (m. Hand od. Stock); erg. αὐτόν (A79).
68 **68 λέγοντες** Ptz. λέγω, mod. **προ-φήτευσον** Aor. Imp. -φητεύω *pro-
phezeien, prophetisch reden* (hier im Sinn v. *Geheimnisse offenbaren*); προφή-
τευσον ἡμῖν, χριστέ, τίς ἐστιν ὁ παίσας σε; *prophezeie uns, Messias:
Wer ist es, der dich geschlagen hat?* bzw. *Messias, du bist doch ein Prophet! Sag
uns: Wer hat dich geschlagen?* (nach Mk 14,65 war das Gesicht hier verhüllt).
χριστέ Vok. **παίσας** Aor. Ptz. παίω *schlagen, stoßen;* subst.
69 **69 ἐ-κάθητο** Ipf. Med. κάθημαι. **αὐλή** V. 58, hier im Sinn v. *Hof/In-
nenhof* (des Palastes; B 1). **προσ-ῆλθεν** V. 7. **μία** (Fem. εἷς) = τις
(A137b; B 3b). **παιδίσκη** *Magd, Sklavin, Dienerin.* **λέγουσα** Ptz. Fem.
λέγω, mod. **ἦσθα** Ipf. εἰμί. **Γαλιλαῖος** *galiläisch;* subst. *Galiläer;* μετὰ
Ἰησοῦ τοῦ Γαλιλαίου *mit dem Galiläer Jesus, mit Jesus aus Galiläa zusam-*
70 *men.* **70 ὁ δέ** *doch dieser/er* (A102). **ἠρνήσατο** Aor. Med. ἀρνέομαι
leugnen, bestreiten; verleugnen; erg. τοῦτο/ταῦτα (A79). **λέγων** Ptz., mod.
οὐκ οἶδα τί λέγεις *ich verstehe nicht, was du meinst* (B οἶδα 4), *ich weiß*
71 *nicht, wovon du redest.* **71 ἐξ-ελθόντα** Aor. Ptz. -έρχομαι, part. coni.
(A287), temp.; ἐξελθόντα δὲ εἰς τὸν πυλῶνα εἶδεν αὐτὸν ἄλλη *als er
danach zum Eingangstor ging, sah ihn eine andere Dienerin.* **πυλών**[4] ῶνος ὁ
(das) Tor; Toreingang, Vorhalle; Torgebäude. **λέγει** V. 25. **τοῖς ἐκεῖ** *zu de-
nen, die dort waren/standen* (A105). **ἦν** Ipf. εἰμί. **Ναζωραῖος** (im NT of-
fenbar als Synonym zu Ναζαρηνός gebraucht [EWNT 2, Sp. 1119], daher:)
72 *Nazarener, aus Nazaret (kommend).* **72 ὅρκος** *Eid.* **ὅτι** recitativum = Dop-
73 pelpunkt (A333). **73 μικρόν** Ntr. Sg. hier *eine kurze Zeit,* μετὰ μικρόν
nach kurzer Zeit (B 3e), *kurz darauf.* **προσ-ελθόντες** V. 50. **ἑστῶτες** Pf.
(Wz.-Pf., H-S §109a; m. präs. Bdtg.) Ptz. ἵσταμαι, subst. *(die) Umstehenden.*
ἀληθῶς *wahrhaftig, wirklich, tatsächlich* bzw. hier (idiomatisch) etwa *natür-
lich.* **καὶ σὺ ἐξ αὐτῶν εἶ** *du gehörst auch zu ihnen* (B ἐκ 4aδ), *du bist auch
einer von ihnen.* **καί** (zweites) hier etwa *schon* (Menge). **λαλιά** *Äußerung,
Rede* (das, was jmd. sagt); hier *Redeweise* (die Art, wie jmd. spricht): *Sprache,
Dialekt* od. *Aussprache;* gemeint ist hier der bes. aram. Dialekt Galiläas (zu des-
sen Charakteristika s. Beyer, Die aramäischen Texte, S. 54) od. viell. die davon
gefärbte Aussprache der in Jerusalem gebräuchl. Sprache (vgl. das v. Schweizern
gesprochene Hochdeutsch). **δῆλος** *offenbar, offenkundig;* ποιέω δῆλόν
74 τινα *jmdn. offenbaren* (B), hier etwa *jmdn. verraten.* **74 ἤρξατο** Aor. Med.
ἄρχω. **κατα-θεματίζειν** Inf. -θεματίζω *fluchen, Verwünschungen
ausstoßen.* **ὀμνύειν** Inf. ὀμνύω *schwören, einen Schwur ablegen.* **ὅτι** V. 72.
75 **ἀλέκτωρ** V. 34. **ἐ-φώνησεν** Aor. φωνέω V. 34. **75 ἐ-μνήσθη** Aor.

Pass. (ohne bes. Pass.-Bdtg.) μιμνήσκομαι[168] m. Gen. *sich erinnern; gedenken, denken an.* **εἰρηκότος** Pf. (A231) Ptz. λέγω, trotz des fehlenden Art. wohl attr. (kongruiert m. Ἰησοῦ; A303); ἐμνήσθη ὁ Πέτρος τοῦ ῥήματος Ἰησοῦ εἰρηκότος *Petrus erinnerte sich an das Wort Jesu, der gesagt hatte = Petrus erinnerte sich an das, was Jesus gesagt hatte.* **ὅτι** V. 72. **πρίν** usw. V. 34. **ἐξ-ελθών** Aor. Ptz. -έρχομαι, hier m. pleon. ἔξω; temp. (A291,1 Anm. 1). **ἔ-κλαυσεν** Aor. κλαίω. **πικρῶς** *bitter, bitterlich, in bitterer Verzweiflung* (NGÜ).

πρωΐα (Fem. Sg. πρώϊος früh, Morgen-; subst. [erg. eig. ὥρα; BDR §241,3; H-S §260c; vgl. A88]) *(der) Morgen.* **γενομένης** Aor. Ptz. Med. γί- 27
νομαι, gen. abs. (A288), temp.; πρωΐας γενομένης *als es Morgen geworden war, früh am Morgen* (GN), *bei Tagesanbruch* (NGÜ). **συμ-βούλιον** *Beratung, Beschluß; Ratsversammlung* (< lat. consilium, BDR §5[16]); συμβούλιον λαμβάνω (< lat. consilium capere, BDR §5,4) *einen Beschluß fassen* (B 1). **ἔ-λαβον** Aor. λαμβάνω. **ἀρχ-ιερεύς** Pl. s. zu 26,3. **πρεσβύτερος** Pl. hier v. Mitgliedern einer Gruppe des Synedriums (B 2aβ; GN: *Ratsälteste*); οἱ πρεσβύτεροι τοῦ λαοῦ *die Ältesten/Ratsältesten des (jüdischen) Volkes.* **ὥσ-τε** m. Inf. hier v. der beabsichtigten Folge (also eher fin. [A339] als kons. [A340]; B 2b; BDR §391[7]); συμβούλιον ἔλαβον ... κατὰ τοῦ Ἰησοῦ ὥστε θανατῶσαι αὐτόν ... *[sie] faßten einen Beschluß gegen Jesus, um seine Hinrichtung zu erreichen* (vgl. Menge) bzw. ... *[sie] faßten einen Beschluß, Jesus hinrichten zu lassen* (d.h. durch den dafür zuständigen röm. Statthalter Pilatus); u.a. wurde wahrscheinl. festgelegt, wie sie Pilatus zur Verhängung des Todesurteils bewegen konnten: nicht dadurch, daß sie Jesus der Gotteslästerung (vgl. 26,65f) bezichtigten, sondern indem sie Pilatus gegenüber die politischen Aspekte des messianischen Anspruchs Jesu, näml. König der Juden zu sein (vgl. V. 11), hervorhoben. **θανατῶσαι** Aor. Inf. θανατόω *töten.* **2 δήσαν-** 2
τες Aor. Ptz. δέω, temp. (A291,1 Anm. 1). **ἀπ-ήγαγον** Aor. -άγω[59] *wegführen;* juristischer term. tech. *vorführen, abführen* (B 2a/b). **παρ-έ-δωκαν** Aor. παρα-δίδωμι; δήσαντες αὐτὸν ἀπήγαγον καὶ παρέδωκαν *sie ließen* (A218) *ihn fesseln und abführen und übergaben ihn.* **ἡγεμών**[4] όνος ὁ *Herrscher, Fürst;* hier (röm.) *Statthalter* (höchster Beamter einer Provinz [„praefectus", spätere Bezeichnung „procurator"], der u.a. auch das Recht hatte, Todesurteile zu fällen; dazu bzw. zu Pontius Pilatus s.a. GBL 3, S. 1212-1214).

3 τότε *da, darauf;* τότε ἰδὼν Ἰούδας ... etwa *als jetzt Judas ... erkannte* 3
(Menge). **ἰδών** Aor. Ptz. ὁράω hier *sehen* im Sinn v. *erkennen, bemerken* (B εἶδον 3), *erfahren;* temp. **παρα-διδούς** Ptz. -δίδωμι, attr.; ὁ παραδιδοὺς αὐτόν *der ihn verraten hatte* (vgl. H-S §206i; A285) bzw. *sein/der Verräter* [Var. -δούς Aor. Ptz.]. **κατ-ε-κρίθη** Aor. Pass. κατα-κρίνω[127] *verurteilen;* ὅτι κατεκρίθη *daß er/Jesus verurteilt* (GN [kontextgetreu] *zum Tod verurteilt*) *worden war* (vgl. H-S §199n; A224 bzw. A326). **μετα-μεληθείς** Aor. Ptz.

Pass. (ohne bes. Pass.-Bdtg.) -μέλομαι[181] *bereuen, Reue empfinden;* temp.
(A291,1 Anm. 1); ... μεταμεληθείς *packte ihn die Reue, und* (GNB).
ἔ-στρεψεν Aor. στρέφω[47] *hinwenden;* hier *zurückbringen* (B 1aγ) [Var. ἀπ-
έ-στρεψεν Aor. -στρέφω[47] hier synonym (B 1b)]. **τριάκοντα**[19] *dreißig.*
ἀργύριον *Silber; Silbergeld, Geld;* hier bes. *Silberschekel* (vgl. zu 26,15).
4 **ἀρχ-ιερεύς** V. 1. **πρεσβύτερος** V. 1. **4 λέγων** Ptz., mod. **ἥμαρτον**
Aor. ἁμαρτάνω. **παρα-δούς** Aor. Ptz. -δίδωμι, mod. (H-S §231e; nach
BDR §414[12] präd. bei Verb des modifizierten Seins u. Tuns [vgl. A301]);
ἥμαρτον παραδοὺς αἷμα ἀθῷον *ich habe gesündigt dadurch, daß ich einen
unschuldigen Menschen* (wörtl. *unschuldiges Blut*) *verraten habe* (impliziert: und
habe so dessen Tod verursacht [vgl. B αἷμα 2a]) od. (freier, aber semantisch
genauer) *ich habe eine schwere Schuld auf mich geladen: ein Unschuldiger wird
getötet und ich habe ihn verraten* (vgl. GNB). **ἀ-θῷος**[11] (< θωή Strafe) *un-
schuldig.* **οἱ δέ** *(und/doch) diese/sie* (A102). **εἶπαν** Aor. (vgl. H-S §105g)
λέγω. **τί πρὸς ἡμᾶς** erg. ἐστιν (A78) *was geht uns das an?* (BDR §239,6;
B πρός III5c). **ὄψῃ** Fut. Med. ὁράω; σὺ ὄψῃ hier Lat. (= videris) *da sieh du*
5 *selber zu* (Menge), *das ist deine Sache* (BDR §362[3]; B 2b). **5 ῥίψας** Aor. Ptz.
ῥίπτω[58] *werfen;* temp. (A291,1 Anm. 1). **ἀν-ε-χώρησεν** Aor. ἀνα-χωρέω
weggehen, sich entfernen. **ἀπ-ελθών** Aor. Ptz. -έρχομαι, temp. (A291,1
Anm. 1). **ἀπ-ήγξατο** Aor. Med. -άγχομαι (vgl. A33[59ff]) *sich erhängen;* vgl.
auch zu Apg 1,18f (Par.-Bericht, der wahrscheinl. in einem komplementären
6 Verhältnis zu V. 3-8 steht). **6 λαβόντες** Aor. Ptz. λαμβάνω, temp.
(A291,1 Anm. 1). **ἔξ-εστιν** *es ist möglich, es ist erlaubt/richtig.* **βαλεῖν** Aor.
Inf. βάλλω hier *legen* (vgl. B 2b). **κορβανᾶς**[1] ᾶ (< aram. קָרְבָּנָא *qorbānāʾ*
= hebr. קָרְבָּן *qorbān* [Gott geweihte] Gabe) *Tempelschatz* (vgl. Josephus, Bel-
lum Judaicum 2.175). **ἐπεί** (A338) *weil, da ja, denn.* **τιμή** hier *Wert,
Kaufpreis;* τιμὴ αἵματος *für eine Bluttat gezahltes Geld* (B 1); ἐπεὶ τιμὴ
7 αἵματός ἐστιν übers. etwa *denn es klebt Blut daran.* **7 συμ-βούλιον**
V. 1. **λαβόντες** Aor. Ptz. λαμβάνω, temp. **ἠγόρασαν** Aor. ἀγοράζω
(vgl. A33[91ff]) (< ἀγορά Marktplatz) *kaufen;* συμβούλιον δὲ λαβόντες
ἠγόρασαν *nachdem sie dann einen Beschluß gefaßt hatten, kauften sie* (Menge)
bzw. *sie beschlossen ... zu kaufen;* vgl. auch zu Apg 1,18f. **ἐξ** statt gen. pretii
(B 4b; A151/161); ἐξ αὐτῶν *davon, von dem Geld.* **ἀγρός** *Feld, Acker.* **κε-
ραμεύς**[8] *Töpfer;* ὁ ἀγρὸς τοῦ κεραμέως *der* (wohl als Örtlichkeit bekann-
te) *Töpferacker;* gemeint ist viell. ein Gelände in der Nähe des „Scherben/Töp-
fertores“ (Jer 19,1f), d.h. am Ausgang des Hinnom-Tals (GBL 2, S. 508; DJG,
S. 43). **ταφή** *Begräbnisstätte;* εἰς ταφὴν τοῖς ξένοις (dat. commodi, A173)
zu einem/als Begräbnisplatz/Friedhof für die Fremden (d.h. die jüd. Jerusalem-
8 Pilger; GBL 2, S. 508). **ξένος** *fremd;* subst. *Fremder.* **8 ἐ-κλήθη** Aor. Pass.
καλέω Pass. hier *benannt werden, einen Namen tragen, heißen* (B 1aγ); διὸ
ἐκλήθη ὁ ἀγρὸς ἐκεῖνος ἀγρὸς αἵματος ἕως τῆς σήμερον (erg.

ἡμέρας [B σήμερον; vgl. A88]) *daher ist dieser Acker bis zum heutigen Tag*
(d.h. wohl bis zur Abfassung v. Mt) *„Blutacker" benannt worden = dieses Stück*
Land heißt daher bis heute „Blutacker" (NGÜ); vgl. auch zu Apg 1,18f. **9 τότε** 9
hier *damals* (B 1a). **ἐ-πληρώθη** Aor. Pass. πληρόω. **ῥηθέν** Aor. Ptz. Pass.
Ntr. λέγω, subst. **Ἰερεμίας**[1] 2,17. **λέγοντος** Ptz. λέγω, part. coni.
(A287), temp.; während das flgd. Zitat phraseologisch vornehml. auf Sach
11,12-13 (MT) zurückgeht, scheint es sich thematisch auf Jer 19,1-13 (MT) zu
beziehen: Jeremia wird angewiesen, beim Töpfer einen Krug zu kaufen u. sich
m. einigen Ältesten u. Priestern ins Hinnom-Tal zu begeben, wo er das Strafgericht über Jerusalem ankündigen u. dieses durch das Zerschlagen des Kruges symbolisch darstellen sollte (vgl. auch das sprachl. Bindeglied „das Blut Unschuldiger" [Jer 19,4] sowie u.a. flgd. thematische Elemente: Neubenennung einer m. Töpfern assozierten Örtlichkeit [V. 1] m. einem Namen, der v. Gewalttätigkeit spricht [„Würgetal"; V. 11], die Nutzung der Örtlichkeit als Begräbnisstätte [V. 11] als Zeichen des göttl. Gerichts; da Jeremia wohl für das richtige Verständnis der Prophetie u. deren Erfüllung wichtiger ist, wird hier offenbar ledigl. Jeremia genannt [vgl. 2Ch 36,21 u. Lev 26,34f; vgl. analog den Bezug auf Jesaja in Mk 1,2-3]; dazu sowie zu Alternativtheorien s. Carson, Mt, S. 562f; vgl. Brown, Death 1, S. 650-652); es ist umstritten, wie Mt die Verbindung zwischen Schriftwort u. Verrat an Jesus verstanden haben wollte; es ging ihm aber wohl nicht nur darum, eine Reihe phraseologischer u. thematischer Par. in Jer 19 u. Sach 11 aufzuzeigen, sondern vor allem darum, auf ein tragisches Paradigma menschl. Untreue u. Ablehnung gegenüber Gott aufmerksam zu machen, dessen extremster Ausdruck (dessen „Erfüllung") die Ablehnung Jesu war: für ihn wurde ein äußerst niedriger Preis festgesetzt, er wurde v. den Juden abgelehnt, u. das seinem Verräter gezahlte Geld wurde einem Zweck zugeführt, der auf den Untergang der jüd. Nation hinwies (s. Carson, Mt, S. 564-566). **ἔ-λαβον** Aor. λαμβάνω. **τιμή** V. 6. **τε-τιμημένου** Pf. Ptz. Pass. τιμάω *abschätzen, ehren, schätzen;* Med. *den Wert bestimmen, für sich abschätzen;* subst. wahrscheinl. Mask. v. einer Pers., d.h. (nach Mt) v. Jesus. **ἐ-τιμήσαντο** Aor. Med. τιμάω; τὴν τιμὴν τοῦ τετιμημένου ὃν ἐτιμήσαντο ἀπὸ υἱῶν Ἰσραήλ (das ganze steht in App. [A70] zu τὰ τριάκοντα ἀργύρια) Aor. Ind. bez. hier Vorvergangenheit (vgl. H-S §199n; A224), 3. Pl. im Sinn v. „man" (A76a): *(nämlich/das heißt) den Preis für den so Eingeschätzten, den man von seiten der Israeliten für sich eingeschätzt hatte* (vgl. Menge) od. (freier) *den Preis, den die Israeliten für ihn festgesetzt hatten* (NGÜ), evtl. (m. partitivem ἀπό u. 3. Pl. im persönl. Sinn) *(nämlich/das heißt) den Preis für den so Eingeschätzten, den einige Israeliten so für sich eingeschätzt hatten* (vgl. ZG). **ἀπό** hier wohl kaus. (vgl. B V4) *von seiten* (Menge), evtl. statt gen. partitivus (= τινὲς ἀπό [ZG]; vgl. A137a u. 164; B I6) *einige der/von.* **Ἰσραήλ** ὁ indekl., hier Gen.; υἱοὶ
Ἰσραήλ *Nachkommen Israels* (B 1), *Israeliten.* **10 ἔ-δωκαν** Aor. δίδωμι 10

hier εἴς τι *für etwas ausgeben* (B εἰς 4d); ἔδωκαν αὐτὰ εἰς τὸν ἀγρὸν
τοῦ κεραμέως *sie gaben sie für den Töpferacker aus, sie kauften davon den*
Töpferacker. **καθ-ά** (A352) (= καθ' ἅ) *so wie, gleichwie.* **συν-έ-ταξεν**
Aor. -τάσσω[79] *anordnen, auftragen.* **μοι** *mir,* d.h. dem Propheten.
11 **11 ἐ-στάθη** Aor. Pass. (= ἔ-στη Wz.-Aor. [s. Var.]) ἵσταμαι hier
hintreten ἔμπροσθέν τινος *vor jmdn.* (B II1b); ὁ δὲ Ἰησοῦς ἐστάθη ἔμ-
προσθεν τοῦ *Jesus stand nun aber* (wörtl.: *war aber hingetreten*) *vor dem,* viell.
m. eig. Pass. (v. ἵστημι) *Jesus aber wurde dem ... vorgeführt* (Menge). **ἡγε-**
μών V. 2. **ἐπ-ηρώτησεν** Aor. -ερωτάω. **ὁ βασιλεύς** Präd.-Nom. m.
Art.: betonte Gleichsetzung m. dem Subj. (A80); ὁ βασιλεὺς τῶν Ἰουδαί-
ων *der König der Juden* vgl. zu V. 1. **ἔ-φη** Ipf. φημί. **σὺ λέγεις** „du sagst
es" = *ja, ich bin es* (Menge; vgl. A321) od. *du selbst spricht es aus* (NGÜ), auf je-
den Fall eine Bejahung des Inhalts, wohl aber zurückhaltend in bezug auf die
Wortwahl (wegen der üblicherweise damit verbundenen Assoziationen), u.
12 nicht etwa = *das sagst du, nicht ich* (BDR §441[4]; vgl. 26,64). **12 ἐν τῷ** m. AcI
temp. (A282) *während, als.* **κατ-ηγορεῖσθαι** Inf. Pass. -ηγορέω meist m.
Gen. der Pers. *anklagen, beschuldigen* (meist [so hier] juristischer term. tech.);
hier Pass. m. persönl. Subj. (BDR §312[1]; vgl. A214): ὑπό τινος *von jmdm. an-*
geklagt werden; Präd. des AcI. **ἀρχ-ιερεύς** V. 1. **πρεσβύτερος** V. 1.
ἀπ-ε-κρίνατο Aor. Med. (wie klass. [BDR §78[3]]) ἀπο-κρίνομαι; οὐδὲν
ἀπεκρίνατο *er gab keine Antwort* od. *er verteidigte sich mit keinem Wort*
13 (NGÜ). **13 λέγει** hist. Präs. (A235). **οὐκ** *nicht;* erwartet als Frageeinleitung
die Antwort „doch" (A320).. **πόσος**[18] *wie groß?* Sg. (bei Unzählbarem) *wie-*
viel? Pl. *wie viele?;* übers. etwa *was ... alles.* **κατα-μαρτυρέω** *Zeugenaussage*
machen gegen, aussagen/vorbringen gegen (Gen. der Pers., Akk. der Sache).
14 **14 ἀπ-ε-κρίθη** Aor. Pass. (ohne Pass.-Bdtg.) ἀπο-κρίνομαι. **πρὸς οὐ-**
δὲ ἓν ῥῆμα *nicht einmal auf ein einziges Wort, auf keine einzige Frage* (Menge;
BDR §302[4]; A137c). **θαυμάζειν** Inf. θαυμάζω; Präd. des AcI. **λίαν** *sehr,*
ganz.
15 **15 ἑορτή** *Fest;* κατὰ ἑορτήν *an jedem Fest* (BDR §200[11]; vgl. A195),
d.h. hier *an jedem Passafest* (B), *jeweils zum Passafest.* **εἰώθει** Plsqpf. εἴω-
θα[109] (defektives Pf.) *(zu tun) pflegen.* **ἡγεμών** V. 2. **ἀπο-λύειν** Inf. -λύω
hier *freilassen, freigeben* (B 1). **δέσμιος** *Gefangener.* **ἤ-θελον** Ipf. θέλω Pl.
sinngemäße Konstruktion (vgl. A96); ἀπολύειν ἕνα τῷ ὄχλῳ δέσμιον ὃν
ἤθελον *dem Volk einen Gefangenen freizugeben, den es wollte* bzw. *einen Gefan-*
16 *genen freizulassen, den das Volk selbst bestimmen durfte* (NGÜ). **16 εἶχον** Ipf.
ἔχω 3. Pl. wohl im Sinn v. „man" (A76a; Menge); εἶχον δὲ τότε δέσμιον
ἐπίσημον *man hatte damals gerade* (vgl. A237a2) *einen berüchtigten Gefange-*
nen, damals gab es einen berüchtigten Gefangenen; offenbar handelte es sich um
einen (zumindest v. einem Teil des Volkes bewunderten) v. den damals recht
zahlreichen gegen die Römer agierenden jüd. Aufrührern (vgl. Mk 15,7; Lk

23,19; Jh 18,40; vgl. auch Josephus, Antiquitates 18.3-10/60-62; Brown, Death 1,
S. 796-800). **τότε** hier *damals.* **ἐπί-σημος**[11] *wohlbekannt:* positiv *in hohem*
Ansehen; negativ (hier) *berüchtigt* (B 2). **λεγόμενον** Ptz. Pass. λέγω, attr.;
mit Namen (B II3) bzw. *der ... hieß.* **Βαραββᾶς**[1] ᾶ *Barabbas;* er hatte an-
scheinend (wenn die Textlesart des NA ursprüngl. ist) den Doppelnamen Ἰη-
σοῦς (ein verbreiteter jüd. Name) Βαραββᾶς. **17 συν-ηγμένων** Pf. 17
(A231) Ptz. Pass. -άγω, gen. abs. (A288f), temp.; συνηγμένων οὖν αὐτῶν
als sie nun versammelt waren, als die Menge nun versammelt war (d.h. wohl um
den Namen des Freizulassenden ihrer Wahl zu nennen [vgl. Mk 15,8]). **ἀπο-**
λύσω Aor. Konj. -λύω, deliberativer Konj., hier erg. durch asyndetisch davor-
gesetztes θέλετε; τίνα θέλετε ἀπολύσω ὑμῖν ... *wen wollt ihr? soll ich*
euch ... freigeben? entspricht *wen soll ich euch freigeben: ...?* (BDR §366[8]; A255).
λεγόμενον Ptz. Pass., attr.; Ἰησοῦν τὸν λεγόμενον χριστόν *Jesus, der*
Messias genannt wird (B II3) bzw. *Jesus, von dem man sagt, er sei der Messias*
(NGÜ). **18 ᾔδει** Plsqpf. (m. Ipf.-Bdtg.) οἶδα. **φθόνος** *Neid, Mißgunst;* διὰ 18
φθόνον *aus Mißgunst* (B), *aus Neid.* **παρ-έ-δωκαν** Aor. παρα-δίδωμι;
ὅτι διὰ φθόνον παρέδωκαν αὐτόν Aor. Ind. bez. hier Vorvergangenheit
(vgl. H-S §199n; A224 bzw. A326), 3. Pl. am besten im Sinn v. „man" (A76a)
daß man Jesus (nur) aus Neid an ihn (vgl. A79) *ausgeliefert hatte.*

19 καθημένου Ptz. κάθημαι, gen. abs. (A288f), temp.; καθημένου 19
δὲ αὐτοῦ ἐπὶ τοῦ βήματος *während er auf dem Richterstuhl saß.* **βῆμα**[3]
Schritt; Tribüne, bes. (so hier) *Richterstuhl* (B 2). **ἀπ-έ-στειλεν** Aor. ἀπο-
στέλλω hier m. πρός τινα eig. *(jmdn./Leute) zu jmdm. hinschicken,* doch in
Verbindung m. einem zweiten Verb (hier m. fin. Ptz.) = (kausatives) *lassen* (vgl.
A218): ἀπέστειλεν πρὸς αὐτὸν ἡ γυνὴ αὐτοῦ λέγουσα *seine Frau ließ*
ihm sagen/ausrichten. **λέγουσα** Ptz. Fem. λέγω, fin. **μηδὲν σοὶ καὶ τῷ**
δικαίῳ ἐκείνῳ erg. ἔστω (Imp. 3. Sg. εἰμί; BDR §128[10]; A78) Redewen-
dung (m. hebr. u. volkssprachl. Hintergrund; vgl. zu 8,29) „du und dieser Ge-
rechte sollt nichts (gemeinsam/miteinander zu tun) haben" (dat. commodi,
A173) übers. etwa *laß die Hände von diesem unschuldigen Mann* od. (etwas frei-
er) *laß die Hände von diesem Mann, er ist unschuldig.* **ἔ-παθον** Aor. πάσχω.
σήμερον hier wohl *heute nacht* (B). **ὄναρ** τό *Traum;* im NT (nur Mt) stets
κατ' ὄναρ *im Traum;* πολλὰ γὰρ ἔπαθον σήμερον κατ' ὄναρ δι' αὐ-
τόν *denn ich habe seinetwegen heute nacht viel Schweres durchgemacht* (vgl.
NGÜ), *seinetwegen hatte ich letzte Nacht einen schrecklichen Traum* (GNB).

20 ἀρχ-ιερεύς V. 1. **πρεσβύτεροι** V. 1. **ἔ-πεισαν** Aor. πείθω 20
hier *überreden, einreden auf* (B 1b; Menge). **ἵνα** hier *daß* bzw. Inf. (A328; bez.
das Angestrebte). **αἰτήσωνται** Aor. Konj. Med. αἰτέω. **Βαραββᾶς**
V. 16. **ἀπ-ολέσωσιν** Aor. Konj. -όλλυμι hier *umbringen (lassen)* (B 1aα;
A219); ἵνα αἰτήσωνται τὸν Βαραββᾶν, τὸν δὲ Ἰησοῦν ἀπολέσω-
σιν *sie möchten sich den Barabbas erbitten, Jesus dagegen hinrichten lassen*

(Menge) od. *sie sollten für Barabbas die Freilassung und für Jesus den Tod ver-*
21 *langen* (vgl. GNB). **21 ἀπο-κριθείς** Aor. Ptz. Pass. (ohne Pass.-Bdtg.) -κρί-
νομαι, pleon. (A297,2); ἀποκριθεὶς δὲ ὁ ἡγεμὼν εἶπεν αὐτοῖς *der*
Statthalter antwortete ihnen bzw. (kontextgetreu) *der Statthalter fragte sie noch*
einmal. **ἡγεμών** V. 2. **ἀπό** m. Gen. hier statt gen. partitivus (A164; B I6);
τίνα ... ἀπὸ τῶν δύο *wen von den beiden.* **ἀπο-λύσω** V. 17. **οἱ δέ, εἶ-**
22 **παν** V. 4. **22 λέγει** V. 13. **ποιήσω** Aor. Konj. ποιέω hier τί τινα *etwas*
jmdm. antun, etwas mit jmdm. anfangen (B I1dα); deliberativer Konj. (A255); τί
οὖν ποιήσω Ἰησοῦν *was soll ich denn mit Jesus machen?* (Menge). **λεγό-**
μενον V. 17. **λέγουσιν** hist. Präs. (A235). **σταυρωθήτω** Aor. Imp.
Pass. 3. Sg. σταυρόω; σταυρωθήτω *er soll gekreuzigt werden,* übers. etwa *ans*
23 *Kreuz mit ihm* od. *kreuzigen* (GNB). **23 ὁ δέ** V. 4. **ἔ-φη** Ipf. φημί. **τί γὰρ**
κακόν *was für ein Verbrechen ... denn* (B γάρ 1f; H-S §252,9). **ἐ-ποίησεν**
Aor. ποιέω hier *begehen.* **οἱ δέ** V. 21. **περισσῶς** *in außergewöhnlicher*
Weise, über die Maßen; hier komparativisch (BDR §60[5]) *mehr, noch mehr, noch*
lauter (B). **ἔ-κραζον** Ipf. κράζω. **λέγοντες** Ptz. λέγω, hier pleon.
(A297), am besten als Doppelpunkt berücksichtigen.
24 **24 ἰδών** Aor. Ptz. ὁράω, temp. **ὠφελέω** *helfen, nützen, fördern;* hier
οὐδὲν ὠφελέω *nichts ausrichten/erreichen* (vgl. B 2a). **θόρυβος** *Aufruhr, Tu-*
mult, Lärm; ἀλλὰ μᾶλλον θόρυβος γίνεται (Ind. Präs. wie in der entspre-
chenden direkten Rede [A326]) *sondern statt dessen* (B μᾶλλον 3aα) *ein Auf-*
ruhr/Tumult zu entstehen drohte (konatives Präs. [A232c]) od. *sondern immer*
mehr (vgl. B μᾶλλον 1) *Tumult entstand* bzw. *sondern der Tumult immer*
schlimmer wurde. **λαβών** Aor. Ptz. λαμβάνω, temp. (A291,1 Anm. 1). **ἀπ-**
ε-νίψατο Aor. Med. ἀπο-νίπτω (vgl. A33[51ff]) *abwaschen;* ἀπενίψατο
τὰς χεῖρας *er wusch sich* (vgl. A216b) *die Hände ab* (als Zeichen der Un-
schuld). **ἀπ-έναντι** uneig. Präp. (A183) *gegenüber von, vor, vor jmds. Augen*
[Var. κατ-έναντι hier synonym, vgl. LN 83.42]. **λέγων** Ptz., mod. **ἀ-θῷ-**
ος[11] V. 4, hier ἀπό τινος *an etwas* (vgl A98,3; BDR §182[5]). **αἷμα** hier met-
onymisch „(vergossenes) Blut“ für *gewaltsamer Tod, Mord* (A382c; H-S §295l);
ἀθῷός εἰμι ἀπὸ τοῦ αἵματος τούτου *ich bin unschuldig am Tod dieses*
Mannes. **ὄψεσθε** Fut. Med. ὁράω; ὑμεῖς ὄψεσθε Lat. (V. 4) *seht ihr zu* od.
25 *das ist eure Sache* bzw. *das habt ihr zu verantworten* (GNB). **25 ἀπο-κριθείς**
V. 21. **αἷμα** V. 24; τὸ αἷμα αὐτοῦ ἐφ᾽ ἡμᾶς καὶ ἐπὶ τὰ τέκνα ἡμῶν
erg. ἔστω (Imp. 3. Sg. εἰμί; vgl. BDR §128[10]; A78) o.ä. „sein Blut/sein gewalt-
samer Tod sei auf uns und unseren Kindern“ = *die Strafe für seinen Tod/die*
Schuld an seinem Tod soll auf uns und unsere Kinder/Nachkommen kommen/fal-
len (impliziert: falls er unschuldig sein sollte). **τέκνον** Pl. hier *Nachkommen*
26 (B 1b). **26 ἀπ-έ-λυσεν** Aor. V. 15. **Βαραββᾶς** V. 16. **φραγελλώ-**
σας Aor. Ptz. φραγελλόω (< φραγέλλιον < lat. flagellum „Peitsche“)
auspeitschen bzw. hier *auspeitschen lassen* (A219); gemeint ist die röm. Strafe

der Geißelung (sog. „verberatio“; ohne Begrenzung der Zahl der Hiebe) m.
dem „horribile flagellum“, einer Lederpeitsche, in die Bleistücke od.
scharfkantige Knochensplitter geflochten waren; durchgeführt wurde sie in
Verbindung m. Todesurteilen u. anderen entehrenden Strafvollzügen, so vor
allem bei der Kreuzigung, der sie fast immer vorausging (EWNT 2, Sp. 974; 3,
Sp. 1047; vgl. GBL 2, S. 840f); temp. (A291,1 Anm. 1). **παρ-έ-δωκεν** Aor.
παρα-δίδωμι. **σταυρωθῇ** Aor. Konj. Pass. σταυρόω; τὸν δὲ Ἰησοῦν
φραγελλώσας παρέδωκεν ἵνα σταυρωθῇ *Jesus hingegen ließ er
auspeitschen und übergab ihn (den Soldaten) zur Kreuzigung* (NGÜ); zu dieser
gefürchtetsten Hinrichtungsart der Antike s. GBL 2, S. 840-842, od. DJG,
S. 147ff.

27 στρατιώτης[1] *Soldat.* **ἡγεμών** V. 2. **παρα-λαβόντες** Aor. 27
Ptz. -λαμβάνω, temp. (A291,1 Anm. 1). **πραιτώριον** (< lat. praetorium)
Prätorium; so hieß ursprüngl. das Zelt bzw. der Wohnsitz des röm. Feldherrn
od. der Platz, auf dem es od. er stand, später auch das kaiserl. Hauptquartier u.
die Garde, aber auch, so hier, der Sitz u. bzw. od. das Quartier hoher staatl.
Funktionäre (KP 4, Sp. 1117); das Jerusalemer „Prätorium“ befand sich wahr-
scheinl. im ehemaligen hasmonäischen Königspalast gegenüber der Südwest-
ecke des Tempels (s. GBL 3, S. 1221f). **συν-ήγαγον** Aor. -άγω. **ἐπί** m.
Akk. hier *um (ihn).* **σπεῖρα** (entspricht dem lat. cohors) *Kohorte* (militäri-
scher Verband v. etwa 500 bis 1000 Mann [ein Zehntel einer Legion]; KP 1,
Sp. 1242f). **28 ἐκ-δύσαντες** Aor. Ptz. -δύω[12] *ausziehen,* τινά *jmdn.* (V. 31 28
τινά τι *jmdm. etwas*); temp. (A291,1 Anm. 1). **χλαμύς**[3] ύδος ἡ (männl.)
Oberkleid, Mantel (Schultermantel, v. Reisenden u. Soldaten über dem Chiton
getragen) [Var. ἐν-δύσαντες Aor. Ptz. ἐν-δύω V. 31]. **κόκκινος** (< κόκ-
κος „Samenkorn“; auch „Scharlachbeere“ [Weibchen der Kermesschildlaus,
das beerenartig auf den Blättern der Stecheiche sitzt: im Altertum zur Herstel-
lung der Scharlachfarbe verwendet], daher auch „Scharlach, Scharlachfarbe“;
GBL 3, S. 1359f) *scharlachrot.* **περι-έ-θηκαν** Aor. -τίθημι[200] *ringsum anle-
gen, ringsum legen;* hier τινί τι *jmdm. etwas umlegen/umhängen.* **29 πλέξαν- 29
τες** Aor. Ptz. πλέκω[68] *flechten,* (Kranz) *winden,* τὶ ἔκ τινος *etwas aus etwas;*
temp. (A291,1 Anm. 1). **στέφανος** *Kranz, Siegeskranz.* **ἄκανθα** *Dornenge-
wächs* (v. stachligen Pflanzen, bes. v. der als Unkraut wuchernden Ononis spino-
sa, Hauhechel, im Ggs. zu Nutzpflanzen); στέφανον ἐξ ἀκανθῶν *einen
Kranz/eine Krone aus Dornenzweigen* (als Nachahmung des Kopfschmuck des
Kaisers Tiberius [etwa auf dem Silberdenar abgebildet; vgl. 22,20]). **ἐπ-έ-θη-
καν** Aor. ἐπι-τίθημι[200] *auflegen, darauflegen;* ἐπέθηκαν ἐπὶ τῆς κεφα-
λῆς αὐτοῦ *sie setzten/drückten (sie/ihn) ihm auf den Kopf.* **κάλαμος** *Schilf-
rohr; Rohrstock, -stab* (als Nachahmung eines Zepters). **γονυ-πετήσαντες**
Aor. Ptz. -πετέω *sich auf die Knie werfen, niederknien* ἔμπροσθεν *vor;* temp.
(A291,1 Anm. 1). **ἐν-έ-παιξαν** Aor. ἐμ-παίζω[83] m. Dat. *seinen Spott trei-*

ben mit, verspotten, verhöhnen (in Wort u. Tat) [Var. -έ-παιζον Ipf.]. **λέγον-
τες** Ptz. λέγω, mod. **χαῖρε** Imp. hier Grußformel *sei gegrüßt, Heil dir* (B 2a).
βασιλεῦ Vok. βασιλεύς; χαῖρε, βασιλεῦ τῶν Ἰουδαίων *Heil dir, Kö-*
30 *nig der Juden* od. (idiomatischer) *es lebe der König der Juden* (NGÜ). **30 ἐμ-
πτύσαντες** Aor. Ptz. -πτύω εἴς τινα *jmdn. anspucken;* temp. (A291,1
Anm. 1). **ἔ-λαβον** Aor. λαμβάνω hier wohl im Sinn v. *(ihm) wieder wegneh-
men.* **ἔ-τυπτον** Ipf. τύπτω *schlagen,* εἰς τὴν κεφαλήν τινος *jmdm. auf*
31 *den Kopf schlagen.* **31 ἐν-έ-παιξαν** bez. hier Vorvergangenheit (vgl. H-S
§199n; A224). **ἐξ-έ-δυσαν** Aor. ἐκ-δύω V. 28. **ἐν-έ-δυσαν** Aor. ἐν-
δύω[12] *anziehen,* τινά τι *jmdm. etwas.* **ἀπ-ήγαγον** V. 2, hier (zur Hinrich-
tung) *fortführen* (B 2c), *abführen.* **εἰς τό** m. Inf. fin. (A282) *um zu.* **σταυρῶ-
σαι** Aor. Inf. σταυρόω; εἰς τὸ σταυρῶσαι *um ihn* (A79) *zu kreuzigen.*
32 **32 ἐξ-ερχόμενοι** Ptz. -έρχομαι, temp. *während sie (zur Stadt) hinaus-
gingen, als sie die Stadt verließen.* **εὗρον** Aor. εὑρίσκω hier *antreffen, stoßen
auf* (B 1b), *treffen.* **ἄνθρωπος** hier pleon. (B 3aε; vgl. H-S §260j); ἄνθρω-
πον Κυρηναῖον *einen Bewohner von Zyrene, einen Mann aus Zyrene.* **Κυρη-
ναῖος** *Bewohner von Zyrene* (Hauptstadt der nordafrikanischen Landschaft
Cyrenaica; GBL 2, S. 858). **ὀνόματι** dat. respectus (vgl. BDR §197,2; A178)
mit Namen, namens. **ἠγγάρευσαν** Aor. ἀγγαρεύω (für den Beförde-
rungsdienst) *requirieren, zur Zwangsarbeit nötigen, zwingen.* **ἵνα** hier *daß* bzw.
Inf. (A328; bez. das Erzwungene; BDR §392[6]). **ἄρῃ** Aor. Konj. αἴρω; τοῦ-
τον ἠγγάρευσαν ἵνα ἄρῃ τὸν σταυρὸν αὐτοῦ *den zwangen sie, Jesus*
33 *das Kreuz zu tragen.* **σταυρός** *Kreuz.* **33 ἐλθόντες** Aor. Ptz. ἔρχομαι,
temp. **λεγόμενον** V. 16. **Γολγοθᾶ** (aram. גֻּלְגַּלְתָּא *gulgaltā'* „Schädel")
Golgata, Anhöhe bei Jerusalem, wahrscheinl. unweit der Grabeskirche (ein Ge-
lände, das außerhalb der damaligen Stadtmauer [der sog. „Zweiten Stadt-
mauer"] lag; GBL 1, S. 480-482; DJG, S. 150). **κρανίου** *Schädel;* Κρανίου
Τόπος *Schädelstätte* (B), *Schädelhöhe* (Einh.), d.h. wohl die Stelle/Stätte/An-
höhe, die in einem „Schädel" besteht bzw. „Schädel" hieß (gen. epexegeticus
[BDR §167[2]; B; vgl. A163]), weil deren Gestalt viell. an einen Schädel erinnerte.
λεγόμενος Ptz. Pass. λέγω, umschrieb. Präs. (A249a); ὅ ἐστιν ... λεγόμε-
νος (das m. τόπος kongruiert; formelartig gebraucht [vgl. A93]) *das heißt, das*
34 *bedeutet* (B II3 sowie ὅς I7a). **34 ἔ-δωκαν** Aor. δίδωμι; Subj. s. V. 27.
πιεῖν Aor. Inf. πίνω. **οἶνος** *Wein.* **χολή** unangenehm schmeckende
(bittere bzw. giftige) Substanz (in der LXX für „Galle", „Gift" u. „Wermut")
„Galle"; οἶνον μετὰ χολῆς μεμιγμένον *Wein mit „Galle" vermischt* wohl
im Sinn v. *Wein mit einem Zusatz, der bitter wie Galle war* (NGÜ); manche den-
ken hier an einen (für das Frühjudentum bezeugten) Betäubungstrank, m. dem
die Soldaten Jesus das Leiden lindern wollten; wahrscheinl. ging es aber nicht
um eine Geste des Mitleids, sondern darum, Jesus m. dem Darreichen eines un-
genießbaren Tranks zusätzl. zu quälen; während Mt (m. bes. Anspielung auf Ps

69,22) dessen Bitterkeit hervorhebt, dient die Wortwahl bei Mk (näml. Myrrhe
[15,23]) wohl der genaueren Bezeichnung des Zusatzes (Carson, Mt, S. 575;
GBL 1, S. 407f). **μεμιγμένον** Pf. (A231) Ptz. Pass. μίγνυμι[215] *ver-
mischen, vermengen;* attr. **γευσάμενος** Aor. Ptz. Med. γεύομαι (Speise)
kosten, schmecken; erg. (zumindest gedankl.) τούτου/τοῦτον *davon/ihn* (B 1;
A79); gilt analog für πιεῖν; temp. **ἠ-θέλησεν** Aor. θέλω [Var. ἤ-θελεν
Ipf.]. **πιεῖν** Aor. Inf. πίνω. **35 σταυρώσαντες** Aor. Ptz. σταυρόω, 35
temp.; zur Sache s. GBL 2, S. 840-842, od. DJG, S. 147ff; nach Mk 15,25 geschah
dies etwa um neun Uhr vormittags (zur „dritten Stunde"). **δι-ε-μερίσαντο**
Aor. Med. δια-μερίζω (vgl. A33[91ff]) *verteilen* (dazu Med. *unter sich*); V. 35b
lehnt sich in der Phraseologie an Ps 22,19 an (berühmter messianisch verstande-
ner davidischer Leidenspsalm; vgl. Jh 19,23f). **βάλλοντες** Ptz. βάλλω, mod.
[Var. βαλόντες Aor. Ptz.]. **κλῆρος** *Los;* βάλλω κλῆρον (ἐπί τι) *(um et-
was) das Los werfen, (um etwas) losen* (B 1); διεμερίσαντο τὰ ἱμάτια αὐ-
τοῦ βάλλοντες κλῆρον *sie verteilten seine Kleider unter sich, indem sie das
Los (um sie) warfen* od. (idiomatischer) *sie losten untereinander seine Kleider aus*
(vgl. GNB). **36 καθήμενοι** Ptz. κάθημαι, temp. (A291,1 Anm. 1). **ἐ-τή-** 36
ρουν Ipf. τηρέω; καὶ καθήμενοι ἐτήρουν αὐτὸν ἐκεῖ *dann setzten sie
sich dort* (d.h. beim Kreuz) *nieder und bewachten ihn.* **37 ἐπ-έ-θηκαν** Aor. 37
ἐπι-τίθημι[200] *auflegen, darauflegen;* hier *anbringen* (B 1aα). **ἐπ-άνω** uneig.
Präp. (A183) *(oben) über.* **αἰτία** *Ursache, Grund;* hier juristischer term. tech.
Schuld (Grund für die Verurteilung) bzw. *Angabe der Schuld* (B 3a). **γε-
γραμμένην** Pf. (A231) Ptz. Pass. γράφω, umschrieb. Plsqpf. (A249b) m.
Wegfall der Kopula ἦν (Ipf. v. εἰμί; A78); καὶ ἐπέθηκαν ἐπάνω τῆς κε-
φαλῆς αὐτοῦ τὴν αἰτίαν αὐτοῦ γεγραμμένην *über seinem Kopf war
die Angabe seiner Schuld aufgeschrieben* od. (idiomatischer) *über seinem Kopf
hatten sie eine Aufschrift angebracht, die den Grund für seine Hinrichtung angab.*
ὁ βασιλεὺς τῶν Ἰουδαίων *der König der Juden,* d.h. (nach jüd. Ver-
ständnis) der Messias; offiziell wurde Jesus also als messianischer Betrüger hin-
gerichtet; die späteren Leser v. Mt werden sich bei diesem Geschehen an die
Verflechtung zweier Stränge atl. Themen erinnern u. darin deren Höhepunkt
erkennen: der königl. Sohn stirbt als Leidender Gottesknecht (vgl. 3,17; Carson,
Mt, S. 576).

38 σταυροῦνται Pass. σταυρόω; hist. Präs. (A235). **λῃστής**[1] 38
Räuber, Straßenräuber; hier u. 26,55 wohl *Aufrührer* (Carson, Mt, S. 568f), übers.
viell. am besten *Verbrecher.* **εἷς ... εἷς** = ὁ μέν ... ὁ δέ *der eine ... der andere*
(BDR §247[8]; H-S §130). **εὐ-ώνυμος**[11] *linke(r);* τὰ εὐώνυμα *die linke Sei-
te,* ἐξ εὐωνύμων τινός *zur Linken/links von jmdm.* **39 παρα-πορευό-** 39
μενοι Ptz. -πορεύομαι *vorübergehen;* subst. **ἐ-βλασ-φήμουν** Ipf.
βλασ-φημέω *verleumden, verunglimpfen; lästern;* hier etwa *verhöhnen.* **κι-
νοῦντες** Ptz. κινέω *bewegen;* (Kopf) *schütteln;* mod. (A291,2 Anm. 1);

ἐβλασφήμουν αὐτὸν κινοῦντες τὰς κεφαλὰς αὐτῶν καὶ λέγοντες
sie verhöhnten ihn, schüttelten den Kopf (idiomatisches Deutsch: distributiver Sg.
40 [BDR §140; vgl. A101b], ohne Poss.-Pron.) *und riefen.* **40 λέγοντες** Ptz.
λέγω, mod. **κατα-λύων** Ptz. -λύω *niederreißen, abbrechen, zerstören*
(B 1ba); wohl konativ (A227; H-S §195c; vgl. BDR §339[9]); subst.; Vok.; ὁ κα-
ταλύων τὸν ναὸν καὶ ἐν τρισὶν ἡμέραις οἰκοδομῶν *du, der du den
Tempel niederreißen und in drei Tagen wieder aufbauen wolltest,* übers. am besten
als HS *du wolltest den Tempel ... wieder aufbauen* (vgl. 26,61). **οἰκο-δομῶν**
Ptz. -δομέω hier *wiedererbauen* (B 1c), *wieder aufbauen;* par. zu καταλύων.
σῶσον Aor. Imp. σῴζω. **εἰ** m. Ind. indefiniter Fall (A342). **κατά-βηθι**
41 Aor. Imp. -βαίνω. **σταυρός** V. 32. **41 ὁμοίως** *gleich(erweise), ebenso.*
ἀρχ-ιερεύς V. 1. **ἐμ-παίζοντες** Ptz. -παίζω V. 29; mod. (A291,2
Anm. 1); ὁμοίως καὶ οἱ ἀρχιερεῖς ἐμπαίζοντες ... ἔλεγον *ebenso mach-
ten sich auch die führenden Priester ... über ihn* (vgl. A79) *lustig und sagten.*
42 **πρεσβύτεροι** V. 1. **ἔ-λεγον** Ipf. λέγω. **42 ἔ-σωσεν** Aor. **σῶσαι**
Aor. Inf. **Ἰσραήλ** ὁ indekl., hier Gen.; βασιλεὺς Ἰσραήλ ἐστιν *er ist ja
der König Israels* (sarkastisch gemeint). **κατα-βάτω** Aor. Imp. 3. Sg. (statt
-βήτω; BDR §95[7]; A21) -βαίνω. **καί** kons. (A311,2) *dann.* **πιστεύσο-
μεν** Fut. πιστεύω hier m. ἐπί τινα statt Dat. (B 2aδ) [Var. πιστεύσω-
43 μεν Aor. Konj. (adhortativ, A254)]. **43 πέ-ποιθεν** Pf. (m. präs. Bdtg.) πεί-
θω, Pf. *sich verlassen, vertrauen, seine Zuversicht setzen,* ἐπί τινα *auf jmdn.*
(B 2a). **ῥυσάσθω** Aor. Imp. Med. 3. Sg. ῥύομαι[8] *retten, erretten, befreien, be-
wahren;* erg. αὐτόν (A79). **εἰ** V. 40. **θέλω** hier *Gefallen haben an, lieben*
(B 4a); V. 43a ist als unbewußtes Zitat v. Ps 22,9 zu verstehen (vgl. zu V. 35).
ὅτι recitativum = Doppelpunkt (A333). **θεοῦ εἰμι υἱός** *ich bin Gottes
Sohn* (Präd.-Nom. kann auch ohne Art. als best. gemeint sein [A80]; zu θεοῦ
44 vgl. A106d). **44 τὸ αὐτό** adv. (BDR §288[1]; B αὐτός 4b; vgl. A150), *ebenso,
in der gleichen Weise,* od. AkkO zu ὠνείδιζον (s. dazu) *dasselbe.* **λῃστής**
V. 38. **συ-σταυρωθέντες** Aor. Ptz. Pass. -σταυρόω *zugleich/zusammen
kreuzigen* σύν τινι *mit jmdm.;* attr. **ὠνείδιζον** Ipf. ὀνειδίζω *schmähen,
schelten, beschimpfen; tadeln, vorwerfen* (τινά τι *jmdm. etwas;* B 1); vgl. dazu
auch Lk 23,39-43, wo bei einem der beiden Verbrecher wohl ein Sinneswandel
vorauszusetzen ist.
45 **45 ἕκτος**[19] *sechster;* ἀπὸ ἕκτης ὥρας ... ἕως ὥρας ἐνάτης *von der
sechsten bis zur neunten Stunde ... = von zwölf Uhr mittags bis um drei Uhr ...*
(zum „fehlenden" Art. s. BDR §256[4]). **σκότος**[7] *Dunkelheit.* **ἐ-γένετο** Aor.
Med. γίνομαι; σκότος ἐγένετο *es entstand/kam Dunkelheit, es wurde dunkel.*
ἐπί m. Akk. hier *über ... hin* (B III1aα); ἐπὶ πᾶσαν τὴν γῆν *über das ganze
46 Land hin, im ganzen Land.* **ἔνατος**[19] *neunter.* **46 περὶ δὲ τὴν ἐνάτην
ὥραν** *um/gegen* (B περί 2b) *die neunte Stunde = gegen drei Uhr (nachmittags).*
ἀν-ε-βόησεν Aor. ἀνα-βοάω *aufschreien, ein Geschrei erheben,* hier m.

φωνῇ μεγάλῃ (dat. modi, A180) etwa *laut schreien;* es wird Ps 22,1 zitiert
(vgl. V. 35 u. 43), zunächst aram. (bzw. hebr.-aram.), dann griech. (nur z.T. nach
LXX); es ist gut mögl., daß Ps 22 als Ganzes samt Kontext hier gedankl. mitein-
zubeziehen ist, wobei die am Schluß des Psalms besungene Rechtfertigung des
Leidenden durch die Auferstehung (Mt 28) geschieht; umstritten ist, in wel-
chem Sinn das Zitat aus dem Mund Jesu genau zu verstehen ist; am besten deu-
tet man es im eig. Sinn: Jesus ist sich bewußt, daß der Vater ihn verlassen hat;
ihm, der sonst in der in Mt 11,27 beschriebenen engen Beziehung zu ihm lebte,
mußte eine solche Trennung größte Seelenqualen bereiten (Carson, Mt, S. 578f)
[Var. ohne ἀν(α)- hier praktisch synonym, vgl. LN 33.81]. **ηλι** (hebr. אֵלִי *ʾēlî;*
diese Form ist [neben dem geläufigeren אֱלָהִי *ʾĕlāhî,* offenbar – den Vokal-
wandel *ā* > *ō* voraussetzend – durch das ελωι v. Mk 15,34 wiedergegeben]; s.
Brown, Death 2, S. 1051f; Beyer, Die aramäischen Texte, S. 137) *mein Gott;*
nachdrückl. Verdoppelung (BDR §493[2]; vgl. H-S §294l). **λεμα** (aram לְמָא
ləmāʾ) *warum?* **σαβαχθανι** (aram. שְׁבַקְתַּנִי *šəḇaqtánî*) *du hast mich
verlassen.* **τοῦτ᾽ ἔστιν** Formel (A93) *das heißt,* hier *das ist zu übersetzen*
(B εἰμί II3), *das bedeutet.* **Θεέ** Vok. (sonst steht dafür meist ὁ θεός; B; BDR
§44 u. §147[2]). **ἱνατί** (< ἵνα τί [γένηται], BDR §299[3]) *warum, wozu,
weshalb.* **ἐγ-κατ-έ-λιπες** Aor. -κατα-λείπω[44] *übriglassen;* hier *im Stich
lassen, verlassen* (B 2). **47 ἑστηκότων** Pf. (m. präs. Bdtg.) Ptz. ἵσταμαι, 47
subst.; gen. partitivus (A137a/164); τινὲς δὲ τῶν ἐκεῖ ἑστηκότων
ἀκούσαντες (erg. τοῦτο/ταῦτα [A79]) *als einige, die dabeistanden, das
hörten* [Var. ἑστώτων Wz.-Pf. (H-S §109a)]. **ἀκούσαντες** Aor. Ptz.
ἀκούω, temp. **ἔ-λεγον** V. 41. **ὅτι** V. 43. **Ἠλίας**[1] 11,14; „in einem
Wirbelwind“ lebendig in den Himmel gefahren (2Kön 2,1-12), war Elija nach
best. (wohl bereits zur Zeit Jesu bestehenden) jüd. Traditionen ein Nothelfer
der Frommen; Jesu Worte wurden wohl nicht wirkl. mißverstanden, sondern
(den Hohn u. Spott der V. 39-44 fortsetzend) absichtl. falsch gedeutet (vgl.
EWNT 2, Sp. 287-288; Brown, Death 2, S.1061-1063). **48 δραμών** Aor. Ptz. 48
τρέχω[196] *laufen;* temp. (A291,1 Anm. 1); analog λαβών, πλήσας u.
περιθείς. **εἷς** = τις (A137b; vgl. B 3a). **ἐξ αὐτῶν** hier statt gen. partitivus
(A164). **λαβών** Aor. Ptz. λαμβάνω, temp. **σπόγγος** *Schwamm.*
πλήσας Aor. Ptz. πίμπλημι[207] *anfüllen, vollmachen* τινός *mit etwas*
(A165); temp. **ὄξος**[7] *Essig, Weinessig, saurer Wein* (beliebt als Durstlöscher,
bes. bei einfachen Leuten; auch Soldatengetränk). **περι-θείς** Aor. Ptz. -τί-
θημι V. 28, hier τινί τι *etwas um etwas legen, etwas auf etwas stecken* (B 1);
temp. **κάλαμος** *Schilfrohr; Rohrstock, -stab.* **ἐ-πότιζεν** Ipf. ποτίζω *zu
trinken geben, trinken lassen* (τινά τι *jmdm./jmdn. etwas*); καὶ εὐθέως δρα-
μὼν εἷς ἐξ αὐτῶν καὶ λαβὼν σπόγγον πλήσας τε ὄξους καὶ περι-
θεὶς καλάμῳ ἐπότιζεν αὐτόν *sofort lief einer von ihnen und holte einen
Schwamm, tauchte ihn in* (wörtl. *füllte/tränkte ihn mit*) *Weinessig, steckte ihn auf*

einen Stab und gab Jesus zu trinken (od. konativ [A237c] *und wollte Jesus trinken*
lassen [Menge], *und hielt ihn Jesus zum Trinken hin* [NGÜ]); vgl. V. 34; wieder
findet sich hier wohl eine Anspielung auf Ps 69,22; es ist nicht völlig klar, ob
man hier Jesus das Leiden lindern od. (u. dies scheint wahrscheinlicher)
49 verlängern wollte (Brown, Death 2, S. 1063-1066). **49 ἔ-λεγον** V. 41 [Var.
εἶπαν V. 4]. **ἄφ-ες** Aor. Imp. -ίημι hier im Sinn v. (die Tätigkeit)
unterlassen (vgl. B 3b) od. (Jesus in seinem Todeskampf od. die Dabeistehenden
beim Zuschauen) *(gewähren) lassen;* ἄφες ἴδωμεν *Laß das/Halt! Wir wollen*
doch sehen (Menge) od. *laß uns sehen* (BDR §364,2) bzw. *laßt uns sehen/wir*
wollen sehen (B 4). **ἴδωμεν** Aor. Konj. ὁράω, adhortativer Konj., hier erg.
durch asyndetisch davorgesetztes ἄφες (A254). **σώσων** Fut. Ptz. σῴζω, fin.
(H-S §231i; vgl. A291,6); σώσων αὐτόν *um ihm zu helfen* od. (einfacher) *und*
50 *ihm hilft.* [Var. λαβών V. 48; im übrigen s. Jh 19,34.] **50 κράξας** Aor. Ptz.
κράζω, hier m. φωνῇ μεγάλῃ (dat. modi, A180) etwa *laut schrei-*
en/aufschreien; temp. (A291,1 Anm. 1). **ἀφ-ῆκεν** Aor. -ίημι, ἀφίημι τὸ
πνεῦμα (im Sinn v. Lebensodem) „den Geist aufgeben" im Griech. gebräuchl.
(wohl euphemistische [vgl. A385]) Redensart für *sterben* (B πνεῦμα 2; LSJ
πνεῦμα II[1]).
51 **51 κατα-πέτασμα**[3] *Vorhang;* τὸ καταπέτασμα τοῦ ναοῦ *der*
Vorhang im Tempel; v. den beiden Vorhängen des Tempels ist sehr wahrscheinl.
der zweite, innere Vorhang gemeint, der das Heilige (den vorderen Teil des
Heiligtums) v. dem Allerheiligsten (dem hinteren Teil) trennte u. ständig daran
erinnerte, daß dem sündigen Menschen der Zugang zum heiligen Gott prinzipi-
ell verwehrt ist; das Zerreißen des Vorhanges macht deutl.: „Jesus hat durch sei-
nen stellvertretenden Sühnetod den Menschen ein für allemal den Zugang zu
Gott erschlossen, so daß sie weiterer Sühnopfer nicht mehr bedürfen"
(EWNT 2, Sp. 657). **ἐ-σχίσθη** Aor. Pass. σχίζω (vgl. A33[91ff]) *spalten, zerrei-*
ßen; Pass. *sich spalten* (so V. 51b), *zerreißen,* hier εἰς δύο *entzweireißen.* **ἄνω-**
θεν *von oben her;* ἀπ' ἄνωθεν ἕως κάτω *von oben bis unten* (B 1). **κάτω**
unten; nach unten. **ἐ-σείσθη** Aor. Pass. σείω[3] *schütteln, erschüttern;* Pass. *be-*
52 *ben, wanken.* **πέτρα** *Fels.* **52 ἀν-εῴχθησαν** Aor. Pass. -οίγω. **κε-κοι-**
μημένων Pf. (A231) Ptz. Pass. κοιμάομαι *schlafen, einschlafen;* übertr.
(Euphemismus, A385) *entschlafen, sterben;* subst.; πολλὰ σώματα τῶν κε-
κοιμημένων ἁγίων *viele Leiber/Körper der verstorbenen Heiligen = die Leiber*
vieler verstorbener Heiliger (offenbar gottergebene Menschen aus vorchristl.
Zeit). **ἠγέρθησαν** Aor. Pass. ἐγείρω; die zeitl. Einordnung u. Deutung die-
ses Geschehens ist umstritten; eine sachl. sinnvolle u. grammatisch durchaus
vertretbare Möglichkeit ist, m. καὶ πολλὰ σώματα usw. (entgegen der In-
terpunktion v. NA) einen neuen Satz zu beginnen u. die Auferweckung der Hei-
ligen (zusammen m. dem „Aus-den-Gräbern-Hervorgehen" u. den Erscheinun-
gen) eindeutig m. dem Ostergeschehen zu verbinden (auf das hier parenthetisch

[vgl. A374] hingewiesen wird; im übrigen vgl. Carson, Mt, S. 581f; Brown, Death 2, S. 1129ff). **53 ἐξ-ελθόντες** Aor. Ptz. -ἔρχομαι, temp. **ἔγερσις**[8] *Auferstehung.* **εἰσ-ῆλθον** Aor. -ἔρχομαι. **ἡ ἁγία πόλις** *die Heilige Stadt* (= Jerusalem; B ἅγιος 1aα). **ἐν-ε-φανίσθησαν** Aor. Pass. ἐμφανίζω (vgl. A33[91ff]) *sichtbar machen;* Pass. *sichtbar werden, erscheinen.* 53
54 ἑκατόντ-αρχος *Anführer einer Hundertschaft, Hauptmann* bzw. (röm.) *Centurio* (s. KP 1, Sp. 1111f). **τηροῦντες** Ptz. τηρέω, subst.; οἱ μετ' αὐτοῦ τηροῦντες τὸν Ἰησοῦν *die Männer/Soldaten, die mit ihm zusammen Jesus bewachten.* **ἰδόντες** Aor. Ptz. ὁράω hier *wahrnehmen* (B εἶδον 2) od. etwa *miterleben;* temp. **σεισμός** *Erdbeben.* **γενόμενα** Aor. Ptz. Med. γίνομαι, subst.; καὶ τὰ γενόμενα *und die anderen* (vgl. A376a) *Ereignisse/Dinge* [Var. γινόμενα Präs. Ptz.]. **ἐ-φοβήθησαν** Aor. Pass. (ohne bes. Pass.-Bdtg.) φοβέομαι. **σφόδρα** *heftig, gewaltig, sehr.* **λέγοντες** Ptz. λέγω, mod.; *und sagten (dabei)* (A291,2 Anm. 1). **ἀληθῶς** *wahrhaftig, wirklich, tatsächlich.* **θεοῦ υἱός** *Gottes Sohn* (Präd.-Nom. kann auch ohne Art. als best. gemeint sein [A80]; zu θεοῦ vgl. A106d); es ist nicht sicher, wie die Soldaten dies meinten: Hielten sie ihn für einen guten, heiligen Mann u. in diesem Sinn ein Gotteskind od. für einen anbetungswürdigen Helden? Oder hatten sie (viell. als nichtjüdische Bewohner Palästinas) doch ausreichende Voraussetzungen, Jesus als den einzigartigen Sohn des wahren Gottes zu bekennen? (Brown, Death 2, S. 1146ff). **ἦν** Ipf. εἰμί. 54

55 ἦσαν Ipf. εἰμί. **μακρόθεν** *von ferne/weitem, aus der Ferne* (meist pleon. [A379] ἀπὸ μακρόθεν). **θεωροῦσαι** Ptz. Fem. θεωρέω, attr. **αἵτινες** = αἵ (A133; B ὅστις 3). **ἠκολούθησαν** Aor. ἀκολουθέω Aor. Ind. bez. hier Vorvergangenheit (vgl. H-S §199n; A224). **διακονοῦσαι** Ptz. Fem. διακονέω *(be)dienen* (v. Dienstleistungen jeder Art); diese Galiläerinnen waren offenbar öfter m. Jesus unterwegs u. sorgten m. ihren finanziellen Mitteln für ihn (vgl. Lk 8,3); mod. **56 ἐν αἷς** = ἐν ταύταις (rel. Anschluß, A364a). **ἦν** Ipf. εἰμί hier ἔν τινι *zu etwas zählen* (B III4); ἐν αἷς ἦν *zu diesen zählten/unter diesen befanden sich* (zum griech. Sg.-Präd. s. A94). **Μαρία** od. **Μαριάμ** (indekl., hier [Var.] Nom.) *Maria.* **Μαγδαληνή** *Magdalenerin, Bewohnerin von Magdala,* Ort auf der Westseite des Sees Gennesaret (rund 5 km nordnordwestl. v. Tiberias; GBL 2, S. 909f); Μαρία ἡ Μαγδαληνή *Maria aus Magdala.* **Ἰωσήφ** indekl., hier Gen., *Josef.* **Ζεβεδαῖος** 4,21. 55 56

57 ὀψία (eig. Fem. Sg. ὄψιος spät; subst.) *Abend.* **γενομένης** Aor. Ptz. Med. γίνομαι, gen. abs. (A288), temp.; ὀψίας γενομένης *als es Abend wurde.* **πλούσιος** *reich.* **Ἁριμαθαία** *Arimathäa,* jüd. Stadt wahrscheinl. (falls m. Ramatajim-Zofim [1Sam 1,1] bzw. Ramathaim [1Makk 11,34] gleichzusetzen) bei Rentis, 15 km nordöstl. von Lydda (GBL 1, S. 114f). **τοὔνομα** (= τὸ ὄνομα [BDR §18[1]]) Akk. der Beziehung (H-S §156; vgl. A149) *mit Namen, namens.* **ὃς καί** *der auch* od. einfach *der* (vgl. A311,8; ZG). **αὐτός** 57

wohl im Sinn v. *selbst.* **ἐ-μαθητεύθη** Aor. Pass. μαθητεύω intr. *Jünger*
sein; tr. *zum Jünger machen, belehren;* Pass. *Jünger werden, belehrt werden;* Aor.
Ind. bez. hier Vorvergangenheit (vgl. H-S §199n; A224); ὃς καὶ αὐτὸς ἐμα-
θητεύθη τῷ Ἰησοῦ *der auch* (od. einfach *der*) *selbst ein Jünger Jesu geworden*
58 *war* [Var. ἐ-μαθήτευσεν Aor. Akt.]. **58 προσ-ελθών** Aor. Ptz. -έρχο-
μαι, temp. (A291,1 Anm. 1). **ᾐτήσατο** Aor. Med. αἰτέω. **σῶμα** hier
Leichnam (B 1a). **ἐ-κέλευσεν** Aor. κελεύω[5] *befehlen, anordnen,* m. AcI.
ἀπο-δοθῆναι Aor. Inf. Pass. -δίδωμι; Präd. des AcI (erg. τοῦτο/αὐτό [als
Subj.], wohl auch αὐτῷ [als DatO]); τότε ὁ Πιλᾶτος ἐκέλευσεν ἀποδο-
θῆναι *da befahl Pilatus, ihm diesen zu übergeben* bzw. *Pilatus ordnete an, man*
59 *solle ihm den Leichnam überlassen.* **59 λαβών** Aor. Ptz. λαμβάνω, temp.
(A291,1 Anm. 1). **ἐν-ε-τύλιξεν** Aor. -τυλίσσω (vgl. A33[74ff]) *einwickeln,* τὶ
ἔν τινι (od. τί τινι) *etwas in etwas wickeln;* zur Sache vgl. GBL 1, S. 176.
60 **σινδών**[4] όνος ἡ *Leinentuch.* **καθαρός** *rein.* **60 ἔ-θηκεν** Aor. τίθημι.
ἐν = εἰς (sonst selten in Mt; vgl. A184b). **καινός** hier *neu* im Sinn v. *noch*
unbenutzt (B 1). **ἐ-λατόμησεν** Aor. λατομέω (< λᾶας Stein, Fels; τέμ-
νω schneiden) *(im Fels) aushauen;* hier wohl kausativ im Sinn v. *aushauen las-*
sen (A219); Aor. Ind. bez. hier Vorvergangenheit (vgl. H-S §199n; A224); ἐν
τῷ καινῷ αὐτοῦ μνημείῳ ὃ ἐλατόμησεν ἐν τῇ πέτρᾳ übers. etwa *in*
das noch unbenutzte Grab, das er für sich selbst in den/einen Felsen hatte hauen
lassen. **πέτρα** *Fels.* **προσ-κυλίσας** Aor. Ptz. -κυλίω *heranwälzen;* temp.
(A291,1 Anm. 1); καὶ προσκυλίσας λίθον μέγαν τῇ θύρᾳ τοῦ μνη-
μείου *dann wälzte er einen großen Stein vor den Eingang des Grabes und.* **θύρα**
Tür. **ἀπ-ῆλθεν** Aor. -έρχομαι.
61 **61 ἦν** V. 54; zum griech. Sg.-Präd. s. A94f. **Μαριάμ, Μαγδαληνή**
V. 56. **ἡ ἄλλη Μαρία** s. V. 56. **καθήμεναι** Ptz. κάθημαι, mod.
(A291,2 Anm. 1). **ἀπ-έναντι** uneig. Präp. (A183) *gegenüber von, vor;* καθή-
μεναι ἀπέναντι τοῦ τάφου *sie saßen (dabei) dem Grab gegenüber.* **τά-**
φος *Grab.*
62 **62 ἐπ-αύριον** *morgen* (= tags darauf), τῇ ἐπαύριον (erg. ἡμέρᾳ, vgl.
A88) temp. Dat. (A182) *am nächsten Tag.* **ἥτις** = ἥ (A133; B ὅστις 3). **πα-**
ρα-σκευή *Zurüstung,* bes. (der jüd.) *Rüsttag* (d.h. der Freitag, an dem alles
für den Sabbat, an dem nicht gearbeitet werden durfte, vorzubereiten war); τῇ
δὲ ἐπαύριον, ἥτις ἐστὶν μετὰ τὴν παρασκευήν ... *am nächsten Tag,*
der auf den Rüsttag folgt ... od. (sinngetreu) *am nächsten Tag – es war der Sabbat*
– ... (GNB); eine ungewöhnl. Ersatzbezeichnung für „Sabbat“, die viell. im Zu-
sammenhang m. der Festzeit verdeutlichen sollte, daß vom Wochensabbat (d.h.
vom Samstag) u. nicht etwa vom Festsabbat die Rede war (Carson, Mt, S. 585).
συν-ήχθησαν Aor. Pass. -άγω; συνήχθησαν οἱ ἀρχιερεῖς ... πρὸς
Πιλᾶτον *die führenden Priester ... versammelten sich bei Pilatus, die führenden*
63 *Priester ... gingen gemeinsam zu Pilatus.* **ἀρχ-ιερεύς** V. 1. **63 λέγοντες**

Ptz. λέγω, mod. **κύριε** Vok. **ἐ-μνήσθημεν** Aor. Pass. (ohne bes. Pass.-
Bdtg.) μιμνήσκομαι[168] m. Gen. *sich erinnern;* ἐμνήσθημεν übers. *uns ist
eingefallen.* **πλάνος**[11] *irreführend, verführerisch;* subst. *Betrüger, Verführer.*
ζῶν Ptz. ζάω, temp. **μετὰ τρεῖς ἡμέρας** *nach drei Tagen = am dritten
Tag* (vgl. zu 12,40). **ἐγείρομαι** Pass. ἐγείρω. **64 κέλευσον** Aor. Imp. 64
V. 58. **ἀ-σφαλισθῆναι** Aor. Inf. Pass. ἀ-σφαλίζομαι (vgl. A33[91ff]) *(si-
cher) verwahren, sichern;* Präd. des AcI. **τάφος** *Grab.* **μή-ποτε** *damit nicht
(etwa)* (A339) bzw. *sonst.* **ἐλθόντες** Aor. Ptz. ἔρχομαι, temp. (A291,1
Anm. 1); μήποτε ἐλθόντες οἱ μαθηταὶ αὐτοῦ κλέψωσιν αὐτὸν καὶ
εἴπωσιν τῷ λαῷ *sonst könnten seine Jünger kommen und ihn/den Leichnam
stehlen und dann dem Volk gegenüber behaupten.* **κλέψωσιν** Aor. Konj.
κλέπτω[55] *stehlen.* **εἴπωσιν** Aor. Konj. λέγω. **ἠγέρθη** Aor. Pass. ἐγεί-
ρω. **ἔσται** Fut. εἰμί hier mod. Fut. (A247; bzw. statt Konj. nach μήποτε
[A328; 339]). **πλάνη** *Irrtum, Verirrung, Irreführung, Täuschung* bzw. (hier am
besten) *Betrug.* **χείρων**[11] ον (Komp. zu κακός) *schlechter, schlimmer.* **πρώ-
της** gen. comparationis (A168); καὶ ἔσται ἡ ἐσχάτη πλάνη χείρων
τῆς πρώτης *und dieser letzte Betrug wäre (noch) schlimmer als der erste* (näml.
sein Anspruch, der Messias zu sein). **65 ἔ-φη** Ipf. φημί. **κουστωδία** (lat. 65
custodia „Wache“) *Wache;* ἔχετε κουστωδίαν entweder imp. *ihr sollt eine
Wache haben* (Pilatus stellt ihnen eine röm. Wachmannschaft zur Verfügung)
od. (wohl besser) ind. *ihr habt (doch selbst) eine Wache* (Pilatus weigert sich, ei-
gene Truppen einzusetzen, erinnert die jüd. Führer daran, daß sie ja über eine
eigene Tempelpolizei verfügen u. erteilt ihnen die Erlaubnis, diese einzusetzen;
die Antwort des Pilatus wäre demnach zynisch zu verstehen, etwa im flgd. Sinn:
„Ihr hattet Angst vor diesem Mann, als er noch lebte. Jetzt ist er tot, und ihr
habt immer noch Angst vor ihm! Ja, sichert das Grab, wie ihr es für nötig haltet.
Doch setzt dafür eure eigene Polizei ein!“; Carson, Mt, S. 586). **ὑπ-άγετε**
Imp., typischerweise gefolgt v. Asyndeton (BDR §461[1]; vgl. H-S §293e) *geht
(und).* **ἀ-σφαλίσασθε** Aor. Imp. Med. V. 64 [Var. ἀ-σφαλίσασθαι
Aor. Inf. Med. (fin., A276)]. **οἶδα** hier *verstehen, können* (B 3). **66 οἱ δέ** 66
V. 4. **πορευθέντες** Aor. Ptz. Pass. (ohne bes. Pass.-Bdtg.) πορεύομαι,
temp. (A291,1 Anm. 1). **ἠ-σφαλίσαντο** Aor. Med. ἀ-σφαλίζομαι V. 64.
σφραγίσαντες Aor. Ptz. σφραγίζω (vgl. A33[91ff]) *versiegeln, mit einem
Siegel versehen;* temp. **μετά** m. Gen. hier praktisch instr. (ZG; Menge; vgl.
B AIII2) etwa *unter Hinzuziehung/Einsatz von;* οἱ δὲ πορευθέντες ἠσφαλί-
σαντο τὸν τάφον σφραγίσαντες τὸν λίθον μετὰ τῆς κουστωδίας
*da gingen sie hin und sicherten das Grab mit einer Wache, nachdem sie den Stein
versiegelt hatten* bzw. (etwas freier) *da gingen sie zum Grab, versiegelten den Stein
(am Eingang) und sicherten es, indem sie die Wache aufstellten* (NGÜ).

ὀψέ Adv. *spät; spät (am Tag), am Abend;* hier uneig. Präp. (H-S §185a,31; **28**
vgl. A183) *nach (Ablauf von);* ὀψὲ σαββάτων *nach Ablauf des Sabbats*

(Menge), *nach dem Sabbat* (BDR §164,4; B 3). **ἐπι-φωσκούσῃ** Ptz. Fem.
-φώσκω *aufleuchten, hell werden,* (v. einem Tag) *anbrechen, beginnen;* subst.
bzw. attr.; τῇ ἐπιφωσκούσῃ erg. ὥρᾳ (A88; viell. νυκτί) εἰς μίαν σαβ-
βάτων temp. Dat. (A182; wohl in App. [vgl. A70] zu ὀψὲ δὲ σαββάτων)
(das heißt) in/während der Stunde/Zeit, die (bzw. *während des Teils der Nacht, der*
[vgl. Zorell u. Z]) *zum ersten Tag der Woche hin aufleuchtet/hell wird = in der*
Morgendämmerung des ersten Tages der Woche (Einh.); die Deutung, die hier ei-
nen Hinweis auf den Samstagabend sieht (so GNB; vgl. EWNT 2, Sp. 113), ist
weder grammatisch erforderl. (s. obige Hinweise) noch sachl. gerechtfertigt.
εἰς μίαν σαββάτων = εἰς πρώτην (A138,1) ἡμέραν (A88) σαββά-
των *zum ersten Wochentag* (d.h. Sonntag) *hin* (H-S §146a; vgl. B εἰς 4). **ἦλθεν**
(sie) kamen bzw. (so GN) *machten sich auf den Weg* (zum griech. Sg.-Präd. s.
A94). **Μαριάμ** (indekl., hier Nom.) od. **Μαρία** *Maria.* **Μαγδαληνή**
27,56. **ἡ ἄλλη Μαρία** vgl. 27,56.61. **θεωρῆσαι** Aor. Inf. θεωρέω hier
2 etwa *sehen nach;* fin. (A276). **τάφος** *Grab.* **2 καὶ ἰδού** etwa *(und) plötz-*
lich. **σεισμός** *Erdbeben;* σεισμὸς μέγας *ein heftiges Erdbeben* (B). **ἐ-γέ-**
νετο Aor. Med. γίνομαι hier *entstehen* (B I1bα). **κατα-βάς** Aor. Ptz.
-βαίνω, temp. (A291,1 Anm. 1). **προσ-ελθών** Aor. Ptz. -έρχομαι, temp.
(A291,1 Anm. 1). **ἀπ-ε-κύλισεν** Aor. ἀπο-κυλίω *wegwälzen.* [Var. θύρα
Tür.] **ἐ-κάθητο** Ipf. Med. κάθημαι. **ἐπ-άνω** uneig. Präp. (A183) *(oben)*
3 *über, auf.* **3 ἦν** Ipf. εἰμί. **εἰδέα** (statt ἰδέα [BDR §23[3]; vgl. Var.]; < εἶ-
δον) *Aussehen, Gestalt, äußere Erscheinung.* **ἀστραπή** *Blitz;* ἦν δὲ ἡ εἰδέα
αὐτοῦ ὡς ἀστραπή *sein Aussehen war wie ein Blitz, seine Gestalt leuchtete*
wie ein Blitz. **ἔν-δυμα**[3] *Gewand, Kleid.* **λευκός** *weiß.* **ὡς** [Var. ὡσ-εί syn-
4 onym, vgl. LN 64.12]. **χιών**[4] όνος ἡ *Schnee.* **4 ἀπό** hier kaus. (vgl. BDR
§210[1]); ἀπὸ τοῦ φόβου αὐτοῦ (gen. obi., A158) *aus Furcht/Angst vor ihm.*
ἐ-σείσθησαν Aor. Pass. σείω[3] *schütteln, erschüttern;* Pass. *beben, wanken,*
zittern. **τηροῦντες** Ptz. τηρέω, subst. *(die) Wächter.* **ἐ-γενήθησαν** Aor.
Pass. (ohne bes. Pass.-Bdtg.) γίνομαι; ἐγενήθησαν ὡς νεκροί *und wurden*
wie tot od. (freier) *und fielen wie tot zu Boden* [Var. ἐ-γένοντο Aor. Med.].
5 **5 ἀπο-κριθείς** Aor. Ptz. Pass. (ohne Pass.-Bdtg.) -κρίνομαι bez. hier wohl
die verbale Reaktion auf ein nichtverbales Geschehen (Hebr./Aram.) *sich wen-*
den an o.ä. (vgl. B 2; Zerwick §366); pleon. (A297,2); ἀποκριθεὶς δὲ ὁ ἄγγε-
λος εἶπεν ταῖς γυναιξίν *der Engel aber wandte sich an die Frauen mit den*
Worten (Menge) od. einfach *der Engel sagte zu den Frauen.* **φοβεῖσθε** Imp.
φοβέομαι. **ὑμεῖς** Subj. viell. betont (A122). **ἐ-σταυρωμένον** Pf.
(A231) Ptz. Pass. σταυρόω, attr. bzw. subst. als App. (A70); Ἰησοῦν τὸν
ἐσταυρωμένον *Jesus, der gekreuzigt worden ist* bzw. *Jesus, den Gekreuzigten.*
6 **6 ἠγέρθη** Aor. Pass. ἐγείρω. **καθὼς εἶπεν** *wie er es vorausgesagt hat*
(vgl. B εἶπον 3e). **δεῦτε** Adv., als Pl. zu δεῦρο *kommt her!, auf!;* hier asynde-
tisch vor Imp. δεῦτε ἴδετε *kommt her und seht ... an* (A266). **ἴδετε** Aor. Imp.

ὁράω. **ἔ-κειτο** Ipf. Med. κεῖμαι (A32) *liegen, gelegt sein;* ὅπου ἔκειτο *wo*
er gelegen hat. **7 ταχύς**[10] εῖα ύ *schnell;* Ntr. Sg. als Adv. (A150). **πορευ-** 7
θεῖσαι Aor. Ptz. Pass. (ohne bes. Pass.-Bdtg.) Fem. πορεύομαι, temp. (als
Imp. + „und“ übers.; A291,1 Anm. 1). **εἴπατε** Aor. (vgl. H-S §105g) Imp. λέ-
γω. **ὅτι** wohl als Doppelpunkt berücksichtigen (vgl. A333); die für die Jünger
best. Botschaft endet m. *νεκρῶν* od. (wohl besser [vgl. Mk 16,7]) m. *ὑμῖν*.
προ-άγω (örtl. od. zeitl.) *vorausgehen, vorangehen* (τινά *jmdm.*); fut. Präs.
(A234; vgl. V. 9f). **ὄψεσθε** Fut. Med. ὁράω. **ἰδοὺ εἶπον ὑμῖν** *„siehe“,*
ich habe es (A79) *euch gesagt* etwa = *ihr könnt euch auf meine Worte verlassen.*

8 ἀπ-ελθοῦσαι Aor. Ptz. Fem. -έρχομαι, temp. (A291,1 Anm. 1). 8
ταχύ V. 7. **μετὰ φόβου καὶ χαρᾶς μεγάλης** *mit/voll Furcht und*
großer Freude od. *erschrocken und doch voller Freude* (GNB). **ἔ-δραμον** Aor.
τρέχω[196] *laufen.* **ἀπ-αγγεῖλαι** Aor. Inf. -αγγέλλω; fin. (A276); ἔδρα-
μον ἀπαγγεῖλαι τοῖς μαθηταῖς αὐτοῦ erg. τοῦτο/ταῦτα o.ä. (A79) *sie*
eilten zu seinen Jüngern, um ihnen die Botschaft zu verkünden/um ihnen alles zu
berichten. **9 καὶ ἰδού** etwa *(und) plötzlich.* **ὑπ-ήντησεν** Aor. -αντάω 9
entgegengehen, entgegentreten [Var. ἀπ-, synonym, vgl. LN 15.78]. **λέγων** Ptz.,
mod. **χαίρετε** Imp. hier Grußformel *seid gegrüßt* (B 2a). **αἱ δέ** *(und) die-*
se/sie (A102). **προσ-ελθοῦσαι** Aor. Ptz. Fem. -έρχομαι, temp. (A291,1
Anm. 1). **ἐ-κράτησαν** Aor. κρατέω hier etwa *umfassen.* **προσ-ε-κύνη-**
σαν Aor. -κυνέω; ἐκράτησαν αὐτοῦ τοὺς πόδας καὶ προσεκύνη-
σαν αὐτῷ *sie umfaßten seine Füße und warfen sich vor ihm nieder* od. *sie um-*
faßten seine Füße und huldigten ihm (vgl. Wilckens), viell. *sie umfaßten seine*
Füße und beteten ihn an (NGÜ Anm.). **10 λέγει** hist. Präs. (A235). **φοβε-** 10
ῖσθε V. 5. **ὑπ-άγετε** Imp., typischerweise gefolgt v. Asyndeton (BDR
§461[1]; vgl. H-S §293e) *geht (und).* **ἀπ-αγγείλατε** Aor. Imp. -αγγέλλω.
τοῖς ἀδελφοῖς μου *meinen Brüdern,* d.h. den Jüngern (wohl im weiteren
Sinn; vgl. 12,49-50 u. 25,40; 19,13-15; 27,57-61). **ἵνα** hier *daß* bzw. indirekte
Rede (A328/334a; bez. das Geforderte); ἀπαγγείλατε τοῖς ἀδελφοῖς μου
ἵνα ἀπέλθωσιν ... *sagt meinen Brüdern, sie sollen ... gehen.* **ἀπ-έλθωσιν**
Aor. Konj. -έρχομαι. **κἀκεῖ** = καὶ ἐκεῖ. **ὄψονται** Fut. Med. ὁράω.

11 πορευομένων Ptz. πορεύομαι, gen. abs. (A288), temp.; πορευο- 11
μένων δὲ αὐτῶν *während sie/die Frauen noch auf dem Weg waren.* **κου-**
στωδία (lat. custodia „Wache“) *Wache;* τινὲς τῆς κουστωδίας *einige*
(Männer) der Wachmannschaft, einige Wächter. **ἐλθόντες** Aor. Ptz. ἔρχο-
μαι, temp. (A291,1 Anm. 1). **ἀπ-ήγγειλαν** Aor. -αγγέλλω [Var. ἀν-
hier synonym (B 1)]. **ἀρχ-ιερεύς** Pl. s. zu 26,3. **ἅ-πας**[10] = πᾶς. **γενό-**
μενα Aor. Ptz. Med. γίνομαι, subst.; ἅπαντα τὰ γενόμενα *alles, was ge-*
schehen war. **12 συν-αχθέντες** Aor. Ptz. Pass. -άγω, temp. **πρεσβύτε-** 12
ρος Pl. hier v. Mitgliedern einer Gruppe des Synedriums (B 2aβ; GNB: *Ratsäl-*
teste). **συμ-βούλιον** *Beratung, Beschluß; Ratsversammlung* (< lat. consi-

lium, BDR §5[16]); συμβούλιον λαμβάνω (< lat. consilium capere, BDR
§5,4) *(nach Beratungen) einen Beschluß fassen* (B 1). **λαβόντες** Aor. Ptz.
λαμβάνω, temp. **ἀργύριον** *Silber; Silbergeld, Geld,* bes. *Silberschekel.* **ἱκα-
νός** *hinlänglich;* hier etwa *reichlich, viel.* **ἔ-δωκαν** Aor. δίδωμι hier
(be)zahlen (B 4); καὶ συναχθέντες μετὰ τῶν πρεσβυτέρων συμβού-
λιόν τε λαβόντες ἀργύρια ἱκανὰ ἔδωκαν τοῖς στρατιώταις *nach-
dem diese sich mit den Ältesten versammelt und einen Beschluß gefaßt hatten, zahl-
ten sie den Soldaten viel Geld* od. *diese faßten gemeinsam mit den Ältesten den Be-*
13 *schluß, die Soldaten mit viel Geld zu bestechen.* **στρατιώτης**[1] *Soldat.* **13 λέ-
γοντες** Ptz. λέγω, mod. **εἴπατε** Aor. (vgl. H-S §105g) Imp. λέγω. **ἐλ-
θόντες** Aor. Ptz. ἔρχομαι, temp. (A291,1 Anm. 1). **ἔ-κλεψαν** Aor. κλέπ-
τω[55] *stehlen.* **κοιμωμένων** Ptz. κοιμάομαι *schlafen;* gen. abs. (A288),
temp.; ἡμῶν κοιμωμένων *während wir schliefen;* ein Hinweis darauf (vgl.
27,65), daß hier eher v. der jüd. Tempelpolizei als v. röm. Soldaten die Rede ist
(für diese wäre eine solche Aussage einem Selbstmord gleichgekommen; Car-
14 son, Mt, S. 591). **14 ἀκουσθῇ** Aor. Konj. Pass. ἀκούω; ἐὰν ἀκουσθῇ
τοῦτο ἐπὶ τοῦ ἡγεμόνος *wenn dies dem Statthalter zu Ohren kommen sollte*
(B 3b). **ἡγεμών**[4] όνος ὁ *Herrscher, Fürst;* hier (röm.) *Statthalter* (s.a. zu
27,2). **πείσομεν** Fut. πείθω; ἐάν ... ἡμεῖς (Subj. betont, A122) πείσο-
μεν αὐτόν *falls ... werden wir ihn beschwichtigen* (GNB: *werden wir mit ihm
sprechen*), viell. ebenfalls durch Bestechung (vgl. B 1d). **ἀ-μέριμνος**[11] *sor-
genfrei;* ἀμέριμνον (Obj.-Präd. [A49]) ποιέω τινά *jmdm. die Sorge abneh-
men* (B); ὑμᾶς ἀμερίμνους ποιήσομεν etwa *wir werden dafür sorgen, daß*
15 *ihr nichts zu befürchten habt.* **ποιήσομεν** Fut. ποιέω. **15 οἱ δέ** *(und) die-
se/sie* (A102). **λαβόντες** V. 12; temp. (A291,1 Anm. 1). **ἐ-ποίησαν** Aor.
ἐ-διδάχθησαν Aor. Pass. διδάσκω; ὡς ἐδιδάχθησαν Aor. Ind. bez.
hier Vorvergangenheit (vgl. H-S §199n; A224) *wie sie angewiesen worden waren*
(B 1). **δι-ε-φημίσθη** Aor. Pass. δια-φημίζω (vgl. A33[91ff]) *(mündlich) ver-
breiten.* **λόγος** hier etwa *Gerücht, Geschichte* (B 1aβ). **μέχρι** uneig. Präp.
(A183) *bis (zu);* μέχρι τῆς σήμερον ἡμέρας (Var. vgl. A88) *bis zum heuti-
gen Tag, bis heute;* καὶ διεφημίσθη ὁ λόγος οὗτος παρὰ Ἰουδαίοις
μέχρι τῆς σήμερον ἡμέρας *und diese Geschichte ist bei den* (vgl. A106a)
Juden bis zum heutigen Tag (d.h. wohl bis zur Abfassung v. Mt) *in Umlauf ge-
bracht worden = diese Geschichte wird bei den Juden bis heute weitererzählt* (GN).
16 **16 ἕν-δεκα**[19] *elf;* οἱ ἕνδεκα μαθηταί *die elf Jünger,* d.h. der Zwölfer-
kreis (vgl. 3,14) ohne den Verräter Judas (vgl. 27,3ff; Apg 1,18f). **ἐ-πορεύθη-
σαν** Aor. Pass. (ohne bes. Pass.-Bdtg.) πορεύομαι. **οὗ**[18] *wo,* (hier) *wohin.*
ἐ-τάξατο Aor. Med. (hier = Akt., BDR §316[3]) τάσσω[79] *ordnen;* hier *befeh-
len* (m. Dat. der Pers.); Aor. Ind. bez. hier Vorvergangenheit (vgl. H-S §199n;
A224); οὗ ἐτάξατο αὐτοῖς ὁ Ἰησοῦς *wohin (zu gehen)* (B 2b) *Jesus ihnen*
17 *befohlen hatte* bzw. *zu dem Jesus sie bestellt hatte* (GNB). **17 ἰδόντες** Aor.

Ptz. ὁράω, temp. **προσ-ε-κύνησαν** V. 9. **οἱ δέ** hier (ohne οἱ μέν [vgl.
A102]) *einige/andere (aber)* (B ὁ I2; BDR §250[1]), d.h. einige der elf Jünger od.
einige aus dem weiteren Jüngerkreis (s. V. 10). **ἐ-δίστασαν** Aor. διστάζω
(vgl. A33[91ff]) (< δίς doppelt) *zweifeln, Zweifel haben;* οἱ δὲ ἐδίστασαν *eini-
ge aber hatten (noch) Zweifel,* daß Jesus tatsächl. auferstanden war od. daß es
sich bei dem vor ihnen Stehenden wirkl. um Jesus handelte (vgl. Lk 24,16; Jh
21,4ff) od. evtl. daß es richtig war, Jesus anzubeten (vgl. GN: *aber einige taten es
mit zwiespältigem Herzen*)? (vgl. Carson, Mt, S. 593f). **18 προσ-ελθών** V. 2. 18
ἐ-λάλησεν Aor. λαλέω. **ἐ-δόθη** Aor. Pass. δίδωμι; pass. divinum
(A76b); ἐδόθη μοι πᾶσα ἐξουσία *mir ist alle Macht gegeben worden* (GNB:
Gott hat mir unbeschränkte Vollmacht ... gegeben); es ist sehr wohl mögl. (vgl.
26,64), daß hier bewußt auf Da 7,13f angespielt wird: dem Menschensohn ist
nun (nach dessen Erniedrigung u. Leiden) universelle Vollmacht verliehen wor-
den. [Var. ἀπ-έ-στειλεν Aor., ἀπο-στελῶ Fut. ἀπο-στέλλω.] **19 πο-** 19
ρευθέντες Aor. Ptz. Pass. (ohne bes. Pass.-Bdtg.) πορεύομαι, temp. (als
Imp. + „und" übers.; A291,1 Anm. 1). **οὖν** *darum.* **μαθητεύσατε** Aor.
Imp. μαθητεύω *zum Jünger machen, belehren;* πορευθέντες οὖν μαθητεύ-
σατε πάντα τὰ ἔθνη *darum geht hin und macht alle Völker* (d.h. Menschen
aller Völker) *zu (meinen) Jüngern* od. *darum geht zu allen Völkern und macht die
Menschen zu meinen Jüngern* (NGÜ); diese Aufforderung ist zumindest an die
Elf gerichtet, doch an die Elf als Jünger Jesu (V. 16), die ihrerseits ein Paradig-
ma für alle Nachfolger Jesu bilden; es wäre aber durchaus mögl., daß hier be-
reits ein größerer Kreis v. Jüngern angesprochen ist (vgl. zu V. 10 u. 17; Carson,
Mt, S. 595f). **βαπτίζοντες** Ptz. βαπτίζω, mod. wohl im Sinn eines (wichti-
gen) Begleitgeschehens zu bzw. einer Kennzeichnung v. μαθητεύσατε (gilt
auch für διδάσκοντες V. 20, das entweder βαπτίζοντες od. m. diesem zu-
sammen μαθητεύσατε begleitet bzw. kennzeichnet); μαθητεύσατε ... βα-
πτίζοντες αὐτούς ... διδάσκοντες αὐτούς ... *macht ... zu meinen Jüngern,
wobei ihr sie tauft ... und sie (dabei) ... lehrt ...* [Var. βαπτίσαντες Aor. Ptz.].
αὐτούς Mask.: sinngemäße Konstruktion (Bezug auf die Menschen aller Völ-
ker [A96; vgl. 25,32]). **εἰς τὸ ὄνομα** „in den Namen/mit Bezug auf den Na-
men" = *auf den Namen,* d.h. wohl zur Übereignung an – o.ä. – (vgl. ThBNT 2,
S. 962f) bzw. zur Bekundung der Zugehörigkeit zu. **20 διδάσκοντες** Ptz. 20
διδάσκω, mod. (s. V. 19). **τηρεῖν** Inf. τηρέω. **πάντα ὅσα** *alles, was*
(vgl. B ὅσος 2). **ἐν-ε-τειλάμην** Aor. Med. -τέλλομαι[115] *befehlen,
gebieten, verfügen.* **καὶ ἰδού** etwa *und seid gewiß* (NGÜ) od. *und das sollt ihr
wissen* (GNB). **ἐγώ** Subj. betont (A122). **πάσας τὰς ἡμέρας** Akk. der
zeitl. Ausdehnung (A148) *alle Tage, jeden Tag, die ganze Zeit über, immer* (vgl. B
ἡμέρα 4b). **συν-τέλεια** *Ende, Vollendung;* ἕως τῆς συντελείας τοῦ
αἰῶνος *bis zum Ende des (gegenwärtigen) Zeitalters, bis zum Ende der Welt* (vgl.
B αἰών 2a).

Markus

1 **κατὰ Μᾶρκον** erg. τὸ εὐαγγέλιον *die gute Nachricht (von Jesus Christus) nach Markus* (gemeint ist wahrscheinl. Johannes Markus, Mitarbeiter der Apostel Paulus u. Petrus [vgl. Apg 12,12.25; 13,5; 15,37; Kol 4,10; Phm 24; 2Tim 4,11; 1Pt 4,11; Eusebius, Historia Ecclesiastica 3.39.15]); κατά m. Akk. hier kaum poss. (BDR §224[4]; vgl. A155). **ἀρχή ... υἱοῦ θεοῦ** in der Überschrift auch ohne Art. best. (vgl. BDR §268[5]). **εὐαγγέλιον** hier *(das) Evangelium, (die) Heilsbotschaft* (wie sie im vorliegenden Buch dargelegt wird; noch nicht im späteren Sinn als Bezeichnung für das Buch selbst); m. gen. obi. (A158); ἀρχὴ ... Ἰησοῦ Χριστοῦ υἱοῦ θεοῦ *Anfang* des Evangeliums *von Jesus Christus* (bzw. *von Jesus, dem Messias*), *dem Sohn Gottes;* Hinweise auf Jesus als Sohn Gottes (nicht nur [wie im Judentum] im Sinn einer charismatischen Gestalt, sondern m. deutl. göttl. Nuancen) finden sich in verschiedenen wichtigen Mk-Stellen (3,11; 5,7; 15,39; vgl. 1,11; 9,7; 12,6; 13,32; 14,61); die literarische Funktion v. V. 1 wird unterschiedl. gedeutet; zu den wichtigsten Vorschlägen zählen die zwei folgenden: a) er dient als eine Art Überschrift zum ganzen Buch; b) er bildet die Einleitung zum ersten Abschnitt (vgl. Menge: *die Heilsbotschaft von Jesus Christus ... hat folgenden Anfang:* – d.h. das, wovon diese Botschaft berichtet, begann – der Schrift entsprechend – m. dem Auftre-
2 ten des Täufers Johannes). **2 καθώς** verbindet V. 2-3 entweder m. V. 4 (καθώς ... γέγραπται ... ἐγένετο Ἰωάννης *wie ... geschrieben steht ... so trat Johannes ... auf* [Menge]) od. m. V. 1 (ἀρχὴ τοῦ εὐαγγελίου Ἰησοῦ Χριστοῦ υἱοῦ θεοῦ καθώς ... γέγραπται *Anfang des Evangeliums von Jesus Christus, dem Sohn Gottes: Es begann, wie es ... steht* [Einh.]); das, was berichtet wird, entspricht ganz Gottes vor langer Zeit gefaßtem Plan (Gundry, Mk, S. 34f). **γέ-γραπται** Pf. (A231) Pass. γράφω, Pf. Pass. term. tech. zur Einführung v. Schriftzitaten (B 2c); γέγραπται *in der Schrift steht;* γέγραπται ἐν τῷ Ἠσαΐᾳ τῷ προφήτῃ *beim Propheten Jesaja heißt es/steht.* **Ἠσαΐας**[1] ου *Jesaja,* atl. Prophet; nach jüd. Brauch wird vor einem zusammengesetzten Schriftzitat ledigl. ein Autor genannt, hier Jesaja wohl deshalb, weil das längste u. für Mk relevanteste Zitat (näml. V. 3) aus dem Jesajabuch stammt (im wesentl. handelt es sich bei diesem um ein LXX-Zitat [der MT zieht „in der Wüste" zur direkten Rede]); in Jes 40ff spricht Gott seinem Volk, dann aber auch der ganzen Völkerwelt Trost zu: er selbst wird kommen, um zu erlösen u. Heil zu wirken (vgl. A. Motyer, The Prophecy of Isaiah [Leicester, 1993], S. 289, 298ff); Jes 40,3 nennt eine „Stimme"/einen Boten, die/der zur Vorbereitung auf Jahwes Kommen (zum „Bereiten" seines „Weges") aufruft; in Mk werden dieser Bote m. dem Täufer Johannes u. Jahwe selbst m. dem Messias Jesus, dem Sohn Gottes, gleichgesetzt; dem Jes-Wort sind Zitate aus Ex 23,20 u. Mal 3,1

bzw. eine Kombination der beiden (wie man ihr auch im rabbinischen Schrifttum begegnet [s. Exodus Rabba 23,20]) vorangestellt (V. 2b), die ebenfalls v. gottgesandten Boten sprechen (Ex 23,20 vom Engel, der Israel beim Zug durch die Wüste führen u. schützen sollte, Mal 3,1 vom Boten [in Mal 3,23f „Elija"], der den Weg für Jahwe bzw. für dessen großen u. schreckl. Tag bereiten sollte; zu diesen Stellen vgl. auch zu Mt 11,10). **πρὸ προσώπου** Hebr. = πρό (A186). **κατα-σκευάσει** Fut. -σκευάζω (vgl. A33[91ff]) *instand setzen,*
(zu)bereiten. **3 βοῶντος** Ptz. βοάω *(laut) rufen, schreien;* subst. (vgl. A304; 3
BDR §413[2]); φωνὴ βοῶντος ἐν τῇ ἐρήμῳ *(die) Stimme eines Rufenden (ist) in der Wüste (zu hören)* (A78) = *in der Wüste ruft eine Stimme/ruft einer* (vgl. A382a). **ἑτοιμάσατε** Aor. Imp. ἑτοιμάζω. **τὴν ὁδὸν κυρίου** *den Weg des Herrn* (= Jahwes; A107) = *dem Herrn den Weg.* **εὐθύς**[10] εῖα ύ *gerade* (evtl. auch *eben*). **ποιεῖτε** Imp. ποιέω hier m. doppeltem Akk. (A97,15).
τρίβος ἡ *Pfad.* **4 ἐ-γένετο** Aor. Med. γίνομαι hier *auftreten* (B II5; vgl. 4
auch zu βαπτίζων). **βαπτίζων** Ptz., attr. od. subst. (BDR §413[1]; als App. [A70]) [Var.: ohne Art.: mod., evtl. umschrieb. Vergangenheit (ἐγένετο statt ἦν, um den Anfang des Seins auszudrücken; vgl. A249b; BDR §354[1]; Reiser, Syntax, S. 135)]. **κηρύσσων** Ptz., wie βαπτίζων gebraucht (od. viell. [trotz des καί] mod.; Reiser, Syntax, S. 135; vgl. A378); ἐγένετο Ἰωάννης ὁ βαπτίζων ἐν τῇ ἐρήμῳ καὶ κηρύσσων βάπτισμα μετανοίας εἰς ἄφεσιν ἁμαρτιῶν *so trat Johannes auf, (nämlich) der, der in der Wüste taufte und (dabei) eine Taufe der Umkehr zur Vergebung der Sünden verkündete* od. viell. *so trat Johannes der Täufer in der Wüste auf, indem er eine Taufe ... verkündete* (vgl. Menge) od. (verständlicher) *so trat Johannes der Täufer in der Wüste auf und forderte die Menschen auf, umzukehren und sich taufen zu lassen, um Vergebung der Sünden zu empfangen* (vgl. NGÜ) [Var. ohne Art.: *so trat Johannes auf, indem er ... taufte und eine Taufe ... verkündete,* evtl. *so fing Johannes an, in der Wüste zu taufen, indem er eine Taufe ... verkündete*]. **βάπτισμα**[3] *Taufe.* **μετά-νοια** *Sinnesänderung, Umkehr, Bekehrung* bzw. *Abkehr;* gen. qualitatis (A160; BDR §165[2]); βάπτισμα μετανοίας *Taufe der Umkehr* (d.h. wohl: Taufe als Zeichen der Umkehr; H-S §162b). **εἰς** hier fin. (B 4f); εἰς ἄφεσιν ἁμαρτιῶν (auch ohne Art. best.; A106a/d) *zur Vergebung der Sünden.* **ἄφ-εσις**[8]
Erlaß (v. Schuld, Sünde usw.), *Vergebung.* **5 ἐξ-ε-πορεύετο** Ipf. Med. ἐκ- 5
πορεύομαι *hinausgehen, herauskommen;* zum Sg.-Präd. vgl. A94. **χώρα** *Land* (Ggs. *Meer* od. *Stadt*), *Landschaft, Gebiet;* πᾶσα ἡ Ἰουδαία χώρα *das ganze jüdische Land, ganz Judäa = alle Leute aus dem Gebiet von Judäa* (totum pro parte [„alle" = „ein großer Teil"], A382b; gilt auch für flgd. Ausdruck); für einen vergleichbaren Hinweis auf den Einfluß des Täufers s. Josephus, Antiquitates 18.117. **Ἱεροσολυμίτης**[1] *Bewohner Jerusalems.* **ἐ-βαπτίζοντο** Ipf. Pass. βαπτίζω; toleratives Pass. (A219) *sie ließen sich taufen.* **Ἰορδάνης**[1] *Jordan.* **ποταμός** *Fluß, Strom;* ἐν τῷ Ἰορδάνῃ ποταμῷ übers. *im*

Jordan. **ἐξ-ομο-λογούμενοι** Ptz. Med. -λογέω (vgl. ὁμολογέω beken-
nen) *versprechen;* Med. (Unrecht) *bekennen; sich (offen) zu* etwas *bekennen; prei-*
6 *sen;* mod. **6 ἦν** Ipf. εἰμί. **ἐν-δε-δυμένος** Pf. (A231) Ptz. Med. -δύω[12]
anziehen, bekleiden; Med. *sich bekleiden mit, sich anziehen;* umschrieb. Plsqpf.
(A249b). **θρίξ** τριχός ἡ (vgl. A3; H-S §42b) *Haar;* ἦν ὁ Ἰωάννης ἐνδε-
δυμένος τρίχας καμήλου *Johannes war in Kamelhaare gekleidet* (vgl. B 1)
= *Johannes trug ein Gewand aus Kamelhaar.* **κάμηλος** ὁ u. ἡ *Kamel.* **ζώνη**
Gürtel. **δερμάτινος** *ledern.* **ὀσφῦς**[8] ύος ἡ *Hüfte; Lende;* die Bekleidung
des Johannes verbindet ihn m. dem Propheten Elija (2Kön 1,8; vgl. Mal 3,23).
ἐσθίων Ptz., umschrieb. Ipf. (A249a). **ἀκρίς**[3] ίδος ἡ *Heuschrecke* (als Nah-
rungsmittel in Arabien u. Afrika, auch in Syrien, noch heute bei der ärmeren
Bevölkerung beliebt). **μέλι**[3] ιτος τό *Honig.* **ἄγριος** *auf freiem Feld befind-
lich, wild;* die Nahrung des Johannes war die eines armen an das Wüstenleben
Gewohnten (was ihn m. dem Prophetentum verbindet [vgl. V. 2f]).
7 **7 ἐ-κήρυσσεν** Ipf. κηρύσσω. **ἔρχεται** fut. Präs. (A234). **ἰσχυ-
ρότερος** Komp. v. ἰσχυρός *stark, mächtig;* m. gen. comparationis (A168); ὁ
ἰσχυρότερός μου *der/einer, der stärker ist als ich.* **ὀπίσω** uneig. Präp.
(A183) *hinter;* (zeitl.) *nach.* **οὗ** *dessen* (Riemen) bzw. (idiomatischer) *die-
sem/ihm* (... die Riemen) (rel. Verschränkung, A364b). **ἱκανός** *hinlänglich;
tauglich;* hier etwa *würdig, gut genug* (m. Inf. als Obj. 2. Grades; H-S §219; vgl.
A275). **κύψας** Aor. Ptz. κύπτω (vgl. A33[51ff]) *sich bücken;* mod. (A291,2
Anm. 1); κύψας λῦσαι ... *mich zu bücken und ... zu lösen.* **λῦσαι** Aor. Inf.
λύω. **ἱμάς**[5] άντος ὁ *Riemen.* **ὑπό-δημα**[3] *Sandale, Schuh.* **αὐτοῦ** steht
8 nach οὗ pleon. (BDR §297[2]; A366). **8 ἐγώ** Subj. betont (A122). **ἐ-βάπτι-
σα** Aor. βαπτίζω. **ὕδατι** dat. instr. (A176). **βαπτίσει** Fut. **ἐν** instr. *mit*
(vgl. H-S §177a; BDR §195[7]).
9 **9 ἐ-γένετο** V. 4; ἐγένετο pleon. (vor Umstandsbestimmung u. finitem
Verb [A271; BDR §442[11]]; bei Mk viell. nicht Hebr., sondern durch den hier
verwendeten griech. Erzählstil bedingt [Reiser, Syntax, S. 67f u. 147]). **ἐν
ἐκείναις ταῖς ἡμέραις** *in jener Zeit* (B ἡμέρα 4b), d.h. etwa 26-29
n. Chr. **Ναζαρέτ** ἡ indekl., hier Gen., *Nazaret.* **τῆς Γαλιλαίας** gen.
partitivus (A164; hier „chorographischer" Gen., BDR §164[7]) *in Galiläa.* **ἐ-βα-
πτίσθη** Aor. Pass. βαπτίζω; zum Pass. s. V. 5. **εἰς** hier wohl = ἐν (vgl.
V. 5; BDR §205[4]; A184b; evtl. durch die eig. Bdtg. v. βαπτίζω „[in etwas] ein-
10 tauchen" bedingt). **Ἰορδάνης** V. 5. **10 εὐθύς** best. wohl HS (nicht Ptz.)
näher; καὶ εὐθὺς ἀναβαίνων ... εἶδεν *unmittelbar danach* (vgl. A311,2),
(noch) während er ... stieg, sah er (d.h. Jesus). **ἀνα-βαίνων** Ptz., temp. **σχι-
ζομένους** Ptz. Pass. σχίζω *spalten, zerreißen;* Pass. *sich spalten, zerreißen;*
AcP (A300); ... εἶδεν σχιζομένους τοὺς οὐρανούς ... *sah er/Jesus, wie der
Himmel aufriß/sich öffnete.* **τὸ πνεῦμα** erg. gedankl. τὸ ἅγιον (vgl. V. 8;
3,29; 12,36; 13,11). **περιστερά** *Taube.* **κατα-βαῖνον** Ptz. -βαίνω hier

εἴς τινα *auf jmdn. herabkommen (und in ihn hineingehen)* (vgl. B 1b); AcP
(A300). **11 ἐ-γένετο** V. 4, hier *kommen* (B I4cβ), *erschallen* (Menge) bzw. 11
sprechen; die flgd. Worte greifen messianische u. verwandte Themen aus dem
AT auf (David bzw. sein Erbe als „Gottes Sohn“: Ps 2,7; 2Sam 7,13f; Ps 89,27ff;
der v. Gott erwählte, m. seinem Geist ausgerüstete „Knecht Jahwes“, durch den
Gottes Gerechtigkeit u. Heil weltweite Verbreitung erfährt: Jes 42,1-4 [vgl.
V. 2f]) [Var. ἠκούσθη Aor. Pass. ἀκούω]. **ἀγαπητός** hier wohl im Sinn
des seit Homer bezeugten, in der LXX sehr häufigen (für hebr. יָחִיד *jāḥîḏ ein-
zig;* dafür auch μονογενής *einzig, einzigartig*) Bezugs auf den einzigen (u. daher
bes. geliebten) Sohn (vgl. auch zu Mt 3,17). **εὐ-δόκησα** Aor. -δοκέω *Wohl-
gefallen haben (an), zufrieden sein mit,* m. ἐν; Aor. Ind. hier wohl im Sinn des
zeitlos gebrauchten hebr. Pf. (A241c) *ich habe Wohlgefallen, ich habe Freude.*

12 καί die in Mk verbreitete Parataxe (Nebenordnung) m. καί wird häu- 12
fig als Sem. verstanden; vorzuziehen ist jedoch die Einordnung als Kennzeichen
des volkstüml. griech. Erzählstils (Reiser, Syntax, S. 99f; B I2b; vgl. A311). **τὸ
πνεῦμα** V. 10. **ἐκ-βάλλω** hier *hinaustreiben* im Sinn v. *hinausführen* (B 2);
viell. wird durch die Wortwahl dieses Hinausführen als bes. nachdrückl., unaus-
weichl. beschrieben (vgl. NGÜ: *Jesus [wurde] vom Geist gedrängt ... hinauszuge-
hen*); hist. Präs. (A235). **13 ἦν** Ipf. εἰμί (erstes) hier *bleiben* (vgl. B I3). **τεσ-** 13
σεράκοντα[19] *vierzig* τεσσεράκοντα ἡμέρας Akk. der zeitl. Ausdehnung
(A148) *vierzig Tage (lang).* **πειραζόμενος** Ptz. Pass. πειράζω *versuchen*
(hier Sinn: zur Sünde verleiten) (vgl. B 2d); mod. **σατανᾶς**[1] ᾶ *Widersacher;
Satan,* der Widersacher Gottes. **μετὰ τῶν θηρίων** ein Hinweis, der viell.
die Einsamkeit des Ortes u. das Fehlen jegl. menschl. Beistandes hervorheben
soll (Cranfield, Mk, S. 59). **διηκόνουν** Ipf. (augmentiert so, als wäre das
Verb ein Kompositum δια-κονέω) διακονέω *(be)dienen* (v. Dienstleistun-
gen jeder Art); *sich kümmern um, versorgen.*

14 μετὰ τό m. AcI temp. (A282; BDR §402[4]). **παρα-δοθῆναι** Aor. 14
Inf. Pass. -δίδωμι hier *gefangennehmen* (vgl. B 1b); Präd. des AcI. **κηρύσ-
σων** Ptz., mod. *und (dabei) verkündete er.* **τοῦ θεοῦ** gen. subi. (A158) *Gottes*
(d.h. Gott ist der Urheber der Botschaft) od. gen. obi. *von Gott* (d.h. die Bot-
schaft spricht v. Gott bzw. seiner Herrschaft [s. direkte Rede]). **15 λέγων** 15
Ptz., mod. *er sagte (dabei).* **ὅτι** recitativum = Doppelpunkt (A333). **πε-πλή-
ρωται** Pf. (A231) Pass. πληρόω; πεπλήρωται ὁ καιρός *die Zeit ist erfüllt,*
d.h. die v. Gott (für die Erfüllung [atl.] Verheißungen) best. Zeit ist da (GNB:
es ist soweit). **ἤγγικεν** Pf. (A242) ἐγγίζω. **μετα-νοεῖτε** Imp. -νοέω
seinen Sinn ändern, Reue empfinden, umkehren; kons. zu verstehender Anschluß
(Asyndeton [vgl. A38; H-S §293e]) *(daher) kehrt um* (Reiser, Syntax, S. 144).
πιστεύετε Imp. πιστεύω hier m. ἔν τινι (im NT ohne wirkl. Par.) statt
τινί bzw. εἴς τινα/τι (BDR §187[2]; B 1aє/2aє). **ἐν τῷ εὐαγγελίῳ** *die/an
die (erwähnte)* (A103) *gute Botschaft = diese/an diese gute Botschaft.*

16 **16 παρ-άγων** Ptz. -άγω *vorbeigehen,* παρά m. Akk. *entlanggehen an*
(vgl. B παρά III1a); temp. **ἡ θάλασσα τῆς Γαλιλαίας** *der See von*
Galiläa (= See Gennesaret). **Ἀνδρέας**[1] ου *Andreas.* **ἀμφι-βάλλον-**
τας Ptz. -βάλλω *das Netz/die Netze auswerfen* (term. tech. v. Auswerfen des
runden Wurfnetzes des Fischers); attr. od. AcP (A300). [Var. ἀμφί-βληστ-
ρον rundes *Wurfnetz.*] **ἦσαν** Ipf. εἰμί. **ἁλιεύς**[8] (< ἅλς Meer) *Fischer.*
17 **17 δεῦτε** Adv., als Pl. zu δεῦρο *kommt her!, auf!* (vgl. A254/266). **ὀπίσω**
uneig. Präp. (A183) *hinter ... her;* δεῦτε ὀπίσω μου *auf, mir nach!* (B 2aβ)
bzw. *kommt, folgt mir nach!* **ποιήσω** Fut. ποιέω hier m. AcI *machen/bewir-*
ken, daß (B I1bθ; H-S §218a); viell. mod. Fut. (A247a). **ὑμᾶς** Subj. des AcI.
γενέσθαι Aor. Inf. Med. γίνομαι; Präd. des AcI. **ἁλιεῖς ἀνθρώπων**
Präd.-Nom. im Akk.; ποιήσω ὑμᾶς γενέσθαι ἁλιεῖς ἀνθρώπων *ich wer-*
de machen/bewirken, daß ihr „Menschenfischer" werdet od. (idiomatischer) *ich*
werde euch zu „Menschenfischern" machen; „Menschenfischer" bildl. v. solchen,
18 die Menschen für Jesus u. seine Sache „einfangen"/gewinnen. **18 ἀφ-έντες**
Aor. Ptz. -ίημι hier u. V. 20 *stehen-, liegenlassen* (B 3a); temp. (A291,1
Anm. 1). **δίκτυον** *Netz* (des Fischers). **ἠκολούθησαν** Aor. ἀκολουθέω.
19 **19 προ-βάς** Aor. Ptz. -βαίνω[139] *voranschreiten, weitergehen;* temp.
ὀλίγον adv. Akk. (H-S §157; A150) *ein bißchen* (B 3a), *ein wenig.*
Ζεβεδαῖος *Zebedäus;* τὸν τοῦ Ζεβεδαίου (usuelle) Ellipse v. „Sohn"
(A156 u. 376): *den Sohn des Zebedäus.* **καὶ αὐτοὺς ἐν τῷ πλοίῳ** App.
(vgl. A70) *auch sie im Boot,* übers. etwa *ebenfalls im Boot* (d.h. wie die beiden
anderen). **κατ-αρτίζοντας** Ptz. -αρτίζω *in Ordnung bringen, instand*
setzen; attr.; καὶ αὐτοὺς ἐν τῷ πλοίῳ καταρτίζοντας τὰ δίκτυα *die,*
20 *ebenfalls im Boot, ihre Netze instand setzten* (Menge). **20 ἐ-κάλεσεν** Aor.
καλέω; ἐκάλεσεν αὐτούς *er (be)rief (auch) sie* (vgl. B 1e; meint inhaltl.
dasselbe wie V. 17). **μισθωτός** *(Lohn-)Arbeiter, Tagelöhner.* **ἀπ-ῆλθον**
Aor. -έρχομαι hier ὀπίσω τινός *hinter jmdm. hergehen, jmdm. folgen* (B 4).
21 **21 εἰσ-πορεύομαι** *hineingehen, -kommen;* hist. Präs. (A235). **Κα-**
φαρναούμ ἡ indekl., hier Akk., *Kafarnaum,* Ort am Nordwestufer des See
Gennesaret (GBL 2, S. 764-768). **τοῖς σάββασιν** temp. Dat. (A182); εὐ-
θὺς τοῖς σάββασιν *gleich am (nächsten) Sabbat.* **εἰσ-ελθών** Aor. Ptz.
22 -έρχομαι, temp. (A291,1 Anm. 1). **ἐ-δίδασκεν** Ipf. διδάσκω. **22 ἐξ-ε-**
πλήσσοντο Ipf. ἐκ-πλήσσομαι *außer sich geraten* ἐπί τινι *über etwas*
(hier wohl vor Verwunderung; B 2); hier 3. Pl. im Sinn v. „man/die Menschen"
(A76a). **διδαχή** *Lehre* (das, was gelehrt wird, od. die Lehrtätigkeit). **ἦν** V. 6.
διδάσκων Ptz., umschrieb. Ipf. (A249a). **ὡς** (erstes) *wie/als* (bez. wirkl. Ei-
genschaft, vgl. B III1a). **ἔχων** Ptz., subst. (vgl. A304); ὡς ἐξουσίαν ἔχων
wie/als einer, der Vollmacht (von Gott) hatte = mit (göttlicher) Vollmacht.
23 **23 ἦν** V. 6; καὶ εὐθὺς ἦν etwa *nun war da gerade* (Menge). **ἐν τῇ**
συναγωγῇ αὐτῶν *in ihrer Synagoge* (sinngemäße Konstruktion [A96; vgl.

BDR §282[2]) = *in der Synagoge der Bewohner von Kafarnaum,* übers. etwa *in der*
dortigen (idiomatischer einfach *in der*) *Synagoge.* **ἐν** (zweites) *(behaftet) mit*
(Menge; vgl. B I4c) bzw. etwa *besessen von* (vgl. B I5d). **ἀ-κάθαρτος**[11] *un-*
rein, schmutzig (kultisch bzw. sittl.-geistl.); πνεῦμα ἀκάθαρτον *ein unrei-*
ner/böser Geist (= Dämon; B πνεῦμα 4c); ἄνθρωπος ἐν πνεύματι ἀκα-
θάρτῳ (erg. wohl ὤν [Ptz. εἰμί, attr.]; BDR §418[9]) *ein Mann, der von einem*
bösen Geist besessen war od. *ein Mann, der einen bösen Geist hatte* (NGÜ). **ἀν-**
έ-κραξεν Aor. ἀνα-κράζω[81] *(auf)schreien.* **24 τί ἡμῖν καὶ σοί** erg. 24
ἐστίν (BDR §127[4]; A78) sowohl Hebr. (vgl. מַה־לִּי וָלָךְ *mah-lî wālāḵ*) als
auch volkssprachl. Redewendung, die zur Abweisung einer Bitte od. Auffor-
derung dient (B ἐγώ) „was haben wir und du (gemeinsam/miteinander zu tun)"
(dat. commodi, A173) übers. hier etwa *was willst du von uns, was haben wir mit*
dir zu tun, laß uns in Ruhe (vgl. B ἐγώ); der Pl. bez. wohl die dämonischen
Mächte als Klasse („uns/wir" = „uns/wir bösen Geister[n]"). **Ἰησοῦ** Vok.
Ναζαρηνέ Vok. Ναζαρηνός *Nazarener, von/aus Nazaret (kommend).* **ἦλ-**
θες *bist du gekommen?* („gekommen" im Sinn v. [im Auftrag Gottes] in diese
Welt [nicht etwa nur: in die Synagoge] gekommen). **ἀπ-ολέσαι** Aor. Inf.
-όλλυμι; fin. (A276). **οἶδά σε τίς εἶ** (Prolepsis; A373; BDR §476,1) *ich*
weiß, wer du bist. **ὁ ἅγιος τοῦ θεοῦ** *der Heilige Gottes* – der Ausdruck bez.
die wahre Identität Jesu (seine „Heiligkeit" steht im Ggs. zur „Unreinheit" des
bösen Geistes), wohl kein messianischer Titel, sondern ein Hinweis auf die Zu-
gehörigkeit zu Gottes Welt (vgl. sachl. Par. 3,11 u. 5,7). **25 ἐπ-ε-τίμησεν** 25
Aor. ἐπι-τιμάω m. Dat. *tadeln, zurechtweisen, (mit aller Strenge) entgegentre-*
ten/befehlen. **φιμώθητι** Aor. Imp. Pass. φιμόω *das Maul zubinden, einen*
Maulkorb vorbinden; übertr. *zum Verstummen bringen,* Pass. hier *verstummen,*
schweigen; φιμώθητι *verstumme/schweig/sei still.* **ἔξ-ελθε** Aor. Imp. -ἔρχο-
μαι hier ἔκ τινος *aus jmdm. ausfahren, jmdn. verlassen* (vgl. B 1aδ).
26 σπαράξαν Aor. Ptz. Ntr. σπαράσσω (vgl. A33[74ff]) *zerren, reißen,* hier 26
wohl *hin und her zerren/reißen, schütteln;* mod. (A291,2 Anm. 1). **φωνῆσαν**
Aor. Ptz. Ntr. φωνέω hier m. φωνῇ μεγάλῃ (dat. modi, A180) etwa *laut*
schreien; mod.; καὶ σπαράξαν αὐτὸν τὸ πνεῦμα τὸ ἀκάθαρτον καὶ
φωνῆσαν φωνῇ μεγάλῃ ἐξῆλθεν ἐξ αὐτοῦ *da riß der böse Geist den*
Mann hin und her und verließ ihn mit einem lauten Schrei (NGÜ) [Var. κράξαν
Aor. Ptz. Ntr. κράζω]. **ἐξ-ῆλθεν** Aor. -ἔρχομαι. **27 ἐ-θαμβήθησαν** 27
Aor. Pass. θαμβέομαι *erschreckt werden, (sich) erschrecken* (B 2; EWNT 2,
Sp. 317f) od. *in Staunen geraten* (vgl. Menge u. LN 25.209) bzw. wohl beides
gleichzeitig; ἐθαμβήθησαν ἅπαντες *alle gerieten in ehrfürchtiges Staunen*
od. (wohl besser) *alle waren erstaunt und erschrocken* (NGÜ). **ἅ-πας**[10] =
πᾶς. **συ-ζητεῖν** Inf. -ζητέω *sich (miteinander) besprechen, diskutieren;*
disputieren, streiten; Präd. des AcI. **λέγοντας** Ptz. λέγω, part. coni. (zu dem
als Subj. des AcI zu ergänzenden αὐτούς [A287; vgl. Var., wo statt πρὸς

ἑαυτούς dieses αὐτούς steht]), mod.; ὥστε συζητεῖν πρὸς ἑαυτοὺς λέ-
γοντας *so daß sie sich miteinander besprachen und (dabei) zueinander sagten* od.
(etwas freier) *es kam zu einer Diskussion, bei der einer den anderen fragte,* viell.
einfach *und einer fragte den anderen.* **τί ἐστιν τοῦτο;** *was ist das?* (vgl.
Menge), *was hat das zu bedeuten?* (vgl. B εἰμί II3). **διδαχή** V. 22. **κατ᾽
ἐξουσίαν** best. wahrscheinl. διδαχὴ καινή näher: *eine neue Lehre mit
(göttlicher) Vollmacht* (Menge), *eine machtvolle neue Lehre* (vgl. B κατά II5bβ),
(hier wird) mit Vollmacht eine neue Lehre (verkündet) (NGÜ); andere verbinden
es m. καὶ τοῖς ... ἐπιτάσσει: *mit Vollmacht befiehlt er den ...* (vgl. Cranfield,
28 Mk, S. 80f). **ἐπι-τάσσω** *befehlen, gebieten.* **ὑπ-ακούω** *gehorchen.* **28 ἐξ-
ῆλθεν** V. 26, hier *sich verbreiten.* **ἀκοή** *(das) Hören; Gehör; Gehörtes, Kunde;
Gerücht, Ruf;* καὶ ἐξῆλθεν ἡ ἀκοὴ αὐτοῦ εὐθύς *und die Kunde von
ihm/Jesus* (A158) od. *sein Ruf verbreitete sich sofort/mit Windeseile.* **πανταχοῦ** *überall; überallhin.* **περί-χωρος**[11] *benachbart;* ἡ περίχωρος (erg.
χώρα [A88]) *die Umgegend, die Nachbarschaft;* πανταχοῦ εἰς ὅλην τὴν
περίχωρον τῆς Γαλιλαίας wohl gen. epexegeticus (A163) *überall in der
ganzen Umgegend* (Kafarnaums), *das heißt Galiläa = überall im ganzen umliegenden Gebiet Galiläa* (d.h. in ganz Galiläa), viell. *überall im ganzen galiläischen
Umland* (Kafarnaums; d.h. in einem Teil Galiläas) od. *überall bis in das Gebiet
um Galiläa herum* (d.h. in ganz Galiläa bis in die Nachbarregionen hinein).
29 **29 εὐθύς** best. wohl HS (nicht Ptz.) näher. **ἐξ-ελθόντες** Aor. Ptz.
30 -ἔρχομαι, temp. **Ἀνδρέας** V. 16. **30 πενθερά** *Schwiegermutter.* **κατ-
έ-κειτο** Ipf. Med. κατά-κειμαι (A32) *daliegen, daniederliegen.* **πυρέσ-
σουσα** Ptz. Fem. πυρέσσω *fiebern, fieberkrank sein, Fieber haben;* mod.
(bzw. Artangabe zum Subj. [A65]); κατέκειτο πυρέσσουσα *sie lag mit
Fieber im Bett.* **λέγουσιν** hist. Präs. (A235); εὐθὺς λέγουσιν αὐτῷ περὶ
αὐτῆς *sogleich sagten sie ihm von ihr* (Wilckens), *unverzüglich sprachen sie mit
31 ihm über sie.* **31 προσ-ελθών** Aor. Ptz. -ἔρχομαι, temp. (A291,1 Anm. 1).
ἤγειρεν Aor. ἐγείρω. **κρατήσας** Aor. Ptz. κρατέω hier τῆς χειρός
(τινος) *jmds. Hand ergreifen* (B 1b); temp. (A291,1 Anm. 1); προσελθὼν
ἤγειρεν αὐτὴν κρατήσας τῆς χειρός *er ging zu ihr, ergriff sie bei der Hand
und richtete sie auf.* **ἀφ-ῆκεν** Aor. -ἵημι hier *verlassen* (B 3a), *weichen von.*
πυρετός *Fieber.* **διηκόνει** Ipf. V. 13, hier im Sinn v. *bewirten.*
32 **32 ὀψία** (eig. Fem. Sg. ὄψιος spät; subst.) *Abend.* **γενομένης** Aor.
Ptz. Med. γίνομαι, gen. abs. (A288), temp.; ὀψίας γενομένης *als es Abend
geworden war, am Abend.* **ἔ-δυ** Aor. [Var. ἔ-δυσεν] δύνω/δύω[12] *untergehen*
(v. der Sonne). **ἥλιος** *Sonne;* ὀψίας δὲ γενομένης, ὅτε ἔδυ (hier Vorvergangenheit [vgl. H-S §199n; A224]) ὁ ἥλιος *am Abend, als die Sonne untergegangen war.* **ἔ-φερον** Ipf. φέρω; hier 3. Pl. im Sinn v. „man" (A76a). **κα-
κῶς** Adv. *schlimm;* ἔχω κακῶς *mir geht es schlecht, ich bin krank, ich leide*
(vgl. B ἔχω II1), m. Dat. *an* (vgl. A177). **ἔχοντας** Ptz. ἔχω, subst. **δαιμο-**

νιζομένους Ptz. δαιμονίζομαι *dämonisch besessen sein;* subst. (A304)
Besessene. **33 ἦν** V. 6. **ἐπι-συν-ηγμένη** Pf. (A231) Ptz. Pass. -άγω[59] 33
sammeln, versammeln; umschrieb. Plsqpf. (A249b). **θύρα** *Tür;* πρὸς τὴν θύ-
ραν *an der Tür* (B 1a), *vor dem Haus.* **34 ἐ-θεράπευσεν** Aor. θεραπεύω. 34
ἔχοντας subst.; πολλοὺς κακῶς ἔχοντας ποικίλαις νόσοις *viele, die*
an verschiedenartigen Krankheiten litten. **ποικίλος** *sehr bunt;* übertr. *vielfältig,*
verschiedenartig. **νόσος** ἡ *Krankheit.* **ἐξ-έ-βαλεν** Aor. ἐκ-βάλλω; δαι-
μόνια ἐκβάλλω *Dämonen* (die v. einem Menschen Besitz ergriffen haben)
austreiben (B 1). **ἤφ-ιεν** Ipf. ἀφ-ίημι (hier ἀφ-ίω; BDR §94[7]; vgl. H-S
§114f) hier m. AcI *lassen, gestatten* (B 4; H-S §218a); οὐκ ἤφιεν λαλεῖν τὰ
δαιμόνια *er ließ die Dämonen nicht zu Wort kommen* (vgl. GNB), *den Dämo-*
nen verbot er zu reden (NGÜ). **λαλεῖν** Inf. λαλέω. **ὅτι** hier *denn.* **ᾔδει-**
σαν Plsqpf. (m. Ipf.-Bdtg.) οἶδα.

35 πρωΐ *früh, frühmorgens.* **ἔν-νυχος**[11] *nächtlich,* Akk. Ntr. Pl. als 35
Adv. (vgl. A150) *nachts,* πρωῒ ἔννυχα λίαν *früh am Morgen, als es noch völlig*
dunkel war. **λίαν** *sehr, ganz.* **ἀνα-στάς** Aor. Ptz. ἀν-ίσταμαι, temp.
(A291,1 Anm. 1). **ἐξ-ῆλθεν** V. 26, hier wohl *das Haus verlassen* (Menge; vgl.
B 1aβ). **ἀπ-ῆλθεν** Aor. -έρχομαι. **κἀκεῖ** = καὶ ἐκεῖ. **προσ-ηύχετο**
Ipf. -εύχομαι. **36 κατ-ε-δίωξεν** Aor. κατα-διώκω[64] jmdm. (Akk.) 36
nacheilen; zum Sg.-Präd. vgl. A94. **οἱ μετ᾽ αὐτοῦ** subst. (A105) *seine Beglei-*
ter bzw. *die, die bei ihm waren.* **37 εὗρον** Aor. εὑρίσκω [Var. εὕροντες 37
Aor. Ptz., temp.]. **λέγουσιν** V. 30; καὶ εὗρον αὐτὸν καὶ λέγουσιν αὐ-
τῷ *als sie ihn gefunden hatten, sagten sie zu ihm* (vgl. A311,4). **ὅτι** V. 15.
38 λέγει hist. Präs. (A235). **ἄγωμεν** Konj. ἄγω hier *gehen* (B 5); adhorta- 38
tiver Konj. (A254). **ἀλλαχοῦ** *anderswo, anderswohin.* **ἐχομένας** Ptz.
Med. ἔχω v. Ort ἐχόμενος *benachbart* (B III2), *umliegend;* attr. **κωμό-πο-**
λις[8] *Ortschaft* (Stadt, die verfassungsmäßig nur die Stellung einer κώμη
[Dorf] hat). **κηρύξω** Aor. Konj. κηρύσσω. **ἐξ-ῆλθον** Aor. -έρχομαι
[Var. (ἐξ-)ελήλυθα Pf. (-)έρχομαι]; εἰς τοῦτο γὰρ ἐξῆλθον *denn dazu* (B
εἰς 4f) *bin ich gekommen;* diese Aussage wird unterschiedl. gedeutet: a) = *dazu*
habe ich Kafarnaum verlassen (vgl. V. 35), b) = *dazu bin ich ausgezogen* (d.h. das
ist der Zweck meiner Wirksamkeit), c) = *dazu bin ich von Gott gekommen* (vgl.
V. 24; so offenbar die meisten), od. d) die Aussage ist absichtl. mehrdeutig for-
muliert.

39 ἦλθεν m. εἰς ὅλην τὴν Γαλιλαίαν verbinden: *so zog er durch* 39
ganz Galiläa [Var. ἦν V. 6; dann sind die beiden flgd. Ptz. wohl umschrieb. Ipf.
(A249a)]. **κηρύσσων** Ptz. κηρύσσω V. 38; hier m. εἰς τὰς συναγωγάς
in den Synagogen (B 2bβ); mod. **ἐκ-βάλλων** Ptz. -βάλλω V. 34; mod.
40 ἔρχεται hist. Präs. (A235). **λεπρός** (< λεπίς Schuppe) u.a. *schuppig,* 40
uneben, rauh; im NT *aussätzig* (v. λέπρα befallen u. damit „unrein“ [Lev
13,45f]; vgl. zu Mt 8,2); subst. **παρα-καλῶν** Ptz. -καλέω, mod. **γονυ-**

πετῶν Ptz. -πετέω *sich auf die Knie werfen, niederknien* (*vor* Akk.); mod. **λέ-
γων** Ptz.; ἔρχεται πρὸς αὐτὸν λεπρὸς παρακαλῶν αὐτὸν καὶ γονυ-
πετῶν καὶ λέγων αὐτῷ übers. etwa *ein Aussätziger kam zu ihm, warf sich
(vor ihm) auf die Knie und flehte ihn an* (vgl. NGÜ; wörtl. *kam zu ihm, flehte ihn
an, warf sich auf die Knie und sagte zu ihm*). **ὅτι** V. 15. **θέλῃς** Konj. θέλω.
δύνασαι 2. Sg. δύναμαι[208]. **καθαρίσαι** Aor. Inf. καθαρίζω[95] *reini-
gen, säubern; heilen* ([Aussätzigen/Aussatz o.ä.] u. dann zu kultischer Reinheit
41 führen; vgl. B 1bα). **41 σπλαγχνισθείς** Aor. Ptz. Pass. (ohne bes. Pass.-
Bdtg.) σπλαγχνίζομαι (vgl. A33[91ff]) (< σπλάγχνα eig. „Eingeweide“,
gemeint „Herz“ [Sitz der Gefühle]) *sich erbarmen, Mitleid empfinden;* kaus. *von
tiefem Mitleid ergriffen* (NGÜ). **ἐκ-τείνας** Aor. Ptz. -τείνω (vgl. A33[118ff])
ausstrecken; temp. (A291,1 Anm. 1). **αὐτοῦ** GenO zu ἥψατο. **ἥψατο** Aor.
Med. ἅπτω[51] Med. *berühren,* m. Gen. (A165). **λέγει** V. 38. **θέλω** *ich will*
42 *(es)* (A79). **καθαρίσθητι** Aor. Imp. Pass. *werde gesund/rein.* **42** [Var. εἰ-
πόντος Aor. Ptz. λέγω, gen. abs. (A288), temp.] **ἀπ-ῆλθεν** Aor. -έρχο-
μαι; ἀπῆλθεν ἀπ᾽ αὐτοῦ *er verließ ihn* (B 1b), *er verschwand.* **λέπρα** *Aus-
satz* (s.a. V. 40 zu λεπρός). **ἐ-καθαρίσθη** Aor. Pass., übers. *der Mann*
43 *wurde geheilt/rein.* **43 ἐμ-βριμησάμενος** Aor. Ptz. Med. -βριμάομαι
anfahren, heftige Vorwürfe machen; ergrimmen; hier *eine strenge Weisung erteilen*
(Menge; vgl. LN 33.320) bzw. – m. λέγει in V. 44 verbunden – *mit aller Ent-
schiedenheit befehlen, einschärfen;* mod. **ἐξ-έ-βαλεν** Aor. ἐκ-βάλλω hier
etwa *wegschicken;* καὶ ἐμβριμησάμενος αὐτῷ εὐθὺς ἐξέβαλεν αὐτὸν
καὶ λέγει αὐτῷ *Jesus aber gab ihm eine strenge Weisung, hieß ihn auf der Stelle
weggehen und sagte zu ihm* (Menge) od. (freier) *sofort schickte Jesus ihn weg und*
44 *befahl ihm streng* (GNB). **44 λέγει** V. 38. **ὅρα** Imp. ὁράω. **μηδενὶ μη-
δέν** doppelte Neg. verstärkt die Verneinung (BDR §431[4]; A310a). **εἴπῃς**
Aor. Konj. λέγω; prohibitiver Konj. (A256; A328); ὅρα μηδενὶ μηδὲν εἴ-
πῃς *sieh zu, daß du niemand auch nur ein Wort (davon) sagst.* **ὕπ-αγε** Imp.
(vgl. A266a), typischerweise gefolgt v. Asyndeton (BDR §461[1]; vgl. H-S §293e)
geh (und). **δεῖξον** Aor. Imp. δείκνυμι[212] *zeigen* (vgl. Lev 13,49). **ἱερεύς**[8]
Priester. **προσ-ένεγκε** Aor. Imp. -φέρω. **καθαρισμός** *Reinigung;*
προσφέρω περὶ τοῦ καθαρισμοῦ *das Opfer für die Reinigung darbringen*
(vgl. BDR §229[3]). **προσ-έ-ταξεν** Aor. -τάσσω[79] *anordnen, befehlen* (zur
Sache vgl. Lev 14,2-32). **μαρτύριον** *Zeugnis,* im Sinn v. *Beweis* (Handlung,
Umstand od. Sache) od. *Zeugenaussage;* εἰς (fin.; B 4f) μαρτύριον αὐτοῖς
(dat. commodi, A173) *ihnen* (den Priestern od. der Menschenmenge od. beiden)
zum Zeugnis/Beweis (für die geschehene Heilung; nach manchen: für Jesu Gese-
45 tzestreue). **45 ὁ δέ** *(und/doch) dieser* (A102). **ἐξ-ελθών** Aor. Ptz. -έρχο-
μαι, temp. (A291,1 Anm. 1). **ἤρξατο** Aor. Med. ἄρχω; Med. m. Inf. (öfter
m. abgeschwächter, z.T. unübersetzbarer Bdtg.) ist eine bei Mk bes. gut vertrete-
ne Gebrauchsweise, die man zwar häufig als Sem. deutet (vgl. H-S §218e

Anm. 1), die sich aber problemlos m. dem volkstüml. griech. Erzählstil (für den
sie weithin typisch ist) verbinden läßt (Reiser, Syntax, S. 43-45). **κηρύσσειν**
Inf. **πολλά** adv. Akk. (A150) *eifrig* (B πολύς I2bβ) bzw. *überall* (ZG). **δια-
φημίζειν** Inf. -φημίζω *bekannt machen, (mündlich) verbreiten.* **λόγος** hier
Geschichte (B 1aβ), *Sache* (Menge) od. *das, was geschehen war* (Einh.) bzw. *wie
er geheilt worden war* (NGÜ). **μηκ-έτι** *nicht mehr, nicht weiter.* **δύνασθαι**
Inf. δύναμαι; Präd. des AcI. **φανερῶς** *offen, öffentlich; deutlich;* hier etwa
offen (Menge), *unerkannt* (GN) od. *ohne Aufsehen zu erregen* (NGÜ). **εἰσ-ελ-
θεῖν** Aor. Inf. -έρχομαι. **ἦν** Ipf. εἰμί hier *sich aufhalten* (B I3); ἔξω ἐπ᾿
ἐρήμοις τόποις ἦν *er hielt sich draußen in einsamen Gegenden auf.* **καί** ad-
versativ (A311,1; vgl. V. 12) *dennoch.* **ἤρχοντο** Ipf. Med. ἔρχομαι; hier
3. Pl. im Sinn v. „man" bzw. „die Leute" (A76a); iter. (A237b; H-S §195f).
πάντοθεν *von allen Seiten, von überallher.*

εἰσ-ελθών Aor. Ptz. -έρχομαι, temp. **Καφαρναούμ** 1,21; indekl., 2
hier Akk. **διά** m. Gen. temp. *nach (Verlauf von)* (B AII2; vgl. H-S §184f); δι᾿
ἡμερῶν *nach einigen Tagen* (BDR §223[4]), *nach einiger Zeit* (Menge). **ἠκού-
σθη** Aor. Pass. ἀκούω; εἰσελθὼν πάλιν ... ἠκούσθη ὅτι *als er wieder
nach ... kam, wurde bekannt, daß* (ἠκούσθη unpersönl. Pass. [vgl. B 3e]; εἰσελ-
θών anakoluthisch [vgl A375; „part. coni." ist ohne ein formal entsprechendes
Glied in der übergeordneten Konstruktion; vgl. A287]; evtl. ἠκούσθη persönl.
Pass. im Sinn des engl. „he was heard to [be at home]"; BDR §405[4]; vgl. H-S
§218g) bzw. (kontextgetreu) ... *kam, sprach sich schnell herum, daß* (vgl. NGÜ).
ἐν οἴκῳ wohl *zu Hause* (B οἶκος 1aα). **ἐστίν** *war* (Tempus u. Modus wie
in der entsprechenden direkten Rede; A326). **2 συν-ήχθησαν** Aor. Pass. 2
-άγω. **μηκ-έτι** *nicht mehr;* μηκέτι ... μηδέ doppelte Neg. verstärkt die
Verneinung (BDR §431[5]; A310) *nicht mehr ... nicht einmal* bzw. *selbst ... nicht
mehr.* **χωρεῖν** Inf. χωρέω *Raum geben: (fort)gehen, kommen;* hier *Raum
haben,* (v. einem Platz) (Menschen) *fassen* (B 3a), (für Menschen) *ausreichen*
(Menge); Präd. des AcI. **θύρα** *Tür;* τὰ πρὸς τὴν θύραν subst. (A105) *der
Platz an der Tür* (B 1a), *der Platz vor dem Haus;* Subj. des AcI; ὥστε μηκέτι
χωρεῖν μηδὲ τὰ πρὸς τὴν θύραν *so daß selbst der Platz vor der Tür für sie
nicht mehr ausreichte* (Menge). **ἐ-λάλει** Ipf. λαλέω. **ὁ λόγος** *das „Wort"*
im Sinn v. *das Wort/die Botschaft Gottes.* **3 ἔρχονται** hist. Präs. (A235); 3
Subj. φέροντες (wenn subst.) od. 3. Pl. im Sinn v. „man" (A76a). **φέροντες**
Ptz. φέρω, subst. od. mod.; καὶ ἔρχονται φέροντες πρὸς αὐτόν ... *da ka-
men Leute zu ihm, die ... brachten* (Menge) od. *da brachte man ... zu ihm* (Einh.;
wörtl. *da kam man zu ihm, wobei man ... brachte*). **παρα-λυτικός** *Gelähm-
ter.* **αἰρόμενον** Ptz. Pass. αἴρω, attr. **τέσσαρες**[19f] *vier.* **4 δυνάμενοι** 4
Ptz. δύναμαι, kaus. **προσ-ενέγκαι** Aor. Inf. -φέρω; μὴ δυνάμενοι
προσενέγκαι αὐτῷ ... *weil sie ihn* (A79) ... *nicht bis zu ihm/Jesus bringen
konnten* od. (freier) *weil sie ... nicht zu Jesus durchkamen* [Var. προσ-εγγίσαι

Aor. Inf. -εγγίζω *sich nähern, herankommen*]. **ἀπ-ε-στέγασαν** Aor. ἀπο-
στεγάζω (vgl. A33[91ff]) (das Dach) *abdecken.* **στέγη** *Dach.* **ὅπου** (erstes)
dort, wo (B 1aα; vgl. A358) bzw. *über der Stelle, wo.* **ἦν** Ipf. εἰμί. **ἐξ-ορύ-
ξαντες** Aor. Ptz. -ορύσσω (vgl. A33[74ff]) *ausgraben;* hier *eine Öffnung
machen* (ZG); das Dach des wohl einstöckigen Hauses war wahrscheinl. über
eine Außentreppe zu erreichen; temp. (A291,1 Anm. 1). **χαλάω** *herunterlas-
sen.* **κράβαττος** (< lat. grabatus) (ärmliches) *Bett, Pritsche, Matte.* **κατ-έ-
κειτο** Ipf. Med. κατά-κειμαι (A32) *(da)liegen;* τὸν κράβαττον ὅπου
[Var. ἐφ' ᾧ/οὗ (vgl. H-S §184j)] ὁ παραλυτικὸς κατέκειτο *die Matte, auf
der der Gelähmte lag* bzw. (sinngetreu) *den Gelähmten auf seiner Matte.*
5 **5 ἰδών** Aor. Ptz. ὁράω, temp. **λέγει** hist. Präs. (A235). **τέκνον** hier Vok.
(allgem. verbreitet) als vertraul. Anrede *mein Kind/Sohn* (B 2a). **ἀφ-ίενται**
Pass. -ίημι; Präs. Ind. bez. hier einen Vorgang, der im Augenblick der Äuße-
rung verwirklicht wird (H-S §197a; BDR §320[2] [„aoristisches" Präs.]): deine
Sünden *werden/sind (dir hiermit) vergeben* [Var. ἀφ-έωνται Pf. Pass.].
6 **6 ἦσαν** Ipf. εἰμί. **τινές** m. gen. partitivus (A137a/164) *einige* (der) Schrift-
gelehrte(n). **καθήμενοι** Ptz. κάθημαι, umschrieb. Ipf. (A249a). **δια-λο-
γιζόμενοι** Ptz. -λογίζομαι *(gründlich) überlegen, erwägen, sich Gedanken
(über* etwas) *machen;* (sich Gedanken machen u. sie austauschen) *sich bespre-
chen, diskutieren;* umschrieb. Ipf. (A249a; viell. [trotz des καί] mod.; vgl. Reiser,
Syntax, S. 135; A378); ἦσαν δέ τινες ... ἐκεῖ καθήμενοι καὶ διαλογιζό-
μενοι ἐν ταῖς καρδίαις αὐτῶν *einige ... saßen dort und überlegten/dachten*
(viell. *dabei) in ihren Herzen* od. (natürlicher) *einige ... die dort saßen, dachten im*
7 *stillen* (Einh.). **7 τί** adv. *warum?* (vgl. B τίς 3a; A134a); τί οὗτος οὕτως
λαλεῖ *warum redet der so?* bzw. *wie kann er es wagen, so zu reden?* (GN).
βλασ-φημέω *verleumden; lästern, Gott lästern* (B 2bα) [Var. βλασ-φημία
Verleumdung, Schmähung, Lästerung, hier *Gotteslästerung*]. **τίς δύναται** ...
wer kann ... = niemand kann ... (rhetorische Frage [A325] = betonte neg. Be-
hauptung). **ἀφ-ιέναι** Inf. -ίημι. **εἰ μή** nach Neg. (hier in Form einer rhe-
torischen Frage) *außer* (vgl. B εἰ VI9a; A341); τίς ... εἰ μὴ εἷς ὁ θεός wohl
wer/niemand ... außer einer/dem einen, (nämlich) Gott od. ... *außer Gott allein* (B
εἷς 2c) bzw. einfach ... *außer Gott* (wobei „außer" sowohl εἰ μή als auch εἷς
8 übersetzt). **8 ἐπι-γνούς** Aor. Ptz. -γινώσκω, kaus.; καὶ εὐθὺς ἐπι-
γνοὺς ὁ Ἰησοῦς τῷ πνεύματι αὐτοῦ ὅτι οὕτως διαλογίζονται ἐν
ἑαυτοῖς *da Jesus in seinem Geist* (wohl = *bei sich* [B 2c]) *sogleich erkannt/be-
merkt hatte, daß sie so/das bei sich dachten* (od. ... *hatte, was in ihnen vorging*
9 [NGÜ]). **λέγει** V. 5. **τί** V. 7. **9 εὐ-κοπώτερος**[11] Komp. v. εὔκοπος
leicht (zu bewerkstelligen). **εἰπεῖν** Aor. Inf. λέγω. **ἔγειρε** Imp. (vgl. A266a)
[Var. ἐγείρου Imp. Pass.]. **ἆρον** Aor. Imp. αἴρω. **περι-πάτει** Imp. -πα-
10 τέω [Var. ὕπ-αγε V. 11]. **10 ἵνα**-NS gibt hier an, zu welchem Zweck das
Folgende gesagt wird bzw. geschieht (Gedankengang wird abgekürzt wiederge-

geben; BDR §483); ἵνα δὲ εἰδῆτε ὅτι ... ἀφιέναι ἁμαρτίας *damit ihr*
aber wißt, daß ... Sünden zu vergeben (gefolgt v. Gedankenstrich; vgl. NA) od.
doch ihr sollt wissen, daß ... Sünden zu vergeben. **εἰδῆτε** Pf. (m. präs. Bdtg.)
Konj. οἶδα. **λέγει** V. 5. **11 ὕπ-αγε** Imp. (vgl. A266a). **εἰς τὸν οἶκόν** 11
σου *in dein Haus = nach Hause* (vgl. B οἶκος 1aα). **12 ἠγέρθη** Aor. Pass. 12
ἐγείρω Pass. hier *aufstehen* (B 2b). **ἄρας** Aor. Ptz. αἴρω, temp. (A291,1
Anm. 1). **ἐξ-ῆλθεν** Aor. -έρχομαι. **ἔμπροσθεν πάντων** *vor aller*
Augen (vgl. B ἔμπροσθεν 2c) [Var. ἐναντίον/ἐνώπιον πάντων synonym].
ἐξ-ίστασθαι Inf. -ίσταμαι *außer sich geraten* (vor Staunen); erstes Präd.
des AcI. **πάντας** Subj. des AcI. **δοξάζειν** Inf.; zweites Präd. des AcI. **λέ-**
γοντας Ptz. λέγω, part. coni. (zu πάντας [A287]), mod. **ὅτι** recitativum
= Doppelpunkt (A333). **οὕτως** hier *Derartiges* (B 5; = τοιοῦτον/τοιαῦτα
[vgl. BDR §434[7]]), *so etwas.* **οὐ-δέ-ποτε** (vgl. A18) *niemals* bzw. hier etwa
noch nie.

13 ἐξ-ῆλθεν V. 12. **παρὰ τὴν θάλασσα** *an den See* (B παρά 13
III1bβ), d.h. an den See Gennesaret. **ἤρχετο** Ipf. Med. ἔρχομαι. **ἐ-δίδασ-**
κεν Ipf. διδάσκω. **14 παρ-άγων** Ptz. -άγω *vorbeigehen; weitergehen;* 14
temp. **Λευίς** u. Λευί (H-S §26d; BDR §55e) *Levi,* offenbar Beiname des
Apostels Matthäus (vgl. Mt 9,9; 10,3 u. Mk 3,18; DJG, S. 180). **Ἀλφαῖος** *Al-*
phäus; τὸν τοῦ Ἁλφαίου (usuelle) Ellipse v. „Sohn" (A156 u. 376): *den*
Sohn des Alphäus. **καθήμενον** Ptz. κάθημαι, AcP (A300). **τελώνιον**
(< τελώνης Zöllner, Zolleinnehmer) *Zollstelle, Zollhaus;* ἐπὶ τὸ τελώνιον
am Zollhaus (B ἐπί III1aζ). **λέγει** V. 5. **ἀκολούθει** Imp. ἀκολουθέω.
ἀνα-στάς Wz.-Aor. Ptz. ἀν-ίσταμαι, temp. (A291,1 Anm. 1). **ἠκολού-**
θησεν Aor. **15 γίνεται** hist. Präs. (A235); γίνεται m. AcI *es ereignet sich,* 15
daß (A271; vgl. ZG); καὶ γίνεται κατακεῖσθαι αὐτόν ... *und es ereignete*
sich, daß er/Jesus ... bei Tisch war od. (idiomatischer) *später war Jesus ... zu Gast.*
κατα-κεῖσθαι Inf. κατά-κειμαι (A32) *daliegen;* hier „(zu Tische) liegen"
= *bei Tisch sein.* **ἐν τῇ οἰκίᾳ αὐτοῦ** *in seinem Haus* wahrscheinl. = *in Le-*
vis Haus (vgl. Lk 5,29). **τελώνης**[1] *Zöllner, Zolleinnehmer* (ein für den röm.
Staat arbeitender Jude, der bei seinen Landsleuten als Kollaborateur u. [wegen
offenbar verbreiteter Korruption] als Betrüger sowie [wegen seines Umgangs m.
Nichtjuden] als unrein [als „Sünder"] verhaßt war). **καὶ ἁμαρτωλοί** *und*
andere (A376a) *„Sünder"* bzw. *und andere Leute, die als Sünder galten* (NGÜ).
συν-αν-έ-κειντο Ipf. Med. -ανά-κειμαι *zusammen bei Tisch sein, zusam-*
men am Essen teilnehmen τινί *mit jmdm.* **ἦσαν** V. 6. **καί** (fünftes) hier rela-
tivisch (A311,5; BDR §442,4b; Reiser, Syntax, S. 128f); ἦσαν γὰρ πολλοὶ
καὶ ἠκολούθουν αὐτῷ *denn es waren viele, die ihm nachfolgten = denn die*
Zahl derer, die ihm nachfolgten, war (nun schon) groß; weniger sinnvoll scheint
es, καὶ ἠκολούθουν αὐτῷ m. καὶ οἱ γραμματεῖς ... (V. 16) zu verbin-
den: *und es folgten ihm auch die Schriftgelehrten ... = es waren auch die Schriftge-*

16 *lehrten ... mit dabei.* **ἠκολούθουν** Ipf. **16 οἱ γραμματεῖς τῶν Φαρι-**
σαίων *die Schriftgelehrten der Pharisäer = die Schriftgelehrten, die zur Partei der*
Pharisäer gehörten (vgl. Apg 23,9). **ἰδόντες** Aor. Ptz. ὁράω, temp. **ὅτι**
ἐσθίει *daß er aß* (Tempus u. Modus wie in der entsprechenden direkten Rede;
A326) [Var. 1 ὅτι ἤσθιεν (Ipf.) *daß er gegessen hatte;* Var. 2 αὐτὸν
ἐσθίοντα (Ptz., AcP [A300]) *daß er aß*]. **ἔ-λεγον** Ipf. λέγω. **ὅτι** (zweites)
recitativum = Doppelpunkt (A333); evtl. = ὅ τι (bzw. ὅτι = τί ὅτι [s. Var. 1])
warum (bzw. *wie ist/kommt es, daß*) vor indirekter Frage (vgl. B ὅστις 4b)
17 [Var. 2 διὰ τί *warum*]. **17 ἀκούσας** Aor. Ptz. ἀκούω, temp.; erg. τοῦ-
το/ταῦτα (A79). **λέγει** V. 5. **ὅτι** V. 12. **χρείαν ἔχω τινός** *jmdn. brau-*
chen, jmdn. nötig haben. **ἰσχύοντες** Ptz. ἰσχύω *stark sein; gesund sein;* subst.
ἰατρός *Arzt.* **κακῶς** Adv. *schlimm;* ἔχω κακῶς *mir geht es schlecht, ich bin*
krank. **ἔχοντες** Ptz. ἔχω, subst. **καλέσαι** Aor. Inf. καλέω hier (zur
Umkehr, in die Nachfolge bzw. ins „Reich Gottes“) *rufen, einladen* (vgl. B 2);
fin. (A276).
18 **18 ἦσαν** V. 6. **νηστεύοντες** Ptz. νηστεύω (< νῆστις nüchtern
[= ohne zu essen]) *fasten;* umschrieb. Ipf. (A249a); ἦσαν οἱ μαθηταί ... νη-
στεύοντες als im Verlauf befindl. (vgl. A237a2) *die Jünger des ... fasteten ge-*
rade od. iter. (vgl. A237b) *die Jünger des ... fasteten regelmäßig.* **ἔρχονται ...**
19 **λέγουσιν** hist. Präs. (A235). **διὰ τί** *warum?* **σός** (A128) *dein.* **19 μή**
etwa (verneinende Antwort angedeutet, A320). **νυμφών**[4] ῶνος ὁ (< νύμ-
φη Braut) *Brautgemach, Hochzeitssaal;* οἱ υἱοὶ τοῦ νυμφῶνος „die Söhne
des Brautgemachs“ (Sem.) = *die dem Bräutigam am nächsten stehenden Hoch-*
zeitsgäste (B 2; A157). **ἐν ᾧ** temp. (A337) *während, solange* (B ἐν IV6b).
νυμφίος *Bräutigam;* der „Bräutigam“ dieses Bildwortes ist Jesus, der Mes-
sias; während er bei seinen Jüngern ist, können sie nicht trauern; wie die beiden
Gleichnisse v. V. 21f deutl. machen, läßt sich das m. seinem Kommen angebro-
chene Zeitalter nicht in das Schema bisheriger Frömmigkeitsvorstellungen
pressen. **νηστεύειν** Inf. **ὅσον χρόνον** Akk. der zeitl. Ausdehnung
(A148; BDR §201[4]) *während, solange* (vgl. B ὅσος 1). **μετ᾽ αὐτῶν** = μεθ᾽
20 ἑαυτῶν (A126c) *bei sich.* **20 ἐλεύσονται** Fut. Med. ἔρχομαι. **ὅταν**
temp. NS hier Attr. zu ἡμέραι (A353) *die Tage/Zeit, wo.* **ἀπ-αρθῇ** Aor.
Konj. Pass. -αίρομαι[132] ἀπό τινος *jmdm. weggenommen/entrissen werden.*
νηστεύσουσιν Fut. **ἐν ἐκείνῃ τῇ ἡμέρᾳ** *an jenem Tag = in jener Zeit*
21 (B ἡμέρα 4a), App. (A70) zu τότε. **21 ἐπί-βλημα**[3] *Flicken* (Stück Stoff
zum Ausbessern einer beschädigten Stelle). **ῥάκος**[7] *Stoffstück;* ἐπίβλημα
ῥάκους ἀγνάφου *ein aus einem neuen Stoffstück bestehender Flicklappen*
(B 2), übers. *ein neues Stück Stoff.* **ἄ-γναφος**[11] (< γνάπτω walken [bei der
Tuchherstellung Fasern miteinander verfilzen]) *ungewalkt* (nicht: „unge-
bleicht“) = *frisch vom Webstuhl, neu.* **ἐπι-ράπτω** *aufnähen.* **παλαιός** *alt.*
εἰ δὲ μή *sonst* (B εἰ VI4b). **αἴρω** hier *(etwas) abreißen* ἀπό τινος *von et-*

was (B 4). **πλήρωμα**[3] u.a. „das, was vollständig macht": *Füllstück,*
Ergänzung, bes. *Flicken* (B 1b); εἰ δὲ μή, αἴρει τὸ πλήρωμα ἀπ' αὐτοῦ
τὸ καινὸν τοῦ παλαιοῦ *sonst reißt der Flicken (ein Stück) von ihm/dem Kleid*
ab, (das heißt) das Neue vom Alten = sonst reißt der neu eingesetzte Flicken ein
Stück vom alten Kleid ab od. (idiomatischer) *sonst reißt das neue Stück wieder*
aus. **χείρων**[11] ον (Komp. zu κακός) *schlechter, schlimmer.* **σχίσμα**[3] *Riß;*
Spaltung. **22 βάλλω** hier *einfüllen* (vgl. B 2b). **οἶνος** *Wein;* οἶνος νέος 22
junger (d.h. unvergorener) *Wein, Most.* **νέος** *neu, frisch; jung.* **ἀσκός**
Schlauch (als Weinbehältnis). **ῥήξει** Fut. ῥήγνυμι/ῥήσσω[217] *zerreißen,* hier
sprengen (B 1), *zum Platzen bringen.* [Var. ἐκ-χεῖται Pass. -χέω/χύννω
ausgießen, ausschütten, hier Pass. *verschüttet werden* (vgl. B 1), *ausfließen.*]
ἀπόλλυται zum Sg.-Präd. vgl. A94 [Var. ἀπ-ολοῦνται Fut. Med.
-όλλυμαι]. **ἀλλά** übers. hier *nein* (+ Komma); ἀλλὰ οἶνον νέον εἰς
ἀσκοὺς καινούς ist wohl als Fortsetzung des Satzes καὶ οὐδεὶς βάλλει ...
παλαιούς (durch den Einschub εἰ δὲ μή ... καὶ οἱ ἀσκοί unterbrochen) zu
verstehen, übers. etwa *nein, man füllt neuen Wein in neue Schläuche* od. (freier)
nein, neuer Wein gehört in neue Schläuche. [Var. βλητέος Verbaladj. v.
βάλλω (vgl. BDR §65[5]; H-S §64d) Ntr. *man muß füllen.*]

23 ἐ-γένετο Aor. Med. γίνομαι; γίνεται m. AcI V. 15; καὶ ἐγένε- 23
το αὐτὸν ἐν τοῖς σάββασιν παραπορεύεσθαι διὰ τῶν σπορίμων
(einst) begab es sich, daß Jesus am Sabbat durch die Kornfelder ging (Menge) od.
(idiomatischer) *an einem Sabbat ging Jesus durch die Felder.* **παρα-πορεύε-**
σθαι Inf. -πορεύομαι *vorübergehen;* hier *hindurchgehen, durchziehen,* διά τι-
νος *durch etwas* [Var. δια- *hindurchgehen*]; Präd. des AcI. **σπόριμα** τά
(< σπείρω) *die Saaten, die Kornfelder.* **ἤρξαντο** Aor. Med. ἄρχω; Med. m.
Inf. vgl. zu 1,45. **ποιεῖν** Inf. ποιέω; ὁδὸν ποιέω (wohl Akt. statt klass.
Med.) *wandern* (BDR §310[3]; Zerwick §227 Anm. 1). **τίλλοντες** Ptz. τίλλω
ausraufen, abreißen; mod.; οἱ μαθηταὶ αὐτοῦ ἤρξαντο ὁδὸν ποιεῖν τίλ-
λοντες τοὺς στάχυας *seine Jünger begannen, (durch die Felder) zu wandern,*
und rissen dabei Ähren (wörtl. *die Ähren*) *ab* wohl etwa = *unterwegs fingen seine*
Jünger an, Ähren abzureißen (und die Körner zu essen) (nach einer im Klass. an-
zutreffenden [hier aber wohl kaum bewußt eingesetzten] Möglichkeit läßt sich
ἤρξαντο ὁδὸν ποιεῖν τίλλοντες im Sinn v. ἤρξαντο ὁδὸν ποιοῦντες
τίλλειν deuten [BDR §339[5]]). **στάχυς**[8] υος ὁ *Ähre.* **24 ἔ-λεγον** Ipf. λέ- 24
γω. **ἴδε** (klass. ἰδέ) Imp. Aor. ὁράω (hier viell. einfach als Interjektion etwa
= ἰδού gebraucht [B ἴδε 1; vgl. H-S §252,63]), übers. etwa *sieh dir an* bzw. *sieh*
dir das an. **τί** *was* (indirekt gebrauchtes Fragepron. [vgl. A331]) od. *warum?*
(wie V. 7; ZG; Interpunktion in NA). **τοῖς σάββασιν** temp. Dat. (A182)
am Sabbat, an einem Sabbat. **ἔξ-εστιν** (vgl. A32) *es steht frei, es ist erlaubt;* τί
ποιοῦσιν ... ὃ οὐκ ἔξεστιν *was sie ... tun, (nämlich) etwas, was nicht erlaubt*
ist = was sie da ... Unerlaubtes tun (Menge) od. *warum tun sie ..., was nicht*

erlaubt ist?; das Ernten zählte nach rabbinischer Überlieferung zu den neunund-
dreißig am Sabbat untersagten Tätigkeiten (Mischna, Schabbath 7,1-2).
25 **25 λέγει** V. 5 [Var. ἔ-λεγεν Ipf. λέγω]. **οὐ-δέ-ποτε** V. 12; erwartet als
Frageeinleitung die Antwort „doch" (vgl. A320). **ἀν-έ-γνωτε** Aor. ἀνα-γι-
νώσκω[166] *lesen;* gemeint ist 1Sam 21,7. **ἐ-ποίησεν** Aor. ποιέω. **Δαυίδ**
indekl., hier Nom. **ἔ-σχεν** Aor. ἔχω; χρείαν ἔχω *Mangel haben, in Not sein*
(B χρεία 2); Aor. hier wohl ingr. (A240b); ὅτε χρείαν ἔσχεν *als er in Not
geriet* (vgl. ZG). **ἐ-πείνασεν** Aor. πεινάω[34] *hungern, Hunger haben;* zum
Sg.-Präd. vgl. A94. **οἱ μετ' αὐτοῦ** subst. (A105); αὐτὸς καὶ οἱ μετ' αὐ-
26 τοῦ *er und seine Begleiter.* **26 εἰσ-ῆλθεν** Aor. -έρχομαι. **ἐπί** m. Gen. hier
wohl *zur Zeit von* (vgl. B I2), doch s.a. zum flgd. Wort. **'Αβιαθάρ** indekl.,
hier Gen., *Abjatar,* zunächst offenbar an der alten Kultstätte Nob, später vor
allem im Gefolge Davids wirkender Priester (vgl. 1Sa 22,20ff; 23,6.9; 30,7; 2Sam
8,17; 15,24ff); ἐπὶ 'Αβιαθὰρ ἀρχιερέως *zur Zeit des Hohenpriesters* (od. im
weiteren Sinn [vgl. Mk 8,31; 10,33 usw.; vgl. B ἀρχιερεύς 1b] *des führenden
Priesters) Abjatar;* dieser Hinweis auf Abjatar überrascht, da nach 1Sam 21,1-6
(s.a. 22,9ff) es dessen Vater Ahimelech (vgl. 1Sam 22,20) war, der David die
Brote gab; zu den wichtigsten Lösungsvorschlägen zählen (vgl. John W.
Wenham, Christ and the Bible [London, 1972], S. 75-77]; DJG, S. 1f): a) *zur Zeit
des Hohenpriesters/führenden Priesters* ist nicht im Sinn v. *als Abjatar Hoherprie-
ster war,* sondern im Sinn v. *zur Zeit Abjatars, eines/des* (später, zu Davids Zeiten
berühmten) *führenden Priesters* zu verstehen (Abjatar war in der v. Jesus er-
wähnten Episode wahrscheinl. anwesend, evtl. als gemeinsam m. seinem Vater
wirkender Priester; erwähnt wird er hier viell., weil er die für das Zeitalter
Davids weit wichtigere Gestalt war); b) ἐπί wird hier nicht temp., sondern ähnl.
wie in Mk 12,26 gebraucht (ἐπὶ τοῦ βάτου *beim Dornbusch = bei der Er-
zählung vom Dornbusch* [Menge]; vgl. B ἐπί I1aγ): *bei dem Bericht/in der Pas-
sage über den Hohenpriester/führenden Priester Abjatar,* d.h. in dem Text, der be-
richtet, wie Abjatar zum führenden Priester wurde (näml. 1Sam 21,1-23,13);
c) m. dem Abjatar v. Mk 2,26 ist tatsächl. der Priester gemeint, der David die
Brote gab, wobei Mk einer alternativen (in 2Sam 8,15-18 sowie 1Ch 18,14-17
bezeugten) Überlieferung folgt, nach welcher dieser Priester Abjatar hieß,
dessen Sohn, der später im Gefolge Davids wirkende Priester, dagegen Ahime-
lech (nach 2Sam 8,17 sowie 1Ch 18,16 „Ahimelech, der Sohn Abjatars" [nach
1Sam 23,6 usw. aber „Abjatar, der Sohn Ahimelechs"]; vgl. auch 1Ch 24,3.6.31;
evtl. hatten beide den Doppelnamen Abjatar Ahimelech). **πρό-θεσις**[8] *Auf-
stellung, Schaustellung;* οἱ ἄρτοι τῆς προθέσεως *die Schaubrote* (d.h. Gott
geweihte im Heiligtum [Stiftshütte/Tempel] befindl. Brote; LXX-Ausdruck).
ἔ-φαγεν Aor. ἐσθίω. **οὕς** AkkO zu φαγεῖν (Inf. ist m. οὕς verschränkt;
vgl. A364b). **φαγεῖν** Aor. Inf.; Präd. des AcI, abhängig v. οὐκ ἔξεστιν. **εἰ
μή** nach Neg. *außer* (vgl. B εἰ VI9a; A341). **ἱερεύς**[8] *Priester;* Subj. des AcI

(BDR §409[4]); οὓς οὐκ ἔξεστιν φαγεῖν εἰ μὴ τοὺς ἱερεῖς *die zu essen,*
nicht/niemand erlaubt ist außer den Priestern = von denen doch nur die Priester
essen dürfen (NGÜ); zur Bdtg. des Hinweises auf diese Episode s. zu Mt 12,4.
ἔ-δωκεν Aor. δίδωμι; erg. gedankl. „davon" (vgl. A79). **οὖσιν** Ptz. εἰμί,
subst.; καὶ τοῖς σὺν αὐτῷ οὖσιν *auch seinen Begleitern.* **27 ἔ-λεγεν** Ipf. 27
λέγω. **ἐ-γένετο** V. 23, hier *gemacht/geschaffen werden* (B I2a). **28 κύριος** 28
m. Gen. (vgl. A165) *Herr über;* ὥστε κύριός ἐστιν ὁ υἱὸς τοῦ ἀνθρώπου
καὶ τοῦ σαββάτου *darum ist der Menschensohn Herr auch über den Sabbat,*
d.h. wenn der Sabbat den Bedürfnissen der Menschen untergeordnet ist (s.
V. 27, viell. V. 23-27), dann ist der „Menschensohn" (Jesus; s. V. 10) auf jeden
Fall Herr über ihn: er hat das Recht zu bestimmen, was am Sabbat geschehen
darf (GN: *Also hat der Menschensohn auch das Recht, zu bestimmen, was am*
Sabbat geschehen darf).

εἰσ-ῆλθεν Aor. -έρχομαι. **πάλιν** hier etwa *wieder einmal.* **ἦν** Ipf. 3
εἰμί. **ἐ-ξηραμμένην** Pf. (A231) Ptz. Pass. ξηραίνω[120] etwas *austrocknen,*
versengen; Pass. *vertrocknen, verdorren;* (Hand) *lahm werden;* als präd. Adj. *ge-*
lähmt; ἐξηραμμένην ἔχων τὴν χεῖρα „der die Hand als gelähmte hatte" =
der eine gelähmte Hand hatte (vgl. H-S §137b; A112) bzw. (einfacher) *mit einer*
gelähmten Hand (vgl. ähnl. A292). **ἔχων** Ptz., attr. **2 παρ-ε-τήρουν** Ipf. 2
παρα-τηρέω Akt./Med. *genau achtgeben/beobachten, heimtückisch beobachten,*
belauern (B 1a); das Subj. ist in V. 6 identifiziert (vgl. a. 2,24). **τοῖς σάββα-**
σιν temp. Dat. (A182) *am Sabbat.* **θεραπεύσει** Fut. θεραπεύω; εἰ ... θε-
ραπεύσει αὐτόν *ob er ihn ... heilen würde* (Tempus u. Modus wie in der ent-
sprechenden direkten Frage; A329). **κατ-ηγορήσωσιν** Aor. Konj. -ηγο-
ρέω meist m. Gen. der Pers. *anklagen* (meist [so hier] juristischer term. tech.;
B 1a); ἵνα κατηγορήσωσιν αὐτοῦ (sie taten dies) *um ihn anklagen zu kön-*
nen = sie suchten nämlich einen Grund zur Anklage gegen ihn (Einh.). **3 λέγει** 3
hist. Präs. (A235). **ξηρός** *trocken, vertrocknet, dürr;* (v. Hand) *gelähmt.* **ἔχον-**
τι Ptz. ἔχω, attr.; τῷ τὴν ξηρὰν χεῖρα ἔχοντι *mit der gelähmten Hand* (vgl.
V. 1). **ἔγειρε** Imp. (vgl. A266a). **εἰς τὸ μέσον** *in die Mitte* (B μέσος 2);
ἔγειρε εἰς τὸ μέσον *steh auf (und tritt vor) in die Mitte* (Menge), *steh auf und*
stell dich in die Mitte (Einh.; vgl. Lk 6,8). **4 λέγει** V. 3. **ἔξ-εστιν** (vgl. A32) 4
es steht frei, es ist erlaubt/richtig. **ποιῆσαι** Aor. Inf. ποιέω; ἀγαθὸν ποιέω
Gutes tun (B I1bε) [Var. ἀγαθο-ποιῆσαι synonym]. **κακο-ποιῆσαι** Aor.
Inf. -ποιέω *Böses tun.* **ψυχή** hier *Leben* (vgl. B 1aβ); ψυχὴν σῶσαι ἢ
ἀποκτεῖναι *ein Leben (= einem Menschen das Leben) zu retten oder es zu töten*
(im Sinn v. *zugrunde gehen zu lassen*). **σῶσαι** Aor. Inf. σῴζω. **ἀπο-κτεῖ-**
ναι Aor. Inf. -κτείνω. **οἱ δέ** *(und/doch) diese/sie* (A102). **ἐ-σιώπων** Ipf.
σιωπάω *schweigen, still sein.* **5 περι-βλεψάμενος** Aor. Ptz. Med. -βλέ- 5
πομαι[41] *sich umsehen, (Umstehendes) ansehen, anblicken;* temp. (A291,1
Anm. 1). **ὀργή** *Zorn;* μετ᾽ ὀργῆς *mit/voll Zorn.* **συλ-λυπούμενος** Ptz.

-λυπέομαι *Mitleid empfinden;* mod. *tief betrübt* (B). **πώρωσις**[8] *Verhärtung,*
Verstockung; συλλυπούμενος ἐπὶ τῇ πωρώσει τῆς καρδίας αὐτῶν
betrübt über die Verstocktheit ihres Herzens od. *(zugleich) tief betrübt über ihr ver-*
stocktes Herz (NGÜ) bzw. (idiomatischer) *zugleich war er traurig, weil sie so eng-*
stirnig und hartherzig waren (GNB). **λέγει** V. 3. **ἔκ-τεινον** Aor. Imp. -τεί-
νω (vgl. A33[118ff]) *ausstrecken.* **ἐξ-έ-τεινεν** Aor.; erg. αὐτήν (A79). **ἀπ-ε-**
κατ-ε-στάθη Aor. Pass. (m. doppeltem Aug.; BDR §69[3]) ἀπο-καθ-ίστη-
μιω[204] *in den richtigen Zustand versetzen, wiederherstellen;* medizinischer term.
6 tech. *heilen.* **6 ἐξ-ελθόντες** Aor. Ptz. -έρχομαι, temp. (A291,1 Anm. 1).
Ἡρῳδιανοί *Herodianer,* d.h. eine jüd. Minderheit, die die herodianische
Herrschaft (vgl. 6,14ff) unterstützte u. als Römerfreunde galt (vgl. EWNT 2,
Sp. 307), übers. etwa *Anhänger des Herodes* od. *Parteigänger von Herodes.* **συμ-**
βούλιον *Beratung, Beschluß; Ratsversammlung* (< lat. consilium, BDR §5[16]);
συμβούλιον δίδωμι wohl = συμβούλιον λαμβάνω/ποιέω (< lat. con-
silium capere, BDR §5,4) *einen Beschluß fassen* (B 1; B δίδωμι 5). **ἐ-δίδουν**
(= ἐ-δίδοσαν) Ipf. δίδωμι [Var. ἐ-ποίησαν/ἐ-ποίουν Aor./Ipf ποιέω].
ὅπως NS hier App. (A353) zu συμβούλιον, übers. als *daß* bzw. Inf. (A328;
B 2b; vgl. BDR §392[4c]) od. als *wie* (A18b; in diesem Fall m. deliberativem Konj.
[A255; H-S §273e]); συμβούλιον ἐδίδουν κατ' αὐτοῦ ὅπως αὐτὸν ἀπ-
ολέσωσιν *sie faßten einen Beschluß gegen ihn,* (näml.) *ihn umzubringen = sie*
faßten den Beschluß/Plan, ihn umzubringen od. *sie faßten einen Beschluß gegen*
ihn, (darüber näml.) *wie sie ihn umbringen könnten.* **ἀπ-ολέσωσιν** Aor.
Konj. -όλλυμι.
7 **7 ἀν-ε-χώρησεν** Aor. ἀνα-χωρέω *weggehen, sich entfernen.* **πρὸς**
τὴν θάλασσαν *an den See,* d.h. an den See Gennesaret. **πλῆθος**[7] *Menge,*
große Anzahl; (versammelte) *(Menschen-)Menge;* πολὺ πλῆθος *eine große*
Menschenmenge, viele Menschen. **ἠκολούθησεν** Aor. ἀκολουθέω; erg.
8 αὐτῷ (A79). **8 Ἰδουμαία** *Idumäa,* Bergland südl. v. Judäa (in röm. Zeit
eine Toparchie Judäas im Gebiet um Hebron; GBL 2, S. 611). **πέραν** Adv.
jenseits; uneig. Präp. (A183) *auf der/die andere Seite von;* πέραν τοῦ Ἰορδά-
νου (erg. davor gedankl. ἀπό) wie ein indekl. Eigenname für das Land östl. des
Jordans, *das* (hier *aus dem*) *Gebiet jenseits des Jordans,* (hier *aus*) *Peräa.* **Ἰορ-**
δάνης[1] *Jordan.* **Τύρος** ἡ *Tyrus,* phönizische Hafenstadt. **Σιδών**[4] ῶνος ἡ
Sidon, alte phönizische Königsstadt; περὶ Τύρον καὶ Σιδῶνα = τὰ (hier
[ἀπὸ] τοῦ) περὶ Τύρον καὶ Σιδῶνα (B περί 2aγ) *die* (bzw. hier *aus der*)
Gegend von Tyrus und Sidon (vgl. ἐκ τῶν ὁρίων Τύρου 7,31 od. τὰ μέρη
Τύρου καὶ Σιδῶνος Mt 15,21). **ἀκούοντες** Ptz. ἀκούω, temp./kaus.
ἐ-ποίει Ipf. ποιέω; ὅσα ἐποίει *alles/all das, was er tat = alle seine Taten.*
9 **9 ἵνα** (erstes) hier *daß* bzw. Inf. (A328; bez. das Befohlene). **πλοιάριον**
(Diminutiv v. πλοῖον) *kleines Schiff, Boot.* **προσ-καρτερῇ** Konj. -καρτε-
ρέω (< καρτερός stark, ausdauernd) m. Dat. *beharren bei, bleiben bei;* hier

dauernd bereitstehen/liegen für. **θλίβωσιν** Konj. θλίβω *drücken, drängen;*
bedrängen, quälen; Pl. wohl sinngemäße Konstruktion (A96) bzw. im Sinn v.
„man" (A76a); καὶ εἶπεν τοῖς μαθηταῖς αὐτοῦ ἵνα πλοιάριον προσ-
καρτερῇ αὐτῷ διὰ τὸν ὄχλον ἵνα μὴ θλίβωσιν αὐτόν *so befahl er*
denn seinen Jüngern, ein Boot solle wegen der Volksmenge beständig für ihn bereit-
gehalten werden, damit man ihn nicht zu arg dränge (Menge) od. *da sagte er zu*
seinen Jüngern, sie sollten ein Boot für ihn bereithalten, damit er von der Menge
nicht erdrückt werde (Einh.). **10 ἐ-θεράπευσεν** Aor. θεραπεύω. **ἐπι-πί-** 10
πτειν Inf. -πίπτω *fallen/kommen auf/über;* hier *sich* (an jmdn.) *herandrängen*
(B 1b); Präd. des AcI (als Subj. erg. gedankl. etwa πάντας [durch ὅσοι impli-
ziert]). **ἅψωνται** Aor. Konj. Med. ἅπτω[51] Med. *berühren,* m. Gen. (A165).
εἶχον Ipf. ἔχω. **μάστιξ**[3] ιγος ἡ *Geißel, Peitsche;* hier übertr. *Plage, (kör-*
perliches) Leiden (B 2); ὥστε ἐπιπίπτειν αὐτῷ ἵνα αὐτοῦ ἅψωνται
ὅσοι εἶχον μάστιγας *so daß alle, die ein Leiden hatten, sich an ihn heran-*
drängten. **11 ἀ-κάθαρτος**[11] *unrein, schmutzig* (kultisch bzw. sittl.-geistl.); 11
πνεῦμα ἀκάθαρτον *ein unreiner/böser Geist* (= Dämon; B πνεῦμα 4c).
ὅταν bez. hier m. Augmenttempus (hier Ipf.) ein wiederholtes Geschehen in
der Vergangenheit („hellenistischer Nebensatziterativ"; H-S §276i; BDR §367[4];
vgl. A262) *immer wenn, sooft.* **ἐ-θεώρουν** Ipf. θεωρέω. **προσ-έ-πιπτον**
Ipf. -πίπτω *niederfallen vor, zu Füßen fallen;* iter. (A237b; H-S §195b); τὰ
πνεύματα τὰ ἀκάθαρτα, ὅταν αὐτὸν ἐθεώρουν, προσέπιπτον αὐ-
τῷ *sooft die unreinen Geister ihn erblickten, warfen sie sich vor ihm nieder*
(Menge) = *wenn die von bösen Geistern Besessenen ihn sahen, fielen sie vor ihm*
nieder (NGÜ). **ἔ-κραζον** Ipf. κράζω. **λέγοντες** Ptz. λέγω; Ptz. im Mask.
(statt im Ntr. [s. aber Var.]), da τὰ πνεύματα als personhafte Wesen ver-
standen werden (sinngemäße Konstruktion; vgl. BDR §134,3; vgl. ähnl. A96);
hier pleon. (A297), am besten (zusammen m. dem ὅτι) als Doppelpunkt be-
rücksichtigen. **ὅτι** recitativum = Doppelpunkt (A333). **ὁ υἱός** Präd.-Nom.
m. Art.: betonte Gleichsetzung m. dem Subj. (A80): *der* (einzigartige) *Sohn*
Gottes (vgl. zu 1,1). **12 πολλά** adv. Akk. (A150; vgl. B πολύς 2bβ) *streng,* 12
nachdrücklich (GN). **ἐπ-ε-τίμα** Ipf. ἐπι-τιμάω m. Dat. *tadeln, zurechtwei-*
sen, (mit aller Strenge) entgegentreten/befehlen. **ἵνα** V. 9 (B ἐπιτιμάω 1).
φανερός *bekannt; offenbar, kenntlich; sichtbar;* φανερὸν ποιέω τινά *jmdn.*
offenbar/kenntlich machen als das, was er ist (B 1); καὶ πολλὰ ἐπετίμα αὐ-
τοῖς ἵνα μὴ αὐτὸν φανερὸν ποιήσωσιν übers. etwa *doch* (A311,1; vgl.
1,12) *mit aller Entschiedenheit verbot ihnen Jesus, bekanntzumachen, wer er war*
(NGÜ). **ποιήσωσιν** Aor. Konj. ποιέω [Var. ποιῶσιν Präs. Konj.].

13 προσ-καλέομαι *herbeirufen, zu sich rufen;* ἀναβαίνει εἰς τὸ 13
ὄρος καὶ προσκαλεῖται ... (hist. Präs., A235) *Jesus stieg auf den/einen Berg*
(od. *ging ins Bergland*) *und rief ... zu sich.* **ἤ-θελεν** Ipf. θέλω; οὓς ἤθελεν
αὐτός (als Inf. erg. etwa εἶναι μετ᾽ αὐτοῦ [V. 14; vgl. B 2]) übers. am be-

14 sten *die er bei sich haben wollte.* **ἀπ-ῆλθον** Aor. -έρχομαι. **14 ἐ-ποίη-**
σεν Aor. ποιέω hier *bestellen, einsetzen, bestimmen* (vgl. LN 37.106). **ὠνό-**
μασεν Aor. ὀνομάζω (vgl. A33[91ff]) *nennen.* **ὦσιν** Konj. εἰμί. **ἀπο-**
στέλλῃ Konj. -στέλλω. **κηρύσσειν** Inf.; fin. (A276); ἵνα ὦσιν μετ'
αὐτοῦ καὶ ἵνα ἀποστέλλῃ αὐτοὺς κηρύσσειν übers. etwa *sie sollten*
ständig bei ihm sein, und er wollte sie aussenden, damit sie seine Botschaft verkün-
15 *deten.* **15 ἔχειν** Inf.; fin. (A276). **ἐκ-βάλλειν** Inf. -βάλλω; δαιμόνια
ἐκβάλλω *Dämonen* (die v. einem Menschen Besitz ergriffen haben) *austreiben*
16 (B 1). **16 ἐπ-έ-θηκεν** Aor. ἐπι-τίθημι[200] *auflegen, darauflegen; hinzufügen;*
ἐπιτίθημί τινι ὄνομα *jmdm. einen Namen beilegen/geben* (B 1aβ); καὶ
ἐποίησεν τοὺς δώδεκα, καὶ ἐπέθηκεν ὄνομα τῷ Σίμωνι Πέτρον,
καὶ Ἰάκωβον *so setzte er die Zwölf ein und legte dem Simon den Namen Petrus*
bei; ferner Jakobus (Menge) od. (natürlicher) *die Zwölf, die er einsetzte, waren:*
17 *Petrus, dem er den Namen Petrus gab, Jakobus.* **17 Ἰάκωβον** AkkO zu
ἐποίησεν (gilt analog für die übrigen Namen des Apostelverzeichnisses).
Ζεβεδαῖος *Zebedäus;* τὸν τοῦ Ζεβεδαίου (usuelle) Ellipse v. „Sohn"
(A156 u. 376): *den Sohn des Zebedäus.* **Βοανηργές** *Boanerges,* Beiname der
Zebedäus-Söhne; philologisch ist der Name noch nicht wirkl. erklärt; wahr-
scheinl. steht dahinter ein aram. od. hebr. Ausdruck; zu den wichtigsten Rekon-
struktionsversuchen gehören (vgl. Dalman, Grammatik, S. 144 Anm. 2; Dalman,
Worte, S. 39 Anm. 4; Beyer, Die aramäischen Texte, S. 113 Anm. 2): a) aram.
בָּנֵי רְגֵישׁ/רְגֶשׁ *bānê/bonê rəgêš/régāəš* „Söhne des Lärms/der Unruhe", b) aram.
בָּנֵי רְגֵז/רֹגֶז *bānê/bonê rəḡēz/rṓḡəz* „Zornessöhne". **ὅ ἐστιν** Formel (A93)
das heißt, das bedeutet (B ὅς I7a). **βροντή** *Donner;* υἱοὶ βροντῆς *Donner-*
söhne; dieser Beiname könnte sehr wohl auf das feurige Temperament der
beiden anspielen (s. 9,38-41; Lk 9,51-54; vgl. a. Mk 10,35-45); nach einer schon
früh bezeugten Erklärung beinhaltet er jedoch eine Verheißung (ähnl. wie
Πέτρος „Fels"; vgl. Mt 16,18f): ihr Zeugnis für Jesus werde so gewaltig wie der
18 Donner sein (Cranfield, Mk, S. 131). **18 Ἀνδρέας**[1] ου 1,16. **Φίλιππος**
Philippus. **Βαρθολομαῖος** *Bartholomäus,* Jünger Jesu. **Μαθθαῖος** *Mat-*
thäus (vgl. zu Λευίς 2,14). **Θωμᾶς**[1] ᾶ *Thomas.* **Ἁλφαῖος** *Alphäus;* τὸν
τοῦ Ἁλφαίου (usuelle) Ellipse v. „Sohn" (A156 u. 376): *den Sohn des Al-*
phäus. **Θαδδαῖος** *Thaddäus,* offenbar auch „Judas, Sohn/Bruder (BDR
§162[4]) des Jakobus" (vgl. Lk 6,15, Apg 1,13, evtl. Jh 14,22) genannt. **Κανα-**
ναῖος (< aram. קַנְאָן *kanʾān* „Eiferer" = griech. ζηλωτής) *Kananäus,*
Zelot (Mitglied einer jüd. Gruppierung, die aktiven Widerstand gegen die Rö-
mer leistete) [Var. Καναvίτης[1] *Mann/stammend aus Kana* (Ort in Galiläa,
19 wohl einige km nördl. v. Nazaret)]. **19 Ἰσκαριώθ** (indekl.) hier Akk. [Var.
Ἰσκαριώτης[1]] *Iskariot,* Beiname des Judas (für die Bdtg. des Namens s. zu Mt
10,4). **παρ-έ-δωκεν** Aor. παρα-δίδωμι; ὃς καὶ (A311,8) παρέδωκεν
αὐτόν *der ihn (später) verriet* (vgl. B 1b).

20 ἔρχεται hist. Präs. (A235). **εἰς οἶκον** *nach Hause* (vgl. B οἶκος 20
1a) od. *in ein Haus.* **συν-έρχομαι** *zusammenkommen, sich versammeln;* hist.
Präs. (A235). **δύνασθαι** Inf. δύναμαι; Präd. des AcI. **αὐτούς** Subj. des
AcI *sie* (d.h. Jesus u. seine Jünger). [Var. μή-τε *und/auch nicht,* hier praktisch
synonym m. μηδέ (vgl. B)]. **φαγεῖν** Aor. Inf. ἐσθίω; ἄρτον ἐσθίω „Brot
essen" (pars pro toto, A382a) = *eine Mahlzeit einnehmen* (vgl. B 1a); ὥστε μὴ
δύνασθαι αὐτοὺς μηδὲ ἄρτον φαγεῖν *so daß Jesus und seine Jünger nicht
einmal Zeit zum Essen fanden* (NGÜ). **21 ἀκούσαντες** Aor. Ptz. ἀκούω, 21
temp.; erg. τοῦτο/ταῦτα (A79). **οἱ παρ' αὐτοῦ** *seine Angehörigen* (nach-
klass. Bdtg.; BDR §237[2]; B παρά I4bβ). **ἐξ-ῆλθον** Aor. -έρχομαι hier *sich
auf den Weg machen* (Menge). **κρατῆσαι** Aor. Inf. κρατέω; fin. (A276);
κρατῆσαι αὐτόν *um sich seiner zu bemächtigen* (Menge), *um ihn mit Gewalt
zurückzuholen.* **ἔ-λεγον** Ipf. λέγω; ἔλεγον γὰρ ὅτι ἐξέστη *denn sie sagten
(sich):* (ὅτι wie V. 11) *Er hat den Verstand verloren* od. *denn sie waren überzeugt,
daß er den Verstand verloren hatte;* die z.B. v. ZG vertretene Deutung im Sinn v.
man (d.h. die Menge) *sagte/behauptete ...* (vgl. A76a) scheint grammatisch for-
ciert (s. ἐξῆλθον) u. exegetisch unnötig (daß Jesu Wirken v. seinen Angehöri-
gen z.T. verkannt wurde, ist auch sonst bezeugt [Lk 2,48; Jh 2,3f; 7,3-5]; vgl. a.
V. 31-35). **ἐξ-έ-στη** Wz.-Aor. -ίσταμαι[205] *außer sich geraten* (vor Staunen);
von Sinnen sein (B 2a), *den Verstand verlieren.*

22 κατα-βάντες Aor. Ptz. -βαίνω, attr. **ἔ-λεγον** V. 21. **Βεελζε-** 22
βούλ indekl. hier Akk., *Beelzebul* (Dämonenfürst; die genaue Herkunft dieses
Ausdrucks ist nicht wirkl. geklärt). **ἔχω** m. Akk. hier *besessen sein von*
(B I2eα; NGÜ: *im Bund stehen mit*). **ἐν** *mit Hilfe von* (vgl. B III1b). **ἄρχων**[5]
οντος ὁ *Herrscher, Machthaber, Herr;* ὁ ἄρχων τῶν δαιμονίων *der Herr-
scher/Oberste/Fürst der Dämonen.* **ἐκ-βάλλω** V. 15.

23 προσ-καλεσάμενος Aor. Ptz. Med. -καλέομαι[37] V. 13; temp. 23
(A291,1 Anm. 1). **ἐν** instr. *in, durch, mit Hilfe von;* ἐν παραβολαῖς ἔλεγεν
αὐτοῖς *er redete in Gleichnissen/Bildworten zu ihnen* od. *er erklärte ihnen die Sa-
che durch Bilder* (vgl. GNB). **ἔ-λεγεν** Ipf. λέγω. **σατανᾶς**[1] ᾶ *Widersacher;
Satan,* der Widersacher Gottes; auch ohne Art. best. (eigennamenartig ge-
braucht; vgl. A108; BDR §254[5]). **ἐκ-βάλλειν** Inf. vgl. V. 15. **24 ἐπί** m. 24
Akk. hier *gegen* (B III1aε). **μερισθῇ** Aor. Konj. Pass. μερίζω (vgl. A33[91ff])
teilen; zerteilen, trennen, spalten, uneins machen, entzweien; ἐὰν βασιλεία ἐφ'
ἑαυτὴν μερισθῇ *wenn ein Reich gegen sich selbst gespalten wird, wenn ein
Reich mit sich selbst im Streit liegt* od. („kontextualisierend") *wenn die Machtha-
ber eines Staates einander befehden* (vgl. GNB). **σταθῆναι** Aor. Inf. Pass. (=
στῆναι Wz.-Aor. Inf.) ἵσταμαι hier *bestehen bleiben, Bestand haben* (B II1d).
25 δυνήσεται Fut. Med. δύναμαι. **οἰκία** hier *Hausgemeinschaft, Fami-* 25
lie (B 2). **26 εἰ** m. Ind. (hier m. Aug.-Formen, da die fragl. Ereignisse als be- 26
reits eingetreten angesehen werden; B I1a) indefiniter Fall (A342); καὶ εἰ ὁ

σατανᾶς ἀνέστη ἐφ' ἑαυτὸν καὶ ἐμερίσθη *wenn nun der Satan sich ge-*
gen sich selbst erhoben hat und mit sich selbst im Streit liegt. **ἀν-έ-στη** Wz.-
Aor. -ίσταμαι hier ἐπί τινα *sich gegen jmdn. erheben* (B 2c). **ἐ-μερίσθη**
Aor. Pass. V. 24 [Var. με-μέρισται Pf. Pass.]. **στῆναι** s. V. 24 zu σταθῆ-
27 ναι. **τέλος ἔχει** *er hat ein Ende, es ist zu Ende/aus mit ihm.* **27 ἰσχυρός**
stark; subst. (A105); τοῦ ἰσχυροῦ *des Starken* genereller Art. (A104) = *eines*
Starken; im vorliegenden Gleichnis ist der Satan gemeint: Jesus, Gottes Sohn,
„bindet" ihn m. überlegener göttlicher Vollmacht u. „raubt" ihm dessen Besitz
(vgl. auch zu Mt 12,29). **εἰσ-ελθών** Aor. Ptz. -έρχομαι, temp. (durch Ne-
benordnung [hier als Inf.] m. „und" übers.; A291,1 Anm. 1). **σκεῦος**[7] *Gerät;*
Gefäß; hier Pl. *Habe, Besitz* (vgl. B 1a). **δι-αρπάσαι** Aor. Inf. -αρπάζω[107]
ausplündern, (aus)rauben. **δήσῃ** Aor. Konj. δέω. **δι-αρπάσει** Fut., hier
wohl mod. Fut. im Sinn v. „können" (A247c).
28 **28 ὅτι** V. 11. **ἀφ-εθήσεται** Fut. Pass. -ίημι; hier wohl mod. Fut. im
Sinn v. „können" (A247c); pass. divinum (A76b). **τοῖς υἱοῖς τῶν ἀνθρώ-**
πων = τοῖς ἀνθρώποις (LXX-Ausdruck; B υἱός 1cβ). **ἁμάρτημα**[3] *Ver-*
fehlung, Sünde. **βλασ-φημία** *Schmähsucht; Schmährede, Lästerwort, Läste-*
rung; hier wahrscheinl. *Gotteslästerung* (vgl. B 2c). **ὅσα ἐάν** = ὅσα ἄν
(A132; 371) *so vieles auch immer = alles, was;* sinngemäße Konstruktion für
ὅσας ἐάν/ἄν (BDR §296[3]; vgl. A96; s. Var.); καὶ αἱ βλασφημίαι ὅσα
ἐὰν βλασφημήσωσιν *auch die Lästerungen, so viele sie deren aussprechen*
mögen (Menge), *auch jede Gotteslästerung, die sie aussprechen* (vgl. NGÜ).
29 **βλασ-φημήσωσιν** Aor. Konj. -φημέω *verleumden; lästern.* **29 ὃς δ'**
ἄν *wer aber (auch immer);* ὃς δ' ἂν βλασφημήσῃ εἰς τὸ πνεῦμα τὸ
ἅγιον, οὐκ ἔχει ἄφεσιν ... *wer aber den Heiligen Geist lästert, der* (vgl. A358)
hat/findet ... keine Vergebung. **βλασ-φημήσῃ** Aor. Konj. **εἰς** hier im feindl.
Sinn (B 4cα). **ἄφ-εσις**[8] *Erlaß* (v. Schuld, Sünde usw.), *Vergebung.* **ἔν-ο-**
χος[11] (= ἐνεχόμενος festgehalten in) *verstrickt in, etwas* od. *jmdm. verfallen*
(m. Gen. [A51]); hier juristisch: *schuldig* (einer Sache: Gen.); ἀλλὰ ἔνοχός
ἐστιν αἰωνίου ἁμαρτήματος *sondern ist einer ewigen Sünde schuldig*
(Menge) od. (etwas freier) *er hat mit dieser Sünde eine ewige Schuld auf sich gela-*
den (NGÜ); vgl. auch Erklärung zu Mt 12,32. [Var. ἔσται Fut. εἰμί].
30 **30 ἔ-λεγον** V. 21; ὅτι ἔλεγον *denn sie hatten behauptet = das sagte er zu*
ihnen, weil sie behauptet hatten. **ἀ-κάθαρτος** V. 11.
31 **31 ἔρχεται** V. 20; zum Sg.-Präd. vgl. A94. **στήκοντες** Ptz. στήκω
(< ἕστηκα [Pf. zu ἵσταμαι]) *stehen;* temp. (A291,1 Anm. 1) [Var. 1
ἑστῶτες Pf. (Wz.-Pf., H-S §109a; m. präs. Bdtg.) Ptz. ἵσταμαι; Var. 2
στάντες Wz.-Aor. Ptz. dazu]. **ἀπ-έ-στειλαν** Aor. ἀπο-στέλλω hier
Boten/jemand schicken (vgl. Zorell 2b; LN 15.67). **καλοῦντες** Ptz. καλέω,
am besten fin. (A291,6); καὶ ἔξω στήκοντες ἀπέστειλαν πρὸς αὐτὸν
καλοῦντες αὐτόν *sie blieben draußen/vor dem Haus stehen und schickten*

jemand zu ihm, um ihn zu rufen. **32 ἐ-κάθητο** Ipf. Med. κάθημαι; καὶ 32
ἐκάθητο περὶ αὐτὸν ὄχλος *es saßen viele Leute um ihn herum* (Einh.).
λέγουσιν hier 3. Pl. im Sinn v. „man" (A76a); hist. Präs. (A235). **ἀδελφή**
Schwester. **ζητέω** hier etwa *fragen nach* (Menge) od. *etwas wollen von* (GN).
33 ἀπο-κριθείς Aor. Ptz. Pass. (ohne Pass.-Bdtg.) -κρίνομαι, pleon. 33
(A297,2); καὶ ἀποκριθεὶς αὐτοῖς λέγει (hist. Präs., A235) *er erwiderte*
[Var. ἀπ-ε-κρίθη Aor. Ind. Pass.]. **οἱ ἀδελφοί μου** erg. gedankl. davor
τίνες εἰσίν (vgl. Mt 12,48) od. τίς ἐστιν als *wer sind* übers. (vgl. A94).
34 περι-βλεψάμενος Aor. Ptz. Med. -βλέπομαι[41] *sich umsehen,* 34
umherblicken, (Umstehendes) ansehen, anblicken; temp./mod. (A291,1f Anm. 1);
καὶ περιβλεψάμενος τοὺς περὶ αὐτὸν κύκλῳ καθημένους λέγει
(hist. Präs., A235) *er sah die an, die rings um ihn herum saßen, und sagte.*
κύκλῳ Adv. (erstarrter lok. Dat. v. κύκλος Kreis, A181) *im Kreis, ringsumher.*
καθημένους Ptz., subst. **ἴδε** (eig. Imp. Aor. ὁράω[192]) Interjektion (H-S
§252,63) etwa = ἰδού hier (wie frz. *voici*) *hier sind* (B 3) bzw. *das sind.* **35 ὃς** 35
γὰρ ἄν *denn wer (auch immer)* (A132; 371; vgl. V. 29). **ποιήσῃ** Aor. Konj.
ποιέω; der Gehorsam Gott gegenüber (der sich vor allem durch die Offenheit
für das v. Jesus verkündete Gotteswort äußert) ist das Erkennungszeichen der
wahren Angehörigen Jesu.

πάλιν etwa *wieder einmal.* **ἤρξατο** Aor. Med. ἄρχω; Med. m. Inf. vgl. 4
zu 1,45. **διδάσκειν** Inf. **παρὰ τὴν θάλασσαν** *am See* (vgl. B παρά
III1bα), d.h. am See Gennesaret. **συν-άγεται** Pass. -άγω; Pass. m. πρός
τινα *sich bei jmdm. versammeln* (B 2); hist. Präs. (A235). **πλεῖστος** Superlativ v. πολύς, elativisch gebraucht (A119). **αὐτόν** (zweites) Subj. des AcI.
ἐμ-βάντα Aor. Ptz. -βαίνω[139] (ins Boot) *(ein)steigen;* part. coni. (zu αὐτόν
[A287]), temp. (als dem καθῆσθαι nebengeordnet [+ „und"] übers.; A291,1
Anm. 1); ὄχλος πλεῖστος, ὥστε αὐτὸν εἰς πλοῖον ἐμβάντα καθῆσθαι ἐν τῇ θαλάσσῃ *eine sehr große Menschenmenge, so daß* (bzw. *eine so
große Menschenmenge, daß*) *er in ein Boot stieg und sich darin auf dem See niedersetzte* (sich zum Lehren zu setzen, entsprach zeitgenössischer Sitte [EWNT 2,
Sp. 552]). **καθῆσθαι** Inf. κάθημαι; Präd. des AcI. **ἦσαν** Ipf. εἰμί hier
πρὸς τὴν θάλασσαν *gegen den See hingewandt sein* (vgl. B III9) od. *sich am
See befinden* (vgl. B πρός III7); Pl. sinngemäße Konstruktion (A96); καὶ πᾶς
ὁ ὄχλος πρὸς τὴν θάλασσαν ἐπὶ τῆς γῆς ἦσαν *während* (vgl. 1,12) *das
gesamte Volk sich auf dem Land am Ufer des Sees befand* (Menge) od. (einfacher) *die ganze Menge blieb am Ufer.* **2 ἐ-δίδασκεν** Ipf. διδάσκω. **ἐν** (er- 2
stes) instr. *in, mit Hilfe von, in Form von.* **πολλά** AkkO *vieles, viele Dinge* (B
πολύς I2bα), evtl. adv.-temp. (A150) *lange* (Einh.). **ἔ-λεγεν** Ipf. λέγω. **διδαχή** *Lehre* (das, was gelehrt wird, od. die Lehrtätigkeit); καὶ ἔλεγεν αὐτοῖς ἐν τῇ διδαχῇ αὐτοῦ *bei seiner Belehrung sagte er zu ihnen* od. (kontextgetreu) *unter anderem sagte er zu ihnen.*

3 **3 ἀκούετε** Imp. ἀκούω hier *zuhören* (vgl. V. 9 u. 33). **ἐξ-ῆλθεν** Aor.
-έρχομαι hier *hinausgehen = aufs Feld gehen.* **σπείρων** Ptz., subst.; ὁ
σπείρων *der/ein Sämann/Bauer.* [Var. τοῦ m. Inf. fin. (A281)]. **σπεῖραι**
4 Aor. Inf. σπείρω; fin. (A276). **4 ἐ-γένετο** Aor. Med. γίνομαι; ἐγένετο
pleon. (vor Umstandsbestimmung [hier ἐν τῷ m. Inf.] u. finitem Verb [A271;
BDR §442[11]]; bei Mk viell. nicht Hebr., sondern durch den hier verwendeten
griech. Erzählstil bedingt [Reiser, Syntax, S. 67f u. 147]). **ἐν τῷ** m. Inf. temp.
(A282); ἐν τῷ σπείρειν *beim Säen.* **σπείρειν** Inf. **ὃ μέν** *einiges* bzw. *ein
Teil der Saat/Körner* hier fortgesetzt nicht m. ὃ δέ (A133c), sondern m. καὶ ἄλ-
λο (V. 5 u. 7) u. καὶ ἄλλα (= σπέρματα [durch σπείρειν impliziert]; V 8;
BDR §293[11]; vgl. H-S §130) *anderes/einiges/andere* od. *ein anderer Teil;* das αὐ-
τό weist jeweils (in V. 4 u. 7) darauf zurück. **ἔ-πεσεν** Aor. πίπτω. **παρὰ
τὴν ὁδόν** *auf den Weg* (B παρά III1d) od. *an den Wegrand* (vgl. Menge). **πε-
5 τεινόν** *Vogel.* **κατ-έ-φαγεν** Aor. -εσθίω[188] *aufessen, auffressen.* **5 πε-
τρώδης**[7] *steinig, felsig;* subst. τὸ πετρῶδες/τὰ πετρώδη *der felsige Boden.*
εἶχεν Ipf. ἔχω; ὅπου οὐκ εἶχεν γῆν πολλήν *wo sie/es* (d.h. dieser Teil
der Körner [καὶ ἄλλο]) *nicht viel Erde (zur Verfügung) hatten/hatte* (vgl. B ἔχω
I2g). **ἐξ-αν-έ-τειλεν** Aor. -ανα-τέλλω[114] (v. Saat) *aufgehen.* **διὰ τό** m.
Inf. bzw. AcI (erg. αὐτό als Subj.) kaus. (A282) *weil* (entsprechend V. 6).
ἔχειν Inf.; Präd. des AcI. **βάθος**[7] *Tiefe* βάθος γῆς *Tiefe (des) Erdreiches =
tiefes Erdreich* (A384); διὰ τὸ μὴ ἔχειν βάθος γῆς *weil sie/es kein tiefes Erd-
6 reich hatten/hatte, weil es nicht tief in den Boden dringen konnte* (Menge). **6 ἀν-
έ-τειλεν** Aor. ἀνα-τέλλω[114] (v. Sonne, Licht usw.) *aufgehen.* **ἥλιος** *Son-
ne.* **ἐ-καυματίσθη** Aor. Pass. καυματίζω (vgl. A33[91ff]) *brennen,* (etwas)
verbrennen, (etwas) *versengen.* **ῥίζα** *Wurzel;* διὰ τὸ μὴ ἔχειν ῥίζαν *weil
sie/es keine (tiefgehenden/kräftigen) Wurzeln hatten/hatte* (vgl. B 1a; vgl. NGÜ),
weil sie keine Wurzeln (geschlagen) hatten (vgl. Menge). **ἐ-ξηράνθη** Aor. Pass.
ξηραίνω[120] etwas *austrocknen, versengen;* Pass. *vertrocknen, verdorren.*
7 **7 ἄκανθα** *Dornengewächs* (v. stachligen Pflanzen, bes. v. der als Unkraut wu-
chernden Ononis spinosa, Hauhechel, im Ggs. zu Nutzpflanzen); εἰς τὰς
ἀκάνθας *unter die Dornen* (Menge), *ins Dornengestrüpp* (NGÜ). **ἀν-έ-βη-
σαν** Aor. ἀνα-βαίνω hier etwa *aufgehen* (B 1b); ἀνέβησαν αἱ ἄκανθαι
die Dornen wuchsen auf (Menge) bzw. ... *schossen hoch* (Wilckens) bzw. ... *über-
wucherten (sie/es)* (vgl. GNB). **συν-έ-πνιξαν** Aor. συμ-πνίγω[69] *ersticken,
8 erdrücken* (B 1). **ἔ-δωκεν** Aor. δίδωμι hier (Frucht) *bringen.* **8 γῆ** hier am
besten *Boden.* **ἐ-δίδου** Ipf. δίδωμι. **ἀνα-βαίνοντα** Ptz. Ntr. -βαίνω,
part. coni. zu ἄλλα, mod. **αὐξανόμενα** Ptz. Pass. αὐξάνω Akt. *vermeh-
ren, wachsen lassen;* Akt./Pass. *wachsen;* mod.; καὶ ἄλλα ἔπεσεν ... καὶ ἐδί-
δου καρπὸν ἀναβαίνοντα καὶ αὐξανόμενα *und andere (Körner) fielen
... und brachten Frucht, indem sie aufgingen und wuchsen* (vgl. Menge) od. (vgl.
A291,2 Anm. 1) *und andere fielen ... gingen auf und brachten Frucht* [Var. αὐξά-

νοντα Ptz. Akt.]. **ἔ-φερεν** Ipf. φέρω hier *tragen, hervorbringen* (B 2). **ἕν**
wird gewöhnl. als Aram. m. der Bdtg. *-mal/-fach* verstanden (ἓν τριάκοντα ...
dreißigfach ...; vgl. חד *ḥad* [eig. „eins“] in Da 3,19; H-S §145g; BDR §248^{4}); eine
innergriechische Deutung scheint jedoch mögl. u. ist wohl vorzuziehen (vgl. G.
Lohfink, Biblische Zeitschrift 30 [1986], S. 45; vgl. auch B εἷς 5a/b; Kühner-
Gerth §530,1): καὶ ἔφερεν ἓν τριάκοντα καὶ ἓν ἑξήκοντα καὶ ἓν
ἑκατόν *und das eine (Samenkorn) trug dreißig (Körner), das andere sechzig und
wieder ein anderes hundert* [Var. εἰς evtl. m. der Bdtg. *-fach* (B 6c); wenn ἐν
(statt ἕν) zu schreiben ist, evtl. etwa im Sinn v. *mit* (vgl. B 4c)]. **τριάκοντα**^{19}
dreißig. **ἑξήκοντα**^{19} *sechzig.* **ἑκατόν**^{19} *einhundert.* **9 οὖς**^{3} ὠτός τό *Ohr.* 9
ἀκούειν Inf., eigentüml. Verbindung m. Subst. (BDR §393^{6}; vgl. A272) *zum
Hören;* ὃς ἔχει ὦτα ἀκούειν *wer Ohren zum Hören hat = wer hören kann*
(GN). **ἀκουέτω** Imp. 3. Sg. ἀκούω.

10 ἐ-γένετο V. 4, hier m. adv. Ausdruck *sein* (vgl. B II4b). **κατὰ μό-** 10
νας *für sich allein* (B κατά II1c); γίνομαι κατὰ μόνας *allein sein* (B μό-
νος 3). **ἠρώτων** Ipf. ἐρωτάω hier τινά τι *jmdn. nach etwas fragen* (B 1).
οἱ περὶ αὐτόν *seine Umgebung, seine Jünger, seine Begleiter* (B περί 2aδ;
A198). **σὺν τοῖς δώδεκα** *mit den „Zwölf“/den zwölf Jüngern (Jesu)* (vgl.
3,14) best. οἱ περὶ αὐτόν näher, entweder im Sinn v. οἱ περὶ αὐτὸν σὺν
τοῖς δώδεκα ὄντες (Ptz. εἰμί, subst.) *die, welche samt den Zwölfen bei ihm
waren* (Menge; d.h. ledigl. die ersteren stellen die Frage) od. im Sinn v. ἠρώ-
των αὐτὸν οἱ περὶ αὐτὸν καὶ οἱ δώδεκα ... *fragten die Umstehenden zu-
sammen mit den Zwölfen* (Wilckens) bzw. ... *fragten ihn die Zwölf und die ande-
ren, die zum Jüngerkreis gehörten* (vgl. NGÜ). **τὰς παραβολάς** *nach den/sei-
nen* (A103) *Gleichnissen = nach dem Sinn/der Bedeutung seiner Gleichnisse* (vgl.
B παραβολή 2). **11 ἔ-λεγεν** V. 2. **μυστήριον** *Geheimnis* (zur Bdtg. s. 11
zu Mt 13,11). **δέ-δοται** Pf. (A231) Pass. δίδωμι; pass. divinum (A76b);
ὑμῖν τὸ μυστήριον δέδοται τῆς βασιλείας τοῦ θεοῦ *euch ist das Ge-
heimnis der Königsherrschaft Gottes (von Gott) gegeben/anvertraut* (vgl. Einh.)
bzw. *euch ist es (von Gott) gegeben/beschieden* (vgl. B 1bβ), *das Geheimnis der
Königsherrschaft Gottes zu verstehen* (vgl. V. 13 sowie Mt- u. Lk-Par.). **οἱ ἔξω**
die Außenstehenden (B ἔξω 1aβ), d.h. die, die Jesus nicht nachfolgen; ἐκείνοις
τοῖς ἔξω übers. *den Außenstehenden* [Var. οἱ ἔξωθεν synonym]. **ἐν** V. 2. **τὰ
πάντα** *(das) alles,* d.h. alles, was m. dem Wirken Jesu zusammenhängt, seine
Worte u. Taten. **γίνομαι** hier m. dat. poss. (A173b) *zuteil werden* (B II3) im
Sinn v. *verkündet werden.* **12 ἵνα** wahrscheinl. fin. *damit;* ein Ausweichen auf 12
Nebenbedeutungen wie *so daß* (kons.) od. *weil/denn* (kaus.) o.ä., sprachl. zwar
z.T. nicht unmögl. (vgl. B II2; BDR §456^{2}), erscheint forciert; hier (wie typi-
scherweise in den Schriften des AT u. NT) ist vorausgesetzt, daß Gottes Souve-
ränität u. die Verantwortung des Menschen keine Antithesen darstellen: wenn
Gott die, die nicht zu Jüngern Jesu werden, verwirft, so tragen diese die

Verantwortung dafür selbst (vgl. V. 13-20); gleichzeitig steht nichts von dem,
was geschieht, außerhalb des göttl. Ratschlusses u. Planes (vgl. Carson, Mt,
S. 308f); im flgd. werden Teile aus Jes 6,9-10 zitiert (statt der 2. Pl. [MT/LXX]
steht hier die 3. Pl., statt v. Heilung [MT/LXX] ist [wie im Targum u. in der syri-
schen Peschitta] v. Vergebung [ἀφεθῇ] die Rede), zwei Verse voll bitterer Iro-
nie aus einem Abschnitt, der von der selbstverschuldeten (bis zum Exilgericht
andauernden) Verstockung des Gottesvolkes spricht (vgl. zu Mt 13,14). **βλέ-
ποντες** Ptz. βλέπω, mod., hier als Entsprechung zum hebr. infinitivus abso-
lutus (vgl. A298; BDR §422; H-S §240); ἵνα βλέποντες βλέπωσιν *damit sie
immerfort sehen* (Menge) od. *denn sehen sollen sie, sehen* (Einh.). **βλέπωσιν**
Konj. **ἴδωσιν** Aor. Konj. ὁράω hier *wahrnehmen* (Menge) bzw. (da geistig-
geistl. Wahrnehmen gemeint ist) *erkennen* (vgl. B εἶδον 2/3). **ἀκούοντες**
Ptz. ἀκούω, wie βλέποντες gebraucht. **ἀκούωσιν** Konj. **συν-ιῶσιν**
Konj. -ἵημι *verstehen, einsehen, begreifen.* **μή-ποτε** *damit nicht (etwa)*
(A339). **ἐπι-στρέψωσιν** Aor. Konj. -στρέφω[47] hier intr. *sich umwenden,
umkehren, zurückkehren* (hier im Sinn v. „zu Gott zurückkehren", „sich bekeh-
ren"; B 1bβ). **ἀφ-εθῇ** Aor. Konj. Pass. -ἵημι hier *vergeben;* pass. divinum
(A76b). [Var. ἁμάρτημα[3] *Verfehlung, Sünde.*]
13 **13 λέγει** hist. Präs. (A235). **οἶδα** hier *verstehen* (B 4). **καὶ πῶς** *wie
dann?* bzw. *wie dann überhaupt?* (vgl. BDR §442[16]); καὶ πῶς πάσας τὰς
παραβολὰς γνώσεσθε *wie wollt ihr dann all die anderen* (vgl. A376a) *Gleich-
nisse verstehen* od. *wie wollt ihr dann überhaupt Gleichnisse verstehen* (NGÜ); der
erstaunl. Mangel an Verständnis u. Glauben der Jünger Jesu ist ein für Mk cha-
rakteristisches Motiv (vgl. 4,40f; 6,52; 7,18; 8,14-21.32f [Höhepunkt]; 9,5f.32;
10,24; 14,40). **γνώσεσθε** Fut. Med. γινώσκω hier *verstehen* (B 3a); wohl
14 mod. Fut. (A247). **14 σπείρων** V. 3. **ὁ λόγος** *das „Wort"* im Sinn v. *das
15 Wort/die Botschaft Gottes.* **15 οἱ παρὰ τὴν ὁδόν** *die (Menschen), bei denen
die Saat auf den Weg* (od. *an den Wegrand* [vgl. V. 4]) *fällt.* **οὗτοι ... ὅπου** *die,
in die* (= in deren Herz; B ὅπου 1aα) od. *diese/solche: da* (vgl. Menge); οὗτοι
δέ εἰσιν οἱ παρὰ τὴν ὁδόν: ὅπου σπείρεται ὁ λόγος καὶ ὅταν *die
(Menschen), bei denen die Saat auf den Weg fällt, sind solche: da wird das Wort
(wohl) gesät, doch* (A311,1; vgl. 1,12) *wenn* (vgl. Menge) bzw. (idiomatischer) *bei
einigen Menschen ist es wie mit der Saat, die auf den Weg fällt. Das Wort wird
gesät, doch sobald* (NGÜ). **σπείρεται** Pass. σπείρω. **ἀκούσωσιν** Aor.
Konj. ἀκούω; erg. τοῦτον/αὐτόν (A79). **σατανᾶς**[1] ᾶ *Widersacher; Satan,*
der Widersacher Gottes. **ἐ-σπαρμένον** Pf. (A231) Ptz. Pass. σπείρω, attr.
16 **16** [Var. ὁμοίως *gleich(erweise), ebenso.*] **πετρώδης** V. 5. **σπειρόμενοι**
Ptz. Pass. σπείρω, subst.; οὗτοί εἰσιν οἱ ἐπὶ τὰ πετρώδη σπειρόμενοι,
οἳ ὅταν am besten (ausgehend v. σπείρω m. Akk. im Sinn v. *besäen* [LSJ II])
„dies sind die (Menschen), die (als „Saatfeld") auf den felsigen Boden besät
worden sind" = *die (Menschen), bei denen die Saat auf felsigen Boden fällt, das*

sind solche: wenn (vgl. Menge) bzw. (idiomatischer) *bei anderen ist es wie mit der*
Saat, die auf felsigen Boden fällt. Wenn (NGÜ); analog V. 18. **17 ῥίζα** V. 6. 17
πρόσ-καιρος[11] *eine Zeitlang dauernd, vorübergehend;* hier *dem Augenblick*
hingegeben, wetterwendisch (B), *unbeständig.* **εἶτα** *dann, danach.* **γενο-**
μένης Aor. Ptz. Med. γίνομαι, gen. abs. (A288), temp. **διωγμός**
Verfolgung; εἶτα γενομένης (zur Kongruenz vgl. A95) θλίψεως ἢ
διωγμοῦ διὰ τὸν λόγον *wenn dann/sobald um des Wortes/der Botschaft*
willen Bedrängnis oder Verfolgung entsteht od. *wenn sie wegen der Botschaft in*
Schwierigkeiten geraten oder verfolgt werden (GNB). **σκανδαλίζονται** Pass.
σκανδαλίζω (< σκάνδαλον Falle; Ärgernis, Anstößiges) m. Akk. *jmdm.*
Anstoß geben, jmdn. zur Sünde verführen; Pass. hier *zur Sünde verführt werden,*
abfallen (vgl. B 1a), *sich wieder davon abwenden* (NGÜ). **18 ἄκανθα** V. 7. 18
ἀκούσαντες Aor. Ptz. ἀκούω, subst. **19 μέριμνα** *Sorge* (ängstl. 19
Besorgnis); αἱ μέριμναι τοῦ αἰῶνος *die Sorgen des (gegenwärtigen)*
Zeitalters/der Gegenwart (vgl. B) bzw. *die Sorgen der/dieser Welt* (GNB:
Alltagssorgen), als gen. subi. (A158) = die Sorgen, die die Menschen in der Welt
haben, od. gen. obi. = die Sorgen um die Dinge der Welt (vgl. ZG). [Var. βίος
Leben; tägliches bzw. *irdisches Leben; Lebensunterhalt,* speziell *Besitz*]. **ἀπάτη**
Täuschung, Verführung, Betrug; ἡ ἀπάτη τοῦ πλούτου gen. subi. (A158) *die*
Verführung/der Betrug des Reichtums. **πλοῦτος** *Reichtum.* **ἐπι-θυμία**
Verlangen, Sehnsucht; (sündige) *Begierde, Lust;* αἱ περὶ τὰ λοιπὰ
ἐπιθυμίαι *die Gier nach all den anderen Dingen* (Einh.). **εἰσ-**
πορευόμεναι Ptz. -πορεύομαι *hineingehen, -kommen;* hier *eintreten* (B 2),
eindringen (Menge), *sich breitmachen* (Einh.), *Raum gewinnen* (NGÜ); temp.
(A291,1 Anm. 1). **συμ-πνίγω** V. 7. **ἄ-καρπος**[11] *unfruchtbar, ohne Frucht,*
keinen Ertrag bringend; καὶ ἄκαρπος γίνεται *so daß* (vgl. A311,2) *sie/es* (d.h.
die Botschaft/das Wort) *keine Frucht bringt.* **20 γῆ** V. 8. **σπαρέντες** Aor. 20
Ptz. Pass. σπείρω, subst.; καὶ ἐκεῖνοί εἰσιν οἱ ἐπὶ τὴν γῆν τὴν καλὴν
σπαρέντες, (vgl. V. 16) οἵτινες ἀκούουσιν *die (Menschen), bei denen die*
Saat auf guten Boden fällt/gefallen ist (vgl. A285), *sind jene, (nämlich) solche,*
die ... hören bzw. (idiomatischer) *bei anderen schließlich ist es wie mit der Saat, die*
auf guten Boden fällt. Sie hören (NGÜ). **οἵ-τινες** qualitativ (A132) *(solche),*
die. **παρα-δέχομαι** (als richtig) *annehmen,* (freundl.) *aufnehmen.*
καρπο-φορέω *Frucht bringen* (eig. u. übertr.). **ἕν** usw. V. 8; falls nicht der in
V. 8 erwähnte Aram. vorliegt (also ἓν τριάκοντα ... *dreißigfach* ...), kann
davon ausgegangen werden, daß hier die Form (s. Ntr.) unverändert aus dem
Bild (V. 8) in die Erklärung übernommen wird (vgl. ähnl. in Mt 13,20): ἓν
τριάκοντα καὶ ἓν ἑξήκοντα καὶ ἓν ἑκατόν *das eine („Samenkorn") drei-*
ßig („Körner"), das andere sechzig und wieder ein anderes hundert = (idio-
matischer) *manche dreißigfach, andere sechzigfach, wieder andere hundertfach*
(GNB).

21 **21 ἔ-λεγεν** V. 2. [Var. ὅτι recitativum = Doppelpunkt (A333).] **μήτι**
etwa (verneinende Antwort angedeutet, A320). **ἔρχομαι** *kommen* hier im
Sinn v. *herbeigebracht werden* (seit Homer bezeugter Gebrauch; B I1cβ); μήτι
ἔρχεται ὁ λύχνος übers. etwa *bringt man etwa eine Lampe* (wörtl. *die
Lampe*) *herbei/in einen Raum* (vgl. NGÜ) od. (einfach) *nimmt man etwa eine
Lampe* (GN). **λύχνος** *Lampe;* gemeint ist hier wahrscheinl. Jesus selbst: in
ihm u. seiner Wirksamkeit ist das erwartete „Gottesreich" in Erscheinung ge-
treten; zunächst geschieht dies in aller Stille (es ist „geheim/verborgen" [V. 22;
s.a. V. 11]), eines Tages (bei der Parusie) dem eig. Ziel entsprechend jedoch
ganz offen u. uneingeschränkt (vgl. Guelich, Mk 1, S. 231f); bei dem in V. 21f
angesprochenen Verborgensein u. Offenbarwerden könnte es aber statt um
zeitl. voneinander Getrenntes (Gegenwart u. Zukunft) sehr wohl (wie schon
V. 10ff) um den Gegensatz zwischen „Außenstehenden" u. Jüngern gehen:
nichts v. dem, was den „Außenstehenden" verborgen („[nur] Gleichnis") ist
(V. 11), wird den Jüngern unerklärt bleiben: Jesus will es ihnen offenbaren (wie
er es eben in V. 14-20 getan hat; s. Gundry, Mk, S. 212f). **μόδιος** (< lat. mo-
dius) *Scheffel* (Getreidemaß v. örtl. unterschiedl. Größe), *Gefäß* (das einen
Scheffel faßt); ὑπὸ τὸν μόδιον *unter den Scheffel* (GN „kontextualisierend":
unter eine Schüssel). **τεθῇ** Aor. Konj. Pass. τίθημι; ἵνα ... τεθῇ *damit sie ...
gestellt wird* bzw. *um sie ... zu stellen.* **κλίνη** *Bett.* **οὐχ** *nicht;* erwartet als Fra-
geeinleitung die Antwort „doch" (A320). **λυχνία** *Leuchter* (Ständer, an dem
eine od. mehrere Lampen aufgehängt od. auf den sie gestellt wurden), *Lampen-*
22 *ständer* (NGÜ). **22 κρυπτός** *verborgen, geheim.* **ἐὰν μή** *wenn nicht,* nach
Neg. *außer wenn/daß* (A351; B ἐάν I3b). **φανερωθῇ** Aor. Konj. Pass. φανε-
ρόω; οὐ γάρ ἐστιν κρυπτὸν ἐὰν μὴ ἵνα φανερωθῇ *denn es gibt nichts
Verborgenes, außer damit es offenbar werde* (Menge) bzw. (klarer) *so gibt es auch
nichts Geheimes, was geheim bleibt; alles ist dazu bestimmt, offenbart zu werden*
(NGÜ). **ἐ-γένετο** V. 4, hier viell. im Sinn v. *sein* (B II1). **ἀπό-κρυφος**[11]
verborgen. **ἀλλά** nach Neg. *außer* (vgl. B 1a). **ἔλθῃ** Aor. Konj. ἔρχομαι.
φανερός *bekannt; offenbar; sichtbar;* εἰς φανερὸν ἔρχομαι *ans Licht* (der
Öffentlichkeit) *kommen;* οὐδὲ ἐγένετο ἀπόκρυφον ἀλλ' ἵνα ἔλθῃ εἰς
φανερόν *und nichts ist in ein Geheimnis gehüllt worden, außer damit es ans
Tageslicht komme* (Menge) bzw. *und es gibt nichts Verborgenes, was verborgen*
23 *bleibt; alles soll bekanntgemacht werden* (NGÜ). **23 εἴ τις** *wenn jmd./einer ...*
24 *so = wer ... der* (B VII). **οὖς, ἀκούειν, ἀκουέτω** V. 9. **24 βλέπετε**
Imp. βλέπω hier *sein Augenmerk richten auf* (B 4c), *achtsam sein auf* (Menge),
achten auf. **τί** leitet hier eine indirekte Frage ein *was* (A134) od. (wohl besser)
steht im Sinn eines (τοῦτο) ὅ *das, was* (A133b; B τίς 1bζ; vgl. A358): βλέπε-
τε τί ἀκούετε *achtet auf das, was ihr hört* (= *auf das, was ich euch sage* [so
GNB]); aufgefordert wird hier wohl (ähnl. wie in V. 3) zu einem aufmerksamen
Zuhören, dem sich der wahre Sinn der Botschaft Jesu erschließt. **ἐν ᾧ** instr.;

das BW (μέτρῳ) steht im Rel.-Satz (A357): ἐν ᾧ μέτρῳ = ἐν τῷ μέτρῳ ἐν
ᾧ *mit dem Maß, mit dem.* **μέτρον** *Maß* im Sinn eines Hohlmaßes (B 1a). **με-
τρέω** *messen; zumessen* (d.h. genau abmessend zuteilen). **μετρηθήσεται**
Fut. Pass.; pass. divinum (A76b; BDR §130[3]; gilt analog für flgd. drei Pass.-
Formen); ἐν ᾧ μέτρῳ μετρεῖτε μετρηθήσεται ὑμῖν καὶ προστεθήσε-
ται ὑμῖν *mit/nach dem Maß, mit dem ihr meßt, wird euch (euer Teil) zugemessen
werden, ja, es wird euch noch mehr gegeben werden,* d.h. wohl (so GN) *nach dem
Maß eures Zuhörens wird Gott euch Verständnis geben, ja sogar noch mehr*
(analog V. 25; vgl. zu Mt 13,12). **προσ-τεθήσεται** Fut. Pass. -τίθημι[200]
hinzufügen, d.h. hier: v. Sachen, die zu etwas schon Vorhandenem hinzugefügt
werden (B 1a), daher etwa: *noch mehr geben.* [Var. ἀκούουσιν Ptz. ἀκούω,
attr. bzw. subst. (App. zu ὑμῖν, A303); ὑμῖν τοῖς ἀκούουσιν *euch, die ihr
zuhört.*] **25 ὅς** hier nom. pendens (A141a), wobei das αὐτῷ (in V. 25b das 25
ἀπ' αὐτοῦ) darauf zurückweist (vgl. BDR §297[3]), vor Rel.-Satz m. kond.
Nebensinn (A371; BDR §380,1), übers. *wer ... dem* (bzw. *von dem/dem*). **δοθή-
σεται** Fut. Pass. δίδωμι. **ἀρθήσεται** Fut. Pass. αἴρω hier *wegnehmen*
(B 4); καὶ ὃς οὐκ ἔχει, καὶ ὃ ἔχει ἀρθήσεται ἀπ' αὐτοῦ *wer aber*
(A311,1; vgl. 1,12) *nicht hat, dem wird auch (noch) das* (vgl. A358) *genommen
werden, was er hat* (Oxymoron; vgl. BDR §495[6]; H-S §296k).

26 ἔ-λεγεν V. 2. **ὡς** m. prospektivem Konj. (s. βάλῃ u. die vier diesem 26
flgd. Verbformen) – ohne ἄν in Vergleichssätzen (in nachhomerischer Zeit)
an sich ungebräuchl. (vgl. LSJ AbI; Kühner-Gerth §399,2b Anm. 1) – ist hier
offenbar im Sinn v. ὡς ἐάν/ἄν/ὅταν (s. Var.) *wie wenn* zu verstehen (vgl. BDR
§380[7]; B II4c); οὕτως ἐστὶν ἡ βασιλεία τοῦ θεοῦ (s. V. 11) ὡς ἄνθρω-
πος ... *mit der Königsherrschaft Gottes verhält es sich so, wie wenn jemand ...* (vgl.
Menge) bzw. *mit der Königsherrschaft Gottes ist es wie mit einem Mann/Bauern,
der* (vgl. NGÜ); zum Verhältnis zwischen „Reich Gottes" u. Gleichnis vgl. zu
Mt 13,24. **βάλῃ** Aor. Konj. βάλλω hier im Sinn v. *säen, ausstreuen.* **σπό-
ρος** (< σπείρω) *Same, Saat.* **ἐπὶ τῆς γῆς** *auf das Land* (H-S §184j; vgl. B
ἐπί I1aβ). **27 καθ-εύδῃ** Konj. -εύδω *schlafen.* **ἐγείρηται** Konj. Pass. 27
ἐγείρω. **νύκτα καὶ ἡμέραν** Akk. der zeitl. Ausdehnung (A148) *Tag und
Nacht (hindurch)* (BDR §161[4]); καὶ καθεύδῃ καὶ ἐγείρηται (iter., A226)
νύκτα καὶ ἡμέραν *und er schläft (jeweils) und steht (jeweils) auf Tag und
Nacht* (vgl. BDR §474[14]) bzw. (idiomatischer) etwa *er legt sich schlafen, er steht
wieder auf, ein Tag folgt dem anderen* (NGÜ). **βλαστᾷ** Konj. βλαστάνω
(auch βλαστάω) *wachsen lassen, hervorbringen;* hier intr. *sprossen* (B 2), *auf-
gehen.* **ὡς** temp. *während* (vgl. A336a) od. (wohl besser) mod. *wie* (B I1); ὡς
οὐκ οἶδεν αὐτός *ohne daß er selbst etwas davon weiß* (Menge; wörtl. *während
er selbst [es]* [vgl. A79] *nicht weiß* [vgl. ZG]) od. (wohl besser) *wie, das weiß er
selbst nicht.* **28 αὐτό-ματος** *(ganz) von selbst;* Adj. adv. (mod.) gebraucht 28
(A113; vgl. BDR §243[1]). **καρπο-φορέω** *Frucht (hervor)bringen.* **χόρτος**

Gras, Heu; hier *Getreidehalm* in seiner ersten grasartigen Zartheit (B); übers. *ei-*
nen/den Halm, die Halme (vgl. A101a). **εἶτα** *dann, danach* [Var. εἶτεν ion.-
hell. Synonym (B)]. **στάχυς**[8] υος ὁ *Ähre;* übers. *eine/die Ähre, die Ähren* (vgl.
A101a). **πλήρης**[7] (z.T. indekl. [so hier], H-S §45b [Var. hat den erwarteten
Akk.]) *angefüllt, voll; vollständig,* hier *voll ausgereift.* **σῖτος** *Weizen, Getreide;*
πλήρης σῖτον ἐν τῷ στάχυϊ übers. etwa *(den) ausgereiften Weizen/das aus-*
29 *gereifte Korn in den Ähren.* **29 παρα-δοῖ** (hell. Nebenform zu -δῷ [H-S §116
Anm. 18; BDR §95,1) Aor. Konj. -δίδωμι hier *(es) zulassen/erlauben* (vgl. B 4).
δρέπανον *Sichel;* ἀποστέλλω τὸ δρέπανον „die Sichel (d.h. die
Schnitter [Metonymie, vgl. A381f]) aussenden" (Idiom) = *mit der Getreideernte*
beginnen (vgl. LN 43.17), übers. etwa *die Sichel anlegen* (Menge), *das Getreide*
schneiden lassen (NGÜ). **ὅτι** hier *denn.* **παρ-έ-στηκεν** Pf. (m. präs. Bdtg.)
-ἵσταμαι Pf. hier *dasein* (B 2bβ). **θερισμός** *Ernte* (Handlung u. Zeit des
Erntens sowie das Geerntete).
30 **30 ἔ-λεγεν** V. 2. **ὁμοιώσωμεν** Aor. Konj. ὁμοιόω *gleich(artig) ma-*
chen (Pass. *ähnlich werden, gleichen*); *vergleichen* τινί *mit etwas/jmdm.* (B 2);
deliberativer Konj. (A255); „soziativer" Pl. (der Redende zieht die Hörer in
eine Gemeinschaft m. seinem eigenen Tun; A207; BDR §280); πῶς ὁμοιώ-
σωμεν τὴν βασιλείαν τοῦ θεοῦ *wie sollen wir die Königsherrschaft Gottes*
bildlich darstellen bzw. (πῶς einem τίνι gleichwertig) *womit sollen wir die Kö-*
nigsherrschaft Gottes vergleichen (vgl. B 2; NGÜ). **θῶμεν** Aor. Konj. τίθημι
hier etwa *darstellen;* Form wie ὁμοιώσωμεν gebraucht; ἐν (instr. [vgl. V. 2])
τίνι αὐτὴν παραβολῇ θῶμεν *mit welchem Gleichnis sollen wir sie darstellen*
(vgl. B I1bε); zum Verhältnis zwischen „Reich Gottes" u. Gleichnis vgl. zu Mt
13,24 [Var. παρα-βάλωμεν Aor. Konj. -βάλλω hier *vergleichen* (B 1c)].
31 **31 ὡς** statt ὁμοία (vgl. Mt- u. Lk-Par.), wohl in einer Art Wortspiel dem πῶς
angeglichen, u. dem ὅμοιος entsprechend m. Dat. (vgl. A179) konstruiert
(Gundry, Mk, S. 228); ὡς κόκκῳ σινάπεως = ὁμοία (erg. ἐστίν [A78])
κόκκῳ σινάπεως *es gleicht einem Senfkorn, es ist wie bei einem Senfkorn.*
κόκκος *Korn, Samenkorn.* **σίναπι** εως τό (vgl. A8) *Senf;* wahrscheinl. der
Schwarze Senf („Brassica nigra"), dessen 1 mm dickes Samenkorn in Palästina
für seine Kleinheit sprichwörtl. war (vgl. EWNT 3, Sp. 585f). **σπαρῇ** Aor.
Konj. Pass. σπείρω. **ἐπὶ τῆς γῆς** V. 26. **μικρότερον** hier Komp. für
Superlativ (A118,2) m. gen. partitivus (A164); Ntr. entsprechend dem implizier-
ten σπέρμα; μικρότερον (σπέρμα)... πάντων τῶν σπερμάτων *die*
(A80) *kleinste unter allen Samenarten* (vgl. Menge), *das kleinste von allen*
Samenkörnern. **ὄν** Ptz. εἰμί; richtet sich im Genus nicht nach dem
dazugehörigen Subj. ὅς, sondern nach dem Präd.-Nom. μικρότερον (vgl. ähnl.
A93; H-S §263e); wohl konz. (vgl. ZG); ὃς ὅταν σπαρῇ ἐπὶ τῆς γῆς,
μικρότερον ὂν πάντων τῶν σπερμάτων τῶν ἐπὶ τῆς γῆς, καὶ ὅταν
σπαρῇ, ἀναβαίνει ... *das, wenn es auf das Land gesät wird, obwohl es das*

kleinste von allen Samenkörnern ist, die auf das Land gesät werden, und/ja wenn es gesät wird, aufgeht ... od. (einfacher) *das, wenn man es in den Erdboden sät, kleiner ist als alle anderen Samenarten auf der Erde; doch wenn es gesät ist, geht es auf* (Menge). **τῶν ἐπὶ τῆς γῆς** Attr. (zu σπερμάτων [vgl. A84]) *die auf das Land (gesät werden), die man in die Erde sät.* **32 ἀνα-βαίνω** V. 7. **λάχα-** 32
νον *(eßbares) Gartengewächs, Gemüse;* καὶ γίνεται μεῖζον πάντων τῶν λαχάνων (gen. comparationis, A168) *und es wird größer als alle anderen* (A376a) *Gartenpflanzen.* **ποιέω** hier *hervorbringen* (B I1bη), *treiben* (Menge). **κλάδος** *Zweig.* **δύνασθαι** Inf. δύναμαι; Präd. des AcI. **σκιά** *Schatten.* **πετεινόν** V. 4; τὰ πετεινὰ τοῦ οὐρανοῦ *die Vögel des Himmels/Luftraums* = einfaches deutsches *die Vögel;* Subj. des AcI. **κατα-σκηνοῦν** Inf. -σκηνόω *sich niederlassen, wohnen,* (v. Vögeln) *nisten;* κλάδους μεγάλους, ὥστε δύνασθαι ὑπὸ τὴν σκιὰν αὐτοῦ τὰ πετεινὰ τοῦ οὐρανοῦ κατασκηνοῦν *so große Zweige, daß die Vögel in seinem Schatten nisten können.*

33 τοιαύταις παραβολαῖς πολλαῖς dat. instr. (A176; vgl. ἐν 33
V. 2, 11 u. 30) *durch viele solche Gleichnisse, mit Hilfe vieler solcher Gleichnisse.* **ἐ-λάλει** Ipf. λαλέω. **αὐτοῖς** *ihnen = den Leuten.* **ὁ λόγος** V. 14. **ἠ-δύναντο** Ipf. δύναμαι. **ἀκούειν** Inf., hier *(an)hören* (B 5) od. *verstehen* (B 7; Menge); erg. τοῦτον/αὐτόν (A79); καθὼς ἠδύναντο ἀκούειν *so wie sie es hören/aufnehmen konnten* bzw. *soweit sie es verstehen konnten* (B καθώς 2), d.h. Jesus paßt sich der (körperl.-geistigen bzw. geistl.) Aufnahmefähigkeit seiner Zuhörer an (dadurch, daß er ausschließl. in Gleichnissen zu ihnen spricht [V. 34; vgl. V. 11]); viell. ging es ihm darum, sie vor einer überstürzten (aus mangelndem Verständnis im Unglauben gegen ihn gerichteten) Entscheidung zu bewahren u. ihr Interesse bis zu einem günstigeren Zeitpunkt wach zu halten (Cranfield, Mk, S. 171); Absicht Jesu war es auf jeden Fall nicht, Menschen etwas vorzuenthalten, sondern sie zu einem Zuhören zu führen, das ihnen richtiges Verstehen ermöglichte (vgl. V. 3, 9, 23f; s.a. die Betonung der Fülle der verwendeten Gleichnisse: τοιαύταις παραβολαῖς πολλαῖς); v. daher läßt sich V. 33 m. NGÜ etwa wie folgt übers.: *Jesus gebrauchte viele solche Gleichnisse, um den Leuten das Wort Gottes so zu verkünden, daß sie es verstehen konnten.*
34 κατ' ἰδίαν (klass. = καθ' ἑαυτόν [BDR §286²]) *für sich* (B ἴδιος 4), 34
hier etwa *wenn er mit ihnen allein war.* **ἐπ-έ-λυεν** Ipf. ἐπι-λύω *deuten, erklären.* **πάντα** *alles,* d.h. all das, was m. den Gleichnissen gemeint war.

35 λέγει V. 13. **ὀψία** (eig. Fem. Sg. ὄψιος spät; subst.) *Abend.* **γενο-** 35
μένης Aor. Ptz. Med. γίνομαι, gen. abs. (A288), temp.; ὀψίας γενομένης *als es Abend geworden war, am Abend;* αὐτοῖς ἐν ἐκείνῃ τῇ ἡμέρᾳ ὀψίας γενομένης *am Abend jenes/desselben Tages.* **δι-έλθωμεν** Aor Konj. -έρχομαι hier *hinfahren* (B 2), *hinüberfahren;* adhortativer Konj. (A254). **πέραν** Adv. *jenseits,* τὸ πέραν *das jenseitige Ufer;* εἰς τὸ πέραν hier *auf die*

36 *andere Seite des Sees* (Gennesaret). **36 ἀφ-έντες** Aor. Ptz. -ἵημι hier *weg-*
schicken (B 1aα) bzw. (wohl kontextgemäß) *nach Hause schicken* (NGÜ); temp.
(A291,1 Anm. 1) [Var. ἀφ-ίουσιν (hier v. ἀφ-ίω; BDR §94^{7}; vgl. H-S §114f),
hist. Präs. (A235)]. **παραλαμβάνουσιν** hist. Präs. (A235). **ἦν** Ipf. εἰμί;
παραλαμβάνουσιν αὐτὸν ὡς ἦν ἐν τῷ πλοίῳ *sie nahmen ihn, wie er*
war, in dem Boot mit = sie fuhren mit ihm in dem Boot, in dem er saß (vgl. V. 1),
weg (Einh.). **ἦν μετ' αὐτοῦ** übers. etwa: andere Boote *begleiteten ihn.*
37 **37 γίνομαι** hier *entstehen* (B I1bα), *losbrechen;* hist. Präs. (A235); καὶ γί-
νεται λαῖλαψ μεγάλη ἀνέμου *(plötzlich) brach ein heftiger Sturm los*
(NGÜ), *da kam ein schwerer Sturm auf* (GN). **λαῖλαψ**^{3} απος ἡ *Wirbelsturm,*
heftiger Sturm, Orkan; λαῖλαψ ἀνέμου *ein Sturmwind* (B). **ἄνεμος** *Wind.*
κῦμα^{3} *Welle, Woge.* **ἐπ-έ-βαλλεν** Ipf. ἐπι-βάλλω *auf* etwas *werfen/legen;*
hier (ins Boot) *schlagen.* **γεμίζεσθαι** Inf. Pass. γεμίζω *füllen;* Pass. *sich*
füllen; Präd. des AcI; hier wohl lin. Präs. (Inf.; A225; vgl. A237a2); ὥστε ἤδη
γεμίζεσθαι τὸ πλοῖον *so daß das Boot schon dabei war, sich (mit Wasser) zu*
füllen bzw. *so daß das Boot sich schon mit Wasser zu füllen begann* (Menge).
38 **38 αὐτός** betont (A122 u. 124). **πρύμνα** *Hinterdeck, Heck.* **ἐπί** m. Akk.
auf, hier auf die Frage „Wo?" (BDR §233,1; B III1aζ). **προσ-κεφάλαιον**
Kopfkissen. **καθ-εύδων** Ptz. V. 27; mod. od. umschrieb. Ipf. (A249a); καὶ
αὐτὸς ἦν ἐν τῇ πρύμνῃ ἐπὶ τὸ προσκεφάλαιον καθεύδων *er aber*
(A311,1; vgl. 1,12) *lag im hinteren Teil des Bootes und schlief (dabei) auf*
dem/einem Kissen (vgl. Menge) od. *Jesus aber schlief im Heck des Bootes auf*
einem Kissen (GN). **ἐγείρουσιν** hist. Präs. (A235; ebenso λέγουσιν) [Var.
δι-εγείραντες Aor. Ptz. -εγείρω synonym, temp. (A291,1 Anm. 1)]. **διδά-**
σκαλε Vok. **μέλει** τινί *es liegt jmdm. daran, jmd. kümmert sich um;* οὐ μέ-
λει σοι ὅτι ἀπολλύμεθα *kümmert es dich nicht/macht es dir nichts aus, daß*
39 *wir umkommen/untergehen.* **39 δι-εγερθείς** Aor. Ptz. Pass. -εγείρω^{137f} *auf-*
wecken; Pass. *erwachen;* temp. (A291,1 Anm. 1). **ἐπ-ε-τίμησεν** Aor. ἐπι-
τιμάω m. Dat. *tadeln, zurechtweisen, (mit aller Strenge) entgegentreten/befehlen.*
σιώπα Imp. σιωπάω *schweigen, still sein; verstummen.* **πε-φίμωσο** Pf.
Imp. Pass. (praktisch einziges ntl. Bsp. eines Pf. Imp. Pass. [BDR §364; H-S
§212e]) φιμόω *das Maul zubinden, einen Maulkorb vorbinden;* übertr. *zum Ver-*
stummen bringen; (Pass. *verstummen*); πεφίμωσο *sei still* (eig. *sei ein zum Ver-*
stummen Gebrachter). **ἐ-κόπασεν** Aor. κοπάζω (vgl. A33^{91ff}) *müde werden,*
(v. Sturm) *nachlassen, sich legen, aufhören.* **ἐ-γένετο** V. 4. **γαλήνη** *(Mee-*
res)Stille (Ggs. Sturm); ἐγένετο γαλήνη μεγάλη *es trat völlige/eine große*
40 *Stille ein, es wurde ganz still.* **40 τί** adv. *warum?* (vgl. B τίς 3a; A134a). **δει-**
λός (< δέος Furcht) *feige, verzagt;* τί δειλοί ἐστε *warum seid ihr (so) ver-*
zagt, warum habt ihr solche Angst. **οὔ-πω** *noch nicht;* οὔπω ἔχετε πίστιν
habt ihr noch immer keinen Glauben? (vgl. zu V. 13) [Var. πῶς hier *wie ist es*
41 *möglich, daß* (B 1b) bzw. *warum ... denn*]. **41 ἐ-φοβήθησαν** Aor. Pass.

(ohne bes. Pass.-Bdtg.) φοβέομαι. **φόβος** hier Akk. des inneren Obj. (figura
etymologica, A145); καὶ ἐφοβήθησαν φόβον μέγαν *da gerieten sie in gro-
ße Furcht* od. (kontextgetreu) *jetzt wurden sie erst recht von Furcht gepackt*
(NGÜ). **ἔ-λεγον** Ipf. λέγω. **ἄρα** hier nicht streng folgernd, sondern zur Be-
lebung der Frage; τίς ἄρα οὗτός ἐστιν etwa *wer ist denn dieser* (Menge; vgl.
B 2), *wer ist nur dieser (Mann)* (NGÜ). **ὅτι** hier *(in Anbetracht dessen,) daß*
(B 1c) od. kons. *(so) daß* (BDR §456^{6}; vgl. B 1dγ; H-S §279a), viell. kaus. *denn*
(vgl. B 3b; H-S §277c). **ὑπ-ακούω** *gehorchen;* entgegen der übl. Regel (A94)
Sg.-Präd. (da das vorausgehende zusammengesetzte Subj. nicht persönl. ist [vgl.
BDR §135^{2}] bzw. semantisch eine Einheit bildet).

πέραν Adv. *jenseits,* τὸ πέραν *das jenseitige Ufer;* εἰς τὸ πέραν τῆς **5**
θαλάσσης *auf die andere Seite des Sees* (Gennesaret). **χώρα** *Land* (Ggs.
Meer od. *Stadt*), *Landschaft, Gebiet.* **Γερασηνός** *aus Gerasa* (Stadt in Peräa)
stammend; subst. *Gerasener;* ἡ χώρα τῶν Γερασηνῶν *das Gebiet der Gera-
sener:* Schauplatz des Berichtes ist wahrscheinl. die nähere Umgebung einer
Ortschaft (πόλις V. 14), m. der das heutige Kursi am Ostufer des Sees zu ver-
binden ist; da Schweineherden (V. 11) in einem jüd. Umfeld undenkbar waren,
ist hier eher an einen heidnischen Hintergrund zu denken (im übrigen [auch zu
den Var.] vgl. zu Mt 8,28). **2 ἐξ-ελθόντος** Aor. Ptz. -έρχομαι hier *ausstei-* 2
gen (B 1aα); gen. abs. (A288f), temp. **ὑπ-ήντησεν** Aor. -αντάω *entgegen-
gehen* [Var. ἀπ- synonym]. **ἐν** *(behaftet) mit* (vgl. B I4c) bzw. *besessen von* (vgl.
B I5d). **ἀ-κάθαρτος**^{11} *unrein, schmutzig* (kultisch bzw. sittl.-geistl.); πνεῦ-
μα ἀκάθαρτον *ein unreiner/böser Geist* (= Dämon; B πνεῦμα 4c); ἄνθρω-
πος ἐν πνεύματι ἀκαθάρτῳ *ein Mann, der von einem bösen Geist besessen
war.* **3 κατ-οίκησις**^{8} *(das) Wohnen, Aufenthalt;* τὴν κατοίκησιν εἶχεν 3
ἐν τοῖς μνήμασιν *er hatte seinen* (A103) *Aufenthalt in den Gräbern* (Menge),
er hauste dort in den Grabhöhlen (NGÜ). **εἶχεν** Ipf. ἔχω. **μνῆμα**^{3} *Grab.*
ἅλυσις^{8} *Kette, Handschellen;* dat. instr. (A176). **οὐδέ ... οὐκέτι οὐδείς**
mehrfache Neg. verstärkt die Verneinung (BDR §431^{3}; A310a); οὐδὲ ἁλύσει
οὐκέτι οὐδεὶς ἐδύνατο αὐτὸν δῆσαι *niemand war mehr in der Lage, ihn
zu bändigen* (wörtl. *fesseln*), *nicht einmal mit einer Kette/mit Ketten* (vgl. NGÜ).
ἐ-δύνατο Ipf. δύναμαι. **δῆσαι** Aor. Inf. δέω. **4 διὰ τό** m. AcI (hier 4
dreiteilig) kaus. (A282) *denn.* **αὐτόν** erstes Subj. des AcI. **πολλάκις**
häufig, oft. **πέδη** (vgl. πεδάω fesseln) *Fußfessel;* dat. instr. (A176). **δε-δέ-
σθαι** Pf. (A231) Inf. Pass. δέω; erstes Präd. des AcI. **δι-ε-σπάσθαι** Pf.
(A231) Inf. Pass. δια-σπάω^{24} *zerreißen;* zweites Präd. des AcI. **ἁλύσεις**
zweites Subj. des AcI. **πέδας** drittes Subj. des AcI. **συν-τε-τρῖφθαι** Pf.
(A231) Inf. Pass. -τρίβω^{50} *zerstoßen, zerschlagen;* hier etwa *zerreiben;* drittes
Präd. des AcI; διὰ τὸ αὐτὸν πολλάκις πέδαις καὶ ἁλύσεσιν δεδέ-
σθαι καὶ διεσπάσθαι ὑπ' αὐτοῦ τὰς ἁλύσεις καὶ τὰς πέδας συν-
τετρῖφθαι *denn er war schon oft mit Fußfesseln und Ketten/Handschellen*

*gefesselt gewesen, und die Fußfesseln waren von ihm zerrissen und die Ket-
ten/Handschellen zerrieben worden* od. (idiomatischer) *denn man hatte ihn zwar
schon oft an Händen und Füßen gefesselt, doch jedesmal hatte er die Ketten zerris-
sen und die Fußfesseln zerrieben* (vgl. NGÜ). **ἴσχυεν** Ipf. ἰσχύω *stark sein,
vermögen, können.* **δαμάσαι** Aor. Inf. δαμάζω (vgl. A33[91ff]) *bändigen*
5 (B 1), *überwältigen* (Menge), *bezwingen* (Einh.). **5 διὰ παντὸς νυκτὸς
καὶ ἡμέρας** *fortwährend, bei Nacht und Tag* (B νύξ 1b), *Tag und Nacht ...
ununterbrochen* (NGÜ; vgl. BDR §474[14]). **καὶ ἐν τοῖς ὄρεσιν** *und/oder*
(vgl. A314,1) *auf den Bergen.* **ἦν** Ipf. εἰμί. **κράζων** Ptz., mod. **κατα-κό-
6 πτων** Ptz. -κόπτω *schlagen;* mod. **λίθοις** dat. instr. (A176). **6 ἰδών** Aor.
Ptz. ὁράω, temp. **μακρόθεν** *von ferne/weitem, aus der Ferne* (meist pleon.
[A379] ἀπὸ μακρόθεν). **ἔ-δραμεν** Aor. τρέχω[196] *laufen;* hier im Sinn v.
herbeilaufen, herbeirennen (vgl. B 1). **προσ-ε-κύνησεν** Aor. -κυνέω hier
7 etwa *sich niederwerfen (vor).* **7 κράξας** Aor. Ptz. κράζω, mod. **λέγει** hist.
Präs. (A235); hier pleon. (vgl. A297; BDR §420[4]), am besten als Doppelpunkt
berücksichtigen; καὶ κράξας φωνῇ μεγάλῃ (dat. modi, A180) λέγει *er
schrie mit lauter Stimme.* **τί ἐμοὶ καὶ σοί** (BDR §127[4]; A78) sowohl Hebr.
(מַה־לִּי וָלָךְ *mah-lî wālāḵ*) als auch volkssprachl. Redewendung, die zur Ab-
weisung einer Bitte od. Aufforderung dient (B ἐγώ) „was haben ich und du (ge-
meinsam/miteinander zu tun)“ (dat. commodi, A173) übers. je nach Kontext
unterschiedl., hier etwa *was willst du von mir, was habe ich mit dir zu tun, laß
mich in Ruhe* (B ἐγώ). **Ἰησοῦ** Vok. **υἱέ** Vok. **ὕψιστος** *höchster, erhaben-
ster.* **ὁρκίζω** jmdn. *beschwören bei* (hier m. Akk. der angerufenen Gottheit
[BDR §149[3]; vgl. H-S §252,33]), d.h. v. jmdm. eindringl. fordern, aus Furcht/Re-
spekt vor jmdm. (eig. „auf Grund eines Eides auf jmdn.“) etwas zu tun. **βα-
σανίσῃς** Aor. Konj. βασανίζω (vgl. A33[91ff]) *foltern, quälen* (eig. u.
übertr.); entweder prohibitiver Konj. (A256 u. 263f) od. μή = ἵνα μή im Sinn
eines *daß nicht* bzw. eines neg. Inf. (A328; bez. das Geforderte); μή με βασα-
8 νίσῃς *quäle mich nicht* od. *mich nicht zu quälen.* **8 ἔ-λεγεν** Ipf. λέγω; Ipf.
bez. hier die Vorvergangenheit (BDR §347[1]; vgl. H-S §198f; A224). **ἔξ-ελθε**
Aor. Imp. -έρχομαι hier ἔκ τινος *aus jmdm. ausfahren, jmdn. verlassen* (vgl.
9 B 1aδ). **τὸ πνεῦμα τὸ ἀκάθαρτον** Vok. (A142) V. 2. **9 ἐπ-ηρώτα**
Ipf. -ερωτάω. **τί ὄνομά σοι** (dat. poss., A173b) erg. ἐστίν (A78) „was
hast du als Namen“ = *wie heißt du,* analog λεγιὼν ὄνομά μοι *ich heiße Le-
gion* (vgl. B ὄνομα I1). **λέγει** hist. Präs. (A235). **λεγιών**[4] [Var. λεγεών]
ῶνος ἡ (< lat. legio) *Legion* (militärischer Verband v. etwa 6000 Mann; KP 3,
Sp. 538ff); da der Ausdruck hier die Funktion eines Eigennamens hat, wird er
(V. 15; vgl. auch αὐτόν im vorliegenden Vers) als Mask. gebraucht (BDR
§138[3]). **ὅτι** hier *denn.* **πολλοί** Mask. viell. wegen des gedankl. zu ergänzen-
den δαίμονες (δαίμων[4] ονος ὁ *Dämon*), od. es liegt sinngemäße Konstruk-
tion vor: die πνεύματα werden als personhafte Wesen verstanden (vgl. BDR

§134,3; ähnl. A96; Analoges gilt für λέγοντες V. 12); vgl. dagegen das αὐτά
in V. 10 (setzt τὰ πνεύματα τὰ ἀκάθαρτα [evtl. τὰ δαιμόνια] voraus
[Var. aber αὐτούς]). **10 παρ-ε-κάλει** Ipf. παρα-καλέω. **πολλά** adv. 10
Akk. (A150) *inständig* (B πολύς I2bβ). **ἵνα** (erstes) hier *daß* bzw. Inf. (A328;
H-S §246b; bez. das Erbetene). **ἀπο-στείλῃ** Aor. Konj. -στέλλω hier etwa
fortschicken, verweisen (Menge), *vertreiben* (GNB). **χώρα** V. 1; ἔξω τῆς χώ-
ρας *aus der/dieser Gegend* (vgl. die offenbar verbreitete zeitgenössische Auffas-
sung, Dämonen seien m. best. Gegenden bes. assoziiert [vgl. Tobit 8,3; DJG,
S. 167]). **11 ἐκεῖ πρὸς τῷ ὄρει** *dort an dem* (in einiger Entfernung befind- 11
lichen [vgl. Mt 8,30]) *Berghang,* übers. etwa *in der Nähe ... am Berghang* (GNB).
ἀγέλη *Herde.* **χοῖρος** *Schwein.* **βοσκομένη** Ptz. Pass. βόσκω Akt. *wei-
den, hüten* (Tätigkeit des Hirten); Pass. *weiden, grasen* (Tätigkeit der Herde);
umschrieb. Ipf. (A249a). **12 παρ-ε-κάλεσαν** Aor. **λέγοντες** Ptz. (zum 12
Genus s. V. 9 zu πολλοί) λέγω, am besten als Doppelpunkt berücksichtigen.
πέμψον Aor. Imp. πέμπω. **ἵνα** fin. od. viell. selbständiger Begehrungssatz
(vgl. A319a); πέμψον ἡμᾶς εἰς τοὺς χοίρους, ἵνα εἰς αὐτοὺς εἰσέλ-
θωμεν *schicke uns in die Schweine, damit wir in sie fahren* od. *schicke uns in die
Schweine! Laß uns in sie fahren!* (Menge), übers. am besten (idiomatisch) *laß
uns doch in die Schweine fahren* (vgl. ähnl. BDR §420[4]; A218). **εἰσ-έλθωμεν**
Aor. Konj. -έρχομαι hier εἴς τινα (v. Dämonen, die v. jmds. Leib als ihrer
Wohnung Besitz nehmen) *in jmdn. hineingehen/hineinfahren* (vgl. B 1bβ).
13 ἐπ-έ-τρεψεν Aor. ἐπι-τρέπω[48] *gewähren, gestatten, erlauben.* **ἐξ-ελ-** 13
θόντα Aor. Ptz. Ntr. Pl. V. 8; temp. (A291,1 Anm. 1). **εἰσ-ῆλθον** Aor.
ὥρμησεν Aor. ὁρμάω *stürmen* (schnelle, unaufhaltsame Bewegung eines
Lebewesens v. od. zu einem Ort), hier etwa *sich stürzen.* **κρημνός** *steiler Ab-
hang;* κατὰ τοῦ κρημνοῦ *von dem Abhang herab* (B κατά I1a), *den Abhang
hinunter* (H-S §184k). **δισ-χίλιοι**[19] *zweitausend;* ὡς δισχίλιοι übers. *etwa
zweitausend Tiere.* **ἐ-πνίγοντο** Ipf. Pass. πνίγω *würgen, erwürgen;* tr. *er-
sticken;* Pass. intr. *ersticken,* hier *ertrinken* (B 1d); Pl. sinngemäße Konstruktion
(A96).

14 βόσκοντες Ptz. V. 11; subst.; οἱ βόσκοντες αὐτούς *die, die sie* 14
hüteten bzw. *die Schweinehirten.* **ἔ-φυγον** Aor. φεύγω[72] *fliehen* (B 1), *davon-
laufen* (GNB). **ἀπ-ήγγειλαν** Aor. -αγγέλλω; erg. τοῦτο/ταῦτα (A79)
bzw. πάντα. **εἰς** hier (nach Verb des Meldens o.ä. [schon klass.]) auf die
Frage „Wo?" (vgl. B 1dβ). **ἀγρός** *Feld, Acker;* Pl. hier *Höfe, Dörfer* (B 2). **ἦλ-
θον** hier 3. Pl. sinngemäße Konstruktion (A96; vgl. BDR §282,1), übers. *die
Leute* (d.h. Bewohner der Stadt u. der Dörfer/Gehöfte) *kamen* bzw. besser etwa
(vgl. ἔρχονται V. 15) *die Leute machten sich auf den Weg* (NGÜ). **ἰδεῖν** Aor.
Inf. ὁράω; fin. (A276) *um (mit eigenen Augen) zu sehen.* **ἐστίν** *war* (Tempus
u. Modus wie in der entsprechenden direkten Rede; A326). **γε-γονός** Pf.
(A231) Ptz. Ntr. γίνομαι hier *geschehen* (B I3a); subst. *(das) Geschehene;* τί

ἐστιν τὸ γεγονός *was das Geschehene war* bzw. (einfach) *was geschehen war.*
15 **15 ἔρχονται, θεωροῦσιν** hist. Präs. (A235). **δαιμονιζόμενον** Ptz.
δαιμονίζομαι (vgl. A33[91ff]) *dämonisch besessen sein;* subst. (A105) *Beses-*
sene. **καθήμενον** Ptz. κάθημαι hier im Sinn v. *ruhig dasitzen* (B 1aε); AcP
(A300). **ἱματισμένον** Pf. (A231) Ptz. Pass. ἱματίζω (vgl. A33[91ff]) *beklei-*
den; AcP (A300) bzw. Artangabe zum AkkO (A65). **σω-φρονοῦντα** Ptz.
σω-φρονέω *vernünftig sein, besonnen sein, bei (klarem) Verstand sein;* AcP
(A300) bzw. Artangabe zum AkkO (A65). **ἐ-σχηκότα** Pf. Ptz. ἔχω m. Akk.
hier *besessen sein von* (B I2eα); subst.; nach BDR §343[1] wird hier das Pf. Ptz.
viell. als Ersatz für das im NT nicht bezeugte Aor. Ptz. gebraucht (vgl. auch
ZG); τὸν ἐσχηκότα τὸν λεγιῶνα übers. etwa *der Mann, in dem die Legion*
böser Geister gewesen war; καὶ (vgl. 1,12) ἔρχονται πρὸς τὸν Ἰησοῦν καὶ
θεωροῦσιν τὸν δαιμονιζόμενον καθήμενον ἱματισμένον καὶ σω-
φρονοῦντα, τὸν ἐσχηκότα τὸν λεγιῶνα *als sie nun zu Jesus gekommen*
waren, sahen sie den (früher) Besessenen ruhig dasitzen, bekleidet und ganz ver-
nünftig, ihn, der die Legion (unreiner Geister) in sich gehabt hatte (Menge) od.
(einfacher) *als sie zu Jesus kamen, sahen sie den Besessenen (bei ihm). Der Mann,*
in dem die Legion (Dämonen) gewesen war, saß jetzt da, bekleidet und bei klarem
Verstand (NGÜ). **ἐ-φοβήθησαν** Aor. Pass. (ohne bes. Pass.-Bdtg.) φοβέο-
16 μαι. **16 δι-ηγήσαντο** Aor. Med. -ηγέομαι *erzählen, beschreiben, darle-*
gen. **ἰδόντες** Aor. Ptz. ὁράω; subst. *(die) Augenzeugen.* **ἐ-γένετο** Aor.
Med. V. 14; Aor. Ind. bez. hier Vorvergangenheit (vgl. H-S §199n; A224/329);
πῶς ἐγένετο τῷ δαιμονιζομένῳ καὶ περὶ τῶν χοίρων *was* (wörtl. *wie*
[es]) mit dem Besessenen vorgegangen war, und auch die Begebenheit mit den
Schweinen (Menge) od. (einfacher) *was mit dem Besessenen und mit den Schwei-*
17 *nen geschehen war.* **17 ἤρξαντο** Aor. Med. ἄρχω; Med. m. Inf. vgl. zu 1,45.
παρα-καλεῖν Inf. -καλέω [Var. παρ-ε-κάλουν Ipf.]. **ἀπ-ελθεῖν** Aor.
Inf. -έρχομαι hier m. ἀπό (einen Ort) *verlassen.* **ὅριον** *Grenze;* NT nur Pl.
Gebiet.

18 **18 ἐμ-βαίνοντος** Ptz. -βαίνω (ins Boot) *(ein)steigen;* gen. abs.
(A288f), temp. **παρ-ε-κάλει** V. 10. **δαιμονισθείς** Aor. Ptz. Pass. V. 15;
subst. *(der), der besessen gewesen war* (vgl. BDR §39[2]; A285). **ἵνα** V. 10. **ᾖ**
19 Konj. εἰμί; ἵνα μετ᾽ αὐτοῦ ᾖ *bei ihm bleiben zu dürfen.* **19 ἀφ-ῆκεν** Aor.
-ίημι hier *lassen, gestatten* (B 4); καὶ οὐκ ἀφῆκεν αὐτόν *aber* (A311,1; vgl.
1,12) *er/Jesus erlaubte es ihm nicht.* **λέγει** V. 9. **ὕπ-αγε** Imp. (vgl. A266a).
εἰς τὸν οἶκόν σου *in dein Haus = nach Hause* (vgl. B οἶκος 1aα). **σός**
(A128) *dein;* subst.; οἱ σοί *die Deinen* (B 2a), *deine Angehörigen* (Menge). **ἀπ-**
άγγειλον Aor. Imp. -αγγέλλω [Var. δι-/ἀν-, weitgehend synonym]. **πε-**
ποίηκεν Pf. (A242) ποιέω τί τινι *etwas für jmdn. tun* (B I1dβ). **ἠλέησεν**
Aor. ἐλεέω *sich erbarmen, Erbarmen haben;* ὅσα ὁ κύριός σοι (dat. com-
modi, A173) πεποίηκεν καὶ ἠλέησέν σε *was* (bzw. *alles, was* [B ὅσος 2]

od. *wie Großes* [Menge] bzw. *welch große Wohltat* [Luther 84]) *der Herr für dich*
getan hat und wieviel Erbarmen er mit dir gehabt hat (vgl. GN) = (wohl als Hen-
diadyoin [vgl. A378] zu verstehen) *was/wie Großes der Herr in seinem Erbarmen*
für dich getan hat (vgl. ZG; BDR §442[29]). **20 ἀπ-ῆλθεν** Aor. -έρχομαι. 20
ἤρξατο Aor. Med. ἄρχω V. 17. **κηρύσσειν** Inf. **Δεκά-πολις**[8] *die De-*
kapolis, Zehnstädtegebiet (ein Bund v. zehn Städten im Ostjordanland; KP 1,
Sp. 1436f). **ἐ-ποίησεν** Aor. **ἐ-θαύμαζον** Ipf. θαυμάζω.

21 δια-περάσαντος Aor. Ptz. -περάω *hinüberfahren, ans andere Ufer* 21
fahren; gen. abs. (A288f), temp. **πέραν** V. 1. **συν-ήχθη** Aor. Pass. -άγω.
ἐπί m. Akk. der Pers. hier *bei jmdm.* (B συνάγω 2), *um jmdn.* **ἦν** V. 5; καὶ
ἦν παρὰ τὴν θάλασσαν *während* (vgl. 1,12) *er am See* ([vgl. B παρά
III1bα], d.h. am See Gennesaret) *war* – Näherbestimmung zu dem, was voraus-
geht (Präd. συνήχθη; so Menge; NA), od. zu dem, was folgt (Präd. ἔρχεται;
so die meisten). **22 ἔρχεται** hist. Präs. (A235). **ἀρχι-συνάγωγος** *Syn-* 22
agogenvorsteher (vor allem für die äußere Ordnung bei den Gottesdiensten ver-
antwortl.; vgl. zu Mt 9,18); gen. partitivus (A164). **ὀνόματι** dat. respectus
(BDR §197,2; vgl. A178) *mit Namen, namens.* **Ἰάϊρος** *Jaïrus.* **ἰδών** Aor.
Ptz. ὁράω, temp. **πίπτω** hier πρὸς τοὺς πόδας τινός *sich vor jmdm. zu*
Boden werfen, vor jmdm. niederfallen (B 1bαב), *sich jmdm. zu Füßen werfen;* hist.
Präs. (A235). **23 παρακαλεῖ** hist. Präs. (A235) [Var. παρ-ε-κάλει Ipf.]. 23
πολλά V. 10. **ὅτι** recitativum, zusammen m. dem λέγων als Doppelpunkt
berücksichtigen (A333). **θυγάτριον** *Töchterchen, kleine Tochter.* **ἐσχά-**
τως *zuletzt;* ἐσχάτως ἔχω *todkrank sein, im Sterben liegen.* **ἵνα** (erstes) hier
selbständiger Begehrungssatz (B III2; A319a; H-S §268b Anm. 1); ἵνα ἐλθὼν
ἐπιθῇς τὰς χεῖρας αὐτῇ *komm doch und leg ihr die Hände auf.* **ἐλθών**
Aor. Ptz. ἔρχομαι, temp. (A291,1 Anm. 1). **ἐπι-θῇς** Aor. Konj. -τίθημι[200]
auflegen τινί *jmdm.* **σωθῇ** Aor. Konj. Pass. σῴζω. **ζήσῃ** Aor. Konj. ζάω
hier *am Leben bleiben* (B 1aγ). **24 ἀπ-ῆλθεν** Aor. -έρχομαι. **ἠκολού-** 24
θει Ipf. ἀκολουθέω. **συν-έ-θλιβον** Ipf. -θλίβω *zusammendrücken, zu-*
sammendrängen, τινά *jmdn. umdrängen* (Menge), *sich um jmdn. drängen.*

25 οὖσα Ptz. Fem. εἰμί; attr. **ῥύσις**[8] *(das) Fließen;* ἐν ῥύσει αἵμα- 25
τος εἰμί *an (schweren) Blutungen* (Blutfluß) *leiden* (was [rituelle] Unreinheit
zur Folge hatte [Lev 15,25-33]). **δώδεκα ἔτη** Akk. der zeitl. Ausdehnung
(A148) *zwölf Jahre lang, seit zwölf Jahren.* **26 παθοῦσα** Aor. Ptz. Fem. 26
πάσχω, attr. **ὑπό** m. Gen. *von* bzw. *durch* bei Verb m. pass. Sinn (B 1b; BDR
§232,2; H-S §184s; vgl. A211); καὶ πολλὰ παθοῦσα ὑπὸ πολλῶν ἰα-
τρῶν *und die mit vielen Ärzten viel durchgemacht hatte* (vgl. Menge) = etwa *sie*
war bei vielen Ärzten in Behandlung gewesen und hatte dabei viel gelitten (NGÜ).
ἰατρός *Arzt.* **δαπανήσασα** Aor. Ptz. Fem. δαπανάω *ausgeben, auf-*
wenden; attr. **παρά** m. Gen. *von seiten;* hier subst. (wie klass.) τὰ παρ'
αὐτῆς *ihr Vermögen* (B I4bα; BDR §237,2). **ὠφεληθεῖσα** Aor. Ptz. Pass.

Fem. ὠφελέω *helfen, nützen, fördern* (τινά τι *jmdm./jmdn. in/mit etwas*); Pass.
Nutzen/Vorteil haben, m. Akk. *etwas als Nutzen/Vorteil haben* (B 1a; zum Akk.
der Sache/des Inhalts s. BDR §159,2, vgl. A213); attr.; καὶ μηδὲν
ὠφεληθεῖσα *die aber* (A311,1; vgl. 1,12) *als Nutzen nichts gehabt hatte, aber es*
hatte nichts genützt. **χείρων**[11] ον (Komp. zu κακός) *schlechter, schlimmer;*
εἰς τὸ χεῖρον ἔρχομαι *jmdm. geht es* (gesundheitl.) *schlechter;* ἀλλὰ μᾶλ-
λον εἰς τὸ χεῖρον ἐλθοῦσα übers. etwa *im Gegenteil, ihr Leiden war nur*
noch schlimmer geworden. **ἐλθοῦσα** Aor. Ptz. Fem. ἔρχομαι, attr.
27 **27 ἀκούσασα** Aor. Ptz. Fem. ἀκούω hier περί τινος *von jmdm. hören;*
wohl kaus./temp., evtl. weiterhin attr. **ἐλθοῦσα,** temp. (A291,1 Anm. 1).
ὄπισθεν *hinten, von hinten.* **ἥψατο** Aor. Med. ἅπτω[51] Med. *berühren, an-*
28 *fassen,* m. Gen. (A165). **28 ἔ-λεγεν** Ipf. λέγω hier *sich sagen, denken.* **ὅτι**
V. 23. **ἅψωμαι** Aor. Konj. Med. **κἄν** = καὶ ἐάν hier *wenigstens, auch nur*
(B κἄν 3; BDR §374[6]). **σωθήσομαι** Fut. Pass. σῴζω hier im Sinn v. *(von*
29 *Krankheit) befreien,* Pass. *gesund werden* (B 1c). **29 ἐ-ξηράνθη** Aor. Pass.
ξηραίνω[120] etwas *austrocknen, versengen;* Pass. *vertrocknen, versiegen;* hier am
besten *aufhören.* **πηγή** *Quelle;* ἡ πηγὴ τοῦ αἵματος *der Blutfluß* (B αἷμα
1a), *die Blutung.* **ἔ-γνω** Aor. γινώσκω hier *merken, wahrnehmen;* ἔγνω τῷ
σώματι ὅτι *sie spürte an ihrem Körper, daß* (Menge; vgl. B 4a) bzw. (idiomati-
scher) *sie spürte (deutlich), daß.* **ἴαται** Pf. (A231) Pass. ἰάομαι[17] *heilen;* ὅτι
ἴαται ... *daß sie ... geheilt war* (Zustandspassiv [vgl. A242]; Tempus u. Modus
wie in der entsprechenden direkten Rede [A326]). **μάστιξ**[3] ιγος ἡ *Geißel,*
30 *Peitsche;* hier übertr. *Plage, (körperliches) Leiden* (B 2). **30 ἐπι-γνοὺς** Aor.
Ptz. -γινώσκω hier *merken, bemerken,* τὶ ἐν ἑαυτῷ *etwas an/bei sich* (B 2c);
kaus./temp. **ἐξ-ελθοῦσαν** Aor. Ptz. Fem. -έρχομαι; AcP (A300); καὶ
εὐθὺς ὁ Ἰησοῦς ἐπιγνοὺς ἐν ἑαυτῷ τὴν ἐξ αὐτοῦ δύναμιν ἐξελ-
θοῦσαν *da Jesus bei sich sofort merkte, daß/wie die von ihm (ausgehende) Kraft*
(von ihm) ausging/ausgegangen war wohl = *Jesus merkte sofort, daß jemand seine*
heilende Kraft in Anspruch genommen hatte (GN); manche deuten τὴν ἐξ
αὐτοῦ δύναμιν ἐξελθοῦσαν entweder im Sinn v. τὴν δύναμιν ἐξελ-
θοῦσαν ἐξ αὐτοῦ (z.B. Menge: *daß die Heilungskraft von ihm ausgegangen*
war) od. im Sinn v. τὴν ἐξ αὐτοῦ ἐξελθοῦσαν δύναμιν (BDR §474,5b;
also attr.: *die von ihm ausgehende Kraft*). **ἐπι-στραφείς** Aor. Ptz. Pass.
-στρέφω[47] *um-, zurückkehren, sich hinwenden;* Pass. hier *sich umwenden, sich*
umdrehen (B 2aα); temp. (A291,1 Anm. 1). **ἔ-λεγεν** V. 28, hier *fragen*
31 (B II1a; ebenso λέγεις in V. 31). **31 συν-θλίβοντα** Ptz. V. 24; AcP
32 (A300). **32 περι-ε-βλέπετο** Ipf. Med. -βλέπομαι *sich umsehen, umher-*
blicken, (Umstehendes) ansehen, anblicken. **ἰδεῖν** Aor. Inf. ὁράω; fin. (A276).
ποιήσασαν Aor. Ptz. Fem. ποιέω, subst.; καὶ περιεβλέπετο ἰδεῖν τὴν
τοῦτο ποιήσασαν *doch* (A311,1; vgl. 1,12) *er schaute sich um, um die zu*
erblicken, die es getan hatte (Wilckens) bzw. (kontextgemäß) *aber Jesus blickte*

umher, um zu sehen, wer es gewesen war (GNB). **33 φοβηθεῖσα** Aor. Ptz. 33
Pass. (ohne bes. Pass.-Bdtg.) Fem.V. 15; mod. **τρέμουσα** Ptz. Fem. τρέμω
beben, zittern, sich fürchten; mod.; φοβηθεῖσα καὶ τρέμουσα *voller Angst*
und zitternd (Menge) = (vgl. A378) *zitternd vor Angst* (NGÜ). **εἰδυῖα** Pf. (m.
präs. Bdtg.) Ptz. Fem. οἶδα, kaus. *da sie wußte, sie wußte ja.* **γέ-γονεν** Pf.
(A242) γίνομαι; γίνεταί τινί τι od. (s. Var.) ἐπί τινί τι *etwas widerfährt*
jmdm., etwas geschieht mit jmdm. (vgl. B I3bγ u. I3c); ὃ γέγονεν αὐτῇ *was*
mit ihr geschehen war (Tempus u. Modus wie in der entsprechenden direkten
Rede; A326). **προσ-έ-πεσεν** Aor. -πίπτω[194] *niederfallen vor, zu Füßen fal-*
len. **34 θυγάτηρ**[6] τρός ἡ *Tochter;* hier Nom. für Vok. (ohne den eig. zu er- 34
wartenden Art. [A142; BDR §147[6]]); hier als (allgem. verbreitete) freundl. An-
rede (B 2a) *meine Tochter* [Var. θύγατερ Vok.]. **σέ-σωκεν** Pf. (A242) σῴ-
ζω. **ὕπ-αγε** Imp. (vgl. A266a); ὕπαγε εἰς εἰρήνην *geh in Frieden* (Idiom
ähnl. unserem „bleiben Sie gesund“; B εἰρήνη 2). **ἴσθι** Imp. εἰμί. **ὑγιής**[7]
gesund, unversehrt; ἴσθι ὑγιὴς ἀπὸ τῆς μάστιγός σου *sei/bleibe von*
deinem Leiden geheilt.

35 λαλοῦντος Ptz. λαλέω, gen. abs. (A288), temp. **ἔρχονται** V. 15. 35
ἀρχι-συνάγωγος V. 22; ἀπὸ τοῦ ἀρχισυναγώγου wohl im Sinn v.
τινὲς ἀπὸ τοῦ ἀρχισυναγώγου οἴκου (vgl. Robertson, S. 502; ähnl.
A156) zu deuten *Leute aus dem Hause des Synagogenvorstehers* (Menge). **λέ-**
γοντες Ptz. λέγω, mod. **ὅτι** recitativum = Doppelpunkt (A333). **θυγά-**
τηρ V. 34. **ἀπ-έ-θανεν** Aor. ἀπο-θνῄσκω. **τί** adv. *warum?* (vgl. B τίς 3a;
A134a). **σκύλλω** *ermüden;* hier *bemühen, belästigen.* **36 παρ-ακούσας** 36
Aor. Ptz. -ακούω[2] *nebenbei hören* bzw. *hören, was nicht für einen bestimmt ist;*
überhören, nicht achten auf [Var. ohne παρ-]; temp. (A291,1 Anm. 1); ὁ δὲ
Ἰησοῦς παρακούσας τὸν λόγον λαλούμενον läßt sich unterschiedl.
verstehen (vgl. B 1/2): a) *Jesus hatte gehört, daß/wie die/diese Nachricht über-*
bracht wurde bzw. (idiomatischer) *Jesus hatte zugehört,* b) *Jesus aber ließ die Tat-*
sache unbeachtet, daß die/diese Nachricht überbracht worden war bzw. *doch Jesus*
schenkte diesen Worten keine Beachtung (vgl. NGÜ). **λαλούμενον** Ptz. Pass.
λαλέω, AcP (A300). **λέγει** V. 9. **φοβοῦ** Imp. φοβέομαι; μὴ φοβοῦ
fürchte dich nicht (länger) (H-S §246a; vgl. A265a), *du brauchst dich nicht zu*
fürchten (NGÜ). **πίστευε** Imp.; μόνον πίστευε *glaube nur* (wohl im Sinn
v. *glaube nur weiter* [H-S §212e; A265a]). **37 ἀφ-ῆκεν** Aor. -ίημι m. Inf. 37
bzw. AcI *gestatten, erlauben* (vgl. B 4; H-S §218a). **συν-ακολουθῆσαι** Aor.
Inf. -ακολουθέω *nachgehen, begleiten, folgen,* m. Dat. (hier dafür μετά m.
Gen.). **εἰ μή** nach Neg. *außer* (vgl. B εἰ VI9a; A341). **38 ἔρχονται** V. 15. 38
θεωρέω hier *beobachten, wahrnehmen, bemerken* (B 2a); hist. Präs. (A235);
καὶ θεωρεῖ θόρυβον καὶ κλαίοντας καὶ ἀλαλάζοντας πολλά *als*
(vgl. 1,12) *er (den) Lärm/(die) Aufregung und laut weinende und klagende Men-*
schen bemerkte bzw. (idiomatischer) *Jesus sah, wie alles in heller Aufregung war*

und wie die Menschen laut weinten und klagten (NGÜ). **θόρυβος** *Aufruhr,*
Tumult, Lärm, Verwirrung, Unruhe. **κλαίοντας** Ptz. κλαίω, subst. **ἀλα-**
λάζοντας Ptz. ἀλαλάζω *laut klagen;* subst. **πολλά** adv. Akk. (A150)
39 *heftig* (B πολύς I2bβ). **39 εἰσ-ελθών** Aor. Ptz. -έρχομαι, temp. (A291,1
Anm. 1). **λέγει** V. 9. **τί** V. 35. **θορυβεῖσθε** Pass. θορυβέω *in Aufruhr*
bringen; Pass. *in Unruhe geraten, sich aufregen;* τί θορυβεῖσθε καὶ κλαίετε
40 *was soll diese Aufregung? Warum weint ihr?* **καθ-εύδω** *schlafen.* **40 κατ-ε-**
γέλων Ipf. κατα-γελάω *auslachen* τινός *jmdn.* [Var. ὁ δέ *(und/doch)*
dieser (A102).] **ἐκ-βαλών** Aor. Ptz. -βάλλω hier etwa *hinausschicken;* temp.
παραλαμβάνει hist. Präs. (A235). **οἱ μετ' αὐτοῦ** subst. (A105) *seine*
Begleiter bzw. *die, die bei ihm waren.* **εἰσ-πορεύομαι** *hineingehen, -kommen;*
hist. Präs. (A235). **ὅπου** *dorthin, wo* (B 1aα; vgl. A358) bzw. *in den Raum, in*
dem. **ἦν** Ipf. εἰμί. [Var. ἀνα-κείμενον Ptz. Ntr. -κεῖμαι hier *liegen* (B 1);
41 umschrieb. Ipf. (A249a).] **41 κρατήσας** Aor. Ptz. κρατέω hier *ergreifen*
τῆς χειρός τινος *jmds. Hand* (B 1b; A165); temp. (A291,1 Anm. 1). **λέγει**
V. 9. **ταλιθα** (aram. טַלִיתָא *ṭalîṯā*ᵓ od. טְלִיתָא *ṭəlîṯā*ᵓ „emphatische“ [u.a. als
Vok. gebrauchte] Form zu טַלְיָה *ṭaljāh* „Mädchen“ [vgl. Beyer, Die aramä-
ischen Texte, S. 590]) *Mädchen.* **κουμ** (aram. קוּם *qûm* Imp. Sg., eindeutig
Fem. [s. Var.]: κουμι קוּמִי *qûmî*) *steh auf!* **μεθ-ερμηνευόμενον** Ptz.
Pass. -ερμηνεύω *übersetzen;* umschrieb. Präs. (A249a); ὅ ἐστιν μεθερμη-
νευόμενον (als Formel gebraucht [vgl. A93]) *das heißt übersetzt* (B), *das be-*
deutet. **κοράσιον** (Diminutivform v. κόρη Mädchen) *Mädchen;* Vok. (vgl.
42 A142). **ἔγειρε** Imp. (vgl. A266a). **42 ἀν-έ-στη** Wz.-Aor. -ίσταμαι. **πε-**
ρι-ε-πάτει Ipf. -πατέω. **ἦν** Ipf. εἰμί; ἦν ἐτῶν δώδεκα (präd. gen. quali-
tatis [klass., BDR §165[5]]) *es war zwölf Jahre alt* (A160; H-S §168c). **γάρ** hier
nämlich (B 2). **ἐξ-έ-στησαν** Wz.-Aor. -ίσταμαι[205] *außer sich geraten* (vor
Staunen). **ἔκ-στασις**[8] (< ἐξίσταμαι) *Entsetzen, Verwirrung, große Erre-*
gung; dat. modi (A180c [vgl. ähnl. A145]; BDR §198[10]); καὶ ἐξέστησαν εὐ-
θὺς ἐκστάσει μεγάλῃ *da gerieten sie vor Staunen sofort völlig außer sich* (vgl.
B 1; Menge; εὐθύς ist hier viell. markinische Würzpartikel m. abgeschwächtem
Sinn [vgl. ZG] u. bleibt am besten unübersetzt bzw. es wird zusammen m. dem
43 καί durch *da* wiedergegeben). **43 δι-ε-στείλατο** Aor. Med. δια-στέλλο-
μαι[113] *anordnen, befehlen, einschärfen.* **πολλά** vgl. V. 38; übers. hier etwa
nachdrücklich. **ἵνα** hier *daß* bzw. indirekte Rede (A328 u. 334a; bez. das Ge-
forderte; B II1aδ). **γνοῖ** (hell. Nebenform zu γνῷ [BDR §95[6]]) Aor. Konj.
γινώσκω hier *erfahren* (B 2a); διεστείλατο αὐτοῖς πολλὰ ἵνα μηδεὶς
γνοῖ τοῦτο *er schärfte ihnen nachdrücklich ein, niemand dürfe dies/etwas davon*
erfahren. **δοθῆναι** Aor. Inf. Pass. δίδωμι hier τινὶ φαγεῖν *jmdm. zu essen*
geben (B 2); εἶπεν δοθῆναι (klass. eher Akt. erwartet [BDR §392[14]]) αὐτῇ
φαγεῖν *er ordnete an, man* (vgl. A76b) *solle ihm/dem Mädchen etwas zu essen*
geben. **φαγεῖν** Aor. Inf. ἐσθίω.

ἐξ-ῆλθεν Aor. -έρχομαι hier im Sinn v. *fortgehen* (B 1aα), *weiterziehen.* 6
ἐκεῖ-θεν[18] *von dort.* **ἔρχεται** hist. Präs. (A235). **πατρίς**[3] ίδος ἡ *Vater-
land, Heimat;* hier *Vaterstadt, Heimatstadt* (d.h. Nazaret). **ἀκολουθέω** hier
begleiten (τινί *jmdn.*); hist. Präs. (A235). **2 γενομένου** Aor. Ptz. Med. γί- 2
νομαι, gen. abs. (A288), temp.; γενομένου σαββάτου *als es Sabbat gewor-
den war = am Sabbat.* **ἤρξατο** Aor. Med. ἄρχω; Med. m. Inf. vgl. zu 1,45.
διδάσκειν Inf. **ἀκούοντες** Ptz. ἀκούω hier wohl *zuhören;* subst. od.
temp.; πολλοὶ ἀκούοντες *viele/die vielen Zuhörer* od. *viele/die vielen (Anwe-
senden), als sie (ihm) zuhörten.* **ἐξ-ε-πλήσσοντο** Ipf. ἐκ-πλήσσομαι *au-
ßer sich geraten* (hier wohl aus Verwunderung; B 2). **λέγοντες** Ptz. λέγω,
mod. **πόθεν**[18] *woher?;* πόθεν τούτῳ (dat. poss., A173b) ταῦτα erg. ἐστίν
(A78) *wo hat er das her* (GNB). **δοθεῖσα** Aor. Ptz. Pass. Fem. δίδωμι; attr.;
τίς (erg. ἐστίν) ἡ σοφία ἡ δοθεῖσα τούτῳ *was ist das für eine Weisheit, die
ihm da gegeben ist.* **τοιαῦται** ohne Art. präd. gebraucht (BDR §274[1]; vgl.
A112,2); αἱ δυνάμεις τοιαῦται διὰ τῶν χειρῶν αὐτοῦ γινόμεναι
(erg. εἰσίν) = αἱ δυνάμεις, αἳ διὰ τῶν χειρῶν αὐτοῦ γίνονται (eig.
γινόμεναί εἰσιν), τοιαῦταί εἰσιν (vgl. Kühner-Gerth §465,5) *die Wunder,
die durch ihn geschehen, sind derartig* (vgl. B τοιοῦτος 2aα); zu deuten ist die-
ser Satz wohl entweder: a) als Ausruf *derartig sind die Wunder ...!* (Menge: *solche
Wundertaten geschehen ...!*) od.: b) als Frage, wobei gedankl. z.B. *wie ist es mög-
lich, daß* (vgl. etwa B πῶς 1b) zu erg. ist (Wilckens: *wie kommt es, daß solche
Machttaten ... geschehen?*). **διὰ τῶν χειρῶν αὐτοῦ** *durch seine Hände =
durch ihn* (viell. Hebr. [LXX hat statt διὰ τῶν χειρῶν aber immer διὰ χει-
ρός]; BDR §217[6]; vgl. A186). **γινόμεναι** Ptz. γίνομαι hier *geschehen*
(B I2a); umschrieb. Präs. (A249a) m. Wegfall der Kopula εἰσίν (A78) [Var. γί-
νωνται Konj.]. **3 οὐχ/οὐκ** *nicht;* erwartet als Frageeinleitung die Antwort 3
„doch“ (A320). **τέκτων**[4] ονος ὁ *Zimmermann;* Präd.-Nom. m. Art. Gleich-
setzung m. dem Subj. (A80); ὁ τέκτων *der Zimmermann* (der unter dieser Be-
zeichnung Bekannte [BDR §273[3] vgl. H-S §135a; A103]). **Μαρία** *Maria.*
Ἰωσῆς ῆτος od. (s. Var.) ῆ (vgl. A1 Λουκᾶς) *Joses* [Var. Ἰωσήφ indekl.,
hier Gen., *Josef*]. **ἀδελφή** *Schwester.* **πρός** τινά εἰμι *bei jmdm. sein*
(B III7); καὶ οὐκ εἰσὶν αἱ ἀδελφαὶ αὐτοῦ ὧδε πρὸς ἡμᾶς; *wohnen
nicht auch seine Schwestern hier bei/unter uns?* (vgl. H-S §184p). **ἐ-σκανδα-
λίζοντο** Ipf. Pass. σκανδαλίζω (< σκάνδαλον Falle; Ärgernis, Anstößi-
ges) m. Akk. *jmdm. Anstoß geben, jmdn. zur Sünde verführen;* ἐσκανδαλίζον-
το ἐν αὐτῷ *sie kamen seinetwegen zu Fall* (d.h. sie sahen sich durch ihn veran-
laßt, ihm den Glauben zu verweigern bzw. sich von ihm abzuwenden u. so in
Sünde zu fallen; daher etwa = *sie wollten nichts von ihm wissen* [GNB]) bzw. *sie
wurden irre an ihm.* **4 ἔ-λεγεν** Ipf. λέγω. **ὅτι** wohl recitativum = Doppel- 4
punkt (A333). **ἄ-τιμος**[11] *verachtet;* οὐκ ἔστιν προφήτης ἄτιμος εἰ μή
ein Prophet ist überall geehrt außer (B 1), *nirgends hat ein Prophet so wenig*

Ansehen wie (Einh.). **εἰ μή** nach Neg. *außer* (B εἰ VI9a; A351). **συγ-γε-**
νής[7] (-γενεῦσιν statt -γενέσιν Analogiebildung nach γονεῖς[8] [ευ-St.;
BDR §47,4f]) *verwandt;* subst. *Verwandter;* ἐν τοῖς συγγενεῦσιν αὐτοῦ *bei*
5 *seinen Verwandten.* **οἰκία** hier *Familie* (B 2). **5 ἐ-δύνατο** Ipf. δύναμαι.
ποιῆσαι Aor. Inf. ποιέω. **οὐκ ... οὐδεμίαν** doppelte Neg. verstärkt die
Verneinung (vgl. A310a; BDR §431,2). **εἰ μή** hier *außer daß* (BDR §376[1])
bzw. *nur.* **ἄρ-ρωστος**[11] *kraftlos, krank;* subst. **ἐπι-θείς** Aor. Ptz. -τίθη-
μι[200] *auflegen* τινί *jmdm.;* mod. (A291,2 Anm. 1). **ἐ-θεράπευσεν** Aor. θε-
6 ραπεύω; erg. αὐτούς/τούτους (A79). **6 ἐ-θαύμαζεν** Ipf. θαυμάζω
hier διά τι *sich über etwas wundern* [Var. ἐ-θαύμασεν Aor.]. **ἀ-πιστία**
Unglaube. **περι-ῆγεν** Ipf. -άγω *herumführen; herum-, umhergehen,* m. Akk.
ziehen durch. **κώμη** *Dorf.* **κύκλῳ** Adv. (erstarrter lok. Dat. v. κύκλος Kreis,
A181) *im Kreis, ringsumher;* τὰς κώμας κύκλῳ *die umliegenden Dörfer* (d.h.
7 wohl Galiläas). **διδάσκων** Ptz., mod. **7 προσ-καλέομαι** *herbeirufen;*
hist. Präs. (A235). **οἱ δώδεκα** *die „Zwölf"/die zwölf Jünger (Jesu)* (vgl. 3,14).
ἤρξατο V. 2. **ἀπο-στέλλειν** Inf. **δύο δύο** *zu zweien, jeweils zu zweit* (di-
stributive Doppelschreibung der Zahl [sowohl volkssprachl. als auch sem. ge-
bräuchl.; B 5]; H-S §145c; A138,2). **ἐ-δίδου** Ipf. δίδωμι. **ἀ-κάθαρτος**[11]
unrein, schmutzig (kultisch bzw. sittl.-geistl.); ἐξουσίαν τῶν πνευμάτων
τῶν ἀκαθάρτων *Vollmacht über die* (vgl. A158 u. 165) *unreinen/bösen Geister*
8 (B ἐξουσία 3), d.h. über Dämonen. **8 παρ-ήγγειλεν** Aor. -αγγέλλω[110]
auffordern, anordnen, anweisen, befehlen. **ἵνα** hier *daß* bzw. Inf. (A328; bez. das
Befohlene). **αἴρωσιν** Konj. αἴρω hier τὶ εἰς ὁδόν *etwas mit auf den Weg*
nehmen (vgl. B 2) [Var. ἄρωσιν Aor. Konj.]. **εἰ μή** V. 4. **ῥάβδος** ἡ *Rute,*
Stab, Stock, hier *Wanderstab.* **πήρα** *Ranzen, Reisetasche, Vorratstasche;* evtl.
Bettelsack (wie sie hell. Wanderphilosophen mitführten). **ζώνη** *Gürtel* (auch
zum Aufbewahren v. mitgeführtem Geld); μὴ εἰς τὴν ζώνην χαλκόν *kein*
Geld für den/im Gürtel. **χαλκός** *Erz, Kupfer, Bronze;* hier im Sinn v. *Kupfer-*
9 *münze(n), Kleingeld, Geld* (B 2). **9 ὑπο-δε-δεμένους** Pf. (A231) Ptz. Med.
-δέομαι[36] *sich* (Sandalen) *unterbinden;* part. coni. (A287) zum Subj., hier im
Akk. (statt Nom.), als ob nicht ein ἵνα-NS (V. 8), sondern eine AcI-Konstruk-
tion (vgl. A269) vorläge (BDR §470[3]); mod.; ἀλλὰ ὑποδεδεμένους σαν-
δάλια *sich dabei jedoch Sandalen unterzubinden* bzw. *jedoch Sandalen sollten sie*
tragen (vgl. Menge). **σανδάλιον** *Sandale.* **ἐν-δύσησθε** Aor. Konj. Med.
-δύω[12] *anziehen, bekleiden;* Med. *sich bekleiden mit, sich anziehen;* prohibitiver
Konj. (A256 u. 263f); hier Wechsel v. der indirekten in die direkte Rede (BDR
§470[3]; H-S §274c; vgl. A335); καὶ μὴ ἐνδύσησθε δύο χιτῶνας *(er sagte zu*
ihnen): „Aber (A311,1; vgl. 1,12) *zieht euch nicht zwei Gewänder/Hemden an"* od.
(aus Stilgründen) weiter als indirekte Rede übers. *aber sich nicht zwei Gewän-*
der/Hemden anzuziehen (zu dem Anziehen zweier χιτῶνες s. Hinweise bei B
χιτών). **χιτών**[4] ῶνος ὁ *Untergewand, Hemd* (unmittelbar auf dem Leib

getragen). **10 ἔ-λεγεν** V. 4. **ὅπου ἐάν** = ὅπου ἄν *wo (auch immer)* (vgl. 10
A132; 371). **εἰσ-έλθητε** Aor. Konj. -έρχομαι; ὅπου ἐὰν εἰσέλθητε εἰς
οἰκίαν, ἐκεῖ μένετε *wo ihr in ein Haus eintretet/einkehrt, dort bleibt* im Sinn v.
wenn jemand euch in seinem Haus aufnimmt, dann bleibt bei ihm (NGÜ). **μέ-
νετε** Imp. **ἕως ἄν** hier *bis* (A337). **ἐξ-έλθητε** Aor. Konj. -έρχομαι V. 1.
11 ὅς hier nom. pendens (A141a), auf den das **ἐκεῖθεν** zurückweist (vgl. BDR 11
§297[2]), vor Rel.-Satz m. kond. Nebensinn (A371; BDR §380,1), wobei das BW
(τόπος) im Rel.-Satz (A357) steht: καὶ ὃς ἂν τόπος = καὶ ὁ τόπος ὃς
ἄν (vgl. A132) *was aber* (A311,1; vgl. 1,12) *den Ort angeht, welcher (auch
immer)* hier etwa = *wenn (irgend)ein Ort,* doch übers. am besten (s. ἀκού-
σωσιν) *wenn euch aber an einem Ort die Leute.* **δέξηται** Aor. Konj. Med.
δέχομαι. **ἀκούσωσιν** Aor. Konj. ἀκούω hier τινός *jmdn. anhören* (B 5),
jmdm. Gehör schenken; μηδὲ ἀκούσωσιν ὑμῶν *und (wenn) sie* (d.h. die
Bewohner des Ortes; sinngemäße Konstruktion [A96; vgl. BDR §282,1; §469[2]])
euch nicht anhören (wollen). **ἐκ-πορευόμενοι** Ptz. -πορεύομαι *hinaus-
gehen, herauskommen,* hier ἐκεῖθεν *von dort weggehen*(Menge) = etwa *weiter-
ziehen;* temp. (als Imp. + „und" übers.; A291,1 Anm. 1). **ἐκεῖ-θεν** V. 1. **ἐκ-
τινάξατε** Aor. Imp. -τινάσσω (vgl. A33[74ff]) *ab-, ausschütteln;* ἐκτινάξατε
τὸν χοῦν τὸν ὑποκάτω τῶν ποδῶν ὑμῶν *schüttelt den Staub von euren
Füßen* (wörtl. *den unter/an euren Füßen [haftenden] Staub*), um diesen Leuten zu
signalisieren, daß sie gerichtsreif sind (über den Hintergrund dieser
symbolischen Handlung vgl. zu Mt 10,14). **χοῦς** (Akk. χοῦν; BDR §52[1]; vgl.
H-S §31) ὁ *Staub.* **ὑπο-κάτω** uneig. Präp. (A183) *unter, unterhalb.*
μαρτύριον *Zeugnis,* im Sinn v. *Beweis* (Handlung, Umstand od. Sache) od.
Zeugenaussage; εἰς (fin.; B 4f) μαρτύριον αὐτοῖς (hier wohl dat.
incommodi [A173; vgl. EWNT 2, Sp. 967]) *ihnen zum Zeugnis, zum Zeugnis
gegen sie* bzw. (sinngemäß, idiomatisch) *als Hinweis auf das Gericht, das sie
erwartet* (NGÜ) bzw. *damit sie gewarnt sind* (GNB). [Var. ἀν-εκτός[11]
erträglich, Komp. ἀνεκτότερος; ἀνεκτότερον ἔσται τινί *es wird für jmdn.
erträglicher sein, es wird jmdm. erträglicher ergehen* (B). ἔσται Fut. εἰμί.
Σόδομα τά (BDR §57,1) *Sodom,* Γόμορρα τά u. ἡ (BDR §57,1) *Gomorra,*
zwei wegen ihrer Sünde untergegangene Städte (Gen 19,24ff).] **12 ἐξ-ελ- 12
θόντες** Aor. Ptz. -έρχομαι hier etwa *sich auf den Weg machen;* temp.
(A291,1 Anm. 1). **ἐ-κήρυξαν** Aor. κηρύσσω [Var. ἐ-κήρυσσον Ipf.].
ἵνα hier *daß* od. Inf. bzw. indirekte Rede (A328 u. 334a; bez. das Geforderte;
B II1aδ). **μετα-νοῶσιν** Konj. -νοέω *seinen Sinn ändern, Reue empfinden,
umkehren;* hier 3. Pl. im Sinn v. „man" (A76a); ἐκήρυξαν ἵνα μετανοῶσιν
sie verkündeten, man solle umkehren od. *sie forderten die Menschen auf um-
zukehren* (A328) [Var. -νοήσωσιν Aor. Konj.]. **13 ἐξ-έ-βαλλον** Ipf. ἐκ- 13
βάλλω; δαιμόνια ἐκβάλλω *Dämonen* (die v. einem Menschen Besitz er-
griffen haben) *austreiben* (B 1). **ἤλειφον** Ipf. ἀλείφω *salben* τινά τινι

jmdn. mit etwas (dat. instr., A176). **ἔλαιον** *(Oliven-)Öl,* bes. auch *Salböl* (in
der antiken Medizin wurde das Öl vielfach verwendet [KP 4, Sp. 245], u.a. als
Mittel bei Wundbehandlung [vgl. Jes 1,6 u. Lk 10,34]; für die hier angesproche-
ne Verwendung vgl. vor allem Jak 5,14f). **ἄρ-ρωστος** V. 5. **ἐ-θεράπευον**
Ipf. V. 5.
14 **14** Aor. ἀκούω; erg. τοῦτο/ταῦτα (A79) od. καὶ ἔλεγον ist im Sinn
v. ὅτι ἔλεγον zu verstehen (BDR §442[13]; A311,6 [vgl. 1,12]; der γάρ-Satz ist
erklärender Einschub [vgl. B γάρ 2]); καὶ ἤκουσεν ὁ βασιλεὺς Ἡρῴδης
auch der König Herodes hörte davon (d.h. v. Jesus; Menge), *inzwischen hatte auch
König Herodes von Jesus gehört* (GN) od. *und der König Herodes erfuhr, daß man
sagte.* **ὁ βασιλεὺς Ἡρῴδης** gemeint ist Herodes Antipas, der in den
Quellen gelegentl. zwar König genannt wird (s. βασιλεὺς B 1), im juristischen
Sinn aber ledigl. Tetrarch v. Galiläa u. Peräa war (im übrigen s. zu Mt 14,1).
φανερός *bekannt; offenbar; sichtbar.* **ἐ-γένετο** Aor. Med. γίνομαι; φα-
νερὸν γὰρ ἐγένετο τὸ ὄνομα αὐτοῦ *denn sein Name war bekannt gewor-
den* (H-S §206b; A224) bzw. (idiomatischer) *denn überall redete man von ihm*
(GNB). **ἔ-λεγον** Ipf. λέγω; hier 3. Pl. im Sinn v. „man" (A76a). **ὅτι** V. 4.
βαπτίζων Ptz., subst.; ὁ βαπτίζων *der* (bekannte [H-S §237a; A304]) *Täu-
fer* (Synonym zu βαπτιστής [V. 25; s. Var.]). **ἐγήγερται** Pf. (H-S §200a;
A242) Pass. ἐγείρω [Var. ἠγέρθη Aor. Pass.]. **διὰ τοῦτο** *darum.* **ἐν-
εργέω** *wirksam sein; wirken;* διὰ τοῦτο ἐνεργοῦσιν αἱ δυνάμεις ἐν
αὐτῷ *darum sind die/diese/solche Wunderkräfte in/durch ihn wirksam, darum*
15 *kann er solche Wunder tun.* **15 ἄλλοι ... ἄλλοι** hier ohne direkte Nennung
des ersten Gliedes („man" v. V. 14) *andere ... wieder andere* (vgl. B ἄλλος 1c).
ὅτι V. 4 (vgl. H-S §274b). **Ἠλίας**[1] ου *Elija,* atl. Prophet (sein [erneutes]
Auftreten wurde auf Grund v. Mal 3,23f erwartet). **προφήτης ὡς εἷς τῶν
προφητῶν** gen. partitivus (A137/164) *ein Prophet wie einer der* (bekannten
[A103], alten) *Propheten* bzw. *ein Prophet wie einer der Propheten aus früherer
Zeit* (vgl. NGÜ); zum vorliegenden (wohl sem./hebr.) Gebrauch v. ὡς vgl. B ὡς
16 II3b. **16 ἀκούσας** Aor. Ptz. ἀκούω; erg. τοῦτο/ταῦτα (A79); temp.
ἔ-λεγεν V. 4. [Var. ὅτι recitativum = Doppelpunkt (A333).] **ὅν** das BW
(Ἰωάννην) steht im Rel.-Satz (A357; H-S §289c) u. ist dem Rel.-Pron. im Ka-
sus angeglichen („attractio inversa", A362): ὅν ... Ἰωάννην, οὗτος =
Ἰωάννης, ὅν ... οὗτος *Johannes, den ... der.* **ἐγώ** Subj. wohl betont (A122).
ἀπ-ε-κεφάλισα Aor. ἀπο-κεφαλίζω (vgl. A33[91ff]) *enthaupten;* übers.
hier kausativ (A218) *enthaupten lassen.* **ἠγέρθη** Aor. Pass. ἐγείρω.
17 **17 αὐτὸς ὁ** hier *der genannte* (BDR §277[5]) bzw. (vgl. B αὐτός 1h;
A124a) *eben dieser* (Menge). **Ἡρῴδης** V. 14. **ἀπο-στείλας** Aor. Ptz.
-στέλλω hier eig. *(jmdn./Leute) hinschicken* (temp. Ptz.), doch in Verbindung
m. weiteren (hier zwei finiten) Verbformen = (kausatives) *lassen* (B 2; A218):
ἀποστείλας ἐκράτησεν τὸν Ἰωάννην καὶ ἔδησεν αὐτὸν ἐν φυ-

λακῇ (hier wird die Vorvergangenheit bez. [vgl. H-S §199n; A224]) Herodes
hatte Johannes nämlich festnehmen, in Fesseln legen und ins Gefängnis werfen las-
sen (vgl. NGÜ). **ἐ-κράτησεν** Aor. κρατέω hier *festnehmen, gefangenneh-*
men (B 1a). **ἔ-δησεν** Aor. δέω hier τινὰ ἐν φυλακῇ *jmdn. gefesselt ins*
Gefängnis werfen (B 1b). **Ἡρῳδιάς**[3] άδος ἡ *Herodias,* Enkelin Herodes des
Großen, Nichte v. Herodes Antipas; bevor sie die zweite Frau des letzteren
wurde, war sie m. dessen Halbbruder Herodes Philippus (vgl. zu Φίλιππος)
verheiratet; vgl. auch zu Mt 14,3. **Φίλιππος** *Philippus,* wahrscheinl. = Hero-
des (Philippus) Sohn Herodes des Großen u. der Mariamme II. (vgl. zu Mt
14,3). **ἐ-γάμησεν** Aor. γαμέω[174] *heiraten* (Subj. Mann od. Frau); ὅτι αὐ-
τὴν ἐγάμησεν *weil er* (Herodes) *sie geheiratet hatte.* **18 ἔ-λεγεν** V. 4; Ipf. 18
bez. hier die Vorvergangenheit (vgl. H-S §198f; A224). **ὅτι** recitativum = Dop-
pelpunkt (A333). **ἔξ-εστιν** *es steht frei, es ist erlaubt* (τινί *jmdm.*). **ἔχειν**
Inf.; οὐκ ἔξεστίν σοι ἔχειν τὴν γυναῖκα τοῦ ἀδελφοῦ σου *du darfst*
die Frau deines Bruders nicht (zur Frau) haben (Menge; vgl. B I2bα) bzw. etwa *du*
hattest nicht das Recht, die Frau deines Bruders zur Frau zu nehmen (Einh.).
19 ἐν-εῖχεν Ipf. -έχω τινί *jmdm. grollen, Groll gegen jmdn. haben, auf jmdn.* 19
wütend sein (ellip. für χόλον [Groll] ἐνέχω τινί; vgl. B 1). **ἤ-θελεν** Ipf. θέ-
λω. **ἀπο-κτεῖναι** Aor. Inf. -κτείνω. **ἠ-δύνατο** Ipf. δύναμαι; καὶ οὐκ
ἠδύνατο (erg. gedankl. ἀποκτεῖναι [B 2]) *sie vermochte es aber* (A311,1; vgl.
1,12) *nicht* bzw. (kontextgetreu) *doch bot sich ihr zunächst keine Möglichkeit da-*
zu/doch sie konnte sich mit ihrem Vorhaben zunächst nicht durchsetzen (NGÜ).
20 ἐ-φοβεῖτο Ipf. φοβέομαι hier τινά *jmdn. fürchten, sich vor jmdm.* 20
fürchten im Sinn v. *vor jmdm. Hochachtung haben* (NGÜ) od. (noch kontextna-
her) *nicht wagen, jmdn. anzutasten* (GNB). **εἰδώς** Pf. (m. präs. Bdtg.) Ptz.
οἶδα, kaus.; εἰδὼς αὐτὸν ἄνδρα δίκαιον καὶ ἅγιον erg. ὄντα (Ptz. v.
εἰμί) dann AcP (H-S §233b Anm. 2; BDR §416[9]; B 1c; vgl. A300) *weil er ihn als*
einen gerechten und heiligen Mann kannte (Menge) od. *weil er wußte, daß dieser*
ein gerechter und heiliger Mann war (Einh.). **συν-ε-τήρει** Ipf. -τηρέω
bewahren, behüten; καὶ συνετήρει αὐτόν *darum* (vgl. 1,12) *schützte er ihn*
(Einh.), d.h. vor den Nachstellungen der Herodias (EWNT 3, Sp. 742), od. *er*
sorgte deshalb für seine Sicherheit (vgl. NGÜ); Deutungen im Sinn v. *er behielt*
ihn Haft/er hielt ihn nur in Gewahrsam o.ä. (vgl. GNB) scheinen lexikalisch kaum
begründbar (vgl. Menge Anm. a). **ἀκούσας** Aor. Ptz. ἀκούω, temp.
πολλά adv. Akk. (A150; B πολύς I2bβ) *heftig* (best. ἠπόρει näher), viell.
oftmals (best. ἀκούσας od. ἠπόρει näher). **ἠ-πόρει** Ipf. ἀ-πορέω *ratlos,*
in Verlegenheit sein; πολλὰ ἠπόρει *er war in großer Verlegenheit* (B); iter.
(A237b); καὶ ἀκούσας αὐτοῦ πολλὰ ἠπόρει, καὶ ἡδέως αὐτοῦ
ἤκουεν (zu καί vgl. 1,12) *und (jedesmal) wenn* (Menge: *und oftmals, wenn*) *er*
ihm zugehört hatte, war er in großer Verlegenheit, dennoch hörte er ihm aber gern
zu od. (idiomatischer) *sooft er mit ihm sprach, wurde er unruhig und ratlos, und*

doch hörte er ihm gern zu (Einh.) bzw. (einfacher) etwa *auch hörte er ihm gern zu, obwohl er dabei jedesmal in große Verlegenheit/Unruhe geriet* (vgl. NGÜ) [Var. ἐ-ποίει Ipf. ποιέω]. **ἡδέως** *gern.* **ἤκουεν** Ipf. ἀκούω; iter. (A237b).
21 **21 γενομένης** Aor. Ptz. Med. γίνομαι, gen. abs. (A288), temp. **εὔ-
καιρος**[11] *rechtzeitig, gelegen, günstig;* καὶ γενομένης ἡμέρας εὐκαίρου *aber* (vgl. 1,12) *als (für Herodias) ein geeigneter Tag kam* bzw. *aber dann kam für Herodias eine günstige Gelegenheit.* **Ἡρῴδης** V. 14. **γενέσια** τά (A101c) *Geburtstagsfeier;* temp. Dat. (A182); τοῖς γενεσίοις αὐτοῦ *an seinem Geburtstag.* **δεῖπνον** zweite, größere der beiden Mahlzeiten des Tages: *Hauptmahlzeit;* einfach *Mahlzeit,* hier *Festessen.* **ἐ-ποίησεν** Aor. ποιέω hier *veranstalten* (B I1bζ), *geben.* **μεγιστᾶνες** (Sg. μεγιστάν ᾶνος ὁ; A4) *(die) Vornehmen, (die) Würdenträger, (die) angesehensten Leute* (vgl. LN 87.41). **χι-λί-αρχος** *Anführer einer Tausendschaft* bzw. (röm.) *tribunus militum/cohortis* (Befehlshaber einer Kohorte [Tausendschaft]), hier im Sinn v. *höheren Militärs* (B). **πρῶτος** hier *Vornehmster, Angesehenster* (B 1cβ); τοῖς μεγιστᾶσιν αὐτοῦ καὶ τοῖς χιλιάρχοις καὶ τοῖς πρώτοις τῆς Γαλιλαίας übers. etwa *für die hohen Beamten seines Hofes* (GN: *für alle hohen Regierungsbeam-*
22 *ten*), *die höchsten Offiziere und die angesehensten Bürger von Galiläa.* **22 εἰσ-
ελθούσης** Aor. Ptz. Fem. -έρχομαι, gen. abs. (A288), temp. **θυγάτηρ**[6] τρός ἡ *Tochter;* nach der Textlesart v. NA26/27 τῆς θυγατρὸς αὐτοῦ Ἡρῳδιάδος (*seine Tochter Herodias*) müßte es sich hier um eine gemeinsame Tochter v. Herodes Antipas u. Herodias handeln, die denselben Namen wie die Mutter trug; aus historischen u. wahrscheinl. auch aus textkritischen Gründen ist jedoch m. NA25 u. praktisch sämtl. Übersetzungen wohl der ersten Apparatlesart der Vorzug zu geben (Harold W. Hoehner, Herod Antipas [Cambridge, 1972], S. 151-156; Gundry, Mk, S. 320; vgl. Metzger, S. 77): τῆς θυγατρὸς αὐτῆς τῆς Ἡρῳδιάδος *die Tochter eben jener* (vgl. αὐτὸς ὁ V. 17) *Herodias* (Menge), d.h. die Tochter aus früherer Ehe namens Salome, zu dieser Zeit zwölf- bis vierzehnjährig. **Ἡρῳδιάς** V. 17. **ὀρχησαμένης** Aor. Ptz. Med. ὀρχέομαι *tanzen;* gen. abs. (A288), temp. (als HS + „und“ bzw. + Semikolon o.ä. übers.; A291,1 Anm. 1). **ἤρεσεν** Aor. ἀρέσκω[159] *gefallen;* ἤρεσεν τῷ Ἡρῴδῃ καὶ τοῖς συνανακειμένοις *sie/das gefiel dem Herodes und seinen Gästen gut* od. *Herodes und seine Gäste waren begeistert von ihr* (NGÜ) [Var. ἀρεσάσης Aor. Ptz. Fem., gen. abs. wird fortgesetzt]. **συν-α-να-κειμένοις** Ptz. -ανά-κειμαι (vgl. V. 26) *zusammen bei Tisch sein, zusammen am Essen teilnehmen;* subst. *(den) Tischgästen.* **κοράσιον** (Diminutivform v. κόρη Mädchen) *Mädchen.* **αἴτησον** Aor. Imp. αἰτέω; αἴτησόν με *fordere von mir, wünsche dir.* **ὃ ἐάν** = ὃ ἄν (A132; 371) *was (auch immer).* **θέλῃς** Konj. θέλω. **δώσω** Fut. δίδωμι; erg. αὐτό/τοῦτο (A79).
23 **23 ὤμοσεν** Aor. ὀμνύω[220] *schwören, einen Schwur ablegen* (m. Akk. *bei*).
πολλά adv. Akk. (A150) *eifrig, oftmals* (B πολύς I2bβ); ὤμοσεν αὐτῇ

πολλά *er schwor ihr mit allem Nachdruck* od. *er schwor ihr wiederholt.* **ὅ τι**
ἐάν = ὅ τι ἄν (A132; 371) *was (auch immer)* bzw. *alles, was* [Var. ὅτι V. 16].
αἰτήσῃς Aor. Konj. αἰτέω. **ἥμισυς**[10] εια υ (Ntr. Gen. Sg. ἡμίσους
statt ἡμίσεος/ἡμίσεως [BDR §48,2]) *halb;* τὸ ἥμισυ *die Hälfte;* ἕως ἡμί-
σους τῆς βασιλείας μου *bis zur Hälfte meines Königreichs = und wenn es*
mein halbes Königreich wäre (GNB). **24 ἐξ-ελθοῦσα** Aor. Ptz. Fem. -ἔρχο- 24
μαι, temp. (A291,1 Anm. 1). **αἰτήσωμαι** Aor. Konj. Med. αἰτέω; delibe-
rativer Konj. (A255). **ἡ δέ** *(und) diese/sie* (A102). [Var. αἰτῆσαι Aor. Inf.]
βαπτίζοντος Ptz. V. 14. **25 εἰσ-ελθοῦσα** V. 22, Ptz. temp. (A291,1 25
Anm. 1). **σπουδή** *Eile; Eifer;* εἰσελθοῦσα εὐθὺς μετὰ σπουδῆς ... *so-*
gleich ging sie in Eile ... hinein (Menge), *in aller Eile lief sie ... hinein* (vgl. NGÜ).
ᾐτήσατο Aor. Med. αἰτέω. **λέγουσα** Ptz. Fem. λέγω, mod.; ᾐτήσατο
λέγουσα *sie trug ihre Bitte vor* (GN). **ἵνα** hier *daß* (A328; bez. das Erbetene).
ἐξ-αυτῆς (= ἐξ αὐτῆς ὥρας) *sofort.* **δῷς** Aor. Konj. δίδωμι. **πίναξ**[3]
ακος ὁ *Platte, Schüssel, Teller.* **βαπτιστής**[1] *Täufer.* **26 περί-λυπος**[11] 26
tiefbetrübt, sehr traurig. **γενόμενος** Aor. Ptz. Med. γίνομαι, konz.; καὶ πε-
ρίλυπος γενόμενος ὁ βασιλεύς *da* (vgl. 1,12) *wurde der König sehr trau-*
rig/der König war bestürzt, aber. **ὅρκος** *Eid;* διὰ τοὺς ὅρκους *wegen des Ei-*
des/Schwurs (eig. „wegen der Eidesworte"; BDR §142[1]). **ἀνα-κειμένους**
Ptz. ἀνά-κειμαι *liegen;* „(zu Tisch) liegen" = *bei Tisch sein;* subst.; διὰ τοὺς
ὅρκους καὶ τοὺς ἀνακειμένους *wegen des Schwurs und der Tischgäste* (vgl.
Menge), viell. (so BDR §442[29]) Hendiadyoin (vgl. A378): *wegen des vor den*
Tischgästen geschworenen Eides bzw. *weil er vor allen Gästen einen Schwur gelei-*
stet hatte (GNB) [Var. συν-ανα-κειμένους Ptz. V. 22]. **ἠ-θέλησεν** Aor.
θέλω. **ἀθετῆσαι** Aor. Inf. ἀ-θετέω *für ungültig erklären; ablehnen;* hier τι-
νά *jmdn. abweisen* (B 1b), *jmdm. die Bitte abschlagen.* **27 ἀπο-στείλας** 27
Aor. Ptz. -στέλλω, mod. **σπεκουλάτωρ**[6] ορος ὁ (< lat. speculator)
Scharfrichter (in dieser Bdtg. auch rabbinisches Lehnwort) bzw. viell. (so Men-
ge) *Leibwächter* (vgl. LAW, S. 2855). **ἐπ-έ-ταξεν** Aor. ἐπι-τάσσω[79] *befeh-*
len, gebieten. **ἐνέγκαι** Aor. Inf. φέρω; καὶ εὐθὺς ἀποστείλας ὁ βασι-
λεὺς σπεκουλάτορα ἐπέταξεν ἐνέγκαι τὴν κεφαλὴν αὐτοῦ *und so-*
gleich schickte der König einen Henker (Menge: *einen von seinen Leibwächtern*)
und befahl (ihm), den Kopf des Täufers (wörtl. *seinen Kopf*) *zu bringen* bzw. *unver-*
züglich beauftragte der König einen Henker/einen seiner Leibwächter, den Kopf des
Täufers zu bringen [Var. ἐνεχθῆναι Aor. Inf. Pass.]. **ἀπ-ελθών** Aor. Ptz.
-ἔρχομαι, temp. (A291,1 Anm. 1). **ἀπ-ε-κεφάλισεν** V. 16. **28 ἤνεγ-** 28
κεν Aor. φέρω. **ἔ-δωκεν** Aor. δίδωμι. **29 ἀκούσαντες** Aor. Ptz. 29
ἀκούω erg. τοῦτο/ταῦτα (A79). **ἦραν** Aor. αἴρω hier *holen.* **πτῶμα**[3]
(< πίπτω) *Leichnam.* **ἔ-θηκαν** Aor. τίθημι. **ἐν** hier = εἰς (vgl. A184b).

30 συν-άγονται Pass. -άγω; Pass. m. πρός τινα *sich bei jmdm.* 30
versammeln (B 2); hist. Präs. (A235); καὶ συνάγονται οἱ ἀπόστολοι

πρὸς τὸν Ἰησοῦν *die Apostel versammelten sich dann* (vgl. 1,12) *(wieder)* (vgl. V. 12f) *bei Jesus.* **ἀπ-ήγγειλαν** Aor. -αγγέλλω. **ἐ-ποίησαν** Aor. ποιέω; πάντα ὅσα ἐποίησαν καὶ ὅσα ἐδίδαξαν (Aor. Ind. bez. hier Vorvergangenheit [vgl. H-S §199n; A224]; Tempus wie in der entsprechenden direkten Rede [A329]) *alles, was* (vgl. B ὅσος 2) *sie getan und was sie gelehrt hatten* (GN [idiomatischer]: *was sie in seinem Auftrag gesagt und getan hatten*).

31 **ἐ-δίδαξαν** Aor. διδάσκω. **31 λέγει** hist. Präs. (A235). **αὐτός** hier *für sich selbst, allein* (B 1f); ὑμεῖς αὐτοί *ihr für euch allein* (Menge). **δεῦτε** Adv., als Pl. zu δεῦρο *kommt her!, auf!* (vgl. A254/266). **κατ' ἰδίαν** (klass. = καθ' ἑαυτόν [BDR §286[2]]) *für sich* (B ἴδιος 4); δεῦτε ὑμεῖς αὐτοὶ κατ' ἰδίαν εἰς ἔρημον τόπον *kommt ihr für euch allein (mit mir) abseits an einen einsamen Ort* (Menge) od. (idiomatischer) *kommt mit an einen einsamen Ort, wo wir allein sind* (Einh.). **ἀνα-παύσασθε** Aor. Imp. Med. -παύω *ausruhen lassen;* Med. *sich ausruhen.* **ὀλίγον** adv. Akk. (H-S §157; A150) *ein bißchen* (B 3a), *ein wenig.* **ἦσαν** Ipf. εἰμί. **ἐρχόμενοι** Ptz. ἔρχομαι, subst. **ὑπ-άγοντες** Ptz. -άγω, subst.; ἦσαν γὰρ οἱ ἐρχόμενοι καὶ οἱ ὑπάγοντες πολλοί *denn zahlreich waren die Leute, die kamen und gingen* (Einh.) od. (idiomatischer) *denn es war ein ständiges Kommen und Gehen.* **φαγεῖν** Aor. Inf. ἐσθίω. **εὐ-καίρουν** Ipf. -καιρέω *Zeit, Muße, Gelegenheit haben;* καὶ οὐδὲ φαγεῖν εὐκαίρουν *so daß* (vgl. 1,12) *sie nicht einmal Zeit zum Essen fanden.*

32 **32 ἀπ-ῆλθον** Aor. -έρχομαι. **κατ' ἰδίαν** V. 31; übers. hier *um allein zu*
33 *sein.* **33 εἶδον** hier 3. Pl. im Sinn v. „man" (A76a). **ὑπ-άγοντας** Ptz. -άγω hier *abfahren* (B 1); AcP (A300). **ἐπ-έ-γνωσαν** Aor. ἐπι-γινώσκω hier *erfahren* (B 2b) od. *merken* (Menge; vgl. B 2c); erg. τοῦτο/ταῦτα (A79); καὶ ἐπέγνωσαν πολλοί *und viele erfuhren/hörten davon* od. *und viele hatten* (vgl. H-S §199n; A224) *ihre Absicht bemerkt.* **πεζῇ** *zu Land, zu Fuß, auf dem Landweg.* **ἀπὸ πασῶν τῶν πόλεων** *aus allen (umliegenden) Städten/Ortschaften.* **συν-έ-δραμον** Aor. -τρέχω[196] *zusammenlaufen.* **προ-ῆλθον** Aor. -έρχομαι[187] *vorgehen, vorwärtsgehen; vorher* (d.h. vor einem anderen) *gehen/kommen,* hier τινά *vor jmdm. ankommen* (Menge); καὶ πεζῇ ... συνέδραμον ἐκεῖ καὶ προῆλθον αὐτούς *sie eilten daher* (vgl. 1,12) ... *zu Fuß dort zusammen und kamen noch vor ihnen an* od. (idiomatischer) *so kam es, daß die Leute ... vorausliefen und Jesus und seine Jünger an der Landestelle erwarteten.* [Var. συν-ῆλθον Aor. -έρχομαι[187] *zusammenkommen, sich versammeln,* πρός τινα *bei jmdm.*]

34 **34 ἐξ-ελθών** Aor. Ptz. -έρχομαι hier *aussteigen* (B 1aβ), *aus dem Boot steigen;* temp. **ἐ-σπλαγχνίσθη** Aor. Pass. (ohne bes. Pass.-Bdtg.) σπλαγχνίζομαι (vgl. A33[91ff]) (< σπλάγχνα eig. „Eingeweide", gemeint „Herz" [Sitz der Gefühle]; „Zuneigung/Liebe") *sich erbarmen, Mitleid empfinden* ἐπί τινι/τινα *mit jmdm.* (B; BDR §233[3]; hier Pl. ἐπ' αὐτούς sinngemäße Konstruktion [A96; ebenso das flgd. ἦσαν]). **ἦσαν** V. 31. **ὡς**

zum vorliegenden (wohl sem./hebr.) Gebrauch vgl. B II3b. **πρό-βατον** *Schaf.*
ἔχοντα Ptz. Ntr. Pl. ἔχω, attr. od. mod. (vgl. A292); μὴ ἔχοντα ποιμένα
die keinen Hirten haben od. *ohne einen Hirten.* **ποιμήν**[4] ένος ὁ *Hirte.* **ἤρξα-
το** V. 2. **διδάσκειν** Inf. **πολλά** AkkO *vieles, viele Dinge* (B πολύς I2bα),
evtl. adv.-temp. (A150) *lange* (Einh.). **35 πολλή** hier *weit vorgerückt* 35
(Menge), *spät* (B I1bα). **γενομένης** V. 21; καὶ ἤδη ὥρας πολλῆς γε-
νομένης *als dann* (vgl. 1,12) *die Zeit schon weit vorgerückt war* (Menge) od. *als
es schon spät geworden war.* **προσ-ε-λθόντες** Aor. Ptz. -έρχομαι, temp.
(A291,1 Anm. 1). **ἔ-λεγον** Ipf. λέγω. **ὅτι** V. 18. **ὁ τόπος** *der/dieser Ort
(hier), die/diese Gegend (hier).* **ἤδη ὥρα πολλή** erg. ἐστίν (A78) *es ist
schon spät.* **36 ἀπό-λυσον** Aor. Imp. -λύω hier τινά *jmdn. verabschieden,* 36
gehen lassen (B 2b). **ἀπ-ελθόντες** Aor. Ptz. -έρχομαι, temp. (als dem
ἀγοράσωσιν nebengeordnet [+ „und"] übers.; A291,1 Anm. 1): ἵνα ἀπελ-
θόντες ... ἀγοράσωσιν ... *damit sie ... gehen und ... kaufen können.* **κύκλῳ**
V. 6. **ἀγρός** *Feld, Acker;* Pl. auch *Höfe, Dörfer.* **κώμη** V. 6. **ἀγοράσω-
σιν** Aor. Konj. ἀγοράζω (vgl. A33[91ff]) (< ἀγορά Marktplatz) *kaufen.* **φά-
γωσιν** Aor. Konj. ἐσθίω; deliberativer Konj. (A255) wie bei der implizierten
direkten Frage τί φάγωμεν *was sollen wir essen,* doch hier 3. statt 1. Pl (vgl.
A331; H-S §273e): ἵνα ... ἀγοράσωσιν ἑαυτοῖς τί φάγωσιν *damit sie ...
sich (etwas) kaufen können* (aus der sorgenvollen Frage heraus), *was sie essen
sollen* (BDR §368[4]) = *damit sie ... sich etwas zu essen kaufen können.* **37 ὁ δέ** 37
(und/doch) dieser (A102). **ἀπο-κριθείς** Aor. Ptz. Pass. -κρίνομαι, pleon.
(A297,2); ὁ δὲ ἀποκριθεὶς εἶπεν *er erwiderte.* **δότε** Aor. Imp. δίδωμι hier
τινὶ φαγεῖν *jmdm. zu essen geben* (B 2). **ὑμεῖς** Subj. betont (A122) **φα-
γεῖν** Aor. Inf. ἐσθίω. **λέγουσιν** hist. Präs. (A235). **ἀπ-ελθόντες** V. 36;
ἀπελθόντες ἀγοράσωμεν ... ἄρτους *sollen wir hingehen/weggehen und ...
Brot kaufen.* **ἀγοράσωμεν** Aor. Konj.; deliberativer Konj. (A255). **δηνά-
ριον** (lat. denarius) *Denar,* röm. Münze, deren Wert etwa dem Tageslohn eines
Arbeiters entsprach; gen. pretii (A161; BDR §179[1]); δηναρίων διακοσίων
für zweihundert Denare. **διακόσιοι**[19] *zweihundert.* **δώσομεν** Fut. δίδω-
μι; καί (vgl. A311,2/3) m. Fut. (nach Konj.) kons./fin. (vgl. BDR §442,2/3);
καὶ δώσομεν αὐτοῖς φαγεῖν *damit wir ihnen zu essen geben können* [Var.
δῶμεν/δώσωμεν Aor. Konj. (zweite Form: spät; BDR §95[2])]. **38 λέγει** 38
V. 31. **πόσος**[18] *wie groß?* Sg. (bei Unzählbarem) *wieviel?* Pl. *wie viele?* **ὑπ-
άγετε** Imp. (vgl. A266a), typischerweise gefolgt v. Asyndeton (vgl. BDR
§461,1; vgl. H-S §293e) *geht (und).* **ἴδετε** Aor. Imp. ὁράω hier *nachsehen.*
γνόντες Aor. Ptz. γινώσκω hier *sich (davon) Kenntnis verschaffen* (B 1a)
bzw. besser *nachsehen;* temp. **λέγουσιν** V. 37. **πέντε**[19] *fünf.* **ἰχθύς**[8] ύος
ὁ *Fisch.* **39 ἐπ-έ-ταξεν** Aor. ἐπι-τάσσω[79] *befehlen, gebieten.* **ἀνα-κλῖ-** 39
ναι Aor. Inf. -κλίνω[126] *niederlegen, zum Niederlegen bringen, veranlassen sich
zu legen;* Pass. *sich niederlegen* (zum Mahl; B 2), *sich lagern;* καὶ ἐπέταξεν

αὐτοῖς ἀνακλῖναι πάντας συμπόσια συμπόσια ἐπὶ τῷ χλωρῷ
χόρτῳ übers. etwa *er* (Jesus) *wies sie* (die Jünger) *an, dafür zu sorgen, daß die*
Leute sich alle gruppenweise ins grüne Gras niederließen/setzten [Var. -κλιθῆναι
Aor. Inf. Pass.]. **συμ-πόσιον** *Tischgemeinschaft;* συμπόσια συμπόσια
distributive Verdoppelung (hebr. u. volkssprachl. bezeugt [BDR §493,2; vgl.
A138,2]) *in einzelnen Tischgemeinschaften, gruppenweise.* **χλωρός** *grün(lich).*
40 **χόρτος** *Gras, Heu.* **40 ἀν-έ-πεσαν** Aor. (vgl. H-S §105g) ἀνα-πίπτω[194]
sich niederlegen/niederlassen, Platz nehmen (um zu essen), hier am besten *sich*
lagern (B 1). **πρασιά** *Abteilung, (Menschen-)Gruppe;* πρασιαὶ πρασιαί
wieder distributive Verdoppelung (vgl. V. 39) *Gruppe für Gruppe, in Gruppen.*
κατά m. Akk. hier distributiv *je* (B II3a; vgl. A138,2) bzw. (besser) *zu* [Var.
ἀνά m. Akk. hier synonym (B 3; BDR §204; A138,2)]. **ἑκατόν**[19] *einhundert.*
41 **πεντήκοντα**[19] *fünfzig.* **41 λαβών** Aor. Ptz. λαμβάνω, temp. (A291,1
Anm. 1). **ἀνα-βλέψας** Aor. Ptz. -βλέπω[41] *aufblicken;* temp. (A291,1
Anm. 1). **εὐ-λόγησεν** Aor. -λογέω hier *Lob und Dank sagen* (B 1), *den*
Lobpreis sprechen, Gott danken (GN). **κατ-έ-κλασεν** Aor. κατα-κλάω[23]
in Stücke brechen. **ἐ-δίδου** Ipf. δίδωμι; erg. αὐτούς/τούτους (A79; analog
beim flgd. Verb). **παρα-τιθῶσιν** Konj. -τίθημι *daneben stellen,* hier
vorsetzen bzw. *verteilen;* ἵνα παρατιθῶσιν αὐτοῖς übers. etwa *damit diese sie*
(A79) *an die Menge verteilten* [Var. -θῶσιν Aor. Konj.]. **ἐ-μέρισεν** Aor.
μερίζω (vgl. A33[91ff]) *teilen;* hier τί τισιν *etwas unter mehrere verteilen* (bzw.
42 [kausativ, A218] ... *verteilen lassen*). **42 ἔ-φαγον** Aor. ἐσθίω. **ἐ-χορτά-**
σθησαν Aor. Pass. χορτάζω (vgl. A33[91ff]) *satt machen, sättigen;* Pass. auch
43 *satt werden.* **43 ἦραν** Aor. αἴρω hier *aufheben, einsammeln;* Subj. sind wahr-
scheinl. die Jünger. **κλάσμα**[3] *(abgebrochenes) Stück.* **κόφινος** *Korb* (gro-
ßer, fester Tragkorb; 8,8 verwendet das Synonym σπυρίς; über einen Bdtgs.-
Unterschied zwischen den beiden ist nichts Sicheres bekannt). **πλήρωμα**[3]
das, was füllt: *Füllung, Inhalt;* δώδεκα κοφίνων πληρώματα *den Inhalt von*
zwölf Körben (B 1a), *zwölf Körbe voll* [Var. πλήρης[7] *angefüllt, voll*]. **ἀπό** m.
Gen. hier statt gen. partitivus (A164); ἀπὸ τῶν ἰχθύων *Reste von den Fischen*
(B I6; BDR §164[6]), entweder zusätzl. zu den zwölf Körben od. als Teil davon:
ἦραν κλάσματα δώδεκα κοφίνων πληρώματα καὶ ἀπὸ τῶν ἰχθύ-
ων *sie hoben an Brotresten zwölf Körbe voll auf, dazu auch Überbleibsel von den*
Fischen (vgl. Menge) od. *sie füllten zwölf Körbe mit dem, was von den Broten und*
44 *Fischen übrigblieb* (vgl. GN). **44 ἦσαν** V. 31. **φαγόντες** Aor. Ptz. ἐσθίω,
subst. **πεντακισ-χίλιοι**[19] *fünftausend;* ἦσαν οἱ φαγόντες τοὺς ἄρ-
τους πεντακισχίλιοι ἄνδρες übers. etwa *die Zahl der Männer, die, von den*
Broten gegessen hatten, belief sich auf fünftausend (NGÜ) od. (idiomatischer)
fünftausend Männer hatten an der Mahlzeit teilgenommen (GNB).
45 **45 ἠνάγκασεν** Aor. ἀναγκάζω (vgl. A33[91ff]) *zwingen, nötigen;* hier
nachdrücklich auffordern (B 2). **ἐμ-βῆναι** Aor. Inf. -βαίνω[139] *(ein)steigen.*

προ-άγειν Inf. -άγω *vorausgehen* (τινά *jmdm.*), hier *vorausfahren.* **πέραν**
Adv. *jenseits,* τὸ πέραν *das jenseitige Ufer;* εἰς τὸ πέραν hier *auf die andere*
Seite des Sees (Gennesaret). **Βηθσαϊδά** indekl., hier Akk., ἡ *Betsaida,* Ort-
schaft am Nordufer des Sees Gennesaret (GBL 1, S. 197f); πρὸς Βηθσαϊδάν
nach Betsaida. **ἕως** hier *solange (wie), während* (B I2α); ἕως αὐτὸς ἀπο-
λύει (hier Tempus u. Modus wie in der entsprechenden direkten Rede
[A326/334]) τὸν ὄχλον *während er selbst die Leute verabschiedete* bzw. *er selbst*
wollte inzwischen die Leute verabschieden. **αὐτός** Subj. betont (A124a).
[Var. 1 ἀπο-λύσῃ Aor. Konj., Var. 2 ἀπο-λύσει Fut., Var. 3 ἀπ-έ-λυσεν
Aor.] **46 ἀπο-ταξάμενος** Aor. Ptz. Med. -τάσσομαι[79] m. Dat. *Abschied* 46
nehmen von, sich verabschieden von (vgl. B 1); temp. **αὐτοῖς** auf ὄχλος bezo-
gen: Pl. sinngemäße Konstruktion (A96). **ἀπ-ῆλθεν** Aor. -έρχομαι. **εἰς**
τὸ ὄρος *auf den* (d.h. etwa: auf den in der Nähe liegenden) *Berg* (B ὁ II1aα),
übers. (idiomatisch) *auf einen Berg,* od. *ins Gebirge/Bergland.* **προσ-εύξα-**
σθαι Aor. Inf. Med. -εύχομαι; fin. (A276). **47 ὀψία** (eig. Fem. Sg. ὄψιος 47
spät) *Abend.* **γενομένης** V. 21; ὀψίας γενομένης *als es Abend wurde/ge-*
worden war; übers. hier etwa *spät am Abend.* **ἦν** Ipf. εἰμί. [Var. πάλαι *vor*
langer Zeit, einst; schon lange, längst.] **ἐν μέσῳ τῆς θαλάσσης** *mitten auf*
dem See (B μέσος 2). **αὐτός** V. 45; καὶ αὐτὸς μόνος ἐπὶ τῆς γῆς *wäh-*
rend (vgl. 1,12) *er selbst (immer noch) allein an Land war.* **48 ἰδών** Aor. Ptz. 48
ὁράω hier ist entweder ein natürl. od. (viell. besser [vgl. in V. 49 beschriebene
Sichtverhältnisse]) ein übernatürl. Sehen gemeint; temp. **βασανιζομέ-**
νους Ptz. Pass. βασανίζω *foltern, quälen* (eig. u. übertr.); Pass. hier bei ἐν
τῷ m. Inf. *sich abquälen mit* (B 3), *sich abmühen bei* (Menge); AcP (A300); καὶ
ἰδὼν αὐτοὺς βασανιζομένους ... *als er nun* (vgl. 1,12) *sah, wie sie sich ...*
abmühten. **ἐν τῷ** m. Inf. mod./temp. (A282; BDR §404,2); ἐν τῷ ἐλαύνειν
mit/beim Rudern. **ἐλαύνειν** Inf. ἐλαύνω *treiben; rudern.* **ἄνεμος** *Wind.*
ἐν-αντίος *gegen(überstehend), entgegengesetzt;* ἦν γὰρ ὁ ἄνεμος ἐναν-
τίος αὐτοῖς *denn der Wind stand ihnen entgegen* (Menge) bzw. (etwas freier)
denn sie hatten starken Gegenwind. [Var. σφόδρα *heftig, gewaltig, sehr.*] **περί**
m. Akk. hier zeitl. *um, gegen* (B 2b). **τέταρτος**[19] *vierter;* περὶ τετάρτην
φυλακὴν τῆς νυκτός *um die vierte Nachtwache,* d.h. zwischen drei u. sechs
Uhr morgens (idiomatisch etwa *gegen Morgen* [GN]). **ἔρχεται** V. 1. **περι-**
πατῶν Ptz. -πατέω, mod.; περιπατῶν ἐπὶ τῆς θαλάσσης *er ging*
(dabei) auf dem See (vgl. B ἐπί I1aα). **ἤ-θελεν** Ipf. θέλω; καὶ ἤθελεν
παρελθεῖν αὐτούς *und er wollte an ihnen vorübergehen* (viell. um ihren
Glauben zu prüfen [vgl. V. 52]). **παρ-ελθεῖν** Aor. Inf. -έρχομαι[187] *vorbei-,*
vorübergehen, τινά *an jmdm.* (B 1aα). **49 οἱ δέ** *(und/doch) diese/sie* (A102). 49
ἰδόντες Aor. Ptz., temp. **περι-πατοῦντα** Ptz., AcP (A300). **ἔ-δοξαν**
Aor. δοκέω. **φάντασμα**[3] *Erscheinung, Gespenst.* **ἐστίν** [Var. εἶναι Inf.
εἰμί, Präd. des AcI]. **ἀν-έ-κραξαν** Aor. ἀνα-κράζω[81] *aufschreien.*

50 **50 ἐ-ταράχθησαν** Aor. Pass. ταράσσω (vgl. A33[74ff]) *aufwühlen, aufrüh-
ren;* übertr. *in Aufregung, Unruhe, Verwirrung, Angst, Schrecken* bzw. *Bestürzung
versetzen* (Pass. *geraten*); πάντες γὰρ αὐτὸν εἶδον καὶ ἐταράχθησαν
denn alle sahen ihn und wurden in Angst versetzt, wohl am besten als Hendiadyoin
(vgl. A378) zu verstehen, etwa *so sehr waren sie alle bei seinem Anblick von
Furcht gepackt* (NGÜ). **ὁ δέ** V. 37. **ἐ-λάλησεν** Aor. λαλέω hier μετά τι-
νος *mit jmdm. reden;* ὁ δὲ εὐθὺς ἐλάλησεν μετ᾽ αὐτῶν hier am besten
ingr. (A240b) *doch er begann sofort mit ihnen zu reden* (vgl. Einh.), *aber Jesus
sprach sie sofort an* (NGÜ). **λέγει** V. 31. **θαρσεῖτε** Imp. θαρσέω *guten
Mutes, voller Mut, zuversichtlich sein;* übers. etwa *erschreckt nicht* (z.B. GN), *habt
Vertrauen* (Einh.). **ἐγώ εἰμι** *ich* (betont, A122) *bin's.* **φοβεῖσθε** Imp. φο-
βέομαι; μὴ φοβεῖσθε *fürchtet euch nicht (länger)* (H-S §246a; vgl. A265a),
51 *ihr braucht euch nicht zu fürchten* (NGÜ). **51 ἀν-έ-βη** Aor. ἀνα-βαίνω hier
einsteigen (B 1aα). **ἐ-κόπασεν** Aor. κοπάζω (vgl. A33[91ff]) *müde werden,* (v.
Sturm) *nachlassen, sich legen, aufhören.* **λίαν** *sehr, ganz.* **περισσός** *über das
übliche Maß hinausgehend;* ἐκ περισσοῦ adv. Redewendung *übermäßig* (B ἐκ
6c), verstärkt λίαν ἐκ περισσοῦ *ganz und gar* (B λίαν 1), *völlig.* **ἐν ἑαυ-
τοῖς** *in sich, in ihrem Innern* (vgl. B ἑαυτοῦ 1c; ZG). **ἐξ-ίσταντο** Ipf. Med.
-ἵσταμαι *außer sich geraten* (vor Staunen); καὶ λίαν ἐκ περισσοῦ ἐν
ἑαυτοῖς ἐξίσταντο *nun* (vgl. 1,12) *gerieten sie vollends außer sich vor Staunen*
(vgl. Menge) od. *da waren sie erst recht fassungslos* (NGÜ). [Var. ἐ-θαύμαζον
52 Ipf. θαυμάζω.] **52 συν-ῆκαν** Aor. -ἵημι[202] *verstehen, einsehen, begreifen;*
Aor. hier wohl ingr. (A240b). **ἐπί** m. Dat. hier *auf Grund von* (v. dem Grund,
auf dem ein Zustand od. ein Geschehen beruht); οὐ γὰρ συνῆκαν ἐπὶ τοῖς
ἄρτοις, ἀλλ᾽ ἦν αὐτῶν ἡ καρδία πεπωρωμένη *denn auf Grund der Bro-
te* (= des Brotwunders [V. 32-44]) *waren sie (noch) nicht zur Einsicht gekommen*
(vgl. B II1bγ), *sondern ihr Herz war verhärtet/verstockt* od. *denn selbst nach dem
Erlebnis mit den Broten hatten sie noch nichts begriffen; ihre Herzen waren ver-
schlossen* (NGÜ); durch den γάρ-Satz erklärt (vgl. B γάρ 2) der Verfasser die
eben genannte Reaktion der Jünger: obwohl sie das Brotwunder (das u.a. Jesu
eig. Identität offenbaren sollte) persönl. miterlebt hatten, haben sie, die doch zu
den engsten Vertrauten des Gottessohnes best. u. bereits aktiv an seinem Wir-
ken beteiligt waren (V. 7-13 u. 30), noch immer nicht begriffen, wen sie vor sich
hatten (vgl. zu 4,13). **ἦν** V. 47. **πε-πωρωμένη** Pf. (A231) Ptz. Pass.
πωρόω *versteinern, verhärten, verstocken;* umschrieb. Plsqpf. (A249b).
53 **53 δια-περάσαντες** Aor. Ptz. -περάω *hinüberfahren,* hier ἐπὶ τὴν
γῆν *ans Land hinüberfahren;* temp. **Γεννησαρέτ** indekl., hier Akk., ἡ *Gen-
nesaret* (fruchtbare Ebene südl. v. Kafarnaum sowie eine dort gelegene Ort-
schaft; GBL 1, S. 439). **προσ-ωρμίσθησαν** Aor. Pass. -ορμίζομαι (vgl.
54 A33[91ff]) *in den Hafen einlaufen, anlegen.* **54 ἐξ-ελθόντων** Aor. Ptz. -ἔρχο-
μαι hier *aussteigen* (B 1aα); gen. abs., temp. **ἐπι-γνόντες** Aor. Ptz.

-γινώσκω, part. coni. zum Subj. v. περιέδραμον (V. 55), temp. (A291,1
Anm. 1); ἐξελθόντων αὐτῶν ἐκ τοῦ πλοίου εὐθὺς ἐπιγνόντες αὐτὸν
περιέδραμον ὅλην τὴν χώραν ἐκείνην καί ... *als sie aus dem Boot ge-
stiegen waren, erkannten die Leute dort ihn sogleich, liefen in jener ganzen Gegend
umher und ...* (Menge) od. (einfacher) *als sie aus dem Boot stiegen, erkannte man
ihn sofort. Die Menschen eilten durch die ganze Gegend und ...* (Einh.).
55 περι-έ-δραμον Aor. -τρέχω[196] *umherlaufen, kreuz und quer durchzie-* 55
hen; Subj. sind die Bewohner der Gegend (sinngemäße Konstruktion [A96; vgl.
BDR §282,1]), bzw. die 3. Pl. ist im Sinn v. „man" zu verstehen (A76a); analog
bei ἤρξαντο sowie (V. 56) ἐτίθεσαν u. παρεκάλουν. **χώρα** *Land* (Ggs.
Meer od. *Stadt*), *Landschaft, Gegend.* **ἤρξαντο** V. 2; ἤρξαντο ἐπὶ τοῖς
κραβάττοις τοὺς κακῶς ἔχοντας περιφέρειν ὅπου ἤκουον ὅτι
ἐστίν *sie begannen, die Kranken auf den/ihren Matten dorthin zu bringen* (wörtl.
umherzutragen [um sie dorthin zu bringen]), *wo sie hörten, daß er (gerade) war*
bzw. (einfacher) *sie brachten die Kranken auf ihren Matten immer an den Ort, von
dem sie hörten, daß Jesus dort sei* (vgl. GNB). **κράβαττος** (< lat. grabatus)
(ärmliches) *Bett, Pritsche, Matte.* **κακῶς** Adv. *schlimm;* ἔχω κακῶς *mir geht
es schlecht, ich bin krank, ich leide* (vgl. B ἔχω II1). **ἔχοντας** Ptz. ἔχω, subst.
περι-φέρειν Inf. -φέρω *umhertragen.* **ὅπου** *dorthin, wo* (B 1aα; vgl.
A358). **ἤκουον** Ipf. ἀκούω, iter. (A237b). **ἐστίν** *war* (Tempus u. Modus
wie in der entsprechenden direkten Rede; A326). **56 ὅπου ἄν** *wo immer* (B 56
ὅπου 1aβ) od. *überall, wo;* bez. hier m. Augmenttempus (hier Ipf.) ein wieder-
holtes Geschehen in der Vergangenheit („hellenistischer Nebensatziterativ";
H-S §198c; BDR §367; A262). **εἰσ-ε-πορεύετο** Ipf. Med. -πορεύομαι
hineingehen, -kommen. **κώμη** V. 6. **ἀγρός** V. 36. **ἀγορά** *Marktplatz* (meist
Stätte des gesamten öffentl. Lebens). **ἐ-τίθεσαν** [Var. ἐ-τίθουν (vgl. BDR
§94[5])] Ipf. τίθημι; iter. (A237b; vgl. a. ὅπου ἄν); ὅπου ἂν εἰσεπορεύετο
εἰς κώμας ἢ εἰς πόλεις ἢ εἰς ἀγρούς, ἐν ταῖς ἀγοραῖς ἐτίθεσαν
τοὺς ἀσθενοῦντας *überall wo/immer wenn er in Dörfer, Städte oder Gehöfte
kam, trug man die Kranken auf die Marktplätze.* **ἀσθενοῦντας** Ptz. ἀ-σθε-
νέω *schwach/krank sein;* subst. *(die) Kranken.* **παρ-ε-κάλουν** Ipf. παρα-
καλέω. **ἵνα** V. 25. **κἄν** = καὶ ἐάν hier *wenigstens, auch nur* (B κἄν 3;
BDR §374[6]). **κράσ-πεδον** *Saum* (eines Gewandes); *Mantelquaste, Troddel*
(wie sie der Israelit nach Num 15,37-41 an den vier Ecken seines Obergewandes
zur Erinnerung an Gottes Gebote trug). **ἅψωνται** Aor. Konj. Med. ἅπτω[51]
Med. *berühren, anfassen,* m. Gen. (A165); παρεκάλουν αὐτὸν ἵνα κἄν ...
ἅψωνται *sie baten ihn, wenigstens ... anfassen/berühren zu dürfen.* **ὅσοι ἄν**
soviele auch immer = alle, die, bez. hier m. Augmenttempus (hier Aor. Ind.) wie-
der ein wiederholtes Geschehen in der Vergangenheit (vgl. zu ὅπου ἄν).
ἥψαντο Aor. Med. ἅπτω [Var. ἥπτοντο Ipf.]. **ἐ-σῴζοντο** Ipf. Pass.
σῴζω hier im Sinn v. *(von Krankheit) befreien,* Pass. *gesund werden*

(B 1c); iter. (A237b; vgl. a. ὅσοι ἄν); καὶ ὅσοι ἂν ἥψαντο αὐτοῦ ἐσῴ-
ζοντο *und alle, die ihn berührten, wurden gesund* (vg. A262).
7 **συν-άγονται** Pass. -άγω; Pass. m. πρός τινα *sich bei jmdm. versam-
meln* (B 2); hist. Präs. (A235). **τινές** m. gen. partitivus (A137a/164) *einige*
(der) Schriftgelehrte(n). **ἐλθόντες** Aor. Ptz. ἔρχομαι, attr. (zu τινές).
2 **2 ἰδόντες** Aor. Ptz. ὁράω, temp./kaus; ἰδόντες τινὰς τῶν μαθητῶν
αὐτοῦ ὅτι ... ἐσθίουσιν = ἰδόντες ὅτι τινὲς τῶν μαθητῶν αὐτοῦ ...
ἐσθίουσιν (Prolepsis; A373; BDR §476[2]); zwischen diese Partizipialkonstruk-
tion u. den dazugehörigen HS (V. 5: καὶ ἐπερωτῶσιν ... [Wiederaufnahme
der Konstruktion durch καί erleichtert]) ist eine Parenthese eingeschoben (οἱ
γὰρ Φαρισαῖοι ... χαλκίων καὶ κλινῶν [V. 3f; BDR §465[3]; A374]),
übers. etwa *sie hatten gesehen, daß einige seiner Jünger ... aßen.* (Einschub
[V. 3f]:) *Denn die Pharisäer ... von Kupfergefäßen und Sitzpolstern. Da/Deshalb*
(vgl. 1,12) *fragten sie.* **τινάς** m. gen. partitivus (wie τινές V. 1). **κοινός** *ge-
meinsam; gemein, gewöhnlich, unheilig,* (kultisch) *unrein.* **τοῦτ' ἔστιν** Formel
(A93) *das heißt* (B εἰμί II3). **ἄ-νιπτος**[11] *ungewaschen;* κοιναῖς χερσίν,
τοῦτ' ἔστιν ἀνίπτοις (jeweils dat. instr. [A176]) *mit unreinen, das heißt un-
gewaschenen Händen;* gemeint ist hier ein rituelles Händewaschen (vgl. zu Mt
15,2). **ἐσθίουσιν τοὺς ἄρτους** (ἄρτον ἐσθίω „Brot essen" [(pars pro
toto, A382a] = *eine Mahlzeit einnehmen* [vgl. B ἐσθίω 1a]) *ihre Mahlzeiten ein-
nahmen* od. einfach *aßen* (Tempus u. Modus wie in der entsprechenden direkten
Rede; A326) [Var. ἐσθίοντας Ptz., AcP (A300)]. [Var. ἐ-μέμψαντο Aor.
3 Med. μέμφομαι *tadeln.*] **3 καὶ πάντες οἱ Ἰουδαῖοι** *und alle anderen*
(A376) *Juden* od. *und die Juden im allgemeinen* (NGÜ). **πυγμή** *Faust;* πυγ-
μῇ offenbar dat. instr. (A176); der Sinn dieses Ausdrucks ist bisher noch nicht
wirkl. erklärt; u.a. wurden flgd. Deutungen vorgeschlagen (neben B s. etwa
EWNT 3, Sp. 474): a) das Waschen od. trockene Abreiben der einen Faust in
der anderen hohlen Hand (also *mit der Faust*), b) das Waschen der Hände bis
zum Handgelenk od. zum Ellenbogen (also *bis zum Handgelenk* bzw. *bis zum
Ellenbogen*), c) das Waschen m. einer Handvoll Wasser (als gebräuchl. Maßan-
gabe; also *mit einer Handvoll Wasser*); übers. am besten etwa (so GN) *in der vor-
geschriebenen Weise* [Var. πυκνός *häufig, zahlreich;* πυκνά adv. Akk. (A150)
häufig]. **νίψωνται** Aor. Konj. Med. νίπτω (vgl. A33[51ff]) *waschen;* Med. *sich
waschen;* ἐὰν μή ... νίψωνται τὰς χεῖρας οὐκ ἐσθίουσιν *sie essen nicht,
wenn sie sich nicht (zuerst) ... die Hände gewaschen haben* od. *sie essen nur, wenn
sie sich vorher ... die Hände gewaschen haben.* **κρατοῦντες** Ptz. κρατέω hier
festhalten an (B 2eβ), *sich richten nach;* kaus. **παρά-δοσις**[8] *Überlieferung*
(d.h. die als maßgebl. überlieferte Lehre); ἡ παράδοσις τῶν πρεσβυτέ-
ρων *die Überlieferung der Alten/Vorfahren* (vgl. B πρεσβύτερος 1b) bzw. (kon-
textgemäß) *die Vorschriften, die ihnen von den Vorfahren her überliefert sind*
4 (NGÜ); s.a. zu Mt 15,2. **4 ἀγορά** *Marktplatz* (meist Stätte des gesamten

öffentl. Lebens); ἀπ᾽ ἀγορᾶς im Griech. durchaus belegte idiomatische Ausdrucksweise (BDR §209[6]; Reiser, Syntax, S. 18f) für *nach der Rückkehr vom Markt* (vom Subj. des Essens) od. evtl. *das, was vom Markt kommt* (Obj. des Essens). **βαπτίσωνται** Aor. Konj. Med. βαπτίζω hier v. der rituellen Reinigung (B 1); übers. das Med. hier wohl im Sinn v. *sich waschen* (GN: *ein Bad nehmen*) od. *sich die Hände waschen* (vgl. Menge) bzw. einfach *sich einer Reinigung unterziehen* (NGÜ), viell. (die Marktware) im eigenen Interesse (vgl. A216a) *reinigen;* ἀπ᾽ ἀγορᾶς ἐὰν μὴ βαπτίσωνται οὐκ ἐσθίουσιν *wenn sie vom Markt kommen, essen sie erst, nachdem sie sich einer Reinigung unterzogen haben* (NGÜ), viell. *was vom Markt kommt, essen sie erst, nachdem sie es gereinigt haben* [Var. ῥαντίσωνται Aor. Konj. Med. ῥαντίζω *besprengen;* Med. *sich reinigen/waschen*]. **παρ-έ-λαβον** Aor. παρα-λαμβάνω hier *übernehmen* als term. tech. für das Überliefern verbindl. Lehre (B 2bγ; vgl. EWNT 3, Sp. 68ff; Gegenstück παραδίδωμι V. 13). **κρατεῖν** Inf. κρατέω; fin. (A276); καὶ ἄλλα πολλά ἐστιν ἃ παρέλαβον κρατεῖν ... *und (noch) viel anderes gibt es, was sie zu halten übernommen haben (wie zum Beispiel)* od. (freier) *so halten sie noch viele andere Vorschriften ein, die ihnen überliefert worden sind, wie zum Beispiel* (NGÜ). **βαπτισμός** (rituelle) *Waschung* bzw. (hier) *(das)* (rituelle) *Spülen/Reinigen.* **ποτήριον** *Becher, Kelch.* **ξέστης**[1] (< lat. sextarius [BDR §5[5]] „Sechstel" [Hohlmaß v. ca. 0,5 l]) *Gefäß, Krug* (m. unterschiedl. Fassungsvermögen). **χαλκίον** *Kupfer-* od. *Bronzegefäß* (Pl. auch *-geschirr*). **κλίνη** *Bett, Tragbahre;* hier viell. das Lager (die Couch)
der Speisenden (GNB: *Sitzpolster*). **5 καὶ** [Var. ἔπ-ειτα *alsdann, hierauf*] 5
ἐπερωτῶσιν vgl. V. 2. **διὰ τί** *warum?* **περι-πατέω** m. κατά u. Akk. hier *sich in seiner Lebensweise halten an* (Menge), *sich richten nach.*

6 ὁ δέ *(und/doch) dieser/er* (A102). [Var. ἀπο-κριθείς Aor. Ptz. Pass. 6
-κρίνομαι, pleon. (A297,2); ὁ δὲ ἀποκριθεὶς εἶπεν *er erwiderte.*] [Var. ὅτι recitativum = Doppelpunkt (A333).] **καλῶς** *schön, gut;* hier *zutreffend, richtig, zu Recht* (vgl. B 4b). **ἐ-προ-φήτευσεν** Aor. (zum Aug. vgl. BDR §69[4]) -φητεύω *prophezeien, prophetisch reden* (im Sinn v. *Zukünftiges voraussagen* od. *die Gottesoffenbarung verkünden*). **Ἠσαΐας**[1] ου 1,2. **ὑπο-κριτής**[1] (< ὑποκρίνομαι vortäuschen, heucheln; im älteren Griech. meist „Schauspieler") *Heuchler, Scheinheiliger;* περὶ ὑμῶν τῶν ὑποκριτῶν (App. [A70] zum Pers.-Pron. m. Art. [H-S §129b]) *über euch Heuchler.* **γέ-γραπται** Pf. (A231) Pass. γράφω, Pf. Pass. term. tech. zur Einführung v. Schriftzitaten (B 2c); ὡς γέγραπται *wie es geschrieben steht, wie es in der Schrift steht;* zitiert wird Jes 29,13 (folgt im wesentl. dem Wortlaut der LXX [eine relativ freie, aber sinngemäße Entsprechung zum MT]; s.a. zu Mt 15,7). **ὅτι** recitativum = Doppelpunkt (A333). **χεῖλος**[7] *Lippe;* dat. instr. (A176). **τιμάω** *abschätzen;* hier *schätzen, ehren* (B 2). **ἡ καρδία αὐτῶν** Pl. sinngemäße Konstruktion (A96; analog die Plurale in V. 7). **πόρρω** *weit, fern.* **ἀπ-έχω** *entfernt sein* ἀπό τινος *von*

7 *jmdm.* (B 2). **7 μάτην** Adv. *vergeblich, umsonst.* **σέβομαι** (eine Gottheit)
verehren; μάτην δὲ σέβονταί με *doch vergeblich verehren sie mich* od.
(freier) *ihr ganzer Gottesdienst ist wertlos.* **διδάσκοντες** Ptz. διδάσκω,
kaus. **διδασκαλία** *Lehre* (die Lehrtätigkeit od. das, was gelehrt wird). **ἔν-
ταλμα**[3] *Gebot;* διδάσκοντες διδασκαλίας (zum Akk. vgl. A145 u. BDR
§153[4]) ἐντάλματα ἀνθρώπων *denn als Lehren tragen sie Gebote von
Menschen vor* bzw. *denn ihre Lehren sind nichts als Gebote von Menschen*
8 (NGÜ). **8 ἀφ-έντες** Aor. Ptz. -ίημι hier *außer acht lassen* (B 3b); mod.
(A291,2 Anm. 1); ὡς γέγραπται ... (V. 6b-7) ἀφέντες τὴν ἐντολὴν τοῦ
θεοῦ κρατεῖτε ... *wie es in der Schrift steht ... (genauso ist es:) Ihr laßt Gottes
Gebot außer acht und haltet euch statt dessen an ...* (vgl. NGÜ). **παράδοσις**
9 V. 3. [Var. s. V. 4 u. 13.] **9 ἔ-λεγεν** Ipf. λέγω. **καλῶς** hier ironisch; κα-
λῶς ἀθετεῖτε ... *ihr versteht es glänzend ... außer Kraft zu setzen* (NGÜ). **ἀ-θε-
τέω** *für ungültig erklären, aufheben* (B 1a), *außer Kraft setzen.* **στήσητε** Aor.
Konj. ἵστημι hier *zur Geltung bringen* (B I2a), *aufrechterhalten,* (einer Sache)
10 *Geltung verschaffen* [Var. τηρήσητε Aor. Konj. τηρέω]. **10 Μωϋσῆς
γὰρ εἶπεν** *Mose hat zum Beispiel* (vgl. Menge; B γάρ 1d) *gesagt;* zitiert
werden (gemäß MT/LXX m. kleinen exegetisch irrelevanten Abweichungen) Ex
20,12 (bzw. Dt 5,16) u. 21,17 (bzw. Lev 20,9). **τίμα** Imp. τιμάω V. 6; die
Eltern „ehren" schließt auch finanzielle Unterstützung m. ein (vgl. zu Mt 15,4).
κακο-λογῶν Ptz. -λογέω m. Akk. *Übles/Schändliches reden über, schmähen,
verfluchen;* subst. **θανάτῳ** dat. modi als Entsprechung zum hebr. infinitivus
absolutus (zur Intensivierung des Verbinhalts; BDR §198[9]; A180c; H-S §180c).
τελευτάτω Imp. 3. Sg. τελευτάω *sterben;* θανάτῳ τελευτάτω *(der) muß
(auf jeden Fall) sterben* bzw. (sinngemäß) *(der) soll mit dem Tod bestraft werden.*
11 **11 ὑμεῖς** Subj. betont (im Ggs. zu Μωϋσῆς V. 10; A122). **εἴπῃ** Aor.
Konj. λέγω. **Κορβᾶν** indekl., hier Nom.,(hebr. Wort קָרְבָּן *qorbān*) *(Gott
geweihte) Gabe;* erg. εἴη od. ἔστω (Opt. bzw. Imp. [3. Sg.] v. εἰμί) *sei* (BDR
§128[7]; vgl. A78). **ὅ ἐστιν** Formel (A93) *das heißt, das bedeutet* (B εἰμί II3).
δῶρον *Geschenk, Gabe; Opfergabe;* Genaueres s. zu Mt 15,5. **ὃ ἐάν**= ὃ ἄν
(A132; 371) *was (auch immer)* bzw. *alles, was.* **ὠφεληθῇς** Aor. Konj. Pass.
ὠφελέω *helfen, nützen, fördern;* Pass. τὶ ἔκ τινος *etwas von jmdm. als Nutzen
haben* (B 1a; zum Akk. der Sache/des Inhalts s. BDR §159,2, vgl. A213); κορ-
βᾶν, ὅ ἐστιν δῶρον, ὃ ἐὰν ἐξ ἐμοῦ ὠφεληθῇς *„Korban" (das bedeutet:
eine Gott geweihte Gabe) sei alles, was du von mir als Nutzen hast/hättest = was
ich dir schulde, ist Korbán, das heißt: eine Opfergabe* (Einh.) bzw. *alles, was dir
eigentlich von mir als Unterstützung zusteht, erkläre ich für Korban (das bedeutet:
12 Es ist eine Opfergabe für den Tempel)* (vgl. NGÜ). **12 ἀφ-ίημι** hier m. AcI
lassen, gestatten (B 4; H-S §218a); οὐκέτι ἀφίετε αὐτὸν οὐδὲν ποιῆσαι
τῷ πατρὶ ἢ τῇ μητρί (dat. commodi, A173) *und (auf eine solche Erklärung
hin) laßt ihr ihn nichts mehr für seinen Vater oder seine Mutter tun* (NGÜ).

ποιῆσαι Aor. Inf. ποιέω. **13 ἀ-κυροῦντες** Ptz. -κυρόω *außer Kraft* 13
setzen (juristischer term. tech.); mod. (A291,2 Anm. 1); ἀκυροῦντες ... *und*
(dabei/so) setzt ihr ... außer Kraft. **τῇ παραδόσει ὑμῶν** dat. instr. (A176).
ᾗ = ἥν (Attraktion des Rel.-Pron., A360). **παρ-ε-δώκατε** Aor. παρα-δί-
δωμι hier *weitergeben, überliefern* als term. tech. für das Überliefern verbindl.
Lehre (Gegenstück παραλαμβάνω V. 4); τῇ παραδόσει ὑμῶν ᾗ παρε-
δώκατε *durch eure Überlieferung, die ihr weitergegeben* (= allmählich heraus-
gebildet) *habt* (Menge) bzw. (einfach) *durch eure eigenen Vorschriften.* **παρ-
όμοιος** *ähnlich;* καὶ παρόμοια τοιαῦτα πολλὰ ποιεῖτε *und ähnliches*
dieser Art tut ihr viel (Pesch, Mk 1, S. 369) bzw. (idiomatisch) *dafür gibt es noch*
viele andere Beispiele (GNB).

14 προσ-καλεσάμενος Aor. Ptz. Med. -καλέομαι[37] *herbeirufen, zu* 14
sich rufen; temp. (A291,1 Anm. 1). **ἔ-λεγεν** V. 9. **αὐτοῖς** Pl. sinngemäße
Konstruktion (A96). **ἀκούσατε** Aor. Imp. ἀκούω hier τινός *jmdm. zuhö-*
ren (B 1c). **σύν-ετε** Aor. Imp. -ἵημι[202] *verstehen, einsehen, begreifen.*
15 ἔξω-θεν *von außen; außen, draußen;* hier uneig. Präp. (A183) *von außer-* 15
halb. **ὁ ἄνθρωπος** genereller Sg. (A101; 104) *der Mensch = ein Mensch/die*
Menschen. **εἰσ-πορευόμενον** Ptz. -πορεύομαι *hineingehen, -kommen;*
subst. od. umschrieb. Präs. (A249a); οὐδέν ἐστιν ἔξωθεν τοῦ ἀνθρώπου
εἰσπορευόμενον εἰς αὐτὸν ὃ δύναται ... *es gibt nichts, was von außerhalb*
des Menschen in ihn hineingeht, das ... kann (bzw. *nichts geht von außerhalb des*
Menschen in ihn hinein, was ... kann) od. (einfacher) *nichts, was von außen in den*
Menschen hineinkommt, kann ... (Einh.). **κοινῶσαι** Aor. Inf. κοινόω
(< κοινός V. 2) (kultisch [übers. z.B. *in Gottes Augen*]) *verunreinigen, unrein*
machen [Var. κοινοῦν Ptz. Ntr., subst.]. **ἐκ-πορευόμενα** Ptz. -πορεύο-
μαι *hinausgehen, herauskommen;* subst. **κοινοῦντα** Ptz. Ntr., subst.; ἀλλὰ
τὰ ἐκ τοῦ ἀνθρώπου ἐκπορευόμενά ἐστιν τὰ κοινοῦντα τὸν ἄν-
θρωπον *die Dinge, die aus dem Menschen herauskommen, sind es vielmehr, die*
den Menschen (vor Gott) unrein machen bzw. (einfacher) *unrein macht den Men-*
schen vielmehr das, was aus ihm selber kommt. [Var. V. 16 οὖς[3] ὠτός τό *Ohr;* 16
ἀκούειν Inf., eigentüml. Verbindung m. Subst. (BDR §393[6]; vgl. A272) *zum*
Hören; εἴ τις ἔχει ὦτα ἀκούειν *wenn jemand Ohren zum Hören hat = wenn*
jemand hören kann; ἀκουέτω Imp. 3. Sg. ἀκούω.]

17 εἰσ-ῆλθεν Aor. -έρχομαι; ὅτε εἰσῆλθεν εἰς οἶκον ἀπὸ τοῦ 17
ὄχλου *als er von der Menge weg in ein/ins Haus* (od. *nach Hause* [B οἶκος 1aα])
gegangen war (vgl. H-S §199n; A224) bzw. *als er sich von der Menge zurückgezo-*
gen hatte und in ein/ins Haus gegangen war. **ἐπ-ηρώτων** Ipf. -ερωτάω. **τὴν**
παραβολήν *nach dem* (vgl. A103) *Gleichnis (von vorhin)* (d.h. v. V. 15) =
nach dem Sinn dieses Gleichnisses (vgl. B παραβολή 2), *nach dem Sinn dieses*
rätselhaften Wortes (Einh.). **18 λέγει** hist. Präs. (A235). **οὕτως** hier wohl 18
folgernd *so ... also* (B 1b). **ἀ-σύνετος**[11] *unverständig;* οὕτως καὶ ὑμεῖς

ἀσύνετοί ἐστε *so seid also auch ihr ohne Verständnis?* od. *dann habt ihr also auch nichts begriffen?* (NGÜ); vgl. zu 4,13. **οὐ** *nicht;* erwartet als Frageeinleitung die Antwort „doch“ (A320) [Var. οὔ-πω *noch nicht*]. **νοέω** *erkennen, begreifen, verstehen, bemerken, einsehen* (vgl. B 1b). **ἔξω-θεν** V. 15. **εἰσ-πο-**
19 **ρευόμενον** V. 15; subst. **ὁ ἄνθρωπος, κοινῶσαι** V. 15. **19 εἰσ-πορεύομαι** V. 15. **αὐτοῦ** zu καρδίαν (u. κοιλίαν) ziehen. **κοιλία** *Bauch, Magen.* **ἀφ-εδρών**[4] ῶνος ὁ (< ἕδρα Sitz) *Klo, Toilette;* καὶ εἰς τὸν ἀφεδρῶνα ἐκπορεύεται übers. etwa *und wird wieder* (Menge: *auf dem natürlichen Wege*) *ausgeschieden.* **ἐκ-πορεύομαι** V. 15. **καθαρίζων** Ptz. καθαρίζω *reinigen, säubern;* (kultisch bzw. sittl.-geistl.) *reinigen, rein machen, für rein erklären;* zieml. sicher part. coni. zum Subj. v. λέγει (V. 18), mod. (nach anderen [vgl. Interpunktion v. NA27] als inkongruent einzustufende Anknüpfung an πᾶν τό ... in V. 18 [also statt καθαρίζον] od. an τὸν ἀφεδρῶνα [statt καθαρίζοντα]; BDR §137[3]); καθαρίζων πάντα τὰ βρώματα (als Kommentar des Evangelisten zu verstehen [Metzger, S. 81]) *damit erklärte er/Jesus alle Speisen für rein* bzw. *damit erklärte Jesus, daß alle Speisen vor Gott rein sind* (GN; nach der Alternativdeutung etwa [frei] *wobei (auf diese Weise) al-*
20 *le Speisen gereinigt werden*). **βρῶμα**[3] *Speise, Nahrungsmittel.* **20 ἔ-λεγεν**
V. 9. **ὅτι** wohl recitativum = Doppelpunkt (A333). **ἐκ-πορευόμενον**
21 V. 15. **ἐκεῖνο** *jenes* bzw. (besser) *das.* **κοινόω** V. 15. **21 ἔσωθεν** *von innen heraus.* **δια-λογισμός** *Überlegung, Gedanke;* οἱ διαλογισμοὶ οἱ κακοί ... (es schließt sich eine Liste v. zwölf Elementen appositionell [vgl. A70] an:) πορνεῖαι usw. ... *die bösen Gedanken, nämlich* (GNB [sinngetreu]: *und mit ihnen*) *Unzucht* usw. **πορνεία** *Unzucht* (= illegitimer Geschlechtsverkehr jeder Art), *Hurerei;* der griech. Pl. v. Abstrakta bez. hier u. z.T. im flgd. konkrete Ausprägungen bzw. Erscheinungsformen (A101c; BDR §142[1]), wofür im Deutschen allerdings meist auch eine Sg.-Übersetzung adäquat ist (hier z.B. statt *Unzuchtsünden* einfach *Unzucht*). **κλοπή** *Diebstahl.* **φόνος** *Mord, Tötung.*
22 **22 μοιχεία** *Ehebruch.* **πλεον-εξία** (< πλέον, ἔχω) *Gewinnsucht, Habgier, Geiz.* **πονηρία** *Schlechtigkeit, Bosheit, Sündhaftigkeit.* **δόλος** *Betrug, List.* **ἀ-σέλγεια** *Zügellosigkeit, Schwelgerei,* (geschlechtl.) *Ausschweifung.* **ὀφθαλμός** die Verbindung ὀφθαλμὸς πονηρός „böses (d.h. neidisch/mißgünstig auf den anderen blickendes) Auge“ bez. idiomatisch (Metonymie, A381f) *Mißgunst, Neid* (B 1; LN 88.165). **βλασ-φημία** *Verleumdung, Schmähung, Lästerung.* **ὑπερ-ηφανία** *Hochmut, Stolz, Überheb-*
23 *lichkeit.* **ἀ-φροσύνη** *Unverstand, Torheit, Unvernunft.* **23 πάντα ταῦτα τὰ πονηρά** *all diese bösen Dinge, all dieses Böse* bzw. (so Menge) *alles Böse dieser Art.*

24 **24 ἐκεῖ-θεν**[18] *von dort.* **ἀνα-στάς** Wz.-Aor. Ptz. ἀν-ίσταμαι hier etwa *aufbrechen* (vgl. B 2d); temp. (A291,1 Anm. 1); ἐκεῖθεν δὲ ἀναστὰς ἀπῆλθεν εἰς τὰ ὅρια Τύρου *er brach dann von dort auf und ging in das Ge-*

biet von Tyrus. **ἀπ-ῆλθεν** Aor. -ἔρχομαι. **ὅριον** *Grenze;* NT nur Pl. *Gebiet*
[Var. μεθ-όριον synonym]. **Τύρος** 3,8. [Var. Σιδών 3,8.] **εἰσ-ελθών**
Aor. Ptz. -ἔρχομαι, temp.; εἰσελθὼν εἰς οἰκίαν ... ἤθελεν *als er in ein*
Haus gegangen war (Menge: *in einem Haus Aufnahme gefunden hatte*), *wünschte*
er, daß ... od. etwa *er ging in ein Haus, wollte aber, daß* ... (Einh.). **ἤ-θελεν** Ipf.
θέλω [Var. ἠ-θέλησεν Aor.] hier m. AcI. **γνῶναι** Aor. Inf. γινώσκω,
Präd. des AcI; οὐδένα ἤθελεν γνῶναι *er wollte/wünschte, daß niemand (da-*
von/von seiner Anwesenheit) (vgl. A79) *erfuhr* (vgl. B 4b). **ἠ-δυνήθη** [Var.
ἠ-δυνάσθη] Aor. Pass. (ohne bes. Pass.-Bdtg.) δύναμαι. **λαθεῖν** Aor. Inf.
λανθάνω[153] *verborgen sein, unbemerkt bleiben;* καὶ οὐκ ἠδυνήθη λαθεῖν
doch (A311,1; vgl. 1,12) *er* (od. [sinngemäß] *es*) *konnte nicht verborgen bleiben.*
25 ἀκούσασα Aor. Ptz. Fem. ἀκούω, temp. **ἧς ... αὐτῆς** Rel.-Pron. im 25
gen. poss. (A154) m. pleon. daran anschließendem Pers.-Pron., übers. *deren*
(kleine Tochter) (A366; BDR §297[2]). **εἶχεν** Ipf. ἔχω m. Akk. hier *besessen*
sein von (B I2eα). **θυγάτριον** *Töchterchen, kleine Tochter.* [Var. ἐν hier
(behaftet) mit (vgl. B I4c) bzw. etwa *besessen von* (vgl. B I5d).] **ἀ-κάθαρτος**[11]
unrein, schmutzig (kultisch bzw. sittl.-geistl.); πνεῦμα ἀκάθαρτον *ein unrei-*
ner/böser Geist (= Dämon [vgl. V. 30]; B πνεῦμα 4c). **ἐλθοῦσα** Aor. Ptz.
Fem. ἔρχομαι, temp. (A291,1 Anm. 1). **προσ-έ-πεσεν** Aor. -πίπτω[194]
πρὸς τοὺς πόδας τινός *vor jmdm. niederfallen, jmdm. zu Füßen fallen;* εὐ-
θὺς ἀκούσασα γυνὴ περὶ αὐτοῦ ... ἐλθοῦσα προσέπεσεν πρὸς
τοὺς πόδας αὐτοῦ *schon bald hörte eine Frau ... von ihm/von seiner Anwesen-*
heit; sie kam und fiel ihm zu Füßen. **26 ἦν** Ipf. εἰμί; V. 26a ist ein erklärender 26
Einschub (A374). **Ἑλληνίς**[3] ίδος ἡ *Griechin* hier im Sinn v. *Nichtjüdin*
(GN/NGÜ: *keine Jüdin*). **Συρο-φοινίκισσα** [Var. Σύρα Φοινικίσσα]
Syrophönizierin. **γένος**[7] *Geschlecht;* hier *Herkunft* (Menge) bzw. *Nation/Volk*
(B 3); τῷ γένει dat. respectus (A178) *der Herkunft/dem Volk nach;* Συροφοι-
νίκισσα τῷ γένει *ihrer Herkunft nach eine Syrophönizierin* (Menge) od. *sie*
stammte aus Syrophönizien/Phönizien bzw. (kontextgetreu) *sie war in dieser Ge-*
gend zu Hause (GNB). **ἠρώτα** Ipf. ἐρωτάω. **ἵνα** hier *daß* bzw. Inf. (A328;
bez. das Erbetene). **ἐκ-βάλῃ** Aor. Konj. -βάλλω; δαιμόνια ἐκβάλλω
Dämonen (die v. einem Menschen Besitz ergriffen haben) *austreiben* (B 1). **θυ-**
γάτηρ[6] τρός ἡ *Tochter.* **27 ἔ-λεγεν** V. 9. **ἄφ-ες** Aor. Imp. -ίημι V. 12. 27
χορτασθῆναι Aor. Inf. Pass. χορτάζω (vgl. A33[91ff]) *satt machen, sättigen;*
Pass. auch *satt werden;* Präd. des AcI; ἄφες πρῶτον χορτασθῆναι τὰ τέκ-
να *laß zuerst die Kinder satt werden.* **καλόν** hier *recht* (vgl. B 3b) **λαβεῖν**
Aor. Inf. λαμβάνω; λαβεῖν τὸν ἄρτον τῶν τέκνων *das Brot der Kinder zu*
nehmen = den Kindern das Brot wegzunehmen. **κυνάριον** (Diminutivform v.
κύων „Hund“, aber nicht unbedingt m. diminutiver Bdtg. [H-S §298a]) *Hünd-*
chen, Hund (der Haushund im Ggs. zum herumstreifenden Straßenhund); für
den hier gemeinten Sinn s. zu Mt 15,26. **βαλεῖν** Aor. Inf. βάλλω hier

28 *hinwerfen, vorwerfen* (vgl. B 1b). **28 ἡ δέ** *(und) diese/sie* (A102). **ἀπ-ε-κρί-**
θη Aor. Pass. ἀπο-κρίνομαι. **λέγει** V. 18, hier pleon. (BDR §420[3]; vgl.
H-S §239; A297; sem. od. volkssprachl. [Reiser, Syntax, S. 132f]); ἡ δὲ ἀπε-
κρίθη καὶ λέγει αὐτῷ *sie erwiderte ihm.* [Var. ναί *ja, gewiß, freilich* (s.a. zu
Mt 15,27).] **κύριε** Vok. **καὶ τὰ κυνάρια ... ἐσθίουσιν** *auch die Hunde*
... fressen bzw. *aber die Hunde bekommen doch wenigstens ...* (GN). **ὑπο-κάτω**
uneig. Präp. (A183) *unter.* **τράπεζα** *Tisch.* **ἀπό** m. Gen. statt gen. partitivus
(A164; H-S §184e) *von.* **ψιχίον** *das ganz kleine Bröckchen;* Pl. *Brocken, Brot-*
krumen, Brotreste; ἀπὸ τῶν ψιχίων τῶν παιδίων *von den Brotkrumen der*
29 *Kinder = von den Brotkrumen, die die Kinder fallen lassen.* **29 ὕπ-αγε** Imp.
(vgl. A266a), hier etwa *geh nach Hause* (B 1); διὰ τοῦτον τὸν λόγον ὕπαγε
um dieses Wortes willen (daß ein heidnischer „Hund" doch wenigstens m. einer
„Brotkrume" seiner heilbringenden Wirksamkeit rechnen dürfe) *geh nach*
Hause od. *weil du das gesagt hast, sage ich dir: Geh nach Hause* (Einh.). **ἐξ-**
εληλυθεν Pf. (A242) -έρχομαι hier ἔκ τινος *aus jmdm. ausfahren, jmdn.*
30 *verlassen* (vgl. B 1aδ). **30 ἀπ-ελθοῦσα** Aor. Ptz. Fem. -έρχομαι, temp.;
ἀπελθοῦσα εἰς τὸν οἶκον αὐτῆς *als sie nach Hause kam.* **εὗρεν** Aor.
εὑρίσκω. **βε-βλημένον** Pf. Ptz. Pass. βάλλω Pf. Pass. hier *liegen* (B 1b);
AcP (A300). **κλίνη** V. 4. **ἐξ-εληλυθός** Pf. Ptz. Ntr. -έρχομαι V. 29; AcP
(A300); εὗρεν τὸ παιδίον βεβλημένον ἐπὶ τὴν κλίνην καὶ τὸ δαι-
μόνιον ἐξεληλυθός *sie fand/sah, daß ihr* (A103) *Kind auf dem Bett lag und der*
Dämon es verlassen hatte od. (freier) *sie fand ihr Kind ruhig/gesund auf dem Bett*
liegen; der Dämon hatte es verlassen.
31 **31 ἐξ-ελθών** Aor. Ptz. -έρχομαι, temp. **ὅριον** V. 24. **Τύρος** 3,8.
διά m. Gen. hier am besten *über.* **Σιδών**[4] 3,8. **εἰς** hier *in die Nähe von, zu,*
an (B 1b). **ἡ θάλασσα τῆς Γαλιλαίας** *der See von Galiläa* (= See
Gennesaret). **ἀνά** (A187) *auf, hinauf;* ἀνὰ μέσον m. Gen. *mitten hinein in.*
Δεκά-πολις[8] *die Dekapolis, Zehnstädtegebiet* (ein Bund v. zehn Städten im
Ostjordanland; KP 1, Sp. 1436f); ἀνὰ μέσον τῶν ὁρίων Δεκαπόλεως
mitten in das Zehnstädtegebiet; die geographischen Angaben dieses Verses wer-
den unterschiedl. verstanden; bes. sinnvoll scheint die Deutung, wonach die
Reise Jesu v. Tyrus über Sidon (dann in einem großen Bogen über die Höhen
des Golan) in die Gegend v. Hippo am Ostufer des Sees führte (Pixner, Wege
32 des Messias, S. 70 u. 379; vgl. GBL 1, S. 264). **32 φέρουσιν ... παρακα-**
λοῦσιν hier 3. Pl. im Sinn v. „man" (A76a); hist. Präs. (A235). **κωφός**
stumm; hier *taub* (B 2); subst. (A105). **μογι-λάλος**[11] (< μόγις mit Mühe,
λάλος gesprächig) *mit Mühe redend, kaum fähig zu reden; stumm* (so hier die al-
ten Übersetzungen); κωφὸν καὶ μογιλάλον entweder *einen Mann, der taub*
war und kaum reden konnte od. (wohl besser) *einen Taubstummen* (vgl.
EWNT 2, Sp. 1072). **ἵνα** V. 26. **ἐπι-θῇ** Aor. Konj. -τίθημι[200] *auflegen* τινί
33 *jmdm.* **33 ἀπο-λαβόμενος** Aor. Ptz. Med. -λαμβάνω[152] *(zurück)erhal-*

ten; Med. hier jmdn. *beiseite nehmen* (B 3); temp. (A291,1 Anm. 1); καὶ ἀπο-
λαβόμενος αὐτὸν ἀπὸ τοῦ ὄχλου κατ' ἰδίαν ἔβαλεν ... *so* (vgl. 1,12)
nahm er ihn denn von der Volksmenge abseits, legte ... als er mit ihm allein war ...
(Menge) od. (einfacher) *er nahm ihn beseite, von der Menge weg, legte ...* (Einh.).
κατ' ἰδίαν (klass. = καθ' ἑαυτόν [BDR §286[2]]) *für sich* (B ἴδιος 4).
ἔ-βαλεν Aor. βάλλω hier *legen* (B 2b). **δάκτυλος** *Finger.* **οὖς**[3] ὠτός τό
Ohr; ἔβαλεν τοὺς δακτύλους αὐτοῦ εἰς τὰ ὦτα αὐτοῦ etwa *er legte
seine Finger in die Ohren des Mannes* od. *er legte ihm seine Finger in die Ohren.*
πτύσας Aor. Ptz. πτύω *spucken;* mod. **ἥψατο** Aor. Med. ἅπτω[51] Med.
berühren, anfassen, m. Gen. (A165); καὶ πτύσας ἥψατο τῆς γλώσσης
αὐτοῦ *und berührte, indem er spuckte, dessen Zunge* bzw. etwa *und berührte
dessen Zunge mit Speichel.* **34 ἀνα-βλέψας** Aor. Ptz. -βλέπω[41] *aufblicken;* 34
temp. (A291,1 Anm. 1). **ἐ-στέναξεν** Aor. στενάζω[84] *seufzen.* **λέγει**
V. 18. **εφφαθα** (aram. אֶתְפְּתַח ᵓeṯpəṯaḥ [Etpeel] od. hebr. הִפָּתַח *hippāṯaḥ*
[Nifal] „öffne dich"; neben B s. EWNT 1, Sp. 233; DJG, S. 442) *Effata.* **ὅ
ἐστιν** V. 11. **δι-αν-οίχθητι** Aor. Imp. Pass. -οίγω[60] *öffnen;* Pass. *geöffnet
werden, sich öffnen.* **35 ἠν-οίγησαν** Aor. Pass. ἀν-οίγω Pass. *geöffnet* 35
werden, sich öffnen [Var. δι-ην-οίγησαν/-οίχθησαν weitgehend synonym].
ἀκοή *(das) Hören; Hörfähigkeit;* hier *Ohr* (B 1c). **ἐ-λύθη** Aor. Pass. λύω.
δεσμός *Fessel;*hier v. dem, was den Stummen beim Gebrauch der Zunge hin-
dert (B 1); καὶ ἐλύθη ὁ δεσμὸς τῆς γλώσσης αὐτοῦ *und die Fessel*
(Menge: *Gebundenheit*) *seiner Zunge wurde gelöst* od. *seine Zunge wurde von ihrer
Fessel befreit* (Einh.) od. *auch seine Zunge löste sich* (GNB). **ἐ-λάλει** Ipf. λα-
λέω hier *reden/sprechen können* (vgl. B 2aα). **ὀρθῶς** *recht, richtig.* **36 δι-ε-** 36
στείλατο Aor. Med. δια-στέλλομαι[113] *anordnen, befehlen, einschärfen.*
ἵνα hier *daß* bzw. indirekte Rede (A328 u. 334a; bez. das Geforderte; B II1aδ).
λέγωσιν Konj. λέγω erg. τοῦτο/ταῦτα *davon* (A79). **ὅσον** adv. *je mehr*
(eig. *so sehr auch;* BDR §154[3]; vgl. A150); ὅσον ... μᾶλλον περισσότερον
je mehr ... um so viel mehr bzw. (idiomatischer) *je mehr ... desto mehr.* **δι-ε-
στέλλετο** Ipf. Med. **περισσότερον** Komp. v. περισσός *über das übli-
che Maß hinausgehend;* adv. (wie ὅσον). **ἐ-κήρυσσον** Ipf. κηρύσσω erg.
τοῦτο/ταῦτα (A79). **37 ὑπερ-περισσῶς** *über alle Maßen.* **ἐξ-ε-** 37
πλήσσοντο Ipf. ἐκ-πλήσσομαι *außer sich geraten* (hier aus Verwunde-
rung; B 2). **λέγοντες** Ptz. λέγω, mod.; ὑπερπερισσῶς ἐξεπλήσσοντο
λέγοντες *sie gerieten vor Staunen völlig außer sich und sagten (dabei)* od. *außer
sich vor Staunen sagten sie* (Einh.). **καλῶς** *schön, gut;* (qualitativ) *sehr gut,
vortrefflich;* καλῶς πάντα πεποίηκεν *er hat alles vortrefflich gemacht* (B 1)
bzw. (sinngemäß) *wie gut ist alles, was er getan hat.* **πε-ποίηκεν** Pf. (A242)
ποιέω. **καί** (zweites) *sogar.* **κωφός** V. 32. **ποιέω** hier m. AcI *ma-
chen/bewirken, daß* (B I1bθ; H-S §218a); τοὺς κωφοὺς ποιεῖ ἀκούειν καὶ
τοὺς ἀλάλους λαλεῖν *er macht, daß sogar die Tauben hören und die Stum-*

men sprechen (können). **ἀκούειν** Inf., erstes Präd. des AcI. **ἄ-λαλος**[11]
stumm, sprachlos; subst. (A105). **λαλεῖν** Inf. λαλέω (vgl. V. 35), zweites
Präd. des AcI.
8 [Var. πάμ-πολυς *sehr groß*]. **ὄντος** Ptz. εἰμί hier *vorhan-*
den/gegenwärtig sein (B I6), *zugegen sein* (Menge); gen. abs. (A288), temp.
ἐχόντων Ptz. ἔχω; gen. abs. (A288), temp.; Pl. sinngemäße Konstruktion
(A96). **φάγωσιν** Aor. Konj. ἐσθίω; τί φάγωσιν m. deliberativem Konj.
(A255) wie bei der implizierten direkten Frage τί φάγωμεν *was sollen wir es-*
sen, doch hier 3. statt 1. Pl (vgl. A331; H-S §273e) u. (unklass. m. τί statt ὅ
[BDR §298[7]; A133b; H-S §143b]) als Rel.-Satz gebraucht (s.a. zu Mt 15,32);
καὶ μὴ ἐχόντων τί φάγωσιν *und (als/da) sie nicht(s) hatten, was sie essen*
konnten = und (als/da) sie nichts zu essen hatten. **προσ-καλεσάμενος**
Aor. Ptz. Med. -καλέομαι[37] *herbeirufen;* temp. (A291,1 Anm. 1). **λέγει** hist.
2 Präs. (A235). **2 σπλαγχνίζομαι** (< σπλάγχνα eig. „Eingeweide", ge-
meint „Herz" [Sitz der Gefühle]; „Zuneigung/Liebe") *sich erbarmen, Mitleid*
empfinden ἐπί τινα *mit jmdm.* (B; BDR §233[3]); σπλαγχνίζομαι ἐπὶ τὸν
ὄχλον *ich habe Mitleid mit den/diesen Menschen.* **ἡμέραι τρεῖς** auffälliger
Nom. (BDR §144,2): zu erwarten wäre ἡμέρας τρεῖς *drei Tage (lang)* (Akk.
der zeitl. Ausdehnung; A148) od. evtl. ἡμέραι τρεῖς εἰσιν καί *drei Tage*
sind es, daß (vgl. BDR §442[10]; A311,4). **προσ-μένω** m. Dat. *bleiben, aushar-*
ren bei; noch weiterhin bleiben bei; Pl. sinngemäße Konstruktion (A96); ὅτι ἤδη
ἡμέραι τρεῖς προσμένουσίν μοι *denn sie sind schon drei Tage bei mir.*
3 **3 ἀπο-λύσω** Aor. Konj. -λύω m. τινά *jmdn. verabschieden* (B 2b), d.h. ver-
anlassen od. erlauben, daß jmd. weggeht (LN 15.43), bzw. (hier) m. εἰς οἶκόν
τινος *nach Hause schicken/gehen lassen.* **νῆστις** ι(δ)ος (Akk. Pl. νήστεις;
BDR §47,3) *nüchtern* (= ohne zu essen), *hungrig;* Objektsartangabe (A65). **ἐκ-**
λυθήσονται Fut. Pass. (ohne bes. Pass.-Bdtg.) -λύομαι *ermatten, schwach*
werden, hier etwa *zusammenbrechen* (GN). **ἐν τῇ ὁδῷ** *auf dem Weg, unterwegs*
(B ὁδός 1b). **τινές** m. gen. partitivus (A137a/164) *einige* von ihnen. **μα-**
κρόθεν *von ferne, aus der Ferne/von weit her* (meist pleon. [A379] ἀπὸ μα-
κρόθεν). **ἥκασιν** (statt ἥκουσιν [Pf.-Endung veranlaßt durch Pf.-Bdtg.;
4 BDR §101[28]; s. Var.]) Präs. 3. Pl. ἥκω *gekommen sein, dasein.* **4 ἀπ-ε-κρί-**
θησαν Aor. Pass. ἀπο-κρίνομαι. **ὅτι** recitativum = Doppelpunkt (A333).
πόθεν[18] *woher?* (od. *wie?* [Menge]). **δυνήσεται** Fut. Med. δύναμαι.
χορτάσαι Aor. Inf. χορτάζω (vgl. A33[91ff]) *satt machen, sättigen,* τινά τι-
νος (vgl. A165) *jmdn. mit etwas* (B 2a); πόθεν τούτους δυνήσεταί τις ...
χορτάσαι ἄρτων *woher/wie wird man diese ... mit Brot sättigen können* bzw.
(idiomatischer) *wo soll man ... Brot bekommen, um so viele satt zu machen* (GN).
ἐρημία *Einöde, unbewohnte Gegend;* ὧδε ... ἐπ᾽ ἐρημίας *hier in dieser un-*
5 *bewohnten Gegend.* **5 ἠρώτα** Ipf. ἐρωτάω [Var. ἐπ-]. **πόσος**[18] *wie groß?*
Sg. (bei Unzählbarem) *wieviel?* Pl. *wie viele?* **οἱ δέ** *(und) diese/sie* (A102). **εἶ-**

παν Aor. (vgl. H-S §105g) λέγω. **6** **παρ-αγγέλλω** *auffordern, anordnen,* 6
anweisen, befehlen; hist. Präs. (A235). **ἀνα-πεσεῖν** Aor. Inf. -πίπτω[194] *sich*
niederlegen/niederlassen, Platz nehmen (um zu essen) ἐπὶ τῆς γῆς *auf dem Bo-*
den (vgl. B γῆ 2). **λαβών** Aor. Ptz. λαμβάνω, temp. (A291,1 Anm. 1). **εὐ-**
χαριστήσας Aor. Ptz. -χαριστέω *dankbar sein; Dank sagen, danken,* hier
das Dankgebet sprechen, Gott danken (vgl. B 2); temp. (A291,1 Anm. 1).
ἔ-κλασεν Aor. κλάω[23] *(in Stücke) brechen;* erg. αὐτούς/τούτους (A79;
analog bei den flgd. Verben). **ἐ-δίδου** Ipf. δίδωμι. **παρα-τιθῶσιν** Konj.
-τίθημι *daneben stellen,* hier *vorsetzen* bzw. *verteilen.* **παρ-έ-θηκαν** Aor.
παρα-τίθημι. **7** **εἶχον** Ipf. ἔχω. **ἰχθύδιον** (Diminutivform v. ἰχθύς 7
Fisch) *kleiner Fisch.* **εὐ-λογήσας** Aor. Ptz. -λογέω hier *segnen, weihen*
(B 2b), *den Segen sprechen über* (Menge) bzw. *Gott danken für* (NGÜ); temp.
παρα-τιθέναι Inf.; εἶπεν καὶ ταῦτα παρατιθέναι *er ordnete an, man*
solle auch diese verteilen (vgl. B εἶπον 3c), *er ließ diese ebenfalls verteilen* [Var. 1
παρ-έ-θηκεν Aor.; Var. 2 παρα-θεῖναι Aor. Inf.; Var. 3 παρα-θῆναι Aor.
Inf. Pass.]. **8** **ἔ-φαγον** Aor. ἐσθίω; Pl. sinngemäße Konstruktion (A96). 8
ἐ-χορτάσθησαν Aor. Pass. χορτάζω. **ἦραν** Aor. αἴρω hier *aufheben,*
einsammeln; Subj. sind wahrscheinl. die Jünger. **περίσσευμα**[3] *Überfluß;*
Überrest, Überbleibsel. **κλάσμα**[3] *(abgebrochenes) Stück;* περισσεύματα
κλασμάτων gen. partitivus (A164) *die übriggebliebenen Stücke* bzw. (einfach)
das, was übrigblieb. **σπυρίς**[3] ίδος ἡ *Korb* (6,43 verwendet das Synonym κό-
φινος; über einen Bdtgs.-Unterschied zwischen den beiden ist nichts Sicheres
bekannt); ἑπτὰ σπυρίδας *sieben Körbe (voll).* **9** **ἦσαν** Ipf. εἰμί. [φα- 9
γόντες Aor. Ptz. ἐσθίω, subst.] **τετρακισ-χίλιοι**[19] *viertausend;* ἦσαν
δὲ ὡς τετρακισχίλιοι *es waren etwas viertausend Menschen.* **ἀπ-έ-λυσεν**
Aor. ἀπο-λύω V. 3; καὶ ἀπέλυσεν αὐτούς *danach* (vgl. 1,12) *verabschie-*
dete er sie od. m. V. 10 (καὶ εὐθὺς ἐμβὰς εἰς ...) verbinden *sobald er die Leu-*
te verabschiedet hatte, stieg er in ... und (vgl. NGÜ). **10** **ἐμ-βάς** Aor. Ptz. 10
-βαίνω[139] (ins Boot) *(ein)steigen;* temp. (A291,1 Anm. 1). **τὰ μέρη** *das*
Gebiet (B μέρος 1bγ). **Δαλμανουθά** *Dalmanuta,* sonst nicht bekannter
Ort am See Gennesaret (s. GBL 1, S. 247f).

11 **ἐξ-ῆλθον** Aor. -έρχομαι. **ἤρξαντο** Aor. Med. ἄρχω; Med. m. 11
Inf. vgl. zu 1,45. **συ-ζητεῖν** Inf. -ζητέω *sich (miteinander) besprechen; dispu-*
tieren, streiten; ἤρξαντο συζητεῖν αὐτῷ *sie begannen ein Streitgespräch mit*
ihm od. *sie fingen an, mit ihm zu diskutieren* (GN). **ζητοῦντες** Ptz. ζητέω
hier τὶ παρά τινος *etwas von jmdm. fordern;* mod. **σημεῖον ἀπὸ τοῦ**
οὐρανοῦ *ein Zeichen vom Himmel = ein gottgewirktes Zeichen* (B οὐρανός
2a; vgl. 3: οὐρανός als Umschreibung v. „Gott") od. ein kosmisches Zeichen
als Legitimation für Jesu göttl. Beauftragung (GNB: *ein Zeichen vom Himmel*
als Beweis dafür, daß er wirklich von Gott beauftragt sei). **πειράζοντες** Ptz.
πειράζω *versuchen, in Versuchung bringen* (Unrechtes zu tun); *prüfen,* hier *auf*

12 *die Probe stellen;* fin. (A291,6). **12 ἀνα-στενάξας** Aor. Ptz. -στενάζω[84]
tief seufzen; mod./temp. (A291,2 Anm. 1); καὶ ἀναστενάξας τῷ πνεύματι
αὐτοῦ λέγει *da* (vgl. 1,12) *seufzte er in seinem Geist* (sehr wahrscheinl. = *bei
sich* [B; Wilckens] bzw. *in seinem Innern* [EWNT 2, Sp. 282]) *tief und sagte.*
λέγει V. 1. **τί** adv. *warum?* (vgl. B τίς 3a; A134a). **ἡ γενεὰ αὕτη** *diese
Generation* (s. zu Mt 16,4). [Var. ἐπι-ζητέω *suchen;* hier *verlangen, fordern*
(B 2b)]. **εἰ** hier *gewiß nicht, keinesfalls* (hebr. [אִם *ᵓim*] bei einer Beteuerung
[BDR §454,5; B IV; A327]). **δοθήσεται** Fut. Pass. δίδωμι; wohl pass. di-
13 vinum (A76b). **13 ἀφ-είς** Aor. Ptz. -ίημι hier etwa *stehenlassen* (Menge);
temp. (A291,1 Anm. 1). **ἐμ-βάς** V. 10; erg. εἰς τὸ πλοῖον (B). **ἀπ-ῆλθεν**
Aor. -έρχομαι hier *hinüberfahren* (s. B 2). **πέραν** Adv. *jenseits,* τὸ πέραν
das jenseitige Ufer; εἰς τὸ πέραν hier *auf die andere Seite des Sees* (Gen-
nesaret).
14 **14 ἐπ-ε-λάθοντο** Aor. Med. ἐπι-λανθάνομαι[154] m. Gen. *vergessen;*
Aor. Ind. bez. hier Vorvergangenheit (vgl. H-S §199n; A224; Tempus wie in der
entsprechenden direkten Rede [A326]). **λαβεῖν** Aor. Inf. λαμβάνω hier
mitnehmen. **εἰ μή** bei Neg. *außer* (vgl. B εἰ VI9a; A351); εἰ μὴ ἕνα ἄρτον
οὐκ *außer einem einzigen Brot nicht(s) = nur ein einziges Brot.* **εἶχον** Ipf. ἔχω
15 [Var. ἔχοντες Ptz., mod.]. **15 δι-ε-στέλλετο** Ipf. Med. δια-στέλλομαι
anordnen, befehlen, einschärfen. **ὁρᾶτε** Imp. ὁράω hier *zusehen* (B 2bβ), *sich
in acht nehmen, achtgeben.* **βλέπετε** Imp. βλέπω hier ἀπό τινος *sich vor
etwas/jmdm. hüten* (B 6). **ζύμη** *Sauerteig;* bildl. v. einem negativen Einfluß, der
zwar unscheinbar beginnt, sich dann aber schnell ausbreitet u. das Ganze ver-
dirbt (viell. aber einfach m. dem neutralen Sinn unaufhaltsamer Durchdrin-
gungskraft verbunden, wobei sich die Wertung des Einflusses aus dem Kontext
ergibt); der genaue kontextuelle Sinn des Bildes ist umstritten (zum „Sauerteig
der Pharisäer“ vgl. Mt 16,12 u. Lk 12,1); zu den wichtigeren Vorschlägen zählen
(vgl. EWNT 2, Sp. 260f; Guelich, Mk 1, S. 423f): a) die falsche, inkonsequente
Frömmigkeit (der Pharisäer) u. Gottlosigkeit des weltl. Menschen (des Hero-
des); b) die politischen Ambitionen beider Gruppen; c) die gegen Jesus gerich-
teten Umtriebe (vgl. 3,6); d) ihr Unglaube gegenüber Jesus als dem einzigarti-
gen göttl. Retter (Herodes zieht aus den „Wunderzeichen“ Jesu die falschen
Konsequenzen [6,14f]; im Fall der Pharisäer erweisen sie sich als unzureichend
[8,10ff]). **Ἡρῴδης** 6,14 [Var. Ἡρῳδιανοί *Herodianer, Anhänger des Hero-*
16 *des, Parteigänger von Herodes* (s. zu 3,6)]. **16 δι-ε-λογίζοντο** Ipf. Med.
δια-λογίζομαι *(gründlich) überlegen, erwägen, sich Gedanken* (über etwas)
machen; hier (sich Gedanken machen u. sie austauschen) *sich besprechen, disku-
tieren,* πρός τινα *mit jmdm.* (B 2). [Var. λέγοντες Ptz. λέγω, mod.] **ὅτι**
darüber, daß (B 1c) od. *darüber (und meinten, er sage das), weil* (vgl. NGÜ); ὅτι
ἄρτους οὐκ ἔχουσιν *darüber, daß/darüber (und meinten, er sage das), weil sie
kein Brot (bei sich) hatten* (Tempus u. Modus wie in der entsprechenden direk-

ten Rede; A326). **17 γνούς** Aor. Ptz. γινώσκω, temp. *als er/Jesus das* (vgl. 17
A79) *merkte* (B 4b). **λέγει** V. 1. **τί** V. 12. [Var. ὀλιγό-πιστος[11] *von
schwachem Vertrauen, kleingläubig;* subst. (A105), Vok. *ihr Kleingläubigen.*] **ὅτι**
hier *darüber, daß* od. *weil.* **οὔ-πω** *noch nicht* bzw. (hier) *immer noch nicht.* **νο-
έω** *erkennen, begreifen, verstehen* (vgl. B 1e). **συν-ίημι** *verstehen, einsehen,
begreifen.* **πε-πωρωμένην** Pf. (A231) Ptz. Pass. πωρόω *versteinern, verhär-
ten, verstocken;* Ptz. (wie ein Adj.) als Obj.-Präd. (Artergänzung; A82/112) ge-
braucht; πεπωρωμένην ἔχετε τὴν καρδίαν ὑμῶν „habt ihr euer Herz
als verhärtetes" = *habt ihr ein verhärtetes/verstocktes/verschlossenes Herz* (H-S
§137b); über den v. Mk bes. thematisierten (hier einen Höhepunkt erreichen-
den) Verständnis- u. Glaubensmangel der Jünger vgl. zu 4,13. **18 ἔχοντες** 18
Ptz. ἔχω, konz.; ὀφθαλμοὺς ἔχοντες οὐ βλέπετε καὶ ὦτα ἔχοντες
οὐκ ἀκούετε etwa *ihr habt doch Augen – könnt ihr nicht sehen? Ihr habt doch
Ohren – könnt ihr nicht hören?* (NGÜ); hier wird (ähnl. wie in 4,12 [s.a. dazu])
auf Jes 6,9f (bzw. Jer 5,21 u. Ez 12,2) angespielt. **οὖς**[3] ὠτός τό *Ohr.* **μνη-
μονεύω** *sich erinnern;* οὐ μνημονεύετε, ὅτε ... ἔκλασα ... πόσους ...
ἤρατε *erinnert ihr euch nicht, als ich ... brach, wie viele ... ihr aufgesammelt habt?*
od. *erinnert ihr euch nicht: Als ich ... brach, wie viele ... habt ihr da aufgesammelt*
(Einh.). **19 πέντε**[19] *fünf.* **ἔ-κλασα** V. 6. **εἰς** hier *für* (B 4g; H-S §187p). 19
πεντακισ-χίλιοι[19] *fünftausend.* **πόσος** V. 5. **κόφινος** *Korb* (großer,
fester Tragkorb). **κλάσμα** V. 8. **πλήρης**[7] *angefüllt, voll* (*mit/von* m. Gen.
[A164f]). **ἤρατε** Aor. V. 8. **λέγουσιν** hist. Präs. (A235; ebenso in V. 20).
20 τετρακισ-χίλιοι V. 9. **σπυρίς** V. 8. **πλήρωμα**[3] das, was füllt: 20
Füllung, Inhalt; πόσων σπυρίδων πληρώματα (es folgt gen. partitivus
[A164]) κλασμάτων *wie vieler Körbe Inhalt an Stücken = wie viele Körbe vol-
ler Reste.* **21 ἔ-λεγεν** Ipf. λέγω. **οὔ-πω** V. 16 [Var. πῶς hier *wie ist es* 21
möglich, daß (B 1b) bzw. *warum ... denn*].

22 ἔρχονται hist. Präs. (A235; ebenso die beiden flgd. Verben). **Βηθ-** 22
σαϊδά 6,45; indekl., hier Akk.. **ἵνα** hier *daß* bzw. übers. als Inf. (A328; bez.
[statt eines Inf./AcI] das Erbetene). **ἅψηται** Aor. Konj. Med. ἅπτω[51] *berüh-
ren, anfassen,* m. Gen. (A165). **23 ἐπι-λαβόμενος** Aor. Ptz. Med. -λαμ- 23
βάνομαι[152] m. Gen. *sich halten an, ergreifen,* m. τῆς χειρός τινος *jmdn. bei
der Hand fassen/nehmen;* temp. (A291,1 Anm. 1). **ἐξ-ήνεγκεν** Aor. ἐκ-φέ-
ρω[198] *hinaustragen; hinausführen* [Var. ἐξ-ήγαγεν Aor. -άγω *hin-
aus/herausführen*]. **κώμη** *Dorf;* ἔξω τῆς κώμης *vor das Dorf (hinaus).* **πτύ-
σας** Aor. Ptz. πτύω *spucken;* temp. (A291,1 Anm. 1); πτύσας εἰς τὰ ὄμ-
ματα αὐτοῦ etwa *er benetzte ihm die Augen mit Speichel* (NGÜ; GNB: *er
spuckte ihm in die Augen* [wörtl., wirkt aber im Deutschen wohl derber als im
Griech. beabsichtigt]). **ὄμμα**[3] *Auge.* **ἐπι-θείς** Aor. Ptz. -τίθημι[200] *aufle-
gen* τινί *jmdm.;* temp. (A291,1 Anm. 1). **ἐπ-ηρώτα** Ipf. -ερωτάω . **εἰ** hier
vor direkter Frage = Doppelpunkt (unklass.; A320; vgl. B V1). **24 ἀνα-** 24

βλέψας Aor. Ptz. -βλέπω[41] *aufblicken;* temp. (A291,1 Anm. 1). **ἔ-λεγεν**
V. 21. **ὅτι** am besten als Doppelpunkt berücksichtigen (Menge; vgl. A333).
δένδρον *Baum.* **περι-πατοῦντας** Ptz. -πατέω, AcP (A300); βλέπω
τοὺς ἀνθρώπους ὅτι ὡς δένδρα ὁρῶ (erg. αὐτούς/τούτους [A79]) πε-
ριπατοῦντας *ich sehe die Menschen: wie Bäume sehe ich sie umhergehen = ich*
25 *sehe Menschen; sie gehen umher, aber sie sehen aus wie Bäume* (NGÜ). **25 εἶ-
τα** *dann, danach.* **ἐπ-έ-θηκεν** Aor. ἐπι-τίθημι [Var. ohne ἐπ(ι)- hier syn-
onym]. **δι-έ-βλεψεν** Aor. δια-βλέπω[41] *deutlich sehen* (LN 24.35; LSJ 2);
Aor. viell. ingr. (A240b; ZG); καὶ διέβλεψεν *da* (vgl. 1,12) *konnte er deutlich
sehen* (Menge). **ἀπ-ε-κατ-έ-στη** Wz.-Aor. (m. doppeltem Aug.; BDR §69[3])
ἀπο-καθ-ίστημι[204f] *in den richtigen Zustand versetzen, wiederherstellen;*
medizinischer term. tech. *heilen;* hier Wz.-Aor. (zum [direkten] Med. ἀποκα-
θίσταμαι [vgl. H-S §120,5]) *geheilt werden;* καὶ ἀπεκατέστη καὶ ἐνέβλε-
πεν τηλαυγῶς ἅπαντα *er war geheilt* (eig. *war geheilt worden* [vgl. A224])
und konnte alles deutlich sehen/erkennen (Menge: *[er] war geheilt, so daß er auch
in der Ferne* [s. τηλαυγῶς] *alles scharf sah*). **ἐν-έ-βλεπεν** Ipf. ἐμ-βλέπω
den Blick richten auf, ansehen, betrachten. **τηλ-αυγῶς** (< τῆλε in der Ferne;
αὐγή Glanz, Licht) *ganz deutlich* [Var. δηλ- synonym]. **ἅ-πας**[10] = πᾶς.
26 **26 ἀπ-έ-στειλεν** Aor. ἀπο-στέλλω hier εἰς οἶκόν τινος jmdn. *nach
Hause* (vgl. B οἶκος 1aα) *schicken.* **λέγων** Ptz., mod. **εἰσ-έλθῃς** Aor.
Konj. -έρχομαι; prohibitiver Konj. (A256 u. 263f); μηδὲ εἰς τὴν κώμην
εἰσέλθῃς *noch nicht einmal in das Dorf darfst du* (vor der Heimreise) *hineinge-
hen* (B μηδέ 2) od. *geh aber nicht in das Dorf hinein* (impliziert ist viell.: um
dort vom Wunder zu erzählen [vgl. 1,44; 5,4; 7,36; 8,30; 9,9]; es könnte aber
auch eine andere Motivation vorliegen [vgl. 2,11-12; 5,19; 7,29f]). [Var. εἴπῃς
Aor. Konj. λέγω; prohibitiver Konj. (A256; A328); μηδενὶ εἴπῃς/μηδὲ εἴ-
πῃς τινί *sag niemand davon* (A79).]
27 **27 ἐξ-ῆλθεν** Aor. -έρχομαι (zum griech. Sg.-Präd. s. A94). **κώμη**
V. 23; εἰς τὰς κώμας Καισαρείας τῆς Φιλίππου *in die Dörfer bei Cäsa-
rea Philippi* (vgl. B 1). **Καισάρεια ἡ Φιλίππου** *Cäsarea Philippi,* Stadt
am südwestl. Abhang des Hermonberges an einer der Hauptquellen des Jordan,
vom Tetrarchen Philippus (vgl. Lk 3,1) ab 3/2 v. Chr. zu seiner hell. Hauptstadt
ausgebaut u. Καισάρεια genannt (durch den Zusatz ἡ Φιλίππου wurde es
vom Mittelmeerhafen u. Statthaltersitz Cäsarea unterschieden; GBL 1, S. 225).
ἐν τῇ ὁδῷ V. 3. **ἐπ-ηρώτα** V. 23. **εἶναι** Inf. εἰμί, Präd. des AcI; τίνα
(Präd.-Nom. des AcI; vgl. A269) με (Subj. des AcI) λέγουσιν οἱ ἄνθρωποι
εἶναι Fragesatz-Verschränkung (m. AcI; vgl. ähnl. A364b) *wer, sagen die Leute,*
28 *daß ich sei = für wen halten mich die Leute* (analog V. 29). **28 οἱ δέ** V. 5. **εἶ-
παν** V. 5 [Var. ἀπ-ε-κρίθησαν V. 4]. **λέγοντες** Ptz. λέγω, pleon.
(A297), am besten als Doppelpunkt berücksichtigen. **ὅτι** (erstes) recitativum,
zusammen m. dem λέγοντες als Doppelpunkt berücksichtigen (A333).

βαπτιστής[1] *Täufer;* Ἰωάννην τὸν βαπτιστήν Präd.-Nom. des AcI
(τίνα entsprechend), erg. gedankl. (οἱ μέν/ἄλλοι) λέγουσίν σε εἶναι
manche halten dich für Johannes den Täufer od. (einfacher) *manche für Johannes*
den Täufer (analog Ἠλίαν). **ἄλλοι ... ἄλλοι** *andere ... wieder andere.*
Ἠλίας[1] 6,15; Elijas (erneutes) Auftreten wurde auf Grund v. Mal 3,23f er-
wartet. **ἄλλοι δὲ ὅτι** Fortsetzung m. ὅτι-NS statt AcI: ἄλλοι δὲ (λέγου-
σιν) ὅτι εἷς τῶν προφητῶν (gen. partitivus [A164]; erg. εἶ [vgl. A78])
wieder andere sagen, du seist einer der anderen (A376) *Propheten.* **29 ὑμεῖς δέ** 29
Subj. betont (A122; durch Voranstellung zusätzl. hervorgehoben [vgl. BDR
§475[2]]) *und ihr.* **ἀπο-κριθείς** Aor. Ptz. Pass. -κρίνομαι, pleon. (A297,2);
ἀποκριθεὶς ὁ Πέτρος λέγει (hist. Präs., A235) αὐτῷ *Petrus antwortete ihm.*
ὁ χριστός Präd.-Nom. m. Art. betont Gleichsetzung m. dem Subj. (H-S
§135a; A80): *der* (verheißene) *Christus/Messias.* **30 ἐπ-ε-τίμησεν** Aor. 30
ἐπι-τιμάω m. Dat. *tadeln, zurechtweisen, (mit aller Strenge) entgegentreten/be-*
fehlen. **ἵνα** hier *daß* bzw. Inf. (A328; bez. das Befohlene). **λέγωσιν** Konj.
λέγω hier τινὶ περί τινος *mit jmdm. über jmdn./etwas reden* (B II2); ἐπετί-
μησεν αὐτοῖς ἵνα μηδενὶ λέγωσιν περὶ αὐτοῦ *er schärfte ihnen ein,*
mit niemand darüber zu reden.

31 ἤρξατο V. 11. **διδάσκειν** Inf. διδάσκω hier τινὰ ὅτι *jmdn.* 31
darüber belehren, daß (vgl. B 2e), *jmdn. darauf hinweisen, daß* (Menge). **δεῖ** hier
v. der göttl. Bestimmung (vgl. B 1; s.a. zu Mt 16,21). **παθεῖν** Aor. Inf.
πάσχω; Präd. des AcI, abhängig v. δεῖ (ebenso die drei flgd. Inf.). **ἀπο-δο-**
κιμασθῆναι Aor. Inf. Pass. -δοκιμάζω (vgl. A33[91ff]) (< δόκιμος er-
probt) (nach vorausgegangener Prüfung) *verwerfen, für unbrauchbar erklären.*
πρεσβύτερος Pl. hier v. Mitgliedern einer Gruppe des Synedriums (B 2aβ;
GN: *Ratsälteste*). **ἀπο-κτανθῆναι** Aor. Inf. Pass. -κτείνω. **μετὰ τρεῖς**
ἡμέρας *nach drei Tagen = am dritten Tag* (vgl. zu Mt 12,40). **ἀνα-στῆναι**
Wz.-Aor. Inf. ἀν-ίσταμαι. **32 παρ-ρησία** (< πᾶν, ῥῆσις [das] Reden) 32
Redefreiheit; Freimütigkeit, Offenheit; παρρησίᾳ dat. modi (A180) *frei heraus*
(B 1); καὶ παρρησίᾳ τὸν λόγον ἐλάλει *und er sprach das ganz offen aus*
(Menge), *klar und offen redete er darüber* (NGÜ). **ἐ-λάλει** Ipf. λαλέω.
προσ-λαβόμενος Aor. Ptz. Med. -λαμβάνομαι[152] *zu sich nehmen,* hier
beiseite nehmen (B 2a); temp. (A291,1 Anm. 1). **ἤρξατο** V. 11. **ἐπι-τιμᾶν**
Inf. V. 30, hier viell. *ernstlich zureden* (um einem Tun vorzubeugen od. es zu be-
endigen; B 1). **33 ὁ δέ** *(und/doch) dieser/er* (A102). **ἐπι-στραφείς** Aor. 33
Ptz. Pass. -στρέφω[47] *um-, zurückkehren, sich hinwenden;* Pass. hier *sich umwen-*
den, sich umdrehen (B 2aα); temp. (A291,1 Anm. 1). **ἰδών** Aor. Ptz. ὁράω
hier *anblicken* (B εἶδον 1); temp. (A291,1 Anm. 1). **ἐπ-ε-τίμησεν** V. 30,
hier etwa *zurechtweisen* od. *scharf abweisen* (Menge). **λέγει** V. 1, hier pleon.
(vgl. H-S §239; A297); ἐπετίμησεν Πέτρῳ καὶ λέγει *er wies Petrus scharf*
ab mit den Worten (vgl. Menge) od. *er wies Petrus scharf zurecht:* (NGÜ).

ὕπαγε Imp. (vgl. A266a). **ὀπίσω** uneig. Präp. (A183) *hinter – her* (bei Aus-
drücken des Kommens/Nachfolgens häufig: jmdm. *nach*), *hinter;* ὕπαγε ὀπί-
σω μου *weiche hinter mich zurück, geh mir aus den Augen* (B 2aα), *geh weg von
mir.* **σατανᾶ** Vok. σατανᾶς[1] ᾶ *Widersacher; Satan,* der Widersacher Got-
tes; Petrus will Jesus davon abhalten, Gottes Willen (τὰ τοῦ θεοῦ) zu tun, u.
wird dadurch zum Sachwalter Satans. **ὅτι** hier *denn* (vgl. B 3b). **φρονέω** *den-
ken, urteilen, meinen; den Sinn richten auf, bedacht sein auf,* m. Akk. **τὰ τοῦ
θεοῦ ... τὰ τῶν ἀνθρώπων** *die Sache Gottes ... die Sache der Menschen*
(H-S §132i; A105); οὐ φρονεῖς τὰ τοῦ θεοῦ ἀλλὰ τὰ τῶν ἀνθρώπων *du
bist nicht auf Gottes, sondern auf der Menschen Sache bedacht* (H-S §152a) bzw.
was du denkst, kommt nicht von Gott, sondern ist menschlich (NGÜ).
34 **34 προσ-καλεσάμενος** V. 1. **εἰ** m. Ind. indefiniter Fall (A342); εἴ
τις *wenn jmd./einer ... so = wer ... der* (B VII). **ὀπίσω** V. 33; ἀκολουθέω
ὀπίσω τινός *hinter jmdm. hergehen, jmdm. folgen* (B 2aβ), *jmdm. nachfolgen.*
ἀκολουθεῖν Inf. ἀκολουθέω [Var. ἐλθεῖν Aor. Inf. ἔρχομαι]. **ἀπ-αρ-
νησάσθω** Aor. Imp. Med. 3. Sg. -αρνέομαι *leugnen, verleugnen.* **ἀράτω**
Aor. Imp. 3. Sg. αἴρω hier *aufheben und mit sich tragen* (B 2), *auf sich nehmen.*
σταυρός *Kreuz;* ἀράτω τὸν σταυρὸν αὐτοῦ *er muß sein* (A126c) *Kreuz
auf sich nehmen* (eig. das Aufheben des Querbalkens, den der Verurteilte zur
Richtstätte trägt; hier wohl übertr. für die Bereitschaft zum Leiden u. Marty-
rium um Jesu u. seiner Sache willen). **ἀκολουθείτω** Imp. 3. Sg. ἀκολου-
35 θέω. **35 ὃς ἐάν** = ὃς ἄν (A132; 371) *wer (auch immer)* bzw. *jeder, der.* **θέ-
λῃ** Konj. θέλω. **ψυχή** hier *Leben* (das wahre Selbst, das den Tod überlebt;
Davies-Allison, Mt 2, S. 673). **σῶσαι** Aor. Inf. σῴζω; τὴν ψυχὴν αὐτοῦ
σῶσαι *sein Leben retten,* hier dadurch, daß er sich selbst u. nicht die Erforder-
nisse christlicher Nachfolge zum Mittelpunkt seines Lebens macht. **ἀπ-ολέ-
σει** Fut. -όλλυμι, erstes fut., zweites statt Konj. (nach ὃς δ' ἄν [BDR
§380[3/5]; A371]) gebraucht. **ἕνεκεν** uneig. Präp. (A183) *wegen, um ... willen.*
36 **σώσει** Fut. **36 ὠφελέω** *helfen, nützen, fördern* (τινά τι *jmdm./jmdn. in/mit
etwas*) [Var. ὠφελήσει Fut.]. **κερδῆσαι** Aor. Inf. κερδαίνω[125] *gewinnen*
[Var. κερδήσῃ Aor. Konj.]. **ζημιωθῆναι** Aor. Inf. Pass. ζημιόω *Schaden
zufügen;* Pass. m. Akk. (vgl. BDR §159,2 u. A213) *in bezug auf etwas Schaden
erleiden, etwas einbüßen/verlieren* (vgl. B 1); τί γὰρ ὠφελεῖ ἄνθρωπον κερ-
δῆσαι τὸν κόσμον ὅλον καὶ ζημιωθῆναι τὴν ψυχὴν αὐτοῦ *denn
was nützt es einem Menschen, die ganze Welt zu gewinnen, dabei aber* (vgl. 1,12)
sein Leben (bzw. *sein [wahres] Selbst*) *einzubüßen* (od. *dabei aber selbst unheilbar
37 Schaden zu nehmen* [vgl. NGÜ]) [Var. ζημιώθῃ Aor. Konj. Pass.]. **37 δοῖ**
(hell. Nebenform zu δῷ [H-S §116 Anm. 18; BDR §95,1]) Aor. Konj. δίδωμι;
deliberativer Konj. (sehr selten bei direkter Frage in der 3. Pers. m. fut. od. po-
tentialem Sinn; A255; vgl. BDR §366[6]) [Var. 1 δῷ Aor. Konj.; Var. 2 δώσει
Fut.]. **ἀντ-άλλαγμα**[3] (ἀντί anstatt, ἀλλάσσω verändern, vertauschen)

Tauschmittel, Gegenwert; m. gen. pretii (A161); τί γὰρ δοῖ ἄνθρωπος ἀν-
τάλλαγμα τῆς ψυχῆς αὐτοῦ *was könnte ein Mensch als Gegenwert/Löse-*
geld (Obj.-Präd., A65) *für sein Leben* (bzw. *sein [wahres] Selbst*) *geben.* **38 ὃς** 38
ἐάν V. 35. **ἐπ-αισχυνθῇ** Aor. Konj. Pass. (ohne bes. Pass.-Bdtg.) -αισχύ-
νομαι[130] *sich schämen* τινά/τι *jmds.* od. *einer Sache* (Ggs. sich zu jmdm. be-
kennen); ὃς γὰρ ἐὰν ἐπαισχυνθῇ με καὶ τοὺς ἐμοὺς λόγους ... *denn*
wer sich ... meiner und meiner Worte schämt od. (freier) *wer ... nicht zu mir und*
meinen Worten steht (NGÜ). **μοιχαλίς**[3] ίδος ἡ (Fem. v. μοιχός Ehebre-
cher) *Ehebrecherin;* hier Adj. *ehebrecherisch,* übertr. *bundesbrüchig, treulos;* ἐν
τῇ γενεᾷ ταύτῃ τῇ μοιχαλίδι καὶ ἁμαρτωλῷ *in/unter* (vgl. B ἐν I4a)
dieser treulosen/von Gott abgewandten und sündigen Generation (vgl. a. zu Mt
12,39). **ἐπ-αισχυνθήσεται** Fut. Pass. (ohne bes. Pass.-Bdtg.). **ἔλθῃ** Aor.
Konj. ἔρχομαι.

ἔ-λεγεν Ipf. λέγω. **ὅτι** am besten recitativum = Doppelpunkt (A333). 9
εἰμί hier *vorhanden sein, existieren;* εἰσίν τινες *es gibt einige* (B I1). **ἑστη-**
κότων Pf. (m. präs. Bdtg.) Ptz. ἵσταμαι, subst.; gen. partitivus (A137a/164);
τινὲς ὧδε τῶν ἑστηκότων *einige von/unter denen, die hier stehen.* **οἵ-τινες**
= οἵ (ZG) od. qualitativ (B 2a) *(solche), die* (A132). **οὐ μή** m. Aor. Konj.
stärkste Verneinung zukünftigen Geschehens (A257). **γεύσωνται** Aor.
Konj. Med. γεύομαι m. Gen. (Speise) *kosten, schmecken;* übertr. *kennenlernen,*
erfahren; γεύομαι θανάτου „den Tod schmecken" = *den Tod erleiden, ster-*
ben. **ἕως ἄν** *bis* (A337). **ἴδωσιν** Aor. Konj. ὁράω. **ἐληλυθυῖαν** Pf.
(A231) Ptz. Fem. ἔρχομαι; AcP (A300) ἕως ἂν ἴδωσιν τὴν βασιλείαν
τοῦ θεοῦ ἐληλυθυῖαν ἐν δυνάμει *bis sie sehen, daß/wie die Königsherr-*
schaft Gottes in (ihrer) Macht gekommen ist od. *bis sie die Königsherrschaft Gottes*
in (ihrer) Macht kommen sehen (s.a. zu Mt 16,28).

2 ἕξ[19] *sechs;* μετὰ ἡμέρας ἕξ *sechs Tage später* (Menge). **ἀνα-φέρω** 2
hinaufführen; παραλαμβάνει ... ἀναφέρει hist. Präs. (A235). **ὑψηλός**
hoch. **κατ᾽ ἰδίαν** (klass. = καθ᾽ ἑαυτόν [BDR §286[2]]) *für sich* (B ἴδιος
4); κατ᾽ ἰδίαν μόνους *für sich allein* bzw. hier etwa = *wo sie ganz allein waren*
(NGÜ). [Var. ἐν τῷ m. AcI. temp. (A282); προσ-εύχεσθαι Inf., Präd. des
AcI.] **μετ-ε-μορφώθη** Aor. Pass. μετα-μορφόω *umgestalten, verwandeln;*
μετεμορφώθη ἔμπροσθεν αὐτῶν *er wurde vor ihren Augen* (B ἔμπροσ-
θεν 2c) *verwandelt, vor ihren Augen veränderte sich sein Aussehen* (vgl. NGÜ).
3 ἐ-γένετο Aor. Med. γίνομαι. **στίλβοντα** Ptz. Ntr. Pl. στίλβω *glän-* 3
zen; umschrieb. Tempus m. γίνομαι *werden* (statt εἰμί *sein;* BDR §354[1];
A249); ἐγένετο στίλβοντα seine Kleider *begannen zu glänzen.* **λευκός**
weiß; leuchtend; λευκὰ λίαν *ganz weiß* (Menge) od. *blendend/strahlend weiß.*
λίαν *sehr, ganz.* **οἷος**[18] *wie (beschaffen), welcher Art.* **γναφεύς**[8] (< γνά-
πτω/κνάπτω walken [bei der Tuchherstellung Fasern miteinander verfilzen])
Walker (im Altertum ein wichtiger Handwerker, der Stoffe walkte, reinigte u.

bleichte [GBL 2, S. 523; vgl. LAW, Sp. 3284]), übers. viell. (kontextkonform)
Bleicher, Färber. **λευκᾶναι** Aor. Inf. λευκαίνω (vgl. A33[118ff]) *weiß machen;*
οἷα γναφεύς ... οὐ δύναται οὕτως (pleon. nach οἷα [BDR §297[2]]) λευ-
4 κᾶναι *so weiß/hell, wie es kein Walker/Färber ... machen kann.* **4 ὤφθη** Aor.
Pass. ὁράω. **Ἠλίας**[1] 6,15. **ἦσαν** Ipf. εἰμί. **συλ-λαλοῦντες** Ptz. -λα-
λέω *sich unterreden, besprechen* τινί *mit jmdm.;* umschrieb. Ipf. (A249a); ἦσαν
συλλαλοῦντες τῷ Ἰησοῦ *die beiden* (Elija u. Mose) *redeten mit Jesus* (s.a.
5 zu Mt 17,3). **5 ἀπο-κριθείς** Aor. Ptz. Pass. -κρίνομαι bez. hier die verba-
le Reaktion auf ein nichtverbales Geschehen (Hebr./Aram.) *das Wort ergreifen*
o.ä. (vgl. B 2; Zerwick §366); pleon. (A297,2); ἀποκριθεὶς ὁ Πέτρος λέγει
da ergriff Petrus das Wort und sagte od. *da sagte Petrus.* **λέγει** hist. Präs.
(A235). **ῥαββί** indekl., hier Vok. (hebr. רַבִּי *rabbî*) *Rabbi,* Anrede u. Ehren-
bezeichnung für (Gesetzes-)Lehrer. **εἶναι** Inf. εἰμί Präd. des AcI, abhängig v.
καλόν ἐστιν; καλόν ἐστιν ἡμᾶς ὧδε εἶναι *es ist gut/wie gut ist es, daß
wir hier sind.* **ποιήσωμεν** Aor. Konj. ποιέω hier *aufschlagen, bauen* (B
I1aα); adhortativer Konj. (A254). **σκηνή** *Zelt, Hütte* (v. Nomadenzelten).
σοί ... Μωϋσεῖ ... Ἠλίᾳ dat. commodi (A173a) *für dich ... für Mose ... für*
6 *Elija.* **6 ᾔδει** Plsqpf. (m. Ipf.-Bdtg.) οἶδα; zum mangelnden Verständnis der
Jünger s.a. zu 4,13. **ἀπο-κριθῇ** Aor. Konj. Pass. V. 5; deliberativer Konj.
(A255) wie in der implizierten direkten Frage (vgl. A329) „was soll ich sagen?“;
τί ἀποκριθῇ *was er sagen sollte* [Var. λαλήσει Fut. (vgl. A326)]. **ἔκ-φο-
βος**[11] *erschrocken, voll Angst.* **ἐ-γένοντο** Aor. Med. γίνομαι; ἔκφοβοι
γὰρ ἐγένοντο *in solche Furcht waren sie geraten* (Menge) od. (klarer) *so er-
schrocken waren er und die beiden anderen* (NGÜ) bzw. *denn er und die beiden*
7 *anderen waren vor Schreck ganz verstört* (GNB). **7 ἐ-γένετο** V. 3, erstes (m.
Subj. νεφέλη) *werden* (wie V. 3) od. *kommen* (Menge; vgl. B 4c); zweites (m.
Subj. φωνή) *kommen* (vgl. B I4cβ), *erschallen* (Menge) bzw. *sprechen.* **νεφέ-
λη** *Wolke.* **ἐπι-σκιάζουσα** Ptz. Fem. -σκιάζω *überschatten;* hier (m.
Dat./Akk.) *ihren Schatten werfen auf* od. *bedecken/einhüllen;* umschrieb. Tempus
m. γίνομαι *werden* (wie V. 3) od. mod. bzw. attr.; καὶ ἐγένετο νεφέλη
ἐπισκιάζουσα αὐτοῖς *da* (vgl. 1,12) *warf eine Wolke ihren Schatten auf sie*
(od. *da bedeckte sie eine Wolke*) od. *da kam eine Wolke und warf ihren Schatten
auf sie* (od. ... *und bedeckte sie*). **ἀγαπητός** hier viell. im Sinn des seit Homer
bezeugten, in der LXX sehr häufigen (für hebr. יָחִיד *jāḥîḏ einzig;* dafür auch
μονογενής *einzig, einzigartig*) Bezugs auf den einzigen Sohn (vgl. zu Mt 9,5;
s.a. zu 1,11). **ἀκούετε** Imp. ἀκούω hier m. Gen. (H-S §167a Anm. 1) *jmdm.*
8 *Gehör schenken, jmdm. gehorchen* (vgl. B 4), *hören auf.* **8 ἐξάπινα** = ἐξ-
αίφνης *plötzlich, auf einmal.* **περι-βλεψάμενοι** Aor. Ptz. Med. -βλέπο-
μαι[41] *sich umsehen, umherblicken, (Umstehendes) ansehen, anblicken;* temp.
οὐκέτι οὐδένα doppelte Neg. verstärkt die Verneinung (vgl. A310a; BDR
§431,2). **ἀλλά** hier *außer/als* [Var. εἰ μή hier synonym].

9 κατα-βαινόντων Ptz. -βαίνω, gen. abs. (A288), temp. **δι-ε-** 9
στείλατο Aor. Med. δια-στέλλομαι[113] *anordnen, befehlen, einschärfen.*
ἵνα hier *daß* bzw. indirekte Rede (A328 u. 334a; bez. das Geforderte; B II1aδ).
δι-ηγήσωνται Aor. Konj. Med. -ηγέομαι *erzählen, beschreiben, darlegen;*
ἵνα μηδενὶ ἃ εἶδον διηγήσωνται *niemand zu erzählen, was sie gesehen*
(NGÜ: *erlebt*) *hatten* (vgl. H-S §199n; A224/329). **εἰ μή** nach Neg. *außer* (B εἰ
VI9a; A341); εἰ μὴ ὅταν *außer wenn/nachdem = bis.* **ἀνα-στῇ** Wz.-Aor.
Konj. ἀν-ίσταμαι. **10 ἐ-κράτησαν** Aor. κρατέω hier (λόγος im Sinn 10
v. *Wort/Bemerkung/Sache*) *festhalten* (um sich weiter damit zu beschäftigen
[B 2eδ]) bzw. *aufgreifen* (B λόγος 1aε), viell. (λόγος im Sinn v. *Gebot/Verbot*)
festhalten (im Sinn v. *sich daran halten* [vgl. Menge]). **συ-ζητοῦντες** Ptz.
-ζητέω *sich (miteinander) besprechen, erörtern, disputieren, streiten,* πρός τινα
mit jmdm. (B 2); mod.; τὸν λόγον ἐκράτησαν πρὸς ἑαυτοὺς συζητοῦν-
τες *diese Bemerkung ließ sie nicht mehr los, und sie überlegten miteinander* bzw.
sie griffen dieses Wort auf und fingen an zu erörtern (GN), viell. *dieses Gebot hiel-
ten sie dann auch fest, besprachen sich jedoch untereinander* (Menge). **εἰμί** hier
im Sinn v. *bedeuten, heißen* (B II3). **ἀνα-στῆναι** Wz.-Aor. Inf. ἀν-ίστα-
μαι; Inf. m. Art. ist Subj. (A280); τί ἐστιν (Tempus u. Modus wie in der ent-
sprechenden direkten Rede; A326) τὸ ἐκ νεκρῶν ἀναστῆναι *was denn das
heiße/bedeute, von den Toten auferstehen* od. *was wohl mit der Auferstehung von
den Toten gemeint sei* (Menge).
11 ἐπ-ηρώτων Ipf. -ερωτάω. **λέγοντες** Ptz. λέγω, pleon. (A297), 11
am besten als Doppelpunkt berücksichtigen. **ὅτι** (erstes) wohl = ὅ τι (bzw.
ὅτι = τί ὅτι) *warum* (bzw. *wie ist/kommt es, daß*) vor indirekter Frage (B 1c;
vgl. B ὅστις 4b; BDR §300[4]); od. recitativum = Doppelpunkt (A333).
Ἠλίας[1] 6,15. **δεῖ** hier v. der göttl. Bestimmung (B 1). **ἐλθεῖν** Aor. Inf.
ἔρχομαι; Präd. des AcI, abhängig v. δεῖ. **πρῶτον** *zuerst.* **12 ὁ δέ** 12
(und/doch) dieser/er (A102). **ἔ-φη** Ipf. φημί [Var. ἀπο-κριθείς V. 5, pleon.
(A297,2); ὁ δὲ ἀποκριθεὶς εἶπεν *er antwortete*]. **μέν** *zwar* (bzw. hier etwa
ja [Menge] od. *es stimmt* [NGÜ]), wobei wohl das καί (πῶς) *aber/doch* (*war-
um*) dem klass. zu erwartenden δέ entspricht (so offenbar die meisten; nach
B 1aβ korreliert ἀλλά V. 13 damit). **ἐλθών** Aor. Ptz. ἔρχομαι, temp.
(A291,1 Anm. 1). **ἀπο-καθ-ίστημι/-ιστάνω** (Nebenformen 3. Sg. [Var.]:
-κατα-στάνει, -καθ-ιστᾷ [Var. -κατα-στήσει Fut.]) *in den richtigen Zu-
stand versetzen, wiederherstellen;* Ἠλίας μὲν ἐλθὼν πρῶτον ἀποκαθι-
στάνει πάντα *ja, Elija kommt zuerst und stellt alles wieder her* (Einh.); Präs.
hier fut. (A234; wohl im Sinn einer „Zukunft in der Vergangenheit"; s.a. zu Mt
17,11). **πῶς** hier *warum/wieso* (vgl. BDR §442[16]) bzw. *wie kommt es, daß* (vgl.
B 1b). **γέ-γραπται** Pf. (A231) Pass. γράφω, Pf. Pass. term. tech. zur Ein-
führung v. Schriftzitaten (B 2c): *in der Schrift heißt es/steht,* ἐπί τινα *in bezug
auf jmdn., über jmdn.;* zu denken ist wohl an Stellen wie Jes 53 bzw. Ps 22 u.

118,22 (s. zu Mt 21,42). **ἵνα** hier *daß* bzw. indirekte Rede (A328 u. 334a; bez. das [durch die Schrift] Angeordnete). **πάθῃ** Aor. Konj. πάσχω. **ἐξ-ουδε-νηθῇ** Aor. Konj. Pass. -ουδενέω *verächtlich behandeln* bzw. *verwerfen* (Menge); ἵνα πολλὰ πάθῃ καὶ ἐξουδενηθῇ *daß er vieles erleiden und verachtet/verworfen werden muß* bzw. *er müsse vieles erleiden und verachtet/verworfen werden* [Var. ἐξ-ουδενωθῇ Aor. Konj. Pass. -ουδενόω synonym (synonym
13 sind auch die Formen m. -ουθεν- statt -ουδεν- [BDR §33[2]])]. **13 ὅτι** V. 1. **ἐλήλυθεν** Pf. (A242) ἔρχομαι; καὶ Ἠλίας ἐλήλυθεν *auch Elija* (wie Jesus) *ist gekommen* (ZG) od. (wohl besser) *Elija ist auch/wirklich gekommen* (vgl. Menge) = *Elija ist bereits gekommen.* **ἐ-ποίησαν** Aor. ποιέω hier τί τινι *jmdm. etwas antun* (B I1dγ), *mit jmdm. etwas machen;* zur Sache s. 6,17-29. **ἤ-θελον** Ipf. θέλω; ὅσα ἤθελον, καθὼς γέγραπται ἐπ᾽ αὐτόν *was sie* (die Gegner der Sache Gottes) *wollten, wie es in der Schrift steht;* zu denken ist wohl an 1Kön 19,2.10: was ihnen (konkret der Königin Isebel u. ihren Leuten) im Fall des atl. Elija nicht gelungen war, mußte nun den neuen „Elija", Johannes den Täufer (vgl. zu 1,2), (durch Antipas u. Herodias) treffen.

14 **14 ἐλθόντες** Aor. Ptz. ἔρχομαι, temp. **πρὸς τοὺς μαθητάς** *zu den anderen* (A376a) *Jüngern.* **συ-ζητοῦντας** Ptz. -ζητέω V. 10; AcP (A300) od. attr. (zu γραμματεῖς od. [sachl. aber wohl weniger wahrscheinl.] auch zu ὄχλον); εἶδον ὄχλον πολὺν περὶ αὐτοὺς καὶ γραμματεῖς συζητοῦντας πρὸς αὐτούς übers. am besten *sie sahen eine große Menschenmenge um sie (versammelt), auch (einige) Schriftgelehrte, die mit ihnen strit-*
15 *ten/diskutierten.* **15 ἰδόντες** Aor. Ptz. ὁράω; Pl. sinngemäße Konstruktion (A96; H-S §265; gilt auch für die nächsten drei Verbformen); temp.; καὶ εὐθὺς πᾶς ὁ ὄχλος ἰδόντες αὐτόν *sobald die Menschen* (wörtl. *die ganze Menge*) *ihn/Jesus sahen.* **ἐξ-ε-θαμβήθησαν** Aor. Pass. ἐκ-θαμβέομαι *ins Staunen/in große Erregung geraten; erschrecken.* **προσ-τρέχοντες** Ptz. -τρέχω *hinzulaufen;* temp. (A291,1 Anm. 1). **ἠσπάζοντο** Ipf. Med. ἀσπάζο-
16 μαι. **16 ἐπ-ηρώτησεν** Aor. -ερωτάω; ἐπηρώτησεν αὐτούς *er fragte sie* (d.h. die Menge od. die Jünger). **τί** wohl *was?* (AkkO) bzw. *worüber?* (viell. Akk. der Beziehung [A149]) od. adv. *warum/weshalb?* (Z; vgl. B τίς 3a; A134a); τί συζητεῖτε πρὸς αὐτούς; *worüber/weshalb streitet ihr euch mit ihnen?*
17 **17 ἀπ-ε-κρίθη** Aor. Pass. ἀπο-κρίνομαι [Var. ἀπο-κριθείς vgl. zu V. 12]. **εἷς** = τις (A137b; vgl. B 3a). **ἐκ τοῦ** hier statt gen. partitivus (A164). **διδάσκαλε** Vok. **ἤνεγκα** Aor. φέρω. **ἔχοντα** Ptz. ἔχω hier *besessen sein von* (B I2eα); kaus. **ἄ-λαλος**[11] *stumm, sprachlos;* ἔχοντα πνεῦμα ἄλαλον *denn ist er von einem stummen Geist besessen,* wobei gemeint ist, daß entweder der Geist selbst stumm/sprachlos war od. viell. daß er dem Kind die Sprache raubte (GNB: *er ist von einem bösen Geist besessen, darum kann er nicht*
18 *sprechen*). **18 ὅπου ἐάν** = ὅπου ἄν *wo immer* od. *überall, wo* (B ὅπου 1aδ; vgl. A132; 371) bzw. hier (kontextbedingt) eher temp. *sooft* (Menge) od.

immer, wenn (GNB). **κατα-λάβῃ** Aor. Konj. -λαμβάνω[152] *ergreifen, überwältigen;* hier etwa *packen* (B 1b). **ῥήσσω** entweder Nebenform zu ῥήγνυμι *reißen* od. (so wahrscheinl. hier) altepische Entsprechung zu ῥάττω/ῥάσσω *niederschmettern, zu Boden werfen* (B 2a; ZG; vgl. B zu προσρήσσω; BDR §73[7] u. §101[72]). **ἀφρίζω** *schäumen* (v. Tobsüchtigen). **τρίζω** *knirschen.* **ὀδούς**[5] ὀντος ὁ *Zahn.* **ξηραίνεται** Pass. ξηραίνω etwas *austrocknen, versengen;* Pass. *vertrocknen, versiegen,* hier (v. Körper einer Person) *starr/steif werden* (vgl. B 2b); καὶ ἀφρίζει καὶ τρίζει τοὺς ὀδόντας καὶ ξηραίνεται *dann* (vgl. 1,12) *schäumt dieser, knirscht mit den Zähnen und wird starr* od. *Schaum steht dann vor seinem Mund, er knirscht mit den Zähnen, und sein ganzer Körper wird steif* (GNB). **εἶπα** Aor. (vgl. H-S §105g) λέγω hier *bitten* (Menge). **ἵνα** hier *daß* bzw. übers. als Inf. (A328; bez. [statt eines Inf./AcI] das Erbetene). **ἐκ-βάλωσιν** Aor. Konj. -βάλλω; δαιμόνια ἐκβάλλω *Dämonen* (die v. einem Menschen Besitz ergriffen haben) *austreiben* (B 1). **ἴσχυσαν** Aor. ἰσχύω *stark sein, vermögen, können;* καὶ οὐκ ἴσχυσαν *aber* (vgl.
1,12) *sie konnten es* (vgl. A79) *nicht.* **19 ὁ δέ** V. 12. **ἀπο-κριθείς** V. 5, 19
pleon. (A297,2); ὁ δὲ ἀποκριθεὶς αὐτοῖς λέγει (hist. Präs., A235) *da antwortete er ihnen.* **ὦ** vor Vok. m. Affekt (A142) *O* od. unübersetzt. **ἄ-πιστος**[11] *ungläubig; unglaubwürdig;* ὦ γενεὰ ἄπιστος *O du ungläubige Generation* od. *was seid ihr für eine ungläubige Generation* (NGÜ); m. solchen od. ähnl. γενεά-Ausdrücken ist an sich die Masse der Zeitgenossen Jesu (vgl. B γενεά 2) gemeint (das zeitl. Element tritt dabei zurück), m. diesem spricht Jesus aber (zumindest primär) seine Jünger an (vgl. zu 4,13 sowie zu Mt 17,17). **πότε**[18] *wann?;* ἕως πότε *bis wann?, wie lange?* (vgl. BDR §216[10]). **ἔσομαι** Fut. εἰμί, πρός τινά εἰμι *bei jmdm. sein* (B πρός III7); mod. Fut. (A247b). **ἀν-έξομαι** Fut. Med. -έχομαι[190] *aushalten, ertragen* (jmdn./etwas: Gen.);
mod. Fut. (A247b); vgl. zu Mt 17,17. **φέρετε** Imp. **20 ἤνεγκαν** V. 17. 20
ἰδών Aor. Ptz. ὁράω; part. coni. zu τὸ πνεῦμα, wobei das Ptz. im Mask. (statt im Ntr.) steht, da τὸ πνεῦμα als personhaftes Wesen verstanden wird (sinngemäße Konstruktion; BDR §134,3; vgl. ähnl. A96); temp. **συν-ε-σπάραξεν** Aor. συ-σπαράσσω (vgl. A33[74ff]) *zusammenreißen, hin- und herzerren* (B), *in Krämpfen schütteln* (EWNT 3, Sp. 748) [Var. ohne συ(ν)- *zerren, reißen,* hier wohl *hin und her zerren/reißen, schütteln*]. **πεσών** Aor. Ptz. πίπτω hier *hinfallen* (B 1bα); temp. (A291,1 Anm. 1). **ἐπὶ τῆς γῆς** *auf dem Boden* (vgl. B γῆ 2); zu ἐκυλίετο zu ziehen. **ἐ-κυλίετο** Ipf. Med. κυλίομαι *sich wälzen.* **ἀφρίζων** Ptz., mod.; καὶ πεσὼν ἐπὶ τῆς γῆς ἐκυλίετο ἀφρίζων *so daß* (vgl. 1,12) *dieser hinfiel und sich mit Schaum vor dem Mund auf dem*
Boden wälzte (NGÜ). **21 πόσος**[18] *wie groß?* Sg. (bei Unzählbarem) *wieviel?* 21
Pl. *wie viele?;* πόσος χρόνος ἐστίν; *wie lange Zeit ist es her?* (B 1). **ὡς** hier *seitdem* (B IV1b) [Var. 1 ἕως hier *solange (wie);* Var. 2/3 ἐξ/ἀφ' οὗ *seitdem*]. **γέ-γονεν** Pf. (A242) γίνομαι, hier γίνεταί τινί τι *es widerfährt einem*

etwas (B I3bγ) od. *einem wird etwas zuteil, einer bekommt etwas* (vgl. ebenfalls B I3bγ); πόσος χρόνος ἐστὶν ὡς τοῦτο γέγονεν αὐτῷ; *wie lange Zeit ist es her, seitdem ihm dies widerfahren ist* bzw. *seitdem er dies bekommen hat (und nun hat)? = wie lange hat er das schon?* (GNB). **παιδιόθεν** *von Kindheit an;* ἐκ (an sich pleon., aber gebräuchl. [vgl. A379]) παιδιόθεν *von Kindheit an,*
22 *von klein auf.* **22 πολλάκις** *häufig, oft.* **ἔ-βαλεν** Aor. βάλλω; πολλάκις καὶ εἰς πῦρ αὐτὸν ἔβαλεν καὶ εἰς ὕδατα *oft hat er ihn sogar ins* (A106a) *Feuer oder* (vgl. A314,1) *ins* (A106a) *Wasser geworfen.* **ὕδατα** Pl. entspricht dem deutschen Sg. (bei ὕδωρ häufig [bes. in der Bdtg. *Gewässer*]; s. BDR §141,5). **ἀπ-ολέσῃ** Aor. Konj. -όλλυμι hier *umbringen* (vgl. B 1aα). **ἀλλά** hier beim Imp. zur Verstärkung der Aufforderung *doch* (B 6). **δύνῃ** 2. Sg. δύναμαι[208] (bildet m. δυνατά [V. 23] eine Art Wortspiel) hier m. Akk., wobei ein Inf., etwa v. ποιέω, zu erg. ist (B 3); εἴ τι δύνῃ; *wenn du etwas tun kannst* bzw. *wenn es dir möglich ist, etwas zu tun* (NGÜ; die Übersetzung *wenn du etwas kannst* ist im Deutschen m. kontextfremden Nuancen verbunden). **βοήθησον** Aor. Imp. βοηθέω *zu Hilfe kommen, helfen.* **σπλαγχνισθείς** Aor. Ptz. Pass. (ohne bes. Pass.-Bdtg.) σπλαγχνίζομαι (vgl. A33[91ff]) (< σπλάγχνα eig. „Eingeweide", gemeint „Herz" [Sitz der Gefühle]; „Zuneigung/Liebe") *sich erbarmen, Mitleid/Erbarmen empfinden/haben* ἐπί τινα *mit jmdm.* (B; BDR §233[3]); mod. (A291,2 Anm. 1); ἀλλά ... βοήθησον ἡμῖν
23 σπλαγχνισθεὶς ἐφ' ἡμᾶς *hab doch Erbarmen mit uns und hilf uns.* **23 τὸ εἰ δύνῃ** Art. τό steht vor zitierten Worten (A105; BDR §267[2]) *das Wort „wenn es dir möglich ist";* τό im Akk. der Beziehung (BDR §160[2]; vgl. A149; od. im absoluten Nominativ m. ähnl. Kontextsinn [BDR §267[2]]); τὸ εἰ δύνῃ, πάντα δυνατά (erg. ἐστίν [A78]) *was dein „wenn es dir möglich ist" betrifft, (so wisse:) alles ist möglich* (vgl. Menge) od. (freier) *„wenn es dir möglich ist", sagst du? Alles ist möglich* (vgl. NGÜ). [Var. πιστεῦσαι Aor. Inf. πιστεύω; τὸ εἰ δύνασαι (2. Sg.) πιστεῦσαι wohl *wenn du glauben kannst.*] **δυνατός** *stark, mächtig;* hier *möglich.* **πιστεύοντι** Ptz. πιστεύω, subst.; πάντα δυνατὰ τῷ πιστεύοντι dat. commodi (A173a) *für den, der glaubt, ist alles möglich;* dieser Satz läßt sich unterschiedl. deuten (wobei c am besten in den Kontext paßt): a) = es gibt nichts, was ein Mensch, der Glauben hat, nicht tun kann; b) = es gibt nichts, was für den, der Glauben hat, (v. Jesus bzw. Gott) nicht getan werden kann; c) = es gibt nichts, was für den, der Glauben hat, nicht möglich ist (d.h. für den Glaubenden steht fest, daß den Möglichkeiten Jesu [bzw. Gottes] keine Grenzen gesetzt sind); in jedem Fall bedeutet Glauben im NT nie, sich zu zwingen, etwas zu „glauben", was man im Grunde gar nicht glaubt; vielmehr geht es dabei um echtes Vertrauen auf Gott u. um die Entschlossenheit, seinen Willen zu erfahren u. zu tun (Carson, Mt, S. 446).
24 **24 κράξας** Aor. Ptz. κράζω, mod. [Var. δάκρυον *Träne;* Pl. *Tränen, (das) Weinen.*] **ἔ-λεγεν** V. 1; hier pleon. (vgl. A297; BDR §420[4]); εὐθὺς

κράξας ὁ πατὴρ τοῦ παιδίου ἔλεγεν *sogleich rief der Vater des Kindes*
laut aus: (Menge) bzw. *da rief der Vater des Jungen:* (Einh.). **βοήθει** Imp.
βοηθέω; πιστεύω: βοήθει μου τῇ ἀπιστίᾳ *ich glaube; hilf meinem Un-*
glauben/hilf mir heraus aus meinem Unglauben (vgl. NGÜ); da diese Bitte einen
Mangel an Glauben impliziert, könnte sinngemäß etwa so übersetzt werden: *ich*
habe Glauben, doch nicht genug; hilf mir, mehr davon zu haben (vgl. TEV2) bzw.
ich vertraue ihm ja – und kann es doch nicht! Hilf mir vertrauen! (GNB).
ἀ-πιστία *Unglaube; Untreue.* **25 ἰδών** V. 20; temp. **ἐπι-συν-τρέχω** *zu-* 25
sammenlaufen; ὅτι ἐπισυντρέχει ὄχλος (Tempus u. Modus wie in der
entsprechenden direkten Rede [A326]; dur.-lin., den Verlauf bezeichnenden
Aspekt [vgl. A225, 232a u. 237a2]) *daß immer mehr Leute zusammenliefen.* **ἐπ-**
ε-τίμησεν Aor. ἐπι-τιμάω m. Dat. *tadeln, zurechtweisen, (mit aller Strenge)*
entgegentreten/befehlen. **ἀ-κάθαρτος**[11] *unrein, schmutzig* (kultisch bzw. sittl.-
geistl.); πνεῦμα ἀκάθαρτον *ein unreiner/böser Geist* (= Dämon; B πνεῦμα
4c). **λέγων** Ptz., mod. bzw. pleon. (A297); ἐπετίμησεν τῷ πνεύματι τῷ
ἀκαθάρτῳ λέγων αὐτῷ *er bedrohte den unreinen/bösen Geist* (od. *er trat dem*
bösen Geist mit Macht entgegen [NGÜ]) *und sagte* od. einfach (gefolgt v.
Doppelpunkt) *er bedrohte den bösen Geist* (vgl. GNB). **κωφός** *stumm; taub;*
τὸ ἄλαλον καὶ κωφὸν πνεῦμα Vok. (vgl. A142) *du stummer und tauber*
Geist. **ἐγώ** Subj. wohl betont (A122; B). **ἐπι-τάσσω** *befehlen, gebieten.*
ἔξελθε Aor. Imp. -έρχομαι hier ἔκ τινος *aus jmdm. ausfahren, jmdn.*
verlassen (vgl. B 1aδ). **μηκ-έτι** *nicht mehr, nicht weiter.* **εἰσ-έλθῃς** Aor.
Konj. -έρχομαι hier εἴς τινα (v. Dämonen, die v. jmds. Leib als ihrer
Wohnung Besitz nehmen) *in jmdm. hineingehen/hineinfahren* (vgl. B 1bβ);
prohibitiver Konj. (A256 u. 263f); καὶ μηκέτι εἰσέλθῃς εἰς αὐτόν *und geh*
nicht wieder in ihn hinein. **26 κράξας** V. 24; zum Mask. vgl. zu ἰδών V. 20; 26
temp./mod. (A291,1/2 Anm. 1). **πολλά** adv. Akk. (A150) *heftig* (B πολύς
I2bβ). **σπαράξας** Aor. Ptz. σπαράσσω (vgl. A33[74ff]) *zerren, reißen,* hier
wohl *hin und her zerren/reißen, schütteln;* zum Mask. vgl. zu ἰδών V. 20;
temp./mod. (A291,1/2 Anm. 1). **ἐξ-ῆλθεν** Aor.; καὶ κράξας καὶ πολλὰ
σπαράξας ἐξῆλθεν *da* (vgl. 1,12) *schrie der Geist auf, riß den Jungen heftig hin*
und her und verließ ihn (vgl. A79) (NGÜ). **ἐ-γένετο** V. 3; καὶ ἐγένετο
ὡσεὶ νεκρός *und er wurde wie tot* od. (freier) *und der Junge lag wie tot da.* **ὡσ-**
εί *wie.* **λέγειν** Inf., Präd. des AcI; ὥστε τοὺς πολλοὺς λέγειν ὅτι
ἀπέθανεν *so daß die meisten sagten, er sei gestorben/tot* (od. [A333] ... *sagten:*
„Er ist tot“). **ἀπ-έ-θανεν** Aor. ἀπο-θνήσκω. **27 κρατήσας** Aor. Ptz. 27
κρατέω hier *ergreifen* τῆς χειρός τινος *jmds. Hand* (B 1b; A165); temp.
(A291,1 Anm. 1). **ἤγειρεν** Aor. ἐγείρω. **ἀν-έ-στη** Wz.-Aor. -ίσταμαι;
ὁ Ἰησοῦς κρατήσας τῆς χειρὸς αὐτοῦ ἤγειρεν αὐτόν, καὶ ἀνέστη
etwa *Jesus ergriff ihn bei der Hand, um ihn aufzurichten. Da stand der Junge auf*
(NGÜ).

28 **28 εἰσ-ελθόντος** Aor. Ptz. -έρχομαι gen. abs. (A288f), temp.; καὶ
εἰσελθόντος αὐτοῦ εἰς οἶκον *als Jesus dann* (vgl. 1,12) *in ein/ins Haus ge-
gangen war.* **κατʼ ἰδίαν** V. 2; hier etwa *während sie mit ihm allein waren*
(Menge). **ἐπ-ηρώτων** V. 11. **ὅτι** = ὅ τι (bzw. ὅτι = τί ὅτι) *warum* (bzw.
wie ist/kommt es, daß), vgl. V. 11. **ἡμεῖς** Subj. betont (A122). **ἠ-δυνήθη-
μεν** Aor. Pass. (ohne bes. Pass.-Bdtg.) δύναμαι. **ἐκ-βαλεῖν** Aor. Inf.
29 V. 18. **29 γένος**[7] *Geschlecht;* hier *Gattung, Art* (B 4); τοῦτο τὸ γένος *diese
Art (von Dämonen)* (d.h. wohl diese bes. schlimme Art) od. *diese Art* (d.h. die
Dämonen [die „Gattung“ der Dämonen] überhaupt). **ἐν** instr. *durch* (A193).
ἐξ-ελθεῖν Aor. Inf. V. 25; übers. hier *ausgetrieben werden, sich austreiben
lassen* (Menge). **εἰ μή** nach Neg. *außer* (B εἰ VI9a; A351); ἐν οὐδενί ... εἰ
μὴ ἐν προσευχῇ *durch nichts ... außer/als durch Gebet = nur durch Gebet* (als
Ausdruck völliger Abhängigkeit v. Gott; die Jünger können über die ihnen nach
6,7 verliehene Gabe nicht selbstgefällig [d.h. eig. im Unglauben] verfügen: göttl.
Vollmacht gilt es immer wieder neu zu erbitten u. zu empfangen; Cranfield, Mk,
S. 305). **προσ-ευχή** *Gebet.* [Var. νηστεία *(das) Fasten.*]
30 **30 ἐκεῖ-θεν**[18] *von dort;* κἀκεῖθεν = καὶ ἐκεῖθεν. **ἐξ-ελθόντες**
Aor. Ptz. -έρχομαι hier im Sinn v. *fortgehen* (vgl. B 1aβ), *weiterziehen;* temp.
παρ-ε-πορεύοντο Ipf. Med. παρα-πορεύομαι *vorübergehen; hindurch-
gehen, durchziehen,* διά τινος *durch etwas*[Var. ohne παρ(α)- hier synonym].
ἤ-θελεν Ipf. θέλω. **ἵνα** hier *daß* bzw. indirekte Rede (A328 u. 334a; bez. das
Anstrebte; B II1aα). **γνοῖ** (hell. Nebenform zu γνῷ [BDR §95[6]]) Aor. Konj.
γινώσκω hier *erfahren* (B 2b); erg. τοῦτο/ταῦτα (A79); οὐκ ἤθελεν ἵνα
31 τις γνοῖ *er wollte aber* (vgl. 1,12) *nicht, daß jemand davon erfuhr.* **31 ἐ-δίδα-
σκεν** Ipf. διδάσκω; ἐδίδασκεν γὰρ τοὺς μαθητὰς αὐτοῦ hier wohl
konatives Ipf. (A237c) *denn er wollte seine Jünger (über etwas) belehren* (Einh.)
bzw. (freier) *denn er hatte seinen Jüngern wichtige Dinge zu sagen* (NGÜ) od. lin.
(A237a) *denn er war damit beschäftigt, seinen Jüngern wichtige Dinge zu sagen.*
ἔ-λεγεν V. 1. **ὅτι** V. 1. **παρα-δίδοται** Pass. -δίδωμι hier m. τινὰ εἰς
χεῖράς τινος *jmdn. in jmds. Hände/Gewalt geben/überantworten* (B χείρ 2b),
jmdn. jmdm. ausliefern; Präs. hier fut. (BDR §323[3]; A234). **ἀπο-κτενοῦσιν**
Fut. -κτείνω. **ἀπο-κτανθείς** Aor. Ptz. Pass. -κτείνω; temp.; καὶ ἀπο-
κτανθεὶς μετὰ τρεῖς ἡμέρας *doch* (vgl. 1,12) *drei Tage, nachdem man ihn
getötet hat* (vgl. A76b). **μετὰ τρεῖς ἡμέρας** *nach drei Tagen = am dritten
Tag* (s. Var. τῇ τρίτῃ ἡμέρᾳ temp. Dat. [A182]; vgl. zu Mt 12,40). **ἀνα-
32 στήσεται** Fut. Med. ἀν-ίσταμαι. **32 οἱ δέ** *(und/doch) diese/sie* (A102).
ἠγνόουν Ipf. ἀ-γνοέω *nicht erkennen, nicht wissen;* hier *nicht verstehen* (B 3);
οἱ δὲ ἠγνόουν τὸ ῥῆμα *aber sie verstanden die/diese Aussage nicht* od. *die
Jünger verstanden nicht, was Jesus damit sagen wollte* (GN); vgl. zu 4,13. **ἐ-φο-
βοῦντο** Ipf. φοβέομαι hier m. Inf. *sich scheuen, etwas zu tun* (B 1a). **ἐπ-
ερωτῆσαι** Aor. Inf. -ερωτάω.

33 Καφαρναούμ 1,21; indekl., hier Akk. **ἐν τῇ οἰκίᾳ** *zu Hause* (B 33
οἰκία 1a) od. *im Haus.* **γενόμενος** Aor. Ptz. Med. γίνομαι hier *sich be-*
finden, (an einem Ort) *sein* (B II4a); temp. **ἐπ-ηρώτα** Ipf. -ερωτάω. **ἐν τῇ**
ὁδῷ *auf dem Weg, unterwegs* (B ὁδός 1b). **δι-ε-λογίζεσθε** Ipf. Med. δια-
λογίζομαι *(gründlich) überlegen, erwägen, sich Gedanken* (*über* etwas) *machen;*
(sich Gedanken machen u. sie austauschen) *sich besprechen, diskutieren* (B 2).
34 οἱ δέ V. 32. **ἐ-σιώπων** Ipf. σιωπάω *schweigen, still sein.* **δι-ε-λέ-** 34
χθησαν Aor. Pass. (ohne bes. Pass.-Bdtg.) δια-λέγομαι[65] *miteinander*
reden; diskutieren, streiten, πρός τινα *mit jmdm.* (B 1); πρὸς ἀλλήλους γὰρ
διελέχθησαν (hier wird die Vorvergangenheit bez. [vgl. H-S §199n; A224]) ...
τίς μείζων (erg. ἐστιν [A78]) *denn sie hatten ... miteinander darüber gespro-*
chen (od. *hatten sich ... gestritten*), *wer (von ihnen wohl) der Größte sei.* **μείζων**
hier Komp. für Superlativ (A118,2) *der* (A80) *Größte* (B μέγας 2bα). **35 κα-** 35
θίσας Aor. Ptz. καθίζω, temp. (A291,1 Anm. 1); καὶ καθίσας ἐφώνη-
σεν τοὺς δώδεκα καὶ λέγει αὐτοῖς *da* (vgl. 1,12) *setzte sich Jesus, rief die*
Zwölf (vgl. zu 3,14 u. 6,7) *zu sich und sagte zu ihnen;* das καθίσας ist wohl m.
der zeitgenössischen Sitte zu verbinden, nach welcher man sich zum Lehren
setzte (EWNT 2, Sp. 552): die Lehrautorität Jesu wird unterstrichen; viell.
handelt es sich dabei aber einfach um ein „participium graphicum" (A296; H-S
§239). **ἐ-φώνησεν** Aor. φωνέω. **λέγει** V. 5. **εἰ** m. Ind. indefiniter Fall
(A342); εἴ τις *wenn jmd./einer ... so = wer ... der* (B VII). **πρῶτος** hier *der*
(A80) *Erste.* **εἶναι** Inf. εἰμί. **ἔσται** Fut. εἰμί; das Fut. bez. hier (mod.) ein
striktes Gebot (Hebr.; A247d). **πάντων** erstes: gen. partitivus (A164),
zweites: gen. obi. (A158); ... ἔσται πάντων ἔσχατος καὶ πάντων διά-
κονος *muß/soll er der* (A80) *Letzte von allen und der* (A80) *Diener aller sein*
(GN: *der muß sich allen anderen unterordnen und ihnen dienen*). **διάκονος**
Diener, Helfer. **36 λαβών** Aor. Ptz. λαμβάνω, temp. (A291,1 Anm. 1). 36
ἔ-στησεν Aor. ἵστημι. **ἐν μέσῳ αὐτῶν** *in ihre Mitte* (vgl. B μέσος 2);
λαβὼν παιδίον ἔστησεν αὐτὸ ἐν μέσῳ αὐτῶν *er nahm ein Kind und*
stellte es in ihre Mitte; das Kind dient hier als Beispiel für wahre Jüngerschaft:
Nachfolger Jesu sollen sich m. Kindern bzw. „Geringgeachteten" (vgl. V. 41f)
identifizieren (vgl. 10,13-16), die keinerlei Anspruch auf „Größe" erheben kön-
nen (vgl. zu Mt 18,4f). **ἐν-αγκαλισάμενος** Aor. Ptz. Med. -αγκαλίζο-
μαι (vgl. A33[91ff]) (< ἀγκάλη Arm) *in die Arme nehmen/schließen;* temp.
(A291,1 Anm. 1). **37 ὃς ἄν** (A132; 371) *wer (auch immer)* bzw. *jeder, der.* **ἕν** 37
m. gen. partitivus (A164); ἓν τῶν τοιούτων παιδίων *solch ein Kind;* m.
diesen „Kindern" sind wahrscheinl. (zumindest letztl.) die wahren Nachfolger
Jesu gemeint (vgl. V. 41f; vgl. a. zu Mt 18,5). **δέξηται** Aor. Konj. Med. δέχο-
μαι. **ἐπὶ τῷ ὀνόματί μου** *in meinem Namen* hier wohl (als Näherbestim-
mung zum Präd.) *um meines Namens willen, um meinetwillen* (B ὄνομα II).
δέχηται Konj. **οὐκ ... ἀλλά** *nicht ... sondern* im Sinn v. *nicht so sehr ... als*

(BDR §448[1]; vgl. H-S §249b) bzw. *nicht nur ... sondern gleichzeitig* (GNB).
ἀπο-στείλαντα Aor. Ptz. -στέλλω, subst.
38 **38 ἔ-φη** V. 12. **διδάσκαλε** V. 17. **ἐν τῷ ὀνόματί σου** *in deinem*
Namen, wohl instr. (vgl. B III1) = *unter Anwendung deines Namens* (Menge; vgl.
B ὄνομα I4cγ). **ἐκ-βάλλοντα** Ptz. -βάλλω V. 18; AcP (A300). **ἐ-κωλύ-**
ομεν Ipf. κωλύω *hindern, abhalten* (etwas zu tun: Inf.); hier konatives Ipf.
(H-S 195f; A237c); ἐκωλύομεν αὐτόν *wir versuchten, ihn daran* (A79) *zu hin-*
dern. **ἠκολούθει** Ipf. ἀκολουθέω; ὅτι οὐκ ἠκολούθει ἡμῖν *weil er uns*
nicht nachfolgte, weil er sich nicht zu uns hielt; die meisten Übersetzungen geben
ἠκολούθει als Präs. wieder (also *nachfolgt* bzw. *hält*), da davon auszugehen ist,
daß das Festgestellte auch während des Gesprächs m. Jesus noch zutraf.
39 **39 κωλύετε** Imp. **ἐστίν** hier *es gibt* (B εἰμί I1); οὐδεὶς γάρ ἐστιν ὃς
ποιήσει δύναμιν ἐπὶ τῷ ὀνόματί μου καὶ δυνήσεται ταχὺ κακο-
λογῆσαί με *denn es gibt niemand, der in meinem Namen ein Wunder tun und so*
bald von mir schlecht reden können wird = denn keiner, der in meinem Namen ein
Wunder tut, kann so leicht schlecht von mir reden (vgl. Einh.). **ποιήσει** Fut.
ποιέω. **δύναμις** hier *Wundertat* (B 4), *Wunder.* **ἐπὶ τῷ ὀνόματί μου**
in meinem Namen hier wohl im Sinn v. *unter Benutzung meines Namens* (B ὄνο-
μα I4cε; Menge). **δυνήσεται** Fut. Med. δύναμαι. **ταχύς**[10] εῖα ύ
schnell; Ntr. Sg. als Adv. (A150), hier *so bald* (B 2c). **κακο-λογῆσαι** Aor.
Inf. -λογέω m. Akk. *Übles/Schändliches reden über, schlecht reden von,*
40 *schmähen.* **40 εἰμί** m. κατά τινος/ὑπέρ τινος *gegen jmdn./für jmdn. sein*
41 (B III6a/11a). **41 ὃς ἄν** (A132; 371) *wer (auch immer).* **ποτίσῃ** Aor. Konj.
ποτίζω (vgl. A33[91ff]) *zu trinken geben,* τινά τι *jmdm. etwas* (B 1). **ποτή-**
ριον *Becher, Kelch;* ποτήριον ὕδατος (gen. materiae, A159) *einen Becher*
Wasser. **ἐν ὀνόματι ὅτι** *unter dem Titel/aus dem Grunde, daß* (BDR §397[9]),
im Hinblick darauf, daß (B ὄνομα II; Menge); ἐν ὀνόματι ὅτι Χριστοῦ
ἐστε übers. am besten *weil ihr zu Christus gehört* bzw. *weil ihr Christus angehört*
(Präd.-Nom. im gen. poss., A154/174). **ἀμὴν λέγω ὑμῖν** hier parenthetisch
(A374). **ὅτι** V. 31. **οὐ μή** V. 1. **ἀπ-ολέσῃ** Aor. Konj. -όλλυμι; οὐ μὴ
ἀπολέσῃ τὸν μισθὸν αὐτοῦ *er wird seines Lohnes (auf keinen Fall) verlustig*
gehen (B 1b) = *er wird gewiß nicht um seinen Lohn kommen* (vgl. Einh.). **μισ-**
θός *Lohn* (eig. „Arbeitslohn“; übertr.: „Belohnung“), hier wohl eschatologisch.
42 **42 ὃς ἄν** *wer (auch immer)* (A132; 371); übers. das darauf zurückwei-
sende αὐτῷ demonstrativisch *für den* (vgl. A375). **σκανδαλίσῃ** Aor. Konj.
σκανδαλίζω (vgl. A33[91ff]) (< σκάνδαλον Falle; Ärgernis, Anstößiges) m.
Akk. *jmdm. Anstoß geben, jmdn. zur Sünde verführen* (vgl. B 1a), *jmdn. zu Fall*
bringen (NGÜ). **μικρός** hier subst. *Geringer* (B 1c), *Geringgeachteter* (NGÜ);
gen. partitivus (A164). **πιστευόντων** Ptz. πιστεύω, attr. **μᾶλλον** hier
m. Adj. statt Komp. (B 1) bzw. Superlativ (vgl. A118); καλόν ἐστιν αὐτῷ
(dat. commodi, A173) μᾶλλον *für den ist/wäre es besser/das beste* (vgl. Menge).

εἰ m. Ind. eig. indefiniter Fall (vgl. A342), doch hier offenbar m. irrealer Bdtg.
(Sonderfall [H-S §285b; BDR §372[10]; vgl. A349]); καλόν ἐστιν αὐτῷ μᾶλ-
λον εἰ περίκειται μύλος ὀνικὸς περὶ τὸν τράχηλον αὐτοῦ καὶ βέ-
βληται εἰς τὴν θάλασσαν *für den wäre es besser/das beste, wenn ihm ein*
Mühlstein um den Hals gelegt und er ins Meer geworfen wäre (vgl. Menge) etwa
= ... *wenn er mit einem Mühlstein um den Hals im Meer/auf dem Meeresgrund*
liegen würde bzw. (grammatisch etwas ungenauer, aber stilistisch besser) ... *wenn*
man ihn mit einem Mühlstein um den Hals ins Meer werfen würde – eine extreme
Strafe, doch weit erträglicher als das zu erwartende eschatologische Gericht
(V. 43-48). **περί-κειμαι** (A32; Pf. Pass. zu -τίθεμαι sich etwas umtun) et-
was (Dat.) *umgeben;* hier *um* etwas (περί m. Akk.) *gelegt sein* (B 1a). **μύλος**
Mühle; Mühlstein. **ὀνικός** *zum Esel* (ὄνος) *gehörend;* μύλος ὀνικός *Esels-*
mühlstein (d.h. ein [großer] Mühlstein, der m. Hilfe eines Esels bewegt wurde
[im Ggs. zum Stein einer Handmühle]; GBL 2, S. 997). **τράχηλος** *Hals,*
Nacken. **βέ-βληται** Pf. Pass. βάλλω. **43 σκανδαλίζῃ** Konj. **ἀπό-** 43
κοψον Aor. Imp. -κόπτω[56] *abschlagen, abhauen;* die hyperbol. Ausdrucks-
weise (H-S §295q; A383) betont die Kompromißlosigkeit, m. der die Jünger Je-
su der Sünde widerstehen sollen. **καλόν ἐστίν** *es ist besser* (vgl. V. 42; s.a.
ἤ) m. AcI (vgl. A270). **κυλλός** *verkrüppelt, verstümmelt;* hier Artangabe zum
Subj. (A65) des AcI (σε) im Akk. (H-S §216e; A269; analog χωλόν [V. 45] u.
μονόφθαλμον [V. 47]). **εἰσ-ελθεῖν** Aor. Inf. -έρχομαι, erstes Präd. des
AcI (analog V. 45 u. 47). **ἔχοντα** Ptz. ἔχω; steht als Nebenbestimmung zum
Subj. des Inf. im Akk. (vgl. zu κυλλός); mod. (A291,2 Anm. 1); ἤ ... ἔχοντα
ἀπελθεῖν ... *als daß du ... hast und ... gehst/kommst* od. (A292) *als daß du mit ...*
gehst/kommst (analog V. 45 u. 47). **ἀπ-ελθεῖν** Aor. Inf. -έρχομαι, zweites
Präd. des AcI. **γέεννα** (s. zu Mt 5,22) *Gehenna, Hölle.* **ἄ-σβεστος**[11]
(< σβέννυμι löschen) *unauslöschlich;* εἰς τὸ πῦρ τὸ ἄσβεστον App.
(A70) *(das heißt) in das nie erlöschende Feuer.* [Var. V. 44 s. V. 48.] **45 χω-** 44f
λός *lahm, gelähmt;* zum Akk. s. V. 43. **βληθῆναι** Aor. Inf. Pass. βάλλω,
zweites Präd. des AcI v. V. 45 (analog V. 47). **47 ἔκ-βαλε** Aor. Imp. -βάλ- 47
λω *entfernen aus etwas* bzw. *ausreißen und wegwerfen* (B 3), übers. *ausreißen.*
μον-όφθαλμος[11] *einäugig;* zum Akk. s. V. 43. [Var. γέεννα τοῦ πυρός
s. zu Mt 5,22.] **48 σκώληξ**[3] ηκος ὁ *Wurm;* hier auf der wörtl. Ebene wohl v. 48
den Würmern, die in den Abfallhaufen des Hinnom-Tals (vgl. V. 43) unaufhörl.
fressen (Gundry, Mk, S. 514) – ein Bild für die ewige Qual des göttl. Gerichts
(vgl. a. ThWNT 7, S. 454). **τελευτάω** *sterben.* **σβέννυται** Pass. σβέννυ-
μι (Feuer) *(aus)löschen;* Pass. *erlöschen, ausgehen;* ὁ σκώληξ αὐτῶν οὐ τε-
λευτᾷ καὶ τὸ πῦρ οὐ σβέννυται wo *ihr Wurm nicht stirbt* (od. [sinngemäß]
ihre Qual nicht endet) *und das Feuer nicht ausgeht* – dieses Zitat aus Jes 66,24
(wo die Bestrafung derer beschrieben wird, die sich gegen Gott auflehnen) ver-
deutlicht die unaufhörl. Qualen des zu erwartenden Gehenna-Gerichtes.

49 **49 ἁλισθήσεται** Fut. Pass. ἁλίζω (vgl. A33[91ff]) (< ἅλς Salz) *salzen;* πᾶς γὰρ πυρὶ (dat. instr., A176) ἁλισθήσεται *denn jeder wird* (bzw. *muß* [A247]) *mit Feuer gesalzen werden;* die Deutung dieser Aussage ist unsicher, wobei die flgd. Lösung (in der einen od. anderen Form) zu den sinnvollsten zählen dürfte: durch diese Aussage macht Jesus seinen Nachfolgern deutl., daß das „Feuer" der Verfolgung in ihrem Leben eine reinigende, läuternde (vgl. 1Pt 1,6) bzw. bewahrende (vgl. Salzsymbolik) Wirkung haben werde (sie werden damit „gesalzen werden"); als Hintergrund dazu bieten sich vor allem zwei Möglichkeiten an (vgl. Bruce, Sayings, S. 38f; a. Gundry, Mk, S. 515f u. 526-528): a) V. 43-48 (zwischen diesen u. V. 50 dient V. 49 als Bindeglied): das nie erlöschende Feuer im Hinnon-Tal (vgl. V. 43) verringerte die Gefahr v. Seuchen; Feuer hatte eine reinigende Wirkung, etwas, was dieses m. dem Salz gemeinsam hat; b) das atl. Opfersystem: ein Gott wohlgefälliges Opfer mußte gesalzen werden (Lev 2,13; vgl. Var.): ein Christ erfährt durch das Erdulden v. Verfolgungen Reinigung u. wird so zu einem Gott wohlgefälligeren Opfer (GNB: *Zu jeder Opfergabe gehört das Salz und zu jedem von euch das Feuer des Leidens, das euch reinigt und bewahrt*). [Var. (Lev 2,13 LXX) θυσία *(Schlacht-)Opfer.* ἅλς
50 ἁλός ὁ *Salz;* dat. instr. (A176).] **50 ἅλας**[3] ατος τό (späte Form v. klass. ἅλς) *Salz,* in der Antike unentbehrl. Würzmittel u. allgem. zum Konservieren verwendet (KP 2, Sp. 1528); καλὸν τὸ ἅλας erg. ἐστίν (A78) *Salz ist etwas Gutes* (BDR §131[1]). **ἄν-αλος**[11] *salzlos, des Salzgehalts beraubt;* ἄναλος γίνομαι *die Kraft (zum Salzen) verlieren* (dadurch wohl, daß das Salz durch Vermischung m. Fremdstoffen unbrauchbar gemacht wird). **γένηται** Aor. Konj. Med. γίνομαι. **ἀρτύσετε** Fut. ἀρτύω *würzen;* hier wohl mod. Fut. (A247); ἐν τίνι (instr. [B ἐν III1]) αὐτὸ ἀρτύσετε; etwa *womit wollt ihr ihm seine Würze wiedergeben?* (vgl. Einh.) od. *womit wollt ihr ihm seine Salzkraft wiedergeben?* **ἔχετε** Imp. **ἅλα** = ἅλας (BDR §47[5]); ἔχετε ἐν ἑαυτοῖς (= ἐν ὑμῖν αὐτοῖς [A126a]) ἅλα wird unterschiedl. verstanden: a) *habt Salz in euch,* viell. = *zeigt, daß ihr die Kraft des Salzes* (vgl. V. 50a) *in euch habt* (GN); b) *habt Salz unter euch;* beim vorliegenden Salzbild (s.a. zu Mt 5,13) könnten flgd. Elemente im Vordergrund stehen: viell. die Demut (als Voraussetzung für das „Frieden-Halten"; vgl. V. 35 u. 10,42ff) od. (wohl besser) die guten zwischenmenschl. Beziehungen der Nachfolger Jesu (das flgd. καί epexegetisch *und zwar, nämlich* bzw. Doppelpunkt [vgl. A311,7]), evtl. die kompromißlose Treue Jesus gegenüber (vgl. 8,35.38 bzw. 9,38-41). **εἰρηνεύετε** Imp. εἰρηνεύω *Frieden halten, im Frieden leben;* εἰρηνεύετε ἐν ἀλλήλοις *haltet untereinander Frieden* (B 2b).

10 **ἐκεῖ-θεν**[18] *von dort.* **ἀνα-στάς** Wz.-Aor. Ptz. ἀν-ίσταμαι hier etwa *aufbrechen* (Menge; vgl. B 2d); temp. (A291,1 Anm. 1); καὶ ἐκεῖθεν ἀναστὰς ἔρχεται (hist. Präs., A235) εἰς τὰ ὅρια τῆς Ἰουδαίας *er brach von dort auf und ging in das Gebiet von Judäa.* **ὅριον** *Grenze;* NT nur Pl.

Gebiet. **πέραν** Adv. *jenseits,* τὸ πέραν *das jenseitige Ufer;* uneig. Präp. (A183;
auf die Frage „Wo?“ od. „Wohin?“) *auf der/die andere Seite von;* πέραν τοῦ
Ἰορδάνου wie ein indekl. Eigenname für das Land östl. des Jordans, *das
Gebiet jenseits des Jordans, Peräa;* εἰς τὰ ὅρια τῆς Ἰουδαίας καὶ πέραν
τοῦ Ἰορδάνου übers. entweder a) (falls καί ursprüngl. u. koordinierend) *in
das Gebiet von Judäa und auf die andere Seite des Jordans* od. b) (falls καί
sekundär od. epexegetisch im Sinn v. *nämlich, das heißt* [vgl. A311,7] gebraucht;
sachl. sinnvoller) *in das Gebiet von Judäa auf der anderen Seite des Jordans* (d.h.
viell. nicht Peräa, sondern das stark jüd. besiedelte Batanäa im nördl. Transjor-
danien); s.a. zu Mt 19,10. **Ἰορδάνης**[1] *Jordan.* **συμ-πορεύομαι** *zusam-
men reisen; zusammenkommen, sich versammeln,* πρός τινα *bei jmdm.* (B 2);
συμπορεύονται (hist. Präs., A235) πάλιν ὄχλοι πρὸς αὐτόν *wieder
kamen die Menschen in Scharen zu ihm* (NGÜ). **εἰώθει** Plsqpf. εἴωθα[109] (de-
fektives Pf.) *(zu tun) pflegen;* ὡς εἰώθει *wie es seine Gewohnheit war.* **ἐ-δίδα-
σκεν** Ipf. διδάσκω. **2 προσ-ελθόντες** Aor. Ptz. -έρχομαι, temp. 2
(A291,1 Anm. 1). **ἐπ-ηρώτων** Ipf. -ερωτάω. **εἰ** hier *ob* od. vor direkter
Frage = Doppelpunkt (A320; vgl. B V1). **ἔξ-εστιν** *es steht frei, es ist erlaubt*
(τινί *jmdm.*). **ἀπο-λῦσαι** Aor. Inf. -λύω hier *fortschicken* (B 2a), *sich schei-
den von* (NGÜ). **πειράζοντες** Ptz. πειράζω *versuchen, in Versuchung brin-
gen* (Unrechtes zu tun); *prüfen, auf die Probe stellen,* hier etwa *eine Falle stellen;*
fin. (A291,6); πειράζοντες αὐτόν *(sie taten dies,) um ihm eine Falle zu stellen*
od. hier am besten (vgl. A290) *damit wollten sie ihm eine Falle stellen* (Einh.);
zum Hintergrund dieser Episode vgl. zu Mt 19,3. **3 ὁ δέ** *(und/doch) dieser/er* 3
(A102). **ἀπο-κριθείς** Aor. Ptz. Pass. (ohne Pass.-Bdtg.) -κρίνομαι, pleon.
(A297,2); ὁ δὲ ἀποκριθεὶς εἶπεν *er antwortete.* **ἐν-ε-τείλατο** Aor. Med.
-τέλλομαι[115] *befehlen, gebieten, verfügen.* **4 οἱ δέ** *(und/doch) diese/sie* 4
(A102). **εἶπαν** Aor. (vgl. H-S §105g) λέγω. **ἐπ-έ-τρεψεν** Aor. ἐπι-τρέ-
πω[48] *gewähren, gestatten, erlauben;* gemeint ist Dt 24,1 (s.a. zu Mt 19,7f). **βι-
βλίον** *Buch;* hier *Schriftstück* (B 2). **ἀπο-στάσιον** (< ἀφ-ίστημι/ίστα-
μαι [sich] entfernen, abtrünnig machen [werden]) *Scheidung;* βιβλίον ἀπο-
στασίου *Scheidungsurkunde.* **γράψαι** Aor. Inf. γράφω hier *ausstellen*
(Menge). **ἀπολῦσαι** erg. αὐτήν (A79). **5 πρός** m. Akk. hier *im Hinblick* 5
auf, wegen (B III5a; BDR §239[8]; vgl. A200). **σκληρο-καρδία** (< σκληρός
hart, καρδία) *Hartherzigkeit, Verstocktheit, Herzenshärte* (Menge), *Uneinsichtig-
keit* (NGÜ); gemeint ist eine hartnäckige Verschlossenheit gegenüber den Ab-
sichten Gottes. **ἔ-γραψεν** Aor. γράφω hier im Sinn v. *geben* (B 4). **6 κτί-** 6
σις[8] *Schöpfung, (das) Erschaffen; (das) Geschaffene,* hier *Schöpfung/Welt;* ἀπὸ
δὲ ἀρχῆς κτίσεως *aber vom Anfang der Schöpfung an* (Menge), *von Anbeginn
der Welt an* (B 1bβ). **ἄρσην** εν (Gen. ενος) *männlich;* Ntr. subst. (m. starker
Betonung des Geschlechtes [analog θῆλυ]) *Mann* (B). **θῆλυς**[10] εια υ
(< θάω säugen) *weiblich;* Ntr. subst. *Frau.* **ἐ-ποίησεν** Aor. ποιέω hier

schaffen, erschaffen m. AkkO u. Obj.-Präd. (A65); ἄρσεν καὶ θῆλυ ἐποίη-
σεν αὐτούς (Zitat aus Gen 1,27 bzw. 5,2) *als Mann und Frau hat Gott* (wörtl.
er) *die Menschen geschaffen* (vgl. B I1aβ). **αὐτούς** *sie = die Menschen* (zum Pl.
7 vgl. zu Mt 19,4). **7 ἕνεκεν** uneig. Präp. (A183) *wegen, um ... willen;* ἕνεκα
τούτου *deshalb.* **κατα-λείψει** Fut. -λείπω[44] *zurücklassen, verlassen.* **ἄν-
θρωπος** hier *Mann* (vgl. B 2bα). **προσ-κολληθήσεται** Fut. Pass. -κολ-
λάω (< κόλλα Leim) *anleimen;* Pass. hier πρός τινα *jmdm. fest anhangen,*
8 *sich jmdm. eng anschließen, sich mit jmdm. verbinden.* **8 ἔσονται** Fut. εἰμί.
εἰς σάρκα μίαν für Präd.-Nominativ (Hebr., A81) ***ein** Fleisch* od. (so
NGÜ) ***ein** Leib* (als Ausdruck tiefster personaler Gemeinschaft); V. 7 u. 8a sind
ein Zitat aus Gen 2,24. **ὥστε** hier (vor HS) *daher* (H-S §279c; vgl. A340).
9 **9 συν-έ-ζευξεν** Aor. συ-ζεύγνυμι[213] *verbinden, zusammenfügen.* **ἄν-
θρωπος** hier genereller Sg. (A101a) *ein Mensch = Menschen.* **χωριζέτω**
Imp. 3. Sg. χωρίζω *absondern, trennen.*
10 **10 εἰς τὴν οἰκίαν** *zu Hause* (B οἰκία 1a; wohl εἰς = ἐν [BDR §205;
vgl. A184]). **πάλιν** viell. zu εἰς τὴν οἰκίαν (*wieder zu Hause [angekom-
men]*), wohl aber besser zu ἐπηρώτων zu ziehen. **ἐπ-ηρώτων** Ipf. -ερω-
11 τάω hier τινὰ περί τινος *jmdn. über etwas befragen.* **11 λέγει** hist. Präs.
(A235). **ὃς ἄν** (A132; 371) *wer (auch immer)* bzw. *jeder, der;* zur Sache s.a. zu
Mt 19,9. **ἀπο-λύσῃ** Aor. Konj. -λύω V. 2. **γαμήσῃ** Aor. Konj. γα-
μέω[174] *heiraten.* **μοιχάομαι** (dorisches Synonym zum att. μοιχεύω [BDR
§101[51]]) *Ehebrecher(in) sein, Ehebruch begehen.* **ἐπ' αὐτήν** *ihr* (d.h. der er-
sten Frau) *gegenüber* (Menge; vgl. B ἐπί III1bε); die Deutung *mit ihr* (d.h. der
zweiten Frau) scheint sowohl sprachl. (trotz BDR §233[4] [s. sonstigen griech.
12 Gebrauch der Präp. bei Mk u. anderswo]) als auch sachl. forciert. **12 ἀπο-
λύσασα** Aor. Ptz. Fem. -λύω, temp. (A291,1 Anm. 1). [Var. γαμήθῃ Aor.
Konj. Pass. γαμέω Pass. für die Frau: m. Dat. *sich heiraten lassen, sich verheira-
ten mit* (B 3c).]
13 **13 προσ-έ-φερον** Ipf. -φέρω; hier 3. Pl. im Sinn v. „man" (A76a).
ἅψηται Aor. Konj. Med. ἅπτω[51] Med. *berühren, anfassen, anrühren,* m. Gen.
(A165); ἵνα αὐτῶν ἅψηται da es bei diesem Berühren hier (wie im NT häu-
fig) um die Vermittlung einer Segenswirkung geht (B 2b) übers. (idiomatisch)
etwa *er sollte sie segnen* (NGÜ) od. viell. (in Anlehnung an Mt 19,13) *damit er
ihnen die Hände auflegte* (Einh./GN). **ἐπ-ε-τίμησαν** Aor. ἐπι-τιμάω m.
Dat. *tadeln, zurechtweisen, (mit aller Strenge) entgegentreten/befehlen;* hier etwa
barsch/schroff abweisen [Var. ἐπ-ε-τίμων Ipf.]. [Var. προσ-φέρουσιν Ptz.,
14 subst.] **14 ἰδών** Aor. Ptz. ὁράω, temp.; erg. τοῦτο/ταῦτα (A79). **ἠγα-
νάκτησεν** Aor. ἀγανακτέω *unwillig/entrüstet sein.* **ἄφ-ετε** Aor. Imp.
-ίημι hier m. Inf. bzw. AcI *lassen, gestatten* (vgl. B 4; H-S §218a). **ἔρχεσθαι**
Inf. **κωλύετε** Imp. κωλύω *hindern, abhalten* (etwas zu tun: Inf.); μὴ κωλύ-
ετε αὐτά *hindert sie nicht daran* (A79). **τοιούτων** gen. poss. (A154); τῶν

γὰρ τοιούτων ἐστὶν ἡ βασιλεία τοῦ θεοῦ *denn den so Beschaffe-*
nen/denn solchen gehört die Königsherrschaft Gottes, denn gerade für solche wie sie
ist die Königsherrschaft Gottes (NGÜ; s. B 3a; zur Sache vgl. 9,33-37). **15 ὃς** 15
ἂν V. 11. **δέξηται** Aor. Konj. Med. δέχομαι hier *aufnehmen, annehmen*
(B 3b). **ὡς παιδίον** *wie ein Kind (es tut/sie annimmt)* (vgl. B ὡς I2a); zur
Vorbildlichkeit der Kinder s.a. zu Mt 18,4. **οὐ μή** m. Aor. Konj. stärkste Ver-
neinung zukünftigen Geschehens (A257). **εἰσ-έλθῃ** Aor. Konj. -έρχομαι.
16 ἐν-αγκαλισάμενος Aor. Ptz. Med. -αγκαλίζομαι (vgl. A33[91ff]) 16
(< ἀγκάλη Arm) *in die Arme nehmen;* temp. (A291,1 Anm. 1). **κατ-ευ-λό-**
γει Ipf. -λογέω *segnen;* erg. αὐτά (A79) [Var. εὐ- synonym]. **τιθείς** Ptz.
τίθημι hier ἐπί τινα *jmdm. auflegen;* mod.

17 ἐκ-πορευομένου Ptz. -πορεύομαι *hinausgehen, herauskommen;* 17
hier m. εἰς ὁδόν *sich auf den Weg machen* (B 1c); gen. abs. (A288), temp.; ἐκ-
πορευομένου αὐτοῦ εἰς ὁδόν *als er/Jesus sich (wieder) auf den Weg*
machte. **προσ-δραμών** Aor. Ptz. -τρέχω[196] *hinzulaufen, angelaufen kom-*
men; temp. (A291,1 Anm. 1). **εἷς** = τις (A137b; B 3a). **γονυ-πετήσας**
Aor. Ptz. -πετέω *sich auf die Knie werfen, niederknien (vor* Akk.); temp. (A291,1
Anm. 1). **ἐπ-ηρώτα** Ipf. -ερωτάω. **διδάσκαλε ἀγαθέ** Vok.
ποιήσω Aor. Konj. ποιέω; deliberativer Konj. (A255); τί ποιήσω *was*
soll/muß ich tun. **κληρο-νομήσω** Aor. Konj. -νομέω (< κληρο-νόμος
Erbe, Besitzer) *beerben, Erbe sein, erben; als Anteil/Besitz erhalten;* ἵνα ζωὴν
αἰώνιον κληρονομήσω *um das ewige Leben zu bekommen;* was hier „ewiges
Leben bekommen“ heißt, wird in V. 23-25 als „in das Reich Gottes eingehen“ u.
in V. 26 als „gerettet werden“ bez. **18 τί** adv. *warum?* (vgl. B τίς 3a; A134a). 18
λέγω hier m. doppeltem Akk. (A97,15) *nennen* (B II3). **εἰ μή** nach Neg. *au-*
ßer (vgl. B εἰ VI9a; A341); οὐδεὶς ἀγαθὸς (erg. ἐστίν [A78]) εἰ μὴ εἷς ὁ
θεός wohl *niemand ist gut außer einem/dem einen, (nämlich) Gott* (ὁ θεός App.
zu εἷς; A70) od. ... *außer Gott allein* (B εἷς 2c) bzw. (freier) *gut ist nur Gott,*
sonst niemand (NGÜ); zur Sache s.a. zu Mt 19,17. **19 φονεύσῃς** Aor. Konj. 19
φονεύω *töten, morden;* prohibitiver Konj. (A256 u. 263f; gilt analog für die üb-
rigen Konj.-Formen des Verses); zitiert wird aus Ex 20,13-16.12 bzw. Dt 5,17-
18.16 (entgegen der LXX [u. Mt 19,18] werden die Verbote hier [ebenso in Lk
18,20] nicht hebr. ausgedrückt). **μοιχεύσῃς** Aor. Konj. μοιχεύω *Ehebruch*
begehen. **κλέψῃς** Aor. Konj. κλέπτω[55] *stehlen.* **ψευδο-μαρτυρήσῃς**
Aor. Konj. -μαρτυρέω *falsches Zeugnis ablegen, Falsches bezeugen, falsche*
Aussagen machen (NGÜ), *Unwahres sagen* (GN). **ἀπο-στερήσῃς** Aor.
Konj. -στερέω *berauben,* spez. (was jmdm. zukommt) *vorenthalten, betrügen*
(vgl. LSJ; Lust; LN 57.47); μὴ ἀποστερήσῃς *du sollst ... keinem das ihm Zu-*
kommende vorenthalten (Menge), *du sollst nicht betrügen;* viell. stellt dieses Ge-
bot eine Anwendung der beiden davor genannten dar (vgl. Carson, Mt, S. 423);
manche sehen darin eine Kurzfassung des zehnten Gebotes (allerdings m. der

weniger gut begründbaren Übersetzung *du sollst niemand um das Seine bringen*
[NGÜ] o.ä.); andere deuten es als Variante zu μὴ κλέψῃς u. ziehen die beiden
in der Übersetzung zusammen (so offenbar GN: *beraube niemand;* vgl. Gundry,
20 Mk, S. 553 u. 562). **τίμα** Imp. τιμάω *abschätzen;* hier *schätzen, ehren.* **20 ὁ
δέ** V. 3. **ἔ-φη** Ipf. φημί [Var. ἀπο-κριθείς V. 3]. **ἐ-φυλαξάμην** Aor.
Med. φυλάσσω[80] *wachen, bewachen, beschützen; beobachten, befolgen* (hier
Med. = Akt. [B 2b; BDR §316[2]]). **ἐκ** *von ... an* (B 5a); ἐκ νεότητός μου
21 übers. *von Jugend an.* **νεότης**[3] *Jugend.* **21 ἐμ-βλέψας** Aor. Ptz. -βλέ-
πω[41] m. Dat. *den Blick richten auf, ansehen, betrachten;* mod./temp. (vgl. A291
Anm. 1). **ἠγάπησεν** Aor. ἀγαπάω; ὁ δὲ Ἰησοῦς ἐμβλέψας αὐτῷ
ἠγάπησεν αὐτὸν καὶ εἶπεν αὐτῷ es bieten sich vor allem drei Deutungs-
möglichkeiten an (c ist wohl am unverfänglichsten): a) *Jesus blickte ihn an, ge-
wann ihn lieb* (ingr. Aor. [A240b]) *und sagte zu ihm* (Menge; vgl. B 1bα); b) *Je-
sus sah ihn an, legte den Arm um seine Schultern* (o.ä. kontextualisiert für „seine
Liebe zeigen" [vgl. B 1bα]) *und sagte zu ihm;* c) *Jesus sah ihn an und sagte liebe-
voll zu ihm* (ἠγάπησεν u. εἶπεν als Hendiadyoin [A378] gedeutet; ähnl.: *da
sah Jesus ihn an, und weil er ihn liebte, sagte er* [Einh.] od. *Jesus sah ihn voller Lie-
be an und sagte* [GN]). **ὑστερέω** *zu spät kommen;* Akt. u. Pass. *Mangel leiden
an,* m. Gen.; hier τινά *jmdm. fehlen* (B 1d; BDR §180[6]). **ὕπ-αγε** Imp. (vgl.
A266a), typischerweise gefolgt v. Asyndeton (BDR §461[1]; vgl. H-S §293e) *geh
(und).* **πώλησον** Aor. Imp. πωλέω *verkaufen;* ὅσα ἔχεις πώλησον *ver-
kaufe alles, was du hast.* **δός** Aor. Imp. δίδωμι; erg. gedankl. τὰ χρήματα
das Geld o.ä. **πτωχός** *bettelnd, arm* (B 1); subst. (A105). **καί** (drittes u. vier-
tes) kons. (A311,2; vgl. 1,12) *so* bzw. *und dann.* **ἕξεις** Fut. ἔχω. **θησαυρός**
Vorratskammer, -haus; Schatzbehälter; Schatz (GN hier: *einen unverlierbaren
Reichtum*). **δεῦρο** Adv. *(komm) hierher* asyndetisch vor Imp. (A266b); δεῦρο
ἀκολούθει μοι *komm und folge mir nach* (darauf liegt der Hauptton der
Antwort Jesu). **ἀκολούθει** Imp. ἀκολουθέω. [Var. ἄρας Aor. Ptz. αἴρω,
22 mod.] **22 ὁ δέ** V. 3. **στυγνάσας** Aor. Ptz. στυγνάζω (vgl. A33[91ff])
(< στυγνός u.a. „furchtbar, düster") *sich entsetzen* (vgl. Ez 27,35; 28,19; 32,10
LXX; LN 25.222) bzw. *unmutig werden* (Menge) od. *betrübt/traurig aussehen/sein*
(vgl. EWNT 3, Sp. 673; LN 25.222/286; B 2), ἐπί τινι *über/wegen etwas;* temp.
(A291,1 Anm. 1); ὁ δὲ στυγνάσας ἐπὶ τῷ λόγῳ *er aber wurde über dieses
Wort unmutig* (vgl. Menge) bzw. *als der Mann das hörte, war er entsetzt/betrübt*
(GNB: *enttäuscht;* NGÜ: *tief betroffen*) *und.* **ἀπ-ῆλθεν** Aor. -έρχομαι. **λυ-
πούμενος** Ptz. Pass. λυπέω *traurig machen, betrüben;* Pass. Präs. auch *traurig
sein;* mod. **ἦν** Ipf. εἰμί. **ἔχων** Ptz., umschrieb. Ipf. (A249a). **κτῆμα**[3] *Besitz,
Habe; Grundbesitz, Grundstück;* ἦν γὰρ ἔχων κτήματα πολλά *denn er
hatte ein großes Vermögen.*

23 **23 περι-βλεψάμενος** Aor. Ptz. Med. -βλέπομαι[41] *sich umsehen,
umherblicken, (Umstehendes) ansehen, anblicken;* mod. (A291,2 Anm. 1); καὶ

περιβλεψάμενος ὁ Ἰησοῦς λέγει (V. 11) τοῖς μαθηταῖς αὐτοῦ etwa
da (vgl. 1,12) *sah Jesus seine Jünger (der Reihe nach) an und sagte.* **δυσ-κό-
λως** *schwer, schwerlich;* πῶς δυσκόλως οἱ ... εἰσελεύσονται *wie schwer
werden die ... hineinkommen* bzw. *wie schwer wird es für die ... sein ... hineinzu-
kommen.* **χρῆμα**[3] Pl. *Vermögen, Reichtum; Geld.* **ἔχοντες** Ptz. ἔχω, subst.;
οἱ τὰ χρήματα ἔχοντες *die Menschen, die viel besitzen.* **εἰσ-ελεύ-
σονται** Fut. Med. -έρχομαι. **24 ἐ-θαμβοῦντο** Ipf. θαμβέομαι *er-* 24
schreckt werden, (sich) erschrecken (ἐπί τινι *über etwas*); οἱ δὲ μαθηταὶ
ἐθαμβοῦντο ἐπὶ τοῖς λόγοις αὐτοῦ etwa *die Jünger waren über seine
Worte bestürzt;* zum Verhalten der Jünger vgl. 4,13. **ἀπο-κριθείς** V. 3; hier
das Wort ergreifen o.ä. (Hebr./Aram.; vgl. B 2; Zerwick §366); ὁ δὲ Ἰησοῦς
πάλιν ἀποκριθεὶς λέγει (V. 11) αὐτοῖς *aber Jesus sagte noch einmal zu
ihnen.* **τέκνα** hier Vok. (allgem. verbreitet) als vertraul. Anrede *(meine) Kin-
der* (B 2b). **δύσ-κολος**[11] *schwer, schwierig.* [Var. πε-ποιθότας Pf. (m. präs.
Bdtg.) Ptz. πείθω, Pf. *sich verlassen, vertrauen, seine Zuversicht setzen,* ἐπί τι
auf etwas; subst.] **εἰσ-ελθεῖν** Aor. Inf. -έρχομαι. **25 εὐ-κοπώτερος**[11] 25
Komp. v. εὔκοπος *leicht (zu bewerkstelligen);* εὐκοπώτερόν ἐστιν m. AcI *es
ist leichter, daß.* **κάμηλος** ὁ u. ἡ *Kamel* (für den Bewohner Palästinas das
größte bekannte Tier) [Var. κάμιλος ἡ *Schiffstau* (lautgleich m. κάμηλος;
vgl. H-S §2b Anm. 1)]. **τρυμαλιά** *Loch;* τρυμαλιὰ ῥαφίδος *Nadelöhr*
(s.a. zu Mt 19,24). **ῥαφίς**[3] ίδος ἡ *Nadel.* **δι-ελθεῖν** Aor. Inf. -έρχομαι,
Präd. des ersten AcI. **πλούσιος** *reich;* subst. **εἰσ-ελθεῖν** Präd. des zweiten
AcI. **26 οἱ δέ** V. 4. **περισσῶς** *in außergewöhnlicher Weise, über die Maßen,* 26
sehr; hier komparativisch (BDR §60[5]) *mehr, noch mehr.* **ἐξ-ε-πλήσσοντο**
Ipf. ἐκ-πλήσσομαι *außer sich geraten;* οἱ δὲ περισσῶς ἐξεπλήσσοντο
sie erschraken noch mehr. **λέγοντες** Ptz. λέγω, mod. **πρὸς ἑαυτούς** *zu
sich* od. (wohl besser) = πρὸς ἀλλήλους (B ἑαυτοῦ 3; A127) *zueinander.*
καί hier zur Einleitung eines Fragesatzes (wie klass.; BDR §442,5b; B I2h);
καὶ τίς ... *ja, wer ... dann ...?* (Menge) od. *wer ... dann überhaupt ...?* (zum Hin-
tergrund dieser Frage s.a. zu Mt 19,25). **σωθῆναι** Aor. Inf. Pass. σῴζω.
27 ἐμ-βλέψας V. 21. **λέγει** V. 11. **παρά** m. Dat. fast = einfacher Dat. 27
(B II2c; vgl. BDR §238[3]) *bei/für.* **ἀ-δύνατος**[11] *unvermögend, kraftlos;* hier *un-
möglich,* erg. ἐστίν (A78); παρὰ ἀνθρώποις ἀδύνατον *bei den Menschen
ist das* (d.h. daß Menschen gerettet werden) *unmöglich.* **δυνατός** *stark, mäch-
tig;* hier *möglich.*

28 ἤρξατο Aor. Med. ἄρχω; Med. m. Inf. vgl. zu 1,45. **λέγειν** Inf. 28
ἰδού etwa *du weißt.* **ἡμεῖς** Subj. betont (A122). **ἀφ-ήκαμεν** Aor. -ίημι.
ἠκολουθήκαμεν Pf. (A242) ἀκολουθέω [Var. -θήσαμεν Aor.].
29 ἔ-φη V. 20. **ἐστίν** hier *es gibt* (B εἰμί I1); οὐδείς ἐστιν ὃς ἀφῆ- 29
κεν ... ἐὰν μὴ λάβῃ *es gibt keinen, der ... verlassen hat, außer/ohne daß er be-
kommt = jeder, der ... verlassen hat, bekommt.* **ἀφ-ῆκεν** Aor. -ίημι.

ἀδελφή *Schwester* (eig. u. übertr. [Angehörige desselben Glaubens]). **ἀγ-**
30 **ρός** *Feld, Acker.* **ἕνεκεν** V. 7. **30 ἐὰν μή** hier *außer wenn/daß* (BDR
§376,1a) bzw. *ohne daß* (Menge; vgl. B ἐάν 3b). **λάβῃ** Aor. Konj. λαμβά-
νω; οὐδείς ἐστιν ὃς ἀφῆκεν ... ἐὰν μὴ λάβῃ ἑκατονταπλασίονα
νῦν ἐν τῷ καιρῷ τούτῳ ... etwa *jeder, der ... verlassen hat, wird das Hundert-*
fache dafür empfangen: Jetzt in dieser Zeit ... (Einh.) od. *jeder, der ... zurückläßt,*
bekommt alles hundertfach wieder: jetzt, in dieser Zeit ... (NGÜ). **ἑκατοντα-**
πλασίων ον (A11; 19) *hundertfach;* ἑκατονταπλασίονα *Hundertfaches*
(Menge: *hundertmal Wertvolleres*). **διωγμός** *Verfolgung;* μετὰ διωγμῶν
(wenn auch) unter Verfolgungen (vgl. B). **ἐρχομένῳ** Ptz. ἔρχομαι, attr.; ἐν
τῷ αἰῶνι τῷ ἐρχομένῳ *im kommenden Äon/Zeitalter, in der kommenden*
31 *Welt* (vgl. B αἰών 2). **31 ἔσονται** Fut. εἰμί; πολλοὶ δὲ ἔσονται πρῶ-
τοι ἔσχατοι καὶ οἱ ἔσχατοι πρῶτοι *viele Erste aber werden Letzte/die*
Letzten (A82) *sein und die Letzten* (bzw. ohne οἱ *viele Letzte*) *Erste/die Ersten* od.
aber viele, die jetzt die Ersten sind, werden dann die Letzten sein, und die Letzten
werden die Ersten sein (vgl. NGÜ); vgl. a. zu Mt 19,30.
32 **32 ἦσαν** Ipf. εἰμί. **ἀνα-βαίνοντες** Ptz. -βαίνω, umschrieb. Ipf.
(A249a; B **εἰμί** II4bβ) od. mod./fin. (vgl. Menge; B **εἰμί** III4; A291,6); ἦσαν
δὲ ἐν τῇ ὁδῷ ἀναβαίνοντες εἰς Ἱεροσόλυμα *auf ihrer Reise gingen sie*
nun nach Jerusalem hinauf od. *sie waren aber unterwegs und gingen dabei nach Je-*
rusalem hinauf (od. *unterwegs, um nach Jerusalem hinaufzugehen*), übers. einfach
sie waren auf dem Weg hinauf nach Jerusalem (viell. besser ohne „hinauf"; s. zu
Mt 20,17). **ἦν** Ipf. εἰμί. **προ-άγων** Ptz. -άγω (örtl. od. zeitl.) *vorausgehen,*
vorangehen (τινά *jmdm.*); umschrieb. Ipf. (A249a). **ἐ-θαμβοῦντο** V. 24.
ἀκολουθοῦντες Ptz. ἀκολουθέω, subst.; ἐθαμβοῦντο, οἱ δὲ ἀκολου-
θοῦντες ἐφοβοῦντο entweder im Sinn v. *die Leute/Begleiter waren er-*
schrocken bzw. *die Jünger aber hatten Angst* (GNB) od. *die Jünger waren er-*
schrocken (NGÜ: *Unruhe hatte die Jünger ergriffen*), *die anderen, die mitgingen,*
hatten Angst. **ἐ-φοβοῦντο** Ipf. φοβέομαι. **παρα-λαβών** Aor. Ptz.
-λαμβάνω, temp. (A291,1 Anm. 1). **οἱ δώδεκα** *die „Zwölf"/die zwölf Jünger*
(Jesu) (vgl. 3,14). **ἤρξατο** V. 28. **λέγειν** Inf. **μέλλοντα** Ptz. Ntr. μέλλω
hier (m. Inf.) umschrieb. Fut. (BDR §356; vgl. H-S §202k; A250; vgl. B 1cβ),
viell. besser v. einer Notwendigkeit infolge göttl. Ratschlusses im Sinn v. *müssen*
(B 1cδ); subst.; τὰ μέλλοντα αὐτῷ συμβαίνειν *was mit ihm geschehen*
werde/müsse bzw. *was ihm bevorstand.* **συμ-βαίνειν** Inf. -βαίνω *zustoßen,*
33 *begegnen.* **33 ὅτι** recitativum = Doppelpunkt (A333). **ἰδού** etwa *hört zu*
(GNB) od. unübersetzt lassen. **ἀνα-βαίνομεν** hier lin. (A232a) *wir gehen*
jetzt hinauf. **παρα-δοθήσεται** Fut. Pass. -δίδωμι. **κατα-κρινοῦσιν**
Fut. -κρίνω[127] *verurteilen,* m. τινὰ θανάτῳ *jmdn. zum Tod verurteilen.* **πα-**
34 **ρα-δώσουσιν** Fut. -δίδωμι. **34 ἐμ-παίξουσιν** Fut. -παίζω[83] *seinen*
Spott treiben mit (Dat.), *verspotten, verhöhnen* (in Wort u. Tat); καὶ ἐμπαί-

ξουσιν αὐτῷ *die* (Subj. τὰ ἔθνη) *werden ihren Spott mit ihm treiben.* **ἐμ-**
πτύσουσιν Fut. -πτύω *anspucken.* **μαστιγώσουσιν** Fut. μαστιγόω
(< μάστιξ Peitsche) *(aus)peitschen* (hier v. der röm. Strafe der Geißelung [m.
unbegrenzter Zahl v. Geißelhieben], der „verberatio", die in Verbindung m. To-
desurteilen u. anderen entehrenden Strafvollzügen durchgeführt wurde, so vor
allem bei der Kreuzigung, der sie fast immer vorausging [EWNT 2, Sp. 974]).
ἀπο-κτενοῦσιν Fut. -κτείνω. **καί** (fünftes) wohl adversativ (A311,1)
doch. **μετὰ τρεῖς ἡμέρας** *nach drei Tagen = am dritten Tag* (s. Var. τῇ
τρίτῃ ἡμέρᾳ temp. Dat. [A182]; vgl. zu Mt 12,40). **ἀνα-στήσεται** Fut.
Med. ἀν-ίσταμαι.

35 προσ-πορεύομαι m. Dat. *herzukommen, herantreten an;* hist. Präs. 35
(A235). **Ζεβεδαῖος** *Zebedäus.* **λέγοντες** Ptz. λέγω, mod. **διδάσκα-**
λε Vok. **ἵνα** hier *daß* (A328; bez. das Angestrebte; B II1aα). **ὃ ἐάν** = ὃ ἄν
(A132; 371) *was (auch immer);* θέλομεν ἵνα ὃ ἐὰν αἰτήσωμέν σε ποιή-
σῃς ἡμῖν (dat. commodi, A173) *wir möchten, daß du für uns tust, was (immer)*
wir von dir erbitten = wir möchten, daß du uns eine Bitte erfüllst. **αἰτήσωμεν**
Aor. Konj. αἰτέω. **ποιήσῃς** Aor. Konj. ποιέω. **36 ὁ δέ** V. 3. **ποιήσω** 36
Aor. Konj. ποιέω, deliberativer Konj. (A255); τί θέλετέ με ποιήσω ὑμῖν
Vermischung zweier Konstruktionen: τί θέλετε ποιήσω ὑμῖν (asyndetisch
davorgesetztes θέλετε [A255]) u. τί θέλετέ με ποιῆσαι ὑμῖν (AcI [s.
Var.]), übers. *was wollt ihr, daß ich für euch tue?* od. *was soll ich für euch tun?*
(Einh.) [Var. ποιῆσαι Aor. Inf.]. **37 οἱ δέ** V. 4. **εἶπαν** V. 4. **δός** Aor. 37
Imp. δίδωμι hier m. ἵνα *gestatten, daß* (B 1bβ) bzw. (jmdn. etwas tun) *lassen.*
εἷς ... καὶ εἷς = ὁ μέν ... ὁ δέ *der eine ... der andere* (vgl. BDR §247[8]; H-S
§130). **ἀριστερός** *linke(r);* τὰ ἀριστερά (erg. μέρη) *die linke Seite,* ἐξ
ἀριστερῶν τινός *zur Linken/links von jmdm.;* δὸς ἡμῖν ἵνα εἷς σου ἐκ
δεξιῶν καὶ εἷς ἐξ ἀριστερῶν καθίσωμεν ἐν τῇ δόξῃ σου etwa *laß in*
deiner Herrlichkeit (d.h.: *wenn du deine Herrschaft angetreten hast* [GNB]) *einen*
von uns rechts und den andern links neben dir sitzen (d.h. sie wollten die höchsten
Ehrenplätze einnehmen u. bes. Anteil an der Macht bekommen) [Var. εὐ-ώνυ-
μος synonym]. **καθίσωμεν** Aor. Konj. καθίζω. **38 αἰτεῖσθε** Med. 38
πιεῖν Aor. Inf. πίνω. **ποτήριον** *Becher, Kelch;* hier übertr. v. dem eben
(V. 33-34) erwähnten Leidensweg (vgl. a. zu Mt 20,22). **πίνω** Präs. hier fut.
(A234). **βάπτισμα**[3] *Taufe,* hier (wie ποτήριον) übertr. vom Leidensweg
(vgl. B 3); relevant für das Verständnis dieses Bildes ist u.a. wohl der profane
Gebrauch v. βαπτίζω (vgl. LSJ βαπτίζω 1): dieses Wort bez. nicht selten (im
eig. Sinn) das Versenken etwa v. Schiffen, daneben (übertr.) – im Pass. – auch
das Überwältigtwerden durch Existenzbedrohliches (z.B. Josephus, Bellum Ju-
daicum 4.137; vgl. 1.535 u. 3.196); τὸ βάπτισμα ὃ (Akk. des inneren Obj. [fi-
gura etymologica, A145; BDR §153,1b]; evtl. Akk. der Beziehung [A149; ZG])
ἐγὼ βαπτίζομαι *die Taufe, mit der ich getauft werde/werden muß* bzw. *die*

Taufe, der ich mich unterziehen werde/muß (vgl. B βαπτίζω 2a; GN: *die ich auf*
mich nehmen muß). **βαπτίζομαι** Pass. βαπτίζω Präs. hier fut. (A234).
39 **βαπτισθῆναι** Aor. Inf. Pass. **39 δυνάμεθα** *das können wir = ja* (A321).
πίεσθε Fut. Med. πίνω. **βαπτισθήσεσθε** Fut. Pass.; τὸ βάπτισμα ὃ
ἐγὼ βαπτίζομαι βαπτισθήσεσθε etwa *die Taufe, mit der ich getauft werde,*
40 *werdet (auch) ihr empfangen* (NGÜ). **40 καθίσαι** Aor. Inf. καθίζω; Inf. m.
Art. ist hier (vgl. A280) zunächst AkkO zu δοῦναι, dann Subj. des m. ἀλλ'
beginnenden Satzes. **εὐ-ώνυμος**[11] *linke(r);* τὰ εὐώνυμα *die linke Seite,* ἐξ
εὐωνύμων τινός *zur Linken/links von jmdm.* **ἐμόν** Präd.-Nom. (zu δοῦναι
als Subj. [A270]); οὐκ ἔστιν ἐμόν *es ist nicht meine Sache* (B 1b). **δοῦναι**
Aor. Inf. δίδωμι. **οἷς** = τούτοις (dat. commodi, A173) οἷς (BDR §293[13];
H-S §289d; vgl. A358). **ἡτοίμασται** Pf. (A231) Pass. ἑτοιμάζω; pass.
divinum (A76b); τὸ δὲ καθίσαι ... οὐκ ἔστιν ἐμὸν δοῦναι, ἀλλ' οἷς (=
ἀλλ' ἔστιν [A78] τούτοις οἷς) ἡτοίμασται „aber das Sitzen ... zu geben,
ist nicht meine Sache, sondern es ist für die, denen es (von Gott) bereitet ist" =
aber den Sitz ... habe nicht ich zu verleihen, sondern er wird denen zuteil, für die er
bestimmt ist (Menge) od. (idiomatischer) *aber ich kann nicht darüber verfügen,*
wer ... sitzen wird. Auf diesen Plätzen werden die sitzen, die Gott dafür bestimmt hat
(GNB).
41 **41 ἀκούσαντες** Aor. Ptz. ἀκούω, temp.; erg. τοῦτο/ταῦτα (A79).
δέκα[19] *zehn;* οἱ δέκα *die zehn anderen* (A376a; BDR §480[2]) *(Jünger).* **ἤρ-**
ξαντο V. 28. **ἀγανακτεῖν** Inf. ἀγανακτέω *unwillig/ärgerlich/entrüstet*
42 *sein,* περί τινος *über jmdn.* (B; BDR §229[5]). **42 προσ-καλεσάμενος**
Aor. Ptz. Med. -καλέομαι[37] *herbeirufen, zu sich rufen;* temp. (A291,1 Anm. 1).
λέγει V. 11. **δοκοῦντες** Ptz. δοκέω hier *als etwas angesehen werden, als*
etwas gelten; οἱ δοκοῦντες ἄρχειν τῶν ἐθνῶν *die, die als Herrscher über die*
Völker gelten/betrachtet werden (vgl. B 2b; NGÜ). **ἄρχειν** Inf. **κατα-κυρι-**
εύω m. Gen. *Herr werden über, überwältigen;* hier *Herr sein über, (gewalttätig)*
herrschen über (B 2), *unterdrücken.* **μέγας** Pl. hier v. Machthabern *(die) Gro-*
ßen/Mächtigen. **κατ-εξ-ουσιάζω** m. Gen. *die Macht/Amtsgewalt über*
43 *jmdn./jmdm. gegenüber mißbrauchen.* **43 ἐν ὑμῖν** *bei/unter euch* (A193); οὐχ
οὕτως δέ ἐστιν ἐν ὑμῖν *bei euch aber ist es nicht so* wohl (kontextgemäß [s.
Var.]) = *bei euch aber soll es nicht so sein.* **ὃς ἄν** (A132; 371) *wer (auch im-*
mer). **θέλῃ** Konj. θέλω. **γενέσθαι** Aor. Inf. Med. γίνομαι. **ἔσται** Fut.
εἰμί, wohl mod. Fut. im Sinn v. „sollen" od. (hebr.) „müssen" (A247b+d; BDR
§362[3]) [Var. ἔστω Imp. 3. Sg.]. **διάκονος** *Diener, Helfer;* ἔσται ὑμῶν
διάκονος (bzw. [V. 44] πάντων δοῦλος) *der soll/muß euer Diener* (bzw. *der*
Sklave aller) *sein, der soll den anderen dienen* (bzw. *sich allen unterordnen*)
44 (GNB). **44 εἶναι** Inf. εἰμί; εἶναι πρῶτος *der* (A82) *Erste sein, an der*
45 *Spitze stehen* (GNB). **45 διακονηθῆναι** Aor. Inf. Pass. διακονέω[33]
(be)dienen (v. Dienstleistungen jeder Art); persönl. Pass. *bedient werden, sich*

bedienen lassen (H-S §191c; A214); fin. (A276; analog die beiden flgd. Inf.).
διακονῆσαι Aor. Inf. **δοῦναι** Aor. Inf. δίδωμι hier *hingeben* (B 6). **λύ-
τρον** *Lösegeld;* hier Obj.-Präd. (A65); τὴν ψυχὴν αὐτοῦ λύτρον ἀντὶ
πολλῶν *sein Leben* (B ψυχή 1aβ) *als Lösegeld für viele* (um durch seine stell-
vertretende Lebenshingabe die Menschen aus ihrer Todverfallenheit los-
zukaufen [vgl. Jes 43,3f u. 53,10-12]). **ἀντί** m. Gen. (A188) *anstatt, für; zu
Gunsten von, für.*
46 ἔρχονται hist. Präs. (A235). **Ἰεριχώ** ἡ indekl., hier Akk., *Jericho,* 46
Stadt in Judäa (im Jordantal). **ἐκ-πορευομένου** Ptz. -πορεύομαι *hinaus-
gehen, herauskommen,* hier ἀπό τινος zur Angabe des Ausgangspunktes
(einen Ort) *verlassen,* (von einem Ort) *weitergehen;* gen. abs., temp.; zum Sg.
(Präd. des gen. abs.) vgl. A94. **ἱκανός** *hinlänglich, genügend;* ὄχλος ἱκανός
eine erhebliche Menge (B 1a), *eine große Menschenmenge.* **Τιμαῖος** *Timäus.*
Βαρτιμαῖος *Bartimäus.* **προσ-αίτης**[1] *Bettler* [Var. προσ-αιτῶν Ptz.
-αιτέω *betteln,* mod.]. **ἐ-κάθητο** Ipf. Med. κάθημαι παρὰ τὴν ὁδόν *am
Wegrand/Straßenrand* (evtl. *auf dem Weg*) *sitzen* (B παρά III 1bα/1d).
47 ἀκούσας Aor. Ptz. ἀκούω, temp. **Ναζαρηνός** *Nazarener, aus Naza-* 47
ret (kommend) [Var. Ναζωραῖος synonym]. **ἐστίν** als Vergangenheit übers.
(Tempus u. Modus wie in der entsprechenden direkten Rede; A326); ὅτι Ἰη-
σοῦς ὁ Ναζαρηνός ἐστιν *daß es Jesus von Nazaret war = daß Jesus von
Nazaret vorbeikam.* **ἤρξατο** V. 28. **κράζειν** Inf. **λέγειν** Inf., hier pleon.
(vgl. H-S §239; A297); ἤρξατο κράζειν καὶ λέγειν *er begann laut zu rufen.*
υἱέ Vok. **Δαυίδ** indekl., hier Gen.; υἱὲ Δαυίδ *Sohn Davids* (d.h.: du [ver-
sprochener] Retter/Messias [vgl. zu Mt 1,1]). **Ἰησοῦ** Vok. **ἐλέησον** Aor.
Imp. ἐλεέω m. Akk. *sich erbarmen über, Erbarmen haben mit.* **48 ἐπ-ε-τί-** 48
μων Ipf. V. 13. **ἵνα** hier *daß* od. Inf. bzw. indirekte Rede (A328 u. 334a; bez.
das Befohlene); ἐπετίμων αὐτῷ πολλοὶ ἵνα σιωπήσῃ *viele wurden ärger-
lich und befahlen ihm zu schweigen* (Einh.) bzw. *von allen Seiten fuhr man ihn an,
er solle still sein* (NGÜ). **σιωπήσῃ** Aor. Konj. σιωπάω *schweigen, still sein.*
ὁ δέ V. 3. **πολλῷ** (dat. differentiae, A117) **μᾶλλον** *viel lauter, um so lau-
ter.* **ἔ-κραζεν** Ipf. κράζω. **49 στάς** Wz.-Aor. Ptz. ἵσταμαι, hier *stehen-* 49
bleiben (B II1a); temp. (A291,1 Anm. 1). **φωνήσατε** Aor. Imp. φωνέω hier
herbeirufen (B 2b) (φωνεῖ *er läßt dich rufen* [B 2b]) [Var. φωνηθῆναι Aor.
Inf. Pass., Präd. des AcI (indirekte Rede [A333])]. **φωνοῦσιν** hist. Präs.
(A235). **λέγοντες** Ptz. λέγω, mod. **θάρσει** Imp. θαρσέω *guten Mutes,
voller Mut, zuversichtlich sein;* übers. etwa *freu dich* (GN), *hab nur Mut* (NGÜ).
ἔγειρε Imp. **50 ὁ δέ** V. 3. **ἀπο-βαλών** Aor. Ptz. -βάλλω[112] *abwerfen,* 50
ablegen; temp. (A291,1 Anm. 1). **ἀνα-πηδήσας** Aor. Ptz. -πηδάω *auf-
springen;* temp. (A291,1 Anm. 1). **51 ἀπο-κριθείς** V. 24; καὶ ἀποκριθεὶς 51
αὐτῷ ὁ Ἰησοῦς εἶπεν *und Jesus sagte zu ihm/fragte ihn.* **ποιήσω** V. 36;
hier erg. durch asyndetisch davorgesetztes θέλεις (A255): τί σοι (dat.

commodi, A173) θέλεις ποιήσω *was willst du, (daß) ich für dich tue* (B θέλω
1) = *was soll ich für dich tun?* bzw. *was willst/möchtest du von mir?* **ῥαββουνί**
indekl. hier Vok. (aram. רַבּוֹנִי/רַבּוּנִי *rabbônî/rabbûnî;* Beyer, Die aramäischen
Texte, S. 137) *Rabbuni* (= [hebr.] Rabbi [Anrede u. Ehrenbezeichnung hervor-
ragender (Gesetzes-)Lehrer]). **ἵνα** V. 35; hier abhängig v. θέλεις bzw. ποιή-
σω: *(ich wünsche* bzw. *mache,) daß.* **ἀνα-βλέψω** Aor. Konj. -βλέπω[41] *auf-*
52 *blicken;* hier *wieder sehen (können).* **52 ὕπ-αγε** Imp. (vgl. A266a). **σέ-σω-
κεν** Pf. (A242) σῴζω. **ἀν-έ-βλεψεν** Aor. **ἠκολούθει** Ipf. ἀκολουθέω.
ἐν τῇ ὁδῷ *auf seinem* (A103) *Weg.*
11 **ἐγγίζω** m. εἰς *in die Nähe von ... kommen;* hist. Präs. (A235). **εἰς** (zwei-
tes) *nach.* **Βηθφαγή** *Betfage,* Ort auf dem Ölberg. **Βηθανία** *Betanien,*
Dorf auf dem Ölberg (ca. 2,7 km v. Jerusalem entfernt). **πρός** m. Akk. *an.*
ἐλαία *Olivenbaum, Ölbaum; Olive;* τὸ ὄρος τῶν ἐλαιῶν *der Ölberg,* Berg-
zug im Norden u. Osten v. Jerusalem (GBL 2, S. 1088ff). **ἀπο-στέλλω** hier
2 etwa *voraussenden;* hist. Präs. (A235). **δύο** m. gen. partitivus (A164). **2 λέ-
γει** hist. Präs. (A235). **ὑπ-άγετε** Imp. **κώμη** *Dorf.* **κατ-έναντι** uneig.
Präp. (A183) *gegenüber, vor;* εἰς τὴν κώμην τὴν κατέναντι ὑμῶν *in das
vor euch liegende Dorf* (B 2a; vgl. A84). **εἰσ-πορευόμενοι** Ptz. -πορεύο-
μαι *hineingehen, -kommen;* temp.; εὐθὺς εἰσπορευόμενοι εἰς αὐτήν
gleich wenn ihr in dieses hineinkommt = gleich beim Ortseingang (NGÜ). **εὑρή-
σετε** Fut. εὑρίσκω. **πῶλος** *Jungtier, Füllen, Fohlen;* hier *junger Esel.* **δε-
δεμένον** Pf. (A231) Ptz. Pass. δέω hier *anbinden* (B 2); AcP (A300) od. attr.
(A303); εὑρήσετε πῶλον δεδεμένον *ihr werdet einen jungen Esel angebun-
den finden* od. *ihr werdet einen jungen Esel finden, der angebunden ist.* **οὔ-πω**
noch nicht; οὐδεὶς οὔπω (doppelte Neg. verstärkt die Verneinung [vgl.
A310a; BDR §431,2]) ἀνθρώπων (gen. partitivus, A164) *noch nie ein Mensch.*
ἐ-κάθισεν Aor. καθίζω [Var. κε-κάθικεν Pf.]. **λύσατε** Aor. Imp. λύω
hier *losbinden* (B 2a). **φέρετε** Imp. φέρω hier *(her)bringen* (vgl. B 4bα).
3 **3 εἴπῃ** Aor. Konj. λέγω. **τί** adv. *warum?* (vgl. B τίς 3a; A134a). **εἴπατε**
Aor. (vgl. H-S §105g) Imp. λέγω. **αὐτοῦ** GenO zu χρείαν ἔχω. **χρείαν
ἔχω** m. Gen. *jmdn./etwas nötig haben, jmdn./etwas brauchen.* **ἀπο-στέλλω**
Präs. hier fut. (A234); εὐθὺς αὐτὸν ἀποστέλλει πάλιν ὧδε etwa *er wird*
4 *ihn (nachher) sofort wieder zurückbringen lassen* (NGÜ). **4 ἀπ-ῆλθον** Aor.
-έρχομαι. **εὗρον** Aor. εὑρίσκω. **θύρα** *Tür;* πρὸς θύραν *an einer/der*
(vgl. A106a) *Tür, an einem Tor* (Menge: *Haustor;* GNB: *Hoftor*). **ἄμφ-οδον**
(< ἀμφί um – herum, ὁδός) *Stadtviertel* (v. Straßen umschlossen u. durchzo-
gen) od. (so hier) *Straße* (einer Ortschaft); ἔξω ἐπὶ τοῦ ἀμφόδου *draußen*
5 *an der Straße.* **λύουσιν** hist. Präs. (A235). **5 ἑστηκότων** Pf. (m. präs.
Bdtg.) Ptz. ἵσταμαι, subst.; gen. partitivus (A137a/164); καί τινες τῶν ἐκεῖ
ἑστηκότων *und einige von denen, die dort standen.* **ἔ-λεγον** Ipf. λέγω. **λύ-
οντες** Ptz. λύω; präd. bei Verb des modifizierten Seins u. Tuns (A301); τί

ποιεῖτε λύοντες τὸν πῶλον; *was macht ihr da mit dem Losbinden?* (BDR
§414[11]) = *wie kommt ihr dazu, das Tier loszubinden?* **6 οἱ δέ** *(und/doch) die-* 6
se/sie (A102). **εἶπαν** Aor. (vgl. H-S §105g) λέγω; οἱ δὲ εἶπαν αὐτοῖς κα-
θὼς εἶπεν (hier Vorvergangenheit [vgl. H-S §199n; A224]) ὁ Ἰησοῦς *sie ant-*
worteten ihnen so, wie Jesus es ihnen (vgl. A79) *gesagt hatte.* **ἀφ-ῆκαν** Aor.
-ίημι hier *gewähren lassen* (B 4). **7 φέρουσιν** hist. Präs. (A235; analog 7
beim flgd. Verb) [Var. ἤγαγον Aor. ἄγω]. **ἐπι-βάλλω** m. Dat. *auf* etwas
werfen/legen. **ἐ-κάθισεν** Aor. καθίζω hier ἐπί m. Akk. *sich setzen auf*
(B 2aα); durch dieses Vorgehen verkündet Jesus seine Messianität (vgl. zu Mt
21,4). **8 ἔ-στρωσαν** Aor. στρωννύω/στρώννυμι[228] *auslegen, ausbreiten;* 8
πολλοὶ τὰ ἱμάτια αὐτῶν ἔστρωσαν εἰς τὴν ὁδόν *viele breiteten ihre*
Mäntel (als Teppich) auf der Straße/auf dem Weg aus (offenbar um Jesus Ehre zu
erweisen; vgl. 2Kön 9,13). **στιβάς**[3] άδος ἡ *Laubbüschel, Wedel* (B), *Laub-*
zweige (Menge); zweites AkkO zu ἔστρωσαν. **κόψαντες** Aor. Ptz. κόπ-
τω[56] *abschlagen, abhauen;* temp.; ἄλλοι δὲ στιβάδας κόψαντες (erg.
ταύτας/αὐτάς [A79]) ἐκ τῶν ἀγρῶν (viell. hat der Gedanke des Herholens
zur Verwendung v. ἐκ geführt [vgl. ZG]) *andere streuten Laubzweige aus, die sie*
(wörtl. *nachdem sie diese*) *auf den Feldern abgeschnitten hatten* (vgl. Menge) bzw.
(freier) *andere hieben auf den Feldern Zweige von den Bäumen/Büschen und leg-*
ten sie auf den Weg (vgl. NGÜ); das Abhauen u. Ausstreuen v. Zweigen war of-
fenbar ein Ausdruck des Jubels (vgl. 1Makkabäer 13,51 u. 2Makkabäer 10,7)
[Var. ἔ-κοπτον Ipf. ἐ-στρώννυον Ipf.]. **ἀγρός** *Feld, Acker.* **9 προ-** 9
άγοντες Ptz. -άγω (örtl. od. zeitl.) *vorausgehen, vorangehen* (τινά *jmdm.*);
subst. **ἀκολουθοῦντες** Ptz. ἀκολουθέω, subst.; οἱ προάγοντες καὶ οἱ
ἀκολουθοῦντες *die Leute, die vor ihm* (A79) *hergingen und die ihm* (A79) *folg-*
ten (Einh.). **ἔ-κραζον** Ipf. κράζω, wohl iter. (A237b). [Var. λέγοντες Ptz.
λέγω, mod., pleon. (A297,1), am besten als Doppelpunkt berücksichtigen.]
ὡσαννά (< hebr. הוֹשִׁיעָה נָּא *hôšîʿāh nnāʾ* „Hilf doch!") *Hos(i)anna,* ein aus
Ps 118,25 stammender, zur liturgischen Formel gewordener Hilferuf an Gott,
der offenbar schließl. auch (so hier) als Lobpreis verwendet wurde (ThWNT 9,
S. 682-684; daher: *Gepriesen sei Gott!*). **εὐ-λογημένος** Pf. Ptz. Pass. -λο-
γέω; umschrieb. Pf. Opt./Imp. (A249b) m. Wegfall der Kopula εἴη od. ἔστω
(Opt./Imp. [3. Sg.] v. εἰμί) *sei* (vgl. BDR §128,5; A78). **ἐρχόμενος** Ptz.,
subst.; εὐλογημένος ὁ ἐρχόμενος ἐν ὀνόματι κυρίου *gesegnet sei er*
(GNB: *Heil dem*), *der im Namen* (= *im Auftrag* [B ὄνομα I4cγ]) *des Herrn*
kommt, ein Zitat aus Ps 118,26 (Ps 118 wurde anläßl. des Laubhütten-, Tempel-
weih- u. Passafestes verwendet). **10 ἐρχομένη** Ptz., attr.; ἡ ἐρχομένη βα- 10
σιλεία τοῦ πατρὸς ἡμῶν Δαυίδ *das Reich/die Herrschaft unseres Va-*
ters/Ahnherrn David, das/die (nun) kommt (m. dem Einzug Jesu in Jerusalem er-
wartete die Menschenmenge offenbar das Kommen der messianischen Herr-
schaft; zur Sache vgl. auch zu Mt 1,1). **Δαυίδ** indekl., hier Gen. **ὕψιστος**

höchster, erhabenster; τὰ ὕψιστα *die höchsten Höhen* (= der Himmel); ὡσαν-
νὰ ἐν τοῖς ὑψίστοις *Hosanna in den Himmelshöhen/in der Höhe* wohl = *ge-
priesen sei Gott in der Höhe* (so die meisten), viell. = *hilf doch, (du, der du) in der
Höhe (bist)* (vgl. B 1).
11 **11 εἰσ-ῆλθεν** Aor. -έρχομαι; καὶ εἰσῆλθεν εἰς Ἱεροσόλυμα
εἰς τὸ ἱερόν etwa *so* (vgl. 1,12) *zog er in Jerusalem ein (und begab sich) in den
Tempel* (Menge). **περι-βλεψάμενος** Aor. Ptz. Med. -βλέπομαι[41] *sich
umsehen, umherblicken,* hier *betrachten* (B 1), *sich ansehen;* temp. **ὄψιος** *spät.*
οὔσης Ptz. Fem. εἰμί , gen. abs. (A288), kaus./temp.; ὀψίας ἤδη οὔσης
τῆς ὥρας „da die Stunde/Zeit schon spät war“ = *da es schon spät am Tage war*
(Menge) bzw. *da es inzwischen spät geworden war* (NGÜ). **ἐξ-ῆλθεν** Aor. -ἐρ-
χομαι. **Βηθανία** V. 1. **οἱ δώδεκα** *die „Zwölf“/die zwölf Jünger (Jesu)*
12 (vgl. 3,14). **12 ἐπ-αύριον** *morgen* (= tags darauf), τῇ ἐπαύριον (erg.
ἡμέρᾳ, vgl. A88) *am nächsten Tag.* **ἐξ-ελθόντων** Aor. Ptz. -έρχομαι hier
ἀπό m. Gen. (einen Ort) *verlassen, von* (einem Ort) *kommen;* gen. abs. (A288),
temp. **ἐ-πείνασεν** Aor. πεινάω[34] *hungern, Hunger haben/leiden.*
13 **13 ἰδών** Aor. Ptz. ὁράω, temp. **συκῆ** *Feigenbaum.* **μακρόθεν** *von fer-
ne/weitem, aus der Ferne* (meist pleon. [A379] ἀπὸ μακρόθεν). **ἔχουσαν**
Ptz. Fem. ἔχω, attr. od. AcP (A300). **φύλλον** *Blatt* (einer Pflanze). **εἰ** hier
vor einem NS, der v. einem Verb des Handelns abhängig ist, bei dem zusätzl.
das Bedeutungselement des Versuchens „mitschwingt“ (dazu verstärkt durch
ἄρα [BDR §375[2]]); ἦλθεν εἰ ἄρα τι εὑρήσει ἐν αὐτῇ *er ging hin, (um zu
sehen,) ob er daran vielleicht etwas finden könnte* (H-S §273f; vgl. A332) bzw. *er
ging hin, um zu sehen, ob nicht Früchte an ihm wären* (GNB). **εὑρήσει** Fut.
εὑρίσκω. **ἐλθών** Aor. Ptz. ἔρχομαι, temp.; καὶ ἐλθὼν ἐπ’ αὐτήν *doch*
(vgl. 1,12) *als er zu ihm hinkam.* **εὗρεν** Aor. **εἰ μή** nach Neg. *außer* (vgl. B **εἰ**
VI9a; A341); οὐδέν ... εἰ μή *nichts außer/als ... = nur.* **ἦν** Ipf. εἰμί. **σῦκον**
Feige; ὁ γὰρ καιρὸς οὐκ ἦν σύκων *denn es war nicht die Jahreszeit für Fei-*
14 *gen* (vgl. zu Mt 21,19). **14 ἀπο-κριθείς** Aor. Ptz. Pass. (ohne Pass.-Bdtg.)
-κρίνομαι hier *das Wort ergreifen* o.ä. (Hebr./Aram.; vgl. B 2; Zerwick §366);
pleon. (A297,2); καὶ ἀποκριθεὶς εἶπεν αὐτῇ *da* (vgl. 1,12) *sagte Jesus zu
ihm.* **μηκ-έτι** *nicht mehr, nicht weiter;* μηκέτι ... μηδείς (doppelte Neg. ver-
stärkt die Verneinung [vgl. A310a; BDR §431[4]]) *nie mehr ... jemand* (od. *nie-
mand mehr*). **φάγοι** Aor. Opt. ἐσθίω, kupitiver Opt. (A259); μηκέτι εἰς
τὸν αἰῶνα ἐκ σοῦ μηδεὶς καρπὸν φάγοι *in Ewigkeit soll niemand mehr
eine Frucht von dir essen* (Einh.) od. *von dir soll nie mehr jemand Feigen essen*
(GNB); s.a. zu Mt 21,19. **ἤκουον** Ipf. ἀκούω; erg. τοῦτο/ταῦτα (A79).
15 **15 ἔρχονται** hist. Präs. (A235). **εἰσ-ελθών** Aor. Ptz. -έρχομαι,
temp. (A291,1 Anm. 1). **ἤρξατο** Aor. Med. ἄρχω; Med. m. Inf. vgl. zu 1,45.
ἐκ-βάλλειν Inf. -βάλλω hier *hinaustreiben* (B 1), *hinausweisen* (NGÜ).
πωλοῦντας Ptz. πωλέω *verkaufen;* subst. (zur Sache s.a. zu Mt 21,12).

ἀγοράζοντας Ptz. ἀγοράζω (< ἀγορά Marktplatz) *kaufen;* subst. **τρά-
πεζα** *Tisch.* **κολλυβιστής**[1] (< κόλλυβος kleine Münze) *Geldwechsler.*
καθ-έδρα *Sitz.* **περιστερά** *Taube.* **κατ-έ-στρεψεν** Aor. κατα-στρέ-
φω[47] *umstürzen, umstoßen.* **16 ἤφ-ιεν** Ipf. ἀφ-ίημι (hier ἀφ-ίω; BDR 16
§94[7]; vgl. H-S §114f) hier m. ἵνα (statt AcI) *zulassen, gestatten* (B 4; BDR
§392[7]; vgl. H-S §218a), *dulden* (Menge). **ἵνα** hier *daß* (A328; bez. das
[Nicht-]Zugelassene). **δι-ενέγκῃ** Aor. Konj. δια-φέρω[198] *hindurchtragen,
-bringen;* οὐκ ἤφιεν ἵνα τις διενέγκῃ σκεῦος διὰ τοῦ ἱεροῦ *er ließ
nicht zu, daß jemand irgend etwas durch den Vorhof des Tempels* (s. B ἱερόν 2)
trug. **σκεῦος**[7] *Gerät; Gefäß* hier am besten *irgend etwas* (vgl. B 1a). **17 ἐ-δί- 17
δασκεν** Ipf. διδάσκω. **ἔ-λεγεν** Ipf. λέγω; καὶ ἐδίδασκεν καὶ ἔλε-
γεν αὐτοῖς *und er lehrte und sagte (dabei) zu ihnen = und er belehrte sie mit den
Worten* (Menge) od. *zur Erklärung sagte er ihnen* (NGÜ). **οὐ** erwartet als Frage-
einleitung die Antwort „doch" (A320). **γέ-γραπται** Pf. (A231) Pass. γρά-
φω, Pf. Pass. term. tech. zur Einführung v. Schriftzitaten (B 2c); οὐ γέγραπ-
ται *steht nicht in der Schrift* od. *heißt es nicht in der Schrift;* zitiert wird eine Pro-
phetie aus Jes 56,7. **προσ-ευχή** *Gebet.* **κληθήσεται** Fut. Pass. καλέω
mod. Fut. im Sinn v. „sollen"; ὁ οἶκός μου οἶκος προσευχῆς κληθή-
σεται πᾶσιν τοῖς ἔθνεσιν (dat. commodi, A173) *mein Haus soll ein Haus
des Gebetes für alle Völker genannt werden* (d.h. als das bekannt sein; vgl. B 1aδ)
= ... *ein Haus des Gebetes sein für alle Völker.* **πε-ποιήκατε** Pf. (A242)
ποιέω hier m. doppeltem Akk. (A97,15); ὑμεῖς δὲ πεποιήκατε αὐτὸν
σπήλαιον λῃστῶν *ihr aber habt es zu einer „Räuberhöhle" gemacht, ihr aber
habt eine „Räuberhöhle" daraus gemacht;* der Ausdruck σπήλαιον λῃστῶν
stammt aus Jer 7,11, wo vor der Sinnlosigkeit einer abergläubischen Verehrung
des Tempels gepaart m. einem Verhalten, das den Tempel entehrt, gewarnt wird
[Var. ἐ-ποιήσατε Aor.]. **σπήλαιον** *Höhle.* **λῃστής**[1] *Räuber.*

18 ἤκουσαν Aor. ἀκούω; erg. τοῦτο/ταῦτα (A79). **ἐ-ζήτουν** Ipf. 18
ζητέω hier m. flgd. indirekter Frage *sich Gedanken darüber machen* (B 1c).
ἀπ-ολέσωσιν Aor. Konj. -όλλυμι hier *töten, umbringen* (B 1aα); delibera-
tiver Konj. (A255) wie bei der entsprechenden direkten Frage, doch hier 3. statt
1. Pl. (vgl. H-S §273e; A331); ἐζήτουν πῶς αὐτὸν ἀπολέσωσιν *sie über-
legten, wie sie ihn umbringen könnten* (vgl. Menge) od. *sie suchten nach einer
Möglichkeit, ihn umzubringen.* **ἐ-φοβοῦντο** Ipf. φοβέομαι. **γάρ** (erstes)
gibt den Grund für das heiml. Vorgehen der Führer an. **ἐξ-ε-πλήσσετο** Ipf.
ἐκ-πλήσσομαι *außer sich geraten* ἐπί τινι *über etwas* (hier wohl aus Bewun-
derung; B 2); ἐφοβοῦντο γὰρ αὐτόν, πᾶς γὰρ ὁ ὄχλος ἐξεπλήσσετο
ἐπὶ τῇ διδαχῇ αὐτοῦ etwa *sie hatten nämlich Angst vor ihm, weil das ganze
Volk von seiner Lehre tief beeindruckt war* (NGÜ). **διδαχή** *Lehre* (das, was ge-
lehrt wird, od. die Lehrtätigkeit). **19 ὅταν** bez. m. Augmenttempus (hier 19
Aor. Ind.) ein wiederholtes Geschehen in der Vergangenheit („hellenistischer

Nebensatziterativ“; H-S §276i; BDR §367[4] u. 382,4a; vgl. A262) *immer wenn,*
sooft; ὅταν ὀψὲ ἐγένετο, ἐξεπορεύοντο ἔξω τῆς πόλεως *sooft es Abend*
geworden war, gingen sie (d.h. Jesus u. seine Jünger) *aus der Stadt hinaus* od. *am*
Abend verließen Jesus und seine Jünger jeweils die Stadt. **ὀψέ** Adv. *spät (am*
Tag), am Abend; ὅταν ὀψὲ ἐγένετο *wenn es Abend geworden war* (B 2).
ἐ-γένετο Aor. Med. γίνομαι. **ἐξ-ε-πορεύοντο** Ipf. Med. ἐκ-πορεύ-
ομαι *hinausgehen, herauskommen.*
20 **20 παρα-πορευόμενοι** Ptz. -πορεύομαι *vorübergehen;* temp.
πρωΐ *früh, frühmorgens.* **συκῆ** V. 13. **ἐ-ξηραμμένην** Pf. (A231) Ptz.
Pass. ξηραίνω[120] etwas *austrocknen, versengen;* Pass. *vertrocknen, verdorren;*
AcP (A300); εἶδον τὴν συκῆν ἐξηραμμένην ἐκ ῥιζῶν *sie sahen, daß der*
Feigenbaum bis zu den Wurzeln verdorrt war. **ῥίζα** *Wurzel;* ἐκ ῥιζῶν *von den*
21 *Wurzeln an, bis in die Wurzeln, mit Stumpf und Stiel* (B 1a). **21 ἀνα-μνη-**
σθείς Aor. Ptz. Pass. -μιμνῄσκω[167] *erinnern;* Pass. *sich erinnern;* temp.
(A291,1 Anm. 1); καὶ ἀναμνησθεὶς ὁ Πέτρος λέγει αὐτῷ *da* (vgl. 1,12)
erinnerte sich Petrus und sagte zu ihm/Jesus. **λέγει** V. 2. **ῥαββί** indekl., hier
Vok., (hebr. רַבִּי *rabbî*) *Rabbi,* Anrede u. Ehrenbezeichnung für (Gese-
tzes-)Lehrer. **ἴδε** (klass. ἰδέ) Imp. Aor. ὁράω (hier viell. einfach als Inter-
jektion etwa = ἰδού gebraucht [B ἴδε 1; vgl. H-S §252,63]), übers. etwa *sieh* od.
sieh nur. **κατ-ηράσω** Aor. Med. 2. Sg. -αράομαι *verfluchen.* **ἐ-ξήραν-**
22 **ται** Pf. (A231) Pass. ξηραίνω. **22 ἀπο-κριθείς** V. 14, pleon. (A297,2);
ἀποκριθεὶς ὁ Ἰησοῦς λέγει (V. 2) αὐτοῖς *Jesus antwortete ihnen.* **ἔχετε**
Imp. [Var. m. εἰ (indefiniter Fall, A342), ἔχετε dann Ind.] **πίστις θεοῦ**
23 gen. obi. (A158) *Glauben an Gott.* **23 ὅτι** am besten recitativum = Doppel-
punkt (A333). **ὃς ἄν** (A132) *wer (auch immer)* od. *jeder, der,* bzw. = ἐάν τις
(A371; vgl. BDR §380,1b) *wenn jemand.* **εἴπῃ** Aor. Konj. λέγω. **τῷ ὄρει**
τούτῳ *zu diesem Berg hier* (Demonstrativum weist in die außersprachl. Situa-
tion); das Bergeversetzen war sprichwörtl. für das Beseitigen großer Hinder-
nisse (vgl. Jes 40,4; 49,11; 54,10; Mt 21,21f; Mk 11,23; 1Kor 13,2). **ἄρθητι**
Aor. Imp. Pass. αἴρω Pass. hier etwa *sich emporheben* (vgl. B 1a; A220c). **βλή-**
θητι Aor. Imp. Pass. βάλλω Pass. hier etwa *sich werfen/stürzen* (vgl. B 1b).
δια-κριθῇ Aor. Konj. Pass. -κρίνω[127] *unterscheiden, einen Unterschied*
machen; beurteilen; Med./Pass. *streiten; Bedenken haben, zweifeln.* **πιστεύῃ**
Konj. πιστεύω; καὶ μὴ διακριθῇ ἐν τῇ καρδίᾳ αὐτοῦ ἀλλὰ πιστεύ-
ῃ (Satz weiterhin abhängig v. ὃς ἄν) *und wenn er (dabei) in seinem Herzen nicht*
zweifelt, sondern glaubt. **ἔσται** Fut. εἰμί hier m. dat. commodi (A173) *jmdm.*
zuteil werden, (B I4); ἔσται αὐτῷ *so wird es ihm zuteil werden* bzw. etwa *so wird*
24 *es eintreffen.* **24 διὰ τοῦτο** *darum.* **αἰτεῖσθε** Med. αἰτέω; πάντα ὅσα
προσεύχεσθε καὶ αἰτεῖσθε Hendiadyoin (A378; BDR §442[29]) *alles, was*
(vgl. B ὅσος 2) *ihr im Gebet erbittet* da πάντα nom. pendens (A141a), übers.
am besten *wenn ihr im Gebet um etwas bittet.* **πιστεύετε** Imp. **ἐ-λάβετε**

Aor. λαμβάνω, hier fut. Aor. Ind. (nach fut. Bedingung; BDR §333[7]; vgl.
A241b); πιστεύετε ὅτι ἐλάβετε erg. ταῦτα/αὐτά (A79) *glaubt, daß ihr es*
empfangen habt; Glauben bedeutet im NT allerdings nie, sich dazu zwingen,
etwas zu „glauben“, was man im Grunde gar nicht glaubt; vielmehr geht es
dabei um echtes Vertrauen auf Gott u. (vgl. a. V. 25) um die Entschlossenheit,
seinen Willen zu erfahren u. zu tun (Carson, Mt, S. 446) [Var. λή(μ)ψεσθε
Fut. Med.]. **καὶ ἔσται ὑμῖν** *und es wird euch zuteil werden* bzw. *und die Bitte*
wird euch erfüllt werden (NGÜ). **25 ὅταν** hier (nachklass.) m. Ind. Präs. 25
(BDR §382[8]) *wenn* bzw. *immer wenn* (vgl. H-S §276g). **στήκω** (< ἕστηκα
[Pf. zu ἵσταμαι]) *stehen;* zum Stehen als verbreiteter Gebetshaltung vgl. Lk
18,11.13 u. Mt 6,5 sowie 1Kön 8,14.22; Neh 9,4 u. Ps 134,1 [Var. στήκητε
Konj.]. **προσ-ευχόμενοι** Ptz. -εύχομαι, wohl am besten fin. (A291,6);
ὅταν στήκετε προσευχόμενοι *wenn ihr dasteht und beten wollt* (Menge).
ἀφ-ίετε Imp. -ίημι. **εἰ** m. Ind. indefiniter Fall (A342); ἀφίετε εἴ τι ἔχετε
κατά τινος *dann vergebt, falls ihr etwas gegen jemand habt* (d.h. wenn dieser an
euch schuldig geworden ist) bzw. (freier) *dann vergebt euren Mitmenschen, falls*
ihr etwas gegen sie habt (vgl. GNB). **ἀφ-ῇ** Aor. Konj. -ίημι. **παρά-πτω-**
μα[3] *Fehltritt, Vergehen, Verfehlung, Sünde* [Var. V. 26 ἀφ-ήσει Fut. -ίημι.] 26
27 ἔρχονται (zweimal) V. 15. **περι-πατοῦντος** Ptz. -πατέω; gen. 27
abs. (A288), temp. **πρεσβύτερος** Pl. hier v. Mitgliedern einer Gruppe des
Synedriums (B 2aß; GNB: *Ratsälteste*). **28 ἔ-λεγον** Ipf. λέγω. **ποῖος**[18] *wie* 28
beschaffen? was für ein? welche (Art)? welcher?; ἐν ποίᾳ ἐξουσίᾳ ταῦτα
ποιεῖς *auf Grund welcher Vollmacht* (B ἐξουσία 3) *tust du dies?* od. *woher*
nimmst du das Recht, hier so aufzutreten? (GNB). **ἔ-δωκεν** Aor. δίδωμι.
ἵνα hier *daß* bzw. Inf. (A328) als Erklärung (vgl. A279/353) zu τὴν ἐξουσίαν
ταύτην (B II1e). **ποιῇς** Konj. ποιέω; τίς σοι ἔδωκεν τὴν ἐξουσίαν
ταύτην ἵνα ταῦτα ποιῇς *wer hat dir diese Vollmacht gegeben, dies zu tun*
bzw. *wer hat dir die Vollmacht/das Recht gegeben, so zu handeln.* **29 ἐπ-ερω-** 29
τήσω Fut. -ερωτάω hier m. doppeltem Akk. (A97,16) *jmdn. etwas fragen;*
ἐπερωτάω τινὰ ἕνα λόγον (wohl = λόγον τινά [A137b; BDR §247[5]])
jmdm. eine Frage stellen (vgl. B λόγος 1aβ). **ἀπο-κρίθητε** Aor. Imp. Pass.
(ohne Pass.-Bdtg.) -κρίνομαι. **ἐρῶ** Fut. λέγω; καὶ ἀποκρίθητέ μοι καὶ
ἐρῶ ὑμῖν ... (zu καί vgl. 1,12) *antwortet mir, dann werde ich euch sagen ...*
(Einh.). **30 βάπτισμα**[3] *Taufe.* **οὐρανός** hier synonym m. θεός (B 3; vgl. 30
H-S §296a). **ἦν** Ipf. εἰμί m. ἐκ *kommen/stammen von* (B ἐκ 3b). **31 δι-ε-** 31
λογίζοντο Ipf. Med. δια-λογίζομαι *(gründlich) überlegen, erwägen, sich*
Gedanken (über etwas) *machen;* (sich Gedanken machen u. sie austauschen) *sich*
besprechen, diskutieren. **λέγοντες** Ptz. λέγω, mod.; καὶ διελογίζοντο
πρὸς ἑαυτοὺς λέγοντες *da* (vgl. 1,12) *überlegten sie bei sich und sagten*
(dabei) (bzw. *da überlegten sie und sagten [dabei] zueinander*) od. einfach *da*
überlegten sie bei sich. **εἴπωμεν** Aor. Konj. λέγω. **ἐρεῖ** Fut. λέγω. **διὰ τί**

warum?; διὰ τί οὖν *warum ... denn?* (B οὖν 1cα). **ἐ-πιστεύσατε** Aor. πι-
32 στεύω. **αὐτῷ** *ihm,* d.h. Johannes. **32 ἀλλὰ εἴπωμεν** ... deliberativer
Konj. (A255) *sollen wir dagegen sagen* ... (Menge) od. (wohl besser [ZG]) = ἀλ-
λὰ ἐὰν (erg. aus V. 32) εἴπωμεν *wenn wir dagegen sagen* ... (GN); die erwar-
tete Fortsetzung des Gedankengangs (etwa: [dann] könnte das gefährl. für uns
werden) bleibt unausgesprochen (Aposiopese, A377). **ἐ-φοβοῦντο** V. 18; –
ἐφοβοῦντο τὸν ὄχλον übers. etwa *(doch das wagten sie nicht), weil sie Angst*
vor dem Volk hatten (NGÜ). **ἅ-πας**[10] = πᾶς. **εἶχον** Ipf. ἔχω hier (= νο-
μίζω [BDR §408[2]]) *glauben* (Menge), *der Ansicht sein* (NGÜ); ἅπαντες γὰρ
εἶχον τὸν Ἰωάννην ὄντως ὅτι προφήτης ἦν = ἅπαντες γὰρ εἶ-
χον/ἐνόμιζον ὅτι ὁ Ἰωάννης ὄντως προφήτης ἦν (Prolepsis; A373;
BDR §408[2]) *denn alle waren der Ansicht, daß Johannes wirklich ein Prophet gewe-*
sen war. **ὄντως** (< ὤν Ptz. εἰμί) *in Wahrheit, wirklich.* **ἦν** Ipf. εἰμί, Ipf. bez.
33 hier die Vorvergangenheit (BDR §330; vgl. H-S §198f; A224). **33 ἀπο-κρι-**
θέντες V. 14/22; καὶ ἀποκριθέντες τῷ Ἰησοῦ λέγουσιν *darum* (vgl.
1,12) *antworteten sie Jesus.* **λέγουσιν** hist. Präs. (A235). **οἴδαμεν** erg.
τοῦτο o.ä. (A79). [Var. ἀπο-κριθείς V. 22.] **λέγει** V. 2; καὶ ὁ Ἰησοῦς
λέγει αὐτοῖς: οὐδὲ ἐγὼ λέγω ὑμῖν ... *da erwiderte Jesus ihnen: „Dann sage*
ich euch auch nicht ...".

12 **ἤρξατο** Aor. Med. ἄρχω; Med. m. Inf. vgl. zu 1,45. **ἐν** instr. *in, durch,*
mit Hilfe von; καὶ ἤρξατο αὐτοῖς ἐν παραβολαῖς λαλεῖν *nun* (vgl. 1,12)
begann er in Gleichnissen/Bildworten zu ihnen zu reden. **λαλεῖν** Inf. λαλέω.
ἀμπελών[4] ῶνος ὁ *Weinberg.* **ἐ-φύτευσεν** Aor. φυτεύω *(an)pflanzen.*
περι-έ-θηκεν Aor. -τίθημι[200] *ringsum anlegen, ringsum legen;* hier *umgeben*
(τί τινι *etwas mit etwas*); erg. αὐτῷ (A79). **φραγμός** *Zaun, Mauer* (hier
zum Schutz gegen wilde Tiere u. Diebe). **ὤρυξεν** Aor. ὀρύσσω (vgl.
A33[74ff]) *graben, ausheben.* **ὑπο-λήνιον** *Keltertrog, Grube zum Keltern*
(NGÜ). **ᾠκο-δόμησεν** Aor. οἰκο-δομέω. **πύργος** *Turm,* hier *Wacht-*
turm. **ἐξ-έ-δετο** (klass. -δοτο, A31) Aor. Med. ἐκ-δίδομαι[201] *verpachten*
(hier gegen Bezahlung in Naturalien). **γεωργός** *Bauer, Winzer.* **ἀπ-ε-δή-**
2 **μησεν** Aor. ἀπο-δημέω *verreisen.* **2 ἀπ-έ-στειλεν** Aor. ἀπο-στέλ-
λω. **τῷ καιρῷ** temp. Dat. (A182) *zur gegebenen Zeit.* **λάβῃ** Aor. Konj.
λαμβάνω hier *in Empfang nehmen, einziehen* (B 1d), *holen lassen* (παρά τι-
νος *von/bei jmdm.*). **ἀπό** m. Gen. hier statt gen. partitivus (A164); ἀπὸ τῶν
καρπῶν *den/seinen Anteil an den Früchten/am Ertrag* (B I6; vgl. B καρπός 1a).
3 **3 λαβόντες** Aor. Ptz., hier *packen, Hand anlegen an* (B 1c); temp. (A291,1
Anm. 1). **ἔ-δειραν** Aor. δέρω[135] eig. *abhäuten, die Haut abziehen,* NT nur
übertr. *(ver)prügeln, schlagen;* erg. τοῦτον/αὐτόν (A79; gilt auch für das flgd.
Verb). **ἀπ-έ-στειλαν** Aor. **κενός** *leer;* hier Artangabe zum AkkO (A65);
κενὸν ἀποστέλλω τινά *jmdn. mit leeren Händen wegschicken* (B 1), *jmdn.*
4 *mit leeren Händen fortjagen.* **4 κἀκεῖνον** = καὶ ἐκεῖνον *auch diesem/die-*

sen od. (wohl besser) *(und) diesem/diesen.* [Var. λιθο-βολήσαντες Aor. Ptz.
-βολέω m. Akk. *mit Steinen werfen nach; steinigen;* mod.] **ἐ-κεφαλίωσαν**
Aor. κεφαλιόω τινά *jmdm. auf den Kopf schlagen* (B), *jmdm. den Kopf blutig
schlagen* (GN), *jmdn. mißhandeln* (Einh.). **ἠ-τίμασαν** Aor. ἀ-τιμάζω (vgl.
A33[91ff]) *verächtlich* (GNB: *auf die schimpflichste Weise*) *behandeln, beschimpfen,
verunehren* (B). [Var. ἠτιμασμένον Pf. Pass. Ptz. bzw. (synonymes) ἠτιμω-
μένον Pf. Pass. Ptz. ἀτιμόω, mod. bzw. Artangabe zum Obj. (A65).] **5 ἀπ-** 5
έ-κτειναν Aor. ἀπο-κτείνω. **καὶ πολλοὺς ἄλλους** etwa *und (so
machten sie es noch) mit vielen anderen* (GNB) od. (abhängig v. ἀπέστειλεν)
und noch viele andere (sandte er) (Menge). **οὓς μέν** ... **οὓς δέ** *die einen* ...
die anderen (A133c). **δέροντες** Ptz. δέρω, mod. **ἀπο-κτέννοντες** Ptz.
-κτείνω/-κτέννω, mod. **6 εἶχεν** Ipf. ἔχω; ἔτι ἕνα εἶχεν υἱὸν ἀγαπη- 6
τόν *nun hatte er noch einen einzigen, seinen geliebten Sohn* (Menge) bzw. *schließ-
lich blieb ihm noch einer: sein geliebter Sohn* (NGÜ) [Var. ἔχων Ptz., kaus.].
ἀγαπητός hier viell. im Sinn des seit Homer bezeugten, in der LXX sehr
häufigen (für hebr. יָחִיד *jāḥîḏ einzig;* dafür auch μονογενής *einzig, einzigartig*)
Bezugs auf den einzigen Sohn (u. daher bes. geliebten) Sohn (vgl. auch zu Mt
3,17). **ἔσχατον** adv. Akk. *zuletzt* (A150). **λέγων** Ptz., kaus. *weil er (sich)
sagte, weil er dachte* (Menge). **ὅτι** recitativum = Doppelpunkt (A333). **ἐν-
τραπήσονται** Fut. Pass. -τρέπω[48] *beschämen;* Pass. *beschämt werden,*
meist τινά *sich vor jmdm. scheuen, jmdn. achten* (B 2b), *vor jmdm. Achtung/Re-
spekt haben.* **7 πρὸς ἑαυτούς** *zu/bei sich selbst* (B πρός III1e) od. (wohl 7
besser) = πρὸς ἀλλήλους (vgl. B ἑαυτοῦ 3; A127) *zueinander.* **εἶπαν**
Aor. (vgl. H-S §105g) λέγω. **ὅτι** V. 6. **κληρο-νόμος** (< κλῆρος Los; An-
teil, νέμομαι besitzen) *(der) Erbe, Besitzer.* **δεῦτε** Adv., als Pl. zu δεῦρο
kommt her!, auf! (vgl. A254/266). **ἀπο-κτείνωμεν** Aor. Konj. -κτείνω ad-
hortativer Konj., hier erg. durch asyndetisch davorgesetztes δεῦτε (A254);
δεῦτε ἀποκτείνωμεν αὐτόν *kommt, wir bringen ihn um.* **καί** hier kons.
dann (A311,2). **ἔσται** Fut. εἰμί hier τινός (gen. poss., A154/174) *jmdm. ge-
hören* (vgl. B IV1). **κληρο-νομία** (< κληρο-νόμος Erbe, Besitzer) *(das)
Erbe, Erbteil; Besitz, Eigentum.* **8 λαβόντες** V. 3. **ἐξ-έ-βαλον** Aor. ἐκ- 8
βάλλω hier ἔξω τινός *aus etwas hinauswerfen* (B 1). **9 ποιήσει** Fut. ποι- 9
έω. **ὁ κύριος τοῦ ἀμπελῶνος** *der Weinbergbesitzer.* **ἐλεύσεται** Fut.
Med. ἔρχομαι. **ἀπ-ολέσει** Fut. -όλλυμι. **δώσει** Fut. δίδωμι hier etwa
vergeben (Menge), *anvertrauen.* **10 ἀν-έ-γνωτε** Aor. ἀνα-γινώσκω[166] *le-* 10
sen; vorlesen; οὐδὲ τὴν γραφὴν ταύτην ἀνέγνωτε *habt ihr nicht auch die-
ses Schriftwort gelesen?* (Menge) = (vgl. A320) *ihr habt doch das Schriftwort gele-
sen;* zitiert wird Ps 118,22f (zur Bdtg. des Zitats s.a. zu Mt 21,42). **λίθον ὃν** ...
für λίθος ὃν ... attractio inversa (A362; H-S §289f; BDR §295[2]) *der Stein, den*
... (auch ohne Art. best. [Hebr.: in der hebr. Poesie „fehlt" der Art. häufig;
Joüon-Muraoka §137f]). **ἀπ-ε-δοκίμασαν** Aor. ἀπο-δοκιμάζω (vgl.

A33[91ff]) (< δόκιμος erprobt) (nach vorausgegangener Prüfung) *verwerfen, für
unbrauchbar erklären.* **οἰκο-δομοῦντες** Ptz. -δομέω, subst. *(die) Bauleute.*
ἐ-γενήθη Aor. Pass. (ohne bes. Pass.-Bdtg.) γίνομαι hier εἴς τι (Hebr. für
Präd.-Nominativ; BDR §145[2]; A81) *zu etwas werden* (B I4a). **κεφαλή** hier
übertr. v. Sachen: *Oberstes, Äußerstes, Ende, Spitze;* κεφαλὴ γωνίας *Eckstein*
(Grundstein an der äußersten vorderen Ecke), hier bildl. vom Hervorragenden
bzw. vom bes. Wertvollen (B 2b; EWNT 1, Sp. 646f sowie EWNT 2, Sp. 703).
11 **γωνία** *Ecke, Winkel.* **11 ἐ-γένετο** Aor. Med. γίνομαι. **αὕτη** wohl =
τοῦτο (Hebr.; BDR §138,2); παρὰ κυρίου ἐγένετο αὕτη καὶ ἔστιν
θαυμαστή *vom Herrn her/durch den Herrn* (d.h. v. ihm verursacht; vgl. B πα-
ρά I2) *ist das geschehen* (= *das hat der Herr getan* [NGÜ]), *und es ist etwas Wun-
derbares;* evtl. kongruiert αὕτη aber m. κεφαλὴν γωνίας u. fungiert als
Präd.-Nom., dann: *durch den Herrn ist er das geworden, und ein Wunder ist er*
12 (Menge). **θαυμαστός** *wunderbar, bewundernswert, erstaunlich.* **12 καί**
(erstes) kons. *daraufhin* (A311,2). **ἐ-ζήτουν** Ipf. ζητέω; ἐζήτουν αὐτὸν
κρατῆσαι *sie* (Subj. wohl wie in 11,27ff) *wünschten/trachteten danach, ihn fest-
zunehmen* od. *sie hätten ihn am liebsten festgenommen.* **κρατῆσαι** Aor. Inf.
κρατέω hier *festnehmen, gefangennehmen* (B 1a). **καί** (zweites) adversativ
(A311,1; B I2g) *aber, jedoch.* **ἐ-φοβήθησαν** Aor. Pass. φοβέομαι; καὶ
ἐφοβήθησαν τὸν ὄχλον *aber sie hatten Angst vor der Menge.* **ἔ-γνωσαν**
Aor. γινώσκω hier *verstehen* (B 3c), *merken;* hier wird wohl die Vorvergangen-
heit bez. (vgl. H-S §199n; A224); ἔγνωσαν γάρ *denn sie hatten gemerkt* bzw.
denn es war ihnen klar (NGÜ). **πρός** m. Akk. *im Hinblick auf* (B III5a),
gemünzt auf (BDR §239[6]) od. *gegen* (Menge; (vgl. B III4a); ὅτι πρὸς αὐτοὺς
τὴν παραβολὴν εἶπεν (Tempus u. Modus wie in der entsprechenden direk-
ten Frage; A329) *daß er das Gleichnis im Hinblick auf sie/auf sie gemünzt gesagt
hatte* (freier: *daß er mit diesem Gleichnis sie meinte* [Einh.]) od. *daß er das
Gleichnis gegen sie gerichtet hatte* (Menge). **ἀφ-έντες** Aor. Ptz. -ίημι hier
ablassen von, stehenlassen (vgl. B 3a) od. (wohl besser) *unbehelligt lassen* (vgl.
B 4); temp. (A291,1 Anm. 1). **ἀπ-ῆλθον** Aor. -έρχομαι.
13 **13 ἀποστέλλουσιν** hist. Präs. (A235); wohl gleiches Subj. wie V. 12
(s. zu ἐζήτουν). **τινάς** m. gen. partitivus (A137a/164) *einige* (der) Pharisäer
und (der) Anhänger des Herodes. **Ἡρῳδιανοί** *Herodianer,* d.h. eine jüd.
Minderheit, die die herodianische Herrschaft (vgl. 6,14ff) unterstützte u. als Rö-
merfreunde galt (vgl. EWNT 2, Sp. 307), übers. etwa *Anhänger des Herodes* od.
Parteigänger von Herodes. **ἀγρεύσωσιν** Aor. Konj. ἀγρεύω (ἄγρα Fang)
fangen, ergreifen; ἵνα αὐτὸν ἀγρεύσωσιν λόγῳ (dat. instr., A176) „um ihn
mit einem [v. ihm od. v. ihnen gesprochenen] Wort zu fangen" = *um Jesus zu
einer (gegen ihn verwendbaren) Äußerung zu verleiten* (vgl. B λόγος 1aγ, NGÜ)
14 od. *um ihn mit einer Fangfrage in die Falle zu locken.* **14** [Var. οἱ δέ V. 16.]
ἐλθόντες Aor. Ptz. ἔρχομαι, temp. (A291,1 Anm. 1). **λέγουσιν**

hist. Präs. (A235). **διδάσκαλε** Vok. **ἀληθής**[7] *wahr; wahrhaftig, aufrichtig;*
ὅτι ἀληθὴς εἶ *daß du wahrhaftig/aufrichtig bist* bzw. *daß es dir nur um die*
Wahrheit geht (GNB). **οὐ ... περὶ οὐδενός** doppelte Neg. verstärkt die Ver-
neinung (A310a). **μέλει** τινὶ περί τινος *es liegt jmdm. an jmdm./etwas, jmd.*
kümmert sich um jmdn./etwas. **βλέπω εἰς πρόσωπόν τινος** viell. Hebr.
(vgl. etwa Dt 16,19) = *jmds. Person ansehen, sich jmdm. gegenüber parteisch ver-*
halten (vgl. B πρόσωπον 1b; ZG) od. *jmdm. auf das Gesicht sehen = jmds. Ur-*
teil berücksichtigen (B βλέπω 5); καὶ οὐ μέλει σοι περὶ οὐδενός: οὐ
γὰρ βλέπεις εἰς πρόσωπον ἀνθρώπων *und [daß] du auf niemand Rück-*
sicht nimmst; denn du siehst die Person (= das Äußere des Menschen) nicht an
(Menge) od. *und daß du nicht nach der Meinung der Leute fragst; denn du läßt*
dich von keinem Menschen beeinflussen, wie angesehen er auch sei (NGÜ). **ἐπ'**
ἀληθείας *der Wahrheit/Wirklichkeit gemäß, wahrheitsgetreu* (B ἀλήθεια 3;
BDR §234[7]; Menge: *mit Wahrhaftigkeit*). **ὁδός** hier im Sinn v. *Lebenswandel,*
Handlungsweise (B 2b); τὴν ὁδὸν τοῦ θεοῦ *den Weg Gottes = wie man nach*
Gottes Willen leben soll (NGÜ). **ἔξ-εστιν** *es ist möglich, es ist erlaubt/richtig*
(hier impliziert: nach Gottes Willen). **δοῦναι** Aor. Inf. δίδωμι hier *zahlen*
(B 4). **κῆνσος** (< lat. census „Volkszählung; Vermögenseinschätzung") *Steu-*
er(n) (zur Sache s. EWNT 2, Sp. 708-710). **Καῖσαρ**[6] αρος ὁ *Kaiser* (z.T.
ohne Art. eigennamenartig gebraucht, BDR §254,3); gemeint ist hier Tiberius
(röm. Kaiser 14-37 n. Chr.; vgl. LAW, Sp. 3083). **δῶμεν** Aor. Konj. δίδωμι;
deliberativer Konj.; δῶμεν ἢ μὴ δῶμεν; *sollen wir sie* (A79) *zahlen oder nicht*
zahlen? (A255). **15 ὁ δέ** *(und/doch) dieser/er* (A102). **εἰδώς** Pf. (m. präs. 15
Bdtg.) Ptz. οἶδα, kaus.; ὁ δὲ εἰδὼς αὐτῶν τὴν ὑπόκρισιν *da er nun ihre*
Heuchelei durchschaute (Menge) [Var. ἰδών Aor. Ptz. ὁράω]. **ὑπό-κρισις**[8]
Heuchelei, Verstellung. **τί** adv. *warum?* (vgl. B τίς 3a; A134a). **πειράζω** *ver-*
suchen, in Versuchung bringen (Unrechtes zu tun); *prüfen, auf die Probe stellen,*
hier etwa *eine Falle stellen;* τί με πειράζετε *warum versucht ihr mich* bzw.
(wohl konativ, A227) *warum wollt ihr mir eine Falle stellen.* [Var. ὑπο-κριτής[1]
(< ὑπο-κρίνομαι vortäuschen, heucheln; im älteren Griech. meist „Schau-
spieler") *Heuchler, Scheinheiliger;* Vok.] **φέρετε** Imp. **δηνάριον** (lat. dena-
rius) *Denar,* röm. Münze, deren Wert etwa dem Tageslohn eines Arbeiters ent-
sprach (zur Zeit Jesu im tägl. Geldverkehr u. als Steuermünze allgem. ver-
wendet [EWNT 2, Sp. 709]). **ἴδω** Aor. Konj. ὁράω hier *ansehen;* erg.
τοῦτο/αὐτό (A79). **16 οἱ δέ** *(und/doch) diese/sie* (A102). **ἤνεγκαν** Aor. 16
φέρω; erg. gedankl. *einen (Denar)* (A79). **λέγει** hist. Präs. (A235). **εἰκών**[4]
όνος ἡ *Bild.* **ἐπι-γραφή** *Aufschrift, Inschrift,* hier v. der Münzlegende, übers.
etwa *Aufschrift* od. *Name;* τίνος ἡ εἰκὼν αὕτη καὶ ἡ ἐπιγραφή *wessen*
Bild und Name (ist) (A78) *das hier* (Demonstrativum weist in die außersprachl.
Situation); zum Aussehen der Münze s. Mt 22,20. **εἶπαν** V. 7. **Καίσαρος**
des Kaisers. **17** [Var. ἀπο-κριθείς Aor. Ptz. Pass. (ohne Pass.-Bdtg.) 17

-κρίνομαι, pleon. (A297,2); ἀποκριθεὶς ὁ Ἰησοῦς εἶπεν *Jesus antwortete.*] **τὰ Καίσαρος ... τὰ τοῦ θεοῦ** subst. (A105) gen. poss. (A154) *was dem Kaiser gehört ... was Gott gehört* (vgl. auch zu Mt 22,21). **ἀπό-δοτε** Aor. Imp. -δίδωμι. **ἐξ-ε-θαύμαζον** Ipf. ἐκ-θαυμάζω *sich sehr wundern, sehr erstaunt sein,* ἐπί τινι *über jmdn.*

18 **18 ἔρχονται** hist. Präs. (A235). **Σαδδουκαῖος** *Sadduzäer,* Angehöriger einer politisch einflußreichen religiösen Richtung des Judentums, deren Mitglieder aus den vornehmen Familien stammten. **οἵ-τινες** qualitativ (A132) *solche/die, die.* **εἶναι** Inf. εἰμί hier *vorhanden sein, existieren* (B I1); Präd. des AcI; λέγουσιν ἀνάστασιν μὴ εἶναι die *behaupten* (B λέγω II1e), *es gebe keine Auferstehung.* **ἐπ-ηρώτων** Ipf. -ερωτάω. **λέγοντες**
19 Ptz. λέγω, pleon. (A297), am besten als Doppelpunkt berücksichtigen. **19 διδάσκαλε** V. 14. **ἔ-γραψεν** Aor. γράφω; Μωϋσῆς ἔγραψεν ἡμῖν ὅτι *Mose hat uns folgendes (vor)geschrieben, Mose hat uns folgende Vorschrift gegeben* (NGÜ); es folgt kein eig. Zitat, sondern eine Zusammenfassung der relevanten Punkte des Schwagerehegesetzes v. Dt 25,5-10. **ὅτι** V. 6. **ἀπο-θάνῃ** Aor. Konj. -θνῄσκω; ἐάν τινος ἀδελφὸς ἀποθάνῃ *wenn einem sein Bruder* (wörtl. *eines [Mannes] Bruder*) *stirbt* (Menge) od. (im Kontext verständlicher) *wenn jemand stirbt.* **κατα-λίπῃ** Aor. Konj. -λείπω[44] (einen Ort) *verlassen; zurücklassen;* hier *hinterlassen* (B 1b). **ἀφ-ῇ** Aor. Konj. -ἵημι hier *hinterlassen* (B 3a); καὶ καταλίπῃ γυναῖκα καὶ μὴ ἀφῇ τέκνον übers. etwa *und eine Frau hinterläßt, aber* (A311,1) *kein Kind.* **ἵνα** wohl selbständiger Begehrungssatz (A319a; BDR §387[4]) od. *daß* bzw. indirekte Rede (A328 u. 334a; bez. das Vorgeschriebene [abhängig v. ἔγραψεν]; B II1aδ). **λάβῃ** Aor. Konj. λαμβάνω hier *heiraten* (vgl. B 1c); ἐάν ... ἵνα λάβῃ ὁ ἀδελφὸς αὐτοῦ τὴν γυναῖκα *wenn ... dann soll/solle sein Bruder die Witwe heiraten.* **ἐξ-αναστήσῃ** Aor. Konj. -αν-ίστημι[204] *aufrichten;* hier ἐξανίστημι σπέρμα τῷ ἀδελφῷ αὐτοῦ „seinem Bruder Nachkommenschaft erstehen lassen" = *seinem Bruder Nachkommenschaft erzeugen, seinem Bruder Nachkommen verschaffen* (der erste Sohn aus der Schwagerehe galt als Nachkomme des Ver-
20 storbenen). **20 ἦσαν** Ipf. εἰμί V. 18; ἑπτὰ ἀδελφοὶ ἦσαν *nun gab es einmal sieben Brüder* (GN). **ἔ-λαβεν** Aor. V. 19. **ἀπο-θνῄσκων** Ptz., temp. **ἀφ-ῆκεν** Aor. -ἵημι V. 19; καὶ ἀποθνῄσκων οὐκ ἀφῆκεν σπέρμα *doch* (A311,1) *bei seinem Tod hinterließ er keine Nachkommen* od. *er*
21 *starb jedoch, ohne Nachkommen zu hinterlassen* (NGÜ). **21 ἀπ-έ-θανεν** Aor. ἀπο-θνῄσκω. **κατα-λιπών** Aor. Ptz. V. 19; mod. neg. *ohne ... zu hinterlassen* (A291,2). **ὡσ-αύτως** *in gleicher Weise, ebenso;* καὶ ὁ τρίτος
22 ὡσαύτως *ebenso der dritte, (und so ging es weiter)* (NGÜ). **22 ἀφ-ῆκαν** Aor.; καὶ οἱ ἑπτὰ οὐκ ἀφῆκαν σπέρμα *und alle sieben hinterließen keine Nachkommen = keiner der sieben hinterließ Nachkommen.* **ἔσχατον** V. 6; ἔσχατον πάντων (gen. partitivus, A164) *zuletzt/als letzte von allen* bzw. *zu*

allerletzt (B 3b) od. einfach *zuletzt.* **23 ἀνα-στῶσιν** Wz.-Aor. Konj. ἀν- 23
ίσταμαι. **τίνος** *wessen?* (gen. poss., A154/174); zur Betonung steht ἐν τῇ
ἀναστάσει ... vor dem τίνος (vgl. BDR §475[2]); m. gen. partitivus
(A137a/164); ἐν τῇ ἀναστάσει ὅταν ἀναστῶσιν τίνος αὐτῶν ἔσται
γυνή *wem von ihnen wird sie bei der Auferstehung, wenn sie auferstehen, als Frau
gehören?* od. *wie ist es nun bei der Auferstehung? Wenn sie einmal auferstanden
sind, wem von ihnen gehört sie dann?* (NGÜ). **ἔσται** Fut. εἰμί. **ἔ-σχον** Aor.
ἔχω hier m. doppeltem Akk. *etwas als etwas haben* (BDR §157[1]); οἱ γὰρ
ἑπτὰ ἔσχον αὐτὴν γυναῖκα *alle sieben haben sie doch als/zur Frau gehabt,
alle sieben waren schließlich mit ihr verheiratet gewesen* (NGÜ). **24 ἔ-φη** Ipf. 24
φημί [Var. ἀπο-κριθείς V. 17]. **οὐ** erwartet als Frageeinleitung die
Antwort „doch" (A320). **διὰ τοῦτο** *deshalb.* **πλανᾶσθε** Pass. πλανάω
in die Irre führen, irreführen; Pass. oft *in die Irre gehen, sich verirren,* hier *sich irren*
(B 2cγ), *im Irrtum sein* (Menge). **εἰδότες** Pf. (m. präs. Bdtg.) Ptz. οἶδα, kaus.
(greift das διὰ τοῦτο auf); διὰ τοῦτο ... μὴ εἰδότες τὰς γραφὰς μηδὲ
τὴν δύναμιν τοῦ θεοῦ *deshalb ... weil ihr weder die Schrift noch die Kraft
Gottes kennt.* **25 ἀνα-στῶσιν** V. 23; ; hier 3. Pl. am besten im Sinn v. 25
„man" bzw. „die Menschen" (A76a). **γαμέω** *heiraten* (Subj. hier Mann; B 1b).
γαμίζονται Pass. γαμίζω (eine Frau) *in die Ehe geben, verheiraten;* Pass.
sich heiraten lassen (BDR §314[1]; A219), *heiraten* (Subj. Frau; B 2); οὔτε
γαμοῦσιν οὔτε γαμίζονται (Präs. hier fut.? [A234]) *weder heiraten die
Männer (mehr), noch lassen die Frauen sich (mehr) heiraten = die Menschen
heiraten nicht mehr.* **ὡς** zum vorliegenden (wohl sem./hebr.) Gebrauch vgl.
B II3b. **ἐν τοῖς οὐρανοῖς** best. ἄγγελοι näher. **26 περί** m. Gen. hier 26
was ... betrifft: (B 1h); περὶ δὲ τῶν νεκρῶν ὅτι ἐγείρονται *was aber die
Toten betrifft, daß sie auferstehen = was nun die Auferstehung der Toten
(überhaupt) betrifft* (NGÜ). **ἐγείρονται** Pass. ἐγείρω. **οὐκ** V. 24. **ἀν-έ-
γνωτε** V. 10. **βίβλος** ἡ *Buch.* **βάτος** ἡ u. ὁ *Dornbusch;* ἐπὶ τοῦ βάτου
beim Dornbusch = bei der Erzählung vom Dornbusch (Menge; vgl. B ἐπί I1aγ);
zitiert wird aus Ex 3,6. **ἐγώ** erg. εἰμι (A78). **Ἀβραάμ** indekl., hier Gen.,
ebenso die beiden flgd. Namen. **Ἰσαάκ** *Isaak,* Abrahams Sohn. **Ἰακώβ**
Jakob, Isaaks Sohn, Stammvater Israels. **27 ζώντων** Ptz. ζάω, subst.; οὐκ 27
ἔστιν θεὸς νεκρῶν ἀλλὰ ζώντων *er ist doch nicht der* (A80) *Gott von
Toten, sondern von Lebenden.* **πολύ** adv. Akk. *sehr* (B I2cß; H-S §157; A150);
πολὺ πλανᾶσθε *ihr irrt euch sehr, ihr seid (also) völlig im Irrtum* (NGÜ).

28 προσ-ελθών Aor. Ptz. -έρχομαι, temp. (A291,1 Anm. 1). **εἷς** 28
(wohl = τις [A137b], ZG) m. gen. partitivus (A164); εἷς τῶν γραμματέων
einer der Schriftgelehrten bzw. *ein Schriftgelehrter;* die meisten Schriftgelehrten
zählten zu den Pharisäern (Schürer 2, S. 213), die m. den Sadduzäern (vgl.
V. 18ff) rivalisierten (vgl. Apg 23,6-9). **ἀκούσας** Aor. Ptz. ἀκούω hier *zuhö-
ren;* temp. od. attr. *nachdem er* (od. *der*) *zugehört hatte.* **συ-ζητούντων** Ptz.

-ζητέω *sich (miteinander) besprechen; disputieren, streiten;* GcP (A300); ἀκούσας αὐτῶν συζητούντων *nachdem er* (od. *der*) *ihrem Streitgespräch zugehört hatte.* **ἰδών** Aor. Ptz. ὁράω, temp./kaus. [Var. εἰδώς Pf. (m. präs. Bdtg.) Ptz. οἶδα]. **καλῶς** *schön, gut;* hier *recht* (B 4b), *treffend* (Menge). **ἀπ-εκρίθη** Aor. Pass. (ohne Pass.-Bdtg.) ἀπο-κρίνομαι; Aor. Ind. bez. hier Vorvergangenheit (vgl. H-S §199n; A224/329); ὅτι καλῶς ἀπεκρίθη αὐτοῖς *daß er ihnen* (d.h. den Sadduzäern) *treffend geantwortet hatte* od. *wie treffend/gut er ihnen geantwortet hatte.* **ἐπ-ηρώτησεν** Aor. -ερωτάω; προσελθὼν εἷς τῶν γραμματέων... ἀκούσας ... ἰδών ... ἐπηρώτησεν αὐτόν etwa: *ein Schriftgelehrter ging, nachdem er ... zugehört und gesehen/bemerkt hatte ... (zu ihm) hin und fragte ihn = ein Schriftgelehrter hatte ... zugehört und gesehen/bemerkt ...; nun trat er näher und fragte ihn* (vgl. NGÜ). **ποῖος**[18] *wie beschaffen? was für ein? welche (Art)? welcher?* **πρῶτος** hier *wichtigster* (B 1cα); m. gen. partitivus (A164); ἐντολὴ πρώτη πάντων *das* (A80) *wichtigste Gebot von allen = das*
29 *wichtigste von allen Geboten.* **29 ὅτι** V. 6; zitiert werden Dt 6,4f (V. 29f [m. kleinen Ausnahmen wie MT/LXX]) u. Lev 19,18b (V. 31). **ἄκουε** Imp. **Ἰσραήλ** hier Vok. **κύριος** (V. 29f dreimal) ohne Art. *Herr* = Jahwe (A107); κύριος ὁ θεὸς ἡμῶν κύριος εἷς ἐστιν diese Worte lassen sich syntaktisch unterschiedl. deuten (ὁ θεὸς ἡμῶν: Präd.-Nom. [s. unten a u. d] od. App. zum Subj. κύριος [s. unten b u. c]; κύριος εἷς: Präd.-Nom. [s. unten b] od. intensivierende Wiederholung des Subj. [s. unten a] – od. εἷς steht als Präd.-Nom. für sich [s. unten c u. d]) u. ist daher auch auf verschiedene Weise zu übers. (auf jeden Fall wird [in Dt 6] wohl die Einheit bzw. Einzigartigkeit der Person Jahwes betont); zu den mögl. Übersetzungen zählen: a) *der Herr ist unser Gott, der Herr allein* (GN: ... *der Herr und kein anderer*); b) *der Herr, unser Gott, ist der alleinige Herr;* c) *der Herr, unser Gott, der Herr ist eins/einer/der Einzige;* d) *der Herr ist un-*
30 *ser Gott; der Herr ist eins/einer/der Einzige.* **30 ἀγαπήσεις** Fut. ἀγαπάω; Fut. bez. hier (wie in der LXX) ein striktes Gebot (Hebr.; A247d). **ἐξ** v. dem, woher etwas seinen Ausgang nimmt (vgl. B 3gγ) *aus ... heraus* hier (idiomatisch) etwa = *mit.* **διά-νοια** (LXX meist für hebr. לֵב/לֵבָב *lēḇ/lēḇāḇ* „Herz", vgl. καρδία) *Verstand, Vernunft; Gesinnung, Sinn; (das) Denken, Gedanke;* ἐξ ὅλης τῆς καρδίας σου καὶ ἐξ ὅλης τῆς ψυχῆς σου καὶ ἐξ ὅλης τῆς διανοίας σου καὶ ἐξ ὅλης τῆς ἰσχύος σου (das vorletzte Glied ist wohl ein erläuternder bzw. intensivierender Zusatz [evtl. aus Jos 22,5]; statt ἰσχύος hat die LXX δυνάμεως) *mit deinem ganzen Herzen, mit deiner ganzen Seele, mit deinem ganzen Verstand und mit deiner ganzen Kraft* od. *mit ganzem Herzen und ganzer Seele, mit allen deinen Gedanken und all deiner Kraft* (Einh.); die hier genannten Kategorien lassen sich nicht scharf unterscheiden, sondern beschreiben gemeinsam die ganze Person m. all ihren Gaben u. Kräften. **ἰσχύς**[8] ύος ἡ
31 *Stärke, Kraft.* **31 δευτέρα αὕτη** *das zweitwichtigste* (vgl. πρώτη V. 28f) *(Gebot) ist* (A78) *dies* od. (idiomatischer) *an zweiter Stelle steht das Gebot*

(NGÜ) bzw. *gleich danach kommt das andere Gebot* (GN). **πλησίον**
Adv. *nahe, benachbart;* subst. (indekl.) *Nächster, Mitmensch.* **μείζων** hier
wichtiger (vgl. B μέγας 2bβ); μείζων τούτων (gen. comparationis, A168)
ἄλλη ἐντολὴ οὐκ ἔστιν *kein anderes Gebot ist wichtiger als diese (beiden)*
(NGÜ), *kein anderes Gebot steht höher als diese beiden* (Menge). **32 καλῶς** 32
V. 28; hier etwa *sehr gut.* **διδάσκαλε** Vok. **ἐπ' ἀληθείας** V. 14; ἐπ'
ἀληθείας εἶπες etwa *ganz richtig hast du gesagt* bzw. *es ist wirklich so, wie du
gesagt hast.* **ὅτι** wohl am besten als Doppelpunkt berücksichtigen (vgl. A333).
εἷς ἐστιν je nach Satzgliedrolle v. εἷς (Subj. od. Präd.-Nom.) unterschiedl.
deutbar (vgl. V. 30): *nur einer ist (Gott/Herr)* (bzw. *es gibt nur einen [Gott]*) od. *er*
(d.h. Gott/Herr) *ist der einzige.* **πλήν** *aber, jedoch;* hier uneig. Präp. (A183)
außer; καὶ οὐκ ἔστιν ἄλλος πλὴν αὐτοῦ *und es gibt keinen anderen außer
ihm* (vgl. Ex 8,6 u. Jes 45,21 LXX für phraseologische Par.). **33 ἀγαπᾶν** Inf. 33
ἀγαπάω; Inf. m. Art. ist Subj. (A280). **σύν-εσις**[8] (< συν-ίημι verstehen)
Auffassungsgabe, Urteilskraft, Scharfsinn; Einsicht, Verständnis; ἐξ ὅλης τῆς
συνέσεως *mit ganzem Verstand, aus voller Überzeugung* (Menge). **περισσό-
τερον** Komp. Ntr. v. περισσός *über das übliche Maß hinausgehend;* περισ-
σότερόν ἐστιν πάντων τῶν ὁλοκαυτωμάτων καὶ θυσιῶν (gen.
comparationis, A168) *ist viel mehr* (Menge: *weit mehr wert;* GNB: *viel wichtiger*)
als alle Brandopfer und alle anderen (A376a) *Opfer.* **ὁλο-καύτωμα**[3]
(< ὅλος, καίω verbrennen) *Brandopfer* (bei dem das ganze Tier verbrannt
wird). **θυσία** *(Schlacht-)Opfer.* **34 ἰδών** V. 28, temp. **νουν-εχῶς** *mit* 34
Verständnis, verständig. **ἀπ-ε-κρίθη** V. 28; ὁ Ἰησοῦς ἰδὼν αὐτὸν ὅτι
νουνεχῶς ἀπεκρίθη = ὁ Ἰησοῦς ἰδὼν ὅτι (οὗτος) νουνεχῶς ἀπε-
κρίθη (Prolepsis; A373; BDR §476,1) *als Jesus sah, daß er mit Verständnis ge-
antwortet hatte* bzw. *Jesus sah, mit welcher Einsicht der Mann geantwortet hatte,
und* (NGÜ). **μακράν** Adv. (erstarrter Akk. der Ausdehnung v. μακρός
lang/entlegen, erg. ὁδόν, BDR §161[1]) *weit weg/entfernt,* ἀπό τινος *von etwas.*
οὐδεὶς οὐκέτι *niemand mehr* (doppelte Neg. verstärkt die Verneinung,
A310a). **ἐ-τόλμα** Ipf. τολμάω *wagen.* **ἐπ-ερωτῆσαι** Aor. Inf. -ερωτάω.
35 ἀπο-κριθείς Aor. Ptz. Pass. (ohne Pass.-Bdtg.) -κρίνομαι hier *das* 35
Wort ergreifen o.ä. (Hebr./Aram.; vgl. B 2; Zerwick §366); pleon. (A297,2); καὶ
ἀποκριθεὶς ὁ Ἰησοῦς ἔλεγεν *Jesus sagte/stellte die Frage.* **ἔ-λεγεν** Ipf.
λέγω. **διδάσκων** Ptz., temp.; διδάσκων ἐν τῷ ἱερῷ *als/während er im
Tempel lehrte.* **πῶς** *wie ist es möglich, daß* (vgl. B 1b); πῶς λέγουσιν *wie
können sie sagen/behaupten.* **Δαυίδ** indekl., hier Gen.; ὅτι ὁ χριστὸς υἱὸς
Δαυίδ ἐστιν *der Messias sei ein/der* (vgl. A80/106c) *Sohn Davids.* **36 αὐτὸς** 36
Δαυὶδ (hier Nom.) **εἶπεν** *David selbst hat (doch) gesagt.* **ἐν τῷ πνεύμα-
τι τῷ ἁγίῳ** *in/durch den Heiligen Geist = vom Heiligen Geist inspiriert/geleitet*
(vgl. B πνεῦμα 6c; NGÜ); zitiert wird aus Ps 110,1 (die davidische Verfasser-
schaft dieses Ps [s. Überschrift] – unter den Zuhörern Jesu unbestritten – ist

hier vorausgesetzt; viele der Zeitgenossen Jesu [so offenbar auch die Zuhörer] hielten ihn gleichzeitig für messianisch). **κύριος** *der Herr* = Jahwe (Gottesname [MT יהוה *jhwh*]; A107). **τῷ κυρίῳ μου** *zu meinem Herrn* (Appellativum [MT לַאדֹנִי *laᵓdōnî* „zu meinem Herrn"]), d.h. zum Messias. **κάθου** Imp. κάθημαι. **ἕως ἂν** hier *bis* (A337). **θῶ** Aor. Konj. τίθημι. **ἐχθρός** *Feind.* **ὑπο-κάτω** uneig. Präp. (A183) *unter, unterhalb;* τίθημί τινα ὑποκάτω τῶν ποδῶν τινος *jmdn. unter jmds. Füße legen = jmdn. jmdm. völlig unterwerfen* (vgl. B 1b) [Var. ὑπο-πόδιον (< πούς) *Fußbank, Schemel;* hat innerhalb dieses Idioms dieselbe Funktion wie ὑποκάτω (vgl. LXX u. NT-
37 Par.)]. **37 λέγω** hier m. doppeltem Akk. (A97,15) *nennen* (B II3). **πόθεν**[18] *woher?;* hier *weshalb?, wie?* (vgl. B 3); καὶ πόθεν αὐτοῦ ἐστιν υἱός *wieso ist er dann sein Sohn* bzw. *wie kann er dann sein Sohn sein;* impliziert ist: er ist nicht nur sein (menschl.) Sohn (wie in Mk vorausgesetzt [vgl. 10,47; 11,10]), sondern gleichzeitig sein (göttl.) Herr (vgl. zu 1,1) – eine sich aufdrängende, für die Zeitgenossen Jesu aber inakzeptable Konsequenz. **ὁ πολὺς ὄχλος** *die große* (dorthin kommende) *Menschenmenge* etwa = *die Menschen kamen in großer Zahl und* (NGÜ). **ἤκουεν** Ipf. ἀκούω hier *zuhören.* **ἡδέως** *gern.*
38 **38 διδαχή** *Lehre* (das, was gelehrt wird, od. die Lehrtätigkeit); καὶ ἐν τῇ διδαχῇ αὐτοῦ ἔλεγεν *und bei seiner Belehrung sagte er* od. *(unter anderem) sagte er, als er sie lehrte* (NGÜ). **ἔ-λεγεν** V. 35. **βλέπετε** Imp. βλέπω hier ἀπό τινος *sich vor etwas/jmdm. hüten* (B 6). **θελόντων** Ptz. θέλω hier *Gefallen haben an, lieben* (B 4a) o.ä.; hier gefolgt v. vier AkkO (erstes: Inf.); attr. **στολή** *Gewand,* bes. *langwallendes Gewand* (B/GNB hier *Talar*). **περιπατεῖν** Inf. -πατέω; τῶν θελόντων ... περιπατεῖν *die gern ... einhergehen* (GN: *sie zeigen sich gern*). **ἀσπασμός** *(feierliche) Begrüßung, Gruß;* (τῶν θελόντων) καὶ ἀσπασμούς ... *und ... (feierliche) Begrüßungen lieben/erwarten* etwa = *die erwarten, daß man sie ... ehrfurchtsvoll grüßt* (vgl. NGÜ). **ἀγορά** *Marktplatz* (meist Stätte des gesamten öffentl. Lebens); ἐν ταῖς ἀγοραῖς *auf den Marktplätzen,* d.h. in der Öffentlichkeit, übers. etwa *auf der Straße.*
39 **39 πρωτο-καθεδρία** *Ehrenplatz* (in der Synagoge). **πρωτο-κλισία** *Ehrenplatz* (am Tisch); (τῶν θελόντων) (V. 38) καὶ πρωτοκαθεδρίας ... καὶ πρωτοκλισίας ... etwa *die ... die vordersten Sitze und ... die Ehrenplätze haben wollen* (vgl. Einh.). **δεῖπνον** zweite, größere der beiden Mahlzeiten des Tages: *Hauptmahlzeit;* einfach *Mahlzeit,* hier etwa *Festessen;* ἐν τοῖς δείπνοις
40 *bei den Festessen, bei jedem Festessen.* **40 κατ-εσθίοντες** Ptz. -εσθίω *aufessen, auffressen;* jmdn. *völlig ausbeuten;* hier (jmds. Besitz) *verschlingen,* d.h. wohl (doch s.u. zu χήρα) an sich reißen (B 2); syntaktisch unterschiedl. deutbar: a) attr. (vgl. Interpunktion NA): βλέπετε ἀπὸ τῶν γραμματέων τῶν θελόντων ... (V. 38f) οἱ κατεσθίοντες (inkongruent statt τῶν κατεσθιόντων [vgl. BDR §137,3]) ... *hütet euch vor den Schriftgelehrten, die Gefallen haben an ... die ... verschlingen;* b) subst. als nom. pendens (A141a),

an den sich οὗτοι λήμψονται ... anschließt (Gundry, Mk, S. 720): *was die(se), die ... verschlingen ... angeht, so werden diese/sie ... erhalten.* **χήρα** *Witwe;* hier hat das Bdtgs.-Element der Hilflosigkeit bes. Relevanz; οἱ κατεσθίοντες τὰς οἰκίας τῶν χηρῶν *die die Häuser der Witwen* (samt Inhalt) *verschlingen* = *die hilflose Witwen um ihren Besitz bringen* (GNB); es ist nicht sicher, auf welche Weise dies geschieht; mögl. Erklärungen sind: a) durch frommes Gehabe bringen sie vertrauensselige Witwen dazu, ihnen die Verfügungsgewalt über ihren Besitz zu übertragen, nicht um ihnen zu helfen, sondern um sich selbst zu bereichern; b) sie verleiten sie zu finanziell ruinösen Spenden; c) durch schamlose Ausnutzung v. Gastfreundschaft (ihre Lehrtätigkeit hatten sie unentgeltl. auszuüben). **πρό-φασις**[8] *Entschuldigung; Vorwand, Ausrede;* hier προφάσει (dat. modi, A180) *zum Schein* (d.h. um über ihren eig. Charakter bzw. ihre eig. Ziele hinwegzutäuschen; vgl. B 2). **μακρός** *lang;* Ntr. Pl. hier Adv. (vgl. A150); προφάσει μακρὰ προσευχόμενοι *die zum Schein lang andauernd beten* (B 1), *die zum Schein lange Gebete sprechen.* **προσ-ευχόμενοι** Ptz. -εύχομαι wie κατεσθίοντες gebraucht (s. dort). **λήμψονται** Fut. Med. λαμβάνω. **περισσότερον** V. 33; περισσότερον κρίμα *ein härteres Urteil* (vgl. B 1) od. (elativisch gebraucht, A119) *ein besonders hartes Urteil* (NGÜ). **κρίμα**[3] *(das) Richten; (richterliches) Urteil,* (meist neg.:) *Verurteilung; Strafe;* λαμβάνω κρίμα *verurteilt werden* (B 4b); οὗτοι λήμψονται περισσότερον κρίμα etwa *aber umso härter wird das Urteil sein, das sie erwartet* (Einh.) bzw. *darum erwartet sie ein besonders hartes Urteil* (NGÜ).

41 καθίσας Aor. Ptz. καθίζω, temp. (A291,1 Anm. 1). **κατ-έναντι** 41
uneig. Präp. (A183) *gegenüber, vor* [Var. ἀπ-έναντι hier synonym, vgl. LN 83.42]. **γαζο-φυλάκιον** (< γάζα Schatz) *Schatzkammer;* hier *Opferkasten* (im Tempel); κατέναντι τοῦ γαζοφυλακίου *dem Opferkasten gegenüber* bzw. (idiomatischer) *in der/die Nähe des Opferkastens.* **ἐ-θεώρει** Ipf. θεωρέω hier *zusehen, beobachten.* **βάλλει** hier *werfen, einlegen* (Tempus u. Modus wie in der entsprechenden direkten Rede; A326). **χαλκός** *Erz, Kupfer, Bronze; Kupfermünze, Kleingeld,* hier *Geld* (B 2). **πλούσιος** *reich;* subst. (A105). **ἔ-βαλλον** Ipf. βάλλω; ἔβαλλον πολλά *sie warfen viel hinein, sie gaben*
viel. **42 ἐλθοῦσα** Aor. Ptz. Fem. ἔρχομαι, temp. (A291,1 Anm. 1). **μία** 42
wohl = τις (ZG; A137b). **χήρα** V. 40. **πτωχός** *betteInd, arm.* **ἔ-βαλεν** Aor. βάλλω. **λεπτόν** kleinste Kupfermünze (Lokal- im Ggs. zur röm. Reichswährung; KP 3, Sp. 582): etwa *Heller, Pfenning;* übers. am besten *kleine Kupfermünze.* **ὅ ἐστιν** Formel (A93) *das heißt;* ὅ ἐστιν κοδράντης *das entspricht (etwa) einem Quadrans/Pfennig* (vgl. NGÜ). **κοδράντης**[1] (< lat. quadrans „Viertelas") *Quadrans* (kleinste röm. Münze [KP 4, Sp. 1283f]): übers.
etwa *Heller, Pfennig.* **43 προσ-καλεσάμενος** Aor. Ptz. Med. -καλέο- 43
μαι[37] *herbeirufen, zu sich rufen;* temp. (A291,1 Anm. 1). [Var. λέγει V. 16]. **βαλλόντων** Ptz., subst.; πλεῖον πάντων τῶν βαλλόντων (gen. compa-

rationis, A168) ... *mehr als alle anderen* (A376a), *die etwas* (A79) ... *geworfen*
44 *haben.* **44 περισσεύοντος** Ptz. περισσεύω intr. *überschießen, übrigsein;*
im Überfluß vorhanden sein; περισσεύει τί τινι *es steht jmdm. etwas im*
Überfluß zur Verfügung (vgl. B 1aβ); subst.; πάντες γὰρ ἐκ τοῦ
περισσεύοντος αὐτοῖς ἔβαλον *denn die haben alle (nur etwas) von ihrem*
Überfluß eingeworfen/abgegeben (vgl. GNB). **ἔ-βαλον** Aor. **ὑστέρησις**[8]
Mangel, Bedürftigkeit; αὕτη δὲ ἐκ τῆς ὑστερήσεως αὐτῆς ... ἔβαλεν
diese (Frau/Witwe) aber hat aus ihrer Bedürftigkeit heraus ... eingeworfen/gegeben
od. (idiomatischer) *diese Frau aber, so arm sie ist, hat ... gegeben* (NGÜ) od. *aber*
diese arme Witwe hat tatsächlich ... geopfert (GN). **εἶχεν** Ipf. ἔχω. **βίος**
Leben (in seiner Erscheinung u. seinen Äußerungen im Unterschied zu ζωή);
tägliches bzw. *irdisches Leben; Lebensunterhalt,* speziell *Besitz;* πάντα ὅσα
εἶχεν ... ὅλον τὸν βίον αὐτῆς *alles, was* (vgl. B ὅσος 2) *sie besaß ... ihren*
ganzen Lebensunterhalt (GN: ... *alles, was sie zum Leben hatte*).
13 **ἐκ-πορευομένου** Ptz. -πορεύομαι *hinausgehen, herauskommen,* hier
ἔκ τινος (einen Ort) *verlassen;* gen. abs. (A288f), temp.; zu den komplexen
Fragen um die (eschatologische) Ölbergrede Jesu (13,1-37) s. D. Wenham, The
Rediscovery of Jesus' Eschatological Discourse, Sheffield, 1984; s.a. Carson, Mt,
S. 488-523. **λέγει** hist. Präs. (A235). **εἷς** m. gen. partitivus (A164); εἷς τῶν
μαθητῶν αὐτοῦ *einer seiner Jünger.* **διδάσκαλε** Vok. **ἴδε** (klass. ἰδέ)
Imp. Aor. ὁράω (hier viell. einfach als Interjektion etwa = ἰδού gebraucht [B
ἴδε 1; vgl. H-S §252,63]); ἴδε ποταποὶ λίθοι καὶ ποταπαὶ οἰκοδομαί
sieh doch! Was für (mächtige) Steine und was für (prachtvolle) Bauten! (NGÜ;
Menge: *was für ein Prachtbau*). **ποταπός** (etwa = [ὁ]ποῖος[18]; att. ποδα-
2 πός) *was für ein.* **οἰκο-δομή** *(das) Bauen; Bau, Bauwerk, Gebäude.* **2** [Var.
ἀπο-κριθείς Aor. Ptz. Pass. (ohne Pass.-Bdtg.) -κρίνομαι, pleon. (A297,2);
ἀποκριθεὶς ὁ Ἰησοῦς εἶπεν *Jesus antwortete.*] **βλέπεις ταύτας τὰς**
μεγάλας οἰκοδομάς als Frage (s. Interpunktion NA) *du siehst/be-*
wunderst diese gewaltigen Bauten? (GN: *dieses riesenhafte Bauwerk*) od. als
Aussage *ja, jetzt siehst du dieses gewaltige Bauwerk (noch stehen)* (Menge). **οὐ**
μή m. Aor. Konj. stärkste Verneinung zukünftigen Geschehens (A257). **ἀφ-**
εθῇ Aor. Konj. Pass. -ίημι Pass. hier *übrigbleiben.* **κατα-λυθῇ** Aor. Konj.
Pass. -λύω *niederreißen, abbrechen, zerstören;* οὐ μὴ ἀφεθῇ ὧδε λίθος ἐπὶ
λίθον ὃς οὐ μὴ καταλυθῇ *es wird hier kein Stein auf dem andern bleiben* (B
ἀφίημι 3a), *der nicht niedergerissen wird* (Menge) wohl = *kein Stein wird hier*
auf dem andern bleiben; es wird alles niedergerissen/zerstört werden.
3 **3 καθημένου** Ptz. κάθημαι, gen. abs. (A288f), temp. **εἰς** wohl = ἐν
(B 9a; BDR §205[4]; vgl. A184) *auf* od. *an* (Menge). **ἐλαία** *Olivenbaum, Öl-*
baum; Olive; τὸ ὄρος τῶν ἐλαιῶν *der Ölberg,* Bergzug im Norden u. Osten v.
Jerusalem (GBL 2, S. 1088ff). **κατ-έναντι** uneig. Präp. (A183) *gegenüber,*
vor; κατέναντι τοῦ ἱεροῦ *dem Tempel gegenüber* = *von wo aus man zum*

Tempel hinüberblickt (NGÜ). **ἐπ-ηρώτα** Ipf. -ερωτάω; zum Sg.-Präd. vgl.
A94. **κατ᾽ ἰδίαν** (klass. = καθ᾽ ἑαυτόν [BDR §286[2]]) *für sich* (B ἴδιος 4),
für sich allein, hier etwa = *als sie für sich allein waren* (Menge). **᾽Ανδρέας**[1]
ου 1,16. **4 εἰπόν** Aor. Imp. (statt εἰπέ [BDR §81[1]; vgl. H-S §105g]) λέγω. 4
πότε[18] *wann?* **ἔσται** Fut. εἰμί hier *geschehen* (vgl. B I4). **μέλλῃ** Konj.
μέλλω hier (m. Inf.) umschrieb. Fut. (BDR §356,2; A250) od. im Sinn v. *im
Begriff stehen, beginnen* (B 1cα). **συν-τελεῖσθαι** Inf. Pass. -τελέω *vollen-
den; ausführen;* Pass. *vollendet werden, in Erfüllung gehen* bzw. *zu Ende gehen;* τί
τὸ σημεῖον ὅταν μέλλῃ ταῦτα συντελεῖσθαι πάντα *welches ist* (vgl.
A78) *das Zeichen dafür, daß dies alles in Erfüllung gehen wird* (Menge) bzw. *an
welchem Zeichen werden wir erkennen können, daß die Erfüllung all dieser Dinge
bevorsteht* (NGÜ; vgl. B σημεῖον 1 u. B μέλλω 1cα); bei dieser Frage war
offenbar auch die Parusie (vgl. V. 6 u. V. 24-27) u. das Ende überhaupt (vgl.
V. 7) im Blickfeld (vgl. auch Mt 24,3). **5** [Var. ἀπο-κριθείς vgl. V. 2.] **ἤρ-** 5
ξατο Aor. Med. ἄρχω; Med. m. Inf. vgl. zu 1,45. **λέγειν** Inf. **βλέπετε**
Imp. **μή** = ἵνα μή *daß nicht* (A328); βλέπετε μή τις m. Konj. *seht euch
vor/gebt acht, daß niemand* (vgl. B B1b). **πλανήσῃ** Aor. Konj. πλανάω *in
die Irre führen, irreführen.* **6 ἐλεύσονται** Fut. Med. ἔρχομαι. **λέγοντες** 6
Ptz. λέγω hier *behaupten;* mod. **ὅτι** recitativum = Doppelpunkt (A333).
ἐγώ εἰμι *ich* (betont, A122) *bin es* (d.h. der Messias [vgl. B εἰμί II5]). **πλα-
νήσουσιν** Fut. **7 ἀκούσητε** Aor. Konj. ἀκούω [Var. ἀκούητε Präs. 7
Konj.]. **πόλεμος** *Krieg.* **ἀκοή** *(das) Hören; Gehör; Gehörtes, Kunde; Ge-
rücht;* ἀκοαὶ πολέμων (gen. obi., A158) *Gerüchte über Kriege;* ὅταν δὲ
ἀκούσητε πολέμους καὶ ἀκοὰς πολέμων *wenn ihr von Kriegen und
Kriegsgerüchten hört* wohl = *wenn ihr von Kriegen hört und wenn Kriegsgefahr
droht* od. *wenn ihr (den Lärm) von Kriegen (in der Nähe) und Berichte von Kriegen
(in der Ferne) hört* (vgl. NGÜ). **θροεῖσθε** Imp. θροέομαι *erschreckt werden,
sich in Schrecken versetzen lassen* (vgl. A219). **δεῖ** hier v. der göttl. Bestimmung
(B 1). **γενέσθαι** Aor. Inf. Med. γίνομαι; Präd. des AcI, abhängig v. δεῖ
(erg. τοῦτο/ταῦτα als Subj.). **οὔ-πω** *noch nicht;* δεῖ γενέσθαι, ἀλλ᾽ οὔ-
πω τὸ τέλος *es muß (so) geschehen/kommen, aber das Ende ist es* (A78) *noch
nicht.* **8 ἐγερθήσεται** Fut. Pass. ἐγείρω hier Pass. *sich erheben* ἐπί τινα 8
gegen jmdn. (B 2d). **ἔθνος ἐπ᾽ ἔθνος καὶ βασιλεία ἐπὶ βασιλεί-
αν** *ein Volk gegen das andere und ein Reich gegen das andere* (od. [idiomatischer]
und ein Staat gegen den anderen [vgl. GN]). **ἔσονται** Fut. εἰμί; καὶ ἔσον-
ται ... *und es wird ... geben.* **σεισμός** *Erdbeben.* **κατὰ τόπους** *in verschie-
denen Gegenden* (B τόπος 1d) bzw. *bald in dieser, bald in jener Gegend* (vgl.
NGÜ), evtl. *an vielen Orten* (Einh.). **λιμός** ὁ u. ἡ *Hungersnot.* [Var. ταραχή
Aufruhr, Tumult.] **ὠδίν**[4] ῖνος ἡ (klass. ὠδίς) *Geburtsschmerz; (die) Wehe;* der
Ausdruck bez. hier als eine Art term. tech. „die Wehen des Messias“, d.h. die
dem messianischen Zeitalter vorausgehende schwere Notzeit; ἀρχὴ ὠδίνων

ταῦτα *dies ist* (A78) *(aber erst) der* (A80) *Anfang der Wehen* (Menge) bzw. etwa
doch das ist erst der Anfang, es ist wie der Beginn von Geburtswehen (NGÜ).
9 **9 βλέπετε** Imp.; βλέπετε δὲ ὑμεῖς ἑαυτούς (= ὑμᾶς αὐτούς
[A126a]) *gebt ihr jedoch acht auf euch selbst* (d.h. auf das, was m. euch selbst ge-
schehen wird) (Menge) etwa = *ihr aber, macht euch darauf gefaßt:* (Einh.). **πα-
ρα-δώσουσιν** Fut. -δίδωμι m. εἰς συνέδρια *an die Lokalgerichte über-
geben* (B 1b); 3. Pl. im Sinn v. „man“ (A76a). **συν-έδριον** *Synedrium, Hoher
Rat* (oberste jüd. Instanz in allen religiösen u. zivilen Angelegenheiten); hier
Lokalgericht (B 3). **εἰς συναγωγάς** = ἐν συναγωγαῖς (B 9a; BDR
§205[4]; vgl. A184). **δαρήσεσθε** Fut. Pass. δέρω[135] eig. *abhäuten, die Haut
abziehen,* NT nur übertr. *(ver)prügeln, schlagen.* **ἐπί** m. Gen. hier *vor* (B I1aδ).
ἡγεμών[4] όνος ὁ *Herrscher, Fürst;* (röm.) *Statthalter* (höchster Beamter einer
Provinz). **σταθήσεσθε** Fut. Pass. ἵστημι od. zu ἵσταμαι; σταθήσεσθε
ihr werdet gestellt werden (Menge) od. (Pass. = Med.; vgl. BDR §97[4]) *ihr werdet
treten (müssen)* (vgl. B ἵστημι II1b) = *ihr werdet euch vorantworten müssen*
(vgl. NGÜ). **ἕνεκεν** uneig. Präp. (A183) *wegen, um ... willen.* **μαρτύριον**
Zeugnis, im Sinn v. *Beweis* (Handlung, Umstand od. Sache) od. *Zeugenaussage;*
εἰς μαρτύριον αὐτοῖς *zum Zeugnis/zur Zeugenaussage vor ihnen = um vor*
10 *ihnen meine Zeugen zu sein.* **10 πρῶτον** *zuvor* hier = *bevor das Ende kommt.*
δεῖ V. 7. **κηρυχθῆναι** Aor. Inf. Pass. κηρύσσω hier τὶ εἴς τινα *jmdm.*
11 *etwas verkünden;* Präd. des AcI, abhängig v. δεῖ. **11 ἄγωσιν** Konj. ἄγω hier
term. tech. der Gerichtssprache *abführen, verhaften* (B 2); 3. Pl. im Sinn v.
„man“ (A76a). **παρα-διδόντες** Ptz. -δίδωμι, mod. (vgl. A291,2 Anm. 1);
καὶ ὅταν ἄγωσιν ὑμᾶς παραδιδόντες *wenn man euch nun abführt und
vor Gericht stellt* (Menge). **προ-μεριμνᾶτε** Imp. -μεριμνάω *sich im vor-
aus Sorgen machen.* **λαλήσητε** Aor. Konj. λαλέω; deliberativer Konj.
(A255) wie bei der direkten Frage, doch hier 2. statt 1. Pl. (H-S §273e; A331);
τί λαλήσητε *was ihr sagen sollt.* **ὃ ἐάν** = ὃ ἄν (A132; 371) *was (auch im-
mer).* **δοθῇ** Aor. Konj. Pass. δίδωμι hier *eingeben.* **ἐν ἐκείνῃ τῇ ὥρᾳ** *in
jener Stunde* (NGÜ: *wenn es soweit ist* [vgl. B ὥρα 3]). **λαλεῖτε** Imp. **οὐ...
ἀλλά** hier (wohl sem.) hyperbolischer Gebrauch (vgl. A383): *nicht ... sondern*
im Sinn v. *nicht so sehr ... als vielmehr* (Zerwick §445, vgl. H-S §249b). **ἐστέ**
12 Präs. hier fut. (A234). **λαλοῦντες** Ptz. λαλέω, subst. **12 παρα-δώσει**
Fut. -δίδωμι m. εἰς θάνατον *zum Tode überliefern* (vgl. B 1b), *dem Henker
ausliefern.* **ἀδελφὸς ἀδελφόν** „ein Bruder einen Bruder“ = *Brü-
der/Geschwister einander* (A101a; vgl. B 1 [vgl. A382a]). **πατὴρ τέκνον** „ein
Vater ein Kind“ = *Väter/Eltern ihre Kinder* (A101a; vgl. B πατήρ 1a [vgl.
A382a]). **ἐπ-ανα-στήσονται** Fut. Med. -αν-ίσταμαι[205] *aufstehen, sich
stellen* ἐπί τινα *gegen jmdn.* **γονεῖς** έων οἱ (A8: ευ-St.) *Eltern.* **θανατώ-
σουσιν** Fut. θανατόω *töten, umbringen,* auch bes. v. der Verurteilung zum
13 Tode u. ihren Folgen (B 1), *töten/umbringen lassen.* **13 ἔσεσθε** Fut. εἰμί.

μισούμενοι Ptz. Pass. μισέω, umschrieb. Fut. (A249a; A77). **ὑπο-μεί-**
νας Aor. Ptz. -μένω[117] *bleiben, standhalten, durchhalten, standhaft blei-*
ben/sein; subst. **εἰς τέλος** *bis zuletzt, bis ans Ende* (B τέλος 1dγ), d.h. bis
zum Lebensende od. (eschatologisch) bis zum Ende der Zeit (Carson, Mt,
S. 250). **σωθήσεται** Fut. Pass. σῴζω.
14 ἴδητε Aor. Konj. ὁράω; ὅταν δὲ ἴδητε ... *wenn ihr aber ... seht;* 14
nach einer kurzen Charakterisierung der Zeitspanne bis zum Ende (V. 5-13)
kommt nun Jesus in den V. 14-19 offenbar (zumindest primär) auf die zur Zer-
störung Jerusalems (im Jahre 70 n. Chr.) führenden Ereignisse zu sprechen.
βδέλυγμα[3] (< βδέλυσσομαι verabscheuen) *Abscheuliches, Verabscheu-*
ungswürdiges, Greuel (wie im AT v. allem, was m. Götzendienst zusammenhängt;
B 2). **ἐρήμωσις**[8] (< ἐρημόω verwüsten, entvölkern) *Verwüstung/Entvölke-*
rung, Zerstörung; τὸ βδέλυγμα τῆς ἐρημώσεως *„der Greuel der Verwü-*
stung" (= der die Verwüstung/Entweihung [des Heiligtums/der heiligen Stadt]
herbeiführende „Greuel" [vgl. A162], eher als der aus der Verwüstung/Entwei-
hung resultierende „Greuel" [vgl. A153]); der Ausdruck findet sich (in der
einen od. anderen Form) in Da 9,27; 11,31 u. 12,11 (Mt 24,15 u. Mk 13,14 = Da
12,11 LXX); s.a. zu Mt 24,15. **ἑστηκότα** Pf. (m. präs. Bdtg.) Ptz. ἵσταμαι,
zu βδέλυγμα zu ziehender AcP (A300), wobei das Ptz. viell. deshalb im Mask.
(statt im Ntr.) steht, weil das durch τὸ βδέλυγμα τῆς ἐρημώσεως Be-
zeichnete als personhaft zu verstehen ist (BDR §134[6]; vgl. ähnl. A96); ὅταν δὲ
ἴδητε τὸ βδέλυγμα τῆς ἐρημώσεως ἑστηκότα ὅπου οὐ δεῖ (erg.
τοῦτο/αὐτό ἑστηκέναι [AcI]) *wenn ihr aber „den Greuel der Verwüstung/Ent-*
weihung" dort stehen seht, wo er nicht stehen darf (H-S §217c Anm. 1). **ἀνα-γι-**
νώσκων Ptz. -γινώσκω *lesen;* subst. **νοείτω** Imp. 3. Sg. νοέω *erkennen,*
verstehen, bemerken; bedenken; bedenken, überlegen; ὁ ἀναγινώσκων νοείτω
der Leser merke auf/überlege/möge verstehen, Parenthese (A374), durch die wohl
Jesus (evtl. der Tradent seiner Worte) den Leser der angedeuteten Danielstel-
len (nach anderen den Leser der in Mt bzw. Mk vermittelten Worte Jesu) auf
deren Bdtg. hinweisen will. **τότε** Korrelat zu ὅταν V. 15; ὅταν ... τότε
wenn ... dann (B 2). **οἱ ἐν τῇ Ἰουδαίᾳ** *die, die in Judäa sind* (A105). **φευ-**
γέτωσαν Imp. 3. Pl. φεύγω *fliehen.* **15 δῶμα**[3] *Dach* (da meist flach, für 15
verschiedenste Zwecke als eine Art Terrasse benutzt); ὁ ἐπὶ τοῦ δώματος
wer gerade auf dem Dach (seines Hauses) ist. **κατα-βάτω** Aor. Imp. 3. Sg.
(statt -βήτω; BDR §95[7]; A21) -βαίνω. **εἰσ-ελθάτω** Aor. Imp. 3. Sg. (vgl.
H-S §105g) -έρχομαι; μὴ καταβάτω μηδὲ εἰσελθάτω (erg. εἰς τὴν οἰ-
κίαν [B 1aδ]) *(der) soll nicht (erst noch) hinuntersteigen und ins Haus hineinge-*
hen. **ἆραι** Aor. Inf. αἴρω hier *holen* bzw. *mitnehmen;* fin. (A276). **16 εἰς** 16
wohl = ἐν (B 9a; BDR §205[4]; vgl. A184). **ἀγρός** *Feld, Acker;* ὁ εἰς τὸν ἀγ-
ρόν *wer auf dem Feld ist* (A105). **ἐπι-στρεψάτω** Aor. Imp. 3. Sg. -στρέ-
φω[47] *um-, zurückkehren,* hier verstärkt durch εἰς τὰ ὀπίσω; μὴ ἐπιστρε-

ψάτω εἰς τὰ ὀπίσω *(der) soll nicht (mehr nach Hause) zurücklaufen.*
ὀπίσω Adv. *hinten, nach hinten;* (εἰς τὰ) ὀπίσω *zurück* (B 1a).
17 **17 γαστήρ**[6] τρός ἡ *Bauch;* ἐν γαστρὶ ἔχω *schwanger sein.* **ἐχούσαις**
Ptz. Fem. ἔχω, subst. **θηλαζούσαις** Ptz. Fem. θηλάζω (< θηλή Mutter-
brust, Zitze) *säugen; saugen;* subst.; οὐαὶ δὲ ταῖς ἐν γαστρὶ ἐχούσαις
καὶ ταῖς θηλαζούσαις ... übers. etwa *wie schwer werden es die Frauen haben,*
die ... ein Kind erwarten oder stillen (NGÜ).
18 **18 προσ-εύχεσθε** Imp. **ἵνα** hier *daß* (A328; bez. das Erbetene). **γέ-**
νηται Aor. Konj. Med. γίνομαι hier *geschehen/eintreten;* ἵνα μὴ γένηται
(erg. ταῦτα o.ä. [A79]) χειμῶνος *daß dies nicht im Winter geschieht/eintritt.*
[Var. φυγή *Flucht.*] **χειμών**[4] ῶνος ὁ *Winter;* gen. temporis (A166) χειμῶ-
19 νος *während des Winters, im Winter.* **19 ἔσονται** Fut. εἰμί; ἔσονται γὰρ
αἱ ἡμέραι ἐκεῖναι θλῖψις *denn jene Tage werden eine Drangsalzeit sein* etwa
= *in jenen Tagen wird eine Not herrschen* (NGÜ). **οἷος**[18] *wie (beschaffen), wel-*
cher Art. **γέ-γονεν** Pf. (A242) γίνομαι; οἵα οὐ γέγονεν ... καὶ οὐ μὴ
γένηται *wie es sie ... nicht gegeben hat und nie mehr geben wird;* vgl. Josephus,
Bellum Judaicum 5.424-438 für eine Beschreibung der unvergleichl. Drangsal
vor u. bei der Zerstörung Jerusalems. **τοιαύτη** wohl pleon. (meist als Sem.
verstanden [B 2b], aber auch griech. bezeugt [BDR §297[2]]); θλῖψις οἵα οὐ
γέγονεν τοιαύτη ... *eine Drangsalszeit, wie eine solche ... noch nicht dagewesen*
ist (Menge) bzw. (einfach) ... *wie es sie ... noch nie gegeben hat.* **κτίσις**[8] *Schöp-*
fung, (das) Erschaffen; (das) Geschaffene, hier *Schöpfung/Welt;* ἀπ᾽ ἀρχῆς κτί-
σεως *von Anbeginn der Welt an* (B 1bβ); ἀπ᾽ ἀρχῆς κτίσεως ἣν ἔκτισεν
ὁ θεός etwa *seit dem Anfang, als Gott die Welt schuf* (Menge) od. *von der Zeit*
an, als Gott die Welt erschuf (NGÜ). **ἔ-κτισεν** Aor. κτίζω[103] *(er)schaffen.*
ἕως τοῦ νῦν *bis zur gegenwärtigen Zeit, bis jetzt/heute* (B νῦν 3b). **οὐ μή**
20 V. 2. **20 ἐ-κολόβωσεν** Aor. κολοβόω (< κολοβός verstümmelt) *verkür-*
zen. **τὰς ἡμέρας** *die Tage = die/diese Zeit* (vgl. B ἡμέρα 4b); damit ist nach
verbreiteter Deutung die Zeit der in V. 19 genannten θλῖψις gemeint, viell.
besser (vgl. Carson, Mt, S. 502) die gesamte gefahrvolle Zeitspanne bis zum En-
de (vgl. V. 5-13; V. 20 wäre demnach zu V. 21-23 zu ziehen, die thematisch m.
V. 5-13 verbunden sind). **οὐκ ... πᾶσα σάρξ** (Hebr.) *kein Fleisch, kein*
Mensch (H-S §249a; A137c). **ἐ-σώθη** Aor. Pass. σῴζω; εἰ μὴ ἐκολόβω-
σεν κύριος τὰς ἡμέρας, οὐκ ἂν ἐσώθη πᾶσα σάρξ irrealer Fall
(A345) *hätte der Herr die/diese Zeit nicht verkürzt, dann würde kein Mensch geret-*
tet werden. **ἐκ-λεκτός**[9] *ausgewählt,* im NT fast durchweg: *auserwählt* (ausge-
sondert, um zu Gott zu gehören bzw. ihm zu dienen); subst. (A105). **ἐξ-ε-λέ-**
ξατο Aor. Med. ἐκ-λέγομαι[66] *(für sich) auswählen, erwählen.* **ἐκολόβω-**
σεν τὰς ἡμέρας *er hat die/diese Zeit* (in seinem Plan u. Ratschluß) *verkürzt.*
21 **21 τότε** *dann,* hier nicht im Sinn v. „danach". **εἴπῃ** Aor. Konj. λέγω.
ἴδε (eig. Imp. Aor. ὁράω[192]) Interjektion (H-S §252,63) etwa = ἰδού; ἴδε

ὧδε ὁ χριστός, ἴδε ἐκεῖ *„Seht, hier ist* (A78d) *der Messias!" (oder:) „Seht, er*
ist dort!". **πιστεύετε** Imp. **22 ἐγερθήσονται** V. 8, Pass. hier *auftreten* 22
(B 2e). **ψευδό-χριστος** *falscher Christus/Messias.* **ψευδο-προφήτης**[1]
falscher Prophet; ψευδόχριστοι καὶ ψευδοπροφῆται *falsche Messiasse und*
falsche Propheten, aus Gründen des Wohlklangs viell. besser *mancher falsche*
Messias und mancher falsche Prophet. **δώσουσιν** Fut. δίδωμι hier *vollbrin-*
gen, tun. **τέρας**[3] ατος τό *Wunder* (tritt häufig synonym in fester Verbindung
m. σημεῖα auf). **πρὸς τό** m. Inf. fin. *damit/um zu* (A282; BDR §402[5]).
ἀπο-πλανᾶν Inf. -πλανάω *irreführen.* **δυνατός** *stark, mächtig;* Ntr.
möglich; εἰ δυνατόν *wenn möglich.* **23 βλέπετε** Imp.; ὑμεῖς δὲ βλέπετε 23
seht ihr (betont [A122]) *euch aber vor!* (Menge). **προ-είρηκα** Pf. (A242)
-λέγω[191] *voraussagen.*

24 ἀλλὰ ἐν ἐκείναις ταῖς ἡμέραις μετὰ τὴν θλῖψιν 24
ἐκείνην *in jenen Tagen aber, nach jener Drangsalszeit* (Menge); V. 24-27 spre-
chen offenbar v. einem direkt m. der Parusie zusammenhängenden Geschehen;
bei der θλῖψις, die diesem Geschehen vorausgeht, handelt es sich wohl eher um
die in V. 9 u. (wohl) V. 20 erwähnte allgem. Drangsal als um die in V. 19 ge-
nannte durch die Zerstörung Jerusalems herbeigeführte Notzeit (vgl. zu Mt
24,29). **ἥλιος** *Sonne.* **σκοτισθήσεται** Fut. Pass. σκοτίζομαι (vgl.
A33[91ff]) *finster werden, sich verfinstern.* **σελήνη** *Mond.* **δώσει** Fut. δίδωμι.
φέγγος[7] *Schein, Licht;* ἡ σελήνη οὐ δώσει τὸ φέγγος αὐτῆς *der Mond*
wird nicht (mehr) Licht geben/nicht (mehr) scheinen (B δίδωμι 1bγ).
25 ἀστήρ[6] έρος ὁ *Stern* bzw. *Planet.* **ἔσονται** Fut. εἰμί. **πίπτοντες** 25
Ptz. πίπτω, umschrieb. Fut. (A249a; A77); οἱ ἀστέρες ἔσονται ἐκ τοῦ
οὐρανοῦ πίπτοντες *die Sterne werden vom Himmel fallen* [Var. ἐκ- hier syn-
onym]. **σαλευθήσονται** Fut. Pass. σαλεύω *zum Schwanken/ins Wanken*
bringen, erschüttern; Pass. *erschüttert werden, wanken;* αἱ δυνάμεις αἱ ἐν
τοῖς οὐρανοῖς σαλευθήσονται *die Kräfte des Himmels* (wörtl. *die Kräfte*
am Himmel) werden ins Wanken (NGÜ: *aus dem Gleichgewicht*) *geraten* (vgl.
B 1) od. (freier) *die Ordnung des Himmels wird zusammenbrechen* (GNB); V. 25
(m. seinen Anklängen an Jes 13,9-10 u. 34,4, aber z.B. auch an Ez 32,7) ist wahr-
scheinl. wörtl. gemeint (doch werden in einzelnen politischen Kontexten des AT
ähnl. Ausdrücke auch metaphorisch verwendet). **26 ὄψονται** Fut. Med. 26
ὁράω; hier 3. Pl. im Sinn v. „man" (A76a). **ἐρχόμενον** Ptz. ἔρχομαι, AcP
(A300); hier wird offenbar auf Da 7,13f angespielt. **νεφέλη** *Wolke.*
27 ἀπο-στελεῖ Fut. -στέλλω. **ἐπι-συν-άξει** Fut. -άγω[59] *sammeln,* 27
versammeln, zusammenbringen. **ἐκ-λεκτός** V. 20. **τέσσαρες**[19f] *vier.*
ἄνεμος *Wind;* οἱ τέσσαρες ἄνεμοι *die/alle vier Wind-* od. *Himmels-*
richtungen (B 1b). **ἄκρον** *Spitze; äußerstes Ende;* ἀπ᾽ ἄκρου γῆς ἕως
ἄκρου οὐρανοῦ *vom Ende der Erde bis zum Ende des Himmels,* d.h. *von*
überall her (GNB).

28 **28 συκῆ** *Feigenbaum.* **μάθετε** Aor. Imp. μανθάνω[157] *lernen,* μαν-
θάνω τι ἀπό τινος *etwas von etwas lernen;* ἀπὸ τῆς συκῆς μάθετε τὴν
παραβολήν *vom Feigenbaum lernt den Vergleich/das Gleichnis, lernt etwas aus
dem Vergleich mit dem Feigenbaum* (Einh.). **κλάδος** *Zweig;* ὁ κλάδος αὐ-
τῆς kollektiver Sg. (vgl A101a) *seine Zweige.* **ἁπαλός** *zart, frisch.* **γένηται**
V. 18; ὅταν ἤδη ὁ κλάδος αὐτῆς ἁπαλὸς γένηται καὶ ἐκφύῃ τὰ
φύλλα *wenn seine Zweige schon zart/saftig werden und Blätter* (eig. best.) *treiben*
bzw. *wenn der Saft in die Zweige steigt und die Blätter sprießen* (NGÜ). **ἐκ-φύῃ**
Konj. -φύω *hervorbringen* (ἐκφύῃ sollte nicht als Wz.-Aor. Konj. zum Med.
ἐκφύομαι „hervorwachsen" [in der Koine nicht mehr gebräuchl., MHT 2, S.
264] gedeutet werden; die Bdtg. „hervorwachsen" wäre aber dann mögl., wenn
ἐκφυῇ, [starker] Aor. Pass. v. ἐκφύω [m. Zirkumflex auf der Schlußsilbe]
gelesen würde [MHT 2, a.a.O.]). **φύλλον** *Blatt* (einer Pflanze). [Var. γινώ-
29 σκεται Pass. 3. Sg.]. **ἐγγύς** *nahe, bevorstehend.* **θέρος**[7] *Sommer.* **29 ἴδη-
τε** V. 14. **γινόμενα** Ptz. γίνομαι, AcP (A300); ὅταν ἴδητε ταῦτα γι-
νόμενα *wenn ihr diese Dinge geschehen seht* od. *wenn ihr seht, daß diese Dinge
geschehen;* gemeint sind m. ταῦτα wahrscheinl. die in V. 5-23 beschriebenen
Drangsale (m. denen die Glaubenden in der Periode zwischen Himmelfahrt u.
Parusie zu rechnen haben). **γινώσκετε** Imp. od. Ind.; οὕτως καὶ ὑμεῖς,
ὅταν ἴδητε ... γινώσκετε ὅτι *genauso sollt auch ihr, wenn ihr ... seht, erken-
nen, daß* od. *genauso ist es, wenn ihr seht, daß ... Dann wißt ihr, daß* (NGÜ). **θύ-
ρα** *Tür;* ὅτι ἐγγύς ἐστιν ἐπὶ θύραις *daß es* (d.h. wahrscheinl. das Kommen
des Menschensohnes [die Parusie]) *nahe vor der Tür ist, daß es vor der Tür steht,
daß es nahe bevorsteht.*

30 **30 οὐ μή** V. 2. **παρ-έλθῃ** Aor. Konj. -έρχομαι[187] *vorbei-, vorüberge-
hen;* hier *vergehen* (B 1bα). **ἡ γενεὰ αὕτη** *diese Generation* (gemeint ist
zieml. sicher die Generation, die lebte, als Jesus diese Worte sprach; eine dar-
über hinausgehende Ausdehnung des Begriffs läßt sich schwerl. rechtfertigen).
μέχρις οὗ (m. Konj. [H-S §276h; vgl. A337]) *bis (zu/daß);* μέχρις οὗ ταῦ-
τα πάντα γένηται *bis das alles geschieht/eintrifft;* gemeint ist wahrscheinl.,
daß die Drangsale v. V. 5-23 einschließl. der Zerstörung Jerusalems noch zu
Lebzeiten der damals lebenden Generation eintreffen würden (aber nicht etwa,
daß sie auch innerhalb dieser Zeit enden würden; demnach gibt V. 34 den ter-
minus a quo für die Parusie an: m. ihr ist nicht vor dem Eintreffen der in V. 5-23
beschriebenen Geschehnisse zu rechnen; ein terminus ad quem für diese Drang-
salszeit, abgesehen von der Parusie selbst, deren Zeitpunkt nur der Vater kennt
31 [V. 32], wird nicht genannt; Carson, Mt, S. 507). **γένηται** V. 18. **31 παρ-ε-
λεύσονται** Fut. Med. -έρχομαι. **οὐ μή** V. 2, hier m. Fut. (statt m. Aor.
32 Konj.). **32 περί** m. Gen. hier *was ... betrifft* (B 1h); περὶ δὲ τῆς ἡμέρας
ἐκείνης ἢ τῆς ὥρας οὐδεὶς οἶδεν *was aber jenen Tag und jene Stunde be-
trifft, so kennt diese niemand = doch wann jener Tag und jene Stunde sein werden,*

weiß niemand (gemeint ist: über das Wann der Parusie weiß niemand Bescheid,
u. nicht [wie gelegentl. behauptet]: der genaue Tag u. die Uhrzeit seien zwar
unbekannt, doch das Jahr u. der Monat ließen sich durchaus bestimmen;
Carson, Mt, S. 508). **εἰ μή** nach Neg. *außer* (vgl. B εἰ VI9a; A341); οὐδέ ...
οὐδέ ... εἰ μὴ ὁ πατήρ *auch nicht ... nicht einmal ... sondern nur der Vater.*
33 βλέπετε V. 23. **ἀγρ-υπνεῖτε** Imp. -υπνέω *wachsam sein;* βλέ- 33
πετε, ἀγρυπνεῖτε *haltet die Augen offen, seid wachsam* (Menge) od. *seht euch
(also) vor (und) seid wachsam* (NGÜ). [Var. προσ-εύχεσθε Imp.] **πότε**
V. 4; οὐκ οἴδατε γὰρ πότε ὁ καιρός ἐστιν *denn ihr wißt nicht, wann der
Zeitpunkt da ist* (Menge). **34 ὡς ἄνθρωπος** *(es ist)* (Aposiopese, BDR 34
§482[4]; vgl. A377) *wie ein Mann = es ist wie bei einem Mann* (zum Verhältnis
zwischen Gleichnis u. gemeinter Sache vgl. Mt 13,24). **ἀπό-δημος**[11] *auf
Reisen, abwesend;* ὡς ἄνθρωπος ἀπόδημος etwa *es ist wie bei einem Mann,
der verreiste.* **ἀφ-είς** Aor. Ptz. -ίημι hier *verlassen* (B 3a); temp. (A291,1
Anm. 1), viell. attr. **δούς** Aor. Ptz. δίδωμι, temp. (A291,1 Anm. 1), viell. attr.
ἐξουσία hier *Vollmacht, Befugnis* (B 3), *Verantwortung* (Menge). **θυρωρός**
ὁ u. ἡ *Türhüter(in).* **ἐν-ε-τείλατο** Aor. Med. -τέλλομαι[115] *befehlen, gebie-
ten, verfügen;* ὡς ἄνθρωπος ἀπόδημος ἀφεὶς τὴν οἰκίαν αὐτοῦ καὶ
δοὺς τοῖς δούλοις αὐτοῦ τὴν ἐξουσίαν ἑκάστῳ τὸ ἔργον αὐτοῦ
καὶ τῷ θυρωρῷ ἐνετείλατο ἵνα γρηγορῇ *es ist wie bei einem Mann, der
verreiste: beim Verlassen seines Hauses übertrug er seinen Knechten die Verant-
wortung, jedem seine Aufgabe, und befahl dann auch dem Türhüter, wachsam zu
sein,* viell. (falls ἀφείς u. δούς attr. u. ἐνετείλατο im Sinn v. ἐντειλάμε-
νος [Aor. Ptz., attr.] verstanden [vgl. Z]) ... *verreiste, der beim Verlassen seines
Hauses seinen Knechten ... übertrug und dem Türhüter befahl, wachsam zu sein.*
ἵνα hier *daß* od. Inf. (A328 u. 334a; bez. das Befohlene). **γρηγορῇ** Konj.
γρηγορέω (= att. ἐγρήγορα, Pf. ἐγείρω) *wach sein/bleiben, wachen; wach-
sam sein.* **35 γρηγορεῖτε** Imp. **οἶδα** hier im Sinn v. *im voraus wissen.* 35
πότε V. 4. **ἔρχεται** Präs. hier fut. (A234). **ἤ ... ἤ** *ob ... oder* (B 1dγ). **ὀψέ**
Adv. *spät (am Tag), am Abend.* **μεσο-νύκτιον** *(die) Mitternacht;* hier temp.
Akk. (klass. [BDR §161[6]]; vgl. A148) *um Mitternacht.* **ἀλεκτορο-φωνία**
Hahnenschrei (röm. Name der dritten Nachtwache [24-3 Uhr]); ἀλεκτοροφω-
νίας gen. temporis (A166; BDR §186[6]) *während des „Hahnenschreis"* bzw.
beim (ersten) Hahnenschrei. **πρωΐ** *früh, frühmorgens* (hier v. der vierten Nacht-
wache [3-6 Uhr]). **36 μή** = ἵνα μή (A339); erg. davor gedankl. γρηγο- 36
ρεῖτε. **ἐλθών** Aor. Ptz. ἔρχομαι, temp. **ἐξ-αίφνης** *plötzlich.* **εὕρῃ** Aor.
Konj. εὑρίσκω. **καθ-εύδοντας** Ptz. -εύδω *schlafen;* AcP (A300); μὴ
ἐλθὼν ἐξαίφνης εὕρῃ ὑμᾶς καθεύδοντας *damit er euch, wenn er plötz-
lich/unvermutet kommt, nicht schlafend antrifft.*

ἦν Ipf. εἰμί; zum Sg.-Präd. vgl. A94. **πάσχα** τό indekl. (aram. **14**
פַּסְחָא/פִּסְחָא *pasḥāʾ/pisḥāʾ,* hebr. פֶּסַח *pésaḥ*) *Passafest* (14./15. Nisan [Anfang

April] zur Erinnerung an Israels Auszug aus Ägypten; vgl. Ex 12). **ἄ-ζυμος**[11] *ungesäuert, ohne/frei von Sauerteig;* τὰ ἄζυμα *ungesäuerte Brotfladen* (Mazzen), *das Fest der ungesäuerten Brote* (Mazzenfest); ἦν δὲ τὸ πάσχα καὶ τὰ ἄζυμα μετὰ δύο ἡμέρας *nach zwei Tagen sollten das Passafest und das Fest der ungesäuerten Brote stattfinden* (vgl. BDR §323,4) etwa = *es waren (nur noch) zwei Tage bis zum Fest des Passa und der ungesäuerten Brote* (NGÜ). **ἐ-ζήτουν** Ipf. ζητέω hier m. flgd. indirekter Frage im Sinn v. *sich Gedanken darüber machen* (B 1c). **ἀρχ-ιερεύς** Pl. *(die) führenden Priester,* d.h. hier wahrscheinl. der amtierende Hohepriester Kajaphas (18-36 n. Chr. im Amt) u. dessen Vorgänger (u. Schwiegervater [Jh 18,13]) Hannas (6-15 n. Chr.) sowie andere (zum Synedrium gehörende) Angehörige der führenden Priesterfamilien (vgl. B 1b). **δόλος** *Betrug, List;* ἐν δόλῳ mod. (vgl. A180) *auf listige Weise, hinterlistig* (B) bzw. instr. (vgl. A176) *mit einer List, mit einem Trick* (vgl. ZG). **κρατήσαντες** Aor. Ptz. κρατέω hier *festnehmen, gefangennehmen* (B 1a), *in seine* (bzw. hier *ihre*) *Gewalt bringen* (Einh.); temp. (A291,1 Anm. 1). **ἀποκτείνωσιν** Konj. -κτείνω; deliberativer Konj. (A255) wie bei der entsprechenden direkten Frage, doch hier 3. statt 1. Pl. (vgl. H-S §273e; A331); ἐζήτουν οἱ ... πῶς αὐτὸν ἐν δόλῳ κρατήσαντες ἀποκτείνωσιν *die ... suchten nach einer Möglichkeit, ihn/Jesus mit List* (GN: *heimlich*) *festzunehmen und dann umzubringen* od. *die ... überlegten, zu welcher List sie greifen könnten, um*
2 *Jesus festzunehmen und dann umzubringen* (NGÜ). **2 ἔ-λεγον** Ipf. λέγω. **μή** hier idiomatisch (Ellipse v. „laßt uns das tun" o.ä. [BDR §480[9]]) *nur ja nicht* (B AIII6), *auf keinen Fall.* **ἑορτή** *Fest.* **μή-ποτε** *damit nicht (etwa)* (A339). **ἔσται** Fut. (hier statt Konj. Aor. nach μήποτε [A328; 339]) εἰμί; μήποτε ἔσται θόρυβος τοῦ λαοῦ *damit es im Volk keinen Aufruhr gibt* (Einh.). **θόρυβος** *Aufruhr, Tumult, Lärm;* wegen des Pilgerzustroms stieg die Bevölkerung Jerusalems während des Passafestes viell. etwa auf das Fünffache; in einer durch religiösen Eifer u. messianische Erwartungen geladenen Atmosphäre konnte ein kleiner Funke eine Explosion auslösen.

3 **3 ὄντος** Ptz. εἰμί; gen. abs. (A288); temp.; zum Verhältnis dieser Perikope zu vergleichbaren Berichten vgl. zu Mt 26,6. **Βηθανία** 11,1. **λεπρός** (< λεπίς Schuppe) u.a. *schuppig, uneben, rauh;* im NT *aussätzig* (v. λέπρα befallen u. damit „unrein" [Lev 13,45f]; vgl. zu Mt 8,2); subst. (A105); App. (A70) hier als Beiname (B); ἐν τῇ οἰκίᾳ Σίμωνος τοῦ λεπροῦ *im Haus Simons des Aussätzigen* (wohl = *des einstmals Aussätzigen* [s. Menge]). **κατακειμένου** Ptz. κατά-κειμαι (A32) *daliegen;* hier „(zu Tische) liegen" = *bei Tisch sein;* gen. abs. (A288); temp. **ἔχουσα** Ptz. Fem. ἔχω , mod. formelhaft im Sinn v. *mit* (A292). **ἀλάβαστρος** ὁ u. ἡ bzw. **ἀλάβαστρον** τό *Alabaster;* (grundsätzl. aus Alabaster, aber [bes. später] auch in Ton u. Glas verfertigtes, beutelförmiges) *Salbfläschchen, Salbengefäß* (m. enger, abgeflachter Mündung, ohne Henkel u. Fuß [LAW, Sp. 99]; der längl. Hals wurde beim Ge-

brauch abgebrochen [B]). **μύρον** *Salböl* (meist auf Olivenölbasis, häufig
durch verschiedene Techniken m. Aromastoffen angereichert; GBL 3, S. 1317);
gen. materiae (A159; H-S §161). **νάρδος** ἡ *Nardenöl* (kostbares Duftöl, das
[falls echt] aus den Wurzeltrieben der indischen am zentralen Himalaya heimi-
schen Nardenpflanze gewonnen wurde; KP 3, Sp. 1572); ἔχουσα ἀλάβα-
στρον μύρου νάρδου πιστικῆς πολυτελοῦς *mit einem Alabasterge-
fäß/Fläschchen voll echtem, sehr kostbarem Nardenöl.* **πιστικός** *glaubwürdig,
treu;* hier wohl *echt, unverfälscht* (B 1). **πολυ-τελής**[7] *sehr kostbar, wertvoll.*
συν-τρίψασα Aor. Ptz. Fem. -τρίβω[50] *zerstoßen, zerschlagen;* hier *zer-
brechen;* temp. (A291,1 Anm. 1). **κατ-έ-χεεν** Aor. κατα-χέω[39] *ausgie-
ßen/ausschütten über,* m. Gen. [Var. κατά m. Gen.]; κατέχεεν αὐτοῦ τῆς
κεφαλῆς *und goß ihm das Öl* (A79) *über den Kopf.* **4 ἦσαν** Ipf. εἰμί. 4
ἀγανακτοῦντες Ptz. ἀγανακτέω *unwillig/ärgerlich/entrüstet/empört sein;*
umschrieb. Ipf. (A249a). **πρὸς ἑαυτούς** *zueinander* (A127), gehört wohl
zum implizierten Verb des Sagens (s. anschließende direkte Rede; die häufig
anzutreffende Einordnung als Aramaismus [vgl. BDR §239[1]] scheint unnötig);
ἦσαν δέ τινες ἀγανακτοῦντες πρὸς ἑαυτούς *einige machten ihrem Un-
willen einander gegenüber Luft* (B ἀγανακτέω), *darüber wurden einige (der An-
wesenden) unwillig und sagten zueinander* (Menge). **εἰς τί** *wozu?* (B εἰς 4f; vgl.
BDR §299[3]). **ἀπ-ώλεια** *(das) Verderben;* hier *Vergeudung* (B 1), *Verschwen-
dung.* **γέ-γονεν** Pf. (A242) γίνομαι; εἰς τί ἡ ἀπώλεια αὕτη τοῦ μύ-
ρου γέγονεν *wozu ist diese Verschwendung des Salböls geschehen* od. *was soll
das, dieses Öl so zu verschwenden* (NGÜ). **5 ἠ-δύνατο** Ipf. δύναμαι; Ipf. 5
drückt hier aus, daß etwas tatsächl. mögl. war, aber doch nicht geschah (A239;
H-S §198i); ἠδύνατο τοῦτο τὸ μύρον πραθῆναι ... καὶ δοθῆναι ... (un-
persönl. Konstruktion m. „man" [A76b]) *man hätte dieses Salböl ... verkaufen
und ... geben können.* **πραθῆναι** Aor. Inf. Pass. πιπράσκω[169] *verkaufen.*
ἐπ-άνω *oben drüber;* hier volkssprachl. vor einer Zahl *mehr als* (ohne Beein-
flussung des Kasus: es folgt ein v. πραθῆναι abhängiger gen. pretii [A161;
BDR §185[7]]); ἐπάνω δηναρίων τριακοσίων *für mehr als dreihundert
Denare.* **δηνάριον** (lat. denarius) *Denar,* röm. Münze, deren Wert etwa dem
Tageslohn eines Arbeiters entsprach. **τριακόσιοι**[19] *dreihundert.* **δοθῆναι**
Aor. Inf. Pass. δίδωμι; erg. *den Erlös/das Geld* o.ä. (vgl. A79). **πτωχός**
bettelnd, arm (B 1a); subst. (A105). **ἐν-ε-βριμῶντο** Ipf. Med. ἐμ-βριμάο-
μαι *anfahren, heftige Vorwürfe machen* (so hier); *ergrimmen* [Var. -μοῦν-
το/-μόομαι Nebenform (vgl. BDR §90)]. **6 ἄφ-ετε** Aor. Imp. ἀφ-ίημι 6
hier *(gewähren) lassen* (B 4), *in Ruhe lassen* (Menge). **τί** adv. *warum?* (vgl. B
τίς 3a; A134a). **κόπος** *Mühe;* κόπον/κόπους παρέχω τινί *jmdm. Mühe
machen, jmdm. das Leben schwer machen;* τί αὐτῇ κόπους παρέχετε etwa
warum laßt ihr sie nicht in Ruhe (Einh.), *warum macht ihr es der Frau so schwer*
(NGÜ). **παρ-έχω** *darbieten; verursachen, bereiten, machen.* **ἠργάσατο**

Aor. Med. ἐργάζομαι; ἐργάζομαι ἔργον καλὸν ἔν τινι *ein gutes Werk*
7 *an jmdm. tun* (B 2a). **7 ἑαυτῶν** = ὑμῶν αὐτῶν (A126a). **θέλητε** Konj.
θέλω. **εὖ** Adv. *gut;* εὖ ποιέω *wohltun, Gutes tun.* **ποιῆσαι** Aor. Inf. ποι-
8 έω. **ἔχετε** (zweites) Präs. hier fut. (A234). **8 ἔ-σχεν** Aor. ἔχω hier *die*
Möglichkeit haben, können (B I6a). **ἐ-ποίησεν** Aor. ποιέω; ὃ ἔσχεν ἐποί-
ησεν *sie hat getan, was sie konnte* (da der nachfolgende Satz letzteres erklärt,
schließt man ihm am besten durch Doppelpunkt an). **προ-έ-λαβεν** Aor.
-λαμβάνω[152] *vorher nehmen, vorwegnehmen;* bez. hier die zeitl. Umstände der
Inf.-Handlung (BDR §435[4]; vgl. A83b) *im voraus tun;* προέλαβεν μυρίσαι
τὸ σῶμά μου εἰς τὸν ἐνταφιασμόν *sie hat im voraus meinen Leib für das*
Begräbnis gesalbt. **μυρίσαι** Aor. Inf. μυρίζω (vgl. A33[91ff]) *salben.* **εἰς** hier
9 *im Blick auf, für* (vgl. B 4f). **ἐν-ταφιασμός** *Bestattung.* **9 ὅπου ἐάν** =
ὅπου ἄν (A132) *wo (auch) immer, überall wo.* **κηρυχθῇ** Aor. Konj. Pass.
κηρύσσω. **εἰς** hier wie ἐν gebraucht (B 1dß; BDR §206[6]; vgl. A184). **λα-**
ληθήσεται Fut. Pass. λαλέω. **μνημόσυνον** *Gedächtnis, Gedenken, Er-*
innerung; m. gen. obi. (A158) εἰς μνημόσυνόν τινος *zur Erinnerung an*
jmdn. (B 2); καὶ ὃ (= τοῦτο ὃ [vgl. A358]) ἐποίησεν αὕτη λαληθήσε-
ται εἰς μνημόσυνον αὐτῆς *da wird man* (A76b) *auch von dem sprechen,*
was diese Frau getan hat, zu ihrem Gedächtnis (Menge) od. *wird man sich auch*
an sie erinnern und von dem reden, was sie getan hat (NGÜ).
10 **10 Ἰσκαριώθ** 3,19 u. Mt 10,4; indekl. hier Nom. [Var. Ἰσκαριώτης[1]
synonym]. **ὁ εἷς τῶν δώδεκα** (gen. partitivus; A164) *einer der „Zwölf"/der*
zwölf Jünger (Jesu) (Menge [s. ὁ]: *der eine von den Zwölfen;* vgl. BDR §247[5]; B
εἷς 1aβ). **ἀπ-ῆλθεν** Aor. -έρχομαι. **παρα-δοῖ** (hell. Nebenform zu -δῷ
11 [H-S §116 Anm. 18; BDR §95,1) Aor. Konj. -δίδωμι. **11 οἱ δέ** *(und)*
diese/sie (A102). **ἀκούσαντες** Aor. Ptz. ἀκούω, temp.; erg. τοῦτο/ταῦτα
(A79). **ἐ-χάρησαν** Aor. Pass. (m. akt. Bdtg.) χαίρω. **ἐπ-ηγγείλαντο**
Aor. Med. -αγγέλλομαι[111] *versprechen, verheißen.* **ἀργύριον** *Silber; Silber-*
geld, Geld. **δοῦναι** Aor. Inf. δίδωμι; αὐτῷ ἀργύριον δοῦναι *ihm Geld*
dafür (vgl. A79) *zu geben.* **ἐ-ζήτει** Ipf. V. 1. **εὐ-καίρως** Adv. *bei passender*
Gelegenheit. **παρα-δοῖ** hier deliberativer Konj. (A255) wie bei der entspre-
chenden direkten Frage, doch hier 3. statt 1. Sg. (vgl. H-S §273e; A331); καὶ
ἐζήτει πῶς αὐτὸν εὐκαίρως παραδοῖ *darauf/von da an* (A311,2) *suchte*
er nach einer Möglichkeit, ihn bei passender Gelegenheit an sie (A79) *auszulie-*
fern/zu verraten bzw. *von da an suchte er nach einer günstigen Gelegenheit, ihn an*
sie auszuliefern/zu verraten.
12 **12 ἄ-ζυμος** V. 1; τῇ πρώτῃ ἡμέρᾳ τῶν ἀζύμων temp. Dat. (A182)
am ersten Tag des Festes der ungesäuerten Brote (s. zu Mt 26,17). **ὅτε** temp. NS
hier Attr. zu τῇ πρώτῃ ἡμέρᾳ (A353). **πάσχα** V. 1; hier im Sinn v. *Passa-*
lamm (erstes; B 2) u. *Passamahl* (zweites: B 3); zur Erinnerung an die Bewah-
rung Israels vor dem göttl. Gericht wurde jeweils ein Lamm (zusammen m. bit-

teren Kräutern u. ungesäuertem Brot) gegessen: am Vorabend des Auszugs aus
Ägypten wurden auf Anweisung Gottes Türpfosten u. oberer Türbalken jedes
israelitischen Hauses m. dem Blut eines solchen Lammes bestrichen, was dazu
führte, daß der Strafengel, der das Gericht an den Ägyptern vollzog, die Israeli-
ten verschonte (Ex 12,1-11.21-30). **ἔ-θυον** Ipf. θύω *opfern; schlachten,;* iter.
(A237b); hier 3. Pl. im Sinn v. „man“ (A76a); τῇ πρώτῃ ἡμέρᾳ ... ὅτε τὸ
πάσχα ἔθυον etwa *am ersten Tag ... – an dem Tag, an dem man die Passaläm-
mer* (griech. Sg. distributiv [vgl. A101b; GN]) *schlachtete* (Menge: *zu schlachten
pflegte*). **λέγουσιν** hist. Präs. (A235). **ἀπ-ελθόντες** Aor. Ptz. -έρχομαι,
temp. (A291,1 Anm. 1). **ἑτοιμάσωμεν** Aor. Konj. ἑτοιμάζω; deliberati-
ver Konj., hier erg. durch asyndetisch davorgesetztes θέλεις (A255): ποῦ θέ-
λεις ἀπελθόντες ἑτοιμάσωμέν ἵνα φάγῃς τὸ πάσχα *wo willst du?
(wo) sollen wir hingehen und Vorbereitungen treffen, damit du das Passamahl
essen kannst? = wo sollen wir das Passamahl für dich vorbereiten?* **φάγῃς** Aor.
Konj. ἐσθίω. **13 ἀποστέλλει, λέγει** hist. Präs. (A235). **ὑπ-άγετε** 13
Imp. **ἀπ-αντήσει** Fut. -αντάω *begegnen, entgegenkommen;* καὶ ἀπαντή-
σει ὑμῖν ἄνθρωπος *dann/dort* (vgl. A311,2) *wird euch ein Mann begegnen/ent-
gegenkommen* bzw. *dort werdet ihr einen Mann treffen* (GN). **κεράμιον** *Ton-
krug;* m. gen. materiae (A159); κεράμιον ὕδατος *ein Krug mit Wasser, ein
Wasserkrug.* **βαστάζων** Ptz. βαστάζω *aufheben; tragen;* attr. **ἀκολου-
θήσατε** Aor. Imp. ἀκολουθέω. **14 ὅπου ἐάν** V. 9; ἀκολουθήσατε 14
αὐτῷ καὶ ὅπου ἐὰν εἰσέλθῃ εἴπατε *folgt ihm; und wo immer er
hineingeht, sagt* bzw. (kontextgemäß) *folgt ihm, bis er in ein Haus* (vgl. B εἰσέρ-
χομαι 1aδ) *hineingeht; dort sagt.* **εἰσ-έλθῃ** Aor. Konj. -έρχομαι. **εἴπατε**
Aor. (vgl. H-S §105g) Imp. λέγω. **οἰκο-δεσπότης**[1] *Hausherr.* **ὅτι** recitati-
vum = Doppelpunkt (A333). **λέγει** hier *läßt fragen* (B λέγω II1a). **κατά-
λυμα**[3] *Herberge;* auch v. Aufenthalts- u. Wohnräumen jeder Art, hier v. einem
Speisesaal, übers. etwa *Raum.* **φάγω** Aor. Konj. ἐσθίω; deliberativer Konj.
(A255; Hintergrund zu ὅπου ... φάγω bildet ein ποῦ φάγω ... *wo soll ich ...
essen* [vgl. ZG]) od. fin. (ὅπου-NS ist Rel.-Satz m. fin. Nebensinn [BDR §378;
vgl. A369]); ποῦ ἐστιν τὸ κατάλυμά μου ὅπου ... φάγω *wo ist der Raum
für mich, in dem ich ... essen/feiern kann.* **15 δείξει** Fut. δείκνυμι[212] *zeigen.* 15
ἀνά-γαιον *Oberzimmer = Zimmer im Obergeschoß.* **ἐ-στρωμένον** Pf.
(A231) Ptz. Pass. στρωννύω/στρώννυμι[228] *auslegen, ausbreiten;* attr.;
ἐστρωμένον wohl *(mit Teppichen und Polstern) ausgestattet* (kaum *gepflastert*
od. *getäfelt;* EWNT 3, Sp. 672; B). **ἕτοιμος** *bereit,* hier *(für das Festmahl) her-
gerichtet;* ἀνάγαιον μέγα ἐστρωμένον ἕτοιμον übers. etwa *ein großes
Zimmer im Obergeschoß, das mit Polstern ausgestattet und für das Festmahl herge-
richtet ist.* **ἑτοιμάσατε** Aor. Imp. ἑτοιμάζω; ἐκεῖ ἑτοιμάσατε ἡμῖν
(dat. commodi, A173) *bereitet dort (alles/das Passa)* (vgl. A79) *für uns vor.*
16 ἐξ-ῆλθον Aor. -έρχομαι hier *sich auf den Weg machen* (Menge). 16

εὗρον Aor. εὑρίσκω; εὗρον καθὼς εἶπεν (hier Vorvergangenheit [vgl.
H-S §199n; A224]) αὐτοῖς *sie fanden (alles)* (A79) *so, wie er es* (A79) *ihnen
gesagt hatte.* **ἡτοίμασαν** Aor.
17 **17 ὀψία** (eig. Fem. Sg. ὄψιος spät; subst.) *Abend.* **γενομένης** Aor.
Ptz. Med. γίνομαι, gen. abs. (A288), temp.; ὀψίας γενομένης *als es Abend
geworden war.* **ἔρχεται** hist. Präs. (A235). **οἱ δώδεκα** vgl. V. 10.
18 **18 ἀνα-κειμένων** Ptz. ἀνά-κειμαι *liegen;* „(zu Tisch) liegen" = *bei Tisch
sein;* gen. abs. (A288), temp. **ἐσθιόντων** Ptz. ἐσθίω, gen. abs. (A288), temp.
ὅτι am besten als Doppelpunkt berücksichtigen (vgl. A333). **ἐξ ὑμῶν** hier
statt gen. partitivus (A164). **παρα-δώσει** Fut. -δίδωμι. **ἐσθίων** Ptz.,
attr. (hier m. Art., A303); ὁ ἐσθίων μετ' ἐμοῦ *einer, der hier mit mir ißt.*
19 **19 ἤρξαντο** Aor. Med. ἄρχω; Med. m. Inf. vgl. zu 1,45; ἤρξαντο λυπεῖ-
σθαι καὶ λέγειν αὐτῷ εἷς κατὰ εἷς *da wurden sie traurig* (GN: *die Jünger
waren bestürzt*), *und einer nach dem anderen fragte ihn* (Einh.). **λυπεῖσθαι**
Inf. Pass. λυπέω *traurig machen, betrüben;* Pass. Präs. auch *traurig sein.* **λέ-
γειν** Inf. **εἷς κατὰ εἷς** *einer nach dem anderen* (B εἷς 5e; Zerwick §10; vgl.
BDR §305[5]). **μήτι** *etwa* (verneinende Antwort angedeutet, A320); μήτι
20 ἐγώ *doch nicht etwa ich?* **20 ὁ δέ** *(und/doch) dieser/er* (A102). **ἐμ-βαπτό-
μενος** Ptz. Med. -βάπτω *eintauchen* εἴς τινι *in etwas;* attr. (hier m. Art.,
A303); εἷς τῶν δώδεκα, ὁ ἐμβαπτόμενος μετ' ἐμοῦ (erg. gedankl. τὴν
χεῖρα o.ä.) εἰς τὸ τρύβλιον *einer von euch zwölf* (wörtl. *einer der Zwölf*), *der
mit mir die Hand in die Schüssel taucht* bzw. ... *der mit mir aus derselben Schüssel
ißt* (= *einer meiner Tischgenossen/Freunde* [vgl. zu Mt 26,23]). **τρύβλιον**
Schüssel, Schale; wahrscheinl. handelte es sich um eine Schüssel m. Fruchtmus,
in das die Mahlteilnehmer Brotstücke bzw. Grünkräuter vor deren Verzehr
(während der Vorspeise od. der Hauptmahlzeit) tauchten (vgl. Mischna, Pesa-
21 chim 10,1ff; Dalman, Jesus, S. 111f; GBL 1, S. 4; DJG, S. 447). **21 ὅτι** hier
denn (vgl. B 3b); die Schrift wird als Grund für den bevorstehenden Verrat an
Jesus angeführt. **ὑπ-άγω** hier wohl Euphemismus (A385) für den Tod (B 3);
Präs. hier fut. (A234); ὁ μὲν υἱὸς τοῦ ἀνθρώπου ὑπάγει καθὼς γέγρα-
πται περὶ αὐτοῦ *der Menschensohn geht* (im Sinn v. *wird ... gehen* bzw. *ist im
Begriff ... zu gehen*) *dahin/seinen Weg, wie über ihn in der Schrift steht* = *der Men-
schensohn muß zwar sterben, wie es in den Heiligen Schriften angekündigt ist*
(GNB). **γέ-γραπται** Pf. Pass. γράφω, Pf. Pass. term. tech. zur Einführung
v. Hinweisen auf die Heilige Schrift (B 2c): *in der Schrift steht;* zu denken ist
etwa an Jes 53,7-9, Da 9,26 od. auch größere typologische Zusammenhänge
(z.B. das Passalamm; vgl. zu Mt 26,24; da Jesus in V. 18 u. 30 phraseologisch an
Ps 41,10 anzuknüpfen scheint, gehört viell. auch diese zu den v. ihm gemeinten
Schriftstellen [Gundry, Mk, S. 828]). **παρα-δίδοται** Pass. -δίδωμι. **κα-
λόν** Positiv statt Komp. (A118,1; B 3c). [Var. ἦν V. 1.] **ἐ-γεννήθη** Aor.
Pass. γεννάω; καλὸν (im Sinn v. καλὸν ἦν bzw. καλὸν ἂν ἦν [BDR

§360[6]; vgl. §358[2]]; vgl. Var.) αὐτῷ **εἰ** οὐκ ἐγεννήθη ὁ ἄνθρωπος ἐκεῖνος
irrealer Fall (A345) *für diesen Menschen* (dat. commodi, A173) *wäre es besser, er*
wäre nicht/nie geboren worden.

22 ἐσθιόντων V. 18; zu den Fragen um das Verhältnis der verschie- 22
denen Abendmahlsberichte bei Mt, Mk, Lk u. 1Kor 11,23-26 zueinander, um die
ursprüngl. Form der Herrenworte sowie um theologischen Hintergrund u. Sinn
s. z.B. GBL 1, S. 3-6, DJG, S. 444-451. **λαβών** Aor. Ptz. λαμβάνω, temp.
(A291,1 Anm. 1); analog εὐλογήσας. **εὐ-λογήσας** Aor. Ptz. -λογέω hier
Lob und Dank sagen (B 1), *den Lobpreis/das Dankgebet sprechen, Gott danken;*
temp. **ἔ-κλασεν** Aor. κλάω[23] *(in Stücke) brechen;* erg. τοῦτον/αὐτόν
(A79), analog zu ἔδωκεν. **ἔ-δωκεν** Aor. δίδωμι. **λάβετε** Aor. Imp.
λαμβάνω. [Var. φάγετε Aor. Imp. ἐσθίω.] **ἐστίν** *ist,* hier wohl in
Metapher (A380) bzw. erklärend gebraucht im Sinn v. *bedeutet* (DJG, S. 447;
vgl. B εἰμί II3), *stellt ... dar* (vgl. GBL 1, S. 5); analog in V. 24. **23 λαβών** 23
wie V. 22. **ποτήριον** *Becher, Kelch;* v. den während des jüd. Passamahls
herumgereichten vier Bechern handelt es sich hier wohl um den dritten, den
zum Hauptmahl gehörenden „Segensbecher“ (GBL 1, S. 4; DJG, S. 448). **εὐ-**
χαριστήσας Aor. Ptz. -χαριστέω *danken, danksagen; dankbar sein,* hier
das Dankgebet sprechen, Gott danken (vgl. B 2); temp. (A291,1 Anm. 1).
ἔ-δωκεν erg. τοῦτο/αὐτό (A79). **ἔ-πιον** Aor. πίνω. **24 δια-θήκη** 24
Testament; im NT meist: *Heilsverfügung, -setzung, Bund;* τὸ αἷμά μου τῆς
διαθήκης τὸ ἐκχυννόμενον ὑπὲρ πολλῶν *mein Blut des Bundes* (An-
spielung auf Ex 24,8), *das für viele* (Anspielung auf Jes 53,12) *vergossen wird,* d.h.
durch meinen gewaltsamen Tod („mein Blut“), meine stellvertretende Lebens-
hingabe, die Sühne wirkt, richtet Gott seine neue Heilsordnung auf. **ἐκ-χυν-**
νόμενον Ptz. Pass. -χέω/χύννω *ausgießen;* (Blut) *vergießen;* attr. **25 ὅτι** 25
V. 14. **οὐ μή** m. Aor. Konj. stärkste Verneinung zukünftigen Geschehens
(A257), hier (unklass. [BDR §431[7]; vgl. A310c]) zusätzl. verstärkt durch
οὐκέτι. **πίω** Aor. Konj. πίνω. **ἐκ τοῦ** hier statt gen. partitivus (A164;
B 4aε). **γένημα**[3] *Erzeugnis, Ertrag;* τὸ γένημα τῆς ἀμπέλου *das Erzeug-*
nis/die Frucht des Weinstocks im Judentum gebräuchl. Umschreibung für *Wein*
(Dt 22,2 LXX; Jes 32,12; Mischna, Berachot 6,1; vgl. EWNT 1, Sp. 584);
οὐκέτι οὐ μὴ πίω ἐκ τοῦ γενήματος τῆς ἀμπέλου *ich werde nie mehr*
vom Erzeugnis des Weinstocks trinken = ich werde keinen Wein mehr trinken
(GNB). **ἄμπελος** ἡ *Weinstock.* **ὅταν** temp. NS hier Attr. zu τῆς ἡμέρας
ἐκείνης (A353): bis *zu dem Tag, an dem.* **πίνω** Konj. **καινόν** Obj.-Präd.
(Artangabe; A65; H-S §259n); ὅταν αὐτὸ πίνω καινόν *an dem ich ihn neu*
(d.h. m. neuer Beschaffenheit, in neuer Gestalt) *trinken werde;* Jesus macht hier
deutl., daß dies sein letztes Mahl m. seinen Jüngern vor seiner Wiederkunft u.
dem Mahl der Vollendung ist (vgl. Mt 8,11f; 22,11-14; 1Kor 11,26; GBL 1, Sp. 5;
DJG, S. 448f).

26 **26 ὑμνήσαντες** Aor. Ptz. ὑμνέω *ein Loblied singen, lobsingen; besin-
gen, preisen;* temp. *nachdem sie den Lobpreis gesungen hatten;* gemeint ist wahr-
scheinl. der letzte Teil des „Hallel“: Ps 114-118 od. 115-118 (daher GNB: *die
Dankpsalmen*). **ἐξ-ῆλθον** Aor. -έρχομαι. **εἰς** hier *an.* **ἐλαία** *Oliven-
baum, Ölbaum; Olive;* τὸ ὄρος τῶν ἐλαιῶν *der Ölberg,* Bergzug im Norden u.
27 Osten v. Jerusalem (GBL 2, S. 1088ff). **27 λέγει** V. 13. **ὅτι** V. 14. **σκαν-
δαλισθήσεσθε** Fut. Pass. σκανδαλίζω (vgl. A33[91ff]) (< σκάνδαλον
Falle; Ärgernis, Anstößiges) m. Akk. *jmdm. Anstoß geben, jmdn. zur Sünde ver-
führen;* πάντες σκανδαλισθήσεσθε (erg. gedankl. ἐν ἐμοί o.ä.) *ihr werdet
alle an mir Anstoß nehmen* (= *an mir irre werden*) (Menge) od. *ihr werdet euch
alle von mir abwenden* (NGÜ). **ὅτι, γέ-γραπται** V. 21; zum Zitat aus Sach
13,7 vgl. zu Mt 26,31. **πατάξω** Fut. πατάσσω (vgl. A33[74ff]) *schlagen,
stoßen; niederschlagen, erschlagen;* Subj. ist Jahwe (nach MT das Schwert
Jahwes). **ποιμήν**[4] ένος ὁ *Hirte.* **πρό-βατον** *Schaf.* **δια-σκορπισθή-
28 σονται** Fut. Pass. -σκορπίζω (vgl. A33[91ff]) *zerstreuen.* **28 μετὰ τό** m.
AcI temp. (A282; BDR §402[4]). **ἐγερθῆναί** Aor. Inf. Pass. ἐγείρω; Präd. des
AcI; μετὰ τὸ ἐγερθῆναί με *nach meiner Auferstehung* (H-S §226a). **προ-
άξω** Fut. -άγω[59] (örtl. od. zeitl.) *vorausgehen, vorangehen* (τινά *jmdm.*).
29 **29 ἔ-φη** Ipf. φημί. **εἰ** m. Ind. indefiniter Fall (A342). **σκανδαλισθή-
σονται** V. 27. **ἀλλά** nach Wenn-Satz *so doch, wenigstens* (B 4; BDR §448[6]);
ἀλλ᾽ οὐκ ἐγώ (Ellipse v. σκανδαλισθήσομαι [H-S §293b; BDR §479,1])
30 *so doch ich sicherlich nicht* (Menge) od. einfach: – *ich nicht.* **30 λέγει** V. 13.
ὅτι V. 14. **σύ** Subj. betont (A122). **ταύτῃ τῇ νυκτί** temp. Dat. (A182) *in
dieser Nacht;* σήμερον ταύτῃ τῇ νυκτί *(noch) heute nacht.* **πρίν** (A336)
bevor, ehe (fast immer m. Inf./AcI bzw. [so hier] ἤ m. Inf./AcI). **δίς**[19] *zweimal.*
ἀλέκτωρ[6] ορος ὁ *Hahn.* **φωνῆσαι** Aor. Inf. φωνέω hier *krähen;* Präd.
des AcI; πρὶν ἢ δὶς ἀλέκτορα φωνῆσαι *bevor ein/der Hahn zweimal kräht,*
zu verstehen im Sinn v. *vor dem Haupthahnenschrei,* d.h. ca. 1.30 Uhr (offenbar
ging man in Palästina von drei Hahnenschreien aus, die für verschiedene unge-
fähre Nachtstunden standen: 12.30 Uhr [erster], 1.30 Uhr [zweiter] u. 2.30 Uhr
[dritter]; die Römer nannten die dritte Nachtwache [24-3 Uhr] „Hahnenschrei“
[vgl. Mk 13,35]; vgl. Carson, Mt, S. 542), od. (viell. besser) als volkstüml. Be-
zeichnung im Sinn v. *noch vor der Morgendämmerung* (s. Brown, Death 1, S. 137
u. 605). **τρίς**[19] *dreimal.* **ἀπ-αρνήσῃ** Fut. Med. -αρνέομαι *leugnen, ver-
31 leugnen.* **31 ὁ δέ** V. 20. **ἐκ-περισσῶς** *übermäßig, mit allem Nachdruck.*
ἐ-λάλει Ipf. λαλέω. **δέῃ** Konj. δεῖ. **συν-απο-θανεῖν** Aor. Inf. -θνή-
σκω[161] *zusammen sterben* τινί *mit jmdm.;* Präd. des AcI, abhängig v. δέῃ. **οὐ
μή** V. 25. **ἀπ-αρνήσομαι** Fut. Med [Var. -αρνήσωμαι Aor. Konj.
Med.]. **ὡσ-αύτως** *in gleicher Weise, ebenso.* **ἔ-λεγον** Ipf. λέγω.
32 **32 ἔρχονται** hist. Präs. (A235). **χωρίον** *Grundstück, Landgut.* **οὗ τὸ
ὄνομα** erg. (vgl. BDR §128[3] u. A78; zum Art. vgl. A363) ἐστίν bzw. ἦν (Ipf.

v. εἰμί) *dessen Name ... ist/war* bzw. *das ... heißt/hieß.* **Γεθσημανί** indekl.,
hier Akk. (hebr. [ם]שְׁמָנִי גַּת *gat šəmānî[m]* „Öl[e]kelter") *Getsemani;* gemeint
ist ein Garten am Fuß des westl. Ölbergabhanges (vgl. Jh 18,1f; GBL 1, S. 460f).
λέγει V. 13; καὶ λέγει *dann/dort* (vgl. A311,2) *sagte er.* **καθίσατε** Aor.
Imp. καθίζω. **ἕως** hier *solange (wie), während* (B I1b; vgl. A337). **προσ-εύ-
ξωμαι** Aor. Konj. Med. -εύχομαι. **33 παραλαμβάνει** hist. Präs. 33
(A235). **μετ᾽ αὐτοῦ** *mit sich* (vgl. A126c). **ἤρξατο** V. 19. **ἐκ-θαμβεῖ-
σθαι** Inf. -θαμβέομαι *ins Staunen/in große Erregung geraten; erschrecken, sich
entsetzen.* **ἀδημονεῖν** Inf. ἀδημονέω *beunruhigt/betrübt/in Angst sein;* ἤρ-
ξατο ἐκθαμβεῖσθαι καὶ ἀδημονεῖν καὶ λέγει αὐτοῖς *[er] fing an zu
zittern und zu zagen und sagte zu ihnen* (Menge; B ἐκθαμβέω) od. *von Angst und
Grauen gepackt, sagte er zu ihnen* (NGÜ); zu Jesu Seelenqualen vgl. zu Mt 26,37.
34 λέγει V. 13. **περί-λυπος**[11] *tiefbetrübt, sehr traurig;* περίλυπός ἐστιν 34
ἡ ψυχή μου ἕως θανάτου *tiefbetrübt ist meine Seele bis zum Tode* (Menge),
meine Seele ist zu Tode betrübt, d.h. die Seelenqualen sind so groß, daß sie mich
fast töten (vgl. Gundry, Mk, S. 854). **μείνατε** Aor. Imp. μένω. **γρηγορεῖ-
τε** Imp. γρηγορέω (= att. ἐγρήγορα, Pf. ἐγείρω) *wach sein/bleiben,
wachen;* hier impliziert: um zu beten. **35 προ-ελθών** Aor. Ptz. -έρχομαι[187] 35
vorgehen, vorwärtsgehen, weitergehen; temp. (A291,1 Anm. 1) [Var. προσ- statt
προ-]. **μικρόν** *ein wenig, eine kleine Strecke, ein paar Schritte* (adv. Akk.;
A148ff). **ἔ-πιπτεν** Ipf. πίπτω hier *niederfallen, sich zu Boden werfen* (B 1bα;
hier ἐπὶ τῆς γῆς „zu Boden" speziell [pleon.] ausgedrückt). **προσ-
ηύχετο** Ipf. -εύχομαι. **ἵνα** hier *daß* (A328; bez. das Erbetene). **εἰ** V. 29.
δυνατός *stark, mächtig;* Ntr. *möglich.* **παρ-έλθῃ** Aor. Konj. -έρχομαι[187]
vorbei-, vorübergehen; v. einem Leiden, Unglück: *vorübergehen,* ohne zu
berühren, ἀπό τινος *an jmdm.* (B 1bγ); καὶ προσηύχετο ἵνα εἰ δυνα-
τόν ἐστιν παρέλθῃ ἀπ᾽ αὐτοῦ ἡ ὥρα *und betete, daß, wenn es möglich sei,
die Stunde an ihm vorübergehen möchte* (Menge) od. (klarer) *und bat Gott, die
Leidensstunde, wenn möglich, an ihm vorübergehen zu lassen* (vgl. NGÜ).
36 ἔ-λεγεν Ipf. λέγω. **ἀββά** (aram. אַבָּא *ʾabbāʾ* als Vok. gebrauchte De- 36
terminativform) *Vater* (in der Anrede; der früher angenommene Gebrauch im
Sinn v. „mein Vater" [in der Anrede eines Kindes an seinen Vater] ist für die
Zeit vor 200 n. Chr. nicht bezeugt [Brown, Death 1, S. 172f]). **ὁ πατήρ** Nom.
m. Art. für Vok. (A142). **πάντα δυνατά σοι** erg. ἐστίν (A78) *alles ist dir
möglich.* **παρ-ένεγκε** Aor. Imp. παρα-φέρω[198] *fort-, wegführen/treiben/neh-
men;* hier τὶ ἀπό τινος *etwas von jmdm. nehmen* (B 2c). **ποτήριον** *Becher,
Kelch* (GN hier: *Leidenskelch*); m. „Kelch" sind hier nicht nur das Leiden u.
Sterben, sondern auch das Zorngericht Gottes gemeint (vgl. zu Mt 26,39). **τί**
hier (unklass.) statt ὅ (H-S §143b; BDR §298,4; vgl. A133b); ἀλλ᾽ οὐ τί ἐγὼ
θέλω ἀλλὰ τί σύ (erg. θέλεις) *aber nicht was ich will, sondern was du willst*
(impliziert: soll geschehen). **37 ἔρχεται, εὑρίσκει** hist. Präs. (A235). 37

καθ-εύδοντας Ptz. -εύδω *schlafen;* AcP (A300). **λέγει** V. 13. **ἰσχύ-
σας** Aor. ἰσχύω *stark sein, vermögen, können.* **μίαν ὥραν** Akk. der zeitl.
Ausdehnung (A148) *eine einzige Stunde (lang).* **γρηγορῆσαι** Aor. Inf.
38 **38 προσ-εύχεσθε** Imp. **ἵνα** hier fin. od. *daß* (A328; bez. das Erbetene;
B II1aγ). **ἔλθητε** Aor. Konj. ἔρχομαι. **πειρασμός** *Prüfung, Erprobung;
Versuchung, Anfechtung;* ἵνα μὴ ἔλθητε εἰς πειρασμόν *damit* (od. *darum,
daß*) *ihr nicht in Versuchung* (vgl. V. 31) *geratet.* **πρό-θυμος**[11] *geneigt, bereit,
willig.* **ἀ-σθενής**[7] *kraftlos, schwach;* τὸ μὲν πνεῦμα πρόθυμον ἡ δὲ
σὰρξ ἀσθενής *der Geist ist willig, aber das Fleisch* (d.h. die menschl. Natur) *ist
schwach* bzw. (wesentl. freier, aber idiomatischer) *den guten Willen habt ihr, aber*
39 *ihr seid nur schwache Menschen* (GN). **39 ἀπ-ελθών** Aor. Ptz. -έρχομαι,
temp. (A291,1 Anm. 1). **προσ-ηύξατο** Aor. Med. -εύχομαι. **εἰπών** Aor.
Ptz. λέγω, mod.; προσηύξατο τὸν αὐτὸν λόγον εἰπών *und betete, wobei
er dasselbe Wort/Gebet* (B λόγος 1aβ) *sprach = und betete mit denselben Worten.*
40 **40 ἐλθών** Aor. Ptz. ἔρχομαι; temp. [Var. ὑπο-στρέψας Aor. Ptz. -στρέ-
φω[47] *zurückkehren*]. **εὗρεν** Aor. εὑρίσκω. **καθ-εύδοντας** V. 37.
ἦσαν V. 4. **κατα-βαρυνόμενοι** Ptz. Med. -βαρύνω *belasten;* um-
schrieb. Ipf. (A249a); ἦσαν αὐτῶν οἱ ὀφθαλμοὶ καταβαρυνόμενοι
„ihre Augen waren schwer" = *die Augen fielen ihnen zu* (B), *sie konnten die Au-
gen vor Müdigkeit nicht offenhalten* (NGÜ). **ᾔδεισαν** Plsqpf. (m. Ipf.-Bdtg.)
οἶδα. **ἀπο-κριθῶσιν** Aor. Konj. Pass. (ohne Pass.-Bdtg.) -κρίνομαι; deli-
berativer Konj. (A255) wie bei der entsprechenden direkten Frage, doch hier
3. statt 1. Pl. (vgl. H-S §273e; A331); οὐκ ᾔδεισαν τί ἀποκριθῶσιν αὐτῷ
sie wußten nicht, was sie ihm antworten sollten (zum wenig verständnisvollen
41 Verhalten der Jünger Jesu Auftrag gegenüber vgl. zu 4,13). **41 ἔρχεται, λέ-
γει** hist. Präs. (A235). **τὸ τρίτον** adv. Akk. *zum drittenmal* (H-S §145g; vgl.
A150). **καθ-εύδετε** Ind. (evtl. konativ; A232c) od. Imp. V. 37. **τὸ λοιπόν**
adv. Akk. (m. od. ohne Art.; A150) *hinfort, weiterhin.* **ἀνα-παύεσθε** Ind.
(evtl. konativ; A232c) od. Imp. Med. -παύω *ausruhen lassen, Ruhe gewähren,
erquicken;* Med. *sich ausruhen;* καθεύδετε τὸ λοιπὸν καὶ ἀναπαύεσθε
ind. (Frage od. Ausruf) *schlaft ihr immer noch und ruht euch aus?* (od. *ihr schlaft
immer noch ...!*), *wollt ihr noch länger schlafen und euch ausruhen?,* imp. (iro-
nisch) *schlaft nur weiter* (Menge: *schlaft ein andermal*) *und ruht euch aus!* (vgl. B
λοιπός 3aα). **ἀπ-έχω** *empfangen haben* (term. tech. der Geschäftssprache:
[einen Betrag] empfangen haben u. ihn quittieren); was ἀπέχει hier bedeutet,
ist bisher noch nicht wirkl. geklärt; zu den wichtigsten Vorschlägen zählen (vgl.
Brown, Death 2, S. 1379-1383; B 1; BDR §129[3]): a) persönl. *er* (d.h. der Ver-
räter) *hat sein Geld erhalten;* b) unpersönl. *die Rechnung* (d.h. das Geschäft m.
dem Verräter) *ist abgeschlossen = es ist quittiert;* c) unpersönl. *es ist genug*
(Vulgata: *sufficit;* doch ohne wirkl. bezeugte griech. Par.); trotz der unterschiedl.
grammatisch-lexikalischen Deutungen v. ἀπέχει unterschiedl. gedeutet wird,

kristallisiert sich in fast allen Fällen dieselbe situative („pragmatische") Funk-
tion heraus: sie läßt sich etwa durch *es ist soweit* (NGÜ) wiedergeben. **ἰδού**
etwa *jetzt* (NGÜ) od. *gleich* (GN). **παρα-δίδοται** V. 21, hier m. τινὰ εἰς
τὰς χεῖράς τινος *jmdn. in jmds. Hände/Gewalt geben/überantworten* (B χείρ
2b), *jmdn. jmdm. ausliefern;* Präs. hier fut. (A234). **42 ἐγείρεσθε** Imp. Pass. 42
ἐγείρω Pass. hier *aufstehen* (B 2b). **ἄγωμεν** Konj. ἄγω hier *gehen* (B 5); ad-
hortativer Konj. (A254); ἐγείρεσθε ἄγωμεν *steht auf, wir wollen gehen.* **πα-
ρα-διδούς** Ptz. -δίδωμι; wohl lin. (vgl. V. 18); subst.; ὁ παραδιδούς με
der, der mich verrät (d.h. der dabei ist, mich zu verraten) bzw. *mein Verräter.*
ἤγγικεν Pf. (A242) ἐγγίζω; ἰδοὺ ὁ παραδιδούς με ἤγγικεν *seht, der,
der mich verrät, ist (schon) da* [Var. ἤγγισεν Aor.].

43 λαλοῦντος Ptz. λαλέω, gen. abs. (A288), temp. **παρα-γίνο-** 43
μαι *ankommen, kommen, herzukommen;* hist. Präs. (A235). [Var. Ἰσκαριώ-
της V. 10.] **εἷς τῶν δώδεκα** V. 10. **μάχαιρα** *Schwert.* **ξύλον** *Holz;*
hier *Prügel, Knüppel* (B 2b); ὄχλος μετὰ μαχαιρῶν καὶ ξύλων *eine Schar
von Männern mit Schwertern und Knüppeln (bewaffnet).* **παρά** m. Gen. bez.
hier (klass.) den Urheber/Auftraggeber (vgl. B I2); παρὰ τῶν ... *von den ...
(abgesandt)* (Menge) bzw. (durch HS ausgedrückt) *sie waren von den ... geschickt
worden.* **πρεσβύτερος** Pl. hier v. Mitgliedern einer Gruppe des Synedriums
(B 2aß; GNB: *Ratsälteste*). **44 δε-δώκει** Plsqpf. (hier ohne Aug.; vgl. A21; 44
H-S §72h) δίδωμι. **παρα-διδούς** V. 42; ὁ παραδιδοὺς αὐτόν übers.
der Verräter. **σύσ-σημον** (< σῆμα [Kenn-]Zeichen) *Verabredungszeichen;*
δεδώκει ... σύσσημον αὐτοῖς der Verräter *hatte mit ihnen ein Zeichen ver-
einbart* od. ... *ein Erkennungszeichen ausgemacht* (GNB). **λέγων** Ptz., mod. **ὃν
ἄν** (A371) *welchen (auch immer)* bzw. (hier [vgl. A358]) *der, den;* ὃν ἂν φιλή-
σω αὐτός ἐστιν, κρατήσατε αὐτόν *der, den ich küssen werde, der ist's; den
nehmt fest* (Menge). **φιλήσω** Aor. Konj. φιλέω *lieben, gern haben;* hier *küs-
sen* (B 2). **κρατήσατε** Aor. Imp. V. 1. **ἀπ-άγετε** Imp. -άγω *wegführen;*
hier juristischer term. tech. *abführen* (B 2b). **ἀ-σφαλῶς** *sicher;* hier *unter si-
cherer Bedeckung* (B 1), *unter Bewachung* (GNB). **45 ἐλθών** Aor. Ptz. ἔρχο- 45
μαι hier etwa *ankommen* (Menge); temp. **προσ-ελθών** Aor. Ptz. -ἔρχο-
μαι, temp. (A291,1 Anm. 1). **λέγει** V. 41; ἐλθὼν εὐθὺς προσελθὼν αὐ-
τῷ λέγει *(in Getsemani) angelangt, ging Judas sofort auf Jesus zu und sagte.*
ῥαββί indekl., hier Vok., (hebr. רַבִּי *rabbî*) *Rabbi,* Anrede u. Ehrenbezeich-
nung für (Gesetzes-)Lehrer. **κατ-ε-φίλησεν** Aor. κατα-φιλέω *küssen.*
46 οἱ δέ V. 11. **ἐπ-έ-βαλον** Aor. -βάλλω[112] *auf* etwas *werfen/legen;* ἐπι- 46
βάλλω τὰς χεῖρά τινι *jmdn. ergreifen/packen* (vgl. B 1b). **ἐ-κράτησαν**
Aor. V. 1. **47 εἷς** m. gen. partitivus (A164); εἷς τις τῶν παρεστηκότων 47
irgendeiner von den Dabeistehenden (die Verbindung εἷς τις ist klass.; B 3c;
BDR §247[6]) bzw. *einer von denen, die dabeistanden* (= *die bei Jesus standen*).
παρ-εστηκότων Pf. (m. präs. Bdtg.) Ptz. -ἵσταμαι, subst. **σπασάμε-**

νος Aor. Ptz. Med. σπάομαι[24] (das Schwert) *ziehen;* temp. (A291,1 Anm. 1).
ἔ-παισεν Aor. παίω *schlagen, stoßen, verwunden;* hier etwa *einschlagen auf*
od. (freier) *losgehen auf.* **ἀφ-εῖλεν** Aor. -αιρέω[186] *wegnehmen,* hier *ab-*
hauen; καὶ ἀφεῖλεν αὐτοῦ τὸ ὠτάριον *und hieb ihm ein* (wörtl.: *das*
[eine]) Ohr ab. **ὠτάριον** (äußeres) *Ohr, Ohrmuschel* [Var. ὠτίον synonym].
48 **48 ἀπο-κριθείς** Aor. Ptz. Pass. (ohne Pass.-Bdtg.) -κρίνομαι hier *das*
Wort ergreifen o.ä. (Hebr./Aram.; vgl. B 2; Zerwick §366); pleon. (A297,2); καὶ
ἀποκριθεὶς ὁ Ἰησοῦς εἶπεν αὐτοῖς *da* (vgl. 1,12) *sagte Jesus zu ihnen.*
λῃστής[1] *Räuber, Straßenräuber;* hier u. 15,27 wohl *Aufrührer* (Carson, Mt,
S. 568f; vgl. GBL 3, S. 1243), übers. viell. am besten *Verbrecher.* **ἐξ-ήλθατε**
Aor. (vgl. H-S §105g) -έρχομαι hier ἐπί τινα *gegen jmdn. ausziehen* (B 1aε).
μάχαιρα, ξύλον V. 43. **συλ-λαβεῖν** Aor. Inf. -λαμβάνω[152] *ergreifen,*
fangen, festnehmen (B 1a); fin. (A276); ὡς ἐπὶ λῃστὴν ἐξήλθατε μετὰ μα-
χαιρῶν καὶ ξύλων συλλαβεῖν με *wie gegen einen Verbrecher seid ihr mit*
Schwertern und Knüppeln (V. 47) *ausgezogen, um mich festzunehmen* (impliziert:
weshalb denn nur? o.ä.) od. (als Frage wie Textlesart v. NA) etwa *bin ich denn*
ein Verbrecher, daß ihr mit Schwertern und Knüppeln anrücken mußtet, um mich
49 *festzunehmen?* (vgl. ähnl. GN). **49 καθ᾽ ἡμέραν** *täglich, Tag für Tag*
(A195). **ἤμην** Ipf. Med. εἰμί. **πρός** τινά εἰμι *bei jmdm. sein* (B III7). **δι-**
δάσκων Ptz., mod. (A291,2 Anm. 1). **ἐ-κρατήσατε** Aor. V. 1 [Var.
ἐ-κρατεῖτε Ipf.]. **ἀλλ᾽ ἵνα** erg. (Ellipse, A376) τοῦτο γέγονεν (Pf. γί-
νομαι) o.ä. *doch (das ist geschehen,) damit ... = doch es sollte ...* (BDR §448,7).
50 **πληρωθῶσιν** Aor. Konj. Pass. πληρόω; zur Sache vgl. V. 21. **50 ἀφ-**
έντες Aor. Ptz. -ίημι hier wohl *im Stich lassen* (B 3a); temp. (A291,1
51 Anm. 1). **ἔ-φυγον** Aor. φεύγω[72] *fliehen.* **51 νεανίσκος** *junger Mann*
(bis etwa zum Alter v. 40). **συν-ηκολούθει** Ipf. -ακολουθέω *nachgehen,*
begleiten, folgen, m. Dat. **περι-βε-βλημένος** Pf. (A231) Ptz. Pass.
-βάλλω[112] (Kleidungsstücke, Schmuck) *anziehen,* Med. *sich anziehen, sich klei-*
den; Pf. Pass. m. Akk. der Sache (BDR §159[1]) *bekleidet sein mit, tragen;* mod. od.
attr. **σινδών**[4] όνος ἡ *Leinentuch;* hier etwa *leinener Umhang* (NGÜ).
γυμνός *nackt, ohne Obergewand;* ἐπὶ γυμνοῦ *auf dem bloßen Leib* (B 1);
περιβεβλημένος σινδόνα ἐπὶ γυμνοῦ *er trug nur einen leinenen Umhang*
auf dem bloßen Leib (od. [attr.] *der nur ... Leib trug*) od. (einfach) *er war nur mit*
einem leichten Überwurf bekleidet (GNB). **κρατοῦσιν** V. 1; hist. Präs.
(A235); hier viell. konativ (A227/237c); καὶ κρατοῦσιν αὐτόν *ihn wollten*
52 *sie auch festnehmen* (GNB). **52 ὁ δέ** V. 20. **κατα-λιπών** Aor. Ptz.
-λείπω[44] (einen Ort) *verlassen; zurücklassen;* hier etwa *fahren lassen* (Menge);
temp. (A291,1 Anm. 1). **γυμνός** Artangabe zum Subj. (A65); γυμνὸς
ἔφυγεν *er rannte nackt davon.* **ἔ-φυγεν** Aor. V. 50.
53 **53 ἀπ-ήγαγον** Aor. -άγω[59] *wegführen;* juristischer term. tech.: hier
vorführen (πρός τινα *jmdm.;* B 2a), *zu jmdm. führen;* καὶ ἀπήγαγον τὸν

Ἰησοῦν πρὸς τὸν ἀρχιερέα *darauf* (vgl. 1,12) *führten sie Jesus zum Hohen-*
priester (vgl. V. 1)); zum Prozeßverlauf u. damit zusammenhängenden Fragen
vgl. zu Mt 26,57. **συν-έρχομαι** *zusammenkommen, sich versammeln;* hist.
Präs. (A235); καὶ συνέρχονται πάντες οἱ ἀρχιερεῖς (V. 1) καὶ οἱ
πρεσβύτεροι (V. 43) καὶ οἱ γραμματεῖς *(dort) versammelten sich alle füh-*
renden Priester und alle Ratsältesten und Schriftgelehrten (d.h. das ganze Syn-
edrium, vgl. V. 55). **54 μακρόθεν** *von ferne, aus der Ferne* (meist pleon. 54
[A379] ἀπὸ μακρόθεν), hier etwa *in einiger Entfernung* (NGÜ), *in weitem Ab-*
stand (GNB). **ἠκολούθησεν** Aor. ἀκολουθέω, hier wird viell. die Vorver-
gangenheit bez. (vgl. H-S §199n; A224). **ἔσω** (< εἰς) *hinein;* ἕως ἔσω εἰς
bis hinein in (B 1). **αὐλή** *Hof, Gehöft, (Tempel-)Vorhof;* hier wohl *Palast;* ἕως
ἔσω εἰς τὴν αὐλὴν τοῦ ἀρχιερέως *bis in den Innenhof des hohepriesterli-*
chen Palastes. **ἦν** Ipf. εἰμί. **συγ-καθήμενος** Ptz. -κάθημαι (A32) *zu-*
sammensitzen τινί (hier μετά τινος) *mit jmdm.;* umschrieb. Ipf. (A249a); καὶ
ἦν συγκαθήμενος μετὰ τῶν ὑπηρετῶν *nun* (vgl. 1,12) *saß er (dort) bei*
den Dienern (vgl. Einh.). **ὑπ-ηρέτης**[1] *Gehilfe, Diener.* **θερμαινόμενος**
Ptz. θερμαίνομαι *sich wärmen;* umschrieb. Ipf. (A249a). **πρός** m. Akk. *bei,*
in der Nähe von (jmdm./etwas) (B III7; Zukehrung wie klass., BDR §239[3]);
πρὸς τὸ φῶς *am Feuer.* **φῶς** hier *Feuer* (das Licht u. Wärme spendet;
B 1bα).

55 συν-έδριον *Synedrium, Hoher Rat* (oberste jüd. Instanz in allen reli- 55
giösen u. zivilen Angelegenheiten). **ἐ-ζήτουν** Ipf. ζητέω. **μαρτυρία**
Zeugnis (das Bezeugen od. das Bezeugte), hier *Zeugenaussage(n),* κατά τινος
gegen jmdn. (B 2a). **εἰς τό** m. Inf. fin. *damit/um zu* (A282; BDR §402[2]). **θα-**
νατῶσαι Aor. Inf. θανατόω *töten,* hier *zum Tod verurteilen;* εἰς τὸ θανα-
τῶσαι αὐτόν *um ihn zum Tod verurteilen zu können.* **καί** (zweites) adversativ
(A311,1) *doch, aber.* **ηὕρισκον** Ipf. εὑρίσκω; καὶ οὐχ ηὕρισκον erg.
τινά/τι (vgl. A79) *doch sie fanden keine/nichts, doch* (A311,1) *sie konnten nichts*
finden. **56 ἐ-ψευδο-μαρτύρουν** Ipf. -μαρτυρέω *falsches Zeugnis able-* 56
gen, Falsches bezeugen, falsche Aussagen machen, κατά τινος *gegen jmdn.*
ἴσος *gleich,* hier im Sinn v. *gleichlautend;* πολλοὶ γὰρ ἐψευδομαρτύρουν
κατ᾽ αὐτοῦ, καὶ ἴσαι αἱ μαρτυρίαι οὐκ ἦσαν etwa *denn viele machten*
zwar falsche Aussagen gegen ihn, aber die Aussagen stimmten nicht überein.
ἦσαν V. 4. **57 ἀνα-στάντες** Wz.-Aor. Ptz. ἀν-ίσταμαι, temp. (A291,1 57
Anm. 1). **λέγοντες** Ptz. λέγω, mod.; καί τινες ἀναστάντες ἐψευδο-
μαρτύρουν κατ᾽ αὐτοῦ λέγοντες *und einige standen auf und erhoben*
falsche Anschuldigungen gegen ihn, indem sie sagten bzw. (einfacher) *einige der*
falschen Zeugen, die gegen ihn auftraten, behaupteten (Einh.). **58 ὅτι** (zweimal) 58
V. 14. **ἠκούσαμεν** Aor. ἀκούω. **λέγοντος** Ptz. λέγω, GcP (A300);
ἡμεῖς ἠκούσαμεν αὐτοῦ λέγοντος *wir haben ihn sagen hören.* **κατα-**
λύσω Fut. -λύω *niederreißen, abbrechen, zerstören.* **χειρο-ποίητος**[11] *von*

Menschen(hand) gemacht/erbaut. **διά** m. Gen. hier *binnen, in* (B AII1b; BDR
§223[5]). **ἀ-χειρο-ποίητος**[11] *nicht von Menschen(hand) gemacht/erbaut.* **οἰ-
κο-δομήσω** Fut. -δομέω; zu dieser Anschuldigung vgl. zu Mt 26,61.
59 **59 οὐδὲ οὕτως** *auch in diesem Fall nicht* (B οὕτω 1b). **ἦν** V. 54.
60 **60 ἀνα-στάς** Wz.-Aor. Ptz. ἀν-ίσταμαι hier εἰς μέσον *aufstehen und in
die Mitte treten* (B 2a); temp. (A291,1 Anm. 1). **ἐπ-ηρώτησεν** Aor. -ερω-
τάω. **οὐκ ... οὐδέν** doppelte Neg. verstärkt die Verneinung (A310a). **τί**
nach der Zeichensetzung v. NA offenbar rel. (vgl. A133b) = πρὸς (τοῦτο) ὅ
auf das, was (vgl. Menge; geht v. ἀποκρίνομαί τι im [seltenen] Sinn v. *etwas
beantworten, auf etwas antworten* [vgl. LSJ IV; Kühner-Gerth §410,2b] od. v.
einem Akk. der Beziehung [vgl. A149] aus); viell. ist aber nach ἀποκρίνῃ ein
Fragezeichen zu setzen (wobei τί im Sinn v. τί ἐστιν ὅ gedeutet werden kann
[BDR §299[1]]): οὐκ ἀποκρίνῃ οὐδέν; τί οὗτοί σου καταμαρτυροῦσιν;
Antwortest du nichts? Wie verhält es sich mit dem, was (wörtl.: *was [ist das, was]*)
diese Leute gegen dich vorbringen? (vgl. BDR §298[8]). **κατα-μαρτυρέω** *Zeu-
genaussage machen gegen, aussagen/vorbringen gegen* (Gen. der Pers., Akk. der
61 Sache). **61 ὁ δέ** V. 20. **ἐ-σιώπα** Ipf. σιωπάω *schweigen, still sein.* **οὐκ ...
οὐδέν** V. 60. **ἀπ-ε-κρίνατο** Aor. Med. (wie klass. [BDR §78[3]]) ἀπο-κρί-
νομαι. **ἐπ-ηρώτα** Ipf. -ερωτάω. **λέγει** V. 13; πάλιν ὁ ἀρχιερεὺς
ἐπηρώτα αὐτὸν καὶ λέγει αὐτῷ etwa *der Hohepriester wandte sich noch
einmal an ihn und fragte* (NGÜ). **ὁ χριστός** Präd.-Nom. m. Art.: betonte
Gleichsetzung m. dem Subj. (A80). **εὐ-λογητός** *gelobt, gepriesen;* ὁ εὐλο-
62 γητός *der Hochgelobte* (Umschreibung für Gott). **62 ἐγώ εἰμι** *ich bin es =
ja* (vgl. A321b). **ὄψεσθε** Fut. Med. ὁράω. **καθήμενον** Ptz. κάθημαι,
AcP (A300). **ἐκ δεξιῶν ... τῆς δυνάμεως** *zur Rechten/an der rechten
Seite des Allmächtigen* („Macht" ist eine jüd. Umschreibung für den Gottes-
namen; EWNT 1, Sp. 862). **ἐρχόμενον** Ptz. ἔρχομαι, AcP (A300). **νεφέ-
λη** *Wolke;* καὶ ὄψεσθε τὸν υἱὸν τοῦ ἀνθρώπου ἐκ δεξιῶν καθήμενον
τῆς δυνάμεως καὶ ἐρχόμενον μετὰ τῶν νεφελῶν τοῦ οὐρανοῦ *und
ihr werdet den Menschensohn an der rechten Seite des Allmächtigen* (d.h. auf dem
höchsten Ehrenplatz) *sitzen und mit den Wolken des Himmels kommen sehen;*
jetzt sehen sie Jesus verlassen u. erniedrigt vor sich; doch dies wird nicht immer
so sein: wenn sie ihn in Zukunft wieder zu Gesicht bekommen, dann als unan-
gefochtenen messianischen König (Anspielung auf Ps 110,1) u. souveränen
63 Richter (Anspielung auf Da 7,13-14); vgl. Carson, Mt, S. 555. **63 διαρ-ρή-
ξας** Aor. Ptz. -ρήσσω/ρήγνυμι[217] *zerreißen;* temp. (A291,1 Anm. 1); das
Zerreißen der Kleider diente als Ausdruck der Entrüstung od. Trauer (Gen
37,29.34; 44,13; Num 14,6 Ri 11,35 usw.) u. ist nach rabbinischer Tradition
(Mischna, Sanhedrin 7.5) für denjenigen vorgeschrieben, der Zeuge einer Got-
teslästerung wurde. **χιτών**[4] ῶνος ὁ *Untergewand, Hemd* (unmittelbar auf
dem Leib getragen); Pl. auch *Kleider* (überhaupt). **λέγει** V. 13. **τί** adv.

warum?, wozu? (vgl. B τίς 3a; A134a). **χρείαν ἔχω** *brauchen, nötig haben,*
m. Gen. **μάρτυς** υρος ὁ (H-S §42a) *Zeuge.* **64 ἠκούσατε** Aor. ἀκούω 64
hier m. Gen. der Sache, die man hört (B 1bγ; BDR §173[2]). **βλασ-φημία**
Schmähsucht; Lästerung, Gotteslästerung. **φαίνομαι** *sichtbar werden;*
leuchten; den Anschein haben, scheinen; τί ὑμῖν φαίνεται; *was scheint euch?*
= *was ist eure Meinung?* (B 2g). **οἱ δέ** V. 11. **κατ-έ-κριναν** Aor. κατα-
κρίνω[127] *verurteilen,* hier m. AcI; οἱ δὲ πάντες κατέκριναν αὐτὸν
ἔνοχον εἶναι θανάτου *alle fällten das Urteil, daß er des Todes schuldig sei* (B)
bzw. *alle erklärten, er sei schuldig und müsse sterben* (NGÜ). **ἔν-οχος**[11] (=
ἐνεχόμενος festgehalten in) *verstrickt in, etwas* od. *jmdm. verfallen* (m. Gen.);
juristisch: *schuldig* (*an* [jmdm.] Gen.; einer Sache: Gen.), *schuldig und* (eine
bestimmte Strafe [Gen.]) *verdienend;* ἔνοχος εἶναι θανάτου *schuldig sein*
und den Tod verdienen/und sterben müssen. **εἶναι** Inf. εἰμί; Präd. des AcI.
65 ἤρξαντο V. 19. **ἐμ-πτύειν** Inf. -πτύω *anspucken,* τινί *jmdn.* **περι-** 65
καλύπτειν Inf. -καλύπτω *verhüllen, bedecken.* **κολαφίζειν** Inf.
κολαφίζω *mit der Faust schlagen, schlagen, mißhandeln.* **λέγειν** Inf. **προ-**
φήτευσον Aor. Imp. -φητεύω *prophezeien, prophetisch reden* (hier im Sinn
v. *Geheimnisse offenbaren*); προφήτευσον etwa *zeig, daß du ein Prophet bist*
(Einh.), impliziert ist wohl *sag uns, wer es war* o.ä. **ὑπ-ηρέτης** V. 54.
ῥάπισμα[3] *Schlag* (m. Hand od. Stock). **ἔ-λαβον** Aor. λαμβάνω; καὶ οἱ
ὑπηρέται ῥαπίσμασιν αὐτὸν ἔλαβον wird unterschiedl. gedeutet (vgl.
Brown, Death 1, S. 576f): a) nach B u. BDR liegt hier eine wohl aus dem Lat.
übernommene (BDR §5,4: verberibus eum acceperunt) Redewendung der
niederen Volkssprache vor: *auch die Diener nahmen sich seiner mit Schlägen*
(dat. modi [BDR §198[3]; A180]) *an* bzw. *auch die Diener bedachten ihn mit*
Schlägen (B 1eα) od. (natürlicher) *auch die Diener schlugen ihn;* b) andere (vgl.
Menge u. ZG) gehen bei λαμβάνω v. der Bdtg. *in Empfang nehmen* (vgl. B 1d)
aus: *darauf nahmen ihn die Diener mit Schlägen in Empfang.*

66 ὄντος Ptz. εἰμί, gen. abs. (A288); temp. **κάτω** *unten.* **αὐλή** V. 54, 66
hier im Sinn v. *Hof/Innenhof* (des Palastes; B 1). **ἔρχεται** V. 17. **παιδίσκη**
Magd, Sklavin, Dienerin; m. gen. partitivus (A164). **67 ἰδοῦσα** Aor. Ptz. 67
Fem. ὁράω, temp. **θερμαινόμενον** Ptz. V. 54; AcP (A300); ἰδοῦσα τὸν
Πέτρον θερμαινόμενον *als sie sah, daß/wie Petrus sich (am Feuer) wärmte.*
ἐμ-βλέψασα Aor. Ptz. Fem. -βλέπω[41] m. Dat. *den Blick richten auf, anse-*
hen, betrachten; temp./mod. (vgl. A291,1f Anm. 1). **λέγει** V. 13. **Ναζαρη-**
νός *Nazarener, aus Nazaret (kommend);* καὶ σὺ μετὰ τοῦ Ναζαρηνοῦ
ἦσθα τοῦ Ἰησοῦ etwa *auch du warst mit diesem Jesus von Nazaret zusammen.*
ἦσθα Ipf. εἰμί. **68 ὁ δέ** V. 20. **ἠρνήσατο** Aor. Med. ἀρνέομαι *leug-* 68
nen, bestreiten; verleugnen; erg. τοῦτο/ταῦτα (A79). **λέγων** Ptz., mod.
ἐπίσταμαι *wissen, kennen; verstehen;* οὔτε οἶδα οὔτε ἐπίσταμαι viell.
eine Art Hendiadyoin (A378) *weder weiß ich noch verstehe ich* etwa = *ich habe*

keine Ahnung. **σὺ τί** Subj. viell. affektisch betont (vgl. A122; durch Voranstel-
lung zusätzl. verstärkt (vgl. BDR §475[2]); σὺ τί λέγεις *was du da sagst*
(Menge), *wovon du da redest.* **ἐξ-ῆλθεν** Aor. -έρχομαι, hier m. pleon. ἔξω.
προ-αύλιον (< αὐλή Hof) *Vorplatz* (eines Hauses), *Vorhalle.* **ἀλέκτωρ**
V. 30. **ἐ-φώνησεν** Aor. V. 30.
69 **69 παιδίσκη** V. 66. **ἰδοῦσα** V. 67. **ἤρξατο** V. 19. **λέγειν** V. 65.
παρ-εστῶσιν Pf. (Wz.-Pf., H-S §109a; m. präs. Bdtg.) Ptz. -ἵσταμαι, subst.
ὅτι V. 14. **οὗτος ἐξ αὐτῶν ἐστιν** *der gehört zu ihnen* (B ἐκ 4aδ), *der da*
70 *ist einer von ihnen* (NGÜ). **70 ἠρνεῖτο** Ipf. Med. V. 68. **μικρόν** Ntr. Sg.
hier *eine kurze Zeit,* μετὰ μικρόν *nach kurzer Zeit* (B 3e), *kurz darauf.* **παρ-
εστῶτες** V. 69. **ἔ-λεγον** V. 31. **ἀληθῶς** *wahrhaftig, wirklich, tatsächlich;*
ἀληθῶς ἐξ αὐτῶν εἶ etwa *natürlich gehörst du zu ihnen, natürlich bist du einer
von ihnen.* **Γαλιλαῖος** *galiläisch;* subst. *Galiläer.* [Var. λαλιά *Äußerung,
Rede* (das, was jmd. sagt); hier *Redeweise* (die Art, wie jmd. spricht): *Sprache,
Dialekt* od. *Aussprache* (s.a. zu Mt 26,73). ὁμοιάζω *ähnlich sein, gleichen;* ἡ
λαλία σου ὁμοιάζει (erg. τῇ λαλίᾳ τῶν Γαλιλαίων [B]) *deine Rede-*
71 *weise ist wie die der Galiläer.*] **71 ἤρξατο** V. 19. **ἀνα-θεματίζειν** Inf.
-θεματίζω *verfluchen, fluchen, Verwünschungen ausstoßen.* **ὀμνύναι** [Var.
ὀμνύειν] Inf. ὀμνύω/ὄμνυμι (A28; BDR §92[1]) *schwören, einen Schwur able-*
72 *gen.* **ὅτι** V. 14. **ὃν λέγετε** *von dem ihr redet* (Menge). **72 ἐκ δευτέρου**
zum zweitenmal, ein zweites Mal (vgl. H-S §184h; B δεύτερος 4). **ἀλέκτωρ**
V. 30. **ἐ-φώνησεν** V. 68. **ἀν-ε-μνήσθη** Aor. Pass. ἀνα-μιμνῄσκω[167]
erinnern; Pass. m. Akk. *sich erinnern an, denken an;* καὶ ἀνεμνήσθη ὁ Πέ-
τρος τὸ ῥῆμα ὡς εἶπεν (hier Vorvergangenheit [vgl. H-S §199n; A224])
αὐτῷ ὁ Ἰησοῦς *da erinnerte sich Petrus an das Wort, wie Jesus zu ihm gesagt
hatte = da erinnerte sich Petrus daran, wie Jesus zu ihm gesagt hatte.* **ὅτι** V. 14.
πρίν, ἀλέκτωρ, φωνῆσαι, δίς, τρίς, ἀπ-αρνήσῃ V. 30. **ἐπι-βα-
λών** Aor. Ptz. -βάλλω[112] *auf* etwas *werfen/legen;* temp. (A291,1 Anm. 1); der
hier gemeinte Sinn ist unsicher; am ehesten dürfte *beginnen* in Frage kommen
(καὶ ἐπιβαλὼν ἔκλαιεν „da stürzte er sich darauf und weinte" = *da brach
er in Tränen aus, da fing er an zu weinen* [vgl. BDR §308[2]; B 2b]); zu den weniger
gut vertretbaren Alternativen zählen: *zusammenbrechen, hinausstürzen,* (erg.
τὸν νοῦν/τὴν διάνοιαν) *denken an,* (erg. etwa τὸ ἱμάτιον) *verhüllte sich*
(vgl. EWNT 2, Sp. 58). **ἔ-κλαιεν** Ipf. κλαίω [Var. 1 κλαίειν Inf.; Var. 2
ἔ-κλαυσεν Aor.].
15 **πρωΐ** *früh, frühmorgens;* εὐθὺς πρωΐ *gleich in der Frühe* (Einh.) [Var.
ἐπὶ τὸ πρωΐ *in der Frühe*]. **συμ-βούλιον** *Beratung, Beschluß; Ratsver-
sammlung* (< lat. consilium, BDR §5[16]); συμβούλιον ποιέω wahrscheinl.
synonym m. συμβούλιον λαμβάνω (< lat. consilium capere, BDR §5,4)
einen Beschluß fassen (wenig gut vertretbar ist die Deutung v. συμβούλιον
ποιέω als *eine Ratsversammlung durchführen;* vgl. B 1) od. viell. *einen Beschluß*

ausfertigen (Menge); zur Sache s.a. zu Mt 27,1. **ποιήσαντες** Aor. Ptz. ποιέω, temp. [Var. ἑτοιμήσαντες Ptz. ἑτοιμάζω; Var. 2 ἐ-ποίησαν Aor.]. **ἀρχ-ιερεύς** Pl. s. zu 14,1. **πρεσβύτερος** Pl. hier v. Mitgliedern einer Gruppe des Synedriums (B 2aß; GNB: *Ratsälteste*). **συν-έδριον** *Synedrium, Hoher Rat* (oberste jüd. Instanz in allen religiösen u. zivilen Angelegenheiten); καὶ (wohl epexegetisch [A311,7]) ὅλον τὸ συνέδριον *und (somit) der gesamte Hohe Rat* (Menge), *also der ganze Hohe Rat* (Einh.). **δήσαντες** Aor. Ptz. δέω, temp. (A291,1 Anm. 1). **ἀπ-ήνεγκαν** Aor. ἀπο-φέρω[198] *forttragen, wegbringen; gewaltsam abführen* [Var. ἀπ-ήγαγον Aor. -άγω[59] hier synonym (aber juristischer term. tech.)]. **παρ-έ-δωκαν** Aor. παρα-δίδωμι; εὐθὺς πρωῒ συμβούλιον ποιήσαντες οἱ ἀρχιερεῖς ... δήσαντες τὸν Ἰησοῦν ἀπήνεγκαν καὶ παρέδωκαν Πιλάτῳ *gleich in der Frühe, nachdem die führenden Priester ... Beschluß gefaßt* (viell. *den [endgültigen] Beschluß ausgefertigt* [vgl. Menge]) *hatten, ließen* (A218) *sie Jesus fesseln und abführen und übergaben ihn Pilatus* (der als „praefectus" [spätere Bezeichnung „procurator"] u.a. auch das Recht hatte, Todesurteile zu fällen; dazu bzw. zu Pontius Pilatus s.a. GBL 3, S. 1212-1214). **2 ἐπ-ηρώτησεν** Aor. 2
-ερωτάω. **ὁ βασιλεύς** Präd.-Nom. m. Art.: betonte Gleichsetzung m. dem Subj. (A80); ὁ βασιλεὺς τῶν Ἰουδαίων *der König der Juden,* ein Ausdruck, der Pilatus gegenüber die politischen Aspekte des messianischen Anspruchs Jesu hervorheben sollte. **ὁ δέ** *(und/doch) dieser/er* (A102). **ἀπο-κριθείς** Aor. Ptz. Pass. (ohne Pass.-Bdtg.) -κρίνομαι, pleon. (A297,2); ὁ δὲ ἀποκριθεὶς αὐτῷ λέγει *er antwortete ihm.* **λέγει** hist. Präs. (A235). **σὺ λέγεις** „du sagst es" = *ja, ich bin es* (Menge; vgl. A321) od. *du selbst sprichst es aus* (NGÜ), auf jeden Fall eine Bejahung des Inhalts, viell. aber zurückhaltend in bezug auf die Wortwahl (wegen der üblicherweise damit verbundenen Assoziationen), u. nicht etwa = *das sagst du, nicht ich* (BDR §441[4]). **3 κατ-** 3
ηγόρουν Ipf. -ηγορέω meist m. Gen. der Pers. (Akk. der Sache) *anklagen, beschuldigen* (meist [so hier] juristischer term. tech.). **πολλά** AkkO (evtl. adv. Akk. *heftig* o.ä. [A150; πολύς I2bβ]); κατηγόρουν αὐτοῦ οἱ ἀρχιερεῖς πολλά *die führenden Priester brachten viele Beschuldigungen gegen ihn vor.* [Var. ἀπ-ε-κρίνατο Aor. Med.] **4 ἐπ-ηρώτα** Ipf. -ερωτάω; ὁ δὲ Πιλᾶτος 4
πάλιν ἐπηρώτα αὐτὸν λέγων etwa *da wandte sich Pilatus wieder an ihn und fragte* (Einh.) [Var. -ηρώτησεν Aor.]. **οὐκ ... οὐδέν** doppelte Neg. verstärkt die Verneinung (A310a). **ἴδε** (klass. ἰδέ) Imp. Aor. ὁράω (hier viell. [V. 35 sicher] einfach als Interjektion etwa = ἰδού gebraucht [vgl. B ἴδε 1; H-S §252,63]), übers. etwa *sieh doch* bzw. *hör nur* (B ἴδε 4). **πόσος**[18] *wie groß?* Sg. (bei Unzählbarem) *wieviel?* Pl. *wie viele?;* πόσα σου κατηγοροῦσιν *wie viele Beschuldigungen sie gegen dich vorbringen* bzw. *was sie dir alles vorwerfen.*
5 οὐκέτι οὐδέν doppelte Neg. verstärkt die Verneinung (A310a); ὁ δὲ 5
Ἰησοῦς οὐκέτι οὐδὲν ἀπεκρίθη *Jesus aber gab keinerlei Antwort mehr,*

aber Jesus sagte kein einziges Wort. **ἀπ-ε-κρίθη** Aor. Pass. (ohne Pass.-Bdtg.)
ἀπο-κρίνομαι. **θαυμάζειν** Inf. θαυμάζω, Präd. des AcI.
6 **6 ἑορτή** *Fest;* κατὰ ἑορτήν *an jedem Fest* (BDR §200[11]; vgl. A195),
d.h. hier *an jedem Passafest* (B), *jeweils zum Passafest.* **ἀπ-έ-λυεν** Ipf. ἀπο-
λύω hier *freilassen, freigeben* (B 1); hier iter. Ipf. (A237b); κατὰ δὲ ἑορτὴν
ἀπέλυεν ... *an jedem Passafest pflegte er ... freizugeben* (vgl. Menge), *jeweils zum*
Passafest ließ er ... frei. **δέσμιος** *Gefangener.* [Var. ὅσ-περ *gerade der, wel-*
cher (B 10e)]. **παρ-ῃτοῦντο** Ipf. Med. -αιτέομαι *sich erbitten, bitten;* ...
ἕνα δέσμιον ὃν παρῃτοῦντο *einen Gefangenen ... den sie* (d.h. das Volk)
7 *sich erbaten = ... den sie selbst bestimmen durften* [Var. ohne παρ-]. **7 ἦν** Ipf.
εἰμί. **λεγόμενος** Ptz. Pass. λέγω, attr.; *mit Namen* (B II3) bzw. *der ... hieß.*
Βαραββᾶς[1] ᾶ *Barabbas.* **στασιαστής**[1] *Aufrührer;* μετὰ τῶν στα-
σιαστῶν ... οἵτινες ἐν τῇ στάσει *mit den (anderen)* (A376a) *Aufrührern ...*
die beim Aufruhr (Menge); offenbar handelte es sich um bekannte Leute u. um
ein bekanntes Ereignis (s. Art.) [Var. συ-στασιαστής[1] *Teilnehmer am*
Aufruhr]. **δε-δεμένος** Pf. Ptz. Pass. δέω Pf. Pass. *gefangen sein* (B 1b), *im*
Gefängnis sitzen (Menge); umschrieb. Plsqpf. (A249b); ἦν δέ ... δεδεμένος
nun saß (damals gerade) ... im Gefängnis. **οἵ-τινες** qualitativ (A132) *(solche),*
die od. = οἵ (A133; B ὅστις 3). **στάσις**[8] *(das) Aufstellen; Aufstand, Aufruhr.*
φόνος *Mord, Tötung.* **πε-ποιήκεισαν** Plsqpf. (hier ohne Aug.; vgl. A21;
8 H-S §72h) ποιέω hier *begehen.* **8 ἀνα-βάς** Aor. Ptz. -βαίνω, temp.
(A291,1 Anm. 1) [Var. ἀνα-βοήσας Aor. Ptz. -βοάω *ein Geschrei erheben*].
ἤρξατο Aor. Med. ἄρχω; Med. m. Inf. vgl. zu 1,45. **αἰτεῖσθαι** Inf. Med.
αἰτέω. **ἐ-ποίει** Ipf. ποιέω hier iter. Ipf. (A237b); καὶ ἀναβὰς ὁ ὄχλος
ἤρξατο αἰτεῖσθαι (erg. wohl ἵνα ποιήσῃ o.ä.) καθὼς ἐποίει αὐτοῖς
etwa *so zog denn die Volksmenge hinauf und begann um das zu bitten, was er ihnen*
gewöhnlich gewährte (Menge) od. *die Volksmenge zog (zu Pilatus) hinauf und bat,*
9 *ihnen die gleiche Gunst zu gewähren wie sonst* (Einh.). **9 ἀπ-ε-κρίθη** V. 5; ὁ
δὲ Πιλᾶτος ἀπεκρίθη αὐτοῖς λέγων *Pilatus antwortete ihnen mit der*
Frage (Menge), *Pilatus fragte sie.* **ἀπο-λύσω** Aor. Konj. -λύω, deliberativer
Konj., hier erg. durch asyndetisch davorgesetztes θέλετε; θέλετε ἀπολύσω
ὑμῖν ... *wollt ihr? soll ich euch ... freigeben?* entspricht *wollt ihr, daß ich euch ...*
10 *freigebe?* od. *soll ich euch ... freigeben?* (BDR §366[8]; A255). **10 ἐ-γίνωσκεν**
Ipf. γινώσκω. **φθόνος** *Neid, Mißgunst;* διὰ φθόνον *aus Mißgunst* (B), *aus*
Neid. **παρα-δε-δώκεισαν** Plsqpf. (hier ohne Aug.; vgl. A21; H-S §72h)
-δίδωμι; ὅτι διὰ φθόνον παραδεδώκεισαν αὐτὸν οἱ ἀρχιερεῖς *daß*
die führenden Priester Jesus (nur) aus Neid an ihn (vgl. A79) *ausgeliefert hatten.*
11 **11 ἀν-έ-σεισαν** Aor. ἀνα-σείω[3] *aufreizen, aufwiegeln.* **ἵνα** hier *daß* od.
Inf. (A328 u. 334a; bez. das Angestrebte; vgl. B II1aα); ἀνέσεισαν τὸν
ὄχλον (erg. αἰτεῖσθαι o.ä.) ἵνα μᾶλλον τὸν Βαραββᾶν ἀπολύσῃ
αὐτοῖς etwa *sie wiegelten das Volk dazu auf, statt dessen die Freilassung des*

Barabbas zu fordern (NGÜ). **ἀπο-λύσῃ** Aor. Konj. -λύω. **12 ἀπο-** 12
κριθεὶς V. 2; ὁ δὲ Πιλᾶτος πάλιν ἀποκριθεὶς ἔλεγεν αὐτοῖς etwa *da*
wandte sich Pilatus von neuem an sie und fragte. **ἔ-λεγεν** Ipf. λέγω.
ποιήσω Aor. Konj. ποιέω hier τί τινα *etwas jmdm. antun, etwas mit jmdm.*
anfangen (B I1dα); deliberativer Konj., hier erg. durch asyndetisch
davorgesetztes θέλετε (A255); τί οὖν θέλετε ποιήσω ὃν λέγετε τὸν
βασιλέα τῶν Ἰουδαίων *was soll ich* (wörtl. *was wollt ihr? was soll ich denn*)
denn mit dem machen, den ihr den König der Juden nennt. **ὅν** = τοῦτον ὅν
(BDR §293[13]; A357). **λέγω** hier m. doppeltem Akk. (A97,15) *nennen* (vgl.
B II3). **τὸν βασιλέα** Obj.-Präd. m. Art.: betonte Gleichsetzung m. dem Obj.
(A80; vgl. V. 2). **13 οἱ δέ** *(und/doch) diese/sie* (A102). **πάλιν** hier *zurück* 13
(Menge; vgl. B 1a). **ἔ-κραξαν** Aor. κράζω. **σταύρωσον** Aor. Imp.
σταυρόω. **14 τί γάρ ... κακόν** *was für ein Verbrechen ... denn* (B γάρ 1f; 14
H-S §252,9). **ἐ-ποίησεν** Aor. ποιέω hier *begehen.* **περισσῶς** *in*
außergewöhnlicher Weise, über die Maßen, sehr; hier komparativisch (BDR §60[5])
mehr, noch mehr, noch lauter (B). **15 βουλόμενος** Ptz. βούλομαι *wollen,* 15
wünschen; kaus. **ἱκανός** *hinlänglich, genügend;* τὸ ἱκανὸν ποιέω (Lat. =
satisfacio alicui jmdm. genugtun [BDR §5,4]) *zufriedenstellen, den Gefallen tun.*
ποιῆσαι Aor. Inf. ποιέω; βουλόμενος τῷ ὄχλῳ τὸ ἱκανὸν ποιῆσαι
da er die Menge zufriedenstellen wollte = um die Menge zufriedenzustellen. **ἀπ-έ-**
λυσεν Aor. V. 6. **παρ-έ-δωκεν** Aor. παρα-δίδωμι. **φραγελλώσας**
Aor. Ptz. φραγελλόω (< φραγέλλιον < lat. flagellum „Peitsche“)
auspeitschen bzw. hier *auspeitschen lassen* (A219); gemeint ist die röm. Strafe
der Geißelung (sog. „verberatio“; ohne Begrenzung der Zahl der Hiebe) m.
dem „horribile flagellum“, einer Lederpeitsche, in die Bleistücke od.
scharfkantige Knochensplitter geflochten waren; durchgeführt wurde sie in
Verbindung m. Todesurteilen u. anderen entehrenden Strafvollzügen, so vor
allem bei der Kreuzigung, der sie fast immer vorausging (EWNT 2, Sp. 974; 3,
Sp. 1047; vgl. GBL 2, S. 840f); temp. (A291,1 Anm. 1). **σταυρωθῇ** Aor.
Konj. Pass.; καὶ (vgl. A311,1) παρέδωκεν τὸν Ἰησοῦν φραγελλώσας
ἵνα σταυρωθῇ *Jesus hingegen ließ er auspeitschen und übergab ihn (den*
Soldaten) zur Kreuzigung (NGÜ); zu dieser gefürchtetsten Hinrichtungsart der
Antike s. GBL 2, S. 840-842, od. DJG, S. 147ff.

16 στρατιώτης[1] *Soldat.* **ἀπ-ήγαγον** Aor. -άγω[59] *wegführen;* hier 16
juristischer term. tech. *abführen* (B 2b); οἱ δὲ στρατιῶται ἀπήγαγον αὐ-
τὸν ἔσω τῆς αὐλῆς *nun führten ihn die Soldaten ab in das Innere des Palastes*
(Menge), *die Soldaten führten ihn in den Palast hinein.* **ἔσω** (< εἰς) *hinein;* hier
uneig. Präp. (A183) *in das Innere von.* **αὐλή** *Hof, Gehöft, (Tempel-)Vorhof;*
hier wohl *Palast.* **ὅ ἐστιν** Formel (A93) *das heißt;* ὅ ἐστιν πραιτώριον im
Kontext etwa *daß heißt in das Prätorium* (Einh.). **πραιτώριον** (< lat. prae-
torium) *Prätorium;* so hieß ursprüngl. das Zelt bzw. der Wohnsitz des röm.

Feldherrn od. der Platz, auf dem es od. er stand, später auch das kaiserl. Haupt-
quartier u. die Garde, aber auch, so hier, der Sitz u. bzw. od. das Quartier hoher
staatl. Funktionäre (KP 4, Sp. 1117); das Jerusalemer „Prätorium“ befand sich
wahrscheinl. im ehemaligen hasmonäischen Königspalast gegenüber der Süd-
westecke des Tempels (s. GBL 3, S. 1221f). **συγ-καλέω** *zusammenrufen;* hist.
Präs. (A235; analog bei den flgd. zwei Verbformen). **σπεῖρα** (entspricht dem
lat. cohors) *Kohorte* (militärischer Verband v. etwa 500 bis 1000 Mann [ein
17 Zehntel einer Legion]; KP 1, Sp. 1242f). **17 ἐν-διδύσκω** (= ἐνδύω) *anzie-
hen,* τινά τι *jmdm. etwas;* hist. Präs. (A235). **πορφύρα** eig. *Purpurschnecke*
(purpura, pelagia), sodann ein aus ihr (daneben auch aus der Trompeten-
Schnecke [κήρυξ, bucinum, murex]) gewonnener Farbstoff, ebenso die m. die-
sem gefärbten (in der Antike als Kostbarkeit beliebten) Stoffe, Gewänder u.a.
(KP 4, Sp. 1243f); im NT: *purpurfarbener Stoff* od. *purpurfarbenes Gewand* (es
konnte auch den roten röm. Soldatenmantel – so offenbar hier [vgl. χλαμὺς
κοκκίνη in Mt 27,28] – bezeichnen; B). **περι-τίθημι** *ringsum anlegen,
ringsum legen;* hier τινί τι *jmdm. etwas aufsetzen* (Menge); hist. Präs. (A235).
πλέξαντες Aor. Ptz. πλέκω[68] *flechten,* (Kranz) *winden;* temp. (A291,1
Anm. 1); περιτιθέασιν αὐτῷ πλέξαντες ἀκάνθινον στέφανον *sie
flochten eine Krone aus Dornenzweigen und setzten sie ihm auf.* **ἀκάνθινος**
(< ἄκανθα Dornengewächs) *von einem Dornengewächs, dornig;* ἀκάνθινον
στέφανον *einen Kranz/eine Krone aus Dornenzweigen* (als Nachahmung des
Kopfschmuck des Kaisers Tiberius [etwa auf dem Silberdenar abgebildet; vgl.
18 12,16]). **στέφανος** *Kranz, Siegeskranz.* **18 ἤρξαντο** V. 8. **ἀσπάζε-
σθαι** Inf. ἀσπάζομαι hier v. der Huldigung vor dem König (B 1a); καὶ ἤρ-
ξαντο ἀσπάζεσθαι αὐτόν *und sie fingen an, ihn zu grüßen* (Menge: *ihm als
König zu huldigen mit dem Zuruf:*). **χαῖρε** Imp. hier Grußformel *sei gegrüßt,
Heil dir* (B 2a). **βασιλεῦ** Vok. βασιλεύς [Var.: Nom. m. Art. (A142)]; χαῖ-
ρε, βασιλεῦ τῶν Ἰουδαίων *Heil dir, König der Juden* od. (idiomatischer) *es
19 lebe der König der Juden* (NGÜ). **19 ἔ-τυπτον** Ipf. τύπτω *schlagen;* τὴν κε-
φαλήν τινος *jmdm. auf den Kopf schlagen.* **κάλαμος** *Schilfrohr; Rohrstock,
-stab;* dat. instr. (A176). **ἐν-έ-πτυον** Ipf. ἐμ-πτύω τινί *jmdn. anspucken.*
τιθέντες Ptz. τίθημι; temp. (A291,1 Anm. 1). **γόνυ**[3] νατος τό *Knie;* τί-
θημι τὰ γόνατα (Lat. = genua pono [BDR §5,4]) *die Knie beugen, sich auf die
Knie werfen* (Respektsbezeugung bzw. Gebetshaltung). **προσ-ε-κύνουν** Ipf.
20 -κυνέω. **20 ἐν-έ-παιξαν** Aor. ἐμ-παίζω[83] m. Dat. *seinen Spott treiben
mit, verspotten, verhöhnen* (in Wort u. Tat); bez. hier Vorvergangenheit (vgl. H-S
§199n; A224). **ἐξ-έ-δυσαν** Aor. ἐκ-δύω[12] (Kleider) *ausziehen,* τινά τι
jmdn. etwas. **ἐν-έ-δυσαν** Aor. ἐν-δύω[12] *anziehen,* τινά τι *jmdm. etwas.*
ἐξ-άγω *hinaus/herausführen;* hist. Präs. (A235). **σταυρώσωσιν** Aor.
21 Konj. σταυρόω. **21 ἀγγαρεύω** (für den Beförderungsdienst) *requirieren,
zur Zwangsarbeit nötigen, zwingen;* hist. Präs. (A235). **παρ-άγοντα** Ptz.

-άγω *vorbeigehen; weitergehen;* (Akt. u. Pass.) *vergehen;* subst. od. attr. **Κυρη-
ναῖος** *Bewohner von Zyrene* (Hauptstadt der nordafrikanischen Landschaft
Cyrenaica; GBL 2, S. 858). **ἐρχόμενον** Ptz. ἔρχομαι; attr.; παράγοντά
τινα Σίμωνα Κυρηναῖον ἐρχόμενον ἀπ' ἀγροῦ *einen Vorbeigehenden,
einen gewissen Simon aus Zyrene, der gerade vom Feld kam* (od. viell. besser *vom
Land [in die Stadt] kam*). **ἀγρός** *Feld, Acker,* auch *Land, freies Feld,* im Ggs.
zur Stadt (EWNT I, Sp. 57). **Ἀλέξανδρος** *Alexander.* **Ῥοῦφος** *Rufus;*
τὸν πατέρα Ἀλεξάνδρου καὶ Ῥούφου *den Vater von Alexander und
Rufus,* offenbar zwei Männer, die den ursprüngl. Lesern bekannt waren. **ἵνα**
hier *daß* bzw. Inf. (A328; bez. das Erzwungene; BDR §392⁶). **ἄρῃ** Aor. Konj.
αἴρω; ἀγγαρεύουσιν παράγοντα ... ἵνα ἄρῃ τὸν σταυρὸν αὐτοῦ *sie
zwangen einen Vorbeigehenden ... Jesus das Kreuz zu tragen.* **σταυρός** *Kreuz.*
22 φέρουσιν hist. Präs. (A235). **Γολγοθᾶ** (aram. גֻּלְגַּלְתָּא *gulgaltā*ᵓ 22
„Schädel“) *Golgata,* Anhöhe bei Jerusalem, wahrscheinl. unweit der Grabeskir-
che (ein Gelände, das außerhalb der damaligen Stadtmauer [der sog. „Zweiten
Stadtmauer“] lag; GBL 1, S. 480-482; DJG, S. 150); ἐπὶ τὸν Γολγοθᾶν τό-
πον *zum Ort Golgata* od. *zu der Stelle, die Golgata heißt* (NGÜ). **μεθ-ερμη-
νευόμενον** Ptz. Pass. -ερμηνεύω *übersetzen;* umschrieb. Präs. (A249a); ὅ
ἐστιν μεθερμηνευόμενον (als Formel gebraucht [vgl. A93]) *das heißt über-
setzt* (B), *das bedeutet.* **κρανίον** *Schädel;* Κρανίου Τόπος *Schädelstätte*
(B), *Schädelhöhe* (Einh.), d.h. die Stelle/Stätte/Anhöhe, die in einem „Schädel“
besteht bzw. „Schädel“ hieß (gen. epexegeticus [BDR §167²; B; vgl. A163]), weil
deren Gestalt viell. an einen Schädel erinnerte. **23 ἐ-δίδουν** Ipf. δίδωμι, 23
hier konatives Ipf. (H-S §198d; A237c); ἐδίδουν αὐτῷ *sie reichten ihm ...* od.
sie wollten ihm ... (zu trinken) geben. [Var. πιεῖν Aor. Inf. πίνω.] **ἐ-σμυρ-
νισμένον** Pf. (A231) Ptz. Pass. σμυρνίζω (vgl. A33⁹¹ᶠᶠ) (< σμύρνα
Myrrhe [ein Harz arabisch-afrikanischer Herkunft, das wegen seines Wohlge-
ruchs geschätzt war; vgl. KP 3, Sp. 1524]) *mit Myrrhe würzen;* attr.; ἐσμυρνισ-
μένον οἶνον *Wein, der mit Myrrhe gewürzt war* (vgl. zu Mt 27,34). **οἶνος**
Wein. **ὃς δέ** *(und/doch) dieser/er* (A133; vgl. A102). **ἔ-λαβεν** Aor. λαμβά-
νω; ὃς δὲ οὐκ ἔλαβεν *doch er nahm ihn* (A79) *nicht.* **24 σταυροῦσιν** 24
hist. Präs. (A235; analog beim flgd. Verb) [Var. σταυρώσαντες Aor. Ptz.,
temp.]. **δια-μερίζονται** Med. -μερίζω *verteilen* (dazu Med. *unter sich*);
V. 35b lehnt sich in der Phraseologie an Ps 22,19 an (berühmter messianisch
verstandener davidischer Leidenspsalm; vgl. Jh 19,23f). **βάλλοντες** Ptz.
βάλλω, mod. **κλῆρος** *Los;* βάλλω κλῆρον (ἐπί τι) *(um etwas) das Los
werfen, (um etwas) losen* (B 1); διαμερίζονται τὰ ἱμάτια αὐτοῦ, βάλ-
λοντες κλῆρον ἐπ' αὐτὰ τίς τί ἄρῃ *sie verteilten seine Kleider unter sich,
indem sie auslosten, was jeder* (wörtl. *wer was*) *bekommen sollte.* **ἄρῃ** Aor.
Konj. αἴρω hier *bekommen;* deliberativer Konj. (A255) wie bei der entspre-
chenden direkten Frage (τί ἄρω; *was soll ich bekommen?*), doch hier 3. statt

25 1. Pers. (vgl. H-S §273e; A331). **25 ἦν** V. 7; ἦν δὲ ὥρα τρίτη *es war die*
dritte Stunde = es war etwa neun Uhr morgens. **καί** hier *als* (A311,4; B I2c).
26 **ἐ-σταύρωσαν** Aor. σταυρόω. **26 ἐπι-γραφή** *Aufschrift, Inschrift.* **αἰ-**
τία *Ursache, Grund;* hier juristische term. tech. *Schuld* (Grund für die Verur-
teilung) bzw. *Angabe der Schuld* (B 3a). **ἐπι-γε-γραμμένη** Pf. Ptz. Pass.
-γράφω[42] *daraufschreiben; hineinschreiben;* umschrieb. Plsqpf. (A249b); καὶ
ἦν ἡ ἐπιγραφὴ τῆς αἰτίας αὐτοῦ ἐπιγεγραμμένη *und die Inschrift*
mit der Angabe seiner Schuld lautete (Menge) od. (idiomatischer) *eine (am*
Kreuz) angebrachte Aufschrift gab den Grund für seine Hinrichtung an. **ὁ βασι-**
λεὺς τῶν Ἰουδαίων *der König der Juden,* d.h. (nach jüd. Verständnis) der
Messias; offiziell wurde Jesus also als messianischer Betrüger hingerichtet (vgl.
27 zu Mt 27,37). **27 σταυροῦσιν** V. 24 [Var. ἐ-σταύρωσαν V. 25]. **λη-**
στής[1] *Räuber, Straßenräuber,* hier u. 14,48 wohl *Aufrührer* (Carson, Mt,
S. 568f), übers. viell. am besten *Verbrecher.* **ἕνα ... ἕνα** = τὸν μέν ... τὸν δέ
den einen ... den anderen (BDR §247[8]; H-S §130). **εὐ-ώνυμος**[11] *linke(r);* τὰ
εὐώνυμα *die linke Seite,* ἐξ εὐωνύμων τινός *zur Linken/links von jmdm.*
28 [V. 28 Var. ἐ-πληρώθη Aor. Pass. πληρόω. λέγουσα Ptz. Fem. λέγω,
attr. (es folgt ein Zitat aus Jes 53,12). ἄ-νομος[11] *gesetzlos;* subst. ἐ-λογίσθη
Aor. Pass. λογίζομαι.]
29 **29 παρα-πορευόμενοι** Ptz. -πορεύομαι *vorübergehen;* subst.
ἐ-βλασ-φήμουν Ipf. -φημέω *verleumden; verunglimpfen; lästern;* hier etwa
verhöhnen od. *beschimpfen* (GN). **κινοῦντες** Ptz. κινέω *bewegen;* (Kopf)
schütteln; mod. (A291,2 Anm. 1); ἐβλασφήμουν αὐτὸν κινοῦντες τὰς
κεφαλὰς αὐτῶν καὶ λέγοντες *sie verhöhnten ihn, schüttelten den Kopf*
(idiomatisches Deutsch: distributiver Sg. [BDR §140; vgl. A101b], ohne Posses-
sivpronomen) *und riefen.* **λέγοντες** Ptz. λέγω, mod. **οὐά** Interjektion (H-S
§252,63) zum Ausdruck v. Hohn u. Spott *Ha!* **κατα-λύων** Ptz. -λύω *nieder-*
reißen, abbrechen, zerstören; (B 1ba); wohl konativ (A227; H-S §195c; vgl. BDR
§339[9]); subst.; Vok.; ὁ καταλύων τὸν ναὸν καὶ οἰκοδομῶν ἐν τρισὶν
ἡμέραις *du, der du den Tempel niederreißen und in drei Tagen wieder aufbauen*
wolltest, übers. am besten als HS *du wolltest den Tempel ... wieder aufbauen* (vgl.
14,58). **οἰκο-δομῶν** Ptz. -δομέω hier *wiedererbauen* (B 1c), *wieder aufbau-*
30 *en;* par. zu καταλύων. **30 σῶσον** Aor. Imp. σῴζω. **κατα-βάς** Aor. Ptz.
31 -βαίνω, mod. **σταυρός** V. 21. **31 ὁμοίως** *gleich(erweise), ebenso.* **ἐμ-**
παίζοντες Ptz. V. 20; mod. (A291,2 Anm. 1); ὁμοίως καὶ οἱ ἀρχιερεῖς
ἐμπαίζοντες πρὸς ἀλλήλους μετὰ τῶν γραμματέων ἔλεγον etwa
ebenso machten sich auch die führenden Priester und die Schriftgelehrten über ihn
(vgl. A79) *lustig und sagten zueinander.* **ἔ-λεγον** Ipf. λέγω. **ἔ-σωσεν** Aor.
32 **σῶσαι** Aor. Inf. **32 Ἰσραήλ** ὁ indekl., hier Gen.; ὁ χριστὸς ὁ βασι-
λεὺς Ἰσραήλ *der Messias, der König Israels* (sarkastisch gemeint). **κατα-**
βάτω Aor. Imp. 3. Sg. (statt -βήτω; BDR §95[7]; A21) -βαίνω. **ἴδωμεν**

Aor. Konj. ὁράω. **πιστεύσωμεν** Aor. Konj. πιστεύω; ἵνα ἴδωμεν καὶ
πιστεύσωμεν *damit wir es* (A79) *sehen und an ihn* (A79) *glauben = wenn wir*
das sehen, werden wir an ihn glauben (NGÜ). **συν-ε-σταυρωμένοι** Pf.
(A231) Ptz. Pass. συ-σταυρόω *zugleich/zusammen kreuzigen* σύν τινι *mit*
jmdm.; subst. **ὠνείδιζον** Ipf. ὀνειδίζω *schmähen, schelten, beschimpfen;* vgl.
dazu auch Lk 23,39-43, wo bei einem der beiden Verbrecher wohl ein Sinnes-
wandel vorauszusetzen ist.
33 γενομένης Aor. Ptz. Med. γίνομαι, gen. abs. (A288), temp. 33
ἕκτος[19] *sechster;* ὥρα ἕκτη *die sechste Stunde = zwölf Uhr mittags.* **σκό-**
τος[7] *Dunkelheit.* **ἐ-γένετο** Aor. Med. γίνομαι; σκότος ἐγένετο *es ent-*
stand/kam Dunkelheit, es wurde dunkel. **ἐπί** m. Akk. hier *über ... hin* (vgl.
B III1aα); ἐφ' ὅλην τὴν γῆν *über das ganze Land hin, im ganzen Land.* **ἔνα-**
τος[19] *neunter.* **34 τῇ ἐνάτῃ ὥρᾳ** temp. Dat. (A182) *in der neunten Stunde* 34
= um drei Uhr (nachmittags). **ἐ-βόησεν** Aor. βοάω *(laut) rufen, schreien,*
hier m. φωνῇ μεγάλῃ (dat. modi, A180) etwa *laut schreien;* es wird Ps 22,1 zi-
tiert (vgl. V. 24), zunächst aram., dann griech. (nur z.T. nach LXX); umstritten
ist, in welchem Sinn das Zitat aus dem Mund Jesu genau zu verstehen ist; am
besten deutet man es im eig. Sinn: Jesus ist sich bewußt, daß der Vater ihn ver-
lassen hat (s.a. zu Mt 27,46). **ἐλωΐ** (aram. אֱלָהִי *ʾĕlāhî* [vorausgesetzt ist
offenbar der Vokalwandel *ā* > *ō*]; s. Brown, Death 2, S. 1051f; Beyer, Die ara-
mäischen Texte, S. 137) *mein Gott;* nachdrückl. Verdoppelung (BDR §493[2]; vgl.
H-S §294l). **λεμα** (aram לְמָא *ləmāʾ*) *warum?* **σαβαχθανι** (aram.
שְׁבַקְתָּנִי *šəbaqtánî*) *du hast mich verlassen.* **μεθ-ερμηνευόμενον** V. 22.
ὁ θεός Nom. m. Art. statt Vok. (A142). **εἰς τί** *wozu? warum?* (B εἰς 4f; vgl.
BDR §299[3]). **ἐγ-κατ-έ-λιπες** Aor. -κατα-λείπω[44] *übriglassen;* hier *im*
Stich lassen, verlassen (B 2). **35 παρ-εστηκότων** Pf. (m. präs. Bdtg.) Ptz. 35
-ἵσταμαι, subst.; gen. partitivus (A137a/164); καί τινες τῶν παρεστηκό-
των ἀκούσαντες (erg. τοῦτο/ταῦτα [A79]) *als einige, die dabeistanden, das*
hörten [Var. 1 -εστώτων Wz.-Pf. (H-S §109a); Var. 2 ohne παρ-, hier syn-
onym]. **ἀκούσαντες** Aor. Ptz. ἀκούω, temp. **ἔ-λεγον** V. 31. **ἴδε** V. 4.
Ἠλίας[1] 6,15; „in einem Wirbelwind" lebendig in den Himmel gefahren
(2Kön 2,1-12), war Elija nach best. (wohl bereits zur Zeit Jesu bestehenden)
jüd. Traditionen ein Nothelfer der Frommen; Jesu Worte wurden wohl nicht
wirkl. mißverstanden, sondern (den Hohn u. Spott der V. 29-32 fortsetzend) ab-
sichtl. falsch gedeutet (vgl. EWNT 2, Sp. 287-288; Brown, Death 2, S.1061-
1063). **36 δραμών** Aor. Ptz. τρέχω[196] *laufen;* temp. (A291,1 Anm. 1); ana- 36
log γεμίσας u. περιθείς. **γεμίσας** Aor. Ptz. γεμίζω (vgl. A33[91ff]) *füllen*
τὶ τινός *etwa mit etwas* (A165); temp. **σπόγγος** *Schwamm.* **ὄξος**[7] *Essig,*
Weinessig, saurer Wein (beliebt als Durstlöscher, bes. bei einfachen Leuten; auch
Soldatengetränk). **περι-θείς** Aor. Ptz. -τίθημι V. 17; hier τινί τι *etwas um*
etwas legen, etwas auf etwas stecken (B 1); temp. **κάλαμος** V. 19. **ἐ-πότι-**

ζεν Ipf. ποτίζω *zu trinken geben, trinken lassen* (τινά τι *jmdm./jmdn. etwas*);
δραμὼν δέ τις καὶ γεμίσας σπόγγον ὄξους περιθεὶς καλάμῳ ἐπό-
τιζεν αὐτόν *da lief einer hin, tauchte einen Schwamm in Essig* (wörtl. *füllte*
einen Schwamm mit Essig), *steckte ihn auf einen Stab und gab Jesus zu trinken*
(od. konativ [A237c] *und wollte ihm zu trinken geben* [Menge], *und hielt ihn Jesus*
zum Trinken hin [NGÜ]); vgl. V. 23; es findet sich hier wohl eine Anspielung auf
Ps 69,22; es ist nicht völlig klar, ob man hier Jesus das Leiden lindern od. (u.
dies scheint wahrscheinlicher) verlängern wollte (Brown, Death 2, S. 1063-
1066). **λέγων** Ptz., mod. **ἄφ-ετε** Aor. Imp. -ίημι hier *(gewähren) lassen*
(B 4). **ἴδωμεν** Aor. Konj. ὁράω, adhortativer Konj., hier erg. durch asynde-
tisch davorgesetztes ἄφετε (A254; BDR §364[2]): ἄφετε ἴδωμεν *Laßt mich!*
Wir wollen sehen = wartet! wir wollen doch sehen (Menge) od. *laßt uns doch*
sehen (Einh.). **καθ-ελεῖν** Aor. Inf. -αιρέω[186] *herabnehmen, -holen;* fin.
37 (A276). **37 ἀφ-είς** Aor. Ptz. -ίημι, hier m. φωνὴν μεγάλην *einen lauten*
Schrei ausstoßen (B 1aβ); temp. (A291,1 Anm. 1). **ἐξ-έ-πνευσεν** Aor. ἐκ-
πνέω[31] *(das Leben) aushauchen, sterben.*
38 **38 κατα-πέτασμα**[3] *Vorhang;* τὸ καταπέτασμα τοῦ ναοῦ *der*
Vorhang im Tempel; v. den beiden Vorhängen des Tempels ist sehr wahrscheinl.
der zweite, innere Vorhang gemeint, der das Heilige (den vorderen Teil des
Heiligtums) v. dem Allerheiligsten (dem hinteren Teil) trennte u. ständig daran
erinnerte, daß dem sündigen Menschen der Zugang zum heiligen Gott prinzi-
piell verwehrt ist; das Zerreißen des Vorhanges macht deutl.: „Jesus hat durch
seinen stellvertretenden Sühnetod den Menschen ein für allemal den Zugang zu
Gott erschlossen, so daß sie weiterer Sühnopfer nicht mehr bedürfen"
(EWNT 2, Sp. 657). **ἐ-σχίσθη** Aor. Pass. σχίζω (vgl. A33[91ff]) *spalten, zer-*
reißen; Pass. *sich spalten, zerreißen,* hier εἰς δύο *entzweireißen.* **ἄνωθεν** *von*
oben her; ἀπ' ἄνωθεν ἕως κάτω *von oben bis unten* (B 1). **κάτω** *unten;*
39 *nach unten.* **39 ἰδών** Aor. Ptz. ὁράω, temp. **κεντυρίων**[4] ωνος ὁ (< lat.
centurio) (röm.) *Centurio* (Befehlshaber einer Zenturie [Hundertschaft]), übers.
etwa *Hauptmann.* **παρ-εστηκώς** Pf. (m. präs. Bdtg.) Ptz. -ίσταμαι, attr.
ἐν-αντίος *gegen(überstehend), entgegengesetzt;* ἐξ ἐναντίας (BDR §241[2])
τινός *jmdm. gegenüber* (B 3a); ὁ παρεστηκὼς ἐξ ἐναντίας αὐτοῦ (αὐ-
τοῦ = τοῦ Ἰησοῦ od. = τοῦ σταυροῦ) *der ihm gegenüber in der Nähe stand*
(Menge) = *der Jesus gegenüberstand* (Einh.) od. *der dem Kreuz gegenüberstand*
(GN) bzw. *der beim Kreuz stand* (NGÜ). [Var. κράξας Aor. Ptz. κράζω,
mod.] **ἐξ-έ-πνευσεν** V. 37; ἰδὼν δὲ ὁ κεντυρίων... ὅτι οὕτως ἐξέ-
πνευσεν *als der Hauptmann ... ihn/Jesus so sterben sah.* **ἀληθῶς** *wahrhaftig,*
wirklich, tatsächlich. **υἱὸς θεοῦ** *Gottes Sohn* (Präd.-Nom. kann auch ohne
Art. als best. gemeint sein [A80]; zu θεοῦ vgl. A106d); es ist nicht sicher, wie
der Centurio dies meinte: Hielt er ihn für einen guten, heiligen Mann u. in
diesem Sinn ein Gotteskind od. für einen anbetungswürdigen Helden? Oder

hatte er (viell. als nichtjüdischer Bewohner Palästinas) doch ausreichende Vor-
aussetzungen, Jesus als den einzigartigen Sohn des wahren Gottes zu beken-
nen? (s. Brown, Death 2, S. 1146ff). **ἦν** V. 7.
40 ἦσαν Ipf. εἰμί hier wohl *da sein* (Menge) od. Kopula zum umschrieb. 40
Ipf. **μακρόθεν** *von ferne/weitem, aus der Ferne* (meist pleon. [A379] ἀπὸ
μακρόθεν). **θεωροῦσαι** Ptz. Fem. θεωρέω, attr. od. umschrieb. Ipf.
(A249a); ἦσαν δὲ καὶ γυναῖκες ἀπὸ μακρόθεν θεωροῦσαι *es waren
auch Frauen da, die von weitem zusahen* od. *auch einige Frauen sahen von weitem
zu* (Einh.). **Μαρία** od. **Μαριάμ** (indekl., hier [Var.] Nom.) *Maria.* **Μαγ-
δαληνή** *Magdalenerin, Bewohnerin von Magdala,* Ort auf der Westseite des
Sees Gennesaret (rund 5 km nordnordwestl. v. Tiberias; GBL 2, S. 909f); Μα-
ρία ἡ Μαγδαληνή *Maria aus Magdala.* **μικρός** hier v. der Körpergröße
od. vom Alter; ὁ μικρός *der Kleine* od. *der Jüngere* (vgl. B 1a/b). **Ἰωσῆς**
ῆτος od. (s. Var.) ῆ (vgl. A1 Λουκᾶς) *Joses;* ἡ Ἰακώβου τοῦ μικροῦ καὶ
Ἰωσῆτος μήτηρ *die Mutter von Jakobus dem Kleinen/Jüngeren und von Joses.*
Σαλώμη *Salome,* eine Anhängerin Jesu aus Galiläa. **41 ἦν** V. 7. **ἠκο-** 41
λούθουν Ipf. ἀκολουθέω, Ipf. bez. hier die Vorvergangenheit (vgl. H-S
§198f; A224); αἳ ὅτε ἦν ἐν τῇ Γαλιλαίᾳ ἠκολούθουν αὐτῷ καὶ
διηκόνουν αὐτῷ *die ihm (schon), als er (noch) in Galiläa war, nachgefolgt
waren und ihm gedient* (GNB: *für ihn gesorgt*) *hatten.* **διηκόνουν** Ipf. (aug-
mentiert so, als wäre das Verb ein Kompositum δια-κονέω) διακονέω
(be)dienen (v. Dienstleistungen jeder Art); *sorgen für.* **συν-ανα-βᾶσαι**
Aor. Ptz. Fem. -βαίνω[139] *zusammen hinaufgehen* τινί *mit jmdm.;* attr.; καὶ
ἄλλαι πολλαὶ αἱ συναναβᾶσαι αὐτῷ εἰς Ἱεροσόλυμα erg. ἦσαν
(vgl. V. 40; A78) *auch viele andere Frauen waren da, die mit ihm nach Jerusalem
hinaufgezogen waren.*
42 ὀψία (eig. Fem. Sg. ὄψιος spät; subst.) *Abend.* **γενομένης** Aor. 42
Ptz. Med. γίνομαι, gen. abs. (A288), temp.; καὶ ἤδη ὀψίας γενομένης *als
es nun bereits Abend* (Menge sinngetreu: *Spätnachmittag*) *geworden war.* **ἐπεί**
(A338) *weil, da ja, denn.* **ἦν** V. 7. **παρα-σκευή** *Zurüstung,* bes. (der jüd.)
Rüsttag (d.h. der Freitag, an dem alles für den Sabbat, an dem nicht gearbeitet
werden durfte, vorzubereiten war). **ὅ ἐστιν** Formel (A93) *das heißt.* **προ-
σάββατον** *Tag vor dem Sabbat;* ἐπεὶ ἦν παρασκευὴ ὅ ἐστιν προσάβ-
βατον ... *da es Rüsttag, das heißt der Tag vor dem Sabbat, war ...* (impliziert ist:
der Sabbat durfte nicht entweiht werden, daher mußte unverzügl. gehandelt
werden) od. (sinngetreu) *es war Rüsttag, der Tag vor dem Sabbat, so daß die Zeit
drängte ...* (NGÜ). **43 ἐλθών** Aor. Ptz. ἔρχομαι, temp. (A291,1 Anm. 1). 43
Ἰωσήφ indekl., hier Nom, *Josef.* **Ἀριμαθαία** [Var. -θία] *Arimathäa,* jüd.
Stadt wahrscheinl. (falls m. Ramatajim-Zofim [1Sam 1,1] bzw. Ramathaim
[1Makk 11,34] gleichzusetzen) bei Rentis, 15 km nordöstl. von Lydda (GBL 1,
S. 114f). **εὐ-σχήμων**[11] *angesehen, vornehm.* **βουλευτής**[1] *Ratsherr, Mit-*

glied des Synedriums (vgl. zu 14,55). **προσ-δεχόμενος** Ptz. -δέχομαι *an-,*
aufnehmen; hier *erwarten, warten auf* (B 2b); umschrieb. Ipf. (A249a); ὃς καὶ
αὐτὸς ἦν προσδεχόμενος τὴν βασιλείαν τοῦ θεοῦ *der selbst auch auf*
das Reich Gottes wartete bzw. *er war einer von denen, die auf (das Kommen) des*
Reiches Gottes warteten (NGÜ). **τολμήσας** Aor. Ptz. τολμάω *wagen; mutig*
sein; mod.; ... ἐλθὼν Ἰωσὴφ ὁ ἀπὸ Ἁριμαθαίας εὐσχήμων βουλευ-
τής ... τολμήσας εἰσῆλθεν πρὸς τὸν Πιλᾶτον καὶ ᾐτήσατο (erg.
τοῦτον/αὐτόν [A79]) τὸ σῶμα τοῦ Ἰησοῦ ... *kam Josef aus Arimathäa, ein*
angesehener Ratsherr ... begab sich mit kühnem Entschluß zu Pilatus hinein und
bat ihn um den Leichnam Jesu (vgl. Menge) od. ... *faßte Josef aus Arimathäa den*
kühnen Entschluß, zu Pilatus zu gehen und ihn um den Leichnam Jesu zu bitten
(Josef war ein angesehenes Ratsmitglied ...). **εἰσ-ῆλθεν** Aor. -έρχομαι.
44 **ᾐτήσατο** Aor. Med. αἰτέω. **σῶμα** hier *Leichnam* (B 1a). **44 ἐ-θαύμα-**
σεν Aor. θαυμάζω (vgl. A33) [Var. -ζεν Ipf.]. **εἰ** (erstes) hier *daß* (nach
Verb der Gemütsbewegung [B II; A327b; H-S §271e]); ὁ δὲ Πιλᾶτος ἐθαύ-
μασεν εἰ ἤδη τέθνηκεν *Pilatus wunderte sich, daß er schon gestorben sein*
sollte od. *Pilatus war überrascht zu hören, daß Jesus schon tot sei;* meist dauerte es
wesentl. länger, bis ein Gekreuzigter starb. **τέ-θνηκεν** Pf. (ἀπο-)θνήσκω.
προσ-καλεσάμενος Aor. Ptz. Med. -καλέομαι[37] *herbeirufen, kommen*
lassen, herbitten (B 1a); temp. (A291,1 Anm. 1). **κεντυρίων** V. 39. **ἐπ-**
ηρώτησεν V. 2. **πάλαι** *vor langer Zeit, einst; schon lange;* hier wohl *bereits,*
schon (B 2b); ἐπηρώτησεν αὐτὸν εἰ πάλαι ἀπέθανεν *[er] fragte ihn, ob*
Jesus (wirklich) bereits gestorben sei (NGÜ) od. ... *ob Jesus schon lange gestorben*
45 *sei* (vgl. etwa Menge). **ἀπ-έ-θανεν** Aor. ἀπο-θνήσκω. **45 γνούς** Aor.
Ptz. γινώσκω, m. ἀπό τινος *von jmdm. erfahren* (B 2d) temp.; γνοὺς ἀπὸ
τοῦ κεντυρίωνος erg. τοῦτο/ταῦτα (A79) *als er es vom Hauptmann*
erfahren hatte bzw. (idiomatischer) *als der Hauptmann es ihm bestätigte.* **ἐ-δω-**
ρήσατο Aor. Med. δωρέομαι *schenken,* hier etwa *überlassen.* **πτῶμα**[3]
46 (< πίπτω) *Leichnam.* **46 ἀγοράσας** Aor. Ptz. ἀγοράζω (vgl. A33[91ff])
(< ἀγορά Marktplatz) *kaufen;* temp. (A291,1 Anm. 1). **σινδών**[4] όνος ἡ
Leinentuch. **καθ-ελών** Aor. Ptz. -αιρέω[186] *herabnehmen, -holen;* temp.
(A291,1 Anm. 1). **ἐν-είλησεν** Aor. -ειλέω *einzwängen, fest einpacken, ein-*
wickeln, τί/τινά τινι *etwas/jmdn. in etwas wickeln;* zur Sache vgl. GBL 1,
S. 176. **ἔ-θηκεν** Aor. τίθημι [Var. κατ(α)- hier synonym]. **λε-λατομη-**
μένον Pf. (A231) Ptz. Pass. λατομέω (< λᾶας Stein, Fels; τέμνω schnei-
den) *(im Fels) aushauen;* umschrieb. Plsqpf. (A249b); ὃ ἦν λελατομημένον
ἐκ πέτρας *das in einen* (wörtl. *aus einem*) *Felsen gehauen war.* **πέτρα** *Fels.*
προσ-ε-κύλισεν Aor. προσ-κυλίω *heranwälzen;* καὶ προσεκύλισεν
λίθον ἐπὶ τὴν θύραν τοῦ μνημείου *dann wälzte er einen Stein vor den*
47 *Eingang des Grabes.* **θύρα** *Tür.* [Var. μνῆμα[3] *Grab*]. **47 Μαρία** od.
Μαριάμ, Μαγδαληνή V. 40. **Ἰωσῆς** V. 40; ἡ Ἰωσῆτος (usuelle)

Ellipse v. „Mutter" (A156 u. 376; s.a. V. 40): *die Mutter des Joses.* **ἐ-θεώρουν**
Ipf. θεωρέω. **τέ-θειται** Pf. (A231) Pass. τίθημι; Pf. hier als Vergangenheit
(= Plusquamperfekt) übers. (Tempus u. Modus wie in der entsprechenden di-
rekten Rede; A326); ἐθεώρουν ποῦ τέθειται *[sie] sahen sich genau den Ort
an, wohin er gelegt worden war* (Menge) bzw. *[sie] sahen zu und merkten sich, wo
Jesus lag* (GN).

δια-γενομένου Aor. Ptz. Med. -γίνομαι[176] *verstreichen* (v. Zeit); **16**
gen. abs. (A288), temp.; καὶ διαγενομένου τοῦ σαββάτου *als dann der
Sabbat vorüber war.* **Μαρία** *Maria.* **Μαγδαληνή** 15,40. **ἡ τοῦ Ἰακώ-
βου** (usuelle) Ellipse v. „Mutter" (A156 u. 376; s.a. 15,40): *die Mutter des Jako-
bus.* **Σαλώμη** 15,40. **ἠγόρασαν** Aor. ἀγοράζω (vgl. A33[91ff]) (< ἀγορά
Marktplatz) *kaufen.* **ἄρωμα**[3] (eig. „Gewürz[kraut]") Pl. *wohlriechende
Öle/Salben* (beim Begräbnis verwendet; vgl. GBL 1, S. 176). **ἐλθοῦσαι** Aor.
Ptz. Fem. ἔρχομαι, temp. (A291,1 Anm. 1). **ἀλείψωσιν** Aor. Konj. ἀλεί-
φω[40] *salben;* ἵνα ἐλθοῦσαι ἀλείψωσιν αὐτόν etwa *um damit zum Grab zu
gehen und Jesus zu salben* (Einh.) od. (freier) *um den Toten einzubalsamieren*
(GN). **2 λίαν** *sehr, ganz.* **πρωΐ** *früh, frühmorgens.* **τῇ μιᾷ τῶν σαββά-** 2
των = τῇ πρώτῃ (A138,1) ἡμέρᾳ (A88) τῶν σαββάτων temp. Dat.
(A182) *am ersten Tag der Woche* (d.h. am Sonntag). **ἔρχονται** hist. Präs.
(A235). **ἀνα-τείλαντος** Aor. Ptz. -τέλλω[114] (v. Sonne, Licht usw.) *auf-
gehen;* gen. abs. (A288), temp.; ἀνατείλαντος τοῦ ἡλίου *als die Sonne
gerade aufging* (od. *aufgegangen war*). **ἥλιος** *Sonne.* **3 ἔ-λεγον** Ipf. λέγω, 3
Ipf. bez. hier offenbar die Vorvergangenheit (BDR §330; vgl. H-S §198f; A224);
καὶ ἔλεγον πρὸς ἑαυτάς *(unterwegs) hatten sie zueinander gesagt* (NGÜ)
od. *unterwegs hatten sie sich überlegt* (GN). **πρὸς ἑαυτάς** *zu/bei sich selbst* (B
πρός III1e) od. (wohl besser) = πρὸς ἀλλήλας (vgl. B ἑαυτοῦ 3; A127) *zu-
einander.* **ἀπο-κυλίσει** Fut. -κυλίω *wegwälzen.* **θύρα** *Tür.* **4 ἀνα-βλέ-** 4
ψασαι Aor. Ptz. Fem. -βλέπω[41] *aufblicken,* hier etwa *hinblicken;* temp.
θεωροῦσιν hist. Präs. (A235). **ἀπο-κε-κύλισται** Pf. (A231) Pass.; Pf.
hier als Vergangenheit (= Plusquamperfekt) übers. (Tempus u. Modus wie in
der entsprechenden direkten Rede; A326); καὶ ἀναβλέψασαι θεωροῦσιν
ὅτι ἀποκεκύλισται ὁ λίθος *doch als sie hinblickten, sahen sie, daß der Stein
bereits weggewälzt war.* **ἦν** Ipf. εἰμί. **σφόδρα** *heftig, gewaltig, sehr.*

5 εἰσ-ελθοῦσαι Aor. Ptz. Fem. -έρχομαι, temp. **νεανίσκος** *jun-* 5
ger Mann (bis etwa zum Alter v. 40). **καθήμενον** Ptz. κάθημαι, AcP
(A300). **ἐν τοῖς δεξιοῖς** *auf der rechten Seite* (Menge; vgl. B δέξιος 2b).
περι-βε-βλημένον Pf. (A231) Ptz. Pass. -βάλλω[112] (Kleidungsstücke,
Schmuck) *anziehen,* Med. *sich anziehen;* Pf. Pass. m. Akk. der Sache (BDR
§159[1]) *bekleidet sein mit, tragen;* AcP (A300) od. attr.; εἶδον νεανίσκον κα-
θήμενον ἐν τοῖς δεξιοῖς περιβεβλημένον στολὴν λευκήν *sie sahen
auf der rechten Seiten einen jungen Mann in einem weißen Gewand sitzen* od.

... *einen jungen Mann sitzen, der mit einem weißen Gewand bekleidet war.* **στο-**
λή *Gewand.* **λευκός** *weiß.* **ἐξ-ε-θαμβήθησαν** Aor. Pass. ἐκ-θαμβέο-
6 μαι *ins Staunen/in große Erregung geraten; erschrecken.* **6 ὁ δέ** *(und/doch)*
dieser/er (A102). **λέγει** hist. Präs. (A235). **ἐκ-θαμβεῖσθε** Imp.; μὴ ἐκ-
θαμβεῖσθε *erschreckt nicht* od. *ihr braucht nicht zu erschrecken.* **Ναζαρη-**
νός *Nazarener, aus Nazaret (kommend).* **ἐ-σταυρωμένον** Pf. (A231) Ptz.
Pass. σταυρόω, attr. bzw. subst. als App. (A70) *der gekreuzigt worden ist* bzw.
den Gekreuzigten. **ἠγέρθη** Aor. Pass. ἐγείρω. **ἴδε** (eig. Imp. Aor. ὁράω[192])
Interjektion (H-S §252,63) etwa = ἰδού; ἴδε ὁ τόπος ὅπου ἔθηκαν (hier
Vorvergangenheit [vgl. H-S §199n; A224]) αὐτόν etwa *seht, da ist die Stelle, wo*
man ihn hingelegt hatte. **ἔ-θηκαν** Aor. τίθημι; hier 3. Pl. im Sinn v. „man"
7 (A76a). **7 ὑπ-άγετε** Imp. (vgl. A266a), typischerweise gefolgt v. Asyndeton
(vgl. BDR §461,1; vgl. H-S §293e) *geht (und).* **εἴπατε** Aor. (vgl. H-S §105g)
Imp. λέγω. **καί** hier *und besonders* (B 1c) bzw. *vor allem.* **προ-άγω** (örtl.
od. zeitl.) *vorausgehen, vorangehen* (τινά *jmdm.*); Präs. hier fut. (A234). **ὄψε-**
8 **σθε** Fut. Med. ὁράω. **8 ἐξ-ελθοῦσαι** Aor. Ptz. Fem. -έρχομαι, temp.
(A291,1 Anm. 1). **ἔ-φυγον** Aor. φεύγω[72] *fliehen;* καὶ ἐξελθοῦσαι ἔφυ-
γον ἀπὸ τοῦ μνημείου etwa *da verließen sie das Grab und flohen.* **εἶχεν**
Ipf. ἔχω hier im Sinn v. *erfassen* (B I1d) bzw. *packen.* **τρόμος** *(das) Zittern,*
(das) Beben. **ἔκ-στασις**[8] (< ἐξίσταμαι außer sich geraten) *Entsetzen, Ver-*
wirrung, große Erregung; εἶχεν (bez. hier die Vorvergangenheit [vgl. H-S §198f;
A224]) γὰρ αὐτὰς τρόμος καὶ ἔκστασις *denn Zittern und Entsetzen hatte*
sie gepackt od. *sie zitterten vor Entsetzen* (GN). **οὐδενὶ οὐδέν** doppelte Neg.
verstärkt die Verneinung (A310a). **εἶπαν** Aor. (vgl. H-S §105g) λέγω.
ἐ-φοβοῦντο Ipf. Med. φοβέομαι; καὶ οὐδενὶ οὐδὲν εἶπαν·
ἐφοβοῦντο γάρ etwa *und weil sie solche Angst hatten, erzählten sie niemand*
davon (GN); hier bricht das Markusevangelium nach den ältesten u. besten
Textzeugen ab; der ursprüngl. Schluß ist viell. verloren gegangen; NA gibt im
Anschluß an V. 8 (zwischen eckigen Doppelklammern) zwei Erweiterungs-
varianten wieder, die beide offenbar früh entstanden sind u. gut apostolischer
Herkunft sein könnten (in verschiedenen Textzeugen erscheinen die beiden Va-
rianten kombiniert; vgl. Metzger, S. 102-106): a) den sog. „kürzeren' Markus-
schluß, b) den „langen" Markusschluß (16,9-20 der Mehrzahl der [späteren]
Textzeugen).

„Kurzer" Markusschluß

παρ-ηγγελμένα Pf. (A231) Ptz. Pass. -αγγέλλω[110] *auffordern, anordnen, anweisen, befehlen;* subst.; τὰ πάντα παρηγγελμένα *alles, was (ihnen) aufgetragen war.* **οἱ περὶ τὸν Πέτρον** *Petrus und seine Gefährten* (B περί 2aδ; vgl. A198; BDR §228[1]). **συν-τόμως** *sogleich, eilig; kurz.* **ἐξ-ήγγειλαν** Aor. -αγγέλλω[110] *verkünden.* **μετὰ ταῦτα** *danach.* **ἀνα-τολή** *(das) Aufgehen, Sonnenaufgang; Osten, Orient.* **δύσις**[8] *Westen;* ἀπὸ ἀνατολῆς καὶ ἄχρι δύσεως *vom Osten bis in den Westen = in die ganze Welt* (vgl. GN; Merismus [H-S §295r]). **ἐξ-απ-έ-στειλεν** Aor. -αποστέλλω[113] *(ent)senden.* **ἱερός** *heilig.* **ἄ-φθαρτος**[11] *unverderblich, unvergänglich.* **κήρυγμα**[3] *Botschaft, Verkündigung;* m. gen. obi. (A158); τό ... κήρυγμα τῆς αἰωνίου σωτηρίας *die Botschaft vom ewigen Heil.*

„Langer" Markusschluß

9 ἀνα-στάς Wz.-Aor. Ptz. ἀν-ίσταμαι, temp. **πρωΐ** V. 2. **πρώτῃ** 9
σαββάτου = (τῇ) πρώτῃ ἡμέρᾳ (A88) (τοῦ) σαββάτου temp. Dat.
(A182) *am ersten Tag der Woche* (d.h. am Sonntag; vgl. V. 2; B σάββατον 2a).
ἐ-φάνη Aor. Pass. φαίνομαι[124] *sichtbar werden, sich zeigen, erscheinen.*
Μαρία V. 1. **Μαγδαληνή** 15,40. **ἐκ-βε-βλήκει** Plsqpf. (hier ohne
Aug.; vgl. A21; H-S §72h) -βάλλω; δαιμόνια ἐκβάλλω *Dämonen* (die v.
einem Menschen Besitz ergriffen haben) *austreiben* (B 1), hier παρά (statt ἔκ)
τινος *von jmdm.* **10 πορευθεῖσα** Aor. Ptz. Pass. (ohne bes. Pass.-Bdtg.) 10
Fem. πορεύομαι, temp. (A291,1 Anm. 1). **ἀπ-ήγγειλεν** Aor. -αγγέλλω.
γενομένοις Aor. Ptz. Med. γίνομαι hier *sich befinden,* (an einem Ort) *sein*
(vgl. B II4a); attr. bzw. subst. **πενθοῦσι** Ptz. πενθέω *klagen, trauern, traurig
sein;* subst. od. temp. **κλαίουσιν** Ptz. κλαίω, subst. od. temp.; τοῖς μετ'
αὐτοῦ γενομένοις πενθοῦσι καὶ κλαίουσιν *denen, die mit ihm zusammengewesen waren und jetzt trauerten und weinten* od. *denen, die mit ihm zusammengewesen waren, während sie trauerten und weinten.* **11 κἀκεῖνοι** = καὶ 11
ἐκεῖνοι. **ἀκούσαντες** Aor. Ptz. ἀκούω, temp. **ζῇ** 3. Sg. ζάω. **ἐ-θεάθη**
Aor. Pass. θεάομαι *sehen, ansehen;* Pass. hier *gesehen werden* (B 1cα); ὅτι ζῇ
καὶ ἐθεάθη ὑπ' αὐτῆς *daß er lebe und daß er von ihr gesehen worden sei* bzw.
daß er lebe und daß sie ihn gesehen habe. **ἠ-πίστησαν** Aor. ἀ-πιστέω *ungläubig sein, nicht glauben;* ἠπίστησαν erg. gedankl. etwa αὐτῇ (vgl. B; A78) *sie glaubten ihr nicht.*

12 μετὰ ταῦτα *danach.* **δυσίν** Dat. δύο[19f]. **ἐξ αὐτῶν** hier statt 12
gen. partitivus (A164). **περι-πατοῦσιν** Ptz. -πατέω, temp. **ἐ-φανερώθη** Aor. Pass. φανερόω. **μορφή** *Gestalt, äußere Erscheinungsform;* ἐν ἑτέρᾳ μορφῇ *in einer anderen Gestalt* (als der Maria) od. *in fremder Gestalt* (GNB; d.h. in einer Gestalt, die es den beiden unmögl. machte, ihn zu erkennen [vgl. Lk 24,16]). **πορευομένοις** Ptz. πορεύομαι, temp. **ἀγρός** *Feld, Acker,* auch *Land* im Ggs. zur Stadt (vgl. B 1); περιπατοῦσιν ... πορευομένοις εἰς ἀγρόν etwa *als sie zu einem Ort auf dem Land unterwegs waren*
(NGÜ). **13 κἀκεῖνοι** V. 11. **ἀπ-ελθόντες** Aor. Ptz. -έρχομαι, temp. 13
(A291,1 Anm. 1). **ἀπ-ήγγειλαν** Aor. -αγγέλλω. **ἐ-πίστευσαν** Aor. πιστεύω.

14 ὕστερος *späterer, letzter;* hier Ntr. als Adv. *später, danach,* viell. 14
superlativisch (A118,2) *zuletzt, schließlich* (ZG; vgl. B 2b). **ἀνα-κειμένοις** Ptz. ἀνά-κειμαι *liegen;* „(zu Tisch) liegen" = *bei Tisch sein;* temp. **ἕν-**

δεκα[19] *elf;* οἱ ἕνδεκα *die „Elf"/die elf Jünger (Jesu),* d.h. der Zwölferkreis (vgl.
3,14) ohne den Verräter Judas (vgl. Mt 27,3ff; Apg 1,18f). **ἐ-φανερώθη**
V. 12. **ὠνείδισεν** Aor. ὀνειδίζω (vgl. A33[91ff]) *schmähen, schelten, be-
schimpfen;* hier *(berechtigte) Vorwürfe machen, tadeln.* **ἀ-πιστία** *Unglaube.*
σκληρο-καρδία (< σκληρός hart, καρδία) *Hartherzigkeit, Verstocktheit,
Herzenshärte* (Menge), *Uneinsichtigkeit* (NGÜ). **ὅτι** *weil.* **θεασαμένοις**
Aor. Ptz. Med. V. 11; subst. **ἐγηγερμένον** Pf. (A231) Ptz. Pass. ἐγείρω,
AcP (A300) od. temp.; τοῖς θεασαμένοις αὐτὸν ἐγηγερμένον *denen, die
gesehen hatten, daß er auferstanden war (und lebte)* (vgl. A231,1) od. *denen, die*
15 *ihn nach seiner Auferstehung gesehen hatten.* **ἐ-πίστευσαν** V. 13. **15 πο-
ρευθέντες** Aor. Ptz. Pass. (ohne bes. Pass.-Bdtg.) πορεύομαι, temp. (als
Imp. + „und" übers.; A291,1 Anm. 1). **ἅ-πας**[10] = πᾶς. **κηρύξατε** Aor.
Imp. κηρύσσω. **κτίσις**[8] *Schöpfung, (das) Erschaffen; (das) Geschaffene,
Schöpfung/Welt,* hier speziell im Sinn v. *Menschheit* (B 1bß; vgl. ähnl. Gebrauch
im rabbinischen Hebräisch [Dalman, Wörterbuch, S. 65, בְּרִיאָה *bərîʾāh* 3]).
16 **16 πιστεύσας** Aor. Ptz. πιστεύω, subst. **βαπτισθείς** Aor. Ptz. Pass.
βαπτίζω; toleratives Pass. (A219); subst.; ὁ πιστεύσας καὶ βαπτισθείς
wer glaubt (bzw. *wer zum Glauben kommt* [ingr., A229; analog πιστεύσασιν
V. 17]) *und sich taufen läßt.* **σωθήσεται** Fut. Pass. σῴζω. **ἀ-πιστήσας**
Aor. Ptz. V. 11; subst. **κατα-κριθήσεται** Fut. Pass. -κρίνω[127] *verurteilen;*
pass. divinum (A76b); κατακριθήσεται *er wird (von Gott)* (im eschatologi-
17 schen Gericht) *verurteilt werden.* **17 σημεῖα** hier im Sinn v. *Wunderzeichen,
Wunder* göttl. Art (B 2a). **πιστεύσασιν** Aor. Ptz., subst. **παρ-ακο-
λουθήσει** Fut. -ακολουθέω *folgen;* hier *nachfolgen, begleiten, sich (als
Folgeerscheinung) ergeben* (B 2); σημεῖα δὲ τοῖς πιστεύσασιν ταῦτα
παρακολουθήσει *folgende Dinge* (d.h. unter anderen) *werden die, die glauben,
als Zeichen/Wunder begleiten* etwa = *folgende Zeichen/Wunder werden die
begleiten, die glauben.* **ἐν τῷ ὀνόματί μου** *in meinem Namen* etwa = *in
meinem Auftrag* bzw. *unter Anrufung meines Namens.* **ἐκ-βαλοῦσιν** Fut.
-βάλλω V. 9. **λαλήσουσιν** Fut. λαλέω, hier m. γλώσσαις καιναῖς
(dat. instr., A176) *mit neuen „Zungen" reden = in unbekannten (von Gottes Geist*
18 *gewirkten) Sprachenreden* (vgl. 1Kor 14,2ff). **18 ἐν** instr.; ἐν ταῖς χερσίν *mit
ihren* (A103) *Händen.* **ὄφις**[8] εως ὁ *Schlange.* **ἀροῦσιν** Fut. αἴρω; καὶ ἐν
ταῖς χερσὶν ὄφεις ἀροῦσιν *mit ihren Händen werden sie Schlangen
hochheben,* d.h. wohl: wenn ihnen Gefahr durch Schlangen droht, werden sie
keinen Schaden nehmen (vgl. Apg 28,3-6). **κἄν** (= καὶ ἐάν) *und wenn* (B 1;
BDR §374[4]). **θανάσιμος**[11] *tödlich;* θανάσιμόν τι *ein tödliches Gift.*
πίωσιν Aor. Konj. πίνω. **οὐ μή** m. Aor. Konj. stärkste Verneinung
zukünftigen Geschehens (A257). **βλάψῃ** Aor. Konj. βλάπτω (vgl. A33[51ff])
m. Akk. *jmdm. schaden.* **ἄρ-ρωστος**[11] *kraftlos, krank;* subst. **ἐπι-
θήσουσιν** Fut. -τίθημι[200] *auflegen,* hier m. ἐπί τινα χεῖρας *jmdm. die*

Hände auflegen. **καλῶς** *schön, gut;* ἔχω καλῶς *es geht mir gut;* καλῶς ἕξουσιν *es wird ihnen gut gehen = sie werden gesund werden.* **ἕξουσιν** Fut. ἔχω.

19 μὲν οὖν *also, nun* (vgl. B μέν 2e; das Vorausgegangene zusammen- 19
fassend [ZG]). **μετὰ τό** m. Inf. temp. (A282; BDR §402[4]); μετὰ τὸ λαλῆσαι αὐτοῖς *nachdem (er) zu ihnen gesprochen hatte.* **λαλῆσαι** Aor. Inf. λαλέω. **ἀν-ε-λήμφθη** Aor. Pass. ἀνα-λαμβάνω[152] *aufnehmen.* **ἐ-κάθισεν** Aor. καθίζω. **20 ἐξ-ελθόντες** Aor. Ptz. -έρχομαι hier etwa *auszie-* 20
hen bzw. einfach *gehen;* temp. (A291,1 Anm. 1). **ἐ-κήρυξαν** Aor. κηρύσσω hier ohne Obj. *predigen* (B 2bβ), od. etwa (kontextgemäß) *das Evangelium verkünden.* **πανταχοῦ** *überall; überallhin.* **συν-εργοῦντος** Ptz. -εργέω *mitwirken, mitarbeiten, helfen, unterstützen;* gen. abs. (A288); mod. **ὁ λόγος** *das „Wort"* im Sinn v. *das Wort/die Botschaft Gottes.* **βεβαιοῦντος** Ptz. βεβαιόω etwas *bekräftigen, bestätigen;* gen. abs. (A288); mod.; τοῦ κυρίου συνεργοῦντος καὶ τὸν λόγον βεβαιοῦντος *dabei wirkte der Herr mit und bekräftigte das Wort.* **ἐπ-ακολουθούντων** Ptz. -ακολουθέω *folgen, nachfolgen, begleiten;* attr.; διὰ τῶν ἐπακολουθούντων σημείων *durch die Zeichen/Wunder, die (die Verkündigung) begleiteten* (vgl. NGÜ).

Lukas

1 **ἐπει-δή-περ** *da nun einmal* (B), *da ja schon, nachdem/weil bekanntlich*
schon (Menge). **ἐπ-ε-χείρησαν** Aor. ἐπι-χειρέω *Hand anlegen, versu-*
chen, unternehmen, m. Inf. **ἀνα-τάξασθαι** Aor. Inf. Med. -τάσσομαι[79]
(der Reihe nach) wiedergeben, abfassen. **δι-ήγησις**[8] *Erzählung, Bericht.* **πε-**
πληρο-φορημένων Pf. Ptz. Pass. πληρο-φορέω *geschehen lassen* (zu ei-
nem Zweck), *erfüllen, vollbringen* (B 1a); attr. **πρᾶγμα**[3] *Ereignis, Tatsache,*
Vorfall (B 1); περὶ τῶν πεπληροφορημένων ἐν ἡμῖν πραγμάτων *über*
die Ereignisse, die sich unter uns erfüllt haben/die in unserer Mitte geschehen sind
2 (NGÜ). **2 παρ-έ-δοσαν** Aor. παρα-δίδωμι; erg. ταῦτα (A79). **αὐτ-**
όπτης[1] *Augenzeuge.* **ὑπ-ηρέτης**[1] *Gehilfe, Diener.* **γενόμενοι** Aor. Ptz.
Med. γίνομαι, subst.; οἱ ἀπ' ἀρχῆς αὐτόπται καὶ ὑπηρέται γενόμε-
νοι τοῦ λόγου *die von Anfang an als Augenzeugen dabei waren und (dann)*
3 *Diener des Wortes geworden sind* (NGÜ). **3 ἔ-δοξε** Aor. δοκέω; unpersönl.
δοκεῖ μοι *es scheint mir;* hier m. Inf. *beschließen* (B 3b); ἔδοξε κἀμοί *auch*
ich habe mich entschlossen, es (er)schien auch mir richtig. **κἀμοί** = καὶ ἐμοί.
παρ-ηκολουθηκότι Pf. Ptz. -ακολουθέω *folgen; nachfolgen; (eine Sache)*
verfolgen, (einer Sache) nachgehen (B 4); temp., viell. kaus.; part. coni. zu ἐμοί
(BDR §410[2]). **ἄνωθεν** *von oben her;* hier *von Anfang an* (B 2a). **ἀκριβῶς**
genau, sorgfältig; παρηκολουθηκότι ἄνωθεν πᾶσιν ἀκριβῶς *nachdem*
ich allem von Beginn an sorgfältig nachgegangen bin. **καθ-εξῆς** *der Reihe nach*
(v. zeitl., räuml. bzw. logischer Folge), *in richtiger/geordneter Reihenfolge.* **γρά-**
ψαι Aor. Inf. γράφω hier *aufschreiben, niederschreiben.* **κράτιστε** Vok.
κράτιστος (Superlativ zu ἀγαθός, H-S §51b) *bester, tüchtigster, mächtigster,*
vornehmster; als ehrende Anrede an amtl. od. gesellschaftl. höherstehende Pers.,
aber auch als höfl. Anrede ohne offiziellen Beigeschmack:) *verehrter, hochver-*
ehrter. **Θεόφιλε** Vok. Θεό-φιλος *Theophilus,* wohl ein angesehener Christ.
4 **4 ἐπι-γνῷς** Aor. Konj. -γινώσκω hier wohl *genau erkennen* (B 1a). **κατ-**
ηχήθης Aor. Pass. -ηχέω (< ἦχος Klang) *mitteilen; unterweisen, belehren*
(B 2a); ἵνα ἐπιγνῷς περὶ ὧν κατηχήθης λόγων τὴν ἀσφάλειαν =
ἵνα ἐπιγνῷς τὴν ἀσφάλειαν τῶν (od. περὶ τῶν) λόγων, περὶ ὧν
κατηχήθης (od. = ... λόγων, οὓς κατηχήθης [BDR §159[1]; vgl. A213])
Attraktion des Rel.-Pron. (wobei das BW im Rel.-Satz steht [A361b; zur Präp.
vgl. A359]; vgl. BDR §294,6[9]) *damit du die Zuverlässigkeit der Lehren, über die/in*
denen du unterwiesen worden bist, genau erkennst bzw. *damit du genau erkennst,*
wie zuverlässig die Lehren sind, in denen du unterwiesen worden bist. **ἀ-σφά-**
λεια *Festigkeit; Zuverlässigkeit* (B 1b); *Sicherheit.*
5 **5 ἐ-γένετο** Aor. Med. V. 2, hier *es lebte* (B II5). **Ἡρῴδης**[1] *Herodes,*
hier König Herodes der Große (37-4 v. Chr.). **ἱερεύς**[8] *Priester;* ἱερεύς τις

ein (gewisser) Priester (H-S §144a). **ὀνόματι** dat. resp. (BDR §197,2; vgl.
A178) *mit Namen, namens.* **Ζαχαρίας**[1] ου *Zacharias,* Vater v. Johannes
dem Täufer. **ἐφ-ημερία** eig. „Tagesabteilung", *Priesterabteilung,* d.h. eine
der vierundzwanzig Priestergruppen, die im wöchentl. Turnus den Tempeldienst
versahen (vgl. 1Ch 24,7-19). **Ἀβιά** indekl., hier Gen., *Abija,* Name eines
Priestergeschlechts. **γυνὴ αὐτῷ** erg. ἦν (Ipf. v. εἰμί), dat. poss. (A173b) *er
hatte eine Frau.* **θυγάτηρ**[6] τρός ἡ *Tochter;* θυγατέρες Ἀαρών *die weibli-
chen Nachkommen Aarons* (B 2bα), d.h. die Frauen aus Priesterfamilien.
Ἀαρών indekl., hier Gen., *Aaron,* Bruder Moses. **Ἐλισάβετ** indekl., hier
Nom., *Elisabet;* τὸ ὄνομα αὐτῆς Ἐλισάβετ erg. ἦν (BDR §128[3]) *ihr
Name war Elisabet = sie hieß Elisabet.* **6 ἦσαν** Ipf. εἰμί. **ἀμφότεροι** 6
beide. **ἐν-αντίον** uneig. Präp. (A183) *vor, in den Augen von, nach dem Urteil
von.* **πορευόμενοι** Ptz. πορεύομαι hier *wandeln* (v. der Lebensführung)
(B 2c), *leben;* kaus., viell. mod. **δικαίωμα**[3] *Rechtssatzung, -forderung, Gebot;*
πορευόμενοι ἐν πάσαις ταῖς ἐντολαῖς καὶ (erg. gedankl. ἐν πᾶσι
τοῖς [vgl. BDR §479[4]]) δικαιώμασιν τοῦ κυρίου ἄμεμπτοι *da sie unta-
delig lebten nach allen Geboten und Satzungen des Herrn* bzw. *da sie sich in allem
genau an die Gebote und Weisungen des Herrn hielten* (vgl. NGÜ). **ἄ-μεμ-
πτος**[11] *ohne Tadel, untadelig, tadellos;* Adj. hier adv. (mod.) gebraucht (B; vgl.
A113; BDR §243,1]). **7 ἦν** Ipf. εἰμί; οὐκ ἦν αὐτοῖς (dat. poss., A173b) 7
τέκνον *sie hatten keine Kinder.* **καθ-ότι** (A338) *in Anbetracht der Tatsache,
daß* bzw. *deshalb, weil* od. *denn* (BDR §456[9]). **στεῖρα** *unfähig zu gebären, un-
fruchtbar.* **προ-βε-βηκότες** Pf. Ptz. -βαίνω[139] *voranschreiten, weitergehen;*
Pf. ἐν ταῖς ἡμέραις (τινός) *in vorgerücktem Alter sein* (H-S §184i); um-
schrieb. Plsqpf. (A249).

8 ἐ-γένετο V. 5; ἐγένετο m. flgd. finiten Verb (ἔλαχε V. 8) steht 8
pleon. (Hebr., A271; BDR §442[11]). **ἐν τῷ** m. AcI temp. (A282) *während, als.*
ἱερατεύειν Inf. ἱερατεύω *Priester sein, den Priesterdienst versehen;* Präd. des
AcI. **τάξις**[8] *(festgesetzte) Reihenfolge, (Dienst-)Turnus; (rechte) Ordnung.* **ἐφ-
ημερία** V. 5. **ἔν-αντι** uneig. Präp. (A183) *gegenüber, vor.* **9 ἔθος**[7] 9
Brauch, Sitte. **ἱερατεία** *Priesteramt, Priesterdienst.* **ἔ-λαχε** Aor. λαγχά-
νω[151] *zugeteilt erhalten; durchs Los bestimmt/erwählt werden* (B 2). **θυμιᾶ-
σαι** Aor. Inf. θυμιάω *Weihrauchopfer/Räucheropfer darbringen;* τοῦ θυμιᾶ-
σαι = θυμιᾶσαι (BDR §400[5+7]). **εἰσ-ελθών** Aor. Ptz. -έρχομαι, temp.
(A291,1 Anm. 1); ἔλαχε τοῦ θυμιᾶσαι εἰσελθών ... *er wurde durchs Los
bestimmt ... hineinzugehen und das Räucheropfer darzubringen.* **10 πλῆθος**[7] 10
Menge, große Anzahl; (versammelte) *(Menschen-)Menge;* hier viell. term. tech.
für die religiöse *Gemeinde(versammlung)* (B 2bδ; EWNT 3, Sp. 247); πᾶν τὸ
πλῆθος τοῦ λαοῦ *die ganze Volksmenge, die ganze Volksgemeinde.* **ἦν** V. 7.
προσ-ευχόμενον Ptz., umschrieb. Ipf. (A249; H-S §203a). **τῇ ὥρᾳ**
temp. Dat. (A182). **θυμίαμα**[3] *Weihrauch, Räucherwerk; Weihrauchopfer,*

11 *Räucheropfer.* **11 ὤφθη** Aor. Pass. ὁράω. **ἑστώς** Pf. (Wz.-Pf., H-S §109a;
m. präs. Bdtg.) Ptz. ἵσταμαι, attr. **θυσιαστήριον** *Altar;* τὸ θυσιαστή-
12 ριον τοῦ θυμιάματος *Rauchopferaltar, Räucheraltar.* **12 ἐ-ταράχθη**
Aor. Pass. ταράσσω (vgl. A33[74ff]) *aufwühlen, aufrühren;* übertr. *in Aufregung,*
Unruhe, Verwirrung, Angst, Schrecken bzw. *Bestürzung versetzen.* **Ζαχαρίας**
V. 5. **ἰδών** Aor. Ptz. ὁράω, temp.; erg. αὐτόν/τοῦτον (A79). **ἐπ-έ-πε-**
σεν Aor. ἐπι-πίπτω[194] *fallen/kommen auf/über;* φόβος ἐπέπεσεν ἐπ᾽ αὐ-
13 τόν *Furcht befiel/überfiel ihn* (B 2), *er wurde von Furcht gepackt.* **13 φοβοῦ**
Imp. φοβέομαι; Imp. Präs. zur Aufforderung, m. einer Handlung aufzuhören
(A265a); μὴ φοβοῦ etwa *du brauchst dich nicht zu fürchten.* **δι-ότι** (A338)
(deshalb) weil, denn. **εἰσ-ηκούσθη** Aor. Pass. -ακούω[2] *hören auf;* hier *er-*
hören (B 2b). **δέησις**[8] *Bitte, Gebet.* **Ἐλισάβετ** V. 5, hier Nom.; App.
(A70). **γεννήσει** Fut. γεννάω. **καλέσεις** Fut. καλέω hier *einen Na-*
men geben, m. doppeltem Akk. (B 1aγ; H-S §153b); wohl mod. Fut. (A247b);
καλέσεις τὸ ὄνομα αὐτοῦ ... *du sollst ihm den Namen ... geben.*
14 **14 ἔσται** Fut. εἰμί. **ἀγαλλίασις**[8] *Jubel;* ἔσται χαρά σοι (dat. poss.,
A173b) καὶ ἀγαλλίασις *du wirst voller Freude und Jubel sein.* **γένεσις**[8]
Entstehung, Ursprung, hier *Geburt* (B 1). **χαρήσονται** Fut. Pass. (m. akt.
15 Bdtg.) χαίρω. **15 οἶνος** *Wein.* **σίκερα** indekl., hier Akk. (LXX-Ausdruck;
aram. שִׁכְרָא *šikrāʾ*) *Rauschtrank, starkes/berauschendes Getränk.* **οὐ μή** m.
Aor. Konj. stärkste Verneinung zukünftigen Geschehens (A257). **πίῃ** Aor.
Konj. πίνω. **πλησθήσεται** Fut. Pass. πίμπλημι[207] *anfüllen, vollmachen,*
erfüllen τινός *mit etwas* (A165). **κοιλία** *Bauch; Leib,* hier *Mutterleib;* ἐκ κοι-
λίας μητρός (LXX-Ausdruck) *schon im Mutterleib,* evtl. *von Geburt an*
16 (EWNT 2, Sp. 745). **16 Ἰσραήλ** indekl., hier Gen. **ἐπι-στρέψει** Fut.
-στρέφω[47] *um-, zurückkehren; zur Umkehr/Rückkehr führen, zurückführen, hin-,*
17 *zuwenden* (auch im Sinn v. *bekehren* [B1a]). **17 προ-ελεύσεται** Fut. Med.
-ἔρχομαι[187] *vorgehen, vorwärtsgehen;* hier *vorangehen* (als Vorläufer) (B 2)
[Var. προσ-ελεύσεται Fut. Med. -ἔρχομαι]. **ἐν** (erstes) *ausgerüstet mit*
(B I4cβ). **Ἠλίας**[1] ου *Elija,* atl. Prophet. **ἐπι-στρέψαι** Aor. Inf.; fin.
ἀ-πειθής[7] *ungehorsam;* subst. **φρόνησις**[8] *Gesinnung, Verstand, Klugheit,*
Einsicht; ἐν φρονήσει (wohl im Sinn v. εἰς φρόνησιν; vgl. BDR §218[3]) *zur*
Gesinnung (B ἐν I6) ... (zurückführen) bzw. *der Gesinnung* ... (zuwenden).
ἑτοιμάσαι Aor. Inf. ἑτοιμάζω; wohl fin., abhängig v. ἐπιστρέψαι.
κατ-ε-σκευασμένον Pf. (A231) Ptz. Pass. κατα-σκευάζω (vgl. A33[91ff])
zubereiten, zurüsten (B 1); attr.
18 **18 Ζαχαρίας** V. 5. **κατὰ τί** *woran* (B κατά II5αδ). **γνώσομαι**
Fut. Med. γινώσκω; mod. Fut. (A247); κατὰ τί γνώσομαι τοῦτο; *woran*
soll ich das erkennen? woran soll ich erkennen, daß das wahr ist? (Einh.). **ἐγώ**
betont (A122). **πρεσβύτης**[1] *älterer/alter Mann.* **προ-βε-βηκυῖα** Pf. Ptz.
19 Fem. V. 7; erg. ἐστίν, umschrieb. Pf. (A249). **19 ἀπο-κριθείς** Aor. Ptz.

Pass. (ohne Pass.-Bdtg.) -κρίνομαι, pleon. (A297,2); ἀποκριθείς ... εἶπεν *er*
antwortete. **ἐγώ** betont (A122). **Γαβριήλ** indekl., hier Nom., *Gabriel,* ein
Erzengel (d.h. Engelfürst). **παρ-εστηκώς** Pf. (m. präs. Bdtg.) Ptz. -ἵστα-
μαι, attr.; ὁ παρεστηκὼς ἐνώπιον τοῦ θεοῦ *der vor Gott steht.* **ἀπ-ε-**
στάλην Aor. Pass. ἀπο-στέλλω. **λαλῆσαι** Aor. Inf. λαλέω, fin. **εὐ-**
αγγελίσασθαι Aor. Inf. Med. -αγγελίζω, fin.; καὶ εὐαγγελίσασθαί
σοι ταῦτα *und dir diese gute Nachricht zu bringen.* **20 ἔσῃ** Fut. εἰμί. **σιω-** 20
πῶν Ptz. σιωπάω *schweigen, still sein; verstummen;* umschrieb. Fut. (A249).
δυνάμενος Ptz. δύναμαι, umschrieb. Fut. (A249). **ἄχρι ἧς ἡμέρας**
= ἄχρι τῆς ἡμέρας ᾗ (Attraktion des Rel.-Pron.; A361b; ᾗ: temp. Dat.
[A182]) *bis zu dem Tag, an dem.* **γένηται** Aor. Konj. Med. γίνομαι. **ἀντί**
m. Gen. (A188) *anstatt, für;* ἀνθ᾽ ὧν (für ἀντὶ τούτων ὅτι [BDR §294[6]; H-S
§289e]) *dafür daß = weil.* **ἐ-πίστευσας** Aor. πιστεύω. **οἵ-τινες** = οἵ
(vgl. B ὅστις 3; A133) *die,* viell. qualitativ (A132) *die doch/ja* (vgl. A368).
πληρωθήσονται Fut. Pass. πληρόω. **εἰς** statt ἐν (BDR §206,1); πλη-
ρωθήσονται εἰς τὸν καιρὸν αὐτῶν *die zu ihrer (= zu der für sie festgesetz-*
ten) Zeit in Erfüllung gehen werden.

21 ἦν V. 7. **προσ-δοκῶν** Ptz. -δοκάω *erwarten, warten auf;* um- 21
schrieb. Ipf. (A249). **Ζαχαρίας** V. 5. **ἐ-θαύμαζον** Ipf. θαυμάζω. **ἐν**
τῷ m. AcI temp. (A282) *während, als* od. hier (Sem. bzw. kontextbedingt) kaus.
(darüber,) daß (B θαυμάζω 1aβ; vgl. BDR §404[6]). **χρονίζειν** Inf. χρονίζω
sich Zeit lassen, auf sich warten lassen; (an einem Ort) *verweilen, bleiben;* Präd.
des AcI; ἐν τῷ χρονίζειν ... αὐτόν *als/daß er so lange ... blieb.* **22 ἐξ-ελ-** 22
θών Aor. Ptz. -έρχομαι, temp. **ἐ-δύνατο** Ipf. δύναμαι. **λαλῆσαι**
V. 19. **ἐπ-έ-γνωσαν** Aor. ἐπι-γινώσκω. **ὀπτασία** *Erscheinung, Ge-*
sicht, Vision. **ἑ-ώρακεν** Pf. ὁράω. **δια-νεύων** Ptz. -νεύω *zuwinken, Zei-*
chen geben; umschrieb. Ipf. (A249). **δι-έ-μενεν** Ipf. δια-μένω *verharren,*
bleiben. **κωφός** *stumm.* **23 ἐ-γένετο** V. 5; ἐγένετο m. flgd. finiten Verb 23
(ἀπῆλθεν; V. 41: ἐσκίρτησεν) steht pleon. (Hebr., A271; BDR §442[11]; vgl.
§472[7]). **ἐ-πλήσθησαν** Aor. Pass. πίμπλημι V. 15, hier v. einer Zeitspan-
ne: *zu Ende gehen.* **λειτουργία** (kultisch-geistl.) *Dienst; Gottesdienst;* hier
Priesterdienst (B 1); ὡς ἐπλήσθησαν αἱ ἡμέραι τῆς λειτουργίας *als die*
Tage seines Priesterdienstes zu Ende waren (B πίμπλημι 1bβ). **ἀπ-ῆλθεν**
Aor. -έρχομαι. **24 συν-έ-λαβεν** Aor. συλ-λαμβάνω[152] *ergreifen, fan-* 24
gen; empfangen (im geschlechtl. Sinn v. der Frau), *schwanger werden.* **Ἐλισά-**
βετ V. 5, hier Nom. **περι-έ-κρυβεν** Ipf. -κρύβω *verbergen;* περιέκρυβεν
ἑαυτήν *sie hielt sich verborgen* (B), *sie lebte in völliger Zurückgezogenheit.*
μήν[4] μηνός ὁ *Monat;* Akk. der zeitl. Ausdehnung (A148). **πέντε**[19] *fünf.*
λέγουσα Ptz. Fem. λέγω, mod. (A291,2 Anm. 1). **25 ὅτι** wohl recitativum 25
= Doppelpunkt (A333). **πε-ποίηκεν** Pf. (A242) ποιέω; οὕτως μοι
πεποίηκεν κύριος *so/das* (vgl. B οὕτω 5) *hat der Herr an mir getan.* **ἐν**

ἡμέραις αἷς *in den Tagen/in der Zeit, in denen/als.* **ἐπ-εῖδεν** Aor. ἐπ-εῖ-
δον/ἐφ-οράω[192] *sein Augenmerk richten auf, sehen auf, sich kümmern um,* m.
Inf.; ἐν ἡμέραις αἷς ἐπεῖδεν ἀφελεῖν ὄνειδός μου ... *in diesen Tagen*
hat er sein Augenmerk darauf gerichtet (eig. *in den Tagen, in denen er sein Augen-*
merk darauf gerichtet hat), *meine Schande ... wegzunehmen* od. ... *hat er gnädig*
(auf mich) geschaut, um meine Schande ... wegzunehmen. **ἀφ-ελεῖν** Aor. Inf.
-αιρέω[186] *wegnehmen.* **ὄνειδος**[7] *Beschimpfung, Schande, Schmach;* ὄνει-
δός μου (ohne Art. wohl sem.; BDR §259[5]) ἐν ἀνθρώποις *meine Schande*
bei/vor den Menschen (= *die Schande, mit der ich in den Augen der Menschen*
behaftet war [d.h. die der Kinderlosigkeit]).
26 **26 μήν** V. 24. **ἕκτος**[19] *sechster;* ἐν τῷ μηνὶ τῷ ἕκτῳ *(als Elisabet)*
im sechsten Monat (war). **ἀπ-ε-στάλη** V. 19. **Γαβριήλ** V. 19, hier Nom.
ἀπό *von ... weg* od. statt ὑπό. **τῆς Γαλιλαίας** gen. partitivus (A164; vgl.
H-S §166a) *in Galiläa.* **ᾗ ὄνομα** (erg. ἦν [V. 7]; BDR §128[3]) *deren* (dat.
commodi/poss., A173b) *Name ... war, namens.* **Ναζαρέθ**/Ναζαρά ἡ in-
27 dekl., hier Nom., *Nazaret,* Ort in Galiläa. **27 παρθένος** ἡ *Jungfrau.*
ἐ-μνηστευμένην Pf. Ptz. Pass. μνηστεύομαι (< μνηστός verheiratet,
ehelich) m. Dat. (v. einer Frau) *verlobt werden mit,* jmdm. *als Frau versprochen*
werden, jmds. *Braut werden;* attr. [Var. με-μνηστευμένην Pf. Ptz. Pass.]. **ᾧ**
ὄνομα vgl. ᾗ ὄνομα V. 26. **Ἰωσήφ** indekl., hier Nom., *Josef.* **Δαυίδ**
indekl., hier Gen. **Μαριάμ** indekl., hier Nom., od. **Μαρία**[1] *Maria,* Mutter
28 Jesu; erg. ἦν (V. 7). **28 εἰσ-ελθών** Aor. Ptz. -έρχομαι, temp. [Var. πα-
τριά *Geschlecht, Familienstamm; Volksstamm, Volk.*] **χαῖρε** Imp. χαίρω
hier als griech. Grußformel (B 2a) *sei gegrüßt!* **κε-χαριτωμένη** Pf. (A231)
Ptz. Pass. χαριτόω *begnaden;* subst., Vok. *du Begnadete* (vgl. V. 30). **ὁ κύ-**
ριος erg. wohl ἐστίν (viell. εἴη [Opt. v. εἰμί]) *der Herr ist* (viell. *sei;* vgl.
29 BDR §128[7]). [Var. εὐλογημένη σὺ ἐν γυναιξίν s. V. 42.] **29 ἡ δέ** *doch*
diese/sie (A102). **δι-ε-ταράχθη** Aor. Pass. δια-ταράσσω (vgl. A33[74ff])
verwirren (B), *in Verlegenheit bringen* od. *in Unruhe, Schrecken* bzw. *Bestürzung*
versetzen (vgl. Zorell). **δι-ε-λογίζετο** Ipf. Med. δια-λογίζομαι *(gründ-*
lich) überlegen, erwägen, sich Gedanken (über etwas) *machen.* **ποταπός** (etwa
= [ὁ]ποῖος[18]; att. ποδαπός) *was für ein.* **εἴη** Opt. εἰμί; obliquer Opt.
(BDR §386[2]; vgl. H-S §211f/g; A261); ποταπὸς εἴη ὁ ἀσπασμὸς οὗτος
was dies für ein Gruß sei bzw. *was dieser Gruß zu bedeuten habe.* **ἀσπασμός**
30 *(feierliche) Begrüßung, Gruß.* **30 φοβοῦ** V. 13. **Μαριάμ** hier Vok.
εὗρες Aor. εὑρίσκω; εὗρες χάριν παρὰ τῷ θεῷ *du hast Gnade bei Gott*
31 *gefunden* (d.h. Gott hat dich aus Gnade/gnädig erwählt). **31 συλ-λήμψῃ**
Fut. Med. -λαμβάνω V. 24. **γαστήρ**[6] τρός ἡ *Bauch; Mutterleib;* συλλήμ-
ψῃ ἐν γαστρί *du wirst schwanger werden.* **τέξῃ** Fut. Med. τίκτω[195] *gebären.*
32 **καλέσεις** V. 13. **32 ἔσται** V. 14. **ὕψιστος** *höchster, erhabenster;* ὁ ὕψι-
στος *der Höchste* (d.h. Gott) (B 2). **κληθήσεται** Fut. Pass. καλέω.

δώσει Fut. δίδωμι. **Δαυίδ** hier Gen. **33 βασιλεύσει** Fut. βασι- 33
λεύω *König sein, herrschen* ἐπί (m. Akk.) *über.* **Ἰακώβ** indekl., hier Gen.,
Jakob, Israels Stammvater. **τῆς βασιλείας** (gen. poss., A154) **αὐτοῦ**
οὐκ ἔσται τέλος *seine Königsherrschaft wird kein Ende haben/nehmen* bzw.
wird niemals aufhören (NGÜ). **34 Μαριάμ** hier Nom. **πῶς ἔσται τοῦ-** 34
το; *wie wird das geschehen?* (B εἰμί I4) od. mod. Fut. (A247) *wie soll das zuge-*
hen/geschehen? **ἐπεί** (A338) *weil, da ja, denn.* **γινώσκω** hier entsprechend
einem bibl. u. außerbibl. verbreiteten Euphemismus (vgl. A385) v. Geschlechts-
verkehr (B 5); ἐπεὶ ἄνδρα οὐ γινώσκω etwa *ich habe doch mit keinem*
Mann Umgang (Wilckens) bzw. *ich bin doch mit keinem Mann zusammen*
(GNB). **35 ἀπο-κριθείς** V. 19. **ἐπ-ελεύσεται** Fut. Med. -ἔρχομαι[187] 35
herbeikommen; ἐπί m. Akk. *kommen über* (B 2c). **ἐπι-σκιάσει** Fut. -σκιά-
ζω (vgl. A33[91ff]) *überschatten,* m. Dat. (als verhüllender Ausdruck für die Ge-
genwart Gottes u. sein geheimnisvolles Handeln; vgl. B 3). **καί** (drittes) ver-
stärkt das διό: *deshalb ... auch* (BDR §442[23]). **γεννώμενον** Ptz. Pass. γεν-
νάω, subst., evtl. attr.; τὸ γεννώμενον *das (Kind), das geboren* (od. *gezeugt*
[B 1a/2]) *werden soll* bzw. *das Kind, das du zur Welt bringst* (evtl. τὸ γεννώμε-
νον ἅγιον *das Heilige/heilige Kind, das du zur Welt bringst* [vgl. Menge]); τὸ
γεννώμενον ἅγιον κληθήσεται υἱὸς θεοῦ wohl *das Kind, das du zur*
Welt bringst, wird heilig (Präd.-Nom., A212), *Sohn Gottes* (App., A70), *genannt*
werden, viell. *das Kind, das du zur Welt bringst, wird heilig sein und Sohn Gottes*
(wörtl. *wird als heiliges* [Artangabe zum Subj., A65] *Sohn Gottes) genannt wer-*
den. **36 Ἐλισάβετ** V. 5, hier Nom. **συγ-γενίς**[3] ίδος ἡ *(die) Verwandte.* 36
καὶ αὐτή *auch sie.* **συν-είληφεν** Pf. συλ-λαμβάνω V. 24 [Var. συν-
ειληφυῖα Pf. Ptz.; erg. ἐστίν, umschrieb. Pf. (A249)]. **γῆρας**[3] ατος τό
(hohes) *Alter, Greisenalter.* **καί** (drittes) explikativ (BDR §442[18]) *und zwar.*
μήν V. 24; οὗτος μὴν ἕκτος ἐστὶν αὐτῇ (dat. commodi, A173) „das ist
der sechste Monat für sie" = *jetzt ist sie im sechsten Monat.* **καλουμένῃ** Ptz.
Pass. καλέω, attr. *(sie), die ... genannt wurde* bzw. *die als ... galt.* **στεῖρα** V. 7.
37 οὐ ... πᾶν Hebr. (= οὐδέν) *nichts* (H-S §249a; vgl. A137). **ἀ-δυνατή-** 37
σει Fut. ἀ-δυνατέω *unvermögend/unfähig sein;* unpersönl. *es ist unmöglich;*
οὐκ ἀδυνατήσει παρὰ τοῦ θεοῦ πᾶν ῥῆμα *nichts* (wörtl. *keine Sache)*
wird von Gottes Seite her/bei Gott unmöglich sein (B; H-S §144c).
38 Μαριάμ V. 27, hier Nom. **δούλη** *Sklavin; Dienerin;* ἰδοὺ ἡ δούλη 38
κυρίου etwa *ich bin die Dienerin des Herrn* (d.h. *ich gehöre dem Herrn, ich stehe*
ihm ganz zur Verfügung [GNB]). **γένοιτο** Aor. Opt. Med. γίνομαι;
kupitiver Opt. (H-S §268b; vgl. §211c; A259); γένοιτό μοι *mir geschehe.* **ἀπ-**
ῆλθεν V. 23.

39 ἀνα-στᾶσα Wz.-Aor. Ptz. Fem. ἀν-ίσταμαι hier *sich auf den Weg* 39
machen (vgl. B 2d); temp. (A291,1 Anm. 1; A296). **Μαριάμ** V. 27, hier
Nom. **ἐ-πορεύθη** Aor. Pass. (ohne Pass.-Bdtg.) πορεύομαι. **ὀρεινός**

bergig, gebirgig; ἡ ὀρεινή (erg. χώρα [A88]) *das Bergland, Gebirge.* **σπουδή** *Eile, Hast;* μετὰ σπουδῆς *eilig* (B 1), ἐπορεύθη ... μετὰ σπουδῆς *sie eilte.* **εἰς πόλιν Ἰούδα** (gen. partitivus, A164) *in eine Stadt in (dem Stammesge-*
40 *biet von) Juda/in Judäa.* **40 εἰσ-ῆλθεν** Aor. -έρχομαι. **Ζαχαρίας** V. 5.
41 **ἠσπάσατο** Aor. Med. ἀσπάζομαι. **Ἐλισάβετ** V. 5. **41 ἐ-γένετο**
V. 23. **ἤκουσεν** Aor. ἀκούω. **ἀσπασμός** V. 29. **Μαρία**[1] V. 27. **ἐ-σκίρτησεν** Aor. σκιρτάω *hüpfen, springen;* viell. *sich lebhaft bewegen* (Menge). **βρέφος**[7] *Embryo, Fötus;* übers. hier am besten *Kind.* **κοιλία**
42 V. 15. **ἐ-πλήσθη** Aor. Pass. πίμπλημι V. 15. **42 ἀν-ε-φώνησεν** Aor.
ἀνα-φωνέω *aufschreien* [Var. ἀν-ε-βόησεν Aor. ἀνα-βοάω *aufschreien*]. **κραυγή** *Geschrei, lautes Rufen;* ἀνεφώνησεν κραυγῇ μεγάλῃ (dat. modi, A180) καὶ εἶπεν übers. etwa *sie rief mit lauter Stimme, sie brach mit lauter Stimme in die Worte aus.* **εὐ-λογημένη** Pf. Ptz. Pass. -λογέω, umschrieb. Pf. (A249), erg. εἶ bzw. das zweite Mal ἐστίν; Positiv m. ἐν (hier eig. *bei, unter*) im Sinn eines Komp. bzw. Superlativs (BDR §245[4]; vgl. A118); εὐλογημένη σὺ ἐν γυναιξίν *gesegnet bist du mehr als alle anderen* (A376a) *Frauen* (Einh.) bzw. *du bist die gesegnetste aller Frauen.* **σύ** betont (A122). **κοιλία** V. 15; ὁ καρπὸς τῆς κοιλίας σου *die Frucht deines Leibes, das*
43 *Kind in deinem Leib.* **43 καί** viell. adversativ (A311,1) *doch.* **πόθεν**[18] *wo-*
her? weshalb?; πόθεν μοι τοῦτο (erg. ἐστίν) ἵνα *woher habe ich dies/weshalb wird mir dies zuteil, daß* (vgl. BDR §189[3]) bzw. *wie komme ich zu der Ehre, daß* (GNB) od. *wer bin ich, daß.* **ἵνα** hier *daß* (A328), epexegetisch (BDR
44 §394[3]; vgl. A353) zu τοῦτο. **ἔλθῃ** Aor. Konj. ἔρχομαι. **44 ἐ-γένετο**
V. 5; ὡς ἐγένετο ἡ φωνὴ τοῦ ἀσπασμοῦ σου εἰς τὰ ὦτά μου *als der Klang deines Grußes an mein Ohr drang* (vgl. B I4cα) = *in dem Augenblick, als ich deinen Gruß hörte.* **ἀσπασμός** V. 29. **οὖς**[3] ὠτός τό *Ohr.* **ἐ-σκίρτησεν** V. 41. **ἀγαλλίασις**[8] *Jubel;* ἐν ἀγαλλιάσει *voll Jubel, voll Freude.*
45 **κοιλία** V. 15. **45 πιστεύσασα** Aor. Ptz. Fem. πιστεύω, subst.; μακα-
ρία (erg. ἐστίν, A78a) ἡ πιστεύσασα ὅτι ... αὐτῇ *glücklich zu preisen ist die, die geglaubt hat, daß/denn ... ihr ...* od. (kontextgemäß) *glücklich bist du zu preisen, weil du geglaubt hast, denn/daß ... dir ...* (vgl. NGÜ). **ἔσται** V. 14. **τελείωσις**[8] *Vollendung; Erfüllung* (einer Verheißung) (B 2). **ὅτι** *daß* od. *denn.* **λε-λαλημένοις** Pf. Ptz. Pass. λαλέω, subst.; ἔσται τελείωσις τοῖς λελαλημένοις (dat. commodi, A173) αὐτῇ παρὰ κυρίου *es wird in Erfüllung gehen, was der Herr ihr sagen ließ* (wörtl. *was ihr vom Herrn her/im Auftrag des Herrn* [B παρά I2] *gesagt ist*).
46 **46 Μαριάμ** V. 27, hier Nom. **μεγαλύνω** m. Akk. *groß machen;*
47 jmdn. *erheben, (für dessen Größe) preisen* (B 2). **47 ἠγαλλίασεν** Aor.
ἀγαλλιάω *jubeln, sich freuen, frohlocken* ἐπί τινι *über jmdn./etwas;* Aor. Ind. hier wohl im Sinn des zeitlos gebrauchten hebr. Pf. (BDR §333,1b; A241c), übers. präs. **σωτήρ**[6] ῆρος ὁ *Retter, Befreier* (im NT stets v. Christus bzw.

Gott als demjenigen, der Heil verleiht); App. (A70). **48 ἐπ-έ-βλεψεν** Aor. 48
ἐπι-βλέπω[41] *hinblicken auf, ansehen, sich* jmdm./etwas *zuwenden* (ἐπί m.
Akk.) (v. göttl. Fürsorge). **ταπείνωσις**[8] *Erniedrigung; Niedrigkeit;* ἐπέβλε-
ψεν ἐπὶ τὴν ταπείνωσιν τῆς δούλης αὐτοῦ *er hat die Niedrigkeit seiner
Dienerin angesehen* bzw. *er hat sich der Niedrigkeit seiner Dienerin zugewandt = er
hat seine Dienerin in ihrer Niedrigkeit angesehen* bzw. *er hat sich seiner Dienerin in
ihrer Niedrigkeit zugewandt* (vgl. B 2). **δούλη** V. 38. **ἀπὸ τοῦ νῦν** *von jetzt
an* (B νῦν 3b). **μακαριοῦσιν** Fut. μακαρίζω (vgl. A33[91ff]) *glücklich prei-
sen, seligpreisen.* **49 ἐ-ποίησεν** Aor. ποιέω; ποιέω τινὶ μεγάλα (Ntr. 49
Pl.) *große Taten an jmdm. tun* (B μέγας 2bβ). **δυνατός** *stark, mächtig;*
subst. *der Mächtige.* **καί ... αὐτοῦ** wohl *dessen* (rel. καί [BDR §442[12]; vgl.
A311,5]); erg. ἐστίν (A78a). **50 ἔλεος**[7] *Barmherzigkeit, Erbarmen, Mitleid.* 50
εἰς γενεὰς καὶ γενεάς (erg. etwa *ist wirksam* od. *gilt*) *von Generation zu
Generation* bzw. *für alle Zeiten* (B εἰς 2b). **φοβουμένοις** Ptz. φοβέομαι,
subst.; dat. commodi (A173) *gegenüber denen, die* ihn *fürchten* (d.h. ihn ehren,
ihm vertrauen u. ihn als Herrn anerkennen). **51 ἐ-ποίησεν** V. 49; diese 51
sowie die weiteren Aor.-Ind.-Formen in V. 51-54 werden unterschiedl. verstan-
den; sie können sich beziehen auf: a) Vergangenes (Gottes Heilstaten in atl.
Zeit); b) Zukünftiges (Formen werden entsprechend dem hebr. „perfectum pro-
pheticum" gebraucht: die Verwirklichung des angekündigten Geschehens wird
als so sicher angesehen, daß dieses als bereits vollendet bez. wird [Joüon-
Muraoka §112h]); c) Zeitloses (vgl. zu ἠγαλλίασεν V. 47); d) in der Vergan-
genheit Begonnenes, in der Zukunft endgültig zu Verwirklichendes (kann gram-
matisch als Variante zu c od. [weniger wahrscheinl.] als ingr. Aor. [A240c] ein-
geordnet werden); b-d lassen sich durch das deutsche Präs. wiedergeben. **κρά-
τος**[7] *Kraft, Stärke, Macht, Gewalt, Herrschaft.* **βραχίων**[4] ονος ὁ *Arm,* auch
metonymisch (A381f) für Gottes *Macht;* ἐποίησεν κράτος ἐν βραχίονι
αὐτοῦ *er hat Macht ausgeübt mit seinem Arm* (H-S §184i), *er vollbringt mit sei-
nem Arm machtvolle Taten* (Einh.). **δι-ε-σκόρπισεν** Aor. δια-σκορπίζω
(vgl. A33[91ff]) *zerstreuen.* **ὑπερ-ήφανος**[11] *hochmütig, stolz.* **διά-νοια** *Ver-
stand, Vernunft; Gesinnung, Sinn; (das) Denken, Gedanke;* dat. resp. (A178);
ὑπερηφάνους διανοίᾳ καρδίας αὐτῶν *die hochmütig/stolz sind in der
Gesinnung ihres Herzens, die im Herzen voll Hochmut sind* (Einh.). **52 καθ-εῖ- 52
λεν** Aor. -αιρέω[186] *herabnehmen, -holen;* (Herrscher) *(vom Thron) stürzen*
(B 1). **δυνάστης**[1] *Herrscher.* **ὕψωσεν** Aor. ὑψόω *erhöhen.* **ταπεινός**
niedrig, gering, unbedeutend; demütig, bescheiden. **53 πεινῶντας** Ptz. πει- 53
νάω *hungern, Hunger leiden;* subst. **ἐν-έ-πλησεν** Aor. ἐμ-πίμπλημι[207]
füllen, erfüllen; sättigen τινός *mit etwas.* **ἀγαθῶν** Ntr. Pl. subst. *Güter, Gutes*
(B 2bβ). **πλουτοῦντας** Ptz. πλουτέω *reich sein; Überfluß haben;* subst.
Reiche. **ἐξ-απ-έ-στειλεν** Aor. -αποστέλλω[113] *(ent)senden; fortschicken;*
ἐξαποστέλλω τινὰ κένον *jmdn. mit leeren Händen fortschicken* (B 1b).

54 **κενός** *leer;* hier Artangabe zum AkkO (A65). **54 ἀντ-ε-λάβετο** Aor.
Med. ἀντι-λαμβάνομαι[152] *sich annehmen* τινός *jmds.* **Ἰσραήλ** indekl.,
hier Gen. **παῖς**[3] παιδός *Kind;* hier *Diener, Sklave, Knecht* (B 1bα); App.
(A70). **μνησθῆναι** Aor. Inf. Pass. (ohne bes. Pass.-Bdtg.) μιμνῄσκο-
μαι[168] m. Gen. *sich erinnern an; gedenken, denken an;* Inf. m. freierem Ge-
brauch (entsprechend einem hebr. Inf. m. „mod." Bdtg.; vgl. H-S §220d; BDR
§391[8]); μνησθῆναι ἐλέους *indem/wobei/weil er an (seine) Barmherzigkeit*
55 *denkt.* **55 ἐ-λάλησεν** Aor. λαλέω; καθὼς ἐλάλησεν πρὸς τοὺς πα-
τέρας ἡμῶν wahrscheinl. Parenthese (A374), so daß τῷ Ἀβραάμ ... an
μνησθῆναι ἐλέους (V. 54) anknüpft *indem/wobei/weil er an seine Barmher-
zigkeit denkt ... gegenüber Abraham ...;* viell. ist τῷ Ἀβραάμ ... dat. commodi
(A173) zu ἐλάλησεν wie *er gesprochen hat* zu unseren Vätern *zugunsten Abra-
hams* (ZG), evtl. (inkongruente) App. (A70; vgl. BDR §137,3) zu πρὸς τοὺς
56 πατέρας ἡμῶν *zu unseren Vätern, Abraham ...* **56 ἔ-μεινεν** Aor. μένω.
Μαριάμ V. 27, hier Nom. **μήν** V. 24; Akk. der zeitl. Ausdehnung (A148).
ὑπ-έ-στρεψεν Aor. ὑπο-στρέφω[47] *zurückkehren.*
57 **57 Ἐλισάβετ** V. 5; dat. commodi (A173). **ἐ-πλήσθη** Aor. Pass.
πίμπλημι V. 15; hier Pass. (Zeitspanne) *zu Ende gehen,* (Zeitpunkt) *kommen.*
τοῦ m. AcI Attr. zu χρόνος (BDR §400[3]; A281; H-S §225a); ἐπλήσθη ὁ
χρόνος τοῦ τεκεῖν αὐτήν *die Zeit war gekommen, daß sie gebären sollte =*
die Zeit der Entbindung war gekommen. **τεκεῖν** Aor. Inf. τίκτω[195] *gebären;*
58 Präd. des AcI. **ἐ-γέννησεν** Aor. γεννάω. **58 ἤκουσαν** V. 41. **περί-
οικος**[11] *rundherum wohnend, in der Nachbarschaft wohnend;* οἱ περίοικοι *die
Nachbarn* (im weiteren Sinn). **συγ-γενής**[7] *verwandt;* subst. *Verwandter.*
ἐ-μεγάλυνεν Ipf. μεγαλύνω V. 46. **ἔλεος** V. 50; ὅτι ἐμεγάλυνεν
κύριος τὸ ἔλεος αὐτοῦ μετ' αὐτῆς *daß der Herr ihr so große/reiche Barm-
herzigkeit erwiesen hatte* (Menge; vgl. B μεγαλύνω 1). **συν-έ-χαιρον** Ipf.
59 συγ-χαίρω *sich mitfreuen, Glück wünschen.* **59 ἐ-γένετο** V. 5; ἐγένετο m.
flgd. finiten Verb (ἦλθον) steht pleon. (Hebr., A271; vgl. BDR §442[11]). **ὄγ-
δοος**[19] *achter;* ἐν τῇ ἡμέρᾳ τῇ ὀγδόῃ *am achten Tag (nach der Geburt).*
περι-τεμεῖν Aor. Inf. -τέμνω[149] *beschneiden* (der Vorhaut); ἦλθον περι-
τεμεῖν τὸ παιδίον *sie* (Subj. wie V. 58) *kamen zur Beschneidung des Kindes.*
ἐ-κάλουν Ipf. καλέω; konatives Ipf. (H-S §198d; A237c); ἐκάλουν αὐτὸ
ἐπὶ τῷ ὀνόματι ... Ζαχαρίαν *sie wollten es Zacharias nach dem Namen ...*
60 *nennen* (vgl. B ἐπί II3). **Ζαχαρίας** V. 5. **60 καί** adversativ (A311,1)
doch. **ἀπο-κριθεῖσα** Aor. Ptz. Pass. Fem. V. 19. **οὐχί** verstärktes οὔ
nein, m. flgd. ἀλλά (BDR §432[2]) *nein, sondern.* **κληθήσεται** V. 32; Pass.
(bei einem Namen) genannt werden, einen Namen tragen, heißen (B 1aγ); mod.
61 Fut. (A247) *er soll heißen.* **61 εἶπαν** Aor. (vgl. H-S §105g) λέγω. **ὅτι** reci-
tativum = Doppelpunkt (A333). **ἐκ** umschreibt gen. partitivus (vgl. B 4aα).
συγ-γένεια *(die) Verwandten;* οὐδείς ἐστιν ἐκ τῆς συγγενείας σου

ὅς *es gibt niemanden/keinen in deiner Verwandtschaft, der.* **καλεῖται** Pass.
καλέω; ὃς καλεῖται τῷ ὀνόματι τούτῳ (dat. instr., A176) *der mit diesem*
Namen benannt wird/ist = der so heißt. **62 ἐν-έ-νευον** Ipf. -νεύω m. Dat. *zu-* 62
winken (um ein Zeichen zu geben), hier *durch Zeichen fragen.* **τὸ τί** = τί
(BDR §267[3]; H-S §273b). **θέλοι** Opt. θέλω; potentialer Opt. m. ἄν (BDR
§385[2]; vgl. A260; Tempus u. Modus wie in der entsprechenden direkten Rede
[A326]), m. AcI; τὸ τί ἂν θέλοι καλεῖσθαι αὐτό *wie er wünsche, daß es*
(das Kind) *heißen solle = wie er das Kind nennen wollte* (NGÜ). **καλεῖσθαι**
Inf. Pass.; Präd. des AcI. **63 αἰτήσας** Aor. Ptz. αἰτέω, temp. **πινακί-** 63
διον *Schreibtäfelchen, Schreibtafel.* **ἔ-γραψεν** Aor. γράφω. **ἐ-θαύμα-**
σαν Aor. θαυμάζω. **64 ἀν-ε-ῴχθη** Aor. Pass. -οίγω; ἀνεῴχθη τὸ 64
στόμα αὐτοῦ ... καὶ ἡ γλῶσσα αὐτοῦ *sein Mund wurde ... geöffnet und*
seine Zunge (wurde gelöst) (Zeugma [A376b], erg. ἐλύθη [Aor. Pass. v. λύω];
BDR §479[5]) = *er konnte ... wieder sprechen* (GNB). **παρα-χρῆμα** *sofort,*
sogleich. **ἐ-λάλει** Ipf. λαλέω. **εὐ-λογῶν** Ptz. -λογέω, mod.; ἐλάλει εὐ-
λογῶν *er lobte Gott.* **65 ἐ-γένετο** Aor. Med. γίνομαι ἐπί τινα hier 65
jmdn. befallen (B I4cγ), *jmdn. ergreifen.* **περι-οικοῦντας** Ptz. -οικέω *rund-*
herum wohnen, in der Nachbarschaft/Nähe wohnen, m. Akk.; οἱ περιοικοῦν-
τες αὐτούς *ihre Nachbarn* (B). **ὀρεινός** V. 39. **δι-ε-λαλεῖτο** Ipf. Pass.
δια-λαλέω *besprechen;* Pass. *sich herumsprechen* (B). **ῥῆμα** hier *Ereignis,*
Begebenheit (B 2). **66 ἔ-θεντο** Aor. Med. τίθημι; ἔθεντο πάντες ... ἐν τῇ 66
καρδίᾳ αὐτῶν *alle ... nahmen es sich zu Herzen* (B II1c) = *alle ... behielten es*
im Gedächtnis (vgl. ZG) od. *alle ... machten sich Gedanken darüber* (Einh.).
ἀκούσαντες Aor. Ptz. ἀκούω, subst.; erg. ταῦτα (A79). **λέγοντες** Ptz.
λέγω, mod. (A291,2 Anm. 1). **ἔσται** V. 14; τί ἄρα τὸ παιδίον τοῦτο
ἔσται; *was wird wohl aus diesem Kind einmal werden?* **ἦν** V. 7.

67 Ζαχαρίας V. 5. **ἐ-πλήσθη** Aor. Pass. πίμπλημι V. 15. 67
ἐ-προ-φήτευσεν Aor. (zum Aug. vgl. BDR §69[4]) προ-φητεύω *prophe-*
tisch reden, prophezeien. **68 εὐ-λογητός** *gelobt, gepriesen;* erg. ἐστίν od. 68
εἴη (Opt. v. εἰμί) *sei* (BDR §128[8]). **ἐπ-ε-σκέψατο** Aor. Med. ἐπι-σκέ-
πτομαι (vgl. A33[51ff]) *sich (prüfend) umsehen nach; sehen nach, besuchen;* (v.
Gott) *eingreifen, sich* jmds. *annehmen, sich kümmern um.* **ἐ-ποίησεν** Aor.
ποιέω; ποιέω λύτρωσιν *Erlösung schaffen/bringen* od. = λυτρόομαι *los-*
kaufen (durch Lösegeld); erlösen, befreien (vgl. B I1bδ). **λύτρωσις**[8] *Erlösung,*
Loskauf, Freikauf (aus Sklaverei). **τῷ λαῷ** dat. commodi (A173). **69 ἤγει-** 69
ρεν Aor. ἐγείρω hier etwa *aufrichten, hervorgehen lassen* (NGÜ). **κέρας**[3]
ατος τό *Horn;* übertr. als Ausdruck für *Macht, Stärke;* κέρας σωτηρίας „ein
Horn der Rettung/des Heils“ = *ein „Horn“, das Rettung/Heil wirkt* (zum Gen.
vgl. A160; 162), d.h. *ein starker Retter.* **ἡμῖν** dat. commodi (A173). **Δαυίδ**
indekl., hier Gen.; ἐν οἴκῳ Δαυὶδ παιδὸς αὐτοῦ *im/aus dem Haus*
(= *Geschlecht* [B οἶκος 3]) *seines Dieners* (App., A70) *David.* **παῖς** V. 54.

70 **70 ἐ-λάλησεν** V. 55. **ἀπ᾽ αἰῶνος** *von Urzeiten her* (B 1a), *vor langer Zeit;*
διὰ στόματος τῶν ἁγίων ἀπ᾽ αἰῶνος προφητῶν αὐτοῦ *vor langer*
71 *Zeit durch den* (A106) *Mund/das Wort seiner heiligen Propheten.* **71 σωτη-**
ρίαν erläuternde App. (A70) zu κέρας (V. 69), V. 70 dann Parenthese
72 (A374). **ἐχθρός** *Feind.* **μισούντων** Ptz. μισέω, subst. **72 ποιῆσαι**
Aor. Inf.; ποιέω ἔλεος μετά τινος *jmdm. Barmherzigkeit erweisen, an jmdm.*
Barmherzigkeit üben (B I1cβ); ποιῆσαι ... καὶ μνησθῆναι Inf. fin. *um ... zu*
erweisen und an ... zu denken. **ἔλεος** V. 50. **μνησθῆναι** V. 54. **δια-θή-**
73 **κη** *Testament;* im NT meist: *Heilsverfügung, -setzung, Bund.* **73 ὅρκος** *Eid;*
ὅρκον ὅν für τοῦ ὅρκου ὅν attractio inversa (BDR §295[2]; A362); abhängig
v. μνησθῆναι, App. zu διαθήκης. **ὤμοσεν** Aor. ὀμνύω[220] *schwören, ei-*
nen Schwur ablegen; ὅρκον (Akk. des inneren Objekts, A145) ὀμνύω πρός
τινα *jmdm. einen Eid (zu)schwören* (B). **Ἀβραάμ** indekl., hier Akk. **τοῦ**
m. Inf. epexegetisch zu ὅρκον (BDR §400[10]; vgl. H-S §225f; A281). **δοῦναι**
Aor. Inf. δίδωμι hier τινί m. Inf. *jmdm. (die Möglichkeit) geben/verleihen,*
74 etwas zu tun, *jmdm. ermöglichen/gestatten,* etwas zu tun (vgl. B 1bβ). **74 ἀ-φό-**
βως *furchtlos, ohne Scheu.* **ῥυσθέντας** Aor. Ptz. Pass. ῥύομαι[8] *retten, er-*
retten, befreien; temp. od. mod.; part. coni. zum Subj. (ἡμῖν) des Inf. im Akk.
statt Dat. (H-S §216e; A269). **λατρεύειν** Inf. λατρεύω (Gott) *dienen, ver-*
ehren; τοῦ δοῦναι ἡμῖν ἀφόβως ἐκ χειρὸς ἐχθρῶν ῥυσθέντας λα-
τρεύειν αὐτῷ *uns zu verleihen, daß wir, aus der Hand/Gewalt der Feinde befreit,*
75 *ihm ohne Furcht dienen.* **75 ὁσιότης**[3] ητος ἡ *Heiligkeit, Frömmigkeit.* **πά-**
σαις ταῖς ἡμέραις ἡμῶν temp. Dat. hier statt (vgl. Var.) des Akk. der
zeitl. Ausdehnung (A182) *unser ganzes Leben lang* (B ἡμέρα 4b).
76 **76 ὕψιστος** V. 32. **κληθήσῃ** Fut. Pass. καλέω. **προ-πορεύσῃ** Fut.
77 Med. -πορεύομαι *vorangehen.* **ἑτοιμάσαι** V. 17; fin. **77 τοῦ** m. Inf. fin.
(BDR §400,6; A281). **δοῦναι** V. 73. **γνῶσις**[8] *Erkenntnis* (als existentielle
Erfahrung des Heils). **ἐν** instr. *durch.* **ἄφ-εσις**[8] *Erlaß* (v. Schuld, Sünde
78 usw.), *Vergebung.* **78 σπλάγχνον** nur Pl. *Eingeweide; Herz* (Sitz der Gefüh-
le); *Zuneigung, Liebe.* **ἔλεος** V. 50; gen. qualitatis (A160); σπλάγχνα ἐλέ-
ους *erbarmungsvolle Liebe/Zuneigung, herzliches Erbarmen.* **ἐπι-σκέψεται**
Fut. Med. -σκέπτομαι V. 68 [Var. ἐπ-ε-σκέψατο V. 68]. **ἀνα-τολή**
(das) Aufgehen v. Gestirnen, bes. der Sonne; hier offenbar bildl. v. Kommen des
Messias, wobei das Bild unterschiedl. verstanden wird: a) (das) Aufgehen (der
Sonne) (vgl. Mal 3,20 LXX); b) (das) Aufgehen (eines Sterns) (vgl. Num 24,17);
c) ein/der Sproß (vgl. Jer 23,5; Sach 3,8; 6,12 [hebr. צֶמַח *ṣemaḥ* in LXX ἀνα-
τολή]); ἐν οἷς ἐπισκέψεται ἡμᾶς ἀνατολή viell. etwa *durch die/mit der*
uns besuchen/aufsuchen wird ein aufstrahlendes Licht (vgl. Einh.). **ὕψος**[7] *die*
79 *Höhe* (hier konkret *der Ort in der Höhe = der Himmel* [B 1b]). **79 ἐπι-**
φᾶναι Aor. Inf. -φαίνω[123f] *zeigen; erscheinen, sich zeigen* (B 1b), *leuchten*
(LN 14.39); fin. **σκότος**[7] *Dunkelheit; Finsternis* (Bereich des Gottfeindl. bzw.

der Gottesferne). **σκιά** *Schatten.* **καθημένοις** Ptz. κάθημαι, subst.
τοῦ m. Inf. V. 77. **κατ-ευθῦναι** Aor. Inf. -ευθύνω (vgl. A33[132ff]) *gerade-*
richten, (hin)lenken. **εἰς** *auf.* **80 ηὔξανεν** Ipf. αὐξάνω Akt. *vermehren,* 80
wachsen lassen; intr. *wachsen* (B 3). **ἐ-κραταιοῦτο** Ipf. Pass. κραταιόω
stärken; Pass. *stark werden.* **πνεύματι** dat. resp. (A178) *im/am Geist.* **ἦν**
V. 7. **αἱ ἔρημοι** Pl. *einsame Gegenden* (B ἔρημος 2) od. = Sg. (vgl. BDR
§241[2]). **ἀνά-δειξις**[8] *Einsetzung, Beauftragung;* ἕως ἡμέρας ἀναδείξεως
αὐτοῦ πρὸς τὸν Ἰσραήλ etwa *bis zu dem Tag, an dem er den Auftrag erhielt,*
in Israel aufzutreten (Einh.) od. (einfach) ... *an dem er öffentlich in Israel auftrat*
(NGÜ).

ἐ-γένετο Aor. Med. γίνομαι; ἐγένετο m. flgd. finiten Verb (ἐξῆλ- **2**
θεν; V. 6 ἐπλήσθησαν; V. 15 ἐλάλουν) steht pleon. (Hebr., A271; BDR
§442[11]; vgl. §472[7]). **ἐξ-ῆλθεν** Aor. -έρχομαι hier *ergehen* (B 2bα). **δόγ-**
μα[3] *Verordnung, Befehl, Gesetz, Erlaß.* **Καῖσαρ**[6] αρος ὁ *Kaiser* (z.T. ohne
Art. eigennamenartig gebraucht, BDR §254,3). **Αὐγοῦστος** *Augustus,* röm.
Kaiser (31 v. Chr. bis 14 n. Chr.). **ἀπο-γράφεσθαι** Inf. -γράφομαι *sich*
(in ein Register o.ä., hier in eine Steuerliste) *eintragen lassen* (BDR §317[1]);
Präd. des AcI. **οἰκουμένη** (Ptz. Fem. Pass. οἰκέω wohnen + γῆ) *(bewohn-*
te) Erde, Welt; Menschheit; (hyperbol. [A383]) *alle Bewohner des römischen*
Reichs. **2 ἀπο-γραφή** (< ἀπο-γράφομαι) *Zensus, Steuerschätzung, Steu-* 2
ererhebung, Volkszählung (verbunden m. einer Vermögenseinschätzung für steu-
erl. Zwecke); αὕτη (wohl Subj. [vgl. BDR §292[5]]) ἀπογραφὴ πρώτη ἐγέ-
νετο ἡγεμονεύοντος τῆς Συρίας Κυρηνίου *dies war die erste Steuer-*
schätzung, (sie wurde durchgeführt/die durchgeführt wurde,) als Quirinius Le-
gat/Statthalter von Syrien war. **ἡγεμονεύοντος** Ptz. ἡγεμονεύω *Anführer*
sein, befehligen, herrschen; hier *Legat/Statthalter sein* (B); gen. abs. (A288), temp.
Συρία *Syrien,* röm. Provinz. **Κυρήνιος** *(Sulpicius) Quirinius,* kaiserl. Statt-
halter bzw. Legat in Syro-Zilizien. **3 ἐ-πορεύοντο** Ipf. Med. πορεύομαι. 3
ἀπο-γράφεσθαι fin. **ἡ ἑαυτοῦ πόλις** *seine Stadt = die Heimatstadt*
seiner Vorfahren (GNB). **4 ἀν-έ-βη** Aor. ἀνα-βαίνω. **Ἰωσήφ** 1,27, hier 4
Nom. **Ναζαρέθ** 1,26, hier Gen. **πόλιν** auch ohne Art. best. (A106a+c).
Δαυίδ indekl., hier (zweimal) Gen. **ἥ-τις** für ἥ (A133a). **καλεῖται** Pass.
καλέω; Pass. hier *heißen* (B 1aγ). **Βηθλέεμ** ἡ indekl., hier Nom., *Betlehem,*
Ort südl. v. Jerusalem. **διὰ τό** m. AcI kaus. (A282) *weil.* **εἶναι** Inf. εἰμί;
Präd. des AcI. **πατριά** *Geschlecht, Familienstamm; Volksstamm, Volk.*
5 ἀπο-γράψασθαι Aor. Inf. Med.; fin. **Μαριάμ** 1,27, hier Dat. 5
ἐ-μνηστευμένῃ Pf. Ptz. Pass. μνηστεύομαι (< μνηστός verheiratet,
ehelich) m. Dat. (v. einer Frau) *verlobt werden mit,* jmdm. *als Frau versprochen*
werden, jmds. *Braut werden;* hier wahrscheinl. *vermählt werden mit;* attr.; σὺν
Μαριὰμ τῇ ἐμνηστευμένῃ αὐτῷ *mit Maria, seiner ihm angetrauten*
(Frau) bzw. *mit Maria, seiner jungen Ehefrau* (Menge) [Var. με-μνηστευμένῃ

Pf. Ptz. Pass.]. **οὔσῃ** Ptz. Fem. εἰμί, mod.; οὔσῃ ἐγκύῳ übers. *sie war*
6 *schwanger.* **ἔγ-κυος**[11] *schwanger.* **6 ἐ-γένετο** V. 1. **ἐν τῷ** m. AcI temp.
(A282) *während, als.* **εἶναι** Inf. εἰμί; Präd. des AcI. **ἐ-πλήσθησαν** Aor.
Pass. πίμπλημι[207] *anfüllen, vollmachen, erfüllen;* (Zeitspanne) *zu Ende gehen,*
(Zeitpunkt) *kommen.* **τοῦ** m. AcI Attr. zu αἱ ἡμέραι (BDR §400[3]; A281;
H-S §225a); ἐπλήσθησαν αἱ ἡμέραι τοῦ τεκεῖν αὐτήν *die Tage/Zeit*
waren/war gekommen, daß sie gebären sollte = die Zeit der Entbindung war ge-
7 *kommen.* **τεκεῖν** Aor. Inf. τίκτω[195] *gebären;* Präd. des AcI. **7 ἔ-τεκεν**
Aor. τίκτω. **πρωτό-τοκος**[11] *erstgeboren.* **ἐ-σπαργάνωσεν** Aor.
σπαργανόω *in Windeln wickeln.* **ἀν-έ-κλινεν** Aor. ἀνα-κλίνω[126] *nieder-*
legen, übers. hier *legen.* **φάτνῃ** *Futtertrog, Futterkrippe, Krippe.* **δι-ότι**
(A338) *(deshalb) weil, denn.* **ἦν** Ipf. εἰμί. **αὐτοῖς** dat. commodi/poss.
(A173b); οὐκ ἦν αὐτοῖς τόπος *sie hatten keinen Platz (gefunden).* **κατά-**
λυμα[3] *Herberge; Unterkunft.*
8 **8 ποιμήν**[4] ένος ὁ *Hirte.* **ἦσαν** Ipf. εἰμί. **χώρα** *Land, Landschaft,*
Gegend (B 1a); ἐν τῇ χώρᾳ τῇ αὐτῇ *in derselben/jener Gegend.* **ἀγρ-αυ-**
λοῦντες Ptz. -αυλέω *unter freiem Himmel leben;* umschrieb. Ipf. (A249).
φυλάσσοντες Ptz. φυλάσσω *wachen, bewachen, bewahren, beschützen;*
φυλάσσω φυλακάς Akk. des inneren Obj. (A145) *Wache halten, bewachen;*
umschrieb. Ipf. (A249). **τῆς νυκτός** gen. temp. (A166) *nachts, in dieser/jener*
9 *Nacht* (BDR §186,2). **ποίμνῃ** *Herde,* bes. *Schafherde.* **9 ἐπ-έ-στη** Aor.
ἐφ-ίσταμαι[205] *herantreten, (hinzu)treten* τινί *zu jmdm.* **δόξα** auch ohne
Art. best. (A106c). **περι-έ-λαμψεν** Aor. -λάμπω (vgl. A33[40ff]) *rings be-*
strahlen, umleuchten, m. Akk. **ἐ-φοβήθησαν** Aor. Pass. (ohne bes. Pass.-
Bdtg.) φοβέομαι; ἐφοβήθησαν φόβον μέγαν Akk. des inneren Obj.
10 (A145) *sie gerieten in große Furcht, sie fürchteten sich sehr.* **10 φοβεῖσθε**
Imp.; Imp. Präs. zur Aufforderung, m. einer Handlung aufzuhören (A265a); μὴ
φοβεῖσθε etwa *ihr braucht euch nicht zu fürchten.* **εὐ-αγγελίζομαι** Med.
-αγγελίζω. **ἥ-τις** wohl wie V. 4. **ἔσται** Fut. εἰμί m. Dat. hier: jmdm. *zu-*
teil werden (B I4); εὐαγγελίζομαι ὑμῖν χαρὰν μεγάλην ἥτις ἔσται
παντὶ τῷ λαῷ *ich verkünde euch eine große Freude, die dem ganzen Volk zuteil*
werden soll (Einh.) bzw. *ich habe eine große Freudenbotschaft für euch und für das*
11 *ganze Volk* (GNB). **11 ἐ-τέχθη** Aor. Pass. τίκτω V. 6. **ὑμῖν** dat. commodi
(A173). **σωτήρ**[6] ῆρος ὁ *Retter, Befreier* (im NT stets v. Christus bzw. Gott als
demjenigen, der Heil verleiht). **κύριος** App. (A70). **ἐν πόλει Δαυίδ**
12 V. 4; Lok. zu ἐτέχθη. **12 ὑμῖν** V. 11; erg. ἐστίν od. ἔσται. **εὑρήσετε**
Fut. εὑρίσκω. **βρέφος**[7] *Embryo; Säugling, Kleinkind, Baby.* **ἐ-σπαργα-**
νωμένον Pf. Ptz. Pass. V. 7; AcP (A300). **κείμενον** Ptz. κεῖμαι (A32; als
Pf. Pass. v. τίθημι gebraucht, A33[200]) *liegen, gelegt sein;* AcP (A300). **φάτνῃ**
13 V. 7. **13 ἐξ-αίφνης** *plötzlich.* **ἐ-γένετο** V. 1; γίνομαι σύν τινι *sich*
mit jmdm. vereinigen (B I4cζ) od. *bei jmdm. sein.* **πλῆθος**[7] *Menge, große*

Anzahl; (versammelte) *Menge.* **στρατιά** *Heer.* **οὐράνιος**[11] *im Himmel be-*
findlich, himmlisch; στρατιὰ οὐράνιος *himmlisches Heer* (d.h. große Anzahl
v. Engeln). **αἰνούντων** Ptz. αἰνέω *loben, preisen;* attr. od. mod.; Pl. sinnge-
mäße Konstruktion (H-S §265; A96). **λεγόντων** Ptz. λέγω, mod., pleon.
(A297,1), übers. etwa *mit den Worten.* **14 ὕψιστος** *höchster, erhabenster;* τὰ 14
ὕψιστα *die höchsten Höhen* (= der Himmel); δόξα ἐν ὑψίστοις θεῷ (dat.
commodi/poss., A173f) erg. ἐστίν (viell. εἴη [Opt. v. εἰμί]; vgl. BDR §128[8])
Herrlichkeit ist bei Gott in der Höhe/im Himmel etwa = *groß ist Gottes Herrlich-*
keit im Himmel (vgl. GNB) od. *(alle) Ehre gehört* (viell. *sei*) *Gott in der Höhe/im*
Himmel. **ἐν** (zweites) *bei, unter* od. ἐν steht für den einfachen Dat., analog zu
θεῷ (BDR §220[1]). **εὐ-δοκία** *guter Wille; (Wohl-)Gefallen;* ἄνθρωποι εὐ-
δοκίας *Menschen des (göttlichen) Wohlgefallens* bzw. etwa *Menschen, auf denen*
sein Wohlgefallen ruht (NGÜ).

15 ἐ-γένετο V. 1. **ἀπ-ῆλθον** Aor. -έρχομαι. **ποιμήν** V. 8. 15
ἐ-λάλουν Ipf. λαλέω. **πρὸς ἀλλήλους** *zueinander* (vgl. B πρός III1e).
δι-έλθωμεν Aor. Konj. -έρχομαι hier *hingehen* (B 2); adhortativer Konj.
(A254). **δή** macht eine Aufforderung dringl. (H-S §252,13) *doch (ja).* **ἕως**
nach. **Βηθλέεμ** V. 4, hier Gen. **ἴδωμεν** Aor. Konj. ὁράω; adhortativer
Konj. (A254). **γε-γονός** Pf. Ptz. Ntr. γίνομαι, attr.; τὸ ῥῆμα τοῦτο τὸ
γεγονός *diese Sache, die vorgefallen ist* (B I3a) = *was da geschehen ist* (GNB).
ἐ-γνώρισεν Aor. γνωρίζω[98] *kundtun, bekanntmachen, mitteilen, offenbaren.*
16 ἦλθαν Aor. (vgl. H-S §105g) ἔρχομαι. **σπεύσαντες** Aor. Ptz. 16
σπεύδω (vgl. A33[88ff]) *sich beeilen;* mod.; ἦλθαν σπεύσαντες *sie eil-*
ten/liefen hin. **ἀν-εῦραν** Aor. (vgl. H-S §105g) -ευρίσκω[162] *auffinden, fin-*
den (durch Suchen). **Μαριάμ, Ἰωσήφ** 1,27. **βρέφος, κείμενον**
V. 12. **φάτνη** V. 7. **17 ἰδόντες** Aor. Ptz. ὁράω, temp.; erg. αὐτό/τοῦ- 17
το/ταῦτα (A79). **λαληθέντος** Aor. Ptz. Pass. Ntr. λαλέω; attr.; ἐγνώρι-
σαν περὶ τοῦ ῥήματος τοῦ λαληθέντος αὐτοῖς *sie berichteten über das*
Wort, das ihnen gesagt worden war bzw. *sie erzählten, was ihnen gesagt worden war*
(Einh.). **18 ἀκούσαντες** Aor. Ptz. ἀκούω, subst.; erg. ταῦτα (A79). 18
ἐ-θαύμασαν Aor. θαυμάζω. **λαληθέντων** Aor. Ptz. Pass. Ntr., subst.
19 συν-ε-τήρει Ipf. -τηρέω *bewahren, behüten; im Gedächtnis bewahren* 19
(B 3). **συμ-βάλλουσα** Ptz. Fem. -βάλλω *sich unterreden, erwägen, überle-*
gen, be-, überdenken (B 1aβ); mod. **20 ὑπ-έ-στρεψαν** Aor. ὑπο-στρέφω[47] 20
zurückkehren. **δοξάζοντες** Ptz. δοξάζω, mod. **αἰνοῦντες** Ptz. V. 13,
mod. **ἐπὶ πᾶσιν οἷς** = ἐπὶ πᾶσιν ἅ Attraktion des Rel.-Pron. (A360;
H-S §289e) *für alles, was.* **ἤκουσαν** Aor. ἀκούω; Aor. Ind. bez. hier Vor-
vergangenheit (vgl. H-S §199n; A224) was *sie gehört hatten;* gilt auch für εἶδον
u. ἐλαλήθη. **ἐ-λαλήθη** Aor. Pass. λαλέω.

21 ἐ-πλήσθησαν V. 6. **ὀκτώ**[19] *acht.* **τοῦ** m. Inf. Attr. zu ἡμέραι 21
(A281; vgl. H-S §225a); ὅτε ἐπλήσθησαν ἡμέραι ὀκτὼ τοῦ περιτεμεῖν

αὐτόν übers. etwa *acht Tage später, als die Zeit gekommen war, das Kind zu be-*
schneiden (NGÜ). **περι-τεμεῖν** Aor. Inf. -τέμνω[149] *beschneiden* (der Vor-
haut). **αὐτόν** (erstes) bezieht sich auf παιδίου (V. 17) (BDR §282[5]). **καί**
(zweites) *da* (BDR §442,5a). **ἐ-κλήθη** Aor. Pass. καλέω hier *einen Namen*
geben (B 1aγ). **κληθέν** Aor. Ptz. Pass. Ntr., attr. **πρὸ τοῦ** m. AcI temp.
(A282) *bevor, ehe.* **συλ-λημφθῆναι** Aor. Inf. Pass. -λαμβάνω[152] *ergrei-*
fen, fangen; empfangen (im geschlechtl. Sinn v. der Frau). **κοιλία** *Bauch;* hier
Mutterleib.
22 **22 ἐ-πλήσθησαν** V. 6. **καθαρισμός** *Reinigung.* **ἀν-ήγαγον**
Aor. -άγω[59] *hinauf/heraufführen, -bringen.* **παρα-στῆσαι** Aor. Inf. παρ-
ίστημι hier *darstellen* (B 1bα) (um den Erstgeborenen loszukaufen; vgl. Ex
23 13,11ff), übers. etwa *weihen;* fin. **23 γέ-γραπται** Pf. Pass. γράφω; Pf. Pass.
term. tech. zur Einführung v. Schriftzitaten (B 2c): *(in der Schrift) heißt es/steht.*
ὅτι recitativum = Doppelpunkt (A333). **ἄρσην** εν (Gen. ενος) *männlich;*
Ntr. subst. *das männliche Kind.* **δι-αν-οῖγον** Ptz. -οίγω *öffnen;* attr.; πᾶν
ἄρσεν διανοῖγον μήτραν wörtl. „jedes männl. Kind, das den Mutterschoß
öffnet" = *jede männliche Erstgeburt* (B 1a). **μήτρα** *Mutterschoß.* **κληθή-**
σεται Fut. Pass. καλέω; Pass. hier wohl *sein* (B 1aδ); Fut. bez. hier ein
striktes Gebot (Hebr.; A247d); ἅγιον τῷ κυρίῳ κληθήσεται *soll dem*
24 *Herrn heilig sein/als heilig gelten/gehören.* **24 τοῦ** m. AcI fin. (A281). **δοῦ-**
ναι Aor. Inf. δίδωμι hier *darbringen* (B 1a). **θυσία** *(Schlacht-)Opfer.*
εἰρημένον Pf. (A231) Ptz. Pass. λέγω; subst. *Schriftwort* (B εἶπον 4), hier
Vorschrift. **ζεῦγος**[7] *Joch,* v. zwei unter einem Joch gehenden Tieren; hier
Paar (B 2). **τρυγών**[4] όνος ἡ *Turteltaube.* **νοσσός** *das Junge* eines Vogels.
περιστερά *Taube;* νοσσοὶ περιστερῶν *junge Tauben.*
25 **25 ἦν** Ipf. εἰμί. **ᾧ ὄνομα** (erg. ἦν; BDR §128[3]) *dessen* (dat. com-
modi/poss., A173b) *Name ... war, namens.* **Συμεών** indekl., hier Nom., *Si-*
meon. **εὐ-λαβής**[7] *gottesfürchtig, fromm;* erg. ἦν [Var. εὐ-σεβής[7] *gottes-*
fürchtig, fromm]. **προσ-δεχόμενος** Ptz. -δέχομαι *an-, aufnehmen; erwar-*
ten, warten auf; mod. (A291,2 Anm. 1). **παρά-κλησις**[8] *Ermahnung, Ermuti-*
gung; Trost, Zuspruch; ἡ παράκλησις τοῦ Ἰσραήλ *der Trost Israels* (d.h.
26 das messianische Heil) (B 3). **26 κε-χρηματισμένον** Pf. Ptz. Pass. χρη-
ματίζω (vgl. A33[91ff]) (v. Gott) *eine Weisung erteilen;* Pass. (v. Gott) *eine Wei-*
sung/Offenbarung empfangen; χρηματίζεταί τινι (unpersönl. Pass. [BDR
§405[5]]) *es wird jmdm. offenbart,* m. Inf. (B 1bβ); umschrieb. Plsqpf. (A249); καὶ
ἦν αὐτῷ κεχρηματισμένον ὑπό ... *durch/von ... war ihm auch offenbart*
worden. **ἰδεῖν** Aor. Inf. ὁράω; μὴ ἰδεῖν θάνατον (Subj.-Akk. αὐτόν weg-
gelassen; H-S §216c; A268) *daß er den Tod nicht sehen werde = daß er nicht ster-*
ben werde. **πρίν** (A336) *bevor, ehe* (hier m. ἤ u. ἄν m. Konj.; BDR §383,3);
πρὶν ἢ ἂν ἴδῃ ... *bevor/ehe er ... gesehen habe.* **ἴδῃ** Aor. Konj. ὁράω.
27 **27 ἐν τῷ πνεύματι** übers. etwa *vom Geist (geleitet/geführt).* **ἐν τῷ** m. AcI

temp. (A282) *als, nachdem.* **εἰσ-αγαγεῖν** Aor. Inf. -άγω[59] *hineinführen;*
hineinbringen; Präd. des ersten AcI. **γονεῖς** έων οἱ (A8: ευ-St.) *Eltern;* Subj.
des ersten AcI. **τοῦ** V. 24. **ποιῆσαι** Aor. Inf. ποιέω; Präd. des zweiten
AcI. **εἰθισμένον** Pf. (A231) Ptz. Pass. ἐθίζω (vgl. A33[91ff]) *gewöhnen;*
subst.; κατὰ τὸ εἰθισμένον τοῦ νόμου *nach dem Brauch des Gesetzes* (B),
was nach dem Gesetz üblich war (NGÜ). **περί** m. Gen. *für* bzw. hier am besten
mit (BDR §229[3]). **28 καὶ αὐτός** *da* nahm *er* (od. *auch er*), d.h. Simeon (vgl. 28
BDR §277[5]; 442[14]). **ἐ-δέξατο** Aor. Med. δέχομαι hier εἰς τὰς ἀγκά-
λας *auf/in die Arme nehmen* (B 1a). **ἀγκάλη** *Arm.* **εὐ-λόγησεν** Aor.
-λογέω. **29 ἀπο-λύω** hier *gehen/scheiden lassen,* Euphemismus (vgl. A385) 29
für *sterben lassen* (B 2b). **δεσπότης**[1] *Gebieter, Herr* (v. Gott); Vok. **30 εἶ-** 30
δον οἱ ὀφθαλμοί μου *meine Augen haben gesehen = mit eigenen Augen*
habe ich gesehen. **σωτήριον** *Rettung, Heil.* **31 ἡτοίμασας** Aor. ἑτοι- 31
μάζω. **κατὰ πρόσωπον** hebr. = πρό (A186). **32 φῶς** App. (A70) zu 32
σωτήριον (V. 30). **εἰς** fin. *zu* (*zu einer Sache führend,* einer Sache *dienend*).
ἀπο-κάλυψις[8] *Enthüllung, Offenbarung.* **ἐθνῶν** gen. obi. (A158) *für die*
Heiden. **δόξαν** weitere App. (A70) zu σωτήριον od. v. εἰς abhängig.
Ἰσραήλ indekl., hier Gen. **33 ἦν** zum Sg. s. A94. **θαυμάζοντες** Ptz. 33
θαυμάζω, umschrieb. Ipf. (A249; zum Genus vgl. A95). **λαλουμένοις**
Ptz. Pass. λαλέω; subst.; ἐπὶ τοῖς λαλουμένοις περὶ αὐτοῦ *über das, was*
über es/das Kind gesagt wurde. **34 εὐ-λόγησεν** V. 28. **Συμεών** V. 25, hier 34
Nom. **Μαριάμ** 1,27, hier Akk. **κεῖμαι** V. 12, hier *eingesetzt/bestimmt sein*
εἰς *zu/für* (B 2a). **πτῶσις**[8] *Fall, Sturz, Einsturz.* **ἀντι-λεγόμενον** Ptz.
Pass. -λέγω *sprechen gegen* (Dat.), *widersprechen, sich widersetzen, bekämpfen;*
attr.; σημεῖον ἀντιλεγόμενον *ein Zeichen, dem widersprochen wird* bzw. *das*
bekämpft wird. **35 καὶ σοῦ** (betontes Pers.-Pron. m. Akzent; B σύ 2) **αὐ-** 35
τῆς *auch deine eigene.* **δι-ελεύσεται** Fut. Med. -έρχομαι hier *durchdrin-*
gen, m. Akk. (B 1a). **ῥομφαία** *Schwert;* καὶ σοῦ δὲ αὐτῆς τὴν ψυχὴν
διελεύσεται ῥομφαία etwa *aber auch dir selbst wird ein Schwert durch die*
Seele dringen. **ὅπως ἄν** *damit* (ὅπως selten mit ἄν, BDR §369[11]); Fin.-Satz
knüpft an V. 34 u. 35a an. **ἀπο-καλυφθῶσιν** Aor. Konj. Pass. -καλύ-
πτω[54] *enthüllen, offenbaren.* **δια-λογισμός** *Überlegung, Gedanke* (B 1); ἐκ
πολλῶν καρδιῶν διαλογισμοί *die Gedanken aus vielen Herzen = die Ge-*
danken vieler Menschen (Einh.).

36 ἦν V. 25; καὶ ἦν hier etwa *es war/lebte (dort)* (näml. in Jerusalem) 36
auch. **Ἅννα** *Hanna.* **προ-φῆτις**[3] ιδος ἡ *Prophetin.* **θυγάτηρ**[6] τρός
ἡ *Tochter.* **Φανουήλ** indekl., hier Gen., *Penuël.* **φυλή** *(Volks-)Stamm.*
Ἀσήρ indekl., hier Gen., *Ascher,* israelitischer Stamm. **προ-βε-βηκυῖα**
Pf. Ptz. Fem. -βαίνω[139] *voranschreiten, weitergehen;* Pf. ἐν ταῖς ἡμέραις
(τινός) *in vorgerücktem Alter sein* (H-S §184i); erg. ἦν, umschrieb. Plsqpf.
(A249); αὕτη προβεβηκυῖα ἐν ἡμέραις πολλαῖς etwa *diese/sie war*

schon sehr alt. **ζήσασα** Aor. Ptz. Fem. ζάω, temp.; ζάω μετὰ ἀνδρός *mit*
ihrem Mann zusammenleben (d.h. verheiratet sein) (B 3a). **ἔτη ἑπτά** Akk.
der zeitl. Ausdehnung (A148). **παρθενία** *Jungfräulichkeit;* ἀπὸ τῆς παρ-
θενίας *seit sie nicht mehr Jungfrau war* (B ἀπό II2a) = *nach ihrer Mädchenzeit*
37 (Menge) od. *nach ihrer Hochzeit* (ZG). **37 χήρα** *Witwe;* erg. ἦν. **ὀγδοή-**
κοντα τέσσαρες[19f] *vierundachtzig;* ἕως ἐτῶν ὀγδοήκοντα τεσσάρων
(und sie war nun) vierundachtzig Jahre alt od.: sie war *seit vierundachtzig Jahren*
Witwe. **ἥ** übers. *sie* (vgl. A364a). **ἀφ-ίστατο** Ipf. Med. -ίσταμαι *sich ent-*
fernen, weggehen τινός *von etwas* (B 2a). **νηστεία** *(das) Fasten;* dat. modi
(A180) *mit Fasten.* **δέησις**[8] *Bitte, Gebet;* dat. modi (A180). **λατρεύουσα**
Ptz. Fem. λατρεύω (Gott) *dienen, verehren;* mod. **νύκτα καὶ ἡμέραν**
38 Akk. der zeitl. Ausdehnung (A148) *Tag und Nacht.* **38 αὐτῇ τῇ ὥρᾳ** temp.
Dat. (A182) *in dieser Stunde* (vgl. A124a; BDR §288[4]), *jetzt, in diesem Augenblick*
(Einh.). **ἐπι-στᾶσα** Aor. Ptz. Fem. ἐφ-ίσταμαι V. 9; temp. (A291,1
Anm. 1). **ἀνθ-ωμο-λογεῖτο** Ipf. Med. -ομο-λογέομαι *preisen, danken.*
ἐ-λάλει V. 15; Ipf. wohl iter. (A237b). **προσ-δεχομένοις** Ptz. V. 25;
subst. **λύτρωσις**[8] *Erlösung, Loskauf, Freikauf* (aus Sklaverei). **Ἰερουσα-**
λήμ indekl., hier Gen.
39 **39 ἐ-τέλεσαν** Aor. τελέω[27] *beenden, vollenden; ausführen, durchführen,*
erfüllen. **πάντα τὰ κατὰ τὸν νόμον** *alles nach dem Gesetz* bzw. *alles,*
was das Gesetz vorschreibt (Einh.). **ἐπ-έ-στρεψαν** Aor. ἐπι-στρέφω[47]
um-, zurückkehren, sich hinwenden [Var. ὑπ-έ-στρεψαν V. 20]. **ἑαυτῶν**
40 Refl.-Pron. m. poss. Bdtg. (B 4) *ihre.* **Ναζαρέθ** 1,26, hier Akk. **40 ηὔξα-**
νεν Ipf. αὐξάνω Akt. *vermehren, wachsen lassen;* intr. *wachsen* (B 3).
ἐ-κραταιοῦτο Ipf. Pass. κραταιόω *stärken;* Pass. *stark werden.* **πληρού-**
μενον Ptz. Pass. πληρόω, τινί *mit etwas* (dat. instr., BDR §195,2); mod.
χάρις (auch ohne Art. best., A106c). **ἦν** V. 7.
41 **41 ἐ-πορεύοντο** V. 3; Ipf. iter. (A237b). **γονεῖς** V. 27. **κατὰ**
ἔτος *(all)jährlich, jedes Jahr.* **ἑορτή** *Fest;* τῇ ἑορτῇ τοῦ πάσχα temp.
Dat. (BDR §200[11]; A182) *zum Passafest.* **πάσχα** τό indekl. *Passa(fest)*
(14./15. Nisan [Anfang April] zur Erinnerung an Israels Auszug aus Ägypten).
42 **42 ἐ-γένετο** V. 1; ἐγένετο ἐτῶν δώδεκα (präd. gen. qualitatis; H-S
§168c; A160) *er wurde/war zwölf Jahre alt.* **ἀνα-βαινόντων** Ptz. -βαίνω
hier *hinaufziehen* (term. tech. für die Reise nach Jerusalem); gen. abs. (A288),
43 temp. **ἔθος**[7] *Brauch, Sitte.* **43 τελειωσάντων** Aor. Ptz. τελειόω *vollen-*
den, zu Ende führen, beenden; gen. abs. (A288), erg. αὐτῶν (V. 42; H-S §230e),
temp.; τελεισάντων τὰς ἡμέρας *nachdem sie die Festtage beendet hatten* =
nach den Festtagen. **ἐν τῷ** m. AcI temp. (A282) *während, als.* **ὑπο-στρέ-**
φειν Inf. V. 20; Präd. des AcI. **ὑπ-έ-μεινεν** Aor. ὑπο-μένω[117] *bleiben,*
standhalten; zurückbleiben (B 1). **παῖς**[3] παιδός *Kind* (ὁ *Junge;* ἡ *Mädchen*).
44 **ἔ-γνωσαν** Aor. γινώσκω; erg. αὐτό/τοῦτο (A79). **44 νομίσαντες**

Aor. Ptz. νομίζω (vgl. A33[91ff]) *meinen, glauben, annehmen,* m. AcI; kaus. **εἶ-
ναι** Inf. εἰμί; Präd. des AcI. **ἐν** (zweimal) *bei.* **συν-οδία** *Reisegesellschaft.*
ἡμέρας ὁδόν Akk. der örtl. Ausdehnung (H-S §259d; vgl. A148) *eine Tage-
reise weit.* **ἀν-ε-ζήτουν** Ipf. ἀνα-ζητέω *suchen, aufsuchen;* Ipf. lin. od. iter.
(A237a/b). **συγ-γενής**[7] (-γενεῦσιν statt -γενέσιν Analogiebildung nach
γονεῖς[8] [ευ-St.; BDR §47,4f]) *verwandt;* subst. *Verwandter.* **γνωστός** *be-
kannt,* subst. *Bekannter.* **45 εὑρόντες** Aor. Ptz. εὑρίσκω, temp. od. kaus.; 45
erg. αὐτόν (A79). **ὑπ-έ-στρεψαν** V. 20. **ἀνα-ζητοῦντες** Ptz., fin. od.
mod. (A291,2 Anm. 1) *um* ihn *(dort) zu suchen* od. *und suchten* ihn *(überall).*
46 ἐ-γένετο V. 1. **εὗρον** Aor. **καθ-εζόμενον** Ptz. -έζομαι *sitzen;* AcP 46
(A300). **ἐν μέσῳ** *in der Mitte, mitten unter* (B μέσος 2). **ἀκούοντα** Ptz.
ἀκούω, AcP (A300). **ἐπ-ερωτῶντα** Ptz. -ερωτάω, AcP (A300). **47 ἐξ-** 47
ίσταντο Ipf. Med. -ίσταμαι *außer sich geraten* (vor Staunen), *sehr erstaunt
sein* (B 2b). **ἀκούοντες** Ptz., subst. **σύν-εσις**[8] *Auffassungsgabe, Urteils-
kraft; Einsicht, Verständnis.* **ἀπό-κρισις**[8] *Antwort;* ἐπὶ τῇ συνέσει καὶ
ταῖς ἀποκρίσεσιν αὐτοῦ *über sein Verständnis und seine Antworten* od. (als
Hendiadyoin, A378) *über seine verständigen Antworten* (BDR §442[29]).
48 ἰδόντες V. 17. **ἐξ-ε-πλάγησαν** Aor. Pass. ἐκ-πλήσσομαι[76f] *außer* 48
sich geraten (vor Schreck od. Überraschung), *völlig überrascht sein, sehr betroffen
sein* (Einh.). **ἐ-ποίησας** Aor. ποιέω; τί ἐποίησας ἡμῖν οὕτως; *warum
hast du uns das* (vgl. B οὕτω 5) *angetan?* **ὀδυνώμενοι** Ptz. ὀδυνάομαι
Schmerz(en)/Qualen erleiden; mod. (zum Genus vgl. A95) *mit Schmerzen* (B 2),
ganz verzweifelt, voll Angst. **ἐ-ζητοῦμεν** Ipf. ζητέω. **49 τί ὅτι** ellip., erg. 49
ἐστίν (B ὅτι 1c) *was (ist es,) daß = warum.* **οὐ** *nicht;* erwartet als Frageein-
leitung die Antwort „doch" (A320). **ἐν τοῖς τοῦ πατρός** (gen. poss.,
A154; 174) **μου** *in dem, was meinem Vater gehört;* wohl lok. *im Bereich/Haus
meines Vaters,* viell. *bei der Sache meines Vaters* (d.h. sich m. ihr beschäftigen).
ᾔδειτε Plsqpf. (m. der Bdtg. eines Ipf.) οἶδα. **εἶναι** V. 44; Präd. des AcI,
abhängig v. δεῖ. **50 καί** adversativ (A311,1) *aber.* **συν-ῆκαν** Aor. 50
-ίημι[202] *verstehen, einsehen, begreifen.* **ἐ-λάλησεν** Aor. λαλέω. **51 κατ-** 51
έ-βη Aor. κατα-βαίνω. **Ναζαρέθ** 1,26, hier Akk. **ἦν** V. 7. **ὑπο-τασ-
σόμενος** Ptz. Pass. -τάσσω *unterordnen, unterwerfen;* Pass. *sich unterordnen*
(B 1bβ); umschrieb. Ipf. (A249). **δι-ε-τήρει** Ipf. δια-τηρέω *bewahren.*
52 προ-έ-κοπτεν Ipf. -κόπτω *vorrücken* (v. der Zeit); *Fortschritte machen.* 52
ἡλικία *(Lebens-)Alter, Lebenszeit,* (für Bestimmtes erforderliches bzw. aus-
reichendes) *Alter; Körpergröße;* προκόπτω ἐν ἡλικίᾳ *an Alter zunehmen*
(B 1b) od. *heranwachsen.* **καὶ χάριτι παρὰ θεῷ καὶ ἀνθρώποις** *und
(an) Gunst/Wohlgefallen bei Gott und Menschen* bzw. etwa *und Gott und die Men-
schen hatten ihre Freude an ihm* (GNB).

πεντε-και-δέκατος[19] *fünfzehnter.* **ἡγεμονία** *Oberbefehl, Regie-* **3**
rung, Herrschaft. **Τιβέριος** *Tiberius,* röm. Kaiser (14-37 n. Chr.); da Tiberius

seit 11/12 n. Chr. Mitregent war, kann das 15. Regierungsjahr 26/27 n. Chr. sein
od. sonst (wenn man nicht v. der Mitregentschaft ausgeht) 27/28 bzw. 28/29
n. Chr. (je nach Zählweise). **Καῖσαρ**[6] αρος ὁ *Kaiser* (z.T. ohne Art. eigen-
namenartig gebraucht, BDR §254,3). **ἡγεμονεύοντος** Ptz. ἡγεμονεύω
Anführer sein, befehligen, herrschen; hier *Prokurator/Statthalter sein* (B); gen. abs.
(A288), temp.; ἡγεμονεύοντος Ποντίου Πιλάτου τῆς Ἰουδαίας *als*
Pontius Pilatus Prokurator/Statthalter von Judäa war. **Πόντιος Πιλᾶτος**
Pontius Pilatus, röm. Prokurator v. Judäa. **τετρα-αρχοῦντος** Ptz. -αρχέω
Tetrarch (Titel eines Herrschers, dessen Kompetenzen geringer waren als die ei-
nes Königs) *sein* τινός *über etwas;* gen. abs. (A288), temp. **Ἡρῴδης**[1] *Hero-*
des, hier Herodes Antipas, Sohn Herodes des Großen (4 v. Chr. bis 39 n. Chr.
Tetrarch v. Galiläa u. Peräa). **Φίλιππος** *Philippus,* Sohn Herodes des
Großen. **Ἰτουραία** *Ituräa,* ein Gebiet nördl. v. Galiläa. **Τραχωνῖτις**[3]
ιδος ἡ *Trachonitis,* Landschaft südl. v. Damaskus. **χώρα** *Land* (Ggs. *Meer* od.
Stadt), *Landschaft, Gegend.* **Λυσανίας**[1] ου *Lysanias,* Tetrarch v. Abilene.
Ἀβιληνή *Abilene,* Gebiet im Antilibanon (Gebirge parallel zum Libanon).
2 **2 ἐπί** m. Gen. *zur Zeit von, unter* (B I2). **Ἅννας**[1] α *Hannas,* 6-15 n. Chr.
Hoherpriester (Schwiegervater des Kajaphas). **Καϊάφας**[1] α *Kajaphas,* Ho-
herpriester (18-36 n. Chr.). **ἐ-γένετο** Aor. Med. γίνομαι ἐπί τινα hier v.
einem Wort/Auftrag: *an jmdn. ergehen* (B I4cγ). **ῥῆμα θεοῦ** auch ohne Art.
3 best. (A106c+d). **Ζαχαρίας** 1,5. **3 περί-χωρος**[11] *benachbart;* ἡ περί-
χωρος (erg. χώρα [A88]) *die Umgegend, die Nachbarschaft.* **Ἰορδάνης**[1]
Jordan; ἦλθεν εἰς πᾶσαν τὴν περίχωρον τοῦ Ἰορδάνου *er durchzog die*
ganze Jordangegend. **κηρύσσων** Ptz., mod. (A291,2 Anm. 1). **βάπτι-**
σμα[3] *Taufe.* **μετά-νοια** *Sinnesänderung, Umkehr, Bekehrung;* gen. qualita-
tis (A160; BDR §165²); βάπτισμα μετανοίας *Taufe der Umkehr* (d.h. wohl:
Taufe als Zeichen der Umkehr; H-S §162b). **εἰς** hier fin. (B 4f); εἰς ἄφεσιν
ἁμαρτιῶν (auch ohne Art. best.; A106a/d) *zur Vergebung der Sünden.* **ἄφ-**
4 **εσις**[8] *Erlaß* (v. Schuld, Sünde usw.), *Vergebung.* **4 γέ-γραπται** Pf. Pass.
γράφω; Pf. Pass. term. tech. zur Einführung v. Schriftzitaten (B 2c): *in der*
Schrift heißt es/steht. **βίβλος** ἡ *Buch* (als Gegenstand [Schriftrolle usw.] od.
Inhalt). **Ἠσαΐας**[1] ου *Jesaja,* atl. Prophet. **βοῶντος** Ptz. βοάω *(laut)*
rufen, schreien; subst. (vgl. BDR §413²); φωνὴ βοῶντος ἐν τῇ ἐρήμῳ *(die)*
Stimme eines Rufenden (ist) in der Wüste (zu hören) (A78) = *in der Wüste ruft*
eine Stimme/ruft einer (vgl. A382a). **ἑτοιμάσατε** Aor. Imp. ἑτοιμάζω.
τὴν ὁδὸν κυρίου *den Weg des Herrn* (= Jahwes; A107) = *dem Herrn den*
Weg. **εὐθύς**[10] εῖα ύ *gerade* (evtl. auch *eben*). **ποιεῖτε** Imp. ποιέω hier m.
5 doppeltem Akk. (A97,15). **τρίβος** ἡ *Pfad.* **5 φάραγξ**[3] αγγος ἡ *Schlucht.*
πληρωθήσεται Fut. Pass. πληρόω hier *auffüllen;* mod. Fut. (A247b).
βουνός *Hügel, Anhöhe.* **ταπεινωθήσεται** Fut. Pass. ταπεινόω *niedrig*
machen, einebnen; mod. Fut. (A247b). **ἔσται** Fut. εἰμί, mod. Fut. (A247b).

σκολιός *krumm.* **εἰς εὐθεῖαν** (ellip., erg. ὁδόν; BDR §241,4) für Präd.-
Nominativ (Hebr., A81); ἔσται τὰ σκολιὰ εἰς εὐθεῖαν *was krumm ist, soll*
zu einem geraden Weg werden. **τραχύς**[10] εῖα ύ *rauh, uneben;* (ellip., erg.
ὁδοί) *unebene Wege.* **λεῖος** *glatt, eben;* εἰς ὁδοὺς λείας für Präd.-Nomina-
tiv (Hebr., A81). **6 ὄψεται** Fut. Med. ὁράω. **πᾶσα σάρξ** hier *alle Men-* 6
schen, jedermann (B σάρξ 3). **σωτήριον** *Rettung, Heil.* **θεοῦ** gen. auctoris
(A153).

7 ἔ-λεγεν Ipf. λέγω. **οὖν** hier V. 3 wieder aufnehmend: *also, wie ge-* 7
sagt (B 2a). **ἐκ-πορευομένοις** Ptz. -πορεύομαι *hinausgehen, herauskom-*
men; attr.; erg. *(zu ihm)* (V. 3). **βαπτισθῆναι** Aor. Inf. Pass. βαπτίζω;
fin., toleratives Pass. (A219) *um sich taufen zu lassen.* **γέννημα**[3] *Gezeugtes,*
Sprößling; Vok. **ἔχιδνα** *Giftschlange;* γεννήματα ἐχιδνῶν *Schlangenbrut*
(= böse bzw. bösartige [gefährl., verachtungswürdige] Menschen, die nicht um-
kehren wollen). **ὑπ-έ-δειξεν** Aor. ὑπο-δείκνυμι[212] *zeigen, dartun, nach-*
weisen, lehren. **φυγεῖν** Aor. Inf. φεύγω[72] *fliehen; entkommen* (hier [statt
Akk.] ἀπό τινος *jmdm./etwas*); τίς ὑπέδειξεν ὑμῖν φυγεῖν ... *wer hat*
euch auf den Gedanken gebracht, ihr könntet (impliziert: wenn ihr nicht wirkl.
umkehrt) ... *entkommen.* **μελλούσης** Ptz. Fem. μέλλω, attr. *zukünftig.*
ὀργή *Zorn; Zorngericht* (Gottes). **8 ποιήσατε** Aor. Imp. ποιέω; ποιέω 8
καρπούς *Frucht tragen/hervorbringen* (B I1bη). **μετά-νοια** V. 3; gen. pretii
(A161); ποιήσατε καρποὺς ἀξίους τῆς μετανοίας *bringt Früchte, die*
der Umkehr entsprechen (B καρπός 2a) = *zeigt durch eure Taten, daß es euch*
mit der Umkehr ernst ist. **ἄρξησθε** Aor. Konj. Med. ἄρχω; prohibitiver
Konj. (A256). **λέγειν** Inf.; μὴ ἄρξησθε λέγειν ἐν ἑαυτοῖς (= ὑμῖν
αὐτοῖς; A126a) *fangt nur nicht an, bei euch/im stillen zu denken.* **πατέρα**
Obj.-Erg. (A48) *zum Vater.* **ὅτι** *daß* od. recitativum = Doppelpunkt (A333).
ἐγεῖραι Aor. Inf. ἐγείρω hier übertr. *erwecken* im Sinn v. *entstehen lassen*
(B 1aε). **9 ἀξίνη** *Axt.* **ῥίζα** *Wurzel.* **δένδρον** *Baum.* **κεῖμαι** (A32; als 9
Pf. Pass. v. τίθημι gebraucht, A33[200]) *liegen, gelegt sein* πρός τι *an etwas*
(B 1b). **ποιοῦν** Ptz. ποιέω, attr.; μὴ ποιοῦν καρπὸν καλόν *der keine*
guten Früchte (griech. Subst. als Kollektivum gebraucht; vgl. A101a) *bringt.* **ἐκ-**
κόπτεται Pass. -κόπτω *fällen, abhauen;* Präs. hier fut. (A234). **βάλλεται**
Pass. βάλλω; Präs. hier fut. (A234).

10 ἐπ-ηρώτων Ipf. -ερωτάω. **λέγοντες** Ptz. λέγω, mod., pleon. 10
(A297,1). **ποιήσωμεν** Aor. Konj. ποιέω; deliberativer Konj. (A255); τί
οὖν ποιήσωμεν; *was sollen wir also tun?* (H-S §210d). **11 ἀπο-κριθείς** 11
Aor. Ptz. Pass. (ohne Pass.-Bdtg.) -κρίνομαι, pleon. (A297,2); ἀποκριθεὶς
ἔλεγεν *er antwortete.* **ἔ-λεγεν** V. 7. **ἔχων** (zweimal) Ptz., subst. **χιτών**[4]
ῶνος ὁ *Untergewand, Hemd* (unmittelbar auf dem Leib getragen). **μετα-δό-**
τω Aor. Imp. 3. Sg. -δίδωμι[201] *Anteil geben an, abgeben an;* erg. das AkkO aus
dem Zusammenhang; μεταδότω τῷ μὴ ἔχοντι *der gebe eines davon dem*

ab, der keins hat. **ἔχοντι** Ptz., subst. **βρῶμα**^{3} *Speise, Nahrungsmittel.*
12 **ὁμοίως** *in gleicher Weise, ebenso.* **ποιείτω** Imp. 3. Sg. **12 τελώνης**^{1}
Zöllner, Zolleinnehmer (ein für den röm. Staat arbeitender Jude). **βαπτι-**
σθῆναι V. 7. **εἶπαν** Aor. (vgl. H-S §105g) λέγω. **διδάσκαλε** Vok.
13 **ποιήσωμεν** V. 10. **13 ὁ δέ** *(und) dieser/er* (A102). **μηδὲν πλέον**
nichts mehr παρά (m. Akk.) *als* (B πολύς II2c; A115). **δια-τε-ταγμένον**
Pf. (A231) Ptz. Pass. -τάσσω^{79} *anordnen, befehlen, bestimmen;* subst. **πράσ-**
σετε Imp. πράσσω *tun, handeln;* (Steuern, Zinsen o.ä.) *einfordern, verlangen;*
μηδὲν πλέον παρὰ τὸ διατεταγμένον ὑμῖν πράσσετε *verlangt nicht*
14 *mehr (von den Leuten), als festgesetzt/euch vorgeschrieben ist.* **14 ἐπ-ηρώτων**
V. 10. **στρατευόμενοι** Ptz. στρατεύομαι *Kriegsdienst tun, als Soldat*
dienen; subst. (H-S §237b) *Soldaten.* **λέγοντες, ποιήσωμεν** V. 10. **δια-**
σείσητε Aor. Konj. -σείω^{3} eig. „durchschütteln", juristischer term. tech.
jmdn. *mißhandeln* (um Geld v. ihm zu erpressen) (B), jmdn. *erpressen;* prohi-
bitiver Konj. (A256). **συκο-φαντήσητε** Aor. Konj. -φαντέω *schika-*
nieren, bedrücken; erpressen; prohibitiver Konj. (A256). **καί** (viertes) adver-
sativ (A311,1) *sondern.* **ἀρκεῖσθε** Imp. Pass. ἀρκέω *genügen, ausreichen;*
Pass. *sich begnügen, sich zufriedengeben (mit* Dat.). **ὀψώνιον** *Sold, Lohn, Be-*
zahlung.
15 **15 προσ-δοκῶντος** Ptz. -δοκάω *erwarten, warten auf;* hier etwa *voll*
Erwartung sein; gen. abs. (A288), temp. **δια-λογιζομένων** Ptz. -λογίζο-
μαι *(gründlich) überlegen, erwägen, sich Gedanken (über* etwas) *machen;* gen.
abs. (A288), temp. **μή-ποτε** *daß/damit nicht (etwa);* hier *ob etwa, ob vielleicht*
(B 3bα). **εἴη** Opt. εἰμί; obliquer Opt. (BDR §386^{3}; vgl. H-S §211f/g; A261);
μήποτε αὐτὸς εἴη ὁ χριστός *ob er etwa/vielleicht selbst der Messias sei.*
16 **16 ἀπ-ε-κρίνατο** Aor. Med. (wie klass. [BDR §78^{3}]) V. 11. **ἐγώ** betont
(A122). **ὕδατι** dat. instr. (A176). **ἔρχεται** fut. Präs. (A234). **ἰσχυρότε-**
ρος Komp. v. ἰσχυρός *stark, mächtig.* **μου** gen. comparationis (A168) *als*
ich. **οὗ** *dessen* (Riemen) bzw. (idiomatischer) *diesem/ihm* (... die Riemen) (rel.
Verschränkung, A364b). **ἱκανός** *hinlänglich, genügend; passend, tauglich;* hier
etwa *würdig, gut genug* (m. Inf. als Obj. 2. Grades; vgl. A275). **λῦσαι** Aor. Inf.
λύω. **ἱμάς**^{5} άντος ὁ *Riemen.* **ὑπό-δημα**^{3} *Sandale, Schuh.* **αὐτοῦ** steht
nach οὗ pleon. (BDR §297^{2}; A366). **αὐτός** betont (A122 u. 124). **βαπτί-**
17 **σει** Fut. βαπτίζω. **ἐν** instr. *mit.* **17 οὗ** *seine* (Worfschaufel) (rel. An-
schluß, A364a). **πτύον** *Worfschaufel* (m. der man das Getreide zur Reinigung
v. Spreu u. Staub gegen den Wind wirft); erg. ἐστίν (A78a). **δια-καθᾶραι**
Aor. Inf. -καθαίρω^{133} *gründlich säubern/reinigen;* fin. [Var. δια-καθαριεῖ
Fut. -καθαρίζω^{95} *gründlich säubern/reinigen*]. **ἅλων**^{4} ωνος ἡ *Tenne*
(= Dreschplatz), auch *das ausgedroschene* (noch auf der Tenne liegende) *Getrei-*
de (B 2). **συν-αγαγεῖν** Aor. Inf. -άγω, fin. [Var. συν-άξει Fut.]. **σῖτος**
Weizen, Getreide. **ἀπο-θήκη** *Scheune, Speicher.* **ἄχυρον** *Spreu.* **κατα-**

καύσει Fut. -καίω[10] *niederbrennen,* (etwas) *verbrennen.* **πυρί** dat. instr.
(A176). **ἄ-σβεστος**[11] (< σβέννυμι löschen) *unauslöschlich.*
18 καί nach πολύς vor zweitem Adj. pleon. (klass., BDR §442[21]; 18
A311,8). **παρα-καλῶν** Ptz. -καλέω, mod.; πολλὰ μὲν οὖν καὶ ἕτερα
παρακαλῶν εὐηγγελίζετο *so verkündete er noch mit vielen anderen Ermah-*
nungen (die) gute Nachricht. **εὐ-ηγγελίζετο** Ipf. Med. -αγγελίζω, hier m.
AkkO τὸν λαόν *dem Volk* (H-S §152d). **19 Ἡρῴδης** 3,1. **τετρα-άρ-** 19
χης[1] *Tetrarch* (Titel eines Herrschers, dessen Kompetenzen geringer waren als
die eines Königs). **ἐλεγχόμενος** Ptz. Pass. ἐλέγχω *ans Licht/an den Tag*
bringen, dartun; tadeln, zurechtweisen (B 3); kaus. **περί** m. Gen. *wegen* (vgl.
B 1b). **Ἡρῳδιάς**[3] άδος ἡ *Herodias,* Enkelin Herodes des Großen, Gattin v.
Herodes Antipas, davor v. dessen Stiefbruder. **ὧν** für ἅ Attraktion des Rel.-
Pron. (A360 u. 361). **ἐ-ποίησεν** Aor. ποιέω; περὶ πάντων ὧν ἐποίη-
σεν πονηρῶν *wegen alles Bösen, das* Herodes *getan/verübt hatte.* **20 προσ-** 20
έ-θηκεν Aor. -τίθημι[200] *hinzufügen* (ἐπί τινι *zu etwas*); προσέθηκεν καὶ
τοῦτο ἐπὶ πᾶσιν *er fügte auch noch dieses zu allem (übrigen) hinzu* (B 1a).
κατ-έ-κλεισεν Aor. κατα-κλείω[6] *einschließen;* κατακλείω ἐν φυλα-
κῇ *ins Gefängnis werfen (lassen).*
21 ἐ-γένετο Aor. Med. γίνομαι; γίνεται m. Inf./AcI *es ereignet sich,* 21
daß (A271). **ἐν τῷ** m. AcI temp. (A282) *als, nachdem.* **βαπτισθῆναι**
V. 7; Präd. des AcI. **ἅ-πας**[10] = πᾶς. **καί** (erstes) *auch* (BDR §423[9]).
βαπτισθέντος Aor. Ptz. Pass., gen. abs. (A288), temp. **προσ-ευχομέ-**
νου Ptz. -εύχομαι, gen. abs. (A288), temp. **ἀν-ε-ῳχθῆναι** Aor. Inf. Pass.
-οίγω; Präd. des AcI; ἐγένετο ἐν τῷ βαπτισθῆναι ἅπαντα τὸν λαὸν
καὶ Ἰησοῦ βαπτισθέντος καὶ προσευχομένου ἀνεῳχθῆναι τὸν
οὐρανόν übers. etwa *als das gesamte Volk sich taufen ließ, ließ auch Jesus sich*
taufen, und während er betete, öffnete sich der Himmel. **22 κατα-βῆναι** Aor. 22
Inf. -βαίνω; Präd. des AcI. **σωματικός** *körperlich, leiblich;* hier wohl im
Sinn v. *sichtbar.* **εἶδος**[7] *Gestalt* (B 1), *äußere Erscheinung;* dat. modi (A180).
περιστερά *Taube.* **γενέσθαι** Aor. Inf. Med., hier *kommen* (B I4cβ), *er-*
schallen, sprechen (vgl. zu V. 2). **σύ** betont (A122). **ὁ υἱός** Präd.-Nom. m.
Art. hebt die Gleichsetzung hervor (A80). **εὐ-δόκησα** Aor. -δοκέω (vgl.
δοκέω) *Wohlgefallen haben an, zufrieden sein mit,* m. ἐν; Aor. Ind. hier wohl im
Sinn des zeitlos gebrauchten hebr. Pf. (A241c) *ich habe Wohlgefallen.*
23 καὶ αὐτός (steht betont, BDR §277[5]) ... **Ἰησοῦς** etwa *und er, Je-* 23
sus ... **ἦν** Ipf. εἰμί; ἦν ... ὡσεὶ ἐτῶν τριάκοντα (präd., gen. qualitatis;
H-S §168c; A160) *er war ... ungefähr dreißig Jahre alt.* **ἀρχόμενος** Ptz. Med.
ἄρχω, temp. *bei seinem Auftreten* (B 2b). **ὡσ-εί** *wie;* (bei Zahlen u. Maßen)
ungefähr. **τριάκοντα**[19] *dreißig.* **ὤν** Ptz. εἰμί, mod. (A291,2 Anm. 1).
ἐ-νομίζετο Ipf. Pass. νομίζω *meinen, glauben, annehmen;* ὢν υἱός, ὡς
ἐνομίζετο, Ἰωσήφ *und er war, wie man meinte/annahm, ein Sohn Josefs =*

und man hielt ihn für den Sohn Josefs. **Ἰωσήφ** 1,27, hier Gen. **Ἠλί** indekl.,
Eli; τοῦ Ἠλί (usuelle) Ellipse v. „Sohn“ (A156 u. 376): *des Sohnes Elis;* dies
gilt analog für die weitere Ahnenreihe; übers. etwa *der war ein Sohn Elis, dieser*
ein Sohn usw. od. *die Vorfahren Josefs waren:* m. flgd. Aufzählung der Namen
24 (Einh.; vgl. GNB). **24 Μαθθάτ** indekl., *Mattat.* **Λευίς** u. Λευί (H-S
§26d; BDR §55[5]) *Levi.* **Μελχί** indekl., *Melchi.* **Ἰανναί** indekl., *Jannai.*
25 **25 Ματταθίας**[1] ου *Mattitja.* **Ἀμώς** indekl., *Amos.* **Ναούμ** indekl.,
26 *Nahum.* **Ἑσλί** indekl., *Hesli.* **Ναγγαί** indekl., *Naggai.* **26 Μάαθ** in-
dekl., *Mahat.* **Σεμεΐν** indekl., *Schimi.* **Ἰωσήχ** indekl., *Josech.* **Ἰωδά** in-
27 dekl., *Joda.* **27 Ἰωανάν** indekl., *Johanan.* **Ῥησά** indekl., *Resa.* **Ζορο-
βαβέλ** indekl., *Serubbabel.* **Σαλαθιήλ** indekl., *Schealtiël.* **Νηρί** indekl.,
28 *Neri.* **28 Μελχί** indekl., *Melchi.* **Ἀδδί** indekl., *Addi.* **Κωσάμ** indekl.,
29 *Kosam.* **Ἐλμαδάμ** indekl., *Elmadam.* **Ἤρ** indekl., *Er.* **29 Ἰησοῦς**
30 hier *Joschua.* **Ἐλιέζερ** indekl., *Eliëser.* **Ἰωρίμ** indekl., *Jorim.* **30 Συμε-
ών** indekl., *Simeon.* **Ἰωνάμ** indekl., *Jonam.* **Ἐλιακίμ** indekl., *Eljakim.*
31 **31 Μελεά** indekl., *Melea.* **Μεννά** indekl., *Menna.* **Ματταθά** indekl.,
32 *Mattata.* **Ναθάμ** indekl., *Natan,* Sohn Davids. **32 Ἰεσσαί** indekl., *Isai,*
Davids Vater. **Ἰωβήδ** indekl., *Obed.* **Βόος** indekl., *Boas.* **Σαλά** indekl.,
33 *Salmon.* **Ναασσών** indekl., *Nachschon.* **33 Ἀμιναδάβ** indekl., *Ammi-
nadab.* **Ἀδμίν** indekl., *Admin.* **Ἀρνί** indekl., *Arni.* **Ἑσρώμ** indekl.,
34 *Hezron.* **Φάρες** indekl., *Perez.* **34 Ἰακώβ** 1,33. **Ἰσαάκ** indekl., *Isaak,*
Abrahams Sohn. **Θάρα** indekl., *Terach,* Abrahams Vater. **Ναχώρ** indekl.,
35 *Nahor.* **35 Σερούχ** indekl., *Serug.* **Ῥαγαύ** indekl., *Regu.* **Φάλεκ** in-
36 dekl., *Peleg.* **Ἔβερ** indekl., *Eber.* **Σαλά** indekl., *Schelach.* **36 Καϊνάμ**
indekl., *Kenan.* **Ἀρφαξάδ** indekl., *Arpachschad.* **Σήμ** indekl., *Sem.* **Νῶε**
37 indekl., *Noach,* atl. Frommer (Gen 6-9). **Λάμεχ** indekl., *Lamech.* **37 Μα-
θουσαλά** indekl., *Metuschelach.* **Ἑνώχ** indekl., *Henoch,* atl. Frommer
(Gen 5,18ff). **Ἰάρετ** indekl., *Jered.* **Μαλελεήλ** indekl., *Mahalalel.*
38 **38 Ἐνώς** indekl., *Enosch.* **Σήθ** indekl., *Set.* **Ἀδάμ** indekl., *Adam,*
Stammvater der Menschheit. **τοῦ θεοῦ** gen. auctoris (A153), übers. etwa *der
stammte von Gott.*

4 **πλήρης**[7] m. Gen. *voll (von), erfüllt (mit);* erg. ὤν (Ptz. εἰμί [mod.];
BDR §418,6); πλήρης πνεύματος ἁγίου *voll des Heiligen Geistes, erfüllt
mit dem Heiligen Geist.* **ὑπ-έ-στρεψεν** Aor. ὑπο-στρέφω[47] *zurückkehren.*
Ἰορδάνης[1] *Jordan.* **ἤγετο** Ipf. Pass. ἄγω. **ἐν** (erstes) wohl instr. *durch,*
2 *von.* **ἐν** (zweites) wohl für εἰς (BDR §218[3]), viell. *in ... (umher).* **2 τεσσε-
ράκοντα**[19] *vierzig;* Akk. der zeitl. Ausdehnung (A148). **πειραζόμενος**
Ptz. Pass. πειράζω *versuchen* (hier im Sinn: zur Sünde verleiten) (vgl. B 2d);
mod. **διά-βολος** (< δια-βάλλω verleumden) subst. *Verleumder; Teufel.*
οὐκ ... οὐδέν Neg. verstärken einander (A310). **ἔ-φαγεν** Aor. ἐσθίω.
συν-τελεσθεισῶν Aor. Ptz. Pass. Fem. -τελέω[27] *vollenden; ausführen;*

Pass. *zu Ende gehen* (B 1); gen. abs. (A288), temp. **ἐ-πείνασεν** Aor. πει-
νάω[34] *hungern, Hunger leiden.* **3 εἰ** m. Ind. indefiniter Fall (A342). **εἰπέ** 3
Aor. Imp. λέγω hier *befehlen* (B εἶπον 3c). **ἵνα** hier *daß* (A328; bez. das
Befohlene). **γένηται** Aor. Konj. Med. γίνομαι. **4 ἀπ-ε-κρίθη** Aor. 4
Pass. (ohne Pass.-Bdtg.) ἀπο-κρίνομαι. **γέ-γραπται** Pf. Pass. γράφω;
Pf. Pass. term. tech. zur Einführung v. Schriftzitaten (B 2c): *in der Schrift heißt*
es/steht. **ὅτι** recitativum = Doppelpunkt (A333). **ἐπί** m. Dat. hier *(auf*
Grund) von (B II1bγ). **ἄρτος** hier im Sinn v. Nahrung (pars pro toto; A382a)
gemeint. **ζήσεται** Fut. Med. (m. akt. Bdtg.) ζάω; Fut. hier wohl im Sinn des
zeitlos-durativ gebrauchten hebr. Ipf. (vgl. H-S §202i) *lebt* od. mod. (A247)
soll/kann leben. **ὁ ἄνθρωπος** genereller Sg. (A101; 104) *der Mensch = die*
Menschen. **5 ἀν-αγαγών** Aor. Ptz. -άγω[59] *hinaufführen, -bringen;* temp. 5
(A291,1 Anm. 1). [Var. ὑψηλός *hoch.*] **ἔ-δειξεν** Aor. δείκνυμι[212] *zeigen,*
sehen lassen. **οἰκουμένη** (Ptz. Fem. Pass. οἰκέω wohnen + γῆ) *(bewohnte)*
Erde, Welt. **στιγμή** eig. *Punkt;* στιγμὴ χρόνου *Augenblick.* **6 δώσω** Fut. 6
δίδωμι; wohl mod. Fut. (A247a). **ἅ-πας**[10] = πᾶς; τὴν ἐξουσίαν ταύ-
την ἅπασαν *diese Vollmacht, und zwar vollständig* (BDR §292[3]; vgl. A86);
alle diese Herrschaftsgebiete (B ἐξουσία 4b). **παρα-δέ-δοται** Pf. Pass. -δί-
δωμι. **ᾧ ἐάν** = ᾧ ἄν (A132; 371) *wem (auch immer)* bzw. *jedem, dem.* **θέ-**
λω Konj. θέλω. **7 σύ** das Subj. ist dem NS betont vorangestellt (vgl. BDR 7
§475,1b). **προσ-κυνήσῃς** Aor. Konj. -κυνέω. **ἔσται** Fut. εἰμί; ἔσται
σοῦ (gen. poss., A154; 174) πᾶσα *wird/soll* (A247) *sie dir ganz gehören.*
8 ἀπο-κριθείς Aor. Ptz. Pass. V. 4; pleon. (A297,2); ἀποκριθείς ... εἶπεν 8
Jesus *antwortete.* **προσ-κυνήσεις** Fut.; Fut. bez. hier ein striktes Gebot
(Hebr.; A247d), auch beim flgd. Verb. **λατρεύσεις** Fut. λατρεύω (Gott)
dienen, verehren. **9 ἤγαγεν** Aor. ἄγω. **ἔ-στησεν** Aor. ἵστημι. **πτε-** 9
ρύγιον allgem. *(äußerster) Rand, Abschluß;* bei Bauwerken *Türmchen,*
Dachspitze, Zinne o.ä.; Bdtg. v. τὸ πτερύγιον τοῦ ἱεροῦ unsicher, übers.
etwa *die höchste Stelle/der Rand des Tempels* (zu den verschiedenen Erklärungen
s. EWNT 3, Sp. 462f). **εἰ** V. 3. **βάλε** Aor. Imp. βάλλω; βάλλω ἑαυτὸν
κάτω *sich hinabstürzen* (B 1b). **ἐντεῦθεν**[18] *von hier.* **κάτω** *unten; nach un-*
ten. **10 γέ-γραπται, ὅτι** V. 4. **ἐν-τελεῖται** Fut. Med. -τέλλομαι[115] 10
befehlen, gebieten; τοῖς ἀγγέλοις αὐτοῦ ἐντελεῖται περὶ σοῦ *er wird dei-*
netwegen seinen Engeln Befehl geben/seine Engel senden. **τοῦ** m. Inf. AkkO
(H-S §225e; A281). **δια-φυλάξαι** Aor. Inf. -φυλάσσω[80] *bewachen, be-*
wahren, beschützen. **11 ὅτι** V. 4. **ἀροῦσιν** Fut. αἴρω. **μή-ποτε** *damit* 11
nicht (etwa) (A339). **προσ-κόψῃς** Aor. Konj. -κόπτω[56] *anstoßen; sich sto-*
ßen an; μήποτε προσκόψῃς πρὸς λίθον τὸν πόδα σου *damit du mit dei-*
nem Fuß nicht an einen Stein stößt (bild. = damit du dich nicht verletzt).
12 ἀπο-κριθείς V. 8. **ὅτι** V. 4. **εἴρηται** Pf. Pass. λέγω; Pf. Pass. führt 12
hier ein Schriftzitat ein, übers. etwa *es ist (aber auch) gesagt, es heißt (aber auch)*

(NGÜ). **ἐκ-πειράσεις** Fut. -πειράζω (vgl. A33[91ff]) *herausfordern, auf die*
Probe stellen, versuchen; Fut. m. οὐ bez. hier ein striktes Verbot (Hebr.; A247d).
13 **13 συν-τελέσας** Aor. Ptz. -τελέω V. 2; temp. **πειρασμός** *Versuchung;*
συντελέσας πάντα πειρασμὸν ὁ διάβολος übers. etwa *nachdem der*
Teufel alles versucht hatte, um Jesus zu Fall zu bringen (NGÜ). **διά-βολος**
V. 2. **ἀπ-έ-στη** Wz.-Aor. ἀφ-ίσταμαι[205] *sich entfernen; ablassen* (ἀπό
von). **ἄχρι καιροῦ** *bis zu einem* (anderen) *Zeitpunkt, auf eine Weile* (B καιρός 1), *bis zu einer gelegenen Zeit/einer günstigen Gelegenheit.*
14 **14 ὑπ-έ-στρεψεν** V. 1. **φήμη** *Nachricht, Kunde.* **ἐξ-ῆλθεν** Aor.
-έρχομαι; φήμη ἐξῆλθεν ... περὶ αὐτοῦ *die Kunde von ihm/sein Ruf ver-*
breitete sich ... **περί-χωρος**[11] *benachbart;* ἡ περίχωρος (erg. χώρα [A88])
die Umgegend, die Nachbarschaft. **κατά** m. Gen. *durch ... hin* = *in* (B I1c);
15 καθ' ὅλης τῆς περιχώρου *in der ganzen Umgegend.* **15 ἐ-δίδασκεν** Ipf.
διδάσκω. **ἐν ταῖς συναγωγαῖς αὐτῶν** *in ihren Synagogen* sinnge-
mäße Konstruktion (A96; vgl. BDR §282[2]) = *in den Synagogen der Galiläer,*
übers. etwa *in den dortigen Synagogen* (Menge). **δοξαζόμενος** Ptz. Pass.
δοξάζω, mod. (vgl. A291,2 Anm. 1).
16 **16 Ναζαρά** 1,26, hier Akk. **οὗ**[18] *wo, wohin.* **ἦν** Ipf. εἰμί. **τε-**
θραμμένος Pf. Ptz. Pass. τρέφω[49] *ernähren, zu essen geben; aufziehen, erzie-*
hen; Pass. *aufwachsen* (B 2); umschrieb. Plsqpf. (A249) [Var. ἀνα-τε-θραμ-
μένος Pf. Ptz. Pass. -τρέφω[49] *großziehen, aufziehen, erziehen;* umschrieb.
Plsqpf.]. **εἰσ-ῆλθεν** Aor. -έρχομαι. **εἰωθός** Pf. (A231) Ptz. Ntr. εἴω-
θα[109] (defektives Pf.) *(zu tun) pflegen;* subst.; κατὰ τὸ εἰωθὸς αὐτῷ (dat.
poss., BDR §189[1]; vgl. A173f) *nach seiner Gewohnheit, wie er es gewohnt war*
(NGÜ). **ἀν-έ-στη** Wz.-Aor. -ίσταμαι. **ἀνα-γνῶναι** Aor. Inf. -γινώ-
17 σκω[166] *lesen; vorlesen* (näml. aus der Schrift); fin. **17 ἐπ-ε-δόθη** Aor. Pass.
ἐπι-δίδωμι[201] *geben, übergeben.* **βιβλίον** *Buch;* hier *Buchrolle, Schriftrolle.*
Ἠσαΐας 3,4. **ἀνα-πτύξας** Aor. Ptz. -πτύσσω (vgl. A33[74ff]) *aufwickeln,*
(bes. eine Buchrolle) *aufrollen;* temp. (A291,1 Anm. 1) [Var. ἀν-οίξας Aor.
Ptz. -οίγω]. **εὗρεν** Aor. εὑρίσκω. **οὗ**[18] V. 16. **γε-γραμμένον** Pf. Ptz.
18 Pass. γράφω V. 4; umschrieb. Plsqpf. (A249). **18 πνεῦμα κυρίου** (auch
ohne Art. best., A106) *der Geist des Herrn.* **εἵνεκεν** = ἕνεκα uneig. Präp.
(A183) *wegen, um ... willen;* οὗ εἵνεκεν (eig. rel. *weswegen*) *weil, denn.* **ἔ-χρι-**
σεν Aor. χρίω[4] *salben* (m. einer Aufgabe betrauen u. dazu befähigen). **εὐ-**
αγγελίσασθαι Aor. Inf. Med. -αγγελίζω; die Inf. in V. 18f sind (fin.)
wohl v. ἀπέσταλκεν abhängig. **πτωχός** *bettelnd, arm;* subst. **ἀπ-έ-**
σταλκεν Pf. (A242) ἀπο-στέλλω. [Var. ἰάσασθαι Aor. Inf. ἰάομαι
heilen (hier im übertr. Sinn, vgl. B 2). συν-τε-τριμμένους Pf. Ptz. Pass.
συν-τρίβω *zerstoßen, zerschlagen;* subst.; τοὺς συντετριμμένους τὴν
καρδίαν (Akk. der Beziehung, A149) *die, deren Herz zerschlagen/zerbrochen ist*
(vgl. NGÜ).] **κηρύξαι** Aor. Inf. κηρύσσω. **αἰχμ-άλωτος** *Kriegsgefan-*

gener, Gefangener. **ἄφ-εσις**[8] *Erlaß* (v. Schuld, Sünde usw.), *Vergebung;* hier
Freilassung, Freiheit. **ἀνά-βλεψις**[8] *(das) Wiedererlangen des Augenlichts* (B);
τυφλοῖς ἀνάβλεψιν *Blinden, daß sie wieder sehen werden.* **ἀπο-στεῖλαι**
Aor. Inf. -στέλλω ἐν ἀφέσει *frei gehen lassen* (B 2), *in die Freiheit entlassen,*
befreien. **τε-θραυσμένους** Pf. Ptz. Pass. θραύω *zerbrechen; entkräften,*
niederbeugen; subst. *Gebrochene, Mißhandelte, Unterdrückte.* **19 ἐνιαυτός** 19
Jahr; ἐνιαυτὸς κυρίου δεκτός *ein „angenehmes/willkommenes" Jahr des*
Herrn, hier v. der Heilszeit als Ansage eines „Jobeljahrs" der Freilassung (vgl.
Lev 25,10 LXX: ἐνιαυτὸς ἀφέσεως), übers. etwa *ein/das Gnadenjahr des*
Herrn bzw. *das Jahr, in dem der Herr sich seinem Volk gnädig zuwendet* (GNB).
δεκτός *angenehm, willkommen.* **20 πτύξας** Aor. Ptz. πτύσσω (vgl. 20
A33[74ff]) *zusammenrollen;* temp. **ἀπο-δούς** Aor. Ptz. -δίδωμι; temp.
(A291,1 Anm. 1). **ὑπ-ηρέτης**[1] *Gehilfe, Diener;* hier *Synagogendiener.* **ἐ-κά-**
θισεν Aor. καθίζω. **ἦσαν** Ipf. εἰμί. **ἀτενίζοντες** Ptz. ἀτενίζω
gespannt hinsehen auf; umschrieb. Ipf. (A249); πάντων οἱ ὀφθαλμοί ...
ἦσαν ἀτενίζοντες αὐτῷ *aller Augen ... waren gespannt auf ihn gerichtet =*
alle ... sahen ihn gespannt an. **21 ἤρξατο** Aor. Med. ἄρχω. **λέγειν** Inf. 21
ὅτι recitativum = Doppelpunkt (A333). **πε-πλήρωται** Pf. Pass. πληρόω.
γραφή hier einzelne *Schriftstelle* (B 2a), *Schriftwort.* **οὖς**[3] ὠτός τό *Ohr;* ἐν
τοῖς ὠσίν τινος „in jmds. Ohren" = *in jmds. Gegenwart* (so daß er Zeuge
davon wird) (B 1). **22 ἐ-μαρτύρουν** Ipf. μαρτυρέω hier m. dat. commodi 22
(A173) *ein gutes Zeugnis ausstellen, Beifall spenden* (B 1c). **ἐ-θαύμαζον** Ipf.
θαυμάζω. **οἱ λόγοι τῆς χάριτος** wohl gen. obi. (BDR §165[2]; vgl.
A158) *die Worte von der Gnade* (d.h. Jesus spricht v. der gnädigen Zuwendung
Gottes), viell. gen. qualitatis (A160) *die anmutvollen Worte* (B χάρις 1). **ἐκ-**
πορευομένοις Ptz. -πορεύομαι *ausgehen, hinauskommen; hervorgehen;*
attr. **ἔ-λεγον** Ipf. λέγω. **οὐχί** *nicht;* erwartet als Frageeinleitung eine
bejahende Antwort (A320). **Ἰωσήφ** 1,27, hier Gen. **23 πάντως** *jeden-* 23
falls, sicherlich, gewiß (B 1). **ἐρεῖτε** Fut. λέγω hier etwa *vorhalten.* **παρα-**
βολή hier *Sprichwort.* **ἰατρέ** Vok. ἰατρός *Arzt.* **θεράπευσον** Aor. Imp.
θεραπεύω. **ὅσα** = τοσαῦτα ὅσα (vgl. A18; 358; AcP ist m. ὅσα ver-
schränkt; A364b), übers. *so große Dinge ... wie.* **ἠκούσαμεν** Aor. ἀκούω.
γενόμενα Aor. Ptz. Med. γίνομαι, AcP (A300); ὅσα ἠκούσαμεν γενό-
μενα εἰς (für ἐν, BDR §205[4]) ... ποίησον καὶ ὧδε ... *tu auch hier ... so*
große Dinge, wie sie dem Vernehmen nach (eig. etwa *wie wir gehört haben, daß sie)*
in ... geschehen sind bzw. (freier) *wenn du in ... so große Dinge getan hast, wie wir*
gehört haben, dann tu sie auch hier ... **Καφαρναούμ** indekl., *Kafarnaum,*
Ort am See Gennesaret. **ποίησον** Aor. Imp. ποιέω. **πατρίς**[3] ίδος ἡ *Va-*
terland, Heimat; hier *Vaterstadt, Heimatstadt.* **24 ὅτι** recitativum = Doppel- 24
punkt (A333). **δεκτός** V. 19; οὐδεὶς προφήτης δεκτός ἐστιν *kein*
Prophet ist willkommen od. *anerkannt.* **25 ἐπ' ἀληθείας** *in Wahrheit, wahr-* 25

heitsgemäß, wahrhaftig (B ἐπί I1bβ). **χήρα** *Witwe.* **ἦσαν** V. 20, hier *dasein,*
leben (vgl. B 2). **ἐν ταῖς ἡμέραις** *in den* (A106a) *Tagen, zur Zeit* (B ἡμέ-
ρα 4b). **Ἠλίας** 1,17. **ἐ-κλείσθη** Aor. Pass. κλείω[6] *schließen; verschlie-*
ßen; ὅτε ἐκλείσθη ὁ οὐρανὸς ἐπὶ (A194) ἔτη τρία ... *als der Himmel drei*
Jahre ... lang verschlossen war (d.h. es regnete nicht). **μήν**[4] μηνός ὁ *Monat.*
ἕξ[19] *sechs.* **ἐ-γένετο** Aor. Med. V. 23; hier *entstehen* (B I1bβ), *kommen*
26 (über). **λιμός** ὁ u. ἡ *Hungersnot.* **26 καί** adversativ (A311,1) *(und) doch.*
αὐτῶν gen. partitivus (A164) *von ihnen* (d.h. den Witwen [V. 25]). **ἐ-πέμ-
φθη** Aor. Pass. πέμπω. **εἰ μή** nach Neg. *außer,* hier = ἀλλά *sondern nur*
(BDR §448[9]). **Σάρεπτα** *Sarepta,* phönizische Küstenstadt. **Σιδώνιος** *si-*
donisch, aus Sidon; ἡ Σιδωνία (erg. χώρα [A88]) *das sidonische Land, das*
Gebiet von Sidon; τῆς Σιδωνίας gen. partitivus (A164) *im Gebiet von Sidon.*
27 **γυνὴ χήρα** *Witwe* (B χήρα 1; vgl. H-S §260j). **27 λεπρός** (< λεπίς
Schuppe) u.a. *schuppig, uneben, rauh;* im NT *aussätzig* (v. λέπρα befallen u. da-
mit „unrein" [Lev 13,45f]). **ἐπί** m. Gen. *zur Zeit (von)* (H-S §184j). **Ἐλι-
σαῖος** *Elischa,* atl. Prophet. **αὐτῶν** gen. partitivus (A164). **ἐ-καθαρί-
σθη** Aor. Pass. καθαρίζω[95] *reinigen, säubern; heilen* ([Aussätzige/Aussatz
o.ä.] u. dann zu kultischer Reinheit führen). **εἰ μή** V. 26. **Ναιμάν** indekl.,
hier Nom., *Naaman.* **Σύρος** *Syrer,* Bewohner der Provinz Syrien bzw. hier des
28 Aramäerstaates Damaskus. **28 ἐ-πλήσθησαν** Aor. Pass. πίμπλημι[207]
anfüllen, vollmachen, erfüllen τινός *mit etwas* (A165). **θυμός** *Leidenschaft;*
29 hier *Zorn, Wut* (B 2). **ἀκούοντες** Ptz. ἀκούω, temp. **29 ἀνα-στάντες**
Wz.-Aor. Ptz. ἀν-ίσταμαι hier *aufstehen, aufspringen;* temp. (A291,1 Anm. 1).
ἐξ-έ-βαλον Aor. ἐκ-βάλλω. **ἔξω** hier uneig. Präp. (A183) *hinaus aus*
(B 2b). **ἤγαγον** Aor. ἄγω. **ὀφρῦς**[8] ύος ἡ *Rand* einer Anhöhe, *Abhang.*
ᾠκο-δόμητο Plsqpf. Pass. οἰκο-δομέω. **ὥστε** hier fin. = ἵνα *um ... zu*
(H-S §278b; B 2b). **κατα-κρημνίσαι** Aor. Inf. -κρημνίζω (vgl. A33[91ff])
30 jmdn. *von einem Abhang hinabstürzen.* **30 δι-ελθών** Aor. Ptz. -έρχομαι,
temp. od. mod. (A291 Anm. 1). **διὰ μέσου αὐτῶν** *mitten zwischen ihnen*
hindurch (B μέσος 2). **ἐ-πορεύετο** Ipf. Med. πορεύομαι.
31 **31 κατ-ῆλθεν** Aor. -έρχομαι[187] *herabkommen, hinabgehen.* **Κα-
φαρναούμ** V. 23, hier Akk. **τῆς Γαλιλαίας** gen. partitivus (A164) *in*
32 *Galiläa.* **ἦν** V. 16. **διδάσκων** Ptz., umschrieb. Ipf. (A249). **32 ἐξ-ε-
πλήσσοντο** Ipf. Pass. ἐκ-πλήσσομαι *außer sich geraten* ἐπί τινι *über et-*
was (hier wohl vor Überraschung; B 2). **διδαχή** *Lehre* (das, was gelehrt wird,
od. die Lehrtätigkeit). **ἐν** hier *mit* (= *begleitet von;* vgl. BDR §198[2]) bzw. zur
Charakterisierung einer Sache bzw. eines Tuns (vgl. B εἰμί III4); ἐν ἐξουσίᾳ
ἦν ὁ λόγος αὐτοῦ *sein Wort/seine Rede war begleitet von Vollmacht/war*
machtvoll bzw. *geschah in/mit Vollmacht = er redete mit Vollmacht* (NGÜ).
33 **33 ἦν** V. 16. **ἔχων** Ptz., attr. od. mod. formelhaft im Sinn v. *mit* (A292).
ἀ-κάθαρτος[11] *unrein, schmutzig* (kultisch bzw. sittl.-geistl.); ἔχων πνεῦμα

δαιμονίου ἀκαθάρτου (gen. epexegeticus, A163) *mit einem Geist, einem un-
reinen/bösen Dämon = mit einem unreinen/bösen Geist, einem Dämon* (vgl.
V. 35). **ἀν-έ-κραξεν** Aor. ἀνα-κράζω[81] *(auf)schreien.* **φωνῇ μεγάλῃ**
dat. mod. (A180) *mit lauter Stimme, laut.* **34 ἔα** (ursprüngl. Imp. v. ἐάω 34
lassen [BDR §107[7]]) Interjektion, die Überraschung od. Unwillen ausdrückt:
oh!, oho! **τί ἡμῖν καὶ σοί** erg. ἐστίν (BDR §127[4]) sowohl Hebr. (vgl.
מַה־לִּי וָלָךְ *mah-lî wālāk̲*) als auch volkstüml. abweisende Redewendung (B
ἐγώ) „was haben wir und du (gemeinsam/miteinander zu tun)" (dat. commodi,
A173), übers. hier etwa *was willst du von uns? laß uns in Ruhe!* (vgl. B ἐγώ).
Ἰησοῦ Vok. **Ναζαρηνέ** Vok. Ναζαρηνός *Nazarener, aus Nazaret
(kommend).* **ἀπ-ολέσαι** Aor. Inf. -όλλυμι; fin. (A276); ἦλθες ἀπολέ-
σαι ἡμᾶς als Aussage *du bist gekommen, um uns zu verderben/vernichten* od.
als Frage zu verstehen. **οἶδά σε τίς εἶ** Prolepse (BDR §476[3]) *ich weiß, wer
du bist.* **35 ἐπ-ε-τίμησεν** Aor. ἐπι-τιμάω m. Dat. *anfahren, tadeln,* 35
zurechtweisen, (mit aller Strenge) entgegentreten/befehlen. **φιμώθητι** Aor.
Imp. Pass. φιμόω *das Maul zubinden, einen Maulkorb vorbinden;* übertr. *zum
Verstummen bringen;* Pass. *verstummen, schweigen.* **ἔξ-ελθε** Aor. Imp. -έρχο-
μαι ἀπό τινος hier *ausfahren aus jmdm.* (B 1aδ), *jmdn. verlassen.* **ῥίψαν**
Aor. Ptz. ῥίπτω[58] *werfen, zu Boden werfen* (B 1); temp. **εἰς τὸ μέσον** *in die
Mitte* (B μέσος 2). **ἐξ-ῆλθεν** Aor. **βλάψαν** Aor. Ptz. βλάπτω (vgl.
A33[51ff]) *schaden* τινά *jmdm.;* mod.; μηδὲν βλάψαν αὐτόν *ohne ihm einen
Schaden zuzufügen* (vgl. H-S §231e). **36 ἐ-γένετο** V. 25, hier ἐπί τινα 36
kommen über jmdn., jmdn. befallen/ergreifen (B I4cγ). **θάμβος**[7] *Staunen,
Schrecken.* **συν-ε-λάλουν** Ipf. συλ-λαλέω *sich unterreden, besprechen.*
πρὸς ἀλλήλους *miteinander, untereinander* (vgl. B πρός III1e). **λέγον-
τες** Ptz. λέγω, mod., pleon. (A297,1). **τίς ὁ λόγος οὗτος** erg. ἐστίν
(BDR §127,3) *was ist das für ein Wort.* **ὅτι** hier wohl *denn* (BDR §456[6]; vgl.
B 1c). **ἐπι-τάσσω** *befehlen, gebieten.* **καί** (viertes) kons. (BDR §442[5];
A311,2) *und (dann), so daß.* **37 ἐξ-ε-πορεύετο** Ipf. Med. V. 22, hier εἰς 37
πάντα τόπον *in jeden Ort dringen* (B 2), *sich überall verbreiten.* **ἦχος**[2/7]
Klang, Geräusch; Ruf, Kunde; ἦχος περὶ αὐτοῦ *die Kunde von ihm, sein Ruf.*
περί-χωρος V. 14.
38 ἀνα-στάς Wz.-Aor. Ptz. V. 29, hier *aufbrechen, verlassen* (ἀπό); 38
temp. **εἰσ-ῆλθεν** Aor. -έρχομαι. **πενθερά** (auch ohne Art. best., vgl.
A106c) *Schwiegermutter.* **ἦν** V. 16. **συν-εχομένη** Ptz. Pass. -έχω *zusam-
menhalten; festhalten; quälen;* Pass. *gequält werden* τινί *von etwas* (B 5); um-
schrieb. Ipf. (A249). **πυρετός** *Fieber;* πυρετὸς μέγας *hohes Fieber.* **ἠρώ-
τησαν** Aor. ἐρωτάω. **39 ἐπι-στάς** Wz.-Aor. Ptz. ἐφ-ίσταμαι[205] *heran-* 39
treten, sich stellen zu; temp., viell. mod. (A291 Anm. 1). **ἐπ-άνω** uneig. Präp.
(A183) *(oben) über, auf;* ἐπιστὰς ἐπάνω αὐτῆς *er trat zu ihr an das Kopf-
ende;* viell. *er beugte sich über sie* (vgl. EWNT 2, Sp. 232). **ἐπ-ε-τίμησεν**

V. 35, hier wohl *befehlen.* **καί** (zweites) V. 36. **ἀφ-ῆκεν** Aor. -ίημι.
παρα-χρῆμα *sofort, sogleich.* **ἀνα-στᾶσα** Aor. Ptz. Fem. V. 29, temp.
(A291,1 Anm. 1). **διηκόνει** Ipf. (augmentiert so, als wäre das Verb ein Kom-
positum δια-κονέω) διακονέω *(be)dienen* (bes. v. der Bewirtung), hier im
Sinn v. *bewirten.*
40 **40 δύνοντος** Ptz. δύνω *untergehen* (v. der Sonne); gen. abs. (A288),
temp. **ἥλιος** *Sonne.* **ἅ-πας**[10] = πᾶς; ἅπαντες ὅσοι übers. *alle, die.* **εἶ-
χον** Ipf. ἔχω. **ἀ-σθενοῦντας** Ptz. ἀ-σθενέω *schwach/krank sein,* hier
τινί *an etwas leiden* (B 1a); subst. **νόσος** ἡ *Krankheit.* **ποικίλος** *sehr bunt;*
übertr. *vielfältig, verschiedenartig.* **ἤγαγον** V. 29, hier *bringen.* **ὁ δέ** *(und)
dieser/er* (A102). **ἑνὶ ἑκάστῳ αὐτῶν** (gen. partitivus, A164) *einem je-
den/jedem einzelnen von ihnen.* **ἐπι-τιθείς** Ptz. -τίθημι *auflegen, darauflegen;*
mod. (A291,2 Anm. 1) [Var. ἐπι-θείς Aor. Ptz.]. **ἐ-θεράπευεν** Ipf. V. 23
41 [Var. ἐ-θεράπευσεν Aor.]. **41 ἐξ-ήρχετο** Ipf. Med. -έρχομαι V. 35;
Subj. δαιμόνια im Pl. (BDR §133[3]; vgl. A89) [Var. Präd. im Pl.]. **κραυγά-
ζοντα** Ptz. κραυγάζω *laut rufen, schreien;* mod. [Var. κράζοντα Ptz. κρά-
ζω]. **λέγοντα** Ptz. λέγω, mod. **ὅτι** (erstes) recitativum = Doppelpunkt
(A333). **ἐπι-τιμῶν** Ptz. V. 35, mod. **εἴα** Ipf. ἐάω *lassen, (zu)lassen, er-
lauben.* **λαλεῖν** Inf. λαλέω; Präd. des AcI. **ᾔδεισαν** Plsqpf. (m. der Bdtg.
eines Ipf.) οἶδα, m. AcI. **τὸν χριστόν** Präd.-Nom. zum Subj. des AcI
(αὐτόν) (A92). **εἶναι** Inf. εἰμί; Präd. des AcI.
42 **42 γενομένης** Aor. Ptz. Med. V. 3, gen. abs. (A288), temp. **ἐξ-ελ-
θών** Aor. Ptz. -έρχομαι, temp. bzw. pleon. (BDR §419[2]). **ἐ-πορεύθη** Aor.
Pass. (ohne bes. Pass.-Bdtg.) πορεύομαι. **ἔρημος** hier *einsam.* **ἐπ-ε-ζή-
τουν** Ipf. ἐπι-ζητέω *aufsuchen, suchen* (B 1a). **ἕως** hier *zu* (vgl. B II2a).
κατ-εῖχον Ipf. -έχω *aufhalten, zurückhalten, hindern, festhalten;* Ipf. konativ
(A237c). **τοῦ** m. Inf. fin. (A281). **πορεύεσθαι** Inf.; κατεῖχον αὐτὸν
τοῦ μὴ πορεύεσθαι ἀπ' αὐτῶν *sie wollten ihn festhalten/zurückhalten, da-
mit er nicht von ihnen wegginge = sie wollten ihn daran hindern, von ihnen wegzu-
43 gehen.* **43 ὁ δέ** *(doch) dieser/er* (A102). **ὅτι** (erstes) V. 41. **εὐ-αγγελί-
σασθαι** Aor. Inf. Med. -αγγελίζω; Präd. des AcI, abhängig v. δεῖ. **ἐπὶ
τοῦτο** *dazu* (B ἐπί III1bη). **ἀπ-ε-στάλην** Aor. Pass. ἀπο-στέλλω.
44 **44 ἦν** V. 16. **κηρύσσων** Ptz., umschrieb. Ipf. (A249). **εἰς** für ἐν (BDR
§205[4]).
5 **ἐ-γένετο** Aor. Med. γίνομαι; ἐγένετο m. καί u. flgd. finiten Verb
(ἦν ἑστώς; V. 17 ἦν διδάσκων) steht pleon. (Hebr., A271; BDR §442[11]).
ἐν τῷ m. AcI temp. (A282) *während, als.* **ἐπι-κεῖσθαι** Inf. -κειμαι (A32)
daraufliegen; zusetzen, (be)drängen, m. Dat.; Präd. des AcI. **ἀκούειν** Inf.; Präs.
viell. konativ (A227) *hören wollen,* dann zweites Präd. des AcI; od. erstes καί
fin. (ZG; vgl. BDR §442[5]) *um zu hören.* **ἦν** Ipf. εἰμί. **ἑστώς** Pf. (Wz.-Pf.,
H-S §109a; m. präs. Bdtg.) Ptz. ἵσταμαι; umschrieb. Plsqpf. (A249), m. der

Bdtg. eines Ipf. *er stand.* **λίμνη** *(der) See.* **Γεννησαρέτ** ἡ indekl., hier
Gen., *Gennesaret,* See südl. v. Kafarnaum. **2** [Var. πλοιάριον (Diminutiv- 2
form v. πλοῖον) *kleines Schiff, Kahn, Boot.*] **ἑστῶτα** V. 1, übers. hier *liegen;*
AcP (A300). **παρὰ τὴν λίμνην** *am Ufer des Sees* (B παρά II1bα). **ἁλι-**
εύς[8] (< ἅλς Meer) *Fischer.* **ἀπο-βάντες** Aor. Ptz. -βαίνω[139] *weggehen,*
aussteigen; temp. (A291,1 Anm. 1). **ἔ-πλυνον** Ipf. πλύνω *waschen.*
δίκτυον *Netz* (des Fischers). **3 ἐμ-βάς** Aor. Ptz. -βαίνω[139] (ins Boot) 3
(ein)steigen; temp. (A291,1 Anm. 1). **πλοίων** gen. partitivus (A164). **ὃ ἦν**
Σίμωνος gen. poss. (A154; 174) *das Simon gehörte.* **ἠρώτησεν** Aor. ἐρω-
τάω. **ἐπ-αν-αγαγεῖν** Aor. Inf. -άγω[59] *zurückkehren;* (auf einem Gewäs-
ser) *hinausfahren.* **ὀλίγον** adv. Akk. (A150) *ein wenig, ein kleines Stück.* **κα-**
θίσας Aor. Ptz. καθίζω, temp. (A291,1 Anm. 1). **ἐ-δίδασκεν** Ipf. δι-
δάσκω.

4 ἐ-παύσατο Aor. Med. παύω *zum Aufhören bringen;* Med. *aufhören.* 4
λαλῶν Ptz. λαλέω, präd. bei Verben des modifizierten Seins u. Tuns (A301);
ὡς ἐπαύσατο λαλῶν *als er aufgehört hatte zu reden, als er seine Rede beendet*
hatte. **ἐπ-αν-άγαγε** Aor. Imp. V. 3. **βάθος**[7] *Tiefe;* hier *tiefes Wasser*
(B 1). **χαλάσατε** Aor. Imp. χαλάω[25] *herunterlassen,* (Netze) *ins Wasser*
lassen (B), *auswerfen.* **δίκτυον** V. 2. **ἄγρα** *(das) Fangen; Fang, Beute;* εἰς
ἄγραν *um etwas zu fangen* (B 1). **5 ἀπο-κριθείς** Aor. Ptz. Pass. (ohne 5
Pass.-Bdtg.) -κρίνομαι, pleon. (A297,2); ἀποκριθείς ... εἶπεν *er antwortete.*
ἐπι-στάτης[1] *Meister, Herr;* Vok. **δι' ὅλης νυκτός** *die ganze Nacht hin-*
durch (H-S §184f), d.h. die zum Fischen günstige Zeit. **κοπιάσαντες** Aor.
Ptz. κοπιάω *sich abmühen, sich plagen, sich abarbeiten;* konz. *obwohl wir uns*
abgemüht haben. **ἐ-λάβομεν** Aor. λαμβάνω hier *fangen* (B 1c). **ἐπὶ τῷ**
ῥήματί σου *auf dein Wort hin* (vgl. B ἐπί II1bγ). **χαλάσω** Fut., viell.
mod. Fut. (A247a). **6 ποιήσαντες** Aor. Ptz. ποιέω, temp. **συν-έ-κλει-** 6
σαν Aor. συγ-κλείω[6] *zusammenschließen; (zusammen) einschließen;* (Fische)
fangen. **πλῆθος**[7] *Menge, große Anzahl;* πλῆθος πολύ *eine (sehr) große Men-*
ge. **ἰχθύς**[8] ύος ὁ *Fisch;* gen. partitivus (A164). **δι-ερ-ρήσσετο** Ipf. Pass.
δια-ρήσσω/δια(ρ)-ρήγνυμι *zerreißen;* Ipf. konativ (A237c; BDR §326[1])
ihre Netze *drohten zu zerreißen* [Var. δι-ερ-ρήγνυτο Ipf. Pass.]. **7 κατ-έ-** 7
νευσαν Aor. κατα-νεύω *zuwinken, herbeiwinken,* m. Dat. **μέτ-οχος** *An-*
teil habend; subst. ὁ μέτοχος *Teilhaber, Gefährte.* **ἐλθόντας** Aor. Ptz. ἔρ-
χομαι, temp. (A291,1 Anm. 1); part. coni. zum Subj. des Inf. (τοῖς μετό-
χοις) im Akk. statt Dat. (BDR §410[2]; vgl. H-S §216e; A269). **τοῦ** m. Inf. fin.
(A281). **συλ-λαβέσθαι** Aor. Inf. Med. -λαμβάνω[152] *ergreifen, fangen;*
Med. *beistehen, helfen* (B 2b). **ἔ-πλησαν** Aor. πίμπλημι[207] *(an)füllen,*
vollmachen. **ἀμφότεροι** *beide* (zum Art. s. H-S §129b). **βυθίζεσθαι** Inf.
Pass. βυθίζω (< βυθός Tiefe) *(in die Tiefe) versenken;* Pass. *(ver)sinken;* Präs.
konativ (H-S §195c; A227) *zu sinken drohen;* Präd. des AcI. **8 ἰδών** Aor. Ptz. 8

ὁράω, temp.; erg. τοῦτο/ταῦτα (A79). **προσ-έ-πεσεν** Aor. -πίπτω[194]
niederfallen vor, zu Füßen fallen; προσπίπτω τοῖς γόνασίν τινος *jmdm. zu*
Füßen fallen (B 1). **γόνυ**[3] νατος τό *Knie.* **λέγων** Ptz. temp. od. mod. **ἔξ-**
ελθε Aor. Imp. -έρχομαι. **ἀνήρ** hier pleon. (B 4; vgl. H-S §260j); ἀνὴρ
9 ἁμαρτωλός *ein Sünder.* **κύριε** Vok. **9 θάμβος**[7] *Staunen, Schrecken.*
περι-έ-σχεν Aor. -έχω[189] *erfassen, befallen* τινά *jmdn.* **ἐπί** m. Dat. *über,*
wegen (B II1bγ). **ὧν** für οὕς Attraktion des Rel.-Pron. (A360). **συν-έ-λα-**
βον Aor. συλ-λαμβάνω V. 7; ἐπὶ τῇ ἄγρᾳ τῶν ἰχθύων ὧν συνέλα-
βον „wegen des Fangs der Fische, die sie gefangen hatten" = *weil sie so viele*
10 *Fische gefangen hatten* (Einh.). **10 ὁμοίως** *in gleicher Weise, ebenso.* **Ζεβε-**
δαῖος *Zebedäus,* Vater der Apostel Johannes u. Jakobus. **ἦσαν** Ipf. εἰμί.
κοινωνός ὁ u. ἡ *Genosse, Teilhaber, Partner, Gefährte;* ἦσαν κοινωνοὶ τῷ
Σίμωνι *Simon hatte sie als Partner/Teilhaber* (BDR §190[1]; A173f). **φοβοῦ**
Imp. φοβέομαι; Imp. Präs. zur Aufforderung, m. einer Handlung aufzuhören
(vgl. H-S §212e); μὴ φοβοῦ etwa *du brauchst dich nicht zu fürchten!* **ἔσῃ** Fut.
εἰμί. **ζωγρῶν** Ptz. ζωγρέω *lebendig fangen;* umschrieb. Fut. (A249).
11 **11 κατ-αγαγόντες** Aor. Ptz. -άγω[59] *hinabführen, herabbringen;* ἐπὶ τὴν
γῆν (Boote) *ans Land ziehen* (die Wasserfläche wird als „hoch" empfunden);
temp. **ἀφ-έντες** Aor. Ptz. -ίημι, temp. (A291,1 Anm. 1). [Var. ἅ-πας[10] =
πᾶς.] **ἠκολούθησαν** Aor. ἀκολουθέω.
12 **12 ἐ-γένετο** V. 1; hier καὶ ἰδού statt eines finiten Verbs, übers. etwa
da war/kam. **ἐν τῷ** m. AcI temp. (A282) *während, als.* **εἶναι** Inf. εἰμί. **πό-**
λεων gen. partitivus (A164). **πλήρης**[7] m. Gen. *voll (von/mit).* **λέπρα**
Aussatz; ἀνὴρ πλήρης λέπρας *ein Mann voller Aussatz = ein Mann, der am*
ganzen Körper Aussatz hatte. **ἰδών** V. 8. **πεσών** Aor. Ptz. πίπτω hier *nie-*
derfallen, sich zu Boden werfen (B 1bαב); mod., viell. temp. (A291 Anm. 1);
πίπτω ἐπὶ πρόσωπον (ohne Art., BDR §255,4; vgl. A106a) *auf sein Ge-*
sicht/Angesicht fallen (B πρόσωπον 1a). **ἐ-δεήθη** Aor. Pass. (ohne bes.
Pass.-Bdtg.) δέομαι[177] *bitten, beten,* m. Gen. der Pers. **κύριε** Vok. **θέλῃς**
Konj. θέλω. **δύνασαι** 2. Sg. δύναμαι. **καθαρίσαι** Aor. Inf. καθαρί-
ζω[95] *reinigen, säubern; heilen* ([Aussätzige/Aussatz o.ä.] u. dann zu kultischer
13 Reinheit führen; vgl. B 1bα). **13 ἐκ-τείνας** Aor. Ptz. -τείνω (vgl. A33[118ff])
ausstrecken; mod. (A291,2 Anm. 1). **τὴν χεῖρα** *seine Hand* (vgl. H-S §140d;
A103). **ἥψατο** Aor. Med. ἅπτω[51] Med. *berühren,* m. Gen. (A165). **λέγων**
Ptz., mod. **θέλω** *ich will (es)* (A79). **καθαρίσθητι** Aor. Imp. Pass. *werde*
gesund/rein. **ἀπ-ῆλθεν** Aor. -έρχομαι ἀπό τινος hier *jmdn. verlassen*
14 (B 1b). **14 παρ-ήγγειλεν** Aor. -αγγέλλω[110] *auffordern, anordnen, gebie-*
ten, befehlen. **εἰπεῖν** Aor. Inf. λέγω; μηδενὶ εἰπεῖν *niemandem etwas da-*
von (A79) *zu sagen.* **ἀπ-ελθών** Aor. Ptz., temp. (als Imp. + „und" übers.;
A291,1 Anm. 1). **δεῖξον** Aor. Imp. δείκνυμι[212] *zeigen* (vgl. Lev 13,49); indi-
rekte Rede wird durch direkte fortgesetzt (BDR §470[3]). **ἱερεύς**[8] *Priester.*

προσ-ένεγκε Aor. Imp. -φέρω. **καθαρισμός** *Reinigung;* προσφέρω
περὶ τοῦ καθαρισμοῦ *das Opfer für die Reinigung darbringen* (vgl. BDR
§229[3]). **προσ-έ-ταξεν** Aor. -τάσσω[79] *anordnen, befehlen* (zur Sache vgl.
Lev 14,2-32). **μαρτύριον** *Zeugnis,* im Sinn v. *Beweis* (Handlung, Umstand
od. Sache) od. *Zeugenaussage;* εἰς μαρτύριον αὐτοῖς dat. commodi (A173)
ihnen zum Zeugnis/Beweis (für die geschehene Heilung). **15 δι-ήρχετο** Ipf. 15
Med. -έρχομαι hier *sich verbreiten* (B 3). **ὁ λόγος περὶ αὐτοῦ** *die Kunde*
von ihm, sein Ruf (B λόγος 1aβ). **συν-ήρχοντο** Ipf. Med. -έρχομαι *zu-*
sammenkommen, sich versammeln. **ἀκούειν** Inf., fin. **θεραπεύεσθαι**
Inf. Pass. θεραπεύω, fin. **ἀ-σθένεια** *Schwäche* (verschiedenster Art);
Krankheit. **16 ἦν** V. 1. **ὑπο-χωρῶν** Ptz. -χωρέω *sich zurückziehen;* um- 16
schrieb. Ipf. (A249). **αἱ ἔρημοι** Pl. *einsame Gegenden* (B 2) od. = Sg. (vgl.
BDR §241[2]). **προσ-ευχόμενος** Ptz., umschrieb. Ipf. (A249).
17 ἐ-γένετο V. 1. **ἐν μιᾷ τῶν ἡμερῶν** (gen. partitivus, A164) *an* 17
einem der Tage (B εἷς 3a) = *eines Tages.* **ἦν** V. 1. **διδάσκων** Ptz., um-
schrieb. Ipf. (A249). **ἦσαν** V. 10. **καθήμενοι** Ptz. κάθημαι, umschrieb.
Ipf. (A249). **νομο-διδάσκαλος** *Gesetzeslehrer;* Φαρισαῖοι καὶ νομο-
διδάσκαλοι viell. Hendiadyoin (A378) *pharisäische Gesetzeslehrer* (vgl. Mar-
shall, Lk, S. 212). **ἐληλυθότες** Pf. Ptz. ἔρχομαι, umschrieb. Plsqpf.
(A249). **κώμη** *Dorf.* **Ἰερουσαλήμ** indekl., hier Gen. **δύναμις κυ-**
ρίου auch ohne Art. best. (A106c+d). **ἦν** hier etwa *war (mit ihm), war (durch*
ihn wirksam). **εἰς τό** m. AcI fin. od. kons. (A282) *damit, um zu* od. *so daß.*
ἰᾶσθαι Inf. ἰάομαι *heilen;* Präd. des AcI. **18 φέροντες** Ptz. φέρω, um- 18
schrieb. Ipf. (nach ἰδού ohne Kopula; A78d; A249a). **κλίνη** *Bett, Bahre;* hier
Trage. **παρα-λε-λυμένος** Pf. Ptz. Pass. -λύομαι *erlahmen;* Pf. *gelähmt*
sein; umschrieb. Plsqpf. (A249); ἄνθρωπος ὃς ἦν παραλελυμένος *ein*
Mensch, der gelähmt war bzw. (einfach) *ein Gelähmter.* **ἐ-ζήτουν** Ipf. ζητέω
hier *wollen* (vgl. B 2bγ), *versuchen.* **εἰσ-ενεγκεῖν** Aor. Inf. -φέρω[198] *hin-*
eintragen, -bringen. **θεῖναι** Aor. Inf. τίθημι. **19 εὑρόντες** Aor. Ptz. εὑ- 19
ρίσκω, kaus. **ποῖος**[18] *wie beschaffen? was für ein? welcher?;* lokaler Gen.
(A169), ellip., erg. ὁδοῦ (BDR §186,1) *auf welchem Weg* (B 2bβ). **εἰσ-ενέγ-**
κωσιν Aor. Konj.; deliberativer Konj. (A255) wie bei der implizierten direk-
ten Frage ποίας εἰσενέγκωμεν αὐτόν *auf welchem Weg sollen wir ihn hin-*
einbringen, doch hier 3. statt 1. Pl (vgl. A331; H-S §273e); μὴ εὑρόντες
ποίας εἰσενέγκωσιν αὐτόν *da sie keinen Weg/keine Möglichkeit fanden, ihn*
hineinzubringen. **ἀνα-βάντες** Aor. Ptz. -βαίνω, temp. (A291,1 Anm. 1).
δῶμα[3] *Dach.* **κέραμος** *Ton; Dachziegel.* **καθ-ῆκαν** Aor. -ίημι[202] *her-*
ablassen; διὰ τῶν κεράμων καθῆκαν αὐτόν wörtl. „sie ließen ihn durch
die Dachziegel hinunter“ = *sie deckten einige Dachziegel ab und ließen ihn hin-*
unter. **κλινίδιον** *Bahre,* hier *Trage.* **εἰς τὸ μέσον** *in die Mitte, mitten hin-*
ein (B μέσος 2). **ἔμ-προσθεν** hier *(genau) vor.* **20 ἰδών** V. 8; temp. 20

21 **ἄνθρωπε** Vok. **ἀφ-έωνται** Pf. Pass. -ἵημι. **21 ἤρξαντο** Aor. Med.
ἄρχω. **δια-λογίζεσθαι** Inf. -λογίζομαι *(gründlich) überlegen, erwägen,*
sich Gedanken (über etwas) *machen; sich besprechen, diskutieren.* **οἱ γραμ-**
ματεῖς καὶ οἱ Φαρισαῖοι vgl. V. 17 zu Φαρισαῖοι καὶ νομοδιδά-
σκαλοι. **λέγοντες** Ptz. λέγω, mod., pleon. (BDR §420[5]; A297,1), kann
auch unausgesprochene Gedanken einleiten. **οὗτος** weist voraus auf den
Rel.-Satz (BDR §290,4) m. qualitativ-kons. Nebensinn (A370); τίς ἐστιν οὗ-
τος ὃς λαλεῖ βλασφημίας; *wer ist das, daß er eine solche Gotteslästerung*
ausspricht? **βλασ-φημία** *Verleumdung, Schmähung, Lästerung,* hier *Gottes-*
lästerung; Pl. bei Abstrakta auf die konkrete Erscheinungsform (V. 20) bezogen
(BDR §142[1]). **ἀφ-εῖναι** Aor. Inf. -ἵημι [Var. ἀφ-ιέναι Inf.]. **εἰ μή**
22 *außer, als nur* (H-S §286b). **22 ἐπι-γνούς** Aor. Ptz. -γινώσκω, kaus. **τί**
adv. *warum?* (vgl. B τίς 3a; A134a). **δια-λογισμός** *Überlegung, Gedanke*
23 (B 1). **ἀπο-κριθείς** V. 5. **23 εὐ-κοπώτερος**[11] Komp. v. εὔ-κοπος
leicht (zu bewerkstelligen). **εἰπεῖν** Aor. Inf. λέγω. **ἔγειρε** Imp. (vgl.
24 A266a). **περι-πάτει** Imp. -πατέω. **24 ἵνα**-NS gibt hier an, zu welchem
Zweck das Folgende gesagt wird bzw. geschieht (Gedankengang wird abgekürzt
wiedergegeben; vgl. BDR §483); ἵνα δὲ εἰδῆτε ὅτι ... ἀφιέναι ἁμαρτίας
damit ihr aber wißt, daß ... Sünden zu vergeben (gefolgt von Gedankenstrich; vgl.
NA) od. *doch ihr sollt wissen, daß ... Sünden zu vergeben.* **εἰδῆτε** Pf. (m. präs.
Bdtg.) Konj. οἶδα. **ἀφ-ιέναι** Inf. -ίημι. **παρα-λε-λυμένῳ** V. 18;
subst. [Var. παρα-λυτικός *Gelähmter*]. **ἄρας** Aor. Ptz. αἴρω, temp. (als
Imp. + „und“ übers.; A291,1 Anm. 1) [Var. ἆρον Aor. Imp.]. **πορεύου** Imp.
(vgl. A266a). **εἰς τὸν οἶκόν σου** *in dein Haus = nach Hause* (vgl. B οἶκος
25 1aα). **25 παρα-χρῆμα** *sofort, sogleich.* **ἀνα-στάς** Wz.-Aor. Ptz. ἀν-
ίσταμαι, temp. (A291,1 Anm. 1). **κατ-έ-κειτο** Ipf. Med. κατά-κειμαι
(A32) *liegen, daliegen;* Ipf. bez. die Vorvergangenheit (vgl. H-S §198f); ἄρας
ἐφ’ ὃ κατέκειτο, ἀπῆλθεν *er nahm das, worauf* (= *die Trage, auf der*) *er*
gelegen hatte, und ging weg. **ἀπ-ῆλθεν** Aor. -έρχομαι. **δοξάζων** Ptz.,
26 mod. **26 ἔκ-στασις**[8] (ἐξ-ίσταμαι außer sich geraten) *das Außersichsein,*
Staunen, Entsetzen, Verwirrung, große Erregung. **ἔ-λαβεν** Aor. λαμβάνω
hier *ergreifen, erfassen* (B 1c). **ἅ-πας**[10] = πᾶς. **ἐ-δόξαζον** Ipf. δοξάζω.
ἐ-πλήσθησαν Aor. Pass. πίμπλημι[207] *anfüllen, vollmachen, erfüllen* τι-
νός *mit etwas* (A165). **λέγοντες** Ptz. λέγω, mod. **ὅτι** recitativum = Dop-
pelpunkt (A333). **παρά-δοξος**[11] *unerwartet, ungeheuerlich, wunderbar, un-*
glaublich; Ntr. Pl. subst. *unglaubliche/wunderbare Dinge* (B).

27 **27 μετὰ ταῦτα** *danach.* **ἐξ-ῆλθεν** Aor. -έρχομαι. **ἐ-θεάσατο**
Aor. Med. θεάομαι *sehen, ansehen.* **τελώνης**[1] *Zöllner, Zolleinnehmer* (ein
für den röm. Staat arbeitender Jude). **ὀνόματι** dat. resp. (vgl. BDR §197,2;
A178) *mit Namen, namens.* **Λευίς** u. Λευί (H-S §26d; BDR §55e) *Levi,* ein
Jünger Jesu. **καθήμενον** V. 17; AcP (A300). **τελώνιον** (< τελώνης

Zöllner, Zolleinnehmer) *Zollstelle, Zollhaus;* ἐπὶ τὸ τελώνιον *am Zollhaus*
(B ἐπί III1aζ). **ἀκολούθει** Imp. ἀκολουθέω. **28 κατα-λιπών** Aor. 28
Ptz. -λείπω[44] (einen Ort) *verlassen; zurücklassen; preisgeben, aufgeben* (B 2d);
mod. od. temp. **ἀνα-στάς** V. 25, hier *sich aufmachen* (B 2d); temp. (A291,1
Anm. 1; A296). **ἠκολούθει** Ipf. [Var. ἠκολούθησεν Aor.]. **29 ἐ-ποίη-** 29
σεν Aor. ποιέω; ποιέω δοχήν *ein Gastmahl veranstalten* (B I1bζ), *ein Fest-*
essen geben. **δοχή** *Gastmahl, Festessen.* **αὐτῷ** dat. commodi (A173) *für ihn,*
ihm zu Ehren. **ἦν** V. 1. **ὄχλος** hier *große Anzahl, Menge* (B 3); m. gen. parti-
tivus (A164). **κατα-κείμενοι** Ptz. V. 25, hier „(zu Tische) liegen" = *bei*
Tisch sein; umschrieb. Ipf. (A249). **30 οἱ γραμματεῖς αὐτῶν** *ihre* (d.h. 30
die zur Partei der Pharisäer gehörenden) *Schriftgelehrten.* **ἐ-γόγγυζον** Ipf.
γογγύζω *aufbegehren, murren.* **λέγοντες** V. 21. **διὰ τί** *warum.*
31 ἀπο-κριθείς V. 5. **χρείαν ἔχω τινός** *jmdn./etwas nötig haben, brau-* 31
chen. **ὑγιαίνοντες** Ptz. ὑγιαίνω *gesund sein;* subst. *die Gesunden.*
ἰατρός *Arzt.* **κακῶς** Adv. *schlimm, übel, furchtbar;* ἔχω κακῶς *mir geht es*
schlecht, ich bin krank. **ἔχοντες** Ptz. ἔχω, subst. **32 ἐλήλυθα** Pf. (A242) 32
ἔρχομαι. **καλέσαι** Aor. Inf. καλέω, fin. (A276). **μετά-νοια** *Sinnesän-*
derung, Umkehr, Bekehrung.

33 οἱ δέ *(und) diese/sie* (A102). **εἶπαν** Aor. (vgl. H-S §105g) λέγω. 33
[Var. διὰ τί *warum.*] **νηστεύω** (< νῆστις nüchtern [= ohne zu essen]) *fa-*
sten. **πυκνός** *häufig, zahlreich;* πυκνά adv. Akk. (A150) *häufig.* **δέησις**[8]
Bitte, Gebet. **ποιοῦνται** Med. ποιέω; ποιέομαι δεήσεις = δέομαι
beten (Med. zur Umschreibung des einfachen Verbalbegriffs, B II1). **ὁμοίως**
V. 10. **σός** *dein* (Poss.-Pron., A128); οἱ δὲ σοί *aber deine (Jünger).* **34 μή** 34
etwa (verneinende Antwort angedeutet, A320). **νυμφών**[4] ῶνος ὁ (< νύμ-
φη Braut) *Brautgemach, Hochzeitssaal;* οἱ υἱοὶ τοῦ νυμφῶνος „die Söhne
des Brautgemachs" (Sem.) = *die dem Bräutigam am nächsten stehenden Hoch-*
zeitsgäste (B 2; A157). **ἐν ᾧ** *während, solange (als)* (B ἐν IV6b). **νυμφίος**
Bräutigam. **ποιῆσαι** Aor. Inf., hier m. AcI *machen/bewirken, daß;* jmdn. *ver-*
anlassen zu (B I1bθ); μὴ δύνασθε τοὺς υἱοὺς τοῦ νυμφῶνος ... ποιῆ-
σαι νηστεῦσαι; *könnt ihr etwa von den Hochzeitsgästen verlangen, daß sie fa-*
sten ... (Menge). **νηστεῦσαι** Aor. Inf. [Var. νηστεύειν Inf.]. **35 ἐλεύ-** 35
σονται Fut. Med. ἔρχομαι. **ἀπ-αρθῇ** Aor. Konj. Pass. -αίρομαι[132] *weg-*
genommen, entrissen werden; καὶ ὅταν ἀπαρθῇ ... τότε νηστεύσουσιν ...
und dann, wenn ... entrissen sein wird ... werden sie fasten (BDR §382[4]).
νηστεύσουσιν Fut.

36 ἔ-λεγεν Ipf. λέγω. **ὅτι** recitativum = Doppelpunkt (A333). **ἐπί-** 36
βλημα[3] *Flicken* (Stück Stoff zum Ausbessern einer beschädigten Stelle),
übers. hier etwa *Stück Stoff.* **σχίσας** Aor. Ptz. σχίζω (vgl. A33[91ff]) *spalten,*
zerreißen; erstes hier *abreißen* (B Ia), *(ab)schneiden;* temp. (A291,1 Anm. 1).
ἐπι-βάλλω *auf* etwas *werfen/legen;* (ein Stück Stoff) *aufsetzen, (darauf)nähen.*

παλαιός *alt.* **γέ** enklitische Partikel, hier steigernd; εἰ δὲ μή γε *andern-*
falls, sonst (B εἰ VI4b; A341). **καί ... καί** *sowohl ... als auch, nicht nur ...*
sondern auch (ZG; vgl. BDR §444,3). **τὸ καινόν** *das neue (Kleid);* AkkO.
σχίσει Fut. **τῷ παλαιῷ** *zu/mit dem alten (Kleid).* **συμ-φωνήσει** Fut.
-φωνέω *passen zu, übereinstimmen mit* (B 1a). **τὸ ἐπίβλημα τὸ ἀπὸ**
37 **τοῦ καινοῦ** *das aus dem neuen (herausgeschnittene) Stück.* **37 βάλλω** hier
einfüllen (B 2b). **οἶνος** *Wein;* οἶνος νέος *junger* (d.h. unvergorener) *Wein,*
Most. **νέος** *neu, frisch; jung.* **ἀσκός** *Schlauch* (als Weinbehältnis). **ῥήξει**
Fut. ῥήγνυμι[217] *zerreißen,* hier *sprengen* (B 1), *zum Platzen bringen.* **ἐκ-χυ-**
θήσεται Fut. Pass. -χέω/χύννω[39] *ausgießen, ausschütten;* Pass. hier *ver-*
schüttet werden (B 1), *auslaufen.* **ἀπ-ολοῦνται** Fut. Med. -όλλυμαι.
38 **38 βλητέος** (Verbaladj. v. βάλλω [BDR §65[5]]); βλητέον (ἐστίν) (BDR
39 §127,6; H-S §64d) unpersönl. *man muß füllen.* **39 πιών** Aor. Ptz. πίνω, attr.
χρηστός *brauchbar, gut; milde, angenehm,* hier wohl *bekömmlich* od. *besser*
[Var. χρηστότερος Komp. v. χρηστός].
6 **ἐ-γένετο** Aor. Med. γίνομαι, m. AcI (A271); ἐγένετο ... διαπο-
ρεύεσθαι αὐτὸν διά *er wanderte gerade ... durch* (vgl. B I3e). [Var. δευτε-
ρό-πρωτος Bdtg. ganz unklar.] **δια-πορεύεσθαι** Inf. -πορεύομαι *hin-*
durchgehen, durchwandern; Präd. des AcI. **σπόριμα** τά (< σπείρω) *die*
Saaten, die Kornfelder. **ἔ-τιλλον** Ipf. τίλλω *ausraufen, abreißen.* **ἤσθιον**
Ipf. ἐσθίω. **στάχυς**[8] υος ὁ *Ähre.* **ψώχοντες** Ptz. ψώχω *zerreiben;* mod.
2 **ταῖς χερσίν** dat. instr. (A176). **2 τινὲς τῶν Φαρισαίων** gen. parti-
tivus (A164) *einige (der) Pharisäer.* **εἶπαν** Aor. (vgl. H-S §105g) λέγω. **τί**
AkkO *was* od. adv. *warum?* (vgl. B τίς 3a; A134a). **ἔξ-εστιν** *es steht frei, es*
ist erlaubt; τί ποιεῖτε ὃ οὐκ ἔξεστιν τοῖς σάββασιν; *warum tut ihr, was*
am Sabbat nicht erlaubt ist? od. *was tut ihr da? Das ist (doch) am Sabbat nicht*
erlaubt; das Ernten war nach rabbinischer Auffassung am Sabbat verboten [Var.
ποιεῖν Inf. ποιέω]. **τοῖς σάββασιν** temp. Dat. (A182) *am Sabbat.*
3 **3 ἀπο-κριθείς** Aor. Ptz. Pass. (ohne Pass.-Bdtg.) -κρίνομαι, pleon.
(A297,2); ἀποκριθείς ... εἶπεν *er antwortete.* **οὐ-δέ** *(noch) nicht einmal*
(B 3); erwartet als Frageeinleitung die Antwort „doch" (A320). **ἀν-έ-γνωτε**
Aor. ἀνα-γινώσκω[166] *lesen.* **ἐ-ποίησεν** Aor. ποιέω. **Δαυίδ** indekl.,
hier Nom. **ἐ-πείνασεν** Aor. πεινάω[34] *hungern, Hunger haben;* zum Sg.-
Präd. vgl. A94. **ὄντες** Ptz. εἰμί, subst.; αὐτὸς καὶ οἱ μετ' αὐτοῦ ὄντες
4 *er und seine Begleiter.* **4 ὡς** abhängig v. ἀνέγνωτε (V. 3) *wie* (BDR §396[4]).
εἰσ-ῆλθεν Aor. -έρχομαι. **πρό-θεσις**[8] *Aufstellung, Schaustellung;* οἱ ἄρ-
τοι τῆς προθέσεως *die Schaubrote* (d.h. Gott geweihte im Heiligtum [Stifts-
hütte/Tempel] befindl. Brote; LXX-Ausdruck). **λαβών** Aor. Ptz. λαμβάνω,
temp. (A291,1 Anm. 1; A296). **ἔ-φαγεν** Aor. ἐσθίω. **ἔ-δωκεν** Aor.
δίδωμι. **οὕς** AkkO zu φαγεῖν (Inf. ist m. οὕς verschränkt; vgl. A364b).
φαγεῖν Aor. Inf.; Präd. des AcI. **εἰ μή** nach Neg. *außer* (vgl. B εἰ VI9a).

ἱερεύς[8] *Priester;* Subj. des AcI; οὓς οὐκ ἔξεστιν φαγεῖν εἰ μὴ μόνους
τοὺς ἱερεῖς *die zu essen nicht/niemand erlaubt ist außer den Priestern = obwohl*
doch niemand außer den Priestern sie/davon essen darf. **5 κύριος** m. Gen. (vgl. 5
A165) *Herr über;* Präd.-Nom.; κύριός ἐστιν τοῦ σαββάτου ὁ υἱὸς τοῦ
ἀνθρώπου *denn der Menschensohn ist Herr über den Sabbat.* **ἔ-λεγεν** Ipf.
λέγω.
6 ἐ-γένετο m. AcI V. 1. **εἰσ-ελθεῖν** Aor. Inf. -έρχομαι; Präd. des 6
AcI. **διδάσκειν** Inf.; Präd. des AcI. **ἦν** Ipf. εἰμί. **καί** statt eines Rel.-
Pron. (BDR §442[12]; vgl. A311,5); καὶ ἡ χεὶρ αὐτοῦ ἡ δεξιὰ ἦν ξηρά *des-*
sen rechte Hand war gelähmt. **ξηρός** *trocken, vertrocknet, dürr;* (v. Hand) *ge-*
lähmt. **7 παρ-ε-τηροῦντο** Ipf. Med. παρα-τηρέω Akt./Med. *genau acht-* 7
geben/beobachten; heimtückisch beobachten, belauern. [Var. θεραπεύσει Fut.
θεραπεύω.] **εὕρωσιν** Aor. Konj. εὑρίσκω. **κατ-ηγορεῖν** Inf. -ηγο-
ρέω meist m. Gen. der Pers. *anklagen, beschuldigen* (meist [so hier] juristischer
term. tech.; B 1a); ἵνα εὕρωσιν κατηγορεῖν αὐτοῦ *damit sie (einen*
Grund/Vorwand) fänden, um ihn anzuklagen = sie suchten nämlich einen
Grund/Anlaß zur Anklage gegen ihn [Var. κατ-ηγορία *Anklage*]. **8 ᾔδει** 8
Plsqpf. (m. der Bdtg. eines Ipf.) οἶδα. **δια-λογισμός** *Überlegung, Gedanke.*
ἔχοντι Ptz. ἔχω, attr.; τῷ ξηρὰν ἔχοντι τὴν χεῖρα *der die gelähmte Hand*
hatte = mit der gelähmten Hand (vgl. A292). **ἔγειρε** Imp. (vgl. A266a). **στῆ-**
θι Wz.-Aor. Imp. ἵσταμαι hier *hintreten, herzutreten* (B II1b), *vortreten.* **εἰς**
τὸ μέσον *in die Mitte* (B μέσος 2). **ἀνα-στάς** Wz.-Aor. Ptz. ἀν-ίστα-
μαι, temp. (A291,1 Anm. 1). **ἔ-στη** Wz.-Aor.; ἀναστὰς ἔστη *er stand auf*
und trat vor. **9 εἰ** hier vor direkter Frage = Doppelpunkt (A320; vgl. B V1). 9
ἔξ-εστιν V. 2. **σαββάτῳ** temp. Dat. (A182). **ἀγαθο-ποιῆσαι** Aor.
Inf. -ποιέω *Gutes tun.* **κακο-ποιῆσαι** Aor. Inf. -ποιέω *Böses tun.* **ψυχή**
hier *Leben* (vgl. B 1aβ); ψυχὴν σῶσαι ἢ ἀπολέσαι *ein Leben (= einem*
Menschen das Leben) zu retten oder zugrunde gehen zu lassen. **σῶσαι** Aor. Inf.
σῴζω. **ἀπ-ολέσαι** Aor. Inf. -όλλυμι. **10 περι-βλεψάμενος** Aor. 10
Ptz. Med. -βλέπομαι[41] *sich umsehen, (Umstehendes) ansehen, anblicken;*
temp.; περιβλεψάμενος πάντας αὐτούς *nachdem er sie alle der Reihe*
nach angesehen hatte. [Var. ὀργή *Zorn;* ἐν ὀργῇ *im Zorn, zornig.*] **ἔκ-τει-**
νον Aor. Imp. -τείνω (vgl. A33[118ff]) *ausstrecken.* **ὁ δέ** *(und) dieser/er*
(A102). **ἐ-ποίησεν** V. 3. **ἀπ-ε-κατ-ε-στάθη** Aor. Pass. (m. doppeltem
Aug.; BDR §69,3[3]) ἀπο-καθ-ίστημι[204] *in den richtigen Zustand versetzen, wie-*
derherstellen; medizinischer term. tech.: *heilen* (B 1). **11 ἐ-πλήσθησαν** 11
Aor. Pass. πίμπλημι[207] *anfüllen, vollmachen, erfüllen* τινός *mit etwas* (A165).
ἄ-νοια *Unvernunft, Unverstand;* ἐπλήσθησαν ἀνοίας etwa *sie waren voller*
Wut (B), *sie wurden von sinnloser/blinder Wut erfüllt.* **δι-ε-λάλουν** Ipf. δια-
λαλέω *besprechen, beraten.* **πρὸς ἀλλήλους** *untereinander, miteinander.*
ποιήσαιεν Aor. Opt. ποιέω hier *antun* (B II dγ), *unternehmen* τινί *gegen;*

potentialer Opt. m. ἄν (BDR §385[2]; vgl. A260; Tempus u. Modus wie in der
entsprechenden direkten Rede [A326]); τί ἂν ποιήσαιεν τῷ Ἰησοῦ *was*
sie gegen Jesus unternehmen könnten.
12 **12 ἐ-γένετο** m. AcI V. 1. **ἐξ-ελθεῖν** Aor. Inf. -έρχομαι; Präd. des
AcI. **προσ-εύξασθαι** Aor. Inf. Med. -εύχομαι; fin. **ἦν** V. 6. **δια-**
νυκτερεύων Ptz. -νυκτερεύω *die ganze Nacht zubringen/verbringen;* um-
schrieb. Ipf. (A249). **προσ-ευχή** *Gebet.* **τοῦ θεοῦ** gen. obi. (A158) Gebet
13 *zu Gott.* **13 ὅτε ἐγένετο ἡμέρα** *als es Tag wurde* (B γίνομαι I1bγ).
προσ-ε-φώνησεν Aor. -φωνέω *zurufen, laut anreden,* m. Dat.; *herbeirufen,*
m. Akk. **ἐκ-λεξάμενος** Aor. Ptz. Med. -λέγομαι[66] *(für sich) auswählen,*
erwählen; mod. (A291,2 Anm. 1). **καί** (drittes) nach Rel.-Pron. verstärkt bzw.
pleon. (BDR §442[24]; A311,8), evtl. *auch;* analog V. 14. **ὠνόμασεν** Aor.
14 ὀνομάζω (vgl. A33[91ff]) *nennen.* **14 Ἀνδρέας**[1] ου *Andreas,* Bruder v. Pe-
trus, einer der zwölf Jünger Jesu, ebenso die übrigen in V. 14-16 Genannten.
15 **Φίλιππος** *Philippus.* **Βαρθολομαῖος** *Bartholomäus.* **15 Μαθθαῖος**
Matthäus. **Θωμᾶς**[1] ᾶ *Thomas.* **Ἁλφαῖος** *Alphäus;* Ἁλφαίου (usuelle)
Ellipse v. „Sohn“ (A156 u. 376): *den Sohn des Alphäus.* **καλούμενον** Ptz.
Pass. καλέω, attr. *mit dem Beinamen* (B 1aγ; BDR §412[4]) bzw. *auch ... genannt.*
ζηλωτής[1] *Eiferer, eifriger Anhänger* einer Pers. od. Sache; *Zelot* (Mitglied
einer jüd. Gruppierung, die aktiven Widerstand gegen die Römer leistete).
16 **16 Ἰακώβου** (usuelle) Ellipse v. „Sohn“ (A156 u. 376) *den Sohn des Jako-*
bus. **Ἰσκαριώθ** indekl., hier Akk., *Iskariot,* Beiname des Judas; Bdtg. unsi-
cher: < אִישׁ קְרִיּוֹת *ʾîš kərijôṯ* „Mann/stammend aus Kerioth“ (in Südjuda),
evtl. v. lat. sicarius Meuchelmord (also Meuchelmörder, Bandit)? [Var. Ἰσκα-
ριώτης[1] synonym]. **προ-δότης**[1] *Verräter;* ὃς ἐγένετο προδότης *der*
(später) zum Verräter (an Jesus) *wurde.*
17 **17 κατα-βάς** Aor. Ptz. -βαίνω, temp. **ἔ-στη** Wz.-Aor. ἵσταμαι
hier *stehenbleiben, Halt machen* (B II1a). **πεδινός** *eben;* ἐπὶ τόπου πεδι-
νοῦ *auf einem ebenen Platz.* **ὄχλος** hier *große Anzahl, Menge* (B 3); ὄχλος
πολὺς μαθητῶν (gen. partitivus, A164) αὐτοῦ (erg. ἦν, ZG) *eine große*
Schar seiner Jünger (war bei ihm). **πλῆθος**[7] *Menge, große Anzahl;* (versammel-
te) *(Menschen-)Menge.* **παρ-άλιος**[11] (< ἅλς Salz, Meer) *am Meer gelegen;*
ἡ παράλιος (erg. χώρα [A88]) *Meeresküste, Küstengebiet.* **Τύρος** ἡ *Tyrus,*
phönizische Hafenstadt. **Σιδών**[4] ῶνος ἡ *Sidon,* alte phönizische Königs-
18 stadt. **18 οἳ ἦλθον** Pl. sinngemäße Konstruktion (H-S §265; A96) *die waren*
gekommen. **ἀκοῦσαι** Aor. Inf. ἀκούω, fin. **ἰαθῆναι** Aor. Inf. Pass. ἰάο-
μαι[17] *heilen;* fin. **νόσος** ἡ *Krankheit.* **ἐν-οχλούμενοι** Ptz. Pass. -οχλέω
plagen, belästigen; subst. **ἀπό** (zweites) statt ὑπό (vgl. BDR §210,2). **ἀ-κά-**
θαρτος[11] *unrein, schmutzig* (kultisch bzw. sittl.-geistl.); πνεύματα ἀκά-
θαρτα *unreine/böse Geister* (= Dämonen). **ἐ-θεραπεύοντο** Ipf. Pass.
19 θεραπεύω. **19 ἐ-ζήτουν** Ipf. ζητέω hier *wollen* (B 2bγ), *versuchen;* Pl.

sinngemäße Konstruktion (A96). **ἅπτεσθαι** Inf. Med. ἅπτω Med. (etwas/jmdn.: Gen. [A165]) *berühren, anfassen, anrühren.* **ἐξ-ήρχετο** Ipf. Med. -έρχομαι hier *ausgehen.* **ἰᾶτο** Ipf. Med. ἰάομαι.
20 ἐπ-άρας Aor. Ptz. -αίρω[132] *emporheben;* ἐπαίρω τοὺς ὀφθαλ- 20
μούς *aufblicken;* temp. od. mod. (A291 Anm. 1). **ἔ-λεγεν** Ipf. λέγω. **πτωχός** *bettelnd, arm;* subst.; οἱ πτωχοί (erg. hier u. in V. 21 ἐστέ, BDR §128[2]) *die ihr arm seid, ihr Armen.* **ὑμέτερος** (A128) *euer;* ὑμετέρα ἐστὶν ἡ βα-
σιλεία τοῦ θεοῦ *denn euch gehört die Königsherrschaft Gottes.* **21 πεινῶν-** 21
τες Ptz. πεινάω *hungern, Hunger leiden;* subst. **χορτασθήσεσθε** Fut. Pass. χορτάζω (vgl. A33[91ff]) *satt machen, sättigen;* Pass. auch *satt werden.*
κλαίοντες Ptz. κλαίω, subst. **γελάσετε** Fut. γελάω[22] *lachen.* **22 μι-** 22
σήσωσιν Aor. Konj. μισέω. **ἀφ-ορίσωσιν** Aor. Konj. -ορίζω (vgl. A33[91ff]) *absondern, trennen von,* hier *(aus ihrer Gemeinschaft) ausschließen* (B 1). **ὀνειδίσωσιν** Aor. Konj. ὀνειδίζω (vgl. A33[91ff]) *schmähen, beschimpfen.* **ἐκ-βάλωσιν** Aor. Konj. -βάλλω; ἐκβάλωσιν τὸ ὄνομα ὑμῶν πονηρόν wenn ... *sie euren Namen als böse verwerfen* = wenn ... *sie euren Namen in den Schmutz ziehen* (NGÜ), wenn ... *sie euch in Verruf bringen*
(Einh.). **ἕνεκα** uneig. Präp. (A183) *wegen, um ... willen.* **23 χάρητε** Aor. 23
Imp. Pass. (m. akt. Bdtg.) χαίρω. **ἐν ἐκείνῃ τῇ ἡμέρᾳ** *an jenem Tag,* wohl = *wenn das geschieht.* **σκιρτήσατε** Aor. Imp. σκιρτάω *hüpfen, springen (vor Freude).* **μισθός** *Lohn* (eig. „Arbeitslohn"; übertr.: „Belohnung"). **πολύς** erg. ἐστίν/ἔσται (A78) *ist groß/wird groß sein.* **κατὰ τὰ αὐτά** *auf ganz dieselbe Weise* (B κατά II5bα), *ebenso, genauso* [Var. ταὐτά = τὰ αὐτά (B; BDR §18[1])]. **ἐ-ποίουν** Ipf. ποιέω, hier m. Dat. *handeln an,*
machen mit. **24 πλήν** *aber, doch, jedoch.* **πλούσιος** *reich;* subst.; App. 24
(H-S §260h; vgl. A70); ὑμῖν τοῖς πλουσίοις *euch Reichen* bzw. *euch, die ihr reich seid.* **ἀπ-έχω** *empfangen haben* (term. tech. der Geschäftssprache: [einen Betrag] empfangen haben u. ihn quittieren), d.h. sie haben keinen mehr zu erwarten. **παρά-κλησις**[8] *Ermahnung, Ermutigung; Trost, Zuspruch;* ὅτι ἀπέχετε τὴν παράκλησιν ὑμῶν *denn ihr habt euren Trost (damit schon)*
erhalten (NGÜ) bzw. etwa *ihr habt euren Anteil schon kassiert* (GNB). **25 ἐμ-** 25
πε-πλησμένοι Pf. (A231) Ptz. Pass. ἐμ-πίμπλημι *füllen, erfüllen; sättigen* (B 2); Pass. hier *satt sein;* subst.; hier u. οἱ γελῶντες Nom. m. Art. für Vok. (BDR §147[2]; vgl. A142). **πεινάσετε** Fut. V. 3. **γελῶντες** Ptz. V. 21; subst. **πενθήσετε** Fut. πενθέω *klagen, trauern, traurig sein.* **κλαύσετε**
Fut. κλαίω. **26 καλῶς** *schön, gut;* καλῶς λέγω τινά *gut reden von jmdm.* 26
(B 3), viell. *jmdn. loben.* **εἴπωσιν** Aor. Konj. λέγω. **κατὰ τὰ αὐτά, ἐ-ποίουν** V. 23. **ψευδο-προφήτης**[1] *falscher Prophet.*
27 ἀκούουσιν Ptz. ἀκούω; subst.; App. (vgl. H-S §260h; A70); ὑμῖν 27
τοῖς ἀκούουσιν *euch (meinen) Zuhörern* bzw. *euch, die ihr (mir) zuhört.* **ἀγαπᾶτε** Imp. ἀγαπάω. **ἐχθρός** *Feind.* **καλῶς** V. 26. **ποιεῖτε** Imp.

ποιέω; καλῶς ποιέω *Gutes tun/erweisen,* hier m. DatO. **μισοῦσιν** Ptz.
28 μισέω, subst. **28 εὐ-λογεῖτε** Imp. -λογέω. **κατ-αρωμένους** Ptz.
-αράομαι *verfluchen;* subst. **προσ-εύχεσθε** Imp. **περί** m. Gen. statt
ὑπέρ (vgl. H-S §184n) *für.* **ἐπ-ηρεαζόντων** Ptz. -ηρεάζω *bedrohen, be-*
29 *schimpfen, schmähen; mißhandeln* (B); subst. **29 τύπτοντι** Ptz. τύπτω
schlagen; subst. **σιαγών**[4] όνος ἡ *Wange, Backe;* ein Schlag auf die Wange
war nicht nur schmerzhaft, sondern auch eine grobe Beleidigung. **πάρ-εχε**
Imp. -έχω *darbieten, hingeben* (B 1a), hier wohl *hinhalten;* Präs. Imp. hier u. in
V. 30 wohl iter. (BDR §336[1]; §337[2]; vgl. A265). **αἴροντος** Ptz. αἴρω, subst.
χιτών[4] ῶνος ὁ *Untergewand, Hemd* (unmittelbar auf dem Leib getragen).
κωλύσῃς Aor. Konj. κωλύω *hindern, abhalten; verweigern* τὶ ἀπό τινος
30 *jmdm. etwas* (B 3); prohibitiver Konj. (A256). **30 αἰτοῦντι** Ptz. αἰτέω,
subst., hier nach πᾶς ohne Art. (BDR §413[5]). **δίδου** Imp. δίδωμι. **σός**
dein (Poss.-Pron., A128); τὰ σά *das Deine* (B 2b). **ἀπ-αίτει** Imp. -αιτέω
zurückfordern.
31 **31 ἵνα** hier *daß* (A328; bez. [statt eines AcI] das Erstrebte; B II1aα).
ποιῶσιν Konj. ποιέω. **ποιεῖτε** Imp.; καθὼς θέλετε ἵνα ποιῶσιν
ὑμῖν οἱ ἄνθρωποι ποιεῖτε αὐτοῖς ὁμοίως *wie ihr von den Menschen be-*
handelt werden wollt, ebenso sollt (auch) ihr sie behandeln (vgl. Menge) = *was ihr*
von den Menschen/von anderen erwartet, das tut ebenso auch ihnen (Einh.).
32 **ὁμοίως** *in gleicher Weise, ebenso.* **32 εἰ** m. Ind. indefiniter Fall (A342).
ἀγαπῶντας Ptz. ἀγαπάω; subst.; τοὺς ἀγαπῶντας ὑμᾶς *(nur) die,*
die euch lieben. **ποῖος**[18] *wie beschaffen? was für ein? welche (Art)? welcher?*
χάρις hier *Gnade, Gunst* (v. Gott; fast im Sinn v. *Lohn* [B 2b], vgl. V. 35) od.
(so die meisten Übers.) *Dank* (v. Gott); ποία ὑμῖν χάρις ἐστίν; *was für eine*
Art von Gunst wird euch da zuteil? (B 2b) od. *welchen Dank habt ihr (dafür zu*
erwarten)? verdient ihr dafür etwa besondere Anerkennung? (NGÜ). **καὶ γάρ**
33 *(denn) auch/sogar, ja auch* (vgl. BDR §452,3). **33 ἀγαθο-ποιῆτε** Konj.
V. 9. **ἀγαθο-ποιοῦντας** Ptz., subst. **τὸ αὐτό** *dasselbe* (A124a), *das.*
34 **34 δανίσητε** Aor. Konj. δαν(ε)ίζω (vgl. A33[91ff]) *Geld ausleihen.* **ἐλπί-**
ζω *hoffen,* m. Inf. (A273). **λαβεῖν** Aor. Inf. λαμβάνω hier viell. *zurücker-*
halten (wie ἀπολαμβάνω); παρ᾽ ὧν ἐλπίζετε λαβεῖν *(denen,) von denen*
ihr (etwas) zu empfangen hofft od. *(denen,) von denen ihr (es) zurückzuerhalten*
hofft. **ἀπο-λάβωσιν** Aor. Konj. -λαμβάνω[152] *empfangen, erhalten; zu-*
rückerhalten. **ἴσος** *gleich;* τὰ ἴσα *die gleiche Summe, der gleiche Betrag* (B);
ἵνα ἀπολάβωσιν τὰ ἴσα *um den/in der Hoffnung, den gleichen Betrag* (GNB
35 [idiomatisch]: *es auf Heller und Pfennig) zurückzuerhalten.* **35 πλήν** V. 24.
ἀγαπᾶτε Imp. **ἐχθρός** *Feind.* **ἀγαθο-ποιεῖτε** Imp. V. 9. **δανίζετε**
Imp. **ἀπ-ελπίζοντες** Ptz. -ελπίζω *verzweifeln;* hier wohl *erhoffen*
(LN 30.54; EWNT 1, Sp. 1075; diese Bdtg. ist sonst erst später bezeugt); konz.
od. mod.; μηδὲν ἀπελπίζοντες *obwohl/auch wenn ihr nichts (dafür) erhoffen*

könnt od. *ohne etwas zu erhoffen* bzw. *zurückzuerwarten;* geht man v. der Bdtg.
„verzweifeln“ aus, wäre etwa zu übers. *ohne an etwas zu verzweifeln = ohne je die*
Hoffnung aufzugeben (NGÜ Anm.) [Var. μηδένα ἀπελπίζοντες *ohne*
jemanden zu enttäuschen (B), *ohne an jemand zu verzweifeln* (NGÜ Anm.)].
καί (drittes) kons. (A311,2) *dann.* **ἔσται** Fut. εἰμί. **μισθός** V. 23. **ἔσε-**
σθε Fut. εἰμί. **ὕψιστος** *höchster, erhabenster;* ὁ ὕψιστος *der Höchste* (d.h.
Gott) (B 2). **αὐτός** betont (A122 u. 124) *(auch) er.* **χρηστός** *tüchtig, gut;* v.
Pers. *gütig, freundlich* ἐπί τινα *gegen jmdn.* **ἀ-χάριστος**[11] *undankbar.*
36 γίνεσθε Imp. **οἰκτίρμων**[11] *barmherzig.* **37 κρίνετε** Imp., hier 36f
richten, ein Urteil fällen (B 6a), *verurteilen;* μὴ κρίνετε *verurteilt nicht (andere).*
καί (zweites, viertes u. fünftes) kons. (A311,2) *dann.* **οὐ μή** m. Aor. Konj.
stärkste Verneinung zukünftigen Geschehens (A257). **κριθῆτε** Aor. Konj.
Pass.; pass. divinum (A76b); ebenso die flgd. drei Pass.-Formen. **κατα-δικά-**
ζετε Imp. -δικάζω (vgl. A33[91ff]) *verurteilen.* **κατα-δικασθῆτε** Aor.
Konj. Pass. **ἀπο-λύετε** Imp., hier wohl *(Schuldner) freigeben/freilassen* (B 1).
ἀπο-λυθήσεσθε Fut. Pass. **38 δίδοτε** Imp. δίδωμι; Präs. Imp. wohl 38
iter. (H-S §204a; vgl. A265). **καί** V. 37. **δοθήσεται** Fut. Pass. **μέτρον**
Maß, hier v. Hohlmaß (B 1a), m. dem man einer Pers. etwas zuteilt, übertr. viell.
vom Maß der Gerechtigkeit u. Liebe (EWNT 2, Sp. 1036f). **καλός** hier etwa
voll, reichlich (vgl. B 2cβ). **πε-πιεσμένον** Pf. Ptz. Pass. πιέζω (vgl. A33[91ff])
pressen, drücken; μέτρον πεπιεσμένον *ein festgedrücktes Maß* (B); attr. **σε-**
σαλευμένον Pf. Ptz. Pass. σαλεύω *zum Schwanken/ins Wanken bringen,*
erschüttern; μέτρον σεσαλευμένον *ein gerütteltes Maß* (B 1); attr. **ὑπερ-**
εκ-χυννόμενον Ptz. -χύννομαι *nach allen Seiten überfließen;* attr. **δώ-**
σουσιν Fut. δίδωμι hier etwa *füllen, schütten* (= schenken); übers. 3. Pl. als
man (d.h. Gott) *wird füllen/schütten* (H-S §255f). **κόλπος** *Busen, Brust* (Pl.
auch *Schoß*); *Bausch (des Gewandes)* (als Tasche) (B 2). **μετρέω** *messen; zu-*
messen (d.h. genau abmessend zuteilen; B 2); ᾧ (dat. instr., A176) μέτρῳ με-
τρεῖτε (das BW steht im Rel.-Satz [A357]) = τῷ μέτρῳ ᾧ μετρεῖτε *mit*
dem Maß, mit dem ihr zumeßt (H-S §289c). **ἀντι-μετρηθήσεται** Fut.
Pass. -μετρέω *wieder zumessen;* pass. divinum (A76b; BDR §130[3]).
39 μήτι *etwa* (verneinende Antwort angedeutet, A320). **τυφλός** 39
subst. ohne Art. *ein Blinder.* **ὁδηγεῖν** Inf. ὁδηγέω *leiten, führen.* **οὐχί**
nicht; erwartet als Frageeinleitung eine bejahende Antwort (A320). **ἀμφότε-**
ροι *beide.* **βόθυνος** *Grube.* **ἐμ-πεσοῦνται** Fut. Med. -πίπτω[194] *hin-*
einfallen [Var. πεσοῦνται Fut. Med. πίπτω]. **40 εἰμὶ ὑπέρ τινα** *über* 40
jemandem sein/stehen = mehr als jemand sein (B εἰμί III11b). **κατ-ηρτι-**
σμένος Pf. (A231) Ptz. Pass. -αρτίζω (vgl. A33[91ff]) *in Ordnung bringen; in*
den gehörigen Zustand versetzen, ausrüsten, befähigen, vollenden (B 1b); temp. od.
kond.; κατηρτισμένος πᾶς *jeder (Jünger), wenn er ganz/voll ausgebildet ist.*
ἔσται V. 35.

41 **41 τί** adv. *warum?* (B τίς 3a; A134a), *wie kommt es, daß* (NGÜ). **κάρ-**
φος[7] *Splitter* (kleines Stück Holz, Spreu od. Stroh; bildl. = etwas ganz Gering-
fügiges). **δοκός** ἡ *Balken.* **ἴδιος** hier statt des poss. Gen. ἑαυτοῦ (B 2b);
ἐν τῷ ἰδίῳ ὀφθαλμῷ *in deinem Auge.* **κατα-νοέω** *beschauen, betrachten;*
42 hier *bemerken, wahrnehmen* (B 1). **42 πῶς** hier *wie? = mit welchem Recht?*
(B 1c). **δύνασαι** 2. Sg. δύναμαι. **λέγειν** Inf. **ἀδελφέ** Vok. **ἄφ-ες**
Aor. Imp. -ίημι hier *(gewähren) lassen* (B 4). **ἐκ-βάλω** Aor. Konj. -βάλλω
hier *herausziehen, entfernen* (B 3); adhortativer Konj. (BDR §364,1; A254), hier
erg. durch asyndetisch davorgesetztes ἄφες: ἄφες ἐκβάλω ... *laß mich!*
(GNB: *komm her;* NGÜ: *halt still*) *ich will ... (heraus)ziehen = laß mich ... (her-*
aus)ziehen. **βλέπων** Ptz., mod.; αὐτὸς τὴν ἐν τῷ ὀφθαλμῷ σου δοκὸν
οὐ βλέπων *während du den Balken in deinem eigenen Auge nicht siehst* (H-S
§231e). **ὑπο-κριτά** Vok. ὑπο-κριτής[1] (< ὑπο-κρίνομαι vortäuschen,
heucheln; im älteren Griech. meist „Schauspieler") *Heuchler, Scheinheiliger.*
ἔκ-βαλε Aor. Imp. **δια-βλέψεις** Fut. -βλέπω[41] *scharf hinblicken; klar*
sehen (LSJ 2) od. (übertr.) *(genau) zusehen* (B 2). **ἐκ-βαλεῖν** Aor. Inf.; kons.
(Zorell διαβλέπω 2; A278) od. als Obj. (BDR §392[10]; A273); καὶ τότε δια-
βλέψεις ... ἐκβαλεῖν *und dann wirst du klar sehen und* (< „wirst du so klar
sehen, daß du") *kannst ... herausziehen* (NGÜ) od. *und dann kannst* (mod. Fut.,
A247c) *du zusehen, daß/wie du ... herausziehst = und dann kannst du versuchen ...*
herauszuziehen.
43 **43 δένδρον** *Baum.* **ποιοῦν** Ptz. ποιέω; ποιέω καρπόν *Frucht tra-*
gen/hervorbringen (B I1bη); umschrieb. Präs. (A249). **σαπρός** (< σήπω ver-
44 faulen) *faul;* übertr. *schlecht.* **44 γινώσκεται** Pass. γινώσκω hier τὶ ἔκ
τινος *etwas an etwas erkennen* (B 1a). **ἐκ** (zweites u. drittes) statt ἀπό.
ἄκανθα *Dornengewächs* (v. stachligen Pflanzen, bes. v. der als Unkraut wu-
chernden Ononis spinosa, Hauhechel, im Ggs. zu Nutzpflanzen). **συλ-λέγω**
zusammenlesen, sammeln bzw. (hier) *pflücken;* 3. Pl. hier im Sinn v. „man"
(A76a). **σῦκον** *Feige.* **βάτος** ἡ u. ὁ *Dornbusch.* **σταφυλή** *Weintraube.*
45 **τρυγάω** *einsammeln, (ab)ernten.* **45 ὁ ἀγαθὸς ἄνθρωπος** Art. steht
generisch (BDR §263[2]) *ein guter Mensch.* **θησαυρός** *Vorratskammer, -haus;*
Schatzkammer (B 1b); ἐκ τοῦ ἀγαθοῦ (πονηροῦ) θησαυροῦ τῆς καρδί-
ας *aus der guten (bösen) Schatzkammer seines Herzens* (wohl gen. epexegeticus,
A163) etwa = *weil sein Herz mit Gutem (Bösem) erfüllt ist* (NGÜ). **προ-φέρω**
zum Vorschein bringen, hervorbringen. **τὸ ἀγαθόν ... τὸ πονηρόν** *(das)*
Gute ... (das) Böse (vgl. BDR §263[4]) bzw. *Gutes ... Böses.* **περίσσευμα**[3]
Überfluß, Überschuß; ἐκ περισσεύματος καρδίας (auch ohne Art. best.,
A106) λαλεῖ τὸ στόμα αὐτοῦ *wovon das Herz überfließt/voll ist* (vgl. B 1),
spricht der Mund = wie der Mensch in seinem Herzen denkt, so redet er (NGÜ).
46f **46 τί** V. 41. **κύριε** Vok. **47 πᾶς ὁ** m. Ptz. *jeder, der* (A86); hier nom.
pendens (A141a; Anakoluth [A375; BDR §466,3]); πᾶς ὁ ... ὑποδείξω ὑμῖν

τίνι ἐστὶν ὅμοιος *jeder, der ... – ich werde/will euch zeigen, wem er*
gleicht/wem er zu vergleichen ist. **ἐρχόμενος** Ptz., subst. **ἀκούων** Ptz., hier
m. GenO; subst. **ποιῶν** Ptz. ποιέω, subst. **ὑπο-δείξω** Fut. -δείκνυμι[212]
zeigen, dartun (B 2); wohl mod. Fut. (A247a). **48 οἰκο-δομοῦντι** Ptz. 48
-δομέω, attr. **ἔ-σκαψεν** Aor. σκάπτω (vgl. A33[51ff]) *graben.* **ἐ-βάθυνεν**
Aor. βαθύνω (vgl. A33[132ff]) *tief machen;* ἔσκαψεν καὶ ἐβάθυνεν Hendia-
dyoin (H-S §294v; A378) *er grub tief, er schachtete tief aus* (NGÜ). **ἔ-θηκεν**
Aor. τίθημι. **θεμέλιος** *Grundlage; Fundament.* **πέτρα** *Fels;* ἐπὶ τὴν
πέτραν *auf den* (vorhandenen bzw. für solides Bauen erforderl.) *Felsengrund,*
übers. idiomatisch *auf Fels/felsigen Boden.* **πλήμμυρα** *Hochwasser, Flut,*
Überschwemmung. **γενομένης** Aor. Ptz. Med. γίνομαι; gen. abs. (A288),
temp.; πλημμύρης γενομένης *als das Hochwasser/die Flut kam.* **προσ-έ-**
ρηξεν Aor. -ρήγνυμι/ρήσσω[217] τινί *sich an etwas brechen* (B 2), *branden*
gegen etwas, etwas umbranden. **ποταμός** *Fluß, Strom.* **καί** adversativ
(A311,1) *aber, doch.* **ἴσχυσεν** Aor. ἰσχύω *stark sein, vermögen, können,* m.
Inf. (B 2b). **σαλεῦσαι** Aor. Inf. σαλεύω V. 38. **διὰ τό** m. AcI kaus.
(A282) *weil.* **καλῶς** V. 26, hier (qualitativ) *(sehr) gut, vortrefflich.* **οἰκο-δο-**
μῆσθαι Pf. (A231) Inf. Pass.; Präd. des AcI [Var. τε-θεμελίωτο Plsqpf.
Pass. θεμελιόω *mit einem Fundament versehen, gründen;* τεθεμελίωτο *es war*
gegründet/gebaut]. **49 ἀκούσας** Aor. Ptz., subst. **ποιήσας** Aor. Ptz., 49
subst. **οἰκο-δομήσαντι** Aor. Ptz., attr. **συν-έ-πεσεν** Aor. συμ-πί-
πτω[194] *zusammenfallen, einstürzen.* **ἐ-γένετο** V. 1. **ῥῆγμα**[3] *Zusammen-*
bruch, Einsturz; ἐγένετο τὸ ῥῆγμα τῆς οἰκίας ἐκείνης μέγα *der*
Einsturz jenes Hauses war gewaltig = es wurde völlig zerstört.

ἐπει-δή (A338) *nachdem, als (nun)* [Var. ἐπεί *nachdem*]. **ἐ-πλήρω-** 7
σεν Aor. πληρόω hier *vollenden, beenden* (B 5). **ἀκοή** *(das) Hören; Gehör,*
Hörfähigkeit; Ohr; εἰς τὰς ἀκοάς τινος *vor den Ohren jmds.* (B 1c) bzw.
(einfach) *vor jmdm./an jmdn.* **εἰσ-ῆλθεν** Aor. -έρχομαι. **Καφαρ-**
ναούμ 4,23; indekl., hier Akk. **2 ἑκατοντ-άρχης**[1] *Anführer einer Hun-* 2
dertschaft, Hauptmann bzw. (röm.) *Centurio;* gen. poss. (A154; 174). **κακῶς**
Adv. *schlimm, übel, furchtbar;* ἔχω κακῶς *mir geht es schlecht, ich bin krank.*
ἔχων Ptz., attr. **ἤμελλεν** Ipf. μέλλω. **τελευτᾶν** Inf. τελευτάω *ster-*
ben; δοῦλος κακῶς ἔχων ἤμελλεν τελευτᾶν *(der) Sklave/Diener* eines
Hauptmanns *war krank und lag im Sterben.* **ἦν** Ipf. εἰμί. **ἔν-τιμος**[11] *geehrt,*
hochgeachtet; geschätzt, kostbar, wertvoll; ὃς ἦν αὐτῷ (dat. commodi, A173)
ἔντιμος *den er sehr schätzte.* **3 ἀκούσας** Aor. Ptz. ἀκούω, temp. od. kaus. 3
ἀπ-έ-στειλεν Aor. ἀπο-στέλλω. **ἐρωτῶν** Ptz. ἐρωτάω, fin. **ὅπως**
hier *daß* bzw. übers. als Inf. (A328; bez. das Erbetene; BDR §392[4c]). **ἐλθών**
Aor. Ptz. ἔρχομαι, temp. (A291,1 Anm. 1); ὅπως ἐλθὼν διασώσῃ ... etwa
zu kommen und ... zu retten. **δια-σώσῃ** Aor. Konj. -σῴζω[106] *hindurchretten,*
retten; hier: jmdm. *das Leben retten.* **4 οἱ δέ** *(und) diese/sie* (A102). **παρα-** 4

γενόμενοι Aor. Ptz. Med. -γίνομαι[176] *ankommen, kommen, eintreffen;*
temp. **παρ-ε-κάλουν** Ipf. παρα-καλέω [Var. ἠρώτων Ipf. ἐρωτάω].
σπουδαίως *eilig; eifrig, inständig.* **λέγοντες** Ptz. λέγω, mod., pleon.
(A297,1). **ὅτι** recitativum = Doppelpunkt (A333). **παρ-έξῃ** Fut. Med.
-έχω[189] *darbieten, gewähren, erweisen;* Med. *gewähren;* ἄξιός ἐστιν ᾧ (= οὗ-
τος ᾧ [A358]) παρέξῃ τοῦτο *der, dem du diese (Bitte) erfüllen wirst/sollst, ist*
es wert bzw. etwa *er ist es wert/er verdient es, daß du ihm diese (Bitte) erfüllst* bzw.
5 *(Hilfe) gewährst.* **5 ᾠκο-δόμησεν** Aor. οἰκο-δομέω. **αὐτός** betont
6 (A122 u. 124). **ἡμῖν** dat. commodi (A173) *für uns.* **6 ἐ-πορεύετο** Ipf.
Med. πορεύομαι. **μακράν** Adv. (erstarrter Akk. der Ausdehnung v. μα-
κρός lang/entlegen, erg. ὁδόν, BDR §161[1]) *weit weg, fern.* **ἀπ-έχοντος** Ptz.
-έχω *entfernt sein* (B 2); gen. abs. (A288f), temp.; ἤδη αὐτοῦ οὐ μακρὰν
ἀπέχοντος ἀπό ... *als er nicht (mehr) weit von ... entfernt war.* **ἔ-πεμψεν**
Aor. πέμπω. **φίλος** *Freund.* **λέγων** Ptz., fin. (BDR §418,4); λέγων αὐ-
τῷ *um ihm zu sagen* od. *und ließ ihm sagen.* **κύριε** Vok. **σκύλλου** Imp.
Pass. σκύλλω *ermüden; bemühen, belästigen;* Pass. *sich bemühen.* **ἱκανός**
hinlänglich, genügend; tauglich; hier etwa *würdig, wert* (hier m. ἵνα-NS [statt
Inf./AcI] als Obj. 2. Grades; BDR §393[4]; vgl. A275). **στέγη** *Dach.* **εἰσ-έλ-**
7 **θῃς** Aor. Konj. -έρχομαι. **7 ἐμαυτοῦ**[14] *meiner (selbst)* (Refl.-Pron.).
ἠξίωσα Aor. ἀξιόω (< ἄξιος) *für wert, angemessen* od. *würdig halten.* **ἐλ-**
θεῖν Aor. Inf. ἔρχομαι. **εἰπέ** Aor. Imp. λέγω. **λόγῳ** dat. instr. (A176);
εἰπὲ λόγῳ *sprich nur ein Wort* (B 1aα). **καί** (zweites) kons. (BDR §442[7];
A311,2) *so, dann.* **ἰαθήτω** Aor. Imp. Pass. 3. Sg. ἰάομαι[17] *heilen;* ἰαθήτω ὁ
παῖς μου *so muß mein Diener/Sklave geheilt/gesund werden* [Var. ἰαθήσεται
Fut. Pass.]. **παῖς**[3] παιδός *Kind* (ὁ *Junge;* ἡ *Mädchen*); hier *Diener, Sklave*
8 (B 1aγ). **8 ἐγώ** betont (A122). **ὑπό** m. Akk. hier übertr. *unter* (einer Gewalt
o.ä.; B 2b). **ἐξ-ουσία** hier *Kommandogewalt* (B 4a), *Vorgesetzter* (Menge).
τασσόμενος Ptz. Pass. τάσσω *ordnen;* jmdn. *einsetzen,* ὑπό τινα/τι
jmdm./etwas unterstellen; attr.; καὶ ἐγὼ ἄνθρωπός εἰμι ὑπὸ ἐξουσίαν
τασσόμενος *auch ich bin ein Mensch, der Vorgesetzten untersteht = auch ich*
unterstehe Vorgesetzten. **ἔχων** Ptz., mod. (A291,2 Anm. 1). **στρατιώτης**[1]
Soldat. **καί** (zweites) praktisch = ὅτε *(immer) wenn* (vgl. A311,4; B I2c);
(drittes, fünftes u. siebtes) kons. (A311,2) *so, dann.* **τούτῳ ... ἄλλῳ** *zu die-*
sem/einem ... zu einem anderen. **πορεύθητι** Aor. Imp. Pass. (ohne bes. Pass.-
Bdtg.). **ἔρχου** Imp. (vgl. A266a). **ποίησον** Aor. Imp. ποιέω. **ποιεῖ** so
9 *tut er (es)* (A79). **9 ἀκούσας** Aor. Ptz. ἀκούω, temp. **ἐ-θαύμασεν**
Aor. θαυμάζω τινά *jmdn. bewundern* (B 1bβ); hier wohl *sich wundern/staunen*
über jmdn. **στραφείς** Aor. Ptz. Pass. στρέφω[47] *hinwenden;* Pass. *sich um-*
wenden, sich zuwenden (B 2aα); temp. (A291,1 Anm. 1). **ἀκολουθοῦντι**
Ptz. ἀκολουθέω, attr. **τοσοῦτος**[18] (A352) *so groß.* **εὗρον** Aor. εὑρί-
10 σκω. **10 ὑπο-στρέψαντες** Aor. Ptz. -στρέφω[47] *zurückkehren;* temp.

πεμφθέντες Aor. Ptz. Pass. πέμπω, subst. *die Abgesandten, die Boten.*
[Var. ἀ-σθενοῦντα Ptz. ἀ-σθενέω *schwach/krank sein;* attr.] **ὑγιαίνον-**
τα Ptz. ὑγιαίνω *gesund sein;* AcP (A300); εὗρον τὸν δοῦλον ὑγιαίνοντα
sie fanden den Sklaven/Diener gesund vor.

11 **ἐ-γένετο** Aor. Med. γίνομαι; ἐγένετο m. flgd. finiten Verb (ἐπο- 11
ρεύθη) steht pleon. (Hebr., A271; vgl. BDR §442[11]). **ἑξῆς** *der Reihe nach,*
weiterhin; ἐν τῷ ἑξῆς (erg. χρόνῳ) *in der Folgezeit, bald darauf* [Var. ἐν τῇ
ἑξῆς (erg. ἡμέρᾳ) *am folgenden Tag*]. **ἐ-πορεύθη** Aor. Pass. (ohne bes.
Pass.-Bdtg.) πορεύομαι. **καλουμένην** Ptz. Pass. καλέω, attr. *mit Namen*
(B 1aγ). **Ναΐν** indekl., hier Akk., *Nain,* Ort 8 km südöstl. v. Nazaret. **συν-**
ε-πορεύοντο Ipf. Med. συμ-πορεύομαι *zusammen gehen, gemeinsam rei-*
sen τινί *mit jmdm.* (B 1), *jmdn. begleiten.* 12 **ἤγγισεν** Aor. ἐγγίζω. **πύ-** 12
λη *Tor, Tür.* **ἐξ-ε-κομίζετο** Ipf. Pass. ἐκ-κομίζω *hinaustragen* (zum Be-
gräbnis). **τε-θνηκώς** Pf. (A231) Ptz. (ἀπο-)θνῄσκω, subst. *Toter.* **μονο-**
γενής[7] (< γένος Geschlecht, Art) *einziges* (Kind); μονογενὴς υἱὸς τῇ
μητρὶ (dat. poss., A174f) αὐτοῦ App. (A70) od. Präd.-Nom. ohne Verb (el-
lip.) = ὃς ἦν τῇ μητρὶ αὐτοῦ μονογενὴς υἱός (BDR §190,4). **ἦν** V. 2.
χήρα *Witwe;* Präd.-Nom. **ἱκανός** V. 6, hier *groß, viel;* ὄχλος τῆς πόλεως
ἱκανὸς ἦν σὺν αὐτῇ *eine erhebliche Menge* (B 1a) bzw. *viele Leute aus der*
Stadt begleiteten sie. 13 **ἰδών** Aor. Ptz. ὁράω, temp. **ἐ-σπλαγχνίσθη** 13
Aor. Pass. (ohne bes. Pass.-Bdtg.) σπλαγχνίζομαι (vgl. A33[91ff]) ἐπί τινι
sich erbarmen über jmdn., Mitleid empfinden mit jmdm. **κλαῖε** Imp.; Imp. Präs.
zur Aufforderung, m. einer Handlung aufzuhören (A265a); μὴ κλαῖε *weine*
nicht (mehr)! 14 **προσ-ελθών** Aor. Ptz. -έρχομαι, temp. (A291,1 Anm. 1). 14
ἥψατο Aor. Med. ἅπτω[51] Med. (jmdn./etwas: Gen. [A165]) *berühren, anfas-*
sen. **σορός** ἡ *Sarg, Bahre.* **βαστάζοντες** Ptz. βαστάζω *aufheben; tra-*
gen; subst. *die Träger.* **ἔ-στησαν** Wz.-Aor. ἵσταμαι. **νεανίσκος** *junger*
Mann (bis etwa zum Alter v. 40 Jahren; B 1); Vok. **ἐγέρθητι** Aor. Imp. Pass.
ἐγείρω, Pass. hier *aufstehen* (B 2b). 15 **ἀν-ε-κάθισεν** Aor. ἀνα-καθί- 15
ζω[100] *sich aufsetzen, sich aufrichten.* **ἤρξατο** Aor. Med. ἄρχω. **λαλεῖν** Inf.
λαλέω. **ἔ-δωκεν** Aor. δίδωμι. 16 **ἔ-λαβεν** Aor. λαμβάνω hier *ergrei-* 16
fen, erfassen (B 1c). [Var. ἅ-πας[10] = πᾶς.] **ἐ-δόξαζον** Ipf. δοξάζω. **λέ-**
γοντες V. 4. **ὅτι** (zweimal) recitativum = Doppelpunkt (A333). **ἠγέρθη**
Aor. Pass., Pass. hier *auftreten* (B 2e). **ἐν** hier *unter.* **ἐπ-ε-σκέψατο** Aor.
Med. ἐπι-σκέπτομαι (vgl. A33[ff]) *sich (prüfend) umsehen nach; sehen nach,*
besuchen; (v. Gott) *sich* jmds. *annehmen, sich kümmern um,* m. Akk. 17 **ἐξ-** 17
ῆλθεν Aor. -έρχομαι hier *ausgehen* (B 2aα), *sich verbreiten.* **ὁ λόγος οὗ-**
τος ... περὶ αὐτοῦ *diese Kunde/Nachricht über ihn ...* **περί-χωρος**[11] *be-*
nachbart; ἡ περίχωρος (erg. χώρα [A88]) *die Umgegend, die Umgebung.*

18 **οἱ μαθηταὶ αὐτοῦ** *seine Jünger = die Jünger des Johannes.* **ἀπ-** 18
ήγγειλαν Aor. -αγγέλλω. **προσ-καλεσάμενος** Aor. Ptz. Med.

-καλέομαι[37] *herbeirufen;* temp. (A291,1 Anm. 1). **δύο τινὰς τῶν μα-**
19 **θητῶν** (gen. partitivus, A164) **αὐτοῦ** *zwei seiner Jünger.* **19 ἔ-πεμψεν**
V. 6. **λέγων** Ptz., fin. *um (ihn) zu fragen.* **σύ** betont (A122). **ἐρχόμενος**
Ptz., subst.; Präd.-Nom. m. Art. bez. eine dem Hörer bekannte Gestalt (vgl. H-S
§135a; A80); σὺ εἶ ὁ ἐρχόμενος; *bist du der, der kommen soll* (d.h. der Mes-
sias)? **προσ-δοκῶμεν** Konj. (evtl. Ind.; vgl. BDR §366[2]) -δοκάω *erwarten,*
warten auf; wahrscheinl. deliberativer Konj. (A255); ἢ ἄλλον προσδοκῶ-
μεν; *oder sollen/müssen wir auf einen anderen warten?* (falls Ind. etwa *gibt es*
20 *einen anderen, auf den wir warten?* [vgl. ZG]). **20 παρα-γενόμενοι** V. 4.
εἶπαν Aor. (vgl. H-S §105g) λέγω. **βαπτιστής**[1] *Täufer.* **ἀπ-έ-στει-**
21 **λεν** V. 3 [Var. ἀπ-έ-σταλκεν Pf.]. **λέγων** V. 19. **21 ἐ-θεράπευσεν**
Aor. θεραπεύω. **νόσος** ἡ *Krankheit.* **μάστιξ**[3] ιγος ἡ *Geißel, Peitsche;*
Pl. hier *Plage, (körperliches) Leiden* (B 2). **ἐ-χαρίσατο** Aor. Med. χαρίζο-
μαι[101] *(großzügig* bzw. *aus Gnade) schenken.* **βλέπειν** Inf. hier *sehen können*
(B 2); τυφλοῖς πολλοῖς ἐχαρίσατο βλέπειν *er schenkte vielen Blinden*
22 *das Augenlicht.* **22 ἀπο-κριθείς** Aor. Ptz. Pass. (ohne Pass.-Bdtg.) -κρίνο-
μαι, pleon. (A297,2); ἀποκριθεὶς εἶπεν *er antwortete.* **πορευθέντες**
Aor. Ptz. Pass. (ohne bes. Pass.-Bdtg.) πορεύομαι, temp. (als Imp. + „und"
übers.; A291,1 Anm. 1; vgl. BDR§419,2]). **ἀπ-αγγείλατε** Aor. Imp. V. 18.
ἠκούσατε Aor. ἀκούω. **ἀνα-βλέπω** *aufblicken;* hier *wieder sehen (kön-*
nen) (B 2aα). **χωλός** *lahm, gelähmt;* subst. *Gelähmter.* **λεπρός** (< λεπίς
Schuppe) u.a. *schuppig, uneben, rauh;* im NT *aussätzig* (v. λέπρα befallen u. da-
mit „unrein" [Lev 13,45f]); subst. **καθαρίζονται** Pass. καθαρίζω *reinigen,*
säubern; heilen ([Aussätzige/Aussatz o.ä.] u. dann zu kultischer Reinheit füh-
ren). **κωφός** *stumm;* hier *taub* (B 2); subst. **ἐγείρονται** Pass. ἐγείρω.
πτωχός *bettelnd, arm;* subst. **εὐ-αγγελίζονται** Pass. -αγγελίζω hier
Pass. m. persönl. Subj. *gute Nachricht zu hören bekommen* (vgl. B 2bβ; vgl.
23 A214). **23 ὃς ἐάν** = ὃς ἄν (A132; 371) *wer (auch immer)* bzw. *jeder, der.*
σκανδαλισθῇ Aor. Konj. Pass. σκανδαλίζω (< σκάνδαλον Falle; Är-
gernis, Anstößiges) (vgl. A33[91ff]) *jmdm. Anstoß geben, jmdn. zur Sünde verfüh-*
ren; ὃς ἐὰν μὴ σκανδαλισθῇ ἐν ἐμοί *wer nicht durch mich zu Fall kommt*
(d.h. indem man ihm den Glauben verweigert od. sich von ihm abwendet u. so in
Sünde fällt [B 1b]) bzw. *wer nicht an mir irre wird* od. *wer nicht an mir Anstoß*
nimmt.

24 **24 ἀπ-ελθόντων** Aor. Ptz. -έρχομαι, gen. abs. (A288), temp. **ἤρ-**
ξατο V. 15. **λέγειν** Inf. **τί** AkkO des Inf. θεάσασθαι; τί ἐξήλθατε εἰς
τὴν ἔρημον θεάσασθαι; *um was anzuschauen, seid ihr in die Wüste hinaus-*
gegangen? = was wolltet ihr euch ansehen, als ihr in die Wüste hinausgingt? [Inter-
punktions-Var. τί ἐξήλθατε εἰς τὴν ἔρημον; θεάσασθαι ...; *wozu* (vgl. B
τίς 3a; A134a) *seid ihr in die Wüste hinausgegangen? Um euch ... anzusehen?*];
Analoges gilt für ἰδεῖν in V. 25f. **ἐξ-ήλθατε** Aor. (vgl. H-S §105g) -ἐρχο-

μαι [Var. ἐξ-εληλύθατε Pf.]. **θεάσασθαι** Aor. Inf. Med. θεάομαι
sehen, ansehen; fin. (A276). **κάλαμος** *Schilfrohr;* κάλαμον ὑπὸ ἀνέμου
σαλευόμενον *ein Schilfrohr, das vom Wind hin- und herbewegt wird.* **ἄνε-
μος** *Wind.* **σαλευόμενον** Ptz. Pass. σαλεύω *zum Schwanken/ins Wanken
bringen, erschüttern;* Pass. hier *hin- und her bewegt werden;* attr. **25 ἀλλά** hier 25
u. V. 26 etwa *oder* (vgl. B 3). **ἰδεῖν** Aor. Inf. ὁράω. **μαλακός** *weich;* μα-
λακὰ ἱμάτια *weiche Gewänder,* wie sie Verwöhnte tragen (B 1), *feine Klei-
dung;* ἄνθρωπον ἐν μαλακοῖς ἱματίοις ἠμφιεσμένον *einen Mann* (B
ἄνθρωπος 2bα; od. *jemanden* [A137b]) *in feiner Kleidung.* **ἠμφι-εσμένον**
Pf. (zur Redupl. s. BDR §69[1]) Ptz. Pass. ἀμφι-έννυμι[221] *bekleiden, schmük-
ken;* attr. **ἰδού** fordert zu genauerer Überlegung auf (B 1c), etwa *nein* (Menge)
od. *ihr wißt doch* (NGÜ) od. unübersetzt lassen. **ἱματισμός** *Kleidung.* **ἔν-
δοξος**[11] *vornehm; glänzend, herrlich, prächtig.* **τρυφή** *Schwelgerei; Luxus,
Prunk.* **ὑπ-άρχοντες** Ptz. -άρχω hier *leben;* subst.; οἱ ἐν ἱματισμῷ ἐν-
δόξῳ καὶ τρυφῇ ὑπάρχοντες übers. etwa *Leute, die prächtige Kleidung tra-
gen und im Luxus leben.* **βασίλειος**[11] *königlich;* τὸ βασίλειος *der Königs-
palast* (B). **26 ναί** *ja, gewiß, freilich.* **περισσότερον** Komp. (Ntr. od. 26
Mask.) v. περισσός *über das übliche Maß hinausgehend;* καὶ περισσότερον
προφήτου (gen. comparationis, A168) erg. etwa εἴδετε *ihr habt sogar mehr
gesehen als einen Propheten* od. (falls Mask.) *ihr habt einen gesehen, der sogar
mehr ist als ein Prophet* (B περισσότερος 2). **27 γέ-γραπται** Pf. Pass. 27
γράφω; Pf. Pass. term. tech. zur Einführung v. Schriftzitaten (B 2c): *in der
Schrift heißt es/steht.* **πρὸ προσώπου** Hebr. = πρό (A186). **κατα-
σκευάσει** Fut. -σκευάζω (vgl. A33[91ff]) *instand setzen, (zu)bereiten* (B 1).
28 γεννητός (Verbaladj. v. γεννάω [BDR §65[5]]) *gezeugt, geboren;* γεννη- 28
τὸς γυναικός „ein von einer Frau Geborener" = *ein Mensch;* ἐν γεννητοῖς
γυναικῶν übers. etwa *unter allen Menschen, die je geboren wurden* (NGÜ).
μείζων ... Ἰωάννου (gen. comparationis, A168) **οὐδείς ἐστιν** *es gibt ...
keinen Größeren* (an Rang u. Würde; B μέγας 2bα) *als Johannes.* **μικρότε-
ρος** Komp. v. μικρός; hier Komp. für Superlativ (A118,2) *(der) Geringste* (B
μικρός 1c). **αὐτοῦ** gen. comparationis (A168).

29 ἀκούσας Aor. Ptz. ἀκούω, temp. (A291,1 Anm. 1). **καί** hier ver- 29
stärkend (vgl. A313) *auch, sogar.* **τελώνης**[1] *Zöllner, Zolleinnehmer* (ein für
den röm. Staat arbeitender Jude). **ἐ-δικαίωσαν** Aor. δικαιόω *rechtferti-
gen, für gerecht erklären, gerecht machen;* hier *recht geben* (B 2); πᾶς ὁ λαὸς
ἀκούσας καὶ οἱ τελῶναι ἐδικαίωσαν τὸν θεόν *das ganze Volk und so-
gar/selbst die Zöllner hörten (auf ihn) und gaben Gott recht.* **βαπτισθέντες**
Aor. Ptz. Pass. βαπτίζω, mod.; βαπτισθέντες τὸ βάπτισμα (Akk. des
inneren Objekts, A145) Ἰωάννου *indem sie sich mit der Taufe des Johannes
taufen ließen = indem sie sich von Johannes taufen ließen.* **βάπτισμα**[3] *Taufe.*
30 νομικός *das Gesetz betreffend; gesetzeskundig;* ὁ νομικός *Jurist,* hier (m. 30

γραμματεύς synonym; EWNT 1, Sp. 624) (jüdischer) *Gesetzeskundiger/Geset-*
zeslehrer. **βουλή** *Absicht; Beschluß, Ratschluß, Plan.* **ἠ-θέτησαν** Aor.
ἀ-θετέω *für ungültig erklären, aufheben; verwerfen, nicht anerkennen, ablehnen;*
τὴν βουλὴν τοῦ θεοῦ ἠθέτησαν εἰς ἑαυτούς *sie verwarfen den Heilsrat-*
schluß/Plan, den Gott für sie hatte (vgl. B βουλή 2b) od. *sie verwarfen für ihre*
31 *Person den Plan/Heilsratschluß Gottes.* **31 ὁμοιώσω** Fut. od. Aor. Konj.
ὁμοιόω *gleichmachen; vergleichen* τινί *mit etwas/jmdm.* (B 2); mod. Fut.
(A247b) od. deliberativer Konj. (A255); τίνι οὖν ὁμοιώσω ...; *mit wem soll*
ich nun/also ... vergleichen? **ἡ γενεὰ αὕτη** *das gegenwärtige Geschlecht* (hier
der Juden; B γενεά 2), *dieses Geschlecht* (die zeitl. Bdtg. scheint zurückzutre-
32 ten). **32 ὅμοιοί εἰσιν** *sie gleichen, sie sind wie.* **ἀγορά** *Marktplatz.*
καθημένοις Ptz. κάθημαι, attr. **προσ-φωνοῦσιν** Ptz. -φωνέω *zuru-*
fen, m. Dat.; attr.; καὶ προσφωνοῦσιν ἀλλήλοις ἃ λέγει (ἃ λέγει
pleon.) etwa *und einander zurufen.* **ηὐλήσαμεν** Aor. αὐλέω (< αὐλός
Flöte) *die Flöte spielen,* u.a. (so hier) im Sinn v. *zum Tanz aufspielen.* **καί**
(zweites u. drittes) adversativ (A311,1) *aber, doch.* **ὠρχήσασθε** Aor. Med.
ὀρχέομαι *tanzen.* **ἐ-θρηνήσαμεν** Aor. θρηνέω *klagen, jammern, (be)wei-*
nen; hier *Klagelieder/Trauerlieder anstimmen* (vgl. B 1b). **ἐ-κλαύσατε** Aor.
33 κλαίω. **33 ἐλήλυθεν** Pf. (A242) ἔρχομαι. **βαπτιστής** V. 20. **μή-τε**
und nicht; μή ... μήτε *weder ... noch.* **ἐσθίων** Ptz., mod. **πίνων** Ptz., mod.;
ἐλήλυθεν Ἰωάννης ... μὴ ἐσθίων ἄρτον μήτε πίνων οἶνον *Johannes*
... ist gekommen, wobei er weder Brot aß noch Wein trank bzw. *Johannes ist*
gekommen, hat gefastet und keinen Wein getrunken (NGÜ). **οἶνος** *Wein.* **δαι-**
34 **μόνιον ἔχει** *er ist von einem Dämon besessen* (B ἔχω I2eα). **34 ἐσθίων**
καὶ πίνων *ißt und trinkt* (impliziert: wie jedermann; vgl. NGÜ). **ἄνθρω-**
πος hier pleon. (B 3aε; vgl. H-S §260j); ἰδοὺ ἄνθρωπος φάγος καὶ οἰνο-
πότης *das ist* (vgl. B ἰδού 2) *ein Fresser und Säufer, was für ein Schlemmer und*
Säufer (NGÜ). **φάγος** *Fresser, Schlemmer.* **οἰνο-πότης**[1] *Weintrinker, Säu-*
fer. **φίλος** *Freund.* **τελώνης** V. 29; φίλος τελωνῶν καὶ ἁμαρτωλῶν
35 *ein Freund von Zolleinnehmern und (anderen)* (vgl. A376a) *Sündern.* **35 καί**
V. 32, hier *und doch.* **ἐ-δικαιώθη** Aor. Pass. V. 29; καὶ ἐδικαιώθη ἡ
σοφία ἀπὸ πάντων τῶν τέκνων αὐτῆς *und doch ist die Weisheit (Gottes)*
gerechtfertigt worden durch alle ihre Kinder (od. übers. als Präs., falls v. einem
gnomischen Aor. [A241c] auszugehen ist). **ἀπό** hier = ὑπό (vgl. BDR §210[2];
A211).
36 **36 ἠρώτα** Ipf. ἐρωτάω. **Φαρισαίων** gen. partitivus (A164). **ἵνα**
hier *daß* (A328; bez. das Erbetene). **φάγῃ** Aor. Konj. ἐσθίω; ἠρώτα ... ἵνα
φάγῃ μετ᾽ αὐτοῦ ... *bat ihn, mit ihm zu essen* = ... *lud ihn zum Essen ein.*
εἰσ-ελθών Aor. Ptz. -έρχομαι, temp. (A291,1 Anm. 1). **κατ-ε-κλίθη**
Aor. Pass. κατα-κλίνω[126] *sich niederlegen lassen, lagern lassen* (zum Essen);
Pass. „sich zu Tisch niederlegen" = *sich zu Tisch begeben, am Tisch Platz*

nehmen (NGÜ) [Var. ἀν-ε-κλίθη Aor. Pass. ἀνα-κλίνω gleiche Bdtg.].
37 ἥτις für ἥ (H-S §142b). **ἦν** V. 2; καὶ ἰδοὺ γυνὴ ἥτις ἦν ἐν τῇ πό- 37
λει ἁμαρτωλός übers. etwa *da lebte in der Stadt eine Sünderin* (wörtl. „und
siehe, eine Frau, die in der Stadt war/lebte, eine Sünderin"). **ἐπι-γνοῦσα**
Aor. Ptz. Fem. -γινώσκω, temp. (A291,1 Anm. 1); ἐπιγνοῦσα ὅτι ... κομί-
σασα ... καὶ στᾶσα *als sie erfuhr, daß ... brachte sie ... und trat.* **κατά-κει-
μαι** *daliegen;* „(zu Tisch) liegen" = *bei Tisch sein,* hier etwa *zu Gast sein.* **κο-
μίσασα** Aor. Ptz. Fem. κομίζω (vgl. A33[91ff]) *(herbei)bringen, -tragen;* mod.
ἀλάβαστρος ὁ u. ἡ bzw. **ἀλάβαστρον** τό *Alabaster; Salbfläschchen,
Salbengefäß* (der längl. Hals wurde beim Gebrauch abgebrochen [B]). **μύρον**
Salböl (meist auf Olivenölbasis, häufig durch verschiedene Techniken m. Aro-
mastoffen angereichert); gen. materiae (A159). **38 στᾶσα** Wz.-Aor. Ptz. 38
Fem. ἵσταμαι, temp. **ὀπίσω** Adv. *hinten, nach hinten;* στᾶσα ὀπίσω
παρὰ τοὺς πόδας αὐτοῦ *sie trat (von) hinten an seine Füße heran.* **κλαί-
ουσα** Ptz. Fem. κλαίω, mod. **δάκρυον** (Dat. Pl. δάκρυσιν [H-S, S. 43])
Träne; dat. instr. (A176) *mit ihren* (A103) *Tränen.* **ἤρξατο** V. 15. **βρέχειν**
Inf. βρέχω *benetzen* (B 1). **θρίξ** τριχός ἡ (vgl. A3; H-S §42c) *Haar;* dat.
instr. (A176); ταῖς θριξὶν τῆς κεφαλῆς αὐτῆς *mit ihren Haupthaaren* (vgl.
B 2) = *mit ihren Haaren.* **ἐξ-έ-μασσεν** Ipf. ἐκ-μάσσω *abwischen,
(ab)trocknen* [Var. ἐξ-έ-μαξεν Aor.]. **κατ-ε-φίλει** Ipf. κατα-φιλέω *küs-
sen;* Ipf. wohl iter. (A237b) etwa *mit Küssen bedecken* (vgl. V. 45). **ἤλειφεν**
Ipf. ἀλείφω[40] *salben,* m. dat. instr. (A176). **39 ἰδών** Aor. Ptz. ὁράω, temp.; 39
erg. ταῦτα (A79). **καλέσας** Aor. Ptz. καλέω hier *einladen* (B 1b); attr.
ἐν ἑαυτῷ *zu sich selbst, bei sich* (B ἐν I5b); εἶπεν ἐν ἑαυτῷ *er sagte zu sich
selbst = er dachte (bei sich).* **οὗτος** das Subj. ist dem NS betont vorangestellt
(vgl. BDR §475,1a). **ἐ-γίνωσκεν** Ipf. γινώσκω; οὗτος εἰ ἦν προφή-
της, ἐγίνωσκεν ἄν irrealer Fall (H-S §284b; A345) *wenn dieser (wirklich) ein
Prophet wäre, wüßte er.* **ποταπός** (etwa = [ὁ]ποῖος[18]; att. ποδαπός) *was
für ein, von welcher Beschaffenheit/Art.* **ἥτις** V. 37. **ἅπτεται** Med. ἅπτω
V. 14; τίς καὶ ποταπὴ ἡ γυνὴ ἥτις ἅπτεται αὐτοῦ, ὅτι ἁμαρτωλός
ἐστιν *wer und was für eine Frau das ist, die ihn berührt, daß sie (nämlich) eine
Sünderin ist.* **40 ἀπο-κριθείς** V. 22. **Σίμων**[4] ωνος ὁ *Simon,* ein Phari- 40
säer; hier Vok. **εἰπεῖν** Aor. Inf. λέγω. **ὁ δέ·** (A102) ... **φησίν** (hist. Präs.,
A235) *dieser sagte/antwortete: ...* **διδάσκαλε** Vok. **εἰπέ** Aor. Imp.
41 χρε-οφειλέτης[1] *Schuldner.* **ἦσαν** Ipf. εἰμί. **δανιστής**[1] *Gläubiger,* 41
Geldverleiher; δύο χρεοφειλέται ἦσαν δανιστῇ (dat. poss., A173b) τινι
ein Geldverleiher/Gläubiger hatte zwei Schuldner. **ὁ εἷς ... ὁ ἕτερος** *der eine ...
der andere* (B εἷς 5d). **ὤφειλεν** Ipf. ὀφείλω *schulden, schuldig sein.* **δη-
νάριον** (lat. denarius) *Denar,* röm. Münze, deren Wert etwa dem Tageslohn
eines Arbeiters entsprach. **πεντακόσιοι**[19] *fünfhundert.* **πεντήκοντα**[19]
fünfzig. **42 ἐχόντων** Ptz. ἔχω hier *die Möglichkeit haben, können* (B I6a); 42

gen. abs. (A288f), kaus. od. temp. **ἀπο-δοῦναι** Aor. Inf. -δίδωμι hier
zurückzahlen (B 2a). **ἀμφότεροι** *beide.* **ἐ-χαρίσατο** V. 21. **τίς** für πό-
τερος (BDR §298[1]) *welcher* von ihnen. **αὐτῶν** gen. partitivus (A164).
43 **ἀγαπήσει** Fut. ἀγαπάω. **43 ἀπο-κριθείς** V. 22. **ὑπο-λαμβάνω**
aufnehmen; annehmen, meinen, vermuten (B 4). **ὅτι** recitativum = Doppel-
punkt (A333). **ᾧ** *der, dem* (A358). **τὸ πλεῖον** hier *die größere Summe*
(B II2c). **ὁ δέ** vgl. V. 40. **ὀρθῶς** *recht, richtig.* **ἔ-κρινας** Aor. κρίνω.
44 **44 στραφείς** Aor. Ptz. Pass. στρέφω[47] V. 7., hier viell. *weisen auf jmdn.;*
mod. od. temp. **ἔ-φη** Ipf. φημί. **εἰσ-ῆλθον** V. 1. **σου** betont vorange-
stellt (ZG). **ἐπί** m. Akk. *für.* **ἔ-δωκας** Aor. δίδωμι. **δάκρυον** V. 38.
ἔ-βρεξεν Aor. βρέχω V. 38. **θρίξ** V. 38. **ἐξ-έ-μαξεν** Aor. V. 38.
45 **45 φίλημα**[3] *Kuß.* **ἀφ' ἧς** ellip., erg. ὥρας (BDR §241[3]) *seitdem, seit* (B
ἀπό II2c). **δι-έ-λιπεν** Aor. δια-λείπω[44] *aufhören* [Var. δι-έ-λειπεν
Ipf.]. **κατα-φιλοῦσα** Ptz. Fem. -φιλέω V. 38; präd. bei Verben des modi-
fizierten Seins u. Tuns (H-S §234b; A301); οὐ διέλιπεν καταφιλοῦσά
μου τοὺς πόδας *sie hat fortwährend/unablässig meine Füße geküßt.*
46 **46 ἔλαιον** *(Oliven-)Öl,* bes. auch *Salböl.* **ἤλειψας** Aor. ἀλείφω V. 38.
47 **μύρον** V. 37. **47 χάριν** uneig. Präp. (A183; meist nachgestellt) *wegen, um*
... willen; οὗ χάριν *deshalb, darum* (B 2). **ἀφ-έωνται** Pf. (A231) Pass. -ἵη-
μι. **ὅτι** gibt hier, wie das Gleichnis u. die Fortsetzung des Verses zeigen, nicht
den Grund für die Vergebung an, sondern das, woran man die Vergebung er-
kennen kann; ὅτι ἠγάπησεν πολύ übers. daher etwa *denn sie hat viel Liebe*
erwiesen (Menge) od. *eben deshalb hat sie mir soviel Liebe erwiesen* (GNB).
ἠγάπησεν Aor. ἀγαπάω. **ᾧ** *der, dem* bzw. *wem* (A358). **ὀλίγον** Ntr.
(erstes) subst. *weniges* (B 2a), *(ein) wenig;* (zweites) in adv. Ausdrücken *ein biß-*
49 *chen, nur wenig* (B 3a). **ἀφ-ίεται** Pass. **49 ἤρξαντο** V. 15. **συν-ανα-**
κείμενοι Ptz. -κειμαι (A32) *zusammen (zu Tische) liegen/sein, gemeinsam*
essen; subst. *die Tischgenossen = die anderen Gäste.* **λέγειν** Inf.; ἤρξαντο ...
λέγειν ἐν ἑαυτοῖς (= ὑμῖν αὐτοῖς; A126a) *sie begannen, untereinander/zu-*
einander zu sagen od. *sie begannen, bei sich/im stillen zu denken.* **οὗτος** weist
voraus auf den Rel.-Satz (H-S §141d) m. kons. Nebensinn (H-S §290d; A370);
τίς οὗτός ἐστιν ὃς καὶ (A313) ἁμαρτίας ἀφίησιν; *wer ist das, daß er*
50 *sogar Sünden vergibt?* **50 σέ-σωκεν** Pf. (A242) σῴζω. **πορεύου** Imp.
(vgl. A266a). **εἰς** für ἐν in übertr. Sinn (B 9b), wohl Hebr. (BDR §206[2]).

8 **ἐ-γένετο** Aor. Med. γίνομαι; ἐγένετο m. καί u. flgd. finiten Verb
(διώδευεν; V. 22 ἐνέβη) steht pleon. (Hebr., A271; BDR §442[11]). **καθ-**
εξῆς *der Reihe nach;* ἐν τῷ καθεξῆς (erg. χρόνῳ) *in der folgenden Zeit, bald*
darauf. **δι-ώδευεν** Ipf. -οδεύω *durchreisen; umherziehen.* **κώμη** *Dorf;*
διώδευεν κατὰ (distributiv, H-S §184k) πόλιν καὶ κώμην *er zog/wanderte*
von Stadt zu Stadt und von Dorf zu Dorf. **κηρύσσων** Ptz., mod. **εὐ-αγγε-**
λιζόμενος Ptz. Med. -αγγελίζω, mod. (A291,2 Anm. 1); κηρύσσων καὶ

εὐαγγελιζόμενος τὴν βασιλείαν τοῦ θεοῦ wohl Hendiadyoin (A378)
und er verkündete die gute Nachricht/das Evangelium von der Königsherrschaft
Gottes. **οἱ δώδεκα** *die Zwölf* bzw. *die zwölf Jünger (Jesu).* **σὺν αὐτῷ** erg.
ἦσαν (Ipf. v. εἰμί) die Zwölf *begleiteten ihn.* **2 ἦσαν** Ipf. εἰμί. **τε-θερα-** 2
πευμέναι Pf. (A231) Ptz. Pass. θεραπεύω; umschrieb. Plsqpf. (A249).
ἀ-σθένεια *Schwäche* (verschiedenster Art); *Krankheit.* **Μαρία**[1] *Maria,*
außer der Mutter Jesu sechs weitere im NT genannte Frauen; Μαρία ... ἕτε-
ραι πολλαί App. (A70). **καλουμένη** Ptz. Pass. καλέω, attr. *mit dem Bei-*
namen (B 1aγ) bzw. *auch ... genannt.* **Μαγδαληνή** *Magdalenerin, Bewohne-*
rin von Magdala (Ort auf der Westseite des Sees Gennesaret), Beiname einer
Maria. **ἐξ-εληλύθει** Plsqpf. -έρχομαι (zum Sg. vgl. BDR §133[3]; A89).
3 Ἰωάννα *Johanna,* eine Nachfolgerin Jesu. **Χουζᾶς**[1] ᾶ *Chuza.* **ἐπί-** 3
τροπος *Verwalter, Aufseher* (B 1), *Beamter.* **Ἡρῴδης**[1] 3,1. **Σουσάννα**
Susanna, eine Nachfolgerin Jesu. **αἵτινες** *solche, die* od. = αἵ; das Rel.-
Pron. bezieht sich nur auf ἕτεραι πολλαί od. auch auf die namentl. genann-
ten Frauen. **διηκόνουν** Ipf. (augmentiert so, als wäre das Verb ein Kompo-
situm δια-κονέω) διακονέω *(be)dienen* (v. Dienstleistungen jeder Art); *hel-*
fen, unterstützen, m. Dat. (B 4). **ἐκ** *mit* (B 3f). **ὑπ-αρχόντων** Ptz. -άρχω,
subst.; τὰ ὑπάρχοντά τινι *das, was jmdm. zur Verfügung steht/gehört* (B 1),
jmds. Besitz bzw. *Vermögen.*

4 συν-ιόντος Ptz. σύν-ειμι (εἶμι) (A32) *zusammenkommen;* gen. 4
abs. (A288), temp. [Var. συν-όντος Ptz. σύν-ειμι (εἰμί) (A32) *zusammen-*
sein]. **κατά** m. Akk. distributiv (B II1d); οἱ κατὰ πόλιν *die Leute aus allen*
Städten (vgl. BDR §224[5]). **ἐπι-πορευομένων** Ptz. -πορεύομαι *hingehen,*
(hin)kommen πρός *zu, zusammenströmen bei;* gen. abs. (A288), temp. **διὰ**
παραβολῆς bez. die Art u. Weise (B διά AIII1b) *in der Form eines Gleich-*
nisses, durch ein Gleichnis. **5 ἐξ-ῆλθεν** Aor. -έρχομαι hier *hinausgehen =* 5
aufs Feld gehen. **σπείρων** Ptz., subst.; ὁ σπείρων *der/ein Sämann/Bauer.*
τοῦ m. Inf. fin. (A281). **σπεῖραι** Aor. Inf. σπείρω. **σπόρος** *Same.* **ἐν**
τῷ m. AcI temp. (A282) *während, als.* **σπείρειν** Inf.; Präd. des AcI. **ὃ μέν**
die einen (Samenkörner) (= σπέρματα [durch σπείρειν impliziert]), übers.
etwa *einiges* od. *ein Teil der Körner,* hier fortgesetzt nicht m. ὃ δέ (A133c), son-
dern m. καὶ ἕτερον (V. 6-8; H-S §252,34; BDR §447[15]) *andere/anderes* od. *ein*
anderer Teil; das αὐτό weist jeweils (in V. 5 u. 7) darauf zurück. **ἔ-πεσεν**
Aor. πίπτω. **παρὰ τὴν ὁδόν** *auf den Weg* (B παρά III1d), viell. *an den*
Wegrand (vgl. NGÜ Anm.). **κατ-ε-πατήθη** Aor. Pass. κατα-πατέω *zer-*
treten. **πετεινόν** *Vogel;* τὰ πετεινὰ τοῦ οὐρανοῦ *die Vögel des Himmels*
= einfaches deutsches *die Vögel.* **κατ-έ-φαγεν** Aor. -εσθίω[188] *aufessen,*
auffressen. **6 κατ-έ-πεσεν** Aor. κατα-πίπτω[194] *hinfallen.* **πέτρα** *Fels,* 6
hier *felsiger Boden* (B 1a). **φυέν** Aor. Ptz. Pass. Ntr. φύω[15] *aufgehen, hervor-*
wachsen; temp. **ἐ-ξηράνθη** Aor. Pass. ξηραίνω[120] etwas *austrocknen, ver-*

sengen; Pass. *vertrocknen, verdorren.* **διὰ τό** m. Inf. bzw. AcI (erg. αὐτό als
Subj.) kaus. (A282) *weil.* **ἔχειν** Inf.; Präd. des AcI. **ἰκμάς**[3] άδος ἡ *Feuch-
tigkeit;* διὰ τὸ μὴ ἔχειν ἰκμάδα *weil es keine Feuchtigkeit hatte = weil (die*
7 *nötige) Feuchtigkeit fehlte* (NGÜ). **7 ἐν μέσῳ** m. Gen. Pl. *inmitten von, mit-
ten unter* (auf die Frage „Wo?" od. „Wohin?"; BDR §215[5]). **ἄκανθα** *Dornen-
gewächs* (v. stachligen Pflanzen, bes. v. der als Unkraut wuchernden Ononis spi-
nosa, Hauhechel, im Ggs. zu Nutzpflanzen); ἐν μέσῳ τῶν ἀκανθῶν *mitten
unter die Dornen* (B μέσος 2). **συμ-φυεῖσαι** Aor. Ptz. Pass. Fem. -φύω[15]
zusammen/mit aufwachsen; temp., viell. kaus. **ἀπ-έ-πνιξαν** Aor. ἀπο-
8 πνίγω[69] (die Saat) *ersticken.* **8 γῆ** hier am besten *Boden.* **ἐ-ποίησεν** Aor.
ποιέω; ποιέω καρπόν *Frucht tragen/hervorbringen* (B I1bη). **ἑκατοντα-
πλασίων** ον (A11; 19) *hundertfach.* **λέγων** Ptz., temp.; ταῦτα λέγων *bei
diesen Worten* (Menge). **ἐ-φώνει** Ipf. φωνέω. **ἔχων** Ptz., subst. **οὖς**[3]
ὠτός τό *Ohr.* **ἀκούειν** Inf.; ὁ ἔχων ὦτα ἀκούειν (eigentüml. Verbin-
dung des Inf. m. einem Subst. [vgl. BDR §393[6]]) *wer Ohren zum Hören hat.*
ἀκουέτω Imp. 3. Sg. ἀκούω *(der) soll gut zuhören* (GNB).
9 **9 ἐπ-ηρώτων** Ipf. -ερωτάω. **εἴη** Opt. εἰμί; obliquer Opt. (BDR
§386[2]; vgl. H-S §211f/g); τίς αὕτη εἴη ἡ παραβολή *was dieses Gleichnis be-*
10 *deute.* **10 ὁ δέ** *(und/doch) dieser/er* (A102). **δέ-δοται** Pf. (A231) Pass.
δίδωμι; pass. divinum (A76b); ὑμῖν δέδοται *euch ist es (von Gott) gege-
ben/verliehen* (vgl. B 1bβ). **γνῶναι** Aor. Inf. γινώσκω. **μυστήριον** *Ge-
heimnis.* **οἱ λοιποί** hier *die anderen (Menschen)* (B 2bα); τοῖς δὲ λοιποῖς
ἐν παραβολαῖς *aber den anderen (wird es nur) in Gleichnissen gesagt.* **ἵνα**
fin. (B II2) *damit* (evtl. kons. *so daß*) od. epexegetisch (vgl. BDR §394; s. auch
A328) *(nämlich), daß* (dann ist V.10b eine erste Deutung des vorangegangenen
Gleichnisses; Pesch, Mk 1, S.237-240). **βλέποντες** Ptz. βλέπω, konz.; ἵνα
βλέποντες μὴ βλέπωσιν *daß/damit sie, obwohl sie sehen, nicht (wirklich)
sehen = daß/damit sie sehend/mit sehenden Augen nicht sehen* bzw. *daß/damit sie
sehen und doch nicht sehen.* **βλέπωσιν** Konj. **ἀκούοντες** Ptz. ἀκούω,
konz. (analog zu βλέποντες). **συν-ιῶσιν** Konj. -ίημι *verstehen, einsehen,
begreifen.*
11 **11 εἰμί** hier u. in den flgd. Versen (z.T. zu erg.): *bedeuten* (B II3); ἔστιν
12 αὕτη ἡ παραβολή etwa *das Gleichnis bedeutet dies.* **σπόρος** V. 5. **12 οἱ
παρὰ τὴν ὁδόν εἰσιν** (vgl. V. 5) „die auf dem Weg/am Wegrand
sind/bedeuten die" etwa = *mit denen, (bei denen der Same) auf den Weg/an den
Wegrand (fiel), sind die gemeint;* analog V. 13-15. **ἀκούσαντες** Aor. Ptz.
ἀκούω, subst. *die es* (das Wort) *hören.* **εἶτα** *dann, danach.* **διά-βολος**
(< δια-βάλλω verleumden) subst. *Verleumder; Teufel.* **πιστεύσαντες**
Aor. Ptz. πιστεύω, temp. (A291,1 Anm. 1), viell. kaus.; Aor. viell. ingr.
13 (A240b). **σωθῶσιν** Aor. Konj. Pass. σῴζω. **13 πέτρα** V. 6. **ἀκούσω-
σιν** Aor. Konj.; οἱ ἐπὶ τῆς πέτρας (erg. εἰσίν wie V. 12) οἳ ὅταν ἀκού-

σωσιν *mit denen, (bei denen der Same) auf den felsigen Boden (fiel), sind die gemeint, die* das Wort, *wenn sie es gehört haben.* **καί** (erstes) adversativ (A311,1) *aber, doch.* **ῥίζα** *Wurzel* (generischer Sg.). **πρὸς καιρόν** *für einen begrenzten Zeitabschnitt* (B καιρός 1), *(nur) eine Zeitlang* (H-S §184p). **πειρασμός** *Prüfung; Versuchung, Anfechtung.* **ἀφ-ίσταμαι** *sich entfernen, weggehen; abfallen* (B 2a). **14 ἄκανθα** V. 7. **πεσόν** Aor. Ptz. Ntr. πίπτω, 14
subst.; τὸ εἰς τὰς ἀκάνθας πεσόν, οὗτοί εἰσιν *mit denen, (bei denen der Same) unter die Dornen fiel, sind die gemeint* (vgl. V. 12; s. zum Ntr. ὃ μέν V. 5). **ἀκούσαντες** V. 12. **καί** (erstes) V. 13. **μέριμνα** *Sorge* (ängstl. Besorgnis). **πλοῦτος** *Reichtum.* **ἡδονή** *Lust, Vergnügen, Genuß* (meist negativ). **βίος** *Leben; tägliches* bzw. *irdisches Leben.* **πορευόμενοι** Ptz. πορεύομαι, temp. *wenn sie hingehen,* (hier v. Leben überhaupt:) *während ihrer Lebenszeit* (B 2d), *im Lauf der Zeit* (NGÜ). **συμ-πνίγονται** Pass. -πνίγω *erstikken, erdrücken.* **καί** (viertes) kons. (A311,2) *so daß.* **τελεσ-φορέω** *Früchte*
zur Reife bringen, reife Früchte tragen/bringen (B). **15 γῇ** V. 8; τὸ ἐν τῇ καλῇ 15
γῇ, οὗτοί εἰσιν *mit denen, (bei denen der Same) auf den guten Boden (fiel), sind die gemeint* (vgl. V. 12 u. 14). **οἵτινες** *solche, die* od. = οἵ. **ἐν καρδίᾳ καλῇ καὶ ἀγαθῇ** *in/mit einem feinen/edlen und guten Herzen* (B καλός 2b), *mit gutem und willigem Herzen* (GNB). **ἀκούσαντες** V. 12; temp. **κατ-έχω** (treu) *festhalten, bewahren* (B 1bβ). **καρπο-φορέω** *Frucht bringen* (eig. u. übertr.). **ὑπο-μονή** *Ausharren, Geduld, Ausdauer, Standhaftigkeit;* ἐν ὑπομονῇ *in/durch Ausdauer, mit Beharrlichkeit* (Menge).
16 λύχνος *Lampe.* **ἅψας** Aor. Ptz. ἅπτω[51] Akt. *anzünden;* temp. 16
(A291,1 Anm. 1). **καλύπτω** *verhüllen, bedecken, zudecken.* **σκεῦος**[7] *Gerät; Gefäß* (B 1b); dat. instr. (A176). **ὑπο-κάτω** uneig. Präp. (A183) *unter.* **κλίνη** *Bett.* **λυχνία** *Leuchter* (Ständer, an dem eine od. mehrere Lampen aufgehängt od. auf den sie gestellt wurden), *Lampenständer* (NGÜ). **εἰσ-πορευόμενοι** Ptz. -πορεύομαι *hineingehen, hereinkommen; eintreten;* subst. **βλέπωσιν** Konj. βλέπω; ἵνα οἱ εἰσπορευόμενοι βλέπωσιν τὸ φῶς *damit die Eintretenden das Licht sehen* bzw. *Licht (haben und) sehen können* (vgl.
NGÜ). **17 κρυπτός** *verborgen, geheim;* οὐ γάρ ἐστιν κρυπτόν (Ntr.) 17
denn nichts ist geheim/verborgen, denn es gibt nichts Geheimes/Verborgenes. **φανερός** *bekannt; sichtbar, offenbar.* **γενήσεται** Fut. Med. γίνομαι. **ἀπόκρυφος**[11] *verborgen.* **οὐ μή** m. Aor. Konj. stärkste Verneinung zukünftigen Geschehens (A257). **γνωσθῇ** Aor. Konj. Pass. γινώσκω Pass. hier *zur Kenntnis kommen* (B 2a), *bekannt werden.* **ἔλθῃ** Aor. Konj. ἔρχομαι; εἰς
φανερὸν ἔρχομαι *ans Licht* (der Öffentlichkeit) *kommen.* **18 βλέπετε** 18
Imp. hier *zusehen* (B 4c), *achtgeben, achten auf;* βλέπετε οὖν πῶς ἀκούετε *achtet also darauf, wie ihr hört = daß ihr richtig (zu)hört.* **ὅς** hier nom. pendens (A141), wobei das αὐτῷ (in V. 18b das ἀπ' αὐτοῦ) darauf zurückweist (vgl. BDR §297,2[3]); Rel.-Satz m. ἄν u. Konj. hat kond. Nebensinn (H-S §290e;

A371), übers. *wer ... dem* (bzw. *von dem*). **ἔχῃ** Konj. ἔχω. **δοθήσεται** Fut.
Pass. δίδωμι; wohl pass. divinum (A76b). **ἔχειν** Inf. **ἀρθήσεται** Fut.
Pass. αἴρω; ὃς ἂν μὴ ἔχῃ, καὶ ὃ δοκεῖ ἔχειν ἀρθήσεται ἀπ' αὐτοῦ
wer aber nicht hat, dem wird auch (noch) das (vgl. A358) *genommen werden, was*
er zu haben meint (Oxymoron; vgl. H-S §296k).
19 **19 παρ-ε-γένετο** Aor. Med. παρα-γίνομαι[176] *ankommen, kommen*
(B 1); zum Sg. vgl. A94. **καί** (zweites) V. 13. **ἠ-δύναντο** Ipf. Pass. δύνα-
μαι, m. Inf. **συν-τυχεῖν** Aor. Inf. -τυγχάνω[156] *zusammenkommen* τινί
20 *mit jmdm.* (B), *zu jmdm. hingelangen, bis zu jmdm. durchkommen.* **20 ἀπ-ηγ-
γέλη** Aor. Pass. -αγγέλλω. [Var. ὅτι recitativum = Doppelpunkt (A333).]
ἑστήκασιν Pf. (m. präs. Bdtg.) ἵσταμαι. **ἰδεῖν** Aor. Inf. ὁράω. **θέ-
21 λοντες** Ptz. θέλω, mod. (A291,2 Anm. 1), viell. kaus. **21 ὁ δέ** V. 10. **ἀπο-
κριθείς** Aor. Ptz. Pass. (ohne Pass.-Bdtg.) -κρίνομαι, pleon. (A297,2);
ἀποκριθεὶς εἶπεν *er antwortete.* **ἀκούοντες** Ptz. ἀκούω, subst. **ποι-
οῦντες** Ptz. ποιέω, subst.; μήτηρ μου καὶ ἀδελφοί μου οὗτοί εἰσιν
οἱ τὸν λόγον τοῦ θεοῦ ἀκούοντες καὶ ποιοῦντες *meine Mutter und*
meine Brüder sind die, die das Wort Gottes hören und (danach) handeln.
22 **22 ἐ-γένετο** V. 1. **ἐν μιᾷ τῶν ἡμερῶν** (gen. partitivus, A164) *an*
einem der Tage (vgl. B εἷς 3a) = *eines Tages.* **ἐν-έ-βη** Aor. ἐμ-βαίνω[139] (ins
Boot) *(ein)steigen* [Var. ἀν-έ-βη Aor. ἀνα-βαίνω]; zum Sg.-Präd. vgl. A94.
καί (zweites) *mit.* **δι-έλθωμεν** Aor. Konj. -έρχομαι hier *hinfahren* (B 2),
hinüberfahren; adhortativer Konj. (A254). **πέραν** Adv. *jenseits,* τὸ πέραν *das*
jenseitige/andere Ufer (vgl. B 1). **λίμνη** *(der) See.* **ἀν-ήχθησαν** Aor. Pass.
-άγω[59] *hinaufführen;* Med./Pass. nautischer term. tech.: *in See stechen, auslau-*
23 *fen* (B 3). **23 πλεόντων** Ptz. πλέω *zur See fahren, zu Schiff reisen, segeln;*
gen. abs. (A288), temp.; πλεόντων αὐτῶν übers. *während der Fahrt.* **ἀφ-
ύπνωσεν** Aor. -υπνόω *einschlafen.* **κατ-έ-βη** Aor. κατα-βαίνω hier
herabkommen, einfallen (B 1b). **λαῖλαψ**[3] απος ἡ *Sturm, Orkan, Wirbelsturm.*
ἄνεμος *Wind;* λαῖλαψ ἀνέμου *Sturmwind* (B λαῖλαψ); καὶ κατέβη
λαῖλαψ ἀνέμου εἰς τὴν λίμνην *da fuhr ein Sturmwind auf den See herab*
(Menge) = *da brach auf dem See ein schwerer Sturm los* (NGÜ). **συν-ε-πλη-
ροῦντο** Ipf. Pass. συμ-πληρόω Pass. *voll werden, vollkommen anfüllen;* Pass.
ganz voll werden; konatives Ipf. (A237); συνεπληροῦντο *sie nahmen viel*
Wasser über (B 1), *(das Boot) drohte vollzulaufen.* **καί** (drittes) kons. (BDR
§442[5]; A311,2) *so daß.* **ἐ-κινδύνευον** Ipf. κινδυνεύω *in (großer) Gefahr*
24 *schweben/sein.* **24 προσ-ελθόντες** Aor. Ptz. -έρχομαι, temp. (A291,1
Anm. 1). **δι-ήγειραν** Aor. -εγείρω[137f] *aufwecken;* Pass. *erwachen, aufste-*
hen. **λέγοντες** Ptz. λέγω, mod. **ἐπι-στάτης**[1] *Meister, Herr;* Vok. **ἀπ-
ολλύμεθα** *wir gehen unter, wir sind verloren.* **δι-εγερθείς** Aor. Ptz. Pass.
-εγείρω, temp. (A291,1 Anm. 1). **ἐπ-ε-τίμησεν** Aor. ἐπι-τιμάω m. Dat.
tadeln, zurechtweisen, (mit aller Strenge) entgegentreten/befehlen. **κλύδων**[4]

ωνος ὁ *Woge, Wellenschlag;* κλύδων τοῦ ὕδατος *Seegang* (B), *das Wogen*
des Wassers od. einfach *die Wellen.* **καί** (zweites) kons. (A311,2) *dann, da.*
ἐ-παύσαντο Aor. Med. παύω *zum Aufhören bringen;* Med. *aufhören,* hier v.
Wind u. Wellen: *sie legten sich* (B 2). **γαλήνη** *(Meeres-)Stille* (Ggs. Sturm);
ἐγένετο γαλήνη *es trat Stille ein, es wurde (ganz) still.* **25 φοβηθέντες** 25
Aor. Ptz. Pass. (ohne bes. Pass.-Bdtg.) φοβέομαι, mod. (A291,2 Anm. 1).
ἐ-θαύμασαν Aor. θαυμάζω; φοβηθέντες ἐθαύμασαν λέγοντες
πρὸς ἀλλήλους *voll Furcht staunten sie und sagten zueinander = voll Furcht*
und Staunen sagten sie zueinander. **πρὸς ἀλλήλους** *zueinander* (vgl. B
πρός III1e). **ὅτι** hier m. kons. Färbung *(in Anbetracht dessen,) daß* (BDR
§456[6]; vgl. B 1c), viell. kaus. *denn;* τίς ἄρα οὗτός ἐστιν ὅτι *wer ist denn*
dieser, daß = was ist denn das für ein Mensch, daß. **καί ... καί** (erstes u.
zweites) *sogar ... und* (BDR §444[4]). **ἐπι-τάσσω** *befehlen, gebieten.* **ὑπ-**
ακούω *gehorchen.*

26 κατ-έ-πλευσαν Aor. κατα-πλέω[30] eig. *hinabfahren,* d.h. v. der 26
(„hohen") See auf die Küste („hinabfahren" =) zufahren, daher = *hinfahren.*
χώρα *Land, Landschaft, Gegend, Gebiet.* **Γερασηνός** *aus Gerasa* (Stadt in
Peräa) *stammend;* subst. *Gerasener* [Var. 1 Γεργεσηνός *aus Gergesa* (Stadt am
See Gennesaret) *stammend;* subst. *Gergesener;* Var. 2 Γαδαρηνός (< Γαδα-
ρά Gadara, eine der zehn Städte der Dekapolis im Ostjordanland, 10 km süd-
östl. des Sees Gennesaret) *Gadarener*]. **ἥτις** für ἥ (BDR §293[9]). **ἀντι-πέ-**
ρα Adv. als uneig. Präp. gebraucht (A183) *auf der entgegengesetzten Seite, gegen-*
über von (H-S §185a). **27 ἐξ-ελθόντι** Aor. Ptz. -έρχομαι hier *aussteigen;* 27
ἐξέρχομαι ἐπὶ τὴν γήν *an Land gehen* (vgl. B 1aε); temp.; kongruiert m.
dem DatO αὐτῷ. **ὑπ-ήντησεν** Aor. -αντάω *entgegengehen, begegnen;*
ἐξελθόντι αὐτῷ ἐπὶ τὴν γὴν ὑπήντησεν ἀνήρ τις *als er* (Jesus) *an*
Land gegangen war, begegnete ihm ein Mann. **ἔχων** Ptz., attr.; ἔχων δαιμό-
νια *der von Dämonen besessen war* (B ἔχω I2εα). **ἱκανός** *hinlänglich, genü-*
gend; viel; lang (v. Zeit); χρόνῳ ἱκανῷ (temp. Dat., hier unklass. für die Zeit-
dauer; BDR §201[4]; vgl. A182) *lange Zeit hindurch* (B 1b) [Var. ἐκ bzw. ἀπὸ
χρόνων ἱκανῶν *seit langer Zeit*]. **ἐν-ε-δύσατο** Aor. Med. ἐν-δύω[12]
anziehen, bekleiden; Med. *sich bekleiden mit, sich anziehen;* χρόνῳ ἱκανῷ οὐκ
ἐνεδύσατο ἱμάτιον *er zog schon lange Zeit keine Kleidung (mehr) an = er*
trug schon lange keine Kleidung (mehr) [Var. ἐν-ε-διδύσκετο Ipf. Med. ἐν-δι-
δύσκω gleiche Bdtg.]. **ἔ-μενεν** Ipf. μένω hier *sich aufhalten, wohnen;* καὶ
ἐν οἰκίᾳ οὐκ ἔμενεν *auch hielt er sich in keinem Haus (mehr) auf.* **μνῆ-**
μα[3] *Grab.* **28 ἰδών** Aor. Ptz. ὁράω, temp. **ἀνα-κράξας** Aor. Ptz. -κρά- 28
ζω[81] *aufschreien;* mod., viell. temp. **προσ-έ-πεσεν** Aor. -πίπτω[194] *nieder-*
fallen vor, zu Füßen fallen, sich zu Boden werfen vor τινί *jmdm.* **φωνῇ**
μεγάλῃ dat. mod. (A180) *mit lauter Stimme, laut.* **τί ἐμοὶ καὶ σοί** erg.
ἐστίν (vgl. BDR §127[4]) sowohl Hebr. (מַה־לִּי וָלָךְ *mah-lî wālāk*) als auch

volkstüml. abweisende Redewendung (B ἐγώ) „was haben ich und du (gemein-
sam/miteinander zu tun)" (dat. commodi, A173), übers. hier etwa *was willst du*
von mir, was habe ich mit dir zu tun, laß mich in Ruhe (vgl. B ἐγώ). **Ἰησοῦ**
Vok. **υἱέ** Vok. **ὕψιστος** *höchster, erhabenster;* ὁ ὕψιστος *der Höchste* (d.h.
Gott) (B 2). **δέομαι** *bitten,* m. Gen. der Pers. **βασανίσῃς** Aor. Konj.
βασανίζω (vgl. A33[91ff]) *foltern, quälen;* prohibitiver Konj. (A256); δέομαί
29 σου, μή με βασανίσῃς *bitte, quäle mich nicht* (B δέομαι 1c). **29 παρ-**
ήγγειλεν Aor. -αγγέλλω[110] *auffordern, gebieten, befehlen* [Var. παρ-ήγ-
γελλεν Ipf.]. **ἀ-κάθαρτος**[11] *unrein, schmutzig* (kultisch bzw. sittl.-geistl.);
τὸ ἀκάθαρτον πνεῦμα *der unreine/böse Geist* (= Dämon). **ἐξ-ελθεῖν**
Aor. Inf. -έρχομαι ἀπό τινος hier *ausfahren aus jmdm.* (B 1aδ), *jmdn.*
verlassen. **πολλοῖς χρόνοις** temp. Dat., hier unklass. für die Zeitdauer
(BDR §201; vgl. A182) *lange Zeiten hindurch* (B πολύς 1aβ). **συν-ηρπά-**
κει Plsqpf. -αρπάζω[107] *gewaltsam ergreifen, packen* (B); πολλοῖς χρόνοις
συνηρπάκει αὐτόν *er* (der unreine Geist) *hatte ihn schon lange in seiner Ge-*
walt (zum Plsqpf. vgl. A245). **ἐ-δεσμεύετο** Ipf. Pass. δεσμεύω *fesseln;* Ipf.
iter. (A226). **ἅλυσις**[8] *Kette, Handschellen;* dat. instr. (A176). **πέδη** *Fuß-*
fessel; dat. instr. (A176); ἐδεσμεύετο ἁλύσεσιν καὶ πέδαις *er war (wie-*
derholt) mit Ketten und Fußfesseln gebunden worden = man hatte ihn (wiederholt)
an Händen und Füßen gebunden (vgl. H-S §255f). **φυλασσόμενος** Ptz.
Pass. φυλάσσω *wachen, bewachen, in Gewahrsam halten;* mod. (A291,2
Anm. 1). **καί** (drittes) V. 13. **διαρ-ρήσσων** Ptz. -ρήσσω/ρήγνυμι *zer-*
reißen; temp. (A291,1 Anm. 1). **δεσμός** *Fessel* (B 1); Pl. δεσμοί u. δεσμά
(BDR §49[3]). **ἠλαύνετο** Ipf. Pass. ἐλαύνω *treiben.* **αἱ ἔρημοι** Pl. *ein-*
30 *same Gegenden* (B ἔρημος 2) od. = Sg. (vgl. BDR §241[2]). **30 ἐπ-ηρώτη-**
σεν Aor. -ερωτάω. **τί σοι** (dat. poss., A173) **ὄνομά ἐστιν;** „was ist
dein Name?" = *wie heißt du?* **ὁ δέ** V. 10. **λεγιών**[4] ῶνος ἡ (< lat. legio)
Legion (militärischer Verband v. etwa 6000 Mann), hier als Name eines Dä-
mons. **εἰσ-ῆλθεν** Aor. -έρχομαι εἴς τινα *in jmdn. fahren;* zum Sg. vgl.
A89, in V. 31 m. Pl. fortgesetzt; Aor. bez. die Vorvergangenheit, übers. m.
31 Plsqpf. (vgl. H-S §198f). **31 παρ-ε-κάλουν** Ipf. παρα-καλέω; das Ipf.
kann hier das erfolglose Bitten (vgl. den Aor. bei der erfüllten Bitte in V. 32)
anzeigen (konatives Ipf., H-S §195g). **ἵνα** hier *daß* (A328; bez. das Erbetene).
ἐπι-τάξῃ Aor. Konj. -τάσσω[79] *befehlen, gebieten.* **ἄ-βυσσος** ἡ *Abgrund,*
Tiefe, Unterwelt (im Judentum auch als Geistergefängnis vorgestellt). **ἀπ-ελ-**
θεῖν Aor. Inf. -έρχομαι; ἵνα μὴ ἐπιτάξῃ αὐτοῖς εἰς τὴν ἄβυσσον
ἀπελθεῖν *daß er ihnen nicht befehle, in den Abgrund/die Unterwelt (aus)zufahren*
32 etwa = *daß er sie nicht in den Abgrund/die Unterwelt schicke.* **32 ἦν** Ipf. εἰμί.
ἀγέλη *Herde.* **χοῖρος** *Schwein.* **ἱκανός** V. 27. **βοσκομένη** Ptz. Pass.
βόσκω Akt. *weiden, hüten* (Tätigkeit des Hirten); Pass. *grasen, weiden* (Tätig-
keit der Herde); attr. **ἐν** *auf.* **παρ-ε-κάλεσαν** Aor. **ἵνα** V. 31. **ἐπι-**

τρέψῃ Aor. Konj. -τρέπω[48] *gestatten, erlauben.* **εἰσ-ελθεῖν** Aor. Inf.
V. 30. **ἐπ-έ-τρεψεν** Aor. **33 ἐξ-ελθόντα** Aor. Ptz. Ntr. Pl. V. 29, temp. 33
εἰσ-ῆλθον V. 30. **ὥρμησεν** Aor. ὁρμάω *stürmen* (schnelle, unaufhaltsa-
me Bewegung eines Lebewesens v. od. zu einem Ort), hier etwa *sich stürzen.*
κρημνός *steiler Abhang;* κατὰ τοῦ κρημνοῦ *vom Abhang herab* (B κατά
I1a), *den Abhang hinunter.* **λίμνη** V. 22. **ἀπ-ε-πνίγη** Aor. Pass. ἀπο-
πνίγω[69] tr. *ersticken;* Pass. intr. *ersticken,* hier *ertrinken* (B).
34 ἰδόντες V. 28; temp. **βόσκοντες** Ptz. V. 32; subst. *Hirten.* **γε-** 34
γονός Pf. Ptz. Ntr. γίνομαι, subst. *was geschehen war, das Geschehen* (vgl.
B I3a). **ἔ-φυγον** Aor. φεύγω[72] *fliehen* (B 1), *davonlaufen.* **ἀπ-ήγγει-**
λαν Aor. -αγγέλλω. **εἰς** nach Verben des Sagens auch auf die Frage „Wo?“
(vgl. B 1dβ). **ἀγρός** *Feld, Acker;* Pl. auch *Höfe, Gehöfte, Dörfer* (B 2). **35 ἐξ-** 35
ῆλθον Aor. -έρχομαι, erg. als Subj. *(die Leute).* **ἰδεῖν** Aor. Inf. ὁράω, fin.
(A276) *um (mit eigenen Augen) zu sehen.* **εὗρον** Aor. εὑρίσκω. **καθήμε-**
νον Ptz. κάθημαι, AcP (A300). **ἐξ-ῆλθεν** Aor. V. 29 [Var. ἐξ-εληλύθει
Plsqpf.]. **ἱματισμένον** Pf. (A231) Ptz. Pass. ἱματίζω (vgl. A33[91ff]) *beklei-*
den; AcP (A300). **σω-φρονοῦντα** Ptz. σω-φρονέω *vernünftig sein, beson-*
nen sein, bei (klarem) Verstand sein; AcP (A300). **παρὰ τοὺς πόδας** τι-
νός *zu den Füßen jmds.* (B παρά III1c). **ἐ-φοβήθησαν** Aor. Pass. (ohne
bes. Pass.-Bdtg.) φοβέομαι. **36 ἰδόντες** V. 28; subst. hier *(die) Augenzeu-* 36
gen. **ἐ-σώθη** Aor. Pass. σῴζω hier *heilen* (vgl. B 1c). **δαιμονισθείς** Aor.
Ptz. Pass. δαιμονίζομαι (vgl. A33[91ff]) *dämonisch besessen sein;* subst.
37 ἠρώτησεν Aor. ἐρωτάω. **ἅ-πας**[10] = πᾶς. **πλῆθος**[7] *Menge, große* 37
Anzahl; (versammelte) *(Menschen-)Menge; Bevölkerung* (B 2bγ). **περί-χω-**
ρος[11] *benachbart;* ἡ περίχωρος (erg. χώρα [A88]) *die Umgegend, die Umge-*
bung. **Γερασηνός** (einschließl. Var.) V. 26. **ἀπ-ελθεῖν** V. 31. **συν-εί-**
χοντο Ipf. Pass. -έχω *zusammenhalten; ergreifen; bedrängen, quälen;* φόβῳ
μεγάλῳ (dat. instr., A176) συνείχοντο *sie wurden von großer Angst gequält*
bzw. etwa *große Angst hatte sie ergriffen.* **αὐτὸς δέ** steht betont (BDR §277[5]).
ἐμ-βάς Aor. Ptz. -βαίνω V. 22; temp. **ὑπ-έ-στρεψεν** Aor. ὑπο-στρέ-
φω[47] *zurückkehren, zurückfahren.* **38 ἐ-δεῖτο** Ipf. Med. δέομαι V. 28. **ἐξ-** 38
εληλύθει Plsqpf. -έρχομαι V. 29. **εἶναι** Inf. εἰμί hier σύν τινι *jmdn.*
begleiten (B III10); ἐδεῖτο αὐτοῦ ... εἶναι σὺν αὐτῷ der Mann ... *bat ihn,*
ihn begleiten/bei ihm bleiben zu dürfen. **ἀπ-έ-λυσεν** Aor. ἀπο-λύω hier
fortschicken, verabschieden, entlassen (B 2b). **λέγων** Ptz., mod. *mit den Worten.*
39 ὑπό-στρεφε Imp. **δι-ηγοῦ** Imp. -ηγέομαι *erzählen.* **ἐ-ποίησεν** 39
Aor. ποιέω τί τινι *etwas für jmdn. tun* (B I1dβ). **ἀπ-ῆλθεν** Aor. -έρχο-
μαι. **καθ᾽ ὅλην τὴν πόλιν** „durch die ganze Stadt hin“ = *in der ganzen*
Stadt (B κατά II1a). **κηρύσσων** Ptz., mod. (A291,2 Anm. 1).
40 [Var. ἐ-γένετο V. 1, hier ohne καί.] **ἐν τῷ** m. AcI temp. (A282) 40
während, als. **ὑπο-στρέφειν** Inf. V. 37, hier *zurückkommen;* Präd. des AcI

[Var. ὑπο-στρέψαι Aor. Inf.]. **ἀπ-ε-δέξατο** Aor. Med. ἀπο-δέχομαι[63]
freundlich/mit Freuden aufnehmen, empfangen. **ἦσαν** V. 2. **προσ-δοκῶν-**
41 **τες** Ptz. -δοκάω *erwarten, warten auf;* umschrieb. Ipf. (A249). **41 ᾧ ὄνομα**
(erg. ἦν; BDR §128[3]) *dessen* (dat. commodi/poss., A173b) *Name ... war,*
namens. **Ἰάϊρος** *Jairus,* ein Synagogenvorsteher. **ἄρχων**[5] οντος ὁ *Herr-*
scher; Mitglied der (öfter: örtl.) *Behörde;* ἄρχων τῆς συναγωγῆς *Vorsteher*
der Synagoge. **ὑπ-ῆρχεν** Ipf. -άρχω. **πεσών** Aor. Ptz. πίπτω, temp. od.
mod. (A291 Anm. 1). **παρὰ τοὺς πόδας** τινός V. 35. **παρ-ε-κάλει**
42 Ipf. παρα-καλέω. **εἰσ-ελθεῖν** Aor. Inf. -έρχομαι. **42 θυγάτηρ**[6] τρός
ἡ *Tochter.* **μονο-γενής**[7] (< μόνος, γένος Geschlecht, Art) *einziges*
(Kind). **ἦν** V. 32. **ἐτῶν** gen. qualitatis (vgl. H-S §168c; A160); ὡς ἐτῶν
δώδεκα *ungefähr zwölf Jahre alt* (B). **ἀπ-έ-θνῃσκεν** Ipf. ἀπο-θνῄσκω;
Ipf. bez. hier ein im Verlauf befindl. Geschehen: *im Sterben liegen* (H-S §198b;
A237a2; ähnl. BDR §326[1]); ὅτι θυγάτηρ μονογενὴς ἦν αὐτῷ (dat. poss.,
A173) ὡς ἐτῶν δώδεκα καὶ αὐτὴ ἀπέθνῃσκεν *denn er hatte eine einzige*
Tochter, und die lag im Sterben = denn sein einziges Kind, ein Mädchen von etwa
zwölf Jahren, lag im Sterben. **ἐν τῷ** V. 40. **ὑπ-άγειν** Inf.; Präd. des AcI.
συν-έ-πνιγον Ipf. συμ-πνίγω V. 14, hier *drängen, bedrängen,* etwa *fast er-*
43 *drücken* (vgl. B 2). **43 οὖσα** Ptz. Fem. εἰμί, attr. **ῥύσις**[8] *(das) Fließen;*
εἰμὶ ἐν ῥύσει αἵματος *blutflüssig sein* (B εἰμί III4), *an (schweren) Blutun-*
gen leiden. **ἥτις** V. 26. **ἰατρός** *Arzt;* dat. commodi (A173). **προσ-αν-**
αλώσασα Aor. Ptz. Fem. -αλόω[164] *noch dazu aufwenden, aufwenden* τινί
für jmdn. (B); konz. **βίος** V. 14, hier *Lebensunterhalt,* speziell *Besitz, Vermögen*
(B 3). **ἴσχυσεν** Aor. ἰσχύω *stark sein, vermögen, können,* m. Inf. (B 2b).
ἀπό statt ὑπό (BDR §210[2]). **θεραπευθῆναι** Aor. Inf. Pass. θεραπεύω;
οὐκ ἴσχυσεν ἀπ᾽ οὐδενὸς (Neg. verstärken einander, A310) θεραπευθῆ-
ναι *sie konnte von niemandem geheilt werden* etwa = *niemand hatte sie/ihr*
44 *(bisher) heilen/helfen können.* **44 προσ-ελθοῦσα** Aor. Ptz. Fem. -έρχο-
μαι, temp. (A291,1 Anm. 1). **ὄπισθεν** Adv. *hinten, von hinten.* **ἥψατο**
Aor. Med. ἅπτω[51] Med. *berühren, anfassen,* m. Gen. (A165). **κράσ-πεδον**
(< κάρα Kopf, oberer Rand, πέδον Ebene, Boden) *Saum* (eines Gewandes);
(Mantel-)Quaste (vgl. Num 15,37-41). **παρα-χρῆμα** *sofort, sogleich.*
ἔ-στη Wz.-Aor. ἵσταμαι; ἔστη ἡ ῥύσις τοῦ αἵματος αὐτῆς *der Blut-*
45 *fluß kam zum Stillstand* (B II1a), *die Blutungen hörten auf.* **45 ἁψάμενος**
Aor. Ptz. Med., subst.; τίς ὁ ἁψάμενός (erg. ἐστίν) μου; „wer ist es, der
mich berührt hat?" = *wer hat mich berührt?* **ἀρνουμένων** Ptz. ἀρνέομαι
leugnen, bestreiten, abstreiten; gen. abs. (A288), kaus. **ἐπι-στάτης** V. 24.
συν-έχω V. 37, hier *drängen, bedrängen* (B 3). **ἀπο-θλίβω** *drängen,*
bedrängen; οἱ ὄχλοι συνέχουσίν σε καὶ ἀποθλίβουσιν übers. etwa *die*
46 *Volksmenge umdrängt und stößt dich von allen Seiten.* **46 ἐγώ** betont (A122).
ἔ-γνων Aor. γινώσκω hier *merken, spüren* (B 4a). **ἐξ-εληλυθυῖαν** Pf.

Ptz. Fem. -έρχομαι, AcP (A300); ἐγὼ ἔγνων δύναμιν ἐξεληλυθυῖαν
ἀπ' ἐμοῦ *ich habe gemerkt/gespürt, daß (eine) Kraft von mir ausgegangen ist*
[Var. ἐξ-ελθοῦσαν Aor. Ptz. Fem.]. **47 ἰδοῦσα** Aor. Ptz. Fem. ὁράω, 47
temp. **ἔ-λαθεν** Aor. λανθάνω[153] *verborgen sein, unbemerkt bleiben;* ὅτι οὐκ
ἔλαθεν *daß sie nicht unbemerkt geblieben war* bzw. *daß sie nicht verborgen*
bleiben konnte = daß sie es nicht verheimlichen konnte (Einh.). **τρέμουσα**
Ptz. Fem. τρέμω *beben, zittern, sich fürchten;* mod. etwa *zitternd.* **προσ-πε-**
σοῦσα Aor. Ptz. Fem. -πίπτω V. 28; temp. (A291,1 Anm. 1). **αἰτία**
Ursache, Grund; δι' ἣν αἰτίαν *aus welchem Grund* (B 1), *warum.* **ἀπ-ήγ-**
γειλεν Aor. -αγγέλλω. **ἰάθη** Aor. Pass. ἰάομαι[17] *heilen;* δι' ἣν αἰτίαν
ἥψατο αὐτοῦ ἀπήγγειλεν ... καὶ ὡς ἰάθη παραχρῆμα *sie erzählte ...*
warum sie ihn berührt hatte und wie sie sofort geheilt worden war. **48 ὁ δέ** 48
V. 10. [Var. θάρσει Imp. θαρσέω (< θάρσος Mut) *guten Mutes, voller Mut,*
zuversichtlich sein; übers. etwa *hab keine Angst.*] **θυγάτηρ** V. 42; hier Nom.
ohne Art. für Vok. (BDR §147[6]; vgl. A142) *meine Tochter* [Var. θύγατερ
Vok.]. **σέ-σωκεν** Pf. (A242) σῴζω V. 36. **πορεύου** Imp. (vgl. A266a).
εἰς für ἐν in übertr. Sinn (B 9b), wohl Hebr. (vgl. BDR §206[2]). **49 λαλοῦν-** 49
τος Ptz. λαλέω, gen. abs. (A288), temp. **ἔρχεται** hist. Präs. (A235). **ἀρ-**
χι-συνάγωγος *Synagogenvorsteher;* τὶς παρὰ τοῦ ἀρχισυναγώγου
einer vom (Haus des) Synagogenvorstehers. **λέγων** Ptz., mod. **ὅτι** recitativum
= Doppelpunkt (A333). **τέ-θνηκεν** Pf. (A242) (ἀπο-)θνῄσκω. **μηκ-έτι**
nicht mehr, nicht weiter. **σκύλλε** Imp. σκύλλω *ermüden;* hier *bemühen, belä-*
stigen. **50 ἀκούσας** Aor. Ptz. ἀκούω, temp.; erg. ταῦτα (A79). **ἀπ-ε-** 50
κρίθη Aor. Pass. V. 21. **φοβοῦ** Imp. φοβέομαι. **πίστευσον** Aor. Imp.
πιστεύω [Var. πίστευε Imp.]. **σωθήσεται** Fut. Pass. σῴζω (Subj.: sie,
die Tochter). **51 ἐλθών** Aor. Ptz. ἔρχομαι, temp. **ἀφ-ῆκεν** Aor. -ίημι 51
hier *(zu)lassen, erlauben,* m. Inf. (B 4). **εἰσ-ελθεῖν** V. 41. **εἰ μή** nach Neg.
außer (vgl. B εἰ VI9a). **παῖς**[3] παιδός *Kind* (ὁ *Junge;* hier ἡ *Mädchen*).
52 ἔ-κλαιον Ipf. κλαίω. **ἐ-κόπτοντο** Ipf. Med. κόπτω *abschlagen;* Med. 52
sich (vor Trauer an die Brust) *schlagen, (heftig) trauern* (τινά *um jmdn.*), *betrau-*
ern. **ὁ δέ** *doch dieser/er* (A102). **κλαίετε** Imp.; Imp. Präs. zur Aufforderung,
m. einer Handlung aufzuhören (BDR §336,2); μὴ κλαίετε *weint nicht mehr!*
hört auf zu weinen! **ἀπ-έ-θανεν** Aor. ἀπο-θνῄσκω; οὐ ἀπέθανεν *sie ist*
nicht tot. **καθ-εύδω** *schlafen.* **53 κατ-ε-γέλων** Ipf. κατα-γελάω *aus-* 53
lachen τινός *jmdn.* **εἰδότες** Pf. (m. präs. Bdtg.) Ptz. οἶδα, kaus.
54 αὐτὸς δέ V. 37. **κρατήσας** Aor. Ptz. κρατέω hier *ergreifen* τῆς χει- 54
ρός τινος *jmds. Hand* (B 1b; A165); temp. (A291,1 Anm. 1). **ἐ-φώνησεν**
Aor. φωνέω. **ἡ παῖς** Nom. m. Art. für Vok. (BDR §147[4]; vgl. A142).
ἔγειρε Imp. (vgl. A266a). **55 ἐπ-έ-στρεψεν** Aor. ἐπι-στρέφω[47] *um-,* 55
zurückkehren; ἐπέστρεψεν τὸ πνεῦμα αὐτῆς *ihr (Lebens-)Geist* (B πνεῦ-
μα 2) *kehrte zurück* etwa = *sie wurde wieder lebendig* (NGÜ). **ἀν-έ-στη** Wz.-

Aor. -ἵσταμαι. **παρα-χρῆμα** V. 44. **δι-έ-ταξεν** Aor. δια-τάσσω[79]
anordnen, befehlen, bestimmen, m. Inf. **δοθῆναι** Aor. Inf. Pass. δίδωμι; δί-
δωμί τινι φαγεῖν *jmdm. zu essen geben* (B ἐσθίω 1d); übers. Pass. am be-
sten im Sinn v. „man“ (A76b); διέταξεν αὐτῇ δοθῆναι φαγεῖν *er ordnete*
56 *an, man solle ihr (etwas) zu essen geben.* **φαγεῖν** Aor. Inf. ἐσθίω. **56 ἐξ-έ-
στησαν** Wz.-Aor. ἐξ-ίσταμαι[205] *außer sich geraten/sein* (vor Staunen od.
Erregung). **γονεῖς** έων οἱ (A8: ευ-St.) *Eltern.* **ὁ δέ** V. 10. **παρ-ήγγει-
λεν** V. 29. **εἰπεῖν** Aor. Inf. λέγω. **γε-γονός** V. 34.
9 **συγ-καλεσάμενος** Aor. Ptz. Med. -καλέω[37] *zusammenrufen;* Med.
zu sich rufen; temp. (A291,1 Anm. 1). **οἱ δώδεκα** *die Zwölf* bzw. *die zwölf
Jünger Jesu.* **ἔ-δωκεν** Aor. δίδωμι. **ἐπί** m. Akk. *über* (H-S §184j).
νόσος ἡ *Krankheit.* **θεραπεύειν** Inf.; Inf. abhängig v. δύναμιν καὶ
2 ἐξουσίαν. **2 ἀπ-έ-στειλεν** Aor. ἀπο-στέλλω. **κηρύσσειν** Inf.
ἰᾶσθαι Inf. ἰάομαι *heilen.* **ἀ-σθενής**[7] *kraftlos, schwach; krank;* subst.
3 [Var. ἀ-σθενοῦντας Ptz. ἀ-σθενέω *schwach/krank sein;* subst.]. **3 αἴρετε**
Imp.; μηδὲν αἴρετε εἰς τὴν ὁδόν *nehmt nichts mit auf den Weg* (B 2). **εἰς
ὁδόν** *auf den Weg, für die Reise* (B ὁδός 1b). **μή-τε** *und nicht;* μήτε ...
μήτε *weder ... noch* (B). **ῥάβδος** ἡ *Stab, Stock,* hier *Wanderstab.* **πήρα**
Ranzen, Reisesack, Reisetasche, Vorratstasche; evtl. *Bettelsack.* **ἀργύριον**
Silber; (Silber-)Geld, hier allgem. *Geld* (B 2b). **ἀνά** (A187) *auf, hinauf;* bei
Zahlen *je* (B 3). **χιτών**[4] ῶνος ὁ *Untergewand, Hemd* (unmittelbar auf dem
Leib getragen). **ἔχειν** Inf.; Inf. hier imp. im Anschluß an den Imp. αἴρετε
gebraucht (BDR §389[3]; vgl. A319a); μήτε ἀνὰ δύο χιτῶνας ἔχειν *auch
sollt ihr nicht jeder zwei Hemden haben = und keiner soll zwei Hemden (bei sich)*
4 *haben* (NGÜ). **4 εἰσ-έλθητε** Aor. Konj. -έρχομαι; εἰς ἣν ἂν οἰκίαν
εἰσέλθητε etwa = ἐὰν εἰς οἰκίαν εἰσέλθητε (Rel.-Satz m. kond. Neben-
sinn [BDR §380[2]; A371]) *wenn ihr in ein Haus eintretet/einkehrt.* **μένετε** Imp.
ἐκεῖ-θεν[18] *von dort.* **ἐξ-έρχεσθε** Imp., hier *weiterziehen;* καὶ ἐκεῖθεν
ἐξέρχεσθε *und von dort (aus) zieht weiter = bis ihr den Ort (wieder) verlaßt*
5 (Einh.). **5 ὅσοι ἄν** (A132) *wer (auch immer)* bzw. *jeder, der* = ἐάν τις
(A371; vgl. BDR §380,1b) *wenn man.* **δέχωνται** Konj. δέχομαι. **ἐξ-
ερχόμενοι** Ptz. -έρχομαι hier ἀπό τινος *etwas* (einen Ort) *verlassen* (vgl.
B 1aα); temp. (als Imp. + „und“ übers.; A291,1 Anm. 1). **κονιορτός** *Staub*
(der in Bewegung gesetzt wird). **ἀπο-τινάσσετε** Imp. -τινάσσω *ab-
schütteln;* τὸν κονιορτὸν ἀπὸ τῶν ποδῶν ὑμῶν ἀποτινάσσετε *schüt-
telt den Staub von euren Füßen* (B 1); der fromme Jude tat dies beim Verlassen
heidnischen Gebiets, um das Land Israel nicht zu verunreinigen; die Jünger
zeigen durch diesen Gestus, daß sie den Ort m. heidnischem Gebiet
gleichstellen u. m. den Bewohnern keine Gemeinschaft haben (Billerbeck I,
S. 571). **μαρτύριον** *Zeugnis,* im Sinn v. *Beweis* (Handlung, Umstand od.
Sache) od. *Zeugenaussage;* εἰς μαρτύριον ἐπ᾽ αὐτούς *zum Zeugnis gegen sie*

(im Blick auf den Gerichtstag) = etwa *als Hinweis auf das Gericht, das sie*
erwartet (NGÜ). **6 ἐξ-ερχόμενοι** Ptz. hier *sich aufmachen* (vgl. B 1aη), 6
sich auf den Weg machen; temp. (A291,1 Anm. 1). **δι-ήρχοντο** Ipf. Med.
-έρχομαι *hindurchgehen, durchwandern;* διήρχοντο κατὰ (wohl distributiv;
vgl. B κατά II1d) τὰς κώμας *sie wanderten von Dorf zu Dorf,* viell. *sie zer-*
streuten sich in die Ortschaften (B 3). **κώμη** *Dorf.* **εὐ-αγγελιζόμενοι**
Ptz. Med. -αγγελίζω, mod. **θεραπεύοντες** Ptz. θεραπεύω, mod. **παν-**
ταχοῦ *überall.*

7 ἤκουσεν Aor. ἀκούω. **Ἡρῴδης** 3,1. **τετρα-άρχης**[1] *Tetrarch* 7
(Titel eines Herrschers, dessen Kompetenzen geringer waren als die eines Kö-
nigs). **γινόμενα** Ptz. γίνομαι, subst.; τὰ γινόμενα πάντα *von allem,*
was geschah bzw. *von allen diesen Begebenheiten* (Menge). **δι-η-πόρει** Ipf.
δι-α-πορέω *in großer Verlegenheit/Unsicherheit sein.* **διὰ τό** m. Inf. kaus.
(A282) *weil.* **λέγεσθαι** Inf. Pass. λέγω; διὰ τὸ λέγεσθαι ὑπό τινων
weil von einigen gesagt wurde = denn manche (Leute) sagten/meinten/behaupte-
ten. **ὅτι** wohl recitativum = Doppelpunkt (A333). **ἠγέρθη** Aor. Pass. ἐγεί-
ρω [Var. ἐγήγερται Pf. Pass.]. **8 ὑπό τινων δέ** *aber von anderen (wurde* 8
gesagt/behauptet) = aber andere meinten. **ὅτι** (zweimal) V. 7. **Ἠλίας** 1,17.
ἐ-φάνη Aor. Pass. φαίνομαι[124] *sichtbar werden, sich zeigen, erscheinen*
(B 2c). **ἄλλων δέ** *wieder andere (meinten).* **ἀρχαῖος** *alt;* προφήτης τις
τῶν ἀρχαίων (gen. partitivus, A164) *einer von den (anderen/übrigen) alten*
Propheten (A376a; BDR §306[11]). **ἀν-έ-στη** Wz.-Aor. -ίσταμαι. **9 ἐγώ** 9
betont (A122) *ich selbst.* **ἀπ-ε-κεφάλισα** Aor. ἀπο-κεφαλίζω (vgl.
A33[91ff]) *enthaupten,* hier *enthaupten lassen.* **ἀκούω** Ind. Präs. hier perfektisch
(= *ich habe gehört;* BDR §322,1; A236). **ἐ-ζήτει** Ipf. ζητέω hier *wünschen,*
wollen (B 2bγ). **ἰδεῖν** Aor. Inf. ὁράω.

10 ὑπο-στρέψαντες Aor. Ptz. -στρέφω[47] *zurückkehren;* temp. **δι-** 10
ηγήσαντο Aor. Med. -ηγέομαι *erzählen, berichten.* **ἐ-ποίησαν** Aor.
ποιέω; Aor. bez. die Vorvergangenheit (vgl. H-S §198f). **παρα-λαβών**
Aor. Ptz. -λαμβάνω hier wohl *zur Seite/beiseite nehmen* (B 1); temp. (A291,1
Anm. 1). **ὑπ-ε-χώρησεν** Aor. ὑπο-χωρέω *sich zurückziehen.* **κατ᾽**
ἰδίαν (klass. = καθ᾽ ἑαυτόν [vgl. BDR §286[2]]) *für sich* (B ἴδιος 4), *für sich*
allein, hier = *um (mit ihnen) allein zu sein.* **καλουμένην** Ptz. Pass. καλέω,
attr. *mit Namen* (B 1aγ). **Βηθσαϊδά** ἡ indekl., hier Akk., *Betsaida,* Ort am
Nordufer des Sees Gennesaret. **11 γνόντες** Aor. Ptz. γινώσκω, temp.; erg. 11
τοῦτο/ταῦτα (A79). **ἠκολούθησαν** Aor. ἀκολουθέω. **ἀπο-δεξά-**
μενος Aor. Ptz. Med. -δέχομαι[63] *freundlich aufnehmen/empfangen, willkom-*
men heißen; temp. (A291,1 Anm. 1). **ἐ-λάλει** Ipf. λαλέω. **ἔχοντας** Ptz.
ἔχω; χρείαν ἔχω τινός *jmdn./etwas nötig haben* (B χρεία 1), *brauchen;*
subst. **θεραπεία** *Dienst; Behandlung, Heilung* (B 1a). **ἰᾶτο** Ipf. Med. ἰάο-
μαι *heilen* [Var. ἰάσατο Aor. Med.].

12 **12 ἤρξατο** Aor. Med. ἄρχω. **κλίνειν** Inf. κλίνω *neigen, senken, beu-*
gen; intr. (v. Tag) *sich neigen, zu Ende gehen.* **προσ-ελθόντες** Aor. Ptz.
-έρχομαι, temp. (A291,1 Anm. 1). **οἱ δώδεκα** V. 1. **εἶπαν** Aor. (vgl.
H-S §105g) λέγω. **ἀπό-λυσον** Aor. Imp. -λύω hier τινά *jmdn. verabschie-*
den, gehen lassen (vgl. B 2b). **πορευθέντες** Aor. Ptz. Pass. (ohne bes. Pass.-
Bdtg.) πορεύομαι, temp. (A291,1 Anm. 1). **κύκλῳ** Adv. (erstarrter lok.
Dat. v. κύκλος Kreis, A181) *im Kreis, ringsumher;* hier *umliegend.* **κώμη**
Dorf. **ἀγρός** *Feld, Acker;* Pl. auch *Höfe, Dörfer.* **κατα-λύσωσιν** Aor.
Konj. -λύω *niederreißen, zerstören;* intr. *haltmachen* (eig. „Zugtiere ausspan-
nen"), *rasten, einkehren.* **εὕρωσιν** Aor. Konj. εὑρίσκω. **ἐπι-σιτισμός**
Verpflegung, Proviant; ἵνα ... καταλύσωσιν καὶ εὕρωσιν ἐπισιτισμόν
damit sie ... Unterkunft und Verpflegung finden = damit sie ... übernachten können
13 *und etwas zu essen bekommen.* **13 δότε** Aor. Imp. δίδωμι. **ὑμεῖς** betont
(A122). **φαγεῖν** Aor. Inf. ἐσθίω. **οἱ δέ** *aber diese/sie* (A102). **οὐκ**
εἰσὶν ἡμῖν (dat. poss., A174) **πλεῖον ἤ** *wir haben nicht mehr als = wir ha-*
ben nur. **πέντε**[19] *fünf.* **ἰχθύς**[8] ύος ὁ *Fisch.* **μήτι** *etwa* (verneinende Ant-
wort angedeutet, A320); εἰ μήτι m. deliberativem Konj. (A255) ungewöhnl.,
wohl im Sinn v. *wenn nicht etwa* bzw. *sonst müßte es sein, daß* (B εἰ VI10; BDR
§376[3]) od. einfach *etwa* (wobei εἰ vor der direkten Frage unübersetzt bleibt
[vgl. B εἰ V1]; vgl. ZG); εἰ μήτι ... ἡμεῖς (betont, A122) ἀγοράσωμεν *wir*
müßten sonst ... kaufen od. *sollen wir etwa ... kaufen.* **πορευθέντες** V. 12.
ἀγοράσωμεν Aor. Konj. ἀγοράζω (vgl. A33[91ff]) (< ἀγορά Marktplatz)
14 *kaufen.* **εἰς** *für* (B 4g). **βρῶμα**[3] *Speise, Nahrungsmittel.* **14 ἦσαν** Ipf.
εἰμί. **ὡσ-εί** *wie;* (bei Zahlen u. Maßen) *ungefähr.* **πεντακισ-χίλιοι**[19]
fünftausend. **κατα-κλίνατε** Aor. Imp. -κλίνω[126] *sich niederlegen lassen, la-*
gern lassen (zum Essen). **κλισία** *Tischgesellschaft,* hier *Gruppe* (v. Menschen,
die zusammen speisen); Akk. des inneren Obj. (A145). **ἀνά** V. 3; κλισίας
ὡσεὶ ἀνὰ πεντήκοντα *in Gruppen von etwa je 50 (Personen).* **πεντήκον-**
15 **τα**[19] *fünfzig.* **15 ἐ-ποίησαν** V. 10. **κατ-έ-κλιναν** Aor. **ἅ-πας**[10] =
16 πᾶς. **16 λαβών** Aor. Ptz. λαμβάνω, temp. (A291,1 Anm. 1). **ἀνα-βλέ-**
ψας Aor. Ptz. -βλέπω[41] *aufblicken;* temp. od. mod. **εὐ-λόγησεν** Aor. -λο-
γέω hier wohl *segnen* (B 2b). **κατ-έ-κλασεν** Aor. κατα-κλάω[23] *in Stücke*
brechen. **ἐ-δίδου** Ipf. δίδωμι; erg. αὐτούς/τούτους (A79). **παρα-θεῖ-**
ναι Aor. Inf. -τίθημι[200] *danebenstellen, vorsetzen, vorlegen* (B 1a); fin.; ἐδί-
δου τοῖς μαθηταῖς παραθεῖναι τῷ ὄχλῳ *er gab (sie) den Jüngern, um sie*
an die Leute auszuteilen (vgl. H-S §220c) [Var. παρα-τιθέναι Inf.].
17 **17 ἔ-φαγον** Aor. ἐσθίω. **ἐ-χορτάσθησαν** Aor. Pass. χορτάζω (vgl.
A33[91ff]) *satt machen, sättigen;* Pass. auch *satt werden.* **ἤρθη** Aor. Pass. αἴρω
hier *aufheben, einsammeln.* **περισσεῦσαν** Aor. Ptz. Ntr. περισσεύω intr.
überschießen, übrig sein; subst. **κλάσμα**[3] *(abgebrochenes) Stück;* τὸ περισ-
σεῦσαν αὐτοῖς κλασμάτων (gen. partitivus, A164) *das, was ihnen an Brot-*

stücken übriggeblieben war = die übriggebliebenen Brotstücke. **κόφινος** *Korb*
(großer, fester Tragkorb); κόφινοι δώδεκα *zwölf Körbe (voll)* am besten m.
Doppelpunkt od. Gedankenstrich anschließen (App. [A70] zu τὸ περισσεῦ-
σαν).
18 ἐ-γένετο Aor. Med. γίνομαι; ἐγένετο m. flgd. finiten Verb (συν- 18
ῆσαν; V. 28 ἀνέβη; V. 33 εἶπεν; V. 37 συνήντησεν) steht pleon. (Hebr.,
A271; vgl. BDR §442,4a[11]). **ἐν τῷ** m. AcI temp. (A282) *während, als.* **εἶναι**
Inf. εἰμί; Präd. des AcI. **προσ-ευχόμενον** Ptz. -εύχομαι umschrieb.
Präs. Inf. (εἶναι ... προσευχόμενον = προσεύχεσθαι A249a; BDR
§353[9]); ἐγένετο ἐν τῷ εἶναι αὐτὸν προσευχόμενον κατὰ μόνας *als
er für sich allein betete* = etwa *als er sich einmal zum Gebet zurückgezogen hatte*
(NGÜ). **κατὰ μόνας** *für sich allein* (B κατά II1c). **συν-ῆσαν** Ipf.
σύν-ειμι (εἰμί) *zusammensein* τινί *mit jmdm.* [Var. συν-ήντησαν Aor.
-αντάω *entgegengehen, begegnen*]. **ἐπ-ηρώτησεν** Aor. -ερωτάω. **εἶναι**
Präd. des AcI, abhängig v. λέγουσιν; τίνα (Präd.-Nom. des AcI; vgl. A269)
με λέγουσιν οἱ ὄχλοι εἶναι; *wer, sagen die Leute, bin ich? = für wen halten
mich die Leute?* **19 οἱ δέ** *(und) diese/sie* (A102). **ἀπο-κριθέντες** Aor. 19
Ptz. Pass. (ohne Pass.-Bdtg.) -κρίνομαι, pleon. Ptz. (A29,27); ἀπο-κριθέν-
τες εἶπαν *sie antworteten.* **εἶπαν** V. 12. **βαπτιστής**[1] *Täufer;* App.
(A70); Ἰωάννην τὸν βαπτιστήν erg. gedankl. λέγουσίν σε εἶναι
(wo-zu der Akk. [τίνα entsprechend] als Präd.-Nom. tritt) *(einige halten dich)
für Johannes den Täufer;* analog Ἠλίαν. **ἄλλοι δέ ... ἄλλοι δέ** *andere ...
wieder andere* (vgl. H-S §130). **Ἠλίας** 1,17. **ὅτι** V. 7. **ἀρχαῖος, ἀν-έ-
στη** V. 8. **20 ὑμεῖς δέ** Subj. betont (A122; durch Voranstellung zusätzl. 20
hervorgehoben [BDR §475[2]]) *und ihr.* **ἀπο-κριθείς** V. 19. **τὸν χριστόν**
Präd.-Nom. m. Art. hebt die Gleichsetzung hervor (A80); zum Akk. vgl. zu
βαπτιστής (V. 19): *für den* (verheißenen) *Christus/Messias.* **21 ὁ δέ** *(und)* 21
dieser/er (A102). **ἐπι-τιμήσας** Aor. Ptz. -τιμάω m. Dat. *anfahren, tadeln,
zurechtweisen, (mit aller Strenge) entgegentreten/befehlen;* mod. **παρ-ήγγει-
λεν** Aor. -αγγέλλω[110] *auffordern, anordnen, befehlen;* m. neg. Inf. *verbieten,*
etwas zu tun (B); ὁ δὲ ἐπιτιμήσας αὐτοῖς παρήγγειλεν μηδενὶ λέ-
γειν τοῦτο *er aber verbot ihnen streng/nachdrücklich, dies jemandem weiterzu-
sagen.* **λέγειν** Inf. **22 εἰπών** Aor. Ptz. λέγω, mod. (A291,2 Anm. 1). **δεῖ** 22
hier v. der göttl. Bestimmung (vgl. B 1). **παθεῖν** Aor. Inf. πάσχω; Präd. des
AcI, abhängig v. δεῖ (ebenso die drei flgd. Inf.). **ἀπο-δοκιμασθῆναι** Aor.
Inf. Pass. -δοκιμάζω (vgl. A33[91ff]) (< δόκιμος erprobt) (nach vorausgegan-
gener Prüfung) *verwerfen.* **ἀπό** statt ὑπό (BDR §210[2]). **πρεσβύτερος** Pl.
hier v. Mitgliedern einer Gruppe des Synedriums (B 2aβ; GNB: *Ratsälteste*).
ἀπο-κτανθῆναι Aor. Inf. Pass. -κτείνω. **τῇ τρίτῃ ἡμέρᾳ** temp. Dat.
(A182) *am dritten Tag.* **ἐγερθῆναι** Aor. Inf. Pass. ἐγείρω [Var. ἀνα-στῆ-
ναι Wz.-Aor. Inf. ἀν-ίσταμαι].

23 **23 ἔ-λεγεν** Ipf. λέγω. **ὀπίσω** uneig. Präp. (A183) *hinter – her, hinter.*
ἔρχεσθαι Inf.; hier ἔρχομαι ὀπίσω τινός *hinter jmdm. hergehen, jmds.*
Nachfolger/Jünger sein (B II) **ἀρνησάσθω** Aor. Imp. Med. 3. Sg. ἀρνέομαι
leugnen, verleugnen [Var. ἀπ-αρνησάσθω Aor. Imp. Med. -αρνέομαι syn-
onym]. **ἀράτω** Aor. Imp. 3. Sg. αἴρω hier *aufheben und mit sich tragen* (B 2),
auf sich nehmen. **σταυρός** *Kreuz;* ἀράτω τὸν σταυρὸν αὐτοῦ *er soll sein*
(A126c) *Kreuz auf sich nehmen* (eig. das Aufheben des Querbalkens, den der
Verurteilte zur Richtstätte trägt; hier übertr. für die Bereitschaft zum Leiden u.
Martyrium). **καθ' ἡμέραν** distributiv *täglich* (vgl. B κατά II2c), *Tag für*
Tag. **καί** (zweites) viell. folgernd (ZG) *und so.* **ἀκολουθείτω** Imp. 3. Sg.
24 ἀκολουθέω. **24 ὃς ἄν** Rel.-Satz m. kond. Nebensinn (vgl. H-S §290e;
A371), übers. *wer (auch immer)* bzw. *jeder, der.* **θέλῃ** Konj. θέλω. **ψυχή**
hier *Leben* bzw. m. dem Sinn eines Refl.-Pron. (H-S §139l) *sich selbst* (vgl.
V. 25). **σῶσαι** Aor. Inf. σῴζω. **ἀπ-ολέσει** Fut. -όλλυμι. **ἀπ-ολέσῃ**
Aor. Konj. **ἕνεκεν** uneig. Präp. (A183) *wegen, um ... willen.* **οὗτος** nimmt
den Rel.-Satz m. Nachdruck wieder auf (B 1aε). **σώσει** Fut.
25 **25 ὠφελεῖται** Pass. ὠφελέω *helfen, nützen, fördern;* Pass. *Nutzen/Vorteil ha-*
ben (B 1a); τί ὠφελεῖται ἄνθρωπος *was für einen Nutzen hat ein Mensch,*
was nützt es einem Menschen. **κερδήσας** Aor. Ptz. κερδαίνω[125] *gewinnen;*
kond. **ἀπ-ολέσας** Aor. Ptz., kond. **ζημιωθείς** Aor. Ptz. Pass. ζημιόω
Schaden zufügen; Pass. *Schaden erleiden/nehmen, einbüßen, verlieren;* kond.; ἢ
26 ζημιωθείς *wenn er ... oder (unheilbar) Schaden nimmt* (NGÜ). **26 ἐπ-**
αισχυνθῇ Aor. Konj. Pass. (ohne bes. Pass.-Bdtg.) -αισχύνομαι[130] *sich*
schämen τινά/τι *jmds.* od. *einer Sache* (Ggs. sich zu jmdm. bekennen); ὃς γὰρ
ἂν ἐπαισχυνθῇ με καὶ τοὺς ἐμοὺς λόγους ... *denn wer sich ... meiner*
und meiner Worte schämt od. (freier) *wer ... nicht zu mir und meinen Worten steht*
(NGÜ). **ἐπ-αισχυνθήσεται** Fut. Pass. **ἔλθῃ** Aor. Konj. ἔρχομαι.
27 **27 ἀληθῶς** *wahrhaftig, in Wahrheit, wirklich;* hier *der Wahrheit gemäß* (vgl.
B 1), etwa = ἀμήν (BDR §243[1]). **εἰμί** hier *vorhanden sein, existieren;* εἰσίν
τινες *es gibt einige* (B I1). **αὐτοῦ**[18] hier Adv. *hier.* **ἑστηκότων** Pf. (m.
präs. Bdtg.) Ptz. ἵσταμαι, subst.; gen. partitivus (A164); τινὲς τῶν αὐτοῦ
ἑστηκότων *einige unter den hier Stehenden.* **οὐ μή** m. Aor. Konj. stärkste
Verneinung zukünftigen Geschehens (A257). **γεύσωνται** Aor. Konj. Med.
γεύομαι m. Gen. (Speise) *kosten, schmecken;* übertr. *kennenlernen, erfahren*
(B 2); γεύομαι θανάτου „den Tod schmecken" = *den Tod erleiden, sterben.*
ἕως ἄν *bis* (A337). **ἴδωσιν** Aor. Konj. ὁράω.
28 **28 ἐ-γένετο** V. 18. **ὡσ-εί** *wie;* (bei Zahlen u. Maßen) *ungefähr.* **ἡμέ-**
ραι Nom. statt Akk. der zeitl. Ausdehnung (vgl. BDR §144[5]). **ὀκτώ**[19] *acht.*
παρα-λαβών Aor. Ptz. -λαμβάνω, temp. (A291,1 Anm. 1). **ἀν-έ-βη**
Aor. ἀνα-βαίνω. **προσ-εύξασθαι** Aor. Inf. Med. -εύχομαι, fin.
29 **29 ἐν τῷ** m. AcI temp. (A282) *während, als.* **προσ-εύχεσθαι** Inf.; Präd.

des AcI. **εἶδος**[7] *Gestalt, äußere Erscheinung, (das) Aussehen;* ἐγένετο ... τὸ
εἶδος τοῦ προσώπου αὐτοῦ ἕτερον ... *veränderte sich das Aussehen seines*
Gesichts. **ἱματισμός** *Kleidung.* **λευκός** *weiß; leuchtend.* **ἐξ-αστρά-**
πτων Ptz. -αστράπτω *aufglänzen, erglänzen;* m. ἐγένετο umschrieb. Ipf.
(BDR §354[1]; A249); ἐγένετο ... καὶ ὁ ἱματισμὸς αὐτοῦ λευκὸς ἐξα-
στράπτων etwa ... *und seine Kleidung glänzte leuchtend weiß.* **30 συν-ε-λά-** 30
λουν Ipf. συλ-λαλέω *sich unterreden, besprechen* τινί *mit jmdm.* **οἵτινες**
für οἵ (vgl. A133a). **ἦσαν** Ipf. εἰμί; οἳ ἦσαν übers. *es waren.* **Ἠλίας**[1]
1,17. **31 ὀφθέντες** Aor. Ptz. Pass. ὁράω, temp. (A291,1 Anm. 1). **ἔ-λε-** 31
γον Ipf. λέγω. **ἔξ-οδος** ἡ *Auszug;* hier Euphemismus (A385) *Hingang, Tod*
(B 2), *Lebensausgang, -ende.* **ἤ-μελλεν** Ipf. μέλλω hier (m. Inf.) umschrieb.
Fut. (BDR §356[2]; vgl. A250), viell. v. einer Notwendigkeit infolge göttl. Rat-
schlusses im Sinn v. *müssen* (B 1cδ). **πληροῦν** Inf. πληρόω; ἔλεγον τὴν
ἔξοδον αὐτοῦ, ἣν ἤμελλεν πληροῦν *sie sprachen über das Todesgeschick,*
das sich an ihm erfüllen sollte (B ἔξοδος 2) bzw. *sie sprachen über sein Lebens-*
ende, das ihm nach Gottes Plan bevorstand. **32 βε-βαρημένοι** Pf. Ptz. Pass. 32
βαρέω *beschweren, bedrücken;* umschrieb. Plsqpf. (A249). **ὕπνος** *Schlaf;* dat.
instr. (A176). **δια-γρηγορήσαντες** Aor. Ptz. -γρηγορέω *durchwachen,*
hier *wach bleiben, sich wachhalten,* viell. *völlig aufwachen;* kaus., viell. temp.;
ἦσαν βεβαρημένοι ὕπνῳ· διαγρηγορήσαντες δὲ εἶδον *sie waren von*
schwerer Schläfrigkeit befallen; da sie sich aber wachhielten, sahen sie; viell. *sie*
waren vom Schlaf überwältigt; aber als sie (völlig) aufwachten, sahen sie. **συν-**
εστῶτας Pf. (Wz.-Pf., H-S §109a; m. präs. Bdtg.) Ptz. -ἵσταμαι[205] Pf. *zu-*
sammenstehen mit; attr. **33 ἐ-γένετο** V. 18. **ἐν τῷ** m. AcI temp. (A282) 33
während, als. **δια-χωρίζεσθαι** Inf. -χωρίζομαι *sich trennen;* Präd. des
AcI. **ἐπι-στάτης**[1] *Meister, Herr;* Vok. **εἶναι** Inf. εἰμί; Präd. des AcI; κα-
λόν ἐστιν ἡμᾶς ὧδε εἶναι *es ist gut* bzw. *wie gut, daß wir hier sind.* **ποιή-**
σωμεν Aor. Konj. ποιέω hier Zelte *aufschlagen,* Hütten *bauen* (B I1aα);
adhortativer Konj. (A254). **σκηνή** *Zelt; Hütte.* **εἰδώς** Pf. (m. präs. Bdtg.)
Ptz. οἶδα, mod. od. kaus.; μὴ εἰδὼς ὃ (für τί, BDR §293,3) λέγει (Tempus
u. Modus wie in der entsprechenden direkten Rede; vgl. A326) *dabei wußte er*
nicht bzw. *denn er wußte nicht, was er sagte.* **34 λέγοντος** Ptz. λέγω; gen. 34
abs. (A288), temp. **ἐ-γένετο** V. 18; hier *kommen.* **νεφέλη** *Wolke.* **ἐπ-ε-**
σκίαζεν Ipf. ἐπι-σκιάζω *überschatten;* (v. Wolke) *ihren Schatten werfen auf,*
evtl. *bedecken* (B 2), *einhüllen* [Var. ἐπ-ε-σκίασεν Aor.]. **ἐ-φοβήθησαν**
Aor. Pass. (ohne bes. Pass.-Bdtg.) φοβέομαι. **ἐν τῷ** V. 33. **εἰσ-ελθεῖν**
Aor. Inf. -έρχομαι; Präd. des AcI. **35 ἐ-γένετο** V. 18; hier *kommen* (vgl. 35
B I4cα), *erschallen, sprechen.* **λέγουσα** Ptz. Fem. λέγω, mod. od. attr. zu
φωνή (BDR §354[1]); φωνὴ ἐγένετο ἐκ τῆς νεφέλης λέγουσα *eine*
Stimme erscholl/sprach aus der Wolke. **ἐκ-λε-λεγμένος** Pf. Ptz. Pass. -λέ-
γομαι[66] *(für sich) auswählen, erwählen;* attr. **ἀκούετε** Imp. ἀκούω m. Gen.

36 hier *jmdm. Gehör schenken, gehorchen* (B 4), *hören auf.* **36 ἐν τῷ** V. 33, hier
m. Inf. Aor. *als, nachdem* (A282). **γενέσθαι** Aor. Inf. Med. V. 35; ἐν τῷ γε-
νέσθαι τὴν φωνήν *als die Stimme erscholl* od. *nachdem die Stimme ausgere-
det hatte.* **εὑρέθη** Aor. Pass. εὑρίσκω hier *finden, sich vorfinden;* ellip., erg.
ὤν (Ptz. v. εἰμί [B 1cα]; präd. als Nom. m. Ptz. [entsprechend dem AcP beim
Akt.; H-S §233e; BDR §416[11]; vgl. A300]); εὑρέθη Ἰησοῦς μόνος *Jesus
fand sich allein (vor) = war Jesus (wieder) allein.* **ἐ-σίγησαν** Aor. σιγάω
schweigen, still sein. **ἀπ-ήγγειλαν** Aor. -αγγέλλω. **οὐδενί ... οὐδέν**
Neg. verstärken einander (A310). **ὧν** für τούτων ἅ Attraktion des Rel.-
Pron. (A361c; H-S §289e); gen. partitivus (A164). **ἑ-ώρακαν** (-αν statt
-ασιν, BDR §83[1]) Pf. ὁράω; Pf. drückt die relative Zeitstufe aus (BDR
§345[1]); οὐδενὶ ἀπήγγειλαν ... οὐδέν ὧν ἑώρακαν *sie berichteten nie-
mandem irgend etwas von dem, was sie gesehen hatten.*
37 **37 ἐ-γένετο** V. 18. **ἑξῆς** *der Reihe nach, weiterhin;* τῇ ἑξῆς ἡμέρᾳ
temp. Dat. (A182) *am folgenden Tag* (B 2). **κατ-ελθόντων** Aor. Ptz. -ἔρχο-
μαι[187] *herabkommen, hinabgehen, hinabsteigen;* gen. abs. (A288), temp. **συν-**
38 **ήντησεν** Aor. -αντάω *entgegengehen, begegnen.* **38 ἐ-βόησεν** Aor.
βοάω *(laut) rufen, schreien* [Var. ἀν-ε-βόησεν Aor. ἀνα-βοάω *aufschreien*].
διδάσκαλε Vok. **δέομαι** *bitten, beten,* m. Gen. der Pers. u. Inf. (H-S
§216d; V. 40 dafür ἵνα). **ἐπι-βλέψαι** Aor. Inf. -βλέπω[41] *hinblicken, sich
kümmern* ἐπί τινα *um jmdn., sich jmds. annehmen* (B), *jmdm. helfen;* δέομαί
σου ἐπιβλέψαι ἐπὶ τὸν υἱόν μου *ich bitte dich, meinem Sohn zu helfen*
[Var. ἐπί-βλεψον Aor. Imp.]. **μονο-γενής**[7] (< μόνος, γένος Ge-
schlecht, Art) *einziges* (Kind); μονογενής (Präd.-Nom.) μοί (dat. poss.,
39 A173f) ἐστιν *er ist mein einziges (Kind).* **39 λαμβάνω** hier *packen* (B 1c).
ἐξ-αίφνης *plötzlich.* [Var. ῥήσσω *zerreißen;* hier *niederschmettern, zu Boden
werfen* (vgl. B 2a).] **σπαράσσω** *zerren, reißen;* hier etwa *hin und her zerren.*
ἀφρός *Schaum;* μετὰ ἀφροῦ *unter Schäumen* (B), *so daß ihm Schaum vor
den Mund tritt* (ZG). **μόγις** *mit Mühe, kaum* [Var. μόλις *kaum, mit Mühe*].
ἀπο-χωρέω *weggehen, zurückweichen; ablassen, weichen* ἀπό τινος *von
jmdm.* (B). **συν-τρῖβον** Ptz. -τρίβω *zerstoßen, zerschlagen;* hier *mißhandeln,*
40 *aufreiben* (B 1b), *zugrunde richten;* mod. **40 ἐ-δεήθην** Aor. Pass. (ohne bes.
Pass.-Bdtg.) δέομαι. **ἵνα** hier *daß* (A328; bez. das Erbetene). **ἐκ-βάλω-
σιν** Aor. Konj. -βάλλω; δαιμόνιον ἐκβάλλω *einen Dämon* (der v. einem
Menschen Besitz ergriffen hat) *austreiben* (B 1). **ἠ-δυνήθησαν** Aor. Pass.
41 (ohne bes. Pass.-Bdtg.) δύναμαι. **41 ἀπο-κριθείς** V. 19. **ὦ** vor Vok. m.
Affekt (A142). **ἄ-πιστος**[11] *ungläubig; unglaubwürdig;* Adj. im Nom. statt
Vok. (BDR §147[1]). **δι-ε-στραμμένη** Pf. Ptz. Pass. δια-στρέφω[47]
verdrehen, Ptz. Pf. Pass. (sittl.) *verkehrt, verdorben* (B 1b); attr.; ὦ γενεὰ ἄπι-
στος καὶ διεστραμμένη *o du ungläubige(s) und verkehrte(s) Genera-
tion/Geschlecht* bzw. *was seid ihr für eine ungläubige und verkehrte Generation*

(NGÜ). **πότε**[18] *wann;* ἕως πότε *wie lange?* (B ἕως II1c). **ἔσομαι** Fut. εἰμί, m. πρός τινα *bei jmdm. sein* (B πρός III7), mod. Fut. (A247b). **ἀν-ἐξομαι** Fut. Med. -έχομαι[190] *aushalten, ertragen* (jmdn./etwas: Gen.); mod. Fut. (A247b). **προσ-άγαγε** Aor. Imp. -άγω[59] tr. *herbeiführen, herbeibringen.* **42 προσ-ερχομένου** Ptz. -έρχομαι, gen. abs. (A288f), temp.; ἔτι 42
δὲ προσερχομένου αὐτοῦ *aber während er* (der Sohn) *noch näherkam/herankam.* **ἔρ-ρηξεν** Aor. ῥήγνυμι/ῥήσσω[217] *zerreißen;* hier *niederschmettern, zu Boden werfen* (B ῥήσσω 2a). **συν-ε-σπάραξεν** Aor. συσπαράσσω (vgl. A33[74ff]) *zusammenreißen, hin- und herzerren.* **ἐπ-ε-τίμησεν** Aor. V. 21. **ἀ-κάθαρτος**[11] *unrein, schmutzig* (kultisch bzw. sittl.-geistl.); τὸ ἀκάθαρτον πνεῦμα *der unreine/böse Geist* (= Dämon). **ἰάσατο** Aor. Med. ἰάομαι[17] *heilen.* **παῖς**[3] παιδός *Kind* (ὁ *Junge;* ἡ *Mädchen*); *Sohn.* **ἀπ-έ-δωκεν** Aor. ἀπο-δίδωμι. **43 ἐξ-ε-πλήσσοντο** Ipf. 43
Pass. ἐκ-πλήσσομαι *außer sich geraten* (vor Schreck, Überraschung od. Staunen). **μεγαλειότης**[3] *Großartigkeit, Größe.*

θαυμαζόντων Ptz. θαυμάζω, gen. abs. (A288), temp. **οἷς** für ἅ Attraktion des Rel.-Pron. (A360f). **ἐ-ποίει** Ipf. ποιέω. **44 θέσθε** Aor. Imp. 44
Med. τίθημι. **ὑμεῖς** betont (A122). **οὖς**[3] ὠτός τό *Ohr;* εἰς τὰ ὦτα τίθεμαι „sich in die Ohren legen" = *sich gut merken, sich gut einprägen.* **μέλλω** V. 31. **παρα-δίδοσθαι** Inf. Pass. -δίδωμι. **45 οἱ δέ** V. 13. 45
ἠ-γνόουν Ipf. ἀ-γνοέω *nicht erkennen, nicht wissen; nicht verstehen* (B 3). **ἦν** Ipf. εἰμί. **παρα-κε-καλυμμένον** Pf. (A231) Ptz. Pass. -καλύπτω[54] *verbergen, verhüllen;* umschrieb. Plsqpf. (A249); ἦν παρακεκαλυμμένον ἀπ' αὐτῶν *es* (näml. der Sinn des Wortes) *blieb ihnen verborgen.* **ἵνα** hier wohl kons. (BDR §391[11]) *so daß.* **αἴσθωνται** Aor. Konj. Med. αἰσθάνομαι[144] *wahrnehmen; verstehen, begreifen.* **καί** adversativ (A311,1) *aber, doch.* **ἐ-φοβοῦντο** Ipf. Pass. φοβέομαι, m. Inf. **ἐρωτῆσαι** Aor. Inf. ἐρωτάω [Var. ἐπ-ερωτῆσαι Aor. Inf. -ερωτάω].

46 εἰσ-ῆλθεν Aor. -έρχομαι hier *eingehen, (auf)kommen* (vgl. B 2b). 46
δια-λογισμός *Überlegung, Gedanke; Streit;* εἰσῆλθεν διαλογισμὸς ἐν αὐτοῖς *unter ihnen* (den Jüngern) *kam der Gedanke* bzw. hier *die Frage auf.* **τὸ τίς** = τίς (indirekter Fragesatz ist subst.; BDR §267[3]). **εἴη** Opt. εἰμί; potentialer Opt. m. ἄν (BDR §385[2]; vgl. A260; Tempus u. Modus wie in der entsprechenden direkten Rede [A326]). **μείζων** hier Komp. für Superlativ (B μέγας 2bα; vgl. A118,2) *größter;* τὸ τίς ἂν εἴη μείζων αὐτῶν (gen. partitivus, A164) *wer von ihnen wohl der Größte sei.* **47 εἰδώς** Pf. (m. präs. 47
Bdtg.) Ptz. οἶδα, kaus. [Var. ἰδών Aor. Ptz. ὁράω]. **ἐπι-λαβόμενος** Aor. Ptz. Med. -λαμβάνομαι[152] *sich halten an, ergreifen,* hier *nehmen;* temp. (A291,1 Anm. 1). **ἔ-στησεν** Aor. ἵστημι. **48 ὃς ἐάν** = ὃς ἄν V. 24. 48
δέξηται Aor. Konj. Med. δέχομαι. **ἐπὶ τῷ ὀνόματί μου** hier wohl (als Näherbestimmung zum Präd.) *um meines Namens willen, um meinet-*

willen (B ὄνομα II). **ἀπο-στείλαντα** Aor. Ptz. -στέλλω, subst. **μικρό-
τερος** hier Komp. (v. μικρός) für Superlativ (A118,2) *(der) Geringste* (B μι-
κρός 1c). **ὑπ-άρχων** Ptz., subst.; ὁ μικρότερος ἐν πᾶσιν ὑμῖν ὑπάρ-
χων *wer der Geringste unter euch allen ist.* [Var. ἔσται Fut. εἰμί.] **μέγας**
hier als Ggs. zu μικρότερος wohl Positiv für Superlativ (B 2bα; BDR §245[2];
vgl. A118,1); οὗτός ἐστιν μέγας *der ist der Größte,* viell. *der ist (wirklich)*
49 *groß.* **49 ἀπο-κριθείς** V. 19. **ἐπι-στάτης** V. 33 [Var. διδάσκαλε
Vok.]. **ἐκ-βάλλοντα** Ptz. -βάλλω V. 40; AcP (A300). **ἐ-κωλύομεν** Ipf.
κωλύω *hindern, abhalten;* Ipf. konativ (BDR §326[1]; vgl. A237c); ἐκωλύομεν
αὐτόν *wir haben versucht, ihn daran zu hindern* [Var. ἐ-κωλύσαμεν Aor.].
ἀκολουθεῖ μεθ' ἡμῶν *er folgt nicht mit uns zusammen (dir) nach* (BDR
50 §193[1]), d.h. er gehört nicht zu unserem Jüngerkreis. **50 κωλύετε** Imp.; Imp.
Präs. zur Aufforderung, m. einer Handlung aufzuhören bzw. sie nicht zu wieder-
holen (BDR §336[4]); μὴ κωλύετε *hindert (ihn) nicht mehr/nicht wieder daran!*
ὃς οὐκ ἔστιν καθ' ὑμῶν, ὑπὲρ ὑμῶν ἐστιν Rel.-Satz m. kond.
Nebensinn [H-S §290e; vgl. A371]) *wer nicht gegen euch ist, ist für euch.*
51 **51 ἐ-γένετο** Aor. Med. γίνομαι; ἐγένετο m. καί u. flgd. finiten
Verb (ἐστήρισεν) steht pleon. (Hebr., A271; BDR §442[11]; vgl. §472[7]). **ἐν
τῷ** m. AcI temp. (A282) *während, als.* **συμ-πληροῦσθαι** Inf. Pass. -πλη-
ρόω *vollkommen anfüllen;* Pass. *voll werden; sich erfüllen,* (v. einem Zeitpunkt)
herankommen, näherrücken (NGÜ); Präd. des AcI. **ἀνά-λημψις**[8] *(das) Auf-
nehmen, (das) Aufgenommen-Werden;* hier wohl *Hinaufnahme (in den Himmel),
Himmelfahrt,* viell. Euphemismus für *Tod, Hinscheiden* (vgl. B); ἐγένετο ἐν τῷ
συμπληροῦσθαι τὰς ἡμέρας τῆς ἀναλήμψεως αὐτοῦ καί *als die
Zeit* (wörtl. *die Tage*) *seiner Aufnahme (in den Himmel) herankam/näherrückte.*
ἐ-στήρισεν [Var. ἐ-στήριξεν] Aor. στηρίζω[85] *stärken, festigen; fest-
machen;* τὸ πρόσωπον στηρίζω *das Angesicht richten* (bez. eine feste Ab-
sicht; B), *sich (fest) entschließen,* m. Inf. **τοῦ** pleon. vor Inf. (BDR §400[9]).
πορεύεσθαι Inf. πορεύομαι; αὐτὸς (betont, A122 u. 124) τὸ πρόσω-
πον ἐστήρισεν τοῦ πορεύεσθαι εἰς ... *er entschloß sich, nach ... zu gehen.*
52 **52 ἀπ-έ-στειλεν** V. 2. **πρὸ προσώπου** Hebr. = πρό (A186); ἀπέ-
στειλεν ἀγγέλους πρὸ προσώπου αὐτοῦ *er schickte Boten vor sich her.*
πορευθέντες V. 12; temp. (A291,1 Anm. 1). **εἰσ-ῆλθον** Aor. -έρχομαι.
κώμη *Dorf.* **Σαμαρίτης**[1] *Samaritaner.* **ὡς** m. Inf. hier fin. (B IV3b) *um
zu* [Var. ὥστε hier fin. = ἵνα *in der Absicht, zu dem Zweck,* m. Inf. (B 2b)].
ἑτοιμάσαι Aor. Inf. ἑτοιμάζω τινί hier *jmdm. Quartier machen* (B 1),
53 *jmdm. eine Unterkunft besorgen.* **53 καί** adversativ (A311,1) *doch.* **ἐ-δέξαν-
το** Aor. Med. δέχομαι. **ἦν** V. 45. **πορευόμενον** Ptz., umschrieb. Ipf.
(A249); ὅτι τὸ πρόσωπον αὐτοῦ ἦν πορευόμενον εἰς Ἰερουσαλήμ
weil sich sein Gesicht nach Jerusalem wandte (B πρόσωπον 1b) = *weil er auf*
54 *dem Weg nach Jerusalem war.* **54 ἰδόντες** Aor. Ptz. ὁράω, temp.; erg.

τοῦτο/ταῦτα (A79). **εἶπαν** Aor. (vgl. H-S §105g) λέγω. **εἴπωμεν** Aor.
Konj. λέγω hier wohl *befehlen, anordnen* m. AcI (vgl. B II1c); deliberativer
Konj., hier erg. durch asyndetisch davorgesetztes θέλεις (A255): θέλεις
εἴπωμεν πῦρ καταβῆναι ... *willst du? Sollen wir befehlen, daß Feuer ... her-
abfällt? = sollen wir befehlen, daß Feuer ... herabfällt?* **κατα-βῆναι** Aor. Inf.
-βαίνω hier *herabfallen* (B 1b); erstes Präd. des AcI. **ἀν-αλῶσαι** Aor. Inf.
-αλίσκω/αλόω[164] *verbrauchen, verzehren* (B), *vernichten;* zweites Präd. des
AcI. **αὐτούς** AkkO. [Var. Ἠλίας 1,17. ἐ-ποίησεν V. 10.] **55 στρα-** 55
φείς Aor. Ptz. Pass. στρέφω[47] *hinwenden;* Pass. *sich zuwenden, sich umwen-
den;* temp. od. mod. (A291 Anm. 1). **ἐπ-ε-τίμησεν** Aor. ἐπι-τιμάω V. 21.
56 ἐ-πορεύθησαν Aor. Pass. (ohne bes. Pass.-Bdtg.) πορεύομαι. 56
57 πορευομένων Ptz. πορεύομαι; πορευόμαι ἐν τῇ ὁδῷ *des* 57
Weges dahinziehen (B 1); gen. abs. (A288), temp.; πορευομένων αὐτῶν ἐν
τῇ ὁδῷ *als sie unterwegs waren.* **ἀκολουθήσω** Fut. ἀκολουθέω; hier
wohl mod. Fut. (A247a) *ich will folgen.* **ὅπου ἐάν** = ὅπου ἄν *wo/wohin
auch (immer)* (vgl. A132; 371). **ἀπ-έρχῃ** Konj. -έρχομαι. [Var. κύριε
Vok.] **58 ἀλώπηξ**[3] εκος ἡ *Fuchs.* **φωλεός** *Höhle, Grube, Bau* (Schlupf- 58
loch bzw. Behausung v. Tieren); φωλεοὺς ἔχουσιν *haben einen/ihren Bau*
(deutsch: distributiver Sg. [vgl. A101b]). **πετεινόν** *Vogel;* τὰ πετεινὰ τοῦ
οὐρανοῦ *die Vögel des Himmels* = einfaches deutsches *die Vögel.* **κατα-
σκήνωσις**[8] *Wohnstätte,* (v. Vögeln) *Nest.* **ποῦ** = οὗ (Fragewort als Rel.-
Pron. gebraucht [vgl. BDR §298[7]; A135]); hier *wo = Ort, wo.* **κλίνῃ** Konj.
κλίνω *neigen, senken, beugen;* κλίνω τὴν κεφαλήν *den Kopf/das Haupt hin-
legen* (zum Schlaf) (B 1b) = *sich ausruhen* (NGÜ); deliberativer Konj. im
abhängigen Fragesatz (vgl. BDR §368,4; s.a. A255); οὐκ ἔχει ποῦ τὴν
κεφαλὴν κλίνῃ *er hat keinen Ort, wo er sein* (A103) *Haupt hinlegen* bzw. *sich
ausruhen kann.* **59 ἀκολούθει** Imp. ἀκολουθέω. **ὁ δέ** *doch dieser/er* 59
(A102). **κύριε** Vok. **ἐπί-τρεψον** Aor. Imp. -τρέπω[48] *gewähren, gestatten,
erlauben.* **ἀπ-ελθόντι** Aor. Ptz. -έρχομαι hier wohl *nach Hause gehen;*
temp. (als Inf. + „und“ übers.; A291,1 Anm. 1); part. coni. zu μοί (H-S §216e).
θάψαι Aor. Inf. θάπτω[53] *begraben.* **60 ἄφ-ες** Aor. Imp. -ίημι. **ἑαυτῶν** 60
Refl.-Pron. m. poss. Bdtg. (B 4) *ihre;* ἄφες τοὺς νεκροὺς θάψαι τοὺς
ἑαυτῶν νεκρούς Paradoxie od. Oxymoron (vgl. H-S §296k) *laß die Toten*
(wohl im eig. Sinn [so Luz, Mt 2, S. 25f], viell. geistl. Tote, d.h. Menschen, die
Jesu Botschaft v. der Königsherrschaft verwerfen) *ihre eigenen Toten* (im eig.
Sinn) *begraben;* Jesus betont den Vorrang der Nachfolge vor allem anderen bis
hin zum Bruch m. der Familie. **σύ** betont (A122). **ἀπ-ελθών** Aor. Ptz.,
temp. (als Imp. + „und“ übers.; A291,1 Anm. 1). **δι-άγγελλε** Imp. -αγγέλ-
λω *bekanntmachen; verkünden.* **61 ἀκολουθήσω** V. 57. **ἀπο-τάξα-** 61
σθαι Aor. Inf. Med. -τάσσομαι[79] *Abschied nehmen* τινί *von jmdm.* **οἱ εἰς**
(εἰς für ἐν, BDR §205[4]) **τὸν οἶκόν μου** *meine Hausgenossen* (B οἶκος

62 1aα) etwa = *meine Familie.* **62 ἐπι-βαλών** Aor. Ptz. -βάλλω[112] *auf* etwas
werfen/legen; ἐπιβάλλω τὴν χεῖρα ἐπί τι *die Hand an etwas legen* (B 1b);
subst. [Var. ἐπι-βάλλων Ptz.]. **ἄροτρον** *Pflug.* **βλέπων** Ptz.; wohl iter.
(ZG; A226) od. lin. (A225); subst.; βλέπων εἰς τὰ ὀπίσω *wer zurückschaut*
bzw. *wer immer wieder/dauernd zurückschaut.* **ὀπίσω** Adv. *hinten, nach hinten;*
εἰς τὰ ὀπίσω *zurück.* **εὔ-θετος**[11] *passend, brauchbar* τινί *für etwas;*
οὐδεὶς ἐπιβαλὼν τὴν χεῖρα ἐπ' ἄροτρον καὶ βλέπων εἰς τὰ ὀπίσω
εὔθετός ἐστιν *keiner, der die Hand an den Pflug legt und dann zurückschaut, ist*
brauchbar etwa = *wer mit einer Sache beginnt und dann zögert* (LN 68.6), *ist nicht*
brauchbar.

10 **μετὰ ταῦτα** *danach.* **ἀν-έ-δειξεν** Aor. ἀνα-δείκνυμι[212] *deutlich*
zeigen; hier *einsetzen, ernennen, bestimmen.* **ἑβδομήκοντα δύο**[19f] *zweiund-*
siebzig, erg. Jünger [Var. ἑβδομήκοντα[19] *siebzig*]. **ἀπ-έ-στειλεν** Aor.
ἀπο-στέλλω. **ἀνά** (A187) *auf, hinauf;* bei Zahlen *je;* ἀνὰ δύο δύο (Dop-
pelschreibung der Zahl Koine u. sem.; H-S §145c) *zu zweien, jeweils zu zweit*
[Var. einfaches δύο m. gleicher Bdtg.]. **πρὸ προσώπου** Hebr. = πρό
(A186). **οὗ**[18] *wo, wohin.* **ἤ-μελλεν** Ipf. μέλλω hier (m. Inf.) umschrieb.
2 Fut. (vgl. BDR §356,1; A250). **ἔρχεσθαι** Inf. **2 ἔ-λεγεν** Ipf. λέγω. **θε-**
ρισμός *Ernte* (Handlung u. Zeit des Erntens sowie das zu Erntende, hier Bild
für die Mission); erg. ἐστίν (A78). **ἐργάτης**[1] *Arbeiter;* οἱ ἐργάται ὀλίγοι
erg. εἰσίν (A78) *die Zahl der Arbeiter ist klein* (Menge), *es sind nur wenig Arbei-*
ter da (NGÜ). **δεήθητε** Aor. Imp. Pass. (ohne bes. Pass.-Bdtg.) δέομαι[177]
bitten, beten, m. Gen. der Pers. **τοῦ κυρίου τοῦ θερισμοῦ** *den Herrn der*
Ernte = den Herrn, dem diese Ernte gehört (GNB), d.h. Gott. **ὅπως** hier *daß*
(B 2b; bez. das Erbetene). **ἐκ-βάλῃ** Aor. Konj. -βάλλω hier *aussenden*
3 (B 2). **3 ὑπ-άγετε** Imp. (vgl. A266a). **ἀρήν** ἀρνός ὁ *Lamm.* **ἐν μέσῳ**
m. Gen. Pl. *inmitten von, mitten unter* (auf die Frage „Wo?" od. „Wohin?"; BDR
§215[5]). **λύκος** *Wolf* (auch bildl. v. einem bösartigen, gefährl. Menschen).
4 **4 βαστάζετε** Imp. βαστάζω *aufheben; tragen,* hier *mit sich tragen, mitneh-*
men. **βαλλάντιον** *Geldbeutel.* **πήρα** *Ranzen, Reisesack, Reisetasche, Vor-*
ratstasche; evtl. *Bettelsack.* **ὑπό-δημα**[3] *Sandale, Schuh.* **κατὰ τὴν ὁδόν**
auf dem Weg, unterwegs (B κατά II1a). **ἀσπάσησθε** Aor. Konj. Med.
5 ἀσπάζομαι; prohibitiver Konj. (A256). **5 εἰσ-έλθητε** Aor. Konj. -ἔρχο-
μαι; εἰς ἣν ἂν εἰσέλθητε οἰκίαν etwa = ἐν (πάσῃ) οἰκίᾳ εἰς ἣν ἂν
εἰσέλθητε (A357) bzw. ἐὰν εἰς οἰκίαν εἰσέλθητε (A371; vgl. BDR
§380,1b) *wenn ihr in ein Haus kommt/eintretet.* **λέγετε** Imp. **εἰρήνη τῷ**
οἴκῳ τούτῳ (erg. εἴη [Opt. v. εἰμί]; BDR §128[7]) dat. commodi/poss.
6 (A173f) *Friede sei mit diesem Haus.* **6 ᾖ** Konj. εἰμί. **υἱὸς εἰρήνης** Sem.
(A157) *Sohn des Friedens,* d.h. einer, der bestimmt/bereit ist, den Frieden zu
empfangen bzw. v. ihm bestimmt wird. **ἐπ-ανα-παήσεται** Fut. Pass.
(BDR §78[6]; ohne bes. Pass.-Bdtg.) -παύομαι *ruhen* (B 1), *bleiben* (NGÜ)

[Var. ἐπ-ανα-παύσεται Fut. Med. m. gleicher Bdtg.]. **ἡ εἰρήνη ὑμῶν**
gen. auctoris (A153) *der Frieden, den ihr wünscht/bringt.* **γέ** enklitische Partikel,
hier steigernd; εἰ δὲ μή γε *andernfalls* (B εἰ VI4a; A341). **ἀνα-κάμψει**
Fut. -κάμπτω (vgl. A33[51ff]) (eig. u. uneig.) *zurückkehren* (B 1b); εἰ δὲ μή γε,
ἐφ' ὑμᾶς ἀνακάμψει *andernfalls wird er zu euch zurückkehren = andernfalls*
bleibt er wirkungslos (GNB; vgl. ZG). **7 αὐτός** für αὐτὸς οὗτος (bzw. 7
ἐκεῖνος) (BDR §288[4]); ἐν αὐτῇ τῇ οἰκίᾳ *in ebendiesem/diesem Haus*
(B 1h). **μένετε** Imp. **ἐσθίοντες** Ptz. ἐσθίω, mod. (als Imp. + „und"
übers.; A291,2 Anm. 1). **πίνοντες** Ptz. πίνω, mod. (als Imp. + „und"
übers.; A291,2 Anm. 1). **τὰ παρ' αὐτῶν** subst. *das, was man euch*
gibt/anbietet (vgl. B παρά I4bα). **μισθός** *Lohn* (eig. „Arbeitslohn"; übertr.:
„Belohnung"); ἄξιος (erg. ἐστίν, A78a) ὁ ἐργάτης τοῦ μισθοῦ (gen. pre-
tii, A161) αὐτοῦ *der Arbeiter ist seines Lohnes wert = wer arbeitet, hat ein An-*
recht auf seinen Lohn. **μετα-βαίνετε** Imp. -βαίνω (v. einem Ort) *weggehen*
(um an einem anderen Ort zu sein); Präs. iter. (A226); μὴ μεταβαίνετε ἐξ
οἰκίας εἰς οἰκίαν *geht nicht von Haus zu Haus = wechselt nicht ständig euer*
Quartier (GN). **8 εἰσ-έρχησθε** Konj. -έρχομαι; εἰς ἣν ἂν πόλιν 8
εἰσέρχησθε (vgl. V. 5) *wenn ihr in eine Stadt kommt.* **δέχωνται** Konj. δέ-
χομαι; 3. Pl. im Sinn v. „man" (A76a). **ἐσθίετε** Imp.; Präs. hier u. in V. 9
iter. (BDR §336[1]; vgl. A226). **παρα-τιθέμενα** Ptz. Pass. -τίθημι *daneben-*
stellen; vorlegen, vorsetzen; subst. *die aufgetragenen, vorgesetzten Speisen* (B 1a).
9 θεραπεύετε Imp. **ἀ-σθενής**[7] *kraftlos, schwach; krank;* subst. **λέγετε** 9
Imp. **ἤγγικεν** Pf. ἐγγίζω; ἤγγικεν ἐφ' ὑμᾶς *sie ist nahe zu euch gekom-*
men, sie ist euch nahe. **10 εἰσ-έλθητε** V. 5. **ἐξ-ελθόντες** Aor. Ptz. -έρ- 10
χομαι, temp. (als Imp. + „und" übers.; A291,1 Anm. 1). **πλατεῖα** *breiter*
Weg, Straße. **εἴπατε** Aor. (vgl. H-S §105g) Imp. λέγω. **11 κονιορτός** 11
Staub (der in Bewegung gesetzt wird). **κολληθέντα** Aor. Ptz. Pass. κολ-
λάω (< κόλλα Leim) Akt. *(fest) zusammenfügen, -kleben;* Pass. m. Dat. *haften*
an (B 2aα); attr.; καὶ τὸν κονιορτὸν τὸν κολληθέντα ἡμῖν ἐκ τῆς πό-
λεως ὑμῶν εἰς τοὺς πόδας *selbst den Staub, der von eurer Stadt an unseren*
Füßen haftet/klebt. **ἀπο-μάσσομαι** *sich abwischen;* τὸν κονιορτόν ...
ἀπομασσόμεθα ὑμῖν *den Staub ... wischen wir ab* (u. lassen ihn bei euch)
(B); der fromme Jude schüttelte beim Verlassen heidnischen Gebiets den Staub
von den Füßen, um das Land Israel nicht zu verunreinigen; die Jünger zeigen
durch diesen Gestus, daß sie den Ort m. heidnischem Gebiet gleichstellen u. m.
den Bewohnern keine Gemeinschaft haben (Billerbeck I, S. 571). **πλήν** *aber,*
jedoch, doch. **γινώσκετε** Imp.; πλὴν τοῦτο γινώσκετε ὅτι *doch das*
sollt ihr wissen: (vgl. H-S §141d). **12 Σόδομα** τά *Sodom,* eine wegen ihrer 12
Sünde untergegangene Stadt (Gen 19,24ff). **ἐν ἐκείνῃ τῇ ἡμέρᾳ** *an*
jenem Tag = am jüngsten Tag (BDR §291[3]), *am Tag des Gerichts.* **ἀν-εκτό-**
τερος Komp. v. ἀν-εκτός[11] (< ἀν-έχομαι ertragen) *erträglich;* ἀνεκτότε-

ρον ἔσται τινί *es wird für jmdn. erträglicher sein, es wird jmdm. erträglicher ergehen* (B). **ἔσται** Fut. εἰμί.
13 **13 Χοραζίν** ἡ indekl., hier Vok., *Chorazin,* galiläische Ortschaft.
Βηθσαϊδά 9,10; indekl., hier Vok. **ὅτι** hier *denn* (vgl. B 3b). **Τύρος, Σιδών** 6,17. **ἐ-γενήθησαν** Aor. Pass. (ohne bes. Pass.-Bdtg.) γίνομαι [Var. ἐ-γένοντο Aor. Med.]. **γενόμεναι** Aor. Ptz. Med., attr. **ἐν ὑμῖν** *bei euch.* **πάλαι** *vor langer Zeit, einst; schon lange, längst.* **σάκκος** (sem. Lehnwort) *Sack;* das Wort bez. einen groben Stoff aus kurzem Kamelhaar, den man gewöhnl. auf der bloßen Haut trug, um Trauer od. Buße auszudrücken (EWNT 3, Sp. 532). **σποδός** ἡ *Asche;* Asche diente der zusätzl. Bekräftigung v. Trauer u. Buße. **καθήμενοι** Ptz. κάθημαι, mod. **μετ-ε-νόησαν** Aor. μετα-νοέω *seinen Sinn ändern, Reue empfinden, umkehren;* εἰ ... ἐγενήθησαν ... πάλαι ἂν ἐν σάκκῳ καὶ σποδῷ καθήμενοι μετενόησαν irrealer Fall (A345) *wenn ... geschehen wären ... wären sie* (d.h. ihre Einwohner) *längst, in Sack und Asche sitzend, umgekehrt* bzw. *die Menschen dort hätten sich längst in Sacktuch (gehüllt) und in Asche gesetzt und wären (zu Gott) umgekehrt*
14 (NGÜ) od. ... *und hätten ihr Leben geändert.* **14 πλήν** V. 11. **ἀν-εκτότε-**
15 **ρος, ἔσται** V. 12. **15 Καφαρναούμ** 4,23, hier Vok. **μή** *etwa* (verneinende Antwort angedeutet, A320). **ὑψωθήσῃ** Fut. Pass. ὑψόω *erhöhen;* μὴ ἕως οὐρανοῦ ὑψωθήσῃ; *wirst du etwa bis zum Himmel erhoben werden? = meinst du etwa, du wirst bis zum Himmel erhoben werden?* Hyperbel (BDR §495[5]; vgl. A383) [Var. ὑψωθεῖσα Aor. Ptz. Pass. Fem., attr.; ἡ ἕως τοῦ οὐρανοῦ ὑψωθεῖσα *die du bis zum Himmel erhoben worden bist*]. **ᾅδης**[1] *Hades, Unterwelt, Totenreich.* **κατα-βήσῃ** Fut. Med. -βαίνω hier im Sinn v. *hinabgestoßen werden* (B 2) [Var. κατα-βιβασθήσῃ Fut. Pass. -βιβάζω *hinunter-*
16 *treiben, hinabwerfen*]. **16 ἀκούων** Ptz., subst.; ὁ ἀκούων ὑμῶν *wer euch hört.* **ἀ-θετῶν** Ptz. ἀ-θετέω *für ungültig erklären, aufheben; verwerfen, nicht anerkennen, ablehnen* (B 1b); subst. **ἀπο-στείλαντα** Aor. Ptz. -στέλλω, subst.
17 **17 ὑπ-έ-στρεψαν** Aor. ὑπο-στρέφω[47] *zurückkehren.* **ἑβδομήκοντα δύο** V. 1. **λέγοντες** Ptz. λέγω, mod. (A291,2 Anm. 1). **κύριε** Vok. **καί** steigernd *selbst, sogar* (B II2). **ὑπο-τάσσεται** Pass. -τάσσω *unterordnen, unterwerfen;* Pass. *gehorchen, sich unterordnen, sich unterwerfen* (B 1bβ). **ἐν τῷ ὀνόματί σου** *in deinem Namen = bei Anrufung deines*
18 *Namens* (B ὄνομα I4cγ), *wenn wir deinen Namen anrufen.* **18 ἐ-θεώρουν** Ipf. θεωρέω. **σατανᾶς**[1] ᾶ *Widersacher; Satan,* der Widersacher Gottes. **ἀστραπή** *Blitz.* **πεσόντα** Aor. Ptz. πίπτω, AcP (A300); das Fallen
19 Satans vom Himmel ist als Entmachtung zu verstehen. **19 δέ-δωκα** Pf. δίδωμι. **τοῦ** m. Inf. Attr. zu ἐξουσίαν (H-S §225a); τὴν ἐξουσίαν τοῦ πατεῖν *die Vollmacht, zu treten.* **πατεῖν** Inf. πατέω *treten, gehen* (B 2). **ἐπ-άνω** uneig. Präp. (A183) *(oben) über, auf.* **ὄφις**[8] εως ὁ *Schlange.*

σκορπίος *Skorpion.* **ἐχθρός** *Feind;* καὶ ἐπὶ πᾶσαν τὴν δύναμιν τοῦ
ἐχθροῦ *(und Macht) über die ganze Gewalt des Feindes = und die ganze Macht
des Feindes zu überwinden.* **οὐδέν ... οὐ μή** = klass. οὐδέν ... μή (BDR
§431[7]; B οὐ 6d) m. Aor. Konj. stärkste Verneinung zukünftigen Geschehens
(A257). **ἀ-δικήσῃ** Aor. Konj. ἀ-δικέω intr. *Unrecht tun;* tr. *ungerecht be-
handeln; schädigen, verderben* (B 2b); οὐδὲν (AkkO [B 2b] bzw. Akk. der Be-
ziehung [A149] od. Subj. [B 2b]) ὑμᾶς οὐ μὴ ἀδικήσῃ *er wird euch keinerlei
Schaden zufügen können* bzw. *er wird euch in keiner Hinsicht schaden können* bzw.
nichts wird euch schaden können [Var. ἀ-δικήσει Fut.]. **20 πλήν** V. 11. 20
χαίρετε Imp. **ὅτι** *daß*-NS App. (A353) zu ἐν τούτῳ; ἐν τούτῳ ... ὅτι
darüber ... (näml.) *daß.* **χαίρετε δὲ ὅτι** *freut euch aber/vielmehr darüber,
daß.* **ἐγ-γέγραπται** Pf. Pass. -γράφω[42] *einschreiben, aufzeichnen, auf-
schreiben* (B 1) [Var. ἐ-γράφη Aor. Pass. γράφω].

21 αὐτός für αὐτὸς οὗτος (bzw. ἐκεῖνος) (BDR §288[4]); ἐν αὐτῇ 21
τῇ ὥρᾳ *in ebendieser/dieser Stunde/Zeit* (B 1h). **ἠγαλλιάσατο** Aor. Med.
ἀγαλλιάω *jubeln, sich freuen, frohlocken.* **ἐν τῷ πνεύματι τῷ ἁγίῳ** *im
Heiligen Geist = erfüllt vom Heiligen Geist.* **ἐξ-ομο-λογοῦμαι** Med. -λο-
γέω *zusagen, einverstanden sein;* Med. (Unrecht) *bekennen;* hier *preisen* τινί
jmdn. (B 2c). **πάτερ** Vok. πατήρ. **κύριε** Vok.; κύριε τοῦ οὐρανοῦ καὶ
τῆς γῆς *Herr über* (vgl. A165) *Himmel und Erde* (*= über das Universum* [Meris-
mus, H-S §295r]). **ἀπ-έ-κρυψας** Aor. ἀπο-κρύπτω[57] *verbergen, geheim-
halten* ἀπό τινος *jmdm., vor jmdm.* **σοφός** *geschickt, (sach)kundig; weise;*
subst. (A105). **συν-ετός** *verständig, klug;* subst. (A105). **ἀπ-ε-κάλυψας**
Aor. ἀπο-καλύπτω[54] *enthüllen, offenbaren.* **νήπιος** *unmündig, unreif;*
subst. (A105) *kleines Kind, Unmündiger.* **ναί** *ja, gewiß; ja, in der Tat* (BDR
§441[2]). **ὁ πατήρ** hier Nom. m. Art. statt Vok. (A142). **ὅτι** hier *denn* (vgl.
B 3b). **εὐ-δοκία** „das, woran jmd. (Wohl-)Gefallen hat“: *(Wohl-)Gefallen,
Wunsch, Wille* (Gottes) (B 2). **ἐ-γένετο** Aor. Med. γίνομαι. **ἔμπροσθέν
σου** hier = σοι (vgl. BDR §214[9]); οὕτως εὐδοκία ἐγένετο ἔμπροσθέν
σου *so ist geschehen, was dir wohlgefällig ist* bzw. *so hast du es gewollt.*
22 παρ-ε-δόθη Aor. Pass. παρα-δίδωμι. **εἰ μή** nach Neg. *außer* (vgl. B 22
εἰ VI9a); οὐδεὶς γινώσκει τίς ἐστιν ὁ υἱὸς εἰ μὴ ὁ πατήρ *niemand er-
kennt/weiß, wer der Sohn ist, außer der Vater* bzw. *nur der Vater (weiß es).* **ᾧ
ἐάν** = ᾧ ἄν (A132; 371), erg. davor οὗτος (A358) *der, wem (auch immer) =
jeder, dem.* **βούληται** Konj. βούλομαι *wollen, wünschen.* **ἀπο-καλύ-
ψαι** Aor. Inf. -καλύπτω; erg. αὐτόν (A79).

23 στραφείς Aor. Ptz. Pass. στρέφω[47] *hinwenden;* Pass. *sich umwen-* 23
den, sich zuwenden, πρός τινα *sich zu jmdm. wenden;* temp. **κατ᾽ ἰδίαν**
(klass. = καθ᾽ ἑαυτόν [vgl. BDR §286[2]]) *für sich* (B ἴδιος 4), *für sich allein.*
μακάριοι erg. εἰσίν (A78a). **βλέποντες** Ptz. βλέπω, attr. **24 ἠ-θέ-** 24
λησαν Aor. θέλω. **ἰδεῖν** Aor. Inf. ὁράω. **εἶδαν** Aor. (vgl. H-S §105g)

ὁράω; erg. αὐτά/ταῦτα (A79). **ἀκοῦσαι** Aor. Inf. ἀκούω. **ἤκουσαν**
Aor.; erg. αὐτά/ταῦτα (A79).
25 **25 νομικός** *das Gesetz betreffend; gesetzeskundig;* ὁ νομικός *Jurist,* hier
(m. γραμματεύς synonym; EWNT 1, Sp. 624) (jüdischer) *Gesetzeskundi-*
ger/Gesetzeslehrer. **ἀν-έ-στη** Aor. -ίσταμαι. **ἐκ-πειράζων** Ptz. -πειρά-
ζω *herausfordern, auf die Probe stellen, versuchen;* fin. **λέγων** Ptz., mod.
(A291,2 Anm. 1). **διδάσκαλε** Vok. **τί** AkkO des Ptz. ποιήσας (Frage-
satz-Verschränkung [m. part. coni.; vgl. ähnl. A364b]); τί ποιήσας ζωὴν
αἰώνιον κληρονομήσω; „wenn ich was getan habe, werde ich ewiges Leben
empfangen?“ = *was muß ich tun, um ewiges Leben zu empfangen?* **ποιήσας**
Aor. Ptz. ποιέω, kond. **κληρο-νομήσω** Fut. -νομέω (< κληρο-νόμος
Erbe, Besitzer) *beerben, Erbe sein, erben; als Anteil/Besitz erhalten,* hier *empfan-*
26 *gen* (B 2). **26 ὁ δέ** *(und) dieser/er* (A102). **γέ-γραπται** Pf. (A231) Pass.
γράφω; Pf. Pass. term. tech. zur Einführung v. Schriftzitaten (B 2c): *(in der*
Schrift) heißt es/steht; ἐν τῷ νόμῳ τί γέγραπται; *was steht im Gesetz?*
27 **πῶς** hier = τί *was* (BDR §436,3). **ἀνα-γινώσκω** *lesen.* **27 ἀπο-κρι-**
θείς Aor. Ptz. Pass. (ohne Pass.-Bdtg.) -κρίνομαι, pleon. (A297,2); ἀποκρι-
θεὶς εἶπεν *er antwortete.* **ἀγαπήσεις** Fut. ἀγαπάω; Fut. bez. hier ein
striktes Gebot (Hebr.; A247d). **ἐν** instr. *mit.* **ἰσχύς**[8] ύος ἡ *Stärke, Kraft.*
διά-νοια (LXX meist für hebr. לֵב/לֵבָב *lēḇ/lēḇāḇ* „Herz“, vgl. καρδία) *Ver-*
stand, Vernunft; (das) Denken, Gedanke; ἐξ ὅλης τῆς καρδίας σου καὶ ἐν
ὅλῃ τῇ ψυχῇ σου καὶ ἐν ὅλῃ τῇ ἰσχύϊ σου καὶ ἐν ὅλῃ τῇ διανοίᾳ
σου *von ganzem Herzen und mit deiner ganzen Seele, mit all deiner Kraft und dei-*
nem ganzen Verstand/Denken; die verschiedenen Aspekte des Menschseins sind
nicht scharf unterscheidbar, sondern sprechen v. der Liebe Gottes durch die
ganze Person m. all ihren Gaben u. Kräften. **πλησίον** Adv. *nahe, benachbart;*
28 subst. (indekl.) *Nächster, Mitmensch.* **28 ὀρθῶς** *recht, richtig.* **ἀπ-ε-κρί-**
θης Aor. Pass. **ποίει** Imp. ποιέω. **καί** kons. (BDR §442[7]; A311,2) *so,*
29 *dann.* **ζήσῃ** Fut. Med. ζάω. **29 ὁ δέ** *doch dieser/er* (A102). **θέλων** Ptz.,
kaus. od. mod. **δικαιῶσαι** Aor. Inf. δικαιόω *rechtfertigen, als gerecht hin-*
stellen, für gerecht erklären; θέλων δικαιῶσαι ἑαυτόν *da er sich* (Einh. *seine*
Frage) rechtfertigen wollte bzw. *indem er sich zu rechtfertigen versuchte* (vgl. B 2)
[Var. δικαιοῦν Inf.]. **καί** leitet hier Fragesatz ein (BDR §442[17]); καὶ τίς
ἐστιν *... wer ist denn ...*
30 **30 ὑπο-λαβών** Aor. Ptz. -λαμβάνω[152] *aufnehmen; antworten;* mod.,
pleon. (vgl. A297); ὑπολαβὼν ὁ Ἰησοῦς εἶπεν *Jesus nahm (die Frage) auf*
und sagte = Jesus antwortete. **κατ-έ-βαινεν** Ipf. κατα-βαίνω. **Ἰεριχώ**
ἡ indekl., hier Akk., *Jericho,* Stadt in Judäa. **λῃστής**[1] *Räuber, Straßenräuber.*
περι-έ-πεσεν Aor. -πίπτω[194] *(in, auf, unter etwas) fallen, geraten,* m. Dat.;
λῃσταῖς περιέπεσεν *er fiel Räubern in die Hände* (B 1) = *er wurde von Räu-*
bern überfallen. **καί** (zweites) nach Rel.-Pron. pleon. (ZG; A311,8). **ἐκ-δύ-**

σαντες Aor. Ptz. -δύω[12] (Kleider) *ausziehen;* temp. (A291,1 Anm. 1). **πλη-**
γή *Schlag, Hieb* (B 1). **ἐπι-θέντες** Aor. Ptz. -τίθημι[200] *auflegen, daraufle-*
gen; hinzufügen; (Schläge) *versetzen;* temp. (A291,1 Anm. 1); πληγὰς ἐπι-θέν-
τες etwa *sie schlugen ihn zusammen.* **ἀπ-ῆλθον** Aor. -έρχομαι. **ἀφ-έν-**
τες Aor. Ptz. -ίημι, mod. **ἡμι-θανής**[7] *halbtot.* [Var. τυγχάνοντα Ptz.
τυγχάνω *(an)treffen;* intr. *sich treffen, sich zufällig befinden;* mod.; ἀφέντες
ἡμιθανῆ τυγχάνοντα *sie ließen ihn liegen, halbtot, wie er eben war* (B τυγ-
χάνω 2a).] **31 συγ-κυρία** *Zufall;* κατὰ συγκυρίαν *zufällig.* **ἱερεύς**[8] 31
Priester. **ἰδών** Aor. Ptz. ὁράω, temp. od. konz. **ἀντι-παρ-ῆλθεν** Aor.
-έρχομαι[187] *auf der gegenüberliegenden (Straßen)seite vorbeigehen* (B).
32 ὁμοίως *in gleicher Weise, ebenso.* **Λευίτης**[1] *Levit,* Glied des Stammes 32
Levi, zuständig für Hilfsdienste im Tempel. **γενόμενος** Aor. Ptz. Med. γί-
νομαι hier *kommen* (B I4cδ); mod. od. temp. **ἐλθών** Aor. Ptz. ἔρχομαι,
temp.; ὁμοίως καὶ Λευίτης γενόμενος κατὰ τὸν τόπον ἐλθών *ebenso*
kam auch ein Levit an die Stelle/zu dem Ort (eines der Ptz. pleon., s. Var.).
33 Σαμαρίτης[1] *Samaritaner.* **ὁδεύων** Ptz. ὁδεύω *gehen, reisen;* attr. *der* 33
auf der Reise war. **κατ᾽ αὐτόν** *zu ihm.* **ἰδών** V. 31, Ptz. temp. **ἐ-σπλαγ-**
χνίσθη Aor. Pass. (ohne bes. Pass.-Bdtg.) σπλαγχνίζομαι (vgl. A33[91ff])
sich erbarmen, Mitleid empfinden/haben. **34 προσ-ελθών** Aor. Ptz. -έρχο- 34
μαι, temp. (A291,1 Anm. 1). **κατ-έ-δησεν** Aor. κατα-δέω[36] (Wunden)
verbinden. **τραῦμα**[3] *Wunde.* **ἐπι-χέων** Ptz. -χέω *darüber gießen;* mod.
ἔλαιον *(Oliven-)Öl,* bes. auch *Salböl.* **οἶνος** *Wein.* **ἐπι-βιβάσας** Aor.
Ptz. -βιβάζω (vgl. A33[91ff]) *besteigen/aufsitzen lassen* (B), hier wohl *heben,*
setzen ἐπί *auf;* temp. (A291,1 Anm. 1). **κτῆνος**[7] *Haus-, Reittier.* **ἤγαγεν**
Aor. ἄγω. **παν-δοχεῖον** *Herberge, Gasthaus.* **ἐπ-ε-μελήθη** Aor. Pass.
(ohne bes. Pass.-Bdtg.) ἐπι-μελέομαι *sorgen (für),* m. Gen. **35 αὔριον** 35
morgen; ἐπὶ τὴν αὔριον (erg. ἡμέραν, vgl. A88) *am folgenden/nächsten Tag*
(BDR §233[5]). [Var. ἐξ-ελθών Aor. -έρχομαι, temp.] **ἐκ-βαλών** Aor. Ptz.
-βάλλω hier *herausziehen, hervorholen* (B 3); temp. (A291,1 Anm. 1). **ἔ-δω-**
κεν Aor. δίδωμι. **δηνάριον** (lat. denarius) *Denar,* röm. Münze, deren
Wert etwa dem Tageslohn eines Arbeiters entsprach. **παν-δοχεύς**[8] *(Her-*
bergs-)Wirt. **ἐπι-μελήθητι** Aor. Imp. Pass. **ὅ τι** *was auch immer;* Un-
bestimmtheit wird durch ἄν hervorgehoben (BDR §293[5]; vgl. A132; 371).
προσ-δαπανήσῃς Aor. Konj. -δαπανάω *zusätzlich aufwenden.* **ἐγώ**
betont (A122). **ἐν τῷ** m. AcI temp. (A282) *wenn.* **ἐπ-αν-έρχεσθαι** Inf.
-έρχομαι *zurückkehren, zurückkommen;* Präd. des AcI; ἐν τῷ ἐπανέρχε-
σθαί με *wenn ich zurückkomme, auf meiner Rückreise* (BDR §404,1). **ἀπο-**
δώσω Fut. -δίδωμι hier *erstatten* (B 2). **36 πλησίον** V. 27. **γε-γονέ-** 36
ναι Pf. Inf. γίνομαι; τίς τούτων τῶν τριῶν (gen. partitivus, A164) πλη-
σίον δοκεῖ σοι γεγονέναι τοῦ *wer von diesen dreien scheint dir zum*
Nächsten geworden zu sein für den ... bzw. *was meinst du: Wer von diesen dreien*

hat sich dem ... als Nächster erwiesen od. ... *hat an dem ... als Mitmensch gehan-*
delt. **ἐμ-πεσόντος** Aor. Ptz. -πίπτω[194] *hineinfallen; hineingeraten;* ἐμπί-
37 πτω εἰς τοὺς λῃστάς *unter die Räuber fallen/geraten* (B 2); subst. **37 ὁ δέ**
V. 26. **ποιήσας** Aor. Ptz. ποιέω, subst.; ποιέω ἔλεος μετά τινος *jmdm.*
Barmherzigkeit erweisen, an jmdm. Barmherzigkeit üben (B I1cβ). **ἔλεος**[7]
Barmherzigkeit, Erbarmen, Mitleid. **πορεύου** Imp. **ποίει** Imp.
38 **38** [Var. ἐ-γένετο Aor. Med. γίνομαι; ἐγένετο m. flgd. finiten Verb
steht pleon. (Hebr., A271; vgl. BDR §442[11]).] **ἐν τῷ** m. AcI temp. (A282)
während, als. **πορεύεσθαι** Inf.; Präd. des AcI. **εἰσ-ῆλθεν** Aor. -ἔρχο-
μαι. **κώμη** *Dorf.* **ὀνόματι** dat. resp. (vgl. BDR §197,2; A178) *mit Namen,*
namens. **Μάρθα** *Marta,* Schwester v. Maria u. Lazarus. **ὑπ-ε-δέξατο**
39 Aor. Med. ὑπο-δέχομαι[63] *gastlich aufnehmen.* **39 ὅ-δε**[18] (A130) *dieser* (vgl.
H-S §141c). **ἦν** Ipf. εἰμί. **ἀδελφή** *Schwester;* τῇδε (dat. poss., A174f) ἦν
ἀδελφή *diese hatte eine Schwester.* **καλουμένη** Ptz. Pass. καλέω, attr. *mit*
Namen (B 1aγ). **Μαριάμ** indekl., hier Nom., od. Μαρία (Var.) *Maria,*
außer der Mutter Jesu sechs weitere im NT genannte Frauen. **καί** (zweites)
V. 30. **παρα-καθεσθεῖσα** Aor. Ptz. Pass. (ohne bes. Pass.-Bdtg.) Fem.
-καθέζομαι (vgl. A33[91ff]) *(daneben)sitzen, sich niedersetzen* πρὸς τοὺς
πόδας *zu Füßen* (B); temp. [Var. παρα-καθίσασα Aor. Ptz. Fem. -καθίζω
40 *sich (daneben)setzen*]. **ἤκουεν** Ipf. ἀκούω. **40 περι-ε-σπᾶτο** Ipf. Pass.
περι-σπάομαι *ganz und gar in Anspruch genommen/völlig beschäftigt werden*
od. *sein* περί τινος *von/mit etwas.* **διακονία** *Dienstleistung* (hier speziell
für die Vorbereitung einer Mahlzeit); περιεσπᾶτο περὶ πολλὴν διακο-
νίαν Marta *ließ sich ganz von vielerlei Diensten (für die Bewirtung) in Anspruch*
nehmen (vgl. B 2) bzw. etwa *war überbeschäftigt mit der Vorbereitung des Essens*
(GNB). **ἐπι-στᾶσα** Aor. Ptz. Fem. ἐφ-ίσταμαι[205] *herantreten, kommen;*
temp. (A291,1 Anm. 1). **κύριε** Vok. **μέλει** τινί *es liegt jmdm. daran, jmd.*
kümmert sich um; οὐ μέλει σοι ὅτι *kümmert es dich nicht, daß = findest du es*
richtig, daß (NGÜ). **κατ-έ-λιπεν** Aor. κατα-λείπω[44] *zurücklassen; übrig-*
lassen; im Stich lassen, ohne Hilfe lassen (B 1d) [Var. κατ-έ-λειπεν Ipf.].
διακονεῖν Inf. διακονέω *(be)dienen* (bes. v. der Bedienung bei Tisch); ὅτι
ἡ ἀδελφή μου μόνην με κατέλιπεν διακονεῖν *daß meine Schwester*
mich allein (be)dienen läßt = daß meine Schwester die ganze Arbeit mir allein
überläßt (Einh.). **εἰπέ** Aor. Imp. λέγω. **ἵνα** hier *daß* (A328; bez. das zu
Befehlende). **συν-αντι-λάβηται** Aor. Konj. Med. -λαμβάνομαι[152]
41 *mithelfen, helfen.* **41 ἀπο-κριθείς** V. 27. **Μάρθα** hier Vok. **μερι-**
μνάω *sorgen, sich* (ängstl.) *Sorgen machen; sorgen für, sich sorgen um.* **θορυ-**
βάζῃ Pass. θορυβάζω *Unruhe bereiten;* Pass. *sich beunruhigen, beunruhigt sein;*
μεριμνᾷς καὶ θορυβάζῃ περὶ πολλά etwa *du bist wegen vieler Dinge in*
Sorge und Unruhe [Var. τυρβάζῃ Med. od. Pass. τυρβάζω *durcheinanderwir-*
beln; Med. u. Pass. *sich umtreiben lassen, sich viel zu schaffen machen* περί τι

durch/mit etwas]. **42 ἑνὸς δέ ἐστιν χρεία** *aber (nur) eines ist nötig/not-* 42
wendig (B χρεία 1) [Var. ὀλίγων δέ ἐστιν χρεία ἢ ἑνός *aber notwendig ist*
(nur) wenig oder (eigentlich nur) eines (vgl. Wiefel, Lk, S. 211)]. **Μαριάμ** hier
Nom. **μερίς**[3] ίδος ἡ *Teil; Anteil;* τὴν ἀγαθὴν μερίδα wohl Positiv statt
Komp. (vgl. H-S §138c; A118) *das bessere Teil, das Bessere.* **ἐξ-ε-λέξατο**
Aor. Med. ἐκ-λέγομαι[66] *(für sich) auswählen, erwählen.* **ἀφ-αιρεθήσε-**
ται Fut. Pass. -αιρέω[186] *wegnehmen;* mod. Fut. (A247b); ἥτις οὐκ ἀφαιρε-
θήσεται αὐτῆς *das soll ihr nicht genommen werden.*

ἐ-γένετο Aor. Med. γίνομαι; ἐγένετο m. flgd. finiten Verb (εἶπεν; **11**
V. 14 ἐλάλησεν) steht pleon. (Hebr., A271; vgl. BDR §442[11]). **ἐν τῷ** m.
AcI temp. (A282) *während, als.* **εἶναι** Inf. εἰμί; Präd. des AcI. **προσ-ευ-**
χόμενον Ptz. -εύχομαι, umschrieb. Präs. Inf. (εἶναι ... προσευχόμενον
= προσεύχεσθαι; A249a; BDR §353[9]). **ἐ-παύσατο** Aor. Med. παύω
zum Aufhören bringen; Med. *aufhören;* ἐγένετο ἐν τῷ εἶναι αὐτὸν ἐν τό-
πῳ τινὶ προσευχόμενον, ὡς ἐπαύσατο, εἶπέν τις ... „als er an einem
Ort (= irgendwo) betete, da sagte, als er aufgehört hatte, einer ..." = *Jesus*
betete einmal an einem Ort; und als er das Gebet beendet hatte, sagte einer ... **μα-**
θητῶν gen. partitivus (A164). **κύριε** Vok. **δίδαξον** Aor. Imp. διδά-
σκω. **προσ-εύχεσθαι** Inf. **ἐ-δίδαξεν** Aor. **2 προσ-εύχησθε** 2
Konj. **λέγετε** Imp. **πάτερ** Vok. πατήρ. **ἁγιασθήτω** Aor. Imp. Pass.
3. Sg. ἁγιάζω[91] *heiligen, heilig machen, weihen;* hier *als heilig behandeln, heilig*
halten (B 3); ἁγιασθήτω τὸ ὄνομά σου *dein Name werde geheiligt,* d.h. der
Name u. damit Gott selbst soll v. allen Menschen geehrt und anerkannt werden.
ἐλθέτω Aor. Imp. 3. Sg. ἔρχομαι; ἐλθέτω ἡ βασιλεία σου *deine Königs-*
herrschaft komme, d.h. sie soll offenbar u. endgültig anbrechen. [Var. γενηθή-
τω Aor. Imp. Pass. 3. Sg. γίνομαι hier *getan werden* (B I2a), *geschehen.* ὡς ...
καί *wie ... so auch* (vgl. B καί II3; BDR §453[3]).] **3 ἐπιούσιος**[11] unsicher, 3
die wichtigsten Alternativen: a) *für den heutigen Tag* (< ἐπὶ τὴν οὖσαν [ἡμέ-
ραν] für den betreffenden Tag), b) *(zum Dasein) nötig* (< ἐπί, οὐσία Dasein)
od. c) *für den kommenden/folgenden Tag* (< ἡ ἐπ-ιοῦσα [ἡμέρα, vgl. BDR
§123[2]; 241,2; A88] der kommende Tag); c ist sprachl. wahrscheinl. die beste Lö-
sung (vgl. Luz, Mt 1, S. 346f). **δίδου** Imp. δίδωμι; Imp. Präs. dur. bzw. iter.
(BDR §336,1) [Var. δός Aor. Imp.]. **τὸ καθ' ἡμέραν** distributiv *täglich* (B
κατά II2c); adv. Akk. (A150). **4 ἄφ-ες** Aor. Imp. -ίημι. **ἀφ-ίομεν** (hier 4
v. -ίω [volkstüml. für -ίημι; BDR §94[7]; vgl. H-S §114f]) [Var. ἀφ-ίεμεν].
ὀφείλοντι Ptz. ὀφείλω *schulden, schuldig sein* (eig. u. übertr.); hier *sich*
einer Sünde schuldig machen, sich verfehlen τινί *gegen jmdn.* (B 2bβ); subst., hier
nach πᾶς ohne Art. (BDR §413[5]); καὶ γὰρ αὐτοὶ ἀφίομεν παντὶ ὀφεί-
λοντι ἡμῖν *denn auch wir (selbst) vergeben jedem, der an uns schuldig wird.*
εἰσ-ενέγκῃς Aor. Konj. -φέρω[198] *hineintragen, -bringen;* prohibitiver Konj.
(A256). **πειρασμός** *Prüfung, Erprobung; Versuchung, Anfechtung;* μὴ εἰσ-

ενέγκης ἡμᾶς εἰς πειρασμόν *bring uns nicht in Versuchung* (d.h. in die
äußerl. od. seelische Lage, die uns Anlaß zur Sünde werden kann [B 2b] bzw. in
eine solche Versuchung, hinter der die Macht des Bösen steht u. in der wir den
Glauben u. das Heil verlieren). [Var. ῥῦσαι Aor. Imp. Med. ῥύομαι[8] m.
ἀπό (vgl. BDR §180[1]) *retten/erretten von* od. *bewahren vor* (B). ἀπὸ τοῦ πο-
νηροῦ *von/vor dem Bösen* (Mask. [= Teufel] od. Ntr.; vgl. BDR §263[4]).]
5 **5 ἐκ** umschreibt gen. partitivus (B 4aβ). **ἕξει** Fut. ἔχω. **φίλος**
Freund. **πορεύσεται** Fut. Med. πορεύομαι. **μεσο-νύκτιον** *(die) Mit-
ternacht;* gen. temp. (A166) *um Mitternacht* (B), *mitten in der Nacht.* **εἴπῃ**
Aor. Konj. λέγω; hier (u. in V. 7) wohl deliberativer Konj. (sehr selten bei di-
rekter Frage in der 3. Pers. m. fut. od. potentialem Sinn; A255; vgl. BDR §366[6])
od. (zumindest hier) durch den kond. Charakter der Konstruktion (dem pro-
spektiven Fall [A343] entsprechend) beeinflußt (ZG); Analoges gilt wohl für
die Fut.-Formen (vgl. A324); τίς ἐξ ὑμῶν ἕξει φίλον καὶ πορεύσεται ...
καὶ εἴπῃ αὐτῷ· ... κἀκεῖνος (V. 7) ... εἴπῃ „wer von euch hätte wohl einen
Freund und würde ... gehen und zu ihm sagen: ... und jener würde ... antworten"
wohl sem. bzw. volkstüml. Ausdrucksweise etwa = ἐάν τις ὑμῶν φίλον
ἔχῃ καὶ πορευθῇ (Aor. Konj.) ... καὶ εἴπῃ αὐτῷ· ... (Dann-Satz:) ἐκεῖ-
νος ... ἐρεῖ (Fut.; vgl. BDR §366[6]) *wenn einer von euch einen Freund hat und ...
geht und zu ihm sagt: ... wird dann etwa jener ... antworten:* [Var. ἐρεῖ Fut.].
φίλε Vok. **χρῆσον** Aor. Imp. κίχρημι[211] τινί τι *jmdm. etwas leihen.*
6 **6 ἐπει-δή** (A338) *da (ja), weil, denn.* **φίλος μου** ohne Art. *ein Freund von
mir* (vgl. Kühner-Gerth §465,3; H-S §140a). **παρ-ε-γένετο** Aor. Med.
παρα-γίνομαι[176] *ankommen, kommen, eintreffen.* **ἐξ ὁδοῦ** *von der Reise* (B
ὁδός 1b), *auf der Reise.* **παρα-θήσω** Fut. -τίθημι[200] *danebenstellen; vorset-
zen, vorlegen;* mod. Fut. (A247c); οὐκ ἔχω ὃ παραθήσω αὐτῷ *ich habe
nichts, was ich ihm vorsetzen/anbieten könnte* (kons. Rel.-Satz; BDR §379[1];
7 A370). **7 κἀκεῖνος** = καὶ ἐκεῖνος. **ἔσω-θεν** *von innen (heraus)* (B 1);
innen, inwendig. **ἀπο-κριθείς** Aor. Ptz. Pass. (ohne Pass.-Bdtg.) -κρίνο-
μαι; κἀκεῖνος ἔσωθεν ἀποκριθεὶς (pleon., A297,2) εἴπῃ· (deliberativer
Konj., s. V. 5) *würde jener dann wohl von innen antworten:* **κόπος** *Mühe, harte
Anstrengung, Arbeit;* κόπους παρέχω τινί *jmdm. Mühe machen* (B 1), *jmdn.
belästigen.* **πάρ-εχε** Imp. -έχω *darbieten, hingeben; verursachen, bereiten, ma-
chen* (B 1c). **θύρα** *Tür.* **κέ-κλεισται** Pf. Pass. κλείω[6] *schließen; verschlie-
ßen.* **εἰς** für ἐν (BDR §205[4]). **κοίτη** *Bett;* εἰς τὴν κοίτην εἶναι *ins Bett
(gegangen) sein* (B 1a); τὰ παιδία μου μετ' ἐμοῦ εἰς τὴν κοίτην εἰσίν
meine Kinder liegen bei mir im Bett (die Familie schlief auf einer großen Matte in
einem Raum). **ἀνα-στάς** Wz.-Aor. Ptz. ἀν-ίσταμαι, temp. (A291,1
8 Anm. 1). **δοῦναι** Aor. Inf. δίδωμι. **8 δώσει** Fut. δίδωμι; εἰ καὶ οὐ
δώσει αὐτῷ ἀναστάς konz. (BDR §374[2]; A350) *wenn er auch/schon nicht
aufstehen und ihm geben wird.* **διὰ τό** m. Inf./AcI kaus. (A282) *weil.* **εἶναι**

Inf. εἰμί. **φίλον** Präd.-Nom. des AcI (als Subj. erg. αὐτόν [vgl. H-S §216c]).
γέ enklitische Partikel, hier einschränkend *(doch) wenigstens* (B 1). **ἀν-αί-
δεια** *Unverschämtheit, Zudringlichkeit.* **ἐγερθείς** Aor. Ptz. Pass. ἐγείρω,
temp. (A291,1 Anm. 1). **ὅσων** = τοσαῦτα ὅσων (vgl. A18/358) *soviel, wie*
bzw. *alles, was.* **χρῄζω** *nötig haben, brauchen,* m. Gen. **9 αἰτεῖτε** Imp. 9
αἰτέω; Präs. (gilt für alle drei Imp.) wohl iter. (A265b). **καί** (dreimal) kons.
(A311,2) *und (dann), so.* **δοθήσεται** Fut. Pass. δίδωμι; wohl pass. divinum
(A76b). **ζητεῖτε** Imp. ζητέω. **εὑρήσετε** Fut. εὑρίσκω. **κρούετε** Imp.
κρούω (an die Tür) *klopfen, anklopfen.* **ἀν-οιγήσεται** Fut. Pass. -οίγω;
wohl pass. divinum (A76b). **10 πᾶς ὁ** m. Ptz. *jeder, der* (A86). **αἰτῶν** Ptz., 10
subst. **ζητῶν** Ptz., subst. **κρούοντι** Ptz., subst. **ἀν-οιγήσεται** V. 9
[Var. 1 ἀν-οίγεται Pass.; Var. 2 ἀν-οιχθήσεται Fut. Pass. (andere Form)].
11 ἐκ V. 5. **αἰτήσει** Fut. αἰτέω hier τινά τι *jmdn. um etwas bitten.* 11
ἰχθύς[8] ύος ὁ *Fisch.* [Var. μή *etwa* (verneinende Antwort angedeutet, A320);
vgl. zu Mt 7,9f.] **ἀντί** m. Gen. (A188) *anstatt, statt* (B 1), *für.* **ὄφις**[8] εως ὁ
Schlange. **ἐπι-δώσει** Fut. -δίδωμι[201] *geben, übergeben;* τίνα ἐξ ὑμῶν
τὸν πατέρα αἰτήσει ὁ υἱὸς ἰχθύν, καὶ ἀντὶ ἰχθύος ὄφιν αὐτῷ ἐπι-
δώσει; „welchen Vater unter euch wird der/sein Sohn um einen Fisch bitten,
und er wird ihm statt eines Fisches eine Schlange geben?“ wohl sem. bzw. volks-
tüml. Ausdrucksweise, Standard-Griech. etwa: τίς πατὴρ ἐξ ὑμῶν τῷ υἱῷ
ἰχθύν αἰτοῦντι ὄφιν ἐπιδώσει; (BDR §469[1]) *welcher Vater unter euch wür-
de/wird seinem Kind eine Schlange geben, wenn es ihn um einen Fisch bittet?* (rhe-
torische Frage [A325] = betonte neg. Behauptung: *kein Vater unter euch würde
doch seinem Kind ...*). **12 ἢ καί** *oder auch.* **ᾠόν** *Ei.* **σκορπίος** *Skorpion.* 12
13 ὑπ-άρχοντες Ptz. -άρχω, konz.; πονηροὶ ὑπάρχοντες *obwohl ihr* 13
(doch) böse seid [Var. ὄντες Ptz. εἰμί, konz.]. **δόμα**[3] *Gabe.* **διδόναι** Inf.
δίδωμι; οἴδατε δόματα ἀγαθὰ διδόναι τοῖς τέκνοις ὑμῶν *ihr ver-
steht, euren Kindern gute Gaben zu geben* (B οἶδα 3), *ihr wißt doch, was euren
Kindern guttut, und gebt es ihnen* (GNB). **πόσος**[18] *wie groß?* Sg. (bei Unzähl-
barem) *wieviel?;* πόσῳ (dat. differentiae, A117) μᾶλλον *um wieviel mehr, wie-
viel mehr* (Schluß a minore ad maius). **ὁ πατὴρ ὁ ἐξ οὐρανοῦ** *der Vater,
der aus dem Himmel (wirkt)* (B οὐρανός 2a) od. ἐκ für ἐν (BDR §437[2])
[Var. 1 ohne ὁ: ὁ πατὴρ ἐξ οὐρανοῦ δώσει *der Vater wird aus dem Himmel
geben;* Var. 2 οὐράνιος *himmlisch*]. **δώσει** V. 8. **αἰτοῦσιν** Ptz., subst.
14 ἦν Ipf. εἰμί. **ἐκ-βάλλων** Ptz.; δαιμόνιον ἐκβάλλω *einen Dä-* 14
mon (der v. einem Menschen Besitz ergriffen hat) *austreiben* (B 1). **κωφός**
stumm. **ἐ-γένετο** V. 1. **ἐξ-ελθόντος** Aor. Ptz. -έρχομαι hier *ausfahren*
(vgl. B 1aδ); gen. abs. (A288), temp. **ἐ-λάλησεν** Aor. λαλέω hier wohl *re-
den können* (B 2aα). **ἐ-θαύμασαν** Aor. θαυμάζω. **15 ἐκ** V. 5. **ἐν** instr. 15
durch (vgl. BDR §219,1; A193), *mit Hilfe von.* **Βεελζεβούλ** indekl., hier
Dat., *Beelzebul* (Dämonenfürst; nicht eindeutig, ob er m. dem Teufel identifi-

ziert wird). **ἄρχων**[5] οντος ὁ *Herrscher, Machthaber, Herr, Fürst;* ὁ ἄρχων
16 τῶν δαιμονίων (App., A70) *der Oberste/Fürst der Dämonen.* **16 πειρά-**
ζοντες Ptz. πειράζω *versuchen, in Versuchung bringen* (Unrechtes zu tun);
prüfen, auf die Probe stellen; fin. **ἐ-ζήτουν** Ipf. ζητέω hier *verlangen, fordern*
17 παρά τινος *von jmdm.* (B 2c). **17 εἰδώς** Pf. (m. präs. Bdtg.) Ptz. οἶδα,
kaus. **δια-νόημα**[3] *Gedanke.* **δια-μερισθεῖσα** Aor. Ptz. Pass. Fem.
-μερίζω (vgl. A33[91ff]) *verteilen, austeilen;* Pass. *zwiespältig sein* (B 2), *im Streit*
liegen; attr.; πᾶσα βασιλεία ἐφ' ἑαυτὴν διαμερισθεῖσα *jedes Reich,*
das mit sich selbst im Streit liegt (NGÜ); GNB „kontextualisierend“: *jeder Staat,*
dessen Machthaber einander befehden. **ἐρημοῦται** Pass. ἐρημόω *verwüsten,*
18 *entvölkern, zerstören.* **18 σατανᾶς**[1] ᾶ *Widersacher; Satan,* der Widersacher
Gottes. **δι-ε-μερίσθη** Aor. Pass. **σταθήσεται** Fut. Pass. (= Med.;
BDR §97[4]) ἵσταμαι hier *bestehenbleiben, Bestand haben* (B II1d); hier wohl
mod. Fut. im Sinn v. „können“ (A247c). **ὅτι** hier *denn* (vgl. B 3b). **ἐκ-βάλ-**
19 **λειν** Inf.; Präd. des AcI. **19 ἐγώ** betont (A122). **υἱός** hier wohl übertr. v.
Schüler, Anhänger (B 1cα; Sem., vgl. A157); οἱ υἱοὶ ὑμῶν *eure Anhänger, eure*
Leute. **ἐν τίνι** *durch wen, mit wessen Hilfe.* **διὰ τοῦτο** *darum, deshalb.*
κριτής[1] *Richter.* **ἔσονται** Fut. εἰμί; αὐτοὶ ὑμῶν κριταὶ ἔσονται *sie*
selbst werden eure Richter sein, sie selbst werden (im Endgericht) *das Urteil über*
20 *euch sprechen.* **20 δάκτυλος** *Finger;* übertr. (Gottes) *Finger* = (Gottes)
Macht; ἐν δακτύλῳ θεοῦ auch ohne Art. best. (A106a-d) *durch den Finger*
Gottes. **ἔ-φθασεν** Aor. φθάνω[143] *zuvorkommen;* hier *erreichen, (hin)ge-*
langen ἐπί τινα *zu jmdm.* (B 2); ἄρα ἔφθασεν ἐφ' ὑμᾶς ἡ βασιλεία
τοῦ θεοῦ *dann ist ja die Königsherrschaft Gottes (schon) zu euch gekommen.*
21 **21 ἰσχυρός** *stark;* subst; ὁ ἰσχυρός *der Starke* genereller Art. (A104) = *ein*
Starker. **καθ-ωπλισμένος** Pf. (A231) Ptz. Med. -οπλίζομαι (vgl.
A33[91ff]) *sich rüsten, sich bewaffnen;* mod. *in voller Waffenrüstung* bzw. *der bewaff-*
net ist. **φυλάσσῃ** Konj. φυλάσσω *wachen, bewachen, beschützen.* **ἑαυ-**
τοῦ Refl.-Pron. m. poss. Bdtg. (B 4) *seinen.* **αὐλή** *Hof, Gehöft* (B 2). **ἐν**
εἰρήνῃ ἐστίν *er ist in Sicherheit/sicher* (B εἰρήνη 1a). **ὑπ-άρχοντα** Ptz.
22 -άρχω, subst.; τὰ ὑπάρχοντα αὐτοῦ *sein Besitz* (B 1). **22 ἐπ-άν** *sobald,*
wenn. **ἰσχυρότερος** Komp. v. ἰσχυρός, m. gen. comparationis (A168).
ἐπ-ελθών Aor. Ptz. -έρχομαι[187] *herbeikommen; kommen über;* temp.
(A291,1 Anm. 1). **νικήσῃ** Aor. Konj. νικάω *siegen; besiegen, überwinden.*
παν-οπλία *(volle) Rüstung, Waffenrüstung.* **ἐ-πε-ποίθει** Plsqpf. πείθω
hier *vertrauen auf, sich verlassen auf;* ἐφ' ᾗ ἐπεποίθει *auf die er sich verlassen*
23 *hat.* **σκῦλον** *Beute.* **δια-δίδωμι** *verteilen.* **23 ὤν** Ptz. εἰμί, subst.; ὁ μὴ
ὢν μετ' ἐμοῦ *der, der nicht mit mir ist* bzw. *wer nicht auf meiner Seite steht*
(B μετά AII1cδ). **συν-άγων** Ptz., subst. **σκορπίζω** *zerstreuen.*
24 **24 ἀ-κάθαρτος**[11] *unrein, schmutzig* (kultisch bzw. sittl.-geistl.); τὸ
ἀκάθαρτον πνεῦμα *der unreine/böse Geist* (= Dämon; B πνεῦμα 4c), ge-

nereller Art. (A104) = *ein unreiner/böser Geist* (analog τοῦ ἀνθρώπου). **ἐξ-
έλθῃ** Aor. Konj. -έρχομαι ἀπό τινος hier *ausfahren aus jmdm.* (B 1aδ),
jmdn. verlassen. **δι-έρχομαι** hier etwa *(durch)ziehen* bzw. (kontextgemäß)
(durch)irren. **ἄν-υδρος**[11] *wasserlos, dürr;* δι᾽ ἀνύδρων τόπων *durch was-
serlose Plätze* (B), *durch öde Gegenden* (NGÜ), *durch Wüsten.* **ζητοῦν** Ptz. ζη-
τέω, mod., viell. fin. **ἀνά-παυσις**[8] *(das) Aufhören; Ruhe, Erquickung;* hier
Ruheplatz, -stätte (B 3). **εὑρίσκον** Ptz. εὑρίσκω, temp. od. kond. **ὑπο-
στρέψω** Fut. -στρέφω[47] *zurückkehren;* mod. Fut. (A247a). **ὅθεν**[18] *von wo,
woher;* ὅθεν ἐξῆλθον *das ich verlassen habe.* **ἐξ-ῆλθον** Aor. **25 ἐλθόν** 25
Aor. Ptz. ἔρχομαι, temp. (A291,1 Anm. 1). **εὑρίσκει** erg. τοῦτον/αὐτόν
(A79). [Var. σχολάζοντα Ptz. σχολάζω *Zeit/Muße haben; leerstehen;* AcP
(A300).] **σε-σαρωμένον** Pf. (A231) Ptz. Pass. σαρόω (< σάρον Besen)
fegen, rein kehren; AcP (A300). **κε-κοσμημένον** Pf. (A231) Ptz. Pass. κο-
σμέω *in Ordnung bringen; schmücken;* AcP (A300); καὶ ἐλθὸν εὑρίσκει σε-
σαρωμένον καὶ κεκοσμημένον *und wenn er kommt/zurückkehrt, findet er
es sauber und aufgeräumt/geschmückt.* **26 πονηρότερα** Komp. v. πονηρός. 26
ἑαυτοῦ gen. comparationis (A168): schlimmer *als er selbst.* **εἰσ-ελθόντα**
Aor. Ptz. Ntr. Pl. -έρχομαι, temp. (A291,1 Anm. 1). **τὰ ἔσχατα** *der spätere
Zustand* (B ἔσχατος 3a). **χείρων**[11] ον (Komp. zu κακός) *schlechter,
schlimmer;* καὶ γίνεται τὰ ἔσχατα τοῦ ἀνθρώπου ἐκείνου χείρονα
τῶν πρώτων (gen. comparationis, A168) *und der spätere Zustand jenes/dieses
Menschen wird schlimmer als der frühere Zustand, so ist dieser Mensch am Ende
schlimmer dran als am Anfang.*

27 ἐ-γένετο, ἐν τῷ V. 1. **λέγειν** Inf.; Präd. des AcI. **ἐπ-άρασα** 27
Aor. Ptz. Fem. -αίρω[132] *emporheben;* ἐπαίρω φωνήν *laut reden, rufen;* mod.;
ἐπάρασά τις φωνὴν γυνή ... εἶπεν αὐτῷ *eine Frau ... rief ihm zu.* **κοι-
λία** *Bauch;* hier *Mutterleib.* **βαστάσασα** Aor. Ptz. Fem. βαστάζω[108]
aufheben; tragen; attr. **μαστός** *Brustwarze;* Pl. (männl.) *Brust* od. *Mutterbrust.*
ἐ-θήλασας Aor. θηλάζω (vgl. A33[91ff]) (< θηλή Mutterbrust, Zitze) *säu-
gen; saugen;* μακαρία (erg. ἐστίν, A78a) ἡ κοιλία ἡ βαστάσασά σε
καὶ μαστοὶ οὓς ἐθήλασας *glücklich zu preisen sind der Leib, der dich getra-
gen hat, und die Brüste, aus denen du gesogen hast* = (pars pro toto, A382a)
glücklich zu preisen ist die Frau, die dich zur Welt gebracht und die dich gestillt hat
(vgl. NGÜ). **28 μεν-οῦν** *(ja) freilich, vielmehr, im Gegenteil.* **ἀκούοντες** 28
Ptz. ἀκούω, subst. **φυλάσσοντες** Ptz. φυλάσσω V. 21, hier *beobachten,
befolgen* (B 1f); subst.

29 ἐπ-αθροιζομένων Ptz. Pass. -αθροίζω *dazu versammeln;* Pass. 29
(noch mehr) sich (dazu) versammeln, (weiter) zunehmen; gen. abs. (A288), temp.;
τῶν ὄχλων ἐπαθροιζομένων *als immer noch mehr Volksscharen/Menschen
sich sammelten = als immer mehr Menschen bei Jesus zusammenströmten*
(GNB). **ἤρξατο** Aor. Med. ἄρχω. **λέγειν** Inf. **ζητέω** V. 16 [Var. ἐπι-

ζητέω *aufsuchen, suchen;* hier *verlangen, fordern* (vgl. B 2b)]. **δοθήσεται**
V. 9. **εἰ μή** nach Neg. *außer* (vgl. B εἰ VI9a); σημεῖον οὐ ... εἰ μή *kein*
(anderes) Zeichen ... außer/als. **Ἰωνᾶς**[1] ᾶ *Jona,* atl. Prophet; τὸ σημεῖον
Ἰωνᾶ gen. epexegeticus (H-S §165b; vgl. A163) *das Zeichen Jonas,* d.h. das er
durch seine Person als Gerichtsprediger od. (wohl eher) als wunderbar Errette-
30 ter für die Bewohner Ninives darstellte. **30 ἐ-γένετο** Aor. Med. γίνομαι.
Νινευίτης[1] *Bewohner von Ninive;* dat. commodi (A173). **ἔσται** Fut. εἰμί.
31 **τῇ γενεᾷ ταύτῃ** dat. commodi (A173). **31 βασίλισσα** *Königin.* **νό-
τος** *Südwind; Süden;* hier *Süden, Südland* (B 3); βασίλισσα νότου *die Köni-
gin aus dem Süden* (auch ohne Art. best.; A106c/d; BDR §253[7]), d.h. aus Saba
am Südzipfel der arabischen Halbinsel. **ἐγερθήσεται** Fut. Pass. ἐγείρω
Pass. hier (als Zeugin) *auftreten* (B 2e). **μετά** m. Gen. hier *(gemeinsam) mit*
im Sinn v. *gegen* (vgl. B AII3a). **κατα-κρινεῖ** Fut. -κρίνω[127] *verurteilen;*
hier viell. *als Belastungszeuge aussagen gegen.* **πέρας**[3] ατος τό (< πέρα jen-
seits) *Ende, Grenze;* ἐκ τῶν περάτων τῆς γῆς *von den Enden/Grenzen der*
Erde (vgl. B 1), *vom Ende der Erde/Welt* (hyperbolischer Ausdruck [H-S §295q;
A383]). **ἀκοῦσαι** Aor. Inf. ἀκούω; fin. **Σολομών**[4] ῶνος ὁ *Salomo,*
Sohn Davids, König Israels; (zweites) gen. comparationis (A168); ἰδοὺ πλεῖ-
ον Σολομῶνος (V. 32 Ἰωνᾶ) ὧδε *hier ist etwas Größeres* (B πολύς II2c)
als Salomo (bzw. *Jona*) am besten = *hier ist einer, der mehr ist als Salomo* (bzw.
32 *Jona*). **32 ἄνδρες Νινευῖται** *Männer/Leute von Ninive* (vgl. H-S §260j).
ἀνα-στήσονται Fut. Med. ἀν-ίσταμαι hier (als Zeugen) *auftreten*
(B 2c). **κατα-κρινοῦσιν** Fut. **ὅτι** V. 18. **μετ-ε-νόησαν** Aor. μετα-
νοέω *seinen Sinn ändern, Reue empfinden, umkehren.* **εἰς** hier *auf ... hin* (B 6a;
vgl. BDR §207[3]). **κήρυγμα**[3] *Botschaft, Verkündigung.* **Ἰωνᾶ** (zweites) gen.
comparationis (A168).
33 **33 λύχνος** *Lampe.* **ἅψας** Aor. Ptz. ἅπτω[51] Akt. *anzünden;* temp.
(A291,1 Anm. 1). **κρύπτη** *Versteck, versteckter/verborgener Winkel.* **μόδιος**
(< lat. modius) *Scheffel* (Getreidemaß v. örtl. unterschiedl. Größe), *Gefäß* (das
einen Scheffel faßt). **λυχνία** *Leuchter* (Ständer, an dem eine od. mehrere
Lampen aufgehängt od. auf den sie gestellt wurden), *Lampenständer* (NGÜ).
εἰσ-πορευόμενοι Ptz. -πορεύομαι *hineingehen, -kommen; eintreten;*
subst. [Var. φέγγος[7] *Schein, Licht.*] **βλέπωσιν** Konj. βλέπω; ἵνα οἱ
εἰσπορευόμενοι τὸ φῶς βλέπωσιν *damit die Eintretenden das Licht sehen*
34 bzw. *Licht (haben und) sehen können* (vgl. NGÜ). **34 λύχνος** *Lampe;* hier
übertr. *Leuchte, Licht;* ὁ λύχνος τοῦ σώματός (Präd.-Nom.) ἐστιν ὁ
ὀφθαλμός σου (Subj.) *das Auge ist die Leuchte des Körpers* (d.h. das Auge ist
verstanden als Licht od. Spiegel des Innern bzw. der sittl. Einstellung des Men-
schen, viell. als Lampe, die den menschl. Körper erleuchtet, damit er sich orien-
tieren kann). **ἁπλοῦς** (H-S §44c) *einfältig, lauter, aufrichtig;* bez. hier wohl
ein Verhalten, das dem anderen gegenüber freigebig ist (Ggs. πονηρός *„böse“*

= *mißgünstig, geizig;* EWNT 1, Sp. 297). **ᾖ** Konj. εἰμί. **καί** (zweimal) kons.
(A311,2) *so, dann.* **φωτεινός** *hell leuchtend, voll Licht, im Licht (befindlich).*
[Var. ἔσται V. 30.] **ἐπ-άν** V. 22; ἐπὰν πονηρὸς ᾖ *sobald/wenn es* (dein
Auge) *böse ist* (das böse Auge steht rabbinisch für die mißgünstige, neidische,
dem anderen Böses gönnende Haltung u. ein entsprechendes Verhalten; vgl.
zum Ggs. „böses Auge" u. „gutes Auge" Billerbeck I, S. 833-835). **σκοτει-**
νός *finster, dunkel.* **35 σκόπει** Imp. σκοπέω *auf ein Ziel blicken; achtgeben* 35
auf, bedacht sein auf; σκόπει οὖν μὴ τὸ φῶς τὸ ἐν σοί σκότος ἐστίν *so*
sieh dich nun vor/gib nun acht, daß das Licht in dir (wohl das Auge) *nicht Finster-*
nis/finster ist od. *nun gib also acht/sieh zu, ob das Licht in dir vielleicht Finster-*
nis/finster ist (vgl. BDR §370[5]). **σκότος**[7] *Dunkelheit; Finsternis* (Bereich des
Gottfeindl. bzw. der Gottesferne). **36 ἔχον** Ptz. ἔχω; mod. (A291,2 Anm. 1), 36
viell. kaus.; μὴ ἔχον μέρος τι σκοτεινόν *und kein Teil an ihm finster ist, und*
nichts mehr an ihm finster ist; viell. *weil kein Teil an ihm finster ist.* **ἔσται**
V. 30. **ἀστραπή** *Blitz; heller Schein* (einer Lampe); dat. instr. (A176). **φω-**
τίζῃ Konj. φωτίζω *leuchten, beleuchten, bescheinen* (B 2a); ὡς ὅταν ὁ
λύχνος τῇ ἀστραπῇ φωτίζῃ σε *wie wenn die Lampe dich mit ihrem hellen*
Schein beleuchtet/anstrahlt.

37 ἐν τῷ m. Inf. temp. (A282) *während, als,* hier m. Inf. Aor. wohl vorzei- 37
tig (H-S §226a); ἐν τῷ λαλῆσαι etwa *im Anschluß an diese Rede* (Menge),
viell. *während er noch redete.* **λαλῆσαι** Aor. Inf. λαλέω. **ἐρωτᾷ** hist. Präs.
(A235). **ὅπως** hier *daß* (A328; bez. das Erbetene). **ἀριστήσῃ** Aor. Konj.
ἀριστάω *frühstücken; ein Mahl einnehmen.* **παρά** m. Dat. *im Haus jmds.*
(B II1bα); ἐρωτᾷ αὐτὸν Φαρισαῖος ὅπως ἀριστήσῃ παρ' αὐτῷ *ein*
Pharisäer bat ihn, daß er in seinem Haus ein Mahl einnehme = ein Pharisäer lud
ihn zum Essen ein. **εἰσ-ελθών** Aor. Ptz. -έρχομαι, temp. (A291,1 Anm. 1).
ἀν-έ-πεσεν Aor. ἀνα-πίπτω[194] *sich niederlegen/niederlassen, Platz nehmen*
(um zu essen). **38 ἰδών** Aor. Ptz. ὁράω, temp. **ἐ-θαύμασεν** Aor. θαυ- 38
μάζω. **ἐ-βαπτίσθη** Aor. Pass. βαπτίζω; Pass. hier in der Bdtg. des Med.
(BDR §317[1]) *sich waschen* (vom rituellen Waschen der Hände); ὅτι οὐ πρῶ-
τον ἐβαπτίσθη *daß er sich nicht zunächst (die Hände) wusch* [Var. ἐ-βαπτί-
σατο Aor. Med.]. **ἄριστον** erste der beiden Mahlzeiten des Tages: *Früh-*
stück bzw. *Mittagessen;* einfach *Mahlzeit* (B 2). **39 ὑμεῖς οἱ Φαρισαῖοι** 39
App. (vgl. H-S §260h; A70); Nom. m. Art. für Vok. (BDR §147[2]; vgl. A142) *ihr*
Pharisäer. **ἔξω-θεν** *von außen; außen, draußen; heraus, hinaus;* subst. τὸ ἔξω-
θεν *das Äußere* (B 1bβ). **ποτήριον** *Becher, Kelch;* genereller Sg. (A101a; gilt
auch für πίναξ). **πίναξ**[3] ακος ὁ *Platte, Schüssel, Teller.* **καθαρίζω** *reini-*
gen, säubern. **ἔσω-θεν** V. 7; hier subst. τὸ ἔσωθεν ὑμῶν *euer Inneres* (B 2).
γέμω *voll sein* τινός (A164f) *von etwas.* **ἁρπαγή** *(das) Rauben; (das)*
Geraubte, Beute; hier *Raubgier* (B 3). **πονηρία** *Schlechtigkeit, Bosheit.*
40 ἄ-φρων[11] *unverständig, töricht;* subst., Vok. *ihr Unverständigen.* **οὐ** *nicht;* 40

erwartet als Frageeinleitung die Antwort „doch“ (A320). **ποιήσας** Aor. Ptz.
41 ποιέω hier *schaffen* (B 1aβ); subst. **καί** *auch.* **ἐ-ποίησεν** Aor. **41 πλήν**
aber, doch, jedoch. **ἐν-όντα** Ptz. ἔν-ειμι (εἰμί) *darin sein;* subst. τὰ ἐνόν-
τα *der Inhalt* (B). **δότε** Aor. Imp. δίδωμι. **ἐλεημοσύνη** *(das) Almosen,*
milde Gabe (aus Barmherzigkeit gegebene Spende); πλὴν τὰ ἐνόντα δότε
ἐλεημοσύνην (Obj.-Präd.) *doch gebt das, was sich darin* (näml. in den Schüs-
seln) *befindet, den Armen* (wörtl. *als Almosen*). **καί** V. 34. [Var. ἅ-πας[10] =
πᾶς.] **καθαρός** *rein.* **ὑμῖν** dat. commodi (A173) *für euch.* [Var. ἔσται
42 V. 30.] **42 τοῖς Φαρισαίοις** App. zu ὑμῖν (vgl. H-S §260h; A70) *euch*
Pharisäern. **ἀπο-δεκατόω** *den Zehnten geben* τί *von etwas* (der „Zehnte“ ist
die Abgabe des zehnten Teils v. Ertrag an Gott bzw. dessen Priester [vgl. Lev
27,30 u. Dt 14,22-29]). **ἡδύ-οσμον** (< ἡδύς süß, ὀσμή Geruch, Duft)
Gartenminze. **πήγανον** *Raute,* eine Heilpflanze. **λάχανον** *(eßbares) Gar-*
tengewächs, Gemüse. **καί** (drittes) adversativ (A311,1) *doch.* **παρ-ἔρχο-**
μαι *vorbei-, vorübergehen; übergehen, übertreten, vernachlässigen, mißachten*
(B 1bβ). **κρίσις** hier *Recht* im Sinn der *Gerechtigkeit* (B 3). **ἡ ἀγάπη τοῦ**
θεοῦ gen. obi. (A158) *die Liebe zu Gott.* **ἔ-δει** Ipf. δεῖ; Ipf. drückt hier aus,
daß etwas tatsächl. notwendig ist, aber doch nicht geschieht (A239; H-S §198i).
ποιῆσαι Aor. Inf. ποιέω; Präd. des AcI, abhängig v. ἔδει. **κἀκεῖνα** V. 7;
ταῦτα ... κἀκεῖνα *dies ... und jenes, das eine ... und das andere* (B κἀκεῖνος
1a). **παρ-εῖναι** Aor. Inf. παρ-ίημι *unterlassen, vernachlässigen;* Präd. des
AcI, abhängig v. ἔδει; ταῦτα ἔδει ποιῆσαι κἀκεῖνα μὴ παρεῖναι (erg.
ὑμᾶς; vgl. BDR §407[1]; A268; od. unpersönl. m. „man“ [A76d]) *dieses/das eine*
solltet ihr (od. *sollte man) tun und jenes/das andere nicht unterlassen* bzw. *ohne*
das andere zu unterlassen [Var. 1 ἀφ-ιέναι Inf. -ίημι hier *beseite/außer acht*
43 *lassen, unterlassen* (vgl. B 3b); Var. 2 ἀφ-εῖναι Aor. Inf.]. **43 πρωτο-καθ-**
εδρία *Ehrenplatz* (in der Synagoge). **ἀσπασμός** *(feierliche) Begrüßung,*
Gruß; ἀγαπᾶτε ... τοὺς ἀσπασμούς *ihr liebt ... die feierlichen Begrüßungen*
etwa = *ihr wollt gegrüßt werden* od. *ihr liebt es, wenn man euch (ehrfurchtsvoll)*
grüßt. **ἀγορά** *Marktplatz;* ἐν ταῖς ἀγοραῖς *auf den Marktplätzen,* d.h. in der
44 Öffentlichkeit, übers. etwa *auf der Straße.* **44** [Var. ὑπο-κριτής[1] (< ὑπο-
κρίνομαι vortäuschen, heucheln; im älteren Griech. meist „Schauspieler“)
Heuchler, Scheinheiliger; Vok.] **ἄ-δηλος**[11] *unerkennbar, unkenntlich;* ὡς τὰ
μνημεῖα τὰ ἄδηλα *wie unkenntlich gewordene Gräber.* **καί** statt eines
Rel.-Pron. (BDR §442[12]; vgl. A311,5) od. kons. (A311,2) *so daß.* **περι-πα-**
τοῦντες Ptz. -πατέω, attr. **ἐπ-άνω** Adv. *oben drüber.* **οἴδασιν** 3. Pl.;
καὶ οἱ ἄνθρωποι οἱ περιπατοῦντες ἐπάνω οὐκ οἴδασιν *über welche*
die Leute, ohne es zu wissen (= *nichtsahnend/unwissentlich*), *hingehen* (sie verun-
reinigen sich dadurch) od. *so daß die Leute, ohne es zu wissen, darüber gehen.*
45 **45 ἀπο-κριθείς** V. 7. **νομικός** *das Gesetz betreffend; gesetzeskundig;*
ὁ νομικός *Jurist,* hier (m. γραμματεύς synonym; EWNT 1, Sp. 624) (jüdi-

scher) *Gesetzeskundiger/Gesetzeslehrer;* gen. partitivus (A164). **λέγει** hist.
Präs. (A235). **διδάσκαλε** Vok. **λέγων** Ptz., mod. od. temp.; ταῦτα λέ-
γων *indem/wenn du dies sagst = mit diesen Worten, damit.* **καί** *auch.* **ὑβρί-
ζω** *frech/übermütig behandeln, beschimpfen, verhöhnen,* hier *beleidigen* (B).
46 ὁ δέ *doch dieser/er* (A102). **τοῖς νομικοῖς** App. (vgl. V. 42). **φορτί-** 46
ζω *belasten, beladen* τινά τι *jmdn. mit etwas.* **φορτίον** *Last;* Akk. des inne-
ren Obj. (H-S §151a; A145). **δυσ-βάστακτος**[11] *schwer zu tragen;* φορτί-
ζετε τοὺς ἀνθρώπους φορτία δυσβάστακτα *ihr ladet/bürdet den Men-
schen Lasten auf, die sie kaum tragen können.* **καί** (zweites) adversativ
(A311,1) *aber, doch.* **αὐτοί** betont (A122 u. 124) *ihr selbst.* **δάκτυλος** *Fin-
ger.* **προσ-ψαύω** *anrühren,* m. Dat.; καὶ αὐτοὶ ἑνὶ (dat. instr., A176) τῶν
δακτύλων (gen. partitivus, A164) ὑμῶν οὐ προσψαύετε τοῖς φορτίοις
aber/doch ihr selbst rührt die Lasten mit keinem Finger an (BDR §302[4]; vgl.
A137c). **47 ἀπ-έ-κτειναν** Aor. ἀπο-κτείνω. **48 μάρτυς** υρος ὁ (H-S 47f
§42a) *Zeuge.* **συν-ευδοκέω** (vgl. δοκέω) *Gefallen haben; zustimmen, billi-
gen, Beifall spenden, einverstanden sein* **τινί** *mit etwas;* der Vorwurf zielt wohl
darauf: Obwohl sie den Propheten Grabmäler bauen, entziehen sie sich wie ihre
Väter dem Wort der Boten Gottes (ThWNT 4, S. 684; Bock, Lk 2, S. 1120).
αὐτοί ... ὑμεῖς stehen betont (A122 u. 124). **οἰκοδομεῖτε** erg. τὰ μνη-
μεῖα (V. 47; s. Var.). **49 διὰ τοῦτο** V. 19; διὰ τοῦτο καί *deshalb (auch)* 49
(B καί II4), *das ist auch der Grund, weshalb* (NGÜ). **ἀπο-στελῶ** Fut.
-στέλλω hier εἴς τινα *zu jmdm.* (B 1bα). **ἐξ αὐτῶν** = τινὰς (ἐξ) αὐ-
τῶν (A137a; 164). **ἀπο-κτενοῦσιν** Fut. **διώξουσιν** Fut. διώκω; ἐξ
αὐτῶν ἀποκτενοῦσιν καὶ διώξουσιν *sie werden einige von ihnen töten
und (andere) verfolgen.* **50 ἵνα** fin. od. kons. **ἐκ-ζητηθῇ** Aor. Konj. Pass. 50
-ζητέω *suchen, forschen;* ἐκζητέω τὸ αἷμά τινος ἀπό τινος *jmds. Blut von
jmdm. fordern = jmds. Blut an jmdm. rächen* (B 4), *jmdn. für jmds. Ermordung
zur Rechenschaft ziehen.* **ἐκ-κε-χυμένον** Pf. Ptz. Pass. -χέω/χύννω[39] *aus-
gießen, ausschütten;* (Blut) *vergießen;* attr.; ἵνα ἐκζητηθῇ τὸ αἷμα πάντων
τῶν προφητῶν τὸ ἐκκεχυμένον ... ἀπὸ τῆς γενεᾶς ταύτης übers.
etwa *damit/so daß dieses Geschlecht/diese Generation zur Rechenschaft gezogen
wird für die Ermordung aller Propheten ...* [Var. ἐκ-χυν(ν)όμενον Ptz. Pass.].
ἀπό (erstes) *seit.* **κατα-βολή** *Grundlegung, Anfang, Erschaffung.*
51 Ἅβελ indekl., hier Gen., *Abel,* Sohn Adams (vgl. Gen 4,8.10). **Ζαχα-** 51
ρίας[1] ου *Zacharias* od. *Sacharja* (vgl. 2Ch 24,20-22); ἀπὸ αἵματος Ἅβελ
ἕως αἵματος Ζαχαρίου übers. etwa *angefangen mit dem Mord an Abel bis
hin zum Mord an Sacharja* od. einfach *angefangen von Abel bis hin zu Sacharja.*
ἀπ-ολομένου Aor. Ptz. Med. -όλλυμαι hier *umkommen, sterben* (vgl.
B 2aα); attr. **μετα-ξύ** uneig. Präp. (A183) *zwischen.* **θυσιαστήριον**
(vgl. θυσία Opfer) *Altar,* hier *Brandopferaltar* (er stand im inneren Vorhof des
Tempelkomplexes; B 1). **οἶκος** hier *Tempelgebäude* (B 1aβ). **ναί** *ja, gewiß;*

52 *ja, in der Tat* (BDR §441[2]). **ἐκ-ζητηθήσεται** Fut. Pass. **52 νομικός** V. 45. **ἤρατε** Aor. αἴρω. **κλείς**[3] κλειδός ἡ *Schlüssel* (eig. u. übertr.). **γνῶσις**[8] *Erkenntnis;* ἡ κλεὶς τῆς γνώσεως Gen. der Richtung (vgl. A162; BDR §166[3]) *der Schlüssel zur Erkenntnis* (des Heils). **αὐτοί** V. 46. **εἰσ-ήλθατε** Aor. (vgl. H-S §105g) -έρχομαι. **εἰσ-ερχομένους** Ptz.; Präs. hier konativ (BDR §319[2]; vgl. A227) *hineingehen wollen;* subst. **ἐ-κωλύσατε** Aor. κωλύω *hindern, abhalten.*

53 **53 κἀκεῖθεν** = καὶ ἐκεῖ-θεν[18] *und von dort.* **ἐξ-ελθόντος** Aor. Ptz. -έρχομαι, gen. abs. (A288f), temp.; κἀκεῖθεν ἐξελθόντος αὐτοῦ *als er* (Jesus) *das Haus verlassen hatte.* **ἤρξαντο** V. 29. **δεινῶς** (< δέος Furcht) *schrecklich, furchtbar.* **ἐν-έχειν** Inf. -έχω *grollen, Groll haben* (ellip. für χόλον [Groll] ἐνέχω τινί); δεινῶς ἐνέχω jmdn. *heftig bedrängen* (B 1), jmdm. *hart zusetzen* (B δεινῶς). **ἀπο-στοματίζειν** Inf. -στοματίζω *ausfragen* od. *mit Worten fangen;* ἤρξαντο ... δεινῶς ἐνέχειν καὶ ἀποστοματίζειν αὐτὸν περὶ πλειόνων ... *begannen, ihn mit vielerlei/immer neuen Fragen heftig/hartnäckig zu bedrängen.* **πλείονα** *mehr, vielerlei* (B πολύς II2b).

54 **54 ἐν-εδρεύοντες** Ptz. -εδρεύω (< ἐν-έδρα Hinterhalt) τινά *jmdm. nachstellen, auflauern;* mod. [Var. ζητοῦντες Ptz. ζητέω, mod.] **θηρεῦσαι** Aor. Inf. θηρεύω *jagen, erhaschen, (auf)fangen;* fin.; θηρεῦσαί τι ἐκ τοῦ στόματος αὐτοῦ (vgl. BDR §217[8]) *um ein (unbedachtes) Wort aus seinem Munde aufzufangen* (vgl. B). [Var. κατ-ηγορήσωσιν Aor. Konj. -ηγορέω meist m. Gen. der Pers. *anklagen* (meist juristischer term. tech.; B 1a); ἵνα κατηγορήσωσιν αὐτοῦ *um ihn anklagen zu können = man wollte nämlich einen Grund zur Anklage gegen ihn haben.*]

12 **ἐν οἷς** (rel. Anschluß, A364a) *unter diesen Umständen, in der durch die angegebenen Voraussetzungen geschaffenen Situation* (B ὅς I1c), *inzwischen.* **ἐπι-συν-αχθεισῶν** Aor. Ptz. Pass. Fem. -άγω[59] *sammeln, versammeln;* gen. abs. (A288), temp. **μυριάς** άδος ἡ (A3; 19) *Myriade, zehntausend;* Pl. etwa *Abertausende, viele Tausende;* ἐν οἷς ἐπισυναχθεισῶν τῶν μυριάδων τοῦ ὄχλου ... ἤρξατο ... übers. etwa *inzwischen waren Tausende von Menschen herbeigeströmt ... da begann ...* **κατα-πατεῖν** Inf. -πατέω *zertreten; treten,* hier ἀλλήλους (v. einer sich drängenden Menge) *einander bedrängen* (B 1b), *sich gegenseitig (auf die Füße) treten.* **ἤρξατο** Aor. Med. ἄρχω. **λέγειν** Inf. **προσ-έχετε** Imp. -έχω m. Dat. *den Sinn richten auf; achten auf;* προσέχετε ἑαυτοῖς ἀπὸ τῆς ζύμης ... *hütet euch/nehmt euch in acht vor dem Sauerteig ...* (B 1b). **ζύμη** *Sauerteig.* **ἥτις** für ἥ (B ὅστις 3); ἥτις ἐστὶν ὑπόκρισις *das heißt vor der Heuchelei.* **ὑπό-κρισις**[8] *Heuchelei, Verstellung.*

2 **2 συγ-κε-καλυμμένον** Pf. Ptz. Pass. -καλύπτω[54] *ganz verhüllen, verbergen;* umschrieb. Pf. (A249) [Var. κε-καλυμμένον Pf. Ptz. Pass. καλύπτω[54] *verhüllen, bedecken;* übertr. *verbergen;* umschrieb. Pf. (A249b)]. **ἀπο-καλυφθήσεται** Fut. Pass. -καλύπτω[54] *enthüllen, offenbaren.* **κρυπτός** *verbor-*

gen, geheim; erg. οὐδέν ἐστιν. **γνωσθήσεται** Fut. Pass. γινώσκω Pass.
hier *zur Kenntnis kommen* (B 2a), *bekannt werden.* **3 ἀντί** m. Gen. (A188) *an-* 3
statt, für; ἀνθ᾽ ὧν (für ἀντὶ τούτων ὅτι [H-S §289e]) *dafür daß = weil, des-*
halb. **σκοτία** *Dunkelheit;* ἐν τῇ σκοτίᾳ *im Dunkeln, heimlich* (B 1), Ggs. ἐν
τῷ φωτί *in der Öffentlichkeit* (B φῶς 1a), *am hellen Tag.* **εἴπατε** Aor. (vgl.
H-S §105g) Imp. λέγω. **ἀκουσθήσεται** Fut. Pass. ἀκούω. **οὖς**[3] ὠτός
τό *Ohr;* πρὸς τὸ οὖς λαλέω *ins Ohr flüstern.* **ἐ-λαλήσατε** Aor. λαλέω.
ταμεῖον *Vorratskammer; innerstes Gemach;* ἐν τοῖς ταμείοις *in den Kam-*
mern = hinter verschlossenen Türen. **κηρυχθήσεται** Fut. Pass. κηρύσσω.
δῶμα[3] *Dach.*
4 φίλος *Freund;* τοῖς φίλοις μου App. zu ὑμῖν (vgl. H-S §260h; A70) 4
euch, meinen Freunden. **φοβηθῆτε** Aor. Konj. Pass. (ohne bes. Pass.-Bdtg.)
φοβέομαι hier (statt m. Akk.) m. ἀπό τινος *vor jmdm.* (B 1a; H-S §152b);
prohibitiver Konj. (A256) [Var. πτοηθῆτε Aor. Konj. Pass. πτοέω *in Schrek-*
ken (ver)setzen; Pass. *erschreckt werden, sich ängstigen, erschrecken; sich erschrek-*
ken lassen]. **ἀπο-κτεινόντων** Ptz. -κτείνω, subst. **μετὰ ταῦτα** *da-*
nach. **ἐχόντων** Ptz. ἔχω hier *die Möglichkeit haben, können, imstande sein*
(B I6a); subst. **περισσότερος** Komp. v. περισσός *über das übliche Maß*
hinausgehend; περισσότερον *mehr, darüber hinaus;* μὴ φοβηθῆτε ἀπὸ
τῶν ... καὶ (adversativ, A311,1) μετὰ ταῦτα μὴ ἐχόντων περισσότε-
ρόν τι ποιῆσαι *fürchtet euch nicht vor denen, die ... aber euch danach nichts*
weiter antun können bzw. *aber euch darüber hinaus nichts anhaben können.*
ποιῆσαι Aor. Inf. ποιέω. **5 ὑπο-δείξω** Fut. -δείκνυμι[212] *zeigen, dar-* 5
tun (B 2); wohl mod. Fut. (A247a). **φοβηθῆτε** V. 4, hier deliberativer Konj.
(A255) wie bei der direkten Frage (τίνα φοβηθῆμεν *wen sollen wir fürch-*
ten?), doch hier 2. statt 1. Pl (vgl. H-S §273e). **φοβήθητε** Aor. Imp. Pass.
μετὰ τό m. Inf. bzw. AcI (erg. dann αὐτόν als Subj.) temp. (A282) *nach,*
nachdem. **ἀπο-κτεῖναι** Aor. Inf. **ἔχοντα** Ptz., subst. **ἐμ-βαλεῖν** Aor.
Inf. -βάλλω[112] *hineinwerfen;* φοβήθητε τὸν μετὰ τὸ ἀποκτεῖναι ἔχον-
τα ἐξουσίαν ἐμβαλεῖν ... *fürchtet den, der nach dem Töten Vollmacht/Macht*
hat ... zu werfen; d.h. die Furcht bzw. Ehrfurcht vor dem rettenden u. richtenden
Gott befreit v. Menschenfurcht (Wiefel, Lk, S. 231.233). **γέεννα** *Gehenna,*
Hölle. **ναί** *ja, gewiß; ja, in der Tat* (BDR §441[2]). **6 οὐχί** *nicht;* erwartet als 6
Frageeinleitung die Antwort „doch" (A320). **πέντε**[19] *fünf.* **στρουθίον**
(eig. Diminutivform v. στρουθός Sperling) *Sperling, Spatz.* **πωλοῦνται**
Pass. πωλέω *verkaufen;* Pass. *zum Kauf angeboten werden* (vgl. B) od. übers.
Pass. als *man* (A76b); οὐχί ... πωλοῦνται *werden nicht ... zum Kauf angeboten*
od. *verkauft man nicht* ... [Var. πωλεῖται Pass. 3. Sg. (A89)]. **ἀσσάριον**
(< lat. assarius) *As* (röm. Münze v. geringem Wert [war dafür sprichwörtl.]);
gen. pretii (A161); ἀσσαρίων δύο übers. etwa *für zwei Groschen* od. *ein paar*
Pfennige. **καί** adversativ (A311,1) *und doch.* **ἕν ... οὐ** *keiner/kein einziger ...*

(A137c; BDR §302,2). **ἐκ** umschreibt gen. partitivus (vgl. B 4aα). **ἐπι-λε-
λησμένον** Pf. Ptz. Pass. -λανθάνομαι[154] *vergessen; übersehen* (B 2); um-
7 schrieb. Pf. (A249). **ἐν-ώπιον** hier *vor, bei* (B 5a). **7 καί** verstärkt *auch, so-
gar* (A313). **θρίξ** τριχός ἡ (vgl. A3; H-S §42c) *Haar.* **ἠρίθμηνται** Pf.
Pass. ἀριθμέω *zählen;* pass. divinum (A76b); καὶ αἱ τρίχες τῆς κεφαλῆς
ὑμῶν πᾶσαι *sogar alle eure Kopfhaare sind gezählt, bei euch sind sogar die
Haare auf dem Kopf alle gezählt* [Var. ἠριθμημέναι Pf. Ptz. Pass., umschrieb.
Pf. (A249b)]. **φοβεῖσθε** Imp. **δια-φέρω** *hindurchtragen;* intr. *sich unter-
scheiden (von);* hier *mehr wert sein als,* m. Gen. (B 2b).
8 **8 πᾶς ὅς** *jeder, der* (B πᾶς 1cγ; ἄν unterstreicht Verallgemeinerung
[A132b]; Rel.-Satz m. kond. Nebensinn [BDR §380[4]; A371]); hier nom. pen-
dens [A141]; Anakoluth [A375; BDR §466[4]]), wobei das ἐν αὐτῷ darauf
zurückweist; übers. *jeder, der ... zu dem.* **ὁμο-λογήσῃ** Aor. Konj. -λογέω
sich (offen) als etwas od. *zu* etwas od. *zu* jmdm. *bekennen;* hier ἔν τινι (wohl
sem. statt eines einfachen Akk.; BDR §220,3) *zu jmdm.* **ὁμο-λογήσει** Fut.
9 **9 ἀρνησάμενος** Aor. Ptz. Med. ἀρνέομαι *leugnen; verleugnen,* m. Akk.;
subst. **ἀπ-αρνηθήσεται** Fut. Pass. -αρνέομαι *leugnen, verleugnen.*
10 **10 πᾶς ὅς** V. 8. **ἐρεῖ** Fut. λέγω; Fut. hier wohl gnomisch (A248a).
εἰς *gegen* (B 4cα); πᾶς ὃς ἐρεῖ λόγον εἰς ... (nom. pendens [A141]; Anako-
luth [A375]) übers. *jedem, der einen Ausspruch* (lästernden Inhalts) *gegen ...
richtet* (B λόγος 1aγ) bzw. *jedem, der etwas gegen ... sagt.* **ἀφ-εθήσεται**
Fut. Pass. -ἵημι; pass. divinum (A76b); hier wohl mod. Fut. im Sinn v. „kön-
nen" (A247c). **βλασ-φημήσαντι** Aor. Ptz. -φημέω *verleumden; lästern;*
subst.; βλασφημέω εἰς τὸ ἅγιον πνεῦμα *(gegen) den Heiligen Geist lä-
stern.*
11 **11 εἰσ-φέρωσιν** Konj. -φέρω *hineintragen, hineinbringen;* hier *(hin-
ein)schleppen* (B 1) ἐπί *vor;* 3. Pl. hier im Sinn v. „man" (A76a). **συν-αγω-
γή** hier *Synagogengericht* (vgl. B 2a). **ἀρχή** hier *Behörde, Obrigkeit* (B 3). **ἐξ-
ουσία** hier *Machthaber, Beamter,* auch *Obrigkeit, Behörde* (B 4cα). **μερι-
μνήσητε** Aor. Konj. μεριμνάω *sorgen,* hier *sich* (ängstl.) *Sorgen machen;*
prohibitiver Konj. (A256). **ἀπο-λογήσησθε** Aor. Konj. Med. -λογέομαι
sich herausreden, sich verteidigen; deliberativer Konj. (A255) wie bei der direkten
Frage, doch hier 2. statt 1. Pl (BDR §368[4]; vgl. A331); πῶς ἢ τί ἀπολογή-
σησθε *wie oder womit ihr euch verteidigen sollt.* **εἴπητε** Aor. Konj. λέγω;
12 deliberativer Konj. (A255). **12 διδάξει** Fut. διδάσκω. **αὐτός** für
αὐτὸς οὗτος (bzw. ἐκεῖνος) (BDR §288[4]); ἐν αὐτῇ τῇ ὥρᾳ *in ebendieser
Stunde/Zeit* (B 1h) = *wenn es soweit ist* (NGÜ). **εἰπεῖν** Aor. Inf.; ἃ δεῖ
εἰπεῖν (erg. wohl ὑμᾶς; vgl. BDR §407[1]; A268) *was ihr sagen sollt.*
13 **13 διδάσκαλε** Vok. **εἰπέ** Aor. Imp. λέγω. **μερίσασθαι** Aor.
Inf. Med. μερίζω (vgl. A33[91ff]) *teilen; verteilen, zuteilen;* Med. μετά τινος *mit
jmdm. teilen;* μερίσασθαι μετ' ἐμοῦ τὴν κληρονομίαν *er soll das Erbe*

mit mir teilen. **κληρο-νομία** *(das) Erbe, Erbteil.* **14 ὁ δέ** *doch dieser/er* 14
(A102). **ἄνθρωπε** Vok. **κατ-έ-στησεν** Aor. καθ-ίστημι[204] *hinstellen,*
hinbringen; m. doppeltem Akk. *jmdn. als etwas einsetzen, jmdn. zu etwas bestellen*
(H-S §153b; A97,15). **κριτής**[1] *Richter* [Var. δικαστής[1] *Richter*]. **μερι-**
στής[1] *Verteiler, (Erb-)Teiler.* **ἐπί** m. Akk. *über* (B III1bα); κριτὴς ἢ μερι-
στὴς ἐφ' ὑμᾶς *Richter oder Erbteiler über euch* etwa = *Richter über euch oder*
Schlichter/Vermittler in euren Erbstreitigkeiten. **15 ὁρᾶτε** Imp. ὁράω hier 15
zusehen (B 2bβ), *achtgeben.* **φυλάσσεσθε** Imp. Med. φυλάσσω *wachen,*
bewahren; Med. (A216) *sich hüten/in acht nehmen* ἀπό τινος *vor jmdm./etwas.*
πλεον-εξία (< πλέον, ἔχω) *Gewinnsucht, Habgier.* **ἐν τῷ** m. Inf. wohl
temp. *wenn* (viell. mod. *indem* od. *dadurch, daß;* A282). **περισσεύειν** Inf.
περισσεύω intr. *überschießen, übrig sein; im Überfluß vorhanden sein; überreich*
sein; ἐν τῷ περισσεύειν τινί *wenn* (bzw. *dadurch, daß*) *jemand Überfluß hat*
(B 1aβ). **ὑπ-αρχόντων** Ptz. -άρχω, subst.; τὰ ὑπάρχοντά τινι/τινος
das, was jmdm. zur Verfügung steht/gehört (B 1), *jmds. Besitz* bzw. *Vermögen;* ὅτι
οὐκ ἐν τῷ περισσεύειν τινὶ ἡ ζωὴ αὐτοῦ ἐστιν ἐκ τῶν ὑπαρχόν-
των αὐτῷ *denn nicht (einmal dann,) wenn* (bzw. *denn nicht dadurch, daß*)
jemand Überfluß hat/sehr reich ist, hängt sein Leben von seinem Besitz ab = *denn*
der Mensch gewinnt sein Leben nicht aus seinem Besitz, auch wenn der noch so
groß ist (GNB). **16 πλούσιος** *reich.* **εὐ-φόρησεν** Aor. -φορέω *gut* 16
(Frucht) tragen, fruchtbar sein. **χώρα** *Land, Landschaft, Gegend; Feld, Acker;*
Sg. hier *Landgut* (B 4) od. übers. als Pl. *Felder;* εὐφόρησεν ἡ χώρα *die Felder*
hatten gut getragen bzw. *brachten einen guten Ertrag* (NGÜ). **17 δι-ε-** 17
λογίζετο Ipf. Med. δια-λογίζομαι *(gründlich) überlegen, erwägen, sich Ge-*
danken (über etwas) *machen.* **λέγων** Ptz., mod., pleon. (BDR §420[5]; A297,1),
kann auch unausgesprochene Gedanken einleiten; διελογίζετο ἐν ἑαυτῷ
λέγων *er überlegte bei sich* = *er überlegte hin und her.* **ποιήσω** Fut. (modal,
A247b) od. Aor. Konj. (deliberativ, A255) ποιέω. **συν-άξω** Fut. -άγω hier
(ein)sammeln (B 1), *unterbringen* (B ἔχω I2d); wohl mod. Fut. (A247); ὅτι οὐκ
ἔχω ποῦ συνάξω ... *denn ich habe nichts* bzw. *nicht (genug Platz), wo ich ...*
unterbringen (kann/soll) = *denn ich weiß nicht* (BDR §368[5]), *wo ich ... unterbrin-*
gen (kann/soll). **18 ποιήσω** wohl mod. Fut. (A247a). **καθ-ελῶ** Fut. 18
-αιρέω[186] *herabnehmen, -holen;* hier *niederreißen, abreißen;* viell. mod. Fut.
(A247a), ebenso die flgd. Futurformen in V. 18 u. 19. **ἀπο-θήκη** *Scheune,*
Speicher. **οἰκο-δομήσω** Fut. -δομέω. **σῖτος** *Weizen, Getreide* [Var. γέ-
νημα[3] *Erzeugnis, Frucht, Ertrag*]. **τὰ ἀγαθά** *die Güter, die Vorräte* (vgl. B
ἀγαθός 2bβ). **19 ἐρῶ** Fut. λέγω. **ψυχή** hier m. dem Sinn eines 19
(Refl.-)Pron. (vgl. B 1f; H-S §139l); καὶ ἐρῶ τῇ ψυχῇ μου· ψυχή, ἔχεις
und dann werde/will ich zu mir selbst sagen: Nun hast du. **κείμενα** Ptz.
κεῖμαι (A32; als Pf. Pass. v. τίθημι gebraucht, A33[200]) *liegen, daliegen, lagern*
(B 1b); attr. od. mod.; ἔχεις ... κείμενα *du hast ... liegen.* **ἀγαθά** V. 18.

εἰς *für, auf* (B 2b). **ἀνα-παύου** Imp. Med. -παύω *ausruhen lassen;* Med.
sich ausruhen. **φάγε** Aor. Imp. ἐσθίω. **πίε** Aor. Imp. πίνω. **εὐ-φραί-
νου** Imp. Pass. -φραίνω *erfreuen;* Pass. *sich freuen, froh/fröhlich sein* (B 2).
20 **20 ἄ-φρων**[11] *unverständig, töricht;* subst., Vok. *du törichter Mensch, du Narr.*
ταύτῃ τῇ νυκτί temp. Dat. (A182) *(noch) in dieser Nacht.* **ψυχή** hier
wohl *Seele* für *Leben.* **ἀπ-αιτέω** *zurückfordern, zurückverlangen* (B 1); übers.
3. Pl. als *man* (d.h. Gott) *fordert/verlangt zurück* (BDR §130[5f]; vgl. A76a). **ἅ** =
ταῦτα (Nom.), ἅ (Akk.) (BDR §293[13]; vgl. A358). **ἡτοίμασας** Aor. ἑτοι-
μάζω hier etwa *erwerben, besorgen* (B 1), *anhäufen.* **ἔσται** Fut. εἰμί; ἃ
ἡτοίμασας, τίνι (dat. poss.; H-S §176b; A173f) ἔσται; *wem wird das gehö-
21 *ren, was du erworben/angehäuft hast?* **21 οὕτως** erg. ἐστίν *so ist es mit dem*
= so geht es dem. **θησαυρίζων** Ptz. θησαυρίζω *(Schätze/Reichtümer)*
ansammeln, sparen; subst. [Var. αὑτῷ Refl.-Pron. (H-S §139h) *sich selbst.*]
εἰς *im Blick auf, in bezug auf* (vgl. B 5); εἰς θεόν übers. etwa *bei Gott* (GNB).
πλουτῶν Ptz. πλουτέω *reich sein;* subst.
22 **22 διὰ τοῦτο** *darum, deshalb.* **μεριμνᾶτε** Imp. μεριμνάω *sorgen,*
hier *sich* (ängstl.) *Sorgen machen;* hier τινί (dat. commodi, A173) *für/um etwas*
(in V. 26 dafür περί τινος) bzw. m. indirekter Frage (τί *was* bzw. *um das,*
was); Imp. Präs. hier wohl m. der Bdtg., m. einer Handlung aufzuhören
(A265a); μὴ μεριμνᾶτε *macht euch nicht länger solche Sorgen!* **ψυχή** hier
(irdisches) Leben (B 1aβ). **φάγητε** Aor. Konj. ἐσθίω; deliberativer Konj.
(A255) wie bei der direkten Frage, doch hier 2. statt 1. Pl (vgl. H-S §273e;
A331); τί φάγητε *was ihr essen sollt;* analog ἐνδύσησθε. **ἐν-δύσησθε**
Aor. Konj. Med. -δύω[12] *anziehen, bekleiden;* Med. *sich bekleiden, sich anziehen.*
23 **23 πλεῖον** Präd.-Nom. im Ntr. nach Subj. im Fem. (A91) *mehr, etwas Grö-*
ßeres/Wichtigeres (B πολύς II2c), *wichtiger, wertvoller* (Menge). **τροφή** *Nah-*
rung, Speise; gen. comparationis (A168). **ἔν-δυμα**[3] *Gewand, Kleid;* hier kol-
lektiver Sg. (A101a), übers. *Kleidung;* gen. comparationis (A168; erg. davor ge-
24 dankl. ein zweites πλεῖον). **24 κατα-νοήσατε** Aor. Imp. -νοέω *beschau-*
en, betrachten, beobachten. **κόραξ**[3] ακος ὁ *Rabe.* **ὅτι** hier am besten als
Doppelpunkt berücksichtigen (vgl. A333). **θερίζω** *ernten.* **οἷς** *ihnen/sie* (rel.
Anschluß, A364a); dat. poss. (A173f); οἷς οὐκ ἔστιν *sie haben/besitzen*
nicht/keine. **ταμεῖον** V. 3. **ἀπο-θήκη** V. 18. **καί** adversativ (A311,1)
und doch. **τρέφω** *ernähren, zu essen geben.* **πόσος**[18] *wie groß?* πόσῳ μᾶλ-
λον *(um) wieviel mehr* (dat. differentiae, A117). **ὑμεῖς** betont (A122). **δια-
φέρω** V. 7. **πετεινόν** *Vogel;* πόσῳ μᾶλλον ὑμεῖς διαφέρετε τῶν
25 πετεινῶν *wieviel mehr seid ihr (doch) wert als die Vögel.* **25 ἐκ** umschreibt
gen. partitivus (B 4aβ). **μεριμνῶν** Ptz., mod. *dadurch, daß er sich Sorgen*
macht = durch sein Sorgen. **ἡλικία** *(Lebens-)Alter;* hier wohl v. der bisher
durchlaufenen *Lebenszeit,* nicht v. der *Körpergröße* (B 1a). **προσ-θεῖναι**
Aor. Inf. -τίθημι[200] *hinzufügen* hier τὶ ἐπί τι *etwas einer Sache;* V. 31 τί τινι

jmdm. etwas hinzufügen, dazugeben. **πῆχυς**[8] εως ὁ (eig. „Ellenbogen, Unter-
arm“) *Elle* (ca. 45-52 cm), hier übertr. v. einer kurzen Zeitspanne (B), übers.
etwa *Stunde* (NGÜ) od. *Tag* (GNB). **26 εἰ** m. Ind. indefiniter Fall (A342). 26
οὐδέ hier *noch nicht einmal* (B 3). **ἐλάχιστος** (Superlativ zu μικρός)
kleinster, geringster; meist elativisch (so hier [B 2a]; vgl. A119) *etwas ganz/so Ge-
ringes, etwas Geringfügiges.* **τί** adv. *warum?* (vgl. B τίς 3a; A134a). **τὰ λοι-
πά** *(all) das übrige.* **27 κατα-νοήσατε** V. 24. **κρίνον** *Lilie* (herkömml.; 27
verschiedene Alternativen vorgeschlagen), doch viell. einfach *(prächtige) Blume.*
αὐξάνω Akt. *vermehren, wachsen lassen;* intr. *wachsen;* κατανοήσατε τὰ
κρίνα πῶς αὐξάνει (A89a) *beobachtet die Lilien/Blumen, wie sie wachsen* =
κατανοήσατε πῶς τὰ κρίνα αὐξάνει (Prolepse; vgl. BDR §476,1; A373)
schaut, wie die Lilien/Blumen wachsen. **κοπιάω** *sich abmühen, sich plagen,
sich abarbeiten* [Var. ὑφαίνω *weben*]. **νήθω** *spinnen;* hier pars pro toto
(A382a) für *sich Kleider machen* (GNB). **οὐδέ** V. 26. **Σολομῶν** 11,31.
περι-ε-βάλετο Aor. Med. -βάλλω[112] (Kleidungsstücke, Schmuck) *anzie-
hen,* Med. *sich anziehen, sich kleiden;* ἐν πάσῃ τῇ δόξῃ αὐτοῦ περιεβάλε-
το ὡς ἓν τούτων (gen. partitivus, A164): noch nicht einmal Salomo *in all
seiner Herrlichkeit/Pracht hat sich/war (so schön) gekleidet wie eine von ihnen.*
28 εἰ V. 26. **ἀγρός** *Feld, Acker;* ἐν ἀγρῷ *auf dem Feld.* **χόρτος** *Gras,* 28
Heu; hier v. Unkraut (im Ggs. zum Kulturgewächs); da τὸν χόρτον denselben
Kontextsinn wie τὰ κρίνα hat, kann es m. *die Blumen* übers. werden (NGÜ).
ὄντα Ptz. εἰμί hier etwa *stehen* od. *blühen;* konz. **αὔριον** *morgen* (= tags
darauf); *bald, nach kurzer Zeit* (B 2). **κλίβανος** *Backofen* (als Brennmaterial
wurde u.a. Gras verwendet). **βαλλόμενον** Ptz. Pass. βάλλω, konz.; ...
ὄντα ... καὶ ... βαλλόμενον *obwohl es* (od. [idiomatischer] *das*) ... *steht/blüht
und ... geworfen wird.* **ἀμφι-έζω** (klass. -έννυμι [so Var.]) *bekleiden,* hier
etwa *(so prächtig) kleiden.* **πόσος** V. 24; πόσῳ μᾶλλον ὑμᾶς *wieviel mehr
(wird er das) dann für euch (tun).* **ὀλιγό-πιστος**[11] (< ὀλίγος, πίστις) *von
schwachem Vertrauen, kleingläubig;* subst., Vok. Pl. *ihr Kleingläubigen.* **29 καί** 29
(erstes) kons. (BDR §442[6]; vgl. A311,2) *(und) so, (und) dann, daher.* **ὑμεῖς**
V. 24. **ζητεῖτε** Imp. ζητέω hier m. flgd. indirekter Frage *sich Gedanken dar-
über machen* (B 1c). **φάγητε** V. 22. **πίητε** Aor. Konj. πίνω; deliberativer
Konj. (A255), vgl. zu φάγητε V. 22. **μετεωρίζεσθε** Imp. μετεωρίζομαι
unruhig sein, ängstlich sein; zum Imp. Präs. vgl. μεριμνᾶτε (V. 22).
30 ταῦτα πάντα AkkO. **τὰ ἔθνη τοῦ κόσμου** *die Völker der Welt* = 30
die Heiden (impliziert: die Gott nicht kennen). **ἐπι-ζητέω** *suchen; erstreben,
wünschen* (B 2a), hier etwa *trachten nach, aussein auf.* **χρῄζω** *nötig haben,
brauchen,* m. Gen. **31 πλήν** *aber, doch, jedoch.* **ζητεῖτε** V. 29, hier *zu er-* 31
langen bemüht sein (B 2a), *trachten nach, bemüht sein um.* **καί** V. 29. **προσ-
τεθήσεται** Fut. Pass. -τίθημι V. 25; pass. divinum (A76b). **32 φοβοῦ** 32
Imp. φοβέομαι; Imp. Präs. viell. zur Aufforderung, m. einer Handlung aufzu-

hören (A265a); μὴ φοβοῦ etwa *du brauchst dich nicht zu fürchten!* **ποί-**
μνιον (Diminutivform v. ποίμνη „Herde“, aber ohne diminutive Bdtg.) *Her-*
de; hier übertr.; Nom. m. Art. für Vok. (H-S §148b; vgl. A142). **εὐ-δόκησεν**
Aor. -δοκέω (vgl. δοκέω) *Wohlgefallen haben; für gut halten, beschließen,* m.
Inf. (B 1). **δοῦναι** Aor. Inf. δίδωμι.
33 **33 πωλήσατε** Aor. Imp. πωλέω *verkaufen.* **ὑπ-άρχοντα** Ptz. -άρ-
χω, subst.; τὰ ὑπάρχοντα ὑμῶν *euren Besitz* (B 1). **δότε** Aor. Imp. δίδω-
μι. **ἐλεημοσύνη** *(das) Almosen, milde Gabe* (aus Barmherzigkeit gegebene
Spende). **ποιήσατε** Aor. Imp. ποιέω. **βαλλάντιον** *Geldbeutel.*
παλαιούμενα Ptz. Pass. παλαιόω *alt machen;* Pass. *alt werden, veralten;*
attr. **θησαυρός** *Vorratskammer, -haus; Schatzbehälter;* hier *(das) Aufbe-*
wahrte, Schatz (B 2bα); App. (A70). **ἀν-έκ-λειπτος**[11] *unerschöpflich.*
κλέπτης[1] *Dieb.* **σής**[3] σητός ὁ *Motte,* deren Raupen Stoff fressen; hier kol-
lektiver Sg. (A101a), übers. *Motten.* **δια-φθείρω** *zerstören, (zer)fressen* (B 1).
34 **34 καί** *auch.* **ἔσται** Fut. εἰμί.
35 **35 ἔστωσαν** Imp. 3. Pl. εἰμί. **ὀσφῦς**[8] ύος ἡ *Hüfte.* **περι-ε-ζω-**
σμέναι Pf. (A231) Ptz. Pass. -ζώννυμι[224] *umgürten;* Med. *sich (um)gürten,*
V. 37 etwa *sich (einen Schurz/eine Schürze) umbinden* (NGÜ, vgl. B 2b); um-
schrieb. Imp. Pf. (BDR §352[3]; A249); ἔστωσαν ὑμῶν αἱ ὀσφύες περιε-
ζωσμέναι *eure Hüften seien umgürtet = haltet euch bereit.* **λύχνος** *Lampe.*
καιόμενοι Ptz. Pass. καίω *anzünden;* Pass. intr. *brennen;* umschrieb. Imp.
36 Präs. (A249). **36 ὑμεῖς ὅμοιοι** erg. Imp. ἐστέ *ihr sollt gleichen = seid wie.*
προσ-δεχομένοις Ptz. -δέχομαι *an-, aufnehmen; erwarten, warten auf;*
attr. **ἑαυτῶν** Refl.-Pron. m. poss. Bdtg. (B 4). **πότε**[18] *wann?;* προσδεχο-
μένοις τὸν κύριον ἑαυτῶν πότε ἀναλύσῃ ἐκ τῶν γάμων *die auf*
ihren Herrn warten, wann er von einer Hochzeit/einem Fest zurückkehrt bzw. *die*
auf die Rückkehr ihres Herrn warten, der auf einer Hochzeit/einem Fest ist. **ἀνα-**
λύσῃ Aor. Konj. -λύω *aufbrechen, zurückkehren.* **γάμος** *Ehe;* Sg. od. Pl.
Hochzeitsfeier, Hochzeitsmahl, hier viell. einfach *(großes) Festmahl* (B 1b).
ἐλθόντος Aor. Ptz. ἔρχομαι; gen. abs. (A288f), erg. αὐτοῦ (BDR §423[3]),
temp. *wenn er kommt.* **κρούσαντος** Aor. Ptz. κρούω (an die Tür) *klopfen,*
anklopfen; gen. abs. (A288f), temp. **ἀν-οίξωσιν** Aor. Konj. -οίγω.
37 **37 μακάριοι** erg. εἰσίν (A78a). **ἐλθών** Aor. Ptz., temp. **εὑρήσει** Fut.
εὑρίσκω. **γρηγοροῦντας** Ptz. γρηγορέω *wach sein/bleiben, wachen;*
wachsam sein; AcP (A300). **ὅτι** recitativum = Doppelpunkt (A333). **περι-**
ζώσεται Fut. Med. V. 35. **ἀνα-κλινεῖ** Fut. -κλίνω[126] *niederlegen, zum*
Niederlegen bringen, veranlassen sich (zu Tisch) *zu legen,* hier etwa *setzen lassen,*
zu Tisch bitten (NGÜ). **παρ-ελθών** Aor. Ptz. -έρχομαι[187] *vorbei-, vorüber-*
gehen; herangehen, herbeikommen, hinzukommen (B 3); temp. (A291,1 Anm. 1).
38 **διακονήσει** Fut. διακονέω[33] *(be)dienen.* **38 κἂν** = καὶ ἐάν. **ἔλθῃ**
Aor. Konj. ἔρχομαι; κἂν ἐν τῇ δευτέρᾳ κἂν ἐν τῇ τρίτῃ φυλακῇ

ἔλθῃ *und wenn er (erst) in der zweiten oder in der dritten Nachtwache (= erst um
Mitternacht oder sogar noch später* [GNB]) *kommt.* **εὕρῃ** Aor. Konj. εὑ-
ρίσκω; καὶ εὕρῃ οὕτως *und findet sie* (A79) *wach/bereit* (wörtl. *so*).
39 γινώσκετε wohl Imp., evtl. Ind.; τοῦτο δὲ γινώσκετε *doch das sollt* 39
ihr wissen (vgl. B 6c), *doch das bedenkt, macht euch das eine klar* (GNB). **ὅτι**
V. 24. **ᾔδει** Plsqpf. (m. der Bdtg. eines Ipf.) οἶδα. **οἰκο-δεσπότης**[1]
Hausherr; ὁ οἰκοδεσπότης *der Hausherr* (genereller Art., A104,1) = *ein
Hausherr.* **ποῖος**[18] temp. Dat. (A182) *wie beschaffen? welcher?* (B 2aβ); ποίᾳ
ὥρᾳ *in welcher Stunde, zu welchem Zeitpunkt.* **κλέπτης**[1] *Dieb.* [Var. ἐ-γρη-
γόρησεν Aor. γρηγορέω.] **ἀφ-ῆκεν** Aor. -ίημι hier *erlauben, (zu)lassen,*
m. AcI *daß* (B 4); εἰ ᾔδει ὁ οἰκοδεσπότης ... οὐκ ἂν ἀφῆκεν irrealer
Fall (A345) *wenn ein Hausherr (im voraus) wüßte ... würde er nicht zulassen.* **δι-
ορυχθῆναι** Aor. Inf. Pass. -ορύσσω (vgl. A33[74ff]) *durchbrechen, einbrechen*
m. Akk. *in;* Präd. des AcI; διορυχθῆναι τὸν οἶκον αὐτοῦ *daß in sein Haus
eingebrochen wird.* **40 ὑμεῖς** V. 24. **γίνεσθε** Imp. **ἕτοιμος** *bereit;* καὶ 40
ὑμεῖς γίνεσθε ἕτοιμοι *seid auch ihr (ständig) bereit* (vgl. A265b). **ᾗ** temp.
Dat. (A182); das BW steht im Rel.-Satz (A357; B I5a): ᾗ ὥρᾳ οὐ δοκεῖτε =
τῇ ὥρᾳ ᾗ οὐ δοκεῖτε *zu dem/einem Zeitpunkt, an dem ihr es nicht erwartet.*
ἔρχεται fut. Präs. (A234).

41 κύριε Vok. **42 οἰκο-νόμος** *Hausverwalter, Verwalter.* **φρόνι-** 41f
μος *verständig, klug;* nachgestelltes Attr. nach Attr. in Zwischenstellung (vgl.
BDR §269,2); τίς ἄρα ἐστὶν ὁ πιστὸς οἰκονόμος ὁ φρόνιμος *wer ist
also/denn der treue und kluge Verwalter;* die Frage impliziert eine Aufforderung,
etwa: *seid wie der treue und kluge Verwalter.* **κατα-στήσει** Fut. καθ-ίστη-
μι V. 14, hier *einsetzen* τινὰ ἐπί τινος/τινι *jmdn. über jmdn./etwas* (B 2a).
θεραπεία *Heilung; Dienerschaft.* **τοῦ** m. Inf. fin. (H-S §225b; A281).
διδόναι Inf. δίδωμι; Präs. iter. (vgl. A232b) [Var. 1 δοῦναι Aor. Inf.;
Var. 2 δια-δοῦναι Aor. Inf. -δίδωμι *verteilen;* Var. 3 δια-διδόναι Inf.].
ἐν καιρῷ *zur rechten Zeit* (B καιρός 2), *pünktlich* (GNB). **σιτο-μέτριον**
(zugemessene) Getreide-, Brot-, Verpflegungsration; τοῦ διδόναι ... τὸ σιτο-
μέτριον etwa *um ihnen ... die Tagesration auszuteilen.* **43 ἐλθών, εὑρήσει** 43
V. 37. **ποιοῦντα** Ptz. ποιέω hier *handeln, verfahren* (B I2aα); AcP (A300);
μακάριος (erg. ἐστίν, A78a) ὁ δοῦλος ἐκεῖνος, ὃν ἐλθὼν ὁ κύριος
αὐτοῦ εὑρήσει ποιοῦντα οὕτως *glücklich ist der Diener zu preisen, den sein
Herr, wenn er kommt, bei seiner Arbeit findet* (wörtl. *so handeln finden wird*).
44 ἀληθῶς *wahrhaftig, in Wahrheit, wirklich;* hier *der Wahrheit gemäß* (vgl. 44
B 1), etwa = ἀμήν (BDR §243[1]). **ὅτι** V. 37. **ὑπ-άρχουσιν** Ptz. -άρχω,
subst. V. 15. **κατα-στήσει** V. 42. **45 εἴπῃ** Aor. Konj. λέγω; λέγω ἐν 45
τῇ καρδίᾳ αὐτοῦ „in seinem Herzen sagen" = *sich sagen, denken* (B καρ-
δία 1bβ). **χρονίζω** *sich Zeit lassen, auf sich warten lassen, zögern;* χρονίζει
ὁ κύριός μου ἔρχεσθαι übers. etwa *mein Herr kommt noch lange nicht*

zurück. **ἔρχεσθαι** Inf. **ἄρξηται** Aor. Konj. Med. ἄρχω. **τύπτειν** Inf.
τύπτω *schlagen, mißhandeln, verletzen.* **παῖς**[3] παιδός *Kind* (ὁ *Junge;* ἡ
Mädchen); hier *Diener, Sklave, Knecht* (B 1aγ). **παιδίσκη** *Magd, Sklavin.*
ἐσθίειν Inf. **πίνειν** Inf. **μεθύσκεσθαι** Inf. Pass. μεθύσκω *betrunken*
46 *machen;* Pass. *sich betrinken, sich berauschen.* **46 ἥξει** Fut. ἥκω (vgl. A33[187])
gekommen sein, dasein; (außerhalb des Präs.:) *kommen.* **ἐν ἡμέρᾳ ᾗ** (temp.
Dat., A182) = ἐν ἡμέρᾳ ἐν ᾗ (A359; od. = ἐν ἡμέρᾳ ἥν [Attraktion des
Rel.-Pron.; A360]) *an einem Tag, an dem* (od. *an einem Tag, den*); analog (m.
Attraktion des Rel.-Pron.) ἐν ὥρᾳ ᾗ = ἐν ὥρᾳ ἥν *zu einer Stunde/einem Zeit-*
punkt, die/den. **προσ-δοκάω** *erwarten.* **διχο-τομήσει** Fut. -τομέω *mit-*
ten entzweischneiden, in Stücke hauen. **ἄ-πιστος**[11] *ungläubig* (B 2) od. *treulos;*
subst. **θήσει** Fut. τίθημι; τὸ μέρος αὐτοῦ μετὰ τῶν ἀπίστων θήσει
er wird ihm seinen Platz unter/bei den Ungläubigen/Treulosen zuweisen (B μέρος
2), *er wird ihm dasselbe Los bereiten wie den Ungläubigen/Treulosen* (vgl. NGÜ).
47 **47 γνούς** Aor. Ptz. γινώσκω, attr. **καί** adversativ (A311,1) *aber.*
ἑτοιμάσας Aor. Ptz. ἑτοιμάζω hier etwa *sich darum kümmern, Vorberei-*
tungen treffen; attr. **ποιήσας** Aor. Ptz. ποιέω, attr.; ὁ ... καὶ μὴ ἑτοιμά-
σας ἢ ποιήσας ... *der ... sich aber nicht darum gekümmert hat oder ... gehan-*
delt hat. **πρός** m. Akk. *gemäß, entsprechend, nach* (B III5d). **δαρήσεται**
Fut. Pass. δέρω[135] eig. *die Haut abziehen,* NT nur übertr. *prügeln, schlagen;*
δαρήσεται πολλάς (ellip., erg. πληγάς, BDR §241[9]) *er wird viele Schläge*
48 *bekommen/erhalten = er wird hart bestraft werden* (NGÜ). **48 γνούς** V. 47,
subst.; ὁ δὲ μὴ γνούς *wer dagegen (den Willen seines Herrn) nicht gekannt hat.*
ποιήσας Aor. Ptz., subst. **πληγή** *Schlag, Hieb* (B 1); ἄξια πληγῶν gen.
pretii (A161) *was Schläge verdient.* **ὀλίγας** ellip., erg. πληγάς (BDR
§241[9]). **παντί** hier casus pendens (Anakoluth; H-S §292e; A375), wobei das
παρ' αὐτοῦ darauf zurückweist (παντί statt des häufigeren nom. pendens
[A141] πᾶς [an ᾧ angepaßt; attractio inversa; BDR §295[2]; A362]); παντὶ ᾧ
ἐδόθη πολύ, πολὺ ζητηθήσεται παρ' αὐτοῦ = παρὰ παντός, ᾧ
ἐδόθη πολύ, ζητηθήσεται πολύ (BDR §466[4]) *von jedem, dem viel gege-*
ben/anvertraut wurde, wird viel gefordert werden bzw. (A76b) ... *fordert man viel.*
ἐ-δόθη Aor. Pass. δίδωμι hier viell. *überlassen, anvertrauen* (B 3). **ζητη-**
θήσεται Fut. Pass. ζητέω hier *verlangen, fordern* (B 2c). **ᾧ** = τοῦτον ᾧ
(A358), wobei ein pleon. αὐτόν folgt (vgl. A366). **παρ-έ-θεντο** Aor. Med.
παρα-τίθημι[200] *danebenstellen, vorsetzen;* Med. *übergeben, anvertrauen* τί
τινι *jmdm. etwas* (B 2bα). **περισσότερος** V. 4, hier *um so mehr.* **αἰτή-**
σουσιν Fut. αἰτέω hier *fordern, verlangen* τί τινα *etwas von jmdm.;* übers.
3. Pl. als *man* (d.h. Gott) *fordert/verlangt* (BDR §130[5f]; vgl. A76a).
49 **49 πῦρ** die Bdtg. des Bildes (bibl. meist für Gericht) ist unsicher. **βα-**
λεῖν Aor. Inf. βάλλω. **τί** hier adv. *wie!* bzw. *wie sehr!* (B 3b; BDR §299[4];
A134a). **ἀν-ήφθη** Aor. Pass. -άπτω[51] *anzünden;* τί θέλω εἰ ἤδη ἀνήφθη

irrealer NS nach irreal empfundenem Ind. (H-S §285b; A349) *wie sehr wün-*
sche/wünschte ich, daß es (das Feuer) *schon entzündet wäre = wie froh wäre ich,*
wenn es schon brennen würde. **50 βάπτισμα**[3] *Taufe* (hier bildl. vom Leiden 50
u. Sterben). **ἔχω** hier *müssen,* m. Inf.; βάπτισμα (Akk. des inneren Obj.,
A145) ἔχω βαπτισθῆναι *ich muß mich einer Taufe unterziehen* (B I6b).
βαπτισθῆναι Aor. Inf. Pass. βαπτίζω. **συν-έχομαι** Pass. -έχω *zu-*
sammenhalten; drängen; bedrängen, anfechten, quälen; πῶς συνέχομαι *wie*
werde ich bedrängt, welche Anfechtung muß ich erdulden (B 5), viell. *wie drängt es*
mich. **τελεσθῇ** Aor. Konj. Pass. τελέω[27] *beenden, vollenden; ausführen,*
durchführen, erfüllen; ἕως ὅτου (= ἕως [οὗ] m. Konj. [A337]) τελεσθῇ *bis*
sie (die Taufe) *vollzogen ist* (B 2). **51 παρ-ε-γενόμην** Aor. Med. παρα- 51
γίνομαι[176] *ankommen, kommen; auftreten* (B 2). **δοῦναι** V. 32; δοκεῖτε
ὅτι εἰρήνην παρεγενόμην δοῦναι ἐν τῇ γῇ; (εἰρήνην betont vorange-
stellt; vgl. BDR §476,1; A373) *meint ihr, ich sei gekommen, Frieden auf Erden*
(od. ἐν für εἰς [vgl. BDR §218]: *auf die Erde*) *zu bringen?* **οὐχί** verstärktes οὔ
nein (BDR §432,2). **ἀλλ᾽ ἤ** = εἰ μή *nichts als* (BDR §448[9]), *im Gegenteil,*
vielmehr. **δια-μερισμός** *Zwiespalt, Uneinigkeit* (B), *Entzweiung;* ἀλλ᾽ ἤ
διαμερισμόν *(nicht Frieden), vielmehr/sondern Entzweiung.* **52 ἔσονται** 52
Fut. εἰμί. **ἀπὸ τοῦ νῦν** *von jetzt an* (B νῦν 3b). **πέντε**[19] *fünf.* **δια-με-**
μερισμένοι Pf. Ptz. Pass. -μερίζω (vgl. A33[91ff]) *verteilen;* Med. *sich zertei-*
len; übertr. *zwiespältig machen,* Pass. *zwiespältig sein* ἐπί τινι/τινα *gegen jmdn.*
(B 2), *im Streit liegen, entzweit sein mit jmdm.;* umschrieb. Futurperfekt (BDR
§352[2]; A249); ἔσονται ... πέντε ἐν ἑνὶ οἴκῳ διαμεμερισμένοι, τρεῖς
ἐπὶ δυσίν ... *fünf, die in einem Haus leben, werden ... entzweit sein, drei werden*
gegen zwei (stehen) ...; analog im flgd. Vers. **δυσίν/τρισίν** Dat.
δύο/τρεῖς[19f]. **53 δια-μερισθήσονται** Fut. Pass. **θυγάτηρ**[6] τρός ἡ 53
Tochter. **πενθερά** *Schwiegermutter.* **νύμφη** *Braut;* hier *Schwiegertochter.*

54 ἔ-λεγεν Ipf. λέγω. **ἴδητε** Aor. Konj. ὁράω. **νεφέλη** *Wolke;* ἡ 54
νεφέλη genereller Art. (A104,1) = *eine Wolke.* **ἀνα-τέλλουσαν** Ptz.
Fem. -τέλλω (v. Sonne) *aufgehen,* (v. Wolken) *aufsteigen, heraufziehen* (B 2);
AcP (A300). **δυσμή** *Westen;* ἐπὶ δυσμῶν *im Westen.* **ὅτι** V. 37. **ὄμ-**
βρος *Regenschauer, Platzregen;* ὄμβρος ἔρχεται Präs. hier fut. (BDR §323[3];
A234) *es gibt Regen.* **55 νότος** *Südwind.* **πνέοντα** Ptz. πνέω *wehen, bla-* 55
sen; AcP (A300); ὅταν (erg. eig. ἴδητε) νότον πνέοντα übers. *wenn der*
Südwind weht. **καύσων**[4] ωνος ὁ *Hitze.* **ἔσται** Fut. εἰμί; καύσων
ἔσται *es wird einen heißen Tag geben* (B), *es wird heiß.* **56 ὑπο-κριτής**[1] 56
(< ὑπο-κρίνομαι vortäuschen, heucheln; im älteren Griech. meist „Schau-
spieler") *Heuchler, Scheinheiliger;* Vok. **πρόσ-ωπον** hier *Aussehen* (B 1d).
οἶδα hier *verstehen, können,* m. Inf. (vgl. B 3). **δοκιμάζειν** Inf. δοκιμάζω
(< δόκιμος erprobt) *prüfen, untersuchen;* (nach Prüfung) *für echt, geeignet,*
richtig usw. *befinden;* τὸ πρόσωπον ... οἴδατε δοκιμάζειν *das Aussehen ...*

könnt ihr (richtig) beurteilen. [Var. πλήν V. 31.] **ὁ καιρὸς οὗτος** *die gegen-*
wärtige (Welt-)Zeit (B καιρός 4); betont vorangestellt (vgl. BDR §475,1).
πῶς hier *wie ist es möglich, daß* (B 1b) bzw. *warum ... denn.*
57 **57 τί** V. 26. **ἀφ' ἑαυτῶν** (= ὑμῶν αὐτῶν; A126a) *von euch selbst*
aus (B ἑαυτοῦ 1a). **κρίνω** hier etwa *beurteilen (können)* bzw. *erkennen.* **τὸ**
58 **δίκαιον** *das Gerechte; das, was recht ist* (B 5). **58 ὡς** hier *während, solange*
(B IV1b). **ἀντί-δικος** *Prozeßgegner; Feind.* **ἄρχων**[5] οντος ὁ *Herrscher;*
Mitglied der (öfter: örtl.) *Behörde* (u.a. mit richterl. Befugnissen); ὑπάγω ἐπ'
ἄρχοντα hier *vor Gericht gehen.* **ἐν τῇ ὁδῷ** *unterwegs, auf dem Weg (zum*
Gericht). **δός** Aor. Imp. δίδωμι. **ἐργασία** *Beschäftigung;* hier ἐργασίαν
δίδωμι *sich Mühe geben* (vgl. B 4). **ἀπ-ηλλάχθαι** Pf. Inf. Pass. -αλλάσ-
σω[74] *befreien;* Pass. m. ἀπό *sich entfernen von,* hier *gütlich von* jmdm. *los-*
kommen (B 2a), *sich mit* jmdm. *einigen.* **μή-ποτε** *damit nicht (etwa)* (A339).
κατα-σύρῃ Konj. -σύρω *(mit Gewalt) schleppen* πρός *vor.* **κριτής**[1] *Rich-*
ter. **παρα-δώσει** Fut. (hier statt Konj. nach μήποτε [A328; 339]; analog
βαλεῖ) -δίδωμι. **πράκτωρ**[6] ορος ὁ term. tech. zur Bezeichnung best.
Beamter, hier *Gerichtsvollzieher* (B) od. eher *Gerichtsdiener* (EWNT 3, Sp. 348).
59 **βαλεῖ** Fut. βάλλω. **59 οὐ μή** m. Aor. Konj. stärkste Verneinung zukünfti-
gen Geschehens (A257). **ἐξ-έλθῃς** Aor. Konj. -έρχομαι. **ἐκεῖ-θεν**[18] *von*
dort. **λεπτόν** kleinste Kupfermünze: *Heller, Pfennig.* **ἕως** hier m. Konj. *bis*
(A337). **ἀπο-δῷς** Aor. Konj. -δίδωμι hier *zurückzahlen* (B 2a), *bezahlen.*
13 **παρ-ῆσαν** Ipf. πάρ-ειμι (εἰμί) *anwesend sein; dasein, (her)gekommen*
sein. **αὐτός** für αὐτὸς οὗτος (bzw. ἐκεῖνος) (BDR §288,2); ἐν αὐτῷ τῷ
καιρῷ *zu ebendieser/dieser Zeit* (B 1h). **ἀπ-αγγέλλοντες** Ptz. -αγγέλλω,
attr. od. mod. (A291,2 Anm. 1). **Γαλιλαῖος** *galiläisch;* subst. *Galiläer.* **ὧν**
τὸ αἷμα *deren Blut* (A363). **ἔ-μιξεν** Aor. μίγνυμι[215] *(ver)mischen, ver-*
mengen; Aor. Ind. bez. hier Vorvergangenheit (vgl. H-S §199n; A224); ὧν τὸ
αἷμα Πιλᾶτος ἔμιξεν μετὰ τῶν θυσιῶν αὐτῶν *deren Blut Pilatus mit*
dem ihrer Opfertiere vermischt hatte, d.h. die Pilatus hatte ermorden lassen, als
2 sie gerade Opfer darbrachten. **θυσία** *(Schlacht-)Opfer.* **2 ἀπο-κριθείς**
Aor. Ptz. Pass. (ohne Pass.-Bdtg.) -κρίνομαι, pleon. (A297,2); ἀποκριθεὶς
εἶπεν *er antwortete.* **παρά** m. Akk. bei Vergleichen *als* (A115), *im Vergleich*
zu, mehr als (B III3). **ἐ-γένοντο** Aor. Med. γίνομαι; δοκεῖτε ὅτι οἱ Γα-
λιλαῖοι οὗτοι ἁμαρτωλοὶ παρὰ πάντας τοὺς Γαλιλαίους ἐγένον-
το *meint ihr, diese Galiläer seien größere Sünder gewesen als alle (anderen)* (vgl.
3 A376a) *Galiläer* (H-S §184m). **πε-πόνθασιν** Pf. πάσχω. **3 οὐχί** ver-
stärktes οὔ *nein,* m. flgd. ἀλλά (BDR §432[2]) *nein, sondern/vielmehr* (B 2).
μετα-νοῆτε Konj. -νοέω *seinen Sinn ändern, Reue empfinden, umkehren*
[Var. μετα-νοήσητε Aor. Konj.]. **ὁμοίως** *in gleicher Weise, ebenso.* **ἀπ-**
4 **ολεῖσθε** Fut. Med. -όλλυμαι. **4 δεκα-οκτώ**[19] *achtzehn;* οἱ δεκαοκτώ
Subj. des ὅτι-NS ist betont vorangestellt (vgl. BRD §475,1b; viell. nom. pen-

dens [A141]), durch αὐτοί wieder aufgenommen. **ἔ-πεσεν** Aor. πίπτω.
πύργος *Turm.* **Σιλωάμ** indekl., *Schiloach;* ἐν τῷ Σιλωάμ *am/beim Schi-
loachteich* (vgl. B ἐν I1c). **καί ... αὐτούς** statt καὶ οὕς (A366). **ἀπ-έ-
κτεινεν** Aor. ἀπο-κτείνω. **ὀφειλέτης**[1] *Schuldner; einer, der (durch
Sünde) schuldig geworden ist, Sünder* (B 2cβ); ὅτι αὐτοὶ ὀφειλέται ἐγένον-
το παρὰ πάντας *daß sie schuldiger waren als* (BDR §245[3]) *alle anderen*
(A376a). **παρά** V. 2. **κατ-οικοῦντας** Ptz. -οικέω hier m. Akk. (B 2);
attr. **Ἰερουσαλήμ** indekl., hier Akk. **5** **ὡσ-αύτως** *in gleicher Weise,* 5
ebenso.

6 **ἔ-λεγεν** Ipf. λέγω. **συκῆ** *Feigenbaum.* **εἶχεν** Ipf. ἔχω. **πε-φυ-** 6
τευμένην Pf. Ptz. Pass. φυτεύω *(an)pflanzen;* attr. **ἀμπελών**[4] ῶνος ὁ
Weinberg, Weingarten. **ζητῶν** Ptz. ζητέω, fin. (ebenso V. 7). **καί** (zweites)
adversativ (A311,1) *doch, aber.* **εὗρεν** Aor. εὑρίσκω. **7** **ἀμπελ-ουργός** 7
Winzer, Weingärtner. **ἀφ' οὗ** ellip., erg. χρόνου *seitdem, seit* (B ἀπό II2c);
τρία ἔτη (erg εἰσίν) ἀφ' οὗ ἔρχομαι *drei Jahre sind es (schon), seitdem ich
komme = seit drei Jahren komme ich (schon)* (vgl. BDR §144[5]). **καί** (erstes)
V. 6; (zweites) nach Fragepron. *noch, weiter* (H-S §252,29; A313). **ἔκ-κοψον**
Aor. Imp. -κόπτω[56] *fällen, abhauen.* **ἱνατί** (< ἵνα τί [γένηται], BDR
§299[3]) *warum, wozu.* **κατ-αργέω** *außer Wirksamkeit/Geltung setzen, entkräf-
ten;* hier *aussaugen* (B 1a). **8** **ὁ δέ** *doch dieser/er* (A102). **ἀπο-κριθείς** 8
V. 2. **λέγει** praesens narrativum (A235). **ἄφ-ες** Aor. Imp. -ίημι hier *ste-
hen lassen.* **καί** (erstes) hier *noch;* καὶ τοῦτο τὸ ἔτος Akk. der zeitl. Aus-
dehnung (A148) *noch dieses Jahr.* **σκάψω** Aor. Konj. σκάπτω (vgl. A33[51ff])
graben, umgraben; ἕως ὅτου (= ἕως [οὗ] m. Konj. [A337]) σκάψω περὶ
αὐτήν *bis ich um ihn herum umgrabe = ich will noch einmal um ihn herum um-
graben.* **βάλω** Aor. Konj. βάλλω. **κόπριον** *Mist;* βάλλω κόπριον *Mist
streuen = düngen* (B βάλλω 2a). **9** **κἄν** = καὶ ἐάν. **ποιήσῃ** Aor. Konj. 9
ποιέω; ποιέω καρπόν *Frucht tragen/hervorbringen* (B I1bη); κἂν μὲν ποι-
ήσῃ καρπόν ... (die Apodosis des ersten der beiden alternativen kond. NS ist
ausgelassen [Aposiopese, A377]) *und wenn er ... Frucht trägt,* erg. etwa *so ist es
gut* (BDR §454,4; 482[3]) etwa = *vielleicht trägt er ... Frucht.* **μέλλον** Ptz.
μέλλω; subst. τὸ μέλλον *die Zukunft;* εἰς τὸ μέλλον *für die Zukunft,* hier
im kommenden Jahr (B 2). **γέ** enklitische Partikel, hier steigernd; εἰ δὲ μή
γε *andernfalls, sonst* (vgl. B εἰ VI4b; A341). **ἐκ-κόψεις** Fut.; mod. Fut. im
Sinn v. „können“ (A247c).

10 **ἦν** Ipf. εἰμί. **διδάσκων** Ptz., umschrieb. Ipf. (A249). **11** **ἔχου-** 10f
σα Ptz. Fem. ἔχω, attr.; πνεῦμα ἔχουσα ἀσθενείας *die von einem Krank-
heitsdämon besessen war* (B ἔχω I2eα) bzw. *die krank war, weil sie von einem
(bösen) Geist/Dämon geplagt wurde* (Einh.). **ἀ-σθένεια** *Schwäche* (verschie-
denster Art); *Krankheit.* **δεκα-οκτώ** V. 4; ἔτη δεκαοκτώ Akk. der zeitl.
Ausdehnung (A148) *achtzehn Jahre (lang) = seit achtzehn Jahren.* **συγ-**

κύπτουσα Ptz. Fem. -κύπτω *verkrümmt sein;* umschrieb. Ipf. (A249).
δυναμένη Ptz. δύναμαι, umschrieb. Ipf. (A249). **ἀνα-κύψαι** Aor. Inf.
-κύπτω (vgl. A33[51ff]) *sich aufrichten.* **παν-τελής**[7] *vollkommen, völlig;* εἰς
τὸ παντελές *vollkommen, völlig;* neg. *überhaupt (nicht);* μὴ δυναμένη
ἀνακύψαι εἰς τὸ παντελές *sie konnte/vermochte sich überhaupt nicht auf-*
(zu)richten (B 2), evtl. *sie konnte/vermochte sich nicht vollständig auf(zu)richten*
12 (B 1). **12 ἰδών** Aor. Ptz. ὁράω, temp. **προσ-ε-φώνησεν** Aor. -φωνέω
zurufen, laut anreden, m. Dat.; *herbeirufen,* m. Akk. **γύναι** Vok. γυνή. **ἀπο-**
λέ-λυσαι Pf. Pass. -λύω, hier Pf. Pass. *du bist befreit/frei,* m. gen. separationis
13 (A167) *von.* **13 ἐπ-έ-θηκεν** Aor. ἐπι-τίθημι[200] *auflegen, darauflegen.*
παρα-χρῆμα *sofort, sogleich.* **ἀν-ωρθώθη** Aor. Pass. -ορθόω (ὀρθός ge-
rade, aufgerichtet) *wieder aufrichten;* Pass. *sich wieder aufrichten.* **ἐ-δόξαζεν**
14 Ipf. δοξάζω [Var. ἐ-δόξασεν Aor.]. **14 ἀπο-κριθείς ... ἔλεγεν** V. 2.
ἀρχι-συνάγωγος *Synagogenvorsteher.* **ἀγανακτῶν** Ptz. ἀγανακτέω
unwillig, entrüstet bzw. *empört sein;* kaus. **ἐ-θεράπευσεν** Aor. θεραπεύω.
ἔ-λεγεν Ipf. λέγω. **ὅτι** (zweites) recitativum = Doppelpunkt (A333). **ἕξ**[19]
sechs. **ἐργάζεσθαι** Inf.; ἓξ ἡμέραι εἰσὶν ἐν αἷς δεῖ ἐργάζεσθαι *es
gibt sechs Tage, an denen man arbeiten soll.* **ἐρχόμενοι** Ptz. ἔρχομαι, temp.
(als Imp. + „und“ übers.; A291,1 Anm. 1). **θεραπεύεσθε** Imp. Pass.; Pass.
sich heilen lassen. **καί** V. 6. **τῇ ἡμέρᾳ τοῦ σαββάτου** temp. Dat.
15 (A182) *am Sabbat.* **15 ἀπ-ε-κρίθη** Aor. Pass. V. 2; καὶ εἶπεν nach ἀπε-
κρίθη Hebr., ist pleon. u. kann unübersetzt bleiben (BDR §420[3]). **ὑπο-**
κριτής[1] (< ὑπο-κρίνομαι vortäuschen, heucheln; im älteren Griech. meist
„Schauspieler“) *Heuchler, Scheinheiliger;* Vok. **ὑμῶν** gen. partitivus (A164).
τῷ σαββάτῳ temp. Dat. (A182). **οὐ** *nicht;* erwartet als Frageeinleitung die
Antwort „doch“ (A320). **βοῦς**[8] *Ochse.* **ὄνος** ὁ u. ἡ *Esel.* **φάτνη** *Futter-
trog, Futterkrippe, Krippe.* **ἀπ-αγαγών** Aor. Ptz. -άγω[59] *wegführen, führen;*
temp. (A291,1 Anm. 1) [Var. ἀπ-άγων Ptz.]. **ποτίζω** *zu trinken geben, trin-*
16 *ken lassen;* (Tiere) *tränken.* **16 θυγάτηρ**[6] τρός ἡ *Tochter.* **Ἀβραάμ**
indekl., hier Gen. **οὖσαν** Ptz. Fem. εἰμί, attr. zu ταύτην. **ἔ-δησεν** Aor.
δέω. **σατανᾶς**[1] ᾶ *Widersacher; Satan,* der Widersacher Gottes. **δέκα
καὶ ὀκτώ** = δεκαοκτώ V. 4; ἰδοὺ δέκα καὶ ὀκτὼ ἔτη wohl Akk. der
zeitl. Ausdehnung (A148), viell. Nom. bei ἰδού (BDR §144[4]) *volle achtzehn
Jahre* (B ἰδού 1bε). **οὐκ** V. 15. **ἔ-δει** Ipf. δεῖ. **λυθῆναι** Aor. Inf. Pass.
λύω; Präd. des AcI (Subj. ταύτην betont vorangestellt), abhängig v. ἔδει.
δεσμός *Fessel* (übertr. auch v. einer Krankheit). **τῇ ἡμέρᾳ τοῦ σαβ-**
17 **βάτου** V. 14. **17 λέγοντος** Ptz. λέγω, gen. abs. (A288f), temp. **κατ-
ῃσχύνοντο** Ipf. Pass. -αισχύνω *schänden, beschämen;* Pass. *beschämt wer-
den,* auch *sich schämen* (B 2). **ἀντι-κείμενοι** Ptz. ἀντί-κειμαι (A32) *im
Streit liegen* τινί *mit jmdm.;* ὁ ἀντικείμενός τινι *jmds. Widersacher, jmds.
Feind/Gegner;* subst. **ἔ-χαιρεν** Ipf. χαίρω. **ἔν-δοξος**[11] *ruhmvoll, berühmt;*

glänzend, herrlich; subst. τὰ ἔνδοξα *die herrlichen/wunderbaren Taten* (B 2).
γινομένοις Ptz. γίνομαι, attr.
18 ἔ-λεγεν V. 6. **καί** alternativ (BDR §442[27]; vgl. A314) *oder.* **ὁμοι-** 18
ώσω Fut. od. Aor. Konj. ὁμοιόω *gleichmachen; vergleichen* τινί *mit et-*
was/jmdm. (B 2); mod. Fut. (A247b) od. deliberativer Konj. (A255); τίνι ὁμοι-
ώσω αὐτήν; *womit soll ich sie vergleichen?* **19 κόκκος** *Korn, Samenkorn.* 19
σίναπι εως τό (vgl. A8) *Senf;* wahrscheinl. der Schwarze Senf („Brassica
nigra"), dessen 1 mm großes Samenkorn in Palästina für seine Kleinheit sprich-
wörtl. war. **λαβών** Aor. Ptz. λαμβάνω, temp. (A291,1 Anm. 1; vgl. A296;
zur Verschränkung m. ὅν vgl. A364b). **ἔ-βαλεν** Aor. βάλλω hier (v.
Samen) *werfen* (B 1a) = *säen* (NGÜ). **κῆπος** *Garten.* **ἑαυτοῦ** Refl.-Pron.
m. poss. Bdtg. (vgl. B 4) *seinen.* **ηὔξησεν** Aor. αὐξάνω Akt. *vermehren,*
wachsen lassen; intr. *wachsen* (B 3). **ἐ-γένετο** Aor. Med. γίνομαι. **εἰς** hier
für Präd.-Nominativ (Hebr., A81; B 8aα). **δένδρον** *Baum.* **πετεινόν**
Vogel; τὰ πετεινὰ τοῦ οὐρανοῦ *die Vögel des Himmels* = einfaches deut-
sches *die Vögel.* **κατ-ε-σκήνωσεν** Aor. κατα-σκηνόω *sich niederlassen,*
wohnen, (v. Vögeln) *nisten.* **κλάδος** *Zweig.* **20 ὁμοιώσω** V. 18. 20
21 ζύμη *Sauerteig.* **λαβοῦσα** Aor. Ptz. Fem. λαμβάνω, temp. (A291,1 21
Anm. 1; A296; zur Verschränkung m. ἥν vgl. A364b). **ἐν-έ-κρυψεν** Aor.
ἐγ-κρύπτω[57] *verbergen, verstecken;* hier wohl εἴς τι *in etwas hineintun, unter*
etwas mengen (betont ist wohl, daß der Sauerteig nicht mehr sichtbar ist) [Var.
ἔ-κρυψεν Aor. κρύπτω[57] *verbergen, verstecken*]. **ἄλευρον** *Weizenmehl;* gen.
partitivus (A164). **σάτον** *Sat* (Getreidemaß wahrscheinl. = ca. 13 l); ἀλεύ-
ρου σάτα τρία übers. etwa (idiomatisch) *einen halben Zentner/Sack Mehl.*
ἐ-ζυμώθη Aor. Pass. ζυμόω *(durch)säuern;* ἕως οὗ (A337) ἐζυμώθη
ὅλον *bis es ganz durchsäuert war* = *bis der ganze Teig durchsäuert war* (Menge).
22 δι-ε-πορεύετο Ipf. Med. δια-πορεύομαι *hindurchgehen, durch-* 22
wandern; διεπορεύετο κατὰ (wohl distributiv; vgl. B κατά II1d) πόλεις
καὶ κώμας *er wanderte von Stadt zu Stadt und von Dorf zu Dorf.* **κώμη** *Dorf.*
διδάσκων Ptz., mod. **πορεία** *(das) Gehen; Reise.* **ποιούμενος** Ptz.
Med. ποιέω; ποιέομαι πορείαν = πορεύομαι (Med. zur Umschreibung
des einfachen Verbalbegriffs, B II1); mod. **23 κύριε** Vok. **εἰ** leitet hier 23
direkte Frage ein (BDR §440[5]); εἰ ὀλίγοι (erg. εἰσίν) οἱ σῳζόμενοι; *sind*
es (nur) wenige, die gerettet werden? **σῳζόμενοι** Ptz. Pass. σῴζω; subst. **ὁ**
δέ *(und) dieser/er* (A102). **24 ἀγωνίζεσθε** Imp. ἀγωνίζομαι *(im Wett-* 24
kampf) kämpfen; übertr. *sich anstrengen, danach ringen* (B 2b). **εἰσ-ελθεῖν**
Aor. Inf. -έρχομαι. **στενός** *eng.* **θύρα** *Tür.* **λέγω ὑμῖν** Parenthese
(BDR §465[5]; vgl. A374). **ζητήσουσιν** Fut. ζητέω. **ἰσχύσουσιν** Fut.
ἰσχύω *stark sein; vermögen, können* (B 2b). **25 ἀφ' οὗ** V. 7, hier ἀφ' οὗ ἄν 25
(m. Konj.) hier etwa *(dann,) wenn.* **ἐγερθῇ** Aor. Konj. Pass. ἐγείρω. **οἰκο-**
δεσπότης[1] *Hausherr.* **ἀπο-κλείσῃ** Aor. Konj. -κλείω[6] *verschließen,*

abschließen. **ἄρξησθε** Aor. Konj. Med. ἄρχω. **ἑστάναι** Pf. (Wz.-Pf., H-S
§109a; m. präs. Bdtg.) Inf. ἵσταμαι. **κρούειν** Inf. κρούω (an die Tür) *klop-
fen, anklopfen.* **λέγοντες** Ptz. λέγω, temp. (A291,1 Anm. 1). **ἄν-οιξον**
Aor. Imp. -οίγω. **καί** (viertes) wohl apodotisch (A311,2) *so, dann;* ἀφ᾿ οὗ
ἂν ἐγερθῇ ὁ οἰκοδεσπότης ... καὶ ἄρξησθε ἔξω ἑστάναι ... καὶ ἀπο-
κριθεὶς ἐρεῖ ὑμῖν *wenn der Hausherr aufgestanden ist ... und ihr anfangt, drau-
ßen zu stehen ... dann wird er euch antworten.* **ἀπο-κριθείς** V. 2. **ἐρεῖ** Fut.
λέγω. **πόθεν**[18] *woher?* οὐκ οἶδα ὑμᾶς πόθεν ἐστέ Prolepse (BDR
26 §476[3]; A373) *ich weiß nicht, woher ihr seid* (B οἶδα 1c). **26 ἄρξεσθε** Fut.
Med. ἄρχω [Var. ἄρξησθε Aor. Konj.]. **λέγειν** Inf. **ἐ-φάγομεν** Aor.
ἐσθίω. **ἐ-πίομεν** Aor. πίνω. **πλατεῖα** *breiter Weg, Straße;* ἐν ταῖς
πλατείαις ἡμῶν *auf unseren Straßen = auf den Straßen unserer Stadt.* **ἐ-δί-
27 δαξας** Aor. διδάσκω. **27 ἀπό-στητε** Wz.-Aor. Imp. ἀφ-ίσταμαι[205]
sich entfernen, weggehen, von jmdm./etwas (ἀπό). **ἐργάτης**[1] *Arbeiter; einer,
der etwas tut;* πάντες ἐργάται (Vok.) ἀδικίας (gen. obi., BDR §165[2];
A158) *alle, die ihr Unrecht tut* bzw. *all ihr Übeltäter* (B 2). **ἀ-δικία** *Unrecht*
28 (das einer tut); *Ungerechtigkeit.* **28 ἔσται** Fut. εἰμί. **κλαυθμός** *(das)
Weinen.* **βρυγμός** *(das) Knirschen;* ὁ κλαυθμὸς καὶ ὁ βρυγμὸς τῶν
ὀδόντων *das (große) Weinen und das (große) Zähneknirschen/Zähneklappern*
(vgl. B), *lautes Weinen und Zähneknirschen* (Menge). **ὀδούς**[5] όντος ὁ *Zahn.*
ὄψησθε Aor. Konj. Med. ὁράω [Var. 1 ὄψεσθε Fut. Med.; Var. 2 ἴδητε
Aor. Konj.]. **Ἀβραάμ** indekl., hier Akk. **Ἰσαάκ** 3,34; indekl., hier Akk.
Ἰακώβ 1,33. **ὑμᾶς** für ὑμᾶς αὐτούς (ZG; vgl. A126) *euch selbst.* **ἐκ-
βαλλομένους** Ptz. Pass. -βάλλω, AcP (A300), abhängig v. ὄψησθε.
29 **29 ἥξουσιν** Fut. ἥκω (vgl. A33[187]) *gekommen sein, dasein;* (außerhalb des
Präs.:) *kommen.* **ἀνα-τολή** *(das) Aufgehen, Sonnenaufgang;* hier *Osten*
(B 2b). **δυσμή** *Westen;* ἀπὸ ἀνατολῶν καὶ δυσμῶν (Pl. bei Himmels-
gegenden übl.; BDR §141,2[5]; A101c) *von Osten und Westen.* **βορρᾶς**[1] ᾶ *(der)
Norden.* **νότος** *Südwind;* hier *Süden* (B 2). **ἀνα-κλιθήσονται** Fut. Pass.
-κλίνω[126] *niederlegen, veranlassen, sich* (zu Tisch) *zu legen;* Pass. *sich nieder-
30 legen = sich zu Tisch begeben* (d.h. hier zum endzeitl. Festmahl). **30 ἔσονται**
Fut. εἰμί; καὶ ἰδοὺ εἰσὶν ἔσχατοι (Präd.-Nom.) *da sind Letzte, da gibt es
Letzte.*
31 **31 αὐτός** V. 1; ἐν αὐτῇ τῇ ὥρᾳ *in ebendieser/dieser Stunde.* **προσ-
ῆλθαν** Aor. (vgl. H-S §105g) -έρχομαι. **λέγοντες** V. 25. **ἔξ-ελθε** Aor.
Imp. -έρχομαι. **πορεύου** Imp. (vgl. A266a); ἔξελθε καὶ πορεύου ἐν-
τεῦθεν viell. Hendiadyoin (A378) *geh fort von hier,* sonst etwa *geh weg und ver-
laß diese Gegend.* **ἐντεῦθεν**[18] *von hier.* **Ἡρῴδης** 3,1. **ἀπο-κτεῖναι**
32 Aor. Inf. -κτείνω. **32 πορευθέντες** Aor. Ptz. Pass. (ohne bes. Pass.-Bdtg.)
πορεύομαι, temp. (als Imp. + „und“ übers.; A291,1 Anm. 1). **εἴπατε** Aor.
(vgl. H-S §105g) Imp. λέγω. **ἀλώπηξ**[3] εκος ἡ *Fuchs,* Metapher für einen

schlauen u. hinterlistigen Menschen (H-S §295b; A380). **ἴασις**[8] *Heilung.*
ἀπο-τελέω *vollenden, vollbringen;* ἰάσεις ἀποτελῶ *ich vollbringe Heilun-*
gen = ich heile Kranke. **αὔριον** *morgen* (= tags darauf); *bald, nach kurzer Zeit;*
σήμερον καὶ αὔριον *heute und morgen,* viell. *jetzt und bald darauf* (B 2) bzw.
und in der nächsten Zeit. **τῇ τρίτῃ** ellip., erg. ἡμέρᾳ (BDR §241[3]); temp.
Dat. (A182) *am dritten Tag* bzw. *übermorgen* (B 1). **τελειοῦμαι** Pass. τε-
λειόω *vollenden, zu Ende führen, beenden; zur Vollendung* bzw. *Vollkommenheit*
führen (Pass. *gelangen*); Präs. hier fut. (H-S §197c; vgl. A234); τῇ τρίτῃ τελει-
οῦμαι *am dritten Tag/übermorgen bin ich am Ziel* (B 1) od. *werde ich vollendet*
(vgl. B 2d). **33 πλήν** *aber, doch, jedoch.* **ἐχομένῃ** Ptz. Med. ἔχω hier *sich* 33
anschließen an; attr., ellip., erg. ἡμέρᾳ; temp. Dat. (A182) *am (darauf)folgen-*
den/nächsten Tag (B III3) [Var. ἐρχομένῃ Ptz. ἔρχομαι]. **πορεύεσθαι**
Inf.; Präd. des AcI, abhängig v. δεῖ. **ἐν-δέχεται** *es ist möglich,* m. AcI; οὐκ
ἐνδέχεται *es ist unmöglich/undenkbar.* **ἀπ-ολέσθαι** Aor. Inf. Med. -όλ-
λυμαι; Präd. des AcI. **Ἰερουσαλήμ** indekl., hier Gen. (V. 34 Vok.).
34 ἀπο-κτείνουσα Ptz. Fem. -κτείνω, attr. zum Vok. *(die) du tötest.* 34
λιθο-βολοῦσα Ptz. Fem. -βολέω *mit Steinen werfen; steinigen;* attr. zum
Vok. **ἀπ-ε-σταλμένους** Pf. Ptz. Pass. ἀπο-στέλλω; pass. divinum
(A76b); subst. **πρὸς αὐτήν** für πρός σε (nach Vok., ZG). **ποσάκις**[18]
wie oft. **ἠ-θέλησα** Aor. θέλω. **ἐπι-συν-άξαι** Aor. Inf. -άγω[59] *sammeln,*
versammeln. **τέκνα** *Kinder* hier = *Bewohner* (Hebr.; B 2fα). **τρόπος** *Art*
und Weise; ὃν τρόπον adv. Akk. *auf welche Weise* bzw. *(ebenso) wie* (A150;
B 1). **ὄρνις**[3] ιθος ἡ *Vogel,* speziell *Hahn* od. (hier) *Henne* [Var. ὄρνιξ[3] ιχος
ἡ (dorisch, BDR §47,4[9]) m. gleicher Bdtg.]. **νοσσιά** *Nestbrut, Brut;* τὴν
ἑαυτῆς (Refl.-Pron. m. poss. Bdtg.) νοσσιάν übers. *ihre Küken.* **πτέρυξ**[3]
υγος ἡ *Flügel.* **ἠ-θελήσατε** Aor. **35 ἀφ-ίεται** Pass. -ίημι hier *verlas-* 35
sen, im Stich lassen (B 3a); wohl pass. divinum (A76b); Präs. hier fut. (A234);
ἀφίεται ὑμῖν (dat. incommodi, A173) ὁ οἶκος ὑμῶν *euer Haus* (der Tem-
pel od. Jerusalem bzw. die Einwohner der Stadt [Marshall, Lk, S. 576]) *wird*
euch verlassen/im Stich gelassen (werden) = etwa *euer Haus wird verlassen/im*
Stich gelassen sein. **οὐ μή** m. Aor. Konj. stärkste Verneinung zukünftigen Ge-
schehens (A257). **ἴδητε** Aor. Konj. ὁράω. **ἥξει** Fut. ἥκω V. 29; ἕως ἥξει
ὅτε *bis die Zeit kommen wird, wo* (B 2). **εἴπητε** Aor. Konj. λέγω. **εὐ-**
λογημένος Pf. Ptz. Pass. -λογέω hier *(lob)preisen* od. *segnen* (B 2a); um-
schrieb. Pf. Opt. (A249), erg. εἴη (Opt. v. εἰμί) *gepriesen* od. *gesegnet sei.*
ἐρχόμενος Ptz., subst.

ἐ-γένετο Aor. Med. γίνομαι; ἐγένετο m. καί u. flgd. finiten Verb **14**
(ἦσαν παρατηρούμενοι) steht pleon. (Hebr., A271; BDR §442[11]). **ἐν τῷ**
m. AcI temp. (A282) *als, nachdem.* **ἐλθεῖν** Aor. Inf. ἔρχομαι; Präd. des AcI.
ἄρχων[5] οντος ὁ *Herrscher; Mitglied der* (öfter: örtl.) *Behörde;* ἄρχων τῶν
Φαρισαίων *ein zur Pharisäerpartei gehöriges Mitglied des Synedriums* (B 2a) =

etwa *ein führender Pharisäer;* gen. partitivus (A164). **σαββάτῳ** temp. Dat.
(A182). **φαγεῖν** Aor. Inf. ἐσθίω *zum Essen.* **ἦσαν** Ipf. εἰμί. **παρα-τη-
ρούμενοι** Ptz. Med. -τηρέω Akt./Med. *genau achtgeben/beobachten; heim-*
2 *tückisch beobachten, belauern;* umschrieb. Ipf. (A249). **2 ἦν** Ipf. εἰμί.
ὑδρωπικός *wassersüchtig, an Wassersucht leidend;* καὶ ἰδοὺ ἄνθρωπός
τις ἦν ὑδρωπικὸς ἔμπροσθεν αὐτοῦ *da war/stand vor ihm ein*
3 *Mensch/Mann, der an Wassersucht litt.* **3 ἀπο-κριθείς** Aor. Ptz. Pass. (ohne
Pass.-Bdtg.) -κρίνομαι, pleon. (A297,2); ἀποκριθεὶς ... εἶπεν *er antwortete.*
νομικός *das Gesetz betreffend; gesetzeskundig;* ὁ νομικός *Jurist,* hier (m.
γραμματεύς synonym; EWNT 1, Sp. 624) (jüdischer) *Gesetzeskundiger/Geset-
zeslehrer.* **ἔξ-εστιν** *es steht frei, es ist erlaubt.* **σαββάτῳ** V. 1.
4 **θεραπεῦσαι** Aor. Inf. θεραπεύω. **4 οἱ δέ** *doch diese/sie* (A102).
ἡσύχασαν Aor. ἡσυχάζω (vgl. A33[91ff]) *sich ruhig verhalten; ruhig sein,
schweigen* (B 2). **ἐπι-λαβόμενος** Aor. Ptz. Med. -λαμβάνομαι[152] m.
Gen. *sich halten an, ergreifen,* hier *anfassen, berühren;* das hier erwartete GenO
fällt m. dem flgd. durch das ἰάσατο bedingten αὐτόν zusammen (B 1; BDR
§170[2]); temp. (A291,1 Anm. 1). **ἰάσατο** Aor. Med. ἰάομαι[17] *heilen.* **ἀπ-
5 ἐ-λυσεν** Aor. ἀπο-λύω. **5** [Var. ὄνος ὁ u. ἡ *Esel.*] **βοῦς**[8] *Ochse.*
φρέαρ[3] ατος τό *Brunnen.* **πεσεῖται** Fut. Med. πίπτω; τίνος (gen.
poss., A154) ὑμῶν (gen. partitivus, A164) υἱὸς ἢ βοῦς εἰς φρέαρ
πεσεῖται „wessen Sohn oder Ochse von euch fällt in den Brunnen" wohl sem.
bzw. volkstüml. Ausdrucksweise im Sinn v. *wenn jemandem von euch ein Sohn
oder ein Ochse in den Brunnen fällt* (vgl. BDR §442[14]). **καί** (zweites) hier *dann*
(A311,2). **οὐ** *nicht;* erwartet als Frageeinleitung die Antwort „doch" (A320).
ἀνα-σπάσει Fut. -σπάω *emporziehen;* καὶ οὐκ εὐθέως ἀνασπάσει
αὐτὸν ἐν ἡμέρᾳ τοῦ σαββάτου; *wird er ihn dann nicht sofort herausziehen,*
6 *(auch) am Sabbat?* **6 ἴσχυσαν** Aor. ἰσχύω *stark sein, vermögen, können.*
ἀντ-απο-κριθῆναι Aor. Inf. Pass. -κρίνομαι[128] *(dagegen) antworten,
entgegnen* πρὸς ταῦτα *darauf.*
7 **7 ἔ-λεγεν** Ipf. λέγω. **κε-κλημένους** Pf. Ptz. Pass. καλέω hier *ein-
laden* (B 1b); subst. *die Gäste.* **ἐπ-έχων** Ptz. -έχω tr. *festhalten;* intr. *sein Au-
genmerk richten auf, beobachten* (B 2a); kaus. od. temp. **πρωτο-κλισία**
Ehrenplatz (am Tisch). **ἐξ-ε-λέγοντο** Ipf. Med. ἐκ-λέγομαι *(für sich) aus-*
8 *wählen, sich aussuchen.* **λέγων** Ptz., mod., pleon. (A297,1). **8 κληθῇς** Aor.
Konj. Pass. καλέω V. 7. **γάμος** *Ehe;* Sg. od. Pl. *Hochzeitsfeier, Hochzeits-
mahl,* hier viell. einfach *(großes) Festmahl* (B 1b). **κατα-κλιθῇς** Aor. Konj.
Pass. -κλίνω[126] *sich niederlegen lassen, lagern lassen* (zum Essen); Pass. „sich zu
Tisch niederlegen" = *sich zu Tisch begeben;* prohibitiver Konj. (A256); μὴ
κατακλιθῇς εἰς τὴν πρωτοκλισίαν übers. etwa *such dir nicht den Ehren-
platz aus* (Einh.). **μή-ποτε** *daß/damit nicht (etwa)* (B 2bβ; A339). **ἐν-τιμό-
τερος** Komp. v. ἔν-τιμος[11] *geehrt, angesehen, vornehm* (B 1a). **σου** gen.

comparationis (A168). **ᾖ** Konj. εἰμί. **κε-κλημένος** V. 7, umschrieb. Konj. Pf. (A249); μήποτε ἐντιμότερός σου ᾖ κεκλημένος ὑπ' αὐτοῦ *damit nicht etwa jemand von ihm* (dem Gastgeber) *eingeladen ist, der vornehmer ist als du = es könnte ja sein, daß eine noch vornehmere Person eingeladen ist* (GNB).
9 ἐλθών Aor. Ptz. ἔρχομαι, temp. (A291,1 Anm. 1). **καλέσας** Aor. Ptz., 9
subst. **ἐρεῖ** Fut. λέγω; hier Fut. statt Konj. nach μήποτε (A328; 339); καὶ ἐλθὼν ὁ σὲ καὶ αὐτὸν καλέσας ἐρεῖ σοι *dann würde/müßte der, der dich und ihn eingeladen hat* (bzw. *der Gastgeber*), *kommen und zu dir sagen.* **δός** Aor. Imp. δίδωμι; δίδωμι τόπον τινί *jmdm. Platz machen* (B 1bα). **ἄρξῃ** Fut. Med. ἄρχω, Med. m. Inf. hier (wohl volkstüml.) m. abgeschwächter, z.T. unübersetzbarer Bdtg. (Reiser, Syntax, S. 43-45; vgl. H-S §218e Anm. 1); mod. Fut. im Sinn v. „müssen" (A247d); ἄρξῃ ... κατέχειν *du müßtest ... einnehmen.* **αἰσχύνη** *Schamgefühl; Schmach, Schande;* μετὰ αἰσχύνης *mit Schande* (B 2), *beschämt.* **ἔσχατος** hier *letzter* im Sinn v. *geringster* (B 2a), *ganz unten* (NGÜ). **κατ-έχειν** Inf. -έχω *aufhalten, zurückhalten;* (einen Platz) *einnehmen* (B 1c). **10 κληθῇς** V. 8. **πορευθείς** Aor. Ptz. 10
Pass. (ohne bes. Pass.-Bdtg.) πορεύομαι, temp. (als Imp. + „und" übers.; A291,1 Anm. 1). **ἀνά-πεσε** Aor. Imp. -πίπτω[194] *sich niederlegen/niederlassen, Platz nehmen* (um zu essen). **ἔλθῃ** Aor. Konj. **κε-κληκώς** Pf. Ptz. V. 7; subst. *der eingeladen hat = der Gastgeber.* **ἐρεῖ** hier Fut. statt Aor. Konj. nach ἵνα (A339; BDR §369[5]) [Var. εἴπῃ Aor. Konj. λέγω]. **φίλος** *Freund;* Vok. **προσ-ανά-βηθι** Aor. Imp. -βαίνω[139] *hinaufgehen, hinaufrücken.* **ἀνώτερος** (Komp. v. ἄνω [nach] oben) Ntr. *höher/weiter hinauf;* προσανάβηθι ἀνώτερον *rücke weiter hinauf/nach oben = nimm weiter oben Platz* (GNB). **ἔσται** Fut. εἰμί; τότε ἔσται σοι (dat. poss., A173) δόξα *dann wirst du Ehre haben, dann wirst du geehrt.* **συν-ανα-κειμένων** Ptz. -ανά-κειμαι *zusammen (zu Tische) liegen/sein, gemeinsam essen;* subst. *die Tischgenossen = die anderen Gäste.* **11 πᾶς ὁ** m. Ptz. *jeder, der* (A86). **ὑψῶν** Ptz. ὑψόω 11
erhöhen; subst. **ταπεινωθήσεται** Fut. Pass. ταπεινόω *niedrig machen;* übertr. *erniedrigen, demütigen;* Pass. *sich erniedrigen, sich demütigen;* pass. divinum (A76b), analog ὑψωθήσεται. **ταπεινῶν** Ptz., subst. **ὑψωθήσεται** Fut. Pass.

12 ἔ-λεγεν V. 7. **κε-κληκότι** V. 7 u. 10. **ποιῇς** Konj. ποιέω hier 12
(Essen) *geben,* (Mahlzeit/Gastmahl) *veranstalten* (B I1bζ). **ἄριστον** erste der beiden Mahlzeiten des Tages: *Frühstück* bzw. *Mittagessen.* **δεῖπνον** zweite, größere der beiden Mahlzeiten des Tages: *Hauptmahlzeit* (gegen Abend); *Mahlzeit, Gastmahl.* **φώνει** Imp. φωνέω hier *einladen* (B 2c). **φίλος** *Freund.* **μηδέ** nach μή auch: *oder.* **συγ-γενής**[7] *verwandt;* subst. *Verwandter.* **γείτων**[4] ονος ὁ/ἡ *Nachbar/Nachbarin.* **πλούσιος** *reich.* **μή-ποτε** V. 8. **ἀντι-καλέσωσιν** Aor. Konj. -καλέω[37] *wieder einladen.* **γένηται** Aor. Konj. Med. γίνομαι hier *zuteil werden, empfangen* (B I3bγ). **ἀντ-από-**

δομα[3] *Vergeltung, Lohn;* μήποτε καὶ αὐτοὶ ἀντικαλέσωσίν σε καὶ
γένηται ἀνταπόδομά σοι *damit nicht auch sie dich wieder einladen und dir*
so Vergeltung zuteil werde = sie würden dich wieder einladen, und das wäre dann
13 *deine ganze Belohnung* (NGÜ). **13 δοχή** *Gastmahl, Festessen.* **ποιῇς** V. 12
[Var. ποιήσῃς Aor. Konj.]. **κάλει** Imp. V. 7. **πτωχός** *betteInd, arm;*
subst. (ebenso die weiteren drei Adj.). **ἀνά-πειρος**[11] *verkrüppelt.* **χωλός**
14 *lahm, gelähmt.* **14 ἔσῃ** Fut. εἰμί. **ἔχω** hier *die Möglichkeit haben, können,*
imstande sein (B I6a). **ἀντ-απο-δοῦναι** Aor. Inf. -δίδωμι[201] *(zurück)er-*
statten, vergelten. **ἀντ-απο-δοθήσεται** Fut. Pass.; pass. divinum (A76b).
15 **15 ἀκούσας** Aor. Ptz. ἀκούω, temp. **συν-ανα-κειμένων** V. 10;
gen. partitivus (A164). **μακάριος** erg. ἐστίν (A78a). **φάγεται** Fut.
Med. ἐσθίω; ἐσθίω ἄρτον *Mahlzeit halten* (B 1a), *am Mahl teilnehmen.*
16 **16 ὁ δέ** *doch dieser/er* (A102). **ἐ-ποίει** Ipf. V. 12; Ipf. viell. konativ (A237c)
er bereitete vor (vgl. ZG) [Var. ἐ-ποίησεν Aor.]. **δεῖπνον** V. 12. **ἐ-κάλε-**
17 **σεν** Aor. καλέω V. 7. **17 ἀπ-έ-στειλεν** Aor. ἀπο-στέλλω. **τῇ ὥρᾳ**
temp. Dat. (A182) *zur Stunde, zur Zeit* (B 3). **εἰπεῖν** Aor. Inf. λέγω, fin. **κε-**
κλημένοις V. 7. **ἔρχεσθε** Imp. [Var. ἔρχεσθαι Inf.]. **ἕτοιμος** *bereit,*
fertig, angerichtet (B 1); ἕτοιμά ἐστιν Ntr. Pl. *es ist fertig = alles ist bereit/fertig*
18 (ZG). **18 ἤρξαντο** Aor. Med. ἄρχω. **ἀπὸ μιᾶς** (ellip., Erg. aber unklar,
z.B. φωνῆς „einstimmig/einmütig“ [vgl. B ἀπό VI; BDR §241[9]]) **πάντες**
alle auf einmal od. *alle einmütig = alle ohne Ausnahme* (Menge). **παρ-αιτεῖ-**
σθαι Inf. -αιτέομαι *sich erbitten, bitten; um Entschuldigung bitten, sich ent-*
schuldigen. **ἀγρός** *Feld, Acker.* **ἠγόρασα** Aor. ἀγοράζω (vgl. A33[91ff])
(< ἀγορά Marktplatz) *kaufen.* **ἀνάγκη** *Not; Notwendigkeit; Zwang;* ἔχω
ἀνάγκην m. Inf. *müssen* (B 1). **ἐξ-ελθών** Aor. Ptz. -έρχομαι, temp.
(A291,1 Anm. 1). **ἰδεῖν** Aor. Inf. ὁράω. **ἔχε** Imp., hier m. doppeltem Akk.
(BDR §157[5]; A97,15; 147) *ansehen als* (B I5). **παρ-ῃτημένον** Pf. Ptz. Pass.
-αιτέομαι, subst. ohne Art., Obj.-Präd. (BDR §416,3; vgl. A82); ἐρωτῶ σε,
ἔχε με παρῃτημένον *ich bitte dich: sieh mich als entschuldigt an* (B 1) = *bit-*
19 *te, entschuldige mich.* **19 ζεῦγος**[7] *Joch,* v. zwei unter einem Joch gehenden
Tieren; *Paar.* **βοῦς**[8] *Ochse.* **πέντε**[19] *fünf.* **πορεύομαι** Präs. m. fut. Bdtg.
(BDR §323[5]; vgl. A234). **δοκιμάσαι** Aor. Inf. δοκιμάζω (vgl. A33[91])
20 (< δόκιμος erprobt) *prüfen, untersuchen* (Tauglichkeit feststellen). **20 ἔ-γη-**
μα Aor. γαμέω[174] *heiraten;* γυναῖκα ἔγημα *ich habe eine Frau geheiratet*
= ich habe (eben erst) geheiratet (GNB). **διὰ τοῦτο** *darum, deshalb.* **ἐλ-**
21 **θεῖν** V. 1. **21 παρα-γενόμενος** Aor. Ptz. Med. -γίνομαι[176] *ankommen,*
kommen, eintreffen; temp. **ἀπ-ήγγειλεν** Aor. -αγγέλλω. **ὀργισθείς**
Aor. Ptz. Pass. ὀργίζομαι (vgl. A33[91ff]) *zornig werden/sein;* temp. (A291,1
Anm. 1). **οἰκο-δεσπότης**[1] *Hausherr.* **ἔξ-ελθε** Aor. Imp. -έρχομαι.
ταχέως *schnell, rasch, sofort.* **πλατεῖα** *breiter Weg, Straße.* **ῥύμη** *enge*
Straße, Gasse. **πτωχός, ἀνά-πειρος, χωλός** V. 13. **εἰσ-άγαγε** Aor.

Imp. -ἄγω[59] *hineinführen, hereinbringen, -holen.* **22 κύριε** Vok. **γέ-γονεν** 22
Pf. γίνομαι hier *erfüllt/ausgeführt werden;* γέγονεν ὃ ἐπέταξας *dein Auftrag*
ist ausgeführt (B I2a). **ἐπ-έ-ταξας** Aor. ἐπι-τάσσω[79] *befehlen, gebieten.*
23 φραγμός *Zaun.* **ἀνάγκασον** Aor. Imp. ἀναγκάζω (vgl. A33[91ff]) 23
zwingen, nötigen; hier *nachdrücklich auffordern, dringend einladen.* **εἰσ-ελ-**
θεῖν Aor. Inf. -έρχομαι. **γεμισθῇ** Aor. Konj. Pass. γεμίζω (vgl. A33[91ff])
m. Gen. (A165) *füllen mit;* Pass. *sich füllen, voll werden.* **24 τῶν ἀνδρῶν** 24
gen. partitivus (A164). **κε-κλημένων** Pf. Ptz. Pass. V. 7, attr. **γεύσεται**
Fut. Med. γεύομαι m. Gen. (Speise) *kosten, schmecken; genießen, essen.* **δεῖ-**
πνον V. 12.

25 συν-ε-πορεύοντο Ipf. Med. συμ-πορεύομαι *zusammen gehen,* 25
gemeinsam reisen τινί *mit jmdm.* (B 1), *jmdn. begleiten.* **στραφείς** Aor. Ptz.
Pass. στρέφω[47] *hinwenden;* Pass. *sich umwenden, sich zuwenden* (B 2aα); temp.
(A291,1 Anm. 1). **26 μισέω** hier wohl im Sinn v. *zurücksetzen* (ThWNT 4, 26
S. 694), *geringachten, hintansetzen* (EWNT 2, Sp. 1060); verneintes μισέω viell.
semitisierender Ersatz für das komp. „mehr lieben als" (Jeremias, Theologie
NT, S. 215 m. Anm. 74; vgl. die Par. Mt 10,37, wo dem οὐ μισεῖ ein φιλῶν
ὑπέρ entspricht [vgl. BDR §433[2]]); d.h. die Nachfolge Jesu geht allen familiä-
ren Bindungen vor. **ἑαυτοῦ** Refl.-Pron. m. poss. Bdtg. (vgl. B 4) *seinen.* **καί**
(zweites bis sechstes) alternativ (BDR §442[27]; vgl. A314) *oder.* **ἀδελφή**
Schwester (eig. u. übertr.). **ἔτι τε καί** *außerdem/dazu auch noch* (B ἔτι 2b),
ja sogar. **εἶναι** Inf. εἰμί. **27 βαστάζω** *aufheben; tragen* (B 1bα). **σταυ-** 27
ρός *Kreuz;* ὅστις οὐ βαστάζει τὸν σταυρὸν ἑαυτοῦ *wer nicht sein Kreuz*
trägt (eig. das Aufheben des Querbalkens, den der Verurteilte zur Richtstätte
trägt; hier wohl übertr. für die Bereitschaft zum Leiden u. Martyrium).
ὀπίσω uneig. Präp. (A183) *hinter – her, hinter;* ἔρχομαι ὀπίσω τινός *hin-*
ter jmdm. hergehen, jmds. Nachfolger/Jünger sein (B ἔρχομαι II).

28 ἐκ umschreibt gen. partitivus (vgl. B 4aβ). **θέλων** Ptz., attr. od. 28
kond. **πύργος** *Turm* od. *turmartiges Gebäude,* evtl. *Wirtschaftsgebäude* (B 1
u. 2). **οἰκο-δομῆσαι** Aor. Inf. -δομέω. **οὐχί** *nicht;* erwartet als Frage-
einleitung eine bejahende Antwort (A320). **καθίσας** Aor. Ptz. καθίζω,
temp. (A291,1 Anm. 1). **ψηφίζω** *berechnen.* **δαπάνη** *Kosten.* **ἀπ-αρ-**
τισμός *Vollendung;* εἰ ἔχει εἰς ἀπαρτισμόν *ob er genug besitzt zur Fertig-*
stellung (B ἔχω I2a) = *ob seine Mittel für das Vorhaben ausreichen* (vgl. Einh.).
29 μή-ποτε (hier m. ἵνα kombiniert) *damit nicht (etwa)* (B 2bα; A339). 29
θέντος Aor. Ptz. τίθημι, gen. abs. (A288f), temp. **θεμέλιος** *Grundlage;*
Fundament. **ἰσχύοντος** Ptz. ἰσχύω V. 6.; gen. abs. (A288f), temp. **ἐκ-**
τελέσαι Aor. Inf. -τελέω[27] *vollenden, fertigstellen.* **θεωροῦντες** Ptz.
θεωρέω, subst. **ἄρξωνται** Aor. Konj. Med. ἄρχω. **ἐμ-παίζειν** Inf.
-παίζω τινί *jmdn. verspotten, auslachen.* **30 λέγοντες** Ptz. λέγω, mod. 30
ὅτι recitativum = Doppelpunkt (A333). **ἤρξατο** Aor. Med. **οἰκο-**

31 **δομεῖν** Inf. **ἴσχυσεν** Aor. **31 πορευόμενος** Ptz. hier *ziehen;* attr. od.
kond. **συμ-βαλεῖν** Aor. Inf. -βάλλω[112] *sich unterreden; zusammentreffen*
τινί *mit jmdm.;* συμβάλλω εἰς πόλεμον *kriegerisch zusammenstoßen, Krieg*
führen (B 1b); τίς βασιλεὺς πορευόμενος ἑτέρῳ βασιλεῖ συμβαλεῖν
εἰς πόλεμον *welcher König, der* bzw. *wenn er gegen einen anderen König in den*
Krieg zieht. **πόλεμος** *Krieg, Schlacht, Kampf.* **οὐχί, καθίσας** V. 28.
βουλεύσεται Fut. Med. βουλεύομαι *mit sich zu Rate gehen, überlegen.*
δυνατός *stark, mächtig;* δυνατός εἰμι *imstande sein, stark genug sein,* m.
Inf. **ἐν** *mit* (B I4cα). **δέκα**[19] *zehn.* **χιλιάς**[3] άδος ἡ *Anzahl von Tausend,*
Tausendschaft; ἐν δέκα χιλιάσιν *mit (seinen) zehntausend Mann.* **ὑπ-**
αντῆσαι Aor. Inf. -αντάω *entgegengehen; (feindlich) entgegentreten, ent-*
32 *gegenstellen.* **εἴκοσι**[19] *zwanzig.* **ἐρχομένῳ** Ptz. ἔρχομαι, subst. **32 γέ**
enklitische Partikel, hier steigernd; εἰ δὲ μή γε *andernfalls, sonst* (vgl. B εἰ
VI4b; A341). **πόρρω** *weit, fern.* **ὄντος** Ptz. εἰμί, gen. abs. (A288), temp.;
ἔτι αὐτοῦ πόρρω ὄντος *solange er noch weit weg ist.* **πρεσβεία** *Gesandt-*
schaft. **ἀπο-στείλας** Aor. Ptz. -στέλλω, temp. od. mod. (A291 Anm. 1).
ἐρωτάω τὰ πρὸς εἰρήνην *um die Friedensbedingungen bitten* (B εἰρήνη
33 1a), *die Friedensbedingungen aushandeln.* **33 οὕτως** hier folgernd: *so, darum*
(vgl. B 1b). **ἐκ** V. 28. **ἀπο-τάσσομαι** m. Dat. *Abschied nehmen von;*
übertr. *verzichten auf* (B 2), *sich trennen von.* **ἑαυτοῦ** V. 26. **ὑπ-άρχου-**
σιν Ptz. -άρχω, subst.; τὰ ὑπάρχοντά τινος *jmds. Besitz* (B 1). **εἶναι**
V. 26.

34 **34 ἅλας**[3] ατος τό (späte Form v. klass. ἅλς [Var. τὸ ἅλα ebenfalls
späte Form [BDR §47[5]]) *Salz,* in der Antike unentbehrl. Würzmittel u. allgem.
zum Konservieren verwendet; καλὸν οὖν (erg. ἐστίν) τὸ ἅλας (generischer
Sg.) *Salz ist also etwas Gutes.* **καί** wohl *sogar* (ZG). **μωρανθῇ** Aor. Konj.
Pass. μωραίνω (vgl. A33[118ff]) *als Torheit erweisen/entlarven;* Pass. hier *fade*
werden, den Geschmack verlieren, seine (Salz-)Kraft verlieren. **ἀρτυθήσεται**
Fut. Pass. ἀρτύω *würzen;* hier wohl mod. Fut. (A247); ἐν τίνι
ἀρτυθήσεται; *womit soll/kann es gewürzt werden?* bzw. etwa *wodurch soll/kann*
35 *es seine (Salz-)Kraft wiederbekommen?* **35 κοπρία** *Misthaufen, Düngerhaufen.*
εὔ-θετος[11] *passend, brauchbar* εἴς τι *für etwas;* οὔτε εἰς γῆν οὔτε εἰς
κοπρίαν εὔθετόν ἐστιν *es taugt weder für den Acker noch für den Misthaufen*
(Einh.). **βάλλουσιν** 3. Pl. hier im Sinn v. „man" (A76a). **ἔχων** Ptz., subst.
οὖς[3] ὠτός τό *Ohr.* **ἀκούειν** Inf.; ὁ ἔχων ὦτα ἀκούειν (eigentüml. Ver-
bindung des Inf. m. einem Subst. [BDR §393[6]]) *wer Ohren zum Hören hat.*
ἀκουέτω Imp. 3. Sg. ἀκούω *(der) soll gut zuhören* (GNB).

15 **ἦσαν** Ipf. εἰμί. **ἐγγίζοντες** Ptz. ἐγγίζω, umschrieb. Ipf. (A249).
τελώνης[1] *Zöllner, Zolleinnehmer* (ein für den röm. Staat arbeitender Jude).
2 **ἀκούειν** Inf., fin. **2 δι-ε-γόγγυζον** Ipf. δια-γογγύζω *laut (untereinan-*
der) murren, unwillig sein, sich empören. **λέγοντες** Ptz. λέγω, mod. **ὅτι**

recitativum = Doppelpunkt (A333). **προσ-δέχομαι** *an-, aufnehmen.*
συν-εσθίω *zusammen essen* τινί *mit jmdm.*

4 ἐκ (zweimal) umschreibt gen. partitivus (vgl. B 4aα/β). **ἔχων** Ptz., 4
attr. od. kond.; τίς ἄνθρωπος ἐξ ὑμῶν ἔχων ... οὐ καταλείπει ... „wel-
cher Mensch unter euch, der/wenn er ... hat ... läßt nicht ... zurück“ im Sinn v.
wenn einer von euch ... hat ... läßt er dann nicht ... zurück (vgl. 14,5). **ἑκατόν**[19]
(ein)hundert. **πρό-βατον** *Schaf.* **ἀπ-ολέσας** Aor. Ptz. -όλλυμι, attr. od.
kond. **οὐ** *nicht;* erwartet als Frageeinleitung die Antwort „doch“ (A320).
κατα-λείπω (einen Ort) *verlassen; zurücklassen* (B 2a). **ἐνενήκοντα**
ἐννέα[19f] *neunundneunzig.* **πορεύομαι** ἐπί τι/τινος hier *auf etwas zuge-*
hen, jmdm. nachgehen. **ἀπ-ολωλός** Pf. Ptz. Ntr. -όλλυμαι, subst. **ἕως** hier
m. Konj. *bis* (A337). **εὕρῃ** Aor. Konj. εὑρίσκω. **5 εὑρών** Aor. Ptz., temp. 5
ἐπι-τίθημι *auflegen, darauflegen.* **ὦμος** *Schulter.* **χαίρων** Ptz., mod. *vol-*
ler Freude. **6 ἐλθών** Aor. Ptz. ἔρχομαι, temp. **συγ-καλέω** *zusammenru-* 6
fen. **φίλος** *Freund.* **γείτων**[4] ονος ὁ/ἡ *Nachbar/Nachbarin.* **λέγων** Ptz.,
mod. **συγ-χάρητε** Aor. Imp. Pass. (m. akt. Bdtg.) -χαίρω[134] *sich mitfreuen*
τινί, ὅτι *mit jmdm., daß/denn.* **εὗρον** Aor. **ἀπ-ολωλός** V. 4; Ptz. attr.
7 ὅτι V. 2. **ἔσται** Fut. εἰμί; οὕτως χαρά ... ἔσται ἐπὶ ἑνὶ 7
ἁμαρτωλῷ ... ἢ ἐπί *so wird ... mehr Freude sein/herrschen über einen Sünder ...*
als über (H-S §242b). **μετα-νοοῦντι** Ptz. -νοέω *seinen Sinn ändern, Reue*
empfinden, umkehren; attr. **χρείαν ἔχω τινός** *jmdn./etwas nötig haben,*
brauchen. **μετά-νοια** *Sinnesänderung, Umkehr, Bekehrung.*

8 δραχμή *Drachme,* griech. Silbermünze, die wertmäßig ungefähr dem 8
Denar (also etwa dem Tageslohn eines Arbeiters) entsprach. **ἔχουσα** Ptz.
Fem. ἔχω, attr. od. kond.; τίς γυνὴ δραχμὰς ἔχουσα δέκα ἐάν ... οὐχὶ
ἅπτει übers. *wenn eine Frau zehn Drachmen hat und ... zündet sie dann nicht*
(vgl. V. 4). **δέκα**[19] *zehn.* **ἀπ-ολέσῃ** Aor. Konj. -όλλυμι. **οὐχί** *nicht;* er-
wartet als Frageeinleitung eine bejahende Antwort (A320). **ἅπτω** *anzünden.*
λύχνος *Lampe.* **σαρόω** (< σάρον Besen) *fegen, rein kehren.* **ἐπι-**
μελῶς *sorgfältig.* **εὕρῃ** V. 4. **9 εὑροῦσα** Aor. Ptz. Fem. εὑρίσκω, 9
temp. **συγ-καλέω** V. 6. **φίλη** *Freundin.* **γείτων** V. 6. **λέγουσα** Ptz.
Fem. λέγω, mod. **συγ-χάρητε, εὗρον** V. 6. **ἀπ-ώλεσα** Aor. -όλλυ-
μι. **10 γίνεται χαρά** *es herrscht Freude* (B χαρά 1). **ἐν-ώπιον** hier *bei* 10
(B 5a). **μετα-νοοῦντι** V. 7.

11 εἶχεν Ipf. ἔχω. **12 νεώτερος** Komp. v. νέος *neu, frisch; jung;* 11f
subst.; ὁ νεώτερος αὐτῶν gen. partitivus (A164) *der jüngere von ihnen.*
πάτερ Vok. πατήρ. **δός** Aor. Imp. δίδωμι. **ἐπι-βάλλον** Ptz. -βάλλω
auf etwas *werfen/legen;* (v. einem Teil) jmdm. *zufallen, zukommen* (B 2c); attr.
οὐσία (< οὖσα Ptz. Fem. v. εἰμί) *Habe, Vermögen;* δός μοι τὸ ἐπιβάλ-
λον μέρος τῆς οὐσίας *gib mir den Teil des Vermögens, der mir zukommt,*
näml. im Erbfall, daher: *gib mir den Anteil am Erbe, der mir zusteht* (NGÜ).

ὁ δέ *(und) dieser/er* (A102). **δι-εῖλεν** Aor. -αιρέω[186] *verteilen, zuteilen;* ὁ
δὲ διεῖλεν αὐτοῖς τὸν βίον *er verteilte sein* (A103) *Vermögen unter sie, er*
teilte sein Vermögen unter sie auf. **βίος** *Leben; tägliches* bzw. *irdisches Leben;*
13 *Lebensunterhalt,* speziell *Besitz, Vermögen* (B 3). **13 μετ' οὐ πολλὰς**
ἡμέρας (wohl Litotes; vgl. BDR §495[9]; A386) *nach wenigen Tagen, nach*
kurzer Zeit. **συν-αγαγών** Aor. Ptz. -άγω hier wohl *zu Geld machen* (vgl.
B 1); temp.; συναγαγὼν πάντα *nachdem er alles/seinen ganzen Anteil zu*
Geld gemacht hatte. [Var. ἅ-πας[10] = πᾶς.] **ἀπ-ε-δήμησεν** Aor. ἀπο-
δημέω *verreisen, reisen* (B 1), *(fort)ziehen.* **χώρα** *Land, Landschaft, Gegend.*
μακρός *lang; entlegen, fern* (B 2). **δι-ε-σκόρπισεν** Aor. δια-σκορπίζω
(vgl. A33[91ff]) *zerstreuen;* (Besitz) *verschleudern, verschwenden* (B). **ζῶν** Ptz.
14 ζάω, mod. **ἀ-σώτως** *heillos, ausschweifend, in Saus und Braus.* **14 δαπα-**
νήσαντος Aor. Ptz. δαπανάω *ausgeben, aufwenden,* hier viell. *verschwen-*
den; gen. abs. (A288), temp; δαπανήσαντος αὐτοῦ πάντα *als er alles auf-*
gebraucht (viell. *verschwendet) hatte* (vgl. B 1). **ἐ-γένετο** Aor. Med. γίνομαι
hier *entstehen* (B I1bβ), *kommen* (κατά m. Akk. *über*). **λιμός** ὁ u. ἡ *Hun-*
gersnot; Hunger. **ἰσχυρός** *stark;* hier *groß;* ἐγένετο λιμὸς ἰσχυρὰ κατὰ
τὴν χώραν ἐκείνην *in jenem Land brach eine große Hungersnot aus* (GNB).
ἤρξατο Aor. Med. ἄρχω. **ὑστερεῖσθαι** Inf. Pass. ὑστερέω *zu spät kom-*
15 *men;* Akt. u. Pass. *Mangel/Not leiden.* **15 πορευθείς** Aor. Ptz. Pass. (ohne
bes. Pass.-Bdtg.) πορεύομαι, temp. (A291,1 Anm. 1). **ἐ-κολλήθη** Aor.
Pass. κολλάω (< κόλλα Leim) Akt. *(fest) zusammenfügen, -kleben, fest verbin-*
den; Pass. m. Dat. *haften an; sich eng anschließen an, sich herandrängen an*
(B 2b), *sich* jmdm. *aufdrängen* (Einh.). **ἑνί** für τινί (BDR §247[5]). **πολί-**
της[1] *Bürger;* gen. partitivus (A164). **ἔ-πεμψεν** Aor. πέμπω. **ἀγρός** *Feld,*
Acker. **βόσκειν** Inf. βόσκω Akt. *weiden, hüten;* fin. (H-S §220c). **χοῖρος**
16 *Schwein.* **16 ἐπ-ε-θύμει** Ipf. ἐπι-θυμέω *begehren, verlangen nach, wün-*
schen; Ipf. lin. od. iter. (H-S §194d; vgl. A237a/b). **χορτασθῆναι** Aor. Inf.
Pass. χορτάζω (vgl. A33[91ff]) *satt machen, sättigen;* Pass. *sich sättigen, seinen*
Hunger stillen ἔκ τινος *von/mit etwas* (B ἐκ 4aζ) [Var. γεμίσαι Aor. Inf.
γεμίζω (vgl. A33[91ff]) *füllen.* κοιλία *Bauch; Magen* (B 2)]. **κεράτιον** Pl.
(die) Schoten (= Früchte) des Johannisbrotbaumes. **ἤσθιον** Ipf. ἐσθίω. **ὧν**
für ἅ Attraktion des Rel.-Pron. (BDR §294[2]; vgl. A360); viell. gen. partitivus
17 (so ZG; vgl. A164) *von denen.* **ἐ-δίδου** Ipf. δίδωμι. **17 ἐλθών** Aor. Ptz.
ἔρχομαι εἰς ἑαυτόν *zu sich kommen* (B I2c), *in sich gehen, zur Besinnung*
kommen (NGÜ); temp. od. mod. (A291 Anm. 1). **ἔ-φη** Ipf. φημί. **πόσος**[18]
wie groß? Pl. *wie viele?* **μίσθιος** *(Lohn-)Arbeiter, Tagelöhner.* **περισσεύ-**
ονται Med. (viell. Pass.) περισσεύω intr. *im Überfluß vorhanden sein; Über-*
fluß haben τινός *an etwas;* tr. *reichlich gewähren;* περισσεύονται ἄρτων *sie*
haben Brot im Überfluß (B 1bα) = *sie haben mehr als genug zu essen;* falls Pass.
sie empfangen überreichlich Brot (B 2b). **λιμῷ** dat. causae (H-S §177b; vgl.

A177); ἐγὼ (betont, A122) δὲ λιμῷ ὧδε ἀπόλλυμαι *ich dagegen komme*
hier vor Hunger um. **18 ἀνα-στάς** Aor. Ptz. ἀν-ίσταμαι hier *sich aufma-* 18
chen (B 2d); temp. (A291,1 Anm. 1; 296). **πορεύσομαι** Fut. Med. πορεύο-
μαι, mod. Fut. (H-S §202c; vgl. A247a). **ἐρῶ** Fut. λέγω, mod. Fut. (A247a).
πάτερ Vok. πατήρ. **ἥμαρτον** Aor. ἁμαρτάνω. **ἐν-ώπιον** hier *in*
Beziehung auf, gegen (B 5b); ἥμαρτον εἰς τὸν οὐρανὸν καὶ ἐνώπιόν σου
ich habe gegen den Himmel (= *gegen Gott* [H-S §296a]) *und gegen dich gesündigt*
bzw. *ich habe mich gegen ... versündigt.* **19 κληθῆναι** Aor. Inf. Pass. καλέω; 19
Pass. *genannt werden, heißen* (vgl. B 1aγ), kommt hier der Bdtg. *sein* nahe
(B 1aδ). **ποίησον** Aor. Imp. ποιέω; ποιέω m. doppeltem Akk. *jmdn. zu*
etwas machen (B I1bι); ποίησόν με ὡς ἕνα τῶν μισθίων σου *stelle mich*
einem deiner Tagelöhner/Arbeiter gleich (B ὡς II3b). **20 ἀνα-στάς** V. 18. 20
ἑαυτοῦ Refl.-Pron. m. poss. Bdtg. (vgl. B 4) *seinen.* **μακράν** Adv. (erstarr-
ter Akk. der Ausdehnung v. μακρός lang/entlegen, erg. ὁδόν, BDR §161[1])
weit weg, fern. **ἀπ-έχοντος** Ptz. -έχω *entfernt sein* (B 2); gen. abs. (A288f),
temp.; ἔτι αὐτοῦ μακρὰν ἀπέχοντος εἶδεν αὐτὸν ὁ πατὴρ αὐτοῦ *als*
er noch weit entfernt war, sah ihn sein Vater = sein Vater sah ihn schon von
weitem kommen. **ἐ-σπλαγχνίσθη** Aor. Pass. (ohne bes. Pass.-Bdtg.)
σπλαγχνίζομαι (vgl. A33[91ff]) *sich erbarmen, Mitleid empfinden.* **δραμών**
Aor. Ptz. τρέχω[196] *laufen;* temp. (A291,1 Anm. 1). **ἐπ-έ-πεσεν** Aor. ἐπι-
πίπτω[194] *fallen auf; sich stürmisch nähern.* **τράχηλος** *Hals, Nacken;*
ἐπέπεσεν ἐπὶ τὸν τράχηλον αὐτοῦ *er fiel ihm um den Hals* (B ἐπιπίπτω
1b). **κατ-ε-φίλησεν** Aor. κατα-φιλέω *küssen.* **21 πάτερ, ἥμαρτον,** 21
ἐν-ώπιον V. 18. **κληθῆναι** V. 19. **22 ταχύς**[10] εῖα ύ *rasch, schnell;* 22
Ntr. Sg. als Adv. *schnell; ohne Verzug, alsbald* (B 2b). **ἐξ-ενέγκατε** Aor. Imp.
ἐκ-φέρω[198] *hinaustragen, hinausbringen, (heraus)holen* [Var. 1 ἐνέγκατε Aor.
Imp. φέρω; Var. 2 ἐνέγκαντες Aor. Ptz., temp. (A291,1 Anm. 1)]. **στολή**
Gewand; στολὴ ἡ πρώτη *das erste Gewand,* d.h. *das beste/besondere/vornehm-*
ste Gewand od. wohl eher *das frühere Gewand* (welches den Träger als Sohn aus-
zeichnete). **ἐν-δύσατε** Aor. Imp. -δύω[12] *anziehen, bekleiden.* **δότε** Aor.
Imp. δίδωμι. **δακτύλιος** *Ring.* **ὑπό-δημα**[3] *Sandale, Schuh;* δότε
δακτύλιον εἰς τὴν χεῖρα αὐτοῦ καὶ ὑποδήματα εἰς τοὺς πόδας
„gebt ihm einen Ring an die Hand und Sandalen/Schuhe an die Füße" = *steckt*
ihm einen Ring an den Finger, und bringt ihm Sandalen/Schuhe. **23 φέρετε** 23
Imp. (vgl. A266a). **μόσχος** *Kalb, junger Stier.* **σιτευτός** *gemästet;* ὁ
σιτευτὸς μόσχος *das Mastkalb.* **θύσατε** Aor. Imp. θύω[13] *opfern;* hier
schlachten. **φαγόντες** Aor. Ptz. ἐσθίω, mod. (A291,2 Anm. 1; BDR §339[3]).
εὐ-φρανθῶμεν Aor. Konj. Pass. -φραίνω[118] *erfreuen;* Pass. *sich freuen,*
froh/fröhlich sein, feiern; adhortativer Konj. (A254); φαγόντες εὐφρανθῶ-
μεν *wir wollen essen und (dabei) fröhlich sein* = etwa *wir wollen ein Freuden-*
mahl/Freudenfest feiern. **24 ἦν** Ipf. εἰμί. **ἀν-έ-ζησεν** Aor. ἀνα-ζάω[20] 24

(wieder) aufleben; Aor. ingr. (H-S §199d; vgl. A240b) *er ist wieder lebendig gewor-*
den = jetzt lebt er wieder. **ἀπ-ολωλώς** Pf. (A231) Ptz. -όλλυμαι, umschrieb.
Plsqpf. (H-S §200j; vgl. A249) *er war verloren.* **εὑρέθη** Aor. Pass. εὑρίσκω.
25 **ἤρξαντο** Aor. Med. ἄρχω. **εὐ-φραίνεσθαι** Inf. Pass. **25 ἀγρός**
V. 15; ἐν ἀγρῷ *auf dem Feld.* **ἐρχόμενος** Ptz., temp. (A291,1 Anm. 1).
ἤγγισεν Aor. ἐγγίζω. **ἤκουσεν** Aor. ἀκούω, m. Gen. **συμ-φωνία**
26 *Musik.* **χορός** *Tanz.* **26 προσ-καλεσάμενος** Aor. Ptz. Med. -καλέο-
μαι[37] *herbeirufen;* temp. **ἕνα** für τινά (vgl. BDR §247[5]). **παῖς**[3] παιδός
Kind (ὁ *Junge;* ἡ *Mädchen*); *Diener, Sklave, Knecht;* gen. partitivus (A164).
ἐ-πυνθάνετο Ipf. Med. πυνθάνομαι *erfragen, sich erkundigen.* **εἴη** Opt.
εἰμί hier *bedeuten* (B II3); potentialer Opt. m. ἄν (BDR §385[2]; vgl. A260;
Tempus u. Modus wie in der entsprechenden direkten Rede [A326]); τί (Präd.
zu ταῦτα, BDR §299,1) ἂν εἴη ταῦτα *was das zu bedeuten habe* [Var. ohne
27 ἄν: obliquer Opt. (vgl. H-S §211f/g)]. **27 ὁ δέ** V. 12. **ὅτι** V. 2. **ἥκω**
gekommen sein, dasein. **ἔ-θυσεν** Aor. V. 23. **μόσχος, σιτευτός** V. 23.
ὑγιαίνοντα Ptz. ὑγιαίνω *gesund sein;* AcP (A300). **ἀπ-έ-λαβεν** Aor.
ἀπο-λαμβάνω[152] *empfangen, erhalten; zurückerhalten;* ὅτι ὑγιαίνοντα
28 αὐτὸν ἀπέλαβεν *weil er ihn gesund wiedererhalten hat* (B 2). **28 ὠργίσθη**
Aor. Pass. ὀργίζομαι (vgl. A33[91ff]) *zornig werden/sein.* **ἤ-θελεν** Ipf. θέλω.
εἰσ-ελθεῖν Aor. Inf. -έρχομαι. **ἐξ-ελθών** Aor. Ptz. -έρχομαι, temp.
(A291,1 Anm. 1). **παρ-ε-κάλει** Ipf. παρα-καλέω τινός hier wohl *jmdm.*
29 *gut zureden* (vgl. B 5). **29 ἀπο-κριθείς** Aor. Ptz. Pass. (ohne Pass.-Bdtg.)
-κρίνομαι, pleon. (A297,2); ἀποκριθεὶς εἶπεν *er antwortete.* **τοσοῦ-**
τος[18] (A352) *so groß, so lang; so viel;* Pl. *so viele.* **δουλεύω** *Sklave sein,*
unterworfen sein; Sklavendienste tun, dienen (B 2a). **οὐ-δέ-ποτε** (vgl. A18)
niemals. **ἐντολή σου** ohne Art. (BDR §259[5]) *ein Gebot von dir.* **παρ-**
ῆλθον Aor. -έρχομαι[187] *vorbei-, vorübergehen; übergehen, übertreten, mißach-*
ten (B 1bβ). **ἔ-δωκας** Aor. δίδωμι. **ἔριφος** *(Ziegen-)Bock* [Var. ἐρίφιον
(Diminutivform) *Böckchen* (junger Ziegenbock), auch synonym m. ἔριφος
gebraucht]. **φίλος** *Freund.* **εὐ-φρανθῶ** Aor. Konj. Pass. -φραίνω V. 23.
30 **30 ὁ υἱός σου οὗτος** klingt verächtl. u. distanziert (vgl. BDR §290[1]).
κατα-φαγών Aor. Ptz. κατ-εσθίω[188] *aufessen, auffressen, verzehren, ver-*
schlingen; (Vermögen) *aufzehren, durchbringen;* attr. **βίος** V. 12. **πόρνη**
Prostituierte, Dirne, Hure. **ἔ-θυσας** Aor. V. 23. **αὐτῷ** dat. commodi (A173)
31 *für ihn.* **μόσχος, σιτευτός** V. 23. **31 σός** (A128) *dein.* **τέκνον** hier
Vok. *Kind* bzw. *mein Kind/Sohn.* **πάντα τὰ ἐμὰ σά** (präd.) **ἐστιν** *alles,*
32 *was mein ist, ist dein = alles, was mir gehört, gehört dir.* **32 εὐ-φρανθῆναι**
Aor. Inf. Pass. V. 23. **χαρῆναι** Aor. Inf. Pass. (m. akt. Bdtg.) χαίρω. **ἔ-δει**
Ipf. δεῖ; εὐφρανθῆναι καὶ χαρῆναι ἔδει das Ipf. bez., daß etwas, was ge-
schehen ist, unbedingt geschehen mußte (B 6a; ἔδει unpersönl. od. erg. als
Subj. ἡμᾶς): *man mußte doch fröhlich sein/feiern und sich freuen* bzw. *wir muß-*

ten doch fröhlich sein/feiern und uns freuen, viell. daß etwas tatsächl. notwendig
ist od. war, aber doch nicht geschieht (vgl. BDR §358; A239; erg. als Subj. σέ):
du müßtest/solltest fröhlich sein/mitfeiern und dich freuen (vgl. Zür.). **ἦν** V. 24.
ἔ-ζησεν Aor. ζάω; Aor. ingr. (H-S §194i; vgl. A240b) *er ist lebendig geworden*
= *jetzt lebt er* [Var. ἀν-έ-ζησεν V. 24]. **ἀπ-ολωλώς, εὑρέθη** V. 24.
ἔ-λεγεν Ipf. λέγω. **ἦν** Ipf. εἰμί. **πλούσιος** *reich;* Attr. zu ἄνθρω- **16**
πος; ἄνθρωπός τις ἦν πλούσιος ὃς εἶχεν ... *es war ein reicher Mann, der*
hatte = ein reicher Mann hatte ... **εἶχεν** Ipf. ἔχω. **οἰκο-νόμος** *Hausverwal-*
ter, Verwalter. **δι-ε-βλήθη** Aor. Pass. δια-βάλλω[112] *beschuldigen, anklagen;*
viell. *verleumden,* m. Dat. (BDR §187[1]) *bei.* **δια-σκορπίζων** Ptz. -σκορ-
πίζω *zerstreuen;* (Besitz) *verschleudern, verschwenden* (B); kaus., m. ὡς den sub-
jektiven Grund angebend (BDR §425[3]; vgl. A291); οὗτος διεβλήθη αὐτῷ
ὡς διασκορπίζων τὰ ὑπάρχοντα αὐτοῦ *dieser wurde bei ihm beschuldigt*
(mit der Behauptung), daß er seinen Besitz verschleudere. **ὑπ-άρχοντα** Ptz.
-άρχω, subst.; τὰ ὑπάρχοντά τινος *das, was jmdm. zur Verfügung steht/ge-*
hört (B 1), *jmds. Besitz* bzw. *Vermögen.* **2** **φωνήσας** Aor. Ptz. φωνέω, temp. 2
ἀκούω Ind. Präs. hier perfektisch (= *ich habe gehört;* BDR §322[1]; A236); τί
(Präd. zu τοῦτο, BDR §299[1]) τοῦτο ἀκούω περὶ σοῦ; *was habe ich da über*
dich gehört/erfahren? (vgl. B 3c) = *was muß ich da über dich hören?* **ἀπό-δος**
Aor. Imp. -δίδωμι; λόγον ἀποδίδωμι *Rechenschaft ablegen/geben* (B 1).
οἰκο-νομία *Verwaltung, Verwaltertätigkeit, Verwalteramt;* gen. obi. (A158).
οὐ ... ἔτι *nicht mehr, nicht länger* (B ἔτι 1bβ). **δύνῃ** 2. Sg. δύναμαι[208]
[Var. δυνήσῃ Fut.]. **οἰκο-νομεῖν** Inf. -νομέω *die Verwaltung führen, Ver-*
walter sein. **3** **ἐν ἑαυτῷ** *zu sich selbst, bei sich* (vgl. B ἐν I5b); εἶπεν ἐν 3
ἑαυτῷ *er sagte zu sich selbst = er dachte (bei sich).* **ποιήσω** Fut. (modal,
A247b) od. Aor. Konj. (deliberativ, A255) ποιέω; τί ποιήσω *was soll ich tun.*
ὅτι hier *(in Anbetracht dessen,) daß* (B 1c) od. kaus. *denn* (vgl. BDR §456[6];
B 3b). **ἀφ-αιρεῖται** Med. -αιρέω Akt. u. Med. *wegnehmen, abnehmen* τὶ
ἀπό τινος *jmdm. etwas* (B 3). **σκάπτειν** Inf. σκάπτω *graben, umgraben.*
ἰσχύω *stark sein, vermögen, können; die Kraft haben* (B 2b); σκάπτειν οὐκ
ἰσχύω *zum Graben fehlt mir die Kraft = für schwere Arbeit bin ich zu schwach*
bzw. *tauge ich nicht.* **ἐπ-αιτεῖν** Inf. -αιτέω *betteln.* **αἰσχύνομαι** *sich*
schämen, m. Inf. **4** **ἔ-γνων** Aor. γινώσκω; dramatischer Aor. (A241d; H-S 4
§199m); ἔγνων τί ποιήσω *ich weiß (jetzt), was ich tun werde.* **ποιήσω** Fut.;
mod. Fut. (A247a). **μετα-σταθῶ** Aor. Konj. Pass. μεθ-ίστημι[204] *(an eine*
andere Stelle) versetzen; entfernen, (v. einem Posten) *absetzen,* (eines Amtes) *ent-*
heben; ὅταν μετασταθῶ ἐκ τῆς οἰκονομίας *wenn ich als Verwalter abge-*
setzt bin (Einh.), *wenn ich meine Stelle als Verwalter verloren habe* (NGÜ).
δέξωνται Aor. Konj. Med. δέχομαι. [Var. ἑαυτῶν Refl.-Pron. m. poss.
Bdtg. (vgl. B 4) *ihre.*] **5** **προσ-καλεσάμενος** Aor. Ptz. Med. -καλέο- 5
μαι[37] *herbeirufen, kommen lassen;* temp. **χρε-οφειλέτης**[1] *Schuldner;* ἕνα

ἕκαστον τῶν χρεοφειλετῶν gen. partitivus (H-S §166c; vgl. A164) *jeden*
einzelnen der Schuldner. **ἑαυτοῦ** Refl.-Pron. m. poss. Bdtg. (vgl. B 4) *seinen.*
ἔ-λεγεν V. 1. **πόσος**[18] *wie groß?* hier *wieviel?* **ὀφείλω** *schulden, schuldig*
6 *sein.* **6 ὁ δέ** *(und) dieser/er* (A102). **ἑκατόν**[19] *(ein)hundert.* **βάτος** *Bat*
(Hohlmaß = ca. 36 l); m. gen. partitivus (A164). **ἔλαιον** *(Oliven-)Öl* (B 1).
δέξαι Aor. Imp. Med. δέχομαι hier *(zur Hand) nehmen* (B 2). **γράμμα**[3]
Buchstabe; Geschriebenes, Schriftstück; hier Pl. *Schuldschein* (B 2b). **καθίσας**
Aor. Ptz. καθίζω, temp. (A291,1 Anm. 1). **ταχέως** *schnell, rasch, sofort.*
7 **γράψον** Aor. Imp. γράφω. **πεντήκοντα**[19] *fünfzig.* **7 ἔπ-ειτα** *dann,*
danach, darauf. **σύ** betont (A122). **κόρος** *Kor* (Trockenhohlmaß = ca. 360 l;
ein Kor Weizen wiegt ca. 275 kg); m. gen. partitivus (A164). **σῖτος** *Weizen,*
8 *Getreide.* **ὀγδοήκοντα**[19] *achtzig.* **8 ἐπ-ῄνεσεν** Aor. -αινέω[28] *loben,*
preisen. **ἀ-δικία** *Unrecht* (das einer tut); *Ungerechtigkeit;* gen. qualitatis (H-S
§162a; A160); ὁ οἰκονόμος τῆς ἀδικίας *der ungerechte/ungetreue Verwalter.*
φρονίμως *klug.* **ἐ-ποίησεν** Aor. ποιέω. **ὅτι** (erstes) *weil* od. *daß;*
(zweites) *denn* od. recitativum = Doppelpunkt (A333). **φρονιμώτερος**
Komp. v. φρόνιμος *verständig, klug.* **οἱ υἱοὶ τοῦ φωτός** *die Söhne des*
Lichts (Sem. [H-S §159d; A157], d.h. Menschen, die zum Licht gehören); οἱ
υἱοὶ τοῦ αἰῶνος τούτου φρονιμώτεροι ὑπὲρ τοὺς υἱοὺς τοῦ φωτὸς
εἰς τὴν γενεὰν τὴν ἑαυτῶν εἰσιν *die Söhne/Menschen dieses Zeital-*
ters/dieser Welt sind in bezug auf ihr eigenes Geschlecht (= im Umgang mit ihres-
gleichen) klüger als die Kinder/Menschen des Lichts (impliziert wohl: aber nicht in
9 bezug auf die Königsherrschaft Gottes). **9 ἐγώ** betont (A122). **ποιήσατε**
Aor. Imp. **φίλος** *Freund;* ἑαυτοῖς ποιήσατε φίλους *macht euch Freunde.*
ἐκ bez. hier das Mittel (B 3f) *mit.* **μαμωνᾶς**[1] ᾶ (aram. מָמוֹן/מָמוֹנָא
māmôn[āʾ] „Besitz, Geld") *Mammon, Besitz, Geld.* **ἀ-δικία** V. 8; gen. quali-
tatis (H-S §162a; A160), vgl. V. 11. **ἐκ-λίπῃ** Aor. Konj. -λείπω[44] *nachlas-*
sen, ausgehen, aufhören, (v. Geld) *zu Ende gehen* (B); übertr. *sterben.* **δέξων-**
ται V. 4; Subj. (3. Pl.) wohl Umschreibung für Gott (BDR §130[6]), evtl. die
Empfänger des Gelds od. Engel; ἵνα ... δέξωνται ὑμᾶς übers. am besten
damit man (d.h. Gott) ... *euch aufnimmt* (H-S §255f) od. als Pass. *damit ihr ...*
aufgenommen werdet (Einh., NGÜ). **σκηνή** *Zelt, Hütte;* allgem. *Behausung,*
Wohnung; αἱ αἰώνιοι σκηναί *die ewigen Wohnungen* (näml. bei Gott).
10 **10 ἐλάχιστος** (Superlativ zu μικρός) *kleinster, geringster, unbedeu-*
tendster (v. Wert od. Status); meist elativisch (B 2a; vgl. A119) *ganz klein, sehr*
unbedeutend, geringfügig; ὁ πιστὸς ἐν ἐλαχίστῳ *wer in den kleinsten* bzw.
kleinen Dingen treu/zuverlässig ist. **καί** (erstes u. drittes) *auch;* καὶ ἐν πολλῷ
11 *auch in den großen.* **ἄ-δικος**[11] *ungerecht; unehrlich, untreu* (B 1). **11 μα-**
μωνᾶς V. 9. **ἐ-γένεσθε** Aor. Med. γίνομαι; εἰ οὖν ἐν τῷ ἀδίκῳ μα-
μωνᾷ πιστοὶ οὐκ ἐγένεσθε indefiniter Fall m. Vergangenheitsform (A342)
wenn ihr also im Umgang mit dem ungerechten Mammon/Besitz unzuverlässig

bzw. *nicht treu gewesen seid.* **ἀληθινός** *wahrhaftig, zuverlässig; wahr, glaub-*
würdig; echt, wirklich; subst. τὸ ἀληθινόν *das wahre Gut* (B 3); steht betont vor
dem τίς (BDR §475[2]), analog V. 12. **πιστεύσει** Fut. πιστεύω hier *anver-*
trauen (B 3). **12 ἀλλότριος** *einem anderen gehörend; fremd;* τὸ ἀλλότριον 12
das fremde Eigentum (B 1bα), *was euch gar nicht gehört* (GNB). **ὑμέτερος**
(A128) *euer;* τὸ ὑμέτερον *euer eigenes Gut* (B 1), *euer (wahres) Eigentum* (im
Ggs. zum materiellen Besitz) [Var. ἡμέτερος (A128) *unser*]. **δώσει** Fut.
δίδωμι. **13 οἰκέτης**[1] *Sklave, Haussklave, Diener* (bes. m. dem Haus bzw. 13
der Familie verbunden). **δυσίν** Dat. δύο[19f]. **δουλεύειν** Inf. δουλεύω
Sklave/unterworfen sein, Sklavendienste tun, gehorchen, dienen; hier beidemal
zugleich o.ä. impliziert (der Sklave steht im vollzeitl. Dienst des Herrn, dessen
Eigentum er ist). **ἤ ... ἤ** *entweder ... oder* (BDR §446[3]). **μισήσει** Fut.
μισέω hier als Ggs. zu ἀγαπάω etwa im Sinn v. *geringachten, verachten*
(EWNT 2, Sp. 1060), *zurücksetzen* (ThWNT 4, S. 694). **ἀγαπήσει** Fut.
ἀγαπάω. **ἀνθ-έξεται** Fut. Med. ἀντ-έχομαι[190] m. Gen. *sich halten an,*
festhalten an; hier (jmdm.) *treu sein* (GNB), *sich ganz einsetzen für* (NGÜ).
κατα-φρονήσει Fut. -φρονέω m. Gen. *verachten, geringachten, verächtlich*
behandeln. **μαμωνᾶς** V. 9, hier personifiziert (vgl. H-S §295t).

14 ἤκουον Ipf. ἀκούω. **φιλ-άργυρος**[11] *das Geld liebend, geldgierig.* 14
ὑπ-άρχοντες Ptz. -άρχω hier *sein;* wohl mod.; φιλάργυροι ὑπάρχον-
τες übers. etwa *die geldgierig sind.* **ἐξ-ε-μυκτήριζον** Ipf. ἐκ-μυκτηρίζω
die Nase rümpfen (über), (ver)spotten, (ver)höhnen. **15 δικαιοῦντες** Ptz. δι- 15
καιόω *rechtfertigen, als gerecht hinstellen, für gerecht erklären;* subst.; ὑμεῖς
ἐστε οἱ δικαιοῦντες ἑαυτοὺς ἐνώπιον τῶν ἀνθρώπων *ihr* (betont,
A122) *seid die (Leute), die sich selbst vor den Menschen rechtfertigen* (B 2) od. ...
die sich selbst vor den Menschen als gerecht hinstellen (Menge). **ὑψηλός** *hoch;*
erhaben, hochmütig, stolz; τὸ ἐν ἀνθρώποις ὑψηλόν *das, was unter den Men-*
schen als erhaben gilt (B 2). **βδέλυγμα**[3] (< βδελύσσομαι verabscheuen)
Greuel.

16 ὁ νόμος καὶ οἱ προφῆται übl. Bezeichnung für die (atl.) Heili- 16
ge Schrift. **μέχρι** uneig. Präp. (A183) *bis (zu)* (inkludierend od. exkludierend;
vgl. BDR §216[11]); erg. etwa *reichen bis (zu).* **ἀπὸ τότε** *von jener Zeit an* (B
τότε 1a), *seitdem* (unklass. Formel, BDR §459[4]). **εὐ-αγγελίζεται** Pass.
-αγγελίζω. **βιάζομαι** Med. *Gewalt anwenden;* βιάζομαι εἰς *sich den*
Eintritt erzwingen, mit Gewalt hineinkommen, sich hineindrängen (B 2d); Präs.
wohl konativ (A232c). **17 εὐ-κοπώτερος**[11] Komp. v. εὔ-κοπος *leicht (zu* 17
bewerkstelligen). **παρ-ελθεῖν** Aor. Inf. -έρχομαι[187] *vorbei-, vorübergehen;*
vergehen (B 1bα); Präd. des AcI. **κεραία** (< κέρας Horn) eig. „kleines
Horn", *Haken, Strichlein* (als kleinster Buchstabenteil). **πεσεῖν** Aor. Inf.
πίπτω hier *hinfällig werden, die Geltung verlieren* (B 2bδ), *ungültig werden;* Präd.
des AcI; ἢ τοῦ νόμου μίαν κεραίαν πεσεῖν *als daß ein einziges Strichlein*

vom Gesetz hinfällig/ungültig wird; durch diese hyperbol. Ausdrucksweise (H-S
§295q; A383) wird die bleibende Gültigkeit u. Autorität der (atl.) Schrift
18 betont. **18 πᾶς ὁ** m. Ptz. *jeder, der* (A86). **ἀπο-λύων** Ptz., subst.
γαμῶν Ptz. γαμέω *heiraten;* subst. (zweimal). **μοιχεύω** *ehebrechen, Ehe-
bruch begehen.* **ἀπο-λε-λυμένην** Pf. Ptz. Pass. -λύω, subst. ohne Art.
(A304); ἀπολελυμένη ἀπὸ ἀνδρός *eine von (ihrem) Mann Entlassene =
eine geschiedene Frau.*
19 **19 ἦν, πλούσιος** V. 1. **ἐν-ε-διδύσκετο** Ipf. Med. ἐν-διδύσκω
(= ἐνδύω) *bekleiden, anziehen;* Med. *sich anziehen* τι *etwas, sich (be)kleiden
mit/in etwas;* Ipf. wohl iter. (A237b). **πορφύρα** eig. *Purpurschnecke;* im NT:
purpurfarbener Stoff, Purpur(stoff), Purpurgewand. **βύσσος** ἡ *Byssus, feines
Leinen;* ἐνεδιδύσκετο πορφύραν καὶ βύσσον *er kleidete sich in Purpur
und feines Leinen,* d.h. in Gewänder aus Purpur u. feinem Leinen (Metonymie:
der Stoff steht für das Verfertigte [H-S §295k; A382c]). **εὐ-φραινόμενος**
Ptz. Pass. -φραίνω *erfreuen;* Pass. *sich freuen, froh/fröhlich sein* (B 2); mod.
καθ' ἡμέραν distributiv *täglich* (B κατά II2c), *Tag für Tag.* **λαμπρῶς**
prächtig, herrlich; εὐφραινόμενος καθ' ἡμέραν λαμπρῶς *wobei er Tag
für Tag herrlich und in Freuden lebte, wobei er sich Tag für Tag glänzend vergnügte.*
20 **20 πτωχός** *bettelnd, arm;* subst. **ὀνόματι** dat. resp. (vgl. BDR §197,2;
A178) *mit Namen, namens.* **Λάζαρος** *Lazarus.* **ἐ-βέ-βλητο** Plsqpf.
(A245) Pass. βάλλω; Pass. intr. *krank liegen,* übers. hier *er lag* (B 1b). **πρός**
m. Akk. *an, neben, vor* (vgl. B III7). **πυλών**[4] ῶνος ὁ *(das) Tor* (B 1); *Torein-
gang, Vorhalle.* **εἱλκωμένος** Pf. (A231) Ptz. Pass. ἑλκόω *Geschwüre verur-
sachen;* Pf. Pass. *mit Geschwüren bedeckt sein;* attr. od. mod., übers. etwa *(sein*
21 *ganzer Körper) war mit Geschwüren bedeckt* (NGÜ). **21 ἐπι-θυμῶν** Ptz.
-θυμέω *begehren, verlangen nach, wünschen* (bez. hier wie in 15,16 das unerfüll-
te Verlangen); attr. od. mod. **χορτασθῆναι** Aor. Inf. Pass. χορτάζω (vgl.
A33[91ff]) *satt machen, sättigen;* Pass. *sich sättigen, seinen Hunger stillen* ἀπό
τινος *an/mit etwas* (B ἀπό I6). [Var. ψιχίον *das ganz kleine Bröckchen;* Pl.
Brocken, Brotkrumen, Brotreste; dann ist das flgd. Ptz. πιπτόντων attr.
gebraucht.] **πιπτόντων** Ptz. πίπτω, subst. **τράπεζα** *Tisch;* ἐπιθυμῶν
χορτασθῆναι ἀπὸ τῶν πιπτόντων ἀπὸ τῆς τραπέζης τοῦ πλου-
σίου *er hätte gern seinen Hunger mit dem gestillt, was vom Tisch des Reichen her-
unterfiel* (Einh.). **καί** (zweites) verstärkt *auch, sogar* (A313). **κύων** κυνός ὁ
Hund (wildes, als unrein geltendes Tier, gegen das sich Lazarus nicht wehren
kann). **ἐρχόμενοι** Ptz. ἔρχομαι, temp. (A291,1 Anm. 1). **ἐπ-έ-λειχον**
22 Ipf. ἐπι-λείχω *belecken, lecken an.* **ἕλκος**[7] *Geschwür.* **22 ἐ-γένετο** Aor.
Med. γίνομαι; ἐγένετο m. AcI ist klass. (BDR §408[4]; A271); ἐγένετο ἀπο-
θανεῖν τὸν πτωχόν *der Arme starb.* **ἀπο-θανεῖν** Aor. Inf. -θνήσκω;
Präd. des AcI. **ἀπ-ενεχθῆναι** Aor. Inf. Pass. ἀπο-φέρω[198] *forttragen, weg-
bringen;* Präd. des AcI. **κόλπος** *Busen, Brust* (Pl. in V. 23 formelhaft; BDR

§141[9]); εἰς τὸν κόλπον Ἀβραάμ *„an Abrahams Brust“ = an Abrahams*
Seite, in Abrahams Nähe, auf den Ehrenplatz neben Abraham (beim para-
diesischen Festmahl). **Ἀβραάμ** indekl., hier Gen. **ἀπ-έ-θανεν** Aor.
ἐ-τάφη Aor. Pass. θάπτω[53] *begraben.* **23 ᾅδης**[1] *Hades, Unterwelt, Toten-* 23
reich. **ἐπ-άρας** Aor. Ptz. -αίρω[132] *emporheben;* ἐπαίρω τοὺς ὀφθαλ-
μούς *aufblicken;* temp. **ὑπ-άρχων** Ptz., temp. **βάσανος** ἡ *Folter, Qual;*
ὑπάρχων ἐν βασάνοις *während er von Qualen geplagt wurde* (B 1), *während*
er qualvolle Schmerzen litt (Einh.). **ὁρᾷ** praesens narrativum (A235).
Ἀβραάμ hier Akk. **μακρόθεν** *von weitem, von ferne, aus der Ferne* (meist
pleon. [A379] ἀπὸ μακρόθεν). **24 φωνήσας** Aor. Ptz. φωνέω, mod.; 24
καὶ αὐτὸς φωνήσας εἶπεν *da rief er (laut).* **πάτερ** Vok. πατήρ.
Ἀβραάμ hier Vok. **ἐλέησον** Aor. Imp. ἐλεέω m. Akk. *sich erbarmen*
über, Mitleid/Erbarmen haben mit. **πέμψον** Aor. Imp. πέμπω. **βάψῃ** Aor.
Konj. βάπτω[52] *eintauchen,* m. Gen. (BDR §172; vgl. A165); ἵνα βάψῃ ...
ὕδατος *damit er ... ins Wasser tauche.* **ἄκρον** *Spitze;* τὸ ἄκρον τοῦ δακτύ-
λου *die Fingerspitze.* **δάκτυλος** *Finger.* **κατα-ψύξῃ** Aor. Konj. -ψύχω[73]
(ab)kühlen, erfrischen. **ὀδυνάομαι** *Schmerz(en)/Qualen erleiden.* **φλόξ**[3]
ογός ἡ *Flamme.* **25 Ἀβραάμ** hier Nom. **τέκνον** hier Vok. *Kind* bzw. 25
mein Kind/Sohn. **μνήσθητι** Aor. Imp. Pass. (ohne bes. Pass.-Bdtg.) μιμνῄ-
σκομαι[168] *sich erinnern an, denken an,* m. ὅτι (B 1aδ). **ἀπ-έ-λαβες** Aor.
ἀπο-λαμβάνω[152] *empfangen, erhalten;* ἀπέλαβες τὰ ἀγαθά σου *du hast*
dein Gutes empfangen (B 1). **ὁμοίως** *in gleicher Weise, ebenso, gleichermaßen.*
τὰ κακά *das Schlechte/Böse, die Unglücksfälle, das Ungemach* (B κακός 2).
παρα-καλεῖται Pass. -καλέω. **σύ** betont (A122). **ὀδυνᾶσαι** 2. Sg.
(H-S §85,3 Anm.). **26 ἐν πᾶσι τούτοις** *bei alledem* (B πᾶς 2aδ), *außer-* 26
dem. **μετα-ξύ** uneig. Präp. (A183) *zwischen.* **χάσμα**[3] *Spalt, Kluft, Ab-*
grund; μέγα χάσμα *große Kluft, tiefer Abgrund.* **ἐ-στήρικται** Pf. (A231)
Pass. στηρίζω[85] *aufstellen, festmachen, festigen;* μεταξὺ ἡμῶν καὶ ὑμῶν
χάσμα μέγα ἐστήρικται *zwischen uns und euch ist ein tiefer Abgrund fest*
angebracht (B 1) = etwa *zwischen uns und euch liegt ein tiefer Abgrund.* **ὅπως**
fin. *damit,* viell. kons. *so daß.* **θέλοντες** Ptz. θέλω, subst. **δια-βῆναι**
Aor. Inf. -βαίνω[139] *durchschreiten, -ziehen; übersetzen, hinübergehen.* **ἔν-**
θεν[18] *von da, von hier.* **δύνωνται** Konj. δύναμαι. **ἐκεῖ-θεν**[18] *von dort*
[Var. οἱ ἐκεῖθεν *die dortigen* (BDR §437,1)]. **δια-περῶσιν** Konj. -περάω
ans andere Ufer fahren, hinüberfahren, herüberkommen. **27 ἵνα** hier *daß* 27
(A328; bez. das Erbetene). **πέμψῃς** Aor. Konj. πέμπω. **28 πέντε**[19] *fünf.* 28
δια-μαρτύρηται Konj. -μαρτύρομαι (*feierlich* [ursprüngl. *eidlich*]) *be-*
zeugen, Zeugnis ablegen; τινί *jmdn. beschwören, jmdm. dringend zureden* (B 1),
hier etwa *jmdn. (eindringlich) warnen.* **ἔλθωσιν** Aor. Konj. ἔρχομαι.
βάσανος V. 23. **29 λέγει** praesens narrativum (A235). **Ἀβραάμ** hier 29
Nom. **Μωϋσῆς καὶ οἱ προφῆται** = ὁ νόμος καὶ οἱ προφῆται

30 (V. 16). **ἀκουσάτωσαν** Aor. Imp. 3. Pl. ἀκούω. **30 Ἀβραάμ** hier
Vok. **οὐχί** verstärktes οὔ *nein,* m. flgd. ἀλλά (vgl. BDR §432[2]) *nein, sondern.*
ἀπὸ νεκρῶν subst. *von den Toten, aus dem Totenreich* (B 2a). **πορευθῇ**
Aor. Konj. Pass. (ohne bes. Pass.-Bdtg.) πορεύομαι [Var. 1 ἐγερθῇ Aor.
Konj. Pass. ἐγείρω; Var. 2 ἀπ-έλθῃ Aor. Konj. -έρχομαι; Var. 3 ἀνα-στῇ
V. 31]. **μετα-νοήσουσιν** Fut. -νοέω *seinen Sinn ändern, Reue empfinden,*
31 *umkehren.* **31 ἀνα-στῇ** Wz.-Aor. Konj. ἀν-ίσταμαι; ἐάν τις ἐκ
νεκρῶν ἀναστῇ *wenn jemand von den Toten aufersteht.* **πεισθήσονται**
Fut. Pass. πείθω.
17 **ἀν-έν-δεκτος**[11] *unmöglich.* **τοῦ** m. Inf. kons. (BDR §400[6]; A281).
σκάνδαλον *Falle; Verführung* (das, was zu Fall bringt, zur Sünde, zum Abfall
v. Gott veranlaßt); *Ärgernis, (das) Anstößige* (das, was Widerspruch, Entrüstung,
Mißbilligung hervorruft); Pl. hier *Verführung(en)* (B 2). **ἐλθεῖν** Aor. Inf.
ἔρχομαι hier *kommen* im Sinn v. *in Erscheinung treten, sich einstellen* (B I2b);
Präd. des AcI; ἀνένδεκτόν ἐστιν τοῦ τὰ σκάνδαλα μὴ ἐλθεῖν *es ist
unmöglich, daß keine Verführungen kommen = es ist unvermeidlich/unausweich-
lich, daß Verführungen kommen* (Einh.). **πλήν** *aber, doch, jedoch;* πλὴν οὐαὶ
δι᾽ οὗ (= τούτῳ δι᾽ οὗ [A358]) ἔρχεται *doch wehe dem, durch den sie kom-
2 *men = doch wehe dem, der daran schuld ist* (NGÜ). **2 λυσι-τελέω** *nützen,
vorteilhaft sein;* λυσιτελεῖ τινι *es nützt jmdm., es ist für jmdn. von Vorteil;*
λυσιτελεῖ αὐτῷ εἰ ... ἢ ἵνα ... (m. komparativischem Sinn; BDR §245[4]) *es
nutzt ihm mehr, wenn ... als daß ...* (B) = *es wäre besser für ihn, wenn ... als daß ...*
μυλικός *zur Mühle gehörig;* λίθος μυλικός *Mühlstein.* **περί-κειμαι** (Pf.
Pass. zu -τίθεμαι[200] sich etwas umtun) etwas (Dat.) *umgeben; um* etwas (περί
m. Akk.) *gelegt sein* (B 1a); εἰ λίθος μυλικὸς περίκειται περὶ τὸν τρά-
χηλον αὐτοῦ Kond.-NS m. εἰ hat hier fast irrealen Sinn (BDR §372,3) *wenn
ihm ein Mühlstein um seinen Hals gelegt wäre.* **τράχηλος** *Hals, Nacken.* **ἔρ-
ριπται** Pf. Pass. ῥίπτω[58] *werfen.* **ἵνα** hier *daß* (A328; bez. das weniger Vor-
teilhafte). **σκανδαλίσῃ** Aor. Konj. σκανδαλίζω (vgl. A33[91ff])
(< σκάνδαλον Falle; Ärgernis, Anstößiges) m. Akk. *jmdm. Anstoß geben,
jmdn. zur Sünde verführen, jmdn. an Gott irre werden lassen* (GNB). **μικρός**
subst. *(der/das) Kleine, (das) Kind;* hier wohl *Geringer* (v. Ansehen, Würde u.
3 Macht; B 1c), *Geringgeachteter* (NGÜ); gen. partitivus (A164). **3 προσ-
έχετε** Imp. -έχω m. Dat. *den Sinn richten, auf; achten auf;* προσέχετε ἑαυ-
τοῖς *nehmt euch in acht* (B 1b), *habt acht auf euch selbst* (H-S §139i), *seht euch
vor.* **ἁμαρτήσῃ** Aor. Konj. ἁμαρτάνω (εἴς τινα *gegen jmdn.* [B 4b]).
ἐπι-τίμησον Aor. Imp. -τιμάω *tadeln, zurechtweisen, ernstlich zureden,
zurechtweisen,* m. Dat. **μετα-νοήσῃ** Aor. Konj. -νοέω *seinen Sinn ändern,*
4 *Reue empfinden, umkehren.* **ἄφ-ες** Aor. Imp. -ίημι. **4 ἑπτάκις**[19] *sieben-
mal.* **τῆς ἡμέρας** gen. temporis distributiv als Attr. zum Adv. ἑπτάκις
(A69; 166) *siebenmal am Tag.* **ἐπι-στρέψῃ** Aor. Konj. -στρέφω[47] *sich*

umwenden, umkehren, zurückkehren, wiederkommen. **λέγων** Ptz., mod.
μετα-νοῶ ich kehre um = etwa *es tut mir leid* od. *ich will mich ändern* (Einh.).
ἀφ-ήσεις Fut. -ίημι; ἀφήσεις αὐτῷ mod. Fut. (A247b/d; BDR §362[3])
(so) sollst du ihm vergeben.
5 εἶπαν Aor. (vgl. H-S §105g) λέγω. **πρόσ-θες** Aor. Imp. -τίθη- 5
μι[200] *hinzufügen, vermehren; zuteilen, verleihen;* πρόσθες ἡμῖν πίστιν *meh-
re/stärke uns den Glauben* (so die meisten Übers.) od. *verleihe uns Glauben* (B 2;
EWNT 3, Sp. 427). **6 κόκκος** *Korn, Samenkorn.* **σίναπι** εως τό (vgl. A8) 6
Senf; wahrscheinl. der Schwarze Senf („Brassica nigra"), dessen 1 mm großes
Samenkorn in Palästina für seine Kleinheit sprichwörtl. war; εἰ ἔχετε πίστιν
ὡς κόκκον σινάπεως, ἐλέγετε ἄν *wenn ihr (wirklich) Glauben habt wie ein
Senfkorn* (BDR §372[1]) = *wenn euer Glaube auch nur so groß wie ein Senfkorn ist*
od. *wäre, würdet* (viell. *könntet) ihr sagen* (Mischform der Kond.-Periode: Prota-
sis εἰ m. Ind. Präs. indefiniter Fall, Apodosis aber Augmenttempus m. ἄν irrea-
ler Fall [H-S §285a; vgl. A342; 345]. **ἐ-λέγετε** Ipf. λέγω. **συκάμινος** ἡ
Maulbeerbaum. **ἐκ-ριζώθητι** Aor. Imp. Pass. -ριζόω *entwurzeln.* **φυτεύ-
θητι** Aor. Imp. Pass. φυτεύω *(an)pflanzen,* hier wohl *verpflanzen* (B). **ἐν**
wohl für εἰς (ZG). **ὑπ-ήκουσεν** Aor. -ακούω[2] *gehorchen;* καὶ ὑπήκου-
σεν ἂν ὑμῖν *und er würde euch gehorchen.*
7 ἐκ umschreibt gen. partitivus (vgl. B 4aβ). **ἔχων** Ptz., attr. zu τίς. 7
ἀροτριῶντα Ptz. ἀροτριάω *pflügen;* attr. **ποιμαίνοντα** Ptz. ποιμαί-
νω (als Hirte) *weiden, hüten;* attr., übers. etwa *der das Vieh hütet.* **εἰσ-ελθόν-
τι** Aor. Ptz. -έρχομαι, temp. **ἀγρός** *Feld, Acker;* ἐκ τοῦ ἀγροῦ generi-
scher Art. (BDR §255[3]) *vom Feld.* **ἐρεῖ** Fut. λέγω; τίς ἐξ ὑμῶν δοῦλον
ἔχων ... ὃς εἰσελθόντι ἐκ τοῦ ἀγροῦ ἐρεῖ αὐτῷ *wer (ist) unter euch, der
einen Sklaven/Knecht ... hat, der zu ihm, wenn dieser vom Feld kommt, sagen wird
= wenn einer von euch einen Sklaven/Knecht ... hat, wird er (etwa) zu ihm, wenn
dieser vom Feld kommt, sagen.* **παρ-ελθών** Aor. Ptz. -έρχομαι[187] *vorbei-,
vorübergehen; herangehen, herbeikommen, hinzukommen* (B 3); temp. (als Imp. +
„und" übers.; A291,1 Anm. 1). **ἀνά-πεσε** Aor. Imp. -πίπτω[194] *sich nieder-
legen/niederlassen, Platz nehmen (um zu essen).* **8 ἀλλά** nach einer Selbstfrage 8
wie klass. (BDR §448[5]) *nein.* **οὐχί** *nicht;* erwartet als Frageeinleitung die Ant-
wort „doch" (A320); ἀλλ' οὐχὶ ἐρεῖ αὐτῷ *wird er nicht vielmehr zu ihm sagen*
(leitet hier wohl zweite Frage ein; BDR §448[5]). **ἑτοίμασον** Aor. Imp. ἑτοι-
μάζω. **δειπνήσω** Fut. Ind. od. Aor. Konj. δειπνέω *speisen, essen;* mod.
Fut. (A247b/c) od. deliberativer Konj. (der direkten Frage [„was soll ich es-
sen?"] entsprechend [A255]); ἑτοίμασον τί (für Rel.-Pron. [BDR §298[8];
A133b]) δειπνήσω *bereite mir, was ich essen soll/kann = mach mir etwas zu es-
sen* (Einh.). **περι-ζωσάμενος** Aor. Ptz. Med. -ζώννυμι[224] *umgürten;*
Med. *sich (um)gürten,* hier etwa *sich (einen Schurz/eine Schürze) umbinden*
(NGÜ, vgl. B 2b); temp. (als Imp. + „und" übers.; A291,1 Anm. 1). **διακό-**

νει Imp. διακονέω *(be)dienen.* **ἕως** m. Konj. hier *solange als, während*
(B I2b; BDR §455[5]; vgl. A337). **φάγω** Aor. Konj. ἐσθίω. **πίω** Aor. Konj.
πίνω. **μετὰ ταῦτα** *danach.* **φάγεσαι** Fut. Med. 2. Sg. (H-S §113,4)
ἐσθίω, mod. Fut. (A247c). **πίεσαι** Fut. Med. 2. Sg. (H-S §110,3) πίνω,
9 mod. Fut. (A247c). **9 μή** *etwa* (verneinende Antwort angedeutet, A320).
ἔχω χάριν τινί *jmdm. dankbar sein, jmdm. danken* (B χάρις 5). **ἐ-ποίη-
σεν** Aor. ποιέω. **δια-ταχθέντα** Aor. Ptz. Pass. Ntr. -τάσσω[79] *anordnen,
befehlen, bestimmen; subst.;* ὅτι ἐποίησεν τὰ διαταχθέντα *daß er getan hat,
was ihm befohlen/aufgetragen war.* [Var. οὔ (m. Akzent) *nein;* οὔ δοκῶ *nein,*
10 *denke ich* (vgl. B δοκέω 1e).] **10 καὶ ὑμεῖς** betont (A122) *auch ihr.*
ποιήσητε Aor. Konj. **λέγετε** Imp. **ὅτι** recitativum = Doppelpunkt
(A333). **ἀ-χρεῖος**[11] *unnütz, nichtsnutzig,* auch *armselig, unwürdig, keines
Lobes würdig* (LN 33.361). **ὠφείλομεν** Ipf. ὀφείλω *schulden, schuldig sein*
(eig. u. übertr. [auch moral.]); *verpflichtet sein, müssen,* m. Inf. **ποιῆσαι** Aor.
Inf. **πε-ποιήκαμεν** Pf.; ὃ ὠφείλομεν ποιῆσαι πεποιήκαμεν *wir
haben getan, was wir zu tun verpflichtet waren = wir haben nur unsere
Pflicht/Schuldigkeit getan.*
11 **11 ἐ-γένετο** Aor. Med. γίνομαι; ἐγένετο m. (od. ohne) καί u. flgd.
finiten Verb (διήρχετο; V. 14 ἐκαθαρίσθησαν) steht pleon. (Hebr., A271;
BDR §442[11]). **ἐν τῷ** m. AcI bzw. Inf. temp. (A282) *während, als.* **πορεύε-
σθαι** Inf. [Var. fügt αὐτόν als Subj. des AcI ein]. **δι-ήρχετο** Ipf. Med.
-έρχομαι hier *durchwandern, ziehen durch.* **τὸ μέσον** subst. ohne Art.
(BDR §264[5]) *die Mitte;* διὰ μέσον nur hier διά m. Akk. in lok. Bdtg. (H-S
§184f; BDR §222,1); διὰ μέσον Σαμαρείας καὶ Γαλιλαίας *mitten durch
Samarien und Galiläa* (B 2), wahrscheinlicher aber (vgl. auch 9,51-56) *durch das
Grenzgebiet von Samarien und Galiläa* (Marshall, Lk, S. 650). **Σαμάρεια**
12 *Samarien,* Landschaft zwischen Judäa u. Galiläa. **12 εἰσ-ερχομένου** Ptz.
-έρχομαι; gen. abs. (A288f), temp. **κώμη** *Dorf.* **ἀπ-ήντησαν** Aor.
-αντάω *begegnen, entgegenkommen* [Var. ὑπ-ήντησαν Aor. -αντάω gleiche
Bdtg.]. **δέκα**[19] *zehn.* **λεπρός** (< λεπίς Schuppe) u.a. *schuppig, uneben,
rauh;* im NT *aussätzig* (v. λέπρα befallen u. damit „unrein“ [Lev 13,45f]).
ἔ-στησαν Wz.-Aor. ἵσταμαι. **πόρρωθεν** *aus der Ferne;* hier *in der Ferne.*
13 **13 ἦραν** Aor. αἴρω; αἴρω φωνήν *die Stimme erheben = laut rufen* (B 1b).
λέγοντες Ptz. λέγω, mod., pleon. (A297,1). **Ἰησοῦ** Vok. **ἐπι-στά-
της**[1] *Meister, Herr;* Vok. **ἐλέησον** Aor. Imp. ἐλεέω m. Akk. *sich erbarmen*
14 *über, Mitleid/Erbarmen haben mit.* **14 ἰδών** Aor. Ptz. ὁράω, temp.; erg. αὐ-
τούς/τούτους (A79). **πορευθέντες** Aor. Ptz. Pass. (ohne bes. Pass.-Bdtg.)
πορεύομαι, temp. (als Imp. + „und“ übers.; A291,1 Anm. 1). **ἐπι-δείξα-
τε** Aor. Imp. -δείκνυμι[212] *zeigen, vorzeigen.* **ἱερεύς**[8] *Priester.* **ἐ-γένετο,
ἐν τῷ** V. 11. **ὑπ-άγειν** Inf.; Präd. des AcI. **ἐ-καθαρίσθησαν** Aor.
Pass. καθαρίζω[95] *reinigen, säubern; heilen* ([Aussätzige/Aussatz o.ä.] u. dann zu

kultischer Reinheit führen). **15 ἐκ** umschreibt gen. partitivus (vgl. B 4αα). 15
ἰδών V. 14. **ἰάθη** Aor. Pass. ἰάομαι[17] *heilen.* **ὑπ-έ-στρεψεν** Aor. ὑπο-
στρέφω[47] *zurückkehren.* **μέγας**[12] hier *laut.* **δοξάζων** Ptz., mod.
16 ἔ-πεσεν Aor. πίπτω hier *niederfallen, sich zu Boden werfen* (B 1bαב); 16
ἔπεσεν ἐπὶ πρόσωπον παρὰ τοὺς πόδας αὐτοῦ *er warf sich vor seinen*
(Jesu) *Füßen zu Boden* (Einh.). **εὐ-χαριστῶν** Ptz. -χαριστέω *danken,
Dank sagen; dankbar sein;* fin. od. mod. (A291,2 Anm. 1). **καί** (zweites) ver-
stärkt αὐτός (BDR §442[24]; vgl. A122 u. 124). **ἦν** Ipf. εἰμί. **Σαμαρίτης**[1]
Samaritaner. **17 ἀπο-κριθείς** Aor. Ptz. Pass. (ohne Pass.-Bdtg.) -κρίνο- 17
μαι, pleon. Ptz. (A29,27); ἀποκριθείς ... εἶπεν *er antwortete.* **οὐχί** V. 8.
οἱ δέκα *alle zehn.* **ἐννέα**[19] *neun;* οἱ δὲ ἐννέα ποῦ; *wo sind die anderen*
(A376a) *neun?* **18 οὐ** *nicht;* erwartet als Frageeinleitung die Antwort „doch" 18
(A320). **εὑρέθησαν** Aor. Pass. εὑρίσκω. **ὑπο-στρέψαντες** Aor. Ptz.
-στρέφω, subst. ohne Art.; οὐχ εὑρέθησαν ὑποστρέψαντες ... εἰ μὴ ὁ
ἀλλογενὴς οὗτος; *hat sich außer diesem Fremden keiner gefunden, der zurück-
gekehrt ist ...? = ist denn keiner zurückgekehrt ... außer diesem Fremden?* **δοῦ-
ναι** Aor. Inf. δίδωμι, fin. (A276). **εἰ μή** nach Neg. *außer* (vgl. B εἰ VI9a).
ἀλλο-γενής[7] *aus einem anderen Volk stammend, fremd;* subst. *Fremder.*
19 ἀνα-στάς Aor. Ptz. ἀν-ίσταμαι, temp. (als Imp. + „und" übers.; 19
A291,1 Anm. 1). **πορεύου** Imp. (vgl. A266a). **σέ-σωκεν** Pf. (A242)
σῴζω.

20 ἐπ-ερωτηθείς Aor. Ptz. Pass. -ερωτάω, temp. **πότε**[18] *wann?* 20
ἔρχεται (zweimal) fut. Präs. (A234). **ἀπ-ε-κρίθη** Aor. Pass. V. 17; καὶ
εἶπεν nach ἀπεκρίθη Hebr., ist pleon. u. kann unübersetzt bleiben (BDR
§420[3]). **παρα-τήρησις**[8] *Beobachtung;* μετὰ παρατηρήσεως *mit (äuße-
ren Phänomenen, die) Beobachtung (zuließen)* (B 1) = *so, daß man es beobachten
könnte* bzw. *so, daß man es an äußeren Anzeichen erkennen könnte.* **21 ἐροῦ- 21
σιν** Fut. λέγω; 3. Pl. hier im Sinn v. „man" (A76a; vgl. BDR §130[5]); wohl
mod. Fut. (A247c) *man wird nicht sagen können.* **ἐντός** (< ἐν) (eig. Adv.
„drinnen, in der Mitte") uneig. Präp. (A183) *innerhalb, mitten unter;* ἡ βασι-
λεία τοῦ θεοῦ ἐντὸς ὑμῶν ἐστιν *die Königsherrschaft Gottes ist (schon) in
eurer Mitte* (B) bzw. *mitten unter euch,* kaum *(inwendig) in euch* (d.h. in euren
Herzen [so ZG]).

22 ἐλεύσονται Fut. Med. ἔρχομαι. **ὅτε** temp. NS hier Attr. zu 22
ἡμέραι (A353) *Tage/Zeiten, wo/in denen.* **ἐπι-θυμήσετε** Fut. -θυμέω
begehren, verlangen nach, wünschen, sehnen nach, m. Inf. **ἡμερῶν** gen. parti-
tivus (A164). **ἰδεῖν** Aor. Inf. ὁράω. **καί** adversativ (A311,1) *aber, doch.*
ὄψεσθε Fut. Med. ὁράω; erg. wohl αὐτόν (A79). **23 ἐροῦσιν** V. 21. 23
ἀπ-έλθητε Aor. Konj. -έρχομαι; prohibitiver Konj. (A256). **διώξητε**
Aor. Konj. διώκω hier *hinterherlaufen, nachlaufen* (B 4a); prohibitiver Konj.
(A256). **24 ὥσ-περ** (A352) *geradeso wie, gleichwie.* **ἀστραπή** *Blitz.* 24

ἀστράπτουσα Ptz. Fem. ἀστράπτω *(auf)blitzen, glänzen;* temp. *wenn er*
aufblitzt, beim Aufblitzen (B). **ἐκ τῆς ... εἰς τήν** ellip., erg. ἡ περίχωρος
(die Umgegend) od. ἡ μερίς (der Teil) (BDR §241[2]). **λάμπω** *leuchten, auf-*
leuchten; ἐκ τῆς ὑπὸ τὸν οὐρανὸν εἰς τὴν ὑπ' οὐρανὸν λάμπει etwa
von einem Ende des Himmels bis zum anderen leuchtet = den ganzen Horizont
ringsum erhellt (GNB). **ἔσται** Fut. εἰμί; οὕτως ἔσται ὁ υἱὸς τοῦ
ἀνθρώπου ἐν τῇ ἡμέρᾳ αὐτοῦ *so* (d.h. für alle sichtbar) *wird der Men-*
schensohn sein/erscheinen an seinem Tag (d.h. am Tag seiner Wiederkunft bzw.
des Gerichts) = *so wird der Tag sein, an dem der Menschensohn sich offenbart* (B
25 ἡμέρα 3bβ). **25 δεῖ** hier v. der göttl. Bestimmung (vgl. B 1). **παθεῖν** Aor.
Inf. πάσχω; Präd. des AcI, abhängig v. δεῖ (ebenso der flgd. Inf.). **ἀπο-**
δοκιμασθῆναι Aor. Inf. Pass. -δοκιμάζω (vgl. A33[91ff]) (< δόκιμος er-
probt) (nach vorausgegangener Prüfung) *verwerfen.* **ἀπό** statt ὑπό (vgl. BDR
26 §210[2]). **26 ἐ-γένετο** Aor. Med. γίνομαι. **Νῶε** 3,36; indekl., hier Gen.
27 **ἔσται** Fut. εἰμί. **27 ἤσθιον** Ipf. ἐσθίω; die Ipf.-Formen in V. 27f bez. ein
länger anhaltendes (bzw. gewohnheitsmäßiges) Tun (vgl. H-S §198b/c;
A237a/b). **ἔ-πινον** Ipf. πίνω. **ἐ-γάμουν** Ipf. γαμέω *heiraten* (Subj.
Mann od. Frau). **ἐ-γαμίζοντο** Ipf. Pass. γαμίζω (eine Frau) *in die Ehe*
geben, verheiraten; Pass. *sich heiraten lassen, heiraten* (Subj. Frau); ἐγάμουν,
ἐγαμίζοντο *die Menschen ... heirateten und wurden verheiratet* (od. [idiomati-
scher] einfach *heirateten* [Einh.]) [Var. ἐξ-ε-γαμίζοντο Ipf. Pass. ἐκ-γαμίζω
gleiche Bdtg.]. **ἄχρι ἧς ἡμέρας** = ἄχρι τῆς ἡμέρας ᾗ (Attraktion des
Rel.-Pron.; A361b; ᾗ: temp. Dat. [A182]) *bis zu dem Tag, an dem.* **εἰσ-ῆλθεν**
Aor. -έρχομαι. **Νῶε** hier Nom. **κιβωτός** ἡ *Kasten, Kiste; Arche, Schiff*
(Noachs [Gen 6,14ff]). **κατα-κλυσμός** *Überschwemmung,* hier *die große*
Flut, die Sintflut. **ἀπ-ώλεσεν** Aor. -όλλυμι. [Var. ἅ-πας[10] = πᾶς.]
28 **28 ὁμοίως** *in gleicher Weise, ebenso.* **Λώτ** indekl., hier Gen., *Lot,* Neffe
Abrahams. **ἠγόραζον** Ipf. ἀγοράζω (< ἀγορά Marktplatz) *kaufen.*
ἐ-πώλουν Ipf. πωλέω *verkaufen.* **ἐ-φύτευον** Ipf. φυτεύω *(an)pflanzen.*
29 **ᾠκο-δόμουν** Ipf. οἰκο-δομέω. **29 ᾗ ἡμέρᾳ** das BW steht im Rel.-Satz
(A357) = τῇ ἡμέρᾳ (temp. Dat., A182) ᾗ *an dem Tag, an dem.* **ἐξ-ῆλθεν**
Aor. -έρχομαι. **Λώτ** hier Nom. **ἀπό** *aus.* **Σόδομα** 10,12. **ἔ-βρεξεν**
Aor. βρέχω (vgl. A33[59ff]) *benetzen; regnen lassen;* βρέχει *es regnet;* ἔβρεξεν
πῦρ καὶ θεῖον *er* (näml. Gott; vgl. Gen 19,24) *ließ Feuer und Schwefel regnen*
(B 2a; BDR §309[3]) od. *es regnete Feuer und Schwefel* (B 2b). **θεῖον** *Schwefel.*
30 **ἀπ-ώλεσεν** V. 27. **30 κατὰ τὰ αὐτά** *auf ganz dieselbe Weise* (B κατά
II5bα), *ebenso, genauso* [Var. ταὐτά = τὰ αὐτά (B; BDR §18[1])]. **ἔσται**
V. 24. **ᾗ ἡμέρᾳ** V. 29. **ἀπο-καλύπτεται** Pass. -καλύπτω *enthüllen,*
31 *offenbaren;* Pass. auch *sich offenbaren* (vgl. B 1); fut. Präs. (A234). **31 δῶμα**[3]
Dach; ἐν ἐκείνῃ τῇ ἡμέρᾳ ὃς ἔσται ἐπὶ τοῦ δώματος *wer an jenem*
Tag gerade auf dem Dach (seines Hauses) ist (Rel.-Satz m. kond. Nebensinn;

BDR §380[3]; vgl. A371). **σκεῦος**[7] *Gerät; Gefäß; Habe, Besitz;* καὶ τὰ σκεύη
αὐτοῦ (statt καὶ οὗ τὰ σκεύη [H-S §289h]) ἐν τῇ οἰκίᾳ *und seine Habse-*
ligkeiten (B 1a) bzw. *seine Geräte/Sachen (unten) im Haus hat.* **κατα-βάτω**
Aor. Imp. 3. Sg. (statt -βήτω; BDR §95[7]; A21) -βαίνω. **ἆραι** Aor. Inf. αἴρω
hier *holen;* fin. A276). **ἀγρός** *Feld, Acker;* ἐν ἀγρῷ *auf dem Feld.* **ὁμοίως**
V. 28. **ἐπι-στρεψάτω** Aor. Imp. 3. Sg. -στρέφω[47] *um-, zurückkehren,* hier
verstärkt durch ὀπίσω. **ὀπίσω** Adv. *hinten, nach hinten; zurück;* εἰς τὰ ὀπί-
σω *zurück;* ὁ ἐν ἀγρῷ (A105) ὁμοίως μὴ ἐπιστρεψάτω εἰς τὰ ὀπίσω
ebenso soll der, der auf dem Feld ist, nicht (mehr nach Hause) zurücklaufen.
32 μνημονεύετε Imp. μνημονεύω m. Gen. *sich erinnern an; gedenken an,* 32
denken an. **Λώτ** hier Gen. **33 ὃς ἐάν** = ὃς ἄν (A132) Rel.-Satz m. kond. 33
Nebensinn (vgl. H-S §290e; A371), übers. *wer (auch immer)* bzw. *jeder, der.*
ζητήσῃ Aor. Konj. ζητέω, m. Inf. **ψυχή** hier *Leben.* **περι-ποιήσα-**
σθαι Aor. Inf. Med. -ποιέομαι *für sich erwerben, beschaffen;* τὴν ψυχὴν
αὐτοῦ περιποιέομαι *sich sein Leben retten/erhalten* (B 1) [Var. σῶσαι Aor.
Inf. σῴζω]. **ἀπ-ολέσει** Fut. -όλλυμι. **ἀπ-ολέσῃ** Aor. Konj. **ζῳο-**
γονήσει Fut. -γονέω *lebendig machen; am Leben erhalten* (B 2). **34 ἔσον-** 34
ται Fut. εἰμί. **κλίνη** *Bett.* **ὁ εἷς ... ὁ ἕτερος** *der eine ... der andere* (BDR
§247[7]); analog ἡ μία ... ἡ ἑτέρα (V. 35). **παρα-λημφθήσεται** Fut.
Pass. -λαμβάνω hier *mitnehmen, annehmen* (B 1). **ἀφ-εθήσεται** Fut.
Pass. -ἵημι hier *beiseite lassen, zurücklassen* (vgl. B 3a); ταύτῃ τῇ νυκτὶ
(temp. Dat., A182) ἔσονται δύο ἐπὶ κλίνης μιᾶς, ὁ εἷς παραλημφθή-
σεται καὶ ὁ ἕτερος ἀφεθήσεται *in jener Nacht werden zwei (Männer/Men-*
schen) in einem Bett liegen: der eine wird mitgenommen/angenommen und der
andere beiseite gelassen (od. *zurückgelassen*) *werden* od. (idiomatischer) *von zwei*
Männern/Menschen, die in jener Nacht in einem Bett liegen werden, wird der eine
mitgenommen/angenommen, der andere beiseite gelassen/zurückgelassen; analog
V. 35. **35 ἀλήθουσαι** Ptz. Fem. ἀλήθω (klass. ἀλέω) *mahlen;* subst. od. 35
umschrieb. Fut. (A249a). **ἐπὶ τὸ αὐτό** *an derselben Stelle, zusammen, bei-*
sammen (B ἐπί III1aζ). **37 ἀπο-κριθέντες** V. 17. **λέγουσιν** hist. Präs. 37
(A235). **ποῦ;** *wo (wird das geschehen)?* **κύριε** Vok. **ὁ δέ** *(und) dieser/er*
(A102). **σῶμα** hier *Leichnam* (B 1), *Aas.* **ἀετός** *Adler,* hier *Aasgeier.* **ἐπι-**
συν-αχθήσονται Fut. Pass. -άγω[59] *sammeln, versammeln;* ὅπου τὸ
σῶμα, ἐκεῖ καὶ οἱ ἀετοὶ ἐπισυναχθήσονται *wo die Leiche/das Aas*
liegt, da sammeln sich auch die Geier [Var. συν-αχθήσονται Fut. Pass.
-άγω].

ἔ-λεγεν Ipf. λέγω. **πρὸς τό** m. Inf. bzw. AcI hier wohl mod., viell. fin. **18**
(A282) *mit Bezug auf* (H-S §226b; BDR §239[6]), *im Hinblick auf* (B πρός III5a),
viell. *damit.* **δεῖν** Inf. δεῖ. **προσ-εύχεσθαι** Inf. -εύχομαι; Präd. des
AcI, abhängig v. δεῖν. **ἐγ-κακεῖν** Inf. -κακέω *nachlassen, müde/lässig wer-*
den (B 1); Präd. des AcI; πρὸς τὸ δεῖν πάντοτε προσεύχεσθαι αὐτοὺς

καὶ μὴ ἐγκακεῖν *mit Bezug/im Hinblick darauf* (od. freier *um sie darauf hin-*
zuweisen [Menge]), *daß sie allezeit beten und darin nicht nachlassen/müde werden*
2 *sollten.* **2 κριτής**[1] *Richter.* **ἦν** Ipf. εἰμί. **φοβούμενος** Ptz. φοβέομαι,
attr. **ἐν-τρεπόμενος** Ptz. Pass. -τρέπω *beschämen;* Pass. *beschämt werden,*
meist τινά *sich vor jmdm. scheuen, jmdn. achten, auf jmdn. Rücksicht nehmen,*
sich um jmdn. kümmern; attr.; ... ἄνθρωπον μὴ ἐντρεπόμενος *der ... vor*
keinem Menschen Achtung/Respekt hatte, der ... auf keinen Menschen Rücksicht
3 *nahm.* **3 χήρα** *Witwe.* **ἤρχετο** Ipf. Med. ἔρχομαι; Ipf. hier iter. (A237b)
sie kam immer wieder (H-S §198c). **λέγουσα** Ptz. Fem. λέγω, mod. (A291,2
Anm. 1). **ἐκ-δίκησον** Aor. Imp. -δικέω τινὰ ἀπό *jmdn. rächen an, jmdm.*
4 *Recht verschaffen gegen* (B 1). **ἀντί-δικος** *Prozeßgegner; Feind.* **4 καί** (er-
stes) adversativ (A311,1) *doch, aber.* **ἤ-θελεν** Ipf. θέλω. **ἐπὶ χρόνον** *eine*
Zeitlang (B ἐπί III2b), *lange Zeit.* **μετὰ ταῦτα** *danach.* **ἐν ἑαυτῷ** *zu sich*
selbst, bei sich (vgl. B ἐν I5b); εἶπεν ἐν ἑαυτῷ *er sagte zu sich selbst = er*
5 *dachte (bei sich).* **εἰ καί** konz. (BDR §374[2]) *wenn ... auch* (B εἰ VI5). **5 διὰ**
τό m. AcI kaus. (A282) *weil.* **γέ** enklitische Partikel, hier *doch;* διά γε τό
doch weil. **παρ-έχειν** Inf. -έχω *darbieten, hingeben; verursachen, bereiten,*
machen (B 1c); Präd. des AcI. **κόπος** *Mühe, harte Anstrengung, Arbeit;* κόπον
παρέχω τινί *jmdm. Mühe machen* (B 1), *jmdm. das Leben schwer machen,*
jmdn. belästigen. **ἐκ-δικήσω** Fut. V. 3; mod. Fut. (A247a). **εἰς τέλος** *am*
Ende, schließlich (B τέλος 1dγ), viell. *unablässig, in Ewigkeit.* **ἐρχομένη**
Ptz., temp. (A291,1 Anm. 1), viell. mod. **ὑπ-ωπιάζῃ** Konj. -ωπιάζω
(< ὑπ-ώπια Gesicht) *unter das Auge/in das Gesicht schlagen; schlecht behan-*
deln, quälen, malträtieren; ἵνα μὴ εἰς τέλος ἐρχομένη ὑπωπιάζῃ με
damit sie nicht schließlich kommt und mir ins Gesicht fährt (B 1) (idiomatisch
etwa ... *und mir die Augen auskratzt* [GNB]), viell. *damit sie mich nicht durch ihr*
6 *ewiges Kommen quält/zur Verzweiflung bringt.* **6 ἀκούσατε** Aor. Imp.
ἀκούω. **ἀ-δικία** *Unrecht* (das einer tut); *Ungerechtigkeit;* gen. qualitatis
7 (BDR §165[2]; A160); ὁ κριτὴς τῆς ἀδικίας *der ungerechte Richter.* **7 οὐ**
μή m. Aor. Konj. stärkste Verneinung zukünftigen Geschehens (A257), bez.
hier in der rhetorischen Frage eine Bejahung (BDR §365[5]). **ποιήσῃ** Aor.
Konj. ποιέω; ποιέω τὴν ἐκδίκησίν τινος umschreibt das einfache Ver-
bum ἐκδικέω (B I1bδ; vgl. V. 3) *jmdn. rächen, jmdm. Recht verschaffen*
(ThWNT 4, S. 383). **ἐκ-δίκησις**[8] *Rache, Bestrafung.* **ἐκ-λεκτός**[9] (< ἐκ-
λέγομαι [für sich] auswählen) *ausgewählt,* im NT fast durchweg: *auserwählt*
(ausgesondert, um zu Gott zu gehören bzw. ihm zu dienen); subst.; ὁ θεὸς οὐ
μὴ ποιήσῃ τὴν ἐκδίκησιν τῶν ἐκλεκτῶν αὐτοῦ ...; *Gott sollte seinen*
Auserwählten ... nicht erst recht zu ihrem Recht verhelfen? (vgl. BDR §365[5]).
βοώντων Ptz. βοάω *(laut) rufen, schreien;* attr. **ἡμέρας καὶ νυκτός**
gen. temp. (H-S §168a; A166) *Tag und Nacht.* **καί** (zweites) wohl alternativ
(A314) *oder;* leitet wohl eine neue Frage (jetzt m. Ind.) ein. **μακρο-θυμέω**

Geduld haben, geduldig/langmütig sein; hier wahrscheinl. *zögern;* καὶ μακροθυ-
μεῖ ἐπ' αὐτοῖς; *oder zögert er bei ihnen lange?* bzw. *oder zieht er es lange hin*
mit ihnen? (B 3) bzw. *und wird er sie etwa lange warten lassen* (NGÜ); andere
Deutungen dieser schwierigen Stelle: *und er übt Langmut (auch) an ihnen*
(ThWNT 4, S. 384 Anm. 56); *auch (wenn)* (καί konz.) *er Langmut bei ihnen übt*
(Menge). **8 ὅτι** recitativum = Doppelpunkt (A333). **ποιήσει** Fut. V. 7. 8
τάχος[7] *Schnelligkeit;* ἐν τάχει *in Kürze, bald.* **πλήν** *aber, doch, jedoch.*
ἐλθών Aor. Ptz. ἔρχομαι, temp. **ἆρα** Fragepartikel vor direkter Frage
(A320). **εὑρήσει** Fut. εὑρίσκω; πλὴν ὁ υἱὸς τοῦ ἀνθρώπου ἐλθὼν
ἆρα εὑρήσει τὴν πίστιν ἐπὶ τῆς γῆς; *jedoch wird der Menschensohn,*
wenn er kommt (bei seiner Wiederkunft), *auf der Erde den Glauben finden?* (so
meistens, doch ist der Zusammenhang m. dem Kontext [bes. V. 1 u. 8] dann
schwierig), viell. Fut. in einer deliberativen Frage (vgl. BDR §366) auf die aus-
stehende Reaktion der Hörer bezogen: *jedoch findet der Menschensohn, nach-*
dem er gekommen ist (näml. jetzt), *auf der Erde den Glauben?* (näml. daß Gott
die Gebete seiner Auserwählten bald erhören wird).

9 πε-ποιθότας Pf. (A231) Ptz. πείθω ἐπί τινι hier *vertrauen auf* 9
jmdn., sich verlassen auf jmdn. (B 2a); attr. zu τινάς (BDR §412[9]); πρός
τινας τοὺς πεποιθότας ἐφ' ἑαυτοῖς ὅτι εἰσὶν δίκαιοι *zu einigen, die*
auf sich selbst vertrauten, daß sie gerecht seien = zu einigen, die von ihrer eigenen
Gerechtigkeit überzeugt waren. **ἐξ-ουθενοῦντας** Ptz. -ουθενέω *geringschät-*
zen, verachten; attr. zu τινάς. **10 ἀν-έ-βησαν** Aor. ἀνα-βαίνω. **προσ-** 10
εύξασθαι Aor. Inf. Med. -εύχομαι, fin. **ὁ εἷς ... ὁ ἕτερος** *der eine ... der*
andere (BDR §247[7]). **τελώνης**[1] *Zöllner, Zolleinnehmer* (ein für den röm.
Staat arbeitender Jude). **11 σταθείς** Aor. Ptz. Pass. (= στάς Wz.-Aor.) 11
ἵσταμαι hier *hintreten, auftreten* (B II1b); temp. (A291,1 Anm. 1). **πρὸς**
ἑαυτόν gehört wohl zu προσηύχετο [so eindeutig in der Var. ταῦτα πρὸς
ἑαυτόν] *für sich* (= *still/leise*) (B ἑαυτοῦ 1i). **ταῦτα** Ntr. *dieses,* im Sinn v.
folgendermaßen. **προσ-ηύχετο** Ipf. Med. -εύχομαι; ὁ Φαρισαῖος στα-
θεὶς πρὸς ἑαυτὸν ταῦτα προσηύχετο *der Pharisäer trat hin/auf und betete*
leise folgendermaßen bzw. *sprach leise dieses Gebet* (Einh.). **ὁ θεός** Nom. m.
Art. für Vok. (BDR §147[5]; vgl. A142). **εὐ-χαριστέω** *danken, Dank sagen.*
ὥσ-περ (A352) *geradeso wie, gleichwie, (so) ... wie.* **ἀνθρώπων** gen. partiti-
vus (A164). **ἅρπαξ** αγος (vgl. A3) *Räuber.* **ἄ-δικος**[11] *ungerecht.* **μοι-**
χός *Ehebrecher.* **ἢ καί** *oder auch.* **οὗτος ὁ τελώνης** klingt verächtl. *die-*
ser Zöllner da (B οὗτος 2a; BDR §290[1]). **12 νηστεύω** (< νῆστις nüchtern 12
[= ohne zu essen]) *fasten;* Präs. iter. (H-S §197a; A232b). **δίς**[19] *zweimal.* **τοῦ**
σαββάτου gen. temporis distributiv als Attr. zum Adv. δίς (A69; 166) *zwei-*
mal in der Woche = zwei Tage in der Woche. **ἀπο-δεκατόω** *den Zehnten*
geben τί *von etwas* (der „Zehnte" ist die Abgabe des zehnten Teils v. Ertrag an
Gott bzw. dessen Priester [vgl. Lev 27,30 u. Dt 14,22-29]) [Var. ἀπο-δεκα-

τεύω gleiche Bdtg.]. **κτάομαι** *erwerben, gewinnen, erlangen;* πάντα ὅσα
κτῶμαι *von allem, was ich erwerbe* = wahrscheinl. *von meinem ganzen*
Einkommen (B 1), evtl. *von allem, was ich kaufe* (Schweizer, Lk, S. 186).
13 **13 μακρόθεν** *von ferne, aus der Ferne, in weitem Abstand* (NGÜ). **ἑστώς**
Pf. (Wz.-Pf., H-S §109a; m. präs. Bdtg.) Ptz. ἵσταμαι; mod. (A291,2 Anm. 1);
μακρόθεν ἑστώς *er stand von ferne und* od. *er blieb ganz hinten stehen und.*
ἤ-θελεν Ipf. θέλω hier *wagen;* οὐκ ἤθελεν οὐδέ Neg. verstärken einander
(A310) *er wagte nicht einmal.* **ἐπ-ᾶραι** Aor. Inf. -αίρω[132] *emporheben;*
ἐπαίρω τοὺς ὀφθαλμούς *aufblicken.* **ἔ-τυπτεν** Ipf. τύπτω *schlagen;*
ἔτυπτεν τὸ στῆθος αὐτοῦ *er schlug sich an die Brust* (als Zeichen der Zer-
knirschung u. Trauer; B 1). **στῆθος**[7] *Brust.* **λέγων** Ptz., mod. od. temp. **ὁ**
θεός V. 11. **ἱλάσθητι** Aor. Imp. Pass. ἱλάσκομαι[165] (< ἵλαος/ἵλεως
gnädig, huldvoll) *sühnen* (d.h. Schuld durch stellvertretende Lebenshingabe
beseitigen); Pass. *sich versöhnen lassen, gnädig sein;* ἱλάσθητί μοι (dat. com-
modi [BDR §188[1]; A173]) τῷ ἁμαρτωλῷ (App. zu μοι [H-S §129b; A70])
laß dich mit mir Sünder versöhnen (B 1) = etwa *vergib mir sündigem Menschen*
14 *(meine Schuld)* (NGÜ); *sei mir Sünder gnädig* (so meistens). **14 κατ-έ-βη**
Aor. κατα-βαίνω. **δε-δικαιωμένος** Pf. (A231) Ptz. Pass. δικαιόω
rechtfertigen, freisprechen, für gerecht erklären, gerecht machen; mod. *gerechtfertigt.*
παρά m. Akk. bei Vergleichen *mehr als, vor;* hier wohl eher ein Ggs.: *anstatt*
(B III3; BDR §236[4]; 246[5]); παρ' ἐκεῖνον etwa *und jener* (der Pharisäer) *nicht*
[Var. ἢ ἐκεῖνος gleiche Bdtg. (B ἤ 2bγ)]. **πᾶς ὁ** m. Ptz. *jeder, der* (A86).
ὑψῶν Ptz. ὑψόω *erhöhen;* subst. **ταπεινωθήσεται** Fut. Pass. ταπει-
νόω *niedrig machen;* übertr. *erniedrigen, demütigen;* Pass. *sich erniedrigen, sich*
demütigen; pass. divinum (A76b), analog ὑψωθήσεται. **ταπεινῶν** Ptz.,
subst. **ὑψωθήσεται** Fut. Pass.
15 **15 προσ-έ-φερον** Ipf. -φέρω; hier 3. Pl. im Sinn v. „man" (A76a); Ipf.
wohl konativ (A237c). **βρέφος**[7] *Embryo; Säugling, Kleinkind,* hier wohl *klei-*
nes Kind. **ἅπτηται** Konj. Med. ἅπτω Med. *berühren, anfassen, anrühren,* m.
Gen. (A165), wohl um den Kindern die Hände aufzulegen u. sie zu segnen (vgl.
Mt 19,13). **ἰδόντες** Aor. Ptz. ὁράω, temp.; erg. wohl αὐτούς od. αὐτά
(A79). **ἐπ-ε-τίμων** Ipf. ἐπι-τιμάω *tadeln, Vorwürfe machen, zurechtweisen,*
(mit aller Strenge) entgegentreten/befehlen; hier etwa *barsch/schroff abweisen,* m.
16 Dat. [Var. ἐπ-ε-τίμησαν Aor.]. **16 προσ-ε-καλέσατο** Aor. Med. -κα-
λέομαι[37] *herbeirufen* [Var. προσ-καλεσάμενος Aor. Ptz. Med., mod. zu
εἶπεν]. **λέγων** Ptz., mod. **ἄφ-ετε** Aor. Imp. -ίημι hier m. Inf. bzw. AcI
lassen, gestatten, erlauben (B 4). **ἔρχεσθαι** Inf. **κωλύετε** Imp. κωλύω
hindern, abhalten (etwas zu tun: Inf.); μὴ κωλύετε αὐτά *hindert sie nicht*
daran (A79). **τοιούτων** gen. poss. (A154; 174); τῶν γὰρ τοιούτων ἐστὶν
ἡ βασιλεία τοῦ θεοῦ *denn den so Beschaffenen/denn (gerade) solchen gehört*
17 *die Königsherrschaft Gottes* (vgl. B 3aα). **17 ὃς ἄν** (A132; 371) *wer (auch*

immer). **δέξηται** Aor. Konj. Med. δέχομαι hier *aufnehmen, annehmen*
(B 3b). **ὡς παιδίον** *wie ein Kind (es tut/sie annimmt)* (vgl. B ὡς I2a). **οὐ**
μή V. 7. **εἰσ-έλθῃ** Aor. Konj. -έρχομαι.
18 ἐπ-ηρώτησεν Aor. -ερωτάω. **ἄρχων**[5] οντος ὁ *Herrscher; Mit-* 18
glied der (öfter: örtl.) *Behörde;* τὶς ἄρχων *ein Mitglied des Synedriums* (B 2a) =
etwa *einer von den führenden Männern* (Einh.), *ein Vorsteher/Ratsherr.* **διδά-**
σκαλε Vok. **ἀγαθέ** Vok. **τί** AkkO des Ptz. ποιήσας (Fragesatz-Ver-
schränkung [m. part. coni.; vgl. ähnl. A364b]); τί ποιήσας ζωὴν αἰώνιον
κληρονομήσω; „wenn ich was getan habe, werde ich ewiges Leben emp-
fangen?“ = *was muß ich tun, um ewiges Leben zu empfangen?* **ποιήσας** Aor.
Ptz. ποιέω, kond. **κληρο-νομήσω** Fut. -νομέω (< κληρο-νόμος Erbe,
Besitzer) *beerben, Erbe sein, erben; als Anteil/Besitz erhalten,* hier *empfangen*
(B 2). **19 τί** adv. *warum?* (vgl. B τίς 3a; A134a). **λέγω** hier m. doppeltem 19
Akk. (A97,15) *nennen* (B II3). **εἰ μή** nach Neg. *außer, als nur* (H-S §286b; vgl.
B εἰ VI9a); οὐδεὶς ἀγαθὸς (erg. ἐστίν [A78]) εἰ μὴ εἷς ὁ θεός (App. zu
εἷς; A70) *niemand ist gut außer einem, (nämlich) Gott* od. ... *außer Gott allein* (B
εἷς 2c) bzw. (freier) *gut ist nur Gott, sonst niemand* (NGÜ). **20 μοιχεύσῃς** 20
Aor. Konj. μοιχεύω *ehebrechen, Ehebruch begehen;* prohibitiver Konj. (A256
u. 263f; gilt analog für die übrigen Konj.-Formen des Verses). **φονεύσῃς**
Aor. Konj. φονεύω *töten, morden.* **κλέψῃς** Aor. Konj. κλέπτω[55] *stehlen.*
ψευδο-μαρτυρήσῃς Aor. Konj. -μαρτυρέω *falsches Zeugnis ablegen,*
Falsches bezeugen, falsch aussagen (Einh.), *Unwahres über den Mitmenschen*
sagen (GNB). **τίμα** Imp. τιμάω *abschätzen;* hier *schätzen, ehren.* **21 ὁ δέ** 21
(und) dieser/er (A102). **ἐ-φύλαξα** Aor. φυλάσσω[80] *wachen, bewachen, be-*
schützen; beobachten, befolgen, einhalten (B 1f). **ἐκ** *von ... an* (B 5a). **νεότης**[3]
Jugend; ἐκ νεότητος *von Jugend an.* **22 ἀκούσας** Aor. Ptz. ἀκούω, temp.; 22
erg. τοῦτο/ταῦτα (A79). **λείπω** *zurücklassen;* intr. *fehlen* (B 2); ἔτι ἕν σοι
λείπει *eines fehlt dir noch.* **πώλησον** Aor. Imp. πωλέω *verkaufen;* πάντα
ὅσα ἔχεις πώλησον *verkaufe alles, was du hast.* **διά-δος** Aor. Imp.
-δίδωμι[201] *verteilen;* διάδος πτωχοῖς *verteile (den Erlös) an die Armen* [Var.
δός Aor. Imp. δίδωμι]. **πτωχός** *bettelnd, arm;* subst. **καί** (zweites u. drit-
tes) kons. (A311,2) *so* bzw. *und dann.* **ἕξεις** Fut. ἔχω. **θησαυρός** *Vorrats-*
kammer, -haus; Schatzbehälter; Schatz (B 2bα). **δεῦρο** Adv. *(komm) hierher,*
asyndetisch vor Imp. (A266b); καὶ δεῦρο ἀκολούθει μοι *und dann komm*
und folge mir nach. **ἀκολούθει** Imp. ἀκολουθέω. **23 ὁ δέ** V. 21. **ἀκού-** 23
σας V. 22. **περί-λυπος**[11] *tiefbetrübt, sehr traurig.* **ἐ-γενήθη** Aor. Pass.
(ohne bes. Pass.-Bdtg.) γίνομαι [Var. ἐ-γένετο Aor. Med.]. **ἦν** Ipf. εἰμί.
πλούσιος *reich.* **σφόδρα** *sehr.*

24 ἰδών Aor. Ptz. ὁράω, temp. **περί-λυπος** V. 23. **γενόμενον** 24
Aor. Ptz. Med. γίνομαι, AcP (A300); ἰδὼν αὐτὸν ὁ Ἰησοῦς περίλυπον
γενόμενον *als Jesus ihn so traurig sah.* **δυσ-κόλως** *schwer, mit Schwierig-*

keit; πῶς δυσκόλως οἱ ... εἰσπορεύονται *wie schwer kommen die ... hinein*
bzw. *wie schwer ist es für die ... hineinzukommen.* **χρῆμα**[3] Pl. *Vermögen, Reich-*
tum; Geld. **ἔχοντες** Ptz. ἔχω, subst.; οἱ τὰ χρήματα ἔχοντες *die Men-*
schen, die viel besitzen. **εἰσ-πορεύομαι** *hineingehen, -kommen* [Var. εἰσ-
25 ελεύσονται Fut. Med. -έρχομαι]. **25 εὐ-κοπώτερος**[11] Komp. v. εὔ-
κοπος *leicht (zu bewerkstelligen);* εὐκοπώτερόν ἐστιν m. AcI *es ist leichter,*
daß. **κάμηλος** ὁ u. ἡ *Kamel.* **τρῆμα**[3] *Loch;* τρῆμα βελόνης *Nadelöhr;*
κάμηλον διὰ τρήματος βελόνης εἰσελθεῖν *daß ein Kamel durch ein*
Nadelöhr geht (hyperbol. Ausdrucksweise; A383) [Var. 1 τρύπημα[3]; Var. 2
τρυμαλιά beide synonym]. **βελόνη** *Nadel* [Var. ῥαφίς[3] ἴδος ἡ *Nadel*].
εἰσ-ελθεῖν Aor. Inf. -έρχομαι; Präd. des AcI (zweimal) [Var. δι-ελθεῖν
26 Aor. Inf. -έρχομαι]. **πλούσιος** *reich;* subst. **26 εἶπαν** Aor. (vgl. H-S
§105g) λέγω. **ἀκούσαντες** Aor. Ptz. ἀκούω, subst. **καί** hier zur Einlei-
tung eines Fragesatzes (wie klass.; vgl. BDR §442,5b); καὶ τίς *wer dann (über-*
haupt) (zum Hintergrund dieser Frage s.a. zu Mt 19,25). **σωθῆναι** Aor. Inf.
27 Pass. σῴζω. **27 ὁ δέ** *doch dieser/er* (A102). **ἀ-δύνατος**[11] *unvermögend,*
kraftlos; hier *unmöglich;* subst.; τὰ ἀδύνατα παρὰ ἀνθρώποις *was bei*
den/für die Menschen unmöglich ist. **παρά** m. Dat. fast = einfacher Dat.
(B II2c; vgl. BDR §238[3]) *bei, für.* **δυνατός** *stark, mächtig;* hier *möglich.*
28 **28 ἰδού** etwa *du weißt.* **ἡμεῖς** Subj. betont (A122). **ἀφ-έντες** Aor.
Ptz. -ίημι, temp. (A291,1 Anm. 1) [Var. ἀφ-ήκαμεν Aor.]. **τὰ ἴδια** *Heim,*
Heimat; hier wohl *Eigentum* (B ἴδιος 3b); ἀφέντες τὰ ἴδια *wir haben unser*
Eigentum verlassen/aufgegeben und (GNB). **ἠκολουθήσαμεν** Aor. ἀκο-
29 λουθέω. **29 ὁ δέ** V. 21. **ὅτι** V. 8. **ἐστίν** hier *es gibt* (B εἰμί I1). **ἀφ-**
ῆκεν Aor. -ίημι. **γονεῖς** έων οἱ (A8: ευ-St.) *Eltern.* **ἕνεκεν** uneig.
30 Präp. (A183) *wegen, um ... willen.* **30 οὐχὶ μή** s. zu οὐ μή V. 7 (vgl. BDR
§365[4]). **ἀπο-λάβῃ** Aor. Konj. -λαμβάνω[152] *empfangen, erhalten;*
zurückerhalten; οὐδείς ἐστιν ὃς ἀφῆκεν ... ὃς οὐχὶ μὴ ἀπολάβῃ
πολλαπλασίονα *es gibt keinen, der ... verlassen hat, der nicht gewiß ein*
Vielfaches/alles vielfach (Menge: *vielmal Wertvolleres*) *zurückerhalten wird* =
jeder, der ... verlassen hat, wird gewiß ein Vielfaches/alles vielfach zurückerhalten
[Var. λάβῃ Aor. Konj. λαμβάνω]. **πολλα-πλασίων**[11] *vielfach;* Ntr. Pl.
Vielfaches. **ὁ καιρὸς οὗτος** *die gegenwärtige (Welt-)Zeit* (B καιρός 4).
ἐρχομένῳ Ptz. ἔρχομαι, attr.; ἐν τῷ αἰῶνι τῷ ἐρχομένῳ *im*
kommenden Äon/Zeitalter, in der kommenden Welt (vgl. B αἰών 2).
31 **31 παρα-λαβών** Aor. Ptz. -λαμβάνω, temp. (A291,1 Anm. 1).
ἰδού etwa *hört zu* (GNB) od. unübersetzt lassen. **ἀνα-βαίνομεν** hier lin.
(A232a) *wir gehen jetzt hinauf.* **καί** fin. (BDR §442[9]; A311,3) *damit.* **τελε-**
σθήσεται Fut. Pass. τελέω[27] *beenden, vollenden; ausführen, durchführen, er-*
füllen, verwirklichen. **γε-γραμμένα** Pf. Ptz. Pass. γράφω, subst.; πάντα
τὰ γεγραμμένα διὰ τῶν προφητῶν *alles, was* (in der Schrift) *bei den*

(wörtl. *durch die*) *Propheten steht* = *alles, was die Propheten* (in der Schrift) *ge-*
schrieben haben. **τῷ υἱῷ τοῦ ἀνθρώπου** dat. resp. (A178) *über den Men-*
schensohn. **32 παρα-δοθήσεται** Fut. Pass. -δίδωμι. **ἐμ-παιχθήσε-** 32
ται Fut. Pass. -παίζω[83] *seinen Spott treiben mit* (Dat.), *verspotten, verhöhnen*
(in Wort u. Tat). **ὑβρισθήσεται** Fut. Pass. ὑβρίζω (vgl. A33[91ff]) *übermü-*
tig/frech behandeln, mißhandeln, beschimpfen, verhöhnen. **ἐμ-πτυσθήσεται**
Fut. Pass. -πτύω *anspucken.* **33 μαστιγώσαντες** Aor. Ptz. μαστιγόω 33
(< μάστιξ Peitsche) *(aus)peitschen,* (hier v. der röm. Strafe der Geißelung, die
in Verbindung m. Todesurteilen durchgeführt wurde [EWNT 2, Sp. 974]) *gei-*
ßeln. **ἀπο-κτενοῦσιν** Fut. -κτείνω. **τῇ ἡμέρᾳ τῇ τρίτῃ** temp. Dat.
(A182) *am dritten Tag.* **ἀνα-στήσεται** Fut. Med. ἀν-ίσταμαι. **34 καί** 34
(erstes) adversativ (A311,1) *aber, doch.* **αὐτοί** betont (A122 u. 124). **συν-**
ῆκαν Aor. -ίημι[202] *verstehen, einsehen, begreifen.* **οὐδὲν τούτων** gen.
partitivus (A164) *nichts von diesen (Worten/Dingen)* = *kein Wort* (GNB). **ἦν**
Ipf. εἰμί. **κε-κρυμμένον** Pf. Ptz. Pass. κρύπτω[57] *verbergen, verhüllen, ver-*
stecken; verheimlichen, geheimhalten; umschrieb. Plsqpf. (A249); ἦν τὸ ῥῆμα
τοῦτο κεκρυμμένον ἀπ᾽ αὐτῶν *diese Rede* (= *der Sinn dieser Rede*) *war*
ihnen verborgen. **καί** (drittes) epexegetisch, viell. kaus. (BDR §442[18]; vgl.
A311,7) *nämlich,* viell. *weil.* **ἐ-γίνωσκον** Ipf. γινώσκω. **λεγόμενα** Ptz.
Pass. λέγω, subst. *das Gesagte* (B I10).

35 ἐ-γένετο Aor. Med. γίνομαι; ἐγένετο m. (od. ohne) καί u. flgd. 35
finiten Verb (ἐκάθητο) steht pleon. (Hebr., A271; vgl. BDR §442[11]). **ἐν τῷ**
m. AcI bzw. Inf. temp. (A282) *als.* **ἐγγίζειν** Inf. ἐγγίζω m. εἰς *in die Nähe*
von ... kommen; Präd. des AcI. **Ἰεριχώ** 10,30; indekl., hier Akk. **ἐ-κάθητο**
Ipf. Med. κάθημαι παρὰ τὴν ὁδόν *am Wegrand/Straßenrand* (evtl. *auf dem*
Weg) *sitzen* (B παρά III 1bα/1d). **ἐπ-αιτῶν** Ptz. -αιτέω *betteln;* mod.
(A291,2 Anm. 1) [Var. προσ-αιτῶν Ptz. -αιτέω *betteln*]. **36 ἀκούσας** 36
Aor. Ptz. ἀκούω, temp. **δια-πορευομένου** Ptz. -πορεύομαι *hindurch-*
gehen, durchwandern; vorüberziehen; GcP (A300). **ἐ-πυνθάνετο** Ipf. Med.
πυνθάνομαι *erfragen, sich erkundigen.* **εἴη** Opt. εἰμί hier *bedeuten* (B II3);
obliquer Opt. (BDR §386[2]; vgl. H-S §211f/g; A261); τί (Präd. zu τοῦτο, vgl.
BDR §299,1) εἴη τοῦτο *was das zu bedeuten habe* [Var. potentialer Opt. m. ἄν
(vgl. BDR §385[2]; A260)]. **37 ἀπ-ήγγειλαν** Aor. -αγγέλλω, übers. 3. Pl. 37
als *man teilte* ihm *mit.* **Ναζωραῖος** (im NT offenbar als Synonym zu Ναζα-
ρηνός gebraucht [EWNT 2, Sp. 1119], daher:) *Nazarener, aus Nazaret (kom-*
mend); App. (A70). **παρ-έρχομαι** *vorbeikommen, -gehen, vorübergehen.*
38 ἐ-βόησεν Aor. βοάω V. 7. **Ἰησοῦ** Vok. **υἱέ** Vok. **Δαυίδ** indekl., 38
hier Gen.; υἱὲ Δαυίδ App. (A70) *Sohn Davids* (bez. den Messias Israels).
ἐλέησον Aor. Imp. ἐλεέω m. Akk. *sich erbarmen über, Mitleid/Erbarmen ha-*
ben mit. **39 προ-άγοντες** Ptz. -άγω (örtl. od. zeitl.) *vorausgehen, vorange-* 39
hen; subst. **ἐπ-ε-τίμων** Ipf. ἐπι-τιμάω *tadeln, zurechtweisen, (mit aller*

Strenge) entgegentreten/befehlen, m. Dat. **ἵνα** hier *daß* (A328; bez. das Befoh-
lene); ἐπετίμων αὐτῷ ἵνα σιγήσῃ *sie fuhren ihn an, daß er schweige/er solle*
still sein bzw. *sie befahlen ihm zu schweigen* (Einh.). **σιγήσῃ** Aor. Konj. σι-
γάω *schweigen, still sein* [Var. σιωπήσῃ Aor. Konj. σιωπάω *schweigen, still*
sein]. **αὐτός** betont (A122 u. 124). **πολλῷ** (dat. differentiae, A117) **μᾶλ-**
40 **λον** *viel lauter, um so lauter.* **ἔ-κραζεν** Ipf. κράζω. **40 σταθείς** V. 11,
hier *stehenbleiben* (B II1a); temp. (A291,1 Anm. 1). **ἐ-κέλευσεν** Aor. κε-
λεύω[5] *befehlen, anordnen,* hier m. AcI im Pass. (klass. u. deutsch eher m. Inf. u.
AkkO [vgl. BDR §392,4; H-S §218c]); ἐκέλευσεν αὐτὸν ἀχθῆναι πρὸς
αὐτόν „er befahl, daß er zu ihm geführt würde“ = *er ließ ihn zu sich führen.*
ἀχθῆναι Aor. Inf. Pass. ἄγω; Präd. des AcI. **ἐγγίσαντος** Aor. Ptz. ἐγ-
41 γίζω, gen. abs. (A288f), temp. **ἐπ-ηρώτησεν** Aor. -ερωτάω. **41 ποιή-**
σω Aor. Konj. ποιέω; deliberativer Konj. (A255), hier ergänzt durch asynde-
tisch davorgesetztes θέλετε: τί σοι (dat. commodi, A173) θέλεις ποιήσω;
was willst du, (daß) ich für dich tue? (B θέλω 1) = *was soll ich für dich tun?* bzw.
was willst/möchtest du von mir? **ὁ δέ** V. 21. **κύριε** Vok. **ἵνα** hier *daß*
(A328; bez. das Angestrebte), abhängig v. θέλεις bzw. ποιήσω: *(ich wünsche*
bzw. *mache,) daß.* **ἀνα-βλέψω** Aor. Konj. -βλέπω[41] *aufblicken;* hier *wieder*
42 *sehen (können).* **42 ἀνά-βλεψον** Aor. Imp. **σέ-σωκεν** Pf. (A242) σῴ-
43 ζω. **43 παρα-χρῆμα** *sofort, sogleich.* **ἀν-έ-βλεψεν** Aor. **ἠκολούθει**
Ipf. ἀκολουθέω. **δοξάζων** Ptz., mod. **ἰδών** V. 24; erg. τοῦτο/ταῦτα
(A79). **ἔ-δωκεν** Aor. δίδωμι. **αἶνος** *Lobpreis, Lob;* δίδωμι αἶνον τῷ
θεῷ *Gott loben/preisen* (B).

19 **εἰσ-ελθών** Aor. Ptz. -έρχομαι, temp. (A291,1 Anm. 1). **δι-ήρχετο**
2 Ipf. Med. -έρχομαι. **Ἰεριχώ** 10,30. **2 καὶ ἰδού** etwa *dort wohnte.* **ὀνό-**
ματι dat. resp. (A178) *mit Namen, namens;* hier pleon. (ZG). **καλούμε-**
νος Ptz. Pass. καλέω, Pass. *(bei einem Namen) genannt werden, einen Namen*
tragen, heißen (vgl. B 1aγ); attr. **Ζακχαῖος** *Zachäus,* Zolleinnehmer aus
Jericho. **καὶ αὐτός** (zweites u. drittes) statt eines Rel.-Pron. (BDR §442[12];
vgl. A311,5). **ἦν** Ipf. εἰμί. **ἀρχι-τελώνης**[1] *Oberzöllner, Oberzolleinneh-*
3 *mer.* **πλούσιος** *reich;* erg. ἦν. **3 ἐ-ζήτει** Ipf. ζητέω. **ἰδεῖν** Aor. Inf.
ὁράω; ἐζήτει ἰδεῖν τὸν Ἰησοῦν τίς ἐστιν *er wollte gern/unbedingt sehen,*
wer (dieser) Jesus sei. **καί** (zweites) adversativ (A311,1) *doch, aber.* **ἠ-δύνα-**
το Ipf. Pass. δύναμαι. **ἀπό** *wegen* (B V1). **ἡλικία** *(Lebens-)Alter;* hier
Körpergröße; dat. resp. (A178); ὅτι τῇ ἡλικίᾳ μικρὸς ἦν *weil er klein (von*
4 *Gestalt) war* (B 2). **4 προ-δραμών** Aor. Ptz. -τρέχω[196] *vorauslaufen;* temp.
(A291,1 Anm. 1); προδραμὼν (es folgt pleon. Ausdruck, BDR §484[4]) εἰς τὸ
ἔμπροσθεν *er lief voraus* (B ἔμπροσθεν 1a). **ἀν-έ-βη** Aor. ἀνα-βαίνω
hier *hinaufklettern* (B 1aβ). **συκο-μορέα** *Maulbeerfeigenbaum.* **ἴδῃ** Aor.
Konj. ὁράω. **ἐκείνης** erg. ὁδοῦ, gen. locativus (BDR §186,1; A169) *dort*
(B 3). **ἤ-μελλεν** Ipf. μέλλω (m. Inf.) umschrieb. (hier mod.) Fut. (A250;

247b/d); ἐκείνης ἤμελλεν διέρχεσθαι *er sollte/mußte dort durchziehen/vor-*
beikommen. **δι-έρχεσθαι** Inf. **5 ἀνα-βλέψας** Aor. Ptz. -βλέπω[41] *auf-* 5
blicken, hinaufschauen; temp. (A291,1 Anm. 1). **Ζακχαῖε** Vok. **σπεύσας**
Aor. Ptz. σπεύδω (vgl. A33[88ff]) *sich beeilen;* mod. **κατά-βηθι** Aor. Imp.
-βαίνω; σπεύσας κατάβηθι *steig/komm schnell herunter.* **μεῖναι** Aor.
Inf. μένω hier *einkehren, zu Gast sein* (vgl. B 1aα); Präd. des AcI, abhängig v.
δεῖ. **6 κατ-έ-βη** Aor. **ὑπ-ε-δέξατο** Aor. Med. ὑπο-δέχομαι[63] *gastlich* 6
aufnehmen. **χαίρων** Ptz., mod. *freudig, mit Freuden = voller Freude* (NGÜ).
7 ἰδόντες Aor. Ptz. ὁράω, temp. **δι-ε-γόγγυζον** Ipf. δια-γογγύζω 7
laut (untereinander) murren, unwillig sein, sich empören. **λέγοντες** Ptz. λέγω,
mod. **ὅτι** recitativum = Doppelpunkt (A333). **παρά** m. Dat. *im Haus jmds.*
(BDR §238[2]; B II1bα). **ἀνήρ** hier pleon. (B 4; vgl. H-S §260j); ἁμαρτωλὸς
ἀνήρ *ein Sünder.* **εἰσ-ῆλθεν** Aor. -έρχομαι. **κατα-λῦσαι** Aor. Inf.
-λύω *niederreißen, zerstören;* intr. *haltmachen* (eig. „Zugtiere ausspannen“), *ra-*
sten, einkehren; παρὰ ἁμαρτωλῷ ἀνδρὶ εἰσῆλθεν καταλῦσαι etwa *im*
Haus eines Sünders ist er als Gast eingekehrt. **8 σταθείς** Aor. Ptz. Pass. (= 8
στάς Wz.-Aor.) ἵσταμαι hier *hintreten, herzutreten* (B II1b); temp. (A291,1
Anm. 1). **ἥμισυς**[10] εια υ (Ntr. Nom./Akk. Pl. ἡμίσια/ἡμίση statt ἡμί-
σεα [BDR §48,2]) *halb;* τὰ ἡμίσια *die Hälfte.* **ὑπ-αρχόντων** Ptz. -άρχω,
subst.; τὰ ὑπάρχοντά τινος *das, was jmdm. zur Verfügung steht/gehört* (B 1),
jmds. Besitz bzw. *Vermögen;* gen. partitivus (A164). **κύριε** Vok. **πτωχός**
bettelnd, arm; subst. **δίδωμι** Präs. hier fut. (A234) *ich will geben* (analog
ἀποδίδωμι). **ἐ-συκο-φάντησα** Aor. -φαντέω *schikanieren, bedrücken;*
erpressen τινός τι *etwas von jmdm.* (B 2). **τετρα-πλοῦς** (H-S §44c) *vier-*
fach; ἀποδίδωμι (erg. αὐτό [A79]) τετραπλοῦν (Obj.-Präd. [A65] od. adv.
Akk. [A150]) *ich will es (ihm) vierfach zurückgeben.* **9 πρὸς αὐτόν** *zu ihm;* 9
viell. *im Blick auf ihn* (NGÜ Anm.). **ὅτι** V. 7. **ἐ-γένετο** Aor. Med. γίνο-
μαι hier *widerfahren, zuteil werden* (B I3bγ). **καθ-ότι** (A338) *in Anbetracht*
der Tatsache, daß bzw. *deshalb, weil* od. *denn* (BDR §456[9]). **᾿Αβραάμ** in-
dekl., hier Gen. **10 ζητῆσαι** Aor. Inf. ζητέω, fin. **σῶσαι** Aor. Inf. 10
σῴζω, fin. **ἀπ-ολωλός** Pf. Ptz. Ntr. -όλλυμαι, subst.

11 ἀκουόντων Ptz. ἀκούω, gen. abs. (A288), temp. **προσ-θείς** 11
Aor. Ptz. -τίθημι[200] *hinzufügen;* umschreibt hier ein Adv. *wiederum, weiter(hin)*
(A83); mod.; προσθεὶς εἶπεν παραβολήν *er sagte wiederum ein Gleichnis*
(B 1c), *er fuhr mit einem Gleichnis fort* (vgl. BDR §435[5]). **διὰ τό** m. AcI kaus.
(A282) *weil.* **ἐγγύς** uneig. Präp. (A183) *nahe (bei), in der Nähe (von).*
᾿Ιερουσαλήμ indekl., hier Gen. **εἶναι** Inf. εἰμί, Präd. des ersten AcI.
δοκεῖν Inf. δοκέω, Präd. des zweiten AcI. **παρα-χρῆμα** *sofort, sogleich.*
μέλλει V. 4. **ἀνα-φαίνεσθαι** Inf. Pass. -φαίνω *aufleuchten/erscheinen*
lassen; Pass. *in Erscheinung treten, erscheinen* (B 2); ὅτι παραχρῆμα μέλλει
ἡ βασιλεία τοῦ θεοῦ ἀναφαίνεσθαι *daß die Königsherrschaft Gottes*

gleich erscheinen werde = *das Erscheinen/der Anbruch der Königsherrschaft Gottes*
12 *stehe unmittelbar bevor* (vgl. NGÜ). **12 εὐ-γενής**[7] *von vornehmer Herkunft*
(die soziale Oberschicht). **ἐ-πορεύθη** Aor. Pass. (ohne bes. Pass.-Bdtg.)
πορεύομαι. **χώρα** *Land, Landschaft, Gegend.* **μακρός** *lang; entlegen, fern*
(B 2). **λαβεῖν** Aor. Inf. λαμβάνω; fin.; λαβεῖν ἑαυτῷ βασιλείαν *um*
für sich ein Königreich/Königtum/die Königswürde zu empfangen = etwa *um sich*
(dort) zum König (über sein eigenes Land) einsetzen zu lassen (NGÜ). **καί** kons.
(A311,2) *und dann.* **ὑπο-στρέψαι** Aor. Inf. -στρέφω[47] *zurückkehren.*
13 **13 καλέσας** Aor. Ptz. καλέω, temp. **δέκα**[19] *zehn;* δέκα δούλους ἑαυ-
τοῦ *zehn seiner Knechte/Diener* (BDR §285[7]). **ἔ-δωκεν** Aor. δίδωμι. **μνᾶ**
(H-S §27) (sem. Lehnwort) *(die) Mine,* griech. Rechnungseinheit (1/60 eines Ta-
lents) = 100 Drachmen (1 Drachme ca. = 1 Denar [der etwa dem Tageslohn ei-
nes Arbeiters entsprach). **πραγματεύσασθε** Aor. Imp. Med. πραγμα-
τεύομαι *Geld-* od. *Handelsgeschäften nachgehen,* übers. etwa *macht Geschäf-*
te/treibt Handel (damit) [Var. 1 πραγματεύσασθαι Aor. Inf. Med.; Var. 2
πραγματεύεσθαι Inf. Med.]. **ἐν ᾧ ἔρχομαι** *während ich verreist bin*
(Menge) od. hier eher *bis ich (zurück)komme* (BDR §383[1]); Präs. fut. (BDR
14 §323[4]; vgl. A234). **14 πολίτης**[1] *Bürger,* hier *Mitbürger, Landsmann.* **ἐ-μί-**
σουν Ipf. μισέω. **ἀπ-έ-στειλαν** Aor. ἀπο-στέλλω. **πρεσβεία** *Ge-*
sandtschaft. **ὀπίσω** uneig. Präp. (A183) *hinter – her* (B 2aβ). **λέγοντες**
Ptz. λέγω, fin. *um zu erklären* = etwa *und ließen sagen* (B I8c). **βασιλεῦ-**
σαι Aor. Inf. βασιλεύω *König sein, herrschen* ἐπί (m. Akk.) *über;* Aor. hier
15 wohl ingr. (vgl. A229) *König werden;* Präd. des AcI. **15 ἐ-γένετο** Aor. Med.
γίνομαι; ἐγένετο m. (od. ohne) καί u. flgd. finiten Verb (εἶπεν; V. 29 ἀπ-
έστειλεν) steht pleon. (Hebr., A271; BDR §442[11]). **ἐν τῷ** m. AcI temp.
(A282) *als, nachdem.* **ἐπ-αν-ελθεῖν** Aor. Inf. -έρχομαι[187] *zurückkehren;*
Präd. des AcI. **λαβόντα** Aor. Ptz. λαμβάνω V. 12; part. coni. zu αὐτόν
(Subj. des AcI; A287); temp.; ἐν τῷ ἐπανελθεῖν αὐτὸν λαβόντα τὴν βα-
σιλείαν etwa *als er nun König geworden war und zurückkehrte.* **εἶπεν** m. AcI
im Sinn v. *befehlen.* **φωνηθῆναι** Aor. Inf. Pass. φωνέω; Präd. des AcI; εἶ-
πεν φωνηθῆναι αὐτῷ τοὺς δούλους τούτους *er befahl, die(se) Knech-*
te/Diener sollten zu ihm gerufen werden (B 2b) = *er ließ die(se) Knechte/Diener zu*
sich rufen. **δε-δώκει** Plsqpf. (ohne Aug.) δίδωμι. **ἀργύριον** *Silber; (Sil-*
ber-)Geld, hier allgem. *Geld* (B 2b). **ἵνα** abhängig v. φωνηθῆναι. **γνοῖ**
(hell. Nebenform zu γνῷ [BDR §95[6]]) Aor. Konj. γινώσκω. **δι-ε-πραγ-**
ματεύσαντο Aor. Med. δια-πραγματεύομαι *Geschäfte machen, verdie-*
nen, erwirtschaften; ἵνα γνοῖ τί διεπραγματεύσαντο *um zu erfahren/sehen,*
was sie erwirtschaftet hatten bzw. *welchen Gewinn sie damit erzielt hatten* (NGÜ)
16 [Var. τίς τί ... *was ein jeder* (BDR §298[10])]. **16 παρ-ε-γένετο** Aor. Med.
παρα-γίνομαι[176] *ankommen, kommen, eintreffen.* **λέγων** Ptz., mod.
(A291,2 Anm. 1). **κύριε** Vok. **προσ-ηργάσατο** Aor. Med. -εργάζο-

μαι[92] *dazu erwerben, hinzuverdienen:* ἡ μνᾶ σου δέκα προσηργάσατο
μνᾶς *deine Mine hat zehn Minen dazugewonnen, deine Mine hat zehn (weitere)*
eingebracht. **17 εὖ-γε** *bravo! sehr gut! gut gemacht!* [Var. εὖ synonym]. **ἀγα-** 17
θὲ δοῦλε Vok. *du tüchtiger Diener* od. (idiomatischer) *du bist ein tüchtiger Die-*
ner. **ἐλάχιστος** (Superlativ zu μικρός) *kleinster, geringster, unbedeutendster*
(v. Wert od. Status); meist elativisch (B 2a; vgl. A119) *ganz klein, sehr unbedeu-*
tend, geringfügig. **ἐ-γένου** Aor. Med. γίνομαι; ὅτι ἐν ἐλαχίστῳ πιστὸς
ἐγένου *weil du in den kleinsten* bzw. *kleinen Dingen treu/zuverlässig gewesen bist.*
ἴσθι Imp. εἰμί. **ἔχων** Ptz., umschrieb. Imp. Präs. (BDR §353[9]; A249); ἴσθι
ἐξουσίαν ἔχων ἐπάνω ... *du sollst Vollmacht haben über ... = du sollst Ge-*
walt haben über ... (B ἐξουσία 4a) bzw. *die Verwaltung haben von ...* **ἐπ-άνω**
uneig. Präp. (A183) *(oben) über, auf.* **18 λέγων** V. 16. **ἐ-ποίησεν** Aor. 18
ποιέω hier *erbringen* (B I1bη), *(weitere) einbringen.* **πέντε**[19] *fünf.* **19 γί-** 19
νου Imp. Med. γίνομαι; σὺ ἐπάνω γίνου πέντε πόλεων übers. analog
zu V. 17 etwa *du sollst (die Verwaltung) über fünf Städte bekommen.* **20 ἰδού** 20
etwa *hier/da ist.* **εἶχον** Ipf. ἔχω hier *festhalten, aufbewahren* (B I1cα). **ἀπο-**
κειμένην Ptz. ἀπό-κειμαι (A32) *bereitliegen, aufbewahrt sein;* mod. bzw.
(wie ein Adj. als) Obj.-Präd. (A65); ἣν εἶχον ἀποκειμένην *die ich aufbe-*
wahrt gehalten habe (B ἔχω I1cα). **σουδάριον** (< lat. sudarium) *Schweiß-*
tuch, Taschentuch. **21 ἐ-φοβούμην** Ipf. Pass. φοβέομαι. **αὐστηρός** 21
unfreundlich, streng. **αἴρω** hier (v. der Bank) *abheben* (EWNT 1, Sp. 99; vgl.
B 4). **ἔ-θηκας** Aor. τίθημι hier kaufmännischer term. tech. *einzahlen*
(B I1bγ). **θερίζω** *ernten.* **ἔ-σπειρας** Aor. σπείρω. **22 λέγει** praesens 22
narrativum (A235). **κρινῶ** Fut. κρίνω. **στόμα** hier metonymisch für das,
was der Mund spricht (B 1a; vgl. A382); ἐκ τοῦ στόματός σου κρινῶ σε
nach deiner eigenen Aussage will ich dir das Urteil sprechen (Menge) od. (idioma-
tischer) *du hast dir selbst das Urteil gesprochen* (GNB). **πονηρὲ δοῦλε** *du*
böser Knecht, du Taugenichts; Vok. **ᾔδεις** Plsqpf. (m. der Bdtg. eines Ipf.)
οἶδα. **αἴρων** Ptz., attr. **ἔ-θηκα** Aor. **θερίζων** Ptz., attr. **ἔ-σπειρα**
Aor. **23 καὶ διὰ τί** *warum dann.* **ἔ-δωκας** Aor. δίδωμι. **ἀργύριον** 23
V. 15. **τράπεζα** *Tisch;* hier *Bank* (Geldinstitut) (B 4). **κἀγώ** (= καὶ ἐγώ)
m. fin. καί im Sinn v. *damit* (BDR §442[9]; A311,3) od. eher kons. (A311,2)
dann. **ἐλθών** Aor. Ptz. ἔρχομαι, temp. *bei meiner Rückkehr.* **τόκος** eig.
Geburt, Geborenes, übertr. *Zinsen* (B). **ἔ-πραξα** Aor. πράσσω[78] *tun, han-*
deln, vollbringen; (Steuern, Zinsen o.ä.) *einfordern* (B 1b), *zurückfordern, abhe-*
ben; κἀγὼ ... σὺν τόκῳ ἂν αὐτὸ ἔπραξα Irrealis (BDR §360[7]; vgl. A252)
dann hätte ich es ... mit Zinsen abheben können. **24 παρ-εστῶσιν** Pf. (Wz.- 24
Pf., H-S §109a; m. präs. Bdtg.) Ptz. Dat. Pl. -ἵσταμαι, subst. *die Umstehenden,*
die Anwesenden (B 2bα). **ἄρατε** Aor. Imp. αἴρω; αἴρω ἀπό τινος *jmdm.*
wegnehmen/abnehmen. **δότε** Aor. Imp. δίδωμι. **ἔχοντι** Ptz. ἔχω, subst.
25 εἶπαν Aor. (vgl. H-S §105g) λέγω. **26 ὅτι** V. 7. **πᾶς ὁ** m. Ptz. *jeder,* 25f

der (A86). **ἔχοντι, ἔχοντος** Ptz., subst. **δοθήσεται** Fut. Pass. δίδωμι;
pass. divinum (BDR §130[3]; A76b), analog ἀρθήσεται. **καί** *auch (noch)*
27 (A313). **ἀρθήσεται** Fut. Pass. V. 24. **27 πλήν** *aber, jedoch.* **ἐχθρός**
Feind. **θελήσαντας** Aor. Ptz. θέλω, attr. **βασιλεῦσαι** V. 14; Präd. des
AcI. **ἀγάγετε** Aor. Imp. ἄγω hier *führen, bringen.* **κατα-σφάξατε** Aor.
Imp. -σφάζω[86] *abschlachten, niedermachen.*
28 **28 εἰπών** Aor. Ptz. λέγω, temp. **ἐ-πορεύετο** Ipf. Med. πορεύομαι.
ἔμ-προσθεν hier (Adv.) *vorwärts, weiter* (B 1b). **ἀνα-βαίνων** Ptz., mod.
29 (A291,2 Anm. 1), viell. fin. **29 ἐ-γένετο** V. 15. **ἤγγισεν** Aor. ἐγγίζω m.
εἰς *sich* einer Ortschaft *nähern.* **Βηθφαγή** *Betfage,* Ort auf dem Ölberg.
Βηθανία *Betanien,* Dorf auf dem Ölberg (ca. 2,7 km v. Jerusalem entfernt).
πρός m. Akk. *an.* **καλούμενον** Ptz. Pass. καλέω V. 2. **ἐλαία** *Oliven-*
baum, Ölbaum; Olive; τὸ καλούμενον ἐλαιῶν „der (der Berg) der Ölbäume
heißt“ = *der Ölberg heißt;* viell. hier Nom. v. ἐλαιών[4] ῶνος ὁ *Olivenhain; Öl-*
berg (B 2; vgl. BDR §143[3]). **ἀπ-έ-στειλεν** Aor. ἀπο-στέλλω hier etwa
30 *voraussenden.* **μαθητῶν** gen. partitivus (A164). **30 λέγων** Ptz., mod.
ὑπ-άγετε Imp. **κατ-έναντι** Adv. *gegenüber;* εἰς τὴν κατέναντι κώ-
μην *in das Dorf gegenüber* (B 1). **κώμη** *Dorf.* **εἰσ-πορευόμενοι** Ptz.
-πορεύομαι *hineingehen, -kommen;* temp. *wenn ihr hineinkommt.* **εὑρήσε-**
τε Fut. εὑρίσκω. **πῶλος** *Jungtier, Füllen, Fohlen;* hier *junger Esel.* **δε-**
δεμένον Pf. (A231) Ptz. Pass. δέω hier *anbinden* (B 2); AcP (A300) od. attr.
(A303); εὑρήσετε πῶλον δεδεμένον *ihr werdet einen jungen Esel angebun-*
den finden od. *ihr werdet einen jungen Esel finden, der angebunden ist.* **πώ-ποτε**
(vgl. A18) *irgendeinmal, je(mals);* οὐδεὶς πώποτε ἀνθρώπων gen. partitivus
(A164) *noch nie ein Mensch.* **ἐ-κάθισεν** Aor. καθίζω. **λύσαντες** Aor.
Ptz. λύω hier *losbinden* (B 2a); temp. (als Imp. + „und“ übers.; A291,1
31 Anm. 1). **ἀγάγετε** V. 27, erg. etwa ὧδε. **31 ἐρωτᾷ** Konj. ἐρωτάω. **διὰ**
τί *warum.* **ἐρεῖτε** Fut. λέγω; οὕτως ἐρεῖτε imp. Fut. (Hebr.; A247d; vgl.
BDR §362[3]) *sollt ihr so sprechen = dann antwortet.* **ὅτι** V. 7. **αὐτοῦ** GenO
zu χρείαν ἔχω. **χρείαν ἔχω** m. Gen. *jmdn./etwas nötig haben, jmdn./etwas*
32 *brauchen.* **32 ἀπ-ελθόντες** Aor. Ptz. -έρχομαι, temp. **ἀπ-ε-σταλμέ-**
33 **νοι** Pf. Ptz. Pass. ἀπο-στέλλω, subst. **εὗρον** Aor. εὑρίσκω. **33 λυόν-**
των Ptz., gen. abs. (A288f), temp. **εἶπαν** V. 25. **οἱ κύριοι αὐτοῦ** *seine*
34 *Besitzer.* **τί** adv. *warum?* (A134a). **34 οἱ δέ** *(und/doch) diese/sie* (A102).
35 **ὅτι** ... V. 31. **35 ἤγαγον** Aor. ἄγω. **ἐπι-ρίψαντες** Aor. Ptz. -ρίπτω[58]
werfen/legen auf; temp. **ἐπ-ε-βίβασαν** Aor. ἐπι-βιβάζω (vgl. A33[91ff]) *be-*
36 *steigen/aufsitzen lassen.* **36 πορευομένου** Ptz. πορεύομαι hier etwa *wei-*
terziehen; gen. abs. (A288), temp. **ὑπ-ε-στρώννυον** Ipf. ὑπο-στρωννύω
(darunter) ausbreiten; ὑπεστρώννυον τὰ ἱμάτια αὐτῶν ἐν τῇ ὁδῷ *sie*
breiteten ihre Mäntel (als Teppich) auf dem Weg aus (anscheinend um ihn als
König zu ehren). [Var. ἑαυτῶν Refl.-Pron. m. poss. Bdtg. (vgl. B 4) *ihre.*]

37 ἐγγίζοντος Ptz. ἐγγίζω, gen. abs. (A288), temp. **κατά-βασις**[8] *Ab-* 37
stieg, der abwärts führende Weg, Abhang; ἐγγίζοντος αὐτοῦ ἤδη πρὸς τῇ
καταβάσει τοῦ ὄρους τῶν ἐλαιῶν *als er sich schon dem Abhang des Öl-*
bergs näherte (B πρός II1), *als er sich schon der Stelle näherte, wo man vom Öl-*
berg (nach Jerusalem) *hinabsteigt* (Zür.). **ἐλαία** V. 29; τὸ ὄρος τῶν ἐλαι-
ῶν *der Ölberg* (östl. v. Jerusalem). **ἤρξαντο** Aor. Med. ἄρχω; Pl. sinnge-
mäße Konstruktion (A96). **ἅ-πας**[10] = πᾶς. **πλῆθος**[7] *Menge, große An-*
zahl; (versammelte) *(Menschen-)Menge;* hier etwa *Schar.* **χαίροντες** Ptz.
V. 6. **αἰνεῖν** Inf. αἰνέω *loben, preisen.* **φωνῇ μεγάλῃ** dat. modi (A180)
mit lauter Stimme, laut. **περί** m. Gen. *wegen* (B 1b); περὶ πασῶν ὧν εἶδον
δυνάμεων (für περὶ πασῶν τῶν δυνάμεων, ἃς εἶδον [Attraktion des
Rel.-Pron., H-S §289e; A361]) *wegen aller Wundertaten, die sie gesehen* (od. *mit-*
erlebt) hatten. **38 λέγοντες** Ptz. λέγω, mod., pleon. (A297,1). **εὐ-λογη-** 38
μένος Pf. Ptz. Pass. -λογέω hier *(lob)preisen* od. *segnen* (B 2a); umschrieb. Pf.
Opt./Imp. (A249b), erg. εἴη od. ἔστω (Opt. od. Imp. [3. Sg.] v. εἰμί) *gepriesen*
od. *gesegnet sei.* **ἐρχόμενος** Ptz., subst.; wohl zu verbinden m. ἐν ὀνόματι
κυρίου (*der im Namen* [= *im Auftrag;* B ὄνομα I4cγ] *des Herrn kommt*) (vgl.
13,35), dann ist ὁ βασιλεύς App. (A70). **ὕψιστος** *höchster, erhabenster;* τὰ
ὕψιστα *die höchsten Höhen* (= der Himmel); ἐν ὑψίστοις *in der Höhe/im*
Himmel; ἐν οὐρανῷ εἰρήνη καὶ δόξα ἐν ὑψίστοις *im Himmel (ist) Frie-*
den und Herrlichkeit/Ehre (ist/sei) in der Höhe etwa = *Gott hat Frieden bereitet im*
Himmel! Ihm in der Höhe gehört alle Ehre! (GNB). **39 Φαρισαίων** gen. par- 39
titivus (A164). **εἶπαν** V. 25. **διδάσκαλε** Vok. **ἐπι-τίμησον** Aor.
Imp. -τιμάω *tadeln,* hier *zurechtweisen, verbieten.* **40 ἀπο-κριθείς** Aor. 40
Ptz. Pass. (ohne Pass.-Bdtg.) -κρίνομαι, pleon. (A297,2); ἀποκριθεὶς εἶπεν
er antwortete. **ἐάν** hier m. Ind. Fut. statt Konj. Aor. (BDR §373[13]). **σιωπή-**
σουσιν Fut. σιωπάω *schweigen, still sein* [Var. σιωπήσωσιν Aor. Konj.].
κράξουσιν Fut. κράζω [Var. (κε)κράξονται Fut. Med. m. gleicher Bdtg.
(vgl. B; H-S §95,19)].

41 ἤγγισεν V. 29. **ἰδών** Aor. Ptz. ὁράω, temp. od. mod. (A291 41
Anm. 1). **ἔ-κλαυσεν** Aor. κλαίω ἐπί m. Akk. *weinen über;* viell. ingr.
(A240b) *in Tränen ausbrechen über* (Schweizer, Lk, S. 198). **42 λέγων** Ptz., 42
mod. od. temp. (A291 Anm. 1). **ὅτι** V. 7. **ἔ-γνως** Aor. γινώσκω; εἰ
ἔγνως ... καὶ σὺ (betont, A122) τὰ πρὸς εἰρήνην irrealer Kond.-Satz
ohne Apodosis (H-S §285b; BDR §360,5) *wenn doch auch du ... erkannt hät-*
test/erkennen würdest, was dir Frieden bringt. **ἐ-κρύβη** Aor. Pass. κρύπτω[57]
verbergen, verhüllen, verstecken; übertr. *der Kenntnis/Erkenntnis entziehen, ver-*
heimlichen; ἐκρύβη ἀπὸ ὀφθαλμῶν σου *es wurde/ist vor deinen* (geistigen)
Augen verborgen (B 2a). **43 ἥξουσιν** Fut. ἥκω (vgl. A33[187]) *gekommen sein,* 43
dasein; (außerhalb des Präs.:) *kommen.* **καί** (erstes) hier *dann, da* (BDR
§442[10]; A311,2). **παρ-εμ-βαλοῦσιν** Fut. -βάλλω[112] militärischer term.

tech. hier: *(Palisadenwall) aufwerfen, errichten* [Var. περι-βαλοῦσιν Fut.
-βάλλω[112] *herumlegen, umwerfen;* hier *herumziehen* (B 1a)]. **ἐχθρός** *Feind.*
χάραξ[3] ακος ὁ *spitzer Pfahl, Palisade; Pfahlwerk, Verschanzung, verschanztes*
Lager, (Palisaden-)Wall; παρεμβαλοῦσιν οἱ ἐχθροί σου χάρακά σοι
deine Feinde werden einen (Palisaden-)Wall gegen dich errichten (EWNT 3,
Sp. 1092) (d.h. sie werden die Stadt belagern u. ringsum durch Wälle einschlie-
ßen). **περι-κυκλώσουσιν** Fut. -κυκλόω *umzingeln, ringsum einschließen.*
συν-έξουσιν Fut. -έχω[189] *zusammenhalten; bedrängen, einschließen* τινά
44 *jmdn.* (B 3). **πάντοθεν** *von allen Seiten; ringsum.* **44 ἐδαφιοῦσιν** Fut.
ἐδαφίζω (vgl. A33[91ff]) *zu Boden strecken* (Menschen), *dem Erdboden gleichma-*
chen (eine Stadt); da sich das Verb auf beide AkkO bezieht, sind hier beide
Bdtg. verbunden (B; BDR §479[3]). **τὰ τέκνα σου ἐν σοί** *deine Kinder in*
dir = deine Einwohner (Hebr.; B 2fα). **ἀφ-ήσουσιν** Fut. -ίημι; οὐκ ἀφή-
σουσιν λίθον ἐπὶ λίθον *sie werden keinen Stein auf dem andern lassen.*
ἀντί m. Gen. (A188) *anstatt, für;* ἀνθ' ὧν (für ἀντὶ τούτων ὅτι [H-S
§289e]) *dafür daß = weil.* **ἐπι-σκοπή** *Besichtigung; (göttliche[s]) Heimsu-*
chung/Eingreifen (meist positiv); ὁ καιρὸς τῆς ἐπισκοπῆς *die Zeit des göttli-*
chen Eingreifens = etwa *die Zeit, in der Gott* dir *(gnädig) begegnete* (vgl. NGÜ).
45 **45 εἰσ-ελθών** V. 1. **ἤρξατο** Aor. Med. ἄρχω. **ἐκ-βάλλειν** Inf.
-βάλλω hier *hinaustreiben* (B 1), *hinausweisen* (NGÜ). **πωλοῦντας** Ptz.
πωλέω *verkaufen;* subst. [Var. ἀγοράζοντας Ptz. ἀγοράζω (< ἀγορά
46 Marktplatz) *kaufen;* subst.] **46 λέγων** Ptz., mod. **γέ-γραπται** Pf. (A231)
Pass. γράφω; Pf. Pass. term. tech. zur Einführung v. Schriftzitaten (B 2c): *in*
der Schrift heißt es/steht. **ἔσται** Fut. εἰμί, mod. Fut. (A247b) *es soll sein.*
προσευχή *Gebet.* **ὑμεῖς** betont (A122). **ἐ-ποιήσατε** Aor. ποιέω hier
m. doppeltem Akk. (A97,15); ὑμεῖς αὐτὸν ἐποιήσατε σπήλαιον λη-
στῶν *ihr habt es zu einer „Räuberhöhle" gemacht, ihr habt eine „Räuberhöhle"*
47 *daraus gemacht.* **σπήλαιον** *Höhle.* **λῃστής**[1] *Räuber.* **47 ἦν** Ipf. εἰμί.
διδάσκων Ptz., umschrieb. Ipf. (A249). **τὸ καθ' ἡμέραν** distributiv *täg-*
lich (B κατά II2c); adv. Akk. (A150). **ἐ-ζήτουν** Ipf. ζητέω. **ἀπ-ολέσαι**
Aor. Inf. -όλλυμι hier *töten, umbringen* (B 1aα); ἐζήτουν αὐτὸν ἀπολέ-
σαι *sie suchten nach einer Möglichkeit, ihn umzubringen/zu beseitigen.* **πρῶτος**
hier *Vornehmster, Angesehenster* (B 1cβ); οἱ πρῶτοι τοῦ λαοῦ etwa *die (ande-*
48 *ren) angesehenen/führenden Männer des Volks.* **48 καί** V. 3. **εὕρισκον** Ipf.
εὑρίσκω. **τὸ τί** = τί (indirekter Fragesatz ist subst.; BDR §267[3]). **ποιή-**
σωσιν Aor. Konj. ποιέω, deliberativer Konj. (A255) wie bei der direkten
Frage (τί ποιήσωμεν *was sollen wir tun?*), doch hier 3. statt 1. Pl (vgl. H-S
§273e); οὐχ εὕρισκον τὸ τί ποιήσωσιν *sie wußten nicht, was sie tun sollten*
bzw. *wie sie es anfangen sollten.* **ἅ-πας**[10] = πᾶς. **ἐξ-ε-κρέματο** Ipf. Med.
ἐκ-κρέμαμαι m. Gen. *hängen an jmdm.* **ἀκούων** Ptz., fin. od. präd. bei
Verben des modifizierten Seins u. Tuns (BDR §415[1]; H-S §234d; vgl. A301);

ὁ λαὸς ἅπας ἐξεκρέματο αὐτοῦ ἀκούων *das ganze Volk hing an ihm, um*
ihn zu hören od. *das ganze Volk war gespannt, ihn zu hören, das ganze Volk hing*
an seinen Lippen (B ἐκκρεμάννυμι 2) bzw. *wollte sich keines seiner Worte ent-*
gehen lassen.

ἐ-γένετο Aor. Med. γίνομαι; ἐγένετο m. flgd. finiten Verb (ἐπέ- 20
στησαν) steht pleon. (Hebr., A271; vgl. BDR §442[11]). **ἐν μιᾷ τῶν ἡμε-**
ρῶν (gen. partitivus, A164) *an einem der Tage* (vgl. B εἷς 3a) = *eines Tages.*
διδάσκοντος Ptz. διδάσκω, gen. abs. (A288), temp. **εὐ-αγγελιζομέ-**
νου Ptz. Med. -αγγελίζω, gen. abs. (A288), temp. **ἐπ-έ-στησαν** Aor.
ἐφ-ίσταμαι[205] *herantreten, kommen.* **πρεσβύτερος** Pl. hier v. Mitglie-
dern einer Gruppe des Synedriums (B 2aβ; GNB: *Ratsälteste*). **2 εἶπαν** Aor. 2
(vgl. H-S §105g) λέγω. **λέγοντες** Ptz. λέγω, mod., pleon. (A297,1).
εἰπόν Aor. Imp. (statt εἰπέ [BDR §81[1]; vgl. H-S §105g]). **ποῖος**[18] *wie be-*
schaffen? was für ein? welche (Art)? welcher?; ἐν ποίᾳ ἐξουσίᾳ ταῦτα ποι-
εῖς *auf Grund welcher Vollmacht* (B ἐξουσία 3) *tust du dies?* od. *woher nimmst*
du das Recht, hier so aufzutreten? (GNB). **δούς** Aor. Ptz. δίδωμι, subst.; τίς
ἐστιν ὁ δούς σοι τὴν ἐξουσίαν ταύτην; *wer ist es, der dir diese Vollmacht*
gegeben hat? = wer hat dir die Vollmacht/das Recht dazu gegeben? **3 ἀπο-κρι-** 3
θείς Aor. Ptz. Pass. (ohne Pass.-Bdtg.) -κρίνομαι, pleon. (A297,2); ἀποκρι-
θεὶς εἶπεν *er antwortete.* **ἐρωτήσω** Fut. ἐρωτάω hier m. doppeltem Akk.
(A97,16) *jmdn. etwas fragen;* mod. Fut. (A247a); ἐρωτάω τινὰ λόγον *jmdm.*
eine Frage stellen (B λόγος 1aβ). **εἴπατε** Aor. Imp. (vgl. H-S §105g).
4 βάπτισμα[3] *Taufe.* **οὐρανός** hier synonym m. θεός (B 3; vgl. H-S 4
§296a). **ἦν** Ipf. εἰμί m. ἐκ *kommen/stammen von* (vgl. B ἐκ 3b). **5 οἱ δέ** 5
(und/doch) diese/sie (A102). **συν-ε-λογίσαντο** Aor. Med. συλ-λογίζο-
μαι (vgl. A33[91ff]) *überlegen, bedenken* [Var. συν-ε-λογίζοντο Ipf. Med.].
λέγοντες V. 2; συνελογίσαντο πρὸς ἑαυτοὺς λέγοντες *sie überlegten*
bei sich und sagten (dabei) (bzw. *sie überlegten und sagten [dabei] zueinander*) od.
einfach *da überlegten sie miteinander.* **ὅτι** recitativum = Doppelpunkt (A333).
εἴπωμεν Aor. Konj. λέγω. **ἐρεῖ** Fut. λέγω. **διὰ τί** *warum.* **ἐ-πι-**
στεύσατε Aor. πιστεύω τινί *jmdm. glauben.* **αὐτῷ** *ihm,* d.h. Johannes.
6 ἅ-πας[10] = πᾶς. **κατα-λιθάσει** Fut. -λιθάζω (vgl. A33[91ff]) *steinigen.* 6
πε-πεισμένος Pf. Ptz. Pass. πείθω, umschrieb. Pf. (A249). **εἶναι** Inf.
εἰμί; Präd. des AcI; πεπεισμένος ἐστὶν Ἰωάννην προφήτην εἶναι
denn es (das Volk) *ist überzeugt, daß Johannes ein Prophet (gewesen) ist.* **7 ἀπ-** 7
ε-κρίθησαν Aor. Pass., m. Inf. **εἰδέναι** Pf. (m. präs. Bdtg.) Inf. οἶδα.
πόθεν[18] *woher?;* μὴ εἰδέναι πόθεν *sie wüßten nicht, woher (sie* [die Taufe
des Johannes] *stamme).* **8 ἐγώ** betont (A122). 8

9 ἤρξατο Aor. Med. ἄρχω. **λέγειν** Inf. **ταύτην** *dieses,* im Sinn v. 9
folgendes. **ἐ-φύτευσεν** Aor. φυτεύω *(an)pflanzen.* **ἀμπελών**[4] ῶνος ὁ
Weinberg. **ἐξ-έ-δετο** (klass. -έδοτο, A31) Aor. Med. ἐκ-δίδομαι[201] *ver-*

pachten (hier gegen Bezahlung in Naturalien). **γεωργός** *Bauer, Winzer.* **ἀπ-**
ε-δήμησεν Aor. ἀπο-δημέω *verreisen.* **ἱκανός** *hinlänglich; viel; lang* (v.
Zeit); χρόνους ἱκανούς Akk. der zeitl. Ausdehnung (A148) *für längere Zeit.*
10 **10 καιρῷ** temp. Dat. (A182) *zur gegebenen/vereinbarten Zeit.* **ἀπ-έ-στει-**
λεν Aor. ἀπο-στέλλω. **ἀπό** hier statt gen. partitivus (A164); ἀπὸ τοῦ
καρποῦ *den/seinen Anteil an der Frucht/am Ertrag* (vgl. B I6). **δώσουσιν**
Fut. δίδωμι; hier Fut. Ind. statt Aor. Konj. nach ἵνα (BDR §369[5]; A339)
[Var. δῶσιν Aor. Konj.]. **ἐξ-απ-έ-στειλαν** Aor. -αποστέλλω[113] *(ent)-*
senden; fort-, wegschicken. **δείραντες** Aor. Ptz. δέρω[135] eig. *abhäuten, die*
Haut abziehen, NT nur übertr. *(ver)prügeln, schlagen;* temp. (A291,1 Anm. 1).
κενός *leer;* hier Artangabe zum AkkO (A65); ἐξαποστέλλω τινὰ κενόν
jmdn. mit leeren Händen wegschicken (B 1), *jmdn. mit leeren Händen fortjagen.*
11 **11 προσ-έ-θετο** Aor. Med. -τίθημι[200] *hinzufügen;* Med. (z.T. Akt.) *weiter-*
hin, wieder tun (H-S §259c; A83); προσέθετο ἕτερον (V 12: τρίτον) πέμ-
ψαι δοῦλον *er sandte nochmals einen anderen Knecht* (V. 12: *noch einen drit-*
ten) (Menge). **πέμψαι** Aor. Inf. πέμπω. **οἱ δέ** *aber diese/sie* (A102). **κἀ-**
κεῖνον = καὶ ἐκεῖνον *auch diesen.* **δείραντες** V. 10. **ἀ-τιμάσαν-**
τες Aor. Ptz. ἀ-τιμάζω (vgl. A33[91ff]) *verächtlich behandeln, beschimpfen;*
12 temp. (A291,1 Anm. 1). **12 τραυματίσαντες** Aor. Ptz. τραυματίζω
(vgl. A33[91ff]) *verwunden, blutig schlagen;* temp. (A291,1 Anm. 1). **ἐξ-έ-βα-**
13 **λον** Aor. ἐκ-βάλλω. **13 ὁ κύριος τοῦ ἀμπελῶνος** *der Weinbergbesit-*
zer. **ποιήσω** Fut. (modal, A247b) od. Aor. Konj. (deliberativ, A255) ποιέω.
πέμψω Fut. πέμπω. **ἀγαπητός** hier viell. im Sinn v. *einzig* (u. daher bes.
geliebt) (vgl. B 1). **ἴσως** *vielleicht.* **ἐν-τραπήσονται** Fut. Pass. -τρέ-
πω[48] *beschämen;* Pass. *beschämt werden,* meist τινά *sich vor jmdm. scheuen,*
14 *jmdn. achten* (B 2b), *vor jmdm. Achtung/Respekt haben.* **14 ἰδόντες** Aor. Ptz.
ὁράω, temp. **δι-ε-λογίζοντο** Ipf. Med. δια-λογίζομαι *(gründlich) über-*
legen, erwägen, sich Gedanken (*über* etwas) *machen;* (sich Gedanken machen u.
sie austauschen) *sich besprechen, diskutieren.* **λέγοντες** V. 5. **κληρο-νό-**
μος (< κλῆρος Los; Anteil, νέμομαι besitzen) *(der) Erbe;* Präd.-Nom. m.
Art. hebt die Gleichsetzung hervor (A80). [Var. δεῦτε Adv., als Pl. zu δεῦρο
kommt her! auf! (vgl. A254; 266).] **ἀπο-κτείνωμεν** Aor. Konj. -κτείνω;
adhortativer Konj. (A254). **γένηται** Aor. Konj. Med. γίνομαι hier τινός
(gen. poss., A154/174) *jmdm. gehören* (B II2a). **κληρο-νομία** (< κληρο-
15 νόμος Erbe, Besitzer) *(das) Erbe, Erbteil; Besitz.* **15 ἐκ-βαλόντες** Aor.
Ptz. -βάλλω, temp. **ἀπ-έ-κτειναν** Aor. **ποιήσει** Fut. ποιέω hier τί
16 τινι *jmdm. etwas antun* (B I1dγ), *mit jmdm. etwas machen.* **16 ἐλεύσεται**
Fut. Med. ἔρχομαι. **ἀπ-ολέσει** Fut. -όλλυμι. **δώσει** Fut. δίδωμι hier
etwa *(ver)geben* (Menge), *anvertrauen.* **ἀκούσαντες** Aor. Ptz. ἀκούω,
temp. **εἶπαν** V. 2. **γένοιτο** Aor. Opt. Med. γίνομαι; μὴ γένοιτο *auf*
17 *keinen Fall.* **17 ὁ δέ** *doch dieser/er* (A102). **ἐμ-βλέψας** Aor. Ptz.

-βλέπω[41] *den Blick richten auf, ansehen;* temp. od. mod. **εἰμί** hier *bedeuten*
(B II3). **γε-γραμμένον** Pf. Ptz. Pass. γράφω; Pf. Pass. term. tech. zur Ein-
führung v. Schriftzitaten (B 2c): *in der Schrift heißt es/steht;* subst. *das Schrift-
wort.* **λίθον ὃν ...** für λίθος ὃν ... attractio inversa (BDR §295[2]; vgl. A362;
H-S §289f) *der Stein, den ...* (auch ohne Art. best. [Hebr.: in der hebr. Poesie
„fehlt" der Art. häufig; Joüon-Muraoka §137f]). **ἀπ-ε-δοκίμασαν** Aor.
ἀπο-δοκιμάζω (vgl. A33[91ff]) (< δόκιμος erprobt) (nach vorausgegangener
Prüfung) *verwerfen, für unbrauchbar erklären.* **οἰκο-δομοῦντες** Ptz. -δο-
μέω, subst. *(die) Bauleute.* **ἐ-γενήθη** Aor. Pass. (ohne bes. Pass.-Bdtg.) γί-
νομαι hier εἴς τι (Hebr. für Präd.-Nominativ; BDR §145[3]; A81) *zu etwas wer-
den* (B I4a). **κεφαλή** hier übertr. v. Sachen: *Oberstes, Äußerstes, Ende, Spitze;*
κεφαλὴ γωνίας *Eckstein* (Grundstein an der äußersten vorderen Ecke)
(B 2b; EWNT 1, Sp. 646f). **γωνία** *Ecke, Winkel.* **18 πᾶς ὁ** m. Ptz. *jeder, der* 18
(A86). **πεσών** Aor. Ptz. πίπτω, subst. **συν-θλασθήσεται** Fut. Pass.
-θλάω *zerdrücken, zerschmettern.* **ἐφ' ὃν ἄν** (A132; 371) *auf wen (auch im-
mer)* bzw. *jeder, auf den;* hier eig. casus pendens (Anakoluth, A375), wobei das
αὐτόν darauf zurückweist; übers. *jeden, auf den* od. *auf wen ... den.* **πέσῃ**
Aor. Konj. **λικμήσει** Fut. λικμάω gewöhnl. (Getreide) *worfeln* (d.h. v.
Spreu u. Staub reinigen), hier jedoch *zerdrücken, zermalmen.* **19 καί** (erstes) 19
kons. *daraufhin* (A311,2). **ἐ-ζήτησαν** Aor. ζητέω. **ἐπι-βαλεῖν** Aor. Inf.
-βάλλω[112] *auf* etwas *werfen/legen;* ἐπιβάλλω τὰς χεῖρας ἐπί τινα *jmdn.
festnehmen;* ἐζήτησαν ... ἐπιβαλεῖν ἐπ' αὐτὸν τὰς χεῖρας ... *trachte-
ten/suchten danach, ihn festzunehmen = ... hätten ihn am liebsten festgenommen.*
αὐτός für αὐτὸς οὗτος (bzw. ἐκεῖνος) (BDR §288[4]); ἐν αὐτῇ τῇ ὥρᾳ
in ebendieser Stunde (vgl. B 1h) = *auf der Stelle.* **καί** (drittes) adversativ
(A311,1) *aber, jedoch.* **ἐ-φοβήθησαν** Aor. Pass. (ohne bes. Pass.-Bdtg.) φο-
βέομαι; καὶ ἐφοβήθησαν τὸν λαόν *aber sie hatten Angst vor dem Volk.*
ἔ-γνωσαν Aor. γινώσκω hier *verstehen, merken;* ἔγνωσαν γάρ *denn sie
verstanden* bzw. *denn es war ihnen klar* (NGÜ). **πρός** m. Akk. *im Hinblick auf*
(B III5a), *gemünzt auf* (BDR §239[6]); ὅτι πρὸς αὐτοὺς εἶπεν τὴν παραβο-
λὴν ταύτην (Tempus u. Modus wie in der entsprechenden direkten Frage;
A329) *daß er dieses Gleichnis im Hinblick auf sie gesagt hatte,* freier: *daß das
Gleichnis auf sie gemünzt war* (GNB), *daß er sie mit diesem Gleichnis meinte*
(Einh.).

20 παρα-τηρήσαντες Aor. Ptz. -τηρέω *genau achtgeben/beobachten;* 20
heimtückisch beobachten, belauern; mod. (A291,2 Anm. 1). **ἀπ-έ-στειλαν**
V. 10. **ἐγ-κάθετος** *(zum Aufpassen) angestiftet;* subst. *Aufpasser* (B), *Spitzel.*
ὑπο-κρινομένους Ptz. -κρίνομαι *sich verstellen, vortäuschen, heucheln;*
attr.; ὑποκρινομένους ἑαυτοὺς (Subj. des AcI) δικαίους (Präd.-Nom.)
εἶναι *die sich den Anschein geben sollten, als seien sie gerecht* (NGÜ Anm.), *die
sich fromm stellen sollten* (Einh.). **εἶναι** Inf. εἰμί; Präd. des AcI. **ἐπι-λά-**

βωνται Aor. Konj. Med. -λαμβάνομαι[152] m. Gen. *sich halten an, ergreifen,*
auch (gewalttätig) *packen; bei* etwas *fassen/ertappen* (m. doppeltem Gen.); ἵνα
ἐπιλάβωνται αὐτοῦ λόγου *um ihn bei einem (verfänglichen) Wort zu fas-*
sen/ertappen. **παρα-δοῦναι** Aor. Inf. -δίδωμι. **ἀρχή** hier *Behörde,*
Obrigkeit (B 3); ὥστε (hier fin., BDR §391,3) παραδοῦναι αὐτὸν τῇ
ἀρχῇ καὶ τῇ ἐξουσίᾳ τοῦ ἡγεμόνος *so daß/damit sie ihn der Obrig-*
keit/Macht und Gewalt des Statthalters ausliefern könnten. **ἡγεμών**[4] όνος ὁ
Herrscher, Fürst; hier (röm.) *Statthalter* (höchster Beamter einer Provinz).
21 **21 ἐπ-ηρώτησαν** Aor. -ερωτάω. **λέγοντες** V. 2. **διδάσκαλε** Vok.
ὀρθῶς *recht, richtig, aufrichtig.* **λαμβάνω πρόσωπον** *die Person ansehen*
(B λαμβάνω 1eβ), *parteiisch sein;* οὐ λαμβάνεις πρόσωπον etwa *du läßt*
dich von keinem Menschen beeinflussen, wie angesehen er auch sei (NGÜ). **ἐπ᾽**
ἀληθείας *in Wahrheit, wahrheitsgemäß, wahrhaftig* (B ἐπί I1bβ). **ὁδός** hier
im Sinn v. *Lebenswandel, Handlungsweise* (B 2b); τὴν ὁδὸν τοῦ θεοῦ *den Weg*
22 *Gottes = wie man nach Gottes Willen leben soll* (NGÜ). **22 ἔξ-εστιν** *es ist*
möglich, es ist erlaubt/richtig (hier impliziert: nach Gottes Willen). **Καῖσαρ**[6]
αρος ὁ *Kaiser* (z.T. ohne Art. eigennamenartig gebraucht, BDR §254,3). **φό-**
ρος *Abgabe(n), Steuer(n).* **δοῦναι** Aor. Inf. δίδωμι hier *zahlen* (B 4); Präd.
23 des AcI. **23 κατα-νοήσας** Aor. Ptz. -νοέω *beschauen, betrachten; bemer-*
ken, wahrnehmen, hier *durchschauen;* kaus. **παν-ουργία** *(üble) Schlauheit,*
Hinterlist. [Var. πειράζω *versuchen, in Versuchung bringen* (Unrechtes zu tun);
prüfen, auf die Probe stellen; τί με πειράζετε *warum versucht ihr mich* bzw.
24 (wohl konativ, A232c) *warum wollt ihr mir eine Falle stellen.*] **24 δείξατε**
Aor. Imp. δείκνυμι[212] *zeigen.* **δηνάριον** (lat. denarius) *Denar,* röm. Mün-
ze, deren Wert etwa dem Tageslohn eines Arbeiters entsprach. [Var. ἔ-δειξαν
Aor.] **εἰκών**[4] όνος ἡ *Bild.* **ἐπι-γραφή** *Aufschrift, Inschrift,* hier v. der
Münzlegende, übers. etwa *Aufschrift* od. *Name;* τίνος ἔχει εἰκόνα καὶ ἐπι-
γραφήν; *wessen Bild und Aufschrift/Name hat/trägt er?* **οἱ δέ** *(und) diese/sie*
25 (A102). **εἶπαν** V. 2. **Καίσαρος** *des Kaisers.* **25 ὁ δέ** *(und) dieser/er*
(A102). **τοί-νυν** *daher, also.* **ἀπό-δοτε** Aor. Imp. -δίδωμι. **τὰ Καί-**
σαρος ... τὰ τοῦ θεοῦ subst. (A105) gen. poss. (A154) *was dem Kaiser ge-*
26 *hört ... was Gott gehört.* **26 ἴσχυσαν** Aor. ἰσχύω *stark sein, vermögen, kön-*
nen. **ἐπι-λαβέσθαι** Aor. Inf. Med. V. 20. **ἐν-αντίον** uneig. Präp.
(A183) *vor, in Gegenwart* (B 1a). **θαυμάσαντες** Aor. Ptz. θαυμάζω, mod.
(A291,2 Anm. 1). **ἀπό-κρισις**[8] *Antwort.* **ἐ-σίγησαν** Aor. σιγάω
schweigen, still sein.

27 **27 προσ-ελθόντες** Aor. Ptz. -έρχομαι, temp. (A291,1 Anm. 1).
Σαδδουκαῖος *Sadduzäer,* Angehöriger einer politisch einflußreichen reli-
giösen Richtung des Judentums, deren Mitglieder aus vornehmen Familien
stammten; gen. partitivus (A164). **ἀντι-λέγοντες** Ptz. -λέγω *sprechen ge-*
gen, widersprechen; m. μή u. Inf./AcI (μή bleibt nach Verb des negativen Be-

hauptens unübersetzt [BDR §429[4]; A309]) *etwas leugnen, bestreiten* (B 1); attr.; οἱ ἀντιλέγοντες ἀνάστασιν μὴ εἶναι *die bestreiten, daß es eine Auferstehung gibt* [Var. λέγοντες Ptz. λέγω hier m. AcI *behaupten* (vgl. B II1e)]. **εἶναι** Inf. εἰμί hier *vorhanden sein, existieren;* Präd. des AcI. **ἐπ-ηρώτησαν** V. 21. **28 λέγοντες** V. 2. **διδάσκαλε** Vok. **ἔ-γραψεν** Aor. 28
γράφω; Μωϋσῆς ἔγραψεν ἡμῖν *Mose hat uns vorgeschrieben, Mose hat uns die Vorschrift gegeben* (GNB); es folgt kein eig. Zitat, sondern eine Zusammenfassung der relevanten Punkte des Schwagerehegesetzes v. Dt 25,5f. **ἀποθάνῃ** Aor. Konj. -θνήσκω. **ἔχων** Ptz., mod. (A292); ἐάν τινος ἀδελφὸς ἀποθάνῃ ἔχων γυναῖκα, καὶ οὗτος ἄτεκνος ᾖ *wenn jemandem sein Bruder stirbt, der eine Frau hat, jedoch kinderlos geblieben ist* (Menge) od. (im Kontext verständlicher) *wenn ein verheirateter Mann kinderlos stirbt* (NGÜ). **ἄ-τεκνος**[11] *kinderlos.* **ᾖ** Konj. εἰμί. **ἵνα** wohl selbständiger Begehrungssatz (A319a; BDR §387[4]) od. *daß* bzw. indirekte Rede (A328 u. 334a; bez. das Vorgeschriebene [abhängig v. ἔγραψεν]; B II1aδ). **λάβῃ** Aor. Konj. λαμβάνω hier *heiraten* (vgl. B 1c); ἐάν ... ἵνα λάβῃ ὁ ἀδελφὸς αὐτοῦ τὴν γυναῖκα *wenn ... dann/so soll sein Bruder die Witwe heiraten.* **ἐξ-ανα-στήσῃ** Aor. Konj. -αν-ίστημι[204] *aufrichten;* hier ἐξανίστημι σπέρμα τῷ ἀδελφῷ αὐτοῦ „seinem Bruder Nachkommenschaft erstehen lassen" = *seinem Bruder Nachkommenschaft zeugen, seinem Bruder Nachkommen verschaffen* (der erste Sohn aus der Schwagerehe galt als Nachkomme des Verstorbenen).
29 ἦσαν Ipf. εἰμί; ἑπτὰ οὖν ἀδελφοὶ ἦσαν *nun waren da/nun gab es einmal sieben Brüder* (GNB). **λαβών** Aor. Ptz. V. 28; temp. **ἀπ-έ-θανεν** Aor. 29
31 ἔ-λαβεν Aor. **ὡσ-αύτως** *in gleicher Weise, ebenso.* **κατ-έ-λιπον** 31
Aor. κατα-λείπω[44] (einen Ort) *verlassen; zurücklassen;* hier *hinterlassen* (B 1b). **32 ὕστερος** *späterer, letzter;* Ntr. als Adv. *später, danach;* hier super- 32
lativisch (A118,2) *zuletzt* (B 2b); [Var. ὕστερον πάντων gen. partitivus (A164) *zuletzt/als letzte von allen*]. **33 τίνος** *wessen?* gen. poss. (A154; 174); ἡ 33
γυνὴ οὖν ἐν τῇ ἀναστάσει (steht betont vor dem τίνος [vgl. BDR §475[2]]) τίνος αὐτῶν (gen. partitivus, A137a; 164) γίνεται γυνή; *wem von ihnen wird sie nun bei der Auferstehung als Frau gehören?* od. *wessen Frau ist sie nun bei der Auferstehung/wenn die Toten auferstehen?* (vgl. GN). **γίνεται** fut. Präs. (A234) [Var. ἔσται Fut. εἰμί]. **ἔ-σχον** Aor. ἔχω hier m. doppeltem Akk. *etwas als etwas haben* (BDR §157[1]); οἱ γὰρ ἑπτὰ ἔσχον αὐτὴν γυναῖκα *alle sieben haben sie doch als/zur Frau gehabt, alle sieben waren schließlich mit ihr verheiratet gewesen* (NGÜ).

34 οἱ υἱοὶ τοῦ αἰῶνος τούτου *die Söhne/Menschen dieses Zeital-* 34
ters/dieser Welt (Sem. [vgl. H-S §159d; A157], d.h. Menschen, die zu dieser Welt gehören). **γαμέω** *heiraten* (Subj. Mann od. Frau). **γαμίσκονται** Pass. γαμίσκω (eine Frau) *in die Ehe geben, verheiraten;* Pass. *sich heiraten lassen, heiraten* (Subj. Frau); οἱ υἱοὶ τοῦ αἰῶνος τούτου γαμοῦσιν καὶ γαμί-

σκονται etwa *in der jetzigen Welt heiraten die Menschen und werden verheiratet*
35 (NGÜ); analog V. 35. **35 κατ-αξιωθέντες** Aor. Ptz. Pass. -αξιόω *würdi-
gen, für würdig halten/erachten,* m. gen. pretii (A161); subst. **ὁ αἰὼν ἐκεῖνος**
entspricht ὁ αἰὼν ὁ ἐρχόμενος *das zukünftige Zeitalter, die zukünftige
Welt(zeit)* (B αἰών 2b). **τυχεῖν** Aor. Inf. τυγχάνω[156] *erlangen, erreichen,
erleben,* m. Gen.; οἱ καταξιωθέντες τοῦ αἰῶνος ἐκείνου τυχεῖν καὶ
τῆς ἀναστάσεως τῆς ἐκ νεκρῶν *diejenigen, die* (v. Gott; pass. divinum
(A76b]) *gewürdigt werden, jene Welt/die zukünftige Welt und die Auferstehung von
den Toten zu erlangen/erleben.* **γαμίζονται** Pass. γαμίζω (eine Frau) *in die*
36 *Ehe geben, verheiraten;* Pass. *sich heiraten lassen, heiraten* (Subj. Frau). **36 οὐ-
δέ ... ἔτι** *nicht mehr* (B ἔτι 1bβ). **ἀπο-θανεῖν** Aor. Inf. -θνήσκω. **ἰσ-
άγγελος**[11] *engelgleich, den Engeln gleich.* **ὄντες** Ptz. εἰμί, kaus.; υἱοί εἰ-
σιν θεοῦ τῆς ἀναστάσεως υἱοὶ ὄντες (Sem. [H-S §159d; A157], d.h.
Menschen, die an der Auferstehung teilhaben) *sie sind Söhne/Kinder Gottes, weil
sie Söhne/Menschen der Auferstehung sind = sie sind durch die Auferstehung zu*
37 *Söhnen/Kindern Gottes geworden* (Einh.). **37 ὅτι** *daß.* **ἐγείρονται** Pass.
ἐγείρω. **καί** (erstes) *auch, schon.* **ἐ-μήνυσεν** Aor. μηνύω *kundtun, an-
zeigen.* **βάτος** ἡ u. ὁ *Dornbusch;* ἐπὶ τῆς βάτου *bei (der Geschichte von)
dem Dornbusch.* **λέγω** m. doppeltem Akk. (A97,15) *nennen;* hist. Präs.
(A235); ὡς λέγει κύριον τὸν θεὸν Ἀβραάμ ... *als er den Herrn den Gott
Abrahams ... nannte.* **Ἀβραάμ** indekl., hier Gen., ebenso die beiden flgd.
38 Namen. **Ἰσαάκ** 3,34. **Ἰακώβ** 1,33. **38 ζώντων** Ptz. ζάω, subst.; θεὸς
οὐκ ἔστιν νεκρῶν ἀλλὰ ζώντων *er ist doch nicht der* (A80) *Gott von Toten,
sondern von Lebenden.* **πάντες αὐτῷ ζῶσιν** dat. commodi (A173) *alle
leben für ihn* od. (eher) *für ihn sind alle lebendig* (weil sie v. ihm Leben empfan-
39 gen [Marshall, Lk, S. 743]). **39 ἀπο-κριθέντες** V. 3. **γραμματέων**
gen. partitivus (A164). **εἶπαν, εἶπας** V. 2. **διδάσκαλε** V. 21. **καλῶς**
schön, gut; hier *richtig, recht* (B 4b); καλῶς εἶπας *du hast recht gesprochen, du*
40 *hast gut geantwortet.* **40 οὐκέτι ... οὐδέν** Neg. verstärken einander (A310);
οὐκέτι ἐτόλμων ἐπερωτᾶν αὐτὸν οὐδέν *sie wagten nicht mehr (= nie-
mand wagte mehr), ihm irgendeine Frage zu stellen.* **ἐ-τόλμων** Ipf. τολμάω
wagen. **ἐπ-ερωτᾶν** Inf. -ερωτάω.
41 **41 πῶς** *mit welchem Recht, in welchem Sinn* (B 1a); *wie ist es möglich, daß*
(vgl. B 1b); πῶς λέγουσιν *wie kann man* (A76a) *sagen/behaupten.* **εἶναι**
Inf. εἰμί; Präd. des AcI; τὸν χριστὸν εἶναι Δαυίδ υἱόν *der Messias sei*
42 *ein/der* (vgl. A80; 106c) *Sohn Davids.* **Δαυίδ** indekl., hier Gen. **42 αὐτὸς
Δαυὶδ** (hier Nom.) **λέγει** *David selbst sagt (doch).* **βίβλος** ἡ *Buch* (als
Gegenstand [Schriftrolle usw.] od. Inhalt). **ψαλμός** *Loblied, Psalm;* auch oh-
ne Art. best. (A106c). **κύριος** *der Herr* = Jahwe. **τῷ κυρίῳ μου** *zu mei-*
43 *nem Herrn,* d.h. zum Messias. **κάθου** Imp. κάθημαι. **43 ἕως ἄν** hier *bis*
(A337). **θῶ** Aor. Konj. τίθημι. **ἐχθρός** *Feind.* **ὑπο-πόδιον** (< πούς)

Fußbank, Schemel; τίθημί τινα ὑποπόδιον τῶν ποδῶν τινος *jmdn. zum*
Schemel (A97,15) *für jmds. Füße machen = jmdn. jmdm. völlig unterwerfen.*
44 Δαυίδ hier Nom. **καλέω** m. doppeltem Akk. (A97,15) *nennen* (B 1aβ). 44
πῶς V. 41; καὶ πῶς αὐτοῦ υἱός ἐστιν; *wie ist er dann sein Sohn?* bzw. *wie*
kann er dann sein Sohn sein?
45 ἀκούοντος Ptz. ἀκούω, gen. abs. (A288), temp. **46 προσ-έχε-** 45f
τε Imp. -έχω m. Dat. *den Sinn richten, auf; achten auf;* προσέχετε ἀπό ... *hü-*
tet euch vor ..., nehmt euch in acht vor ... (B 1b). **θελόντων** Ptz. θέλω hier *Ge-*
fallen haben an, lieben (B 4a) o.ä.; attr. **περι-πατεῖν** Inf. -πατέω; τῶν θε-
λόντων περιπατεῖν *die gern umhergehen, die sich gern zeigen* (GNB). **στο-**
λή *Gewand,* bes. *langwallendes Gewand* (B/GNB hier: *Talar*). **φιλούντων**
Ptz. φιλέω *lieben, gern haben;* m. Inf. etwas *gern* tun; hier gefolgt v. drei AkkO;
attr.; φιλούντων ἀσπασμούς *die es gern haben, wenn man sie (ehrfürch-*
tig/respektvoll) grüßt. **ἀσπασμός** *(feierliche) Begrüßung, Gruß.* **ἀγορά**
Marktplatz; ἐν ταῖς ἀγοραῖς *auf den Marktplätzen,* d.h. in der Öffentlichkeit,
übers. etwa *auf der Straße.* **πρωτο-καθεδρία** *Ehrenplatz* (in der Synagoge).
πρωτο-κλισία *Ehrenplatz* (am Tisch). **δεῖπνον** zweite, größere, der bei-
den Mahlzeiten des Tages: *Hauptmahlzeit* (gegen Abend); *Mahlzeit,* hier etwa
Festessen. **47 οἵ** relativischer Anschluß (A364), übers. *sie.* **κατ-εσθίοντες** 47
Ptz. -εσθίω *aufessen, auffressen;* jmdn. *völlig ausbeuten;* hier (jmds. Besitz) *ver-*
schlingen, d.h. wohl an sich reißen (B 2). **χήρα** *Witwe;* hier hat das Bdtgs.-Ele-
ment der Hilflosigkeit bes. Relevanz; οἳ κατεσθίουσιν τὰς οἰκίας τῶν
χηρῶν *sie verschlingen die Häuser der Witwen* (samt Inhalt) = *sie bringen hilf-*
lose Witwen um ihren Besitz (GNB); es ist unsicher, auf welche Weise dies ge-
schieht. **πρό-φασις**[8] *Entschuldigung; Vorwand, Ausrede;* hier προφάσει
(dat. modi, A180) *zum Schein* (d.h. um über ihren eig. Charakter bzw. ihre eig.
Ziele hinwegzutäuschen; vgl. B 2). **μακρός** *lang;* Ntr. Pl. hier Adv. (vgl.
A150); προφάσει μακρὰ προσεύχονται *die zum Schein lang andauernd*
beten (B 1), *die zum Schein lange Gebete sprechen.* **λήμψονται** Fut. Med.
λαμβάνω. **περισσότερον** Komp. Ntr. v. περισσός *über das übliche*
Maß hinausgehend; περισσότερον κρίμα *eine härtere Strafe* (B 1), *ein här-*
teres Urteil od. (elativisch gebraucht, A119) *ein besonders hartes Urteil* (NGÜ).
κρίμα[3] *(das) Richten, Gericht; (richterliches) Urteil,* (meist neg.:) *Verurteilung;*
Strafe; λαμβάνω κρίμα *verurteilt werden* (B 4b); οὗτοι λήμψονται πε-
ρισσότερον κρίμα etwa *aber umso härter wird das Urteil sein, das sie erwartet*
(Einh.) bzw. *darum erwartet sie ein besonders hartes Urteil* (NGÜ).
ἀνα-βλέψας Aor. Ptz. -βλέπω[41] *aufblicken;* temp. **βάλλοντας** 21
Ptz. βάλλω hier *werfen, einlegen* (vgl. B 2b); attr. **γαζο-φυλάκιον** (< γά-
ζα Schatz) *Schatzkammer;* hier *Opferkasten* (im Tempel). **δῶρον** *Geschenk,*
Gabe; Opfergabe. **πλούσιος** *reich;* subst.; eher seltene Zwischenstellung
mehrerer Nebenbestimmungen zwischen Art. u. Subst. (BDR §269[1]). **2 χήρα** 2

Witwe. **πενιχρός** *arm.* **βάλλουσαν** Ptz. Fem., AcP (A300). **λεπτόν**
kleinste Kupfermünze, etwa *Heller, Pfennig;* übers. am besten *kleine Kupfer-*
3 *münze.* **3 ἀληθῶς** *wahrhaftig, wahrlich, wirklich;* etwa = ἀμήν (BDR
§243[1]). **ὅτι** recitativum = Doppelpunkt (A333). **πτωχός** *bettelnd, arm.*
πλεῖον πάντων gen. comparationis (A168) *mehr als alle (anderen)* (A376a)
4 [Var. πλείω = πλεῖον (BDR §47[2])]. **ἔ-βαλεν** Aor. βάλλω. **4 περισ-
σεύοντος** Ptz. περισσεύω intr. *überschießen, übrig sein; im Überfluß vor-
handen sein;* περισσεύει τί τινι *es steht jmdm. etwas im Überfluß zur Verfü-
gung* (vgl. B 1aβ); subst.; πάντες γὰρ οὗτοι ἐκ τοῦ περισσεύοντος αὐ-
τοῖς ἔβαλον *denn diese alle haben (nur) von ihrem Überfluß eingeworfen* bzw.
etwas abgegeben (vgl. GNB). **ἔ-βαλον** Aor.; βάλλω **εἰς** τὰ δῶρα *zu den
Opfergaben* (in den Gotteskasten) *einlegen* (B δῶρον 2), *zu den Opfergaben bei-
tragen* (vgl. ZG). **ὑστέρημα**[3] *Mangel, Fehlendes;* αὕτη ἐκ τοῦ ὑστερή-
ματος αὐτῆς πάντα τὸν βίον ὃν εἶχεν ἔβαλεν *diese (Frau/Witwe) hat
aus ihrer Bedürftigkeit heraus ihren ganzen Lebensunterhalt/alles, was sie besaß,
eingeworfen/gegeben* od. (idiomatischer) *diese Frau, die kaum das Nötigste zum
Leben hat, sie hat ihren ganzen Lebensunterhalt hergegeben* (Einh.) od. *diese arme
Witwe hat alles hergegeben, was sie selbst dringend zum Leben gebraucht hätte*
(GNB). **βίος** *Leben; tägliches* bzw. *irdisches Leben; Lebensunterhalt,* speziell
Besitz (vgl. B 3). **εἶχεν** Ipf. ἔχω.
5 **5 λεγόντων** Ptz. λέγω, gen. abs. (A288), temp. **ἀνά-θημα**[3] *Weihe-
geschenk* [Var. ἀνά-θεμα[3] hier synonym (B 1)]. **κε-κόσμηται** Pf. (A231)
Pass. κοσμέω *in Ordnung bringen; schmücken;* ὅτι λίθοις καλοῖς καὶ ἀνα-
θήμασιν (dat. instr., A176) κεκόσμηται *er sei mit schönen Steinen und Wei-*
6 *hegeschenken geschmückt.* **6 ταῦτα ἃ θεωρεῖτε** Anakoluth m. casus pen-
dens (BDR §466[2]; A375) *was ihr da seht.* **ἐλεύσονται** Fut. Med. ἔρχομαι.
ἀφ-εθήσεται Fut. Pass. -ίημι Pass. hier *übrigbleiben* (B 3a); ταῦτα ἃ
θεωρεῖτε ... ἐν αἷς οὐκ ἀφεθήσεται λίθος ἐπὶ λίθῳ ὃς οὐ καταλυ-
θήσεται ... *da wird von allem, was ihr seht, kein Stein auf dem andern bleiben*
(vgl. B ἀφίημι 3a), *der nicht niedergerissen wird* wohl = *kein Stein wird auf dem
andern bleiben; es wird alles niedergerissen/zerstört werden.* **κατα-λυθήσε-
ται** Fut. Pass. -λύω *niederreißen, abbrechen, zerstören.*
7 **7 ἐπ-ηρώτησαν** Aor. -ερωτάω. **λέγοντες** Ptz. λέγω, mod.,
pleon. (A297,1). **διδάσκαλε** Vok. **πότε**[18] *wann?* **ἔσται** Fut. εἰμί hier
geschehen (vgl. B I4). **μέλλῃ** Konj. μέλλω hier (m. Inf.) umschrieb. Fut.
(BDR §356[3]; A250) od. im Sinn v. *im Begriff stehen, beginnen* (B 1cα).
γίνεσθαι Inf. γίνομαι; τί τὸ σημεῖον ὅταν μέλλῃ ταῦτα γίνεσθαι
welches ist (vgl. A78) *das Anzeichen dafür, wann dies eintreten wird* (Menge) bzw.
8 *an welchem Zeichen werden wir erkennen können, daß es soweit ist* (NGÜ). **8 ὁ
δέ** *(und) dieser/er* (A102). **βλέπετε** Imp.; βλέπετε μή m. Konj. *seht euch
vor/gebt acht, daß nicht* (vgl. B μή B1b). **πλανηθῆτε** Aor. Konj. Pass. πλα-

νάω *in die Irre führen;* übertr. *irreführen, verführen;* μὴ πλανηθῆτε *daß ihr*
nicht irregeführt werdet od. *daß man euch nicht irreführt* (A76b). **ἐλεύσονται**
V. 6. **λέγοντες** Ptz. hier *behaupten;* mod. **ἐγώ εἰμι** *ich* (betont, A122) *bin*
es (d.h. der Messias [vgl. B εἰμί II5]). **καί** leitet zweite Behauptung ein.
ἤγγικεν Pf. (A242) ἐγγίζω; ὁ καιρὸς ἤγγικεν *die Zeit ist nahe* (B 6b) od.
die Zeit ist da. **πορευθῆτε** Aor. Konj. Pass. (ohne bes. Pass.-Bdtg.) πορεύο-
μαι; prohibitiver Konj. (A256). **ὀπίσω** uneig. Präp. (A183) *hinter – her;* μὴ
πορευθῆτε ὀπίσω αὐτῶν *lauft ihnen nicht nach!* **9 ἀκούσητε** Aor. 9
Konj. ἀκούω τι *hören von etwas.* **πόλεμος** *Krieg.* **ἀ-κατα-στασία** *Un-*
ordnung; hier *Aufruhr, Aufstand* (B 2). **πτοηθῆτε** Aor. Konj. Pass. πτοέω *in*
Schrecken (ver)setzen; Pass. *erschreckt werden, sich ängstigen, erschrecken; sich er-*
schrecken lassen; prohibitiver Konj. (A256). **δεῖ** hier v. göttl. Bestimmung
(B 1). **γενέσθαι** Aor. Inf. Med. γίνομαι; Präd. des AcI, abhängig v. δεῖ.
ἀλλ᾿ οὐκ εὐθέως τὸ τέλος *aber das Ende (kommt) nicht sofort* bzw. *(ist*
dann noch) nicht sogleich da (Menge).

10 ἔ-λεγεν Ipf. λέγω. **ἐγερθήσεται** Fut. Pass. ἐγείρω hier Pass. 10
sich erheben ἐπί τινα *gegen jmdn.* (B 2d). **ἔθνος ἐπ᾿ ἔθνος** *ein Volk gegen*
das andere. **11 σεισμός** *Erdbeben.* **κατὰ τόπους** *in verschiedenen Ge-* 11
genden (B τόπος 1d) bzw. *bald in dieser, bald in jener Gegend* (vgl. NGÜ), evtl.
an vielen Orten (Einh.). **λιμός** ὁ u. ἡ *Hungersnot.* **λοιμός** *Pest,* Pl. *Seuchen.*
ἔσονται, ἔσται Fut. εἰμί hier *es wird geben, es werden geschehen.* **φόβη-**
τρον *schreckliches Ereignis.*

12 ἐπι-βαλοῦσιν Fut. ἐπι-βάλλω[112] *auf* etwas *werfen/legen;* ἐπι- 12
βάλλω τὰς χεῖρας ἐπί τινα (gewaltsam) *die Hände an jmdn. legen* (B 1b),
jmdn. festnehmen; 3. Pl. hier u. bei den flgd. Verben im Sinn v. „man" (A76a).
διώξουσιν Fut. διώκω. **παρα-διδόντες** Ptz. -δίδωμι; mod. **συν-**
αγωγή hier *Synagogengericht* (vgl. B 2a); παραδιδόντες εἰς τὰς συν-
αγωγὰς καὶ φυλακάς *indem man euch an die Synagogen und die Gefängnis-*
se ausliefert (H-S §259f) = *indem man euch in den Synagogen vor Gericht stellt*
und euch ins Gefängnis wirft (vgl. NGÜ). **ἀπ-αγομένους** Ptz. Pass. -άγω
wegführen; juristischer term. tech.: *vorführen* (vgl. B 2a), *abführen,* (zur Hinrich-
tung) *fortführen;* mod. **ἡγεμών**[4] όνος ὁ *Herrscher, Fürst;* (röm.) *Statthalter*
(höchster Beamter einer Provinz). **ἕνεκεν** uneig. Präp. (A183) *wegen, um ...*
willen. **13 ἀπο-βήσεται** Fut. Med. -βαίνω[139] *weggehen, aussteigen;* übertr. 13
ausschlagen (zu), gereichen, dienen. **μαρτύριον** *Zeugnis,* im Sinn v. *Beweis*
(Handlung, Umstand od. Sache) od. *Zeugenaussage;* ἀποβήσεται ὑμῖν εἰς
μαρτύριον *es wird für euch eine Gelegenheit sein, Zeugnis abzulegen* (für das
Evangelium), evtl. *es wird für euch zu einem Zeugnis* (im Gericht Gottes gegen
die Feinde) *dienen.* **14 θέτε** Aor. Imp. τίθημι; τίθημι ἐν ταῖς καρδίαις 14
sich (im Herzen) vornehmen, sich in den Kopf setzen, m. Inf. (B II1c). **προ-**
μελετᾶν Inf. -μελετάω *vorher einüben, vorbereiten, sich im voraus Gedan-*

ken/Sorgen machen, m. Inf.; προμελετάω ἀπολογηθῆναι *die Verteidigung*
(vor Gericht) *vorbereiten* (BDR §392[8]). **ἀπο-λογηθῆναι** Aor. Inf. Pass.
(ohne bes. Pass.-Bdtg.) -λογέομαι *sich herausreden, sich verteidigen;* θέτε οὖν
ἐν ταῖς καρδίαις ὑμῶν μὴ προμελετᾶν ἀπολογηθῆναι *nehmt euch*
fest vor, nicht im voraus für eure Verteidigung zu sorgen = verzichtet bewußt
15 *darauf, im voraus festzulegen, wie ihr euch verteidigen wollt.* **15 δώσω** Fut.
δίδωμι. **στόμα** hier *Redegabe* (B 1a); ἐγὼ (betont, A122) δώσω ὑμῖν
στόμα καὶ σοφίαν *ich selbst werde euch Redegabe und Weisheit verleihen*
(Menge) od. Hendiadyoin (BDR §442[29]; A378) *ich selbst werde euch Worte der*
Weisheit eingeben. **ᾗ** bezieht sich auf στόμα u. σοφίαν, steht aber wie
σοφίαν im Fem. Sg. (vgl. A95); DatO zu ἀντιστῆναι u. ἀντειπεῖν.
δυνήσονται Fut. Med. δύναμαι. **ἀντι-στῆναι** Aor. Inf. ἀνθ-
ίσταμαι[205] *sich entgegenstellen; Widerstand leisten, widerstehen* τινί
jmdm./etwas. **ἀντ-ειπεῖν** Aor. Inf. ἀντι-λέγω[191] *widersprechen, erwidern*
τινί *jmdm./etwas.* **ἅ-πας**[10] = πᾶς. **ἀντι-κείμενοι** Ptz. ἀντί-κειμαι
(A32) *im Streit liegen* τινί *mit jmdm.;* subst.; ἅπαντες οἱ ἀντικείμενοι
16 ὑμῖν *alle eure Widersacher/Gegner.* **16 παρα-δοθήσεσθε** Fut. Pass.
-δίδωμι hier *ausliefern, verraten.* **γονεῖς** έων οἱ (A8: ευ-St.) *Eltern.* **συγ-**
γενής[7] *verwandt;* subst. *Verwandter.* **φίλος** *Freund.* **θανατώσουσιν**
Fut. θανατόω *töten;* 3. Pl. hier im Sinn v. „man" (A76a). **ἐξ ὑμῶν** = τινὰς
17 (ἐξ) ὑμῶν (A137a; 164) *einige von euch.* **17 ἔσεσθε** Fut. εἰμί.
18 **μισούμενοι** Ptz. Pass. μισέω, umschrieb. Fut. (A249). **18 θρίξ** τριχός
ἡ (vgl. A3; H-S §42c) *Haar.* **οὐ μή** m. Aor. Konj. stärkste Verneinung
zukünftigen Geschehens (A257). **ἀπ-όληται** Aor. Konj. Med. -όλλυμαι;
καὶ (adversativ, A311,1) θρὶξ ... οὐ μὴ ἀπόληται *doch kein Haar ... wird*
19 *verlorengehen.* **19 ὑπο-μονή** *Ausharren, Geduld, Ausdauer, Standhaftigkeit.*
κτήσασθε Aor. Imp. Med. κτάομαι *erwerben, gewinnen, erlangen;* ἐν τῇ
ὑπομονῇ ὑμῶν κτήσασθε τὰς ψυχὰς ὑμῶν *gewinnt durch eure*
Standhaftigkeit euer Leben/das Leben = seid standhaft, dann werdet ihr das Leben
gewinnen (NGÜ) [Var. κτήσεσθε Fut. Med.].
20 **20 ἴδητε** Aor. Konj. ὁράω. **κυκλουμένην** Ptz. Pass. κυκλόω *um-*
geben, umringen, umzingeln, einschließen; AcP (A300). **στρατό-πεδον** *Heer,*
bes. *Legion;* Pl. *(feindliche) Heere/Truppen.* **Ἰερουσαλήμ** indekl., hier Akk.
τότε Korrelat zu ὅταν; ὅταν ... τότε *wenn ... dann* (B 2). **γνῶτε** Aor. Imp.
γινώσκω. **ἤγγικεν** V. 8. **ἐρήμωσις**[8] *Verwüstung, Entvölkerung, Zerstö-*
21 *rung.* **21 οἱ ἐν τῇ Ἰουδαίᾳ** *die, die in Judäa sind* (A105). **φευγέτω-**
σαν Imp. 3. Pl. φεύγω *fliehen.* **οἱ ἐν μέσῳ αὐτῆς** *die, die in ihrer* (Jeru-
salems) *Mitte sind* (B μέσος 2) = *wer in der Stadt ist.* **ἐκ-χωρείτωσαν**
Imp. 3. Pl. -χωρέω *wegziehen, fortgehen, auswandern.* **χώρα** *Land* (Ggs. zu
Stadt), *Landschaft, Gegend; Feld, Acker* (B 4); οἱ ἐν ταῖς χώραις *die, die auf*
dem Land sind/wohnen; evtl. *die, die auf den Feldern sind.* **εἰσ-ερχέσθωσαν**

Imp. Med. 3. Pl. -έρχομαι. 22 **ἐκ-δίκησις**[8] *Rache, Bestrafung;* ὅτι ἡμέ- 22
ραι ἐκδικήσεως αὗταί εἰσιν *denn dies sind die Tage/ist die Zeit der Ra-*
che/Vergeltung/Bestrafung. **τοῦ** m. Inf. fin. od. kons. (A281). **πλησθῆναι**
Aor. Inf. Pass. πίμπλημι[207] *anfüllen, vollmachen;* Pass. (v. Weissagungen) *in*
Erfüllung gehen (B 1bα); Präd. des AcI. **γε-γραμμένα** Pf. Ptz. Pass. γρά-
φω; Pf. Pass. term. tech. zur Einführung v. Schriftzitaten (B 2c): *in der Schrift*
heißt es/steht; subst.; πάντα τὰ γεγραμμένα *alles, was in der Schrift steht.*
23 **γαστήρ**[6] τρός ἡ *Bauch;* ἐν γαστρὶ ἔχω *schwanger sein.* **ἐχούσαις** 23
Ptz. Fem. ἔχω, subst. **θηλαζούσαις** Ptz. Fem. θηλάζω (< θηλή Mutter-
brust, Zitze) *säugen; saugen;* subst.; οὐαὶ ταῖς ἐν γαστρὶ ἐχούσαις καὶ
ταῖς θηλαζούσαις übers. etwa *wie schwer werden es die Frauen haben, die ein*
Kind erwarten oder stillen (NGÜ). **ἔσται** Fut. εἰμί. **ἀνάγκη** *Not;* ἔσται
ἀνάγκη μεγάλη ἐπὶ τῆς γῆς *es wird eine große Not im Land herrschen.*
ὀργή *Zorn; Zorngericht* (Gottes); ὀργὴ τῷ λαῷ τούτῳ dat. incommodi
(A173) *ein Zorngericht wird über dieses Volk (hereinbrechen).* 24 **πεσοῦνται** 24
Fut. Med. πίπτω hier (in der Schlacht) *fallen* (B 1bαℵ). **μάχαιρα** (zu -ρης
statt -ρας BDR §43[1]; H-S §25f) *Schwert;* στόμα μαχαίρης *Schwertschneide*
(B 1), *Schärfe des Schwerts = gewaltsamer Tod* (metonymisch, A381f); πεσοῦν-
ται στόματι (dat. instr., A176) μαχαίρης *sie/die Menschen werden fallen*
durch die Schärfe des Schwerts = die Menschen werden mit dem Schwert getötet
werden (NGÜ). **αἰχμ-αλωτισθήσονται** Fut. Pass. -αλωτίζω (vgl.
A33[91ff]) *zum Kriegsgefangenen machen, gefangennehmen;* αἰχμαλωτισθή-
σονται εἰς τὰ ἔθνη πάντα *sie werden als Kriegsgefangene unter alle Völker*
zerstreut/verschleppt werden (B 1). **πατουμένη** Ptz. Pass. πατέω *treten; zer-*
treten, zertrampeln (B 1aγ); umschrieb. Fut. (A249). **πληρωθῶσιν** Aor.
Konj. Pass. πληρόω; ἄχρι οὗ πληρωθῶσιν καιροὶ ἐθνῶν *bis die Zeit der*
Heiden vollendet/abgelaufen ist.

25 **ἔσονται** V. 11. **ἥλιος** *Sonne.* **σελήνη** *Mond.* **ἄστρον** *Stern-* 25
bild, Gestirn; hier *Stern.* **συν-οχή** *Gefängnis; Beklemmung, Angst.* **ἀ-πορία**
Ratlosigkeit, Angst. **ἦχος**[7] *Klang, Ton, Geräusch;* der Gen. gibt den Grund an
(ZG). **σάλος** *(das Wanken), Erschütterung* (hier vom wilden Gewoge des
Meeres [B]); (ἔσονται) ... συνοχὴ ἐθνῶν ἐν ἀπορίᾳ ἤχους θαλάσσης
καὶ σάλου *es wird Verzweiflung der Völker in ratloser Angst vor dem Brausen*
und Wogen des Meeres herrschen (vgl. Menge) = etwa *die Völker werden in Angst*
und Schrecken geraten und weder ein noch aus wissen vor den tobenden Wellen des
Meeres (NGÜ). 26 **ἀπο-ψυχόντων** Ptz. -ψύχω *ohnmächtig werden* (die 26
Besinnung verlieren) od. *den Geist aufgeben* (sterben); gen. abs. (A288), temp.;
ἀποψύχω ἀπὸ φόβου *vor Angst vergehen, halbtot vor Angst sein.* **προσ-**
δοκία *Erwartung.* **ἐπ-ερχομένων** Ptz. -έρχομαι *herbeikommen;* zeitl.
herankommen, nahen, hier *bevorstehen,* m. Dat. (B 1bβ); *kommen über;* subst.;
(ἀπό) ... προσδοκίας τῶν ἐπερχομένων τῇ οἰκουμένῃ *in (banger)*

Erwartung dessen, was der Erde bevorsteht. **οἰκουμένη** (Ptz. Fem. Pass.
οἰκέω wohnen + γῆ) *(bewohnte) Erde, Welt.* **σαλευθήσονται** Fut. Pass.
σαλεύω *zum Schwanken/ins Wanken bringen, erschüttern;* Pass. *erschüttert wer-
den, wanken;* αἱ δυνάμεις τῶν οὐρανῶν σαλευθήσονται *die Kräfte des
Himmels werden ins Wanken* (NGÜ: *aus dem Gleichgewicht*) *geraten* (B 1) od.
(freier) *die ganze Ordnung des Himmels wird zusammenbrechen* (GNB).
27 **27 ὄψονται** Fut. Med. ὁράω; hier 3. Pl. im Sinn v. „man" (A76a). **ἐρχό-
28 μενον** Ptz. ἔρχομαι, AcP (A300). **νεφέλη** *Wolke.* **28 ἀρχομένων**
Ptz. Med. ἄρχω, gen. abs. (A288), temp.; ἀρχομένων τούτων γίνεσθαι
wenn dies zu geschehen beginnt. **γίνεσθαι** V. 7. **ἀνα-κύψατε** Aor. Imp.
-κύπτω (vgl. A33[51ff]) *sich aufrichten.* **ἐπ-άρατε** Aor. Imp. -αίρω[132] *empor-
heben;* ἐπαίρω τὰς κεφαλάς *(neuen) Mut fassen* (vgl. B 1). **δι-ότι** (A338)
(deshalb) weil (= διὰ τοῦτο ὅτι) (vgl. BDR §294[6]), *denn.* **ἀπο-λύτρω-
σις**[8] *Erlösung, Loskauf, Freikauf* (aus Sklaverei).
29 **29 ἴδετε** Aor. Imp. ὁράω. **συκῆ** *Feigenbaum.* **δένδρον** *Baum;*
30 πάντα τὰ δένδρα *alle anderen Bäume* (A376a). **30 προ-βάλωσιν** Aor.
Konj. -βάλλω[112] *vorwerfen;* (jmdn.) *vordrängen;* (v. Pflanzen) *(Blätter) hervor-
treiben, ausschlagen.* **βλέποντες** Ptz. βλέπω, temp. **ἀφ' ἑαυτῶν**
(= ὑμῶν αὐτῶν; A126a) *von sich selbst aus* (B ἑαυτοῦ 1a); βλέποντες
ἀφ' ἑαυτῶν γινώσκετε *wenn ihr es seht, wißt ihr von selbst* = etwa *wißt ihr*
31 (NGÜ). **ἐγγύς** *nahe, bevorstehend.* **θέρος**[7] *Sommer.* **31 ἴδητε** Aor.
Konj. **γινόμενα** Ptz. γίνομαι, AcP (A300). **γινώσκετε** Imp., viell. Ind.
32 [Var. γινώσκεται Pass.]. **32 ὅτι** V. 3. **οὐ μή** V. 18; in V. 33 m. Fut. statt
m. Aor. Konj. **παρ-έλθῃ** Aor. Konj. -έρχομαι[187] *vorbei-, vorübergehen;* hier
vergehen (B 1bα). **γένηται** Aor. Konj. Med. γίνομαι; ἕως ἂν (A337)
33 πάντα γένηται *bis alles geschieht/eintrifft.* **33 παρ-ελεύσονται** Fut.
Med. -έρχομαι [Var. παρ-έλθωσιν Aor. Konj.].
34 **34 προσ-έχετε** Imp. -έχω m. Dat. *den Sinn richten, auf; achten auf;*
προσέχετε ἑαυτοῖς μήποτε *hütet euch/nehmt euch in acht, daß/damit nicht*
(B 1b). **μή-ποτε** *daß/damit nicht (etwa),* m. Konj. (A328; 339). **βαρηθῶ-
σιν** Aor. Konj. Pass. βαρέω *beschweren, bedrücken;* μήποτε βαρηθῶσιν
ὑμῶν αἱ καρδίαι ἐν *daß eure Herzen nicht beschwert werden durch* = etwa
daß ihr euch nicht gefangennehmen laßt durch (vgl. NGÜ). **κραιπάλη** *Rausch*
(u. seine Folge), *Schwindel, Taumel, Katzenjammer* (Schweizer, Lk, S. 207); evtl.
Schlemmerei (Menge), *ausschweifendes Leben* (NGÜ). **μέθη** *Trunkenheit.*
μέριμνα *Sorge* (ängstl. Besorgnis). **βιωτικός** *zum Leben gehörig, alltäg-
lich;* μέριμναι βιωτικαί *die Sorgen ums Dasein* (B μέριμνα), *die Alltagssor-
gen, die Sorgen des (täglichen) Lebens.* **ἐπι-στῇ** Aor. Konj. ἐφ-ίσταμαι[205]
herantreten, kommen/sich stellen zu/über/auf. **αἰφνίδιος**[11] *plötzlich;* Adj. adv.
gebraucht (A113); καί (kons., A311,2) ἐπιστῇ ἐφ' ὑμᾶς αἰφνίδιος ἡ
ἡμέρα ἐκείνη *so daß jener Tag plötzlich über euch kommt* = *sonst über-*

fällt/überrascht euch jener Tag plötzlich (vgl. H-S §259c/f). 35 **παγίς**[3] ἴδος ἡ 35
Schlinge, Fallstrick. **ἐπ-εισ-ελεύσεται** Fut. Med. -έρχομαι[187] *plötzlich*
eindringen, plötzlich hereinbrechen/kommen ἐπί τινα *über jmdn.* [Var. ἐπ-
ελεύσεται Fut. Med. -έρχομαι V. 26]. **καθημένους** Ptz. κάθημαι,
subst.; πάντες οἱ καθήμενοι ἐπὶ πρόσωπον πάσης τῆς γῆς *alle*
Bewohner der ganzen Erde. 36 **ἀγρ-υπνεῖτε** Imp. -υπνέω (< ἄγρ-υπνος 36
schlaflos) *wachsam sein.* **ἐν παντὶ καιρῷ** *zu jeder Zeit, immer* (B και-
ρός 1). **δεόμενοι** Ptz. δέομαι *bitten, beten;* mod. (A291,2 Anm. 1). **ἵνα**
hier fin. *damit* od. bez. das Erbetene (A328) *daß.* **κατ-ισχύσητε** Aor.
Konj. -ισχύω (< ἰσχύς Stärke, Kraft) *die Kraft haben, stark sein;* m. Inf.
vermögen, imstande sein (B 1), *können* [Var. κατ-αξιωθῆτε Aor. Konj. Pass.
-αξιόομαι *würdigen, für würdig halten/erachten*]. **ἐκ-φυγεῖν** Aor. Inf.
-φεύγω[72] m. Akk. *entfliehen; entrinnen, entkommen.* **μέλλοντα** Ptz.
μέλλω, attr. **γίνεσθαι** V. 7; subst. (vgl. A280); ταῦτα πάντα τὰ
μέλλοντα γίνεσθαι *dieses alles, was da kommen soll* (Menge), *alles, was*
geschehen wird. **σταθῆναι** Aor. Inf. Pass. (= στῆναι Wz.-Aor.) ἵσταμαι
hier *hintreten* ἔμπροσθέν τινος *vor jmdn.* (B II1b).
37 **ἦν** Ipf. εἰμί. **τὰς ἡμέρας** Akk. der zeitl. Ausdehnung (A148) *tags-* 37
über (B 1a). **διδάσκων** Ptz., umschrieb. Ipf. (A249). **ἐξ-ερχόμενος** Ptz.,
temp. (A291,1 Anm. 1). **ηὐλίζετο** Ipf. Med. αὐλίζομαι (< αὐλή Hof)
übernachten (ursprüngl. im Hof/draußen); Ipf. iter. (BDR §325[2]; A237b); τὰς
νύκτας (Akk. der zeitl. Ausdehnung, A148) ἐξερχόμενος ηὐλίζετο *abends*
ging er hinaus und verbrachte die Nächte/übernachtete. **εἰς** für ἐν (BDR §205[4]).
καλούμενον Ptz. Pass. καλέω, Pass. *(bei einem Namen) genannt werden,*
einen Namen tragen, heißen (B 1aγ); attr. **ἐλαία** *Olivenbaum, Ölbaum; Olive;*
τὸ καλούμενον ἐλαιῶν „der (der Berg) der Ölbäume heißt" = *der Ölberg*
heißt; viell. hier Nom. v. ἐλαιών[4] ῶνος ὁ *Olivenhain; Ölberg* (B 2; vgl. BDR
§143[3]). 38 **ὤρθριζεν** Ipf. ὀρθρίζω *frühmorgens aufsein, sich früh aufmachen;* 38
Ipf. iter. (BDR §325[2]; A237b). **πρὸς αὐτόν** *(und kam) zu ihm.* **ἀκούειν**
Inf., fin.

ἤγγιζεν Ipf. ἐγγίζω hier etwa *kurz bevorstehen* (NGÜ). **ἑορτή** *Fest.* **22**
ἄ-ζυμος[11] *ungesäuert, ohne/frei von Sauerteig;* τὰ ἄζυμα *ungesäuerte Brotfla-*
den (Mazzen); ἡ ἑορτὴ τῶν ἀζύμων *das Fest der ungesäuerten Brote* (Maz-
zenfest). **λεγομένη** Ptz. Pass. λέγω, attr.; ἡ λεγομένη πάσχα *das Pas-*
sa(fest) genannt wird (vgl. B II3). **πάσχα** τό indekl. *Passa(fest)* (14./15. Nisan
[Anfang April] zur Erinnerung an Israels Auszug aus Ägypten). 2 **ἐ-ζήτουν** 2
Ipf. ζητέω hier m. indirekter Frage im Sinn v. *sich Gedanken darüber machen*
(B 1c). **τὸ πῶς** = πῶς indirekter Fragesatz ist subst. (BDR §267[3]). **ἀν-**
έλωσιν Aor. Konj. -αιρέω[186] *beseitigen, aufheben; töten;* deliberativer Konj.
(A255) wie bei der entsprechenden direkten Frage, doch hier 3. statt 1. Pl. (vgl.
H-S §273e; A331); τὸ πῶς ἀνέλωσιν αὐτόν *wie sie ihn beseitigen könnten.*

3 **ἐ-φοβοῦντο** Ipf. φοβέομαι. **3 εἰσ-ῆλθεν** Aor. -έρχομαι εἴς τινα *in*
jmdn. hineinkommen/hineinfahren, von jmdm. Besitz ergreifen (B 1bβ). **σατα-**
νᾶς[1] ᾶ *Widersacher; Satan,* der Widersacher Gottes. **καλούμενον** Ptz.
Pass. καλέω, attr. *mit dem Beinamen* (B 1aγ; vgl. BDR §412[4]) bzw. *auch ... ge-*
nannt. **Ἰσκαριώτης**[1] *Iskariot,* Beiname des Judas (zur Bdtg. s. 6,16).
ὄντα Ptz. εἰμί hier ἔκ τινος *zu etwas gehören;* attr., viell. mod. od. konz.
ἀριθμός *Zahl, Anzahl;* ὄντα ἐκ τοῦ ἀριθμοῦ τῶν δώδεκα *der* (viell.
wobei od. *obwohl er*) *zu den Zwölfen/zwölf Jüngern (Jesu) gehörte* (B εἰμί III3).
4 **4 ἀπ-ελθών** Aor. Ptz. -έρχομαι, temp. **συν-ε-λάλησεν** Aor. συλ-λα-
λέω *sich unterreden, besprechen* τινί *mit jmdm.* **στρατ-ηγός** *Prätor; Tem-*
pelhauptmann; Pl. *Hauptleute/Offiziere (der Tempelwache).* **παρα-δῷ** Aor.
Konj. 3. Sg. -δίδωμι; deliberativer Konj. (A255; vgl. V. 2); τὸ πῶς αὐτοῖς
5 παραδῷ αὐτόν *wie er ihn* (Jesus) *an sie ausliefern könnte.* **5 ἐ-χάρησαν**
Aor. Pass. (m. akt. Bdtg.) χαίρω. **συν-έ-θεντο** Aor. Med. συν-τίθεμαι[200]
vereinbaren τινί *mit jmdm.* **ἀργύριον** *Silber; (Silber-)Geld,* hier allgem. *Geld*
(B 2b). **δοῦναι** Aor. Inf. δίδωμι; συνέθεντο αὐτῷ ἀργύριον δοῦναι
6 *sie kamen mit ihm überein, ihm Geld dafür* (vgl. A79) *zu geben.* **6 ἐξ-ωμο-**
λόγησεν Aor. -ομο-λογέω *versprechen, zusagen, einverstanden sein.* **ἐ-ζή-**
τει Ipf. ζητέω. **εὐ-καιρία** *günstige Gelegenheit.* **τοῦ** m. Inf. Attr. zu εὐ-
καιρίαν (H-S §225a); εὐκαιρίαν τοῦ παραδοῦναι αὐτόν *eine günstige*
Gelegenheit, ihn auszuliefen. **παρα-δοῦναι** Aor. Inf. -δίδωμι. **ἄτερ**
uneig. Präp. (A183) *ohne;* ἄτερ ὄχλου *hinter dem Rücken des Volkes* (Menge),
ohne daß das Volk etwas merkte.
7 **7 ἄ-ζυμος** V. 1. **ἔ-δει** Ipf. δεῖ. **θύεσθαι** Inf. Pass. θύω *opfern;*
schlachten; Präd. des AcI, abhängig v. ἔδει. **πάσχα** V. 1; hier *Passalamm*
8 (das am Fest gegessen wird) (B 2). **8 ἀπ-έ-στειλεν** Aor. ἀπο-στέλλω.
εἰπών Aor. Ptz. λέγω, mod. **πορευθέντες** Aor. Ptz. Pass. (ohne bes.
Pass.-Bdtg.) πορεύομαι, temp. (als Imp. + „und" übers.; A291,1 Anm. 1).
ἑτοιμάσατε Aor. Imp. ἑτοιμάζω. **πάσχα** V. 1; hier *Passamahl* (Mittel-
9 punkt des Festes) (B 3). **φάγωμεν** Aor. Konj. ἐσθίω. **9 οἱ δέ** *(und) die-*
se/sie (A102). **εἶπαν** Aor. (vgl. H-S §105g) λέγω. **ἑτοιμάσωμεν** Aor.
Konj.; deliberativer Konj., hier ergänzt durch asyndetisch davorgesetztes θέ-
λεις (A255): ποῦ θέλεις ἑτοιμάσωμεν; *wo willst du, (daß) wir es vorbe-*
10 *reiten?* (B θέλω 1) = *wo sollen wir es vorbereiten?* **10 ὁ δέ** *(und) dieser/er*
(A102). **εἰσ-ελθόντων** Aor. Ptz. -έρχομαι, gen. abs. (A288f), temp.
συν-αντήσει Fut. -αντάω *begegnen.* **κεράμιον** *Tonkrug;* m. gen. mate-
riae (A159); κεράμιον ὕδατος *ein Krug mit Wasser, ein Wasserkrug.* **βα-**
στάζων Ptz. βαστάζω *aufheben; tragen;* attr. **ἀκολουθήσατε** Aor.
Imp. ἀκολουθέω. [Var. οὗ[18] *wo, wohin.*] **εἰσ-πορεύομαι** *hineingehen,*
11 *-kommen.* **11 ἐρεῖτε** Fut. λέγω, mod. Fut. (A247b). **οἰκο-δεσπότης**[1]
Hausherr; ὁ οἰκοδεσπότης τῆς οἰκίας pleon. (H-S §294x) *der Hausherr.*

λέγει σοι hier *läßt dich fragen* (vgl. B λέγω II1a). **κατά-λυμα**[3] *Herberge;*
Unterkunft, auch v. Aufenthalts- u. Wohnräumen jeder Art, hier v. einem *Speise-*
saal, übers. etwa *Raum.* **πάσχα** V. 8. **φάγω** Aor. Konj. ἐσθίω; deliberati-
ver Konj. (A255); Hintergrund zu ὅπου ... φάγω bildet ein ποῦ φάγω ... *wo*
soll ich ... essen od. fin. (ὅπου-NS ist Rel.-Satz m. fin. Nebensinn = ἵνα φάγω
[BDR §378; vgl. A369]); ποῦ ἐστιν τὸ κατάλυμα ὅπου ... φάγω; *wo ist*
der Raum, in dem ich ... essen/feiern kann? **12 κἀκεῖνος** = καὶ ἐκεῖνος. 12
δείξει Fut. δείκνυμι[212] *zeigen.* **ἀνά-γαιον** *Oberzimmer = Zimmer im*
Obergeschoß. **ἐ-στρωμένον** Pf. (A231) Ptz. Pass. στρωννύω/στρώννυ-
μι[228] *auslegen, ausbreiten;* attr.; ἐστρωμένον wohl *(mit Teppichen und Pol-*
stern) ausgestattet (EWNT 3, Sp. 672; B). **ἑτοιμάσατε** V. 8; ἐκεῖ ἑτοιμά-
σατε *bereitet dort (alles/das Passamahl)* (vgl. A79) *vor.* **13 ἀπ-ελθόντες** 13
Aor. Ptz. -έρχομαι, temp. **εὗρον** Aor. εὑρίσκω. **εἰρήκει** Plsqpf. λέγω;
εὗρον καθὼς εἰρήκει αὐτοῖς *sie fanden (alles)* (A79) *so, wie er es* (A79)
ihnen gesagt hatte. **ἡτοίμασαν** Aor. V. 8. **πάσχα** V. 8.

14 ἐ-γένετο Aor. Med. γίνομαι; καὶ ὅτε ἐγένετο ἡ ὥρα *als dann* 14
die Stunde (für das Passamahl) *gekommen war.* **ἀν-έ-πεσεν** Aor. ἀνα-
πίπτω[194] *sich niederlegen/niederlassen, Platz nehmen (um zu essen);* ἀνέπεσεν
καὶ οἱ ἀπόστολοι σὺν αὐτῷ *er* (Jesus) *setzte sich mit den Aposteln zu Tisch.*
15 ἐπι-θυμία *Verlangen, Sehnsucht.* **ἐπ-ε-θύμησα** Aor. ἐπι-θυμέω 15
begehren, verlangen nach, wünschen; ἐπιθυμίᾳ (dat. modi, A180) ἐπιθυμέω
sehnliches Verlangen haben (B ἐπιθυμία 2), *sich sehr danach sehnen* (H-S
§180c). **πάσχα** V. 8. **φαγεῖν** Aor. Inf. ἐσθίω; τοῦτο τὸ πάσχα φα-
γεῖν μεθ᾽ ὑμῶν *dieses Passamahl mit euch zu essen/feiern.* **πρὸ τοῦ** m. AcI
temp. (A282) *bevor, ehe.* **παθεῖν** Aor. Inf. πάσχω. **16 ὅτι** recitativum = 16
Doppelpunkt (A333). **οὐ μή** m. Aor. Konj. stärkste Verneinung zukünftigen
Geschehens (A257). **φάγω** Aor. Konj. **πληρωθῇ** Aor. Konj. Pass. πλη-
ρόω; ἕως ὅτου (= ἕως [οὗ] m. Konj. [A337]) πληρωθῇ *bis es sich erfüllt,*
bis es seine (volle) Erfüllung findet (vgl. B 4a). **17 δεξάμενος** Aor. Ptz. Med. 17
δέχομαι, temp. (A291,1 Anm. 1). **ποτήριον** *Becher, Kelch.* **εὐ-χαρι-**
στήσας Aor. Ptz. -χαριστέω *danken, Dank sagen; das Dankgebet sprechen;*
temp. (A291,1 Anm. 1). **λάβετε** Aor. Imp. λαμβάνω. **δια-μερίσατε**
Aor. Imp. -μερίζω (vgl. A33[91ff]) *teilen; verteilen, austeilen;* διαμερίσατε εἰς
ἑαυτούς *(ver)teilt ihn unter euch.* **ἑαυτούς** für ὑμᾶς αὐτούς (ZG; vgl.
A126). **18 πίω** Aor. Konj. πίνω. **ἀπὸ τοῦ νῦν** *von jetzt an* (vgl. B νῦν 18
3b). **γένημα**[3] *Erzeugnis, Frucht, Ertrag;* τὸ γένημα τῆς ἀμπέλου *das Er-*
zeugnis/die Frucht des Weinstocks, im Judentum gebräuchl. Umschreibung für
Wein (vgl. EWNT 1, Sp. 584). **ἄμπελος** ἡ *Weinstock.* **ἕως οὗ** hier m.
Konj. *bis* (A337). **ἔλθῃ** Aor. Konj. ἔρχομαι. **19 λαβών** Aor. Ptz. λαμ- 19
βάνω, temp. (A291,1 Anm. 1). **εὐ-χαριστήσας** V. 17. **ἔ-κλασεν** Aor.
κλάω[23] *(in Stücke) brechen;* erg. τοῦτον/αὐτόν (A79), analog zu ἔδωκεν.

ἔ-δωκεν Aor. δίδωμι. **ἐστίν** *ist,* hier wohl als Metapher (A380) bzw. er-
klärend gebraucht im Sinn v. *bedeutet* (DJG, S. 447; vgl. B **εἰμί** II3), *stellt ... dar*
(vgl. GBL 1, S. 5); analog in V. 20. **διδόμενον** Ptz. Pass. δίδωμι, attr.; τὸ
ὑπὲρ ὑμῶν διδόμενον *der für euch hingegeben wird.* **ποιεῖτε** Imp.
ποιέω. **ἀνά-μνησις**[8] *Erinnerung;* εἰς τὴν ἐμὴν ἀνάμνησιν *zur Erin-*
20 *nerung an mich* (Poss.-Pron. im Sinn eines gen. obi., A129). **20 ποτήριον**
V. 17. **ὡσ-αύτως** *in gleicher Weise, ebenso.* **μετὰ τό** m. Inf./AcI temp.
(A282) *nach, nachdem;* μετὰ τὸ δειπνῆσαι *nach dem Essen, nachdem (sie)*
gegessen hatten. **δειπνῆσαι** Aor. Inf. δειπνέω *speisen, essen.* **ποτήριον**
(zweites) metonymisch (Gefäß für den Inhalt; A382c; B 1); erg. ἐστίν. **δια-**
θήκη *Testament;* im NT meist: *Heilsverfügung, -setzung, Bund;* ἡ καινὴ δια-
θήκη ἐν τῷ αἵματί μου *die neue Heilsverfügung/der neue Bund (begründet)*
durch mein Blut (d.h. durch meinen Tod, der Sühne wirkt). **ἐκ-χυννόμενον**
Ptz. Pass. -χέω/χύννω *ausgießen, ausschütten;* (Blut) *vergießen;* attr.
21 **21 πλήν** *aber, jedoch.* **παρα-διδόντος** Ptz. -δίδωμι hier *ausliefern,*
verraten; subst. **τράπεζα** *Tisch;* ἡ χεὶρ τοῦ παραδιδόντος με μετ'
ἐμοῦ ἐπὶ τῆς τραπέζης *die Hand dessen, der mich ausliefert/verrät, ist mit*
22 *mir am Tisch = der, der mich ausliefert/verrät, sitzt mit mir am Tisch.* **22 ὅτι**
hier *denn* (vgl. B 3b). **μέν ... πλήν** (statt δέ) *zwar ... aber/doch.*
ὡρισμένον Pf. Ptz. Pass. ὁρίζω (vgl. A33[91ff]) *bestimmen, festsetzen,*
beschließen; subst.; κατὰ τὸ ὡρισμένον *nach der* (göttl.) *Bestimmung*
(B 1aα). **πορεύομαι** hier wohl Euphemismus (A385) für *in den Tod gehen,*
dahingehen, sterben (B 2a); Präs. hier fut. (A234); κατὰ τὸ ὡρισμένον
πορεύεται *er geht dahin/wird sterben, wie es bestimmt ist* = etwa *er muß den*
23 *Weg gehen, der ihm bestimmt ist.* **παρα-δίδοται** Pass. **23 ἤρξαντο** Aor.
Med. ἄρχω. **συ-ζητεῖν** Inf. -ζητέω *sich (miteinander) besprechen;*
diskutieren, streiten; αὐτοὶ ἤρξαντο συζητεῖν πρὸς ἑαυτούς *sie fingen an,*
sich untereinander zu besprechen (Menge) = *sie fingen an, einander zu fragen.* **τὸ**
τίς = τίς indirekter Fragesatz ist subst. (BDR §267[3]). **ἐκ** umschreibt gen.
partitivus (vgl. B 4aβ). **εἴη** Opt. εἰμί; obliquer Opt. (BDR §386,1; vgl. A261).
μέλλων Ptz., subst. **πράσσειν** Inf. πράσσω *tun, handeln, vollbringen,*
verüben; τὸ τίς ἄρα εἴη ἐξ αὐτῶν ὁ τοῦτο μέλλων πράσσειν *wer von*
ihnen es wohl sei, der so etwas tun werde.
24 **24 ἐ-γένετο** V. 14, hier *entstehen* (B I1bβ). **φιλο-νεικία** *Streit.* **ἐν**
bei, unter. **τὸ τίς** V. 23. **αὐτῶν** gen. partitivus (A164). **εἶναι** Inf. εἰμί.
μείζων Komp. in Bdtg. des Superlativs (A118,2); τὸ τίς αὐτῶν δοκεῖ
εἶναι μείζων *wer von ihnen der Größte zu sein scheine = wer von ihnen als der*
25 *Größte zu gelten habe* bzw. *wer von ihnen wohl der Größte sei* (Einh.). **25 ὁ δέ**
V. 10. **κυριεύω** *Herr sein über, Gewalt haben über, herrschen über,* m. Gen.
(A165). **ἐξ-ουσιάζοντες** Ptz. -ουσιάζω *Recht/Macht haben (über),* m.
Gen. (A165); subst.; οἱ ἐξουσιάζοντες αὐτῶν *ihre Machthaber.* **εὐ-εργέ-**

της[1] *Wohltäter.* **καλοῦνται** Pass. καλέω Pass. hier *sich nennen lassen*
(B 1aβ). **26 ὑμεῖς οὐχ οὕτως** ellip., übers. etwa *ihr sollt nicht so tun/han-* 26
deln (BDR §480[9]; B οὕτω 1b) bzw. *bei euch soll es nicht so sein.* **ἐν, μείζων**
V. 24. **γινέσθω** Imp. Med. 3. Sg. γίνομαι. **νεώτερος** Komp. v. νέος
neu, frisch; jung; subst.; ὁ νεώτερος m. superlativischer Bdtg. (A118,2) *der*
Jüngste (im Sinn v. der Geringste, der die niedrigsten Arbeiten zu tun hat (B
νέος 2aβ). **ἡγούμενος** Ptz. ἡγέομαι *meinen, glauben, halten für; führen,*
leiten, Herrscher sein (B 1); subst. **διακονῶν** Ptz. διακονέω *(be)dienen* (v.
Dienstleistungen jeder Art); subst. **27 ἀνα-κείμενος** Ptz. -κειμαι (A32) 27
liegen; „(zu Tisch) liegen" = *bei Tisch sein, am Tisch sitzen;* subst. **οὐχί** *nicht;*
erwartet als Frageeinleitung eine bejahende Antwort (A320). **ἐγώ** betont
(A122). **ἐν μέσῳ ὑμῶν** *unter euch* (B μέσος 2), *in eurer Mitte.*

28 ὑμεῖς betont (A122). **δια-με-μενηκότες** Pf. Ptz. δια-μένω[117] 28
verharren, bleiben, ausharren μετά τινος *bei jmdm.* (B); subst. **πειρασμός**
Prüfung; Versuchung, Anfechtung. **29 δια-τίθεμαι**[200] *verfügen, anordnen, be-* 29
stimmen; übereignen τινί τι *jmdm. etwas* (B 2); *testamentarisch verfügen, hinter-*
lassen; κἀγὼ διατίθεμαι ὑμῖν ... βασιλείαν *so vermache ich euch eine*
Königsherrschaft ... etwa = *so gebe ich euch (Anteil an der) Herrschaft* ... **δι-έ-**
θετο Aor. Med. **30 ἵνα** viell. kons. *so daß.* **ἔσθητε** Konj. ἐσθίω/ἔσθω 30
(BDR §101[23]). **πίνητε** Konj. πίνω. **τράπεζα** *Tisch.* **καθήσεσθε** Fut.
Med. κάθημαι. **φυλή** *(Volks-)Stamm.* **κρίνοντες** Ptz. κρίνω, fin.

31 Σίμων Vok. **σατανᾶς** V. 3. **ἐξ-ητήσατο** Aor. Med. -αιτέο- 31
μαι *für sich erbitten/fordern, sich ausbitten* τινά *jmdn.* (B 1); ὁ σατανᾶς ἐξη-
τήσατο ὑμᾶς τοῦ σινιάσαι *der Satan hat sich euch ausgebeten, um euch zu*
sieben/sichten = *der Satan hat sich erbeten, euch schütteln zu dürfen* (vgl. NGÜ).
τοῦ m. Inf. fin. (A281). **σινιάσαι** Aor. Inf. σινιάζω (vgl. A33[91ff]) *im Sieb*
schütteln, sieben, sichten. **σῖτος** *Weizen, Getreide.* **32 ἐγώ** betont (A122). 32
ἐ-δεήθην Aor. Pass. (ohne bes. Pass.-Bdtg.) δέομαι[177] *bitten, beten.* **ἵνα**
hier *daß* (A328; bez. das Erbetene). **ἐκ-λίπῃ** Aor. Konj. -λείπω[44] *nachlas-*
sen, ausgehen, erlöschen, aufhören. **ποτέ**[18] *irgendeinmal, einst.* **ἐπι-στρέ-**
ψας Aor. Ptz. -στρέφω[47] intr. *sich umwenden, umkehren, zurückkehren* (hier
im Sinn v. „zu Gott zurückkehren"), *sich bekehren* (B 1bβ); temp.; σύ ποτε
ἐπιστρέψας *wenn du dich einst bekehrt haben wirst* (B ποτέ 1) bzw. *wenn du*
dann umgekehrt (und zurechtgekommen) bist (NGÜ). **στήρισον** Aor. Imp.
στηρίζω[85] *stärken, festigen.* **33 ὁ δέ** *doch dieser/er* (A102). **κύριε** Vok. 33
ἕτοιμος *bereit.* **καί** (erstes) verstärkend (vgl. A313) *auch, sogar.* **πορεύε-**
σθαι Inf. **34 Πέτρε** Vok. **φωνήσει** Fut. φωνέω hier *krähen.* **ἀλέ-** 34
κτωρ[6] ορος ὁ *Hahn.* **τρίς**[19] *dreimal.* **ἀπ-αρνήσῃ** Aor. Konj. Med. -αρ-
νέομαι *leugnen, verleugnen.* **εἰδέναι** Pf. (m. präs. Bdtg.) Inf. οἶδα; οὐ φω-
νήσει σήμερον ἀλέκτωρ ἕως (m. Konj. [A337]) τρίς με ἀπαρνήσῃ
εἰδέναι *der Hahn wird heute nicht krähen, bis du dreimal geleugnet hast, mich zu*

kennen = bevor/ehe heute der Hahn kräht, wirst du dreimal leugnen, mich zu ken-
nen (Einh.) [in der Var. ist μή unübersetzbar (H-S §247d; BDR §429,2)].
35 **35 ἀπ-έ-στειλα** Aor. ἀπο-στέλλω. **ἄτερ** V. 6. **βαλλάντιον**
Geldbeutel. **πήρα** *Ranzen, Reisesack, Reisetasche, Vorratstasche;* evtl. *Bettel-*
sack. **ὑπό-δημα**[3] *Sandale, Schuh.* **μή** *etwa* (verneinende Antwort angedeu-
tet, A320). **ὑστερήσατε** Aor. ὑστερέω *zu spät kommen;* Akt. u. Pass.
Mangel leiden an, entbehren, ermangeln, fehlen, m. Gen. (vgl. A167); μή τινος
ὑστερήσατε; *habt ihr da Mangel an irgend etwas gelitten?* (Menge), *hat euch*
da etwas gefehlt? **οἱ δέ, εἶπαν** V. 9. **οὐθ-είς** (vgl. A20) = οὐδ-είς; οὐθ-
36 ενός (Ntr.) *an nichts* bzw. *nein, nichts.* **36 ἀλλὰ νῦν** *aber jetzt.* **ἔχων** Ptz.,
subst. **ἀράτω** Aor. Imp. 3. Sg. αἴρω hier *an sich nehmen* (B 2), *mitnehmen;* ὁ
ἔχων βαλλάντιον ἀράτω *wer einen Geldbeutel hat, soll ihn* (A79) *mitneh-*
men. **ὁμοίως** *in gleicher Weise, ebenso.* **πωλησάτω** Aor. Imp. 3. Sg.
πωλέω *verkaufen;* ὁ μὴ ἔχων πωλησάτω τὸ ἱμάτιον αὐτοῦ *wer nichts*
(kein Geld u. keinen Ranzen) *hat, soll seinen Mantel verkaufen* = etwa *wer nichts*
hat als sein Obergewand, soll es verkaufen (GNB) od. *wer kein (Schwert) hat, soll*
seinen Mantel verkaufen. **ἀγορασάτω** Aor. Imp. 3. Sg. ἀγοράζω (vgl.
37 A33[91ff]) (< ἀγορά Marktplatz) *kaufen.* **μάχαιρα** *Schwert.* **37 ὅτι** V. 16.
γε-γραμμένον Pf. Ptz. Pass. γράφω, subst.; τοῦτο τὸ γεγραμμένον
δεῖ τελεσθῆναι ἐν ἐμοί, τό· (τό leitet atl. Zitat ein [BDR §267[2]) *folgendes*
Schriftwort muß sich an mir erfüllen: **τελεσθῆναι** Aor. Inf. Pass. τελέω[27]
beenden, vollenden; ausführen, durchführen, erfüllen, verwirklichen; Präd. des AcI.
ἄ-νομος[11] *gesetzlos, gesetzeswidrig;* subst. hier *Verbrecher* (B 3). **ἐ-λογίσθη**
Aor. Pass. λογίζομαι; μετὰ ἀνόμων ἐλογίσθη *er wurde zu den Verbre-*
chern gerechnet. **καὶ γάρ** *denn* (vgl. BDR §452[4]), *in der Tat.* **τό** näml. τὸ
γεγραμμένον. **τέλος ἔχειν** *ein Ende haben* (B ἔχω I2f), *zu Ende sein* (B
τέλος 1a); τὸ (näml. τὸ γεγραμμένον) περὶ ἐμοῦ τέλος ἔχει *was über*
mich geschrieben steht, geht jetzt in Erfüllung/kommt jetzt zum Abschluß.
38 **38 κύριε** Vok. **ὁ δέ** V. 33. **ἱκανός** *hinlänglich, genügend, genug;* ἱκανόν
ἐστιν *es reicht aus, es genügt* (B 1c) od. *genug davon!*
39 **39 ἐξ-ελθών** Aor. Ptz. -έρχομαι, temp. **ἐ-πορεύθη** Aor. Pass.
(ohne bes. Pass.-Bdtg.) πορεύομαι. **ἔθος**[7] *Brauch, Sitte;* κατὰ τὸ ἔθος *wie*
gewöhnlich (B 1), *wie gewohnt.* **εἰς** hier *an.* **ἐλαία** *Olivenbaum, Ölbaum; Oli-*
ve; τὸ ὄρος τῶν ἐλαιῶν *der Ölberg* (östl. v. Jerusalem). **ἠκολούθησαν**
40 Aor. ἀκολουθέω. **40 γενόμενος** Aor. Ptz. Med. γίνομαι hier *kommen;*
temp.; γενόμενος ἐπὶ τοῦ τόπου *als er an den Platz gekommen war*
(B I4cγ), *als er dort angekommen war.* **προσ-εύχεσθε** Imp. **εἰσ-ελθεῖν**
Aor. Inf. -έρχομαι; Inf. als Obj. (A273); προσεύχεσθε μὴ εἰσελθεῖν εἰς
πειρασμόν *betet darum, daß ihr nicht in Versuchung geratet.* **πειρασμός**
41 V. 28. **41 ἀπ-ε-σπάσθη** Aor. Pass. ἀπο-σπάω[24] *herausziehen;* Pass. *sich*
losreißen, sich entfernen/trennen. **ὡσ-εί** *wie;* (bei Zahlen u. Maßen) *ungefähr.*

βολή *Wurf;* λίθου βολήν Akk. der örtl. Ausdehnung (BDR §161[1]; A148) *ei-
nen Steinwurf weit.* **θείς** Aor. Ptz. τίθημι, temp. **γόνυ**[3] νατος τό *Knie;* τί-
θημι τὰ γόνατα (Lat., BDR §5[19]) *die Knie beugen* (B), *niederknien* (Respekts-
bezeugung bzw. Gebetshaltung). **προσ-ηύχετο** Ipf. Med. -εύχομαι [Var.
προσ-ηύξατο Aor. Med.]. **42 λέγων** Ptz., mod., pleon. (A297,1). **πάτερ** 42
Vok. πατήρ. **εἰ** m. Ind. indefiniter Fall (A342). **βούλει** 2. Sg. βούλομαι
(BDR §27[2]) *wollen, wünschen.* **παρ-ένεγκε** Aor. Imp. παρα-φέρω[198] *fort-,
wegführen/treiben/nehmen;* hier τὶ ἀπό τινος *etwas von jmdm. nehmen* (B 2c),
etwas an jmdm. vorübergehen lassen [Var. 1 παρ-ενέγκαι Aor. Inf.; Var. 2
παρ-ενεγκεῖν Aor. Inf.; dann fehlt der Nachsatz (Aposiopese, BDR §482[3];
vgl. A377) od. εἰ steht hier vor direkter Frage (BDR §440[5])]. **ποτήριον**
V. 17; hier GN: *Leidenskelch,* NGÜ: *(bitterer) Kelch;* m. „Kelch" ist hier vor
allem das Leiden u. Sterben gemeint. **πλήν** *aber, jedoch.* **σός** (A128) *dein;*
τὸ σόν *der deine,* erg. θέλημα. **γινέσθω** Imp. Med. 3. Sg. γίνομαι.
43 ὤφθη Aor. Pass. ὁράω. **ἐν-ισχύων** Ptz. -ισχύω *stärken, (neue) Kraft* 43
geben; mod. (A291,2 Anm. 1) od. fin. **44 γενόμενος** Aor. Ptz. Med. γίνο- 44
μαι hier *sich befinden* (B II4a); mod. **ἀγωνία** (< ἀγώνιος zum [Wett-]
Kampf gehörig) *Angst;* γενόμενος ἐν ἀγωνίᾳ *in seiner Angst* (Einh.), *in
angstvoller Erregung* (EWNT 1, Sp. 64). **ἐκ-τενέστερος** Komp. v. ἐκ-τενής
angespannt, beharrlich, eifrig; Ntr. als Komp. des Adv. (ἐκ-τενῶς) gebraucht;
ἐκτενέστερον προσηύχετο *er betete (noch) angespannter/inständiger;* viell.
Komp. elativisch *er betete sehr inbrünstig* (B; vgl. A119). **ἐ-γένετο** V. 14.
ἱδρώς[3] ῶτος ὁ *Schweiß.* **θρόμβος** *Tropfen.* **κατα-βαίνοντες** Ptz.
-βαίνω hier *herabfallen* (B 1b), *(herab)tropfen;* attr.; ἐγένετο ὁ ἱδρὼς αὐ-
τοῦ ὡσεὶ θρόμβοι αἵματος καταβαίνοντες ἐπὶ τὴν γῆν *sein Schweiß
war wie Blutstropfen, die auf die Erde fallen = sein Schweiß tropfte wie Blut auf die
Erde* (NGÜ). **45 ἀνα-στάς** Aor. Ptz. ἀν-ίσταμαι, temp. (A291,1 Anm. 1; 45
A296). **προσ-ευχή** *Gebet.* **ἐλθών** Aor. Ptz. ἔρχομαι, temp. **εὗρεν**
Aor. εὑρίσκω. **κοιμωμένους** Ptz. κοιμάομαι *schlafen, einschlafen;* AcP
(A300). **ἀπό** gibt den Beweggrund an (B V3) *aus, vor.* **λύπη** *Trauer, Kum-
mer.* **46 τί** adv. *warum?* (vgl. B τίς 3a; A134a); τί καθεύδετε *warum schlaft* 46
ihr bzw. *wie könnt ihr schlafen.* **καθ-εύδω** *schlafen.* **ἀνα-στάντες** Aor.
Ptz. V. 45. **προσ-εύχεσθε** Imp. **ἵνα** hier fin. od. *daß* (A328; bez. das Er-
betene; B II1aγ). **εἰσ-έλθητε** Aor. Konj. V. 40. **πειρασμός** V. 28.

47 λαλοῦντος Ptz. λαλέω, gen. abs. (A288), temp. **λεγόμενος** 47
Ptz. Pass. λέγω, attr.; ὁ λεγόμενος Ἰούδας *der mit dem Namen Judas*
(B II3). **εἷς τῶν δώδεκα** gen. partitivus (A164) *einer von den Zwölfen/zwölf
Jüngern (Jesu);* App. (A70). **προ-ήρχετο** Ipf. Med. -έρχομαι *vorgehen, vor-
wärtsgehen, weitergehen; vorangehen* (als Anführer), m. Akk.; προήρχετο
αὐτούς *er ging ihnen voran, er ging an ihrer Spitze.* **ἤγγισεν** Aor. ἐγγίζω.
φιλῆσαι Aor. Inf. φιλέω *lieben, gern haben;* hier *küssen;* fin. **48 Ἰούδα** 48

Vok. Ἰούδας. **φίλημα**[3] *Kuß;* dat. instr. (A176). **παρα-δίδως** 2. Sg.
49 V. 21. **49 ἰδόντες** Aor. Ptz. ὁράω hier etwa *merken, begreifen;* temp. **οἱ**
περὶ αὐτόν *seine Umgebung, seine Jünger* (B περί 2aδ). **ἐσόμενον** Fut.
Ptz. εἰμί, subst. *das Zukünftige* (B I4), *was da geschehen sollte* (H-S §204b).
εἶπαν V. 9. **κύριε** Vok. **πατάξομεν** Fut. πατάσσω (vgl. A33[74ff])
schlagen, stoßen; dreinschlagen (B 1b); mod. Fut. (A247b); εἰ (hier vor direkter
Frage, BDR §440[5]) πατάξομεν ἐν μαχαίρῃ; *sollen wir mit dem Schwert*
dreinschlagen/zuschlagen? **μάχαιρα** V. 36; zu -ρῃ statt -ρᾳ BDR §43[1]; H-S
50 §25f). **50 ἐ-πάταξεν** Aor. **εἷς τις** (klass.) *ein beliebiger* (BDR §247[6]), *ein*
gewisser, irgendeiner (B εἷς 3c). **ἐκ** umschreibt gen. partitivus (vgl. B 4aα/β);
εἷς τις ἐξ αὐτῶν *einer von ihnen.* **ἀφ-εῖλεν** Aor. -αιρέω[186] *wegnehmen,*
51 hier *abhauen* (B 1). **οὖς**[3] ὠτός τό *Ohr.* **51 ἀπο-κριθείς** Aor. Ptz. Pass.
(ohne Pass.-Bdtg.) -κρίνομαι, pleon. (A297,2); ἀποκριθείς ... εἶπεν *er ant-*
wortete. **ἐᾶτε** Imp. ἐάω *lassen;* hier *ablassen, aufhören;* ἐᾶτε ἕως τούτου
laßt ab! bis hierher und nicht weiter! (Menge), *hört auf damit!* (Einh.). **ἁψάμε-**
νος Aor. Ptz. Med. ἅπτω[51] Med. *berühren, anfassen, anrühren* τινός (A165)
etwas; temp. (A291,1 Anm. 1). **ὠτίον** (äußeres) *Ohr.* **ἰάσατο** Aor. Med.
ἰάομαι[17] *heilen.*
52 **52 παρα-γενομένους** Aor. Ptz. Med. -γίνομαι[176] *ankommen, kom-*
men, herzukommen ἐπί τινα *zu jmdm.* (bes. in feindl. Absicht); attr. **στρατ-**
ηγός V. 4. **πρεσβύτερος** Pl. hier v. Mitgliedern einer Gruppe des Syn-
edriums (B 2aβ; GNB: *Ratsälteste*). **λῃστής**[1] *Räuber, Straßenräuber;* übers.
viell. am besten *Verbrecher.* **ἐξ-ήλθατε** Aor. (vgl. H-S §105g) -έρχομαι hier
ἐπί τινα *gegen jmdn. ausziehen* (vgl. B 1aε) [Var. ἐξ-εληλύθατε Pf.].
μάχαιρα V. 36. **ξύλον** *Holz;* v. hölzernen Gegenständen: *Prügel, Knüppel.*
53 **53 καθ᾽ ἡμέραν** *täglich, Tag für Tag* (A195). **ὄντος** Ptz. εἰμί, gen. abs.
(A288f), temp. **ἐξ-ε-τείνατε** Aor. ἐκ-τείνω (vgl. A33[118ff]) *ausstrecken;* ἐκ-
τείνω τὰς χεῖρας ἐπί τινα *die Hände nach jmdm.* (in feindl. Absicht) *aus-*
strecken (B 1). **ἐξ-ουσία** hier *Machtbereich* (B 4b). **σκότος**[7] *Dunkelheit;*
Finsternis (Bereich des Gottfeindl.); ἡ ἐξουσία τοῦ σκότους übers. etwa
(jetzt) übt die Finsternis ihre Macht aus (NGÜ).
54 **54 συλ-λαβόντες** Aor. Ptz. -λαμβάνω[152] *ergreifen, fangen, festneh-*
men (B 1aα); temp. **ἤγαγον** Aor. ἄγω hier *abführen* (B 2). **εἰσ-ήγαγον**
Aor. -άγω[59] *hineinführen; hineinbringen.* **ἠκολούθει** Ipf. ἀκολουθέω.
μακρόθεν *von ferne, von weitem,* hier etwa *in weitem Abstand* (GNB), *in eini-*
55 *ger Entfernung* (NGÜ). **55 περι-αψάντων** Aor. Ptz. -άπτω[51] *anzünden;*
gen. abs. (A288f), erg. αὐτῶν (BDR §423[3]); temp. **ἐν μέσῳ** *in der Mitte,*
mitten unter (B μέσος 2). **αὐλή** *Hof, Gehöft, (Tempel-)Vorhof;* hier wohl *Pa-*
last; ἐν μέσῳ τῆς αὐλῆς *mitten im Hof, in der Mitte des Innenhofs* (NGÜ).
συγ-καθισάντων Aor. Ptz. -καθίζω[100] *(zusammen) einsetzen;* hier intr.
sich zusammensetzen; gen. abs. (A288f); temp. **ἐ-κάθητο** Ipf. Med. κάθη-

μαι; ἐκάθητο ὁ Πέτρος μέσος αὐτῶν *Petrus setzte sich mitten unter sie.*
56 ἰδοῦσα Aor. Ptz. Fem. ὁράω, temp. **παιδίσκη** *Magd, Sklavin, Die-* 56
nerin. **καθήμενον** Ptz., AcP (A300). **πρός** m. Akk. *bei, in der Nähe von*
(jmdm./etwas) (B III7; Zukehrung wie klass., BDR §239[3]); πρὸς τὸ φῶς *am*
Feuer. **φῶς** hier *Feuer* (das Licht u. Wärme spendet; B 1bα). **ἀτενίσασα**
Aor. Ptz. Fem. ἀτενίζω (vgl. A33[91ff]) *gespannt hinsehen auf,* hier etwa *genau*
anschauen, aufmerksam mustern; temp. **καί** (zweites) *auch.* **ἦν** Ipf. εἰμί.
57 ὁ δέ V. 33. **ἠρνήσατο** Aor. Med. ἀρνέομαι *leugnen, bestreiten; ver-* 57
leugnen; erg. τοῦτο/ταῦτα (A79). **λέγων** V. 42. **γύναι** Vok. γυνή.
58 βραχύς[10] εῖα ύ *kurz, wenig;* μετὰ βραχύ *kurz darauf* (B 2). **ἰδών** Aor. 58
Ptz. ὁράω, temp. **ἔ-φη** Ipf. φημί. **καὶ σὺ ἐξ αὐτῶν εἶ** *du gehörst auch*
zu ihnen (B ἐκ 4aδ), *du bist auch einer von ihnen.* **ἄνθρωπε** Vok. **59 δια-** 59
στάσης Wz.-Aor. Ptz. Fem. δι-ΐσταμαι[205] (v. Zeit) *ablaufen, vergehen;* gen.
abs., temp.; διαστάσης ὡσεὶ ὥρας μιᾶς *als ungefähr eine Stunde vergangen*
war = etwa eine Stunde später. **ὡσ-εί** V. 41. **δι-ϊσχυρίζετο** Ipf. Med.
-ϊσχυρίζομαι *steif und fest behaupten, darauf bestehen.* **ἐπ᾽ ἀληθείας**
wahrhaftig, wirklich (B ἀλήθεια 3). **καί** (zweites u. drittes) *auch.* **Γαλι-**
λαῖος *galiläisch;* subst. *Galiläer.* **60 παρα-χρῆμα** *sofort, sogleich.* **λα-** 60
λοῦντος Ptz. λαλέω, gen. abs. (A288), temp. **ἐ-φώνησεν** Aor. V. 34.
ἀλέκτωρ V. 34. **61 στραφείς** Aor. Ptz. Pass. στρέφω[47] *hinwenden;* Pass. 61
sich umwenden (B 2aα); temp. (A291,1 Anm. 1). **ἐν-έ-βλεψεν** Aor. ἐμ-
βλέπω[41] *den Blick richten auf, ansehen, betrachten.* **ὑπ-ε-μνήσθη** Aor.
Pass. ὑπο-μιμνήσκω[167] *erinnern (an* Akk.*), ins Gedächtnis rufen;* Pass. *sich er-*
innern (an Gen.); καὶ ὑπεμνήσθη ὁ Πέτρος τοῦ ῥήματος τοῦ κυρίου
ὡς εἶπεν (hier Vorvergangenheit [vgl. H-S §199n; A224]) αὐτῷ *da erinnerte*
sich Petrus an das Wort/daran, wie der Herr zu ihm gesagt hatte. **ὅτι** V. 16.
πρίν (A336) *bevor, ehe* (fast immer m. Inf./AcI bzw. [so Var.] ἤ m. Inf./AcI).
φωνῆσαι Aor. Inf. V. 34; Präd. des AcI. **ἀπ-αρνήσῃ** Fut. Med. V. 34.
τρίς[19] *dreimal.* **62 ἐξ-ελθών** Aor. Ptz. -έρχομαι, hier m. pleon. ἔξω; 62
temp. (A291,1 Anm. 1). **ἔ-κλαυσεν** Aor. κλαίω. **πικρῶς** *bitter, bitterlich,*
(NGÜ) *in bitterer Verzweiflung.*

63 συν-έχοντες Ptz. -έχω *zusammenhalten; festhalten, gefangenhalten* 63
(B 4); attr. **ἐν-έ-παιζον** Ipf. ἐμ-παίζω *seinen Spott treiben mit* (Dat.), *ver-*
spotten, verhöhnen (in Wort u. Tat). **δέροντες** Ptz. δέρω eig. *die Haut abzie-*
hen; NT nur übertr. *prügeln, schlagen;* mod. **64 περι-καλύψαντες** Aor. 64
Ptz. -καλύπτω[54] *verhüllen, bedecken;* temp.; περικαλύψαντες αὐτόν *nach-*
dem sie ihn verhüllt hatten = nachdem sie ihm das Gesicht verhüllt hatten (vgl.
Mk 14,65). **ἐπ-ηρώτων** Ipf. -ερωτάω. **λέγοντες** Ptz., mod., pleon.
(A297,1). **προ-φήτευσον** Aor. Imp. -φητεύω *prophezeien, prophetisch*
reden (hier im Sinn v. *Geheimnisse offenbaren*), *weissagen.* **παίσας** Aor. Ptz.
παίω *schlagen, stoßen;* subst.; τίς ἐστιν ὁ παίσας σε; *wer ist es, der dich*

65 *geschlagen hat? = wer hat dich geschlagen?* **65 βλασ-φημοῦντες** Ptz.
-φημέω *verleumden; lästern,* εἴς τινα *gegen jmdn. Lästerungen aussprechen* (B
εἰς 4cα); mod.; ἕτερα πολλὰ βλασφημοῦντες ἔλεγον εἰς αὐτόν *vieles*
andere sagten sie schmähend/lästernd gegen ihn. **ἔ-λεγον** Ipf. λέγω.
66 **66 ἐ-γένετο** V. 14. **συν-ήχθη** Aor. Pass. -άγω. **πρεσβυτέριον**
Gesamtheit der Ältesten (der Juden [= Synedrium]): *Ältestenrat, Ältestenkolle-*
gium (B 1). **ἀπ-ήγαγον** Aor. -άγω[59] *wegführen;* juristischer term. tech.:
vorführen, abführen, hier wohl *vorführen lassen* [Var. ἀν-ήγαγον Aor. -άγω[59]
hinaufführen; vorführen]. **συν-έδριον** *Synedrium, Hoher Rat* (oberste jüdi-
67 sche Instanz in allen religiösen u. zivilen Angelegenheiten). **67 λέγοντες**
Ptz. λέγω, wohl temp. (A291,1 Anm. 1). **εἰ** V. 42. **εἰπόν** Aor. Imp. (statt
εἰπέ, BDR §81[1]) λέγω; εἰ σὺ εἶ ὁ χριστός (Präd.-Nom. m. Art.: betonte
Gleichsetzung m. dem Subj., A80), εἰπὸν ἡμῖν *wenn du der Messias bist, dann*
sage es uns. **εἴπω** Aor. Konj. **οὐ μή** V. 16. **πιστεύσητε** Aor. Konj.
68 πιστεύω. **68 ἐρωτήσω** Aor. Konj. ἐρωτάω. **ἀπο-κριθῆτε** Aor. Konj.
69 Pass. V. 51. [Var. ἀπο-λύσητε Aor. Konj. -λύω.] **69 ἀπὸ τοῦ νῦν** V. 18.
ἔσται Fut. εἰμί. **καθήμενος** Ptz. κάθημαι, umschrieb. Fut. (A249). **ἐκ**
δεξιῶν τῆς δυνάμεως τοῦ θεοῦ *zur Rechten/an der rechten Seite der*
70 *Macht Gottes* bzw. *des allmächtigen Gottes.* **70 εἶπαν** V. 9. **ὁ υἱὸς τοῦ**
θεοῦ Präd.-Nom. m. Art.: betonte Gleichsetzung m. dem Subj. (A80). **ὁ δέ**
V. 10. **ἔ-φη** V. 58. **ὑμεῖς** (betont, A122) **λέγετε ὅτι ἐγώ εἰμι** *ihr sagt*
es selbst, daß ich es bin (Jesus bestätigt es durch seine Antwort; BDR §441[4]).
71 **71 οἱ δέ** V. 9. **τί** adv. *warum? wozu?* (vgl. B τίς 3a; A134a). **ἔχω χρείαν**
brauchen, nötig haben, m. Gen. **μαρτυρία** *Zeugnis* (das Bezeugen od. das Be-
zeugte), hier *Zeugenaussage* (vgl. B 2a); τί ἔτι ἔχομεν μαρτυρίας χρείαν;
wozu brauchen wir noch weitere Zeugenaussagen? **ἠκούσαμεν** Aor. ἀκούω;
αὐτοὶ (betont, A122) ἠκούσαμεν ἀπὸ τοῦ στόματος αὐτοῦ *wir haben*
es selbst aus seinem eigenen Mund gehört.

23 **ἀνα-στάν** Aor. Ptz. Ntr. ἀν-ίσταμαι, temp. (A291,1 Anm. 1; A296).
ἅ-πας[10] = πᾶς. **πλῆθος**[7] *Menge, große Anzahl;* (versammelte) *(Menschen-*
menge; hier *Versammlung* (B 2bβ). **ἤγαγον** Aor. ἄγω; Pl. sinngemäße Kon-
2 struktion (A96). **2 ἤρξαντο** Aor. Med. ἄρχω. **κατ-ηγορεῖν** Inf. -ηγο-
ρέω meist m. Gen. der Pers. (Akk./Gen. der Sache) *anklagen, beschuldigen*
(meist [so hier] juristischer term. tech.; B 1a). **λέγοντες** Ptz. λέγω, mod.,
pleon. (A297,1). **εὕραμεν** Aor. (vgl. H-S §105g) εὑρίσκω hier τινά m. Ptz.
jmdn. erfinden als (B 2); τοῦτον εὕραμεν διαστρέφοντα τὸ ἔθνος ἡμῶν
καί ... *wir haben herausgefunden/festgestellt, daß dieser unser Volk aufwiegelt*
und ... **δια-στρέφοντα** Ptz. -στρέφω *verdrehen;* (Volk) *aufwiegeln* od. *ver-*
führen; AcP (A300). **κωλύοντα** Ptz. κωλύω *hindern, abhalten,* m. Inf.
(etwas zu tun); Präs. hier wohl konativ (A227); AcP (A300). **φόρος** *Abgabe,*
Steuer. **Καῖσαρ**[6] αρος ὁ *Kaiser* (z.T. ohne Art. eigennamenartig gebraucht,

BDR §254,3). **διδόναι** Inf. δίδωμι hier *zahlen* (vgl. B 4); Präs. hier wohl
iter. (A226); καὶ κωλύοντα φόρους Καίσαρι διδόναι *und (daß er) uns*
davon abhalten will, dem Kaiser (regelmäßig) Steuern zu zahlen (H-S §195b).
λέγοντα Ptz. hier *behaupten* (B II1e); AcP (A300). **εἶναι** Inf. εἰμί; Präd.
des AcI; καὶ λέγοντα ἑαυτὸν χριστὸν βασιλέα εἶναι *und (daß er) be-*
hauptet, er sei der Messias, ein König. **3 ἠρώτησεν** Aor. ἐρωτάω [Var. ἐπ- 3
ηρώτησεν Aor. -ερωτάω]. **ὁ βασιλεύς** Präd.-Nom. m. Art.: betonte
Gleichsetzung m. dem Subj. (A80); ὁ βασιλεὺς τῶν Ἰουδαίων *der König*
der Juden (der Ausdruck formuliert die Anklage aus der Sicht des römischen
Prokurators als politische Rebellion). **ὁ δέ** *(und) dieser/er* (A102). **ἀπο-**
κριθείς Aor. Ptz. Pass. (ohne Pass.-Bdtg.) -κρίνομαι, pleon. (A297,2);
ἀποκριθείς ... ἔφη *er antwortete.* **ἔ-φη** Ipf. φημί. **σὺ λέγεις** *du sagst es*
(als bejahende Antwort, BDR §441[4]; vgl. A321) od. als Frage (so Pesch, Mk 2,
S. 457): *du sagst das?* (vgl. Jh 18,34 u. die Antwort v. Pilatus). **4 αἴτιος** *schul-* 4
dig; subst. τὸ αἴτιον *Schuld;* οὐδὲν εὑρίσκω αἴτιον (ellip., erg. ὄν [Ptz. v.
εἰμί; B εὑρίσκω 1cα]; AcP [A300]) *ich finde keine Schuld.* **ἐν** *an.* **5 οἱ δέ** 5
doch diese/sie (A102). **ἐπ-ίσχυον** Ipf. -ισχύω *stark sein, bestehen auf.*
λέγοντες Ptz., mod.; οἱ δὲ ἐπίσχυον λέγοντες *sie aber erklärten noch*
heftiger/dringender (B ἐπισχύω). **ὅτι** recitativum = Doppelpunkt (A333).
ἀνα-σείω *aufreizen, aufwiegeln.* **διδάσκων** Ptz., mod. **κατά** m. Gen.
durch ... hin = in (B I1c); διδάσκων καθ' ὅλης τῆς Ἰουδαίας *indem er*
seine Lehre im ganzen jüdischen Land verbreitet. **καί** epexegetisch (A311,7) *und*
zwar. **ἀρξάμενος** Aor. Ptz. Med. ἄρχω, mod. (formelhaft gebraucht [vgl.
H-S §231d; BDR §419[3]); ἀρξάμενος ἀπὸ τῆς Γαλιλαίας ἕως ὧδε *ange-*
fangen von Galiläa bis hierher.

6 ἀκούσας Aor. Ptz. ἀκούω, temp. **ἐπ-ηρώτησεν** Aor. -ερωτάω. 6
Γαλιλαῖος *galiläisch;* subst. *Galiläer.* **7 ἐπι-γνούς** Aor. Ptz. -γινώσκω, 7
temp. **ἐξουσία** hier *Herrschaftsbereich, Machtbereich* (B 4b). **Ἡρῴδης**
3,1. **εἰμί** hier *(her)stammen* (B III3). **ἀν-έ-πεμψεν** Aor. ἀνα-πέμπω[45]
senden; zurücksenden. **ὄντα** Ptz. εἰμί, attr. zu Ἡρῴδην, viell. kaus.; ὄντα
καὶ αὐτὸν ἐν ... *der auch gerade/ebenfalls in ... war;* viell. *denn er war auch*
gerade/ebenfalls in ...

8 Ἡρῴδης 3,1. **ἰδών** Aor. Ptz. ὁράω, temp. **ἐ-χάρη** Aor. Pass. (m. 8
akt. Bdtg.) χαίρω. **λίαν** *sehr.* **ἦν** Ipf. εἰμί. **ἱκανός** *hinlänglich; lang* (v.
Zeit); ἐξ ἱκανῶν χρόνων *seit langer Zeit, schon lange.* **θέλων** Ptz., um-
schrieb. Ipf. (A249). **ἰδεῖν** Aor. Inf. ὁράω. **διὰ τό** m. Inf. bzw. AcI kaus.
(A282) *weil.* **ἀκούειν** Inf.; διὰ τὸ ἀκούειν περὶ αὐτοῦ *weil er (viel) über*
ihn/von ihm gehört hatte. **ἤλπιζεν** Ipf. ἐλπίζω *hoffen,* m. Inf. (A273).
γινόμενον Ptz. γίνομαι, AcP (A300); ἤλπιζέν τι σημεῖον ἰδεῖν ὑπ'
αὐτοῦ γινόμενον *er hoffte, ein Wunderzeichen zu sehen, das von ihm voll-*
bracht wurde = er hoffte, Jesus würde in seiner Gegenwart ein Wunder tun (NGÜ).

9 ***9* ἐπ-ηρώτα** Ipf. V. 6; ἐπηρώτα αὐτὸν ἐν λόγοις ἱκανοῖς „er fragte
ihn mit vielen Worten“ (B ἱκανός 1a) = *er stellte ihm viele Fragen.* **ἀπ-ε-**
10 **κρίνατο** Aor. Med. (wie klass. [BDR §78[3]]) V. 3. **10 εἱστήκεισαν**
Plsqpf. ἵσταμαι; Plsqpf. m. der Bdtg. *sie standen dabei.* **εὐ-τόνως** *heftig,*
stark; εὐτόνως κατηγορέω τινός *heftige Anschuldigungen gegen jmdn. erhe-*
ben (B), *schwere Beschuldigungen gegen jmdn. vorbringen.* **κατ-ηγοροῦντες**
11 Ptz. V. 2; mod. (A291,2 Anm. 1). **11 ἐξ-ουθενήσας** Aor. Ptz. -ουθενέω
(< οὐδείς) *geringschätzen, verachten; mit Verachtung/verächtlich behandeln*
(B 3); temp. **στράτευμα**[3] *Heer, Soldatenabteilung;* Pl. *Truppen.* **ἐμ-παί-**
ξας Aor. Ptz. -παίζω[83] *seinen Spott treiben mit* (Dat.), *verspotten, verhöhnen*
(in Wort u. Tat); temp. **περι-βαλών** Aor. Ptz. -βάλλω[112] (Kleidung) *an-*
ziehen, umhängen; mod. **ἐσθής**[3] ῆτος ἡ *Kleidung.* **λαμπρός** *strahlend,*
glänzend, leuchtend; ἐσθὴς λαμπρά *Prachtgewand.* **ἀν-έ-πεμψεν** V. 7
12 [Var. ἔ-πεμψεν Aor. πέμπω]. **12 ἐ-γένοντο** Aor. Med. γίνομαι.
φίλος *Freund;* ἐγένοντο φίλοι ὅ τε Ἡρῴδης καὶ ὁ Πιλᾶτος ... μετ’
ἀλλήλων *Herodes und Pilatus wurden ... Freunde.* **αὐτός** für αὐτὸς οὗτος
(bzw. ἐκεῖνος) (BDR §288[4]); ἐν αὐτῇ τῇ ἡμέρᾳ *an ebendiesem/diesem Tag*
(B 1h). **προ-ϋπ-ῆρχον** Ipf. -άρχω *vorher (vorhanden) sein.* **ἔχθρα** *Feind-*
schaft. **ὄντες** Ptz. εἰμί, präd. bei Verben des modifizierten Seins u. Tuns
(BDR §414[6]; vgl. A301); προϋπῆρχον ἐν ἔχθρᾳ ὄντες πρὸς αὐτούς *vor-*
her hatte Feindschaft zwischen ihnen bestanden = vorher waren sie Feinde gewesen
(Einh.) [Var. ἑαυτούς für ἀλλήλους (BDR §287)].
13 **13 συγ-καλεσάμενος** Aor. Ptz. Med. -καλέω[37] *zusammenrufen;*
Med. *zu sich rufen;* temp. (A291,1 Anm. 1). **ἄρχων**[5] οντος ὁ *Herrscher; Mit-*
glied der (öfter: örtl.) *Behörde;* οἱ ἄρχοντες *die Mitglieder des Synedriums*
14 (B 2a) = etwa *die (anderen) führenden Männer* (Einh.). **14 προσ-ηνέγκα-**
τε Aor. -φέρω hier wohl *vorführen* (B 1a). **ἀπο-στρέφοντα** Ptz. -στρέ-
φω jmdn. *abwenden, abkehren; abspenstig machen, verführen;* kaus. (m. ὡς sub-
jektiver Grund [BDR §425[3]; A291,3]), viell. subst. ohne Art., App. (vgl. H-S
§260i); ὡς ἀποστρέφοντα τὸν λαόν *weil er angeblich das Volk verführt/auf-*
wiegelt, viell. *als einen, der* (nach eurer Auffassung) *das Volk verführt* (B ὡς
III2). **ἀνα-κρίνας** Aor. Ptz. -κρίνω[127] *befragen, untersuchen;* hier *eine Un-*
tersuchung anstellen (B 1b); temp. (A291,1 Anm. 1), übers. etwa *ich habe (ihn)*
verhört und. **οὐθ-έν** (vgl. A20) = οὐδ-έν. **εὗρον** Aor. εὑρίσκω. **αἴ-**
τιος, ἐν V. 4. **κατ-ηγορέω** V. 2; οὐθὲν εὗρον ἐν τῷ ἀνθρώπῳ τούτῳ
αἴτιον ὧν (viell. für τούτων ἃ [Attraktion des Rel.-Pron.; B 1a; vgl. A360])
κατηγορεῖτε κατ’ αὐτοῦ *ich habe an diesem Menschen keine Schuld gefun-*
den, derer ihr ihn angeklagt habt (Schweizer, Lk, S. 232) = *ich habe keine der An-*
klagen, die ihr gegen diesen Menschen vorgebracht habt, bestätigt gefunden (Einh.).
15 **15 ἀλλ’ οὐδέ** *und nicht nur dies, sondern auch; ja sogar* (BDR §448[7]).
Ἡρῴδης 3,1. **ἀν-έ-πεμψεν** V. 7. **πε-πραγμένον** Pf. Ptz. Pass.

πράσσω[78] *tun, handeln, vollbringen, verüben;* umschrieb. Pf. (A249); οὐδὲν
ἄξιον θανάτου (gen. pretii, A161) ἐστὶν πεπραγμένον αὐτῷ (dat. auc-
toris, H-S §176c; A175,1) *nichts, was die Todesstrafe verdient, ist von ihm began-*
gen worden = er hat nichts getan, womit er den Tod verdient hätte. **16 παιδεύ-** 16
σας Aor. Ptz. παιδεύω *erziehen; Zucht üben;* hier *züchtigen = auspeitschen,*
geißeln (B 2bγ); temp. **ἀπο-λύσω** Fut. -λύω hier u. in den flgd. Versen: (ei-
nen Gefangenen) *freigeben* (B 1), *freilassen;* wohl mod. Fut. (A247a). [V. 17 17
Var. fügt hinzu: ἀνάγκη *Not; Notwendigkeit; Zwang;* ἔχω ἀνάγκην m. Inf.
müssen (B 1), *verpflichtet sein.* **εἶχεν** Ipf. ἔχω; hier iter. Ipf. (A237b). ἑορτή
Fest; κατὰ ἑορτήν *an jedem Fest* (vgl. BDR §200[11]; vgl. A195), d.h. hier *an*
jedem Passafest (B), *jeweils zum Passafest.* ἀπο-λύειν Inf.]

18 ἀν-έ-κραγον Aor. ἀνα-κράζω[81] *(auf)schreien* [Var. ἀν-έ-κρα- 18
ξαν Aor. (BDR §75[2])]. **παμ-πληθεί** *allesamt.* **λέγοντες** V. 2. **αἶρε**
Imp. αἴρω hier *wegnehmen, beseitigen* (B 4); αἶρε τοῦτον *weg mit diesem.*
ἀπό-λυσον Aor. Imp. **Βαραββᾶς**[1] ᾶ *Barabbas.* **19 ὅστις** für ὅς 19
(B 3). **ἦν** V. 8. **στάσις**[8] *(das) Aufstellen; Aufstand, Aufruhr.* **γενομένην**
Aor. Ptz. Med. γίνομαι, attr. **φόνος** *Totschlag, Mord.* **βληθείς** Aor. Ptz.
Pass. βάλλω, m. ἦν umschrieb. Aor., der die Vorvergangenheit bez. (BDR
§355; vgl. A249) [Var. βε-βλημένος Pf. Ptz. Pass., umschrieb. Plsqpf.].
20 προσ-ε-φώνησεν Aor. προσ-φωνέω *zurufen, (laut) anreden,* m. Dat. 20
θέλων Ptz., kaus. **ἀπο-λῦσαι** Aor. Inf. **21 οἱ δέ** V. 5. **ἐπ-ε-φώνουν** 21
Ipf. ἐπι-φωνέω *ausrufen, laut rufen, schreien.* **λέγοντες** V. 2. **σταύρου**
Imp. σταυρόω [Var. σταύρωσον Aor. Imp.]. **22 ὁ δέ** V. 3. **τρίτον** *zum* 22
drittenmal (B 3). **ἐ-ποίησεν** Aor. ποιέω; κακὸν ποιέω *Böses tun* (B κα-
κός 1c), *Verbrechen begehen.* **αἴτιος** V. 4; αἴτιον θανάτου gen. pretii
(A161) *Schuld, für die er den Tod verdient hätte, todeswürdige Schuld.* **εὗρον**
V. 14. **ἐν** V. 4. **παιδεύσας, ἀπο-λύσω** V. 16. **23 ἐπ-έ-κειντο** Ipf. 23
Med. ἐπί-κειμαι (A32; 33[200]) *daraufliegen; anliegen, zusetzen, (be)drängen* (m.
Dat.). **φωναῖς μεγάλαις** dat. modi (A180) *mit lauten Rufen, mit lautem*
Geschrei. **αἰτούμενοι** Ptz. Med. αἰτέω, mod. (A291,2 Anm. 1). **σταυ-**
ρωθῆναι Aor. Inf. Pass.; Präd. des AcI; αὐτὸν σταυρωθῆναι *er solle ge-*
kreuzigt werden. **κατ-ίσχυον** Ipf. -ισχύω *die Kraft haben, stark genug sein*
(etwas zu tun); *die Oberhand haben, sich durchsetzen;* κατίσχυον αἱ φωναὶ
αὐτῶν *ihre Stimmen drangen durch* (B 1) = *mit ihrem Geschrei setzten sie sich*
durch (Einh.).

24 ἐπ-έ-κρινεν Aor. ἐπι-κρίνω[127] *beschließen, entscheiden.* **γενέ-** 24
σθαι Aor. Inf. Med. γίνομαι; Präd. des AcI; γενέσθαι τὸ αἴτημα
αὐτῶν *daß ihre Forderung/ihr Verlangen erfüllt werden solle.* **αἴτημα**[3] *Bitte*
(das, worum man bittet), *Forderung.* **25 ἀπ-έ-λυσεν** Aor. V. 16. **στάσις,** 25
φόνος V. 19. **βε-βλημένον** Pf. Ptz. Pass. βάλλω, subst. **ᾐτοῦντο** Ipf.
Med. αἰτέω; ὃν ᾐτοῦντο *den sie gefordert hatten, um den sie gebeten hatten.*

παρ-έ-δωκεν Aor. παρα-δίδωμι; τὸν Ἰησοῦν παρέδωκεν τῷ θελή-
ματι αὐτῶν *Jesus lieferte er ihrem Willen aus, Jesus gab er ihrem Willen preis.*
26 **26 ἀπ-ήγαγον** Aor. -άγω[59] *wegführen;* juristischer term. tech.: *vorfüh-
ren, abführen,* (zur Hinrichtung) *fortführen.* **ἐπι-λαβόμενοι** Aor. Ptz. Med.
-λαμβάνομαι[152] *sich halten an, ergreifen,* auch (gewalttätig) *packen,* hier m.
Akk.; temp. (A291,1 Anm. 1). **Σίμων**[4] ωνος ὁ *Simon.* **Κυρηναῖος**
Bewohner von Zyrene (Hauptstadt der nordafrikanischen Landschaft Cyrenaica).
ἐρχόμενον Ptz. ἔρχομαι, attr.; ἐπιλαβόμενοι Σίμωνά τινα Κυρη-
ναῖον ἐρχόμενον ἀπ᾽ ἀγροῦ ... *sie ergriffen einen gewissen Simon aus Zyre-
ne, der gerade vom Feld* (od. viell. besser *vom Land [in die Stadt]*) *kam und ...*
ἀγρός *Feld, Acker,* auch *Land, freies Feld* im Ggs. zur Stadt (EWNT 1, Sp. 57).
ἐπ-έ-θηκαν Aor. ἐπι-τίθημι[200] *auflegen, darauflegen.* **σταυρός** *Kreuz.*
φέρειν Inf., fin. **ὄπισθεν** uneig. Präp. (A183) *hinter – her;* φέρω (τι)
27 ὄπισθέν τινος *jmdm. (etwas) nachtragen* (B 2a). **27 ἠκολούθει** Ipf. ἀκο-
λουθέω. **πλῆθος** V. 1; πολὺ πλῆθος τοῦ λαοῦ καὶ γυναικῶν „eine
große Menge von Menschen und Frauen" = *eine große Menschenmenge, darun-
ter viele Frauen.* **ἐ-κόπτοντο** Ipf. Med. κόπτω *abschlagen, abhauen;* Med.
sich (vor Trauer an die Brust) *schlagen, (heftig) trauern* (τινά *um jmdn.*), *be-
trauern.* **ἐ-θρήνουν** Ipf. θρηνέω *klagen, jammern; (be)weinen, (be)klagen;* αἳ
ἐκόπτοντο καὶ ἐθρήνουν αὐτόν etwa *die um ihn klagten und weinten.*
28 **28 στραφείς** Aor. Ptz. Pass. στρέφω[47] *hinwenden;* Pass. *sich umwenden,
sich zuwenden* (B 2aα); temp. (A291,1 Anm. 1). **θυγάτηρ**[6] τρός ἡ *Tochter*
(eig. u. übertr.); θυγατέρες (Vok.) Ἰερουσαλήμ *ihr Töchter Jerusalems =
ihr Frauen von Jerusalem.* **κλαίετε** Imp. **πλήν** *aber, jedoch,* hier *vielmehr*
29 (B 1b). **ὑμᾶς** für ὑμᾶς αὐτούς (ZG; vgl. A126) *euch selbst.* **29 ἔρχον-
ται** Präs. hier fut. (A234). **ἐροῦσιν** Fut. λέγω; übers. 3. Pl. als *man* (A76a).
στεῖρα *unfähig zu gebären, unfruchtbar;* subst. **κοιλία** *Bauch;* hier *Mutter-
leib.* **ἐ-γέννησαν** Aor. γεννάω. **μαστός** *Brustwarze;* Pl. (männl.) *Brust*
od. *Mutterbrust.* **ἔ-θρεψαν** Aor. τρέφω[49] *ernähren, zu essen geben, füttern;*
hier *nähren, säugen* (B 1); μακάριαι (erg. εἰσίν, A78a) αἱ στεῖραι καὶ αἱ
κοιλίαι αἳ οὐκ ἐγέννησαν καὶ μαστοὶ οἳ οὐκ ἔθρεψαν *glücklich zu
preisen sind die Unfruchtbaren und die Leiber, die nicht geboren haben, und die
Brüste, die nicht gesäugt haben* = (pars pro toto, A382a) *glücklich zu preisen sind
die Frauen, die unfruchtbar sind und nie ein Kind zur Welt gebracht und gestillt*
30 *haben* (vgl. NGÜ). **30 ἄρξονται** Fut. Med. ἄρχω. **λέγειν** Inf. **πέσετε**
Aor. Imp. πίπτω. **βουνός** *Hügel, Anhöhe.* **καλύψατε** Aor. Imp. καλύ-
πτω[54] *verhüllen, bedecken;* übertr. *verbergen, zudecken,* hier viell. *begraben* (B 1).
31 **31 εἰ** m. Ind. indefiniter Fall (A342). **ὑγρός** *feucht, grün* (v. frischem Holz).
ξύλον *Holz;* viell. *Baum* (B 3). **ποιέω** τι ἔν τινι *an jmdm. etwas tun* (BDR
§157[2]); übers. 3. Pl. als *man* (BDR §130[6]; A76a). **ξηρός** *trocken, vertrocknet,
dürr.* **γένηται** Aor. Konj. Med. γίνομαι; dubitativer Konj. (A255); τί

γένηται *was wird dann erst geschehen.* **32 ἤγοντο** Ipf. Pass. ἄγω. **κακ-** 32
οῦργος[11] subst. *Übeltäter, Verbrecher;* καὶ ἕτεροι κακοῦργοι δύο *und*
außerdem zwei Verbrecher (vgl. BDR §306,5; B ἕτερος 1bβ). **ἀν-αιρεθῆναι**
Aor. Inf. Pass. -αιρέω[186] *beseitigen, aufheben;* meist: *töten,* hier *hinrichten;* fin.;
ἤγοντο ... ἀναιρεθῆναι *sie wurden zur Hinrichtung (ab)geführt.*
33 καλούμενον Ptz. Pass. καλέω, attr. *mit Namen* (B 1aγ) bzw. *der ...* 33
hieß. **κρανίον** *Schädel.* **ἐ-σταύρωσαν** Aor. σταυρόω. **κακ-οῦργος**
V. 32. **ὃς μέν ... ὃς δέ** *der eine ... der andere* (A133c). **ἀριστερός**
link(er); ἐξ ἀριστερῶν (erg. μερῶν) *zur Linken, links,* hier etwa *zu (seiner)*
Linken, links (von ihm). **34 ἔ-λεγεν** Ipf. λέγω. **πάτερ** Vok. πατήρ. **ἄφ-** 34
ες Aor. Imp. -ίημι. **οἴδασιν** Pf. 3. Pl. οἶδα. **δια-μεριζόμενοι** Ptz.
Med. -μερίζω *verteilen;* Med. hier *unter sich verteilen;* wohl fin. **ἔ-βαλον**
Aor. βάλλω. **κλῆρος** *Los;* βάλλω κλῆρον *das Los werfen, losen* (B 1);
διαμεριζόμενοι τὰ ἱμάτια αὐτοῦ ἔβαλον κλήρους *sie warfen das Los,*
um seine Kleider unter sich zu verteilen od. (idiomatischer) *sie losten untereinan-*
der seine Kleider aus (GNB).
35 εἱστήκει Plsqpf. V. 10. **θεωρῶν** Ptz. θεωρέω, mod. od. fin. **ἐξ-** 35
ε-μυκτήριζον Ipf. ἐκ-μυκτηρίζω *die Nase rümpfen (über), (ver)spotten,*
(ver)höhnen. **καί** (zweites) *auch.* **ἄρχων** V. 13. **λέγοντες** Ptz. λέγω,
mod. (A291,2 Anm. 1). **ἔ-σωσεν** Aor. σῴζω. **σωσάτω** Aor. Imp. 3. Sg.
εἰ V. 31. **ἐκ-λεκτός**[9] (< ἐκ-λέγομαι [für sich] auswählen) *ausgewählt,* im
NT fast durchweg: *auserwählt* (ausgesondert, um zu Gott zu gehören bzw. ihm
zu dienen); subst., App. (A70). **36 ἐν-έ-παιξαν** Aor. V. 11 [Var. ἐν-έ- 36
παιζον Ipf.]. **καί** *auch.* **στρατιώτης**[1] *Soldat.* **προσ-ερχόμενοι** Ptz.
-έρχομαι, mod. **ὄξος**[7] (< ὀξύς scharf) *Essig, Weinessig, saurer Wein* (beliebt
als Durstlöscher, bes. bei einfachen Leuten; auch Soldatengetränk). **προσ-**
φέροντες Ptz. -φέρω hier *(über)reichen,* (jmdm. etwas zu trinken) *bringen*
(B 1b), *anbieten* (NGÜ); mod. **37 λέγοντες** Ptz. λέγω, mod. **εἰ** V. 31. **ὁ** 37
βασιλεύς V. 3. **σῶσον** Aor. Imp. **38 ἦν** V. 8. **ἐπι-γραφή** *Aufschrift,* 38
Inschrift; ἦν δὲ καὶ ἐπιγραφὴ ἐπ᾽ αὐτῷ· *über ihm war aber auch eine In-*
schrift (angebracht): [Var. γε-γραμμένη Pf. Ptz. Pass. γράφω, attr. γράμ-
μα[3] *Buchstabe* (B 1); *Schrift;* dat. instr. (A176). Ἑλληνικός *griechisch.* Ῥω-
μαϊκός *römisch, lateinisch;* Ἑβραϊκός *hebräisch*]. **οὗτος** erg. ἐστίν
(A78).
39 κρεμασθέντων Aor. Ptz. Pass. κρεμάννυμι[226] tr. *hängen, auf-* 39
hängen, auch (bes. + ἐπὶ ξύλου) *kreuzigen* (B 1); attr. **κακ-οῦργος** V. 32;
εἷς τῶν κρεμασθέντων κακούργων gen. partitivus (A164) *einer der Ver-*
brecher, die mit ihm gekreuzigt worden waren (GNB). **ἐ-βλασ-φήμει** Ipf.
-φημέω *verleumden; lästern,* hier viell. *verhöhnen.* **οὐχί** *nicht;* erwartet als
Frageeinleitung eine bejahende Antwort (A320). **σῶσον** Aor. Imp. σῴζω.
40 ἀπο-κριθείς V. 3. **ἐπι-τιμῶν** Ptz. -τιμάω *tadeln, Vorwürfe machen,* 40

zurechtweisen; mod. **ἔ-φη** V. 3. **φοβῇ** 2. Sg. φοβέομαι; οὐδὲ φοβῇ σὺ
τὸν θεόν *fürchtest du dich noch nicht einmal vor Gott* (B οὐδέ 3) od. *fürchtest*
auch du dich nicht vor Gott (vgl. B οὐδέ 2). **κρίμα**[3] *Entscheidung, Beschluß,*
Urteil; (richterliches) Urteil, (meist neg.:) *Verurteilung, Verdammungsurteil, Strafe;*
ὅτι ἐν τῷ αὐτῷ κρίματι εἶ *da du dich in derselben Verdammnis befindest*
41 (B 4b) = *da dich doch die gleiche Strafe getroffen hat* (vgl. Menge). **41 δικαί-**
ως *gerecht; mit Recht;* ἡμεῖς (betont, A122) μὲν δικαίως *wir sind (zwar) zu*
Recht verurteilt (vgl. B 1b). **ἐ-πράξαμεν** Aor. πράσσω[78] *tun, handeln, voll-*
bringen, verüben. **ἀπο-λαμβάνω** *empfangen, erhalten;* ἄξια γὰρ ὧν (=
ἐκείνων ἅ [Attraktion des Rel.-Pron., A361c]; gen. pretii, A161) ἐπράξα-
μεν ἀπολαμβάνομεν *wir empfangen den Lohn für das, was wir verübt haben*
= *wir empfangen den Lohn für unsere Taten.* **ἄ-τοπος**[11] *ungewöhnlich;* (sittl.)
42 *böse, schlecht.* **ἔ-πραξεν** Aor. **42 ἔ-λεγεν** V. 34. **Ἰησοῦ** Vok. **μνή-**
σθητι Aor. Imp. Pass. (ohne bes. Pass.-Bdtg.) μιμνήσκομαι[168] m. Gen.
sich erinnern an; gedenken, denken an. **ἔλθῃς** Aor. Konj. ἔρχομαι; ὅταν ἔλ-
θῃς εἰς τὴν βασιλείαν σου *wenn du in dein Reich kommst* [Var. ὅταν ἔλ-
θῃς ἐν τῇ βασιλείᾳ σου (ἐν für den begleitenden Umstand, BDR §198[2])
wenn du in deiner Königsherrschaft kommst = etwa *wenn du deine Herrschaft an-*
43 *trittst* (GNB)]. **43 ἔσῃ** Fut. εἰμί. **παράδεισος** eig. *Garten, Park;* LXX
(Gottes) Garten, daher im NT: *Paradies* (Aufenthaltsort der Erlösten zwischen
Tod u. Auferweckung; EWNT 3, Sp. 41).
44 **44 ἦν** Ipf. εἰμί. **ὡσ-εί** *wie;* (bei Zahlen u. Maßen) *ungefähr.* **ἕκτος**[19]
sechster; ἦν ἤδη ὡσεὶ ὥρα ἕκτη *es war schon/nun ungefähr die sechste Stun-*
de (d.h. mittags um zwölf Uhr). **καί** (zweites) *als* (BDR §442[10]). **σκότος**[7]
Dunkelheit; Finsternis. **ἐ-γένετο** Aor. Med. γίνομαι; σκότος ἐγένετο *es*
entstand/kam Dunkelheit, eine Finsternis brach herein, es wurde dunkel. **ἐπί** m.
Akk. hier *über ... hin* (B III1aα); ἐφ' ὅλην τὴν γῆν *über das ganze Land hin,*
45 *im ganzen Land.* **ἔνατος**[19] *neunter.* **45 ἥλιος** *Sonne.* **ἐκ-λιπόντος**
Aor. Ptz. -λείπω[44] *nachlassen, ausgehen, erlöschen, aufhören,* hier *sich ver-*
finstern (B); gen. abs. (A288), temp. [Var. 1 ἐ-σκοτίσθη Aor. Pass. σκο-
τίζομαι (vgl. A33[91ff]) *finster werden, sich verfinstern;* Var. 2 ἐκ-λείποντος
Ptz.]. **ἐ-σχίσθη** Aor. Pass. σχίζω (vgl. A33[91ff]) *spalten, zerreißen;* Pass. *sich*
spalten, zerreißen. **κατα-πέτασμα**[3] *Vorhang;* ἐσχίσθη τὸ καταπέτα-
46 σμα ... μέσον *der Vorhang ... riß mitten durch* (B μέσος 1). **46 φωνήσας**
Aor. Ptz. φωνέω, temp. im vorzeitigen Sinn (A291,1) od. mod. **φωνῇ με-**
γάλῃ dat. modi (A180) *mit lauter Stimme, laut.* **πάτερ** Vok. πατήρ.
παρα-τίθεμαι Med. -τίθημι *danebenstellen, vorsetzen;* Med. *übergeben, an-*
vertrauen, anbefehlen τινά τινι (hier m. gleicher Bdtg. εἰς χεῖράς τινος [vgl.
BDR §217[4]] *jmdn. dem Schutz/der Sorge jmds.* (B 2bβ). **εἰπών** Aor. Ptz.
λέγω, temp. **ἐξ-έ-πνευσεν** Aor. ἐκ-πνέω[31] *(das Leben) aushauchen, ster-*
ben.

47 ἰδών Aor. Ptz. ὁράω, temp. **ἑκατοντ-άρχης**[1] *Anführer einer* 47
Hundertschaft, Hauptmann bzw. (röm.) *Centurio.* **γενόμενον** Aor. Ptz. Med.
γίνομαι, subst. *was geschehen war.* **ἐ-δόξαζεν** Ipf. δοξάζω [Var. ἐ-δόξα-
σεν Aor.]. **ὄντως** *in Wahrheit, wirklich.* **ἦν** V. 44. **48 συμ-παρα-γενό-** 48
μενοι Aor. Ptz. Med. -γίνομαι[176] *zusammenkommen,* hier etwa *herbeiströ-*
men; attr. **θεωρία** *Schauspiel* (meist v. öffentl. Schauspielen, Aufzügen usw.).
θεωρήσαντες Aor. Ptz. θεωρέω, temp. **γενόμενα** V. 47. **τύπτον-**
τες Ptz. τύπτω *schlagen;* temp. (A291,1 Anm. 1); τύπτοντες τὰ στήθη ...
sie schlugen sich an die Brust (als Zeichen der Zerknirschung u. Trauer; B 1)
und ... **στῆθος**[7] *Brust.* **ὑπ-έ-στρεφον** Ipf. ὑπο-στρέφω *zurückkehren.*
49 εἱστήκεισαν V. 10. **γνωστός** *bekannt, befreundet* τινί *mit jmdm.;* 49
subst. *Bekannter* (B 1b). **μακρόθεν** *von ferne, aus der Ferne, in einiger Entfer-*
nung (meist pleon. [A379] ἀπὸ μακρόθεν). **συν-ακολουθοῦσαι** Ptz.
Fem. -ακολουθέω *nachgehen, begleiten, folgen,* m. Dat.; attr. (BDR §270[3]); *die*
ihn *begleitet hatten.* **ὁρῶσαι** Ptz. Fem. ὁράω, fin.
50 ὀνόματι dat. resp. (vgl. BDR §197,2; A178) *mit Namen, namens.* 50
Ἰωσήφ indekl., hier Nom., *Josef.* **βουλευτής**[1] *Ratsherr, Mitglied des*
Synedriums. **ὑπ-άρχων** Ptz. hier *sein* (B 2); attr. **51 ἦν** V. 44. **συγ-κα-** 51
τα-τε-θειμένος Pf. Ptz. Pass. -τίθεμαι[200] *zustimmen;* umschrieb. Plsqpf.
(A249) [Var. συγ-κατα-τιθέμενος Ptz. Pass., umschrieb. Ipf.]. **βουλή** *Ab-*
sicht; Beschluß, Ratschluß, Plan. **πρᾶξις**[8] *(das) Handeln, Tätigkeit; Handlung,*
Tat; böse Tat, Schandtat (B 4b), *Vorgehen.* **αὐτῶν** der Pl. bezieht sich auf die
Mitglieder des Synedriums, vgl. βουλευτής V. 50 (BDR §282[4]). **Ἀριμα-**
θαία *Arimathäa,* jüdische Stadt. **προσ-ε-δέχετο** Ipf. Med. προσ-δέχο-
μαι *an-, aufnehmen;* hier *erwarten, warten auf* (B 2b). **52 προσ-ελθών** Aor. 52
Ptz. -έρχομαι, temp. (A291,1 Anm. 1). **ᾐτήσατο** Aor. Med. αἰτέω.
σῶμα hier *Leichnam* (B 1a). **53 καθ-ελών** Aor. Ptz. -αιρέω[186] *herab-* 53
nehmen, -holen; temp. (A291,1 Anm. 1). **ἐν-ε-τύλιξεν** Aor. -τυλίσσω (vgl.
A33[74ff]) *einwickeln,* τί τινι *etwas in etwas wickeln.* **σινδών**[4] όνος ἡ *Leinen-*
tuch. **ἔ-θηκεν** Aor. τίθημι. **μνῆμα**[3] *Grab.* **λαξευτός** *in den Felsen ge-*
hauen. **οὗ**[18] *wo, wohin.* **οὔ-πω** *noch nicht;* οὐκ ... οὐδεὶς οὔπω Neg.
verstärken einander (A310) [Var. οὐδέ-πω *noch nicht*]. **κείμενος** Ptz.
κεῖμαι (A32; als Pf. Pass. v. τίθημι gebraucht, A33[200]) *liegen, gelegt sein;*
umschrieb. Ipf. (A249); οὗ οὐκ ἦν οὐδεὶς οὔπω κείμενος *wo/in dem noch*
nie jemand gelegen hatte = in dem noch nie jemand bestattet/beigesetzt worden
war. **54 παρα-σκευή** *Zurüstung,* bes. (der jüdische) *Rüsttag* (d.h. der Frei- 54
tag, an dem alles für den Sabbat, an dem nicht gearbeitet werden durfte, vorzu-
bereiten war). **ἐπ-έ-φωσκεν** Ipf. ἐπι-φώσκω (v. einem Tag) *anbrechen,*
beginnen; konatives Ipf. (A237c; vgl. BDR §323[6]); καὶ σάββατον ἐπ-
έφωσκεν *und der Sabbat wollte anbrechen = kurz bevor der Sabbat anbrach*
(Einh.).

55 **55 κατ-ακολουθήσασαι** Aor. Ptz. Fem. -ακολουθέω *nachfolgen;*
temp. (A291,1 Anm. 1). **αἵτινες** für αἵ (vgl. A133a). **ἦσαν** Ipf. εἰμί.
συν-εληλυθυῖαι Pf. Ptz. Fem. -έρχομαι[187] *zusammenkommen; zusam-*
men kommen, zusammen reisen τινί *mit jmdm.* (B 2); umschrieb. Plsqpf.
(A249). **ἐ-θεάσαντο** Aor. Med. θεάομαι *sehen, ansehen.* **ἐ-τέθη** Aor.
56 Pass. τίθημι hier etwa *hineinlegen, beisetzen.* **56 ὑπο-στρέψασαι** Aor.
Ptz. Fem. -στρέφω V. 48; temp. (A291,1 Anm. 1). **ἡτοίμασαν** Aor. ἑτοι-
μάζω. **ἄρωμα**[3] (eig. „Gewürz[kraut]") Pl. *wohlriechende Öle/Salben* (beim
Begräbnis verwendet). **μύρον** *Salböl* (meist auf Olivenölbasis, häufig durch
verschiedene Techniken m. Aromastoffen angereichert). **μέν ... δέ** (24,1)
(zwar) ... aber. **ἡσύχασαν** Aor. ἡσυχάζω (vgl. A33[91ff]) *sich ruhig verhal-*
ten, Ruhe halten; τὸ σάββατον (Akk. der zeitl. Ausdehnung, A148) ἡσύχα-
σαν κατὰ τὴν ἐντολήν *den Sabbat hindurch/am Sabbat hielten sie die vom*
Gesetz vorgeschriebene Ruhe ein.
24 **τῇ μιᾷ τῶν σαββάτων** = τῇ πρώτῃ (A138,1) ἡμέρᾳ (A88) τῶν
σαββάτων temp. Dat. (A182) *am ersten Tag der Woche* (d.h. am Sonntag).
ὄρθρος *Morgenfrühe, Morgendämmerung;* ὄρθρου βαθέως (gen. temp.
[A166] statt klass. temp. Dat. für den Zeitpunkt [BDR §186[6]]) *im ersten Mor-*
gengrauen (B), *in aller Frühe.* **βαθύς**[10] εῖα ύ *tief.* **μνῆμα**[3] *Grab.* **φέρου-**
σαι Ptz. Fem. φέρω hier *mitbringen* (B 1d); mod., wohl formelhaft in der
Bdtg. *mit* (A292). **ἡτοίμασαν** Aor. ἑτοιμάζω. **ἄρωμα**[3] (eig. „Gewürz-
[kraut]") Pl. *wohlriechende Öle/Salben* (beim Begräbnis verwendet); φέρουσαι
ἃ ἡτοίμασαν ἀρώματα BW im Rel.-Satz (H-S §289c; A357) *mit den wohl-*
2 *riechenden Salben, die sie zubereitet hatten.* **2 εὗρον** Aor. εὑρίσκω. **ἀπο-**
κε-κυλισμένον Pf. Ptz. Pass. -κυλίω *wegwälzen;* AcP (A300; vgl. H-S
3 §233b). **3 εἰσ-ελθοῦσαι** Aor. Ptz. Fem. -έρχομαι, temp. **σῶμα** hier
4 *Leichnam* (B 1a). **4 ἐ-γένετο** Aor. Med. γίνομαι; ἐγένετο m. (od. ohne)
καί u. flgd. finiten Verb (ἐπέστησαν; V. 15 συνεπορεύετο; V. 30 εὐλό-
γησεν; V. 51 διέστη) steht pleon. (Hebr., A271; BDR §442[11]). **ἐν τῷ** m.
AcI temp. (A282) *während, als.* **ἀ-πορεῖσθαι** Inf. Med. ἀ-πορέω *ratlos, in*
Verlegenheit sein; Präd. des AcI [Var. δι-απορεῖσθαι Inf. Med. -απορέω *in*
Verlegenheit/Unsicherheit sein]. **περὶ τούτου** *darüber.* **ἐπ-έ-στησαν** Aor.
ἐφ-ίσταμαι[205] *herantreten, (hinzu)treten* τινί *zu jmdm.* **ἐσθής**[3] ῆτος ἡ
Kleidung; ἐν ἐσθῆτι ἀστραπτούσῃ distributiver Sg. (BDR §140[3]; A101b)
[Var. Pl.] *in/mit leuchtenden Gewändern.* **ἀστραπτούσῃ** Ptz. Fem. ἀστρά-
5 πτω *(auf)blitzen, glänzen, hell leuchtend* (NGÜ); attr. **5 ἔμ-φοβος**[11] *er-*
schrocken, in Furcht; ἔμφοβος γίνομαι *in Schrecken versetzt werden* (vgl. B),
erschrecken, in Furcht geraten. **γενομένων** Aor. Ptz. Med., gen. abs. (A288f),
temp. **κλινουσῶν** Ptz. Fem. κλίνω *neigen, senken, beugen;* κλίνω τὸ
πρόσωπον εἰς τὴν γῆν *zu Boden blicken;* gen. abs. (A288f), temp. **εἶπαν**
Aor. (vgl. H-S §105g) λέγω. **τί** adv. *was? warum?* (vgl. B τίς 3a; A134a).

ζῶντα Ptz. ζάω, subst. **μετά** m. Gen. *unter* (B AI), *bei.* **6 ἠγέρθη** Aor. 6
Pass. ἐγείρω; pass. divinum (A76b). **μνήσθητε** Aor. Imp. Pass. (ohne bes.
Pass.-Bdtg.) μιμνῄσκομαι[168] m. Gen. *sich erinnern an; gedenken, denken an.*
ὡς = ὅτι (B IV4). **ἐ-λάλησεν** Aor. λαλέω. **ὤν** Ptz. εἰμί, temp.
7 λέγων Ptz., mod., pleon. (A297,1). **τὸν υἱὸν τοῦ ἀνθρώπου** Subj. 7
des AcI, dem ὅτι betont vorangestellt (Prolepse, A373). **δεῖ** hier v. der göttl.
Bestimmung (vgl. B 1). **παραδοθῆναι** Aor. Inf. Pass. παρα-δίδωμι; er-
stes Präd. des AcI, abhängig v. δεῖ (ebenso die beiden flgd. Inf.). **ἄνθρωπος**
pleon. (vgl. B 3aε); ἄνθρωπος ἁμαρτωλός *Sünder.* **σταυρωθῆναι** Aor.
Inf. Pass. σταυρόω, zweites Präd. des AcI. **τῇ τρίτῃ ἡμέρᾳ** temp. Dat.
(A182) *am dritten Tag.* **ἀνα-στῆναι** Wz.-Aor. Inf. ἀν-ίσταμαι, drittes
Präd. des AcI. **8 καί** *da* (vgl. BDR §442,5a). **ἐ-μνήσθησαν** Aor. Pass. 8
9 ὑπο-στρέψασαι Aor. Ptz. Fem. -στρέφω[47] *zurückkehren;* temp. 9
ἀπ-ήγγειλαν Aor. -αγγέλλω. **ἕν-δεκα**[19] *elf;* οἱ ἕνδεκα *die „Elf", die*
elf Jünger (Jesu) (ohne den Verräter Judas). **10 ἦσαν** Ipf. εἰμί. **Μαγδα-** 10
ληνή, Μαρία 8,2. **Ἰωάννα** 8,3. **ἡ Ἰακώβου** hier Ellipse v. „Mutter"
(A156 u. 376): *die Mutter von Jakobus.* **ἔ-λεγον** Ipf. λέγω. **11 ἐ-φάνη-** 11
σαν Aor. Pass. φαίνομαι[124] *sichtbar werden, sich zeigen, erscheinen* (auch *als*
etwas); ἐφάνησαν ἐνώπιον αὐτῶν ὡσεὶ λῆρος τὰ ῥήματα ταῦτα
diese Worte erschienen ihnen als leeres Gerede = sie hielten diese Worte/diesen
Bericht für leeres Gerede. **ὡσ-εί** *wie.* **λῆρος** *Geschwätz, leeres Gerede, dum-*
mes Zeug; Subj.-Erg. (H-S §258b). **ἠ-πίστουν** Ipf. ἀ-πιστέω *ungläubig*
sein, nicht glauben. **12 ἀνα-στάς** Wz.-Aor. Ptz. ἀν-ίσταμαι V. 7, hier *sich* 12
aufmachen (B 2d); temp. (A291,1 Anm. 1; A296). **ἔ-δραμεν** Aor. τρέχω[196]
laufen. **παρα-κύψας** Aor. Ptz. -κύπτω (vgl. A33[51ff]) *sich vorbeugen* (um
etwas genau zu sehen); temp. (A291,1 Anm. 1). **βλέπει** hist. Präs. (A235).
ὀθόνιον *Leinenbinde.* [Var. κείμενα Ptz. Med. κεῖμαι (A32; als Pf. Pass. v.
τίθημι gebraucht, A33[200]) *liegen, gelegt sein;* AcP (A300).] **ἀπ-ῆλθεν** Aor.
-έρχομαι. **πρὸς ἑαυτόν** *bei sich selbst, in seinem Sinn* (B πρός III7).
θαυμάζων Ptz., mod. **γε-γονός** Pf. Ptz. Ntr. γίνομαι, subst.; πρὸς
ἑαυτὸν θαυμάζων τὸ γεγενός *voll Verwunderung über das Geschehene.*
13 ἐκ umschreibt gen. partitivus (B 4aα). **αὐτός** für αὐτὸς οὗτος 13
(bzw. ἐκεῖνος) (BDR §288[4]); ἐν αὐτῇ τῇ ἡμέρᾳ *an ebendiesem/diesem Tag*
(B 1h). **ἦσαν** V. 10. **πορευόμενοι** Ptz. πορεύομαι, umschrieb. Ipf.
(A249). **κώμη** *Dorf.* **ἀπ-έχουσαν** Ptz. Fem. -έχω *entfernt sein* (B 2); attr.
στάδιον (Pl. οἱ στάδιοι, BDR §49,3) *Stadion;* hier Längenmaß, etwa 180
Meter; Akk. der örtl. Ausdehnung (A148). **ἑξήκοντα**[19] *sechzig* [Var. ἑκα-
τον ἑξήκοντα *hundertsechzig*]. **ᾗ ὄνομα** (erg. ἦν [V. 7]; BDR §128[3]) *deren*
(dat. commodi/poss., A173b) *Name ... war, namens.* **Ἐμμαοῦς** ἡ *Emmaus,*
Dorf in Judäa. **14 ὡμίλουν** Ipf. ὁμιλέω *reden, sprechen, sich unterhalten.* 14
πρὸς ἀλλήλους *miteinander, untereinander* (vgl. B πρός III1e). **συμ-βε-**

βηκότων Pf. Ptz. Ntr. -βαίνω[139] *zustoßen, begegnen;* subst.; τὰ συμβεβη-
15 κότα *die Ereignisse* (B 2). **15 ἐ-γένετο, ἐν τῷ** V. 4. **ὁμιλεῖν** Inf. **συ-
ζητεῖν** Inf. -ζητέω *sich (miteinander) besprechen.* **ἐγγίσας** Aor. Ptz.
ἐγγίζω, temp. (A291,1 Anm. 1). **συν-ε-πορεύετο** Ipf. Med. συμ-πορεύ-
ομαι *zusammen gehen, gemeinsam reisen* τινί *mit jmdm.* (B 1), *jmdn. begleiten.*
16 **16 ἐ-κρατοῦντο** Ipf. Pass. κρατέω Pass. *abgehalten werden* (B 2d); οἱ
ὀφθαλμοὶ αὐτῶν ἐκρατοῦντο *ihre Augen wurden gehalten = sie waren wie
mit Blindheit geschlagen.* **τοῦ** m. Inf. kons. (H-S §225c; vgl. A281). **ἐπι-
17 γνῶναι** Aor. Inf. -γινώσκω. **17 ἀντι-βάλλω** *entgegenhalten, diskutieren;*
τίνες οἱ λόγοι οὗτοι οὓς ἀντιβάλλετε πρὸς ἀλλήλους *was sind das
für Reden, die ihr untereinander austauscht* (B) = *worüber redet ihr so eifrig mit-
einander.* **περι-πατοῦντες** Ptz. -πατέω, temp. *auf eurem Weg, unterwegs.*
ἐ-στάθησαν Aor. Pass. ἵσταμαι hier *stehenbleiben* (B II1a). **σκυθρ-
ωπός** *finster, mürrisch* od. *traurig aussehend;* καὶ ἐστάθησαν σκυθρωποί
18 *da blieben sie traurig stehen.* **18 ἀπο-κριθείς** Aor. Ptz. Pass. (ohne Pass.-
Bdtg.) -κρίνομαι, pleon. (A297,2); ἀποκριθείς ... εἶπεν *er antwortete.*
ὀνόματι dat. resp. (vgl. BDR §197,2; A178) *mit Namen, namens.* **Κλεο-
πᾶς**[1] ᾶ *Kleopas,* ein sonst unbekannter Jünger. **παρ-οικέω** *vorübergehend*
od. *als Fremder* an einem Ort *wohnen/sich aufhalten,* m. Akk. des Ortes (B 1a);
evtl. einfach *(be)wohnen* (B 2); σὺ μόνος παροικεῖς Ἰερουσαλήμ *bist du
der einzige, der sich in Jerusalem aufhält.* **καί** statt eines Rel.-Pron. (BDR
§442[12]; vgl. A311,5). **ἔ-γνως** Aor. γινώσκω. **γενόμενα** Aor. Ptz. Med.
19 γίνομαι, subst. *was geschehen ist.* **ἐν αὐτῇ** *in ihr = dort.* **19 ποῖος**[18] *wie
beschaffen? was für ein?;* ποῖα; *was (ist denn geschehen)?* **οἱ δέ** *(und) diese/sie*
(A102). **εἶπαν** V. 5. **Ναζαρηνός** *Nazarener, aus Nazaret (kommend);* τὰ
περὶ Ἰησοῦ τοῦ Ναζαρηνοῦ *das, was mit Jesus von Nazaret (geschehen ist)*
(Menge) [Var. Ναζωραῖος 18,37]. **ἐ-γένετο** Aor. Med. **ἀνήρ** pleon.
(B 4); ἀνὴρ προφήτης *ein Prophet* (H-S §260j). **δυνατός** *stark, mächtig*
ἐν ἔργῳ καὶ λόγῳ *in Wort(en) und Tat(en)* (vgl. A101a). **ἐν-αντίον**
20 uneig. Präp. (A183) *vor, nach dem Urteil von.* **20 παρ-έ-δωκαν** Aor. πα-
ρα-δίδωμι. **ἄρχων**[5] οντος ὁ *Herrscher; Mitglied der* (öfter: örtl.) *Behörde;*
οἱ ἄρχοντες ἡμῶν *die Mitglieder des Synedriums* (B 2a) = etwa *unsere Führer*
(Einh.). **κρίμα**[3] *Entscheidung, Beschluß, Urteil; (richterliches) Urteil,* (meist
neg.:) *Verurteilung, Strafe;* κρίμα θανάτου *Todesurteil, Todesstrafe* (B 4b);
ὅπως παρέδωκαν αὐτόν ... εἰς κρίμα θανάτου *wie ... ihn der Verurtei-
lung zum Tode/zur Todesstrafe ausgeliefert haben = wie ... ihn zum Tode verurtei-
21 len ließen.* **ἐ-σταύρωσαν** Aor. σταυρόω. **21 ἠλπίζομεν** Ipf. ἐλπίζω
hoffen, m. ὅτι (A326) [Var. ἠλπίκαμεν Pf.]. **αὐτός** betont (BDR §277[5];
vgl. A122 u. 124). **μέλλων** Ptz., hier (m. Inf.) umschrieb. Fut. (A250); subst.
λυτροῦσθαι Inf. λυτρόομαι (< λύτρον Lösegeld) *loskaufen (durch Löse-
geld); befreien, erlösen;* ὅτι αὐτός ἐστιν ὁ μέλλων λυτροῦσθαι τὸν

Ἰσραήλ *daß er der sei, der Israel erlösen werde/sollte.* **ἀλλά (γε) καί** ver-
stärkt *aber sogar* (B ἀλλά 3), *und nicht nur dies, sondern auch* (BDR §448[7]).
σύν *(noch) dazu, außer* (B 5); ἀλλά γε καὶ σὺν πᾶσιν τούτοις *aber zu
all dem* (BDR §221) = etwa *außerdem* (NGÜ). **ἄγω** v. der Zeit: *verbringen;*
τρίτην ταύτην ἡμέραν ἄγει (erg. als Subj. Ἰησοῦς) *er bringt den dritten
Tag zu* (BDR §129[3]), viell. unpersönl. *es ist dies/heute (schon) der dritte Tag* (vgl.
B 4). **ἀφ᾽ οὗ** ellip., erg. χρόνου *seitdem, seit* (B ἀπό II2c). **22 ἐκ** V. 13. 22
ἐξ-έ-στησαν Aor. ἐξ-ίστημι[204] *aus der Fassung bringen, in Aufregung ver-
setzen.* **γενόμεναι** Aor. Ptz. Med. γίνομαι hier *kommen* (B I4cγ); temp.
ὀρθριναί *frühmorgens;* präd. Adj. m. adv. Bdtg. (BDR §243[1]; A113). **23 εὑ-** 23
ροῦσαι Aor. Ptz. Fem. εὑρίσκω, temp. **σῶμα** V. 3. **λέγουσαι** Ptz.
Fem. λέγω, m. Inf.; mod. (A291,2 Anm. 1). **καί** (zweites) verstärkend (vgl.
A313) *auch, sogar.* **ὀπτασία** *Erscheinung, Gesicht, Vision.* **ἑ-ωρακέναι**
Pf. Inf. ὁράω; καί ... ἑωρακέναι *sie hätten sogar ... gesehen* (H-S §206c).
ζῆν Inf. ζάω; Präd. des AcI. **24 ἀπ-ῆλθον** Aor. -έρχομαι. **τινὲς τῶν** 24
σὺν ἡμῖν *einige von uns.* **εὗρον** Aor. **25 ὦ** vor Vok. m. Affekt (A142). 25
ἀ-νόητος[11] *unverständig, unvernünftig.* **βραδύς**[10] εῖα ύ *langsam.* **τοῦ** m.
Inf. GenO (zweiten Grades, A51) zu βραδεῖς (H-S §225a; A281). **πιστεύ-
ειν** Inf.; βραδεῖς τῇ καρδίᾳ (dat. resp., A178) τοῦ πιστεύειν *die ihr im
Herzen zu träge/stumpf seid zu glauben* (vgl. B βραδύς) = etwa *wie schwer fällt
es euch zu glauben.* **ἐπί** m. Dat. *an* od. *auf Grund von* (B II1bγ; BDR §187[2]).
οἷς für ἅ Attraktion des Rel.-Pron. (A360). **ἐ-λάλησαν** Aor. λαλέω.
26 οὐχί *nicht;* erwartet als Frageeinleitung eine bejahende Antwort (A320). 26
ἔ-δει Ipf. δεῖ V. 7. **παθεῖν** Aor. Inf. πάσχω; Präd. des AcI, abhängig v.
ἔδει. **καί** weiterführend (BDR §442[6]; vgl. A311,2) *und so, und dann.* **εἰσ-
ελθεῖν** Aor. Inf. -έρχομαι; Präd. des AcI. **27 ἀρξάμενος** Aor. Ptz. Med. 27
ἄρχω, mod.; ἀρξάμενος ἀπὸ Μωϋσέως *beginnend bei/ausgehend von
Mose, er fing bei Mose an und* (A291,2 Anm. 1). **δι-ερμήνευσεν** Aor.
-ερμηνεύω *auslegen, erklären* [Var. 1 δι-ερμήνευεν Ipf.; Var. 2 δι-ερμη-
νεύειν Präs. Inf.]. **τὰ περὶ ἑαυτοῦ** *was sich auf ihn bezog = was über ihn
gesagt ist.*

28 ἤγγισαν Aor. ἐγγίζω m. εἰς *in die Nähe von ... kommen* [Var. 28
ἤγγικαν Pf.]. **κώμη** *Dorf.* **οὗ**[18] *wo, wohin.* **ἐ-πορεύοντο** Ipf. Med.
πορεύομαι. **αὐτός** V. 21. **προσ-ε-ποιήσατο** Aor. Med. -ποιέομαι
sich den Anschein geben, m. Inf.; αὐτὸς προσεποιήσατο πορρώτερον
πορεύεσθαι *er tat so, als wollte er weitergehen* [Var. προσ-ε-ποιεῖτο Ipf.].
πορρώτερον Komp. v. πόρρω *weit, fern.* **πορεύεσθαι** Inf. **29 παρ-ε-** 29
βιάσαντο Aor. Med. παρα-βιάζομαι (vgl. A33[91ff]) *Zwang anwenden;
drängen, nötigen.* **λέγοντες** Ptz. λέγω, mod. **μεῖνον** Aor. Imp. μένω.
μετά m. Gen. *bei.* **ἑσπέρα** *Abend;* πρὸς ἑσπέραν ἐστίν *es ist gegen
Abend* (B πρός III2a) = *es ist fast Abend.* **κέ-κλικεν** Pf. κλίνω[126] V. 5; hier

intr. (v. Tag) *sich neigen, zu Ende gehen.* **εἰσ-ῆλθεν** Aor. -έρχομαι. **τοῦ**
30 m. Inf. fin. (H-S §225b; A281). **μεῖναι** Aor. Inf. **30 ἐ-γένετο, ἐν τῷ**
V. 4. **κατα-κλιθῆναι** Aor. Inf. Pass. -κλίνω[126] *sich niederlegen lassen, lagern lassen* (zum Essen); Pass. „sich zu Tisch niederlegen" = *sich zu Tisch begeben, bei Tisch sein;* Präd. des AcI; ἐγένετο ἐν τῷ κατακλιθῆναι αὐτόν *als er am Tisch Platz genommen hatte.* **λαβών** Aor. Ptz. λαμβάνω, temp. (A291,1 Anm. 1). **εὐ-λόγησεν** Aor. -λογέω hier *Lob und Dank sagen* (B 1), *den Lobpreis sprechen, das Segensgebet sprechen* (GNB). **κλάσας** Aor. Ptz. κλάω[23] *(in Stücke) brechen;* temp. (A291,1 Anm. 1). **ἐπ-ε-δίδου** Ipf.
31 ἐπι-δίδωμι *geben, übergeben.* **31 δι-ηνοίχθησαν** Aor. Pass. -ανοίγω[60] *öffnen;* αὐτῶν δὲ διηνοίχθησαν οἱ ὀφθαλμοί *da wurden ihnen die Augen geöffnet = da gingen ihnen die Augen auf.* **ἐπ-έ-γνωσαν** Aor. V. 16. **αὐτός** V. 21. **ἄ-φαντος**[11] *unsichtbar;* ἄφαντος γίνομαι *ver-*
32 *schwinden* ἀπό τινος *vor jmdm.* (B). **32 εἶπαν** V. 5. **οὐχί** V. 26. **καιομένη** Ptz. Pass. καίω *anzünden;* (etwas) *verbrennen;* Pass. intr. *brennen;* umschrieb. Ipf. (A249). **ἦν** Ipf. εἰμί. **ἐ-λάλει** Ipf. λαλέω. **δι-ήν-οιγεν** Ipf. -αν-οίγω hier *(er)öffnen, erschließen, erklären.*
33 **33 ἀνα-στάντες** Aor. Ptz. ἀν-ίσταμαι, temp. (A291,1 Anm. 1; A296). **αὐτός** V. 13; αὐτῇ τῇ ὥρᾳ temp. Dat. (A182) *in ebendieser Stunde, sofort* (BDR §288[4]; vgl. B 1h). **ὑπ-έ-στρεψαν** Aor. V. 9. **εὗρον** V. 2. **ἠθροισμένους** Pf. Ptz. Pass. ἀθροίζω (vgl. A33[91ff]) (att. ἁθροίζω) *versammeln;* AcP (A300) [Var. συν-ηθροισμένους Pf. Ptz. Pass. -αθροίζω glei-
34 che Bdtg.]. **ἕν-δεκα** V. 9. **34 λέγοντας** Ptz. λέγω, mod. **ὅτι** recitativum = Doppelpunkt (A333). **ὄντως** *in Wahrheit, wirklich.* **ἠγέρθη** V. 6.
35 **ὤφθη** Aor. Pass. ὁράω. **35 ἐξ-ηγοῦντο** Ipf. Med. -ηγέομαι *erzählen, darstellen, berichten.* **τὰ ἐν τῇ ὁδῷ** *was sie unterwegs (erlebt hatten).* **ἐ-γνώσθη** Aor. Pass. γινώσκω; ὡς ἐγνώσθη αὐτοῖς *wie er von ihnen erkannt wurde = wie sie ihn erkannt hatten.* **ἐν** (zweites) *an* (B I2). **κλάσις**[8] *(das) (in Stücke) Brechen.*
36 **36 λαλούντων** Ptz. λαλέω, gen. abs. (A288f), temp. **ἔ-στη** Wz.-Aor. ἵσταμαι. **ἐν μέσῳ αὐτῶν** *in ihre Mitte, mitten unter sie* (B μέσος 2). **λέγει** hist. Präs. (A235). **εἰρήνη** erg. εἴη (Opt. v. εἰμί) *sei (mit)* (BDR
37 §128,5). **37 πτοηθέντες** Aor. Ptz. Pass. πτοέω *in Schrecken (ver)setzen;* Pass. *erschreckt werden, sich ängstigen, erschrecken;* temp. [Var. 1 θροηθέντες Aor. Ptz. Pass. θροέομαι *erschreckt werden, sich in Schrecken versetzen lassen* (vgl. A219); Var. 2 φοβηθέντες Aor. Ptz. Pass.(ohne bes. Pass.-Bdtg.) φοβέομαι]. **ἔμ-φοβος** V. 5. **γενόμενοι** V. 5, temp. **ἐ-δόκουν** Ipf. δοκέω.
38 **θεωρεῖν** Inf. θεωρέω. **38 τί** V. 5. **τε-ταραγμένοι** Pf. Ptz. Pass. ταράσσω (vgl. A33[74ff]) *aufwühlen, aufrühren;* übertr. *in Aufregung, Unruhe, Verwirrung, Angst, Schrecken* bzw. *Bestürzung versetzen;* umschrieb. Pf. (A249). **διὰ τί** *warum.* **δια-λογισμός** *Überlegung, Gedanke; Zweifel, Bedenken.*

39 ἴδετε Aor. Imp. ὁράω, (zweites) *verstehen, begreifen.* **ἐγώ** betont 39
(A122); ἐγώ εἰμι αὐτός *ich bin es selbst/wirklich.* **ψηλαφήσατε** Aor.
Imp. ψηλαφάω *betasten, berühren.* **ὀστέον** *Knochen.* **ἔχοντα** Ptz. ἔχω,
AcP (A300); καθὼς ἐμὲ θεωρεῖτε ἔχοντα *wie ihr sie bei mir seht.*
40 εἰπών Aor. Ptz. λέγω, temp. **ἔ-δειξεν** Aor. δείκνυμι[212] *zeigen* [Var. 40
ἐπ-έ-δειξεν Aor. ἐπι-δείκνυμι *zeigen, vorzeigen*]. **41 ἀ-πιστούντων** 41
Ptz. V. 11; gen. abs. (A288f), kaus. od. temp. **ἀπό** *wegen, vor* (BDR §210[1]).
θαυμαζόντων Ptz. θαυμάζω, gen. abs. (A288f), kaus. od. mod.; ἀπὸ τῆς
χαρᾶς καὶ θαυμαζόντων *vor Freude und Staunen/Verwunderung.* **βρώσι-**
μος *eßbar.* **ἐνθά-δε**[18] *hierher; hier.* **42 οἱ δέ** V. 19. **ἐπ-έ-δωκαν** Aor. 42
ἐπι-δίδωμι[201] *geben, übergeben.* **ἰχθύς**[8] ύος ὁ *Fisch;* gen. partitivus (A164).
ὀπτός *gebraten, geröstet, gebacken.* **μέρος**[7] hier *Stück* (B 1bε). **43 λαβών** 43
V. 30. **ἔ-φαγεν** Aor. ἐσθίω.

44 οὗτοι οἱ λόγοι μου *das sind meine Worte* bzw. *dies besagen/bedeu-* 44
ten meine Worte (Menge). **ἐ-λάλησα, ὤν** V. 6. **δεῖ** V. 7. **πληρωθῆναι**
Aor. Inf. Pass. πληρόω; Präd. des AcI, abhängig v. δεῖ. **γε-γραμμένα** Pf.
Ptz. Pass. γράφω; Pf. Pass. term. tech. zur Einführung v. Schriftzitaten (B 2c):
in der Schrift heißt es/steht; subst.; πάντα τὰ γεγραμμένα ... περὶ ἐμοῦ
alles, was über mich ... geschrieben steht. **ψαλμός** *Loblied, Psalm.* **45 δι-ήν-** 45
οιξεν Aor. V. 32. **νοῦς** (νοός νοΐ νοῦν) *Verstand, Vernunft, (das) Denken,*
(die) Gedanken; Sinn. **τοῦ** m. Inf. kons. od. fin. (A281). **συν-ιέναι** Inf.
-ίημι *verstehen, einsehen, begreifen;* διήνοιξεν αὐτῶν τὸν νοῦν τοῦ συν-
ιέναι τὰς γραφάς *er öffnete ihren Verstand, so daß sie die Schriften verstanden*
(vgl. B νοῦς 1) od. *er erschloß ihnen den Sinn für das Verständnis der Schriften*
(Menge). **46 ὅτι** V. 34. **γέ-γραπται** Pf. Pass. γράφω. [Var. ἔ-δει V. 26.] 46
παθεῖν V. 26. **ἀνα-στῆναι** V. 7; Präd. des AcI. **τῇ τρίτῃ ἡμέρᾳ**
V. 7. **47 κηρυχθῆναι** Aor. Inf. Pass. κηρύσσω; Präd. des AcI. **μετά-** 47
νοια *Sinnesänderung, Umkehr, Bekehrung;* Subj. des AcI. **ἄφ-εσις**[8] *Erlaß* (v.
Schuld, Sünde usw.), *Vergebung.* **εἰς πάντα τὰ ἔθνη** hier wohl *allen Völ-*
kern (BDR §207[2]; vgl. B εἰς 1dβ). **ἀρξάμενοι** V. 27, temp.; ἀρξάμενοι
ἀπό Ἰερουσαλὴμ ὑμεῖς (erg. ἐστέ, BDR §128[2]) μάρτυρες τούτων
(gen. obi., A158; auf V. 46f bezogen) *ihr seid Zeugen dafür, angefangen/zuerst in*
Jerusalem (vgl. H-S §231d) [Var. ἀρξάμενον accusativus absolutus m. synony-
mer Funktion (BDR §424[3]; vgl. H-S §230f)]. **48 μάρτυς** υρος ὁ (H-S §42a) 48
Zeuge. **49 ἐγώ** V. 39. **ἀπο-στέλλω** fut. Präs. (A234) [Var. ἐξ-απο-στέλ- 49
λω gleiche Bdtg.]. **ἐπ-αγγελία** hier *das verheißene Gut,* m. flgd. gen. subi.
(A158) bzw. auctoris (A153). **καθίσατε** Aor. Imp. καθίζω hier *sich aufhal-*
ten (B 2aβ), *bleiben.* **ἕως οὗ** hier m. Konj. *bis* (A337). **ἐν-δύσησθε** Aor.
Konj. Med. -δύω[12] *anziehen, bekleiden;* Med. *sich bekleiden mit, sich anziehen;*
übertr. *bekleidet* (hier etwa *ausgerüstet*) *werden* τι *mit etwas* (B 2b). **ὕψος**[7] *die*
Höhe (hier konkret *der Ort in der Höhe = der Himmel* [B 1b]).

50 **50 ἐξ-ήγαγεν** Aor. -άγω[59] *hinaus/herausführen.* **Βηθανία** 19,29.
ἐπ-άρας Aor. Ptz. -αίρω[132] *empor-, aufheben;* temp. od. mod. (A291
51 Anm. 1). **εὐ-λόγησεν** Aor. -λογέω. **51 ἐ-γένετο, ἐν τῷ** V. 4. **εὐ-
λογεῖν** Inf.; Präd. des AcI. **δι-έ-στη** Wz.-Aor. δι-ΐσταμαι[205] *sich tren-
nen, sich entfernen* ἀπό τινος *von jmdm.* (B 1). **ἀν-ε-φέρετο** Ipf. Pass.
ἀνα-φέρω *hinaufbringen; hinaufführen;* Pass. hier *empor-, aufgehoben* bzw. *auf-
genommen werden.*
52 **52 προσ-κυνήσαντες** Aor. Ptz. -κυνέω, temp. **ὑπ-έ-στρεψαν**
53 Aor. V. 9. **53 ἦσαν** V. 10. **διὰ παντός** (erg. χρόνου) *immer, beständig*
(B διά AII1a). **εὐ-λογοῦντες** Ptz. -λογέω, mod., viell. umschrieb. Ipf.
(A249) [Var. αἰνοῦντες Ptz. αἰνέω *loben, preisen*].

Johannes

ἐν ἀρχῇ *am Anfang* (der Erschaffung der Welt [vgl. V. 3; Gen 1,1] bzw. 1
vor der Schöpfung). **ἦν** Ipf. εἰμί. **λόγος** *Wort; Logos;* hier personifiziert für
Jesus Christus (vgl. V. 14). **πρός** *bei* (B III7). **θεός** Präd.-Nom. (A82); θεὸς
ἦν ὁ λόγος *das Wort/der Logos war Gott* (d.h. seinem Wesen nach Gott).
3 διά *durch* (bez. den Vermittler; BDR §223[6]). **ἐ-γένετο** Aor. Med. γί- 3
νομαι. **οὐδὲ ἕν** = οὐδέν [Var.] *nichts* (BDR §302[4]). **γέ-γονεν** Pf.
(A242) γίνομαι; χωρὶς αὐτοῦ ἐγένετο οὐδὲ ἕν. ὃ γέγονεν ἐν αὐτῷ
ζωὴ ἦν *ohne ihn ist nichts entstanden/wurde nichts geschaffen. Was besteht, war*
(das) Leben in ihm/durch ihn; setzt man den Punkt (wohl besser) hinter γέγο-
νεν (so NA 25. Aufl. u. die meisten Übersetzungen), ergibt sich ein etwas ande-
rer Sinn: χωρὶς αὐτοῦ ἐγένετο οὐδὲ ἓν ὃ γέγονεν. ἐν αὐτῷ ζωὴ ἦν
ohne ihn ist nichts entstanden/wurde gar nichts geschaffen (von dem), was besteht.
In ihm war (das) Leben. **4 ζωή** *Leben* (hier wohl v. der göttl. Lebenskraft; vgl. 4
B 2aβ). **5 σκοτία** *Dunkelheit; Finsternis* (hier als Bereich des Gottfeindl. 5
bzw. der Gottesferne). **φαίνω** *scheinen, leuchten.* **κατ-έ-λαβεν** Aor.
κατα-λαμβάνω[152] *ergreifen, überwältigen; erlangen, in Besitz nehmen;* hier *be-*
greifen, annehmen.

6 ἐ-γένετο V. 3, hier *auftreten* (B II5). **ἀπ-ε-σταλμένος** Pf. Ptz. 6
Pass. ἀπο-στέλλω; attr. **παρά** m. Gen. *von* (bez. Agens beim Pass. [wohl =
ὑπό m. Gen.; ZG]). **ὄνομα αὐτῷ** Parenthese (A374), erg. ἦν (BDR §128[3];
s. Var.) *sein Name war, er hieß* (vgl. BDR §144,1). **7 μαρτυρία** *Zeugnis* (das 7
Bezeugen od. das Bezeugte); εἰς μαρτυρίαν *zum Zeugnis.* **μαρτυρήσῃ**
Aor. Konj. μαρτυρέω. **πιστεύσωσιν** Aor. Konj. πιστεύω; ingr. Aor.
(A229); ἵνα πάντες πιστεύσωσιν δι' αὐτοῦ *damit alle durch ihn zum*
Glauben kämen. **8 ἦν** V. 1. **ἐκεῖνος** *er (selbst)* (A124a), näml. Johannes. 8
ἀλλ' ἵνα erg. etwa ἦλθεν (B ἵνα III1; vgl. BDR §448,7[8]); ἀλλ' ἵνα μαρ-
τυρήσῃ *sondern (er kam), um Zeugnis abzulegen = sondern er sollte Zeugnis*
ablegen bzw. *er sollte nur Zeugnis ablegen.*

9 ἦν V. 1; Subj. wohl „das Licht, von dem Johannes Zeugnis ablegte" (= 9
ὁ λόγος = Jesus Christus [vgl. V. 1 u. 8]) od. τὸ φῶς τὸ ἀληθινόν; ἦν τὸ
φῶς τὸ ἀληθινόν, ὃ φωτίζει πάντα ἄνθρωπον, ἐρχόμενον εἰς τὸν
κόσμον etwa *er (, von dem dieser Zeugnis ablegte,) war das wahre Licht, das,*
weil (od. *dadurch, daß*) *es in die Welt gekommen ist, jeden Menschen erleuchtet* od.
das wahre Licht, das jeden Menschen erleuchtet, war da, weil es in die Welt ge-
kommen ist od. *das wahre Licht ... kam in die Welt.* **ἀληθινός** *wahr;* hier *echt,*
wirklich (B 3b). **φωτίζω** *erleuchten, mit Licht erfüllen* (B 2b). **ἐρχόμενον**
Ptz. ἔρχομαι; kaus. od. mod. od. umschrieb. Ipf. (s. zu ἦν), evtl. attr. zu
ἄνθρωπον (jeden *Menschen, der in die Welt kommt = die Menschheit* [ZG]).

10 **10 διά, ἐ-γένετο** V. 3. **καί** (zweites) adversativ (A311,1) *doch.* **ἔ-γνω**
11 Aor. γινώσκω. **11 τὰ ἴδια** *Heim, Heimat;* hier *Eigentum* (B ἴδιος 3b). **οἱ**
ἴδιοι hier *die Seinen* (d.h. die ihm Eigenen) (vgl. B ἴδιος 3a: *die Angehörigen*).
παρ-έ-λαβον Aor. παρα-λαμβάνω hier *annehmen, aufnehmen* im Sinn v.
12 *anerkennen* (B 3a). **12 ὅσοι ... αὐτοῖς** = τοσούτοις ὅσοι (A18) ... *so*
vielen, wie/all denen, die ... (vgl. A141a). **ἔ-λαβον** Aor. λαμβάνω hier im
Sinn v. παραλαμβάνω (V. 11) (vgl. B 1eα). **ἔ-δωκεν** Aor. δίδωμι. **γε-**
νέσθαι Aor. Inf. Med. γίνομαι. **πιστεύουσιν** Ptz. πιστεύω, subst.;
13 App. (A70). **ὄνομα** steht als pars pro toto für die Person (A382). **13 αἷμα**
Pl. hier *Geblüt, Abstammung* (d.h. aus der sinnl. Natur stammend; B 1a); οὐκ ἐξ αἱμάτων etwa *nicht auf Grund ihrer Abstammung* (NGÜ) od. *nicht durch natürliche Geburt* (GNB). **σάρξ** hier *Menschen (von Fleisch und Blut)* (vgl. B 3) od. *menschliche Natur* (v. der der geschlechtl. Drang ausgeht [B 8]); ἐκ θελήματος σαρκός ... ἐκ θελήματος ἀνδρός *aus (dem) Wollen/Begehren (des) Fleisches ... aus (dem) Wollen/Begehren eines Mannes* etwa = *durch menschliches/natürliches Wollen ... durch den Entschluß eines Mannes* (vgl. NGÜ). **ἐ-γεννήθησαν** Aor. Pass. γεννάω [Var. ἐ-γενήθησαν Aor. Pass. (ohne Pass.-Bdtg.) γίνομαι].
14 **14 λόγος** V. 1. **σάρξ** hier *Mensch (von Fleisch und Blut).* **ἐ-γένετο**
V. 3. **ἐ-σκήνωσεν** Aor. σκηνόω *in einem Zelt wohnen; wohnen.* **ἐν** *bei, unter.* **ἐ-θεασάμεθα** Aor. Med. θεάομαι *sehen, ansehen.* **δόξαν** (zweites) App. (A70), auch ohne Art. best. (A106). **ὡς** führt hier eine wirkl. Eigenschaft ein (B III1a) *als.* **μονο-γενής**[7] (< γένος Geschlecht, Art) *einziges (Kind); einzigartig.* **παρὰ πατρός** (auch ohne Art. best., A106a) bez. die Herkunft, bezogen auf μονογενοῦς od. auf δόξαν; δόξαν ὡς μονογενοῦς παρὰ πατρός *die Herrlichkeit als des einzigen (Kindes/Sohnes) des Vaters* od. *die Herrlichkeit des einzigen (Kindes/Sohnes), die (ihm) vom Vater (verliehen/gegeben) ist.* **πλήρης**[7] (hier indekl., BDR §137[1]) m. Gen. *voll (von), angefüllt (mit);* πλήρης χάριτος καὶ ἀληθείας *voll Gnade und Wahrheit* (vgl. B 2); wohl bezogen auf αὐτοῦ (den λόγος bzw. Jesus Christus; BDR §137[1])
15 od. auf δόξαν. **15 μαρτυρεῖ** hist. Präs. (A235). **κέ-κραγεν** Pf. κράζω;
wie (hier hist.) Präs. gebraucht (A243). **ἦν** V. 1; οὗτος ἦν ὃν εἶπον *dieser war es, von dem ich gesagt habe.* [Var. ὁ εἰπών Aor. Ptz. λέγω, subst.] **ὀπίσω** uneig. Präp. (A183) *hinter – her;* hier zeitl. *nach* (B 2b). **ἐρχόμενος** Ptz. ἔρχομαι, subst. **ἔμ-προσθεν** uneig. Präp. (A183), hier wohl vom Rang (viell. zeitl.; BDR §214[2]) ἔμπροσθέν τινος γίνεσθαι *Vorrang vor jmdm. haben, jmdn. (im Rang) übertreffen* (B 2f), *über jmdm. stehen* (GNB), viell. *vor jmdm. dasein/dagewesen sein.* **γέ-γονεν** V. 3. **πρῶτος** hier unklass. als Komp. (= πρότερος) m. gen. comparationis (A168) *eher als* (BDR §62[1]).
16 **16 ὅτι** hier *denn.* **πλήρωμα**[3] *Füllung; Fülle, Überfluß* (B 3b). **ἐ-λάβομεν**
Aor. λαμβάνω. **καί** hier epexegetisch (A311,7) *und zwar, nämlich.* **ἀντί** m.

Gen. (A188) *anstatt, für;* χάριν ἀντὶ χάριτος *Gnade über Gnade* (B 2), *eine*
Gnade nach der anderen (ZG). **17 ὅτι** V. 16. **ἐ-δόθη** Aor. Pass. δίδωμι. 17
ἐ-γένετο V. 3, hier *werden, kommen.* **18 ἑ-ώρακεν** Pf. ὁράω. **πώ-ποτε** 18
(vgl. A18) *je(mals).* **ὤν** Ptz. εἰμί, attr. **εἰς** örtl. für ἐν (B 9a; BDR §205[4]).
κόλπος *Busen, Brust;* εἰς τὸν κόλπον τινός *„an jmds. Brust" = an jmds.*
Seite, in jmds. Nähe, auf dem Ehrenplatz neben jmdm. **ἐξ-ηγήσατο** Aor.
Med. -ηγέομαι *erzählen, berichten, Kunde bringen;* μονογενὴς θεὸς (wohl
App. [vgl. H-S §260h]) ὁ ὤν ... ἐκεῖνος (A124a) ἐξηγήσατο etwa *(der)*
einzige (Sohn), (der selbst) Gott (ist), hat die Kunde (von ihm) gebracht, er, der ...
ist.

19 μαρτυρία V. 7. **ἀπ-έ-στειλαν** Aor. ἀπο-στέλλω. **οἱ Ἰου-** 19
δαῖοι hier im Sinn v. *die führenden Männer* (des jüdischen Volkes). **ἱερεύς**[8]
Priester. **Λευίτης**[1] *Levit,* Glied des Stammes Levi, zuständig für Hilfsdienste
im Tempel. **ἐρωτήσωσιν** Aor. Konj. ἐρωτάω [Var. 1 ἐρωτήσουσιν Fut.
(A339); Var. 2 ἐπ-ερωτήσωσιν Aor. Konj. -ερωτάω]. **σύ** steht betont vor
dem τίς (BDR §475,1b). **20 ὡμο-λόγησεν** Aor. ὁμο-λογέω *sich (offen)* 20
als etwas od. *zu* etwas od. jmdm. *bekennen; frei heraussagen, erklären.* **ἠρνή-**
σατο Aor. Med. ἀρνέομαι *leugnen, bestreiten.* **καί** (drittes) epexegetisch
(BDR §442[18]; A311,7) *und zwar, nämlich.* **ὅτι** recitativum = Doppelpunkt
(A333). **ἐγώ** betont (A122). **21 ἠρώτησαν** Aor. **τί οὖν** *was denn?* (B 21
οὖν 1cβ). **Ἠλίας**[1] ου *Elija,* atl. Prophet. **λέγει** hist. Präs. (A235). **οὐκ**
εἰμί übers. *nein* (vgl. A321b). **ὁ προφήτης** Präd.-Nom. m. Art. bez. eine
den Hörern bekannte Gestalt (H-S §135a; vgl. A80); erg. davor εἶπον o.ä. (vgl.
BDR §480,5a). **ἀπ-ε-κρίθη** Aor. Pass. (ohne Pass.-Bdtg.) ἀπο-κρίνομαι.
οὔ m. Akzent: *nein* (B 1). **22 εἶπαν** Aor. (vgl. H-S §105g) λέγω. **ἵνα** erg. 22
etwa εἶπε (Aor. Imp. v. λέγω) (Brachylogie, BDR §483[1]) *(sage es uns,) damit.*
ἀπό-κρισις[8] *Antwort.* **δῶμεν** Aor. Konj. δίδωμι. **πέμψασιν** Aor. Ptz.
πέμπω, subst. **23 ἔ-φη** Ipf. φημί. **φωνή** hier *Stimme;* Präd.-Nom. 23
βοῶντος Ptz. βοάω *(laut) rufen, schreien;* subst. (vgl. BDR §413[2]); φωνὴ
βοῶντος *(die) Stimme eines Rufenden.* **εὐθύνατε** Aor. Imp. εὐθύνω *gerade*
machen, ebnen. **τὴν ὁδὸν κυρίου** *den Weg des Herrn* (= Jahwes; A107) =
dem Herrn den Weg. **Ἠσαΐας**[1] ου *Jesaja,* atl. Prophet. **ὁ προφήτης** App.
(A70).

24 ἀπ-ε-σταλμένοι Pf. Ptz. Pass. V. 6; subst. od. umschrieb. Plsqpf. 24
(A249); καὶ ἀπεσταλμένοι ἦσαν ἐκ (viell. = τινὲς ἐκ [vgl. BDR §164[6];
A137a; 164]) τῶν Φαρισαίων etwa *auch Abgesandte aus dem Kreis der Phari-*
säer waren da/gekommen (bzw. *auch einige [der] Pharisäer waren abgesandt*).
ἦσαν Ipf. εἰμί. **25 ἠρώτησαν** Aor. ἐρωτάω. **εἶπαν** V. 22; καὶ εἶ- 25
παν αὐτῷ pleon. (Hebr.; A297,2). **τί** adv. *warum?* **ὁ προφήτης** V. 21.
26 ἀπ-ε-κρίθη V. 21. **ἐγώ** betont (A122). **ἐν** instr. *mit.* **μέσος** (Adj. 26
adv. gebraucht; A113) **ὑμῶν** *mitten unter euch* (B μέσος 1). **ἕστηκεν** Pf.

ἵσταμαι [Var. 1 στήκω (< ἕστηκα) *stehen* (vgl. H-S §120,5[4]); Var. 2 εἱ-
27 στήκει Plsqpf. ἵσταμαι]. 27 **ὀπίσω, ἐρχόμενος** V. 15. **οὗ** *dessen*
(Schuhriemen) bzw. (idiomatischer) *diesem/ihm* (... die Riemen seiner Sanda-
len) (rel. Verschränkung, A364b). [Var. ἱκανός *hinlänglich; tauglich;* hier etwa
würdig, gut genug.] **ἵνα** hier *daß;* abhängig v. ἄξιος (BDR §393[4]; A328); οὐκ
εἰμὶ ἐγὼ ἄξιος ἵνα λύσω ... *ich bin nicht würdig ... zu lösen* (H-S §272a/b).
λύσω Aor. Konj. λύω. **αὐτοῦ** steht pleon. (BDR §297[2]; A366). **ἱμάς**[3]
28 άντος ὁ *Riemen.* **ὑπό-δημα**[3] *Sandale, Schuh.* 28 **Βηθανία** *Betanien,*
Ort östl. des Jordans. **ἐ-γένετο** V. 3. **πέραν** Adv. *jenseits;* uneig. Präp.
(A183) *auf der/die andere(n) Seite von.* **Ἰορδάνης**[1] *Jordan.* **ἦν** V. 1. **βαπ-
τίζων** Ptz., umschrieb. Ipf. (A249) od. mod.; ὅπου ἦν ὁ Ἰωάννης βαπ-
τίζων *wo Johannes taufte* od. *wo Johannes sich aufhielt und (dabei) taufte.*
29 29 **ἐπ-αύριον** *morgen;* τῇ ἐπαύριον (erg. ἡμέρᾳ, vgl. A88) *am näch-
sten/folgenden Tag.* **βλέπει, λέγει** hist. Präs. (A235). **ἐρχόμενον** Ptz.
ἔρχομαι, AcP (A300). **αὐτόν** = ἑαυτόν (A126). **ἴδε** (eig. Imp. Aor.
ὁράω) Interjektion (H-S §252,63) etwa = ἰδού. **ἀμνός** *Lamm.* **αἴρων** Ptz.
30 αἴρω, attr. 30 **ὑπέρ** m. Gen. = περί (A184) *über, im Hinblick auf.* **ὀπίσω**
V. 15. **ἔρχεται** fut. Präs. (A234). **ἀνήρ** steht für τις (H-S §144b). **ἔμ-
προσθεν** V. 15. **γέ-γονεν** V. 3. **ἦν** V. 1; πρῶτός μου ἦν V. 15.
31 31 **ᾔδειν** Plsqpf. (m. der Bdtg. eines Ipf.) οἶδα. **ἀλλ᾽ ἵνα ... διὰ τοῦτο
ἦλθον ἐγώ** *aber damit ... deshalb bin ich gekommen* (B ἵνα I5). **φανερω-
θῇ** Aor. Konj. Pass. φανερόω. **ἐν** V. 26. **βαπτίζων** Ptz., fin., viell. mod.
32 32 **ἐ-μαρτύρησεν** Aor. μαρτυρέω. **ὅτι** recitativum = Doppelpunkt
(A333). **τε-θέαμαι** Pf. Med. θεάομαι V. 14. **κατα-βαῖνον** Ptz. -βαί-
νω, AcP (A300). [Var. ὡσ-εί *wie, gleichsam wie.*] **περιστερά** *Taube.*
ἔ-μεινεν Aor. μένω; finites Verb setzt AcP fort (A293); καταβαῖνον ...
33 καὶ ἔμεινεν ἐπ᾽ αὐτόν ... *herabkommen und auf ihm bleiben.* 33 **πέμψας**
Aor. Ptz. πέμπω, subst. **βαπτίζειν** Inf., fin. (A276). **ἐν** (zweimal) V. 26.
ἴδῃς Aor. Konj. ὁράω; ἐφ᾽ ὃν ἂν ἴδῃς τὸ πνεῦμα ... *auf wen du den
Geist ... siehst* (vgl. A371). **κατα-βαῖνον** V. 32. **μένον** Ptz., AcP (A300).
ἐπ᾽ αὐτόν pleon. (BDR §297[2]; A366). **βαπτίζων** Ptz., subst., Präd.-Nom.
34 34 **ἑ-ώρακα** Pf. ὁράω. **με-μαρτύρηκα** Pf. μαρτυρέω. **ὁ υἱός** Präd.-
Nom. m. Art. hebt die Gleichsetzung hervor (A80) [Var. ἐκ-λεκτός *ausge-
wählt;* im NT fast durchweg: *auserwählt* (ausgesondert, um zu Gott zu gehören
bzw. ihm zu dienen)].
35 35 **ἐπ-αύριον** V. 29. **εἱστήκει** Plsqpf. ἵσταμαι; πάλιν εἱστήκει
ὁ Ἰωάννης καί ... δύο etwa *Johannes stand an derselben Stelle* (wörtl. *wieder
da*) *mit zwei ...* (zum Sg.-Präd. vgl. A94). **ἐκ** umschreibt gen. partitivus (B 4aα).
36 36 **ἐμ-βλέψας** Aor. Ptz. ἐμ-βλέπω[41] *den Blick richten auf, ansehen, betrach-
ten;* temp. **περι-πατοῦντι** Ptz. -πατέω, temp. **λέγει** hist. Präs. (A235),
37 ebenso in den flgd. Versen. **ἴδε, ἀμνός** V. 29. 37 **καί ... καί** hier *als* ...

(da) (vgl. A311,2/4). **ἤκουσαν** Aor. ἀκούω. **λαλοῦντος** Ptz. λαλέω,
GcP (A300); erg. τοῦτο/ταῦτα (A79). **ἠκολούθησαν** Aor. ἀκολουθέω.
38 στραφείς Aor. Ptz. Pass. στρέφω[47] tr. *hinwenden;* Pass. *sich umwenden* 38
(B 2aα); temp. **θεασάμενος** Aor. Ptz. Med. θεάομαι V. 14; temp. **ἀκο-
λουθοῦντας** Ptz., AcP (A300). **οἱ δέ** *(und) diese/sie* (A102). **εἶπαν**
V. 22. **ῥαββί** indekl., hier Vok., *Rabbi,* Anrede u. Ehrenbezeichnung für
einen (Gesetzes-)Lehrer. **λέγεται** Pass. λέγω, Pass. hier *heißen* (B II3).
μεθ-ερμηνευόμενον Ptz. Pass. -ερμηνεύω *übersetzen;* mod. **διδάσ-
καλε** Vok. **μένω** hier *sich aufhalten, wohnen* (B 1aα). **39 ἔρχεσθε** Imp. 39
ἔρχομαι. **καί** kons. (A311,2) *so, dann.* **ὄψεσθε** Fut. ὁράω [Var. ἴδετε
Aor. Imp. ὁράω]. **ἦλθαν** Aor. (vgl. H-S §105g) ἔρχομαι. **εἶδαν** Aor. (vgl.
H-S §105g) ὁράω. **ποῦ μένει** *wo er wohnte* (Tempus u. Modus wie in der
entsprechenden direkten Rede; A326). **ἔ-μειναν** Aor. μένω. **ἡμέραν**
Akk. der zeitl. Ausdehnung (A148). **ἦν** Ipf. εἰμί. **δέκατος**[19] *zehnter;* ὥρα
ἦν ὡς δεκάτη *es war um die zehnte Stunde* (d.h. vier Uhr nachmittags).
40 Ἀνδρέας[1] ου *Andreas,* Bruder v. Petrus. **ὁ ἀδελφός** App. (A70). 40
εἷς Präd.-Nom. **ἀκουσάντων** Aor. Ptz. ἀκούω, subst.; τῶν ἀκουσάν-
των παρὰ Ἰωάννου *die (es/das Wort) von Johannes gehört hatten = die
gehört hatten, was Johannes sagte* (vgl. ZG). **ἀκολουθησάντων** Aor. Ptz.
ἀκολουθέω, subst. **αὐτῷ** *ihm* (d.h. Jesus; vgl. V. 37f). **41 εὑρίσκει, λέ- 41
γει** hist. Präs. (A235). **εὑρήκαμεν** Pf. εὑρίσκω. **Μεσσίας**[1] ου
(< aram. מְשִׁיחָא *məšîḥāᵓ* bzw. hebr. מָשִׁיחַ *māšîᵃḥ* „[zum König] Gesalbter“)
Messias. **μεθ-ερμηνευόμενον** V. 38, umschrieb. Präs. (A249). **42 ἤγα- 42
γεν** Aor. ἄγω. **ἐμ-βλέψας** V. 36, Ptz. temp. **κληθήσῃ** Fut. Pass. κα-
λέω hier *mit einem Namen belegen, benennen* (B 1aγ); mod. Fut. (A247) *du
sollst genannt werden, du sollst heißen.* **Κηφᾶς**[1] ᾶ *Kephas,* aram. Entspre-
chung zu Πέτρος. **ἑρμηνεύεται** Pass. ἑρμηνεύω *erklären; übersetzen.*

43 ἐπ-αύριον V. 29. **ἠ-θέλησεν** Aor. θέλω; Subj. ist Jesus. **ἐξ-ελ- 43
θεῖν** Aor. Inf. ἐξ-έρχομαι. **εὑρίσκει, λέγει** hist. Präs. (A235), ebenso in
den flgd. Versen. **Φίλιππος** *Philippus,* einer der zwölf Jünger Jesu. **ἀκο-
λούθει** Imp. ἀκολουθέω. **44 ἦν** Ipf. εἰμί hier *(her)stammen* (B III1). 44
ἀπό statt ἐκ (BDR §209,3). **Βηθσαϊδά** ἡ indekl., hier Gen., *Betsaida,* Ort
am Nordufer des Sees Gennesaret. **Ἀνδρέας** V. 40. **45 Ναθαναήλ** in- 45
dekl., *Natanaël,* ein Jünger Jesu. **ὅν** erg. Demonstrativpron. (A358) τοῦτον;
ὃν ἔγραψεν ... (τοῦτον) εὑρήκαμεν *wir haben den gefunden, von dem/über
den ... geschrieben hat.* **ἔ-γραψεν** Aor. γράφω; zum Sg. s. A94. **ὁ νόμος
καὶ οἱ προφῆται** übl. Bezeichnung für die (atl.) Heilige Schrift. **εὑρή-
καμεν** V. 41. **Ἰωσήφ** indekl., *Josef.* **ἀπό** V. 44. **Ναζαρέτ** ἡ indekl.,
hier Gen., *Nazaret,* Ort in Galiläa. **46 Ναθαναήλ** hier Nom. **εἶναι** Inf. 46
εἰμί hier *(her)stammen/kommen* (aus) (B III3); ἐκ Ναξαρὲτ δύναταί τι
ἀγαθὸν εἶναι; *kann aus Nazaret etwas Gutes kommen?* **ἔρχου** Imp. (vgl.

47 A266a) ἔρχομαι. **ἴδε** Aor. Imp. ὁράω. **47 ἐρχόμενον** Ptz., AcP (A300).
ἴδε V. 29. **ἀληθῶς** *wahrhaftig, wirklich, tatsächlich.* **Ἰσραηλίτης**[1] *Israe-*
48 *lit.* **δόλος** *Betrug, List, Falschheit.* **48 Ναθαναήλ** hier Nom. **πόθεν**[18]
woher od. *wieso* (B 3). **ἀπ-ε-κρίθη** V. 21. **καὶ εἶπεν αὐτῷ** pleon.
(Hebr.; A297,2). **πρὸ τοῦ** m. AcI temp. (A282) *bevor, ehe.* **Φίλιππον**
Subj. des AcI. **φωνῆσαι** Aor. Inf. φωνέω; Präd. des AcI. **ὄντα** Ptz. εἰμί,
temp., part. coni. zu σε; πρὸ τοῦ σε Φίλιππον φωνῆσαι ὄντα ὑπὸ τὴν
συκῆν εἶδόν σε *bevor Philippus dich rief, als du unter dem Feigenbaum warst,*
49 *sah ich dich.* **συκῆ** *Feigenbaum.* **49 Ναθαναήλ** hier Nom. **ῥαββί** V. 38.
50 **ὁ υἱός** V. 34. **50 ὑπο-κάτω** uneig. Präp. (A183) *unter.* **μείζω** = μείζο-
να Akk. Ntr. Pl. (A11); subst. **τούτων** gen. comparationis (A168). **ὄψῃ** Fut.
51 Med. ὁράω. **51 ὄψεσθε** V. 39. **ἀν-ε-ῳγότα** Pf. Ptz. ἀν-οίγω, AcP
(A300). **ἀνα-βαίνοντας** Ptz. -βαίνω, AcP (A300). **κατα-βαίνοντας**
Ptz. -βαίνω, AcP (A300).

2 **τῇ ἡμέρᾳ τῇ τρίτῃ** temp. Dat. (A182) *am dritten Tag (danach) =*
zwei Tage später. **γάμος** *Ehe;* Sg. od. Pl. *Hochzeitsfeier, Hochzeitsmahl.* **ἐ-γέ-**
νετο Aor. Med. γίνομαι hier *stattfinden* (B I3a). **Κανά** indekl., hier Dat.,
Kana, Ort in Galiläa. **τῆς Γαλιλαίας** gen. partitivus (H-S §166a; A164) *in*
2 *Galiläa.* **ἦν** Ipf. εἰμί. **2 ἐ-κλήθη** Aor. Pass. καλέω hier *einladen* (B 1b);
3 zum Sg. s. A94. **εἰς** *zu.* **3 ὑστερήσαντος** Aor. Ptz. ὑστερέω *zu spät*
kommen; Mangel leiden an; hier *fehlen* (B 1d), *ausgehen;* gen. abs. (A288), temp.
od. kaus. **οἶνος** *Wein.* **λέγει** hist. Präs. (A235), ebenso in den flgd. Versen.
4 **4 τί ἐμοὶ καὶ σοί** erg. ἐστίν (BDR §127[4]), sowohl Hebr. (מַה־לִּי וָלָךְ
mah-lî wālāḵ) als auch volkstüml. abweisende Redewendung (B ἐγώ) „was
haben ich und du (gemeinsam/miteinander zu tun)" (dat. commodi, A173),
übers. hier etwa *was habe ich mit dir zu tun? laß mich in Ruhe!* (B ἐγώ), *was*
kümmern dich meine Angelegenheiten? (Menge). **γύναι** Vok. γυνή. **οὔ-πω**
5 *noch nicht.* **ἥκω** (vgl. A33[187]) *gekommen sein, dasein.* **5 διάκονος** *Diener,*
Helfer. **ὅ τι ἄν** (A132; 371) *was auch immer.* **λέγῃ** Konj. λέγω. **ποιήσα-**
6 **τε** Aor. Imp. ποιέω. **6 ἦσαν** Ipf. εἰμί. **λίθινος** *steinern.* **ὑδρία** *Wasser-*
krug. **ἕξ**[19] *sechs.* **κατά** m. Akk. *zum Zweck, für* (B II4). **καθαρισμός** *Rei-*
nigung; κατὰ τὸν καθαρισμὸν τῶν Ἰουδαίων *für die Reinigung der Juden*
= für die bei den Juden übliche Reinigung (Schnackenburg, Jh 1, S. 328), *wie es*
der Reinigungssitte der Juden entsprach. **κείμεναι** Ptz. κεῖμαι (A32; als Pf.
Pass. v. τίθημι gebraucht, A33[200]) *liegen, gelegt sein; sich* (an einem Ort) *be-*
finden, hier *dastehen* (B1b); umschrieb. Ipf. (A249). **χωροῦσαι** Ptz. Fem.
χωρέω *Raum geben: (fort)gehen; Raum haben, fassen,* m. Akk. (B 3a); attr.
ἀνά (A187) *auf, hinauf;* bei Zahlen *je.* **μετρητής**[1] *Maß* (aus Attika stam-
7 mendes Flüssigkeitsmaß, ca. 39 Liter). **7 γεμίσατε** Aor. Imp. γεμίζω (vgl.
A33[91ff]) m. Gen. (A165) *füllen mit.* **ἐ-γέμισαν** Aor. **ἄνω** *oben; nach oben;*
8 ἕως ἄνω *bis oben hin, bis an den Rand* (B 1). **8 ἀντλήσατε** Aor. Imp.

ἀντλέω *schöpfen.* **φέρετε** Imp.; erg. αὐτό/τοῦτο (A79). **ἀρχι-τρίκλι-
νος** *der für das Festessen Verantwortliche, Speisemeister, Tafelmeister.* **οἱ δέ**
(und) diese/sie (A102). **ἤνεγκαν** Aor. φέρω; erg. αὐτό/τοῦτο (A79).
9 ἐ-γεύσατο Aor. Med. γεύομαι (Speise) *kosten, schmecken; genießen, es-* 9
sen; unklass. m. Akk. (BDR §169[7]). **γε-γενημένον** Pf. Ptz. Pass. γίνομαι,
temp.; ὡς ἐγεύσατο ... τὸ ὕδωρ οἶνον γεγενημένον *als er das Wasser,
nachdem es zu Wein geworden war, kostete* bzw. *als er das zu Wein gewordene
Wasser kostete.* **ᾔδει** Plsqpf. (m. der Bdtg. eines Ipf.) οἶδα; καὶ οὐκ ᾔδει ...
οἱ ἠντληκότες τὸ ὕδωρ Parenthese (BDR §465[3]; 442[20]; vgl. A374). **πό-
θεν**[18] *woher?* **ᾔδεισαν** Plsqpf.; erg. αὐτό/τοῦτο (A79). **ἠντληκότες**
Pf. Ptz. ἀντλέω, attr. **φωνεῖ** hist. Präs. (A235). **νυμφίος** *Bräutigam.*
10 πᾶς ἄνθρωπος *ein jeder* (B ἄνθρωπος 3aζ), *jedermann.* **τίθημι** hier 10
vorsetzen (B I1bβ). **μεθυσθῶσιν** Aor. Konj. Pass. μεθύσκω (vgl. A33[159ff])
betrunken machen; Pass. *sich betrinken.* **ἐλάσσων**[11] ον (Komp. zu μικρός)
geringer (hier: an Wert); ἐλάσσω = ἐλάσσονα (A11). **τε-τήρηκας** Pf.
τηρέω hier *zurückhalten, aufheben.* **ἄρτι** *jetzt;* ἕως ἄρτι *bis jetzt, bis zu die-
sem Augenblick* (B 3).

11 ἐ-ποίησεν Aor. ποιέω; ταύτην (Obj.) ἐποίησεν ἀρχὴν τῶν 11
σημείων (ταύτην ... ἀρχήν ohne Art. präd. Gebrauch [vgl. BDR §292[5]] im
Sinn v. *dies war der Anfang der/seiner Zeichen, den Jesus machte* [vgl. ähnl.
A112]) übers. etwa = *so vollbrachte* Jesus ... *sein erstes Wunderzeichen* (GNB).
Κανά, τῆς Γαλιλαίας V. 1. **ἐ-φανέρωσεν** Aor. φανερόω. **ἐ-πί-
στευσαν** Aor. πιστεύω, viell. ingr. (A229) *sie kamen zum Glauben* (GNB),
sie faßten Vertrauen (GN).

12 μετὰ τοῦτο *danach.* **κατ-έ-βη** Aor. κατα-βαίνω; zum Sg. s. 12
A94. **Καφαρναούμ** indekl., hier Akk., *Kafarnaum,* Ort am See Gennesaret.
ἔ-μειναν Aor. μένω. **οὐ πολλὰς ἡμέρας** (Akk. der zeitl. Ausdehnung,
A148) *wenige/einige Tage* (vgl. B πολύς I1aα). **13 ἐγγύς** *nahe, nahe bevor-* 13
stehend (B 2a). **ἦν** V. 1. **πάσχα** τό indekl., *Passafest* (14./15. Nisan [Anfang
April] zur Erinnerung an Israels Auszug aus Ägypten). **καί** (zweites) *als*
(BDR §442[10]). **ἀν-έ-βη** Aor. ἀνα-βαίνω.

14 εὗρεν Aor. εὑρίσκω. **πωλοῦντας** Ptz. πωλέω *verkaufen;* subst. 14
Verkäufer; m. Akk. **βοῦς**[8] *Rind.* **πρό-βατον** *Schaf.* **περιστερά** *Taube.*
κερματιστής[1] *Geldwechsler.* **καθημένους** Ptz. κάθημαι, AcP (A300).
15 ποιήσας Aor. Ptz. ποιέω, temp. (A291,1 Anm. 1). **φραγέλλιον** 15
(< lat. flagellum, BDR §5[4]) *Peitsche.* **σχοινίον** *Strick, Seil.* **ἐξ-έ-βαλεν**
Aor. ἐκ-βάλλω. **κολλυβιστής**[1] (< κόλλυβος kleine Münze) *Geldwechs-
ler.* **ἐξ-έ-χεεν** Aor. ἐκ-χέω[39] *ausgießen, ausschütten.* **κέρμα**[3] *Geldstück,
Münze, Kleingeld.* **τράπεζα** *Tisch.* **ἀν-έ-τρεψεν** Aor. ἀνα-τρέπω[48] *um-
stürzen, umstoßen* [Var. 1 ἀν-έ-στρεψεν Aor. ἀνα-στρέφω *umkehren,* hier
umwerfen (B 1); Var. 2 κατ-έ-στρεψεν Aor. κατα-στρέφω *umstürzen,*

16 *umwerfen*]. **16 πωλοῦσιν** Ptz. Dat. Pl. πωλέω, subst. **ἄρατε** Aor. Imp.
αἴρω. **ἐντεῦθεν**[18] *von hier.* **ποιεῖτε** Imp.; μὴ ποιεῖτε etwa *macht nicht*
länger, hört auf ... zu machen (A265a). **ἐμ-πόριον** (< ἔμ-πορος Kaufmann)
Handelsplatz, Marktplatz; οἶκος ἐμπορίου *Kaufhaus, Markthalle.*
17 **17 ἐ-μνήσθησαν** Aor. Pass. μιμνῄσκομαι[168] m. Gen. *sich erinnern an;*
gedenken, denken an. **γε-γραμμένον** Pf. Ptz. Pass. γράφω, umschrieb. Pf.
(A249); Pf. Pass. term. tech. zur Einführung v. Schriftzitaten (B 2c): *in der*
Schrift heißt es/steht. **ζῆλος**[7] *Eifer;* ὁ ζῆλος τοῦ οἴκου (gen. obi., A158)
σου *der Eifer für/um dein Haus.* **κατα-φάγεται** Fut. Med. κατ-εσθίω[188]
aufessen, auffressen, verzehren.
18 **18 ἀπ-ε-κρίθησαν** Aor. Pass. (ohne Pass.-Bdtg.) ἀπο-κρίνομαι. **οἱ**
Ἰουδαῖοι hier im Sinn v. *die führenden Männer* (des jüdischen Volkes). **εἶ-**
παν Aor. (vgl. H-S §105g) λέγω; καὶ εἶπαν pleon. (Hebr.; A297,2). **δείκ-**
νυμι/δεικνύω *zeigen, sehen lassen, vor Augen bringen;* hier etwa *(als Beweis)*
sehen lassen. **ὅτι** hier m. kons. Färbung (BDR §456[6]); ὅτι ταῦτα ποιεῖς *so*
19 *daß du dies tust = daß du dies tun darfst.* **19 λύσατε** Aor. Imp. λύω; Imp.
hier m. der Bdtg. eines Kond.-NS, etwa ἐὰν καὶ λύσητε *mögt ihr auch ... zer-*
stören/abbrechen (BDR §387,2[2]). **καί** (zweites) kons. (BDR §442[7]; A311,2) *so,*
dann. **τρισίν** Dat. τρεῖς[19f]. **ἐγερῶ** Fut. ἐγείρω[137f] hier *aufrichten, errich-*
20 *ten* (B 1aδ). **20 τεσσεράκοντα καὶ ἕξ**[19] *sechsundvierzig.* **ἔτεσιν** temp.
Dat. unklass. auf die Frage „in welchem Zeitraum?“ (BDR §200[9]; vgl. A182):
sechsundvierzig *Jahre lang.* **οἰκο-δομήθη** Aor. Pass. -δομέω (zum Aug. s.
BDR §67[1]). **ἐγερεῖς** mod. Fut. (A247) *du willst* ihn in drei Tagen *errichten?*
21 **21 ἔ-λεγεν** Ipf. λέγω. **τοῦ σώματος** gen. epexegeticus (H-S §165a;
22 A163). **22 ἠγέρθη** Aor. Pass. ἐγείρω. **ἐ-μνήσθησαν** V. 17. **ἐ-πί-**
στευσαν V. 11.
23 **23 ἦν** V. 1. **πάσχα** V. 13. **ἑορτή** *Fest;* ἐν τῷ πάσχα ἐν τῇ ἑορτῇ
am Passafest. **ἐ-πίστευσαν** V. 11, ingr. (A229). **ὄνομα** steht als pars pro
toto für die Person (A382). **θεωροῦντες** Ptz. θεωρέω, kaus. od. temp.
24 **ἐ-ποίει** Ipf. ποιέω. **24 ἐ-πίστευεν** Ipf. πιστεύω; οὐκ ἐπίστευεν
αὐτὸν αὐτοῖς Jesus *vertraute sich ihnen nicht an* (B 3). **διὰ τό** m. AcI kaus.
25 (A282) *weil.* **γινώσκειν** Inf., Präd. des AcI. **πάντας** AkkO. **25 εἶχεν**
Ipf. ἔχω. **ἵνα** hier *daß* (bez. [statt eines Inf./AcI] das Erforderl.; A328); ὅτι
οὐ χρείαν εἶχεν ἵνα *weil er es nicht nötig hatte, daß.* **μαρτυρήσῃ** Aor.
Konj. μαρτυρέω. **ἐ-γίνωσκεν** Ipf. γινώσκω. **ἦν** V. 1; bez. hier Gleich-
zeitiges (Tempus wurde an ἐγίνωσκεν angeglichen: statt des erwarteten
ἐστίν [A326] steht ἦν; BDR §330[1]).

3 **ἦν** Ipf. εἰμί. **ἐκ** umschreibt gen. partitivus (vgl. B 4aα); ἦν δὲ ἄνθρω-
πος ἐκ τῶν Φαρισαίων *es war ein Pharisäer* (wörtl. *ein Mann unter den*
Pharisäern). **Νικόδημος** *Nikodemus,* ein Mitglied des Synedriums. **ὄνομα**
αὐτῷ Parenthese (A374), erg. ἦν (BDR §128[3]) *sein Name war, er hieß* (vgl.

BDR §144[2]). **ἄρχων**[5] οντος ὁ *Herrscher; Mitglied der Behörde,* hier *Mitglied*
des Synedriums (B 2a). **2 νυκτός** gen. temp. (A166) *bei Nacht, des Nachts.* 2
ῥαββί indekl., hier Vok., *Rabbi,* Anrede u. Ehrenbezeichnung für einen (Ge-
setzes-)Lehrer. **ἐλήλυθας** Pf. ἔρχομαι. **διδάσκαλος** *als Lehrer* (Sub-
jektsartangabe, A65). **ποιεῖν** Inf. ποιέω. **ἐὰν μή** *wenn nicht, außer wenn*
(A341). **ᾖ** Konj. εἰμί. **3 ἀπ-ε-κρίθη** Aor. Pass. (ohne Pass.-Bdtg.) ἀπο- 3
κρίνομαι. **καὶ εἶπεν** pleon. (Hebr.; A297,2). **τις** *jemand, einer* (B 1aγ);
ein Mensch. **γεννηθῇ** Aor. Konj. Pass. γεννάω. **ἄνωθεν** *von oben her*
(bes. *vom Himmel her*); *wiederum, von neuem* (B 3). **ἰδεῖν** Aor. Inf. ὁράω.
4 λέγει hist. Präs. (A235). **γεννηθῆναι** Aor. Inf. Pass. γεννάω. **γέ-** 4
ρων[5] οντος ὁ *Greis.* **ὤν** Ptz. εἰμί, temp. **μή** *etwa* (verneinende Antwort
angedeutet, A320). **κοιλία** *Bauch, Magen; Mutterleib.* **δεύτερον** adv. Akk.
(A150) *zum zweiten Mal* (B 4). **εἰσ-ελθεῖν** Aor. Inf. -έρχομαι. **5 ἐὰν μή** 5
V. 2; ἐὰν μή τις γεννηθῇ ἐξ ὕδατος καὶ πνεύματος *wenn jemand/ein*
Mensch nicht aus/von Wasser und Geist geboren wird. **6 γε-γεννημένον** Pf. 6
Ptz. Pass. γεννάω, subst.; Ntr. m. Bezug auf Personen gebraucht (was der Ver-
allgemeinerung u. der Hervorhebung der gemeinten Eigenschaft dient; BDR
§138[1]); τὸ γεγεννημένον ἐκ τῆς σαρκὸς σάρξ ἐστιν *was vom/aus dem*
Fleisch (d.h. v. irdisch-vergängl. Menschen) *geboren ist, ist Fleisch* (viell. steht
σάρξ hier auch für den v. der Sünde beherrschten Menschen). **7 θαυμά-** 7
σῃς Aor. Konj. θαυμάζω; prohibitiver Konj. (A256). **γεννηθῆναι** V. 4;
Präd. des AcI, abhängig v. δεῖ. **8 πνεῦμα** hier *Wind* (B 1a). **πνέω** *wehen,* 8
blasen. **φωνή** hier *Sausen, Brausen.* **πόθεν**[18] *woher.* **ποῦ**[18] hier *wohin*
(B 2b). **πᾶς ὁ** m. Ptz. *jeder, der* (A86). **γε-γεννημένος** Pf. Ptz. Pass.,
subst.; οὕτως ἐστὶν πᾶς ὁ γεγεννημένος ἐκ τοῦ πνεύματος *so ist es*
bei jedem, der aus dem Geist geboren ist (vgl. B οὕτω 1b). **9 γενέσθαι** Aor. 9
Inf. Med. γίνομαι. **10 ὁ διδάσκαλος** Präd.-Nom. m. Art. zeigt heraus- 10
gehobene Stellung an (B ὁ II1aα); σὺ εἶ ὁ διδάσκαλος *du bist der große*
(rechte) *Lehrer* (BDR §273[3]), *du bist ein anerkannter Lehrer.* **11 ἑ-ωράκα-** 11
μεν Pf. ὁράω. **καί** (zweites) adversativ (A311,1) *und doch.* **μαρτυρία**
Zeugnis (das Bezeugen od. das Bezeugte). **12 ἐπί-γειος**[11] *irdisch, auf der* 12
Erde befindlich; εἰ τὰ ἐπίγεια εἶπον ὑμῖν (indefiniter Fall, A342) *wenn ich*
zu euch über die irdischen Dinge gesprochen habe. **εἴπω** Aor. Konj. λέγω. **ἐπ-**
ουράνιος[11] *am/im Himmel befindlich, himmlisch;* subst. *himmlische Dinge.*
πιστεύσετε Fut. πιστεύω; wohl mod. Fut. (A247) πῶς ἐάν ... πιστεύ-
σετε *wie könnt/werdet ihr (da) glauben, wenn ...* (vgl. B πῶς 1d). **13 ἀνα-βέ-** 13
βηκεν Pf. ἀνα-βαίνω. **εἰ μή** nach Neg. *außer* (B εἰ VI9a). **κατα-βάς**
Aor. Ptz. -βαίνω, subst. **ὁ υἱὸς τοῦ ἀνθρώπου** App. (A70). **14 ὕψω-** 14
σεν Aor. ὑψόω *erhöhen* (d.h. hier: sichtbar aufrichten). **ὄφις**[8] εως ὁ
Schlange. **ὑψωθῆναι** Aor. Inf. Pass. (hier bezogen auf die Kreuzigung Jesu);
Präd. des AcI, abhängig v. δεῖ. **15 πιστεύων** Ptz., subst. **ἐν αὐτῷ** wohl 15

zu ἔχῃ gehörig, evtl. zu πιστεύων; ἵνα πᾶς ὁ πιστεύων ἐν αὐτῷ ἔχῃ
ζωὴν αἰώνιον *damit jeder, der glaubt, in (Gemeinschaft mit) ihm/durch ihn*
ewiges Leben habe; evtl. *damit jeder, der an ihn glaubt, ewiges Leben habe.* **ἔχῃ**
16 Konj. ἔχω. **16 οὕτως ... ὥστε** *so sehr/in solcher Weise ... daß* (kons., H-S
§279b). **ἠγάπησεν** Aor. ἀγαπάω. **μονο-γενής**[7] (< γένος
Geschlecht, Art) *einziges* (Kind); *einzigartig.* **ἔ-δωκεν** Aor. δίδωμι.
17 **πιστεύων** V. 15. **ἀπ-όληται** Aor. Konj. Med. -όλλυμαι. **17 ἀπ-έ-**
στειλεν Aor. ἀπο-στέλλω. **τὸν υἱόν** *seinen* (A103) *Sohn.* **κρίνῃ** Aor.
18 Konj. κρίνω. **σωθῇ** Aor. Konj. Pass. σῴζω. **18 πιστεύων** (zweimal)
V. 15; ὁ πιστεύων *jeder, der glaubt* (A104,1). **κρίνεται** Pass. **κέ-κριται**
Pf. Pass. **πε-πίστευκεν** Pf. (u. auch jetzt nicht glaubt; vgl. A242). **ὄνομα**
19 steht als pars pro toto für die Person (A382). **19 ὅτι** *daß*-NS App. zu αὕτη
(BDR §394[4]; A353); αὕτη ἐστὶν ἡ κρίσις ὅτι *dies ist/darin besteht das*
Gericht, (näml.) *daß.* **ἐλήλυθεν** Pf. ἔρχομαι. **καί** V. 11. **ἠγάπησαν**
V. 16. **σκότος**[7] *Dunkelheit; Finsternis* (hier als Bereich des Gottfeindl. bzw.
20 der Gottesferne). **ἦν** V. 1. **20 φαῦλος** *schlecht, böse, übel.* **πράσσων**
Ptz. πράσσω *tun, handeln, verüben;* subst. **ἐλεγχθῇ** Aor. Konj. Pass.
ἐλέγχω (vgl. A33[59ff]) *ans Licht/an den Tag bringen, aufdecken* (B 1).
21 **21 ποιῶν** Ptz. ποιέω, subst.; ποιέω τὴν ἀλήθειαν *die Wahrheit tun* (d.h.
der v. Gott geoffenbarten Wahrheit u. seinem Willen gehorchen). **φανε-**
ρωθῇ Aor. Konj. Pass. φανερόω; persönl. Pass. m. ὅτι (att. m. Inf.; vgl. BDR
§405[4]; H-S §218g); ἵνα φανερωθῇ αὐτοῦ τὰ ἔργα ὅτι ... ἐστιν εἰρ-
γασμένα etwa *damit in bezug auf seine Taten offenbar wird, daß sie ... getan*
sind = damit offenbar wird, daß seine Taten ... getan sind. **ἐν θεῷ** *in der Ge-*
meinschaft mit Gott (B ἐν I5d); viell. *vor Gott, vor Gottes Augen* (vgl. B ἐν I3).
εἰργασμένα Pf. Ptz. Pass. ἐργάζομαι, umschrieb. Pf. (A249).

22 **22 μετὰ ταῦτα** *danach.* **ἦλθεν** zum Sg. s. A94. **ἡ Ἰουδαία γῆ**
das jüdische Land, die Landschaft Judäa. **δι-έ-τριβεν** Ipf. δια-τρίβω *verwei-*
len, zubringen, sich (an einem Ort) *aufhalten.* **ἐ-βάπτιζεν** Ipf. βαπτίζω.
23 **23 ἦν** V. 1. **βαπτίζων** Ptz., umschrieb. Ipf. (A249); ἦν καὶ ὁ Ἰωάννης
βαπτίζων *auch Johannes taufte.* **Αἰνών** ἡ *Änon.* **ἐγγύς** uneig. Präp.
(A183) *nahe (bei), in der Nähe (von).* **Σαλείμ** indekl., *Salim,* Ort westl. des
Jordans. **ὕδατα πολλὰ ἦν ἐκεῖ** (Pl. v. ὕδωρ allgem. v. *Gewässer* [B
ὕδωρ 1], hier v. Flüssen [BDR §141[11]]) *es gab dort reichlich Wasser.* **παρ-ε-**
γίνοντο Ipf. Med. παρα-γίνομαι *ankommen, kommen, eintreffen, herzu-*
kommen; hier 3. Pl. im Sinn v. „man“ (A76a) bzw. „die Leute/Menschen“.
ἐ-βαπτίζοντο Ipf. Pass.; toleratives Pass. (A219) *sie ließen sich taufen.*
24 **24 οὔ-πω** *noch nicht.* **βε-βλημένος** Pf. Ptz. Pass. βάλλω, umschrieb.
Plsqpf. (A249).

25 **25 ἐ-γένετο** Aor. Med. γίνομαι. **ζήτησις**[8] *Untersuchung;* hier *Aus-*
einandersetzung, Streit. **ἐκ** hier *von seiten* (B 3c); kaum Umschreibung des gen.

partitivus (BDR §164[6]); ἐγένετο οὖν ζητήσις ἐκ τῶν μαθητῶν Ἰωάν-
νου μετὰ Ἰουδαίου *da kam es zu einem Streit von seiten der Jünger des Jo-
hannes mit einem Juden.* **καθαρισμός** *Reinigung;* περὶ καθαρισμοῦ *über
die (rituelle) Reinigung* (konkret wohl = *darüber, welche Taufe den höheren Wert
habe* [vgl. GNB]). **26 εἶπαν** Aor. (vgl. H-S §105g) λέγω. **ῥαββί** V. 2. **ὅς** 26
der (Mann), der (vgl. A358). **ἦν** V. 1. **μετά** m. Gen. *bei* (vgl. B AII1cα). **πέ-
ραν** Adv. *jenseits;* uneig. Präp. (A183) *auf der/die andere(n) Seite von.* **Ἰορ-
δάνης**[1] *Jordan.* **με-μαρτύρηκας** Pf. μαρτυρέω hier m. Dat. *ein gutes
Zeugnis ausstellen, empfehlen* (B 1c); ᾧ σὺ μεμαρτύρηκας *für den du mit dei-
nem Zeugnis eingetreten bist* (Menge). **ἴδε** (eig. Imp. Aor. ὁράω) Interjektion
(H-S §252,63) etwa = ἰδού. **27 ἀπ-ε-κρίθη, καὶ εἶπεν** V. 3. **οὐ … ἄν-** 27
θρωπος *kein Mensch, niemand* (B ἄνθρωπος 3aβ). **λαμβάνειν** Inf.
λαμβάνω. **οὐδὲ ἕν** *auch nicht eins;* οὐ δύναται ἄνθρωπος λαμβά-
νειν οὐδὲ ἕν (doppelte Neg. verstärkt, A310) *niemand kann sich irgend etwas
nehmen.* **ἐὰν μή** V. 2. **ᾖ** Konj. εἰμί. **δε-δομένον** Pf. Ptz. Pass. δίδωμι,
umschrieb. Pf. Konj. (A249). **28 ὅτι** (zweites u. drittes) recitativum = Dop- 28
pelpunkt (A333). **ἀπ-ε-σταλμένος** Pf. Ptz. Pass. ἀπο-στέλλω, um-
schrieb. Pf. (A249). **29 ἔχων** Ptz., subst. **νύμφη** *Braut.* **νυμφίος** *Bräuti-* 29
gam. **φίλος** *Freund.* **ἑστηκώς** Pf. (m. präs. Bdtg.) Ptz. ἵσταμαι, attr.
ἀκούων Ptz, attr. **χαρᾷ χαίρει** dat. modi (vgl. hebr. infinitivus absolutus
[H-S §180c; A180c]) *er freut sich sehr/von Herzen* διά m. Akk. *über* (B χαρά 1).
πε-πλήρωται Pf. Pass. πληρόω. **30 αὐξάνειν** Inf. αὐξάνω *vermehren,* 30
wachsen lassen; intr. *wachsen, zunehmen;* Präd. des (ersten) AcI, abhängig v. δεῖ.
ἐλαττοῦσθαι Inf. Pass. ἐλαττόω *verringern, erniedrigen;* Pass. *geringer/klei-
ner werden, abnehmen;* Präd. des (zweiten) AcI, abhängig v. δεῖ.

31 ἄνωθεν V. 3. **ἐρχόμενος** Ptz., subst. **ἐπ-άνω** *oben drüber;* un- 31
eig. Präp. (A183) *(oben) über;* ἐπάνω πάντων εἰμί *über allem sein/stehen.*
ὤν Ptz. εἰμί, subst.; ὁ ὢν ἐκ τῆς γῆς ἐκ τῆς γῆς ἐστιν *wer von der Erde
her stammt, der gehört zur Erde* (B εἰμί III3; Menge). **ἐκ τῆς γῆς λαλεῖ** *er
redet von der Erde her/was irdisch ist.* **32 ἑ-ώρακεν** Pf. (A242; vgl. BDR 32
§342[3]: das Sehen ist hier wesentl.) ὁράω. **ἤκουσεν** Aor. ἀκούω. **καί**
(zweites) adversativ (A311,1) *und doch* (BDR §442[4]). **μαρτυρία** V. 11.
33 λαβών Aor. Ptz., subst. **ἐ-σφράγισεν** Aor. σφραγίζω (vgl. A33[91ff]) 33
versiegeln, mit einem Siegel versehen; hier wohl *bestätigen, beglaubigen, verbürgen*
(B 2c). **ἀληθής**[7] *wahr; wahrhaftig* (B 1); *zuverlässig.* **34 ὅν** = οὗτος, ὅν 34
(BDR §293[13]; A358). **ἀπ-έ-στειλεν** V. 17. **μέτρον** *Maß* (Meßgerät od.
Meßergebnis); οὐκ ἐκ μέτρου δίδωσιν *er* (d.h. Gott) *gibt, ohne ein Maß zu
gebrauchen/unbegrenzt/in unbegrenzter Fülle* (B μέτρον 2b). **τὸ πνεῦμα** hier
wohl AkkO, nicht Subj. **35 δέ-δωκεν** Pf. δίδωμι. **36 πιστεύων** V. 15. 35f
ἀ-πειθῶν Ptz. ἀ-πειθέω *ungehorsam sein, nicht gehorchen,* m. Dat.; subst.
ὄψεται Fut. ὁράω. **ὀργή** *Zorn; Zorngericht.*

4 **ἔ-γνω** Aor. γινώσκω hier *erfahren* (B 2b). **ἤκουσαν** Aor. ἀκούω;
vorzeitig gegenüber dem HS (vgl. H-S §206b): *sie hatten gehört.* **πλείονας**
Akk. zu beiden fldg. Verben *mehr* (Jünger) od. *mehr Menschen* (zu Jüngern).
ποιεῖ καὶ βαπτίζει Jesus ... *machte und taufte* (Tempus u. Modus wie in
2 der entsprechenden direkten Rede; A326). **2 καίτοιγε** = καίτοι γε *(und)*
doch, freilich; hier *obgleich* (BDR §450[3]; vgl. B καί II9d). **ἐ-βάπτιζεν** Ipf.
3 βαπτίζω. **3 ἀφ-ῆκεν** Aor. ἀφ-ίημι. **ἀπ-ῆλθεν** Aor. -έρχομαι.
4 **4 ἔ-δει** Ipf. δεῖ. **δι-έρχεσθαι** Inf. -έρχομαι; Präd. des AcI, abhängig
5 v. ἔδει. **Σαμάρεια** *Samaria,* Landschaft nördl. v. Judäa. **5 ἔρχεται** hist.
Präs. (A235). **εἰς** *zu, in die Nähe von* (B 1b). **λεγομένην** Ptz. Pass. λέγω,
attr. *namens* (vgl. B II3). **Συχάρ** indekl., hier Akk., *Sychar,* Ort in Samarien.
πλησίον uneig. Präp. (A183) *nahe bei, in der Nähe von* (B 2). **χωρίον**
Grundstück, Landgut. **ἔ-δωκεν** Aor. δίδωμι. **Ἰακώβ** indekl., hier Nom.,
6 *Jakob,* Israels Stammvater. **Ἰωσήφ** indekl., *Josef.* **6 ἦν** Ipf. εἰμί. **πηγή**
Quelle; hier *Brunnen* (B 1). **κε-κοπιακώς** Pf. Ptz. κοπιάω *sich abmühen;*
müde werden; kaus. **ὁδοι-πορία** *Wanderung, Reise.* **ἐ-καθ-έζετο** Ipf. Med.
καθ-έζομαι *sitzen, sich setzen* (B 2). **οὕτως** hier *ohne Umstände, ohne wei-*
teres (B 4; etwa = umgangssprachl. *einfach so*) od. *so, also* (das κεκοπιακώς
weil er müde war aufgreifend [vgl. B 1b]). **ἕκτος**[19] *sechster;* ὥρα ἦν ὡς ἕκτη
7 *es war um die sechste Stunde* (d.h. mittags um zwölf Uhr). **7 ἔρχεται** V. 5.
ἐκ τῆς Σαμαρείας attr. zu γυνή (H-S §260l) *eine Frau aus Samaria, eine*
samaritische Frau. **ἀντλῆσαι** Aor. Inf. ἀντλέω *schöpfen;* fin. (A276). **λέ-**
γει hist. Präs. (A235), ebenso in den flgd. Versen. **δός** Aor. Imp. δίδωμι.
8 **πεῖν** (nachklass. = πιεῖν, BDR §31,2) Aor. Inf. πίνω. **8 ἀπ-εληλύθει-**
σαν Plsqpf. ἀπ-έρχομαι. **τροφή** *Nahrung, Speise.* **ἀγοράσωσιν** Aor.
9 Konj. ἀγοράζω (vgl. A33[91ff]) (< ἀγορά Marktplatz) *kaufen.* **9 Σαμαρῖ-**
τις[3] ιδος ἡ Adj. *samaritisch;* Subst. *Samariterin.* **πῶς** hier *wie ist es möglich,*
daß (B 1b). **ὤν** Ptz. εἰμί, konz. **οὔσης** Ptz. Fem. εἰμί; part. coni. zu ἐμοῦ,
konz.; πῶς σὺ Ἰουδαῖος ὢν παρ' ἐμοῦ πεῖν αἰτεῖς γυναικὸς Σαμα-
ρίτιδος οὔσης; etwa: *du bist ein Jude, und ich bin eine Samariterin. Wie kannst*
du mich da um etwas zu trinken bitten? (GNB). **συγ-χράομαι** *Gebrauch*
machen; Umgang haben, verkehren τινί *mit.* **Σαμαρίτης**[1] *Samariter.*
10 **10 ἀπ-ε-κρίθη** Aor. Pass. (ohne Pass.-Bdtg.) ἀπο-κρίνομαι. **καὶ εἶπεν**
pleon. (Hebr.; A297,2). **ᾔδεις** Plsqpf. (m. der Bdtg. eines Ipf.) οἶδα; εἰ
ᾔδεις τὴν δωρεὰν τοῦ θεοῦ καὶ τίς ἐστιν ... σὺ ἂν ᾔτησας αὐτὸν
καὶ ἔδωκεν ἄν σοι ... (irrealer Fall, A345) *wenn du die Gabe Gottes kenntest*
und wüßtest, wer der ist ... bzw. *wenn du wüßtest, worin die Gabe Gottes besteht*
und wer der ist ... dann hättest du ihn gebeten und er hätte dir ... gegeben (vgl. H-S
§209h; 296g). **δωρεά** *Geschenk, Gabe.* **θεοῦ** gen. auctoris (A153). **λέγων**
Ptz., subst. **δός** V. 7. **σύ** steht betont (BDR §277,1). **ᾔτησας** Aor. αἰτέω.
11 **ἔ-δωκεν** Aor. δίδωμι. **ζῶν** Ptz. Ntr. ζάω, attr. **11 κύριε** Vok. **οὔ-τε**

und nicht; οὔτε ἄντλημα ἔχεις καί ... etwa *du hast doch kein Schöpfgefäß,*
und ... (vgl. B). **ἄντλημα**[3] *Schöpfgefäß.* **φρέαρ**[3] ατος τό *Brunnen.* **βα-**
θύς[10] εῖα ύ *tief.* **πόθεν**[18] *woher.* **τὸ ὕδωρ τὸ ζῶν** *lebendiges Wasser;*
Amphibolie, d.h. ein Ausdruck wird mehrdeutig gebraucht, hier v. Quellwasser
des Brunnens, in V. 10 v. der Heilsgabe Jesu (H-S §296g). **12 μή** *etwa* (vernei- 12
nende Antwort angedeutet, A320). **πατρός** gen. comparationis (A168).
ἔ-δωκεν V. 5. **ἔ-πιεν** Aor. πίνω; zum Sg. s. A94. **θρέμμα**[3] *Zuchttier,*
Herdentier; Pl. *Herden.* **13 πᾶς ὁ** m. Ptz. *jeder, der* (A86). **πίνων** Ptz., subst. 13
διψήσει Fut. διψάω[35] *Durst haben.* **14 ὃς ἄν** (A132) *wer (auch immer)* 14
od. *jeder, der* bzw. = ἐάν τις (A371; vgl. BDR §380,1b) *wenn jemand.* **πίῃ**
Aor. Konj. πίνω. **οὗ** für ὅ Attraktion des Rel.-Pron. (A360). **δώσω** Fut. δί-
δωμι. **οὐ μή** m. Ind. Fut. (sonst meist Aor. Konj.) stärkste Verneinung zu-
künftigen Geschehens (A257); οὐ μή ... εἰς τὸν αἰῶνα *niemals mehr.* [Var.
διψήσῃ Aor. Konj. διψάω.] **γενήσεται** Fut. Med. γίνομαι. **πηγή**
Quelle. **ἁλλομένου** Ptz. ἅλλομαι *springen; sprudeln;* attr. **15 δός** V. 7. 15
διψῶ Konj. διψάω. **δι-έρχωμαι** Konj. -έρχομαι hier *hinkommen,*
kommen (B 2); Präs. wohl iter. (vgl. A226). **ἐνθά-δε**[18] *hierher; hier.* **ἀντ-**
λεῖν Inf. V. 7. **16 ὕπ-αγε** Imp. (vgl. A266a), typischerweise gefolgt v. Asyn- 16
deton (vgl. BDR §461[1]) *geh (und).* **φώνησον** Aor. Imp. φωνέω. **ἐλθέ** Aor.
Imp. ἔρχομαι. **17 ἀπ-ε-κρίθη, καὶ εἶπεν** V. 10. **καλῶς** *schön, gut;* 17
hier *zutreffend, recht, richtig* (B 4b). **εἶπας** Aor. (vgl. H-S §105g) λέγω. **ὅτι**
recitativum = Doppelpunkt (A333). **18 πέντε**[19] *fünf.* **ἔ-σχες** Aor. ἔχω. 18
νῦν steht betont vor dem Rel.-Pron. (BDR §475[2]). **ὃν** erg. Demonstrativpron.
(A358) οὗτος; νῦν ὃν ἔχεις (οὗτος) οὐκ ἔστιν σου ἀνήρ *der, den du*
jetzt hast, ist nicht dein Mann. **ἀληθής**[7] *wahr; aufrichtig, wahrhaftig;* τοῦτο
ἀληθὲς εἴρηκας (τοῦτο ἀληθές ohne Art. präd. Gebrauch; vgl. BDR
§292,3) *dies hast du als etwas Wahres gesagt = damit hast du die Wahrheit gesagt.*
εἴρηκας Pf. λέγω. **19 θεωρέω** hier *wahrnehmen, (be)merken* (B 2a). 19
20 ἐν τῷ ὄρει τούτῳ *auf* (B ἐν I1b) *diesem Berg* (hier), d.h. auf dem Berg 20
Garizim. **προσ-ε-κύνησαν** Aor. -κυνέω. **προσ-κυνεῖν** Inf.; ὅπου
προσκυνεῖν δεῖ *wo man* (A76d) *(Gott) anbeten muß.* **21 πίστευε** Imp. 21
γύναι Vok. γυνή. **ἔρχεται** (auch V. 23 u. 25) fut. Präs. (A234). **ὅτε**
temp. NS hier Attr. zu ὥρα (A353) *eine Stunde/Zeit, wo/in der.* **προσ-κυνή-**
σετε Fut., m. Dat. od. Akk. **22 ὑμεῖς, ἡμεῖς** stehen betont (A122). **ὅτι** 22
denn. **ἐκ ἐστίν** *stammt/kommt von* (B ἐκ 3c). **23 ἔρχεται** fut. Präs. 23
(A234). **καὶ νῦν ἐστιν** *und sie ist jetzt schon da* (vgl. BDR §442[23]). **ἀλη-**
θινός *wahr; echt, wirklich.* **προσ-κυνητής**[1] *Anbeter, Verehrer* (Gottes).
προσ-κυνήσουσιν Fut. **τοιοῦτος** ohne Art. präd. gebraucht (BDR
§274[1]; vgl. A112,2); ὁ πατὴρ τοιούτους ζητεῖ τοὺς προσκυνοῦντας
αὐτόν „der Vater sucht die ihn Anbetenden als solche“ = *der Vater sucht An-*
beter, die dieser Art sind (vgl. B 2b) bzw. *von solchen Menschen will der Vater*

24 *angebetet werden* (GNB). **προσ-κυνοῦντας** Ptz., subst. **24 πνεῦμα**
Präd.-Nom. (A82). **προσ-κυνοῦντας** Subj. des AcI. **ἐν πνεύματι καὶ**
ἀληθείᾳ Mod. zu προσκυνεῖν, betont vorangestellt (ZG). **προσ-κυ-**
25 **νεῖν** Inf., Präd. des AcI, abhängig v. δεῖ. **25 Μεσσίας**[1] ου (< aram.
מְשִׁיחָא *məšîḥā˒* bzw. hebr. מָשִׁיחַ *māšîaḥ* „[zum König] Gesalbter“) *Messias.*
λεγόμενος Ptz. Pass., attr. *genannt* bzw. *das heißt/bedeutet* (vgl. B II3). **ἔλ-**
θῃ Aor. Konj. ἔρχομαι. **ἀν-αγγελεῖ** Fut. -αγγέλλω[110] *berichten, melden,*
26 *verkünden.* **ἅ-πας**[10] = πᾶς. **26 λαλῶν** Ptz. λαλέω, attr. bzw. subst. (App.
zu ἐγώ, A303); ἐγώ εἰμι, ὁ λαλῶν σοι etwa *ich bin es, ich, der mit dir spricht*
(Einh.).
27 **27 ἐπὶ τούτῳ** *währenddessen* (B ἐπί II2). **ἦλθαν** Aor. (vgl. H-S
§105g) ἔρχομαι hier *zurückkommen* (B I1aα). **ἐ-θαύμαζον** Ipf. θαυμά-
ζω. **ὅτι** *daß.* **ἐ-λάλει** Ipf. λαλέω. **μέν-τοι** *allerdings, jedoch* (B 2). **τί**
ζητεῖς *was willst du (von ihr)?* **τί** (zweites) AkkO *worüber* od. adv. *warum?*
28 **28 ἀφ-ῆκεν** Aor. ἀφ-ίημι hier *stehenlassen* (B 3a). **ὑδρία** *Wasserkrug.*
29 **ἀπ-ῆλθεν** V. 3. **λέγει** V. 7. **29 δεῦτε** Adv., als Pl. zu δεῦρο: *kommt her!*
auf!; δεῦτε ἴδετε *kommt her und seht* (A266). **ἴδετε** Aor. Imp. ὁράω.
ἐ-ποίησα Aor. ποιέω. **μήτι** Fragepartikel, die eine verneinende Antwort
andeutet (A320), hier jedoch modifiziert: *(denn) vielleicht* (BDR §427[2]; B);
30 μήτι οὗτός ἐστιν ὁ χριστός; etwa: *ist das vielleicht der Messias?* **30 ἐξ-**
ῆλθον Aor. -έρχομαι. **ἤρχοντο** Ipf. ἔρχομαι.
31 **31 μετα-ξύ** Adv. *dazwischen;* ἐν τῷ μεταξύ *inzwischen* (B 1bα).
ἠρώτων Ipf. ἐρωτάω. **λέγοντες** Ptz. λέγω, mod., pleon. (A297,1). **ῥαβ-**
βί indekl., hier Vok., *Rabbi,* Anrede u. Ehrenbezeichnung für einen (Geset-
32 zes-)Lehrer. **φάγε** Aor. Imp. ἐσθίω. **32 ὁ δέ** *doch dieser/er* (A102). **ἐγώ,**
ὑμεῖς stehen betont (A122). **βρῶσις**[8] *(das) Essen* (als Tätigkeit); *Speise,*
33 *Mahlzeit.* **φαγεῖν** Aor. Inf. **33 ἔ-λεγον** Ipf. λέγω. **πρὸς ἀλλήλους**
zueinander (vgl. B πρός III1e). **μή** *etwa* (verneinende Antwort angedeutet,
A320), viell. modifiziert (es scheint aber doch so zu sein) (BDR §427[2]). **ἤνεγ-**
34 **κεν** Aor. φέρω. **34 λέγει** V. 7. **βρῶμα**[3] (feste) *Speise, Nahrungsmittel.*
ἵνα hier *daß* (statt Inf./AcI; A328; NS als Präd.-Nom. [H-S §272e], viell. als
Subj. [ZG]). **ποιήσω** Aor. Konj. ποιέω [Var. ποιῶ Konj.]. **πέμψαντος**
35 Aor. Ptz. πέμπω, subst. **τελειώσω** Aor. Konj. τελειόω *vollenden.* **35 οὐ**
nicht; erwartet als Frageeinleitung die Antwort „doch“ (A320). **ὅτι** (beidemal)
am besten als Doppelpunkt berücksichtigen (vgl. A333). **τετρά-μηνος**[11]
vier Monate dauernd; ἡ τετράμηνος (erg. ὥρα [nach BDR §241,3 περίοδος
„Umlauf“]) *der Zeitraum von vier Monaten;* ἔτι τετράμηνός ἐστιν καί *es*
dauert noch vier Monate, dann (vgl. A311,2). **θερισμός** *Ernte* (Handlung u.
Zeit des Erntens). **ἔρχεται** V. 21. **ἐπ-άρατε** Aor. Imp. -αίρω[132] *empor-*
heben; ἐπαίρω τοὺς ὀφθαλμούς *aufblicken* (B 1). **θεάσασθε** Aor. Imp.
Med. θεάομαι *sehen, ansehen.* **χώρα** *Land, Landschaft;* hier *Feld* (B 4).

λευκός *weiß* (d.h. das Korn ist reif). **πρός** *so daß;* πρὸς θερισμόν *so daß*
die Ernte beginnen kann (B III3b). **36 θερίζων** Ptz. θερίζω *ernten;* subst. 36
Schnitter, Erntearbeiter. **μισθός** *Lohn* (eig. Arbeitslohn; übertr.: Belohnung).
εἰς *zu, für.* **ἵνα** viell. kons. *so daß* (vgl. B II2). **σπείρων** Ptz., subst.
Sämann. **ὁμοῦ** *zusammen, zugleich;* ἵνα ὁ σπείρων ὁμοῦ χαίρῃ καὶ ὁ
θερίζων etwa *damit/so daß sich der Sämann und der Schnitter gemeinsam freuen.*
χαίρῃ Konj. χαίρω; zum Sg. s. A94. **37 ἐν τούτῳ** *in diesem Fall, in dieser* 37
Hinsicht, darin; weist nach vorn u. wird durch den ὅτι-Satz erklärt. **λόγος** hier
Sprichwort (B 1aβ). **ἀληθινός** V. 23. **ἄλλος ἐστὶν ὁ σπείρων καὶ**
ἄλλος ὁ θερίζων *der Sämann ist ein anderer als der Schnitter* (B ἄλλος
1eγ) = *einer sät, und ein anderer erntet.* **38 ἀπ-έ-στειλα** Aor. ἀπο-στέλ- 38
λω [Var. ἀπ-έ-σταλκα Pf.]. **θερίζειν** Inf. **κε-κοπιάκατε** Pf. V. 6; κο-
πιάω τι *sich abmühen mit etwas* (B 2); ὃ οὐχ ὑμεῖς κεκοπιάκατε *wo-*
mit/wofür ihr euch nicht abgemüht habt. **κε-κοπιάκασιν** Pf. **κόπος** *Mühe,*
Arbeit; ὑμεῖς εἰς τὸν κόπον αὐτῶν εἰσεληλύθατε *ihr seid in ihre Arbeit*
eingetreten = ihr erntet die Frucht ihrer Mühe/Arbeit (B 2). **εἰσ-εληλύθατε**
Pf. εἰσ-έρχομαι.

39 ἐ-πίστευσαν Aor. πιστεύω; ingr. (A229). **Σαμαρίτης** V. 9; 39
τῶν Σαμαριτῶν gen. partitivus (A164), abhängig v. πολλοί. **μαρτυρού-**
σης Ptz. Fem. μαρτυρέω, kaus. **ὅτι** V. 17. **ἐ-ποίησα** V. 29. **40 ἠρώ-** 40
των Ipf. ἐρωτάω. **μεῖναι** Aor. Inf. μένω. **ἔ-μεινεν** Aor. **δύο ἡμέ-**
ρας Akk. der zeitl. Ausdehnung (A148) *zwei Tage.* **41 πολλῷ** dat. differen- 41
tiae verstärkt den Komp. (A117): πολλῷ πλείους *noch viel mehr (Leute).*
πλείους = πλείονες (A11). **42 ἔ-λεγον** V. 33. **ὅτι** V. 17. **σός** *dein* 42
(A128). **λαλιά** *Äußerung, Rede* (das, was jmd. sagt) [Var. μαρτυρία *Zeugnis*
(das Bezeugen od. das Bezeugte)]. **ἀκηκόαμεν** Pf. ἀκούω. **ἀληθῶς**
wahrhaftig, wirklich, tatsächlich. **σωτήρ**[6] ῆρος ὁ *Retter, Befreier* (im NT stets
v. Christus bzw. Gott als demjenigen, der Heil verleiht). **κόσμου** gen. obi.
(A158).

43 ἐξ-ῆλθεν V. 30. **ἐκεῖθεν**[18] *von dort.* **44 ἐ-μαρτύρησεν** Aor. 43f
μαρτυρέω hier *ausdrücklich erklären* (Menge). **πατρίς**[3] ίδος ἡ (< πα-
τήρ) *Vaterland, Heimat; Vaterstadt, Heimatort.* **τιμὴν ἔχω** *geehrt werden* (B
τιμή 2b). **45 ἐ-δέξαντο** Aor. Med. δέχομαι. **Γαλιλαῖος** *galiläisch;* 45
subst. *Galiläer.* **ἑ-ωρακότες** Pf. Ptz. ὁράω, kaus. **ἐ-ποίησεν** V. 29. **ἑορ-**
τή *Fest;* ἐν τῇ ἑορτῇ *während des Festes* (B); ἦλθον εἰς τὴν ἑορτήν *sie wa-*
ren zum Fest gekommen (vgl. H-S §199n; A224), *sie waren auf dem Fest gewesen.*

46 Κανά 2,1. **τῆς Γαλιλαίας** gen. partitivus (A164) *in Galiläa.* 46
ἐ-ποίησεν V. 29; ποιέω m. doppeltem Akk. (H-S §153b) *etwas zu etwas*
machen (B I1bι). **οἶνος** *Wein.* **ἦν** V. 6. **βασιλικός** *königlich;* subst., wohl:
ein *königlicher Beamter* (vgl. B). **οὗ ὁ υἱός** *dessen Sohn* (vgl. A363).
ἠ-σθένει Ipf. ἀ-σθενέω *schwach/krank sein.* **Καφαρναούμ** 2,12; in-

47 dekl., hier Dat. **47 ἀκούσας** Aor. Ptz. ἀκούω, temp. od. kaus. **ἥκω** *ge-*
kommen sein, dasein. **ἀπ-ῆλθεν** V. 3. **ἠρώτα** Ipf. ἐρωτάω. **ἵνα** hier *daß*
(A328; bez. das Erbetene). **κατα-βῇ** Aor. Konj. -βαίνω. **ἰάσηται** Aor.
Konj. Med. ἰάομαι[17] *heilen.* **ἤ-μελλεν** Ipf. μέλλω hier *im Begriff stehen,*
eben dabeisein; ἤμελλεν ἀποθνῄσκειν *er war dem Tod nahe* (B 1cα), *er lag*
48 *im Sterben.* **ἀπο-θνῄσκειν** Inf. **48 τέρας**[3] ατος τό *Wunder, Wunderzei-*
chen. **ἴδητε** Aor. Konj. ὁράω. **οὐ μή** V. 14. **πιστεύσητε** Aor. Konj.
49 πιστεύω. **49 λέγει** hist. Präs. (A235), ebenso V. 50. **κύριε** Vok. **κατά-**
βηθι Aor. Imp. -βαίνω. **πρίν** (A336) *bevor, ehe* (fast immer m. Inf./AcI).
50 **ἀπο-θανεῖν** Aor. Inf. -θνῄσκω; Präd. des AcI. **50 πορεύου** Imp. (vgl.
A266a). **ζῇ** 3. Sg. ζάω. **ἐ-πίστευσεν** Aor. **ὅν** [Var. ᾧ für ὅν Attraktion
51 des Rel.-Pron. (A360)]. **ἐ-πορεύετο** Ipf. πορεύομαι. **51 κατα-βαί-**
νοντος Ptz., gen. abs. (A288f), temp.; ἤδη δὲ αὐτοῦ καταβαίνοντος
schon während er hinabging = als er noch auf dem Heimweg war. **ὑπ-ήντη-**
σαν Aor. -αντάω *entgegengehen, begegnen.* **λέγοντες** Ptz. λέγω hier etwa
melden; mod. *mit der Meldung* [Var. 1 ἤγγειλαν Aor. ἀγγέλλω *melden;*
Var. 2 ἀπ-ήγγειλαν Aor. -αγγέλλω]. **ὅτι** V. 17. **παῖς**[3] παιδός *Kind* (ὁ
52 *Junge;* ἡ *Mädchen*); *Sohn.* **52 ἐ-πύθετο** Aor. πυνθάνομαι[155] *erfragen, sich*
erkundigen τὶ παρά τινος *nach etwas von/bei jmdm.* **κομψότερον** Adv. des
Komp. v. κομψός *fein, gut;* Komp. *besser;* κομψότερον ἔχω *sich auf dem Weg*
der Besserung befinden. **ἔ-σχεν** Aor. ἔχω; hier wohl ingr. (A240b); ἐν ᾗ
κομψότερον ἔσχεν *in der die Besserung eingetreten war* (Einh.). **εἶπαν** Aor.
(vgl. H-S §105g) λέγω. **ὅτι** V. 17. **ἐχθές** Adv. *gestern.* **ἕβδομος**[19] *siebter;*
ἐχθὲς ὥραν ἑβδόμην Akk. der Zeit, hier für den Zeitpunkt (H-S §155b;
A148) *gestern um die siebte Stunde* (d.h. mittags um ein Uhr). **ἀφ-ῆκεν** Aor.
53 ἀφ-ίημι. **πυρετός** *Fieber.* **53 ἔ-γνω** Aor. γινώσκω. **ὅτι** erg. ἦν.
54 **ἐ-πίστευσεν** V. 39; zum Sg. s. A94. **54 ἐ-ποίησεν** V. 29; τοῦτο πάλιν
δεύτερον σημεῖον ἐποίησεν ὁ Ἰησοῦς (τοῦτο ohne Art. präd. Ge-
brauch; vgl. BDR §292,3) *dies tat Jesus wieder als zweites Zeichen = damit/so tat*
Jesus sein zweites Zeichen. **ἐλθών** Aor. Ptz. ἔρχομαι, temp.
5 **μετὰ ταῦτα** *danach.* **ἦν** Ipf. εἰμί. **ἑορτή** *Fest.* **ἀν-έ-βη** Aor.
2 ἀνα-βαίνω. **2 ἔστιν** hier *es gibt, es befindet sich.* **προ-βατικός** *zum*
Schaf gehörig; ellip., erg. πύλη (BDR §241[9]) *Schaftor.* **κολυμβήθρα**
(< κολυμβάω schwimmen) *Teich.* **ἐπι-λεγομένη** Ptz. Pass. -λέγω Akt.
mit einem Beinamen versehen, (zusätzlich) nennen; Pass. hier *heißen;* attr. (hier
m. Art., A303). **Ἑβραϊστί** Adv. *auf hebräisch* od. *auf aramäisch* (B). **Βηθ-**
ζαθά ἡ indekl., hier Nom., *Betzata* [Var. (der die meisten Übersetzungen
folgen) Βηθεσδά *Betesda*], Teich in der Nordstadt Jerusalems. **πέντε**[19] *fünf.*
στοά *Säulenhalle.* **ἔχουσα** Ptz. Fem. ἔχω, attr. od. mod. (A292); πέντε
3 στοὰς ἔχουσα *mit fünf Säulenhallen.* **3 κατ-έ-κειτο** Ipf. κατά-κειμαι
(A32) *liegen, daliegen.* **πλῆθος**[7] *Menge, große Anzahl;* m. gen. partitivus

(A164). **ἀ-σθενούντων** Ptz. ἀ-σθενέω *schwach/krank sein;* subst. **χωλός**
lahm, gelähmt; subst. **ξηρός** *trocken, vertrocknet, dürr; ausgezehrt* (B 2) bzw.
gelähmt (LN 23.173); subst.; χωλῶν, ξηρῶν etwa *von Gelähmten und Verkrüp-*
pelten. [Var. fügt hinzu: **ἐκ-δεχομένων** Ptz. -δέχομαι *warten auf;* mod.
od. kaus. **κίνησις**[8] *Bewegung.*] [Var. V. 4 fügt hinzu: **κατὰ καιρόν** *zur* 4
bestimmten Zeit (B καιρός 3), *von Zeit zu Zeit.* **κατ-έ-βαινεν** Ipf. -βαίνω;
iter. (A237b). **ἐν** für εἰς (BDR §218[3]). **ἐ-τάρασσε** Ipf. ταράσσω *auf-*
wühlen, aufrühren, in Bewegung bringen. **ἐμ-βάς** Aor. Ptz. -βαίνω[139] *hinein-*
treten, hineinsteigen; subst. ὁ πρῶτος ἐμβάς *wer als erster hineinstieg.* **ταρα-**
χή *Erregung, Bewegung.* **ὑγιής**[7] *gesund.* **ἐ-γίνετο** Ipf. γίνομαι. **δήποτε**
Adv. *irgendeinmal, irgend.* **κατ-είχετο** Ipf. Pass. -έχω *festhalten, besitzen;*
Pass. hier m. dat. instr. (A176) *befallen sein von* (vgl. B 1dα). **νόσημα**[3]
Krankheit; ᾧ/οἵῳ δήποτε κατείχετο νοσήματι *von welcher Krankheit er*
auch immer befallen war (B οἷος).] **5 τριάκοντα καὶ ὀκτώ**[19] *achtund-* 5
dreißig. **ἔχων** Ptz., attr.; τριάκοντα καὶ ὀκτὼ ἔτη ἔχων ἐν τῇ ἀσθε-
νείᾳ αὐτοῦ „der achtunddreißig Jahre in seiner Krankheit (hinter sich)
hatte" = *der seit achtunddreißig Jahren krank war* (vgl. B I2f). **ἀ-σθένεια**
Schwäche (verschiedenster Art); *Krankheit.* **6 ἰδών** Aor. Ptz. ὁράω, temp. 6
κατα-κείμενον Ptz., AcP (A300). **γνούς** Aor. Ptz. γινώσκω, temp.
ὅτι πολὺν ἤδη χρόνον ἔχει *daß er schon eine lange Zeit (hinter sich)*
hatte (B ἔχω I2f; Tempus u. Modus wie in der entsprechenden direkten Rede
[A326]) = *daß er schon lange krank war* (Einh.). **λέγει** hist. Präs. (A235),
ebenso V. 8. **ὑγιής**[7] *gesund.* **γενέσθαι** Aor. Inf. Med. γίνομαι. **7 ἀπ-** 7
ε-κρίθη Aor. Pass. (ohne Pass.-Bdtg.) ἀπο-κρίνομαι. **ἀ-σθενῶν** Ptz.,
subst. **κύριε** Vok. **ἄνθρωπον οὐκ ἔχω** = οὐδένα ἔχω (A137b/c); ἄν-
θρωπον οὐκ ἔχω ἵνα ... βάλῃ με *ich habe keinen Menschen/niemand, der*
(wörtl. *damit/derart daß er* [vgl. BDR §379[2]]) *mich ... bringt.* **ταραχθῇ** Aor.
Konj. Pass. ταράσσω (vgl. A33[74ff]) *aufwühlen, aufrühren, in Bewegung bringen.*
βάλῃ Aor. Konj. βάλλω hier *bringen* (B 2b). **ἐν ᾧ** *während, solange als, bis*
(B ἐν IV6b). **ἐγώ** betont (A122). **8 ἔγειρε** Imp. (vgl. A266a). **ἆρον** Aor. 8
Imp. αἴρω. **κράβαττος** (< lat. grabatus) (ärmliches) *Bett, Pritsche, Matte.*
περι-πάτει Imp. -πατέω. **9 ἐ-γένετο** Aor. Med. **ἦρεν** Aor. αἴρω. 9
περι-ε-πάτει Ipf.

ἦν V. 1. **10 ἔ-λεγον** Ipf. λέγω. **οἱ Ἰουδαῖοι** hier bes. *die führen-* 10
den Männer (des jüd. Volkes). **τε-θεραπευμένῳ** Pf. Ptz. Pass. θεραπεύω,
subst. **ἔξ-εστιν** *es ist möglich, es ist erlaubt.* **ἆραι** Aor. Inf. αἴρω. **κρά-**
βαττος V. 8. **11 ὁ δέ** *doch dieser/er* (A102) [Var. ὃς δέ synonym (A133c)]. 11
ἀπ-ε-κρίθη V. 7. **ποιήσας** Aor. Ptz. ποιέω, subst. **ὑγιής** V. 6. **ἆρον,**
περι-πάτει V. 8. **12 ἠρώτησαν** Aor. ἐρωτάω. **εἰπών** Aor. Ptz. 12
λέγω, attr. **13 ἰαθείς** Aor. Ptz. Pass. ἰάομαι[17] *heilen;* subst. **ᾔδει** Plsqpf. 13
(m. der Bdtg. eines Ipf.) οἶδα. **τίς ἐστιν** *wer es war* (Tempus u. Modus wie

in der entsprechenden direkten Rede; A326). **ἐξ-έ-νευσεν** Aor. ἐκ-νεύω
sich abwenden, ausweichen, hier *sich unbemerkt entfernen* [Var. ἔ-νευσεν
14 *nicken*]. **ὄντος** Ptz. εἰμί, gen. abs. (A288), kaus. **14 μετὰ ταῦτα** V. 1.
ἴδε (eig. Imp. Aor. ὁράω) Interjektion (H-S §252,63) etwa = ἰδού. **γέ-γο-
νας** Pf. (A242) γίνομαι. **μηκ-έτι** *nicht mehr, nicht weiter.* **ἁμάρτανε**
Imp. ἁμαρτάνω. **χείρων**[11] ον (Komp. zu κακός) *schlechter, schlimmer.*
γένηται Aor. Konj. Med. γίνομαι; ἵνα μὴ χεῖρόν σοί τι γένηται *da-
15 *mit dir nichts Schlimmeres geschieht* (B I3bγ). **15 ἀπ-ῆλθεν** Aor. -έρχομαι.
ἀν-ήγγειλεν Aor. -αγγέλλω[110] *berichten, melden, verkünden.* **οἱ Ἰου-
16 δαῖοι** V. 10. **ποιήσας** V. 11. **ὑγιής** V. 6. **16 διὰ τοῦτο** *darum, des-
halb.* **ἐ-δίωκον** Ipf. διώκω. **ἐ-ποίει** Ipf. ποιέω [Var. ἐ-ποίησεν Aor.].
17 **17 ἀπ-ε-κρίνατο** Aor. Med. (wie klass. [BDR §78[3]]) ἀπο-κρίνομαι.
ἄρτι *jetzt;* ἕως ἄρτι *bis jetzt, bis zu dieser Stunde, bis zum heutigen Tag* (B 3); ὁ
πατήρ μου ἕως ἄρτι ἐργάζεται κἀγὼ ἐργάζομαι *mein Vater wirkt (un-
unterbrochen) bis zur Stunde; darum wirke ich auch* (Menge) = *mein Vater ist
18 *ständig am Werk, und deshalb bin ich es auch* (GNB). **κἀγώ** *ich auch.* **18 διὰ
τοῦτο** V. 16. **μᾶλλον** hier *noch mehr, erst recht* (B 1). **ἐ-ζήτουν** Ipf. ζη-
τέω. **οἱ Ἰουδαῖοι** V. 10. **ἀπο-κτεῖναι** Aor. Inf. -κτείνω. **οὐ μόνον
... ἀλλὰ καί** *nicht nur ... sondern auch* (B μόνος 2c). **ἔ-λυεν** Ipf. λύω; m.
τὸ σάββατον *den Sabbat abschaffen* (B 4), *die Sabbatvorschriften außer Kraft
setzen* (GNB) od. *den Sabbat brechen* (ZG), *die Sabbatvorschriften übertreten*
(LN 36.30). **πατέρα** Obj.-Präd. (A80). **ἔ-λεγεν** V. 10, hier *nennen,* m. dop-
peltem Akk. (A97,15). **ἴσος** *gleich.* **ποιῶν** Ptz. ποιέω, mod.; ἴσον ἑαυ-
τὸν ποιῶν τῷ θεῷ *indem/womit er sich für gottgleich erklärte* bzw. *sich Gott
gleichstellte* (B I1bι), *und sich damit Gott gleichstellte* (A291,2 Anm. 1).
19 **19 ἀπ-ε-κρίνατο** V. 17. **ἔ-λεγεν** V. 10; καὶ ἔλεγεν pleon. (Hebr.;
A297,2). **ποιεῖν** Inf. ποιέω. **ἀφ᾽ ἑαυτοῦ** *von sich aus* (B ἑαυτοῦ 1a).
οὐ ... οὐδέν doppelte Verneinung verstärkt (A310). **ἐὰν μή** *wenn nicht,
außer wenn* (A341); οὐ ... οὐδὲν ἐὰν μή τι βλέπῃ τὸν πατέρα ποιοῦν-
τα ... *nichts ... außer wenn er den Vater etwas tun sieht* etwa = ... *nichts ... er tut
nur, was er den Vater tun sieht.* **βλέπῃ** Konj. βλέπω. **ποιοῦντα** Ptz., AcP
(A300). **ἃ ἄν** (A132; 371) *was (auch immer) = alles, was.* **ποιῇ** Konj.
20 **ὁμοίως** *in gleicher Weise, ebenso.* **20 φιλέω** *lieben.* **δείκνυμι** *zeigen,
sehen lassen.* **τούτων** gen. comparationis (A168). **δείξει** Fut. δείκνυμι.
21 **ἵνα** wohl kons. *so daß* (vgl. B II2). **θαυμάζητε** Konj. θαυμάζω. **21 ὥσ-
περ** (A352) *geradeso wie, gleichwie;* ὥσπερ ... οὕτως καί *(geradeso) wie ... so
22 *auch.* **ζῳο-ποιέω** *lebendig machen.* **22 οὐδέ ... οὐδένα** doppelte Ver-
neinung verstärkt (A310). **τὴν κρίσιν πᾶσαν** *das Gericht ganz* (d.h. in sei-
23 nem ganzen Umfang; B πᾶς 1cα). **δέ-δωκεν** Pf. δίδωμι. **23 τιμῶσι**
(erstes) Konj. τιμάω *schätzen, ehren.* **τιμῶσι** (zweites) Ind. **τιμῶν** Ptz.,
subst. **πέμψαντα** Aor. Ptz. πέμπω, attr.

24 ἀκούων Ptz., subst.; ὁ ... ἀκούων *jeder, der ... hört* (A104,1). **πι-** 24
στεύων Ptz., subst. **πέμψαντι** Aor. Ptz. πέμπω, subst. **εἰς κρίσιν**
οὐκ ἔρχεται *er kommt nicht ins Gericht* (d.h. er wird nicht mehr verurteilt).
μετα-βέ-βηκεν Pf. -βαίνω[139] (v. einem Ort) *weggehen* (um an einem an-
deren Ort zu sein); übertr. (v. einem Zustand in einen anderen) *hinübergehen,*
überwechseln (B 2a); μεταβέβηκεν ἐκ τοῦ θανάτου εἰς τὴν ζωήν *er ist*
aus dem Tod (d.h. der Verurteilung zum Tod) *in das* (unvergängl.) *Leben hin-*
übergegangen. **25 ἔρχεται** fut. Präs. (A234). **καὶ νῦν ἐστιν** *und sie ist* 25
jetzt schon da (vgl. BDR §442[23]). **ὅτε** temp. NS hier Attr. zu ὥρα (A353) *eine*
Stunde/Zeit, wo/in der. **ἀκούσουσιν** Fut. ἀκούω hier m. Gen. (bes. m. φω-
νῆς; H-S §167a Anm. 1) *hören auf, gehorchen* [Var. ἀκούσωσιν Aor. Konj.].
ἀκούσαντες Aor. Ptz., subst. **ζήσουσιν** Fut. ζάω. **26 ὥσπερ** V. 21. 26
ἔχει ζωὴν ἐν ἑαυτῷ *er hat (das) Leben in sich selbst* (d.h. das Leben gehört
zu seinem Wesen, u. er kann es schenken). **ἔ-δωκεν** Aor. δίδωμι hier m. Inf.
etwa *verleihen* (B 1bβ) bzw. *die Macht verleihen* (GNB). **ἔχειν** Inf. ἔχω.
27 ποιεῖν V. 19; Akt. statt klass. Med. (BDR §310[3]); κρίσιν ποιεῖν 27
Gericht zu halten. **υἱὸς ἀνθρώπου** auch ohne Art. best. (A106) *der*
Menschensohn. **28 θαυμάζετε** Imp. **τοῦτο, ὅτι** *hierüber/darüber; denn* 28
od. *darüber, (wenn ich euch sage,) daß.* **ἔρχεται** V. 25. **πάντες οἱ ἐν τοῖς**
μνημείοις (A104) *alle, die in den Gräbern sind* (d.h. die Toten). **ἀκού-**
σουσιν V. 25. **29 ἐκ-πορεύσονται** Fut. -πορεύομαι *hinausgehen, her-* 29
auskommen. **ποιήσαντες** V. 11; οἱ τὰ ἀγαθὰ ποιήσαντες *die, die das*
Gute/Gutes getan haben. **ἀνάστασις ζωῆς** bzw. **κρίσεως** Gen. des
Zwecks (BDR §166,1; A162) *Auferweckung, die zum Leben* bzw. *zum Gericht*
(d.h. zur Verurteilung im Gericht) *führt.* **φαῦλος** *schlecht, böse, übel.*
πράξαντες Aor. Ptz. πράσσω[78] *tun, handeln, verüben;* subst. **30 οὐ ...** 30
οὐδέν, ποιεῖν V. 19. **ἐμαυτοῦ**[14] Refl.-Pron. 1. Sg.; ἀπ' ἐμαυτοῦ *von*
mir selbst aus (B 3). **καθὼς ἀκούω** *wie ich es (vom Vater) höre* (vgl. V. 19).
ζητέω hier etwa *anstreben, wünschen;* οὐ ζητῶ τὸ θέλημα τὸ ἐμόν *ich*
wünsche nicht, meinen Willen (zu erfüllen) (B 2bα), *ich suche nicht meinen Willen*
(durchzuführen/durchzusetzen). **πέμψαντος** V. 24.
31 μαρτυρῶ Konj. μαρτυρέω. **ἐμαυτοῦ** V. 30. **μαρτυρία** *Zeug-* 31
nis (das Bezeugen od. das Bezeugte). **ἀληθής**[7] *wahr; zuverlässig* (B 2), *gültig,*
beweiskräftig. **32 μαρτυρῶν** Ptz., subst.; Präd.-Nom. m. Art. (A80; 48). 32
33 ἀπ-ε-στάλκατε Pf. ἀπο-στέλλω hier *Boten schicken* (GNB; LN 33
15.67). **με-μαρτύρηκεν** Pf., hier m. dat. commodi (A173); μεμαρτύρη-
κεν τῇ ἀληθείᾳ *er hat Zeugnis für die Wahrheit abgelegt* (B 1a). **34 οὐ πα-** 34
ρὰ ἀνθρώπου τὴν μαρτυρίαν λαμβάνω *ich nehme das Zeugnis von*
einem Menschen nicht entgegen/an = ich brauche keinen Menschen als Zeugen
(GNB). **σωθῆτε** Aor. Konj. Pass. σῴζω. **35 ἐκεῖνος** näml. Johannes. 35
ἦν V. 1. **λύχνος** *Lampe, Leuchte;* Präd.-Nom. m. Art., um die Einzigartigkeit

v. Johannes hervorzuheben (BDR §273[3]). **καιόμενος** Ptz. Pass. καίω *an-*
zünden; Pass. *angezündet sein, brennen* (B 1a); attr. **φαίνων** Ptz. φαίνω
scheinen, leuchten; attr. **ἠ-θελήσατε** Aor. θέλω. **ἀγαλλιαθῆναι** Aor.
Inf. Pass. ἀγαλλιάω *jubeln, sich freuen, frohlocken.* **πρὸς ὥραν** *(nur) für*
eine kurze Zeit, nur eine Zeitlang. **ἐν** *über, an.*
36 **36 μαρτυρία** V. 31. **μείζω** = μείζονα Akk. Fem. Sg. (A11); Obj.-
Präd. (A49); ἔχω τὴν μαρτυρίαν μείζω = ἡ μαρτυρία, ἣν ἔχω, μεί-
ζων ἐστίν (A112). **τοῦ Ἰωάννου** gen. comparationis (A168); μείζω
τοῦ Ἰωάννου *größer als das des Johannes* (A116). **δέ-δωκεν** Pf. δίδωμι
hier etwa *übergeben* (vgl. B 2/3), *übertragen, auftragen;* τὰ ἔργα ἃ δέδωκέν
μοι ὁ πατὴρ ἵνα τελειώσω αὐτά *die Werke, die mir mein Vater überge-*
ben/übertragen/aufgetragen hat, um sie zu vollenden/zu Ende zu führen. **τελειώ-**
σω Aor. Konj. τελειόω *vollenden.* **αὐτὰ τὰ ἔργα** *gerade die Werke* (B
37 αὐτός 1h). **ἀπ-έ-σταλκεν** V. 33. **37 πέμψας** V. 23. **με-μαρτύρη-**
κεν V. 33. **πώ-ποτε** (vgl. A18) *je(mals).* **ἀκηκόατε** Pf. (A242) ἀκούω.
38 **εἶδος**[7] *Gestalt, äußere Erscheinung.* **ἑ-ωράκατε** Pf. (A242) ὁράω. **38 μέ-**
νοντα Ptz. μένω, mod. od. subst. ohne Art. (Obj.-Präd., A65); τὸν λόγον
αὐτοῦ οὐκ ἔχετε ἐν ὑμῖν μένοντα *sein Wort habt ihr nicht bleibend/als*
etwas Bleibendes (Menge: *als bleibenden Besitz*) *in euch* etwa = *sein Wort bleibt*
nicht in euch (Einh.). **ἀπ-έ-στειλεν** Aor. V. 33; ὅτι ὃν ἀπέστειλεν ἐκεῖ-
νος, τούτῳ ὑμεῖς οὐ πιστεύετε *weil ihr dem nicht glaubt, den jener* (näml.
39 der Vater) *gesandt hat.* **ὑμεῖς** betont (A122). **39 ἐραυνᾶτε** Ind. od. Imp.
ἐραυνάω *nachspüren, untersuchen, erforschen.* **ἔχειν** Inf. **μαρτυροῦσαι**
Ptz. Fem. μαρτυρέω, subst. m. Art. (Präd.-Nom., H-S §235b; A48); καὶ ἐκεῖ-
ναί εἰσιν αἱ μαρτυροῦσαι περὶ ἐμοῦ *und (gerade) sie sind es, die von*
40 *mir/für mich Zeugnis ablegen.* **40 καί** adversativ (A311,1) *doch.* **ἐλθεῖν** Aor.
Inf. ἔρχομαι. **ἔχητε** Konj. ἔχω.
42 **42 ἔ-γνωκα** Pf. (A242) γινώσκω; ἔγνωκα ὑμᾶς ὅτι ... οὐκ ἔχετε
= ἔγνωκα ὅτι ὑμεῖς ... οὐκ ἔχετε (Prolepsis, A373). **ἡ ἀγάπη τοῦ θε-**
οῦ wohl gen. obi. (A158) *die Liebe zu Gott.* **ἐν ἑαυτοῖς** (= att. ἐν ὑμῖν
43 αὐτοῖς; A126). **43 ἐλήλυθα** Pf. ἔρχομαι. **λαμβάνω** hier (zweimal)
aufnehmen, anerkennen (B 1eα). **ἔλθῃ** Aor. Konj. ἔρχομαι. **λήμψεσθε**
44 Fut. Med. λαμβάνω. **44 ὑμεῖς** V. 38. **πιστεῦσαι** Aor. Inf. πιστεύω;
wohl ingr. (A229). **παρὰ ἀλλήλων** *voneinander.* **λαμβάνοντες** Ptz.,
kaus. od. temp. **καί** V. 40. **τὴν παρὰ τοῦ μόνου θεοῦ** (Attr. zu δό-
ξαν) *die von dem alleinigen Gott (kommt).* **ζητεῖτε** finites Verb setzt Partizi-
pialkonstruktion fort (A293).
45 **45 δοκεῖτε** Imp. δοκέω; μὴ δοκεῖτε *denkt nicht* bzw. etwa *ihr braucht*
nicht zu denken (vgl. A265a; BDR §336[4]). **ἐγώ** betont (A122). **κατ-ηγο-**
ρήσω Fut. -ηγορέω m. Gen. der Pers. *anklagen, beschuldigen.* **πρός** *bei.*
κατ-ηγορῶν Ptz., subst.; ἔστιν ὁ κατηγορῶν ὑμῶν Μωϋσῆς (Präd.-

Nom.) *es gibt einen, der euch anklagt: Mose; euer Ankläger ist Mose.* **ἠλπίκατε**
Pf. (A242) ἐλπίζω[93] *hoffen, die Hoffnung setzen* εἰς *auf.* **46 ἐ-πιστεύετε** 46
Ipf. πιστεύω; εἰ ἐπιστεύετε Μωϋσεῖ, ἐπιστεύετε ἂν ἐμοί irrealer
Fall (H-S §284b; A345) *wenn ihr Mose (wirklich) glaubtet, würdet ihr (auch) mir*
glauben. **ἔ-γραψεν** Aor. γράφω. **47 γράμμα**[3] *Buchstabe; Geschriebenes,* 47
hier *Schrift, Buch* (B 2c); τοῖς ἐκείνου γράμμασιν *seinen Schriften.* **πι-**
στεύσετε Fut.; wohl mod. Fut. (A247) πῶς ... πιστεύσετε; *wie könnt ihr ...*
glauben?

μετὰ ταῦτα *danach.* **ἀπ-ῆλθεν** Aor. -έρχομαι. **πέραν** Adv. *jen-* 6
seits; uneig. Präp. (A183) *auf der/die andere(n) Seite von.* **ἡ θάλασσα τῆς**
Γαλιλαίας *der See von Galiläa* (= See Gennesaret). **Τιβεριάς**[3] άδος ἡ
Tiberias, Stadt am südwestl. Ufer des Sees Gennesaret; τῆς Τιβεριάδος wohl
App. (A70), *(nämlich des Sees) von Tiberias* od. (sinngemäß) *der auch See von*
Tiberias heißt. **2 ἠκολούθει** Ipf. ἀκολουθέω. **ἐ-θεώρουν** Ipf. θεωρέω; 2
Pl. sinngemäße Konstruktion (BDR §134,1a; A96) [Var. ἑ-ώρων Ipf. 3. Pl.
ὁράω]. **ἐ-ποίει** Ipf. ποιέω. **ἐπί** *an* (B I1bγ). **ἀ-σθενούντων** Ptz.
ἀ-σθενέω *schwach/krank sein;* subst. **3 ἀν-ῆλθεν** Aor. -έρχομαι[187] *hin-* 3
aufgehen. **εἰς** *auf.* **ἐ-κάθητο** Ipf. κάθημαι [Var. ἐ-καθ-έζετο Ipf. Med.
καθ-έζομαι *sitzen, sich setzen* (B 2)]. **4 ἦν** Ipf. εἰμί. **ἐγγύς** *nahe, nahe be-* 4
vorstehend (B 2a). **πάσχα** τό indekl., *Passafest* (14./15. Nisan [Anfang April]
zur Erinnerung an Israels Auszug aus Ägypten). **ἑορτή** *Fest;* App. (A70).

5 ἐπ-άρας Aor. Ptz. -αίρω[132] *emporheben;* ἐπαίρω τοὺς ὀφθαλ- 5
μούς *aufblicken* (B 1); temp. **θεασάμενος** Aor. Ptz. Med. θεάομαι *sehen,*
ansehen; temp. **λέγει** hist. Präs. (A235), ebenso in den flgd. Versen. **Φίλιπ-**
πος 1,43. **πόθεν**[18] *woher? (von) wo?* **ἀγοράσωμεν** Aor. Konj. ἀγορά-
ζω (vgl. A33[91ff]) (< ἀγορά Marktplatz) *kaufen;* deliberativer Konj. (A255);
πόθεν ἀγοράσωμεν ἄρτους; *woher/wo sollen wir Brote kaufen?* **φάγω-**
σιν Aor. Konj. ἐσθίω. **6 ἔ-λεγεν** Ipf. λέγω. **πειράζων** Ptz. πειράζω 6
versuchen, in Versuchung bringen; hier *prüfen, auf die Probe stellen;* fin. **ᾔδει**
Plsqpf. (m. der Bdtg. eines Ipf.) οἶδα. **ἔ-μελλεν** Ipf. μέλλω hier *beabsichti-*
gen, wollen. **ποιεῖν** Inf. ποιέω. **7 ἀπ-ε-κρίθη** Aor. Pass. (ohne Pass.- 7
Bdtg.) ἀπο-κρίνομαι. **διακόσιοι**[19] *zweihundert.* **δηνάριον** *Denar,* röm.
Münze, deren Wert etwa dem Tageslohn eines Arbeiters entsprach; διακοσί-
ων δηναρίων ἄρτοι gen. pretii (A161) *Brote/Brot für 200 Denare.* **ἀρκέω**
genügen, ausreichen τινί *für jmdn.* (B 1). **βραχύς**[10] εῖα ύ *kurz, wenig;* βρα-
χύ τι *ein wenig, eine Kleinigkeit* (B 3). **λάβῃ** Aor. Konj. λαμβάνω. **8 εἷς** 8
für τις (A137). **ἐκ** umschreibt gen. partitivus (vgl. B 4aα). **Ἀνδρέας** 1,40;
App. zu εἷς (A70). **9 παιδάριον** *Knabe, Junge.* **ὅς** Mask. sinngemäße 9
Konstruktion (BDR §296[3]; A96). **πέντε**[19] *fünf.* **κρίθινος** *aus Gerstenmehl*
bereitet; ἄρτος κρίθινος *Gerstenbrot.* **ὀψάριον** *Gekochtes, Leckerbissen,*
speziell *Fisch.* **τοσοῦτος**[18] (A352) *so groß; so viel;* Pl. *so viele;* ταῦτα τί

ἐστιν εἰς τοσούτους; (τί ist Präd.-Nom., BDR §299[1]) *was ist das für so*
10 *viele?* **10 ποιήσατε** Aor. Imp. ποιέω; hier m. AcI. *veranlassen,* daß jmd.
etwas tut (B I1bθ); ποιήσατε τοὺς ἀνθρώπους ἀναπεσεῖν *veran-*
laßt/sorgt dafür, daß die Leute sich setzen. **ἀνα-πεσεῖν** Aor. Inf. -πίπτω[194]
sich niederlegen/niederlassen, Platz nehmen (um zu essen); Präd. des AcI. **ἦν**
V. 4. **χόρτος** *Gras.* **ἀν-έ-πεσαν** Aor. **ἀριθμός** *Zahl, Anzahl;* τὸν
ἀριθμὸν ὡς πεντακισχίλιοι Akk. der Beziehung (A149) *an Zahl etwa*
11 *5000.* **πεντακισ-χίλιοι**[19] *fünftausend.* **11 ἔ-λαβεν** Aor. λαμβάνω.
εὐ-χαριστήσας Aor. Ptz. εὐ-χαριστέω *dankbar sein; danken,* hier *Gott*
danken, das Dankgebet sprechen; temp. [Var. εὐ-χαρίστησεν Aor.]. **δι-έ-**
δωκεν Aor. δια-δίδωμι[201] *verteilen* τινί *an jmdn.* [Var. ἔ-δωκεν Aor.
δίδωμι]. **ἀνα-κειμένοις** Ptz. Med. -κειμαι (A32) *liegen;* „(zu Tisch) lie-
gen" = *bei Tisch sein, sich zum Essen lagern* (B 2); subst. **ὁμοίως** *in gleicher*
Weise, ebenso. **ἤ-θελον** Ipf. θέλω; ὅσον ἤθελον *soviel sie wollten/begehrten.*
12 **12 ἐν-ε-πλήσθησαν** Aor. Pass. ἐμ-πίμπλημι[207] *füllen, erfüllen; sättigen.*
συν-αγάγετε Aor. Imp. -άγω. **περισσεύσαντα** Aor. Ptz. περισ-
σεύω intr. *überschießen, übrig sein, übrigbleiben, übriglassen* (B 1aα); attr.
κλάσμα[3] *(abgebrochenes) Stück.* **ἀπ-όληται** Aor. Konj. Med. -όλλυμαι.
13 **13 συν-ήγαγον** Aor. **ἐ-γέμισαν** Aor. γεμίζω (vgl. A33[91ff]) *füllen* τί
τινος *etwas mit etwas* (vgl. A165). **κόφινος** *Korb* (großer, fester Tragkorb).
ἐ-περίσσευσαν Aor. **βε-βρωκόσιν** Pf. Ptz. βιβρώσκω[188] *essen;*
subst.; ἃ ἐπερίσσευσαν τοῖς βεβρωκόσιν *die denen, die gegessen hatten,*
14 *übriggeblieben waren = die beim Essen übriggeblieben waren.* **14 ἰδόντες** Aor.
Ptz. ὁράω, temp., viell. kaus. **ἐ-ποίησεν** Aor. ποιέω; ὃ ἐποίησεν
σημεῖον = τὸ σημεῖον ὃ ἐποίησεν (BDR §294[8]; A357). **ἔ-λεγον** V. 6.
ὅτι recitativum = Doppelpunkt (A333). **ἀληθῶς** *wahrhaftig, wirklich, tat-*
sächlich. **ὁ προφήτης** Präd.-Nom. m. Art. bez. eine den Hörern bekannte
Gestalt (vgl. H-S §135a; A80). **ἐρχόμενος** Ptz. ἔρχομαι, attr. *der kommen*
15 *soll.* **15 γνούς** Aor. Ptz. γινώσκω, kaus. **ἔρχεσθαι** Inf. **ἁρπάζειν** Inf.
ἁρπάζω *rauben, fortschleppen;* (durch Anwendung v. Gewalt) *wegführen, entfer-*
nen, entführen (B 2a). **ποιήσωσιν** Aor. Konj. ποιέω m. doppeltem Akk.
(H-S §153b) *etwas zu etwas machen* (B I1bι); als AkkO erg. αὐτόν (A79). **ἀν-**
ε-χώρησεν Aor. ἀνα-χωρέω *weggehen, sich entfernen; sich zurückziehen*
(B 2b). **εἰς** *auf.* **αὐτὸς μόνος** *für sich selbst, er allein* (B αὐτός 1f).
16 **16 ὀψία** (eig. Fem. Sg. ὄψιος spät; subst.) *Abend.* **ἐ-γένετο** Aor. Med.
γίνομαι; ὡς ὀψία ἐγένετο *als es Abend geworden war.* **κατ-έ-βησαν**
17 Aor. κατα-βαίνω. **17 ἐμ-βάντες** Aor. Ptz. -βαίνω[139] (ins Boot)
(ein)steigen; temp. **ἤρχοντο** Ipf. ἔρχομαι, wohl konatives Ipf. (A237c) *sie*
wollten ... fahren. **πέραν** V. 1. **Καφαρναούμ** 2,12; indekl., hier Akk.
σκοτία *Dunkelheit;* σκοτία ἤδη ἐγεγόνει *die Dunkelheit war schon herein-*
gebrochen = es war schon dunkel (geworden). **ἐ-γε-γόνει** Plsqpf. γίνομαι

[Var. κατ-έ-λαβεν Aor. κατα-λαμβάνω *ergreifen; einholen, ereilen, über-*
fallen (B 1b)]. **οὔ-πω** *noch nicht.* **ἐληλύθει** Plsqpf. ἔρχομαι. **18 ἄνε-** 18
μος *Wind.* **μέγας** hier *stark, heftig* (B 2aγ). **πνέοντος** Ptz. πνέω *wehen,*
blasen; gen. abs. (A288), kaus.; ἀνέμου μεγάλου πνέοντος *da ein star-*
ker/heftiger Wind wehte. **δι-εγείρετο** Ipf. Pass. -εγείρω *aufwecken;* Pass. *er-*
wachen, (v. Gewässern) *hohe Wellen schlagen.* **19 ἐληλακότες** Pf. Ptz. 19
ἐλαύνω[140] *treiben; rudern;* temp. **στάδιον** (Pl. οἱ στάδιοι, BDR §49,3)
Stadion; hier Längenmaß, etwa 180 Meter; Akk. der örtl. Ausdehnung (A148);
ἐληλακότες οὖν ὡς σταδίους εἴκοσι πέντε *als sie ungefähr 25 Stadien*
(ca. 4,5 km) *gerudert waren.* **εἴκοσι πέντε**[19] *fünfundzwanzig.* **τριάκον-**
τα[19] *dreißig.* **θεωροῦσιν** hist. Präs. (A235). **περι-πατοῦντα** Ptz. -πα-
τέω, AcP (A300). **ἐπί** *auf* (B I1aα). **ἐγγύς** V. 4; hier uneig. Präp. (A183)
nahe (bei), in der Nähe (von). **γινόμενον** Ptz. Med. γίνομαι hier m. ἐγγύς
τινος *sich etwas nähern;* AcP (A300). **ἐ-φοβήθησαν** Aor. Pass. (ohne
Pass.-Bdtg.) φοβέομαι. **20 ὁ δέ** *(und) dieser/er* (A102). **λέγει** V. 5. **ἐγώ** 20
εἰμι *ich bin es.* **φοβεῖσθε** Imp. Pass. **21 ἤ-θελον** V. 11. **λαβεῖν** Aor. 21
Inf. λαμβάνω. **ἐ-γένετο** V. 16, hier *kommen, gelangen* (B I4cγ). **ἐπὶ τῆς**
γῆς *ans Land, ans Ufer* (B γῆ 4). **ὑπ-ῆγον** Ipf. -άγω hier *(hin)gehen, (hin)-*
fahren, sich begeben, m. εἰς zur Angabe des Ziels (B 2); εἰς ἣν ὑπῆγον (wohl
konatives Ipf, A237c) *zu dem/wohin sie fahren wollten.*

22 ἐπ-αύριον *morgen;* τῇ ἐπαύριον (erg. ἡμέρᾳ, vgl. A88) *am näch-* 22
sten/folgenden Tag. **ἑστηκώς** Pf. (m. präs. Bdtg.) Ptz. ἵσταμαι, attr.
πέραν V. 1. **εἶδον** Pl. sinngemäße Konstruktion (BDR §134[4]; A96).
πλοιάριον (Diminutivform v. πλοῖον) *kleines Schiff, Kahn, Boot.* **ἦν** Ipf.
εἰμί; Ipf. bez. hier die relative Zeitstufe (BDR §330[2]): ὅτι πλοιάριον ἄλλο
οὐκ ἦν ἐκεῖ *daß dort kein anderes Boot gewesen war.* **εἰ μή** nach Neg. *außer*
(vgl. B εἰ VI9a). [Var. ἐν-έ-βησαν Aor. ἐμ-βαίνω V. 17.] **συν-εισ-**
ῆλθεν Aor. -έρχομαι[187] *zugleich hineingehen/hineinsteigen* τινί *mit jmdm.*
ἀπ-ῆλθον V. 1, hier *abfahren.* **23 ἄλλα** Ntr. Pl. v. ἄλλος. **Τιβεριάς** 23
V. 1. **ἐγγύς** V. 19. **ἔ-φαγον** Aor. ἐσθίω. **εὐ-χαριστήσαντος** Aor.
Ptz. V. 11; gen. abs. (A288), temp. **24 ὅτι ... οὐκ ἔστιν ἐκεῖ** *daß* Jesus 24
nicht dort war (Tempus u. Modus wie im entsprechenden HS; A326). **ἐν-έ-**
βησαν Aor. ἐμ-βαίνω V. 17 [Var. ἀν-έ-βησαν Aor. ἀνα-βαίνω].
ἦλθον Aor. ἔρχομαι hier *fahren.* **Καφαρναούμ** V. 17. **ζητοῦντες**
Ptz. ζητέω, fin. **25 εὑρόντες** Aor. Ptz. εὑρίσκω, temp. **πέραν** V. 1. 25
ῥαββί indekl., hier Vok., *Rabbi,* Anrede u. Ehrenbezeichnung für einen (Ge-
setzes-)Lehrer. **πότε**[18] *wann?* **γέ-γονας** Pf. γίνομαι hier m. ὧδε *hier-*
herkommen (B I4cθ).

26 ἀπ-ε-κρίθη V. 7. **καὶ εἶπεν** pleon. (Hebr.; A297,2). **οὐχ ὅτι** 26
εἴδετε σημεῖα *nicht, weil ihr Zeichen gesehen habt* (d.h. ihr habt meine
Wunder nicht in ihrer Bdtg. als Zeichen verstanden; vgl. GNB). **ἐ-φάγετε**

V. 23. **ἐ-χορτάσθητε** Aor. Pass. χορτάζω (vgl. A33[91ff]) *satt machen, sätti-*
27 *gen;* Pass. *sich sättigen, satt werden.* **27 ἐργάζεσθε** Imp. Med. ἐργάζομαι
hier *erarbeiten, erwerben* (B 2e), viell. *sich bemühen um;* Wortspiel m. V. 28.
βρῶσις[8] *(das) Essen* (als Tätigkeit); *Speise, Mahlzeit.* **ἀπ-ολλυμένην** Ptz.
Med. -όλλυμαι, attr. *vergänglich,* die *verdirbt.* **μένουσαν** Ptz. Fem. μένω,
attr. *die bestehen bleibt/vorhält* εἰς ζωὴν αἰώνιον *zum/für das ewige(n) Leben.*
δώσει Fut. δίδωμι. **ἐ-σφράγισεν** Aor. σφραγίζω (vgl. A33[91ff]) *versie-*
geln, mit einem Siegel versehen; hier wohl *bestätigen, beglaubigen* (vgl. B 2c). **ὁ**
28 **θεός** App. (A70). **28 ποιῶμεν** Konj. ποιέω; deliberativer Konj. (A255);
τί ποιῶμεν; *was sollen wir tun?* **ἐργαζώμεθα** Konj. Med. **τὰ ἔργα τοῦ**
θεοῦ gen. subi. (A158) *die Werke Gottes = die Werke, die Gott gebietet/verlangt*
29 (B ἔργον 1cβ). **29 τὸ ἔργον τοῦ θεοῦ** Präd.-Nom. m. Art. (A80). **ἵνα**
hier epexegetisch (für Inf.; vgl. H-S §272a) *(nämlich) daß;* τοῦτό ἐστιν τὸ ἔρ-
γον τοῦ θεοῦ, ἵνα *dies ist das Werk Gottes, (nämlich) daß = das verlangt Gott*
(von euch), daß (vgl. GNB). **πιστεύητε** Konj. πιστεύω. **εἰς ὅν** = εἰς
τοῦτον ὅν (H-S §142d; A359). **ἀπ-έ-στειλεν** Aor. ἀπο-στέλλω.
30 **30 τί ... σημεῖον** *welches/was für ein Zeichen.* **σύ** betont (A122).
ἴδωμεν Aor. Konj. ὁράω. **καί** viell. kons. (A311,2) *und so, und dann.* **πι-**
31 **στεύσωμεν** Aor. Konj. πιστεύω; evtl. ingr. (A229). **31 μάννα** τό
indekl. (hebr. מָן *mān;* aram. מַנָּא *mannāʾ*) *Manna* (vgl. Ex 16,32ff). **ἔ-φαγον**
V. 23. **γε-γραμμένον** Pf. Ptz. Pass. γράφω, umschrieb. Pf. (A249); Pf.
Pass. term. tech. zur Einführung v. Schriftzitaten (B 2c): *in der Schrift heißt*
32 *es/steht.* **ἔ-δωκεν** Aor. δίδωμι. **φαγεῖν** Aor. Inf. ἐσθίω. **32 δέ-δωκεν**
33 Pf. **ἀληθινός** *wahr;* hier *echt, wirklich* (B 3b). **33 κατα-βαίνων** Ptz.
-βαίνω, subst.; Präd.-Nom. m. Art. hebt die Gleichsetzung hervor (A80; 48); ὁ
ἄρτος τοῦ θεοῦ ἐστιν ὁ καταβαίνων ἐκ τοῦ οὐρανοῦ *das Brot Gottes*
ist das, welches (od. *der, welcher*) *aus dem Himmel herabkommt.* **διδούς** Ptz.
34 δίδωμι, subst.; Präd.-Nom. m. Art. (A80; 48). **34 κύριε** Vok. **δός** Aor.
35 Imp. δίδωμι. **35 ἐγώ** betont (A122). **ὁ ἄρτος** Präd.-Nom. m. Art. hebt die
Einzigartigkeit hervor (H-S §135a; vgl. A80). **τῆς ζωῆς** Gen. des Zwecks
(A162) *das Leben gibt/verleiht.* **ἐρχόμενος** Ptz., subst.; ὁ ἐρχόμενος πρὸς
ἐμέ *jeder, der zu mir kommt* (A104,1). **οὐ μή** m. Aor. Konj. (seltener m. Ind.
Fut.) stärkste Verneinung zukünftigen Geschehens (A257). **πεινάσῃ** Aor.
Konj. πεινάω[34] *hungern, hungrig sein, Hunger leiden.* **πιστεύων** Ptz., subst.
(A104,1). **διψήσει** Fut. διψάω[35] *Durst haben* [Var. διψήσῃ Aor. Konj.].
πώ-ποτε (vgl. A18) *je(mals),* m. Neg: *niemals* (B).
36 **36 εἶπον ὑμῖν** hier *ich habe euch (schon) gesagt.* **ὅτι** recitativum =
Doppelpunkt (A333). **καί ... καί** hier *obwohl/obgleich ... dennoch/doch* (B I6).
ἑ-ωράκατε Pf. (A242) ὁράω; καὶ ἑωράκατέ με *obwohl ihr mich gesehen*
habt (d.h. daß ich ein Zeichen getan habe; vgl. Schnackenburg, Jh 2, S. 71).
37 **37 πᾶν ὅ** Ntr. m. Bezug auf Personen gebraucht (was der Verallgemeinerung

u. der Hervorhebung der gemeinten Eigenschaft dient (BDR §138[1]) *alles, was*
= alle, die. **ἥξει** Fut. ἥκω (vgl. A33[187]) *gekommen sein, dasein;* (außerhalb
des Präs.:) *kommen.* **ἐρχόμενον** Ptz., subst. **οὐ μή** V. 35. **ἐκ-βάλω** Aor.
Konj. -βάλλω. **38 κατα-βέ-βηκα** Pf. -βαίνω. **ποιῶ** Konj. ποιέω [Var. 38
ποιήσω Aor. Konj.]. **πέμψαντος** Aor. Ptz. πέμπω, subst. **39 ἵνα** 39
V. 29. **πᾶν** zum Ntr. s. zu V. 37; casus pendens (vgl. A375; BDR §466[4]), durch
ἐξ αὐτοῦ u. αὐτό aufgenommen; ἵνα πᾶν ὃ δέδωκέν μοι μὴ ἀπολέσω
ἐξ αὐτοῦ, ἀλλὰ ἀναστήσω αὐτό ... „daß, was all das angeht, was er mir
gegeben hat, ich nicht irgend etwas davon verlorengehen lasse, sondern es ...
auferwecke“ = *daß ich von all denen, die er mir gegeben hat, niemand verlorenge-*
hen lasse, sondern daß ich sie ... auferwecke. **δέ-δωκεν** V. 32. **ἀπ-ολέσω**
Aor. Konj. -όλλυμι hier *verlieren* (B 1b), *verlorengehen lassen.* **ἐκ** V. 8, hier
wohl ἐξ αὐτοῦ = τὶ ἐξ αὐτοῦ (vgl. A137a) *irgend etwas davon.* **ἀνα-**
στήσω Fut. ἀν-ίστημι. **ἡ ἐσχάτη ἡμέρα** *der letzte Tag = der Jüngste*
Tag (d.h. der Tag der Wiederkunft Christi) (B ἔσχατος 3b). **40 ἵνα** V. 29. 40
πᾶς ὁ m. Ptz. *jeder, der* (A86). **θεωρῶν** Ptz. θεωρέω, subst. **πιστεύων**
V. 35. **ἔχῃ** Konj. ἔχω.

41 ἐ-γόγγυζον Ipf. γογγύζω *aufbegehren, murren.* **ἐγώ** V. 35. **κα-** 41
τα-βάς Aor. Ptz. -βαίνω, attr. **42 ἔ-λεγον** V. 6. **οὐ** *nicht;* erwartet als 42
Frageeinleitung die Antwort „doch“ (A320). **ὁ υἱός** App. (A70). **Ἰωσήφ**
indekl., hier Gen., *Josef,* Vater Jesu. **οὗ ... τὸν πατέρα καὶ τὴν μητέ-**
ρα *dessen Vater und Mutter* (vgl. A363). **πῶς** hier *mit welchem Recht?* (B 1c).
ὅτι recitativum = Doppelpunkt (A333). **κατα-βέ-βηκα** V. 38. **43 ἀπ-ε-** 43
κρίθη V. 7. **καὶ εἶπεν** V. 26. **γογγύζετε** Imp.; μὴ γογγύζετε etwa
hört auf zu murren! (vgl. A265a). **μετ’ ἀλλήλων** *untereinander* (B μετά AI).
44 ἐλθεῖν Aor. Inf. ἔρχομαι. **ἐὰν μή** *wenn nicht, außer wenn* (A341). 44
πέμψας Aor. Ptz. πέμπω, attr. **ἑλκύσῃ** Aor. Konj. ἕλκω[184] *ziehen,*
schleppen (hier übertr.). **ἀνα-στήσω** V. 39. **ἡ ἐσχάτη ἡμέρα** V. 39.
45 γε-γραμμένον V. 31. **ἐν τοῖς προφήταις** *in den (Schriften der)* 45
Propheten. **ἔσονται** Fut. εἰμί. **διδακτός** *gelehrt, unterrichtet, unterwiesen;*
διδακτὸς θεοῦ gen. auctoris (A153; BDR §183[1]) *von Gott gelehrt/unterwiesen.*
πᾶς ὁ V. 40. **ἀκούσας** Aor. Ptz. ἀκούω, subst. **μαθών** Aor. Ptz. μαν-
θάνω[157] *lernen;* subst.; πᾶς ὁ ἀκούσας παρὰ τοῦ πατρὸς καὶ μαθών
etwa *jeder, der den* (od. *auf den*) *Vater hört und von ihm lernt.* **46 οὐχ ὅτι** 46
ellip., erg. λέγω (BDR §480[6]) *ich sage nicht, daß = das heißt nicht, daß* (GN).
ἑ-ώρακεν V. 36. **εἰ μή** V. 22. **ὤν** Ptz. εἰμί, subst.; εἰ μὴ ὁ ὢν παρὰ
τοῦ θεοῦ *nur der eine, der von Gott gekommen ist* (B εἰμί III8a). **47 πι-** 47
στεύων V. 35; ὁ πιστεύων *jeder, der glaubt* (A104,1). **48** Siehe V. 35. 48
49 ἔ-φαγον V. 23. **μάννα** V. 31. **ἀπ-έ-θανον** Aor. ἀπο-θνῄσκω. 49
50 κατα-βαίνων V. 33, attr. **ἵνα** kons. *so daß* od. fin. *damit;* ἵνα τις ἐξ 50
αὐτοῦ φάγῃ *so daß/damit man* (A76c) *davon* (v. dem Brot) *ißt/essen kann.*

φάγῃ Aor. Konj. ἐσθίω. **καί** V. 30. **ἀπο-θάνῃ** Aor. Konj. -θνήσκω.
51 **51 ζῶν** Ptz. ζάω, attr. *lebendig.* **κατα-βάς** V. 41. **ζήσει** Fut. ζάω [Var.
ζήσεται ebenfalls Fut.]. **δώσω** V. 27. **ἡ σάρξ μου** Präd.-Nom. m. Art.
hebt die Gleichsetzung hervor (A80). **ὑπὲρ τῆς τοῦ κόσμου ζωῆς** *(das
ich hingebe) für das Leben der Welt.*
52 **52 ἐ-μάχοντο** Ipf. μάχομαι *kämpfen; streiten* πρός τινα *mit jmdm.*
(B 2). **λέγοντες** Ptz. λέγω, mod., pleon. (A297,1). **δοῦναι** Aor. Inf. δί-
53 δωμι. **φαγεῖν** V. 31. **53 φάγητε** Aor. Konj. ἐσθίω. **πίητε** Aor. Konj.
54 πίνω. **ἐν ἑαυτοῖς** (= att. ἐν ὑμῖν αὐτοῖς; A126). **54 τρώγων** Ptz.
τρώγω *zerkauen, essen;* subst. **πίνων** Ptz., subst. **ἀνα-στήσω** V. 39. **ἡ**
55 **ἐσχάτη ἡμέρα** V. 39; temp. Dat. (A182). **55 ἀληθής**[7] *wahr; wirklich,
echt* (B 3) [Var. ἀληθῶς V. 14]. **βρῶσις** V. 27. **πόσις**[8] *(das) Trinken; Ge-*
56 *tränk, Trank.* **56 κἀγὼ ἐν αὐτῷ** *und ich (bleibe) in ihm* (vgl. H-S §293b).
57 **57 καθώς ... καί** *wie ... so* (BDR §453[3]; A352). **ἀπ-έ-στειλεν** V. 29 [Var.
ἀπ-έ-σταλκεν Pf.]. **ζῶν** V. 51. **κἀγώ** = καὶ ἐγώ; καί hier viell. kons.
(A311,2); κἀγὼ ζῶ *so daß ich lebe, und ich so lebe.* **διά** m. Akk. (zweimal)
wegen, um ... willen, da hier wohl v. der wirksamen Ursache etwa = *durch* (ent-
sprechend διά m. Gen.; B BII4b). **κἀκεῖνος** = καί ἐκεῖνος hebt Subj. zu-
sätzl. hervor; καὶ ὁ τρώγων με κἀκεῖνος ζήσει ... *so wird der, der mich ißt,
auch dieser/er wird ... leben = so wird auch der, der mich ißt ... leben.* **ζήσει**
58 V. 51. **58 κατα-βάς** V. 41 [Var. κατα-βαίνων Ptz.]. **οὐ καθὼς ἔφα-
γον οἱ πατέρες** *nicht wie (das Brot, das) die Väter/eure Vorfahren aßen* (vgl.
B καθώς 1) = *es ist etwas ganz anderes als das Brot, das eure Vorfahren gegessen
haben* (GNB). **ἔ-φαγον** V. 23. **ἀπ-έ-θανον** V. 49. **τρώγων** V. 54.
59 **59 διδάσκων** Ptz., temp. **Καφαρναούμ** 2,12; indekl., hier Dat.
60 **60 ἀκούσαντες** V. 45, Ptz. temp. od. subst. **ἐκ** V. 8; πολλοί ... ἐκ
τῶν μαθητῶν *viele seiner Jünger.* **εἶπαν** Aor. (vgl. H-S §105g) λέγω.
σκληρός (< σκέλλω ausdörren) *hart, rauh; unangenehm, unerträglich;*
σκληρός ἐστιν ὁ λόγος οὗτος *diese Rede ist hart* (d.h. unannehmbar, an-
stößig; Menge), *das ist eine unerträgliche Rede.* **ἀκούειν** Inf., hier *anhören.*
61 **61 εἰδώς** Pf. (m. präs. Bdtg.) Ptz. οἶδα, kaus., evtl. temp.; εἰδὼς ὁ Ἰησοῦς
ἐν ἑαυτῷ *da sich Jesus bewußt war* (wörtl. *in seinem Innern wußte*). **γογγύ-
ζω** V. 41. **περὶ τούτου** *darüber.* **σκανδαλίζω** (< σκάνδαλον Falle;
Ärgernis, Anstößiges) m. Akk. *jmdm. Anstoß geben, jmdn. zur Sünde verführen;*
hier *jmdn. ärgern, empören, entrüsten* (B 2); τοῦτο ὑμᾶς σκανδαλίζει; etwa
62 *daran nehmt ihr Anstoß?* **62 θεωρῆτε** Konj. θεωρέω; ἐὰν οὖν θεωρῆτε ...
wenn ihr nun seht ... Aposiopese (A377) erg. etwa „werdet ihr dann immer noch
Anstoß nehmen?“ (BDR §482[3]) od. „was werdet ihr dann erst sagen?“. **ἀνα-
βαίνοντα** Ptz. -βαίνω, AcP (A300). **ὅπου** hier *dorthin, wo* (B 1aα; vgl.
A358). **ἦν** V. 4. **πρότερος** *früher, vorher;* τὸ πρότερον Ntr. als Adv. (vgl.
63 A150) *früher, vorher.* **63 ζῳο-ποιοῦν** Ptz. -ποιέω *lebendig machen;* subst.

als Präd.-Nom. m. Art. (A80); τὸ πνεῦμά ἐστιν τὸ ζῳοποιοῦν *der Geist*
(Gottes) *ist es, der lebendig macht.* **οὐκ … οὐδέν** doppelte Verneinung
verstärkt (A310). **ὠφελέω** *helfen, nützen,* etwas *ausrichten/erreichen.* **λε-λά-
ληκα** Pf. λαλέω. **πνεῦμα** (zweites), **ζωή** Präd.-Nom. **64 ἐκ** V. 8. **ᾔδει** 64
V. 6. **ἐξ ἀρχῆς** *von Anfang an* (B ἐκ 5). **πιστεύοντες** Ptz. πιστεύω,
subst.; τίνες εἰσὶν οἱ μὴ πιστεύοντες *wer die waren* (A326), *die nicht
glaubten.* [Var. μέλλων Ptz., subst.] **παρα-δώσων** Fut. Ptz. -δίδωμι,
subst.; τίς ἐστιν ὁ παραδώσων αὐτόν *wer es war, der ihn ausliefern/verra-
ten würde* [Var. παρα-διδόναι Inf.]. **65 ἔ-λεγεν** V. 6. **διὰ τοῦτο** *da-* 65
rum, deshalb. **εἴρηκα** Pf. λέγω. **ὅτι** wohl recitativum = Doppelpunkt
(A333). **ἐλθεῖν, ἐὰν μή** V. 44. **ᾖ** Konj. εἰμί. **δε-δομένον** Pf. Ptz. Pass.
δίδωμι hier im Sinn v. *verleihen, ermöglichen* (vgl. B 1bβ); umschrieb. Pf. Konj.
(A249); ἐὰν μὴ ᾖ δεδομένον αὐτῷ ἐκ τοῦ πατρός *wenn es ihm nicht
vom Vater (her) gegeben ist* bzw. *es kann nur durch das Wirken des Vaters ge-
schehen* (NGÜ). **ἐκ** für παρά (ZG). **66 ἐκ τούτου** *aus diesem Grund, des-* 66
halb (B ἐκ 3f). **ἐκ** (zweites) V. 8. **ἀπῆλθον** V. 1. **ὀπίσω** Adv. *hinten, nach
hinten;* εἰς τὰ ὀπίσω *zurück;* ἀπέρχομαι εἰς τὰ ὀπίσω *zurückweichen;
sich zurückziehen* (B 1a). **περι-ε-πάτουν** Ipf. -πατέω hier *herumziehen*
(B 1c). **67 οἱ δώδεκα** *die Zwölf* bzw. *die zwölf Jünger (Jesu).* **μή** *etwa* (ver- 67
neinende Antwort angedeutet, A320). **ὑπ-άγειν** Inf. -άγω. **68 ἀπ-ε-** 68
κρίθη V. 7. **κύριε** Vok. **ἀπ-ελευσόμεθα** Fut. Med. -έρχομαι, mod.
Fut. (A247); πρὸς τίνα ἀπελευσόμεθα; *zu wem sollten wir weggehen?*
(H-S §202d). **ζωῆς αἰωνίου** Worte *ewigen Lebens;* gen. obi. (A158) od.
Gen. des Zwecks (A162). **69 πε-πιστεύκαμεν** Pf. (A242) πιστεύω. 69
ἐ-γνώκαμεν Pf. (A242) γινώσκω. **ὁ ἅγιος τοῦ θεοῦ** *der Heilige Gottes*
(Präd.-Nom. m. Art. [A48; 80]). **70 οὐ** V. 42. **τοὺς δώδεκα** App. zu 70
ὑμᾶς (A70; zum Art. vgl. H-S §129b); ὑμᾶς τοὺς δώδεκα *euch zwölf.* **ἐξ-
ε-λεξάμην** Aor. Med. ἐκ-λέγομαι[66] *(für sich) auswählen, erwählen.* **ἐκ**
V. 8. **καί** adversativ (A311,1) *und doch.* **διά-βολος** (< δια-βάλλω
verleumden) subst. *Verleumder; Teufel.* **71 ἔ-λεγεν** V. 6; hier *meinen* (B I2b). 71
Ἰσκαριώτης[1] *Iskariot,* Beiname v. Judas bzw. v. dessen Vater; Bdtg. un-
sicher: < אִישׁ קְרִיּוֹת *ʾîš kərijôṯ* „Mann/stammend aus Kerioth“ (in Südjuda),
evtl. v. lat. sicarius Meuchelmord (also Meuchelmörder, Bandit)?; Σίμωνος
Ἰσκαριώτου (usuelle) Ellipse v. „Sohn“ (A156 u. 376): *den Sohn von Simon
Iskariot.* **ἔ-μελλεν** V. 6; hier *beabsichtigen, gedenken, im Sinn haben* (B 1cγ)
od. *sollen* (vgl. B 1cδ). **παρα-διδόναι** Inf. V. 64. **εἷς** erg. ἦν (Ipf. v. εἰμί)
[Var. ὤν Ptz. εἰμί, konz.]. **ἐκ** V. 8.

μετὰ ταῦτα *danach.* **περι-ε-πάτει** Ipf. -πατέω. **ἤ-θελεν** Ipf. θέ- **7**
λω. **περι-πατεῖν** Inf. **ἐ-ζήτουν** Ipf. ζητέω. **οἱ Ἰουδαῖοι** hier im
Sinn v. *die führenden Männer* (des jüdischen Volkes). **ἀπο-κτεῖναι** Aor. Inf.
-κτείνω. **2 ἦν** Ipf. εἰμί. **ἐγγύς** *nahe, nahe bevorstehend* (B 2a). **ἑορτή** 2

3 *Fest.* **σκηνο-πηγία** *Zeltaufbau;* hier *Laubhüttenfest* (B). **3 μετά-βηθι**
Wz.-Aor. Imp. -βαίνω[139] (v. einem Ort) *weggehen, fortgehen* (um an einem an-
deren Ort zu sein); μετάβηθι ἐντεῦθεν *verlaß diese Gegend* (GN). **ἐντεῦ-
θεν**[18] *von hier.* **ὕπ-αγε** Imp. (vgl. A266a). **ἵνα καί** wohl im Sinn v. *damit
auch dort.* **θεωρήσουσιν** Fut. θεωρέω; hier Fut. statt Aor. Konj. nach ἵνα
4 (BDR §369[5]) [Var. θεωρήσωσιν Aor. Konj.]. **4 κρυπτός** *verborgen,
geheim.* **καί** *und ... dabei/zugleich* bzw. *wenn* (ZG; vgl. A311,4); καὶ ζητεῖ αὐ-
τὸς ἐν παρρησίᾳ εἶναι etwa *und sucht zugleich in der Öffentlichkeit bekannt
zu werden* bzw. *wenn er in der Öffentlichkeit bekannt werden möchte.* **παρ-ρη-
σία** (< πᾶν + ῥῆσις [das] Reden) *Redefreiheit; Freimütigkeit, Offenheit;* ἐν
παρρησίᾳ *in der Öffentlichkeit.* **εἶναι** Inf. εἰμί. **εἰ ταῦτα ποιεῖς** (inde-
finiter Fall, A342) etwa *wenn du (schon) Dinge wie diese tust* od. konativ (A232c)
wenn du das (näml. in der Öffentlichkeit bekannt werden), *(wie du sagst,) tun
5 willst* (vgl. BDR §372[1]). **φανέρωσον** Aor. Imp. φανερόω. **5 ἐ-πί-
6 στευον** Ipf. πιστεύω. **6 λέγει** hist. Präs. (A235). **οὔ-πω** *noch nicht.*
πάρ-ειμι (A32) *anwesend sein; dasein, (her)gekommen sein.* **ὑμέτερος**
(A128) *euer.* **ἕτοιμος** *bereit;* ὁ καιρὸς ὁ ὑμέτερος πάντοτέ ἐστιν
7 ἕτοιμος *eure Zeit (zum Handeln) ist immer bereit/da* (B 1). **7 μισεῖν** Inf.
8 μισέω. **8 ὑμεῖς** betont (A122). **ἀνά-βητε** Aor. Imp. -βαίνω. **πε-
πλήρωται** Pf. Pass. πληρόω; οὔπω πεπλήρωται hier wohl = οὔπω
9 πάρεστιν (V. 6). **9 εἰπών** Aor. Ptz. λέγω, temp. **ἔ-μεινεν** Aor. μένω.
10 **10 ἀν-έ-βησαν** Aor. -βαίνω; ὡς ἀνέβησαν οἱ ἀδελφοὶ αὐτοῦ
nachdem seine Brüder hinaufgegangen waren (vgl. H-S §276f; A336a). **ἀν-έ-βη**
Aor. **φανερῶς** *offen, öffentlich.* **κρυπτός** V. 4; ὡς ἐν κρυπτῷ *heimlich*
11 (B 2b). **11 οἱ Ἰουδαῖοι** V. 1. **ἐ-ζήτουν** V. 1. **ἐν** *bei, während.* **ἔ-λε-
12 γον** Ipf. λέγω. **12 γογγυσμός** (geäußerter) *Unwille, laute Unzufrieden-
heit;* (heimliches) *Gerede, Getuschel* (B 2). **ἦν** V. 2. **ἐν** *unter, bei.* **οἱ μέν ...
ἄλλοι δέ** *die einen ... andere (dagegen)* (BDR §250[1]). **ὅτι** recitativum =
Doppelpunkt (A333). **ἀγαθός ἐστιν** *er ist ein guter Mensch.* **οὔ** m.
Akzent: *nein* (B 1). **πλανάω** *in die Irre führen;* übertr. *irreführen, verführen,
13 betrügen.* **13 μέν-τοι** *wirklich; allerdings, jedoch* (B 2). **παρρησία** V. 4;
dat. modi (A180; BDR §198[5]) *offen, öffentlich.* **ἐ-λάλει** Ipf. λαλέω. **διὰ
τὸν φόβον** m. gen. obi. (BDR §163[4]; vgl. A158) *aus Furcht vor.*
14 **14 μεσούσης** Ptz. Fem. μεσόω *in der Mitte sein, zur Hälfte vorüber
sein;* gen. abs. (A288), temp. [Var. μεσαζούσης Ptz. Fem. μεσάζω *sich in
der Mitte befinden*]. **ἀν-έ-βη** V. 10. **ἐ-δίδασκεν** Ipf. διδάσκω.
15 **15 ἐ-θαύμαζον** Ipf. θαυμάζω. **λέγοντες** Ptz. λέγω, temp. od. mod.
(A291 Anm. 1). **πῶς** hier in einer Frage der Verwunderung: *wie ist es möglich,
daß?* (B 1b). **γράμμα**[3] *Buchstabe; Geschriebenes, Schriftstück;* hier *die* (hei-
lige) *Schrift.* **με-μαθηκώς** Pf. Ptz. μανθάνω[157] *lernen* (durch Belehrung);
konz.; μὴ μεμαθηκώς *obwohl er (sie) nicht studiert hat, ohne dafür ausgebildet*

zu sein (Einh.). **16 ἀπ-ε-κρίθη** Aor. Pass. (ohne Pass.-Bdtg.) ἀπο-κρίνο- 16
μαι. **καὶ εἶπεν** pleon. (Hebr.; A297,2). **διδαχή** *Lehre* (das, was gelehrt
wird, od. die Lehrtätigkeit). **οὐκ ἔστιν ἐμή** „ist nicht meine" = *stammt
nicht von mir* (durch den Gen. des Ptz. fortgesetzt). **πέμψαντος** Aor. Ptz.
πέμπω, subst. **17 θέλῃ** Konj. θέλω. **ποιεῖν** Inf. ποιέω. **γνώσεται** 17
Fut. Med. γινώσκω; γνώσεται περὶ τῆς διδαχῆς πότερον ἐκ τοῦ
θεοῦ ἐστιν *er wird hinsichtlich der/dieser Lehre erkennen, ob sie von Gott
stammt = er wird erkennen, ob diese Lehre von Gott stammt.* **πότερον** *ob;* πό-
τερον ... ἤ *ob ... oder ob.* **ἐμαυτοῦ**[14] Refl.-Pron. 1. Sg.; ἀπ' ἐμαυτοῦ *von
mir selbst aus* (B 3). **18 λαλῶν** Ptz. λαλέω, subst. **ζητῶν** Ptz. ζητέω, 18
subst. **πέμψαντος** V. 16. **ἀληθής**[7] *wahr; wahrhaftig* (B 1), *vertrauenswür-
dig* (GNB). **ἀ-δικία** *Unrecht* (das einer tut); *Ungerechtigkeit.*

19 οὐ *nicht;* erwartet als Frageeinleitung die Antwort „doch" (A320). 19
δέ-δωκεν Pf. δίδωμι. **καί** adversativ (A311,1) *und doch.* **ἐκ** umschreibt
gen. partitivus (B 4aα). **ποιέω τὸν νόμον** *das Gesetz tun/ausführen/befol-
gen* (B ποιέω I1cα). **τί** adv. *warum?* **ἀπο-κτεῖναι** V. 1. **20 ἀπ-ε-κρί-** 20
θη V. 16. **δαιμόνιον ἔχεις** *du bist besessen* (B δαιμόνιον 2). **21 καὶ** 21
εἶπεν V. 16. **ἓν ἔργον** *ein einziges Werk, eine einzige Tat* (vgl. 5,5-9).
ἐ-ποίησα Aor. ποιέω. **22 διὰ τοῦτο** *darum, deshalb.* **περι-τομή** 22
(< τέμνω schneiden) *Beschneidung.* **οὐχ ὅτι** ellip., erg. λέγω (BDR §480[6])
ich sage nicht, daß; οὐχ ὅτι ἐκ τοῦ Μωϋσέως ἐστὶν ἀλλ' ἐκ τῶν πατέ-
ρων Parenthese (A374) *von Mose stammt sie freilich nicht, sondern von den Erz-
vätern* (Menge). **ἐν σαββάτῳ** *(auch) am Sabbat.* **περι-τέμνω** *beschnei-
den* (der Vorhaut). **23 λυθῇ** Aor. Konj. Pass. λύω hier *außer Kraft/Geltung* 23
setzen (B 4) od. *brechen, übertreten* (Menge; LN 36.30). **χολάω** *zürnen* τινί
jmdm.; ἐμοὶ χολᾶτε ὅτι *(warum) zürnt ihr mir dann, daß.* **ὅλον ἄνθρω-
πον** *einen ganzen Menschen* (BDR §275[2]). **ὑγιής**[7] *gesund.* **24 κρίνετε** 24
(zweimal) Imp. [Var. (zweites Mal) κρίνατε Aor. Imp.]. **ὄψις**[8] *(das) Sehen;
(das) Aussehen;* κρίνω κατ' ὄψιν *nach dem äußeren Aussehen urteilen* (B 2),
nach dem Augenschein urteilen. **τὴν δικαίαν κρίσιν κρίνετε** Akk. des
inneren Obj. (A145; H-S §151a) *sprecht/fällt ein gerechtes Urteil, urteilt gerecht.*

25 ἔ-λεγον V. 11. **ἐκ** V. 19. **Ἱεροσολυμίτης**[1] *Einwohner Jerusa-* 25
lems. **οὐ** V. 19. **ἀπο-κτεῖναι** V. 1. **26 ἴδε** (eig. Imp. Aor. ὁράω) Inter- 26
jektion (H-S §252,63) etwa = ἰδού. **παρρησία** V. 4 u. 13. **λέγουσιν**
3. Pl. im Sinn v. „man" (A76a). **μή-ποτε** Fragepartikel, die eine verneinende
Antwort andeutet (A320) *etwa,* hier viell. etwas modifiziert: *am Ende noch* od.
vielleicht (vgl. BDR §427[2]; B 3a); μήποτε ἀληθῶς ἔγνωσαν οἱ ἄρχοντες
*sollten unsere Behörden/sollte das Synedrium etwa wirklich zu der Erkenntnis ge-
kommen sein, vielleicht sind unsere Behörden/ist das Synedrium wirklich zu der Er-
kenntnis gekommen.* **ἀληθῶς** *wahrhaftig, wirklich, tatsächlich.* **ἔ-γνωσαν**
Aor. γινώσκω. **ἄρχων**[5] οντος ὁ *Herrscher; Mitglied der Behörde;* Pl. *die*

27 *Behörden* (hier vom Synedrium). **27 πόθεν**[18] *woher;* τοῦτον οἴδαμεν πό-
θεν ἐστίν (Prolepsis, A373) *von diesem wissen wir, woher er kommt/stammt = wir wissen, woher dieser kommt/stammt.* **ὁ χριστός** betont der Konjunktion vorangestellt (BDR §475[1]). **ἔρχηται** Konj. ἔρχομαι. **γινώσκει** wohl fut.
28 Präs. (A234). **28 ἔ-κραξεν** Aor. κράζω. **διδάσκων** Ptz., temp., viell. mod. **λέγων** Ptz., mod.; καὶ λέγων ist hier wohl (trotz des καί) m. ἔκρα-ξεν zu verbinden (als Doppelpunkt berücksichtigen), viell. m. διδάσκων (*indem/wobei er lehrte und sprach*). **κἀμέ** = καὶ ἐμέ; κἀμὲ οἴδατε καὶ οἴδατε πόθεν εἰμί *ihr kennt mich zwar* (vgl. BDR §444[4]) *und wißt, woher ich komme* wohl im Sinn v. *ihr meint, mich zu kennen und zu wissen, woher ich komme* (NGÜ). **καί** (drittes) adversativ (A311,1) *aber, doch.* **ἐμαυτοῦ** V. 17. **ἐλήλυθα** Pf. ἔρχομαι. **ἀληθινός** *wahrhaftig, zuverlässig; wahr; echt, wirklich;* ἔστιν ἀληθινὸς ὁ πέμψας με etwa *der, der mich gesandt hat, ist glaubwürdig* (Einh.: *bürgt für die Wahrheit*) od. *es gibt einen Wahrhaften, der mich gesandt hat* (d.h. Jesus hebt dessen Existenz u. göttl. Wirklichkeit hervor
29 [Schnackenburg, Jh 2, S. 201.204]). **πέμψας** V. 16. **29 εἰμί** hier *kommen* παρά τινος *von jmdm.* (B III8a). **κἀκεῖνος** = καὶ ἐκεῖνος. **ἀπ-έ-στειλεν** Aor. ἀπο-στέλλω [Var. ἀπ-έ-σταλκεν Pf.].
30 **30 ἐ-ζήτουν** V. 1. **πιάσαι** Aor. Inf. πιάζω (vgl. A33[91ff]) *halten, fassen, ergreifen; gefangennehmen, verhaften* (B 2a). **καί** V. 28. **ἐπ-έ-βαλεν** Aor. ἐπι-βάλλω[112] *auf* etwas *werfen/legen;* ἐπιβάλλω τὴν χεῖρα/τάς χεῖρας ἐπί τινα *Hand an jmdn. legen, jmdn. festnehmen.* **οὔ-πω** V. 6. **ἐληλύ-
31 θει** Plsqpf. ἔρχομαι. **31 ἐ-πίστευσαν** Aor. πιστεύω, wohl ingr. (A229). **ἔ-λεγον** V. 11. **ὁ χριστός** V. 27. **ἔλθῃ** Aor. Konj. ἔρχομαι. **μή** *etwa* (verneinende Antwort angedeutet, A320). **ποιήσει** Fut. ποιέω; viell. mod. Fut. (A247) *kann er tun.* **ὧν** = τούτων/ἐκείνων ἅ (Attraktion des Rel.-Pron.; A361c; BDR §294[6]); gen. comparationis (A168). **ἐ-ποίησεν**
32 V. 21. **32 ἤκουσαν** Aor. ἀκούω. **γογγύζοντος** Ptz. γογγύζω *aufbegehren, murren; heimlich reden, tuscheln* (B 2); GcP (A300). **καί** (erstes) kons. (A311,2) *daher.* **ἀπ-έ-στειλαν** V. 29. **ὑπ-ηρέτης**[1] *Gehilfe, Diener;* hier Diener des Synedriums, etwa *Gerichtsdiener, Tempelwächter.* **πιάσωσιν** Aor.
33 Konj. V. 30. **33 μικρός** hier *kurz* (B 2d); ἔτι χρόνον μικρόν Akk. der zeitl. Ausdehnung (A148) *nur noch (für eine) kurze Zeit.* **μετά** m. Gen. *bei.* **εἰμί, ὑπάγω** fut. Präs. (A234). **καί** kons. (A311,2) *(und) dann.* **πέμψαν-
34 τα** V. 16. **34 ζητήσετε** Fut. ζητέω. **καί** (erstes) V. 28. **εὑρήσετε** Fut. εὑρίσκω. **ὅπου** hier *dorthin, wo* (B 1aα; vgl. A358). **εἰμί** V. 33. **ἐλθεῖν**
35 Aor. Inf. ἔρχομαι. **35 πρὸς ἑαυτούς** *zueinander.* **πορεύεσθαι** Inf. πορεύομαι. **ὅτι** hier (als Teil einer Frage) kons. *(so) daß* (B 1dγ; H-S §279a). **εὑρήσομεν** Fut. **μή** V. 31. **δια-σπορά** *Zerstreuung; (die)* (unter die Heidenvölker) *Zerstreuten* (d.h. die in der Diaspora lebenden Juden); *Diaspora.* **Ἕλλην**[4] ηνος ὁ *Grieche; Nichtjude, Heide;* τῶν Ἑλλήνων Gen.

der Richtung (BDR §166[3]; A162) *unter die Griechen/Heiden.* **διδάσκειν** Inf.
36 τίς ἐστιν ὁ λόγος οὗτος *was bedeutet dieses Wort? = was soll das hei-* 36
ßen, wenn er sagt? (GNB). **εἰμί** V. 33.
37 ἑορτή *Fest;* ἐν τῇ ἐσχάτῃ ἡμέρᾳ τῇ μεγάλῃ τῆς ἑορτῆς *am* 37
letzten Tag, dem Hauptag des Festes (B μέγας 2bβ), *am letzten Festtag, dem*
Höhepunkt des (ganzen) Festes (vgl. GNB). **εἱστήκει** Plsqpf. ἵσταμαι,
übers.: *Jesus stand da.* **ἔ-κραξεν** V. 28 [Var. ἔ-κραζεν Ipf.]. **διψᾷ** Konj.
διψάω *Durst haben.* **ἐρχέσθω** Imp. 3. Sg. ἔρχομαι. **πινέτω** Imp. 3. Sg.
πίνω. **38 πιστεύων** Ptz., subst.; entweder nom. pendens (A141; H-S 38
§292e) *wer an mich glaubt, (für den gilt)* (Schnackenburg, Jh 2, S. 209) od. die In-
terpunktion ist zu ändern (z.B. ZG; Einh.): καὶ πινέτω ὁ πιστεύων εἰς
ἐμέ· καθὼς εἶπεν ἡ γραφή: *und es trinke, wer an mich glaubt; denn die*
Schrift hat gesagt: (od. auch: *wie die Schrift gesagt hat:*). **καθ-ώς** hier *wie* od. *da*
(ja), denn (vgl. B 3). **ποταμός** *Fluß, Strom;* Pl. *Ströme* (d.h. große Massen
fließenden Wassers [B 2]). **κοιλία** *Bauch, Magen; (das) Innere* (des Men-
schen). **ῥεύσουσιν** Fut. ῥέω[38] *fließen.* **ζῶντος** Ptz. ζάω, attr.; ποταμοὶ
ἐκ τῆς κοιλίας αὐτοῦ ῥεύσουσιν ὕδατος ζῶντος *Ströme lebendigen*
Wassers werden aus seinem (des Glaubenden od. Jesu) *Leib/Innern fließen* (B
ποταμός 2). **39** [Var. ἔ-λεγεν V. 11.] **ἔ-μελλον** Ipf. μέλλω. **λαμβά-** 39
νειν Inf. **πιστεύσαντες** Aor. Ptz., subst.; ὃ [Var. οὗ für ὅ Attraktion des
Rel.-Pron. (A360)] ἔμελλον λαμβάνειν οἱ πιστεύσαντες εἰς αὐτόν
den die empfangen sollten, die an ihn glauben/zum Glauben kommen. **οὔ-πω**
V. 6. **ἦν** Ipf. εἰμί hier *dasein, vorhanden sein* (B I6); οὔπω γὰρ ἦν πνεῦμα
denn der Geist war noch nicht da bzw. *war* (den Glaubenden) *noch nicht gegeben.*
οὐδέ-πω *noch nicht.* **ἐ-δοξάσθη** Aor. Pass. δοξάζω.
40 ἐκ τοῦ ὄχλου = τινὲς ἐκ τοῦ ὄχλου (A137a; ἐκ umschreibt gen. 40
partitivus [BDR §164[6]]). **ἀκούσαντες** Aor. Ptz. ἀκούω, temp. **ἔ-λεγον**
V. 11. **ἀληθῶς** V. 26. **ὁ προφήτης** Präd.-Nom. m. Art. bez. eine den Hö-
rern bekannte Gestalt (BDR §252[3]; vgl. A80). **41 οἱ δέ** *doch diese/sie* (A102), 41
hier *wieder andere.* **μή** V. 31. **42 οὐ** V. 19. **ὅτι** viell. recitativum = Doppel- 42
punkt (A333). **Δαυίδ** indekl., hier (erstes) Gen., (zweites) Nom. **Βηθλέεμ**
ἡ indekl., hier Gen., *Betlehem,* Ort südl. v. Jerusalem. **κώμη** *Dorf;* App.
(A70). **ἦν** V. 39; ὅπου ἦν Δαυίδ *wo David lebte/wohnte.* **ἔρχεται** fut.
Präs. (A234). **43 σχίσμα**[3] *Spaltung.* **ἐ-γένετο** Aor. Med. γίνομαι hier 43
entstehen. **ἐν** *bei, unter.* **δι᾽ αὐτόν** *seinetwegen.* **44 ἤ-θελον** V. 1. **ἐκ** um- 44
schreibt gen. partitivus (B 4aβ). **πιάσαι, ἐπ-έ-βαλεν** V. 30 [Var. ἔ-βα-
λεν Aor. βάλλω].
45 ὑπ-ηρέτης V. 32. **διὰ τί** *warum? weshalb?* **ἠγάγετε** Aor. ἄγω 45
hier term. tech. der Gerichtssprache: *abführen, verhaften* (B 2). **46 ἀπ-ε-κρί-** 46
θησαν V. 16. **οὐδέ-ποτε** (vgl. A18) *niemals.* **ἐ-λάλησεν** Aor. λαλέω.
47 μή V. 31. **ὑμεῖς** betont (A122). **πε-πλάνησθε** Pf. (A231) Pass. πλα- 47

νάω V. 12; Pass. hier *sich verführen lassen, sich täuschen lassen* (B 2cδ).
48 **48 μή** V. 31. **ἐκ** V. 44. **ἄρχων** V. 26; μή τις ἐκ τῶν ἀρχόντων ἐπί-
στευσεν εἰς αὐτόν; *glaubt etwa ein Mitglied des Synedriums an ihn?* **ἐ-πί-**
49 **στευσεν** V. 31. **49 γινώσκων** Ptz., attr. **ἐπ-άρατος**[11] *verflucht.* **εἰ-**
50 **σίν** Pl. sinngemäße Konstruktion (BDR §134[4]; A96). **50 λέγει** hist. Präs.
(A235). **Νικόδημος** 3,1. **ἐλθών** Aor. Ptz. ἔρχομαι, attr. **πρότερος**
früher, vorher; τὸ πρότερον Ntr. als Adv. (vgl. A150) *früher,* hier etwa *früher*
einmal. **ὤν** Ptz. εἰμί, mod.; εἷς ὢν ἐξ αὐτῶν *wobei er einer von ihnen war/zu*
51 *ihnen gehörte* (B ἐκ 4aδ) etwa = *einer aus ihren eigenen Reihen.* **51 μή** V. 31.
τὸν ἄνθρωπον Art. generell (A104,1) *die Menschen, einen Menschen.* **ἐὰν**
μή *wenn nicht, außer wenn* (A341). **ἀκούσῃ** Aor. Konj. ἀκούω hier term.
tech. des Rechtslebens: *anhören, verhören* (B 2). **γνῷ** Aor. Konj. γινώσκω;
ἐὰν μὴ ἀκούσῃ πρῶτον παρ' αὐτοῦ καὶ γνῷ τί ποιεῖ *wenn man ihn*
nicht/ohne daß man ihn zuvor verhört und seine Schuld (wörtl. *was er tut*) *festge-*
52 *stellt hat* (Menge). **52 ἀπ-ε-κρίθησαν** V. 16. **εἶπαν** Aor. (vgl. H-S
§105g) λέγω; καὶ εἶπαν V. 16. **μή** V. 31. **σύ** betont (A122). **ἐραύνη-**
σον Aor. Imp. ἐραυνάω *nachspüren, untersuchen, erforschen.* **ἴδε** Aor. Imp.
ὁράω; καὶ ἴδε hier wohl im Sinn v.: *(und) dann wirst du sehen/erkennen* (ZG;
GNB). **ἐγείρεται** Pass. ἐγείρω; Pass. hier *auftreten* (B 2e), *erstehen, hervor-*
gehen; wohl fut. Präs. (A234).
53 **53 ἐ-πορεύθησαν** Aor. Pass. (ohne Pass.-Bdtg.) πορεύομαι.
8 **ἐ-πορεύθη** Aor. Pass. (ohne Pass.-Bdtg.) πορεύομαι. **εἰς** *auf.*
ἐλαία *Olivenbaum, Ölbaum; Olive;* τὸ ὄρος τῶν ἐλαιῶν *der Ölberg* (östl. v.
2 Jerusalem). **2 ὄρθρος** *Morgenfrühe, Morgendämmerung;* gen. temp. (A166)
am frühen Morgen (BDR §186[3]). **παρ-ε-γένετο** Aor. Med. παρα-γίνο-
μαι[176] *ankommen, kommen, herzukommen* (B 1a). **ἤρχετο** Ipf. ἔρχομαι.
καθίσας Aor. Ptz. καθίζω, temp. (A291,1 Anm. 1). **ἐ-δίδασκεν** Ipf. δι-
3 δάσκω. **3 ἄγουσιν** hist. Präs. (A235). **μοιχεία** *Ehebruch.* **κατ-ει-**
λημμένην Pf. Ptz. Pass. κατα-λαμβάνω[152] *ergreifen, überwältigen;* hier *er-*
tappen τινὰ ἐπί τινι (bzw. m. AcP [A300]) *jmdn. bei etwas* (bzw. *dabei,*
daß/wie) (vgl. B 1c); attr. **στήσαντες** Aor. Ptz. ἵστημι, temp. (A291,1
4 Anm. 1). **ἐν μέσῳ** *in die Mitte* (B μέσος 2). **4 λέγουσιν** hist. Präs.
(A235). **διδάσκαλε** Vok. **κατ-είληπται** Pf. Pass. κατα-λαμβάνω.
αὐτό-φωρος[11] *auf frischer Tat (ertappt);* in der Verbindung ἐπ' αὐτοφώρῳ
z.B. m. καταλαμβάνω: *auf frischer Tat ertappen.* **μοιχευομένη** Ptz. Pass.
μοιχεύω *ehebrechen, Ehebruch begehen;* präd. als Nom. m. Ptz. (entsprechend
dem AcP beim Akt.; vgl. H-S §233e; A300); αὕτη ἡ γυνὴ κατείληπται ἐπ'
αὐτοφώρῳ μοιχευομένη „diese Frau ist auf frischer Tat dabei ertappt wor-
den, wie die Ehe mit ihr gebrochen wurde" = *diese Frau ist auf frischer Tat beim*
5 *Ehebruch ertappt worden.* **5 ἐν-ε-τείλατο** Aor. Med. ἐν-τέλλομαι[115] *be-*
fehlen, gebieten, verfügen. **αἱ τοιαῦται** *die so Beschaffenen* (vgl. B 3), *solche*

Frauen. **λιθάζειν** Inf. λιθάζω *steinigen.* **σύ** betont (A122). **6 ἔ-λεγον** 6
Ipf. λέγω. **πειράζοντες** Ptz. πειράζω *versuchen, in Versuchung bringen*
(Unrechtes zu tun); *prüfen, auf die Probe stellen;* fin. **ἔχωσιν** Konj. ἔχω hier
die Möglichkeit haben, können, m. flgd. Inf. (B I6a). **κατ-ηγορεῖν** Inf. -ηγο-
ρέω *anklagen, beschuldigen,* m. Gen. der Person; hier wohl juristischer term.
tech.; ἵνα ἔχωσιν κατηγορεῖν αὐτοῦ *um ihn (dann) anklagen zu können.*
κάτω *unten; nach unten.* **κύψας** Aor. Ptz. κύπτω (vgl. A33[51ff]) *sich bücken;*
temp. (A291,1 Anm. 1). **δάκτυλος** *Finger;* dat. instr. (A176). **κατ-έ-γρα-
φεν** Ipf. κατα-γράφω *schreiben.* **εἰς** *auf.* **7 ἐπ-έ-μενον** Ipf. ἐπι-μένω 7
bleiben; bleiben bei, verharren bei/in, m. Dat. **ἐρωτῶντες** Ptz. ἐρωτάω, präd.
bei Verben des modifizierten Seins u. Tuns (A301); ὡς ἐπέμενον ἐρωτῶν-
τες αὐτόν *als sie ihn hartnäckig/fortwährend weiterfragten* (B 1; H-S §234b).
ἀν-έ-κυψεν Aor. ἀνα-κύπτω (vgl. A33[51ff]) *sich aufrichten.* **ἀν-αμάρ-
τητος**[11] *sündlos;* ὁ ἀναμάρτητος ὑμῶν (gen. partitivus, A164) *wer von
euch ohne Sünde ist.* **πρῶτος** *als erster* (vgl. BDR §243[1]; A65; 113). **βαλέτω**
Aor. Imp. 3. Sg. βάλλω. **8 κατα-κύψας** Aor. Ptz. -κύπτω (vgl. A33[51ff]) 8
sich niederbücken; temp. **ἔ-γραφεν** Ipf. γράφω. **9 οἱ δέ** *(und) diese/sie* 9
(A102). **ἀκούσαντες** Aor. Ptz. ἀκούω, temp. **ἐξ-ήρχοντο** Ipf. -έρχο-
μαι. **εἷς καθ' εἷς** *einer nach dem andern* (B εἷς 5e); distributiv (BDR
§305[5]). **ἀρξάμενοι** Aor. Ptz. ἄρχω, mod.; ἀρξάμενοι ἀπὸ τῶν πρεσ-
βυτέρων *angefangen bei den Älteren/Ältesten, zuerst die Älteren/Ältesten.* **κατ-
ε-λείφθη** Aor. Pass. κατα-λείπω[44] (einen Ort) *verlassen; zurücklassen;*
Pass. hier *zurückbleiben* (B 1a). **ἐν μέσῳ** V. 3. **οὖσα** Ptz. Fem. εἰμί, mod.;
καὶ ἡ γυνὴ ἐν μέσῳ οὖσα *mit der Frau, die immer noch dort* (wörtl. *wobei
sie in der Mitte) stand.* **10 ἀνα-κύψας** Aor. Ptz. V. 7; temp. (A291,1 10
Anm. 1). **γύναι** Vok. γυνή. **κατ-έ-κρινεν** Aor. κατα-κρίνω[127] *verur-
teilen.* **11 ἡ δέ** *(und) diese/sie* (A102). **κύριε** Vok. **πορεύου** Imp. (vgl. 11
A266a). **ἀπὸ τοῦ νῦν** *in Zukunft, von jetzt an* (vgl. B νῦν 3b). **μηκ-έτι**
nicht mehr, nicht weiter. **ἁμάρτανε** Imp. ἁμαρτάνω.

12 ἐ-λάλησεν Aor. λαλέω. **ἐγώ** betont (A122). **τὸ φῶς** (erstes) 12
Präd.-Nom. m. Art. hebt die Einzigartigkeit hervor (H-S §135a; vgl. A80).
ἀκολουθῶν Ptz. ἀκολουθέω, subst.; ὁ ἀκολουθῶν ἐμοί *wer* (= jeder,
der) *mir nachfolgt* (A104,1). **οὐ μή** m. Aor. Konj. stärkste Verneinung zu-
künftigen Geschehens (A257). **περι-πατήσῃ** Aor. Konj. -πατέω. **σκο-
τία** *Dunkelheit; Finsternis* (Bereich des Gottfeindl. bzw. der Gottesferne).
ἕξει Fut. ἔχω. **τῆς ζωῆς** Gen. des Zwecks (A162) *das Leben gibt, das zum
Leben führt* (GN), viell. gen. epexegeticus (A163) *welches das Leben ist* (ZG).
13 μαρτυρία *Zeugnis* (das Bezeugen od. das Bezeugte). **ἀληθής**[7] *wahr;* 13
wahrhaftig; zuverlässig (B 2), *gültig, beweiskräftig.* **14 ἀπ-ε-κρίθη** Aor. Pass. 14
(ohne Pass.-Bdtg.) ἀπο-κρίνομαι. **καὶ εἶπεν** pleon. (Hebr.; A297,2).
κἄν = καὶ ἐάν *auch wenn, selbst wenn* (B 2). **μαρτυρῶ** Konj. μαρτυρέω.

ἐμαυτοῦ[14] Refl.-Pron. 1. Sg. **πόθεν**[18] *woher.* **ἤ** hier im Sinn v. *und* (BDR
15 §446,1b). **15 ὑμεῖς κατὰ τὴν σάρκα κρίνετε** *ihr urteilt nach dem Äu-*
ßerlichen (B σάρξ 6) bzw. *nach menschlichen Maßstäben* (GNB). **ἐγὼ οὐ**
κρίνω οὐδένα (doppelte Verneinung verstärkt, A310) *ich verurteile* (vgl. B
16 κρίνω 4bα) *überhaupt niemanden.* **16 καὶ ἐάν ... δέ** *aber auch wenn ...,*
doch wenn ... auch, doch selbst wenn (vgl. BDR §447[6]). **κρίνω** Konj. (Aor. od.
Präs.) κρίνω. **ἀληθινός** *wahr, wahrheitsgemäß* (B 2) bzw. *richtig* (NGÜ),
gültig. **πέμψας** Aor. Ptz. πέμπω, attr.; ὅτι μόνος οὐκ εἰμί, ἀλλ᾽ ἐγὼ
καὶ ὁ πέμψας με πατήρ *denn ich bin/stehe (mit meinem Zeugnis/Urteil)*
nicht allein, sondern ich und der Vater, der mich gesandt hat, (stimmen überein)
bzw. *denn ich stehe damit nicht allein da; es ist mein Zeugnis/Urteil und das meines*
17 *Vaters, der mich gesandt hat* (vgl. GNB). **17 ὑμέτερος** (A128) *euer.* **γέ-**
γραπται Pf. Pass. γράφω; Pf. Pass. term. tech. zur Einführung v. Schriftzita-
ten (B 2c): in eurem Gesetz *heißt es/steht.* **ὅτι** recitativum = Doppelpunkt
18 (A333). **ἀνθρώπων** gen. subi. (A158) od. auctoris (A153). **18 ἐγώ** betont
(A122). **μαρτυρῶν** Ptz. μαρτυρέω, subst; ἐγώ εἰμι ὁ μαρτυρῶν περὶ
ἐμαυτοῦ *ich bin es, der Zeugnis von mir/für mich ablegt.* **πέμψας** V. 16.
19 **19 ἔ-λεγον** Ipf. λέγω. **ᾔδειτε** Plsqpf. (m. der Bdtg. eines Ipf.) οἶδα; εἰ
ἐμὲ ᾔδειτε, καὶ τὸν πατέρα μου ἂν ᾔδειτε (irrealer Fall, A345) *wenn*
20 *ihr mich kenntet, würdet ihr auch meinen Vater kennen.* **20 ἐ-λάλησεν** V. 12.
ἐν (erstes) *bei* (B I1c). **γαζο-φυλάκιον** (< γάζα Schatz) *Schatzkammer;*
hier *Opferkasten* (im Tempel). **διδάσκων** Ptz., temp. **ἐ-πίασεν** Aor.
πιάζω (vgl. A33[91ff]) *halten, fassen, ergreifen; gefangennehmen, verhaften* (B 2a).
οὔ-πω *noch nicht.* **ἐληλύθει** Plsqpf. ἔρχομαι.
21 **21 ζητήσετε** Fut. ζητέω. **ἀπο-θανεῖσθε** Fut. Med. ἀπο-θνῄ-
σκω. **ὅπου** hier *dorthin, wohin* (B 1bα; vgl. A358). **ἐλθεῖν** Aor. Inf. ἔρχο-
22 μαι. **22 ἔ-λεγον** V. 19. **μήτι** *etwa* (verneinende Antwort angedeutet,
23 A320). **ἀπο-κτενεῖ** Fut. -κτείνω. **23 ἐκ** bez. die Herkunft (B 3b) od. die
Zugehörigkeit (vgl. B 4aδ). **κάτω** V. 6; subst. τὰ κάτω *diese Welt* (B 1);
ὑμεῖς ἐκ τῶν κάτω ἐστέ *ihr seid/stammt von hier unten* (GNB). **ἄνω** *oben;*
24 *nach oben;* τὰ ἄνω *das Obere, die obere Welt* (B 1) = *der Himmel.* **24 πι-**
στεύσητε Aor. Konj. πιστεύω. **ὅτι ἐγώ εἰμι** *daß ich es bin;* hier klingt
wohl eine atl. Offenbarungsformel aus der LXX an (vgl. Ex 3,14; Jes 43,10 u.ö.),
d.h. dann: daß ich der bin, in dem Gott gegenwärtig ist, um Heil zu wirken.
25 **25 σύ** steht betont vor dem τίς (BDR §475[2]). **τὴν ἀρχήν** adv. Akk. (vgl.
A150) im Sinn v. *am Anfang, von Anfang an* (Menge) od. hier wohl = ὅλως
überhaupt (B ἀρχή 1b); τὴν ἀρχὴν ὅ τι καὶ λαλῶ ὑμῖν zu den wichtig-
sten Deutungsmöglichkeiten dieses grammatisch schwierigen Satzes zählen (vgl.
BDR §300[3] u. B 1b; a ist früh belegt; b paßt besser in den Kontext): a) als Frage
(ὅ τι kurz für τί ὅ τι [nur gelegentl. anzutreffen; vgl. BDR §299[3]; 300,2]): *war-*
um rede ich überhaupt (noch) mit euch? (BDR §442[25]) bzw. (inhaltl. fast gleich)

als abweisender Ausruf (ὅτι [wie Var.] statt ὅ τι gelesen): *daß ich überhaupt*
mit euch rede! (vgl. B ἀρχή 1b); b) als Aussage (wirkl. Antwort auf σὺ τίς εἶ;
Wer bist du?): *das, was ich von Anfang an (immer) sage/gesagt habe* (Menge: *das,*
was ich von Anfang an [gesagt habe] und auch jetzt euch sage). **26 λαλεῖν** Inf. 26
λαλέω. **κρίνειν** Inf. **πέμψας** V. 16. **ἀληθής** V. 13. **ἤκουσα** Aor.
ἀκούω. **εἰς** *zu* (B 1dβ). **27 ἔ-γνωσαν** Aor. γινώσκω hier *verstehen.* 27
ἔ-λεγεν V. 19; λέγω τινά *jmdn. meinen, über jmdn./von jmdm. sprechen* (vgl.
BDR §151[2]). **28 ὑψώσητε** Aor. Konj. ὑψόω *erhöhen* (hier bezogen auf die 28
Kreuzigung Jesu). **γνώσεσθε** Fut. Med. γινώσκω. **ὅτι ἐγώ εἰμι** V. 24.
ἐμαυτοῦ V. 14; ἀπ᾽ ἐμαυτοῦ *von mir selbst aus* (B 3). **ἐ-δίδαξεν** Aor.
διδάσκω. **καθώς ... ταῦτα** *wie ... so* (B καθώς 1) bzw. hier praktisch =
was ... das. **29 πέμψας** V. 16. **ἀφ-ῆκεν** Aor. -ίημι. **μόνος** hier *einsam,* 29
verlassen (B 1b); οὐκ ἀφῆκέν με μόνον *er hat mich nicht allein gelassen.*
ἀρεστός *wohlgefällig, angenehm;* ὅτι ἐγὼ τὰ ἀρεστὰ αὐτῷ ποιῶ πάν-
τοτε *weil ich immer/allezeit das tue, was ihm* (d.h. Gott) *gefällt.*

30 λαλοῦντος Ptz. λαλέω, gen. abs. (A288f), temp.; ταῦτα αὐτοῦ 30
λαλοῦντος *als er das sagte.* **ἐ-πίστευσαν** Aor. πιστεύω, wohl ingr. Aor.
(A229). **31 ἔ-λεγεν** V. 19. **πε-πιστευκότας** Pf. Ptz., attr.; οἱ πεπι- 31
στευκότες αὐτῷ Ἰουδαῖοι *die Juden, die an ihn zum Glauben gekommen*
waren bzw. *die Juden, die an ihn glaubten/ihm vertrauten* (A231). **μείνητε** Aor.
Konj. μένω; ἐὰν ὑμεῖς μείνητε ἐν τῷ λόγῳ τῷ ἐμῷ *wenn ihr in meinem*
Wort bleibt (d.h. v. ihm euer Leben bestimmen laßt), *wenn ihr bei dem bleibt, was*
ich euch gesagt habe (GNB). **ἀληθῶς** *wahrhaftig, wirklich, tatsächlich.* **μα-**
θηταί Präd.-Nom. **32 γνώσεσθε** V. 28. **ἐλευθερώσει** Fut. ἐλευθε- 32
ρόω *befreien, frei machen.* **33 ἀπ-ε-κρίθησαν** V. 14. **σπέρμα ... ἐσ-** 33
μέν sinngemäß konstruiert (A96). **Ἀβραάμ** indekl., hier Gen. **δε-δου-**
λεύκαμεν Pf. δουλεύω *Sklave sein, unterworfen sein* τινί *jmdm.* (B 1a);
dienen. **πώ-ποτε** (vgl. A18) *je(mals);* οὐδενὶ δεδουλεύκαμεν πώποτε
wir sind nie jemandes Sklaven gewesen, wir haben niemals jemandem als Sklaven
gedient. **πῶς σὺ λέγεις** *wie kannst du (da) sagen.* **ὅτι** recitativum = Dop-
pelpunkt (A333). **ἐλεύθερος** *frei, ungebunden, unabhängig.* **γενήσεσθε**
Fut. Med. γίνομαι. **34 ἀπ-ε-κρίθη** V. 14. **πᾶς ὁ** m. Ptz. *jeder, der* (A86). 34
ποιῶν Ptz. ποιέω, subst.; ποιέω τὴν ἁμαρτίαν *Sünde tun/begehen*
(B I1cγ), *sündigen.* **35 εἰς τὸν αἰῶνα** hier *für immer.* **36 ἐλευθερώσῃ** 35f
Aor. Konj. V. 32. **ὄντως** *in Wahrheit, wirklich.* **ἔσεσθε** Fut. εἰμί.

37 σπέρμα Ἀβραάμ ἐστε V. 33. **ἀπο-κτεῖναι** Aor. Inf. -κτεί- 37
νω. **χωρέω** *Raum geben, Platz machen; Fortschritte machen; Raum haben,*
fassen; übertr. *annehmen, begreifen;* ὁ λόγος ὁ ἐμὸς οὐ χωρεῖ ἐν ὑμῖν
mein Wort macht in euch keine Fortschritte od. *mein Wort findet bei euch keinen*
Platz/keine Aufnahme (B 2). **38 ἑ-ώρακα** Pf. ὁράω. **καὶ ὑμεῖς** *auch ihr.* 38
ἠκούσατε Aor. ἀκούω. **39 ἀπ-ε-κρίθησαν** V. 14. **εἶπαν** Aor. (vgl. 39

H-S §105g) λέγω; καὶ εἶπαν V. 14. **Ἀβραάμ** (erstes) indekl., hier Nom.
λέγει hist. Präs. (A235). [Var. ἦτε Ipf. εἰμί; dann irrealer Kond.-Satz (BDR
§360[2]; A345).] **ἐ-ποιεῖτε** Ipf. ποιέω; τὰ ἔργα τοῦ Ἀβραὰμ ἐποιεῖτε
Irrealis (ἄν fehlt im NT gelegentl.; A252; 345) *würdet ihr die Werke Abrahams*
tun, würdet ihr so handeln wie Abraham (Einh.); der irreale Dann-Satz ist hier
(in einer Mischform; vgl. A348) m. einem (indefiniten) Wenn-Satz (A342) ver-
knüpft (der Inhalt des Wenn-Satzes wird nicht ausdrückl. als unwirkl. hinge-
stellt) εἰ τέκνα τοῦ Ἀβραάμ ἐστε, τὰ ἔργα τοῦ Ἀβραὰμ ἐποιεῖτε
etwa *wenn ihr (wirklich) Kinder von Abraham seid* (stilistisch besser: *wärt*), *wür-*
40 *det ihr so handeln wie Abraham* [Var. ποιεῖτε Imp.]. **40 ἄνθρωπον** App.
(A70) zu με; μέ ... ἄνθρωπον ὅς *mich ... einen (Mann), der* (vgl. B 3aδ) ich =
mich ... der ich. **λε-λάληκα** Pf. λαλέω. **ἤκουσα** Aor. **Ἀβραάμ** hier
41 Nom. **ἐ-ποίησεν** Aor. ποιέω. **41 πορνεία** *Unzucht* (= illegitimer Ge-
schlechtsverkehr jeder Art), *Hurerei.* **γε-γεννήμεθα** Pf. (A231) Pass. γεν-
νάω; ἡμεῖς ἐκ πορνείας οὐ γεγεννήμεθα wörtl. *wir sind nicht aus Un-*
zucht geboren bzw. *durch Ehebruch gezeugt = wir sind keine unehelichen Kinder*
(Menge) [Var. 1 ἐ-γεννήθημεν Aor. Pass.; Var. 2 γε-γενήμεθα Pf. Pass. γί-
νομαι]. **ἕνα πατέρα ἔχομεν τὸν θεόν** (App., A70) *wir haben nur*
42 *(den) einen Vater: Gott.* **42 ἦν** Ipf. εἰμί. **ἠγαπᾶτε** Ipf. ἀγαπάω; εἰ ὁ
θεὸς πατὴρ ὑμῶν ἦν ἠγαπᾶτε ἂν ἐμέ (irrealer Fall, A345) *wenn Gott*
euer Vater wäre, würdet ihr mich lieben. **ἐξ-ῆλθον** Aor. -έρχομαι. **ἥκω** (vgl.
A33[187]) *gekommen sein, dasein.* **οὐδὲ γάρ** *denn ... nicht* (B οὐδέ 1). **ἐμαυ-**
τοῦ V. 28. **ἐλήλυθα** Pf. ἔρχομαι. **ἀπ-έ-στειλεν** Aor. ἀπο-στέλλω.
43 **43 διὰ τί** *warum? weshalb?* **λαλιά** *Äußerung, Rede* (das, was jmd. sagt).
44 **ὅτι** nennt den Grund des Nichtverstehens. **ἀκούειν** Inf. ἀκούω. **44 διά-**
βολος (< δια-βάλλω verleumden) subst. *Verleumder; Teufel.* **εἰμί** (erstes)
ἔκ τινος hier *zu jmdm. gehören, von jmdm. herstammen* (B III3); ὑμεῖς ἐκ
τοῦ πατρὸς τοῦ διαβόλου (App. [A70; BDR §268[5]] od. gen. epexegeticus
[A163; ZG]) ἐστέ *ihr stammt von (eurem) Vater, (nämlich) dem Teufel, her; ihr*
habt den Teufel zum Vater. **ἐπι-θυμία** *Verlangen, Sehnsucht;* (sündige) *Begier-*
de, Lust. **ποιεῖν** Inf. ποιέω. **ἀνθρωπο-κτόνος** *Mörder.* **ἀπ᾽ ἀρχῆς**
von (Ur-)Anfang an (B ἀρχή 1c). **ἔ-στηκεν** Ipf. στήκω (< ἕστηκα; vgl.
BDR §73[4]) *stehen; feststehen* ἔν τινι *in etwas* [Var. ἕστηκεν Pf. (m. präs.
Bdtg.) ἵσταμαι hier *stehen in, sich befinden* ἔν τινι *in etwas* (B II2cβ)]. **λα-**
λῇ Konj. λαλέω. **ψεῦδος**[7] *Lüge.* **ἐκ τῶν ἰδίων** *aus dem eigenen Besitz* (B
ἴδιος 3b), *aus dem, was ihm eigen ist* (d.h. was seinem Wesen entspricht).
45 **ψεύστης**[1] *Lügner.* **αὐτοῦ** d.h. τοῦ ψεύδους *der Lüge.* **45 ἐγώ** nom.
pendens (A141) od. als Subj. des ὅτι-Satzes betont vorangestellt (Prolepsis,
A373); ἐγὼ δὲ ὅτι τὴν ἀλήθειαν λέγω *aber weil ich die Wahrheit sage.*
46 **46 ἐκ** umschreibt gen. partitivus (vgl. B 4aα). **ἐλέγχω** *ans Licht/an den Tag*
bringen, dartun; τινὰ περί τινος *jmdn. einer Sache überführen, jmdm. etwas*

nachweisen (B 2); τίς ἐξ ὑμῶν ἐλέγχει με περὶ ἁμαρτίας; *wer von euch*
kann mir eine Sünde nachweisen? **εἰ** m. Ind. indefiniter Fall (A342). **47 ὤν** 47
Ptz. εἰμί, subst.; εἰμὶ ἔκ τινος V. 44. **διὰ τοῦτο** *darum, deshalb.*
48 ἀπ-ε-κρίθησαν V. 14. **εἶπαν** V. 14 u. 39. **οὐ** *nicht;* erwartet als 48
Frageeinleitung die Antwort „doch“ (A320). **καλῶς** *schön, gut;* hier *zutref-*
fend, recht, richtig (B 4b), *mit Recht.* **ὅτι** wohl recitativum = Doppelpunkt
(A333). **Σαμαρίτης**[1] *Samariter.* **δαιμόνιον ἔχεις** *du bist besessen* (B
δαιμόνιον 2). **49 τιμάω** *abschätzen; schätzen, ehren.* **καί** adversativ 49
(A311,1) *doch.* **ἀ-τιμάζω** *verächtlich behandeln, beschimpfen.* **50 ζητῶν** 50
Ptz. ζητέω, subst. **κρίνων** Ptz., subst.; ἔστιν ὁ ζητῶν καὶ κρίνων *es ist*
einer da, der (sie) sucht und der richtet. **51 τηρήσῃ** Aor. Konj. τηρέω. **οὐ** 51
μή V. 12. **θεωρήσῃ** Aor. Konj. θεωρέω hier *erfahren, erleben* (B 2c).
52 ἐ-γνώκαμεν Pf. γινώσκω. **Ἀβραάμ** indekl., hier Nom. **ἀπ-έ-θα-** 52
νεν Aor. ἀπο-θνῄσκω; zum Sg. s. A94. **γεύσηται** Aor. Konj. Med. γεύ-
ομαι m. Gen. (Speise) *kosten, schmecken;* übertr. *kennenlernen, erfahren* (B 2);
γεύομαι θανάτου „den Tod schmecken“ = *den Tod erleiden, sterben.*
53 μή *etwa* (verneinende Antwort angedeutet, A320). **πατρός** gen. com- 53
parationis (A168). **Ἀβραάμ** hier Gen. **ὅσ-τις** qualitativ *der doch ein*
Mann war, der (BDR §293,2b) od. = ὅς (H-S §142b; vgl. A133a). **ποιέω** hier
m. doppeltem Akk. (vgl. A97,15) *jmdn. zu etwas machen;* hier *jmdn. als etwas*
ausgeben (B II1bι); τίνα σεαυτὸν ποιεῖς; *was machst du aus dir selbst? für*
wen hältst du dich eigentlich? (GNB). **54 ἐάν** hier u. V. 55 ist der „prospek- 54
tive“ Fall wohl im Sinn eines irrealen Falles (A345) od. im Sinn des klass. po-
tentialen Falles (A344) zu verstehen (A347); ἐὰν ἐγὼ δοξάσω ἐμαυτόν ...
ἐστίν etwa *wenn ich mich selbst ehren wollte, wäre ...* **δοξάσω** Aor. Konj. δο-
ξάζω. **ἐμαυτόν**[14] Refl.-Pron. 1. Sg. **ἡ δόξα μου οὐδέν ἐστιν** *(so)*
ist/gilt meine Ehre nichts. **δοξάζων** Ptz., subst. **ὃν ὑμεῖς λέγετε** *von dem*
ihr sagt (vgl. V. 27). **ὅτι** V. 33. **55 καί** (erstes) adversativ (A311,1) *(und)* 55
doch. **ἐ-γνώκατε** Pf. γινώσκω. **κἂν** = καὶ ἐάν. **εἴπω** Aor. Konj. λέ-
γω. **ὅτι** V. 33. **ἔσομαι** Fut. εἰμί; κἂν εἴπω ... ἔσομαι ὅμοιος ὑμῖν
ψεύστης etwa *und wenn ich behaupten sollte ... wäre ich ein Lügner wie ihr.*
ψεύστης V. 44. **56 Ἀβραάμ** hier Nom. **ἠγαλλιάσατο** Aor. Med. 56
ἀγαλλιάω *jubeln, sich freuen, frohlocken.* **ἵνα**-Satz für Inf. (B II1aα); ἠγαλ-
λιάσατο ἵνα ἴδῃ τὴν ἡμέραν τὴν ἐμήν *er begehrte jubelnd, meinen Tag*
zu sehen od. *er freute sich, daß er meinen Tag/meine Zeit sehen sollte* (BDR
§392[2c]) bzw. *daß er mein Kommen erleben sollte* (GNB). **ἴδῃ** Aor. Konj. ὁράω
[Var. εἰδῇ Pf. (m. präs. Bdtg.) Konj. οἶδα]. **ἡ ἡμέρα ἡ ἐμή** *mein Tag =*
meine Zeit (B ἡμέρα 4a). **εἶδεν** erg. αὐτήν (A79). **ἐ-χάρη** Aor. Pass. (m.
akt. Bdtg.) χαίρω. **57 πεντήκοντα**[19] *fünfzig.* **οὔ-πω** *noch nicht;* πεντή- 57
κοντα ἔτη οὔπω ἔχεις *du bist noch keine fünfzig Jahre alt* (B ἔχω I2f).
Ἀβραάμ indekl., hier Akk. **ἑ-ώρακας** V. 38. **58 πρίν** (A336) *bevor,* 58

ehe (fast immer m. Inf./AcI). **Ἀβραάμ** indekl., hier Akk. **γενέσθαι** Aor.
Inf. Med. γίνομαι; Präd. des AcI; πρὶν Ἀβραὰμ γενέσθαι *bevor Abra-*
ham geboren wurde (B I1a). **ἐγώ** betont (A122). **εἰμί** viell. perfektisches
59 Präs. (BDR §322[3]). **59 ἦραν** Aor. αἴρω. **βάλωσιν** Aor. Konj. βάλλω.
ἐ-κρύβη Aor. Pass. κρύπτω[57] *verbergen, verhüllen, verstecken* (den Blicken
od. dem Zugriff anderer entziehen); Pass. *sich verbergen, sich verstecken.* **καί**
viell. kons. (A311,2); Ἰησοῦς ἐκρύβη καὶ ἐξῆλθεν ἐκ τοῦ ἱεροῦ *Jesus*
brachte sich in Sicherheit (wörtl. *verbarg sich*) *und verließ den Tempel,* viell. ... *und*
konnte so den Tempel verlassen (BDR §442[6]). **ἐξ-ῆλθεν** Aor. -έρχομαι.
9 **παρ-άγων** Ptz. -άγω *vorbeigehen; weitergehen;* temp. od. mod. *im Vor-*
übergehen. **γενετή** *Geburt;* τυφλὸν ἐκ γενετῆς *der von Geburt an blind*
2 *war.* **2 ἠρώτησαν** Aor. ἐρωτάω. **λέγοντες** Ptz. λέγω, mod., pleon.
(A297,1). **ῥαββί** indekl., hier Vok., *Rabbi,* Anrede u. Ehrenbezeichnung für
einen (Gesetzes-)Lehrer. **ἥμαρτεν** Aor. ἁμαρτάνω. **γονεῖς** έων οἱ
(A8: ευ-St.) *Eltern.* **ἵνα** hier kons. (unklass.) *(so) daß* (B II2). **γεννηθῇ**
3 Aor. Konj. Pass. γεννάω. **3 ἀπ-ε-κρίθη** Aor. Pass. (ohne Pass.-Bdtg.)
ἀπο-κρίνομαι. **ἀλλ᾽ ἵνα** (ellip., erg. vor ἵνα: ἐγένετο τυφλός) *sondern*
(dies ist geschehen,) damit; sondern es sollte (BDR §448[8]; B ἵνα III1). **φανε-**
ρωθῇ Aor. Konj. Pass. φανερόω. **τὰ ἔργα** hier *die Taten, das Wirken.* **ἐν**
4 *an.* **4 ἡμᾶς** Subj. des AcI. **ἐργάζεσθαι** Inf. ἐργάζομαι; Präd. des AcI,
abhängig v. δεῖ. **πέμψαντος** Aor. Ptz. πέμπω, subst. **ἕως** hier m. Präs.
während, solange (B I2a). **ὅτε** temp. NS hier Attr. zu νύξ (A353) *eine/die*
5 *Nacht, in der.* **5 ὅταν** hier *solange* (H-S §276g). **ὦ** Konj. εἰμί. **φῶς ... τοῦ**
κόσμου *das Licht der Welt* (Präd.-Nom. auch ohne Art. best.; H-S §135a).
6 **6 εἰπών** Aor. Ptz. λέγω, temp.; ταῦτα εἰπών *nach diesen Worten* (H-S
§231d). **ἔ-πτυσεν** Aor. πτύω *spucken.* **χαμαί** *auf die Erde, auf den Boden.*
ἐ-ποίησεν Aor. ποιέω. **πηλός** *Lehm, Ton; Schlamm,* hier *Teig, Brei* (aus
Erde u. Speichel). **ἐκ** hier *aus* od. *mit.* **πτύσμα**[3] *Speichel.* **ἐπ-έ-χρισεν**
Aor. ἐπι-χρίω[4] *streichen auf, bestreichen* [Var. ἐπ-έ-θηκεν Aor. ἐπι-τί-
θημι[200] *auflegen, darauflegen*]. **αὐτοῦ ... τοὺς ὀφθαλμούς** *seine Augen*
7 (d.h. die des Blinden) bzw. *ihm auf die Augen* (BDR §473[2]). **7 ὕπ-αγε** Imp.
(vgl. A266a), typischerweise gefolgt v. Asyndeton (vgl. BDR §461[1]) *geh (und).*
νίψαι Aor. Imp. Med. νίπτω (vgl. A33[51ff]) *waschen;* Med. *sich waschen.* **εἰς**
abhängig v. νίψαι (dann wie ἐν übers. [dennoch nicht wirkl. εἰς = ἐν; BDR
§205[4]; B 1dγ]) od. v. ὕπαγε; ὕπαγε νίψαι εἰς τὴν κολυμβήθραν ... *geh*
und wasch dich im Teich ... od. *geh zum Teich ... und wasch dich.* **κολυμβή-**
θρα *Teich.* **Σιλωάμ** (< hebr. שִׁלֹחַ *šilōaḥ*) indekl., *Schiloach* bzw. *Siloah,* aus
der Gihon-Quelle gespeister Teich in Jerusalem. **ἑρμηνεύεται** Pass. ἑρμη-
νεύω *erklären; übersetzen.* **ἀπ-ε-σταλμένος** Pf. Ptz. Pass. ἀπο-στέλλω,
subst. *Gesandter.* **ἀπ-ῆλθεν** Aor. -έρχομαι. **ἐ-νίψατο** Aor. Med. **ἦλ-**
θεν Aor. hier *zurückkommen* (B I1aα). **βλέπων** Ptz. βλέπω hier *sehen kön-*

nen (B 2); mod.; ἦλθεν βλέπων *er kam sehend zurück = als er zurückkam,*
konnte er sehen.

8 γείτων[4] ονος ὁ/ἡ *Nachbar/Nachbarin.* **θεωροῦντες** Ptz. θεωρέω, 8
subst.; οἱ θεωροῦντες αὐτὸν τὸ πρότερον ὅτι προσαίτης ἦν (Prolep-
sis; A373; vgl. B ὅτι 1bζ) *die, die früher (jeweils) gesehen hatten, daß er ein Bettler*
war etwa = *die, die ihn vorher als Bettler gekannt hatten* (zur Zeitbdtg. vgl. BDR
§330[2]; A223). **πρότερος** *früher, vorher;* τὸ πρότερον Ntr. als Adv. (vgl.
A150) *früher, vorher.* **προσ-αίτης**[1] *Bettler.* **ἦν** Ipf. εἰμί. **ἔ-λεγον** Ipf.
λέγω. **οὐ** *nicht;* erwartet als Frageeinleitung die Antwort „doch" (A320). **κα-**
θήμενος Ptz. κάθημαι (A32), subst.; οὐχ οὗτός ἐστιν ὁ καθήμενος
καὶ προσαιτῶν; Ptz. wohl iter. (A226; 232) *ist das nicht der Mann, der immer*
dasaß und bettelte? **προσ-αιτῶν** Ptz. -αιτέω *betteln;* subst. **9 ἄλλοι ...** 9
ἄλλοι *einige ... andere, die einen ... die anderen.* **ὅτι** (zweimal) recitativum =
Doppelpunkt (A333). **οὗτός ἐστιν** *ja, er ist es* (Menge). **οὐχί** verstärktes
οὔ *nein,* m. flgd. ἀλλά (BDR §432[2]) *nein, sondern.* **ὅμοιος αὐτῷ ἐστιν** *er*
sieht ihm (nur) ähnlich. **ἐκεῖνος** hier *er (selbst)* (BDR §291[8]; A124a). **ἐγώ**
εἰμι *ich bin es.* **10 ἠν-ε-ῴχθησαν** Aor. Pass. ἀν-οίγω; πῶς οὖν ἠνε- 10
ῴχθησάν σου οἱ ὀφθαλμοί; *wie sind denn deine Augen aufgetan/geöffnet*
worden? = wieso kannst du auf einmal sehen? (GNB). **11 ἀπ-ε-κρίθη** V. 3. 11
λεγόμενος Ptz. Pass. λέγω, attr. *namens* (vgl. B II3). **πηλός, ἐ-ποί-**
ησεν, ἐπ-έ-χρισεν V. 6. **ὅτι** V. 9. **ὕπ-αγε, Σιλωάμ, νίψαι** V. 7.
ἀπ-ελθών Aor. Ptz. -έρχομαι, temp. **νιψάμενος** Aor. Ptz. Med. νίπτω
V. 7; temp. **ἀν-έ-βλεψα** Aor. ἀνα-βλέπω[41] *aufblicken; die Augen aufschla-*
gen; wieder sehen (können). **12 εἶπαν** Aor. (vgl. H-S §105g) λέγω. **λέγει** 12
hist. Präs. (A235).

13 ἄγουσιν hist. Präs. (A235). **ποτέ**[18] *irgendeinmal, einst;* τόν ποτε 13
τυφλόν App. (A70) zu αὐτόν *den Mann, der einst blind gewesen war.* **14 ἦν** 14
V. 8. **ἐν ᾗ ἡμέρᾳ** = ἐν τῇ ἡμέρᾳ ἐν ᾗ *an dem Tag, an dem* (A357). **πη-**
λός, ἐ-ποίησεν V. 6. **ἀν-έ-ῳξεν** Aor. ἀν-οίγω. **15 ἠρώτων** Ipf. 15
ἐρωτάω. **ἀν-έ-βλεψεν** Aor. V. 11. **ὁ δέ** *(und) dieser/er* (A102). **πηλός**
V. 6. **ἐπ-έ-θηκεν** Aor. ἐπι-τίθημι[200] *auflegen, darauflegen.* **ἐ-νιψάμην**
Aor. Med. νίπτω V. 7. **καί** (drittes) hier *und jetzt.* **βλέπω** V. 7. **16 ἔ-λε-** 16
γον V. 8. **ἐκ** umschreibt gen. partitivus (B 4aβ). **τηρέω** hier *halten* (B 5).
ἄνθρωπος pleon. (B 3aε; vgl. H-S §260j); ἄνθρωπος ἁμαρτωλός *Sünder.*
ποιεῖν Inf. ποιέω. **σχίσμα**[3] *Spaltung, Meinungsverschiedenheit.* **ἦν** V. 8.
ἐν *bei, unter.* **17 λέγουσιν** hist. Präs. (A235). **ἠν-έ-ῳξεν** Aor. ἀν-οίγω. 17
ὁ δέ V. 15. **ὅτι** (zweites) V. 9.

18 οἱ Ἰουδαῖοι hier im Sinn v. *die führenden Juden.* **ἐ-πίστευσαν** 18
Aor. πιστεύω; οὐκ ἐπίστευσαν ... περὶ αὐτοῦ ὅτι ... *sie glaubten nicht*
von ihm, daß ... = sie glaubten nicht, daß er ... **ἦν** Ipf. εἰμί; ὅτι ἦν τυφλὸς
καὶ ἀνέβλεψεν *daß er blind gewesen und nun sehend geworden war* (Tempus u.

Modus wie in der entsprechenden direkten Rede; A326). **ἀν-έ-βλεψεν** Aor.
ἀνα-βλέπω V. 11. **ἐ-φώνησαν** Aor. φωνέω. **γονεῖς** V. 2. **ἀνα-βλέ-**
ψαντος Aor. Ptz., subst.; wohl App. (A70) zu αὐτοῦ; τοὺς γονεῖς αὐτοῦ
τοῦ ἀναβλέψαντος *seine Eltern, (nämlich) die des Sehendgewordenen/Geheil-*
19 *ten* bzw. (vereinfacht) *die Eltern des Geheilten.* **19 ἠρώτησαν** V. 2. **λέγον-**
τες V. 2. **ὑμεῖς** betont (A122); ὃν ὑμεῖς λέγετε *von dem ihr behauptet.*
ἐ-γεννήθη Aor. Pass. γεννάω. **πῶς οὖν** *wie kommt es denn, daß.* **βλέ-**
20 **πω** V. 7. **ἄρτι** *jetzt.* **20 ἀπ-ε-κρίθησαν** V. 3. **εἶπαν** V. 12; καὶ εἶ-
21 παν pleon. (Hebr.; A297,2). **21 ἤν-οιξεν** Aor. ἀν-οίγω. **ἐρωτήσατε**
Aor. Imp. ἐρωτάω. **ἡλικία** *(Lebens-)Alter, Lebenszeit,* (für Bestimmtes er-
forderliches bzw. ausreichendes) *Alter;* ἡλικίαν ἔχει „er hat das Alter" = *er*
ist mündig (B ἔχω I2f); *er ist alt genug.* **αὐτός** steht betont (BDR §283[8]).
περὶ ἑαυτοῦ *für/über sich selbst.* **λαλήσει** Fut. λαλέω; mod. Fut.
22 (A247). **22 ἐ-φοβοῦντο** Ipf. Pass. φοβέομαι. **συν-ε-τέθειντο** Plsqpf.
Med. συν-τίθεμαι[200] *übereinkommen, untereinander beschließen* (B 2aβ).
ἵνα hier *daß* (A328; bez. das Beschlossene). **ὁμο-λογήσῃ** Aor. Konj.
-λογέω *sich (offen) als* etwas od. *zu* etwas od. *zu* jmdm. *bekennen; frei*
heraussagen, erklären. **ἀπο-συν-άγωγος**[11] *aus der Synagoge ausgeschlossen.*
γένηται Aor. Konj. Med. γίνομαι; ἵνα ἐάν τις αὐτὸν ὁμολογήσῃ
χριστόν, ἀποσυνάγωγος γένηται *daß, wenn jemand sich zu ihm* (d.h.
Jesus) *als Messias bekenne, er aus der Synagoge(ngemeinde) ausgeschlossen werde*
bzw. *jeden, der ihn als Messias anerkannte/bekannte, aus der Synagoge(ngemeinde)*
23 *auszuschließen.* **23 διὰ τοῦτο** *darum, deshalb.* **ὅτι** V. 9. **ἐπ-ερωτήσατε**
Aor. Imp. -ερωτάω.
24 **24 ἐ-φώνησαν** Aor. φωνέω. **ἐκ δευτέρου** *zum zweiten Mal, ein*
zweites Mal (vgl. H-S §184h; B δεύτερος 4). **ἦν** V. 8. **εἶπαν** V. 12. **δός**
Aor. Imp. δίδωμι; δὸς δόξαν τῷ θεῷ *gib Gott die Ehre* wohl (als Beschwö-
rung): indem du die Wahrheit sagst (B δόξα 3), daher (freier) etwa *bekenne zur*
25 *Ehre Gottes die Wahrheit* (GN). **ἡμεῖς** betont (A122). **25 ἀπ-ε-κρίθη**
V. 3. **εἰ** hier *ob.* **ὤν** Ptz. εἰμί, temp. od. konz. (ZG); τυφλὸς ὢν ἄρτι βλέ-
πω *ich bin blind gewesen, und jetzt kann ich sehen* od. *ich war zwar blind, doch*
26 *jetzt kann ich sehen.* **ἄρτι** *jetzt.* **βλέπω** V. 7. **26 ἐ-ποίησεν** V. 6; τί
27 ἐποίησέν σοι; *was hat er mit dir gemacht?* **ἤν-οιξεν** V. 21. **27 καί** (er-
stes) adversativ (A311,1) *doch, aber.* **ἠκούσατε** Aor. ἀκούω. **πάλιν** hier
noch einmal (vgl. B 2). **ἀκούειν** Inf. **μή** *etwa* (verneinende Antwort ange-
deutet, A320); Frage viell. ironisch (BDR §495[8]). **γενέσθαι** Aor. Inf. Med.
28 γίνομαι. **28 ἐ-λοιδόρησαν** Aor. λοιδορέω *beschimpfen, schmähen.*
σύ, ἡμεῖς stehen betont (A122). **ἐκείνου** hier wohl verächtl. v. einem
29 Abwesenden (BDR §291[2]) *dieses Menschen.* **29 λε-λάληκεν** Pf. λαλέω.
πόθεν[18] *woher;* τοῦτον οὐκ οἴδαμεν πόθεν ἐστίν (Prolepsis, A373) *von*
diesem wissen wir nicht, woher er kommt/stammt = wir wissen nicht, woher dieser

kommt/stammt. **30 καὶ εἶπεν** V. 20. **θαυμαστός** *wunderbar, bewun-* 30
dernswert, erstaunlich. **γάρ** hier *ja fürwahr, allerdings* (BDR §452[3]). **ὅτι** *daß*-
NS App. (A353; vgl. 279) zu ἐν τούτῳ; ἐν τούτῳ γὰρ τὸ θαυμαστόν
ἐστιν, ὅτι *darin liegt ja gerade das Erstaunliche,* (näml.) *daß.* **ἤν-οιξεν** V. 21.
31 ἁμαρτωλῶν, τούτου Gen. v. ἀκούει abhängig. **ἀκούω** hier *erhören* 31
(B 5). **θεο-σεβής**[7] *gottesfürchtig, fromm.* **ᾖ** Konj. εἰμί. **ποιῇ** Konj.
ποιέω. **32 ἠκούσθη** Aor. Pass. ἀκούω; ἐκ τοῦ αἰῶνος οὐκ ἠκούσθη 32
noch nie hat man (A76b) *gehört* (B αἰών 1a). **ἠν-έ-ῳξεν** V. 17. **γε-γεννη-**
μένου Pf. Ptz. Pass. γεννάω, subst.; τυφλὸς γεγεννημένος *ein Blindge-*
borener. **33 ἦν** V. 8; εἰ μὴ ἦν οὗτος παρά θεοῦ, οὐκ ἠδύνατο ποιεῖν 33
οὐδέν (irrealer Fall; das ἄν fehlt im NT gelegentl. [hier wohl beeinflußt durch
unpersönl. Gebrauchsweise, vgl. A239]; H-S §284; A252; 345) *wenn dieser*
(Mensch) nicht von Gott (her) wäre/käme, so könnte er nichts ausrichten/so hätte
er nichts ausrichten können. **οὐκ ... οὐδέν** doppelte Verneinung verstärkt
(A310). **ἠ-δύνατο** Ipf. Pass. δύναμαι. **ποιεῖν** Inf. ποιέω. **34 ἀπ-ε-** 34
κρίθησαν V. 3. **εἶπαν** V. 12 u. 20. **σύ** betont (A122). **ἐ-γεννήθης**
Aor. Pass. γεννάω. **διδάσκεις** wohl konatives Präs. (A232c); καὶ σὺ δι-
δάσκεις ἡμᾶς *und du willst uns belehren?* **ἐξ-έ-βαλον** Aor. ἐκ-βάλλω m.
ἔξω hier wohl *aus der Synagogengemeinde ausschließen/ausstoßen* (B 1).

35 ἤκουσεν Aor. ἀκούω. **ἐξ-έ-βαλον** V. 34; Aor. Ind. bez. hier die 35
Vorvergangenheit (Tempus u. Modus wie in der entsprechenden direkten Rede;
A326). **εὑρών** Aor. Ptz. εὑρίσκω, temp. **36 ἀπ-ε-κρίθη** V. 3 [Var. ἔ-φη 36
Ipf. φημί]. **καὶ εἶπεν** V. 20. **καί** (zweites) vor Fragesatz (BDR §442[17]);
καὶ τίς ἐστιν; *wer ist es denn?* **κύριε** Vok. **ἵνα** erg. etwa εἰπέ (Aor. Imp.
v. λέγω) (Brachylogie, BDR §483[1]) *(sage es mir,) damit.* **πιστεύσω** Aor.
Konj. πιστεύω. **37 ἑ-ώρακας** Pf. ὁράω. **λαλῶν** Ptz. λαλέω, subst. 37
38 ὁ δέ V. 15. **ἔ-φη** Ipf. φημί. **προσ-ε-κύνησεν** Aor. -κυνέω, m. Dat. 38

39 κρίμα[3] *Entscheidung, Beschluß, Urteil; (das) Handeln des Richters,*
(das) Richten, Gericht; εἰς κρίμα *zum Gericht, zu einer Scheidung* (zwischen
Glaubenden u. Ungläubigen) (B κρίμα 7). **βλέποντες** Ptz. βλέπω, (zwei-
mal) subst. **βλέπωσιν** Konj. **γένωνται** Aor. Konj. Med. γίνομαι.
40 ἤκουσαν V. 27. **ἐκ** umschreibt gen. partitivus (vgl. B 4aγ); ἐκ (viell. =
τινὲς ἐκ [vgl. BDR §164[6]; A137a; 164]) τῶν Φαρισαίων *einige (der)*
Pharisäer. **μετά** m. Gen. *bei* (vgl. B AII1cα). **ὄντες** Ptz. εἰμί; attr. **μή**
V. 27. **41 ἦτε** Ipf. εἰμί. **εἴχετε** Ipf. ἔχω; εἰ τυφλοὶ ἦτε, οὐκ ἂν εἴχετε
ἁμαρτίαν (irrealer Fall, H-S §284b; A345) *wenn ihr blind wärt, hättet ihr keine*
Sünde. **νῦν δέ** stellt dem irrealen Bedingungssatz den wahren Sachverhalt
gegenüber (B νῦν 2); νῦν δὲ λέγετε ... μένει etwa *nun aber sagt ihr ...*
(darum) bleibt ... bestehen bzw. *weil ihr aber sagt ... bleibt ... bestehen.* **ὅτι** V. 9.

εἰσ-ερχόμενος Ptz. -έρχομαι, subst. **θύρα** *Tür.* **αὐλή** *Hof, Ge-* **10**
höft. **πρό-βατον** *Schaf;* auch bildl. für Nachfolger Jesu. **ἀνα-βαίνων** Ptz.

-βαίνω hier *(hin)einsteigen, eindringen.* **ἀλλαχόθεν** *anderswoher, auf einem*
anderen Weg. **κλέπτης**[1] *Dieb.* **λῃστής**[1] (< λῃίζω Beute machen, plün-
2 dern) *Räuber, Straßenräuber.* **2 ποιμήν**[4] ἑνος ὁ *Hirte* (Präd.-Nom. auch
3 ohne Art. best., A80). **3 θυρωρός** ὁ u. ἡ *Türhüter(in).* **ἀκούει** hier m.
Gen. (bes. m. φωνῆς; H-S §167a Anm. 1; BDR §173[5]) *hören auf, gehorchen;*
beim Pl. Ntr. τὰ πρόβατα wechseln in den flgd. Versen die Verben zwischen
Sg. u. Pl. (BDR §133[4]; vgl. A89b). **κατ᾽ ὄνομα** (κατά distributiv; B κατά
II3b; A195) *einzeln beim Namen, jedes persönlich.* **ἐξ-άγω** *hinausführen, her-*
4 *ausführen.* **4 ἐκ-βάλῃ** Aor. Konj. -βάλλω; ὅταν τὰ ἴδια πάντα ἐκβά-
5 λῃ *wenn er alle seine Schafe hinausgetrieben hat.* **5 ἀλλότριος** *einem ande-*
ren gehörend; fremd; hier subst. *der Fremde,* Pl. *die fremden Leute* (B 1bβ). **οὐ**
μή m. Ind. Fut. (meist m. Aor. Konj.) stärkste Verneinung zukünftigen Ge-
schehens (A257). **ἀκολουθήσουσιν** Fut. ἀκολουθέω [Var. ἀκολουθή-
6 σωσιν Aor. Konj.]. **φεύξονται** Fut. Med. φεύγω[72] *fliehen.* **6 παρ-οι-**
μία *Sprichwort; bildliche Rede, Gleichnis, Rätselwort.* **ἐκεῖνοι** hier *sie* (BDR
§291,6[8]; A124a). **ἔ-γνωσαν** Aor. γινώσκω. **ἦν** Ipf. εἰμί. **ἐ-λάλει** Ipf.
λαλέω; ἐκεῖνοι δὲ οὐκ ἔγνωσαν τίνα ἦν ἃ ἐλάλει αὐτοῖς *aber sie*
verstanden nicht, was die Worte bedeuteten, die (wörtl. „was das war, was") *er zu*
ihnen sagte = aber sie verstanden nicht, was er ihnen damit sagen wollte.

7 **7 ὅτι** recitativum = Doppelpunkt (A333). **ἐγώ** betont (A122). **θύρα**
Tür. **πρό-βατον** *Schaf;* ἡ θύρα τῶν προβάτων im Sinn v. *die Tür zu den*
Schafen (Gen. der Richtung, H-S §164; A162) od. (vgl. V. 9) *die Tür für die*
Schafe (Gen. des Zwecks [vgl. A162] bzw. einem gen. obi. [A158] nahe: „die Tür
8 [für das Passieren-Lassen] der Schafe"). **8 πάντες ὅσοι** *alle, die.* **κλέπ-**
9 **της, λῃστής** V. 1. **ἤκουσαν** Aor. ἀκούω. **9 δι᾽ ἐμοῦ** betont der
Konjunktion vorangestellt (BDR §475[1]). **εἰσ-έλθῃ** Aor. Konj. -έρχομαι.
σωθήσεται Fut. Pass. σῴζω. **εἰσ-ελεύσεται** Fut. -έρχομαι. **ἐξ-**
ελεύσεται Fut. -έρχομαι; εἰςελεύσεται καὶ ἐξελεύσεται *er wird ein-*
und ausgehen (d.h. er hat freie Bewegung, um zur Weide zu gelangen). **νομή**
10 *Weide* (Weideplatz od. Futter). **εὑρήσει** Fut. εὑρίσκω. **10 ὁ κλέπτης**
genereller Art. (vgl. A104,1) *der/ein Dieb.* **εἰ μή** nach Neg. *außer* (vgl. B εἰ
VI9a). **κλέψῃ** Aor. Konj. κλέπτω[55] *stehlen;* οὐκ ἔρχεται εἰ μὴ ἵνα
κλέψῃ der Dieb *kommt nicht, außer um zu stehlen* = der Dieb *kommt nur, um*
zu stehlen. **θύσῃ** Aor. Konj. θύω[13] *opfern;* hier *schlachten, töten.* **ἀπ-ολέσῃ**
Aor. Konj. -όλλυμι. **ἔχωσιν** Konj. ἔχω. **περισσός** *über das übliche Maß*
hinausgehend; außergewöhnlich; (τὸ) περισσόν *Überschuß, Vorzug, Überfluß*
(B 2a); ἵνα ζωὴν ἔχωσιν καὶ περισσὸν ἔχωσιν *damit sie Leben haben*
und Überfluß/reiche Fülle [Var. περισσότερος Komp. v. περισσός, Komp.
größer, (noch) mehr].

11 **11 ἐγώ** V. 7. **ποιμήν** V. 2; ὁ ποιμὴν ὁ καλός Präd.-Nom. m. Art.
hebt die Einzigartigkeit hervor (vgl. BDR §273[3]) *der gute Hirte.* **τὴν ψυχὴν**

τίθημι *das Leben hingeben* bzw. *einsetzen* (vgl. B τίθημι I1bδ) [Var. δίδω-
σιν Konj. δίδωμι]. **πρό-βατον** V. 1. 12 **μισθωτός** *(Lohn-)Arbeiter,* 12
Tagelöhner, hier im Sinn v. *einer, der die Schafe (nur) gegen Bezahlung hütet*
(NGÜ). **οὐ** selten beim Ptz. (BDR §430[3]). **ὤν** Ptz. εἰμί; kaus., evtl. mod. **οὗ**
gen. poss. (A154; 174); οὗ οὐκ ἔστιν τὰ πρόβατα ἴδια *dem die Schafe*
nicht gehören (wörtl. *als Eigentum gehören*). **λύκος** *Wolf.* **ἐρχόμενον** Ptz.
ἔρχομαι; AcP (A300). **ἀφ-ίημι** hier *verlassen, im Stich lassen* (B 3a). **φεύ-
γω** V. 5. **ἁρπάζω**[107] *rauben, fortschleppen.* **σκορπίζω** *zerstreuen, ausein-
anderjagen* (B 1). 13 **μέλει** τινὶ περί τινος *es liegt jmdm. an jmdm./etwas,* 13
jmd. kümmert sich um jmdn./etwas (B 2).

14 **ἐγώ** V. 7. **ποιμήν** V. 2 u. 11. **τὰ ἐμά** *das Meine = meine Schafe,* 14
die Meinen. 15 **τὴν ψυχὴν τίθημι** V. 11. **πρό-βατον** V. 1. 16 **εἰμὶ** 15f
ἐκ hier *stammen aus, gehören zu* (vgl. B εἰμί III3). **αὐλή** V. 1. **κἀκεῖνα** =
καὶ ἐκεῖνα. **με** Subj. des AcI. **ἀγαγεῖν** Aor. Inf. ἄγω hier wohl *führen,*
(herbei)bringen; Präd. des AcI, abhängig v. δεῖ. **ἀκούσουσιν** Fut. ἀκούω
V. 3 [Var. ἀκουσωσιν Aor. Konj.]. **γενήσονται** Fut. Med. γίνομαι.
ποίμνη *Herde,* bes. *Schafherde.* **εἷς ποιμήν** etwa *(unter) einem Hirten.*

17 **διὰ τοῦτο** *darum, deshalb.* **τίθημι τὴν ψυχήν** V. 11. **λάβω** 17
Aor. Konj. λαμβάνω. 18 [Var. ἦρεν Aor. αἴρω.] **ἐμαυτοῦ**[14] Refl.-Pron. 18
1. Sg.; ἀπ' ἐμαυτοῦ *von mir selbst aus, freiwillig* (B 3). **θεῖναι** Aor. Inf. τί-
θημι. **λαβεῖν** Aor. Inf. **ἔ-λαβον** Aor.

19 **σχίσμα**[3] *Spaltung, Meinungsverschiedenheit.* **ἐ-γένετο** Aor. Med. 19
γίνομαι. **ἐν** *bei, unter.* 20 **ἔ-λεγον** Ipf. λέγω. **ἐκ** umschreibt gen. partiti- 20
vus (vgl. B 4aα). **δαιμόνιον ἔχω** *besessen sein* (B δαιμόνιον 2). **μαί-
νομαι** *rasen, von Sinnen/verrückt sein.* **τί** *warum?* 21 **δαιμονιζομένου** 21
Ptz. δαιμονίζομαι (vgl. δαιμόνιον) *dämonisch besessen sein;* subst. *Beses-
sener;* ταῦτα τὰ ῥήματα οὐκ ἔστιν δαιμονιζομένου *das sind nicht die*
Worte eines Besessenen = so redet kein Besessener. **μή** *etwa* (verneinende Ant-
wort angedeutet, A320). **ἀν-οῖξαι** Aor. Inf. -οίγω; μὴ δαιμόνιον δύνα-
ται τυφλῶν ὀφθαλμοὺς ἀνοῖξαι; *kann etwa ein Dämon Blinden die Augen*
öffnen? = kann ein böser Geist etwa blinde Menschen sehend machen? (GNB).

22 **ἐ-γένετο** V. 19. **ἐγ-καίνια** τά (A101c) *das Fest der Tempelweihe,* 22
(noch heute v. den Juden gefeiertes) *„Chanukka"-Fest* (zur Erinnerung an die
Wiedereinweihung des Tempels [164 v. Chr.] nach seiner Entweihung durch
Antiochus IV. Epiphanes [vgl. 1Makkabäer 4,36-59]). **χειμών**[4] ῶνος ὁ *Win-
ter.* **ἦν** V. 6. 23 **περι-ε-πάτει** Ipf. περι-πατέω. **στοά** *Säulenhalle.* 23
Σολομών[4] ῶνος ὁ *Salomo,* Sohn Davids, König Israels; ἡ στοὰ τοῦ Σο-
λομῶνος *die Halle Salomos,* eine Säulenhalle an der Ostmauer des Tempel-
platzes. 24 **ἐ-κύκλωσαν** Aor. κυκλόω *umgeben, umringen, umzingeln.* 24
ἔ-λεγον V. 20. **πότε**[18] *wann?* ἕως πότε *bis wann? wie lange?* ἕως πότε
τὴν ψυχὴν ἡμῶν αἴρεις; *wie lange läßt du uns in Ungewißheit schweben? wie*

lange hältst du uns noch hin? (B αἴρω 1b). **εἰ** m. Ind. indefiniter Fall (A342).
ὁ χριστός Präd.-Nom. m. Art. hebt die Einzigartigkeit hervor (vgl. H-S
§135a; A80). **εἰπέ** Aor. Imp. λέγω. **παρ-ρησία** (< πᾶν + ῥῆσις [das]
Reden) *Redefreiheit; Freimütigkeit, Offenheit;* dat. modi (A180) *offen, frei heraus.*
25 **25 ἀπ-ε-κρίθη** Aor. Pass. (ohne Pass.-Bdtg.) ἀπο-κρίνομαι. **καί** adver-
26 sativ (A311,1) *doch.* **ἐγώ** betont (A122). **26 ὑμεῖς** betont (A122). **ἐκ** um-
schreibt gen. partitivus (B 4aδ); οὐκ ἐστὲ ἐκ *ihr gehört nicht zu* (B 4aδ).
27f **πρό-βατον** V. 1. **27 ἀκούω** V. 3. **28 οὐ μή** m. Aor. Konj. stärkste Ver-
neinung zukünftigen Geschehens (A257). **ἀπ-όλωνται** Aor. Konj. Med.
-όλλυμαι. **οὐχ ... τις** *niemand* (BDR §431[6]). **ἁρπάσει** Fut. ἁρπάζω
V. 12; hier (durch Anwendung v. Gewalt) *wegführen, entführen, (ent)reißen*
29 (B 2a) [Var. ἁρπάσῃ Aor. Konj.]. **29 ὁ πατήρ μου** steht wohl betont vor
dem Rel.-Pron. (BDR §475[2]); ὁ πατήρ μου ὃ δέδωκέν μοι πάντων μεῖ-
ζόν ἐστιν *was mir mein Vater gegeben hat, ist größer als alle/alles* [Var. ὁ πα-
τήρ μου ὃς δέδωκέν μοι μείζων πάντων ἐστίν *mein Vater, der (sie) mir*
gegeben hat, ist größer als alle; so die meisten Übersetzungen]. **δέ-δωκεν** Pf.
δίδωμι [Var. ἔ-δωκεν Aor.]. **πάντων** gen. comparationis (A168). **ἁρπά-**
30 **ζειν** Inf. **30 ἕν ἐσμεν** *wir sind eins* (das Ntr. bez. die Einheit).
31 **31 ἐ-βάστασαν** Aor. βαστάζω[108] *aufheben.* **λιθάσωσιν** Aor.
32 Konj. λιθάζω (vgl. A33[91ff]) *steinigen.* **32 ἀπ-ε-κρίθη** V. 25. **ἔ-δειξα**
Aor. δείκνυμι[212] *zeigen, sehen lassen, vor Augen bringen.* **ἐκ τοῦ πατρός**
von meinem (A103) *Vater, die von meinem Vater stammen* (B ἐκ 3c), *im Auftrag*
meines Vaters (GN). **ποῖος**[18] *wie beschaffen?; welcher?* (B 2aα). **αὐτῶν** gen.
partitivus (A164). **λιθάζετε** konatives Präs. (BDR §319; A232c); διὰ ποῖον
αὐτῶν ἔργον ἐμὲ λιθάζετε; *für welches dieser Werke* (wörtl. *welches Werk*
33 *unter ihnen) wollt ihr mich steinigen?* **33 περί** m. Gen. (zweimal) *wegen* (B 1b).
βλασ-φημία *Verleumdung, Schmähung, Lästerung.* **καί** hier epexegetisch
(A311,7) *und zwar, nämlich.* **ὤν** Ptz. εἰμί, konz.; ἄνθρωπος ὤν *obwohl du*
(nur) ein Mensch bist. **ποιέω** m. doppeltem Akk. (vgl. A97,15) *jmdn. zu etwas*
machen; hier *jmdn. als etwas ausgeben* (B I1bι); ποιεῖς σεαυτὸν θεόν *du*
34 *gibst dich selbst als Gott aus.* **34 οὐ** *nicht;* erwartet als Frageeinleitung die Ant-
wort „doch“ (A320). **γε-γραμμένον** Pf. Ptz. Pass. γράφω, umschrieb. Pf.
(A249); Pf. Pass. term. tech. zur Einführung v. Schriftzitaten (B 2c): in eurem
Gesetz *heißt es/steht.* **ὅτι** recitativum = Doppelpunkt (A333). **εἶπα** Aor.
35 (vgl. H-S §105g) λέγω. **35 εἶπεν** m. doppeltem Akk. (vgl. A97,15) *nennen;*
Subj. ist Gott, viell. das Gesetz. **ἐ-γένετο** V. 19; πρὸς οὓς ὁ λόγος τοῦ
θεοῦ ἐγένετο *an die das Wort Gottes erging* bzw. *an die Gott sein Wort* (im zi-
tierten Psalm) *richtete.* **λυθῆναι** Aor. Inf. Pass. λύω hier *außer Kraft/Geltung*
36 *setzen* (B 4). **36 ἡγίασεν** Aor. ἁγιάζω[91] *heiligen, heilig machen, weihen;* ὃν
ὁ πατὴρ ἡγίασεν ... ὑμεῖς λέγετε ὅτι *(wie könnt) ihr zu dem* (A358), *den*
der Vater geheiligt/geweiht hat ... sagen: **ἀπ-έ-στειλεν** Aor. ἀπο-στέλλω.

ὅτι (erstes) V. 34; (zweites) *weil.* **υἱὸς τοῦ θεοῦ** Präd.-Nom. auch ohne
Art. best. (H-S §135a; A80). **βλασ-φημέω** *in üblen Ruf bringen, verleumden;*
lästern. **37 πιστεύετε** Imp.; μὴ πιστεύετέ μοι etwa *glaubt mir nicht län-* 37
ger! (vgl. A265a). **38 εἰ δὲ ποιῶ** (indefiniter Fall, A342) *aber wenn ich sie* 38
tue. **κἂν** = καὶ ἐάν *auch wenn, selbst wenn* (B 2). **πιστεύητε** Konj.
πιστεύω [Var. πιστεύσητε Aor. Konj.]. **πιστεύετε** Imp. [Var. πιστεύ-
σατε Aor. Imp.]. **γνῶτε** Aor. Konj. γινώσκω, wohl ingr. Aor. (A229).
γινώσκητε Konj.; ἵνα γνῶτε καὶ γινώσκητε etwa *damit ihr zu der*
Erkenntnis gelangt und (immer mehr) erkennt bzw. (freier) *ihr werdet dann*
erkennen und nicht mehr daran zweifeln (NGÜ), viell. *ihr sollt endlich begreifen*
(GN). **ἐν** bez. ein enges persönl. Verhältnis (B I5d); ὅτι ἐν ἐμοὶ ὁ πατὴρ
κἀγὼ ἐν τῷ πατρί (erg. Kopula, A78) *daß der Vater in mir ist/lebt und ich im*
Vater bin/lebe = daß der Vater und ich in völliger Übereinstimmung leben.
39 ἐ-ζήτουν Ipf. ζητέω. **πιάσαι** Aor. Inf. πιάζω (vgl. A33[91ff]) *halten,* 39
fassen, ergreifen; festnehmen, gefangennehmen, verhaften (B 2a). **καί** adversativ
(A311,1) *doch.* **ἐξ-ῆλθεν** Aor. -έρχομαι hier *entkommen;* ἐξῆλθεν ἐκ τῆς
χειρὸς αὐτῶν *er entkam ihnen* (B 1bγ).

40 ἀπ-ῆλθεν Aor. -έρχομαι. **πέραν** Adv. *jenseits;* uneig. Präp. 40
(A183) *auf der/die andere(n) Seite von;* πέραν τοῦ Ἰορδάνου wie ein Eigen-
name für das Land am Ostufer des Jordans: *das Gebiet jenseits des Jordans,*
Peräa. **Ἰορδάνης**[1] *Jordan.* **ἦν** V. 6. **τὸ πρῶτον** Ntr. als Adv., m. Art. *das*
erste Mal (B 2a), *zuerst* [Var. τὸ πρότερον adv. *früher, zuvor*]. **βαπτίζων**
Ptz., wohl umschrieb. Ipf. (A249; vgl. BDR §353[7]); ὅπου ἦν Ἰωάννης ...
βαπτίζων *wo Johannes ... getauft hatte.* **ἔ-μεινεν** Aor. μένω, komplexiver
Aor. (BDR §332[2]) [Var. ἔ-μενεν Ipf.]. **41 ἔ-λεγον** V. 20. **ὅτι** V. 34. 41
ἐ-ποίησεν Aor. ποιέω; Ἰωάννης μὲν σημεῖον ἐποίησεν οὐδέν *Jo-*
hannes hat (zwar) kein Wunderzeichen getan. **πάντα ὅσα** *alles, was.* **ἀλη-**
θής[7] *wahr.* **42 ἐ-πίστευσαν** Aor. πιστεύω; ingr. Aor. (A229). 42

ἦν Ipf. εἰμί. **ἀ-σθενῶν** Ptz. ἀ-σθενέω *schwach/krank sein;* um- **11**
schrieb. Ipf. (A249); ἦν τις ἀσθενῶν *jemand/ein Mann war krank.* **Λάζα-**
ρος *Lazarus,* Bruder v. Maria u. Martha. **Βηθανία** *Betanien,* Dorf auf dem
Ostabhang des Ölbergs, ca. 3 km v. Jerusalem entfernt. **κώμη** *Dorf.* **Μα-**
ρία[1] od. **Μαριάμ** indekl., *Maria,* Schwester v. Marta u. Lazarus. **Μάρθα**
Marta, Schwester v. Maria u. Lazarus. **ἀδελφή** *Schwester.* **2 Μαριάμ** 2
hier Nom. **ἀλείψασα** Aor. Ptz. Fem. ἀλείφω[40] *salben;* attr.; ἦν Μαριὰμ
ἡ ἀλείψασα τὸν κύριον *Maria war es, die (bekanntlich) den Herrn gesalbt*
hat = Maria war es, die ihn später (vgl. 12,1ff) *salbte/salben sollte* (BDR §339[2]).
μύρον *Salböl* (meist auf Olivenölbasis, häufig durch verschiedene Techniken
m. Aromastoffen angereichert); dat. instr. (A176). **ἐκ-μάξασα** Aor. Ptz.
Fem. -μάσσω (vgl. A33[74ff]) *abwischen, abtrocknen;* attr. **θρίξ** τριχός ἡ (vgl.
A3; H-S §42c) *Haar;* dat. instr. (A176). **ἧς ὁ ἀδελφός** *deren Bruder* (A363).

3 **ἠ-σθένει** Ipf. ἀ-σθενέω. **3 ἀπ-έ-στειλαν** Aor. ἀπο-στέλλω. **λέ-**
γουσαι Ptz. Fem. λέγω, mod. (A291,2 Anm. 1) *und ließen (ihm) sagen.* **κύ-**
ριε Vok. **ἴδε** (eig. Imp. Aor. ὁράω) Interjektion (H-S §252,63) etwa = ἰδού.
φιλέω *lieben;* ὃν φιλεῖς ἀσθενεῖ *der, den du liebst, ist krank* (H-S §142c;
4 vgl. A358). **4 ἀκούσας** Aor. Ptz. ἀκούω, temp. **ἀ-σθένεια** *Schwäche*
(verschiedenster Art); *Krankheit.* **πρός** bez. den Zweck bzw. die Folge (BDR
§239[7]); αὕτη ἡ ἀσθένεια οὐκ ἔστιν πρὸς θάνατον ἀλλ᾽ ὑπὲρ τῆς
δόξης τοῦ θεοῦ *diese Krankheit führt nicht zum Tod, sondern dient der*
Ehre/Verherrlichung Gottes (vgl. B III3b). **δοξασθῇ** Aor. Konj. Pass. δοξά-
5 ζω. **δι᾽ αὐτῆς** *durch sie* (d.h. durch die Krankheit). **5 ἠγάπα** Ipf. ἀγα-
6 πάω. **6 ἤκουσεν** Aor. ἀκούω. **ἔ-μεινεν** Aor. μένω; ὡς οὖν ἤκου-
σεν ... τότε μὲν ἔμεινεν (δέ fehlt; BDR §447[15]; B μέν 2b) *als er nun hörte*
... (da) blieb er noch. **ἐν ᾧ ἦν τόπῳ** = ἐν τῷ τόπῳ ἐν ᾧ ἦν (vgl. A357) *an*
dem Ort, an dem er sich aufhielt. **δύο ἡμέρας** Akk. der zeitl. Ausdehnung
7 (A148). **7 ἔπ-ειτα** *alsdann, hierauf;* pleon. ἔπειτα μετὰ τοῦτο (H-S
§294x; B 1) *danach;* viell. *dann erst* (Menge; vgl. ZG). **λέγει, λέγουσιν**
(V. 8) hist. Präs. (A235). **ἄγωμεν** Konj. ἄγω hier *gehen, ziehen* (B 5); adhor-
8 tativer Konj. (A254) *laßt uns gehen.* **8 ῥαββί** indekl., hier Vok., *Rabbi,* An-
rede u. Ehrenbezeichnung für einen (Gesetzes-)Lehrer. **νῦν** hier *gerade/eben*
noch (vgl. B 1b). **ἐ-ζήτουν** Ipf. ζητέω. **λιθάσαι** Aor. Inf. λιθάζω (vgl.
9 A33[91ff]) *steinigen.* **καί** *und jetzt/nun.* **9 ἀπ-ε-κρίθη** Aor. Pass. (ohne Pass.-
Bdtg.) ἀπο-κρίνομαι. **οὐχί** *nicht;* erwartet als Frageeinleitung die Antwort
„doch“ (A320). **ἡμέρας** gen. poss. (A154; 174); οὐχὶ δώδεκα ὧραί εἰσιν
τῆς ἡμέρας; *hat der Tag nicht zwölf Stunden?* **περι-πατῇ** Konj. -πατέω.
προσ-κόπτω *anstoßen;* hier intr. *sich stoßen* (B 1b). **τὸ φῶς τοῦ κόσ-**
μου τούτου βλέπει *er sieht das Licht dieser Welt* (= die Sonne); bildhafte
10 Umschreibung (Kenning; H-S §296d; vgl. BDR §495[4]). **10 ἐν τῇ νυκτί** *bei*
Nacht (BDR §200[1]). **ὅτι τὸ φῶς οὐκ ἔστιν ἐν αὐτῷ** *weil das Licht*
nicht in ihm ist auf der wörtl. Ebene wohl = *weil er kein Licht hat;* hier (u. in
V. 9; vgl. 8,12 u. 9,5) meint Jesus m. „Licht“ (metaphorisch) wohl sich selbst:
Sein Tag ist noch nicht abgelaufen; er warnt die Jünger vor innerem Schaden,
wenn sie sich jetzt von ihm, dem Licht, trennen sollten (GNB Anm.).
11 **11 μετὰ τοῦτο** *danach.* **λέγει** V. 7. **Λάζαρος** V. 1. **φίλος**
Freund. **κε-κοίμηται** Pf. Pass. κοιμάομαι *schlafen, einschlafen;* übertr.
(Euphemismus, A385) *entschlafen, sterben.* **ἐξ-υπνίσω** Aor. Konj. -υπνίζω
12 (vgl. A33[91ff]) *aufwecken.* **12 εἶπαν** Aor. (vgl. H-S §105g) λέγω. **κύριε**
Vok. **εἰ** m. Ind. indefiniter Fall (A342). **σωθήσεται** Fut. Pass. σῴζω hier
13 Pass. im Sinn v. *gesund werden.* **13 εἰρήκει** Plsqpf. λέγω. **ἔ-δοξαν** Aor.
δοκέω. **κοίμησις**[8] *(das) Schlafen;* ἡ κοίμησις τοῦ ὕπνου (gen. epexe-
geticus, A163) *der Schlummer des Schlafes = der gewöhnliche Schlaf.* **ὕπνος**
14 *Schlaf.* **14 τότε οὖν** *darauf nun* (B τότε 2); *jetzt* (BDR §459[2]). **παρ-ρη-**

σία (< πᾶν + ῥῆσις [das] Reden) *Redefreiheit; Freimütigkeit, Offenheit;* dat.
modi (A180) *offen.* **ἀπ-έ-θανεν** Aor. ἀπο-θνήσκω. **15 πιστεύσητε** 15
Aor. Konj. πιστεύω; wohl ingr. Aor. (A240b); ἵνα πιστεύσητε *damit ihr*
glauben lernt. **ὅτι** *daß* (zu χαίρω). **ἤμην** Ipf. εἰμί. **ἄγωμεν** V. 7.
16 Θωμᾶς[1] ᾶ *Thomas,* der Apostel. **λεγόμενος** Ptz. Pass. λέγω, attr. 16
(auch) ... genannt. **Δίδυμος** *Didymos* („Zwilling"), Beiname des Apostels
Thomas. **συμ-μαθητής**[1] *Mitschüler, Mitjünger;* τοῖς συμμαθηταῖς
DatO zu εἶπεν. **ἄγωμεν** V. 7. **καί** hier *auch.* **ἀπο-θάνωμεν** Aor.
Konj. -θνήσκω.

17 ἐλθών Aor. Ptz. ἔρχομαι, temp.; ἐλθὼν οὖν ὁ Ἰησοῦς *als Jesus* 17
nun ankam. **εὗρεν** Aor. εὑρίσκω. **τέσσαρας ἡμέρας** Akk. der zeitl.
Ausdehnung (A148). **ἔχοντα** Ptz. ἔχω, AcP (A300); εὗρεν αὐτὸν τέσσα-
ρας ἤδη ἡμέρας ἔχοντα ἐν τῷ μνημείῳ *er fand ihn* (d.h. Lazarus) *schon*
(seit) vier Tage(n) im Grabe liegen (B I2f). **18 ἦν, Βηθανία** V. 1. **ἐγγύς** 18
uneig. Präp. (A183) *nahe (bei), in der Nähe (von).* **ἀπό** *von ... ab, davon (ent-*
fernt) (B III); ὡς ἀπὸ σταδίων δεκαπέντε *ungefähr/etwa 15 Stadien* (ca.
3 km) *von dort entfernt.* **στάδιον** *Stadion;* hier Längenmaß, etwa 180 Meter.
δεκα-πέντε[19] *fünfzehn.* **19 ἐκ** umschreibt gen. partitivus (B 4aα). **ἐλη-** 19
λύθεισαν Plsqpf. ἔρχομαι. **Μάρθα, Μαριάμ** V. 1. **παρα-μυθή-**
σωνται Aor. Konj. Med. -μυθέομαι *ermuntern; Beileid aussprechen, trösten.*
περὶ τοῦ ἀδελφοῦ *wegen ihres* (A103) *Bruders, über (den Tod) ihres Bru-*
ders. **20 ἡ οὖν Μάρθα ὡς** *als nun Marta* (Subj. betont der Konjunktion 20
vorangestellt, vgl. BDR §475,1a). **ἤκουσεν** Aor. ἀκούω. **ὑπ-ήντησεν**
Aor. -αντάω *entgegengehen, begegnen.* **Μαριάμ** V. 1, hier Nom. **ἐ-καθ-έ-**
ζετο Ipf. Med. καθ-έζομαι *sitzen;* Μαριὰμ ἐν τῷ οἴκῳ ἐκαθέζετο *Ma-*
ria blieb im Haus sitzen, Maria blieb zu Hause. **21 κύριε** Vok. **ἦς** Ipf. εἰμί; 21
εἰ ἦς ὧδε οὐκ ἂν ἀπέθανεν ὁ ἀδελφός μου (irrealer Fall, H-S §284c;
A345) *wenn du hier gewesen wärest, wäre mein Bruder nicht gestorben.* **ἀπ-έ-**
θανεν V. 14. **22 καὶ νῦν** *auch jetzt (noch)* (B νῦν 1c). **ὅσα ἄν** (A132; 22
371) *wieviel auch immer* bzw. *alles, was/worum* (B ὅσος 2). **αἰτήσῃ** Aor.
Konj. Med. αἰτέω hier τί τινα *jmdn. um etwas bitten* (H-S §153a) [Var. αἰ-
τήσῃς Aor. Konj.]. **δώσει** Fut. δίδωμι. **23 λέγει** hist. Präs. (A235), 23
ebenso in den flgd. Versen. **ἀνα-στήσεται** Fut. Med. ἀν-ίσταμαι.
24 ἐν (erstes) *bei.* **ἡ ἐσχάτη ἡμέρα** *der letzte Tag = der Jüngste Tag* (d.h. 24
der Tag der Wiederkunft Christi) (B ἔσχατος 3b). **25 ἐγώ** betont (A122). 25
ἡ ἀνά-στασις καὶ ἡ ζωή Präd.-Nom. m. Art. hebt die Einzigartigkeit
hervor (A80). **πιστεύων** Ptz., subst. **κἄν** = καὶ ἐάν *auch wenn, selbst*
wenn (B 2). **ἀπο-θάνῃ** Aor. Konj. -θνήσκω. **ζήσεται** Fut. Med. (m. akt.
Bdtg.) ζάω; ὁ πιστεύων εἰς ἐμὲ ... ζήσεται *wer an mich glaubt, wird leben*
... (H-S §252,18). **26 πᾶς ὁ** m. Ptz. *jeder, der* (A86). **ζῶν** Ptz. ζάω, subst. 26
πιστεύων Ptz., subst. **οὐ μή** m. Aor. Konj. stärkste Verneinung zukünf-

27 tigen Geschehens (A257). **27 ναί** *ja, gewiß, freilich.* **πε-πίστευκα** Pf.
πιστεύω; Pf. wohl zur Verstärkung (A243) *ich glaube fest* (ZG). **σύ** betont
(A122). **ὁ υἱὸς τοῦ θεοῦ** App. (A70). **ἐρχόμενος** Ptz., attr.; *der kom-
men soll.*
28 **28 εἰποῦσα** Aor. Ptz. Fem. λέγω, (erstes) temp.; (zweites) mod., übers.
etwa: *mit den Worten* (BDR §420[4]). **ἀπ-ῆλθεν** Aor. -έρχομαι. **ἐ-φώνη-
σεν** Aor. φωνέω. **Μαριάμ** V. 1, hier Akk. **ἀδελφή** V. 1. **λάθρᾳ** Adv.
heimlich. **πάρ-ειμι** (A32) *anwesend sein; dasein, (her)gekommen sein.* **καὶ**
29 **φωνεῖ σε** etwa *und läßt dich rufen* (vgl. A218). **29 ἤκουσεν** V. 6. **ἠγέρ-
θη** Aor. Pass. ἐγείρω [Var. ἐγείρεται Pass.]. **ταχύς**[10] εῖα ύ *rasch, schnell;*
Ntr. Sg. als Adv. *schnell; ohne Verzug, alsbald* (B 2b). **ἤρχετο** Ipf. ἔρχομαι.
30 **30 οὔ-πω** *noch nicht.* **ἐληλύθει** V. 19. **κώμη, ἦν** V. 1. **ὑπ-ήντησεν**
V. 20; ὅπου ὑπήντησεν αὐτῷ ἡ Μάρθα *wo Marta ihn getroffen hatte.*
31 **Μάρθα** V. 1. **31 ὄντες** Ptz. εἰμί, attr. **μετά** m. Gen. *bei.* **παρα-μυ-
θούμενοι** Ptz. Med. V. 19; attr. **ἰδόντες** Aor. Ptz. ὁράω, temp. **ταχέως**
schnell, eilig (B 1a). **ἀν-έστη** Wz.-Aor. -ίσταμαι; ἰδόντες τὴν Μαριὰμ
ὅτι ταχέως ἀνέστη = ἰδόντες ὅτι ἡ Μαριὰμ ταχέως ἀνέστη
(Prolepsis, A373) *als* nun die Juden ... *sahen, daß Maria aufsprang.* **ἐξ-ῆλθεν**
Aor. -έρχομαι. **ἠκολούθησαν** Aor. ἀκολουθέω. **δόξαντες** Aor. Ptz.
δοκέω, kaus. **εἰς** statt πρός (vgl. BDR §207[3]). **κλαύσῃ** Aor. Konj.
κλαίω.
32 **32 ἡ οὖν Μαριὰμ ὡς** *als nun Maria* (vgl. V. 20). **ὅπου** hier *dorthin,
wo* (B 1aα; vgl. A358). **Μαριάμ, ἦν** V. 1. **ἰδοῦσα** Aor. Ptz. Fem. ὁράω,
temp. (A291,1 Anm. 1). **ἔ-πεσεν** Aor. πίπτω; ἔπεσεν αὐτοῦ πρὸς τοὺς
πόδας *sie warf sich ihm zu Füßen* (zur Stellung v. αὐτοῦ vgl. BDR §473[2]).
λέγουσα Ptz. Fem. λέγω, mod. (A291,2 Anm. 1). **κύριε** Vok. **εἰ ἦς** ...
33 V. 21. **ἀπ-έ-θανεν** V. 14. **33 κλαίουσαν** Ptz. Fem. κλαίω, AcP
(A300). **συν-ελθόντας** Aor. Ptz. -έρχομαι *zusammenkommen;* τινί *mit
jmdm. (zusammen) kommen* (B 2); attr. **κλαίοντας** Ptz., AcP (A300). **ἐν-ε-
βριμήσατο** Aor. Med. ἐμ-βριμάομαι *schnauben; anfahren, heftige
Vorwürfe machen; ergrimmen, unwillig/erregt werden;* ἐνεβριμήσατο τῷ
πνεύματι (dat. resp., A178) *er wurde im Geist/innerlich erregt/unwillig, er er-
grimmte innerlich* (B). **ἐ-τάραξεν** Aor. ταράσσω (vgl. A33[74ff]) *aufwühlen,
aufrühren;* übertr. *in Aufregung, Unruhe, Verwirrung, Angst, Schrecken* bzw. *Be-
stürzung versetzen;* ἐτάραξεν ἑαυτόν *er regte sich auf* (B 2), *er war erregt/er-*
34 *schüttert.* **34 τε-θείκατε** Pf. τίθημι. **λέγουσιν** V. 7. **ἔρχου** Imp. (vgl.
35 A266a). **ἴδε** Aor. Imp. ὁράω. **35 ἐ-δάκρυσεν** Aor. δακρύω *weinen;*
wohl ingr. Aor. (A229); ἐδάκρυσεν ὁ Ἰησοῦς *Jesus fing an zu weinen*
36 (GNB). **36 ἔ-λεγον** Ipf. λέγω. **ἴδε** V. 3. **πῶς**[18] hier als Ausruf *wie ...!*
37 (B 3). **ἐ-φίλει** Ipf. φιλέω V. 3. **37 ἐκ** V. 19. **εἶπαν** V. 12. **οὐ** *nicht;*
erwartet als Frageeinleitung die Antwort „doch“ (A320). **ἐ-δύνατο** Ipf. δύ-

ναμαι; Ipf. bez. hier die Nichtwirklichkeit (H-S §198i; vgl. A239). **ἀν-οίξας**
Aor. Ptz. -οίγω, attr. **ποιῆσαι** Aor. Inf. ποιέω; hier m. flgd. ἵνα
machen/bewirken, daß (B I1bθ); οὐκ ἐδύνατο οὗτος ... ποιῆσαι ἵνα καὶ
οὗτος μὴ ἀποθάνῃ; *hätte dieser* (d.h. Jesus) ... *nicht auch bewirken können,*
daß dieser (d.h. Lazarus) *nicht zu sterben brauchte?* **ἀπο-θάνῃ** V. 25.
38 **ἐμ-βριμώμενος** Ptz. Med. V. 33; temp.; ἐμ-βριμάομαι ἐν ἑαυ- 38
τῷ *bei sich erregt/unwillig werden, innerlich ergrimmen* (B). **ἔρχεται** hist. Präs.
(A235). **εἰς** V. 31. **ἦν** V. 1. **σπήλαιον** *Höhle* (hier eine Grabhöhle, d.h.
ein Felsengrab). **ἐπ-έ-κειτο** Ipf. ἐπί-κειμαι (A32) *daraufliegen;* λίθος
ἐπέκειτο ἐπ᾽ αὐτῷ *ein Stein lag darauf/davor* (B ἐπί II1aα) = *sie/der Ein-*
gang war mit einem Stein verschlossen. **39** **λέγει** hist. Präs. (A235), ebenso in 39
den flgd. Versen. **ἄρατε** Aor. Imp. αἴρω. **ἀδελφή** V. 1. **τε-τελευτηκό-**
τος Pf. Ptz. τελευτάω *sterben;* subst. *des Verstorbenen.* **Μάρθα** V. 1. **κύ-**
ριε Vok. **ὄζω** *riechen, einen Geruch* (hier v. Verwesungsgeruch) *verbreiten,*
stinken (B). **τεταρταῖος** *viertägig, vier Tage während;* τεταρταῖός ἐστιν *er*
ist (schon) seit vier Tagen (tot). **40** **οὐ** V. 37. **ὅτι** wohl recitativum = 40
Doppelpunkt (A333). **πιστεύσῃς** Aor. Konj. V. 15. **ὄψῃ** Fut. Med. ὁράω.
41 **ἦραν** Aor. αἴρω; hier 3. Pl. im Sinn v. „man" (A76a). **ἦρεν** Aor. **ἄνω** 41
oben; nach oben, aufwärts; ὁ Ἰησοῦς ἦρεν τοὺς ὀφθαλμοὺς ἄνω *Jesus*
erhob seine Augen nach oben = Jesus blickte zum Himmel auf (GNB). **πάτερ**
Vok. πατήρ. **εὐ-χαριστέω** *dankbar sein; Dank sagen, danken.* **ἤκουσας**
Aor. ἀκούω hier *erhören* (B 5). **42** **ᾔδειν** Plsqpf. (m. der Bdtg. eines Ipf.) 42
οἶδα. **περι-εστῶτα** Pf. (Wz.-Pf., H-S §109a) Ptz. περι-ΐσταμαι[205]
(περι-ΐστημι herumstellen) *sich ringsherum stellen;* Pf. *ringsherum stehen;* attr.
πιστεύσωσιν Aor. Konj. **ἀπ-έ-στειλας** V. 3. **43** **εἰπών** Aor. Ptz. 43
λέγω, temp. **ἐ-κραύγασεν** Aor. κραυγάζω (vgl. A33[91ff]) *laut rufen;* m.
φωνῇ μεγάλῃ (dat. modi, A180) etwa *mit lauter Stimme rufen.* **Λάζαρε**
Vok., V. 1. **δεῦρο** *hierher; komm, auf!;* δεῦρο ἔξω *komm heraus* (B 1).
44 **ἐξ-ῆλθεν** Aor. -έρχομαι. **τε-θνηκώς** Pf. Ptz. (ἀπο-)θνήσκω, subst. 44
der Verstorbene, der Tote (B 1). **δε-δεμένος** Pf. Ptz. Pass. δέω hier *um-*
wickeln; mod. (vgl. A291,2 Anm. 1). **κειρία** *Binde* (m. der Tote umwickelt
wurden); dat. instr. (A176); δεδεμένος τοὺς πόδας καὶ τὰς χεῖρας
(Akk. der Beziehung, H-S §154d; vgl. A149) κειρίαις *an den Füßen und Hän-*
den mit Binden umwickelt bzw. *seine Füße und Hände waren mit Binden um-*
wickelt. **ὄψις**[8] *(das) Sehen; (das) Aussehen; Gesicht.* **σουδάριον** (< lat. su-
darium) *Schweißtuch* (hier das Kopftuch eines Bestatteten; EWNT 3, Sp. 616);
dat. instr. (A176). **περι-ε-δέ-δετο** Plsqpf. Pass. περι-δέω[36] *umwinden,*
umbinden, umwickeln τί τινι *etwas mit etwas.* **λύσατε** Aor. Imp. λύω. **ἄφ-**
ετε Aor. Imp. -ίημι hier m. Inf.: etwas tun *lassen* (B 4). **ὑπ-άγειν** Inf.
45 **ἐκ** V. 19. **ἐλθόντες** Aor. Ptz. ἔρχομαι, attr. **Μαριάμ** V. 1. 45
θεασάμενοι Aor. Ptz. Med. θεάομαι *sehen, ansehen;* attr. [Var. ἑ-ωρακό-

τες Pf. Ptz. ὁράω, temp., evtl. kaus.]. **ἐ-ποίησεν** Aor. ποιέω. **ἐ-πίστευ-**
46 **σαν** Aor. πιστεύω; ingr. Aor. (A240b). **46 ἀπ-ῆλθον** V. 28. **εἶπαν**
V. 12.
47 **47 συν-ήγαγον** Aor. -άγω. **συν-έδριον** *Synedrium, Hoher Rat*
(oberste jüdische Instanz in allen religiösen u. politischen Angelegenheiten);
συνέδριον συνάγω *eine Sitzung des Synedriums einberufen* (B 2). **ἔ-λεγον**
V. 36. **τί ποιοῦμεν;** Ind. Präs. hier m. deliberativer Bdtg. (BDR §366,4) *was*
48 *sollen wir tun?* **48 ἀφ-ῶμεν** Aor. Konj. -ίημι hier *gewähren lassen* (B 4);
ἐὰν ἀφῶμεν αὐτὸν οὕτως *wenn wir ihn (weiter) so* (d.h. beim Wundertun)
gewähren lassen bzw. *wenn wir ihn so weitermachen lassen* (GNB). **πιστεύ-**
σουσιν Fut. πιστεύω. **ἐλεύσονται** Fut. Med. ἔρχομαι. **Ῥωμαῖος**
römisch; subst. *der Römer;* Pl. *die Römer* (als Volk). **ἀροῦσιν** Fut. αἴρω hier
wohl *wegnehmen.* **καί ... καί** (drittes u. viertes) *sowohl ... als auch;* ἡμῶν
καὶ τὸν τόπον καὶ τὸ ἔθνος „sowohl unsere (heilige) Stätte als auch unser
Volk" = *uns sowohl die (heilige) Stätte als auch das Volk* (BDR §473[2]). **ὁ τό-**
πος hier wohl *die (heilige) Stätte,* d.h. der Tempel (Schnackenburg, Jh 2,
49 S. 448f; vgl. B 1b). **ἔθνος**[7] bez. hier das jüdische Volk. **49 εἷς τις** *ein*
gewisser, einer (auch klass. [BDR §247[6]; B εἷς 3c]). **ἐκ** V. 19. **Καϊάφας**[1] α
Kajaphas, Hoherpriester (18-36 n. Chr.); App. (A70). **ὤν** Ptz. εἰμί, attr. **ἐνι-**
αυτός *Jahr;* ἀρχιερεὺς ὢν τοῦ ἐνιαυτοῦ ἐκείνου *der Hoherpriester jenes*
Jahres war (BDR §186[4]) bzw. (sinngetreu) *der in jenem Jahr Hoherpriester war.*
οὐκ ... οὐδέν Neg. verstärken einander (A310); ὑμεῖς οὐκ οἴδατε οὐδέν
50 *ihr versteht überhaupt nichts.* **50 οὐδὲ λογίζεσθε** etwa *und (ihr) bedenkt*
nicht. **συμ-φέρω** *nützen, förderlich sein, von Vorteil/gut sein;* συμφέρει
ὑμῖν ἵνα ... καὶ μή *es ist besser/günstiger* (vgl. A118,1) *für euch, daß ... als daß*
(vgl. B 2a). **ὑμῖν** dat. commodi (A173). **ἵνα** hier *daß* (statt AcI; BDR §393[2];
A328). **εἷς ἄνθρωπος** *ein einziger/einzelner Mensch.* **ἀπο-θάνῃ** V. 25.
51 **ἀπ-όληται** Aor. Konj. Med. -όλλυμαι. **51 ἀφ' ἑαυτοῦ** *von sich aus* (B
ἑαυτοῦ 1a). **ὤν** Ptz., kaus. **ἐ-προ-φήτευσεν** Aor. (zum Aug. vgl. BDR
§69[4]) προ-φητεύω *prophetisch reden, prophezeien.* **ἔ-μελλεν** Ipf. μέλλω
hier (m. Inf.) umschrieb. Fut. (vgl. BDR §356; A250) od. v. einer Notwendigkeit
infolge göttl. Ratschlusses im Sinn v. *müssen* (B 1cδ); ὅτι ἔμελλεν Ἰησοῦς
ἀποθνῄσκειν *daß Jesus sterben werde* od. *müsse.* **ἀπο-θνῄσκειν** Inf.
52 **52 οὐχ ... μόνον ἀλλ' ἵνα καί** *nicht nur/allein ... sondern auch, damit/um*
... zu. **ἔθνος** V. 48. **δι-ε-σκορπισμένα** Pf. Ptz. Pass. δια-σκορπίζω
(vgl. A33[91ff]) *zerstreuen;* attr. [Var. ἐ-σκορπισμένα Pf. Ptz. Pass. σκορπίζω
zerstreuen; attr.]. **συν-αγάγῃ** Aor. Konj. -άγω; συνάγω εἰς ἕν *sammeln*
(B εἷς 2a); aber εἰς ἕν betont doch die Einheit stärker, etwa: *zu einer Ein-*
heit/einem (Volk) sammeln bzw. *zusammenführen und eins machen* (NGÜ).
53 **53 ἀπ' ἐκείνης τῆς ἡμέρας** *von jenem/diesem Tag an* (B ἡμέρα 2c).
ἐ-βουλεύσαντο Aor. Med. βουλεύομαι *mit sich zu Rate gehen, überlegen;*

einen Beschluß fassen, m. flgd. ἵνα (BDR §392[2b]); wohl effektiver Aor. (A240c);
ἀπ' ἐκείνης οὖν τῆς ἡμέρας ἐβουλεύσαντο ἵνα ἀποκτείνωσιν
αὐτόν *von jenem/diesem Tag an war also ihr Beschluß gefaßt, ihn zu töten*
(Schnackenburg, Jh 2, S. 446). **ἀπο-κτείνωσιν** Aor. Konj. -κτείνω.
54 **παρ-ρησίᾳ** V. 14; dat. modi (A180) hier *öffentlich.* **περι-ε-πάτει** Ipf. 54
-πατέω. **ἐν** *unter.* **ἀπ-ῆλθεν** V. 28. **ἐκεῖθεν**[18] *von dort.* **χώρα** *Land,*
Landschaft, Gegend. **ἐγγύς** V. 18. **Ἐφραίμ** indekl., hier Akk., *Efraïm,* ein
Ort (wohl = atl. Efron), 20 km nördl. v. Jerusalem. **λεγομένην** Ptz. Pass.
λέγω, attr.; εἰς Ἐφραὶμ λεγομένην πόλιν *in eine Stadt namens Efraïm.*
κἀκεῖ = καὶ ἐκεῖ. **ἔ-μεινεν** Aor. μένω [Var. δι-έ-τριβεν Ipf. δια-
τρίβω *zubringen, verweilen*].

55 **ἦν** V. 1. **ἐγγύς** V. 18; hier Adv. *nahe, nahe bevorstehend* (B 2a). 55
πάσχα τό indekl., *Passafest* (14./15. Nisan [Anfang April] zur Erinnerung an
Israels Auszug aus Ägypten). **ἀν-έ-βησαν** Aor. ἀνα-βαίνω. **χώρα**
V. 54; hier *das Land* (im Ggs. zur Stadt) (B 2), übers. etwa *das ganze Land.*
ἁγνίσωσιν Aor. Konj. ἁγνίζω *reinigen* (v. den kultischen Reinigungs-
riten). 56 **ἐ-ζήτουν** Ipf. ζητέω. **ἔ-λεγον** V. 36. **μετ' ἀλλήλων** *unter-* 56
einander (vgl. B μετά AI). **ἑστηκότες** Pf. (m. präs. Bdtg.) Ptz. ἵσταμαι,
temp. **τί δοκεῖ ὑμῖν;** (unpersönlich) *was meint ihr?* (B δοκέω 3). **ὅτι** *daß*
(abhängig v. δοκεῖ) od. als Doppelpunkt wiedergeben (vgl. A333). **οὐ μή**
V. 26; hier unterschiedlich gedeutet (u.a. je nach Rolle des ὅτι): τί δοκεῖ
ὑμῖν; ὅτι οὐ μὴ ἔλθῃ εἰς τὴν ἑορτήν; a) m. ὅτι als *daß: was meint ihr?*
(seid ihr der Meinung,) daß er überhaupt nicht zum Fest kommen wird? = er
kommt doch bestimmt nicht zum Fest (GN); b) m. ὅτι als Doppelpunkt bzw.
Gedankenstrich vor einer rhetorischen Frage, bei der als Antwort ein „doch"
erwartet wird (vgl. B μή D1a): *was meint ihr? – wird er etwa nicht zum Fest*
kommen? = zum Fest wird er doch sicher kommen (GNB). **ἔλθῃ** Aor. Konj.
ἔρχομαι. **ἑορτή** *Fest.* 57 **δε-δώκεισαν** Plsqpf. (hier ohne Augment; 57
vgl. A21; H-S §72h) δίδωμι; δίδωμι ἐντολάς *gebieten* (B 1bα), *anordnen.*
ἵνα hier *daß* (A328; bez. das Gebotene) od. als Doppelpunkt wiedergeben.
γνῷ Aor. Konj. γινώσκω. **μηνύσῃ** Aor. Konj. μηνύω *kundtun, anzeigen,*
aufdecken. **ὅπως** (A339) *damit, um zu.* **πιάσωσιν** Aor. Konj. πιάζω (vgl.
A33[91ff]) *halten, fassen, ergreifen; festnehmen, gefangennehmen, verhaften* (B 2a);
ἵνα ἐάν τις γνῷ ποῦ ἐστιν μηνύσῃ, ὅπως πιάσωσιν αὐτόν *wenn*
jemand weiß/erfährt, wo er sich aufhält, soll er es melden/anzeigen, damit sie ihn
festnehmen könnten.

ἕξ[19] *sechs;* πρὸ ἓξ ἡμερῶν τοῦ πάσχα *sechs Tage vor dem Passa* **12**
(wörtl. „vor sechs Tagen, vom Passa aus gerechnet"; BDR §213,2). **πάσχα**
τό indekl., *Passafest* (14./15. Nisan [Anfang April] zur Erinnerung an Israels
Auszug aus Ägypten). **Βηθανία** 11,1. **ἦν** Ipf. εἰμί. **Λάζαρος** 11,1. [Var.
ὁ τε-θνηκώς Pf. Ptz. (ἀπο-)θνήσκω, attr. *der tot gewesen war* (BDR §345[1]).]

2 **ἤγειρεν** Aor. ἐγείρω. **2 ἐ-ποίησαν** Aor. ποιέω; ποιέω δεῖπνον *ein*
(Gast-)Mahl/Festessen veranstalten (B I1bζ). **αὐτῷ** dat. commodi (A173) *für*
ihn. **δεῖπνον** *Hauptmahlzeit* (gegen Abend); *Mahlzeit,* hier etwa *Festessen.*
Μάρθα 11,1. **διηκόνει** Ipf. (augmentiert so, als wäre das Verb ein Kom-
positum δια-κονέω) διακονέω[33] *(be)dienen* (bes. v. der Bewirtung). **ἐκ** um-
schreibt gen. partitivus (vgl. B 4aα). **ἀνα-κειμένων** Ptz. Med. -κειμαι
(A32) *liegen;* „(zu Tisch) liegen" = *bei Tisch sein* (B 2); subst.
3 **3 Μαριάμ** 11,1. **λαβοῦσα** Aor. Ptz. Fem. λαμβάνω, temp.
(A291,1 Anm. 1). **λίτρα** (< lat. libra) *Pfund* (= 327,45 g). **μύρον** *Salböl*
(meist auf Olivenölbasis, häufig durch verschiedene Techniken m. Aromastof-
fen angereichert); gen. partitivus (A164). **νάρδος** ἡ *Narde(npflanze); Narden-*
öl (aus den Wurzeltrieben der Nardenpflanze gewonnen); gen. materiae (A159).
πιστικός *glaubwürdig, treu;* hier wohl *echt, unverfälscht* (B 1). **πολύ-τι-**
μος[11] *sehr wertvoll, kostbar.* **ἤλειψεν** Aor. ἀλείφω[40] *salben.* **ἐξ-έ-**
μαξεν Aor. ἐκ-μάσσω (vgl. A33[74ff]) *abwischen, abtrocknen.* **θρίξ** τριχός
ἡ (vgl. A3; H-S §42c) *Haar;* dat. instr. (A176). **ἐ-πληρώθη** Aor. Pass.
πληρόω Pass. m. ἐκ *erfüllt werden von, sich füllen mit.* **ὀσμή** *Duft, Geruch.*
4 **4 λέγει** hist. Präs. (A235). **Ἰσκαριώτης** 6,71. **ἐκ** V. 2. **μέλλων** Ptz.
μέλλω, attr. **παρα-διδόναι** Inf. -δίδωμι; ὁ μέλλων αὐτὸν παρα-
5 διδόναι *der ihn (später) auslieferte/verriet.* **5 διὰ τί** *warum? weshalb?*
ἐ-πράθη Aor. Pass. πιπράσκω[169] *verkaufen.* **τριακόσιοι**[19] *dreihundert.*
δηνάριον *Denar,* röm. Münze, deren Wert etwa dem Tageslohn eines
Arbeiters entsprach; gen. pretii (A161). **ἐ-δόθη** Aor. Pass. δίδωμι; διὰ τί
... καὶ ἐδόθη πτωχοῖς; *warum ... und (den Erlös) den Armen gegeben?* **πτω-**
6 **χός** *arm;* subst. **6 ἔ-μελεν** Ipf. μέλει τινὶ περί τινος *es liegt jmdm. an*
jmdm./etwas, jmd. kümmert sich um jmdn./etwas (B 2). **κλέπτης**[1] *Dieb.* **ἦν**
V. 1. **γλωσσό-κομον** *Behälter,* hier *Kasse.* **ἔχων** Ptz., kaus.; τὸ γλωσσό-
κομον ἔχων *da er die Kasse hatte/führte.* **βαλλόμενα** Ptz. Pass. βάλλω,
subst. *das Eingelegte, die Einlagen* in der Kasse (B 2b). **ἐ-βάσταζεν** Ipf. βα-
στάζω *aufheben; tragen; wegtragen,* hier im Sinn v. *auf die Seite bringen, stehlen,*
7 *unterschlagen* (B 3b). **7 ἄφ-ες** Aor. Imp. -ίημι hier *gewähren lassen, unbehel-*
ligt lassen; ἄφες αὐτήν *laß sie, laß sie in Ruhe.* **εἰς** *für.* **ἐν-ταφιασμός**
Bestattung, Begräbnis. **τηρήσῃ** Aor. Konj. τηρέω hier wohl *(auf)bewahren;*
ἄφες αὐτήν, ἵνα εἰς τὴν ἡμέραν τοῦ ἐνταφιασμοῦ μου τηρήσῃ
αὐτό wörtl. etwa „laß sie, denn sie soll es für den Tag meines Begräbnisses auf-
bewahren/aufbewahrt haben", was vor allem auf zwei Arten gedeutet wird: a) =
laß sie es (d.h. den Rest des Salböls) *behalten für den Tag meines Begräbnisses*
(vgl. B ἀφίημι 4; doch fehlt ein Hinweis auf einen Rest); b) der ἵνα-Satz steht
ellip. (erg. davor etwa: „es war richtig so/es war Gottes Wille"; vgl. BDR §480[9])
= *laß sie! Sie sollte es* (nach Gottes Willen) *für den Tag meines Begräbnisses*
aufbewahren (sie hat dann die Salbung beim Begräbnis schon vorweggenommen

[vgl. Mk 14,8]; vgl. Schnackenburg, Jh 2, S. 462f). **8 μεθ᾽ ἑαυτῶν** (= ὑμῶν 8
αὐτῶν; A126a) *bei euch.*
9 ἔ-γνω Aor. γινώσκω hier *erfahren.* **ὁ ὄχλος πολύς** *eine gro-* 9
ße/zahlreiche Volksmenge (artikelloses πολύς wohl analog zu πᾶς [vgl. A86];
BDR §270^{4}). **ἐκ** wohl wie V. 2. **οὐ ... μόνον, ἀλλ᾽ ἵνα καί** *nicht nur/al-*
lein ... sondern auch, damit/um ... zu. **Λάζαρος** 11,1. **ἴδωσιν** Aor. Konj.
ὁράω. **ἤγειρεν** V. 1. **10 ἐ-βουλεύσαντο** Aor. Med. βουλεύομαι *mit* 10
sich zu Rate gehen, überlegen; einen Beschluß fassen, m. flgd. ἵνα (BDR §392^{2b});
wohl effektiver Aor. (A240c); ἐβουλεύσαντο οἱ ἀρχιερεῖς ἵνα καὶ τὸν
Λάζαρον ἀποκτείνωσιν *die führenden Priester beschlossen, auch Lazarus zu*
töten. **ἀπο-κτείνωσιν** Aor. Konj. -κτείνω. **11 δι᾽ αὐτόν** *seinetwegen.* 11
ὑπ-ῆγον Ipf. -άγω. **Ἰουδαίων** gen. partitivus (A164). **ἐ-πίστευον**
Ipf. πιστεύω.
12 ἐπ-αύριον *morgen;* τῇ ἐπαύριον (erg. ἡμέρᾳ, vgl. A88) *am näch-* 12
sten/folgenden Tag. **ὁ ὄχλος πολύς** V. 9. **ἐλθών** Aor. Ptz. ἔρχομαι, attr.
ἑορτή *Fest.* **ἀκούσαντες** Aor. Ptz. ἀκούω, temp. (A291,1 Anm. 1); Pl.
sinngemäße Konstruktion (A96), ebenso im flgd. Vers. **13 ἔ-λαβον** Aor. 13
λαμβάνω. **βαΐον** (Lehnwort aus dem Koptischen, BDR §6^{1}) *Palmzweig.*
φοῖνιξ^{3} ικος ὁ *Palmbaum, Dattelpalme;* τὰ βαΐα τῶν φοινίκων *die*
Palmzweige (B 1). **ἐξ-ῆλθον** Aor. -έρχομαι. **ὑπ-άντησις**^{8} *Begegnung;*
εἰς ὑπάντησιν αὐτῷ *ihm entgegen* bzw. *um ihn zu empfangen.* **ἐ-κραύγα-**
ζον Ipf. κραυγάζω (vgl. A33^{91ff}) *laut rufen* [Var. 1 ἐ-κραύγασαν Aor.;
Var. 2 ἔ-κραζον Ipf. κράζω]. [Var. λέγοντες Ptz. V. 21.] **ὡσαννά**
(< hebr. הוֹשִׁיעָה נָּא *hôšîᶜāh nnāᵓ* „Hilf doch!") *Hos(i)anna,* ein aus Ps 118,25
stammender, zur liturgischen Formel gewordener Hilferuf an Gott, der offenbar
schließl. auch (so hier) als Lobpreis verwendet wurde (ThWNT 9, S. 682-684);
daher GNB: *Gepriesen sei Gott!*). **εὐ-λογημένος** Pf. Ptz. Pass. -λογέω hier
(lob)preisen od. *segnen* (B 2a); umschrieb. Pf. Opt./Imp. (A249b), erg. **εἴη** od.
ἔστω (Opt. od. Imp. [3. Sg.] v. **εἰμί**) *gepriesen* od. *gesegnet sei.* **ἐρχόμενος**
Ptz. ἔρχομαι, subst. **καί** (drittes) wohl explikativ (A311,7) *nämlich* bzw. un-
übersetzt lassen. **14 εὑρών** Aor. Ptz. εὑρίσκω, temp. (A291,1 Anm. 1). 14
ὀνάριον (Diminutiv v. ὄνος V. 15, BDR §111^{6}) *junger Esel;* viell. einfach
Esel (B). **ἐ-κάθισεν** Aor. καθίζω. **γε-γραμμένον** Pf. Ptz. Pass. γρά-
φω, umschrieb. Pf. (A249); Pf. Pass. term. tech. zur Einführung v. Schriftzitaten
(B 2c): *in der Schrift heißt es/steht.* **15 φοβοῦ** Imp. φοβέομαι. **θυγάτηρ**^{6} 15
τρός ἡ *Tochter* (eig. u. übertr.); Nom. ohne Art. für Vok. (BDR §147^{6}; vgl.
A142) [Var. θύγατερ Vok.]. **Σιών** ἡ indekl., hier Gen., *Zion,* Bezeichnung
für Jerusalem (bes. als Wohnort Gottes [s. Tempel]); θυγάτηρ Σιών *Tochter*
Zion(s), Jerusalem u. dessen Bewohner. **καθήμενος** Ptz. κάθημαι, mod.
(A291,2 Anm. 1). **πῶλος** *Jungtier,* hier *Füllen.* **ὄνος** ὁ u. ἡ *Esel, Eselin/Esel-*
stute. **16 ἔ-γνωσαν** Aor. γινώσκω. **τὸ πρῶτον** *zuerst, zunächst* (B 16

πρῶτος 2a). **ἐ-δοξάσθη** Aor. Pass. δοξάζω. **ἐ-μνήσθησαν** Aor. Pass.
μιμνῄσκομαι[168] *sich erinnern; gedenken, denken an.* **ἦν** V. 1. **ἐπ᾽ αὐτῷ**
über ihn (B ἐπί II1bδ). **γε-γραμμένα** V. 14; umschrieb. Plsqpf. (A249).
ἐ-ποίησαν V. 2, hier τί τινι (dat. commodi, A173) *etwas mit jmdm. vor-*
nehmen (B I1dα) bzw. etwa *etwas für jmdn. tun;* hier 3. Pl. im Sinn v. „man"
(A76a); ὅτι ταῦτα ἦν ἐπ᾽ αὐτῷ γεγραμμένα καὶ ταῦτα ἐποίησαν
αὐτῷ *daß dies über ihn in der Schrift stand und daß man dies für ihn getan hatte*
wohl = *daß man (genau) das für ihn getan hatte, was in der Schrift über ihn stand*
17 (Koordination statt Subordination; vgl. BDR §442,4c; 471; ZG). **17 ἐ-μαρ-**
τύρει Ipf. μαρτυρέω. **ὤν** Ptz. εἰμί, attr. **μετά** m. Gen. *bei.* **Λάζαρος**
18 11,1. **ἐ-φώνησεν** Aor. φωνέω. **ἤγειρεν** V. 1. **18 διὰ τοῦτο** *darum,*
deshalb. **ὑπ-ήντησεν** Aor. -αντάω *entgegengehen, begegnen.* **ὅτι** begrün-
det (als App. [A353]) διὰ τοῦτο (näml.) *weil.* **ἤκουσαν** Aor. ἀκούω hier
m. AcI (BDR §397[1]). **πε-ποιηκέναι** Pf. Inf. ποιέω; Präd. des AcI; τοῦτο
αὐτὸν (Subj. des AcI) πεποιηκέναι τὸ σημεῖον *daß er dieses Zeichen*
19 *getan hatte.* **19 εἶπαν** Aor. (vgl. H-S §105g) λέγω. **πρὸς ἑαυτούς** *zuein-*
ander (B ἑαυτοῦ 3; A127). **οὐκ** ... **οὐδέν** Neg. verstärken einander (A310).
ὠφελέω *helfen, nützen,* etwas *ausrichten/erreichen;* ὅτι οὐκ ὠφελεῖτε οὐ-
δέν *daß ihr gar nichts ausrichtet/erreicht.* **ἴδε** (eig. Imp. Aor. ὁράω) Inter-
jektion (H-S §252,63) etwa = ἰδού. **ὁ κόσμος** hier *alle Welt* (B 6a). **ὀπίσω**
uneig. Präp. (A183) *hinter – her* (bei Ausdrücken des Kommens/Nachfolgens
häufig: jmdm. *nach*). **ἀπ-ῆλθεν** Aor. -έρχομαι; ὁ κόσμος ὀπίσω αὐ-
τοῦ ἀπῆλθεν *alle Welt ist hinter ihm hergelaufen = alle Welt läuft ihm nach.*
20 **20 ἦσαν** Ipf. εἰμί. **Ἕλλην**[4] ηνος ὁ *Grieche; Nichtjude, Heide.*
ἀνα-βαινόντων Ptz. -βαίνω, subst.; ἦσαν Ἕλληνές τινες ἐκ τῶν
ἀναβαινόντων *es befanden sich unter denen, die hinaufzogen* (näml. zum Fest
nach Jerusalem), *auch einige Griechen = es waren auch einige Griechen unter den*
Festpilgern (Schnackenburg, Jh 2, S. 476). **προσ-κυνήσωσιν** Aor. Konj.
-κυνέω; ἵνα προσκυνήσωσιν ἐν τῇ ἑορτῇ *um beim Fest anzubeten.*
21 **ἑορτή** *Fest.* **21 προσ-ῆλθον** Aor. -έρχομαι hier *hinzutreten, herantreten.*
Φίλιππος 1,43. **Βηθσαϊδά** 1,44; hier Gen.; τῷ ἀπὸ Βηθσαϊδά ... *der*
aus Betsaida ... stammte. **τῆς Γαλιλαίας** gen. partitivus (vgl. H-S §166a;
A164) *in Galiläa.* **ἠρώτων** Ipf. ἐρωτάω. **λέγοντες** Ptz. λέγω, mod.,
22 pleon. (A297,1). **κύριε** Vok. **ἰδεῖν** Aor. Inf. ὁράω. **22 ἔρχεται, λέγει**
hist. Präs. (A235); zum Präd. ἔρχεται (zweites) im Sg. vgl. BDR §135,1b; A94.
23 **Ἀνδρέας** 1,40. **23 ἀπο-κρίνεται** hist. Präs. (A235). **ἐλήλυθεν** Pf.
ἔρχομαι. **ἵνα** hier *daß* (A328) als Attr. zu ὥρα (H-S §225a; vgl. A279; 353);
ἐλήλυθεν ἡ ὥρα ἵνα δοξασθῇ ὁ υἱὸς τοῦ ἀνθρώπου *die Stunde/Zeit ist*
gekommen, daß der Menschensohn verherrlicht wird. **δοξασθῇ** Aor. Konj.
24 Pass. δοξάζω. **24 κόκκος** *Korn, Samenkorn.* **σῖτος** *Weizen;* ὁ κόκκος
τοῦ σίτου *das Weizenkorn.* **πεσών** Aor. Ptz. πίπτω; temp. (A291,1

Anm. 1). **ἀπο-θάνῃ** Aor. Konj. -θνῄσκω. **25 φιλῶν** Ptz. φιλέω *lieben;* 25
subst. **ἡ ψυχὴ αὐτοῦ** (zweimal) *sein Leben.* **ἀπ-ολλύω** = ἀπ-όλλυμι
(BDR §92[1]). **μισῶν** Ptz. μισέω hier als Ggs. zu φιλέω viell. *nicht lieben,*
geringachten; subst. **ὁ κόσμος οὗτος** *diese Welt* (hier als gottfeindl. Bereich
[B κόσμος 8]). **εἰς ζωὴν αἰώνιον** *für das ewige Leben.* **φυλάξει** Fut.
φυλάσσω[80] *bewachen; beschützen;* hier *bewahren* (B 1c). **26 διακονῇ** 26
Konj. V. 2; (erstes) konatives Präs. (A232c); ἐὰν ἐμοί τις διακονῇ *wenn mir*
jemand dienen will. **ἀκολουθείτω** Imp. 3. Sg. ἀκολουθέω. **εἰμί** hier fut.
Bdtg. (BDR §323[3]). **καί** (zweites) hier *auch.* **διάκονος** *Diener, Helfer.*
ἔσται Fut. εἰμί. **τιμήσει** Fut. τιμάω *schätzen, ehren.* **ὁ πατήρ** *mein*
(A103) *Vater.*

27 τε-τάρακται Pf. Pass. ταράσσω (vgl. A33[74ff]) *aufwühlen, aufrüh-* 27
ren; übertr. *in Aufregung, Unruhe, Verwirrung, Angst, Schrecken* bzw. *Bestürzung*
versetzen; Pass. auch *erschüttert werden* (B 2). **εἴπω** Aor. Konj. λέγω;
deliberativer Konj. (A255); τί εἴπω; *was soll ich sagen?* **πάτερ** Vok. πατήρ.
σῶσον Aor. Imp. σῴζω. **ἀλλά** nach einer Selbstfrage: *nein* (BDR §448,4);
ἀλλὰ διὰ τοῦτο *nein, gerade deshalb.* **28 δόξασον** Aor. Imp. δοξάζω. 28
ἐ-δόξασα Aor.; καὶ ἐδόξασα καὶ πάλιν δοξάσω *ich habe ihn schon*
verherrlicht, und ich werde ihn wieder verherrlichen (καί ... καί im Sinn v. *einer-*
seits ... andererseits [BDR §444[4]]). **δοξάσω** Fut. **29 ἑστώς** Pf. (Wz.-Pf., 29
H-S §109a; m. präs. Bdtg.) Ptz. ἵσταμαι, attr. [Var. ἑστηκώς Pf. Ptz. (andere
Form)]. **ἀκούσας** Aor. Ptz. ἀκούω, attr.; erg. τοῦτο/ταῦτα (A79). **ἔ-λε-**
γεν Ipf. λέγω. **βροντή** *Donner;* Subj. des AcI. **γε-γονέναι** Pf. Inf. γίνο-
μαι; Präd. des AcI; βροντὴν γεγονέναι *es habe gedonnert* (H-S §205) od.
übers. als direkte Rede: *es hat gedonnert.* **λε-λάληκεν** Pf. λαλέω. **30 ἀπ-** 30
ε-κρίθη Aor. Pass. (ohne Pass.-Bdtg.) ἀπο-κρίνομαι. **καὶ εἶπεν** pleon.
(Hebr.; A297,2). **γέ-γονεν** Pf. γίνομαι hier *erschallen.* **31 ὁ κόσμος** 31
οὗτος V. 25; gen. obi. (A158); νῦν κρίσις ἐστὶν τοῦ κόσμου τούτου
jetzt ergeht ein (Straf-)Gericht über diese Welt. **ἄρχων**[5] ουτος ὁ *Herrscher,*
Machthaber, Herr (hier v. Teufel). **ἐκ-βληθήσεται** Fut. Pass. -βάλλω.
32 ἐάν fast = ὅταν (A346; B I1d). **ὑψωθῶ** Aor. Konj. Pass. ὑψόω *erhöhen* 32
(hier bezogen auf die Kreuzigung u. auf die „Erhöhung" Jesu zu Gott
[EWNT 3, Sp. 982]). **ἑλκύσω** Fut. ἕλκω[184] *ziehen, schleppen* (hier übertr.).
ἐμαυτόν[14] Refl.-Pron. 1. Sg. **33 σημαίνων** Ptz. σημαίνω *kundtun,* 33
mitteilen; ein Vorzeichen geben, voraussagen, andeuten (B 2); fin. *um anzudeuten.*
ποῖος[18] *wie beschaffen? was für ein?* (B 1aγ). **ἤ-μελλεν** Ipf. μέλλω hier
(m. Inf.) umschrieb. Fut. (BDR §356[2]; vgl. A250) od. v. einer Notwendigkeit in-
folge göttl. Ratschlusses im Sinn v. *müssen* (B 1cδ). **ἀπο-θνῄσκειν** Inf.;
ποίῳ θανάτῳ (dat. modi, A180) ἤμελλεν ἀποθνῄσκειν *(durch) was für*
einen Tod od. *auf welche Weise er sterben werde* od. *müsse.*

34 ἀπ-ε-κρίθη V. 30. **ἡμεῖς** betont (A122). **ἠκούσαμεν** Aor. 34

ἀκούω. **μένει** fut. Präs. (A234). **σύ** betont (A122); καὶ πῶς λέγεις σύ
mit welchem Recht/in welchem Sinn sagst du (B πῶς 1a), *wie kannst du dann sa-*
35 *gen/behaupten.* **ὑψωθῆναι** Aor. Inf. Pass. V. 32; Präd. des AcI. **35 μικρός**
hier *kurz* (B 2d); ἔτι χρόνον μικρόν Akk. der zeitl. Ausdehnung (A148) *nur*
noch (für eine) kurze Zeit. **ἐν** *unter, bei.* **περι-πατεῖτε** Imp. -πατέω. **ὡς**
hier *solange als* (B IV1b); ὡς τὸ φῶς ἔχετε *solange ihr das Licht habt* (H-S
§276g). **σκοτία** *Dunkelheit; Finsternis* (auch als Bereich des Gottfeindl. bzw.
der Gottesferne). **κατα-λάβῃ** Aor. Konj. -λαμβάνω[152] *ergreifen, überwäl-*
36 *tigen; einholen, ereilen, überfallen* (B 1b). **περι-πατῶν** Ptz., subst. **36 πι-**
στεύετε Imp. **υἱοὶ φωτός** *Söhne des Lichts* (Sem. [A157]), d.h. Menschen,
die zum Licht gehören u. davon best. sind. **γένησθε** Aor. Konj. Med. γίνο-
μαι. **ἐ-λάλησεν** Aor. λαλέω. **ἀπ-ελθών** Aor. Ptz. -έρχομαι, temp.
(A291,1 Anm. 1); ταῦτα ἐλάλησεν Ἰησοῦς, καὶ (vgl. A311,2) ἀπελθών
nachdem Jesus das gesagt hatte, ging er fort und. **ἐ-κρύβη** Aor. Pass. κρύ-
πτω[57] *verbergen, verhüllen, verstecken* (den Blicken od. dem Zugriff anderer ent-
ziehen); Pass. *sich verbergen/verstecken* ἀπό τινος *vor jmdm.*
37 **37 τοσοῦτος**[18] (A352) *so groß; so viel;* Pl. *so viele.* **πε-ποιηκότος**
Pf. Ptz. ποιέω, gen. abs. (A288f), konz.; τοσαῦτα δὲ αὐτοῦ σημεῖα πε-
ποιηκότος ἔμπροσθεν αὐτῶν *aber obwohl er so viele Zeichen/Wunderzei-*
38 *chen vor ihnen getan hatte.* **ἐ-πίστευον** V. 11. **38 ἵνα** wohl zugleich fin. u.
kons. (B II2); ἵνα ... πληρωθῇ übers. etwa *so sollte sich ... erfüllen.* **Ἠσα-**
ΐας 1,23. **τοῦ προφήτου** App. (A70). **πληρωθῇ** Aor. Konj. Pass. πλη-
ρόω. **κύριε** Vok. **ἐ-πίστευσεν** Aor. πιστεύω. **ἀκοή** *(das) Hören;* (das,
was gehört wird) *Botschaft, Predigt.* **βραχίων**[4] ονος ὁ *Arm,* auch metony-
misch (A381f) für Gottes *Macht.* **ἀπ-ε-καλύφθη** Aor. Pass. ἀπο-καλύ-
39 πτω[54] *enthüllen, offenbaren.* **39 διὰ τοῦτο** V. 18. **ἠ-δύναντο** Ipf. δύνα-
40 μαι. **πιστεύειν** Inf. **40 τε-τύφλωκεν** Pf. τυφλόω *blind machen, blen-*
den; verblenden. **ἐ-πώρωσεν** Aor. πωρόω *versteinern, verhärten, verstocken*
[Var. ἐ-πήρωσεν Aor. πηρόω *lähmen*]. **ἵνα** V. 38. **ἴδωσιν** V. 9.
ὀφθαλμοῖς dat. instr. (A176). **νοήσωσιν** Aor. Konj. νοέω *erkennen, be-*
greifen, verstehen, einsehen; Aor. (vgl. A229) *zur Erkenntnis gelangen, zur Einsicht*
kommen. **καρδίᾳ** dat. instr. (A176). **στραφῶσιν** Aor. Konj. Pass. στρέ-
φω[47] *hinwenden, zukehren;* Pass. *sich umwenden, sich zuwenden; umkehren, sich*
bekehren (B 2b). **καί** (viertes) verbindet nach Konj. das Fut. zur Bezeichnung
des weiteren Ergebnisses (BDR §442[8]); ἵνα μή ... καὶ ἰάσομαι αὐτούς
damit/so daß sie *nicht ... und ich sie (nicht) heile/wiederherstelle.* **ἰάσομαι** Fut.
41 Med. ἰάομαι[17] *heilen;* bildl. *wiederherstellen* (B 2). **41 ὅτι** hier *weil.* **αὐτοῦ**
42 (zweimal) *seine* (d.h. Jesu). **ἐ-λάλησεν** V. 36. **42 ὅμως** *gleichwohl,*
dennoch. **μέν-τοι** *wirklich, in der Tat; freilich, allerdings, jedoch;* ὅμως
μέντοι *dennoch freilich, gleichwohl* (B 2). **καί** verstärkt (vgl. BDR §442,8a;
A313) *auch, sogar.* **ἐκ** V. 2. **ἄρχων** V. 31; Pl. *die Behörden* (hier vom Syn-

edrium u. seinen Mitgliedern; B2a). **ἐ-πίστευσαν** Aor., ingr. Aor. (A240b).
ὡμο-λόγουν Ipf. ὁμο-λογέω *sich (offen) als* etwas od. *zu* etwas od. jmdm.
bekennen. **ἀπο-συν-άγωγος**[11] *aus der Synagoge ausgeschlossen.* **γένων-**
ται Aor. Konj. Med. γίνομαι. **43 ἠγάπησαν** Aor. ἀγαπάω hier 43
(hoch)schätzen (B 2); ἠγάπησαν τὴν δόξαν τῶν ἀνθρώπων (gen. obi.
[A158] bzw. auctoris [A153]) μᾶλλον ἤπερ *sie schätzten die Ehre/das Ansehen*
vor/bei den Menschen höher als. **ἤ-περ** nach Komp. *als* (B ἤ 2eβ).
44 ἔ-κραξεν Aor. κράζω. **καὶ εἶπεν** pleon. (Hebr.; BDR §420[4]; vgl. 44
A297,2). **πιστεύων** Ptz., subst. **οὐ ... ἀλλά** hier *nicht so sehr ... als (viel-*
mehr) (BDR §448[1]; vgl. H-S §249b). **πέμψαντα** Aor. Ptz. πέμπω, subst.
45 θεωρῶν Ptz. θεωρέω, subst. **46 φῶς** ohne Art. Subj.-Erg. (A82) *als* 45f
Licht. **ἐλήλυθα** V. 23. **πᾶς ὁ** m. Ptz. *jeder, der* (A86) bzw. m. Neg. *kei-*
ner/niemand, der. **πιστεύων** V. 44. **σκοτία** V. 35. **μείνῃ** Aor. Konj. μέ-
νω. **47 μου** Poss.-Pron. zu τῶν ῥημάτων. **ἀκούσῃ** Aor. Konj. ἀκούω, 47
m. Gen. **φυλάξῃ** Aor. Konj. φυλάσσω V. 25, hier *befolgen* (B 1f). **ἐγώ** be-
tont (A122). **κρίνω** (zweites) Aor. (evtl. Präs.) Konj. κρίνω. **σώσω** Aor.
Konj. σῴζω. **48 ἀ-θετῶν** Ptz. ἀ-θετέω *für ungültig erklären; verwerfen, nicht* 48
anerkennen, ablehnen (B 1b); subst. **λαμβάνων** Ptz. hier *aufnehmen* (u. sich
danach richten) (B 1eβ); subst. **κρίνοντα** Ptz., subst.; ἔχει τὸν κρίνοντα
αὐτόν *der hat (damit schon) seinen Richter.* **ἐ-λάλησα** V. 36. **κρινεῖ** Fut.
ἡ ἐσχάτη ἡμέρα *der letzte Tag = der Jüngste Tag* (d.h. der Tag der Wieder-
kunft Christi) (B ἔσχατος 3b). **49 ἐμαυτοῦ** V. 32; ἐξ ἐμαυτοῦ *von mir* 49
aus (B 3). **πέμψας** Aor. Ptz., attr. **δέ-δωκεν** Pf. δίδωμι; ἐντολὴν δί-
δωμι *gebieten* (B 1bα), *auftragen.* **εἴπω** Aor. Konj. λέγω. **λαλήσω** Aor.
Konj. λαλέω; deliberativer Konj. wie in der entsprechenden direkten Frage
(A255); τί εἴπω καὶ τί λαλήσω *was ich sagen und reden soll.* **50 εἰμί** hier 50
wohl *bedeuten;* ἡ ἐντολὴ αὐτοῦ ζωὴ αἰώνιός ἐστιν *sein Auftrag/Gebot be-*
deutet ewiges Leben (d.h. er/es vermittelt ewiges Leben). **ἐγώ** V. 47. **εἴρηκεν**
Pf. λέγω; ἃ οὖν ἐγὼ λαλῶ, καθὼς εἴρηκέν μοι ὁ πατήρ, οὕτως λα-
λῶ *was ich also sage, sage ich so, wie es mir der Vater gesagt hat.*

ἑορτή *Fest.* **πάσχα** τό indekl., *Passafest* (14./15. Nisan [Anfang April] **13**
zur Erinnerung an Israels Auszug aus Ägypten). **εἰδώς** Pf. (m. präs. Bdtg.)
Ptz. οἶδα, kaus., viell. temp. **ἵνα** hier *daß* bzw. Inf. (A328) als Attr. zu ὥρα
(vgl. H-S §225a; A279; 353); ὅτι ἦλθεν αὐτοῦ ἡ ὥρα ἵνα μεταβῇ ἐκ τοῦ
κόσμου τούτου ... *daß seine Stunde/Zeit* bzw. *daß die Stunde/Zeit für ihn
gekommen sei, aus dieser Welt hinüberzugehen ...* **μετα-βῇ** Wz.-Aor. Konj.
-βαίνω[139] (v. einem Ort) *weggehen* (um an einem anderen Ort zu sein); übertr.
hinübergehen. **ἀγαπήσας** Aor. Ptz. ἀγαπάω, temp. od. kaus. **οἱ ἴδιοι**
hier *die Seinen* (d.h. die Menschen, die zu ihm gehören). **εἰς τέλος** *bis zuletzt,
bis ans Ende* od. *in abschließender Weise, bis zum äußersten, bis zur Vollendung;*
viell. verbinden sich hier beide Aspekte (B εἰς 3; τέλος 1dγ). **ἠγάπησεν**

Aor. hier *Liebe erweisen* (B 1c); ἀγαπήσας τοὺς ἰδίους ... εἰς τέλος ἠγάπησεν αὐτούς *nachdem er die Seinen ... (bisher) geliebt hatte* od. *da er die Seinen liebte, erwies er ihnen seine Liebe bis zuletzt/bis zum Ende* od. *bis zum*
2 *äußersten/bis zur Vollendung.* **2 δεῖπνον** *Hauptmahlzeit* (gegen Abend); *Mahlzeit, Gastmahl.* **γινομένου** Ptz. γίνομαι, gen. abs. (A288), temp.; da der dazugehörige HS erst in V. 4 m. ἐγείρεται beginnt, übers. am besten V. 2-4 in mehreren sinngemäß verknüpften HS; δείπνου γινομένου *während einer Mahlzeit* (d.h. des Abendessens) [Var. γενομένου Aor. Ptz. Med.]. **διά-βολος** (< δια-βάλλω verleumden) subst. *Verleumder; Teufel.* **βεβληκότος** Pf. (A231) Ptz. βάλλω hier εἰς τὴν καρδίαν *jmdm. ins Herz geben, jmdm. den Gedanken/Entschluß eingeben* (vgl. B 2b); gen. abs. (A288), temp. **ἵνα** hier *daß* od. Inf. (A328; bez. das Eingegebene). **παρα-δοῖ** (hell. Nebenform zu -δῷ [H-S §116 Anm. 18; BDR §95,1) Aor. Konj. -δίδωμι; ἤδη βεβληκότος εἰς τὴν καρδίαν ἵνα παραδοῖ αὐτὸν Ἰούδας ... (Ἰούδας ist eig. Subj. des ἵνα-Satzes; übers. dennoch) etwa *als* der Teufel *Judas ... schon ins Herz gegeben hatte/Judas ... schon den Gedanken/Entschluß eingegeben hatte, ihn auszuliefern/zu verraten* [Var. παρα-δῷ Aor. Konj. (andere Form)]. **Ἰσκαριώτης** 6,71; Ἰούδας Σίμωνος Ἰσκαριώτου (usuelle) Ellipse v.
3 „Sohn" (A156 u. 376): *Judas, der Sohn von Simon Iskariot.* **3 εἰδώς** Pf. (m. präs. Bdtg.) Ptz. οἶδα, kaus., viell. temp. **ἔ-δωκεν** Aor. δίδωμι hier *übergeben, überlassen, anvertrauen* (B 3); ὅτι πάντα ἔδωκεν αὐτῷ ὁ πατὴρ εἰς τὰς χεῖρας *daß der Vater ihm alles in die Hände übergeben hatte = daß der Vater ihm die Macht über alle Dinge gegeben hatte* (GN; vgl. BDR §217[4]) [Var. δέδωκεν Pf.]. **ἐξ-ῆλθεν** Aor. -έρχομαι. **ὑπ-άγω** hier *zurückkehren.*
4 **4 ἐγείρεται** Pass. ἐγείρω; hist. Präs. (A235), ebenso die flgd. Verben im Präs. Ind. **τίθημι** hier *ablegen, ausziehen* (B I1bδ). **τὰ ἱμάτια** Pl. hier = Sg. (BDR §141[11]). **λαβών** Aor. Ptz. λαμβάνω, temp. (A291,1 Anm. 1; A296). **λέντιον** *Leinentuch, leinenes Tuch.* **δι-έ-ζωσεν** Aor. δια-ζώννυ-
5 μι[224] *umgürten, umbinden* τινά τι *jmdm. etwas.* **5 εἶτα** *dann, danach.* **βάλλω** hier *gießen.* **νιπτήρ**[6] ῆρος ὁ *Waschbecken.* **ἤρξατο** Aor. Med. ἄρχω. **νίπτειν** Inf. νίπτω (vgl. A33[51ff]) *waschen;* Med. *sich waschen;* ἤρξατο νίπτειν τοὺς πόδας τῶν μαθητῶν (gen. poss., A154) *er begann, die Füße der Jünger zu waschen = er begann, seinen* (A103) *Jüngern die Füße zu waschen.* **ἐκ-μάσσειν** Inf. -μάσσω *abwischen, abtrocknen.* **τῷ λεντίῳ** dat. instr. (A176). **ἦν** Ipf. εἰμί. **δι-ε-ζωσμένος** Pf. Ptz. Pass. V. 4; umschrieb. Plsqpf. (A249); ᾧ (für ὅ [Attraktion des Rel.-Pron., A360], AkkO der Sache) ἦν διε-
6 ζωσμένος *mit dem er umgürtet war* (vgl. A213). **6 ἔρχεται, λέγει** hist. Präs. (A235), ebenso in den flgd. Versen. **κύριε** Vok. **σύ** betont (A122). **μου ... τοὺς πόδας** *meine Füße* bzw. *mir die Füße* (BDR §473[2]). **νίπτεις** Präs. konativ (H-S §197a; vgl. A232); κύριε, σύ μου νίπτεις τοὺς πόδας;
7 *du, Herr, willst mir die Füße waschen?* **7 ἀπ-ε-κρίθη** Aor. Pass. (ohne Pass.-

Bdtg.) ἀπο-κρίνομαι. **καὶ εἶπεν** pleon. (Hebr.; A297,2). **ἐγώ, σύ** ste-
hen betont (A122). **ἄρτι** *jetzt,* erg. *noch nicht.* **γνώσῃ** Fut. Med. γινώσκω.
μετὰ ταῦτα *danach* (B μετά BII3), *nachher, später.* **8 οὐ μή** m. Aor. 8
Konj. stärkste Verneinung zukünftigen Geschehens (A257). **νίψῃς** Aor.
Konj. νίπτω; οὐ μὴ νίψῃς μου ... εἰς τὸν αἰῶνα *niemals/nie und nimmer*
sollst du mir ... waschen. **νίψω** Aor. Konj. **μέρος** hier viell. *Platz* (B 2); οὐκ
ἔχεις μέρος μετ᾽ ἐμοῦ *du hast keinen Anteil an mir* bzw. *keine Gemeinschaft*
mit mir (vgl. Menge); viell. *du hast keinen Platz bei mir.* **9 μή ... μόνον** 9
ἀλλὰ καί *nicht nur/allein ... sondern auch;* erg. νίψον (Aor. Imp.). **10 λε-** 10
λουμένος Pf. Ptz. Pass. λούω[9] *waschen, baden;* Med. *sich waschen/baden;*
subst. **ἔχω χρείαν** *nötig haben,* m. flgd. Inf. (B ἔχω I2i). **εἰ μή** nach Neg.
außer (vgl. B εἰ VI9a). **νίψασθαι** Aor. Inf. Med.; ὁ λελουμένος οὐκ ἔχει
χρείαν εἰ μὴ τοὺς πόδας νίψασθαι, ἀλλ᾽ ἔστιν καθαρὸς ὅλος *wer*
gebadet ist (od. *sich gebadet hat*), *ist ganz rein und braucht sich nur noch die Füße*
zu waschen. **καθαρός** *rein.* **ὑμεῖς** betont (A122). **11 ᾔδει** Plsqpf. (m. der 11
Bdtg. eines Ipf.) οἶδα. **παρα-διδόντα** Ptz. -δίδωμι; subst.; τὸν παρα-
διδόντα αὐτόν *seinen Verräter* (viell. *den, der dabei war, ihn zu verraten*) bzw.
den, der ihn verraten würde (vgl. A283; 285). **διὰ τοῦτο** *darum, deshalb.* **ὅτι**
recitativum = Doppelpunkt (A333).

12 ἔ-νιψεν Aor. V. 5. **ἔ-λαβεν** Aor. λαμβάνω hier *anlegen, anziehen* 12
(B 1a). **τὰ ἱμάτια** V. 4. **ἀν-έ-πεσεν** Aor. ἀνα-πίπτω[194] *sich niederle-*
gen/niederlassen, Platz nehmen (um zu essen) [Var. ἀνα-πεσών Aor. Ptz.,
temp.]. **πε-ποίηκα** Pf. ποιέω. **ὑμῖν** dat. commodi (A173) *an/für euch.*
13 φωνέω hier *anreden* (B 2a). **ὁ διδάσκαλος, ὁ κύριος** Nom. m. Art. 13
für Vok. (BDR §147[5]; A142); ὑμεῖς φωνεῖτέ με· ὁ διδάσκαλος, καί· ὁ
κύριος *ihr redet mich mit „Lehrer“ und „Herr“ an, ihr nennt mich „Lehrer“ und*
„Herr“ (BDR §143). **καλῶς** *schön, gut; zutreffend, recht, richtig* (B 4b), *mit*
Recht; καὶ καλῶς λέγετε *und ihr nennt (mich) mit Recht (so)* bzw. etwa *und*
das mit Recht. **εἰμὶ γάρ** *denn ich bin (es).* **14 ἐγώ, ὑμεῖς** stehen betont 14
(A122). **εἰ** m. Ind. indefiniter Fall (A342). **ἔ-νιψα** Aor. V. 5. **ὁ κύριος**
καὶ ὁ διδάσκαλος App. zu ἐγώ (A70). **ὀφείλω** *schulden; verpflichtet*
sein, müssen. **νίπτειν** V. 5. **15 ὑπό-δειγμα**[3] *Beispiel, Vorbild.* **ἔ-δωκα** 15
Aor. δίδωμι [Var. δέ-δωκα Pf.]. **ἐ-ποίησα** Aor. ποιέω. **ποιῆτε** Konj.;
ἵνα καθώς ... καὶ ὑμεῖς ποιῆτε *damit auch ihr so handelt, wie ...*
16 κυρίου gen. comparationis (A168). **πέμψαντος** Aor. Ptz. πέμπω, 16
subst.; gen. comparationis (A168). **17 εἰ** V. 14. 17

18 ἐξ-ε-λεξάμην Aor. Med. ἐκ-λέγομαι[66] *(für sich) auswählen,* 18
erwählen. **ἀλλ᾽ ἵνα** (ellip., erg. τοῦτο γέγονεν o.ä.) *sondern (dies ist*
geschehen,) damit; sondern es sollte (BDR §448[8]; B ἵνα III1). **πληρωθῇ** Aor.
Konj. Pass. πληρόω. **τρώγων** Ptz. τρώγω *zerkauen, essen;* subst. **ἐπ-ῆρεν**
Aor. -αίρω[132] *emporheben;* ἐπαίρω ἐπί τινα τὴν πτέρναν „gegen jmdn.

die Ferse erheben“ (näml. zum heimtückischen Tritt) (B πτέρνα) = *sich gegen*
19 *jmdn. wenden* [Var. ἐπ-ῆρκεν Pf.]. **πτέρνα** *Ferse.* **19 ἄρτι** *jetzt;* ἀπ’ ἄρτι
von nun an (B ἄρτι 3), hier *schon jetzt.* **πρὸ τοῦ** m. Inf. temp. (A282) *bevor,*
ehe. **γενέσθαι** Aor. Inf. Med. γίνομαι; πρὸ τοῦ γενέσθαι *bevor es ge-*
schieht. **πιστεύσητε** Aor. Konj. πιστεύω. **γένηται** Aor. Konj. Med.;
ὅταν γένηται *wenn es geschieht, wenn es geschehen ist* (vgl. H-S §276f). **ὅτι**
20 **ἐγώ εἰμι** *daß ich es bin* (d.h. der v. Gott gesandt ist). **20 λαμβάνων** Ptz.
hier *aufnehmen* (B 1eα); (zweimal) subst.; generisches Ptz. (BDR §413[6]). **ἄν**
= ἐάν (BDR §107[2]). **πέμψω** Aor. Konj. πέμπω; ὁ λαμβάνων ἄν τινα
πέμψω ἐμὲ λαμβάνει *wer, wenn ich jemanden sende, (ihn) aufnimmt, nimmt*
mich auf = wer einen Menschen aufnimmt, den ich sende, nimmt mich auf. **πέμ-**
ψαντα Aor. Ptz., subst.
21 **21 εἰπών** Aor. Ptz. λέγω, temp.; ταῦτα εἰπών *nach diesen Worten.*
ἐ-ταράχθη Aor. Pass. ταράσσω (vgl. A33[74ff]) *aufwühlen, aufrühren;* übertr.
in Aufregung, Unruhe, Verwirrung, Angst, Schrecken bzw. *Bestürzung versetzen.*
Pass. auch *erschüttert werden* (B 2). **τῷ πνεύματι** (dat. resp., A178) *im Geist,*
im Innersten. **ἐ-μαρτύρησεν** Aor. μαρτυρέω. **καὶ εἶπεν** pleon. (Hebr.;
BDR §420,3; vgl. A297,2). **ὅτι** V. 11. **ἐκ** umschreibt gen. partitivus (vgl.
22 B 4aα). **παρα-δώσει** Fut. -δίδωμι. **22 ἔ-βλεπον** Ipf. βλέπω. **εἰς**
ἀλλήλους *einander.* **ἀ-πορούμενοι** Ptz. Med. ἀ-πορέω *ratlos, in Verle-*
genheit sein; mod.; ἔβλεπον εἰς ἀλλήλους οἱ μαθηταὶ ἀπορούμενοι
περὶ τίνος λέγει *die Jünger blickten einander an und waren ratlos darüber, wen*
er meinte (wörtl. *über wen er sprach* [Tempus u. Modus wie in der entsprechen-
23 den direkten Rede; A326]). **23 ἦν** V. 5. **ἀνα-κείμενος** Ptz. Med. -κει-
μαι (A32) *liegen;* „(zu Tisch) liegen“ = *bei Tisch sein* (B 2); umschrieb. Ipf.
(A249). **ἐκ** V. 21. **κόλπος** *Busen, Brust;* ἐν τῷ κόλπῳ τινός *„an jmds.*
Brust“ = an jmds. Seite. **ἠγάπα** Ipf. ἀγαπάω hier im Sinn v. *besonders lieb-*
24 *haben.* **24 νεύω** *(zu-)nicken, (durch Zunicken) ein Zeichen geben;* hist. Präs.
(A235). **πυθέσθαι** Aor. Inf. Med. πυνθάνομαι[155] *(er-)fragen, sich erkundi-*
gen. **εἴη** Opt. εἰμί; potentialer Opt. (im NT sonst auf Lk/Apg beschränkt;
A260; BDR §385[2]); τίς ἂν εἴη περὶ οὗ λέγει *wer es sein könnte, über den er*
redete = wen er wohl meinte (vgl. auch zu V. 22) [Var. εἰπέ Aor. Imp. λέγω].
25 **25 ἀνα-πεσών** Aor. Ptz. V. 12, hier *sich zurücklehnen* ἐπί τι *an etwas* (B
ἐπί III1aγ); temp. (A291,1 Anm. 1) [Var. ἐπι-πεσών Aor. Ptz. -πίπτω *fallen*
auf, sich stürmisch nähern, hier *sich* (an jmdn.) *herandrängen* (B 1b); temp.].
οὕτως hier *ohne Umstände, ohne weiteres* (vgl. umgangssprachl. *einfach so*) od.
demgemäß (d.h. entsprechend der Aufforderung v. Petrus) (B 4). **στῆθος**[7]
Brust; ἀναπεσὼν οὖν ἐκεῖνος ... ἐπὶ τὸ στῆθος τοῦ Ἰησοῦ *da lehnte*
sich dieser ... zurück an die Brust Jesu und wohl etwa *da rückte er ... näher an Jesus*
heran und (vgl. GNB). **λέγει, ἀποκρίνεται** (V. 26) hist. Präs. (A235),
26 ebenso die flgd. Verben im Präs. Ind. **κύριε** Vok. **26 ἐκεῖνος** m. flgd. BW

(BDR §291[7]) *der.* **βάψω** Fut. βάπτω[52] *eintauchen* (hier in die Schüssel) [Var.
βάψας Aor. Ptz., temp. (A291,1 Anm. 1)]. **ψωμίον** (Diminutiv v. ψωμός
Bissen, Brocken; BDR §111[7]) *Bissen, Brocken* (v. Brot). **δώσω** Fut. δίδωμι;
ᾧ ἐγὼ βάψω τὸ ψωμίον καὶ δώσω αὐτῷ (αὐτῷ wohl pleon. [BDR
§297[4]]) *dem ich den Bissen eintauchen und geben werde* [Var. ἐπι-δώσω Fut.
-δίδωμι *hingeben, übergeben*]. **βάψας** Aor. Ptz., temp. [Var. ἐμ-βάψας
Aor. Ptz. -βάπτω[52] *eintauchen*]. **Ἰσκαριώτης** V. 2. **27 μετὰ τὸ ψω-** 27
μίον *nach dem Bissen = nachdem Judas den Bissen genommen hatte* (vgl. B
μετά BII3). **εἰσ-ῆλθεν** Aor. -έρχομαι εἴς τινα *in jmdn. hineinkom-
men/hineinfahren, von jmdm. Besitz ergreifen* (B 1bβ). **σατανᾶς**[1] ᾶ *Widersa-
cher; Satan,* der Widersacher Gottes. **ποιεῖς** Präs. konativ (BDR §319[2]; vgl.
A232); ὃ ποιεῖς *was du tun willst.* **ποίησον** Aor. Imp. ποιέω. **τάχιον**
Komp. v. ταχέως *schnell; ohne Verzug, bald, sofort;* Komp. ohne Steigerung (so
B 2b) od. elativisch *aufs schnellste* (BDR §244,1; vgl. A118,2 u. 119).
28 ἔ-γνω Aor. γινώσκω. **ἀνα-κειμένων** Ptz. Med. V. 23; subst.; gen. 28
partitivus (A164). **πρὸς τί** *im Hinblick worauf* (B πρός III5a), *wozu* (BDR
§239[7]). **29 ἐ-δόκουν** Ipf. δοκέω. **ἐπεί** (A338) *weil, da ja.* **γλωσσό-κο-** 29
μον *Behälter,* hier *Kasse.* **εἶχεν** Ipf. ἔχω; ἐπεὶ τὸ γλωσσόκομον εἶχεν
da Judas *die Kasse hatte/führte.* **ὅτι λέγει αὐτῷ ὁ Ἰησοῦς** abhängig v.
ἐδόκουν *Jesus sage zu ihm/trage ihm auf.* **ἀγόρασον** Aor. Imp. ἀγοράζω
(vgl. A33[91ff]) (< ἀγορά Marktplatz) *kaufen.* **ὧν** = ταῦτα ὧν (vgl. A358).
χρείαν ἔχω τινός *jmdn./etwas nötig haben.* **εἰς** *für* (B 4g). **ἑορτή** *Fest.*
πτωχός *arm;* subst. **ἵνα** hier *daß* (A328; bez. das Gebotene). **δῷ** Aor.
Konj. 3. Sg. δίδωμι; τοῖς πτωχοῖς (betont der Konjunktion vorangestellt
[BDR §475[1]]) ἵνα τι δῷ *er solle den Armen etwas geben.* **30 λαβών** V. 4, 30
Ptz. temp. **ἐξ-ῆλθεν** V. 3.

31 ἐξ-ῆλθεν V. 3. **λέγει** V. 25. **ἐ-δοξάσθη** Aor. Pass. δοξάζω; 31
Aor. Ind. hier wohl m. Zukunftsbezug (vergleichbar m. dem hebr. „propheti-
schen" Pf., das fut. Bdtg. hat: die Verwirklichung des angekündigten Gesche-
hens ist so sicher, daß dieses als bereits vollendet bez. wird [Joüon-Muraoka
§112h]; vgl. auch A241b); ἐδοξάσθη übers. etwa: der Menschensohn bzw.
Gott *wird verherrlicht* (durch den Tod Jesu am Kreuz). **ἐν αὐτῷ** wohl *durch
ihn,* viell. *in ihm.* **32 εἰ** V. 14. **καί** (erstes) *auch.* **δοξάσει** Fut. **ἐν αὐτῷ** 32
(zweites) *in/bei sich (selbst)* (d.h. in/bei dem Vater). **33 τεκνία** (Diminutiv v. 33
τέκνον) *Kind,* im NT stets in liebevoll vertrauter Anrede an geistl. Kinder (B).
μικρόν *ein wenig, kurze Zeit* (adv. Akk.; A148ff; vgl. B 3e); ἔτι μικρόν *nur
noch (für eine) kurze Zeit.* **μετά** m. Gen. *bei.* **ζητήσετε** Fut. ζητέω. **ὅτι**
V. 11. **καθώς ... καί** *wie ... so ... (auch)* (vgl. BDR §453[3]; A352). **ὅπου** hier
dorthin, wohin (B 1bα; vgl. A358). **ἐλθεῖν** Aor. Inf. ἔρχομαι. **34 ἵνα** 34
(erstes) V. 29. **ἀγαπᾶτε** Konj. ἀγαπάω. **ἠγάπησα** Aor. **35 ἐν τού-** 35
τῳ *daran.* **γνώσονται** Fut. Med. γινώσκω. **ἐμοί** dat. poss. (A173); ὅτι

ἐμοὶ μαθηταί ἐστε *daß ihr meine Jünger seid.* **ἔχητε** Konj. ἔχω. **ἐν ἀλ-**
λήλοις *untereinander, zueinander.*
36 **36 λέγει** V. 25. **κύριε** Vok. **ἀπ-ε-κρίθη** V. 7. **δύνασαι** 2. Sg.
δύναμαι. **ἀκολουθῆσαι** Aor. Inf. ἀκολουθέω; οὐ δύνασαί μοι νῦν
ἀκολουθῆσαι *dorthin kannst du mir jetzt nicht folgen.* **ἀκολουθήσεις** Fut.
37 **ὕστερος** *späterer, letzter;* Ntr. als Adv. *später* (B 2a). **37 διὰ τί** *warum?*
θήσω Fut. τίθημι; τὴν ψυχὴν τίθημι *das Leben hingeben* bzw. *einsetzen*
38 (B I1bδ). **38 ἀποκρίνεται** V. 25. **θήσεις** mod. Fut. (A247). **οὐ μή**
V. 8. **ἀλέκτωρ**[6] ορος ὁ *Hahn.* **φωνήσῃ** Aor. Konj. φωνέω hier *krähen*
(B 1a). **ἕως οὗ** *bis,* m. Konj. **ἀρνήσῃ** Aor. Konj. Med. ἀρνέομαι *leugnen,*
bestreiten; verleugnen, m. Akk. [Var. ἀπ-αρνήσῃ Aor. Konj. Med. -αρνέομαι
verleugnen, m. Akk.]. **τρίς**[19] *dreimal.*

14 **ταρασσέσθω** Imp. Pass. 3. Sg. ταράσσω *aufwühlen, aufrühren;*
übertr. *in Aufregung, Unruhe, Verwirrung, Angst, Schrecken* bzw. *Bestürzung ver-*
setzen; Pass. auch *erschüttert werden* (B 2). **πιστεύετε** wohl beidemal Imp.
2 **2 μονή** *(das) Wohnen, Aufenthalt; Wohnung.* **εἰ δὲ μή** *andernfalls, sonst*
(BDR §376[5]); εἰ δὲ μή, εἶπον ἄν (Irrealis, A252) ὑμῖν ὅτι ... als Frage
(ὅτι als Doppelpunkt [od. *daß*]) *andernfalls/wenn es nicht so wäre, hätte ich dann*
zu euch gesagt: ...? od. als Aussage (ὅτι als *denn*) *wenn es nicht so wäre, hätte ich*
es euch gesagt; denn ... (Menge). **ὅτι** recitativum = Doppelpunkt (A333) od.
denn. **πορεύομαι** fut. Präs. (BDR §323[5]; A234). **ἑτοιμάσαι** Aor. Inf.
ἑτοιμάζω, fin. (A276). **τόπος** hier *Raum, Platz* (zum Aufenthalt bzw.
3 Wohnen) (B 1e). **ὑμῖν** dat. commodi (A173). **3 ἐάν** fast = ὅταν (A346;
B I1d). **πορευθῶ** Aor. Konj. Pass. (ohne Pass.-Bdtg.) πορεύομαι. **ἑτοι-**
μάσω Aor. Konj. **ἔρχομαι** fut. Präs. (H-S §197c; A234). **καί** (drittes) fin.
(BDR §442,3; A311,3). **παρα-λήμψομαι** Fut. Med. -λαμβάνω; πάλιν
ἔρχομαι καὶ παραλήμψομαι ὑμᾶς πρὸς ἐμαυτόν *ich komme wieder,*
um euch zu mir zu nehmen/holen (H-S §252,29). **ἐμαυτόν**[14] Refl.-Pron. 1. Sg.
ὅπου hier *dort, wo* (B 1aα; vgl. A358). **ἐγώ, ὑμεῖς** stehen betont (A122).
4 **ἦτε** Konj. εἰμί. **4 ὅπου** hier *dorthin, wohin* (B 1bα; vgl. A358). **ὑπ-άγω**
5 fut. Präs. (BDR §323[5]; A234). **5 λέγει** hist. Präs. (A235), ebenso in den flgd.
Versen. **Θωμᾶς** 11,16. **κύριε** Vok. **εἰδέναι** Pf. (m. präs. Bdtg.) Inf. οἶ-
6 δα. **6 ἐγώ** betont (A122). **ἡ ὁδὸς καὶ ἡ ἀλήθεια καὶ ἡ ζωή** Präd.-
Nom. m. Art. heben die Einzigartigkeit hervor (A80). **εἰ μή** nach Neg. *außer*
(H-S §252,19); οὐδεὶς ἔρχεται πρὸς τὸν πατέρα εἰ μὴ δι' ἐμοῦ *nie-*
7 *mand kommt zum Vater außer durch mich.* **7 ἐ-γνώκατε** Pf. (A242) γινώ-
σκω [Var. ἐ-γνώκειτε Plsqpf.]. **γνώσεσθε** Fut. Med.; εἰ ἐγνώκατέ με
... γνώσεσθε (indefiniter Fall, A342) *wenn ihr mich kennt* (bzw. *erkannt habt*
[A242]), *werdet ihr ... (er)kennen* [Var. ᾔδειτε Plsqpf. (m. der Bdtg. eines Ipf.)
οἶδα; εἰ ἐγνώκειτέ με ... ἂν ᾔδειτε/ἐγνώκειτε irrealer Fall (vgl. A345)
wenn ihr mich kennen würdet (bzw. *erkannt hättet*), *würdet ihr ... kennen* (bzw.

hättet ihr ... erkannt)]. **ἄρτι** *jetzt;* ἀπ' ἄρτι *von nun an* (B ἄρτι 3), hier *schon*
jetzt. **ἑ-ωράκατε** Pf. (A242) ὁράω.
8 λέγει V. 5. **Φίλιππος** 1,43. **κύριε** Vok. **δεῖξον** Aor. Imp. 8
δείκνυμι[212] *zeigen, sehen lassen, vor Augen bringen.* **ἀρκέω** *genügen, ausrei-*
chen τινί *jmdm./für jmdn.* (B 1); ἀρκεῖ ἡμῖν unpersönl. (ohne Subjektswort;
BDR §129[3]; A75b) übers. *das genügt uns.* **9 τοσοῦτος**[18] (A352) *so groß, so* 9
lang; τοσούτῳ χρόνῳ (temp. Dat. hier statt Akk. der zeitl. Ausdehnung
[A148; s. Var.] für die Zeitdauer, BDR §201[4]; vgl. A182) *so lange (Zeit).*
ἔ-γνωκας Pf. V. 7. **Φίλιππε** Vok. **ἑ-ωρακώς** Pf. Ptz. V. 7; subst. **ἑ-ώ-**
ρακεν Pf. **πῶς σὺ λέγεις** *wie kannst du (da) sagen* (vgl. B πῶς 1d).
10 οὐ *nicht;* erwartet als Frageeinleitung die Antwort „doch" (A320). **ἐν** bez. 10
ein enges persönl. Verhältnis (B I5d); ὅτι ἐγὼ ἐν τῷ πατρὶ καὶ ὁ πατὴρ
ἐν ἐμοί ἐστιν *daß ich im Vater bin/lebe und der Vater in mir ist/lebt = daß ich*
und der Vater in völliger Übereinstimmung leben (d.h. daß du in mir dem Vater
begegnest [GNB]). **ἐμαυτοῦ**[14] Refl.-Pron. 1. Sg.; ἀπ' ἐμαυτοῦ *von mir*
selbst aus (B 3). **μένων** Ptz., temp. od. kaus.; ἐν ἐμοὶ μένων *der* (wörtl.
während/weil er) *dauernd in mir ist* (wörtl. *in mir bleibt*). **11 πιστεύετε** 11
(zweimal) Imp. **ἐν** V. 10; erg. εἰμί bzw. ἐστίν (BDR §128[2]; A78). **εἰ δὲ μή**
V. 2; εἰ δὲ μή, διὰ τὰ ἔργα αὐτὰ πιστεύετε *andernfalls/sonst glaubt mir*
(doch) um der Werke selbst willen.
12 πιστεύων Ptz., subst. **κἀκεῖνος** = καί ἐκεῖνος. **ποιήσει** 12
Fut. ποιέω. **καί** verstärkt den Komp. (BDR §442[23]); καὶ μείζονα τούτων
ποιήσει *und er wird sogar noch größere als diese tun.* **τούτων** gen. compara-
tionis (A168). **πορεύομαι** V. 2. **13 ὅ τι ἄν** (A132; 371) *was/worum auch* 13
immer = alles, was/worum. **αἰτήσητε** Aor. Konj. αἰτέω [Var. αἰτῆτε
Konj.]. **ποιήσω** Fut. **δοξασθῇ** Aor. Konj. Pass. δοξάζω.
15 ἀγαπᾶτε Konj. ἀγαπάω. **τηρήσετε** Fut. τηρέω [Var. 1 τηρή- 15
σατε Aor. Imp.; Var. 2 τηρήσητε Aor. Konj.]. **16 ἐρωτήσω** Fut. ἐρω- 16
τάω. **παρά-κλητος** (< παρα-καλέω) *Helfer* (der zugunsten eines ande-
ren handelt), bes. auch *Anwalt, Beistand, Fürsprecher.* **δώσει** Fut. δίδωμι.
μετά m. Gen. *bei.* **εἰς τὸν αἰῶνα** hier *für immer.* **ᾖ** Konj. εἰμί [Var. μέ-
νῃ Konj. μένω]. **17 τὸ πνεῦμα** App. zu παράκλητον (A70); τὸ πνεῦ- 17
μα τῆς ἀληθείας *der Geist der Wahrheit* (d.h. inbesondere: er bezeugt die
Wahrheit u. Wirklichkeit Gottes). **ὁ κόσμος** *die Welt* (hier als die in der
Gottesferne lebenden Menschen [B 8]). **λαβεῖν** Aor. Inf. λαμβάνω.
ὑμεῖς betont (A122). **ἔσται** Fut. εἰμί. **18 ἀφ-ήσω** Fut. ἀφ-ίημι hier 18
zurücklassen (B 3a); οὐκ ἀφήσω ὑμᾶς ὀρφανούς *ich werde euch nicht*
verwaist/als Waisen (Obj.-Präd., A65) *zurücklassen.* **ὀρφανός** *verwaist.*
ἔρχομαι V. 3. **19 μικρόν** *ein wenig, kurze Zeit* (adv. Akk.; A148ff; vgl. 19
B 3e); ἔτι μικρὸν καί *(es dauert)* (vgl. BDR §127[2]) *nur noch kurze Zeit, dann.*
καί (erstes) kons. (A311,2) *dann.* **θεωρεῖ, θεωρεῖτε** fut. Präs. (ZG;

A234). **ζήσετε** Fut. ζάω [Var. ζήσεσθε Fut. Med. m. gleicher Bdtg. (vgl.
20 BDR §77,3)]. **20 γνώσεσθε** Fut. Med. γινώσκω. **ἐν** (zweites bis viertes)
V. 10; ὅτι ἐγὼ ἐν τῷ πατρί μου καὶ ὑμεῖς ἐν ἐμοὶ κἀγὼ ἐν ὑμῖν
(erg. Kopula, A78) *daß ich in meinem Vater bin/lebe und ihr in mir seid/lebt und*
21 *ich in euch.* **21 ἔχων** Ptz., subst. **τηρῶν** Ptz. τηρέω, subst. **ἀγαπῶν** Ptz.
ἀγαπάω, subst. (zweimal); erstes hebt als Präd.-Nom. m. Art. die Gleichset-
zung hervor (A80); ἐκεῖνός ἐστιν ὁ ἀγαπῶν με *jener/der ist es, der mich*
liebt. **ἀγαπηθήσεται** Fut. Pass. **ἀγαπήσω** Fut. **ἐμ-φανίσω** Fut.
-φανίζω (vgl. A33[91ff]) *sichtbar machen; offenbaren* (B 1b). **ἐμαυτόν**[14]
Refl.-Pron. 1. Sg.
22 **22 λέγει** V. 5. **Ἰσκαριώτης** 6,71; οὐχ ὁ Ἰσκαριώτης hier *nicht*
der mit dem Beinamen Iskariot. **κύριε** Vok. **γέ-γονεν** Pf. γίνομαι; τί γέ-
23 γονεν ὅτι *wie kommt es, daß* (B I3a). **ἐμ-φανίζειν** Inf. V. 21. **23 ἀπ-ε-**
κρίθη Aor. Pass. (ohne Pass.-Bdtg.) ἀπο-κρίνομαι. **καὶ εἶπεν** pleon.
(Hebr.; A297,2). **ἀγαπᾷ** Konj. ἀγαπάω. **τηρήσει** Fut. τηρέω. **ἀγα-**
πήσει Fut. **ἐλευσόμεθα** Fut. Med. ἔρχομαι. **μονή** V. 2. **ποιησό-**
μεθα Fut. Med. ποιέω; μονὴν ποιεῖσθαι *Aufenthalt nehmen, verweilen* (B
μονή 1); μονὴν παρ᾽ αὐτῷ ποιησόμεθα *wir werden bei ihm Wohnung*
nehmen/wohnen (Med. zur Umschreibung des einfachen Verbalbegriffs [B II1]).
24 **24 ἀγαπῶν** Ptz., subst. **οὐκ ἔστιν ἐμός** „ist nicht mein“ = *stammt nicht*
von mir. **πέμψαντος** Aor. Ptz. πέμπω, attr.; gen. poss. (A154).
25 **25 λε-λάληκα** Pf. λαλέω. **μένων** Ptz., temp.; παρ᾽ ὑμῖν μένων
26 *während ich (noch) bei euch bin.* **26 παρά-κλητος** V. 16. **τὸ πνεῦμα τὸ**
ἅγιον App. (A70). **πέμψει** Fut. πέμπω. **διδάξει** Fut. διδάσκω.
ὑπο-μνήσει Fut. -μιμνῄσκω[167] τινά τι *jmdn. erinnern an etwas, jmdm.*
etwas ins Gedächtnis rufen.
27 **27 ἀφ-ίημι** hier *hinterlassen* (B 3a), *zurücklassen.* **εἰρήνην τὴν**
ἐμήν *meinen Frieden* (zum Art. vgl. BDR §270[3]; A84). **οὐ καθὼς ὁ κόσ-**
μος δίδωσιν ἐγὼ δίδωμι ὑμῖν eig. *nicht so, wie die Welt gibt, gebe ich*
euch; hier καθώς aber wohl im Sinn v. ποῖος (wie beschaffen) (B καθώς 1):
nicht solch einen Frieden, wie die Welt ihn gibt, gebe ich euch (vgl. ZG). **ταρασ-**
28 **σέσθω** V. 1. **δειλιάτω** Imp. 3. Sg. δειλιάω *feige/verzagt sein.* **28 ἠκού-**
σατε Aor. ἀκούω. **ὑπ-άγω** V. 4. **ἔρχομαι** V. 3, hier *wiederkommen,*
zurückkehren. **ἠγαπᾶτε** Ipf. ἀγαπάω. **ἐ-χάρητε** Aor. Pass. (m. akt.
Bdtg.) χαίρω; εἰ ἠγαπᾶτέ με ἐχάρητε ἄν (irrealer Fall, H-S §284b;
A345; 252) *wenn ihr mich lieb hättet/mich (wirklich) liebtet, würdet ihr euch*
29 *freuen.* **μου** gen. comparationis (A168). **29 εἴρηκα** Pf. (A242) λέγω.
πρίν (A336) *bevor, ehe* (fast immer m. Inf./AcI). **γενέσθαι** Aor. Inf. Med.
γίνομαι; πρὶν γενέσθαι *bevor es geschieht/eintrifft.* **γένηται** Aor. Konj.
30 Med. **πιστεύσητε** Aor. Konj. πιστεύω. **30 λαλήσω** Fut. λαλέω.
ἔρχεται fut. Präs. (A234). **ἄρχων**[5] οντος ὁ *Herrscher, Machthaber, Herr*

(hier v. Teufel). **καί** adversativ (A311,1) *aber, doch;* καὶ ἐν ἐμοὶ οὐκ ἔχει
οὐδέν eig. *doch an mir hat er nichts* (B ἔχω I7a), d.h. *doch gegen mich hat er
nichts in der Hand* (vgl. ZG) bzw. *doch er hat kein Anrecht auf mich/keine Macht
über mich* (vgl. ThWNT 2, S. 831). **31 ἀλλ᾽ ἵνα** erg. (ellip., BDR §448[8]) 31
τοῦτο γέγονεν o.ä. *sondern (dies ist geschehen), damit ... = sondern es sollte ...*
(BDR §448,7); ἀλλ᾽ ἵνα γνῷ ὁ κόσμος *sondern die Welt sollte erkennen.*
γνῷ Aor. Konj. γινώσκω. **ἐν-ε-τείλατο** Aor. Med. -τέλλομαι[115]
beauftragen, befehlen, gebieten; ὅτι ... καὶ καθὼς ἐνετείλατό μοι ὁ πατήρ,
οὕτως ποιῶ *daß ich ... und so handle, wie der Vater es mir aufgetragen hat* [Var.
ἔ-δωκεν Aor. δίδωμι]. **ἐγείρεσθε** Imp. Pass. ἐγείρω. **ἄγωμεν** Konj.
ἄγω hier *gehen* (B 5); adhortativer Konj. (A254). **ἐντεῦθεν**[18] *von hier;* ἐγεί-
ρεσθε, ἄγωμεν ἐντεῦθεν *steht auf, wir wollen von hier weggehen.*

ἐγώ betont (A122). **ἄμπελος** ἡ *Weinstock;* Präd.-Nom. m. Art. hebt **15**
die Einzigartigkeit hervor (A80). **ἀληθινός** *wahr;* hier *echt, wirklich* (B 3b).
γεωργός *Bauer, Winzer.* **2 κλῆμα**[3] *Ranke,* hier *Rebe* (Zweig, an dem die 2
Weintraube wächst); πᾶν κλῆμα *jede Rebe* (viell. casus pendens [vgl. A375;
BDR §466[4]], durch αὐτό aufgenommen *was jede Rebe ... angeht, so* schneidet er
sie ab; wohl aber besser: AkkO, wobei αὐτό pleon. steht [vgl. BDR §297[3];
A121] *jede Rebe* ... schneidet er ab). **φέρον** Ptz. φέρω, (erstes) kond. od. attr.,
(zweites) attr. bzw. subst.; μὴ φέρον καρπόν *wenn sie* od. *die keine Frucht
trägt.* **αἴρω** hier *entfernen, abschneiden* (B 4). **καθαίρω** *reinigen, säubern.*
φέρῃ Konj. **3 καθαρός** *rein.* **ὁ λόγος** hier vom göttl. Offenbarungswort, 3
das Jesus verkündigt hat (B 1bβ). **λε-λάληκα** Pf. λαλέω. **4 μείνατε** 4
Aor. Imp. μένω. **ἐν** (erstes, zweites u. viertes) bez. ein enges persönl. Verhält-
nis (B I5d). **κἀγὼ ἐν ὑμῖν** *so* (A311,2) *(bleibe) ich in euch* (zur Ellipse vgl.
H-S §293b). **φέρειν** Inf. **ἀφ᾽ ἑαυτοῦ** *von sich aus* (B ἑαυτοῦ 1a). **ἐὰν
μή** (erstes) *sondern nur, wenn.* **μένῃ, μένητε** Konj. [Var. μείνῃ, μείνη-
τε Aor. Konj.]. **5 ἐγώ** V. 1. **μένων** Ptz., subst. **ἐν** V. 4; ὁ μένων ἐν 5
ἐμοὶ κἀγὼ (erg. μένω) ἐν αὐτῷ οὗτος φέρει (Partizipialkonstruktion
wird durch Satz m. [hier zu ergänzendem] finitem Verb fortgesetzt [BDR §468[6];
A293]) „der, der in mir bleibt – und ich bleibe in ihm –, der trägt“ etwa =
wenn jemand in mir bleibt und ich in ihm bleibe, trägt er. **οὐ** ... **οὐδέν** Neg. ver-
stärken einander (A310). **ποιεῖν** Inf. ποιέω. **6 ἐ-βλήθη** Aor. Pass. 6
βάλλω ἔξω hier *wegwerfen;* proleptischer Aor. (H-S §199k; A241b), am besten
präs. übers. **ἐ-ξηράνθη** Aor. Pass. ξηραίνω[120] etwas *austrocknen, ver-
sengen;* Pass. *vertrocknen, verdorren;* proleptischer Aor. **συν-άγουσιν** 3. Pl.
unpersönl. (A76a); συνάγουσιν αὐτὰ καί ... βάλλουσιν *man sammelt sie*
(die verdorrten Reben) *und wirft sie ...* (H-S §255f). **καίεται** Pass. καίω *an-
zünden;* (etwas) *verbrennen;* Pass. intr. *brennen, verbrennen.* **7 μείνητε** Aor. 7
Konj. μένω. **ἐν** (erstes) V. 4. **μείνῃ** Aor. Konj. **ὃ ἐάν** = ὃ ἄν (A132;
371); ὃ ἐὰν θέλητε αἰτήσασθε *bittet um alles, was ihr wollt* (Einh.). **θέλη-**

τε Konj. θέλω. **αἰτήσασθε** Aor. Imp. Med. αἰτέω. **γενήσεται** Fut.
Med. γίνομαι (m. Dat.) hier *zuteil werden, erhalten, empfangen* (B I3bγ); γε-
8 νήσεται ὑμῖν *ihr werdet es erhalten.* **8 ἐν τούτῳ** *dadurch;* weist nach vorn
u. wird durch den ἵνα-Satz erklärt. **ἐ-δοξάσθη** Aor. Pass. δοξάζω; prolep-
tischer Aor. (H-S §199k; A241b), am besten präs. übers. **ἵνα** hier epexegetisch
(für AcI; BDR §394[3]) *(nämlich) daß;* ἐν τούτῳ ἐδοξάσθη ὁ πατήρ μου,
ἵνα *dadurch wird mein Vater verherrlicht, daß.* **φέρητε** Konj. φέρω. **γένη-
σθε** Aor. Konj. Med. γίνομαι [Var. γενήσεσθε Fut. Med.; καὶ (kons.,
BDR §442,2; A311,2) γενήσεσθε ἐμοὶ μαθηταί *(und) dann werdet ihr mei-
ne Jünger sein*]. **ἐμοί** dat. poss. (A173); ἵνα ... γένησθε ἐμοὶ μαθηταί *daß
ihr ... meine Jünger werdet.*
9 **9 ἠγάπησεν** Aor. ἀγαπάω. **κἀγώ** = καὶ ἐγώ; καθώς ... καί *wie
... so* (vgl. BDR §453,1; A352); καθώς ... κἀγὼ ὑμᾶς ἠγάπησα *wie ... so
10 habe auch ich euch geliebt.* **μείνατε** V. 4. **10 τηρήσητε** Aor. Konj. τη-
ρέω. **μενεῖτε** Fut. μένω. **τε-τήρηκα** Pf. **αὐτοῦ** wohl zugleich gen.
11 subi. u. obi. (A158) zu ἀγάπῃ. **11 λε-λάληκα** V. 3. **ᾖ** Konj. εἰμί; ἵνα ἡ
χαρὰ ἡ ἐμὴ ἐν ὑμῖν ᾖ *damit meine Freude in euch sei* bzw. *euch erfüllt*
(GNB) [Var. μείνῃ Aor. Konj.]. **πληρωθῇ** Aor. Konj. Pass. πληρόω.
12 **12 ἵνα** hier *daß* (A328), App. (A353) zu αὕτη; αὕτη ἐστίν ... ἵνα *dies
ist/darin besteht* ... (näml.) *daß.* **ἀγαπᾶτε** Konj. **ἠγάπησα** Aor.
13 **13 ταύτης** gen. comparationis (A168). **ἵνα** hier epexegetisch zu ταύτης
(für AcI; BDR §394[3]) *(nämlich) daß;* μείζονα ταύτης ἀγάπην οὐδεὶς
ἔχει, ἵνα τις *größere Liebe hat niemand als die, daß er.* **θῇ** Aor. Konj. τίθη-
μι; τὴν ψυχὴν τίθημι *das Leben hingeben* bzw. *einsetzen* (B I1bδ). **φίλος**
14 *Freund.* **14 ποιῆτε** Konj. ποιέω. **ἐν-τέλλομαι** *beauftragen, befehlen, ge-
15 bieten.* **15 λέγω** hier *nennen,* m. doppeltem Akk. (A97,15). **εἴρηκα** Pf. λέ-
γω. **ἤκουσα** Aor. ἀκούω. **ἐ-γνώρισα** Aor. γνωρίζω[98] *bekanntmachen,
16 mitteilen, offenbaren.* **16 ὑμεῖς** (erstes), **ἐγώ** stehen betont (A122). **ἐξ-ε-
λέξασθε** Aor. Med. ἐκ-λέγομαι[66] *(für sich) auswählen, erwählen.* **ἔ-θηκα**
Aor. τίθημί τινα ἵνα hier *jmdn. dazu bestimmen, daß* (B I2b). **ὑμεῖς** hier
wohl nicht betont (H-S §139a). **ὑπ-άγητε** Konj. -άγω. **φέρητε** Konj.
φέρω. **μένῃ** Konj. μένω. **ὅ τι ἄν** (A132; 371) *was/worum auch immer =
alles, was/worum.* **αἰτήσητε** Aor. Konj. αἰτέω hier τί τινα *jmdn. um etwas
17 bitten* (vgl. H-S §153a). **δῷ** Aor. Konj. 3. Sg. δίδωμι. **17 ἵνα** hier *(nämlich)
daß* (A328), App. (A353) zu ταῦτα. **ἀγαπᾶτε** Konj. ἀγαπάω.
18 **18 εἰ** m. Ind. indefiniter Fall (A342). **ὁ κόσμος** *die Welt* (hier die
Menschen, die Gott feindl. gegenüberstehen [B 8]). **γινώσκετε** wohl Imp.,
viell. Ind. **πρῶτος** hier unklass. als Komp. (= πρότερος); πρῶτον ist
entweder (m. ἐμέ kongruierender) Mask. Akk. m. gen. comparationis (A168;
BDR §62[1]; B 1a) od. als Adv. (bzw. uneig. Präp.) m. Gen. gebrauchtes Ntr.
(A183; vgl. B 2a); πρῶτον ὑμῶν *früher als euch, (schon) vor euch.* **με-μί-**

σηκεν Pf. (A242) μισέω. **19 ἦτε** Ipf. εἰμὶ ἔκ τινος hier *zu jmdm. gehö-* 19
ren, von jmdm. herstammen (B III3). **τὸ ἴδιον** subst. hier *das Eigentum* (B
ἴδιος 3b). **ἐ-φίλει** Ipf. φιλέω *lieben;* εἰ ἐκ τοῦ κόσμου ἦτε, ὁ κόσμος
ἂν τὸ ἴδιον ἐφίλει (irrealer Fall, A345) *wenn ihr zur Welt gehören/von der*
Welt stammen würdet, würde die Welt (euch) als ihr (A103) *Eigentum lieben.* **ἐξ-**
ε-λεξάμην V. 16. **διὰ τοῦτο** *darum, deshalb.* **20 μνημονεύετε** Imp. 20
μνημονεύω m. Gen. *sich erinnern an; gedenken an, denken an.* **οὗ** für ὅν At-
traktion des Rel.-Pron. (A360). **κυρίου** gen. comparationis (A168). **εἰ** (zwei-
mal) V. 18. **ἐμέ, ὑμᾶς** stehen betont (H-S §139b; A122). **ἐ-δίωξαν** Aor.
διώκω. **διώξουσιν** Fut. **ἐ-τήρησαν** Aor. τηρέω. **ὑμέτερος** (A128)
euer. **τηρήσουσιν** Fut. **21 ποιήσουσιν** Fut. ποιέω τι εἴς τινα hier 21
an jmdm. etwas tun, jmdm. etwas antun (B I1dγ). **ὄνομα** steht als pars pro
toto für die Person (A382). **πέμψαντα** Aor. Ptz. πέμπω, subst. **22 μή** 22
beim „irrealen" Ind. (BDR §428[3]). **ἐ-λάλησα** Aor. λαλέω. **εἴχοσαν**
(-οσαν statt -ον, BDR §84[2]) Ipf. ἔχω; εἰ μὴ ἦλθον καὶ ἐλάλησα αὐ-
τοῖς, ἁμαρτίαν οὐκ εἴχοσαν (irrealer Fall; das ἄν fehlt im NT gelegentl.;
H-S §284d; A345; vgl. BDR §360[2]) *wenn ich nicht gekommen und zu ihnen ge-*
sprochen hätte, hätten sie keine Sünde/Schuld. **νῦν δέ** *aber wie die Dinge jetzt*
liegen (B νῦν 2), *so aber.* **πρό-φασις**[8] *(wirklicher) Grund, Anlaß, Entschuldi-*
gung (B 1). **περί** m. Gen. *für.* **23 μισῶν** Ptz. μισέω, subst. **24 εἰ** leitet 23f
irrealen Kond.-Satz ein; vgl. V. 22. **μή** V. 22. **ἐ-ποίησα** Aor. ποιέω. **ἐν**
bei, unter. **οὐδεὶς ἄλλος** *kein anderer* (B ἄλλος 1d). **εἴχοσαν, νῦν δέ**
V. 22. **ἑ-ωράκασιν** Pf. ὁράω. **καί ... καί** (erstes u. zweites) etwa *zwar ...*
und doch; (drittes u. viertes) *sowohl ... als auch* (vgl. BDR §444[4]). **με-μισή-**
κασιν V. 18. **25 ἀλλ' ἵνα** (ellip., erg. τοῦτο γέγονεν o.ä.) *sondern (dies* 25
ist geschehen,) damit; sondern es sollte (BDR §448[8]). **πληρωθῇ** V. 11. **γε-**
γραμμένος Pf. Ptz. Pass. γράφω, attr.; Pf. Pass. term. tech. zur Einführung
v. Schriftzitaten (B 2c); ὁ λόγος ὁ ... γεγραμμένος *das Wort, das ... steht.*
ὅτι recitativum = Doppelpunkt (A333). **ἐ-μίσησαν** Aor. μισέω. **δω-**
ρεάν *umsonst, als Geschenk; unverdientermaßen, grundlos, ohne Grund.*

26 ἔλθῃ Aor. Konj. ἔρχομαι. **παρά-κλητος** (< παρα-καλέω) 26
Helfer (der zugunsten eines anderen handelt), bes. auch *Anwalt, Beistand, Für-*
sprecher. **πέμψω** Fut. πέμπω. **τὸ πνεῦμα** App. zu παράκλητος (A70);
τὸ πνεῦμα τῆς ἀληθείας *der Geist der Wahrheit* (d.h. insbesondere: er be-
zeugt die Wahrheit u. Wirklichkeit Gottes bzw. Jesu). **ἐκ-πορεύομαι** *hin-*
ausgehen, herauskommen, ausgehen (B 1b). **μαρτυρήσει** Fut. μαρτυρέω.
27 μαρτυρεῖτε wohl Ind., evtl. Imp. **ἀπ' ἀρχῆς** *von Anfang an* (B ἀρχή 27
1b).

λε-λάληκα Pf. λαλέω. **σκανδαλισθῆτε** (< σκάνδαλον Falle; **16**
Ärgernis, Anstößiges) Aor. Konj. Pass. σκανδαλίζω (vgl. A33[91ff]) *zur Sünde*
verführen; ärgern, empören; Pass. auch *sich zur Sünde verleiten lassen, abfallen*

2 (vom Glauben) (B 1a). **2 ἀπο-συν-άγωγος**[11] *aus der Synagoge ausge-
schlossen.* **ποιήσουσιν** Fut. ποιέω; 3. Pl. hier unpersönl. (A76a); ἀπο-
συναγώγους ποιήσουσιν ὑμᾶς *man wird euch aus der Synagoge(ngemein-
de) ausschließen* . **ἀλλά** hier steigernd *ja (sogar)* (BDR §448[7]). **ἔρχεται** fut.
Präs. (A234). **ἵνα** hier *daß* (A328) bzw. (wie ὅτε) *in der,* als Attr. zu ὥρα (vgl.
H-S §225a; A279; 353; BDR §382[2]; 393[5]); ἀλλ' ἔρχεται ὥρα ἵνα πᾶς ὁ
ἀποκτείνας ὑμᾶς δόξῃ ... *ja, es wird (sogar) eine Stunde/Zeit kommen, in
der jeder, der euch tötet, meint ...* **πᾶς ὁ** m. Ptz. *jeder, der* (A86). **ἀπο-κτεί-
νας** Aor. Ptz. -κτείνω, subst. **δόξῃ** Aor. Konj. δοκέω. **λατρεία** *Gottes-
dienst, Gottesverehrung.* **προσ-φέρειν** Inf.; ἵνα πᾶς ὁ ἀποκτείνας
ὑμᾶς δόξῃ λατρείαν προσφέρειν τῷ θεῷ *daß jeder, der euch tötet,*
3 *(damit) Gott einen (heiligen) Dienst zu erweisen meint.* **3 ἔ-γνωσαν** Aor. γι-
4 νώσκω. **4 ἔλθῃ** Aor. Konj. ἔρχομαι. **ὥρα** m. Gen. der Sache, für die es
Zeit ist; ἡ ὥρα αὐτῶν *die Zeit dafür* (B 3). **μνημονεύητε** Konj. μνημο-
νεύω m. Gen. *sich erinnern; gedenken, denken an.* **αὐτῶν** (zweites) Ntr. Pl.,
bezogen auf ταῦτα; ἵνα ὅταν ἔλθῃ ἡ ὥρα αὐτῶν μνημονεύητε αὐ-
τῶν ὅτι ἐγὼ εἶπον ὑμῖν *damit ihr, wenn die Zeit dafür kommt, euch daran
erinnert, daß ich dies zu euch gesagt habe = damit ihr, wenn die Zeit dafür kommt,
euch an meine Worte erinnert.* **ἐξ ἀρχῆς** *von Anfang an* (B ἀρχή 1b). **ἤμην**
5 Ipf. Med. εἰμί (A32). **5 πέμψαντα** Aor. Ptz. πέμπω, subst. **ἐκ** um-
6 schreibt gen. partitivus (B 4aα). **6 λε-λάληκα** V. 1. **λύπη** *Trauer, Kum-
7 mer, Traurigkeit.* **πε-πλήρωκεν** Pf. (A242) πληρόω. **7 συμ-φέρω** *nüt-
zen, förderlich sein, von Vorteil/gut sein;* συμφέρει ὑμῖν ἵνα ... *es ist gut für
euch, daß ...* (vgl. B 2a), *es ist zu eurem Vorteil, daß ...* (H-S §255e). **ὑμῖν** dat.
commodi (A173). **ἵνα**-NS als Subj. zu συμφέρει (H-S §272e). **ἀπ-έλθω**
Aor. Konj. -έρχομαι. **παρά-κλητος** (< παρα-καλέω) *Helfer* (der zu-
gunsten eines anderen handelt), bes. auch *Anwalt, Beistand, Fürsprecher.* **ἐλεύ-
σεται** Fut. Med. ἔρχομαι [Var. ἔλθῃ Aor. Konj., m. οὐ μή stärkste Ver-
neinung zukünftigen Geschehens (A257)]. **πορευθῶ** Aor. Konj. Pass. (ohne
8 Pass.-Bdtg.) πορεύομαι. **πέμψω** Fut. πέμπω. **8 ἐλθών** Aor. Ptz. ἔρχο-
μαι, temp. **ἐλέγξει** Fut. ἐλέγχω (vgl. A33[59ff]) *ans Licht/an den Tag bringen,
dartun;* jmdn. einer Sache *überführen,* jmdm. etwas *nachweisen* (B 2); ἐλέγξει
τὸν κόσμον περὶ ἁμαρτίας ... *er wird die Welt überführen in bezug auf (die)*
9 *Sünde ... = er wird die Welt überführen (und aufdecken), was Sünde ... ist.* **9 ὅτι**
hier *in Anbetracht dessen, daß* (B 1c) od. kaus.; περὶ ἁμαρτίας μέν, ὅτι οὐ
πιστεύουσιν εἰς ἐμέ *in bezug auf (die) Sünde* (in Anbetracht dessen), *daß
sie nicht an mich glauben; über Sünde, (die darin besteht,) daß sie nicht an mich
glauben* = etwa *ihre Sünde besteht darin, daß sie mich ablehnen* (GNB); od. *über*
10 *Sünde, weil sie nicht an mich glauben;* V. 10f sind analog zu übers. **10 ὑπ-
11 άγω, θεωρέω** fut. Präs. (A234). **11 ἄρχων**[5] οντος ὁ *Herrscher, Macht-
haber, Herr* (hier v. Teufel). **κέ-κριται** Pf. (A231) Pass. κρίνω.

12 λέγειν Inf.; ἔτι πολλὰ ἔχω ὑμῖν λέγειν *ich hätte euch noch vie-* 12
les zu sagen. **βαστάζειν** Inf. βαστάζω *aufheben; tragen; wegtragen; ertragen,*
aushalten (B 2bβ). **ἄρτι** *jetzt.* **13 ἔλθῃ** V. 4. **τὸ πνεῦμα** App. zu ἐκεῖ- 13
νος (A70); τὸ πνεῦμα τῆς ἀληθείας *der Geist der Wahrheit* (d.h. insbeson-
dere: er bezeugt die Wahrheit u. Wirklichkeit Gottes). **ὁδηγήσει** Fut. ὁδη-
γέω *leiten, führen; anleiten, einführen* (B 2); ὁδηγήσει ὑμᾶς ἐν τῇ ἀλη-
θείᾳ πάσῃ *er wird euch in die ganze/volle Wahrheit* (d.h. die Wahrheit in ihrem
ganzen Umfang, B πᾶς 1cα) *einführen.* **λαλήσει** Fut. λαλέω. **ἀφ᾽ ἑαυ-**
τοῦ *von sich aus* (B ἑαυτοῦ 1a). **ἀκούσει** Fut. ἀκούω. **ἐρχόμενα** Ptz.
ἔρχομαι, subst.; τὰ ἐρχόμενα *die kommenden Dinge* (B I1bβ), *das Zukünfti-*
ge. **ἀν-αγγελεῖ** Fut. -αγγέλλω[110] *berichten, melden, verkünden.* **14 δο-** 14
ξάσει Fut. δοξάζω. **τὸ ἐμόν** *mein Eigentum;* ἐκ τοῦ ἐμοῦ *von dem, was*
mein ist. **λήμψεται** Fut. Med. λαμβάνω. **15 πάντα ὅσα** *alles, was.* 15
διὰ τοῦτο *darum, deshalb.* **ὅτι** wohl recitativum = Doppelpunkt (A333).

16 μικρόν *ein wenig, kurze Zeit* (adv. Akk.; A148ff; vgl. B 3e); μικρὸν 16
καί *(es dauert)* (vgl. BDR §127[2]) *(nur noch) kurze Zeit, dann.* **καί** (erstes u.
drittes) kons. (A311,2) *dann.* **θεωρέω** V. 10. **ὄψεσθε** Fut. ὁράω. **17 εἶ-** 17
παν Aor. (vgl. H-S §105g) λέγω. **ἐκ** umschreibt gen. partitivus (B 4aγ), hier
als Subj.; ἐκ (= τινὲς ἐκ [A137a]) τῶν μαθητῶν αὐτοῦ *einige seiner Jünger*
(BDR §164,2). **πρὸς ἀλλήλους** *zueinander* (B πρός III1e). **τί ἐστιν**
τοῦτο; *was heißt/bedeutet das?* (B εἰμί II3). **ὅτι** V. 15; καί· ὅτι *und (das an-*
dere Wort): (es folgt ein Zitat aus V. 10). **ὑπ-άγω** V. 10. **18 ἔ-λεγον** Ipf. 18
λέγω. **τό** steht vor einem zitierten Wort (BDR §267[2a]), hier μικρόν (V. 16),
als Doppelpunkt wiederzugeben. **τί λαλεῖ** *was er meint, wovon er redet.*

19 ἔ-γνω Aor. γινώσκω hier *wahrnehmen, merken* (B 4c). **ἤ-θελον** 19
Ipf. θέλω; Ipf. bez. hier die relative Zeitstufe (BDR §330[1]) [Var. ἤ-μελλον
Ipf. μέλλω]. **ἐρωτᾶν** Inf. ἐρωτάω. **ζητέω** hier *Erwägungen anstellen*
(B 1c); περὶ τούτου ζητεῖτε μετ᾽ ἀλλήλων ὅτι ...; übers. etwa *macht ihr*
euch darüber Gedanken, daß ...? diskutiert ihr miteinander darüber, daß ...?
μικρὸν καί ... Zitat aus V. 16. **20 ὅτι** V. 15. **κλαύσετε** Fut. κλαίω. 20
θρηνήσετε Fut. θρηνέω *klagen, jammern.* **ὑμεῖς** betont (A122). **ὁ**
κόσμος *die Welt* (hier die Menschen, die Gott feindl. gegenüberstehen [B 8]).
χαρήσεται Fut. Pass. (m. akt. Bdtg.) χαίρω. **λυπηθήσεσθε** Fut. Pass.
λυπέω *traurig machen, betrüben;* Pass. hier *traurig sein.* **λύπη** *Trauer,*
Kummer. **εἰς** für Präd.-Nominativ (A81; BDR §145[2]). **γενήσεται** Fut.
Med. γίνομαι; ἡ λύπη ὑμῶν εἰς χαρὰν γενήσεται *eure Trauer wird*
sich in Freude verwandeln (vgl. B I4a). **21 τίκτῃ** Konj. τίκτω *gebären.* 21
λύπην ἔχει hier wohl *sie hat Schmerzen* (B λύπη), *sie macht Schweres durch*
(NGÜ). **ἡ ὥρα αὐτῆς** *die Stunde/Zeit für sie* (näml. zu gebären) (B ὥρα 3).
γεννήσῃ Aor. Konj. γεννάω. **μνημονεύω** V. 4. **θλῖψις**[8] hier *Not*
(B 1), viell. *Schmerzen.* **ἐ-γεννήθη** Aor. Pass.; ὅτι ἐγεννήθη ἄνθρωπος

22 εἰς τὸν κόσμον *daß ein Mensch zur Welt gekommen ist* (B 2). **22 καὶ**
ὑμεῖς οὖν *so auch ihr, so ist es auch mit euch:* (vgl. GNB). [Var. ἕξετε Fut.
ἔχω.] **ὄψομαι** V. 16. **καί** (zweites) apodotisch (A311,2) *dann.* **αἴρει** fut.
Präs. (A234) [Var. ἀρεῖ Fut. αἴρω].
23 **23 ἐρωτήσετε** Fut. ἐρωτάω. **ἄν** = ἐάν (BDR §107[2]). **αἰτήσητε**
Aor. Konj. αἰτέω hier τί τινα *jmdn. um etwas bitten* (H-S §153a). **δώσει**
24 Fut. δίδωμι. **24 ἄρτι** *jetzt;* ἕως ἄρτι *bis jetzt.* **ᾐτήσατε** Aor. αἰτέω.
αἰτεῖτε Imp. [Var. αἰτήσασθε Aor. Imp.]. **καί** kons. (A311,2) *so, dann.*
λήμψεσθε V. 14. **ᾖ** Konj. εἰμί. **πε-πληρωμένη** Pf. (A231) Ptz. Pass.
πληρόω, m. ᾖ umschrieb. Pf. Konj. (A249).
25 **25 παρ-οιμία** *Sprichwort; bildliche Rede, Gleichnis, Rätselwort.* **λε-λά-**
ληκα Pf. λαλέω. **ἔρχεται** fut. Präs. (A234). **ὅτε** temp. NS hier Attr. zu
ὥρα (A353) *eine Stunde/Zeit, wo/in der.* **λαλήσω** Fut. **παρ-ρησία**
(< πᾶν + ῥῆσις [das] Reden) *Redefreiheit; Freimütigkeit, Offenheit;* dat. modi
26 (A180) *offen, frei heraus.* **ἀπ-αγγελῶ** Fut. -αγγέλλω. **26 αἰτήσεσθε**
Fut. Med. αἰτέω. **ἐρωτήσω** V. 23. **περί** m. Gen. statt ὑπέρ *für* (vgl. B 1f).
27 **27 αὐτὸς ὁ πατήρ** *der Vater selbst.* **φιλέω** *lieben.* **πε-φιλήκατε** Pf.
28 **πε-πιστεύκατε** Pf. πιστεύω. **ἐξ-ῆλθον** Aor. -έρχομαι. **28 ἐλήλυ-**
θα Pf. ἔρχομαι. **ἀφ-ίημι** hier *verlassen;* fut. Präs. (A234), gilt auch für πο-
ρεύομαι.
29 **29 λέγουσιν** hist. Präs. (A235). **ἴδε** (eig. Imp. Aor. ὁράω) Interjek-
tion (H-S §252,63) etwa = ἰδού. **παρ-ρησία** V. 25; ἐν παρρησίᾳ *öffent-*
lich; hier *offen, frei heraus.* **παρ-οιμία** V. 25; καὶ παροιμίαν οὐδεμίαν
λέγεις *und gebrauchst keine bildliche Rede, ohne Bilder zu gebrauchen* (GN).
30 **30 ἵνα** hier *daß* (bez. [statt eines Inf./AcI] das Erforderl.; A328); ὅτι ... οὐ
χρείαν ἔχεις ἵνα τίς σε ἐρωτᾷ *daß ... du es nicht nötig hast, daß dich*
jemand fragt, daß ... niemand dich (erst) zu fragen braucht (vgl. Menge). **ἐρωτᾷ**
Konj. ἐρωτάω. **ἐν τούτῳ** *darum, deswegen* (BDR §219[2]). **ἐξ-ῆλθες** V. 27.
31 **31 ἀπ-ε-κρίθη** Aor. Pass. (ohne Pass.-Bdtg.) ἀπο-κρίνομαι. **ἄρτι** *jetzt.*
32 **32 ἔρχεται ὥρα ... ἵνα** V. 2. **ἐλήλυθεν** V. 28. **σκορπισθῆτε** Aor.
Konj. Pass. σκορπίζω (vgl. A33[91ff]) *zerstreuen;* Pass. *sich zerstreuen* (B 1).
ἕκαστος εἰς τὰ ἴδια *ein jeder in seine Heimat/in sein Haus,* viell. *jeder*
(wird) seinen eigenen Weg (gehen) (vgl. ZG; GNB: *jeder wird nur noch an sich*
denken). **κἀμέ** = καὶ ἐμέ. **ἀφ-ῆτε** Aor. Konj. -ίημι hier *verlassen* (B 3a);
τινὰ μόνον ἀφίημι *jmdn. allein lassen.* **καί** (zweites) adversativ (A311,1)
33 *aber, doch.* **33 λε-λάληκα** V. 1. **ἔχητε** Konj. ἔχω. **θαρσεῖτε** Imp.
θαρσέω *guten Mutes sein, voller Mut sein, zuversichtlich sein.* **νε-νίκηκα** Pf.
(A242) νικάω *siegen; besiegen.*

17 **ταῦτα** weist wohl zurück. **ἐ-λάλησεν** Aor. λαλέω. **καί** (erstes)
wohl kons. (A311,2) *dann.* **ἐπ-άρας** Aor. Ptz. -αίρω[132] *emporheben;* ἐπαί-
ρω τοὺς ὀφθαλμούς *aufblicken* (B 1); temp. od. mod. [Var. ἐπ-ῆρεν Aor.].

πάτερ Vok. πατήρ. **ἐλήλυθεν** Pf. (A242) ἔρχομαι; ἐλήλυθεν ἡ ὥρα
die Stunde/Zeit ist gekommen/ist da. **δόξασον** Aor. Imp. δοξάζω. **δοξάσῃ**
Aor. Konj. **2 καθ-ώς** hier kaus. *da ja, denn* (B 3; H-S §277c). **ἔ-δωκας** 2
Aor. δίδωμι. **πᾶσα σάρξ** hier *alle Menschen* (B 3); ἐξουσία πάσης
σαρκός (gen. obi., A158) *Macht über alle Menschen.* **πᾶν ὅ** Ntr. m. Bezug auf
Personen gebraucht (was der Verallgemeinerung u. der Hervorhebung der ge-
meinten Eigenschaft dient [BDR §138[1]; 282[4]]) *alles, was = alle, die* (entspricht
πάσης σαρκός u. αὐτοῖς); nom. pendens (H-S §147b; vgl. A141). **δέ-δω-
κας** Pf. δίδωμι. **δώσῃ** Aor. Konj. (3. Sg. statt δῷ; BDR §95[2]) δίδωμι.
3 ἵνα hier *daß* (A328), App. (A353) zu αὕτη; αὕτη ἐστὶν ἡ αἰώνιος ζωὴ 3
ἵνα *das ist/darin besteht das ewige Leben, (nämlich) daß.* **γινώσκωσιν** Konj.
γινώσκω. **ἀληθινός** *wahr; echt, wirklich* (B 3b); τὸν μόνον ἀληθινὸν
θεόν App. (A70) zu σέ *dich, den allein wahren Gott.* **ἀπ-έ-στειλας** Aor.
ἀπο-στέλλω. **4 ἐ-δόξασα** Aor. **τελειώσας** Aor. Ptz. τελειόω *vollen-* 4
den: zu Ende bzw. *ans Ziel führen;* τὸ ἔργον τελειόω *die (begonnene) Ar-*
beit/die (angefangene) Aufgabe vollenden (B ἔργον 2); mod., viell. kaus. **δέ-
δωκας** Pf. δίδωμι; ὃ δέδωκάς μοι ἵνα ποιήσω etwa *die du mir aufgetra-*
gen hast (wörtl. *das du mir gegeben hast, damit ich [es] ausführe).* **ποιήσω**
Aor. Konj. ποιέω. **5 δόξῃ** dat. instr. (A176). **ᾗ** für ἥν Attraktion des Rel.- 5
Pron. (H-S §289e; A360). **εἶχον** Ipf. ἔχω; ᾗ εἶχον ... παρὰ σοί *die ich bei*
dir hatte ... **πρὸ τοῦ** m. AcI temp. (A282) *bevor, ehe.* **εἶναι** Inf. εἰμί, Präd.
des AcI.

6 ἐ-φανέρωσα Aor. φανερόω. **τὸ ὄνομα** steht hier für das Wesen 6
Gottes (B 4b). **ἔ-δωκας** V. 2. **σοί** Nom. Pl. des Poss.-Pron. σός (A128)
dein od. Dat. Sg. des Pers.-Pron. (dann dat. poss., A173); σοὶ ἦσαν *sie waren*
dein, sie gehörten dir. **ἦσαν** Ipf. εἰμί. **κἀμοί** = καὶ ἐμοί. **τε-τήρηκαν**
(-αν statt -ασιν, BDR §83[1]) Pf. τηρέω. **7 ἔ-γνωκαν** (-αν statt -ασιν, 7
BDR §83[1]) Pf. γινώσκω. **πάντα ὅσα** *alles, was.* **δέδωκας** V. 2. **εἰμί**
hier *(her)stammen* παρά τινος *von jmdm.* (B παρά I1). **8 ἔ-λαβον** Aor. 8
λαμβάνω hier *aufnehmen* (u. sich danach richten) (B 1eβ), *annehmen.*
ἔ-γνωσαν Aor. γινώσκω. **ἀληθῶς** *wahrhaftig, in Wahrheit, wirklich, tat-*
sächlich. **ἐξ-ῆλθον** Aor. -έρχομαι. **ἐ-πίστευσαν** Aor. πιστεύω. **ἀπ-
έ-στειλας** V. 3.

9 περί m. Gen. statt ὑπέρ *für* (BDR §229,1). **περὶ ὧν** = περὶ τού- 9
των οὓς Attraktion des Rel.-Pron. (H-S §289e; vgl. A361). **δέ-δωκας** V. 2.
σοί V. 6. **10 σός** *dein* (Poss.-Pron., A128); τὰ σά *das Deine* (B 2b); τὰ 10
ἐμὰ πάντα σά ἐστιν *alles, was mein ist/mir gehört, ist dein.* **δε-δόξασ-
μαι** Pf. Pass. δοξάζω; δεδόξασμαι ἐν αὐτοῖς *ich bin in ihnen verherrlicht*
(Zustandspassiv, A242) wohl etwa = *durch sie wird* (eig. *ist*) *meine Herrlichkeit*
offenbar. **11 εἰμί** wohl fut. Präs. (A234). **καί** (zweites) adversativ (A311,1) 11
aber, doch. **εἰσίν** übers. hier *sie bleiben.* **ἔρχομαι** wohl fut. Präs. (A234).

πάτερ V. 1. **ἅγιε** Vok. **τήρησον** Aor. Imp. τηρέω; τήρησον αὐτοὺς
ἐν τῷ ὀνόματί σου *erhalte/bewahre sie in/bei deinem Namen* od. *bewahre sie*
durch deinen Namen (B ὄνομα I4cγ). **ᾧ** für ὅ Attraktion des Rel.-Pron.
(A360). **δέ-δωκας** Pf. δίδωμι [Var. ἔ-δωκας Aor.]. **ὦσιν** Konj. εἰμί;
12 ἕν εἰσιν *sie sind eins* (B II7); das Ntr. bez. die Einheit. **12 ὅτε** hier *solange.*
ἤμην Ipf. εἰμί; **εἰμὶ μετά τινος** *mit jmdm. zusammensein.* **ἐγώ** betont
(A122). **ἐ-τήρουν** Ipf. **ᾧ** V. 11. **ἐ-φύλαξα** Aor. φυλάσσω[80] *bewachen;*
behüten, beschützen. **ἐκ** umschreibt gen. partitivus (vgl. B 4aα). **ἀπ-ώλετο**
Aor. Med. -όλλυμαι. **εἰ μή** nach Neg. *außer* (vgl. B εἰ VI9a). **ἀπ-ώλεια**
(< ἀπ-όλλυμι) *Verderben;* υἱὸς τῆς ἀπωλείας Sem. (A157) *Sohn des Ver-*
derbens, d.h. der, dessen Untergang besiegelt ist. **ἵνα** wohl zugleich fin. u.
kons. (B II2); ἵνα ... πληρωθῇ übers. etwa *so sollte sich ... erfüllen.* **πληρω-**
13 **θῇ** Aor. Konj. Pass. πληρόω. **13 ἔρχομαι** V. 11. **ἔχωσιν** Konj. ἔχω τι
ἐν ἑαυτῷ *etwas in sich tragen* (B ἑαυτοῦ 1c). **πε-πληρωμένην** Pf. Ptz.
Pass. πληρόω, mod.; ἵνα ἔχωσιν τὴν χαρὰν τὴν ἐμὴν πεπληρωμέ-
νην ἐν ἑαυτοῖς *damit sie meine Freude vollkommen in sich tragen, damit*
14 *meine Freude ihnen in ganzer Fülle zuteil wird* (GNB). **14 δέ-δωκα** V. 2. **ὁ**
κόσμος *die Welt* (hier die Menschen, die Gott feindl. gegenüberstehen [B 8]).
ἐ-μίσησεν Aor. μισέω. **εἰσὶν** u. **εἰμὶ** ἔκ τινος hier *zu jmdm. gehören,*
15 *von jmdm. herstammen* (B εἰμί III3). **15 ἵνα** (beide) hier *daß* (A328; bez. das
Erbetene). **ἄρῃς** Aor. Konj. αἴρω. **τηρήσῃς** Aor. Konj. τηρέω; τηρέω
ἐκ (unklass., statt ἀπό [BDR §149[2]]) *bewahren vor* (B ἐκ 1d). **τοῦ πονη-**
ροῦ wohl Mask. *der Böse* (d.h. der Teufel; B πονηρός 2b), evtl. Ntr. *das Böse.*
16f **16 εἰσίν** V. 14. **17 ἁγίασον** Aor. Imp. ἁγιάζω[91] *heiligen, heilig machen,*
weihen. **ἐν τῇ ἀληθείᾳ** *in der* od. *durch die Wahrheit.* **σός** V. 10.
18 **18 καθώς** ... **καί** (hier κἀγώ) *wie ... so ... (auch)* ich (vgl. BDR §453[3];
19 A352). **ἀπ-έ-στειλας** V. 3. **19 ἁγιάζω** (erstes) hier *weihen* zum Opfer
(B 2); ὑπὲρ αὐτῶν ἐγὼ ἁγιάζω ἐμαυτόν *ich weihe mich selbst für sie =*
ich weihe mein Leben für sie zum Opfer (GNB). **ἐμαυτοῦ**[14] Refl.-Pron. 1. Sg.
ὦσιν V. 11. **ἡγιασμένοι** Pf. Ptz. Pass. ἁγιάζω, umschrieb. Pf. Konj.
(A249). **ἐν ἀληθείᾳ** = ἀληθῶς (V. 8) od. ἐν τῇ ἀληθείᾳ (V. 17).
20 **20 οὐ** ... **μόνον, ἀλλὰ καί** *nicht nur ... sondern auch.* **περί** V. 9. **πι-**
στευόντων Ptz. πιστεύω, subst.; περὶ τῶν πιστευόντων ... εἰς ἐμέ
21 *für alle, die ... an mich glauben (werden).* **21 ἵνα** (erstes u. zweites) hier *(ich*
bete darum,) daß (A328; bez. das Erbetene [v. ἐρωτῶ V. 20 abhängig]); ἵνα
πάντες ἓν (vgl. V. 11) ὦσιν, καθὼς σύ, πάτερ, ἐν ἐμοὶ (erg. εἶ) κἀγὼ
ἐν σοί (erg. εἰμί), ἵνα καὶ αὐτοὶ ἐν ἡμῖν ὦσιν etwa *(ich bete darum,)*
daß sie alle eins sind, (darum,) daß so, wie du, Vater, in mir bist/lebst und ich in dir
bin/lebe, auch sie in uns sind bzw. (einfacher) *(ich bete darum,) daß sie alle eins*
sind – sie in uns, so wie du, Vater, in mir bist und ich in dir bin (NGÜ). **ὦσιν**
V. 11. **πάτερ** V. 1 [Var. πατήρ Nom. ohne Art. für Vok. (BDR §147[6]; vgl.

A142)]. **ἐν** bez. ein enges persönl. Verhältnis (vgl. B I5d). **πιστεύῃ** Konj.
[Var. πιστεύσῃ Aor. Konj.]. **ἀπ-έ-στειλας** V. 3. **22 δέ-δωκας** V. 2. 22
ὦσιν V. 11. **ἕν** (zweites) erg. ἐσμέν. **23 ἐγώ** erg. εἰμί (A78). **σύ** erg. εἶ. 23
τε-τελειωμένοι Pf. Ptz. Pass. τελειόω *vollenden: zu Ende* bzw. *ans Ziel*
führen; zur Vollendung bzw. *Vollkommenheit führen* (Pass. *gelangen*); umschrieb.
Pf. Konj. (A249); ἵνα ὦσιν τετελειωμένοι εἰς ἕν *damit sie zur vollkomme-*
nen Einheit gelangen (B 2eα). **γινώσκῃ** Konj. V. 3. **ἠγάπησας** Aor.
ἀγαπάω.

24 πάτερ V. 1 [Var. πατήρ V. 21]. **δέ-δωκας** V. 2. **ὅ** zum Ntr. bei 24
Personen vgl. πᾶν ὅ V. 2; der Rel.-Satz ὃ δέδωκάς μοι bez. das vorangestell-
te Subj. des ἵνα-Satzes (vgl. BDR §475,1a), m. ἐκεῖνοι aufgenommen (ZG).
ἵνα (erstes) hier *daß* (A328; bez. das Gewollte). **ὅπου** hier *dort, wo* (B 1aα;
vgl. A358). **εἰμί** fut. Präs. (BDR §323[3]; vgl. A234). **κἀκεῖνοι** = καὶ ἐκεῖ-
νοι. **ὦσιν** V. 11; εἰμὶ μετά τινος V. 12; ὃ δέδωκάς μοι, θέλω ἵνα
ὅπου εἰμὶ ἐγὼ κἀκεῖνοι ὦσιν μετ᾽ ἐμοῦ *ich will, daß dort, wo ich sein*
werde, auch diejenigen, die du mir gegeben hast, bei mir/mit mir zusammen sind.
θεωρῶσιν Konj. θεωρέω. **ἠγάπησας** V. 23. **κατα-βολή** *Grundle-*
gung, Anfang, Erschaffung; auch ohne Art. best. (A106a+d). **25 δίκαιε** Vok. 25
καί ... **καί** hier wohl im Sinn v. *einerseits ... andererseits* (übers. am besten: die
Welt ... *und* diese [vgl. BDR §444[4]]), viell. *obgleich ... dennoch* (B I6). **ἔ-γνω**
Aor. γινώσκω. **ἐγὼ δέ σε ἔγνων** *aber ich habe dich erkannt;* wohl Paren-
these (ZG; vgl. A374). **ἀπ-έ-στειλας** V. 3. **26 ἐ-γνώρισα** Aor. γνωρί- 26
ζω[98] *bekanntmachen, mitteilen, offenbaren.* **γνωρίσω** Fut. **ἥν** Akk. des inne-
ren Obj. (H-S §151a; A145); ἡ ἀγάπη ἣν ἠγάπησάς με *die Liebe, mit der*
du mich geliebt hast. **ᾖ** Konj. εἰμί. **κἀγὼ ἐν αὐτοῖς** erg. ὦ (Konj. v. εἰμί;
A78) *und ich (selbst) in ihnen bin/bleibe.*

εἰπών Aor. Ptz. λέγω, temp.; ταῦτα εἰπών *nach diesen Worten.* **ἐξ-** **18**
ῆλθεν Aor. -έρχομαι. **πέραν** Adv. *jenseits;* uneig. Präp. (A183) (hier auf
die Frage „Wohin?") *auf die andere Seite von.* **χείμαρρος** *Wadi, Winterbach*
(d.h. er führt nur im Winter fließendes Wasser) (B). **Κεδρών** ὁ indekl.,
Kidron, Tal (Wadi) am Ostrand Jerusalems; πέραν τοῦ χειμάρρου τοῦ Κε-
δρών *auf die andere Seite des Baches Kidron.* **ἦν** Ipf. εἰμί. **κῆπος** *Garten.*
εἰσ-ῆλθεν Aor. -έρχομαι (zum Sg. s. A94). **2 ᾔδει** Plsqpf. (m. der Bdtg. 2
eines Ipf.) οἶδα. **παρα-διδούς** Ptz. -δίδωμι, attr.; ὁ παραδιδοὺς αὐ-
τόν *der ihn ausliefern/verraten würde* (viell. *der dabei war, ihn auszuliefern/zu ver-*
raten; vgl. A283; 285), *sein Verräter.* **πολλάκις** *häufig, oft.* **συν-ήχθη** Aor.
Pass. -άγω; Pass. *sich versammeln, zusammensein.* **3 λαβών** Aor. Ptz. λαμ- 3
βάνω; mod., hier wohl formelhaft in der Bdtg. *mit* (A292; BDR §419[1]), viell.
temp.; ὁ Ἰούδας λαβὼν τὴν σπεῖραν καὶ ἐκ ... ὑπηρέτας ἔρχεται
Judas kam mit Soldaten/der Truppe und Dienern von ... **σπεῖρα** *Kohorte* (mili-
tärischer term. tech., der zehnte Teil einer Legion, also etwa 500 Mann); hier

wohl *Truppe* (EWNT 3, Sp. 627) od. allgem. *Abteilung, Soldaten.* **ὑπ-ηρέτης**[1]
Gehilfe, Diener; hier Diener des Synedriums, etwa *Gerichtsdiener, Tempel-*
wächter. **ἔρχεται** hist. Präs. (A235). **φανός** *Leuchte: Fackel, Laterne.*
4 **λαμπάς**[3] άδος ἡ *Fackel* (B 1); *Lampe.* **ὅπλον** *Werkzeug; Waffe.* **4 εἰ-**
δώς Pf. (m. präs. Bdtg.) Ptz. οἶδα, kaus. **ἐρχόμενα** Ptz. ἔρχομαι, subst.;
τὰ ἐρχόμενα *die kommenden Dinge;* πάντα τὰ ἐρχόμενα ἐπ᾽ αὐτόν
alles, was über ihn kommen sollte/würde (B I2c), *alles, was mit ihm geschehen*
sollte (Einh.). [Var. ἐξ-ελθών Aor. Ptz. -έρχομαι, temp.] **λέγει** hist. Präs.
5 (A235), ebenso in V. 5. **5 ἀπ-ε-κρίθησαν** Aor. Pass. (ohne Pass.-Bdtg.)
ἀπο-κρίνομαι. **Ναζωραῖος** (im NT offenbar als Synonym zu Ναζαρη-
νός gebraucht [EWNT 2, Sp. 1119], daher:) *Nazarener, aus Nazaret (kommend),*
von Nazaret. **ἐγώ εἰμι** *ich bin es.* **εἱστήκει** Plsqpf. ἵσταμαι; εἱστήκει
... μετ᾽ αὐτῶν Judas ... *stand bei ihnen.* **ὁ παραδιδοὺς αὐτόν** V. 2.
6 **6 ἀπ-ῆλθον** Aor. -έρχομαι. **ὀπίσω** Adv. *hinten, nach hinten; zurück;* εἰς
τὰ ὀπίσω *zurück;* ἀπέρχομαι εἰς τὰ ὀπίσω *zurückweichen* (B 1a). **ἔ-πε-**
7 **σαν** Aor. (vgl. H-S §105g) πίπτω. **χαμαί** *zur Erde, zu Boden.* **7 ἐπ-ηρώ-**
τησεν Aor. -ερωτάω. **οἱ δέ** *(und) diese/sie* (A102). **εἶπαν** Aor. (vgl. H-S
8 §105g) λέγω. **8 ἀπ-ε-κρίθη** V. 5. **εἰ** m. Ind. indefiniter Fall (A342). **ἄφ-**
9 **ετε** Aor. Imp. -ίημι hier m. Inf.: etwas tun *lassen.* **ὑπ-άγειν** Inf. **9 ἵνα**
ellip., erg. τοῦτο γέγονεν o.ä. *(dies ist geschehen), damit ... = es sollte ...* (BDR
§448,7; 480[9]); ἵνα πληρωθῇ ὁ λόγος *so sollte sich das Wort erfüllen* (Einh.).
πληρωθῇ Aor. Konj. Pass. πληρόω. **ὃν εἶπεν** Aor. Ind. bez. hier Vorver-
gangenheit (BDR §330[1]; A224) *das er gesagt hatte.* **ὅτι** recitativum = Doppel-
punkt (A333). **δέ-δωκας** Pf. δίδωμι [Var. ἔ-δωκας Aor.]. **ἀπ-ώλεσα**
Aor. -όλλυμι hier *verlieren* (vgl. B 1b), *verlorengehen lassen.* **ἐκ** umschreibt
gen. partitivus (vgl. B 4aα); οὓς δέδωκάς μοι οὐκ ἀπώλεσα ἐξ αὐτῶν
οὐδένα *ich habe keinen von denen, die du mir gegeben hast, verloren/verlorenge-*
10 *hen lassen.* **10 ἔχων** Ptz. ἔχω hier *tragen* (B I1b); kaus. **μάχαιρα** *Schwert.*
εἵλκυσεν Aor. ἕλκω[184] *ziehen.* **ἔ-παισεν** Aor. παίω *schlagen, stoßen,*
(m. Waffen:) *treffen, verwunden* (B 1). **ἀπ-έ-κοψεν** Aor. ἀπο-κόπτω[56] *ab-*
schlagen. **ὠτάριον** (äußeres) *Ohr, Ohrmuschel* [Var. ὠτίον (äußeres) *Ohr*].
ἦν V. 1.; ἦν ὄνομα τῷ δούλῳ Parenthese (A374) *der Name des Skla-*
ven/Dieners war, der Sklave/Diener hieß (vgl. BDR §144[2]). **Μάλχος** *Malchus.*
11 **11 βάλε** Aor. Imp. βάλλω hier *stecken* (B 2b). **θήκη** *Behälter; Scheide* (für
das Schwert). **ποτήριον** *Becher, Kelch;* hier übertr. für das Erleiden eines
gewaltsamen Todes (B 2); τὸ ποτήριον ... οὐ μὴ πίω αὐτό; (τὸ
ποτήριον viell. casus pendens [vgl. A375; BDR §466[4]], durch αὐτό
aufgenommen) *was den Kelch ... angeht – soll ich ihn etwa nicht trinken?;* (τὸ
ποτήριον aber wohl besser AkkO, wobei αὐτό pleon. steht [vgl. BDR §297[3];
A121]): *soll ich etwa den Kelch ... nicht trinken?* **δέ-δωκεν** Pf. δίδωμι hier
reichen (B ποτήριον 2). **οὐ μή** m. deliberativem Konj. (A255); οὐ μὴ πίω

αὐτό; *soll ich ihn etwa nicht trinken?* (H-S §247a; 269b). **πίω** Aor. Konj.
πίνω.

12 σπεῖρα V. 3. **χιλί-αρχος** *Anführer einer Tausendschaft* bzw. 12
(röm.) *Tribun* (Befehlshaber einer Kohorte) od. allgem. *Befehlshaber.* **ὑπ-**
ηρέτης V. 3. **συν-έ-λαβον** Aor. συλ-λαμβάνω[152] *ergreifen, fassen, fest-*
nehmen. **ἔ-δησαν** Aor. δέω. **13 ἤγαγον** Aor. ἄγω [Var. ἀπ-ήγαγον 13
Aor. ἀπ-άγω *wegführen;* juristischer term. tech. *vorführen* (vgl. B 2a)]. **Ἅν-**
νας[1] α *Hannas,* 6-15 n. Chr. Hoherpriester (Schwiegervater des Kajaphas).
ἦν V. 1. **πενθερός** *Schwiegervater.* **Καϊάφας** 11,49. **ἐνιαυτός** *Jahr;*
ὃς ἦν ἀρχιερεὺς τοῦ ἐνιαυτοῦ ἐκείνου *der Hoherpriester jenes Jahres war*
(BDR §186[4]) bzw. (sinngetreu) *der in jenem Jahr Hoherpriester war.* **14 συμ-** 14
βουλεύσας Aor. Ptz. -βουλεύω *einen Rat geben* τινί *jmdm.;* attr. **ὅτι**
V. 9. **συμ-φέρω** *nützen, förderlich sein, von Vorteil/gut sein;* συμφέρει m.
AcI *es ist besser* (vgl. A118,1), *daß* (vgl. B 2a). **ἕνα ἄνθρωπον** *ein einzi-*
ger/einzelner Mensch; Subj. des AcI. **ἀπο-θανεῖν** Aor. Inf. -θνῄσκω; Präd.
des AcI.

15 ἠκολούθει Ipf. ἀκολουθέω; zum Sg. s. A94. **ἦν** V. 1. **γνωστός** 15
bekannt τινί *mit jmdm.;* V. 16 subst. *Bekannter.* **συν-εισ-ῆλθεν** Aor. -έρ-
χομαι[187] *zugleich hineingehen* τινί *mit jmdm.* **αὐλή** *Hof, Gehöft;* Hof eines
Herrschers: *Palast.* **16 εἱστήκει** V. 5. **θύρα** *Tür, Tor;* πρὸς τῇ θύρᾳ ἔξω 16
draußen an der Tür (B 1a), *draußen beim Tor.* **ἐξ-ῆλθεν** Aor. -έρχομαι. **ἄλ-**
λος statt ἕτερος (BDR §306[6]). **θυρωρός** ὁ u. ἡ *Türhüter(in).* **εἰσ-ήγα-**
γεν Aor. -άγω[59] *hineinführen; hineinbringen* [Var. εἰσ-ήνεγκεν Aor. -φέρω
hineintragen, hineinbringen]. **17 λέγει** V. 4. **παιδίσκη** *Magd, Sklavin.* **ἡ** 17
θυρωρός App. (A70). **μή** *etwa* (verneinende Antwort angedeutet, A320).
ἐκ umschreibt gen. partitivus (vgl. B 4aδ); μὴ καὶ σὺ (betont, A122) ἐκ τῶν
μαθητῶν εἶ ...; *gehörst du etwa auch zu den Jüngern ...?* **οὐκ εἰμί** übers.
nein; nein, ich nicht (vgl. A321b). **18 εἱστήκεισαν** V. 5, *sie standen da.* 18
ὑπ-ηρέτης V. 3. **ἀνθρακιά** *Kohlenfeuer.* **πε-ποιηκότες** Pf. (A231)
Ptz. ποιέω; ἀνθρακιὰν ποιέω *ein Kohlenfeuer anmachen/anzünden* (B ἀν-
θρακιά); temp. **ψῦχος**[7] *Kühle, Kälte;* ψῦχος ἦν *es war kalt.* **ἐ-θερμαί-**
νοντο Ipf. θερμαίνομαι *sich wärmen.* **ἑστώς** Pf. (Wz.-Pf., H-S §109a; m.
präs. Bdtg.) Ptz. ἵσταμαι, umschrieb. Plsqpf. (A249); ἦν ἑστὼς *er stand.*
θερμαινόμενος Ptz., umschrieb. Ipf. (A249).

19 ἠρώτησεν Aor. ἐρωτάω. **διδαχή** *Lehre* (das, was gelehrt wird, 19
od. die Lehrtätigkeit). **20 ἀπ-ε-κρίθη** V. 5. **παρ-ρησία** (< πᾶν + 20
ῥῆσις [das] Reden) *Redefreiheit; Freimütigkeit, Offenheit;* dat. modi (A180)
offen, öffentlich. **λε-λάληκα** Pf. λαλέω. **τῷ κόσμῳ** *zur Welt, vor (aller)*
Welt (ὁ κόσμος als Menschenwelt, Menschheit; B 6a). **ἐ-δίδαξα** Aor. δι-
δάσκω. **συν-έρχομαι** *zusammenkommen; sich versammeln* (B 1a).
κρυπτός *verborgen, geheim;* ἐν κρυπτῷ *im Verborgenen, im geheimen* (B 2b).

21 **ἐ-λάλησα** Aor. **21 τί** (erstes) adv. *warum?* **ἐρώτησον** Aor. Imp. **ἀκη-**
κοότας Pf. Ptz. ἀκούω; subst. **ἴδε** (eig. Imp. Aor. ὁράω) Interjektion (H-S
22 §252,63) etwa = ἰδού. **22 εἰπόντος** Aor. Ptz. λέγω, gen. abs. (A288f),
temp. **εἷς** für τις (A137). **παρ-εστηκώς** Pf. (m. präs. Bdtg.) Ptz. -ἵστα-
μαι, attr. **ὑπ-ηρέτης** V. 3; gen. partitivus (A164). **ἔ-δωκεν** Aor. δίδωμι.
ῥάπισμα[3] *Schlag* (m. Hand od. Stock, Rute bzw. Peitsche); hier *Ohrfeige,*
Schlag ins Gesicht; δίδωμι ῥάπισμά τινι *jmdn. ohrfeigen* (B δίδωμι 1bα),
23 *jmdm. ins Gesicht schlagen.* **εἰπών** Aor. Ptz., mod. (A291,2 Anm. 1). **23 κα-**
κῶς *schlecht, schlimm, übel; unrecht, falsch.* **μαρτύρησον** Aor. Imp. μαρ-
τυρέω; μαρτυρέω περὶ τοῦ κακοῦ *Zeugnis ablegen von dem Bösen = den*
Beweis erbringen (B 1a); εἰ κακῶς ἐλάλησα, μαρτύρησον περὶ τοῦ
κακοῦ (indefiniter Fall, A342) *wenn ich etwas Unrechtes/Falsches gesagt habe,*
(dann) weise es mir nach. **καλῶς** *schön, gut; zutreffend, recht, richtig* (B 4b). **τί**
V. 21. **δέρω** eig. *abhäuten, die Haut abziehen;* NT nur übertr. *prügeln, schlagen.*
24 **24 ἀπ-έ-στειλεν** Aor. ἀπο-στέλλω. **Ἅννας** V. 13. **δε-δεμένον** Pf.
Ptz. Pass. δέω, mod. *in Fesseln/gefesselt.* **Καϊάφας** 11,49. **τὸν ἀρχιερέα**
App. (A70).
25 **25 ἦν** V. 1. **ἑστώς, θερμαινόμενος** V. 18. **εἶπον** hier 3. Pl. im
Sinn v. „man“ (A76a), „die anderen“ o.ä. **μή, ἐκ** V. 17. **ἠρνήσατο** Aor.
Med. ἀρνέομαι *leugnen, bestreiten.* **καὶ εἶπεν** pleon. (Hebr.; BDR §420[4];
26 vgl. A297,2). **οὐκ εἰμί** V. 17. **26 λέγει** V. 4. **εἷς** V. 22. **ἐκ** umschreibt
gen. partitivus (vgl. B 4aα). **συγ-γενής**[7] *verwandt;* subst. **ὤν** Ptz. εἰμί,
attr.; συγγενὴς ὤν *der ein Verwandter war = ein Verwandter.* **οὗ** = τούτου,
οὗ (BDR §293[13]; vgl. A358). **ἀπ-έ-κοψεν** V. 10. **ὠτίον** (äußeres) *Ohr.*
οὐ *nicht;* erwartet als Frageeinleitung die Antwort „doch“ (A320). **κῆπος**
27 *Garten.* **27 ἀλέκτωρ**[6] ορος ὁ *Hahn.* **ἐ-φώνησεν** Aor. φωνέω hier *krä-*
hen (B 1a).
28 **28 ἄγουσιν** hist. Präs. (A235); hier 3. Pl. wohl im Sinn v. „man“
(A76a). **Καϊάφας** 11,49. **πραιτώριον** (< lat. praetorium) *Prätorium* (im
NT meist Amtssitz des Statthalters m. seinem Personal [EWNT 3, Sp. 346-
348]). **ἦν** V. 1. **πρωΐ** Adv. *früh, frühmorgens;* ἦν πρωΐ (das Subj. fehlt, H-S
§255c) *es war frühmorgens.* **αὐτοί** d.h. wohl die führenden Juden/Priester.
εἰσ-ῆλθον V. 1. **μιανθῶσιν** Aor. Konj. Pass. μιαίνω[119] *besudeln, be-*
flecken (rituell); ἵνα μὴ μιανθῶσιν *um nicht befleckt/unrein zu werden.*
φάγωσιν Aor. Konj. ἐσθίω; ἀλλὰ φάγωσιν *sondern essen (zu können).*
πάσχα τό indekl., *Passafest* (14./15. Nisan [Anfang April] zur Erinnerung an
29 Israels Auszug aus Ägypten), hier *Passamahl, Passalamm* (B 2). **29 ἐξ-ῆλ-**
θεν V. 1. **φησίν** Präs. 3. Sg. φημί; hist. Präs. (A235). **κατ-ηγορία** *An-*
klage, Klage, Beschuldigung; κατηγορίαν φέρω κατά τινος *Anklage er-*
30 *heben gegen jmdn.* (B). **30 ἀπ-ε-κρίθησαν** V. 5. **εἶπαν** Aor. (vgl. H-S
§105g) λέγω; καὶ εἶπαν pleon. (Hebr.; A297,2). **ποιῶν** Ptz. ποιέω; κα-

κὸν ποιέω *Böses tun* (B κακός 1c), *Verbrechen begehen;* subst. ohne Art.
Übeltäter, Verbrecher (Subj.-Erg., H-S §235b; A48) od. umschrieb. Ipf. (A249),
iter. (A226) [Var. 1 κακο-ποιῶν Ptz. -ποιέω *übel handeln, Verbrechen bege-
hen, ein Übeltäter sein;* Var. 2 κακο-ποιός *schlecht handelnd, verbrecherisch;*
subst. *Übeltäter, Verbrecher*]. **παρ-ε-δώκαμεν** Aor. παρα-δίδωμι; εἰ μὴ
ἦν οὗτος κακὸν ποιῶν, οὐκ ἄν σοι παρεδώκαμεν αὐτόν (irrealer
Fall, H-S §284d; A345) *wenn dieser kein Übeltäter/Verbrecher wäre, hätten wir ihn
dir nicht ausgeliefert.* **31 λάβετε** Aor. Imp. λαμβάνω. **ὑμεῖς** betont 31
(A122). **κρίνατε** Aor. Imp. κρίνω. **οὐκ** ... **οὐδένα** Neg. verstärken ein-
ander (A310). **ἔξ-εστιν** *es ist möglich, es ist erlaubt.* **ἀπο-κτεῖναι** Aor.
Inf. -κτείνω hier *hinrichten;* ἡμῖν οὐκ ἔξεστιν ἀποκτεῖναι οὐδένα *es ist
uns nicht erlaubt, jemand hinzurichten* bzw. *wir dürfen niemand hinrichten.*
32 ἵνα, πληρωθῇ, ὃν εἶπεν V. 9. **σημαίνων** Ptz. σημαίνω *kundtun,* 32
mitteilen; ein Vorzeichen geben, voraussagen, andeuten (B 2); fin. *um anzudeuten;*
ὃν εἶπεν σημαίνων *mit dem er angedeutet hatte.* **ποῖος**[18] *wie beschaffen?;*
ποίῳ θανάτῳ (dat. modi, BDR §198[8]; A180) *(durch) was für einen Tod*
(B 1aγ). **ἤ-μελλεν** Ipf. μέλλω hier (m. Inf.) umschrieb. Fut. (vgl. BDR
§356; A250) od. v. einer Notwendigkeit infolge göttl. Ratschlusses im Sinn v.
müssen (B 1cδ). **ἀπο-θνῄσκειν** Inf.; ποίῳ θανάτῳ ἤμελλεν ἀποθνῄ-
σκειν *(durch) was für einen Tod* od. *auf welche Weise er sterben werde* od. *müsse*
(vgl. 12,32f).

33 εἰσ-ῆλθεν V. 1. **πραιτώριον** V. 28. **ἐ-φώνησεν** V. 27; hier 33
wohl *zu sich rufen, rufen lassen* (vgl. B 2b). **34 ἀπ-ε-κρίθη** V. 5 [Var. ἀπ-ε- 34
κρίνατο Aor. Med.]. **ἀπὸ σεαυτοῦ** *von dir aus* (B ἀπό V5). **35 μήτι** 35
etwa (verneinende Antwort angedeutet, A320). **ἐγώ** betont (A122). **σός** *dein*
(A128). **παρ-έ-δωκαν** V. 30. **ἐ-ποίησας** Aor. ποιέω. **36 ἐκ** bez. die 36
Herkunft (vgl. B 3b) od. die Zugehörigkeit (vgl. B 4aδ); ἡ βασιλεία ἡ ἐμὴ
οὐκ ἔστιν ἐκ τοῦ κόσμου τούτου *mein Königtum stammt/ist nicht von
dieser Welt* bzw. *gehört nicht zu dieser Welt.* **εἰ** leitet irrealen Kond.-Satz ein
(A345); vgl. V. 30. **ἦν** V. 1. **ὑπ-ηρέτης** V. 3. **ἠγωνίζοντο** Ipf. ἀγωνί-
ζομαι *im Wettkampf kämpfen;* (beim Waffenkampf) *kämpfen;* ἠγωνίζοντο
ἄν Vergangenheits- od. Gegenwartsbezug (evtl. beides kombiniert; vgl. BDR
§360[5]; A345) meine Diener *hätten gekämpft* bzw. *würden kämpfen.* **παρα-δο-
θῶ** Aor. Konj. Pass. -δίδωμι. **νῦν δέ** *aber wie die Dinge jetzt liegen* (B νῦν
2), *so aber.* **ἐντεῦθεν**[18] *von hier* (d.h. von dieser Welt). **37 οὐκ-οῦν** *also* 37
doch. **σὺ λέγεις ὅτι βασιλεύς εἰμι** *ja, ich bin ein König* (BDR §441[4]).
εἰς τοῦτο *zu diesem Zweck, dazu* (B εἰς 4f); wird erklärt durch ἵνα (statt
Inf., A279); εἰς τοῦτο ... ἵνα ... *dazu* ... (näml.) *um zu* ... **γε-γέννημαι** Pf.
Pass. γεννάω. **ἐλήλυθα** Pf. ἔρχομαι. **μαρτυρήσω** Aor. Konj.
μαρτυρέω hier τινί (dat. commodi, A173) *für etwas.* **πᾶς ὁ** m. Ptz. *jeder, der*
(A86). **ὤν** Ptz. εἰμί, subst. **ἐκ** V. 36. **ἀκούει** hier m. Gen. (bes. m.

38 φωνῆς; H-S §167a Anm. 1; BDR §173^{5}) *hören auf, gehorchen.* **38 λέγει**
V. 4. **εἰπών, ἐξ-ῆλθεν** V. 1. **αἰτία** *Ursache, Grund;* juristischer term.
tech.: *Schuld* (Klagegrund); αἰτίαν εὑρίσκω ἔν τινι *jmdn. als schuldig befin-*
den; ἐγὼ οὐδεμίαν εὑρίσκω ἐν αὐτῷ αἰτίαν *ich finde keine Schuld an*
39 *ihm, ich finde/sehe keinen Grund, ihn zu verurteilen.* **39 συν-ήθεια** *Umgang;*
Gewohnheit, Brauch, Sitte; ἔστιν συνήθεια ὑμῖν (dat. poss., BDR §189^{1}; vgl.
A173f) *ihr habt die Gewohnheit/den Brauch, es ist üblich* (GNB). **ἵνα** hier *daß*
(bez. [statt eines Inf./AcI] das, was übl. ist; A328). **ἀπο-λύσω** Aor. Konj.
-λύω hier *(einen Gefangenen) freilassen/freigeben* (B 1). **πάσχα** V. 28, hier
Passafest. **βούλομαι** *wollen, wünschen.* **ἀπο-λύσω** Aor. Konj.; deliberati-
ver Konj., hier erg. durch asyndetisch davorgesetztes βούλεσθε (BDR §366^{8};
vgl. A255): βούλεσθε οὖν ἀπολύσω ὑμῖν ...; *soll ich euch also ... freigeben?*
40 **40 ἐ-κραύγασαν** Aor. κραυγάζω (vgl. A33^{91ff}) *laut rufen.* **λέγοντες**
Ptz. λέγω, mod., pleon. (A297,1). **Βαραββᾶς**^{1} ᾱ *Barabbas.* **ἦν** V. 1. **λη-**
στής^{1} *Räuber, Straßenräuber.*
19 **τότε οὖν** *darauf, jetzt* (BDR §459^{2}). **ἔ-λαβεν** Aor. λαμβάνω [Var.
λαβών Aor. Ptz., mod., vgl. A296]. **ἐ-μαστίγωσεν** Aor. μαστιγόω
(< μάστιξ Peitsche) *(aus)peitschen,* (hier v. der röm. Strafe der Geißelung, die
in Verbindung m. Todesurteilen durchgeführt wurde [EWNT 2, Sp. 974]) *gei-*
ßeln; ἔλαβεν ὁ Πιλᾶτος τὸν Ἰησοῦν καὶ ἐμαστίγωσεν hier kausativ
2 (vgl. A218) *Pilatus ließ Jesus abführen und auspeitschen.* **2 στρατιώτης**^{1}
Soldat. **πλέξαντες** Aor. Ptz. πλέκω^{68} *flechten;* temp. (A291,1 Anm. 1).
στέφανος *Kranz* (Kopfschmuck als Ehrenzeichen des Siegers, Herrschers
o.ä.). **ἄκανθα** *Dornengewächs* (v. stachligen Pflanzen, bes. v. der als Unkraut
wuchernden Ononis spinosa, Hauhechel, im Ggs. zu Nutzpflanzen); στέφα-
νος ἐξ ἀκανθῶν *Dornenkranz, Dornenkrone* (B). **ἐπ-έ-θηκαν** Aor. ἐπι-
τίθημι^{200} *auflegen, darauflegen;* hier *aufsetzen* (B 1aα); ἐπέθηκαν αὐτοῦ τῇ
κεφαλῇ *sie setzten ihm (diesen) auf den Kopf* (wörtl. *[diesen] auf seinen Kopf*).
πορφυροῦς (H-S §44c) *purpurfarbig, purpurrot.* **περι-έ-βαλον** Aor.
περι-βάλλω^{112} *herumlegen, umwerfen;* (Kleidungsstücke) *anziehen* τινά τι
3 *jmdm. etwas* (B 1bδ). **3 ἤρχοντο** Ipf. ἔρχομαι; ἤρχοντο πρὸς αὐτόν
sie traten zu ihm/vor ihn hin. **ἔ-λεγον** Ipf. λέγω; Ipf. wohl iter. (H-S §195b;
A226; 237). **χαῖρε** Imp. χαίρω hier *sei gegrüßt, Heil dir* (B 2a). **ὁ βασι-**
λεύς Nom. m. Art. für Vok. (BDR §147^{5}; A142) [Var. βασιλεῦ Vok.].
ἐ-δίδοσαν Ipf. δίδωμι. **ῥάπισμα**^{3} *Schlag* (m. Hand od. Stock, Rute bzw.
Peitsche); hier *Ohrfeige, Schlag ins Gesicht;* δίδωμι ῥάπισμά τινι *jmdn. ohr-*
4 *feigen* (B δίδωμι 1bα), *jmdm. ins Gesicht schlagen.* **4 ἐξ-ῆλθεν** Aor.
-έρχομαι. **λέγει** hist. Präs. (A235), ebenso in den flgd. Versen. **ἴδε** (eig.
Imp. Aor. ὁράω) Interjektion (H-S §252,63) etwa = ἰδού. **γνῶτε** Aor. Konj.
γινώσκω. **αἰτία** *Ursache, Grund;* juristischer term. tech.: *Schuld* (Klage-
grund); αἰτίαν εὑρίσκω ἔν τινι *jmdn. als schuldig befinden;* ὅτι οὐδεμίαν

αἰτίαν εὑρίσκω ἐν αὐτῷ *daß ich keine Schuld an ihm finde, daß ich keinen*
Grund finde/sehe, ihn zu verurteilen. **5 φορῶν** Ptz. φορέω *tragen* (Kleider 5
usw.); mod. **ἀκάνθινος** *von einem Dornengewächs, dornig.* **ἰδοὺ ὁ ἄν-**
θρωπος *da ist dieser* (armselige) *Mensch!* (B ὁ II1aα).
6 ὑπ-ηρέτης[1] *Gehilfe, Diener;* hier wohl Diener des Synedriums, etwa 6
Gerichtsdiener, Tempelwächter; οἱ ὑπηρέται *ihre* (A103) *Diener.* **ἐ-κραύγα-**
σαν Aor. κραυγάζω (vgl. A33[91ff]) *laut rufen.* **λέγοντες** Ptz. λέγω, mod.,
pleon. (A297,1). **σταύρωσον** Aor. Imp. σταυρόω. **λέγει** V. 4. **λάβετε**
Aor. Imp. λαμβάνω. **ὑμεῖς, ἐγώ** stehen betont (A122). **σταυρώσατε**
Aor. Imp. **αἰτία** V. 4. **7 ἀπ-ε-κρίθησαν** Aor. Pass. (ohne Pass.-Bdtg.) 7
ἀπο-κρίνομαι. **ὀφείλω** *schulden; verpflichtet sein, müssen.* **ἀπο-θανεῖν**
Aor. Inf. -θνῄσκω. **ἐ-ποίησεν** Aor. ποιέω, m. doppeltem Akk. (vgl.
A97,15) *jmdn. zu etwas machen;* hier *jmdn. als etwas ausgeben* (B I1bι); ὅτι
υἱὸν θεοῦ ἑαυτὸν ἐποίησεν *weil er sich selbst als Gottes Sohn ausgegeben*
hat. **8 ἤκουσεν** Aor. ἀκούω. **μᾶλλον** hier *noch mehr, erst recht* (B 1). 8
ἐ-φοβήθη Aor. Pass. (ohne Pass.-Bdtg.) φοβέομαι. **9 εἰσ-ῆλθεν** Aor. 9
-έρχομαι. **πραιτώριον** (< lat. praetorium) *Prätorium* (im NT meist Amts-
sitz des Statthalters m. seinem Personal [EWNT 3, Sp. 346-348]). **λέγει** V. 4,
ebenso V. 10. **πόθεν**[18] *woher.* **ἀπό-κρισις**[8] *Antwort.* **ἔ-δωκεν** Aor. δί-
δωμι. **10 οὐ** *nicht;* erwartet als Frageeinleitung die Antwort „doch" (A320). 10
ἀπο-λῦσαι Aor. Inf. -λύω hier *(einen Gefangenen) freilassen/freigeben* (B 1).
σταυρῶσαι Aor. Inf. V. 6. **11 ἀπ-ε-κρίθη** V. 7. **οὐκ** ... **οὐδεμίαν** 11
Neg. verstärken einander (A310). **εἶχες** Ipf. ἔχω. **κατά** m. Gen. *über.* **ἦν**
Ipf. εἰμί. **δε-δομένον** Pf. Ptz. Pass. δίδωμι, umschrieb. Plsqpf. (A249);
οὐκ εἶχες ἐξουσίαν κατ' ἐμοῦ οὐδεμίαν εἰ μὴ ἦν δεδομένον σοι
ἄνωθεν (irrealer Fall; das ἄν fehlt im NT gelegentl.; A345; BDR §360[2.4]) *du*
hättest keine Macht über mich, wenn sie dir nicht von oben her gegeben wäre.
ἄνωθεν *von oben her* (bes. *vom Himmel her*). **διὰ τοῦτο** *darum, deshalb.*
παρα-δούς Aor. Ptz. -δίδωμι, subst. **12 ἐκ τούτου** *aus diesem Grund,* 12
deshalb (B ἐκ 3f). **ἐ-ζήτει** Ipf. ζητέω. **ἐ-κραύγασαν, λέγοντες** V. 6.
ἀπο-λύσῃς Aor. Konj. **φίλος** *Freund;* ἐάν ... οὐκ εἶ φίλος τοῦ Καί-
σαρος *wenn ... bist du kein Freund des Kaisers.* **Καῖσαρ**[6] αρος ὁ *Kaiser* (z.T.
ohne Art. eigennamenartig gebraucht, BDR §254,3). **πᾶς ὁ** m. Ptz. *jeder, der*
(A86). **ποιῶν** Ptz. ποιέω, m. doppeltem Akk. V. 7; subst. **ἀντι-λέγω**
widersprechen; sich widersetzen, sich stellen gegen, m. Dat. **13 ἀκούσας** Aor. 13
Ptz. ἀκούω, temp. **ἤγαγεν** Aor. ἄγω. **ἐ-κάθισεν** Aor. καθίζω.
βῆμα[3] *Schritt; Tribüne,* hier *Richterstuhl.* **εἰς τόπον** *an dem Platz.* **λεγό-**
μενον Ptz. Pass. λέγω, attr. *der ... heißt* (vgl. B II3). **λιθό-στρωτος**[11]
Steinpflaster, Marmorpflaster, Mosaik. **Ἑβραϊστί** *auf hebräisch* od. *auf ara-*
mäisch (B). **Γαββαθά** indekl., *Gabbata.* **14 παρα-σκευή** *Zurüstung,* 14
bes. (der jüdische) *Rüsttag* (d.h. der Freitag, an dem alles für den Sabbat, an

dem nicht gearbeitet werden durfte, vorzubereiten war). **πάσχα** τό indekl.,
Passafest (14./15. Nisan [Anfang April] zur Erinnerung an Israels Auszug aus
Ägypten). **ἕκτος**[19] *sechster;* ὥρα ἦν ὡς ἕκτη *es war ungefähr die sechste*
Stunde (d.h. mittags um zwölf Uhr). **λέγει** V. 4, ebenso V. 15. **ἴδε** V. 4.
15 **15 ἐ-κραύγασαν** V. 6. **ἆρον** Aor. Imp. αἴρω; Imp. absolut: *weg/fort (mit*
ihm)! (B 4). **σταύρωσον** V. 6. **σταυρώσω** Aor. Konj. (deliberativer
Konj., A255), evtl. mod. Fut. (A247: *soll ich kreuzigen lassen?* [wohl kausativ,
A218]). **ἀπ-ε-κρίθησαν** V. 7. **εἰ μή** nach Neg. *wenn nicht, außer* (vgl. B εἰ
16 VI9a). **16 τότε οὖν** V. 1. **παρ-έ-δωκεν** Aor. παρα-δίδωμι. **σταυ-**
ρωθῇ Aor. Konj. Pass.; παρέδωκεν αὐτὸν αὐτοῖς ἵνα σταυρωθῇ *er*
übergab ihnen Jesus (wörtl. *ihn*) *zur Kreuzigung* (vgl. B παραδίδωμι 1b).
παρ-έ-λαβον Aor. παρα-λαμβάνω hier *übernehmen* (B 2a); Subj.:
die Soldaten [Var. παρα-λαβόντες Aor. Ptz., temp.]. [Var. 1 ἤγαγον
V. 13; Var. 2 ἀπ-ήγαγον Aor. -άγω *wegführen; abführen, fortführen* (B 2c).]
17 **17 βαστάζων** Ptz. βαστάζω *aufheben; tragen;* mod. **σταυρός** *Kreuz*
(hier wohl der Querbalken des Kreuzes); βαστάζων ἑαυτῷ τὸν σταυρὸν
ἐξῆλθεν *er* (Jesus) *ging, indem er selber sein* (A103) *Kreuz trug,* (aus der Stadt)
hinaus. **ἐξ-ῆλθεν** V. 4. **λεγόμενον** V. 13. **κρανίον** *Schädel;* gen. epexe-
geticus (BDR §167[2]; B; vgl. A163); εἰς τὸν λεγόμενον Κρανίου Τόπον
zur sogenannten Schädelstätte. **λέγεται** Pass. λέγω, Pass. hier *heißen* (B II3).
Ἑβραϊστί V. 13. **Γολγοθᾶ** (aram. גֻּלְגַּלְתָּא *gulgaltāʾ* „Schädel") *Golgata,*
18 Anhöhe bei Jerusalem. **18 ὅπου** hier *dort* (vgl. A364a). **ἐ-σταύρωσαν**
Aor. V. 6. **ἐντεῦθεν**[18] *von hier;* ἐντεῦθεν καὶ ἐντεῦθεν *von hier und von*
da = auf beiden Seiten (B) bzw. *(einen) auf jeder Seite.* **μέσος** hier Adj. adv.
gebraucht (A113; vgl. BDR §243,1) *in der Mitte* (wörtl. *als mittlere[n];* B 1).
19 **19 ἔ-γραψεν** Aor. γράφω hier kausativ (A218) *schreiben lassen.* **τίτλος**
(< lat. titulus, BDR §5[4]) *Aufschrift* (die den Grund der Verurteilung angibt).
ἔ-θηκεν Aor. τίθημι hier kausativ (A218) *anbringen/befestigen lassen.*
σταυρός *Kreuz.* **ἦν** V. 11. **γε-γραμμένον** Pf. (A231) Ptz. Pass. γράφω,
umschrieb. Plsqpf. m. ἦν (A249) *es stand geschrieben, sie* (d.h. die Aufschrift)
20 *lautete.* **Ναζωραῖος** 18,5; App. (A70). **20 ἀν-έ-γνωσαν** Aor. ἀνα-γι-
νώσκω[166] *lesen; vorlesen.* **Ἰουδαίων** gen. partitivus (A164). **ἐγγύς** uneig.
Präp. (A183) *nahe (bei), in der Nähe (von);* ἐγγὺς ἦν ὁ τόπος τῆς πόλεως
ὅπου ἐσταυρώθη ὁ Ἰησοῦς *der Platz/Ort, wo Jesus gekreuzigt wurde, lag na-*
he bei der Stadt. **ἐ-σταυρώθη** Aor. Pass. **Ἑβραϊστί** V. 13. **Ῥωμαϊστί**
in lateinischer Sprache, auf lateinisch. **Ἑλληνιστί** *in griechischer Sprache, auf*
21 *griechisch.* **21 ἔ-λεγον** Ipf. λέγω. **γράφε** Imp.; μὴ γράφε *schreibe nicht*
im Sinn v. *es darf nicht länger geschrieben stehen* (vgl. BDR §336[4]) bzw. (kon-
22 textgemäß) *es darf nicht heißen* (NGÜ). **22 ἀπ-ε-κρίθη** V. 7. **γέ-γραφα**
Pf.; ὃ γέγραφα, γέγραφα etwa *was ich geschrieben habe, bleibt stehen* (GN).
23 **23 στρατιῶται** V. 2. **ἐ-σταύρωσαν** Aor. V. 6. **ἔ-λαβον** V. 1.

ἐ-ποίησαν Aor. ποιέω. **ἑκάστῳ στρατιώτῃ** dat. commodi (A173) *für*
jeden Soldaten. **χιτών**[4] ῶνος ὁ *Untergewand* (unmittelbar auf dem Leib
getragen). **ἦν** V. 11. **ἄ-ραφος**[11] *ungenäht, ohne Naht, aus einem Stück.*
ἄνωθεν V. 11, hier subst. (BDR §266[1a]). **ὑφαντός** *gewebt.* **δι' ὅλου** *ganz*
durch, durch und durch (B ὅλος 4); *in einem Stück* (ZG); ἐκ τῶν ἄνωθεν
ὑφαντὸς δι' ὅλου *von oben an ganz durchgewebt, in einem Stück gewebt.*
24 εἶπαν Aor. (vgl. H-S §105g) λέγω. **πρὸς ἀλλήλους** *zueinander* (B 24
πρός III1e). **σχίσωμεν** Aor. Konj. σχίζω (vgl. A33[91ff]) *spalten, zerteilen,*
zerreißen; adhortativer Konj. (A254). **λάχωμεν** Aor. Konj. λαγχάνω[151] *zu-*
geteilt erhalten, empfangen; das Los werfen, losen περί τινος *um etwas* (B 3);
adhortativer Konj. (A254). **ἔσται** Fut. εἰμί; τίνος ἔσται (gen. poss., A154;
174) *wem es gehören soll.* **ἵνα** wohl zugleich fin. u. kons. (B II2); ἵνα ... πλη-
ρωθῇ übers. etwa *so sollte sich ... erfüllen.* **πληρωθῇ** Aor. Konj. Pass. πλη-
ρόω. **λέγουσα** Ptz. Fem. λέγω, attr. **δι-ε-μερίσαντο** Aor. Med. δια-
μερίζω (vgl. A33[91ff]) *verteilen* (dazu Med. *unter sich*), *austeilen;* διεμερίσαν-
το ... ἑαυτοῖς (Reflexivität doppelt bez., BDR §310[4]) *sie teilten ... unter sich* (B
ἑαυτοῦ 1). **ἱματισμός** *Kleidung, Gewand.* **ἔ-βαλον** Aor. βάλλω.
κλῆρος *Los;* βάλλω κλῆρον *das Los werfen, losen* ἐπί τι *um etwas* (B 1).
μὲν οὖν zieht als Übergang zu etwas Neuem die Summe aus dem Vorherge-
henden (BDR §451[3]); οἱ μὲν οὖν στρατιῶται ταῦτα ἐποίησαν etwa
auf diese Weise verfuhren also die Soldaten (Menge).

25 εἱστήκεισαν Plsqpf. ἵσταμαι. **σταυρός** V. 19. **ἀδελφή** 25
Schwester. **Μαρία**[1] od. **Μαριάμ** indekl., *Maria,* außer der Mutter Jesu
sechs weitere im NT genannte Frauen. **Κλωπᾶς**[1] ᾶ *Klopas;* gen. pertinentiae
(H-S §159c; A156); ἡ τοῦ Κλωπᾶ (usuelle) Ellipse v. „Frau" (A156 u. 376):
die Frau des Klopas. **Μαγδαληνή** *Magdalenerin, Bewohnerin von Magdala*
(Ort auf der Westseite des Sees Gennesaret); Μαρία ἡ Μαγδαληνή *Maria*
aus Magdala. **26 ἰδών** Aor. Ptz. ὁράω, temp. **παρ-εστῶτα** Pf. (Wz.-Pf., 26
H-S §109a; m. präs. Bdtg.) Ptz. -ἵσταμαι, AcP (A300); Ἰησοῦς οὖν ἰδὼν
τὴν μητέρα καὶ τὸν μαθητὴν παρεστῶτα *als Jesus seine Mutter und*
neben ihr den Jünger stehen sah. **ἠγάπα** Ipf. ἀγαπάω hier im Sinn v. *beson-*
ders liebhaben. **λέγει** V. 4, ebenso V. 27. **γύναι** Vok. γυνή. **ἴδε** V. 4.
27 εἶτα *dann, danach.* **ἀπ' ἐκείνης τῆς ὥρας** *von Stund an, sofort* (B 27
ὥρα 3). **ἔ-λαβεν** V. 1; ἔλαβεν ὁ μαθητὴς αὐτὴν εἰς τὰ ἴδια *der Jün-*
ger nahm sie (zu sich) in sein Haus bzw. *nahm sie bei sich auf.*

28 μετὰ τοῦτο *danach.* **εἰδώς** Pf. (m. präs. Bdtg.) Ptz. οἶδα, temp. 28
od. kaus. **τε-τέλεσται** Pf. Pass. τελέω[27] *vollenden, beenden* (B 1). **τελει-**
ωθῇ Aor. Konj. Pass. τελειόω *vollenden: zu Ende* bzw. *ans Ziel führen;* hier *er-*
füllen (B 2c) [Var. πληρωθῇ V. 24]. **λέγει** V. 4. **διψάω** *Durst haben.*
29 σκεῦος[7] *Gerät; Gefäß.* **ἔ-κειτο** Ipf. Med. κεῖμαι (A32; als Pf. Pass. v. 29
τίθημι gebraucht, A33[200]) *liegen, gelegt sein; sich* (an einem Ort) *befinden,* hier

dastehen (B1b). **ὄξος**[7] (< ὀξύς scharf) *saurer Wein, (Wein-)Essig* (beliebt als
Durstlöscher, bes. bei einfachen Leuten; auch Soldatengetränk). **μεστός** *voll,*
erfüllt von, gefüllt mit, m. Gen. (A165). **σπόγγος** *Schwamm.* **ὕσσωπος** ὁ
u. ἡ *der Ysop* (ein kleiner Busch m. blauen Blüten u. stark riechenden Blättern;
beim Reinigungsopfer u. zum Besprengen verwendet [Ex 12,22 u.a.]), hier wohl
ein *Ysopzweig.* **περι-θέντες** Aor. Ptz. -τίθημι[200] *ringsum anlegen, ringsum*
legen; hier *legen um, stecken auf* τινί *etwas* (B 1). **προσ-ήνεγκαν** Aor. (vgl.
H-S §105h) -φέρω hier: jmdm. etwas zu trinken *bringen* (B 1bα); προσήνεγ-
30 καν αὐτοῦ τῷ στόματι *sie hielten (ihn) an seinen Mund.* **30 ἔ-λαβεν**
V. 1. **κλίνας** Aor. Ptz. κλίνω[126] tr. *neigen, senken, beugen;* temp. (A291,1
Anm. 1). **παρ-έ-δωκεν** V. 16; παραδίδωμι τὸ πνεῦμα *den/seinen*
(A103) *Geist aufgeben* (B 1a), d.h. sterben.
31 **31 οἱ Ἰουδαῖοι** hier im Sinn v. *die führenden Männer* (des jüdischen
Volkes). **ἐπεί** (A338) *weil, da ja, denn.* **παρα-σκευή** V. 14. **ἦν** V. 11.
μείνῃ Aor. Konj. μένω. **σῶμα** hier wohl *Leichnam* (B 1a). **μέγας** hier
groß, hoch; ἦν γὰρ μεγάλη ἡ ἡμέρα ἐκείνου τοῦ σαββάτου wörtl.
denn groß war der Tag jenes Sabbats = denn dieser Sabbat war ein hoher Feiertag.
ἠρώτησαν Aor. ἐρωτάω. **ἵνα** (zweites) *daß* (A328; bez. das Erbetene).
κατ-ε-αγῶσιν Aor. Konj. Pass. κατ-άγνυμι[214] (etwas) *(zer)brechen.*
32 **σκέλος**[7] *Schenkel, Bein.* **ἀρθῶσιν** Aor. Konj. Pass. αἴρω. **32 στρατιώ-
της** V. 2. **κατ-έ-αξαν** Aor. κατ-άγνυμι. **ἄλλος** statt ἕτερος (BDR
§306[6]). **συ-σταυρωθέντος** Aor. Ptz. Pass. -σταυρόω *zusammen kreuzi-*
gen τινί *mit jmdm.;* attr. (vgl. BDR §269,7); καί τοῦ ἄλλου τοῦ συσταυ-
ρωθέντος αὐτῷ *und die des anderen, der mit ihm zusammen gekreuzigt worden*
33 *war.* **33 ἐπί** m. Akk. *zu.* **ἐλθόντες** Aor. Ptz. ἔρχομαι, temp. (A291,1
Anm. 1). **ὡς** *als* od. kaus. *da, weil.* **τε-θνηκότα** Pf. Ptz. (ἀπο-)θνῄσκω,
34 AcP (A300). **34 στρατιωτῶν** gen. partitivus (A164). **λόγχη** *Speer, Lan-*
ze, Lanzenspitze; dat. instr. (A176). **πλευρά** *Seite* (meist des menschl. Kör-
pers). **ἔ-νυξεν** Aor. νύσσω (vgl. A33[74ff]) *stoßen, stechen;* λόγχῃ αὐτοῦ
τὴν πλευρὰν ἔνυξεν *er stieß mit einer Lanze/einem Speer in seine Seite.* **ἐξ-**
35 **ῆλθεν** V. 4, hier *herausfließen* (B 2a); zum Sg. s. A94. **35 ἑ-ωρακώς** Pf.
(A231) Ptz. ὁράω, subst. **με-μαρτύρηκεν** Pf. μαρτυρέω. **ἀληθινός**
wahr, glaubwürdig, zuverlässig (B 2). **μαρτυρία** *Zeugnis* (das Bezeugen od.
das Bezeugte). **ἀληθής**[7] *wahr;* ὅτι ἀληθῆ (Ntr. Pl.) λέγει *daß er Wahres*
sagt = daß er die Wahrheit sagt. **πιστεύσητε** Aor. Konj. πιστεύω [Var.
36 πιστεύητε Konj.]. **36 ἐ-γένετο** Aor. Med. γίνομαι. **πληρωθῇ** V. 24.
ὀστέον (kontrahiert: ὀστοῦν [BDR §45,2]) *Knochen, Gebein.* **συν-
τριβήσεται** Fut. Pass. συν-τρίβω[50] *zerstoßen, zerschlagen; zerbrechen*
(B 1a). **αὐτοῦ** gen. poss. (A154); ὀστοῦν οὐ ... αὐτοῦ *kein Knochen an*
37 *ihm ...* **37 ὄψονται** Fut. ὁράω. **εἰς** *auf;* εἰς ὅν = εἰς τοῦτον ὅν (A359).
ἐξ-ε-κέντησαν Aor. ἐκ-κεντέω *durchbohren.*

38 μετὰ ταῦτα *danach.* **ἠρώτησεν** V. 31. **Ἰωσήφ** indekl., *Josef,* 38
ein Mitglied des Synedriums. **Ἁριμαθαία** *Arimatäa,* jüdische Stadt. **ὢν**
Ptz. εἰμί, wohl kaus. **κε-κρυμμένος** Pf. Ptz. Pass. κρύπτω[57] *verbergen,*
verhüllen; verheimlichen, geheimhalten; mod. *als Verborgener = heimlich* (vgl.
B 2a); ὢν μαθητὴς τοῦ Ἰησοῦ κεκρυμμένος δέ *da er ein Jünger Jesu*
war, aber (nur) heimlich. **διὰ τὸν φόβον** *aus Furcht vor,* m. gen. obi. (vgl.
BDR §163[4]; A158). **οἱ Ἰουδαῖοι, ἵνα** V. 31. **ἄρῃ** Aor. Konj. αἴρω hier
wohl *abnehmen;* ἵνα ἄρῃ τὸ σῶμα *daß er den Leichnam abnehmen dürfe.*
σῶμα V. 31. **ἐπ-έ-τρεψεν** Aor. ἐπι-τρέπω[48] *gewähren, gestatten, erlau-*
ben. **ἦρεν** Aor. αἴρω. **39 Νικόδημος** 3,1. **ἐλθών** Aor. Ptz. ἔρχομαι, 39
attr. **νυκτός** gen. temp. (A166) *bei Nacht, des Nachts.* **τὸ πρῶτον** Ntr. als
Adv., m. Art. *das erste Mal, zunächst* (B 2a), *zuvor, früher (einmal).* **φέρων** Ptz.
φέρω hier *mitbringen* (B 1d); mod., wohl formelhaft in der Bdtg. *mit* (BDR
§419[1]; A292). **μίγμα**[3] *Mischung* [Var. ἕλιγμα *Gewundenes, Knäuel*].
σμύρνα *(die) Myrrhe* (wohlriechendes Harz arabisch-afrikanischer Her-
kunft); μίγμα σμύρνης (gen. materiae, A159) *eine Mischung von.* **ἀλόη**
(die) Aloë (Harz eines Baumes aus der Familie der Thymelaceen). **λίτρα**
(< lat. libra) *Pfund* (= 327,45 g). **ἑκατόν**[19] *einhundert.* **40 ἔ-λαβον** V. 1. 40
ἔ-δησαν Aor. δέω hier *umwickeln.* **ὀθόνιον** *Leinenbinde;* dat. instr.
(A176). **μετά** m. Gen. *zusammen mit.* **ἄρωμα**[3] (eig. Gewürz[kraut]) Pl.
wohlriechende Öle/Salben (beim Begräbnis verwendet). **ἔθος**[7] *Brauch, Sitte;*
καθὼς ἔθος ἐστίν τινι *wie es Brauch/Sitte bei jmdm. ist* (B 1). **ἐν-ταφιά-**
ζειν Inf. -ταφιάζω *bestatten;* καθὼς ἔθος ἐστὶν τοῖς Ἰουδαίοις ἐντα-
φιάζειν *wie es der jüdischen Begräbnissitte entspricht* (GNB). **41 ἦν** V. 11. 41
ἐ-σταυρώθη Aor. Pass. V. 6. **κῆπος** *Garten.* **οὐ-δέπω** *noch nicht;* οὐ-
δέπω οὐδείς Neg. verstärken einander (A310). **τε-θειμένος** Pf. Ptz. Pass.
τίθημι, umschrieb. Plsqpf. (A249); ἐν ᾧ οὐδέπω οὐδεὶς ἦν τεθειμένος
in dem (d.h. dem Grab) *noch nie jemand gelegen hatte* bzw. *beigesetzt war* [Var.
ἐ-τέθη Aor. Pass.]. **42 παρα-σκευή** V. 14. **ἐγγύς** V. 20; hier Adv. *nahe,* 42
in der Nähe. **ἔ-θηκαν** Aor. τίθημι.

μία (statt klass. πρώτη, vgl. H-S §145a); temp. Dat. (A182); τῇ μιᾷ **20**
(erg. ἡμέρᾳ) τῶν σαββάτων (gen. partitivus, A164) *am ersten Tag der*
Woche. **Μαρία, Μαγδαληνή** 19,25. **ἔρχεται** hist. Präs. (A235), eben-
so die flgd. Verben im Präs. Ind. **πρωΐ** Adv. *früh, frühmorgens.* **σκοτία** *Dun-*
kelheit. **οὔσης** Ptz. Fem. εἰμί, gen. abs. (A288), temp.; σκοτίας ἔτι οὔσης
als es noch dunkel war. **εἰς** *zu.* **ἠρμένον** Pf. (A231) Ptz. Pass. αἴρω, AcP
(A300); βλέπει τὸν λίθον ἠρμένον *sie sah, daß der Stein weggenommen*
war. **2 τρέχω** *laufen.* **ἐ-φίλει** Ipf. φιλέω *lieben* (hier im Sinn v. *besonders* 2
liebhaben). **ἦραν** Aor. αἴρω hier *fortschaffen, wegnehmen* (vgl. B 3); 3. Pl. im
Sinn v. „man" (A76a). **ἔ-θηκαν** Aor. τίθημι. **3 ἐξ-ῆλθεν** Aor. -έρχο- 3
μαι; zum Sg. s. A94. **ἄλλος** statt ἕτερος (BDR §306[6]). **ἤρχοντο** Ipf.

4 ἔρχομαι. **εἰς** *zu.* **4 ἔ-τρεχον** Ipf. **ὁμοῦ** *zusammen, miteinander.* **προ-**
έ-δραμεν Aor. προ-τρέχω[196] *vorauslaufen.* **τάχιον** Komp. zum Adv. τα-
χέως *schnell, rasch.* **Πέτρου** gen. comparationis (A168). **πρῶτος** hier adv.
5 gebraucht (H-S §135b; vgl. A113) *als erster, zuerst.* **εἰς** *zu.* **5 παρα-κύψας**
Aor. Ptz. -κύπτω (vgl. A33[51ff]) *sich vorbeugen* (um etwas genau zu sehen);
temp. **βλέπει** hist. Präs. (A235). **κείμενα** Ptz. Med. κεῖμαι (A32; als Pf.
Pass. v. τίθημι gebraucht, A33[200]) *liegen, gelegt sein;* AcP (A300). **ὀθόνιον**
Leinenbinde. **μέν-τοι** *wirklich; allerdings, jedoch* (B 2). **εἰσ-ῆλθεν** Aor.
6 -ἔρχομαι. **6 ἔρχεται** hist. Präs. (A235). **ἀκολουθῶν** Ptz. ἀκολουθέω,
mod.; ἔρχεται οὖν καὶ Σίμων Πέτρος ἀκολουθῶν αὐτῷ καί etwa *nun*
kam auch Simon Petrus hinter ihm her (wörtl. *ihm folgend*) *und* bzw. *als Simon*
7 *Petrus nachkam* (GNB). **κείμενα** V. 5. **7 σουδάριον** (< lat. sudarium)
Schweißtuch (hier das Kopftuch eines Bestatteten; EWNT 3, Sp. 616). **ἦν** Ipf.
εἰμί; ὃ ἦν ἐπὶ τῆς κεφαλῆς αὐτοῦ *das auf seinem* (d.h. Jesu) *Kopf gelegen*
hatte. **κείμενον** V. 5. **χωρίς** hier Adv. *für sich* (BDR §216[3]). **ἐν-τε-τυ-**
λιγμένον Pf. Ptz. Pass. ἐν-τυλίσσω (vgl. A33[74ff]) *einwickeln; zusammen-*
wickeln, -rollen, -legen; AcP (A300). **εἰς ἕνα τόπον** *an einer besonderen Stel-*
8 *le, an einem Platz für sich* (B εἷς 2a). **8 τότε οὖν** *darauf, jetzt* (BDR §459[2]).
ἄλλος V. 3. **ἐλθών** Aor. Ptz. ἔρχομαι, attr. **πρῶτος** V. 4. **ἐ-πίστευ-**
σεν Aor. πιστεύω; *er glaubte,* zunächst wohl im Sinn v. *er überzeugte sich*
(näml. daß das Grab leer war [vgl. V. 2]), viell. aber darüber hinausgehend im
9 Sinn v. *er kam zum Glauben* (ingr. Aor., A240b). **9 οὐδέ-πω** *noch nicht.*
ᾔδεισαν Plsqpf. (m. der Bdtg. eines Ipf.) οἶδα. **ἀνα-στῆναι** Wz.-Aor.
Inf. ἀν-ίσταμαι; Präd. des AcI, abhängig v. δεῖ; ὅτι δεῖ αὐτὸν ἐκ νεκρῶν
10 ἀναστῆναι *daß er von den Toten auferstehen müsse.* **10 ἀπ-ῆλθον** Aor.
-ἔρχομαι. **πρὸς αὐτούς** (wohl = πρὸς ἑαυτούς [A126c]) *nach Hause*
(vgl. B ἑαυτοῦ 1i).

11 **11 Μαρία** 19,25. **εἱστήκει** Plsqpf. ἵσταμαι. **κλαίουσα** Ptz.
Fem. κλαίω, mod. (A291,2 Anm. 1). **ἔ-κλαιεν** Ipf. **παρ-έ-κυψεν** Aor.
12 V. 5, hier wohl *hineinschauen* εἴς τι *in etwas* (vgl. B 2). **12 θεωρεῖ** hist. Präs.
(A235), ebenso V. 14. **λευκός** *weiß; leuchtend;* ἐν λευκοῖς (erg. ἱματίοις
[BDR §241[10]]) *in weißen/leuchtenden Gewändern.* **καθ-εζομένους** Ptz.
Med. καθ-έζομαι *sitzen,* hier *dasitzen* (B 1); AcP (A300). **ἕνα** ... **καὶ ἕνα** =
τὸν μέν ... τὸν δέ (BDR §247[8]) *den einen ... den anderen.* **πρὸς τῇ κεφα-**
λῇ ... **πρὸς τοῖς ποσίν** *am Kopfende ... am Fußende.* **ὅπου** hier *dort, wo*
(B 1aα; vgl. A358). **ἔ-κειτο** Ipf. Med. V. 5; Ipf. bez. hier die Vorvergangen-
heit (vgl. BDR §330[1]; A224) *gelegen hatte.* **σῶμα** hier *Leichnam* (B 1a).
13 **13 λέγουσιν, λέγει** hist. Präs. (A235), ebenso in den flgd. Versen.
γύναι Vok. γυνή. **τί** hier adv. *warum?* **ὅτι** recitativum = Doppelpunkt
14 (A333). **ἦραν, ἔ-θηκαν** V. 2. **14 εἰποῦσα** Aor. Ptz. Fem. λέγω, temp.;
ταῦτα εἰποῦσα *nach diesen Worten.* **ἐ-στράφη** Aor. Pass. στρέφω[47] tr.

hinwenden; Pass. *sich umwenden, sich zuwenden.* **ὀπίσω** Adv. *hinten, nach*
hinten; εἰς τὰ ὀπίσω *zurück;* στρέφω εἰς τὰ ὀπίσω *sich umwenden*
(B 2aα). **ἑστῶτα** Pf. (Wz.-Pf., H-S §109a; m. präs. Bdtg.) Ptz. ἵσταμαι, AcP
(A300). **καί** (zweites) adversativ (A311,1) *aber.* **ᾔδει** V. 9. **15 δοκοῦσα** 15
Ptz. Fem. δοκέω, kaus. **κηπουρός** *Gärtner.* **κύριε** Vok. **εἰ** m. Ind. indefi-
niter Fall (A342). **σύ** betont (A122). **ἐ-βάστασας** Aor. βαστάζω[108] *auf-*
heben; tragen; wegtragen, wegschaffen (B 3a). **εἰπέ** Aor. Imp. λέγω. **ἔ-θηκας**
V. 2. **ἀρῶ** Fut. αἴρω hier wohl *(hervor)holen* (aus dem Grab) (B 3); mod. Fut.
(A247); κἀγὼ (καί kons. [A311,2]) αὐτὸν ἀρῶ *dann/so will ich ihn holen.*
16 Μαριάμ 19,25; hier Vok. **στραφεῖσα** Aor. Ptz. Pass. Fem. στρέφω 16
V. 14; temp. (A291,1 Anm. 1). **Ἑβραϊστί** Adv. *auf hebräisch* od. *auf ara-*
mäisch (B). **ῥαββουνι** indekl., hier Vok. (aram. רַבּוֹנִי/רַבּוּנִי *rabbônî/rab-*
bûnî) Rabbuni (= [hebr.] Rabbi), Anrede u. Ehrenbezeichnung für einen (Ge-
setzes-)Lehrer, übers. hier etwa *mein Herr, mein Gebieter* (B). **λέγεται** Pass.
λέγω, Pass. hier *heißen* (B II3). **διδάσκαλε** Vok. **17 ἅπτου** Imp. Med. 17
ἅπτω Akt. *anzünden;* Med. *berühren, anfassen, anrühren* τινός (A165) *jmdn.;*
Imp. Präs. zur Aufforderung, m. einer Handlung aufzuhören (H-S §212e; BDR
§336[4]; A265); μή μου ἅπτου *faß mich nicht länger an = laß mich los* (B 2a).
οὔ-πω *noch nicht.* **ἀνα-βέ-βηκα** Pf. -βαίνω hier *aufsteigen* (vgl. B 1aβ).
πορεύου Imp. (vgl. A266a). **ἀνα-βαίνω** fut. Präs. (BDR §323[5]; vgl.
A234). **18 ἔρχεται** hist. Präs. (A235). **Μαγδαληνή** 19,25. **ἀγγέλ-** 18
λουσα Ptz. Fem. ἀγγέλλω *melden, berichten, verkünden;* fin. od. mod.
(A291,2 Anm. 1) [Var. ἀπ-αγγέλλουσα Ptz. Fem. -αγγέλλω]. **ὅτι** V. 13.
ἑ-ώρακα Pf. (A242) ὁράω. **καὶ ταῦτα εἶπεν αὐτῇ** *und dies habe er zu*
ihr gesagt bzw. (sinngemäß) *und sie richtete ihnen aus, was er ihr aufgetragen hatte*
(GNB).

19 οὔσης V. 1. **ὀψία** (eig. Fem. Sg. ὄψιος spät; subst.) *Abend;* οὔσης 19
οὖν ὀψίας (gen. abs., A288) *als es nun Abend geworden war.* **ἡμέρᾳ** temp.
Dat. (A182). **μία** V. 1. **θύρα** *Tür.* **κε-κλεισμένων** Pf. Ptz. Pass. κλείω[6]
schließen; verschließen; gen. abs. (A288), temp. **ὅπου** V. 12. **ἦσαν** Ipf. εἰμί.
[Var. συν-ηγμένοι Pf. Ptz. Pass. -άγω, umschrieb. Plsqpf. m. ἦσαν (A249).]
διὰ τὸν φόβον *aus Furcht vor,* m. gen. obi. (BDR §163[4]; vgl. A158). **ἔ-στη**
Aor. ἵσταμαι hier *treten* (vgl. B II1b). **εἰς τὸ μέσον** *in die Mitte, mitten*
hinein (B μέσος 2), *in ihre* (A103) *Mitte.* **λέγει** V. 13, ebenso V. 22.
εἰρήνη erg. εἴη (Opt. v. εἰμί) *sei (mit)* (BDR §128,5). **20 εἰπών** Aor. Ptz. 20
λέγω, temp.; τοῦτο εἰπών *nach diesen Worten.* **ἔ-δειξεν** Aor. δείκ-
νυμι[212] *zeigen, sehen lassen.* **πλευρά** *Seite* (meist des menschl. Körpers);
τὰς χεῖρας καὶ τὴν πλευράν *seine Hände und seine Seite* (A103).
ἐ-χάρησαν Aor. Pass. (m. akt. Bdtg.) χαίρω. **ἰδόντες** Aor. Ptz. ὁράω,
kaus. od. temp. **21 καθώς ... καί** (hier κἀγώ) *wie ... so ... (auch)* ich (vgl. 21
BDR §453[3]; A352). **ἀπ-έ-σταλκεν** Pf. ἀπο-στέλλω. **22 ἐν-ε-φύση-** 22

σεν Aor. ἐμ-φυσάω *anhauchen* τινί *jmdn.* **αὐτοῖς** gehört außer zu λέγει
23 viell. auch zu ἐνεφύσησεν. **λάβετε** Aor. Imp. λαμβάνω. **23 ἄν** (beide)
= ἐάν (BDR §107[2]). **τινῶν** ... **τὰς ἁμαρτίας** ... **τινῶν** *jemandes*
Sünden ... jemandes (Sünden) bzw. *jemandem die Sünden ... sie jemandem* (BDR
§473[2]). **ἀφ-ῆτε** Aor. Konj. -ίημι hier *vergeben* (B 2). **ἀφ-έωνται** Pf. Pass.
-ίημι [Var. 1 ἀφ-ίενται bzw. ἀφ-ίονται (BDR §94[7]) Pass. (Präs. m. fut.
Bdtg., BDR §323[3]); Var. 2 ἀφ-εθήσεται Fut. Pass.]. **κρατῆτε** Konj. κρα-
τέω hier *festhalten, behalten* (Ggs. ἀφίημι); ἄν τινων (erg. τὰς ἁμαρ-
τίας) κρατῆτε *wenn ihr sie jemandem festhaltet/behaltet = wenn ihr sie jeman-*
dem nicht vergebt. **κε-κράτηνται** Pf. Pass.
24 **24 Θωμᾶς** 11,16. **ἐκ** umschreibt gen. partitivus (vgl. B 4aα). **οἱ δώ-**
δεκα *die Zwölf* bzw. *die zwölf Jünger (Jesu).* **λεγόμενος** Ptz. Pass. λέγω,
attr. *(auch) ... genannt.* **Δίδυμος** 11,16. **ἦν** V. 7. **μετά** m. Gen. *bei.*
25 **25 ἔ-λεγον** Ipf. **ἑ-ωράκαμεν** V. 18. **ὁ δέ** *doch dieser/er* (A102). **ἴδω**
Aor. Konj. ὁράω. **χερσίν** Dat. Pl. v. χείρ[6]. **τύπος** *Spur, Mal* (einer Verlet-
zung) (B 1). **ἧλος** *Nagel.* **βάλω** Aor. Konj. βάλλω hier *legen* (B 2b). **δάκ-**
τυλος *Finger.* **πλευρά** V. 20. **οὐ μή** m. Aor. Konj. stärkste Verneinung
zukünftigen Geschehens (A257). **πιστεύσω** Aor. Konj. (od. Fut.) πι-
26 στεύω; οὐ μὴ πιστεύσω *werde ich (es) auf keinen Fall glauben.* **26 ὀκ-**
τώ[19] *acht;* μεθ' ἡμέρας ὀκτώ *nach acht Tagen* (inklusive Zählung) = *eine*
Woche später. **ἦσαν** V. 19. **ἔσω** *hinein; inwendig, im Innern;* ἦσαν ἔσω *sie*
waren drinnen = sie waren im Haus (versammelt) (GNB). **ἔρχεται** V. 18. **θύ-**
27 **ρα, κε-κλεισμένων, ἔστη, εἰς τὸ μέσον, εἰρήνη** V. 19. **27 εἶτα**
dann, danach. **λέγει** hist. Präs. (A235), ebenso V. 29. **φέρε** Imp. φέρω hier
heranbringen (B 4aγ), *herreichen.* **ἴδε** Aor. Imp. ὁράω. **βάλε** Aor. Imp.
V. 25. **πλευρά** V. 20. **γίνου** Imp. Med. γίνομαι; Imp. Präs. zur Auf-
forderung, m. einer Handlung aufzuhören (vgl. H-S §212e; A265); μὴ γίνου
ἄπιστος *sei nicht länger ungläubig = zweifle nicht mehr.* **ἄ-πιστος**[11] *ungläu-*
28 *big.* **28 ἀπ-ε-κρίθη** Aor. Pass. (ohne Pass.-Bdtg.) ἀπο-κρίνομαι. **καὶ**
εἶπεν pleon. (Hebr.; A297,2). **ὁ κύριος, ὁ θεός** Nom. m. Art. für Vok.
29 (H-S §148b; A142). **29 ἑ-ώρακας** V. 18. **πε-πίστευκας** Pf. (A242) πι-
στεύω. **ἰδόντες** V. 20; Ptz. subst. **καί** adversativ (A311,1) *und doch.* **πι-**
στεύσαντες Aor. Ptz., subst.
30 **30 μὲν οὖν** hier wohl versichernd (klass.) *in der Tat, gewiß.* **καί** wirkt
nach πολύς vor zweitem Adj. pleon. (klass., H-S §252,29); πολλὰ μὲν οὖν
καὶ ἄλλα σημεῖα ... *in Wahrheit ... noch viele andere Zeichen/Wunderzeichen*
(H-S §252,51). **ἐ-ποίησεν** Aor. ποιέω. **γε-γραμμένα** Pf. Ptz. Pass.
γράφω, umschrieb. Pf. (A249); ἃ οὐκ ἔστιν γεγραμμένα *die nicht aufge-*
31 *schrieben sind, die nicht stehen.* **βιβλίον** *Buch.* **31 γέ-γραπται** Pf. Pass.
πιστεύσητε Aor. Konj. πιστεύω [Var. πιστεύητε Konj.]. **ὁ χριστός**
Präd.-Nom. m. Art. hebt die Einzigartigkeit hervor (vgl. H-S §135a; A80).

ὁ υἱὸς τοῦ θεοῦ App. (A70). **πιστεύοντες** Ptz., mod. od. kond. *da-
durch, daß* (od. *wenn) ihr (an ihn) glaubt.* **ἔχητε** Konj. ἔχω. **ἐν τῷ ὀνόμα-
τι αὐτοῦ** *durch seinen Namen* (B ὄνομα I4cγ) od. ὄνομα steht als pars pro
toto für die Person (A382).

μετὰ ταῦτα *danach.* **ἐ-φανέρωσεν** Aor. φανερόω. **Τιβεριάς** 21
6,1; ἡ θάλασσα τῆς Τιβεριάδος *der See von Tiberias* (= der See Gennesa-
ret). **2 ἦσαν** Ipf. εἰμί. **ὁμοῦ** *zusammen, beisammen.* **Θωμᾶς** 11,16. 2
λεγόμενος Ptz. Pass. λέγω, attr. *(auch) ... genannt.* **Δίδυμος** 11,16.
Ναθαναήλ 1,45. **Κανά** 2,1; hier Gen.; ὁ ἀπὸ Κανά *aus Kana.* **τῆς
Γαλιλαίας** gen. partitivus (H-S §166a; A164) *in Galiläa.* **Ζεβεδαῖος** *Ze-
bedäus,* Vater der Apostel Johannes u. Jakobus; οἱ τοῦ Ζεβεδαίου (usuelle)
Ellipse v. „Söhne" (A156 u. 376): *die Söhne des Zebedäus.* **ἐκ** umschreibt gen.
partitivus (B 4aα). **3 λέγει** hist. Präs. (A235), ebenso in den flgd. Versen. 3
ἁλιεύειν Inf. ἁλιεύω *fischen;* fin. (B ὑπάγω 2); ὑπάγω ἁλιεύειν *ich
gehe fischen.* **ἡμεῖς** betont (A122); καὶ ἡμεῖς *wir auch.* **ἐξ-ῆλθον** Aor.
-έρχομαι. **ἐν-έ-βησαν** Aor. ἐμ-βαίνω[139] *hineintreten,* (ins Schiff/Boot)
(ein)steigen. **ἐ-πίασαν** Aor. πιάζω (vgl. A33[91ff]) *halten, fassen, ergreifen;*
hier *fangen* (B 2b). **4 πρωΐα** *Morgenstunde, Morgen.* **γενομένης** Aor. Ptz. 4
Med. γίνομαι, gen. abs. (A288), temp.; πρωΐας ἤδη γενομένης *als es
schon Morgen geworden war* [Var. γινομένης Ptz. Med.]. **ἔ-στη** Aor. ἵστα-
μαι hier *treten* (B II1b). **εἰς** *an.* **αἰγιαλός** *Küste, Strand, Ufer.* **μέν-τοι**
wirklich, in der Tat; allerdings, jedoch. **ᾔδεισαν** Plsqpf. (m. der Bdtg. eines
Ipf.) οἶδα [Var. ἔ-γνωσαν Aor. γινώσκω]. **5 παιδία** Vok., hier in liebe- 5
voll vertrauter Anrede seitens einer Respektsperson (B 3c). **μή** *etwa* (vernei-
nende Antwort angedeutet, A320). **προσ-φάγιον** *Zukost* (zum Brot), oft =
Fisch; μή τι προσφάγιον ἔχετε; *habt ihr etwa keinen Fisch? ihr habt wohl
keinen Fisch?* (B). **ἀπ-ε-κρίθησαν** Aor. Pass. (ohne Pass.-Bdtg.) ἀπο-κρί-
νομαι. **οὔ** m. Akzent: *nein* (B 1). **6 ὁ δέ** *(und) dieser/er* (A102). **βάλετε** 6
Aor. Imp. βάλλω hier *auswerfen* (B 1b). **μέρος**[7] hier *Seite;* τὰ δεξιὰ μέρη
rechts, die rechte Seite (B 1bδ); εἰς τὰ δεξιὰ μέρη τοῦ πλοίου *auf der rech-
ten Seite des Schiffes/Bootes.* **δίκτυον** *Netz* (des Fischers). **καί** (erstes) kons.
(A311,2) *so, dann.* **εὑρήσετε** Fut. εὑρίσκω; καὶ εὑρήσετε *so werdet ihr
(etwas) finden/fangen.* [Var. fügt hinzu: οἱ δέ *doch diese/sie* (A102). δι' ὅλης
νυκτός *die ganze Nacht hindurch* (B διά AII1a). ἐ-κοπιάσαμεν Aor. κο-
πιάω *sich abmühen, sich plagen.* ἔ-λαβεν Aor. λαμβάνω hier *fangen* (B 1c).
σός *dein* (Poss.-Pron., A128); ἐπὶ τῷ σῷ ῥήματι *(gestützt) auf dein Wort*
(vgl. B ἐπί II1bγ). βαλοῦμεν Fut. βάλλω; mod. Fut. (A247).] **ἔ-βαλον**
Aor. **ἑλκύσαι** Aor. Inf. ἕλκω[184] *ziehen, schleppen,* hier *hochziehen, einholen.*
ἴσχυον Ipf. ἰσχύω *stark sein, vermögen, können.* **ἀπό** bez. den Grund *wegen*
(B V1). **πλῆθος**[7] *Menge, große Anzahl.* **ἰχθύς**[8] ύος ὁ *Fisch.* **7 ἠγάπα** 7
Ipf. ἀγαπάω hier im Sinn v. *besonders liebhaben.* **ἀκούσας** Aor. Ptz.

ἀκούω, temp. **ἐπ-εν-δύτης**[1] *Oberkleid.* **δι-ε-ζώσατο** Aor. Med. δια-
ζώννυμι[224] *umgürten, umbinden.* **ἦν** Ipf. εἰμί. **γυμνός** *nackt, ohne Oberge-*
wand; ἦν γὰρ γυμνός *er hatte nämlich nur ein Unterkleid an* (Menge).
8 **8 πλοιάριον** *kleines Schiff, Kahn, Boot;* dat. instr. (A176). **ἦσαν** V. 2.
μακράν Adv. (erstarrter Akk. der Ausdehnung v. μακρός lang/entlegen,
erg. ὁδόν, BDR §161[3]) *weit weg, fern* ἀπό τινος *von jmdm./etwas* (B 1aα).
ἀπό (zweites) *von ... ab, davon (entfernt)* (B III); ὡς ἀπὸ πηχῶν διακοσί-
ων *(nur) etwa zweihundert Ellen* (ca. 100 m) *davon entfernt.* **πῆχυς**[8] εως ὁ
Elle (ca. 45-52 cm). **διακόσιοι**[19] *zweihundert.* **σύροντες** Ptz. σύρω *zie-*
hen, schleppen, hinter sich herziehen; mod. **τῶν ἰχθύων** gen. materiae (H-S
9 §161; vgl. A159) *mit den Fischen.* **9 ἀπ-έ-βησαν** Aor. ἀπο-βαίνω[139] *weg-*
gehen, aussteigen; ἀποβαίνω εἰς τὴν γῆν *an Land gehen.* **βλέπουσιν**
hist. Präs. (A235). **ἀνθρακιά** *Kohlenfeuer;* ἀνθρακιὰ κειμένη *ein Kohlen-*
feuer am Boden. **κειμένην** Ptz. Med. κεῖμαι (A32) *liegen, gelegt sein;* AcP
(A300). **ὀψάριον** *Gekochtes, Leckerbissen,* speziell *Fisch.* **ἐπι-κείμενον**
10 Ptz. Med. -κειμαι (A32) *daraufliegen;* AcP (A300). **10 λέγει** V. 3. **ἐνέγ-**
κατε Aor. Imp. φέρω. **ἀπὸ τῶν ὀψαρίων** Ersatz für den gen. partitivus
(B ἀπό I6; BDR §169[5]) *(einige)* (vgl. A137a) *von den Fischen.* **ὧν** für ἅ At-
11 traktion des Rel.-Pron. (A360). **ἐ-πιάσατε** V. 3. **11 ἀν-έ-βη** Aor. ἀνα-
βαίνω hier *besteigen,* (ins Schiff/Boot) *einsteigen* (vgl. B 1aα). **εἵλκυσεν**
Aor. ἕλκω V. 6. **εἰς τὴν γῆν** *an (das) Land.* **μεστός** *voll, erfüllt von, ge-*
füllt mit, m. Gen. (A165). **ἑκατὸν πεντήκοντα τρεῖς**[19f] *hundertdreiund-*
fünfzig. **τοσοῦτος**[18] (A352) *so groß, so lang; so viel;* Pl. *so viele.* **ὄντων** Ptz.
εἰμί; gen. abs. (A288), konz. **ἐ-σχίσθη** Aor. Pass. σχίζω (vgl. A33[91ff])
12 *spalten, trennen, zerreißen;* Pass. hier intr. *zerreißen* (B 1b). **12 λέγει** V. 3.
δεῦτε Adv., als Pl. zu δεῦρο: *kommt her! auf!* (vgl. A266). **ἀριστήσατε**
Aor. Imp. ἀριστάω *frühstücken.* **ἐ-τόλμα** Ipf. τολμάω *wagen,* m. flgd. Inf.
οὐδείς ... **τῶν μαθητῶν** gen. partitivus (A164) *keiner von den Jüngern ...*
ἐξ-ετάσαι Aor. Inf. -ετάζω (vgl. A33[91ff]) *untersuchen; sich erkundigen, fra-*
13 *gen.* **εἰδότες** Pf. (m. präs. Bdtg.) Ptz. οἶδα, kaus. **13 ἔρχεται** hist. Präs.
14 (A235), ebenso die flgd. Verben. **ὁμοίως** *in gleicher Weise, ebenso.* **14 τοῦ-**
το ἤδη τρίτον *jetzt schon zum dritten Mal* (B τρίτος 3; vgl. BDR §248[5]).
ἐ-φανερώθη Aor. Pass. φανερόω. **ἐγερθείς** Aor. Ptz. Pass. ἐγείρω,
temp.
15 **15 ἠρίστησαν** Aor. V. 12. **λέγει** hist. Präs. (A235), ebenso in den
flgd. Versen. **Ἰωάννου** (usuelle) Ellipse v. „Sohn" (A156 u. 376): *Sohn des*
Johannes. **πλέον** Ntr. als Komp. des Adv. (H-S §242a) *mehr.* **τούτων** gen.
comparationis (A168). **ναί** *ja, gewiß, freilich.* **κύριε** Vok. **φιλέω** *lieben.*
βόσκε Imp. βόσκω Akt. *weiden, hüten* (Tätigkeit des Hirten). **ἀρνίον**
16 *Schaf, Lamm.* **16 ποίμαινε** Imp. ποιμαίνω *weiden, hüten.* **πρό-βατον**
Schaf; auch bildl. für Nachfolger Jesu [Var. προ-βάτιον (Diminutiv v.

πρόβατον) *Schäflein*]. 17 **ἐ-λυπήθη** Aor. Pass. λυπέω *traurig machen,* 17
betrüben; Pass. Aor. hier *traurig werden.* **τὸ τρίτον** (zweites) sehr wahr-
scheinl. *ein drittes Mal* (d.h. der Grund für die Traurigkeit ist, daß er dreimal die
gleiche Frage stellt, bei der die Verben ledigl. variiert sind), evtl. *beim dritten
Mal* (danach läge der Grund für die Traurigkeit bei der veränderten
Fragestellung: φιλεῖς με; dabei denkt man, ἀγαπάω meine eine intensivere
Art der Liebe u. die drei Fragen stellten eine Abstufung dar; sprachl. läßt sich
jedoch in Jh [wie z.B. auch in der LXX] kein eindeutig definierbarer Bdtgs.-
Unterschied zwischen den beiden Verben feststellen). 18 **ἦς** Ipf. εἰμί. **νεώ-** 18
τερος Komp. v. νέος *neu, frisch; jung* (B 1bβ); viell. ohne komparativische
Bdtg. (BDR §244[3]); ὅτε ἦς νεώτερος *als du jünger* (viell. *jung*) *warst.*
ἐ-ζώννυες Ipf. ζώννυμι[224] (Ipf. gebildet v. der Nebenform ζωννύω, BDR
§92[2]) *gürten;* Med. *sich gürten.* **περι-ε-πάτεις** Ipf. -πατέω. **ἤ-θελες** Ipf.
θέλω. **γηράσῃς** Aor. Konj. γηράσκω[160] (< γῆρας [hohes] Alter) *altern,
alt werden.* **ἐκ-τενεῖς** Fut. -τείνω (vgl. A33[118ff]) *ausstrecken.* **ζώσει** Fut.
ζώννυμι. **οἴσει** Fut. φέρω hier wohl *führen.* **ὅπου** hier *dorthin, wohin*
(B 1bα; vgl. A358). 19 **σημαίνων** Ptz. σημαίνω *kundtun, mitteilen; ein* 19
Vorzeichen geben, voraussagen, andeuten (B 2); fin. (BDR §418[5]); τοῦτο εἶπεν
σημαίνων *dies sagte er, um anzudeuten.* **ποῖος**[18] *wie beschaffen?;* ποίῳ
θανάτῳ (dat. modi, A180) *durch was für einen Tod* (B 1aγ). **δοξάσει** Fut.
δοξάζω. **εἰπών** Aor. Ptz. λέγω, temp.; τοῦτο εἰπών *nach diesen Worten.*
ἀκολούθει Imp. ἀκολουθέω.

20 **ἐπι-στραφείς** Aor. Ptz. Pass. -στρέφω[47] *hinwenden, zukehren;* 20
Pass. *sich umwenden, sich umdrehen* (B 2aα); temp. **βλέπει** hist. Präs. (A235).
ἠγάπα V. 7. **ἀκολουθοῦντα** Ptz. V. 19; AcP (A300). **ἀν-έ-πεσεν**
Aor. ἀνα-πίπτω[194] *sich niederlegen/niederlassen, Platz nehmen (um zu essen);*
hier *sich zurücklehnen* ἐπί τι *an etwas* (B ἐπί III1aγ). **δεῖπνον** *Hauptmahl-
zeit* (gegen Abend); *Mahlzeit, Gastmahl.* **στῆθος**[7] *Brust.* **κύριε** Vok. **πα-
ρα-διδούς** Ptz. -δίδωμι, subst.; ὁ παραδιδούς σε *der, der dich auslie-
fert/verrät* (viell. *dabei ist, dich auszuliefern/zu verraten*) bzw. *dich ausliefern/verra-
ten wird* (vgl. A283; 285). 21 **ἰδών** Aor. Ptz. ὁράω, temp. **λέγει** V. 3, eben- 21
so in V. 22. **οὗτος δὲ τί;** (οὗτος betont vor dem τί, BDR §475[2]) *was wird
aus diesem?* (BDR §299[2]). 22 **θέλω** Konj. θέλω. **μένειν** Inf. μένω hier *am* 22
Leben bleiben (B 1cα); Präd. des AcI; ἐὰν αὐτὸν θέλω μένειν *wenn ich will,
daß er am Leben bleibt* (prospektiver Kond.-Satz, wo eher ein potentialer Fall zu
erwarten wäre [vgl. V. 23]; H-S §282b; A347). **ἔρχομαι** fut. Präs. (A234). **τί
πρὸς σέ;** ellip., erg. ἐστίν (B πρός III5c) *was kümmert es dich? was geht
dich das an?* **σύ** betont (A122). **ἀκολούθει** V. 19. 23 **ἐξ-ῆλθεν** Aor. 23
-έρχομαι hier *ausgehen, sich verbreiten;* ἐξῆλθεν οὖν οὗτος ὁ λόγος ... ὅτι
da verbreitete sich dieses Wort/dieses Gerücht ... daß. **εἰς** *unter, bei.*

24 **μαρτυρῶν** Ptz. μαρτυρέω, attr. **περὶ τούτων** *von diesen Din-* 24

gen (der Pl. faßt das Vorhergehende zusammen; B οὗτος 1bα). **γράψας**
Aor. Ptz. γράφω, attr. **ἀληθής**[7] *wahr; zuverlässig* (B 2). **μαρτυρία** *Zeug-*
25 *nis* (das Bezeugen od. das Bezeugte). **25 ἔστιν δὲ καὶ ἄλλα πολλά** *es*
gibt aber noch vieles andere. **ἐ-ποίησεν** Aor. ποιέω. **ἅ-τινα** wohl = ἅ
(A133), Subj. zu γράφηται (ἐάν-NS ist m. ἅ verschränkt; A364b; BDR
§294[8]) übers. *diese, sie.* **γράφηται** Konj. Pass. **καθ' ἕν** *eins nach dem ande-*
ren (B εἷς 5e), *einzeln, in den Einzelheiten* (BDR §305[4]); ἅτινα ἐὰν γράφη-
ται καθ' ἕν *wenn alles einzeln/im einzelnen aufgeschrieben würde.* **οὐδέ** hier
selbst nicht, noch nicht einmal (B 3). **οἶμαι** *meinen, denken,* m. AcI. **χωρῆ-**
σαι Aor. Inf. χωρέω *Raum geben: Raum haben, fassen,* m. Akk. (B 3a); Präd.
des AcI [Var. χωρήσειν Fut. Inf.]; οὐδ' αὐτὸν οἶμαι τὸν κόσμον χωρῆ-
σαι τὰ γραφόμενα βιβλία etwa *so würde, meine ich, noch nicht einmal die*
(ganze) Welt die Bücher fassen, die dann zu schreiben wären. **γραφόμενα** Ptz.
Pass., attr. *die geschrieben werden/die man* (für diesen Zweck) *schreibt/die zu*
schreiben wären. **βιβλίον** *Buch* (als Gegenstand [Schriftrolle usw.] od. In-
halt).

Apostelgeschichte

πρᾶξις[8] *(das) Handeln;* hier *Handlung, Tat;* πράξεις ἀποστόλων 1
Taten der Apostel, Apostelgeschichte (πράξεις war verbreitete Bezeichnung für
Werke, die über die Taten berühmter Menschen berichteten; vgl. B 4a; zur eig.
Gattung der Apg s. AFCS 1, S. 1ff [am ehesten hist. Monographie]). **μέν** soli-
tarium (ohne flgd. δέ; unklass. [A315,2]), unübersetzt lassen. **πρῶτος** hier
offenbar *erstes* v. zwei Büchern (Lk u. Apg; klass. = πρότερος [B 1b]); zur
Zielsetzung s. Lk 1,1-4. **λόγος** hier im Sinn v. *Bericht, Schrift* (GNB), *Buch*
(B 1aζ). **ἐ-ποιησάμην** Aor. Med. ποιέω Med. zur Umschreibung des Ver-
balbegriffs (B II1) λόγον ποιέομαι *einen Bericht/eine Schrift verfassen* etwa =
berichten/schreiben; τὸν μὲν πρῶτον λόγον ἐποιησάμην etwa *in meinem
ersten Buch habe ich berichtet.* **ὦ** vor Vok. m. Affekt (A142); ὦ Θεόφιλε etwa
verehrter Theophilus (GNB). **Θεόφιλε** Vok. Θεό-φιλος *Theophilus* (verbrei-
teter griech. Name), offenbar ein angesehener Christ (vgl. die Anrede in Lk
1,3). **ὧν** = ἅ (Attraktion des Rel.-Pron., A361c). **ἤρξατο** Aor. Med. ἄρχω;
ἤρξατο ὁ Ἰησοῦς ποιεῖν τε καὶ διδάσκειν wahrscheinl. (ἄρχω als
Vollverb): was *Jesus zu tun und zu lehren begann* (in Lk ist v. dem die Rede, was
Jesus zu tun u. zu lehren *begann,* während die Apg berichtet, wie er nach seiner
Himmelfahrt sein Tun u. Lehren durch seinen Geist u. seine Apostel *fortsetzte*
[Bruce, Apg, S. 98]); viell.: was *Jesus tat und lehrte, von Anfang an;* weniger gut
(ἄρχω als pleon. Hilfsverb): was *Jesus tat und lehrte* (B 2aβ). **ποιεῖν** Inf.
ποιέω. **διδάσκειν** Inf. 2 **ἄχρι ἧς ἡμέρας** = ἄχρι τῆς ἡμέρας ᾗ 2
(Attraktion des Rel.-Pron.; A361b; ᾗ: temp. Dat. [A182]) *bis zu dem Tag, an
dem.* **ἐν-τειλάμενος** Aor. Ptz. Med. -τέλλομαι[115] *befehlen, gebieten, ver-
fügen;* temp. **διὰ πνεύματος ἁγίου** *durch den Heiligen Geist* (auch ohne
Art. best. [A106c]), d.h. *in der Kraft des Heiligen Geistes, geleitet vom Heiligen
Geist* (vgl. GN), best. ἐντειλάμενος näher (nach anderen [vgl. GN] ἐξελέξα-
το, was grammatisch aber schwieriger ist). **ἐξ-ε-λέξατο** Aor. Med. ἐκ-λέγο-
μαι[66] *(für sich) auswählen, erwählen;* Aor. Ind. bez. hier Vorvergangenheit (vgl.
H-S §199n; A224). **ἀν-ε-λήμφθη** Aor. Pass. ἀνα-λαμβάνω[152] *auf-
nehmen, in die Höhe nehmen;* hier *(in den Himmel) aufnehmen* (B 1; vgl. V. 11).
[Var. ἐ-κέλευσεν Aor. κελεύω[5] *befehlen, anordnen.* κηρύσσειν Inf.; zu
dem in der Apg öfter interessant abweichenden frühen, wahrscheinl. aber den-
noch sekundären („westlichen") D-Text vgl. Metzger, S. 222-236; AFCS 1,
S. 415-444.] 3 **οἷς** *diesen/ihnen* (rel. Anschluß, A364a). **παρ-έ-στησεν** 3
Aor. -ίστημι hier τινά τινι *jmdn.* (als etwas) *jmdm. darstellen/vor Augen
stellen;* οἷς καὶ παρέστησεν ἑαυτὸν ζῶντα *diesen stellte er sich auch als
lebend/Lebenden dar = diesen zeigte er auch, daß er lebte.* **ζῶντα** Ptz. ζάω, Ptz.
(wie ein Adj./Subst.) als Obj.-Präd. (Artergänzung; A82) gebraucht. **μετὰ τό**

m. AcI temp. (A282). **παθεῖν** Aor. Inf. πάσχω; Präd. des AcI; μετὰ τὸ
παθεῖν αὐτόν *nach seinem Leiden* (gemeint ist sein Tod am Kreuz u. das
damit zusammenhängende Leiden). **ἐν** instr. *durch* (A193). **τεκμήριον**
(überzeugender) Beweis. **διά** m. Gen. hier *hindurch, während* (B AII1a), d.h.
nicht ständig, sondern wiederholt (BDR §223[3]). **τεσσεράκοντα**[19] *vierzig.*
ὀπτανόμενος Ptz. ὀπτάνομαι (nachklass. < ὤφθην [Aor. Pass. v.
ὁράω] „ich ließ mich sehen" bzw. „ich erschien") *sich zeigen/sehen lassen, erscheinen;* Präs. iter. (A226); mod. **λέγων** Ptz., mod. **τὰ περί** m. Gen. *das,
was* jmdn./etwas *angeht* (B περί 1i); τὰ περὶ τῆς βασιλείας τοῦ θεοῦ er
sprach *von dem, was das Reich Gottes angeht* = er sprach *vom Reich Gottes*
(GNB: *darüber, wie Gott seine Herrschaft aufrichten und sein Werk vollenden*
4 *werde*). **4 συν-αλιζόμενος** Ptz. -αλίζομαι Bdtg. unsicher, mögl. sind
(am schwierigsten ist wohl c): a) (< ἅλς Salz) eig. „zusammen Salz essen",
dann überhaupt *zusammen essen, gemeinsam zu Tisch sein;* b) *sich versammeln,
zusammenkommen* (hier würde man aber eher den Pl. erwarten); c) (viell. statt
συναυλίζομαι [< αὐλή Hof; eig. „zusammen übernachten"]) *zusammen
sein;* temp.; καὶ συναλιζόμενος *bei einem gemeinsamen Mahl* (Einh.) bzw.
als er so mit ihnen zusammen war. **παρ-ήγγειλεν** Aor. -αγγέλλω[110] *auffordern, anordnen, anweisen, befehlen.* **χωρίζεσθαι** Inf. Pass. χωρίζω *absondern, trennen;* Pass. (häufig m. ἀπό) *sich trennen, sich entfernen,* (einen Ort) *verlassen, weggehen.* **περι-μένειν** Inf. -μένω *erwarten, warten auf.* **ἐπ-αγγελία** hier *(die) verheißene Sache/Gabe* m. Gen. des Verheißenden (vgl. B 2b;
gen. auctoris, A153); ἡ ἐπαγγελία τοῦ πατρός *die Gabe, die der Vater verheißen hatte,* Menge dagegen: *die (Erfüllung der) Verheißung des Vaters.* **ἠκούσατε** Aor. ἀκούω hier m. τί τινος *etwas von jmdm./aus jmds. Mund hören*
(B 1bβ); hier Wechsel v. der indirekten in die direkte Rede (vor ἥν erg. εἶπεν
5 o.ä. [BDR §470,2; H-S §274c; A335]). **5 ὅτι** *denn* od. ὅτι recitativum =
Doppelpunkt (A333). **ἐ-βάπτισεν** Aor. βαπτίζω. **ὕδατι** dat. instr.
(A176) *mit Wasser.* **ὑμεῖς** Subj. betont (A122). **ἐν** instr. *mit* (H-S §177a); ἐν
πνεύματι ἁγίῳ (auch ohne Art. best. [A106c]) *mit dem Heiligen Geist.*
βαπτισθήσεσθε Fut. Pass. βαπτίζω. **οὐ μετὰ πολλὰς ταύτας
ἡμέρας** = μετὰ οὐ πολλὰς ταύτας ἡμέρας (BDR 433[3]) *nach nicht vielen Tagen, von diesen Tagen an* (ταύτας ist „prädikativ" [BDR §226[3]; 292[5]]) =
nach wenigen Tagen von jetzt ab (B οὗτος 2c; Litotes [BDR §495[9]; A386]),
6 *schon in wenigen Tagen* (Einh.). **6 συν-ελθόντες** Aor. Ptz. -έρχομαι[187]
zusammenkommen, sich versammeln; temp. od. subst.; οἱ μὲν οὖν συνελθόντες *als sie* (A102) *nun zusammengekommen/beisammen waren* (Einh.) od. *die
nun, die zusammengekommen/beisammen waren* (vgl. BDR §251[3]). **ἠρώτων**
Ipf. ἐρωτάω. **λέγοντες** Ptz. λέγω, pleon. (A297), am besten als Doppelpunkt berücksichtigen. **κύριε** Vok. **εἰ** hier vor direkter Frage, unübersetzt
lassen (unklass.; A320; B V1). **ἀπο-καθ-ιστάνω** (statt -ίστημι [H-S

§114g; BDR §94[2]) *in den richtigen Zustand versetzen, wiederherstellen,* hier m. τί
τινι *etwas für jmdn. wiederherstellen* (B 1) od. *etwas jmdm. zurückgeben* (vgl.
LSJ); Präs. hier fut. (A234); εἰ ἐν τῷ χρόνῳ τούτῳ ἀποκαθιστάνεις τὴν
βασιλείαν τῷ Ἰσραήλ; *stellst du in dieser Zeit das Reich für Israel wieder
her? = wirst du dann die Herrschaft Gottes* (vgl. V. 3) *in Israel aufrichten?* (GNB)
od. viell. (bzw. [aus der Sicht der Apostel] und) = *wirst du jetzt Israel das König-
tum zurückgeben?* (d.h. Israel befreien u. es über die anderen Völker herrschen
lassen). **7 οὐχ ὑμῶν ἐστιν** Präd.-Nom. im gen. poss. (A154), übers. *es ist* 7
nicht eure Sache (BDR §162[9]; B εἰμί IV4). **γνῶναι** Aor. Inf. γινώσκω.
χρόνους ἢ καιρούς etwa *Zeiten oder Fristen,* d.h. Zeitangaben jeder Art
(vgl. A378 [Hendiadyoin]). **ἔ-θετο** Aor. Med. τίθημι Med. hier *einrichten*
(B II1a), *festlegen* (GNB). **8 λήμψεσθε** Fut. Med. λαμβάνω. **ἐπ-ελ-** 8
θόντος Aor. Ptz. -έρχομαι[187] *herbeikommen; kommen über,* hier v. oben her,
ἐπί τινα *über jmdn. kommen, auf jmdn. herabkommen* (vgl. B 2c); gen. abs.
(A288) od. part. coni. zu τοῦ ἁγίου πνεύματος (letzteres ist Gen.-Attr. zu
δύναμιν), temp.; ἀλλὰ λήμψεσθε δύναμιν ἐπελθόντος τοῦ ἁγίου
πνεύματος ἐφ᾽ ὑμᾶς *aber ihr werdet Kraft empfangen, wenn der Heilige Geist
auf euch kommt* od. *aber ihr werdet (die) Kraft des Heiligen Geistes empfangen,
wenn er auf euch kommen wird.* **ἔσεσθε** Fut. εἰμί. **μάρτυς** υρος ὁ *Zeuge.*
Ἰερουσαλήμ ἡ indekl., hier Dat. **Σαμάρεια** *Samarien,* Landschaft zwi-
schen Judäa u. Galiläa; die Samaritaner unterschieden sich v. den Juden sowohl
kultisch (vgl. Jh 4,20) als auch ethnisch (vgl. 2Kön 17,24-28); für rechtgläubige
Juden war der Umgang m. ihnen daher genauso verboten wie der Umgang m.
Heiden (vgl. Jh 4,9). **ἔσχατος** hier subst. (τὸ) ἔσχατον *(das) Ende;* ἕως
ἐσχάτου τῆς γῆς *bis ans Ende der Welt* (B 1), *bis ans äußerste Ende der Erde*
(GNB).

9 εἰπών Aor. Ptz. λέγω, temp. **βλεπόντων** Ptz. βλέπω, gen. abs. 9
(A288), temp.; βλεπόντων αὐτῶν *während sie hinblickten* bzw. *vor ihren Au-
gen.* **ἐπ-ήρθη** Aor. Pass. -αίρω[132] *emporheben.* **νεφέλη** *Wolke.* **ὑπ-έ-**
λαβεν Aor. ὑπο-λαμβάνω[152] *aufnehmen;* νεφέλη ὑπέλαβεν αὐτὸν
ἀπὸ τῶν ὀφθαλμῶν αὐτῶν etwa *eine Wolke nahm ihn auf und entzog ihn ih-
ren Blicken* (Menge) od. *eine Wolke nahm ihn auf, so daß sie ihn nicht mehr sehen
konnten* (GNB). **10 ἀτενίζοντες** Ptz. ἀτενίζω *gespannt hinsehen auf;* um- 10
schrieb. Ipf. (A249a); ὡς ἀτενίζοντες ἦσαν *als sie (noch immer) gespannt
emporschauten.* **ἦσαν** Ipf. εἰμί. **εἰς τὸν οὐρανόν** *in den/zum Himmel*
best. ἀτενίζοντες od. πορευομένου näher. **πορευομένου** Ptz. πορεύ-
ομαι, gen. abs. (A288), temp.; πορευομένου αὐτοῦ *während er auffuhr* od.
während er von ihnen ging. **καὶ ἰδού** leitet nach dem ὡς-NS den HS ein
(hebr. LXX-Idiom; B καί I2d; BDR §442[15]), übers. etwa *(da) ... plötzlich.*
παρ-ειστήκεισαν Plsqpf. (m. Ipf.-Bdtg.) -ίσταμαι Pf. hier m. τινί
bei/neben jmdm. stehen. **ἐσθής**[3] ῆτος ἡ *Kleidung, Gewand.* **λευκός** *weiß;*

11 *leuchtend.* **11 καί** hier pleon. nach Rel.-Pron. (A311,8), unübersetzt lassen.
εἶπαν Aor. (vgl. H-S §105g) λέγω. **Γαλιλαῖος** *galiläisch;* subst. *Galiläer;*
ἄνδρες Γαλιλαῖοι (vgl. H-S §260j) Vok. *ihr Männer von Galiläa, ihr Galiläer.*
τί adv. *was/warum?* (vgl. B τίς 3a; A134a). **ἑστήκατε** Pf. (m. präs. Bdtg.)
ἵσταμαι Pf. hier *dastehen, hier stehen.* **ἐμ-βλέποντες** Ptz. -βλέπω *den*
Blick richten auf, ansehen, betrachten, εἰς τὸν οὐρανόν *zum Himmel schau-*
en/emporblicken; mod. (A291,2 Anm. 1). **ἀνα-λημφθείς** Aor. Ptz. Pass.
-λαμβάνω V. 2; attr. **ἐλεύσεται** Fut. Med. ἔρχομαι hier im Sinn v. *zu-*
rückkommen. **τρόπος** *Art und Weise;* ὃν τρόπον adv. Akk. *auf welche Weise*
od. *wie* (A150; B 1). **ἐ-θεάσασθε** Aor. Med. θεάομαι *sehen, ansehen.* **πο-**
ρευόμενον Ptz. πορεύομαι, AcP (A300).
12 **12 ὑπ-έ-στρεψαν** Aor. ὑπο-στρέφω[47] *zurückkehren.* **Ἰερουσα-**
λήμ ἡ indekl., hier Akk. **καλουμένου** Ptz. Pass. καλέω Pass. hier *heißen*
(B 1aγ); attr. (zum Art. s. BDR §412[6]; vgl. A84/303). **Ἐλαιών**[4] ῶνος ὁ *Öl-*
berg (zum Namen geworden); ἀπὸ ὄρους τοῦ καλουμένου Ἐλαιῶνος
etwa *vom sogenannten „Ölberg"* od. einfach *vom Ölberg.* **ἐγγύς** uneig. Präp.
(A183) *nahe (bei), in der Nähe (von).* **Ἰερουσαλήμ** ἡ indekl., hier wohl
Gen. **ἔχον** Ptz. ἔχω hier (Koine) = ἀπ-έχω eine best. Strecke *entfernt sein*
(BDR §161[1]; B I7b); wohl mod.; σαββάτου ἔχον ὁδόν übers. *einen Sabbat-*
weg entfernt. **σαββάτου ὁδός** *Sabbatweg, Sabbatreise* (hebr. תְּחוּם הַשַּׁבָּת
təḥûm haššabbāṯ „die Sabbatbegrenzung": am Sabbat erlaubte Höchstentferung
v. zu Hause, gemäß Mischna, Erubin 4,3ff: 2000 Ellen [d.h. etwas weniger als
13 1 km]). **13 εἰσ-ῆλθον** Aor. -έρχομαι; ὅτε εἰσῆλθον (erg. gedankl. εἰς
τὴν πόλιν o.ä.) etwa *als sie dort angekommen waren* (Menge), *als sie in die*
Stadt kamen (Einh.). **ὑπερῷον** *oberes Stockwerk, Obergemach;* viell. der Ort
des letzten Mahles (vgl. Mk 14,15 u. Lk 22,12). **ἀν-έ-βησαν** Aor. ἀνα-βαί-
νω. **οὗ**[18] *wo.* **ἦσαν** V. 10. **κατα-μένοντες** Ptz. -μένω *sich* (an einem
Ort) *aufhalten;* umschrieb. Ipf. (A249a); οὗ ἦσαν καταμένοντες *wo sie sich*
aufzuhalten pflegten (Menge), d.h. *wo sie ihr Quartier hatten* od. *wo sie (von nun*
an) beisammen blieben (vgl. GNB). **Ἀνδρέας**[1] ου *Andreas,* Bruder v. Petrus,
einer der zwölf Jünger Jesu, wie die übrigen in V. 13 Genannten. **Φίλιππος**
Philippus. **Θωμᾶς**[1] ᾶ *Thomas.* **Βαρθολομαῖος** *Bartholomäus.* **Μαθ-**
θαῖος *Matthäus.* **Ἁλφαῖος** *Alphäus;* Ἰάκωβος Ἁλφαίου (usuelle) El-
lipse v. „Sohn" (A156 u. 376; evtl. „Bruder" [BDR §162[4]], doch im NT keine
wirkl. Bsp.) *Jakobus, der Sohn des Alphäus.* **ζηλωτής**[1] *Eiferer* (doch nicht ne-
gativ markiert), *eifriger Anhänger* einer Pers. od. Sache; *Zelot* (Mitglied einer
jüd. Gruppierung, die aktiven Widerstand gegen die Römer leistete). **Ἰού-**
δας Ἰακώβου (usuelle) Ellipse v. „Sohn" (A156 u. 376) *Judas, der Sohn des*
14 *Jakobus.* **14 ἦσαν** V. 10. **προσ-καρτεροῦντες** Ptz. -καρτερέω
(< καρτερός stark, ausdauernd) m. Dat. *beharren bei, bleiben bei; sich emsig*
beschäftigen mit, dauernd bedacht sein auf, festhalten an (B 2a/b); umschrieb. Ipf.

(A249a). **ὁμο-θυμαδόν** Adv. *übereinstimmend, einmütig.* **προσ-ευχή**
Gebet; οὗτοι πάντες ἦσαν προσκαρτεροῦντες ὁμοθυμαδὸν τῇ
προσευχῇ *diese alle verharrten einmütig im Gebet, sie alle waren einmütig bei-*
einander und beteten beharrlich (vgl. GNB). **σὺν γυναιξίν** *zusammen mit*
(einigen) Frauen, wohl aber besser (auch ohne Art. best. [A106a]) *zusammen mit*
den Frauen (u.a. die in Lk 8,2f u. 24,10 erwähnten) od. *zusammen mit ihren*
Frauen (vgl. 21,5 [BDR §257[5]]). **Μαριάμ** indekl. [Var. Μαρία[1]], hier Dat.,
Maria; καὶ Μαριὰμ τῇ μητρὶ τοῦ Ἰησοῦ *und besonders* (Menge: *beson-*
ders auch) *mit Maria, der Mutter Jesu* (vgl. B καί I1c).
15 καὶ ἐν ταῖς ἡμέραις ταύταις dieser od. ein ähnl. Ausdruck 15
markiert innerhalb der ersten Hälfte der Apg jeweils den Anfang einer neuen
Erzähleinheit (vgl. 6,1; 11,27; Bruce, Apg, S. 108). **ἀνα-στάς** Wz.-Aor. Ptz.
ἀν-ίσταμαι, temp. (A291,1 Anm. 1). **ἐν μέσῳ τῶν ἀδελφῶν** *im Kreis*
der Brüder/Geschwister (vgl. B ἀδελφός 1). **ἦν** Ipf. εἰμί; ἦν τε ... ἑκατὸν
εἴκοσι eine Parenthese (A374; BDR §465[3]; statt τε eig. δέ erwartet [BDR
§443[4]; B τέ 1a]). **ὄνομα** hier *Person* (B III); ὄχλος ὀνομάτων ... *eine Men-*
ge/Schar von ... Personen (vgl. B ὄχλος 3). **ἐπὶ τὸ αὐτό** *an demselben Ort,*
beisammen, zusammen (B αὐτός 4b; B ἐπί III1aζ; offenbar ein LXX-Idiom
[Bruce, Apg, S. 108]). **ὡσ-εί** *wie;* (bei Zahlen u. Maßen) *ungefähr.* **ἑκατὸν**
εἴκοσι[19] *hundertzwanzig.* **16 ἄνδρες ἀδελφοί** Vok. etwa *liebe Brü-* 16
der/Geschwister (vgl. H-S §260j), ein Synagogen-Idiom der hell. Juden (Bruce,
Apg, S. 108). **ἔ-δει** Ipf. δεῖ hier v. der göttl. Bestimmung (vgl. B 1); zur Sache
vgl. u.a. Mk 14,49; Lk 24,26.44-47. **πληρωθῆναι** Aor. Inf. Pass. πληρόω;
Präd. des AcI, abhängig v. ἔδει. **γραφή** hier *Schriftstelle* (B 2a), *Schriftwort.*
προ-εῖπεν Aor. -εἶπον/λέγω[191] *voraussagen, im voraus verkünden* (B 1), *im*
voraus aussprechen (Menge). **Δαυίδ** indekl., hier Gen. **γενομένου** Aor.
Ptz. Med. γίνομαι, attr. **ὁδηγός** *Führer* od. *einer, der jmdm. den Weg weist;*
Präd.-Nom. zu γενομένου. **συλ-λαβοῦσιν** Aor. Ptz. -λαμβάνω[152] *er-*
greifen, festnehmen (B 1a); subst.; τοῦ γενομένου ὁδηγοῦ τοῖς συλλα-
βοῦσιν Ἰησοῦν *der für die, die Jesus festnahmen, zum Anführer wurde* bzw. *der*
den Männern, die Jesus verhaften sollten, den Weg wies (GN). **17 κατ-ηριθ-** 17
μημένος Pf. (A231) Ptz. Pass. -αριθμέω *zählen zu, rechnen zu;* Pass. *zuge-*
rechnet werden, gehören zu (ἔν τινι *zu jmdm.*); umschrieb. Plsqpf. (A249b); ὅτι
κατηριθμημένος ἦν ἐν ἡμῖν *(und) er gehörte doch zu uns.* **ἔ-λαχεν** Aor.
λαγχάνω[151] (durch das Los od. den göttl. Willen) *zugeteilt erhalten, empfangen*
(B 1); Aor. Ind. bez. hier Vorvergangenheit (vgl. H-S §199n; A224). **κλῆρος**
Los; hier *(das) Verloste, Anteil* (B 2). **διακονία** *Dienstleistung;* hier *Dienst,*
Aufgabe, Amt (vgl. B 3); gemeint ist hier das Apostelamt (s. V. 21ff); καὶ
ἔλαχεν τὸν κλῆρον τῆς διακονίας ταύτης (gen. partitivus, A164) *und*
er hatte Anteil an diesem Dienst (mit uns) empfangen (vgl. Menge) od. (freier)
und (er) hatte denselben Auftrag empfangen wie wir (GNB). **18 μὲν οὖν** leitet 18

fort *also, nun* (B μέν 2e; A315,3); V. 18f ist wohl ein erklärender Einschub
(Parenthese, A374) des Lukas. **ἐ-κτήσατο** Aor. Med. κτάομαι *erwerben,
gewinnen;* vgl. Mt 27,6f, wonach der eig. Erwerb durch die führenden Priester
(m. dem Geld des Judas u. daher evtl. in seinem Namen) geschah. **χωρίον**
Grundstück, Landgut. **ἐκ** statt gen. pretii (B 4b; A151/161); ἐκ μισθοῦ τῆς
ἀδικίας *von/mit dem Lohn für seine* (A103) *Untat* (vgl. Einh.). **μισθός** *Lohn*
(eig. „Arbeitslohn"; übertr.: „Belohnung"). **ἀ-δικία** *Unrecht* (das einer tut);
Ungerechtigkeit; gen. obi. (A158; BDR §165[2]) *für den Frevel* (B 2). **πρηνής**[7]
vorwärts, kopfüber; πρηνὴς γίνομαι *vornüber stürzen* (B), *kopfüber zu Boden
stürzen* (Menge). **γενόμενος** Aor. Ptz. Med. γίνομαι, mod. (A291,2
Anm. 1). **ἐ-λάκησεν** Aor. λακάω (nach BDR §101[45] λακέω; nach ande-
ren λάσκω „tönen, krachend platzen" [Bruce, Apg, S. 110; Frisk λάσκω])
bersten, platzen, zerspringen. **μέσος** hier Adj. adv. (mod.) gebraucht (A113;
vgl. BDR §243,1) *in der Mitte, mitten.* **ἐξ-ε-χύθη** Aor. Pass. ἐκ-χέω/χύν-
νω[39] *ausgießen, ausschütten;* Pass. hier *hervorquellen* (B 1). **σπλάγχνον** nur
Pl. *Eingeweide;* καὶ πρηνὴς γενόμενος ἐλάκησεν μέσος καὶ ἐξεχύθη
πάντα τὰ σπλάγχνα αὐτοῦ etwa *und/doch er stürzte kopfüber zu Boden,
barst mitten auseinander, und alle seine Eingeweide quollen hervor* bzw. (freier) *er
stürzte zu Tode, sein Leib platzte auf, und die Eingeweide traten heraus* (vgl. GN).
19 **19 γνωστός** *bekannt;* γνωστόν τινι γίνεται *es/das wird jmdm. bekannt*
(B 1a). **ἐ-γένετο** Aor. Med. **κατ-οικοῦσιν** Ptz. -οικέω, subst.; τοῖς κα-
τοικοῦσιν Ἰερουσαλήμ *den Bewohnern/Einwohnern von Jerusalem.* **Ἰε-
ρουσαλήμ** ἡ indekl., hier Akk. **κληθῆναι** Aor. Inf. Pass. καλέω; Präd.
des AcI. **διά-λεκτος** ἡ *Sprache;* τῇ ἰδίᾳ διαλέκτῳ αὐτῶν (wohl dat.
instr., A176) *in ihrer Sprache* (d.h. im Aramäischen). **Ἁκελ-δαμάχ** (aram.
חֲקַל/חֲקֵל דְּמָא *ḥăqēl/ḥáqel dəmāʾ* „Blutacker"; s. Dalman, Grammatik,
S. 202, sowie Beyer, Die aramäischen Texte, S. 584; der spiritus asper vertritt
den Laryngal ח *ḥ,* das χ [rein orthographisch] das א ʾ [Bruce, Apg, S. 110; vgl.
aber Dalman, Grammatik, S. 202]) indekl., hier Akk., *Hakeldamach.* **τοῦτ'
ἔστιν** Formel (A93) *das heißt,* hier *das ist zu übersetzen* (B εἰμί II3), *das*
20 *bedeutet.* **20 γέ-γραπται** Pf. (A231) Pass. γράφω, Pf. Pass. term. tech. zur
Einführung v. Schriftzitaten (B 2c); γέγραπται *in der Schrift steht;* γέγρα-
πται γὰρ ἐν βίβλῳ ψαλμῶν *denn* (das in V. 16 Gesagte wird begründet) *es
steht/heißt im Buch der Psalmen;* zitiert werden Ps 69,26 u. 109,8 (im wesentl. der
LXX [bzw. dem MT] entsprechend), wo David/der leidende Gerechte (Typos
des Messias) v. Gott die Bestrafung seiner Feinde erbittet. **βίβλος** ἡ *Buch.*
ψαλμός *Loblied, Psalm.* **γενηθήτω** Aor. Imp. Pass. (ohne bes. Pass.-Bdtg.)
3. Sg. γίνομαι. **ἔπ-αυλις**[8] *Gehöft, Landhaus, Landgut;* γενηθήτω ἡ
ἔπαυλις αὐτοῦ ἔρημος *sein Gehöft/seine Behausung soll öde werden, sein
Gehöft soll leer stehen* (GNB). **ἔστω** Imp. 3. Sg. εἰμί. **κατ-οικῶν** Ptz.
-οικέω, subst.; μὴ ἔστω ὁ κατοικῶν ἐν αὐτῇ *der Bewohner sei nicht darin*

= *niemand soll es bewohnen* (GNB). **ἐπι-σκοπή** *Besichtigung, Beaufsichti-*
gung; hier *Aufseher-, Vorsteher-, Leitungsamt,* nicht aber als term. tech., sondern
etwa wie διακονία in V. 17 allgem. im Sinn v. *Dienst, Aufgabe* (Bruce, Apg,
S. 111). **λαβέτω** Aor. Imp. 3. Sg. λαμβάνω hier etwa *übernehmen* (Menge).
21 δεῖ Präd. zum dazugehörigen AcI ist γενέσθαι V. 22, das Subj. dazu ἕνα 21
(V. 22; m. Gen.-Attr. τῶν ... [V. 21], wieder aufgenommen durch τούτων
[V. 22]), wobei μάρτυρα (V. 22) als Präd.-Nom. im Akk. dazutritt (A269); δεῖ
οὖν τῶν ... μάρτυρα ... γενέσθαι ἕνα τούτων *es muß also (einer) von den*
(Männern) ... – einer von diesen Zeuge ... werden/sein. **συν-ελθόντων** Aor.
Ptz. -έρχομαι[187] *zusammenkommen;* hier m. τινί *mit jmdm. zusammen kom-*
men, mit jmdm. zusammen reisen; attr.; τῶν συνελθόντων ἡμῖν ἀνδρῶν
(gen. partitivus [A164] zu ἕνα V. 22) *von den Männern, die mit uns zusammen*
reisten/waren. **ἐν παντὶ χρόνῳ ᾧ** = ἐν παντὶ χρόνῳ ἐν ᾧ (BDR
§293,3e; A359) *während der ganzen Zeit, in der.* **εἰσ-ῆλθεν** Aor. -έρχομαι.
ἐξ-ῆλθεν Aor. -έρχομαι; ᾧ εἰσῆλθεν καὶ ἐξῆλθεν ἐφ' ἡμᾶς ὁ κύ-
ριος Ἰησοῦς *in der Jesus, der Herr, bei uns ein und aus ging* (offenbar atl.
Idiom, das inhaltl. nicht ganz m. dem deutschen übereinstimmt) etwa = *in der*
Jesus, der Herr, unter uns gelebt und (durch Wort und Tat) gewirkt hat (vgl. GNB).
22 ἀρξάμενος Aor. Ptz. Med. ἄρχω, formelhaft gebrauchtes Ptz. (H-S 22
§231d; BDR §419[3]); ἀρξάμενος ἀπό ... ἕως *von ... an bis.* **βάπτισμα**[3]
Taufe; τὸ βάπτισμα Ἰωάννου *die Taufe des Johannes* hier im Sinn v. *die*
Zeit der Wirksamkeit Johannes des Täufers bzw. *die Zeit, als Johannes taufte* (d.h.
als Johannes zu taufen begann od. als Jesus sich v. ihm taufen ließ). **ἕως τῆς**
ἡμέρας ἧς = ἕως τῆς ἡμέρας ᾗ (vgl. V. 2) *bis zu dem Tag, an dem.* **ἀν-**
ε-λήμφθη V. 2. **μάρτυς** V. 8; s.a. V. 21 zu δεῖ. **γενέσθαι** Aor. Inf.
Med. γίνομαι s. V. 21 zu δεῖ. **23 ἔ-στησαν** Aor. ἵστημι hier (als Kandi- 23
daten) *aufstellen* (B I1b), *vorschlagen;* Subj. sind wohl die Versammelten. **Ἰω-**
σήφ indekl., hier Akk., *Josef.* **καλούμενον** Ptz. Pass. καλέω, attr. **Βαρ-**
σαββᾶς[1] ᾶ *Barsabbas.* **ἐπ-ε-κλήθη** Aor. Pass. ἐπι-καλέω[37] *(be)nennen;*
einen Beinamen geben; Ἰωσὴφ τὸν καλούμενον Βαρσαββᾶν ὃς ἐπε-
κλήθη Ἰοῦστος *Josef, der auch Barsabbas genannt wurde und den Beinamen*
Justus trug (GNB); zu unterscheiden v. Judas Barsabbas (15,22) u. v. Jesus Ju-
stus (Kol 4,11). **Ἰοῦστος** *Justus.* **Μαθθίας**[1] ου, *Matthias.* **24 προσ-** 24
ευξάμενοι Aor. Ptz. Med. -εύχομαι, mod.; προσευξάμενοι εἶπαν *sie*
sprachen betend od. (einfacher) *sie beteten.* **εἶπαν** Aor. (vgl. H-S §105g)
λέγω. **κύριε** Vok. **καρδιο-γνῶστα** Vok. -γνώστης[1] *einer, der die Her-*
zen kennt od. *Herzenskenner;* σὺ κύριε καρδιογνῶστα πάντων etwa *du, o*
Herr, der du die Herzen aller kennst od. (freier) *Herr, du kennst die Menschen*
durch und durch (GNB). **ἀνά-δειξον** Aor. Imp. -δείκνυμι[212] *offenbar ma-*
chen, deutlich zeigen. **ἐξ-ε-λέξω** Aor. Med. 2. Sg. ἐκ-λέγομαι V. 2; ἀνά-
δειξον ὃν ἐξελέξω ἐκ τούτων τῶν δύο ἕνα *zeige (uns) von diesen beiden*

den einen, den du erwählt hast bzw. *zeige uns, welchen von diesen beiden du*
25 *erwählt hast.* **25 λαβεῖν** Aor. Inf. V. 20; fin. (A276). **τόπος** (erstes) hier
Stellung, Amt (B 2b) [Var. κλῆρος wie V. 17]; ὁ τόπος τῆς διακονίας
ταύτης καὶ ἀποστολῆς *die Stelle in diesem Dienst und Apostelamt* (Menge)
= (Hendiadyoin [A378; Bruce, Apg, S. 112]) *die Stelle dieses Aposteldienstes.*
διακονία V. 17. **ἀπο-στολή** (vgl. ἀπόστολος) *Apostelamt.* **παρ-έ-
βη** Aor. παρα-βαίνω[139] (Gebote usw.) *übertreten; zur Seite treten,* hier m.
ἀπό (auf ein Amt/eine Aufgabe bezogen) *abtreten von* (B 1), *im Stich lassen,
verlassen.* **πορευθῆναι** Aor. Inf. Pass. (ohne bes. Pass.-Bdtg.) πορεύομαι,
fin. (A276). **εἰς τὸν τόπον τὸν ἴδιον** *an seinen eigenen Ort, an den ihm
gebührenden Ort* (Menge) bzw. *dorthin, wohin er gehört* (GNB), Euphemismus
26 (A385) für das Schicksal, das ihn nach seinem Tod erwartete. **26 ἔ-δωκαν**
Aor. δίδωμι. **κλῆρος** *Los;* ἔδωκαν κλήρους αὐτοῖς *man* (A76a) *teilte
ihnen* (d.h. den beiden Kandidaten) *Lose zu* (vgl. Menge; B 1) = *man ließ das
Los entscheiden.* **ἔ-πεσεν** Aor. πίπτω. **συγ-κατ-ε-ψηφίσθη** Aor. Pass.
-κατα-ψηφίζομαι (vgl. A33[91ff]) μετά τινος *zu jmdm. hinzugesellt werden*
(B), *jmdm. zugeordnet werden* (Menge), *jmdm. zugerechnet werden* (Einh.; vgl.
LSJ). **ἕν-δεκα**[19] *elf.*

2 **ἐν τῷ** m. AcI temp. (A282) *als/während.* **συμ-πληροῦσθαι** Inf.
Pass. -πληρόω Pass. *voll werden;* übertr. (v. einer Zeitspanne) *sich erfüllen, zu
Ende gehen;* (v. einem Zeitpunkt; vgl. Lev 8,33 LXX) *herbeikommen* (Menge);
ἐν τῷ συμπληροῦσθαι τὴν ἡμέραν τῆς πεντηκοστῆς wird unter-
schiedl. gedeutet: a) „während der Pfingsttag voll wurde" = *während des Pfingst-
festes* (BDR §404[2]; vgl. B 2; Pesch 1, Apg, S. 102); b) *als der Tag des Pfingstfestes
herbeigekommen war* (vgl. Menge; ThWNT 6, S. 50) bzw. *beim Anbrechen des
Pfingsttages* (Haenchen, Apg, S.131). **πεντηκοστή**[19] (eig. ἡ πεντηκοστὴ
ἡμέρα „der fünfzigste Tag" nach der Darbringung der ersten Garben um
Ostern) *Pfingsten, Pfingstfest* (jüd. „Wochenfest" zum Ende der Getreideernte
[Lev 23,4-22]). **ἦσαν** Ipf. εἰμί. **πάντες** *alle,* d.h. die 1,15 erwähnten ca. 120
Personen. **ὁμοῦ** *zusammen* (am selben Ort od. zur gleichen Zeit), *beisammen;*
ἦσαν πάντες ὁμοῦ ἐπὶ τὸ αὐτό *alle waren an **einem** Ort beisammen* (B 1).
ἐπὶ τὸ αὐτό *an demselben Ort, beisammen, zusammen* (B αὐτός 4b; B ἐπί
2 III1aζ; offenbar ein LXX-Idiom [Bruce, Apg, S. 108]). **2 ἐ-γένετο** Aor.
Med. γίνομαι hier *entstehen* (B I1bβ) od. (in Verbindung m. ἐκ τοῦ οὐρα-
νοῦ) *kommen.* **ἄφνω** *plötzlich.* **ἐκ τοῦ οὐρανοῦ** *aus dem Himmel* bzw.
(besser) *vom Himmel her/herab.* **ἦχος**[2/7] *Klang, Ton, Geräusch* bzw. hier etwa
ein Brausen/Rauschen. **ὥσ-περ** (A352) *geradeso wie, gleichwie.* **φερομένης**
Ptz. Pass. φέρω Pass. hier *daherfahren* (B 3c), *wehen;* gen. abs. (A288), mod. (m.
ὥσπερ: vorgestellter Vergleich [BDR §425[5]; A291,2]; evtl. attr. [Robertson,
S. 1105]); ὥσπερ φερομένης πνοῆς βιαίας *wie wenn ein gewaltiger Wind
dahinfährt* bzw. *als wehte ein heftiger Wind/ein Sturm* (evtl. *wie von einem heftigen*

dahinfahrenden Wind); Wind u. Sturm begegnen im AT als Begleiter des Er-
scheinen Gottes (Jes 66,15; Ps 50,3). **πνοή** (< πνέω wehen) *Wind; Hauch,*
Atem. **βίαιος** *gewaltsam; heftig.* **ἐ-πλήρωσεν** Aor. πληρόω. **οἶκος**
gemeint ist viell. das *Haus* v. 1,13, wohl kaum der Tempel (dieser heißt bei
Lk/Apg ναός/ἱερόν, aber [ohne weitere Näherbestimmung] nie οἶκος); für
die manchmal angenommene Bdtg. *Gemach/Raum (des Tempels)* (vgl. Menge)
scheint es keine sichere Par. zu geben. **οὗ**[18] *wo, wohin* bzw. hier *in dem.* **κα-**
θήμενοι Ptz. κάθημαι, umschrieb. Ipf. (A249a). **3** **ὤφθησαν** Aor. Pass. 3
ὁράω. **δια-μεριζόμεναι** Ptz. Med./Pass. -μερίζω *zerteilen; verteilen, aus-*
teilen; Med. hier *sich zerteilen/verteilen;* attr. **ὡσ-εί** *wie.* **ἐ-κάθισεν** Aor.
καθίζω hier m. ἐπί τινα etwa *sich auf jmdn. niederlassen;* Subj. ist
wahrscheinl. ein zu ergänzendes *eine* (der genannten γλῶσσαι), evtl. πῦρ;
καὶ ὤφθησαν αὐτοῖς διαμεριζόμεναι γλῶσσαι ὡσεὶ πυρὸς καὶ
ἐκάθισεν ἐφ᾽ ἕνα ἕκαστον αὐτῶν *und es erschienen ihnen Zungen wie von*
Feuer, die sich verteilten; auf jeden von ihnen ließ sich eine nieder (Einh.) od.
(freier) *dann sahen sie etwas wie Feuer, das sich zerteilte, und auf jeden ließ sich*
eine Flammenzunge nieder (GNB); Feuer begegnet ebenfalls in atl.
Gotteserscheinungen (bes. bei derjenigen am Sinai [Ex 19,18]); als Hintergrund
vgl. aber vor allem die Assoziierung des Heiligen Geistes m. Feuer durch
Johannes den Täufer (Lk 3,16). **ἕκαστος** hier durch εἷς verstärkt *jeder*
einzelne (BDR §305,1b; B 2) bzw. (idiomatischer) *jeder,* m. gen. partitivus
(A164). **4** **ἐ-πλήσθησαν** Aor. Pass. πίμπλημι[207] *erfüllen, anfüllen,* m. 4
τινός *mit etwas* (A165). **πνεῦμα ἅγιον** wohl auch ohne Art. best. (vgl.
1,5.8; wahrscheinl. eigennamenartig gebraucht [vgl. A108; BDR §254; B
πνεῦμα 5cα/β]). **ἤρξαντο** Aor. Med. ἄρχω. **λαλεῖν** Inf. λαλέω, hier
m. ἑτέραις γλώσσαις (wohl dat. instr., A176 [evtl. dat. modi, A180]) *mit an-*
deren „Zungen“ reden = in fremden Sprachen reden (B ἕτερος 2); gemeint sind
wirkl. Sprachen, die den Sprechern nicht bekannt waren (V. 5ff; vgl. auch 1Kor
14,2ff). **ἐ-δίδου** Ipf. δίδωμι hier τινί m. Inf. *jmdm. gestatten, jmdn. befähi-*
gen etwas zu tun (vgl. B 1bβ) bzw. *jmdm. eingeben.* **ἀπο-φθέγγεσθαι** Inf.
-φθέγγομαι (vgl. A33[59ff]) *gerade heraussagen, laut erklären* (v. Äußerungen v.
Weisen, Propheten, Wahrsagern o.ä.), hier etwa *sich äußern, sich ausdrücken;*
καθὼς τὸ πνεῦμα ἐδίδου ἀποφθέγγεσθαι αὐτοῖς *wie der Geist sie be-*
fähigte, sich auszudrücken od. (einfach) *wie es der Geist ihnen eingab* (Einh.).

5 **ἦσαν** V. 1. **εἰς** = ἐν (B 9a; BDR §205[4]; vgl. A184). **Ἰερουσα-** 5
λήμ ἡ indekl., hier Akk. **κατ-οικοῦντες** Ptz. -οικέω, umschrieb. Ipf.
(A249a); ἦσαν δὲ εἰς Ἰερουσαλὴμ κατοικοῦντες Ἰουδαῖοι ἄνδρες
εὐλαβεῖς *nun wohnten/lebten in Jerusalem fromme Juden;* zwar ist hier viell.
nicht vom ständigen Wohnsitz dieser Leute die Rede (gemeint wären dann jüd.
u. proselytische Festbesucher); doch gab es viele Diasporajuden, die nach
Jerusalem übersiedelten, um ihren Lebensabend dort zu verbringen. **εὐ-λα-**

βής[7] *gottesfürchtig, fromm;* Ἰουδαῖοι, ἄνδρες εὐλαβεῖς *Juden, fromme*
Männer/Leute (B; vgl. a. B ἀνήρ 4) bzw. (einfacher) *fromme Juden* (GNB).
ὑπὸ τὸν οὐρανόν *unter dem Himmel = auf dem gesamten Erdkreis* (B οὐ-
ρανός 1b) bzw. *auf Erden* (vgl. B ὑπό 2aβ); ἀπὸ παντὸς ἔθνους τῶν ὑπὸ
τὸν οὐρανόν „aus jedem Volk der unter dem Himmel befindlichen (Völker)“
= *aus allen Völkern unter dem Himmel* (d.h. wo es Juden gab) bzw. (freier) *aus*
6 *aller Welt* (GNB). **6 γενομένης** Aor. Ptz. Med. γίνομαι, gen. abs. (A288),
temp.; γενομένης δὲ τῆς φωνῆς ταύτης *als nun dieses Rauschen/Brausen*
entstand/zu hören war od. *als nun dieses laute Reden entstand/zu hören war.* **φω-
νή** bez. hier entweder dasselbe wie ἦχος in V. 2 (also *[das] Brausen/Rauschen*
[vgl. B 1]) od. (wohl besser) das laute inspirierte Reden der Christen v. V. 4
(also *[die] Stimme[n], [das] laute Reden* o.ä. [vgl. B 2]). **συν-ῆλθεν** Aor. -ἔρ-
χομαι[187] *zusammenkommen, sich versammeln* (B 1a), *zusammenströmen*
(GNB). **πλῆθος**[7] *Menge;* (versammelte) *(Menschen-)Menge; Volk, Bevölke-
rung;* συνῆλθεν τὸ πλῆθος *die Menge strömte zusammen* wohl = *sie strömten*
in großer Zahl zusammen (vgl. Menge). **συν-ε-χύθη** Aor. Pass. συγ-
χέω/χύννω[39] *durcheinanderbringen, in Verwirrung versetzen;* Pass. *in Bestür-
zung/Verwirrung geraten;* καὶ συνεχύθη hier etwa *sie war/waren bestürzt.*
ἤκουον Ipf. ἀκούω, Pl. sinngemäße Konstruktion (vgl. A96). **εἷς ἕκα-
στος** V. 3. **διά-λεκτος** ἡ *Sprache.* **λαλούντων** Ptz. λαλέω, GcP
(A300); ὅτι ἤκουον εἷς ἕκαστος τῇ ἰδίᾳ διαλέκτῳ (wohl dat. instr.,
A176 [nach ZG dat. modi, A180]) λαλούντων αὐτῶν *denn jeder hörte sie*
(d.h. *die Versammelten, die Apostel und die anderen* [GNB]) *in seiner eigenen*
7 *Sprache reden.* **7 ἐξ-ίσταντο** Ipf. Med. -ίσταμαι *außer sich geraten* (vor
Staunen). **ἐ-θαύμαζον** Ipf. θαυμάζω; ἐξίσταντο δὲ καὶ ἐθαύμαζον
(wohl im Sinn eines Hendiadyoin zu verstehen [A378]) λέγοντες *sie gerieten*
außer sich vor Staunen und sagten (Einh.) od. *außer sich vor Stauen riefen sie*
(GNB). **λέγοντες** Ptz. λέγω, mod. **οὐχ** (hier statt οὐκ) *nicht;* erwartet als
Frageeinleitung die Antwort „doch“ (A320); οὐχ ἰδοὺ ἅπαντες οὗτοί
εἰσιν οἱ λαλοῦντες Γαλιλαῖοι; *sind die Leute, die da reden, nicht alle aus*
Galiläa? **ἅ-πας**[10] = πᾶς. **λαλοῦντες** Ptz. λαλέω, subst. **Γαλιλαῖος**
8 *galiläisch;* subst. *Galiläer.* **8 καὶ πῶς** hier *wie ist es denn möglich, daß* (vgl.
πῶς B 1b) bzw. *wie kommt es denn, daß* (Menge). **ἕκαστος** hier m. Pl.-Subj.
(klass.; BDR §305,1a) ἡμεῖς ... ἕκαστος *wir ein jeder = jeder von uns* bzw.
(einfach) *wir;* καὶ πῶς ἡμεῖς ἀκούομεν ἕκαστος ... *wie kommt es denn,*
daß wir sie (A79) ... *hören.* **ἐ-γεννήθημεν** Aor. Pass. γεννάω; τῇ ἰδίᾳ
διαλέκτῳ ἡμῶν ἐν ᾗ ἐγεννήθημεν *in unserer eigenen Sprache, in der wir*
9 *geboren/groß geworden sind* (Menge) = *in unserer Muttersprache.* **9 Πάρθοι**
Parther, Bewohner v. Parthien (Landschaft südöstl. des Kaspischen Meeres
[KP 4, Sp. 532-537]); App. (A70) zum Subj. „wir“ (s. ἀκούομεν V. 11; gilt
analog für die flgd. Nominativformen); Πάρθοι ... (V. 11:) καὶ Ἄραβες,

ἀκούομεν ... *Parther ... und Araber, wir hören ...* od. (natürlicher) *unter uns sind Parther ... und Araber. Und wir alle hören ...* (vgl. GNB). **Μῆδος** *(der) Meder,* Bewohner des Landes Medien (im nordwestl. Iran [GBL 2, S. 944ff; KP 3, Sp. 1128f]). **᾿Ελαμίτης**[1] *Elamiter,* Bewohner v. Elymais, einer Landschaft in Persien (GBL 1, S. 303f). **κατ-οικοῦντες** Ptz. -οικέω, attr. bzw. subst. (App. zum Subj. „wir" [A303]); οἱ κατοικοῦντες τὴν Μεσοποταμίαν, Ἰουδαίαν τε ... *wir Bewohner von Mesopotamien, von Judäa ...* (Menge). **Μεσο-ποταμία** *Mesopotamien,* das Tigris-Eufrat-Tal (hier etwa = heutiger Irak [ursprüngl. enger verstanden]; KP 3, Sp. 1237f; GBL 2, S. 965; vgl. a. zu 7,2). **᾿Ιουδαία** (auch ohne Art. best. [Hemer, Setting, S. 243]; textkritisch einwandfrei belegt) im Sinn v. *Judäa* überrascht an dieser Stelle; einige alte u. neuere Kommentatoren ersetzen es daher durch andere Ländernamen (Armenien [Tertullian u. Augustin], Syrien [Hieronymus], Indien [Chrysostomos, Erasmus, Schmid] usw.) od. lassen es als frühen (unpassenden) Zusatz weg (Eusebius, Harnack usw.); s. Metzger, S. 253f; Bruce, Apg, S. 117. **Καππαδοκία** *Kappadozien,* Landschaft im östl. Kleinasien (KP 3, Sp. 114f). **Πόντος** *Pontus,* zunächst Königreich, später (westl. Teil zusammen m. Bithynien) röm. Provinz (KP 4, Sp. 1050f). **᾿Ασία** *Asia,* röm. Provinz (= westl. Kleinasien; LAW, Sp. 342) od. – so wohl hier – besser (im engeren Sinn) v. den griech. Städten der Westküste Kleinasiens u. deren Hinterland (AFCS 2, S. 301f).
10 Φρυγία *Phrygien,* eine Landschaft im Innern Kleinasiens, Teil der Provinz 10
Asia (LAW, Sp. 2319-2321). **Παμφυλία** *Pamphylien,* Küstenregion im südl. Kleinasien zwischen Lyzien u. Zilizien, v. 43 bis ca. 68 n. Chr. Teil der röm. Provinz Pamphylia-Lycia (Bruce, Apg, S. 300; LAW, Sp. 2203). **Αἴγυπτος** ἡ *Ägypten* (LAW, Sp. 39ff). **τὰ μέρη** *das Gebiet* (B μέρος 1bγ); τὰ μέρη τῆς Λιβύης τῆς κατὰ Κυρήνην *das Gebiet Libyens nach Zyrene hin* (Einh.; vgl. B κατά II1a), *die Landschaft Libyen bei Zyrene* (Menge). **Λιβύη** *Libyen,* nordafrikanische Landschaft (KP 3, Sp. 628ff). **Κυρήνη** *Zyrene,* Landschaft u. röm. Provinz in Nordafrika m. gleichnamiger Stadt (LAW, Sp. 1660-1661). **ἐπι-δημοῦντες** Ptz. -δημέω *sich* (als Fremder) an einem Ort *aufhalten;* attr.; καὶ οἱ ἐπιδημοῦντες Ῥωμαῖοι *auch die Römer, die sich hier aufhalten* (Einh.) bzw. *auch die hier ansässigen Römer* (Menge). **Ῥωμαῖος** *Römer.*
11 προσ-ήλυτος (< προσ-έρχομαι herankommen) *Proselyt* (ein zum Ju- 11
dentum Bekehrter). **Κρής**[3] ητός ὁ *Kreter.* **῎Αραψ**[3] αβος ὁ *Araber,* d.h. wahrscheinl. (nach zeitgenössischem Wortgebrauch) Bewohner des Nabatäerreiches (zwischen Rotem Meer u. dem Eufrat m. Petra als Hauptstadt; Bruce, Apg, S. 118). **λαλούντων** Ptz. λαλέω, GcP (A300); ἀκούομεν λαλούντων αὐτῶν ταῖς ἡμετέραις γλώσσαις τὰ μεγαλεῖα τοῦ θεοῦ *wir (alle) hören sie in unserer eigenen Sprache* (idiomatisches Deutsch: distributiver Sg. [vgl. A101b]) *die großen Taten Gottes verkünden.* **ἡμέτερος** (A128) *unser.* **μεγαλεῖος** *großartig, herrlich;* τὸ μεγαλεῖον *die Großartigkeit,* Pl. *die*

12 *großen/herrlichen Taten.* **12 δι-η-πόρουν** Ipf. -α-πορέω *in großer Verlegenheit/Unsicherheit sein;* ἐξίσταντο δὲ πάντες καὶ διηπόρουν, ἄλλος πρὸς ἄλλον (= πρὸς ἀλλήλους [BDR §287]) λέγοντες *so gerieten alle außer sich und waren verwirrt/ratlos und sagten zueinander* od. *erstaunt und ratlos fragten sie einander* (GNB) [Var. Med. synonym]. **λέγοντες** V. 7. **εἶναι** Inf. εἰμί; τί θέλει τοῦτο εἶναι; *was mag das wohl sein?* (B θέλω 3), *was hat das*
13 *zu bedeuten?* **13 δια-χλευάζοντες** Ptz. -χλευάζω *verhöhnen, spotten;* mod. (A291,2 Anm. 1). **ἔ-λεγον** Ipf. λέγω. **ὅτι** recitativum = Doppelpunkt (A333). **γλεῦκος**[7] „süßer Wein", *neuer Wein, Most* (frisch gepreßter Traubensaft, der sich bereits im Gärungsprozeß befinden kann). **με-μεστωμένοι** Pf. (A231) Ptz. Pass. μεστόω *erfüllen,* m. Gen. der Sache (A165); umschrieb. Pf. (A249b); ὅτι γλεύκους μεμεστωμένοι εἰσίν *sie sind vom süßen Wein betrunken* (Einh.), *die haben zu viel neuen Wein getrunken* od. (einfach) *die Leute sind doch betrunken* (GNB).

14 **14 σταθείς** Aor. Ptz. Pass. (= στάς Wz.-Aor.) ἵσταμαι, temp. (A291,1 Anm. 1). **ἕν-δεκα**[19] *elf;* σὺν τοῖς ἕνδεκα *zusammen mit den anderen* (H-S §293c; A376a) *elf Aposteln* (vgl. 1,26). **ἐπ-ῆρεν** Aor. -αίρω[132] *emporheben;* ἐπαίρω τὴν φώνην *die Stimme erheben, laut reden, laut rufen* (ein sowohl im Klass. als auch in der LXX bezeugtes Idiom; hier aber neben ἀπεφθέγξατο pleon. [wohl sem.] gebraucht; Bruce, Apg, S. 120). **ἀπ-ε-φθέγξατο** Aor. Med. V. 4; ἐπῆρεν τὴν φωνὴν αὐτοῦ καὶ ἀπεφθέγξατο αὐτοῖς *er erhob seine Stimme und begann* (vgl. A240b) *zu ihnen zu reden* (vgl. Einh.), *und er redete sie mit laut erhobener Stimme an* (vgl. Menge) od. (einfach) *und er rief laut* (GNB). **ἄνδρες** hier klass. Idiom (BDR §242; H-S §260j); ἄνδρες Ἰουδαῖοι Vok., *ihr Männer, Juden* bzw. *ihr jüdischen Männer* (Menge) = *ihr Juden.* **κατ-οικοῦντες** Ptz. -οικέω, subst., Vok.; ἄνδρες Ἰουδαῖοι καὶ οἱ κατοικοῦντες Ἰερουσαλὴμ πάντες *ihr Juden und alle Bewohner von Jerusalem* (Einh.), viell. (kontextgetreu) *ihr Juden aus aller Welt und alle Bewohner Jerusalems* (GNB). **Ἰερουσαλήμ** ἡ indekl., hier Akk. **γνωστός** *bekannt;* γνωστόν ἐστί τινι *es ist jmdm. bekannt* (B 1a). **ἔστω** Imp. 3. Sg. εἰμί; τοῦτο ὑμῖν γνωστὸν ἔστω *das sei euch bekannt* bzw. *das sollt ihr wissen.* **ἐν-ωτίσασθε** Aor. Imp. Med. -ωτίζομαι (vgl. A33[91ff]) *mit dem Gehör* (οὖς ὠτός Ohr) *aufnehmen, vernehmen;* ἐνωτίσασθε τὰ ῥήματά μου
15 *achtet auf meine Worte, hört mir zu.* **15 ὑπο-λαμβάνω** *aufnehmen;* hier *annehmen, meinen, vermuten* (B 4). **μεθύω** *betrunken sein.* **ὥρα τρίτη τῆς ἡμέρας** *die dritte Tagesstunde* = etwa *neun Uhr früh;* vor zehn Uhr (am Sabbat [nach Josephus, Vita 279] vor zwölf Uhr) nahmen die Juden gewöhnl. keine
16 Mahlzeit ein (Bruce, Apg, S. 120). **16 εἰρημένον** Pf. (A231) Ptz. Pass. λέγω, subst.; pass. divinum (A76b). **Ἰωήλ** indekl., hier Gen., *Joël,* atl. Prophet; ἀλλὰ τοῦτό ἐστιν τὸ εἰρημένον διὰ τοῦ προφήτου Ἰωήλ *nein, hier geschieht* (wörtl. *dies* [d.h. das v. der Menge beobachtete Geschehen] *ist*

vielmehr), was Gott durch den Propheten Joel angekündigt hat (GNB); es folgt ein
Zitat aus Joel 3,1-5 (im wesentl. gemäß MT/LXX); nachdem Joel das atl. Israel
– gerade v. einer verheerenden Heuschreckenplage heimgesucht – vor noch
schlimmeren Strafgerichten gewarnt, zur Umkehr aufgerufen (Joel 1,2-2,17) u.
den Umkehrwilligen Vergebung u. neuen Segen verheißen (Joel 2,19-27) hatte,
beginnt m. Joel 3,1 eine Prophetie darüber, was „danach“ (d.h. wohl in der fer-
neren Zukunft) geschieht: Gott wird seinen Geist ausgießen, sein Volk aus der
Gewalt der Feinde befreien u. ihm endgültiges Heil bescheren; dieses neue
(messianische) Zeitalter – darüber ist sich Petrus im klaren – ist nun angebro-
chen (vgl. Bruce, Apg, S. 121). **17 ἔσται** Fut. εἰμί; καὶ ἔσται (nach unse- 17
rem Empfinden redundant, daher am besten unübersetzt lassen) + Umstands-
bestimmung (hier Zeitangabe, V. 21 Ausdruck m. kond. Nebensinn [vgl.
A371]) + finites Verb: Hebr. (B I4; fut. Gegenstück zu καὶ ἐγένετο [vgl.
A271]). **ἐν ταῖς ἐσχάταις ἡμέραις** *in den letzten Tagen, in der letzten
Zeit* (B ἡμέρα 4b; term. tech. für *Endzeit* [EWNT 2, Sp. 157]); der Ausdruck
verdeutlicht das μετὰ ταῦτα *danach* der LXX. **λέγει ὁ θεός** zur Identifi-
zierung des Sprechers in das Zitat eingeschoben. **ἐκ-χεῶ** Fut. -χέω[39] *ausgie-
ßen, ausschütten,* ἐπί τινα *auf jmdn.* **ἀπό** m. Gen. hier statt gen. partitivus
(A164). **πᾶσα σάρξ** (Hebr.) *jeder Mensch, jedermann* (B σάρξ 3). **προ-
φητεύσουσιν** Fut. -φητεύω *prophezeien, prophetisch reden* (im Sinn v. *Zu-
künftiges voraussagen* od. *die Gottesoffenbarung verkünden*). **θυγάτηρ**[6] τρός
ἡ *Tochter.* **νεανίσκος** (vgl. νέος jung) *junger Mann* (bis etwa zum Alter v.
40). **ὅρασις**[8] *Sehorgan; (das) Aussehen;* hier *Gesicht, Vision* (B 3); zur Sache
vgl. 9,10.12; 10,10-17.19; 11,5; 16,9f; 18,9f. **ὄψονται** Fut. Med. ὁράω.
πρεσβύτερος hier *älterer Mann* (vgl. B 1). **ἐν-ύπνιον** *Traum* (gemeint
sind hier bes., göttl. inspirierte Träume). **ἐν-υπνιασθήσονται** Fut. Pass.
(ohne bes. Pass.-Bdtg.) -υπνιάζομαι (vgl. A33[91ff]) *träumen, Traumgesichte
haben;* ἐνυπνιάζομαι ἐνυπνίοις (offenbar dat. modi [vgl. A180; BDR
§198[8]]; LXX hat [laut Rahlfs-Ausgabe; entsprechend MT] den Akk. ἐνύπνια
[A145]) einfach *Träume haben.* **18 γέ** enklitische Partikel, hier steigernd: καί 18
γε *und auch/sogar* bzw. *ja, sogar* (Menge; vgl. B καί II9b; BDR §439,2). **δού-
λη** *Sklavin;* die LXX (entsprechend MT) ist ohne μου: καὶ ἐπὶ τοὺς δού-
λους καὶ ἐπὶ τὰς δούλας *auch auf die Sklaven und auf die Sklavinnen;* καί
γε ἐπὶ τοὺς δούλους μου καὶ ἐπὶ τὰς δούλας μου etwa *ja, sogar auf
die Sklaven und Sklavinnen, die mir dienen* (die Erg. v. μου gegenüber MT/LXX
deutet wahrscheinl. die Zugehörigkeit der Sklaven u. Sklavinnen zu Jahwe an),
viell. ist der Ausdruck jedoch als App. zu deuten, durch die die davor Genann-
ten als Diener Jahwes definiert werden: *und zwar ... über meine Knechte und über
meine Mägde* (Roloff, Apg, S. 47), aber dies wird weder dem καί γε noch dem
atl. Kontext gerecht. **19 δώσω** Fut. δίδωμι hier *geschehen lassen* (B 1bγ), 19
erscheinen lassen (Menge). **τέρας**[3] ατος τό *Wunder* (tritt häufig synonym in

fester Verbindung m. σημεῖα auf). **ἄνω** *oben, droben;* τέρατα ἐν τῷ οὐ-
ρανῷ ἄνω *Wunder droben am Himmel.* **κάτω** *unten, drunten;* σημεῖα (fehlt
hier in LXX bzw. MT) ἐπὶ τῆς γῆς κάτω *Zeichen unten auf der Erde;* das
Sprachenwunder u. die in der Apg noch zu berichtenden Heilungen wie auch
die Wunder Jesu sind hier viell. zu diesen σημεῖα zu zählen; wahrscheinl. bez.
der Ausdruck aber statt dessen bzw. daneben, gemeinsam m. dem Synonym τέ-
ρατα, das in V. 19b bis V. 20a Genannte, d.h. viell., falls wörtl. zu verstehen,
Naturereignisse (wie sie bereits bei der Kreuzigung Jesu eingetreten sind [Lk
23,44-45] u. wie sie Jesus in größerer Zahl für die auf das Ende hinführende
Zeit vorausgesagt hat [Lk 21,11]) od. dann, im übertr. Sinn, soziale bzw. politi-
sche Umwälzungen (diese werden herkömml. durch solche apokalyptischen Bil-
der beschrieben; vgl. Jes 13,9ff; 34,1ff; Ez 32,7ff; Am 8,9f; Mt 24,29; Lk 21,25f;
Apk 6,12ff; Stott, Apg, S. 74f). **ἀτμίς**[3] ἴδος ἡ *Dampf, Dunst;* ἀτμὶς κα-
πνοῦ *rauchiger Dunst* (B), *Rauchwolken* (Menge), *Rauchsäulen* (vgl. MT). **κα-**
20 **πνός** *Rauch.* **20 ἥλιος** *Sonne.* **μετα-στραφήσεται** Fut. Pass. -στρέ-
φω[47] *umkehren, verkehren, verwandeln;* ὁ ἥλιος μεταστραφήσεται εἰς
σκότος καὶ ἡ σελήνη εἰς αἷμα *die Sonne wird sich in Finsternis verwan-
deln und der Mond in Blut* (Menge) wohl = *die Sonne verfinstert sich, und der
Mond wird blutrot* (GNB). **σκότος**[7] *Dunkelheit; Finsternis.* **σελήνη** *Mond.*
πρίν (A336) *bevor, ehe* (fast immer m. Inf./AcI). **ἐλθεῖν** Aor. Inf. ἔρχομαι;
Präd. des AcI. **ἡμέραν κυρίου** Subj. des AcI, auch ohne Art. best. (A106c),
der Tag des Herrn (= Jahwes [A107]), d.h. (zumindest hier) die (die Endzeit ab-
schließende) Parusie. **ἐπι-φανής**[7] (< ἐπι-φαίνομαι in Erscheinung tre-
ten) *prächtig, glanzvoll;* der MT hat hier נוֹרָא *nôrāʾ* „furchtbar/schrecklich“;
statt dessen lasen die LXX-Übersetzer anscheinend נִרְאָה *nirʾeh* „sichtbar/of-
21 fenbar“ (Bruce, Apg, S. 122). **21 ἔσται** vgl. V. 17. **πᾶς ὃς ἄν** (A132; 371)
jeder, der (auch immer). **ἐπι-καλέσηται** Aor. Konj. Med. -καλέω[37]
(be)nennen; Med. (Gott bzw. dessen Namen) *anrufen* (d.h. um Beistand/Hilfe
bitten). **σωθήσεται** Fut. Pass. σῴζω.
22 **22 Ἰσραηλίτης**[1] *Israelit;* ἄνδρες (V. 14) Ἰσραηλῖται Vok. *ihr
Männer/Leute von Israel* bzw. (einfach) *Israeliten.* **ἀκούσατε** Aor. Imp.
ἀκούω. **Ἰησοῦν** AkkO zu ἀνείλατε (V. 23), wieder aufgenommen durch
τοῦτον (V. 23). **Ναζωραῖος** (im NT offenbar als Synonym zu Ναζαρη-
νός gebraucht [EWNT 2, Sp. 1119], daher:) *Nazarener, aus Nazaret (kommend).*
ἀπο-δε-δειγμένον Pf. (A231) Ptz. Pass. -δείκνυμι[212] *bestellen zu,
machen zu;* hier *erweisen, ausweisen, beglaubigen* (B 2), εἴς τινα *jmdm. gegen-
über, vor jmdm.;* attr. **ἀπό** hier = ὑπό (B V6; A211). **τέρας** V. 19; δυνά-
μεσι καὶ τέρασι καὶ σημείοις dat. instr. (A176) *durch machtvolle Taten,
Wunder und Zeichen.* **οἷς** = ἅ (Attraktion des Rel.-Pron., A360). **ἐ-ποίη-
σεν** Aor. ποιέω. **ἐν μέσῳ** *inmitten von, mitten unter* (B μέσος 2). **αὐτοί**
23 hier *selbst;* καθὼς αὐτοὶ οἴδατε *wie ihr selbst wißt.* **23 ὡρισμένῃ** Pf.

(A231) Ptz. Pass. ὁρίζω (vgl. A33[91ff]) *bestimmen, festsetzen, beschließen;* attr.
βουλή *Absicht: Beschluß, Ratschluß, Plan.* **πρό-γνωσις**[8] *(das) Voraus-*
wissen; τῇ ὡρισμένῃ βουλῇ καὶ προγνώσει τοῦ θεοῦ wohl dat. causae
(A177), etwa *nach Gottes beschlossenem Willen und Vorauswissen* (Einh.). **ἔκ-**
δοτος[11] *ausgeliefert, preisgegeben;* τοῦτον τῇ ... τοῦ θεοῦ ἔκδοτον *diesen,*
der nach Gottes ... euch preisgegeben war (Menge) od. *ihn, der nach Gottes ... hin-*
gegeben wurde (Einh.). **ἄ-νομος**[11] *gesetzlos;* διὰ χειρὸς ἀνόμων (best.
προσπήξαντες näher) *durch die Hand von Gesetzlosen* (d.h. wohl: v. Heiden
[hier konkret v. Römern], die Gottes Gesetz nicht kennen [B 2b]) bzw. (freier)
durch Menschen, die das Gesetz Gottes nicht kennen (GNB). **προσ-πήξαν-**
τες Aor. Ptz. -πήγνυμι[216] *befestigen, anschlagen;* hier *ans Kreuz schlagen* bzw.
ans Kreuz schlagen lassen (vgl. Menge; A218); mod. (A291,2 Anm. 1). **ἀν-εί-**
λατε Aor. (vgl. H-S §105g) -αιρέω[186] *beseitigen, aufheben;* meist: *töten* bzw.
(hier) *töten lassen* (A218). **24 ὅν** *diesen/ihn* (rel. Anschluß, A364a). **ἀν-έ-** 24
στησεν Aor. -ίστημι. **λύσας** Aor. Ptz. λύω hier wohl *beendigen,* einer
Sache *ein Ende machen* (B 4); mod. **ὠδίν**[4] ῖνος ἡ (klass. ὠδίς) *Geburts-*
schmerz; (die) Wehe; λύσας τὰς ὠδῖνας τοῦ θανάτου *indem er die Wehen*
des Todes löste/aufhob (Menge) bzw. (sinngetreu) *er hat ihn auch aus der Gewalt*
des Todes befreit (GN); ὠδῖνες (τοῦ) θανάτου ist ein LXX-Idiom (wobei
ὠδῖνες u.a. in Ps 18,5 statt des zu erwartenden σχοινία „Stricke" [vgl. Hi
36,8] steht [die dahinter stehenden hebr. Ausdrücke sind homonym]); in der
Zeit v. Apg 2 ist wohl v. kaum mehr als einer erstarrten Metapher auszugehen;
die ursprüngl. damit verbundenen Vorstellungen, die nach manchen auch hier
mitschwingen sollen (etwa: „daß der Tod Jesus ebensowenig festhalten konnte
wie eine Schwangere ihr Kind" [EWNT 3, Sp. 1210]), lassen sich nicht m. Si-
cherheit rekonstruieren (vgl. dazu Haenchen, Apg, S. 143f). [Var. ᾅδης V. 27.]
καθ-ότι *in dem Maß wie;* hier kaus. *deshalb, weil* (B 2), *weil/denn.* **ἦν** Ipf. εἰ-
μί. **δυνατός** *stark, mächtig;* Ntr. *möglich,* m. AcI. **κρατεῖσθαι** Inf. Pass.
κρατέω; Präd. des AcI; καθότι οὐκ ἦν δυνατὸν κρατεῖσθαι αὐτὸν ὑπ'
αὐτοῦ *denn es war unmöglich, daß er vom Tod festgehalten wurde* (Einh.) od.
denn der Tod konnte ihn unmöglich gefangenhalten (GNB). **25 Δαυίδ** indekl., 25
hier Nom. **εἰς** hier *in bezug auf* bzw. *über* (H-S §184g; A191; vgl. BDR §207[3]);
zitiert wird aus Ps 16,8-11 (LXX-Fassung [im wesentl. = MT]), wo sich der Ver-
fasser (für Redner wie Zuhörer unzweifelhaft David, ein Typos des Messias bzw.
hier speziell des „Heiligen" [ὅσιος, V. 28]) einer bes. göttl. Bewahrung ange-
sichts des Todes rühmt, die aber – so die apostolische Verkündigung – erst
beim Messias selbst, in der Auferstehung Jesu v. Nazaret, zu ihrer eig. Entfal-
tung kommt. **προ-ορώμην** Ipf. Med. (ohne Aug. [BDR §66[4]]) V. 31, Med.
vor sich sehen, vor Augen haben; hier Ipf. (wie manchmal Aor. Ind. [A241c])
wohl im Sinn des zeitlos gebrauchten hebr. Pf. (BDR §333[6]); προορώμην τὸν
κύριον ἐνώπιόν μου διὰ παντός etwa *ich habe den Herrn beständig vor*

Augen (Einh.). **διὰ παντός** *immer, beständig* (B διά AII1a). **ἐκ δεξιῶν
μού ἐστιν** *er steht mir zur Seite* (B δεξιός 2b). **σαλευθῶ** Aor. Konj. Pass.
σαλεύω *zum Schwanken/ins Wanken bringen, erschüttern;* Pass. hier *ins Wanken*
26 *geraten* (B 2), *wanken* (Menge). **26 διὰ τοῦτο** *deshalb, darum.* **ηὐ-
φράνθη** Aor. Pass. εὐ-φραίνω[118] *erfreuen;* Pass. *sich freuen, froh sein;* Aor.
Ind. hier wohl im Sinn des zeitlos gebrauchten hebr. Pf. (A241c; ebenso flgd.
Verb). **ἠγαλλιάσατο** Aor. Med. ἀγαλλιάω *jubeln, sich freuen, froh-
locken;* διὰ τοῦτο ηὐφράνθη ἡ καρδία μου καὶ ἠγαλλιάσατο ἡ
γλῶσσά μου (synonymer Parallelismus, vgl. H-S §294aa; gilt analog für
V. 27) *darum freut sich mein Herz und frohlockt meine Zunge* (Einh.) od. (freier)
das erfüllt mein Herz mit Freude und läßt mich jubelnd singen (GN). **ἔτι δὲ
καί** *und sogar noch* (B δέ 4a), *außerdem auch noch* (B ἔτι 2b), *zudem.* **κατα-
σκηνώσει** Fut. -σκηνόω *sich niederlassen, wohnen.* **ἐπ᾿ ἐλπίδι** *auf
Grund der Hoffnung* (BDR §235[3]), *auf Hoffnung sich stützend* (B ἐπί II1bγ),
viell. hier aber (nach atl. Sprachgebrauch) *sorglos, in Sicherheit* (B ἐλπίς 2);
ἔτι δὲ καὶ ἡ σάρξ μου κατασκηνώσει ἐπ᾿ ἐλπίδι *zudem wird auch
mein Leib* (B σάρξ 2) *in/auf Hoffnung ruhen* (Menge) od. (frei, aber sinngetreu)
27 *selbst wenn ich sterbe, habe ich die Zuversicht,* (V. 27: *daß du ...*) (GN). **27 ὅτι**
hier *denn,* aber auch *daß* (GN) mögl. **ἐγ-κατα-λείψεις** Fut. -λείπω[44]
zurücklassen; hier *überlassen,* etwas irgendwo *verbleiben lassen* (B 3). **ᾅδης**[1]
Hades, Unterwelt, Totenreich; ὅτι οὐκ ἐγκαταλείψεις τὴν ψυχήν μου εἰς
ᾅδην *denn du wirst meine Seele/mich nicht im Totenreich belassen/dem Toten-
reich überlassen* (Menge) od. *daß du mich nicht bei den Toten läßt* (vgl. GN).
δώσεις Fut. δίδωμι hier m. AcI *zulassen* (B 1bβ). **ὅσιος** *heilig; gottgefällig;*
subst.; Subj. des AcI; ὅσιος (hebr. חָסִיד *ḥāsîḏ*) *ein „Heiliger"* (GNB: *treuer
Diener*) Gottes/Jahwes ist ein Mensch, der in einem Bundesverhältnis m. ihm
lebt (Bruce, Apg, S. 125); ein solcher ὅσιος Gottes/Jahwes war der Psalmist
David u. damit in ganz besonderer Weise auch der, dessen Typos er war: der
Messias. **ἰδεῖν** Aor. Inf. ὁράω hier: etwas *an sich erfahren, erleben;* ἰδεῖν
διαφθοράν *Verwesung an sich erfahren = verwesen* (B εἶδον 5); Präd. des AcI;
οὐδὲ δώσεις τὸν ὅσιόν σου ἰδεῖν διαφθοράν *und du wirst nicht
zulassen, daß dein Heiliger die Verwesung sieht* od. *du gibst deinen treuen Diener
nicht der Verwesung preis* (GNB). **δια-φθορά** *Vernichtung, Verwesung.*
28 **28 ἐ-γνώρισας** Aor. γνωρίζω[98] *kundtun, bekanntmachen.* **ὁδοὺς ζωῆς**
auch ohne Art. best. (vgl. A106b-d; in der hebr. Poesie fehlt der Art. bes. häufig
[Joüon-Muraoka §137fN]) *die Wege des/zum Leben* (Gen. der Richtung [H-S
§164; A162]), *die Wege, die zum Leben führen;* ἐγνώρισάς μοι ὁδοὺς ζωῆς
etwa *du hast mir die Wege/den Weg zum Leben gezeigt* (d.h. du hast mir die
Möglichkeit eröffnet, der Gewalt des Todes zu entrinnen u. zum Leben zu
gelangen). **πληρώσεις** Fut. πληρόω hier m. τινά τινος (vgl. A165) *jmdn.
mit etwas erfüllen.* **εὐ-φροσύνη** *Frohsinn, Heiterkeit, Freude.* **μετὰ τοῦ**

προσώπου σου *vor deinem Angesicht, bei dir* (B μετά AII1cγ), *in deiner*
Nähe (GNB).
29 ἄνδρες ἀδελφοί Vok. etwa *liebe Brüder/Geschwister* (vgl. H-S 29
§260j), ein Synagogen-Idiom der hell. Juden (Bruce, Apg, S. 108). **ἐξ-όν** Ptz.
ἔξ-εστιν (vgl. A32) *es ist möglich, es ist erlaubt/richtig;* umschrieb. Präs.
(A249a) m. Wegfall der Kopula ἐστίν (BDR §127[3]; A78b) = ἔξεστιν (B 4);
es ist erlaubt, hier *ich darf.* **εἰπεῖν** Aor. Inf. λέγω. **παρ-ρησία** (< πᾶν,
ῥῆσις [das] Reden) *Redefreiheit; Freimütigkeit, Offenheit, Unerschrockenheit;*
μετὰ παρρησίας hier *freimütig, unerschrocken* (vgl. B 3) od. *ohne Um-*
schweife (B 1), *ganz offen* (GNB). **πατρι-άρχης**[1] *Stammvater.* **Δαυίδ** in-
dekl., hier Gen. **ὅτι** wohl recitativum = Doppelpunkt (A333). **ἐ-τελεύτη-**
σεν Aor. τελευτάω *sterben.* **ἐ-τάφη** Aor. Pass. θάπτω[53] *begraben.* **μνῆ-**
μα[3] *Grab.* **ἐν** *unter/bei* (vgl. B I4a). **ἄχρι τῆς ἡμέρας ταύτης** *bis zum*
heutigen Tag; zum Grab Davids vgl. Neh 3,16; Josephus, Bellum Judaicum 1.61;
Antiquitates 7.393; 13.249; 16.179-183 (zum modernen archäologischen Befund
s. GBL 2, S. 812f). **30 ὑπ-άρχων** Ptz. -άρχω hier = εἰμί als Kopula (B 2; 30
H-S §256c; A78), kaus. **εἰδώς** Pf. (m. präs. Bdtg.) Ptz. οἶδα, kaus. **ὅρκος**
Eid; hier dat. modi nach LXX-Gebrauch (vgl. Ex 13,19) als Entsprechung zum
hebr. infinitivus absolutus (zur Intensivierung des Verbinhalts; BDR §198[9];
A180c; H-S §180c). **ὤμοσεν** Aor. ὀμνύω[220] *schwören, einen Schwur ablegen;*
hier m. Dat. der Pers. *jmdm. mit einem Eid zusichern/zuschwören;* Aor. Ind. bez.
hier Vorvergangenheit (vgl. H-S §199n; A224); ὅτι ὅρκῳ ὤμοσεν αὐτῷ ὁ
θεός *daß Gott ihm mit einem Eid feierlich zugesichert hatte;* viell. wird auf Ps
132,11 angespielt; vgl. z.B. aber auch Ps 89,4f. **ὀσφῦς**[8] ύος ἡ *Hüfte; Lende*
(als Ausgangsort der Zeugung); καρπὸς τῆς ὀσφύος τινός Hebr. *die*
Frucht von jmds. Lende = jmds. Nachkommenschaft (B 2). [Var. (τὸ) κατὰ
σάρκα (zum Art. m. adv. Akk. vgl. A150; BDR §266,2) *was das Fleisch/die*
menschliche Abstammung betrifft (vgl. Röm 1,3; 9,5). ἀνα-στήσειν/στῆσαι
Fut./Aor. Inf. ἀν-ίστημι (das flgd. καθίσαι fin. [A276]).] **καθίσαι** Aor.
Inf. καθίζω hier *setzen* (B 1a) od. *sich setzen, sitzen* (vgl. B 2aα); ἐκ (= τινὰ
ἐκ [vgl. A137a/164; B ἐκ 3a]) καρποῦ τῆς ὀσφύος αὐτοῦ καθίσαι ἐπὶ
τὸν θρόνον αὐτοῦ entweder (einfacher Inf. m. τινά als AkkO) *einen seiner*
Nachkommen auf seinen Thron zu setzen (B 1a; vgl. Ps 132,11) od. (AcI m. τινά
als Subj.) *einer seiner Nachkommen werde auf seinem Thron sitzen* (vgl. Menge;
zum nachzeitigen Inf. Aor. vgl. A274; BDR §350[3]); m. „seinem Thron“ ist
Davids Thron gemeint (vgl. Ps 132,11; 89,5); nach manchen wird er hier auf
Gottes Thron gedeutet (s. V. 33ff u. Ps 110,1; Pesch 1, Apg 1, S. 123; vgl. GNB).
31 προ-ϊδών Aor. Ptz. -οράω[192] V. 25; mod.; προϊδὼν ἐλάλησεν περὶ 31
τῆς ἀναστάσεως τοῦ Χριστοῦ ὅτι *so hat er vorausschauend über die Auf-*
erstehung Christi (= des Messias) *geredet, daß* (Menge). **ἐ-λάλησεν** Aor.
λαλέω. **ἐγ-κατ-ε-λείφθη** Aor. Pass. V. 27. **ᾅδης** V. 27. **σάρξ** hier

32 *Leib/Körper* (B 2; vgl. V. 26). **εἶδεν διαφθοράν** V. 27. 32 **ἀν-έ-στη-**
σεν V. 24. **οὗ** *wofür/dafür* (vgl. A364a): bezieht sich auf die Aussage des vor-
33 ausgehenden Satzes (H-S §289b). **μάρτυς** υρος ὁ *Zeuge.* 33 **τῇ δεξιᾷ**
τοῦ θεοῦ dat. instr. (A176) *durch die rechte Hand Gottes,* viell. (ist gramma-
tisch schwierig, paßt aber hervorragend in den Kontext) lokaler Dat. (A181;
schon klass. sehr selten) *zur rechten Hand Gottes* (GNB: *zu dem Ehrenplatz an*
Gottes rechter Seite); dazu vgl. BDR §199 u. B δεξιός 2b. **ὑψωθείς** Aor. Ptz.
Pass. ὑψόω *erhöhen;* temp. **ἐπ-αγγελία** hier *(die) verheißene Sache/Gabe,*
m. gen. epexegeticus (A163; B 2b); τὴν ἐπαγγελίαν τοῦ πνεύματος τοῦ
ἁγίου: *das verheißene Gut, nämlich den Heiligen Geist = den verheißenen Heili-*
gen Geist. **λαβών** Aor. Ptz. λαμβάνω, temp. (durch τε m. ὑψωθείς koordi-
niert [B τέ 1b]). **ἐξ-έ-χεεν** Aor. ἐκ-χέω V. 17; ἐξέχεεν τοῦτο ὃ ὑμεῖς
(Subj. betont, A122) καὶ βλέπετε *er hat das ausgegossen, was ihr (jetzt) seht*
od. *er hat diesen (Geist) ausgegossen, wie ihr (es jetzt) seht* (vgl. Menge).
34 34 **Δαυίδ** indekl., hier Nom.; οὐ γὰρ Δαυίδ ... λέγει δὲ αὐτός *denn nicht*
David ... vielmehr sagt er selbst; zitiert wird aus Ps 110,1 (die davidische Verfas-
serschaft dieses Ps [s. Überschrift] stand außer Zweifel; weitgehend anerkannt
war offenbar auch, daß er sich auf den Messias bezog [vgl. Mt 22,44 u. Par.]).
ἀν-έ-βη Aor. ἀνα-βαίνω hier εἰς τοὺς οὐρανούς *in den Himmel aufstei-*
gen (B 1aβ). **κύριος** *der Herr* = Jahwe (Gottesname [MT יהוה *jhwh*]; A107).
τῷ κυρίῳ μου *zu meinem Herrn* (Appellativum [MT לַאדֹנִי *laʾdōnî* „zu
35 meinem Herrn"]), d.h. zum Messias. **κάθου** Imp. κάθημαι. 35 **ἕως ἄν**
hier *bis* (A337). **θῶ** Aor. Konj. τίθημι. **ἐχθρός** *Feind.* **ὑπο-πόδιον**
(< πούς) *Fußbank, Schemel;* τίθημί τινα ὑποπόδιον τῶν ποδῶν τινος
jmdn. zum Schemel (A97,15) *für jmds. Füße machen = jmdn. jmdm. völlig unter-*
36 *werfen.* 36 **ἀ-σφαλῶς** *sicher, mit Sicherheit/Gewißheit, als untrüglich wahr*
(Wilckens). **γινωσκέτω** Imp. 3. Sg. γινώσκω. **πᾶς οἶκος Ἰσραήλ**
das ganze Haus/Geschlecht Israel (trotz Fehlens des Art.; A86/106c; BDR §275[4];
B οἶκος 3), d.h. alle Israeliten. **ἐ-ποίησεν** Aor. ποιέω hier m. doppeltem
Akk. (A97,15); ὅτι καὶ κύριον αὐτὸν καὶ χριστὸν ἐποίησεν ὁ θεός
daß Gott ihn zum Herrn und Messias gemacht hat. **ὑμεῖς** Subj. betont (A122).
ἐ-σταυρώσατε Aor. σταυρόω.
37 37 **ἀκούσαντες** Aor. Ptz. ἀκούω, temp.; erg. τοῦτο/ταῦτα (A79).
κατ-ε-νύγησαν Aor. Pass. κατα-νύσσομαι (vgl. A33[74ff]) *durchsto-*
chen/durchbohrt werden; übertr. v. der lebhaften Schmerzempfindung bei Angst,
Reue u.a. (B); ἀκούσαντες δὲ κατενύγησαν τὴν καρδίαν (Akk. der
Beziehung, A149/215) *als sie das hörten, traf es sie mitten ins Herz* (wörtl.: *... wur-*
den sie im Herzen durchbohrt; Menge: *ging es ihnen wie ein Stich durchs Herz*).
ποιήσωμεν Aor. Konj. ποιέω, deliberativer Konj. (A255). **ἄνδρες**
38 **ἀδελφοί** V. 29. 38 **μετα-νοήσατε** Aor. Imp. -νοέω *seinen Sinn ändern,*
Reue empfinden, umkehren. **φησίν** Präs. 3. Sg. φημί (A32); hist. Präs.

(A235); hier in die direkte Rede eingeschoben (B φημί 1bβ; vgl. BDR §465[5]). **βαπτισθήτω** Aor. Imp. Pass. 3. Sg. βαπτίζω; toleratives Pass. (H-S §191h; A219). **ἕκαστος** m. gen. partitivus (A164); βαπτισθήτω ἕκαστος ὑμῶν *jeder von euch lasse sich taufen, laßt euch alle taufen.* **ἐπὶ τῷ ὀνόματι** *auf den Namen,* d.h. wohl unter Ausrufung bzw. Anrufung des Namens (B ἐπί II3; H-S §184j). **εἰς** hier fin. (B 4f); εἰς ἄφεσιν τῶν ἁμαρτιῶν ὑμῶν (auch ohne Art. best., A106a) *zur Vergebung eurer Sünden* bzw. (freier) *dann wird Gott euch eure Schuld vergeben* (GNB). **ἄφ-εσις**[8] *Erlaß* (v. Schuld, Sünde usw.), *Vergebung.* **λήμψεσθε** Fut. Med. λαμβάνω. **δωρεά** *Geschenk, Gabe;* τὴν δωρεὰν τοῦ ἁγίου πνεύματος gen. epexegeticus (H-S §165b; A163) *die Gabe des Heiligen Geistes = die im Heiligen Geist bestehende Gabe.* **39 ὑμῖν** 39
ἐστιν ἡ ἐπαγγελία dat. commodi (A173) *für euch ist die Verheißung, euch gilt die Verheißung.* **τέκνον** Pl. hier *Nachkommen* (B 1b). **μακράν** Adv. (erstarrter Akk. der Ausdehnung v. μακρός lang/entlegen, erg. ὁδόν, BDR §161[1]) *weit weg, fern,* (mit od. ohne εἰς) *in der/die Ferne;* οἱ εἰς μακράν *die, die in der Ferne sind;* d.h. die Verheißung gilt sowohl in der Zukunft als auch in fernen Ländern lebenden Juden, ja sogar – wie bald deutl. werden sollte – auch den Nichtjuden (vgl. Jes 57,19, worauf hier wohl angespielt wird [Bruce, Apg, S. 130]). **ὅσους ἄν** (A132; 371) *wie viele auch immer;* πᾶσιν ... ὅσους ἄν etwa *allen ... so viele.* **προσ-καλέσηται** Aor. Konj. Med. -καλέομαι[37] *herbeirufen,* hier etwa *herzurufen, hinzurufen.* **κύριος** hier ohne Art. wohl *Herr* = Jahwe (A107; es wird auf Joël 3,5 angespielt). **40 ἑτέροις τε λόγοις** 40
πλείοσιν dat. instr. (A176) *mit weiteren anderen Worten* (BDR §244[5]), *auch noch mit vielen anderen Worten* (Menge). **δι-ε-μαρτύρατο** Aor. Med. διαμαρτύρομαι (vgl. A33[132ff]) (*feierlich* [ursprüngl. *eidlich*]) *bezeugen;* hier *beschwören, eindringlich zureden* (vgl. B 1). **παρ-ε-κάλει** Ipf. παρα-καλέω. **σώθητε** Aor. Imp. Pass. σῴζω, toleratives Pass. (A219). **σκολιός** *krumm;* übertr. *verdreht, verkehrt, falsch* (B 2), *verdorben* (Einh.), *schuldbeladen* (GN); σώθητε ἀπὸ τῆς γενεᾶς τῆς σκολιᾶς ταύτης *laßt euch retten aus dieser verkehrten/verdorbenen/schuldbeladenen Generation* (gemeint ist die Masse der jüd. Zeitgenossen, die den Messias u. damit Gott selbst ablehnten, was unweigerl. Gottes Strafgericht nach sich ziehen mußte; vgl. auch zu Mt 16,4).
41 ἀπο-δεξάμενοι Aor. Ptz. Med. -δέχομαι[63] *freundlich aufnehmen, an-* 41
nehmen; subst.; οἱ μὲν οὖν ἀποδεξάμενοι τὸν λόγον αὐτοῦ *die nun, die sein Wort annahmen* od. (kontextgetreu) *viele nahmen seine Botschaft an und* (GNB). **ἐ-βαπτίσθησαν** Aor. Pass. V. 38. **προσ-ε-τέθησαν** Aor. Pass. -τίθημι[200] *hinzufügen;* wohl pass. divinum (A76b); καὶ προσετέθησαν (erg. gedankl. τῇ ἐκκλησίᾳ/τῷ κυρίῳ o.ä.) ... ψυχαὶ ὡσεὶ τρισχίλιαι *etwa dreitausend Personen wurden ... (ihrer Gemeinschaft/dem Herrn) hinzugefügt/zugeführt* (vgl. B 1b; Einh.). **ψυχή** hier *Person* (ZG; vgl. B 2). **ὡσ-εί** *wie;* (bei Zahlen u. Maßen) *ungefähr.* **τρισ-χίλιοι**[19] *dreitausend.*

42 **42 ἦσαν** V. 1. **προσ-καρτεροῦντες** Ptz. -καρτερέω (< καρτε-
ρός stark, ausdauernd) m. Dat. *beharren bei, bleiben bei; sich emsig beschäftigen
mit, dauernd bedacht sein auf, festhalten an* (B 2a/b); umschrieb. Ipf. (A249a);
ἦσαν δὲ προσκαρτεροῦντες τῇ διδαχῇ τῶν ἀποστόλων καὶ τῇ
κοινωνίᾳ, τῇ κλάσει τοῦ ἄρτου καὶ ταῖς προσευχαῖς *sie hielten aber
beharrlich fest an der Lehre der Apostel und an der (brüderlichen) Gemeinschaft,
am Brechen des Brotes und an den (gemeinsamen) Gebeten* (Menge) bzw. (freier,
aber wohl kontextgetreu) *sie alle widmeten sich eifrig dem, was für sie als Ge-
meinde wichtig war: Sie ließen sich von den Aposteln unterweisen, sie hielten in ge-
genseitiger Liebe zusammen, sie feierten das Mahl des Herrn, und sie beteten ge-
meinsam* (GNB). **διδαχή** *Lehre* (das, was gelehrt wird, od. die Lehrtätigkeit);
ἡ διδαχὴ τῶν ἀποστόλων (gen. subi., A158) *die Lehre der Apostel = das,
was die Apostel lehrten.* **κοινωνία** *Gemeinschaft; Gemeinschaftssinn* bzw.
Bereitschaft, anderen zu helfen/mit ihnen zu teilen; hier *die brüderliche/geschwister-
liche Gemeinschaft* (dazu gehörte nicht nur das Beisammensein, um der Verbun-
denheit im Glauben Ausdruck zu verleihen [s. „Brotbrechen" u. Gebet],
sondern u.a. auch die Bereitschaft zu gegenseitiger praktischer Hilfe [s. V. 44f]).
κλάσις[8] *(das) (in Stücke) Brechen;* ἡ κλάσις τοῦ ἄρτου *das „Brotbrechen"*
ist zieml. sicher das, was Paulus *das Mahl des Herrn* (1Kor 11,20) nennt; es war
wohl jeweils in ein Gemeinschaftsmahl integriert (vgl. V. 46). **προσ-ευχή**
43 *Gebet.* **43 ἐ-γίνετο** Ipf. Med. γίνομαι (erstes) m. τινί etwa *jmdn. befallen*
(B I3bγ), *über jmdn. kommen;* (zweites) *geschehen* (B I2a). **πᾶσα ψυχή** hier
jedermann (B ψυχή 2; vgl. V. 41); ἐγίνετο δὲ πάσῃ ψυχῇ φόβος *und über
jedermann (im Volk) kam Furcht* (Menge), *alle wurden von Furcht ergriffen*
(Einh.); die Zuhörer merkten offenbar, daß hier wirkl. Gott am Werk war (vgl.
GNB), was in ihnen eine anhaltende (vgl. Ipf. [A237a]), tief empfundene
44 Ehrfurcht hervorrief. **τέρας** V. 19. [Var. ἦν V. 24.] **44 πιστεύοντες**
Ptz. πιστεύω, subst.; πάντες οἱ πιστεύοντες *alle Glaubenden* hier sachl.
= *alle, die gläubig geworden waren* [Var. πιστεύσαντες Aor. Ptz.]. **ἐπὶ τὸ
αὐτό** *an demselben Ort, beisammen, zusammen* (B αὐτός 4b; B ἐπί III1aζ;
offenbar ein LXX-Idiom [Bruce, Apg, S. 108]); πάντες οἱ πιστεύοντες
ἦσαν ἐπὶ τὸ αὐτό etwa *alle Glaubenden blieben beisammen* bzw. *alle, die
gläubig geworden waren, bildeten eine Gemeinschaft* (Einh.). **εἶχον** Ipf. ἔχω.
ἅ-πας[10] = πᾶς. **κοινός** *gemeinsam;* εἶχον ἅπαντα (AkkO) κοινά
45 (Obj.-Präd. [A49]) *sie hatten/besaßen alles gemeinsam* (B ἔχω 2a). **45 κτῆ-
μα**[3] *Besitz, Habe; Grundbesitz, Grundstück.* **ὕπ-αρξις**[8] *Besitz;* τὰ κτήματα
καὶ τὰς ὑπάρξεις wohl (falls die beiden Subst. hier unterschiedl. Sinn
haben) etwa *ihre* (A103) *Grundstücke und anderen/sonstigen* (A376a) *Besitztümer*
bzw. *Grundstücke und Wertgegenstände* (GNB), viell. (falls die beiden Subst. syn-
onym sind [Hendiadyoin, A378]) etwa *Hab und Gut* (Einh.). **ἐ-πίπρασκον**
Ipf. πιπράσκω *verkaufen;* Ipf. wohl iter. (A237b): es geschah immer wieder (je

nach Bedarf; gilt analog für das flgd. Verb). **δι-ε-μέριζον** Ipf. δια-μερίζω *verteilen.* **αὐτά** übers. *den Erlös.* **καθ-ότι** *in dem Maß wie, je nachdem.* **ἄν** bez. hier im NS m. Augmenttempus (hier Ipf.) ein wiederholtes Geschehen in der Vergangenheit („hellenistischer Nebensatziterativ"; H-S §198c; BDR §367[3]; A262); καί ... ἐπίπρασκον καὶ διεμέριζον αὐτὰ πᾶσιν καθότι ἄν τις χρείαν εἶχεν *sie verkauften ... und verteilten es/den Erlös unter alle, je nachdem (jeweils) einer Bedarf/Mangel hatte* (od. *in Not war* [B χρεία 2]) bzw. (freier) *wenn sie etwas brauchten, verkauften sie ... und verteilten den Erlös unter die Bedürftigen in der Gemeinde* (GN). **εἶχεν** Ipf. **46 καθ' ἡμέραν** *täglich,* 46
Tag für Tag (A195). **προσ-καρτεροῦντες** V. 42, hier m. lok. ἐν *sich fortgesetzt aufhalten in* (B 3); mod./temp. (A291,1/2 Anm. 1); καθ' ἡμέραν τε προσκαρτεροῦντες ὁμοθυμαδὸν ἐν τῷ ἱερῷ *Tag für Tag verharrten sie einmütig im Tempel* (Einh.), *Tag für Tag trafen sie sich einmütig im Tempel* (Wilckens). **ὁμο-θυμαδόν** Adv. *übereinstimmend, einmütig.* **κλῶντες** Ptz. κλάω *(in Stücke) brechen;* mod./temp. (durch τε m. προσκαρτεροῦντες koordiniert [vgl. B τέ 1b]); gemeint ist wohl wieder das Mahl des Herrn (vgl. zu κλάσις V. 42). **κατ' οἶκον** *in den einzelnen Häusern* (B κατά II1d; A195), *in ihren Häusern.* **μετ-ε-λάμβανον** Ipf. μετα-λαμβάνω *seinen Anteil erhalten an* (Gen. [A165]); μεταλαμβάνω τροφῆς *Speise zu sich nehmen* (B 1); μετελάμβανον τροφῆς ἐν ἀγαλλιάσει καὶ ἀφελότητι καρδίας *voll Jubel* (GNB: *mit jubelnder Freude*) *und mit lauterem Herzen nahmen sie ihre Mahlzeiten ein.* **τροφή** *Nahrung, Speise.* **ἀγαλλίασις**[8] *Jubel;* ἐν ἀγαλλιάσει (mod., vgl. A180a) *voll Jubel* (B). **ἀφελότης**[3] *Schlichtheit* (B), *Lauterkeit* (EWNT 1, Sp. 435); ἐν ἀφελότητι καρδίας *mit Schlichtheit/Lauterkeit des Herzens = mit lauterem Herzen* (vgl. BDR §165,2). **47 αἰνοῦντες** 47
Ptz. αἰνέω *loben, preisen;* mod. **ἔχοντες** Ptz. ἔχω, mod. **χάρις** hier *Gunst;* χάριν ἔχω πρός τινα *bei jmdm. in Gunst stehen* (B 2b), *bei jmdm. beliebt sein* (Einh.), *von jmdm. geachtet werden* (GNB). **προσ-ε-τίθει** Ipf. V. 41; Ipf. wohl iter. (A237b). **σῳζομένους** Ptz. Pass. σῴζω, subst.; τοὺς σῳζομένους entweder iter. (A226) *die, die* (Tag für Tag) *gerettet wurden* od. viell. nachzeitig (statt Ptz. Fut. [H-S §206i; BDR §339,2aβ; A285]) *die, die gerettet werden würden/sollten.* **ἐπὶ τὸ αὐτό** V. 44; hier προσετίθει ... ἐπὶ τὸ αὐτό *fügte ... der Vereinigung bei* (B ἐπί III1aζ), *fügte ... ihrer Gemeinschaft hinzu* (Einh.), *führte ... zur Gemeinde hinzu* (Wilckens), *führte ihnen ... zu* (GNB).

ἀν-έ-βαινον Ipf. ἀνα-βαίνω, Ipf. bez. hier ein Geschehen, während 3
dessen Verlauf (A237,2) sich etwas Bestimmtes ereignet (ZG). **ἐπί** m. Akk. hier vor Zeitangabe auf die Frage „Wann?" (B III2a; BDR §233,3). **προσ-ευχή** *Gebet;* ἐπὶ τὴν ὥραν τῆς προσευχῆς τὴν ἐνάτην *um die neunte Stunde, die Gebetsstunde* (Menge) od. *um drei Uhr nachmittag, die Gebetszeit;* vorgegebene Gebetszeiten waren: a) am frühen Morgen zur Zeit des Morgenopfers, b) zur neunten Tagesstunde (drei Uhr nachmittag) u. c) am Abend bei

Sonnenuntergang (Schürer 2, S. 303 Anm. 40). **ἔνατος**[19] *neunter;* ἡ ὥρα ἡ
2 ἐνάτη *die neunte Stunde = drei Uhr nachmittag.* **2 χωλός** *lahm, gelähmt.*
κοιλία *Bauch; Mutterleib;* ἐκ κοιλίας μητρός τινος (LXX-Ausdruck) *vom*
Mutterleib an/her (B 2), *von Geburt an.* **ὑπ-άρχων** Ptz. -άρχω hier = εἰμί
m. Präd.-Nom. (hier χωλός [B 2; H-S §256c; A78]), attr. **ἐ-βαστάζετο** Ipf.
Pass. βαστάζω *aufheben; tragen;* καί τις ἀνήρ ... ἐβαστάζετο *da wurde*
(gerade) (A237,2) *ein Mann herbeigetragen* ... (Menge). **ἐ-τίθουν** (= ἐ-τίθε-
σαν) Ipf. τίθημι, Ipf. iter. (A237b); 3. Pl. im Sinn v. „man" (A76a). **καθ'**
ἡμέραν *täglich* (A195). **θύρα** *Tür.* **λεγομένην** Ptz. Pass. λέγω hier
nennen (B II3); attr.; πρὸς τὴν θύραν τοῦ ἱεροῦ τὴν λεγομένην Ὡραί-
αν *an das sogenannte „Schöne Tor" des Tempels;* die Identifizierung dieses
Tores ist nicht gesichert; gewöhnl. sieht man darin das v. Josephus (Bellum
Judaicum 2.411/5.201ff) erwähnte Tor aus korinthischem Erz, das v. Osten her
den Vorhof der Heiden m. dem Frauenvorhof verband (meist gleichgesetzt m.
dem Nikanor-Tor [in rabbinischen Quellen, u.a. Mischna, Middot 1.4, genannt,
z.T. aber anders lokalisiert; EWNT 3, Sp. 1215]); nach neueren archäologischen
Forschungen kommt offenbar am ehesten das östl. der beiden Hulda-Tore an
der Südseite des Tempelkomplexes in Frage (GBL 3, S. 1539). **ὡραῖος**
(< ὥρα) *rechtzeitig; schön, schön gestaltet, kunstvoll.* **τοῦ** m. Inf. fin. (A281).
αἰτεῖν Inf. αἰτέω hier τὶ παρά τινος *etwas von jmdm. erbitten* (B), *jmdn.*
um etwas bitten; τοῦ αἰτεῖν ἐλεημοσύνην παρὰ τῶν εἰσπορευομένων
εἰς τὸ ἱερόν *damit er (dort) die Besucher des Tempels um Almosen bitten*
konnte bzw. *dort sollte er bei denen, die in den Tempel gingen, um Almosen betteln*
(Einh.). **ἐλεημοσύνη** *(das) Almosen, milde Gabe* (aus Barmherzigkeit gege-
bene Spende). **εἰσ-πορευομένων** Ptz. -πορεύομαι *hineingehen, -kom-*
3 *men;* subst. **3 ὅς** *dieser/er* (rel. Anschluß, A364a). **ἰδών** Aor. Ptz. ὁράω,
temp. **μέλλοντας** Ptz. μέλλω hier *im Begriff stehen, eben dabei sein* etwas
zu tun (B 1cα); AcP (A300); ὃς ἰδὼν Πέτρον καὶ Ἰωάννην μέλλοντας
εἰσιέναι εἰς τὸ ἱερόν *als er sah, wie Petrus und Johannes eben dabei waren, in*
den Tempel hineinzugehen bzw. (einfach) *als er Petrus und Johannes in den*
Tempel gehen sah. **εἰσ-ιέναι** Inf. εἴσ-ειμι (εἶμι) (A32) *hineingehen.* **ἠρώ-**
τα Ipf. ἐρωτάω, Ipf. wohl iter. (A237b); ἠρώτα ἐλεημοσύνην λαβεῖν *er*
bat darum, ein Almosen empfangen zu dürfen (vgl. BDR §409[7]) = *er bat sie um*
4 *ein Almosen/um eine Gabe.* **λαβεῖν** Aor. Inf. λαμβάνω. **4 ἀτενίσας**
Aor. Ptz. ἀτενίζω (vgl. A33[91ff]) *gespannt hinsehen* εἰς *auf;* temp. (A291,1
Anm. 1); ἀτενίσας δὲ Πέτρος εἰς αὐτὸν σὺν τῷ Ἰωάννῃ εἶπεν *da sah*
Petrus samt Johannes ihn scharf an und sagte (Menge) od. *Petrus und Johannes*
blickten ihn an, und Petrus sagte (Einh.). **βλέψον** Aor. Imp. βλέπω hier m.
5 εἴς τινα *jmdn. ansehen* (vgl. B 3). **5 ὁ δέ** *(und) dieser/er* (A102). **ἐπ-εῖχεν**
Ipf. -έχω tr. *festhalten;* hier intr. m. Dat. *sein Augenmerk auf jmdn. richten*
(B 2a), *jmdn. aufmerksam anblicken* (Menge). **προσ-δοκῶν** Ptz. -δοκάω

erwarten, warten auf; mod. *in der Erwartung* od. *und erwartete.* **6 ἀργύριον** 6
Silber; Silbergeld, Geld. **χρυσίον** *Gold;* ἀργύριον καὶ χρυσίον *„Gold und
Silber" = Geld.* **ὑπάρχει μοι** (dat. commodi/poss., A173b) *mir steht zur Ver-
fügung* (B ὑπάρχω 1), *ich besitze/habe.* **Ναζωραῖος** (im NT offenbar als
Synonym zu Ναζαρηνός gebraucht [EWNT 2, Sp. 1119], daher:) *Nazarener,
aus Nazaret (kommend);* ἐν τῷ ὀνόματι Ἰησοῦ Χριστοῦ τοῦ Ναζωραί-
ου *im Namen* (d.h. im Auftrag/kraft der Vollmacht) *Jesu Christi/des Messias aus
Nazaret* (erg. gedankl. *fordere ich dich auf*). **ἔγειρε** Imp. (vgl. A266a). **περι-
πάτει** Imp. -πατέω. **7 πιάσας** Aor. Ptz. πιάζω (vgl. A33[91ff]) *halten,* 7
fassen, ergreifen; hier τινὰ τῆς δεξιᾶς χειρός *jmdn. bei der rechten Hand
fassen;* temp. (A291,1 Anm. 1). **ἤγειρεν** Aor. ἐγείρω hier *aufrichten*
(B 1aβ), *aufhelfen* (GNB). **παρα-χρῆμα** *sofort, sogleich.* **ἐ-στε-
ρεώθησαν** Aor. Pass. στερεόω *stark machen, festigen;* Pass. hier
stark/kräftig/fest werden (B 1/Menge), *erstarken* (GNB). **βάσις**[8] *Fuß.* **σφυ-
δρόν** (klass. σφυρόν [BDR §34,6]. so Var.) *Knöchel* (Einh. [etwas freier]:
Gelenk]). **8 ἐξ-αλλόμενος** Ptz. -άλλομαι *aufspringen;* temp. (A291,1 8
Anm. 1). **ἔ-στη** Wz.-Aor. ἵσταμαι hier *(fest) hintreten* (B II1e), *stehen
können* (Menge). **περι-ε-πάτει** Ipf. **εἰσ-ῆλθεν** Aor. -έρχομαι. **περι-
πατῶν** Ptz. -πατέω, mod. **ἀλλόμενος** Ptz. ἅλλομαι *springen;* mod.
αἰνῶν Ptz. αἰνέω *loben, preisen;* mod. **9 πᾶς ὁ λαός** hier etwa *alle* 9
Leute/Menschen. **περι-πατοῦντα** Ptz., AcP (A300). **αἰνοῦντα** Ptz., AcP
(A300). **10 ἐπ-ε-γίνωσκον** Ipf. ἐπι-γινώσκω; ἐπεγίνωσκον δὲ αὐ- 10
τὸν ὅτι αὐτὸς ἦν ὁ ... (Prolepsis; A373; BDR §408[4]/476,1) *sie erkann-
ten/merkten auch, daß er der war, der ...* bzw. *sie erkannten ihn als den, der ...*
(Einh.). **ἦν** Ipf. εἰμί. **καθήμενος** Ptz. κάθημαι, subst.; ὁ πρὸς τὴν
ἐλεημοσύνην καθήμενος ἐπὶ τῇ ὡραίᾳ πύλῃ τοῦ ἱεροῦ *der, der sonst
als Bettler* (wörtl. *für Almosen) am* (B ἐπί II1aδ) *„Schönen Tor" des Tempels ge-
sessen hatte.* **πύλη** *Tor, Tür;* ἡ ὡραία πύλη *das „Schöne Tor"* (vgl. V. 2 zu
λεγομένην). **ἐ-πλήσθησαν** Aor. Pass. πίμπλημι[207] *erfüllen, vollma-
chen* τινός *mit etwas* (A165); καὶ ἐπλήσθησαν θάμβους καὶ ἐκστά-
σεως ἐπί ... *und sie waren* (wörtl. *wurden*) *voll Staunen und Entsetzen/Verwun-
derung über ...* od. *sie staunten und waren ganz außer sich über ...* (GNB). **θάμ-
βος**[7] *Staunen, Schrecken.* **ἔκ-στασις**[8] (< ἐξίσταμαι außer sich geraten)
Entsetzen, Verwirrung, große Erregung. **ἐπί** m. Dat. (zweites) kaus. *über, wegen*
(B II1bγ; A194). **συμ-βε-βηκότι** Pf. (A231) Ptz. Ntr. -βαίνω[139] *zustoßen,
begegnen;* subst.; ἐπὶ τῷ συμβεβηκότι αὐτῷ *über das, was mit ihm gesche-
hen war.*

11 κρατοῦντος Ptz. κρατέω hier m. τινά *jmdn. festhalten* (mit der 11
Hand, so daß er nicht weggehen kann) (B 2a), wohl aber eher übertr. *sich
fest/eng an jmdn. halten, nicht von jmdm. weichen* (Albrecht); gen. abs. (A288),
kaus. **συν-έ-δραμεν** Aor. -τρέχω[196] (an einem Ort) *zusammenlaufen,* m.

πρός τινα (an einem Ort) *zu* (Einh.: *bei*) *jmdm. zusammenströmen* (Menge)
bzw. *sich um jmdn. scharen.* **στοά** *Säulenhalle;* ἐπὶ τῇ στοᾷ τῇ καλουμέ-
νῃ Σολομῶντος *in* (B ἐπί III1aα; Menge: *bei*) *der sogenannten „Säulenhalle
Salomos";* gemeint ist eine Säulenhalle, die sich auf der Innenseite der östl. Au-
ßenmauer des Tempelkomplexes befand u. die man auf Salomo zurückführte
(Josephus, Antiquitates 20.221; Bellum Judaicum 5.185; EWNT 3, Sp. 615); sie
sollte zu einem öffentl. Versammlungsort der Jerusalemer Christen werden
(5,12; noch im Dezember davor hatte sich Jesus hier aufgehalten [Jh 10,23]).
καλουμένῃ Ptz. Pass. καλέω Pass. hier *heißen* (B 1aγ); attr. **Σολομών**[4]
ῶνος ὁ *Salomo,* Sohn Davids, König Israels. **ἔκ-θαμβος**[11] *außer sich vor
Staunen/Schrecken;* ... συνέδραμεν πᾶς ὁ λαός ... ἔκθαμβοι (Artangabe
zum Subj. [A65; vgl. BDR §243[1]]; Pl. sinngemäße Konstruktion [A96]) ...
12 *strömte die ganze Volksmenge ... zusammen, außer sich vor Staunen.* **12 ἰδών**
V. 3; temp.; erg. τοῦτο/ταῦτα (A79). **ἀπ-ε-κρίνατο** Aor. Med. (wie klass.
[BDR §78[3]]) ἀπο-κρίνομαι hier nicht *antworten* (es wird auf keine
[genannte] Äußerung reagiert [vgl. B 2; es liegt wohl nicht der bei Zerwick §366
erwähnte Sem. vor]), sondern m. πρός τινα *das Wort an jmdn. richten, sich an
jmdn. wenden.* **Ἰσραηλίτης**[1] *Israelit;* ἄνδρες (klass. Idiom [BDR §242;
H-S §260j]) Ἰσραηλῖται Vok. *ihr Männer/Leute von Israel* bzw. (einfach) *Is-
raeliten.* **τί** (zweimal) adv. *was/warum?* (vgl. B τίς 3a; A134a). **ἐπὶ τούτῳ**
(Mask./Ntr.) *über* (V. 10) *diesen Mann* (Menge) od. *darüber.* **ἀτενίζω** V. 4,
hier m. Dat. *anstarren* (ZG); ἡμῖν τί (= τί ἡμῖν: Pron. durch Voranstellung
hervorgehoben [vgl. BDR §475,1b; vgl. auch §476[3]]) ἀτενίζετε *was starrt ihr
uns so an* (GNB). **εὐ-σέβεια** *Frömmigkeit, Gottesfurcht* (bes. auch im Sinn v.
wahrer Gottesverehrung); ἰδίᾳ δυνάμει ἢ εὐσεβείᾳ dat. instr. (A176)
durch eigene/aus eigener Kraft oder Frömmigkeit. **πε-ποιηκόσιν** Pf. (A231)
Ptz. ποιέω hier m. AcI *bewirken* (GNB: *erreichen*), *daß* jmd. etwas tut (B I1bθ);
part. coni. zu ἡμῖν (H-S §230c; A287), mod. (m. ὡς: vorgestellter Vergleich
[BDR §425[3]; A291,2]); ὡς ... πεποιηκόσιν τοῦ περιπατεῖν αὐτόν *als
hätten wir ... bewirkt/erreicht, daß er* (GNB: *der Mann hier*) *gehen kann;* impliziert
ist hier: *nicht wir haben das bewirkt* (vgl. GNB: *denkt nur nicht, wir hätten ... er-
reicht*). **τοῦ** hier pleon. vor AcI (AkkO zu ποιέω [vgl. BDR §392[6]; vgl.
13 A281]). **περι-πατεῖν** Inf. -πατέω. **13 Ἀβραάμ** indekl., hier Gen.
Ἰσαάκ indekl., hier Gen., *Isaak,* Abrahams Sohn. **Ἰακώβ** indekl., hier
Gen., *Jakob,* Isaaks Sohn, Stammvater Israels; ὁ θεὸς Ἀβραὰμ καὶ ὁ θεὸς
Ἰσαὰκ καὶ ὁ θεὸς Ἰακώβ, ὁ θεὸς τῶν πατέρων ἡμῶν da ja nur von
einem Gott die Rede ist (das καὶ [A311,7] ὁ θεός ist App. [A70]: *das heißt der
Gott* [vgl. Ex 3,6.15; 4,5]) u. eine formgetreue Wiedergabe mißverständl. wäre,
übers. etwa *der Gott unserer Vorfahren, der Gott Abrahams, Isaaks und Jakobs*
(GNB). **ἐ-δόξασεν** Aor. δοξάζω hier *verherrlichen,* wahrscheinl. im Sinn v.
jmds. *Herrlichkeit/Erhabenheit herausstellen/sichtbar machen* (hier wohl durch

das Heilungswunder, viell. durch seine Auferstehung). **παῖς**[3] παιδός *Kind* (ὁ
Junge; ἡ *Mädchen*); hier *Diener, Sklave, Knecht;* m. ἐδόξασεν τὸν παῖδα
αὐτοῦ Ἰησοῦν Gott *hat seinen Knecht Jesus* (GNB: *Jesus, seinen Bevollmäch-*
tigten) *verherrlicht* wird auf Jes 52,13 angespielt (LXX ... ὁ παῖς μου καὶ
ὑψωθήσεται καὶ δοξασθήσεται σφόδρα *mein Knecht ... und er wird er-*
höht und über die Maßen verherrlicht werden); dadurch (s.a. V. 26 sowie 4,27.30)
wird Jesus gleichgesetzt m. dem (idealen) v. Gott erwählten, m. seinem Geist
ausgerüsteten, weltweit siegreichen u. Heil schaffenden „Knecht" („Ebed-
Jahwe" [עֶבֶד יהוה *ᶜéḇeḏ jhwh*] = „Knecht Jahwes"), der zunächst für andere
leidet u. dann verherrlicht wird (Jes 42,1-9; 49,1-13; 50,4-11; 51,16; 52,13-53,12;
vgl. auch zu Mt 3,17). **ὑμεῖς** (hier u. V. 14) Subj. betont (A122). **μέν** hier
ohne das gewöhnl. zu erwartende δέ, der Gegensatz kommt aber durch den gen.
abs. κρίναντος ἐκείνου zum Ausdruck (BDR §447[15]; vgl. A315,2). **παρ-ε-**
δώκατε Aor. παρα-δίδωμι hier *ausliefern* (term. tech. der Polizei- u. Ge-
richtssprache; B 1b), wobei gedankl. *den Gerichtsbehörden, den Heiden* (Menge)
o.ä. zu erg. ist. **ἠρνήσασθε** Aor. Med. ἀρνέομαι *leugnen; verleugnen* (hier
im Sinn v. *ablehnen* [im Ggs. zu *sich bekennen zu*] bzw. *sich lossagen von* [B 3a]).
κατὰ πρόσωπον hebr. = πρό (A186). **κρίναντος** Aor. Ptz. κρίνω hier
entscheiden, beschließen, sich vornehmen (B 3); gen. abs. (A288), temp./konz.;
κρίναντος ἐκείνου ἀπολύειν *als/obwohl dieser entschieden hatte* (od. *sich*
vorgenommen hatte), *ihn* (A79) *freizulassen;* zur Sache vgl. Lk 23,16. **ἀπο-λύ-**
ειν Inf. **14 ὑμεῖς δὲ τὸν ἅγιον καὶ δίκαιον ἠρνήσασθε** *da habt* 14
ihr den Heiligen und Gerechten verleugnet/abgelehnt; gewöhnl. sieht man in ὁ
ἅγιος καὶ δίκαιος allgem. bekannte messianische Titel (Bruce, Apg, S. 141;
Pesch 1, Apg, S. 153); es ist jedoch nicht sicher, ob die jüd. Zuhörer den Aus-
druck so verstanden; ὁ ἅγιος war zwar für Christen wohl ein messianischer
Titel (vgl. Apk 3,7 u. [viell.] 1Jh 2,20); hier soll der Ausdruck aber viell. einfach
die bes. Zugehörigkeit Jesu zu Gott betonen (vgl. Lk 1,35; Apg 4,27.30); analog
hebt δίκαιος (vgl. 7,52; 22,14; 1Jh 2,1) hier wohl in erster Linie die moralische
Rechtschaffenheit Jesu hervor, wobei es viell. gleichzeitig darum geht, Jesus m.
dem bes. „Gerechten" (dem Gottesknecht) v. Jes 53,11 gleichzusetzen (vgl.
Marshall, Apg, S. 91) [Var. ἐ-βαρύνατε Aor. βαρύνω *beschweren, plagen,*
quälen]. **ᾐτήσασθε** Aor. Med. αἰτέω hier m. AcI. **ἀνήρ** hier pleon. (BDR
§242[1]; H-S §260j). **φονεύς**[8] *Mörder;* ἄνδρα φονέα Subj. des AcI.
χαρισθῆναι Aor. Inf. Pass. χαρίζομαι[101] *(großzügig* bzw. *aus Gnaden)*
schenken; hier etwa *freigeben* (vgl. B 1); Präd. des AcI; καὶ ᾐτήσασθε ἄνδρα
φονέα χαρισθῆναι ὑμῖν *und habt verlangt, daß euch ein Mörder freigegeben*
werde od. *und habt die Freigabe* (Menge: *Begnadigung*) *eines Mörders verlangt.*
15 ἀρχ-ηγός *Anführer, Herrscher; Urheber, Begründer;* ὁ ἀρχηγὸς τῆς 15
ζωῆς *der Urheber des Lebens* (GN: *der, der das Leben gebracht hat*) od. (m. Gen.
der Richtung [A162; vgl. Heb 2,10]) *der Anführer ins Leben* (EWNT 1, Sp. 393;

freier [vgl. TEV2]: *der, der zum Leben führt*), nach anderen *der Fürst/Herrscher
des Lebens* (B 1; vgl. LXX-Gebrauch). **ἀπ-ε-κτείνατε** Aor. ἀπο-κτείνω.
ὅν am besten *diesen/ihn* (vgl. A364a). **ἤγειρεν** Aor. ἐγείρω. **οὗ** *wofür/dafür*
(vgl. A364a): bezieht sich auf die Aussage des vorausgehenden Satzes (H-S
16 §289b). **μάρτυς** υρος ὁ *Zeuge.* **16 ἐπί** m. Dat. hier *auf Grund von*
(B II1bγ); ἐπὶ τῇ πίστει τοῦ ὀνόματος (gen. obi., A158) αὐτοῦ *auf
Grund des Glaubens an seinen Namen* (= an den Namen Jesus, d.h. an ihn).
ἐ-στερέωσεν Aor. στερεόω V. 7. **τὸ ὄνομα αὐτοῦ** Subj. zu ἐστε-
ρέωσεν. **ἡ πίστις ἡ δι᾽ αὐτοῦ** *der durch ihn* (d.h. wohl durch Jesus)
gewirkte Glauben; Subj. zu ἔδωκεν. **ἔ-δωκεν** Aor. δίδωμι. **ὁλο-κληρία**
Vollständigkeit, Unversehrtheit (aller Teile), hier *vollkommene Gesundheit.* **ἀπ-
έναντι** uneig. Präp. (A183) *gegenüber von, vor; gegen;* ἀπέναντι πάντων
ὑμῶν *vor euch allen, vor euer aller Augen;* καὶ ἐπὶ τῇ πίστει τοῦ ὀνόμα-
τος αὐτοῦ τοῦτον ὃν θεωρεῖτε καὶ οἴδατε, ἐστερέωσεν τὸ ὄνομα
αὐτοῦ, καὶ ἡ πίστις ἡ δι᾽ αὐτοῦ ἔδωκεν αὐτῷ τὴν ὁλοκληρίαν
ταύτην ἀπέναντι πάντων ὑμῶν dieser etwas umständl. aufgebaute
Doppelsatz (bestehend in einer Art synonymem Parallelismus [H-S §294aa])
läßt sich etwa wie folgt übersetzen: *und auf Grund des Glaubens* (= seines [viell.
unseres] Glaubens) *an seinen Namen hat dieser Name den Mann hier, den ihr seht
und kennt, zu Kräften gebracht; der durch ihn gewirkte Glaube hat ihm vor euer
aller Augen die volle Gesundheit geschenkt* od. (freier, aber sinngetreu) *das Ver-
trauen auf diesen Jesus hat dem Mann, der hier steht und den ihr alle kennt, Kraft
gegeben. Der Name von Jesus hat in ihm Glauben geweckt und ihm die volle
17 Gesundheit geschenkt, die ihr an ihm seht* (GNB). **17 καὶ νῦν** *(und) nun*
(Partikel, die eine als wichtig erachtete Aussage einleitet u. den Übergang zu
einem neuen Redeabschnitt signalisiert [vgl. auch BDR §442^{26}]). **ἀδελφοί**
Vok. *(liebe) Brüder/Geschwister.* **ἄ-γνοια** *Unwissenheit, Unkenntnis;* κατὰ
ἄγνοιαν *unwissentlich* (A195), *aus Unwissenheit* (B 1). **ἐ-πράξατε** Aor.
πράσσω^{78} *tun, handeln;* erg. gedankl. ein *so.* **ὥσ-περ** (A352) *geradeso wie,
gleichwie;* ὥσπερ καί *wie auch.* **ἄρχων**^{5} οντος ὁ *Herrscher;* Pl. *die* (hier die
jüd.) *Behörden* (hier wie öfter v. den Mitgliedern des Synedriums; B 2a), *die*
18 *Führer.* **18 ἅ** = ταῦτα (AkkO v. ἐπλήρωσεν) ἅ (vgl. A358). **προ-κατ-
ήγγειλεν** Aor. -αγγέλλω^{110} *zuvor verkünden, vorher ankündigen;* Aor. Ind.
bez. hier Vorvergangenheit (vgl. H-S §199n; A224). **διὰ στόματος πάν-
των τῶν προφητῶν** *durch den* (A106a) *Mund aller Propheten* (viell. ist hier
[wie in Lk 24,25] die Gesamtheit der Schrift – m. bes. Betonung ihres propheti-
schen Charakters – gemeint [vgl. B προφήτης 1]); zu denken ist bes. an Jes
52,13-53,12 (s.o. V. 13; 8,32ff), aber auch an größere typologische Zusammen-
hänge (vgl. zu Mt 26,24). **παθεῖν** Aor. Inf. πάσχω epegexetischer Inf. bzw.
(hier) AcI (erklärt das gedankl. zu ergänzende ταῦτα [BDR §394^{2}; A279]);
παθεῖν τὸν χριστὸν αὐτοῦ *daß nämlich sein Gesalbter* (= der Messias)

leiden werde (zum nachzeitigen Inf. Aor. vgl. A274; BDR §350[3]). **ἐ-πλήρω-σεν** Aor. πληρόω. **οὕτως** *auf diese Weise* (= durch das, was ihr getan habt).
19 μετα-νοήσατε Aor. Imp. -νοέω *seinen Sinn ändern, Reue empfinden,* 19
umkehren. **ἐπι-στρέψατε** Aor. Imp. -στρέφω[47] hier intr. *umkehren, zurückkehren* (hier im Sinn v. „zu Gott zurückkehren", „sich bekehren"; B 1bβ); ἐπιστρέψατε *bekehrt euch* bzw. *wendet euch Gott zu* (GN). **εἰς τό** m. AcI fin. (A282). **ἐξ-αλειφθῆναι** Aor. Inf. Pass. -αλείφω[40] *abwischen; auslöschen;* übertr. *(ver)tilgen, vernichten, beseitigen,* auch *aus dem Gedächtnis tilgen* = *vergessen* (vgl. LSJ II), hier (wie auch im AT [z.B. Ps 51,3.11; Jes 43,25]) v. der göttl. Vergebung; εἰς τὸ ἐξαλειφθῆναι ὑμῶν τὰς ἁμαρτίας *damit eure Sünden getilgt* (Menge: *vergeben*) *werden* od. (da wohl pass. divinum [A76b]) *damit er* (Gott) *eure Schuld auslöscht/eure Sünden vergibt* (GN; vgl. TEV2).
20 ὅπως ἄν *damit* (ὅπως selten m. ἄν, BDR §369[11]). **ἔλθωσιν** Aor. 20
Konj. ἔρχομαι. **ἀνά-ψυξις**[8] *(das) Aufatmen, Ruhe, Erholung, Erquickung;* καιροὶ ἀναψύξεως *Zeiten des Aufatmens/der Erquickung;* der Ausdruck ist ohne Par.; gewöhnl. sieht man darin eine Bezeichnung für die m. der Parusie anbrechende endgültige Heilszeit (sachl. = χρόνοι ἀποκαταστάσεως πάντων V. 21 [EWNT 1, Sp. 228f]); doch ist wohl eher an die m. der Vergebung kommenden Erquickungszeiten vor der Parusie (während des gegenwärtigen Zeitalters) zu denken (EWNT 2, Sp. 576; vgl. Bock, Lk 2, S. 1682). **ἀπὸ προσώπου** *ausgehend von* (B πρόσωπον 1cα); ὅπως ἂν ἔλθωσιν καιροὶ ἀναψύξεως ἀπὸ προσώπου τοῦ κυρίου *damit vom Herrn ausgehend Zeiten des Aufatmens/der Erquickung kommen* = *damit* (od. im Anschluß an das „damit" v. εἰς τό: *und*) *der Herr Zeiten des Aufatmens/der Erquickung kommen läßt.* **ἀπο-στείλῃ** Aor. Konj. -στέλλω; καὶ ἀποστείλῃ ... *und (damit) er* (erg. wohl gedankl. etwa *zur vorgesehenen Zeit*) ... *sendet;* zieml. sicher ein Hinweis auf die Parusie. **προ-κε-χειρισμένον** Pf. (A231) Ptz. Pass. -χειρίζομαι (vgl. A33[91ff]) *erwählen, bestimmen,* m. doppeltem Akk. (A97,15) *jmdn. zu etwas bestimmen* (die lexikalische Bdtg. dieses Wortes ist wahrscheinl. ohne temp. Element [also nicht *vorherbestimmen*]; daß Petrus/Lukas es hier dennoch so gebraucht hat, ist zwar mögl., aber nicht nachweisbar); attr.; τὸν προκεχειρισμένον ὑμῖν χριστὸν Ἰησοῦν *den für euch bestimmten Messias,* (näml.) *Jesus* (Ἰησοῦν App. [A70]) od. *den für euch zum Messias bestimmten Jesus* bzw. (anders ausgedrückt) *Jesus, der für euch zum Gesalbten/Messias bestimmt ist* (Ἰησοῦν AkkO). **ὑμῖν** best. προκεχειρισμένον (als dat. commodi [A173]; vgl. B προχειρίζω), evtl. ἀποστείλῃ (als DatO [vgl. B ἀποστέλλω
1bα]) näher. **21 ὅν** AkkO zu δέξασθαι (AcI ist m. ὅν verschränkt; A364b), 21
übers. *diesen/ihn.* **δεῖ** hier v. der göttl. Bestimmung (B 1). **οὐρανόν** Subj. des AcI; auch ohne Art. best. (BDR §253,3; vgl. H-S §133b). **μέν** solitarium (ohne entsprechendes δέ; unklass. [A315,2]), hier viell. *allerdings* (Menge), *freilich,* od. unübersetzt lassen. **δέξασθαι** Aor. Inf. Med. δέχομαι; Präd. des

AcI, abhängig v. δεῖ; ὃν δεῖ οὐρανὸν μὲν δέξασθαι *diesen muß allerdings der Himmel aufnehmen* od. (freier, aber sinngetreu) *nach Gottes Plan nimmt er seinen Platz im Himmel ein.* **ἀπο-κατά-στασις**[8] (< ἀπο-καθ-ίστημι in den richtigen Zustand versetzen, wiederherstellen [vgl. 1,6]) *Wiederherstellung* (daneben offenbar gelegentl. ohne Bdtgs.-Element „wieder" im Sinn v. *Errichtung, Verwirklichung, Erfüllung*). **ὧν** = ἅ (Attraktion des Rel.-Pron., A361c), bezogen auf πάντων (kaum = οὕς, bezogen auf χρόνων). **ἐ-λάλησεν** Aor. λαλέω hier *ankündigen;* ἄχρι χρόνων ἀποκαταστάσεως (auch ohne Art. best. [A106]) πάντων ὧν ἐλάλησεν ὁ θεός ... *bis zu den Zeiten der Wiederherstellung* (viell. [aber lexikalisch weniger gut begründet] *der Verwirklichung/Erfüllung*) *all dessen, was Gott ... angekündigt hat;* zu diesem m. der Parusie zu erwartenden Geschehen (vgl. παλιγγενεσία [eschatologische] *Wiedergeburt [der Welt]* in Mt 19,28) ist u.a. zweifellos die Erneuerung der Schöpfungsordnung (vgl. Röm 8,18ff) bzw. die Schaffung eines neuen Himmels und einer neuen Erde (vgl. 2Pt 3,10-13; Apk 21,1ff; Jes 65,17ff; 66,22) zu zählen. **ἀπ' αἰῶνος** *von der Urzeit her* (Menge), *seit Menschengedenken, von jeher;* an sich Attr. zu προφητῶν, doch v. den meisten inhaltl. auf ἐλάλησεν bezogen; διὰ στόματος (V. 18) τῶν ἁγίων ἀπ' αἰῶνος αὐτοῦ προφητῶν *durch den Mund seiner heiligen, seit Menschengedenken/von jeher (lebenden/wirkenden) Propheten* meist im Sinn v. *von jeher durch den Mund seiner heiligen Pro-*
22 *pheten* gedeutet. **22 μέν** V. 21, od. μέν ... καὶ δέ (V. 24) *(zwar) ... aber auch* bzw. *(einerseits) ... (andererseits) auch;* Μωϋσῆς μὲν εἶπεν *Mose hat ja/schon gesagt* od. *so hat Mose gesagt* (Wilckens); das flgd. Zitat setzt sich aus Teilen v. Dt 18,15-19 (erg. durch eine Formulierung aus Lev 23,29) zusammen, einem Abschnitt, in dem Mose Israel u.a. vor okkulten Methoden der Gottesbefragung warnt; Gott werde einen Propheten senden, der wie Mose Gottes Willen erfahren u. verbindl. verkünden werde; zwar traten darauf in der Geschichte Israels bei vielen verschiedenen Gelegenheiten v. Gott beauftragte Propheten auf; das auf Grund v. Dt 18 zu Erwartende wurde in diesen aber offensichtl. nur teilweise erfüllt; daher rechnete man offenbar noch m. dem Kommen eines idealen, Dt 18 voll entsprechenden Propheten (vgl. Jh 1,21.25; 7,40; Qumran: Testimonia [4 QTest 5-8], vgl. Gemeinschaftsregel [1 QS 9,11]; vgl. zu Mt 17,3); u. dieser – so in der Rede des Petrus implizit vorausgesetzt – ist nun gekommen: in Jesus von Nazaret – auf das, was er sagt, gilt es unbedingt zu hören (Marshall, Apg, S. 94f). **ὅτι** recitativum = Doppelpunkt (A333). **ὑμῖν** dat. commodi (A173) *(für) euch* (d.h. um zu euch zu reden). **ἀνα-στήσει** Fut. ἀν-ίστημι hier übertr. *auftreten* (herkömml. *erstehen*) *lassen* (vgl. B 1b); προφήτην ὑμῖν ἀναστήσει κύριος ... ἐκ τῶν ἀδελφῶν ὑμῶν *einen Propheten wird der Herr ... für euch aus der Mitte eurer Brüder/aus eurer Mitte erstehen/auftreten lassen* od. (freier) *der Herr ... wird euch einen Propheten senden ... aus eurer Mitte wird er ihn berufen* (GN). **ἀδελφός** hier v. Angehörigen desselben Volkes (B 3); ἐκ

τῶν ἀδελφῶν ὑμῶν *aus dem Kreis/der Mitte eurer Brüder = aus eurer Mitte* (GN). **ὡς ἐμέ** ist App. (vgl. A70) zu προφήτην: *(einen) wie mich = wie ich einer bin* (H-S §260i; vgl. B ὡς II3b), viell. Mod. (Komparativsatz [A352] m. Ellipse des Präd. [vgl. B ὡς I2a]) zu ἀναστήσει: *wie mich = wie er mich hat auftreten lassen* bzw. *wie er es mit mir getan hat.* **ἀκούσεσθε** Fut. Med. (wie klass. [BDR §77[2]]) ἀκούω hier m. Gen. (H-S §167a Anm. 1) *jmdm. Gehör schenken, jmdm. gehorchen* (B 4), *hören auf;* Fut. bez. hier ein striktes Gebot (Hebr.; A247d). **ὅσα ἄν** (A132; 371) *wie viele Dinge auch immer = alles, was;* κατὰ πάντα ὅσα ἄν *in bezug auf alles, was* (vgl. B πᾶς 1eγ) bzw. *in allem, was.* **λαλήσῃ** Aor. Konj. λαλέω. **23 ἔσται** Fut. εἰμί; ἔσται δέ = καὶ 23
ἔσται (nach unserem Empfinden redundant, daher am besten unübersetzt lassen) + Umstandsbestimmung (hier Zeitangabe, V. 21 Ausdruck m. kond. Nebensinn [vgl. A371]) + finites Verb: Hebr. (B I4; fut. Gegenstück zu καὶ ἐγένετο [vgl. A271]). **πᾶσα ψυχή** hier *jede Person* (vgl. 2,41) bzw. *jedermann* (vgl. B ψυχή 2). **ὅσ-τις ἐάν** (A132; 371) *welcher/der (auch immer)* bzw. *jeder, der* (B ὅστις 1eβ); πᾶσα ψυχὴ ἥτις ἐὰν μή *jede Person, welche (auch immer) nicht* bzw. *wer nicht.* **ἀκούσῃ** Aor. Konj. V. 22. **ἐξ-ολεθρευθήσεται** Fut. Pass. -ολεθρεύω *ausrotten, umbringen;* Pass. m. ἐκ τοῦ λαοῦ *aus dem Volk ausgerottet/ausgemerzt werden,* d.h. wahrscheinl. *aus dem Volk Gottes ausgestoßen und umgebracht werden* (vgl. TEV2; manche möchten in der hier bezeichneten Strafe ledigl. eine bes. starke Form der Ächtung [also ohne Hinrichtung] sehen [vgl. GNB; LN 20.35]). **24 καί ... δέ** *und* 24
auch bzw. *aber auch* (B δέ 4b; BDR §447[6]; doch s.a. zu μέν V. 22). **Σαμουήλ** indekl., hier Gen., *Samuel,* atl. Prophet (1Sam 1ff). **καθ-εξῆς** *der Reihe nach* (v. zeitl., räuml. bzw. logischer Folge); οἱ καθεξῆς *die Nachfolger* (B; A105); καὶ πάντες δὲ οἱ προφῆται ἀπὸ Σαμουὴλ καὶ τῶν καθεξῆς ὅσοι ἐλάλησαν καὶ κατήγγειλαν τὰς ἡμέρας ταύτας *aber auch alle anderen* (A376a) *Propheten, von Samuel und seinen* (A103) *Nachfolgern an alle, die geredet haben* (bzw. *die aufgetreten sind*), *haben diese (jetzigen) Tage ebenfalls angekündigt;* dieser grammatisch schwierige Satz läßt sich etwa wie folgt deuten (vgl. Winer, S. 588; Zorell 1 [inkongruentes τῶν καθεξῆς = οἱ καθεξῆς]): *auch alle anderen Propheten, Samuel* (als erster von ihnen) *und die, die folgten, sämtliche, die aufgetreten sind, haben ebenfalls diese jetzigen Tage angekündigt* od. (freier) *auch was Samuel und alle späteren Propheten angekündigt haben, hat sich in unserer Zeit erfüllt* (GN); zu denken ist dabei u.a. (vgl. etwa 2,16) wohl an die David u. seine Dynastie betreffenden (typologisch verstandenen) Aussagen u. Zusammenhänge, bei denen es letztl. um den Messias, um Jesus v. Nazaret geht (vgl. 1,21; 2,25.29ff; vgl. a. zu Mt 1,1). **ἐ-λάλησαν** Aor. λαλέω hier *reden* im Sinn v. (als Prophet) *auftreten* (Menge). **καί** (drittes) *auch, ebenfalls.* **κατ-ήγγειλαν** Aor. -αγγέλλω[110] *verkünden,* hier *ankündigen* (Menge). **τὰς ἡμέρας ταύτας** *diese (jetzigen) Tage* (Demonstrativum weist in die

25 außersprachl. Situation) bzw. *diese jetzige Zeit* (vgl. ἡμέρα 4b). **25 υἱός** hier übertr. (als Hebr.) v. einer engen Beziehung zu Personen u. (noch weiter vom wörtl. Sinn entfernt) zu einer Sache (A157); ὑμεῖς (A122) ἐστε οἱ υἱοὶ τῶν προφητῶν καὶ τῆς διαθήκης (vgl. Ez 30,5; Psalmen Salomos 17,15) *ihr seid „die Söhne der Propheten und des Bundes"* wohl etwa = *ihr seid die Erben der Propheten und des Bundes* bzw. *euch gelten die Worte der Propheten, und ihr habt Anteil an dem Bund* (vgl. TEV2). **δια-θήκη** *Testament;* im NT meist: *Heilsverfügung, -setzung, Bund.* **ἧς** = ἥν (Attraktion des Rel.-Pron., A360). **δι-έθετο** Aor. Med. δια-τίθεμαι[200] *verfügen, anordnen, bestimmen, erlassen* bzw. *(einen Bund) schließen;* hier m. πρός τινα *für jmdn.* (verfügen) bzw. *mit jmdm.* (schließen). **πατήρ** V. 13. **λέγων** Ptz., temp. **Ἀβραάμ** indekl., hier Akk.; der flgd. Satz ist ein relativ freies Zitat aus Gen 12,3; 18,18; 22,18. **ἐν** instr. *durch;* ἐν τῷ σπέρματί σου *durch deine Nachkommenschaft,* d.h. *durch deine Nachkommen* od. *durch einen deiner Nachkommen* (vgl. Menge; σπέρμα ist [wie etwa das deutsche „Wild"] Individuativum u. Kollektivum zugleich: es bez. [im Sg.] entweder ein einzelnes od. eine Vielzahl v. Individuen); zur Sache s. zu Mt 1,1. **ἐν-ευλογηθήσονται** Fut. Pass. -ευλογέω *segnen* [Var. ohne ἐν- synonym]. **πατριά** *Geschlecht, Familienstamm; Volksstamm, Volk;* πᾶσαι αἱ πατριαὶ τῆς γῆς *alle Geschlechter/Volksstämme der Erde.*
26 **26 ὑμῖν** best. ἀναστήσας (als dat. commodi [A173; vgl. V. 22) od. ἀποστείλῃ (als DatO [vgl. V. 20]) näher. **ἀνα-στήσας** Aor. Ptz. ἀν-ίστημι hier wohl wie in V. 22 verwendet, viell. im Sinn v. *auferwecken* (B 1a); temp. (A291,1 Anm. 1). **παῖς** V. 13. **ἀπ-έ-στειλεν** Aor. ἀπο-στέλλω. **εὐλογοῦντα** Ptz. -λογέω, part. coni. zu αὐτόν (H-S §230c; A287), fin. (Präs. statt klass. Fut. [H-S §206i; vgl. A291,6]); ὑμῖν πρῶτον ἀναστήσας ὁ θεὸς τὸν παῖδα αὐτοῦ ἀπέστειλεν αὐτὸν εὐλογοῦντα ὑμᾶς etwa *für euch zuerst hat Gott seinen Knecht* (bzw. *seinen bevollmächtigten Diener* [vgl. V. 13]) *auftreten lassen* (od. *vom Tod erweckt*) *und hat ihn gesandt, damit er euch segnet* od. *zu euch zuerst hat Gott seinen Knecht* (bzw. *seinen bevollmächtigten Diener*) *gesandt, nachdem er ihn vom Tod erweckt hat, damit er euch segnet.* **ἐν τῷ** m. Inf./AcI hier mod. (A282) *indem* od. *dadurch, daß.* **ἀπο-στρέφειν** Inf. -στρέφω tr. jmdn. *abwenden, abkehren* (v. früheren Überzeugungen/Verhaltensweisen); intr. *sich abwenden;* hier intr. od. tr. mögl.; ἐν τῷ ἀποστρέφειν ἕκαστον ἀπὸ τῶν πονηριῶν ὑμῶν intr. (AcI; ἕκαστον Subj.): *dadurch, daß sich jeder (von euch) von seiner Bosheit/seinen verkehrten Wegen abwendet* (A72; H-S §226a); tr. (Inf.; ἕκαστον AkkO) *indem er euch von eurer Bosheit/euren verkehrten Wegen abwendet/abbringt* (*indem er jeden von seiner/seinen* ... wäre mißverständl.). **πονηρία** *Schlechtigkeit, Bosheit, Sündhaftigkeit;* Pl. v. den verschiedenen Arten u. den einzelnen Äußerungen schlechter Gesinnung (B; vgl. A101c; BDR §142); übers. entweder als Sg. od. etwa *böse Taten* (GNB).

λαλούντων Ptz. λαλέω, gen. abs. (A288), temp.; λαλούντων δὲ **4**
αὐτῶν πρὸς τὸν λαόν *während sie* (d.h. Petrus u. Johannes) *noch zur Menge*
sprachen. **ἐπ-έ-στησαν** Wz.-Aor. ἐφ-ίσταμαι[205] m. Dat. *herantreten an,*
zukommen auf (oft m. dem Nebensinn des Plötzlichen; B 1), *entgegentreten.* **ἱε-**
ρεύς[8] *Priester.* **στρατ-ηγός** eig. „Heerführer“, meist Bezeichnung für ho-
hen Beamten m. mehr od. weniger ausgedehnten Kompetenzen (KP 5,
Sp. 388ff); στρατηγὸς τοῦ ἱεροῦ *Hauptmann/Kommandant der Tempelwache*
(er hatte die Hauptverantwortung für Ruhe u. Ordnung innerhalb u. außerhalb
des Tempels [Schürer 2, S. 277f]). **Σαδδουκαῖος** *Sadduzäer,* Angehöriger
einer politisch einflußreichen religiösen Richtung des Judentums, deren Mit-
glieder aus den vornehmen Familien stammten. **2 δια-πονούμενοι** Ptz. 2
-πονέομαι *unwillig/aufgebracht sein;* kaus. *sie waren nämlich aufgebracht.* **διὰ**
τό m. Inf./AcI kaus. (A282) *weil.* **διδάσκειν** Inf.; erstes Präd. des AcI. **αὐ-**
τούς *sie/die Apostel,* Subj. des AcI. **τὸν λαόν** AkkO. **κατ-αγγέλλειν**
Inf. -αγγέλλω *verkünden;* zweites Präd. des AcI (διδάσκειν u. καταγγέλ-
λειν sind viell. als Hendiadyoin [A378] zu deuten); διὰ τὸ διδάσκειν αὐ-
τοὺς τὸν λαὸν καὶ καταγγέλλειν ἐν τῷ Ἰησοῦ τὴν ἀνάστασιν
τὴν ἐκ νεκρῶν *weil die Apostel dem Volk ihre Lehre vortrugen* (vgl. Menge)
und (dabei) in Jesus (Wilckens: *unter Berufung auf Jesus*) *die Auferstehung der*
Toten verkündeten, d.h. dadurch, daß sie bezeugten, Jesus sei auferstanden, pro-
pagierten sie die (v. den Sadduzäern abgelehnte) Lehre v. der Auferstehung der
Toten (GNB: *weil die Apostel sich herausnahmen, das Volk zu lehren und am Bei-*
spiel von Jesus die Auferstehung der Toten zu verkünden). **3 ἐπ-έ-βαλον** Aor. 3
ἐπι-βάλλω[112] *auf* etwas *werfen/legen;* ἐπιβάλλω τὰς χεῖράς τινι (od. ἐπί
τινα) *jmdn. festnehmen* (vgl. B 1b). **ἔ-θεντο** Aor. Med. τίθημι. **τήρησις**[8]
Gefängnis, Gewahrsam; εἰς τήρησιν τίθεμαι *in Gewahrsam nehmen, ins Ge-*
fängnis sperren. **αὔριον** *morgen* (= tags darauf), ἡ αὔριον (erg. ἡμέρα, vgl.
A88) *der morgige/folgende Tag;* εἰς τὴν αὔριον *bis zum nächsten Tag/Morgen.*
ἦν Ipf. εἰμί. **ἑσπέρα** *Abend.* **4 ἀκουσάντων** Aor. Ptz. ἀκούω, subst.; 4
gen. partitivus (A164); πολλοὶ τῶν ἀκουσάντων ... *viele von denen/viele,*
die ... gehört hatten. **λόγος** hier *Verkündigung* (B 1aβ), *Ansprache* (Menge)
bzw. *Botschaft* od. *„Wort“* als term. tech. für die göttl. Botschaft bzw. die aposto-
lische Verkündigung (vgl. B 1bβ). **ἐ-πίστευσαν** Aor. πιστεύω; Aor. hier
ingr. (H-S §194i; A240b) *sie wurden gläubig, sie kamen zum Glauben* (Menge).
ἐ-γενήθη Aor. Pass. (ohne bes. Pass.-Bdtg.) γίνομαι hier (v. Zahl) *sich be-*
laufen auf (Menge; LSJ I2a; LN 60.2); καὶ ἐγενήθη ὁ ἀριθμὸς τῶν ἀν-
δρῶν ὡς χιλιάδες πέντε *so daß* (A311,2) *die Zahl der (gläubigen) Männer*
sich (nunmehr) auf etwa fünftausend belief (Menge) bzw. *und die Zahl der (gläu-*
bigen) Männer stieg auf etwa fünftausend; die Gesamtzahl der Christen, Frauen
u. Kinder mitgerechnet, war demnach wohl wesentl. höher (vgl. die Zählweise in
Mt 14,21; 15,38). **ἀριθμός** *Zahl, Anzahl.* **χιλιάς**[3] άδος ἡ *Anzahl von*

Tausend, Tausendschaft; χιλιάδες πέντε = πεντακισ-χίλιοι *fünftausend*
(A19). **πέντε**[19] *fünf.*
5 **5 ἐ-γένετο** Aor. Med. γίνομαι; γίνεται m. AcI eig. *es ereignet sich,*
daß (A271), am besten unübersetzt lassen; ἐγένετο δὲ ἐπὶ τὴν αὔριον
συναχθῆναι αὐτῶν τοὺς ἄρχοντας etwa *am nächsten Tag versammelten*
sich ihre Führer. **ἐπί** m. Akk. hier vor Zeitangabe auf die Frage „Wann?"
(B III2a; BDR §233[5]). **αὔριον** V. 3. **συν-αχθῆναι** Aor. Inf. Pass. -άγω;
Präd. des AcI. **ἄρχων**[5] οντος ὁ *Herrscher;* Pl. *die* (hier die jüd.) *Behörden,*
hier wie öfter bes. v. den Mitgliedern des Synedriums (B 2a; zum Synedrium s.
zu V. 15), konkret offenbar – hier wohl synonym m. ἀρχιερεῖς v. den prie-
sterl. Mitgliedern; τοὺς ἄρχοντας καὶ τοὺς πρεσβυτέρους καὶ τοὺς
γραμματεῖς bez. drei Gruppen, aus denen sich das Synedrium zusammen-
setzte; übers. etwa *die Führer/führenden Priester, die Ratsältesten und die Schrift-*
gelehrten. **πρεσβύτερος** Pl. hier v. Mitgliedern einer Gruppe des Synedri-
6 ums (B 2aβ; GNB: *Ratsälteste*). **Ἰερουσαλήμ** ἡ indekl., hier Dat. **6 Ἅν-**
νας[1] α *Hannas,* 6-15 n. Chr. Hoherpriester (Schwiegervater des Kajaphas);
καὶ Ἅννας ὁ ἀρχιερεύς ... (V. 6 ist eine Parenthese [A374]) *auch der Ho-*
hepriester Hannas ... (waren dabei). **Καϊάφας**[1] α *Kajaphas,* Hoherpriester,
18-36 n. Chr. **Ἰωάννης** *Johannes,* viell. der Sohn des späteren Hohenprie-
sters Theophilus (Bruce, Apg, S. 150f) [Var. Ἰωνάθας[1] ου *Jonatan* (Sohn des
Hannas), der 36 n. Chr. das Hohepriesteramt übernahm, es aber ein Jahr später
an seinen Bruder Theophilus abgab (Bruce, Apg, S. 150)]. **Ἀλέξανδρος**
Alexander; sonst unbekanntes Mitglied der hohepriesterl. Familie. **ἦσαν** Ipf.
εἰμί m. ἔκ τινος *zu etwas gehören* (vgl. B III3); καὶ ὅσοι ἦσαν ἐκ γένους
ἀρχιερατικοῦ *und alle anderen* (A376a; d.h. alle anderen Ratsmitglieder), *die*
zu einer hohepriesterlichen Familie (od. *zur Familie des Hohenpriesters) gehörten;*
seit Herodes die hasmonäische Dynastie der Hohepriesterwürde beraubte,
kamen die Hohenpriester aus einer kleinen Zahl v. Familien, v. denen die des
Boethus u. die des Hannas sich bes. hervortaten (Bruce, Apg, S. 151). **γένος**[7]
Geschlecht; Nachkommenschaft; Verwandtschaft; Volk; Gattung; γένος ἀρχιε-
ρατικόν *hohepriesterliche Familie, hohepriesterliches Geschlecht.* **ἀρχ-ιε-**
7 **ρατικός** *hohepriesterlich.* **7 στήσαντες** Aor. Ptz. ἵστημι m. ἐν τῷ μέ-
σῳ *in die/ihre Mitte stellen/treten lassen, vorführen lassen;* temp. (A291,1
Anm. 1). **ἐ-πυνθάνοντο** Ipf. Med. πυνθάνομαι *erfragen, sich erkundigen,*
hier am besten *fragen.* **ἐν** (zweites u. wohl drittes) instr. *in, mit (Hilfe von),*
durch (A193). **ποῖος**[18] *wie beschaffen? was für ein? welche (Art)? welcher?;* ἐν
ποίᾳ δυνάμει ἢ ἐν ποίῳ ὀνόματι *mit welcher/durch was für eine Kraft*
oder in was für einem/in wessen Namen. **ἐ-ποιήσατε** Aor. ποιέω. **τοῦτο**
8 *das,* d.h. die Heilung des Gelähmten (3,6-8). **8 πλησθείς** Aor. Ptz. Pass.
πίμπλημι[207] *erfüllen, vollmachen* τινός *mit etwas* (A165); temp. (A291,1
Anm. 1); τότε Πέτρος πλησθεὶς πνεύματος ἁγίου (wohl auch ohne Art.

best., vgl. 2,4) εἶπεν πρὸς αὐτούς *da wurde Petrus mit dem Heiligen Geist*
erfüllt und sagte zu ihnen (vgl. Menge) od. *Petrus antwortete ihnen, erfüllt vom*
Heiligen Geist (GNB); gemeint ist hier eine bes. Befähigung, wie sie Jesus seinen
Jüngern zugesagt hatte (Lk 12,11f u. Par.), zu unterscheiden v. der bleibenden
Gegenwart des Heiligen Geistes im Leben des Glaubenden (wie etwa in 6,5 als
πλήρης πνεύματος ἁγίου beschrieben). **ἄρχων** V. 5; ἄρχοντες τοῦ
λαοῦ καὶ πρεσβύτεροι Vok. *ihr Führer des Volkes und ihr Ältesten* od.
Führer und Älteste unseres Volkes (GN). **9 εἰ** m. Ind. indefiniter Fall (A342); 9
εἰ ἡμεῖς σήμερον ἀνακρινόμεθα *wenn wir heute ... befragt/verhört werden*
(sollen) od. *wenn wir uns heute ... zu verantworten haben* (Menge). **ἀνα-κρι-**
νόμεθα Pass. -κρίνω *befragen, untersuchen, verhören* (hier juristischer term.
tech.: att. v. Verhör im Rahmen einer Voruntersuchung, später v. jeder Art v.
richterl. Befragung [Bruce, Apg, S. 151]), ἐπί τινι *wegen* (B 1b). **εὐ-εργε-**
σία *rechtes Handeln; gute Tat, Wohltat;* ἐπὶ εὐεργεσίᾳ ἀνθρώπου ἀσθε-
νοῦς (gen. obi. [A158; BDR §163[4]]) *wegen einer guten Tat an einem kranken*
Menschen. **ἀ-σθενής**[7] *kraftlos, schwach; krank.* **ἐν** V. 7; ἐν τίνι *durch wen*
od. *wodurch,* übers. viell. am besten *wie;* ἐν τίνι οὗτος σέσωται (erg. davor
etwa *und gefragt werden*) *durch wen/wie dieser gesund geworden sei.* **σέ-σωται**
Pf. (A231) Pass. σῴζω [Var. σέ-σῳσται andere Schreibweise (BDR §26[4])].
10 γνωστός *bekannt;* γνωστόν ἐστί τινι *es ist jmdm. bekannt* (B 1a). 10
ἔστω Imp. 3. Sg. εἰμί; γνωστὸν ἔστω πᾶσιν ὑμῖν ... *so soll euch allen ...*
bekannt sein, so sollt ihr alle ... wissen (Einh.). **ὅτι** wohl am besten als Doppel-
punkt berücksichtigen (vgl. A333). **ἐν** V. 7; ἐν τῷ ὀνόματι Ἰησοῦ ...
im/durch den Namen Jesu ... (erg. gedankl. *ist er es geworden/ist es geschehen*).
Ναζωραῖος (im NT offenbar als Synonym zu Ναζαρηνός gebraucht
[EWNT 2, Sp. 1119], daher:) *Nazarener, aus Nazaret (kommend).* **ὑμεῖς** Subj.
betont (A122). **ἐ-σταυρώσατε** Aor. σταυρόω. **ἤγειρεν** Aor. ἐγείρω.
ἐν τούτῳ *durch diesen = durch ihn* (Jesus) od. *durch diesen Namen/kraft dieses*
Namens. **οὗτος** *dieser* (Demonstrativum weist in die außersprachl. Situation)
= *dieser hier* bzw. *der Mann hier.* **παρ-έστηκεν** Pf. (m. präs. Bdtg.) παρ-
ίσταμαι Pf. m. ἐνώπιόν τινος *vor jmdm. stehen* (B 2bα). **ὑγιής**[7] *gesund,*
unversehrt; Artangabe zum Subj. (A65; H-S §259n). **11 οὗτος** *dieser (Jesus).* 11
ἐξ-ουθενηθείς Aor. Ptz. Pass. -ουθενέω *geringschätzen, verachten;* hier *mit*
Verachtung/verächtlich zurückweisen (B 2); attr.; angespielt wird auf Ps 118,22
(s.a. zu Mt 21,42). **οἰκο-δόμος** *Baumeister,* Pl. *Bauleute;* ὑφ᾽ ὑμῶν τῶν
οἰκοδόμων (App. [A70] zum Pers.-Pron. m. Art. [H-S §129b]) *von euch Bau-*
leuten. **γενόμενος** Aor. Ptz. Med. γίνομαι hier m. εἴς τι (Hebr. für Präd.-
Nominativ; BDR §145[2]; A81) *zu etwas werden* (B I4a); attr. **κεφαλή** hier
übertr. v. Sachen: *Oberstes, Äußerstes, Ende, Spitze;* κεφαλὴ γωνίας *Eckstein*
(Grundstein an der äußersten vorderen Ecke), hier bildl. vom Hervorragenden
bzw. vom bes. Wertvollen (vgl. B 2b; EWNT 1, Sp. 646f sowie EWNT 2,

12 Sp. 703). **γωνία** *Ecke, Winkel.* **12 οὐκ ... ἐν ἄλλῳ οὐδενί** doppelte Neg. verstärkt die Verneinung (A310a); οὐκ ἔστιν ἐν (vgl. V. 7b) ἄλλῳ οὐδενὶ ἡ σωτηρία *in keinem anderen ist das Heil/die Rettung zu finden* (vgl. Menge) od. *durch keinen anderen gibt es das Heil* (Wilckens); Petrus schlägt den Bogen v. der Heilung zum Heil: das Wunder an diesem Gelähmten veranschaulicht (als σημεῖον [s. V. 16 u. 22]) die Rettung, die Christus für alle bereithält (Stott, Apg, S. 97). **οὐδὲ γάρ** *denn ... nicht* (B οὐδέ 1). **ὑπὸ τὸν οὐρανόν** *unter dem Himmel = auf dem gesamten Erdkreis* (B οὐρανός 1b) bzw. *auf Erden* (B ὑπό 2aβ), *auf der ganzen Welt* (GNB). **δε-δομένον** Pf. (A231) Ptz. Pass. δίδωμι, hier m. ἐν wohl = Dat. (BDR §220[1]; B ἐν IV4a); attr.; pass. divinum (A76b); οὐδὲ γὰρ ὄνομά ἐστιν ἕτερον ὑπὸ τὸν οὐρανὸν τὸ δεδομένον ἐν ἀνθρώποις (auch ohne Art. best., A106a) *denn es gibt keinen anderen Namen* (d.h. nichts u. niemand anders) *unter dem Himmel, der den Menschen* (v. Gott) *gegeben ist* bzw. (einfacher) *denn es ist uns Menschen kein anderer Name unter dem Himmel gegeben* (Einh.). **ἐν ᾧ** *in dem/durch* (vgl. V. 7b) *den* (AcI ist m. ἐν ᾧ verschränkt; A364b); ἐν ᾧ δεῖ σωθῆναι ἡμᾶς *in dem/durch den wir* (nach göttl. Bestimmung) *gerettet werden müssen/sollen.* **δεῖ** hier v. der göttl. Bestimmung (B 1). **σωθῆναι** Aor. Inf. Pass. σῴζω; Präd. des AcI, abhängig v. δεῖ.

13 **13 θεωροῦντες** Ptz. θεωρέω, temp. **παρ-ρησία** (< πᾶν, ῥῆσις [das] Reden) *Redefreiheit;* hier *Freimütigkeit, Freimut, Unerschrockenheit* (bes. Höhergestellten gegenüber; B 3a); θεωροῦντες δὲ τὴν τοῦ Πέτρου παρρησίαν καὶ Ἰωάννου *als sie* (die Ratsmitglieder) *den Freimut* (Menge: *die freudige Zuversicht*) *des Petrus und des Johannes sahen* od. *als sie sahen, wie Petrus und Johannes mit solchem Freimut redeten* (Wilckens) od. ... *wie unerschrocken Petrus und Johannes redeten* (Albrecht). **κατα-λαβόμενοι** Aor. Ptz. Med. -λαμβάνω[152] *ergreifen;* hier Med. *erfassen, begreifen* (B 2), temp.; καὶ καταλαβόμενοι *und (als) sie merkten/sich bewußt wurden.* **ἀ-γράμματος**[11] *ungelehrt, ungebildet.* **εἰσίν** *waren* (Tempus u. Modus wie in der entsprechenden direkten Rede; A326). **ἰδιώτης**[1] *Laie* (im Ggs. zum Fachmann jeder Art), *Unkundiger, Nichtstudierter;* ὅτι ἄνθρωποι ἀγράμματοί εἰσιν καὶ ἰδιῶται (viell. als Hendiadyoin [A378] zu deuten) *daß es Menschen ohne Schulung und ohne gelehrte Bildung waren* (Menge), *daß es sich um ungebildete Laien handelte* (Wilckens), *daß sie offenkundig keine Gelehrten, sondern einfache Leute waren* (vgl. GNB); gemeint ist hier nicht (wie manchmal m. Berufung auf die buchstäbl. Bdtg. v. ἀγράμματος „des Lesens und Schreibens unkundig" behauptet), die beiden seien Analphabeten gewesen; es geht vielmehr um ein Fehlen höherer (theologischer) Bildung, wie man sie für ein Streitgespräch m. der theologischen Führungsschicht des Landes als selbstverständl. voraussetzen mußte. **ἐ-θαύμαζον** Ipf. θαυμάζω. **ἐπ-ε-γίνωσκον** Ipf. ἐπι-γινώσκω; ἐπεγίνωσκόν τε αὐτοὺς ὅτι σὺν τῷ Ἰησοῦ

ἦσαν (αὐτοὺς ὅτι = ὅτι [αὐτοί]: Prolepsis [A373; vgl. BDR §476,1]) *sie*
wußten, daß die beiden (wörtl. *sie*) *mit Jesus zusammengewesen waren* (GN;
Wilckens: *daß sie zum Kreis um Jesus gehört hatten;* zu τε vgl. BDR §443[4] u.
B τέ 1a). **ἦσαν** Ipf. εἰμί, Ipf. bez. hier die Vorvergangenheit (H-S §198f;
A224; Tempus wie in der entsprechenden direkten Rede [A326]). **14 βλέ-** 14
ποντες Ptz. βλέπω, kaus. **ἑστῶτα** Pf. (Wz.-Pf., H-S §109a; m. präs. Bdtg.)
Ptz. ἵσταμαι, AcP (A300); τόν τε ἄνθρωπον βλέποντες σὺν αὐτοῖς
ἑστῶτα τὸν τεθεραπευμένον *und da/weil sie den Geheilten bei ihnen stehen*
sahen bzw. (vgl. A290) *und sie sahen den Geheilten bei ihnen stehen; so/daher.*
τε-θεραπευμένον Pf. (A231) Ptz. Pass. θεραπεύω, attr. (durch die Nach-
stellung wird der Inhalt des Ptz. wohl bes. betont [BDR §270[2]]). **εἶχον** Ipf.
ἔχω hier *die Möglichkeit haben, können, imstande sein* (B I6a). **ἀντ-ειπεῖν**
Aor. Inf. ἀντ-εἶπον/ἀντι-λέγω[191] *widersprechen, erwidern;* οὐδὲν εἶχον
ἀντειπεῖν *sie vermochten (ihnen) nichts zu erwidern/entgegenzuhalten* od.
(freier) *sie konnten nichts gegen ihre Aussagen vorbringen* (vgl. GNB).
15 κελεύσαντες Aor. Ptz. κελεύω[5] *befehlen, anordnen,* m. AcI; temp. 15
(A291,1 Anm. 1). **συν-έδριον** *Synedrium, Hoher Rat* (oberste jüd. Instanz in
allen religiösen u. zivilen Angelegenheiten; DJG, S. 728-732; GBL 3, S. 1338f).
ἀπ-ελθεῖν Aor. Inf. -έρχομαι hier ἔξω m. Gen. hier etwa: eine Örtlichkeit
od. versammelte Menschen *verlassen* (vgl B. 1a); Präd. des AcI; κελεύσαντες
δὲ αὐτοὺς ἔξω τοῦ συνεδρίου ἀπελθεῖν *sie befahlen ihnen, den Hohen*
Rat zu verlassen (Einh.) bzw. etwa *sie ließen die beiden aus der Ratssitzung/aus*
dem Sitzungssaal führen. **συν-έ-βαλλον** Ipf. συμ-βάλλω *sich unterreden;*
zusammentreffen; hier πρὸς ἀλλήλους *miteinander beraten* (Menge).
16 λέγοντες Ptz. λέγω, mod. **ποιήσωμεν** Aor. Konj. ποιέω hier τί 16
τινι *etwas mit jmdm. tun/anfangen* (vgl. B I1dα); deliberativer Konj. (A255); τί
ποιήσωμεν τοῖς ἀνθρώποις τούτοις *was sollen wir mit diesen Menschen*
tun/anfangen. **μέν ... ἀλλά** (statt δέ [V. 17]) *(zwar) ... aber* (BDR §447[13];
A315,1). **γνωστός** V. 10; hier etwa *unverkennbar* (Menge), *offensichtlich;* ὅτι
μὲν γὰρ γνωστὸν σημεῖον γέγονεν δι' αὐτῶν *denn daß ein unverkenn-*
bares Wunderzeichen durch sie geschehen ist (Menge) od. *denn daß offensichtlich*
ein Wunder durch sie geschehen ist (vgl. Einh.). **γέ-γονεν** Pf. (A242) γί-
νομαι hier *geschehen* (B I2a). **κατ-οικοῦσιν** Ptz. -οικέω, subst.
Ἰερουσαλήμ ἡ indekl., hier Akk. **φανερός** *bekannt; offenbar; sichtbar;*
πᾶσιν τοῖς κατοικοῦσιν Ἰερουσαλὴμ φανερόν (erg. ἐστίν [A78;
B 1]) *ist allen Bewohnern/Einwohnern von Jerusalem bekannt.* **ἀρνεῖσθαι** Inf.
ἀρνέομαι *leugnen, bestreiten.* **17 ἐπὶ πλεῖον** *weiterhin* (B ἐπί III1aα), 17
noch weiter (Menge). **δια-νεμηθῇ** Aor. Konj. Pass. -νέμω[182] *verteilen, ver-*
breiten; Subj. (erg. am besten *das Ganze, die Sache* o.ä.) ist die Nachricht vom
Heilungswunder (ὅτι-Satz V. 16) u. damit auch die Botschaft v. Jesus (vgl.
V. 17b); ἀλλ' ἵνα μὴ ἐπὶ πλεῖον διανεμηθῇ εἰς τὸν λαόν *damit aber*

die Sache nicht weiter im Volk verbreitet wird (Einh.) od. ... *sich nicht noch weiter unter dem Volk verbreitet* (Menge). **ἀπειλησώμεθα** Aor. Konj. Med. ἀπειλέω *drohen,* m. neg. Inf. *unter Drohungen verbieten* (B), *bei Strafe verbieten, mit Nachdruck verbieten* (GNB); adhortativer Konj. (A254). **μηκ-έτι** *nicht mehr, nicht weiter;* μηκέτι ... μηδενί doppelte Neg. verstärkt die Verneinung (A310a). **λαλεῖν** Inf. λαλέω. **ἐπὶ τῷ ὀνόματι τούτῳ** *in diesem Namen,* hier wohl etwa im Sinn v. *unter Verwendung/Benutzung dieses Namens* (B ἐπί II3; ὄνομα I4cε); ... ἀπειλησώμεθα αὐτοῖς μηκέτι λαλεῖν ἐπὶ τῷ ὀνόματι τούτῳ μηδενὶ ἀνθρώπων (gen. partitivus, A164) *wollen wir ihnen bei Strafe verbieten, je wieder in diesem Namen zu irgendeinem Menschen zu sprechen* (Einh.) od. ... *je wieder zu irgendeinem Menschen unter Nennung dieses Namens zu sprechen* (vgl. Menge) bzw. (freier) ... *je wieder zu irgend jemand über*
18 *diesen Jesus zu sprechen* (vgl. GN). **18 καλέσαντες** Aor. Ptz. καλέω hier im Sinn v. *wieder hereinrufen;* temp. (A291,1 Anm. 1). **παρ-ήγγειλαν** Aor. -αγγέλλω[110] *anordnen, befehlen;* m. neg. Inf. *verbieten* (B); erg. τούτοις/αὐτοῖς (A79). **καθ-όλου** (< καθ' ὅλου im ganzen/allgemeinen) *überhaupt;* hier subst. (A105) τὸ καθόλου im adv. Akk. (A150; BDR §160[3]/399[5]) *überhaupt.* **φθέγγεσθαι** Inf. φθέγγομαι *laut rufen;* hier *reden, verkünden* (B), *etwas verlauten lassen.* **διδάσκειν** Inf.; παρήγγειλαν τὸ καθόλου μὴ φθέγγεσθαι μηδὲ διδάσκειν ἐπὶ τῷ ὀνόματι τοῦ Ἰησοῦ *sie wiesen sie an, überhaupt nichts mehr unter Nennung des Namens Jesu verlauten zu lassen und zu lehren* (vgl. Menge) od. etwa *sie verboten ihnen, jemals wieder im Namen*
19 *Jesu zu reden* (bzw. *über Jesus zu sprechen*) *oder zu lehren.* **19 ἀπο-κριθέντες** Aor. Ptz. Pass. (ohne Pass.-Bdtg.) -κρίνομαι, pleon. (A297,2); ὁ δὲ Πέτρος καὶ Ἰωάννης ἀποκριθέντες εἶπον *Petrus und Johannes antworteten.* **δίκαιος** Ntr. hier *recht* (B 5). **ἀκούειν** Inf. ἀκούω hier m. Gen. (H-S §167a Anm. 1) *jmdm. Gehör schenken, jmdm. gehorchen* (B 4). **μᾶλλον ἤ** *mehr als* (B ἤ 2a; manche deuten den Ausdruck im Sinn v. *und nicht* bzw. *statt* [vgl. B μᾶλλον 3c; BDR §246,2], was aber kaum begründbar ist [H-S §138c]). **κρίνατε** Aor. Imp. κρίνω hier *urteilen, entscheiden* (B 2); εἰ ... κρίνατε *ur-*
20 *teilt/entscheidet selbst, ob* ... (Menge/GNB). **20 οὐ ... μή** doppelte Neg. hebt hier die Verneinung auf (H-S §248a; A310b); οὐ δυνάμεθα ... μὴ λαλεῖν *wir können nicht ... nicht reden = wir müssen unbedingt reden* ... (BDR §431,1) bzw. *wir können unmöglich verschweigen* ... (vgl. B δύναμαι 1a). **ἡμεῖς** Subj. betont (A122). **ἅ** = ταῦτα (AkkO v. λαλεῖν) ἅ (vgl. A358) *(über) das, was.* **εἴδαμεν** Aor. (vgl. H-S §105g) ὁράω. **ἠκούσαμεν** Aor. ἀκούω. **λα-**
21 **λεῖν** V. 17. **21 οἱ δέ** *(doch/und) diese/sie* (A102). **προσ-απειλησάμενοι** Aor. Ptz. Med. -απειλέομαι (vgl. V. 17) *eine Drohung hinzufügen* (B), *noch weitere Drohungen hinzufügen* (Menge); temp. (A291,1 Anm. 1). **ἀπ-έλυσαν** Aor. ἀπο-λύω. **εὑρίσκοντες** Ptz. εὑρίσκω, kaus.; μηδὲν εὑρίσκοντες τὸ πῶς κολάσωνται αὐτούς *denn sie fanden/sahen keine*

Möglichkeit, sie zu bestrafen. **τό** leitet indirekten Fragesatz ein (BDR §267[3];
H-S §273b); dieser erklärt das μηδέν näher (A353; H-S §288a): μηδέν ... τὸ
πῶς ... *nichts ... wie ... = keine Möglichkeit ... zu ...* (Menge). **κολάσωνται**
Aor. Konj. Med. κολάζω (vgl. A33[91ff]) *strafen, züchtigen;* deliberativer Konj.
(A255) wie bei der implizierten direkten Frage πῶς κολασώμεθα αὐτούς
wie sollen wir sie bestrafen, doch hier 3. statt 1. Pl (vgl. A331; H-S §273e). **διὰ
τὸν λαόν** etwa *mit Rücksicht auf das Volk* (sahen sie keine Möglichkeit bzw.
ließen sie sie gehen). **ἐ-δόξαζον** Ipf. δοξάζω. **γε-γονότι** Pf. (A231) Ptz.
Ntr. γίνομαι V. 16; subst.; ἐπὶ τῷ γεγονότι *wegen des Geschehenen* bzw. *für
das, was geschehen war.* **22 ἦν** V. 3; hier m. präd. gen. qualitatis (klass. [BDR 22
§165[5]; A160]) ἐτῶν γὰρ ἦν πλειόνων τεσσεράκοντα ὁ ἄνθρωπος ...
der Mann ... war nämlich über vierzig Jahre alt = (s. 3,2) ... *war nämlich von
Geburt an über vierzig Jahre lang gelähmt gewesen* (GNB), eine Tatsache, die das
Heilungswunder umso bemerkenswerter machte. **πλειόνων** (kongruiert m.
ἐτῶν) erg. ἤ *als* vor Zahlenangabe (H-S §252,26; BDR §185,4); ἐτῶν ...
πλειόνων (ἢ) τεσσεράκοντα „zahlreicherer Jahre als vierzig" = *über
vierzig Jahre.* **τεσσεράκοντα**[19] *vierzig.* **γε-γόνει** Plsqpf. (hier ohne Aug.
[Var. ἐ-γε-γόνει]; vgl. A21; H-S §72h) γίνομαι V. 16, hier m. ἐπί τινα *an
jmdm.* (B I2a). **ἴασις**[8] *Heilung;* τὸ σημεῖον τοῦτο τῆς ἰάσεως *dieses
Zeichen der Heilung, dieses Heilungswunder.*

23 ἀπο-λυθέντες Aor. Ptz. Pass. -λύω, temp. *nach ihrer Freilassung.* 23
οἱ ἴδιοι *die Ihren;* der Ausdruck kommt u.a. im Sinn v. *Kampfgenossen, Ange-
hörige, wahre Freunde* vor; hier bez. er die Mitchristen (B ἴδιος 3a: *Glaubensge-
nossen;* GNB: *versammelte Gemeinde*). **ἀπ-ήγγειλαν** Aor. -αγγέλλω, erg.
τούτοις/αὐτοῖς (A79). **πρεσβύτερος** V. 5; οἱ ἀρχιερεῖς καὶ οἱ πρε-
σβύτεροι sind die führenden Mitglieder des Synedriums (= βουλευταί [vgl.
Mk 15,43 u. Lk 23,50]; Bruce, Apg, S. 156). **εἶπαν** Aor. (vgl. H-S §105g)
λέγω, Aor. Ind. bez. hier Vorvergangenheit (vgl. H-S §199n; A224). **24 οἱ δέ** 24
V. 21. **ἀκούσαντες** Aor. Ptz. ἀκούω, temp.; erg. τοῦτο/ταῦτα (A79).
ὁμο-θυμαδόν Adv. *übereinstimmend, einmütig.* **ἦραν** Aor. αἴρω; αἴρω
φώνην πρός τινα *die Stimme zu jmdm. erheben, zu jmdm. laut rufen* (vgl.
B 1b). **δέσποτα** Vok. δεσπότης[1] *Gebieter, Herr.* **σύ** wohl Subj. m. zu er-
gänzendem εἶ (Menge; ZG; A78; evtl. Vok. [Ptz. dann App.; A70]); δέσποτα,
σὺ ὁ ποιήσας ... *Herr, du bist es, der ... geschaffen hat* (als Vok.: *Herr, du
Schöpfer ...* [vgl. H-S §129b]). **ποιήσας** Aor. Ptz. ποιέω hier *schaffen, er-
schaffen* (B I1aβ); subst. **πάντα τὰ ἐν αὐτοῖς** *alles, was in ihnen ist.*
25 Δαυίδ indekl., hier Gen.; ὁ τοῦ πατρὸς ἡμῶν διὰ πνεύματος 25
ἁγίου στόματος Δαυὶδ παιδός σου εἰπών ist grammatisch schwierig
(bes. hinsichtl. der Wortstellung); wahrscheinl. ist etwa flgd. Sinn intendiert
(vgl. 7,37 [auch 2Kor 4,6; Hb 10,30; Jak 2,11]; 1,2.16): *du hast durch den Mund
unseres Vaters/Vorfahren David, deines Knechtes, durch den Heiligen Geist gesagt*

(wörtl. etwa „[du bist] der Redende des Mundes Davids [= du hast gesagt
im/durch den Mund Davids], unseres Vaters, deines Knechtes, durch den Heili-
gen Geist“ od. [vgl. Bruce, Apg, S. 156] „[du bist] der, der gesagt hat durch den
Mund/das Sprachrohr des Heiligen Geistes, [näml. durch] deinen Knecht David,
unseren Vater“). **παῖς**^{3} παιδός *Kind* (ὁ *Junge;* ἡ *Mädchen*); hier *Diener,*
Sklave, Knecht. **εἰπών** Aor. Ptz. λέγω [Var. λαλήσας Aor. Ptz. λαλέω],
subst. (wie ποιήσας V. 24); ὁ ... εἰπών *(du bist es,) der ... gesagt hat* bzw. *du*
hast gesagt; zitiert wird Ps 2,1f (= LXX/MT); Ps 2 spricht v. Jahwes Gesalbtem
u. „Sohn“ (V. 7; vgl. Lk 3,22 u. Par.; Apg 13,33; Hb 1,5; 5,5), seinem König auf
Zion (ist zunächst David od. v. Anfang an sein Erbe [nach apostolischer Ver-
kündigung: Jesus, der Messias] gemeint?): er besiegt die sich auflehnende Völ-
kerwelt u. erlangt universale Herrschaft. **ἱνατί** (< ἵνα τί [γένηται], BDR
§299^3) *warum, wozu, weshalb.* **ἐ-φρύαξαν** Aor. φρυάσσω (vgl. A33^{74ff})
eig. (gewöhnl. Med.) meist vom Verhalten feuriger Pferde *(ungeduldig) schnau-*
ben, sich bäumen (vgl. LSJ), übertr. v. Menschen *stolz/überheblich sein, sich stolz*
gebärden, sich brüsten (vgl. B) bzw. *toben* (d.h. sich in anmaßendem Zorn wild
gebärden [vgl. LN 88.185]); Aor. Ind. hier wohl im Sinn des zeitlos gebrauchten
hebr. Pf. (A241c; gilt analog für ἐμελέτησαν u. συνήχθησαν [V. 26b]);
ἱνατί ἐφρύαξαν ἔθνη καὶ λαοὶ ἐμελέτησαν κενά (synonymer Paralle-
lismus, H-S §294aa) etwa *was soll das Toben der Völker und das eitle Sinnen der*
Nationen (vgl. Menge) bzw. *warum toben die Völker, warum machen die Nationen*
vergebliche Pläne (Einh.). **ἔθνη** ... **λαοί** auch ohne Art. best. (Hebr.: in der
hebr. Poesie „fehlt“ der Art. häufig [Joüon-Muraoka §137f; vgl. BDR §254^9]).
ἐ-μελέτησαν Aor. μελετάω *Sorge tragen für, emsig betreiben;* hier *sinnen*
auf, nachsinnen über (B 2), *vorhaben, planen, im Schild führen.* **κενός** *leer;*
übertr. *kraftlos, ohne Erfolg, ohne Wirkung, vergeblich, eitel* (auch *töricht*); με-
λετάω κενά *Erfolgloses sinnen* (B 2aβ), *vergebliche Pläne machen/schmieden.*
26 **26 παρ-έ-στησαν** Wz.-Aor. -ίσταμαι hier v. feindseligem Auftreten
(B 2aβ) *herantreten/kommen* (um anzugreifen) od. *auftreten* (um anzugreifen),
sich erheben (Menge), *sich* (zum Angriff) *aufstellen* (vgl. ZG); Ind. Aor. hier
wohl im Sinn des zeitlos-durativisch gebrauchten hebr. Ipf. (Joüon-Muraoka
§113d; vgl. ähnl. H-S §202i; A241c). **ἄρχων**^{5} οντος ὁ *Herrscher, Machthaber.*
συν-ήχθησαν Aor. Pass. -άγω Pass. hier m. pleon. ἐπὶ τὸ αὐτό (*an dem-*
selben Ort, zusammen [B αὐτός 4b]) *sich versammeln, zusammenkommen,* hier
bes. *sich verbünden, sich zusammenrotten* bzw. (V. 27) etwa *sich zusammentun,*
κατά τινος (V. 27 ἐπί τινα) *gegen jmdn.* (vgl. B 2). **κύριος** *Herr* = Jahwe.
27 **χριστός** hier *Gesalbter* (s.o. V. 25 zu εἰπών). **27 ἐπ᾽ ἀληθείας** *der*
Wirklichkeit gemäß, wahrheitsgetreu (B ἀλήθεια 3), *wahrhaftig, tatsächlich;* γὰρ
ἐπ᾽ ἀληθείας etwa *ja, wahrhaftig/tatsächlich.* **παῖς** V. 25; hier *Knecht*
(*bevollmächtigter Diener*) Jahwes wie 3,13.26. **ἔ-χρισας** Aor. χρίω^4 *salben*
(m. einer Aufgabe betrauen u. dazu befähigen u. ausrüsten); greift das χριστός

v. V. 26 auf. **Πόντιος** *Pontius,* Geschlechtsname (nomen gentile) v. Pilatus;
Ἡρῴδης τε καὶ Πόντιος Πιλᾶτος *Herodes* (d.h. der Tetrarch Herodes
Antipas [vgl. zu Mt 14,1]) *und Pontius Pilatus* (sie repräsentieren die βασι-
λεῖς/ἄρχοντες v. V. 26); zur Sache vgl. Lk 23,6-12. **Ἰσραήλ** ὁ indekl., hier
Gen.; σὺν ἔθνεσιν καὶ λαοῖς Ἰσραήλ *mit den fremden* (d.h. nichtjüdi-
schen) *Völkern* (herkömml. „Heiden"; hier durch Römer repräsentiert) *und den
Volksscharen/Stämme Israels* (vgl. B λαός 3a; der Pl. v. λαός offenbar in
formaler Anlehnung an Ps 2,1 verwendet) od. (freier) *Menschen aus den fremden
Völkern und Menschen aus dem Volk Israel* (GNB). **28 ποιῆσαι** Aor. Inf. 28
ποιέω; fin. (A276). **ὅσα** = τοσαῦτα/ταῦτα (AkkO v. ποιῆσαι), ὅσα
(Subj. des AcI [AcI ist m. ὅσα verschränkt; A364b]). **χείρ** hier u. V. 30
übertr. v. Gottes regierender, helfender, Wunder wirkender, alles ordnender
Macht (B 2aβ). **βουλή** *Absicht: Beschluß, Ratschluß, Plan;* ἡ χείρ σου καὶ
ἡ βουλή σου *deine Hand/Macht und dein Wille/Plan* metonymisch (A381f) für
du durch deine Hand/Macht und deinen Willen/Plan. **προ-ώρισεν** Aor.
-ορίζω (vgl. A33^{91ff}) *vorherbestimmen,* hier m. AcI; entgegen der übl. Regel
(A94) Sg.-Präd. (da das vorausgehende zusammengesetzte Subj. semantisch
eine Einheit bildet); zur Sache vgl. 2,23; 3,18. **γενέσθαι** Aor. Inf. Med. γί-
νομαι; Präd. des AcI; ποιῆσαι ὅσα ... προώρισεν γενέσθαι *um das/alles
zu tun, was* (od. *um soviel zu tun, wie* etwa = *um [aber] nur das zu tun, was*) *deine
Hand/Macht und dein Wille/Plan vorherbestimmt haben, daß es geschehen sollte*
bzw. (freier) *aber sie konnten nur vollziehen, was du in deiner Macht schon längst
geplant und vorherbestimmt hattest* (GNB). **29 τὰ νῦν** Akk. der Beziehung 29
(A149) *was den gegenwärtigen Stand der Dinge anbetrifft* = *jetzt* (B νῦν 3c). **κύ-
ριε** Vok. **ἔπ-ιδε** Aor. Imp. ἐπ-εῖδον/ἐφ-οράω[192] m. ἐπί τι *das Au-
genmerk auf etwas richten, auf etwas sehen.* **ἀπειλή** *Drohung.* **δός** Aor. Imp.
δίδωμι hier τινί m. Inf. *jmdm. die Fähigkeit/Kraft geben* etwas zu tun, *jmdn.
befähigen* etwas zu tun (vgl. B 1bβ). **παρ-ρησία** V. 13; μετὰ παρρησίας
πάσης *mit allem Freimut, völlig unerschrocken* (GNB: *mutig und offen* [hier]
bzw. *ohne Furcht* [V. 31]). **πᾶς** hier (nach unzählbarem Subst. [Abstraktum]
auch ohne Art.) *ganz/all* bzw. *völlig* (B 1aδ). **λαλεῖν** Inf. λαλέω. **λόγος**
hier u. V. 31 *„Wort"* im Sinn v. *Botschaft.* **30 ἐν τῷ** m. AcI hier temp. *während* 30
od. (hier unwesentl. verschieden) mod. (A282) *indem* = *wobei* (begleitende
Umstände; nach anderen = *dadurch, daß* [BDR §404^{6}]); v. den zwei flgd. AcI
sind entweder beide (durch καί koordiniert) direkt v. ἐν τῷ abhängig od. nur
der erste (m. ἐκτείνειν), wobei der zweite (m. γίνεσθαι) diesem untergeord-
net u. fin. (A275) zu verstehen ist (καί ... καί dann im Sinn v. *sowohl ... als
auch*); da V. 30 v. dem imp. ἔπιδε ... καὶ δός best. ist, läßt er sich sinnvoll als
imp. HS anschließen; ἐν τῷ τὴν χεῖρά σου ἐκτείνειν σε εἰς ἴασιν καὶ
σημεῖα καὶ τέρατα γίνεσθαι ... *wobei du deine Hand ausstreckst, um zu
heilen, und/damit ... Zeichen und Wunder geschehen* bzw. *streck dabei deine Hand*

aus, um zu heilen, und laß Zeichen und Wunder geschehen od. *streck dabei deine Hand aus, damit Heilungen und andere* (A376a) *Zeichen und Wunder geschehen.* **τὴν χεῖρά σου** AkkO ἐκτείνειν (zu χείρ s. V. 28). **ἐκ-τείνειν** Inf. -τείνω *ausstrecken;* Präd. des ersten AcI. **σε** Subj. zu ἐκτείνειν. **ἴασις**[8] V. 22; εἰς ἴασιν (fin. [vgl. εἰς 4]) *zu Heilungen* (Menge), *um Heilungen zu wirken, um zu heilen.* **τέρας**[3] ατος τό *Wunder* (tritt häufig synonym in fester Verbindung m. σημεῖα auf); σημεῖα καὶ τέρατα Subj. zu γίνεσθαι. **γίνεσθαι** Inf. γίνομαι V. 16; Präd. des zweiten AcI. **παῖς** V. 27; διὰ τοῦ ὀνόματος τοῦ ἁγίου παιδός σου Ἰησοῦ *durch den Namen* (B ὄνομα I4cα: *durch die Kraft des Namens*) *deines heiligen Knechtes/Bevollmächtigten Jesus,* d.h. durch Jesus als den, der er ist (Jahwes prophetisch angekündigter
31 Knecht/Bevollmächtigter). **31 δεηθέντων** Aor. Ptz. Pass. (ohne bes. Pass.-Bdtg.) δέομαι[177] *bitten, beten;* gen. abs. (A288), temp. **ἐ-σαλεύθη** Aor. Pass. σαλεύω *erschüttern;* Pass. hier *beben* (B 1). **ἦσαν** Ipf. εἰμί. **συν-ηγμένοι** Pf. (A231) Ptz. Pass. -άγω, umschrieb. Plsqpf. (A25/249b). **ἐ-πλήσθησαν** Aor. Pass. πίμπλημι V. 8. **ἅ-πας**[10] = πᾶς. **ἐ-λάλουν** Ipf. λαλέω.

32 **32 πλῆθος**[7] *Menge;* (versammelte) *(Menschen-)Menge;* hier etwa *Gesamtheit* (Menge), *ganze Schar* (Albrecht) od. (bes. wenn hier tatsächl., wie v. manchen [so B2bδ] angenommen, ein term. tech. für die Gesamtheit der Mitglieder einer religiösen [hier der christl.] Gemeinschaft vorliegt) dann etwa *Gemeinde* (Einh.) od. *ganze Gemeinde* (Wilckens); τοῦ πλήθους ist wohl Präd.-Nom. im gen. poss. (A154/174); τοῦ πλήθους τῶν πιστευσάντων ἦν καρδία καὶ ψυχὴ μία *der Gesamtheit/der ganzen Gemeinde der Glaubenden war ein (einziges) Herz und eine (einzige) Seele eigen* = (idiomatisch) *die Gesamtheit/die ganze Gemeinde der Glaubenden war ein Herz und eine Seele.* **πιστευσάντων** Aor. Ptz. πιστεύω, subst. *(der) Gläubiggewordenen, (der) Glaubenden.* **ἦν** V. 3; zum Sg.-Präd. vgl. A94 (hier dadurch begünstigt, daß das zusammengesetzte Subj. semantisch eine Einheit bildet). **οὐδὲ εἷς** *auch nicht einer, kein einziger, keiner.* **ὑπ-αρχόντων** Ptz. -άρχω hier m. τινί (dat. commodi/poss., A173b) *jmdm. zur Verfügung stehen, jmdm. gehören;* subst.; τὰ ὑπάρχοντά τινι *das, was jmdm. gehört* (vgl. B ὑπάρχω 1); gen. partitivus (A164); τὶ τῶν ὑπαρχόντων αὐτῷ *(irgend) etwas von dem, was ihm gehörte* bzw. *(irgend) etwas, was er hatte* (Subj. des AcI). **ἔ-λεγεν** Ipf. λέγω; καὶ οὐδὲ εἷς τι τῶν ὑπαρχόντων αὐτῷ ἔλεγεν ἴδιον εἶναι *und auch nicht einer sagte von irgend etwas, was er hatte, es sei sein ausschließliches Eigentum/es gehöre ihm allein* (vgl. H-S §206c). **ἴδιος** hier im Sinn v. *privat* (Ggs. κοινός) bzw. (ἴδιον) *Privateigentum* (B ἴδιος 1aα), *ausschließliches Eigentum* (Menge); Präd.-Nom. des AcI. **εἶναι** Inf. εἰμί; Präd. des AcI. **ἅ-πας**[10] = πᾶς. **κοινός** *gemeinsam;* ἦν αὐτοῖς ἅπαντα κοινά *sie hatten alles* (dat. poss., A173b) *gemeinsam* od. *es war für sie/in ihren Augen* (Dat. des Standpunktes,

A175,2) *alles gemeinsam.* **33 δυνάμει μεγάλῃ** mod. (A180a) *mit großer* 33
Kraft, d.h. wohl so, daß die Worte der Apostel unter der Leitung des Heiligen
Geistes (vgl. V. 31) ihre Wirkung nicht verfehlten u. Menschen dazu führten, an
Jesus zu glauben (Marshall, Apg, S. 108); nach anderen ist hier gemeint, daß das
Zeugnis v. göttl. Kraftwirkungen (vgl. V. 30) begleitet war (Bruce, Apg, S. 160);
Menge übers. *mit großem Nachdruck.* **ἀπ-ε-δίδουν** (= -ε-δίδοσαν) Ipf.
ἀπο-δίδωμι hier m. μαρτύριον *Zeugnis ablegen* (B 1), *bezeugen.* **μαρτύ-
ριον** *Zeugnis,* im Sinn v. *Beweis* (Handlung, Umstand od. Sache) od. *Zeugen-
aussage;* m. gen. obi. (A158); ἀπεδίδουν τὸ μαρτύριον οἱ ἀπόστολοι
τῆς ἀναστάσεως τοῦ κυρίου Ἰησοῦ (zur Wortstellung vgl. BDR §473[4])
die Apostel legten Zeugnis von der Auferstehung Jesu, des Herrn, ab bzw. *die Apo-
stel bezeugten, daß Jesus, der Herr, auferstanden war.* **χάρις** hier wohl im Sinn
v. (göttl.) *Gnade,* viell. im Sinn v. *Gunst/Beliebtheit* (bei anderen; B 2b); χάρις
τε μεγάλη ἦν ἐπὶ πάντας αὐτούς *und reiche Gnade ruhte auf ihnen allen*
(Einh.) = *Gott beschenkte sie alle mit reichem Segen* (vgl. TEV2), viell. *und alle
erfreuten sich großer/allgemeiner Beliebtheit* (Menge) bzw. *und sie genossen alle
großes Ansehen.* **34 οὐδέ... τις** *und/auch keiner ...;* οὐδὲ γὰρ ἐνδεής τις 34
ἦν ἐν αὐτοῖς *denn es gab auch keinen Notleidenden unter ihnen* (Menge). **ἐν-
δεής**[7] *bedürftig, arm, notleidend.* **ἐν** *unter* (vgl. B I4a). **κτήτωρ**[6] ορος ὁ *Be-
sitzer.* **χωρίον** *Grundstück, Landgut.* **ὑπ-ῆρχον** Ipf. -άρχω hier = εἰμί m.
Präd.-Nom. (vgl. B 2; H-S §256c; A78). **πωλοῦντες** Ptz. πωλέω *verkaufen;*
temp. (A291,1 Anm. 1). **ἔ-φερον** Ipf. φέρω Ipf. wohl iter. (A237b; vgl. 2,45):
es geschah immer wieder (je nach Bedarf; gilt analog für ἐτίθουν u. διεδίδετο
in V. 35). **τιμή** hier (Sg./Pl.) *(die) erhaltene Summe* (B 1), *(der) Erlös.* **πι-
πρασκομένων** Ptz. Pass. πιπράσκω *verkaufen;* subst.; τὰς τιμὰς τῶν
πιπρασκομένων *den Erlös des Verkauften* bzw. (einfach, da im Deutschen
pleon.) *den Erlös.* **35 ἐ-τίθουν** (= ἐ-τίθεσαν) Ipf. τίθημι hier παρὰ 35
τοὺς πόδας τινός *zu jmds. Füßen legen* bzw. *jmdm. zu Füßen legen* wahr-
scheinl. Idiom (der Rechtssprache?) etwa *jmdm. zur Verfügung stellen* (Menge)
bzw. *jmdm. zu treuen Händen überbringen/überlassen.* **δι-ε-δίδετο** (klass.
-δίδοτο, A31) Ipf. Pass. δια-δίδωμι *verteilen;* τινί *jmdm. zuteilen von.* **καθ-
ότι** (A338) *in dem Maß wie, je nachdem.* **ἄν** bez. hier im NS m. Augmenttem-
pus (hier Ipf.) eine wiederholtes Geschehen in der Vergangenheit („hellenisti-
scher Nebensatziterativ“; H-S §198c; BDR §367[3]; A262); διεδίδετο δὲ ἑκά-
στῳ καθότι ἄν τις χρείαν εἶχεν *davon wurde (jeweils) jedem soviel zuge-
teilt, wie er nötig hatte.* **εἶχεν** Ipf. ἔχω. **36 Ἰωσήφ** indekl., hier Nom., *Josef;* 36
Ἰωσὴφ δέ ... etwa *auch Josef* ... bzw. *so ... zum Beispiel Josef* ... (vgl. Menge).
ἐπι-κληθείς Aor. Ptz. Pass. -καλέω[37] *(be)nennen; einen Beinamen geben;*
attr. **Βαρναβᾶς**[1] ᾶ *Barnabas,* Missionar u. Weggefährte v. Paulus; die Her-
leitung dieses Namens ist nicht eindeutig geklärt; Βαρ- (= aram. בַּר *bar*) be-
deutet unbestritten „Sohn“; dagegen ist es unsicher, m. welcher aram./hebr.

Wortfamilie -ναβᾶς zu verbinden ist; vorgeschlagen wurden u.a.: a) **נבא** *nb*ʾ
„als Prophet wirken“ („Sohn des Prophezeiens/Propheten“ o.ä. = „Prophet“,
also einer, der mahnt u. tröstet), b) **נוח** *nwḥ* „ruhen/besänftigen“ („Sohn der
Besänftigung“ = „Besänftiger/Tröster“; überraschend, aber mögl. wäre die Wie-
dergabe des aram. **ו** *w* durch das griech. β [wohl in ntl. Zeit weithin als „v“ wie
in „Vase“ ausgesprochen]), c) **ביא** *bj*ʾ (syrisch) „trösten“ (Sebastian Brock,
Journal of Theological Studies 25 [1974], S. 93-98; vgl. Bruce, Apg, S. 160).
ἀπό hier = ὑπό (B V6; H-S §191a; A211). **μεθ-ερμηνευόμενον** Ptz.
Pass. -ερμηνεύω *übersetzen;* umschrieb. Präs. (A249a); ὅ ἐστιν μεθερμη-
νευόμενον (als Formel gebraucht [vgl. A93]) *das heißt übersetzt* (B). **παρά-
κλησις**[8] *Ermahnung; Trost, Zuspruch, Ermutigung;* υἱὸς παρακλήσεως
„Sohn des Trostes/Zuspruchs/der Ermutigung“ (Sem.; A157) = *einer, der (ge-
wohnheitsmäßig) Mut macht* (Bruce, Apg, S. 160) bzw. *der Mann, der anderen
Mut macht* (GNB; Menge: = *der Tröster*). **Λευίτης**[1] *Levit,* Glied des Stam-
mes Levi, zuständig für Hilfsdienste im Tempel. **Κύπριος** *Zypriot, Bewohner
von Zypern* (s.a. zu 13,4). **γένος**[7] *Geschlecht; Nachkommenschaft; Herkunft;
Nation, Volk;* dat. respectus (A178); Κύπριος τῷ γένει *der Herkunft nach ein*
37 *Zypriot* (H-S §178a), *aus Zypern gebürtig* od. einfach *aus Zypern.* **37 ὑπ-άρ-
χοντος** Ptz. V. 32; gen. abs. (A288), kaus. **ἀγρός** *Feld, Acker.* **πωλήσας**
Aor. Ptz. V. 34; temp. (A291,1 Anm. 1). **ἤνεγκεν** Aor. φέρω. **χρῆμα**[3] Pl.
Vermögen, Reichtum; Geld (Sg.: *Geldsumme*). **ἔ-θηκεν** Aor. τίθημι V. 35.
5 **τις** hier = etwa deutscher unbest. Art. (H-S §144a; vgl. A136); ἀνὴρ δέ
τις Ἁνανίας ὀνόματι *ein Mann namens Hananias aber* (wohl: im Ggs. zu
Barnabas 4,36). **Ἁνανίας**[1] ου *Hananias.* **ὀνόματι** dat. respectus (vgl.
BDR §197,2; vgl. A178) *mit Namen, namens.* **Σάπφιρα** (zu -ρη statt -ρα
BDR §43[1]; vgl. H-S §25f) *Saphira.* **ἐ-πώλησεν** Aor. πωλέω *verkaufen.*
2 **κτῆμα**[3] *Besitz, Habe; Grundbesitz,* hier (vgl. V. 3) *Grundstück.* **2 ἐ-νοσφί-
σατο** Aor. Med. νοσφίζομαι (vgl. A33[91ff]) *für sich auf die Seite schaffen, ver-
untreuen, unterschlagen* (B), hier etwa *zurückbehalten* od. *für sich behalten.* **τι-
μή** hier *Kaufpreis* (B 1), *Erlös;* ἀπὸ τῆς τιμῆς = τὶ (ἀπὸ) τῆς τιμῆς
(A137a/164) *etwas vom Erlös.* **συν-ειδυίης** (klass. -ειδυίας BDR §43;
H-S §48e) Pf. (A231) Ptz. Fem. σύν-οιδα (A27) *Mitwisser sein; sich bewußt
sein;* gen. abs. (A288), mod.; συνειδυίης καὶ τῆς γυναικός *wobei auch
seine* (A103) *Frau davon* (A79) *wußte, mit Wissen seiner Frau.* **ἐνέγκας** Aor.
Ptz. φέρω, temp. (A291,1 Anm. 1). **ἔ-θηκεν** Aor. τίθημι hier παρὰ τοὺς
πόδας τινός *zu jmds. Füßen legen* bzw. *jmdm. zu Füßen legen* wahrscheinl.
Idiom (der Rechtssprache?) etwa *jmdm. zur Verfügung stellen* (Menge) bzw.
3 *jmdm. zu treuen Händen überbringen/überlassen.* **3 Ἁνανία** Vok. **διὰ τί**
warum? **ἐ-πλήρωσεν** Aor. πληρόω; πληρόω τὴν καρδίαν τινός *jmds.
Herz erfüllen,* d.h. dieses ganz und gar in Besitz nehmen (B 1a) bzw. jmdn. dazu
bringen, in einer best. Weise zu denken (LN 30.29); διὰ τί ἐπλήρωσεν ὁ

σατανᾶς τὴν καρδίαν σου, ψεύσασθαί σε ... *warum hat der Satan dein*
Herz erfüllt, daß du ... belügst = *warum hat der Satan dich dazu gebracht, so zu*
denken, daß du ... belügst [Var. 1 ἐ-πήρωσεν Aor. πηρόω *verstümmeln* bzw.
blenden (vgl. B); Var. 2 ἐ-πείρασεν Aor. πειράζω V. 9; Var. 3 ἐ-πώρωσεν
Aor. πωρόω *versteinern, verhärten, verstocken*]. **σατανᾶς**[1] ᾶ *Widersacher;*
Satan, der Widersacher Gottes. **ψεύσασθαι** Aor. Inf. Med. ψεύδομαι[90]
lügen, belügen (hier [wie klass.] m. Akk. bes. auch im Sinn v. *betrügen, hinterge-*
hen [vgl. B 2; BDR §187[3]]; V. 4 [wie meist LXX] m. Dat.); kons. (ohne ὥστε
[BDR §391,4; A278]); erstes Präd. des AcI. **σε** Subj. des AcI. **νοσφίσα-**
σθαι Aor. Inf. Med. νοσφίζομαι; kons. (wie ψεύσασθαι); zweites Präd.
des AcI. **χωρίον** *Grundstück, Landgut.* **4** **οὐχί** *nicht;* erwartet als Frageein- 4
leitung die Antwort „doch“ (A320). **μένον** Ptz. μένω, temp. od. kond.; οὐχὶ
μένον σοὶ ἔμενεν *während/wenn es (unverkauft) blieb, blieb es dir* (vgl. A173)
nicht (vgl. B 1b) etwa = *konntest du es vor dem Verkauf nicht (ohne weiteres)*
behalten bzw. (freier) *du hättest ja das Land behalten können* (GNB). **ἔ-μενεν**
Ipf. **πραθέν** Aor. Ptz. Pass. Ntr. πιπράσκω[169] *verkaufen;* temp. **σός**
(A128) *dein.* **ἐξ-ουσία** hier *Verfügungsgewalt;* καὶ (οὐχὶ) πραθὲν ἐν τῇ
σῇ ἐξουσίᾳ ὑπῆρχεν; *und stand es* (d.h. der Erlös) *nach dem Verkauf nicht*
zu deiner freien Verfügung (vgl. B 1) bzw. *und konntest du nicht auch nach dem*
Verkauf frei über den Erlös verfügen (Einh.). **ὑπ-ῆρχεν** Ipf. -άρχω hier =
εἰμί m. Präd.-Nom. **τί ὅτι** = τί (erg. ἐστιν od. γέγονεν [Pf. γίνομαι])
ὅτι *was ist es/was ist geschehen, daß* = *warum* (vgl. B ὅτι 1c u. τίς 1bε; BDR
§299[3]). **ἔ-θου** Aor. Med. τίθημι; τίθεμαί τι ἐν τῇ καρδίᾳ *sich etwas in*
den Kopf setzen, sich etwas vornehmen (B II1c). [Var. ποιῆσαι Aor. Inf.
ποιέω.] **πρᾶγμα**[3] *Ereignis, Tatsache, Vorfall; Vorhaben, Aufgabe; Sache, An-*
gelegenheit; τί ὅτι ἔθου ἐν τῇ καρδίᾳ σου τὸ πρᾶγμα τοῦτο etwa
warum hast du dir in den Kopf gesetzt, so etwas zu tun od. (freier) *warum hast du*
dich auf dieses falsche Spiel eingelassen (GNB). **ἐ-ψεύσω** Aor. Med. 2. Sg.
ψεύδομαι. **5** **ἀκούων** Ptz., temp. **πεσών** Aor. Ptz. πίπτω hier *umfallen* 5
(B 1bα), *zusammenbrechen;* temp. (A291,1 Anm. 1). **ἐξ-έ-ψυξεν** Aor. ἐκ-
ψύχω[73] *das Leben aushauchen, sterben* (im 1. Jh. viell. medizinischer term. tech.
[vgl. Spicq 1, S. 467]). **ἐ-γένετο** Aor. Med. γίνομαι m. ἐπί τινας *jmdn.*
befallen (B I4cγ), *über jmdn. kommen* (Menge). **ἀκούοντας** Ptz. ἀκούω,
subst.; erg. τοῦτο/ταῦτα (A79). **6** **ἀνα-στάντες** Wz.-Aor. Ptz. ἀν-ίστα- 6
μαι, temp. (A291,1 Anm. 1). **νεώτερος** Komp. v. νέος *neu; jung;* subst. οἱ
νεώτεροι *die jungen/jüngeren Männer,* d.h. wohl anwesende jüngere Männer.
συν-έ-στειλαν Aor. συ-στέλλω[113] *zusammenordnen, zusammendrängen;*
hier sehr wahrscheinl. (B 2a) *einhüllen, in Tücher hüllen* (Menge), *in ein Tuch*
wickeln (GNB). **ἐξ-ενέγκαντες** Aor. Ptz. ἐκ-φέρω[198] *hinaustragen;* erg.
αὐτόν (A79), ebenso bei ἔθαψαν; temp. (A291,1 Anm. 1). **ἔ-θαψαν** Aor.
θάπτω[53] *begraben.*

7 **7 ἐ-γένετο** Aor. Med. γίνομαι hier etwa im Sinn v. *verstreichen.* **διά-
στημα**[3] *Zwischenraum, Zwischenzeit;* ἐγένετο δὲ ὡς ὡρῶν τριῶν διά-
στημα καί *es verstrich aber eine Zwischenzeit von etwa drei Stunden und/als*
(vgl. A311,4; BDR §442,4a) = *nach Verlauf von etwa drei Stunden* (B), *etwa drei
Stunden später* (GNB). **εἰδυῖα** Pf. (m. präs. Bdtg.) Ptz. Fem. οἶδα, mod. neg.
ohne zu wissen (A291,2; H-S §227d). **γε-γονός** Pf. (A231) Ptz. Ntr.
γίνομαι, subst.; τὸ γεγονός *das Vorgefallene* (Menge) bzw. *was geschehen*
8 *war.* **εἰσ-ῆλθεν** Aor. -έρχομαι. **8 ἀπ-ε-κρίθη** Aor. Pass. (ohne Pass.-
Bdtg.) ἀπο-κρίνομαι hier im Sinn v. *anreden* (Menge), *sagen* (vgl. B 2) bzw.
hier (kontextgemäß) *fragen.* **εἰπέ** Aor. Imp. λέγω. **εἰ** am besten als Doppel-
punkt berücksichtigen (vgl. A320). **τοσοῦτος**[18] (A352) *so groß; so viel;* gen.
pretii (A161), übers. etwa *für soviel, für diesen Preis.* **χωρίον** V. 3. **ἀπ-έ-
δοσθε** Aor. Med. ἀπο-δίδωμι Med. *verkaufen* (B 4a; weitgehend auf Aor.
beschränkt [sonst πιπράσκω/πωλέω]; entspricht klass. bzw. gehobenerem
Gebrauch [BDR §101[71]]). **ἡ δέ** *(und) diese/sie* (A102). **ναί** *ja, gewiß, freilich.*
9 **9 ὁ δὲ Πέτρος πρὸς αὐτήν** erg. ἔφη (Ipf. φημί) o.ä. (vgl. A335; BDR
§470[3]/481[1]) *da sagte Petrus zu ihr.* **τί ὅτι** V. 4. **συν-ε-φωνήθη** Aor. Pass.
συμ-φωνέω *übereinkommen, vereinbaren;* τί ὅτι συνεφωνήθη ὑμῖν
(unpersönl. Pass.-Konstruktion [Subj. ist πειράσαι A270] wie lat.: convenit
inter vos [BDR §202[8]]) *warum ist durch euch vereinbart worden = warum habt
ihr vereinbart* bzw. *warum habt ihr beide euch verabredet* (Menge). **πειράσαι**
Aor. Inf. πειράζω (vgl. A33[91ff]) *versuchen, in Versuchung bringen* (Unrechtes
zu tun); *prüfen, auf die Probe stellen.* **ἰδού** hier im Sinn v. *da/hier (sind/stehen)*
(vgl. B 2; A78d). **θαψάντων** Aor. Ptz. V. 6; subst.; ἰδοὺ οἱ πόδες τῶν
θαψάντων τὸν ἄνδρα σου ἐπὶ τῇ θύρᾳ *siehe, die Füße derer, die deinen
Mann zu Grabe getragen haben, stehen vor der Tür* (Menge) etwa im Sinn v. *ich
sage dir: Vor der Tür stehen schon die Leute, die deinen Mann begraben haben*
(GNB). **ἐπί** m. Dat. hier *an* (B II1aδ) bzw. *vor* (Menge). **θύρα** *Tür.* **καί**
10 hier *auch* (zu σε). **ἐξ-οίσουσιν** Fut. ἐκ-φέρω V. 6. **10 ἔ-πεσεν** Aor.
V. 5. **παρα-χρῆμα** *sofort, sogleich.* **πρὸς τοὺς πόδας αὐτοῦ** *zu/vor
seinen Füßen.* **ἐξ-έ-ψυξεν** V. 5. **εἰσ-ελθόντες** Aor. Ptz. -έρχομαι, temp.
νεανίσκος *junger Mann* (bis etwa zum Alter v. 40); vgl. V. 6. **εὗρον** Aor.
εὑρίσκω; εὗρον αὐτὴν νεκράν (Adj. als Obj.-Präd. [A49; H-S §259n;
B 1cβ]; erg. viell. οὖσαν [Ptz. Fem. v. εἰμί], dann AcP [H-S §233b Anm. 2;
BDR §416,1/2]) *sie fanden sie tot vor* (vgl. Menge). **ἐξ-ενέγκαντες,
ἔ-θαψαν** V. 6. **πρός** m. Akk. hier *bei, neben* (= παρά [BDR §239,2]).
11 **11 ἐ-γένετο, ἀκούοντας** V. 5.
12 **12 διὰ τῶν χειρῶν** m. Gen. = διά m. Gen. (viell. Hebr. [LXX-Ge-
brauch aber stets διὰ χειρός] vgl. BDR §217[6]; A186). **ἐ-γίνετο** Ipf. Med.
γίνομαι hier *geschehen* (vgl. B I2a). **τέρας**[3] ατος τό *Wunder* (tritt häufig
synonym in fester Verbindung m. σημεῖα auf). **ἐν** *unter.* **ἦσαν** Ipf. εἰμί,

Ipf. wohl iter. (A237b). **ὁμο-θυμαδόν** Adv. *übereinstimmend, einmütig;* καὶ ἦσαν ὁμοθυμαδὸν ἅπαντες ... *und alle (Gläubigen) pflegten sich einmütig ... zu versammeln* (Menge), *die ganze Gemeinde war Tag für Tag einmütig ... beisammen* (GNB). **ἅ-πας**[10] = πᾶς. **στοά** *Säulenhalle;* ἐν τῇ στοᾷ Σολομῶντος *in der Säulenhalle Salomos* (s. zu 3,11). **Σολομών**[4] 3,11. **13 τῶν** 13
λοιπῶν gen. partitivus (A164) zu οὐδείς: *von den übrigen/Außenstehenden ... niemand.* **ἐ-τόλμα** Ipf. τολμάω *wagen.* **κολλᾶσθαι** Inf. Pass. κολλάω (< κόλλα Leim) *zusammenfügen;* Pass. m. Dat. *sich eng anschließen an,* hier wahrscheinl. *sich* jmdm. *anschließen, engen Kontakt mit* jmdm. *suchen* (B 2bα), evtl.: jmdm. *zu nahe treten* (Roloff, Apg, S. 96). **ἐ-μεγάλυνεν** Ipf. μεγαλύνω m. Akk. *groß machen;* jmdn. *erheben, (für dessen Größe) preisen;* hier etwa *hoch in Ehren halten* (Menge), *schätzen, mit Achtung sprechen von* (GN).
14 μᾶλλον hier *noch mehr, erst recht* (B 1) bzw. (wohl besser) *immer mehr* 14
(Menge). **προσ-ε-τίθεντο** Ipf. Pass. -τίθημι *hinzufügen.* **πιστεύοντες** Ptz. πιστεύω, subst.; μᾶλλον δὲ προσετίθεντο (erg. gedankl. τῇ ἐκκλησίᾳ, od. τῷ κυρίῳ ist hierher zu ziehen) πιστεύοντες τῷ κυρίῳ *und immer mehr wurden solche ihrer Gemeinschaft/der Gemeinde hinzugefügt/hinzugeführt, die an den Herrn glaubten* od. *und immer mehr wurden dem Herrn solche hinzuführt, die glaubten.* **πλῆθος**[7] *Menge, große Anzahl;* (versammelte) *(Menschen-)Menge;* πλήθη ἀνδρῶν τε καὶ γυναικῶν (gen. partitivus [A164]) *Scharen von Männern und Frauen.* **15 ὥστε** m. Inf., unpersönl. m. „man" 15
(A76d; gemeint sind wohl nicht die Neubekehrten, sondern nichtchristl. Menschen [Haenchen, Apg, S. 199); ὥστε καί ... ἐκφέρειν ... καὶ τιθέναι (schließt an V. 13 an) *so daß man sogar ... hinausbrachte ... und ... legte.* **πλατεῖα** *breiter Weg, Straße;* εἰς τὰς πλατεία *auf die Straßen.* **ἐκ-φέρειν** Inf. -φέρω V. 6. **ἀ-σθενής**[7] *kraftlos, schwach; krank;* subst. (A105). **τιθέναι** Inf. τίθημι, erg. αὐτούς (A79) sowie *dort* o.ä. **κλινάριον** *Bett.* **κράβαττος** (< lat. grabatus) (ärmliches) *Bett, Pritsche, Matte.* **ἐρχομένου** Ptz. ἔρχομαι, gen. abs. (A288), temp.; ἵνα ἐρχομένου Πέτρου κἂν ἡ σκιὰ ἐπισκιάσῃ τινὶ αὐτῶν (gen. partitivus [A137a/164]) *damit, wenn Petrus kam, wenigstens sein* (A103) *Schatten auf einen von ihnen fallen würde* bzw. (einfacher) *wenn Petrus vorbeiging, sollte wenigstens sein Schatten auf den einen oder anderen von ihnen fallen* (GN; vgl. Menge). **κἄν** = καὶ ἐάν hier *wenigstens, wenn auch nur* (B κἄν 3; BDR §374[6]). **σκιά** *Schatten.* **ἐπι-σκιάσῃ** Aor. Konj. -σκιάζω (vgl. A33[91ff]) *überschatten,* hier (vom Schatten) *fallen auf.* **16 συν-** 16
ήρχετο Ipf. Med. -έρχομαι *zusammenkommen,* hier etwa *zusammenströmen* (Menge). **πλῆθος** V. 14; hier *Bevölkerung* (Menge; vgl. B 2bγ). **πέριξ** *ringsum* (hier wie Präp. m. Gen. gebraucht [BDR §474,8; vgl. H-S §185a]); αἱ πέριξ πόλεις *die umliegenden Städte;* αἱ πέριξ πόλεις Ἰερουσαλήμ *die rings um Jerusalem liegenden Ortschaften* (Menge). **Ἰερουσαλήμ** ἡ indekl., hier Gen. **φέροντες** Ptz. φέρω, mod. **ὀχλουμένους** Ptz. ὀχλέομαι *be-*

lästigt/gequält werden; subst.; ὀχλουμένους ὑπὸ πνευμάτων ἀκαθάρτων
von unreinen/bösen Geistern Geplagte. **ἀ-κάθαρτος**[11] *unrein, schmutzig*
(kultisch bzw. sittl.-geistl.). **ἐ-θεραπεύοντο** Ipf. Pass. θεραπεύω.
17 **17 ἀνα-στάς** Wz.-Aor. Ptz. ἀν-ίσταμαι hier *aufstehen, sich erheben*
im Sinn v. *aktiv werden, eingreifen* (evtl. als „participium graphicum" [wohl sem.]
pleon. gebraucht [BDR §419[2]; vgl. A296]); zum Sg.-Präd. vgl. A94f; mod. (vgl.
A291,2 Anm. 1); ἀναστὰς δὲ ὁ ἀρχιερεὺς καὶ πάντες ... ἐπλήσθησαν
ζήλου *der Hohepriester und alle ... wurden neidisch* (wörtl. *wurden von Eifer-
sucht/Neid erfüllt/gepackt*) *und beschlossen einzugreifen* (GN; evtl. einfach *da
wurden der Hohepriester und alle ... neidisch*). **οἱ σὺν αὐτῷ** *seine Begleiter,
sein Anhang* (Menge) bzw. *die, die auf seiner Seite waren* (vgl. GN). **οὖσα** Ptz.
Fem. εἰμί, attr. (vgl. ähnl. Gebrauch des Ptz. in 11,22; 13,1 u. 28,17); ἡ οὖσα
αἵρεσις τῶν Σαδδουκαίων App. (A70) *(nämlich/das heißt) die
(damals/dort) vorhandene/aktive Partei der Sadduzäer* od. einfach *(nämlich/das
heißt) die Partei der Sadduzäer;* d.h. die Sadduzäer waren die treibende Kraft.
αἵρεσις[8] *Schule* (im Sinn v. Lehrrichtung), *Partei; Lehrmeinung.* **Σαδδου-
καῖος** *Sadduzäer,* Angehöriger einer politisch einflußreichen religiösen Rich-
tung des Judentums, deren Mitglieder aus den vornehmen Familien stammten.
ἐ-πλήσθησαν Aor. Pass. πίμπλημι[207] *erfüllen, vollmachen* τινός *mit et-
was* (A165). **ζῆλος**[7] *Eifer; Eifersucht, Neid* (hier wohl auf das erfolgreiche
18 Wirken der Apostel). **18 ἐπ-έ-βαλον** Aor. ἐπι-βάλλω[112] *auf* etwas *wer-
fen/legen;* ἐπιβάλλω τὰς χεῖρας ἐπί τινα *jmdn. ergreifen/packen,* hier kon-
kret *jmdn. festnehmen* bzw. *festnehmen lassen* (Menge; vgl. A218). **ἔ-θεντο**
Aor. Med. τίθημι. **τήρησις**[8] *Gefängnis, Gewahrsam;* ἐν τηρήσει τίθεμαι
in Gewahrsam nehmen, ins Gefängnis sperren. **δημόσιος** *öffentlich, staatlich.*
19 **19 διά** m. Gen. hier *während* (B AII1b); διὰ νυκτός *während der* (A106a)
Nacht. **ἀν-οίξας** Aor. Ptz. -οίγω, temp. (A291,1 Anm. 1). **θύρα** *Tür.* **ἐξ-
αγαγών** Aor. Ptz. -άγω[59] *hinaus-, herausführen;* temp. (A291,1 Anm. 1)
20 [Var. ἤν-οιξε Aor.]. **20 πορεύεσθε** Imp. (vgl. A266a). **σταθέντες** Aor.
Ptz. Pass. (= στάντες Wz.-Aor.) ἵσταμαι hier *sich hinstellen, auftreten;* temp.
(A291,1 Anm. 1). **λαλεῖτε** Imp. λαλέω. **πάντα τὰ ῥήματα τῆς
ζωῆς ταύτης** *alle Worte dieses Lebens = die ganze Botschaft von diesem Le-
ben* (d.h. [so GNB] *von dem Leben, das Jesus gebracht hat,* also die Heilsbot-
21 schaft, das Evangelium). **21 ἀκούσαντες** Aor. Ptz. ἀκούω, temp.; erg.
τοῦτο/ταῦτα (A79). **εἰσ-ῆλθον** Aor. -έρχομαι. **ὑπό** m. Akk. zeitl. *um;*
ὑπὸ τὸν ὄρθρον *bei Tagesanbruch, früh am Morgen.* **ὄρθρος** *Morgenfrühe,
Morgendämmerung.* **ἐ-δίδασκον** Ipf. διδάσκω; erg. gedankl. *dort* o.ä.
(Menge) bzw. auch *die Menschen.* **παρα-γενόμενος** Aor. Ptz. Med. -γίνο-
μαι[176] *ankommen, kommen, eintreffen;* zum Sg.-Präd. vgl. A94f; temp. (A291,1
Anm. 1); παραγενόμενος δὲ ὁ ἀρχιερεὺς καί ... συνεκάλεσαν ...
etwa *währenddessen kamen der Hohepriester und ... und riefen ... zusammen.*

συν-ε-κάλεσαν Aor. συγ-καλέω[37] *zusammenrufen.* **συν-έδριον**
Synedrium, Hoher Rat (oberste jüd. Instanz in allen religiösen u. zivilen
Angelegenheiten; DJG, S. 728-732; GBL 3, S. 1338f). **γερουσία** *Älte-
stenschaft, Rat der Alten,* hier *Synedrium* (z.B. in Ex 12,21 LXX für den Älte-
stenrat Israel); καὶ (wohl epexegetisch [BDR §442[18]; A311,7]) πᾶσαν τὴν
γερουσίαν *das heißt die gesamte Ältestenschaft* (Bruce, Apg, S. 170f). **Ἰσρα-
ήλ** ὁ indekl., hier Gen. **ἀπ-έ-στειλαν** Aor. ἀπο-στέλλω hier *Boten
schicken.* **δεσμωτήριον** *Gefängnis.* **ἀχθῆναι** Aor. Inf. Pass. ἄγω; AcI m.
fin. (A276; BDR §390[3]); ἀχθῆναι αὐτούς *damit sie* (die Apostel) *vorge-
führt/geholt würden = um die Apostel vorzuführen/zu holen.* **22 παρα-γενό-** 22
μενοι Aor. Ptz. Med., attr.; οἱ δὲ παραγενόμενοι ὑπηρέται *die (dort)
hingelangenden Diener* praktisch = *als die (abgesandten) Diener hinkamen.* **ὑπ-
ηρέτης**[1] *Gehilfe, Diener.* **εὗρον** V. 10. **ἀνα-στρέψαντες** Aor. Ptz.
-στρέφω[47] tr. *umkehren;* intr. *umkehren, sich umwenden, zurückkommen;* temp.
(A291,1 Anm. 1). **ἀπ-ήγγειλαν** Aor. -αγγέλλω. **23 λέγοντες** Ptz. λέ- 23
γω, pleon. (A297), am besten (zusammen m. dem ὅτι) als Doppelpunkt be-
rücksichtigen. **ὅτι** recitativum = Doppelpunkt (A333). **εὕρομεν** Aor. εὑρί-
σκω. **κε-κλεισμένον** Pf. Ptz. Pass. κλείω[6] *schließen; verschließen;* AcP
(A300); τὸ δεσμωτήριον εὕρομεν κεκλεισμένον ἐν πάσῃ ἀσφα-
λείᾳ *wir fanden das Gefängnis sorgfältigst/fest* (wörtl. *mit aller Sorgfalt*) *ver-
schlossen* (Zustandspassiv, vgl. A242). **ἐν** mod. (wie dat. modi [A180; ZG]); ἐν
πάσῃ ἀσφαλείᾳ *mit aller Festigkeit/Sorgfalt* (B III2). **ἀ-σφάλεια** *Festig-
keit; Zuverlässigkeit; Sicherheit.* **φύλαξ**[3] ακος ὁ *Wächter.* **ἑστῶτας** Pf.
(Wz.-Pf., H-S §109a; m. präs. Bdtg.) Ptz. ἵσταμαι; AcP (A300). **ἐπί** V. 9.
ἀν-οίξαντες Aor. Ptz. -οίγω, temp. **ἔσω** (< εἰς) *hinein; inwendig, im In-
nern.* **24 ἤκουσαν** Aor. ἀκούω. **τοὺς λόγους τούτους** *diese Worte,* 24
diese Meldung. **στρατ-ηγός** eig. „Heerführer", dann aber meist Bezeichnung
für hohen Beamten m. mehr od. weniger ausgedehnten Kompetenzen (KP 5,
Sp. 388ff); στρατηγὸς τοῦ ἱεροῦ *Hauptmann/Kommandant der Tempelwache*
(er hatte die Hauptverantwortung für Ruhe u. Ordnung innerhalb u. außerhalb
des Tempels [Schürer 2, S. 277f]). **δι-η-πόρουν** Ipf. -α-πορέω *in großer
Verlegenheit sein, ratlos sein,* περί m. Gen. *über/wegen.* **γένοιτο** Aor. Opt.
Med. γίνομαι, potentialer Opt. (im NT fast ganz auf Lk/Apg beschränkt;
A260; H-S §211d); τί ἂν γένοιτο τοῦτο *was soll/kann/mag das wer-
den/sein/bedeuten?* hier offenbar eine abhängige Frage, die unterschiedl. gedeu-
tet wird (vgl. Newman-Nida, Apg, S. 126): a) *was das zu bedeuten hatte* (Menge:
welche Bewandtnis es damit wohl haben möchte); b) *(und fragten sich), wohin das
wohl noch führen würde/wie das wohl noch enden würde* (vgl. ZG); c) *und konnten
sich nicht erklären, was mit den Aposteln geschehen war* (GN). **25 παρα-γε-** 25
νόμενος temp. (A291,1 Anm. 1); παραγενόμενος δέ τις *da kam jemand
und.* **ἀπ-ήγγειλεν** Aor. -αγγέλλω. **ὅτι** V. 23. **ἰδού** etwa *denkt nur*

(Menge), *stellt euch vor* od. unübersetzt lassen. **ἔ-θεσθε** Aor. Med. τίθημι;
ἐν τῇ φυλακῇ τίθεμαι *ins Gefängnis sperren.* **ἑστῶτες** V. 23; umschrieb.
Pf. (A249b); εἰσὶν ἐν τῷ ἱερῷ ἑστῶτες *sie stehen (jetzt) im Tempel.* **διδά-**
26 **σκοντες** Ptz. διδάσκω, umschrieb. Präs. (A249a). **26 ἀπ-ελθών** Aor.
Ptz. -έρχομαι, temp. (A291,1 Anm. 1). **ἦγεν** Ipf. ἄγω hier *holen.* **βία** *Ge-*
walt, Gewaltanwendung; οὐ μετὰ βίας *(allerdings) nicht mit Gewalt, doch*
ohne Anwendung von Gewalt (Menge). **ἐ-φοβοῦντο** Ipf. Med. φοβέομαι
m. μή u. Konj. *fürchten, daß* (A308; BDR §370[3]); ἐφοβοῦντο γὰρ τὸν
λαὸν μὴ λιθασθῶσιν wohl = ἐφοβοῦντο γὰρ μὴ λιθασθῶσιν ὑπὸ
τοῦ λαοῦ (eine Art Prolepsis [vgl. A373; BDR §476,1]) *denn sie fürchteten,*
vom Volk gesteinigt zu werden (vgl. Menge), *denn sie hatten Angst, das Volk würde*
sie steinigen (GNB). **λιθασθῶσιν** Aor. Konj. Pass. λιθάζω (vgl. A33[91ff])
steinigen.
27 **27 ἀγαγόντες** Aor. Ptz. ἄγω hier *herbeibringen* o.ä.; temp. (A291,1
Anm. 1). **ἔ-στησαν** Aor. ἵστημι; erg. αὐτούς (A79); ἔστησαν ἐν τῷ
συνεδρίῳ *sie stellten sie vor den Hohen Rat.* **συν-έδριον** V. 21. **ἐπ-ηρώ-**
28 **τησεν** Aor. -ερωτάω hier *verhören* (Menge; vgl. B 1b). **28 λέγων** Ptz. **οὐ**
nicht; erwartet als Frageeinleitung die Antwort „doch" (A320). **παρ-αγγε-**
λία *Ankündigung, Anordnung, Weisung, Befehl;* hier dat. modi, offenbar Ent-
sprechung bzw. Nachahmung des hebr. infinitivus absolutus (zur Intensivierung
des Verbinhalts; BDR §198[9]; A180c; H-S §180c); οὐ παραγγελίᾳ παρηγ-
γείλαμεν ὑμῖν μὴ διδάσκειν ... *haben wir euch nicht ausdrücklich befoh-*
len, nicht mehr (vgl. A265a) ... *zu lehren* bzw. *wir haben euch doch streng verboten,*
weiter ... zu lehren. **παρ-ηγγείλαμεν** Aor. -αγγέλλω[110] *auffordern, anord-*
nen, anweisen, befehlen; m. neg. Inf. *verbieten* (B). **διδάσκειν** Inf. **ἐπὶ τῷ**
ὀνόματι τούτῳ *in diesem Namen,* hier wohl etwa im Sinn v. *unter Verwen-*
dung/Benutzung dieses Namens (B ἐπί II3; ὄνομα I4cε); διδάσκειν ἐπὶ τῷ
ὀνόματι τούτῳ *in diesem Namen/unter Nennung dieses Namens zu lehren* (vgl.
Menge) bzw. (freier) *öffentlich von diesem Mann zu sprechen und seinen Namen*
bekanntzumachen (GN). **καὶ ἰδού** hier etwa *und trotzdem* (Menge). **πε-**
πληρώκατε Pf. πληρόω hier m. τινά τινος (A165) *jmdn. mit etwas*
erfüllen; καὶ ἰδοὺ πεπληρώκατε τὴν Ἰερουσαλὴμ τῆς διδαχῆς
ὑμῶν *ihr aber habt Jerusalem mit eurer Lehre erfüllt* (H-S §200a; A242) bzw.
(freier) etwa *und was habt ihr getan? Ganz Jerusalem ist voll von dem, was ihr*
lehrt (GNB) [Var. ἐ-πληρώσατε Aor.]. **διδαχή** *Lehre.* **βούλομαι**
wollen, wünschen. **ἐπ-αγαγεῖν** Aor. Inf. -άγω[59] *herbeiführen;* ἐπί τινά τι
etwas über/auf jmdn. bringen (meist Übles; vgl. B). **αἷμα** hier metonymisch
„(vergossenes) Blut" für *gewaltsamer Tod, Mord* (A382c; H-S §295l); βούλε-
σθε ἐπαγαγεῖν ἐφ' ἡμᾶς τὸ αἷμα τοῦ ἀνθρώπου τούτου „ihr wollt
das Blut dieses Menschen über/auf uns bringen" = *ihr wollt die Strafe für den*
Tod dieses Menschen über uns bringen (GNB: *ihr macht uns für den Tod dieses*

Menschen verantwortlich und wollt die Strafe Gottes über uns bringen). **29 ἀπο-** 29
κριθείς Aor. Ptz. Pass. (ohne Pass.-Bdtg.) -κρίνομαι, pleon. (A297,2);
ἀποκριθεὶς (zum Sg. s. A95) δὲ Πέτρος καὶ οἱ ἀπόστολοι εἶπαν *aber*
Petrus und die anderen (A376a) *Apostel antworteten.* **εἶπαν** Aor. (vgl. H-S
§105g) λέγω. **πειθ-αρχεῖν** Inf. -αρχέω *gehorchen;* πειθαρχεῖν δεῖ *man*
(A76d; H-S §255f) *muß gehorchen.* **μᾶλλον ἤ** *mehr als* (B ἤ 2a; manche
deuten den Ausdruck im Sinn v. *und nicht* bzw. *statt* [vgl. B μᾶλλον 3c; BDR
§246[4]], was aber kaum begründbar ist [H-S §138c]). **30 ἤγειρεν** Aor. 30
ἐγείρω. **ὑμεῖς** Subj. betont (A122). **δι-ε-χειρίσασθε** Aor. Med. δια-
χειρίζομαι (vgl. A33[91ff]) *umbringen, ermorden.* **κρεμάσαντες** Aor. Ptz.
κρεμάννυμι[226] tr. *hängen, aufhängen,* auch (bes. + ἐπὶ ξύλου) *kreuzigen,*
ans Kreuz schlagen; erg. αὐτόν (A79); mod. **ξύλον** *Holz;* hier *Kreuzesbalken,*
Kreuz (B 2c). **31 ἀρχ-ηγός** *Anführer, Herrscher; Urheber, Begründer;* hier 31
Herrscher (vgl. auch zu 3,15). **σωτήρ**[6] ῆρος ὁ *Retter* (im NT stets v. Christus
bzw. Gott als demjenigen, der Heil verleiht). **ὕψωσεν** Aor. ὑψόω *erhöhen;*
hier m. doppeltem Akk. (A97,15) *jmdn. zu etwas erhöhen, jmdn. als etwas erhe-*
ben. **τῇ δεξιᾷ αὐτοῦ** dat. instr. (A176) *durch seine rechte Hand* (s.a. zu
2,33). **τοῦ** m. Inf. fin. (A281). **δοῦναι** Aor. Inf. δίδωμι; hier δίδωμί τινι
μετάνοιαν καὶ ἄφεσιν ἁμαρτιῶν *jmdm. Umkehr und Sündenvergebung*
verleihen (vgl. B 1bβ) = *jmdm. die Möglichkeit zur Umkehr und Sündenvergebung*
geben bzw. *jmdm. die Gelegenheit geben umzukehren, damit ihm seine Sün-*
den/Schuld vergeben werden können/kann (vgl. GNB). **μετά-νοια** *Sinnesände-*
rung, Umkehr, Bekehrung bzw. *Abkehr.* **ἄφ-εσις**[8] *Erlaß* (v. Schuld, Sünde
usw.), *Vergebung.* **32 μάρτυς** υρος ὁ *Zeuge.* **ῥῆμα** hier etwa *Tatsachen* 32
(Menge; vgl. B 2); ἡμεῖς ἐσμεν μάρτυρες τῶν ῥημάτων τούτων *für*
diese Tatsachen sind wir Zeugen (Menge). **ἔ-δωκεν** Aor. δίδωμι. **πειθ-**
αρχοῦσιν Ptz., subst.

33 οἱ δέ *(und/doch) diese/sie* (A102). **ἀκούσαντες** V. 21. **δι-ε-** 33
πρίοντο Ipf. Pass. δια-πρίω eig. „zersägen"; Pass. übertr. *ergrimmen, zornig*
werden. **ἐ-βούλοντο** Ipf. Med.V. 28 [Var. ἐ-βουλεύοντο Ipf. βουλεύο-
μαι *mit sich zu Rate gehen, überlegen;* hier *einen Beschluß fassen* (B 2)]. **ἀν-ε-**
λεῖν Aor. Inf. -αιρέω[186] *beseitigen, aufheben;* meist: *töten.* **34 ἀνα-στάς** 34
Wz.-Aor. Ptz. ἀν-ίσταμαι, temp. (A291,1 Anm. 1). **συν-έδριον** V. 21.
ὀνόματι V. 1. **Γαμαλιήλ** indekl., hier Nom., *Gamaliël,* Rechtsgelehrter u.
Mitglied des Synedriums in Jerusalem (Gamaliël I., im Judentum als „Rabban"
[höherer Titel als „Rabbi"] bekannt; GBL 1, S. 408). **νομο-διδάσκαλος**
Gesetzeslehrer. **τίμιος** *kostbar;* hier *angesehen* (B 2), *in hohem Ansehen ste-*
hend, τινί *bei jmdm.* (vgl. A172c). **ἐ-κέλευσεν** Aor. κελεύω[5] *befehlen, an-*
ordnen. **βραχύς**[10] εῖα ύ *kurz, wenig;* βραχύ adv. (A150) *für kurze Zeit, vor-*
übergehend. **ποιῆσαι** Aor. Inf. ποιέω; ἔξω τινὰ ποιέω *jmdn. hinausbrin-*
gen (B I1eγ). **35 ἄνδρες** hier klass. Idiom (BDR §242; H-S §260j); ἄνδρες 35

Ἰσραηλῖται Vok. *ihr Männer/Leute von Israel* bzw. (einfach) *Israeliten.* **Ἰσραηλίτης**[1] *Israelit.* **προσ-έχετε** Imp. -έχω m. Dat. *den Sinn richten auf;* προσέχειν ἑαυτῷ *auf sich achten, sich vorsehen;* προσέχετε ἑαυτοῖς ἐπὶ τοῖς ἀνθρώποις τούτοις τί μέλλετε πράσσειν *seht euch bei diesen Menschen vor, was ihr tun wollt* (B 1b) bzw. (= προσέχετε ἑαυτοῖς τί μέλλετε πράσσειν ἐπὶ τοῖς ἀνθρώποις τούτοις [eine Art Prolepsis; vgl. A373; BDR §476,1]) *überlegt euch gut, wie ihr mit diesen Leuten verfahren wollt* (vgl. Menge). **ἑαυτοῖς** (= ὑμῖν αὐτοῖς [A126a]). **πράσσειν** Inf. πράσσω
tun, handeln; πράσσω τι ἐπί τινι *etwas an jmdm. tun* (B ἐπί II1bδ).
36 **36 πρὸ τούτων τῶν ἡμερῶν** „vor diesen Tagen/dieser Zeit" (B ἡμέρα
4b) = *vor einiger Zeit.* **ἀν-έ-στη** Wz.-Aor. -ίσταμαι hier *auftreten.* **Θευδᾶς**[1] ᾶ *Theudas;* nach Josephus (Antiquitates 20.97-99) trat ein jüd. Aufrührer dieses Namens in der Zeit des Prokurators Cuspius Fadus 44ff n. Chr. auf; hier dürfte v. einem anderen *Theudas* (ein geläufiger Name) aus der Zeit vor 6 n. Chr. die Rede sein (Hemer, Setting, S. 162f). **λέγων** Ptz. λέγω hier m. AcI; mod. **εἶναι** Inf. εἰμί; Präd. des AcI; λέγων εἶναί τινα (Präd.-Nom.) ἑαυτόν (Subj.) *und (dabei) behauptete, er sei jemand (Besonderer)* bzw. *und gab sich für etwas Besonderes aus* (Menge) od. (freier) *und behauptete, eine besondere Sendung zu haben* (GNB). **ᾧ** *diesem/ihm* (rel. Anschluß, A364a). **προσ-ε-κλίθη** Aor. Pass. -κλίνομαι[126] *sich* jmdm. *anschließen.* **ἀριθμός** *Zahl, Anzahl;* ἀνδρῶν ἀριθμὸς ὡς τετρακοσίων *eine Anzahl von etwa vierhundert Männern = etwa vierhundert Männer.* **τετρακόσιοι**[19] *vierhundert.* **ὅς** *dieser/er* (rel. Anschluß, A364a). **ἀν-ῃρέθη** Aor. Pass. -αιρέω V. 33. **πάντες ὅσοι** *alle, die* (vgl. B ὅσος 2). **ἐ-πείθοντο** Ipf. Pass. πείθω Pass. m. Dat. hier entweder *sich von jmdm. bestimmen/überreden lassen* od. *jmdm. gehorchen, folgen* (B 3c); πάντες ὅσοι ἐπείθοντο αὐτῷ übers. etwa *alle seine Anhänger.* **δι-ε-λύθησαν** Aor. Pass. δια-λύω *zerstreuen;* Pass. hier *zerstreut/zersprengt werden* (vgl. Menge) od. *sich zerstreuen* (B 2) bzw *auseinanderlaufen* (GNB). **ἐ-γένοντο** Aor. Med. γίνομαι hier εἴς τι *zu etwas werden* (B I4a; A81); καὶ ἐγένοντο εἰς οὐδέν „sie wurden zu nichts" = *und sie wurden vernichtet* (vgl. Menge) bzw. (wohl besser) im Sinn v. *und alles war zu Ende* (d.h. die
37 Bewegung löste sich auf). **37 Γαλιλαῖος** *galiläisch;* subst. *Galiläer;* Ἰού-
δας ὁ Γαλιλαῖος *Judas aus Galiläa, der Galiläer Judas;* nach Josephus (Antiquitates 18.3) führte ein Judas, aus der Stadt Gamala in Gaulantis (u.a in Bellum Judaicum 2.118 auch „Galiläer" genannt), 6 n. Chr. (während der Volkszählung) einen Aufstand gegen die Römer an (s.a. Bruce, Apg, S. 177). **ἀπογραφή** (< ἀπο-γράφομαι sich eintragen lassen) *Zensus, Volkszählung* (verbunden m. einer Vermögenseinschätzung für steuerl. Zwecke); eine solche röm. (fiskalische) Volkszählung fand nach Josephus 6 n. Chr. statt (vgl. Antiquitates 18.1-10; Bellum Judaicum 7.253; zur Sache s.a. EWNT 2, Sp. 708-710); ἐν ταῖς ἡμέραις τῆς ἀπογραφῆς *zur Zeit* (vgl. B ἡμέρα 4b) *der*

Volkszählung. **ἀπ-έ-στησεν** Aor. ἀφ-ίστημι[204] *entfernen, abtrünnig machen;* ἀπέστησεν λαὸν ὀπίσω αὐτοῦ *er brachte eine Menschenmenge hinter sich und verleitete sie zum Aufruhr* (vgl. Einh.) bzw. *er rief zum Aufstand auf und brachte eine stattliche Schar von Anhängern zusammen* (vgl. GNB). **λαός** hier *Menge, Haufen* (B 1a) bzw. etwa *stattliche Schar* (GNB). [Var. ἱκανός *hinlänglich;* hier *ansehnlich, groß.*] **ὀπίσω** uneig. Präp. (A183) *hinter – her.* **κἀκεῖνος** = καὶ ἐκεῖνος *auch jener/dieser.* **ἀπ-ώλετο** Aor. Med. -όλλυμαι. **δι-ε-σκορπίσθησαν** Aor. Pass. δια-σκορπίζω (vgl. A33[91ff]) *zerstreuen.* **38 τὰ νῦν** Akk. der Beziehung (A149) *was den gegenwärtigen Stand* 38
der Dinge anbetrifft = *jetzt* (B νῦν 3c), *im vorliegenden Fall* (vgl. Bruce, Apg, S. 178). **λέγω** hier im Sinn v. *raten, einen Rat geben.* **ἀπό-στητε** Wz.-Aor. Imp. ἀφ-ίσταμαι[205] *sich entfernen;* ἀπό τινος *von jmdm./etwas ablassen* (B 2b) bzw. hier etwa *jmdn. in Ruhe lassen, nicht gegen jmdn. vorgehen* (GNB). **ἄφ-ετε** Aor. Imp. -ίημι hier *gewähren lassen, unbehelligt lassen* (B 4), *laufen lassen* (GNB). **ὅτι** hier *denn.* **ᾖ** Konj. εἰμί m. ἐκ *kommen/stammen von* (vgl. B ἐκ 3b). **βουλή** *Absicht: Beschluß, Ratschluß, Plan* bzw. hier etwa *Vorhaben* (Menge). **κατα-λυθήσεται** Fut. Pass. -λύω *niederreißen, vernichten; außer Geltung setzen;* Pass. hier *zunichte gemacht werden* (B 1c) bzw. (etwas freier) *sich wieder von selbst auflösen* (GNB). **39 εἰ** m. Ind. indefiniter Fall (A342; H-S 39
§281b). **δυνήσεσθε** Fut. Med. δύναμαι. **κατα-λῦσαι** Aor. Inf. [Var. τύραννος *Gewaltherrscher, Tyrann.* ἀπ-έχεσθε/ἀπό-σχεσθε Imp. Präs./Aor. Med. ἀπ-έχω Med. hier m. ἀπό u. Gen. (A167) *sich fernhalten von* (B 3).] **μή-ποτε** Adv. *nie* (vgl. A18); Konjunktion m. Konj. *damit nicht (etwa)* (A339) od. (m. einem gedankl. zu ergänzenden Ausdruck des Fürchtens) *daß* bzw. einfach *vielleicht* (A308; H-S §247b/c); μήποτε καὶ θεομάχοι εὑρεθῆτε läßt sich syntaktisch unterschiedl. deuten (in jedem Fall geht es aber darum, deutl. zu machen, weshalb die Zuhörer Gamaliëls Rat folgen sollten): a) als neg. Aufforderung (A263), etwa *laßt ihr euch nur nicht gar als Widersacher Gottes erfinden* (Menge); b) als neg. Finalsatz etwa *(hört auf meinen Rat,) damit ihr nicht am Ende gar als solche dasteht, die gegen Gott kämpfen* bzw. *sonst werdet ihr noch als Kämpfer gegen Gott dastehen* (Einh.); c) einen Ausdruck des Fürchtens voraussetzend, etwa *(es ist zu befürchten,) daß ihr am Ende gar als solche dasteht, die gegen Gott kämpfen* bzw. *vielleicht steht ihr am Ende gar als solche da, die gegen Gott kämpfen.* **θεο-μάχος**[11] *gegen Gott kämpfend.* **εὑρεθῆτε** Aor. Konj. Pass. εὑρίσκω; Pass. hier *sich zeigen/erweisen als* (B 2) bzw. *dastehen als.* **ἐ-πείσθησαν** Aor. Pass. πείθω V. 36; ἐπείσθησαν δὲ αὐτῷ etwa *sie stimmten ihm zu, daraufhin folgten sie seinem Rat* (Menge) bzw. *die Ratsmitglieder gaben Gamaliël recht* (GNB). **40 προσ-καλεσάμενοι** 40
Aor. Ptz. Med. -καλέομαι[37] *herbeirufen, vorführen lassen;* hier im Sinn v. *wieder hereinrufen;* temp. (A291,1 Anm. 1). **δείραντες** Aor. Ptz. δέρω[135] eig. *abhäuten, die Haut abziehen,* NT nur übertr. *(ver)prügeln, schlagen;* temp.

(A291,1 Anm. 1). **παρ-ήγγειλαν** Aor. V. 28; erg. αὐτοῖς (A79); παρήγγειλαν μὴ λαλεῖν ... *sie verboten ihnen, weiter* (vgl. A265a) ... *zu reden.* **λαλεῖν** Inf. λαλέω. **ἐπὶ τῷ ὀνόματι τοῦ Ἰησοῦ** V. 28. **ἀπ-**
41 **έ-λυσαν** Aor. ἀπο-λύω; erg. αὐτούς (A79). **41 οἱ μὲν οὖν** *diese/sie nun* (A102; BDR §251²). **ἐ-πορεύοντο** Ipf. Med. πορεύομαι. **χαίροντες** Ptz. χαίρω, mod. etwa *voll Freude.* **ἀπὸ προσώπου** *hinweg von* jmdm./etwas (B πρόσωπον 1cα); ἐπορεύοντο ... ἀπὸ προσώπου τοῦ συνεδρίου *sie gingen aus dem Hohen Rat weg* (Menge), *sie verließen den Hohen Rat.* **συν-έδριον** V. 21. **ὅτι** *darüber, daß* od. *weil* (vgl. B χαίρω 1). **κατηξιώθησαν** Aor. Pass. -αξιόω *würdigen, für würdig erachten,* hier m. Inf.; κατηξιώθησαν ... ἀτιμασθῆναι daß *sie gewürdigt worden waren ... verunehrt zu werden* (Paradoxie/Oxymoron [vgl. H-S §296k]). **ὑπὲρ τοῦ ὀνόματος** *für den/diesen/seinen* (vgl. A103) *Namen, um des/dieses/seines Namens willen,* d.h. für Jesus/um Jesu willen. **ἀ-τιμασθῆναι** Aor. Inf. Pass. ἀ-τιμάζω (vgl.
42 A33[91ff]) *verächtlich behandeln, verunehren.* **42 πᾶσαν ἡμέραν** Akk. der zeitl. Ausdehnung (A148) *jeden Tag.* **κατ' οἶκον** *in den einzelnen Häusern* (B κατά II1d; A195). **ἐ-παύοντο** Ipf. Med. παύω *zum Aufhören bringen;* Med. *aufhören.* **διδάσκοντες** Ptz. διδάσκω, präd. bei Verb des modifizierten Seins u. Tuns (A301; gilt analog für das flgd. Verb); οὐκ ἐπαύοντο διδάσκοντες *sie hörten nicht auf zu lehren* od. *sie lehrten unbeirrt/unermüdlich weiter.* **εὐ-αγγελιζόμενοι** Ptz. Med. -αγγελίζω; καὶ εὐαγγελιζόμενοι τὸν χριστὸν Ἰησοῦν *und verkündeten die gute Nachricht von Christus Jesus* od. (wohl besser) *und verkündeten die gute Nachricht, daß Jesus der Messias ist.*

6 **ἐν δὲ ταῖς ἡμέραις ταύταις** markiert den Beginn einer neuen Erzähleinheit (s. zu 1,15). **πληθυνόντων** Ptz. πληθύνω *vermehren,* intr. (so hier) *wachsen, zunehmen;* Pass. (V. 7) *sich vermehren, wachsen, zunehmen;* gen. abs. (A288), temp.; πληθυνόντων τῶν μαθητῶν *als die Jünger zunahmen = als die Zahl der Jünger Jesu immer größer wurde* (GN). **μαθητής** hier *Jünger Jesu,* fast = *Christ* (B 2bγ). **ἐ-γένετο** Aor. Med. γίνομαι. **γογγυσμός** (geäußerter) *Unwille, unwilliges Gerede* (B 1), *laute Unzufriedenheit* (Menge), *(das) Aufbegehren/Klagen,* πρός τινα *gegen jmdn.;* ἐγένετο γογγυσμὸς τῶν Ἑλληνιστῶν πρὸς τοὺς Ἑβραίους *es entstand laute Unzufriedenheit der Hellenisten gegen die Hebräer* (vgl. Menge) od. etwa *es wurden Klagen laut: die Hellenisten beschwerten sich über die Hebräer.* **Ἑλληνιστής**[1] eig. „griechisch Redender/Lebender“ (BDR §109⁸; außerhalb des NT nicht bezeugtes Wort m. umstrittener Bdtg. [Metzger, S. 340-342]) *„Hellenist“,* hier wohl *griechisch sprechender Jude* (gemeint sind hier [analog die Ἑβραῖοι] Glieder der christl. Gemeinde); viele palästinische Juden waren zweisprachig; die „Hellenisten“ (zu diesen zählten auch die Diasporajuden, die für kürzere od. längere Zeit in Jerusalem lebten [Paulus bildete anscheinend eine Ausnahme; vgl. 21,40 m. 22,2 u. 26,14]) waren offenbar griechischer, die „Hebräer“ semitischer Muttersprache

(gemeint ist wohl Aramäisch, viell. Mischnahebräisch bzw. beides). **Ἑβραῖ-
ος** *Hebräer,* hier im Sinn v. *semitisch sprechender Jude.* **ὅτι** *weil* od. *darüber,
daß.* **παρ-ε-θεωροῦντο** Ipf. Pass. παρα-θεωρέω *übersehen, unbeachtet
lassen, vernachlässigen.* **διακονία** *Dienstleistung; Dienst;* hier *Versorgung,
Unterstützung;* ἐν τῇ διακονίᾳ τῇ καθημερινῇ *bei der täglichen Versorgung*
(m. Geld- od. viell. m. Lebensmitteln). **καθ-ημερινός** *täglich* (vgl. A195).
χήρα *Witwe.* **2 προσ-καλεσάμενοι** Aor. Ptz. Med. -καλέομαι[37] *her-* 2
beirufen, zusammenrufen; temp. (A291,1 Anm. 1). **οἱ δώδεκα** *die „Zwölf", die
zwölf Apostel* (vgl. 1,26; 2,14). **πλῆθος**[7] *Menge;* (versammelte) *(Men-
schen-)Menge;* τὸ πλῆθος τῶν μαθητῶν (vgl. zu 4,32) *die Gesamtheit der
Jünger* (Menge), *die ganze Schar der Jünger* (Einh.), *die ganze Gemeinde* (GNB).
εἶπαν Aor. (vgl. H-S §105g) λέγω. **ἀρεστός** *wohlgefällig, angenehm;
angebracht, richtig;* hier m. AcI (vgl. A270). **ἡμᾶς** Subj. des AcI. **κατα-λεί-
ψαντας** Aor. Ptz. -λείπω[44] (einen Ort) *verlassen;* hier *beiseite lassen* (B 2c),
hintansetzen (Menge), *vernachlässigen;* part. coni. zu ἡμᾶς (A287), temp.
(A291,1 Anm. 1). **ὁ λόγος τοῦ θεοῦ** *das Wort Gottes* im Sinn v. *die Verkün-
digung des Wortes Gottes* (Menge). **διακονεῖν** Inf. διακονέω *(be)dienen* (v.
Dienstleistungen jeder Art); hier m. Dat. der Sache *für etwas sorgen, etwas be-
sorgen;* Präd. des AcI; οὐκ ἀρεστόν ἐστιν ἡμᾶς καταλείψαντας τὸν
λόγον τοῦ θεοῦ διακονεῖν τραπέζαις etwa *es ist nicht recht, daß wir das
Wort Gottes vernachlässigen und uns dem Dienst an den Tischen widmen* (Einh.)
bzw. (freier) *es geht nicht an, daß wir die Verkündigung der Botschaft Gottes ver-
nachlässigen und uns um die Verteilung der Lebensmittel kümmern* (GNB). **τρά-
πεζα** *Tisch;* metonymisch (A381f) *Mahlzeit, Speisen; Bank* (Geldinstitut); δια-
κονέω τραπέζαις *den Tischdienst besorgen* (Menge), *sich dem Dienst an den
Tischen widmen* (Einh.), d.h. wohl sich um die Finanzen (od. viell. um die Bekö-
stigung) kümmern (B 3). **3 ἐπι-σκέψασθε** Aor. Imp. Med. -σκέπτομαι 3
(vgl. A33[51ff]) *sich (prüfend) umsehen nach* (B 1). **ἀδελφοί** Vok. *(liebe) Brü-
der/Geschwister.* **ἐξ ὑμῶν** *aus eurer Mitte* (vgl. ἐκ 1b). **μαρτυρουμένους**
Ptz. Pass. μαρτυρέω Pass. hier *ein gutes Zeugnis ausgestellt bekommen, einen
guten Ruf haben;* attr.; ἄνδρας ... μαρτυρουμένους ἑπτά *nach sieben Män-
nern, denen ein gutes Zeugnis ausgestellt wird* od. *nach sieben Männern, die einen
guten Ruf haben.* **πλήρης**[7] *angefüllt, voll* (*mit/von* m. Gen. [A164f]). **πνεῦ-
μα** hier wohl im Sinn v. πνεῦμα ἅγιον (V. 5). **οὕς** *diese/sie* (rel. Anschluß,
A364a). **κατα-στήσομεν** Fut. καθ-ίστημι[204] *hinstellen;* καθίστημι τι-
νὰ ἐπί τινος *jmdn. über etwas einsetzen* (B 2a), *jmdm. etwas übertragen.*
χρεία hier *Dienst, Aufgabe* (vgl. B 4). **4 ἡμεῖς** Subj. betont (A122). 4
προσ-ευχή *Gebet.* **ἡ διακονία τοῦ λόγου** *der Dienst des Wortes/am
Wort (Gottes)* (vgl. B λόγος 1bβ), d.h. *der Dienst der Verkündigung des Wortes
(Gottes)* (V. 2). **προσ-καρτερήσομεν** Fut. -καρτερέω (< καρτερός
stark, ausdauernd) m. Dat. *beharren bei, bleiben bei; sich emsig beschäftigen mit,*

dauernd bedacht sein auf (B 2a), *ganz da sein für* (Wilckens); wohl mod. Fut.
(A247a/c); ἡμεῖς δέ ... προσκαρτερήσομεν *wir selbst aber wollen uns aus-*
schließlich ... widmen (Menge), *wir selbst werden uns auch weiterhin mit ganzer*
5 *Kraft ... widmen* (GNB). **5 ἤρεσεν** Aor. ἀρέσκω[159] *gefallen,* hier ἐνώπιόν
τινος statt des einfachen τινί (Sem., viell. aus dem gesprochenen Judengrie-
chisch [BDR §4[8]]). **λόγος** hier etwa *Vorschlag* (Menge). **πλῆθος** hier etwa
Versammlung (Menge) bzw. *Gemeinde* (B 2bδ; s.a. zu V. 2). **ἐξ-ε-λέξαντο**
Aor. Med. ἐκ-λέγομαι[66] *(für sich) auswählen, erwählen, wählen;* Pl. sinnge-
mäße Konstruktion (A96). **Στέφανος** *Stephanus.* **πλήρης** hier (in volks-
tüml. Weise) undekliniert gebraucht (πλήρη erwartet [H-S §45b; BDR
§137[1]]); πλήρης ... πνεύματος ἁγίου *erfüllt ... vom Heiligen Geist* (wohl
auch ohne Art. best., vgl. zu 2,4). **Φίλιππος** *Philippus.* **Πρόχορος** *Procho-*
rus. **Νικάνωρ**[6] ορος ὁ *Nikanor.* **Τίμων**[4] ωνος ὁ *Timon.* **Παρμενᾶς**[1]
ᾶ *Parmenas.* **Νικόλαος** *Nikolaus.* **προσ-ήλυτος** (< προσέρχομαι
herankommen) *Proselyt* (ein zum Judentum Bekehrter). **Ἀντιοχεύς**[8] *Anti-*
ochener, Bewohner Antiochias (der Hauptstadt der röm. Provinz Syrien [s.a. zu
11,19]); καὶ Νικόλαον προσήλυτον Ἀντιοχέα *und Nikolaus, einen*
Nichtjuden aus der Stadt Antiochia, der zum Judentum übergetreten war (GNB).
6 **6 οὕς** V. 3. **ἔ-στησαν** Aor. ἵστημι hier τινὰ ἐνώπιόν τινος *jmdn. vor*
jmdn. hintreten lassen (vgl. B I1a; Menge). **προσ-ευξάμενοι** Aor. Ptz. Med.
-εύχομαι, wohl mod. (vgl. A291,2 Anm. 1), evtl. temp.; προσευξάμενοι
ἐπέθηκαν αὐτοῖς τὰς χεῖρας *betend legten sie/diese ihnen die Hände auf*
(vgl. H-S §206i; A285) bzw. *sie/diese beteten und legten ihnen die Hände auf* (evtl.
sie/diese beteten und legten ihnen [anschließend] die Hände auf); durch dieses Ge-
schehen wurde die Übertragung v. Verantwortung u. Vollmacht zum Ausdruck
gebracht (als atl. Par. vgl. Num 27,16-23; auf ähnl. Weise wurden auch jüd. Rab-
biner in ihr Amt eingesetzt [vgl. Bruce, Apg, S. 184f]); Subj. sind wahrscheinl.
die Apostel (nach anderen die Versammelten). **ἐπ-έ-θηκαν** Aor. ἐπι-τίθη-
7 μι[200] *auflegen.* **7 ηὔξανεν** Ipf. αὐξάνω Akt. *vermehren, wachsen lassen;*
Akt./Pass. *wachsen, zunehmen* (auch übertr., z.B. an Einfluß/Ansehen), übers.
hier etwa *sich immer mehr ausbreiten* (vgl. Menge); durch diese Zwischenbilanz
über die Verbreitung der christl. Botschaft wird das Ende einer größeren Er-
zähleinheit markiert (s.a. 9,31; 12,24; 16,5; 19,20; 28,31). **ἐ-πληθύνετο** Ipf.
Pass. V. 1. **ἀριθμός** *Zahl, Anzahl.* **μαθητής** V. 1. **Ἰερουσαλήμ** ἡ
indekl., hier Dat. **σφόδρα** *heftig, gewaltig, sehr.* **ἱερεύς**[8] *Priester.* **ὑπ-**
ήκουον Ipf. -ακούω *gehorchen,* hier im Sinn v. *sich gehorsam unterwerfen*
(B 1), *gehorsam werden* bzw. *annehmen;* Pl. sinngemäße Konstruktion (A96);
πολύς τε ὄχλος τῶν ἱερέων ὑπήκουον τῇ πίστει *sogar eine große*
Menge von Priestern wurde dem Glauben gehorsam (= *nahm den Glauben an*)
(Menge), *auch eine große Anzahl von den Priestern nahm gehorsam den Glauben*
an (Einh.) bzw. *auch viele Priester folgten dem Aufruf zum Glauben* (GNB).

πίστις hier *Glauben* im Sinn v. Glauben an Jesus u. einer entsprechenden Le-
bensweise (B 2dα) bzw. fast = εὐάγγελιον (Bruce, Apg, S. 185).
8 Στέφανος V. 5. **πλήρης** V. 3; Στέφανος δὲ πλήρης χάριτος 8
καὶ δυνάμεως (erg. viell. ὤν [Ptz. εἰμί, attr./kaus.; BDR §418[9]]) *Stephanus*
aber, (der/weil er) voll Gnade und Kraft (war), d.h. Gottes Gnade war in seinem
Leben in bes. augenfälliger Weise wirksam (vgl. Newman-Nida, Apg, S. 138);
πλήρης χάριτος καὶ δυνάμεως lassen sich gut als eine Art Hendiadyoin
(A378) deuten: *ausgerüstet mit gottgeschenkter Kraft* (GNB: *in der Kraft, die Gott*
ihm schenkte). **ἐ-ποίει** Ipf. ποιέω. **τέρας**[3] ατος τό *Wunder* (tritt häufig
synonym in fester Verbindung m. σημεῖα auf). **ἐν** *unter.* **9 ἀν-έ-στησαν** 9
Wz.-Aor. -ίσταμαι hier *auftreten* wohl im Sinn v. *aktiv werden.* **τινές** m. gen.
partitivus (A137a/164). **οἱ ἐκ τῆς συναγωγῆς** *die Angehörigen der Syn-*
agogengemeinde (B ἐκ 3d); τινὲς τῶν ἐκ τῆς συναγωγῆς *einige Angehörige*
der Synagogengemeinde bzw. (kontextgemäß) *Leute aus verschiedenen jüdischen*
Gemeinden (GNB). **λεγομένης** Ptz. Pass. λέγω hier *nennen* (B II3); attr.;
τινὲς τῶν ἐκ τῆς συναγωγῆς τῆς λεγομένης Λιβερτίνων καὶ Κυ-
ρηναίων καὶ Ἀλεξανδρέων καὶ τῶν ἀπὸ Κιλικίας καὶ Ἀσίας es
ist unsicher, wie viele Synagogen hier gemeint sind: fünf (*einige Angehörige der*
sogenannten Synagoge der „Freigelassenen", [einige] der [Synagoge] der Zyrenäer,
[einige] der [Synagoge] der Alexandriner, [einige] der [Synagoge] der Leute aus Zi-
lizien sowie [einige] der [Synagoge] der Leute aus der Provinz Asia [Schürer 2,
S. 428]), vier od. drei (falls τῶν ἀπὸ Κιλικίας καὶ Ἀσίας od. Κυρη-
ναίων καὶ Ἀλεξανδρέων bzw. beides zusammenzuziehen ist [vgl. Menge]),
zwei (falls die beiden τῶν die Einteilung in zwei Gruppen markieren
[ThWNT 4, S. 269f]) od. – wohl am besten – eine (καὶ Κυρηναίων ... er-
klärt Λιβερτίνων näher [vgl. A311,7]: etwa *einige Angehörige der sogenannten*
„Synagoge der Freigelassenen", das heißt [Juden] aus Zyrene und Alexandria sowie
aus Zilizien und der Provinz Asia). **Λιβερτῖνος** (lat. libertinus „freigelassen")
Libertiner, „Freigelassener", d.h. Angehöriger einer Gruppe v. Juden in Jerusa-
lem (wohl [aus Sklaverei] Freigelassene od. deren Nachkommen; es könnte sich
um Nachkommen von Juden handeln, die 63 v. Chr. v. Pompeius als Kriegsge-
fangene nach Rom gebracht u. später freigelassen worden u. nach Jerusalem zu-
rückgekehrt waren [Schürer 2, S. 428 Anm. 8]). **Κυρηναῖος** *Zyrenäer, Be-*
wohner von Zyrene (s. zu 2,10). **Ἀλεξανδρεύς**[8] *Alexandriner, Bewohner Ale-*
xandrias (hell. Kulturmetropole im Nildelta m. einer großen jüd. Gemeinde;
KP 1, Sp. 244f). **Κιλικία** *Zilizien,* röm. Provinz im südöstl. Kleinasien, aus
der Paulus stammte (KP 3, Sp. 208f). **Ἀσία** 2,9. **συ-ζητοῦντες** Ptz. -ζη-
τέω *sich (miteinander) besprechen, diskutieren; disputieren, streiten* τινί *mit*
jmdm.; mod. bzw. fin. (A291,6). **10 καί** (erstes) adversativ (A311,1; vgl. V. 12) 10
aber. **ἴσχυον** Ipf. ἰσχύω *stark sein, vermögen, können.* **ἀντι-στῆναι** Wz.-
Aor. Inf. ἀνθ-ίσταμαι[205] m. Dat. *entgegentreten, sich widersetzen,* hier etwa

aufkommen gegen (Menge) od. *etwas ausrichten gegen.* **ᾧ** dat. instr. (A176) *mit dem* bzw. *mit denen:* das Rel.-Pron. bezieht sich hier wohl nicht nur auf τῷ πνεύματι, sondern auch auf τῇ σοφίᾳ (also *mit denen*), da die beiden Begriffe semantisch eine Einheit bilden (vgl. A94); τῇ σοφίᾳ καὶ τῷ πνεύματι könnte man auch gut als eine Art Hendiadyoin (A378) verstehen: *gegen die Weisheit und den Geist = gegen die vom (Heiligen) Geist geschenkte Weisheit*
11 (übers. dann ᾧ *mit der*). **ἐ-λάλει** Ipf. λαλέω. **11 ὑπ-έ-βαλον** Aor. ὑποβάλλω[112] *heimlich anstiften.* **λέγοντας** Ptz. λέγω attr. bzw. fin. (A291,6) *die aussagen mußten* (Menge), *zu der Aussage* (Einh.). **ὅτι** recitativum = Doppelpunkt (A333). **ἀκηκόαμεν** Pf. ἀκούω *wir haben gehört* (u. sind nun Zeugen; A242). **λαλοῦντος** Ptz., GcP (A300); ἀκηκόαμεν αὐτοῦ λαλοῦντος ῥήματα βλάσφημα εἰς Μωϋσῆν καὶ τὸν θεόν *wir haben ihn Lästerworte gegen Mose und gegen Gott aussprechen hören* (Menge), *wir haben gehört, wie er gegen Mose und Gott lästerte* (Einh.). **βλάσ-φημος**[11] *lästerlich.*
12 **12 συν-ε-κίνησαν** Aor. συγ-κινέω *aufhetzen, aufwiegeln;* συνεκίνησάν τε τὸν λαόν ... *so wiegelten sie denn das Volk ... auf* (Menge; vgl. B τέ 1a). **πρεσβύτερος** Pl. hier v. Mitgliedern einer Gruppe des Synedriums (B 2aβ; GNB: *Ratsälteste*). **ἐπι-στάντες** Wz.-Aor. Ptz. ἐφ-ίσταμαι[205] m. Dat. *herantreten an* (oft m. dem Nebensinn des Plötzlichen; vgl. B 1), *herfallen über* (Menge); mod. (A291,2 Anm. 1); erg. gedankl. αὐτῷ (A79). **συν-ήρπασαν** Aor. -αρπάζω[107] *gewaltsam ergreifen, packen* (B), hier etwa *mit sich schleppen* (Menge), *wegschleppen.* **ἤγαγον** Aor. ἄγω; erg. αὐτόν (A79). **εἰς** hier *vor.* **συν-έδριον** *Synedrium, Hoher Rat* (oberste jüd. Instanz in allen religiösen u. zivilen Angelegenheiten; DJG, S. 728-732; GBL 3, S. 1338f).
13 **13 ἔ-στησαν** Aor. ἵστημι hier *auftreten lassen.* **μάρτυς** υρος ὁ *Zeuge.* **ψευδής**[7] *lügnerisch, falsch.* **λέγοντας** V. 11. **παύεται** Med. παύω *zum Aufhören bringen;* Med. *aufhören.* **λαλῶν** Ptz. λαλέω, präd. bei Verb des modifizierten Seins u. Tuns (A301); ὁ ἄνθρωπος οὗτος οὐ παύεται λαλῶν ῥήματα κατά ... *dieser Mensch hört nicht auf, Reden gegen ... zu führen* (Menge), *dieser Mann hält ununterbrochen Reden gegen ...* (GNB). **ὁ τόπος ὁ ἅγιος οὗτος** *dieser heilige Ort;* gemeint ist der Jerusalemer Tempel. **ὁ νό-**
14 **μος** hier *das (göttliche) Gesetz* (d.h. das v. Mose [V. 11]). **14 λέγοντος** Ptz. λέγω, GcP (A300); ἀκηκόαμεν αὐτοῦ λέγοντος *wir haben ihn sagen hören* bzw. *wir haben gehört, wie er sagte.* **ὅτι** recitativum = Doppelpunkt (A333) od. Einleitung einer indirekten Rede. **Ναζωραῖος** (im NT offenbar als Synonym zu Ναζαρηνός gebraucht [EWNT 2, Sp. 1119], daher:) *Nazarener, aus Nazaret (kommend).* **οὗτος** drückt hier viell. Verachtung aus (Bruce, Apg, S. 188). **κατα-λύσει** Fut. -λύω *niederreißen, abbrechen, zerstören.* **ἀλλάξει** Fut. ἀλλάσσω[74] *ändern, verändern.* **ἔθος**[7] *Brauch, Sitte.* **παρ-έδωκεν** Aor. παρα-δίδωμι hier *überliefern* (term. tech. für das Überliefern verbindl. Lehre;(vgl. B 3) bzw. etwa *(im Auftrag Gottes) übergeben* (vgl. GNB).

15 ἀτενίσαντες Aor. Ptz. ἀτενίζω (vgl. A33^{91ff}) εἴς τινα *gespannt auf* 15
jmdn. blicken/hinsehen (B); temp. **καθ-εζόμενοι** Ptz. -έζομαι *sitzen, sich*
setzen; subst. **ὡσ-εί** *wie;* εἶδον τὸ πρόσωπον αὐτοῦ ὡσεὶ πρόσωπον
ἀγγέλου *sie sahen sein Gesicht* (erg. gedankl. etwa *verklärt/leuchten* [vgl.
inhaltl. Ex 34,29-35; Lk 9,29]) *wie das Gesicht eines Engels,* daher: *sie sahen, daß*
sein Gesicht leuchtete wie das eines Engels (GNB) od. einfach *ihnen erschien sein*
Gesicht wie das Gesicht eines Engels (Einh.).

εἶπεν hier *fragte.* **ἀρχ-ιερεύς** *Hoherpriester,* v. Amtes wegen Vorsit- 7
zender des Synedriums, war wohl immer noch Kajaphas (18-36 n. Chr.). **εἰ** hier
vor direkter Frage, unübersetzt lassen (unklass.; A320; B V1). **ἔχω** hier intr.
m. Adv. *sich verhalten, sein* (vgl. B II); εἰ ταῦτα οὕτως ἔχει; *verhält sich das*
so? ist das so/wahr? **2 ὁ δέ** *(und) dieser/er* (A102). **ἔ-φη** Ipf. φημί; die Ant- 2
wort des Stephanus, eine Kurzdarstellung der Geschichte Israels in Form eines
Mosaiks v. AT-Zitaten bzw. -Anspielungen, verfolgt zumindest drei Ziele (Marshall, Apg, S. 132): a) die Widerlegung der gegen ihn erhobenen Anschuldigungen (er setzt sich für, nicht gegen das Gesetz ein; seine Haltung gegenüber Tempel u. Gottesdienst ist schriftgemäß); b) aufzuzeigen, daß die Juden Gottes Offenbarung im AT zuwiderhandeln u. den Messias u. dessen neue Heilsordnung ablehnen; c) – im Rahmen der Apg – den Lesern deutl. zu machen, daß die Juden, die das Evangelium als erste zu hören bekamen, es ablehnten u. die christl. Gemeinde dadurch veranlaßt wurde, Jerusalem u. Tempel zu verlassen u. die Botschaft v. Jesus auch an andere Orte (schließl. sogar unter die Nichtjuden) weiterzutragen. **ἄνδρες ἀδελφοὶ καὶ πατέρες** Vok. etwa *liebe Brüder und Väter* (vgl. H-S §260j); die Erweiterung des ἄνδρες ἀδελφοί v. 1,16 (s. dazu) durch καὶ πατέρες impliziert viell., daß sich unter den Zuhörern Männer befanden, die wesentl. älter waren als Stephanus (Bruce, Apg, S. 192). **ἀκούσατε** Aor. Imp. ἀκούω hier *zuhören* (B 1c). **ὁ θεὸς τῆς δόξης** *der Gott der Herrlichkeit/Ehre = der mit Herrlichkeit sich offenbarende/in Erscheinung tretende Gott* bzw. (einfach) *Gott im Glanz seiner Herrlichkeit* (GNB; viell. im Sinn eines gen. qualitatis [A160]: *der herrliche/majestätische Gott*) od. etwa *der Gott, dem alle Ehre gehört* (GN). **ὤφθη** Aor. Pass. ὁράω. **πατήρ** (zweites) *Stammvater, Vorfahr, Ahnherr* (B 1b). **Ἀβραάμ** indekl., hier Dat. **ὄντι** Ptz. εἰμί, part. coni. zu Ἀβραάμ (H-S §230c; A287), temp. *als er (noch) ... war/wohnte.* **Μεσο-ποταμία** 2,9 hier einschließl. des „Landes der Chaldäer" (V. 4; Gen 11,31 „Ur der Chaldäer") am unteren Eufrat. **πρίν** (A336) *bevor, ehe* (fast immer m. Inf./AcI bzw. ἤ m. Inf./AcI). **κατ-οικῆσαι** Aor. Inf. -οικέω; Aor. hier (u. V. 4) viell. ingr. (A229) *sich niederlassen* (ZG; vgl. Menge V. 4); Präd. des AcI. **Χαρράν** ἡ indekl., hier Dat., *Haran,* in Nordwestmesopotamien (in der heutigen Türkei, knapp 20 km nördl. der syrischen Grenze [Bruce, Apg, S. 192; GBL 2, S. 524]); nach Gen 12,1 scheint sich Gott m. den in V. 3 (unvollständig) zitierten Worten erst nach Ankunft in Ha-

ran an Abraham gewandt zu haben; andere Hinweise (Gen 11,31; 15,7; Neh 9,7) legen jedoch nahe, daß bereits der Auszug aus Ur (mit Kanaan als eig. Ziel), viell. durch diese od. ähnl. Worte, als göttl. veranlaßt zu verstehen ist (so ähnl.
3 bereits Philo u. Josephus [vgl. Haenchen, Apg, S. 229]). **3 ἔξ-ελθε** Aor. Imp. -έρχομαι m. ἔκ τινος hier *etwas/jmdn. verlassen.* **γῆ** (erstes) hier *Heimatland* (B 4), *Heimat.* **συγ-γένεια** *Verwandtschaft, (die) Verwandten.* **δεῦρο** Adv. *(komm) hierher* (vgl. A254/266), hier statt Imp. (vgl. B 1) etwa *zieh.* **ἣν ἄν** (vgl. A132; 371) m. Konj. Aor. (LXX-Gebrauchsweise) etwa = ἣν/ἥντινα
4 m. Fut. **δείξω** Aor. Konj. δείκνυμι[212] *zeigen.* **4 ἐξ-ελθών** Aor. Ptz., temp. (A291,1 Anm. 1). **Χαλδαῖος** *Chaldäer;* γῆ Χαλδαίων (LXX: ἡ χώρα τῶν Χαλδαίων für „Ur in Chaldäa") *Land der Chaldäer, Chaldäa* (Südmesopotamien am unteren Eufrat; KP 1, Sp. 1123f; GBL 1, S. 226); auch ohne Art. best. (A106a/d). **κατ-ῴκησεν** Aor. -οικέω V. 2; in Gen 11,31 wird Abrahams Vater Terach als Anführer des Umzugs nach Haran beschrieben: selbst wenn Abraham den Umzug leitete, mußte das Sippenoberhaupt Terach zu Lebzeiten als Anführer gelten (Bruce, Apg, S. 192). **ἐκεῖ-θεν**[18] *von dort;* κἀκεῖθεν = καὶ ἐκεῖθεν. **μετὰ τό** m. AcI temp. (A282; BDR §402[4]). **ἀπο-θανεῖν** Aor. Inf. -θνήσκω; Präd. des AcI; μετὰ τὸ ἀποθανεῖν τὸν πατέρα αὐτοῦ *nachdem sein Vater gestorben war, nach dem Tod seines Vaters;* diese Zeitangabe scheint m. der des Samaritanischen Pentateuch übereinzustimmen: Terach stirbt im Alter v. 145 Jahren (Gen 11,32), in dem Jahr, in dem Abraham 75 wurde u. v. Haran nach Kanaan übersiedelte (vgl. Gen. 11,26; 12,4); gemäß MT u. LXX starb Terach anscheinend erst 60 Jahre nach dem Umzug (im Alter v. 205 Jahren [Gen 11,32]), es sei denn, Gen 11,26 ließe sich (m. älteren Kommentatoren) dahin gehend deuten, daß Haran (u. nicht Abraham) der älteste Sohn (vgl. Gen 11,28) war, der geboren wurde, als Terach 70 war; auf Grund dieser Deutung erfolgt Abrahams Geburt erst 60 Jahre später (Abraham steht bei der Aufzählung der Söhne an erster Stelle, weil er Textthematisch den höchsten Rang einnimmt); nach weiteren 75 Jahren stirbt Terach (im Alter v. 205 Jahren), u. Abraham zieht nach Kanaan (vgl. Bruce, Apg, S. 193). **μετ-ῴκισεν** Aor. -οικίζω (vgl. A33[91ff]) *umsiedeln;* Subj. ist Gott.
5 **εἰς** (zweites) = ἐν (B 9a; BDR §205[4]; vgl. A184). **5 ἔ-δωκεν** Aor. δίδωμι. **κληρο-νομία** (< κληρο-νόμος Erbe, Besitzer) *(das) Erbe, Erbteil; Besitz, Eigentum* (gemeint ist hier *Grundbesitz* [GNB]). **βῆμα**[3] *Schritt;* βῆμα ποδός *ein Fußbreit.* **καί** (zweites) adversativ (A311,1) *doch.* **ἐπ-ηγγείλατο** Aor. Med. -αγγέλλομαι[111] *versprechen, verheißen;* zur Sache vgl. Gen 17,8; 48,4; Dt 32,49. **δοῦναι** Aor. Inf. δίδωμι. **κατά-σχεσις**[8] *Besitzergreifung, Besitz;* εἰς κατάσχεσιν *zum Besitz* (B 1). **οὐκ** hier beim Ptz. nach klass. Regel gebraucht (BDR §430[4]; vgl. H-S §227d). **ὄντος** Ptz. εἰμί hier m. dat. poss. (A173b); gen. abs. (A288), konz./temp.; οὐκ ὄντος αὐτῷ τέκνου *obgleich er damals noch kein Kind hatte* (Menge) od. *dabei war Abraham damals noch kin-*

derlos (GNB). **6 ἐ-λάλησεν** Aor. λαλέω. **ὅτι** recitativum = Doppelpunkt 6
(A333; B οὕτω 2) od. Einleitung einer indirekten Rede (die V. 7 in die direkte
wechselt [vgl. A335]); ἐλάλησεν δὲ οὕτως ὁ θεὸς ὅτι ἔσται τὸ σπέρμα
αὐτοῦ *so lauteten aber Gottes Worte: „Seine Nachkommen werden ..."* (Menge)
od. etwa *Gott aber äußerte sich dahin gehend, seine Nachkommen würden ...;* V. 6-
7a sind stark an den Wortlaut v. Gen 15,13f (nur z.T. wie LXX) angelehnt.
ἔσται Fut. εἰμί. **πάρ-οικος** *fremd;* meist subst. *Fremder* (der an einem Ort
lebt, der nicht seine Heimat ist), *Ausländer;* hier als Adj. verwendet. **ἀλλό-
τριος** *einem anderen gehörend; fremd;* ἔσται τὸ σπέρμα αὐτοῦ
πάροικον ἐν γῇ ἀλλοτρίᾳ *seine Nachkommen werden als Fremde in einem
Land sein/leben, das anderen gehört.* **δουλώσουσιν** Fut. δουλόω *verskla-
ven, zu Sklavendienst zwingen;* 3. Pl. im Sinn v. „man" (A76a; vgl. aber auch A96
u. BDR §282,1 [sinngemäße Konstruktion]). **αὐτό** bezieht sich auf τὸ
σπέρμα αὐτοῦ. **κακώσουσιν** Fut. κακόω m. Akk. *jmdn. schlecht be-
handeln, jmdm. Böses zufügen.* **τετρακόσιοι**[19] *vierhundert;* ἔτη τε-
τρακόσια Akk. der zeitl. Ausdehnung (A148) *vierhundert Jahre lang.* **7 ᾧ** 7
ἐάν = ᾧ ἄν hier m. Fut. statt Konj. Aor. (BDR §380[5]; A371), s. zu ἣν ἄν in
V. 3. **δουλεύσουσιν** Fut. δουλεύω *als Sklave(n) dienen;* Pl. sinngemäße
Konstruktion (A96) [Var. δουλεύσωσιν Aor. Konj.]. **κρινῶ** Fut. κρίνω;
hier Wechsel in die direkte Rede (s. zu V. 6). **ἐγώ** Subj. betont (A122). **ἐξ-
ελεύσονται** Fut. Med. -έρχομαι hier *ausziehen, (von dort) weggehen.* **λα-
τρεύσουσιν** Fut. λατρεύω (Gott) *dienen, verehren.* **ἐν τῷ τόπῳ
τούτῳ** *an diesem Ort hier* (Demonstrativum weist in die außersprachl. Situa-
tion). **8 ἔ-δωκεν** Aor. δίδωμι. **δια-θήκη** *Testament;* im NT meist: *Heils-* 8
verfügung, -setzung, Bund; διαθήκη περιτομῆς *(der) Bund der Beschneidung,
(der) Beschneidungsbund,* d.h. *(der) Bund, dessen Zeichen die Beschneidung ist*
(GNB; vgl. Gen 17,10ff). **περι-τομή** (< τέμνω schneiden) *Beschneidung.*
ἐ-γέννησεν Aor. γεννάω hier *zeugen/Vater werden/sein (von).* **Ἰσαάκ**
3,13; indekl. (erstes: Akk., zweites: Nom.). **περι-έ-τεμεν** Aor. -τέμνω[149]
beschneiden (an der Vorhaut). **ὄγδοος**[19] *achter;* τῇ ἡμέρᾳ τῇ ὀγδόῃ temp.
Dat. (A182) *am achten Tag (nach der Geburt)* (vgl. GNB). **Ἰακώβ** 3,13; in-
dekl. (erstes: Akk., zweites: Nom.); καὶ οὕτως ἐγέννησεν τὸν Ἰσαὰκ
καὶ περιέτεμεν αὐτὸν τῇ ἡμέρᾳ τῇ ὀγδόῃ, καὶ Ἰσαὰκ τὸν Ἰακώβ,
καὶ Ἰακὼβ τοὺς δώδεκα πατριάρχας (bei καὶ Ἰσαάκ u. καὶ
Ἰακώβ erg. gedankl. ἐγέννησεν od. περιέτεμεν od. beides) *und so zeugte
er Isaak und beschnitt ihn am achten Tag, und Isaak den Jakob, und Jakob die
zwölf Stammväter* od. etwa (deutlicher) *auf der Grundlage dieses Bundes zeugte
Abraham seinen Sohn Isaak und beschnitt ihn am achten Tag nach der Geburt;
und so zeugte und beschnitt auch Isaak seinen Sohn Jakob und Jakob seine zwölf
Söhne, unsere Stammväter* (GNB); s. Gen 21,4 (vgl. 25,26 u. 29,31-35,18).
πατρι-άρχης[1] *Stammvater.*

9 **9 πατρι-άρχης** V. 8. **ζηλώσαντες** Aor. Ptz. ζηλόω m. Akk. (posi-
tiv) *sich eifrig bemühen um;* hier (negativ) *eifersüchtig/neidisch sein auf;* kaus.
Ἰωσήφ indekl., *Josef,* einer der zwölf Stammväter (vgl. Gen 37). **ἀπ-έ-
δοντο** Aor. Med. ἀπο-δίδωμι Med. *verkaufen* (B 4a; weitgehend auf Aor.
beschränkt [sonst πιπράσκω/πωλέω[169]]; entspricht klass. bzw. gehobenerem
Gebrauch [BDR §101[71]]), hier *als Sklaven verkaufen* (εἰς *nach*); erg. αὐτόν
(A79). **Αἴγυπτος** ἡ *Ägypten.* **καί** (zweites) adversativ (A311,1) *doch;* καὶ
ἦν ὁ θεὸς μετ' αὐτοῦ *doch Gott war mit ihm* (vgl. Gen 39,2.3.21.23). **ἦν** Ipf.
10 εἰμί. **10 ἐξ-είλατο** Aor. Med. -αιρέω[186] *herausnehmen;* Med. *befreien*
(B 2a), *retten, helfen* ἔκ τινος *aus etwas.* **ἔ-δωκεν** V. 8. **χάρις** hier wohl
Gunst (B 2b; viell. doch *Gnade*) od. *Anmut* (vgl. B 1); καὶ ἔδωκεν αὐτῷ
χάριν καὶ σοφίαν ἐναντίον Φαραώ *und er gab ihm Gnade/Gunst und
Weisheit in den Augen des Pharao* wohl = *er schenkte ihm Weisheit und ver-
schaffte ihm Ansehen beim Pharao* (GNB), viell. doch = *und er gab ihm (seine)
Gnade und (schenkte ihm dabei) Weisheit vor Pharao* (d.h. so daß der Pharao sich
dessen bewußt wurde u. Konsequenzen daraus zog) od. etwa *als Josef vor dem
Pharao stand* (aus: *vor dem Pharao*), *schenkte Gott ihm Anmut* (viell. *Würde* [vgl.
ZG], d.h. auf jeden Fall eine Art aufzutreten, die Pharao gefiel) *und Weisheit*
(Newman-Nida, Apg, S. 148). **ἐν-αντίον** uneig. Präp. (A183) *vor, in den Au-
gen von, nach dem Urteil von* [Var. ἔν-αντι synonym]. **Φαραώ** indekl., hier
Gen., *Pharao,* Titel altägyptischer Könige; Φαραὼ βασιλέως Αἰγύπτου
auch ohne Art. best. (A106a/c; BDR §259[4]; 268[3]) *Pharao, dem König von Ägyp-
ten.* **κατ-έ-στησεν** Aor. καθ-ίστημι[204] *hinstellen;* m. doppeltem Akk.
(A97,15) *jmdn. als etwas einsetzen, jmdn. zu etwas bestellen;* vgl. Ps 105,21.
ἡγούμενον Ptz. ἡγέομαι *meinen;* hier *führen, leiten, Herrscher sein;* subst.
Herrscher (B 1), *Gebieter* (Menge). **ὅλος ὁ οἶκος αὐτοῦ** *sein ganzes Haus,*
d.h. *der königliche Palast* od. viell. *sein ganzes Hab und Gut* (B οἶκος 4; vgl. Gen
11 41,40) bzw. *die königlichen Güter* (GNB). **11 λιμός** ὁ u. ἡ *Hungersnot;* vgl.
Gen 41,54ff (bes. a. 42,5); λιμός ... καὶ θλῖψις μεγάλη *eine Hungersnot ...
und (damit) großes Elend.* **Χανάαν** ἡ indekl., hier Akk., *Kanaan.* **ηὕρι-
σκον** Ipf. εὑρίσκω. **χόρτασμα**[3] *Speise, Nahrungsmittel;* οὐχ ηὕρισκον
χορτάσματα *sie fanden keine Nahrungsmittel (mehr) vor, sie hatten nichts
12 (mehr) zu essen.* **12 ἀκούσας** Aor. Ptz. ἀκούω, temp. **Ἰακώβ** 3,13; in-
dekl., hier Nom. **ὄντα** Ptz. εἰμί, AcP (A300; wie klass. vom mittelbaren Hö-
ren einer sicheren Tatsache [BDR §416[5]]); ἀκούσας δὲ Ἰακὼβ ὄντα σι-
τία εἰς Αἴγυπτον *als aber Jakob hörte, daß es in Ägypten (noch) Getrei-
de/Nahrungsmittel gab;* vgl. Gen 42,1ff. **σιτίον** *Getreide;* Pl. *Nahrungsmittel.*
εἰς = ἐν (BDR §205[4]; vgl. B 9a; A184). **ἐξ-απ-έ-στειλεν** Aor. -απο-
στέλλω[113] *(ent)senden* (öfter m. einem speziellen Auftrag; B 1aβ), hier etwa
13 *hinsenden, dorthin schicken.* **πρῶτον** hier etwa *ein erstes Mal.* **13 ἐν τῷ
δευτέρῳ** *beim zweiten Mal* (B δεύτερος 4). **ἀν-ε-γνωρίσθη** Aor. Pass.

ἀνα-γνωρίζω[98] *wiedererkennen;* Pass. hier *sich zu erkennen geben.* **Ἰωσήφ**
indekl., hier (erstes sowie V. 14) Nom. u. (zweites) Gen. **φανερός** *bekannt.*
ἐ-γένετο Aor. Med. γίνομαι. **γένος**[7] *Geschlecht;* hier *Verwandtschaft*
(B 2), *Familie* (kaum *Abstammung* [vgl. Gen 41,12]); καὶ φανερὸν ἐγένετο
τῷ Φαραὼ τὸ γένος τοῦ Ἰωσήφ *und so lernte der Pharao die Familie*
Josefs kennen (GN). **14 ἀπο-στείλας** Aor. Ptz. -στέλλω hier eig. 14
(jmdn./Leute) hinschicken (temp. Ptz.), doch in Verbindung m. einem zweiten
(hier einem finiten) Verb = (kausatives) *lassen:* ἀποστείλας δὲ Ἰωσὴφ
μετεκαλέσατο ... *Josef aber ließ ... herbeirufen* (B 2; vgl. A218). **μετ-ε-**
καλέσατο Aor. Med. μετα-καλέομαι[37] *zu sich rufen, herbeirufen.*
Ἰακώβ hier Akk. **συγ-γένεια** V. 3. **ἐν** *sich belaufend auf* (B IV2), *insge-*
samt (vgl. Dt 10,22 LXX). **ἑβδομήκοντα πέντε**[19] *fünfundsiebzig;* während
der MT in Gen 46,27 u. Ex 1,5 eine Zahl v. 70 nennt, steht in der LXX (wie
hier) 75 (was m. einer unterschiedl. Berücksichtigung der Nachkommen Josefs
zusammenzuhängen scheint [LXX schließt über die beiden Söhne hinaus offen-
bar sieben Enkel m. ein]). **15 κατ-έ-βη** Aor. κατα-βαίνω. **Ἰακώβ** hier 15
Nom. **ἐ-τελεύτησεν** Aor. τελευτάω *sterben;* zum Sg.-Präd. vgl. A94. **αὐ-**
τὸς καὶ πατέρες ἡμῶν *er und unsere anderen* (A376a) *Vorfahren* (vgl.
V. 11) bzw. *er und unsere Stammväter.* **16 μετ-ε-τέθησαν** Aor. Pass. 16
μετα-τίθημι[200] *umstellen; anderswohin bringen;* Pass. hier *überführt werden*
(B 1); nach dem atl. Bericht wurde Jakob in Hebron auf einem Grundstück be-
graben, das Abraham von dem Hetiter Efron erworben hatte (Gen 23,16; 49,29-
32; 50,13), Josef dagegen in Sichem auf einem, das Jakob von den Söhnen Ha-
mors gekauft hatte (Gen 33,18-20; Jos 24,32), nach Josephus die übrigen Söhne
Jakobs in Hebron (Antiquitates 2.199); in der Rede des Stephanus scheint dies
alles (in geraffter Form) in eine Aussage verschmolzen, wobei die Erwähnung
des samaritanischen Sichem (statt des jüd. Hebron) viell. theologisch motiviert
ist (Bruce, Apg, S. 196). **Συχέμ** ἡ indekl., hier Akk. bzw. (nach ἐν) Dat., *Si-*
chem, samaritanische Stadt. **ἐ-τέθησαν** Aor. Pass. τίθημι. **ἐν** = εἰς (vgl.
A184b). **μνῆμα**[3] *Grab.* **ᾧ** = ὅ (Attraktion des Rel.-Pron., A360). **ὠνήσα-**
το Aor. Med. ὠνέομαι *kaufen, erwerben;* Aor. Ind. bez. hier Vorvergangenheit
(vgl. H-S §199n; A224). **Ἀβραάμ** indekl., hier Nom. **τιμή** hier *Summe;*
gen. pretii (A161); τιμῆς ἀργυρίου *für eine Geldsumme, für Silbergeld.* **ἀρ-**
γύριον *Silber; Silbergeld, Geld.* **Ἑμμώρ** indekl., hier Gen., *Hamor,* Ober-
haupt einer hiwitischen Sippe in der Gegend v. Sichem. **17 καθώς** hier temp. 17
als (B 4) bzw. im Sinn v. *während;* καθὼς δὲ ἤγγιζεν ὁ χρόνος ... ηὔξη-
σεν ὁ λαός *als aber die Zeit herankam ... vermehrte sich das Volk.* **ἤγγιζεν**
Ipf. ἐγγίζω. **ὁ χρόνος τῆς ἐπαγγελίας** *die Zeit der Verheißung = die*
Zeit für die Erfüllung der Verheißung (vgl. B ἐπαγγελία 2b) bzw. *die Zeit, daß*
Gott das Versprechen einlösen wollte (GNB). **ἧς** = ἥν (Attraktion des Rel.-
Pron., A360). **ὡμο-λόγησεν** Aor. ὁμο-λογέω (vgl. ὁμῶς zusammen, in

gleicher Weise, λόγος) *bekennen;* hier *zusagen, zusichern* (B 1) bzw. (eine Ver-
heißung) *geben* [Var. 1 ἐπ-ηγγείλατο V. 5; Var. 2 ὤμοσεν Aor. ὀμνύω[220]
schwören, hier τί τινι *jmdm. etwas mit einem Eid zusichern* (B)]. **ηὔξησεν**
Aor. αὐξάνω/αὔξω Akt. *vermehren, wachsen lassen;* Akt./Pass. *wachsen, zu-*
nehmen; ... ηὔξησεν ὁ λαὸς καὶ ἐπληθύνθη ἐν Αἰγύπτῳ ... *desto mehr*
wuchs das Volk in Ägypten an und wurde zahlreich (Menge) od. etwa *vermehrte*
sich unser (A103) *Volk und breitete sich in Ägypten aus* (vgl. Einh.). **ἐ-πλη-**
θύνθη Aor. Pass. πληθύνω (vgl. A33[132ff]) *vermehren;* Pass. *sich vermehren,*
18 *wachsen,* (an Zahl) *zunehmen.* **18 ἀν-έ-στη** Wz.-Aor. -ίσταμαι hier *auf-*
treten (B 2c), *an die Macht kommen* (GNB). **ᾔδει** Plsqpf. (m. Ipf.-Bdtg.) οἶδα
hier *wissen von* (B 1a); ὃς οὐκ ᾔδει τὸν Ἰωσήφ *der von Josef nichts (mehr)*
19 *wußte;* vgl. Ex 1,7f. **19 κατα-σοφισάμενος** Aor. Ptz. Med. -σοφίζομαι
(vgl. A33[91ff]) *überlisten* (B), *arglistig verfahren gegen* (Menge), *heimtückisch vor-*
gehen gegen (Einh.); mod. (A291,2 Anm. 1). **γένος** V. 13, hier *Volk* (B 3).
ἐ-κάκωσεν Aor. κακόω V. 6. **πατήρ** V. 11. **τοῦ** m. Inf. kons. bzw.
(besser) epexegetisch (BDR §400,8; H-S §225f; A281); τοῦ ποιεῖν *so*
daß/indem/dadurch, daß er machte od. übers. durch *das heißt* od. m. Doppel-
punkt einleiten: *er machte.* **ποιεῖν** Inf. ποιέω hier m. doppeltem Akk.
(A97,15); τοῦ ποιεῖν τὰ βρέφη ἔκθετα αὐτῶν *er machte ihre Säuglinge zu*
Ausgesetzten = er zwang sie, ihre neugeborenen Kinder auszusetzen. **βρέφος**[7]
Embryo; Säugling, Kleinkind, Baby. **ἔκ-θετος**[11] *ausgesetzt;* ἔκθετον ποιέω =
ἐκτίθημι V. 21 (ZG). **εἰς τό** m. AcI fin. (A282). **ζῳο-γονεῖσθαι** Inf.
Pass. -γονέω *lebendig machen; am Leben erhalten;* εἰς τὸ μὴ ζῳογονεῖσθαι
(erg. αὐτά) *damit sie nicht am Leben blieben, sie sollten nicht am Leben bleiben;*
20 vgl. Ex 1,10-11.22. **20 ἐν ᾧ καιρῷ** = ἐν τούτῳ τῷ καιρῷ (BDR §293[12];
vgl. A364a) *in dieser Zeit;* vgl. Ex 2,2ff. **ἐ-γεννήθη** Aor. Pass. γεννάω. **ἦν**
V. 9. **ἀστεῖος** (< ἄστυ Stadt) eig. „städtisch“: *fein, wohlgestaltet, schön;* ἦν
ἀστεῖος τῷ θεῷ (wohl Dat. des Standpunktes [A175,2]) *er war in Gottes Au-*
gen schön etwa = *Gott hatte Gefallen an ihm.* **ὅς** *dieser/er* (rel. Anschluß,
A364a). **ἀν-ε-τράφη** Aor. Pass. ἀνα-τρέφω[49] *großziehen; erziehen.* **μήν**[4]
μηνός ὁ *Monat;* μῆνας τρεῖς Akk. der zeitl. Ausdehnung (A148) *drei Mo-*
nate lang. **ὁ οἶκος τοῦ πατρός** *sein* (A103) *Vaterhaus, sein Elternhaus.*
21 **21 ἐκ-τεθέντος** Aor. Ptz. Pass. -τίθημι[200] *aussetzen;* gen. abs. (A288f),
temp. **ἀν-είλατο** Aor. Med. -αιρέω[186] *beseitigen, aufheben;* meist: *töten;*
Med. hier *(bei sich) aufnehmen.* **θυγάτηρ**[6] τρός ἡ *Tochter.* **Φαραώ** V. 10.
ἀν-ε-θρέψατο Aor. Med. ἀνα-τρέφω hier Med. indirekt-reflexiv (A216a),
verstärkt durch ἑαυτῇ im dat. commodi (A173; BDR §310[4]); ἀνεθρέψατο
αὐτὸν ἑαυτῇ εἰς υἱόν *sie erzog ihn für sich selbst zum Sohn* (vgl. Menge), *sie*
zog ihn als ihren eigenen Sohn auf. **εἰς υἱόν** für Präd.-Akk. (Hebr. [BDR
22 §157[7]; A81]) *zum Sohn, als Sohn.* **22 ἐ-παιδεύθη** Aor. Pass. παιδεύω *er-*
ziehen, unterrichten, bilden; καὶ ἐπαιδεύθη Μωϋσῆς ἐν πάσῃ σοφίᾳ

Αἰγυπτίων (auch ohne Art. best., A106d) *so wurde denn Mose in aller Weis-*
heit der Ägypter unterrichtet (Menge), *Mose wurde in allen Wissensgebieten* (wörtl.
in jeder Weisheit/Kunst/Fertigkeit) der Ägypter ausgebildet, Mose erhielt eine um-
fassende ägyptische Ausbildung; zur Sache vgl. GBL 2, S. 992f. **Αἰγύπτιος**
ägyptisch, subst. *Ägypter.* **ἦν** V. 9. **δυνατός** *stark, mächtig;* δυνατὸς ἔν
τινί εἰμι *in etwas stark sein = sich in etwas auszeichnen* (B 1aβ); ἦν δὲ δυνα-
τὸς ἐν λόγοις καὶ ἔργοις αὐτοῦ *und er war gewaltig in seinen Worten und*
Taten (vgl. Menge), *er zeichnete sich durch seine Worte und Taten aus, und er*
wurde ein wortmächtiger und tatkräftiger Mann (vgl. GNB). **23 ἐ-πληροῦτο** 23
Ipf. Pass. πληρόω; ὡς ἐπληροῦτο αὐτῷ τεσσερακονταετὴς χρόνος
„als sich für ihn (A173) eine vierzigjährige Zeit vollendete“ = *als er vierzig Jahre*
alt geworden war (B 2), *als er vierzig Jahre alt war* od. = *als er auf die Vierzig*
zuging (ZG). **τεσσερακονταετής**[19] *vierzigjährig.* **ἀν-έ-βη** Aor. ἀνα-
βαίνω; ἀναβαίνει ἐπὶ τὴν καρδίαν τινός *es steigt der Gedanke/das Ver-*
langen/der Wunsch in jmdm. auf (vgl. B 2; Menge) od. *jmd. faßt den Entschluß*
(GNB). **ἐπι-σκέψασθαι** Aor. Inf. Med. -σκέπτομαι (vgl. A33[51ff]) *sich*
(prüfend) umsehen nach; hier *sehen nach, besuchen* (B 2); vgl. Ex 2,11ff. **ἀδελ-**
φός hier im Sinn v. *Angehöriger desselben Volkes* (B 3), Pl. etwa *Landsleute.*
Ἰσραήλ indekl., hier Gen. **24 ἰδών** Aor. Ptz. ὁράω, temp. **ἀ-δικούμε-** 24
νον Ptz. Pass. ἀ-δικέω intr. *Unrecht tun, im Unrecht sein;* tr. *ungerecht behan-*
deln; AcP (A300; od. attr.); ἰδών τινα ἀδικούμενον *als er sah, wie einem*
(von ihnen) Unrecht geschah (od. *als er einen von ihnen sah, dem Unrecht geschah*
[Menge]) bzw. freier (kontextgetreu) *als er sah, wie ein Ägypter gerade einen von*
ihnen ohne Grund mißhandelte. **ἠμύνατο** Aor. Med. ἀμύνομαι (vgl.
A33[132ff]) *beistehen, zu Hilfe kommen* bzw. hier etwa (helfend) *eingreifen* (vgl.
GNB). **ἐ-ποίησεν** Aor. ποιέω. **ἐκ-δίκησις**[8] *Rache, Bestrafung;* ποιέω
ἐκδίκησίν τινι (= ἐκδικέω τινί) *jmdn. rächen, jmdm. Recht/Gerechtigkeit*
verschaffen. **κατα-πονουμένῳ** Ptz. Pass. -πονέω *niederdrücken, quälen,*
zermürben; subst. *(dem) Bedrückten/Mißhandelten* (B). **πατάξας** Aor. Ptz.
πατάσσω (vgl. A33[74ff]) *schlagen, stoßen; niederschlagen,* hier *erschlagen;* mod.
25 ἐ-νόμιζεν Ipf. νομίζω *meinen, glauben, annehmen,* m. AcI. **συν-ιέναι** 25
Inf. -ἵημι *verstehen, einsehen, begreifen;* Präd. des AcI. **διὰ χειρός** m. Gen.
= διά m. Gen. (wohl hebr., LXX-Idiom; BDR §217[6]; A186; vgl. A382). **ὅτι ὁ**
θεός ... δίδωσιν (konativ; A232c) *daß Gott ... geben wollte* (Tempus u.
Modus wie in der entsprechenden direkten Rede; A326). **οἱ δέ** *(doch/und)*
diese/sie (A102). **συν-ῆκαν** Aor. -ἵημι[202]; erg. τοῦτο/ταῦτα (A79).
26 ἐπ-ιούσῃ Ptz. Fem. ἔπ-ειμι (εἶμι) (vgl. A32) *bevorstehen, folgen;* attr.; 26
τῇ ἐπιούσῃ ἡμέρᾳ temp. Dat. (A182) *am folgenden Tag.* **ὤφθη** Aor. Pass.
ὁράω Pass. m. Dat. hier *sich bei jmdm. sehen lassen* (B 1aδ), *zu jmdm. kommen;*
ὤφθη αὐτοῖς μαχομένοις *er kam zu (einigen/zwei von) ihnen, als sie sich*
stritten bzw. *er kam gerade dazu, als einige/zwei von ihnen miteinander stritten.*

μαχομένοις Ptz. μάχομαι *kämpfen; streiten, zanken;* temp. **συν-ήλ-**
λασσεν Ipf. -αλλάσσω *versöhnen;* konatives Ipf. (H-S §198d; A237c);
συνήλλασσεν αὐτοὺς εἰς εἰρήνην *er wollte sie versöhnen, damit sie*
Frieden hielten (Menge; vgl. B) od. (einfach) *er wollte sie versöhnen* (GNB).
εἰπών Aor. Ptz. λέγω mod. **ἄνδρες** Vok. *Männer* od. (idiomatisch) *Hört*
her (GNB). **ἀδελφοί ἐστε** übers. *ihr seid doch Brüder.* **ἱνατί** (< ἵνα τί
[γένηται], BDR §299^{3}) *warum, wozu.* **ἀ-δικέω** V. 24; ἱνατί ἀδικεῖτε ἀλ-
27 λήλους *warum tut ihr einander Unrecht.* **27 ἀ-δικῶν** Ptz. ἀ-δικέω V. 24;
subst.; ὁ δὲ ἀδικῶν τὸν πλησίον *doch der, der seinem* (A103) *Nächsten Un-*
recht tat/getan hatte. **πλησίον** Adv. *nahe, benachbart;* Subst. (indekl.)
Nächster, Mitmensch. **ἀπ-ώσατο** Aor. Med. -ωθέομαι^{173} *zurückstoßen, weg-*
stoßen bzw. hier etwa *beiseite stoßen.* **εἰπών** V. 26. **κατ-έ-στησεν** V. 10.
28 **ἄρχων**^{5} οντος ὁ *Herrscher, Machthaber, Herr.* **δικαστής**^{1} *Richter.* **28 μή**
etwa (verneinende Antwort angedeutet, A320). **ἀν-ελεῖν** Aor. Inf. -αιρέω
V. 21, hier *töten.* **τρόπος** *Art und Weise;* ὃν τρόπον adv. Akk. *auf welche*
Weise od. *wie* (A150; B 1). **ἀν-εῖλες** Aor. -αιρέω. **ἐχθές** *gestern.*
29 **29 ἔ-φυγεν** Aor. φεύγω^{72} *fliehen.* **ἐν** kaus. *wegen* (BDR §219^{2}); ἐν τῷ
λόγῳ τούτῳ *auf dieses Wort hin* (B III3a) od. (freier) *als er das hörte* (vgl.
GNB). **ἐ-γένετο** V. 13. **πάρ-οικος** V. 6. **Μαδιάμ** indekl., hier Gen.,
Midian, Nachbarvolk Israels in atl. Zeit; ἡ γῆ Μαδιάμ *das Land Midian,*
wahrscheinl. ein Gebiet östl. vom Golf von Aqaba (GBL 2, S. 977). **οὗ**^{18} *wo.*
30 **ἐ-γέννησεν** Aor. γεννάω; vgl. Ex 2,22; 18,3f. **30 πληρωθέντων** Aor.
Ptz. Pass. Ntr. πληρόω; gen. abs. (A288), temp.; καὶ πληρωθέντων ἐτῶν
τεσσεράκοντα *als vierzig Jahre vergangen waren.* **τεσσεράκοντα**^{19} *vier-*
zig. **ὤφθη** Aor. Pass. ὁράω. **Σινᾶ** indekl., hier Gen., *Sinai;* ἐν τῇ ἐρήμῳ
τοῦ ὄρους Σινᾶ *in der Wüste beim/am Berg Sinai;* vgl. Ex 3,1ff. **φλόξ**^{3} ογός
ἡ *Flamme;* ἐν φλογὶ πυρὸς βάτου *in der* (A106a) *Feuerflamme eines Dorn-*
busches bzw. *in der Flamme eines brennenden Dornbusches.* **βάτος** ἡ u. ὁ
31 *Dornbusch.* **31 ἰδών** V. 24; erg. τοῦτο/ταῦτα (A79). **ἐ-θαύμαζεν** Ipf.
θαυμάζω hier *sich wundern über* [Var. ἐ-θαύμασεν Aor.]. **ὅραμα**^{3} *(das)*
Geschaute/Gesehene, Erscheinung (im Sinn v. etwas, was man wirkl. sehen kann);
Gesicht, Vision. **προσ-ερχομένου** Ptz. -έρχομαι, gen. abs. (A288), temp.;
προσερχομένου αὐτοῦ *als er näher hinging.* **κατα-νοῆσαι** Aor. Inf.
-νοέω (meist m. Überlegung) *beschauen, betrachten, beobachten;* fin. (A276);
erg. τοῦτο (A79); κατανοῆσαι etwa *um es/sie genauer zu betrachten.*
ἐ-γένετο V. 13, hier *kommen* (B I4cβ), *erschallen* (Menge) bzw. *sprechen.*
φωνὴ κυρίου *die Stimme des Herrn* (vgl. A106c); zitiert wird aus Ex 3,6 (m.
32 unbedeutenden Abweichungen). **32 ἐγώ** erg. εἰμι (A78). **πατήρ** V. 11.
Ἀβραάμ indekl., hier Gen. **Ἰσαάκ** 3,13; indekl., hier Gen. **Ἰακώβ**
3,13; indekl., hier Gen. **ἔν-τρομος**^{11} *zitternd* (vor Angst). **γενόμενος**
Aor. Ptz. Med. γίνομαι, mod. (A291,2 Anm. 1); ἔντρομος δὲ γενόμενος

Μωϋσῆς οὐκ ἐτόλμα κατανοῆσαι *da begann Mose zu zittern und wagte*
nicht, genauer hinzusehen (Menge). **ἐ-τόλμα** Ipf. τολμάω *wagen.*
33 λῦσον Aor. Imp. λύω hier m. τὸ ὑπόδημα τῶν ποδῶν τινος *die* 33
Sandalen/Schuhe von jmds. Füßen losbinden, jmds. Sandalen/Schuhe ausziehen;
vgl. Ex 3,5; das Ausziehen der Schuhe war ein Zeichen des Respekts der göttl.
Person gegenüber, wie es beim Betreten eines Hauses ein Zeichen des Respekts
dem Gastgeber gegenüber war. **ὑπό-δημα**[3] *Sandale, Schuh;* hier kollektiver
Sg. (A101a) *(die) Beschuhung = (die) Schuhe* (vgl. B). **ὁ τόπος ... γῆ ἁγία**
ἐστίν *der Ort ... ist heiliges Land/heiliger Boden;* viell. will Stephanus seinen
Zuhörern dadurch indirekt vor Augen führen, daß Gott sich auch außerhalb des
jüd. Territoriums offenbaren kann (Israels wichtigster Offenbarungsort, der Si-
nai, lag nicht im Heiligen Land). **ἕστηκας** Pf. (m. präs. Bdtg.) ἵσταμαι.
34 ἰδών V. 24; mod., hier als Entsprechung zum hebr. infinitivus absolutus 34
(A298; BDR §422[3]; H-S §240); ἰδὼν εἶδον τὴν κάκωσιν τοῦ λαοῦ μου
τοῦ (vgl. A84) ἐν Αἰγύπτῳ *ich habe die Mißhandlung meines Volkes in Ägyp-*
ten sehr wohl gesehen bzw. *ich habe sehr wohl gesehen, wie mein Volk in Ägypten*
mißhandelt wird; vgl. Ex 3,7f.10. **κάκωσις**[8] *Mißhandlung.* **Αἴγυπτος** V. 9.
στεναγμός *Seufzer, (das) Seufzen.* **ἤκουσα** Aor. ἀκούω m. Gen. hier
wohl im Sinn v. *anhören, erhören* (B 5); τοῦ στεναγμοῦ αὐτῶν (Pl. sinnge-
mäße Konstruktion; A94) ἤκουσα *ihren Hilferuf* (wörtl. *ihr Seufzen*) *habe ich*
gehört. **κατ-έ-βην** V. 15. **ἐξ-ελέσθαι** Aor. Inf. Med. -αιρέω V. 10; fin.
(A276); ἐξελέσθαι αὐτούς *um sie zu befreien/retten.* **δεῦρο** Adv. *(komm)*
hierher (vgl. A254/266). **ἀπο-στείλω** Aor. Konj. -στέλλω, adhortativer
Konj., hier erg. durch asyndetisch davorgesetztes δεῦρο (A254); καὶ νῦν
δεῦρο ἀποστείλω σε εἰς Αἴγυπτον *und jetzt komm: ich will dich nach*
Ägypten senden (Menge; H-S §210c). **35 τοῦτον** in V. 35-38 wird οὗτος 35
fünfmal betont gebraucht. **ἠρνήσαντο** Aor. Med. ἀρνέομαι *leugnen; ver-*
leugnen; hier im Sinn v. *sich lossagen von* (B 3), *zurückweisen* (Menge), *ablehnen*
(GNB). **εἰπόντες** Aor. Ptz. λέγω, mod. **κατ-έ-στησεν** V. 10. **ἄρχων,**
δικαστής V. 27. **λυτρωτής**[1] (< λυτρόομαι loskaufen [durch Löse-
geld]) *Erlöser;* ἄρχοντα καὶ λυτρωτήν Obj.-Präd. (A65) *als Anführer und*
Erlöser/Befreier. **ἀπ-έ-σταλκεν** Pf. (A242) ἀπο-στέλλω. **σὺν χειρὶ**
ἀγγέλου *mit Hilfe eines Engels* (B χείρ 2aδ; vgl. A382), *durch Vermittlung ei-*
nes Engels (vgl. Menge). **ὀφθέντος** Aor. Ptz. Pass. ὁράω, attr. **βάτος**
V. 30. **36 ἐξ-ήγαγεν** Aor. -άγω[59] *hinaus/herausführen.* **ποιήσας** Aor. 36
Ptz. ποιέω, mod. **τέρας**[3] ατος τό *Wunder* (tritt häufig synonym in fester
Verbindung m. σημεῖα auf). **γῆ Αἴγυπτος** Hebr. *Ägypten* (BDR §261[8]).
ἐρυθρός *rot;* ἡ ἐρυθρὰν θάλασσα *das Rote Meer* (LXX-Entsprechung für
hebr. יַם סוּף *jam sûf* „das Schilfmeer" [bez. das Bitterseengebiet, den Golf v.
Suez sowie den Golf v. Aqaba]); auch ohne Art. best. (A106a). **τεσσερά-**
κοντα[19] *vierzig;* ἔτη τεσσεράκοντα Akk. der zeitl. Ausdehnung (A148)

37 *vierzig Jahre lang.* **37 εἴπας** Aor. Ptz. (vgl. H-S §105g) λέγω, attr.; es wird
aus Dt 18,15 zitiert; vgl. zu Apg 3,22. **Ἰσραήλ** ὁ indekl., hier Gen. **ἀνα-
στήσει** Fut. ἀν-ίστημι hier übertr. *auftreten* (herkömml. *erstehen*) *lassen*
(vgl. B 1b); προφήτην ὑμῖν ἀναστήσει ὁ θεὸς ἐκ τῶν ἀδελφῶν
ὑμῶν *einen Propheten wird Gott für euch aus der Mitte eurer Brüder/aus eurer
Mitte erstehen/auftreten lassen* od. (freier) *Gott wird euch einen Propheten senden
... aus eurer Mitte wird er ihn berufen* (GN). **ἀδελφός** hier v. Angehörigen des-
selben Volkes (B 3); ἐκ τῶν ἀδελφῶν ὑμῶν *aus dem Kreis/der Mitte eurer
Brüder = aus eurer Mitte* (GN). **ὡς ἐμέ** ist App. (vgl. A70) zu προφήτην:
(einen) wie mich = wie ich einer bin (H-S §260i; vgl. B ὡς II3b), viell. Mod.
(Komparativsatz [A352] m. Ellipse des Präd. [vgl.B ὡς I2a]) zu ἀναστήσει:
wie mich = wie er mich hat auftreten lassen bzw. *wie er es mit mir getan hat.*
38 **38 γενόμενος** Aor. Ptz. Med. γίνομαι hier *sich befinden, sein* (B II4a),
bleiben (B μετά AII1a); subst. **ἐκκλησία** hier (dem hebr. קָהָל *qāhāl* ent-
sprechend) v. der Versammlung der Israeliten, bes. wenn sie zu heiligen
Zwecken zusammentritt (B 3); ἐν τῇ ἐκκλησίᾳ ἐν τῇ ἐρήμῳ etwa *bei der
Versammlung des Volkes* (Menge: *Gemeindeversammlung*) *in der Wüste* od.
(freier) *als das Volk in der Wüste ... vor Gott versammelt war* (GN). **λαλοῦν-
τος** Ptz. λαλέω, attr. **Σινᾶ** V. 30; indekl., hier Dat.; ἐν τῷ ὄρει Σινᾶ *am*
(Menge: *auf dem*) *Berg Sinai.* **πατήρ** V. 11; ὁ γενόμενος ... μετὰ τοῦ ἀγ-
γέλου ... καὶ τῶν πατέρων ἡμῶν *der ... mit dem Engel ... und unseren Vä-
tern/Vorfahren war/blieb/stand* bzw. (Kontextsinn) *der ... als Vermittler zwischen
dem Engel ... und unseren Vorfahren stand.* **ὅς** V. 20. **ἐ-δέξατο** Aor. Med. δέ-
χομαι. **λόγιον** (Verkleinerungsform zu λόγος) *Spruch, Wort* (durch direkte
göttl. Offenbarung empfangen; im NT nur Pl.). **ζῶντα** Ptz. ζάω, attr.; λόγια
ζῶντα *lebendige Worte,* d.h. wohl im Sinn v. keine leeren, sondern tatsächl.
gültige Worte (vgl. Hb 4,12) od. evtl. im Sinn v. *Leben wirkende Worte* (vgl.
Menge; GNB: *Weisungen, die zum Leben führen*). **δοῦναι** Aor. Inf. δίδωμι
hier etwa *anvertrauen* (B 3), *weitergeben an* (GNB); fin. (A276); erg. αὐτά/ταῦ-
39 τα (A79). **39 ᾧ** *diesem/ihm* (rel. Anschluß, A364a). **ἠ-θέλησαν** Aor. θέ-
λω. **ὑπ-ήκοος**[11] *gehorsam;* ὑπήκοος γίνομαι *gehorsam werden, sich
unterordnen, gehorchen.* **γενέσθαι** Aor. Inf. Med. γίνομαι. **πατήρ** V. 11.
ἀπ-ώσαντο V. 27, hier *von sich stoßen* (Menge) etwa im Sinn v. *ablehnen*
(B 2), *sich auflehnen gegen* (GNB); erg. αὐτόν (A79). **ἐ-στράφησαν** Aor.
Pass. στρέφω[47] *hinwenden;* intr. *sich abwenden* (so V. 42); Pass. hier *sich um-
wenden, sich zuwenden;* ἐστράφησαν ἐν ταῖς καρδίαις αὐτῶν εἰς
Αἴγυπτον *sie wandten sich in ihren Herzen zurück nach Ägypten* (B 2aβ) = *sie*
40 *sehnten sich nach Ägypten zurück* (Menge). **40 εἰπόντες** Aor. Ptz. λέγω,
mod.; es wird zieml. wörtl. aus Ex 32,1.23 zitiert. **Ἀαρών** indekl., *Aaron,*
Bruder des Mose. **ποίησον** Aor. Imp. ποιέω. **προ-πορεύσονται** Fut.
Med. -πορεύομαι *vorangehen, vorausziehen* τινός *vor jmdm.;* οἳ προπορεύ-

σονται ἡμῶν *die vor uns herziehen werden,* d.h. wohl: die wir zu unserem
Schutz vor uns hertragen können (vgl. Newman-Nida, Apg, S. 159), bzw. *die uns
schützen und führen* (vgl. GN). **ἐξ-ήγαγεν** Aor. -άγω[59] *hinaus/herausführen.*
οἴδαμεν hier m. Anakoluth/nom. pendens: ὁ γὰρ Μωϋσῆς οὗτος ... οὐκ
οἴδαμεν τί ἐγένετο αὐτῷ *denn dieser Mose ... – wir wissen nicht, was aus
ihm geworden ist = denn wir wissen nicht, was aus diesem Mose geworden ist ...*
(H-S §292e; A375). **ἐ-γένετο** V. 13, hier γίνεταί τινί τι *es widerfährt
einem etwas;* τί ἐγένετο αὐτῷ *was aus ihm geworden ist* (Menge) [Var. γέ-
γονεν Pf. γίνομαι]. **41 ἐ-μοσχο-ποίησαν** Aor. -ποιέω (< μόσχος 41
Kalb, junger Stier) *ein Kalb/einen jungen Stier machen.* **ἀν-ήγαγον** Aor.
-άγω[59] *hinauf/heraufführen;* (Opfer) *darbringen.* **θυσία** *(Schlacht-)Opfer.* **εἴ-
δωλον** *Götterbild; falscher Gott, Götze.* **εὐ-φραίνοντο** Ipf. Pass. -φραίνω
erfreuen; Pass. m. ἐν *sich freuen an,* hier etwa *seine Freude haben an* (Menge) od.
(kontextnah) *ein Fest feiern zu Ehren von* (GNB). **τὰ ἔργα τῶν χειρῶν
αὐτῶν** *die Werke/das Machwerk ihrer Hände* (Menge) bzw. (kontextnah) *ihr
selbstgemachter Götze* (GNB); vgl. Ps 115,4; 135,15. **42 ἔ-στρεψεν** Aor. 42
στρέφω V. 39. **παρ-έ-δωκεν** Aor. παρα-δίδωμι hier *preisgeben* (B 1b),
τινά τινι *jmdn. einer Sache* (hier durch Inf. ausgedrückt); καὶ παρέδωκεν
αὐτοὺς λατρεύειν τῇ στρατιᾷ τοῦ οὐρανοῦ *und gab sie preis, dem Him-
melsheer zu dienen* (Wilckens) bzw. *und ließ es zu, daß sie die Sterne am Himmel
anbeteten* (GNB). **λατρεύειν** Inf. V. 7. **στρατιά** *Heer;* ἡ στρατιὰ τοῦ
οὐρανοῦ *das Himmelsheer* Hebr. = *die Himmelskörper,* bes. *die Sterne* (vgl.
Köhler-Baumgartner, S. 934). **γέ-γραπται** Pf. (A231) Pass. γράφω, Pf.
Pass. term. tech. zur Einführung v. Schriftzitaten (B 2c); γέγραπται *in der
Schrift steht.* **βίβλος** ἡ *Buch;* ἐν βίβλῳ τῶν προφητῶν *im Buch der Pro-
pheten,* d.h. wohl in der Zwölfprophetenrolle (Hos-Mal); zitiert wird Am 5,25-27 (weitgehend nach LXX, die bes. in V. 26 v. dem [nicht sicher zu deutenden] MT abweicht), wo dem im Götzendienst verstrickten (Nordreich) Israel Mitte des 8. Jh. das hereinbrechende Verbannungsgericht angekündigt wird; während in Amos v. der Verbannung nach Assyrien die Rede ist („über Damaskus hinaus"), wird hier offenbar (in raffender Erzählweise [vgl. V. 16]) das durch die Babylonier im 6. Jh. am Südreich Juda (Stephanus spricht zu Judäern) vollzogene Gericht miteinbezogen („über Babylon hinaus" [als Endpunkt der zunächst im Norden einsetzenden Gerichtsphase]); der während der Wüstenwanderung begonnene Götzendienst Israels bildete den Anfang eines Verhaltens, das schließl. zu den Exilgerichten führte; feststeht, daß der Sternenkult in der Zeit vor dem assyrischen u. dem babylonischen Exil eine wichtige Rolle spielte (2Kön 17,16; 21,3; 2Ch 33,3.5; Jer 7,18; 8,2; 19,13; Ze 1,5) u. daß er auch in der Frühgeschichte Israels eine Gefahr darstellte (Dt 17,3); unsicher ist jedoch, wie die Amosstelle zu verstehen ist: wird hier gesagt, der Sternenkult sei bereits in der Wüstenzeit praktiziert worden, od. charakterisiert Amos das

frühgeschichtl. Fehlverhalten Israels ledigl. in aktualisierender (ironischer) Sprache (die Anfänge im Licht dessen, was daraus geworden ist)? **μή** V. 28; μή ... προσηνέγκατέ μοι ἔτη τεσσεράκοντα ... *habt ihr etwa* ***mir*** ... *während der vierzig Jahre ... dargebracht* (Menge). **σφάγιον** *Schlachtopfer.* **προσ-ηνέγκατε** Aor. -φέρω. **τεσσεράκοντα** V. 36. **οἶκος Ἰσραήλ** Vok. etwa *ihr vom Haus/Geschlecht Israel* (B οἶκος 3) od. *ihr Israeliten*
43 (GNB). **43 καί** (erstes) adversativ (A311,1) etwa *nein* (Menge). **ἀν-ε-λάβετε** Aor. ἀνα-λαμβάνω[152] *aufnehmen;* hier *aufnehmen,* um mit sich zu *tragen, mitführen* (B 2). **σκηνή** *Zelt; Stiftshütte* (Zeltheiligtum Israels in der Wüste); τὴν σκηνὴν τοῦ Μόλοχ *das Zelt(heiligtum) Molochs* (Ggs.: Stiftshütte Jahwes [s. V. 44]), wofür der MT offenbar „euren König/Himmelskönig Sakkut" (assyrisch-babylonische Sterngottheit), viell. „die Hütte/den Schrein eures Königs/Himmelskönigs" hat (vgl. Köhler-Baumgartner, S. 711; vgl. Damaskusschrift [CD] 7,14-19). **Μολόχ** indekl., *Moloch,* kanaanäische Gottheit (der man Kinderopfer darbrachte [Lev 18,21; 20,2ff; 1Kön 11,7; 2Kön 23,10; Jer 32,35]). **ἄστρον** *Sternbild, Gestirn; Stern.* **Ῥαιφάν** (Var. Ῥομφά[ν], Ῥεμφάν, Ῥεφά[ν]) indekl., hier Gen., *Raifan,* ein Gott (viell. = „Repa", ein Name v. Seb, dem ägyptischen Gott des Planeten Saturn [Bruce, Apg, S. 204]); τὸ ἄστρον τοῦ θεοῦ ὑμῶν Ῥαιφάν *den Stern/das Sternbild eures Gottes/Götzen Raifan* (MT dafür offenbar „euren Sterngott Kewan" [= Saturn], viell. „das Gestell eures Sterngottes" [vgl. Köhler-Baumgartner, S. 450]). **τύπος** *sichtbarer Eindruck; Abbild;* hier *(das) Geformte, Bildwerk* (B 3), *Bild, Götzenbild;* V. 44 *Muster, Vorlage, Modell* (B 5). **ἐ-ποιήσατε** Aor. ποιέω; Aor. Ind. bez. hier Vorvergangenheit (vgl. H-S §199n; A224). **προσ-κυνεῖν** Inf. -κυνέω; fin. (A276). **καί** (drittes) kons. (A311,2) *darum.* **μετ-οικιῶ** Fut. -οικίζω V. 4, hier *wegführen* bzw. (kontextgemäß) *in die Verbannung führen.* **ἐπ-έκεινα** uneig. Präp. (A183) *jenseits;* ἐπέκεινα Βαβυλῶνος *über Babylon hinaus* (vgl. zu V. 42b). **Βαβυλών**[4] ῶνος ἡ *Babylon* (Hauptstadt Baby-
44 loniens). **44 μαρτύριον** *Zeugnis;* ἡ σκηνὴ τοῦ μαρτυρίου *das Zelt des Zeugnisses, das Offenbarungszelt, die Stiftshütte* (Zeltheiligtum Israels in der Wüste [GNB: *das Heilige Zelt*]; LXX-Übers.). **ἦν** V. 9; hier m. dat. poss. (A173b); ἦν τοῖς πατράσιν ἡμῶν *unsere Väter/Vorfahren hatten.* **πατήρ** V. 11. **δι-ε-τάξατο** Aor. Med. δια-τάσσω[79] *anordnen, befehlen;* Aor. Ind. bez. hier Vorvergangenheit (vgl. H-S §199n; A224); καθὼς διετάξατο ὁ λαλῶν τῷ Μωϋσῇ ποιῆσαι αὐτὴν κατὰ τὸν τύπον ὃν ἑωράκει etwa *(dabei war es so), wie der, der mit Mose redete* (d.h. Gott), *es zu fertigen befohlen hatte, nach dem Vorbild, das er* (auf dem Berg) *gesehen hatte* od. (klarer) *es war angefertigt aufgrund der Weisung Gottes an Mose nach dem Modell, das ihm gezeigt worden war* (vgl. GNB). **λαλῶν** Ptz. λαλέω, subst. **ποιῆσαι** Aor. Inf. ποιέω hier
45 *bauen* (B I1aα), *fertigen.* **ἑ-ωράκει** Plsqpf. ὁράω. **45 ἥν** *dieses (Zelt)* (rel. Anschluß, A364a). **εἰσ-ήγαγον** Aor. -άγω[59] *hineinführen; hineinbringen.*

δια-δεξάμενοι Aor. Ptz. Med. -δέχομαι[63] (von einem früheren Besit-
zer/[Amts-]Inhaber) *übernehmen;* temp. (A291,1 Anm. 1); ἣν καὶ εἰσήγα-
γον διαδεξάμενοι οἱ πατέρες (V. 11) ἡμῶν ... *dieses haben unsere Vor-
fahren dann auch übernommen und mitgebracht;* inhaltl. sinnvoll, aber gramma-
tisch forciert scheint die v. verschiedenen vertretene Deutung (s. z.B. Haenchen,
Apg, S. 236), wonach διαδεξάμενοι sich nicht nur auf Josuas, sondern auf
jede Generation bis zur Zeit Davids bezieht. **Ἰησοῦς** hier *Josua,* Moses
Nachfolger; μετὰ Ἰησοῦ *in Begleitung/unter der Führung Josuas.* **κατά-
σχεσις**[8] V. 5; ἐν τῇ κατασχέσει τῶν ἐθνῶν wohl *bei der Besitzergreifung
(des Landes) der Heidenvölker* (vgl. B 1) bzw. *als sie ... das Land der Heidenvölker
in Besitz nahmen* od. (wenn κατάσχεσις = *Besitz/Grundbesitz* [vgl. LXX]) *in
das Gebiet der Heidenvölker* (Menge). **ὧν** = ἅ (Attraktion des Rel.-Pron.;
A361c). **ἐξ-ῶσεν** Aor. -ωθέω[172] *hinausstoßen, vertreiben* [Var. ἐξ-έωσεν
klass. Form m. Aug. (BDR §66[4])]. **ἀπὸ προσώπου** *hinweg von* jmdm./etwas
(B πρόσωπον 1cα); ἀπὸ προσώπου τῶν πατέρων ἡμῶν etwa *vor un-
seren Vorfahren* od. *vor den Augen unserer Vorfahren.* **Δαυίδ** indekl., hier Gen.;
ἕως τῶν ἡμερῶν Δαυίδ *bis zur Zeit* (vgl. B ἡμέρα 4b) *Davids* etwa = *und
dort blieb es* (das Zelt; Menge: *und so blieb es*) *bis zur Zeit Davids.* **46 ὅς** *dieser* 46
(rel. Anschluß, A364a). **εὗρεν** Aor. εὑρίσκω. **χάρις** hier *Gunst* (B 2b);
εὑρίσκω χάριν ἐνώπιόν τινος *jmds. Gunst/Wohlwollen finden/gewinnen*
bzw. *jmdm. gefallen* (hebr., LXX-Idiom). **ᾐτήσατο** Aor. Med. αἰτέω. **εὑ-
ρεῖν** Aor. Inf. εὑρίσκω hier *finden* im Sinn v. *erlangen* (B 3) bzw. (konkreter)
errichten (Menge); ᾐτήσατο εὑρεῖν σκήνωμα τῷ οἴκῳ Ἰακώβ *er betete
darum, für die Israeliten ein Heiligtum errichten zu dürfen* (vgl. BDR §409[7]); vgl.
2Sam 7,1ff. **σκήνωμα**[3] *Behausung, Zelt;* hier ist (im Licht des Kontextes)
wohl v. der (lexikalisch schwierigen) Bdtg. *Heiligtum* (σκήνωμα = σκή-
νωμα [τοῦ] κυρίου [vgl. 1Kön 2,28]) im Sinn v. *Tempel* auszugehen [Var.
σκήνωμα τῷ θεῷ Ἰακώβ *eine Behausung für den Gott Jakobs,* d.h. einen
Tempel]. **Ἰακώβ** 3,13; indekl., hier Gen.; ὁ οἶκος Ἰακώβ *das
Haus/Geschlecht Jakob* (B οἶκος 3), *die Nachkommen Jakobs* (GNB); dat.
commodi (A173). **47 Σολομών**[4] 3,11; vgl. 2Kön 6. **οἰκο-δόμησεν** Aor. 47
(hier ohne Aug.[BDR §67[1]]) -δομέω. **αὐτῷ** *ihm,* d.h. Gott. **48 ὕψιστος** 48
höchster, erhabenster; ὁ ὕψιστος *der Höchste* (d.h. Gott). **χειρο-ποίητος**[11]
von Menschen(hand) gemacht; τὰ χειροποίητα *das von Menschenhand Ge-
machte;* ἐν χειροποιήτοις *in dem, was von Menschenhand gemacht ist* (Einh.)
od.(konkreter) *in einem Bau, der von Menschenhand hergestellt ist* (Menge) bzw.
in Häusern, die von Menschen gemacht sind (GNB). **καθὼς ὁ προφήτης
λέγει** zitiert wird aus Jes 66,1-2 (im wesentl. der LXX [bzw. dem MT] entspre-
chend), wo dem Gottesvolk im Blick auf die Zukunft jene Erkenntnis vor Au-
gen geführt wird, zu der in der Vergangenheit bereits der Tempelerbauer Sa-
lomo gelangt war (vgl. 1Kön 8,27). **49 ὁ οὐρανός μοι θρόνος** (erg. 49

ἐστίν [A78]; analog im nächsten Satz) *der Himmel ist mir Thron/dient mir als*
(dat. commodi [A173]) *Thron/ist mein Thron.* **ὑπο-πόδιον** (< πούς)
Fußbank, Schemel; ὑποπόδιον τῶν ποδῶν μου *Schemel für meine Füße,*
mein Fußschemel. **ποῖος**[18] *wie beschaffen? was für ein? welcher (Art)? welcher?*
οἰκο-δομήσετε Fut. -δομέω wohl mod. Fut. (A247a/c); ποῖον οἶκον οἰ-
κοδομήσετέ μοι *was für ein Haus wollt/könnt ihr mir bauen.* **κατά-παυ-
σις**[8] *Ruhe;* τίς τόπος τῆς καταπαύσεώς μου erg. etwa ἔσται (Fut. v.
εἰμί [A78]; mod. [A247]) *welches wäre die Stätte der Ruhe für mich* (Menge)
bzw. *welcher Ort kann mir als Ruhestätte dienen* (Einh.) od. (freier, bes. kontext-
50 konform) *wo ist die Wohnung, in der ich Raum finden könnte* (GNB). **50 οὐχί**
nicht; erwartet als Frageeinleitung die Antwort „doch“ (A320). **ἡ χείρ μου**
meine Hand etwa = *ich mit eigener Hand* (GNB; vgl. A382). **ἐ-ποίησεν**
51 V. 24. **51 σκληρο-τράχηλος**[11] (< σκληρός hart, τράχηλος Hals)
halsstarrig, widerspenstig, starrköpfig; subst. **ἀ-περί-τμητος**[11] *unbeschnitten;*
ἀπερίτμητοι καρδίαις καὶ τοῖς ὠσίν (dat. respectus [A178; BDR
§197[3]]) *in bezug auf/an Herz und Ohren unbeschnitten* (d.h. äußerl. zwar m. dem
Zeichen der Zugehörigkeit zum Gottesvolk versehen, innerl. jedoch für göttl.
Belehrung völlig unzugängl. u. damit gerichtsreif; vgl. Lev 26,41; Dt 10,16; Jer
4,4; 6,10; 9,25; Ez 44,7); subst.; σκληροτράχηλοι καὶ ἀπερίτμητοι (Vok.)
καρδίαις καὶ τοῖς ὠσίν *o ihr Halsstarrigen und an Herz und Ohren*
Unbeschnittenen (Menge) bzw. (deutlicher) *Ihr widerspenstiges Volk, am Körper*
seid ihr beschnitten, aber euer Herz ist unbeschnitten, und eure Ohren sind
verschlossen für Gottes Botschaft (GNB). **οὖς**[3] ὠτός τό *Ohr.* **ἀεί** *immer, stets,*
fortwährend; von jeher. **ἀντι-πίπτω** *sich widersetzen, widerstreben.* **ὡς ...
καὶ ὑμεῖς** *wie ... so auch ihr* (B καί II3), *ihr genauso wie ...* (GNB). **πατήρ**
52 V. 11. **52 τίνα τῶν προφητῶν** (gen. partitivus [A164]) *welchen der*
Propheten, welchen Prophten. **ἐ-δίωξαν** Aor. διώκω. **ἀπ-έ-κτειναν** Aor.
ἀπο-κτείνω. **προ-κατ-αγγείλαντας** Aor. Ptz. -αγγέλλω[110] *zuvor*
verkünden, vorher ankündigen, περί τινος *etwas;* subst.; καί ... τοὺς προκα-
ταγγείλαντας περὶ τῆς ἐλεύσεως τοῦ δικαίου *und so ... auch die*
(Menge), *die das Kommen des Gerechten* (= Christi [vgl. zu 3,14]) *im voraus an-*
gekündigt hatten. **ἔλευσις**[8] *Ankunft, (das) Kommen.* **προ-δότης**[1] *Verräter.*
53 **φονεύς**[8] *Mörder.* **ἐ-γένεσθε** Aor. Med. γίνομαι. **53 οἵ-τινες** qualita-
tiv (A132) *solche, die* od. *ihr, die ihr* (B ὅστις 2b) bzw. (begründend [BDR
§293[7]; vgl. A368]) *(denn) ihr.* **ἐ-λάβετε** Aor. λαμβάνω. **εἰς** hier instr.
(sehr seltener Sinn) = ἐν (B 9b; BDR §206,1; vgl. A184). **δια-ταγή** *Anord-*
nung; εἰς διαταγὰς ἀγγέλων *auf Anordnung* (od. *durch Vermittlung*) *von*
Engeln (Menge); vgl. zu Hb 2,2. **καί** adversativ (A311,1) *aber, und doch.*
ἐ-φυλάξατε Aor. φυλάσσω[80] *(be)wachen; beobachten, befolgen.*
54 **54 ἀκούοντες** Ptz. ἀκούω, temp. **δι-ε-πρίοντο** Ipf. Pass. δια-
πρίω eig. „zersägen“; Pass. übertr. *ergrimmen, zornig werden;* διεπρίοντο

ταῖς καρδίαις αὐτῶν (dat. resp. [A178] „sie wurden in bezug auf ihre Her-
zen zersägt") καὶ ἔβρυχον τοὺς ὀδόντας ἐπ' αὐτόν etwa *ihr Herz zerbarst
vor Zorn, und sie knirschten mit den Zähnen gegen ihn* (vgl. Wilckens) od. (etwas
freier) *sie gerieten in solche Wut über ihn, daß sie mit den Zähnen knirschten* (vgl.
GNB). **ἔ-βρυχον** Ipf. βρύχω *knirschen;* βρύχω τοὺς ὀδόντας *mit den
Zähnen knirschen* (als Zeichen höchster Wut [B]). **ὀδούς**[5] όντος ὁ *Zahn.*
ἐπί m. Akk. hier *über* bzw. *gegen* (B III1bε). **55 ὑπ-άρχων** Ptz. hier = εἰμί 55
m. Präd.-Nom. (B 2; H-S §256c; A78), wohl mod. (einen wichtigen Umstand be-
schreibend); ὑπάρχων δὲ πλήρης πνεύματος ἁγίου ἀτενίσας ... *er
aber, erfüllt vom Heiligen Geist* (wohl auch ohne Art. best., vgl. zu 2,4), *blickte* ...
(Einh.). **πλήρης**[7] *erfüllt, voll* (*mit/von* m. Gen. [A164f]). **ἀτενίσας** Aor.
Ptz. ἀτενίζω (vgl. A33[91ff]) *gespannt hinsehen auf;* temp. (A291,1 Anm. 1);
ἀτενίσας εἰς τὸν οὐρανὸν εἶδεν ... καὶ εἶπεν *er blickte* (Menge: *blickte
fest/unverwandt*) *zum Himmel empor, sah ... und rief.* **δόξα θεοῦ** auch ohne
Art. best. (A106c/d) *die Herrlichkeit Gottes* (zur Sache vgl. Lk 9,32; 24,26).
ἑστῶτα Pf. (Wz.-Pf., H-S §109a; m. präs. Bdtg.) Ptz. ἵσταμαι, AcP (A300);
εἶδεν ... Ἰησοῦν ἑστῶτα ἐκ δεξιῶν τοῦ θεοῦ *er sah ... Jesus zur Rechten
Gottes stehen;* die Verwendung v. ἑστῶτα statt des zu erwartenden καθήμε-
νον (vgl. Lk 22,69; Apg 2,34 usw. [wie Ps 110]) ist kaum zufällig; zu den mögl.
Erklärungen zählen: a) Jesus erhebt sich, um den ersten Märtyrer zu begrüßen;
b) Jesus erhebt sich, um sich zu Stephanus zu bekennen (vgl. Lk 21,27) bzw. um
als Zeuge od. Anwalt für ihn einzutreten. **56 δι-ην-οιγμένους** Pf. Ptz. 56
Pass. -αν-οίγω[60] *öffnen;* AcP (A300); θεωρῶ τοὺς οὐρανοὺς διηνοιγμέ-
νους *ich sehe den Himmel geöffnet/offen* (Zustandspassiv, vgl. A242) [Var. ἀν-
εῳγμένους Pf. Ptz. Pass. ἀν-οίγω[60]]. **57 κράξαντες** Aor. Ptz. κράζω 57
hier m. φωνῇ μεγάλῃ (dat. modi, A180) etwa *ein lautes Geschrei erheben*
(Menge), *laut schreien* (GNB); temp. (A291,1 Anm. 1); die Worte des Stepha-
nus hielt man für eine Lästerung, vor der man sich ostentativ (Geschrei u. Ver-
schließen der Ohren) distanzieren mußte. **συν-έ-σχον** Aor. -έχω[189] *zusam-
menhalten;* συνέσχον τὰ ὦτα αὐτῶν *sie hielten sich die Ohren zu.* **οὖς**
V. 51. **ὥρμησαν** Aor. ὁρμάω *stürmen* (schnelle, unaufhaltsame Bewegung
eines Lebewesens v. od. zu einem Ort); ἐπί τινα *auf jmdn. losstürzen, über
jmdn. herfallen* (B). **ὁμο-θυμαδόν** Adv. *übereinstimmend, einmütig;* hier
etwa *gemeinsam, miteinander.* **58 ἐκ-βαλόντες** Aor. Ptz. -βάλλω hier ἔξω 58
τῆς πόλεως *zur Stadt hinausstoßen* (Menge), *vor die Stadt schleppen* (GNB);
temp. (A291,1 Anm. 1); erg. αὐτόν (A79). **ἐ-λιθο-βόλουν** Ipf. -βολέω *mit
Steinen werfen nach* (Akk.); *steinigen;* erg. αὐτόν (A79); der rechtl. Charakter
dieser Hinrichtung ist umstritten: entweder handelte es sich um einen Akt
spontaner Lynchjustiz, od. das Verbrechen, dessen Stephanus schließl. für
schuldig befunden wurde (Polemik gegen den Tempel), gehörte zu einer Kate-
gorie v. Delikten, für die die jüd. Behörden (ausnahmsweise [vgl. Jh 18,31]) To-

desurteile fällen durften (vgl. Bruce, Apg, S. 212). **μάρτυς** υρος ὁ *Zeuge;* die
Zeugen hatten nach atl. Recht bei der Hinrichtung eine führende Rolle inne
(Lev 24,14-16; Dt 13,10; 17,7). **ἀπ-έ-θεντο** Aor. Med. ἀπο-τίθεμαι[200] *aus-
ziehen, ablegen* (Kleider usw.); hier ἀποτίθεμαι παρὰ τοὺς πόδας τινός
zu jmds. Füßen/vor jmdm. ablegen, d.h. zur Aufbewahrung (vgl. 22,20). **νεα-
νίας**[1] ου *junger Mann* (bis etwa zum Alter v. 40). **καλουμένου** Ptz. Pass.
καλέω Pass. hier *heißen* (B 1aγ); attr. **Σαῦλος** (gräzisierte Form v. שָׁאוּל
59 *šā᾽ûl*) *Saulus,* jüd. Name des Apostels Paulus. **59 Στέφανος** 6,5. **ἐπι-κα-
λούμενον** Ptz. Med. -καλέω *(be)nennen;* Med. (Gott bzw. dessen Namen)
anrufen (d.h. um Beistand/Hilfe bitten), hier (ohne AkkO) *beten;* part. coni. zu
τὸν Στέφανον (A287), temp.; ἐλιθοβόλουν τὸν Στέφανον ἐπικαλού-
μενον καὶ λέγοντα *während sie Stephanus steinigten, betete er:* (vgl. GN).
λέγοντα Ptz. λέγω, mod.; καὶ λέγοντα hier pleon. (A297; vgl. BDR
§420[6]), am besten als Doppelpunkt berücksichtigen. **κύριε** Vok. **Ἰησοῦ**
Vok. **δέξαι** Aor. Imp. Med. δέχομαι; vgl. die Bitte Jesu am Kreuz (Lk
60 23,46). **60 θείς** Aor. Ptz. τίθημι, temp. (A291,1 Anm. 1). **γόνυ**[3] νατος τό
Knie; τίθημι τὰ γόνατα (Lat. = genua pono [BDR §5,4]) *die Knie beugen,
sich auf die Knie werfen* (Respektbezeugung bzw. Gebetshaltung). **ἔ-κραξεν**
Aor. κράζω. **στήσῃς** Aor. Konj. ἵστημι hier wohl verbunden m. dem Sinn:
für jmdn. (in der Waage) *abwiegen* (vgl. B 2c; vgl. LSJ A IV), übertr.: jmdm. *an-
rechnen* (vgl. Menge); prohibitiver Konj. (A256); vgl. Lk 23,34. **εἰπών** Aor.
Ptz. λέγω, temp. **ἐ-κοιμήθη** Aor. Pass. κοιμάομαι *schlafen, einschlafen;*
übertr. (Euphemismus, A385) *entschlafen, sterben.*

8 **Σαῦλος** 7,58. **ἦν** Ipf. εἰμί. **συν-ευδοκῶν** Ptz. -ευδοκέω (vgl.
δοκέω) m. Dat. *Gefallen haben an; zustimmen, einverstanden sein mit;* um-
schrieb. Ipf. (A249a). **ἀν-αίρεσις**[8] *Ermordung.* **ἐ-γένετο** Aor. Med. γί-
νομαι hier etwa *beginnen* od. *hereinbrechen* (ἐπί *für/über*). **διωγμός** *Verfol-
gung;* διωγμὸς μέγας *ein schwere/harte Verfolgung.* **πάντες** *alle* (die zur
ἐκκλησία gehörten, wahrscheinl. in erster Linie die „Hellenisten" [vgl. 6,1],
zu denen Stephanus zählte [6,5]). **δι-ε-σπάρησαν** Aor. Pass. δια-σπεί-
ρω[136] *zerstreuen;* Pass. *zerstreut werden* od. *sich zerstreuen.* **κατά** m. Akk. hier
über (– hin), in (vgl. H-S §184k; B II1a). **χώρα** *Land* (Ggs. *Meer* od. *Stadt*),
Landschaft, Gegend, hier viell. am besten *Landbezirk.* **Σαμάρεια** 1,8. **πλήν**
aber, jedoch; hier uneig. Präp. (A183; BDR §216[6]) *außer, mit Ausnahme von.*
2 **2 συν-ε-κόμισαν** Aor. συγ-κομίζω (vgl. A33[91ff]) *bestatten.* **Στέφα-
νος** *Stephanus.* **εὐ-λαβής**[7] *gottesfürchtig, fromm;* ἄνδρες εὐλαβεῖς
fromme Männer; gemeint sind hier Christen od. fromme Juden od. beides (vgl.
2,5; 22,12 sowie Lk 2,25). **ἐ-ποίησαν** Aor. ποιέω. **κοπετός** *(das) Weh-
klagen, Totenklage;* ποιέω κοπετὸν ἐπί τινι *für jmdn. eine Totenklage halten;*
nach Dt 21,22f sollten Hingerichtete begraben werden (vgl. Josephus, Bellum
Judaicum 4.317); laut Mischna, Sanhedrin 6,6, durfte für sie jedoch keine

öffentl. Totenklage durchgeführt werden; falls dieses Verbot (erst später kodifi-
ziert) bereits hier vorauszusetzen ist, wurde m. der Totenklage für Stephanus
öffentl. gegen seine Hinrichtung protestiert, was zweifellos m. einem beträchtl.
Risiko verbunden war (Marshall, Apg, S. 151). **3 ἐ-λυμαίνετο** Ipf. Med. 3
λυμαίνομαι *schaden, vernichten, zugrunde richten;* hier wohl konatives Ipf.
(A237c); Σαῦλος δὲ ἐλυμαίνετο τὴν ἐκκλησίαν *Saulus aber wollte die
Gemeinde vernichten* (vgl. GNB). **εἰσ-πορευόμενος** Ptz. -πορεύομαι
hineingehen, -kommen; κατὰ τοὺς οἴκους (vgl. B κατά II1d; A195) εἰσπο-
ρεύομαι *von Haus zu Haus gehen* (vgl. B 1), *überall in die Häuser eindringen*
(Menge) bzw. (kontextgetreu) *die Häuser durchsuchen* (GNB); mod. **σύρων**
Ptz. σύρω *ziehen, schleppen,* hier etwa *fortschleppen, gewaltsam wegführen;* mod.
παρ-ε-δίδου Ipf. παρα-δίδωμι hier εἰς φυλακήν *ins Gefängnis einlie-
fern* (B 1b); erg. αὐτούς (A79).

4 δια-σπαρέντες Aor. Ptz. Pass. V. 1; subst.; οἱ μὲν οὖν διασπα- 4
ρέντες *die Zerstreuten nun* (BDR §251[3]; A315,3) bzw. (freier) *die über das Land
zerstreuten Christen* (GNB). **δι-ῆλθον** Aor. -έρχομαι hier etwa *umherziehen,
überall hingehen.* **εὐ-αγγελιζόμενοι** Ptz. Med. -αγγελίζω; mod.; εὐαγ-
γελιζόμενοι τὸν λόγον *und verkündeten (dabei) das Wort, und verkündeten
die gute Nachricht.* **τὸν λόγον** *das „Wort“* als term. tech. für die göttl. Bot-
schaft bzw. die apostolische Verkündigung (vgl. B λόγος 1bβ). **5 Φίλιπ-** 5
πος 6,5. **κατ-ελθών** Aor. Ptz. -έρχομαι[187] *herabkommen, hinabgehen;*
temp. (A291,1 Anm. 1). **Σαμάρεια** 1,8; εἰς τὴν πόλιν τῆς Σαμαρείας
in die Stadt/Hauptstadt Samariens (zieml. sicher nicht im Sinn eines gen. apposi-
tivus [A163] *in die Stadt Samaria*), d.h. wohl nach Sychar (vgl. Jh 4,5) [Var. ohne
τήν: *in eine Stadt Samariens*]. **ἐ-κήρυσσεν** Ipf. κηρύσσω. **αὐτοῖς** Pl.
sinngemäße Konstruktion (A96) *ihnen* (den Einwohnern); übers. etwa *dort.*
6 προσ-εῖχον Ipf. -έχω m. Dat. *den Sinn richten, auf; achten auf, hören auf,* 6
folgen. **λεγομένοις** Ptz. Pass. λέγω, subst.; τὰ λεγόμενα ὑπὸ τοῦ Φι-
λίππου *das, was von Philippus geredet wurde* od. *die Worte/Botschaft des Phi-
lippus.* **ὁμο-θυμαδόν** Adv. *übereinstimmend, einmütig;* best. προσεῖχον
näher. **ἐν τῷ** m. AcI temp. (A282) *als/während/indem.* **ἀκούειν** Inf.; erstes
Präd. des AcI. **αὐτούς** Subj. des AcI. **βλέπειν** Inf.; zweites Präd. des AcI.
ἐ-ποίει Ipf. ποιέω. **7 ἐχόντων** Ptz. ἔχω m. Akk. hier *besessen sein von* 7
(B I2eα), subst.; πολλοὶ γὰρ τῶν ἐχόντων (gen. partitivus, A164) πνεύ-
ματα ἀκάθαρτα βοῶντα φωνῇ μεγάλῃ ἐξήρχοντο Anakoluth (BDR
§466[3]; A375) *denn bei vielen* (wörtl. *denn viele von denen*), *die von unreinen/bösen
Geistern besessen waren, fuhren (diese) unter lautem Geschrei aus = denn aus
vielen Besessenen fuhren unter lautem Geschrei die unreinen Geister aus* (Einh.).
ἀ-κάθαρτος[11] *unrein, schmutzig* (kultisch bzw. sittl.-geistl.); πνεῦμα ἀκά-
θαρτον *ein unreiner/böser Geist* (= Dämon). **βοῶντα** Ptz. Ntr. Pl. βοάω
rufen, schreien; hier m. φωνῇ μεγάλῃ (dat. modi, A180) etwa *laut schreien;*

part. coni. zu dem zu ergänzenden Subj. v. ἐξήρχοντο (d.h. πνεύματα);
mod.; βοῶντα φωνῇ μεγάλῃ *mit/unter lautem Geschrei.* **ἐξ-ήρχοντο** Ipf.
Med. -έρχομαι hier: (aus jmdm.*)* *ausfahren* (B 1aδ). **παρα-λε-λυμένοι**
Pf. Ptz. Pass. -λύομαι *erlahmen;* Pf. *gelähmt sein;* subst. **χωλός** *lahm,*
gelähmt; πολλοὶ παραλελυμένοι καὶ χωλοί etwa *viele Gelähmte und Ver-*
8 *krüppelte.* **ἐ-θεραπεύθησαν** Aor. Pass. θεραπεύω. **8 ἐ-γένετο** V. 1,
hier etwa *herrschen.*
9 **9 ὀνόματι** dat. respectus (vgl. BDR §197,2; vgl. A178) *mit Namen, na-*
mens. **προ-ϋπ-ῆρχεν** Ipf. -άρχω *vorher (vorhanden) sein* (als durch προ-
modifizierte Kopula [vgl. A78/249]) od. *vorher* (an einem Ort) *leben* (Menge).
μαγεύων Ptz. μαγεύω *Zauberei treiben* (mit angebl. od. tatsächl. Einsatz
übernatürl. Kräfte); präd. (umschrieb. Ipf. [A249a]; nach BDR §414[6] wird προ-
ϋπάρχω als Verb des modifizierten Seins u. Tuns [A301] verstanden) od. attr.
(od. mod. [A291,2 Anm. 1]); ἀνὴρ δέ τις ὀνόματι Σίμων προϋπῆρχεν
ἐν τῇ πόλει μαγεύων καὶ ἐξιστάνων τὸ ἔθνος *nun hatte schon länger*
(wörtl. *vorher) ein Mann namens Simon in der Stadt Zauberei getrieben* (vgl. B)
und das Volk (dadurch) in Staunen versetzt od. *nun hatte schon länger ein Mann*
namens Simon in der Stadt gelebt, der Zauberei trieb und das Volk dadurch in
Staunen versetzte (od. *nun lebte in der Stadt schon länger ein Mann namens*
Simon; er trieb [dabei] *Zauberei und versetzte dadurch das Volk in Staunen*); in
der nachapostolischen Überlieferung erscheint der Magier Simon (aus
Samarien) als Urhäretiker; der historische Wert mancher dieser Nachrichten ist
schwierig einzuschätzen. **ἐξ-ιστάνων** Ptz. -ιστάνω (statt -ίστημι [H-S
§114g; BDR §93[2]]) *in Staunen/Aufregung versetzen;* par. zu μαγεύων. **Σαμά-**
ρεια 1,8. **λέγων** Ptz. λέγω hier m. AcI; mod. **εἶναι** Inf. εἰμί; Präd. des
AcI; λέγων εἶναί τινα ἑαυτὸν μέγαν *dabei behauptete er, er selbst sei*
jemand großer etwa = *dabei gab er sich als etwas Großes/Besonderes aus.* **ἑαυ-**
10 **τόν** Subj. des AcI. **τινά ... μέγαν** Präd.-Nom. des AcI. **10 ᾧ** *auf diesen/ihn*
(rel. Anschluß, A364a). **προσ-εῖχον** V. 6. **ἀπὸ μικροῦ ἕως μεγά-**
λου *vom Kleinsten/Niedrigsten bis zum Größten* (Positiv superlativisch [A118];
auch ohne Art. best. [A106a]); ᾧ προσεῖχον πάντες ἀπὸ μικροῦ ἕως
μεγάλου λέγοντες etwa *alle hörten auf ihn, jung und alt, und sie sagten*
(Einh.) bzw. *bis jetzt war er es gewesen, der alle Aufmerksamkeit auf sich gezogen*
hatte, und alle Leute, von den einfachsten bis zu den gebildetsten, sagten von ihm
(GNB). **λέγοντες** Ptz. λέγω, mod. **καλουμένη** Ptz. Pass. καλέω, attr.;
οὗτός ἐστιν ἡ δύναμις τοῦ θεοῦ ἡ καλουμένη μεγάλη *das/dieser*
Mann ist die Kraft Gottes, die man die Große nennt bzw. (wenn man [wie die mei-
sten] ἡ δύναμις ἡ μεγάλη als Gottesbezeichnung deutet) *das/dieser Mann*
ist die sogenannte „Große Kraft“ Gottes; anscheinend gab sich Simon als göttl.
Manifestation aus; worin sein Anspruch bzw. seine Verehrung genau bestand,
11 ist jedoch umstritten. **11 διὰ τό** m. Inf./AcI kaus. (A282) *weil.* **ἱκανός**

hinlänglich; hier *lang* (v. Zeit); ἱκανῷ χρόνῳ temp. Dat. hier statt des Akk.
der zeitl. Ausdehnung (A182) *lange Zeit.* **μαγεία** *Zauberei* (μαγεύω V. 9);
ταῖς μαγείαις dat. instr. (A176) *mit seinen* (A103) *Zaubereien/Zauberkün-*
sten. **ἐξ-ε-στακέναι** Pf. Inf. -ίστημι/ιστάνω (-έστακα ist ein seltenes,
vor allem nachklass.. [im NT nur hier] bezeugtes tr. Pf. Akt. zu -ίστημι [nicht
-ίσταμαι]; Kühner-Blass §283,3; BDR §97[1]); διὰ τὸ ἱκανῷ χρόνῳ ταῖς
μαγείαις ἐξεστακέναι αὐτούς *weil er sie lange Zeit mit seinen Zaube-*
reien/Zauberkünsten in Staunen versetzt hatte. **12 ἐ-πίστευσαν** Aor. πι- 12
στεύω hier etwa *Glauben schenken.* **εὐ-αγγελιζομένῳ** Ptz. Med. -αγγε-
λίζω, temp.; ὅτε δὲ ἐπίστευσαν τῷ Φιλίππῳ εὐαγγελιζομένῳ περὶ
τῆς βασιλείας τοῦ θεοῦ καὶ τοῦ ὀνόματος Ἰησοῦ Χριστοῦ, ἐβα-
πτίζοντο ἄνδρες τε καὶ γυναῖκες *als sie dann aber Philippus Glauben*
schenkten, der (eig. *als er*) *(ihnen) die gute Nachricht/das Evangelium von der Kö-*
nigsherrschaft Gottes und vom Namen (= von der Person) *Jesu Christi verkün-*
dete, ließen sie sich taufen, Männer wie Frauen. **ἐ-βαπτίζοντο** Ipf. Pass. βα-
πτίζω. **13 ἐ-πίστευσεν** Aor. πιστεύω; Aor. hier ingr. (H-S §194i; 13
A240b); ὁ δὲ Σίμων καὶ αὐτὸς ἐπίστευσεν etwa *so wurde denn Simon*
ebenfalls gläubig (Menge) od. *auch/sogar Simon selbst wurde gläubig/kam zum*
Glauben. **βαπτισθείς** Aor. Ptz. Pass., temp. etwa *nach seiner Taufe.* **ἦν**
V. 1. **προσ-καρτερῶν** Ptz. -καρτερέω (< καρτερός stark, ausdauernd)
m. Dat. *beharren bei, bleiben bei;* umschrieb. Ipf. (A249a); ἦν προσκαρτερῶν
τῷ Φιλίππῳ *er blieb ständig bei Philippus, er schloß sich eng an Philippus an*
(GN). **θεωρῶν** Ptz. θεωρέω, temp. **γινομένας** Ptz. γίνομαι, AcP
(A300); γινομένας (ebenso μεγάλας) bezieht sich sowohl auf σημεῖα wie
auf δυνάμεις (zum Genus s. A95). **ἐξ-ίστατο** Ipf. Med. -ίστημι (vgl.
-ιστάνω V. 9) *in Staunen/Aufregung versetzen;* Med. *außer sich geraten* (vor
Staunen); ἐξίστατο *er kam nicht aus dem Staunen heraus* (Menge; vgl. A237a).

14 ἀκούσαντες Aor. Ptz. ἀκούω, temp. **δέ-δεκται** Pf. (A231) 14
Med. δέχομαι; ὅτι δέδεκται ἡ Σαμάρεια ... *daß Samarien ... angenom-*
men hatte (Tempus u. Modus wie in der entsprechenden direkten Rede; A326).
Σαμάρεια 1,8. **ἀπ-έ-στειλαν** Aor. ἀπο-στέλλω. **πρὸς αὐτούς** Pl.
sinngemäße Konstruktion (A96) *zu ihnen* (zu den Leuten von Samarien); übers.
etwa *dorthin* (vgl. V. 5). **15 οἵ-τινες** = οἵ (A133; B ὅστις 3) *diese/sie* (rel. 15
Anschluß, A364a). **κατα-βάντες** Aor. Ptz. -βαίνω temp. (A291,1 Anm. 1);
οἵτινες καταβάντες *diese zogen hinab und* od. *nach ihrer Ankunft* (Menge).
προσ-ηύξαντο Aor. Med. -εύχομαι. **ὅπως** hier *daß* (B 2b; bez. das Er-
betene). **λάβωσιν** Aor. Konj. λαμβάνω. **πνεῦμα ἅγιον** auch ohne
Art. best. (s. V. 18; vgl. zu 2,4). **16 οὐδέ-πω** *noch nicht.* **ἦν** V. 1. **ἐπι-πε-** 16
πτωκός Pf. (A231) Ptz. Ntr. -πίπτω[194] *fallen/kommen auf/über* (hier ἐπί
τινι *[auf/über] jmdn.*); umschrieb. Plsqpf. (A249b); οὐδέπω γὰρ ἦν ἐπ'
οὐδενὶ αὐτῶν (gen. partitivus, A164) ἐπιπεπτωκός *denn er war noch auf*

keinen von ihnen gefallen/herabgekommen; bei diesem Aufschub des Geistempfangs dürfte es sich um einen heilsgeschichtl. bedingten Sonderfall gehandelt haben (Lk streicht dies wohl deshalb bes. heraus, weil diese Abfolge offenbar nicht der übl. Norm entsprach): die Samaritaner empfangen den Heiligen Geist erst in Gegenwart u. durch Vermittlung der apostolischen Zeugen, weil ein für allemal deutl. werden sollte, daß sie nun vollwertige Glieder der christl. Gemeinde waren (vgl. Stott, Apg, S. 151-159). **βε-βαπτισμένοι** Pf. (A231) Ptz. Pass. βαπτίζω, umschrieb. Plsqpf. (A25/249b); μόνον δὲ βεβαπτισμένοι ὑπῆρχον ... *sie waren lediglich ... getauft* (Zustandspassiv, vgl. A242). **ὑπ-ῆρχον** Ipf. -άρχω hier = εἰμί m. Präd.-Nom. (B 2; H-S §256c; A78). **εἰς τὸ ὄνομα** „in den Namen/mit Bezug auf den Namen" = *auf den Namen,* d.h. wohl zur Übereignung an o.ä. (vgl. ThBNT 2, S. 962f) bzw. zur Bekundung
17 der Zugehörigkeit zu. **17 ἐπ-ε-τίθεσαν** [Var. ἐπ-ε-τίθουν] Ipf. ἐπι-τί-
18 θημι *auflegen* ἐπί τινα *jmdm.* **ἐ-λάμβανον** Ipf. λαμβάνω. **18 ἰδών**
Aor. Ptz. ὁράω, temp. **ἐπί-θεσις**[8] *(das) Auflegen.* **δίδοται** Pass. δίδωμι; ὅτι ... δίδοται *daß ... gegeben/verliehen wurde* (Tempus u. Modus wie in der entsprechenden direkten Rede; A326). **προσ-ήνεγκεν** Aor. -φέρω hier
19 *anbieten* (Menge). **χρῆμα**[3] Pl. *Vermögen, Reichtum; Geld.* **19 λέγων** Ptz.,
mod. **δότε** Aor. Imp. δίδωμι. **κἀμοί**= καὶ ἐμοί. **ᾧ ἐάν** = ᾧ ἄν (A132; 371), erg. davor οὗτος (A358) *der, wem (auch immer) = jeder, dem.* **ἐπι-θῶ** Aor. Konj. (s. ἐάν) -τίθημι[200]. **λαμβάνῃ** Konj. (s. ἵνα) λαμβά-
20 νω. **20 ἀργύριον** *Silber; Silbergeld, Geld.* **εἴη** Opt. εἰμί hier m. Zielorts-
angabe (εἴς τινα) v. einer Bewegung *gehen/fahren* (Menge); kupitiver Opt. (A259); τὸ ἀργύριόν σου σὺν σοὶ εἴη εἰς ἀπώλειαν *dein Geld fahre mit dir ins Verderben* od. (idiomatisch, aber nicht als leere Floskel) *zur Hölle mit dir und deinem Geld.* **ἀπ-ώλεια** *das Verderben* (das man verursacht od. das man erleidet), *das Vernichten, das Vernichtetsein/werden, Untergang;* εἰμὶ εἰς ἀπώλειαν (bezeugt in Dan 2,5 u. 3,96 [Theodotion]) *ins Verderben gehen/fahren* (nach B = *verderben*). **δωρεά** *Geschenk, Gabe.* **ἐ-νόμισας** Aor. νομίζω (vgl. A33[91ff]) *meinen, glauben, annehmen.* **κτᾶσθαι** Inf. κτάομαι *erwerben, gewinnen;* ὅτι τὴν δωρεὰν τοῦ θεοῦ ἐνόμισας διὰ χρημάτων κτᾶσθαι *weil du gemeint hast, die Gabe Gottes durch Geld erkaufen zu können* (Menge) bzw. *weil du gedacht hast, man könne Gottes Gabe für Geld kaufen.*
21 **21 μερίς**[3] ίδος ἡ *Teil; Anteil.* **κλῆρος** *Los;* hier *(das) Verloste, Anteil, An-*
recht (B 2). **λόγος** hier *Gegenstand* (über den gesprochen wird) bzw. überhaupt *Sache* (B 1aϵ); οὐκ ἔστιν σοι (dat. poss., A173b) μερὶς οὐδὲ κλῆρος ἐν τῷ λόγῳ τούτῳ *du hast keinen Anteil an dieser/unserer Sache und kein Recht darauf;* d.h. wohl er hat weder Anteil am Heil noch an der Vollmacht. **εὐθύς**[10] εῖα ύ *gerade;* hier übertr. *aufrichtig* (B 2b). **ἔν-αντι** uneig. Präp.
22 (A183) *gegenüber, vor; nach dem Urteil von.* **22 μετα-νόησον** Aor. Imp.
-νοέω *seinen Sinn ändern, Reue empfinden, umkehren,* m. ἀπό τινος *sich buß-*

fertig/reuevoll von etwas abwenden (vgl. B). **κακία** *böse/boshafte Gesinnung,*
Bosheit. **δεήθητι** Aor. Imp. Pass. (ohne bes. Pass.-Bdtg.) δέομαι[177] *bitten,*
beten (Gen. der Pers.). **εἰ** hier vor einem NS, der v. einem Verb des Handelns
abhängig ist, bei dem zusätzl. das Bedeutungselement des Versuchens „mit-
schwingt“ (dazu verstärkt durch ἄρα [BDR §375[2]]); δεήθητι τοῦ κυρίου, εἰ
ἄρα ἀφεθήσεταί σοι ... *bete zum Herrn (in der Hoffnung), daß dir vielleicht ...*
vergeben wird od. *bete zum Herrn! Vielleicht wird dir ... vergeben* (H-S §273f; vgl.
A332). **ἀφ-εθήσεται** Fut. Pass. -ίημι. **ἐπί-νοια** *Gedanke, Einfall, Ab-*
sicht, (das) Trachten, Plan; ἡ ἐπίνοια τῆς καρδίας σου *das Trachten deines*
Herzens (Menge), *dein Ansinnen* (Einh.) bzw. (kontextgemäß) *deine bösen Ab-*
sichten (GNB). **23 χολή** *Galle.* **πικρία** *Bitterkeit;* χολὴ πικρίας gen. 23
qualitatis (A160): *bittere Galle,* hier wohl bildl. = *bitterer Neid* (LN 79.40/
88.166), evtl. aber (im Licht v. Dt 29,17/18) v. der bitteren bzw. giftigen Frucht
(= Verführung [„Vergiftung“] anderer od. göttl. Strafgericht), die aus heiml.
aufkeimendem Götzendienst erwächst (vgl. Newman-Nida, Apg, S. 178f).
σύν-δεσμος *Bindemittel; Band;* σύνδεσμος ἀδικίας *„Bande der Un-*
gerechtigkeit“ (Menge; Jes 58,6), *Fessel der Ungerechtigkeit/des Bösen* (viell = *die*
im Bösen bestehende Fessel [vgl. B 2; A163], besser aber wohl = *[das] vom*
Bösen Gefesseltsein [A158]). **ἀ-δικία** *Unrecht* (das einer tut); *Ungerechtigkeit.*
ὄντα Ptz. εἰμί; εἴς τινα εἰμί wohl = ἔν τινι εἰμί (BDR §205[4]; vgl.
A184), viell. im Sinn v. *in etwas geraten sein* (Menge), kaum *(zu) etwas*
(geworden) sein (εἴς τινα für Präd.-Nominativ [Hebr., A81; vgl. B III2]); AcI
(A300); εἰς γὰρ χολὴν πικρίας καὶ σύνδεσμον ἀδικίας ὁρῶ σε
ὄντα *denn ich sehe, daß du in „Galle der Bitterkeit“ und in „Banden der Unge-*
rechtigkeit“ bist bzw. (freier) *denn ich sehe, du bist voller Neid* (GNB: *voller Ver-*
kehrtheit) und ganz ins Böse verstrickt (vgl. GNB). **24 ἀπο-κριθείς** Aor. Ptz. 24
Pass. (ohne Pass.-Bdtg.) -κρίνομαι, pleon. (A297,2); ἀποκριθεὶς δὲ ὁ Σί-
μων εἶπεν *da antwortete Simon.* **δεήθητε** Aor. Imp. Pass., hier ὑπέρ τι-
νος πρός τινα *für jmdn. zu jmdm. beten* (B 2). **ὑμεῖς** Subj. betont (A122).
ὅπως V. 15. **ἐπ-έλθῃ** Aor. Konj. -έρχομαι[187] *herbeikommen;* hier m. ἐπί
τινα *über jmdn. kommen, jmdn. treffen* (Menge). **ὧν** = τούτων ἅ (Attrak-
tion des Rel.-Pron. an das τούτων, das seinerseits wegfällt [A361c; B I4a]);
gen. partitivus (A164) zu μηδέν. **εἰρήκατε** Pf. λέγω. [Var. πολλά adv.
Akk. *heftig* (A150; πολύς I2bβ). κλαίων Ptz., präd. bei Verb des modifizier-
ten Seins u. Tuns (BDR §414,1; A301); ὃς πολλὰ κλαίων οὐ διελίμπα-
νεν etwa *dieser* (rel. Anschluß, A364a) *hörte nicht auf, heftigst zu weinen.* δι-ε-
λίμπανεν Ipf. δια-λιμπάνω (Nebenform zu -λείπω) *aufhören.*] **25 δια-** 25
μαρτυράμενοι Aor. Ptz. Med. -μαρτύρομαι (vgl. A33[132ff]) *(feierlich*
[ursprüngl. *eidlich*]) *bezeugen, Zeugnis ablegen;* οἱ μὲν οὖν διαμαρτυράμε-
νοι καὶ λαλήσαντες τὸν λόγον τοῦ κυρίου *nachdem sie* (A102) *nun das*
Wort/die Botschaft des/vom Herrn (wohl gen. obi., A158) *bezeugt und verkündet*

hatten. **λαλήσαντες** Aor. Ptz. λαλέω, temp. **ὑπ-έ-στρεφον** Ipf. ὑπο-
στρέφω *zurückkehren;* Ipf. hier lin. (A237a/238): die Rückkehr erstreckte sich
über eine ansehnl. Zeitspanne hinweg; ὑπέστρεφον εἰς Ἱεροσόλυμα,
πολλάς τε κώμας τῶν Σαμαριτῶν εὐηγγελίζοντο etwa *sie kehrten
wieder nach Jerusalem zurück; unterwegs verkündeten sie in vielen Dörfern
Samariens* (wörtl. *der Samaritaner*) *die gute Nachricht (von Jesus)* (vgl. GN) od.
*sie machten sich auf die Rückreise nach Jerusalem und verkündeten (dabei noch)
in vielen ...* (vgl. Menge). **κώμη** *Dorf.* **Σαμαρίτης**[1] *Samaritaner.* **εὐ-ηγ-
γελίζοντο** Ipf. Med. -αγγελίζω hier m. τινά (häufiger τινί; H-S §152d).
26 **26 ἐ-λάλησεν** Aor. λαλέω. **Φίλιππος** 6,5. **ἀνά-στηθι** Wz.-Aor.
Imp. ἀν-ίσταμαι hier etwa *sich aufmachen* (B 2d) od. *sich bereit machen.*
πορεύου Imp. (vgl. A266a). **μεσημβρία** *Mittag; Süden;* κατὰ μεσημβ-
ρίαν *um die Mittagszeit* od. *nach Süden.* **κατα-βαίνουσαν** Ptz. Fem.
-βαίνω, attr.; ἐπὶ τὴν ὁδὸν τὴν καταβαίνουσαν ἀπὸ Ἰερουσαλὴμ
εἰς Γάζαν *auf die Straße, die von Jerusalem nach Gaza hinabführt.* **Γάζα**
Gaza, in atl. Zeit eine der fünf bedeutenden Philisterstädte, 96 v. Chr. zerstört
(das Tell Charube in der heutigen Stadt), 57 v. Chr. wieder aufgebaut; diese
hell.-röm. Stadt lag südl. des alten Gaza näher am Meer (GBL 1, S. 412).
αὕτη ἐστὶν ἔρημος eine nähere Erklärung wohl eher zu ὁδός (etwa *sie
führt durch eine einsame Gegend* [Einh.]) als zu Γάζα (etwa *dieses [Gaza] ist
verlassen = das heißt zum verlassenen [alten] Gaza* [im Ggs. zum neuen bewohn-
27 ten; vgl. Bruce, Apg, S. 225]). **27 ἀνα-στάς** Wz.-Aor. Ptz. ἀν-ίσταμαι,
temp. (A291,1 Anm. 1). **ἐ-πορεύθη** Aor. Pass. (ohne bes. Pass.-Bdtg.) πο-
ρεύομαι. **καὶ ἰδού** hier etwa *nun war da* (Einh.). **Αἰθίοψ**[3] οπος ὁ *Äthio-
pier;* ἀνὴρ (klass. Idiom [BDR §242; H-S §260j]) Αἰθίοψ *ein Mann aus Äthio-
pien, ein Äthiopier;* das Königreich „Äthiopien", südl. v. Assuan (im heutigen
Sudan), bestand seit dem 8. Jh. v. Chr.; Meroe u. Napata waren die führenden
Städte (vgl. KP 1, Sp. 201-202); schon bei Homer sah man in den Äthiopiern
Menschen, die am Rand der Welt wohnten (ἔσχατοι ἀνδρῶν, Odyssee 1.23;
vgl. Apg 1,8: ἕως ἐσχάτου τῆς γῆς); der flgd. Bekehrungsbericht markiert
einen weiteren Schritt der jungen christl. Gemeinde auf die Heiden zu (vgl.
auch Ps 68,32; Ze 3,10). **εὐν-οῦχος** (= τὴν εὐνὴν [das Bett] ἔχων Bett-
schützer) *Eunuch* (durch Eingriff zeugungsunfähig gemachter Mann; Eunuchen
dienten im Vorderen Orient bes. als Haremsaufseher [Esth 2,14]; häufig hatten
sie auch hohe Positionen am Hof inne); nach dem mosaischen Gesetz waren sie
v. den religiösen Privilegien Israels ausgeschlossen (Dt 23,2f); die Aufhebung
dieser Einschränkung wird in Jes 56,3-5 angekündigt (Bruce, Apg, S. 225). **δυ-
νάστης**[1] *Herrscher; Hofbeamter.* **Κανδάκη** *Kandake,* Titel der Königin
„Äthiopiens" (vgl. „Pharao" in Ägypten [KP 3, Sp. 106]). **βασίλισσα** *Köni-
gin.* **ἦν** V. 1. **γάζα** (persisches Lehnwort; ohne sprachl. Verwandtschaft m.
dem Ortsnamen Γάζα) *Schatz,* ἐπὶ πάσης τῆς γάζης εἰμί *oberster Schatz-*

meister/Finanzminister sein. **ἐληλύθει** Plsqpf. ἔρχομαι. **προσ-κυνή-**
σων Fut. Ptz. -κυνέω, fin. (H-S §231i; A291,6); ὃς ἐληλύθει προσκυνή-
σων εἰς Ἰερουσαλήμ *er* (vgl. A364a) *war nach Jerusalem gekommen, um*
(Gott) anzubeten; er war offenbar ein „Gottesfürchtiger", einer jener Nichtju-
den, die sich weitgehend zum Gott Israels hielten, ohne eig. zu konvertieren
(s.a. zu 10,2). **28 ὑπο-στρέφων** Ptz. V. 25; umschrieb. Ipf. (A249a). **κα-** 28
θήμενος Ptz. κάθημαι, umschrieb. Ipf. **ἅρμα**[3] *Wagen.* **ἀν-ε-γίνω-**
σκεν Ipf. ἀνα-γινώσκω *lesen; vorlesen;* umschrieb. Ipf. **Ἠσαΐας**[1] ου
Jesaja, atl. Prophet; τὸν προφήτην Ἠσαΐαν *den Propheten Jesaja* metony-
misch (A382c) im Sinn v. *im Buch des Propheten Jesaja;* ἦν τε ὑποστρέφων
καὶ καθήμενος ἐπὶ τοῦ ἅρματος αὐτοῦ καὶ ἀνεγίνωσκεν τὸν προ-
φήτην Ἠσαΐαν *er befand sich auf der Rückreise, saß auf seinem Wagen und*
las den Propheten Jesaja; er las wahrscheinl. aus einer griech. Schriftrolle m.
Teilen des Alten Testaments, die er in Jerusalem erworben hatte. **29 τὸ** 29
πνεῦμα *der Geist (Gottes)* (B πνεῦμα 5dα). **πρόσ-ελθε** Aor. Imp. -ἔρ-
χομαι. **κολλήθητι** Aor. Imp. Pass. κολλάομαι (< κόλλα Leim) Akt.
(fest) zusammenfügen, -kleben, fest verbinden; Pass. m. Dat. *haften an;* hier *sich*
eng anschließen an bzw. (kontextgetreu) *folgen.* **30 προσ-δραμών** Aor. Ptz. 30
-τρέχω[196] *hinzulaufen;* temp. (A291,1 Anm. 1). **ἤκουσεν** Aor. ἀκούω.
ἀνα-γινώσκοντος Ptz., GcP (A300); ἤκουσεν αὐτοῦ ἀναγινώσκον-
τος Ἠσαΐαν τὸν προφήτην *er hörte ihn (laut) den Propheten Jesaja lesen.*
ἆρα Fragepartikel vor direkter Frage (A320). **γέ** enklitische Partikel: ein-
schränkend (*wenigstens*) od. steigernd (*sogar, doch,* hier etwa *auch*); ἆρά γε γι-
νώσκεις ἃ ἀναγινώσκεις; *verstehst du auch/denn, was du liest?* (H-S
§252,5). **γινώσκω** hier (im paronomastischen Wortspiel m. ἀναγινώσκω
[H-S §294f; BDR §488,1b]) *verstehen* (B 3a). **31 ὁ δέ** *(und) dieser/er* (A102). 31
πῶς γάρ *wie ... denn?* (B γάρ 1f; vgl. H-S §252,9). **δυναίμην** Opt. δύνα-
μαι; potentialer Opt. (im NT fast ganz auf Lk/Apg beschränkt; A260; H-S
§211d); πῶς γὰρ ἂν δυναίμην *wie sollte ich das* (A79) *denn können.* **ὁδη-**
γήσει Fut. (hier statt Konj. Aor. nach ἐάν [H-S §282a; BDR §373[13]]) ὁδη-
γέω *leiten, führen;* hier übertr. *anleiten* (B 2); zur Verbindung des potentialen
(ἂν δυναίμην) m. dem prospektiven (ἐάν ...) Fall s. H-S §285a (vgl. A348)
[Var. ὁδηγήσῃ Aor. Konj.]. **παρ-ε-κάλεσεν** Aor. παρα-καλέω. **ἀνα-**
βάντα Aor. Ptz. -βαίνω, part. coni. zu τὸν Φίλιππον (H-S §230c; A287),
temp. (A291,1 Anm. 1); παρεκάλεσέν τε τὸν Φίλιππον ἀναβάντα κα-
θίσαι σὺν αὐτῷ *und er bat Philippus, aufzusteigen und neben ihm Platz zu*
nehmen. **καθίσαι** Aor. Inf. καθίζω. **32 περι-οχή** eig. *(das) Umfassen,* 32
u.a. im Sinn v. *Umfassung, Umfang, Inhalt* (verschiedenster Art); *Inhalt,*
Abschnitt (eines Buches; LSJ I3c/II); ἡ περιοχὴ τῆς γραφῆς *der*
Inhalt/Wortlaut der Schriftstelle (B 1; Menge) od. *der Abschnitt der Schrift* (B 2);
zitiert wird die LXX-Fassung v. Jes 53,7b-8bα (m. einer Reihe relativ gering-

fügiger Abweichungen vom MT), einem Teil des sog. vierten „Ebed-Jahwe-Liedes" (Jes 52,13-53,12), in dem beschrieben wird, wie Gottes idealer Knecht (vgl. zu παῖς in Apg 3,13) stellvertretend für andere leidet. **πρό-βατον** *Schaf.* **σφαγή** *(das) Schlachten, (die) Schlachtung.* **ἤχθη** Aor. Pass. ἄγω, Subj. ist der leidende „Knecht Jahwes"; ὡς πρόβατον ἐπὶ σφαγὴν ἤχθη *wie ein Schaf wurde er zur Schlachtung geführt* bzw. *wie ein Schaf zur Schlachtung* (= wie wenn ein Schaf zur Schlachtung geführt wird) *wurde er (ab)geführt;* ἤχθη gibt das hebr. Pf. wieder, das wohl als „perfectum propheticum" zu deuten ist (es bezieht sich auf Zukünftiges: die Verwirklichung des angekündigten Geschehens ist so sicher, daß dieses als bereits vollendet bez. wird [Joüon-Muraoka §112h]). **ἀμνός** *Lamm.* **ἐν-αντίον** uneig. Präp. (A183) *vor.* **κείραντος** Aor. Ptz. κείρω (vgl. A33[136]) *scheren* (v. Schafen); subst. (Aor. hier nicht vorzeitig [vgl. A285]). **ἄ-φωνος**[11] *stumm, ohne Sprache;* ὡς ἀμνὸς ἐναντίον τοῦ κείραντος αὐτὸν ἄφωνος *wie ein Lamm vor seinem Scherer* (d.h. wenn es geschoren wird) *stumm ist/bleibt* (vgl. A78; Menge) od. *wie ein Lamm, das vor seinem Scherer keinen Laut von sich gibt* (vgl. B 1). **ἀνοίγει** Subj. ist wieder der leidende „Knecht Jahwes"; οὕτως οὐκ ἀνοίγει τὸ στόμα αὐτοῦ *so tut/tat* (vgl. A235; wie ἤχθη wohl auf die Zukunft zu beziehen [im MT steht das hebr. durativ bzw. fut. gebrauchte Ipf.]) *er seinen Mund nicht*
33 *auf* (GNB: wie ... *so duldete er alles schweigend, ohne zu klagen*). **33 ταπείνωσις**[8] *Erniedrigung, Demütigung; Niedrigkeit.* **κρίσις** hier *Strafgericht* (B 1aβ) od. *Recht, Gerechtigkeit* (vgl. B 3). **ἤρθη** Aor. Pass. αἴρω hier *wegnehmen, beseitigen, tilgen, aufheben* (B 4); ἐν τῇ ταπεινώσει αὐτοῦ ἡ κρίσις αὐτοῦ ἤρθη ist schwierig zu deuten (dies gilt auch für den MT); am sinnvollsten scheint a) *er wurde erniedrigt und all seiner Rechte beraubt* (wörtl. *in/bei seiner Erniedrigung wurde [ihm] sein/das ihm zustehende Recht weggenommen/versagt* [Newman-Nida, Apg, S. 182]), viell. b) *in seiner Erniedrigung wurde das Strafgericht über ihm aufgehoben* (vgl. unten αἴρεται Deutung b; bei dieser Deutung sieht man gewöhnl. eine Verbindung m. der Auferstehung Jesu). **γενεά** hier gemeinte Bdtg. unsicher (ähnl. im MT), am ehesten in Frage kommen: a) *Nachkommen(schaft)* (Menge; LN 10.28) od. b) *Generation, Zeitgenossen* (vgl. B 2). **δι-ηγήσεται** Fut. Med. -ηγέομαι *erzählen, beschreiben, darlegen;* viell. mod. Fut. (A247c); τὴν γενεὰν αὐτοῦ τίς διηγήσεται (zur Nachstellung v. τίς vgl. BDR §475,1b) zu den besten Deutungen gehören (wobei a wohl den Vorzug verdient): a) *wer wird/kann seine Nachkommen beschreiben/zählen* (vgl. Menge) = *er wird keinerlei Nachkommen zurücklassen* (infolge seines frühen Todes [vgl. Newman-Nida, Apg, S. 182]) od. (vgl. ἤρθη u. αἴρεται Deutung b) = *er wird unzählbar viele* (geistliche) *Nachkommen haben* (infolge seiner Befreiung u. Erhöhung [vgl. Schneider, Apg 1, S. 505]); b) *wer kann seine Generation/Zeitgenossen beschreiben* etwa = *die Bosheit seiner Zeitgenossen* (die ihm all dieses Unrecht zugefügt haben) *ist unbeschreiblich* (vgl. New-

man-Nida, Apg, S. 182f). **αἴρεται** Pass. αἴρω hier *wegnehmen* (B 4), viell.
emporheben; ὅτι αἴρεται ἀπὸ τῆς γῆς ἡ ζωὴ αὐτοῦ wohl a) *denn sein*
Leben wird/wurde (zum Tempus vgl. zu ἀνοίγει V. 32) *von der Erde fortge-*
nommen (= er ist/war tot [Newman-Nida, Apg, S. 183]), viell. b) *denn sein Le-*
ben wird/wurde von der Erde hinweg erhoben (= er wird/wurde [zum Himmel] er-
höht [vgl. oben ἤρθη Deutung b]). **34 ἀπο-κριθείς** Aor. Ptz. Pass. (ohne 34
Pass.-Bdtg.) -κρίνομαι hier im Sinn v. *sich wenden an* (Menge); temp. (A291,1
Anm. 1) bzw. pleon. (A297,2); ἀποκριθεὶς δὲ ὁ εὐνοῦχος τῷ Φιλίππῳ
εἶπεν *da wandte sich der Eunuch an Philippus und sagte* bzw. *da sagte der Eu-*
nuch zu Philippus od. *da fragte der Eunuch Philippus;* es ist umstritten, wie Jes 53
im zeitgenössischen Judentum verstanden wurde; die Fragen des Äthiopiers wa-
ren viell. eine für das 1. Jh. typische Reaktion auf diesen Text. **δέομαι** V. 22.
35 ἀν-οίξας Aor. Ptz. -οίγω, temp.; ἀνοίξας δὲ ὁ Φίλιππος τὸ στόμα 35
αὐτοῦ (Redewendung [nach ZG „participium graphicum"; vgl. A296], die
wohl die Bedeutsamkeit der Worte des Philippus unterstreicht) καὶ ἀρξάμε-
νος ἀπὸ τῆς γραφῆς ταύτης εὐηγγελίσατο αὐτῷ τὸν Ἰησοῦν *da*
tat Philippus seinen Mund auf/da begann Philippus zu reden; er knüpfte an dieses
Schriftwort an und verkündete ihm die gute Nachricht/das Evangelium von Jesus;
bereits in 3,13.26; 4,27.30 wird der „Knecht Jahwes" m. Jesus gleichgesetzt (vgl.
auch zu Mt 3,17; 8,17; 12,17; 20,28; 26,24.28; Apg 3,18). **ἀρξάμενος** Aor.
Ptz. Med. ἄρχω, temp./mod.; ἀρξάμενος ἀπὸ τῆς γραφῆς ταύτης *mit*
dieser Schriftstelle beginnend (B 2c), *ausgehend von diesem Schriftwort* (Einh.),
indem er an dieses Schriftwort anknüpfte (Menge). **εὐ-ηγγελίσατο** Aor.
Med. -αγγελίζω. **36 ἐ-πορεύοντο** Ipf. Med. πορεύομαι hier κατὰ 36
τὴν ὁδόν *auf der Straße dahinziehen* (B ὁδός 1a); ὡς δὲ ἐπορεύοντο κατὰ
τὴν ὁδόν *als sie nun so auf der Straße dahinfuhren* (Menge). **ὕδωρ** (erstes)
hier *Gewässer.* **φησίν** Präs. 3. Sg. φημί (A32); hist. Präs. (A235). **ἰδοὺ**
ὕδωρ etwa *hier gibt es Wasser* (GNB). **κωλύω** *hindern, abhalten* (*von* Gen.;
etwas zu tun: Inf./AcI); τί κωλύει με βαπτισθῆναι *was hindert mich, getauft*
zu werden od. *was hindert/was spricht dagegen, daß ich mich taufen lasse* (vgl.
GN) bzw. *was steht meiner Taufe noch im Wege* (Menge). **βαπτισθῆναι**
Aor. Inf. Pass. βαπτίζω; Präd. des AcI. [Var. V. 37 εἰ m. Ind. indefiniter Fall 37
(A342). ἔξ-εστιν (vgl. A32) *es ist erlaubt/möglich.* ἀπο-κριθείς V. 24.
εἶναι V. 9; Präd. des AcI; πιστεύω τὸν υἱὸν τοῦ Θεοῦ (Präd.-Nom. des
AcI, m. Art.: betonte Gleichsetzung m. dem Subj. [A80] bzw. [s.a. Voranstel-
lung] Hervorhebung der Einzigartigkeit) εἶναι τὸν Ἰησοῦν Χριστόν
(Subj. des AcI) *ich glaube, daß Jesus Christus der Sohn Gottes ist.*] **38 ἐ-κέ-** 38
λευσεν Aor. κελεύω[5] *befehlen, anordnen,* m. AcI. **στῆναι** Wz.-Aor. Inf.
ἵσταμαι hier *stehenbleiben* (B II1a), *anhalten;* Präd. des AcI; καὶ ἐκέλευσεν
στῆναι τὸ ἅρμα (Subj. des AcI) *da befahl er, der Wagen solle anhalten* bzw. *er*
ließ den Wagen also anhalten. **κατ-έ-βησαν** Aor. κατα-βαίνω. **ἀμφό-**

39 **τεροι** *beide.* **ἐ-βάπτισεν** Aor. **39 ἀν-έ-βησαν** Aor. ἀνα-βαίνω. **πνεῦμα κυρίου** auch ohne Art. best. (A106c; vgl. 2,4). **ἥρπασεν** Aor. ἁρπάζω[107] *rauben, fortreißen; wegführen;* hier *entrücken* (B 2b), *wegnehmen;* hier ist ein übernatürl. Geschehen gemeint (vgl. 1Kön 18,12; 2Kön 2,16 usw.). **ἐ-πορεύετο** Ipf. Med. πορεύομαι hier τὴν ὁδός τινος *seines Weges reisen* (B ὁδός 1b); ἐπορεύετο γὰρ τὴν ὁδὸν αὐτοῦ χαίρων etwa *sondern/und voll Freude setzte er seine Reise fort.* **γάρ** viell. am besten = δέ
40 (Z/ZG; vgl. B 4). **χαίρων** Ptz., mod. **40 εὑρέθη** Aor. Pass. εὑρίσκω Pass. hier *vorgefunden/angetroffen werden = sich (be)finden* (B 1b; vgl. frz. *se trouver* [ZG]); Φίλιππος δὲ εὑρέθη εἰς Ἄζωτον *Philippus aber befand sich in Aschdod, Philippus fand/sah man in Aschdod wieder* (GN/Einh.). **εἰς** erstes = ἐν (B 9a; vgl. A184), zweites: *nach.* **Ἄζωτος** ἡ *Aschdod,* in atl. Zeit eine der fünf Philisterstädte, in der Makkabäerzeit zerstört u. unter dem röm. Feldherrn Pompeius als stark hell. geprägte Stadt wieder aufgebaut (s. AFCS 4, S. 53-55). **δι-ερχόμενος** Ptz., temp. (A291,1 Anm. 1); διερχόμενος εὐηγγελίζετο τὰς πόλεις πάσας *er zog durch alle Städte* (Menge: *von Ort zu Ort*) *und verkündete die gute Nachricht/das Evangelium (von Jesus).* **εὐ-ηγγελίζετο** Ipf. Med. V. 25. **ἕως τοῦ** m. Inf./AcI temp. (A282) *bis.* **ἐλθεῖν** Aor. Inf. ἔρχομαι; Präd. des AcI. **Καισάρεια** *Cäsarea* am Meer („Caesarea Maritima") in der nördl. Scharon-Ebene, Sitz der röm. Prokuratoren, v. Herodes dem Großen 22-10/9 v. Chr. als neue Stadt (an der Ortslage einer älteren phönizischen Gründung) m. großer Hafenanlage erbaut (GBL 1, S. 224f).

9 **Σαῦλος** 7,58 (auf diese Stelle weist der Art. wohl [anaphorisch] zurück [BDR §260]). **ἐμ-πνέων** Ptz. -πνέω *atmen, schnauben* (m. GenO [B 1; BDR §174); temp./mod. (A291 Anm. 1); ὁ δὲ Σαῦλος ἔτι ἐμπνέων ἀπειλῆς καὶ φόνου εἰς ... *Saulus aber schnaubte noch immer Drohung(en) und Mord gegen* ... od. (freier) *Saulus wütete immer noch mit Drohung und Mord gegen* ... (Einh.) bzw. (noch idiomatischer) *unterdessen ging Saulus noch immer heftig gegen ... vor und tat alles, um sie auszurotten* (GN). **ἀπειλή** *Drohung.* **φόνος** *Mord, Tötung.* **προσ-ελθών** Aor. Ptz. -έρχομαι m. τινί hier etwa *zu jmdm. gehen, sich an jmdn. wenden* (Menge); temp. (A291,1 Anm. 1). **ἀρχ-ιερεύς**
2 wahrscheinl. immer noch *Kajaphas* (18-36 n. Chr.; vgl. zu 4,6; 7,1). **2 ᾐτή-σατο** Aor. Med. αἰτέω hier τὶ παρά τινος *etwas von jmdm. erbitten* (B), *jmdn. um etwas bitten.* **ἐπι-στολή** *Brief;* gemeint sind hier wohl *Empfehlungsbriefe* bzw. *Bevollmächtigungsschreiben,* die u.a. die Auslieferung der „Jünger" (zu einem großen Teil wohl aus Jerusalem geflüchtet [vgl. 8,1ff]) erwirken sollten; dazu u. zum mögl. historischen bzw. juristischen Hintergrund s. Bruce, Apg, S. 233f; ἐπιστολὰς εἰς Δαμασκὸν πρὸς τὰς συναγωγάς etwa *Briefe an die Synagogen in Damaskus* (wörtl. *für/nach Damaskus an die Synagogen*). **Δαμασκός** ἡ *Damaskus,* bedeutende syrische Stadt (etwa 242 km v. Jerusalem; seit 64 v. Chr. der röm. Provinz Syrien einverleibt), deren

Geschichte bis in früheste Zeiten zurückreicht u. die damals eine starke jüd.
Bevölkerungsgruppe in mehreren Synagogengemeinden m. großer Proselyten-
werbung besaß (GBL 1, S. 249f). **εὕρῃ** Aor. Konj. εὑρίσκω hier etwa im
Sinn v. *aufspüren.* **ὁδός** hier wohl als allgem. Begriff im Sinn v. *Richtung, Lehre*
(v. der gesamten religiösen u. sittl. Lebensart [B 2c; vgl. EWNT 2, Sp. 1203f]),
übers. ἡ ὁδός etwa *der (neue) Weg/Glaube, die neue Lehre/Glaubensrichtung;* ἡ
ὁδός könnte aber auch als Selbstbezeichnung des Christentums (als term.
tech.) verstanden werden: *der „Weg"* (auch 19,9.23; 24,14.22) kurz für *der Weg
des Herrn/Gottes* o.ä. (vgl. 18,25f; 22,4), in diesem Fall übers. etwa *der Weg des
Herrn.* **ὄντας** Ptz. εἰμί hier m. Gen. *(zu)* etwas/jmdm. *(zu)gehören* (vgl.
B IV 3; A154/174); wohl subst./attr.; τινάς ... τῆς ὁδοῦ ὄντας *solche, die
zum (neuen) Weg/zum „Weg" gehören* bzw. z.B. *Anhänger des neuen We-
ges/Glaubens/der christlichen Lehre.* **δε-δεμένους** Pf. Ptz. Pass. δέω, mod.;
in Fesseln (Menge), *gefangen* (Zustandspassiv, vgl. A242). **ἀγάγῃ** Aor. Konj.
ἄγω, erg. αὐτούς (A79). **εἰς** (zweites) *nach.* **3 ἐν τῷ** m. Inf./AcI temp. 3
(A282) *während.* **πορεύεσθαι** Inf.; ἐν δὲ τῷ πορεύεσθαι *während (er)
aber (dorthin) reiste, auf der Reise aber, unterwegs aber.* **ἐ-γένετο** Aor. Med.
γίνομαι; γίνεται m. AcI eig. *es ereignet sich, daß* (A271), am besten unüber-
setzt lassen; ἐγένετο αὐτὸν ἐγγίζειν τῇ Δαμασκῷ, ἐξαίφνης τε αὐ-
τὸν περιήστραψεν ... etwa *als er sich (bereits) Damaskus näherte, umstrahlte
ihn plötzlich ...* **ἐγγίζειν** Inf.; Präd. des AcI. **ἐξ-αίφνης** *plötzlich.* **περι-
ήστραψεν** Aor. -αστράπτω (vgl. A33[51ff]) *umstrahlen, umleuchten.* **4 πε-** 4
σών Aor. Ptz. πίπτω m. ἐπὶ τὴν γῆν *zu Boden stürzen;* temp. (A291,1
Anm. 1). **ἤκουσεν** Aor. ἀκούω. **λέγουσαν** Ptz. Fem. λέγω, AcP
(A300) od. attr.; ἤκουσεν φωνὴν λέγουσαν αὐτῷ *er hörte, wie eine Stim-
me zu ihm sagte* od. *er hörte eine Stimme, die zu ihm sagte.* **Σαούλ** indekl., hier
Vok., *Saul* (hebr. Form des Namens, eig. שָׁאוּל *šāʾûl* [vgl. 7,58]); nachdrückl.
Verdoppelung (BDR §493[2]; vgl. H-S §294l). **τί** adv. *was/warum?* (vgl. B τίς 3a;
A134a); Jesus identifiziert sich m. dem Schicksal seiner Nachfolger (vgl. ähnl.
Mt 25,40.45). **5 κύριε** Vok. **ὁ δέ** *(und) dieser/er* (A102); erg. εἶπεν o.ä. 5
(BDR §480[6]; vgl. A376; H-S §293b/c). **6 ἀνά-στηθι** Wz.-Aor. Imp. ἀν- 6
ίσταμαι. **εἴσ-ελθε** Aor. Imp. -έρχομαι. **λαληθήσεται** Fut. Pass. λα-
λέω. **ὅ τι** hier indirektes Fragewort (A18a/331; BDR §300,1). **ποιεῖν** Inf.
ποιέω; Präd. des AcI, abhängig v. δεῖ; ὅ τί (AkkO des AcI [ὅ τι m. AcI ver-
schränkt; vgl. ähnl. A364b]) σε δεῖ ποιεῖν *was du tun sollst.* **7 συν-οδεύ-** 7
οντες Ptz. -οδεύω m. τινί *mit jmdm. mitgehen, mit jmdm. zusammen reisen,
jmdn. auf der Reise begleiten;* attr. **εἱστήκεισαν** Plsqpf. (m. Ipf.-Bdtg.)
ἵσταμαι; εἱστήκεισαν ἐνεοί *sie standen sprachlos da* (B II2bγ) . **ἐνεός**
sprachlos; hier Artangabe zum Subj. (A65). **ἀκούοντες** Ptz. ἀκούω, kaus.
denn sie hörten. **θεωροῦντες** Ptz. θεωρέω, kaus. **8 ἠγέρθη** Aor. Pass. 8
ἐγείρω Pass. hier m. ἀπὸ τῆς γῆς *sich vom Boden erheben* bzw.

(idiomatisch) einfach *aufstehen* (GN). **Σαῦλος** 7,58. **ἀν-ε-ῳγμένων** Pf.
Ptz. Pass. -οίγω, gen. abs. (A288), temp.; ἀνεῳγμένων δὲ τῶν ὀφθαλμῶν
αὐτοῦ *als seine Augen geöffnet waren* (Zustandspassiv, vgl. A242) bzw. (idioma-
tischer) *als er die Augen öffnete.* **ἔ-βλεπεν** Ipf. βλέπω hier *sehen können*
(B 2). **χειρ-αγωγοῦντες** Ptz. -αγωγέω *an der Hand führen;* mod. (A291,2
Anm. 1); χειραγωγοῦντες δὲ αὐτὸν εἰσήγαγον εἰς Δαμασκόν *da*
nahmen sie ihn bei/an der Hand und führten ihn nach Damaskus. **εἰσ-ήγαγον**
9 Aor. -άγω[59] *hineinführen; hineinbringen.* **9 ἦν** Ipf. εἰμί. **ἡμέρας τρεῖς**
Akk. der zeitl. Ausdehnung (A148). **βλέπων** Ptz., umschrieb. Ipf. (A249a);
ἦν ἡμέρας τρεῖς μὴ βλέπων *er konnte drei Tage lang nicht sehen, er war*
drei Tage lang blind. **ἔ-φαγεν** Aor. ἐσθίω. **ἔ-πιεν** Aor. πίνω.
10 **10 ἦν** V. 9; ἦν δέ τις μαθητὴς ἐν Δαμασκῷ ὀνόματι Ἁνανίας
in Damaskus lebte/wohnte ein Jünger (Jesu) namens Hananias. **μαθητής** hier
Jünger Jesu, fast = *Christ* (B 2bγ). **Δαμασκός** V. 2. **ὀνόματι** dat. respec-
tus (vgl. BDR §197,2; vgl. A178) *mit Namen, namens.* **Ἁνανίας**[1] ου *Hana-*
nias. **ὅραμα**[3] *(das) Geschaute/Gesehene* (d.h. etwas, was man wirkl. sehen
kann); hier *Gesicht, Vision.* **Ἁνανία** Vok. **ὁ δέ** *(und) dieser/er* (A102).
ἰδοὺ ἐγώ etwa *hier bin ich* (frz. *me voici*) bzw. (idiomatischer) *ja,* Herr
11 (GNB); LXX-Ausdruck (= hebr. הִנֵּנִי *hinnénî* o.ä.). **κύριε** V. 5. **11 πρὸς**
αὐτόν erg. εἶπεν o.ä. (vgl. ὁ δέ V. 5). **ἀνα-στάς** Wz.-Aor. Ptz. ἀν-ίστα-
μαι hier wohl etwa *sich aufmachen* (B 2d) od. *sich bereit machen* (vgl. Newman-
Nida, Apg, S. 180/190); temp. (als Imp. + „und" übers.; A291,1 Anm. 1); ἀνα-
στὰς πορεύθητι *steh auf und geh* bzw. *mach dich auf/bereit und geh.* **πορεύ-**
θητι Aor. Imp. Pass. (ohne bes. Pass.-Bdtg.) πορεύομαι. **ἐπί** m. Akk. hier
zu/in. **ῥύμη** *enge Straße, Gasse.* **καλουμένην** Ptz. Pass. καλέω Pass. hier
heißen (B 1aγ); attr.; ἡ ῥύμη ἡ καλουμένη Εὐθεῖα *die sogenannte „Gerade*
Straße" (noch heute eine der wichtigsten Hauptstraßen v. Damaskus *Darb al-*
Mustaqim [Bruce, Apg, S. 237]). **εὐθύς**[10] εῖα ύ *gerade.* **ζήτησον** Aor.
Imp. ζητέω hier *fragen/sich erkundigen nach* (Menge) bzw. *aufsuchen* (B 1b).
ἐν οἰκίᾳ Ἰούδα *im Haus des Judas* (auch ohne Art. best., A106a/c).
Σαῦλος 7,58. **ὀνόματι** V. 10. **Ταρσεύς**[8] *aus Tarsus stammend, Tarser,*
Bewohner von Tarsus (s.a. zu V. 30); Σαῦλος ὀνόματι (V. 10) Ταρσεύς *ein*
12 *Mann aus Tarsus namens Saulus.* **ἰδού** hier etwa *gerade.* **12 εἰσ-ελθόντα**
Aor. Ptz. -έρχομαι, AcP (A300). **ἐπι-θέντα** Aor. Ptz. -τίθημι[200] *auflegen*
τινί od. ἐπί τινα *jmdm.;* AcP (A300). **ἀνα-βλέψῃ** Aor. Konj. -βλέπω[41]
13 *aufblicken;* hier *wieder sehen können* (B 2aα). **13 ἀπ-ε-κρίθη** Aor. Pass.
(ohne Pass.-Bdtg.) ἀπο-κρίνομαι. **ἤκουσα** Aor. ἀκούω. **οἱ ἅγιοι** dies
wurde zu einer (bes. auch in den Paulusbriefen) verbreiteten Bezeichnung für
Christen als Volk Gottes, dazu berufen, heilig zu sein, wie er heilig ist (vgl.
V. 32/41; 26,10). **ἐ-ποίησεν** Aor. ποιέω hier m. τί τινι *jmdm. etwas antun*
14 (B I1dγ). **14 δῆσαι** Aor. Inf. δέω. **ἐπι-καλουμένους** Ptz. Med.

-καλέω *(be)nennen;* (Gott bzw. dessen Namen) *anrufen* (d.h. um Beistand/Hil-
fe bitten bzw. [pars pro toto, A382a] göttl. verehren [Newman-Nida, Apg,
S. 191]); subst.; πάντας τοὺς ἐπικαλουμένους τὸ ὄνομά σου *alle, die
deinen Namen anrufen* bzw. (freier) *alle, die sich zu deinem Namen* (= zu dir als
dem, der du bist) *bekennen* (GNB). **15 πορεύου** Imp. (vgl. A266a), übers. 15
etwa *geh nur hin.* **ὅτι** hier *denn.* **σκεῦος**[7] *Gerät; Gefäß, Werkzeug;* σκεῦος
ἐκλογῆς gen. qualitatis (A160; H-S §260e): *ein auserwähltes Werkzeug;*
σκεῦος ἐκλογῆς ἐστίν μοι (dat. commodi/poss. [A173b]) οὗτος *dieser
(Mann) ist für mich ein* (od. *ist mein*) *auserwähltes Werkzeug* od. *gerade ihn habe
ich als mein Werkzeug ausgesucht* (GNB); vgl. Gal 1,15f; Röm 1,1-5. **ἐκ-λογή**
Erwählung, Auslese; Auswahl, (das) Ausgewählte. **τοῦ** m. Inf. fin. (Attr. zu
σκεῦος [A281; H-S §225a]). **βαστάσαι** Aor. Inf. βαστάζω[108] *aufheben;
tragen;* τοῦ βαστάσαι τὸ ὄνομά μου ἐνώπιον ἐθνῶν ... *er soll meinen
Namen vor (nichtjüdische) Völker ... tragen = er wird meinen Namen* (= mich als
den, der ich bin) *vor nichtjüdischen Völkern ... bekanntmachen* (vgl. GNB).
Ἰσραήλ ὁ indekl., hier Gen. **16 ὑπο-δείξω** Fut. -δείκνυμι[212] *zeigen.* 16
παθεῖν Aor. Inf. πάσχω; Präd. des AcI, abhängig v. δεῖ; (AkkO des AcI
[ὅσα m. AcI verschränkt; A364b]) δεῖ αὐτὸν (Subj. des AcI) ὑπὲρ τοῦ
ὀνόματός μου παθεῖν *wieviel er für meinen Namen* (= für mich als den, der
ich bin) *leiden muß.* **17 ἀπ-ῆλθεν** Aor. -έρχομαι. **εἰσ-ῆλθεν** Aor. 17
-έρχομαι. **ἐπι-θείς** Aor. Ptz. -τίθημι V. 12; temp./mod. (A291,1/2
Anm. 1). **Σαούλ** V. 4. **ἀδελφέ** Vok.; Hananias begrüßt ihn nicht nur als
Mitisraelit, sondern auch als Mitjünger Jesu. **ἀπ-έ-σταλκεν** Pf. (A242)
ἀπο-στέλλω. **ὀφθείς** Aor. Ptz. Pass. ὁράω, attr.; Ἰησοῦς ὁ ὀφθείς σοι
ἐν τῇ ὁδῷ ᾗ (= ἐν ᾗ [A359]) ἤρχου *Jesus, der dir auf dem Weg hierher*
(wörtl. *auf dem Weg, auf dem du gekommen bist*) *erschienen ist.* **ἤρχου** Ipf.
Med. ἔρχομαι. **ἀνα-βλέψῃς** Aor. Konj. V. 12. **πλησθῇς** Aor. Konj.
Pass. πίμπλημι[207] *erfüllen, vollmachen* τινός *mit etwas* (A165). **πνεῦμα
ἅγιον** auch ohne Art. best. (vgl. zu 2,4). **18 ἀπ-έ-πεσαν** Aor. ἀπο- 18
πίπτω[194] *abfallen* ἀπό τινος *von etwas.* **λεπίς**[3] ίδος ἡ *Schuppe* (z.B. eines
Fisches); ὡς λεπίδες übers. *etwas wie Schuppen.* **ἀν-έ-βλεψεν** Aor. **ἀνα-
στάς** Wz.-Aor. Ptz. ἀν-ίσταμαι, temp. (A291,1 Anm. 1). **ἐ-βαπτίσθη**
Aor. Pass. βαπτίζω. **19 λαβών** Aor. Ptz. λαμβάνω hier *zu sich nehmen;* 19
temp. (A291,1 Anm. 1). **τροφή** *Nahrung, Speise.* **ἐν-ίσχυσεν** Aor.
-ισχύω *zu Kräften kommen;* ἐνίσχυσεν *er kam (wieder) zu Kräften* [Var. ἐν-
ισχύθη Aor. Pass. m. gleicher Bdtg.]. **ἐ-γένετο** Aor. Med. γίνομαι hier
(εἰμί entsprechend) μετά τινος *bei jmdm. sein/bleiben* (vgl. B II4a). **Δαμα-
σκός** V. 2. **μαθητής** V. 10. **ἡμέρας τινάς** Akk. der zeitl. Ausdehnung
(A148) *einige/ein paar Tage.* **20 ἐ-κήρυσσεν** Ipf. κηρύσσω; ἐκήρυσσεν 20
τὸν Ἰησοῦν ὅτι οὗτός ἐστιν ὁ υἱὸς τοῦ θεοῦ (Präd.-Nom. m. Art.: be-
tonte Gleichsetzung m. dem Subj. [A80]) *er verkündete von Jesus, daß er der*

Sohn Gottes sei (GN: *[er] verkündete ... Jesus als den Sohn Gottes*) od. (v. einer
Prolepsis ausgehend: τὸν Ἰησοῦν ὅτι οὗτος = ὅτι ὁ Ἰησοῦς [A373; B
ὅτι 1bζ]; viell. ὅτι recitativum [A333]) *er verkündete: Jesus ist der Sohn Gottes;*
der Titel „Sohn Gottes", in der Apg sonst nicht bezeugt, spielt u.a. in den
Paulusbriefen ein gewichtige Rolle (vgl. Gal 1,16; 2Kor 1,19; Röm 1,4; s.a. zu
21 Mt 3,17). **21 ἐξ-ίσταντο** Ipf. Med. -ίσταμαι *außer sich geraten* (vor
Staunen). **ἀκούοντες** Ptz. ἀκούω, subst.; πάντες οἱ ἀκούοντες *alle, die
ihn* (A79) *hörten.* **ἔ-λεγον** Ipf. λέγω. **οὐχ** *nicht;* erwartet als Frageeinlei-
tung die Antwort „doch" (A320). **πορθήσας** Aor. Ptz. πορθέω *vernichten,
zerstören;* subst.; ὁ πορθήσας ... *der, der ... umgebracht* (Menge: *wütend ver-
folgt*) *hat.* **εἰς** (erstes) = ἐν (BDR §205[4]; vgl. B 9a; A184). **ἐπι-κα-
λουμένους** V. 14. **εἰς τοῦτο** *zu diesem Zweck* (B εἰς 4f), wird durch ἵνα
erklärt (App. dazu, A353); εἰς τοῦτο ... ἵνα etwa *dazu* (GNB: *eigens*) ...
(näml.) *um zu.* **ἐληλύθει** Plsqpf. ἔρχομαι. **δε-δεμένους** V. 2. **ἀγάγῃ**
22 V. 2. **22 Σαῦλος** 7,58. **ἐν-ε-δυναμοῦτο** Ipf. Pass. -δυναμόω *stark ma-
chen;* Pass. *stark werden, erstarken;* Σαῦλος δὲ μᾶλλον ἐνεδυναμοῦτο
Saulus aber erstarkte immer mehr/erst recht (vgl. B μᾶλλον 1), da kaum v. kör-
perl. Kraft die Rede ist, etwa = *Saulus aber trat nur um so entschlossener* (Einh.:
kraftvoller; GNB: *entschiedener*) *auf* (Menge). **συν-έ-χυννεν** Ipf. συγ-
χέω/χύννω *durcheinanderbringen, in Verwirrung versetzen, völlig aus der Fas-
sung bringen* (GNB). **κατ-οικοῦντας** Ptz. -οικέω, subst. **συμ-βιβάζων**
Ptz. -βιβάζω *zusammenbringen, vereinen;* hier *beweisen, nachweisen;* mod. **ὁ
χριστός** Präd.-Nom. m. Art.: betonte Gleichsetzung m. dem Subj. (A80): *der*
(einzigartige, lang erwartete) *Christus/Messias.*
23 **23 ἐ-πληροῦντο** Ipf. Pass. πληρόω Pass. hier *ablaufen, zu Ende gehen*
(B 2), *vergehen.* **ἱκανός** *hinlänglich; viel, lang* (v. Tagen/Zeit); ὡς δὲ
ἐπληροῦντο ἡμέραι ἱκαναί *als aber viele Tage vergangen waren, als so eine
geraume Zeit vergangen war* (Menge); nach Gal 1,18 handelte es sich (bei inklu-
siver Zählweise) um zumindest zwei Jahre. **συν-ε-βουλεύσαντο** Aor.
Med. συμ-βουλεύω *einen Rat geben;* Med. *gemeinsam beschließen, überein-
kommen.* **ἀν-ελεῖν** Aor. Inf. -αιρέω[186] *beseitigen, aufheben;* meist: *töten.*
24 **24 ἐ-γνώσθη** Aor. Pass. γινώσκω Pass. τινί *jmdm. bekannt werden*
(Menge). **Σαῦλος** 7,58. **ἐπι-βουλή** *Plan, Anschlag.* **παρ-ε-τηροῦντο**
Ipf. Med. παρα-τηρέω Akt./Med. *genau achtgeben/beobachten;* hier *bewachen*
(B 2b). **πύλη** *Tor, Tür,* hier *Stadttor.* **ἡμέρας τε καὶ νυκτός** gen. tem-
poris (A166a) *bei Tag und bei Nacht* (Menge; vgl. B νύξ 1b), *Tag und Nacht.*
25 **ἀν-έλωσιν** Aor. Konj. -αιρέω. **25 λαβόντες** Aor. Ptz. λαμβάνω,
temp. (A291,1 Anm. 1); erg. αὐτόν (A79). **οἱ μαθηταὶ αὐτοῦ** hier wohl
seine Anhänger, nach manchen *die Jünger (Jesus)* (vgl. 6,1f.7; 9,10.19.26.38 usw.;
bei αὐτοῦ geht man gewöhnl. von einem frühen Abschreibefehler für ur-
sprüngl. αὐτόν [AkkO zu λαβόντες u. καθῆκαν] aus [Metzger, S. 321f], was

zwar mögl., aber unnötig erscheint). **νυκτός** gen. temporis (A166a) *in der/bei*
Nacht (GNB: *eines Nachts*). **τεῖχος**[7] *Stadtmauer.* **καθ-ῆκαν** Aor. -ἵημι[202]
herablassen. **χαλάσαντες** Aor. Ptz. χαλάω[25] *herunterlassen;* mod. (Aor.
hier gleichzeitig [vgl. A285]); νυκτὸς διὰ τοῦ τείχους καθῆκαν αὐτὸν
χαλάσαντες ἐν σπυρίδι *sie brachten ihn bei Nacht durch/über die Stadt-*
mauer, indem sie ihn in einem Korb hinunterließen (vgl. Wilckens) bzw. (einfach)
sie ließen ihn bei Nacht in einem Korb die Stadtmauer hinab; vgl. 2Kor 11,32f, wo
Paulus selbst auf dieses Geschehen zu sprechen kommt (zur umstrittenen Rolle
des dort erwähnten nabatäischen Königs Aretas [9 v. Chr. bis 40 n. Chr.] s.
Bruce, Apg, S. 242). **σπυρίς**[3] ἴδος ἡ *Korb.*
26 παρα-γενόμενος Aor. Ptz. Med. -γίνομαι[176] *ankommen, kom-* 26
men, eintreffen, εἰς *in/nach;* temp. **ἐ-πείραζεν** Ipf. πειράζω *versuchen.*
κολλᾶσθαι Inf. Pass. κολλάω (< κόλλα Leim) *zusammenfügen;* Pass. m.
Dat. *sich eng anschließen an,* hier *sich* jmdm. *anschließen.* **μαθητής** V. 10.
καί adversativ (A311,1) *aber.* **ἐ-φοβοῦντο** Ipf. φοβέομαι. **πιστεύον-**
τες Ptz. πιστεύω, kaus. **ἐστίν** *war* (Tempus u. Modus wie in der entspre-
chenden direkten Rede; A326). **27 Βαρναβᾶς**[1] ᾶ 4,36. **ἐπι-λαβόμε-** 27
νος Aor. Ptz. Med. -λαμβάνομαι[152] m. Gen. *sich halten an, ergreifen;* hier
sich jmds. *annehmen* (Menge); das hier erwartete GenO fällt m. dem flgd. durch
das ἤγαγεν bedingten αὐτόν zusammen (B 1; BDR §170[2]); temp. (A291,1
Anm. 1); ἐπιλαβόμενος αὐτὸν ἤγαγεν πρός Barnabas *nahm sich seiner*
an, führte ihn zu. **ἤγαγεν** Aor. ἄγω. **δι-ηγήσατο** Aor. Med. -ηγέομαι
erzählen, beschreiben, darlegen. **ἐν τῇ ὁδῷ** *auf dem Weg (nach Damaskus)*
(vgl. GNB) bzw. *unterwegs* (Menge). **ὅτι** nach den meisten *daß,* evtl. ist es aber
im Sinn v. ὅ τι (indirektes Fragewort wie V. 6) *was* zu deuten (so Bruce, Apg,
S. 243). **ἐ-λάλησεν** Aor. λαλέω, Subj. ist hier ὁ κύριος. **Δαμασκός**
V. 2. **ἐ-παρ-ρησιάσατο** Aor. Med. παρ-ρησιάζομαι (vgl. A33[91ff]) *frei-*
mütig/unerschrocken reden; καὶ πῶς ἐν Δαμασκῷ ἐπαρρησιάσατο ἐν
τῷ ὀνόματι τοῦ Ἰησοῦ etwa *und wie er in Damaskus mutig und offen im*
Namen Jesu aufgetreten sei (Einh.) bzw. *und wie mutig er dann in Damaskus den*
Namen Jesu (= Jesus als den, der er ist) *verkündet habe.* **28 ἦν** V. 9. **εἰσ-πο-** 28
ρευόμενος Ptz. -πορεύομαι *hineingehen, -kommen;* umschrieb. Ipf.
(A249a). **ἐκ-πορευόμενος** Ptz. -πορεύομαι *hinausgehen, herauskommen;*
umschrieb. Ipf.; καὶ ἦν μετ᾽ αὐτῶν εἰσπορευόμενος καὶ ἐκπορευόμε-
νος εἰς Ἰερουσαλήμ *so ging er bei ihnen in Jerusalem ein und aus* (ein LXX-
Ausdruck [ZG; vgl. 1,21]). **παρ-ρησιαζόμενος** Ptz., mod. **29 ἐ-λάλει** 29
Ipf. λαλέω. **συν-ε-ζήτει** Ipf. συ-ζητέω *sich (miteinander) besprechen, dis-*
kutieren, disputieren, streiten, πρός τινα *mit jmdm.* (B 2). **Ἑλληνιστής**[1]
eig. „griechisch Redender/Lebender" (BDR §109[8]; außerhalb des NT nicht be-
zeugtes Wort m. umstrittener Bdtg. [Metzger, S. 340-342]) *„Hellenist",* hier wohl
griechisch sprechender Jude (s.a. zu 6,1). **οἱ δέ** *(doch/und) diese/sie* (A102).

ἐπ-ε-χείρουν Ipf. ἐπι-χειρέω *Hand anlegen, versuchen.* **ἀν-ελεῖν** V. 23.
30 **30 ἐπι-γνόντες** Aor. Ptz. -γινώσκω hier *erfahren;* temp.; erg. τοῦτο/ταῦ-
τα (A79). **οἱ ἀδελφοί** *die Brüder/Geschwister = die Christen* (B ἀδελφός
2). **κατ-ήγαγον** Aor. -άγω[59] *hinabführen, hinabbringen.* **εἰς** hier *nach.*
Καισάρεια 8,40. **ἐξ-απ-έ-στειλαν** Aor. -απο-στέλλω[113] *(ent)sen-
den;* hier *(weg)schicken.* **Ταρσός** ἡ *Tarsus,* Hauptstadt Ziliziens, bedeutendes
kulturelles u. wirtschaftl. Zentrum (KP 5, Sp. 529f; AFCS 4, S. 366ff).
31 **31 μὲν οὖν** leitet fort *also, nun* (B μέν 2e; A315,3); durch diese Zwi-
schenbilanz über die Verbreitung der christl. Botschaft wird das Ende einer grö-
ßeren Erzähleinheit markiert (s.a. 6,7; 12,24; 16,5; 19,20; 28,31). **κατά** m.
Gen. hier *durch – hin* (B I1c; BDR §225[3]), (überall) *in;* ἡ μὲν οὖν ἐκκλη-
σία καθ' ὅλης τῆς Ἰουδαίας καὶ Γαλιλαίας καὶ Σαμαρείας εἶχεν
εἰρήνην *so hatte nun die Gemeinde Frieden* (od. *so erlebte nun die Gemeinde
eine friedliche Zeit* [vgl. GNB]) *in ganz Judäa, Galiläa und Samarien* (καθ'
ὅλης ... best. als Lok. εἶχεν εἰρήνην näher; bei einem Attr. zu ἡ ἐκκλησία
wäre ἡ καθ' ὅλης ... zu erwarten [A84]). **Σαμάρεια** 1,8. **εἶχεν** Ipf. ἔχω.
οἰκο-δομουμένη Ptz. Pass. -δομέω Pass. *sich aufbauen* (B 3) bzw. etwa
gefestigt werden, sich festigen; mod. **πορευομένη** Ptz. πορεύομαι hier
übertr. v. der Lebensführung *wandeln* (B 2c), (in einer bestimmten Weise) *leben,
sich verhalten,* hier m. dat. modi (A180); mod.; οἰκοδομουμένη καὶ πορευ-
ομένη τῷ φόβῳ τοῦ κυρίου (gen. obi., A158) *sie wurde (dabei) gefestigt und
lebte in der Furcht des Herrn* (d.h. *in Ehrfurcht vor dem Herrn/vor Gott* [GN: *im
Gehorsam gegenüber Gott*]). **παρά-κλησις**[8] *Ermahnung; Trost, Zuspruch,
Ermutigung;* dat. instr. (A176); καὶ τῇ παρακλήσει τοῦ ἁγίου πνεύμα-
τος ἐπληθύνετο etwa *und unter dem Beistand des Heiligen Geistes wuchs sie
immer weiter* (Wilckens; vgl. A225/237a). **ἐ-πληθύνετο** Ipf. Pass. πληθύνω
vermehren; Pass. *sich vermehren, wachsen,* (an Zahl) *zunehmen.*
32 **32 ἐ-γένετο** V. 3; ἐγένετο δὲ Πέτρον διερχόμενον διὰ πάντων
κατελθεῖν καὶ πρὸς τοὺς ἁγίους ... *da geschah es, als Petrus überall/im
ganzen Gebiet umherreiste, kam er auch zu den Heiligen/Christen ... hinab* od. *auf
einer Reise durch dieses ganze Gebiet kam Petrus auch zu den Heiligen/Christen ...
hinab.* **δι-ερχόμενον** Ptz. -έρχομαι, part. coni. zum Subj. des AcI Πέτρον
(H-S §216e/230c; A269/287); temp. **διὰ πάντων** erg. τόπων *durch alle Orte*
(vgl. B διά AI1), d.h. wohl durch das in V. 31 genannte Gebiet (Marshall, Apg,
S. 178). **κατ-ελθεῖν** Aor. Inf. -έρχομαι[187] *herabkommen, hinabgehen;* Präd.
des AcI. **οἱ ἅγιοι** V. 13. **κατ-οικοῦντας** Ptz. -οικέω, attr. **Λύδδα**
Lydda (= Lod), Stadt 17 km südöstl. v. Joppe an der Straße nach Jerusalem
33 (GBL 2, S. 895f). **33 εὗρεν** Aor. εὑρίσκω. **ὀνόματι** V. 10. **Αἰνέας**[1]
ου *Äneas.* **ἐκ** hier *seit* (B 5a). **ὀκτώ**[19] *acht.* **κατα-κείμενον** Ptz. κατά-
κειμαι *daliegen, daniederliegen;* attr. (od. AcP [A300]); εὗρεν ἐκεῖ ἄνθρω-
πόν τινα ... ἐξ ἐτῶν ὀκτὼ κατακείμενον ἐπὶ κραβάττου *er fand dort*

einen Mann ... der seit acht Jahren bettlägerig war (od. *er fand/erfuhr dort, daß ein*
Mann ... seit acht Jahren ...). **κράβαττος** (< lat. grabatus) (ärmliches) *Bett,*
Pritsche, Matte. **ἦν** V. 9. **παρα-λε-λυμένος** Pf. (A231) Ptz. Pass. -λύο-
μαι *erlahmen;* Pf. *gelähmt sein;* umschrieb. Plsqpf. (A249b); ὃς ἦν παραλε-
λυμένος etwa *weil er gelähmt war* (Menge; vgl. A368). **34 Αἰνέα** Vok. **ἰά-** 34
ομαι *heilen;* Präs. Ind. bez. hier einen Vorgang, der im Augenblick der
Äußerung verwirklicht wird (H-S §197a; BDR §320 [„aoristisches" Präs.]): ἰᾶ-
ταί σε Ἰησοῦς Χριστός *Jesus Christus heilt dich (jetzt in diesem Augenblick)*
(vgl. BDR §320). **ἀνά-στηθι** V. 6. **στρῶσον** Aor. Imp. στρων-
νύω/στρώννυμι[228] *auslegen, ausbreiten;* στρῶσον σεαυτῷ erg. τὴν κλί-
νην *mache dir selbst dein Bett* (B u. so die meisten), viell. (falls Verb ähnl. wie
in Mk 14,15 gebraucht) *begib dich zu Tisch* (Bruce, Apg, S. 247). **ἀν-έ-στη**
Wz.-Aor. -ίσταμαι. **35 εἶδαν** Aor. (vgl. H-S §105g) ὁράω. **κατ-οι-** 35
κοῦντες Ptz. -οικέω, subst. **Σαρών**[4] ῶνος ὁ *Scharon,* westl. des samarita-
nischen Berglands zwischen dem Karmelgebirge u. der Region v. Lydda (u.
Joppe) liegende Küstenebene; übers. *Scharon-Ebene.* **οἵ-τινες** übers. etwa
und (diese/sie) (vgl. A364a). **ἐπ-έ-στρεψαν** Aor. ἐπι-στρέφω[47] hier intr.
sich umwenden; umkehren, sich bekehren (B 1bβ), ἐπὶ τὸν κύριον *zum Herrn*
(= *zu Jesus als ihrem Herrn* [vgl. GN]).

36 Ἰόππη *Joppe,* Hafenstadt am Südrand der Scharon-Ebene (es ent- 36
spricht der heutigen arabischen Vorstadt Jaffa) südl. des modernen Tel Aviv.
ἦν V. 9. **μαθήτρια** *Jüngerin,* hier *Jüngerin (Jesu), Christin* (vgl. V. 10). **ὀνό-**
ματι V. 10. **Ταβιθά** ἡ (aram. טַבְיְתָא *ṭabjəṯāʾ* „weibliche Gazelle") indekl.,
hier Nom., *Tabita,* häufiger Frauenname (Beyer, Die aramäischen Texte,
S. 588). **δι-ερμηνευομένη** Ptz. Pass. -ερμηνεύω *auslegen, erklären; über-*
setzen; temp./kond.; ἣ διερμηνευομένη λέγεται Δορκάς etwa *was* (wörtl.
die) *übersetzt „Gazelle" heißt* bzw. *das heißt auf deutsch „Gazelle"* (Menge) od.
ihr griechischer Name war Dorkas; beides bedeutet „Gazelle" (GNB). **λέγεται**
Pass. λέγω Pass. hier *genannt werden, heißen* (B II3). **Δορκάς**[3] άδος ἡ (hier
Eigenname) *Gazelle.* **πλήρης**[7] *angefüllt, voll* (*mit/von* m. Gen. [A164f]);
αὕτη ἦν πλήρης ἔργων ἀγαθῶν καὶ ἐλεημοσυνῶν ὧν ἐποίει *sie*
war voll von/reich an guten Werken und Almosen/Mildtätigkeit, die sie übte (vgl.
B 1b) etwa = *die tat außerordentlich viel Gutes und spendete reichlich Almosen*
(Menge) od. *unentwegt tat sie Gutes und half den Armen.* **ἐλεημοσύνη** *(das)*
Almosen, milde Gabe (aus Barmherzigkeit gegebene Spende); *Mildtätigkeit.*
ἐ-ποίει Ipf. ποιέω. **37 ἐ-γένετο** V. 3; ἐγένετο δὲ ἐν ταῖς ἡμέραις 37
ἐκείναις ἀσθενήσασαν αὐτὴν ἀποθανεῖν *gerade in jenen Tagen aber*
begab es sich, daß sie krank wurde und starb (Menge) bzw. *in jenen Tagen aber*
wurde sie krank und starb. **ἀ-σθενήσασαν** Aor. Ptz. Fem. ἀ-σθενέω
schwach/krank sein; part. coni. zum Subj. des AcI αὐτήν (H-S §216e/230c;
A269/287); temp. (A291,1 Anm. 1). **ἀπο-θανεῖν** Aor. Inf. -θνῄσκω; Präd.

des AcI. **λούσαντες** Aor. Ptz. λούω[9] *waschen, baden;* temp. (A291,1
Anm. 1); erg. αὐτήν (A79). **ἔ-θηκαν** Aor. τίθημι hier *aufbahren* (Menge);
3. Pl. im Sinn v. „man“ (A76a). **ὑπερῷον** *oberes Stockwerk, Obergemach.*
38 **38 ἐγγύς** uneig. Präp. (A183) *nahe (bei), in der Nähe (von),* hier m. Dat. statt
Gen. (B 1b; BDR §184[1]). **οὔσης** Ptz. Fem. εἰμί, gen. abs. (A288), kaus.
Λύδδα V. 32. **μαθητής** V. 10. **ἀκούσαντες** Aor. Ptz. ἀκούω
kaus./temp.; ἐγγὺς δὲ οὔσης Λύδδας τῇ Ἰόππῃ οἱ μαθηταὶ ἀκού-
σαντες *weil aber Lydda nahe bei Joppe liegt und* (bzw. *und als*) *die Jün-
ger/Christen hörten.* **ἐστίν** *war* (V. 26). **ἐν αὐτῇ** übers. *dort.* **ἀπ-έ-στει-
λαν** Aor. ἀπο-στέλλω. **παρα-καλοῦντες** Ptz. -καλέω mod. od. fin.
(A291,6) *wobei sie ihn* (A79) *bitten ließen* (A218) bzw. *mit der Bitte* od. *um ihn zu
bitten.* **ὀκνήσῃς** Aor. Konj. ὀκνέω *zögern;* modifiziert hier (wie ein Adver-
biale) die Inf.-Handlung (vgl. A83b; BDR §435,3/4) prohibitiver Konj. (A256);
μὴ ὀκνήσῃς διελθεῖν ἕως ἡμῶν *zögere nicht, zu uns herüberzukommen =
komm doch unverzüglich zu uns herüber* (Menge). **δι-ελθεῖν** Aor. Inf. -ἔρχο-
39 μαι hier *herüberkommen.* **ἕως** hier *zu.* **39 ἀνα-στάς** V. 11; temp. (A291,1
Anm. 1). **συν-ῆλθεν** Aor. -ἔρχομαι[187] *zusammenkommen;* hier *mit* jmdm.
gehen. **ὅν** *diesen/ihn* (rel. Anschluß, A364a). **παρα-γενόμενον** V. 26;
part. coni. zu ὅν (A287), temp. *als er ankam, nach seiner Ankunft.* **ἀν-ήγα-
γον** Aor. -ἄγω[59] *hinauf-, heraufführen, -bringen.* **παρ-έ-στησαν** Wz.-Aor.
-ἵσταμαι m. τινί *zu jmdm. treten* (Menge) bzw. (freier) *sich um jmdn. drängen*
(GNB). **χήρα** *Witwe.* **κλαίουσαι** Ptz. Fem. κλαίω, mod. **ἐπι-δεικνύ-
μεναι** Ptz. Med. -δείκνυμι *zeigen;* Med. viell. im Sinn v. *an sich selbst vorzei-
gen* (BDR §316[1]; B 1); mod.; erg. αὐτῷ (A79). **χιτών**[4] ῶνος ὁ *Untergewand,
Hemd* (unmittelbar auf dem Leib getragen [v. beiden Geschlechtern]); χιτῶ-
νας καὶ ἱμάτια ὅσα *alle/die Hemden/Röcke und Oberkleider/Mäntel* (GNB:
die vielen Kleider und Mäntel), *die.* **ἐ-ποίει** Ipf. bez. hier die Vorvergangenheit
(vgl. H-S §198f; A224). **οὖσα** Ptz. Fem. εἰμί, temp.; μετ' αὐτῶν οὖσα *als
40 sie noch bei ihnen war.* **40 ἐκ-βαλών** Aor. Ptz. -βάλλω hier etwa *hinaus-
schicken;* temp. **θείς** Aor. Ptz. τίθημι, temp. (A291,1 Anm. 1). **γόνυ**[3]
νατος τό *Knie;* τίθημι τὰ γόνατα (Lat. = genua pono [BDR §5,4]) *die Knie
beugen, sich auf die Knie werfen* (Respektbezeugung bzw. Gebetshaltung).
προσ-ηύξατο Aor. Med. -εύχομαι. **ἐπι-στρέψας** Aor. Ptz. -στρέ-
φω[47] *(sich) hinwenden;* hier m. πρός τι/τινα *sich etwas/jmdm. zuwenden;*
temp. (A291,1 Anm. 1). **σῶμα** hier *Leichnam* (B 1a), *(die) Tote.* **Ταβιθά**
hier Vok. **ἀνά-στηθι** V. 64. **ἡ δέ** *(und) diese/sie* (A102). **ἤν-οιξεν** Aor.
ἀν-οίγω. **ἰδοῦσα** Aor. Ptz. Fem. ὁράω, temp. **ἀν-ε-κάθισεν** Aor.
41 ἀνα-καθίζω[100] *sich aufsetzen.* **41 δούς** Aor. Ptz. δίδωμι hier τινὶ χεῖρα
jmdm. die Hand reichen (B 2). **ἀν-έ-στησεν** Aor. -ἵστημι hier *aufrichten*
(B 1a). **φωνήσας** Aor. Ptz. φωνέω hier *herbeirufen* (B 2b) bzw. (kontextge-
mäß) *hereinrufen;* temp. (A291,1 Anm. 1). **οἱ ἅγιοι** V. 13. **παρ-έ-στησεν**

Aor. -ἵστημι hier m. τινά (erg. durch Obj.-Präd. [A82]) τινι *jmdn.* (*als et-*
was) *jmdm. darstellen/vor Augen stellen* (B 1bα); παρέστησεν αὐτὴν ζῶ-
σαν *(er) stellte sie ihnen* (A79) *lebend vor, (er) stellte sie lebend vor sie hin*
(Menge) od. etwa *(er) zeigte ihnen, daß sie wieder lebte* (Einh.). **ζῶσαν** Ptz.
Fem. ζάω, Ptz. (wie ein Adj./Subst.) als Obj.-Präd. (Artergänzung; A82; H-S
§233d) gebraucht. **42 γνωστός** *bekannt;* γνωστὸν γίνεται *es/das wird be-* 42
kannt (B 1a). **ἐ-γένετο** V. 3. **κατά** V. 31. **ἐ-πίστευσαν** Aor. πι-
στεύω; hier m. ἐπί τινα statt Dat. (B 2aδ); Aor. hier ingr. (H-S §194i;
A240b); καὶ ἐπίστευσαν πολλοὶ ἐπὶ τὸν κύριον *und viele kamen zum*
Glauben an den Herrn (GN: *und viele Menschen nahmen Jesus als ihren Herrn*
an). **43 ἐ-γένετο** V. 3; ἐγένετο δὲ ἡμέρας ἱκανὰς (erg. αὐτόν/Πέ- 43
τρον [Subj. des AcI; BDR §408[4]]) μεῖναι ἐν Ἰόππῃ παρά τινι Σίμωνι
βυρσεῖ *Petrus aber blieb/wohnte längere Zeit in Joppe bei einem gewissen Simon,*
einem Gerber. **ἱκανός** V. 23; ἡμέρας ἱκανάς Akk. der zeitl. Ausdehnung
(A148) *viele Tage, längere Zeit.* **μεῖναι** Aor. Inf. μένω hier im Sinn v.
wohnen, logieren; Präd. des AcI. **βυρσεύς**[8] *Gerber.*

τις hier = etwa deutscher unbest. Art. (H-S §144a; vgl. A136); ἀνήρ τις **10**
ist das Subj. zu εἶδεν V. 3; das, was dazwischen steht, ist Attr.; für die Überset-
zung ins Deutsche empfiehlt es sich, an verschiedenen Stellen ein ἦν (Ipf. εἰ-
μί) *war/lebte* zu erg. (vgl. A78), etwa bei ἐν Καισαρείᾳ u. in V. 2; der flgd.
Bekehrungsbericht beschreibt nicht nur, wie Gott den Nichtjuden „die Tür zum
Glauben öffnete" (vgl. 14,27), sondern er führt uns auch zwei Grundprobleme
der frühchristl. Mission vor Augen: a) sind gesellschaftl. Kontakte zu Nichtju-
den überhaupt erlaubt? b) dürfen diese auch ohne zusätzl. Beschneidung Glie-
der der christl. Gemeinde werden? welch zentrale Rolle diese Episode inner-
halb der Apg innehat, zeigt sich nicht zuletzt daran, daß sie zweimal (recht de-
tailliert) erzählt wird (10,1-48 u. 11,4-17) u. ihr beim „Apostelkonzil" eine ent-
scheidende Bedeutung zukommt (Bruce, Apg, S. 251). **Καισάρεια** 8,40.
ὀνόματι dat. respectus (vgl. BDR §197,2; vgl. A178) *mit Namen, namens.*
Κορνήλιος *Kornelius.* **ἑκατοντ-άρχης**[1] *Anführer einer Hundertschaft,*
Hauptmann bzw. (röm.) *Centurio* (s. KP 1, Sp. 1111f). **σπεῖρα** (zu -ρης statt
-ρας BDR §43[1]; vgl. H-S §25f; entspricht dem lat. cohors) *Kohorte* (militäri-
scher Verband v. etwa 500 bis 1000 Mann [ein Zehntel einer Legion]; KP 1,
Sp. 1242f). **καλουμένης** Ptz. Pass. καλέω Pass. hier *heißen* (B 1aγ); attr.
(zum Art. s. BDR §412[6]; vgl. A84/303); ἐκ σπείρης τῆς καλουμένης
Ἰταλικῆς *von/bei der/dem sogenannten „Italischen Kohorte/Regiment".* **Ἰτα-**
λικός *italisch* (= zum antiken Italien gehörend). **2 εὐ-σεβής**[7] *gottesfürch-* 2
tig, fromm; hier Adj. od. subst. **φοβούμενος** Ptz. φοβέομαι hier *„fürchten"*
im Sinn v. *Ehrfurcht haben vor* (B 2a), (Gott) *verehren/dienen* (vgl. LN 53.58);
φοβούμενος τὸν θεόν *gottesfürchtig, Gottesfürchtiger;* in der Apg verschie-
dentl. (s.a. 13,16.26) verwendete (wohl aber nicht offizielle) Bezeichnung für

Nichtjuden, die sich weitgehend zum Gott Israels hielten, ohne eig. zu konvertieren, d.h. ohne „Proselyten“ zu werden (synonym wird auch σεβόμενος [τὸν θεόν] gebraucht); hier Adj./subst. od. umschrieb. Ipf. (A249a) m. Wegfall der Kopula (A78); εὐσεβὴς καὶ φοβούμενος τὸν θεὸν σὺν παντὶ τῷ οἴκῳ αὐτοῦ *(er war/lebte) mit seinem ganzen Haus* (bzw. *mit seiner ganzen Hausgemeinschaft/Familie*) *fromm und gottesfürchtig* od. etwa *(er war) ein frommer Mann, der mit seiner ganzen Hausgemeinschaft Gott verehrte/diente* (GNB [freier]: *er glaubte an Gott und hielt sich mit seiner ganzen Hausgemeinschaft zur jüdischen Gemeinde*). **ποιῶν** Ptz. ποιέω hier m. τινί *an jmdm.* (Mildtätigkeit) *tun/üben* (vgl. B I1cβ) bzw. *jmdm.* (Almosen) *geben;* mod. od. umschrieb. Ipf. (A249a). **ἐλεημοσύνη** *(das) Almosen, milde Gabe* (aus Barmherzigkeit gegebene Spende); *Mildtätigkeit.* **δεόμενος** Ptz. δέομαι *bitten, beten* (m. Gen. der Pers.); mod. od. umschrieb. Ipf. (A249a). **διὰ παντός** *immer, beständig* (B διά AII1a); ποιῶν ἐλεημοσύνας πολλὰς τῷ λαῷ καὶ δεόμενος τοῦ θεοῦ διὰ παντός *er gab dem (jüdischen) Volk reichlich Almosen und betete beständig zu Gott* (vgl. Einh.) od. (freier) *er tat viel für*
3 *notleidende Juden und betete regelmäßig* (GNB). **3 ὅραμα**[3] *(das) Geschaute/Gesehene* (d.h. etwas, was man wirkl. sehen kann); hier *Gesicht, Vision.* **φανερῶς** *offen, öffentlich;* hier *deutlich.* **ὡσ-εί** *wie;* (bei Zahlen u. Maßen) *ungefähr.* **περί** m. Akk. hier *um, gegen* (B 2b). **ἔνατος**[19] *neunter;* ὡσεὶ περὶ ὥραν ἐνάτην τῆς ἡμέρας *etwa um die neunte Tagesstunde = etwa um drei Uhr nachmittag* bzw. *an einem Nachmittag etwa um drei Uhr* (zweite Gebetszeit der Juden [s.a. zu 3,1]). **εἰσ-ελθόντα** Aor. Ptz. -έρχομαι, AcP (A300). **εἰπόντα** Aor. Ptz. λέγω, AcP (A300); εἶδεν ... καὶ εἰπόντα αὐτῷ *er sah, wie ... und hört, wie er zu ihm sagte* (GNB; vgl. B εἶδον 2 bzw. A376b [Zeugma]).
4 **Κορνήλιε** Vok. **4 ὁ δέ** *(und) dieser/er* (A102). **ἀτενίσας** Aor. Ptz. ἀτενίζω (vgl. A33[91ff]) m. Dat. *gespannt hinsehen auf, anstarren;* temp. (A291,1 Anm. 1). **ἔμ-φοβος**[11] *erschrocken, in Furcht;* ἔμφοβος γίνομαι *in Schrecken versetzt werden* (vgl. B). **γενόμενος** Aor. Ptz. Med. γίνομαι, temp. (A291,1 Anm. 1); ὁ δὲ ἀτενίσας αὐτῷ καὶ ἔμφοβος γενόμενος εἶπεν *dieser blickte ihn starr an und fragte erschrocken* (Menge) bzw. (die Ptz. als Hendiayoin deutend [A378]) *in Schrecken versetzt starrte er ihn an und fragte.* **κύριε** Vok. **προσ-ευχή** *Gebet.* **ἀν-έ-βησαν** Aor. ἀνα-βαίνω hier *aufsteigen* (wie der Rauch eines Opfers; B 1b). **μνημόσυνον** *Gedächtnis, Gedenken, Erinnerung;* hier wohl term. tech. der atl. Opfersprache *Gedächtnisopfer* (hebr. אַזְכָּרָה *ʾazkārāh*), d.h. der Anteil des Speiseopfers (מִנְחָה *minḥāh*), der verbrannt, d.h. Gott dargebracht wurde (Lev 2,2.9.16; 5,12); zum Opfercharakter von Gebet u. Wohltätigkeit vgl. Ps 141,2; Da 4,24; Tobit 12,12; Phil 4,18; Hb 13,15f; εἰς μνημόσυνον wohl (hebr.) entsprechend einem präd. Nom. (vgl. A81; B εἰς 8a) zu deuten: *als Gedächtnisopfer* od. (ohne Annahme eines term. tech.) m. kons. εἰς: *zum Gedenken vor Gott = so daß Gott an*

sie denkt; αἱ προσευχαί σου καὶ αἱ ἐλεημοσύναι σου ἀνέβησαν εἰς
μνημόσυνον ἔμπροσθεν τοῦ θεοῦ *deine Gebete und deine Almosen/Lie-
bestaten sind als Gedächtnisopfer vor/zu Gott emporgestiegen* od. *deine Gebete und
deine Almosen/Liebeswerke sind zu Gott emporgestiegen, und er gedenkt ihrer wohl*
(Menge), gemeint ist in jedem Fall (vgl. V. 31): *Gott hat deine Gebete und deine
Liebestaten angenommen und denkt/erinnert sich sehr wohl an sie* (vgl. Newman-
Nida, Apg, S. 205). **5 πέμψον** Aor. Imp. πέμπω. **εἰς** hier *nach.* **Ἰόππη** 5
9,36. **μετά-πεμψαι** Aor. Imp. Med. -πέμπομαι[45] *nach* jmdm. *schicken,*
jmdn. *kommen lassen,* jmdn. *zu sich bitten lassen.* **ἐπι-καλεῖται** Pass. -κα-
λέω *(be)nennen;* hier *einen Beinamen geben,* Pass. *einen Beinamen haben/tragen*
(B 1bα); Σίμωνά τινα ὃς ἐπικαλεῖται Πέτρος *einen gewissen Simon, der
den Beinamen Petrus trägt.* **6 ξενίζεται** Pass. ξενίζω *gastlich aufnehmen;* 6
hier Pass. m. παρά τινι *bei jmdm. zu Gast sein.* **βυρσεύς**[8] *Gerber.* **παρὰ
θάλασσαν** *am Meer* (vgl. B παρά III1bα), d.h. an der Mittelmeerküste; ᾧ
(dat. commodi/poss. [A173b]) ἐστιν οἰκία παρὰ θάλασσαν *der ein Haus
am Meer hat* od. *dessen Haus am Meer liegt.* **7 ἀπ-ῆλθεν** Aor. -έρχομαι 7
Aor. Ind. bez. hier Vorvergangenheit (vgl. H-S §199n; A224). **λαλῶν** Ptz. λα-
λέω, attr. **φωνήσας** Aor. Ptz. φωνέω, temp. (A291,1 Anm. 1). **οἰκέτης**[1]
Sklave, Diener (bes. m. dem Haus bzw. der Familie verbunden); gen. partitivus
(A164); δύο τῶν οἰκετῶν *zwei seiner Haussklaven/Diener.* **στρατιώτης**[1]
Soldat. **προσ-καρτερούντων** Ptz. -καρτερέω (< καρτερός stark, aus-
dauernd) m. Dat. *beharren bei, bleiben bei;* hier viell. *treu ergeben sein* (vgl. B 1;
EWNT 3, Sp. 415), wohl aber besser (so die meisten) *persönlich bedienen* o.ä.;
subst. im gen. partitivus (A164); στρατιώτην εὐσεβῆ τῶν προσκαρτε-
ρούντων αὐτῷ *einen frommen Soldaten aus der Zahl der Mannschaften, die ihn
persönlich zu bedienen hatten* (Menge; Wilckens: *einen gottesfürchtigen Soldaten
von seinen Ordonnanzen*) od. *einen gottesfürchtigen Soldaten aus seinem persönli-
chen Gefolge* (vgl. GNB). **8 ἐξ-ηγησάμενος** Aor. Ptz. Med. -ηγέομαι *er-* 8
zählen, darstellen, berichten; temp. (A291,1 Anm. 1). **ἅ-πας**[10] = πᾶς. **ἀπ-έ-
στειλεν** Aor. ἀπο-στέλλω. **9 ἐπ-αύριον** *morgen* (= tags darauf), τῇ 9
ἐπαύριον (erg. ἡμέρᾳ, vgl. A88) temp. Dat. (A182) *am nächsten Tag.* **ὁδοι-
πορούντων** Ptz. -πορέω *reisen, unterwegs sein;* gen. abs. (A288), temp. **ἐγ-
γιζόντων** Ptz. ἐγγίζω, gen. abs. (A288), temp. **ἀν-έ-βη** Aor. ἀνα-
βαίνω. **δῶμα**[3] *Dach* (da meist flach, für verschiedenste Zwecke als eine Art
Terrasse benutzt). **προσ-εύξασθαι** Aor. Inf. Med. -εύχομαι, fin. (A276).
περί V. 3. **ἕκτος**[19] *sechster;* περὶ ὥραν ἕκτην *etwa um die sechste Tages-
stunde = um die Mittagszeit* (Menge); der Mittag war keine der für das öffentl.
Gebet anberaumten Zeiten (vgl. 3,1); wer dagegen privat dreimal tägl. betete
(vgl. Ps 55,18; Da 6,11), der tat dies wahrscheinl. auch mittags. **10 ἐ-γένετο** 10
Aor. Med. γίνομαι. **πρόσ-πεινος**[11] *hungrig.* **ἤ-θελεν** Ipf. θέλω. **γεύ-
σασθαι** Aor. Inf. Med. γεύομαι (Speise) *kosten, schmecken; genießen,*

essen; ἤθελεν γεύσασθαι *er wollte gerne etwas* (A79) *essen;* für die Römer
war dies die Zeit für das „Prandium“ (der Abend für die „Cena“ [KP 4,
Sp. 1119]); doch die Juden nahmen ihre Mahlzeiten normalerweise am Vor-
mittag u. am späteren Nachmittag ein (Bruce, Apg, S. 255). **παρα-σκευα-
ζόντων** Ptz. -σκευάζω *zurüsten;* hier (erg. τὸ δεῖπνον [vgl. A79]) *das Essen
zubereiten* (vgl. B 1); gen. abs. (A288), temp.; παρασκευαζόντων δὲ αὐτῶν
(3. Pl. im Sinn v. „man“ [A76a]) *während man das Essen zubereitete.* **ἔκ-στα-
σις**[8] (< ἐξίσταμαι außer sich geraten) *Entsetzen, Verwirrung, große Erregung;*
hier *Verzückung* (beim Empfangen einer göttl. Vision auftretender Bewußt-
seinszustand); ἐγένετο ἐπ᾽ αὐτὸν ἔκστασις *eine Verzückung kam über ihn*
11 (B 2) bzw. (kontextkonform) *er hatte eine Vision* (vgl. GNB). **11 θεωρεῖ** hist.
Präs. (A235). **ἀν-ε-ῳγμένον** Pf. Ptz. Pass. -οίγω, AcP (A300); θεωρεῖ τὸν
οὐρανὸν ἀνεῳγμένον *er sah den Himmel geöffnet/offen* (Zustandspassiv, vgl.
A242). **κατα-βαῖνον** Ptz. -βαίνω, AcP (A300). **σκεῦος**[7] *Gerät; Gefäß,
Behältnis* (GNB hier: *etwas;* Einh.: *Schale*). **ὀθόνη** *Leinentuch.* **τέσσα-
ρες**[19f] *vier.* **ἀρχή** hier *Zipfel* (B 1a), *Ende, Ecke.* [Var. δε-δεμένον Pf. Ptz.
Pass. δέω, attr. *(das) gebunden (war)* (Zustandspassiv, vgl. A242).] **καθ-ιέ-
μενον** Ptz. Pass. -ίημι *herablassen;* attr.; καὶ καταβαῖνον σκεῦός τι ὡς
ὀθόνην μεγάλην τέσσαρσιν ἀρχαῖς (dat. instr., A176) καθιέμενον
ἐπὶ τῆς γῆς *und ein Gefäß herabkommen wie ein großes Leinentuch, das an
(den) vier Zipfeln/Ecken auf die Erde herabgelassen wurde* od. (etwas freier) *und
ein Gefäß auf die Erde herabkommen, das wie ein großes Leinentuch aussah, das*
12 *an (den) vier Zipfeln/Ecken gehalten wird.* **12 ἐν ᾧ** *in diesem, darin* (rel. An-
schluß, A364a). **ὑπ-ῆρχεν** Ipf. -άρχω hier = εἰμί als Kopula (vgl. B 2; H-S
§256c; A78). **τετρά-πους**[11] *vierfüßig;* subst. (Ntr.) *vierfüßiges Tier, Vierfüßler.*
ἑρπετόν *Kriechtier;* τὰ ἑρπετὰ τῆς γῆς *die Kriechtiere der Erde* pleon.
(A379) = einfaches deutsches *die Kriechtiere.* **πετεινόν** *Vogel;* τὰ πετεινὰ
τοῦ οὐρανοῦ *die Vögel des Himmels/Luftraums* = einfaches deutsches *die
Vögel;* πάντα τὰ τετράποδα καὶ ἑρπετὰ τῆς γῆς καὶ πετεινὰ τοῦ
οὐρανοῦ wohl im Sinn v. *alle Arten von Vierfüßlern, Kriechtieren und Vögeln*
(eine auch im AT vorkommende Dreiteilung der Tierwelt [vgl. etwa Gen 6,20]).
13 **13 ἐ-γένετο** Aor. Med. γίνομαι hier m. πρός τινα *an jmdn. ergehen*
(B I4cε), *jmdm. zurufen* (Menge). **ἀνα-στάς** Wz.-Aor. Ptz. ἀν-ίσταμαι,
temp. (als Imp. + „und“ [bzw. + Komma] übers.; A291,1 Anm. 1). **Πέτρε**
14 Vok. **θῦσον** Aor. Imp. θύω[13] *schlachten.* **φάγε** Aor. Imp. ἐσθίω. **14 μη-
δαμῶς** *keineswegs, durchaus nicht,* hier etwa *auf keinen Fall.* **κύριε** Vok.
ὅτι hier *denn.* **οὐ-δέ-ποτε** (vgl. A18) *niemals* bzw. hier *noch nie;* οὐδέπο-
τε ... πᾶν κοινὸν καὶ ἀκάθαρτον *noch nie ... etwas* (Hebr.; vgl. BDR §302[2];
A137c) *Unheiliges* (GNB: *Verbotenes*) *und/oder* (vgl. BDR §442[26]; A314,1) *Un-
reines;* vgl. Lev 11 zu den jüd. Speisevorschriften: im Leinentuch befanden sich
viele „unreine“ Tiere (bes. Kriechtiere u. Vögel), deren Verzehr dem

gesetzestreuen Juden verboten war. **ἔ-φαγον** Aor. ἐσθίω. **κοινός** *gemein-*
sam; hier *gemein* (profan), *unheilig,* (kultisch) *unrein.* **ἀ-κάθαρτος**[11] *unrein,*
schmutzig (kultisch bzw. sittl.-geistl.). **15 ἐκ δευτέρου** *zum zweitenmal, ein* 15
zweites Mal (vgl. H-S §184h; B δεύτερος 4); καὶ φωνὴ (erg. ἐγένετο [V. 13;
BDR §480[9]]) πάλιν (hier pleon. [A379; vgl. BDR §484]) ἐκ δευτέρου πρὸς
αὐτόν *da richtete sich ein zweites Mal eine/die Stimme an ihn.* **ἐ-καθάρισεν**
Aor. καθαρίζω[95] *reinigen, säubern;* hier (kultisch bzw. sittl.-geistl.) *reinigen,*
rein machen, für rein erklären (B 2a). **σύ** Subj. betont (A122). **κοίνου** Imp.
κοινόω (< κοινός V. 14) (kultisch) *verunreinigen;* hier *für* (kultisch) *un-*
rein/unheilig ansehen od. *erklären* (B 3); ἃ ὁ θεὸς ἐκαθάρισεν, (erg. ταῦτα
[A358]) σὺ μὴ κοίνου *was Gott gereinigt/für rein erklärt hat, das erkläre du*
nicht für unrein/unheilig; im unmittelbaren Kontext der Vision sind es die „un-
reinen“ Tiere, die Gott für rein erklärt, im weiteren Kontext der Erzählung je-
doch die Herzen der nichtjüdischen Menschen, die für Juden als unrein galten
u. m. denen gesellschaftl. Kontakte verboten waren (vgl. V. 28). **16 ἐπί** m. 16
Akk. hier idiomatisch (eig. pleon.) vor einer Zahl- bzw. Maßbestimmung (BDR
§233,4); ἐπὶ τρίς übers. *dreimal;* τοῦτο δὲ ἐγένετο ἐπὶ τρίς *das geschah*
dreimal; m. τοῦτο ist entweder der Befehl Gottes od. das ganze Geschehen
gemeint. **τρίς**[19] *dreimal.* **ἀν-ε-λήμφθη** Aor. Pass. ἀνα-λαμβάνω[152]
aufnehmen, in die Höhe nehmen, hier etwa *hinaufziehen.* **17 δι-η-πόρει** Ipf. 17
-α-πορέω *in großer Verlegenheit/Unsicherheit sein, ratlos sein;* ὡς δὲ ἐν ἑαυτῷ
διηπόρει ὁ Πέτρος τί ... *während Petrus aber bei sich (darüber noch) in großer*
Unsicherheit war, was ... etwa = *während Petrus noch darüber rätselte, was ...* (vgl.
Wilckens) od. *während Petrus noch ratlos darüber nachdachte, was ...* (GNB).
εἴη Opt. εἰμί hier etwa *bedeuten* (B II3); potentialer Opt. (im NT fast ganz auf
Lk/Apg beschränkt; A260; H-S §211d); τί ἂν εἴη τὸ ὅραμα ὃ εἶδεν (Aor.
Ind. bez. hier Vorvergangenheit [vgl. H-S §199n; A224]) *was die Vision, die er*
gehabt hatte, wohl bedeutete (Einh.). **ὅραμα** V. 3. **ἰδού** etwa *da ... schon.*
ἀπ-ε-σταλμένοι Pf. (A231) Ptz. Pass. ἀπο-στέλλω, attr. **Κορνήλιος**
V. 1. **δι-ερωτήσαντες** Aor. Ptz. -ερωτάω m. Akk. *sich durchfragen*
nach/zu, ausfindig machen (Menge); temp. (A291,1 Anm. 1). **ἐπ-έ-στησαν**
Wz.-Aor. ἐφ-ίσταμαι[205] *herantreten* ἐπί τι *an etwas;* ἰδοὺ οἱ ἄνδρες...
διερωτήσαντες τὴν οἰκίαν τοῦ Σίμωνος ἐπέστησαν ἐπὶ τὸν πυ-
λῶνα *da hatten die Männer ... Simons Haus schon ausfindig gemacht und stan-*
den am/vor dem Tor (wörtl. *und waren an/vor das Tor getreten*). **πυλών**[4] ῶνος
ὁ *(das) Tor; Toreingang.* **18 φωνήσαντες** Aor. Ptz. φωνέω, temp. (A291,1 18
Anm. 1); φωνήσαντες *sie riefen und* bzw. *sie riefen (jemanden) herbei und*
(B 2b). **ἐ-πυνθάνοντο** Ipf. Med. πυνθάνομαι *erfragen, sich erkundigen.*
εἰ *ob* (falls flgd. Frage indirekt) od. = Doppelpunkt (vor direkter Frage [vgl.
A320; B VI]). **ἐπι-καλού-μενος** Ptz. Pass. V. 5; attr.; Σίμων ὁ ἐπικα-
λούμενος Πέτρος *ein Simon mit dem Beinamen Petrus.* **ἐνθά-δε**[18] *hierher;*

19 *hier.* **ξενίζεται** V. 6. **19 δι-εν-θυμουμένου** Ptz. -θυμέομαι *nach-*
denken; gen. abs. (A288), temp.; τοῦ δὲ Πέτρου διενθυμουμένου περὶ
τοῦ ὁράματος *während Petrus (noch immer) über die Vision nachdachte.* **τὸ**
πνεῦμα *der Geist (Gottes)* (B πνεῦμα 5dα). **ζητοῦντες** Ptz. ζητέω,
attr. (od. viell. umschrieb. Präs. [A249a] m. Wegfall der Kopula εἰσίν [nach
ἰδού, A78d]); ἰδοὺ ἄνδρες τρεῖς ζητοῦντές σε *da sind drei Männer, die*
20 *dich suchen* (Menge) od. *drei Männer suchen dich* (GNB: *wollen zu dir*). **20 ἀλ-**
λά hier vor Imp. zur Verstärkung der Aufforderung etwa *nun denn, so ... denn*
(B 6). **ἀνα-στάς** V. 13, hier aber m. der Bdtg. *sich aufmachen* (B 2d) od. *sich*
bereit machen (vgl. Newman-Nida, Apg, S. 180). **κατά-βηθι** Aor. Imp. -βαί-
νω hier *hinuntergehen.* **πορεύου** Imp. (vgl. A266a). **δια-κρινόμενος**
Ptz. Med. -κρίνω *unterscheiden, einen Unterschied machen; beurteilen;*
Med./Pass. *streiten;* hier *Bedenken haben, zweifeln* (diese Bdtg. erst seit NT nach-
weisbar); mod.; μηδὲν διακρινόμενος etwa *ohne Bedenken* (Menge). **ὅτι**
hier *denn.* **ἐγώ** Subj. betont (A122). **ἀπ-έ-σταλκα** Pf. (A242) ἀπο-στέλ-
21 λω. **21 κατα-βάς** Aor. Ptz. -βαίνω, temp. (A291,1 Anm. 1). **ὅν** erg. davor
οὗτος (A358) *der, den.* **αἰτία** *Ursache, Grund;* τίς ἡ αἰτία (erg. ἐστίν
[A78]) δι' ἥν *was ist der Grund, aus welchem = aus welchem Grund.* **πάρ-**
22 **ειμι** (εἰμί) *anwesend sein; dasein, (her)gekommen sein.* **22 οἱ δέ** *(und)*
diese/sie (A102). **εἶπαν** Aor. (vgl. H-S §105g) λέγω. **ἑκατοντ-άρχης**
V. 1. **φοβούμενος** V. 2; hier attr. **μαρτυρούμενος** Ptz. Pass. μαρτυ-
ρέω Pass. hier *ein gutes Zeugnis ausgestellt bekommen, einen guten Ruf haben;*
attr.; ἀνὴρ δίκαιος καὶ φοβούμενος τὸν θεόν, μαρτυρούμενός τε
ὑπὸ ὅλου τοῦ ἔθνους τῶν Ἰουδαίων etwa *ein gerechter* (Menge: *ehrenhaf-*
ter), *gottesfürchtiger und bei der ganzen jüdischen Bevölkerung angesehener Mann.*
ἐ-χρηματίσθη Aor. Pass. χρηματίζω (vgl. A33[91ff]) (v. Gott) *eine Weisung*
erteilen; Pass. *eine Weisung/Offenbarung empfangen.* **ἄγγελος ἅγιος** *ein hei-*
liger Engel = ein Engel Gottes (vgl. V. 3). **μετα-πέμψασθαι** Aor. Inf. Med.
V. 5. **ἀκοῦσαι** Aor. Inf. ἀκούω hier τὶ παρά τινος *von jmdm. etwas*
hören; ἀκοῦσαι ῥήματα παρὰ σοῦ *Worte von dir zu hören = zu hören, was*
23 *du zu sagen hast.* **23 εἰσ-καλεσάμενος** Aor. Ptz. Med. -καλέομαι[37] *zu*
sich hereinrufen, einladen (B) od. (hier) *eintreten lassen* (Einh.); temp. (A291,1
Anm. 1). **ἐ-ξένισεν** Aor. V. 6. **ἐπ-αύριον** V. 9. **ἀνα-στάς** V. 13 u. 20;
ἀναστὰς ἐξῆλθεν σὺν αὐτοῖς *er machte sich bereit und ging mit ihnen weg*
bzw. (einfach) *er machte sich mit ihnen auf den Weg* (Menge). **ἐξ-ῆλθεν** Aor.
-έρχομαι. **οἱ ἀδελφοί** *die Brüder/Geschwister = die Christen* (B ἀδελφός
2); τινὲς τῶν ἀδελφῶν τῶν (gen. partitivus [A137a/164]) ἀπὸ Ἰόππης
einige Brüder/Geschwister/Christen aus Joppe. **Ἰόππη** 9,36. **συν-ῆλθον**
Aor. -έρχομαι[187] *zusammenkommen, sich versammeln* (so V. 27); hier u. V. 45
24 *mit* jmdm. *zusammen kommen/reisen,* jmdn. *begleiten* (Menge). **24 εἰσ-**
ῆλθεν Aor. -έρχομαι hier m. εἰς *kommen nach, ankommen in.*

Καισάρεια 8,40. **Κορνήλιος** V. 1. **ἦν** Ipf. εἰμί. **προσ-δοκῶν** Ptz.
-δοκάω *erwarten, warten auf;* umschrieb. Ipf. (A249a). **συγ-καλεσάμε-
νος** Aor. Ptz. Med. -καλέω[37] *zusammenrufen;* Med. *bei sich zusammenrufen*
(B 2), *zu sich einladen* (Menge); temp. (A291,1 Anm. 1); ὁ δὲ Κορνήλιος ἦν
προσδοκῶν αὐτοὺς συγκαλεσάμενος ... *Kornelius hatte ... zusammenge-
rufen und erwartete sie* bzw. *Kornelius erwartete sie schon und hatte ... zusammen-
gerufen* (Einh.). **συγ-γενής**[7] *verwandt;* subst. *Verwandter.* **ἀναγκαῖος**
notwendig, nötig; hier *nächster* (v. Freunden u. Verwandten; B 2), *engster* (GNB).
φίλος *Freund.* **25 ὡς** hier *als* (B IV1a). **ἐ-γένετο** V. 10; γίνεται m. AcI 25
eig. *es ereignet sich, daß* (A271), am besten unübersetzt lassen; ὡς δὲ ἐγένετο
τοῦ εἰσελθεῖν τὸν Πέτρον etwa *als Petrus nun im Begriff stand, in das Haus
einzutreten* (Menge) bzw. *als Petrus durchs Hoftor trat* (GNB) od. *als nun Petrus
ankam* (Einh.). **τοῦ** hier pleon. vor AcI (BDR §400,7; vgl. A281). **εἰσ-ελ-
θεῖν** Aor. Inf. -έρχομαι; Präd. des AcI. **συν-αντήσας** Aor. Ptz. -αντάω
begegnen, entgegengehen, entgegenkommen; temp. (A291,1 Anm. 1). **πεσών**
Aor. Ptz. πίπτω hier ἐπὶ τοὺς πόδας *sich vor jmds. Füßen/vor jmdm. nieder-
werfen;* temp. (A291,1 Anm. 1). **προσ-ε-κύνησεν** Aor. προσ-κυνέω; πε-
σὼν ἐπὶ τοὺς πόδας προσεκύνησεν (erg. αὐτόν [A79]) *er warf sich vor
ihm nieder und zeigte ihm seine hohe Verehrung* (vgl. Menge) od. (einfacher) *(er)
warf sich ehrfürchtig vor ihm nieder* (Einh.); Kornelius erkannte in ihm einen
Gottesboten u. begrüßte ihn (wie er dachte) in angemessener Weise.
26 ἤγειρεν Aor. ἐγείρω. **λέγων** Ptz., mod. **ἀνά-στηθι** Wz.-Aor. Imp. 26
ἀν-ίσταμαι. **καὶ ἐγὼ αὐτὸς ἄνθρωπός εἰμι** *auch ich selbst bin ein
Mensch = ich bin auch nur ein Mensch.* **27 συν-ομιλῶν** Ptz. -ομιλέω *sich* 27
unterhalten τινί *mit jmdm.;* mod./temp. (vgl. A291,1/2 Anm. 1); συνομιλῶν
αὐτῷ *während er sich mit ihm unterhielt* od. *er sprach noch weiter mit ihm und*
(GNB). **εἰσ-ῆλθεν** Aor. -έρχομαι. **εὑρίσκει** hist. Präs. (A235). **συν-
εληλυθότας** Pf. (A231) Ptz. -έρχομαι V. 23; AcP (A300); εὑρίσκει συν-
εληλυθότας πολλούς *er fand (dort) viele Menschen versammelt.* **28 ἔ-φη** 28
Ipf. φημί. **ἐπίσταμαι** *wissen, kennen.* **ὡς** hier *daß* (B IV4). **ἀ-θέμι-
τος**[11] *ungesetzlich, unerlaubt, nicht erlaubt;* einem gesetzestreuen Juden war
zwar nicht absolut jeder Kontakt m. Nichtjuden verboten, doch jeder, der zu
kultischer Verunreinigung führte; sich m. Nichtjuden freiwillig zu einer Mahl-
zeit an einen Tisch zu setzen, war nahezu undenkbar (vgl. zu V. 14). **ἀνήρ** hier
pleon. (BDR §242[1]; H-S §260j); ἀνὴρ Ἰουδαῖος *ein Jude.* **κολλᾶσθαι**
Inf. κολλάομαι (< κόλλα Leim) *zusammenfügen;* Pass. m. Dat. *sich eng an-
schließen an,* hier *engen Kontakt suchen mit* (B 2bα), *verkehren mit.* **προσ-έρ-
χεσθαι** Inf. -έρχομαι hier (m. Dat.) wohl *bei* jmdm. *einkehren* (Menge),
jmdn. *besuchen* (ZG). **ἀλλό-φυλος**[11] klass. u. volkstüml. *Fremder;* hier wohl
im Sinn v. *Heide, Nichtjude* (nach LXX-Gebrauch, wo das Wort meist die Phili-
ster als „Unbeschnittene" bez.). **κἀμοί** = καὶ ἐμοί (adversativ [A311,1])

aber mir. **ἔ-δειξεν** Aor. δείκνυμι[212] *zeigen; klarmachen.* **κοινός, ἀ-κά-
θαρτος** V. 14. **λέγειν** Inf. λέγω hier m. doppeltem Akk. (A97,15) *nennen*
(B II3); μηδένα κοινὸν ἢ ἀκάθαρτον λέγειν ἄνθρωπον *daß man*
29 (A76d) *keinen Menschen unheilig oder unrein nennen darf;* vgl. V. 15. **29 ἀν-
αντι-ρρήτως** *ohne Widerspruch (zu erheben).* **μετα-πεμφθείς** Aor. Ptz.
Pass. V. 5; temp. *als nach mir geschickt wurde.* **πυνθάνομαι** V. 18; πυνθά-
νομαι οὖν *nun frage ich* od. (freier) *ich möchte nun aber wissen* (Menge). **λό-
γος** hier *Überlegung, (vernünftiger) Grund;* τίνι λόγῳ dat. causae (A177) *aus*
30 *welchem Grund* (B 2bβ). **μετ-ε-πέμψασθε** Aor. Med. V. 5. **30 τέταρ-
τος**[19] *vierter;* ἀπὸ τετάρτης ἡμέρας „seit dem vierten Tag" (rückwärts u.
inklusive gezählt [s. τῇ ἐπαύριον in V. 9, 23 u. 24]) = *vor drei Tagen* (New-
man-Nida, Apg, S. 213f; vgl. Metzger, S. 330). **μέχρι** uneig. Präp. (A183) *bis
zu;* μέχρι ταύτης τῆς ὥρας *bis zu dieser Stunde/Zeit,* d.h. wohl vor drei Ta-
gen (v. einem best. [nicht genannten] Zeitpunkt an) bis zu dieser Tageszeit (od.:
auf diese Tageszeit zugehend), in der wir uns gerade jetzt befinden, also etwa =
genau zu dieser Zeit (Menge) od. *etwa um diese Zeit* (Metzger, S. 330). **ἤμην**
Ipf. εἰμί. [Var. νηστεύων Ptz. νηστεύω (< νῆστις nüchtern [= ohne zu
essen]) *fasten;* umschrieb. Ipf. (A249a).] **ἔνατος**[19] *neunter;* τὴν ἐνάτην
(erg. ὥραν [A88]) entweder Akk. der zeitl. Ausdehnung (BDR §161[6]; A148)
um die neunte Tagesstunde = um drei Uhr nachmittags (vgl. V. 3) od. viell. AkkO
zu προσευχόμενος im Sinn v. *das Gebet der neunten Stunde* (vgl. das spätere
kirchenlateinische „None"). **προσ-ευχόμενος** Ptz., umschrieb. Ipf.
(A249a). **ἰδού** hier *plötzlich.* **ἔ-στη** Wz.-Aor. ἵσταμαι hier m. ἐνώπιόν
τινος *vor jmdn. hintreten* (B II1b); καὶ ἰδοὺ ἀνὴρ ἔστη ἐνώπιόν μου ...
da stand plötzlich ein Mann ... vor mir (wörtl. *da war plötzlich ein Mann ... vor
mich getreten* [vgl. H-S §199n; A224]). **ἐσθής**[3] ῆτος ἡ *Kleidung, Gewand.*
λαμπρός *strahlend, glänzend, leuchtend* (bes. v. weißen Gewändern).
31 **31 φησίν** Präs. 3. Sg. φημί (A32); hist. Präs. (A235). **Κορνήλιε** Vok.
εἰσ-ηκούσθη Aor. Pass. -ακούω[2] *hören auf, erhören;* pass. divinum (A76b).
προσ-ευχή V. 4. **ἐλεημοσύνη** V. 2. **ἐ-μνήσθησαν** Aor. Pass. μι-
μνῄσκομαι[168] *sich erinnern; gedenken, denken an;* hier passivisch (vgl. B 2);
αἱ ἐλεημοσύναι σου ἐμνήσθησαν ἐνώπιον τοῦ θεοῦ *deiner Almo-
sen/Liebestaten ist vor Gott gedacht worden* (vgl. Menge) etwa = *Gott denkt/erin-*
32 *nert sich sehr wohl an deine Liebestaten* (vgl. A76b; B 2b). **32 πέμψον** V. 5.
εἰς Ἰόππην 9,36. **μετα-κάλεσαι** Aor. Imp. Med. -καλέομαι[37] *zu sich
rufen, zu sich kommen lassen, holen lassen.* **ἐπι-καλεῖται** V. 5. **ξενίζε-
ται, βυρσεύς, παρὰ θάλασσαν** V. 6. [Var. παρα-γενόμενος V. 33,
33 temp. (A291,1 Anm. 1). λαλήσει Fut. λαλέω.] **33 ἐξ-αυτῆς** (= ἐξ αὐ-
τῆς ὥρας) *sofort.* **ἔ-πεμψα** Aor. πέμπω erg. *Leute, Boten* o.ä. (vgl. A79;
V. 5). **καλῶς** *schön, gut;* καλῶς ποιέω m. Ptz. *gut daran tun.* **ἐ-ποίησας**
Aor. ποιέω. **παρα-γενόμενος** Aor. Ptz. Med. -γίνομαι[176] *ankommen,*

kommen; präd. bei Verb des modifizierten Seins u. Tuns (BDR §414[11]; A301); σύ τε καλῶς ἐποίησας παραγενόμενος *und du hast gut daran getan zu kommen* bzw. (kontextgetreuer) *und es ist gut, daß du gekommen bist* (Einh.). **πάρ-ειμι** (εἰμί) *anwesend sein, hier sein.* **ἀκοῦσαι** Aor. Inf. ἀκούω, fin. (A276). **προσ-τε-ταγμένα** Pf. (A231) Ptz. Pass. -τάσσω[79] *anordnen, befehlen,* hier *auftragen;* subst.; πάντα τὰ προστεταγμένα σοι ὑπὸ τοῦ κυρίου *alles, was dir vom Herrn aufgetragen ist.*

34 **ἀν-οίξας** Aor. Ptz. -οίγω, temp.; ἀνοίξας δὲ Πέτρος τὸ στόμα 34
(Redewendung, die wohl die Bedeutsamkeit der Worte des Petrus unterstreicht) εἶπεν *da tat Petrus den Mund auf und sprach* od. *Petrus begann zu sprechen.* **ἐπ᾽ ἀληθείας** *der Wirklichkeit gemäß, wahrheitsgetreu* (B ἀλήθεια 3), hier etwa *wahrhaftig.* **κατα-λαμβάνομαι** Med. -λαμβάνω *ergreifen, überwältigen;* hier Med. *erfassen, begreifen, verstehen* (B 2). **προσωπολήμπτης**[1] (< πρόσωπον, λαμβάνω [Hebr.] „[jmds.] Gesicht heben" = Gunst erweisen, [neg.] parteiisch sein) *Parteiischer;* ὅτι οὐκ ἔστιν προσωπολήμπτης ὁ θεός *daß Gott unparteiisch ist* (B), *daß Gott keine Unterschiede macht* (GNB). 35 **φοβούμενος** V. 2; subst. **ἐργαζόμενος** Ptz. ἐργά- 35
ζομαι hier (Gerechtigkeit) *üben* (B 2a); ὁ φοβούμενος αὐτὸν καὶ ἐργαζόμενος δικαιοσύνην *der, der ihn fürchtet und Gerechtigkeit übt* (genereller Sg. [A101/104]) bzw. (freier) *die/alle, die in Ehrfurcht vor ihm leben und seinen Willen tun* (vgl. GN). **δεκτός** *angenehm, willkommen.* 36 **τὸν λόγον** *die* 36
Botschaft; AkkO zu οἴδατε V. 37 (ohne ὅν [Var.] AkkO zu ἀπέστειλεν). **ἀπ-έ-στειλεν** V. 8. **Ἰσραήλ** ὁ indekl., hier Gen. **εὐ-αγγελιζόμενος** Ptz. Med. -αγγελίζω, mod.; εὐαγγελιζόμενος εἰρήνην ... *indem er ihnen* (A79) *(die Heilsbotschaft vom) Frieden ... verkünden ließ* (A218; vgl. Menge). **κύριος** m. Gen. (vgl. A165) *Herr über;* Präd.-Nom. kann auch ohne Art. best. sein (A80; H-S §135a/c); οὗτός ἐστιν πάντων κύριος *dieser ist der Herr über alle.* 37 **οἴδατε** Präd., zu dem drei (semantisch komplemen- 37
täre) AkkO gehören: a) τὸν λόγον (V. 36), b) τό ... ῥῆμα (V. 37), c) Ἰησοῦν ... ὡς (V. 38). **γενόμενον** Aor. Ptz. Med. γίνομαι hier *geschehen, zutragen* (vgl. B I2a); attr. **ῥῆμα** hier (hebr.) *Sache* (B 2); τὸν λόγον ... οἴδατε τὸ γενόμενον ῥῆμα καθ᾽ ὅλης τῆς Ἰουδαίας etwa (οἴδατε zweimal übersetzt) *ihr kennt die Botschaft ... ebenso kennt ihr die Ereignisse, die sich im ganzen jüdischen Land zugetragen haben* (vgl. Menge) bzw. *ihr kennt die Botschaft ... ihr wißt, was im ganzen jüdischen Land geschehen ist.* **κατά** m. Gen. hier *durch – hin* (B I1c; BDR §225[3]), (überall) *in.* **Ἰουδαία** hier im weiteren Sinn v. Palästina (B 2), übers. etwa *(das) jüdische Land.* **ἀρξάμενος** Aor. Ptz. Med. ἄρχω; mod. gebrauchter nicht kongruenter Nom. (da offenbar part. coni. zu ῥῆμα, Ntr. erwartet [vgl. Var.]), der aber für dieses Verb auch außerbibl. (Inschriften, Papyri, Xenophon u. Plutarch) vorkommt (Metzger, S. 334; vgl. BDR §137[3]; §419[3]; H-S §231d); ἀρξάμενος ἀπὸ τῆς

Γαλιλαίας etwa *ausgehend von Galiläa, beginnend in Galiläa.* **βάπτισμα**[3]
Taufe; μετὰ τὸ βάπτισμα ὃ ἐκήρυξεν Ἰωάννης *nach der Taufe, die Jo-*
hannes verkündet hat bzw. (freier) *nachdem Johannes zur Taufe aufgerufen hatte*
38 (GNB). **ἐ-κήρυξεν** Aor. κηρύσσω. **38 Ναζαρέθ** ἡ indekl., hier Gen.,
Nazaret; τὸν ἀπὸ Ναζαρέθ attr. (A84) *aus Nazaret* (vgl. B ἀπό IV1b).
ὡς ... AkkO zu οἴδατε bzw. App. [A70] zu τό ... ῥῆμα (V. 37); Ἰησοῦν
τὸν ἀπὸ Ναζαρέθ, ὡς ἔχρισεν αὐτὸν ὁ θεός (wohl Prolepsis; A373;
BDR §476,1) = ὡς ἔχρισεν Ἰησοῦν τὸν ἀπὸ Ναζαρέθ ὁ θεός *(ihr*
wißt) ... wie Gott Jesus von Nazaret gesalbt hat. **ἔ-χρισεν** Aor. χρίω[4] *salben*
(m. einer Aufgabe betrauen u. dazu befähigen u. ausrüsten). **πνεύματι**
ἁγίῳ καὶ δυνάμει dat. instr. (A176) *mit dem Heiligen Geist* (wohl auch
ohne Art. best., vgl. zu 2,4) *und Kraft.* **ὅς** übers. (nach ὡς) *wie dieser* (vgl.
A364a). **δι-ῆλθεν** Aor. -έρχομαι hier etwa *umherziehen, umhergehen, über-*
all hingehen. **εὐ-εργετῶν** Ptz. -εργετέω *Gutes tun;* mod. (A291,2 Anm. 1).
ἰώμενος Ptz. ἰάομαι *heilen;* mod. (A291,2 Anm. 1). **κατα-δυναστευο-**
μένους Ptz. Pass. -δυναστεύω *gewalttätig behandeln, unterdrücken, tyranni-*
sieren; subst. πάντας τοὺς καταδυναστευομένους ὑπὸ τοῦ διαβό-
λου *alle, die unter der Gewalt des Teufels waren* od. *alle, die der Teufel in seiner*
Gewalt hatte. **διά-βολος** (< δια-βάλλω verleumden) *Verleumder; Teufel.*
39 **ὅτι** hier *denn.* **ἦν** V. 24. **39 μάρτυς** υρος ὁ (H-S §42a) *Zeuge;* ἡμεῖς
(erg. ἐσμεν [A78]) μάρτυρες πάντων ὧν *wir sind Zeugen für alles, was.*
ὧν = τούτων ἅ (Attraktion des Rel.-Pron., A361c). **ἐ-ποίησεν** Aor. ποι-
έω. **χώρα** *Land* (Ggs. *Meer* od. *Stadt*), *Landschaft, Gegend;* ἡ χώρα τῶν
Ἰουδαίων *das jüdische Land* (sinngleich m. Ἰουδαία in V. 37). **ὅν** *die-*
sen/ihn (rel. Anschluß, A364a). **καί** (drittes) nach Rel.-Pron. hier wohl pleon.
(ZG; A311,8) bzw. dieses verstärkend (B II6; vgl. BDR §442,8b), am besten un-
übersetzt lassen. **ἀν-εῖλαν** Aor. (vgl. H-S §105g) -αιρέω[186] *beseitigen, auf-*
heben; meist: *töten.* **κρεμάσαντες** Aor. Ptz. κρεμάννυμι[226] tr. *hängen,*
aufhängen, auch (bes. + ἐπὶ ξύλου) *kreuzigen, ans Kreuz schlagen;* erg. αὐτόν
40 (A79); mod. **ξύλον** *Holz;* hier *Kreuzesbalken, Kreuz* (B 2c). **40 ἤγειρεν**
Aor. ἐγείρω. **ἐν τῇ τρίτῃ ἡμέρᾳ** *am dritten Tag* [Var. ohne ἐν: temp.
Dat. (A182)]. **ἔ-δωκεν** Aor. δίδωμι hier m. AcI *veranlassen* (LN 90.51;
B 1bβ); ἔδωκεν αὐτὸν ἐμφανῆ γενέσθαι *er veranlaßte, daß er sichtbar*
wurde/daß er sichtbar erschien = er ließ ihn sichtbar werden/sichtbar erscheinen.
ἐμ-φανής[7] *sichtbar, offenbar.* **γενέσθαι** Aor. Inf. Med. γίνομαι; Präd.
41 des AcI. **41 προ-κε-χειροτονημένοις** Pf. (A231) Ptz. Pass. -χειρο-το-
νέω *vorher auswählen, vorherbestimmen;* attr. (zum Art. s. BDR §412[7]; vgl.
A84/303); οὐ παντὶ τῷ λαῷ, ἀλλὰ μάρτυσιν τοῖς προκεχειροτονη-
μένοις (dat. commodi [A173]; übers. durch Dat. od. *für*) ὑπὸ τοῦ θεοῦ,
ἡμῖν (App., A70) *nicht dem ganzen Volk, sondern von Gott vorherbestimmten*
Zeugen, (nämlich) uns. **οἵ-τινες** qualitativ, hier um eine charakteristische Ei-

genschaft hervorzuheben, durch die das davor Genannte begründet werden soll
(B 2b; BDR §293[7]; H-S §290b; vgl. A368) *die wir (doch), weil wir ja.* **συν-ε-
φάγομεν** Aor. -εσθίω[188] *zusammen essen* τινί *mit jmdm.* **συν-ε-πίομεν**
Aor. συμ-πίνω[141] *zusammen trinken* τινί *mit jmdm.* **μετὰ τό** m. AcI temp.
(A282; BDR §402[4]). **ἀνα-στῆναι** Wz.-Aor. Inf. ἀν-ίσταμαι; Präd. des
AcI; μετὰ τὸ ἀναστῆναι αὐτὸν ἐκ νεκρῶν *nach seiner Auferstehung von
den Toten.* 42 **παρ-ήγγειλεν** Aor. -αγγέλλω[110] *auffordern, anordnen, an-* 42
weisen, befehlen. **κηρύξαι** Aor. Inf. κηρύσσω. **τῷ λαῷ** *dem Volk,* d.h. den
Juden. **δια-μαρτύρασθαι** Aor. Inf. Med. -μαρτύρομαι (vgl. A33[132ff])
(feierlich [ursprüngl. *eidlich*]) *bezeugen, Zeugnis ablegen.* **ὡρισμένος** Pf.
(A231) Ptz. Pass. ὁρίζω (vgl. A33[91ff]) *bestimmen, festsetzen, beschließen;* hier:
jmdn. *bestimmen/einsetzen* (B 1b); attr.; ὅτι οὗτός (Subj.) ἐστιν ὁ ὡρισμέ-
νος ὑπὸ τοῦ θεοῦ κριτὴς (Präd.-Nom.) ζώντων καὶ νεκρῶν (gen. obi.
[H-S §160b; A158) Präd.-Nom. m. Art.: betonte Gleichsetzung m. dem Subj.
(A80) *daß dieser/er* (d.h. Jesus) *der von Gott bestimmte Richter über (die) Le-
benden und (die) Toten ist.* **κριτής**[1] *Richter.* **ζώντων** Ptz. ζάω, subst.
43 **μαρτυρέω** hier m. τινί u. AcI *für jmdn./von jmdm. das Zeugnis ablegen,* 43
daß (Menge) bzw. *von jmdm. bezeugen, daß;* τούτῳ πάντες οἱ προφῆται
μαρτυροῦσιν ἄφεσιν (AkkO des AcI) ἁμαρτιῶν λαβεῖν διὰ τοῦ
ὀνόματος αὐτοῦ πάντα τὸν πιστεύοντα (Subj. des AcI) εἰς αὐτόν
*von diesem bezeugen alle Propheten, daß jeder, der an ihn glaubt, durch seinen Na-
men* (d.h. durch ihn als den, der er ist) *(die) Vergebung (der) Sünden empfängt;*
zum Zeugnis der Propheten vgl. zu 3,18. **ἄφ-εσις**[8] *Erlaß* (v. Schuld, Sünde
usw.), *Vergebung;* ἄφεσιν ἁμαρτιῶν *Vergebung (der) Sünden.* **λαβεῖν** Aor.
Inf. λαμβάνω; Präd. des AcI. **πιστεύοντα** Ptz. πιστεύω, subst.

44 **λαλοῦντος** Ptz. λαλέω, gen. abs. (A288), temp.; ἔτι λαλοῦντος 44
τοῦ Πέτρου τὰ ῥήματα ταῦτα *noch während Petrus diese Worte sagte.* **ἐπ-
έ-πεσεν** Aor. ἐπι-πίπτω[194] *fallen/kommen auf/über* (hier ἐπί τινα
[auf/über] jmdn.). **ἀκούοντας** Ptz. ἀκούω, subst. **τὸν λόγον** *seine*
(A103) *Ansprache* (Menge) bzw. *seine Worte* od. *das „Wort"* als term. tech. für
die göttl. Botschaft bzw. die apostolische Verkündigung (vgl. B λόγος 1bβ).
45 **ἐξ-έ-στησαν** Wz.-Aor. -ίσταμαι[205] *außer sich geraten* (vor Staunen). 45
περι-τομή (< τέμνω schneiden) *Beschneidung;* οἱ ἐκ περιτομῆς πιστοί
„die aus der Beschneidung stammenden [Christus-]Gläubigen" = *die Gläubi-
gen/Christen jüdischer Herkunft.* **ὅσοι** *alle* Gläubigen/Christen ... *die.* **συν-
ῆλθαν** Aor. (vgl. H-S §105g) -έρχομαι V. 23; Aor. Ind. bez. hier Vorvergan-
genheit (vgl. H-S §199n; A224). **ὅτι** *darüber, daß.* **δωρεά** *Geschenk, Gabe;* ἡ
δωρεὰ τοῦ ἁγίου πνεύματος gen. epexegeticus (H-S §165b; A163) *die
Gabe des Heiligen Geistes = die im Heiligen Geist bestehende Gabe.* **ἐκ-κέ-χυ-
ται** Pf. (A231) Pass. -χέω/χύννω[39] *ausgießen, ausschütten;* ὅτι καὶ ἐπὶ τὰ
ἔθνη ... ἐκκέχυται *darüber, daß auch auf die Nichtjuden ... ausgegossen*

(worden) war (Tempus u. Modus wie in der entsprechenden direkten Rede;
46 A326). **46 ἤκουον** Ipf. ἀκούω. **λαλούντων** Ptz. λαλέω, hier m.
γλώσσαις (wohl = ἑτέραις γλώσσαις [2,4]; dat. instr., A176) *mit (ande-
ren) „Zungen" reden = in fremden Sprachen reden* (s. zu 2,4); GcP (A300). **με-
γαλυνόντων** Ptz. μεγαλύνω m. Akk. *groß machen;* jmdn. *erheben,* jmdn.
(für dessen Größe) preisen; GcP (A300). **ἀπ-ε-κρίθη** Aor. Pass. (ohne Pass.-
47 Bdtg.) ἀπο-κρίνομαι hier im Sinn v. *sagen, sprechen* (vgl. B 2). **47 μήτι**
etwa (verneinende Antwort angedeutet, A320). **κωλῦσαι** Aor. Inf. κωλύω
hindern; verweigern (B 3). **τοῦ** m. AcI hier kons. nach Verb des Hinderns (H-S
§225c [zur Neg. vgl. §247e]; BDR §400[6]; vgl. A281). **βαπτισθῆναι** Aor. Inf.
Pass. βαπτίζω; Präd. des AcI; μήτι τὸ ὕδωρ (AkkO zu κωλῦσαι) δύνα-
ται κωλῦσαί τις τοῦ μὴ βαπτισθῆναι τούτους (Subj. des AcI) *kann
etwa/wohl jemand (diesen Menschen) das Wasser verweigern, so daß diese nicht ge-
tauft würden* bzw. (freier) *kann jemand diesen Menschen das Wasser zur Taufe
verweigern.* **οἵ-τινες** V. 41, hier *die (doch) = da sie ja* bzw. *denn sie.* **ἔ-λα-
βον** Aor. λαμβάνω. **ὡς καὶ ἡμεῖς** *ebenso wie wir* (Menge), *genau wie wir*
48 (GNB). **48 προσ-έ-ταξεν** Aor. -τάσσω V. 33; hier m. AcI im Pass. (klass.
u. deutsch eher m. Inf. u. AkkO; BDR §392,4; vgl. H-S §218c); προσέταξεν
δὲ αὐτούς (Subj. des AcI) ... βαπτισθῆναι (Präd. des AcI) *und er ordnete
an, daß sie ... getauft würden = und er ordnete an, sie ... zu taufen.* **ἐν τῷ ὀνό-
ματι** *im/auf den Namen* (wohl ähnl. wie ἐπὶ τῷ ὀνόματι [s. 2,38] bzw. εἰς
τὸ ὄνομα [s. 8,16] zu deuten). **ἠρώτησαν** Aor. ἐρωτάω. **ἐπι-μεῖναι**
Aor. Inf. -μένω[117] *bleiben, dableiben* (B 1). **ἡμέρας τινάς** Akk. der zeitl.
Ausdehnung (A148) *einige/ein paar Tage.*

11 **ἤκουσαν** Aor. ἀκούω. **καὶ οἱ ἀδελφοί** *und die anderen* (A376a)
Brüder/Geschwister/Christen. **ὄντες** Ptz. εἰμί hier *wohnen, leben;* attr. **κατά**
m. Akk. hier *über (– hin), in* (vgl. H-S §184k; B II1a). **ἐ-δέξαντο** Aor. Med.
δέχομαι; ὅτι καὶ τὰ ἔθνη ἐδέξαντο ... *daß auch die Nichtjuden ... ange-
nommen hatten* (Tempus u. Modus wie in der entsprechenden direkten Rede;
2 A326). **2 ἀν-έ-βη** Aor. ἀνα-βαίνω. **εἰς** hier *nach.* **δι-ε-κρίνοντο** Ipf.
Med. δια-κρίνω[127] *unterscheiden; beurteilen;* Med./Pass. hier πρός τινα
jmdm. Vorwürfe machen, jmdn. zur Rede stellen (Menge); zum Hintergrund die-
ser Vorwürfe vgl. zu 10,1.14f.28. **περι-τομή** (< τέμνω schneiden) *Be-
schneidung;* οἱ ἐκ περιτομῆς erg. wohl ἀδελφοί/πιστοί o.ä. (vgl. 10,45)
„die aus der Beschneidung stammenden Brüder/[Christus-]Gläubigen" = *die
Gläubigen/Christen jüdischer Herkunft;* es ist jedoch gut mögl., daß hier nicht die
Judenchristen überhaupt (wie etwa die Begleiter des Petrus aus Joppe) gemeint
sind, sondern speziell die, die bes. eifrig für das Befolgen des mosaischen Geset-
zes u. damit für die Beschneidung eintraten (vgl. 15,5; 21,20), also etwa *die Ver-
fechter der Beschneidung* bzw. *die, die sich für die Beschneidung der Nichtjuden
einsetzten.* [Var. διά m. Gen. (erstes) temp. *nach (Verlauf von)* (B AII2).

ἱκανός *hinlänglich;* hier *lang* (v. Zeit). ἠ-θέλησε Aor. θέλω. πορευθῆναι
Aor. Inf. Pass. (ohne bes. Pass.-Bdtg.) πορεύομαι. προσ-φωνήσας Aor.
Ptz. -φωνέω *herbeirufen* (B 2); temp. ἐπι-στηρίξας Aor. Ptz. -στηρίζω[85]
stärken; temp. ποιούμενος Ptz. Med. ποιέω Med. zur Umschreibung des
Verbalbegriffs (B II1; vgl. H-S §189e); πολὺν λόγον ποιέομαι etwa
viel/lange reden; mod. χώρα *Land* (Ggs. *Meer* od. *Stadt*), *Landschaft, Gegend,*
hier viell. am besten *Landbezirk* (vgl. B 2); διὰ τῶν χωρῶν etwa *überall in den*
Landbezirken (wörtl. *durch die Landbezirke [ziehend]*). διδάσκων Ptz., mod.
ὅς *er* (rel. Anschluß, A364a). κατ-ήντησεν Aor. -αντάω *hinkommen,*
(hin)gelangen (hier Dat. *zu*). ἀπ-ήγγειλεν Aor. -αγγέλλω.] **3 λέγοντες** 3
Ptz. λέγω, mod. bzw. pleon. (A297), am besten (zusammen m. dem ὅτι) als
Doppelpunkt berücksichtigen. **ὅτι** recitativum = Doppelpunkt (A333). **εἰσ-
ῆλθες** Aor. -έρχομαι hier m. πρός τινα etwa *bei jmdm. einkehren* (Menge),
jmds. Haus betreten (Einh.). **ἀκρο-βυστία** *Vorhaut; Unbeschnittenheit;* ἄν-
δρες ἀκροβυστίαν ἔχοντες *unbeschnittene Leute* (B 1) = *Nichtjuden.*
ἔχοντας Ptz. ἔχω, attr. **συν-έ-φαγες** Aor. -εσθίω[188] *zusammen essen*
τινί *mit jmdm.* **4 ἀρξάμενος** Aor. Ptz. Med. ἄρχω hier wohl semantisch 4
m. καθεξῆς verknüpft (B 2b; vgl. BDR §419[3]), temp. (vgl. A291,1 Anm. 1);
ἀρξάμενος δὲ Πέτρος ἐξετίθετο αὐτοῖς καθεξῆς *da fing Petrus an und*
erklärte es (A79) *ihnen der Reihe nach* (Wilckens) bzw. wohl besser etwa = *da*
legte Petrus ihnen im einzelnen dar, wie sich alles von Anfang an zugetragen hatte
(Menge) od. (noch freier) *da erzählte ihnen Petrus ausführlich, was geschehen war*
(GNB). **ἐξ-ε-τίθετο** Ipf. Med. ἐκ-τίθημι *aussetzen;* Med. hier *auseinander-*
setzen, erklären, darlegen, erzählen. **καθ-εξῆς** *der Reihe nach* (v. zeitl., räuml.
bzw. logischer Folge), *im einzelnen* (Menge). **5 ἤμην** Ipf. Med. εἰμί. **ἐν** 5
πόλει auch ohne Art. best. (A106a). **Ἰόππη** 9,36. **προσ-ευχόμενος**
Ptz., umschrieb. Ipf. (A249a). **ἔκ-στασις**[8] (< ἐξίσταμαι außer sich gera-
ten) *Entsetzen, Verwirrung, große Erregung;* hier *Verzückung* (beim Empfangen
einer göttl. Vision auftretender Bewußtseinszustand). **ὅραμα**[3] *(das) Ge-*
schaute/Gesehene (d.h. etwas, was man wirkl. sehen kann); hier *Gesicht, Vision.*
κατα-βαῖνον Ptz. -βαίνω, AcP (ebenfalls v. εἶδον abhängig; A300).
σκεῦος[7] *Gerät; Gefäß, Behältnis* (GNB hier: *etwas;* Einh.: *Schale*). **ὀθόνη**
Leinentuch. **τέσσαρες**[19f] *vier.* **ἀρχή** hier *Zipfel* (B 1a), *Ende, Ecke.* **καθ-**
ιεμένην Ptz. Pass. -ίημι *herablassen;* καταβαῖνον σκεῦός τι ὡς ὀθό-
νην μεγάλην τέσσαρσιν ἀρχαῖς (dat. instr., A176) καθιεμένην ἐκ
τοῦ οὐρανοῦ *(ich sah) ein Gefäß herabkommen wie ein großes Leinentuch, das*
an (den) vier Zipfeln/Ecken vom Himmel herabgelassen wurde od. (etwas freier)
(ich sah) ein Gefäß vom Himmel herabkommen, das wie ein großes Leinentuch
aussah, das an (den) vier Zipfeln/Ecken gehalten wird. **6 εἰς ἥν** PräpO zu 6
ἀτενίσας (part. coni. ist m. εἰς ἥν verschränkt; A364b), übers. *auf/in dieses,*
hinein. **ἀτενίσας** Aor. Ptz. ἀτενίζω (vgl. A33[91ff]) εἴς τι/τινα *gespannt*

hinsehen auf etwas/jmdn. bzw. hier etwa *gespannt hinschauen/hineinschauen;*
temp. (A291,1 Anm. 1). **κατ-ε-νόουν** Ipf. κατα-νοέω (meist m. Überle-
gung) *beschauen, betrachten, prüfen* (B 2), *genau ansehen* (Menge); erg. αὐτήν/
ταύτην o.ä. (A79). **καί** (erstes) kons. (A311,2) *da.* **τετρά-πους**[11] *vier-
füßig;* subst. (Ntr.) *vierfüßiges Tier, Vierfüßler;* τὰ τετράποδα τῆς γῆς *die
Vierfüßler der Erde* pleon. (A379) = einfaches deutsches *die Vierfüßler;* wahr-
scheinl. (vgl. Gen 1,24f) bez. τετράποδα (wie בְּהֵמָה *bəhēmāh*) hier *Haustie-
re/Vieh* im Ggs. zu θηρία (wie חַיָּה *ḥajjāh*) *wilde Tiere;* τὰ τετράποδα ... *die
Haustiere/das Vieh* ... wohl im Sinn v. *alle Arten von Vieh* ... (vgl. 10,12). **ἑρπε-
τόν** *Kriechtier.* **πετεινόν** *Vogel;* τὰ πετεινὰ τοῦ οὐρανοῦ *die Vögel des*
7 *Himmels/Luftraums* = einfaches deutsches *die Vögel.* **7 ἤκουσα** Aor.
ἀκούω. **λεγούσης** Ptz. Fem. λέγω, GcP (A300) od. attr.; ἤκουσα δὲ
καὶ φωνῆς λεγούσης μοι *auch hörte ich eine Stimme zu mir sagen* od. *ich
hörte auch eine Stimme, die zu mir sagte.* **ἀνα-στάς** Wz.-Aor. Ptz. ἀν-ίστα-
μαι, temp. (als Imp. + „und“ [bzw. + Komma] übers.; A291,1 Anm. 1). **Πέ-
τρε** Vok. **θῦσον** Aor. Imp. θύω[13] *schlachten.* **φάγε** Aor. Imp. ἐσθίω.
8 **8 μηδαμῶς** *keineswegs, durchaus nicht,* hier etwa *auf gar keinen Fall.* **κύριε**
Vok. **ὅτι** hier *denn.* **κοινός** *gemeinsam;* hier *gemein* (profan), *unheilig,* (kul-
tisch) *unrein.* **ἀ-κάθαρτος**[11] *unrein, schmutzig* (kultisch bzw. sittl.-geistl.).
οὐ-δέ-ποτε (vgl. A18) *niemals* bzw. hier *noch nie;* κοινὸν ἢ ἀκάθαρτον
οὐδέποτε εἰσῆλθεν εἰς τὸ στόμα μου *noch nie ist etwas Unheiliges*
(GNB: *Verbotenes*) *oder Unreines in meinen Mund gekommen;* s.a. zu 10,14.
9 **εἰσ-ῆλθεν** Aor. -έρχομαι. **9 ἀπ-ε-κρίθη** Aor. Pass. ἀπο-κρίνομαι
hier (s. ἐκ δευτέρου) im Sinn v. *sagen, erschallen* (vgl. B 2). **ἐκ δευτέρου**
zum zweitenmal, ein zweites Mal (vgl. H-S §184h; B δεύτερος 4). **ἐ-καθάρι-
σεν** Aor. καθαρίζω[95] *reinigen, säubern;* (kultisch bzw. sittl.-geistl.) *reinigen,
rein machen, für rein erklären* (B 2a). **σύ** Subj. betont (A122). **κοίνου** Imp.
κοινόω (< κοινός V. 8) (kultisch) *verunreinigen;* hier *für* (kultisch) *unrein/un-
heilig ansehen* od. *erklären* (B 3); ἃ ὁ θεὸς ἐκαθάρισεν, (erg. ταῦτα [A358])
σὺ μὴ κοίνου *was Gott gereinigt/für rein erklärt hat, das erkläre du nicht für un-*
10 *rein/unheilig;* s.a. zu 10,15. **10 ἐ-γένετο** Aor. Med. γίνομαι. **ἐπί** m. Akk.
hier idiomatisch (eig. pleon.) vor einer Zahl- bzw. Maßbestimmung (BDR
§233,4); ἐπὶ τρίς übers. *dreimal* (s.a. zu 10,16). **τρίς**[19] *dreimal.* **ἀν-ε-**
11 **σπάσθη** Aor. Pass. ἀνα-σπάω *emporziehen.* **ἅ-πας**[10] = πᾶς. **11 ἐξ-
αυτῆς** (= ἐξ αὐτῆς ὥρας) *sofort;* καὶ ἰδοὺ ἐξαυτῆς *und seht, sogleich*
(Menge) od. (natürlicher) *in diesem Augenblick.* **ἐπ-έ-στησαν** Wz.-Aor. ἐφ-
ίσταμαι[205] *herantreten/kommen* ἐπί τι *an/vor etwas;* τρεῖς ἄνδρες ἐπέ-
στησαν ἐπὶ τὴν οἰκίαν *drei Männer kamen vor das Haus* bzw. (freier) *drei
Männer standen vor dem Haus.* **ἦμεν** Ipf. εἰμί [Var. ἤμην Sg. statt Pl.]. **ἀπ-
ε-σταλμένοι** Pf. (A231) Ptz. Pass. ἀπο-στέλλω, mod./kaus. od. attr. (m.
ungewöhnl. Wortstellung [vgl. BDR §477,1; H-S §292c]); τρεῖς ἄνδρες ...

ἀπεσταλμένοι ἀπὸ Καισαρείας πρός με *drei Männer ... von Cäsarea zu*
mir gesandt (Wilckens) od. ... *drei Männer, die aus Cäsarea zu mir gesandt waren.*
Καισάρεια 8,40. **12 τὸ πνεῦμα** *der Geist (Gottes)* (B πνεῦμα 5dα). 12
συν-ελθεῖν Aor. Inf. -έρχομαι[187] *zusammenkommen;* hier *mit* jmdm. *ge-*
hen; εἶπεν δὲ τὸ πνεῦμά μοι συνελθεῖν αὐτοῖς ... *der Geist (Gottes) be-*
fahl mir ... mit ihnen zu gehen (vgl. H-S §218f Anm. 1). **δια-κρίναντα** Aor.
Ptz. V. 2; hier *Bedenken haben, zweifeln* (diese Bdtg. erst seit NT nachweisbar);
part. coni. zum Subj. des Inf. (μοί) im Akk. (H-S §216e/230c; A269/287), mod.;
μηδὲν διακρίναντα etwa *ohne Bedenken.* **ἕξ**[19] *sechs;* οἱ ἓξ ἀδελφοὶ
οὗτοι *diese sechs Brüder hier* (Demonstrativum weist in die außersprachl. Situa-
tion). **εἰσ-ήλθομεν** Aor. -έρχομαι. **13 ἀπ-ήγγειλεν** Aor. -αγγέλ- 13
λω. **πῶς** hier wohl fast = ὅτι *daß* (späteres Griech.; B 2a; BDR §396[5]). **τὸν**
ἄγγελον *den* (dem Leser bereits v. 10,3 bekannten) *Engel,* im Deutschen na-
türlicher *einen Engel.* **σταθέντα** Aor. Ptz. Pass. ἵσταμαι (= στάντες
Wz.-Aor.); AcP (A300). **εἰπόντα** Aor. Ptz. λέγω, AcP; πῶς εἶδεν τὸν
ἄγγελον ἐν τῷ οἴκῳ αὐτοῦ σταθέντα καὶ εἰπόντα *wie/daß er gesehen*
habe, wie der/ein Engel in sein Haus trat und sagte. **ἀπό-στειλον** Aor. Imp.
-στέλλω erg. *Leute, Boten* o.ä. (vgl. A79). **μετά-πεμψαι** Aor. Imp. Med.
-πέμπομαι[45] *nach* jmdm. *schicken, kommen lassen.* **ἐπι-καλούμενον**
Ptz. Pass. -καλέω *(be)nennen;* hier *einen Beinamen geben,* Pass. *einen Beinamen*
haben/tragen (B 1bα); attr.; Σίμωνα τὸν ἐπικαλούμενον Πέτρον *einen*
Simon mit dem Beinamen Petrus. **14 ὅς** *dieser/er* (rel. Anschluß, A364a). **λα-** 14
λήσει Fut. λαλέω. **ἐν** instr. *durch* (A193). **σωθήσῃ** Fut. Pass. σῴζω;
zum Sg.-Präd. vgl. A94f; ἐν οἷς σωθήσῃ σὺ καὶ πᾶς ὁ οἶκός σου *durch*
die du und deine ganze Hausgemeinschaft/Familie gerettet werdet (eig. *gerettet*
werden werdet) od. (deutlicher) *die dir und deiner ganzen Hausgemeinschaft Ret-*
tung bringen werden (vgl. GNB). **15 ἐν τῷ** m. AcI temp. (A282) *als/während.* 15
ἄρξασθαι Aor. Inf. Med. ἄρχω, Präd. des AcI; ἐν δὲ τῷ ἄρξασθαί με
λαλεῖν *während ich dann zu reden begann* (Menge) od. (idiomatischer) *ich hatte*
aber noch kaum begonnen, zu ihnen zu sprechen, da (GNB). **λαλεῖν** Inf. λα-
λέω. **ἐπ-έ-πεσεν** Aor. ἐπι-πίπτω[194] *fallen/kommen auf/über* (hier ἐπί τι-
να *[auf/über] jmdn.*). **ὥσ-περ** (A352) *geradeso wie, gleichwie.* **ἐν ἀρχῇ** *(da-*
mals) am Anfang (d.h. am Pfingsttag [2,1ff]). **16 ἐ-μνήσθην** Aor. Pass. 16
(ohne bes. Pass.-Bdtg.) μιμνήσκομαι[168] m. Gen. *sich erinnern an; gedenken,*
denken an. **ὡς** *wie.* **ἔ-λεγεν** Ipf. λέγω, Ipf.; zum Zitat vgl. 1,5. **ἐ-βάπτι-**
σεν Aor. βαπτίζω. **ὕδατι** dat. instr. (A176) *mit Wasser.* **ὑμεῖς** Subj. be-
tont (A122). **βαπτισθήσεσθε** Fut. Pass. βαπτίζω. **ἐν** instr. *mit* (H-S
§177a; BDR §195[7]); ἐν πνεύματι ἁγίῳ (auch ohne Art. best. [A106c]) *mit*
dem Heiligen Geist. **17 εἰ** m. Ind. indefiniter Fall (A342; hier m. erfüllter 17
Bedingung [vgl. H-S §281b]). **ἴσος** *gleich.* **δωρεά** *Geschenk, Gabe.*
ἔ-δωκεν Aor. δίδωμι. **καί** hier pleon. (B II3); τὴν ἴσην ... ὡς καὶ ἡμῖν

die gleiche ... wie uns. **πιστεύσασιν** Aor. Ptz. πιστεύω; hier m. ἐπί τινα statt Dat. (B 2aδ); Aor. hier ingr. (vgl. H-S §194i; A229); part. coni. zu ἡμῖν od. (wohl sinnvoller) zu αὐτοῖς, viell. zu beiden (H-S §230c; A287); temp.; πιστεύσασιν ἐπὶ τὸν κύριον Ἰησοῦν Χριστόν *nachdem wir* (wohl besser *sie,* viell. *sie genau wie wir* [GN]) *zum Glauben an Jesus Christus, den Herrn, gekommen sind.* **ἤμην** V. 5. **δυνατός** *stark, mächtig;* δυνατός εἰμι = δύναμαι *imstande sein;* ἐγὼ τίς ἤμην δυνατός wohl „als wer/was für einer (vgl. A65) war ich imstande" etwa = *wer bin ich, daß ich ... könnte* (Einh.) od. *wie hätte* **ich** *... können* (GNB). **κωλῦσαι** Aor. Inf. κωλύω *hindern* (GNB hier: *sich* jmdm. *in den Weg stellen*). [Var. τοῦ m. AcI hier kons. nach Verb des Hinderns (wie 10,47); κωλῦσαι τὸν θεὸν τοῦ μὴ δοῦναι etwa *Gott daran zu hindern ... zu geben.* δοῦναι Aor. Inf. δίδωμι. πιστεύσασιν part. coni.
18 zu αὐτοῖς.] **18 ἀκούσαντες** Aor. Ptz. ἀκούω, temp. **ἡσύχασαν** Aor. ἡσυχάζω (vgl. A33[91ff]) *ruhig sein,* hier etwa *sich beruhigen* (Menge) bzw. (kontextgetreu) *seinen Widerstand aufgeben* (GNB). **ἐ-δόξασαν** Aor. δοξάζω. **λέγοντες** Ptz. λέγω, mod. **μετά-νοια** *Sinnesänderung, Umkehr, Bekehrung* bzw. *Abkehr;* ἄρα καὶ τοῖς ἔθνεσιν ὁ θεὸς τὴν μετάνοιαν εἰς ζωὴν ἔδωκεν *so hat Gott also auch den Nichtjuden die (Möglichkeit der) Umkehr zum Leben gegeben* bzw. (freier) *... auch den Nichtjuden den Weg eröffnet, zu ihm umzukehren und das wahre Leben zu gewinnen* (GNB). **εἰς** hier fin. (vgl. B 4f).

19 **19 μὲν οὖν** leitet fort bzw. markiert den Beginn einer neuen größeren Erzähleinheit (11,19-14,28: das syrische Antiochia wird zu einer „Operationsbasis" frühchristl. Mission). **δια-σπαρέντες** Aor. Ptz. Pass. -σπείρω[136] *zerstreuen;* Pass. *zerstreut werden* od. *sich zerstreuen* (GNB [kontextgetreu]: *fliehen*); subst.; οἱ μὲν οὖν διασπαρέντες ἀπὸ τῆς θλίψεως τῆς γενομένης ἐπὶ Στεφάνῳ διῆλθον ἕως *die (Christen) nun, die sich wegen/bei der Verfolgung, die gegen/beim Tod des/wegen Stephanus entstanden war, (von Jerusalem aus) zerstreut hatten, kamen (zum Teil) bis nach* bzw. etwa *die Christen, die in der Verfolgungszeit nach der Ermordung von Stephanus aus Jerusalem geflohen waren, kamen zum Teil bis nach* (GN). **ἀπό** hier kaus. *wegen, infolge* (B V1), *aus Anlaß (der)* (Menge), *unter dem Druck (der)* (Wilckens). **θλῖψις** hier *Verfolgung.* **γενομένης** Aor. Ptz. Med. γίνομαι, attr. **ἐπί** m. Dat. hier *gegen* (B II1aγ), temp. *bei Gelegenheit (des Todes) des* (BDR §234[8]) od. kaus. *wegen* (Menge; vgl. BDR §234[8]). **Στέφανος** 6,5. **δι-ῆλθον** Aor. -έρχομαι hier m. ἕως *(hin)kommen bis nach* (vgl. B 2). **Φοινίκη** *Phönizien,* Landstrich an der syrischen Küste m. den Städten Tyrus u. Sidon; die dortigen christl. Gemeinden (21,3-6; 27,3) sind wahrscheinl. in dieser Zeit entstanden (Bruce, Apg, S. 271). **Κύπρος** ἡ *Zypern* (s.a. zu 13,4). **Ἀντιόχεια** *Antiochia* am Orontesfluß, Hauptstadt der röm. Provinz Syrien (= heutiges [türkisches] Antakija), 300 v. Chr. v. Seleukos I. Nikator zu Ehren seines Vaters Antiochos gegründet,

schließl. m. Alexandria, Byzanz, ja sogar Rom vergleichbare blühende Kultur-
metropole (als Stadt des Christentums gewann es weltgeschichtl. Bdtg.; KP 1,
Sp. 386). **λαλοῦντες** Ptz. λαλέω, mod. **τὸν λόγον** *das „Wort"* als term.
tech. für die göttl. Botschaft bzw. die apostolische Verkündigung (vgl. B λόγος
1bβ; GN: *die Botschaft von Jesus*). **εἰ μή** nach Neg. *außer* (B εἰ VI9a; A341);
μηδενί ... εἰ μὴ μόνον *niemand(em) ... außer nur = nur.* **20 ἦσαν** Ipf. εἰ- 20
μί. **Κύπριος** *Zyprier, Bewohner von Zypern* (s.a. zu 13,4). **Κυρηναῖος** *Be-
wohner von Zyrene* (s. zu 2,10); ἄνδρες (klass. Idiom [BDR §242; H-S §260j])
Κύπριοι καὶ Κυρηναῖοι *Männer aus Zypern und Zyrene* od. *Zyprier und Zy-
rener.* **οἵ-τινες** = οἵ (BDR §293[9]; B ὅστις 3; A133); ἦσαν δέ τινες ἐξ
αὐτῶν ἄνδρες ... οἵτινες *es waren aber einige von ihnen* (ἐξ αὐτῶν statt
gen. partitivus, A164) *da* (vgl. B εἰμί I1), *Männer* ... (App., A70), *die* od. *unter
ihnen befanden sich* (= *zu ihnen gehörten* [vgl. B εἰμί III3]) *aber einige Männer* ...
(Subj.), *die* bzw. (einfacher) *einige von ihnen aber, die aus Zypern und Zyrene
stammten.* **ἐλθόντες** Aor. Ptz. ἔρχομαι, temp. (A291,1 Anm. 1). **εἰς** hier
nach. **ἐ-λάλουν** Ipf. λαλέω. **Ἑλληνιστής**[1] eig. „griechisch Reden-
der/Lebender" (BDR §109[8]; außerhalb des NT nicht bezeugtes Wort m. um-
strittener Bdtg.) *„Hellenist",* (6,1 [v. Judenchristen] u. 9,29 wohl *griechisch spre-
chender Jude*) hier (im Ggs. zu den Ἰουδαῖοι von V. 19) *griechisch sprechende
Person* im Sinn v. (griechisch sprechender) *Nichtjude* (Metzger, S. 340-342)
[Var. Ἕλλην[4] ηνος ὁ *Grieche;* hier im Sinn v. *Nichtjude* (B 2a)]. **εὐ-αγγε-
λιζόμενοι** Ptz. Med. -αγγελίζω, mod. (A291,2 Anm. 1); εὐαγγελιζόμε-
νοι τὸν κύριον Ἰησοῦν *und verkündeten (ihnen)* (A79) *die gute Nach-
richt/das Evangelium von Jesus, dem Herrn.* **21 ἦν** Ipf. εἰμί. **χεὶρ κυρίου** 21
die Hand des Herrn (d.h. wohl Jahwes [A107]; auch ohne Art. best. [A106c; BDR
§259[4]]), atl. Metapher für Gottes Macht/Geist (z.B. Ex 9,3; 1Sam 5,3; Jes 59,1;
66,14; Ez 1,3; s.a. Apg 4,30; 13,11; Lk 1,66); ἦν χεὶρ κυρίου μετ' αὐτῶν *die
Hand des Herrn war mit ihnen* (GNB: *Gott stand ihnen zur Seite*). **ἀριθμός**
Zahl, Anzahl. **πιστεύσας** Aor. Ptz. πιστεύω; Aor. hier ingr. (vgl. H-S
§194i; A229); attr. (zum Art. s. BDR §412[7]; vgl. A84/303); πολύς τε ἀριθμὸς
ὁ πιστεύσας ἐπέστρεψεν ... *und viele wurden gläubig und* (wörtl. *und eine
große Anzahl, die gläubig wurde*) *bekehrten sich* ... (Einh.). **ἐπ-έ-στρεψεν**
Aor. ἐπι-στρέφω[47] hier intr. *sich umwenden; umkehren, sich bekehren* (B 1bβ),
ἐπὶ τὸν κύριον *zum Herrn* (= *zu Jesus als ihrem Herrn* [vgl. GN]). **22 ἠκού-** 22
σθη Aor. Pass. ἀκούω. **λόγος** hier *Nachricht* (vgl. B 1aβ); ὁ λόγος ... περὶ
αὐτῶν *die Nachricht davon* (viell. *über sie* [die Menschen]). **οὖς**[3] ὠτός τό
Ohr; ἀκούεταί τι εἰς τὰ ὦτά τινος *etwas kommt jmdm. zu Ohren* (B 1).
οὔσης Ptz. Fem. εἰμί, attr. (vgl. ähnl. Gebrauch des Ptz. in 5,17; 13,1 u.
28,27); ἡ ἐκκλησία ἡ οὖσα ἐν Ἰερουσαλήμ (indekl., hier Dat.) *die in Je-
rusalem vorhandene/wirkende Gemeinde = die Gemeinde in Jerusalem.* **ἐξ-απ-
έ-στειλαν** Aor. -απο-στέλλω[113] *(ent)senden* (öfter m. einem speziel-

len Auftrag), auch m. ἕως *nach* (vgl. B 1aβ). **Βαρναβᾶς**[1] ᾶ 4,36. **διελ-**
23 **θεῖν** Aor. Inf. δι-έρχομαι V. 19; fin. (A276). **23 ὅς** V. 14. **παρα-γενό-**
μενος Aor. Ptz. Med. -γίνομαι[176] *ankommen, hinkommen;* temp. **ἰδών**
Aor. Ptz. ὁράω, temp.; ὃς παραγενόμενος καὶ ἰδών ... *als er hinkam*
und ... sah. **χάρις** hier v. der Wirkung der Gnade (vgl. A382c), bildet zusam-
men m. ἐχάρη wohl ein Wortspiel (vgl. H-S §294i): Gottes Gnade (χάρις) er-
füllt die Empfänger u. die Zeugen des Geschehens m. Freude (χαρά); καὶ
ἰδὼν τὴν χάριν τὴν τοῦ θεοῦ *und (als er) die Gnade Gottes sah* bzw. *und*
(als er) sah, was Gott in seiner großen Güte dort gewirkt hatte (GN). **ἐ-χάρη**
Aor. Pass. (m. akt. Bdtg.) χαίρω. **παρ-ε-κάλει** Ipf. παρα-καλέω. **πρό-**
θεσις[8] *Aufstellung; Vorsatz, Entschluß;* τῇ προθέσει τῆς καρδίας dat.
instr./modi (A176/180) „mit/gemäß dem Vorsatz des Herzens" wohl = *fest ent-*
schlossen (Menge: *mit festem Herzen*), viell. = *wie sie es sich vorgenommen*
hatten (Einh.). **προσ-μένειν** Inf. -μένω m. Dat. *bleiben bei,* hier: jmdm. *treu*
24 *bleiben* (B 1aβ). **24 ὅτι** hier (vor erklärendem Einschub [vgl. A374]) etwa als
nämlich berücksichtigen (Menge). **ἦν** *er* (Barnabas) *war.* **ἀγαθός** hier *tüch-*
tig, trefflich (B 1aα). **πλήρης**[7] *angefüllt, voll* (*mit/von* m. Gen. [A164f]); καὶ
πλήρης πνεύματος ἁγίου καὶ πίστεως etwa (erstes καί am besten als
Komma berücksichtigen) *erfüllt vom Heiligen Geist* (wohl auch ohne Art. best.,
vgl. zu 2,4) *und von Glauben.* **προσ-ε-τέθη** Aor. Pass. -τίθημι[200] m. Dat.
hinzufügen, hinzuführen (vgl. B 1b), *hinzugewinnen für* (Menge). **ἱκανός** *hin-*
25 *länglich;* hier *groß, beträchtlich.* **25 ἐξ-ῆλθεν** Aor. -έρχομαι hier m. εἰς
(weg)gehen nach, sich begeben nach. **Ταρσός** ἡ 9,30. **ἀνα-ζητῆσαι** Aor.
Inf. -ζητέω *suchen, aufsuchen, ausfindig machen;* fin. (A276). **Σαῦλος** 7,58.
26 **26 εὑρών** Aor. Ptz. εὑρίσκω, temp.; erg. αὐτόν (A79; gilt auch für ἤγα-
γεν). **ἤγαγεν** Aor. ἄγω hier m. εἰς *mitnehmen nach.* **ἐ-γένετο** V. 10; γί-
νεται m. Inf./AcI *es ereignet sich, daß* (A271), hier m. zusätzl. dat. commodi
(A173a): ἐγένετο αὐτοῖς ... *es ereignete sich für sie, daß* ...; davon sind die drei
Inf. συναχθῆναι, διδάξαι u. χρηματίσαι abhängig: bei den ersten beiden
ist das Subj. (αὐτούς) gedankl. auf Grund v. αὐτοῖς zu erg. (es liegt eine Art
„DcI" [vgl. A268] vor); ἐγένετο δὲ αὐτοῖς καὶ ἐνιαυτὸν ὅλον συναχ-
θῆναι ἐν τῇ ἐκκλησίᾳ καὶ διδάξαι ὄχλον ἱκανόν, χρηματίσαι τε
πρώτως ἐν Ἀντιοχείᾳ τοὺς μαθητὰς Χριστιανούς etwa *die beiden*
(wörtl. *es ereignete sich für sie aber, daß [sie]*) *waren ein ganzes Jahr lang mit der*
Gemeinde zusammen und unterrichteten viele Menschen (im Glauben); in Antio-
chia wurden die Jünger (Jesu) zuerst „Christen" genannt. **ἐνιαυτός** *Jahr;* ἐνι-
αυτὸν ὅλον Akk. der zeitl. Ausdehnung (A148) *ein ganzes Jahr lang.* **συν-**
αχθῆναι Aor. Inf. Pass. -άγω; Pass. hier ἐν τῇ ἐκκλησίᾳ etwa *sich mit der*
Gemeinde treffen (vgl. TEV2), *mit der Gemeinde zusammen sein* (Wilckens) bzw.
(kontextnah) *als Gäste in der Gemeinde tätig sein* (Menge) od. *gemeinsam in der*
Gemeinde wirken (GNB); erstes Präd. des AcI/„DcI". **διδάξαι** Aor. Inf.

διδάσκω, zweites Präd. des AcI/„DcI". **ὄχλον ἱκανόν** AkkO zum zweiten
AcI/„DcI"-Präd. **χρηματίσαι** Aor. Inf. χρηματίζω (vgl. A33[91ff]) *eine*
Weisung erteilen; hier (eig. „als jmd./unter einem bestimmten Namen Dinge/Ge-
schäfte erledigen") *einen Namen führen, benannt werden, heißen* (B 2); drittes
Präd. des AcI. **πρώτως** *zum erstenmal, zuerst.* **μαθητής** hier *Jünger Jesu*
(vgl. B 2bγ); τοὺς μαθητὰς Subj. zum dritten AcI-Präd. **Χριστιανός**
Christ, d.h. Anhänger des Christus; Χριστιανούς Präd.-Nom. zum dritten
AcI-Präd.; der Name wurde ihnen wahrscheinl. v. der Bevölkerung Antiochias
beigelegt; zur Selbstbezeichnung wurde er wohl erst im 2. Jh.
27 ἐν ταύταις δὲ ταῖς ἡμέραις markiert den Beginn einer neuen 27
Erzähleinheit (s. zu 1,15). **κατ-ῆλθον** Aor. -έρχομαι[187] *herabkommen,*
hinabgehen ἀπό τινος εἴς τι *von ... nach.* **προφῆται** hier v. Christen, die
unter bes. Leitung des Geistes Gottes redeten (vgl. 13,1; 15,32; 21,9-10; 1Kor
12,28; Eph 2,20; 4,11). **Ἀντιόχεια** V. 19. **28** [Var. ἦν V. 21. ἀγαλλία- 28
σις[8] *Jubel.* συν-ε-στραμμένων Pf. (A231) Ptz. Pass. συ-στρέφω[47] Pass.
versammeln, zusammenkommen (B 2); gen. abs. (A288), temp. ἔ-φη Ipf. φη-
μί.] **ἀνα-στάς** V. 7, hier (bei einer Gemeindezusammenkunft) *aufstehen*
(viell. entsprechend einem „participium graphicum" [wohl sem.] pleon. ge-
braucht [s. GN; vgl. A296; BDR §419[2]]) od. im Sinn v. *auftreten* (Menge); temp.
(A291,1 Anm. 1). **ἐξ αὐτῶν** hier statt gen. partitivus (A164). **ὀνόματι**
dat. respectus (vgl. BDR §197,2; vgl. A178) *mit Namen, namens.* **Ἅγαβος**
Agabus. **ἐ-σήμανεν** Aor. σημαίνω[122] *kundtun, berichten;* hier *voraussagen*
(B 2), *weissagen* (Menge), m. AcI [Var. 1 σημαίνων Ptz. (mod.); Var. 2 ἐ-σή-
μαινεν Ipf.]. **διὰ τοῦ πνεύματος** *durch den (Heiligen) Geist,* d.h. *in der*
Kraft (GNB: *auf Eingebung*) *des Heiligen Geistes, geleitet vom Heiligen Geist.* **λι-
μός** ὁ u. ἡ *Hungersnot.* **μέλλειν** Inf. μέλλω hier (m. Inf.) umschrieb. Fut.
(A250) bzw. zur Verstärkung des flgd. Inf. Fut. (BDR §356[4]); Präd. des AcI; λι-
μὸν μεγάλην μέλλειν ἔσεσθαι *eine große Hungersnot werde (bestimmt) ...*
kommen (vgl. B 1a). **ἔσεσθαι** Fut. Inf. εἰμί hier m. ἐπί u. Akk. *kommen*
über (Menge). **οἰκουμένη** (Ptz. Fem. Pass. οἰκέω wohnen + γῆ) *(bewohn-*
te) Erde, Welt; Menschheit; hier *„Welt"* hyperbolisch (A383) im Sinn v. *römisches*
Reich („orbis terrarum"; Bruce, Apg, S. 276; vgl. KP 4, Sp. 255f). **ἥ-τις** wohl =
ἥ (B ὅστις 3; A133); führt hier eine Parenthese ein (A374). **ἐ-γένετο** V. 10,
hier *eintreten, eintreffen.* **ἐπί** m. Gen. hier *zur Zeit von, unter (der Regierung von)*
(B I2; H-S §184j). **Κλαύδιος** *Klaudius,* röm. Kaiser (Tiberius Claudius
Caesar Augustus Germanicus; 41-54 n. Chr. [LAW, Sp. 640f; KP 1, Sp. 1215-
1218]); das röm. Reich (so bes. Judäa u. auch Rom) wurde in dieser Zeit v. aus-
gedehnten Dürreperioden u. Hungersnöten heimgesucht (s. Hemer, Setting,
S. 164f). **29 μαθητής** V. 26; gen. partitivus (A164) zu ἕκαστος, durch αὐ- 29
τῶν (pleon.) wieder aufgenommen. **εὐ-πορεῖτο** Ipf. Med. -πορέομαι *ver-*
mögend sein, die finanziellen Mittel (für etwas) *haben;* καθὼς εὐπορεῖτό τις

etwa *je nach seiner Vermögenslage* (B καθώς 2), *je nach seinen finanziellen Mög-*
lichkeiten. **ὥρισαν** Aor. ὁρίζω (vgl. A33[91ff]) *bestimmen, festsetzen, beschlie-*
ßen; Pl. sinngemäße Konstruktion (A96); τῶν δὲ μαθητῶν, καθὼς εὐπο-
ρεῖτό τις, ὥρισαν ἕκαστος αὐτῶν εἰς διακονίαν πέμψαι (erg. τὶ
[A79]) τοῖς ... etwa *die Jünger/Christen (in Antiochia) beschlossen, jeder von ih-*
nen sollte je nach seinen finanziellen Möglichkeiten den ... etwas als Unterstützung
zukommen lassen od. (klarer) ... *beschlossen, den ... nach Kräften zu helfen – ent-*
sprechend dem, was die einzelnen in der Gemeinde erübrigen konnten (vgl. GNB).
διακονία *Dienstleistung; Dienst;* hier *Versorgung, Unterstützung;* εἰς διακο-
νίαν τί τινι πέμπω *jmdm. etwas zur/als Unterstützung/Hilfe senden/zukom-*
men lassen (vgl. B 4). **πέμψαι** Aor. Inf. πέμπω. **κατ-οικοῦσιν** Ptz. -οι-
κέω, attr.; τοῖς κατοικοῦσιν ἐν τῇ Ἰουδαίᾳ ἀδελφοῖς *den Brüdern/Ge-*
30 *schwistern, die in Judäa lebten.* **30 ὅ** *das* (rel. Anschluß, A364a); ὃ καί *das ...*
auch. **ἐ-ποίησαν** Aor. ποιέω. **ἀπο-στείλαντες** Aor. Ptz. -στέλλω
erg. als impliziertes AkkO (A79) etwa *ihre Spende* (GNB; Menge: *den Ertrag der*
Sammlung); mod. (Aor. hier gleichzeitig [vgl. A285]). **πρεσβύτερος** Pl. bez.
hier zum erstenmal die christl. *Ältesten,* die Leiter der Gemeinde (hier wohl Je-
rusalems). **διὰ χειρός** m. Gen. = διά m. Gen. (wohl hebr., LXX-Idiom;
BDR §217[6]; A186; vgl. A382). **Βαρναβᾶς**[1] ᾶ 4,36. **Σαῦλος** 7,58; bei die-
sem Besuch könnte es sich gut um denjenigen handeln, den Paulus in Gal 2,1
erwähnt (Hemer, Setting, S. 183).

12 **κατά** m. Akk. *während, zu* (B II2a); κατ' ἐκεῖνον τὸν καιρόν *zu jener*
Zeit, etwa um diese Zeit; eine ungefähre Zeitangabe, die auf 11,19-30 Bezug
nimmt: was folgt, geschah nach der Missionierung Antiochias, viell. nach der
Prophetie des Agabus, auf jeden Fall vor der Hungersnot. **ἐπ-έ-βαλεν** Aor.
ἐπι-βάλλω[112] *auf* etwas *werfen/legen;* ἐπέβαλεν ... τὰς χεῖρας κακῶσαί
τινας ... wird unterschiedl. gedeutet: a) ausgehend v. ἐπιβάλλω τὰς χεῖ-
ρας m. ἐπί τινα (od. m. τινί) *jmdn. festnehmen* (vgl. B 1b; erg. Obj. [A79]):
Herodes *ließ* (A218) *einige ... festnehmen, um* (fin., A276) *sie zu mißhandeln/um*
seine Wut an ihnen auszulassen (vgl. Menge) od. b) ausgehend v. ἐπιβάλλω
τὰς χεῖρας = ἐπιχειρέω *Hand anlegen,* m. Inf. *sich daran machen, beginnen*
(ZG): Herodes *begann gegen einige ... mit Gewalt vorzugehen* (vgl. GN). **Ἡρῴ-**
δης ὁ βασιλεύς *der König Herodes,* d.h. (Herodes) Julius Agrippa I., Enkel
Herodes des Großen (vgl. Mt 2,1); 37 n. Chr. machte ihn Rom zum König der
verwaisten Tetrarchie des Philippus (vgl. Lk 3,1), zu der später auch die Gebiete
des Antipas (vgl. zu Mt 14,1) u. des Archelaus (vgl. Mt 2,22) hinzukamen, so
daß er 41-44 (seinem Todesjahr) praktisch über das ganze ursprüngl. König-
reich seines Großvaters herrschte; unjüdisches Verhalten glich er durch großen
Einsatz für den Tempel u. Verfolgung der Christen aus (KP 2, Sp. 1094). **κα-**
κῶσαι Aor. Inf. κακόω m. Akk. *jmdn. schlecht/hart behandeln, mißhandeln*
bzw. (hier) etwa *gegen jmdn. mit Gewalt vorgehen.* **τινάς** m. gen. partitivus

(A137a/164). **ἀπό** hier = ἐκ (vgl. A184a) v. der Zugehörigkeit; οἱ ἀπὸ τῆς
ἐκκλησίας *die zur Gemeinde Gehörigen* (vgl. B IV1b); τινὰς τῶν ἀπὸ τῆς
ἐκκλησίας *einige Mitglieder der Gemeinde* (Menge), *einige aus der Gemeinde.*
2 ἀν-εῖλεν Aor. -αιρέω[186] *beseitigen, aufheben;* meist: *töten;* ἀνεῖλεν Ἰά- 2
κωβον τὸν ἀδελφὸν Ἰωάννου μαχαίρῃ *er ließ* (A218) *Jakobus, den Bru-
der von Johannes* (App. [A70] zur Unterscheidung v. dem Jakobus v. V. 17), *mit
dem Schwert hinrichten.* **μάχαιρα** (zu -ρῃ statt -ρᾳ BDR §43[1]; H-S §25f)
Schwert; dat. instr. (A176). **3 ἰδών** Aor. Ptz. ὁράω, temp. **ἀρεστός** *wohl-* 3
gefällig, angenehm; ὅτι ἀρεστόν ἐστιν τοῖς Ἰουδαίοις *daß es/das den Ju-
den gefiel* (Tempus u. Modus wie in der entsprechenden direkten Rede; A326).
προσ-έ-θετο Aor. Med. -τίθημι[200] *hinzufügen;* hier Med. *weiterhin, wieder
tun* (wohl Hebr.; A83b); προσέθετο συλλαβεῖν καὶ Πέτρον *er ließ* (A218)
auch (wörtl. *des weiteren auch*) *Petrus festnehmen.* **συλ-λαβεῖν** Aor. Inf.
-λαμβάνω[152] *ergreifen, festnehmen.* **ἦσαν** Ipf. εἰμί. **δέ** hier zur Markie-
rung der Parenthese (A374; B 2); ἦσαν δὲ αἱ ἡμέραι τῶν ἀζύμων etwa
das geschah während der (wörtl. *es waren gerade die*) *Tage der ungesäuerten Brote,*
wohl im Jahr 42 od. 43 n. Chr. (Bruce, Apg, S. 281). **ἄ-ζυμος**[11] *ungesäuert,
ohne/frei von Sauerteig;* τὰ ἄζυμα *ungesäuerte Brotfladen* (Mazzen), *das Fest
der ungesäuerten Brote* (Mazzenfest; s. zu Mt 26,17). **4 ὅν** *diesen/ihn* (rel. 4
Anschluß, A364a). **καί** hier pleon. nach Rel.-Pron. (A311,8; BDR §442,8b),
unübersetzt lassen. **πιάσας** Aor. Ptz. πιάζω (vgl. A33[91ff]) *halten, fassen, er-
greifen;* hier *gefangennehmen, verhaften* (B 2a); temp. **ἔ-θετο** Aor. Med. τί-
θημι; εἰς φυλακὴν τίθεμαι *ins Gefängnis sperren;* erg. αὐτόν (A79; dies
gilt auch für παραδούς). **παρα-δούς** Aor. Ptz. -δίδωμι, mod. **τέσσα-
ρες**[19f] *vier.* **τετράδιον** *Vierzahl;* hier *Abteilung von vier Mann;* τέσσαρσιν
τετραδίοις στρατιωτῶν *vier Abteilungen von je vier Soldaten* (offenbar eine
für jede „Nachtwache“ [vgl. zu Mk 13,35]) od. (kontextgetreu) *vier Gruppen zu
je vier Soldaten, die einander ablösen sollten* (GNB). **στρατιώτης**[1] *Soldat.*
φυλάσσειν Inf. φυλάσσω *wachen, bewachen;* fin. (A276). **βου-
λόμενος** Ptz. βούλομαι *wollen, wünschen;* mod. **πάσχα** τό indekl. (aram.
פַּסְחָא/פִּסְחָא *pasḥāʾ/pisḥāʾ*, hebr. פֶּסַח *pèsaḥ*) *Passafest* (14./15. Nisan [Anfang
April] zur Erinnerung an Israels Auszug aus Ägypten), *Passafestzeit* (Passafest
einschließl. Fest der Ungesäuerten Brote [15.-21. Nisan]; vgl. zu Mt 26,17).
ἀναγαγεῖν Aor. Inf. -άγω[59] *hinauf-, heraufführen;* hier τῷ λαῷ *dem Volk
vorführen,* ihm *vor allem Volk den Prozeß machen* (GNB), um ihn ebenfalls
hinrichten zu lassen (vgl. προσέθετο V. 3). **5 ἐ-τηρεῖτο** Ipf. Pass. τηρέω. 5
προσ-ευχή *Gebet.* **ἦν** Ipf. εἰμί. **ἐκ-τενῶς** *beharrlich, inständig, unab-
lässig* (Menge). **γινομένη** Ptz. γίνομαι hier m. πρός zur Angabe des
Zieles *ergehen an* (vgl. B I4cε), *gerichtet werden an;* umschrieb. Ipf. (A249a);
προσευχὴ δὲ ἦν ἐκτενῶς γινομένη ὑπὸ τῆς ἐκκλησίας πρὸς τὸν
θεὸν περὶ αὐτοῦ etwa *doch von der Gemeinde wurde unablässig für*

ihn zu Gott gebetet (vgl. Menge), *die Gemeinde aber betete inständig für ihn zu
Gott.*
6 **6 ἤ-μελλεν** Ipf. μέλλω. **προ-αγαγεῖν** Aor. Inf. -άγω[59] *vorausge-
hen, vorangehen;* hier *(zur Verurteilung) vorführen lassen* (Menge; vgl. A218), *vor
Gericht stellen* (GNB). **Ἡρῴδης** V. 1. **τῇ νυκτὶ ἐκείνῃ** (temp. Dat.,
A182) *in jener Nacht = in der Nacht zuvor* (Menge); ὅτε δὲ ἤμελλεν προ-
αγαγεῖν αὐτὸν ὁ Ἡρῴδης, τῇ νυκτὶ ἐκείνῃ etwa *in der Nacht, bevor
Herodes ihn vorführen lassen wollte.* **ἦν** V. 5. **κοιμώμενος** Ptz. κοιμάο-
μαι *schlafen;* umschrieb. Ipf. (A249a). **μετα-ξύ** uneig. Präp. (A183) *zwi-
schen.* **στρατιώτης** V. 4. **δε-δεμένος** Pf. (A231) Ptz. Pass. δέω, mod.;
δεδεμένος ἁλύσεσιν δυσίν (dat. instr., A176) *mit zwei Ketten gefesselt*
(Zustandspassiv, vgl. A242), d.h. auf beiden Seiten m. Handschellen an je einen
Soldaten gefesselt (Bruce, Apg, S. 283). **ἅλυσις**[8] *Kette, Handschellen.* **φύ-
λαξ**[3] ακος ὁ *Wächter.* **θύρα** *Tür,* d.h. wahrscheinl. die Zellentür. **ἐ-τή-
ρουν** Ipf. τηρέω hier τὴν φυλακήν *das Gefängnis/den Kerker bewachen*
7 (B 1). **7 καὶ ἰδού** hier etwa *plötzlich.* **ἐπ-έ-στη** Wz.-Aor. ἐφ-ίστα-
μαι[205] *herantreten;* ἰδοὺ ἄγγελος κυρίου ἐπέστη *plötzlich trat ein Engel
des Herrn heran/ein* bzw. (idiomatischer) *plötzlich stand ein Engel des Herrn da.*
ἔ-λαμψεν Aor. λάμπω (vgl. A33[40ff]) *leuchten, aufleuchten.* **οἴκημα**[3]
Wohnraum, Zimmer, auch als (att.) Euphemismus (A385) für *Gefängniszelle.*
πατάξας Aor. Ptz. πατάσσω (vgl. A33[74ff]) *schlagen, stoßen,* τὴν πλευ-
ράν τινος *jmdm. einen Stoß in die Seite geben;* mod. **πλευρά** *Seite* (meist des
menschl. Körpers). **ἤγειρεν** Aor. ἐγείρω. **λέγων** Ptz., mod. **ἀνά-στα**
Wz.-Aor. Imp. (statt -στηθι, vgl. A21) ἀν-ίσταμαι. **τάχος**[7] *Schnelligkeit,
Geschwindigkeit;* ἐν τάχει *schnell.* **ἐξ-έ-πεσαν** Aor. ἐκ-πίπτω[194] *heraus-
fallen; abfallen;* ἐξέπεσαν αὐτοῦ αἱ ἁλύσεις ἐκ (= ἀπό [vgl. A184a])
8 τῶν χειρῶν *seine/die Ketten fielen ihm von den Händen ab.* **8 ζῶσαι** Aor.
Imp. Med. ζώννυμι[224] *gürten;* Med. *sich gürten;* ζῶσαι *gürte dich, leg deinen
Gürtel um,* d.h. um das auch in der Nacht (unmittelbar auf dem Leib) getragene
Untergewand (den χιτών). **ὑπό-δησαι** Aor. Imp. Med. -δέομαι[36] *sich*
(Sandalen) *unterbinden/anziehen.* **σανδάλιον** *Sandale.* **ἐ-ποίησεν** Aor.
ποιέω. **οὕτως** idiomatisch hier *das.* **λέγει** hist. Präs. (A235). **περι-βα-
λοῦ** Aor. Imp. Med. -βάλλω[112] (Kleidungsstücke, Schmuck) *anziehen;* Med.
9 *sich anziehen.* **ἀκολούθει** Imp. ἀκολουθέω. **9 ἐξ-ελθών** Aor. Ptz. -ἔρ-
χομαι, mod. (A291,2 Anm. 1). **ἠκολούθει** Ipf.; καὶ ἐξελθὼν ἠκολούθει
(erg. αὐτῷ [A79]) *und er/Petrus ging nach draußen und folgte ihm = Petrus folgte
ihm nach draußen.* **ᾔδει** Plsqpf. (m. Ipf.-Bdtg.) οἶδα. **ἀληθής**[7] *wahr; wirk-
lich;* ὅτι ἀληθές ἐστιν τὸ γινόμενον διὰ τοῦ ἀγγέλου *daß das, was
durch den Engel geschah, Wirklichkeit war* (Tempus u. Modus wie in der entspre-
chenden direkten Rede; A326). **γινόμενον** Ptz., subst. **ἐ-δόκει** Ipf. δο-
κέω. **ὅραμα**[3] *(das) Geschaute/Gesehene* (d.h. etwas, was man wirkl. sehen

kann); hier *Gesicht, Vision;* ἐδόκει δὲ ὅραμα βλέπειν *er meinte, er hätte*
eine Vision. **βλέπειν** Inf. **10 δι-ελθόντες** Aor. Ptz. -έρχομαι hier 10
passieren (B 1a); temp. (A291,1 Anm. 1); διελθόντες δὲ πρώτην φυλακὴν
καὶ δευτέραν *sie gingen an einem/an dem* (BDR §256[2]) *ersten und zweiten*
Wachtposten vorbei und. **φυλακή** hier *Wachtposten* (B 2). **ἦλθαν** Aor. (vgl.
H-S §105g) ἔρχομαι. **πύλη** *Tor, Tür.* **σιδηροῦς** (H-S §44c) *eisern.* **φέ-**
ρουσαν Ptz. Fem. φέρω hier (v. einem Tor) irgendwohin *führen;* attr. **ἥ-τις**
= ἥ (B ὅστις 3; A133). **αὐτό-ματος** hier Adj. adv. (mod.) gebraucht
(A113; vgl. BDR §243[1]) *von selbst.* **ἠν-οίγη** Aor. Pass. ἀν-οίγω hier Pass.
sich öffnen. **ἐξ-ελθόντες** Aor. Ptz. -έρχομαι [Var. εἰσ-], temp. [Var. κατ-
έ-βησαν Aor. κατα-βαίνω. βαθμός *Stufe* bzw. *Treppe*]. **προ-ῆλθον**
Aor. -έρχομαι[187] *vorgehen, vorwärtsgehen, weitergehen* (B 1) bzw. (eine Straße)
entlanggehen (ZG); προῆλθον ῥύμην μίαν *sie gingen eine Gasse weit* (A148;
Menge: ***eine*** *Straße weit vorwärts*) od. *sie gingen eine Straße entlang.* **ῥύμη** *enge*
Straße, Gasse. **μίαν** hier wohl = τινά (A137b). **ἀπ-έ-στη** Wz.-Aor. ἀφ-
ίσταμαι[205] *sich entfernen, weggehen* ἀπό τινος *von jmdm./etwas;* καὶ εὐ-
θέως ἀπέστη ὁ ἄγγελος ἀπ᾽ αὐτοῦ etwa *da verschwand plötzlich der En-*
gel neben ihm (Menge) od. *und auf einmal verließ ihn der Engel* (Einh.). **11 γε-** 11
νόμενος Aor. Ptz. Med. γίνομαι hier ἐν m. Refl.-Pron. *zu sich kommen;*
temp.; ὁ Πέτρος ἐν ἑαυτῷ γενόμενος *als Petrus nun zu sich* (wörtl. „in
sich" im Ggs. zu „außer sich" [ἐν ἐκστάσει; vgl. 11,5]) *kam* (Menge) od.
(freier) *da merkte Petrus, was mit ihm geschehen war und* (vgl. TEV2). **ἀλη-**
θῶς *wahrhaftig, wirklich, tatsächlich.* **ἐξ-απ-έ-στειλεν** Aor. -απο-στέλ-
λω[113] *(ent)senden* (öfter m. einem speziellen Auftrag). **ἐξ-είλατο** Aor. Med.
-αιρέω[186] *herausnehmen;* Med. ἔκ τινος *aus etwas herausreißen, aus/von etwas*
befreien/retten. **ἐκ χειρός** *aus der Hand/Gewalt* (B χείρ 2b). **προσ-δοκία**
Erwartung; καὶ πάσης τῆς προσδοκίας τοῦ λαοῦ τῶν Ἰουδαίων *und*
von all dem, was sich das jüdische Volk erhofft hat. **12 συν-ιδών** Aor. Ptz. 12
-εἶδον/οράω[192] *einsehen, bemerken, sich klar werden;* temp. *als ihm das* (A79)
klargeworden war (GNB). **Μαρία**[1] *Maria.* **ἐπι-καλουμένου** Ptz. Pass.
-καλέω *(be)nennen;* hier *einen Beinamen geben,* Pass. *einen Beinamen ha-*
ben/tragen (B 1bα); attr.; Ἰωάννου τοῦ ἐπικαλουμένου Μάρκου *des Jo-*
hannes mit dem Beinamen Markus. **Μᾶρκος** *Markus;* Johannes Markus (s.a.
V. 25; 13,5-13; 15,37-39) wird meist gleichgesetzt m. dem Markus v. Kol 4,10,
Phm 24, 2Tim 4,11 u. 1Pt 5,13 (zeitweiliger Mitarbeiter v. Paulus u. Petrus;
Cousin v. Barnabas) u. m. dem Verfasser des Mk-Evangeliums (vgl. zu Mk 1,1).
οὗ[18] *wo, wohin.* **ἦσαν** V. 3. **ἱκανός** *hinlänglich;* hier *viel.* **συν-ηθροι-**
σμένοι Pf. Ptz. Pass. -αθροίζω (vgl. A33[91ff]) *versammeln;* umschrieb. Plsqpf.
(A25/249b); οὗ ἦσαν ἱκανοὶ συνηθροισμένοι *wo viele (Geschwister/Chri-*
sten) versammelt waren (Zustandspassiv, vgl. A242). **προσ-ευχόμενοι** Ptz.
-εύχομαι, umschrieb. Ipf. (A249a). **13 κρούσαντος** Aor. Ptz. κρούω (an 13

die Tür) *klopfen, anklopfen,* τὴν θύραν *an die Tür;* gen. abs. (A288), temp.
θύρα *Tür.* **πυλών**[4] ῶνος ὁ *Tor; Toreingang, Vorhalle;* ἡ θύρα τοῦ πυ-
λῶνος *die Tür der Vorhalle/des Hoftores* od. (einfach) *das Außentor/Hoftor.*
προσ-ῆλθεν Aor. -έρχομαι. **παιδίσκη** *Magd, Sklavin, Dienerin.* **ὑπ-
ακοῦσαι** Aor. Inf. -ακούω[2] *gehorchen;* hier idiomatisch vom Reagieren ei-
nes Türhüters auf Einlaß Suchende: feststellen, wer da ist u. was er wünscht,
hier etwa *nachsehen, wer an der Tür ist* bzw. *öffnen* (B 3); fin. (A276). **ὀνό-
ματι** dat. respectus (vgl. BDR §197,2; vgl. A178) *mit Namen, namens;* παιδί-
σκη ... ὀνόματι Ῥόδη *eine Magd/Dienerin namens Rhode* (zur Wortstellung
14 vgl. H-S §292c). **Ῥόδη** *Rhode.* **14 ἐπι-γνοῦσα** Aor. Ptz. Fem. -γινώ-
σκω, temp. **ἀπό** hier kaus. *vor* (B V3; BDR §210[1]); ἀπὸ τῆς χαρᾶς *vor
Freude.* **ἤν-οιξεν** Aor. ἀν-οίγω. **εἰσ-δραμοῦσα** Aor. Ptz. Fem. -τρέ-
χω[196] *hineinlaufen,* temp. (A291,1 Anm. 1). **ἀπ-ήγγειλεν** Aor. -αγγέλλω
hier m. AcI (indirekte Rede, A334a). **ἑστάναι** Pf. (Wz.-Pf., H-S §109a; m.
15 präs. Bdtg.) Inf. ἵσταμαι, Präd. des AcI. **15 οἱ δέ** *(doch/und) diese/sie*
(A102). **εἶπαν** Aor. (vgl. H-S §105g) λέγω. **μαίνομαι** *rasen, von Sin-
nen/verrückt sein.* **ἡ δέ** *(doch/und) diese/sie* (A102). **δι-ϊσχυρίζετο** Ipf.
Med. -ϊσχυρίζομαι *steif und fest behaupten, darauf bestehen;* hier m. AcI (erg.
τοῦτο/ταῦτα als Subj.). **ἔχειν** Inf. ἔχω hier intr. m. Adv. *sich verhalten, sein*
(vgl. B II); Präd. des AcI. **ἔ-λεγον** Ipf. λέγω. **ὁ ἄγγελός ἐστιν αὐτοῦ**
es ist sein Engel (Menge: *es muß sein Engel sein*); gemeint ist hier wohl ein
himml. Doppelgänger des Petrus, in dem manche seinen „Schutzengel“ (vgl. zu
Mt 18,10) sehen (EWNT 1, Sp. 33; GNB übersetzt so; vgl. Tobit 5,4-16).
16 **16 ἐπ-έ-μενεν** Ipf. ἐπι-μένω *bleiben; bleiben bei,* m. Ptz.: etwas *beharr-
lich/hartnäckig weiter* tun (vgl. B 2). **κρούων** Ptz., präd. bei Verb des modifi-
zierten Seins u. Tuns (BDR §414,1; A301); ὁ δὲ Πέτρος ἐπέμενεν κρούων
Petrus aber klopfte beharrlich weiter od. *Petrus aber klopfte und klopfte* (GNB).
ἀν-οίξαντες Aor. Ptz. -οίγω, temp. **εἶδαν** Aor. (vgl. H-S §105g) ὁράω.
ἐξ-έ-στησαν Wz.-Aor. -ίσταμαι[205] *außer sich geraten* (vor Staunen).
17 **17 κατα-σείσας** Aor. Ptz. -σείω[3] *schütteln, lebhaft bewegen;* m. τῇ χειρί
(dat. instr., A176) *(mit der Hand) winken,* hier m. τινί *jmdn. mit einer Handbe-
wegung bitten;* temp. (A291,1 Anm. 1). **σιγᾶν** Inf. σιγάω *schweigen, still sein.*
δι-ηγήσατο Aor. Med. -ηγέομαι *erzählen, beschreiben, darlegen.* **ἐξ-
ήγαγεν** Aor. -άγω[59] *hinaus-, herausführen.* **εἶπέν τε** *und er* (d.h. Petrus)
sagte. **ἀπ-αγγείλατε** Aor. Imp. -αγγέλλω. **Ἰάκωβος** *Jakobus;* wahr-
scheinl. der angesehene Leiter der Jerusalemer Gemeinde (vgl. 15,13; 21,18;
Gal 2,9), der Bruder des Herrn (Gal 1,19). **καὶ τοῖς ἀδελφοῖς** *und den an-
deren* (A376a) *Brüdern* (viell. = den anderen Ältesten/Mitgliedern der Gemein-
deleitung [vgl. 11,30] od. = den anderen Geschwistern/Mitchristen); diese wa-
ren wohl woanders versammelt. **ἐξ-ελθών** V. 9; temp. (A291,1 Anm. 1); καὶ
ἐξελθών *darauf entfernte er sich und* (Menge) od. *dann verließ er sie und* (Einh.).

ἐ-πορεύθη Aor. Pass. (ohne bes. Pass.-Bdtg.) πορεύομαι. **εἰς ἕτερον
τόπον** *an einen anderen Ort,* in ein anderes Haus in Jerusalem od. (wohl etwas
wahrscheinlicher) an einen Ort außerhalb Jerusalems.

18 γενομένης Aor. Ptz. Med. γίνομαι, gen. abs. (A288), temp.; γε- 18
νομένης δὲ ἡμέρας *als es Tag wurde.* **ἦν** V. 5. **τάραχος** *Bestürzung, Auf-
regung; Aufruhr, Tumult;* τάραχος οὐκ ὀλίγος *eine nicht geringe Bestür-
zung/Aufregung = eine große Bestürzung/Aufregung* (Litotes [BDR §495^{9}; A386]).
ἐν *unter/bei* (vgl. B I4a). **στρατιώτης** V. 4. **ἐ-γένετο** Aor. Med. γίνο-
μαι; τί ἄρα ὁ Πέτρος ἐγένετο *darüber, was wohl mit Petrus geschehen sei*
(Einh.; vgl. B I3d). **19 Ἡρῴδης** V. 1. **ἐπι-ζητήσας** Aor. Ptz. -ζητέω 19
suchen; erstreben; hier wohl *holen lassen wollen* (Menge) od. *suchen nach;* temp.;
Ἡρῴδης δὲ ἐπιζητήσας αὐτὸν καὶ (adversativ, A311,1; BDR §442^{4})
μὴ εὑρών ... (erg. αὐτόν [A79]) *als Herodes ihn holen lassen wollte und man*
(eig. *er* [vgl. A218]) *ihn nicht vorfand* ... od. *Herodes ließ* (A218) *überall nach ihm
suchen, aber vergeblich. Da* ... (GN); viell. liegt eine Parenthese vor (A374; BDR
§465^{4}) *Herodes wollte ihn nämlich holen lassen; und als er ihn nicht vorfand* ...
(Menge). **εὑρών** Aor. Ptz. εὑρίσκω, temp. **ἀνα-κρίνας** Aor. Ptz. -κρί-
νω^{127} *befragen, untersuchen, verhören* (hier juristischer term. tech.: att. v.
Verhör im Rahmen einer Voruntersuchung, später v. jeder Art v. richterl. Be-
fragung [Bruce, Apg, S. 151]); temp. (A291,1 Anm. 1). **φύλαξ** V. 6. **ἐ-κέ-
λευσεν** Aor. κελεύω^{5} *befehlen, anordnen;* hier m. AcI im Pass. (klass. u.
deutsch eher m. Inf. u. AkkO; vgl. BDR §392,4; H-S §218c); ἐκέλευσεν
ἀπαχθῆναι (erg. αὐτούς als Subj.) *er befahl, daß sie hingerichtet würden = er
befahl, sie hinzurichten.* **ἀπ-αχθῆναι** Aor. Inf. Pass. -άγω^{59} *wegführen;* juri-
stischer term. tech. *vorführen, abführen,* hier: *(zur Hinrichtung) abführen* (B 2c),
hinrichten; nach röm. Recht mußten Wachen, die einen Gefangenen entkom-
men ließen, m. derselben Strafe rechnen, m. der der Gefangene bestraft worden
wäre (Bruce, Apg, S. 287). **κατ-ελθών** Aor. Ptz. -έρχομαι^{187} *herabkom-
men, hinabgehen, hinabziehen* ἀπό τινος εἴς τι *von ... nach;* temp. (A291,1
Anm. 1). **Καισάρεια** 8,40. **δι-έ-τριβεν** Ipf. δια-τρίβω *verweilen,* (Zeit)
zubringen, sich (an einem Ort) *aufhalten;* διέτριβεν erg. ἐκεῖ o.ä. (vgl. A79) *er
brachte dort (einige Zeit) zu* (Menge: *[er] verlegte dorthin seine Hofhaltung*).

20 ἦν V. 5. **θυμο-μαχῶν** Ptz. -μαχέω m. Dat. *heftig zürnen auf* (B); 20
umschrieb. Ipf. (A249a); ἦν δὲ θυμομαχῶν Τυρίοις καὶ Σιδωνίοις *er
war über die Bewohner von Tyrus und Sidon sehr aufgebracht* (Einh.), *die Bewoh-
ner von Tyrus und Sidon hatten seinen Zorn auf sich gezogen* (GN); Tyrus u. Sidon
waren zwar unter den Römern freie Städte, doch wegen ihrer wirtschaftl. Ab-
hängigkeit vom Territorium Agrippas empfahl es sich, gute Beziehungen m.
ihm zu pflegen (Bruce, Apg, S. 288). **Τύριος** *tyrisch;* subst. *Bewohner von Ty-
rus* (phönizische Hafenstadt). **Σιδώνιος** *sidonisch;* subst. *Bewohner von Si-
don* (phönizische Hafenstadt). **ὁμο-θυμαδόν** Adv. *übereinstimmend, ein-*

mütig. **παρ-ῆσαν** Ipf. πάρ-ειμι (εἰμί) *anwesend sein; (her)gekommen sein;*
ὁμοθυμαδὸν δὲ παρῆσαν πρὸς αὐτόν *sie kamen* (B 1a) *gemeinsam zu*
ihm etwa = *sie schickten eine gemeinsame Abordnung zu ihm.* **πείσαντες**
Aor. Ptz. πείθω hier etwa *sich geneigt machen, auf seine Seite ziehen* (B 1c), *für*
sich gewinnen (Menge), d.h. um beim König ein Wort für sie einzulegen (vgl.
GNB); temp. (A291,1 Anm. 1). **Βλάστος** *Blastus.* **κοιτών**[4] ῶνος ὁ
Schlafraum; ὁ ἐπὶ τοῦ κοιτῶνος *der Kammerherr* (B), *der Palastverwalter*
(GN). **ᾐτοῦντο** Ipf. Med. αἰτέω. **διὰ τό** m. AcI kaus. (A282). **τρέφε-**
σθαι Inf. Pass. τρέφω *ernähren, zu Essen geben, füttern;* Präd. des AcI; διὰ τὸ
τρέφεσθαι αὐτῶν τὴν χώραν ἀπὸ τῆς βασιλικῆς (erg. χώρας) etwa
weil ihr Land seine Nahrung aus dem Land des Königs bezog od. (freier) *sie waren*
nämlich für ihre Lebensmittelversorgung auf Lieferungen aus dem Gebiet des
Königs angewiesen (GNB). **χώρα** *Land* (Ggs. *Meer* od. *Stadt*), *Landschaft,*
21 *Gegend.* **βασιλικός** *königlich.* **21 τακτός** *festgesetzt, bestimmt;* τακτῇ δὲ
ἡμέρᾳ temp. Dat. (A182) *an einem (dafür) festgesetzten/bestimmten Tag;* nach
Josephus, Antiquitates 19.343 wurden bei dieser Gelegenheit Festspiele zu
Ehren des Kaisers durchgeführt. **ἐν-δυσάμενος** Aor. Ptz. Med. -δύω[12]
anziehen, bekleiden; Med. *sich bekleiden mit, sich anziehen;* temp. (A291,1
Anm. 1). **ἐσθής**[3] ῆτος ἡ *Kleidung;* ἐσθὴς βασιλική *(die) königliche Klei-*
dung, (die) königlichen Gewänder; Josephus, Antiquitates 19.344 sagt, am zwei-
ten Tag der Festspiele habe sich Agrippa ins Theater Cäsareas begeben u. dabei
„ein Gewand getragen, das ganz aus Silber gewirkt war, so daß dessen Beschaf-
fenheit wahrhaft außergewöhnlich war.". **καθίσας** Aor. Ptz. καθίζω, temp.
(A291,1 Anm. 1). **βῆμα**[3] *Schritt;* hier *Tribüne.* **ἐ-δημ-ηγόρει** Ipf. -ηγο-
ρέω *(in der Volksversammlung, öffentlich) reden, eine (feierliche) Ansprache hal-*
22 *ten,* πρός τινα *vor jmdm.* **22 δῆμος** *Volksmenge, Volksversammlung.* **ἐπ-**
ε-φώνει Ipf. ἐπι-φωνέω *ausrufen, laut rufen;* ὁ δὲ δῆμος ἐπεφώνει:
θεοῦ φωνὴ καὶ οὐκ ἀνθρώπου *das Volk aber schrie: „Die Stimme eines*
Gottes, nicht eines Menschen!" (Einh.), *dabei rief das Volk ihm zu: „Ein Gott redet*
und nicht ein Mensch!" (Menge); Josephus, Antiquitates 19.345 berichtet, die
23 Menschen „hätten ihn als Gott angeredet". **23 παρα-χρῆμα** *sofort, so-*
gleich. **ἐ-πάταξεν** Aor. πατάσσω V. 7, hier v. einer ganz anderen Art des
Schlagens! **ἀντί** m. Gen. (A188) *anstatt, für;* ἀνθ' ὧν (für ἀντὶ τούτων ὅτι
[H-S §289e]) *dafür daß = weil.* **ἔ-δωκεν** Aor. δίδωμι; ἀνθ' ὧν οὐκ ἔδω-
κεν τὴν δόξαν τῷ θεῷ *weil* (Menge: *zur Strafe dafür, daß*) *er nicht Gott die*
Ehre gegeben hatte (vgl. H-S §199n; A224) od. (freier, aber kontextgetreu) *weil*
er sich als einen Gott feiern ließ, anstatt dem wahren Gott die Ehre zu geben
(GNB). **γενόμενος** V. 11, temp. (A291,1 Anm. 1). **σκωληκό-βρωτος**[11]
(< σκώληξ Wurm, βιβρώσκω[188] essen) *von Würmern zerfressen;* γίνομαι
σκωληκόβρωτος *von Würmern gefressen/zerfressen werden.* **ἐξ-έ-ψυξεν**
Aor. ἐκ-ψύχω[73] *das Leben aushauchen, den Geist aufgeben, sterben;* καὶ γενό-

μενος σκωληκόβρωτος ἐξέψυξεν *er wurde von Würmern zerfressen*
(Menge: *er erkrankte an Wurmfraß) und starb;* nach Josephus, Antiquitates
19.346-350 wurde Agrippa bei seinem öffentl. Auftritt plötzl. v. heftigen inneren
Schmerzen überwältigt; hierauf wurde er nach Hause gebracht, wo er fünf Tage
später starb; die Berichte der Apg u. des Josephus stimmen in der Substanz
überein, gehen aber offensichtl. auf unterschiedl. Quellen zurück (Bruce, Apg,
S. 289); im Altertum wurde anscheinend das Ableben v. Tyrannen öfter m.
„Wurmfraß“ (kein medizinischer term. tech.) in Verbindung gebracht; dennoch
ist es gut mögl., daß hier eine Wurmkrankheit (Helminthiasis) gemeint ist:
Würmer (Helminthen) können sich nicht nur im Darm, sondern auch in Blut,
Muskeln, Leber usw. einnisten u. tödl. Erkrankungen hervorrufen (Spicq 3,
S. 266f). [Var. κατα-βάς Aor. -βαίνω, temp. ζῶν Ptz. ζάω, temp.]

24 ηὔξανεν Ipf. αὐξάνω Akt. *vermehren, wachsen lassen;* Akt./Pass. 24
wachsen, zunehmen (auch übertr., z.B. an Einfluß/Ansehen); durch diese Zwi-
schenbilanz über die Verbreitung der christl. Botschaft wird das Ende einer grö-
ßeren Erzähleinheit markiert (s.a. 6,7; 9,31; 16,5; 19,20; 28,31). **ἐ-πληθύνε-
το** Ipf. Pass. πληθύνω *vermehren;* Pass. *sich vermehren, wachsen, zunehmen;* ὁ
δὲ λόγος τοῦ θεοῦ ηὔξανεν καὶ ἐπληθύνετο *das Wort Gottes jedoch
wuchs und breitete sich immer weiter aus* (Menge) = *aber immer mehr Menschen
hörten das Wort Gottes und kamen zum Glauben* (vgl. B 1b). **25 Βαρναβᾶς**[1] 25
ᾶ 4,36. **Σαῦλος** 7,58. **ὑπ-έ-στρεψαν** Aor. ὑπο-στρέφω[47] *zurückkehren;*
Βαρναβᾶς δὲ καὶ Σαῦλος ὑπέστρεψαν εἰς Ἰερουσαλήμ *Barnabas
und Saulus kehrten nach Jerusalem zurück;* einerseits muß diese Lesart textkri-
tisch als beste gelten, andererseits läßt der Kontext (11,27-13,1) hier zieml. ein-
deutig einen Hinweis auf ein Verlassen Jerusalems (also ἀπὸ/ἐξ Ἰερουσα-
λήμ bzw. εἰς Ἀντιόχειαν [Var.]) erwarten; unter den zahlreichen (gram-
matischen u. textkritischen) Lösungsvorschlägen, v. denen keiner wirkl. über-
zeugt, sind am wichtigsten (vgl. Metzger, S. 350-352): a) εἰς (= ἐν [vgl. BDR
§205[4]]) Ἰερουσαλήμ ist zu πληρώσαντες zu ziehen (doch sind sowohl die
Deutung des εἰς im Sinn v. ἐν [nach ὑπέστρεψαν] als auch die Wortstellung
forciert): *nachdem Barnabas und Saulus in Jerusalem ihre Aufgabe erfüllt hatten,
kehrten sie zurück* (Einh.); b) dem εἰς Ἰερουσαλήμ liege ein früher Ab-
schreibefehler zu Grunde, eine der Var., obwohl sekundär, stelle den ursprüngl.
Text wieder her (was zwar mögl., aber nicht beweisbar ist): *Barnabas und Saulus
aber kehrten ... von Jerusalem (nach Antiochia) zurück* (Menge) bzw. *Barnabas
und Saulus ... kehrten nach Antiochia zurück* (vgl. GNB). **πληρώσαντες**
Aor. Ptz. πληρόω, temp. **διακονία** *Dienstleistung; Dienst;* hier etwa *Auftrag,*
der darin bestand, die bei der Hilfsaktion v. 11,29f gesammelten Spenden zu
überbringen; πληρώσαντες τὴν διακονίαν etwa *nachdem sie ihren Auftrag
erfüllt und die Spende überbracht hatten* (Wilckens) od. (kürzer) *nachdem sie
ihren Auftrag erfüllt hatten* bzw. *nachdem sie die Spende überbracht hatten* (vgl.

GNB). **συμ-παρα-λαβόντες** Aor. Ptz. -λαμβάνω[152] *(zugleich) mitneh-*
men; mod. **ἐπι-κληθέντα** Aor. Ptz. Pass. -καλέω V. 12; attr.; Ἰωάννην
τὸν ἐπικληθέντα Μᾶρκον *Johannes mit dem Beinamen Markus* [Var. ἐπι-
καλούμενον V. 12]. **Μᾶρκος** V. 12.
13 **ἦσαν** Ipf. εἰμί; ἦσαν *es gab/es wirkten* (vgl. Menge). **Ἀντιόχεια**
11,19. **κατά** m. Akk. hier (v. räuml. Ausdehnung) *in* (B II1a). **οὖσαν** Ptz.
Fem. **εἰμί**, attr. (vgl. ähnl. Gebrauch des Ptz. in 5,17; 11,22 u. 28,27); κατὰ
τὴν οὖσαν ἐκκλησίαν *in der (damals/dort) vorhandenen Gemeinde* etwa =
damals in der dortigen Gemeinde (Menge; vgl. B III6b/V; BDR §474[9]). **προ-
φῆται** s. zu 11,27. **διδάσκαλοι** (vgl. 1Kor 12,28f; Eph 4,11) vermittelten
die „Lehre der Apostel" (2,42; vgl. 11,26; 15,35; 18,11; 20,20; 28,31); durch ihren
Dienst sollte diese erhalten bleiben u. intakt überliefert werden (vgl. Röm 6,17;
16,17; 1Tim 4,13.16; 2Tim 2,2; Bruce, Apg, S. 292). **Βαρναβᾶς**[1] ᾶ 4,36.
Συμεών indekl., hier Nom., *Simeon.* **καλούμενος** Ptz. Pass. καλέω, attr.
Νίγερ (lat. niger „schwarz") *Niger;* Συμεὼν ὁ καλούμενος Νίγερ *Si-
meon, genannt Niger* (evtl. weil er Afrikaner war [GN: *Simeon der Afrikaner*]).
Λούκιος *Luzius.* **Κυρηναῖος** *Bewohner von Zyrene* (s. zu 2,10). **Μανα-
ήν** indekl., hier Nom., *Manaen.* **τετρα-άρχης**[1] *Tetrarch;* Ἡρῴδης ὁ τε-
τραάρχης *der Tetrarch Herodes* (d.h. Herodes Antipas; s. zu Mt 14,1). **σύν-
τροφος** *einer, der mit jmdm. zusammen aufgezogen/erzogen wurde, Pflegebruder*
(LN 10.51), viell. allgemeiner *Jugendgefährte, Jugendfreund* (LN 34.15). **Σαῦ-**
2 **λος** 7,58. **2 λειτουργούντων** Ptz. λειτουργέω *einen Dienst verse-
hen/verrichten, dienen* (kultisch-geistl.); das Wort kann sich auf unterschiedl.
Formen, in denen man Gott dient, beziehen, auch (so wohl hier) auf das Gebet
(B 2); gen. abs. (A288), temp.; λειτουργούντων δὲ αὐτῶν τῷ κυρίῳ καὶ
νηστευόντων *während sie dem Herrn dienten und fasteten* (Subj. ist wohl die
Gemeinde, weniger wahrscheinl. die genannten fünf Männer) bzw. *als sie nun
einst dem Herrn Gottesdienst hielten und fasteten* od. *als sie während eines Fastens
zu einem Gebetsgottesdienst versammelt waren* (Wilckens; GNB: *als sie einmal für
einige Zeit fasteten und sich ganz dem Gebet widmeten*). **νηστευόντων** Ptz.
νηστεύω (< νῆστις nüchtern [= ohne zu essen]) *fasten;* gen. abs. (A288),
temp. **ἀφ-ορίσατε** Aor. Imp. -ορίζω (vgl. A33[91ff]) *absondern, aussondern;*
ἀφορίσατε δή μοι (dat. commodi (A173) ... εἰς τὸ ἔργον *sondert mir
doch ... aus für das Werk/die Aufgabe* bzw. etwa *gebt mir* (Wilckens: *stellt mir*) ...
für die besondere Aufgabe frei (GNB). **δή** Hervorhebungspartikel, die u.a. (so
hier) die Dringlichkeit einer Aufforderung unterstreicht, etwa *doch* (Menge).
εἰς hier *für* (B 4d). **ὅ** = εἰς ὅ (A359; BDR §293[14]). **προσ-κέ-κλημαι** Pf.
(A231) Med. -καλέομαι[37] *herbeirufen;* hier *berufen* εἴς τι *zu etwas* (B 2b).
3 **3 νηστεύσαντες** Aor. Ptz., temp. **προσ-ευξάμενοι** Aor. Ptz. Med.
-εύχομαι, temp. **ἐπι-θέντες** Aor. Ptz. -τίθημι[200] *auflegen;* temp. (A291,1
Anm. 1); τότε νηστεύσαντες καὶ προσευξάμενοι καὶ ἐπιθέντες τὰς

χεῖρας αὐτοῖς ἀπέλυσαν (erg. αὐτούς [A79]) *nachdem sie dann gefastet,*
gebetet und ihnen die Hände aufgelegt hatten, ließen sie sie ziehen wahrscheinl. =
nach einer weiteren Zeit des Fastens und Betens legten sie den beiden die Hände
auf und ließen sie ziehen (GNB); für die Bdtg. der Handauflegung s.a. zu 6,6.
ἀπ-έ-λυσαν Aor. ἀπο-λύω hier m. τινά *jmdn. ziehen lassen* (Menge) od.
jmdn. verabschieden (vgl. B 2b).
4 ἐκ-πεμφθέντες Aor. Ptz. Pass. -πέμπω[45] *aussenden;* mod./temp.; 4
ἐκπεμφθέντες ὑπὸ τοῦ ἁγίου πνεύματος etwa *so vom Heiligen Geist*
ausgesandt. **κατ-ῆλθον** Aor. -έρχομαι[187] *herabkommen, hinabgehen* εἰς
nach. **Σελεύκεια** *Seleuzia,* d.h. Seleukeia Piera, 25 km entfernte Hafenstadt
v. Antiochia etwas nördl. der Orontesmündung (KP 5, Sp. 85). **ἐκεῖ-θεν**[18]
von dort. **ἀπ-έ-πλευσαν** Aor. ἀπο-πλέω[30] *wegsegeln, (mit dem Schiff) ab-*
fahren/reisen εἰς *nach.* **Κύπρος** ἡ *Zypern,* 58 v. Chr. v. den Römern annek-
tiert, seit 30 v. Chr. röm. Provinz, v. 22 v. Chr. an senatorisch (v. einem Prokon-
sul [ἀνθύπατος, V. 7]) verwaltet (KP 3, Sp. 407; AFCS 2, S. 280ff). **5 γενό-** 5
μενοι Aor. Ptz. Med. γίνομαι hier: an einen/einem Ort *gelangen/ankommen;*
temp. **Σαλαμίς** ῖνος ἡ *Salamis,* bedeutendste griech. Stadt von Zypern an
der Ostküste (KP 4, Sp. 1505f). **κατ-ήγγελλον** Ipf. -αγγέλλω *verkünden.*
ἐν ταῖς συναγωγαῖς τῶν Ἰουδαίων wie die Apg berichtet, wendet
sich Paulus m. der Botschaft Jesu prinzipiell (vgl. Röm 1,16) zuerst an die Juden
(13,14; 16,13; 17,1.10; 18,4.19; 19,8; 28,17). **εἶχον** Ipf. ἔχω hier m. doppeltem
Akk. (A97,15) *jmdn. zu/als etwas bei sich haben* (Menge; vgl. B I2bβ). **δέ** hier
zur Markierung der Parenthese (A374; vgl. B 2); δὲ καί etwa *noch, zudem.*
Ἰωάννης hier *Johannes Markus* (s. zu 12,12; vgl. V. 13 sowie 15,37). **ὑπ-**
ηρέτης[1] *Gehilfe, Diener;* Obj.-Präd. (A82). **6 δι-ελθόντες** Aor. Ptz. -έρ- 6
χομαι hier *durchziehen;* temp. **νῆσος** ἡ *Insel.* **Πάφος** ἡ *Paphos,* d.h. Neu-
paphos beim heutigen Kato-Paphos (Baffo) südwestl. der Stadt Ktima an der
Südwestspitze Zyperns, Sitz der röm. Verwaltung (KP 4, Sp. 484ff; AFCS 2,
S. 280f). **εὗρον** Aor. εὑρίσκω hier *treffen.* **ἀνήρ** hier pleon. (vgl. BDR
§242[1]; H-S §260j); ἄνδρα τινὰ μάγον ψευδοπροφήτην (App., A70)
Ἰουδαῖον ᾧ ὄνομα Βαριησοῦ etwa *einen jüdischen Magier/Zauberer und*
(eig. *[nämlich] einen*) *falschen Propheten namens Barjesus* od. *einen Juden na-*
mens Barjesus, der war ein Magier und falscher Prophet (GNB). **μάγος** *Weiser,*
Sterndeuter (s. zu Mt 2,1); hier im allgemeineren Sinn v. *Magier, Zauberer* (v.
jmdm., der angebl. od. tatsächl. übernatürl. Kräfte einsetzt). **ψευδο-προφή-**
της[1] *falscher Prophet* (d.h. einer, der sich als gottgesandter Prophet ausgibt).
ᾧ ὄνομα (erg. ἦν [Ipf. v. εἰμί]; A78; BDR §128[3]) Βαριησοῦ *dessen* (dat.
commodi/poss., A173b) *Name Barjesus war = namens Barjesus.* **Βαριησοῦ**
(aram. בַּר יֵשׁוּעַ *bar jēšûa^{c}* „Sohn des Jesus/Josua“) indekl., hier Nom., *Barje-*
sus. **7 ἦν** Ipf. εἰμί hier m. σύν τινι *mit jmdm. zusammen sein* (B III10), *zu* 7
jmds. Umgebung/Gefolge gehören, viell. *mit jmdm. befreundet sein* (GN). **ἀνθ-**

ὕπατος *Prokonsul* (röm. Statthalter einer Provinz des Senats; vgl. KP 4, Sp. 1149; vgl. V. 4). **Σέργιος** *Sergius;* bei diesem Σέργιος Παῦλος könnte es sich gut um Lucius Sergius Paullus handeln, der in der Tiber-Inschrift (CIL 6.31545 = ILS 2.5926) als einer der fünf „curatores riparum et alvei tiberis" (= „Pfleger von Ufern und Flußbett des Tiber", d.h. Senatsmitglieder, die vom Kaiser m. der ehrenvollen Aufgabe betraut waren, durch geeignete Maßnahmen Tiberüberschwemmungen in u. um Rom vorzubeugen) unter Klaudius aufgeführt ist (nachgewiesen in AFCS 2, S. 284-287; s.a. KP 5, Sp. 137). **συν-ετός** *verständig, klug.* **προσ-καλεσάμενος** Aor. Ptz. Med. -καλέομαι[37] *herbeirufen, zu sich rufen;* temp. (A291,1 Anm. 1). **Βαρναβᾶς**[1] ᾶ 4,36. **Σαῦλος** 7,58. **ἐπ-ε-ζήτησεν** Aor. ἐπι-ζητέω *suchen;* hier *wünschen.* **ἀκοῦσαι**
8 Aor. Inf. ἀκούω. **8 ἀνθ-ίστατο** Ipf. Med. -ίσταμαι *entgegentreten, sich*
widersetzen. **Ἐλύμας**[1] α *Elymas;* dieser Name ist nicht griech., sondern wohl sem. Ursprungs, am ehesten verwandt m. dem arabischen *ᶜalīm* „Weiser, Gelehrter" (Bruce, Apg, S. 297; vgl. B). **μεθ-ερμηνεύεται** Pass. -ερμηνεύω *übersetzen;* Ἐλύμας ὁ μάγος, οὕτως γὰρ μεθερμηνεύεται τὸ ὄνομα αὐτοῦ *Elymas, der Zauberer – so* (d.h. durch μάγος) *wird nämlich sein Name* (d.h. der Name Ἐλύμας) *übersetzt* od. (freier) *Elymas, wie Barjesus sich auch nannte – das bedeutet „Magier"* (GNB); weniger sinnvoll u. grammatisch schwieriger (Wortstellung!) ist die Deutung, die Apg wolle zu verstehen geben, „Elymas" sei die Übersetzung v. „Barjesus" (Hemer, Setting, S. 227f); lexikalisch zu wenig begründbar ist wohl die Übersetzung: *... so wurde sein Name im Griechischen genannt* (Hemer, Setting, S. 227 Anm. 21). **ζητῶν** Ptz. ζητέω hier *(ver)suchen, wollen;* mod. **δια-στρέψαι** Aor. Inf. -στρέφω[47] *verdrehen;* V. 10 *krumm machen;* hier m. τινὰ ἀπό τινος *jmdn. von etwas abbringen/abhalten.* **πίστις** hier *(der) Glaube* im Sinn v. Glauben an Jesus u. einer entsprechenden Lebensweise (B 2dα) bzw. fast = εὐάγγελιον od. (viell. besser) im Sinn v. *(sein)* (A103) *Glaube* (ἀπὸ τῆς πίστεως *von der Annahme des Glau-*
9 *bens* [Wilckens] bzw. *davon, daß er der Botschaft glaubte* [vgl. GNB]). **9 ὁ καὶ**
Παῦλος (lat. „qui et Paulus") etwa = ὁ καλούμενος (V. 1) καὶ Παῦλος (BDR §268[2]) *auch Paulus genannt, der auch Paulus heißt* (zum Hintergrund s. Bruce, Apg, S. 298). **πλησθείς** Aor. Ptz. Pass. πίμπλημι[207] *erfüllen, vollmachen* τινός *mit etwas* (A165); temp. (A291,1 Anm. 1); s.a. zu 4,8. **ἀτενίσας** Aor. Ptz. ἀτενίζω (vgl. A33[91ff]) *gespannt hinsehen* εἰς *auf;* temp. (A291,1 Anm. 1); ἀτενίσας εἰς αὐτὸν εἶπεν *er sah ihn scharf an und sagte.*
10 **10 ὦ** vor Vok. m. Affekt (A142) *O* od. unübersetzt. **πλήρης** *angefüllt, voll*
(mit/von m. Gen. [A164f]); hier Nom. für Vok. (nach altem Gebrauch [BDR §147[1]; vgl. A142]); ὦ πλήρης παντὸς δόλου καὶ πάσης ῥᾳδιουργίας, υἱὲ διαβόλου, ἐχθρὲ πάσης δικαιοσύνης etwa *du elender und gerissener Betrüger* (wörtl. *[du] von allem Betrug und aller Bosheit Erfüllter*), *du Sohn des Teufels, du Feind aller Gerechtigkeit* (Einh.) od. *du Sohn des Teufels, du bist voll*

List und Tücke und kämpfst gegen alles Gute (GNB). **δόλος** *Betrug, List.* **ῥᾳδι-ουργία** eig. *Leichtsinn,* dann aber (so hier) *Schlechtigkeit, Bosheit* (B), *Skrupellosigkeit* (ZG), *Gaunerei, Betrügerei.* **υἱέ** Vok. υἱός hier übertr. (als Hebr.) v. einer engen Beziehung zu einer Sache (A157; H-S §159d); υἱὸς διαβόλου *Teufelssohn,* d.h. ein Mensch, der zum Teufel gehört u. ihm gehorcht (vgl. Mt 13,38; Jh 8,44; 1Jh 3,10). **διά-βολος** (< δια-βάλλω verleumden) *Teufel.* **ἐχθρέ** Vok. ἐχθρός *Feind.* **παύσῃ** Fut. Med. παύω *zum Aufhören bringen;* Med. *aufhören.* **δια-στρέφων** Ptz. -στρέφω, präd. bei Verb des modifizierten Seins u. Tuns (A301); οὐ παύσῃ διαστρέφων τὰς ὁδοὺς τοῦ κυρίου τὰς εὐθείας *wirst du nicht (endlich) aufhören, die geraden Wege des Herrn* (d.h. Gottes) *krumm zu machen = ... Gottes gute Absichten zu durchkreuzen* (vgl. GNB; vgl. Hos 14,9) od. viell. ... *Gottes Wahrheit als Lüge hinzustellen;* kann als Aufforderung od. als Tadel verstanden werden (BDR §387,3c). **εὐθύς**[10] εῖα ύ *gerade.* **11 χεὶρ κυρίου** *die Hand des Herrn* (d.h. wohl Jah- 11
wes [A107]; auch ohne Art. best. [A106c; vgl. BDR §259[4]]); s.a. zu 11,21; καὶ νῦν ἰδοὺ (LXX-Idiom [BDR §442[2]]) χεὶρ κυρίου ἐπὶ σέ (erg. ἔσται [Fut. v. εἰμί]; BDR §128[12]; A78) etwa *jetzt aber kommt die Hand des Herrn über dich* (Menge). **ἔσῃ** Fut. εἰμί. **βλέπων** Ptz., mod. **ἥλιος** *Sonne.* **ἄχρι καιροῦ** *bis zu einer* (v. Gott best.) *Zeit* (vgl. B ἄχρι 1a) = *eine Zeitlang* (Menge). **παρα-χρῆμα** *sofort, sogleich.* **ἔ-πεσεν** Aor. πίπτω hier m. ἐπί τινα *jmdn. befallen, über jmdn. kommen* (B 2bγ); zum Sg.-Präd. vgl. A94 (hier auch dadurch begünstigt, daß das zusammengesetzte Subj. semantisch eine Einheit bildet). **ἀχλύς**[8] ύος ἡ *Dunkel;* ἀχλὺς καὶ σκότος *Finsternis und Dunkel* eine Art Hendiadyoin (A378; nach BDR §495[2] Stilfigur der „Tautologie") etwa = *tiefste Dunkelheit.* **σκότος**[7] *Dunkelheit.* **περι-άγων** Ptz. -άγω *herumführen, -gehen,* hier *umhertappen* (B 2); temp. (A291,1 Anm. 1). **ἐ-ζήτει** Ipf. ζητέω. **χειρ-αγωγός** *Führer* bzw. *jemand, der einen anderen an der Hand führt;* ἐζήτει χειραγωγούς *er suchte jemand, der ihn an der Hand führte* (eig. *solche, die ... führten*). **12 ἰδών** Aor. Ptz. ὁράω, temp. **γε-γο-** 12
νός Pf. (A231) Ptz. Ntr. γίνομαι, subst.; τὸ γεγονός *was geschehen war.* **ἐ-πίστευσεν** Aor. πιστεύω; Aor. hier ingr. (H-S §194i; A240b) *er kam zum Glauben.* **ἐκ-πλησσόμενος** Ptz. -πλήσσομαι *außer sich geraten* ἐπί τινι *über etwas* (hier vor Staunen; B 2); mod. od. kaus.; ἐκπλησσόμενος ἐπὶ τῇ διδαχῇ τοῦ κυρίου (gen. obi., A158) *und war (dabei) voll Staunen über (die Kraft) der Lehre des Herrn* (vgl. Menge) bzw. *überwältigt von der Lehre des Herrn* (Wilckens) od. *denn er war tief beeindruckt davon, wie mächtig sich die Lehre von Jesus, dem Herrn, erwiesen hatte* (GNB). **διδαχή** *Lehre.*

13 ἀν-αχθέντες Aor. Ptz. Pass. -άγω[59] *hinauf-, heraufführen;* Med./ 13
Pass. hier nautischer term. tech. *in See stechen, auslaufen, (mit dem Schiff) abfahren;* temp. (A291,1 Anm. 1). **Πάφος** V. 6. **οἱ περὶ Παῦλον** wie literatursprachl. *Paulus und seine Begleiter* (BDR §228[1]; A198). **εἰς** hier *nach.*

Πέργη *Perge,* Metropole Pamphyliens, etwa 15 km nordöstl. des heutigen Antalya (antikes Attalia); v. der Küste erreichte man es über einen schiffbaren Fluß od. (über den Eingangshafen Attalia) auf einer Straße (KP 4, Sp. 631f; AFCS 2, S. 52). **Παμφυλία** 2,10; gen. partitivus (A164; hier „chorographischer" Gen., BDR §164[7]) *in Pamphylien.* **Ἰωάννης** V. 5. **ἀπο-χωρήσας** Aor. Ptz. -χωρέω *weggehen,* ἀπό τινος *von jmdm. weggehen, sich von jmdm. trennen* (Menge); temp. (A291,1 Anm. 1); vgl. 15,38. **ὑπ-έ-στρεψεν** Aor.
14 ὑπο-στρέφω[47] *zurückkehren* εἰς *nach.* **14 δι-ελθόντες** Aor. Ptz. -έρχομαι hier *weiterwandern* (B 3) bzw. *landeinwärts weiterziehen* (Menge); temp. (A291,1 Anm. 1); benutzt wurde wohl die röm. Straße „Via Sebaste" (AFCS 2, S. 50-53); temp. **παρ-ε-γένοντο** Aor. Med. παρα-γίνομαι[176] *ankommen, kommen, eintreffen,* εἰς *in/nach.* **Ἀντιόχεια** *Antiochia,* Stadt in der röm. Provinz Galatien auf 1000 m, eine röm. Kolonie (vgl. AFCS 2, S. 52f; 380ff; vgl. zu 16,12); zu dieser Zeit gehörte es zur Landschaft Phrygien (vgl. 16,6) dicht an der Grenze zu Pisidien, daher die Bezeichnung Ἀντιόχεια ἡ Πισιδία *das pisidische Antiochia* im Sinn v. *das gegen Pisidien hin gelegene Antiochia* (Strabo, Geographia 12.3.31; 6.4; 8.14 [Hemer, Setting, S. 109]); Schauplatz des in 13,14-14,24 Berichteten ist die röm. Provinz Galatien, die wahrscheinl. m. dem „Galatien" des Galaterbriefes gleichzusetzen ist (Hemer, Setting, S. 277ff; AFCS 2, S. 377ff). **Πισίδιος** *pisidisch, zu Pisidien* (Πισιδία) *gehörend* (Bergland nördl. v. Pamphylien zwischen Lykaonien im Osten u. Phrygien im Westen; Teil der röm. Provinz Galatien [LAW, Sp. 2332f]). **εἰσ-ελθόντες** Aor. Ptz. -έρχομαι, temp. (A291,1 Anm. 1). **τῇ ἡμέρᾳ τῶν σαββάτων** temp. Dat. (A182) *am Sabbattag, am Sabbat.* **ἐ-κάθισαν** Aor. καθίζω.
15 **15 ἀνά-γνωσις**[8] *(das) (Vor-)Lesen;* μετὰ δὲ τὴν ἀνάγνωσιν τοῦ νόμου καὶ τῶν προφητῶν *nach der Schriftlesung aus dem Gesetz und den Propheten,* d.h. wohl (wie im heutigen Judentum) aus der Torah (Pentateuch) u. aus den „Propheten" (bestehend aus den „Vorderen" [Jos-2Kön, ohne Ru] u. den „Hinteren" Propheten [Jes-Mal, ohne Kl u. Da]; es ist nicht bekannt, wie weit die vorgeschriebenen Abschnitte m. den heute gebräuchl. übereinstimmen); ein Synagogengottesdienst bestand im 1. Jh. aus flgd. Teilen (vgl. Bruce, Apg, S. 301): „Schema Jisrael" (Dt 6,4-9; 11,13-21; Num 15,37-41), Gebete, Schriftlesung, Predigt v. irgendeinem dafür geeigneten Gemeindeglied (oft in Form einer Auslegung v. Schriftlesungstexten) u. aaronitscher Segen (Num 6,24-26). **ἀπ-έ-στειλαν** Aor. ἀπο-στέλλω erg. *jemand* o.ä. (vgl. A79), doch in Verbindung m. einem zweiten Verb (hier m. einem Ptz.) = (kausatives) *lassen;* ἀπέστειλαν ... πρὸς αὐτοὺς λέγοντες *(sie) ließen ihnen sagen.* **ἀρχι-συνάγωγος** *Synagogenvorsteher* (vor allem für die äußere Ordnung bei den Gottesdiensten verantwortl.; vgl. zu Mt 9,18). **λέγοντες** Ptz. λέγω, mod./fin. (A291,6). **ἄνδρες ἀδελφοί** Vok. etwa *Brüder* (vgl. H-S §260j), ein Synagogen-Idiom der hell. Juden (Bruce, Apg, S. 108). **εἰ** m. Ind. indefini-

ter Fall (A342). **ἐν** viell. = Dat. (im Sinn eines dat. commodi/poss. [A173b];
vgl. BIV4a; BDR §220[1]), wohl aber besser örtl. *im Innern von* (vgl. B I5); εἴ τίς
ἐστιν ἐν ὑμῖν λόγος ... πρὸς τὸν λαόν etwa *wenn ihr ein Wort ... für das*
Volk/für die Gemeinde (wohl *in eurem Innern/auf dem Herzen*) *habt.* **παρά-**
κλησις[8] *Ermahnung; Trost, Zuspruch, Ermutigung;* (ernsthafte) *Bitte;* λόγος
παρακλήσεως *ein Wort der Ermahnung/Ermutigung, ein ermutigendes Wort*
(GNB), viell. term. tech. der Synagogensprache für die auf die Schriftlesung fol-
gende Predigt (Bruce, Apg, S. 302). **λέγετε** Imp. *(dann) sprecht.* **16 ἀνα-** 16
στάς Wz.-Aor. Ptz. ἀν-ίσταμαι, temp. (A291,1 Anm. 1). **κατα-σείσας**
Aor. Ptz. -σείω[3] *schütteln, lebhaft bewegen;* m. τῇ χειρί (dat. instr., A176) *(mit*
der Hand) winken bzw. hier speziell *mit einer Handbewegung um Ruhe bitten* (vgl.
12,17; 19,33; 21,40); temp. (A291,1 Anm. 1). **Ἰσραηλίτης**[1] *Israelit;* ἄνδρες
(klass. Idiom [BDR §242; H-S §260j]) Ἰσραηλῖται Vok. *ihr Männer/Leute*
von Israel bzw. (einfach) *Israeliten.* **φοβούμενοι** Ptz. φοβέομαι hier
„fürchten" im Sinn v. *Ehrfurcht haben vor* (B 2a), (Gott) *verehren/dienen* (vgl.
LN 53.58); φοβούμενος τὸν θεόν *Gottesfürchtiger* (s.a. zu 10,2); subst.; οἱ
φοβούμενοι τὸν θεόν Vok. *ihr Gottesfürchtigen* od. *ihr anderen, die ihr den*
Glauben Israels teilt (GNB). **ἀκούσατε** Aor. Imp. ἀκούω hier *zuhören*
(B 1c). **17 ὁ θεὸς τοῦ λαοῦ τούτου Ἰσραήλ** *der Gott dieses Volkes Is-* 17
rael hier (Demonstrativum weist in die außersprachl. Situation) bzw.
(idiomatischer) *der Gott unseres Volkes Israel* (Menge). **ἐξ-ε-λέξατο** Aor.
Med. ἐκ-λέγομαι[66] *(für sich) auswählen, erwählen.* **ὕψωσεν** Aor. ὑψόω *er-*
höhen, hier: an Zahl u. Macht *groß machen* (B 2); τὸν λαὸν ὕψωσεν *er hat*
das Volk groß gemacht = er hat sie zu einem großen Volk gemacht (vgl. GNB).
παρ-οικία *Aufenthalt am fremden Ort;* ἐν τῇ παροικίᾳ ἐν γῇ Αἰ-
γύπτου *während sie als Fremde in Ägypten lebten* (GNB). **Αἴγυπτος** ἡ
Ägypten; γῆ Αἰγύπτου (gen. appositivus, A163) Hebr. *Ägypten* (BDR §261[8]);
auch ohne Art. best. (A106a/c). **μετά** m. Gen. *mit* eig. v. Begleiterscheinung,
hier (vgl. ἐν der LXX) aber fast instr. (vgl. B AIII2). **βραχίων**[4] ονος ὁ *Arm,*
auch metonymisch für Gottes *Macht;* μετὰ βραχίονος ὑψηλοῦ (LXX in Ex
6,1 usw.: ἐν βραχίονι ὑψηλῷ) *mit hoch erhobenem Arm* (B), d.h. auf völlig
souveräne Weise bzw. *durch seine große Macht.* **ὑψηλός** *hoch.* **ἐξ-ήγαγεν**
Aor. -άγω[59] *hinaus/herausführen.* **αὐτούς** sinngemäße Konstruktion (A96).
ἐξ αὐτῆς *aus ihm* (d.h. Ägypten) *heraus, von dort.* **18 τεσσερακονταε-** 18
τής[19] *vierzigjährig;* ὡς τεσσερακονταετῆ χρόνον Akk. der zeitl. Ausdeh-
nung (A148) „eine etwa vierzigjährige Zeit" = *etwa vierzig Jahre lang.* **ἐ-τρο-**
πο-φόρησεν Aor. -φορέω *jmds. Art/Verhalten ertragen* [Var. ἐ-τροφο-φό-
ρησεν Aor. -φορέω *(mit Nahrung) versorgen, hegen und pflegen;* das wohl
hinter diesem Verb stehende hebr. Wort נָשָׂא *nāśā᾽* (Dt 1,31) läßt beide Deu-
tungsmöglichkeiten zu]. **19 καθ-ελών** Aor. Ptz. -αιρέω[186] *herabnehmen,* 19
-holen (so V. 29); hier *besiegen, vernichten* (B 2aβ); temp. (A291,1 Anm. 1).

ἔθνη ἑπτά s. Dt 7,1. **Χανάαν** ἡ indekl., hier Gen., *Kanaan;* γῆ
Χανάαν Hebr. (vgl. zu Αἴγυπτος V. 17; auch ohne Art. best., A106a/c)
das Land Kanaan. **κατ-ε-κληρονόμησεν** Aor. κατα-κληρονομέω
(< κληρο-νόμος Erbe, Besitzer) *als Erbteil übergeben, zum Besitz geben;* erg.
(A79) αὐτοῖς *ihnen* (d.h. den Israeliten). [Var. ἀλλό-φυλος[11] klass. u. volks-
20 tüml. *Fremder;* hier wohl im Sinn v. *Heide, Nichtjude* (vgl. zu 10,28).] **20 τε-
τρακόσιοι καὶ πεντήκοντα**[19] *vierhundertfünfzig;* ὡς ἔτεσιν τετρα-
κοσίοις καὶ πεντήκοντα der temp. Dat. bez. hier (hell.) die Zeitdauer od.
(bei der [sem.] Deutung der Zahlen im Sinn v. Ordinalia [Bruce, Apg, S. 304])
den Zeitpunkt (A182; BDR §201[4]) *das* (V. 17-19 Erwähnte) *hat ungefähr vier-
hundertfünfzig Jahre gedauert* (Menge) od. *(das* [= die Besitznahme des Landes]
*geschah) etwa im vierhundertfünfzigsten Jahr = das geschah etwa 450 Jahre, nach-
dem unsere Vorfahren nach Ägypten gekommen waren* (vgl. GNB); die 450 Jahre
ergeben sich wohl (Bruce, Apg, S. 304) aus 400 Jahren Aufenthalt in Ägypten
(vgl. V. 17; 7,6), 40 Jahren Wüstenwanderung u. den ca. 10 Jahren, die vom Be-
treten des Landes bis zur Landverteilung vergingen (Jos 14,1-17,18). **μετὰ
ταῦτα** *danach, dann.* **ἔ-δωκεν** Aor. δίδωμι hier viell. *einsetzen* (B 5) od.
(wohl besser) erg. einfach αὐτοῖς (A79). **κριτής**[1] *Richter,* hier im bes. Sinn
der (atl.) *Richter,* d.h. der geistbegabten Volksführer in Israels Vorkönigzeit (s.
Richterbuch). **Σαμουήλ** 3,24; indekl., hier Gen.; ἕως Σαμουὴλ τοῦ προ-
φήτου *bis zum Propheten Samuel* (diesen einschließend [vgl. BDR §216[11]]: er
galt als der letzte Richter [1Sam 7,15], gleichzeitig aber als der erste Prophet
21 nach Mose [1Sam 3,20]). **21 ἐκεῖ-θεν**[18] *von dort;* κἀκεῖθεν = καὶ ἐκεῖ-
θεν hier zeitl. *und danach* (B κἀκεῖθεν 2), *von da an, dann.* **ᾐτήσαντο**
Aor. Med. αἰτέω; s. 1Sam 8,6. **Σαούλ** indekl., *Saul,* erster König Israels.
Κίς indekl., hier Gen., *Kisch.* **φυλή** *(Volks-)Stamm;* auch ohne Art. best.
(A106a/c). **Βενιαμίν** indekl., hier Gen., *Benjamin,* Sohn Jakobs u. israeliti-
scher Stamm. **τεσσεράκοντα**[19] *vierzig;* ἔτη τεσσεράκοντα Akk. der
zeitl. Ausdehnung (A148) *für vierzig Jahre;* dies entspricht der griech. Fassung v.
Josephus, Antiquitates 6.378; die lat. Fassung sowie Antiquitates 10.143 spre-
chen v. zwanzig Jahren (die entsprechende AT-Stelle [1Sam 13,1] weist bei der
22 Zahlenangabe eine Lücke auf). **22 μετα-στήσας** Aor. Ptz. μεθ-ίστη-
μι[204] *(an eine andere Stelle) versetzen;* hier *entfernen, absetzen;* gemeint ist hier
entweder Sauls Verwerfung (1Sam 15,23.26; vgl. Lk 16,4) od. sein Tod (Jose-
phus verwendet dieses Verb auf beiderlei Weise [Bruce, Apg, S. 305]); temp.
ἤγειρεν Aor. ἐγείρω hier etwa *erheben* (Menge) od. *entstehen lassen* (B 1aε)
bzw. *machen.* **εἰς βασιλέα** für Präd.-Akk. (Hebr. [BDR §157[7]; H-S §153b;
A81]); αὐτοῖς (dat. commodi, A173) εἰς βασιλέα *zum König für/über sie, zu
ihrem König.* **ᾧ** wohl DatO zu μαρτυρήσας (wobei Ptz. m. ᾧ verschränkt ist;
A364b); ᾧ καὶ εἶπεν (pleon. [BDR §420,3; A297]) μαρτυρήσας *ihm hat er
auch das Zeugnis ausgestellt, von ihm bezeugte er.* **μαρτυρήσας** Aor. Ptz.

μαρτυρέω hier wohl *ein gutes Zeugnis ausstellen* (B 1c); mod. (Aor. hier
gleichzeitig [vgl. A285]); es folgen Anklänge an Ps 89,21 u. 1Sam 13,14. **εὗρον**
Aor. εὑρίσκω. **Δαυίδ** indekl., hier Akk. **Ἰεσσαί** indekl., *Isai;* τὸν τοῦ
Ἰεσσαί (usuelle) Ellipse v. „Sohn" (A156 u. 376): *den Sohn Isais.* **ἄνδρα
κατὰ τὴν καρδίαν μου** *einen Mann nach meinem Herzen* (d.h. wie ich
ihn will [B καρδία 1bє]). **ποιήσει** Fut. ποιέω. **πάντα τὰ θελήματά
μου** (Pl. begegnet in der LXX öfter) *alle meine Wünsche, meinen ganzen Willen*
bzw. *alles, was ich will.* **23 τούτου** zur Betonung vorangestellt; τούτου ὁ 23
θεὸς ἀπὸ τοῦ σπέρματος *dieser ist es, aus dessen Nachkommenschaft* (vgl.
Menge) od. *aus den Nachkommen dieses Mannes.* **κατ' ἐπαγγελίαν** *der*
(A106a) *Verheißung gemäß* (vgl. 2,30; 2Sam 22,51; Ps 132,11.17). **ἤγαγεν**
Aor. ἄγω hier m. τινά τινι *jmdm. jmdn. zuführen* (B 1c) od. etwa *jmdm. jmdn.
senden;* ἤγαγεν τῷ Ἰσραὴλ σωτῆρα (Artangabe zum Obj., A65) Ἰησοῦν
(AkkO) *er hat dem (Volk) Israel Jesus als Retter zugeführt/gesandt.* **24 προ-** 24
κηρύξαντος Aor. Ptz. -κηρύσσω[75] *vorher verkünden;* gen. abs. (A288),
temp.; προκηρύξαντος Ἰωάννου πρὸ προσώπου τῆς εἰσόδου αὐ-
τοῦ ... *nachdem vor dessen Auftreten Johannes ... verkündet hatte.* **πρὸ προ-
σώπου** Hebr. = πρό (A186). **εἴσ-οδος** ἡ *(das) Eintreten, Hineingehen;* hier
(das) Auftreten. **βάπτισμα**[3] *Taufe.* **μετά-νοια** *Sinnesänderung, Umkehr,
Bekehrung* bzw. *Abkehr;* gen. qualitatis (A160; BDR §165[2]); βάπτισμα μετα-
νοίας *Taufe der Umkehr* (d.h. wohl: Taufe als Zeichen der Umkehr; H-S
§162b). **25 ἐ-πλήρου** Ipf. πληρόω. **δρόμος** *Lauf, Wettlauf;* hier *Lebens-* 25
lauf (B 2) od. (wohl besser) *(das) Wirken* (GNB); ὡς δὲ ἐπλήρου Ἰωάννης
τὸν δρόμον *als aber Johannes am Ende seines Wirkens stand.* **ἔ-λεγεν** Ipf.
λέγω. **ὑπο-νοέω** *vermuten,* m. AcI. **εἶναι** Inf. εἰμί, Präd. des AcI; τί
(Präd.-Nom. des AcI; vgl. A269) ἐμὲ (Subj. des AcI) ὑπονοεῖτε εἶναι; οὐκ
εἰμὶ ἐγώ *wofür haltet ihr mich* (wörtl. *was vermutet ihr, daß ich bin*)? *ich bin es
nicht* (= *ich bin nicht der, auf den ihr wartet*) od. m. τί im Sinn eines ὅ (BDR
§298[8]; A133b) u. statt des Fragezeichens ein Komma *das, wofür ihr mich haltet,
bin ich nicht* (Menge). **ἀλλ' ἰδού** hier etwa *aber seht, doch seid euch im klaren.*
ἔρχεται Präs. hier fut. (A234). **οὗ** = οὗτος οὗ (BDR §293[13]; A358) gen.
poss. (A154) zu τῶν ποδῶν (Inf. ist m. οὗ verschränkt; A364b); οὗ οὐκ εἰμὶ
ἄξιος τὸ ὑπόδημα τῶν ποδῶν λῦσαι *der, von dessen Füßen die Sanda-
len/Schuhe loszubinden ich nicht wert bin* bzw. *der, dem ich nicht wert bin, die
Schuhe von den Füßen loszubinden* (vgl. Mk 1,7 u. Par.; Jh 1,27). **ὑπό-δημα**[3]
Sandale, Schuh; hier kollektiver Sg. (A101a) *(die) Beschuhung = (die) Schuhe*
(vgl. B). **λῦσαι** Aor. Inf. λύω hier m. τὸ ὑπόδημα τῶν ποδῶν τινος *die
Sandalen/Schuhe an/von jmds. Füßen losbinden.* **26 γένος**[7] *Geschlecht; Nach-* 26
kommenschaft; Volk; υἱοὶ γένους Ἀβραάμ Vok. *ihr Söhne aus Abrahams
Geschlecht, ihr Nachkommen Abrahams.* **Ἀβραάμ** indekl., hier Gen. **ἐν**
unter (vgl. B I4a). **φοβούμενοι** V. 16; καὶ οἱ ἐν ὑμῖν φοβούμενοι τὸν

θεόν *und ihr anderen* (A376a) *hier* (wörtl. *unter euch*), *die ihr Gott fürchtet*
(Menge). **ὁ λόγος τῆς σωτηρίας ταύτης** *das Wort dieses Heils, die*
Botschaft von dieser Rettung (d.h. v. der Rettung durch Jesus, den Nachkommen
Davids [V. 23ff]). **ἐξ-απ-ε-στάλη** Aor. Pass. -απο-στέλλω[113] *(ent)senden*
27 (öfter m. einem speziellen Auftrag); pass. divinum (A76b). **27 κατ-οι-**
κοῦντες Ptz. -οικέω, subst. **ἄρχων**[5] οντος ὁ *Herrscher;* Pl. *die* (hier die
jüd.) *Behörden,* hier wie öfter bes. v. den Mitgliedern des Synedriums (B 2a; vgl.
zu 4,5.15), *die Führer.* **τοῦτον** *diesen (Jesus).* **ἀ-γνοήσαντες** Aor. Ptz.
ἀ-γνοέω *nicht erkennen, nicht wissen, verkennen; nicht verstehen* [Var. συν-
ιέντες Ptz. -ίημι[202] *verstehen, einsehen, begreifen*]; konz. od. kaus. **φωνή**
hier *Ausspruch* (B 2c), *Wort;* καὶ τὰς φωνὰς τῶν προφητῶν AkkO zu
ἐπλήρωσαν (καί adversativ [A311,1]) od. zu ἀγνοήσαντες (καί als *und;*
bei ἐπλήρωσαν ist dann αὐτάς/ταύτας [A79] zu erg.); οἱ ἄρχοντες
αὐτῶν τοῦτον ἀγνοήσαντες καὶ τὰς φωνὰς τῶν προφητῶν ...
ἐπλήρωσαν *ihre Führer haben, obwohl sie diesen Jesus nicht erkannten, doch*
die Worte der Propheten ... zur Erfüllung gebracht (vgl. Menge) od. *ihre Führer*
haben, weil sie diesen Jesus nicht erkannten noch die Worte der Propheten ver-
standen ... diese zur Erfüllung gebracht (Newman-Nida, Apg, S. 259); s.a. zu 3,18.
κατά m. Akk. hier distributiv; κατὰ πᾶν σάββατον *an jedem Sabbat*
(B II2c); vgl. zu V. 15. **ἀνα-γινωσκομένας** Ptz. Pass. -γινώσκω *lesen;*
vorlesen; attr. **κρίναντες** Aor. Ptz. κρίνω hier *verurteilen* (B 4aα); mod.;
κρίναντες erg. αὐτόν (A79) *dadurch, daß sie ihn (zum Tode) verurteilten* od.
28 *durch ihr Todesurteil über ihn.* **ἐ-πλήρωσαν** Aor. πληρόω. **28 αἰτία**
Ursache, Grund; hier juristischer term. tech. αἰτία θανάτου = „causa capi-
talis", *Kapitalverbrechen* (B 3a) im Sinn v. *todeswürdiges Verbrechen* (GNB).
εὑρόντες Aor. Ptz. εὑρίσκω, konz.; μηδεμίαν αἰτίαν θανάτου
εὑρόντες *obwohl sie kein todeswürdiges Verbrechen (an ihm) fanden* (B 2: *fest-*
stellten). **ᾐτήσαντο** Aor. Med. αἰτέω hier m. AcI im Pass. (klass. u. deutsch
eher m. Inf. u. AkkO; vgl. BDR §392,4; H-S §218c); ᾐτήσαντο Πιλᾶτον
ἀναιρεθῆναι αὐτόν (Subj. des AcI) *sie baten Pilatus, daß er getötet/hingerich-*
tet werde = sie baten Pilatus, ihn hinzurichten bzw. *sie forderten von Pilatus seine*
Hinrichtung. **ἀν-αιρεθῆναι** Aor. Inf. Pass. -αιρέω[186] *beseitigen, aufheben;*
29 meist: *töten;* Präd. des AcI. **29 ἐ-τέλεσαν** Aor. τελέω[27] *beenden, vollenden;*
hier *ausführen, erfüllen, verwirklichen;* Aor. Ind. bez. hier Vorvergangenheit (vgl.
H-S §199n; A224). **γε-γραμμένα** Pf. (A231) Ptz. Pass. γράφω, Pf. Pass.
term. tech. zur Einführung v. Schriftzitaten (B 2c); subst.; πάντα τὰ περὶ
αὐτοῦ γεγραμμένα *alles, was über ihn in der Schrift steht;* vgl. Lk 22,37; Jh
19,28. **καθ-ελόντες** Aor. Ptz. -αιρέω V. 19; temp. (A291,1 Anm. 1); erg.
αὐτόν/τοῦτον (A79; gilt auch für ἔθηκαν). **ξύλον** *Holz; Kreuzesbalken,*
30f *Kreuz* (B 2c). **ἔ-θηκαν** Aor. τίθημι. **30 ἤγειρεν** Aor. ἐγείρω. **31 ὅς**
dieser/er (rel. Anschluß, A364a). **ὤφθη** Aor. Pass. ὁράω. **ἐπί** m. Akk. wie

klass. temp. *über ... hin* (BDR §233,3), *während* (B III2b); ἐπὶ ἡμέρας πλεί-
ους (= πλείονας) *während mehrerer Tage, mehrere Tage hindurch* (Menge).
συν-ανα-βᾶσιν Aor. Ptz. -βαίνω[139] *zusammen hinaufgehen* τινί *mit*
jmdm. εἰς *nach;* subst. **οἵ-τινες** = οἵ (ZG; vgl. BDR §293^{9}; B ὅστις 3;
A133). **μάρτυς** υρος ὁ *Zeuge;* μάρτυρες αὐτοῦ πρὸς τὸν λαόν *Zeugen*
für ihn dem Volk gegenüber (Menge; vgl. B 2c), *seine Zeugen vor dem Volk*
(Israel). **32 ἡμεῖς** Subj. betont (A122). **εὐ-αγγελιζόμεθα** Med. -αγ- 32
γελίζω; καὶ ἡμεῖς ὑμᾶς εὐαγγελιζόμεθα τήν ... ἐπαγγελίαν ...
(V. 33:) ὅτι ταύτην ὁ θεὸς ἐκπεπλήρωκεν ... (Prolepsis; A373; BDR
§476^{4}) = καὶ ἡμεῖς ὑμᾶς εὐαγγελιζόμεθα ὅτι τήν ... ἐπαγγελίαν ...
ὁ θεὸς ἐκπεπλήρωκεν ... *so bringen wir euch nun diese gute Nachricht: Gott*
hat die Verheißung/Zusage ... erfüllt/eingelöst. **πατήρ** V. 17. **γενομένην**
Aor. Ptz. Med. γίνομαι hier m. πρός τινα *an jmdn. ergehen* (B I4cε); attr.
(m. ungewöhnl. Wortstellung: ἐπαγγελίαν γενομένην statt γενομένην
ἐπαγγελίαν [BDR §474^{8}]). **33 ἐκ-πε-πλήρωκεν** Pf. (A242) -πληρόω 33
(Verheißung/Zusage) *erfüllen, einlösen.* **τέκνον** Pl. hier *Nachkommen* (B 1b);
dat. commodi (A173); τοῖς τέκνοις αὐτῶν ἡμῖν *für uns, ihre Nachkommen*
(App., A70) bzw. *an uns, ihren Nachkommen.* **ἀνα-στήσας** Aor. Ptz. ἀν-
ίστημι, mod. *indem/dadurch, daß er* Jesus *auferweckt hat.* **ψαλμός** *Loblied,*
Psalm. **γέ-γραπται** Pf. (A231) Pass. γράφω, V. 29; γέγραπται *in der*
Schrift steht; ἐν τῷ ψαλμῷ γέγραπται τῷ δευτέρῳ *im zweiten Psalm*
steht/heißt es; zitiert wird Ps 2,7 (= LXX/MT); s.a. zu 4,25 u. Mt 3,17. **υἱός**
μου Präd.-Nom. ohne Art. (A80). **γε-γέννηκα** Pf. γεννάω. **34 ὅτι** 34
(erstes) *daß.* **ἀν-έ-στησεν** Aor. -ίστημι. **μηκ-έτι** *nicht mehr, nicht*
weiter. **μέλλοντα** Ptz. μέλλω hier (m. Inf.) umschrieb. Fut. (A250; B 1cβ);
part. coni. zu αὐτόν (H-S §230c; A287), fin. (A291,6); μηκέτι μέλλοντα
ὑποστρέφειν εἰς διαφθοράν *um ihn nicht mehr zur Verwesung zurückkeh-*
ren zu lassen (wörtl. *damit er nicht mehr zur Verwesung zurückkehren würde*).
ὑπο-στρέφειν Inf. -στρέφω *zurückkehren.* **δια-φθορά** *Vernichtung, Ver-*
wesung. **εἴρηκεν** Pf. (A242) λέγω; ὅτι ... οὕτως εἴρηκεν *daß ... hat er so*
ausgedrückt; zitiert werden die Schlußworte v. Jes 55,3 (fast = LXX/MT), wo
Gott seinem notleidenden Volk die Segnungen eines ewigen Bundes, wie
bereits David zugesagt, verheißt. **ὅτι** (zweites) recitativum = Doppelpunkt
(A333). **δώσω** Fut. δίδωμι. **ὅσιος** *heilig; gottgefällig;* τὰ ὅσια Δαυίδ τὰ
πιστά „die zuverlässigen heiligen mit David zusammenhängenden Dinge" ge-
mäß Kontext u. dahinter stehendem MT = *die verläßlichen dem David* (durch
einen „Bund") *zugesagten göttlichen Gnadenerweise* bzw. etwa *die heiligen und*
unvergänglichen Gaben, die ich David versprochen habe (GNB). **Δαυίδ** indekl.,
hier Gen. **35 δι-ότι** *(deshalb) weil;* hier *deshalb* (B 2), *darum.* **ἐν ἑτέρῳ** *an* 35
einer anderen (Stelle) (B ἕτερος 1bζ). **λέγει** Subj. ist entweder die Schrift
(übers. *heißt es*) od. David; zitiert wird aus Ps 16,10 (s. zu 2,25). **δώσεις** Fut.

δίδωμι hier m. AcI *zulassen* (B 1bβ). **ὅσιος** V. 34; subst. *ein „Heiliger"* (GN:
treuer Diener; s.a. zu 2,27); Subj. des AcI. **ἰδεῖν** Aor. Inf. ὁράω hier: etwas *an
sich erfahren, erleben;* ἰδεῖν διαφθοράν *Verwesung an sich erfahren* =
verwesen (B εἶδον 5); Präd. des AcI; οὐ δώσεις τὸν ὅσιόν σου ἰδεῖν δια-
φθοράν *du wirst nicht zulassen, daß dein Heiliger die Verwesung sieht* od. *du gibst*
36 *deinen treuen Diener nicht der Verwesung preis* (GN). **36 Δαυίδ** indekl., hier
Nom. **ἰδίᾳ γενεᾷ** temp. Dat. (A182) *zu seiner Zeit* (Menge) od. DatO zu
ὑπηρετήσας *seiner (eigenen) Generation/seinen Zeitgenossen* (B γενεά 2).
ὑπ-ηρετήσας Aor. Ptz. -ηρετέω *dienen, behilflich sein;* temp. **βουλή**
Absicht: Beschluß, Ratschluß, Plan; τῇ τοῦ θεοῦ βουλῇ DatO zu ὑπηρετή-
σας *dem Willen Gottes* (Menge) od. (wohl) dat. causae (A177; vgl. 2,23) zu
ἐκοιμήθη *nach Gottes Willen.* **ἐ-κοιμήθη** Aor. Pass. κοιμάομαι *schlafen,
einschlafen;* übertr. (Euphemismus, A385) *entschlafen, sterben;* s.a. 2,29ff, wo
analog argumentiert wird. **προσ-ε-τέθη** Aor. Pass. -τίθημι[200] *hinzufügen;*
προστίθεμαι πρὸς τοὺς πατέρας „zu den Vätern versammelt werden"
AT-Idiom etwa *mit seinen Vätern vereint werden* (Einh.) = *neben seinen Vorfah-*
37 *ren beigesetzt werden* (GNB). **37 ὃν δέ** = οὗτος δὲ ὅν (BDR §293,3d;
38 A358). **38 γνωστός** *bekannt;* γνωστόν ἐστί τινι *es ist jmdm. bekannt*
(B 1a). **ἔστω** Imp. 3. Sg. εἰμί; γνωστὸν οὖν ἔστω ὑμῖν *es sei euch also
bekannt* bzw. *ihr sollt also wissen* (Einh.). **διὰ τούτου** *durch diesen (Jesus)*
[Var. διὰ τοῦτο *deshalb, darum*]. **ἄφ-εσις**[8] *Erlaß* (v. Schuld, Sünde usw.),
Vergebung. **κατ-αγγέλλεται** Pass. -αγγέλλω *verkünden.* **ἀπὸ πάντων
ὧν** = ἀπὸ πάντων ἀφ' ὧν (A359; BDR §293[14]). **ἠ-δυνήθητε** Aor.
Pass. (ohne bes. Pass.-Bdtg.) δύναμαι; ἀπὸ πάντων ὧν (= ἀφ' ὧν) οὐκ
ἠδυνήθητε ἐν νόμῳ Μωϋσέως δικαιωθῆναι *von/in allem, wovon/worin
ihr durch das Gesetz des Mose nicht gerechtfertigt/freigesprochen werden konntet;*
gemeint ist, daß Menschen durch das Gesetz vor Gott überhaupt nicht gerecht
werden konnten (u. nicht, es habe eine unvollständige Rechtfertigung gegeben,
die nun durch den Glauben vervollständigt werde). **ἐν** hier u. V. 39 instr.
(A193); ἐν νόμῳ Μωϋσέως ... ἐν τούτῳ *durch das* (A106a/c) *Gesetz des
Mose* (vgl. Gal 3,11; 5,4) ... *durch diesen (Jesus)* (vgl. Gal 2,17). **δικαιωθῆ-
ναι** Aor. Inf. Pass. δικαιόω *rechtfertigen, freisprechen, für gerecht erklären, ge-*
39 *recht machen.* **39 πᾶς ὁ** m. Ptz. *jeder, der* (A86). **πιστεύων** Ptz., subst.
40 **δικαιοῦται** Pass. **40 βλέπετε** Imp. **μή** = ἵνα μή *daß nicht* (A328).
ἐπ-έλθῃ Aor. Konj. -έρχομαι[187] *herbeikommen; kommen über,* hier *eintref-
fen* (B 2a) od. *zutreffen* (Menge). **εἰρημένον** Pf. (A231) Ptz. Pass. λέγω,
subst.; pass. divinum (A76b); τὸ εἰρημένον ἐν τοῖς προφήταις *was in/bei
den Propheten gesagt ist;* den Verächtern der Botschaft v. Jesus droht Paulus m.
Worten aus Hab 1,5 (der LXX näher als dem MT), wo dem ungehorsamen Juda
das bevorstehende Strafgericht (chaldäisch-babylonische Invasion) angekündigt
41 wird. **41 ἴδετε** Aor. Imp. ὁράω. **κατα-φρονητής**[1] *Verächter, Spötter;*

Nom. m. Art. als Vok. (A142). **θαυμάσατε** Aor. Imp. θαυμάζω. **ἀ-φα-
νίσθητε** Aor. Imp. Pass. ἀ-φανίζω (vgl. A33[91ff]) *zerstören, vernichten;* Pass.
hier *zugrunde gehen* (B). **ὅτι** hier *denn.* **ἐργάζομαι** Präs. bez. hier unmittel-
bar Bevorstehendes, sich bereits Anbahnendes (A234); ἔργον ἐργάζομαι *ich
vollbringe eine Tat* (im Sinn v. *ich bin im Begriff, eine Tat zu vollbringen*). **οὐ μή**
m. Aor. Konj. stärkste Verneinung zukünftigen Geschehens (A257). **πιστεύ-
σητε** Aor. Konj. πιστεύω. **ἐκ-δι-ηγῆται** Konj. -ηγέομαι *erzählen, be-
richten;* erg. αὐτό/τοῦτο (A79).
42 ἐξιόντων Ptz. ἔξ-ειμι (εἶμι) (vgl. A32) *hinausgehen;* gen. abs. 42
(A288), temp.; ἐξιόντων δὲ αὐτῶν *beim Hinausgehen.* **παρ-ε-κάλουν**
Ipf. παρα-καλέω, 3. Pl. im Sinn v. „man" (A76a) [Var. ἠξίουν Ipf. ἀξιόω
hier *bitten* (B 2b)]. **μετα-ξύ** *dazwischen, darauffolgend* [Var. ἑξῆς *der Reihe
nach, weiterhin,* hier synonym m. μεταξύ verwendet (vgl. 21,1)]; εἰς τὸ μετα-
ξὺ σάββατον *auf den folgenden Sabbat* (B 1bβ) bzw. *am folgenden Sabbat.*
λαληθῆναι Aor. Inf. Pass. λαλέω, Präd. des AcI; εἰς ... λαληθῆναι αὐ-
τοῖς τὰ ῥήματα ταῦτα *daß ihnen diese Dinge/Botschaft (auch) am ... ver-
kündet würden/würde = ihnen am ... noch mehr über diese Dinge/Botschaft zu sa-
gen.* **ῥῆμα** hier wohl (hebr.) *Sache* (B 2) bzw. (Pl.) *Botschaft.* **43 λυθείσης** 43
Aor. Ptz. Pass. Fem. λύω hier *auflösen;* gen. abs. (A288), temp.; λυθείσης
τῆς συναγωγῆς *als die Synagogenversammlung sich aufgelöst hatte* bzw. ...
auseinandergegangen war (B 3) od. (idiomatisch) *nach dem Gottesdienst* (GNB).
ἠκολούθησαν Aor. ἀκολουθέω hier etwa *sich* jmdm. *anschließen.* **σε-
βομένων** Ptz. σέβομαι (eine Gottheit) *verehren;* attr. **προσ-ήλυτος**
(< προσ-έρχομαι herankommen) *Proselyt* (ein zum Judentum Bekehrter);
πολλοὶ τῶν Ἰουδαίων καὶ τῶν σεβομένων προσηλύτων (gen. parti-
tivus, A164) *viele Juden und fromme* („praktizierende") *Proselyten* (GNB: ... *und
Leute, die zum Judentum übergetreten waren*). **Βαρναβᾶς**[1] ᾶ 4,36. **οἵ-τινες**
V. 31. **προσ-λαλοῦντες** Ptz. -λαλέω m. Dat. *anreden, reden mit;* temp.
(A291,1 Anm. 1). **ἔ-πειθον** Ipf. πείθω, konatives Ipf. (ZG; A237c) *sie rede-
ten* ihnen *zu, sie ermahnten* sie. **προσ-μένειν** Inf. -μένω m. Dat. *bleiben,
ausharren bei;* προσμένειν τῇ χάριτι τοῦ θεοῦ *beharrlich bei der Gnade
Gottes zu bleiben* (Elb.) etwa = *sich unbeirrbar auf Gottes Gnade zu verlassen.*
[Var. ἐ-γένετο Aor. Med. γίνομαι; γίνεται m. AcI eig. *es ereignet sich, daß*
(A271), am besten unübersetzt lassen. κατά m. Gen. hier *durch – hin* (B I1c;
BDR §225[3]), (überall) *in.* δι-ελθεῖν Aor. Inf. -έρχομαι, Präd. des AcI; ἐγέ-
νετο δὲ καθ' ὅλης τῆς πόλεως διελθεῖν τὸν λόγον τοῦ θεοῦ etwa *und
Gottes Wort verbreitete sich in der ganzen Stadt.*] **44 ἐρχομένῳ** Ptz. ἔρχο- 44
μαι; attr.; τῷ ἐρχομένῳ σαββάτῳ temp. Dat. (A182) *am nächsten Sabbat*
(vgl. B I1bβ). **σχεδόν** *beinahe, fast.* **συν-ήχθη** Aor. Pass. -άγω. **ἀκοῦ-
σαι** V. 7; fin. (A276). **ὁ λόγος τοῦ κυρίου** *das Wort des Herrn = das
Wort Gottes* (s. Var.) od. *die Botschaft von Jesus* (gemeint ist auf jeden Fall die

christl. Botschaft). [Var. ποιησαμένου Aor. Ptz. Med. ποιέω Med. zur Um-
schreibung des Verbalbegriffs (B II1; vgl. H-S §189e); πολὺν λόγον ποιέο-
45 μαι etwa *viel/lange reden;* GcP (A300).] **45 ἰδόντες** Aor. Ptz. ὁράω, temp.
ἐ-πλήσθησαν Aor. Pass. πίμπλημι[207] *erfüllen, vollmachen* τινός *mit
etwas* (A165). **ζῆλος**[7] *Eifer; Eifersucht, Neid* (viell. weil sie schon ihren Ein-
fluß [vgl. V. 50] dahinschwinden sahen). **ἀντ-έ-λεγον** Ipf. ἀντι-λέγω m.
Dat. *sprechen gegen, widersprechen.* **λαλουμένοις** Ptz. Pass. λαλέω, subst.;
τοῖς ὑπὸ Παύλου λαλουμένοις *dem, was von Paulus gesagt wurde* bzw.
dem, was Paulus sagte. [Var. ἀντι-λέγοντες Ptz., mod.] **βλασ-φημοῦν-
τες** Ptz. -φημέω *verleumden, verunglimpfen; lästern;* mod.; βλασφημοῦντες
gedankl. zu erg. ist „Gott/Jesus“ *und stießen Lästerungen aus* (GNB) bzw. „Pau-
lus“ *und beschimpften ihn* (GN) od. „das von ihm Gesagte“ *und verlästerten es*
46 (vgl. Wilckens). **46 παρ-ρησιασάμενοι** Aor. Ptz. Med. παρ-ρησιάζο-
μαι (vgl. A33[91ff]) *frei heraus reden, unerschrocken reden;* mod. *mit Freimut*
(Menge), *freimütig, frei und offen* (GNB). **εἶπαν** Aor. (vgl. H-S §105g) λέγω.
ὑμῖν zur Betonung vorangestellt. **ἦν** Ipf. εἰμί. **ἀναγκαῖος** *notwendig,
nötig;* ἀναγκαῖόν ἐστιν *es ist nötig, es muß,* m. AcI; vgl. zu V. 5. **λαληθῆ-
ναι** V. 42; Präd. des AcI. **ἐπει-δή** (A338) *da (ja), weil* [Var. ἐπεί synonym].
ἀπ-ωθέομαι *zurückstoßen; ablehnen.* **κρίνω** m. doppeltem Akk. (A97,15)
jmdn. für etwas halten (B 2); καὶ οὐκ ἀξίους κρίνετε ἑαυτοὺς τῆς αἰω-
νίου ζωῆς *und* (weil ihr) *euch selbst des ewigen Lebens nicht für würdig erachtet*
(Menge) bzw. *und* (ihr) *euch damit selbst das Urteil sprecht, des ewigen Lebens
nicht würdig zu sein* (vgl. Wilckens); „ewiges Leben“ meint die Teilnahme am er-
warteten, m. dem Kommen Jesu nun angebrochenen (messianischen) Zeital-
ter/Gottesreich (= σωτηρία [V. 47 s.a. V. 23; 26ff]; vgl. zu Mt 19,16). **ἰδού**
hier etwa *jetzt* (Menge: *so ... nunmehr*). **στρεφόμεθα** Pass. στρέφω *hinwen-
den;* Pass. hier m. εἴς τινα *sich jmdm. zuwenden* (Menge), *sich an jmdn. wenden*
47 (B 2aβ). **47 ἐν-τέ-ταλται** Pf. (A231) Med. -τέλλομαι[115] *beauftragen,
befehlen, gebieten;* οὕτως γὰρ ἐντέταλται ἡμῖν ὁ κύριος *denn so hat es
uns der Herr aufgetragen;* es werden Worte aus Jes 49,6 (= LXX/MT) zitiert, die
dort Jahwe an seinen idealen „Knecht“ richtet; der Auftrag dieses „Knechts“
(laut apostolischer Verkündigung m. Jesus gleichzusetzen [vgl. zu παῖς 3,13
sowie zu 8,32]) ist – so die Aussage unseres Textes – auch der Auftrag der
Nachfolger Jesu. **τέ-θεικα** Pf. (A242) τίθημι hier m. τινὰ εἴς τι *jmdn. zu
etwas bestimmen* (B I2b), *jmdn. zu etwas machen* (Menge). **εἰς φῶς ἐθνῶν**
auch ohne Art. best. (vgl. A106a/d; in der hebr. Poesie fehlt der Art. bes. häufig
[Joüon-Muraoka §137fN]) *zum Licht für die (anderen)* (A376a) *Völker.* **τοῦ** m.
AcI fin. (A281). **εἶναι** Inf. εἰμί hier m. εἴς τι (für Präd.-Nominativ [Hebr.,
A81]) *etwas sein, zu etwas werden* (Menge); Präd. des AcI; τοῦ εἶναί σε εἰς
σωτηρίαν (auch ohne Art. best., A106a) ἕως ἐσχάτου τῆς γῆς *damit du
zum Heil werdest bis ans Ende der Erde* (Menge), *bis an das Ende der Erde sollst*

du das Heil sein (Einh.). **ἔσχατος** hier subst. (τὸ) ἔσχατον *(das) Ende;*
ἕως ἐσχάτου τῆς γῆς *bis ans Ende der Erde/Welt* (B 1).
48 ἀκούοντα Ptz. ἀκούω, temp.; erg. τοῦτο/ταῦτα (A79). 48
ἔ-χαιρον Ipf. χαίρω. **ἐ-δόξαζον** Ipf. δοξάζω. **ὁ λόγος τοῦ κυρίου**
V. 44. **ἐ-πίστευσαν** Aor. πιστεύω; Aor. hier ingr. (H-S §194i; A240b)
(sie) wurden gläubig, (sie) kamen zum Glauben (GNB). **ἦσαν** Ipf. εἰμί. **τε-
ταγμένοι** Pf. Ptz. Pass. τάσσω[79] *ordnen, an einen festen/geeigneten Platz
stellen;* m. εἰς *zu* etwas *rechnen/zählen* (Pass. *zu* etwas *gehören* [nach B 1b so
hier]) od. (so zieml. sicher hier) *zu/für* etwas *bestimmen* (vgl. EWNT 3, Sp. 807);
umschrieb. Plsqpf. (A25/249b); ὅσοι ἦσαν τεταγμένοι εἰς ζωὴν
αἰώνιον *alle, die zum/für das ewige Leben* (vgl. zu V. 46) *bestimmt waren*
(Zustandspassiv [vgl. A242]; pass. divinum [A76b]). **49 δι-ε-φέρετο** Ipf. 49
Pass. δια-φέρω *hindurchtragen; auseinandertragen,* hier *verbreiten,* Pass. *sich
verbreiten* (Menge). [Var. κατά m. Gen. hier *durch – hin* (vgl. B I1c; BDR
§225[3]), (überall) *in.*] **χώρα** *Land* (Ggs. *Meer* od. *Stadt*), *Landschaft, Gegend.*
50 παρ-ώτρυναν Aor. -οτρύνω (vgl. A33[132ff]) *aufreizen, aufhetzen.* 50
σεβομένας Ptz. σέβομαι V. 43; attr.; τὰς σεβομένας γυναῖκας τὰς
εὐσχήμονας *die vornehmen Frauen, die sich zum Judentum hielten* (Menge);
sie sollten offenbar ihre Ehemänner, die zur Führungsschicht gehörten, beein-
flussen. **εὐ-σχήμων**[11] *angesehen, vornehm.* **οἱ πρῶτοι** *die angesehen-
sten/führenden Männer* (vgl. B πρῶτος 1cβ). **ἐπ-ήγειραν** Aor. ἐπ-
εγείρω[137f] *erregen,* hier etwa *veranlassen, anzetteln.* **διωγμός** *Verfolgung.*
ἐπί m. Akk. hier *gegen* (B III1aε). **Βαρναβᾶς**[1] ᾶ 4,36. **ἐξ-έ-βαλον** Aor.
ἐκ-βάλλω hier m. ἀπό (= ἐκ [A184a]) *vertreiben aus.* **ὅριον** *Grenze;* NT
nur Pl. *Gebiet.* **51 οἱ δέ** *(doch/und) diese/sie* (A102). **ἐκ-τιναξάμενοι** 51
Aor. Ptz. Med. -τινάσσω (vgl. A33[74ff]) *ab-, ausschütteln;* temp. (A291,1
Anm. 1). **κονιορτός** *Staub* (der in Bewegung gesetzt wird); zur Geste des
Staub-Abschüttelns s. zu Mt 10,14. **ἐπί** m. Akk. hier *gegen* (vgl. B III1aε), *zum
Zeugnis gegen* (vgl. Menge; TEV: *in protest against*). **Ἰκόνιον** *Ikonion,* ca.
140 km südöstl. vom pisidischen Antiochia gelegene Stadt (nicht, wie oft ange-
nommen, in Lykaonien, sondern) in Phrygien, einem Teilgebiet der röm. Pro-
vinz Galatien (Hemer, Setting, S. 110; vgl. KP 2, Sp. 1360); wieder ging die Rei-
se wohl über die röm. Straße „Via Sebaste" (AFCS 2, S. 50-53). **52 μαθη-** 52
τής hier *Jünger Jesu,* fast = *Christ* (B 2bγ). **ἐ-πληροῦντο** Ipf. Pass. πλη-
ρόω; ἐπληροῦντο χαρᾶς καὶ πνεύματος ἁγίου (gen. partitivus, A165)
sie wurden von Freude und Heiligem Geist erfüllt (vgl. B 1b); s.a. zu 4,8.

ἐ-γένετο Aor. Med. γίνομαι; γίνεται m. Inf./AcI eig. *es ereignet sich,* **14**
daß (A271), am besten unübersetzt lassen; ἐγένετο δὲ ἐν Ἰκονίῳ κατὰ τὸ
αὐτὸ εἰσελθεῖν αὐτοὺς εἰς τὴν συναγωγὴν τῶν Ἰουδαίων καὶ
λαλῆσαι *in Ikonion gingen sie ebenfalls in die Synagoge der Juden und sprachen.*
Ἰκόνιον 13,51. **κατὰ τὸ αὐτό** *in derselben Weise (wie in Antiochia)*

(Menge) bzw. *wieder genauso* (GNB) od. (einfach) *ebenfalls* (Einh.), weniger sinnvoll = ἐπὶ τὸ αὐτό *zusammen, gemeinsam* (so nach B κατά I5bα). **εἰσελθεῖν** Aor. Inf. -έρχομαι, erstes Präd. des AcI. **λαλῆσαι** Aor. Inf. λαλέω, zweites Präd. des AcI. **οὕτως ὥστε** (m. AcI) *derart, daß* bzw. *mit solchem Erfolg, daß* (Menge). **πιστεῦσαι** Aor. Inf. πιστεύω; Aor. hier ingr. (A229) *gläubig werden, zum Glauben kommen;* Präd. des AcI (zu ὥστε). **Ἕλλην**[4] ηνος ὁ *Grieche;* hier im Sinn v. *Nichtjude* (B 2a) bzw. (da v. Besuchern des jüd. Gottesdienstes die Rede ist) im Sinn v. *gottesfürchtiger Nichtjude* (vgl. zu 10,2; GN hier: *Nichtjuden, die sich zur jüdischen Gemeinde hielten*).

2 **πλῆθος**[7] *Menge;* V. 4 *Bevölkerung;* m. gen. partitivus (A164). **2 ἀ-πειθήσαντες** Aor. Ptz. ἀ-πειθέω *ungehorsam sein;* hier *(die göttliche Botschaft) ablehnen, den Glauben verweigern* (Wilckens), *ungläubig bleiben* (Menge); attr. **ἐπ-ήγειραν** Aor. -εγείρω[137f] *aufhetzen, erregen.* **ἐ-κάκωσαν** Aor. κακόω *schlecht behandeln; böse machen,* τὴν ψυχήν τινος κατά τινος *jmdn.* (wörtl. *jmds. „Seele/Gemüt") gegen einen anderen erbittern/aufbringen* (B 2; EWNT 2, Sp. 590); ἐπήγειραν καὶ ἐκάκωσαν τὰς ψυχὰς τῶν ἐθνῶν κατὰ τῶν ἀδελφῶν etwa (die beiden Verben als Hendiadyoin deutend [A378]) *sie hetzten die nichtjüdische Bevölkerung gegen die Christen auf* (vgl. GNB). **οἱ ἀδελφοί** *die Brüder/Geschwister = die Christen* (B ἀδελφός 2).

3 **3 ἱκανός** *hinlänglich;* hier *lang, länger* (v. Zeit), V. 21 *viel.* **μὲν οὖν** leitet fort *also, nun* (B μέν 2e; A315,3); manche übers. aber im Sinn eines μέντοι o.ä. *dennoch, trotzdem;* versteht man jedoch V. 2 als Parenthese (A374), so ist *also, nun* durchaus sinnvoll (ZG). **δι-έ-τριψαν** Aor. δια-τρίβω[50] *verweilen,* (Zeit) *zubringen, sich* (an einem Ort) *aufhalten;* ἱκανὸν μὲν οὖν χρόνον διέτριψαν (erg. ἐκεῖ [vgl. A79]) *längere Zeit blieben sie nun dort.* **παρ-ρησιαζόμενοι** Ptz. παρ-ρησιάζομαι *frei heraus reden, freimütig/unerschrocken reden;* mod. **ἐπὶ τῷ κυρίῳ** v. Grund der Freimütigkeit/Unerschrockenheit (B ἐπί II1bγ) *im Vertrauen auf den Herrn* (Menge). **μαρτυροῦντι** Ptz. μαρτυρέω hier m. ἐπί τινι *für etwas Zeugnis ablegen* (B 1c) bzw. *etwas bekräftigen/bestätigen;* attr. **λόγος** hier *Wort/Botschaft* od. *Verkündigung* (vgl. B 1aβ; Menge); ὁ λόγος τῆς χάριτος (gen. obi., A158) αὐτοῦ *die Botschaft von seiner Gnade* od. *die Verkündigung seiner Gnade.* **διδόντι** Ptz. δίδωμι hier m. AcI *veranlassen, lassen* (vgl. LN 90.51; B 1bβ); part. coni. zu κυρίῳ (H-S §230c; A287), mod.; διδόντι σημεῖα καὶ τέρατα γίνεσθαι ... der die Botschaft/Verkündigung ... *dadurch* bekräftigte, *daß er Zeichen und Wunder ... geschehen ließ;* vgl. Gal 3,5. **τέρας**[3] ατος τό *Wunder* (tritt häufig synonym in fester Verbindung m. σημεῖα auf). **γίνεσθαι** Inf., Präd. des AcI. **διὰ τῶν χειρῶν** m. Gen. = διά m. Gen. (viell. Hebr. [LXX-Ge-

4 brauch aber stets διὰ χειρός] vgl. BDR §217[6]). **4 ἐ-σχίσθη** Aor. Pass. σχίζω (vgl. A33[91ff]) *spalten;* Pass. übertr. *uneins werden, sich spalten;* ἐσχίσθη δὲ τὸ πλῆθος τῆς πόλεως *die Bevölkerung der Stadt spaltete sich (in zwei*

Lager). **οἱ μέν** ... **οἱ δέ** *die einen ... die anderen* (H-S §130; A102). **ἦσαν**
Ipf. εἰμί hier m. σύν τινι *es mit jmdm. halten* (B III10), *zu jmdm. halten.*
ἀπό-στολος hier *Apostel* im Sinn v. Angehöriger eines über die „Zwölf"
(vgl. 1,15-26) hinausgehenden Kreises. **5 ὡς** *als* (Temp. [neben συνιδόντες] 5
zu κατέφυγον V. 6; B IV1a), viell. *daß* (AkkO zu συνιδόντες V. 6 ; vgl.
B IV4); ὡς ... συνιδόντες κατέφυγον *als ... flohen sie, nachdem sie (davon)*
erfahren hatten (vgl. Menge), viell. *als sie erfuhren, daß ... flohen sie.* **ἐ-γένετο**
V. 1. **ὁρμή** *Drang, Eifer, Absicht;* γίνεται ὁρμή τινος „jmds. Absicht entsteht"
= *jmd. faßt den Beschluß* m. Inf. (LN 30.78; BDR §393,5). **ἄρχων**[5] οντος
ὁ *Herrscher;* Pl. häufig *die Behörden* (u.a. m. richterl. Befugnissen); σὺν
τοῖς ἄρχουσιν αὐτῶν *mit ihren führenden Männern* od. *mit ihren Behörden,*
wobei sich αὐτῶν wohl auf Nichtjuden wie Juden bezieht (vgl. οἱ πρῶτοι
13,50; evtl. nur auf die Juden [dann *mit ihren Synagogenvorstehern;* vgl. B 2a]),
also etwa *mit den führenden Männern der Stadt* od. *im Einvernehmen mit den*
dortigen Behörden (vgl. Menge). **ὑβρίσαι** Aor. Inf. ὑβρίζω (vgl. A33[91ff])
frech/übermütig behandeln, mißhandeln, beschimpfen, verhöhnen. **λιθο-βολῆσαι**
Aor. Inf. -βολέω *mit Steinen werfen nach* (Akk.); *steinigen.* **6 συν-** 6
ιδόντες Aor. Ptz. -οράω[192] *einsehen, bemerken* bzw. hier etwa *erfahren;*
temp.; erg. αὐτό/τοῦτο (A79), es sei denn, ὡς in V. 5 wäre als *daß* zu deuten.
κατ-έ-φυγον Aor. κατα-φεύγω[72] *flüchten, (ent)fliehen;* bis nach Lystra
benutzten sie wohl die röm. Straße „Via Sebaste", nach Derbe lediglich einen
ungepflasterten Weg (AFCS 2, S. 53). **Λυκαονία** *Lykaonien,* Landschaft in
Mittelkleinasien, Teilgebiet der röm. Provinz Galatien (vgl. Hemer, Setting,
S. 228-230; KP 3, Sp. 807f). **Λύστρα** (α [ων] οις αν; BDR §57,2) *Lystra,* ca.
30 km südwestl. v. Ikonion, eine röm. Kolonie (KP 3, Sp. 846; vgl. zu 16,12).
Δέρβη *Derbe,* ca. 100 km südöstl. v. Lystra (AFCS 2, S. 385). **περί-χωρος**[11]
benachbart; ἡ περίχωρος (erg. χώρα [A88]) *die Umgegend, die Nachbarschaft;*
καὶ (εἰς) τὴν περίχωρον *und in deren* (A103) *Umgebung.* **7 κἀκεῖ** = καὶ 7
ἐκεῖ. **εὐ-αγγελιζόμενοι** Ptz. Med. -αγγελίζω, umschrieb. Ipf. (A249a).
ἦσαν V. 4.

8 ἀ-δύνατος[11] *unvermögend, kraftlos;* τις ἀνὴρ ἀδύνατος ... τοῖς 8
ποσίν dat. respectus (A178; BDR §197[3]) *ein an den Füßen kraftloser Mann*
bzw. *ein Mann, der keine Kraft in den Beinen hatte.* **Λύστρα** V. 6. **ἐ-κάθητο**
Ipf. Med. κάθημαι hier *dasitzen,* viell. *wohnen* (so Menge). **χωλός** *lahm, gelähmt;*
χωλὸς ἐκ κοιλίας μητρὸς αὐτοῦ *von Geburt an gelähmt;* Artangabe
zum Subj. (A65), od. erg. viell. ὤν (Ptz. εἰμί [vgl. BDR §418[9]]; attr./mod).
κοιλία *Bauch; Mutterleib;* ἐκ κοιλίας μητρός τινος (LXX-Ausdruck)
vom Mutterleib an/her (B 2), *von Geburt an.* **οὐ-δέ-ποτε** (vgl. A18) *niemals*
bzw. hier *(noch) nie.* **περι-ε-πάτησεν** Aor. -πατέω; Aor. Ind. bez. hier
Vorvergangenheit (vgl. H-S §199n; A224); ὃς οὐδέποτε περιεπάτησεν *er*
(vgl. A364a) *hatte nie gehen können.* **9 ἤκουσεν** Aor. ἀκούω [Var. ἤκουεν 9

Ipf.]. **λαλοῦντος** Ptz. λαλέω, GcP (A300); οὗτος ἤκουσεν τοῦ Παύ-
λου λαλοῦντος *dieser hörte zu, wie Paulus sprach.* **ὅς** *dieser/er* (rel. Anschluß,
A364a). **ἀτενίσας** Aor. Ptz. ἀτενίζω (vgl. A33[91ff]) m. Dat. *gespannt hin-
sehen auf,* hier etwa *fest anblicken/ansehen;* temp. **ἰδών** Aor. Ptz. ὁράω hier
sehen im Sinn v. *erkennen, bemerken* (vgl. B εἶδον 3); temp. **ἔχει** *hatte*
(Tempus u. Modus wie in der entsprechenden direkten Rede; A326). **τοῦ** m.
Inf. fin./kons. (Attr. zu πίστιν [A281; H-S §225a]); ὅτι ἔχει πίστιν τοῦ
σωθῆναι (= πίστιν ὥστε σωθῆναι [BDR §400[4]]) *daß er den Glauben
hatte, der zu seiner Rettung/Heilung nötig war* (vgl. Menge) od. *daß der Mann den
Glauben hatte, ihm könnte geholfen werden/er könnte geheilt werden,* viell. *daß der
Mann darauf vertraute, gerettet zu werden* (Einh.). **σωθῆναι** Aor. Inf. Pass.
10 σῴζω. **10 μεγάλῃ φωνῇ** dat. modi (A180) *mit lauter Stimme, laut.* **ἀνά-
στηθι** Wz.-Aor. Imp. ἀν-ίσταμαι. **ὀρθός** *gerade, aufgerichtet;* hier Artan-
gabe zum Subj. (A65; vgl. BDR §243[1]); ἀνάστηθι ἐπὶ τοὺς πόδας σου
ὀρθός *stell dich aufrecht auf deine Füße/Beine* (vgl. B 1a). **ἥλατο** Aor. Med.
ἅλλομαι[116] *springen,* hier *aufspringen* (B 1). **περι-ε-πάτει** Ipf. -πατέω.
11 **11 ἰδόντες** Aor. Ptz. ὁράω, temp. **ἐ-ποίησεν** Aor. ποιέω, Aor. Ind. bez.
hier Vorvergangenheit (vgl. H-S §199n; A224). **ἐπ-ῆραν** Aor. -αἴρω[132] *em-
porheben;* ἐπαίρω τὴν φώνην *laut reden, rufen.* **Λυκαονιστί** *auf lykao-
nisch* (zu dieser nur ganz spärl. belegten Sprache vgl. Hemer, Setting, S. 110 u.
217). **λέγοντες** Ptz. λέγω, pleon. (A297), am besten als Doppelpunkt be-
rücksichtigen. **ὁμοιωθέντες** Aor. Ptz. Pass. ὁμοιόω *gleich(artig) machen;*
Pass. *ähnlich werden,* hier m. ἀνθρώποις (dat. sociativus, A179) *Menschenge-
stalt annehmen* (Menge); temp. (A291,1 Anm. 1). **κατ-έ-βησαν** Aor. κατα-
12 βαίνω. **12 ἐ-κάλουν** Ipf. καλέω. **Βαρναβᾶς**[1] ᾶ 4,36. **Ζεύς** (Gen.
Διός, Akk. Δία) ὁ *Zeus* (röm.: Jupiter), oberster Gott, Göttervater der Grie-
chen (LAW, Sp. 3333-3336); die Zeusverehrung war der verbreitetste Kult der
Provinz Galatien, wobei Zeus oft in Verbindung m. anderen Göttern (so in der
Gegend v. Lystra m. Hermes) stand (zu den zahlreichen archäologischen Zeug-
nissen [Tempel, Altäre, Inschriften u.ä.] s. AFCS 2, S. 393); Δία (u. Ἑρμῆν)
Obj.-Präd. (A48). **Ἑρμῆς**[1] *Hermes* (röm.: Merkur), griech. Gott (u.a. Götter-
bote [LAW, Sp. 1269-1271]). **ἐπει-δή** (A338) *da (ja), weil.* **ἦν** Ipf. εἰμί.
ἡγούμενος Ptz. ἡγέομαι *meinen;* hier *führen;* subst.; ὁ ἡγούμενος τοῦ
13 λόγου *der Wortführer.* **13 ἱερεύς**[8] *Priester.* **ὄντος** Ptz. εἰμί, attr.; ὁ ἱε-
ρεὺς τοῦ Διὸς τοῦ ὄντος πρὸ τῆς πόλεως *der Priester des vor der Stadt
befindlichen Zeus(tempels)* (B πρό 1), *der Priester aus dem Zeus-Tempel vor der
Stadt* (GNB); nach anderen (ὁ Ζεὺς ὁ ὢν πρὸ τῆς πόλεως als Lokalgottbe-
zeichnung deutend) *der Priester des „Zeus vor der Stadt“* (Einh.) od. (m. πρό im
Sinn v. *zum Schutz für* [vgl. LSJ AI3]) *der Priester von Zeus, dem Beschützer der
Stadt* (ThWNT 6, S. 684). **ταῦρος** *Stier.* **στέμμα**[3] *Kranz* (bei religiösen
Zwecken wurde häufig Wolle verwendet [B]); Opfertiere m. Kränzen zu

schmücken, war verbreitet (LAW, Sp. 1609f). **πυλών**[4] ῶνος ὁ *Tor;* ἐπὶ
τοὺς πυλῶνας *zu den Toren/zum Eingang* (wohl der Stadt, viell. des Tempels
[B 1]), *an das Stadttor* (Menge). **ἐνέγκας** Aor. Ptz. φέρω, temp. (A291,1
Anm. 1). **ἤ-θελεν** Ipf. θέλω. **θύειν** Inf. θύω *opfern;* ἤθελεν θύειν erg. ge-
dankl. αὐτοῖς (vgl. V. 18) *er wollte (ihnen) Opfer darbringen.* **14 ἀκούσαν-** 14
τες Aor. Ptz. ἀκούω, temp.; erg. αὐτό/τοῦτο. **οἱ ἀπόστολοι** V. 4.
διαρ-ρήξαντες Aor. Ptz. -ρήσσω/ρήγνυμι[217] *zerreißen;* temp. (A291,1
Anm. 1); das Zerreißen der Kleider diente als Ausdruck der Entrüstung od.
Trauer (Gen 37,29.34; 44,13; Num 14,6; Ri 11,35 usw.) u. ist nach rabbinischer
Tradition (Mischna, Sanhedrin 7.5) für denjenigen vorgeschrieben, der Zeuge
einer Gotteslästerung wurde. **ἐξ-ε-πήδησαν** Aor. ἐκ-πηδάω *hervorsprin-
gen,* εἰς τὸν ὄχλον *auf die Volksmenge losspringen* (B 1), *unter das Volk sprin-
gen.* **κράζοντες** Ptz. κράζω, mod. **15 λέγοντες** Ptz. λέγω, mod.; καὶ 15
λέγοντες hier pleon. (A297; vgl. BDR §420[6]), am besten als Doppelpunkt be-
rücksichtigen. **ἄνδρες** Vok. etwa *ihr Leute.* **τί** adv. *warum?* (B τίς 3a;
A134a) od. präd. *als was* (vgl. BDR §299[1]; A65); τί ταῦτα ποιεῖτε; *warum tut
ihr das?* od. „als was tut ihr das?" = *was tut ihr da?* (Menge). **ὁμοιο-παθής**[7]
m. Dat. (vgl. A179) jmdm. *gleichgeartet, von gleicher Art wie* jmd.; καὶ ἡμεῖς
ὁμοιοπαθεῖς ἐσμεν ὑμῖν ἄνθρωποι etwa *wir sind (doch) auch (nur) Men-
schen wie ihr* (wörtl. *Menschen von gleicher Art wie ihr*). **εὐ-αγγελιζόμενοι**
Ptz. Med. -αγγελίζω hier m. AcI (B 2aβ) od. AkkO (vgl. V. 20) u. fin. Inf.
(A276); mod. (A291,2 Anm. 1); εὐαγγελιζόμενοι ὑμᾶς (Subj. des AcI od.
AkkO [zu εὐαγγελιζόμενοι]) ... ἐπιστρέφειν (Präd. des AcI od. fin. Inf.)
und wir verkünden (euch) die gute Nachricht, daß ihr euch ... bekehren sollt/könnt
od. *wir verkünden euch die gute Nachricht/die Heilsbotschaft, damit ihr euch ... be-
kehrt* (vgl. Menge). **μάταιος** *nichtig, sinnlos, wertlos;* τὰ μάταια *das Nichti-
ge* (z.T. evtl. οἱ μάταιοι *die Nichtigen*) LXX-Ausdruck, der Götzen bzw. den
Götzendienst bez.; ἀπὸ τούτων τῶν ματαίων *von diesen nichtigen/sinnlosen
Dingen* (GNB: *von all diesen Göttern, die gar keine sind*). **ἐπι-στρέφειν** Inf.
-στρέφω hier intr. *sich umwenden; umkehren, sich bekehren* (B 1bβ), hier ἀπό
m. Gen. u. ἐπί m. Akk. *sich von ... zu ... bekehren* od. *sich von ... abwenden
und ... zuwenden* (GNB). **ζῶντα** Ptz. ζάω, attr. **ἐ-ποίησεν** Aor.ποιέω
hier *schaffen, erschaffen* (B I1aβ). **πάντα τὰ ἐν αὐτοῖς** *alles, was in ihnen
ist.* **16 παρ-ῳχημέναις** Pf. (A231) Ptz. Pass. -οίχομαι[183] *vorübergehen,* 16
vergehen (v. der Zeit); attr.; ἐν ταῖς παρῳχημέναις γενεαῖς *in den vergan-
genen Zeiten* (vgl. B γενεά 3b). **εἴασεν** Aor. ἐάω[32] *(zu)lassen* m. AcI *daß*
(H-S §218a; A274). **πορεύεσθαι** Inf. πορεύομαι hier bildl. v. der Lebens-
führung m. dat. modi (BDR §198,5; A180); Präd. des AcI; εἴασεν πάντα τὰ
ἔθνη πορεύεσθαι ταῖς ὁδοῖς αὐτῶν *er ließ alle Völker* (GN: *die Men-
schen*) *ihre eigenen Wege gehen.* **17 καί-τοι** *(und) doch, freilich.* **ἀ-μάρτυ-** 17
ρος[11] *unbezeugt;* καίτοι οὐκ ἀμάρτυρον αὐτὸν ἀφῆκεν *und doch hat er*

sich nicht unbezeugt gelassen Litotes (A386) = *doch hat er sich schon immer*
deutlich bezeugt. **αὑτόν** = ἑαυτόν (A126c; vgl. H-S §139h). **ἀφ-ῆκεν** Aor.
-ἵημι hier *lassen* m. doppeltem Akk. (A97,15; B 4). **ἀγαθουργῶν** Ptz.
ἀγαθο-εργέω bzw. (kontrahiert) ἀγαθουργέω *Gutes tun;* mod. *indem* (od.
dadurch, daß) er (euch) Gutes tat, durch seine Wohltaten. **οὐρανόθεν** *vom*
Himmel her. **ὑετός** *Regen;* Pl. *Regenzeiten* (LSJ I) bzw. (idiomatisch einfach)
Regen. **διδούς** Ptz. δίδωμι, mod. (A291,2 Anm. 1). **καρπο-φόρος**[11]
fruchtbringend, fruchtbar; ... διδοὺς καὶ καιροὺς καρποφόρους *er gibt ...*
und fruchtbare Zeiten/Erntezeiten (vgl. B καιρός 1) od. *er gibt ... und läßt die*
Ernte reifen (GNB). **ἐμ-πιπλῶν** Ptz. -πίμπλημι (hier -πιμπλάω, BDR
§93,2) *füllen, erfüllen* τινός *mit etwas* (A165); *sättigen;* mod. (A291,2 Anm. 1);
ἐμπιπλῶν τροφῆς καὶ εὐφροσύνης τὰς καρδίας ὑμῶν *mit Nahrung*
und Freude erfüllt er euer Herz (vgl. Einh.) bzw. *er sättigt euch mit Nahrung und*
erfüllt euer Herz mit Freude od. (v. einem Hendiadyoin ausgehend [BDR §442[29];
A378]) *mit Freude über Nahrung erfüllt er euer Herz.* **τροφή** *Nahrung, Speise.*
18 **εὐ-φροσύνη** *Frohsinn, Heiterkeit, Freude.* **18 λέγοντες** V. 15; mod. od.
konz.; καὶ ταῦτα λέγοντες *durch diese Worte* (Menge) od. *doch selbst mit*
diesen Worten (Einh.). **μόλις** *kaum* bzw. hier etwa *nur mit Mühe* (vgl. B 1).
κατ-έ-παυσαν Aor. κατα-παύω *beendigen, zur Ruhe bringen,* hier m.
τινά τινος *jmdn. von etwas abbringen/abhalten (können)* (vgl. B 1bα); μόλις
κατέπαυσαν τοὺς ὄχλους τοῦ μὴ θύειν αὐτοῖς *sie brachten die Volks-*
menge kaum/nur mit Mühe zur Ruhe, so daß sie ihnen nicht Opfer darbrachten =
sie konnten die Volksmenge kaum/nur mit Mühe davon abhalten, ihnen Opfer dar-
zubringen. **τοῦ** m. Inf. hier kons. nach Verb des Hinderns (BDR §400[6]; vgl.
A281; H-S §225c [zur Neg. vgl. §247e]).
19 **19 ἐπ-ῆλθαν** Aor. (vgl. H-S §105g) -έρχομαι[187] *herbeikommen* bzw.
hier etwa *herüberkommen* (Menge) od. (einfach) *kommen.* **Ἀντιόχεια**
13,14. **Ἰκόνιον** 13,51. **πείσαντες** Aor. Ptz. πείθω hier m. τινά *jmdn.*
umstimmen/für sich gewinnen (Menge), *jmdn. auf seine Seite bringen* (vgl. B 1c);
temp. (A291,1/2 Anm. 1). **λιθάσαντες** Aor. Ptz. λιθάζω (vgl. A33[91ff]) *stei-*
nigen; temp. (A291,1 Anm. 1); zur Sache vgl. 2Kor 11,25. **ἔ-συρον** Ipf. σύρω
ziehen, schleppen, hier ἔξω τῆς πόλεως *zur Stadt hinaus schleifen* (Menge);
erg. αὐτόν (A79). **νομίζοντες** Ptz. νομίζω *meinen, glauben, annehmen,* m.
AcI; kaus. **τε-θνηκέναι** Pf. Inf. (ἀπο-)θνήσκω, Präd. des AcI; νομίζον-
20 τες αὐτὸν τεθνηκέναι *in der Meinung, er sei tot.* **20 κυκλωσάντων**
Aor. Ptz. κυκλόω *umgeben, umringen;* gen. abs. (A288), temp. **μαθητής** hier
Jünger Jesu, fast = *Christ* (B 2bγ). **ἀνα-στάς** Wz.-Aor. Ptz. ἀν-ίσταμαι,
temp. (A291,1 Anm. 1). **εἰσ-ῆλθεν** Aor. -έρχομαι. **ἐπ-αύριον** *morgen*
(= tags darauf), τῇ ἐπαύριον (erg. ἡμέρᾳ, vgl. A88) temp. Dat. (A182) *am*
nächsten Tag. **ἐξ-ῆλθεν** Aor. -έρχομαι hier m. εἰς *weiterziehen nach.*
21 **Βαρναβᾶς**[1] ᾶ 4,36. **Δέρβη** V. 6. **21 εὐ-αγγελισάμενοι** Aor. Ptz.

Med. -αγγελίζω hier m. τινά (häufiger τινί; H-S §152d); temp. **μαθητεύ-
σαντες** Aor. Ptz. μαθητεύω *zum Jünger machen, belehren;* temp.; καὶ μα-
θητεύσαντες ἱκανούς *und (nachdem) sie viele Jünger* (GN: *viele Menschen
für Jesus*) *gewonnen hatten.* **ἱκανός** V. 3. **ὑπ-έ-στρεψαν** Aor. ὑπο-στρέ-
φω[47] *zurückkehren* εἰς *nach;* v. Lystra an ging die Rückreise wohl wieder über
die röm. Straße „Via Sebaste" (vgl. zu 13,14.51; 14,6). **Λύστρα** V. 6. **Ἀν-
τιόχεια** 13,14. **22 ἐπι-στηρίζοντες** Ptz. -στηρίζω *stärken;* mod.; ἐπι- 22
στηρίζοντες τὰς ψυχὰς τῶν μαθητῶν *sie stärkten dabei/überall die Her-
zen* (vgl. B ψυχή 1bγ) *der Jünger* (vgl. Menge) od. *überall machten sie den Chri-
sten Mut* (GNB). **παρα-καλοῦντες** Ptz. -καλέω, mod.; erg. αὐτούς
(A79). **ἐμ-μένειν** Inf. -μένω m. Dat. *bleiben in; bleiben bei, festhalten an;*
vgl. ähnl. 11,23; 13,43. **ὅτι** *daß* (bzw. indirekte Rede) od. recitativum = Dop-
pelpunkt (A333); καί (erg. λέγοντες [V. 15]; BDR §479[5]; vgl. A376) ὅτι
διά ... δεῖ ἡμᾶς *und wiesen sie darauf hin, daß wir durch ... müssen* (Menge)
od. *und sagten: „Durch ... müssen wir ..."* (Einh.); dazu vgl. 1Thess 3,2-4; 2Thess
1,5; 2Tim 3,11-13. **εἰσ-ελθεῖν** V. 1; Präd. des AcI, abhängig v. δεῖ. **23 χει-** 23
ρο-τονήσαντες Aor. Ptz. -τονέω *wählen, bestimmen* (LN 37.103); temp.
(A291,1 Anm. 1). **αὐτοῖς** dat. commodi (A173a) *ihnen, für sie.* **κατ' ἐκ-
κλησίαν** *in jeder einzelnen Gemeinde* (B ἐκκλησία 4b; vgl. κατά II1d;
A195). **πρεσβύτερος** Pl. bez. hier zum erstenmal christl. *Ältesten* (Gemein-
deleiter) wohl nichtjüdischen Hintergrunds (vgl. 11,30); neben 1Tim 5,17; Tit
1,5 vgl. 1Kor 16,15f; Phil 1,1 u. 1Thess 5,12f. **προσ-ευξάμενοι** Aor. Ptz.
Med. -εύχομαι, mod. **νηστεία** *(das) Fasten;* προσευξάμενοι μετὰ νη-
στειῶν *unter/mit Gebet und Fasten.* **παρ-έ-θεντο** Aor. Med. παρα-τίθη-
μι[200] *daneben stellen;* Med. *übergeben,* hier m. τινά τινι *jmdn. dem Schutz/der
Sorge jmds. anvertrauen/anbefehlen* (B 2bβ), *jmdn. unter den Schutz jmds. stellen*
(GNB). **πε-πιστεύκεισαν** Plsqpf. (hier ohne Aug.; vgl. A21; H-S §72h)
πιστεύω; εἰς ὃν πεπιστεύκεισαν *an den sie gläubig geworden waren (und
nun glaubten)* bzw. (einfach) *an den sie nun glaubten* (Einh.). **24 δι-ελθόν-** 24
τες Aor. Ptz. -έρχομαι hier *durchziehen;* temp. **Πισιδία** *Pisidien* (s. zu Πι-
σίδιος 13,14). **εἰς** hier *nach.* **Παμφυλία** 2,10. **25 λαλήσαντες** Aor. 25
Ptz. λαλέω, temp. **Πέργη** 13,13. **τὸν λόγον** *das „Wort"* als term. tech. für
die göttl. Botschaft bzw. die apostolische Verkündigung (vgl. B λόγος 1bβ).
κατ-έ-βησαν Aor. κατα-βαίνω hier m. εἰς *hinabgehen nach.* **Ἀττά-
λεια** *Attalia,* Hafenstadt an der Küste Pamphyliens (heutiges Antalya; vgl. zu
Πέργη 13,13; KP 1, Sp. 716f). **26 ἐκεῖ-θεν**[18] *von dort;* κἀκεῖθεν = καὶ 26
ἐκεῖθεν. **ἀπ-έ-πλευσαν** Aor. ἀπο-πλέω[30] *wegsegeln, (mit dem Schiff) ab-
fahren/reisen* εἰς *nach.* **Ἀντιόχεια** 11,19. **ὅθεν**[18] *von wo, woher, von wo
aus.* **ἦσαν** V. 4. **παρα-δε-δομένοι** Pf. Ptz. Pass. -δίδωμι hier *anbefeh-
len* (B 2); umschrieb. Plsqpf. (A249b); ὅθεν ἦσαν παραδεδομένοι τῇ χά-
ριτι τοῦ θεοῦ *wo* (wörtl. *von wo aus*) *sie der Gnade Gottes anbefohlen worden*

waren. **εἰς** hier *für.* **ἐ-πλήρωσαν** Aor. πληρόω; Aor. Ind. bez. hier Vor-
vergangenheit (vgl. H-S §199n; A224); εἰς τὸ ἔργον ὃ ἐπλήρωσαν *für das*
27 *Werk, das sie nun vollendet hatten.* **27 παρα-γενόμενοι** Aor. Ptz. Med.
-γίνομαι[176] *ankommen;* temp. **συν-αγαγόντες** Aor. Ptz. -άγω, temp.
ἀν-ήγγελλον Ipf. -αγγέλλω *berichten.* **ὅσα** *(über) alles, was.* **ἐ-ποίη-
σεν** V. 11; Aor. Ind. bez. hier Vorvergangenheit (vgl. H-S §199n; A224). **μετ᾽
αὐτῶν** *mit ihnen zusammen* (als seinen Mitarbeitern), viell. *an ihnen* (hebr. [=
klass. αὐτοῖς], vgl. Gen 21,23; 26,29; Ri 1,24; 8,35 usw. [BDR §206[5]]), evtl.
(vgl. 13,17) sozusagen instr. *durch sie* (so Menge; vgl. auch 15,12). **ἤν-οιξεν**
Aor. ἀν-οίγω. **θύρα** *Tür;* θύραν πίστεως Gen. der Richtung (A162; BDR
28 §166[3]) *eine/die Tür zum Glauben* (Menge). **28 δι-έ-τριβον** Ipf. δια-τρίβω
V. 3. **χρόνον οὐκ ὀλίγον** *eine nicht geringe Zeit = längere Zeit* (Litotes
[A386; vgl. BDR §495[9]]).

15 **κατ-ελθόντες** Aor. Ptz. -έρχομαι[187] *herabkommen, hinabgehen;* attr.
od. temp. (A291,1 Anm. 1); τινὲς κατελθόντες ἀπὸ τῆς Ἰουδαίας *einige,
die aus Judäa (nach Antiochia) herabgekommen waren* (Menge) od. *es kamen ei-
nige Leute von Judäa herab und* (Einh.); evtl. waren dies Abgesandte des Jako-
bus (Gal 2,12), die die Grenzen ihres Auftrages überschritten (vgl. unten V. 24),
eher aber wohl „heimlich eingedrungene falsche Brüder" (Gal 2,4); die im fol-
genden (V. 1-35) beschriebene Jerusalemer Versammlung, das sog. „Apostel-
konzil" m. seinen für die Ausbreitung des Christentums grundlegenden Be-
schlüssen, wird herkömml. m. dem in Gal 2,1-10 erwähnten Geschehen gleich-
gesetzt; m. den vorhandenen Hinweisen besser vereinbar scheint jedoch flgd.
Deutung: in Gal 2,1-10 ist ein früheres Treffen gemeint (viell. das v. 11,30 [vgl.
dazu]); das „Apostelkonzil" bleibt im Galaterbrief unerwähnt, weil dieses erst
nach dessen Abfassung stattfand (Hemer, Setting, S. 247ff). **ἐ-δίδασκον** Ipf.
διδάσκω. **οἱ ἀδελφοί** *die Brüder/Geschwister = die Christen* (B ἀδελφός
2). **ὅτι** recitativum = Doppelpunkt (A333). **περι-τμηθῆτε** Aor. Konj.
Pass. -τέμνω[149] *beschneiden* (der Vorhaut); Pass. *beschnitten werden, sich be-
schneiden lassen.* **ἔθος**[7] *Brauch, Sitte;* wohl dat. causae (BDR §196[1]; A177); τῷ
ἔθει τῷ Μωϋσέως *nach dem Brauch des Mose = wie es das Gesetz Moses vor-
schreibt* (vgl. Gen 17,10-14; Lev 12,3); nichtjüdische Christen sollten sich dem-
nach (durch den Beschneidungsritus) zusätzl. zum Judentum bekehren, zu ge-
setzestreuen Vollproselyten (vgl. zu 10,1) werden (vgl. a. V. 5). **σωθῆναι**
2 Aor. Inf. Pass. σῴζω. **2 γενομένης** Aor. Ptz. Med. γίνομαι hier γί-
νεταί τινι *es entsteht jmdm.* etwas (B I1bβ) od. *jmd. bekommt* etwas (vgl.
jmdm. ist etwas = *jmd. hat* etwas [dat. poss., A173b]) bzw. *jmd. gerät in* etwas;
zum Sg. vgl. A94 (hier auch dadurch begünstigt, daß das zusammengesetzte
Subj. semantisch wohl eine Einheit bildet); gen. abs. (A288), temp. **στάσις**[8]
(das) Aufstellen; Aufruhr; Zwist, Auseinandersetzung (vgl. B 3); στάσις καὶ
ζήτησις οὐκ ὀλίγη wohl eine Art Hendiadyoin (A378; vgl. BDR §495[2] zu

13,11 [„Tautologie“]) *eine große Entzweiung und Auseinandersetzung* etwa = *eine*
heftige (o.ä.) *Auseinandersetzung* od. (grammatisch etwas schwieriger, aber gut in
den Kontext passend) als separate Begriffe *eine große Aufregung/Unruhe und eine*
heftige Auseinandersetzung; γενομένης δὲ στάσεως καὶ ζητήσεως οὐκ
ὀλίγης τῷ Παύλῳ καὶ τῷ Βαρναβᾷ πρὸς αὐτούς *als Paulus und Bar-*
nabas (darüber) in eine heftige Auseinandersetzung mit ihnen gerieten od. etwa
nach großer Aufregung/Unruhe (in der Gemeinde) und heftigen Auseinandersetzun-
gen zwischen ihnen und Paulus und Barnabas. **ζήτησις**[8] *Untersuchung;* hier u.
V. 7 *Auseinandersetzung* (B 3), πρός τινα *mit jmdm.* **οὐκ ὀλίγη** eine *nicht*
geringe = eine *große* (Litotes [BDR §495[9]; A386]). **Βαρναβᾶς**[1] ἃ 4,36.
ἔ-ταξαν Aor. τάσσω[79] *ordnen;* hier m. AcI *anordnen* (B 2a), *beschließen;*
3. Pl. im Sinn v. „man“ (A76a). [Var. ἔ-λεγεν Ipf. λέγω hier m. Inf./AcI. μέ-
νειν Inf. μένω, Präd. des AcI (erg. als Subj. αὐτούς [vgl. BDR §408,2a]);
ἔλεγεν γὰρ ὁ Παῦλος μένειν οὕτως καθώς *denn Paulus sagte/lehrte, sie*
sollten so bleiben, wie. ἐ-πίστευσαν Aor. πιστεύω; Aor. hier ingr. (H-S
§194i; A240b); wie (sie waren, als) *sie zum Glauben kamen.* δι-ϊσχυριζόμε-
νος Ptz. -ϊσχυρίζομαι *steif und fest behaupten;* mod. ἐληλυθότες Pf.
(A231) Ptz. ἔρχομαι, subst. παρ-ήγγειλαν Aor. -αγγέλλω V. 5.] **ἀνα-**
βαίνειν Inf., Präd. des AcI. **ἐξ αὐτῶν** hier statt gen. partitivus (A164); τι-
νὰς ἄλλους ἐξ αὐτῶν *einige andere aus ihrer Mitte* (d.h. aus der Gemeinde
in Antiochia). **πρεσβύτεροι** hier v. den Leitern der Jerusalemer Gemeinde
(vgl. 11,30). **εἰς** hier *nach.* **περί** m. Gen. hier *wegen* (Menge; vgl. B 1e). **ζή-**
τημα[3] *Streitfrage.* **3 προ-πεμφθέντες** Aor. Ptz. Pass. -πέμπω[45] *zur* 3
(Weiter-)Reise aussenden/ausstatten, hier wohl etwa *feierlich verabschieden;* temp.
(A291,1 Anm. 1); οἱ μὲν οὖν προπεμφθέντες ὑπὸ τῆς ἐκκλησίας *diese*
(A102) *wurden also von der Gemeinde feierlich verabschiedet und.* **δι-ήρχοντο**
Ipf. Med. -έρχομαι hier m. Akk. *ziehen durch.* **Φοινίκη** 11,19. **Σαμά-**
ρεια 1,8. **ἐκ-δι-ηγούμενοι** Ptz. -ηγέομαι *erzählen, berichten;* mod.
(A291,2 Anm. 1); ἐκδιηγούμενοι τὴν ἐπιστροφὴν τῶν ἐθνῶν *und sie*
berichteten (überall) von der Bekehrung der Heiden/Nichtjuden. **ἐπι-στροφή**
Bekehrung. **ἐ-ποίουν** Ipf. ποιέω hier χαρὰν μεγάλην τινί *bei jmdm. gro-*
ße Freude hervorrufen (B I1bγ), *jmdm. große Freude bereiten.* **4 παρα-γενό-** 4
μενοι Aor. Ptz. Med. -γίνομαι[176] *ankommen, kommen, eintreffen,* εἰς
in/nach; temp. **παρ-ε-δέχθησαν** Aor. Pass. παρα-δέχομαι[63] jmdn.
(freundlich) aufnehmen (vgl. B 2). **ἀπό** hier = ὑπό (BDR §210[2]; A211). **ἀν-**
ήγγειλαν Aor. -αγγέλλω[110] *berichten.* **ὅσα** *(über) alles, was.* **ἐ-ποίη-**
σεν Aor. ποιέω, Aor. Ind. bez. hier Vorvergangenheit (vgl. H-S §199n; A224).
μετ᾽ αὐτῶν *mit ihnen zusammen,* viell. *an ihnen,* evtl. *durch sie* (s. zu 14,27;
vgl. V. 12). **5 ἐξ-αν-έ-στησαν** Wz.-Aor. -ίσταμαι[205] *aufstehen* (B 2), 5
auftreten (Menge) od. etwa *sich zu Wort melden.* **τινές** m. gen. partitivus
(A137a/164). **ἀπό** hier = ἐκ (BDR §209[4]; A184a) v. der Herkunft bzw.

Zugehörigkeit (B IV1b); τινὲς τῶν ἀπὸ τῆς αἱρέσεως τῶν Φαρισαίων
πεπιστευκότες *einige aus der Partei der Pharisäer, die* (Menge: *einige, die zu
der Partei der Pharisäer gehört hatten und*) *gläubig/Christen geworden waren* od.
einige Gläubige/Christen aus der Partei der Pharisäer. **αἵρεσις**[8] *Schule* (im
Sinn v. Lehrrichtung), *Partei; Lehrmeinung.* **πε-πιστευκότες** Pf. (A231)
Ptz. πιστεύω, attr. od. subst. **λέγοντες** Ptz. λέγω, mod. **ὅτι** *daß* (bzw. in-
direkte Rede) od. recitativum = Doppelpunkt (A333). **περι-τέμνειν** Inf.
-τέμνω, erster v. δεῖ abhängiger Inf. **αὐτούς** *sie* (die nichtjüdischen Chri-
sten), AkkO zu περιτέμνειν. **παρ-αγγέλλειν** Inf. -αγγέλλω *anweisen,
befehlen;* zweiter v. δεῖ abhängiger Inf. (s. τε); erg. αὐτοῖς (A79). **τηρεῖν**
Inf. τηρέω, v. παραγγέλλειν abhängig.
6 **6 συν-ήχθησαν** Aor. Pass. -άγω. **πρεσβύτεροι** V. 2. **ἰδεῖν**
Aor. Inf. ὁράω hier m. περί τινος etwa *etwas betrachten, sich einer Sache an-
nehmen* (vgl. B εἶδον 4), *etwas prüfen/erörtern;* fin. (A276). **λόγος** hier *Ge-
genstand* (über den gesprochen wird) bzw. überhaupt *Sache* (B 1aε), übers. etwa
7 *Frage.* **7 ζήτησις** V. 2. **γενομένης** V. 2; gen. abs. (A288), temp.; πολ-
λῆς δὲ ζητήσεως γενομένης etwa *nach einer langen Diskussion* (GN) od.
als die Diskussion heftig wurde (GNB). **ἀνα-στάς** Wz.-Aor. Ptz. ἀν-ίστα-
μαι, temp. (A291,1 Anm. 1) [Var. ἀν-έ-στησεν Aor. -ίστημι]. **ἄνδρες
ἀδελφοί** Vok. etwa *liebe Brüder/Geschwister* (vgl. H-S §260j; vgl. a. zu 1,16).
ἐπίσταμαι *wissen, kennen.* **ἀρχαῖος** *alt* (= von Anfang an od. in früherer
Zeit bestehend); ἀφ' ἡμερῶν ἀρχαίων „seit alten/früheren Tagen" (vgl.
LXX Jes 37,26; Kl 1,7; 2,17) = *schon vor langer/längerer Zeit* (LN 67.26; vgl. B
ἡμέρα 4b) – das 10,1ff Berichtete lag schon bis zu zehn Jahre zurück – bzw.
schon in der Anfangszeit (der christl. Gemeinde) (Bruce, Apg, S. 335), viell. *von
den ersten Tagen an* (hat Gott seine Wahl so getroffen [Wilckens]). **ἐν ὑμῖν**
hier *unter euch, in eurem Kreis* (vgl. B ἐν I4a); die Deutung als Obj. zu ἐξελέξα-
το (Hebr.; vgl. LXX 1Sam 16,9f usw.) ist zwar nicht unmögl. (also: *euch* [bes.
die Apostel] hat Gott erwählt), wirkt hier aber forciert (vor allem in Verbin-
dung m. dem flgd. AcI). **ἐξ-ε-λέξατο** Aor. Med. ἐκ-λέγομαι[66] *(für sich)
auswählen, erwählen;* hier erg. die meisten ἐμέ (A79), wobei der AcI den Zweck
des Auswählens angibt (*mich ... dazu, daß* [vgl. B 3c]), vorzuziehen ist aber wohl
die Deutung des AcI als Obj. etwa *die Entscheidung* (Wilckens: *die Wahl so*) *tref-
fen, daß* (Einh.); ὅτι ... ἐν ὑμῖν ἐξελέξατο ὁ θεός ... ἀκοῦσαι τὰ ἔθνη ...
καὶ πιστεῦσαι *daß Gott ... mich in eurem Kreis dazu auserwählt hat, daß die
Nichtjuden ... hören und zum Glauben kommen sollten* (vgl. Menge) od. (wohl
besser) *daß Gott ... unter euch die Entscheidung getroffen hat* (GNB: *Gott hat ...
unter euch seinen Willen kundgegeben. Er hat entschieden*), *daß die Nichtjuden ...
hören und zum Glauben kommen sollten.* **ἀκοῦσαι** Aor. Inf. ἀκούω, erstes
Präd. des AcI. **πιστεῦσαι** Aor. Inf. πιστεύω; Aor. hier ingr. (A229)
8 *gläubig werden, zum Glauben kommen;* zweites Präd. des AcI. **8 καρδιο-**

γνώστης[1] *einer, der die Herzen kennt* od. *Herzenskenner;* ὁ καρδιογνώστης
θεός *Gott, der die Herzen (aller Menschen) kennt.* **ἐ-μαρτύρησεν** Aor.
μαρτυρέω; ἐμαρτύρησεν αὐτοῖς Gott *hat Zeugnis für sie abgelegt* (B 1a),
d.h. Gott *hat bestätigt, daß auch sie dessen würdig sind* (vgl. GN). **δούς** Aor.
Ptz. δίδωμι, mod.; δούς (erg. αὐτοῖς, A79) ... καθὼς καὶ ἡμῖν *dadurch,*
daß er ihnen genauso ... gegeben hat wie uns. **9 οὐθ-είς** = οὐδ-είς (BDR 9
§33[2]); οὐθέν Akk. der Beziehung (A149) bzw. adv. Akk. (A150) *in nichts* (einen
Unterschied) bzw. *keinerlei* (Unterschied). **δι-έ-κρινεν** Aor. δια-κρίνω[127]
unterscheiden, hier *einen Unterschied machen* (vgl. B 1b). **μετα-ξύ** uneig.
Präp. (A183) *zwischen.* **τῇ πίστει** dat. instr./causae (A176f) *durch den Glau-*
ben, auf Grund des Glaubens. **καθαρίσας** Aor. Ptz. καθαρίζω[95] *reinigen,*
rein machen; temp./mod. (A291,1/2 Anm. 1) od. kaus.; ... καθαρίσας τὰς
καρδίας αὐτῶν *und/denn er hat ihre Herzen* (GNB: *sie ... im Herzen*) ... *gerei-*
nigt/rein gemacht (d.h. ihnen die Schuld bzw. das der Gemeinschaft m. Gott im
Weg Stehende [das „Unreine/Unheilige“] beseitigt). **10 τί** adv. *warum?* (vgl. B 10
τίς 3a; A134a); νῦν οὖν τί *warum ... also jetzt.* **πειράζω** *versuchen; prüfen,*
hier *auf die Probe stellen, herausfordern* (AT-Ausdruck, vgl. Ex 17,2; Ps 78,41).
ἐπι-θεῖναι Aor. Inf. -τίθημι[200] *auflegen, darauflegen;* hier mod. (A277b) *in-*
dem ihr ... legt/legen wollt (vgl. Menge). **ζυγός** *Joch.* **τράχηλος** *Hals,*
Nacken; ἐπιτίθημι ζυγὸν ἐπὶ τὸν τράχηλόν τινος „ein Joch auf jmds.
Nacken legen“ = *jmdm. ein Joch/eine Last auferlegen* (für die Bdtg. des Jochbil-
des s. zu Mt 11,29). **μαθητής** hier *Jünger Jesu,* fast = *Christ* (B 2bγ). **ἰσχύ-**
σαμεν Aor. ἰσχύω *stark sein, vermögen, können.* **βαστάσαι** Aor. Inf. βα-
στάζω[108] *aufheben; tragen.* **11 ἀλλά** hier etwa *nein!* od. *im Gegenteil.* **σω-** 11
θῆναι V. 1. **τρόπος** *Art und Weise;* καθ’ ὃν τρόπον *auf dieselbe Weise wie*
(B 1). **κἀκεῖνοι** = καὶ ἐκεῖνοι. **12** [Var. συγ-κατα-τιθεμένων Ptz. 12
-τίθεμαι *beipflichten, zustimmen;* gen. abs. (A288), temp. εἰρημένοις Pf.
(A231) Ptz. Pass. λέγω, subst.] **ἐ-σίγησεν** Aor. σιγάω *schweigen, still sein.*
πλῆθος[7] *Menge;* hier *Versammlung* (Menge). **ἤκουον** Ipf. ἀκούω hier *zu-*
hören; Pl. sinngemäße Konstruktion (A96). **Βαρναβᾶς**[1] ᾶ 4,36. **ἐξ-ηγου-**
μένων Ptz. -ηγέομαι *erzählen, darstellen, berichten;* GcP (A300); ἤκουον
Βαρναβᾶ καὶ Παύλου ἐξηγουμένων *sie hörten Barnabas und Paulus zu,*
wie sie erzählten/berichteten. **ὅσα** *alle die* Zeichen und Wunder, *die* (Menge)
od. *wie viele/große* Zeichen und Wunder. **ἐ-ποίησεν** V. 4. **τέρας**[3] ατος τό
Wunder (tritt häufig synonym in fester Verbindung m. σημεῖα auf). **ἐν** *unter*
(vgl. B I4a). **13 μετὰ τό** m. AcI temp. (A282; BDR §402[4]). **σιγῆσαι** Aor. 13
Inf. σιγάω hier etwa *enden;* Präd. des AcI; μετὰ δὲ τὸ σιγῆσαι αὐτούς
als die beiden (wörtl. *als sie*) *geendet hatten.* **ἀπ-ε-κρίθη** Aor. Pass. ἀπο-κρί-
νομαι hier im Sinn v. *sagen, das Wort nehmen* (vgl. B 2). **Ἰάκωβος** 12,17.
ἄνδρες ἀδελφοί V. 7. **ἀκούσατε** Aor. Imp. ἀκούω hier m. τινός
jmdm. zuhören (vgl. B 1c). **14 Συμεών** (LXX-Form für hebr. שִׁמְעוֹן *šimᶜôn* 14

[ϵ gibt ע [c] wieder]) indekl., hier Nom. (= Σιμών), *Simeon,* Beiname v. Petrus.
ἐξ-ηγήσατο Aor. Med. -ηγέομαι. **καθώς** hier = ὡς/πῶς (B 5). **πρῶ-
τον ὁ θεός** *Gott zuerst* im Sinn v. *Gott als erster* (Gott selbst hat die Initiative
ergriffen): *Gott selbst zuerst* bzw. (einfach) *Gott selbst* (GNB) od. (das ἀφ' ἡμε-
ρῶν ἀρχαίων v. V. 7 aufgreifend) *Gott schon am Anfang* (vgl. Haenchen, Apg,
S. 388; evtl. [im Licht v. V. 15-18]: *Gott [in seinem Heilsplan] von Anfang an*
[vgl. Wilckens]). **ἐπ-ε-σκέψατο** Aor. Med. ἐπι-σκέπτομαι (vgl. A33[51ff])
sich (prüfend) umsehen nach; V. 36 *sehen nach, besuchen;* hier m. Inf. (vgl.
A273/276; BDR §392,3) etwa *darauf bedacht sein,* etwas *zu tun* (Menge), *eingrei-
fen, um* etwas zu *tun.* **λαβεῖν** Aor. Inf. λαμβάνω[152] hier ἐκ m. Gen. etwa
gewinnen aus (Menge), *sammeln aus* (GNB). **λαὸν τῷ ὀνόματι** (dat. com-
modi, A173) *ein Volk für seinen Namen,* d.h. (*für seinen Namen = für sich*) *ein
Volk, das ganz ihm gehört* (offenbar ein Idiom des alten palästinischen Targums
[Bruce, Apg, S. 340]) od. *ein Volk, das seinen Namen trägt/das ihn ehrt;* einst war
Israel ausschließl. Gottes bes. Volk (vgl. Ex 19,5; Dt 7,6; 14,2; 26,18f; 32,8f; Ps
135,4); das hier gemeinte Gottesvolk aber schließt die glaubenden Nichtjuden
15 m. ein (vgl. 18,10; Röm 10,19; Tit 2,14; 1Pt 2,9f; Jh 10,16). **15 συμ-φωνέω**
m. Dat. *passen zu, übereinstimmen mit.* **γέ-γραπται** Pf. (A231) Pass. γρά-
φω, Pf. Pass. term. tech. zur Einführung v. Schriftzitaten (B 2c); γέγραπται
in der Schrift steht bzw. hier etwa *dort steht/heißt es;* es folgt (V. 16-18) ein zieml.
freies Zitat (z.T. der LXX näher als dem MT) aus Am 9,11f (m. mögl. Anspie-
lungen auf weitere „Prophetenworte“: Hos 3,5; Jer 12,15; Jes 45,21 [vgl.
AFCS 4, S. 453ff]); Amos kündigt an, nach einer verheerenden Gerichtszeit, wie
sie zunächst (im 8. Jh. v. Chr.) über das Nordreich Israel u. später über das Süd-
reich Juda hereinbrach (vgl. zu 7,42), werde die davidische Dynastie wiederher-
gestellt u. deren Herrschaft auch über andere Völker ausgedehnt; dies geschieht
nun (nach Jakobus) dadurch, daß nicht nur Juden, sondern auch Nichtjuden
Jesus, den bes. Nachkommen Davids, den Messias (vgl. zu 2,30; 13,34; Mt 1,6.22;
16 2,18), als ihren Herrn annehmen. **16 μετὰ ταῦτα** *danach* etwa = *später*
bzw. *in der Zukunft.* **ἀνα-στρέψω** Fut. -στρέφω[47] tr. *umkehren;* intr. *um-
kehren, sich umwenden, zurückkommen;* ἀναστρέψω καὶ ἀνοικοδομήσω ...
ich werde mich umwenden (im Sinn v. *ich werde mich [ihnen/euch] wieder
zuwenden*) *und ... wieder aufbauen* od. (hebr. Idiom [Joüon-Muraoka §177b]
„zurückkehren“ [und etwas tun] = [etwas] *wieder* [tun]; vgl. etwa Jer 12,15;
ἀνοικοδομέω im Sinn v. *aufbauen*) *ich werde ... wieder aufbauen* (Bruce, Apg,
S. 340). **ἀν-οικο-δομήσω** Fut. -δομέω *wieder aufbauen* od. einfach *auf-
bauen.* **σκηνή** *Zelt.* **Δαυίδ** indekl., hier Gen. **πε-πτωκυῖαν** Pf. (A231)
Ptz. Fem. πίπτω hier *verfallen* (B 1bβ), *zerfallen;* attr.; τὴν σκηνὴν Δαυὶδ
τὴν πεπτωκυῖαν *das zerfallene Zelt/Haus Davids,* d.h. die daniederliegende
davidische Dynastie. **κατ-ε-σκαμμένα** Pf. (A231) Ptz. Pass. κατα-
σκάπτω (vgl. A33[51ff]) *niederreißen, zertrümmern;* subst.; τὰ κατεσκαμμένα

αὐτῆς ἀνοικοδομήσω καὶ ἀνορθώσω αὐτήν *seine Trümmer werde ich
wieder aufbauen und es wieder aufrichten* bzw. (einfacher [s. synonymer Paralle-
lismus, BDR §489[3]]) *aus den Trümmern werde ich es von neuem errichten* (vgl.
GNB) [Var. κατ-ε-στραμμένα Pf. Ptz. Pass. κατα-στρέφω[47] *umstürzen;
zerstören, vernichten* (B 2)]. **ἀν-ορθώσω** Fut. -ορθόω (ὀρθός gerade, aufge-
richtet) *wieder aufrichten.* **17 ὅπως ἄν** *damit* (ὅπως selten m. ἄν, BDR 17
§369[11]). **ἐκ-ζητήσωσιν** Aor. Konj. -ζητέω *suchen, forschen, fragen nach.*
κατά-λοιπος[11] *übriggelassen, übrig;* m. gen. partitivus (A164); οἱ κατάλοι-
ποι τῶν ἀνθρώπων *der Rest der Menschen* (B), *die übrigen Menschen;* ὅπως
ἂν ἐκζητήσωσιν οἱ κατάλοιποι τῶν ἀνθρώπων τὸν κύριον καί ...
damit die übrigen Menschen und ... nach dem Herrn fragen (hier hat der MT:
„damit sie [die Israeliten] den Rest von Edom [אֱדוֹם *ʾĕḏôm* statt אָדָם *ʾāḏām*
„Menschheit"] und ... in Besitz nehmen", d.h. Edom soll [zusammen m. den an-
deren Völkern] unter die davidische Herrschaft kommen – ein textgeschichtl.
bedingter Unterschied, der die v. Jakobus gemachte Deutung nur unwesentl.
tangiert [vgl. AFCS 4, S. 455f]). **καί** wohl epexegetisch (A311,7) *und zwar, das
heißt.* **ἐπι-κέ-κληται** Pf. Pass. -καλέω[37] *(be)nennen;* Pass. ἐπικαλεῖται
τὸ ὄνομά τινος ἐπί τινα „jmds. Name wird über einer Person genannt"
(AT-Idiom: 2Sam 6,2; 1Kön 8,43; Jer 14,9 usw.), d.h. diese Person wird als des-
sen Eigentum bez. (B 1bβ; vgl. Köhler-Baumgartner, S. 1055); πάντα τὰ
ἔθνη ἐφ' οὓς ἐπικέκληται τὸ ὄνομά μου ἐπ' αὐτούς (ἐπ' αὐτούς
pleon. [A366]; οὕς/αὐτούς sinngemäße Konstruktion [A96]) *alle Völker, über
denen mein Name ausgerufen ist* (Zustandspassiv, A242) bzw. *alle Völker, die ich
zu meinem Eigentum erklärt habe* (GN) – für Jakobus bes. relevant: nichtjüdi-
sche Völker konnten als solche (ohne vorherige Bekehrung zum Judentum) Ei-
gentum Jahwes sein (vgl. AFCS 4, S. 458). **ποιῶν** Ptz. ποιέω, attr. (od.
mod.); ποιῶν ταῦτα *der* (od. *wobei er*) *dies tut/tun wird/gemacht hat.*
18 γνωστός *bekannt;* γνωστὰ ἀπ' αἰῶνος wird unterschiedl. gedeutet (b 18
scheint sinnvoller als a): a) der Ausdruck ist Teil des Zitats u. gehört syntaktisch
fest zu ποιῶν ταῦτα (als Obj.-Präd. [A49] u. Temp.): *der dies von alters her
bekannt gemacht hat* (vgl. B 1a); b) es handelt sich um einen dem Zitat hinzuge-
fügten Kommentar des Jakobus (fungiert als App. [A70] zu ταῦτα): *der dies
tut/tun wird,* (näml.) *etwas, was von alters her bekannt ist* (entweder *uns bekannt*
[aus der Schrift] od. *ihm bekannt* [weil v. ihm beschlossen]; vgl. Einh.; GNB: *ich,
der Herr, werde tun, was ich seit Urzeiten beschlossen habe*). **ἀπ' αἰῶνος** hier
von alters her (B αἰών 1a), *seit Urzeiten.* **19 κρίνω** hier m. Inf. *ich bin der An-* 19
sicht, man sollte/wir sollten od. *ich halte es für richtig* (Einh.); Jakobus bringt die
Debatte zum Abschluß u. formuliert einen Antrag, der der Versammlung vor-
gelegt werden kann. **παρ-εν-οχλεῖν** Inf. -οχλέω τινί *jmdm. Schwierigkei-
ten machen, jmdn. beunruhigen, jmdn. belästigen* (B), *jmdm. (unnötige) Lasten
aufbürden* (Menge); παρενοχλεῖν sachl. = ἐπιθεῖναι ζυγὸν ἐπὶ τὸν

τράχηλον (V. 10). **ἐπι-στρέφουσιν** Ptz. -στρέφω[47] hier intr. *sich umwenden; umkehren, sich bekehren* (B 1bβ); subst.; τοῖς ἀπὸ τῶν ἐθνῶν ἐπιστρέφουσιν ἐπὶ τὸν θεόν *den Menschen aus den anderen* (vgl. A376a) *Völ-*
20 *kern/aus den nichtjüdischen Völkern, die sich zu Gott bekehren.* **20 ἐπι-στεῖλαι** Aor. Inf. -στέλλω[113] *brieflich mitteilen* od. *auftragen* bzw. einfach *(einen Brief) schreiben;* die genaue Bdtg. u. Geltung der flgd. vier Verhaltensregeln ist unsicher; unbestritten ging es aber u.a. darum, auf gesetzestreue Juden bzw. Judenchristen Rücksicht zu nehmen u. einer der Verbreitung des Evangeliums unzuträgl. Frontenbildung vorzubeugen (vgl. ähnl. 20,21ff; 1Kor 8,1ff; 9,19ff; 10,32f); die Regeln dürften auf die vier Gebote v. Lev 17-18 zurückgehen, die nicht nur für die Israeliten, sondern auch für den „Fremdling unter euch/ihnen" bindend waren (s. AFCS 4, S. 459-475 [auch für eine mögl. Begründung dieser Auswahl durch Jakobus]): a) 17,8-9 (Fleisch soll Jahwe [nicht Götzen] geweiht sein); b) 17,10.12 (Blutgenuß ist verboten); c) 17,13 (Fleisch muß ausgeblutet sein); d) 18,6-23.26 (Verbot verschiedenartigster Unzucht). **τοῦ** hier pleon. vor Inf. (BDR §400[9]; vgl. A281). **ἀπ-έχεσθαι** Inf. Med. -έχω *empfangen haben;* Med. hier m. Gen. (A167) *sich fernhalten von, sich* einer Sache *enthalten.* **ἀλίσγημα**[3] *Befleckung;* τὰ ἀλισγήματα τῶν εἰδώλων *Befleckung(en)/Verunreinigung(en) durch Götzen,* d.h. bes. beim Genuß v. Speisen, v. denen ein Teil den Göttern dargebracht wurde (V. 29 u. 21,25 wird dieser Ausdruck durch εἰδωλόθυτα *Götzenopferfleisch* ersetzt). **εἴδωλον** *Götterbild; falscher Gott, Götze.* **πορνεία** *Unzucht* (= illegitimer Geschlechtsverkehr jeder Art), *Hurerei;* πορνεία schließt *das Eingehen* (durch das mosaische Gesetz) *verbotener Ehen* ein (u. das war möglicherweise in dieser Situation bes. relevant); doch eine Beschränkung darauf (wie häufig angenommen) im Sinn eines term. tech. (ohne entsprechende nähere Bestimmung) ist bisher nicht wirkl. belegt (AFCS 4, S. 460; vgl. Bruce, Apg, S. 342f). **πνικτός** *erstickt, erwürgt* (v. nicht ausgeblutetem Fleisch); subst. τὸ πνικτόν *das Erstickte/Erwürgte/nicht ausgeblutete Fleisch;* τοῦ πνικτοῦ καὶ τοῦ αἵματος *von nicht ausgeblutetem Fleisch und von Blutgenuß.* [Var. ὅσα = τοσαῦτα/ταῦτα (AkkO v. ποιεῖτε), ὅσα (Subj. des AcI [AcI ist m. ὅσα verschränkt; A364b]). γίνεσθαι Inf. γίνομαι, Präd. des AcI; ὅσα μὴ θέλουσιν ἑαυτοῖς (= ὑμῖν αὐτοῖς [A126a]) γίνεσθαι *alles, von dem ihr nicht wollt, daß es euch selbst geschieht, das* (vgl. Mt 7,12; Didache 1,2). ποιεῖτε Imp. ποιέω.]
21 **21 ἀρχαῖος** V. 7; ἐκ γενεῶν ἀρχαίων *seit alten Zeiten* (Menge; vgl. B γενεά 3b); die Anfänge der Synagoge könnten bis zur Zeit Esras, viell. sogar bis zum Exil zurückreichen (Schürer 2, S. 426f). **κατὰ πόλιν** *in jeder Stadt* (B πόλις 1; vgl. Philo, De vita Mosis 2.216; De specialibus legibus 2.62), d.h. wohl vor allem überall in der griech.-röm. Welt (eine gut bezeugte Tatsache [Bruce, Apg, S. 343]). **κηρύσσοντας** Ptz. κηρύσσω, subst.; Μωϋσῆς γὰρ ἐκ γενεῶν ἀρχαίων κατὰ πόλιν τοὺς κηρύσσοντας αὐτὸν ἔχει *denn*

Mose (metonymisch [A382c] im Sinn v. *das Gesetz Moses*) *hat seit alten Zeiten in*
jeder Stadt seine Verkündiger (Menge), d.h. wohl: die für die genannten „Fremd-
linge“ geltenden Gebote (vgl. zu ἐπιστεῖλαι V. 20) stellen also keine
Neuerungen dar, sondern sind schon seit langem überall bekannt (AFCS 4,
S. 461 Anm. 140). **κατὰ πᾶν σάββατον** *an jedem Sabbat* (B κατά II2c).
ἀνα-γινωσκόμενος Ptz. Pass. -γινώσκω (Wz.-Aor. A21) *lesen; vorlesen;*
kaus.

22 ἔ-δοξε Aor. δοκέω hier unpersönl. δοκεῖ μοι *es scheint mir (gut),* 22
ich beschließe (B 3b). **πρεσβύτεροι** V. 2. **ἐκ-λεξαμένους** Aor. Ptz.
Med. -λέγομαι[66] *(für sich) auswählen, erwählen;* part. coni. zum Subj. des Inf.
(τοῖς ἀποστόλοις καὶ τοῖς πρεσβυτέροις) im Akk. statt Dat. (H-S
§216e/230c; A269/287; vgl. dagegen V. 25), temp. (als Inf. + „und“ übers.;
A291,1 Anm. 1). **ἐξ αὐτῶν** *aus ihrer Mitte* (vgl. ἐκ 1b). **πέμψαι** Aor. Inf.
πέμπω. **Ἀντιόχεια** 11,19. **Βαρναβᾶς**[1] ᾶ 4,36. **καλούμενον** Ptz.
Pass. καλέω, attr. **Βαρσαββᾶς**[1] ᾶ *Barsabbas;* Ἰούδαν τὸν καλούμε-
νον Βαρσαββᾶν *Judas mit dem Beinamen Barsabbas;* vgl. den Josef v. 1,23
m. demselben Beinamen. **Σίλας**[1] α *Silas* (offenbar gräzisierte Form des aram.
Namens **שְׁאִילָא** *šəʾîlāʾ*, wozu Σιλουανός *Silvanus* [2Kor 1,19; 1Th 1,1; 1Pt
5,12] die lat. Entsprechung ist [BDR §125[6]]), später (s. V. 40) Weggefährte v.
Paulus. **ἡγουμένους** Ptz. ἡγέομαι *meinen;* hier *führen, leiten;* attr. **ἐν**
V. 12. **οἱ ἀδελφοί** V. 1. **23 γράψαντες** Aor. Ptz. γράφω hier m. διὰ 23
χειρός τινός etwa *durch jmdn. einen/folgenden Brief überbringen lassen* (vgl.
B 2d); part. coni. hier sinngemäß [A96] im Nom. (statt Dat., als ob statt ἔδοξε
τοῖς ἀποστόλοις usw. ἔταξαν [vgl. V. 2] οἱ ἀπόστολοι usw. *die Apo-*
stel ... beschlossen o.ä. dastünde [vgl. BDR §468[3]]); mod. **ἀδελφοί** (erstes)
wohl App. (A70) zu οἱ ἀπόστολοι wie zu οἱ πρεσβύτεροι: *die Apostel und*
die Ältesten, (eure) Brüder (od. *als Brüder* [Menge]). **κατά** m. Akk. hier (v.
räuml. Ausdehnung) *in* (B II1a). **Συρία** *Syrien,* röm. Provinz (vgl. zu Mt 4,24).
Κιλικία 6,9; zwischen ca. 25 v. Chr. bis 72 n. Chr. waren Syrien u. Ostzilizien
in einer einzigen röm. Provinz zusammengefaßt (vgl. Hemer, Setting, S. 179).
τοῖς κατά ... ἀδελφοῖς τοῖς ἐξ ἐθνῶν grüßen *die Brüder/Geschwister*
nichtjüdischer Abstammung in ... (vgl. GNB). **χαίρειν** Inf.; hier als griech.
Standardgrußformel, Ellipse v. λέγουσιν/ἐπιστέλλουσιν (BDR §480,5b;
vgl. A376a), übers. etwa *entbieten/senden Grüße* od. *grüßen.* **24 ἐπει-δή** 24
(A338) *da (ja), weil.* **ἠκούσαμεν** Aor. ἀκούω. **ἐξ ἡμῶν** *aus unserer Mit-*
te. **ἐξ-ελθόντες** Aor. Ptz. -έρχομαι, attr./subst. od. temp. (A291,1 Anm. 1).
ἐ-τάραξαν Aor. ταράσσω (vgl. A33[74ff]) *aufwühlen, aufrühren;* übertr. *in*
Aufregung, Unruhe, Verwirrung versetzen. **λόγοις** dat. instr. (A176) *mit (ihren)*
Reden. **ἀνα-σκευάζοντες** Ptz. -σκευάζω *beunruhigen, verwirren;* mod.;
ὅτι τινές ... ἐτάραξαν ὑμᾶς ... ἀνασκευάζοντες τὰς ψυχὰς ὑμῶν
etwa *daß einige ... euch ... beunruhigt und eure Seelen in Aufregung versetzt* (Einh.:

und eure Gemüter erregt) *haben* (Menge). **δι-ε-στειλάμεθα** Aor. Med.
δια-στέλλομαι[113] m. Dat. der Pers. *anordnen, befehlen;* οἷς οὐ διεστειλά-
μεθα einige ... *denen wir keinen Auftrag erteilt haben* bzw. (einfacher): einige ...
25 *ohne daß sie einen Auftrag von uns hatten.* **25 γενομένοις** Aor. Ptz. Med.
γίνομαι hier m. ὁμοθυμαδόν *übereinkommen* (B I4cι), *sich einigen;* part.
coni. zu ἡμῖν (H-S §230c; A287), temp./mod. (vgl. A291,1/2 Anm. 1); ἔδοξεν
ἡμῖν γενομένοις ὁμοθυμαδόν *deshalb haben wir uns geeinigt und beschlos-
sen* (Einh.) od. *deshalb haben wir einmütig beschlossen* (vgl. GN). **ὁμο-θυμα-
δόν** Adv. *übereinstimmend, einmütig.* **ἐκ-λεξαμένοις** part. coni. zum Subj.
des Inf., hier grammatisch m. ἡμῖν übereinstimmend, sonst wie in V. 22 ge-
26 braucht [Var. auch Form wie V. 22]. **26 παρα-δε-δωκόσι** Pf. (A231) Ptz.
-δίδωμι hier τὴν ψυχήν τινος ὑπέρ τινος *sein Leben für etwas einsetzen*
bzw. (so die meisten) *sein Leben für etwas aufs Spiel setzen* (LN 21.7); attr.
ὑπὲρ τοῦ ὀνόματος τοῦ κυρίου *für den Namen des Herrn* (d.h. für den
27 Herrn). **27 ἀπ-ε-στάλκαμεν** Pf. (A242) ἀπο-στέλλω. **διὰ λόγου**
mündlich (B διά AIII1b). **ἀπ-αγγέλλοντας** Ptz. -αγγέλλω, fin.
(A291,6); καὶ αὐτοὺς διὰ λόγου ἀπαγγέλλοντας τὰ αὐτά *auch sie,
damit sie (euch) dasselbe (noch) mündlich mitteilen* bzw. (vgl. BDR §442[12]) *die
28 euch dasselbe auch noch mündlich mitteilen werden* (Menge). **28 ἔ-δοξεν**
V. 22, hier m. AcI (evtl. [bei Inf. Med.] m. einfachem Inf.). **ἐπι-τίθεσθαι**
Inf. Pass. (evtl. Med.) -τίθημι V. 10; Präd. des AcI; μηδὲν πλέον ἐπι-
τίθεσθαι ὑμῖν βάρος (Subj. des AcI, evtl. [bei Inf. Med.] AkkO) *euch keine
weitere Last aufzubürden* (wörtl. *daß euch keine weitere Last aufgebürdet wird*
[vgl. BDR §392,4; H-S §218c]). **βάρος**[7] *Last.* **πλήν** *aber, jedoch;* hier uneig.
Präp. (A183; BDR §216[6]) *außer.* **ἐπ-άναγκες** Adv. *notwendigerweise;* τὰ
29 ἐπάναγκες *die notwendigen Dinge.* **29 ἀπ-έχεσθαι** V. 20; epexegetischer
Inf. bzw. AcI (erklärt das τούτων τῶν ἐπάναγκες [BDR §394,1; A279])
etwa *(das heißt) sich fernzuhalten* bzw. (erg. als Subj. des AcI ὑμᾶς) *daß ihr
euch fernhaltet* (Menge). **εἰδωλό-θυτος**[11] Ntr. subst. *Götzenopferfleisch;* vgl.
V. 20. **πνικτός, πορνεία** V. 20. **ἐξ ὧν** PräpO zu διατηροῦντες (Ptz.
ist m. ἐξ ὧν verschränkt; A364b), übers. *davon/davor.* **δια-τηροῦντες** Ptz.
-τηρέω *bewahren,* hier m. ἔκ τινος u. Refl.-Pron. *sich von etwas freihalten* (B),
sich vor etwas hüten; kond.; ἐξ ὧν διατηροῦντες ἑαυτοὺς εὖ πράξετε
wenn ihr euch davor hütet, handelt ihr richtig (evtl. *wenn ... wird es gut um euch
stehen* [Wilckens]). **εὖ** Adv. *gut;* εὖ πράσσω normalerweise *es geht mir gut,*
hier aber eher *ich handle richtig* (B). **πράξετε** Fut. [Var. πράξατε Aor.
Imp.] πράσσω[78] *tun, handeln; sich* (in einem best. Zustand [Adv.]) *befinden.*
[Var. φερόμενοι Ptz. Pass. φέρω Pass. hier ἔν τινι *von etwas/jmdm. getrie-
ben/geleitet werden* (vgl. B 3b), mod.] **ἔρ-ρωσθε** Pf. Imp. Pass. ῥώννυμαι[227]
stark sein; ἔρρωσθε übl. Gruß am Schluß v. Privatbriefen (BDR §346[1]) etwa
lebt wohl.

30 ἀπο-λυθέντες Aor. Ptz. Pass. -λύω hier m. τινά *jmdn. verabschie-* 30
den (B 2b); temp. (A291,1 Anm. 1); οἱ μὲν οὖν ἀπολυθέντες *so wurden*
diese (A102) *denn verabschiedet und* (Menge); gemeint sind vor allem Judas u.
Silas (sie übergaben den Brief), doch Barnabas u. Paulus zusammen m. „einigen
anderen" (V. 2) waren wohl ebenfalls dabei (vgl. V. 22). **κατ-ῆλθον** Aor.
-έρχομαι[187] V. 1. **Ἀντιόχεια** 11,19. **συν-αγαγόντες** Aor. Ptz.
-άγω, temp. **πλῆθος** V. 12, hier im Sinn v. *Gemeinde* (B 2bδ). **ἐπ-έ-δω-**
καν Aor. ἐπι-δίδωμι[201] *geben, übergeben.* **ἐπι-στολή** *Brief.* **31 ἀνα-** 31
γνόντες Aor. Ptz. -γινώσκω[166] (Wz.-Aor. A21) *lesen; vorlesen;* temp.; ἀνα-
γνόντες δὲ (erg. αὐτήν [A79]) ἐχάρησαν *als sie* (d.h. die Christen Antio-
chias) *ihn gelesen hatten, freuten sie sich* bzw. *als er vorgelesen wurde, freuten sich*
alle (GN). **ἐ-χάρησαν** Aor. Pass. (m. akt. Bdtg.) χαίρω, Pl. sinngemäße
Konstruktion (A96). **παρά-κλησις**[8] *Ermahnung; Trost, Zuspruch, Ermuti-*
gung; hier etwa *ermutigender Bescheid* (GNB). **32 Σίλας** V. 22. **προφῆται** 32
s. zu 11,27. **ὄντες** Ptz. εἰμί, kaus.; καὶ αὐτοὶ προφῆται ὄντες *da sie/die*
(selbst) Propheten waren. **διὰ λόγου πολλοῦ** *durch viel/lange Rede* (vgl. B
λόγος 1aβ) = *mit vielen Worten* bzw. *sprachen lange (zu ihnen).* **παρ-ε-κά-**
λεσαν Aor. παρα-καλέω. **οἱ ἀδελφοί** V. 1. **ἐπ-ε-στήριξαν** Aor.
ἐπι-στηρίζω[85] *stärken.* **33 ποιήσαντες** Aor. Ptz. ποιέω hier (hell.) m. 33
Akk. der Zeit *zubringen* (B I1eδ); temp.; ποιήσαντες δὲ χρόνον *nachdem*
sie einige Zeit (dort) zugebracht hatten od. *nach einiger Zeit.* **ἀπ-ε-λύθησαν**
Aor. Pass. V. 30. **μετ' εἰρήνης** *mit dem Friedensgruß* (B εἰρήνη 2) bzw.
etwa *mit Segenswünschen* (vgl. Menge), *herzlich* (GNB). **ἀπό** V. 4. **ἀπο-**
στείλαντας Aor. Ptz. -στέλλω, subst.; πρὸς τοὺς ἀποστείλαντας
αὐτούς *(um) zu ihren Auftraggebern (zurückzukehren).* [V. 34 Var. 1: ἔ-δοξε 34
V. 22. ἐπι-μεῖναι Aor. Inf. -μένω[117] *bleiben, dableiben.* αὐτοῦ[18] Adv. *hier;*
dort. Var. 2: ἐ-πορεύθη Aor. Pass. (ohne bes. Pass.-Bdtg.) πορεύομαι.]
35 Βαρναβᾶς[1] ᾶ 4,36. **δι-έ-τριβον** Ipf. δια-τρίβω *verweilen,* (Zeit) *zu-* 35
bringen, sich (an einem Ort) *aufhalten, bleiben.* **διδάσκοντες** Ptz. διδά-
σκω, mod. **εὐ-αγγελιζόμενοι** Ptz. Med. -αγγελίζω hier m. τὶ *etwas*
(als gute Botschaft) *verkünden;* mod. **ὁ λόγος τοῦ κυρίου** *das Wort des*
Herrn = das Wort Gottes od. *die Botschaft von Jesus* (gemeint ist auf jeden Fall
die christl. Botschaft).

36 μετὰ δέ τινας ἡμέρας *nach einiger Zeit aber.* **Βαρναβᾶς**[1] ᾶ 36
4,36. **ἐπι-στρέψαντες** Aor. Ptz. V. 19, hier *zurückkehren* (B 1bα) od. *wie-*
der aufbrechen; temp. (als HS [hier adhortativ] + „und" übers.; A291,1 Anm. 1).
δή Hervorhebungspartikel, die u.a. (so hier) die Dringlichkeit einer Aufforde-
rung unterstreicht, etwa *doch* (Menge). **ἐπι-σκεψώμεθα** Aor. Konj. Med.
-σκέπτομαι V. 14; adhortativer Konj. (A254). **οἱ ἀδελφοί** V. 1. **ἐν αἷς**
sinngemäße Konstruktion (BDR §296[1]; A96); κατὰ πόλιν (V. 21) πᾶσαν
ἐν αἷς *in jeder Stadt, in der* bzw. *in allen Städten, in denen.* **κατ-ηγγείλα-**

μεν Aor. -αγγέλλω[110] *verkünden.* **ὁ λόγος τοῦ κυρίου** V. 35. **ἔχω**
hier intr. m. Adv. *sich verhalten, sein; sich* (in einem best. Zustand) *befinden*
(B II1); πῶς ἔχουσιν *(um zu sehen,) wie es ihnen/den Geschwistern geht.*
37 **37 ἐ-βούλετο** Ipf. Med. βούλομαι *wollen, wünschen.* **συμ-παρα-λα-**
βεῖν Aor. Inf. -λαμβάνω[152] *(zugleich) mitnehmen.* **καλούμενον** V. 22.
38 **Μᾶρκος** 12,12. **38 ἠξίου** Ipf. ἀξιόω *für wert, angemessen* od. *würdig hal-*
ten; Παῦλος δὲ ἠξίου ... μὴ συμπαραλαμβάνειν τοῦτον *Paulus aber*
bestand darauf (Ipf. [vgl. BDR §328[3]]) ... *diesen nicht mitzunehmen* (B 2a) od.
Paulus aber hielt es nicht für recht (Wilckens: *aber war dagegen*), *einen Mann mit-*
zunehmen, der ... (Menge). **ἀπο-στάντα** Wz.-Aor. Ptz. ἀφ-ίσταμαι[205]
sich entfernen, weggehen ἀπό τινος *von jmdm./etwas,* hier etwa *sich von jmdm.*
trennen (B 2a), *jmdn. im Stich lassen* (GNB); subst. **Παμφυλία** 2,10; ἀπὸ
Παμφυλίας *in* (wörtl. *ab*) *Pamphylien.* **συν-ελθόντα** Aor. Ptz. -ἔρχο-
μαι[187] *zusammenkommen;* hier *mit* jmdm. *gehen/ziehen,* jmdn. *begleiten;* subst.;
τὸν ἀποστάντα ἀπ᾽ αὐτῶν ... καὶ μὴ συνελθόντα αὐτοῖς ... (wieder-
aufgenommen durch [B οὗτος 1aε]) τοῦτον *einen Mann* (wörtl.: *diesen*) mit-
zunehmen, *der sie ... im Stich gelassen und sie nicht ... begleitet hatte* (vgl. Menge).
εἰς τὸ ἔργον *zur/bei der Erfüllung* (A103) *ihres Auftrags/ihrer Aufgabe* od. *auf*
das Arbeitsfeld (Menge) bzw. (freier) *auf der vorhergehenden Reise* (GNB); vgl.
39 13,13. **συμ-παρα-λαμβάνειν** Inf. -λαμβάνω. **39 ἐ-γένετο** Aor.
Med. γίνομαι; ἐγένετο *es entstand, es kam zu.* **παρ-οξυσμός** *Anreizung,*
Anspornung; hier negativ: *gereizte Stimmung, heftige Auseinandersetzung.* **ἀπο-**
χωρισθῆναι Aor. Inf. Pass. -χωρίζομαι (vgl. A33[91ff]) *sich trennen, sich*
spalten; erstes Präd. des AcI; ὥστε ἀποχωρισθῆναι αὐτοὺς (erstes Subj.
des AcI) ἀπ᾽ ἀλλήλων, τόν τε Βαρναβᾶν (zweites Subj. des AcI) παρα-
λαβόντα τὸν Μᾶρκον ἐκπλεῦσαι εἰς Κύπρον *so daß sie sich voneinan-*
der trennten; Barnabas nahm Markus zu/mit sich und fuhr nach Zypern. **παρα-**
λαβόντα Aor. Ptz. -λαμβάνω, part. coni. zu Βαρναβᾶν (H-S §230c;
A287); mod. (A291,2 Anm. 1). **ἐκ-πλεῦσαι** Aor. Inf. -πλέω[30] *absegeln, (mit*
dem Schiff) abfahren/reisen εἰς *nach;* zweites Präd. des AcI. **Κύπρος** ἡ 13,4.
40 **40 ἐπι-λεξάμενος** Aor. Ptz. Med. -λέγω[65ff] Akt. *mit einem Beinamen ver-*
sehen; Med. hier *sich auswählen;* temp. (A291,1 Anm. 1); Παῦλος δὲ ἐπιλε-
ξάενος Σιλᾶν *Paulus dagegen wählte sich Silas (zum Begleiter) und* (vgl. Men-
ge). **Σίλας** V. 22; er war inzwischen offenbar nach Antiochia zurückgekehrt,
od. Paulus ließ ihn aus Jerusalem holen. **ἐξ-ῆλθεν** Aor. -έρχομαι hier etwa
abreisen, sich auf den Weg machen; die Reise in die röm. Provinz Galatien, ver-
mutl. wieder v. syrischen Antiochia aus, ging diesmal durch Syrien u. Zilizien
(AFCS 2, S. 53). **παρα-δοθείς** Aor. Ptz. Pass. -δίδωμι, temp.; παραδο-
θεὶς τῇ χάριτι τοῦ κυρίου ὑπὸ τῶν ἀδελφῶν *nachdem er von den Ge-*
schwistern (V. 1) *der Gnade des Herrn anbefohlen worden war* od. (als dem ἐξῆλ-
θεν vorangestellt übers.) *die Geschwister beteten für Paulus, daß die Gnade des*

Herrn ihn begleite, und (vgl. GNB). **41 δι-ήρχετο** Ipf. Med. -έρχομαι vgl. 41
V. 3. **Συρία** V. 23. **Κιλικία** 6,9; vgl. V. 23. **ἐπι-στηρίζων** Ptz. V. 32;
mod.; die Entstehung dieser Gemeinden hängt viell. teilweise m. einem frühe-
ren Aufenthalt des Paulus in diesem Gebiet zusammen (9,30ff u. Gal 1,21).
[Var. παρα-διδούς Ptz. -δίδωμι, mod.]
κατ-ήντησεν Aor. -αντάω *hinkommen, (hin)gelangen,* m. εἰς *zu/nach.* **16**
Δέρβη, Λύστρα 14,6. **μαθητής** hier *Jünger Jesu,* fast = *Christ* (B 2bγ).
ἦν Ipf. εἰμί hier etwa *leben, wohnen.* **ἐκεῖ** *dort,* d.h. wahrscheinl. in Lystra.
ὀνόματι dat. respectus (vgl. BDR §197,2; vgl. A178) *mit Namen, namens.*
Τιμόθεος *Timotheus,* späterer Mitarbeiter v. Paulus (V. 3; 17,14f; 18,5; 19,22;
20,4; Röm 16,21; Phil 1,1 usw.); durch diesen war er (wohl während dessen vori-
gen Besuches) Christ geworden (1Kor 4,17; 1Tim 1,2; 2Tim 1,2; offenbar zu-
sammen m. seiner Mutter Eunike u. seiner Großmutter Lois [2Tim 1,5]). **Ἕλ-
λην**[4] ηνος ὁ *Grieche;* hier im Sinn v. *Nichtjude* (B 2a); υἱὸς γυναικὸς
Ἰουδαίας πιστῆς, πατρὸς δὲ Ἕλληνος *(der) Sohn einer gläubig (gewor-
denen) Jüdin, aber eines griechischen/nichtjüdischen Vaters* (vgl. Menge).
2 ἐ-μαρτυρεῖτο Ipf. Pass. μαρτυρέω Pass. hier *ein gutes Zeugnis ausge-* 2
stellt bekommen, einen guten Ruf haben ὑπό τινος *von/bei jmdm.* **Ἰκόνιον**
13,51. **οἱ ἀδελφοί** *die Brüder/Geschwister = die Christen* (B ἀδελφός 2).
3 ἠ-θέλησεν Aor. θέλω, hier m. AcI. **ἐξ-ελθεῖν** Aor. Inf. -έρχομαι, 3
Präd. des AcI; τοῦτον ἠθέλησεν ὁ Παῦλος σὺν αὐτῷ ἐξελθεῖν *Paulus
wollte, daß dieser mit ihm ausziehen würde* bzw. *Paulus wollte ihn gern als seinen
Begleiter auf die Reise mitnehmen* (GNB). **λαβών** Aor. Ptz. λαμβάνω[152],
temp. (A291,1 Anm. 1); καὶ λαβών etwa *so nahm er ihn* (A79) *denn zu sich*
(Menge) od. (idiomatisch) als „participium graphicum" (ZG; A296; BDR
§419,2) unübersetzt lassen. **περι-έ-τεμεν** Aor. -τέμνω[149] *beschneiden* (der
Vorhaut); da Timotheus Sohn einer Jüdin war, galt er als Jude; die Beschnei-
dung war wegen seines Vaters unterblieben u. mußte nachgeholt werden, damit
die Mission unter den Juden nicht erschwert wurde (vgl. 1Kor 9,20f); für Timo-
theus (im Unterschied zum Nichtjuden Titus [Gal 2,3]) hatte der Beschluß v.
15,22ff keine (unmittelbare) Geltung (vgl. AFCS 5, S. 12-17). **διά** m. Akk. hier
etwa *mit Rücksicht auf.* **ὄντας** Ptz. εἰμί V. 1; attr. **τόπος** hier *Ortschaft*
(B 1a) od. *Gegend* (Menge). **ᾔδεισαν** Plsqpf. (m. Ipf.-Bdtg.) οἶδα. **ἅ-
πας**[10] = πᾶς. **ὑπ-ῆρχεν** Ipf. -άρχω hier = εἰμί als Kopula (B 2); Ipf.
bez. hier wahrscheinl. die Vorvergangenheit (H-S §198f; A224; Tempus wie in
der entsprechenden direkten Rede [A329]): sein Vater lebte offenbar nicht
mehr (Bruce, Apg, S. 352). **4 δι-ε-πορεύοντο** Ipf. Med. δια-πορεύομαι 4
m. Akk. *hindurchgehen, durchwandern, ziehen durch.* **παρ-ε-δίδοσαν** Ipf.
παρα-δίδωμι. **αὐτοῖς** *ihnen = den dortigen Christen/Gemeinden* (sinngemä-
ße Konstruktion [A96; vgl. BDR §282,1]). **φυλάσσειν** Inf. φυλάσσω
(be)wachen, beschützen; beachten, befolgen; fin. (A276); παρεδίδοσαν

αὐτοῖς φυλάσσειν ... *sie übergaben ihnen zur Befolgung* ... bzw. *sie übergaben ihnen ... und trugen ihnen auf, sich daran zu halten* (vgl. Einh.). **δόγμα**[3] *Verordnung, Anordnung, Gebot, Gesetz, Erlaß;* τὰ δόγματα τὰ κεκριμένα ὑπὸ τῶν ἀποστόλων καὶ πρεσβυτέρων τῶν ἐν Ἱεροσολύμοις etwa *die von den Aposteln und den Ältesten in Jerusalem beschlossenen Anordnungen;* s. 15,22ff. **κε-κριμένα** Pf. (A231) Ptz. Pass. κρίνω hier etwa *beschließen* (B 3);
5 attr. **5 μὲν οὖν** leitet fort *also, nun* (B μέν 2e; A315,3), *so ... denn* (Menge);
durch diese Zwischenbilanz über die Verbreitung der christl. Botschaft wird das Ende einer größeren Erzähleinheit markiert (s.a. 6,7; 9,31; 12,24; 19,20; 28,31). **ἐ-στερεοῦντο** Ipf. Pass. στερεόω *stark machen, stärken, festigen.* **τῇ πίστει** dat. respectus (A178) *in bezug auf den/im Glauben.* **ἐ-περίσσευον** Ipf. περισσεύω intr. *überschießen, im Überfluß vorhanden sein;* hier *wachsen* (B 1aδ), *zunehmen.* **ἀριθμός** *Zahl, Anzahl;* τῷ ἀριθμῷ dat. respectus (A178) *an Zahl, zahlenmäßig.* **καθ' ἡμέραν** *täglich* (A195).
6 **6 δι-ῆλθον** Aor. -έρχομαι hier m. Akk. *ziehen durch.* **Φρυγία** 2,10
(vgl. zu 13,14.51); Φρυγίαν ist hier wahrscheinl. Fem. Sg. zum Adj. Φρύγιος (wie Γαλατικήν zu Γαλατικός) *phrygisch* (ein zwar öfter bestrittener, aber vielfach belegter Gebrauch; Hemer, Setting, S. 282f). **Γαλατικός** *galatisch* (Adj. zu Galatien; „Galatien" ist der Name einer Landschaft im nördl. Kleinasien sowie einer röm. Provinz; letztere schloß zu dieser Zeit auch die südlicher liegenden Landschaften Pisidien [s. zu 13,14], Phrygien u. Lykaonien [s. zu 14,6] ein). **χώρα** *Land* (Ggs. *Meer* od. *Stadt*), *Landschaft, Gegend;* ἡ Φρυγία καὶ Γαλατικὴ χώρα *die phrygische und galatische Landschaft* wahrscheinl. = *die phrygisch-galatische Landschaft,* d.h. das Gebiet der röm. Provinz Galatien, das v. Phrygern bewohnt war (die Reise führte vermutl. durch Ikonion [s. zu 13,51] u. das „pisidische" Antiochia [s. zu 13,14]); durch keinerlei positive Hinweise in den Quellen belegbar ist die Deutung als *die phrygische (Landschaft)* (bzw. *Phrygien*) *und (die) Landschaft Galatien* (im Sinn v. Nordgalatien; Hemer, Setting, S. 282ff; AFCS 2, S. 378ff). **κωλυθέντες** Aor. Ptz. Pass. κωλύω *hindern, abhalten* m. Inf. *daran/davon,* etwas zu tun; temp./mod. (Aor. Ptz. kann Gleichzeitiges bez. [ZG; BDR §339,1; vgl. A285]); κωλυθέντες ὑπὸ τοῦ ἁγίου πνεύματος λαλῆσαι τὸν λόγον ἐν τῇ Ἀσίᾳ wohl etwa *dabei wurden sie (aber) vom Heiligen Geist daran gehindert, die Botschaft in Asia zu verkünden* (vgl. Wilckens; Hemer, Setting, S. 281f) od. *nachdem es ihnen vom Heiligen Geist* (viell. durch eine prophetische Weisung) *untersagt worden war, die Botschaft in Asia zu verkünden..* **λαλῆσαι** Aor. Inf. λαλέω. **τὸν λόγον** *das „Wort"* als term. tech. für die göttl. Botschaft bzw. die apostolische Verkündigung (vgl. B
7 λόγος 1bβ; GNB: *die Botschaft Gottes*). **Ἀσία** 2,9. **7 ἐλθόντες** Aor. Ptz.
ἔρχομαι, temp. **κατά** m. Akk. hier *(hinab) nach/auf ... zu* (ZG), *in die Nähe von* (Menge), *an die Grenze von* (GNB); gemeint ist hier die Ostgrenze Mysiens. **Μυσία** *Mysien,* Landschaft im nordwestl. Kleinasien, Teil der röm. Provinz

Asia (vgl. AFCS 2, S. 292). **ἐ-πείραζον** Ipf. πειράζω *versuchen.* **Βιθυνία**
Bithynien, Landschaft im nördl. Kleinasien (zusammen m. Pontus röm. [senato-
rische] Provinz]; KP 1, Sp. 908-911). **πορευθῆναι** Aor. Inf. Pass. (ohne bes.
Pass.-Bdtg.) πορεύομαι hier m. εἰς *gelangen nach* (Menge), *weiterziehen nach.*
εἴασεν Aor. ἐάω[32] *(zu)lassen, erlauben;* erg. αὐτό/τοῦτο (A79). **τὸ
πνεῦμα Ἰησοῦ** offenbar = τὸ ἅγιος πνεῦμα (betont wird dadurch
wohl, daß Jesus selbst durch den Geist die Verbreitung der Botschaft leitete
[Marshall, Apg, S. 263]). **8 παρ-ελθόντες** Aor. Ptz. -έρχομαι[187] *vorbei-,* 8
vorübergehen m. Akk. *an,* hier wohl im Sinn v. *hindurch- und darüberhinausgehen*
(B 2), *ziehen durch* (Menge: *an der Grenze von* Mysien *hinziehen*); παρελθόν-
τες (häufiger im Sinn v. *vorbeiziehen an*) soll viell. ausdrücken, daß sie Mysien
passierten, ohne dort das Evangelium zu verkünden (Bruce, Apg, S. 355; zur
mögl. Reiseroute s. AFCS 2, S. 53f); temp./mod. (A291,1/2 Anm. 1). **κατ-έ-
βησαν** Aor. κατα-βαίνω hier m. εἰς *hinabkommen nach.* **Τρῳάς**[3] άδος
ἡ *Troas,* bedeutende Hafenstadt im nordwestl. Kleinasien (ca. 20 km südl. v.
Troja/Ilion; GBL 3, S. 1599-1601; AFCS 2, S. 357-359). **9 ὅραμα**[3] *(das) Ge-* 9
schaute/Gesehene (d.h. etwas, was man wirkl. sehen kann); hier *Gesicht, Vision.*
διά m. Gen. hier *während* (B AII1b). **ὤφθη** Aor. Pass. ὁράω; ὅραμα ... τῷ
Παύλῳ ὤφθη *eine Vision erschien ... dem Paulus* (vgl. B 1aδ), *Paulus hatte ...
eine Vision.* **Μακεδών**[4] όνος ὁ *Mazedonier,* Bewohner v. Mazedonien;
ἀνήρ (klass. Idiom [BDR §242; H-S §260j]) Μακεδών *ein Mann aus Maze-
donien, ein Mazedonier.* **ἦν** Ipf. εἰμί. **ἑστώς** Pf. (Wz.-Pf., H-S §109a; m. präs.
Bdtg.) Ptz. ἵσταμαι, umschrieb. Plsqpf. (A249b); ἦν ἑστώς ein Mann aus
Mazedonien *stand da.* **παρα-καλῶν** Ptz. -καλέω, umschrieb. Ipf. (A249a).
λέγων Ptz., umschrieb. Ipf. (A249a); καὶ παρακαλῶν αὐτὸν καὶ λέγων
und bat ihn und sagte bzw. (einfach [vgl. A297]) *und bat ihn:* (Einh.). **δια-βάς**
Aor. Ptz. -βαίνω[139] *durchschreiten; hinübergehen, herüberkommen* εἰς *nach;*
temp. (als Imp. + „und“ übers.; A291,1 Anm. 1). **Μακεδονία** *Mazedonien,*
röm. Provinz in Nordgriechenland (vgl. AFCS 2, S. 398ff). **βοήθησον** Aor.
Imp. βοηθέω *zu Hilfe kommen, helfen.* **10 ὡς** hier *als, nachdem* (B IV1a); ὡς 10
δὲ τὸ ὅραμα εἶδεν *als/nachdem er die(se) Vision gesehen hatte = auf diese
Vision hin* (Einh.). **ἐ-ζητήσαμεν** Aor. ζητέω; ... εὐθέως ἐζητήσαμεν
ἐξελθεῖν εἰς Μακεδονίαν etwa ... *suchten wir sofort eine Gelegenheit, um
nach Mazedonien hinüberzufahren* (vgl. Menge); diese Verbform (1. Pl.) mar-
kiert den Beginn des ersten „Wir“-Stücks; dieses „Wir“ legt (natürlicherweise u.
damit grundsätzl. am ehesten) nahe, daß sich der Verfasser der Apg (Lukas)
wohl nun zur Reisegruppe gesellte (Bruce, Apg, S. 3ff; 356; andere denken, das
„Wir“ stamme aus v. Lukas benutzten Quellen [AFCS 2, S. 545ff]). **ἐξ-ελ-
θεῖν** Aor. Inf. -έρχομαι hier m. εἰς *abfahren nach, hinüberfahren nach.*
συμ-βιβάζοντες Ptz. -βιβάζω *zusammenbringen;* hier *schließen, folgern;*
kaus.; συμβιβάζοντες *denn wir schlossen (daraus) = denn wir waren sicher*

(GNB). **προσ-κέ-κληται** Pf. (A231) Med. -καλέομαι[37] *herbeirufen;* hier
berufen m. Inf. *dazu* etwas zu tun (B 2b); ὅτι προσκέκληται ἡμᾶς ὁ θεός ...
daß Gott uns dazu berufen hatte ... (Tempus u. Modus wie in der entsprechenden
direkten Rede; A326). **εὐ-αγγελίσασθαι** Aor. Inf. Med. -αγγελίζω hier
m. τινά (häufiger τινί; H-S §152d). **αὐτούς** Pl. sinngemäße Konstruktion
(A96; BDR §282[2]) *ihnen* (den Einwohnern Mazedoniens); übers. etwa *den Men-
schen dort.*
11 **11 ἀν-αχθέντες** Aor. Ptz. Pass. -άγω[59] *hinauf-, heraufführen;*
Med./Pass. nautischer term. tech. *in See stechen, auslaufen, (mit dem Schiff) ab-
fahren;* temp. (A291,1 Anm. 1). **Τρῳάς** V. 8. **εὐθυ-δρομήσαμεν** Aor.
-δρομέω *geradeaus/direkt/auf dem kürzesten Weg fahren* εἰς *nach.* **Σαμο-
θρᾴκη** *Samothrake,* bergige Insel im nordägäischen Meer (in der Antike) m.
einem beliebten Mysterienkultzentrum (AFCS 2, S. 90f). **ἐπ-ιούσῃ** Ptz.
Fem. ἔπ-ειμι (εἶμι) (vgl. A32) *bevorstehen, folgen;* attr. bzw. subst.; τῇ
ἐπιούσῃ (erg. ἡμέρᾳ [vgl. A88]) temp. Dat. (A182) *am folgenden Tag.* **Νέα
πόλις**[8] ἡ *Neapolis* (heutiges Kavalla), mittelgroße Hafenstadt im östl. Maze-
donien; hier endete die röm. Straße „Via Egnatia", die v. Dyrrhachium an der
Adria über Thessalonich, Apollonia, Amphipolis u. Philippi an die Ägäis führte
12 (AFCS 2, S. 409f; 412). **12 ἐκεῖ-θεν**[18] *von dort;* κἀκεῖθεν = καὶ ἐκεῖθεν.
Φίλιπποι *Philippi,* Stadt im östl. (ersten) Bezirk der Provinz Mazedonien,
eine röm. Kolonie (AFCS 2, S. 411ff); κἀκεῖθεν εἰς Φιλίππους *von dort
(gingen wir landeinwärts) nach Philippi* (vgl. GNB). **ἥ-τις** = ἥ (B ὅστις 3;
A133) kongruiert (wie übl.) m. dem Präd.-Nom. πόλις (BDR §132[1]; A93).
μερίς[3] ίδος ἡ *Teil; Anteil;* hier *Bezirk* (B 1); πρώτης μερίδος (gen. partiti-
vus [A164; hier „chorographischer" Gen., vgl. BDR §164[7]]; auch ohne Art. best.
[BDR §256[2]]) τῆς Μακεδονίας πόλις *eine Stadt im ersten Bezirk Mazedo-
niens* [Var. πρώτη μερίδος τῆς Μακεδονίας πόλις *eine führende Stadt
im (betreffenden) Bezirk Mazedoniens* (vgl. B 1)]. **κολωνία** (lat. colonia) *Ko-
lonie;* eine röm. Kolonie („colonia civium Romanorum") war „ein Stück Rom
in der Fremde": sie wurde nach dem Vorbild Roms verwaltet; die Kolonie-
angehörigen besaßen das Bürgerrecht der Stadt Rom u. genossen die damit ver-
bundenen politischen Rechte (vgl. KP 1, Sp. 1249). **ἦμεν** Ipf. εἰμί. **δια-
τρίβοντες** Ptz. -τρίβω *verweilen,* (Zeit) *zubringen, sich* (an einem Ort) *auf-*
13 *halten;* umschrieb. Ipf. (A249a). **13 τῇ ἡμέρᾳ τῶν σαββάτων** temp.
Dat. (A182) *am Sabbattag, am Sabbat.* **ἐξ-ήλθομεν** Aor. -έρχομαι. **πύλη**
Tor, Tür; ἔξω τῆς πύλη *zum Stadttor hinaus, durch das Stadttor.* **ποταμός**
Fluß; παρὰ ποταμόν *an den* (A106a) *Fluß* (Gangites, der auf der Westseite
Philippis der Stadtmauer entlang floß [Bruce, Apg, S. 358]). **οὗ**[18] *wo, wohin;*
lok. Erg. zu εἶναι (Inf. ist m. οὗ verschränkt [vgl. ähnl. A364b]); οὗ ἐνομίζο-
μεν προσευχὴν εἶναι *wir nahmen an, daß dort eine jüdische Gebetsstätte war*
od. *wo wir eine jüdische Gebetsstätte vermuteten* (vgl. zu 13,5). **ἐ-νομίζομεν**

Ipf. [Var. ἐ-νομίζετο Ipf. Pass.] νομίζω *meinen, glauben, annehmen,* m. AcI
[Var. ἐ-δόκει Ipf. δοκέω]. **προσ-ευχή** *Gebet;* hier *jüdische Gebetsstätte*
(trotz B 2 wahrscheinl. keine eig. Synagoge [Hemer, Setting, S. 114]). **εἶναι**
Inf. εἰμί, Präd. des AcI. **καθίσαντες** Aor. Ptz. καθίζω, temp. (A291,1
Anm. 1). **ἐ-λαλοῦμεν** Ipf. λαλέω. **συν-ελθούσαις** Aor. Ptz. Fem. -ἔρ-
χομαι[187] *zusammenkommen, sich versammeln;* attr. **14 ὀνόματι** V. 1. **Λυ-** 14
δία *Lydia* (als eig. Frauenname u. als ethnische Bezeichnung [evtl. hier] *Lydie-
rin* bezeugt [Hemer, Setting, S. 114]). **πορφυρό-πωλις**[3] ιδος ἡ *Purpur-
stoffhändlerin.* **Θυάτειρα** τά *Thyatira,* Stadt in Lydien (Teil der röm. Provinz
Asia), ein wichtiges Färb- u. Handelszentrum für Purpurstoffe (als ursprüngl.
mazedonische Kolonie stand es auch in röm. Zeit m. der alten Heimat in Kon-
takt [Hemer, Setting, S. 114f; 231]); πόλεως Θυατείρων *aus der Stadt Thyati-
ra.* **σεβομένη** Ptz. σέβομαι (eine Gottheit) *verehren;* σεβόμενος τὸν
θεόν *Gottesfürchtiger* (vgl. zu 10,2); attr. od. (wohl besser) subst. (App. [A70]);
σεβομένη τὸν θεόν *die gottesfürchtig war/die Gott verehrte* od. *eine Gottes-
fürchtige* bzw. (freier) *eine Frau, die sich zur jüdischen Gemeinde hielt* (vgl. GNB).
ἤκουεν Ipf. ἀκούω hier *zuhören.* **ἧς** *deren/ihr* (rel. Anschluß, A364a); ἧς ὁ
κύριος διήνοιξεν τὴν καρδίαν etwa *ihr öffnete der Herr das Herz* (d.h. er
machte sie aufnahmebereit bzw. er ließ sie [das Gesagte] verstehen). **δι-ήν-
οιξεν** Aor. -αν-οίγω[60] *öffnen.* **προσ-έχειν** Inf. -έχω m. Dat. *den Sinn
richten auf; achten auf, hören auf, folgen;* kons. (ohne ὥστε [vgl. BDR §391,4;
A278]); προσέχειν τοῖς λαλουμένοις ὑπὸ τοῦ Παύλου etwa *so daß sie
begierig aufnahm, was Paulus sagte* (GNB). **λαλουμένοις** Ptz. Pass. λαλέω,
subst. **15 ὡς** V. 10. **ἐ-βαπτίσθη** Aor. Pass. βαπτίζω; zum Sg.-Präd. vgl. 15
A94; ὡς δὲ ἐβαπτίσθη καὶ ὁ οἶκος αὐτῆς *als sie und ihre Hausgemein-
schaft getauft waren* (wörtl. *getauft worden waren*). **παρ-ε-κάλεσεν** Aor.
παρα-καλέω hier *einladen* (B 1b); erg. ἡμᾶς (A79). **λέγουσα** Ptz. Fem.
λέγω, mod. **εἰ** m. Ind. indefiniter Fall (A342). **κε-κρίκατε** Pf. (A242) κρί-
νω hier m. AcI *urteilen* (B 2), *zur Überzeugung gelangen* (Wilckens); εἰ κεκρί-
κατε *wenn ihr überzeugt seid.* **εἶναι** V. 13; Präd. des AcI; με (Subj. des AcI)
πιστὴν (Präd.-Nom. des AcI) τῷ κυρίῳ εἶναι *daß ich an den Herrn gläubig
bin, daß ich wirklich eine Jüngerin des Herrn/eine Christin bin* (GNB: *daß ich treu
zum Herrn stehe*). **εἰσ-ελθόντες** Aor. Ptz. -έρχομαι, temp. (als Imp. +
„und" übers.; A291,1 Anm. 1). **μένετε** Imp. μένω hier *wohnen, Quartier neh-
men* (GNB; vgl. B 1aα); erg. *dort* o.ä. (vgl. A79). **παρ-ε-βιάσατο** Aor. Med.
παρα-βιάζομαι (vgl. A33[91ff]) *Zwang anwenden; drängen, nötigen;* Aor. hier
wohl eff. (A240c; vgl. BDR §328[3]); καὶ παρεβιάσατο ἡμᾶς *und sie drängte
uns* (erfolgreich = etwa *und wir ließen uns von ihr überreden*), *(ihre Einladung
anzunehmen).*

16 ἐ-γένετο Aor. Med. γίνομαι; γίνεται m. AcI eig. *es ereignet sich,* 16
daß (A271), am besten unübersetzt lassen; ἐγένετο δὲ πορευομένων

ἡμῶν εἰς τὴν προσευχὴν παιδίσκην τινά ... ὑπαντῆσαι ἡμῖν etwa
als wir (einmal) auf dem Weg zur Gebetsstätte waren, begegnete uns eine Sklavin ...
πορευομένων Ptz. πορεύομαι, gen. abs. (A288), temp. **προσ-ευχή**
V. 13. **παιδίσκη** *Magd, Sklavin.* **ἔχουσαν** Ptz. Fem. ἔχω m. Akk. hier
etwa *besessen sein von* (Menge; vgl. B I2eα); attr. **πύθων**[4] ωνος ὁ (< Πυθώ
Name der Gegend am Südabhang des Parnassos-Massivs [in Phokis], in der die
Stadt Delphi m. dem Tempel u. Orakel des Delphischen Apollo lag) *Python,* d.h.
der nach der Legende in der Gegend Pytho (Delphi) hausende m. dem dortigen
Orakel verbundene Drache, der v. Apollo erlegt wurde (vgl. „Pythia“, Apollo-
priesterin, die in Delphi Orakelsprüche erteilte); *wahrsagend, Wahrsager;* πνεῦ-
μα (App. [A70]:) πύθων (hier Akk. πνεῦμα πύθωνα [vgl. BDR §242[2]])
Wahrsagegeist (EWNT 3, Sp. 473f; KP 4, Sp. 1280). **ὑπ-αντῆσαι** Aor. Inf.
-αντάω *entgegengehen, begegnen;* Präd. des AcI. **ἥ-τις** qualitativ (A132) *(eine
solche), die.* **ἐργασία** *Beschäftigung; Gewerbe;* hier *Verdienst, Ertrag, Gewinn*
(B 3). **παρ-εῖχεν** Ipf. -έχω *darbieten;* hier *verursachen,* m. ἐργασίαν πολ-
λήν *viel Verdienst/Geld einbringen* (B 1c). **κύριος** hier *Besitzer* (B 1aβ).
μαντευομένη Ptz. μαντεύομαι *wahrsagen, Orakel geben;* mod. *mit ihrer*
17 *Wahrsagerei.* **17 κατ-ακολουθοῦσα** Ptz. Fem. -ακολουθέω *nachfolgen,
hinterherlaufen;* temp./mod. (A291,1/2 Anm. 1) [Var. κατ-ακολουθήσασα
Aor. Ptz. Fem.]. **καὶ ἡμῖν** *und uns anderen* (A376a). **ἔ-κραζεν** Ipf. κρά-
ζω. **λέγουσα** Ptz. Fem. λέγω, mod., hier pleon. (A297), am besten als Dop-
pelpunkt berücksichtigen. **ὕψιστος** (Superlativ zu ὕψι in der Höhe, hoch)
höchster, erhabenster; ὁ θεὸς ὁ ὕψιστος *der höchste Gott,* eine bei Juden wie
bei Griechen geläufige Bezeichnung (vgl. AFCS 5, S. 83ff; Hemer, Setting,
S. 231). **οἵ-τινες** qualitativ (A132) *(solche), die.* **κατ-αγγέλλω** *verkün-
den.* **ὁδὸν σωτηρίας** Gen. der Richtung (H-S §164; A162) *(den) Weg zur
Rettung/zum Heil* (GN: *wie ihr gerettet werdet*); σωτηρία war ein Begriff, der
unter Heiden genauso geläufig war wie unter Juden u. Christen (allerdings m.
18 unterschiedl. Füllung; vgl. Bruce, Apg, S. 361). **18 ἐ-ποίει** Ipf. ποιέω. **ἐπί**
m. Akk. wie klass. temp. *über ... hin* (vgl. BDR §233,3), *während* (B III2b). **δια-
πονηθείς** Aor. Ptz. Pass. (ohne bes. Pass.-Bdtg.) -πονέομαι *unwillig/aufge-
bracht sein;* temp. (A291,1 Anm. 1). **ἐπι-στρέψας** Aor. Ptz. -στρέφω[47]
um-, zurückkehren, sich umwenden; temp. (A291,1 Anm. 1). **παρ-αγγέλ-
λω**[110] *anordnen, anweisen, befehlen;* Präs. Ind. bez. hier einen Vorgang, der im
Augenblick der Äußerung verwirklicht wird: παραγγέλλω σοι *(hiermit)
befehle ich dir* (H-S §197a; BDR §320[2] [„aoristisches“ Präs.]). **ἐξ-ελθεῖν** Aor.
Inf. -έρχομαι hier m. ἀπό τινος *aus jmdm. ausfahren, jmdn. verlassen* (vgl.
B 1aδ). **ἐξ-ῆλθεν** Aor. -έρχομαι. **αὐτῇ τῇ ὥρᾳ** temp. Dat. (A182) *in
ebendieser Stunde* (vgl. αὐτός 1h; vgl. A124a; BDR §288[4]), bei Lk/Apg beliebte
(v. manchen als Aram. eingestufte) Gebrauchsweise im Sinn v. *im gleichen Au-
19 genblick, unverzüglich* (B ὥρα 2b), *auf der Stelle* (Menge). **19 ἰδόντες** Aor.

Ptz. ὁράω, temp. **ἐξ-ῆλθεν** hier *ausgefahren war* (Tempus u. Modus wie in
der entsprechenden direkten Rede; A326); Wortwahl, die den stillen Humor
des Lukas zum Ausdruck bringt (Bruce, Apg, S. 361). **ἡ ἐλπὶς τῆς ἐργα-
σίας αὐτῶν** *ihre Hoffnung* (m. gen. obi. [A158]) *auf Gewinn.* **ἐπι-λαβό-
μενοι** Aor. Ptz. Med. -λαμβάνομαι[152] m. Gen. *sich halten an, ergreifen,*
auch (gewalttätig) *packen;* das hier erwartete GenO fällt m. dem flgd. durch das
εἵλκυσαν bedingten AkkO zusammen (B 1; BDR §170[2]); temp. (A291,1
Anm. 1); ἐπιλαβόμενοι τὸν Παῦλον καὶ τὸν Σιλᾶν εἵλκυσαν εἰς
τὴν ἀγοράν *sie packten Paulus und Silas und schleppten sie zum Marktplatz.*
Σίλας[1] α 15,22. **εἵλκυσαν** Aor. ἕλκω[184] *ziehen, schleppen.* **ἀγορά**
Marktplatz (meist Stätte des gesamten öffentl. Lebens). **ἐπί** m. Akk. hier *vor*
(Rechtssprache; B III1aγ). **ἄρχων**[5] οντος ὁ *Herrscher;* Pl. *die Behörden* (u.a.
m. richterl. Befugnissen), der griech. Ausdruck für die obersten Behörden ir-
gendeiner Stadt (in V. 20 durch den spezielleren Begriff στρατηγοί ersetzt).
20 προσ-αγαγόντες Aor. Ptz. -άγω[59] tr. *herbeiführen, herbeibringen,* hier 20
m. τινά τινι *jmdn. jmdm. vorführen* (B 1a); temp. (A291,1 Anm. 1). **στρατ-
ηγός** eig. „Heerführer“, Pl. hier griech. Entsprechung zum lat. „praetores“,
Titel der beiden obersten Beamten (offizielle Bezeichnung: „duoviri“) einer
röm. Kolonie (vgl. zu V. 12; AFCS 2, S. 412), übers. etwa *(die) Stadtrichter*
(Menge) od. *(die) Stadtobersten* (GNB). **εἶπαν** Aor. (vgl. H-S §105g) λέγω.
ἐκ-ταράσσω *verwirren, aufwiegeln, Unruhe stiften in.* **ὑπ-άρχοντες** Ptz.
-άρχω, kaus.; Ἰουδαῖοι ὑπάρχοντες etwa *sie sind (nämlich) Juden.*
21 ἔθος[7] *Brauch, Sitte.* **ἅ** AkkO zu παραδέχεσθαι (Inf. ist m. ἅ ver- 21
schränkt; vgl. A364b). **ἔξ-εστιν** (vgl. A32) *es ist möglich, es ist erlaubt* (τινί
jmdm.); ἃ οὐκ ἔξεστιν ἡμῖν παραδέχεσθαι *die anzunehmen, uns nicht er-
laubt ist* bzw. *die wir nicht annehmen dürfen.* **παρα-δέχεσθαι** Inf. -δέχο-
μαι etwas *(als richtig) annehmen, gelten lassen* (B 1). **ποιεῖν** Inf. ποιέω hier
ausüben, befolgen. **Ῥωμαῖος** *Römer.* **οὖσιν** Ptz. εἰμί part. coni. zu ἡμῖν
(H-S §230c; A287), kaus.; Ῥωμαίοις οὖσιν *da wir Römer sind;* die Ange-
hörigen der Kolonie waren sich ihres überlegenen Status als Bürger Roms
bewußt. **22 συν-επ-έ-στη** Wz.-Aor. -εφ-ίσταμαι[205] κατά τινος *sich* 22
ebenso gegen jmdn. stellen/erheben, gleichfalls gegen jmdn. auftreten (Menge).
περι-ρήξαντες Aor. Ptz. -ρήγνυμι[217] *ringsum herunterreißen,* hier *vom
Leib reißen* bzw. wohl kausativ (A218) *vom Leib reißen lassen;* temp. (A291,1
Anm. 1). **ἐ-κέλευον** Ipf. κελεύω *befehlen, anordnen.* **ῥαβδίζειν** Inf.
ῥαβδίζω *Stockhiebe versetzen, mit der Rute schlagen,* evtl. *auspeitschen;* erg. αὐ-
τούς (A79); vgl. 2Kor 11,25, wo wohl das hier genannte Geschehen mitgezählt
ist. **23 ἐπι-θέντες** Aor. Ptz. -τίθημι[200] *auflegen, darauflegen;* hier (Schlä- 23
ge) *versetzen* (B 1aβ); temp. **πληγή** *Schlag, Hieb, Streich;* V. 33 *Wunde, Strie-
me.* **ἔ-βαλον** Aor. βάλλω, erg. αὐτούς (A79). **παρ-αγγείλαντες**
Aor. Ptz. V. 18; mod. **δεσμο-φύλαξ**[3] ακος ὁ *Gefängniswärter.* **ἀ-σφα-**

24 **λῶς** *sicher.* **τηρεῖν** Inf. τηρέω. **24 ὅς** *dieser/er* (rel. Anschluß, A364a).
παρ-αγγελία *Anordnung, Befehl.* **λαβών** Aor. Ptz. λαμβάνω[152], temp.;
ὃς παραγγελίαν τοιαύτην λαβών etwa *auf diesen* (wörtl. *solchen*) *Befehl*
hin. **ἔ-βαλεν** Aor. βάλλω. **ἐσώτερος** (Komp. v. ἔσω hinein; inwendig)
(der, die, das) innere; εἰς τὴν ἐσωτέραν φυλακήν *in das innere Gefängnis*
od. (superlativisch, A118) *in die innerste Zelle des Gefängnisses* (Menge).
ἠ-σφαλίσατο Aor. Med. ἀ-σφαλίζομαι (vgl. A33[91ff]) *(sicher) verwahren;*
καὶ τοὺς πόδας ἠσφαλίσατο αὐτῶν εἰς τὸ ξύλον *und (er) schloß zur*
Sicherheit ihre Füße in den Block (Einh.). **ξύλον** *Holz;* hier *(hölzerner) Block,*
Gerät aus schweren Holzblöcken, in die die Füße der Gefangenen einge-
25 schlossen wurden (LN 6.21). **25 κατά** m. Akk. hier bei einer ungefähren
Zeitangabe *gegen, um ... (herum)* (vgl. B II2b). **μεσο-νύκτιον** *(die) Mitter-*
nacht. **προσ-ευχόμενοι** Ptz. -εύχομαι, mod. **ὕμνουν** Ipf. ὑμνέω *ein*
Loblied singen; hier m. Akk. *in Lobliedern preisen.* **ἐπ-ηκροῶντο** Ipf. -ακρο-
άομαι *zuhören* τινός *jmdm.* **δέσμιος** *Gefangener;* οἱ δέσμιοι *die anderen*
26 (A376a) *Gefangenen.* **26 ἄφνω** *plötzlich.* **σεισμός** *Erdbeben.* **ἐ-γένετο**
Aor. Med. γίνομαι hier *entstehen* (B I1bα); ἄφνω δὲ σεισμὸς ἐγένετο
μέγας *plötzlich entstand/gab es ein starkes Erdbeben.* **σαλευθῆναι** Aor. Inf.
Pass. σαλεύω *zum Schwanken/ins Wanken bringen, erschüttern;* Pass. hier etwa
erschüttert werden, beben; Präd. des AcI. **θεμέλιον** *Fundament* (einziges NT-
Bsp., das eindeutig im Ntr. steht [sonst Mask.]; BDR §49[3]). **δεσμωτήριον**
Gefängnis. **ἠν-ε-ῴχθησαν** Aor. Pass. (m. dreifachem Aug.) ἀν-οίγω. **πα-**
ρα-χρῆμα *sofort, sogleich.* **θύρα** *Tür.* **δεσμός** (Pl. δεσμοί od. δεσμά
[BDR §49[3]]) *Fessel.* **ἀν-έθη** Aor. Pass. -ίημι[202] *loslassen, lösen;* Pass. hier
sich lösen, (von selbst) abfallen (vgl. Menge); καὶ πάντων τὰ δεσμὰ ἀνέθη
und allen fielen die Fesseln ab [Var. ἀν-ε-λύθη Aor. Pass. ἀνα-λύω *auflösen*
27 (B 1)]. **27 ἔξ-υπνος**[11] *erwacht, wach.* **γενόμενος** Aor. Ptz. Med. γίνο-
μαι, temp. (A291,1 Anm. 1); ἔξυπνος δὲ γενόμενος ὁ δεσμοφύλαξ *als*
der Gefängniswärter aufwachte bzw. *der Gefängniswärter fuhr aus dem Schlaf*
(GNB). **ἰδών** Aor. Ptz. ὁράω, temp. **ἀν-ε-ῳγμένας** Pf. Ptz. Pass. -οίγω,
AcP (A300); καὶ ἰδὼν ἀνεῳγμένας (Zustandspassiv, vgl. A242) τὰς θύ-
ρας τῆς φυλακῆς *und als er die Gefängnistüren offenstehen sah.* **σπασά-**
μενος Aor. Ptz. Med. σπάομαι[24] *ziehen;* temp. (A291,1 Anm. 1). **μάχαι-**
ρα *Schwert;* τὴν μάχαιραν *sein* (A103) *Schwert.* **ἤ-μελλεν** Ipf. μέλλω
hier *wollen.* **ἀν-αιρεῖν** Inf. -αιρέω *beseitigen, aufheben;* meist: *töten.* **νομί-**
ζων Ptz. νομίζω V. 13; kaus. **ἐκ-πε-φευγέναι** Pf. (A231) Inf. -φεύγω[72]
entfliehen; Präd. des AcI; νομίζων ἐκπεφευγέναι τοὺς δεσμίους *denn er*
28 *dachte, die Gefangenen seien entflohen.* **28 ἐ-φώνησεν** Aor. φωνέω. **με-**
γάλῃ φωνῇ dat. modi (A180) *mit lauter Stimme, laut.* **πράξῃς** Aor. Konj.
πράσσω[78] *tun, verüben;* prohibitiver Konj. (A256); μηδὲν πράξῃς σεαυ-
τῷ κακόν *tu dir kein Leid an, tu dir nichts an.* **ἅ-πας**[10] = πᾶς. **ἐνθά-δε**[18]

hierher; hier; ἅπαντες γάρ ἐσμεν ἐνθάδε *denn wir sind alle (noch) hier.*
29 αἰτήσας Aor. Ptz. αἰτέω hier etwa *rufen nach* (Menge); temp. (A291,1 29
Anm. 1); αἰτήσας δὲ φῶτα *da rief jener nach Fackeln/Licht und.* **φῶς** hier
metonymisch (A381f) für *Lichtträger: Fackel, Lampe* (B 1bα). **εἰσ-ε-πήδη-
σεν** Aor. -πηδάω *hineinspringen, hineinlaufen* bzw. hier etwa *hineinstürzen.*
ἔν-τρομος[11] *zitternd* (vor Angst). **γενόμενος** Aor. Ptz. Med. γίνομαι,
mod.; ἔντρομος γενόμενος *zitternd* (wörtl. *ins Zittern geraten*). **προσ-έ-
πεσεν** Aor. -πίπτω[194] *niederfallen vor, zu Füßen fallen, sich niederwerfen vor.*
30 προ-αγαγών Aor. Ptz. -άγω[59] *vorausgehen, vorangehen;* hier m. τινὰ 30
ἔξω *jmdn. hinausführen* (B 1); temp. **ἔ-φη** Ipf. φημί. **κύριοι** Vok. *ihr
Herren.* **ποιεῖν** Inf. ποιέω; Präd. des AcI, abhängig v. δεῖ; τί (AkkO des
AcI) με δεῖ ποιεῖν *was muß ich tun;* viell. hatte er die Worte der Sklavin
gehört (V. 17) u. sah diese nun im Erdbeben übernatürl. bestätigt. **σωθῶ** Aor.
Konj. Pass. σῴζω. **31 οἱ δέ** *(doch/und) diese/sie* (A102). **εἶπαν** V. 20. **πί-** 31
στευσον Aor. Imp. πιστεύω; hier m. ἐπί τινα statt Dat. (B 2aδ); πί-
στευσον ἐπὶ τὸν κύριον Ἰησοῦν *glaube an Jesus, den Herrn* (d.h. etwa *er-
kenne Jesus als Herrn an und setze dein Vertrauen auf ihn* [vgl. GNB]). **σωθή-
σῃ** Fut. Pass. σῴζω; zum Sg.-Präd. vgl. A94f; πίστευσον ... καὶ (wohl
kons., A311,2) σωθήσῃ σὺ καὶ ὁ οἶκός σου etwa *glaube ... dann wirst du
gerettet werden und deine Hausgemeinschaft mit dir* (wohl impliziert: indem sie,
wie du, an Jesus, den Herrn, gläubig wird [vgl. V. 32-34]). **32 ἐ-λάλησαν** 32
Aor. λαλέω. **ὁ λόγος τοῦ κυρίου** *das Wort des Herrn = das Wort Gottes*
od. *die Botschaft von Jesus* (gemeint ist auf jeden Fall die christl. Botschaft).
πάντες οἱ ἐν τῇ οἰκίᾳ αὐτοῦ *alle in seinem Haus* bzw. *alle, die zu seiner
Hausgemeinschaft gehörten.* **33 παρα-λαβών** Aor. Ptz. -λαμβάνω, temp. 33
(A291,1 Anm. 1). **ἔ-λουσεν** Aor. λούω[9] *waschen;* ἔλουσεν ἀπὸ τῶν
πληγῶν eig. etwa *er befreite (sie) durch Waschen von den Nachwirkungen der
Schläge* (vgl. B 1) = *er wusch ihnen die blutigen Striemen ab* (Menge) bzw. *er
wusch ihre Wunden.* **πληγή** V. 23. **ἐ-βαπτίσθη** V. 15. **οἱ αὐτοῦ πάν-
τες** *alle die Seinen, alle seine Angehörigen* (d.h. hier *seine ganze Hausgemein-
schaft, seine Familie und seine Dienstleute* [vgl. GNB]). **παρα-χρῆμα** V. 26.
34 ἀν-αγαγών Aor. Ptz. -άγω V. 11; temp. (A291,1 Anm. 1). **παρ-έ-θη-** 34
κεν Aor. παρα-τίθημι[200] *daneben stellen, vorsetzen, vorlegen, vortragen;* πα-
ρέθηκεν τράπεζαν (erg. αὐτοῖς) *er stellte ihnen einen Tisch/eine Mahlzeit hin
= er ließ ihnen den Tisch decken* (Menge), *er bewirtete sie* (vgl. B 1a; LN 23.26),
er lud sie zu Tisch (vgl. GNB). **τράπεζα** *Tisch;* hier metonymisch (A381f)
Mahlzeit, Speisen (B 3). **ἠγαλλιάσατο** Aor. Med. ἀγαλλιάω *jubeln, sich
freuen, frohlocken.* **παν-οικεί** Adv. *mit dem ganzen Haus, mit der ganzen
Hausgemeinschaft.* **πε-πιστευκώς** Pf. (A231) Ptz. πιστεύω, präd. bei
Verb des modifizierten Seins u. Tuns (A301; H-S §234d); ἠγαλλιάσατο
πανοικεὶ πεπιστευκὼς τῷ θεῷ er *jubelte mit seinem ganzen Hause darüber,*

daß er zum Glauben an Gott gekommen war (Wilckens) bzw. etwa *er und alle die*
Seinen waren überglücklich, daß sie zum Glauben an Gott gefunden hatten (GNB).
35 **35 γενομένης** Aor. Ptz. Med. γίνομαι, temp.; ἡμέρας δὲ γενομένης
als es Tag wurde/geworden war. [Var. συν-ῆλθον Aor. -έρχομαι[187] *zusam-*
menkommen, sich versammeln. ἐπὶ τὸ αὐτό *an demselben Ort, beisammen, zu-*
sammen (B αὐτός 4b; B ἐπί III1aζ). ἀγορά V. 19. ἀνα-μνησθέντες
Aor. Ptz. Pass. -μιμνήσκω[167] *erinnern;* Pass. m. Akk. *sich erinnern an, denken*
an; kaus. σεισμός V. 26. γε-γονότα Pf. (A231) Ptz. γίνομαι, attr. ἐ-φο-
βήθησαν V. 38.] **ἀπ-έ-στειλαν** Aor. ἀπο-στέλλω. **στρατ-ηγός**
V. 20. **ῥαβδ-οῦχος** eig. „Rutenträger“, griech. Entsprechung zum lat.
„lictor“, Diener vor allem der höheren röm. Magistrate (hier der Kolonialpräto-
ren [vgl. V. 20]), der u.a. diesen die Fasces (Rutenbündel m. Richtbeil als Zei-
chen der Amtsgewalt) vorantrug, sie bei Dienstgängen begleitete u. in ihrem
Auftrag Verhaftungen u. Bestrafungen durchführte (KP 3, Sp. 645f), übers. etwa
Gerichtsdiener (Menge), *Amtsdiener, Polizeibeamter* (vgl. LN 37.89). **λέγον-**
τες Ptz. λέγω, mod. **ἀπό-λυσον** Aor. Imp. -λύω. [Var. ἐχθές *gestern.*
36 παρ-έ-λαβες Aor. παρα-λαμβάνω.] **36 ἀπ-ήγγειλεν** Aor.
-αγγέλλω. **δεσμο-φύλαξ** V. 23. **τοὺς λόγους τούτους** etwa
diese/die Nachricht od. (einfach) *es.* **ὅτι** recitativum = Doppelpunkt (A333).
ἀπ-έ-σταλκαν (-αν statt -ασιν,–BDR §83[1]) Pf. (A242) ἀπο-στέλλω
hier *Boten/eine Nachricht senden* (vgl. LN 15.67) bzw. *sagen lassen* (Menge), *an-*
ordnen (vgl. B ἵνα II1aδ); ἀπέσταλκαν οἱ στρατηγοὶ ἵνα ἀπολυθῆτε
etwa *die Stadtobersten haben sagen lassen, ihr sollt freigelassen werden* (vgl.
Menge) od. *die Stadtobersten haben eure Freilassung angeordnet.* **ἀπο-λυθῆτε**
Aor. Konj. Pass. -λύω. **ἐξ-ελθόντες** Aor. Ptz. -έρχομαι, temp. (als Imp. +
„und“ übers.; A291,1 Anm. 1); νῦν οὖν ἐξελθόντες πορεύεσθε ἐν εἰρήνῃ
so geht jetzt also hinaus und zieht in Frieden (viell. = *im Frieden Gottes* [GNB])
weiter (Menge) od. (freier) *ihr könnt also unbehelligt weggehen* (GN). **πορεύε-**
37 **σθε** Imp. (vgl. A266a). **37 ἔ-φη** V. 30. **πρὸς αὐτούς** *zu ihnen* (d.h. zu
den Amtsdienern). **δείραντες** Aor. Ptz. δέρω[135] eig. *abhäuten, die Haut ab-*
ziehen, NT nur übertr. *(ver)prügeln, schlagen;* temp. (A291,1 Anm. 1); Subj. sind
die στρατηγοί; δείραντες ἡμᾶς δημοσίᾳ ἀκατακρίτους *sie haben*
uns ohne Prozeß und richterliches Urteil öffentlich prügeln lassen (A218). **δημό-**
σιος *öffentlich;* δημοσίᾳ als Adv. (BDR §241[9]) *in aller Öffentlichkeit, öffent-*
lich. **ἀ-κατά-κριτος**[11] *unverurteilt;* Artangabe zum AkkO (A65), übers.
etwa *ohne Prozeß und richterliches Urteil* (GNB). **ἄνθρωπος** hier pleon.
(B 3aε; vgl. H-S §260j); ἄνθρωπος Ῥωμαῖος *Römer* bzw. hier *römischer Bür-*
ger (Menge). **Ῥωμαῖος** V. 21. **ὑπ-άρχοντας** Ptz. -άρχω hier = εἰμί
als Kopula (B 2; H-S §256c; A78); part. coni. zu ἡμᾶς (H-S §230c; A287),
konz.; ἀνθρώπους Ῥωμαίους ὑπάρχοντας *obgleich wir römische Bürger*
sind, obwohl wir das römische Bürgerrecht haben; röm. Bürger konnten u.a. m.

leichteren Strafen vor Gericht rechnen; in der Regel blieben sie v. der Prügel-
strafe verschont u. hatten das Recht, gegen Todesurteile Berufung einzulegen
(s. AFCS 2, S. 107f). **ἔ-βαλαν** Aor. (vgl. H-S §105g) βάλλω. **λάθρᾳ** Adv.
heimlich. **ἐκ-βάλλω** hier *abschieben;* konatives Präs. (A227; Menge); καὶ
νῦν λάθρᾳ ἡμᾶς ἐκβάλλουσιν *und jetzt wollen sie uns heimlich abschieben*
(GNB). **οὐ γάρ** *O nein!* (Menge; H-S §252,9) bzw. *das kommt nicht in Frage!*
(GNB). **ἐλθόντες** V. 7; temp. (als Imp. + „und" übers.; A291,1 Anm. 1);
ἀλλὰ ἐλθόντες αὐτοί *sie sollen vielmehr selbst kommen und, sie sollen per-
sönlich herkommen und.* **ἐξ-αγαγέτωσαν** Aor. Imp. 3. Pl. -άγω[59] *hin-
aus/herausführen.* **38 ἀπ-ήγγειλαν** Aor. -αγγέλλω. **τὰ ῥήματα** 38
ταῦτα *diese Worte* od. (einfach) *das.* **ἐ-φοβήθησαν** Aor. Pass. (ohne bes.
Pass.-Bdtg.) φοβέομαι hier etwa *erschrecken;* bei Bekanntwerden des Vorfalls
mußten sie m. schwerwiegenden Konsequenzen rechnen. **ἀκούσαντες** Aor.
Ptz. ἀκούω, temp. **39 ἐλθόντες** V. 7; temp. (A291,1 Anm. 1). **παρ-ε-κά-** 39
λεσαν Aor. παρα-καλέω hier etwa *sich entschuldigen bei* (Menge). **ἐξ-α-**
γαγόντες Aor. Ptz., temp. (A291,1 Anm. 1); erg. αὐτούς (A79). **ἠρώτων**
Ipf. ἐρωτάω, erg. αὐτούς (A79). **ἀπ-ελθεῖν** Aor. Inf. -έρχομαι hier m.
ἀπό (einen Ort) *verlassen.* [Var. παρα-γενόμενοι Aor. Ptz. Med. -γίνο-
μαι[176] *ankommen, kommen, eintreffen;* temp. (A291,1 Anm. 1). ἐξ-ελθεῖν Inf.
-έρχομαι V. 36. εἰπόντες Aor. Ptz. λέγω, mod. ἠ-γνοήσαμεν Aor.
ἀ-γνοέω *nicht erkennen, nicht wissen, verkennen.* τὰ καθ' ὑμᾶς *das sich auf
euch Beziehende* (vgl. B κατά II6), *eure Sache, euren Fall.* ὅτι *denn.* λέγον-
τες Ptz. λέγω, mod. ἐξ-έλθατε Aor. Imp. (vgl. H-S §105g) -έρχομαι V. 36.
μή-ποτε *damit nicht (etwa)* (A339). συ-στραφῶσιν Aor. Pass. Konj.
-στρέφω[47] Pass. *sich versammeln, zusammenkommen* (B 2); 3. Pl. im Sinn v.
„man" (A76a). ἡμῖν wohl dat. ethicus (H-S §176c) *uns,* viell. *gegen uns* od. un-
übersetzt lassen. ἐπι-κράζοντες Ptz. -κράζω[81] *drohend schreien* κατά
τινος *gegen jmdn.;* mod./fin. (A291,6).] **40 ἐξ-ελθόντες** V. 36; hier ἀπό 40
m. Gen. (einen Ort) *verlassen, aus* (einem Ort) *herauskommen;* temp. (A291,1
Anm. 1). **εἰσ-ῆλθον** Aor. -έρχομαι hier m. πρός τινα *zu jmdm. (nach
Hause) gehen.* **Λυδία** V. 14. **ἰδόντες** Aor. Ptz. ὁράω hier *besuchen, aufsu-
chen* (B εἶδον 6), *treffen* (GNB); temp. (A291,1 Anm. 1); καὶ ἰδόντες παρε-
κάλεσαν τοὺς ἀδελφούς *(dort) trafen sie die Brüder/Geschwister und
machten ihnen Mut.* **παρ-ε-κάλεσαν** Aor. παρα-καλέω. **οἱ ἀδελφοί**
V. 2. **ἐξ-ῆλθαν** Aor. (vgl. H-S §105g) -έρχομαι hier etwa *weiterziehen*
(Menge).

δι-οδεύσαντες Aor. Ptz. -οδεύω *durchreisen, reisen durch/über;* temp.; **17**
διοδεύσαντες δὲ τὴν Ἀμφίπολιν καὶ τὴν Ἀπολλωνίαν ἦλθον
εἰς Θεσσαλονίκην etwa *über Amphipolis und Apollonia kamen sie nach
Thessalonich;* alle drei Städte lagen an der röm. Straße „Via Egnatia" (vgl. zu
16,11); nach 1Thess wirkten Paulus, Silas/Silvanus u. Timotheus gemeinsam in

Thessalonich (vgl. V. 14). **Ἀμφίπολις**[8] *Amphipolis,* führende Stadt des
östl. (ersten) Bezirks Mazedoniens am Fluß Strymon, etwa 5 km v. dessen Mün-
dung entfernt, ca. 45 km westsüdwestl. v. Philippi (AFCS 2, S. 414). **Ἀπολ-
λωνία** *Apollonia,* ca. 44 km westsüdwestl. v. Amphipolis, ca. 56 km östl. v.
Thessalonich (AFCS 2, S. 413f). **Θεσσαλονίκη** *Thessalonich* (älterer
Name: Therme, heutiger: Saloniki), wichtiger Seehafen, führende Stadt des
zweiten Bezirks Mazedoniens, Sitz des röm. Statthalters (LAW, Sp. 3069;
2 AFCS 2, S. 414f). **ἦν** Ipf. εἰμί. **2 εἰωθός** Pf. Ptz. Ntr. εἴωθα[109] (defektives
Pf.) *(zu tun) pflegen;* subst.; κατὰ δὲ τὸ εἰωθὸς τῷ Παύλῳ (dat. poss., BDR
§189[1]; vgl. A173f) εἰσῆλθεν πρὸς αὐτούς *und nach seiner Gewohnheit* (vgl.
zu 13,5) *ging Paulus zu ihnen hinein* (GNB: *in ihre Synagoge;* zur dortigen jüd.
Gemeinde s. AFCS 5, S. 154-157). **εἰσ-ῆλθεν** Aor. -έρχομαι. **ἐπί** m. Akk.
wie klass. temp. *über ... hin* (vgl. BDR §233,3), *während* (B III2b). **σάββατον**
Pl. hier wohl *Sabbate* (einziges eindeutiges NT-Bsp. m. Pl.-Bdtg.; B 1bα), viell.
Wochen (vgl. B 2b); ἐπὶ σάββατα τρία *an drei (aufeinanderfolgenden) Sab-
baten,* viell. *drei Wochen lang.* **δι-ε-λέξατο** Aor. Med. δια-λέγομαι[65] *mit-
einander reden; eine Rede richten an, reden/sprechen zu;* hier m. τινί (V. 17 auch
πρός τινα) *zu jmdm. sprechen.* **ἀπὸ τῶν γραφῶν** *(ausgehend) von den*
3 *(Heiligen) Schriften, auf Grund der (Heiligen) Schriften.* **3 δι-αν-οίγων** Ptz.
-οίγω *öffnen;* hier *eröffnen, auslegen, erklären;* mod.; διανοίγων (erg. ταύ-
τας/αὐτάς [A79]) *dabei erklärte er sie (ihnen)* bzw. *half ihnen, sie zu verstehen*
(GNB). **παρα-τιθέμενος** Ptz. Med. -τίθημι *daneben stellen, vortragen;*
Med. hier *darlegen, zeigen;* mod. **ἔ-δει** Ipf. δεῖ hier v. göttl. Bestimmung (vgl.
B 1). **παθεῖν** Aor. Inf. πάσχω, Präd. des AcI, abhängig v. ἔδει (ebenso der
flgd. Inf.); ὅτι τὸν χριστὸν ἔδει παθεῖν καὶ ἀναστῆναι ἐκ νεκρῶν
daß der Messias (GNB: *der versprochene Retter*) *leiden* (gemeint ist sein Tod am
Kreuz u. das damit zusammenhängende Leiden) *und von den Toten auferstehen
mußte;* vgl. neben 2,22ff u. 13,26ff auch 1Kor 15,3-5 (er berief sich wohl auf
Stellen wie Ps 2; 16; 110; Jes 52-53, viell. auch Dt 21,22-23). **ἀνα-στῆναι**
Wz.-Aor. Inf. ἀν-ίσταμαι. **καὶ ὅτι** (recitativum = Doppelpunkt, A333);
hier Wechsel v. der indirekten in die direkte Rede (erg. davor ἔφη [s. V. 22]
4 o.ä. [BDR §470[3]; H-S §274c; A335]). **κατ-αγγέλλω** *verkünden.* **4 ἐξ αὐ-
τῶν** hier statt gen. partitivus (A164); τινὲς ἐξ αὐτῶν *einige von ihnen* (d.h.
von den Juden). **ἐ-πείσθησαν** Aor. Pass. πείθω Pass. hier *sich überzeugen
lassen* (B 3a). **προσ-ε-κληρώθησαν** Aor. Pass. -κληρόομαι m. Dat.
jmdm. zufallen, jmdm. anhängen (B), *sich jmdm. anschließen* (vgl. LN 34.22).
Σίλας[1] α 15,22. **σεβομένων** Ptz. σέβομαι (eine Gottheit) *verehren;* σε-
βόμενος (τὸν θεόν) *Gottesfürchtiger* (vgl. zu 10,2); attr. **Ἕλλην**[4] ηνος ὁ
Grieche; auch im Sinn v. *Nichtjude* (B 2a); τῶν τε σεβομένων Ἑλλήνων
πλῆθος πολύ *ebenso eine große Anzahl von den gottesfürchtigen Grie-
chen/Nichtjuden* (GNB: *von den Griechen, die sich zur jüdischen Gemeinde*

hielten). **πλῆθος**[7] *Menge, große Anzahl;* m. gen. partitivus (A164). **τῶν
πρώτων** Fem. od. Mask. Pl.; γυναικῶν τε τῶν πρώτων οὐκ ὀλίγαι *vie-
le vornehme/einflußreiche Frauen* od. *viele Frauen vornehmer/einflußreicher Män-
ner* (bzw. *viele Frauen aus vornehmen Kreisen* [vgl. Einh.]). **οὐκ ὀλίγαι** *nicht
wenige* = *viele* (Litotes [vgl. BDR §495[9]; A386]); m. gen. partitivus (A164).
5 ζηλώσαντες Aor. Ptz. ζηλόω m. Akk. *sich eifrig bemühen um;* hier (nega- 5
tiv) *eifersüchtig/neidisch sein (auf);* Aor. hier wohl ingr. (A229); kaus.; ζηλώ-
σαντες δὲ οἱ Ἰουδαῖοι καὶ προσλαβόμενοι ... etwa *da wurden die Ju-
den von Eifersucht gepackt und holten sich (daher) ...* (vgl. GNB). **προσ-λα-
βόμενοι** Aor. Ptz. Med. -λαμβάνομαι[152] *zu sich nehmen;* hier *(als Helfer)
mit sich nehmen* (B 2c), *zu Hilfe nehmen* (Menge), *sich holen;* temp. (A291,1
Anm. 1). **ἀγοραῖος** eig. *zum Marktplatz* (ἀγορά) *gehörend;* οἱ ἀγοραῖοι
das Marktgesindel, das gemeine Volk (B 1). **τινάς** m. gen. partitivus
(A137a/164); τῶν ἀγοραίων ἄνδρας τινὰς πονηρούς *einige schlechte
Männer aus dem Straßengesindel* (Menge) od. etwa *ein paar Männer, die auf dem
Markt herumlungerten und zu allem fähig waren* (GNB). **ὀχλο-ποιήσαντες**
Aor. Ptz. -ποιέω *einen Volksauflauf erregen;* temp. (A291,1 Anm. 1); ὀχλοποι-
ήσαντες *sie brachten (mit ihrer Hilfe) einen Volksauflauf zustande und* (vgl.
GNB). **ἐ-θορύβουν** Ipf. θορυβέω *in Unruhe/Aufregung versetzen, in Aufruhr
bringen.* **ἐπι-στάντες** Wz.-Aor. Ptz. ἐφ-ίσταμαι[205] *herantreten,* hier m.
τινί *vor etwas treten/ziehen, sich vor etwas aufstellen* (Menge); temp. (A291,1
Anm. 1). **Ἰάσων**[4] ονος ὁ *Jason* (Gastgeber v. Paulus u. Begleiter [V. 7]).
ἐ-ζήτουν Ipf. ζητέω hier etwa *suchen nach* bzw. (konkreter) *herausholen
wollen* (GNB). **αὐτούς** *sie* (d.h. Paulus u. Begleiter). **προ-αγαγεῖν** Aor.
Inf. -άγω[59] *vorausgehen, vorangehen;* hier m. εἰς τὸν δῆμον *der Volksver-
sammlung vorführen;* fin. (A276). **δῆμος** *Volksmenge,* hier *Volksversammlung;*
da Thessalonich (seit 42 v. Chr.) eine freie Stadt („civitas libera") war, nahm die
Versammlung der Bürger gesetzgeberische u. richterl. Aufgaben wahr (Bruce,
Apg, S. 370; AFCS 2, S. 405f). **6 εὑρόντες** Aor. Ptz. εὑρίσκω, temp.; μὴ 6
εὑρόντες δὲ αὐτούς erg. ἐκεῖ (vgl. A79) *als sie sie dort nicht fanden.* **ἔ-συ-
ρον** Ipf. σύρω *ziehen, schleppen;* hier m. τινὰ ἐπί τινα *jmdn. vor jmdn.
schleppen.* **ἀδελφοί** *Brüder/Geschwister* = *Christen* (B ἀδελφός 2); καί
τινας ἀδελφούς *und einige andere* (A376a) *Brüder/Geschwister.* **πολιτ-άρ-
χης**[1] *Stadtpräfekt, Stadtoberster;* so wurden die Mitglieder der obersten Behör-
den mazedonischer Städte bez. (zum reichl. inschriftl. Material [bes. für Thessa-
lonich] s. AFCS 2, S. 419-431). **βοῶντες** Ptz. βοάω *(laut) rufen, schreien;*
mod. **ὅτι** recitativum = Doppelpunkt (A333). **οἰκουμένη** (Ptz. Fem. Pass.
οἰκέω wohnen + γῆ) *(bewohnte) Erde, Welt; Menschheit;* hier *„Welt"* hyperbo-
lisch (A383) im Sinn v. *römisches Reich.* **ἀνα-στατώσαντες** Aor. Ptz.
-στατόω *aufwiegeln, beunruhigen, verstören;* subst.; οἱ τὴν οἰκουμένην
ἀναστατώσαντες οὗτοι etwa *die Leute, die in der (ganzen) Welt Unruhe*

stiften (vgl. GNB); um diese Zeit war es zu einer ganzen Anzahl durch Juden
ausgelöster Unruhen gekommen, nicht nur in Judäa (in der Zeit nach dem Tod
v. Herodes Agrippa I.), sondern überall im röm. Reich, so in Alexandria (in der
frühen Regierungszeit v. Kaiser Klaudius) u. (zur selben Zeit u. unlängst [vgl.
18,2]) auch in Rom; die dafür Verantwortl. waren nun angebl. auch in Thessalo-
nich aktiv (Bruce, Apg, S. 371). **ἐνθά-δε**[18] *hierher; hier.* **πάρ-ειμι** (εἰμί)
7 *anwesend sein; dasein, (her)gekommen sein.* **7 οὕς** *diese/sie* (rel. Anschluß,
A364a). **ὑπο-δέ-δεκται** Pf. (A231) Med. -δέχομαι[63] *(gastlich) aufneh-
men.* **ἀπ-έναντι** uneig. Präp. (A183) *gegenüber von;* hier *gegen.* **δόγμα**[3]
Verordnung, Anordnung, Gebot, Gesetz, Erlaß. **Καῖσαρ**[6] αρος ὁ *Kaiser* (z.T.
ohne Art. eigennamenartig gebraucht, BDR §254,3). **πράσσω** *tun, handeln;*
hier m. ἀπέναντί τινος *gegen etwas verstoßen.* **λέγοντες** Ptz. λέγω hier
m. AcI; mod./kaus.; βασιλέα (Präd.-Nom. des AcI) ἕτερον (Subj. des AcI)
λέγοντες εἶναι Ἰησοῦν (App. [A70] zum Subj.) *dadurch, daß/denn sie be-
haupten, ein anderer sei König, nämlich Jesus.* **εἶναι** Inf. εἰμί, Präd. des AcI.
8 **8 ἐ-τάραξαν** Aor. ταράσσω (vgl. A33[74ff]) *aufwühlen, aufrühren;* hier
übertr. etwa *in große Aufregung/Unruhe versetzen.* **ἀκούοντας** Ptz. ἀκούω,
part. coni. zu τὸν ὄχλον καὶ τοὺς πολιτάρχας (H-S §230c; A287); temp.
9 *als sie* das *hörten.* **9 λαβόντες** Aor. Ptz. λαμβάνω[152], temp. **ἱκανός**
hinlänglich, genug; τὸ ἱκανὸν λαμβάνω (Lat. = satis accipio [vgl. BDR
§5,4]) παρά τινος *von jmdm. eine Bürgschaft/Kaution nehmen/stellen lassen.*
ἀπ-έ-λυσαν Aor. ἀπο-λύω; καὶ λαβόντες τὸ ἱκανὸν παρὰ τοῦ Ἰά-
σονος καὶ τῶν λοιπῶν ἀπέλυσαν αὐτούς etwa *diese ließen sich von
Jason und den anderen die erforderliche Kaution stellen und ließen sie dann frei*
(vgl. Menge) od. (freier) *Jason und die anderen Christen mußten eine Kaution
stellen, bevor man sie wieder freiließ;* Jason u. seine Leute wurden offenbar
verpflichtet, dafür zu sorgen, daß die „Unruhestifter" die Stadt für immer
verließen (vgl. V. 10).
10 **10 ἀδελφοί** V. 6. **διά** m. Gen. hier *während* (B AII2b); εὐθέως διὰ
νυκτός *sogleich (noch) während der* (A106a) *Nacht, noch in der Nacht.* **ἐξ-έ-
πεμψαν** Aor. ἐκ-πέμπω[45] *aussenden;* hier m. εἰς *fortschicken nach, auf den
Weg nach ... bringen* (GNB). **Βέροια** *Beröa* (heute Verria), Stadt im zweiten
Bezirk Mazedoniens (abseits der „Via Egnatia" [vgl. zu 16,11]), ca. 40 km westl.
v. Thessalonich (LAW, Sp. 456; AFCS 2, S. 415-417; zur dortigen jüd. Gemein-
de s. AFCS 5, S. 157). **οἵ-τινες** = οἵ (A133; B ὅστις 3) *diese/sie* (rel. An-
schluß, A364a). **παρα-γενόμενοι** Aor. Ptz. Med. -γίνομαι[176] *ankom-
men;* temp.; *als sie (dort) angekommen waren, nach ihrer Ankunft.* **ἀπ-ῄεσαν**
11 Ipf. ἄπ-ειμι (εἶμι) (vgl. A32) *weggehen,* hier einfach *gehen* (B). **11 ἦσαν**
Ipf. εἰμί. **εὐ-γενέστερος** Komp. v. -γενής[7] *von vornehmer Herkunft;* hier
von vornehmer Gesinnung, Komp. *anständiger* (B 2), *edler gesinnt* (Menge), *auf-
geschlossener* (GNB; LN 27.48). **Θεσσαλονίκη** V. 1; τῶν ἐν Θεσσαλο-

νίκῃ gen. comparationis (A168) *als die in Thessalonich.* **οἵ-τινες** qualitativ
(A132) *solche Menschen, die* (vgl. ZG) bzw. (begründend [vgl. BDR §293,2b;
A368]) *denn sie* (vgl. A368; B 2b). **ἐ-δέξαντο** Aor. Med. δέχομαι. **τὸν
λόγον** *das „Wort“* als term. tech. für die göttl. Botschaft bzw. die apostolische
Verkündigung (vgl. B λόγος 1bβ). **προ-θυμία** *Geneigtheit,* hier *Bereitwillig-
keit.* **καθ' ἡμέραν** *täglich* (A195). **ἀνα-κρίνοντες** Ptz. -κρίνω *befra-
gen, untersuchen,* hier *forschen in* (Menge), *studieren* (GNB); mod. **εἰ** hier vor
einem NS, der v. einem Verb des Handelns abhängig ist, bei dem zusätzl. das
Bedeutungselement des Versuchens „mitschwingt“ (A332; vgl. BDR §375), hier
etwa *(um zu prüfen/sehen), ob* (A332). **ἔχοι** Opt. ἔχω hier intr. m. Adv. *sich
verhalten, sein* (vgl. B II); obliquer Opt. (der indirekten Äußerung [A261]); εἰ
ἔχοι ταῦτα οὕτως *ob das* (impliziert: was Paulus sagte) *sich so verhalte* bzw.
ob das, was Paulus sagte, auch zutreffe (vgl. GNB). **12 ἐξ αὐτῶν** V. 4. **ἐ-πί-** 12
στευσαν Aor. πιστεύω; Aor. hier ingr. (H-S §194i; A240b) *(sie) wurden
gläubig, (sie) kamen zum Glauben* (GNB). **Ἑλληνίς**[3] ίδος ἡ *Griechin,
Nichtjüdin;* als eine Fem.-Form zum Adj. Ἑλληνικός *griechisch* bzw. (hier)
nichtjüdisch (vgl. B 1b); Attr. nicht nur zu γυναικῶν, sondern auch zu ἀν-
δρῶν (zum Genus s. A95; Analoges gilt wohl für εὐσχημόνων [andere be-
schränken dieses auf γυναικῶν]); die ungewöhnl. Wortstellung erklärt sich
wohl dadurch, daß die Frauen den gewichtigeren Anteil bildeten; καὶ τῶν
Ἑλληνίδων γυναικῶν τῶν εὐσχημόνων καὶ ἀνδρῶν οὐκ ὀλίγοι
etwa *auch viele einflußreiche Griechen/Nichtjuden, Frauen wie Männer* (vgl.
GNB). **εὐ-σχήμων**[11] *angesehen, vornehm, einflußreich* (ZG). **οὐκ ὀλίγοι**
V. 4 (zum Gen. s. A95). **13 ἔ-γνωσαν** Aor. γινώσκω hier *erfahren* (vgl. 13
B 2b). **ἀπό** hier v. der Herkunft (B IV1b) *von, aus.* **κατ-ηγγέλη** Aor. Pass.
-αγγέλλω[110] *verkünden;* Aor. Ind. bez. hier Vorvergangenheit (vgl. H-S
§199n; A224; Tempus wie in der entsprechenden direkten Rede [A329]).
κἀκεῖ = καὶ ἐκεῖ *auch dorthin* (als Lok. zu ἦλθον) od. *auch dort* (als Lok.
zu σαλεύοντες usw.). **σαλεύοντες** Ptz. σαλεύω *zum Schwanken/ins
Wanken bringen, erschüttern;* hier übertr. *in Unruhe versetzen* (Menge), *aufwie-
geln* (Einh.); fin. (A291,6) od. mod. (im Sinn v. *und [dabei];* A291,2 Anm. 1;
analog das flgd. Ptz.). **ταράσσοντες** Ptz. ταράσσω V. 8; κἀκεῖ σαλεύ-
οντες καὶ ταράσσοντες τοὺς ὄχλους etwa (die beiden Verben als eine
Art Hendiadyoin deutend [A378]) *um auch dort die Masse mit ihren Hetzreden
aufzuwiegeln* (Wilckens) od. *auch dorthin und brachten die Volksmenge (gegen
ihn) auf* (vgl. GNB). [Var. δι-ε-λίμπανον Ipf. δια-λιμπάνω (Nebenform
zu -λείπω) *aufhören;* σαλεύοντες καὶ ταράσσοντες (präd. bei Verb des
modifizierten Seins u. Tuns (BDR §414,1; A301) τοὺς ὄχλους οὐ διελίμ-
πανον *sie hörten nicht auf, die Masse mit ihren Hetzreden aufzuwiegeln.*]
14 ἐξ-απ-έ-στειλαν Aor. -απο-στέλλω[113] *(ent)senden;* hier *wegschicken* 14
bzw. etwa *weiterschicken.* **πορεύεσθαι** Inf. πορεύομαι hier m. ἕως ἐπί τι

bis an etwas hin gehen (B 1); fin. (A276); πορεύεσθαι ἕως ἐπὶ τὴν θάλασ-
σαν *damit er sich ans Meer begäbe* (Menge), *auf die Reise zur Meeresküste hin*
(Wilckens) od. einfach (kontextgemäß) *hinunter zur Küste* (GNB). **ὑπ-έ-μει-
ναν** Aor. ὑπο-μένω[117] *bleiben, standhalten, durchhalten;* hier: an einem Ort
15 *zurückbleiben,* während andere fortgehen (B 1). **Τιμόθεος** 16,1. **15 καθ-
ιστάνοντες** Ptz. -ίστημι *hinstellen,* hier (klass.): an einen Ort *hinbringen*
(B 1), *geleiten* (vgl. Menge); subst.; οἱ δὲ καθιστάνοντες τὸν Παῦλον *die
(Brüder), die Paulus das Geleit gaben* (vgl. GNB); gemeint sind Christen aus
Beröa. **ἤγαγον** Aor. ἄγω hier m. ἕως *bringen bis nach;* es wurde wohl der
Seeweg (bis zum Athener Hafen Piräus [über 350 km]) gewählt (AFCS 2,
S. 441). **Ἀθῆναι** *Athen,* führende Metropole des antiken Griechenland; in
röm. Zeit (Teil der Provinz Achaia) beschränkte sich seine Bdtg. auf das Kultu-
relle (m. bedeutenden Philosophenschulen), genoß aber den Status einer freien
m. Rom verbündeten Stadt („civitas libera et foederata"; s. LAW, Sp. 372-381;
AFCS 2, S. 441ff; zur dortigen jüd. Gemeinde s. AFCS 5, S. 158-162). **λαβόν-
τες** Aor. Ptz. λαμβάνω, hier temp. (A291,1 Anm. 1) od. (besser) mod. for-
melhaft im Sinn v. *mit* (A292); λαβόντες ἐντολὴν πρός *mit dem Auftrag an.*
ἵνα hier *daß* od. Inf. bzw. indirekte Rede (A328) als Erklärung (vgl. A279/353)
zu ἐντολήν (vgl. BDR §393[7]); ἵνα ... ἔλθωσιν πρὸς αὐτόν *sie sollten ...
nachkommen* (wörtl. *zu ihm kommen*). **τάχιστα** Superlativ zum Adv. τα-
χέως *schnell;* ὡς τάχιστα (literatursprachl.) *möglichst schnell, so bald wie
möglich* (B ὡς IV7; BDR §453[7]; H-S §138b). **ἔλθωσιν** Aor. Konj. ἔρχομαι.
ἐξ-ῄεσαν Ipf. ἔξ-ειμι (εἶμι) (vgl. A32) *hinausgehen, fortgehen;* ἐξῄεσαν
sie gingen (von Athen) fort (impliziert: um nach Beröa zurückzukehren) bzw.
(kontextgemäß) *sie kehrten zurück* (vgl. Menge).
16 **16 Ἀθῆναι** V. 15. **ἐκ-δεχομένου** Ptz. -δέχομαι *erwarten, warten
auf;* gen. abs. (A288), temp. **παρ-ωξύνετο** Ipf. Pass. -οξύνω *anreizen, an-
feuern;* Pass. *sich* (bes. zum Zorn) *reizen lassen, aufgebracht werden, in Erregung
geraten;* παρωξύνετο τὸ πνεῦμα αὐτοῦ ἐν αὐτῷ *sein Geist wurde in ihm
in Erregung versetzt* (B), d.h. durch Betroffenheit (GN: ... *war er im Innersten be-
troffen*) od. durch Empörung (GNB: ... *war er im Innersten empört*); die Pracht v.
Athens überragenden kulturellen Leistungen vermochte in ihm die zutiefst
empfundene Abscheu vor dem Götzendienst nicht zu vermindern (vgl. Röm
1,23.25; 1Kor 10,20; Weisheit 13,1ff). **θεωροῦντος** Ptz. θεωρέω, gen. abs.
(A288), kaus. **κατ-είδωλος**[11] *voll von Götterbildern;* Athen konnte man als
wahren „Wald von Götzenbildern" (so ließe sich κατείδωλον übers.) bez.;
diese Götterskulpturen (nicht selten obszön gestaltet) waren nicht in Tempeln
verborgen, sondern überall für jedermann sichtbar aufgestellt, so bes. zahlreich
an der Nordwestecke der Agora (wo Paulus wahrscheinl. Streitgespräche führte;
17 AFCS 2, S. 443-445). **οὖσαν** Ptz. Fem. εἰμί, AcP (A300). **17 δι-ε-λέγε-
το** Ipf. Med. δια-λέγομαι V. 2. **σεβομένοις** Ptz. σέβομαι V. 4; subst.

mit/zu den Gottesfürchtigen (GN: *zu Griechen, die sich zur jüdischen Gemeinde*
hielten). **ἀγορά** *Marktplatz* (meist Stätte des gesamten öffentl. Lebens); die
Agora, das wirtschaftl., politische u. kulturelle Herz Athens, lag nördl. der
Akropolis; der offene Platz (seit der Zeit v. Kaiser Augustus standen darauf der
Tempel des Kriegsgottes Ares u. das Odeion [Konzert- u. Schauspielhaus]) war
v. langen Säulenhallen (den „Stoen") umgeben, die schon seit langem als Ver-
sammlungsort dienten; hier traf Paulus wohl m. epikureischen u. stoischen Phi-
losophen zusammen (AFCS 2, S. 445f). **κατὰ πᾶσαν ἡμέραν** *an jedem*
Tag, Tag für Tag (vgl. A195). **παρα-τυγχάνοντας** Ptz. -τυγχάνω *gerade*
dazukommen, zufällig dabeisein; subst. πρὸς τοὺς παρατυγχάνοντας
zu/mit den zufällig Anwesenden (B) od. *zu/mit den Leuten, die er dort antraf.*
18 τινές (erstes) V. 5; τινὲς δὲ καὶ τῶν Ἐπικουρείων καὶ Στοϊκῶν 18
φιλοσόφων etwa *aber auch einige epikureische und stoische Philosophen.*
Ἐπικούρειος *Epikureer,* Schüler des Epikur (341-270 v. Chr.), dessen ethi-
sches System die Freude (ἡδονή) zum Hauptziel des Lebens erklärte (wobei
die seelische Ausgeglichenheit sowie das Freisein v. Schmerz, störenden Gefüh-
len u. abergläubischer Furcht zu den erstrebenswertesten Freuden zählten) u.
der die Götter für menschengestaltige, aber unvergängl. Atomkompositionen
hielt, die sich nicht um die kosmischen u. menschlichen Angelegenheiten küm-
mern (vgl. Bruce, Apg, S. 376; LAW, Sp. 831). **Στοϊκός** (sonst meist Στωϊ-
κός geschrieben [BDR §35,1]) *stoisch; Stoiker;* Schüler des Zenon v. Kition (ca.
334-263 v. Chr.), die ihren Namen v. ihrem Hauptversammlungsort, der „bun-
ten" Stoa („Stoa Poikile") ableiteten; charakteristisch (bes. auch im Ggs. zu den
Epikureern) war ihr ethischer Radikalismus: die Glückseligkeit besteht aus-
schließl. aus der Tugend; Leidenschaft in jeder Form ist ein Krankheitszustand;
wer weise ist, der hat sie in sich vernichtet; es gilt, sich widerspruchslos in die
göttl. Ordnung, die alles durchwaltet u. vorausbestimmt, einzufügen; Gott wird
völlig pantheistisch (u. nicht weniger materialistisch als bei den Epikureern) für
die Seele des Kosmos gehalten (berühmte Stoiker der röm. Zeit waren Seneca,
Epiktet u. Marcus Aurelius; vgl. LAW, Sp. 2929; Bruce, Apg, S. 377). **φιλό-
σοφος** *Philosoph.* **συν-έ-βαλλον** Ipf. συμ-βάλλω *sich unterreden; zu-*
sammentreffen; hier m. τινί etwa *mit jmdm. diskutieren* (Menge: *sich mit jmdm.*
einlassen). **τινές** (zweites statt οἱ μέν) ... οἱ δέ *einige ... andere* (BDR §250[1];
H-S §130); nach οἱ δέ erg. gedankl. ἔλεγον o.ä. (vgl. BDR §480,5a; vgl. A376;
H-S §293b). **ἔ-λεγον** Ipf. λέγω. **θέλοι** Opt. θέλω, potentialer Opt. (im NT
fast ganz auf Lk/Apg beschränkt; A260; H-S §211d); τί ἂν θέλοι ὁ σπερμο-
λόγος οὗτος (verächtl. gebraucht [BDR §290[1]]) λέγειν etwa *was will denn*
dieser Schwätzer da zu sagen haben (Wilckens), *was will dieser Schwätzer eigent-*
lich (GNB). **σπερμο-λόγος** (< σπέρμα, λέγω auflesen; eig. „einer, der
Samenkörner aufliest") offenbar Athener Slangwort (bez. u.a. den Rinnstein-
spatz, dann einen Menschen, der auf dem Markt Abfälle sammelt, einen nichts-

würdigen Kerl [ähnl. wie ἀγοραῖος V. 5], schließl. [wohl auch hier] einen, der
Wissensbrocken sammelt [Bruce, Apg, S. 377]), etwa *Schwätzer.* **λέγειν** Inf.
ξένος *fremd;* subst. (V. 21) *Fremder.* **δαιμόνιον** hier im Sinn v. *Gottheit*
(B 1). **κατ-αγγελεύς**[8] *Verkünder.* **εἶναι** V. 7. **εὐ-ηγγελίζετο** Ipf.
Med. -αγγελίζω; ὅτι τὸν Ἰησοῦν καὶ τὴν ἀνάστασιν εὐηγγελίζετο
er verkündete nämlich die Heilsbotschaft/die Gute Nachricht von Jesus und der
19 *Auferstehung.* **19 ἐπι-λαβόμενοι** Aor. Ptz. Med. -λαμβάνομαι[152] m.
Gen. *sich halten an, ergreifen,* auch (gewalttätig) *packen,* hier etwa *mit sich*
nehmen; temp. (A291,1 Anm. 1). **Ἄρειος πάγος** *Areopag* („Areshügel"),
der nach dem Kriegsgott Ares (röm. Mars) benannte Hügel westl. der Akro-
polis, auf dem seit alter Zeit Recht gesprochen wurde; die dort tagende Ver-
sammlung, u.a. auch Ἄρειος πάγος genannt, war höchste politische u. rich-
terl. Instanz des röm. Athens (LAW, Sp. 289f; AFCS 2, S. 447); umstritten ist,
ob hier der Areshügel od. der Areopag-Rat (der sich z.T. auch an der Agora
traf) gemeint ist (AFCS 2, S. 447f; Hemer, Setting, S. 117): ἐπὶ τὸν Ἄρειον
πάγον *auf den Areopag* od. *zum Areopag* (unter denen, die zum Glauben
kamen, war aber auf jeden Fall der Areopag-Rat vertreten [V. 34]). **ἤγαγον**
Aor. ἄγω; erg. αὐτόν (A79). **λέγοντες** Ptz. λέγω, mod. **γνῶναι** Aor.
Inf. γινώσκω. **λαλουμένη** Ptz. Pass. λαλέω, attr.; τίς (erg. ἐστίν) ἡ
καινὴ αὕτη ἡ ὑπὸ σοῦ λαλουμένη διδαχή *was das für eine neue Lehre*
ist, die du vorträgst (wörtl. *die von dir vorgetragen wird*). **διδαχή** *Lehre.*
20 **20 ξενίζοντα** Ptz. ξενίζω *gastlich aufnehmen; befremden;* subst.; ξενί-
ζοντά τινα *befremdliche/seltsame Dinge* (B 2/Menge). **εἰσ-φέρω** *hineintra-*
gen, -bringen. **ἀκοή** *(das) Hören; Gehör, Ohr;* εἰσφέρω εἰς τὰς ἀκοάς τι-
νος *jmdm. zu Gehör bringen* (B 1c), *jmdm. zu hören geben* (Menge). **βούλο-**
μαι *wollen, wünschen.* **εἶναι** V. 7; hier *bedeuten;* τίνα (Präd.-Nom.) θέλει
ταῦτα (Subj.) εἶναι *was dies bedeuten will* (B II3), *was es damit auf sich hat*
21 (GNB). **21 Ἀθηναῖος** *Athener;* Ἀθηναῖοι δὲ πάντες (wie att. ohne
Art. [BDR §275[3]]; δέ markiert Parenthese [A374; vgl. B δέ 2]) *alle Athener*
nämlich (Menge). **ἐπι-δημοῦντες** Ptz. -δημέω *sich* (als Fremder) an
einem Ort *aufhalten;* attr. **ηὐ-καίρουν** Ipf. εὐ-καιρέω *Zeit/Muße/Gelegen-*
heit haben; hier m. εἰς οὐδὲν ἕτερον ἤ m. Inf. *für nichts anderes Zeit haben*
als ... zu (B), *für nichts so viel Zeit übrig haben als dafür ...* zu (Menge). **λέγειν**
Inf. **ἀκούειν** Inf. **καινότερον** Komp. im Sinn eines Positivs (vgl. Kühner-
Gerth §540 Anm. 7; BDR §244,2; ZG) *Neuigkeit* (Menge) od. eines Superlativs
(A118,2) *(das) Allerneueste;* λέγειν τι ἢ ἀκούειν τι καινότερον *irgend et-*
was zu sagen oder eine Neuigkeit/das Allerneueste zu hören wohl = *irgendeine*
Neuigkeit/das Allerneueste zu erzählen oder zu hören.
22 **22 σταθείς** Aor. Ptz. Pass. ἵσταμαι (= στάς Wz.-Aor.) hier ἐν
μέσῳ m. Gen. *sich in der Mitte* (od. *inmitten*) *von ... hinstellen, in die Mitte von*
etwas (od. *vor* jmdn.) *(hin)treten;* temp. (A291,1 Anm. 1). **Ἄρειος πάγος**

V. 19. **ἔ-φη** Ipf. φημί; zu dieser viel diskutierten Rede s. Bruce, Apg, S. 379ff. **Ἀθηναῖος** V. 21; ἄνδρες (klass. Idiom [BDR §242; H-S §260j]) Ἀθηναῖοι Vok. *Männer von Athen, Athener.* **κατὰ πάντα** Näherbestimmung zu δεισιδαιμονεστέρους *in jeder Hinsicht* (B κατά II6) od. zu θεωρῶ *nach/in allem* (vgl. Menge). **δεισι-δαιμονέστερος** Komp. v. -δαίμων[11] (< δείδω fürchten, δαίμων Dämon, Gott) *religiös, fromm* (im guten [so wohl hier, allerdings in ironisch gefärbtem Elativ] od. im schlechten Sinn [*abergläubisch* o.ä.]); Komp. für elativisch gebrauchten Superlativ (A118,2/119; BDR §244[2]); κατὰ πάντα ὡς δεισιδαιμονεστέρους ὑμᾶς θεωρῶ (erg. wohl ὄντας [Ptz. v. εἰμί], dann AcP [H-S §233b Anm. 2; BDR §416[3]; vgl. A300], verstärkt durch ὡς [vgl. BDR §453[7]]) *ich sehe, daß ihr in jeder Beziehung den Göttern sehr ergeben seid* (Elb.) bzw. etwa *für alles Göttliche seid ihr, wie ich sehe, beispielhaft aufgeschlossen* (Wilckens) od. *ich sehe an allem, daß ihr sehr religiöse Leute seid* (Schlachter) bzw. *nach allem, was ich sehe, seid ihr in besonderem Grade eifrige*
Gottesverehrer (Menge). **23 δι-ερχόμενος** Ptz., temp.; *als ich umherging.* 23
ἀνα-θεωρῶν Ptz. -θεωρέω (sinnl. u. geistig) *genau betrachten, ansehen;* temp. **σέβασμα**[3] (< σεβάζομαι [meist: religiöse] Verehrung erweisen) *Gegenstand religiöser Verehrung* (u.a. v. Altären u. Götterstatuen), Pl. etwa *Heiligtümer, heilige Stätten* (im allgemeinsten Sinn [nicht auf Tempel beschränkt]). **εὗρον** Aor. εὑρίσκω. **βωμός** *Altar* (das übl. griech. Wort; im NT aber nur hier verwendet, offenbar, weil es einen heidnischen Altar bez.; sonst steht θυσιαστήριον [vgl. entsprechenden LXX-Gebrauch]). **ἐπ-ε-γέ-γραπτο** Plsqpf. Pass. ἐπι-γράφω[42] *daraufschreiben;* ἐν ᾧ ἐπεγέγραπτο *an dem daraufgeschrieben war* (Zustandspassiv, vgl. A242), *mit der Aufschrift/Inschrift.* **ἄ-γνωστος**[11] *unbekannt;* ἀγνώστῳ θεῷ dat. commodi (A173; vgl. Kühner-Gerth §423,17, S. 419; viell. archaisierend ohne Art.) *einem* (viell. *dem*) *unbekannten Gott* (impliziert: für ihn/zu seinen Ehren errichtet); interessante Hinweise dazu finden sich u.a. bei Pausanias (1.1.4: in Athen gab es Altäre „unbekannter Götter") u. bei Diogenes Laertios (Vitae Philosophorum 1.110: Hintergrundgeschichte v. ca. 600 v. Chr. zur Entstehung solcher Altäre in ganz Attika); vgl. Bruce, Apg, S. 380f; AFCS 2, S. 446f. **ὃ ... τοῦτο** *was* (Menge: *das Wesen*) ... *das* (vgl. τὸ θεῖον V. 29). **ἀ-γνοοῦντες** Ptz. ἀ-γνοέω *nicht (er)kennen, nicht wissen;* erg. αὐτό/τοῦτο (A79); mod. *ohne es zu kennen* (vgl. A291,2). **εὐ-σεβέω** *ehrfürchtig sein, fromm sein;* hier m. Akk. (als göttl. Wesen) *vereh-*
ren. **ἐγώ** Subj. betont (A122). **κατ-αγγέλλω** V. 3. **24 ποιήσας** Aor. 24
Ptz. ποιέω hier *schaffen, erschaffen* (B I1aβ); attr.; zur Sache vgl. Röm 1,19-21; Platon, Timaios 28C. **ὑπ-άρχων** Ptz. -άρχω hier = εἰμί als Kopula (B 2); kaus.; οὗτος οὐρανοῦ καὶ γῆς ὑπάρχων κύριος (Präd.-Nom. auch ohne Art. best. [A80], ebenso οὐρανοῦ καὶ γῆς [häufig im außerbibl. Griech. wie bei ἥλιος u.ä.; vgl. H-S §133b; Kühner-Gerth §462b]) *da er* (A124a) *der Herr über* (vgl. A165) *Himmel und Erde ist* od. (einfach) *als Herr über Himmel und*

Erde. **χειρο-ποίητος**[11] *von Menschen(hand) gemacht;* zur Sache vgl. 7,48;
25 Euripides, Frag. 968 (Bruce, Apg, S. 382). **25 ἀνθρώπινος** *menschlich.* **θε-
ραπεύεται** Pass. θεραπεύω hier (einer Gottheit) *dienen;* οὐδέ ... θερα-
πεύεται *auch läßt* (toleratives Pass., A219) *er sich nicht ... bedienen/versorgen;*
dieser Feststellung konnten auch Epikureer u. Stoiker zustimmen; vgl. auch
Platon, Euthyphron 12E-15E. **προσ-δεόμενος** Ptz. -δέομαι m. Gen.
(A167) einer Sache *noch dazu bedürfen,* hier einer Sache *bedürfen* (Menge),
etwas *brauchen;* mod. (vorgestellter Vergleich; hier ohne ὡς [vgl. BDR §425[5];
A291,2]); προσδεόμενός τινος *als ob er etwas nötig hätte, als brauche er
etwas;* vgl. Ps 50,9-12; 2Makkabäer 14,35; 3Makkabäer 2,9; Euripides, Herakles
1345f. **διδούς** Ptz. δίδωμι, mod.; αὐτὸς διδούς ... *während er doch
selbst ... gibt* (Menge). **πνοή** *Wind; Hauch, Atem;* ζωὴν καὶ πνοὴν (absichtl.
Homoioteleuton [H-S §294c; BDR §488[8]]) καὶ τὰ πάντα *(das) Leben, (den)
26 Atem und alles andere* (A376a). **26 ἐ-ποίησεν** Aor. ποιέω hier m. ἐκ wahr-
scheinl. *erschaffen aus* (vgl. V. 24) bzw. *hervorgehen lassen aus* (grammatisch
einwandfrei, aber exegetisch weniger sinnvoll: ποιέω m. AcI *bewirken,* daß jmd.
etwas tut [B I1bθ]; ἐξ ἑνός dann etwa *von einem einzigen [Menschen] her/ausge-
hend*). **ἐξ ἑνός** *aus einem einzigen (Menschen),* d.h. Adam (vgl. Röm 5,12-19;
1Kor 15,45-49). **πᾶν ἔθνος ἀνθρώπων** entweder *jedes Volk/die einzelnen
Völker der Menschen/Menschheit* (B ἔθνος 1; vgl. 2,5; 10,35) od. (nachklass.
[A86; ZG]) *das ganze Menschengeschlecht* (Menge). **κατ-οικεῖν** Inf. -οικέω,
fin. (A276). **πρόσωπον** hier *Oberfläche* (B 1e); κατοικεῖν ἐπὶ παντὸς
προσώπου (auch ohne Art. best. [A106a/c]) τῆς γῆς (das Subj. ist zu erg.
[vgl. H-S §216c; BDR §407]) *damit sie/es die ganze Erde* (wörtl. *auf der ganzen
Oberfläche der Erde* [LXX-Idiom]) *bewohnen/bewohnt.* **ὁρίσας** Aor. Ptz. ὁρί-
ζω (vgl. A33[91ff]) *bestimmen, festsetzen;* V. 31 jmdn. *bestimmen, einsetzen, bestel-
len* (B 1b); mod. (A291,2 Anm. 1); ὁρίσας ... *und er hat (für sie/es)* (d.h. entwe-
der für die einzelnen Völker od. für das Menschengeschlecht) ... *bestimmt/festge-
setzt.* **προσ-τε-ταγμένους** Pf. (A231) Ptz. Pass. -τάσσω[79] *anordnen, be-
fehlen, festsetzen;* attr.; προστεταγμένους καιρούς *festgesetzte/bestimmte
Zeiten = Jahreszeiten* (vgl. 14,17) od. (so die meisten) *bestimmte Zeiten ihres Be-
stehens* (Menge), d.h. entweder für das Bestehen des Menschengeschlechts od.
der einzelnen Völker (vgl. 1,7; Lk 21,24; 1Thess 5,1; Gal 4,4; Eph 1,9f; 3,9; 1Tim
2,6; 6,15; Tit 1,3). **ὁρο-θεσία** *die bestimmte/feste Grenze;* τὰς ὁροθεσίας
τῆς κατοικίας αὐτῶν (Pl. sinngemäß konstruiert [A96]) *die Grenzen ihrer
Wohngebiete* (Wilckens), d.h. entweder die politischen Grenzen (vgl. Dt 32,8)
od. die bewohnbaren Gebiete der Erde (vgl. Ps 104,5-9; Hi 38,8-11). **κατ-οι-
27 κία** *Wohnung, Wohnort.* **27 ζητεῖν** Inf. ζητέω, fin. (A276); ζητεῖν τὸν
θεόν (das Subj. ist wieder zu erg. [vgl. H-S §216c; BDR §407]) *damit sie Gott su-
chen.* [Var. θεῖος V. 29.] **εἰ** V. 11 (hier verstärkt durch ἄρα [BDR §375[2]]); bei
Gottes Handeln od. bei dem v. ihm gewollten Suchen der Menschen „schwingt“

das Bdtgs.-Element des Fragens/Erwartens bzw. des Versuchens „mit“; ζητεῖν
τὸν θεόν, εἰ ἄρα γε ψηλαφήσειαν αὐτὸν καὶ εὕροιεν *damit sie Gott*
suchen: (er fragte sich/erwartete/hoffte,) ob/daß sie ihn vielleicht ertasten und fin-
den würden (Menge: *ob sie ihn wohl wahrnehmen und finden möchten*) etwa =
und er hat es gewollt, daß die Menschen Gott suchen, damit sie ihn ertasten und
finden würden/könnten (vgl. GNB) od. *damit sie Gott suchen (mit dem Bemühen),*
ihn vielleicht zu ertasten und zu finden etwa = *sie sollten Gott suchen und ihn viel-*
leicht ertasten und finden. **γέ** enklitische Partikel: einschränkend *wenigstens;*
steigernd *sogar, doch;* εἰ ἄρα γε *ob/daß (vielleicht);* καί γε *ja auch wirklich* (B
καί II9b). **ψηλαφήσειαν** Aor. Opt. ψηλαφάω *betasten; ertasten* (B), d.h.
sich trotz Schwierigkeiten darum bemühen, etwas kennenzulernen, auch wenn
die Erfolgsaussichten nicht bes. groß sind (LN 27.40), bzw. hier gleichsam im
Dunkeln tastend nach Gott suchen, wenn das Licht der bes. Offenbarung fehlt
(Bruce, Apg, S. 383); obliquer Opt. (A261; BDR §386,2; vgl. V. 11). **εὕροιεν**
Aor. Opt. 3. Pl. εὑρίσκω, obliquer Opt. (A261). [Var. καί-τοι *(und) doch.*]
μακράν Adv. (erstarrter Akk. der Ausdehnung v. μακρός lang/entlegen,
erg. ὁδόν, BDR §161[1]) *weit weg, fern* ἀπό τινος *von etwas/jmdm.* **ἕκαστος**
hier durch εἷς verstärkt *jeder einzelne* (B 2) bzw. (idiomatischer) *jeder,* m. gen.
partitivus (A164). **ὑπ-άρχοντα** Ptz. -άρχω V. 24; part. coni. zu τὸν
θεόν/αὐτόν (H-S §230c; A287); kaus. od. konz.; καί γε οὐ μακρὰν ἀπὸ
ἑνὸς ἑκάστου ἡμῶν ὑπάρχοντα (Spiritus-asper-Alliteration [BDR
§488[7]]) *er ist ja auch wirklich nicht fern von einem jeden von uns* (Wilckens: *und*
wirklich, für keinen von uns ist er in unerreichbarer Ferne) bzw. *denn keinem von*
uns ist er fern od. *obwohl er ja wirklich nicht fern ist von jedem von uns.* **28 ἐν** 28
αὐτῷ *in ihm,* d.h. etwa: in/dank enger Verbindung mit ihm (vgl. Newman-
Nida, Apg, S. 342 [GNB: *durch ihn*]); ἐν αὐτῷ ... ἐσμέν diese Worte
(offenbar [att.] Prosafassung eines Verses) werden dem kretischen (u.a. in
Athen wirkenden) Theologen u. Wundertäter Epimenides (etwa 6. Jh. v. Chr.)
zugeschrieben, der auch in der (zu V. 23) erwähnten v. Diogenes Laertios er-
zählten Geschichte vorkommt u. auf den der in Tit 1,12 zitierte Vers (wohl aus
demselben Zeushymnus) zurückgeht (Hemer, Setting, S. 118; Bruce, Apg,
S. 384f). **κινούμεθα** Pass. κινέω *bewegen;* Pass. *sich bewegen.* [Var. τὸ
καθ’ ἡμέραν adv. Akk. (A150; BDR §160[3]) *täglich.*] **τινές** V. 5. **καθ’**
ὑμᾶς poss. (A155) *euren* (B κατά II7b). **ποιητής**[1] *einer, der etwas tut: Tä-*
ter, Schaffender; hier *Dichter;* καί τινες τῶν καθ’ ὑμᾶς ποιητῶν *auch ei-*
nige von euren Dichtern; gemeint sind zwei stoische Dichter: Aratus (aus Soloi in
Zilizien; erste Hälfte des 3. Jh. v. Chr.; Phainomena 5) u. Kleanthes (aus Assos
in Kleinasien; 304-233 v. Chr.; Zeushymnus 4), für die Zeus der λόγος bzw. das
Weltprinzip ist, das alles beseelt; dem pantheistischen Zeus der Stoiker stellt
Paulus den personalen Charakter Gottes (Schöpfer u. Richter) gegenüber
(Bruce, Apg, S. 385). **εἰρήκασιν** Pf. (A242) λέγω; es folgt die erste Hälfte

eines Hexameters (BDR §487[3]). **τοῦ** = τούτου (archaisierender Gebrauch [BDR §249]), gen. poss. (A154); τοῦ γὰρ καὶ γένος ἐσμέν *denn sein(es) Geschlecht(s) sind auch wir* (vgl. Menge) bzw. *denn von ihm stammen auch wir ab* (vgl. B γένος 1), evtl. *denn auch wir sind von seiner Art* (vgl. Einh.). **γένος**[7] *Geschlecht; Nachkommenschaft, Nachkomme; Herkunft, Verwandtschaft; Gat-*
29 *tung, Art.* **29 ὑπ-άρχοντες** Ptz. -άρχω V. 24; kond./kaus. **ὀφείλω** *schulden; verpflichtet sein, müssen;* οὐκ ὀφείλομεν *wir dürfen nicht* (B 2aß; vgl. H-S §217c Anm. 1). **νομίζειν** Inf. νομίζω *meinen, glauben, annehmen,* m. AcI. **χρυσός** *Gold* [Var. χρυσίον *Gold*]. **ἄργυρος** *Silber* [Var. ἀργύριον *Silber*]. **χάραγμα**[3] (< χαράσσω u.a. [ein]ritzen) *Zeichen, Stempel* (als charakteristisches Merkmal); hier *Gebilde* (eines Künstlers). **τέχνη** *Kunst, Handwerk.* **ἐν-θύμησις**[8] *Überlegung, Gedanke.* **θεῖος** *göttlich;* τὸ θεῖον *das Göttliche, die Gottheit,* hier (wohl aus Gründen der stilistischen Variation) statt τὸν θεόν gebraucht (Bruce, Apg, S. 385). **εἶναι** Inf. εἰμί, Präd. des AcI; χρυσῷ ἢ ἀργύρῳ ἢ λίθῳ, (App. [A70]:) χαράγματι τέχνης καὶ ἐνθυμήσεως ἀνθρώπου, τὸ θεῖον (Subj. des AcI) εἶναι ὅμοιον (Präd.-Nom.) *die Gottheit gleiche Gold oder Silber oder Stein, einem Gebilde menschlicher Kunstfertigkeit und Überlegung* (Menge) bzw. etwa *das Göttliche sei wie ein goldenes oder silbernes oder steinernes Gebilde menschlicher Kunst und Erfindung* (Einh.). **ὅμοιος** m. ἐστίν τινι (A179) *es gleicht jmdm./etwas* (B 1), *es ist wie*
30 *jmd./etwas.* **30 ἄ-γνοια** *Unwissenheit, Unkenntnis;* οἱ χρόνοι τῆς ἀγνοίας *die Zeiten der Unwissenheit* etwa = *die Zeiten, in denen die Menschen unwissend waren/es nicht wußten* (d.h. ehe sie v. Gottes Willen in Jesus Christus erfahren haben; vgl. TEV; Newman-Nida, Apg, S. 343; GN: *darüber* hinweggesehen, *weil die Menschen es aus Unwissenheit getan haben*) od. *die Zeiten, in denen die Menschen ihn nicht kannten* (vgl. Marshall, Apg, S. 290; TEV2); vgl. Röm 1,21.28; 1Kor 1,21; Gal 4,8; Eph 4,18; 1Thess 4,5; Weisheit 14,2; 15,11; vgl. auch oben 14,16. **ὑπερ-ιδών** Aor. Ptz. -οράω[192] *nicht beachten, hinwegsehen über* (Menge); temp./mod.; τοὺς μὲν οὖν χρόνους τῆς ἀγνοίας ὑπεριδὼν ὁ θεός, τὰ νῦν παραγγέλλει ... *nachdem/während Gott nun über die Zeiten der Unwissenheit hinweggesehen hat* (d.h. Gott strafte die Menschen nicht, wie sie es verdient hätten), *läßt er jetzt ... ansagen ...* bzw. *über die (früheren) Zeiten der Unwissenheit hat Gott zwar hinweggesehen, jetzt aber läßt er ... ansagen ...* (Menge); zur Sache vgl. 14,16; Röm 3,21.25f; 16,26; Gal 4,9; Eph 3,5; 5,8; Kol 1,26. **τὰ νῦν** Akk. der Beziehung (A149) *was den gegenwärtigen Stand der Dinge anbetrifft = jetzt* (B νῦν 3c). **παρ-αγγέλλω** *auffordern, anordnen, befehlen,* m. Dat. u. AcI hier etwa *jmdm. ansagen lassen* (vgl. A218), es sei etwas zu tun (Menge). **πανταχοῦ** *überall; überallhin.* **μετα-νοεῖν** Inf. -νοέω *seinen Sinn ändern, Reue empfinden, umkehren;* Präd. des AcI; τὰ νῦν παραγγέλλει τοῖς ἀνθρώποις πάντας (Subj. des AcI) πανταχοῦ (Alliteration/Paronomasie m. π[αντ]- [vgl. H-S §294a/d; V. 27]) μετανοεῖν *jetzt aber läßt er den*

Menschen ansagen, daß alle überall umkehren sollen. **31 καθ-ότι** (A338) *in* 31
dem Maß wie, je nachdem; hier *in Anbetracht der Tatsache, daß* bzw. *deshalb, weil*
(B 2), *denn* (BDR §456[9]). **ἔ-στησεν** Aor. ἵστημι hier *festsetzen, bestimmen*
(B 12c). **κρίνειν** Inf.; μέλλει κρίνειν τὴν οἰκουμένην ἐν δικαιοσύνῃ
(zitiert aus Ps 9,9; 96,13; 98,9) an dem *er den Erdkreis in Gerechtigkeit richten*
wird/will bzw.: an dem *er über die ganze Menschheit ein gerechtes Gericht halten*
will (GNB). **οἰκουμένη** (Ptz. Fem. Pass. οἰκέω wohnen + γῆ) *(bewohnte)*
Erde, Erdkreis, Welt; Menschheit. **ἐν δικαιοσύνῃ** mod. = δικαίως (BDR
§219[4]). **ἐν ἀνδρί** instr. *durch einen Mann* (BDR §219[1]). **ᾧ** = ὅν (Attraktion
des Rel.-Pron., A361c). **ὥρισεν** Aor. ὁρίζω V. 26; ᾧ ὥρισεν *den er dazu*
(vgl. A79) *bestimmt hat.* **πίστις** hier (klass.) *Beweis;* πίστιν τινὶ παρέχω
jmdm. einen Beweis erbringen (B 1c). **παρα-σχών** Aor. Ptz. παρ-έχω[189]
darbieten, gewähren, geben; mod. (A291,2 Anm. 1). **ἀνα-στήσας** Aor. Ptz.
ἀν-ίστημι, mod.; πίστιν παρασχὼν πᾶσιν (zur π-Alliteration vgl. BDR
§488[7]) ἀναστήσας αὐτὸν ἐκ νεκρῶν *und (dafür) hat er allen einen Beweis*
erbracht dadurch, daß er ihn von den Toten auferweckte od. *(ihn) hat er für alle*
dadurch beglaubigt, daß er ihn von den Toten auferweckte. **32 ἀκούσαντες** 32
Aor. Ptz. ἀκούω, temp.; ἀκούσαντες δὲ ἀνάστασιν νεκρῶν *als sie aber*
von einer Auferstehung der Toten hörten (Menge); m. der Unsterblichkeit der
Seele waren die Zuhörer vertraut, u. m. ihr konnten sie sich (die Epikureer
ausgenommen) identifizieren; die Auferstehung des Leibes war dem griech.
Denken jedoch fremd (in zunehmendem Maße hielt man den Körper für irdisch
u. böse, die Seele dagegen [als Sitz des Göttlichen im Menschen] für gut). **οἱ**
μέν ... οἱ δέ *die einen ... die anderen* (H-S §130; A102). **ἐ-χλεύαζον** Ipf.
χλευάζω *spotten, höhnen;* οἱ μὲν ἐχλεύαζον *die einen spotteten* bzw. *die*
einen lachten ihn aus. **εἶπαν** Aor. (vgl. H-S §105g) λέγω. **ἀκουσόμεθα**
Fut. Med. (wie klass. [BDR §77[2]]) ἀκούω; ἀκουσόμεθά σου περὶ τούτου
καὶ πάλιν etwa *wir wollen* (vgl. A247a) *dich hierüber später noch einmal hören*
(Menge). **33 ἐξ-ῆλθεν** Aor. -έρχομαι; οὕτως ὁ Παῦλος ἐξῆλθεν ἐκ 33
μέσου αὐτῶν *so ging Paulus aus ihrer Mitte weg* bzw. *so verließ Paulus ihre*
Versammlung. **34 κολληθέντες** Aor. Ptz. Pass. κολλάομαι (< κόλλα 34
Leim) Akt. *(fest) zusammenfügen;* Pass. m. Dat. *sich eng anschließen an,* hier *sich*
jmdm. *anschließen;* temp. (A291,1 Anm. 1). **ἐ-πίστευσαν** Aor. **ἐν οἷς**
unter ihnen, darunter, zum Beispiel (Menge). **Διονύσιος** *Dionysius;* nichts
Sicheres ist über ihn bekannt; nach späterer Tradition soll er der erste Bischof
Athens gewesen sein; noch später brachte man ihn m. best. neuplatonischen
Schriften des 5. Jh. n. Chr. in Verbindung (KP 2, Sp. 66f). **Ἀρεοπαγίτης**[1]
Areopagit, Mitglied des Areopags (s. V. 19). **ὀνόματι** dat. respectus (vgl.
BDR §197,2; vgl. A178) *mit Namen, namens.* **Δάμαρις**[3] ιδος ἡ *Damaris.*

μετὰ ταῦτα *danach, dann.* **χωρισθείς** Aor. Ptz. Pass. χωρίζω (vgl. **18**
A33[91ff]) *absondern, trennen;* Pass. (m. ἀπό od. ἐκ) *sich trennen, sich entfernen,*

(einen Ort) *verlassen, weggehen* [Var. ἀνα-χωρήσας Aor. Ptz. -χωρέω *weg-*
gehen, sich entfernen]; temp. (A291,1 Anm. 1). **Ἀθῆναι** 17,15. **Κόρινθος**
ἡ *Korinth,* eine der wichtigsten Städte Griechenlands; es wurde 146 v. Chr. v.
den Römern völlig zerstört u. war danach ein Jh. lang unbewohnt; 44 v. Chr. v.
Caesar als röm. Bürgerkolonie (vgl. zu 16,12; zur Hauptsache m. italischen Sied-
lern) neu gegründet, wurde es wieder eine der bedeutendsten u. blühendsten
Städte Griechenlands u. (offenbar 27 v. Chr.) Sitz des Statthalters (ἀνθύπα-
τος, V. 12) der Provinz Achaia (KP 3, Sp. 301-305; AFCS 2, S. 448-452).
2 **2 εὑρών** Aor. Ptz. εὑρίσκω hier *treffen;* temp. (A291,1 Anm. 1). **ὀνόματι**
dat. respectus (vgl. BDR §197,2; vgl. A178) *mit Namen, namens.* **Ἀκύλας**[1] α
Aquila. **Ποντικός** *aus Pontus* (s. zu 2,9) *stammend.* **γένος**[7] *Geschlecht;* hier
Herkunft; dat. respectus (A178); τινὰ Ἰουδαῖον ... Ποντικὸν τῷ γένει
einen Juden (GNB [kontextgemäß]: *einen Christen jüdischer Abkunft*] ... *der aus*
Pontus stammte (Menge; wörtl. ... *der der Herkunft nach aus Pontus stammte*).
προσ-φάτως *neuerdings, vor kurzem.* **ἐληλυθότα** Pf. (A231) Ptz. ἔρχο-
μαι, attr. **Ἰταλία** *Italien.* **Πρίσκιλλα** *Priszilla* (Diminutiv v. Πρίσκα
Priska [Röm 16,3; 1Kor 16,19; 2Tim 4,19]; Lukas hat eine Vorliebe für die
Diminutiv-Namensformen der mündl. Rede [vgl. Bruce, Apg, S. 390]); καὶ
Πρίσκιλλαν γυναῖκα αὐτοῦ (weiteres AkkO zu εὑρών) *und dessen Frau*
Priszilla (Einh.) bzw. (aus übersetzungstechnischen Gründen) an ἐληλυθότα
anschließend: *der mit seiner Frau Priszilla ... gekommen war;* Paulus bezieht sich
später auf dieses Ehepaar als seine „Mitarbeiter, die ihr Leben für (ihn) aufs
Spiel gesetzt haben" (Röm 16,3f; da die Frau häufiger vor ihrem Mann genannt
wird, ist zu vermuten, daß sie aus christl. Sicht die bedeutendere Gestalt war
[Marshall, Apg, S. 292]). **διὰ τό** m. Inf./AcI kaus. (A282) *weil.* **δια-τε-τα-**
χέναι Pf. (A231) Inf. -τάσσω[79] *anordnen, befehlen,* m. AcI; Präd. des ersten
AcI, abhängig v. διὰ τό; διὰ τὸ διατεταχέναι Κλαύδιον (Subj. des
ersten AcI) χωρίζεσθαι πάντας τοὺς Ἰουδαίους (Subj. des zweiten AcI)
ἀπὸ τῆς Ῥώμης *weil Kaiser Klaudius angeordnet hatte, alle Juden hätten Rom*
zu verlassen od. *denn Kaiser Klaudius hatte alle Juden aus Rom ausweisen lassen*
(wahrscheinl. 49 n. Chr. [Bruce, Apg, S. 390f; AFCS 2, S. 469ff]). **Κλαύδιος**
11,28. **χωρίζεσθαι** Inf. Pass. χωρίζω V. 1; Präd. des zweiten AcI, abhängig
v. διατεταχέναι. **Ῥώμη** *Rom,* Reichshauptstadt (zu dem für die Apg rele-
vanten Hintergrund s. AFCS 2, S. 456-478). **προσ-ῆλθεν** Aor. -έρχομαι
hier τινί etwa *jmdn. besuchen* (Menge; Wilckens: *aufsuchen*) od. *bei jmdm. Auf-*
3 *nahme finden* (GNB). **3 διὰ τό** V. 2. **ὁμό-τεχνος**[11] *das gleiche Handwerk*
ausübend. **εἶναι** Inf. εἰμί, Präd. des AcI (erg. αὐτόν als Subj.); διὰ τὸ
ὁμότεχνον (Präd.-Nom.) εἶναι *weil er dasselbe Handwerk ausübte (wie sie).*
ἔ-μενεν Ipf. μένω. **ἠργάζετο** Ipf. Med. ἐργάζομαι; erg. etwa *dort/mit*
ihnen. **ἦσαν** Ipf. εἰμί. **σκηνο-ποιός** *Zeltmacher* (hier ist kaum v. einer
erweiterten Bdtg. im Sinn v. *Sattler* auszugehen [Hemer, Setting, S. 119; 233]);

in der Heimatprovinz v. Paulus Zilizien spielte die Zeltproduktion eine domi-
nierende Rolle (Bruce, Apg, S. 392). **τέχνη** *Kunst, Handwerk;* dat. respectus
(A178); σκηνοποιοὶ τῇ τέχνῃ *nach ihrem Handwerk Zeltmacher* od. *Zeltma-
cher von Beruf.* **4** **δι-ε-λέγετο** Ipf. Med. δια-λέγομαι *miteinander reden,* 4
diskutieren; eine Rede richten an, reden/sprechen zu; hier m. τινί *mit jmdm. disku-
tieren* od. *zu jmdm. sprechen.* **κατὰ πᾶν σάββατον** *an jedem Sabbat* (B
κατά II2c); zur jüd. Gemeinde in Korinth s. AFCS 5, S. 162-166. **ἔ-πειθεν**
Ipf. πείθω, konatives Ipf. (ZG; A237c) *er versuchte ... zu überzeugen/gewinnen.*
Ἕλλην[4] ηνος ὁ *Grieche;* hier im Sinn v. *Nichtjude* (B 2a; vgl. zu 14,1).
5 **κατ-ῆλθον** Aor. -έρχομαι[187] *herabkommen, hinabgehen,* hier etwa *ein-* 5
treffen (Menge). **Μακεδονία** 16,9. **Σίλας**[1] α 15,22. **Τιμόθεος** 16,1.
συν-είχετο Ipf. Pass. -έχω *zusammenhalten;* Pass. m. τινί hier *ganz hinge-
nommen werden von etwas* (B 6), *sich etwas ganz widmen* (Menge). **τῷ λόγῳ**
dem „Wort" (term. tech. für die göttl. Botschaft bzw. die apostolische Verkündi-
gung [vgl. B λόγος 1bβ]) od. (kontextgemäß) *der Lehrtätigkeit* (Menge), *der
Missionsarbeit* (Wilckens), *seiner eigentlichen Aufgabe* (GNB). **δια-μαρτυ-
ρόμενος** Ptz. -μαρτύρομαι (*feierlich* [ursprüngl. *eidlich*]) *bezeugen, Zeugnis
ablegen,* hier m. AcI; mod. **εἶναι** V. 3; Präd. des AcI; διαμαρτυρόμενος
τοῖς Ἰουδαίοις εἶναι τὸν χριστὸν (Präd.-Nom. des AcI; m. Art.: betonte
Gleichsetzung m. dem Subj. [A80]) Ἰησοῦν (Subj. des AcI) *und bezeugte
(dabei) den Juden, daß Jesus der Messias* (GNB: *der versprochene Retter*) *ist.*
6 **ἀντι-τασσομένων** Ptz. -τάσσομαι *sich entgegenstellen, widerstehen,* 6
sich auflehnen; gen. abs. (A288), temp./kaus. **βλασ-φημούντων** Ptz. -φη-
μέω *verleumden, verunglimpfen; lästern;* als Obj. ist gedankl. „Gott/Jesus" od.
„Paulus" zu erg.; gen. abs. (A288), temp./kaus.; ἀντιτασσομένων δὲ αὐ-
τῶν καὶ βλασφημούντων etwa *als/weil sie sich aber dagegen auflehnten und
Lästerungen* (GNB: *Lästerungen gegen Jesus*) *ausstießen* (vgl. Einh.) od. *als/weil
sie ihm aber widersprachen und ihn beschimpften* (vgl. GN). **ἐκ-τιναξάμε-
νος** Aor. Ptz. Med. -τινάσσω (vgl. A33[74ff]) *ab-, ausschütteln;* temp. (A291,1
Anm. 1); zur Geste des Staub-Abschüttelns (vgl. 13,51) s. zu Mt 10,14. **αἷμα**
metonymisch häufig „(vergossenes) Blut" für *gewaltsamer Tod, Mord* (A382c),
hier etwa *Untergang* (= Verlust des Heils); τὸ αἷμα ὑμῶν ἐπὶ τὴν κεφα-
λὴν ὑμῶν erg. (nach Mt 23,35) ἐλθέτω (Aor. Imp. 3. Sg. ἔρχομαι [BDR
§480[8]]) „euer Blut komme auf euren Kopf" = *ihr seid an eurem Untergang selber
schuld* (B κεφαλή 1a; vgl. 2Sam 1,16; Mt 27,24f sowie Ez 33,5), *ihr habt es euch
selbst zuzuschreiben, wenn ihr verlorengeht* (GNB). **καθαρός** *rein;* καθαρὸς
ἐγώ (erg. εἰμί [A78]) *ich bin (daran) unschuldig* (vgl. B 3a), *mich trifft keine
Schuld* (GNB). **ἀπὸ τοῦ νῦν** *von jetzt an* (B νῦν 3b). **πορεύσομαι** Fut.
Med. πορεύομαι hier m. εἰς *gehen zu* (B 1), *sich wenden an* (Menge); zur Sa-
che vgl. 13,46; 28,28. **7** **μετα-βάς** Aor. Ptz. -βαίνω[139] (v. einem Ort) *weg-* 7
gehen (um an einem anderen Ort zu sein); temp. (A291,1 Anm. 1); μεταβὰς

ἐκεῖθεν *er ging von dort weg und = er verließ die Synagoge und.* **ἐκεῖ-θεν**[18] *von dort.* **εἰσ-ῆλθεν** Aor. -έρχομαι. **ὀνόματι** V. 2. **Τίτιος** *Titius.* **Ἰοῦστος** *Justus.* **σεβομένου** Ptz. σέβομαι (eine Gottheit) *verehren;* σεβόμενος (τὸν θεόν) *Gottesfürchtiger* (s. zu 10,2); subst.; εἰς οἰκίαν τινὸς ὀνόματι Τιτίου Ἰούστου σεβομένου τὸν θεόν *in das Haus eines Gottesfürchtigen namens Titius Justus* od. *in das Haus von Titius Justus, einem Griechen, der sich zur jüdischen Gemeinde hielt* (GNB). **οὗ ἡ οἰκία** *dessen Haus* (zum Art. s. A363). **ἦν** Ipf. εἰμί. **συν-ομοροῦσα** Ptz. Fem. -ομορέω *an-*
8 *grenzen* τινί *an etwas;* umschrieb. Ipf. (A249a). **8 Κρίσπος** *Krispus.* **ἀρχισυνάγωγος** *Synagogenvorsteher* (vor allem für die äußere Ordnung bei den Gottesdiensten verantwortl.; vgl. zu Mt 9,18). **ἐ-πίστευσεν** Aor. πιστεύω; Aor. hier ingr. (H-S §194i; A240b): Krispus *kam zum Glauben;* Paulus erwähnt seine Taufe in 1Kor 1,14; er u. Gaius sowie die Hausgemeinschaft des Stephanas waren offenbar die ersten Korinther, die Christen wurden. **Κορίνθιος** *Korinther;* πολλοὶ τῶν Κορινθίων (gen. partitivus, A164) ἀκούοντες (erg. τοῦτο/ταῦτα od. τοῦ λόγου od. Παύλου) *viele Korinther, die davon* (od. *die Botschaft*) *hörten* od. ... *die (Paulus) zuhörten* (od. *als sie* statt *die*). **ἀκούοντες** Ptz. ἀκούω, attr. od. temp. **ἐ-πίστευον** Ipf.; Ipf. hier iter. (A237b; gilt analog für ἐβαπτίζοντο): *sie kamen zum Glauben* (d.h. immer, wenn Menschen [es] hörten/zuhörten, kam eine Anzahl zum Glauben). **ἐ-βαπτίζοντο** Ipf. Pass. βαπτίζω. [Var. πιστεύοντες Ptz.,
9 mod./kaus.] **9 ἐν νυκτί** *in der Nacht, bei Nacht* (B νύξ 1c). **ὅραμα**[3] *(das) Geschaute/Gesehene* (d.h. etwas, was man wirkl. sehen kann); hier *Gesicht, Vision;* δι᾽ ὁράματος (mod.) übers. *in einer Vision* (B διά AIII1b). **φοβοῦ** Imp. φοβέομαι. **λάλει** Imp. λαλέω hier etwa *rede weiter* (Menge; A265a). **σιωπήσῃς** Aor. Konj. σιωπάω *schweigen, still sein;* prohibitiver Konj.
10 (A256). **10 δι-ότι** (A338) *(deshalb) weil;* hier *denn* (B 3). **ἐγώ** Subj. betont (A122). **ἐπι-θήσεταί** Fut. Med. -τίθημι[200] *auflegen;* Med. hier τινί *jmdn. angreifen, jmdm. nachstellen* (B 2b), *sich an jmdm. vergreifen* (Menge); viell. mod. Fut. (A247b/c). **τοῦ** m. Inf. fin./kons. (ZG; H-S §225b/c; A281); οὐδεὶς ἐπιθήσεταί σοι τοῦ κακῶσαί σε *niemand wird/soll/kann dich angreifen, um dir Böses zuzufügen* od. *niemand wird/soll/kann sich an dir vergreifen und dir ein Leid antun* (vgl. Menge; GNB einfach: *niemand kann dir etwas anhaben*). **κακῶσαι** Aor. Inf. κακόω m. Akk. *schlecht behandeln, Böses zufügen.* **μοι** dat. commodi/poss. (A173b); λαός ἐστί μοι πολύς *ich habe ein großes Volk,*
11 *mir gehört ein großes Volk;* vgl. zu 15,14. **11 ἐ-κάθισεν** Aor. καθίζω hier *sich aufhalten* (B 2aβ), *bleiben* (Menge). **ἐνιαυτός** *Jahr;* ἐνιαυτὸν καὶ μῆνας ἕξ Akk. der zeitl. Ausdehnung (A148) *ein Jahr und sechs Monate* bzw. (idiomatisch) *eineinhalb Jahre.* **μήν**[4] μηνός ὁ *Monat.* **ἕξ**[19] *sechs.* **διδάσκων** Ptz., mod. **ἐν** *unter/bei* (vgl. B I4a); ἐν αὐτοῖς *unter/bei ihnen = den* (dort wohnenden) *Menschen* (vgl. A96).

12 Γαλλίων[4] ωνος ὁ *Gallio* (vollständig: Lucius Iunius Gallio Annaeanus); 51-52 n. Chr. war er Prokonsul v. Achaia (KP 2, Sp. 686; LAW, Sp. 1448); der hier erwähnte Vorfall gehört wohl an den Anfang der Amtszeit (Hemer, Setting, S. 119; AFCS 2, S. 436f; 450). **ἀνθ-ύπατος** *Prokonsul* (röm. Statthalter einer Provinz des Senats; vgl. KP 4, Sp. 1149). **ὄντος** Ptz. εἰμί, gen. abs. (A288), temp. **Ἀχαΐα** *Achaia,* röm. Provinz (v. 27 v. Chr. bis 15 n. Chr. u. wieder v. 44 n. Chr. an senatorische, dazwischen [zusammen m. Mazedonien] kaiserl. Provinz) im südl. Griechenland (LAW, Sp. 9; AFCS 2, S. 434ff). **κατ-επ-έ-στησαν** Wz.-Aor. -εφ-ίσταμαι[205] *auftreten/sich erheben* τινί *gegen jmdn.* **ὁμο-θυμαδόν** Adv. *übereinstimmend, einmütig.* **ἤγαγον** Aor. ἄγω hier ἐπί m. Akk. *bringen/führen vor.* **βῆμα**[3] *Schritt; Tribüne,* bes. *Richterstuhl;* τὸ βῆμα (lat. „rostra") ist eine in der Zeit v. Augustus entstandene große gemauerte Tribüne in der Mitte der Südseite des Forums im röm. Korinth, v. der aus der Prokonsul Recht sprach (AFCS 2, S. 449; s.a. KP 4, Sp. 1363f; vgl. 25,6.10.17 sowie Mt 27,19; Jh 19,13). **13 λέγοντες** Ptz. λέγω, mod. **ὅτι** recitativum = Doppelpunkt (A333). **παρά** m. Akk. hier *gegen* (B III6); παρὰ τὸν νόμον *gegen das Gesetz* best. σέβεσθαι τὸν θεόν näher: *Gott auf eine Weise zu verehren, die gegen das Gesetz verstößt;* behauptet wurde wohl, Paulus verbreite eine Religionslehre, die nicht im Einklang m. röm. Recht stand, u. seine Anhängerschaft formiere sich zu einer verbotenen Vereinigung („collegium illicitum" [vgl. KP 1, Sp. 1553f]); nach Gallios Auffassung ging es hier jedoch um eine rein innerjüdische Angelegenheit, für die die röm. Rechtsprechung nicht zuständig war (vgl. Bruce, Apg, S. 396; AFCS 2, S. 98-103). **ἀνα-πείθω** *überreden, verführen.* **σέβεσθαι** Inf. V. 7. **14 μέλλοντος** Ptz. μέλλω hier *wollen;* gen. abs. (A288), temp.; μέλλοντος δὲ τοῦ Παύλου ἀνοίγειν τὸ στόμα etwa *als Paulus etwas erwidern wollte* (Einh.), *Paulus wollte gerade mit seiner Verteidigung beginnen, da* (GNB). **ἀν-οίγειν** Inf. **ἦν** V. 7; εἰ μὲν ἦν ... ἂν ἀνεσχόμην ὑμῶν irrealer Fall (A345) *wenn es sich um ... handeln würde, so hätte ich eure Klage ... angenommen/so würde ich eure Klage ... annehmen.* **ἀ-δίκημα**[3] *Unrecht, Vergehen* (B), *Verbrechen* (Menge), *Straftat* (Wilckens). **ῥᾳδι-ούργημα**[3] *leichtsinnige Handlung,* hier etwa *böswilliges Vergehen* (Menge), *heimtückischer Anschlag* (Wilckens). **ὦ** vor Vok. hier (klass.) ohne Affekt (BDR §146[4]; A142); ὦ Ἰουδαῖοι *ihr Juden.* **κατὰ λόγον** *nach Wunsch, wunschgemäß* (B κατά II5aα) od. *vernünftigerweise, mit Fug und Recht* (B κατά II5bβ), *selbstverständlich* (Menge), *ordnungsgemäß* (Einh.). **ἀν-ε-σχόμην** Aor. Med. -έχομαι[190] *aushalten;* m. τινός *sich etwas gefallen lassen, jmdn. willig anhören,* hier als juristischer term. tech. *jmds. Klage annehmen* (B 2). **15 εἰ** m. Ind. indefiniter Fall (A342). **ζήτημα**[3] *Streitfrage,* περί τινος *über etwas.* **λόγος** hier *Rede = Worte (Formulierungen* [vgl. Bruce, Apg, S. 396]) od. *(religiöse) Lehre/Lehren.* **ὄνομα** *Name* hier wohl im Sinn v. *Person* (B III; GNB: *Autorität*). **καθ' ὑμᾶς** poss. (A155) *euer* (B

κατά II7b); καὶ νόμου τοῦ καθ' ὑμᾶς *und (über) euer (eigenes) Gesetz.*
ὄψεσθε Fut. Med. ὁράω; ὄψεσθε αὐτοί hier Lat. (= ipsi videritis) *so müßt*
ihr selbst zusehen (Menge; vgl. BDR §362[3]; B 2b) od. (freier) *müßt ihr die Ange-*
legenheit schon unter euch ausmachen (GN). **κριτής**[1] *Richter,* m. Gen. *über.*
ἐγώ V. 10. **τούτων** *darüber, über diese/solche Dinge/Fragen.* **βούλομαι**
16 *wollen, wünschen.* **εἶναι** V. 3. **16 ἀπ-ήλασεν** Aor. -ελαύνω[140] *wegjagen,*
17 *wegtreiben, wegweisen* (Menge). **17 ἐπι-λαβόμενοι** Aor. Ptz. Med. -λαμ-
βάνομαι[152] m. Gen. *sich halten an, ergreifen,* auch (gewalttätig) *packen;* das
hier erwartete GenO fällt m. dem flgd. durch das ἔτυπτον bedingten AkkO
zusammen (B 1; BDR §170[2]); temp. (A291,1 Anm. 1). **πάντες** *alle,* d.h. ent-
weder *alle* anwesenden *Juden* (GN [in diesem Fall wäre Sosthenes ebenfalls
Christ geworden]) od. (wohl besser) *die* dabeistehenden *Korinther* (vgl. GNB;
wohl durch die abweisende Haltung Gallios ermutigt, kam es bei der einheimi-
schen Bevölkerung zu einer Entladung antijüdischer Gefühle). [Var. Ἕλλην
V. 4.] **Σωσθένης** ους (vgl. A7; Akk. schon att. -η/ην [BDR §46,1]) *Sosthe-*
nes; vermutl. der Nachfolger od. der frühere Kollege v. Krispus (V. 8; vgl. 13,15
für eine Mehrzahl v. ἀρχισυνάγωγοι). **ἀρχι-συνάγωγος** V. 8. **ἔ-τυ-**
πτον Ipf. τύπτω *schlagen, verprügeln.* **οὐδέν** entweder (m. τούτων im gen.
partitivus [A164]) Subj. zu ἔμελεν (BDR §176[4]) od. (m. τούτων als GenO)
Akk. der Beziehung (A149) bzw. adv. Akk. *in keiner Weise, nicht weiter* (Menge),
nicht im geringsten (Wilckens), evtl. οὐδέν = οὐ (späterer Gebrauch; B οὐ-
δείς 2bγ). **ἔ-μελεν** Ipf. μέλει τινί τινός (ohne genanntes Subj. [unper-
sönl.]) *es liegt jmdm. an etwas, jmd. kümmert sich um etwas;* μέλει τινί (mit
Subj.) *etwas liegt jmdm. am Herzen;* οὐδὲν τούτων τῷ Γαλλίωνι ἔμελεν
nichts (Subj.) *davon lag Gallio am Herzen = Gallio kümmerte sich um nichts*
(B 5) od. *Gallio lag in keiner Weise daran = Gallio kümmerte sich nicht im gering-*
sten darum (vgl. ZG).
18 **18 προσ-μείνας** Aor. Ptz. -μένω[117] m. Dat. *bleiben, ausharren bei;*
hier *(noch) weiterhin bleiben bei;* temp. (A291,1 Anm. 1). **ἱκανός** *hinlänglich;*
lang (v. Zeit); ἡμέρας ἱκανάς Akk. der zeitl. Ausdehnung (A148) *viele Tage,*
längere Zeit (zumindest bis die Schiffahrt auf der Ägäis nach dem Winter 51/52
wieder mögl. war [Bruce, Apg, S. 397]). **οἱ ἀδελφοί** *die Brüder/Geschwister*
= die Christen (B ἀδελφός 2). **ἀπο-ταξάμενος** Aor. Ptz. Med. -τάσσο-
μαι[79] *Abschied nehmen;* temp. (A291,1 Anm. 1). **ἐξ-έ-πλει** Ipf. ἐκ-πλέω
absegeln, (mit dem Schiff) abfahren/abreisen **εἰς** *nach.* **Συρία** *Syrien,* röm. Pro-
vinz (vgl. zu Mt 4,24). **Πρίσκιλλα, Ἀκύλας** V. 2. **κειράμενος** Aor.
Ptz. Med. κείρω (vgl. A33[136]) *scheren* (v. Schafen); Med. hier kausativ *sich*
scheren lassen, das Haar abschneiden lassen (BDR §317; H-S §188e); temp.; κει-
ράμενος ἐν Κεγχρεαῖς τὴν κεφαλήν, εἶχεν γὰρ εὐχήν etwa *in Ken-*
chreä hatte er sich aufgrund eines Gelübdes das Haar abschneiden lassen; hier
wohl ein Akt privater Frömmigkeit, bei dem das Abschneiden der Kopfhaare

die Gültigkeitszeit des Gelübdes entweder (wie beim Nasiräergelübde [vgl. zu
21,23f]) abschloß od. (wie in der griech. Welt nicht unbekannt) eröffnete; im er-
steren Fall brachte Paulus viell. seinen Dank für die in Korinth erfahrene Be-
wahrung zum Ausdruck, im zweiten wollte er viell. seine Bitte um Bewahrung
auf der geplanten Seereise bekräftigen (Bruce, Apg, S. 398; Marshall, Apg,
S. 300). **Κεγχρεαί** *Kenchreä,* der östl. Hafen v. Korinth, etwa 7 km südöstl.
davon am saronischen Golf (KP 3, Sp. 182; AFCS 2, S. 452f); vgl. Röm 16,1. **εἶ-**
χεν Ipf. ἔχω. **εὐχή** *Gebet; Gelübde.* **19 κατ-ήντησαν** Aor. [Var. κατ- 19
αντήσας Aor. Ptz. (wohl temp.)] -αντάω *hinkommen, (hin)gelangen,* m. εἰς
zu/nach; erreichen. **Ἔφεσος** ἡ *Ephesus,* eine der zahlreichen alten ionisch-
griech. Siedlungen an der Westküste Kleinasiens (im Mündungsgebiet des Kay-
stros [heute: Küçük/Kleiner Menderes]), führende Kultur- u. Wirtschaftsmetro-
pole der röm. Provinz Asia (wichtigster Verkehrsknotenpunkt; nach Rom u.
Alexandria offenbar drittgrößte Stadt; seit Augustus Hauptstadt; KP 2, Sp. 293-
296; AFCS 2, S. 302-357; zur dortigen jüd. Gemeinde s.a. AFCS 5, S. 144-148).
κἀκείνους = καὶ ἐκείνους (bezieht sich auf Priszilla u. Aquila). **κατ-έ-**
λιπεν Aor. κατα-λείπω[44] *zurücklassen.* **αὐτοῦ**[18] Adv. *hier; dort.* **εἰσ-ελ-**
θών Aor. Ptz. -έρχομαι, temp. (A291,1 Anm. 1). **δι-ε-λέξατο** Aor. Med.
δια-λέγομαι[65] V. 4. **20 ἐρωτώντων** Ptz. ἐρωτάω, erg. αὐτόν (A79); 20
gen. abs. (A288), temp. **ἐπί** m. Akk. wie klass. temp. *über ... hin* (BDR §233,3);
ἐπὶ πλείονα χρόνον *eine längere Zeit über, länger.* **μεῖναι** Aor. Inf. μένω.
ἐπ-έ-νευσεν Aor. ἐπι-νεύω *zunicken, (durch Nicken) seine Einwilligung*
geben, einwilligen. **21 ἀπο-ταξάμενος** V. 18; temp. (A291,1 Anm. 1). **εἰ-** 21
πών Aor. Ptz. λέγω, temp. (A291,1 Anm. 1). [Var. πάντως *ganz, auf alle*
Weise; hier *jedenfalls* (vgl. B 1). ἑορτή *Fest.* ἐρχομένην Ptz., attr. ποιῆσαι
Aor. Inf. ποιέω hier *feiern* (B I1bζ); Präd. des AcI, abhängig v. δεῖ; δεῖ με
(Subj. des AcI) πάντως τὴν ἑορτὴν τὴν ἐρχομένην (AkkO des AcI)
ποιῆσαι εἰς ... *ich muß das bevorstehende Fest in ... feiern* (s. 20,16).] **πάλιν**
hier pleon. (A379). **ἀνα-κάμψω** Fut. -κάμπτω (vgl. A33[51ff]) *zurückkehren.*
θέλοντος Ptz. θέλω, gen. abs., kond.; τοῦ θεοῦ θέλοντος *wenn Gott (es)*
will; vgl. 21,14 sowie Jak 4,15. **ἀν-ήχθη** Aor. Pass. -άγω[59] *hinauf-, herauffüh-*
ren; Med./Pass. hier nautischer term. tech. *in See stechen, auslaufen, (mit dem*
Schiff) abfahren. **22 κατ-ελθών** Aor. Ptz. -έρχομαι[187] *herabkommen;* hier 22
(Schiffe/Seefahrende) v. der („hohen“) See „herabkommen“ = *landen, an Land*
gehen εἰς *in.* **Καισάρεια** 8,40. **ἀνα-βάς** Aor. Ptz. -βαίνω; gedankl. ist
hier wahrscheinl. *nach Jerusalem* zu erg. (κατέβη scheint eine Reise v. Cäsarea
nach Antiochia auszuschließen). **ἀσπασάμενος** Aor. Ptz. Med. ἀσπάζο-
μαι hier *grüßen* im Sinn v. *einen kurzen Besuch machen bei* (B 1b), temp.;
ἀσπασάμενος τὴν ἐκκλησίαν *nach einem kurzen Besuch bei der Gemein-*
de (GNB). **κατ-έ-βη** Aor. κατα-βαίνω hier m. εἰς *hinabgehen nach.*
Ἀντιόχεια 11,19.

23 **23 ποιήσας** Aor. Ptz. ποιέω hier (hell.) m. Akk. der Zeit *zubringen* (B I1eδ); temp.; καὶ ποιήσας χρόνον τινά *nachdem er (dort) einige Zeit zugebracht hatte.* **ἐξ-ῆλθεν** Aor. -έρχομαι hier etwa *abreisen, (wieder) aufbrechen.* **δι-ερχόμενος** Ptz. -έρχομαι hier *durchziehen, ziehen durch;* mod. **καθ-εξῆς** *der Reihe nach* (v. zeitl., räuml. bzw. logischer Folge), hier wohl im Sinn v. *von einem Ort zum anderen* (Menge), *von Ort zu Ort* (d.h. v. Gemeinde zu Gemeinde). **Γαλατικός** *galatisch* (Adj. zu Galatien; s. zu 16,6). **χώρα** *Land* (Ggs. *Meer* od. *Stadt*), *Landschaft, Gegend.* **Φρυγία** 2,10 (vgl. zu 13,14.51); ἡ Γαλατικὴ χώρα καὶ Φρυγία *die galatische Landschaft und Phrygien* unterscheidet sich sachl. wohl unwesentl. v. ἡ Φρυγία (Adj.) καὶ Γαλατικὴ χώρα in 16,6 (nach Hemer, Setting, S. 120, könnte Φρυγία hier [im Unterschied zu 16,6] den v. Phrygern bewohnten Teil der Provinz Asia mitbezeichnen, an den sich τὰ ἀνωτερικὰ μέρη v. 19,1 viell. anschließen); auf dieser Reise besuchte Paulus wahrscheinl. wieder die Gemeinden in Derbe, Lystra, Ikonion u. dem pisidischen Antiochia. **ἐπι-στηρίζων** Ptz. -στηρίζω *stärken;* mod. [Var. στηρίζων synonym]. **μαθητής** hier *Jünger Jesu,* fast = *Christ* (B 2bγ).

24 **24 Ἀπολλῶς** ῶ (Akk. ῶ/ῶν) *Apollos* (vgl. 19,1; 1Kor 1,12; 3,4ff; 4,6; 16,12; Tit 3,13). **ὀνόματι** V. 2. **Ἀλεξανδρεύς**[8] *Alexandriner, Bewohner Alexandrias* (s. zu 6,9). **γένος** V. 2; Ἰουδαῖος δέ τις ... Ἀλεξανδρεὺς τῷ γένει *ein Jude ... der aus Alexandria stammte.* **λόγιος** primäre Bdtg. (klass. u. modern) *gelehrt, gebildet;* sekundär (hier v. den alten Übersetzungen bevorzugt) *redegewandt;* ἀνὴρ λόγιος *ein gelehrter* (od. *redegewandter*) *Mann,* viell. (beide Möglichkeiten kombiniert [Redegewandtheit gehörte zur Bildung]) *ein gebildeter, wortgewandter Mann* (GNB). **κατ-ήντησεν** Aor. -αντάω *hinkommen, (hin)gelangen,* m. εἰς *zu/nach.* **Ἔφεσος** V. 19. **δυνατός** *stark, mächtig;* δυνατὸς ἔν τινί εἰμι *in etwas stark sein = in etwas kundig sein* (B 1aβ), *sich in etwas bestens auskennen;* δυνατὸς ὢν ἐν ταῖς γραφαῖς *der sich in den Heiligen Schriften bestens auskannte* (vgl. GNB). **ὤν** Ptz. εἰμί, attr.

25 **25 ἦν** V. 7. **κατ-ηχημένος** Pf. Ptz. Pass. -ηχέω *vernehmen lassen, berichten;* hier *unterweisen, unterrichten,* m. τινά τι (A97,6) *jmdn. in etwas unterweisen/unterrichten* (Pass. m. τί *in etwas unterwiesen/unterrichtet werden* [A213]); umschrieb. Plsqpf. (A249b); οὗτος ἦν κατηχημένος τὴν ὁδὸν τοῦ κυρίου *er war auch in der christlichen Lehre unterrichtet worden* (GNB), *er war unterwiesen* (Zustandspassiv [vgl. A242]) *im Weg des Herrn.* **ὁδός** hier (analog V. 26) *Weg* im Sinn v. *Richtung, Lehre* (vgl. B 2c) od. (viell. besser) als Selbstbezeichnung des Christentums (vgl. zu 9,2); ἡ ὁδὸς τοῦ κυρίου *die Lehre des Herrn* (vgl. Menge), *die christliche Lehre* (GNB) od. (als term. tech.) *der „Weg des Herrn".* **ζέων** Ptz. ζέω *kochen, sieden;* übertr. *brennen* (d.h. voll Eifer sein); mod.; ζέων τῷ πνεύματι dat. respectus (BDR §197[3]; A178) „brennend im Geist/Innern" = *mit glühender Begeisterung* (Menge), *mit großer innerer Begeiste-*

rung (GNB) od. dat. causae (A178) *von (Gottes) Geist durchglüht/durchdrungen*
(vgl. Röm 12,11). **ἐ-λάλει** Ipf. λαλέω. **ἐ-δίδασκεν** Ipf. διδάσκω; Ipf.
hier (u. bei ἐλάλει) iter. (A237b): impliziert ist wohl, daß er diese Lehre über-
all verbreitete, wo er (viell. als reisender Kaufmann) hinkam, (Bruce, Apg,
S. 402). **ἀκριβῶς** *genau, sorgfältig.* **τὰ περί** m. Gen. *das, was* jmdn./etwas
angeht (B περί 1i); ... ἐλάλει καὶ ἐδίδασκεν ἀκριβῶς τὰ περὶ τοῦ
Ἰησοῦ etwa: er *sprach von Jesus ... und unterrichtete zuverlässig über sein Leben
und seine Lehre* (vgl. GNB). **ἐπιστάμενος** Ptz. ἐπίσταμαι *wissen, kennen;*
mod./konz.; ἐπιστάμενος μόνον τὸ βάπτισμα Ἰωάννου *doch kannte er
nur die Taufe des Johannes* (gen. subi., A158; GNB: *die Taufe, wie sie Johannes
geübt hatte*). **βάπτισμα**[3] *Taufe.* **26 ἤρξατο** Aor. Med. ἄρχω. **παρ-ρη-** 26
σιάζεσθαι Inf. παρ-ρησιάζομαι *freimütig/frei und offen reden.* **ἀκού-
σαντες** Aor. Ptz. ἀκούω, temp. **Πρίσκιλλα** V. 2. **Ἀκύλας** V. 2.
προσ-ε-λάβοντο Aor. Med. -λαμβάνομαι[152] *zu sich nehmen* (GNB hier:
zu sich einladen); ob sich Apollos (wie die „Jünger" v. 19,1-7) anschließend noch
im Namen Jesu taufen ließ, ist nicht bekannt. **ἀκριβέστερον** Komp. zum
Adv. ἀκριβῶς V. 25. **ἐξ-έ-θεντο** Aor. Med. ἐκ-τίθημι[200] *aussetzen;* Med.
hier *auseinandersetzen, erklären, darlegen.* **27 βουλομένου** Ptz. V. 15; gen. 27
abs. (A288), temp. **δι-ελθεῖν** Aor. Inf. -έρχομαι hier **εἰς** *hinüberreisen nach*
(Menge). **Ἀχαΐα** V. 12; diese Reise sollte ihn (viell. u.a.) nach Korinth
führen (s. 19,1). **προ-τρεψάμενοι** Aor. Ptz. Med. -τρέπομαι[48] *ermuntern,
auffordern;* temp./mod.; „ermuntert/aufgefordert" wird wohl Apollos (Ptz.-
Geschehen ist vorzeitig) od. die christl. Gemeinde v. Korinth (Ptz.-Geschehen
ist gleichzeitig zu ἔγραψαν [BDR §339[3]] u. charakterisiert das Schreiben [vgl.
Newman-Nida, Apg, S. 358]); προτρεψάμενοι οἱ ἀδελφοὶ ἔγραψαν τοῖς
μαθηταῖς ἀποδέξασθαι αὐτόν *die Brüder/Geschwister (in Ephesus) ermun-
terten (ihn dazu) und schrieben an die Christen (in Korinth), sie möchten ihn
freundlich aufnehmen* od. *die Brüder/Geschwister (in Ephesus) schrieben an die
Christen (in Korinth) mit der Aufforderung, sie möchten ihn freundlich aufnehmen*
(vgl. Wilckens); m. diesem Empfehlungsbrief vgl. Röm 16,1 sowie die ironische
Frage v. 2Kor 3,1. **οἱ ἀδελφοί** V. 18. **ἔ-γραψαν** Aor. γράφω. **μαθη-
τής** V. 23. **ἀπο-δέξασθαι** Aor. Inf. Med. -δέχομαι[63] *freundlich aufneh-
men.* **ὅς** *dieser/er* (rel. Anschluß, A364a). **παρα-γενόμενος** Aor. Ptz.
Med. -γίνομαι[176] *ankommen;* temp.; *als er (dort) angekommen war, nach sei-
ner Ankunft.* **συν-ε-βάλετο** Aor. Med. συμ-βάλλω[112] *sich unterreden; zu-
sammentreffen;* Med. hier m. Dat. *helfen, beistehen* (B 2); sein Dienst wurde auch
v. Paulus geschätzt (vgl. 1Kor 3,6; 4,9; 16,12). **πολύ** adv. Akk. *sehr* (B I2cβ;
H-S §157; A150). **πε-πιστευκόσιν** Pf. (A231) Ptz. πιστεύω, subst. **διὰ
τῆς χάριτος** entweder (zu τοῖς πεπιστευκόσιν od. [wohl besser] zu
συνεβάλετο) *durch (Gottes) Gnade* od. (zu συνεβάλετο) *durch seine Gna-
dengabe* (Menge) bzw. *mit seiner besonderen Gabe* (GNB). **28 εὐ-τόνως** 28

heftig, stark, hier etwa *energisch* (B) bzw. *mit schlagenden Argumenten* (GNB; vgl. Menge). **δια-κατ-ηλέγχετο** Ipf. Med. -ελέγχομαι *gänzlich widerlegen.* **δημόσιος** *öffentlich;* δημοσίᾳ als Adv. (wohl eher zu διακατηλέγχετο als zu ἐπιδεικνύς) *öffentlich* (Menge) bzw. (kontextgetreu) *in öffentlichen Streitgesprächen* (GNB). **ἐπι-δεικνύς** Ptz. -δείκνυμι *zeigen;* hier *erweisen, beweisen* (B 2b), *nachweisen* (Menge), m. AcI. **εἶναι** V. 3; Präd. des AcI; εἶναι τὸν χριστὸν Ἰησοῦν (s. zu V. 5) *daß Jesus der Messias ist.*

19 **ἐ-γένετο** Aor. Med. γίνομαι; γίνεται m. Inf./AcI eig. *es ereignet sich, daß* (A271), am besten unübersetzt lassen; ἐγένετο δὲ ἐν τῷ τὸν Ἀπολλῶ εἶναι ἐν Κορίνθῳ Παῦλον διελθόντα ... κατελθεῖν εἰς Ἔφεσον καὶ εὑρεῖν τινας μαθητάς etwa *während Apollos in Korinth war, zog Paulus durch ... und kam nach Ephesus hinab; dort fand er einige Jünger.* **ἐν τῷ** m. AcI (A282) temp. (A282) *als/während.* **Ἀπολλῶς** 18,24; Subj. des AcI. **εἶναι** Inf. εἰμί, Präd. des AcI (zu ἐν τῷ). **Κόρινθος** 18,1. **δι-ελθόντα** Aor. Ptz. -έρχομαι hier *durchziehen, ziehen durch;* part. coni. zu Παῦλον (H-S §230c; A287), temp. (A291,1 Anm. 1). **ἀνωτερικός** *oberer.* **τὰ μέρη** *das Gebiet;* τὰ ἀνωτερικὰ μέρη wohl *die höher* (hier = *landeinwärts*) *gelegenen Gebietsteile* (B μέρος 1bγ; „höher/landeinwärts" v. Ephesus u. der kleinasiatischen Küste aus gesehen [Bruce, Apg, S. 405]) bzw. hier etwa *das (kleinasiatische) Hochland* od. (besser) *das Binnenland (Kleinasiens)* (vgl. Menge); dieser Ausdruck bez. hier viell. dasselbe wie ἡ Γαλατικὴ χώρα καὶ Φρυγία in 18,23 od. *das* an dieses anschließende *Hinterland (von Ephesus)* od. die spezielle v. Paulus gewählte Route (nicht über die Hauptstraße durch das Lykus- u. das Mäandertal [vgl. Kol 2,1], sondern nördl. des Messogis-Berges [heute Aydin Dadschlari] durch das Kaystertal; Hemer, Setting, S. 120), dann etwa *das obere* (d.h. [zu einem großen Teil] höher als das der Hauptstraße liegende) *Gebiet.* **κατ-ελθεῖν** Aor. Inf. -έρχομαι[187] *herabkommen, hinabgehen* εἰς *nach;* erstes Präd. des AcI zu ἐγένετο. [Var. θέλοντος Ptz. θέλω, gen. abs. (A288), kaus. βουλή *Absicht: Beschluß, Plan.* πορεύεσθαι V. 21. ὑπο-στρέφειν Inf. -στρέφω *zurückkehren* εἰς *nach.* Ἀσία 2,9. δι-ελθών Aor. Ptz. -έρχομαι, temp. (A291,1 Anm. 1). ἔρχεται hist. Präs. (A235).] **Ἔφεσος** 18,19. **εὑρεῖν** Aor. Inf. εὑρίσκω hier *treffen;* zweites Präd. des AcI zu ἐγένετο. **μαθητάς** umstritten ist, welche Art v. Jüngern hier genau gemeint ist: *Jünger von Johannes dem Täufer* od. *Jünger Jesu* = *Christen* (vgl. B 2bγ); wahrscheinl. berichtet Lk den Vorfall aus der Sicht des Hauptbeteiligten: Paulus traf einige *Männer, die er zunächst für Jünger Jesu hielt,* bei denen er dann aber kritisch
2 nachfragte (Roloff, Apg, S. 282). **2 εἰ** (erstes) hier vor direkter Frage, unübersetzt lassen (unklass.; A320; B V1). **πνεῦμα ἅγιον** auch ohne Art. best. (vgl. zu 2,4). **ἐ-λάβετε** Aor. λαμβάνω. **πιστεύσαντες** Aor. Ptz. πιστεύω; Aor. hier ingr. (A229) *gläubig werden, zum Glauben kommen;* temp. *als ihr zum Glauben gekommen seid.* **οἱ δέ** *(doch/und) diese/sie* (A102). **ἀλλά**

hier steigernd (B 3; vgl. BDR §448[7]); ἀλλ᾽ οὐδέ ... ἠκούσαμεν *nein, wir*
haben noch nicht einmal gehört ... (vgl. Menge; GNB). **εἰ πνεῦμα ἅγιον**
ἔστιν (εἰμί ohne Enklise *existieren, da sein, vorhanden sein* [H-S §125b])
ob/daß es einen Heiligen Geist gibt od. (da Leute, die die Taufe des Johannes
empfangen hatten, wohl v. der Existenz des Heiligen Geistes wußten) *ob/daß der*
Heilige Geist (schon) da ist (vgl. Menge). **ἠκούσαμεν** Aor. ἀκούω.
3 ἐ-βαπτίσθητε Aor. Pass. βαπτίζω; εἰς τί οὖν ἐβαπτίσθητε *worauf* 3
(od. *auf was,* d.h. auf welches Bekenntnis) *seid ihr denn getauft worden* (Menge;
vgl. zu V. 5) od. (εἰς τί gleichsam „in was für eine Taufe hinein"; evtl. ent-
spricht **εἰς** aber einem instr. ἐν [vgl. BDR §206,1]) *mit welcher Taufe seid ihr*
denn getauft worden bzw. *was für eine Taufe habt ihr denn empfangen;* impliziert
ist hier, daß Geistempfang u. christl. Taufe eng miteinander verbunden sind
(vgl. 2,38). **εἶπαν** Aor. (vgl. H-S §105g) λέγω. **βάπτισμα**[3] *Taufe.*
4 ἐ-βάπτισεν Aor. **βάπτισμα** hier Akk. des inneren Obj. (figura etymo- 4
logica, A145; steht u.a. wegen des beigefügten Attr., BDR §153[2]), übers. etwa
mit einer/der Taufe. **μετά-νοια** *Sinnesänderung, Umkehr, Bekehrung* bzw.
Abkehr; gen. qualitatis (vgl. A160; BDR §165[2]); βάπτισμα μετανοίας
Taufe der Umkehr (d.h. wohl: Taufe als Zeichen der Umkehr; H-S §162b). **λέ-**
γων Ptz. λέγω hier m. ἵνα im Sinn v. *befehlen* o.ä. (B II1c); mod.; τῷ λαῷ
λέγων *dabei forderte er das Volk/die Leute (aber) auf.* **ἐρχόμενον** Ptz. ἔρχο-
μαι, subst. **ἵνα** hier *daß* od. Inf. bzw. indirekte Rede (A328 u. 334a; bez. das
Befohlene); zur Betonung steht εἰς τὸν ἐρχόμενον μετ᾽ αὐτόν vor dem
ἵνα (BDR §475[1]). **πιστεύσωσιν** Aor. Konj., Pl. sinngemäße Konstruktion
(A96). **τοῦτ᾽ ἔστιν** Formel (A93) *das heißt, nämlich.* **5 ἀκούσαντες** 5
Aor. Ptz. ἀκούω, temp.; erg. αὐτό/τοῦτο. **εἰς τὸ ὄνομα** „in den Na-
men/mit Bezug auf den Namen" = *auf den Namen,* d.h. wohl zur Übereignung
an – o.ä. – (vgl. ThBNT 2, S. 962f) bzw. zur Bekundung der Zugehörigkeit zu.
6 ἐπι-θέντος Aor. Ptz. -τίθημι[200] *auflegen;* gen. abs. (A288), temp.; zur Sa- 6
che vgl. 8,15-17 (die Vollmacht des Paulus entspricht der der Apostel Petrus u.
Johannes). **ἐ-λάλουν** Ipf. λαλέω, hier m. γλώσσαις (wohl = ἑτέραις
γλώσσαις [2,4]; dat. instr., A176) *mit (anderen) „Zungen" reden = in fremden*
Sprachen reden (s. zu 2,4). **ἐ-προ-φήτευον** Ipf. (zum Augment vgl. BDR
§69[4]) -φητεύω *prophezeien, prophetisch reden* (im Sinn v. *Zukünftiges voraussa-*
gen od. *die Gottesoffenbarung verkünden*). **7 ἦσαν** Ipf. εἰμί. **οἱ πάντες** 7
ἄνδρες *die Gesamtzahl der Männer* (A86) od. *im ganzen ... Männer* (BDR
§275,3). **ὡσ-εί** *wie;* (bei Zahlen u. Maßen) *ungefähr.*

8 εἰσ-ελθών Aor. Ptz. -έρχομαι, temp. (A291,1 Anm. 1). **ἐ-παρ-** 8
ρησιάζετο Ipf. Med. παρ-ρησιάζομαι *freimütig/frei und offen reden.* **ἐπί**
m. Akk. wie klass. temp. *über ... hin* (BDR §233,3), *während* (B III2b). **μήν**[4]
μηνός ὁ *Monat.* **δια-λεγόμενος** Ptz. -λέγομαι *miteinander reden, disku-*
tieren; eine Rede richten an, reden/sprechen zu; mod. **πείθων** Ptz.; konativ

(A227; H-S §195c); mod.; ἐπαρρησιάζετο ... διαλεγόμενος καὶ πείθων τὰ περὶ τῆς βασιλείας τοῦ θεοῦ etwa *er redete (dort) ... frei und offen; dabei diskutierte er (mit den Menschen) und suchte (sie) vom Reich Gottes zu überzeugen* (Menge: *für das Reich Gottes zu gewinnen*) od. (die beiden ersten Verben als eine Art Hendiadyoin deutend [A378]) er *lehrte ... freimütig und suchte sie vom Reich Gottes zu überzeugen* (Einh.). **περί** m. Gen. *das, was* jmdn./etwas *angeht* (B περί 1i); τὰ περὶ τῆς βασιλείας τοῦ θεοῦ *das, was das Reich*
9 *Gottes angeht* bzw. (einfach) *das Reich Gottes.* **9 ἐ-σκληρύνοντο** Ipf. Pass. σκληρύνω *verhärten, verstockt machen;* Pass. *sich verhärten, sich verstocken;* Ipf. hier (u. bei ἠπείθουν) lin. (A237a); ὡς δέ τινες ἐσκληρύνοντο *als manche jedoch verstockt und unzugänglich blieben* (Menge) bzw. *als einige jedoch verschlossen blieben und sich nicht überzeugen ließen.* **ἠ-πείθουν** Ipf. ἀ-πειθέω *ungehorsam sein;* hier *(die göttliche Botschaft) ablehnen, unzugänglich bleiben* (Menge), *sich nicht überzeugen lassen.* **κακο-λογοῦντες** Ptz. -λογέω m. Akk. *Übles/Schändliches reden über, schmähen;* mod. **τὴν ὁδόν** übers. hier *die neue Lehre/Glaubensrichtung* od. (als term. tech.) *den „Weg des Herrn"* (s. zu 9,2). **πλῆθος**[7] *Menge;* hier *versammelte Menge, ganze Versammlung.* **ἀπο-στάς** Wz.-Aor. Ptz. ἀφ-ίσταμαι[205] m. ἀπό τινος *sich von jmdm./etwas entfernen/weggehen* (B 2a), hier etwa *sich von jmdm. lossagen* (Menge), *jmdm. den Rücken kehren* (GNB); temp. (A291,1 Anm. 1). **ἀφ-ώρισεν** Aor. -ορίζω (vgl. A33[91ff]) *absondern* od. hier etwa *gesondert sammeln* (Wilckens). **μαθητής** hier *Jünger Jesu,* fast = *Christ* (B 2bγ). **καθ᾽ ἡμέραν** *täglich* (A195). **δια-λεγόμενος** mod. **σχολή** Ort, an dem sich Lehrer u. Schüler/Studenten zum Lernen/Studium u. zu Diskussionen trafen (LN 7.14), *Schule, Halle, Hörsaal, Lehrsaal* (vgl. auch AFCS 2, S. 311f); ἡ σχολὴ Τυράννου *die Schule/der Lehrsaal eines gewissen Tyrannus* (der entweder der dort Lehrende od. der Hauseigentümer war). **Τύραννος** *Tyrannus* (ein Name, der für das Ephesus des 1. Jh. n. Chr. inschriftl. verschiedentl. bezeugt ist [Hemer, Setting, S. 120f]). [Var. πέμπτος[19] *fünfter.* δέκατος[19] *zehnter;* ἀπὸ ὥρας πέμπτης ἕως δεκάτης *von der fünften bis zur zehnten Stunde = von elf Uhr früh bis vier Uhr nachmittag* (vgl. dazu Bruce, Apg, S. 408).]
10 **10 ἐ-γένετο** V. 1. **ἐπί** V. 8. **κατ-οικοῦντας** Ptz. -οικέω, subst.; πάντας τοὺς κατοικοῦντας τὴν Ἀσίαν *alle Bewohner der Provinz Asia;* Subj. des AcI. **Ἀσία** 2,9; hier kann durchaus der weitere Sinn (röm. Provinz = westl. Kleinasien) vorliegen (AFCS 2, S. 310); die sieben in der Apk 1-3 genannten Gemeinden wie auch die v. Kolossä u. Hierapolis (Kol 1,7; 2,1; 4,12f) dürften in dieser Zeit gegründet worden sein (Bruce, Apg, S. 409). **ἀκοῦσαι** Aor. Inf. ἀκούω, Präd. des AcI. **Ἕλλην**[4] ηνος ὁ *Grieche;* hier im Sinn v. *Nicht-*
11 *jude* (B 2a). **11 τυχούσας** Aor. Ptz. Fem. τυγχάνω[156] *erlangen; sich treffen, sich zufällig befinden;* ὁ τυχών *der erste beste,* der einem zufällig begegnet, daher οὐχ ὁ τυχών *der nicht Gewöhnliche;* attr.; δυνάμεις οὐ τὰς

τυχούσας *ungewöhnliche Wunder* (B 2d; Litotes [BDR §495[9]; A386]).
ἐ-ποίει Ipf. ποιέω. **διὰ τῶν χειρῶν Παύλου** *durch die Hände von*
Paulus = durch Paulus (viell. Hebr., s. aber zu 5,12); zur Sache vgl. 5,12ff (Gott
gebraucht Paulus ähnl. wie Petrus u. die übrigen Apostel) sowie 2Kor 12,12;
Röm 15,19. **12 ἀ-σθενοῦντας** Ptz. ἀ-σθενέω *schwach/krank sein;* subst. 12
ἀπο-φέρεσθαι Inf. Pass. -φέρω *forttragen, wegbringen;* hier m. τὶ ἐπί τινα
hier *etwas zu jmdm. bringen* (B 1b); erstes Präd. des AcI; ὥστε καὶ ἐπὶ τοὺς
ἀσθενοῦντας ἀποφέρεσθαι ἀπὸ τοῦ χρωτὸς αὐτοῦ σουδάρια ἢ
σιμικίνθια (Subj. des AcI) καὶ ἀπαλλάσσεσθαι ἀπ' αὐτῶν τὰς νό-
σους (Subj. des AcI), τά τε πνεύματα τὰ πονηρὰ (Subj. des AcI) ἐκπο-
ρεύεσθαι etwa *so daß man* (vgl. A76b) *sogar Schweißtücher oder Schürzen, die*
er getragen hatte, zu den Kranken brachte, worauf (vgl. A311,2) *die Krankheiten*
von ihnen wichen und die bösen Geister ausfuhren (vgl. Menge). **χρώς**[3] χρω-
τός ὁ *Haut* (= Oberfläche des menschlichen Körpers); ἀπὸ τοῦ χρωτὸς αὐ-
τοῦ *von seiner Haut weg = frisch von der Haut weg* (Wilckens) bzw. *noch*
schweißfeucht (GNB) od. = *von seinem Körper (kommend)* bzw. *die er getra-*
gen/verwendet hatte. **σουδάριον** (< lat. sudarium) *Schweißtuch* (u.a. als
Kopfbinde getragen [vgl. Lk 19,20; Jh 11,44; 20,7]), *Taschentuch.* **σιμικίν-**
θιον (< lat. semicinctium) Bdtg. unsicher, wohl *Gürtel* (evtl. *Binde, Taschen-*
tuch [B]), hier gewöhnl. im Sinn v. *Schurz* (wie ihn die Arbeiter trugen) verstan-
den, wie ihn Paulus viell. bei seiner Arbeit als Zeltmacher verwendete (AFCS 2,
S. 313f); σουδάρια ἢ σιμικίνθια *Schweißtücher oder Schürzen* (Menge),
Kopf- oder/und Halstücher/Taschentücher (vgl. GN/GNB). **ἀπ-αλλάσσε-**
σθαι Inf. Pass. -αλλάσσω *befreien;* Pass. m. ἀπό hier *sich entfernen von, wei-*
chen von (B 2b); zweites Präd. des AcI. **νόσος** ἡ *Krankheit.* **ἐκ-πορεύε-**
σθαι Inf. -πορεύομαι *hinausgehen, herauskommen, ausfahren* (B 1a); drittes
Präd. des AcI.

13 ἐπ-ε-χείρησαν Aor. ἐπι-χειρέω *Hand anlegen, versuchen.* **περι-** 13
ερχομένων Ptz. -έρχομαι *umhergehen, -ziehen;* attr. **ἐξ-ορκιστής**[1] *Ex-*
orzist, Beschwörer; τινὲς καὶ τῶν περιερχομένων Ἰουδαίων ἐξορκι-
στῶν (gen. partitivus, A137a/164) etwa *auch einige der umherziehenden jüdi-*
schen Dämonenbeschwörer; Juden u. Jüdisches spielte in der hell. Magie eine
wichtige Rolle (s. Bruce, Apg, S. 410). **ὀνομάζειν** Inf. ὀνομάζω *nennen;*
hier m. τὸ ὄνομα τοῦ κυρίου Ἰησοῦ ἐπί τινα *über jmdn. den Namen des*
Herrn Jesus nennen/aussprechen (B 2/Menge); führende rabbinische Lehrer
hielten es für nötig, den Gebrauch des Namens Jesu als Heilungsformel zu kriti-
sieren (s. Bruce, Apg, S. 410). **ἔχοντας** Ptz. ἔχω m. Akk. hier *besessen sein*
von (B I2eα), subst. **λέγοντες** Ptz. λέγω, mod. **ὁρκίζω** jmdn. *beschwören*
bei (hier m. Akk. der angerufenen Gottheit [BDR §149[3]; vgl. §252,33]), d.h. v.
jmdm. eindringl. fordern, aus Furcht/Respekt vor jmdm. (eig. „auf Grund eines
Eides auf jmdn.") etwas zu tun. **14 ἦσαν** V. 7. **Σκευᾶς**[1] ὁ *Skeuas/Skevas;* 14

dieser Name ist am ehesten eine gräzisierte Form eines lat. Namens (vgl. BDR
§125^{6}) od. Appellativums „Scaeva/scaeva" (evtl. die eines hebr. Namens
šéḇa^{c} שֶׁבַע) m. der Bdtg. „Linkshänder" (Hemer, Setting, S. 234); τινὸς
Σκευᾶ Ἰουδαίου ἀρχιερέως ἑπτὰ υἱοί *sieben Söhne eines gewissen Ske-
vas, eines jüdischen Hohenpriesters;* denkbar ist, daß Skevas einer hohenpriestl.
Familie angehörte (Menge: ... *eines Juden aus hohepriesterlichem Geschlecht*) od.
(wohl eher) daß er sich diesen Titel zur Steigerung seines Ansehens selbst zu-
legte (ein jüd. Hohepriester hatte das Recht, am Versöhnungstag den Thron-
raum v. Israels unsichtbarem Gott zu betreten u. – was sonst verboten war –
dessen Namen [Jhwh] auszusprechen [Mischna, Joma 5,1; 6,2]). **ποιοῦντες**
15 Ptz. ποιέω, umschrieb. Ipf. (A249a). **15 ἀπο-κριθέν** Aor. Ptz. Pass. Ntr.
-κρίνομαι, pleon. (A297,2); ἀποκριθὲν δὲ τὸ πνεῦμα τὸ πονηρὸν εἶ-
πεν αὐτοῖς *aber der böse Geist antwortete ihnen.* **ἐπίσταμαι** *wissen, ken-*
16 *nen.* **16 ἐφ-αλόμενος** Aor. Ptz. Med. -ἅλλομαι[116] *losspringen* ἐπί τινα
auf jmdn.; temp. (A291,1 Anm. 1). **ἦν** Ipf. εἰμί. **κατα-κυριεύσας** Aor.
Ptz. -κυριεύω m. Gen. *Herr werden über, überwältigen;* temp. (A291,1 Anm. 1)
ἀμφότεροι *beide;* hier (nachklass.) = πάντες *alle* (B 2; falls dieser nichtli-
terarische Gebrauch nicht auf Lukas selbst zurückgeht, könnte er aus dem v.
ihm verwendeten Augenzeugenbericht stammen [Bruce, Apg, S. 411]). **ἴσχυ-
σεν** Aor. ἰσχύω *stark sein, vermögen, können; Gewalt haben, mächtig sein,* hier
m. κατά τινος u. ὥστε etwa *jmdn. so zurichten, daß* (Menge). **γυμνός**
nackt, ohne Obergewand; dürftig gekleidet; Artangabe zum Subj. des AcI
(A65/269; vgl. BDR §410^{2}). **τε-τραυματισμένους** Pf. (A231) Ptz. Pass.
τραυματίζω (vgl. A33^{91ff}) *verwunden;* mod. (wie γυμνούς verwendet). **ἐκ-
φυγεῖν** Aor. Inf. -φεύγω[72] *entfliehen,* hier m. ἐκ *fliehen aus;* Präd. des AcI;
ὥστε (erg. αὐτούς als Subj.) γυμνοὺς καὶ τετραυματισμένους ἐκφυ-
γεῖν ἐκ τοῦ οἴκου ἐκείνου etwa *so ... daß sie nackt/halbnackt und verwun-*
17 *det/blutend aus jenem/dem Haus fliehen mußten.* **17 ἐ-γένετο** V. 1. **γνω-
στός** *bekannt;* γνωστόν τινι γίνεται *es/das wird jmdm. bekannt* (B 1a).
Ἕλλην V. 10. **κατ-οικοῦσιν** Ptz. V. 10, attr. od. subst. (dann App.
[A70]). **Ἔφεσος** 18,19. **ἐπ-έ-πεσεν** Aor. ἐπι-πίπτω[194] *fallen/kommen
auf/über* (hier ἐπί τινα *[auf/über] jmdn.*); καὶ ἐπέπεσεν φόβος ἐπὶ πάν-
τας αὐτούς *und Furcht befiel sie alle* (Menge), *alle wurden von Furcht gepackt*
(Einh.); zur Sache vgl. 2,43; 5,11. **ἐ-μεγαλύνετο** Ipf. Pass. μεγαλύνω m.
Akk. *groß machen;* jmdn. *erheben,* jmdn. *(für dessen Größe) preisen* (Pass. etwa
18 *hoch gepriesen werden, geehrt und gepriesen werden*). **18 πε-πιστευκότων**
Pf. (A231) Ptz. πιστεύω, subst.; πολλοί τε τῶν πεπιστευκότων (gen.
partitivus, A164) etwa *auch viele von denen, die zum Glauben gekommen waren.*
ἤρχοντο Ipf. Med. ἔρχομαι. **ἐξ-ομο-λογούμενοι** Ptz. Med. -λογέω
(vgl. ὁμολογέω bekennen) *versprechen;* Med. (Unrecht) *bekennen; sich (offen)
zu* etwas *bekennen;* mod. (A291,2 Anm. 1). **ἀν-αγγέλλοντες** Ptz. ἀν-αγ-

γέλλω *berichten, melden, verkünden;* mod.; ἐξομολογούμενοι καὶ ἀναγγέλλοντες etwa (als eine Art Hendiadyoin deutend [A378]) *und bekannten offen und unverhohlen* (Menge). **πρᾶξις**[8] *(das) Handeln, Tätigkeit; böse Tat, Schandtat;* τὰς πράξεις αὐτῶν etwa *ihr früheres Treiben* (vgl. Menge), wobei πράξεις wohl (als term. tech.) speziell okkulte Praktiken bez. (Bruce, Apg, S. 412), wofür Ephesus bes. bekannt war (dazu s. AFCS 2, S. 314f). **19 ἱκα-** 19
νός *hinlänglich;* hier *viel.* **περί-εργος**[11] *zur Zauberei gehörig,* τὰ περίεργα πράσσω *Zauberei betreiben, sich mit Zauberei abgeben.* **πραξάντων** Aor. Ptz. πράσσω[78] *tun, handeln, vollbringen;* subst.; ἱκανοὶ δὲ τῶν τὰ περίεργα πραξάντων (gen. partitivus, A164) etwa *ja nicht wenige von denen, die sich mit Zauberei abgegeben hatten* (Menge). **συν-ενέγκαντες** Aor. Ptz. συμφέρω[198] *zusammentragen* (B 1); temp. (A291,1 Anm. 1). **βίβλος** ἡ *Buch;* die Bücher enthielten wohl Zauber- u. Beschwörungsformeln u.ä. (dazu s. AFCS 2, S. 314). **κατ-έ-καιον** Ipf. κατα-καίω *niederbrennen,* (etwas) *verbrennen;* Bücherverbrennungen (gewöhnl. nicht freiwillig wie hier, sondern v. Machthabern erzwungen) waren in der Antike verbreitet (dazu s. AFCS 2, S. 315). **συν-ε-ψήφισαν** Aor. συμ-ψηφίζω (vgl. A33[91ff]) *zusammenrechnen;* 3. Pl. hier (u. bei εὗρον) am besten im Sinn v. „man" (A76a). **τὰς τιμὰς αὐτῶν** *ihren Wert* (wörtl. *ihre Kaufpreise*). **εὗρον** Aor. εὑρίσκω hier etwa *kommen auf.* **ἀργύριον** *Silber; Silbergeld, Geld.* **μυριάς** άδος ἡ (A3; 19) *Myriade, zehntausend;* ἀργυρίου μυριάδας πέντε erg. (BDR §241[9]) δραχμῶν (Sg. δραχμή) *fünfzigtausend Silberdrachmen* (d.h. etwa 50.000 Tagesverdienste
eines Arbeiters [vgl. zu Mt 18,24]). **πέντε**[19] *fünf.* **20 κράτος**[7] *Kraft, Stärke,* 20
Macht, Gewalt; κατὰ κράτος mod. (A195) *mit Macht* (Einh.), *mächtig* (B 1), *unaufhaltsam* (Menge); durch diese Zwischenbilanz über die Verbreitung der christl. Botschaft wird das Ende einer größeren Erzähleinheit markiert (s.a. 6,7; 9,31; 12,24; 16,5; 28,31). **ηὔξανεν** Ipf. αὐξάνω Akt. *vermehren, wachsen lassen;* Akt./Pass. *wachsen, zunehmen* (auch übertr., z.B. an Einfluß/Ansehen), übers. hier etwa *sich ausbreiten* (Menge). **ἴσχυεν** Ipf. ἰσχύω V. 16; καὶ ἴσχυεν etwa (Ipf. dur. [A237]) *und wurde immer stärker* (Menge). [Var. ἐνίσχυσεν Aor. -ισχύω *erstarken, zu Kräften kommen.* ἐ-πλήθυνε/ἐ-πληθύνετο Ipf. Akt./Pass. πληθύνω *vermehren,* intr. *zunehmen, wachsen;* Pass. *wachsen, zunehmen.*]

21 ἐ-πληρώθη Aor. Pass. πληρόω Pass. hier *vollendet/beendigt werden* 21
(B 5); ὡς δὲ ἐπληρώθη ταῦτα *als dies vollendet/beendet war, nach diesen Ereignissen,* d.h. viell. nach dem in V. 13-19 Berichteten od. den in V. 10 genannten zwei Jahren (Newman-Nida, Apg, S. 370); dieser Vers faßt vorausschauend den letzten Teil des Buches zusammen. **ἔ-θετο** Aor. Med. τίθημι; τίθεμαι ἐν τῷ πνεύματι (m. Inf.) *sich vornehmen/entschließen* (vgl. B II1c; ἐν τῷ πνεύματι vergleichbar m. ἐν τῇ καρδίᾳ in 5,4, ähnl. Lk 1,66; 21,14) od. *geleitet vom (Heiligen) Geist beschließen* (ἐν instr.); für eine ähnl. Mehrdeutigkeit

vgl. 18,25; 20,22 (Bruce, Apg, S. 413). **δι-ελθών** Aor. Ptz. -ἔρχομαι V. 1;
temp. (als Inf. + „und" übers.; A291,1 Anm. 1). **Μακεδονία** 16,9.
Ἀχαΐα 18,12. **πορεύεσθαι** Inf. **εἰς** hier *nach.* **εἰπών** Aor. Ptz. λέγω,
mod. **ὅτι** recitativum = Doppelpunkt (A333). **μετὰ τό** m. AcI temp. (A282;
BDR §402[4]). **γενέσθαι** Aor. Inf. Med. γίνομαι hier im Sinn v. *sein*
(B II4b); Präd. des AcI; μετὰ τὸ γενέσθαι με ἐκεῖ *nachdem/wenn ich dort*
gewesen bin. **δεῖ** hier wohl v. dem göttl. Auftrag (vgl. B 1; s.a. 23,1; 27,24).
Ῥώμη 18,2. **ἰδεῖν** Aor. Inf. ὁράω hier im Sinn v. *besuchen* (vgl. B εἶδον
22 6); Präd. des AcI, abhängig v. δεῖ. **22 ἀπο-στείλας** Aor. Ptz. -στέλλω,
temp. (A291,1 Anm. 1). **διακονούντων** Ptz. διακονέω *(be)dienen* (v.
Dienstleistungen jeder Art); *helfen, sich kümmern um;* subst.; gen. partitivus
(A164); δύο τῶν διακονούντων αὐτῷ *zwei seiner Helfer.* **Τιμόθεος**
16,1. **Ἔραστος** *Erastus;* für eine Identifikation m. dem Erastus v. Röm
16,23 od. dem v. 2Tim 4,20 gibt es keinen ausreichenden Grund (es war kein
singulärer Name [für Belege s. Hemer, Setting, S. 235]) **ἐπ-έ-σχεν** Aor.
-έχω[189] *festhalten;* hier *verweilen, bleiben.* **χρόνον** Akk. der zeitl. Ausdeh-
nung (A148) *eine Zeitlang, eine Weile.* **εἰς** = ἐν (BDR §205[4]; vgl. B 9a; A184).
Ἀσία 2,9.
23 **23 ἐ-γένετο** V. 1, übers. etwa *es kam zu.* **κατά** m. Akk. *während, zu;*
κατὰ τὸν καιρὸν ἐκεῖνον *zu jener Zeit, damals* (B II2a), *um jene Zeit, in die-*
ser Zeit. **τάραχος** *Bestürzung; Aufruhr, Tumult;* τάραχος οὐκ ὀλίγος *ein*
nicht geringer Tumult = schwere Unruhen (Litotes [BDR §495[9]; A386]). **περὶ**
24 **τῆς ὁδοῦ** *wegen der neuen Lehre* od. *wegen des „Weges"* (s. zu 9,2). **24 Δη-**
μήτριος *Demetrius.* **ὀνόματι** dat. respectus (vgl. BDR §197,2; vgl. A178)
mit Namen, namens. **ἀργυρο-κόπος** *Silberschmied;* die Silberschmiedezunft
v. Ephesus (Demetrius stand ihr viell. vor) einschließl. deren Verbindung m.
dem Artemiskult ist inschriftl. gut bezeugt (AFCS 2, S. 324f; 336; 341). **ποιῶν**
Ptz. ποιέω hier etwa *herstellen;* attr. **ἀργυροῦς** (H-S §44c) *silbern;* ναοὺς
ἀργυροῦς *silberne Tempel,* d.h. *silberne Nachbildungen vom Tempel* (GNB), die
gewöhnl. als Weihgeschenke der Göttin im Tempel dargebracht wurden (sie
wurden z.T. wohl auch m. nach Hause genommen u. viell. u.a. als Grabbeigaben
verwendet [AFCS 2, S. 338]); der eig. Tempel (das „Artemision") stand außer-
halb der Stadt, ca. 2 km v. Zentrum des röm. Ephesus entfernt, maß 130 auf
70 m (viermal so groß wie das Parthenon v. Athen) u. war reichl. geschmückt m.
Werken der berühmtesten Maler u. Bildhauer jener Zeit (AFCS 2, S. 322f).
Ἄρτεμις[3] ιδος ἡ *Artemis* (= lat. Diana), populärste Göttin der Griechen;
zwar gewöhnl. als jungfräul. Jagdgöttin bekannt, im Grunde aber (an den un-
zähligen [griech. u. nichtgriech.] einzelnen Kultstätten u. zu verschiedenen Zei-
ten) m. unterschiedl. Vorstellungen verbunden; auch in Ephesus hatte der Arte-
miskult (er spielte dort eine beherrschende Rolle) ein ganz bes. Gepräge
(LAW, Sp. 336-338; zu Ephesus AFCS 2, S. 316-344). **παρ-είχετο** Ipf. Med.

-έχω *darbieten;* Med. hier τινὶ ἐργασίαν *jmdm. Verdienst einbringen, jmdm.
zu verdienen geben.* **τεχνίτης**[1] *Künstler, Handwerker.* **οὐκ ὀλίγην** *nicht
wenig = viel* (Litotes [BDR §495[9]; A386]). **ἐργασία** *Beschäftigung; Gewerbe*
(V. 25); hier *Verdienst, Ertrag, Gewinn* (B 4). **25 οὓς** AkkO zu συναθροί- 25
σας (Ptz. ist m. οὓς verschränkt; A364b), übers. *diese.* **συν-αθροίσας**
Aor. Ptz. -αθροίζω (vgl. A33[91ff]) *versammeln;* temp. (A291,1 Anm. 1). **ἐργά-
της**[1] *Arbeiter;* καὶ τοὺς περὶ τὰ τοιαῦτα ἐργάτας *und die* (od. *die an-
deren* [A376a; Einh.]) *damit* (wörtl. *mit solchem*) *beschäftigten Arbeiter* (B περί
2c). **ἄνδρες** Vok. **ἐπίσταμαι** V. 15. **εὐ-πορία** *Wohlstand;* ὅτι ἐκ
ταύτης τῆς ἐργασίας ἡ εὐπορία ἡμῖν (dat. commodi/poss., A173b)
ἐστιν etwa *daß wir unseren Wohlstand diesem Gewerbe verdanken.* **26 Ἔφε- 26
σος** 18,19; οὐ μόνον Ἐφέσου ἀλλὰ σχεδὸν πάσης τῆς Ἀσίας ...
ἱκανὸν ὄχλον gen. locativus (Antwort auf die Frage „Wo?“ [A169]) od.
(wahrscheinlicher) einfach abhängig v. ὄχλον (BDR §186[2]), übers. dennoch
etwa *nicht nur in Ephesus, sondern fast in der ganzen Provinz Asia ... viele Leute.*
σχεδόν *beinahe, fast.* **Ἀσία** 2,9. **πείσας** Aor. Ptz. πείθω, mod. **μετ-έ-
στησεν** Aor. μεθ-ίστημι[204] *(an eine andere Stelle) versetzen;* hier *zu einer
anderen Stellungnahme veranlassen* bzw. (neg.) *zum Abfall bewegen, verführen*
(B 3), *betören* (Menge); πείσας μετέστησεν ... etwa *(er) hat ... zum Abfall
überredet* (Wilckens) od. *(er) hat durch sein Gerede ... betört* (vgl. Menge). **ἱκα-
νός** V. 19. **λέγων** Ptz., mod. **γινόμενοι** Ptz. γίνομαι hier *gemacht/ge-
schaffen werden* (B I2a); attr.; ὅτι οὐκ εἰσὶν θεοὶ οἱ διὰ χειρῶν γινόμε-
νοι (als indirekte Rede) *das seien keine Götter, die von Menschenhänden ange-
fertigt würden* (Menge) od. (als direkte Rede m. ὅτι recitativum [vgl. V. 21])
Götter, die man mit Händen macht, sind gar keine Götter (GNB). **27 κινδυ- 27
νεύω** *in Gefahr schweben, Gefahr laufen;* Präd., das m. zwei bzw. (viell.) drei
Subj. verbunden ist; οὐ μόνον δὲ τοῦτο κινδυνεύει ἡμῖν τὸ μέρος
(erstes Subj.) εἰς ἀπελεγμὸν ἐλθεῖν ἀλλὰ καὶ τό ... ἱερὸν (zweites
Subj.) εἰς οὐθὲν λογισθῆναι, μέλλειν τε καὶ καθαιρεῖσθαι (erg. viell.
etwa αὐτή als drittes Subj. [s.a. zu μεγαλειότης]) ... *aber nicht nur dieser
unser Geschäftszweig droht in Verruf zu geraten, sondern auch der Tempel ...
(droht) nichts mehr zu gelten, und sogar sie selbst (droht) ... einzubüßen* bzw. *es be-
steht nicht nur die Gefahr, daß dieser unser Geschäftszweig in Verruf gerät, sondern
auch daß der Tempel ... nichts mehr gilt und daß sogar sie selbst ... einbüßt.*
μέρος hier (so auch in Papyri) *Geschäftszweig* (B 1bη); τοῦτο ... ἡμῖν (dat.
commodi/poss., A173b) τὸ μέρος *dieser unser Geschäftszweig.* **ἀπ-ελεγμός**
Verruf; εἰς ἀπελεγμὸν ἐλθεῖν (nach B/BDR §5,4 = lat. in redargutionem
venire) *in Mißkredit/Verruf geraten.* **ἐλθεῖν** Aor. Inf. ἔρχομαι. **θεά** *Göttin;*
ἡ θεά u. ἡ θεός (V. 37), zwei alte Synonyme, wechseln sich auch in den In-
schriften (bezogen auf die Artemis v. Ephesus) ab; die „Größe“ dieser Göttin
wird in den Inschriften unterschiedl. (meist m. dem Superlativ μεγίστη) be-

schrieben (Hemer, Setting, S. 121-123). **οὐθ-είς** = οὐδ-είς (BDR §33[2]).
λογισθῆναι Aor. Inf. Pass. λογίζομαι; εἰς οὐθὲν λογισθῆναι *für
nichts geachtet werden* (B 1b), *in völlige Mißachtung geraten* (Menge), *nichts mehr
gelten* (Einh.). **μέλλειν** Inf. μέλλω hier (m. Inf.) umschrieb. Fut. (A250;
BDR §356[4]). **καθ-αιρεῖσθαι** Inf. Pass. -αιρέω *herabnehmen, -holen; nie-
derreißen, zerstören;* übertr. *zunichte machen;* hier wohl Pass. m. τινός *einer Sa-
che ganz verlustig gehen* (Menge), *etwas einbüßen* (B 2b). **μεγαλειότης**[3]
Großartigkeit, Größe, Erhabenheit, Majestät; μέλλειν τε καὶ καθαιρεῖσθαι
τῆς μεγαλειότητος αὐτῆς ist grammatisch (wenn auch nicht sachl.)
schwierig; zu den mögl. Lösungen zählen (in jedem Fall noch abhängig v. κιν-
δυνεύει; b scheint grammatisch, c inhaltl. am sinnvollsten): a) τῆς μεγα-
λειότητος ist gen. partitivus, erg. (als Subj.) τὶ (vgl. A137a; ZG/Z): *und sogar
etwas von ihrer herrlichen Größe* (bzw. [freier] *sogar ihre herrliche Größe*) *droht
zunichte gemacht zu werden;* b) τῆς μεγαλειότητος ist GenO zu καθαιρεῖ-
σθαι, Subj. ist nach wie vor τό ... ἱερόν: *und er* (der Tempel) *droht sogar das
ihr zu verdankende* (wörtl. *sogar ihr*) *Ansehen einzubüßen;* c) wie b, doch erg. als
Subj. αὐτή (vgl. u.a. Menge): *und sie selbst droht sogar ihr Ansehen einzubüßen.*
οἰκουμένη (Ptz. Fem. Pass. οἰκέω wohnen + γῆ) *(bewohnte) Erde, Welt;
Menschheit;* hier *„Welt"* hyperbolisch (A383) im Sinn v. *römisches Reich.* **σέ-
βομαι** (eine Gottheit) *verehren;* entgegen der übl. Regel (A94) Sg.-Präd.
28 **28 ἀκούσαντες** V. 5. **γενόμενοι** Aor. Ptz. Med. γίνομαι, temp.;
ἀκούσαντες καὶ γενόμενοι πλήρεις θυμοῦ *als sie das hörten und
(dann) wütend wurden* bzw. etwa *als sie das hörten, wurden sie wütend und.*
πλήρης[7] *angefüllt, voll* (*mit/von* m. Gen. [A164f]). **θυμός** *Leidenschaft;* hier
Zorn, Wut, Aufbrausen; γίνομαι πλήρης θυμοῦ *wütend werden.* [Var. δρα-
μόντες Aor. Ptz. τρέχω[196] *laufen;* temp. (A291,1 Anm. 1). ἄμφ-οδον *Stadt-
viertel* (v. Straßen umschlossen u. durchzogen) od. (so hier) *Straße* (einer Ort-
schaft).] **ἔ-κραζον** Ipf. κράζω. **λέγοντες** Ptz. λέγω pleon. (A297), am
besten als Doppelpunkt berücksichtigen. **μεγάλη** erg. ἐστίν (A78). **Ἐφέ-
σιος** *ephesisch;* subst. *Epheser;* ἡ Ἄρτεμις Ἐφεσίων übers. *die Artemis
29 von Ephesus* (wörtl. *[der] Epheser*). **29 ἐ-πλήσθη** Aor. Pass. πίμπλημι[207]
erfüllen, vollmachen τινός *mit etwas* (A165); ἐπλήσθη ἡ πόλις τῆς συγ-
χύσεως etwa *die ganze Stadt geriet in Verwirrung/Aufruhr* (vgl. Menge). **σύγ-
χυσις**[8] *Verwirrung* (B), *Aufruhr* (Menge). **ὥρμησαν** Aor. ὁρμάω *stürmen*
(schnelle, unaufhaltsame Bewegung eines Lebewesens v. od. zu einem Ort); Pl.
sinngemäße Konstruktion (A96), *sie* (die Menschen v. Ephesus) bzw. etwa *alle,
die Leute.* **ὁμο-θυμαδόν** Adv. *übereinstimmend, einmütig.* **θέατρον** *Thea-
ter;* dies war der Versammlungsort der Stadt; es war in den Westhang des Pion-
Berges gebaut u. faßte viell. etwa 20.000 Menschen (AFCS 2, S. 348-350).
συν-αρπάσαντες Aor. Ptz. -αρπάζω[107] *gewaltsam ergreifen* bzw. hier
etwa *mitschleppen* (Menge). **Γάϊος** *Gaius* (vgl. zu 20,4). **Ἀρίσταρχος**

Aristarch (aus Thessalonich [s. 20,4]). **Μακεδών**[4] όνος ὁ *Mazedonier,* Be-
wohner v. Mazedonien. **συν-έκ-δημος** *Reisegefährte.* **30 βουλομένου** 30
Ptz. βούλομαι *wollen, wünschen;* gen. abs. (A288), temp. **εἰσ-ελθεῖν** Aor.
Inf. -έρχομαι hier εἰς τὸν δῆμον *unter die Volksmenge gehen* (B 1bα) bzw.
(kontextgemäß) *(selbst) vor die Volksmenge treten* (Menge), *sich selbst der Menge*
stellen (GNB). **δῆμος** *Volksmenge, Volksversammlung.* **εἴων** Ipf. ἐάω
(zu)lassen; οὐκ εἴων αὐτόν *sie ließen (es) ihn nicht (tun)* bzw. *sie hinderten ihn*
daran (B 1). **μαθητής** V. 9. **31 τινές** m. gen. partitivus (A137a/164). 31
Ἀσιάρχης[1] *Asiarch* (einer der obersten Beamten der röm. Provinz Asia, in-
schriftl. [bes. für Ephesus] gut bezeugt; dazu u. zur Funktion des Asiarchenam-
tes v. 1.-3. Jh. n. Chr. [entgegen einer verbreiteten Meinung nicht m. der ἀρχιε-
ρωσύνη „Oberpriesteramt" gleichzusetzen] s. AFCS 2, S. 363-376). **ὄντες**
Ptz. εἰμί, attr.; ὄντες αὐτῷ φίλοι *die seine guten Freunde waren* (Menge) od.
die ihm freundlich gesinnt waren. **φίλος** *Freund;* Adj. *freundlich gesonnen,*
freundschaftlich gesinnt. **πέμψαντες** Aor. Ptz. πέμπω erg. *Leute, Boten* o.ä.
(vgl. A79); temp. (A291,1 Anm. 1). **παρ-ε-κάλουν** Ipf. παρα-καλέω hier
m. μή u. Inf. etwa *raten,* etwas *nicht zu tun* od. *davor warnen,* etwas *zu tun.*
δοῦναι Aor. Inf. δίδωμι hier m. Refl.-Pron. u. εἴς τι *sich irgendwohin bege-*
ben (B 6) bzw. *sich irgendwo sehen lassen* (GNB). **32 ἄλλοι ... ἄλλο τι** 32
klass. Idiom *die einen dies, die anderen das* od. hier etwa *alle durcheinander.* **ἦν**
V. 16. **ἐκκλησία** hier (sowie V. 39f) im allgem. Sinn *Versammlung.* **συγ-**
κε-χυμένη Pf. (A231) Ptz. Pass. -χέω/χύννω[39] *durcheinanderbringen, in*
Verwirrung versetzen, in Aufruhr versetzen; umschrieb. Plsqpf. (A25/249b); ἦν
γὰρ ἡ ἐκκλησία συγκεχυμένη (Zustandspassiv [vgl. A242]) *denn die*
Versammlung war ein Wirrwarr (Menge) bzw. *unter den dort Zusammengeström-*
ten herrschte die größte Verwirrung (GNB). **οἱ πλείους** (= οἱ πλείονες) *die*
meisten. **ᾔδεισαν** Plsqpf. (m. Ipf.-Bdtg.) οἶδα. **ἕνεκα** uneig. Präp. (A183)
wegen, um ... willen; τίνος ἕνεκα *weswegen, weshalb.* **συν-εληλύθεισαν**
Plsqpf. -έρχομαι[187] *zusammenkommen, sich versammeln.* **33 ἐκ τοῦ** 33
ὄχλου = τινὲς/τὶς (ἐκ) τοῦ ὄχλου (BDR §164[6]; A137a/164) *einige/jemand*
aus der Menge. **συν-ε-βίβασαν** Aor. συμ-βιβάζω (vgl. A33[91ff]) *zusam-*
menbringen; schließen, folgern; in der LXX: *belehren, unterrichten;* bei der
Deutung dieses Satzes geht man entweder v. *belehren/unterrichten* (B 4) od. v.
schließen/folgern aus; ἐκ δὲ τοῦ ὄχλου συνεβίβασαν Ἀλέξανδρον,
προβαλόντων αὐτὸν τῶν Ἰουδαίων zu den wichtigeren Deutungen zäh-
len (a und c sind grammatisch einfacher als b; vgl. Newman-Nida, Apg, S. 376):
a) *einige aus der Menge unterrichteten Alexander (über den Anlaß), als/nachdem*
die Juden diesen nach vorne schickten/geschickt hatten bzw. *die Juden schickten*
Alexander nach vorn, und aus der Menge gab man ihm noch Hinweise (Einh.);
b) *aus der Menge rief man Alexander nach vorn* (wörtl. *unterrichtete/instruierte*
man Alexander[, er solle nach vorne kommen]), *den die Juden vorgeschickt hatten*

(vgl. Wilckens); c) *einige aus der Menge folgerten, Alexander sei ver-antwortlich, da die Juden ihn nach vorne geschickt hatten* (vgl. TEV2) [Var. 1 προ-ε-βίβασαν Aor. -βιβάζω *vorwärtsführen, hervortreten;* Var. 2 κατ-ε-βίβασαν Aor. κατα-βιβάζω *hinuntertreiben,* hier *zum Herunterkommen nötigen*]. **Ἀλέξανδρος** *Alexander* (sonst unbekannt). **προ-βαλόντων** Aor. Ptz. -βάλλω[112] (jmdn.) *vordrängen, zum Vortreten veranlassen, nach vorne schicken;* gen. abs. (A288), temp. od. kaus. **κατα-σείσας** Aor. Ptz. -σείω[3] *schütteln, lebhaft bewegen;* m. τὴν χεῖρα *die Hand lebhaft bewegen, winken* bzw. hier speziell *mit einer Handbewegung um Ruhe bitten* (vgl. [dort aber m. Dat.] 12,17; 13,16; 21,40); temp. (A291,1 Anm. 1). **ἤ-θελεν** Ipf. θέλω. **ἀπο-λογεῖσθαι** Inf. -λογέομαι *sich verteidigen;* ἤθελεν ἀπολογεῖσθαι τῷ δήμῳ *er wollte vor dem Volk eine Verteidigungsrede halten;* wahrscheinl. ging es darum, die Juden zu verteidigen (GNB: *eine Verteidigungsrede für die Juden*) m. dem Ziel, sich v. den
34 angegriffenen Christen zu distanzieren. **34 ἐπι-γνόντες** Aor. Ptz.
-γινώσκω, temp. **ἐστίν** *war* (Tempus u. Modus wie in der entsprechenden direkten Rede; A326). **ἐ-γένετο** V. 1; φωνὴ ἐγένετο μία *ein einziger Schrei erscholl* (B φωνή 2c). [Var. ὡσ-εί *wie;* (bei Zahlen u. Maßen) *ungefähr.*] **ἐπί** m. Akk. wie klass. temp. *über ... hin* (BDR §233,3), *während* (B III2b). **κραζόντων** Ptz. κράζω; ἐπιγνόντες δέ ... φωνὴ ἐγένετο μία ἐκ πάντων ... κραζόντων (anakoluthisch [A375] etwa statt ἐπιγνόντες ... πάντες μιᾷ φωνῇ [dat. instr., A176] ἔκραζον [vgl. Bruce, Apg, S. 419; BDR §466[5]]) etwa *als man aber merkte/erfuhr ... erscholl von allen wie aus* ***einem*** *Mund ... der Ruf* bzw. *aber als die Leute merkten ... schrien sie ihn*
35 *nieder und riefen ... im Chor* (GNB). **μεγάλη** V. 28. **35 κατα-στείλας**
Aor. Ptz. -στέλλω[113] *beruhigen, zur Ruhe bringen;* Ptz. Pf. Pass. (V. 36) *ruhig;* temp. (A291,1 Anm. 1); καταστείλας δὲ ὁ γραμματεὺς τὸν ὄχλον etwa *endlich brachte der Stadtschreiber die Menge zur Ruhe und* (Menge). **γραμματεύς** hier *„Sekretär"* als Titel eines der höchsten Stadtbeamten v. Ephesus (AFCS 2, S. 351), übers. etwa *Stadtschreiber* (Menge) od. *Verwaltungsdirektor der Stadt* (GNB). **φησίν** Präs. 3. Sg. φημί (A32); hist. Präs. (A235). **Ἐφέσιος** V. 28; ἄνδρες (klass. Idiom [BDR §242; H-S §260j]) Ἐφέσιοι Vok. *Männer von Ephesus, Epheser.* **τίς γάρ** *wer ... denn?* (BDR §452[2]; H-S §252,9); m. gen. partitivus (A164); τίς γάρ ἐστιν ἀνθρώπων ὃς οὐ γινώσκει *wer ist denn unter (den) Menschen, der nicht weiß* etwa = *wo gibt es wohl in der ganzen Welt einen Menschen, der nicht wüßte* (Menge) bzw. (die rhetorische Frage [A325] als Aussage wiedergegeben) *in der ganzen Welt weiß man doch* (GNB). **νεω-κόρος** *Tempelwärter(in), Tempelhüter(in);* Ehrentitel, den u.a. die Städte m. provinzialem Kaiserkult erhielten, darunter auch Ephesus bezogen auf dessen Artemiskult (vgl. KP 4, Sp. 55; AFCS 2, S. 329-331). **οὖσαν** Ptz. Fem. εἰμί; AcP (A300); τὴν Ἐφεσίων πόλιν νεωκόρον οὖσαν τῆς μεγάλης Ἀρτέμιδος καὶ τοῦ διοπετοῦς *daß*

die Stadt Ephesus (wörtl. *[der] Epheser*) *die Tempelhüterin der großen Artemis*
und ihres (A103) *vom Himmel gefallenen Standbildes ist.* **διο-πετής**[7] (< Διός
[Gen. v. Ζεύς], πίπτω) erg. ἄγαλμα (BDR §241[10]) *(das) vom Himmel gefal-*
lene Bild/Standbild; gemeint ist das aus Urzeiten stammende Götterbild der Ar-
temis, bei dem es sich viell. (wörtl.) um einen Meteorit od. einfach (übertr.) um
eine alte Skulptur handelte (Hemer, Setting, S. 122). **36 ἀν-αντίρ-ρη-** 36
τος[11] *unbestreitbar, unbedingt richtig.* **ὄντων** Ptz. εἰμί, gen. abs. (A288),
kaus.; ἀναντιρρήτων οὖν ὄντων τούτων *da dies unbestreitbar ist.* **δέον**
Ptz. δεῖ, umschrieb. Präs. (A249a); δέον ἐστίν (schon att.) = δεῖ (BDR
§353,4). **κατ-ε-σταλμένους** Pf. Ptz. Pass. κατα-στέλλω, umschrieb. Pf.
Inf. (vgl. A249b); δέον ἐστὶν ὑμᾶς κατεσταλμένους ὑπάρχειν *ihr*
müßt ruhig sein/euch ruhig verhalten. **ὑπ-άρχειν** Inf. -άρχω hier = εἰμί als
Kopula (B 2; H-S §256c; A78); erstes Präd. des AcI, abhängig v. δέον ἐστίν.
προ-πετής[7] *überstürzt, unbesonnen, übereilt* (Menge). **πράσσειν** Inf.
πράσσω V. 19; zweites Präd. des AcI, abhängig v. δέον ἐστίν; καὶ μηδὲν
προπετὲς πράσσειν *und dürft* (H-S §217c Anm. 1) *nichts Unüberlegtes tun*
(Einh.). **37 ἠγάγετε** Aor. ἄγω hier etwa *herschleppen.* **ἱερό-συλος**[11] 37
Tempelräuber (nach B evtl. allgemeiner *einer, der ehrfurchtslose Handlungen ge-*
gen das Heiligtum verübt, etwa *Tempelschänder* [Roloff, Apg, S. 290]). **βλασ-**
φημοῦντας Ptz. -φημέω *verleumden; lästern;* part. coni. zum AkkO (H-S
§230c; A287), konz.; οὔτε ἱεροσύλους (erg. wohl ὄντας [Ptz. εἰμί, eben-
falls konz.; BDR §418[9]]) οὔτε βλασφημοῦντας τὴν θεὸν ἡμῶν *obwohl*
sie weder Tempelräuber sind noch unsere Göttin lästern bzw. *obwohl sie weder den*
Tempel beraubt noch unsere Göttin beleidigt haben (GNB). **ἡ θεός** *die Göttin*
(s. zu V. 27). **38 εἰ** m. Ind. indefiniter Fall (A342). **Δημήτριος** V. 24. 38
τεχνίτης[1] V. 24; οἱ σὺν αὐτῷ τεχνῖται *seine Handwerksgenossen* (B σύν
1c), *seine Zunftgenossen.* **λόγος** hier *eine (Streit-)Sache* (B 1aε), *eine Klage*
πρός τινα *gegen jmdn.* **ἀγοραῖος** eig. *zum Marktplatz* (ἀγορά) *gehörend;*
αἱ ἀγοραῖοι (erg. ἡμέραι od. σύνοδοι [Zusammenkünfte], BDR §5[21]) *die*
Gerichtstage. **ἄγονται** Pass. ἄγω hier *abhalten* (B 4); ἀγοραῖοι ἄγονται
καὶ ἀνθύπατοί εἰσιν *so werden ja Gerichtstage abgehalten, und es gibt Statt-*
halter (Menge) od. *so gibt es dafür Gerichtstage und Prokonsuln* (Einh.); nach
röm. Brauch sprach der Prokonsul od. dessen Stellvertreter in der Hauptstadt
des Gerichtsbezirks (des „conventus") – Ephesus war eine solche – zu best.
Zeiten Recht (AFCS 2, S. 355). **ἀνθ-ύπατος** *Prokonsul* (röm. Statthalter
einer Provinz des Senats; vgl. KP 4, Sp. 1149); als höchster Autorität der Pro-
vinz Asia oblagen ihm in erster Linie Rechtsprechung u. Aufrechterhaltung v.
Ruhe u. Ordnung; eine „Klageerhebung" fiel also in seinen Zuständigkeitsbe-
reich, während andere Geschäfte wie das Erlassen v. Verhaltensvorschriften für
ansässige Nichtbürger (vgl. V. 39) Sache der Volksversammlung war (AFCS 2,
S. 355); der Pl. ἀνθύπατοι ist am ehesten als Verallgemeinerung zu verstehen

(im Sinn v. „dafür gibt es ja [in den Provinzen] Prokonsuln [so auch einen
hier]“; doch s. Hemer, Setting, S. 123, für Hinweise, daß 54 n. Chr. in der Pro-
vinz Asia eine Zeitlang zwei Männer gleichzeitig das Prokonsulamt inne
hatten). **ἐγ-καλείτωσαν** Imp. 3. Pl. -καλέω *beschuldigen, anklagen, An-
klage erheben* (juristischer term. tech.), hier τινί *jmdn./gegen jmdn.;* ἐγκαλεί-
τωσαν ἀλλήλοις *(dort) mögen sie einander verklagen* bzw. *dort sollen sie mit-
einander prozessieren* (Wilckens) od. *dort können sie ihre Sache vorbringen*
39 (GNB). **39 περαιτέρω** (Komp. zu πέρα jenseits) Adv. *darüber hinaus.*
ἐπι-ζητέω *suchen;* nach B 1b hier *wissen wollen,* wohl aber besser *wünschen,
fordern* (die meisten; vgl. B 2a/b), viell. *vorzubringen haben* (Wilckens) o.ä.; εἰ
δέ τι περαιτέρω ἐπιζητεῖτε etwa *wenn ihr aber irgendwelche anderen
Forderungen* (viell. *Anliegen*) *habt* (vgl. GNB/Menge). **ἔν-νομος**[11]
gesetzmäßig, gesetzlich; ἡ ἔννομος ἐκκλησία (vgl. V. 42) *die gesetzmäßige/or-
dentliche* (d.h. [vgl. GNB] *ordentlich einberufene*) *Volksversammlung* (für
relevante inschriftl. u. andere Hinweise s. AFCS 2, S. 356f). **ἐπι-λυθήσεται**
Fut. Pass. -λύω *deuten, erklären;* hier *klären, entscheiden;* wohl mod. Fut. im
40 Sinn v. „sollen/können“ (A247b/c). **40 καὶ γάρ** hier (= lat. etenim) *denn* (B
γάρ 1b), *nämlich, denn in der Tat* (ZG). **κινδυνεύω** V. 27. **ἐγ-κα-
λεῖσθαι** Inf. Pass. -καλέω Pass. hier τινός *einer Sache* (sonst περί τινος
[wegen] einer Sache) *angeklagt werden* (BDR §178; vgl. H-S §167i); κιν-
δυνεύομεν ἐγκαλεῖσθαι στάσεως περὶ τῆς σήμερον etwa *wir stehen
in Gefahr, daß man uns wegen der heutigen Vorkommnisse des Aufruhrs anklagt*
(mögl., aber grammatisch problematischer [στάσεως περὶ τῆς σήμερον =
περὶ τῆς σήμερον στάσεως]: ... *daß man wegen des heutigen Aufruhrs
Anklage gegen uns erhebt*). **στάσις**[8] *(das) Aufstellen;* hier *Aufstand, Aufruhr*
(B 2). **περὶ τῆς σήμερον** erg. ἡμέρας (B σήμερον; A88) *wegen des
heutigen Tages = wegen der heutigen Vorkommnisse* (Menge). **αἴτιος** *schuldig;*
τὸ αἴτιον *die Schuld,* aber auch (so hier) *der Grund* (B 2). **ὑπ-άρχοντος**
Ptz. -άρχω hier *vorliegen* (B 1); kaus./mod.; μηδενὸς αἰτίου ὑπάρχοντος
περὶ οὗ οὐ δυνησόμεθα ἀποδοῦναι λόγον περὶ τῆς συστροφῆς
ταύτης syntaktisch schwierig, aber etwa wie folgt deutbar (περὶ οὗ als rel.
Anschluß [A364a] m. Semikolon davor deutend): *da kein* (od.: *ohne daß ein*)
Grund (dafür) vorliegt; wegen/angesichts dieser Tatsache (daß wir näml. ohne
irgendwelchen Anlaß so gehandelt haben) *werden wir diesen Aufruhr nicht
rechtfertigen können* bzw. (freier) *es gibt keinen Grund für diesen Aufruhr; wir
können ihn durch nichts rechtfertigen* (GNB) od. (falls v. der Var. ohne οὐ
auszugehen ist): *da kein* (od.: *ohne daß ein*) *Grund vorliegt, mit dem wir diesen
Aufruhr rechtfertigen könnten* (vgl. Menge). **δυνησόμεθα** Fut. Med.
δύναμαι. **ἀπο-δοῦναι** Aor. Inf. -δίδωμι; λόγον ἀποδίδωμι *Rechen-
schaft ablegen/geben* (B 1) περί τινος *über etwas* bzw. hier etwa *etwas recht-
fertigen* (Menge). **συ-στροφή** *Zusammenrottung, Aufruhr.* **εἰπών** Aor.

Ptz. λέγω, temp./mod.; ταῦτα εἰπών *nach/mit diesen Worten.* **ἀπ-έ-λυσεν**
Aor. ἀπο-λύω hier *auflösen.* **ἐκκλησία** V. 32.
μετὰ τό m. AcI temp. (A282; BDR §402[4]). **παύσασθαι** Aor. Inf. 20
Med. παύω *zum Aufhören bringen;* Med. *aufhören;* Präd. des AcI; μετὰ δὲ τὸ
παύσασθαι τὸν θόρυβον *nachdem/als sich der Tumult gelegt hatte.* **θόρυ-
βος** *Aufruhr, Tumult, Lärm.* **μετα-πεμψάμενος** Aor. Ptz. Med. -πέμπο-
μαι[45] *nach* jmdm. *schicken,* jmdn. *(zu sich) kommen lassen,* jmdn. *zu sich bitten
lassen;* temp. (A291,1 Anm. 1). **μαθητής** hier *Jünger Jesu,* fast = *Christ*
(B 2bγ). **παρα-καλέσας** Aor. Ptz. -καλέω erg. αὐτούς (A79); temp.
(A291,1 Anm. 1); παρακαλέσας *ermahnte sie* od. *sprach ihnen Mut zu.*
ἀσπασάμενος Aor. Ptz. Med. ἀσπάζομαι hier *Abschied nehmen, sich
verabschieden* (B 1a); temp. (A291,1 Anm. 1). **ἐξ-ῆλθεν** Aor. -έρχομαι hier
etwa *weggehen, aufbrechen.* **πορεύεσθαι** Inf.; fin. (A276); ἐξῆλθεν πορεύ-
εσθαι εἰς Μακεδονίαν etwa *(er) trat die Reise nach Mazedonien an*
(Menge); vgl. 2Kor 2,12f; zumindest 2Kor 1-9 scheint Paulus in dieser Phase
(aus Mazedonien) geschrieben zu haben, als die in Apg 19,21 u. 1Kor 16,5 ange-
deuteten Pläne sich zu verwirklichen begannen (Hemer, Setting, S. 188).
Μακεδονία 16,9. **2 δι-ελθών** Aor. Ptz. -έρχομαι hier *durchziehen;* 2
temp. **τὰ μέρη** *das Gebiet, die Gegenden;* diese Reise führte ihn vermutl.
durch Mazedonien wohl die „Via Egnatia" (s. zu 16,11) entlang nach Dyrrha-
chium an der Adria u. dann in nördl. Richtung (vgl. Röm 15,19) „bis nach Illy-
rien" (röm. Provinz nordwestl. v. Mazedonien), anschließend der adriatischen
Küste entlang wieder nach Süden bis in die Provinz Achaia (AFCS 2, S. 410).
παρα-καλέσας temp. **λόγῳ πολλῷ** dat. instr. (A176) *durch viel/lange
Rede* (vgl. B λόγος 1aβ) = *mit vielen Worten/Ansprachen;* καὶ παρακαλέ-
σας αὐτοὺς (sinngemäße Konstruktion [A96; vgl. BDR §282,1]) λόγῳ πολ-
λῷ *und (nachdem er) den dortigen Gemeinden/Christen mit vielen Worten ermu-
tigt/ermahnt hatte* od. *und (er) sprach oft und eindringlich zu den Gemeinden/Chri-
sten; dann* (vgl. Einh.). **Ἑλλάς**[3] άδος ἡ *Griechenland* (hier volkstüml. Be-
zeichnung der röm. Provinz Achaia [Bruce, Apg, S. 423]). **3 ποιήσας** Aor. 3
Ptz. ποιέω hier (hell.) m. Akk. der Zeit *zubringen* (B I1eδ); temp.; gemeint ist
wohl der Winter 56/57; in dieser Zeit schrieb Paulus wahrscheinl. seinen Brief
an die Christen in Rom (Bruce, Apg, S. 423). **μήν**[4] μηνός ὁ *Monat.* **γενο-
μένης** Aor. Ptz. Med. γίνομαι hier *gemacht/geplant werden;* gen. abs.
(A288), temp.; γενομένης ἐπιβουλῆς αὐτῷ ὑπὸ τῶν Ἰουδαίων μέλ-
λοντι ἀνάγεσθαι εἰς τὴν Συρίαν, ἐγένετο γνώμης τοῦ ὑποστρέ-
φειν διὰ Μακεδονίας etwa *als er mit dem Schiff nach Syrien fahren wollte,
planten die Juden einen Anschlag auf ihn. So entschloß er sich, den Rückweg*
(GNB: *den Landweg* [kontextgetreu, vgl. Hemer, Setting, S. 124]) *über Mazedo-
nien zu nehmen* (Einh.). **ἐπι-βουλή** *Anschlag* τινί *auf jmdn.* **μέλλοντι**
Ptz. μέλλω hier *wollen* (B 1cγ); part. coni. zu αὐτῷ (H-S §230c; A287), temp.

ἀν-άγεσθαι Inf. Med. -άγω *hinauf-, heraufführen;* Med./Pass. nautischer
term. tech. *in See stechen, auslaufen,* hier m. **εἰς** *sich einschiffen nach* (Menge),
(mit einem Schiff) fahren nach. **Συρία** 15,23. **ἐ-γένετο** Aor. Med. γίνομαι
hier m. gen. poss. (A154): ἐγένετο γνώμης (vgl. „er war der Meinung") *er
kam zum Entschluß* (B II2a), *er entschloß sich* (Menge). **γνώμη** *Gesinnung;
Meinung; Einverständnis; Entschluß.* **τοῦ** m. Inf. Attr. zu γνώμη (BDR §400[3];
A281; H-S §225a); ἐγένετο γνώμης τοῦ ὑποστρέφειν διά *er entschloß
sich zur Rückkehr durch* (Menge), *er entschloß sich den Rückweg über ... zu neh-
men* (vgl. Einh.). **ὑπο-στρέφειν** Inf. -στρέφω *zurückkehren,* hier διά m.
4 Gen. *durch/über.* **4 συν-είπετο** Ipf. Med. -έπομαι m. τινί *im Gefolge von
jmdm. sein* (B), *jmdn. begleiten* (Menge); zum Sg.-Präd. vgl. A94; bei diesen Be-
gleitern handelte es sich wohl zumeist um Vertreter v. Gemeinden, die deren
Beiträge zur Sammlung für die notleidenden Christen in Jerusalem mitführten
(vgl. 1Kor 16,1-4; 2Kor 8,1-9,15; Röm 15,25-27; vgl. Apg 19,21; 24,17). [Var.
μέλλοντος, gen. abs. (A288), temp. ἐξ-ιέναι V. 7. μέχρι V. 7. Ἀσία
2,9.] **Σώπατρος** *Sopater* (viell. der Σωσίπατρος v. Röm 16,21); Σώπα-
τρος Πύρρου (usuelle) Ellipse v. „Sohn" (A156 u. 376): *Sopater, der Sohn von
Pyrrhus.* **Πύρρος** *Pyrrhus.* **Βεροιαῖος** *Beröer, Bewohner Beröas* (Stadt in
Mazedonien [s. zu 17,10]), übers. *aus Beröa.* **Θεσσαλονικεύς**[8] *Thessalo-
nicher, Bewohner Thessalonichs* (Stadt in Mazedonien [s. zu 17,1]), übers. *aus
Thessalonich.* **Ἀρίσταρχος** *Aristarch* (s.a. 19,29). **Σεκοῦνδος** *Sekundus*
(sonst unerwähnt). **Γάϊος** *Gaius;* braucht nicht m. dem Gaius v. 19,29 gleich-
gesetzt zu werden (andernfalls wäre dort der Sg. Μακεδόνα od. statt Δερ-
βαῖος evtl. die Var. Δουβ[έ/ή]ριος zu lesen); s. Bruce, Apg, S. 423f. **Δερ-
βαῖος** *Derbäer, Bewohner Derbes* (Stadt im kleinasiatischen Lykaonien [s. zu
14,6]), übers. *aus Derbe* [Var. Δουβ(έ/ή)ριος *Bewohner von Doberus* (in Maze-
donien)]. **Τιμόθεος** 16,1. **Ἀσιανός** *aus der Provinz Asia* (vgl. zu 2,9)
Stammender. **Τυχικός** *Tychikus* (vgl. Eph 6,21f; Kol 4,7; Tit 3,12; 2Tim 4,12).
5 **Τρόφιμος** *Trophimus* (nach 21,29 aus Ephesus; vgl. 2Tim 4,20). **5 οὗτοι**
diese (in V. 4 Genannten), evtl. *diese (beiden)* (ledigl. Tychikus u. Trophimus).
προ-ελθόντες Aor. Ptz. -έρχομαι[187] *vorgehen, weitergehen;* hier *vorausrei-
sen* (B 3); temp. (A291,1 Anm. 1) [Var. προσ-]; sie fuhren wohl m. dem Schiff
(vermutl. v. Kenchreä aus) auf dem direktesten Weg nach Troas, während Pau-
lus (nach seiner Rückreise durch Mazedonien) m. seinen Begleitern v. Philippi
aus zu ihnen stieß. **ἔ-μενον** Ipf. μένω hier tr. *erwarten, warten auf* (B 2a).
ἡμᾶς markiert den Beginn des zweiten „Wir"-Stücks (vgl. zu 16,10). **Τρῳ-
6 ἀς**[3] 16,8. **6 ἐξ-ε-πλεύσαμεν** Aor. ἐκ-πλέω[30] *absegeln, (mit dem Schiff)
abfahren.* **ἄ-ζυμος**[11] *ungesäuert, ohne/frei von Sauerteig;* τὰ ἄζυμα *ungesäu-
erte Brotfladen* (Mazzen), *das Fest der ungesäuerten Brote* (Mazzenfest; s. zu Mt
26,17); es könnte sich gut um dasjenige des Jahres 57 n. Chr. handeln (dazu
Bruce, Apg, S. 424). **Φίλιπποι** 16,12; ἀπὸ Φιλίππων *von Philippi,* d.h. v.

dessen Hafen Neapolis (s. 16,11f). **εἰς** hier *nach.* **ἄχρι** hier *binnen* (B 1a);
ἄχρι ἡμερῶν πέντε *in/nach fünf Tagen, nach fünftägiger Fahrt* (GNB); vgl.
16,11, wo die Überfahrt in umgekehrter Richtung (wohl wegen günstigeren
Windverhältnissen) ledigl. zwei Tage dauerte. **πέντε**[19] *fünf.* **δι-ε-τρίψα-
μεν** Aor. δια-τρίβω[50] *verweilen,* (Zeit) *zubringen, sich* (an einem Ort) *aufhal-
ten.* **ἡμέρας ἑπτά** *sieben Tage, eine Woche.*

7 ἐν τῇ μιᾷ τῶν σαββάτων = ἐν τῇ πρώτῃ (A138,1) ἡμέρᾳ 7
(A88) τῶν σαββάτων *am ersten Tag der Woche* (d.h. am Sonntag), d.h. hier
wohl (wie GNB) *am Sonntag abend* (nach röm. Tageseinteilung, wie bei Lukas
eher vorauszusetzen), weniger wahrscheinl. *am Abend vor dem Sonntag* (GN) =
am Samstag abend (nach jüd. Tageseinteilung, die den neuen Tag bereits am
Vorabend beginnen läßt). **συν-ηγμένων** Pf. (A231) Ptz. Pass. -άγω, gen.
abs. (A288), temp. **κλάσαι** Aor. Inf. κλάω[23] *(in Stücke) brechen;* fin.
(A276); κλάσαι ἄρτον *um (das) Brot zu brechen* zieml. sicher = *zum Mahl
des Herrn* (s. zu κλάσις 2,42). **δι-ε-λέγετο** Ipf. Med. δια-λέγομαι *mitein-
ander reden; eine Rede richten an, reden/sprechen zu;* hier m. τινί *zu jmdm. spre-
chen.* **αὐτοῖς** *zu ihnen* = *zu den Versammelten* (sinngemäße Konstruktion
[A96; vgl. BDR §282]). **μέλλων** Ptz. μέλλω V. 3; kaus. **ἐξ-ιέναι** Inf. ἔξ-
ειμι (εἶμι) (vgl. A32) *herausgehen, fortgehen,* hier *abreisen.* **ἐπ-αύριον** *mor-
gen* (= tags darauf), τῇ ἐπαύριον (erg. ἡμέρᾳ, vgl. A88) temp. Dat. (A182)
am nächsten Tag. **παρ-έ-τεινεν** Ipf. παρα-τείνω *ausdehnen, in die Länge
ziehen.* **τὸν λόγον** *seine* (A103) *Rede.* **μέχρι** uneig. Präp. (A183) *bis.* **με-
σο-νύκτιον** *(die) Mitternacht.* **8 ἦσαν** Ipf. εἰμί. **δέ** markiert hier Paren- 8
these (vgl. BDR §447,1b; A374). **λαμπάς**[3] άδος ἡ *Fackel;* hier *Lampe* m.
Docht u. Ölbehälter (B 2); ἦσαν λαμπάδες ἱκαναί *zahlreiche Lampen
brannten* (Menge). **ἱκανός** *hinlänglich;* hier *viel, zahlreich.* **ὑπερῷον** *oberes
Stockwerk, Obergemach.* **οὗ**[18] *wo, wohin* bzw. hier *in dem.* **ἦμεν** Ipf. εἰμί.
συν-ηγμένοι Pf. (A231) Ptz. Pass. -άγω, umschrieb. Plsqpf. (A25/249b).
9 καθ-εζόμενος Ptz. -έζομαι *sitzen, sich setzen;* attr. **νεανίας**[1] ου *jun- 9
ger Mann* (bis etwa zum Alter v. 40). **ὀνόματι** dat. respectus (vgl. BDR
§197,2; vgl. A178) *mit Namen, namens.* **Εὔτυχος** *Eutychus.* **θυρίς**[3] ίδος ἡ
(Diminutivform v. θύρα Tür) *Fenster;* καθεζόμενος τις νεανίας ... ἐπὶ
τῆς θυρίδος *ein junger Mann ... der im (offenen) Fenster (= auf der Fenster-
bank) saß* (vgl. Menge). **κατα-φερόμενος** Ptz. Pass. -φέρω *herabbringen;*
Pass. *in einen Zustand geraten* (m. Dat.), hier ὕπνῳ βαθεῖ *in tiefen Schlaf ver-
sinken,* ἀπὸ τοῦ ὕπνου *vom Schlaf überwältigt werden;* temp. (A291,1
Anm. 1). **ὕπνος** *Schlaf.* **βαθύς**[10] εῖα ύ *tief.* **δια-λεγομένου** Ptz., gen.
abs. (A288), temp./kaus.; διαλεγομένου τοῦ Παύλου ἐπὶ πλεῖον *als/weil
Paulus so lange sprach.* **ἐπὶ πλεῖον** *lange Zeit hindurch, lange* (B ἐπί III2b).
κατ-ενεχθείς Aor. Ptz. Pass. κατα-φέρω[198], temp./kaus.; κατενεχθεὶς
ἀπὸ τοῦ ὕπνου *nachdem/da er vom Schlaf überwältigt worden war* bzw. ein-

fach *vom Schlaf überwältigt* od. *im Schlaf.* **ἔ-πεσεν** Aor. πίπτω. **τρί-στε-**
γον *drittes Stockwerk* (das Erdgeschoß mitgezählt). **κάτω** *unten; nach unten.*
ἤρθη Aor. Pass. αἴρω; καὶ ἤρθη νεκρός (Artangabe zum Subj., A65) *und er*
wurde tot aufgehoben bzw. *als sie ihn aufhoben, war er tot* (so zweifellos die Aus-
10 sage des Lukas [vgl. dagegen 14,19]). **10 κατα-βάς** Aor. Ptz. -βαίνω, temp.
(A291,1 Anm. 1). **ἐπ-έ-πεσεν** Aor. ἐπι-πίπτω[194] *fallen/kommen auf/über,*
hier τινί *sich über jmdn. werfen* (B 1b). **συμ-περι-λαβών** Aor. Ptz. -λαμ-
βάνω[152] *umfassen, umschlingen,* erg. αὐτόν (A79; B); temp. (A291,1 Anm. 1).
θορυβεῖσθε Imp. Pass. θορυβέω *in Aufruhr bringen;* Pass. *in Unruhe geraten,*
sich aufregen; μὴ θορυβεῖσθε *beunruhigt euch nicht* (Menge), *macht euch keine*
Sorgen (GNB). **ψυχή** hier v. äußerl.-irdischen *Leben;* ἡ γὰρ ψυχὴ αὐτοῦ
ἐν αὐτῷ ἐστιν *denn sein Leben ist in ihm = denn er lebt;* d.h. das Leben ist
11 durch die Totenauferweckung zurückgekehrt. **11 ἀναβάς** Aor. Ptz. ἀνα-
βαίνω, temp. **κλάσας** Aor. Ptz. κλάω, temp. (A291,1 Anm. 1). **γευσά-**
μενος Aor. Ptz. Med. γεύομαι (Speise) *kosten, schmecken; genießen, essen;*
temp. (A291,1 Anm. 1); ἀναβὰς δὲ καὶ κλάσας τὸν ἄρτον καὶ γευσά-
μενος *dann ging er (wieder) hinauf; er brach das Brot und aß,* d.h. wohl *(er) aß*
davon (vom Mahl des Herrn), viell. *(er) aß* (zusätzlich) *etwas* (eine Mahlzeit).
ἱκανός hier ἐφ' ἱκανόν *ausgiebig, lange (Zeit)* (B 1c). **ὁμιλήσας** Aor.
Ptz. ὁμιλέω *reden, sprechen, sich besprechen;* temp. **αὐγή** *Morgenröte;* ἄχρι
αὐγῆς *bis Tagesanbruch* (B), *bis zum Morgengrauen* (Einh.). **οὕτως** faßt die
vorangehende Partizipialkonstruktion (nach klass. Gebrauchsweise) zusammen
(BDR §425,6); ἐφ' ἱκανόν τε ὁμιλήσας ἄχρι αὐγῆς, οὕτως ἐξῆλθεν
etwa *danach sprach er noch lange mit ihnen und machte sich erst auf den Weg, als*
12 *die Sonne aufging.* **ἐξ-ῆλθεν** V. 1. **12 ἤγαγον** Aor. ἄγω hier viell. im
Sinn v. *hereinführen* (Wilckens), *von dort wegführen* (Einh.) od. *nach Hause*
bringen. **παῖς**[3] παιδός *Kind* (ὁ *Junge;* ἡ *Mädchen*). **ζῶντα** Ptz. ζάω, mod.
bzw. Artangabe zum AkkO (A65) *lebend* (GNB: *gesund*). **παρ-ε-κλήθη-**
σαν Aor. Pass. παρα-καλέω. **μετρίως** *mäßig;* οὐ μετρίως (Litotes,
A386) *sehr;* καὶ παρεκλήθησαν οὐ μετρίως etwa *und wurden (dadurch)*
sehr getröstet/ermutigt, und sie wurden voll Zuversicht (Einh.).
13 **13 προ-ελθόντες** V. 5; temp. (A291,1 Anm. 1); ἡμεῖς δὲ προελθόν-
τες ἐπὶ τὸ πλοῖον *wir (alle außer Paulus) bestiegen ein Schiff* (wörtl. *wir gin-*
gen voraus auf das Schiff) und. **ἀν-ήχθημεν** Aor. Pass. -άγω[59] V. 3, hier
ἐπί m. Akk. *fahren nach* (bzw. *in Richtung* [B ἐπί III1aδ] od. *auf ... zu* [Men-
ge]). **Ἆσσος** ἡ *Assos* (heutiges Behram-köy), kleine Stadt an der Südküste
der Troas (= gebirgige Nordwestecke Kleinasiens), gegenüber dem Nordende
der Insel Lesbos, auf steilem Trachytkegel über der Küste (KP 1, Sp. 1542-1544;
AFCS 2, S. 359f). **ἐκεῖ-θεν**[18] *von dort.* **μέλλοντες** Ptz. μέλλω V. 3; kaus.
ἀνα-λαμβάνειν Inf. -λαμβάνω *aufnehmen;* hier *an Bord nehmen* (B 4).
δια-τε-ταγμένος Pf. (A231) Ptz. Med. -τάσσω[79] *anordnen, befehlen;*

umschrieb. Plsqpf. (A25/249b); οὕτως γὰρ διατεταγμένος ἦν *denn so*
hatte er es angeordnet (B). **ἦν** Ipf. εἰμί. **μέλλων** Ptz., kaus. **πεζεύειν** Inf.
πεζεύω (< πεζός zu Fuß [gehend]) *zu Land reisen* (im Ggs. zur Seefahrt), *zu*
Fuß gehen, den Weg zu Fuß zurücklegen; hier eine Strecke v. ca. 32 km.
14 συν-έ-βαλλεν Ipf. συμ-βάλλω *sich unterreden;* hier *zusammentreffen* 14
τινί *mit jmdm.* **εἰς** (erstes) = ἐν (vgl. B 9a; A184), (zweites) *nach.* **ἀνα-λα-**
βόντες Aor. Ptz. -λαμβάνω[152], temp. (A291,1 Anm. 1). **Μιτυλήνη** *Mi-*
tylene (klass. Schreibweise Μυτιλήνη *Mytilene*), Hauptstadt der Insel Lesbos
im Südosten der Insel (KP 3, Sp. 1544-1546). **15 κἀκεῖθεν** = καὶ ἐκεῖθεν. 15
ἀπο-πλεύσαντες Aor. Ptz. -πλέω[30] *wegsegeln, (mit dem Schiff) abfahren;*
temp. (A291,1 Anm. 1). **ἐπ-ιούσῃ** Ptz. Fem. ἔπ-ειμι (εἶμι) (vgl. A32) *be-*
vorstehen, folgen; attr. bzw. subst.; τῇ ἐπιούσῃ (erg. ἡμέρᾳ [vgl. A88]) temp.
Dat. (A182) *am folgenden Tag.* **κατ-ηντήσαμεν** Aor. -αντάω *hinkom-*
men, (hin)gelangen, m. ἄντικρύς τινος *auf die Höhe* (GNB: *in die Nähe*)
von ... gelangen/kommen (B 1). **ἄντικρυς** uneig. Präp. (A183) *gegenüber von.*
Χίος ἡ *Chios,* größere Insel dicht vor der Westküste Kleinasiens m. gleichna-
miger Stadt an deren Ostseite (etwa auf demselben Breitengrad wie Smyrna;
KP 1, Sp. 1148). **τῇ ἑτέρᾳ** (erg. ἡμέρᾳ [vgl. A88]) temp. Dat. (A182) etwa
tags darauf. **παρ-ε-βάλομεν** Aor. παρα-βάλλω[112] nautischer term. tech.
sich (zu Schiff) nähern, hinüberfahren εἰς *nach* (B 2), *anlegen in* (Menge). **Σά-**
μος ἡ *Samos,* Insel vor der Westküste Kleinasiens (südwestl. v. Ephesus) m.
gleichnamiger Stadt (KP 4, Sp. 1534-1537). [Var. μείναντες Aor. Ptz. μένω,
temp. Τρωγύλ(λ)ιον (BDR §42[3]) *Trogyllion,* gegenüber dem südöstl. Teil v.
Samos liegende gebirgige Halbinsel m. gleichnamiger Stadt (Bruce, Apg, S. 428;
B).] **ἐχομένῃ** Ptz. Med. ἔχω hier Ptz. Med. *unmittelbar darauffolgend*
(B III3); attr. bzw. subst.; τῇ ἐχομένῃ (erg. ἡμέρᾳ [vgl. A88]) temp. Dat.
(A182) etwa *am nächsten Tag.* **εἰς** (zweites) *nach.* **Μίλητος** ἡ *Milet,* Stadt
an der Westküste Kleinasiens, am Südrand der Mäander-Ebene, im Altertum
unmittelbar am Meer (heute etwa 8 km landeinwärts) gelegen (LAW, Sp. 1959f;
AFCS 2, S. 360-362). **16 κε-κρίκει** Plsqpf. (hier ohne Aug.; vgl. A21; H-S 16
§72h) κρίνω hier *entscheiden, beschließen, sich vornehmen* (B 3). **παρα-**
πλεῦσαι Aor. Inf. -πλέω[30] *(mit dem Schiff) vorüberfahren an.* **Ἔφεσος**
18,19. **γένηται** Aor. Konj. Med. γίνομαι; ὅπως μὴ γένηται αὐτῷ
χρονοτριβῆσαι ἐν τῇ Ἀσίᾳ „damit es ihm nicht geschehen würde, Zeit ...
zu verlieren" = *damit er ... keine Zeit verlor* (vgl. B I3bα) bzw. *um ... keine Zeit zu*
verlieren. **χρονο-τριβῆσαι** Aor. Inf. -τριβέω *Zeit verbringen, Zeit verlieren*
(Menge). **Ἀσία** 2,9. **ἔ-σπευδεν** Ipf. σπεύδω *sich beeilen* bzw. etwa *dar-*
auf drängen (Wilckens). **δυνατός** *stark, mächtig;* Ntr. *möglich.* **εἴη** Opt.
εἰμί; εἰ δυνατὸν εἴη αὐτῷ (potentialer Fall [ohne entsprechenden Dann-
Satz; A344], literatursprachl. [BDR §385[4]]) *wenn es ihm möglich sein sollte* bzw.
einfach *womöglich* (Menge) od. *wenn irgend möglich* (Wilckens). **πεντηκο-**

στή[19] *Pfingsten* (s. zu 2,1); τὴν ἡμέραν τῆς πεντηκοστῆς hier temp.
Akk. (Antwort auf die Frage „Wann?“ [H-S §155b; A148; BDR §161[6]]) *am*
Pfingsttag, zum Pfingstfest. **γενέσθαι** Aor. Inf. Med. γίνομαι hier εἰς *kom-*
men/gelangen nach (B I4cα) bzw. *sein in* (Menge).
17 **17 Μίλητος** V. 15; es lag etwa 48 km südl. v. Ephesus. **πέμψας** Aor.
Ptz. πέμπω erg. *jemand, eine Nachricht* o.ä. (vgl. A79), ἀπό ... εἰς *von ... aus*
nach; temp. (A291,1 Anm. 1). **Ἔφεσος** 18,19. **μετ-ε-καλέσατο** Aor.
18 Med. μετα-καλέομαι[37] *zu sich rufen, zu sich kommen lassen.* **18 παρ-ε-**
γένοντο Aor. Med. παρα-γίνομαι[176] *ankommen, eintreffen* πρός τινα
bei jmdm.; Aor. Ind. bez. hier Vorvergangenheit (vgl. H-S §199n; A224); es folgt
eine Rede des Paulus (die einzige an Christen gerichtete innerhalb der Apg),
die bes. viele Parallelen zu seinen Briefen aufweist (Bruce, Apg, S. 430ff).
ὑμεῖς Subj. betont (A122). **ἐπίσταμαι** *wissen, kennen;* ὑμεῖς ἐπίστα-
σθε ... πῶς *ihr wißt selbst, wie ...* (Menge). **ἀπὸ πρώτης ἡμέρας ἀφ᾽**
ἧς = ἀπὸ πρώτης ἡμέρας ᾗ (ZG: Einfluß durch vorangehenden Gen.; vgl.
Attraktion des Rel.-Pron. [A361c]; vgl. BDR §293[14]) *vom* (BDR §256[3]) *ersten*
Tag ab, an dem (Menge) bzw. *von dem Tag an, als* (GNB). **ἐπ-έ-βην** Aor.
ἐπι-βαίνω[139] (ein Gebiet) *betreten* (m. εἰς) (= dort ankommen). **Ἀσία**
2,9. **τὸν πάντα χρόνον** Akk. der zeitl. Ausdehnung (A148) *die ganze Zeit*
hindurch. **ἐ-γενόμην** Aor. Med. γίνομαι hier (εἰμί entsprechend) μετά
19 τινος *bei/mit jmdm. sein/sich verhalten/leben* (vgl. B II4a). **19 δουλεύων**
Ptz. δουλεύω *Sklave/unterworfen sein, Sklavendienste tun, dienen;* mod. **τα-**
πεινο-φροσύνη *Bescheidenheit, Demut.* **δάκρυον** *Träne,* Pl. *Tränen,*
(das) Weinen. **πειρασμός** *Prüfung; Versuchung, Anfechtung;* μετὰ πάσης
ταπεινοφροσύνης καὶ δακρύων καὶ πειρασμῶν etwa *mit/in aller*
Demut und (oft/manchmal) unter Tränen und unter Anfechtungen/unter schweren
Prüfungen. **συμ-βάντων** Aor. Ptz. -βαίνω[139] (Wz.-Aor. A21) *zustoßen, be-*
gegnen; attr.; τῶν συμβάντων μοι ἐν ταῖς ἐπιβουλαῖς τῶν Ἰουδαίων
etwa *die mir aus den Nachstellungen der Juden erwuchsen* (Menge) od. *die ich*
durch die Nachstellungen der Juden zu erleiden hatte/habe (vgl. Einh.); vgl. V. 3
20 sowie 19,9. **ἐπι-βουλή** *Anschlag, Nachstellung.* **20 ὡς** *wie* (greift Konstruk-
tion m. ἐπίστασθε ... πῶς wieder auf). **ὑπ-ε-στειλάμην** Aor. Med.
ὑπο-στέλλω[113] Med. *(sich) zurückziehen; sich scheuen vor, (aus Angst) vermei-*
den/unterlassen bzw. *(feige) verschweigen* (B 2b/c). **συμ-φερόντων** Ptz. -φέ-
ρω *nützen, förderlich sein, von Vorteil/gut sein;* συμφέρων *nützlich;* τὰ συμ-
φέροντα *das, was nützlich ist* (B 2bα); οὐδέν ... τῶν συμφερόντων (gen.
partitivus, A164) etwa *nichts von dem, was heilsam ist* (Zür.) bzw. *... was für euch*
wichtig ist (GNB); sachl. entspricht dies hier dem πᾶσαν τὴν βουλὴν τοῦ
θεοῦ v. V. 27; zur Sache vgl. 1Thess 2,5; Gal 4,16; 2Kor 2,17; 4,2-5. **τοῦ** m. Inf.
hier kons. nach Verb des Unterlassens o.ä. (H-S §225c; [zur Neg. vgl. §247e];
BDR §400[6]; vgl. A281); ὡς οὐδὲν ὑπεστειλάμην τῶν συμφερόντων

τοῦ μὴ ἀναγγεῖλαι ὑμῖν καὶ διδάξαι ὑμᾶς ... *wie ich nichts verschwie-*
gen habe von dem, was heilsam ist, so daß ich es (A79) *euch nicht ... verkündet und*
gelehrt hätte bzw. etwa *wie ich nichts verschwiegen habe von dem, was heilsam ist;*
ich habe es euch verkündet und habe euch gelehrt ... (vgl. Einh.) od. *wie ich es*
nicht unterlassen habe, euch alles, was heilsam ist ... zu verkünden und zu lehren.
ἀν-αγγεῖλαι Aor. Inf. -αγγέλλω[110] *berichten, melden, verkünden.* **διδά-**
ξαι Aor. Inf. διδάσκω. **δημόσιος** *öffentlich;* δημοσίᾳ als Adv. (BDR
§241[9]) *in aller Öffentlichkeit, öffentlich.* **κατ' οἴκους** *in den einzelnen Häusern*
(B οἶκος 1aα; GNB: *in euren Hausgemeinden*). **21 δια-μαρτυρόμενος** 21
Ptz. -μαρτύρομαι (*feierlich* [ursprüngl. *eidlich*]) *bezeugen;* hier τινί τι *jmdm.*
etwas bezeugen, jmdm. etwas (beschwörend/dringend) ans Herz legen (vgl.
Menge); mod.; διαμαρτυρόμενος Ἰουδαίοις τε καὶ Ἕλλησιν τὴν
εἰς θεὸν μετάνοιαν καὶ πίστιν εἰς τὸν κύριον ἡμῶν Ἰησοῦν etwa
Juden wie Nichtjuden habe ich beschworen/es ans Herz gelegt, zu Gott umzukehren
und an Jesus, unseren Herrn, zu glauben (GNB: *und ihr Vertrauen auf Jesus,*
unseren Herrn, zu setzen). **Ἕλλην**[4] ηνος ὁ *Grieche;* hier im Sinn v. *Nichtjude*
(B 2a); Ἰουδαίοις τε καὶ Ἕλλησιν *Juden wie Nichtjuden* (vgl. 1Kor 1,22-
24; Röm 1,14.16; 2,9f; 3,9; 10,12). **μετά-νοια** *Sinnesänderung, Umkehr,*
Bekehrung bzw. *Abkehr.* **22 καὶ νῦν ἰδού** (LXX-Idiom [BDR §442[26]]) etwa 22
und jetzt, seht (Menge) od. *seht ... jetzt* (GNB). **δε-δεμένος** Pf. (A231) Ptz.
Pass. δέω, mod./kaus.; δεδεμένος ἐγὼ τῷ πνεύματι dat. respectus (A178)
im Geist gebunden (= im Innern unwiderstehl. getrieben [Anm. bei Menge] od.
viell. [die zu erwartende Gefangenschaft andeutend] = geistig bereits ein Ge-
fangener [vgl. Newman-Nida, Apg, S. 391]) od. dat. instr. (A176) *durch den (Hei-*
ligen) Geist gebunden (= einer Weisung des Heiligen Geistes folgend [vgl. 16,6;
GN: jetzt *gehorche ich dem heiligen Geist*] od. viell. = *gefesselt vom Heiligen Geist*
und als sein Gefangener [GNB]); für eine ähnl. Mehrdeutigkeit in bezug auf
πνεῦμα vgl. 18,25; 19,21. **εἰς** hier *nach.* **συν-αντήσοντα** Fut. Ptz. -αν-
τάω *begegnen; geschehen;* subst.; τὰ ἐν αὐτῇ συναντήσοντά μοι μὴ εἰ-
δώς *dabei weiß ich nicht/ohne zu wissen, was dort* (wörtl. *in ihr* [d.h. der Stadt])
mit mir geschehen wird. **εἰδώς** Pf. (m. präs. Bdtg.) Ptz. οἶδα, mod. neg. *dabei*
weiß ich nicht od. *ohne zu wissen* (A291,2; H-S §227d). **23 πλήν** *aber; nur;* 23
πλὴν ὅτι (klass.) *außer daß* (BDR §449[3]). **κατὰ πόλιν** *in jeder Stadt* (vgl.
B πόλις 1) hier = *in jeder Stadt, in die ich komme* (GNB); gemeint ist wahr-
scheinl. das prophetische Reden (wie später in Tyrus [21,4] u. Cäsarea [21,11];
zur angekündigten Not vgl. auch Röm 15,30-32). **λέγον** Ptz. Ntr. λέγω,
pleon. (A297), am besten als Doppelpunkt berücksichtigen. **δεσμός** (Pl.
δεσμοί od. δεσμά [BDR §49[3]]) *Fessel.* **μένω** hier tr. *erwarten, warten auf*
(B 2b). **24 ποιοῦμαι** Med. ποιέω hier wohl m. doppeltem Akk. (A97,15) 24
im Sinn v. *etwas für etwas halten* (vgl. B II2); ἀλλ' οὐδενὸς λόγου ποιοῦ-
μαι τὴν ψυχὴν τιμίαν ἐμαυτῷ ὡς ... ist grammatisch (wenn auch nicht

sachl.) schwierig (zu mögl., inhaltl. aber nur unwesentl. divergierenden Alterna-
tiven vgl. ZG u. Newman-Nida, Apg, S. 391); am besten wohl etwa *doch, was*
meine eigene Person angeht, so halte ich das Leben keines Wortes/nicht der Rede
wert (vgl. B λόγος 1aα), *wenn ich nur ...* bzw. *doch ich sehe das Leben als für*
mich selbst völlig wertlos an (Menge), *wenn ich nur ...* od. (freier) *doch was liegt*
schon an meinem Leben! Wichtig ist nur, daß ich ... (GNB); zur Sache vgl. 2Kor
4,7-11; 6,4-10; 12,9f; Phil 1,20; 2,17; 3,8; Kol 1,24. **ψυχή** hier *(das) irdische*
Leben (B 1aβ). **τίμιος** *teuer; kostbar, wertvoll;* auch (so am ehesten hier) m.
τινός (gen. pretii, A161) *einer Sache wert* (Zorell 4). **ἐμαυτοῦ**[14] *meiner*
(selbst) (Refl.-Pron.); dat. commodi (A173) *mir (selbst), für mich (selbst)* od. dat.
respectus (A178) *was mich (selbst) betrifft, was meine eigene Person angeht* (vgl.
ZG). **ὡς** m. Inf. hier fin. (B IV3b), allerdings in einem etwas bes. nuancierten
Sinn (ZG): *wenn ... nur* (Menge). **τελειῶσαι** Aor. Inf. τελειόω *vollenden,*
zu Ende/zum Abschluß bringen [Var. τελειώσω Fut. od. Aor. Konj. (ὡς im
Sinn v. ἵνα, BDR §369[1])]. **δρόμος** *Lauf, Wettlauf;* vgl. 2Tim 4,7. **καί** wohl
epexegetisch (A311,7) im Sinn v. *das heißt.* **διακονία** *Dienst, Aufgabe, Auf-*
trag; vgl. 2Kor 3,6; 4,1; 5,18; Kol 1,25; 4,17; 2Tim 4,5. **ἔ-λαβον** Aor. λαμβά-
νω[152]; zur Sache vgl. Gal 1,1.12; 1Tim 1,12. **δια-μαρτύρασθαι** Aor. Inf.
Med. -μαρτύρομαι (vgl. A33[132ff]), epexegetischer Inf. (BDR §394[2]; A279);
διαμαρτύρασθαι τὸ εὐαγγέλιον τῆς χάριτος (gen. obi., A158) τοῦ
θεοῦ *nämlich* (od. Doppelpunkt) *die Freudenbotschaft von der Gnade Gottes zu*
bezeugen; für die sich in Christus manifestierende Gnade Gottes als Gegenstand
des Evangeliums vgl. V. 32 (u. 14,3); 2Kor 6,1; Röm 5,15-17.20f; Eph 1,7f; 2,7;
25 3,2; Kol 1,6. **25 ὄψεσθε** Fut. Med. ὁράω hier τὸ πρόσωπόν τινος *jmdn.*
von Angesicht (d.h. persönlich) *sehen* (B πρόσωπον 1b). **ἐν** *unter, bei* (vgl.
B I4a); ὑμεῖς πάντες ἐν οἷς *ihr alle, unter/bei denen.* **δι-ῆλθον** Aor. -ἔρ-
χομαι hier etwa *sich bewegen* (Menge) od. *umherziehen* (Wilckens). **κηρύσ-**
26 **σων** Ptz., mod. **βασιλεία** erg. τοῦ θεοῦ (vgl. z.B. 19,8). **26 δι-ότι**
(A338) *(deshalb) weil;* hier *deshalb* (B 2). **μαρτύρομαι** *bezeugen, Zeugnis*
ablegen, versichern. **καθαρός** *rein.* **αἷμα** metonymisch häufig „(vergosse-
nes) Blut" für *gewaltsamer Tod, Mord* (A382c), hier etwa *Untergang* (= Verlust
des Heils); καθαρός εἰμι ἀπὸ τοῦ αἵματος πάντων etwa *mich trifft keine*
Schuld, wenn einer von euch verloren geht (GNB); s.a. 18,6 (sowie Ez 3,15-21;
27 33,4). **27 ὑπ-ε-στειλάμην** V. 20. **τοῦ** m. Inf. hier kons. nach Verb des
Hinderns (BDR §400[6]; vgl. A281; H-S §225c [zur Neg. vgl. §247e]). **ἀν-αγ-**
γεῖλαι V. 20; οὐ γὰρ ὑπεστειλάμην τοῦ μὴ ἀναγγεῖλαι ... ὑμῖν
etwa *denn ich habe nicht versäumt/ich habe mich der Pflicht nicht entzogen,*
euch ... zu verkünden (wörtl. *... entzogen, so daß ich euch nicht ... verkündet hätte*).
βουλή *Absicht: Beschluß, Ratschluß, Plan* (vgl. Eph 1,11; Röm 9,19); vgl. zu
28 V. 20. **28 προσ-έχετε** Imp. -έχω m. Dat. *den Sinn richten auf;* hier *achten*
auf (B 1b), *acht geben auf* (Menge); zur Sache vgl. 1Tim 4,16. **ποίμνιον**

(Diminutivform v. ποίμνη „Herde“, aber ohne diminutive Bdtg.) *Herde;* vgl.
Lk 12,32 sowie Jh 10,16. **ἐν** V. 25. **ἔ-θετο** Aor. Med. τίθημι hier m. doppel-
tem Akk. (A97,15) *jmdn. zu etwas machen* (B II2b), *jmdn. zu etwas bestellen*
(Menge); es ist nicht sicher, ob dies durch das Verleihen geeigneter Gaben (vgl.
1Kor 12,7-11) od. durch prophetische Weisung (vgl. 13,2.4; 1Tim 4,14) geschah.
ἐπί-σκοπος (< ἐπι-σκοπέω achtgeben auf, sorgen für) *Aufseher, Hüter,
Schützer; Vorsteher;* später *Bischof;* vgl. Phil 1,1; 1Tim 3,2; Tit 1,7; die ἐπίσκο-
ποι werden auch πρεσβύτεροι (V. 17) u. hier indirekt auch ποιμένες
(„Hirten“ [vgl. Eph 4,11]) genannt; andere ntl. Ausdrücke für „Vorsteher/Lei-
ter“ sind προϊστάμενοι (1Thess 5,12; Röm 12,8), προεστῶτες (1Tim 5,17)
u. ἡγούμενοι (Hb 13,7). **ποιμαίνειν** Inf. ποιμαίνω (als Hirte) *weiden,
hüten;* übertr. (hütend, leitend, bewahrend, pflegend) *sorgen für;* fin. (A276); zur
Sache vgl. 1Pt 5,1f u. Jh 21,16. **περι-ε-ποιήσατο** Aor. Med. -ποιέομαι
für sich erwerben; eine aus der LXX bekannte Ausdrucksweise, die die Erwäh-
lung Israels durch Gott bez. (vgl. Eph 1,14; 1Pt 2,9; ähnl. Tit 2,14). **διὰ τοῦ
αἵματος τοῦ ἰδίου** *durch sein eigenes Blut* (grammatisch-lexikalisch am
nächstliegenden); aus biblisch-theologischen Gründen aber häufig: *durch das
Blut des Seinigen/des Eigenen = durch das Blut seines eigenen Sohnes* (sprachl.
etwa wie folgt begründbar: ἴδιος wird im Sinn v. hebr. **יָחִיד** *jāḥîḏ einzig* ge-
braucht; diesem entsprechen manchmal auch ἀγαπητός, ἐκλεκτός *erwählt* u.
μονογενής[7] *einziges* [Kind], *einzigartig;* subst. findet sich ἴδιος [aber Pl.] auch
in 4,23; 24,23; Jh 1,11; 13,1 [Bruce, Apg, S. 434; vgl. Metzger, S. 426]). **29 εἰσ- 29
ελεύσονται** Fut. Med. -έρχομαι hier εἰς etwa *einbrechen/eindringen bei.*
ἄφ-ιξις[8] meist *Ankunft,* aber auch (so hier) *Abreise.* **λύκος** *Wolf* (auch bildl.
v. einem bösartigen, gefährl. Menschen); zur Sache vgl. Mt 7,15. **βαρύς**[10] εῖα
ύ *schwer;* hier *grausam, wild* (B 2d), *gefährlich* (GNB). **φειδόμενοι** Ptz.
φείδομαι m. Gen. *schonen;* mod. **30 καὶ ἐξ ὑμῶν αὐτῶν** *ja aus eurer* 30
eigenen (Refl.-Pron. wie klass. [vgl. A126a]) *Mitte* (Menge); zur Sache vgl. 1Tim
4,1-3; Jud 11f; 2Pt 3,2. **ἀνα-στήσονται** Fut. Med. ἀν-ίσταμαι hier
auftreten. **λαλοῦντες** Ptz. λαλέω, mod. od. attr. **δι-ε-στραμμένα** Pf.
(A231) Ptz. Pass. δια-στρέφω[47] *verdrehen,* Ptz. Pf. Pass. (sittl.) *verkehrt,
verdorben;* subst. διεστραμμένα *verkehrte Dinge/Lehren, Irrlehren* (Menge)
τοῦ m. Inf. fin. (A281). **ἀπο-σπᾶν** Inf. -σπάω *herausziehen;* übertr.
(jmdn.) *wegziehen, abspenstig machen;* hier m. τοὺς μαθητὰς ὀπίσω αὐτῶν
(= ἑαυτῶν [vgl. A126c]) *die Jünger hinter sich herziehen (und sie dadurch
abspenstig machen)* (B 2), *die Jünger in ihre Gefolgschaft/auf ihre Seite ziehen*
(Menge/Einh.), *die Jünger/Christen zu verführen suchen, so daß sie nicht mehr
dem Herrn, sondern **ihnen** folgen* (vgl. GNB); zur Sache vgl. Gal 4,17; Röm
16,17f; Kol 2,8; 2Tim 3,6; Tit 1,11. **μαθητής** V. 1. **ὀπίσω** uneig. Präp.
(A183) *hinter – her.* **31 γρηγορεῖτε** Imp. γρηγορέω (= att. ἐγρήγορα, 31
Pf. ἐγείρω) *wach sein/bleiben, wachen; wachsam sein;* vgl. ähnl. 1Thess 5,6.10;

1Kor 16,13; Kol 4,2; Hb 13,17. **μνημονεύοντες** Ptz. μνημονεύω meist
m. Gen. *sich erinnern; gedenken, denken an;* mod. **τρι-ετία** *Zeitraum von drei
Jahren;* τριετίαν νύκτα καὶ ἡμέραν Akk. der zeitl. Ausdehnung (A148)
drei Jahre lang Tag und Nacht (vgl. 1Thess 2,8); die drei Jahre sind eine ungefähre
Zeitangabe (vgl. Bruce, Apg, S. 408f). **ἐ-παυσάμην** Aor. Med. V. 1. **δάκρυον**
V. 19; μετὰ δακρύων *mit/unter Tränen,* d.h. (hier) *oft unter Tränen*
(GNB). **νου-θετῶν** Ptz. -θετέω *ermahnen, zurechtweisen, warnen* (ein paulinisches
Wort [vgl. 1Kor 4,14; Kol 1,28]); präd. bei Verb des modifizierten Seins
u. Tuns (A301); ὅτι ... οὐκ ἐπαυσάμην ... νουθετῶν ἕνα ἕκαστον *daß
ich ... nicht aufgehört habe, jeden einzelnen (von euch) ... zu ermahnen* (Menge)
bzw. (freier, aber sinngetreu) *daß ich mich ... um jeden einzelnen von euch*
32 *bemüht habe* (GN). **32 τὰ νῦν** Akk. der Beziehung (A149) *was den gegenwärtigen
Stand der Dinge anbetrifft = jetzt* (B νῦν 3c), *nunmehr* (Menge).
παρα-τίθεμαι Med. -τίθημι *daneben stellen, vorsetzen;* Med. *übergeben,*
hier τινά τινι *jmdn. dem Schutz/der Sorge jmds. anvertrauen/anbefehlen*
(B 2bβ), *jmdn. unter jmds. Schutz stellen* (GNB). **λόγος** hier *Wort, Botschaft*
(B 1bβ); ὁ λόγος τῆς χάριτος (gen. obi., A158) αὐτοῦ *die Botschaft von
seiner Gnade* (GNB [Implizites ausdrückend]: *seiner rettenden Gnade*).
δυναμένῳ Ptz. δύναμαι, attr. **οἰκο-δομῆσαι** Aor. Inf. -δομέω hier
aufbauen im Sinn v. *(im Glauben) reifen lassen* (Marshall, Apg, S. 335; GNB);
impliziertes Obj. *euch* (d.h. die Leiter u. die ihnen Anvertrauten [analog bei
δοῦναι]); zur Sache vgl. 1Kor 14,3-5. **δοῦναι** Aor. Inf. δίδωμι. **κληρονομία**
(< κληρο-νόμος Erbe, Besitzer) *(das) Erbe;* καὶ δοῦναι τὴν
κληρονομίαν ἐν τοῖς ἡγιασμένοις πᾶσιν *und das Erbe unter allen
Geheiligten* (Einh.: *in der Gemeinschaft der Geheiligten*) *zu schenken* viell. etwa
(vgl. Dt 33,3f) = *und euch Anteil haben zu lassen an den Segnungen, die er für alle
bereithält, die zu seinem Volk gehören* (vgl. TEV2) bzw. *und euch das (ewige) Erbe
zu schenken, gemeinsam mit allen anderen, die er zu seinem heiligen Volk gemacht
hat* (vgl. GNB); zur Sache vgl. 26,18; Eph 1,14; Kol 1,12; 3,24; Hb 1,14; 6,12.
ἡγιασμένοις Pf. (A231) Ptz. Pass. ἁγιάζω[91] *heiligen;* subst. *(den)*
33 *Geheiligten* (vgl. 1Kor 1,2). **33 ἀργύριον** *Silber; Silbergeld, Geld.* **χρυσίον**
Gold; ἀργύριον καὶ χρυσίον *„Gold und Silber" = Geld.* **ἱματισμός**
Kleidung. [Var. οὐθ-είς = οὐδ-είς (BDR §33[2]).] **ἐπ-ε-θύμησα** Aor. ἐπιθυμέω
begehren, verlangen hier m. τινός *etwas* (A165); ἀργυρίου ἢ χρυσίου
ἢ ἱματισμοῦ οὐδενὸς ἐπεθύμησα *niemandes Silber, Gold oder
Kleidung habe ich (je) begehrt/verlangt* bzw. etwa *weder Geld noch Kleider habe
ich je von jemand erbeten* (GNB); vgl. ähnl. Samuels Abschiedsrede 1Sam 12,3;
vgl. auch V. 26; 1Thess 2,3-12; 2Thess 3,7-10; 1Kor 9,3-18; 2Kor 4,5; 10,1-6;
34 11,7-11; 12,13. **34 αὐτοί** *ihr selbst.* **οὖσιν** Ptz. εἰμί; subst.; τοῖς οὖσιν
μετ' ἐμοῦ *für die, die bei mir waren* bzw. *für meine Begleiter.* **ὑπ-ηρέτησαν**
Aor. -ηρετέω *dienen, behilflich sein,* hier m. Dat. *sorgen für* (Menge). **αἱ**

χεῖρες αὗται *diese meine Hände* (Demonstrativum weist in die außer-
sprachl. Situation). **35 πάντα** Akk. der Beziehung (A149) *in jeder Hinsicht* 35
(B 2αδ), *immer und überall* (Menge), *überhaupt* (GNB); vgl. 1Kor 9,25; 10,33;
11,2; 13,7. **ὑπ-έ-δειξα** Aor. ὑπο-δείκνυμι[212] *zeigen;* impliziert: *durch*
meine Lebensführung (GNB). **κοπιῶντας** Ptz. κοπιάω *sich abmühen, hart*
arbeiten; part. coni. zu dem zu ergänzenden Subj. des AcI (etwa ἡμᾶς); mod.
(A291,2 Anm. 1); ὅτι οὕτως κοπιῶντας δεῖ ἀντιλαμβάνεσθαι τῶν
ἀσθενούντων, μνημονεύειν τε etwa *daß wir uns* (od. *man sich*) *auf solche*
Weise (od. *so* [v. einer Gebärde begleitet, BDR §425[10]]) *abmühen und uns* (od.
sich) *um die Schwachen/Bedürftigen kümmern und dabei an ... denken müssen* (od.
muß) od. *daß wir hart arbeiten müssen, um auch den Bedürftigen etwas abgeben zu*
können. Wir sollen uns immer an ... erinnern ... (GNB); vgl. 2Thess 3,7-12; 1Kor
4,12a; Eph 4,28. **ἀντι-λαμβάνεσθαι** Inf. -λαμβάνομαι m. τινός *sich*
jmds. annehmen, sich um jmdn. kümmern; erstes Präd. des AcI, abhängig v. δεῖ.
ἀ-σθενούντων Ptz. ἀ-σθενέω *schwach/krank sein* (eig./übertr.); hier im
Sinn v. *bedürftig sein* (B 3); subst. **μνημονεύειν** Inf. V. 31; zweites Präd. des
AcI, abhängig v. δεῖ. **ὅτι** (zweites) *denn.* **αὐτός** *er (selbst/persönlich).* **μᾶλ-**
λον hier m. Adj. statt Komp. (B 1; vgl. A118). **διδόναι** Inf. δίδωμι;
μακάριόν ἐστιν μᾶλλον διδόναι ἢ λαμβάνειν *Geben ist seliger als*
Nehmen, auf dem Geben liegt mehr Segen als auf dem Nehmen (GNB); ein Jesus-
wort, das sich nicht in den Evangelien findet (vgl. aber Lk 6,38; 11,9; Jh 13,34
usw.). **λαμβάνειν** Inf. λαμβάνω. **36 εἰπών** Aor. Ptz. λέγω, 36
temp./mod.; ταῦτα εἰπών *nach/mit diesen Worten.* **θείς** Aor. Ptz. τίθημι,
temp. (A291,1 Anm. 1). **γόνυ**[3] νατος τό *Knie;* τίθημι τὰ γόνατα (Lat. =
genua pono [BDR §5[19]]) *die Knie beugen, niederknien* (Respektbezeugung bzw.
Gebetshaltung). **προσ-ηύξατο** Aor. Med. -εύχομαι. **37 ἱκανός** *hin-* 37
länglich; hier *groß, viel, laut.* **κλαυθμός** *(das) Weinen;* ἱκανὸς δὲ κλαυθ-
μὸς ἐγένετο πάντων *es entstand aber lautes Weinen bei allen* (Elb.) = *alle*
brachen in lautes Weinen aus (vgl. GNB). **ἐ-γένετο** Aor. Med. γίνομαι.
ἐπι-πεσόντες Aor. Ptz. -πίπτω[194] V. 10, hier ἐπὶ τὸν τράχηλόν τινι
jmdm. um den Hals fallen; temp. (A291,1 Anm. 1). **τράχηλος** *Hals, Nacken.*
κατ-ε-φίλουν Ipf. κατα-φιλέω *küssen.* **38 ὀδυνώμενοι** Ptz. ὀδυ- 38
νάομαι *Schmerz(en)/Qualen erleiden; (tief) besorgt/bekümmert sein,* ἐπί τινι
über etwas; mod. **μάλιστα** (Superlativ zu μᾶλλον) *am meisten.* **ᾧ** = ὅν
(Attraktion des Rel.-Pron., A361c); ὀδυνώμενοι μάλιστα ἐπὶ τῷ λόγῳ
ᾧ εἰρήκει *am meisten besorgt waren sie über sein Wort, das er gesagt hatte* bzw.
(einfacher) *am meisten bedrückten sie seine Worte* (GNB). **εἰρήκει** Plsqpf. λέ-
γω. **μέλλω** hier (m. Inf.) umschrieb. Fut. (A250; Tempus u. Modus wie in der
entsprechenden direkten Rede; A326). **θεωρεῖν** Inf. θεωρέω; ὅτι οὐκέτι
μέλλουσιν τὸ πρόσωπον αὐτοῦ θεωρεῖν (s. zu ὄψεσθε V. 25) *sie wür-*
den ihn nicht mehr von Angesicht sehen (Einh.). **προ-έ-πεμπον** Ipf. προ-

πέμπω *zur (Weiter-)Reise aussenden/ausstatten;* hier *begleiten, geleiten* εἰς τὸ πλοῖον *bis zum/auf das Schiff.*

21 **ἐ-γένετο** Aor. Med. γίνομαι; γίνεται m. Inf./AcI eig. *es ereignet sich, daß* (A271), am besten unübersetzt lassen; ὡς δὲ ἐγένετο ἀναχθῆναι ἡμᾶς ἀποσπασθέντας ἀπ' αὐτῶν etwa *als wir uns von ihnen losgerissen hatten und abgefahren waren.* **ἀν-αχθῆναι** Aor. Inf. Pass. -ἄγω[59] *hinauf-, heraufführen;* Med./Pass. hier nautischer term. tech. *in See stechen, auslaufen, (mit dem Schiff) abfahren;* Präd. des AcI. **ἀπο-σπασθέντας** Aor. Ptz. Pass. -σπάω[24] *herausziehen;* Pass. hier ἀπό τινος *sich von jmdm. losreißen* (B 3); part. coni. zu ἡμᾶς (Subj. des AcI; H-S §230c; A287); temp. (A291,1 Anm. 1). **εὐθυ-δρομήσαντες** Aor. Ptz. -δρομέω *geradeaus/direkt/auf dem kürzesten Weg (weiter-)fahren;* mod.; εὐθυδρομήσαντες ἤλθομεν εἰς τὴν Κῶ etwa *kamen wir auf direktem Weg nach Kos.* **Κῶς** (Gen. Κῶ, Akk. Κῶ [BDR §44[1]; Nom. nach B [im Unterschied zu den meisten]: Κώς]) *Kos,* zweitgrößte der dorischen Inseln vor der Südwestküste Kleinasiens (westl. v. Halikarnassos [heute Bodrum]; KP 3, Sp. 312-315). **ἑξῆς** *der Reihe nach, weiterhin;* τῇ ἑξῆς (ἡμέρᾳ [vgl. A88]) temp. Dat. (A182) *am folgenden Tag.* **Ῥόδος** ἡ *Rhodos,* größte u. südlichste Insel vor der Südwestküste Kleinasiens m. gleichnamiger Stadt an der Nordspitze (KP 4, Sp. 1421-1423). **ἐκεῖ-θεν**[18] *von dort;* κἀκεῖθεν = καὶ ἐκεῖθεν. **Πάταρα** τά *Patara* (heute: Gelemiş), Stadt in Lyzien (Küstengebiet im südwestl. Kleinasien) nahe der Mündung des Xanthos (heute: Koca çay; LAW, Sp. 2232); Patara, wie das östlicher gelegene Myra (27,5), waren wichtige Umschlagplätze der alexandrinischen Getreideflotte (Hemer, Set-
2 ting, S. 125). [Var. Μύρα τά *Myra.*] **2 εὑρόντες** Aor. Ptz. εὑρίσκω, temp.; καὶ εὑρόντες πλοῖον διαπερῶν εἰς Φοινίκην *und als wir dort* (vgl. A79) *ein Schiff fanden, das nach Phönizien fuhr.* **δια-περῶν** Ptz. Ntr. -περάω *hinüberfahren,* hier εἰς *nach;* attr. **Φοινίκη** 11,19. **ἐπι-βάντες** Aor. Ptz. -βαίνω[139] hier (in ein Schiff) *einsteigen, an Bord gehen.* **ἀν-ήχθη-**
3 **μεν** Aor. Pass. -ἄγω. **3 ἀνα-φάναντες** Aor. Ptz. -φαίνω[123] *in Sicht kommen lassen = sichten* (offenbar ein nautischer term. tech.); temp. **Κύπρος** ἡ 13,4. **κατα-λιπόντες** Aor. Ptz. -λείπω[44] *zurücklassen;* hier (vorbeifahrend) einen Ort *liegen lassen;* temp. (A291,1 Anm. 1); ἀναφάναντες δὲ τὴν Κύπρον καὶ καταλιπόντες αὐτὴν εὐώνυμον ἐπλέομεν εἰς Συρίαν etwa *als wir Zypern sichteten, ließen wir es zur Linken liegen, steuerten auf Syrien zu* od. *als wir Zypern sichteten, steuerten wir südlich an der Insel vorbei mit Kurs auf Syrien* (vgl. GNB). **εὐ-ώνυμος**[11] *linke(r);* hier Obj.-Präd. (A65) *links, zur Linken.* **ἐ-πλέομεν** Ipf. πλέω *zur See fahren, zu Schiff reisen, segeln,* hier εἰς *segeln/fahren nach* od. *auf ... zu steuern* (Menge) bzw. *Kurs nehmen auf.* **Συρία** 15,23. **κατ-ήλθομεν** Aor. -έρχομαι[187] *herabkommen, hinabgehen;* (Schiffe/Seefahrende) v. der („hohen") See „herabkommen" = *landen,* hier εἰς *anlegen in* od. *an Land gehen in.* **Τύρος** ἡ *Tyrus,* phö-

nizische Hafenstadt. **ἐκεῖ-σε**[18] *dorthin, dort.* **ἦν** Ipf. εἰμί. **ἀπο-φορ-**
τιζόμενον Ptz. -φορτίζομαι (vgl. φορτίον Last) (die Ladung) *löschen;*
umschrieb. Ipf. (A249a), wobei ἦν ἀποφορτιζόμενον offenbar im Sinn v.
ἔμελλεν ἀποφορτίζεσθαι (umschrieb. Fut. [vgl. A250]; hier „Zukunft in
der Vergangenheit") zu verstehen ist (BDR §339[7]); ἐκεῖσε γὰρ τὸ πλοῖον
ἦν ἀποφορτιζόμενον τὸν γόμον etwa *denn dort sollte/mußte das Schiff die*
Ladung löschen. **γόμος** *Ladung.* **4 ἀν-ευρόντες** Aor. Ptz. -ευρίσκω[162] 4
auffinden (das Suchen voraussetzend) (B), *aufsuchen* (Menge); temp. (A291,1
Anm. 1). **μαθητής** hier *Jünger Jesu,* fast = *Christ* (B 2bγ). **ἐπ-ε-μεί-**
ναμεν Aor. ἐπι-μένω[117] *bleiben.* **αὐτοῦ**[18] Adv. *hier; dort.* **ἡμέρας**
ἑπτά Akk. der zeitl. Ausdehnung (A148) *sieben Tage, eine Woche.* **οἵ-τινες**
= οἵ (vgl. B ὅστις 3; A133) *diese/sie* (vgl. A364a). **ἔ-λεγον** Ipf. λέγω; Ipf.
hier wohl iter. (A237b); οἵτινες τῷ Παύλῳ ἔλεγον ... μὴ ἐπιβαίνειν εἰς
Ἱεροσόλυμα etwa *diese sagten Paulus ... wiederholt, er solle nicht nach Jerusa-*
lem reisen bzw. *diese warnten Paulus ... wiederholt vor der Reise nach Jerusalem*
(vgl. Menge); hier ist vermutl. v. flgd. Situation auszugehen (Bruce, Apg,
S. 439): der Heilige Geist offenbarte diesen „Jüngern", welche Gefahren Paulus
in Jerusalem erwarteten (vgl. zu 20,23), worauf sie folgerten, er müsse auf die
geplante Reise verzichten (vgl. den detaillierteren Bericht der Vorgänge in Cä-
sarea V. 10-14); auf jeden Fall will Lukas dem Leser nicht etwa den Eindruck
vermitteln, Paulus sei gegen Gottes Willen nach Jerusalem gereist. **διὰ τοῦ**
πνεύματος *durch den Geist* etwa = *auf eine Eingebung des (Heiligen) Geistes*
hin. **ἐπι-βαίνειν** Inf. -βαίνω V. 2, hier εἰς Ἱεροσόλυμα entweder *einen*
Schiffsplatz für Jerusalem (d.h. nach Cäsarea) *nehmen* (B 1) od. (wohl besser)
nach Jerusalem hingehen (B 2), übers. etwa *nach Jerusalem reisen.* **5 ἐ-γένετο** 5
V. 1; ὅτε δὲ ἐγένετο ἡμᾶς (Subj. des AcI) ἐξαρτίσαι τὰς ἡμέρας
(AkkO des AcI) *als wir die (vorgesehenen) Tage vollendet hatten* (wörtl. *als es*
sich ereignete, daß wir ...) bzw. *als unser vorgesehener Aufenthalt zu Ende ging*
(GNB). **ἐξ-αρτίσαι** Aor. Inf. -αρτίζω (vgl. A33[91ff]) *ausrüsten;* hier *vollen-*
den (B 1); Präd. des AcI. **ἐξ-ελθόντες** Aor. Ptz. -ἔρχομαι hier etwa *abrei-*
sen, (wieder) aufbrechen; temp. (A291,1 Anm. 1); ἐξελθόντες ἐπορευόμεθα
etwa *brachen wir zur Weiterreise auf.* **ἐ-πορευόμεθα** Ipf. Med. πορεύομαι.
προ-πεμπόντων Ptz. -πέμπω *zur (Weiter-)Reise aussenden/ausstatten;* hier
begleiten, geleiten; gen. abs. (A288), mod. **ἕως ἔξω τῆς πόλεως** *bis vor die*
Stadt hinaus. **θέντες** Aor. Ptz. τίθημι; temp. (A291,1 Anm. 1). **γόνυ**[3] να-
τος τό *Knie;* τίθημι τὰ γόνατα (Lat. = genua pono [BDR §5,4]) *die Knie*
beugen, sich auf die Knie werfen, niederknien (Respektbezeugung bzw. Gebetshal-
tung). **αἰγιαλός** *Strand.* **προσ-ευξάμενοι** Aor. Ptz. Med. -εὔχομαι,
temp. (A291,1 Anm. 1); καὶ θέντες τὰ γόνατα ἐπὶ τὸν αἰγιαλὸν προσ-
ευξάμενοι ἀπησπασάμεθα ἀλλήλους *am Strand knieten wir nieder und*
beteten; dann verabschiedeten wir uns voneinander. **6 ἀπ-ησπασάμεθα** 6

Aor. Med. -ασπάζομαι (vgl. A33[91ff]) *sich verabschieden* τινά *von jmdm.* **ἀν-έ-βημεν** Aor. ἀνα-βαίνω hier εἰς τὸ πλοῖον *das Schiff besteigen* (B 1aα), *an Bord gehen* [Var. ἐν- synonym]. **ὑπ-έ-στρεψαν** Aor. ὑποστρέφω[47] *zurückkehren,* hier εἰς τὰ ἴδια *nach Hause zurückkehren.* **τὰ ἴδια** hier *das Heim* (B ἴδιος 3b).
7 **7 πλοῦς** ὁ (Gen. πλοός Akk. πλοῦν) *Schiffahrt, Seereise.* **δι-ανύσαντες** Aor. Ptz. -ανύω *vollenden* (B), viell. *fortsetzen* (LN 68.18); mod./temp.; ἡμεῖς δὲ τὸν πλοῦν διανύσαντες ἀπὸ Τύρου κατηντήσαμεν εἰς Πτολεμαΐδα *unsere Schiffsreise vollendend* (viell. *fortsetzend*) *gelangten wir von Tyrus aus nach Ptolemaïs* bzw. *von Tyrus fuhren wir nach Ptolemaïs; dort war unsere Schiffsreise zu Ende* (GNB), viell. *wir setzten unsere Schiffsreise von Tyrus aus fort und kamen nach Ptolemaïs* (vgl. Wilckens). **κατηντήσαμεν** Aor. -αντάω *hinkommen, (hin)gelangen,* m. εἰς *zu/nach* [Var. κατ-έ-βημεν Aor. κατα-βαίνω]. **Πτολεμαΐς**[3] ἴδος ἡ *Ptolemaïs,* phönizische Hafenstadt (sonst: Akko [KP 4, Sp. 1234]). **ἀσπασάμενοι** Aor. Ptz. Med. ἀσπάζομαι hier *grüßen* im Sinn v. *einen (kurzen) Besuch machen bei, besuchen* (B 1b); temp. (A291,1 Anm. 1); καὶ ἀσπασάμενοι τοὺς ἀδελφούς *wir begrüßten/besuchten auch hier* (Menge) *die Geschwister/Christen und.* **οἱ ἀδελφοί** *die Brüder/Geschwister = die Christen* (B ἀδελφός 2). **ἐ-μείναμεν** Aor. μένω. **ἡμέραν μίαν** Akk. der zeitl. Ausdehnung (A148)
8 *einen Tag* (Menge: *nur einen Tag*). **8 ἐπ-αύριον** *morgen* (= tags darauf), τῇ ἐπαύριον (erg. ἡμέρᾳ, vgl. A88) temp. Dat. (A182) *am nächsten Tag.* **ἐξελθόντες** V. 5; temp. (A291,1 Anm. 1); τῇ δὲ ἐπαύριον ἐξελθόντες ἤλθομεν εἰς Καισάρειαν *am nächsten Tag brachen wir auf und kamen nach Cäsarea;* es ist unsicher, ob dies zu Fuß od. m. dem Schiff geschah (vgl. auch zu διανύσαντες V. 7; Cäsarea liegt rund 50 km südl. v. Ptolemaïs/Akko). [Var. οἱ περὶ τὸν Παῦλον wie literatursprachl. *Paulus und seine Begleiter* (BDR §228[1]; A198).] **Καισάρεια** 8,40. **εἰσ-ελθόντες** Aor. Ptz. -έρχομαι hier εἰς τὸν οἶκόν τινος *in jmds. Haus gehen, bei jmdm. einkehren* (Menge); temp. (A291,1 Anm. 1). **Φίλιππος** 6,5. **εὐ-αγγελιστής**[1] *Verkündiger der guten Nachricht, Evangelist.* **ὄντος** Ptz. εἰμί m. ἔκ τινος *zu etwas/jmdm. gehören* (B ἐκ 4aδ); subst. (App. [A70]); Φιλίππου τοῦ εὐαγγελιστοῦ, ὄντος ἐκ τῶν ἑπτά etwa: bei *dem Evangelisten Philippus, einem der Sieben* (d.h.
9 der sieben Jerusalemer Almosenpfleger [6,5]). **9 ἦσαν** Ipf. εἰμί hier m. dat. commodi/poss. (A173b); τούτῳ δὲ ἦσαν θυγατέρες τέσσαρες παρθένοι *dieser hatte vier unverheiratete Töchter* (Menge). **θυγάτηρ**[6] τρός ἡ *Tochter.* **τέσσαρες**[19f] *vier.* **παρθένος** ἡ *Jungfrau.* **προ-φητεύουσαι** Ptz. Fem. -φητεύω *prophezeien, prophetisch reden* (im Sinn v. *Zukünftiges voraussagen* od. *die Gottesoffenbarung verkünden*); attr. *die prophetisch redeten = die die*
10 *Gabe der Prophetie hatten.* **10 ἐπι-μενόντων** Ptz. -μένω V. 4; gen. abs., erg. ἡμῶν (BDR §423[3]; H-S §230e), temp.; ἐπιμενόντων δὲ ἡμέρας

πλείους (= πλείονας) (Akk. der zeitl. Ausdehnung, A148) etwa *während*
unseres mehrtägigen Aufenthalts (in Cäsarea) (Menge) bzw. (freier) *nach einigen*
Tagen (GNB). **κατ-ῆλθεν** Aor. -έρχομαι[187] *herabkommen, hinabgehen.*
ἀπὸ τῆς Ἰουδαίας *aus Judäa;* Cäsarea war zwar Teil der Provinz Judäa
(deren Verwaltungssitz); doch, weil es vornehml. v. Nichtjuden bewohnt war,
gehörte es ethnisch nicht zu Judäa (im Sinn v. „Land der Juden"; Bruce, Apg,
S. 442). **ὀνόματι** dat. respectus (vgl. BDR §197,2; vgl. A178) *mit Namen,*
namens. **Ἅγαβος** *Agabus* (vgl. 11,28). **11 ἐλθών** Aor. Ptz. ἔρχομαι hier 11
πρός τινα etwa *jmdn. besuchen* (Menge); temp. (A291,1 Anm. 1; gilt auch für
ἄρας). **ἄρας** Aor. Ptz. αἴρω hier *nehmen;* temp.; für prophetische Symbol-
handlungen ähnlicher Art vgl. 1Kön 11,29-31; Jes 20,2-4; Ez 4,1-8; zur vorlie-
genden Symbolik vgl. Jh 21,18. **ζώνη** *Gürtel.* **δήσας** Aor. Ptz. δέω, temp.
(A291,1 Anm. 1). **ὅ-δε**[18] (A130) *der hier, dieser* (Hinweis auf gerade Vorlie-
gendes od. Folgendes); τάδε λέγει ... *folgendes/so spricht* ... LXX-Wendung,
die im AT (über 300mal) Äußerungen als Gottesoffenbarung kennzeichnet; im
übrigen vgl. V. 4; 20,23. **οὗ** gen. poss. (A154/174); οὗ ἐστιν ἡ ζώνη αὕτη
dem dieser Gürtel gehört. **δήσουσιν** Fut. δέω. **παρα-δώσουσιν** Fut.
-δίδωμι hier m. τινὰ εἰς χεῖράς τινος *jmdn. in jmds. Hände/Gewalt ge-*
ben/überantworten (B χείρ 2b), *jmdn. jmdm. ausliefern.* **12 ἠκούσαμεν** 12
Aor. ἀκούω. **παρ-ε-καλοῦμεν** Ipf. παρα-καλέω. **ἐν-τόπιος** *Ortsan-*
sässiger, Einheimischer. **τοῦ** hier pleon. vor AcI (AkkO zu παρακαλέω
[BDR §392[4]; vgl. A281]). **ἀνα-βαίνειν** Inf., Präd. des AcI. **εἰς** hier *nach.*
13 ἀπ-ε-κρίθη Aor. Pass. (ohne Pass.-Bdtg.) ἀπο-κρίνομαι. **κλαίον-** 13
τες Ptz. κλαίω; präd. bei Verb des modifizierten Seins u. Tuns (A301); τί
ποιεῖτε κλαίοντες καὶ συνθρύπτοντές μου τὴν καρδίαν etwa
warum weint ihr so und macht mir das Herz schwer (wörtl. *was macht ihr, daß ihr*
weint und mir das Herz schwer macht [vgl. BDR §414[11]; B ποιέω I1bε]). **συν-**
θρύπτοντες Ptz. -θρύπτω *zerbrechen, zerreiben,* übertr. *mürbe machen;* hier
m. τὴν καρδίαν τινος *jmds. Herz erweichen* od. (hier wohl eher) *jmds. Herz*
brechen (B) bzw. (freier) *jmdm. das Herz schwer machen* (Menge); wie κλαίον-
τες gebraucht. **δεθῆναι** Aor. Inf. Pass. δέω, toleratives Pass. (A219); δεθῆ-
ναι *mich fesseln zu lassen.* **ἀπο-θανεῖν** Aor. Inf. -θνῄσκω. **εἰς** = ἐν
(B 9a; BDR §205[4]; vgl. A184). **ἑτοίμως** *bereit.* **ἔχω** hier intr. m. Adv. *sich*
verhalten, sein; ἔχω ἑτοίμως m. Inf. *bereit sein,* etwas zu tun (B II1). **ὑπὲρ**
τοῦ ὀνόματος τοῦ κυρίου Ἰησοῦ *für den Namen Jesu, des Herrn* (d.h.
für Jesus, den Herrn, als den, der er ist). **14 πειθομένου** Ptz. Pass. πείθω, 14
toleratives Pass. (A219); gen. abs. (A288), kaus.; μὴ πειθομένου δὲ αὐτοῦ
da er sich nicht umstimmen ließ. **ἡσυχάσαμεν** Aor. ἡσυχάζω (vgl.
A33[91ff]) *ruhig sein,* hier etwa *sich beruhigen* (Menge) bzw. (kontextgetreu) *nach-*
geben (GNB). **εἰπόντες** Aor. Ptz. λέγω, mod. **γινέσθω** Imp. 3. Sg.
γίνομαι.

15 **15 ἐπι-σκευασάμενοι** Aor. Ptz. Med. -σκευάζομαι (vgl. A33[91ff])
sich rüsten, sich reisefertig machen; temp. (A291,1 Anm. 1). **ἀν-ε-βαίνομεν**
16 Ipf. ἀνα-βαίνω. **εἰς** V. 12. **16 συν-ῆλθον** Aor. -έρχομαι[187] *zusammen-*
kommen, sich versammeln; hier σύν τινι *jmdn. begleiten* (Menge). **μαθητής**
V. 4; τῶν μαθητῶν = τινὲς τῶν μαθητῶν (BDR §164[6]; A137a/164) *einige*
Jünger/Christen. **Καισάρεια** 8,40. **ἄγοντες** Ptz. ἄγω, part. coni. zu dem
zu ergänzenden τινές, mod./fin. (A291,6; BDR §339,2γ); ἄγοντες erg. ἡμᾶς
(A79) ... *und brachten uns (dabei)* ... od. *um uns* ... *zu bringen.* **ξενισθῶμεν**
Aor. Konj. Pass. ξενίζω (vgl. A33[91ff]) *gastlich aufnehmen;* hier Pass. m. παρά
τινι *bei jmdm. (als Gast) wohnen.* [Var. παρα-γενόμενοι Aor. Ptz. Med.
-γίνομαι V. 18, temp. κώμη *Dorf.* ἐ-γενόμεθα Aor. Med. γίνομαι hier
παρά τινι etwa *sich bei jmdm. aufhalten* (vgl. II4a).] **Μνάσων**[4] ωνος ὁ
Mnason; παρ᾽ ᾧ ξενισθῶμεν Μνάσωνι ... wohl = πρὸς Μνάσωνα ...
παρ᾽ ᾧ ξενισθῶμεν (attractio inversa [H-S §289f; A362]) bzw. (s. Konj.)
πρὸς Μνάσωνα ... ἵνα ξενισθῶμεν παρ᾽ αὐτῷ (Rel.-Satz m. fin.
Nebensinn [BDR §378[2]; H-S §290c; A369]) übers. etwa *zu Mnason* ... *bei dem*
wir wohnen sollten; wahrscheinl. befand sich das Haus Mnasons in Jerusalem
(nach anderen ist ein Nachtquartier unterwegs gemeint). **Κύπριος** *Zyprier,*
Bewohner von Zypern (s.a. zu 13,4). **ἀρχαῖος** *alt* (= von Anfang an od. in frü-
herer Zeit bestehend); ἀρχαῖος μαθητής *ein Jünger der Anfangszeit* od. *ein*
17 *Mann, der seit langer Zeit Christ war* (vgl. B ἀρχαῖος 1). **17 γενομένων**
Aor. Ptz. Med. γίνομαι hier εἰς *kommen/gelangen nach* (B I4cα); gen. abs.
(A288), temp. [Var. κἀκεῖθεν V. 1. ἐξ-ιόντες Ptz. ἔξ-ειμι (εἶμι) *herausge-*
hen, weggehen; temp. (A291,1 Anm. 1)]. **ἀσμένως** *gern, freudig* (B), *herzlich*
(GNB). **ἀπ-ε-δέξαντο** Aor. Med. ἀπο-δέχομαι[63] *(freundlich) aufneh-*
men. **οἱ ἀδελφοί** V. 7; gemeint sind hier wohl Mnason u. seine Leute; viell.
bezieht sich dieser Satz aber (antizipierend) bereits auf die Aufnahme durch
Jakobus u. die Ältesten v. V. 18ff.
18 **18 ἐπ-ιούσῃ** Ptz. Fem. ἔπ-ειμι (εἶμι) (vgl. A32) *bevorstehen, folgen;*
attr. bzw. subst.; τῇ ἐπιούσῃ (erg. ἡμέρᾳ [BDR §241,2; vgl. A88]) temp. Dat.
(A182) *am folgenden Tag.* **εἰσ-ῄει** Ipf. εἴσ-ειμι (εἶμι) (vgl. A32) *hinein-*
gehen, hier πρός τινα *zu jmdm. gehen;* zu diesen Kontakten zwischen Paulus u.
der Jerusalemer Gemeinde vgl. AFCS 4, S. 475-480. **Ἰάκωβος** vgl. zu 12,17.
παρ-ε-γένοντο Aor. Med. παρα-γίνομαι[176] *ankommen, kommen,* hier
etwa *sich einfinden* (Menge). **πρεσβύτεροι** hier v. den Leitern der Jerusa-
19 lemer Gemeinde. **19 ἀσπασάμενος** Aor. Ptz. Med. ἀσπάζομαι, temp.
ἐξ-ηγεῖτο Ipf. Med. -ηγέομαι *erzählen, darstellen, berichten.* **κατά** m.
Akk. hier distributiv; καθ᾽ ἓν ἕκαστον *eins nach dem anderen* (B II3a). **ὧν**
= τούτων ἅ (Attraktion des Rel.-Pron., A361c); ἐξηγεῖτο καθ᾽ ἓν ἕκα-
στον ὧν (gen. partitivus, A164) *er erzählte (ihnen) eins nach dem anderen von*
dem, was bzw. *er gab einen ausführlichen Bericht über das, was.* **ἐ-ποίησεν**

Aor. ποιέω, Aor. Ind. bez. hier Vorvergangenheit (vgl. H-S §199n; A224). **ἐν**
hier (u. V. 20) *unter* (vgl. B I4a). **διακονία** *Dienstleistung;* hier *Dienst* (Men-
ge: *Arbeit*). **20 οἱ δέ** *(und) diese/sie* (A102). **ἀκούσαντες** Aor. Ptz. 20
ἀκούω, temp.; erg. τοῦτο/ταῦτα (A79). **ἐ-δόξαζον** Ipf. δοξάζω; Ipf. hier
deutl. dur. (A237); ἐδόξαζον τὸν θεὸν εἶπόν τε αὐτῷ gemeint ist etwa
priesen sie Gott (längere Zeit und auf verschiedene Weise), bis sie schließlich zu
ihm sagten (BDR §327,1; H-S §198l), übers. *priesen sie Gott. Doch dann sagten*
sie zu Paulus (GNB). **ἀδελφέ** Vok., übers. etwa *lieber Bruder.* **πόσος**[18] *wie*
groß?, Pl. *wie viele?;* πόσαι μυριάδες εἰσὶν ἐν τοῖς Ἰουδαίοις τῶν πε-
πιστευκότων (gen. partitivus [A164] zu μυριάδες) *wie viele Tausende von*
den Gläubiggewordenen/Gläubigen sich unter den Juden befinden = wie viele Tau-
sende unter den Juden gläubig geworden sind (Einh.). **μυριάς** άδος ἡ (A3;
19) *Myriade, zehntausend;* Pl. v. einer nicht genau bestimmbaren großen Anzahl
(auch hyperbolisch [vgl. A383]; so wohl hier) etwa *Abertausende, viele Tausende.*
πε-πιστευκότων Pf. (A231) Ptz. πιστεύω, subst. **ζηλωτής**[1] *Eiferer*
(doch nicht negativ markiert), *eifriger Anhänger* einer Pers. od. Sache; καὶ
πάντες ζηλωταὶ τοῦ νόμου ὑπάρχουσιν *und alle sind sie eifrige Anhän-*
ger des (mosaischen) Gesetzes (Menge) bzw. *und sie halten sich weiterhin streng*
an das Gesetz Moses (GNB). **21 κατ-ηχήθησαν** Aor. Pass. -ηχέω *verneh-* 21
men lassen, berichten; κατηχήθησαν δὲ περὶ σοῦ ὅτι ... διδάσκεις *nun*
ist ihnen aber über dich berichtet worden, daß ... du predigest (Menge) bzw. *man*
hat ihnen erzählt, du würdest ... predigen (GNB). **ἀπο-στασία** *Abfall, Aufleh-*
nung (gegen Gott od. andere Autorität); ἀποστασίαν ... ἀπὸ Μωϋσέως
den Abfall von Mose. **κατά** m. Akk. hier (v. räuml. Ausdehnung) *inmitten, un-*
ter (B II1a); οἱ κατὰ τὰ ἔθνη πάντες Ἰουδαῖοι *alle Juden, die unter den*
Heiden/den fremden Völkern leben (Menge/GNB). **λέγων** Ptz. λέγω hier etwa
(m. AcI) *auffordern* (vgl. H-S §218f Anm. 1; Menge: *empfehlen*); mod. **περι-**
τέμνειν Inf. -τέμνω *beschneiden* (der Vorhaut); erstes Präd. des AcI; μὴ
περιτέμνειν αὐτοὺς (Subj. des AcI) τὰ τέκνα (AkkO des AcI) μηδὲ
τοῖς ἔθεσιν περιπατεῖν übers. *ihre* (A103) *Kinder nicht mehr* (vgl. A265a) *zu*
beschneiden und überhaupt (A376a) *nicht länger nach den Vorschriften des Geset-*
zes (wörtl. *nach den Bräuchen/Gesetzen* [vgl. B ἔθος 2]) *zu leben.* **ἔθος**[7] *Brauch,*
Sitte. **περι-πατεῖν** Inf. -πατέω hier m. dat. modi (A180) etwa *sich halten*
an, leben nach; zweites Präd. des AcI. **22 τί οὖν ἐστιν;** etwa *was nun?* od. 22
was ist da nun zu tun? (Menge). **πάντως** *ganz, auf alle Weise;* hier *jedenfalls*
(vgl. B 1), *sicher.* [Var. συν-ελθεῖν Aor. Inf. -έρχομαι[187] *zusammenkommen,*
sich versammeln; Präd. des AcI, abhängig v. δεῖ; δεῖ πλῆθος (Subj. des AcI)
συνελθεῖν wohl *(die) (ganze) Versammlung/Gemeinde muß zusammenkommen*
(Bruce, Apg, S. 446), evtl. *eine Menschenmasse wird sich (unweigerlich) versam-*
meln (Metzger, S. 429). πλῆθος V. 36.] **ἀκούσονται** Fut. Med. (wie klass.
[BDR §77[2]]) ἀκούω. **ἐλήλυθας** Pf. (A242) ἔρχομαι. **23 ποίησον** 23

Aor. Imp. ποιέω; vgl. V. 23f m. 1Kor 9,19-23. **τέσσαρες**[19f] *vier;* εἰσὶν
ἡμῖν (dat. commodi/poss., A173b) ἄνδρες τέσσαρες *wir haben (hier gerade)*
vier Männer unter uns (vgl. Menge). **εὐχή** *Gebet;* hier *Gelübde;* εὐχὴν ἔχον-
τες ἐφ' ἑαυτῶν *die ein Gelübde auf sich genommen* (= zu erfüllen) *haben*
(Menge); gemeint ist offenbar ein zeitl. beschränktes Nasiräergelübde (s. Num
6,2-21; nach Mischna, Nasir 6,3 sollte es, wenn nichts anderes festgelegt ist,
dreißig Tage dauern): man weihte sich Gott in bes. Weise u. drückte dies da-
durch aus, daß man während der Gültigkeitszeit des Gelübdes auf Alkoholge-
nuß u. das Abschneiden der Haare verzichtete u. sich v. jegl. kultischer Verun-
reinigung fernhielt; durch das Darbringen eines best. Opfers u. das Abschneiden
24 des Kopfhaares schloß man diese Zeit ab. **ἔχοντες** Ptz. ἔχω, attr. **24 πα-
ρα-λαβών** Aor. Ptz. -λαμβάνω, temp. (als Imp. + Komma übers.; A291,1
Anm. 1); τούτους παραλαβών *nimm diese mit dir* bzw. (kontextgetreu)
kümmere dich um diese Männer (GNB). **ἁγνίσθητι** Aor. Imp. Pass. ἁγνίζω
reinigen (hier rituell); Pass. hier *sich reinigen* (B 2a), *sich weihen;* ἁγνίσθητι
σὺν αὐτοῖς *reinige/weihe dich zusammen mit ihnen;* wahrscheinl. mußte sich
Paulus nach seinem Auslandsaufenthalt in heidnischem Gebiet selbst einer sie-
bentägigen Zeit der rituellen Reinigung unterziehen, bevor er an einer Tempel-
zeremonie teilnehmen durfte (Roloff, Apg, S. 315); ἁγνίζω/ἁγνισμός (vgl.
V. 26) bez. in der LXX sowohl diese Reinigung (Num 19,12) als auch die
Absonderung des Nasiräers (vgl. Num 6,3), so daß die beiden Arten der „Rei-
nigung" zusammenfielen; am Ende seiner Reinigungszeit konnte Paulus den
vier Nasiräern durch Übernahme der Kosten beim Abschluß ihrer Gelübdezeit
behilfl. sein. **δαπάνησον** Aor. Imp. δαπανάω *ausgeben, aufwenden;* m.
ἐπί τινι *für jmdn./etwas aufwenden* bzw. hier etwa *für jmdn. die anfallenden*
Kosten übernehmen (GNB); die Übernahme der Kosten eines Nasiräers galt als
bes. Akt tätiger Frömmigkeit (Bruce, Apg, S. 447). **ξυρήσονται** Fut. Med.
ξυράω *(kahl) scheren, rasieren;* Med. *sich (kahl) scheren/rasieren lassen;* hier
Fut. statt Konj. Aor. nach ἵνα (A339) [Var. ξυρήσωνται Aor. Konj. Med.].
καί (zweites) kons. (BDR §442[7]; A311,2) *und = so/dann.* **γνώσονται** Fut.
Med. γινώσκω. **ὧν** V. 19; ὅτι ὧν (= τούτων [gen. partitivus, A164] ἅ
[Attraktion des Rel.-Pron., A361c]) κατήχηνται περὶ σοῦ οὐδέν ἐστιν
daß an dem (wörtl. *von dem*), *was man über dich berichtet hat, nichts ist* bzw. *daß*
die Berichte über dich falsch sind (GNB). **κατ-ήχηνται** Pf. (A231) Pass.
-ηχέω V. 21. **στοιχέω** *in einer Reihe gehen; in Einklang/Übereinstimmung* mit
etwas/jmdm. *sein/leben;* ἀλλὰ στοιχεῖς καὶ αὐτὸς φυλάσσων τὸν νό-
μον etwa *sondern daß auch du durch Beachtung des (mosaischen) Gesetzes im*
Einklang (mit den geltenden Maßstäben) lebst bzw. *und daß auch du sehr wohl*
nach dem Gesetz Moses lebst (GNB). **καὶ αὐτός** *auch du (selbst).* **φυλάσ-
σων** Ptz. φυλάσσω *(be)wachen, beschützen;* hier *beobachten, befolgen;* Med.
25 (A216) V. 25 m. Akk. *sich hüten vor;* mod. **25 πε-πιστευκότων** V. 20;

περὶ δὲ τῶν πεπιστευκότων ἐθνῶν *was aber die Nichtjuden angeht, die gläubig/Christen geworden sind.* [Var. ἔχω hier *die Möglichkeit haben, können* (vgl. B I6a). λέγειν Inf. λέγω hier πρός τινα *zu jmdm./gegen jmdn. sagen* (vgl. B I4).] **ἐπ-ε-στείλαμεν** Aor. ἐπι-στέλλω[113] *brieflich mitteilen, auftragen* bzw. einfach *(einen Brief) schreiben* [Var. ἀπ- hier synonym]. **κρίναντες** Aor. Ptz. κρίνω hier etwa (m. AcI) *beschließen* (B 3), temp. (A291,1 Anm. 1); ἡμεῖς ἐπεστείλαμεν κρίναντες φυλάσσεσθαι αὐτούς (Subj. des AcI) *so haben wir ja einen Beschluß gefaßt und (ihnen) brieflich mitgeteilt, sie sollten sich hüten vor* (vgl. 15,20.28f). [Var. τηρεῖν Inf. τηρέω, Präd. des AcI. εἰ μή nach Neg. *außer* (B εἰ VI9a; A341).] **φυλάσσεσθαι** Inf. Med. φυλάσσω, Präd. des AcI. **εἰδωλό-θυτος**[11] Ntr. subst. *Götzenopferfleisch.* **πνικτός** *erstickt, erwürgt* (v. nicht ausgeblutetem Fleisch); subst. τὸ πνικτόν *das Erstickte/Erwürgte/nicht ausgeblutete Fleisch;* αἷμα καὶ πνικτόν *vor Blutgenuß und vor nicht ausgeblutetem Fleisch.* **πορνεία** *Unzucht* (= illegitimer Geschlechtsverkehr jeder Art), *Hurerei;* s.a. zu 15,20. **26 παρα-λα-** 26
βών V. 24; temp. (A291,1 Anm. 1). **ἐχομένῃ** Ptz. Med. ἔχω hier Ptz. Med. *unmittelbar darauffolgend* (B III3); τῇ ἐχομένῃ ἡμέρᾳ temp. Dat. (A182) etwa *am nächsten Tag.* **ἁγνισθείς** Aor. Ptz. Pass. ἁγνίζω, temp. (A291,1 Anm. 1); gemeint ist hier das Einsetzen des für Paulus erforderl. siebentägigen Reinigungsprozesses (V. 24); τότε ὁ Παῦλος παραλαβὼν τοὺς ἄνδρας τῇ ἐχομένῃ ἡμέρᾳ σὺν αὐτοῖς ἁγνισθείς, εἰσῄει etwa *da nahm Paulus die (vier) Männern mit sich/da kümmerte sich Paulus um die (vier) Männer, reinigte/weihte sich am nächsten Tag mit ihnen* (d.h. er schloß sich ihnen im Reinigungs-/Weiheprozeß an; GNB: *begann gleich am nächsten Tag mit den Vorbereitungen) und ging (dann) in.* **εἰσ-ῄει** V. 18. **δι-αγγέλλων** Ptz. -αγγέλλω *bekanntmachen; anzeigen, anmelden;* mod./fin. (A291,6). **ἐκ-πλήρωσις**[8] *Erfüllung,* hier *Vollendung, Abschluß, Ende.* **ἁγνισμός** *Reinigung;* τὴν ἐκπλήρωσιν τῶν ἡμερῶν τοῦ ἁγνισμοῦ *den Abschluß/das Ende der Reinigungstage/der Weihezeit;* gemeint ist der Abschluß der Gültigkeitszeit des Nasiräergelübdes (neben V. 23 s.a. Num 6,5, wo ἁγνισμός das Nasiräersein/die Nasiräerweihe bez.); da dieser zeitl. m. dem Ende des v. Paulus begonnenen Reinigungsprozesses zusammenfiel (V. 24), meldete er bei dieser Gelegenheit wahrscheinl. beide Anlässe an. **προσ-ηνέχθη** Aor. Pass. -φέρω; τὴν ἐκπλήρωσιν τῶν ἡμερῶν τοῦ ἁγνισμοῦ ἕως οὗ προσηνέχθη ... *den Abschluß der Reinigungstage, (die so lange dauerten) bis ... dargebracht sein würde* (Menge) = *das Ende der Reinigungstage, an dem ... dargebracht werden sollte.* **ἕκαστος** hier durch εἷς verstärkt *jeder einzelne* (B 2) bzw. (idiomatischer) *jeder,* m. gen. partitivus (A164). **προσ-φορά** *Opfer;* zur Sache s. neben V. 23 bes. Num 6,14f.18.

27 ἔ-μελλον Ipf. μέλλω hier *im Begriff stehen, eben dabei sein* etwas zu 27
tun (B 1cα). **συν-τελεῖσθαι** Inf. Pass. -τελέω *vollenden;* Pass. hier *zu Ende*

gehen; ὡς δὲ ἔμελλον αἱ ἑπτὰ ἡμέραι συντελεῖσθαι etwa *als aber die*
sieben Tage (vgl. V. 24 u. 26) *fast vorüber waren;* in der im folgenden beschriebe-
nen Situation hatte Paulus offenbar das abschließende Reinigungsritual bereits
hinter sich (s. 24,18). **Ἀσία** 2,9; οἱ ἀπὸ τῆς Ἀσίας Ἰουδαῖοι *die* (in
Jerusalem anwesenden) *Juden aus der Provinz Asia* (unter ihnen viell. solche, die
bereits in Ephesus gegen ihn vorgegangen waren [vgl. 20,19]). **θεασάμενοι**
Aor. Ptz. Med. θεάομαι *sehen, ansehen,* hier etwa *erblicken* (Menge); temp.
συν-έ-χεον Ipf. συγ-χέω/χύννω *durcheinanderbringen, in Verwirrung ver-*
setzen, in Aufruhr versetzen. **ἐπ-έ-βαλον** Aor. ἐπι-βάλλω[112] *auf* etwas *wer-*
fen/legen; ἐπιβάλλω τὰς χεῖρας ἐπί τινα *jmdn. ergreifen/packen.*
28 **28 κράζοντες** Ptz. κράζω, mod. **Ἰσραηλίτης**[1] *Israelit;* ἄνδρες (klass.
Idiom [BDR §242; H-S §260j]) Ἰσραηλῖται Vok. *ihr Männer/Leute von Israel*
bzw. (einfach) *Israeliten.* **βοηθεῖτε** Imp. βοηθέω *zu Hilfe kommen, helfen.*
πανταχῇ *überall.* **διδάσκων** Ptz., attr.; ὁ κατὰ τοῦ λαοῦ καὶ τοῦ
νόμου καὶ τοῦ τόπου τούτου πάντας πανταχῇ (Alliteration/Parono-
masie m. π[αντ]- [vgl. H-S §294a/d) διδάσκων etwa *der überall unter allen*
Menschen Lehren verbreitet, die gegen unser (A103) *Volk und gegen das Gesetz*
und gegen diesen Tempel (wörtl. *gegen diesen [heiligen] Ort*) *gerichtet sind* (GNB).
ἔτι τε καί *dazu* hat er *jetzt auch noch* (Menge; vgl. B ἔτι 2b) bzw. *und jetzt*
hat er *sogar.* **Ἕλλην**[4] ηνος ὁ *Grieche;* hier im Sinn v. *Nichtjude* (B 2a);
Nichtjuden war das Betreten des inneren Tempelvorhofs bei Todesstrafe verbo-
ten (Exemplare des bekannten Warnschildes sind erhalten: „Kein Nichtjude
darf den Bereich innerhalb der den Tempel umgebenden Schranken und Um-
friedung betreten! Wer jedoch dabei ergriffen wird, der wird, selbst verschuldet,
mit dem Tode bestraft.“ [für griech. Original s. Schürer 2, S. 285]). **εἰσ-ήγα-**
γεν Aor. -άγω[59] *hineinführen; hineinbringen.* **κε-κοίνωκεν** Pf. (A242)
κοινόω (< κοινός gemeinsam; [kultisch] unrein) (kultisch) *verunreinigen.*
29 **29 ἦσαν** V. 9. **προ-ε-ωρακότες** Pf. (A231) Ptz. -οράω[192] *vorher sehen;*
umschrieb. Plsqpf. (A249b). **Τρόφιμος** 20,4. **Ἐφέσιος** *ephesisch;* subst.
Epheser (Bewohner v. Ephesus [s.a. zu 18,19]). **ὅν** AkkO zu εἰσήγαγεν (ὅτι-
NS ist m. ὅν verschränkt; A364b); ὃν ἐνόμιζον ὅτι ... εἰσήγαγεν ὁ Παῦ-
λος etwa *und meinten, Paulus hätte ihn ... hineingebracht/mitgenommen.* **ἐ-νό-**
30 **μιζον** Ipf. νομίζω *meinen, glauben, annehmen.* **30 ἐ-κινήθη** Aor. Pass.
κινέω *bewegen;* Pass. hier *in Aufregung geraten* (B 2b). **ἐ-γένετο** Aor. Med.
γίνομαι. **συν-δρομή** *Massenauflauf;* ἐγένετο συνδρομὴ τοῦ λαοῦ *es*
entstand ein Volksauflauf (Menge), *das Volk strömte in Scharen zusammen* (Wil-
ckens). **ἐπι-λαβόμενοι** Aor. Ptz. Med. -λαμβάνομαι[152] m. Gen. *sich*
halten an, ergreifen, auch (so hier) (gewalttätig) *packen,* V. 33 *festnehmen;* Pl.
sinngemäße Konstruktion (A96); temp. (A291,1 Anm. 1). **εἷλκον** Ipf. ἕλκω
ziehen, schleppen; εἷλκον αὐτὸν ἔξω τοῦ ἱεροῦ und *schleppten/zerrten ihn*
aus dem Tempel (d.h. aus dem inneren Vorhof). **ἐ-κλείσθησαν** Aor. Pass.

κλείω[6] *schließen; verschließen.* **θύρα** *Tür;* wohl die Tore, die vom äußeren
zum inneren Vorhof führten. **31 ζητούντων** Ptz. ζητέω, gen. abs., erg. αὐ- 31
τῶν (BDR §423[3]; H-S §230e), temp.; ζητούντων τε αὐτὸν ἀποκτεῖναι
etwa *während sie drauf und dran waren, ihn umzubringen* (Wilckens); das Lyn-
chen eines in flagranti ertappten Tempelschänders (wofür man Paulus zu Un-
recht hielt) wurde v. der für reguläre Verfahren zuständigen Tempelbehörde
geduldet (Bruce, Apg, S. 451). **ἀπο-κτεῖναι** Aor. Inf. -κτείνω. **ἀν-έ-βη**
Aor. ἀνα-βαίνω; ἀνέβη φάσις τῷ ... *gelangte an den ... die Meldung hinauf*
(Menge) od. *brachte man dem ... die Meldung hinauf.* **φάσις**[8] *Nachricht, Mel-
dung.* **χιλί-αρχος** *Anführer einer Tausendschaft* bzw. hier (röm.) *tribunus mi-
litum/cohortis* (Befehlshaber einer Kohorte [B; vgl. KP 5, Sp. 947f]), übers. *Kom-
mandant;* nach 23,36 hieß er Klaudius Lysias. **σπεῖρα** (zu -ρης statt -ρας
BDR §43[1]; vgl. H-S §25f; entspricht dem lat. cohors) *Kohorte* (militärischer
Verband v. etwa 500 bis 1000 Mann [ein Zehntel einer Legion]; KP 1,
Sp. 1242f); gemeint ist hier die *römische Garnison* (eine „cohors auxiliaris"), die
in der Burg Antonia stationiert war; diese schloß sich an den westl. Teil der
Nordmauer des Tempelbezirks an u. war durch zwei Freitreppen m. dem äuße-
ren Vorhof verbunden, so daß bei Unruhen schnell eingegriffen werden konnte
(vgl. Josephus, Bellum Judaicum 5.243ff; Bruce, Apg, S. 451). **συγ-χύννε-
ται** Pass. -χέω/χύννω *in Verwirrung versetzen, in Aufruhr versetzen;* ὅτι ὅλη
συγχύννεται Ἰερουσαλήμ etwa *ganz Jerusalem sei in Aufruhr* [Var. συ-
κέ-χυται Pf. Pass.]. **32 ὅς** *dieser/er* (rel. Anschluß, A364a). **ἐξ-αυτῆς** (= 32
ἐξ αὐτῆς ὥρας) *sofort.* **παρα-λαβών** V. 24. **στρατιώτης**[1] *Soldat.*
ἑκατοντ-άρχης[1] *Anführer einer Hundertschaft, Hauptmann* (Pl.: *Hauptleute*)
bzw. (röm.) *Centurio* (s. KP 1, Sp. 1111f). **κατ-έ-δραμεν** Aor. κατα-τρέ-
χω[196] *hinab-, hinunterlaufen.* **ἐπ᾽ αὐτούς** *zu ihnen = zu der Volksmenge.* **οἱ
δέ** *(und) diese/sie* (A102). **ἰδόντες** Aor. Ptz. ὁράω, temp. **ἐ-παύσαντο**
Aor. Med. παύω *zum Aufhören bringen;* Med. *aufhören.* **τύπτοντες** Ptz. τύ-
πτω *schlagen;* präd. bei Verb des modifizierten Seins u. Tuns (A301); ἐπαύ-
σαντο τύπτοντες τὸν Παῦλον *hörten sie auf, Paulus zu schlagen.* **33 ἐγ-** 33
γίσας Aor. Ptz. ἐγγίζω, temp. (A291,1 Anm. 1). **ἐπ-ε-λάβετο** Aor. Med.
ἐπι-λαμβάνομαι[152] V. 30. **ἐ-κέλευσεν** Aor. κελεύω[5] *befehlen, anord-
nen;* hier m. AcI im Pass. (klass. u. deutsch eher m. Inf. u. AkkO; vgl. BDR
§392,4; H-S §218c); καὶ ἐκέλευσεν δεθῆναι (erg. αὐτόν als Subj.) ἁλύ-
σεσι δυσί *und befahl, daß er mit zwei Ketten gefesselt werde = und ließ ihn mit
zwei Ketten fesseln.* **δεθῆναι** Aor. Inf. Pass. δέω, Präd. des AcI. **ἅλυσις**[8]
Kette, Handschellen; dat. instr. (A176). **ἐ-πυνθάνετο** Ipf. Med. πυνθάνο-
μαι *erfragen, sich erkundigen.* **εἴη** Opt. εἰμί, obliquer Opt. (der indirekten
Äußerung [A261]); καὶ ἐπυνθάνετο τίς εἴη καὶ τί ἐστιν πεποιηκώς
und fragte (die Umstehenden), wer er sei und was er getan habe (BDR §386[2]: für
den Fragenden stand fest, daß Paulus etwas getan hatte [daher Ind.]). **πε-**

34 **ποιηκώς** Pf. (A231) Ptz. ποιέω, umschrieb. Pf. (A249b). **34 ἄλλοι ἄλ-
λο τι** klass. Idiom *die einen dies, die anderen jenes.* **ἐπ-ε-φώνουν** Ipf. ἐπι-
φωνέω *ausrufen, laut rufen, schreien.* **δυναμένου** Ptz. Pass. δύναμαι, gen.
abs. (A288), kaus.; μὴ δυναμένου δὲ αὐτοῦ γνῶναι τὸ ἀσφαλές...
etwa *weil er/der Kommandant ... nichts Sicheres* (wörtl. *das Sichere/die Wahrheit
nicht*) *herausbekommen* (Menge: *ermitteln*) *konnte.* **γνῶναι** Aor. Inf. γι-
νώσκω. **ἀ-σφαλής**[7] *feststehend, sicher;* übertr. *zuverlässig;* τὸ ἀσφαλές
das Zuverlässige/Sichere = die Wahrheit. **θόρυβος** *Aufruhr, Tumult, Lärm.*
ἄγεσθαι Inf. Pass. ἄγω, Präd. des AcI (vgl. V. 33); ἐκέλευσεν ἄγεσθαι
αὐτὸν (Subj. des AcI) εἰς τὴν παρεμβολήν *befahl er, er solle in die Kaserne
gebracht werden = befahl er, ihn in die Kaserne zu bringen.* **παρ-εμ-βολή** *(be-
festigtes) Lager;* hier (röm.) *Kaserne* (in Jerusalem); gemeint ist die Burg Anto-
35 nia (vgl. zu V. 31). **35 ἐ-γένετο** Aor. Med. γίνομαι hier ἐπί τι *zu/auf et-
was gelangen/kommen* (B I4cγ). **ἀνα-βαθμός** *Stufe;* ἐπὶ τοὺς ἀναβαθ-
μούς *zu den/auf die Stufen/Treppe/Freitreppe* (zur Burg Antonia hinauf [B]).
συν-έ-βη Aor. συμ-βαίνω[139] (Wz.-Aor. A21) *zustoßen, begegnen;* συνέβη
m. AcI (att. Synonym zu ἐγένετο m. AcI [A271; V. 1]; BDR §393[2]) *es ereignete
sich, daß,* am besten unübersetzt lassen; συνέβη βαστάζεσθαι αὐτὸν
(Subj. des AcI) ὑπὸ τῶν στρατιωτῶν διὰ τὴν βίαν τοῦ ὄχλου etwa
*mußte er wegen des gewaltsamen Andrangs der Menge von den Soldaten getragen
werden.* **βαστάζεσθαι** Inf. Pass. βαστάζω *aufheben; tragen;* Präd. des AcI.
στρατιώτης[1] *Soldat.* **βία** *Gewalt, Gewaltanwendung;* hier v. der Gewalt der
36 herandrängenden Menge (B 1b). **36 ἠκολούθει** Ipf. ἀκολουθέω hier etwa
hinterherlaufen. **πλῆθος**[7] *Menge;* hier *versammelte Menschenmenge,* τὸ πλῆ-
θος τοῦ λαοῦ *die Volksmenge.* **κράζοντες** Ptz. κράζω, Pl. sinngemäße
Konstruktion (A96). **αἶρε** Imp. αἴρω hier *beseitigen* (B 4); αἶρε αὐτόν *weg
mit ihm!*
37 **37 μέλλων** Ptz. μέλλω hier wie V. 27 gebraucht; temp. **εἰσ-άγε-
σθαι** Inf. Pass. -άγω V. 28. **παρ-εμ-βολή** V. 34. **λέγει** hist. Präs.
(A235). **χιλί-αρχος** V. 31. **εἰ** hier vor direkter Frage = Doppelpunkt (un-
klass.; A320; B V1). **ἔξ-εστιν** *es ist möglich, es ist erlaubt* (τινί *jmdm.*). **εἰ-
πεῖν** Aor. Inf. λέγω. **ὁ δέ** *(und) dieser/er* (A102). **ἔ-φη** Ipf. φημί.
Ἑλληνιστί *auf griechisch;* Ἑλληνιστὶ γινώσκεις; *du kannst Griechisch?*
38 (Menge) bzw. *du sprichst griechisch?* (GNB). **38 οὐκ** *nicht;* erwartet als Frage-
einleitung die Antwort „doch" (A320). **Αἰγύπτιος** *ägyptisch,* subst. *Ägypter;*
nach Josephus (Bellum Judaicum 2.261-263 u. Antiquitates 20.169-172) kam
während der Amtszeit v. Statthalter Felix (s. 23,24) ein falscher Prophet aus
Ägypten nach Jerusalem; er führte eine Menschenmenge zum Ölberg u. ver-
sprach, die Mauern Jerusalems würden auf seinen Befehl einstürzen, worauf er
u. seine Nachfolger in die Stadt einmarschieren u. die Römer überwältigen wür-
den; doch Felix schickte seine Truppen u. ließ sämtl. Rebellen töten, m. Aus-

nahme des Anführers, der entkommen konnte; diesen glaubte nun der Kommandant zunächst vor sich zu haben. **πρὸ τούτων τῶν ἡμερῶν** „vor diesen Tagen/dieser Zeit" (B ἡμέρα 4b) = *vor einiger Zeit.* **ἀνα-στατώσας** Aor. Ptz. -στατόω *aufwiegeln, beunruhigen, verstören,* hier *einen Aufruhr machen* (B), *einen Aufstand anzetteln;* attr. **ἐξ-αγαγών** Aor. Ptz. -άγω[59] *hinausführen;* attr. **τετρακισ-χίλιοι**[19] *viertausend;* Josephus (Bellum Judaicum 2.261) spricht v. 30.000 (viell. als Übertreibung zu verstehen [dazu u. zu verwandten Aspekten s. Hemer, Setting, S. 170]). **σικάριος** (< lat. sica „Dolch") *Sikarier,* radikale jüd. Nationalisten (erbitterte Feinde der prorömischen Juden), die in der Amtszeit des Felix aktiv zu werden begannen; u.a. mischten sie sich während der Festzeiten unter die Menge u. erdolchten ihre Opfer meuchlings (vgl. Josephus, Bellum Judaicum 2.254-257; Antiquitates 20.162-165 u. 185-187); τοὺς τετρακισχιλίους ἄνδρας τῶν σικαρίων (gen. partitivus, A164) etwa *die viertausend bewaffneten Terroristen* (GNB).
39 ἄνθρωπος hier pleon. (B 3aε; vgl. H-S §260j); ἄνθρωπος ... Ἰουδαῖος 39
ein Jude. **μέν ... δέ** da hier kein Gegensatz vorliegt, am besten unübersetzt lassen (eig. *einerseits ... andererseits*). **Ταρσεύς**[8] *aus Tarsus stammend, Tarser, Bewohner von Tarsus* (s.a. zu 9,30). **Κιλικία** 6,9; gen. partitivus (A164; hier „chorographischer" Gen. [vgl. BDR §164[7]]); Ταρσεὺς τῆς Κιλικίας *aus Tarsus in Zilizien.* **ἄ-σημος**[11] *unbedeutend;* οὐκ ἀσήμου πόλεως πολίτης (π-Alliteration [vgl. V. 28]) *Bürger einer nicht unbedeutenden Stadt = Bürger einer namhaften Stadt* (Menge; Litotes [vgl. BDR §495[9]; A386]). **πολίτης**[1] *Bürger.* **δέομαι** *bitten* (Gen. der Pers.). **ἐπί-τρεψον** Aor. Imp. -τρέπω[48] *gewähren, gestatten, erlauben.* **λαλῆσαι** Aor. Inf. λαλέω.
40 ἐπι-τρέψαντος Aor. Ptz., gen. abs. (A288), temp./kaus.; ἐπιτρέψαν- 40
τος δὲ αὐτοῦ *als/da er (es) erlaubte* bzw. *der Kommandant war einverstanden* (GNB). **ἑστώς** Pf. (Wz.-Pf., H-S §109a; m. präs. Bdtg.) Ptz. ἵσταμαι, mod.; ὁ Παῦλος ἑστὼς ἐπὶ τῶν ἀναβαθμῶν κατέσεισεν τῇ χειρὶ τῷ λαῷ etwa *Paulus stand auf der Freitreppe und bat die Menge mit einer Handbewegung um Ruhe* (GNB). **ἀνα-βαθμός** V. 35. **κατ-έ-σεισεν** Aor. κατα-σείω[3] *schütteln, lebhaft bewegen;* m. τῇ χειρί (dat. instr., A176) *(mit der Hand) winken* bzw. hier speziell *mit einer Handbewegung um Ruhe bitten* (vgl. 12,17; 13,16; 19,33). **σιγή** *(das) Schweigen, Stille.* **γενομένης** Aor. Ptz. Med. γίνομαι, gen. abs. (A288), temp.; πολλῆς δὲ σιγῆς γενομένης *als dann völlige Stille eingetreten war* (Menge). **προσ-ε-φώνησεν** Aor. προσ-φωνέω m. Dat. *jmdm. zurufen, jmdn. laut anreden* (im NT bes. vom öffentl. Reden [klass. poetischer, hell. normaler Prosaausdruck; Bruce, Apg, S. 454]); προσεφώνησεν ... λέγων etwa *redete er sie* (A79) ... *an* bzw. *begann er ... zu reden* (vgl. GNB). **Ἑβραΐς**[3] ΐδος ἡ (Fem. zu Ἑβραῖος *Hebräer* [6,1]; hier als Adj. gebraucht) *hebräisch;* ἡ Ἑβραΐς διάλεκτος *die hebräische Sprache,* da zieml. sicher (wie meist auch m. dem Ausdruck Ἑβραϊστί) das damals in Palästina gesprochene

Aramäisch gemeint ist (vgl. z.B. Schürer 2, S. 20-28), sachl. besser *die aramäi-
sche* (viell. einfach *die jüdische*) *Sprache;* τῇ Ἑβραΐδι διαλέκτῳ wohl dat.
instr. (A176) etwa *in der aramäischen/jüdischen Landessprache* (vgl. Menge).
διά-λεκτος ἡ *Sprache.*
22 **ἄνδρες ἀδελφοὶ καὶ πατέρες** Vok. etwa (vgl. H-S §260j) *liebe
Brüder und Väter* (vgl. zu 7,2). **ἀκούσατε** Aor. Imp. ἀκούω. **νυνί**[18] =
νῦν. **ἀπο-λογία** *Verteidigung* (vor Gericht od. auch allgem.), *Rechtfertigung;*
ἀκούσατέ μου (gen. poss., A128,1) τῆς πρὸς ὑμᾶς νυνὶ ἀπολογίας
(GenO) *hört jetzt auf meine an euch gerichtete Verteidigungsrede* (B 1) bzw. *hört*
2 *jetzt, was ich euch zu meiner Verteidigung zu sagen habe.* **2 ἀκούσαντες** Aor.
Ptz., temp. **Ἑβραΐς, διά-λεκτος** 21,40. **προσ-ε-φώνει** Ipf. προσ-
φωνέω 21,40. **παρ-έ-σχον** Aor. -έχω[189] *darbieten;* m. ἡσυχίαν *Ruhe ge-
währen* (B 1b), *ruhig/still sein* (bzw. [vgl. A229] *ruhig/still werden*); μᾶλλον πα-
ρέσχον ἡσυχίαν *verhielten sie sich noch ruhiger, wurden sie noch stiller.*
ἡσυχία *Ruhe, Stille.* **φησίν** Präs. 3. Sg. φημί (A32); hist. Präs. (A235).
3 **3 ἀνήρ** hier pleon. (BDR §242[1]; H-S §260j); ἀνὴρ Ἰουδαῖος *ein Jude.* **γε-
γεννημένος** Pf. Ptz. Pass. γεννάω, attr. *geboren* (Zustandspassiv [vgl.
A242]). **Ταρσός** ἡ 9,30. **Κιλικία** 6,9. **ἀνα-τε-θραμμένος** Pf.
(A231) Ptz. Pass. -τρέφω[49] *großziehen, aufziehen; erziehen;* attr.; ἀνατεθραμ-
μένος δὲ ἐν τῇ πόλει ταύτῃ (Demonstrativum weist in die außersprachl.
Situation) *aber hier in dieser Stadt erzogen.* **Γαμαλιήλ** 5,34; indekl., hier
Gen.); παρὰ τοὺς πόδας Γαμαλιήλ *zu Füßen Gamaliëls = von Gamaliël
(als meinem Lehrer)* (vgl. LN 33.232); die Schüler saßen gewöhnl. während des
Unterrichts auf dem Boden, der Lehrer dagegen auf einem etwas erhöhten Po-
dest (Schürer 2, S. 334). **πε-παιδευμένος** Pf. (A231) Ptz. Pass. παιδεύω
erziehen, unterrichten, (aus)bilden; attr. *ausgebildet.* **ἀκρίβεια** *Genauigkeit;*
κατὰ ἀκρίβειαν τοῦ πατρῴου νόμου etwa *genau nach dem Gesetz*
(Menge: *in strenger Befolgung des Gesetzes*) *unserer Vorfahren* (vgl. B), viell.:
sorgfältig ausgebildet *im Gesetz unserer Vorfahren.* **πατρῷος** *väterlich, vom
Vater/von den Vorfahren herrührend/ererbt.* **ζηλωτής**[1] *Eiferer* (doch nicht ne-
gativ markiert), *eifriger Anhänger* einer Pers. od. Sache; ζηλωτὴς ὑπάρχων
τοῦ θεοῦ καθὼς πάντες ὑμεῖς ἐστε σήμερον *und (dabei) war ich ein Ei-
ferer für Gott, wie ihr alle es heute seid* bzw. (klarer) *und ich trat ebenso leiden-
schaftlich für den Gott Israels ein, wie ihr alle es heute tut* (GNB); zur Sache vgl.
Röm 10,2; Gal 1,14; Phil 3,4-7. **ὑπ-άρχων** Ptz. -άρχω hier = εἰμί als Ko-
4 pula (B 2); mod. **4 ὅς** hier m. qualitativ-kons. Nebensinn (vgl. A370; BDR
§379) *so daß* (Menge: *als solcher*) od. *und* bzw. Doppelpunkt. **ὁδός** hier als all-
gem. Begriff im Sinn v. *Richtung, Lehre* (v. der gesamten religiösen u. sittl. Le-
bensart [B 2c; vgl. EWNT 2, Sp. 1203f]), vgl. aber zu 9,2; übers. ταύτην τὴν
ὁδόν etwa *diese Lehre/Glaubensrichtung* (Menge) bzw. *die Lehre der Christen*
(GNB). **ἐ-δίωξα** Aor. διώκω hier m. ἄχρι θανάτου *bis aufs Blut verfolgen*

(B θάνατος 1a) bzw. *bis aufs Blut bekämpfen* (GNB). **δεσμεύων** Ptz. δε-
σμεύω *fesseln;* mod. **παρα-διδούς** Ptz. -δίδωμι hier εἰς φυλακάς *in*
die Gefängnisse (idiomatischer *ins Gefängnis*) *einliefern* (B 1b); mod. **5 μαρ-** 5
τυρεῖ zum Sg.-Präd. vgl. A94, übers. *bezeugen können* (Menge). **πρεσβυτέ-**
ριον Gesamtheit der Ältesten: *Ältestenrat,* hier = Synedrium (vgl. zu 4,5.15).
παρ᾽ ὧν PräpO zu δεξάμενος (part. coni. ist m. παρ᾽ ὧν verschränkt;
A364b), übers. *von diesen.* **ἐπι-στολή** *Brief* (s.a. zu 9,2). **δεξάμενος** Aor.
Ptz. Med. δέχομαι hier etwa *sich geben lassen* (Menge); temp. (A291,1
Anm. 1). **οἱ ἀδελφοί** *die Brüder* hier im Sinn v. *die jüdischen Brüder* (Paulus
spricht als Jude zu Juden), *unsere Volksgenossen/Landsleute* (vgl. Menge); ἐπι-
στολάς ... πρὸς τοὺς ἀδελφοὺς εἰς Δαμασκὸν ἐπορευόμην syntak-
tisch unterschiedl. deutbar (a grammatisch wohl am einfachsten; bei b u. c: εἰς
= ἐν [vgl. BDR §205[4]; A184]): a) *Briefe an die jüdischen Brüder und zog nach*
Damaskus; b) *Briefe an die jüdischen Brüder in Damaskus und zog (dorthin);*
c) *Briefe und zog zu den jüdischen Brüdern in Damaskus.* **Δαμασκός** 9,2.
ἐ-πορευόμην Ipf. Med. πορεύομαι. **ἄξων** Fut. Ptz. ἄγω, fin. (BDR
§351[2]; A291,6). **ἐκεῖ-σε**[18] *dorthin, dort.* **ὄντας** Ptz. εἰμί, subst.; καὶ τοὺς
ἐκεῖσε ὄντας *auch die dort befindlichen Menschen = auch die dort lebenden*
Anhänger Jesu. **δε-δεμένους** Pf. Ptz. Pass. δέω, mod.; *in Fesseln* (Menge),
gefangen (Zustandspassiv, vgl. A242). **εἰς** (zweites) *nach.* **τιμωρηθῶσιν**
Aor. Konj. Pass. τιμωρέω *bestrafen.* **6 ἐ-γένετο** Aor. Med. γίνομαι; γί- 6
νεται m. AcI *es ereignet sich, daß* (A271), hier m. zusätzl. dat. commodi
(A173a): ἐγένετό μοι ... *es ereignete sich für mich, daß* ...; ἐγένετο δέ μοι
πορευομένῳ καὶ ἐγγίζοντι τῇ Δαμασκῷ ... περιαστράψαι φῶς
ἱκανὸν (Subj. des AcI) περὶ ἐμέ etwa *als ich nun unterwegs war und mich Da-*
maskus näherte, da umstrahlte mich ... ein helles Licht. **πορευομένῳ** Ptz. πο-
ρεύομαι, part. coni. zu μοι (H-S §230c; A287), temp. (analog flgd. Ptz.). **ἐγ-**
γίζοντι Ptz. ἐγγίζω. **περί** m. Akk. hier zeitl. *um, gegen* (B 2b); περὶ με-
σημβρίαν *um die Mittagszeit.* **μεσημβρία** *Mittag; Süden.* **ἐξ-αίφνης**
plötzlich. **περι-αστράψαι** Aor. Inf. -αστράπτω (vgl. A33[51ff]) *umstrahlen,*
umleuchten περί τινα *jmdn.;* Präd. des AcI. **ἱκανός** *hinlänglich;* hier *hell*
(B 1a). **7 ἔ-πεσα** Aor. (vgl. H-S §105g) πίπτω hier εἰς τὸ ἔδαφος *zu* 7
Boden stürzen. **ἔδαφος**[7] *Boden.* **ἤκουσα** Aor. ἀκούω. **λεγούσης** Ptz.
Fem. λέγω, GcP (A300) od. attr.; ἤκουσα φωνῆς λεγούσης μοι *ich hörte*
eine Stimme zu mir sagen od. *ich hörte eine Stimme, die zu mir sagte.* **Σαούλ**
9,4; indekl., hier Vok. **τί** adv. *was/warum?* (vgl. B τίς 3a; A134a); vgl. zu 9,4.
8 ἀπ-ε-κρίθην Aor. Pass. (ohne Pass.-Bdtg.) ἀπο-κρίνομαι. **κύριε** Vok. 8
Ναζωραῖος (im NT offenbar als Synonym zu Ναζαρηνός gebraucht
[EWNT 2, Sp. 1119], daher:) *Nazarener, aus Nazaret (kommend).* **9 ὄντες** 9
Ptz. εἰμί, subst.; οἱ σὺν ἐμοὶ ὄντες *meine Begleiter.* **ἐ-θεάσαντο** Aor.
Med. θεάομαι *sehen, ansehen.* [Var. ἔμ-φοβος[11] *erschrocken, in Furcht;* ἔμ-

φοβος γίνομαι *in Schrecken versetzt werden* (vgl. B), *erschrecken.* ἐ-γένοντο
Aor. Med. γίνομαι.] **ἤκουσαν** Aor.; die Spannung zwischen τὸ μὲν φῶς
ἐθεάσαντο τὴν δὲ φωνὴν οὐκ ἤκουσαν τοῦ λαλοῦντός μοι u. der
Par. in 9,7 (ἀκούοντες μὲν τῆς φωνῆς μηδένα δὲ θεωροῦντες *denn sie
hörten zwar die Stimme, sahen aber niemand*) läßt sich am ehesten im Licht des
Wortgebrauchs v. φωνή u. ἀκούω auflösen (φωνή bez. je nach Kontext auch
die *Äußerung,* den *Ausspruch,* wobei die akustische od. die inhaltl. Seite gemeint
sein kann [vgl. B φωνή 2c]; ἀκούω wird auch im Sinn v. *verstehen, mitbekom-
men* gebraucht [vgl. B 7]; daß dabei der unterschiedl. Kasusgebrauch eine Rolle
spielen könnte, ist nicht grundsätzl. auszuschließen [MHT 1, S. 66; vgl. H-S
§167a Anm. 1], erscheint aber im Licht des näheren u. weiteren lukanischen
Kontextes unwahrscheinl.): meine Begleiter *sahen zwar das Licht, die Stim-
me/den Ausspruch dessen aber, der zu mir sprach, vernahmen/verstanden sie nicht,*
d.h. sie hörten zwar die Stimme, doch nur als Geräusch (9,7): was gesagt wurde,
bekamen sie nicht mit (Marshall, Apg, S. 355; vgl. etwa Jh 12,28ff). **λαλοῦν-**
10 **τος** Ptz. λαλέω, subst. **10 ποιήσω** Aor. Konj. ποιέω; deliberativer Konj.
(A255); τί ποιήσω *was soll ich tun.* **ἀνα-στάς** Wz.-Aor. Ptz. ἀν-ίστα-
μαι, temp. (als Imp. + „und" übers.; A291,1 Anm. 1); *steh auf und.* **πορεύου**
Imp. (vgl. A266a). **εἰς** hier *nach.* **κἀκεῖ** = καὶ ἐκεῖ. **λαληθήσεται**
Fut. Pass. λαλέω; κἀκεῖ σοι λαληθήσεται περὶ πάντων *dort wird mit
dir über alles geredet werden* (Zür.), *dort wirst du Auskunft über alles erhalten*
(Menge). **περὶ πάντων ὧν** = περὶ πάντων ἅ (Attraktion des Rel.-
Pron., A361c), wobei ἅ AkkO zu ποιῆσαι ist (Inf. ist m. ἅ verschränkt;
A364b); ὧν τέτακταί σοι ποιῆσαι *was dir zu tun verordnet ist* (Menge), *was
Gott dir zu tun bestimmt hat* (GNB) bzw. *was du nach meiner Anordnung tun
sollst* (Wilckens). **τέ-τακται** Pf. (A231) Pass. τάσσω[79] *ordnen;* hier *verord-
nen, anordnen, festsetzen, befehlen* (B 2); pass. divinum (A76b). **ποιῆσαι** Aor.
11 Inf. ποιέω. **11 ὡς** hier am besten kaus. *weil, da* (vgl. BDR §456[2]; H-S §277a).
ἐν-έ-βλεπον Ipf. ἐμ-βλέπω *den Blick richten auf, ansehen;* auch (so hier)
einfach *sehen* (ZG; vgl. LSJ a; die Bdtg. *sehen können* ist hier wohl rein kontext-
bedingt [vgl. B 1]); Ipf. hier dur. (A237); ὡς δὲ οὐκ ἐνέβλεπον ... *weil ich
nun ... nicht (länger) sah = weil ich nun ... nicht sehen konnte.* **ἀπό** hier kaus.
wegen (B V1) bzw. hier *geblendet von* (Menge). **δόξα** hier *Glanz* (B 1a).
χειρ-αγωγούμενος Ptz. Pass. -αγωγέω *an der Hand führen;* mod.
(A291,2 Anm. 1); χειραγωγούμενος ... ἦλθον εἰς ... *wurde ich ... an der
Hand geführt und gelangte so nach ...* (Menge). **συν-όντων** Ptz. σύν-ειμι
(εἰμί) *zusammensein;* subst.; ὑπὸ τῶν συνόντων μοι *von meinen Begleitern.*
12 **12 Ἁνανίας**[1] ου *Hananias.* **εὐ-λαβής**[7] *gottesfürchtig, fromm;* ἀνὴρ εὐ-
λαβὴς κατὰ τὸν νόμον etwa *ein gesetzesfrommer Mann* (Menge) bzw. *ein
frommer, gesetzestreuer Mann.* **μαρτυρούμενος** Ptz. Pass. μαρτυρέω Pass.
hier *ein gutes Zeugnis ausgestellt bekommen, einen guten Ruf haben;* attr.; μαρ-

τυρούμενος ὑπὸ πάντων τῶν κατοικούντων Ἰουδαίων *der bei allen*
Juden dort (wörtl. *[dort] wohnenden Juden*) *in gutem Ruf stand.* **κατ-οικούν-**
των Ptz. -οικέω, attr. **13 ἐλθών** Aor. Ptz. ἔρχομαι, temp. **ἐπι-στάς** 13
Wz.-Aor. Ptz. ἐφ-ίσταμαι[205] m. Dat. *herantreten an, hintreten vor,* ohne Erg.
herantreten (B 1); temp. (A291,1 Anm. 1); ἐλθὼν πρός με καὶ ἐπιστὰς εἶ-
πέν μοι (μοι dürfte sowohl zu ἐπιστάς als auch zu εἶπεν gehören) *suchte*
mich auf (wörtl. *kam zu mir*), *trat zu mir* (od. *trat vor mich hin*) *und sagte zu mir;*
9,17 wird zusammengefaßt. **ἀδελφέ** Vok. **ἀνά-βλεψον** Aor. Imp. -βλέ-
πω[41] *aufblicken; die Augen aufschlagen; wieder sehen (können);* ἀνάβλεψον
etwa *du sollst wieder sehen!* **αὐτῇ τῇ ὥρᾳ** temp. Dat. (A182) *in ebendieser*
Stunde (vgl. αὐτός 1h; vgl. A124a; BDR §288[4]) bei Lk/Apg beliebte (v. man-
chen als Aram. eingestufte) Gebrauchsweise im Sinn v. *im gleichen Augenblick,*
augenblicklich (vgl. B ὥρα 2b). **ἀν-έ-βλεψα** Aor., hier sind die beiden Ge-
brauchsweisen *die Augen aufschlagen* (m. εἴς τινα [als Richtungsangabe] =
jmdn. sehen) u. *wieder sehen (können)* kombiniert; κἀγὼ αὐτῇ τῇ ὥρᾳ ἀνέ-
βλεψα εἰς αὐτόν etwa *und augenblicklich erhielt ich das Augenlicht zurück und*
konnte ihn sehen (Menge). **14 ὁ δέ** *(und) dieser/er* (A102). **προ-ε-χειρί-** 14
σατο Aor. Med. -χειρίζομαι (vgl. A33[91ff]) *erwählen, bestimmen* (vgl. zu
3,20), m. τινά u. Inf. *jmdn. dazu erwählen/bestimmen* etwas zu tun. **γνῶναι**
Aor. Inf. γινώσκω. **ἰδεῖν** Aor. Inf. ὁράω. **τὸν δίκαιον** *den Gerechten*
(GNB: *den einzig Gerechten*); gemeint ist Jesus, der Messias (vgl. zu 3,14; 7,52).
ἀκοῦσαι Aor. Inf. ἀκούω; ἀκοῦσαι φωνὴν ἐκ τοῦ στόματος αὐτοῦ
einen Ruf (GNB: *das Wort ... das dich auf den Weg weist*) *aus seinem Mund zu ver-*
nehmen (vgl. Menge) od. *die Stimme seines Mundes zu hören = ihn persönlich mit*
dir sprechen zu hören (vgl. Newman-Nida, Apg, S. 425). **15 ὅτι** hier *denn.* 15
ἔσῃ Fut. εἰμί; viell. mod. Fut. (A247b). **μάρτυς** υρος ὁ (H-S §42a) *Zeuge;*
ἔσῃ μάρτυς αὐτῷ (dat. commodi, A173) πρὸς πάντας ἀνθρώπους ὧν
(= τούτων [gen. obi., A158] ἅ) *du wirst/sollst allen Menschen gegenüber/vor*
allen Menschen Zeuge für ihn sein von dem, was ... od. *du sollst vor allen Men-*
schen für ihn eintreten und allen bezeugen, was ... (GNB). **πρὸς πάντας ἀν-**
θρώπους *gegenüber/vor allen Menschen, vor jedermann.* **ὧν** = τούτων ἅ
(Attraktion des Rel.-Pron., A361c). **ἑ-ώρακας** Pf. (A242) ὁράω. **ἤκου-**
σας Aor. ἀκούω; ἑώρακας καὶ ἤκουσας was *du gesehen und gehört hast*
(dazu gehört, daß Paulus den auferstandenen Herrn gesehen [1Kor 9,1] u. seine
Stimme gehört hat; s.a. 9,12 u. 26,16). **16 τί** V. 7. **μέλλω** hier *zaudern* (B 3), 16
zögern; καὶ νῦν τί μέλλεις; *und nun – was zögerst du noch?* **ἀνα-στάς**
V. 10 (hier evtl. als „participium graphicum“ [wohl sem.] pleon. gebraucht [vgl.
A296; BDR §419[2]]). **βάπτισαι** Aor. Imp. Med. βαπτίζω Med. *sich taufen*
lassen (zu diesem u. dem flgd. Med. s. BDR §317[1]; H-S §188e). **ἀπό-λουσαι**
Aor. Imp. Med. -λούομαι[9] *sich abwaschen/reinwaschen lassen.* **ἐπι-καλε-**
σάμενος Aor. Ptz. Med. -καλέω[37] *(be)nennen;* (Gott bzw. dessen Namen)

17 *anrufen* (d.h. um Beistand/Hilfe bitten); mod. (A291,2 Anm. 1). **17 ἐ-γένετο**
V. 6; ἐγένετο δέ μοι ὑποστρέψαντι εἰς Ἰερουσαλὴμ καὶ προσευ-
χομένου μου ἐν τῷ ἱερῷ γενέσθαι με ἐν ἐκστάσει *als ich dann wieder*
nach Jerusalem zurückgekehrt war und im Tempel betete, geriet ich in eine Ver-
zückung (wörtl. *betete, ereignete es sich für mich, daß ich in eine Verzückung geriet;*
GNB: *betete, hatte ich eine Vision*). **ὑπο-στρέψαντι** Aor. Ptz. -στρέφω[47]
zurückkehren εἰς *nach;* part. coni. zu μοι (H-S §230c; A287), temp. **προσ-**
ευχομένου Ptz. -εύχομαι gen. abs. (A288f), temp. **γενέσθαι** Aor. Inf.
Med. γίνομαι, erstes Präd. des AcI. **με** Subj. des AcI. **ἔκ-στασις**[8] (< ἐξί-
σταμαι außer sich geraten) *Entsetzen, Verwirrung, große Erregung;* hier *Ver-*
zückung (beim Empfangen einer göttl. Vision auftretender Bewußtseinszu-
stand); γίνομαι ἐν ἐκστάσει *in eine Verzückung geraten* bzw. (kontextkon-
18 form) *eine Vision haben* (GNB). **18 ἰδεῖν** Aor. Inf. ὁράω, zweites Präd. des
AcI. **αὐτόν** AkkO *ihn* (d.h. Jesus). **λέγοντα** Ptz. λέγω, AcP (A300) od.
mod.; ἰδεῖν αὐτὸν λέγοντά μοι *ich sah ihn, wie er zu mir sagte* od. *ich sah*
ihn; dabei sagte er zu mir; vgl. 9,29f (nicht nur hier gehen göttl. Führung u.
menschl. Rat Hand in Hand [Bruce, Apg, S. 458]). **σπεῦσον** Aor. Imp.
σπεύδω (vgl. A33[88ff]) *sich beeilen.* **ἔξ-ελθε** Aor. Imp. -έρχομαι, m. ἔκ τι-
νος *etwas* (einen Ort) *verlassen.* **τάχος**[7] *Schnelligkeit, Geschwindigkeit;* ἐν
τάχει *schleunigst, unverzüglich* (B). **δι-ότι** (A338) *(deshalb) weil;* hier *denn*
(B 3). **παρα-δέξονται** Fut. Med. -δέχομαι[63] etwas *(als richtig) anneh-*
men, gelten lassen; 3. Pl. sinngemäße Konstruktion (A96) *sie = die Menschen*
hier od. im Sinn v. „man" (A76a). **μαρτυρία** *Zeugnis* (das Bezeugen od. das
Bezeugte); σοῦ μαρτυρίαν περὶ ἐμοῦ *dein Zeugnis über mich* (GNB: *wenn*
19 *du für mich eintrittst*). **19 κύριε** Vok. **αὐτοί** *sie selbst.* **ἐπίσταμαι**
wissen, kennen. **ἤμην** Ipf. Med. εἰμί. **φυλακίζων** Ptz. φυλακίζω *ins Ge-*
fängnis werfen; umschrieb. Ipf. (A249a); ὅτι ἐγὼ ἤμην φυλακίζων καὶ δέ-
ρων ... etwa *daß ich es war, der ... ins Gefängnis werfen und ... auspeitschen ließ*
(vgl. A218); zur Sache vgl. 8,3; 9,1f. **δέρων** Ptz. δέρω eig. *abhäuten, die Haut*
abziehen, NT nur übertr. *prügeln, schlagen;* umschrieb. Ipf. (A249a). **κατά** m.
Akk. hier distributiv κατὰ τὰς συναγωγάς *in den (einzelnen) Synagogen*
(vgl. B II1d). **πιστεύοντας** Ptz. πιστεύω; hier m. ἐπί τινα statt Dat.
20 (B 2aδ); subst.; τοὺς πιστεύοντας ἐπὶ σέ *die, die an dich glauben.* **20 ἐξ-**
ε-χύννετο Ipf. Pass. ἐκ-χέω/χύννω *ausgießen;* (Blut) *vergießen.* **Στέφα-**
νος 6,5 (zur Sache vgl. 7,54ff). **μάρτυς** υρος ὁ (H-S §42a) *Zeuge.* **καὶ**
αὐτός *auch ich (selbst).* **ἐφ-εστώς** Pf. (Wz.-Pf., H-S §109a; m. präs. Bdtg.)
Ptz. -ἵσταμαι[205] V. 13; Pf. *dabeistehen, dabeisein;* umschrieb. Plsqpf. (A249b).
συν-ευδοκῶν Ptz. -ευδοκέω (vgl. δοκέω) *Gefallen haben; zustimmen, ein-*
verstanden sein; umschrieb. Ipf. (A249a); vgl. 8,1a. **φυλάσσων** Ptz. φυλάσ-
σω *(be)wachen;* umschrieb. Ipf. (A249a); vgl. 7,58. **ἀν-αιρούντων** Ptz. -αι-
21 ρέω *beseitigen, aufheben;* meist: *töten;* subst. **21 καί** adversativ (A311,1) *doch.*

πορεύου Imp. (vgl. A266a). **μακράν** Adv. (erstarrter Akk. der Ausdehnung v. μακρός lang/entlegen, erg. ὁδόν, BDR §161[1]) *weit weg, fern,* hier etwa *in die Ferne.* **ἐξ-απο-στελῶ** Fut. -στέλλω[113] *(ent)senden* (öfter m. einem speziellen Auftrag), hier εἴς τινα *zu jmdm. senden;* hier wohl mod. Fut. (A247a); zur Sache vgl. Gal 2,2.7.

22 **ἤκουον** Ipf. ἀκούω hier m. τινός *jmdm. zuhören.* **ἄχρι τούτου** 22
τοῦ λόγου *bis zu diesem Wort/dieser Aussage* (er müsse zu den Nichtjuden gehen [vgl. 21,28ff]). **ἐπ-ῆραν** Aor. -αίρω[132] *emporheben;* ἐπαίρω τὴν φώνην *die Stimme erheben,* hier etwa *ein Geschrei erheben* (Menge), *zu schreien anfangen.* **λέγοντες** Ptz. λέγω, pleon. (A297), am besten als Doppelpunkt berücksichtigen. **αἶρε** Imp. αἴρω hier *beseitigen* (B 4); αἶρε ἀπὸ τῆς γῆς τὸν τοιοῦτον etwa *weg mit ihm! So einer muß von der Erde verschwinden!* (GNB). **καθ-ῆκεν** Ipf. -ήκω *zukommen, passend sein;* unpersönl. m. AcI *es ziemt/gehört sich;* οὐ καθῆκεν αὐτὸν (Subj. des AcI) ζῆν (klass. eher Ind. Präs. [BDR §358[3]; H-S §198i]) *er darf nicht am Leben bleiben* (vgl. B), *es gehört sich nicht, daß er lebt* (GNB). **ζῆν** Inf. ζάω, Präd. des AcI. **23** **κραυγαζόν-** 23
των Ptz. κραυγάζω *laut rufen,* hier etwa *schreien, lärmen, toben;* gen. abs. (A288), temp. **ῥιπτούντων** Ptz. ῥιπτέω[58] (Alternativform zu ῥίπτω [BDR §101[73]]) *werfen,* hier *abwerfen* (nach anderen *schwenken* [Bruce, Apg, S. 460]); gen. abs. (A288), temp.; ... ῥιπτούντων τὰ ἱμάτια καὶ κονιορτὸν βαλλόντων εἰς τὸν ἀέρα *sie ... warfen ihre Mäntel/Kleider ab und schleuderten Staub in die Luft* bzw. *sie ... rissen sich die Kleider vom Leib und warfen Staub in die Luft* (GNB); ein Ausdruck wütender Empörung. **κονιορτός** *Staub* (der in Bewegung gesetzt wird). **βαλλόντων** Ptz. βάλλω; gen. abs. (A288), temp. **ἀήρ**[6] ἀέρος ὁ *Luft.* **24** **ἐ-κέλευσεν** Aor. κελεύω[5] *befeh-* 24
len, anordnen; hier m. AcI im Pass. (klass. u. deutsch eher m. Inf. u. AkkO; vgl. BDR §392,4; H-S §218c); ἐκέλευσεν ὁ χιλίαρχος εἰσάγεσθαι αὐτὸν (Subj. des AcI) εἰς τὴν παρεμβολήν *der Kommandant befahl, ihn in die Kaserne zu bringen* (wörtl. *daß er in die Kaserne gebracht würde*). **χιλί-αρχος** *Anführer einer Tausendschaft* bzw. hier (röm.) *tribunus militum/cohortis* (Befehlshaber einer Kohorte [B; vgl. KP 5, Sp. 947f]), übers. *Kommandant;* nach 23,36 hieß er Klaudius Lysias. **εἰσ-άγεσθαι** Inf. Pass. -άγω *hineinführen; hineinbringen;* Präd. des AcI. **παρ-εμ-βολή** *(befestigtes) Lager;* hier (röm.) *Kaserne* (in Jerusalem); vgl. zu 21,37. **εἴπας** Aor. Ptz. (vgl. H-S §105g) λέγω hier im Sinn v. *befehlen, anordnen* m. AcI im Pass (vgl. zu ἐκέλευσεν); mod.; εἴπας μάστιξιν ἀνετάζεσθαι αὐτόν (Subj. des AcI) *und ordnete (dabei) an, ihn unter Peitschenhieben zu verhören* (wörtl. *daß er unter Peitschenhieben verhört würde*). **μάστιξ**[3] ιγος ἡ *Geißel, Peitsche,* Pl. *(das) Auspeitschen, Geißel-, Peitschenhiebe* (vgl. zu μαστιγόω Mt 20,19); μάστιξιν dat. modi (A180) *unter Peitschenhieben.* **ἀν-ετάζεσθαι** Inf. Pass. -ετάζω *verhören;* Präd. des AcI. **ἐπι-γνῷ** Aor. Konj. -γινώσκω. **αἰτία** *Ursache, Grund;* δι' ἣν

αἰτίαν (Rel.-Pron. vor abhängiger Frage [A133b]) *aus welchem Grund, warum.*
ἐπ-ε-φώνουν Ipf. ἐπι-φωνέω *ausrufen, laut rufen,* hier m. τινί (v. der
Pers., auf die Bezug genommen wird) etwa *ein Geschrei gegen jmdn. erheben*
(Zür.), *wütend gegen jmdn. schreien* (Menge), *gegen jmdn. toben* (Einh.).
25 **25 προ-έ-τειναν** Aor. προ-τείνω (vgl. A33[118ff]) tr. *ausspannen, aus-
strecken;* 3. Pl. im Sinn v. „man" (A76a); ὡς δὲ προέτειναν αὐτόν ... *als
man ihn nun schon ... ausgestreckt/festgebunden hatte* (vgl. Menge). **ἱμάς**[5]
άντος ὁ *Riemen;* τοῖς ἱμᾶσιν entweder dat. instr. (A176) *mit den Riemen*
(die zum Anbinden dienten) od. besser dat. commodi (A173) m. fin. Nuance
(ZG) *für die Riemen* im Sinn v. *für die Geißelung (mit Riemen), zur Auspeitschung*
(vgl. B). **ἑστῶτα** Pf. (Wz.-Pf., H-S §109a; m. präs. Bdtg.) Ptz. ἵσταμαι; attr.
der dabeistand. **ἑκατόντ-αρχος/ἑκατοντ-άρχης**[1] *Anführer einer Hun-
dertschaft, Hauptmann* bzw. (röm.) *Centurio* (s. KP 1, Sp. 1111f). **εἰ** hier vor di-
rekter Frage = Doppelpunkt (unklass.; A320; B V1). **ἄνθρωπος** hier pleon.
(B 3aε; vgl. H-S §260j); ἄνθρωπος Ῥωμαῖος *Römer* bzw. hier *römischer Bür-
ger.* **Ῥωμαῖος** *Römer.* **ἀ-κατά-κριτος**[11] *unverurteilt;* Artangabe zum
AkkO (A65); καὶ ἀκατάκριτον *sogar unverurteilt* etwa = *noch dazu ohne Ge-
richtsurteil* (Wilckens). **ἔξ-εστιν** *es ist möglich, es ist erlaubt* (τινί *jmdm.*).
μαστίζειν Inf. μαστίζω (< μάστιξ Peitsche) *mit der Peitsche schlagen,*
speziell *auspeitschen* (v. der Strafe der verberatio, die an röm. Bürgern nicht
26 vollzogen werden sollte [vgl. zu 16,37]). **26 ἀκούσας** Aor. Ptz. ἀκούω,
temp.; erg. τοῦτο/ταῦτα (A79). **προσ-ελθών** Aor. Ptz. -έρχομαι m. τινί
hier etwa *zu jmdm. gehen;* temp. (A291,1 Anm. 1). **ἀπ-ήγγειλεν** Aor. -αγ-
γέλλω. [Var. ὅρα Imp. ὁράω; ὅρα τί μέλλεις ποιεῖν *sieh zu, was du tun
willst* (B 2aα).]. **ποιεῖν** Inf. ποιέω; τί μέλλεις ποιεῖν; läßt sich unter-
schiedl. deuten (b ist wohl vorzuziehen): a) *was gedenkst du (nun) zu tun?* (vgl. B
μέλλω 1cγ)); b) *was bist du dabei zu tun?* (vgl. B μέλλω 1cα) bzw. (klarer)
27 *weißt du, was du da tust?* (GNB). **27 λέγε** Imp. **ὁ δέ** V. 14. **ἔ-φη** Ipf. φη-
28 μί. **ναί** *ja.* **28 ἀπ-ε-κρίθη** Aor. Pass. (ohne Pass.-Bdtg.) ἀπο-κρίνομαι.
κεφάλαιον *Hauptsache; Kapital,* hier *Geldsumme;* gen. pretii (A161); ἐγὼ
πολλοῦ κεφαλαίου τὴν πολιτείαν ταύτην ἐκτησάμην *ich habe mir
dieses Bürgerrecht für viel Geld erworben* (Menge), *ich mußte für mein Bürgerrecht
viel Geld bezahlen* (GNB); der Name des Tribuns, Klaudius (s. 23,26), legt nahe,
daß er das röm. Bürgerrecht zur Zeit v. Kaiser Klaudius (vgl. zu 11,28) erwarb,
als dies verbreitet war (Hemer, Setting, S. 127). **πολιτεία** *Bürgerrecht.*
ἐ-κτησάμην Aor. Med. κτάομαι *erwerben, gewinnen.* **γε-γέννημαι** Pf.
(A231) Pass. γεννάω; ἐγὼ δὲ καὶ γεγέννημαι *ich dagegen bin sogar (als
römischer Bürger) geboren* (vgl. Menge) bzw. *ich dagegen besitze es von Geburt an.*
29 **29 ἀπ-έ-στησαν** Wz.-Aor. ἀφ-ίσταμαι[205] *sich entfernen, weggehen;* ἀπό
τινος hier *von jmdm. ablassen* (B 2b). **μέλλοντες** Ptz. μέλλω, subst.; οἱ
μέλλοντες αὐτὸν ἀνετάζειν *die, die ihn verhören sollten.* **ἀν-ε-τάζειν**

Inf. -ετάζω V. 24. **ἐ-φοβήθη** Aor. Pass. (ohne bes. Pass.-Bdtg.) φοβέομαι
hier etwa *erschrecken, es mit der Angst zu tun bekommen* (GNB). **ἐπι-γνούς**
Aor. Ptz. -γινώσκω, temp./kaus. **ἐστίν** *war* (Tempus u. Modus wie in der
entsprechenden direkten Rede; A326). **ὅτι** (zweites) *weil.* **ἦν** Ipf. εἰμί. **δε-
δεκώς** Pf. (A231) Ptz. δέω, umschrieb. Plsqpf. (A249b); καὶ ὅτι αὐτὸν ἦν
δεδεκώς *und weil er ihn hatte fesseln lassen* (vgl. A218).
30 ἐπ-αύριον *morgen* (= tags darauf), τῇ ἐπαύριον (erg. ἡμέρᾳ, vgl. 30
A88) temp. Dat. (A182) *am nächsten Tag;* best. ἔλυσεν usw. näher. **βουλό-
μενος** Ptz. βούλομαι *wollen, wünschen;* kaus. **γνῶναι** V. 14. **ἀ-σφα-
λής**[7] *feststehend, sicher;* übertr. *zuverlässig;* τὸ ἀσφαλές *das Zuverlässige/Si-
chere = die Wahrheit.* **τό** leitet indirekten Fragesatz ein (BDR §267[3]; H-S
§273b); wohl Akk. der Beziehung (A149); βουλόμενος γνῶναι τὸ ἀσφα-
λές, τὸ τί κατηγορεῖται ὑπὸ τῶν Ἰουδαίων *weil er die Wahrheit/etwas
Sicheres erfahren wollte in bezug darauf, weshalb er von den Juden angeklagt wurde*
etwa = *weil er genau wissen wollte, was die Juden ihm vorwarfen* (Einh.). **τί** V. 7.
κατ-ηγορεῖται Pass. -ηγορέω *anklagen, beschuldigen* (meist juristischer
term. tech.). **ἔ-λυσεν** Aor. λύω hier: jmdm. *die Fesseln abnehmen lassen* (vgl.
A218). **ἐ-κέλευσεν** V. 24, m. AcI. **συν-ελθεῖν** Aor. Inf. -έρχομαι[187]
zusammenkommen, sich versammeln; Präd. des AcI. **συν-έδριον** *Synedrium,
Hoher Rat* (oberste jüd. Instanz in allen religiösen u. zivilen Angelegenheiten;
DJG, S. 728-732; GBL 3, S. 1338f). **κατ-αγαγών** Aor. Ptz. -άγω[59] *hinab-
führen, herabbringen;* temp. (A291,1 Anm. 1). **ἔ-στησεν** Aor. ἵστημι hier
εἴς τινα *vor jmdn. stellen/treten lassen;* erg. αὐτόν (A79).
ἀτενίσας Aor. Ptz. ἀτενίζω (vgl. A33[91ff]) m. Dat. *gespannt hinsehen* **23**
auf, hier etwa *den Blick fest richten auf* (GNB); temp. (A291,1 Anm. 1). **συν-
έδριον** 22,30. **ἄνδρες ἀδελφοί** Vok. etwa *liebe Brüder* (vgl. H-S §260j;
vgl. a. zu 1,16). **συν-είδησις**[8] *Bewußtsein; Gewissen;* πάσῃ συνειδήσει
ἀγαθῇ dat. modi (A180) etwa *mit völlig reinem Gewissen* (B πᾶς 1aδ). **πε-
πολίτευμαι** Pf. (A231) Med. πολιτεύομαι *Bürger sein;* hier (wie περι-
πατέω 21,21 u. στοιχέω 21,24) *sein Leben* (auf eine best. Art u. Weise) *füh-
ren* (B 3), (auf eine best. Art u. Weise) *leben/handeln.* **τῷ θεῷ** dat. commodi
(A173a) *im Dienst für Gott* (Menge) bzw. Dat. des Standpunktes (A175,2) *vor
Gott* (d.h. ich habe immer so gehandelt, daß ich mir vor Gott/in Gottes Augen
nichts vorzuwerfen habe [vgl. GNB]). **ἄχρι ταύτης τῆς ἡμέρας** *bis zum
heutigen Tag.* **2 Ἁνανίας**[1] ου *Hananias,* ca. 47-58 n. Chr. Hoherpriester 2
(nach 58/59 noch lange einflußreich, als bes. brutal u. habgierig bekannt, fiel er
66 n. Chr. einem Attentat zum Opfer [s. Hemer, Setting, S. 170f]). **ἐπ-έ-τα-
ξεν** Aor. ἐπι-τάσσω[79] *befehlen, gebieten.* **παρ-εστῶσιν** Pf. (Wz.-Pf., H-S
§109a; m. präs. Bdtg.) Ptz. -ἵσταμαι, subst.; τοῖς παρεστῶσιν αὐτῷ *de-
nen, die neben ihm* (d.h. neben Paulus) *standen* bzw. *den neben ihm stehenden
Gerichtsdienern* (vgl. Menge). **τύπτειν** Inf. τύπτω *schlagen;* τύπτειν αὐ-

τοῦ τὸ στόμα *ihn auf den Mund zu schlagen;* weshalb Paulus geschlagen wer-
den sollte, ist nicht klar (war er m. Reden noch nicht an der Reihe, od. hing es
3 m. dem zusammen, was er sagte?). **3 μέλλω** hier (m. Inf.) umschrieb. Fut.
(A250); die frühen Leser der Apg sahen zweifellos dieses Wort im gewaltsamen
Tod v. Hananias 66 n. Chr. erfüllt (Marshall, Apg, S. 363). **τοῖχος** *Wand;* τοῖ-
χε κεκονιαμένε Vok. *du übertünchte Wand;* m. diesem bildl. Ausdruck bez. er
Hananias als einen Heuchler, der zwar als gesetzestreuer Richter auftritt, dabei
aber selbst gegen das Gesetz (vgl. Lev 19,15) verstößt. **κε-κονιαμένε** Pf.
(A231) Ptz. Pass. Vok. κονιάω (< κονία Staub; Tünche) *weiß tünchen;* attr.
κάθῃ (= klass. κάθησαι [BDR §100[1]]) 2. Sg. κάθημαι. **κρίνων** Ptz., fin.
(A291,6); σὺ κάθῃ κρίνων με κατὰ τὸν νόμον *du sitzt da, um mich nach
dem Gesetz zu richten* bzw. *du willst nach dem Gesetz über mich richten.* **παρα-
νομῶν** Ptz. -νομέω *das Gesetz übertreten, gesetzwidrig handeln;* mod. *unter
Verletzung des Gesetzes, entgegen dem Gesetz, gegen alles Gesetz* (GNB).
κελεύω[5] *befehlen, anordnen;* hier m. AcI im Pass. (klass. u. deutsch eher m.
Inf. u. AkkO; vgl. BDR §392,4; H-S §218c); καί ... κελεύεις με (Subj. des
AcI) τύπτεσθαι *und läßt mich ... schlagen* (wörtl. *und befiehlst ... daß ich*
4 *geschlagen werde*). **τύπτεσθαι** Inf. Pass., Präd. des AcI. **4 παρ-εστῶτες,**
subst.: die *Umstehenden,* die *Diener* (vgl. zu V. 2). **εἶπαν** Aor. (vgl. H-S §105g)
λέγω. **λοιδορέω** *beschimpfen, schmähen;* τὸν ἀρχιερέα τοῦ θεοῦ λοι-
δορεῖς; *du schmähst den Hohenpriester Gottes?* etwa = *du wagst es, den Hohen-*
5 *priester Gottes zu schmähen?* (Einh.). **5 ἔ-φη** Ipf. φημί. **ᾔδειν** Plsqpf. (m.
Ipf.-Bdtg.) οἶδα; die Antwort v. Paulus ist wahrscheinl. im eig. Sinn zu verste-
hen, evtl. ironisch-sarkastisch. **ἀδελφοί** Vok., übers. *Brüder.* **γέ-γραπται**
Pf. (A231) Pass. γράφω, Pf. Pass. term. tech. zur Einführung v. Schriftzitaten
(B 2c); γέγραπται *in der Schrift steht;* zitiert wird aus Ex 22,27. **ὅτι** reci-
tativum = Doppelpunkt (A333). **ἄρχων**[5] ουτος ὁ *Herrscher, Machthaber,
Oberhaupt.* **ἐρεῖς** Fut. λέγω hier τινὰ κακῶς λέγω *lästerlich gegen/über
jmdn. reden* (B κακῶς 2), *jmdn. schmähen* (Menge) bzw. (in Anlehnung an das
Hebr.) *jmdn. verfluchen;* Fut. m. οὐκ bez. hier (wie in der LXX) ein striktes
6 Verbot (Hebr.; A247d). **κακῶς** Adv. *schlimm, übel.* **6 γνούς** Aor. Ptz. γι-
νώσκω, temp. **ἐστίν** als Vergangenheit übers. (Tempus u. Modus wie in der
entsprechenden direkten Rede; A326); ὅτι τὸ ἓν μέρος ἐστὶν Σαδδου-
καίων τὸ δὲ ἕτερον Φαρισαίων (gen. partitivus, A164) *daß der eine Teil
(des Hohen Rates) aus Sadduzäern, der andere aus Pharisäern bestand* (Menge)
bzw. *daß die Anwesenden teils Sadduzäer, teils Pharisäer waren* (GNB). **Σαδ-
δουκαῖος** *Sadduzäer,* Angehöriger einer politisch einflußreichen religiösen
Richtung des Judentums, deren Mitglieder aus den vornehmen Familien
stammten. **ἔ-κραζεν** Ipf. κράζω. **συν-έδριον** 22,30; ἔκραζεν ἐν τῷ
συνεδρίῳ etwa *er rief in die Versammlung hinein* od. *rief vor dem Hohen Rat
aus.* **υἱὸς Φαρισαίων** bin *ein Sohn von Pharisäern* = komme *aus einer*

Pharisäerfamilie. **καί** hier bei Hendiadyoin: περὶ ἐλπίδος καὶ ἀναστά-
σεως νεκρῶν *wegen der Hoffnung auf die* (wörtl. *Hoffnung und wegen der) Auf-
erstehung der Toten* (A314/378; BDR §442,9) bzw. (freier) *weil ich daran glaube,
daß die Toten auferstehen* (GNB); Paulus (wie auch Lukas) war klar: die Aufer-
stehung ist für das Christentum v. fundamentaler Bdtg. (vgl. 4,2; 17,18.31; 24,21;
26,6ff; 28,20; 1Kor 15,16); da der Auferstehungsglaube auch bei den Pharisäern
eine zentrale Rolle spielte, war die Botschaft vom Auferstandenen m. dem Be-
kenntnis der Pharisäer nicht unvereinbar, so daß ein Pharisäer, der Christ
wurde, weiterhin Pharisäer sein konnte (vgl. 15,5), während Christ- u. Saddu-
zäersein einander ausschlossen (vgl. 4,2); es scheint ungerechtfertigt, hier v.
einem taktischen Manöver des Paulus, seine Gegener außer Gefecht zu setzen,
od. v. einer irreführenden Darstellung durch Lukas auszugehen (vgl. Bruce,
Apg, S. 465f). **κρίνομαι** Pass. κρίνω hier Pass. m. περί τινος *wegen einer
Sache vor Gericht stehen* (B 4aα). **7 εἰπόντος** Aor. Ptz. λέγω, gen. abs. 7
(A288), temp.; τοῦτο δὲ αὐτοῦ εἰπόντος *als er das sagte* [Var. 1 λαλοῦν-
τος Ptz. λαλέω; Var. 2 λαλήσαντος Aor. Ptz.]. **ἐ-γένετο** Aor. Med. γί-
νομαι hier *entstehen, ausbrechen.* **στάσις**[8] *(das) Aufstellen; Aufruhr;* hier
Zwist, Auseinandersetzung, Streit, τινὸς καί τινος *zwischen jmdm. und jmdm.
(anderes).* **ἐ-σχίσθη** Aor. Pass. σχίζω (vgl. A33[91ff]) *spalten;* Pass. übertr.
uneins werden, sich spalten, hier *sich in zwei Lager spalten.* **πλῆθος**[7] *Menge;*
hier *Versammlung* bzw. (kontextgetreu): der *Rat.* **8 λέγω** hier *behaupten.* **εἶ-** 8
ναι Inf. εἰμί, Präd. des AcI; μὴ εἶναι ἀνάστασιν μήτε ἄγγελον μήτε
πνεῦμα (alle Akk.: Subj. des AcI; die beiden letzten im kollektiven Sg.
[A101a]) *es gebe keine Auferstehung, auch keine Engel und keine Geister* (Menge).
μή-τε *und/auch nicht.* **ὁμο-λογέω** *sich (offen) als* etwas od. *zu* etwas od.
jmdm. *bekennen.* **ἀμφότεροι** *beide;* (nachklass.) auch *alle;* τὰ ἀμφότερα
entweder: *zu beidem,* d.h. zum Glauben a) an die Auferstehung u. b) an die Exi-
stenz v. Engeln u. Geistern; od. (wie 19,16): *zu all dem* (wohl m. B 2 u. ZG vor-
zuziehen). **9 κραυγή** *Geschrei, lautes Rufen;* ἐγένετο δὲ κραυγὴ μεγά- 9
λη *es erhob sich ein lautes Geschrei, so kam es zu einer lautstarken Auseinander-
setzung* (GNB). **ἀνα-στάντες** Wz.-Aor. Ptz. ἀν-ίσταμαι, temp. (A291,1
Anm. 1). **τινές** m. gen. partitivus (A137a/164); τινὲς τῶν γραμματέων
τοῦ μέρους τῶν Φαρισαίων *einige Schriftgelehrte aus dem Kreis/aus der
Gruppe der Pharisäer.* **δι-ε-μάχοντο** Ipf. Med. δια-μάχομαι *heftig/ener-
gisch disputieren/streiten* (vgl. B), *Streitreden halten* (Menge), *seine Ansicht ver-
fechten* (Einh.) od. *kampflustig erklären* (Wilckens; vgl. GNB) bzw. *heftig prote-
stieren* (LN 39.27). **λέγοντες** Ptz. λέγω, mod.; διεμάχοντο λέγοντες
und verfochten ihre Ansicht, wobei sie sagten od. (λέγοντες pleon. [A297] als
Doppelpunkt berücksichtigt) *und erklärten kampflustig* bzw. *protestierten heftig.*
εὑρίσκω hier οὐδὲν κακὸν ἔν τινι (als Ergebnis einer gerichtl. Untersu-
chung) *nichts Unrechtes an jmdm. finden* (Menge; vgl. B 2), *jmdm. nichts vorwer-*

fen können (GNB). **εἰ** m. Ind. indefiniter Fall (A342); hier bleibt der Dann-
Satz (etwa *was können wir dagegen tun?*) unausgesprochen (Aposiopese [A377;
BDR §482[3]]); εἰ δὲ πνεῦμα ἐλάλησεν αὐτῷ ἢ ἄγγελος; *wenn (tatsäch-
lich) ein Geist oder Engel zu ihm geredet hat ...?* bzw. (freier) *kann nicht wirklich
ein Geist oder Engel zu ihm geredet haben?* (Menge) od. *vielleicht hat ja tatsäch-*
10 *lich ein Geist oder Engel mit ihm geredet.* **ἐ-λάλησεν** Aor. λαλέω. **10 γι-
νομένης** Ptz. γίνομαι, gen. abs. (A288), temp./kaus.; πολλῆς δὲ γινομέ-
νης στάσεως φοβηθεὶς ὁ χιλίαρχος ... ἐκέλευσεν *als der Streit leiden-
schaftlich wurde und der Kommandant fürchtete ... ließ er* (vgl. Menge) od. *der Tu-
mult wurde am Ende so heftig, daß der Kommandant fürchtete ... So ließ er* (GNB)
[Var. γενομένης Aor. Ptz. Med.]. **φοβηθείς** Aor. Ptz. Pass. (ohne bes.
Pass.-Bdtg.) φοβέομαι, temp./kaus. **χιλί-αρχος** 22,24. **μή** positiv zu
übers. nach einem Ausdruck des Fürchtens (m. Konj. [A308]); φοβηθεὶς ὁ χι-
λίαρχος μὴ διασπασθῇ ὁ Παῦλος ὑπ' αὐτῶν *der Kommandant fürchte-
te, sie könnten Paulus in Stücke reißen* (wörtl. *Paulus könnte von ihnen zerrissen
werden*). **δια-σπασθῇ** Aor. Konj. Pass. -σπάω[24] *zerreißen.* **ἐ-κέλευσεν**
Aor. V. 3, hier aber m. AcI im Akt. **στράτευμα**[3] *Heer, Soldatenabteilung;* τὸ
στράτευμα (gemeint ist offenbar die diensthabende Abteilung) *seine Mann-
schaft* (Menge), *die Wachtruppe* (Einh.) bzw. (etwas freier) *eine Abteilung Solda-
ten.* **κατα-βάν** Aor. Ptz. Ntr. -βαίνω, part. coni. zu τὸ στράτευμα (Subj.
des AcI; H-S §230c; A287), temp. (A291,1 Anm. 1); ἐκέλευσεν τὸ στράτευ-
μα καταβὰν ἁρπάσαι αὐτόν (AkkO) ... ἄγειν τε ... *daher ließ er die
Wachtruppe* (v. der Kaserne zum Versammlungsort des Synedriums) *herabkom-
men, ihn mit Gewalt ... herausholen und ... bringen* (Einh.); der Versammlungsort
befand sich am südwestl. Abhang des Tempelberges (s. Josephus, Bellum Judai-
cum 5.144). **ἁρπάσαι** Aor. Inf. ἁρπάζω[107] *rauben, entfernen;* hier τινὰ ἐκ
μέσου αὐτῶν *jmdn. aus ihrer Mitte reißen* (B 2a), *mit Gewalt aus ihrer Mitte
holen* (Einh.); erstes Präd. des AcI. **ἄγειν** Inf., zweites Präd. des AcI. **παρ-**
11 **εμ-βολή** 22,24. **11 ἐπ-ιούσῃ** Ptz. Fem. ἔπ-ειμι (εἶμι) (vgl. A32) *bevor-
stehen, folgen;* τῇ ἐπιούσῃ νυκτί temp. Dat. (A182) *in der folgenden Nacht.*
ἐπι-στάς Wz.-Aor. Ptz. ἐφ-ίσταμαι[205] m. Dat. *herantreten an, treten zu;*
temp. (A291,1 Anm. 1); zur Sache vgl. 9,4; 18,9; 22,17 sowie 16,9; 27,23f. **θάρ-
σει** Imp. θαρσέω *guten Mutes, voller Mut, zuversichtlich sein;* übers. etwa *hab
Mut* (Einh.), *nur Mut* (GNB), *du brauchst dich nicht zu fürchten* (vgl. TEV2). **δι-
ε-μαρτύρω** Aor. Med. 2. Sg. δια-μαρτύρομαι (vgl. A33[132ff]) (*feierlich* [ur-
sprüngl. *eidlich*]) *bezeugen, Zeugnis ablegen;* ὡς γὰρ διεμαρτύρω τὰ περὶ
ἐμοῦ εἰς Ἰερουσαλὴμ *denn wie du in Jerusalem meine Sache bezeugt/für mich
Zeugnis abgelegt hast* bzw. *wie du hier in Jerusalem für mich eingetreten bist*
(GNB). **τὰ περί** m. Gen. *das, was* jmdn./etwas *angeht* (B περί 1i); τὰ περὶ
ἐμοῦ etwa *meine Sache.* **οὕτω** = οὕτως. **Ῥώμη** 18,2. **μαρτυρῆσαι**
Aor. Inf. μαρτυρέω; Präd. des AcI, abhängig v. δεῖ; οὕτω σε δεῖ καὶ εἰς

Ῥώμην μαρτυρῆσαι *so sollst du auch in Rom Zeuge (für mich) sein*
(Menge) bzw. *so mußt du es auch in Rom tun* (GNB).

12 γενομένης Aor. Ptz. Med. γίνομαι, gen. abs. (A288), temp.; γε- 12
νομένης δὲ ἡμέρας *als es Tag wurde, nach Tagesanbruch.* **ποιήσαντες**
Aor. Ptz. ποιέω, mod. (A291,2 Anm. 1). **συ-στροφή** *Zusammenrottung,*
Aufruhr; Verschwörung; ποιέω συστροφήν *eine (geheime) Versammlung ein-*
berufen (vgl. ZG), *sich zusammenrotten, eine Verschwörung anzetteln* (BDR
§310[2]), *eine geheime Absprache treffen* (Wilckens). **ἀν-ε-θεμάτισαν** Aor.
ἀνα-θεματίζω (vgl. A33[91ff]) *verfluchen, fluchen;* ἀνεθεμάτισαν ἑαυτοὺς
λέγοντες μήτε ... μήτε ... ἕως οὗ *schworen unter feierlicher Selbstverflu-*
chung (d.h. indem sie Gott dazu aufforderten, sie zu bestrafen, falls sie das eidl.
in Aussicht Genommene nicht erfüllten), *weder ... noch ... bis* (vgl. Menge) bzw.
schworen einen heiligen Eid, weder ... noch ... bis (Einh.). **λέγοντες** Ptz. λέγω,
mod. **μή-τε** *und nicht;* μήτε ... μήτε *weder ... noch.* **φαγεῖν** Aor. Inf.
ἐσθίω. **πιεῖν** Aor. Inf. πίνω. **ἀπο-κτείνωσιν** Aor. (= Präs.) Konj. (s.
ἕως [NT öfter ohne ἄν], A337) -κτείνω; ἕως οὗ ἀποκτείνωσιν τὸν
Παῦλον *bis sie Paulus getötet hätten.* **13 ἦσαν** Ipf. εἰμί. **πλείους** (= 13
πλείονες) *zahlreicher/mehr* erg. ἤ *als* (H-S §252,26; BDR §185[7]). **τεσσερά-**
κοντα[19] *vierzig.* **συν-ωμοσία** *Verschwörung;* ποιέομαι συνωμοσίαν
sich verschwören (BDR §310[2]), *sich an einer Verschwörung beteiligen.* **ποιησά-**
μενοι Aor. Ptz. Med. ποιέω, subst.; ἦσαν δὲ πλείους τεσσεράκοντα
οἱ ταύτην τὴν συνωμοσίαν ποιησάμενοι *die, die sich an dieser Ver-*
schwörung beteiligten, waren/zählten mehr als vierzig = mehr als vierzig beteiligten
sich an dieser Verschwörung. **14 οἵ-τινες** = οἵ (A133; B ὅστις 3) *diese* (rel. 14
Anschluß, A364a). **προσ-ελθόντες** Aor. Ptz. -έρχομαι m. τινί hier etwa
zu jmdm. gehen; temp. (A291,1 Anm. 1). **πρεσβύτερος** Pl. hier v. Mit-
gliedern einer Gruppe des Synedriums (B 2aβ; GNB: *Ratsälteste*); wie das σὺν
τῷ συνεδρίῳ V. 15 nahelegt, wandte man sich offenbar an einen (wohl bes.
einflußreichen) Teil des Synedriums. **εἶπαν** V. 4. **ἀνά-θεμα**[3] (< ἀνα-τί-
θημι u.a. [der Gottheit] weihen) eig. „das (der Gottheit) Geweihte“, doch bibl.:
das *Verfluchte,* das *dem Untergang Geweihte* (LXX-Ausdruck für חֵרֶם *ḥērem*
„Bann[gut]“, ThBNT 1, S. 348f), hier etwa: der *Fluch;* hier dat. modi nach LXX-
Gebrauch (vgl. Dt 20,17) als Entsprechung zum hebr. infinitivus absolutus (zur
Intensivierung des Verbinhalts; BDR §198[9]; A180c; H-S §180c); ἀναθέματι
ἀνεθεματίσαμεν ἑαυτούς (= ἡμᾶς αὐτούς [A126a]) etwa *wir haben*
uns hoch und heilig geschworen. **γεύσασθαι** Aor. Inf. Med. γεύομαι m.
Gen. (Speise) *kosten, schmecken; genießen, essen.* **ἀπο-κτείνωμεν** Aor. (=
Präs.) Konj. (s. ἕως [NT öfter ohne ἄν], A337) -κτείνω. **15 ἐμ-φανίσα-** 15
τε Aor. Imp. -φανίζω (vgl. A33[91ff]) *sichtbar machen; offenbaren; kundtun, an-*
zeigen (bes. auch bei der Behörde), V. 22 τὶ πρός τινα *jmdm. etwas;* hier τινὶ
ὅπως etwa *sich mit der Bitte an jmdn. wenden,* er möge etwas tun. **χιλί-**

αρχος 22,24. **συν-έδριον** 22,30. **κατ-αγάγῃ** Aor. Konj. -άγω[59] 22,30.
μέλλοντας Ptz. μέλλω hier *wollen* (B 1cγ); part. coni. zu ὑμᾶς (H-S
§230c; A287), mod. (m. ὡς: vorgestellter Vergleich [BDR §425[3]; A291,2]); ὡς
μέλλοντας ... *als wolltet ihr* ... bzw. (als indirekte Rede) *ihr wolltet* ... (GNB).
δια-γινώσκειν Inf. -γινώσκω juristischer term. tech. *entscheiden, durch
Untersuchung zur Entscheidung bringen,* hier etwa *untersuchen.* **ἀκριβέστε-
ρον** Komp. zum Adv. ἀκριβῶς *genau, sorgfältig;* übers. den Komp. hier etwa
noch genauer. **τὰ περί** V. 11; τὰ περὶ αὐτοῦ *das ihn Betreffende, seinen
Fall.* **πρὸ τοῦ** m. AcI temp. (A282) *bevor.* **ἐγγίσαι** Aor. Inf. ἐγγίζω,
Präd. des AcI; πρὸ τοῦ ἐγγίσαι αὐτόν (Subj. des AcI) *bevor er in (eure)
Nähe kommt* (Menge), *bevor er hier eintrifft* (GNB). **ἕτοιμος** *bereit;* ἡμεῖς ...
ἕτοιμοί ἐσμεν τοῦ ἀνελεῖν αὐτόν *wir halten uns dann bereit, um ihn zu er-
morden* (vgl. Menge). **τοῦ** hier pleon. vor Inf. (BDR §400[9]; vgl. A281; Erg./2.
Grades zu ἕτοιμοι [vgl. A98]). **ἀν-ελεῖν** Aor. Inf. -αιρέω[186] *beseitigen, auf-*
16 *heben;* meist: *töten.* **16 ἀκούσας** Aor. Ptz. ἀκούω hier τι *von etwas hö-
ren/erfahren;* kaus. **ἀδελφή** *Schwester;* ὁ υἱὸς τῆς ἀδελφῆς Παύλου
übers. *ein Neffe von Paulus, der Sohn seiner Schwester.* **ἐν-έδρα** *Hinterhalt, An-
schlag.* **παρα-γενόμενος** Aor. Ptz. Med. -γίνομαι[176] *ankommen, kom-
men, herbeikommen;* temp. **εἰσ-ελθών** Aor. Ptz. -έρχομαι, temp. (A291,1
Anm. 1); παραγενόμενος καὶ εἰσελθὼν εἰς τὴν παρεμβολήν etwa
kam herbei, verschaffte sich Eingang in die Kaserne und (vgl. Menge) bzw. (einfa-
cher) *ging in die Kaserne und.* **παρ-εμ-βολή** 22,24. **ἀπ-ήγγειλεν** Aor.
17 -αγγέλλω; erg. τοῦτο/ταῦτα (A79). **17 προσ-καλεσάμενος** Aor.
Ptz. Med. -καλέομαι[37] *herbeirufen* bzw. *zu sich rufen lassen* (Menge; vgl.
A218); temp. (A291,1 Anm. 1). **ἑκατοντ-άρχης**[1] *Anführer einer Hundert-
schaft, Hauptmann* bzw. (röm.) *Centurio* (s. KP 1, Sp. 1111f); ἕνα τῶν ἑκα-
τονταρχῶν (gen. partitivus, A164) *einen von den Hauptleuten.* **ἔ-φη** V. 5.
νεανίας[1] ου *junger Mann* (bis etwa zum Alter v. 40; hier wohl relativ jung
[vgl. ἐπιλαβόμενος ... V. 19]). **ἀπ-άγαγε** Aor. Imp. -άγω[59] *wegführen;*
hier *führen, bringen* [Var. ἄπ-αγε Imp.]. **χιλί-αρχος** 22,24. **ἔχω** hier *müs-*
18 *sen* (B I6b). **ἀπ-αγγεῖλαι** Aor. Inf. -αγγέλλω. **18 ὁ μὲν οὖν** *die-
ser/der ... (also)* (A102; BDR §251[2]). **παρα-λαβών** Aor. Ptz. -λαμβάνω,
temp. (A291,1 Anm. 1). **ἤγαγεν** Aor. ἄγω; erg. αὐτόν (A79). **φησίν**
Präs. 3. Sg. φημί (A32); hist. Präs. (A235). **δέσμιος** *Gefangener.* **ἠρώτη-
σεν** Aor. ἐρωτάω, hier m. AcI; ὁ δέσμιος Παῦλος προσκαλεσάμενός
με (ist AkkO zum Ptz. u. Subj. des AcI) ἠρώτησεν τοῦτον τὸν νεανί-
σκον ἀγαγεῖν πρός σέ *der Gefangene Paulus hat mich zu sich rufen lassen
und mich gebeten, diesen jungen Mann zu dir zu führen.* **νεανίσκος** *junger
Mann* (bis etwa zum Alter v. 40). **ἀγαγεῖν** Aor. Inf. ἄγω. **ἔχοντα** Ptz.
ἔχω V. 17; part. coni. zu τὸν νεανίσκον (H-S §230c; A287), kaus. **λαλῆ-**
19 **σαι** Aor. Inf. λαλέω. **19 ἐπι-λαβόμενος** Aor. Ptz. Med. -λαμβάνο-

μαι[152] m. Gen. *sich halten an, ergreifen,* m. τῆς χειρός τινος *jmdn. bei der*
Hand nehmen; temp. **ἀνα-χωρήσας** Aor. Ptz. -χωρέω *weggehen, sich*
entfernen, sich zurückziehen; temp. (A291,1 Anm. 1); ἐπιλαβόμενος δὲ τῆς
χειρὸς αὐτοῦ ὁ χιλίαρχος καὶ ἀναχωρήσας κατ᾽ ἰδίαν ἐπυνθάνε-
το etwa *der Kommandant nahm ihn darauf bei der Hand, trat (mit ihm) beiseite*
und fragte (ihn) unter vier Augen (vgl. Menge). **κατ᾽ ἰδίαν** (klass. = καθ᾽
ἑαυτόν [BDR §286[2]]) *für sich* (B ἴδιος 4), *unter vier Augen* (Menge). **ἐ-πυν-**
θάνετο Ipf. Med. πυνθάνομαι *erfragen, sich erkundigen.* **ἀπ-αγγεῖλαι**
V. 17; τί ἐστιν ὃ ἔχεις ἀπαγγεῖλαί μοι *was ist es, was du mir zu melden*
hast = was hast du mir zu melden. **20 ὅτι** V. 5. **συν-έ-θεντο** Aor. Med. -τί- 20
θεμαι[200] *vereinbaren, (untereinander) beschließen.* **τοῦ** hier pleon. vor Inf.
(AkkO zu συντίθεμαι [BDR §392[2b]; vgl. A281]). **ἐρωτῆσαι** Aor. Inf.
ἐρωτάω. **ὅπως** hier *daß* (B 2b; bez. das Erbetene). **αὔριον** *morgen* (= tags
darauf). **κατ-αγάγῃς** V. 15, hier εἰς τὸ συνέδριον *vor das Synedrium/den*
Hohen Rat hinabführen. **μέλλον** Ptz. Ntr. μέλλω V. 15 (hier part. coni. zu τὸ
συνέδριον); ὡς μέλλον ... *als wolle dieser* ... bzw. *angeblich weil dieser* ...
wolle (Menge). **πυνθάνεσθαι** Inf. πυνθάνομαι. **21 πεισθῇς** Aor. 21
Konj. Pass. πείθω hier Pass. am besten *glauben* (B 3); prohibitiver Konj.
(A256); σὺ (betont, A122) οὖν μὴ πεισθῇς αὐτοῖς *glaube du ihnen aber*
nicht (Menge), *aber du darfst ihnen nicht glauben* (GNB). **ἐν-εδρεύω** (< ἐν-
έδρα Hinterhalt) m. Akk. *nachstellen, auflauern.* **ἐξ αὐτῶν** hier statt gen.
partitivus (A164). **οἵ-τινες** V. 14. **ἀν-έλωσιν** Aor. Konj. (s. ἕως [NT
öfter ohne ἄν], A337) -αιρέω[186] V. 15. **προσ-δεχόμενοι** Ptz. -δέχομαι
an-, aufnehmen; hier *erwarten, warten auf* (B 2b); mod. **τὴν ἀπὸ σοῦ ἐπ-**
αγγελίαν etwa *deine Zusage* (ihre Bitte zu erfüllen) od. *deine Anordnung*
(Paulus zum Synedrium hinabführen lassen; GNB: *daß du ihn herausführen*
läßt). **22 ἀπ-έ-λυσε** Aor. ἀπο-λύω. **παρ-αγγείλας** Aor. Ptz. -αγ- 22
γέλλω[110] *auffordern, anordnen, anweisen, befehlen;* mod./temp.; ὁ μὲν οὖν χι-
λίαρχος ἀπέλυσε τὸν νεανίσκον παραγγείλας μηδενὶ ἐκλαλῆ-
σαι ὅτι ταῦτα ἐνεφάνισας πρός με (Wechsel v. indirekter zu direkter
Rede [BDR §470[3]; vgl. A335]) übers. etwa *der Kommandant entließ darauf den*
jungen Mann mit der Weisung, niemand zu verraten, daß er ihm diese Mitteilung
gemacht habe (vgl. Menge) od. *der Kommandant sagte: „Verrate keinem, daß du*
mir davon erzählt hast!" Dann ließ er den jungen Mann gehen (GNB). **ἐκ-λα-**
λῆσαι Aor. Inf. -λαλέω *ausplaudern, erzählen von.* **ἐν-ε-φάνισας** Aor.
ἐμ-φανίζω V. 15.

23 προσ-καλεσάμενος V. 17. **ἑκατοντ-άρχης** V. 17; δύο τι- 23
νὰς τῶν ἑκατονταρχῶν (gen. partitivus, A164) *zwei seiner Hauptleute* (δύο
τινάς eig. *irgendwelche zwei,* d.h. zwei nicht näher zu bezeichnende [B τὶς
2bα]). **ἑτοιμάσατε** Aor. Imp. ἑτοιμάζω hier etwa *bereithalten;* zur hist.
Plausibilität dieser aufwendigen Aktion s. AFCS 2, S. 11-14. **στρατιώτης**[1]

Soldat. **διακόσιοι**[19] *zweihundert.* **πορευθῶσιν** Aor. Konj. Pass. (ohne
bes. Pass.-Bdtg.) πορεύομαι; ὅπως πορευθῶσιν ἕως Καισαρείας
übers. etwa *zum Abmarsch nach Cäsarea.* **Καισάρεια** 8,40. **ἱππεύς**[8] *Rei-
ter.* **ἑβδομήκοντα**[19] *siebzig.* **δεξιο-λάβος** wohl militärischer term. tech.,
viell. *Lanzenträger* (vgl. LSJ) od. *Schütze,* meist *Leichtbewaffneter* (vgl. B). **ἀπό**
hier *von ... an* (B II2a); ἀπὸ τρίτης ὥρας τῆς νυκτός *von der dritten Stunde
der Nacht an* (v. Sonnenuntergang an gerechnet) = *von einundzwanzig Uhr an* (B
24 ὥρα 2b) bzw. (idiomatischer) *für heute abend um neun Uhr.* **24 κτῆνος**[7]
Haus-, Herden-, Zug- od. (so hier) *Reittier* (Pferd od. Maultier). **παρα-στῆ-
σαι** Aor. Inf. παρ-ίστημι; hier Wechsel v. direkter in indirekte Rede (BDR
§470,3); κτήνη τε παραστῆσαι etwa *auch Reittiere sollten sie bereithalten*
(Menge). **ἐπι-βιβάσαντες** Aor. Ptz. -βιβάζω (vgl. A33[91ff]) *besteigen/auf-
sitzen lassen;* temp. (als HS [hier dem διασώσωσι entsprechend] + „und"
übers.; A291,1 Anm. 1). **δια-σώσωσι** Aor. Konj. -σῴζω[106] *retten, bewah-
ren,* hier πρός τινα *sicher zu jmdm. bringen* (vgl. B). **Φῆλιξ**[3] ικος ὁ *(Anto-
nius) Felix* (v. der jüngeren Tochter [Antionia] des Triumvirn M. Antonius frei-
gelassener Sklave; Bruder des Pallas), Prokurator v. Judäa 52-59/60 n. Chr.;
nach dem Historiker Tacitus „übte er, jeder Art von Grausamkeit und Lüstern-
heit frönend, königliche Macht mit der Sinnesart eines Sklaven aus" (Historiae
5.9); seine dritte Frau war Drusilla (vgl. 24,24), Tochter Herodes Agrippas I.
(LAW, Sp. 957; Bruce, Apg, S. 470f). **ἡγεμών**[4] όνος ὁ *Herrscher, Fürst;* hier
25 (röm.) *Statthalter* (höchster Beamter einer Provinz [„procurator]). **25 γρά-
ψας** Aor. Ptz. γράφω, mod. **ἐπι-στολή** *Brief.* **ἔχουσαν** Ptz. Fem. ἔχω,
attr. od. mod. formelhaft im Sinn v. *mit* (A292). **τύπος** *sichtbarer Eindruck;
Abbild;* hier wohl *Inhalt* (B 4) od. *Wortlaut* (Menge); ἔχουσαν τὸν τύπον
τοῦτον *mit folgendem Inhalt/Wortlaut* (wahrscheinl. im Sinn v. Originalwort-
laut; Dokumente dieser Art konnten einem Angeklagten zur Verfügung gestellt
26 werden; vgl. AFCS 1, S. 308-309). **26 Κλαύδιος** *Klaudius* (Geschlechts-
name [nomen gentile]; vgl. zu 22,28). **Λυσίας**[1] ου *Lysias* (Beiname [cog-
nomen]). **κράτιστος** (Superlativ zu ἀγαθός, H-S §51b) *bester, tüchtigster,
mächtigster, vornehmster;* als ehrende Anrede an amtl. od. gesellschaftl. höher-
stehende Pers., hier die offizielle Wiedergabe der lat. Prokuratorenanrede „vir
egregius" (B 1; etwa „vortrefflicher Mann") *verehrter, hochverehrter.* **χαίρειν**
Inf.; hier als griech. Standardgrußformel, Ellipse v. λέγει/ἐπιστέλλει (BDR
§480,5b; vgl. A376a), übers. etwa *entbietet/sendet seinen Gruß* od. *grüßt.*
27 **27 συλ-λημφθέντα** Aor. Ptz. Pass. -λαμβάνω[152] *ergreifen, festnehmen;*
part. coni. zu τὸν ἄνδρα τοῦτον (H-S §230c; A287), temp. (analog das flgd.
Ptz.). **μέλλοντα** Ptz. μέλλω hier *im Begriff stehen, eben dabei sein* etwas zu
tun (B 1cα); temp. **ἀν-αιρεῖσθαι** Inf. Pass. -αιρέω V. 15. **ἐπι-στάς**
Wz.-Aor. Ptz. ἐφ-ίσταμαι[205] *herantreten,* hier etwa *eingreifen* (Menge);
temp./mod. **στράτευμα** V. 10; σὺν (hier fast instr.) τῷ στρατεύματι

mit meinen Leuten (Menge), *durch meine Soldaten* (GNB). **ἐξ-ειλάμην** Aor.
Med. -αιρέω[186] *herausnehmen;* Med. *befreien.* **μαθών** Aor. Ptz. μανθά-
νω[157] *lernen, erfahren;* temp./kaus (vor-, viell. gleich-, doch nicht nachzeitig
[A285] zum Geschehen des Hauptverbs ἐξειλάμην); τὸν ἄνδρα τοῦτον
συλλημφθέντα ὑπὸ τῶν Ἰουδαίων καὶ μέλλοντα ἀναιρεῖσθαι ὑπ'
αὐτῶν ἐπιστάς ... ἐξειλάμην μαθών ... *diesen Mann habe ich, nachdem er
von den Juden ergriffen worden war und als er im Begriff stand, von ihnen getötet zu
werden, indem ich ... eingriff, befreit, als/weil ich erfahren hatte* (od. *wobei ich er-
fuhr*) bzw. (einfacher) *dieser Mann wurde von den Juden ergriffen und wäre bei-
nahe von ihnen umgebracht worden; da habe ich ... eingegriffen und ihn befreit. Ich
hatte nämlich erfahren ...* (Einh.). **Ῥωμαῖος** *Römer* bzw. (hier) *römischer
Bürger* (vgl. 22,25). **ἐστίν** *war* (vgl. V. 6). **28 βουλόμενος** Ptz. βούλο- 28
μαι *wollen, wünschen;* kaus. **ἐπι-γνῶναι** Aor. Inf. -γινώσκω. **αἰτία** *Ur-
sache, Grund.* **ἐν-ε-κάλουν** Ipf. ἐγ-καλέω *beschuldigen, anklagen, Anklage
erheben* (juristischer term. tech.), hier τινί (V. 29 κατά τινος [περί τινος
wegen einer Sache]) *jmdn./gegen jmdn.;* τὴν αἰτίαν δι' ἣν ἐνεκάλουν αὐ-
τῷ *den Grund, weswegen sie ihn verklagten* bzw. etwa *wessen sie ihn beschuldigen*
(Einh.). **κατ-ήγαγον** Aor. -άγω[59] 22,30. **συν-έδριον** 22,30. **29 ὅν** 29
Subj. des AcP (AcP ist m. ὅν verschränkt; A364b), übers. *er/ihn.* **εὗρον** Aor.
εὑρίσκω. **ἐγ-καλούμενον** Ptz. Pass. -καλέω, AcP (A300); ὃν εὗρον
ἐγκαλούμενον περὶ ζητημάτων τοῦ νόμου αὐτῶν etwa *ich fand her-
aus, daß er wegen Streitfragen über ihr Gesetz angeklagt wird/daß sich ihre Vor-
würfe gegen ihn nur auf strittige Fragen des jüdischen Gesetzes beziehen.* **ζήτη-
μα**[3] *Streitfrage,* hier τινός *über etwas.* **δεσμός** *Fessel;* Pl. *Fesseln, Gefangen-
schaft, Haft.* **ἔχοντα** Ptz. ἔχω, AcP (A300); μηδὲν δέ ... ἔχοντα ἔγκλη-
μα *daß aber keine Anklage gegen ihn vorliegt ...* (wörtl. *daß er aber keine Anklage
hat ...*). **ἔγ-κλημα**[3] juristischer term. tech. *Anklage;* ἄξιον θανάτου ἢ δε-
σμῶν ἔγκλημα *eine (des) Todes oder (der) Fesseln würdige Anklage* od. *eine
Anklage, auf die Tod oder Haft steht* (Einh.). **30 μηνυθείσης** Aor. Ptz. Pass. 30
Fem. μηνύω *kundtun, anzeigen, aufdecken,* hier als juristischer term. tech. (bei
der Behörde) *Anzeige erstatten* τινί *jmdm.;* gen. abs. (A288), kaus./temp.; μη-
νυθείσης δέ μοι ἐπιβουλῆς εἰς τὸν ἄνδρα ἔσεσθαι etwa *weil/als mir
aber angezeigt wurde, gegen den Mann sei ein Anschlag geplant;* hinter dieser
etwas schwierigen Konstruktion (Kanzleistil!) steht ein auch im Klass. gut mögl.
NcI (nominativus cum infinitivo) m. „persönl.“ Pass. (vgl. H-S §218g): ἐμηνύ-
θη μοι ἐπιβουλὴ εἰς τὸν ἄνδρα ἔσεσθαι *mir ist angezeigt worden, gegen
den Mann sei ein Anschlag geplant* (BDR §424[2] bzw. [ausführlicher] §424 der
13. Aufl.), dem seinerseits (in der Akt.-Konstruktion) ein AcI entspricht, etwa:
ἐμήνυσέ μοί τις ἐπιβουλὴν εἰς τὸν ἄνδρα ἔσεσθαι *jemand hat mir
angezeigt, gegen den Mann sei ein Anschlag geplant.* **ἐπι-βουλή** *Anschlag* εἴς
τινα *auf/gegen jmdn.* [Var. μέλλειν Inf. μέλλω hier (m. Inf.) umschrieb. Fut.

(A250) bzw. zur Verstärkung des flgd. Inf. Fut. (vgl. BDR §356[4]).] **ἔσεσθαι**
Fut. Inf. εἰμί. **ἐξ-αυτῆς** (= ἐξ αὐτῆς ὥρας) *sofort, umgehend.*
ἔ-πεμψα Aor. πέμπω, erg. αὐτόν (A79); Aor. des Briefstils (A241a; BDR
§334[2]), übers. als Präs. **παρ-αγγείλας** Aor. Ptz. -αγγέλλω[110] *auffordern,*
anordnen, anweisen, befehlen; mod. **κατ-ήγορος** *Ankläger.* **λέγειν** Inf.
λέγω hier (τὰ) πρός τινα ἐπί τινος *gegen jmdn. vor jmdm. aussagen* (B I4)
bzw. (besser) *die Sache gegen jmdn. bei jmdm. vorbringen.* [Var. ἔρ-ρωσο/ἔρ-
ρωσθε Pf. Imp. Pass. ῥώννυμαι[227] *stark sein;* ἔρρωσο/ἔρρωσθε übl. Gruß
am Schluß v. Privatbriefen (BDR §346[1]) etwa *lebe/lebt wohl.*].
31 **31 στρατιώτης** V. 23. **δια-τε-ταγμένον** Pf. (A231) Ptz. Pass.
-τάσσω[79] *anordnen, befehlen;* subst.; κατὰ τὸ διατεταγμένον αὐτοῖς
dem an sie ergangenen Befehl gemäß bzw. (einfacher) *befehlsgemäß.* **ἀνα-λα-**
βόντες Aor. Ptz. -λαμβάνω[152] *aufnehmen;* hier *mitnehmen* (B 4) bzw. etwa
übernehmen; temp. (A291,1 Anm. 1). **ἤγαγον** Aor. ἄγω hier m. εἰς *bringen*
nach. **διά** m. Gen. hier *während* (B AII1a); διὰ νυκτός *während/in der*
(A106a) *Nacht.* **Ἀντιπατρίς**[3] ἰδος ἡ *Antipatris,* Stadt in Judäa (ca. 55 km
v. Jerusalem; ca. 18 km nördl. v. Lydda/Lod; ca. 44 km südl. v. Cäsarea [vgl.
32 Hemer, Setting, S. 128]). **32 ἐπ-αύριον** *morgen* (= tags darauf), τῇ ἐπαύ-
ριον (erg. ἡμέρᾳ, vgl. A88) temp. Dat. (A182) *am nächsten Tag.* **ἐάσαντες**
Aor. Ptz. ἐάω[32] *(zu)lassen;* temp./mod.; ... ἐάσαντες τοὺς ἱππεῖς ἀπέρχε-
σθαι σὺν αὐτῷ ὑπέστρεψαν εἰς τὴν παρεμβολήν ... *ließen sie* (d.h. die
Fußtruppen) *die Reiter mit ihm weiterziehen* (wörtl. *wegziehen*), *während sie*
(selbst) in die Kaserne (in Jerusalem) *zurückkehrten;* v. Antipatris an ging die
Reise durch offenes, vor allem v. Nichtjuden bewohntes Land; da man sich v.
den Verschwörern weit entfernt hatte, konnte auf die große Eskorte verzichtet
werden (Bruce, Apg, S. 473). **ἱππεύς** V. 23. **ἀπ-έρχεσθαι** Inf. **ὑπ-έ-**
στρεψαν Aor. ὑπο-στρέφω[47] *zurückkehren.* **παρ-εμ-βολή** 22,24.
33 **33 οἵ-τινες** = οἵ (A133; B ὅστις 3) *jene* (rel. Anschluß, A364a). **εἰσ-ελ-**
θόντες Aor. Ptz. -έρχομαι hier m. εἰς *kommen nach, ankommen in;* temp.
Καισάρεια 8,40. **ἀνα-δόντες** Aor. Ptz. -δίδωμι[201] *übergeben, überbrin-*
gen, abgeben τινί *jmdm./bei jmdm.;* temp. (A291,1 Anm. 1); οἵτινες εἰσελ-
θόντες ... καὶ ἀναδόντες τὴν ἐπιστολήν ... παρέστησαν καί ... αὐ-
τῷ etwa *nach ihrer Ankunft ... gaben jene den Brief ... ab und führten ihm auch ...*
vor. **ἐπι-στολή** V. 25. **ἡγεμών** V. 24. **παρ-έ-στησαν** Aor. παρ-
34 ἵστημι hier etwa *vorführen* (Menge). **34 ἀνα-γνούς** Aor. Ptz. -γινώ-
σκω[166] *lesen;* temp. **ἐπ-ερωτήσας** Aor. Ptz. -ερωτάω, temp. **ποῖος**[18]
wie beschaffen? was für ein? welcher?; ἐκ ποίας (hell. = τίνος [B 2aβ]) ἐπαρ-
χείας ἐστίν *aus welcher Provinz er stamme.* **ἐπ-αρχεία** *Herrschaftsgebiet*
eines Eparchen (d.h. eines „praefectus") = *Provinz* (LAW, Sp. 820). **πυθόμε-**
νος Aor. Ptz. Med. πυνθάνομαι[155] V. 19, hier (m. ὅτι) *erfahren;* temp.; πυ-
θόμενος ὅτι ἀπὸ Κιλικίας erg. ἐστίν (A78) *als er erfuhr, er stamme aus*

Zilizien. **Κιλικία** 6,9. **35 δι-ακούσομαι** Fut. Med. -ακούω[2] juristi- 35
scher term. tech. *verhören* τινός *jmdn.* **ἔ-φη** Ipf. φημί, hier (wie att. häufig)
in die direkte Rede eingeschoben (vgl. BDR §465[5]). **κατ-ήγορος** V. 30.
παρα-γένωνται Aor. Konj. Med. V. 16. **κελεύσας** Aor. Ptz. κελεύω[5]
V. 3; mod./temp.; κελεύσας ... φυλάσσεσθαι αὐτόν (Subj. des AcI) *zu-
gleich befahl er, ihn ... in Gewahrsam zu halten* (wörtl. *befahl er, daß er ... in Ge-
wahrsam gehalten werde*). **πραιτώριον** (< lat. praetorium) *Prätorium;* so
hieß ursprüngl. das Zelt bzw. der Wohnsitz des röm. Feldherrn od. der Platz, auf
dem es od. er stand, später auch das kaiserl. Hauptquartier u. die Garde, aber
auch, so hier, der Sitz hoher staatl. Funktionäre (KP 4, Sp. 1117); gemeint ist
hier der v. Herodes dem Großen erbaute Palast (s. Josephus, Antiquitates
15.331), der dem röm. Prokurator als Residenz diente, viell. ein best. Teil davon
(s. AFCS 3, S. 156f). **φυλάσσεσθαι** Inf. Pass. φυλάσσω *(be)wachen, be-
wahren, beschützen;* Präd. des AcI.

πέντε[19] *fünf.* **κατ-έ-βη** Aor. κατα-βαίνω. **Ἁνανίας**[1] ου 23,2. 24
πρεσβύτερος Pl. hier v. Mitgliedern einer Gruppe des Synedriums (B 2aβ;
GNB: *Ratsälteste*). **ῥήτωρ**[6] ορος ὁ *Redner,* hier *Anwalt.* **Τέρτυλλος** *Ter-
tullus* (wohl ein [hell.] Jude [vgl. V. 6]); ... ῥήτορος Τερτύλλου τινός ... *ei-
nem Anwalt, einem gewissen Tertullus.* **οἵ-τινες** = οἵ (B ὅστις 3; A133) *die-
se/sie* (vgl. A364a). **ἐν-ε-φάνισαν** Aor. ἐμ-φανίζω (vgl. A33[91ff]) *sichtbar
machen; anzeigen* (bes. auch bei der Behörde), hier m. τινὶ κατά τινος *jmdm.
eine Anzeige gegen jmdn. erstatten* (B 2) bzw. *bei jmdm. eine Klage* (hier: *ihre Kla-
ge) gegen jmdn. vorbringen.* **ἡγεμών**[4] όνος ὁ *Herrscher, Fürst;* hier (röm.)
Statthalter (höchster Beamter einer Provinz). **2 κληθέντος** Aor. Ptz. Pass. 2
καλέω, gen. abs. (A288), temp.; κληθέντος δὲ αὐτοῦ etwa *als man* (vgl.
A76b) *Paulus gerufen/herbeigeholt hatte.* **ἤρξατο** Aor. Med. ἄρχω. **κατ-
ηγορεῖν** Inf. -ηγορέω meist m. Gen. der Pers. (Akk./Gen. [od. offenbar
V. 13 περί m. Gen.] der Sache) *anklagen, beschuldigen* (meist juristischer term.
tech.); ἤρξατο κατηγορεῖν ὁ Τέρτυλλος λέγων etwa *begann Tertullus
seine Anklagerede folgendermaßen;* die übertriebenen (u. in diesem Fall im Wi-
derspruch zu den v. Josephus u. Tacitus berichteten Tatsachen stehenden [vgl.
etwa zu 21,38 u. 23,24]) Komplimente entsprechen zeitgenössischen rhetori-
schen Gepflogenheiten. **λέγων** Ptz., mod. **τυγχάνοντες** Ptz. τυγχάνω
erlangen (hier etwa *erleben, genießen*) τινός *etwas;* wohl kaus.; πολλῆς εἰρή-
νης τυγχάνοντες διὰ σοῦ καὶ διορθωμάτων γινομένων τῷ ἔθνει
τούτῳ διὰ τῆς σῆς προνοίας, πάντῃ τε καὶ πανταχοῦ ἀποδεχόμε-
θα ... μετὰ πάσης εὐχαριστίας etwa *tiefen Frieden genießen wir durch
dich, und durch deine Umsicht hat sich für dieses/unser Volk vieles gebessert* (od.
*und dank deiner Umsicht werden zum Wohl dieses/unseres Volkes Reformen durch-
geführt*); *das erkennen wir immer und überall mit großer Dankbarkeit an* ... (vgl.
Einh.). **δι-όρθωμα**[3] *Reform, Verbesserung.* **γινομένων** Ptz. γίνομαι,

gen. abs. (A288), wohl kaus. **σός** (A128) *dein.* **πρό-νοια** *Voraussicht; Für-*
3 *sorge, Umsicht.* **3 πάντῃ** *durchaus,* hier *auf jede Weise.* **πανταχοῦ** *überall; überallhin;* πάντῃ τε καὶ πανταχοῦ (Alliteration/Paronomasie m. π[αντ]- [vgl. H-S §294a/d]) best. wahrscheinl. ἀποδεχόμεθα näher (nach Menge γινομένων) *auf jede Weise/allerseits und überall* (BDR §103,2) bzw. *immer und überall* (Einh.) od. *wo und wann immer sich die Gelegenheit bietet* (GNB). **ἀπο-δέχομαι** *freundlich aufnehmen;* hier *anerkennen* (B 2). **κράτιστος** (Superlativ zu ἀγαθός, H-S §51b) *bester, tüchtigster, mächtigster, vornehmster;* als ehrende Anrede an amtl. od. gesellschaftl. höherstehende Pers. (s.a. zu 23,26); κράτιστε Φῆλιξ Vok. etwa *hochverehrter Felix.* **Φῆλιξ**[3] 23,24. **εὐ-χαριστία** *Dank; Dankbarkeit;* μετὰ πάσης εὐχαριστίας (auch profan gebräuchl. Wendung) etwa *mit großer Dankbarkeit, in tiefer Dankbarkeit* (GNB).
4 **4 ἐπὶ πλεῖον** *länger* (B πολύς II2c). **ἐγ-κόπτω** Konj. -κόπτω *hemmen, hindern;* ἵνα δὲ μὴ ἐπὶ πλεῖόν σε ἐγκόπτω etwa *um dich aber nicht länger aufzuhalten* bzw. (kontextualisierend) *um dich aber nicht unnötigerweise zu belästigen* (Menge) bzw. *ich will aber jetzt deine kostbare Zeit nicht unnötig in Anspruch nehmen und* (GNB) [Var. κόπτω Konj. *(ab)schlagen,* übertr. *ermüden, belästigen*]. **ἀκοῦσαι** Aor. Inf. ἀκούω hier m. Gen. *jmdm. Gehör schenken* (Menge), *jmdn. anhören;* Präd. des AcI, abhängig v. παρακαλῶ. **συν-τόμως** *sogleich, eilig;* hier *kurz.* **ἐπι-είκεια** *Nachsicht, Milde;* τῇ σῇ ἐπιεικείᾳ dat. modi (A180) *mit der dir eigenen Nachsicht* (B), *nach deiner gewohnten*
5 *Güte* (Menge), *in deiner Milde* (Einh.). **5 εὑρόντες** Aor. Ptz. εὑρίσκω, wohl mod. (viell. kaus.); statt des zu erwartenden HS folgt V. 6 (offenbar unter dem Einfluß des vorausgehenden ὅς καί [anakoluthisch, A375]) der Rel.-Satz ὃν καὶ ἐκρατήσαμεν, der wohl am besten im Sinn v. τοῦτον/αὐτὸν καὶ ἐκρατήσαμεν zu deuten ist (vgl. BDR §467,1); εὑρόντες γὰρ τὸν ἄνδρα τοῦτον λοιμὸν καὶ κινοῦντα στάσεις ... πρωτοστάτην τε ... καὶ ἐκρατήσαμεν (λοιμόν u. πρωτοστάτην sind Obj.-Präd. [A49; H-S §259n; B 1cβ]; viell. erg. ὄντα [Ptz. v. εἰμί], dann AcP [H-S §233b Anm. 2; BDR §416,1/2]) etwa *wir haben nämlich festgestellt, daß dieser Mensch gefährlich wie die Pest ist, daß er ... zum Aufruhr anstiftet und daß er der Haupträdelsführer ... ist* (viell. [m. epexegetischem, durch Doppelpunkt wiederzugebendem καί, A311,7] *... wie die Pest ist: er stiftet ... zum Aufruhr an und ist der Haupträdelsführer ...*) *... dabei* (viell. *deshalb*) *haben wir ihn auch festgenommen.* **λοιμός** *Pest;* Adj. *von der Pest befallen, verseucht, verderblich;* subst. übertr. v. einem gemeingefährl. Menschen: etwa *Pestbeule* (B), *gefährlich wie die Pest* (GNB). **κινοῦντα** Ptz. κινέω *bewegen;* hier *anstiften zu* (B 4a); AcP (A300). **στάσις**[8] *(das) Aufstellen; Aufruhr; Zwist.* **πᾶσιν τοῖς Ἰουδαίοις** wohl dat. incommodi (A173) *zum Schaden aller Juden* (vgl. B στάσις 3) od. (so meist) *unter allen Juden* (eine Fassung, die übersetzungstechnisch zwar gut begründbar ist, aber nicht etwa m. einem [praktisch auf die Prosa beschränkten] lok. Dat. [H-S §181]

in Verbindung gebracht werden sollte). **κατά** m. Akk. hier *über (– hin), in*
(vgl. H-S §184k; B II1a). **οἰκουμένη** (Ptz. Fem. Pass. οἰκέω wohnen + γῆ)
(bewohnte) Erde, Welt; Menschheit; hier *„Welt"* hyperbolisch (A383) im Sinn v.
römisches Reich; κατὰ τὴν οἰκουμένην *in der Welt, im ganzen römischen*
Reich (Menge). **πρωτο-στάτης**[1] *Rädelsführer, Haupträdelsführer.* **Ναζω-**
ραῖος (im NT offenbar als Synonym zu Ναζαρηνός gebraucht [EWNT 2,
Sp. 1119], daher:) *Nazarener, aus Nazaret (kommend);* hier v. Christen, weil sie
Anhänger v. Jesus, dem Nazarener, waren (vgl. 2,22; 3,6; 4,10; 6,14; 22,8; 26,9).
αἵρεσις[8] *Schule* (im Sinn v. Lehrrichtung), *Partei; Lehrmeinung;* τῆς τῶν
Ναζωραίων αἱρέσεως *der Sekte der Nazarener, der Nazarener-Sekte.*
6 ἐ-πείρασεν Aor. πειράζω (vgl. A33[91ff]) *versuchen.* **βεβηλῶσαι** Aor. 6
Inf. βεβηλόω (< βέβηλος unheilig) *entweihen.* **ὃν καί** s. zu εὑρόντες
V. 5. **ἐ-κρατήσαμεν** Aor. κρατέω hier *festnehmen.* [Var. ἠ-θελήσαμεν
Aor. θέλω. κρῖναι Aor. Inf. κρίνω. V. 7: παρ-ελθών Aor. Ptz. -έρχο- 7
μαι[187] hier *herankommen, hinzukommen* (B 3); temp. (A291,1 Anm. 1). Λυ-
σίας[1] ου 23,26. χιλί-αρχος V. 22. βία *Gewalt, Gewaltanwendung.* ἐκ τῶν
χειρῶν τινός *aus jmds. Hand/Gewalt* (B χείρ 2b). ἀπ-ήγαγεν Aor.
-άγω[59] *wegführen.* V. 8: κελεύσας Aor. Ptz. κελεύω[5] *befehlen, anordnen,* m.
AcI; mod./temp. κατ-ήγορος *Ankläger;* Subj. des AcI. ἔρχεσθαι Inf. ἔρχο-
μαι hier ἐπί τινα *zu jmdm. kommen/gehen* (B I1aβ); Präd. des AcI.] **8 παρ'** 8
οὗ *von ihm* (vgl. A364a), *nach seinen Aussagen* (Menge). **δυνήσῃ** Fut. Med.
δύναμαι. **αὐτός** *du selbst.* **ἀνα-κρίνας** Aor. Ptz. -κρίνω[127] *befragen,*
untersuchen, verhören; kond./temp.; ἀνακρίνας erg. τοῦτον/αὐτόν (A79)
wenn du ihn verhörst. **περὶ πάντων τούτων** best. eher ἐπιγνῶναι als
ἀνακρίνας näher; παρ' οὗ δυνήσῃ αὐτός ... περὶ πάντων τούτων
ἐπιγνῶναι ὧν ἡμεῖς κατηγοροῦμεν αὐτοῦ ... *wirst du selbst alles ermit-*
teln (wörtl. *von ihm alles erfahren*) *können, wessen wir ihn anklagen* (Einh.) od. ...
wirst du dir selbst nach seinen Aussagen über alles ein Urteil bilden können, was
wir ihm zur Last legen (Menge). **ἐπι-γνῶναι** Aor. Inf. -γινώσκω hier
erfahren, wohl im Sinn eines juristischen term. tech. *ermitteln* (B 2b), *sich ein*
Urteil bilden (Menge). **9 συν-επ-έ-θεντο** Aor. Med. -επι-τίθεμαι[200] 9
zusammen mit anderen *angreifen.* **φάσκοντες** Ptz. φάσκω (= φημί)
behaupten; mod. **ἔχειν** Inf. ἔχω hier intr. m. Adv. *sich verhalten, sein* (vgl.
B II); Präd. des AcI; συνεπέθεντο δὲ καὶ οἱ Ἰουδαῖοι φάσκοντες
ταῦτα (Subj. des AcI) οὕτως ἔχειν etwa *die anderen* (A376a) *Juden*
unterstützten ihn (wörtl. *schlossen sich dem Angriff/der Anklage an*), *indem sie*
behaupteten, so sei es (vgl. Einh.).

10 ἀπ-ε-κρίθη Aor. Pass. (ohne Pass.-Bdtg.) ἀπο-κρίνομαι. **νεύ-** 10
σαντος Aor. Ptz. νεύω *(zu-)nicken,* hier τινί m. Inf. *jmdm. durch Zunicken*
ein Zeichen geben, etwas zu tun; gen. abs. (A288), temp.; ἀπεκρίθη τε ὁ Παῦ-
λος νεύσαντος αὐτῷ τοῦ ἡγεμόνος λέγειν *Paulus erwiderte, nachdem*

ihn der Statthalter mit einem Zeichen zum Reden aufgefordert hatte. **ἡγεμών**
V. 1. **λέγειν** Inf. **ὄντα** Ptz. εἰμί, AcP (A300). **κριτής**[1] *Richter.* **ἐπι-
στάμενος** Ptz. Pass. ἐπίσταμαι *wissen, kennen;* kaus.; ἐκ πολλῶν ἐτῶν
ὄντα σε κριτὴν τῷ ἔθνει τούτῳ (dat. commodi, A173) ἐπιστάμενος *da
ich weiß, daß du schon seit vielen Jahren der für dieses Volk zuständige Richter bist*
(vgl. Wilckens). **εὐ-θύμως** *guten Mutes* od. etwa *voll Zuversicht.* **τὰ περί**
m. Gen. *das, was* jmdn./etwas *angeht* (B περί 1i); τὰ περὶ ἐμαυτοῦ etwa *das
mich selbst Betreffende, meine Sache* bzw. (einfach) *mich.* **ἐμαυτοῦ**[14] *meiner
(selbst)* (Refl.-Pron.). **ἀπο-λογέομαι** *sich verteidigen;* εὐθύμως τὰ περὶ
ἐμαυτοῦ ἀπολογοῦμαι *verteidige ich meine Sache voll Zuversicht* bzw. etwa
11 *gehe ich voll Zuversicht daran, mich zu verteidigen* (GNB). **11 δυναμένου**
Ptz. Pass. δύναμαι, gen. abs. (A288), wohl kaus. (zu εὐθύμως ... ἀπολο-
γοῦμαι); δυναμένου σου ἐπιγνῶναι ὅτι ... εἰσίν *du kannst ja erfah-
ren/dich ja vergewissern, daß ... sind* bzw. (stilistisch besser) *wie du dich vergewis-
sern kannst, sind ...* (Menge). **ἐπι-γνῶναι** V. 8. **πλείους** (= πλείονες)
zahlreichere/mehr erg. ἤ *als* (H-S §252,26; BDR §185[7]); οὐ πλείους εἰσίν
μοι (dat. commodi/poss., A173b) ἡμέραι δώδεκα „sind für mich nicht mehr
als zwölf Tage" (od.: „habe ich nicht mehr als zwölf Tage") meist gedeutet als
sind erst zwölf Tage vergangen (Menge); wahrscheinl. übers. man aber besser in
flgd. Sinn: *habe ich in Jerusalem* (viell. *für Jerusalem*) *nicht mehr als zwölf Tage
zur Verfügung gehabt* (d.h. um dort so in Erscheinung zu treten, wie in der An-
klage behauptet; viell. gehört εἰς Ἰερουσαλήμ im Sinn v. *in Jerusalem* [viell.
für Jerusalem] als Lok. [ebenfalls] hierher [u. nicht – nur – zum NS m. ἀφ'
ἧς]): Paulus verbrachte (nach jüd. Zählweise) zwölf Tage (bzw. Teile davon) in
Jerusalem (vgl. 21,17f.26f; 22,30; 23,12.32; s. Haenchen, Apg, S. 582). **ἀφ' ἧς**
= ἀπὸ τῆς ἡμέρας ᾗ (das BW [τῆς] ἡμέρας ist zu erg. [vgl. A88]; Attrak-
tion des Rel.-Pron. [A361b]; ᾗ: temp. Dat. [A182]) *seit dem Tag, an dem* bzw.
(einfach) *seitdem/seit* (vgl. B ἀπό II2c). **ἀν-έ-βην** Aor. ἀνα-βαίνω.
προσ-κυνήσων Fut. Ptz. -κυνέω, fin. (H-S §231i; A291,6); ἀφ' ἧς ἀνέ-
βην προσκυνήσων εἰς Ἰερουσαλήμ *seit ich nach Jerusalem hinaufgezo-*
12 *gen bin, um (Gott/dort im Tempel) anzubeten.* **12 εὗρον** Aor. εὑρίσκω; 3. Pl.
hier wohl im Sinn v. „man" (A76a); οὔτε ... εὗρόν με πρός τινα διαλεγό-
μενον ἢ ἐπίστασιν ποιοῦντα ὄχλου etwa *niemand hat mich* (wörtl. *we-
der ... hat man mich*) *dabei angetroffen, daß ich ein Streitgespräch mit jemand ge-
führt oder das Volk aufgehetzt hätte.* **δια-λεγόμενον** Ptz. -λέγομαι *mitein-
ander reden;* hier *diskutieren, streiten, ein Streitgespräch führen* πρός τινα *mit
jmdm.;* AcP (A300). **ἐπί-στασις**[8] *Andrang, Ansturm* (B) od. *Aufruhr*
(LN 39.34; LSJ III); ποιέω ἐπίστασιν ὄχλου *einen Volksauflauf/Volksauf-
stand anstiften* bzw. *das Volk aufhetzen* (GNB). **ποιοῦντα** Ptz. ποιέω, AcP
(A300). **κατά** V. 5; οὔτε ἐν τῷ ἱερῷ ... οὔτε ἐν ταῖς συναγωγαῖς
οὔτε κατὰ τὴν πόλιν etwa *... weder im Tempel noch in den Synagogen noch*

sonstwo in der Stadt. 13 **παρα-στῆσαι** Aor. Inf. παρ-ίστημι hier *bewei-* 13
sen (B 1f); οὐδὲ παραστῆσαι δύνανταί σοι περὶ ὧν (= ταῦτα περὶ
ὧν [BDR §293[13]; A359], viell. = περὶ τούτων ὧν) νυνὶ κατηγοροῦσίν
μου *sie können dir auch nichts von dem beweisen* (wörtl. *dir auch das nicht be-*
weisen), *was sie mir jetzt/hier vorwerfen* (vgl. Einh.) od. *für keine dieser Anklagen,*
die sie jetzt gegen mich vorbringen, können sie irgendwelche Beweise erbringen
(Wilckens). **νυνί**[18] = νῦν. **κατ-ηγορέω** V. 2. 14 **ὁμο-λογέω** *sich (of-* 14
fen) als etwas od. *zu* etwas od. jmdm. *bekennen;* etwas *zugeben, bekennen.* **ὅτι**
recitativum = Doppelpunkt (A333) od. *daß* (ὅτι-Satz ist App. [A353] zu τοῦ-
το). **ὁδός** hier als allgem. Begriff im Sinn v. *Richtung, Lehre* (v. der gesamten
religiösen u. sittl. Lebensart [B 2c; vgl. EWNT 2, Sp. 1203f]), vgl. aber zu 9,2;
κατὰ τὴν ὁδόν *dem (neuen) Weg entsprechend* (Einh.) bzw. *in der Weise, wie*
es jener neuen Richtung entspricht (GNB). **λέγω** hier *bezeichnen als.* **αἵρε-**
σις V. 5. **οὕτως** wohl (als pleon. [A379] zu κατὰ τὴν ὁδόν) unübersetzt
lassen; viell. ist es aber (etwa Menge folgend) logisch m. πιστεύων zu ver-
knüpfen: daß ich nach der Glaubensrichtung ... dem Gott unserer Väter *in der*
Weise diene, *daß ich* allem ... *Glauben schenke* (vgl. Bruce, Apg, S. 479). **λα-**
τρεύω (Gott) *dienen, verehren.* **πατρῷος** *väterlich, vom Vater/von den Vor-*
fahren herrührend/ererbt; τῷ πατρῴῳ θεῷ *dem Gott unserer Vorfahren.* **πισ-**
τεύων Ptz., mod. (A291,2 Anm. 1). **γε-γραμμένοις** Pf. (A231) Ptz. Pass.
γράφω, Pf. Pass. häufig als term. tech. zur Einführung v. Schriftzitaten ver-
wendet (B 2c); subst.; πᾶσι τοῖς κατὰ τὸν νόμον καὶ τοῖς ἐν τοῖς προ-
φήταις γεγραμμένοις *allem/an alles, was im* (B κατά II1a) *Gesetz (Moses)*
und was in den Propheten steht („das Gesetz und die Propheten" = die [atl.]
Heilige Schrift [vgl. zu Mt 5,17]); zur Sache vgl. Röm 1,2; 3,21. 15 **ἔχων** Ptz., 15
mod. (A291,2 Anm. 1). **αὐτοὶ οὗτοι** *diese selbst = diese hier.* **προσ-δέ-**
χομαι *annehmen, aufnehmen; erwarten;* hier etwa (eine Hoffnung) *teilen*
(B 1b), *hegen* (Menge) bzw. *haben;* ἐλπίδα ἔχων εἰς τὸν θεὸν ἣν καὶ αὐ-
τοὶ οὗτοι προσδέχονται *ich habe (dabei) eine Hoffnung auf Gott, die auch*
diese hier hegen/haben bzw. etwa *ich habe die gleiche feste Hoffnung auf Gott wie*
sie (GNB). **μέλλειν** Inf. μέλλω hier (m. Inf.) umschrieb. Fut. (A250) bzw.
zur Verstärkung des flgd. Inf. Fut. (BDR §356[4]); Präd. des AcI, (epexegetisch
[vgl. A279]) abhängig v. ἐλπίδα; ἀνάστασιν (Subj. des AcI) μέλλειν ἔσε-
σθαι δικαίων τε καὶ ἀδίκων *daß es nämlich eine Auferstehung der Ge-*
rechten wie der Ungerechten geben wird; zur Sache s. 23,6 (vgl. Jh 5,28f; Apk
20,12ff; Dan 12,2f; 1Kor 15,22f; 1Thess 4,14-16 sowie Mt 25,31ff; Lk 10,12; Röm
2,5; 2Kor 5,10; 2Tim 4,1). **ἔσεσθαι** Fut. Inf. εἰμί. **ἄ-δικος**[11] *ungerecht;*
subst. 16 **ἐν τούτῳ** kaus. *deshalb, aus diesem Grund* (vgl B ἐν III3a). **καὶ** 16
αὐτός *auch ich selbst* bzw. (einfach) *auch ich.* **ἀσκέω** *etwas ausüben,* hier m.
Inf. *sich Mühe geben, sich bemühen.* **ἀ-πρόσ-κοπος**[11] *ohne Anstoß; keinen*
Anstoß gebend; tadellos, einwandfrei; ἀπρόσκοπον συνείδησιν *ein einwand-*

freies/reines Gewissen. **συν-είδησις**[8] *Bewußtsein; Gewissen.* **ἔχειν** Inf.
πρός m. Akk. hier: jmdm. *gegenüber, vor* jmdm. **διὰ παντός** *immer, be-*
17 *ständig* (B διά AII1a). **17 διά** m. Gen. temp. *nach (Verlauf von)* (B AII2; vgl.
H-S §184f); δι' ἐτῶν δὲ πλειόνων *nach mehreren Jahren* (GNB [deutlicher]:
nach vielen Jahren im Ausland). **ἐλεημοσύνη** *(das) Almosen, milde Gabe*
(aus Barmherzigkeit gegebene Spende); *Mildtätigkeit.* **ποιήσων** Fut. Ptz.
ποιέω, fin. (H-S §231i; A291,6); δι' ἐτῶν δὲ πλειόνων ἐλεημοσύνας
ποιήσων εἰς τὸ ἔθνος μου παρεγενόμην καὶ προσφοράς wohl etwa
(εἰς = dat. commodi, A173a [B εἰς 4g]) *nach mehreren Jahren bin ich nun nach*
Jerusalem zurückgekommen (wörtl. *bin ich hergekommen*), *um für mein Volk*
Spenden zu überbringen (wörtl. etwa *um an meinem Volk Mildtätigkeit* [eig. Pl.] *zu*
üben) *und (Gott) Opfer darzubringen,* viell. (εἰς örtl.) *nach mehreren Jahren bin*
ich nun zu meinem Volk gekommen, um Spenden zu überbringen und zu opfern
(Einh.). **παρ-ε-γενόμην** Aor. Med. παρα-γίνομαι[176] *ankommen, kom-*
18 *men, herkommen.* **προσ-φορά** *Opfer;* vgl. 21,23-26. **18 ἐν αἷς** *bei diesen*
(bezieht sich grammatisch auf προσφοράς) bzw. *dabei* (rel. Anschluß, A364a),
d.h. wohl beim Darbringen der Opfergaben. **εὗρον** V. 12. **ἡγνισμένον** Pf.
(A231) Ptz. Pass. ἁγνίζω *reinigen* (hier rituell), AcP (A300) od. temp.; ἐν αἷς
εὗρόν με ἡγνισμένον ἐν τῷ ἱερῷ *dabei* (= *beim Darbringen der Opfer-*
gaben) fanden sie mich gereinigt/geweiht (d.h. in rituell gereinigtem Zustand [Zu-
standspassiv, vgl. A242]) *im Tempel vor* od. *dabei fanden sie mich im Tempel, als*
ich (bereits) gereinigt/geweiht war (= *nachdem ich den Reinigungsprozeß bereits*
hinter mir hatte [vgl. TEV2]). **θόρυβος** *Aufruhr, Tumult, Lärm;* οὐ μετὰ ὄχ-
λου οὐδὲ μετὰ θορύβου *nicht mit einer Volksmenge und nicht mit einem Tu-*
mult (Einh.) bzw. *und zwar ohne Volksauflauf und Tumult* (Wilckens).
19 **19 Ἀσία** 2,9; τινὲς δὲ ἀπὸ τῆς Ἀσίας Ἰουδαῖοι nachgeschobenes
Subj. zu εὗρον V. 18 *einige Juden aus der Provinz Asia* (vgl. zu 21,27), erg. etwa
sind es gewesen (vgl. Menge) od. viell. *waren dort* (vgl. TEV2). **οὕς** Subj. des
AcI (AcI ist m. οὕς verschränkt; A364b), übers. *diese/sie.* **ἔ-δει** Ipf. δεῖ; Ipf.
drückt hier aus, daß etwas tatsächl. notwendig ist, aber doch nicht geschieht
(A239; H-S §198i); οὓς ἔδει ἐπὶ σοῦ παρεῖναι καὶ κατηγορεῖν *sie*
müßten vor dir erscheinen und Anklage erheben (Einh.). **παρ-εῖναι** Inf. πάρ-
ειμι (εἰμί) *anwesend sein,* ἐπί τινος *vor jmdm. zugegen sein* (B 1a), *vor jmdm.*
erscheinen (Menge); erstes Präd. des AcI, abhängig v. ἔδει. **κατ-ηγορεῖν**
Inf. -ηγορέω V. 2; zweites Präd. des AcI, abhängig v. ἔδει. **ἔχοιεν** Opt. 3. Pl.
ἔχω hier πρός τινα *gegen jmdn. etwas vorzubringen haben;* εἴ τι ἔχοιεν
πρὸς ἐμέ (potentialer Fall [ohne entsprechenden Dann-Satz; A344], literatur-
sprachl. [BDR §385[4]]) *falls sie etwas gegen mich vorzubringen haben sollten, wenn*
20 *sie mir etwas vorzuwerfen haben.* **20 αὐτοὶ οὗτοι** *diese hier* (vgl. V. 15), d.h.
die Abgeordneten des Synedriums. **εἰπάτωσαν** Aor. Imp. 3. Pl. λέγω. **εὗ-**
ρον V. 12; τί εὗρον ἀδίκημα *was für ein Verbrechen sie herausgefunden*

haben. **ἀ-δίκημα**[3] *Unrecht, Vergehen* (B), *Verbrechen.* **στάντος** Wz.-Aor.
Ptz. ἵσταμαι, gen. abs. (A288), temp.; στάντος μου ἐπὶ τοῦ συνεδρίου
als ich vor dem Hohen Rat stand (wörtl. *[hin]trat*). **ἐπί** m. Gen. hier *vor*
(B II1aδ). **συν-έδριον** *Synedrium, Hoher Rat* (oberste jüd. Instanz in allen
religiösen u. zivilen Angelegenheiten; DJG, S. 728-732; GBL 3, S. 1338f). **21 ἤ** 21
hier etwa *es sei denn* (ἤ wohl = οὐδέν ... ἤ [durch εἰπάτωσαν τί εὗρον
ἀδίκημα V. 20 impliziert] *nichts anderes* [A376a] *[könnte es sein] als* [vgl.
B 2c]); ἢ περὶ μιᾶς ταύτης φωνῆς (zum „fehlenden" Art. vgl. BDR §292[5])
es sei denn (das) wegen dieses einen Satzes bzw. etwa *es könnte höchstens der eine
Satz sein* (GNB). **φωνή** hier *Ausruf* (vgl. B 2c), *Satz.* **ἧς** = ἥν (Attraktion
des Rel.-Pron., A360). **ἐ-κέκραξα** Aor. (die in der LXX fast ausschließl. ver-
wendete Alternativform zu ἔκραξα [zur ungewöhnl. Bildung s. BDR §75[2]])
κράζω. **ἐν** *unter, inmitten* (vgl. B I4a). **ἑστώς** Pf. (Wz.-Pf., H-S §109a; m.
präs. Bdtg.) Ptz. ἵσταμαι, temp.; ἐν αὐτοῖς ἑστώς *in ihrer Mitte stehend, als
ich in ihrer Mitte stand;* s. 23,6. **ὅτι** recitativum = Doppelpunkt (A333). **κρί-
νομαι** Pass. κρίνω hier Pass. m. περί τινος *wegen einer Sache vor Gericht
stehen,* ἐπί m. Gen. zur Bezeichnung der richterl. Instanz (B 4aα); περὶ ἀνα-
στάσεως νεκρῶν ἐγὼ κρίνομαι σήμερον ἐφ' ὑμῶν etwa *wegen der
Auferstehung der Toten stehe ich heute vor eurem Gericht* od. *wegen der Auferste-
hung der Toten stehe ich heute als Angeklagter hier vor euch* (Menge).

22 ἀν-ε-βάλετο Aor. Med. ἀνα-βάλλω[112] *aufschieben,* hier juristi- 22
scher term. tech. τινά *jmdm. den Vertagungsbeschluß eröffnen* (B); ἀνεβάλετο
δὲ αὐτοὺς ὁ Φῆλιξ etwa *Felix vertagte darauf die Entscheidung ihrer Sache*
(Menge). **Φῆλιξ** 23,24. **ἀκριβέστερον** Komp. zum Adv. ἀκριβῶς *ge-
nau, sorgfältig;* Komp. für elativisch gebrauchten Superlativ *aufs genaueste, ganz
genau* (A118,2/119; B), *recht genau.* **εἰδώς** Pf. (m. präs. Bdtg.) Ptz. οἶδα hier
etwa *Bescheid wissen über;* kaus.; ἀκριβέστερον εἰδὼς τὰ περὶ τῆς ὁδοῦ
etwa *weil er über den „Weg" recht genau Bescheid wußte.* **τὰ περί** V. 10; τὰ
περὶ τῆς ὁδοῦ *das den „Weg"* (vgl. V. 14; 9,2) *Betreffende = (über) den „Weg".*
εἴπας Aor. Ptz. (vgl. H-S §105g) λέγω, mod. **Λυσίας**[1] ου 23,26. **χιλί-
αρχος** *Anführer einer Tausendschaft* bzw. hier (röm.) *tribunus militum/cohortis*
(Befehlshaber einer Kohorte [B; vgl. KP 5, Sp. 947f]), übers. *Kommandant.*
κατα-βῇ Aor. Konj. -βαίνω. **δια-γνώσομαι** Fut. Med. -γινώσκω[166]
juristischer term. tech. *untersuchen, durch Untersuchung zur Entscheidung brin-
gen, entscheiden.* **τὰ καθ' ὑμᾶς** *das sich auf euch Beziehende* (vgl. B κατά
II6), *eure Sache, euren Fall.* **23 δια-ταξάμενος** Aor. Ptz. Med. -τάσσω[79] 23
anordnen, befehlen; hier m. AcI (der erste davon im Pass., klass. u. deutsch eher
m. Inf. u. AkkO; vgl. BDR §392[14]; H-S §218c); mod.; διαταξάμενος τῷ
ἑκατοντάρχῃ τηρεῖσθαι αὐτὸν ἔχειν τε ἄνεσιν καὶ μηδένα κωλύ-
ειν τῶν ἰδίων αὐτοῦ ὑπηρετεῖν αὐτῷ etwa *dabei/zugleich wies er den
Hauptmann an, ihn weiter* (vgl. A225/265a) *in Gewahrsam zu halten* (wörtl. *daß*

er in Gewahrsam gehalten würde), jedoch in leichter Haft (wörtl. *und daß er leichte Haft haben sollte*), *und keinen von seinen Freunden daran zu hindern, für ihn zu sorgen.* **ἑκατοντ-άρχης**[1] *Anführer einer Hundertschaft, Hauptmann* (Pl.: *Hauptleute*) bzw. (röm.) *Centurio* (s. KP 1, Sp. 1111f). **τηρεῖσθαι** Inf. Pass. τηρέω; erstes Präd. des AcI. **αὐτόν** Subj. zu τηρεῖσθαι u. ἔχειν. **ἔχειν** Inf., zweites Präd. des AcI. **ἄν-εσις**[8] *Milderung,* hier *(Haft-)Erleichterung, milde/leichte Haft;* AkkO zu ἔχειν. **μηδένα** m. gen. partitivus (A164); Subj. zu ὑπηρετεῖν. **κωλύειν** Inf. κωλύω *hindern, abhalten* (etwas zu tun: Inf.); Inf. (Subj. dazu τῷ ἑκατοντάρχῃ). **οἱ ἴδιοι** *die Seinen;* der Ausdruck kommt u.a. im Sinn v. *Kampfgenossen, Angehörige, wahre Freunde* vor (vgl. Bruce, Apg, S. 156); hier bez. er die Mitchristen (B ἴδιος 3a: *Glaubensgenossen*), übers. am besten *seine Freunde.* **ὑπ-ηρετεῖν** Inf. -ηρετέω *dienen, behilflich sein* bzw. hier etwa *sorgen für* (u.a. wohl durch Versorgung m. Lebensmitteln); v. κωλύειν abhängig.

24 **24 παρα-γενόμενος** Aor. Ptz. Med. V. 17, hier etwa *erscheinen;* temp. (A291,1 Anm. 1). **Φῆλιξ** 23,24. **Δρούσιλλα** *Drusilla,* Tochter des Herodes Agrippa I. (s. zu 12,1), Schwester v. Agrippa II. (s. zu 25,3); s.a. zu 23,24. **ἴδιος** hier = ἑαυτοῦ/αὐτοῦ (B 2c; A129,1). **οὔσῃ** Ptz. Fem. εἰμί, trotz des fehlenden Art. wohl attr. (kongruiert m. Δρουσίλλα; A303); οὔσῃ Ἰουδαίᾳ übers. als App. (A70) *einer Jüdin.* **μετ-ε-πέμψατο** Aor. Med. μετα-πέμπομαι[45] *nach* jmdm. *schicken,* hier etwa: jmdn. *zu sich bringen lassen.* **ἤκουσεν** Aor. ἀκούω; καὶ ἤκουσεν αὐτοῦ περὶ τῆς εἰς Χριστὸν Ἰησοῦν πίστεως etwa *und hörte an, was er ihm über den Glauben an*
25 *Christus Jesus berichtete* (Einh.). **25 δια-λεγομένου** Ptz. V. 12; gen. abs. (A288), temp.; διαλεγομένου δὲ αὐτοῦ περί ... *als er aber (im Gespräch) die Rede auf ... brachte* bzw. *als aber die Rede auf ... kam* (Einh.); für Felix hatten diese Themen bes. Brisanz (vgl. zu 23,24). **δικαιοσύνη** hier *Gerechtigkeit* als Leitmotiv der gesamten Lebensführung (B 2b; GNB: *ein Leben nach Gottes Geboten*). **ἐγ-κράτεια** *Selbstbeherrschung, Enthaltsamkeit* (GNB: *Zügelung der Leidenschaften*). **κρίμα**[3] *Entscheidung, Urteil;* hier *(das) Handeln des Richters, (das) Richten, Gericht* (B 3). **μέλλοντος** Ptz. μέλλω, attr.; τὸ κρίμα τὸ μέλλον *das künftige/bevorstehende/kommende Gericht (Gottes).* **ἔμ-φοβος**[11] *erschrocken, in Furcht;* ἔμφοβος γίνομαι *in Schrecken versetzt werden* (vgl. B), *erschrecken.* **γενόμενος** Aor. Ptz. Med. γίνομαι, temp./mod. (A291,1/2 Anm. 1). **ἀπ-ε-κρίθη** Aor. Pass. (ohne Pass.-Bdtg.) ἀπο-κρίνομαι hier etwa: jmdn. *unterbrechen* (Einh.) od. einfach *sagen* (vgl. B 2). **ἔχον** Ptz. ἔχω V. 9; subst.; τὸ νῦν ἔχον adv. Akk. (A150) „was das sich jetzt Verhaltende betrifft“ = *für jetzt* (BDR §413[8]). **πορεύου** Imp. (vgl. A266a); τὸ νῦν ἔχον πορεύου etwa *für diesmal kannst du gehen* (Menge) bzw. (idiomatischer) *für diesmal ist es genug, du kannst jetzt gehen* (GNB). **μετα-λαβών** Aor. Ptz. -λαμβάνω[152] *seinen Anteil erhalten an, erhalten, erlangen;* καιρὸν μετα-

λαμβάνω *einen günstigen Zeitpunkt erlangen* = *Zeit finden* (B 2); temp.
μετα-καλέσομαι Fut. Med. -καλέομαι[37] *zu sich rufen, zu sich kommen*
lassen, holen lassen. **26** **ἅμα** *zugleich, gleichzeitig.* **ἐλπίζων** Ptz. ἐλπίζω 26
hoffen; mod. **χρῆμα**[3] Pl. *Vermögen, Reichtum; Geld.* **δοθήσεται** Fut. Pass.
δίδωμι; ὅτι χρήματα δοθήσεται αὐτῷ ὑπὸ τοῦ Παύλου *daß ihm von*
Paulus Geld gegeben würde bzw. *von Paulus Geld* (GNB: *Bestechungsgelder*) *zu*
bekommen. **πυκνότερον** Komp. v. πυκνός *häufig, zahlreich;* Komp. Ntr.
hier als Adv. (elativisch, vgl. A119) *sehr oft* od. *um so öfter* (BDR §244[2]). **με-**
τα-πεμπόμενος Ptz. V. 24; temp. (A291,1 Anm. 1). **ὡμίλει** Ipf. ὁμιλέω
reden, sprechen, sich unterhalten (τινί *mit jmdm.*). **27** **δι-ετία** *Zeitraum von* 27
zwei Jahren. **πληρωθείσης** Aor. Ptz. Pass. Fem. πληρόω; gen. abs. (A288),
temp.; διετίας δὲ πληρωθείσης *als zwei Jahre um waren* (B διετία), *zwei*
Jahre später; gemeint ist die Dauer der Gefangenschaft v. Paulus. **ἔ-λαβεν**
Aor. λαμβάνω. **διά-δοχος** *Nachfolger;* ἔλαβεν διάδοχον ὁ Φῆλιξ
Πόρκιον Φῆστον *bekam Felix den Porzius Festus zum Nachfolger* bzw. *wurde*
Felix von Porzius Festus abgelöst (vgl. GNB); wahrscheinl. geschah dies 59 n.
Chr.; die Statthalterschaft v. Festus (über den nur wenig bekannt ist [Apg u.
Josephus, Antiquitates 20.185ff, sind die einzigen Quellen]) dauerte wahr-
scheinl. bis ca. 61 n. Chr. (Hemer, Setting, S. 171). **Πόρκιος** *Porzius* (Ge-
schlechtsname [nomen gentile]). **Φῆστος** *Festus* (Beiname [cognomen]).
θέλων Ptz., kaus. **χάριτα** statt χάριν (Akk. v. χάρις[3]; H-S §35e). **κατα-**
θέσθαι Aor. Inf. Med. -τίθημι[200] *niederlegen;* Med. τινὶ χάριν/χάριτα
jmdm. einen Gefallen tun (B) od. *sich jmdn. zu Dank verpflichten* (Menge); hätte
Felix Paulus entlassen, so hätte er die jüd. Führung weiter gegen sich aufge-
bracht u. eine für ihn gefährl. Klage in Rom riskiert. **κατ-έ-λιπε** Aor. κατα-
λείπω[44] (einen Ort) *verlassen;* hier *zurücklassen.* [Var. κατ-έ-λειπε Ipf.]. **δε-**
δεμένον Pf. Ptz. Pass. δέω, mod.; *gefangen* (Zustandspassiv, vgl. A242), *als*
Gefangenen (Menge), *im Gefängnis* (GNB). [Var. εἴασεν Aor. ἐάω[32] *(zu)las-*
sen; hier etwa *zurücklassen* (vgl. B 2/3). τήρησις[8] *Gefängnis, Gewahrsam.*
Δρούσιλλα V. 24.]

Φῆστος 24,27. **ἐπι-βάς** Aor. Ptz. -βαίνω[139] *betreten;* hier m. Dat. *an-* **25**
kommen in; temp.; Φῆστος οὖν ἐπιβὰς τῇ ἐπαρχείᾳ μετὰ τρεῖς ἡμέ-
ρας ἀνέβη εἰς ... *als nun Festus in der Provinz angekommen war, zog er drei*
Tage später ... nach ... hinauf (Einh.) od. *drei Tage nach seinem Amtsantritt zog*
Festus ... nach ... hinauf (GNB). **ἐπ-αρχεία** *Herrschaftsgebiet eines Eparchen*
(d.h. eines „praefectus") = *Provinz* (LAW, Sp. 820) [Var. ἐπ-άρχειος[11] *zu ei-*
nem Eparchen gehörig; ἡ ἐπάρχειος (erg. χώρα) *die Provinz* (B)]. **ἀν-έ-βη**
Aor. ἀνα-βαίνω. **Καισάρεια** 8,40. **2** **ἐν-ε-φάνισαν** Aor. ἐμ-φανί- 2
ζω (vgl. A33[91ff]) *sichtbar machen; anzeigen* (bes. auch bei der Behörde), hier m.
τινὶ κατά τινος *jmdm. eine Anzeige gegen jmdn. erstatten* (B 2) bzw. *bei jmdm.*
eine Klage gegen jmdn. vorbringen (GNB hier [kontextgemäß] *bei jmdm. ihre*

Klage gegen jmdn. erneuern), V. 15 m. περί τινος *gegen jmdn. Anzeige erstat-
ten/Anklage erheben.* **οἱ πρῶτοι** *die Angesehensten* (B πρῶτος 1cβ); οἱ
πρῶτοι τῶν Ἰουδαίων (gen. partitivus, A164) etwa *die einflußreichsten
Juden* (GN), *die angesehensten Männer des jüdischen Volkes* (GNB). **παρ-ε-**
3 **κάλουν** Ipf. παρα-καλέω. **3 αἰτούμενοι** Ptz. Med. αἰτέω, mod.; καὶ
παρεκάλουν αὐτὸν αἰτούμενοι χάριν κατ᾽ αὐτοῦ ὅπως etwa *und sie
erbaten sich von ihm als gegen Paulus gerichteten Gunstbeweis, daß* bzw. (ohne
ausdrückl. Übersetzung des redundanten κατ᾽ αὐτοῦ) *und sie erbaten sich von
ihm als besonderes Zeichen seiner Gunst, daß* (GNB). **χάρις** hier *Gefallen* (vgl.
B 3a) od. *Gunstbezeigung* (B αἰτέω), *Gunstbeweis.* **μετα-πέμψηται** Aor.
Konj. Med. -πέμπομαι[45] *nach* jmdm. *schicken,* jmdn. *kommen lassen,* hier m.
εἰς jmdn. *bringen* (in diesem Kontext: *wieder bringen/verlegen*) *lassen nach.* **ἐν-
έδρα** *Hinterhalt, Anschlag.* **ποιοῦντες** Ptz. ποιέω, kaus.; ἐνέδραν ποι-
οῦντες ἀνελεῖν αὐτὸν κατὰ τὴν ὁδόν *sie planten nämlich einen Hinter-
halt/Anschlag, um ihn unterwegs zu ermorden* bzw. *sie wollten ihn nämlich unter-
wegs aus einem Hinterhalt heraus ermorden* (Einh.). **ἀν-ελεῖν** Aor. Inf. -αι-
ρέω[186] *beseitigen, aufheben;* meist: *töten;* fin. (A276). **κατὰ τὴν ὁδόν** *unter-*
4 *wegs* (B ὁδός 1b). **4 ἀπ-ε-κρίθη** Aor. Pass. (ohne Pass.-Bdtg.) ἀπο-κρί-
νομαι, hier m. AcI (indirekte Rede [H-S §274a]). **τηρεῖσθαι** Inf. Pass.
τηρέω, erstes Präd. des AcI; τηρεῖσθαι τὸν Παῦλον εἰς Καισάρειαν,
ἑαυτὸν δὲ μέλλειν ἐν τάχει ἐκπορεύεσθαι *Paulus sei* (od. *bleibe* [vgl.
A225/265a]) *in Cäsarea in Haft, und er selbst werde in Kürze dorthin zurückkehren*
(wörtl. etwa *in Kürze abreisen*). **εἰς** = ἐν (BDR §205[4]; vgl. B 9a; A184). **μέλ-
λειν** Inf. μέλλω hier (m. Inf.) umschrieb. Fut. (A250), zweites Präd. des AcI.
τάχος[7] *Schnelligkeit, Geschwindigkeit;* ἐν τάχει *in Kürze, bald.* **ἐκ-πο-**
5 **ρεύεσθαι** Inf. -πορεύομαι *hinausgehen, herauskommen.* **5 φησίν** Präs.
3. Sg. φημί (A32); hist. Präs. (A235); ein Einschub, der den Übergang in die
direkte Rede kennzeichnet (BDR §470[4]; vgl. A335). **δυνατός** *stark, mächtig;*
subst.; οἱ ἐν ὑμῖν δυνατοί *die unter euch, die dafür zuständig sind* (Einh.),
eure Bevollmächtigten (GNB). **συγ-κατα-βάντες** Aor. Ptz. -βαίνω[139] *zu-
sammen hinabgehen mit;* temp. (als Imp. + „und" übers.; A291,1 Anm. 1); ...
συγκαταβάντες ... κατηγορείτωσαν αὐτοῦ etwa ... *können mit hinab-
kommen ... und Anklage gegen ihn erheben* (od. *und ihre Anklage gegen ihn vor-
bringen*). **εἰ** m. Ind. indefiniter Fall (A342); εἴ τί ἐστιν ἐν τῷ ἀνδρὶ ἄτο-
πον *wenn etwas Unrechtes an dem Mann ist* bzw. *wenn der Mann wirklich das
Recht verletzt hat* (GNB). **ἄ-τοπος**[11] *ungewöhnlich;* hier (sittl.) *böse, schlecht,
unrecht.* **κατ-ηγορείτωσαν** Imp. 3. Pl. -ηγορέω meist m. Gen. der Pers.
(Akk./Gen. der Sache) *anklagen, beschuldigen* (meist juristischer term. tech.).
6 **6 δια-τρίψας** Aor. Ptz. -τρίβω[50] *verweilen,* (Zeit) *zubringen, sich* (an
einem Ort) *aufhalten;* temp. **ἐν** *bei.* **πλείους** (= πλείονας) *zahlreichere,
mehr* erg. ἤ *als* (H-S §252,26; BDR §185[7]); ἡμέρας οὐ πλείους ὀκτὼ ἤ

δέκα Akk. der zeitl. Ausdehnung (A148) *nicht mehr/länger als acht oder zehn*
Tage. **ὀκτώ**[19] *acht.* **δέκα**[19] *zehn.* **κατα-βάς** Aor. Ptz. -βαίνω temp.
(A291,1 Anm. 1). **εἰς** hier *nach.* **Καισάρεια** 8,40. **ἐπ-αύριον** *morgen*
(= tags darauf), τῇ ἐπαύριον (erg. ἡμέρᾳ, vgl. A88) temp. Dat. (A182) *am*
nächsten Tag. **καθίσας** Aor. Ptz. καθίζω, temp. (A291,1 Anm. 1); τῇ
ἐπαύριον καθίσας ἐπὶ τοῦ βήματος *am nächsten Tag nahm er auf sei-*
nem (A103) *Richterstuhl Platz und* (GNB: ... *eröffnete er die Gerichtsverhandlung*
und); das Sitzen auf dem Richterstuhl war eine notwendige Formalität, die den
Entscheidungen Rechtskraft verlieh (vgl. Schürer 1, S. 339 Anm. 7). **βῆμα**[3]
Schritt; Tribüne, bes. (so hier) *Richterstuhl.* **ἐ-κέλευσεν** Aor. κελεύω[5] *befeh-*
len, anordnen; hier m. AcI im Pass. (klass. u. deutsch eher m. Inf. u. AkkO; vgl.
BDR §392,4; H-S §218c); ἐκέλευσεν τὸν Παῦλον ἀχθῆναι *er ließ Paulus*
vorführen (wörtl. *befahl, daß Paulus vorgeführt würde*). **ἀχθῆναι** Aor. Inf.
Pass. ἄγω, Präd. des AcI. **7 παρα-γενομένου** Aor. Ptz. Med. -γίνο- 7
μαι[176] *ankommen, kommen,* hier etwa *erscheinen;* gen. abs. (A288), temp.; πα-
ραγενομένου δὲ αὐτοῦ *als dieser erschien.* **περι-έ-στησαν** Wz.-Aor.
-ΐσταμαι[205] (περιΐστημι herumstellen) *sich ringsherumstellen,* hier τινά
jmdn. umringen/umstellen. **κατα-βε-βηκότες** Pf. (A231) Ptz. -βαίνω, attr.
βαρύς[10] εῖα ύ *schwer.* **αἰτίωμα**[3] *Beschuldigung;* πολλὰ καὶ βαρέα αἰ-
τιώματα (m. pleon. καί nach πολύς vor einem anderen Adj. [klass.; BDR
§442,7a; A311,8]) *viele schwere Beschuldigungen/Anklagen.* **κατα-φέροντες**
Ptz. -φέρω *herabbringen;* m. αἰτιώματα *Beschuldigungen vorbringen, Anklagen*
erheben; mod.; erg. gedankl. *gegen ihn* (κατά αὐτοῦ). **ἴσχυον** Ipf. ἰσχύω
stark sein, vermögen, können [Var. ἴσχυσαν Aor.]. **ἀπο-δεῖξαι** Aor. Inf.
-δείκνυμι[212] *bestellen zu, machen zu;* hier *beweisen* (B 3). **8 ἀπο-λογου-** 8
μένου Ptz. -λογέομαι *sich verteidigen;* mod.; τοῦ Παύλου ἀπολογουμέ-
νου *während/wogegen Paulus sich verteidigte.* **ὅτι** recitativum = Doppelpunkt
(A333). **Καῖσαρ**[6] αρος ὁ *Kaiser* (wird z.T. ohne Art. eigennamenartig ge-
braucht, BDR §254,3). **ἥμαρτον** Aor. ἁμαρτάνω hier τὶ εἴς τινα *sich et-*
was gegen jmdn. zuschulden kommen lassen, sich gegen jmdn. vergehen (vgl. B 4b).
9 Φῆστος 24,27. **θέλων** Ptz., kaus. **κατα-θέσθαι** Aor. Inf. Med. -τί- 9
θημι[200] *niederlegen;* Med. τινὶ χάριν *jmdm. einen Gefallen tun* (B) od. *sich*
jmdn. zu Dank verpflichten (Menge); vgl. ähnl. 24,27. **ἀπο-κριθείς** Aor. Ptz.
Pass. (ohne Pass.-Bdtg.) -κρίνομαι, pleon. (A297,2); ἀποκριθεὶς τῷ Παύ-
λῳ εἶπεν etwa (kontextbedingt) *fragte er Paulus.* **εἰς** V. 6. **ἀνα-βάς** Aor.
Ptz. -βαίνω, temp. (hier als Inf. + „und" übers.; A291,1 Anm. 1). **κριθῆναι**
Aor. Inf. Pass. κρίνω; θέλεις εἰς Ἱεροσόλυμα ἀναβὰς ἐκεῖ περὶ τού-
των κριθῆναι ἐπ' ἐμοῦ *willst du nach Jerusalem hinaufgehen und dich dort*
unter meinem Vorsitz dieser Sache wegen richten lassen (Einh.); als Neuankömm-
ling fiel es Festus vermutl. schwer, sich v. der Sache ein richtiges Bild zu ma-
chen; er meinte viell., in Jerusalem wären die erforderl. Recherchen einfacher

zu bewerkstelligen; sein Vorschlag war offenbar nicht gegen Paulus gerichtet, ja
er hätte dessen Chancen unter normalen Bedingungen verbessert; im Licht der
bisherigen Geschichte aber konnte Paulus ihn unmögl. annehmen, hätte er doch
dadurch sein eigenes Todesurteil unterschrieben (vgl. Bruce, Apg, S. 488).
10 **10 ἐπί** m. Gen. hier *vor* (B I1aδ). **ἑστώς** Pf. (Wz.-Pf., H-S §109a; m. präs.
Bdtg.) Ptz. ἵσταμαι, umschrieb. Pf. (A249b); ἐπὶ τοῦ βήματος Καίσα-
ρος ἑστώς εἰμι *ich stehe vor dem Richterstuhl des Kaisers, ich stehe hier vor
dem kaiserlichen Gericht* (GNB). **οὗ**[18] *wo, wohin;* lok. zu κρίνεσθαι (AcI ist
m. οὗ verschränkt [vgl. ähnl. A364b]), übers. *und hier* (Menge). **κρίνεσθαι**
Inf. Pass. κρίνω; Präd. des AcI, abhängig v. δεῖ; οὗ με δεῖ κρίνεσθαι *und
hier habe ich auch mein Urteil zu empfangen* (Menge), d.h. Paulus besteht darauf,
daß das Gericht, vor dem er jetzt steht, über seinen Fall zu befinden habe u.
nicht ein weitgehend vom Jerusalemer Synedrium beherrschtes Tribunal (Mar-
shall, Apg, S. 384f; andere meinen, Paulus lege bereits durch diese Aussage Be-
rufung an den Kaiser ein [was er V. 11, anders formuliert, wiederhole] u. übers.
z.B. *und dort/vor ihm muß mein Fall entschieden werden* [vgl. GNB, wo man im
δεῖ ein Muß des göttl. Ratschlusses sieht]). **ἠ-δίκησα** Aor. ἀ-δικέω intr.
Unrecht tun, V. 11 *im Unrecht sein* (B 1b; BDR §322[1]); tr. *ungerecht behandeln;*
Ἰουδαίους οὐδὲν ἠδίκησα *ich habe (den) Juden kein Unrecht getan.* **καὶ
σύ** *auch du, du selbst* (Menge). **κάλλιον** Komp. zum Adv. καλῶς *schön,
gut;* Komp. für elativisch gebrauchten Superlativ (BDR §244[3]) *sehr wohl* (B 7),
11 *ganz genau* (Menge). **11 εἰ** V. 5. **πέ-πραχα** Pf. (A242) πράσσω[78] *tun,
handeln, vollbringen, verüben;* ἄξιον θανάτου πράσσω τι *ein todeswürdiges
Verbrechen begehen* (B 1a), *etwas tun, worauf die Todesstrafe steht* (Einh.).
παρ-αιτέομαι *sich erbitten; sich verbitten, ablehnen;* οὐ παραιτοῦμαι τὸ
ἀποθανεῖν *will ich mich dem Tod nicht entziehen* (B 2b), *weigere ich mich nicht
zu sterben.* **ἀπο-θανεῖν** Aor. Inf. -θνῄσκω; Inf. m. Art. ist AkkO (A280).
κατ-ηγορέω V. 5; εἰ δὲ οὐδέν ἐστιν ὧν (= τούτων [vgl. A358; gen.
partitivus, A164] ὧν) οὗτοι κατηγοροῦσίν μου *wenn aber nichts an dem
ist, wessen diese mich anklagen* bzw. *wenn aber ihre Anklagen gegen mich falsch
sind.* **χαρίσασθαι** Aor. Inf. Med. χαρίζομαι[101] *(großzügig* bzw. *aus Gna-
den) schenken;* hier etwa *(aus Gefälligkeit) ausliefern an.* **ἐπι-καλοῦμαι**
Med. -καλέω[37] *(be)nennen;* Med. hier juristischer term. tech. ἐπικαλέομαί
τινα *an jmdn.* (höhere Instanz) *appellieren, an jmdn. Berufung einlegen* (B 2β);
Καίσαρα ἐπικαλοῦμαι *ich lege Berufung an den Kaiser ein* (Menge) bzw.
(allgemeinsprachl.) *ich verlange, daß mein Fall vor den Kaiser kommt* (GNB);
röm. Bürger (vgl. zu 16,37) hatten dieses Berufungsrecht („provocatio"); die
hier beschriebene Form entspricht zeitgenössischem Recht (Hemer, Setting,
S. 130); damaliger röm. Kaiser war Nero, der v. 54 bis 68 herrschte (KP 4,
12 Sp. 71-73). **12 συλ-λαλήσας** Aor. Ptz. -λαλέω *sich unterreden, besprechen*
τινί (hier μετά τινος) *mit jmdm.;* temp. **συμ-βούλιον** *Beratung, Be-*

schluß; hier *Ratsversammlung, (die) Ratgeber, (die) Berater* (< lat. consilium,
BDR §5[16]). **ἀπ-ε-κρίθη** V. 4. **ἐπι-κέ-κλησαι** Pf. (A231) Med. 2. Sg.
-καλέω[37]. **πορεύσῃ** Fut. Med. πορεύομαι hier ἐπί τινα *vor jmdn. kom-*
men (B 1).
13 δια-γενομένων Aor. Ptz. Med. -γίνομαι[176] *verstreichen* (v. Zeit); 13
gen. abs. (A288); temp.; ἡμερῶν δὲ διαγενομένων τινῶν *als aber einige*
Tage verstrichen waren, einige Tage später (Menge). **Ἀγρίππας**[1] α *Agrippa,*
d.h. Agrippa II. (röm. Name: Marcus Iulius Agrippa; 27/28-ca. 100 n. Chr.),
Sohn v. Herodes Agrippa I. (s. zu 12,1); 50 n. Chr. erbte er das kleine Königtum
Chalcis (Libanon), die Aufsicht über den Jerusalemer Tempel u. das Recht, die
jüd. Hohenpriester zu ernennen; 53 n. Chr. wurde ihm Chalcis gegen ein größe-
res Königreich eingetauscht; als treuer röm. Vasall stand er u.a. auch im jüd.-
röm. Krieg auf Seiten Roms (KP 2, Sp. 1543f; Schürer 1, S. 471-483). **Βερνί-**
κη (verkürzt aus Βερενίκη [= att. Φερενίκη], BDR §42,1 u. Hemer, Set-
ting, S. 238) *Berenike,* d.h. Iulia Berenike (geb. ca. 28 n. Chr.), Schwester Agrip-
pas II. (sowie Drusillas [s. zu 23,24]), in dessen Haus sie (nach ihrer Verwitwung
48 n. Chr.) lange Zeit wohnte u. m. dem sie offenbar im Inzest lebte; später war
sie einige Jahre m. dem Eroberer Jerusalems Titus (79-81 röm. Kaiser) in Judäa
u. in Rom liiert (LAW, Sp. 453; Hemer, Setting, S. 173f). **κατ-ήντησαν**
Aor. -αντάω *hinkommen, (hin)gelangen,* m. εἰς *zu/nach.* **Καισάρεια** 8,40.
ἀσπασάμενοι Aor. Ptz. Med. ἀσπάζομαι hier *begrüßen* von einem offi-
ziellen Besuch (anläßl. der Amtsübernahme) im Sinn v. *seine/ihre Aufwartung*
machen (B 1b), *besuchen;* mod. (A291,2 Anm. 1; Aor. hier gleichzeitig [vgl.
A285]); ... κατήντησαν εἰς Καισάρειαν ἀσπασάμενοι τὸν Φῆ-
στον ... *kamen ... nach Cäsarea und machten (dabei) Festus ihre Aufwartung.*
Φῆστος 24,27. **14 πλείους** V. 27; ὡς (vgl. B ὡς IV1b) δὲ πλείους 14
ἡμέρας διέτριβον ἐκεῖ ... etwa *sie blieben mehrere Tage dort. Da ...* (Einh.).
δι-έ-τριβον Ipf. δια-τρίβω V. 6. **ἀν-έ-θετο** Aor. Med. ἀνα-τίθεμαι[200]
darlegen, vorlegen. **τὰ κατὰ τὸν Παῦλον** *das sich auf Paulus Beziehende*
(vgl. B κατά II6), *den Fall Paulus.* **λέγων** Ptz., mod. **κατα-λε-λειμμέ-**
νος Pf. (A231) Ptz. Pass. -λείπω[44] *verlassen;* hier *zurücklassen;* umschrieb. Pf.
(A249b); ἀνήρ τίς ἐστιν καταλελειμμένος ὑπὸ Φήλικος δέσμιος
von Felix ist ein Mann als Gefangener zurückgelassen worden. **Φῆλιξ**[3] 23,24.
δέσμιος *Gefangener.* **15 γενομένου** Aor. Ptz. Med. γίνομαι hier εἰς 15
kommen/gelangen nach (B I4cα); gen. abs. (A288), temp.; γενομένου μου
εἰς Ἱεροσόλυμα *als ich nach Jerusalem kam, bei meiner Ankunft in Jerusalem.*
ἐν-ε-φάνισαν V. 2. **πρεσβύτερος** Pl. hier v. Mitgliedern einer Gruppe
des Synedriums (B 2aβ; GNB: *Ratsälteste*), die πρῶτοι v. V. 2. **αἰτούμενοι**
Ptz. Med. αἰτέω, mod.; αἰτούμενοι κατ' αὐτοῦ καταδίκην *und dessen*
Verurteilung sie (von mir) verlangt haben (vgl. Menge) bzw. *und drängten mich,*
ihn zu verurteilen (GNB). **κατα-δίκη** *Verurteilung.* **16 πρὸς οὓς** *diesen/ih-* 16

nen (vgl. A364a). **ἀπ-ε-κρίθην** Aor. Pass. (ohne Pass.-Bdtg.) ἀπο-κρίνομαι. **ἔθος**[7] *Brauch, Sitte;* οὐκ ἔστιν ἔθος Ῥωμαίοις m. Inf. *es ist bei (den) Römern nicht Sitte/üblich* (etwas zu tun). **Ῥωμαῖος** *Römer.* **χαρίζεσθαι** V. 11. **πρίν** (A336) *bevor, ehe* (fast immer m. Inf./AcI bzw. ἤ m. Inf./AcI, hier jedoch m. ἤ u. obliquem Opt. [der indirekten Äußerung; H-S §211g; A261]); χαρίζεσθαί τινα ἄνθρωπον πρὶν ἢ ὁ κατηγορούμενος κατὰ πρόσωπον ἔχοι τοὺς κατηγόρους τόπον τε ἀπολογίας λάβοι περὶ τοῦ ἐγκλήματος etwa *einen Menschen aus Gefälligkeit auszuliefern* (bzw. [klarer] *einen Menschen – nur um jemandem einen Gefallen zu tun – abzuurteilen* [vgl. GNB]), *bevor nicht der Angeklagte den Anklägern gegenübergestanden und Gelegenheit erhalten habe, sich gegen die Anschuldigungen zu verteidigen.* **κατ-ηγορούμενος** Ptz. Pass. V. 5; subst. *Angeklagter.* **ἔχοι** Opt. ἔχω hier m. τινὰ κατὰ πρόσωπον *jmdm. gegenübergestellt werden* (B I7a), *jmdm. gegenüberstehen;* obliquer Opt. (A261). **κατ-ήγορος** *Ankläger.* **τόπος** hier *Möglichkeit, Gelegenheit;* τόπον τε ἀπολογίας λαμβάνω *Gelegenheit erhalten, sich zu verteidigen* (B 2c). **ἀπο-λογία** *Verteidigung* (vor Gericht od. auch allgem.), *Rechtfertigung.* **λάβοι** Aor. Opt. λαμβάνω, obliquer Opt. (A261). **ἔγκλημα**[3] juristischer term. tech. *Anklage;* περὶ τοῦ ἐγκλήματος etwa *wegen der/gegen die Anschuldigungen.*
17 **17 συν-ελθόντων** Aor. Ptz. -έρχομαι[187] *zusammenkommen;* hier wohl (im Anschluß an συγκαταβάντες V. 5) *mitkommen* (B 2); gen. abs. (A288), temp.; συνελθόντων οὖν αὐτῶν ἐνθάδε *als sie dann mit hierher kamen* (nach anderen: *als sie sich dann hier versammelten*). **ἐνθά-δε**[18] *hierher; hier.* **ἀνα-βολή** *Aufschub;* ἀναβολὴν μηδεμίαν ποιησάμενος τῇ ἑξῆς καθίσας ἐπὶ τοῦ βήματος *nahm ich, ohne* (vgl. A291,2) *die Sache weiter zu vertagen* (vgl. B) *am nächsten Tag auf dem Richterstuhl Platz* bzw. *habe ich unverzüglich schon am nächsten Tag eine Gerichtsverhandlung abgehalten* (Menge). **ποιησάμενος** Aor. Ptz. Med. ποιέω, mod. **ἑξῆς** *der Reihe nach, weiterhin;* τῇ ἑξῆς (ἡμέρᾳ [vgl. A88]) temp. Dat. (A182) *am folgenden Tag.* **καθίσας, βῆμα** V. 6. **ἐ-κέλευσα**
18 Aor. κελεύω V. 6. **ἀχθῆναι** V. 6; Präd. des AcI. **18 περὶ οὗ** zu οὐδεμίαν αἰτίαν ἔφερον ziehen: *brachten sie über/gegen ihn* (vgl. A364a) *keine Beschuldigung vor* (nach eher unwahrscheinl. Deutung könnte περί m. Gen. hier evtl. den ganz seltenen örtl. Sinn *um* haben u. σταθέντες erg.: *als* die Ankläger *um ihn traten/ihn umringten* [vgl. B περί 1b; ZG]). **σταθέντες** Aor. Ptz. Pass. (= στάντες Wz.-Aor.) ἵσταμαι hier wohl *auftreten* (Menge); temp.; σταθέντες οἱ κατήγοροι ... ἔφερον *als die Ankläger auftraten, brachten sie ... vor* bzw. *bei der Gegenüberstellung brachten die Ankläger ... vor* (vgl. Einh.). **κατ-ήγορος** *Ankläger.* **αἰτία** *Ursache, Grund;* hier juristische term. tech. *Klage, Beschuldigung,* αἰτίαν φέρω *eine Beschuldigung vorbringen,* τινός *einer Sache wegen,* περί τινος *über/gegen jmdn.* **ἔ-φερον** Ipf. φέρω. **ὑπ-ε-νόουν** Ipf. ὑπο-νοέω *vermuten;* Ipf. bez. hier die Vorvergangenheit

(vgl. H-S §198f; A224). **πονηρά** hier *schlimme Handlungen, Verbrechen* (vgl.
B 2c); ὧν ἐγὼ ὑπενόουν πονηρῶν = τῶν πονηρῶν ἃ ἐγὼ ὑπενόουν
(Attraktion des Rel.-Pron., wobei das BW im Rel.-Satz steht; A361b) *wegen
der/solcher Verbrechen, die ich vermutet hatte* bzw. *wegen schwerer Verbrechen, wie
ich erwartet hatte* (Menge) [Var. πονηράν Attr. zu αἰτίαν]. **19 ζήτημα**[3] 19
Streitfrage. **δεισι-δαιμονία** (< δείδω fürchten, δαίμων Dämon, Gott)
Scheu vor den Göttern; Aberglaube; hier *Gottesverehrung, Religion.* **εἶχον** Ipf.
ἔχω; ζητήματα δέ τινα περὶ τῆς ἰδίας (vgl. auch A129,1) δεισιδαι-
μονίας εἶχον πρὸς αὐτόν *sondern sie hatten gegen ihn nur einige Streitfragen
bezüglich ihrer besonderen Gottesverehrung* (Menge) od. *sie führten nur einige
Streitfragen gegen ihn ins Feld, die ihre Religion ... betreffen* (Einh.). **τε-θνηκό-
τος** Pf. Ptz. (ἀπο-)θνῄσκω; attr./subst.; περί τινος Ἰησοῦ τεθνηκότος
bezüglich eines gewissen Jesus, der bereits tot ist (Menge), *um einen Toten namens
Jesus* (GNB). **ὅν** Subj. des AcI (AcI ist m. ὅν verschränkt; A364b); ὃν ἔφα-
σκεν ὁ Παῦλος ζῆν *von dem Paulus behauptete, er lebe.* **ἔ-φασκεν** Ipf.
φάσκω (= φημί) *behaupten,* hier m. AcI. **ζῆν** Inf. ζάω, Präd. des AcI.
20 ἀ-πορούμενος Ptz. Med. ἀ-πορέω *ratlos, in Verlegenheit sein;* hier Med. 20
m. Akk. *sich nicht verstehen auf* (Menge); kaus.; ἀπορούμενος δὲ ἐγὼ τὴν
περὶ τούτων ζήτησιν *da ich mich nun auf die Untersuchung dieser* (wörtl.
über diese) *Dinge nicht verstand* (Menge) bzw. (freier) *da ich mich auf solche Fra-
gen nicht genügend verstehe* (GNB) **ζήτησις**[8] *Untersuchung.* **ἔ-λεγον** Ipf.
λέγω. **βούλοιτο** Opt. βούλομαι *wollen, wünschen;* obliquer Opt. (der indi-
rekten Äußerung [A261]); ἔλεγον εἰ βούλοιτο πορεύεσθαι εἰς Ἱεροσό-
λυμα *fragte ich, ob er nach Jerusalem gehen wolle.* **πορεύεσθαι** Inf. **κἀκεῖ**
= καὶ ἐκεῖ. **κρίνεσθαι** V. 10. **21 ἐπι-καλεσαμένου** Aor. Ptz. Med. 21
V. 11, hier m. AcI etwa *Berufung einlegen und* ein Geschehen *verlangen* (Menge);
gen. abs. (A288), temp. **τηρηθῆναι** Aor. Inf. Pass. τηρέω, Präd. des AcI,
abhängig v. ἐπικαλεσαμένου. **αὐτόν** (die ersten beiden Male) Subj. des
AcI. **σεβαστός** *verehrungswürdig, heilig;* ὁ Σεβαστός (gibt das lat. „Augu-
stus" als Bezeichnung für Kaiser [hier: v. Nero] wieder [BDR §5[15]]) *der Kaiser.*
διά-γνωσις[8] juristischer term. tech. *Entscheidung;* τοῦ δὲ Παύλου ἐπι-
καλεσαμένου τηρηθῆναι αὐτὸν εἰς τὴν τοῦ Σεβαστοῦ διάγνωσιν
*als Paulus dann aber Berufung einlegte und verlangte, daß er bis zur (richterlichen)
Entscheidung* (cognitio) *Seiner Majestät in Haft gehalten werde* (vgl. B) bzw. *Pau-
lus jedoch legte Berufung ein; er wollte bis zur Entscheidung der kaiserlichen Maje-
stät in Haft bleiben. Daher* (Einh.). **ἐ-κέλευσα** V. 6. **τηρεῖσθαι** V. 4;
Präd. des AcI, abhängig v. ἐκέλευσα. **ἀνα-πέμψω** Aor. Konj. (s. ἕως [NT
öfter ohne ἄν], A337) -πέμπω[45] *senden.* **Καῖσαρ** V. 8. **22 Ἀγρίππας** 22
erg. εἶπεν o.ä. (BDR §480[6]; vgl. A376; H-S §293c). [Var. ἔ-φη Ipf. φημί.]
ἐ-βουλόμην Ipf. Med. βούλομαι *wollen, wünschen;* Ipf. ἐβουλόμην zur
Bezeichnung (erfüllbarer od. unerfüllbarer) Wünsche (BDR §359,2; A319; H-S

§209j); ἐβουλόμην καὶ αὐτὸς τοῦ ἀνθρώπου ἀκοῦσαι *ich würde den*
Mann gern selbst hören. **ἀκοῦσαι** Aor. Inf. ἀκούω. **αὔριον** *morgen* (=
tags darauf). **φησίν** Präs. 3. Sg. φημί (A32); hist. Präs. (A235). **ἀκούσῃ**
Fut. Med. (wie klass. [BDR §77^{2}]) ἀκούω.
23 **23 ἐπ-αύριον** V. 6. **ἐλθόντος** Aor. Ptz. ἔρχομαι hier etwa *erschei-*
nen; gen. abs. (A288), temp.; zum Sg.-Präd. vgl. A94. **Ἀγρίππας, Βερνί-**
κη V. 13. **φαντασία** *Pomp, Gepränge* (Menge: od. *Gefolge*); μετὰ πολ-
λῆς φαντασίας *mit großem Gepränge* (d.h. m. auffälliger, übertriebener
Prachtentfaltung [vgl. LN 87.57]). **εἰσ-ελθόντων** Aor. Ptz. -έρχομαι, gen.
abs. (A288), temp. **ἀκροατήριον** *Auditorium, Vortragssaal* (Menge), *Audi-*
enzsaal (GNB). **χιλί-αρχος** *Anführer einer Tausendschaft* bzw. hier (röm.)
tribunus militum/cohortis (Befehlshaber einer Kohorte [B; vgl. KP 5, Sp. 947f]),
übers. Pl. hier etwa *hohe römische Offiziere;* nach Josephus, Antiquitates 19.365
gab es in Cäsarea fünf Kohorten, v. denen jede unter dem Kommando eines χι-
λίαρχος/Tribun stand. **ἐξ-οχή** *Vorzug;* ἄνδρες οἱ κατ᾽ ἐξοχὴν τῆς πό-
λεως *die angesehensten Männer/Persönlichkeiten der Stadt.* **κελεύσαντος**
Aor. Ptz. V. 6; gen. abs. (A288), temp./kaus.; τῇ οὖν ἐπαύριον ἐλθόντος
τοῦ Ἀγρίππα καὶ τῆς Βερνίκης ... καὶ εἰσελθόντων εἰς τὸ ἀκροα-
τήριον σύν ... καὶ κελεύσαντος τοῦ Φήστου ἤχθη ὁ Παῦλος etwa *so*
erschienen am nächsten Tag Agrippa und Berenike ... und betraten den Audienz-
saal, zusammen mit ... Auf Befehl des Festus wurde Paulus vorgeführt. **Φῆστος**
24 24,27. **ἤχθη** Aor. Pass. ἄγω hier etwa *vorführen.* **24 φησίν** V. 22.
Ἀγρίππα βασιλεῦ Vok. **συμ-παρ-όντες** Ptz. συμ-πάρ-ειμι (εἰ-
μί) *zugleich* τινί *mit jmdm. anwesend sein;* attr.; καὶ πάντες οἱ συμπαρόν-
τες ἡμῖν ἄνδρες Vok. *und all ihr anderen* (A376a) *mit uns hier anwesenden*
Herren (vgl. Menge). **ἅ-πας**^{10} = πᾶς. **πλῆθος**^{7} *Menge; Volk, Bevölkerung.*
ἐν-έ-τυχον Aor. -τυγχάνω^{156} (eig. „mit jmdm. zusammentreffen") m. Dat.
sich wenden an, hier etwa: jmdn. *bestürmen.* **ἐνθά-δε** V. 17. **βοῶντες** Ptz.
βοάω *(laut) rufen, schreien,* hier m. Inf. (indirekte Rede [A334a]); mod.; θεω-
ρεῖτε τοῦτον περὶ οὗ ἅπαν τὸ πλῆθος τῶν Ἰουδαίων ἐνέτυχόν μοι
ἔν τε Ἱεροσολύμοις καὶ ἐνθάδε βοῶντες μὴ δεῖν αὐτὸν (Subj. des
AcI) ζῆν μηκέτι etwa *da seht ihr den Mann, dessentwegen mich alle* (wörtl. *die*
ganze Menge/Bevölkerung der) *Juden in Jerusalem und auch hier bestürmt haben*
mit ihrem Geschrei, er dürfe nicht länger am Leben bleiben. **δεῖν** Inf. δεῖ. **ζῆν**
Inf. ζάω; Präd. des AcI, abhängig v. δεῖν. **μηκ-έτι** *nicht mehr, nicht weiter.*
25 **25 ἐγώ** Subj. betont (A122), etwa *ich (für meinen Teil).* **κατ-ε-λαβόμην**
Aor. Med. κατα-λαμβάνω^{152} *ergreifen;* hier Med. *erfassen, begreifen, verste-*
hen bzw. hier etwa *feststellen (können/müssen),* hier m. AcI. **πε-πραχέναι**
Pf. (A231) Inf. V. 11; Präd. des AcI; μηδὲν ἄξιον αὐτὸν (Subj. des AcI) θα-
νάτου πεπραχέναι *daß er kein todeswürdiges Verbrechen begangen hat* bzw.
daß er nichts begangen hat, worauf die Todesstrafe steht. **ἐπι-καλεσαμένου**

V. 11 u. 21; gen. abs. (A288), kaus. **σεβαστός** V. 21. **ἔ-κρινα** Aor. κρίνω;
ἔκρινα πέμπειν (erg. αὐτόν [A79]) *habe ich beschlossen, ihn hinzuschicken.*
πέμπειν Inf. **26 περὶ οὗ** gehört zu γράψαι (Inf. ist m. περὶ οὗ ver- 26
schränkt; A364b), übers. *über ihn.* **ἀ-σφαλής**[7] *feststehend, sicher;* übertr. *zu-
verlässig;* τὸ ἀσφαλές *das Zuverlässige = die Wahrheit;* ἀσφαλές τι ... οὐκ
etwas Genaues ... nicht (Einh.), *nichts Zuverlässiges* (Menge), *nichts Stichhaltiges*
(vgl. GNB). **γράψαι** Aor. Inf. γράφω. **ὁ κύριος** so bezeichnete man in
Ägypten u. im Osten den gerade herrschenden röm. Kaiser (wie davor die Ptole-
mäer u. die anderen hell. Herrscher); unter Nero u. seinen Nachfolgern ist diese
Bezeichnung weit häufiger geworden (Hemer, Setting, S. 180). **ἔχω** m. Inf. hier
die Möglichkeit haben, können, wissen (B I6a); γράψαι ... ἔχω *ich kann/weiß ...
zu schreiben.* **προ-ήγαγον** Aor. -άγω[59] *vorausgehen, vorangehen;* hier τινὰ
ἐπί τινος *jmdn. jmdm. vorführen lassen* (vgl. A218) bzw. etwa *jmdn. jmdm. vor-
stellen* (GNB). **μάλιστα** (Superlativ zu μᾶλλον) *am meisten;* hier elativisch
(vgl. A119) *ganz besonders.* **ἀνα-κρίσις**[8] *Untersuchung, Verhör.* **γενομέ-
νης** Aor. Ptz. Med. γίνομαι, gen. abs. (A288), temp.; τῆς ἀνακρίσεως γε-
νομένη etwa *nach erfolgtem Verhör* (Menge) od. (einfach) *nach dem Verhör.*
σχῶ Aor. Konj. ἔχω [Var. ἔχω Präs. Konj.]. **γράψω** Aor. Konj., deliberati-
ver Konj. (A255) wie bei der implizierten direkten Frage (τί γράψω; *was soll
ich schreiben?*); ὅπως ... σχῶ τί γράψω *damit ich ... weiß, was ich schreiben
soll/kann* bzw. (freier) *damit ich ... imstande bin, einen Bericht abzufassen.*
27 **ἄ-λογος**[11] *unvernünftig, vernunftlos; gegen die Vernunft, unsinnig.* **πέμ- 27
ποντα** Ptz. πέμπω, part. coni. zum Subj. des Inf. (μοι) im Akk. statt Dat.
(BDR §410[2]; H-S §216e/230c; A269/287), mod./temp.; ἄλογον γάρ μοι δο-
κεῖ πέμποντα δέσμιον μὴ καὶ τὰς κατ᾽ αὐτοῦ αἰτίας σημᾶναι
etwa *denn es erscheint mir unsinnig, einen Gefangenen (nach Rom) zu schicken,
ohne zugleich die gegen ihn erhobenen Beschuldigungen anzugeben* (GNB: *ohne
eine Aufstellung der Anklagepunkte mitzugeben*). **δέσμιος** V. 14; AkkO zu
πέμποντα. **αἰτία** V. 18. **σημᾶναι** Aor. Inf. σημαίνω[122] *kundtun, be-
richten, angeben.*

᾿Αγρίππας[1] α 25,13. **ἔ-φη** Ipf. φημί. **ἐπι-τρέπεται** Pass. -τρέ- **26**
πω *gewähren, gestatten, erlauben;* ἐπιτρέπεταί σοι *es ist dir gestattet* („aoristi-
sches“ Präs. [H-S §197a; BDR §320[2]]). **λέγειν** Inf. λέγω hier περί τινος
für jmdn./zu Gunsten von jmdm. (etwas) sagen (B I4); περὶ σεαυτοῦ λέγειν
für dich selbst/in eigener Sache zu sprechen. **ἐκ-τείνας** Aor. Ptz. -τείνω (vgl.
A33[118ff]) *ausstrecken;* temp. (A291,1 Anm. 1); τότε ὁ Παῦλος ἐκτείνας
τὴν χεῖρα *da streckte Paulus die Hand aus und;* es handelte sich hier wohl um
eine respektvolle Grußgebärde (im Unterschied zu κατασείω 13,16 u. 21,40,
wo er durch eine Handbewegung um Ruhe bat [Bruce, Apg, S. 496]). **ἀπ-ε-
λογεῖτο** Ipf. Med. ἀπο-λογέομαι *sich verteidigen,* περί τινος *wegen einer
Sache* bzw. *gegen etwas;* ἀπελογεῖτο *(er) hielt folgende Verteidigungsrede*

(Menge) od. *(er) begann seine Verteidigungsrede* (GNB; vgl. A238); zu dem der
2 Situation angemessenen Stil der Rede vgl. Hemer, Setting, S. 131f. **2 περὶ
πάντων** gehört zu ἀπολογεῖσθαι. **ἐγ-καλοῦμαι** Pass. -καλέω *be-
schuldigen, anklagen* (juristischer term. tech.); Pass. hier τινός *einer Sache*
(sonst περί τινος *[wegen] einer Sache*) *beschuldigt/angeklagt werden* (B; vgl.
H-S §167i; nach BDR §178[2] ist hier v. περί τινος [also περὶ πάντων ὧν =
περὶ πάντων περὶ ὧν; vgl. A359] auszugehen; nach ZG wäre statt dessen
auch eine Konstruktion m. AkkO [also περὶ πάντων ὧν = περὶ πάντων
ἅ; vgl. A360] mögl.); περὶ πάντων ὧν ἐγκαλοῦμαι ὑπὸ Ἰουδαίων
(auch ohne Art. best. [A106a; vgl. BDR §262[5]]) etwa *wegen all der Dinge* (bzw.
gegen all die Dinge), *deren ich von den Juden beschuldigt werde* (bzw. *deren mich
die Juden beschuldigen*). **βασιλεῦ Ἀγρίππα** Vok. **ἥγημαι** Pf. Pass.
ἡγέομαι *meinen, glauben, halten für,* hier m. doppeltem Akk. (A97,15); ἥγη-
μαι (Pf. hier wie klass. präs. [BDR §341[3]]) ἐμαυτὸν μακάριον *ich schätze
mich glücklich.* **ἐμαυτοῦ**[14] *meiner (selbst)* (Refl.-Pron.). **ἐπί** m. Gen. hier
vor (vgl. B I1aδ). **μέλλων** Ptz. μέλλω hier etwa *sollen, dürfen;* präd. bei Verb
des modifizierten Seins u. Tuns (A301; H-S §234d [ähnl. wie bei ἀγαλλιάω
16,34]); περὶ πάντων ... βασιλεῦ Ἀγρίππα, ἥγημαι ἐμαυτὸν μα-
κάριον ἐπὶ σοῦ μέλλων σήμερον ἀπολογεῖσθαι etwa *ich schätze mich
glücklich, König Agrippa, daß ich mich heute vor dir verteidigen darf wegen all der
Dinge* (bzw. *gegen all die Dinge*) ... **ἀπο-λογεῖσθαι** Inf. -λογέομαι.
3 **3 μάλιστα** (Superlativ zu μᾶλλον) *am meisten;* hier elativisch (vgl. A119)
ganz besonders. **γνώστης**[1] *Kenner.* **ὄντα** Ptz. εἰμί; ὄντος (part. coni. zu
ἐπὶ σοῦ, kaus.) statt ὄντα erwartet: μάλιστα γνώστην ὄντα σε πάν-
των *besonders, da du ein Kenner aller ... bist* (Einh.) od. (μάλιστα auf γνώ-
στην ὄντα bezogen) *weil du ja ein ausgezeichneter Kenner aller ... bist* (Menge);
falls nicht v. einer Inkongruenz auszugehen ist, kommen flgd. Deutungen am
ehesten in Betracht (BDR §137[3]): a) die Konstruktion ist v. ἥγημαι (V. 2) ab-
hängig zu denken (ὄντα ist subst. [Obj.-Präd., A65]): *vor allem (erachte/schätze
ich) dich als Kenner* (wörtl. *als einen, der ein Kenner ist*) *aller ...;* b) es ist gedankl.
ein ἐπιστάμενος (Ptz. ἐπίσταμαι *wissen, kennen;* kaus. [s.a. Var.]) o.ä. zu
erg. (ὄντα ist AcP [A300]): *besonders, da ich weiß, daß du ein Kenner aller ...
bist.* **κατὰ Ἰουδαίους** hier = (τῶν) Ἰουδαίων (B κατά II7c; BDR
§224[3]; auch ohne Art. best. [A106a; vgl. BDR §262[5]]). **ἔθος**[7] *Brauch, Sitte.*
ζήτημα[3] *Streitfrage.* **δέομαι** *bitten.* **μακρο-θύμως** *geduldig.* **ἀκοῦ-
4 σαι** Aor. Inf. ἀκούω hier m. τινός etwa *jmdn. anhören.* **4 βίωσις**[8]
Lebensweise. **νεότης**[3] *Jugend;* ἐκ νεότητος *seit meiner Jugend.* **γενομέ-
νην** Aor. Ptz. Med. γίνομαι, attr.; τὴν μὲν οὖν βίωσίν μου τὴν ἐκ
νεότητος τὴν ἀπ' ἀρχῆς γενομένην ἐν ... ἴσασι πάντες οἱ Ἰουδαῖ-
οι etwa *mein Leben, wie ich es seit meiner Jugend von Anfang an inmitten ...
geführt habe* (wörtl. *meine Lebensweise seit meiner Jugend, die von Anfang an*

inmitten ... gewesen ist), *ist allen Juden bekannt* (manche ziehen aus stilistischen
Gründen ἀπ' ἀρχῆς zu ἴσασι: *ist allen Juden von Anfang an bekannt*). **τε**
wohl epexegetisch (wie etwa Röm 1,20 [vgl. A311,7]); ἐν τῷ ἔθνει μου ἔν τε
Ἱεροσολύμοις *inmitten meines Volkes, und zwar/besonders in Jerusalem*
(Menge), nach anderen im Sinn v. *in meinem eigenen Land* (d.h. Zilizien) *und
dann in Jerusalem* (Newman-Nida, Apg, S. 470). **ἴσασι** klass. für οἴδασιν
(A27). **5 προ-γινώσκοντες** Ptz. -γινώσκω *vorherwissen; im voraus aus-* 5
ersehen; hier m. ἄνωθεν *von früher her kennen* (B); kaus. (od., bei artikellosem
Ἰουδαῖοι, attr.); προγινώσκοντές με ἄνωθεν, ἐὰν θέλωσι μαρτυ-
ρεῖν, ὅτι ... ἔζησα ... (wahrscheinl. liegt eine Prolepsis [A373; vgl. BDR
§476,1] vor: προγινώσκοντές με ... ὅτι ... ἔζησα = προγινώσκοντες ...
ὅτι [ἐγώ] ... ἔζησα) etwa *denn sie wissen von früher her, wenn sie (es) bezeugen
wollen, daß ich ... gelebt habe,* viell. (ohne Annahme einer Prolepsis, dafür aber
etwa v. einem kons. Inf. ohne ὥστε [A278] ausgehend: μαρτυρεῖν *so daß sie
bezeugen [können]* [der Anschluß an das Vorausgehende ist aber ungewöhnl.])
denn sie kennen mich von früher her und können, wenn sie wollen (Menge: *müs-
sen, wenn sie nur wollen*), *bezeugen, daß ich ... gelebt habe* (vgl. GNB). **ἄνωθεν**
von oben her; von Anfang an, von früher her. **θέλωσι** Konj. θέλω. **μαρτυ-
ρεῖν** Inf. μαρτυρέω. **ἀκριβέστατος** Superlativ zu ἀκριβής[7] *genau,
streng.* **αἵρεσις**[8] *Schule* (im Sinn v. Lehrrichtung), *Partei; Lehrmeinung.*
ἡμέτερος (A128) *unser.* **θρησκεία** *Gottesverehrung, Kultus, Religion.*
ἔ-ζησα Aor. ζάω. **Φαρισαῖος** hier *als Pharisäer* (= *ich war nämlich Pha-
risäer* [GNB]; App. od. Artergänzung zum Subj. [vgl. H-S §260i; A49/70]); vgl.
zu 23,6. **6 ἐπί** m. Dat. hier *wegen* (vgl. B II1bγ); ἐπ' ἐλπίδι τῆς εἰς τοὺς 6
πατέρας ἡμῶν ἐπαγγελίας γενομένης ὑπὸ τοῦ θεοῦ *wegen der Hoff-
nung* (m. gen. obi. [A158]) *auf die Verheißung* (d.h. *auf die Erfüllung der Verhei-
ßung* [vgl. Menge; B ἐπαγγελία 2b]), *die von Gott an unsere Vorfahren ergan-
gen ist.* **γενομένης** Aor. Ptz. Med. γίνομαι hier m. εἰς etwa *ergehen an;*
attr. **ἕστηκα** Pf. (m. präs. Bdtg.) ἵσταμαι. **κρινόμενος** Ptz. Pass. κρί-
νω, fin. (A291,6); ἕστηκα κρινόμενος *ich stehe da, um mich richten zu lassen*
(vgl. A219) bzw. (einfach) *ich stehe vor Gericht* (vgl. B 4aα). **7 εἰς ἥν** PräpO 7
zu καταντῆσαι (Inf. ist m. εἰς ἥν verschränkt; A364b); εἰς ἣν τὸ δωδε-
κάφυλον ἡμῶν ἐν ἐκτενείᾳ νύκτα καὶ ἡμέραν λατρεῦον ἐλπίζει
καταντῆσαι *(und) zu dieser hofft unser Zwölfstämmevolk zu gelangen, indem/
wobei* (viell. *weshalb*) *es Gott unablässig bei Tag und Nacht dient* (u.a. durch die -
Morgen- u. Abendopfer u. -gebete). **δωδεκά-φυλον** *(die) Zwölf Stämme*
(Israels), *(das) Zwölfstämmevolk* (= Volk Israel); diese Bezeichnung legt nahe,
daß man das zeitgenössische Volk der Juden als vollständiges (alle Stämme um-
fassendes) Israel verstand (vgl. z.B. auch Lk 2,36). **ἐκ-τένεια** *Beharrlichkeit,
Eifer, Inbrunst;* ἐν ἐκτενείᾳ (etwa= ἐκτενῶς 12,5) *unablässig.* **νύκτα καὶ
ἡμέραν** Akk. der zeitl. Ausdehnung (A148) *Tag und Nacht, bei Tag und*

Nacht. **λατρεῦον** Ptz. Ntr. λατρεύω (Gott) *dienen, verehren,* hier ist τῷ
θεῷ zu erg. (vgl. B); mod., viell. kaus. **ἐλπίζω** *hoffen.* **κατ-αντῆσαι** Aor.
Inf. -αντάω *hinkommen, (hin)gelangen;* hier m. εἴς τινα *zu etwas hingelangen,*
etwas erreichen (B 2a). **περὶ ἧς ἐλπίδος** *wegen dieser Hoffnung* (rel. An-
8 schluß, A364a). **ἐγ-καλοῦμαι, βασιλεῦ** V. 2. **8 τί** adv. *warum?* (B τίς
3a; A134a). **ἄ-πιστος**[11] *ungläubig;* hier *unglaubwürdig, unglaubhaft.* **κρίνε-
ται** Pass. κρίνω hier etwa *halten für* (B 2); τί ἄπιστον κρίνεται παρ'
ὑμῖν *warum haltet ihr es für unglaubhaft* (wörtl. *warum wird es bei euch für un-
glaubhaft gehalten*). **εἰ** hier am besten *daß* (nach einem Ausdruck der [hier: der
9 implizierten] Gemütsbewegung [ZG; vgl. B II; A327b; H-S §271e]).. **9 ἐγὼ
μὲν οὖν** betont (A122) *was mich freilich betrifft* (Menge; impliziert ist etwa:
obwohl ich Pharisäer war u. daher an die Auferstehung glaubte, hielt ich diesen
bes. Fall [die Auferstehung Jesu] für unglaubhaft u. sah es als meine Pflicht an,
diese Häresie zu bekämpfen [Bruce, Apg, S. 499]); m. diesem Abschnitt vgl.
8,1a; 9,1f; 22,4f. **ἔ-δοξα** Aor. δοκέω; ἐγὼ μὲν οὖν ἔδοξα ἐμαυτῷ ...
δεῖν (dahinter steht das klass. Idiom δοκῶ μοι m. Inf. [eig. „ich komme mir
vor, daß"] *ich glaube von mir/ich meine, daß* [vgl. B 2a]) etwa *was mich freilich
betrifft, so habe ich es (einst) für meine Pflicht gehalten ...* (Menge) bzw. *anfangs
allerdings hatte auch ich gemeint, ich müßte ...* (GNB). **ἐμαυτοῦ** V. 2. **Να-
ζωραῖος** (im NT offenbar als Synonym zu Ναζαρηνός gebraucht
[EWNT 2, Sp. 1119], daher:) *Nazarener, aus Nazaret (kommend);* τὸ ὄνομα
Ἰησοῦ τοῦ Ναζωραίου *den Namen Jesu von Nazaret* (d.h. Jesus, als den,
der er laut Bekenntnis seiner Nachfolger ist [GNB: *dem Bekenntnis zu Jesus von
Nazaret* entgegentreten]). **δεῖν** Inf. δεῖ. **ἐν-αντίος** *gegen(überstehend), ent-
gegengesetzt; feindlich.* **πρᾶξαι** Aor. Inf. πράσσω[78] *tun, handeln, vollbringen,
verüben;* hier m. πολλὰ ἐναντία πρός τι/τινα *etwas/jmdn. heftig* (Menge:
als erklärter Feind; Wilckens: *mit allen Mitteln*) *bekämpfen, etwas/jmdm. mit allen*
10 *Mitteln entgegentreten* (GNB). **10 ὃ καί** etwa *und das* (A364a) ... *auch.*
ἐ-ποίησα Aor. ποιέω. **πολλούς** m. gen. partitivus (A164); πολλούς
τῶν ἁγίων *viele der Heiligen* (d.h. der Christen [vgl. zu 9,13]). **κατ-έ-κλει-
σα** Aor. κατα-κλείω[6] *einschließen;* hier ἐν φυλακαῖς *in die Gefängnisse
einschließen lassen* (vgl. A218), *ins Gefängnis sperren;* zur Sache vgl. 8,3; 22,4.19.
λαβών Aor. Ptz. λαμβάνω, mod. (vgl. A292); τὴν παρὰ τῶν ἀρχιε-
ρέων ἐξουσίαν λαβών etwa *ausgestattet mit einer Vollmacht der führenden
Priester* (GNB); vgl. 9,2.14. **ἀν-αιρουμένων** Ptz. Pass. -αιρέω *beseitigen,
aufheben;* meist: *töten;* gen. abs. (A288), temp.; ἀναιρουμένων τε αὐτῶν
und wenn sie hingerichtet wurden/werden sollten (Menge); vgl. 8,1a; 22,20. **κατ-
ήνεγκα** Aor. κατα-φέρω[198] *herabbringen;* m. τινὸς ψῆφον *gegen jmdn.*
(d.h. für seine Verurteilung) *stimmen;* κατήνεγκα ψῆφον (erg. αὐτῶν
[A79]) *stimmte ich gegen sie* bzw. *gab (ich) meine Stimme gegen sie ab* (GNB) od.
(im weiteren Sinn) *erklärte ich mich damit einverstanden* (Menge); da dieser

Ausdruck wahrscheinl. (vgl. ThWNT 9, S. 600-604) im engeren (offiziellen) od.
im weiteren (nicht offiziellen, also synonym m. συνευδοκεώ 8,1a; 22,20) Sinn
gebraucht werden konnte, bleibt es umstritten, ob hier v. einer eig. Abstimmung
die Rede ist od. nicht (eine Mitgliedschaft des Paulus im Synedrium läßt sich in
jedem Fall durch diese Aussage nicht beweisen [Bruce, Apg, S. 500; s.a. AFCS 4,
S. 382 Anm. 61]). **ψῆφος** ἡ *Steinchen, Stein* (häufig im Griechen- wie
Judentum bei Abstimmungen verwendet [vgl. B; ThWNT 9, S. 600f]).
11 κατά m. Akk. hier distributiv κατὰ πάσας τὰς συναγωγάς *in allen* 11
Synagogen (vgl. B II1d). **πολλάκις** *oft.* **τιμωρῶν** Ptz. τιμωρέω *bestrafen;*
mod. *durch Strafen* (Menge). **ἠνάγκαζον** Ipf. ἀναγκάζω *zwingen;* konati-
ves Ipf. (BDR §326[1]; A237c); ... πολλάκις τιμωρῶν αὐτοὺς ἠνάγκαζον
βλασφημεῖν ... *habe ich oft versucht, sie durch Strafen zur Lästerung zu zwingen*
(dazu, etwa ἀνάθεμα Ἰησοῦς [vgl. 1Kor 12,3] o.ä. zu sagen [Bruce, Apg,
S. 500]) bzw. (kontextgetreu) ... *habe ich immer wieder versucht, sie durch Aus-
peitschen dahin zu bringen, daß sie ihrem Glauben abschwören* (GNB). **βλασ-
φημεῖν** Inf. -φημέω *verleumden; lästern.* **περισσῶς** *in außergewöhnlicher
Weise, über die Maßen, sehr.* **ἐμ-μαινόμενος** Ptz. -μαίνομαι *wüten* τινί
gegen jmdn.; mod.; περισσῶς ἐμμαινόμενος αὐτοῖς *maßlos gegen sie wü-
tend* bzw. *in maßloser Wut.* **ἐ-δίωκον** Ipf. διώκω; erg. αὐτούς (A79). **ἕως
καὶ εἰς τὰς ἔξω πόλεις** *sogar bis in die auswärtigen Städte, sogar bis in die
Städte außerhalb des Landes* (wahrscheinl. ist vor allem an Damaskus gedacht).
12 ἐν οἷς (Ntr.) *unter diesen Umständen* (B ὅς I11c), *hierbei* bzw. (konkreter) 12
in dieser Absicht (GNB). **πορευόμενος** Ptz., temp. **εἰς** hier *nach.* **Δαμα-
σκός** ἡ *Damaskus* (s. zu 9,2). **ἐπι-τροπή** *Vollmacht, Erlaubnis.* **13 ἡμέ-** 13
ρας μέσης gen. temporis (A166a) *mitten am Tag* (Menge: *zur Mittagszeit*
[hell. kann der gen. temporis den Zeitpunkt bez., BDR §186,3]). **κατὰ τὴν
ὁδόν** *unterwegs* (B ὁδός 1b). **βασιλεῦ** Vok. **οὐρανόθεν** *vom Himmel
her.* **ὑπέρ** m. Akk. bez. hier das Übertreffen *mehr als* (B 2); ὑπὲρ τὴν λαμ-
πρότητα τοῦ ἡλίου *mehr/heller als der Glanz der Sonne, heller als die Sonne.*
λαμπρότης[3] *Glanz.* **ἥλιος** *Sonne.* **περι-λάμψαν** Aor. Ptz. -λάμπω
(vgl. A33[40ff]) *rings bestrahlen, umstrahlen;* AcP (A300) od. attr.; εἶδον ... περι-
λάμψαν με φῶς ... etwa *sah ich, daß/wie mich ... ein Licht umstrahlte* od. *sah
ich ... ein Licht, das mich ... umstrahlte.* **πορευομένους** Ptz., subst.; τοὺς
σὺν ἐμοὶ πορευομένους *meine Reisebegleiter* (Menge). **14 κατα-πε-** 14
σόντων Aor. Ptz. -πίπτω[194] *hinfallen,* εἰς τὴν γῆν *zu Boden stürzen;* gen.
abs. (A288), temp. **ἤκουσα** Aor. ἀκούω. **λέγουσαν** Ptz. Fem. λέγω,
AcP (A300) od. attr.; ἤκουσα φωνὴν λέγουσαν πρός με *ich hörte eine
Stimme zu mir sagen* od. *ich hörte eine Stimme, die zu mir sagte.* **Ἑβραΐς**[3]
-ΐδος ἡ (Fem. zu Ἑβραῖος *Hebräer* [6,1]; hier als Adj. gebraucht) *hebräisch;* ἡ
Ἑβραΐς διάλεκτος *die hebräische Sprache,* sachl. besser *die aramäische*
(viell. einfach *die jüdische*) *Sprache* (s. zu 21,40); τῇ Ἑβραΐδι διαλέκτῳ

wohl dat. instr. (A176) etwa *auf aramäisch* od. *in der jüdischen Volkssprache* (vgl.
Menge). **διά-λεκτος** ἡ *Sprache.* **Σαούλ** 9,4; indekl., hier Vok. **τί** adv.
was/warum? (vgl. B τίς 3a; A134a); vgl. zu 9,4. **σκληρός** *hart, rauh;* hier
schwierig. **κέντρον** *Stachel* (Giftstachel eines Tieres); hier *Stachelstock* (zum
Antreiben der Zug- u. Lasttiere); σκληρόν σοι (erg. ἐστίν [A78]) πρὸς
κέντρα λακτίζειν *es ist schwer für dich, gegen den Stachel auszuschlagen*
(Menge) bzw. (das Bild auflösend) *es ist sinnlos, daß du gegen mich ankämpfst*
(GNB); klass. Metapher (z.B. Pindar, Pythia 2.94f; Aischylos, Agamemnon 1624
u. Prometheus 323; Euripides, Bakchai 795). **λακτίζειν** Inf. λακτίζω
(< λάξ mit der Ferse, mit dem Fuß) *ausschlagen* (v. einem bockenden Zugtier).
15f **15 εἶπα** Aor. (vgl. H-S §105g) λέγω. **κύριε** Vok. **16 ἀνά-στηθι** Wz.-
Aor. Imp. ἀν-ίσταμαι. **στῆθι** Wz.-Aor. Imp. ἵσταμαι, hier ἐπὶ τοὺς
πόδας *sich auf die Füße stellen.* **εἰς τοῦτο** *zu diesem Zweck, dazu* (B εἰς 4f),
wird durch flgd. Inf. erklärt (App. dazu, A279); εἰς τοῦτο ... προχειρίσα-
σθαί σε ... *dazu ... um dich ... zu bestimmen/machen.* **ὤφθην** Aor. Pass.
ὁράω. **προ-χειρίσασθαι** Aor. Inf. Med. -χειρίζομαι (vgl. A33[91ff]) *er-
wählen, bestimmen,* m. doppeltem Akk. (A97,15) *jmdn. zu etwas bestimmen/ma-
chen* (vgl. zu 3,19). **ὑπ-ηρέτης**[1] *Gehilfe, Diener.* **μάρτυς** υρος ὁ *Zeuge;*
Paulus ist v. nun an Zeuge des Auferstandenen, wie die Zwölf es waren (1,22).
ὧν τε ... ὧν τε offenbar = τούτων ἅ τε ... τούτων ἅ τε ... (Attraktion
des Rel.-Pron., A361c), was aber eine nur schwer zu deutende Konstruktion er-
gibt; μάρτυρα ὧν (τούτων ἅ) τε εἶδες με ὧν (τούτων ἅ) τε ὀφθήσο-
μαί σοι „zum Zeugen für das, als was du mich gesehen hast, und für das, als
was ich dir (noch) erscheinen werde“ (B ὁράω 1aβ) etwa = *(zum) Zeugen für
das ... was du von mir (als Auferstandenem) gesehen hast, und für das, was ich dich
noch sehen lassen werde* (Menge) bzw. *zum Zeugen dafür, wie du mich gesehen
hast, und dafür, wie ich dir erscheinen werde/wie ich von dir künftig gesehen werde*
(vgl. ZG); für spätere Erscheinungen vgl. 18,9; 22,17; 23,11; auch 2Kor 12,1-10.
17 **ὀφθήσομαι** Fut. Pass. ὁράω. **17 ἐξ-αιρούμενος** Ptz. Med. -αιρέω
herausnehmen; Med. *befreien, auswählen;* hier ἔκ τινος *retten/beschützen vor*
(vgl. Jer 1,8; 1Ch 16,35 LXX); mod.; ἐξαιρούμενός σε ἐκ τοῦ λαοῦ καὶ
ἐκ τῶν ἐθνῶ *und (dabei) werde ich dich retten/beschützen vor den Juden* (wörtl.
dem Volk [Israel]) und den Nichtjuden. **εἰς οὕς** Mask. (bezieht sich wohl auf
ἐθνῶν od. [vgl. 9,15] auf ἐθνῶν u. λαοῦ): sinngemäße Konstruktion (A96) *zu*
18 *denen.* **18 ἀν-οῖξαι** Aor. Inf. -οίγω; fin. (A276); vgl. Jes 42,7 (vgl. 13,47 für
eine ähnl. Anwendung v. Jes 49,8). **τοῦ** (zweimal) m. AcI. fin. (A281; H-S
§225b). **ἐπι-στρέψαι** Aor. Inf. -στρέφω[47] hier intr. *sich umwenden, umkeh-
ren, zurückkehren* (hier im Sinn v. „zu Gott zurückkehren“, „sich bekehren“;
B 1bβ); Präd. des ersten AcI (erg. als Subj. αὐτούς [vgl. BDR §408[4]]); τοῦ
ἐπιστρέψαι ἀπὸ σκότους εἰς φῶς καὶ τῆς (= ἀπὸ τῆς [BDR §479[2]])
ἐξουσίας τοῦ σατανᾶ ἐπὶ τὸν θεόν etwa *damit sie sich von der Finsternis*

abkehren zum Licht und von der Gewalt des Satans zu Gott (vgl. Wilckens) bzw.
damit sie aus der Finsternis ins Licht kommen, aus der Gewalt des Satans zu Gott
(GNB); vgl. Jes 42,16; Kol 1,13. **σκότος**[7] *Dunkelheit; Finsternis* (Bereich des
Gottfeindl. bzw. der Gottesferne). **σατανᾶς**[1] ᾶ *Widersacher; Satan,* der Wi-
dersacher Gottes. **λαβεῖν** Aor. Inf. λαμβάνω, Präd. des zweiten AcI. **ἄφ-
εσις**[8] *Erlaß* (v. Schuld, Sünde usw.), *Vergebung;* ἄφεσιν ἁμαρτιῶν *Verge-
bung (der) Sünden;* vgl. 2,38; Kol 1,14. **κλῆρος** *Los;* hier *(das) Verloste, Anteil*
(B 2) bzw. *Erbe/Erbteil.* **ἡγιασμένοις** Pf. (A231) Ptz. Pass. ἁγιάζω[91] *heili-
gen;* subst.; τοῦ λαβεῖν αὐτούς ... κλῆρον ἐν τοῖς ἡγιασμένοις πί-
στει τῇ εἰς ἐμέ *damit sie ... ein Erbteil unter denen empfangen, die durch den
Glauben an mich geheiligt sind* (vgl. Menge), viell. *damit sie durch den Glauben
an mich ... ein Erbteil unter den Geheiligten empfangen;* s.a. zu 20,32. **πίστει
τῇ** (dat. instr., A176) **εἰς ἐμέ** *durch den Glauben an mich;* best. wohl ἡγια-
σμένοις näher (vgl. 15,9), viell. λαβεῖν. **19 ὅθεν**[18] *von wo, woher; woraus,* 19
weshalb bzw. (vgl. A364a) *deshalb, daher.* **βασιλεῦ Ἀγρίππα** V. 2.
ἐ-γενόμην Aor. Med. γίνομαι. **ἀ-πειθής**[7] *ungehorsam;* οὐκ ἐγενό-
μην ἀπειθής ... *ich bin ... nicht ungehorsam gewesen* bzw. *ich habe mich ...
nicht widersetzt* (Litotes [BDR §495[9]; A386] im Sinn v. *ich habe ... [ohne zu zö-
gern] gehorcht*). **οὐράνιος**[11] *im Himmel befindlich, vom Himmel stammend,
himmlisch.* **ὀπτασία** (vgl. ὀπτάνομαι erscheinen) *Erscheinung.* **20 χώ-** 20
ρα *Land* (Ggs. *Meer* od. *Stadt*), *Landschaft, Gegend;* πᾶσάν τε τὴν χώραν
τῆς Ἰουδαίας grammatisch schwierig (zwischen den v. ἀπήγγελλον ab-
hängigen Dativen); es kommen vor allem flgd. Lösungen in Betracht (vgl. BDR
§161[1]):a) es handelt sich um einen (hebr.) lok. Akk. (im NT sonst nicht bezeugt,
in der LXX aber z.B. in Ez 4,10): *und im ganzen Land Judäa;* b) die Var. εἰς
πᾶσάν τε τὴν χώραν τῆς Ἰουδαίας ist ursprüngl. (εἰς wäre später
durch Haplographie weggefallen [statt -OICEIC wurde -OIC gelesen]): *und in
das ganze Land Judäa hinein* (bzw. *und im ganzen Land Judäa*); da diese Wort-
gruppe nicht nur grammatisch, sondern auch sachl. nicht unproblematisch er-
scheint (s. Spannung zu Gal 1,22f [dazu s. aber AFCS 1, S. 225f]), erklärt sie z.B.
Haenchen (Apg, S. 612f) als späteren (unsachgemäßen) Einschub; andere den-
ken an einen frühen Abschreibefehler, den man m. Blass wie folgt verbessern
möchte (Bruce, Apg, S. 503): εἰς πᾶσάν τε χώραν Ἰουδαίοις καὶ τοῖς
ἔθνεσιν *und in jedem Land, (den) Juden und den Nichtjuden.* **ἀπ-ήγγελλον**
Ipf. -αγγέλλω hier m. Inf. (indirekte Rede [Aufforderung], A334a); ... ἀπήγ-
γελλον μετανοεῖν *ich habe ... verkündet, sie sollten umkehren* bzw. ... *rief ich
die Menschen dazu auf umzukehren* (GNB); vgl. 20,21 sowie 3,19; 9,35; 14,15;
15,19. **μετα-νοεῖν** Inf. -νοέω *seinen Sinn ändern, Reue empfinden, umkehren.*
ἐπι-στρέφειν Inf. -στρέφω. **μετά-νοια** *Sinnesänderung, Umkehr, Be-
kehrung* bzw. *Abkehr.* **πράσσοντας** Ptz. πράσσω V. 9; part. coni. zum
Subj. des Inf. (τοῖς ...) im Akk. (H-S §216e/230c; A269/287); mod. (hier als

„und" + indirekte Rede bzw. Inf. [par. zu μετανοεῖν u. ἐπιστρέφειν]
übers.; A291,2 Anm. 1); ἄξια τῆς μετανοίας ἔργα πράσσοντας *und (sie*
sollten dabei) Werke tun, die der Umkehr entsprechen bzw. *und durch ihre Lebens-*
führung zu zeigen, daß es ihnen mit der Umkehr ernst ist (GNB) vgl. Mt 3,8; Lk
21 3,8; Eph 2,10; Tit 2,14; 3,8 (auch Gal 5,22f; 2Kor 13,5-7). **21 ἕνεκα** uneig.
Präp. (A183) *wegen;* ἕνεκα τούτων *das ist der Grund, weshalb* (Menge) bzw.
(kontextgemäß) *einzig deswegen* (GNB). **συλ-λαβόμενοι** Aor. Ptz. Med.
-λαμβάνω[152] *ergreifen, festnehmen* (hier Med. = Akt.; B 2a); temp. (A291,1
Anm. 1). **ὄντα** Ptz. εἰμί, part. coni. zu με (H-S §230c; A287), temp. **ἐ-πει-**
ρῶντο Ipf. Med. πειράομαι *versuchen, sich bemühen* (att. für hell. πειρά-
ζω). **δια-χειρίσασθαι** Aor. Inf. Med. -χειρίζομαι (vgl. A33[91ff]) *umbrin-*
22 *gen, ermorden;* erg. με (A79). **22 ἐπι-κουρία** *Hilfe* (klass. Wort). **τυχών**
Aor. Ptz. τυγχάνω[156] *erlangen* τινός *etwas* (hier etwa *finden, erfahren*); *sich*
treffen; kaus.; ἐπικουρίας οὖν τυχὼν τῆς ἀπὸ τοῦ θεοῦ ... *weil ich nun*
Gottes Beistand ... gefunden habe (Menge) bzw. *doch ich habe Gottes Hilfe erfah-*
ren ... so (Einh.). **ἄχρι τῆς ἡμέρας ταύτης** *bis zum heutigen Tag.*
ἕστηκα V. 6. **μαρτυρόμενος** Ptz. μαρτύρομαι *bezeugen, Zeugnis able-*
gen τινί *jmdm./vor jmdm.;* mod. **μικρῷ τε καὶ μεγάλῳ** *vor klein und groß*
(B μέγας 2aα) od. *vor hoch und niedrig* (GNB: *vor den Menschen, den hochge-*
stellten wie den ganz einfachen); der Ausdruck bez. (als Merismus) die Gesamt-
heit (H-S §295r). **οὐδέν** hier beim Ptz. nach klass. Regel gebraucht (BDR
§430[4]; vgl. H-S §227d). **ἐκτός** uneig. Präp. (A183) *außerhalb* od. so hier (un-
klass.) *außer, ausgenommen* (BDR §216[7]); οὐδὲν ἐκτός ... ὧν (= τούτων ἅ
[Attraktion des Rel.-Pron., A361c]) ... *nichts ausgenommen das, was = ... nichts*
als das, was. **λέγων** Ptz., mod. **ἐ-λάλησαν** Aor. λαλέω. **μελλόντων**
Ptz. μέλλω hier (m. Inf.) umschrieb. Fut. (BDR §356; vgl. H-S §202k; A250;
vgl. B 1cβ), viell. v. einer Notwendigkeit infolge göttl. Ratschlusses im Sinn v.
müssen (B 1cδ); kongruiert m. ὧν (= τούτων ἅ, daher im Sinn v. μέλλοντα
[Ntr. Pl.] zu verstehen);wohl subst. (App., A70); οὐδὲν ἐκτός ... ὧν τε οἱ
προφῆται ἐλάλησαν μελλόντων γίνεσθαι καὶ Μωϋσῆς *nichts ande-*
res als das, was die Propheten und Mose als solches gesagt haben, was geschehen
würde/müßte bzw. *nichts anderes als das, wovon die Propheten und Mose geweis-*
sagt haben, daß es geschehen werde/müsse (vgl. Menge) od. (einfacher) *nichts an-*
deres als das, was die Propheten und Mose angekündigt haben (GNB); vgl. zu
23 24,14; vgl. auch Röm 1,2; 16,26; 1Kor 15,3f. **γίνεσθαι** Inf. **23 εἰ** (zweimal)
übers. *daß* (so B II; vgl. zu V. 8); die beiden εἰ leiten wohl hier im eig. Sinn indi-
rekte Fragen ein (*ob* ...; zu einem mögl. Hintergrund s. Bruce, Apg, S. 504); εἰ
παθητὸς ὁ χριστός (erg. ἐστιν [A78]), εἰ πρῶτος ἐξ ἀναστάσεως νε-
κρῶν φῶς μέλλει καταγγέλλειν ... etwa *nämlich* (Menge) *daß der Messias*
zum Leiden bestimmt sei (und) daß er als erster von den Toten auferstehen und
(wörtl. *daß er, als erster aus der Auferstehung der Toten [kommend]*) ... *(das)*

Licht verkünden (vgl. zu 13,47) *werde;* vgl. zu 3,18; 17,3. **παθητός** *leidensfähig*
(BDR §112[1]), *dem Leiden unterworfen* (B), *zum Leiden bestimmt* (Menge).
κατ-αγγέλλειν Inf. -αγγέλλω *verkünden.* **τῷ τε λαῷ καὶ τοῖς ἔθ-
νεσιν** etwa *sowohl den Juden* (wörtl. *dem Volk [Israel]*) *als auch den Nichtju-
den* (vgl. V. 17) bzw. *dem jüdischen Volk und allen Völkern der Welt* (GNB).
24 ἀπο-λογουμένου Ptz. V. 1; gen. abs. (A288), temp.; ταῦτα δὲ 24
αὐτοῦ ἀπολογουμένου *als Paulus sich auf diese Weise verteidigte* (wörtl. et-
wa *als er dies zu seiner Verteidigung sagte*). **Φῆστος** 24,27. **φησίν** (auch
V. 25) Präs. 3. Sg. φημί (A32); hist. Präs. (A235); ὁ Φῆστος μεγάλῃ τῇ
φωνῇ (dat. modi, A180; Art. ohne Einfluß auf Bdtg. [vgl. B φωνή 2a]) φη-
σιν etwa *rief Festus laut* bzw. *rief Festus ihm zu* (GNB). **μαίνομαι** *rasen, von
Sinnen/verrückt sein.* **Παῦλε** Vok. **γράμμα**[3] *Buchstabe; Geschriebenes;* Pl.
Elementarkenntnisse (bes. das Lesen u. Schreiben), aber auch *(höhere) Wissen-
schaft, Gelehrsamkeit;* τὰ πολλά σε γράμματα εἰς μανίαν περιτρέπει
(zur Stellung v. σε vgl. BDR §473[2]) *das viele Studieren bringt dich (noch ganz)
um den Verstand.* **μανία** *Raserei, Wahnsinn;* περιτρέπω εἰς μανίαν *um
den Verstand bringen.* **περι-τρέπω** *umwenden, in einen Zustand versetzen.*
25 κράτιστος (Superlativ zu ἀγαθός, H-S §51b) *bester, tüchtigster, mächtig-* 25
ster, vornehmster; als ehrende Anrede an amtl. od. gesellschaftl. höherstehende
Pers. (s.a. zu 23,26); κράτιστε Φῆστε Vok. etwa *hochverehrter Festus.* **σω-
φροσύνη** *Vernünftigkeit* (im Ggs. zu μανία [so hier]); *Besonnenheit;* ἀλη-
θείας καὶ σωφροσύνης (gen. qualitatis, A160) ῥήματα ἀποφθέγγο-
μαι *ich rede wahre und wohlüberlegte Worte* (Menge) bzw. *was ich sage, ist wahr
und vernünftig.* **ἀπο-φθέγγομαι** *gerade heraussagen, sagen, reden* (v. feierl.
Rede). **26 ἐπίσταμαι** *wissen, kennen;* hier περί τινος *um etwas wissen* 26
(B 2), *sich auf etwas verstehen.* **παρ-ρησιαζόμενος** Ptz. παρ-ρησιάζο-
μαι *freimütig/frei und offen reden* πρός τινα *zu/mit jmdm.* (vgl. B 1); mod.;
πρὸς ὃν καὶ παρρησιαζόμενος λαλῶ etwa *an ihn* (vgl. A364a) *wende ich
mich darum auch mit meiner freimütigen Rede* (Menge) bzw. *und mit ihm kann
ich frei und offen darüber reden* (GNB). **λανθάνειν** Inf. λανθάνω *verborgen
sein, unbemerkt bleiben* τινά *vor jmdm.;* Präd. des AcI; λανθάνειν γὰρ αὐ-
τόν τι τούτων οὐ πείθομαι οὐθέν *denn ich kann mich nicht davon überzeu-
gen, daß ihm etwas von diesen Dingen irgendwie entgangen sein sollte* (B) bzw.
denn ich bin überzeugt, daß ihm gar nichts davon entgangen ist. **αὐτόν** AkkO.
τι Subj. des AcI; m. gen. partitivus (A164). **πείθομαι** Pass. πείθω, hier m.
AcI *glauben, daß* (BDR §397[5]; B 3a) od. *sich davon überzeugen können, daß* (B
λανθάνω) bzw. *überzeugt sein, daß* (Menge). **οὐθ-είς** = οὐδ-είς (BDR
§33[2]); οὐθέν hier (wenn τι ursprüngl.) Akk. der Beziehung (A149) od. adv.
Akk. (A150) *in keiner Weise* (bei Var. ohne τι: Subj. des AcI) bzw. nach οὐ
(A310a) *auf irgendeine Weise, irgendwie.* **γωνία** *Ecke, Winkel.* **πε-πραγμέ-
νον** Pf. (A231) Ptz. Pass. πράσσω[78] V. 9; umschrieb. Pf. (A249b); οὐ γάρ

ἐστιν ἐν γωνίᾳ πεπραγμένον τοῦτο *dies alles hat sich ja nicht in einem*
Winkel abgespielt (Menge; Litotes [BDR §495[9]; A386]); wieder (vgl. V. 14)
klass. Metapher (z.B. Platon, Gorgias 485D; Epiktetos, Dissertationes 2.12.17).
27 **27 βασιλεῦ Ἀγρίππα** Vok. **ὅτι πιστεύεις** erg. αὐτοῖς (A79).
28 **28 Ἀγρίππας** 25,13; erg. εἶπεν o.ä. (vgl. BDR §480[6]; A376; H-S §293c).
ἐν ὀλίγῳ wohl zeitl. *in Kürze, nächstens* (B ὀλίγος 3b), *bald* bzw. *beinahe*
o.ä., viell. instr. *mit geringem Aufwand* o.ä. (vgl. Menge). **Χριστιανός** *Christ*
(vgl. zu 11,26). **ποιῆσαι** Aor. Inf. ποιέω hier m. doppeltem Akk. (A97,15)
jmdn. zu etwas machen (vgl. B 1bι) od. m. einfachem Akk. (wie in 1Kön 20,7
LXX [21,7 MT]; s. Bruce, Apg, S. 506) *jmdn. darstellen/als jmd. auftreten*
(Menge) bzw. *sich als etwas ausgeben* (vgl. BDR §405[1]); ἐν ὀλίγῳ με πείθεις
Χριστιανὸν ποιῆσαι wird unterschiedl. gedeutet; grammatisch-semantisch
ergeben sich flgd. Hauptmöglichkeiten (umstritten ist zudem bes., ob die Äuße-
rung des Agrippa ernst od. ironisch gemeint war): a) ποιῆσαι kons. (Χριστι-
ανὸν ποιῆσαι = ὥστε με [AkkO] Χριστιανὸν [Obj.-Präd.] ποιῆσαι
[ohne Subjektwechsel]; vgl. A278) *in Kürze überzeugst du mich (so sehr, daß du*
mich) zum Christen machst = bald ist es soweit, daß du mich durch deine Überre-
dungskunst noch zum Christen machst (Wilckens; vgl. B πείθω 1b) od. (als
Frage m. konativem Präs. [A227]) *in so kurzer Zeit* (viell. *mit so geringem*
Aufwand) *versuchst du mich durch deine Überredungskunst zum Christen zu ma-*
chen? etwa = *meinst du, du kannst mich in so kurzer Zeit* (viell. *mit so geringem*
Aufwand) *zum Christen machen?* (vgl. TEV2); b) ποιῆσαι Präd. des AcI, (als
AkkO) abhängig v. πείθεις (wobei με Subj. u. Χριστιανόν AkkO zu ποιῆ-
σαι ist [vgl. BDR §392[6]]) *in Kürze/bald/fast überredest du mich dazu, mich als*
Christ auszugeben (vgl. Einh.) bzw. viell. (inhaltl. der Lösung a näher) ... *dazu,*
daß ich selbst Christ werde (GNB) od. (als Frage m. konativem Präs.) etwa
meinst du, du kannst mich in so kurzer Zeit (viell. *mit so geringem Aufwand*) *dazu*
überreden, mich als Christ auszugeben/selbst Christ zu werden; c) häufig erwogen,
aber sehr unwahrscheinl. (da der Aor. Inf. im nachklass. Griech. grundsätzl.
nicht Vorzeitiges bez. [A274]): *du suchst mich davon zu überzeugen, daß du mich*
im Handumdrehen zu einem Christen gemacht hast (vgl. BDR §405[1]) [Var. γενέ-
σθαι Aor. Inf. Med. γίνομαι, Präd. des AcI (entsprechend der Deutung b
29 oben)]. **29 Παῦλος** erg. εἶπεν o.ä. (vgl. BDR §480[6]; A376; H-S §293c).
εὐξαίμην Aor. Opt. Med. εὔχομαι[70] *beten,* hier τινί *zu jmdm.* AcI *daß;*
potentialer Opt. (im NT fast ganz auf Lk/Apg beschränkt; A260; H-S §211d);
εὐξαίμην ἂν τῷ θεῷ *ich möchte zu Gott beten* (Menge) praktisch = *ich bete*
zu Gott (m. Hilfe des [att.] potentialen Opt. ist die Aussage etwas zurückhalten-
der formuliert) [Var. εὐξάμην Aor. Med.]. **ἐν ὀλίγῳ καὶ ἐν μεγάλῳ**
über kurz oder lang (B ὀλίγος 3b) bzw. (auf ἐν ὀλίγῳ V. 28 abgestimmt) etwa
wie GNB: (V. 28: *es dauert nicht mehr lange, und ...*) *ob es nun kurz oder lange*
dauert. **ἀκούοντας** Ptz. ἀκούω, subst. **γενέσθαι** Aor. Inf. Med. γίνο-

μαι, Präd. des AcI; ... οὐ μόνον σὲ (erstes Subj. des AcI) ἀλλὰ καὶ πάν-
τας τοὺς ἀκούοντάς (zweites Subj. des AcI) μου σήμερον γενέσθαι
τοιούτους ὁποῖος καὶ ἐγώ εἰμι παρεκτὸς τῶν δεσμῶν τούτων etwa
daß ... nicht nur du, sondern alle, die mich heute hören, ebenso werden, wie ich es
bin, abgesehen von diesen Fesseln hier (Paulus zeigt in diesem Moment auf sie
[vgl. ähnl. 20,34]). **ὁποῖος**[18] *welcher Art, was für einer, wie beschaffen (auch*
immer); τοιούτους ὁποῖος *ebenso/so (beschaffen) ... wie* (A18). **παρ-**
εκτός Adv. *außerhalb;* hier uneig. Präp. (A183) *außer, abgesehen von.*
δεσμός *Fessel.* **30 ἀν-έ-στη** Wz.-Aor. -ἵσταμαι; zum Sg.-Präd. vgl. 30
A94f. **ἡγεμών**[4] όνος ὁ *Herrscher, Fürst;* (röm.) *Statthalter* (höchster Beam-
ter einer Provinz). **Βερνίκη** 25,13. **συγ-καθήμενοι** Ptz. -κάθημαι
(A32) *zusammensitzen* τινί *mit/bei jmdm.;* subst.; καὶ οἱ συγκαθήμενοι
αὐτοῖς *und die übrigen* (A376a), *die bei ihnen saßen.* **31 ἀνα-χωρήσαν-** 31
τες Aor. Ptz. -χωρέω *weggehen, sich entfernen,* hier etwa *sich zurückziehen;*
temp. (A291,1 Anm. 1). **ἐ-λάλουν** Ipf. λαλέω; ἐλάλουν πρὸς
ἀλλήλους λέγοντες etwa *sie sprachen miteinander darüber und sagten* (vgl.
Wilckens) od. (λέγοντες zusammen m. ὅτι als Doppelpunkt berücksichtigt)
sie sagten zueinander. **λέγοντες** Ptz. λέγω, mod. **ὅτι** recitativum =
Doppelpunkt (A333). **πράσσω** V. 9; Präs. hier wohl iter./zeitlos (A232b/233;
BDR §322[3]); οὐδὲν θανάτου ἢ δεσμῶν ἄξιόν τι πράσσει ὁ
ἄνθρωπος οὗτος *dieser Mann tut nichts, worauf Tod oder Haft steht* (Einh.).
32 ἔ-φη V. 1. **ἀπο-λε-λύσθαι** Pf. Inf. Pass. -λύω hier *freilassen;* 32
ἀπολελύσθαι *freigelassen sein, frei sein* (H-S §195f [Zustandspassiv, vgl.
A242]). **ἐ-δύνατο** Ipf. δύναμαι; Ipf. drückt hier aus, daß etwas tatsächl.
mögl. ist, aber doch nicht geschieht (A239; H-S §198i). **ἐπ-ε-κέ-κλητο**
Plsqpf. Med. ἐπι-καλέω[37] *(be)nennen;* Med. hier juristischer term. tech. ἐπι-
καλέομαί τινα *an jmdn.* (höhere Instanz) *appellieren, an jmdn. Berufung ein-*
legen (B 2aβ); ἀπολελύσθαι ἐδύνατο ὁ ἄνθρωπος οὗτος εἰ μὴ
ἐπεκέκλητο Καίσαρα irrealer Fall (A345) *dieser Mann könnte jetzt frei sein,*
wenn er nicht Berufung an den Kaiser eingelegt hätte (Wilckens); vgl. zu 25,11.
Καῖσαρ[6] αρος ὁ *Kaiser* (z.T. ohne Art. eigennamenartig gebraucht, BDR
§254,3).

ἐ-κρίθη Aor. Pass. κρίνω hier (m. AcI) *beschließen* (B 3). **τοῦ** hier 27
pleon. vor AcI (Subj. zu ἐκρίθη [H-S §225e; vgl. A281]). **ἀπο-πλεῖν** Inf.
-πλέω *wegsegeln, (mit dem Schiff) abfahren/abreisen* εἰς *nach;* Präd. des AcI;
ὡς δὲ ἐκρίθη τοῦ ἀποπλεῖν ἡμᾶς εἰς τὴν Ἰταλίαν etwa *als nun unsere*
Abreise nach Italien beschlossen war. **ἡμᾶς** Subj. des AcI; markiert den Beginn
des dritten „Wir"-Stücks (vgl. zu 16,10; 20,5); der flgd. Bericht über die Seereise
nach Rom (27,1-28,16) gilt als eines der aufschlußreichsten Dokumente der an-
tiken Schiffahrtsgeschichte (zu den zahlreichen für die historische Glaubwür-
digkeit sprechenden Hinweise s. Bruce, Apg, S. 508-510; Hemer, Setting,

S. 132ff; AFCS 2, S. 22ff). **Ἰταλία** *Italien* (dazu LAW, Sp. 1418ff). **παρ-ε-δίδουν** (= -ε-δίδοσαν) Ipf. παρα-δίδωμι, 3. Pl. im Sinn v. „man" (A76a). **δεσμώτης**[1] *Gefangener.* **ἑκατοντ-άρχης**[1] *Anführer einer Hundertschaft, Hauptmann* bzw. (röm.) *Centurio* (s. KP 1, Sp. 1111f). **ὀνόματι** dat. respectus (vgl. BDR §197,2; vgl. A178) *mit Namen, namens.* **Ἰούλιος** *Julius.* **σπεῖρα** (zu -ρης statt -ρας BDR §43[1]; vgl. H-S §25f; entspricht dem lat. cohors) *Kohorte* (militärischer Verband v. etwa 500 bis 1000 Mann [ein Zehntel einer Legion]; KP 1, Sp. 1242f). **σεβαστός** *verehrungswürdig, heilig;* ὁ Σεβαστός *der Kaiser* (vgl. zu 25,21); σπεῖρα Σεβαστή (lat. „cohors Augusta") *(die) Kaiserkohorte, (das) „Kaiserliche Regiment";* die gemeinte militärische Einheit läßt sich nicht m. Sicherheit identifizieren, doch könnte es sich gut um eine in Syrien/Judäa stationierte Einheit m. diesem Ehrennamen handeln (daher GNB: *aus einem syrischen Regiment, das den Ehrennamen „Kaiserliches Regiment" trug*), wie sie (auch für diese Zeit) inschriftl. bezeugt ist (dazu u. zu anderen Möglich-
2 keiten s. Hemer, Setting, S. 132f). **2 ἐπι-βάντες** Aor. Ptz. -βαίνω[139] hier m. Dat. *besteigen, einsteigen in;* temp. (A291,1 Anm. 1). **Ἀδραμυττηνός** *von/aus Adramyttion* (Ἀδραμύττιον [heutiges Edremit], Hafenstadt in Mysien, östlichster Ort an der Südküste der Troas [= gebirgige Nordwestecke Kleinasiens]; KP 1, Sp. 73). **μέλλοντι** Ptz. μέλλω hier (m. Inf.) umschrieb. Fut. (A250; hier „Zukunft in der Vergangenheit"), attr. **πλεῖν** Inf. πλέω *zur See fahren, zu Schiff reisen, segeln,* hier εἴς τι hier *etwas* (einen Hafen) *anlaufen.* **Ἀσία** 2,9; τοὺς κατὰ (vgl. B κατά IIIa) τὴν Ἀσίαν τόπους *die Orte/Häfen an der Küste der Provinz Asia.* **ἀν-ήχθημεν** Aor. Pass. -άγω[59] *hinauf-, heraufführen;* Med./Pass. hier nautischer term. tech. *in See stechen, auslaufen, (mit dem Schiff) abfahren.* **ὄντος** Ptz. εἰμί, gen. abs. (A288), mod.; ὄντος σὺν ἡμῖν Ἀριστάρχου Μακεδόνος Θεσσαλονικέως etwa *der Mazedonier Aristarch aus Thessalonich begleitete uns (dabei),* entweder bis Rom od. bis zu einem kleinasiatischen Hafen, um v. dort nach Hause zu fahren. **Ἀρίσταρχος** *Aristarch* (s.a. 19,29). **Μακεδών**[4] όνος ὁ *Mazedonier,* Bewohner v. Mazedonien. **Θεσσαλονικεύς**[8] *Thessalonicher, Bewohner Thes-*
3 *salonichs* (Stadt in Mazedonien [s. zu 17,1]), übers. *aus Thessalonich.* **3 τῇ ἑτέρᾳ** (erg. ἡμέρᾳ [vgl. A88]) temp. Dat. (A182) etwa *am nächsten Tag.* **κατ-ήχθημεν** Aor. Pass. -άγω[59] *hinabführen, herabbringen, herabholen;* Med./Pass. hier nautischer term. tech. *(mit dem Schiff) landen, einlaufen* (Ggs. ἀνάγομαι [V. 2]), εἰς *in.* **Σιδών**[4] ῶνος ἡ *Sidon,* alte phönizische Königsstadt (ca. 125 km nördl. v. Cäsarea). **φιλ-ανθρώπως** *menschenfreundlich.* **χρησάμενος** Aor. Ptz. Med. χράομαι[21] meist m. Dat. *Gebrauch machen von;* hier m. Dat. der Pers. u. Adv. *jmdn.* auf eine bestimmte Weise *behandeln;* mod. (A291,2 Anm. 1); φιλανθρώπως τε ὁ Ἰούλιος τῷ Παύλῳ χρησάμενος *Julius behandelte Paulus menschenfreundlich/wohlwollend und* bzw. (etwas freier) *Julius war Paulus gegenüber sehr entgegenkommend und* (GNB).

ἐπ-έ-τρεψεν Aor. ἐπι-τρέπω[48] *gewähren, gestatten, erlauben;* erg. αὐτῷ
(A79). **φίλος** *Freund;* πρὸς τοὺς φίλους *seine* (A103) *Freunde* (d.h. seine
Glaubensgenossen; der Begriff φίλος wurde viell. v. Julius od. v. den Christen
selbst verwendet). **πορευθέντι** Aor. Ptz. Pass. (ohne bes. Pass.-Bdtg.) πο-
ρεύομαι hier πρός τινα *jmdn. besuchen* (Menge); part. coni. zu (dem zu er-
gänzenden) αὐτῷ (H-S §230c; A287), temp. (als Inf. + „und" übers.; A291,1
Anm. 1); ἐπέτρεψεν (erg. αὐτῷ [A79]) πρὸς τοὺς φίλους πορευθέντι
(er) erlaubte ihm, seine Freunde zu besuchen und. **ἐπι-μέλεια** *Fürsorge, Pflege.*
τυχεῖν Aor. Inf. τυγχάνω[156] *erlangen* τινός *etwas;* hier ἐπιμελείας τυγ-
χάνω „Fürsorge/Pflege erlangen" = *sich mit allem Notwendigen/mit dem nöti-
gen Reisebedarf versorgen lassen* (vgl. Menge), viell. *sich erholen* (GNB).
4 ἐκεῖ-θεν[18] *von dort;* κἀκεῖθεν = καὶ ἐκεῖθεν. **ἀν-αχθέντες** Aor. 4
Ptz. Pass. -άγω V. 2; temp. (A291,1 Anm. 1). **ὑπ-ε-πλεύσαμεν** Aor. ὑπο-
πλέω[30] offenbar nautischer term. tech. *darunterhin segeln, unter etwas im Wind-
schatten (dahin)segeln* (vgl. B), *auf der geschützten Seite von etwas (dahin)segeln*
(vgl. LN 54.10); ὑπεπλεύσαμεν τὴν Κύπρον etwa *wir segelten der windge-
schützten Seite Zyperns entlang,* d.h. statt (wie 21,1-3 bei der Reise in umgekehr-
ter Richtung) den direkteren Weg an der südwestl. Seite Zyperns vorbei zu neh-
men, fuhren sie zum Schutz gegen die (im Sommer vorherrschenden) West-
bzw. Nordwestwinde der Ost- u. Nordseite der Insel entlang (Bruce, Apg,
S. 512; GNB: *darum segelten wir auf der Ostseite um Zypern herum*). **Κύπρος**
ἡ 13,4. **διὰ τό** m. AcI kaus. (A282). **ἄνεμος** *Wind.* **εἶναι** Inf. εἰμί, Präd.
des AcI; διὰ τὸ τοὺς ἀνέμους (Subj. des AcI) εἶναι ἐναντίους (Präd.-
Nom. des AcI) *weil die Winde (uns) entgegengesetzt waren = weil wir Gegenwind
hatten.* **ἐν-αντίος** *gegen(überstehend), entgegengesetzt.* **5 πέλαγος**[7] *hohe* 5
See, (Meeres-)Tiefe; Meer; τὸ πέλαγος τὸ κατὰ τὴν Κιλικίαν καὶ Παμ-
φυλίαν *das Meer entlang der Küste von Zilizien und Pamphylien* (vgl. B κατά
II1a) bzw. *das Meer von Zilizien und Pamphylien* (vgl. B κατά II7c). **Κιλικία**
6,9. **Παμφυλία** 2,10. **δια-πλεύσαντες** Aor. Ptz. -πλέω[30] *durchsegeln,
(mit dem Schiff) fahren durch;* temp. (A291,1 Anm. 1). **κατ-ήλθομεν** Aor.
-έρχομαι[187] *herabkommen;* hier (Schiffe/Seefahrende) v. der („hohen") See
„herabkommen" = *landen, an Land gehen* εἰς *in* bzw. hier etwa *erreichen.* **Μύ-
ρα** τά *Myra,* Stadt in Lyzien, 3,5 km v. Meer (zugehöriger Hafen: Andriake) am
Westrand der Flußebene des Myros (heute: *h. Dembre çay;* KP 3, Sp. 1518f), wie
das westlicher gelegene Patara (21,1) einer der wichtigen Umschlagplätze der
alexandrinischen Getreideflotte (Hemer, Setting, S. 125). **Λυκία** *Lyzien* (Kü-
stengebiet im südwestl. Kleinasien); gen. partitivus (A164; hier „chorographi-
scher" Gen. [vgl. BDR §164[7]]); Μύρα τῆς Λυκίας *Myra in Lyzien.* **6 κἀ-** 6
κεῖ = καὶ ἐκεῖ. **εὑρών** Aor. Ptz. εὑρίσκω, temp. **Ἀλεξανδρῖνος** *ale-
xandrinisch, aus Alexandria* (s. zu 6,9); πλοῖον Ἀλεξανδρῖνον *ein Schiff aus
Alexandria;* das Schiff gehörte offenbar zur alexandrinischen Getreideflotte

(V. 38); regelmäßige u. ausreichende Getreidelieferungen aus Ägypten (der
Kornkammer Roms) waren für Stabilität u. Machterhalt v. höchster Bdtg. u.
wurden daher v. röm. Staat organisiert; in seinem Auftrag u. unter seiner Kon-
trolle (hier wohl durch den ἑκατοντάρχης Julius [als „frumentarius"] wahr-
genommen) führten private Schiffseigner (ναύκληροι [vgl. V. 11]; als Konzes-
sionäre) die Transporte durch (Bruce, Apg, S. 513; vgl. KP 2, Sp. 620-623).
πλέον Ptz. Ntr. πλέω *zur See fahren, zu Schiff reisen, segeln;* attr.; πλέον εἰς
τὴν Ἰταλίαν *das nach Italien fuhr.* **Ἰταλία** *Italien.* **ἐν-ε-βίβασεν** Aor.
ἐμ-βιβάζω (vgl. A33[91ff]) *hineinbringen, einsteigen lassen;* ἐνεβίβασεν ἡμᾶς
7 εἰς αὐτό *er brachte uns in dieses, er brachte uns an Bord.* **7 ἱκανός** *hinläng-
lich;* hier *viel,* V. 9 *viel, geraum, länger;* ἐν ἱκαναῖς ἡμέραις hier (dafür sonst
meist Akk. der zeitl. Ausdehnung, A148) *viele Tage lang* (B 1b). **βραδυ-πλο-
οῦντες** Ptz. -πλοέω *langsam segeln, wenig Fahrt machen* bzw. *langsam voran-
kommen;* mod. (A291,2 Anm. 1); der (typische) starke Nordwestwind machte
dem Schiff offenbar zu schaffen (vgl. Cicero, Ad familiares 14.5.1). **μόλις**
kaum; hier *mit Mühe, unter Schwierigkeit* (B 1). **γενόμενοι** Aor. Ptz. Med.
γίνομαι hier κατά m. Akk. *bis in die Nähe von/bis auf die Höhe von ... kom-
men* (vgl. B I4cδ); temp. **Κνίδος** ἡ *Knidos,* dorische Stadt am Ende der weit
vorspringenden Südwestspitze Kleinasiens m. zwei guten Häfen (KP 3, Sp. 260).
προσ-εῶντος Ptz. -εάω *herankommen lassen;* gen. abs. (A288), kaus.; μὴ
προσεῶντος ἡμᾶς τοῦ ἀνέμου etwa *weil uns der Wind dort nicht anlegen
ließ* (Menge). **Κρήτη** *Kreta* (69/67 v. Chr. Rom unterworfen, seit Augustus m.
Kyrene zu einer Provinz vereinigt [KP 3, Sp. 340]). **Σαλμώνη** *Salmone* (an-
dere Namensformen Σαλμώνιον bzw. Σαμ[μ]ώνιον [viell. < phönizisch
שלם *šlm*]), östl. Vorgebirge der Insel Kreta (heute Kap Sidero; KP 4, Sp. 1532;
Hemer, Setting, S. 135f); ὑπεπλεύσαμεν τὴν Κρήτην κατὰ Σαλμώνην
wohl etwa *wir segelten der windgeschützten Seite Kretas bei (Kap) Salmone ent-
lang;* sie fuhren der Ost- u. Südseite Kretas entlang (die normale Route bei die-
ser Reiserichtung!) u. waren so vor dem Nordwestwind geschützt (Hemer, Set-
8 ting, S. 134). **8 παρα-λεγόμενοι** Ptz. -λέγομαι nautischer term. tech.
(mit dem Schiff) vorbeifahren, vorübersegeln (m. dem Akk. des Ortes, an dem
man vorbeifährt); temp./mod.; μόλις (gehört zum Ptz. od. [wohl besser] zum
Hauptverb) τε παραλεγόμενοι αὐτὴν (= Κρήτην) ἤλθομεν εἰς
τόπον *wir fuhren unter großer Mühe an der Südküste Kretas entlang* (wörtl. *an
ihm/Kreta entlang*) *und erreichten einen Ort* od. *wir fuhren an der Südküste Kretas
entlang und erreichten nur mit großer Mühe einen Ort* (vgl. Menge). **καλούμε-
νον** Ptz. Pass. καλέω Pass. hier *heißen* (B 1aγ); attr.; τόπον τινὰ Καλοὺς
λιμένας *einen Ort namens Kaloi Limenes.* **λιμήν**[4] ένος ὁ *Hafen;* Καλοὶ
λιμένες *Kaloi Limenes* („Guthäfen"), kleine Bucht ca. 7 km östl. des Kap Ma-
tala/Lithino; der Ort bot zwar Schutz vor dem Nordwestwind, war aber, weil im
übrigen ungeschützt, zum Überwintern ungeeignet (Bruce, Apg, S. 514).

ἐγγύς uneig. Präp. (A183) *nahe (bei), in der Nähe (von),* hier m. Dat. statt
Gen. (B 1b u. BDR §184[1] [wo es als Adv. m. Dat./Gen. eingestuft wird]); ᾧ ἐγ-
γὺς πόλις ἦν Λασαία *in dessen Nähe die Stadt Lasäa war* bzw. etwa *nicht
weit von der Stadt Lasäa.* **ἦν** Ipf. εἰμί. **Λασαία** *Lasäa,* Stadt an der Südkü-
ste Kretas (wohl m. Überresten ca. 8 km östl. v. Kaloi Limenes zu verbinden;
dazu u. zur ganzen Diskussion s. Hemer, Setting, S. 136f).
9 ἱκανός V. 7. **δια-γενομένου** Aor. Ptz. Med. -γίνομαι[176] *ver-* 9
streichen (v. Zeit); gen. abs. (A288), kaus. **ὄντος** V. 2; gen. abs. (A288), kaus.;
ἱκανοῦ δὲ χρόνου διαγενομένου καὶ ὄντος ἤδη ἐπισφαλοῦς τοῦ
πλοός *da inzwischen längere Zeit vergangen und die Schiffahrt bereits gefährlich
(geworden) war.* **ἐπι-σφαλής**[7] *gefährlich.* **πλοῦς** ὁ (Gen. πλοός Akk.
πλοῦν) *Schiffahrt, Seereise.* **διὰ τό** m. AcI kaus. (A282). **νηστεία** *(das)
Fasten; Hunger;* hier (jüd.) *Fastenzeit* (im Herbst), *(das) Herbstfasten* (am Gro-
ßen Versöhnungstag יוֹם כִּפּוּרִים *jôm kippûrîm* [Lev 23,26-32]) am 10. Tischri,
d.h. im Jahr 59 n. Chr. (wahrscheinl. das hier gemeinte Jahr) etwa am 5. Okto-
ber (Hemer, Setting, S. 137f). **παρ-εληλυθέναι** Pf. (A231) Inf. -έρχο-
μαι[187] *vorbei-, vorübergehen;* διὰ τὸ καὶ τὴν νηστείαν ἤδη παρεληλυ-
θέναι etwa *auch das Herbstfasten war ja schon vorbei.* **παρ-ῄνει** Ipf. -αινέω
zureden, auffordern, ermahnen; παρῄνει ὁ Παῦλος λέγων αὐτοῖς etwa:
deshalb *warnte Paulus sie* bzw.: deshalb *gab Paulus ihnen diesen Rat* (vgl. TEV2);
Paulus hatte vielfältige Reiseerfahrung (vgl. 2Kor 11,25f) u. wußte daher, wovon
er redete (Bruce, Apg, S. 515). **10 λέγων** Ptz., mod. **ἄνδρες** Vok. **ὅτι** 10
hier m. flgd. AcI (offenbar eine Vermischung der beiden Konstruktionen, zu der
es auch klass. Par. gibt [B Idα; BDR §397,5]); θεωρῶ ὅτι μετὰ ὕβρεως καὶ
πολλῆς ζημίας οὐ μόνον τοῦ φορτίου καὶ τοῦ πλοίου ἀλλὰ καὶ
τῶν ψυχῶν ἡμῶν μέλλειν (Präd. des AcI) ἔσεσθαι τὸν πλοῦν (Subj.
des AcI) etwa *ich sehe, die Fahrt wird mit Gefahr und großem Schaden verbunden
sein, nicht nur für die Ladung und das Schiff, sondern auch für unser Leben.*
ὕβρις[8] *Schmach, Mißhandlung;* hier *Ungemach* (B 3), *Gefahr* (Menge). **ζη-
μία** *Schaden, Nachteil, Verlust;* πολλὴ ζημία τινός (gen. obi., A158) *großer
Schaden für etwas.* **φορτίον** *Last,* hier *Ladung* (B 1). **ψυχή** hier *(das irdi-
sche) Leben* (B 1aβ); τῶν ψυχῶν ἡμῶν übers. *für unser Leben* (idiomatisches
Deutsch: distributiver Sg. [vgl. A101b]). **μέλλειν** Inf. μέλλω hier (m. Inf.)
umschrieb. Fut. (A250) bzw. zur Verstärkung des flgd. Inf. Fut. (BDR §356[4]);
Präd. des AcI. **ἔσεσθαι** Fut. Inf. εἰμί hier m. μετά τινος *mit etwas verbun-
den sein* (vgl. B μετά AIII2). **11 ἑκατοντ-άρχης** V. 1. **κυβερνήτης**[1] 11
Steuermann. **ναύ-κληρος** *Reeder, Schiffseigner, Schiffseigentümer* (der [priva-
te] Schiffseigner reiste gewöhnl. m. u. nahm die Aufgabe eines Kapitäns wahr;
er unterstand dabei aber dem Vertreter des [staatl.] Konzessionsgebers, hier
dem ἑκατοντάρχης Julius [Bruce, Apg, S. 516; vgl. zu V. 6]); zur viel disku-
tierten lexikalischen Bdtg. v. κυβερνήτης u. ναύκληρος s. Hemer, Setting,

S. 138f. **ἐ-πείθετο** Ipf. Pass. πείθω Pass. hier τινί etwa *jmdm./etwas vertrau-
en* (Einh.), *auf jmdn./etwas hören* (GNB; vgl. B 3c). **λεγομένοις** Ptz. Pass.
λέγω, subst.; τὰ ὑπὸ Παύλου λεγομένα *die Worte des Paulus* bzw. *das, was*
12 *Paulus sagte.* **12 ἀν-εύ-θετος**[11] *ungünstig gelegen;* hier m. πρός τι *zu etwas*
ungeeignet; vgl. zu V. 8. **λιμήν** V. 8. **ὑπ-άρχοντος** Ptz. -άρχω hier = εἰ-
μί als Kopula (B 2; H-S §256c; A78); gen. abs. (A288), kaus. **παρα-χειμα-
σία** *(das) Überwintern.* **οἱ πλείονες** *die meisten* (der Seeleute). **ἔ-θεντο**
Aor. Med. τίθημι. **βουλή** *Absicht: Beschluß, Ratschluß, Plan;* hier m. τίθε-
μαι *beschließen* (B 2a). **ἀν-αχθῆναι** Aor. Inf. Pass. -άγω V. 2. **ἐκεῖ-θεν**
V. 4. **πως**[18] *irgendwie, etwa;* εἴ πως *ob (etwa)* od. *wenn (etwa).* **δύναιντο**
Opt. Pass. δύναμαι; εἴ πως δύναιντο καταντήσαντες εἰς Φοίνικα
παραχειμάσαι wird unterschiedl. gedeutet (vgl. ZG): a) der εἰ-Satz als indi-
rekte Frage (εἰ *ob [etwa];* wobei im Kontext zusätzl. das Bedeutungselement
des Versuchens „mitschwingt" [A332; BDR §375[3/4]]) m. obliquem Opt. (der in-
direkten Äußerung [A261; BDR §386[3]]): *(um zu sehen,) ob sie (noch) Phönix er-
reichen und (dort) überwintern konnten;* b) der εἰ-Satz als. kond. Wenn-Satz m.
potentialem Opt. (potentialer Fall ohne entsprechenden Dann-Satz [A344], li-
teratursprachl. [vgl. BDR §385[4]]): *um Phönix zu erreichen und nach Möglichkeit*
(wörtl. *wenn sie [es] konnten*) *dort zu überwintern.* **κατ-αντήσαντες** Aor.
Ptz. -αντάω *hinkommen, (hin)gelangen;* hier m. εἰς etwa *gelangen (bis) nach*
bzw. *erreichen;* temp. (als Inf. + „und" übers.; A291,1 Anm. 1). **Φοῖνιξ**[3] ικος
ὁ *Phönix* (einer v. vielen Ortsnamen, die das Ausmaß phönizischen Einflusses
in der Antike deutl. machen), Hafenort an der Südwestküste Kretas,
wahrscheinl. beim Kap Mouros, einem felsigen Vorsprung (ca. 50 km vom
Westende der Insel entfernt) m. zwei Buchten auf beiden Seiten (die westl.
heißt heute noch „Phineka-"[Bucht]; Hemer, Setting, S. 139f). **παρα-
χειμάσαι** Aor. Inf. -χειμάζω (vgl. A33[91ff]) *überwintern;* entweder abhängig
v. δύναιντο (vgl. dazu) od. fin. (A276). **λιμήν** V. 8. **Κρήτη** V. 7.
βλέποντα Ptz. βλέπω hier zur Bezeichnung der Himmelsrichtung (B 8),
offen sein κατά m. Akk. *nach;* attr.; λιμένα τῆς Κρήτης βλέποντα κατὰ
λίβα καὶ κατὰ χῶρον etwa: Phönix, *einen nach Südwesten und Nordwesten*
offenen Hafen in Kreta; die Phineka-Bucht war früher über zwei schmale ge-
schützte Zugänge m. dem Meer verbunden, v. denen der eine nach Südwesten,
der andere nach Nordwesten offen war (Bruce, Apg, S. 516f). **λίψ**[3] λιβός ὁ
(< [offenbar volksetymologisch] Λιβύη Libyen [Bruce, Apg, S. 517]) *Südwest-
wind, Südwesten.* **χῶρος** *Nordwesten* (s. Hemer, Setting, S. 140).
13 **13 ὑπο-πνεύσαντος** Aor. Ptz. -πνέω[31] *leise wehen;* gen. abs. (A288),
temp.; ὑποπνεύσαντος δὲ νότου *als nun ein leichter Südwind einsetzte*
(ideal für das Erreichen v. Phönix [V. 12] der Küste entlang um das Kap Mata-
la/Lithino [vgl. zu V. 8] herum). **νότος** *Südwind.* **δόξαντες** Aor. Ptz. δο-
κέω, kaus. **πρό-θεσις**[8] *Aufstellung; Vorsatz, Plan, Vorhaben.* **κε-κρατη-**

κέναι Pf. (A231) Inf. κρατέω hier (m. Gen.) *erreichen, erlangen* (B 1c); δό-
ξαντες τῆς προθέσεως κεκρατηκέναι, ἄραντες *meinten sie* (d.h. die
Seeleute), *ihr Vorhaben sei schon geglückt* (wörtl. *sie hätten das Vorhaben schon
erreicht*); *sie lichteten daher die Anker und* (vgl. Einh.). **ἄραντες** Aor. Ptz. αἴ-
ρω hier (idiomatisch) *die Anker lichten* bzw. *aufbrechen, abfahren* (B 1a); temp.
(A291,1 Anm. 1). **ἆσσον** Adv. (Komp. zu ἄγχι ganz nah) *näher, so nahe wie
möglich.* **παρ-ε-λέγοντο** Ipf. Med. παρα-λέγομαι V. 8; ἆσσον παρε-
λέγοντο τὴν Κρήτην etwa *(sie) fuhren so dicht wie möglich an der Küste Kre-
tas entlang.* **Κρήτη** V. 7. **14 μετ᾽ οὐ πολύ** *nicht lange danach* (B μετά 14
BII3), *kurz darauf.* **ἔ-βαλεν** Aor. βάλλω hier intr. *losbrechen* (B 3). **κατ᾽
αὐτῆς** *von (dem gebirgigen Innern der Insel) Kreta herab* (vgl. B κατά I1a),
von der Insel her (Menge). **ἄνεμος** V. 4. **τυφωνικός** *einem Wirbelsturm*
(τυφῶν) *gleich;* ἄνεμος τυφωνικός *ein Wirbelsturm* bzw. (einfach) *ein Or-
kan* (Einh.). **καλούμενος** V. 8; ὁ καλούμενος εὐρακύλων *der soge-
nannte Euraquilo* bzw. (idiomatisch) *der gefürchtete Nordost* (GNB). **εὐρ-ακύ-
λων**[4] ωνος ὁ (< griech. εὖρος „Südostwind" u. lat. aquilo „Nordwind"
[BDR §5[6]]) ein griech.-lat. Mischwort aus der Seemannssprache *„Euraquilo"*,
d.h. der *Nordostwind* (Richtung: 30 Grad nördl. v. Osten [Hemer, Setting,
S. 141f]); dieser vom Berg Ida herunterfahrende Sturm (heute „grigal/gregale"
genannt) stellte für ein solches Schiff eine tödl. Gefahr dar: wenn es nicht ken-
terte, drohte es in die Syrten getrieben zu werden (vgl. V. 17; Bruce, Apg,
S. 518) [Var. εὐρο-κλύδων als *Südost, der die Wogen aufwühlt* erklärt (dazu u.
zu den daraus entstandenen Varianten vgl. B u. Hemer, Setting, S. 141)].
15 συν-αρπασθέντος Aor. Ptz. Pass. Ntr. -αρπάζω[107] *gewaltsam ergrei-* 15
fen; Pass. (v. Wind) *fortgerissen/mitgerissen werden;* gen. abs. (A288), kaus./temp.
δυναμένου Ptz. Pass. δύναμαι, gen. abs. (A288), kaus. **ἀντ-οφθαλ-
μεῖν** Inf. -οφθαλμέω *ins Gesicht sehen, trotzen, ankämpfen gegen* (hier m.
Dat.); συναρπασθέντος δὲ τοῦ πλοίου καὶ μὴ δυναμένου ἀντοφ-
θαλμεῖν τῷ ἀνέμῳ etwa *das Schiff wurde mitgerissen, und weil es nicht mehr
gegen den Wind gedreht werden* (wörtl. *weil es dem Wind nicht trotzen*) *konnte*
(Einh.). **ἐπι-δόντες** Aor. Ptz. -δίδωμι[201] *geben, übergeben;* hier etwa *sich
preisgeben* (B 2), *aufgeben* (Einh.); temp. (A291,1 Anm. 1). **ἐ-φερόμεθα** Ipf.
Pass. φέρω Pass. hier *sich treiben lassen* (B 3a; toleratives Pass. [A219]).
16 νησίον (Diminutivform v. νῆσος *Insel*) *kleine Insel.* **ὑπο-δραμόντες** 16
Aor. Ptz. -τρέχω[196] *darunterlaufen,* hier nautischer term. tech. (vgl. ὑποπλέω
V. 4): *darunter herlaufen* etwa = *unter etwas im Windschatten (dahin)fahren* (vgl.
B), *auf der geschützten Seite von etwas (dahin)fahren* (vgl. LN 54.10); νησίον
δέ τι ὑποδραμόντες καλούμενον Καῦδα *als wir dann unter dem Schutz
einer kleinen Insel namens Kauda hinfuhren* (vgl. Menge) bzw. (kontextgetreu)
im Schutz der kleinen Insel Kauda war der Sturm etwas weniger heftig, und (GNB).
καλούμενον V. 8. **Καῦδα** *Kauda* (u.a. auch Κλαῦδα [s. Var.]; heute:

Gaudos), kleine südl. v. Kreta (westsüdwestl. des Kap Matala/Lithino) gelegene
Insel (Hemer, Setting, S. 142). **ἰσχύσαμεν** Aor. ἰσχύω *stark sein, vermö-
gen, können.* **μόλις** V. 7. **περι-κρατής**[7] *mächtig,* γίνομαι περικρατής
τινος *über etwas Gewalt gewinnen, etwas in die Gewalt bekommen;* ἰσχύσα-
μεν μόλις περικρατεῖς γενέσθαι τῆς σκάφης *konnten wir das Beiboot
nur mit Mühe* (wohl weil es voll Wasser war) *in die Gewalt bekommen* (d.h. um
es an Bord zu bringen; sonst fuhr es im Schlepptau). **γενέσθαι** Aor. Inf.
17 Med. γίνομαι. **σκάφη** *Boot,* hier *Beiboot, Rettungsboot.* **17 ἥν** AkkO zu
ἄραντες (part. coni. ist m. ἥν verschränkt; A364b), übers. *dieses.* **ἄραντες**
Aor. Ptz. αἴρω hier *hochziehen, an Bord ziehen* (B 1a); temp. **βοήθεια** (s.
βοηθέω helfen) *Hilfe,* Pl. *Hilfsmittel* (wahrscheinl. nautischer term. tech.
Schutzmittel); βοηθείαις ἐχρῶντο *(sie)* (die Seeleute) *wandten brachten
Hilfsmaßnahmen/Schutzmittel an* (B). **ἐ-χρῶντο** Ipf. Med. χράομαι V. 3.
ὑπο-ζωννύντες Ptz. -ζώννυμι *untergürten,* hier nautischer term. tech. ein
Schiff m. ὑποζώματα „Gurten" (vgl. Platon, Politeia 10.616C; Nomoi
12.945C) versehen, d.h. m. Tauen, die um den äußeren Schiffskörper herumlie-
fen, um ihm bei schwerer See größere Festigkeit zu geben (B; Hemer, Setting,
S. 143); mod.; βοηθείαις ἐχρῶντο ὑποζωννύντες τὸ πλοῖον etwa *sicher-
ten sie das Schiff, indem sie Taue darum herumspannten* (Einh.). **φοβούμε-
νοι** Ptz. Pass. φοβέομαι, kaus. **μή** positiv zu übers. nach einem Ausdruck
des Fürchtens (m. Konj. [A308]); φοβούμενοι τε μὴ εἰς τὴν Σύρτιν ἐκ-
πέσωσιν *weil sie fürchteten, in die Syrte* (GNB [kontextgetreu]: *in die Große
Syrte*) *verschlagen zu werden.* **Σύρτις**[8] *(die) Syrte:* antike Bezeichnung für zwei
Buchten an der nordafrikanischen Küste, die (hier gemeinte) Große Syrte im
Osten (heute Golf v. Bengasi) u. die Kleine Syrte (heute Golf v. Gabes) im We-
sten, wegen unberechenbarer Strömungen u. wandernder Sandbänke in der See-
fahrt gefürchtet (KP 5, Sp. 475). **ἐκ-πέσωσιν** Aor. Konj. -πίπτω[194] *heraus-
fallen;* hier nautischer term. tech. *verschlagen werden, treiben* εἴς τι *irgendwohin*
(B 2). **χαλάσαντες** Aor. Ptz. χαλάω[25] *herunterlassen;* temp. (A291,1
Anm. 1). **σκεῦος**[7] *Gerät; Gefäß, Werkzeug* u.ä.; χαλάω τὸ σκεῦος unter-
schiedl. gedeutet (am besten scheint c, am unwahrscheinlichsten b [Bruce, Apg,
S. 520]): a) *die Segel/alles entbehrliche Takelwerk herunterholen;* b) *das Hauptse-
gel einholen;* c) *den Treibanker hinablassen/ausbringen* (um die Fahrt des Schiffes
zu verlangsamen). **οὕτως** faßt die vorangehende Partizipialkonstruktion
(nach klass. Gebrauchsweise) zusammen (BDR §425,6). **ἐ-φέροντο** Ipf. Pass.
φέρω V. 15; οὕτως ἐφέροντο *(sie) ließen sich so treiben* bzw. *(sie) ließen das
18 Schiff dahintreiben* (GNB). **18 σφοδρῶς** *heftig, gewaltig.* **χειμαζομένων**
Ptz. Pass. χειμάζω *mit Unwetter heimsuchen,* Pass. *vom Unwetter/Sturm be-
drängt werden;* gen. abs. (A288), kaus. **ἑξῆς** *der Reihe nach, weiterhin;* τῇ ἑξῆς
(ἡμέρᾳ [vgl. A88]) temp. Dat. (A182) *am folgenden Tag.* **ἐκ-βολή** nauti-
scher term. tech. *(die) Leichterung,* d.h. das Überbordwerfen der Ladung zum

Zweck der Rettung eines Schiffes beim Sturm; ἐκβολὴν ποιέομαι *(einen*
Teil der) Ladung über Bord werfen (B). **ἐ-ποιοῦντο** Ipf. Med. ποιέω, viell.
konatives Ipf. (A237c/238); ἐκβολὴν ἐποιοῦντο etwa *machten sie sich daran,*
einen Teil (vgl. V. 38) *der Ladung über Bord zu werfen* (vgl. Hemer, Setting,
S. 144f). **19 τῇ τρίτῃ** erg. ἡμέρᾳ (BDR §241[3]; vgl. A88) temp. Dat. (A182) 19
am dritten Tag. **αὐτό-χειρ**[6/11] (Gen. -ρος) Adj. (hier adv. [mod.] gebraucht
[A113; vgl. BDR §243,1]) *eigenhändig.* **σκευή** *Ausrüstung;* ἡ σκευὴ τοῦ
πλοίου wohl *die irgendwie entbehrliche Ausrüstung des Schiffes,* nach anderen
das Takelwerk des Schiffes (B; Hemer, Setting, S. 144f). **ἔρ-ριψαν** Aor. ῥί-
πτω[58] *werfen,* hier *ins Meer/über Bord werfen* (B 1). **20 μή-τε** *und nicht;* 20
μήτε ... μήτε *weder ... noch.* **ἥλιος** *Sonne.* **ἄστρον** *Sternbild, Gestirn;*
Stern. **ἐπι-φαινόντων** Ptz. -φαίνω *zeigen; erscheinen, sich zeigen;* gen. abs.
(A288), temp. **ἐπί** m. Akk. wie klass. temp. *über ... hin* (BDR §233,3), *während*
(B III2b); ἐπὶ πλείονας ἡμέρας *während mehrerer Tage, mehrere Tage hin-*
durch. **χειμών**[4] ῶνος ὁ *Winter;* hier *Unwetter, Sturm* (B 1). **ἐπι-κειμέ-**
νου Ptz. ἐπί-κειμαι (A32) *daraufliegen;* hier *zusetzen, (be)drängen;* gen. abs.
(A288), temp.; χειμῶνός τε οὐκ ὀλίγου (Litotes [BDR §495[9]; A386]) ἐπι-
κειμένου (erg. ἡμῖν [A79]) *und (als) uns ein heftiger* (wörtl. *nicht geringer*)
Sturm bedrängte bzw. (kontextgetreu) *und (als) der Sturm ungeschwächt weiter-*
tobte (Menge). **λοιπόν** hier *schließlich* (B 3aα). **περι-ῃρεῖτο** Ipf. Pass.
-αιρέω (etwas, was um etwas herum ist) *wegnehmen;* Pass. hier *schwinden*
(Hoffnung). **τοῦ** m. AcI Attr. zu ἐλπίς (BDR §400[3]; A281; H-S §225a); ...
περιῃρεῖτο ἐλπὶς πᾶσα τοῦ σῴζεσθαι ἡμᾶς *schwand ... alle Hoffnung*
auf unsere Rettung bzw. *verloren wir ... jede Hoffnung auf Rettung* (GNB). **σῴζε-**
σθαι Inf. Pass. σῴζω, Präd. des AcI.

21 ἀ-σιτία *Appetitlosigkeit.* **ὑπ-αρχούσης** Ptz. Fem. -άρχω, gen. 21
abs. (A288), temp./kaus.; πολλῆς ἀσιτίας ὑπαρχούσης *da große Appetit-*
losigkeit herrschte (B ἀσιτία) bzw. etwa *niemand wollte mehr essen; da* (Einh.).
σταθείς Aor. Ptz. Pass. (= στάς Wz.-Aor.) ἵσταμαι hier ἐν μέσῳ m.
Gen. *sich in der Mitte* (od. *inmitten*) *von ... hinstellen, in die Mitte von* etwas (od.
vor jmdn.) *(hin)treten;* temp. (A291,1 Anm. 1). **ἔ-δει** Ipf. δεῖ; Ipf. drückt hier
aus, daß etwas tatsächl. notwendig war, aber doch nicht geschah (A239; H-S
§198i); ἔδει ... πειθαρχήσαντάς μοι μὴ ἀνάγεσθαι ἀπὸ τῆς Κρήτης
κερδῆσαί τε τὴν ὕβριν ταύτην καὶ τὴν ζημίαν (AkkO zu κερδῆ-
σαι) etwa ... *man hätte auf mich hören und von Kreta nicht abfahren sollen, dann*
wären uns dieses Unglück und der Schaden erspart geblieben (Einh.; wörtl. ... *nicht*
abfahren und sich diese Gefahr/dieses Unglück und den Schaden ersparen sollen).
μέν solitarium (ohne entsprechendes δέ [s. dafür aber καὶ τὰ νῦν]; unklass.
[BDR §447[15]; A315,2]), am besten unübersetzt lassen. **ὦ** vor Vok. hier wohl
(klass.) ohne Affekt (BDR §146[4]; A142); ὦ ἄνδρες *Männer.* **πειθ-αρχή-**
σαντας Aor. Ptz. -αρχέω m. Dat. *gehorchen, hören auf;* part. coni. zu (dem

zu ergänzenden Subj.) αὐτούς/ὑμᾶς (H-S §230c; A287; vgl. BDR §408[4]),
temp./mod. (als Inf. + „und“ übers.; A291,1/2 Anm. 1). **ἀν-άγεσθαι** Inf.
Pass. -άγω V. 4; erstes Präd. des AcI, abhängig v. ἔδει. **Κρήτη** V. 7. **κερ-
δῆσαι** Aor. Inf. κερδαίνω[125] *gewinnen;* hier (von Negativem) *sich* etwas *er-
sparen,* etwas *vermeiden* (B 2); zweites Präd. des AcI, abhängig v. ἔδει. **ὕβρις,**
22 **ζημία** V. 10. **22 καὶ τὰ νῦν** Akk. der Beziehung (A149) *und/doch was
den gegenwärtigen Stand der Dinge anbetrifft = doch jetzt* (vgl. B νῦν 3c; Menge
hier: *doch, wie die Dinge jetzt einmal liegen*). **παρ-αινέω** V. 9; παραινῶ
ὑμᾶς εὐθυμεῖν *fordere ich euch auf, guten Mutes zu sein* bzw. *bitte ich euch:
Laßt den Mut nicht sinken!* (GNB). **εὐ-θυμεῖν** Inf. -θυμέω *guten Mutes sein.*
ἀπο-βολή *Verwerfung;* hier *Verlust;* ἀποβολὴ γὰρ ψυχῆς οὐδεμία
ἔσται ἐξ ὑμῶν πλὴν τοῦ πλοίου *denn keinerlei Verlust an Leben wird es
unter* (wörtl. *von*) *euch geben, außer (dem Verlust) des Schiffes* bzw. *denn keiner
von euch wird das Leben verlieren, nur das Schiff geht verloren.* **ψυχή** V. 10.
ἔσται Fut. εἰμί. **πλήν** *aber, jedoch;* hier uneig. Präp. (A183) *außer* (B 2).
23 **23 παρ-έ-στη** Wz.-Aor. -ίσταμαι m. τινί *zu jmdm. kommen* (B 2aα).
ταύτῃ τῇ νυκτί (temp. Dat., A182) *in dieser Nacht* bzw. (idiomatisch) *letzte
Nacht* (GNB). **εἰμί** m. gen. poss. (A154; B IV1) *jmdm./etwas gehören;* τοῦ
θεοῦ, οὗ εἰμι ἐγὼ ᾧ καὶ λατρεύω, ἄγγελος *ein Engel des Gottes, dem ich
gehöre (und) dem ich auch diene* (vgl. Menge) bzw. *... dem ich gehöre und dem ich*
24 *diene.* **λατρεύω** (Gott) *dienen, verehren.* **24 λέγων** Ptz., mod.; zur Sache
vgl. 23,11. **φοβοῦ** Imp. Pass. φοβέομαι. **Παῦλε** Vok. **Καῖσαρ**[6] αρος
ὁ *Kaiser* (z.T. ohne Art. eigennamenartig gebraucht, BDR §254,3). **παρα-
στῆναι** Wz.-Aor. Inf. παρ-ίσταμαι hier τινί *vor jmdn.* (als seinen Richter)
treten (B 2aα); Präd. des AcI, abhängig v. δεῖ. **καὶ ἰδού** etwa *und wisse wohl*
(Menge) bzw. (einfach) *und.* **κε-χάρισται** Pf. (A231) Med. χαρίζομαι[101]
(großzügig bzw. *aus Gnaden) schenken;* καὶ ἰδοὺ κεχάρισταί σοι ὁ θεὸς
πάντας τοὺς πλέοντας μετὰ σοῦ *und Gott hat dir alle geschenkt, die mit
dir fahren* bzw. (kontextgetreu) *und auch alle anderen, die mit dir auf dem Schiff
sind, wird Gott deinetwegen retten* (GNB); vgl. Gen 18,26-32 zum Prinzip, daß um
eines anwesenden Gerechten willen dessen Umfeld in den Genuß bes. göttlicher
Bewahrung kommen kann. **πλέοντας** Ptz. πλέω *zur See fahren, zu Schiff rei-*
25 *sen, segeln;* subst. **25 εὐ-θυμεῖτε** Imp. -θυμέω. **ἄνδρες** V. 10. **πι-
στεύω** hier τινί u. ὅτι *jmdm. glauben/vertrauen, daß.* **ἔσται** V. 22; πι-
στεύω τῷ θεῷ ὅτι οὕτως ἔσται *ich vertraue Gott, daß es so sein/kommen
wird.* **τρόπος** *Art und Weise;* καθ’ ὃν τρόπον *auf dieselbe Weise wie* (B 1),
hier οὕτως ... καθ’ ὃν τρόπον *so ... wie.* **λε-λάληται** Pf. (A231) Pass. λα-
26 λέω. **26 νῆσος** ἡ *Insel.* **ἡμᾶς** Subj. des AcI. **ἐκ-πεσεῖν** Aor. Inf. -πί-
πτω V. 17, hier m. εἰς *stranden an* (Menge); Präd. des AcI, abhängig v. δεῖ.

27 **27 τεσσαρεσ-και-δέκατος**[19] *vierzehnter;* nach Berechnungen erfah-
rener Mittelmeernavigatoren sind für die Strecke v. Kauda bis Malta (ca.

900 km) unter diesen Wetterbedingungen rund dreizehn bis vierzehn Tage
erforderl. (Bruce, Apg, S. 522). **ἐ-γένετο** Aor. Med. γίνομαι hier etwa
kommen. **δια-φερομένων** Ptz. Pass. -φέρω *hindurchtragen;* Pass. hier *um-
hertreiben* (B 1c), *dahintreiben* (Wilckens); gen. abs. (A288), temp.; ὡς δὲ τεσ-
σαρεσκαιδεκάτη νὺξ ἐγένετο διαφερομένων ἡμῶν ἐν τῷ Ἀδρίᾳ
*als dann die vierzehnte Nacht gekommen war, seit wir im Adriatischen Meer dahin-
trieben* bzw. (freier) *wir trieben nun schon die vierzehnte Nacht im Sturm auf dem
Mittelmeer* (GNB). **Ἀδρίας**[1] ου *Adriatisches Meer;* gemeint ist hier das
Meer zwischen Italien, Malta, Kreta u. Griechenland u. nicht die „Adria“ im
heutigen Sinn (nach Strabo, Geographia 2.5.20 gehörte das Ionische Meer zur
„Adria“); v. dem Ausdruck ἐν τῷ Ἀδρίᾳ läßt sich nicht ableiten, das Schiff
des Paulus sei in die Adria (im heutigen Sinn) getrieben worden (Hemer, Set-
ting, S. 145f). **κατὰ μέσον νυκτός** *um Mitternacht* (B μέσος 2). **ὑπ-ε-
νόουν** Ipf. ὑπο-νοέω *vermuten,* hier m. AcI. **ναύτης**[1] *Matrose, Seemann.*
προσ-άγειν Inf. -άγω tr. *herbeiführen;* hier intr. *herankommen, sich nähern;*
Präd. des AcI; προσάγειν τινὰ αὐτοῖς χώραν (Subj. des AcI) eig. *daß sich
ihnen Land näherte* bzw. (idiomatischer) *daß sie sich einer Küste näherten* (B 2a);
wenn es sich hier tatsächl. um die herkömml. St.-Paulus-Bucht handelte (was
auch gut zu den übrigen topographischen Angaben des Berichtes paßt), wurden
die Seeleute viell. auf die bei diesem Wetter bes. wild schäumende Brandung
des Koura-Felsens aufmerksam, den jedes aus dem Osten kommende Schiff in
einigen Hundert Metern Entfernung passieren mußte (dazu u. zu alternativen
Deutungen s. Hemer, Setting, S. 146). **χώρα** *Land* (Ggs. *Meer* od. *Stadt*).
28 βολίσαντες Aor. Ptz. βολίζω (vgl. A33[91ff]) *das Senkblei/Lot* (βολίς 28
[vgl. Hemer, Setting, S. 147]) *auswerfen* (um die Tiefe zu messen); temp.
(A291,1 Anm. 1). **εὗρον** Aor. εὑρίσκω hier etwa *messen.* **ὀργυιά** *Klafter*
(Längenmaß, = 1,85 m [vgl. KP 4, Sp. 339f]); nautischer term. tech. *Faden* (ein
etwa gleiches Maß, nach dem man die Wassertiefe bestimmte); eine Tiefe v.
37 m ist offenbar das, was sich beim Passieren des Koura-Felsens messen läßt
(Hemer, Setting, S. 147). **εἴκοσι**[19] *zwanzig.* **βραχύς**[10] εῖα ύ *kurz, wenig;*
Ntr. *ein kurzes Stück.* **δια-στήσαντες** Aor. Ptz. δι-ΐστημι[204] *absondern,*
hier etwa *weiterfahren;* temp.; βραχὺ δὲ διαστήσαντες *nachdem sie eine
kurze Strecke weitergefahren waren* (B 2) od. *kurz danach.* **δεκα-πέντε**[19] *fünf-
zehn.* **29 φοβούμενοι** V. 17; kaus. **μή** V. 17. **που**[18] *irgendwo.* **τρα- 29
χύς**[10] εῖα ύ *rauh, uneben.* **ἐκ-πέσωμεν** V. 17; μή που κατὰ τραχεῖς
τόπους ἐκπέσωμεν *wir könnten irgendwo auf Klippen geraten* (Menge) bzw.
etwa ... *auf ein Küstenriff auflaufen* (vgl. GNB). **πρύμνα** *Hinterdeck, Heck;* das
Auswerfen v. Ankern vom Heck (so ungewöhnl. damals wie heute) war in dieser
Situation die richtige Notmaßnahme (Hemer, Setting, S. 147). **ῥίψαντες**
Aor. Ptz. ῥίπτω[58] V. 19, hier *auswerfen;* temp. (A291,1 Anm. 1). **ἄγκυρα**
Anker. **τέσσαρες**[19f] *vier.* **ηὔχοντο** Ipf. Med. εὔχομαι *beten;* auch abge-

schwächt (so wohl hier) *wünschen* m. AcI; ηὔχοντο ἡμέραν γενέσθαι *(sie)*
wünschten, daß es Tag würde bzw. *(sie) wünschten sich sehnlichst den Tag herbei.*
30 **γενέσθαι** Aor. Inf. Med. γίνομαι, Präd. des AcI. **30 ζητούντων** Ptz.
ζητέω, gen. abs. (A288), temp. (analog χαλασάντων). **φυγεῖν** Aor. Inf.
φεύγω[72] *fliehen.* **χαλασάντων** Aor. Ptz. χαλάω V. 17; gen. abs. (A288),
temp.; καὶ χαλασάντων ... *und (zu diesem Zweck) ... hinunterließen.* **σκά-**
φη V. 16. **πρό-φασις**[8] *Entschuldigung; Vorwand, Ausrede;* προφάσει (dat.
instr., A176) ὡς *unter dem Vorwand, als ob* od. *scheinbar, als ob* (B 2). **πρῷρα**
(zu -ρης statt -ρας BDR §43[1]; vgl. H-S §25f) *Vorschiff, (der) Bug.* **μελλόν-**
των Ptz. μέλλω hier *wollen* (B 1cγ); part. coni. zum Subj. v. χαλασάν-
των ... (τῶν ναυτῶν; vgl. H-S §230c; A287), mod. dazu (m. ὡς: vorgestellter
Vergleich [BDR §425[3]; A291,2]); καὶ χαλασάντων ... προφάσει ὡς ἐκ
πρῴρης ἀγκύρας μελλόντων ἐκτείνειν *und (sie) zu diesem Zweck ... hin-*
unterließen unter dem Vorwand, (auch) vom Bug aus Anker auswerfen zu wollen
(dazu vgl. Hemer, Setting, S. 147f). **ἐκ-τείνειν** Inf. -τείνω *ausstrecken,* hier
31 *ausbringen, auswerfen.* **31 ἑκατοντ-άρχης** V. 1. **στρατιώτης**[1] *Soldat.*
32 **μείνωσιν** Aor. Konj. μένω. **σωθῆναι** Aor. Inf. Pass. σῴζω. **32 ἀπ-έ-**
κοψαν Aor. ἀπο-κόπτω[56] *abschlagen, abhauen, kappen.* **σχοινίον** *Seil,*
Strick, Tau. **εἴασαν** Aor. ἐάω[32] *(zu)lassen.* **ἐκ-πεσεῖν** V. 26, hier etwa
davontreiben.
33 **33 ἤ-μελλεν** Ipf. μέλλω; ἄχρι δὲ οὗ ἡμέρα ἤμελλεν γίνεσθαι
bis es aber Tag werden wollte (Menge) bzw. *bis in die Morgendämmerung hinein*
(Einh.) od. (viell. besser) *noch bevor der Tag anbrach* (GNB). **γίνεσθαι** Inf.
παρ-ε-κάλει Ipf. παρα-καλέω hier wohl *zureden, auffordern.* **ἅ-πας**[10] =
πᾶς. **μετα-λαβεῖν** Aor. Inf. -λαμβάνω[152] *seinen Anteil erhalten an*
(Gen.[A165]); μεταλαμβάνω τροφῆς *Speise zu sich nehmen* (B 1). **τρο-**
φή *Nahrung, Speise.* **λέγων** Ptz., mod. **τεσσαρεσκαιδεκάτην σήμε-**
ρον ἡμέραν eig. Akk. der zeitl. Ausdehnung (A148), hier idiomatisch ge-
braucht (vgl. Kühner-Gerth §410,5b; BDR §162[6]) im Sinn v. *heute ist es der vier-*
zehnte Tag, daß (Menge). **προσ-δοκῶντες** Ptz. -δοκάω *erwarten, warten*
auf; wohl präd. bei Verb des modifizierten Seins u. Tuns (A301); τεσσαρεσ-
καιδεκάτην σήμερον ἡμέραν προσδοκῶντες ἄσιτοι διατελεῖτε
μηθὲν προσλαβόμενοι *heute ist es der vierzehnte Tag, daß ihr ohne Nahrung*
ununterbrochen in ängstlicher Erwartung schwebt und nichts Rechtes zu euch ge-
nommen habt (Menge) od. etwa *heute ist schon der vierzehnte Tag, den ihr voll*
banger Erwartung zubringt, ohne auch nur die geringste Nahrung zu euch zu neh-
men. **ἄ-σιτος**[11] *ohne Nahrung, ohne gegessen zu haben, nüchtern;* Artangabe
zum Subj. (A65; H-S §259n; nach BDR §414[4] ist ὄντες [Ptz. v. εἰμί] zu erg. u.
dieses statt προσδοκῶντες m. διατελεῖτε zu verbinden: *ihr seid ununterbro-*
chen ohne Nahrung). **δια-τελέω** *ausdauern,* (in einem Zustand) *verhar-*
ren/bleiben, m. Ptz.: etwas *beharrlich/ununterbrochen/fortwährend* tun. **μηθ-είς**

= μηδ-είς (BDR §33[2]). **προσ-λαβόμενοι** Aor. Ptz. Med. -λαμβάνο-
μαι[152] *zu sich nehmen* (V. 36 m. gen. partitivus [A165; BDR §169[5]] τροφῆς
Nahrung); mod. (neg., A291,2); μηθὲν προσλαβόμενοι *ohne etwas zu euch*
zu nehmen. **34** **πρός** m. Gen. (im NT nur hier) *zum Vorteil von;* τοῦτο πρὸς 34
τῆς ὑμετέρας σωτηρίας ὑπάρχει *dies dient zu eurer Rettung* (BDR
§240,1), *das ist zu eurer Rettung notwendig* (Menge). **ὑμέτερος** (A128) *euer.*
θρίξ τριχός ἡ (vgl. A3; H-S §42b) *Haar;* οὐδενὸς (gen. poss., A154) ὑμῶν
(gen. partitivus, A164) θρὶξ ἀπὸ τῆς κεφαλῆς ἀπολεῖται *keinem von*
euch wird auch nur ein Haar (wörtl. „ein Haar von keinem von euch wird") *von*
seinem (A103) *Kopf verlorengehen* bzw. *niemand von euch wird auch nur ein Haar*
von seinem Kopf verlieren (sprichwörtl. Redewendung [neben Lk 21,18 vgl. 1Sam
14,45; 2Sam 14,11; 1Kön 1,52; Mt 10,30; Lk 12,7]; ohne γάρ handelt es sich um
einen Hexameter [Bruce, Apg, S. 525; vgl. BDR §487[5]]). **ἀπ-ολεῖται** Fut.
Med. -όλλυμαι. **35** **εἴπας** Aor. Ptz. (vgl. H-S §105g) λέγω, temp. **λα-** 35
βών Aor. Ptz. λαμβάνω, temp. **εὐ-χαρίστησεν** Aor. -χαριστέω *dank-*
bar sein; hier *Dank sagen, danken.* **κλάσας** Aor. Ptz. κλάω[23] *(in Stücke) bre-*
chen; erg. αὐτόν/τοῦτον (A79), temp. (A291,1 Anm. 1). **ἤρξατο** Aor. Med.
ἄρχω. **ἐσθίειν** Inf. **36** **εὔ-θυμος**[11] *fröhlich, guten Mutes* (vgl. εὐθυμέω 36
V. 22/25). **γενόμενοι** Aor. Ptz. Med. γίνομαι, temp. (A291,1 Anm. 1); εὔ-
θυμοι δὲ γενόμενοι πάντες *da bekamen alle neuen Mut und* (Menge).
καὶ αὐτοί *auch sie, sie ebenfalls.* **προσ-ε-λάβοντο** Aor. Med. V. 33.
37 **ἤμεθα** Ipf. Med. εἰμί; ἤμεθα δέ ... *wir waren aber* ... eine Parenthese 37
(A374; vgl. BDR §465[3]). **ψυχή** hier *Person* (ZG; vgl. B 2); αἱ πᾶσαι ψυχαί
die Gesamtzahl der Personen (A86) bzw. *im ganzen ... Personen* (Menge; vgl.
BDR §275,3). **διακόσιοι ἑβδομήκοντα ἕξ**[19] *zweihundertsechsundsieb-*
zig; s. Hemer, Setting, S. 149 zu dieser als durchaus realistisch einzuordnenden
Zahl. **38** **κορεσθέντες** Aor. Ptz. Pass. κορέννυμι (vgl. A33[221ff]) *sättigen;* 38
Pass. *sich sättigen, satt werden* (m. Gen. dessen, was satt macht); temp.; κορε-
σθέντες δὲ τροφῆς *als sie sich satt gegessen hatten* (B 1). **ἐ-κούφιζον** Ipf.
κουφίζω *erleichtern.* **ἐκ-βαλλόμενοι** Ptz. Med. -βάλλω, mod.; ἐκβαλ-
λόμενοι τὸν σῖτον εἰς τὴν θάλασσαν *indem sie die Getreideladung ins*
Meer warfen; nun mußte man sich auch noch v. der restl. (vgl. V. 18), bisher
noch benötigten, nun aber hinderl. Ladung trennen (Bruce, Apg, S. 526).
σῖτος *Weizen, Getreide.*

39 **ἐ-γένετο** V. 27. **ἐπ-ε-γίνωσκον** Ipf. ἐπι-γινώσκω; τὴν γῆν 39
οὐκ ἐπεγίνωσκον *erkannten sie* (die Seeleute) *das Land/die Küste nicht* (im-
pliziert: *das/die sie sahen*) bzw. *sahen die Seeleute eine Küste, die ihnen unbekannt*
war (GNB). **κόλπος** *Busen, Brust* (Pl. auch *Schoß*); hier *Meeresbucht.* **κατ-**
ε-νόουν Ipf. κατα-νοέω *beschauen, betrachten;* hier *bemerken, wahrnehmen*
(B 1). **ἔχοντα** Ptz. ἔχω, attr. od. mod. formelhaft im Sinn v. *mit* (A292);
κόλπον δέ τινα ... ἔχοντα αἰγιαλόν ... *eine Bucht mit einem flachem*

Strand. **αἰγιαλός** *Strand,* hier *(guter/flacher) Strand* (vgl. B). **εἰς ὅν** gehört
zu ἐξῶσαι (Inf. ist m. εἰς ὅν verschränkt; A364b), übers. *auf ihn/diesen.*
ἐ-βουλεύοντο Ipf. Med. βουλεύομαι *mit sich zu Rate gehen, überlegen;*
hier *einen Beschluß fassen, beschließen.* **δύναιντο** V. 12 (zu Form u. Ge-
brauch); εἰ δύναιντο übers. etwa *wenn möglich.* **ἐξ-ῶσαι** Aor. Inf. -ω-
θέω[172] *hinausstoßen;* hier nautischer term. tech. *auf den Strand treiben lassen,*
auflaufen lassen, auf Grund setzen; εἰς ὃν ἐβουλεύοντο εἰ δύναιντο ἐξῶ-
σαι τὸ πλοῖον etwa *auf ihn wollten sie, wenn möglich, das Schiff auflaufen las-*
sen bzw. *(sie) wollten versuchen, das Schiff dort auf Grund zu setzen* (GNB) [Var.
40 ἐκ-σῶσαι Aor. Inf. -σῴζω[106] *in Sicherheit bringen*]. **40 ἄγκυρα** V. 29.
περι-ελόντες Aor. Ptz. -αιρέω[186] V. 20; hier *losmachen* (B 1), die Anker-
taue *kappen;* temp. (A291,1 Anm. 1). **εἴων** Ipf. ἐάω V. 32; hier viell. nauti-
scher term. tech. (die Anker) (ins Meer) *fallen lassen* (B 3) bzw. (im Meer) *zu-*
rücklassen. **ἅμα** *zugleich, gleichzeitig.* **ἀν-έντες** Aor. Ptz. -ἵημι[202] *loslassen,*
lösen; temp. (A291,1 Anm. 1); ἅμα ἀνέντες τὰς ζευκτηρίας τῶν πηδα-
λίων etwa *zugleich lösten sie die Haltetaue der Steuerruder* bzw. *und machten zu-*
gleich die Steuerruder klar. **ζευκτηρία** *Band, (das) Tau.* **πηδάλιον** *Steuer-*
ruder (Pl., da an jedem Schiff zwei Ruder angebracht waren, die durch ein Quer-
holz verbunden v. einem Mann bedient werden konnten [B]). **ἐπ-άραντες**
Aor. Ptz. -αἴρω[132] *emporheben,* hier *hissen;* temp. (A291,1 Anm. 1). **ἀρτέ-**
μων[4] ωνος ὁ *Vorsegel, Vordersegel.* **πνεούσῃ** Ptz. Fem. πνέω *wehen, bla-*
sen; subst.; ἡ πνεοῦσα (erg. αὔρα *Hauch, Wind* [BDR §241[8]]) eig. *der wehen-*
de Wind, die wehende Brise; der Dat. läßt sich unterschiedl. zuordnen (ZG): a) zu
ἐπάραντες: *(sie) hißten ... vor den Wind/in die Brise und;* b) zu κατεῖχον (dat.
instr., A176): *(sie) hielten mit Hilfe des Windes/mit Hilfe der Brise* auf den Strand
zu. **κατ-εῖχον** Ipf. -έχω *aufhalten;* hier nautischer term. tech. (intr.) κατέ-
41 χω εἰς *auf* etwas *zuhalten, hinsteuern* (B 2). **41 περι-πεσόντες** Aor. Ptz.
-πίπτω[194] *(in/auf/unter etwas) fallen, geraten,* hier εἴς τι *auf etwas geraten;*
temp. **δι-θάλασσος**[11] *zwischen zwei Meeren gelegen;* τόπος διθάλλασος
wohl eine dem eig. Strand vorgelagerte Sandbank, die vor u. hinter sich tieferes
Wasser hat, also *Sandbank, Untiefe,* od. *Landzunge, Riff* o.ä. (bei dem „zwischen
zwei Meeren gelegenen Ort“ handelte es sich evtl. um den schmalen Korridor
zwischen Malta u. der Insel Salmonetta, die die St.-Paulus-Bucht v. der nördl.
davon liegenden Bucht trennt [Bruce, Apg, S. 527]). **ἐπ-έ-κειλαν** Aor. ἐπι-
κέλλω (vgl. A33[110ff]) nautischer term. tech. *ans Land treiben lassen, auflaufen*
lassen. **ναῦς** (Akk. ναῦν; literatursprachl. für πλοῖον [BDR §47,4d]) *Schiff.*
πρῷρα V. 30. **ἐρείσασα** Aor. Ptz. Fem. ἐρείδω (vgl. A33[88ff]) *sich einboh-*
ren, sich fest einrammen; temp. (A291,1 Anm. 1). **ἔ-μεινεν** Aor. μένω.
ἀ-σάλευτος[11] *unerschütterlich;* ἔμεινεν ἀσάλευτος *(er) saß unbeweglich*
fest. **πρύμνα** *Hinterdeck, Heck.* **ἐ-λύετο** Ipf. Pass. λύω, lin. od. konatives
Ipf. (A237; vgl. A238); ἡ δὲ πρύμνα ἐλύετο ... das Ipf. wird unterschiedl.

übersetzt: a) *und das Heck brach ... allmählich auseinander* (vgl. Menge; BDR
§326[1]), b) *und das Heck begann ... auseinanderzubrechen* (vgl. B 3; BDR §326[1]),
c) *und das Heck drohte auseinanderzubrechen* (Schneider, Apg 2, S. 387). **βία**
Gewalt, Gewaltanwendung; ὑπὸ τῆς βίας τῶν κυμάτων etwa *unter der*
Wucht der Wellen (GNB). **κῦμα**[3] *Welle, Woge.* **42 στρατιώτης** V. 31. 42
βουλή V. 12; τῶν δὲ στρατιωτῶν βουλὴ ἐγένετο *da beschlossen die*
Soldaten (vgl. B 2a), *da faßten die Soldaten den Plan.* **ἐ-γένετο** V. 27. **ἵνα**
hier *daß* bzw. Inf. (A328; bez. das Beschlossene/Geplante; B III1cα; BDR
§393,5); zum Beweggrund dieses Planes vgl. 12,19. **δεσμώτης**[1] *Gefangener.*
ἀπο-κτείνωσιν Aor. (= Präs.) Konj. -κτείνω. **μή** = ἵνα μή (A339;
B B2); μή τις *damit keiner.* **ἐκ-κολυμβήσας** Aor. Ptz. -κολυμβάω *(her-*
aus)schwimmen, davonschwimmen; mod. *durch Schwimmen.* **δια-φύγῃ** Aor.
Konj. -φεύγω[72] *entkommen.* **43 ἑκατοντ-άρχης** V. 1. **βουλόμενος** 43
Ptz. βούλομαι *wollen, wünschen;* kaus. **δια-σῶσαι** Aor. Inf. -σῴζω[106] *ret-*
en, bewahren. **ἐ-κώλυσεν** Aor. κωλύω *hindern, abhalten,* hier τινά τινος
jmdn. von etwas abhalten; ἐκώλυσεν αὐτοὺς τοῦ βουλήματος *hielt er sie*
von ihrem Vorhaben ab (B 1), *hinderte (er) sie an ihrem Vorhaben.* **βούλημα**[3]
Wille, Vorhaben. **ἐ-κέλευσεν** Aor. κελεύω[5] *befehlen, anordnen,* hier m. AcI.
δυναμένους Ptz. Pass. δύναμαι, subst.; τοὺς δυναμένους κολυμβᾶν
die, die schwimmen konnten bzw. *die Schwimmer;* erstes Subj. des AcI. **κολυμ-**
βᾶν Inf. κολυμβάω *schwimmen.* **ἀπο-ρίψαντας** Aor. Ptz. -ρίπτω[58] *sich*
herabstürzen, hier *ins Meer springen, über Bord springen;* part. coni. zu τοὺς δυ-
ναμένους (H-S §230c; A287), temp. (einem Inf. entsprechend + „und“
übers.; A291,1 Anm. 1); ἐκέλευσέν τε τοὺς δυναμένους κολυμβᾶν
ἀπορίψαντας πρώτους ἐπὶ τὴν γῆν ἐξιέναι etwa *er befahl, die*
Schwimmer sollten als erste über Bord springen und sich ans Land retten.
πρώτους *als erste, zuerst* (vgl. A113). **ἐξ-ιέναι** Inf. ἔξ-ειμι (εἶμι) (vgl.
A32) *herausgehen, verlassen;* m. ἐπὶ τὴν γῆν *an Land gehen* (B) bzw. *sich ans*
Land retten (Menge); Präd. des AcI. **44 οὓς μέν ... οὓς δέ** *die einen ... die* 44
anderen bzw. *teils ... teils* (BDR §293[11]; A133c); zusammen m. τοὺς λοιπούς
weitere Subj. des AcI; καὶ τοὺς λοιποὺς (erg. gedankl. ἐκέλευσεν ἐπὶ
τὴν γῆν ἐξιέναι) οὓς μὲν ἐπὶ σανίσιν, οὓς δὲ ἐπί τινων τῶν ἀπὸ
τοῦ πλοίου (τῶν ... gen. partitivus zu τινων [A137a/164]) etwa *dann die üb-*
rigen, teils auf Planken, teils auf anderen (A376a) *Wrackteilen* (evtl. *auf dem*
Rücken einiger Schiffsleute). **ἐπί** hier zunächst m. Dat., dann (synonym) m.
Gen. (BDR §235[1]). **σανίς**[3] ίδος ἡ *Brett.* **ἐ-γένετο** V. 27; γίνεται m. AcI
eig. *es ereignet sich, daß* (A271), am besten unübersetzt lassen; οὕτως ἐγένετο
πάντας (Subj. des AcI) διασωθῆναι ἐπὶ τὴν γῆν etwa *so kam es, daß alle*
sich ans Land retten konnten bzw. *so kamen alle unversehrt an Land* (GNB).
δια-σωθῆναι Aor. Inf. Pass. -σῴζω, Pass. m. ἐπὶ τὴν γῆν *sich aufs/ans*
Land retten (vgl. B), *unversehrt an Land kommen* (GNB); Präd. des AcI.

28 **δια-σωθέντες** Aor. Ptz. Pass. -σῴζω[106] *retten, bewahren;* temp.; δια-
σωθέντες τότε *nach unserer Rettung.* **ἐπ-έ-γνωμεν** Aor. ἐπι-γινώσκω.
Μελίτη übl. antiker Name für die Insel *Malta* (LAW, Sp. 1835; KP 3,
Sp. 1179; am wahrscheinlichsten bleibt die herkömml. Gleichsetzung v. Μελί-
τη m. Malta trotz der Versuche, den Namen m. dem dalmatischen Mljet od. m.
dem westgriech. Kephallenia in Verbindung zu bringen [AFCS 2, S. 37-43]).
νῆσος ἡ *Insel.* **καλεῖται** Pass. καλέω; ὅτι ... καλεῖται *daß ... hieß*
2 (Tempus u. Modus wie in der entsprechenden direkten Rede; A326). **2 βάρ-
βαρος**[11] *unverständlich sprechend, fremdsprachig, ausländisch, ungriechisch;*
subst. *Nichtgrieche, Barbar* (im Ggs. zu Ἕλλην), hier etwa *Eingeborener, Ein-
heimischer;* Menschen, die sich nicht in Griechisch (der kosmopolitischen Spra-
che des röm. Reiches) unterhalten konnten, waren aus griech.-röm. Sicht βάρ-
βαροι; wie punische Inschriften auf Malta vermuten lassen, sprachen einfache
maltesische Dorfbewohner nicht griechisch (Hemer, Setting, S. 152). **παρ-εῖ-
χον** Ipf. -έχω *darbieten;* hier *gewähren, erweisen.* **τυχοῦσαν** Aor. Ptz. Fem.
τυγχάνω[156] *erlangen; sich treffen, sich zufällig befinden;* ὁ τυχών *der erste be-
ste,* der einem zufällig begegnet, daher οὐχ ὁ τυχών *der nicht Gewöhnliche;*
attr.; οὐ τὴν τυχοῦσαν φιλανθρωπίαν *außerordentliche Menschenfreund-
lichkeit* (Menge; vgl. B 2d; Litotes [BDR §495[9]; A386]). **φιλ-ανθρωπία**
(vgl. 27,3) *Menschenliebe, Menschenfreundlichkeit;* οἵ τε βάρβαροι παρεῖ-
χον οὐ τὴν τυχοῦσαν φιλανθρωπίαν ἡμῖν etwa *die Einheimischen wa-
ren überaus freundlich zu uns* (vgl. GNB). **ἅψαντες** Aor. Ptz. ἅπτω[51] Akt.
anzünden; mod. (A291,2 Anm. 1). **πυρά** *Feuerhaufen, Feuer* (GNB: *offenes
Feuer*). **προσ-ε-λάβοντο** Aor. Med. -λαμβάνομαι[152] *beiseite nehmen;*
hier *aufnehmen, zu sich holen.* **ὑετός** *Regen.* **ἐφ-εστῶτα** Pf. (Wz.-Pf., H-S
§109a; m. präs. Bdtg.) Ptz. -ίσταμαι[205] *herantreten;* Pf. *dabeistehen,* hier (v.
Regen) *eingesetzt haben* (kaum [trotz B]: *drohen* [ZG; Bruce, Apg, S. 531]); attr.;
διὰ τὸν ὑετὸν τὸν ἐφεστῶτα καὶ διὰ τὸ ψῦχος *wegen des Regens, der
eingesetzt hatte, und wegen der Kälte* bzw. *denn es hatte angefangen zu regnen und*
3 *war kalt* (GNB). **ψῦχος**[7] *Kälte.* **3 συ-στρέψαντος** Aor. Ptz. -στρέφω[47]
zusammenraffen; gen. abs. (A288), temp. **φρύγανον** *(der) Reisig.* **πλῆθος**[7]
Menge; hier *Haufen* (B 2a); φρυγάνων (gen. partitivus, A164) τι πλῆθος *ei-
nen Haufen Reisig* bzw. *ein Bündel Reisig* (GNB). **ἐπι-θέντος** Aor. Ptz. -τί-
θημι[200] *auflegen, darauflegen;* gen. abs. (A288), temp. **ἔχιδνα** *Giftschlange;*
heute gibt es auf Malta nur ungiftige Schlangen; es kann durchaus sein, daß es
damals auch giftige gab, die später jedoch ausgerottet wurden (nach Bruce, Apg,
S. 531 ist Analoges in Irland geschehen); dazu u. zu alternativen Erklärungen s.
Hemer, Setting, S. 153. **θέρμη** *Hitze;* ἀπὸ τῆς θέρμης *infolge der Hitze* (B).
ἐξ-ελθοῦσα Aor. Ptz. Fem. -έρχομαι, temp. (A291,1 Anm. 1); ἀπὸ τῆς
θέρμης ἐξελθοῦσα etwa *fuhr infolge der Hitze eine Schlange heraus und.*
καθ-ῆψεν Aor. -άπτω[51] *ergreifen, fassen;* hier *sich festbeißen* τινός *an etwas.*

4 κρεμάμενον Ptz. Med./Pass. κρέμαμαι[226] intr. *hängen* (dient als [per- 4
fektisches] Med./Pass. zu κρεμάννυμι tr. *hängen, aufhängen*), hier ἐκ τῆς
χειρὸς αὐτοῦ *an seiner Hand* (B 2a); AcP (A300). **ἔ-λεγον** Ipf. λέγω.
πάντως *ganz, auf alle Weise;* hier *jedenfalls, gewiß.* **φονεύς**[8] *Mörder.* **δια-
σωθέντα** Aor. Ptz. Pass. V. 1; part. coni. zu ὄν (H-S §230c; A287), konz.;
διασωθέντα ἐκ τῆς θαλάσσης *obwohl er dem Meer entkommen ist* bzw.
obwohl er sich aus dem Meer gerettet hat. **δίκη** *Rechtsspruch; Strafe;* ἡ δίκη
hier als Gottheit personifiziert (vgl. KP 2, Sp. 24-26) *die Göttin der Gerechtigkeit,
die Göttin der Vergeltung* (Menge), *die Rachegöttin.* **ζῆν** Inf. ζάω. **εἴασεν**
Aor. ἐάω[32] *(zu)lassen.* **5 ὁ μέν** ... **οἱ δέ** (V. 6) *er* ... *jene* (Menge; vgl. A102). 5
ἀπο-τινάξας Aor. Ptz. -τινάσσω (vgl. A33[74ff]) *abschütteln;* temp. (A291,1
Anm. 1). **ἔ-παθεν** Aor. πάσχω hier m. οὐδὲν κακόν *nichts Schlimmes er-
leiden* (B 3b), *keinen Schaden erleiden* (Einh.). **6 προσ-ε-δόκων** Ipf. -δο- 6
κάω *erwarten, warten auf,* hier m. AcI *darauf warten, daß* etwas geschieht (vgl.
B 4). **μέλλειν** Inf. μέλλω hier (m. Inf.) umschrieb. Fut. (A250); Präd. des
AcI. **πίμπρασθαι** Inf. Pass. πίμπρημι Pass. *anschwellen.* **κατα-πί-
πτειν** Inf. -πίπτω *hinfallen, umfallen.* **ἄφνω** *plötzlich.* **νεκρόν** Artangabe
zum Subj. (A65) des AcI αὐτόν; ... καταπίπτειν ἄφνω νεκρόν daß er ...
plötzlich tot umfallen würde. **ἐπὶ πολύ** *lange* (B πολύς I2cα). **προσ-δο-
κώντων** Ptz. -δοκάω, gen. abs. (A288), temp. **θεωρούντων** Ptz. θεωρέω,
gen. abs. (A288), temp. **ἄ-τοπος**[11] *ungewöhnlich.* **γινόμενον** Ptz. γίνο-
μαι, hier γίνεταί τι εἴς τινα *etwas geschieht jmdm./an jmdm.* (B I3d); AcP
(A300). **μετα-βαλόμενοι** Aor. Ptz. Med. -βάλλομαι[112] *seine Meinung
ändern;* temp. (A291,1 Anm. 1). **ἔ-λεγον** hier m. AcI. **εἶναι** Inf. εἰμί, Präd.
des AcI; ἔλεγον αὐτὸν (Subj. des AcI) εἶναι θεόν (Präd.-Nom. des AcI)
(sie) sagten, er sei ein Gott.

7 τὰ περὶ τὸν τόπον ἐκεῖνον *die Umgebung jenes Ortes* (vgl. B 7
περί 2aγ); ἐν τοῖς περὶ τὸν τόπον ἐκεῖνον etwa *in der Nähe jenes Ortes*
(Menge) bzw. *in der Nähe der Stelle, an der wir uns befanden* (GNB). **ὑπ-ῆρ-
χεν** Ipf. -άρχω hier m. τινί (dat. commodi/poss., A173b) *jmdm. zur Verfügung
stehen, jmdm. gehören.* **χωρίον** (Diminutivform v. χώρα Land) *Grundstück,
Landgut;* χωρία *Landgüter, Besitzungen.* **ὁ πρῶτος τῆς νήσου** *der erste
Mann der Insel = der Angesehenste unter den Leuten der Insel* (GNB) od. (wohl
besser) = *der oberste Beamte der Insel* (πρῶτος ist als entsprechender Titel in
Malta inschriftl. bezeugt [Hemer, Setting, S. 153f]). **ὀνόματι** dat. respectus
(vgl. BDR §197,2; vgl. A178) *mit Namen, namens.* **Πόπλιος** (zur Schreib-
weise s. BDR §41,1) *Publius.* **ὅς** übers. am besten *dieser/er* (vgl. A364a). **ἀνα-
δεξάμενος** Aor. Ptz. Med. -δέχομαι[63] *bei sich (gastlich) aufnehmen;* temp.
(A291,1 Anm. 1). **τρεῖς ἡμέρας** Akk. der zeitl. Ausdehnung (A148). **φι-
λο-φρόνως** *freundlich.* **ἐ-ξένισεν** Aor. ξενίζω (vgl. A33[91ff]) *gastlich auf-
nehmen, beherbergen;;* ὃς ἀναδεξάμενος ἡμᾶς τρεῖς ἡμέρας φιλοφρό-

νως ἐξένισεν *dieser nahm uns bei sich auf und beherbergte uns drei Tage lang*
freundlich bzw. *er nahm uns freundlich auf, und wir waren für drei Tage seine*
8 *Gäste* (GNB). **8 ἐ-γένετο** Aor. Med. γίνομαι; γίνεται m. AcI eig. *es er-*
eignet sich, daß (A271), am besten unübersetzt lassen; ἐγένετο δὲ τὸν πατέ-
ρα (Subj. des AcI) τοῦ Ποπλίου πυρετοῖς καὶ δυσεντερίῳ συνεχόμε-
νον κατακεῖσθαι etwa *der Vater des Publius lag gerade mit Fieber und Ruhr im*
Bett (Einh.). **πυρετός** *Fieber* (Pl. viell. *Fieberanfälle* [Menge]). **δυσ-εντέ-**
ριον (< δυσ- miß-, übel-, ἔντερον Darm) *Durchfall,* hier *Ruhr* (fiebrige nicht
selten zum Tod führende Infektionskrankheit m. Darmentzündung u. dadurch
bedingtem starkem, schleimig-blutigem Durchfall). **συν-εχόμενον** Ptz.
Pass. -έχω *zusammenhalten;* Pass. hier m. Dat. *gequält werden von* (B 5), *befal-*
len sein von; mod./kaus. **κατα-κεῖσθαι** Inf. κατά-κειμαι (A32; 33.200)
daliegen, hier *daniederliegen;* Präd. des AcI. **πρὸς ὅν** gehört zu εἰσελθών
(part. coni. ist m. πρὸς ὅν verschränkt; A364b), übers. *zu ihm.* **εἰσ-ελθών**
Aor. Ptz. -έρχομαι, temp. (A291,1 Anm. 1). **προσ-ευξάμενος** Aor. Ptz.
Med. -εύχομαι, mod. **ἐπι-θείς** Aor. Ptz. -τίθημι[200] *auflegen;* mod. **ἰά-**
σατο Aor. Med. ἰάομαι[17] *heilen;* πρὸς ὃν ὁ Παῦλος εἰσελθὼν καὶ
προσευξάμενος ἐπιθεὶς τὰς χεῖρας αὐτῷ ἰάσατο αὐτόν *Paulus ging*
9 *zu ihm hinein und heilte ihn, indem er betete und ihm die Hände auflegte.* **9 γε-**
νομένου Aor. Ptz. Med. γίνομαι, gen. abs. (A288), temp./kaus.; τούτου δὲ
γενομένου etwa *daraufhin.* **ἔχοντες** Ptz. ἔχω, subst. **ἀ-σθένεια**
Schwäche (verschiedenster Art); *Krankheit;* ἀσθένειαν ἔχω *krank sein* (B 1a).
προσ-ήρχοντο Ipf. Med. -έρχομαι. **ἐ-θεραπεύοντο** Ipf. Pass. θερα-
10 πεύω. **10 οἳ** *sie* (rel. Anschluß, A364a). **τιμή** hier *Ehre* im Sinn v. (wohl
auch konkret ausgedrückter) *Ehrerweisung, Ehrung* (B 2a; GNB: [Pl.] *ehrenvolle*
Geschenke). **ἐ-τίμησαν** Aor. τιμάω *(ab)schätzen; ehren;* οἳ καὶ πολλαῖς
τιμαῖς (dat. modi [BDR §198[9/10]; A180]) ἐτίμησαν ἡμᾶς „sie ehrten uns
auch mit vielen Ehrungen“ etwa = *dafür erwies man uns denn auch viele Ehren*
(Menge) bzw. (freier) *sie überschütteten uns mit ehrenvollen Geschenken* (GNB).
ἀν-αγομένοις Ptz. Pass. -άγω *hinauf-, heraufführen;* Med./Pass. nautischer
term. tech. *in See stechen, auslaufen, (mit dem Schiff) abfahren;* part. coni. zu
dem zu ergänzenden ἡμῖν (H-S §230c; A287), temp.; *bei der Abfahrt.* **ἐπ-έ-**
θεντο Aor. Med. ἐπι-τίθημι hier Med. τινί τι *jmdm. etwas geben;* ἐπέθεν-
το τὰ πρὸς τὰς χρείας (erg. ἡμῖν [A79]) *gaben sie uns noch, was nötig war*
(B 2a), *gaben sie uns alles mit, was wir brauchten* (Einh.).
11 **11 μήν**[4] μηνός ὁ *Monat;* μετὰ τρεῖς μῆνας *nach drei Monaten,* d.h.
wahrscheinl. im Februar 60 n. Chr.; die Schiffahrtssaison begann offiziell am 10.
März, tatsächl. aber nicht selten schon früher (sobald das Wetter dafür geeignet
war, d.h. beim Einsetzen der milden Westwinde [„favonii“]; kommerzielle
Überlegungen konnten den Beginn ebenfalls beschleunigen; s. Hemer, Setting,
S. 154). **ἀν-ήχθημεν** Aor. Pass. -άγω[59] V. 10. **παρα-κε-χειμακότι**

Pf. (A231) Ptz. Ntr. -χειμάζω (vgl. A33[91ff]) *überwintern;* attr.; παρακεχει-
μακότι ἐν τῇ νήσῳ *das auf der Insel überwintert hatte.* **νῆσος** V. 1. **Ἀλε-
ξανδρῖνος** *alexandrinisch, aus Alexandria* (s. zu 27,6). **παρά-σημος**[11]
eig. „am Rand mit einem Zeichen (σῆμα) versehen": *bezeichnet, gekenn-
zeichnet,* τινί (dat. instr., A176) *mit etwas;* subst. τὸ παράσημον *Abzeichen,
Kennzeichen,* hier viell. *Schiffszeichen, Galionsfigur;* ἐν πλοίῳ ... παρασήμῳ
Διοσκούροις wohl (sinngemäß) etwa *auf/mit einem Schiff ... das an seinem Bug
als Schiffszeichen das Bild der Dioskuren trug;* dabei ist παρασήμῳ (EWNT 3,
Sp. 80; BDR §198[11]) entweder attr. Adj. (*das mit den Dioskuren [als Schiffszei-
chen/Galionsfiguren] gekennzeichnet war*) od. Subst. im dat. sociativus (*mit den
Dioskuren als Schiffszeichen/Galionsfiguren* [zu den inschriftl. Par. s. Bruce, Apg,
S. 534f]). **Διόσ-κουροι** οἱ (< Ζεύς/Διός Zeus [vgl. 14,12], κόρος/κοῦ-
ρος Knabe/Sohn) *die Dioskuren,* die Zwillingsbrüder Kastor u. Polydeukes/Pol-
lux, Söhne des Zeus, die als Helfer in der Not, bes. in Seenot galten u. deren
Bild geschnitzt od. gemalt am Vorderteil des Schiffes angebracht war (vgl.
LAW, Sp. 758f). **12 κατ-αχθέντες** Aor. Ptz. Pass. -άγω[59] *hinabführen,* 12
herabbringen, herabholen; Med./Pass. hier nautischer term. tech. *(mit dem Schiff)
landen, einlaufen* (Ggs. ἀνάγομαι [V. 10f]), εἰς *in.* **Συράκουσαι** *Syrakus,*
berühmte Hafenstadt an der Ostküste Siziliens (bedeutendste griech. Kolonie
[733 v. Chr. gegründet]; Hauptstadt der röm. Provinz; LAW, Sp. 2964-2966).
ἐπ-ε-μείναμεν Aor. ἐπι-μένω[117] *bleiben.* **ἡμέρας τρεῖς** V. 7.
13 ὅθεν[18] *von wo, woher* gehört zu περιελόντες (part. coni. ist m. ὅθεν ver- 13
schränkt; A364b), übers. *von dort.* **περι-ελόντες** Aor. Ptz. -αιρέω[186] (et-
was, was um etwas herum ist) *wegnehmen;* hier gemeinte Bdtg. unsicher, viell.
ein nautischer term. tech. im Sinn v. *die Anker lichten* (erg. τὰς ἀγκύρας [vgl.
27,29]; B 1) bzw. (hier) *weiterfahren* od. im Sinn v. *im Bogen segelnd fahren*
(Menge; m. dem „Bogen" könnte die Form der gewählten Route auf die Straße
von Messina zu gemeint sein [Bruce, Apg, S. 535]); temp. (A291,1 Anm. 1)
[Var. περι-ελθόντες Aor. Ptz. -έρχομαι[187] *herumfahren* (B)]. **κατ-ηντή-
σαμεν** Aor. -αντάω *hinkommen, (hin)gelangen;* hier m. εἰς etwa *gelangen
(bis) nach* bzw. *erreichen.* **Ῥήγιον** *Rhegion,* griech. Kolonie an der Meerenge
(„Straße von Messina") zwischen Italien u. Sizilien, heute Reggio di Calabria (s.
KP 4, Sp. 1392f). **ἐπι-γενομένου** Aor. Ptz. Med. -γίνομαι[176] *aufkommen;*
gen. abs. (A288), temp. **νότος** *Südwind.* **δευτεραῖος** Adj. (hier adv.
[temp.] gebraucht [A113; vgl. BDR §243,1]) *am zweiten Tag* bzw. *in zwei Tagen.*
εἰς hier *nach.* **Ποτίολοι** *Puteoli* (heutiges Pozzuoli), wichtige röm. Hafen-
stadt am Golf v. Neapel, seit Augustus Ausgangshafen der regelmäßigen Getrei-
deflotte nach Ägypten (LAW, Sp. 2483); seit Klaudius ließ man bei der Rück-
kehr die Passagiere in Puteoli aussteigen, während die Ladung bis nach Portus,
dem neuen Hafen der Stadt Rom bei Ostia, gebracht wurde (Hemer, Setting,
S. 154f). **14 οὗ**[18] *wo, wohin;* gehört zu εὑρόντες (part. coni. ist m. οὗ ver- 14

schränkt; A364b), übers. *dort, hier.* **εὑρόντες** Aor. Ptz. εὑρίσκω hier *treffen;* wohl temp. (A291,1 Anm. 1). **ἀδελφοί** *Brüder/Geschwister = Christen* (B ἀδελφός 2). **παρ-ε-κλήθημεν** Aor. Pass. παρα-καλέω; οὗ εὑρόντες ἀδελφοὺς παρεκλήθημεν *hier trafen wir Christen, worauf wir (von ihnen) gebeten/eingeladen wurden = hier trafen wir Christen, die uns baten/einluden.* **ἐπι-μεῖναι** Aor. Inf. -μένω V. 12. **ἡμέρας ἑπτά** Akk. der zeitl. Ausdehnung (A148) *sieben Tage, eine Woche;* vermutl. wurde Julius durch (viell. m. seiner Funktion als „frumentarius" [vgl. zu 27,6] zusammenhängende) Geschäfte in Puteoli aufgehalten; Paulus erhielt hier offenbar eine ähnl. Erlaubnis wie zuvor in Sidon (27,3); s. Bruce, Apg, S. 535. **οὕτως** *so,* d.h. unter diesen im vorausgehenden Bericht beschriebenen Umständen. **Ῥώμη** 18,2; es ist unnötig, hier v. „Rom" im Sinn v. „Großraum von Rom" auszugehen: zunächst nennt Lukas die Tatsache, daß sie Rom erreichten (εἰς τὴν Ῥώμην ἤλθαμεν [vgl. BDR §327[2]] *wir kamen nach Rom*), worauf er V. 15 davon berichtet, was sie auf dem Weg dorthin erlebten (Bruce, Apg, S. 535f). **ἤλθαμεν** Aor.
15 (vgl. H-S §105g) ἔρχομαι. **15 ἐκεῖ-θεν**[18] *von dort,* d.h. hier von Rom; κἀκεῖθεν = καὶ ἐκεῖθεν. **ἀκούσαντες** Aor. Ptz. ἀκούω, temp.; κἀκεῖθεν οἱ ἀδελφοὶ ἀκούσαντες τὰ περὶ ἡμῶν ἦλθαν *von dort kamen die Christen, als sie von uns gehört hatten* bzw. etwa *die Christen dort hatten von unserer Ankunft in Puteoli gehört und kamen* (GNB). **τὰ περί** m. Gen. *das, was* jmdn./etwas *angeht* (B περί 1i); τὰ περὶ ἡμῶν *das uns Betreffende = von uns* bzw. (kontextgemäß) *von unserer Ankunft in Puteoli* (GNB). **ἦλθαν** Aor. (vgl. H-S §105g) ἔρχομαι. **ἀπ-άντησις**[8] *Begegnung;* εἰς ἀπάντησίν τινι *jmdm. entgegen.* **Ἀππίου φόρον** *Forum Appii* („Markt des Appius"), *Appiusmarkt,* Marktflecken ca. 64 km südl. v. Rom an der Via Appia, der Straße, die v. Rom nach (dem ca. 30 km nördl. v. Puteoli gelegenen) Capua führte (v. dort weiter über Beneventum u. Tarentum nach Brundisium/Brindisi [LAW, Sp. 3224; vgl. KP 2, Sp. 602]). **Τρεῖς ταβέρναι** *Tres Tabernae* („drei Tavernen") ca. 49 km südl. v. Rom, Station der Via Appia (KP 5, Sp. 938). **οὕς** AkkO zu ἰδών (part. coni. ist m. οὕς verschränkt; A364b), übers. *sie.* **ἰδών** Aor. Ptz. ὁράω, temp. **εὐ-χαριστήσας** Aor. Ptz. -χαριστέω *dankbar sein;* hier *Dank sagen, danken;* temp. (A291,1 Anm. 1). **ἔ-λαβε** Aor. λαμβάνω. **θάρσος**[7] *Mut;* θάρσος λαμβάνω *Mut fassen;* zur Sache vgl. Röm 1,11-
16 15; 15,23. **16 εἰσ-ήλθομεν** Aor. -έρχομαι hier m. εἰς *kommen nach, ankommen in;* hier endet das dritte u. letzte „Wir"-Stück (vgl. zu 27,1). [Var. ἑκατοντ-άρχης[1] *Centurio, Hauptmann* (s. zu 27,1). παρ-έ-δωκεν Aor. παρα-δίδωμι. δέσμιος V. 17. στρατο-πεδ-άρχης[1]/-άρχος *Lagerkommandant* (zu diesem s. Bruce, Apg, S. 537).] **ἐπ-ε-τράπη** Aor. Pass. ἐπι-τρέπω[48] *gewähren, gestatten, erlauben.* **μένειν** Inf. μένω hier m. καθ' ἑαυτόν *für sich/im eigenen Quartier wohnen* (B 1aα). **φυλάσσοντι** Ptz. φυλάσσω *(be)wachen;* attr.; σὺν τῷ φυλάσσοντι αὐτὸν στρατιώτῃ *zusammen mit*

dem Soldaten, der ihn bewachte; das röm. Strafrecht sah zwei Arten der Gefan-
gensetzung vor (Hemer, Setting, S. 157): a) die Übergabe an einen Soldaten
(„militi tradere“), wie hier (Paulus trug dabei [leichte] Handschellen [V. 20]), u.
b) die Verwahrung im Kerker bzw. in (schweren) Fesseln („carceri/vinculis tra-
dere“). **στρατιώτης**[1] *Soldat.*

17 ἐ-γένετο V. 8; ἐγένετο δὲ μετὰ ἡμέρας τρεῖς συγκαλέσα- 17
σθαι αὐτὸν (Subj. des AcI) τοὺς ὄντας τῶν Ἰουδαίων πρώτους
(AkkO des AcI) *nach drei Tagen* (wörtl. *es ereignete sich nach drei Tagen, daß*)
lud er die führenden Juden der Stadt zu sich ein. **συγ-καλέσασθαι** Aor. Inf.
Med. -καλέω[37] *zusammenrufen;* Med. *zu sich rufen* (B 2), *zu sich einladen;* Präd.
des AcI. **ὄντας** Ptz. εἰμί, attr. (zu πρώτους [vgl. ähnl. Gebrauch des Ptz. in
5,17; 11,22 u. 13,1]) od. subst. (m. πρώτους als Präd.-Nom. zum Ptz. [BDR
§413,4]); τοὺς ὄντας τῶν Ἰουδαίων (gen. partitivus, A164) πρώτους
etwa *die (damals/dort) vorhandenen/wirkenden Anführer der Juden* bzw. (kontext-
gemäß) *die führenden Juden der Stadt* (GNB). **οἱ πρῶτοι** *die Angesehensten*
(B πρῶτος 1cβ) od. *die Anführer.* **συν-ελθόντων** Aor. Ptz. -έρχομαι[187]
zusammenkommen, sich versammeln; gen. abs. (A288f), temp. **ἔ-λεγεν** Ipf.
λέγω. **ἄνδρες ἀδελφοί** Vok. etwa *liebe Brüder* (vgl. H-S §260j), ein Syn-
agogen-Idiom der hell. Juden. **οὐδέν** hier beim Ptz. nach klass. Regel ge-
braucht (BDR §430[4]; vgl. H-S §227d). **ἐν-αντίος** *gegen(überstehend), entge-
gengesetzt; feindlich,* τινί *jmdm.;* οὐδὲν ἐναντίον ... τῷ λαῷ ἢ τοῖς ἔθεσι
τοῖς πατρῴοις *nichts Feindseliges/nichts gegen unser Volk oder das Gesetz*
(wörtl. *die Bräuche/Sitten*) *unserer Vorfahren;* vgl. 25,8. **ποιήσας** Aor. Ptz.
ποιέω, konz. *obwohl ich ... getan habe.* **ἔθος**[7] *Brauch, Sitte.* **πατρῷος** *väter-
lich, vom Vater/von den Vorfahren herrührend/ererbt.* **δέσμιος** *Gefangener;*
δέσμιος ἐξ Ἱεροσολύμων παρεδόθην ... *wurde ich als Gefangener* (Art-
angabe zum Subj. [A65]) *von Jerusalem aus ... ausgeliefert* bzw. (freier) *wurde ich
in Jerusalem festgenommen und ... ausgeliefert* (GNB); vgl. 21,31-33. **παρ-ε-
δόθην** Aor. Pass. παρα-δίδωμι hier m. τινὰ εἰς τὰς χεῖράς τινος
jmdn. in jmds. Hände/Gewalt geben/überantworten (B χείρ 2b), *jmdn. an jmdn.
ausliefern.* **Ῥωμαῖος** *Römer.* **18 οἵ-τινες** = οἵ (A133; B ὅστις 3) *die-* 18
se/sie (rel. Anschluß, A364a). **ἀνα-κρίναντες** Aor. Ptz. -κρίνω[127] *befra-
gen, untersuchen, verhören;* temp. (A291,1 Anm. 1). **ἐ-βούλοντο** Ipf. Med.
βούλομαι *wollen, wünschen.* **ἀπο-λῦσαι** Aor. Inf. -λύω hier *freilassen;*
erg. με (A79). **διὰ τό** m. AcI kaus. (A282). **αἰτία** *Ursache, Grund;* hier ju-
ristischer term. tech. αἰτία θανάτου = „causa capitalis“, *Kapitalverbrechen*
(B 3a) im Sinn v. *todeswürdiges Verbrechen.* **ὑπ-άρχειν** Inf. -άρχω hier ἐν
τινί etwa *bei jmdm. vorliegen;* Präd. des AcI; διὰ τὸ μηδεμίαν αἰτίαν θα-
νάτου ὑπάρχειν ἐν ἐμοί *weil kein Kapitalverbrechen bei mir vorlag* bzw. *da
nichts gegen mich vorlag, worauf der Tod steht* (Einh.); vgl. 25,18. **19 ἀντι-λε-** 19
γόντων Ptz. -λέγω m. Dat. *sprechen gegen, widersprechen;* gen. abs. (A288),

kaus.; ἀντιλεγόντων δὲ τῶν Ἰουδαίων *weil aber die Juden Einspruch erho-
ben (Einh.) bzw. *doch weil die Juden dagegen protestierten* (GNB); zur Sache vgl.
25,2ff. **ἠναγκάσθην** Aor. Pass. ἀναγκάζω (vgl. A33[91ff]) *zwingen, nötigen;*
ἠναγκάσθην etwa *sah ich mich gezwungen* (Menge). **ἐπι-καλέσασθαι**
Aor. Inf. Med. -καλέω[37] *(be)nennen;* Med. hier juristischer term. tech. ἐπικα-
λέομαί τινα *an jmdn.* (höhere Instanz) *appellieren, an jmdn. Berufung einlegen*
(B 2β). **Καῖσαρ**[6] αρος ὁ *Kaiser* (z.T. ohne Art. eigennamenartig gebraucht,
BDR §254,3). **ἔχων** Ptz. ἔχω m. Inf. hier wohl im Sinn v. *die Möglichkeit ha-
ben, können* (vgl. B I6a); kaus. (m. ὡς: zur Angabe eines subjektiven Grundes
[A291,3; BDR §425[3]]); οὐχ ὡς τοῦ ἔθνους μου ἔχων τι κατηγορεῖν
etwa *(das tat ich) nicht (etwa), weil ich der Meinung war, ich hätte (dadurch) die
Möglichkeit, eine Anklage gegen mein Volk vorbringen* bzw. (kontextgetreu) *ich
hatte dabei nicht die Absicht, mein Volk anzuklagen* (GNB). **κατ-ηγορεῖν** Inf.
[Var. -ηγορῆσαι Aor. Inf.] -ηγορέω meist m. Gen. der Pers. (Akk./Gen. der
Sache) *anklagen, beschuldigen* (meist juristischer term. tech.). [Var. λυτρώσω-
μαι Aor. Konj. Med. λυτρόομαι eig. *(durch Lösegeld) freikaufen, loskaufen;*
hier *befreien, erlösen, erretten* (B 2). ψυχή hier *(das irdische) Leben* (B 1aβ).]
20 **20 διὰ ταύτην τὴν αἰτίαν** *aus diesem Grund.* **παρ-ε-κάλεσα** Aor.
παρα-καλέω; παρεκάλεσα ὑμᾶς ἰδεῖν *ich habe darum gebeten, euch zu
sehen* (B 3) od. *ich habe euch eingeladen, um euch zu sehen* (B 1a). **ἰδεῖν** Aor.
Inf. ὁράω, AkkO zu παρεκάλεσα od. fin. (A276). **προσ-λαλῆσαι** Aor.
Inf. -λαλέω m. Dat. *anreden, reden mit;* wie ἰδεῖν gebraucht; erg. wohl ὑμῖν
(A79). **ἕνεκεν** uneig. Präp. (A183) *wegen, um ... willen;* ἕνεκεν γὰρ τῆς ἐλ-
πίδος τοῦ Ἰσραήλ *denn um der Hoffnung Israels willen* bzw. (freier) *weil ich
das verkünde, worauf ganz Israel hofft;* gemeint ist die Auferstehungshoffnung
(vgl. 23,6; 24,15; 26,6-8). **ἅλυσις**[8] *Kette, Handschellen.* **περί-κειμαι** (A32;
Pf. Pass. zu -τίθεμαι sich etwas umtun) (Kleider o.ä.) *(an sich) tragen;* τὴν
ἅλυσιν ταύτην περίκειμαι (Demonstrativum weist in die außersprachl.
21 Situation) *ich trage diese Fesseln/Handschellen hier.* **21 οἱ δέ** *(und) diese/sie*
(A102). **εἶπαν** Aor. (vgl. H-S §105g) λέγω. **γράμμα**[3] *Buchstabe; Ge-
schriebenes, Schriftstück,* hier *Brief* (B 2a). **ἐ-δεξάμεθα** Aor. Med. δέχομαι.
παρα-γενόμενος Aor. Ptz. Med. -γίνομαι[176] *ankommen, kommen;* temp.
(A291,1 Anm. 1). **τὶς** m. gen. partitivus (A137a/164); τὶς τῶν ἀδελφῶν *ein
Bruder.* **ἀπ-ήγγειλεν** Aor. -αγγέλλω. **ἐ-λάλησεν** Aor. λαλέω;
οὔτε ... ἀπήγγειλεν ἢ ἐλάλησέν τι ... wohl *noch ... hat (er) ... (offiziell) be-
richtet oder (privat) erzählt* (Bruce, Apg, S. 539) bzw. *noch ... hat (er) uns offiziell
oder privat ... mitgeteilt* (vgl. GNB); viell. hing das bisherige Ausbleiben v. Nach-
richten aus Judäa m. den widrigen Wetterbedingungen zusammen (zu den ver-
schiedenen Erklärungsversuchen s. Hemer, Setting, S. 157). **τὶ περὶ σοῦ
22 πονηρόν** *etwas Belastendes über dich.* **22 ἀξιόω** *für wert/angemessen/würdig
halten,* m. Inf. *es für angebracht halten* etwas zu tun od.: etwas zu tun *wünschen*

(vgl. B 2a). **ἀκοῦσαι** Aor. Inf. ἀκούω hier τὶ παρά τινος *von jmdm.*
etwas hören. **φρονέω** *denken, urteilen, meinen;* ἃ φρονεῖς *was du denkst*
(Einh.), *deine Ansichten* (GNB). **μέν** solitarium (ohne entsprechendes δέ; un-
klass. [BDR §447[15]; A315,2]), unübersetzt lassen. **αἵρεσις**[8] *Schule* (im Sinn
v. Lehrrichtung), *Partei; Lehrmeinung;* περὶ μὲν γὰρ τῆς αἱρέσεως ταύ-
της *denn von dieser (neuen) Glaubensrichtung/Sekte.* **γνωστός** *bekannt;* γνω-
στόν ἐστί τινι *es ist jmdm. bekannt* (B 1a). **πανταχοῦ** *überall.* **ἀντι-λέ-
γεται** Pass. V. 19; ὅτι πανταχοῦ ἀντιλέγεται *daß sie überall auf Wider-
spruch stößt.*

23 ταξάμενοι Aor. Ptz. Med. τάσσω[79] *ordnen;* Med. hier (= Akt.) 23
bestimmen (B 2b); temp. (A291,1 Anm. 1); ταξάμενοι δὲ αὐτῷ ἡμέραν *sie*
bestimmten ihm denn einen Tag und (Menge) bzw. *sie vereinbarten mit ihm einen*
bestimmten Tag und (Einh.). **ξενία** *Gastfreundschaft; Herberge,* hier etwa *Un-*
terkunft. **πλείονες** *zu mehreren* (B πολύς II2aβ), *in noch größerer Anzahl*
(Menge). **οἷς** *diesen/ihnen* (rel. Anschluß, A364a). **ἐξ-ε-τίθετο** Ipf. Med.
ἐκ-τίθημι *aussetzen;* Med. *auseinandersetzen, erklären, darlegen.* **δια-μαρ-
τυρόμενος** Ptz. -μαρτύρομαι (*feierlich* [ursprüngl. *eidlich*]) *bezeugen,*
Zeugnis ablegen; mod. (A291,2 Anm. 1); οἷς ἐξετίθετο διαμαρτυρόμενος
τὴν βασιλείαν τοῦ θεοῦ *er erklärte und bezeugte ihnen die Königsherrschaft*
Gottes (GNB: ... *ihnen, daß Gott angefangen hat, seine Herrschaft aufzurichten*).
πείθων Ptz.; konativ (A227; H-S §195c); mod.; πείθων τε αὐτοὺς περὶ
τοῦ Ἰησοῦ ἀπό τε τοῦ νόμου Μωϋσέως καὶ τῶν προφητῶν *und*
versuchte, sie vom Gesetz des Mose und von den Propheten aus für Jesus zu gewin-
nen (Einh.; „das Gesetz und die Propheten“ = die [atl.] Heilige Schrift [vgl. zu
Mt 5,17]); zur Sache vgl. zu 24,14; 26,22. **πρωΐ** *früh, frühmorgens;* ἀπὸ πρωῒ
ἕως ἑσπέρας *vom Morgen bis zum Abend* (B). **ἑσπέρα** *Abend.* **24 οἱ** 24
μέν ... οἱ δέ *die einen* (bzw. *ein Teil von ihnen*) ... *die anderen* (H-S §130;
A102). **ἐ-πείθοντο** Ipf. Pass. πείθω Pass. hier *sich überzeugen lassen.* **λε-
γομένοις** Ptz. Pass. λέγω, subst.; τοῖς λεγομένοις dat. instr. (A176)
durch seine Worte. **ἠ-πίστουν** Ipf. ἀ-πιστέω *ungläubig sein, nicht glauben;*
οἱ δὲ ἠπίστουν *die anderen blieben ungläubig.* **25 ἀ-σύμφωνος**[11] *unei-* 25
nig. **ὄντες** Ptz. εἰμί, mod. (A291,2); ἀσύμφωνοι δὲ ὄντες πρὸς ἀλλή-
λους etwa *ohne unter sich einig zu sein* bzw. *ohne sich einig geworden zu sein.*
ἀπ-ε-λύοντο Ipf. Med. ἀπο-λύω Med. hier *weggehen* (B 3). **εἰπόντος**
Aor. Ptz. λέγω, gen. abs. (A288), temp./mod.; εἰπόντος τοῦ Παύλου ῥῆμα
ἕν *nachdem Paulus noch das eine Wort gesagt hatte* od. *und Paulus sagte (dabei)*
noch das eine Wort. **ὅτι** recitativum = Doppelpunkt (A333). **καλῶς** *schön,*
gut; hier *treffend, zu Recht* (vgl. B 4b). **ἐ-λάλησεν** Aor. λαλέω. **Ἠσαΐας**[1]
ου 8,28; es wird Jes 6,9-10 (weitgehend gemäß LXX u. MT) zitiert, zwei Verse
voll bitterer Ironie aus einem Abschnitt, der von der selbstverschuldeten (bis
zum Exilgericht andauernden) Verstockung des Gottesvolkes spricht (vgl. zu

26 Mt 13,14). **26 πορεύθητι** Aor. Imp. Pass. (ohne bes. Pass.-Bdtg.) πο-
ρεύομαι; Jahwe spricht zum Propheten. **εἰπόν** Aor. Imp. (statt εἰπέ [BDR
§81[1]; vgl. H-S §105g]) λέγω. **ἀκοή** *(das) Hören; Hörfähigkeit;* hier dat. modi
als Entsprechung zum hebr. infinitivus absolutus (dient der Intensivierung des
Verbinhalts; BDR §198[9]; A180c; H-S §180c); ἀκοῇ ἀκούσετε *ihr werdet
immerfort hören* (Menge) od. m. mod. Fut. (A247b; MT: Imp.; das ἀκοῇ wird
durch Voranstellung v. „hören" berücksichtigt) *hören sollt ihr* (Wilckens) bzw.
(das ἀκοῇ wird durch Wiederholung v. „hören" berücksichtigt) *hören sollt ihr,
hören* (Einh.). **ἀκούσετε** Fut. ἀκούω. **καί** (zweites u. viertes) adversativ
(A311,1; vgl. BDR §442,1b) *und doch, aber.* **οὐ μή** m. Aor. Konj. stärkste
Verneinung zukünftigen Geschehens (A257). **συν-ῆτε** Aor. Konj. -ἵημι[202]
verstehen, einsehen, begreifen. **βλέποντες** Ptz. βλέπω, mod., hier als Ent-
sprechung zum hebr. infinitivus absolutus (A298; BDR §422; H-S §240); βλέ-
ποντες βλέψετε *ihr werdet immerfort sehen* od. *sehen sollt ihr* bzw. *sehen sollt
ihr, sehen* (vgl. zu ἀκοή). **βλέψετε** Fut. **ἴδητε** Aor. Konj. ὁράω.
27 **27 ἐ-παχύνθη** Aor. Pass. παχύνομαι eig. *dick werden;* übertr. *undurchläs-
sig* (u.a. für Wasser) *werden,* hier *unempfindlich werden* (B 2); ἐπαχύνθη ἡ
καρδία ... *das Herz ... ist stumpf/unempfänglich* (Einh.: *hart*) *geworden* (Menge),
das Herz ... ist verstockt. **οὖς**[3] ὠτός τό *Ohr;* dat. instr. (A176). **βαρέως** Adv.
schwer; τοῖς ὠσὶν βαρέως ἤκουσαν „mit den Ohren haben sie schwer ge-
hört" = (wohl ingr. Aor. [A240b]) *sie* (Menge: *ihre* [A103] *Ohren*) *sind
schwerhörig geworden* (= sie begreifen langsam bzw. nicht [B οὖς 2]), *mit ihren
Ohren hören sie nur schwer* (Einh.). **ἤκουσαν** Aor. ἀκούω. **ἐ-κάμμυ-
σαν** Aor. καμμύω *die Augen schließen;* τοὺς ὀφθαλμοὺς αὐτῶν ἐκάμ-
μυσαν *sie haben/halten ihre Augen geschlossen* (d.h. sie wollen nicht einsichtig
werden). **μή-ποτε** *damit nicht (etwa)* (A339). **ἴδωσιν** Aor. Konj. ὁράω.
τοῖς ὀφθαλμοῖς dat. instr. (A176) *mit ihren* (A103) *Augen* (analog τοῖς
ὠσίν/τῇ καρδίᾳ). **ἀκούσωσιν** Aor. Konj. **συν-ῶσιν** Aor. Konj.-ἵημι
V. 26. **ἐπι-στρέψωσιν** Aor. Konj. -στρέφω[47] hier intr. *sich umwenden,
umkehren, zurückkehren* (hier im Sinn v. „zu Gott zurückkehren", „sich bekeh-
ren"; B 1bβ). **ἰάσομαι** Fut. Med. ἰάομαι[17] *heilen;* ; hier bildl. im Sinn v.
wiederherstellen (B 2); καὶ ἰάσομαι αὐτούς Fut. hier zieml. sicher statt
Konj. Aor. abhängig v. μήποτε (A328; 339) *und ich sie nicht heile,* evtl. (vom
μήποτε-NS abgekoppelt) verbunden m. kons. καί (vgl. BDR §442,2d; A311,2)
28 *so daß ich sie heilen könnte* (vgl. Menge). **28 γνωστός** V. 22. **ἔστω** Imp. 3.
Sg. εἰμί; γνωστὸν οὖν ἔστω ὑμῖν *es sei euch also bekannt* bzw. *ihr sollt also
wissen.* **ἀπ-ε-στάλη** Aor. Pass. ἀπο-στέλλω. **σωτήριον** *Rettungsmittel,
Rettung,* hier *(das)* messianische *Heil* (B 2). **ἀκούσονται** Fut. Med. (wie
klass. [BDR §77[2]]) ἀκούω; αὐτοὶ καὶ ἀκούσονται *die werden ihr/ihm auch
29 Gehör schenken* (Menge) bzw. *und die werden hören.* [Var. V. 29 εἰπόντος
Aor. Ptz. λέγω, gen. abs. (A288), temp. ἀπ-ῆλθον Aor. -έρχομαι. ἔχον-

τες Ptz. ἔχω, mod. ἐν hier *unter/bei* (vgl. B I4a). συ-ζήτησις[8] *Disput, Auseinandersetzung.*]

30 ἐν-έ-μεινεν Aor. ἐμ-μένω[117] *bleiben in,* hier ἔν τινι *in etwas* 30
bleiben (B 1a). **δι-ετία** *Zeitraum von zwei Jahren;* διετίαν ὅλην Akk. der zeitl. Ausdehnung (A148) *zwei volle Jahre* (Menge); über Bdtg. u. Implikationen dieser Angabe sowie über das weitere Ergehen des Apostels (etwa, ob er am Ende dieser Zeit hingerichtet wurde od. erst später – nach einiger Zeit der Freiheit – während der ca. 65 n. Chr. ausbrechenden allgemeinen Christenverfolgung) ist viel diskutiert worden; doch mehr als Vermutungen lassen die spärlichen Quellen bisher nicht zu (s. Bruce, Apg, S. 541f). **μίσθωμα**[3] *Ausgabe, Miete; (das) Gemietete,* hier *Mietwohnung* (B); ἐν ἰδίῳ μισθώματι *in seiner Mietwohnung* (kaum [wie v. verschiedenen angenommen] *auf eigene Kosten* [s. Spicq 2, S. 516f; u. AFCS 3, S. 178f]). **ἀπ-ε-δέχετο** Ipf. Med. ἀποδέχομαι *freundlich aufnehmen,* hier etwa *willkommen heißen* (B 1) bzw. *empfangen.* **εἰσ-πορευομένους** Ptz. -πορεύομαι *hineingehen, -kommen;* hier πρός τινα *zu jmdm. kommen* (B 1), *jmdn. besuchen* (Menge), *jmdn. aufsuchen*
(GNB); subst. **31 κηρύσσων** Ptz., mod.; durch diese (letzte) Zwischenbi- 31
lanz über die Verbreitung der christl. Botschaft wird das Ende des Buches markiert: die Botschaft v. Jesus hat die Weltstadt Rom erreicht! (s.a. 6,7; 9,31; 12,24; 16,5; 19,20). **διδάσκων** Ptz., mod. **τὰ περί** V. 15; τὰ περὶ τοῦ κυρίου Ἰησοῦ Χριστοῦ *das Jesus Christus, den Herrn, Betreffende = die Botschaft von Jesus Christus, dem Herrn* bzw. *die Lehre über Jesus Christus, den Herrn.* **παρ-ρησία** (< πᾶν, ῥῆσις [das] Reden) *Redefreiheit; Freimütigkeit, Offenheit, Unerschrockenheit;* μετὰ πάσης παρρησίας *mit allem Freimut, völlig unerschrocken, frei und offen* (GNB). **ἀ-κωλύτως** *unbehindert, ungehindert.*

Literaturverzeichnis

Bauer, Walter, Griechisch-deutsches Wörterbuch zu den Schriften des Neuen Testaments und der frühchristlichen Literatur, hg. v. Kurt und Barbara Aland, Berlin ^{6}1988

Beyer, Klaus, Die aramäischen Texte vom Toten Meer, Göttingen 1984

Die Bibel. Einheitsübersetzung der Heiligen Schrift, Stuttgart ^{2}1982

Die Bibel in heutigem Deutsch. Die Gute Nachricht des Alten und Neuen Testaments, Stuttgart 1982

Blass, Friedrich/Debrunner, Albert, Grammatik des neutestamentlichen Griechisch, bearb. v. Friedrich Rehkopf, Göttingen ^{15}1979

Bock, Darrell L., Luke (2 Bände), Baker Exegetical Commentary on the New Testament 3, Grand Rapids 1994/1996

Book of Acts in Its First Century Setting (5 Bände), hg. v. Bruce W. Winter, I. Howard Marshall und David W. J. Gill, Grand Rapids 1993-1996

Bovon, François, Das Evangelium nach Lukas (2 Bände), EKK III, Neukirchen-Vluyn 1989/1996

Brown, Raymond E., The Birth of the Messiah: A Commentary on the Infancy Narratives in the Gospels of Matthew and Luke, New York ^{2}1993

Brown, Raymond E., The Death of the Messiah: from Gethsemane to the Grave: A Commentary on the Passion Narratives in the Four Gospels (2 Bände), New York 1994

Brox, Norbert, Der erste Petrusbrief, EKK XXI, Neukirchen-Vluyn 1979

Bruce, Frederick F., The Acts of the Apostles: The Greek Text with Introduction and Commentary, Grand Rapids ^{3}1990

Bruce, Frederick F., The Hard Sayings of Jesus, Downers Grove 1983

Bruce, Frederick F., 1 & 2 Thessalonians, WBC 45, Waco 1982

Carson, Donald A., Matthew, in EBC 8, Grand Rapids 1984

Cranfield, C. E. B., The Gospel According to Saint Mark, Cambridge ^{4}1972

Dalman, Gustaf, Aramäisch-neuhebräisches Handwörterbuch zu Targum, Talmud und Midrasch, Götting 1938

Dalman, Gustaf, Grammatik des jüdisch-palästinischen Aramäisch, Leipzig ^{2}1905

Dalman, Gustaf, Jesus-Jeschua, Leipzig 1922

Dalman, Gustaf, Orte und Wege Jesu, Gütersloh 1924

Dalman, Gustaf, Die Worte Jesu, Leipzig 1930

Davies, W. D./Allison, Dale C., The Gospel According to Saint Matthew (I-XVIII; 2 Bände), ICC, Edinburgh 1988/1991

Dictionary of Jesus and the Gospels, hg. v. Joel B. Green, Scot McKnight u. I. Howard Marshall, Downers Grove 1992

Eichholz, Georg, Auslegung der Bergpredigt, Neukirchen-Vluyn ³1975
Ellingworth, Paul, The Epistle to the Hebrews. A Commentary on the Greek Text, NIGTC, Grand Rapids 1993
Exegetisches Wörterbuch zum Neuen Testament (3 Bände), hg. v. Horst Balz und Gerhard Schneider, Stuttgart 1980-1983
Fee, Gordon D., The First Epistle to the Corinthians, NIC, Grand Rapids 1987
Frisk, Hjalmar, Griechisches etymologisches Wörterbuch (2 Bände), Heidelberg 1960-1970
Gnilka, Joachim, Das Evangelium nach Markus (2 Bände), EKK II, Neukirchen-Vluyn ²1986
Gnilka, Joachim, Das Matthäusevangelium (2 Bände), HThK I, Freiburg ³1993/²1992
Goppelt, Leonhard, Der Erste Petrusbrief, KEK XII/1, Göttingen ⁸1978
The Greek New Testament, hg. v. Barbara und Kurt Aland u.a., Stuttgart ⁴1993
Das Große Bibellexikon (3 Bände), hg. v. Helmut Burkhardt, Fritz Grünzweig, Fritz Laubach und Gerhard Maier, Wuppertal 1987-1989
Guelich, Robert A., Mark 1-8:26, WBC 34A, Waco 1989
Gundry, Robert H., Mark: A Commentary on His Apology for the Cross, Grand Rapids 1993
Gute Nachricht Bibel. Altes und Neues Testament, Stuttgart 1997
Haenchen, Ernst, Die Apostelgeschichte, KEK III, Göttingen ¹³1961
Harris, Murray J., Colossians & Philemon, Exegetical Guide to the Greek New Testament, Grand Rapids 1991
Harris, Murray J., Prepositions and Theology in the Greek New Testament, in The New International Dictionary of New Testament Theology Vol. 3, Exeter 1978
Die Heilige Schrift. Revidierte Elberfelder Bibel, Wuppertal 1985
Die Heilige Schrift Alten und Neuen Testaments, übers. von Hermann Menge, Stuttgart ¹²1994
Die Heilige Schrift des Alten und Neuen Testaments (Zürcher Bibel), Zürich 1955
Die Heilige Schrift des Alten und Neuen Testaments, übers. von Franz Eugen Schlachter, Genf 1951
Hemer, Colin J., The Book of Acts in the Setting of Hellenistic History, Tübingen 1989
Hoffmann, Ernst G./von Siebenthal, Heinrich, Griechische Grammatik zum Neuen Testament, Riehen ²1990
Jeremias, Joachim, Neutestamentliche Theologie. 1. Teil: Die Verkündigung Jesu, Gütersloh ²1973
Jeremias, Joachim/Strathmann, Hermann, Die Briefe an Timotheus und Titus. Der Brief an die Hebräer, NTD 9, Göttingen ⁹1968

Joüon, Paul/Muraoka, Takamitsu, A Grammar of Biblical Hebrew (2 Bände), Rom 1991

Der Kleine Pauly. Lexikon der Antike (5 Bände), hg. v. Konrat Ziegler und Walther Sontheimer, München 1975

Köhler, Ludwig/Baumgartner, Walter, Hebräisches und aramäisches Lexikon zum Alten Testament (4 Lieferungen), Leiden ^{3}1967-1990

Kraft, Heinrich, Die Offenbarung des Johannes, HNT 16a, Tübingen 1974

Kühner, Raphael/Blass, Friedrich, Ausführliche Grammatik der griechischen Sprache. Erster Teil: Elementar- und Formenlehre (2 Bände), Hannover/Leipzig ^{3}1890

Kühner, Raphael/Gerth, Bernhard, Ausführliche Grammatik der griechischen Sprache. Zweiter Teil: Satzlehre (2 Bände), Hannover/Leipzig ^{3}1898/1904

Lane, William L., Hebrews (2 Bände), WBC 47A/B, Waco 1991

Lang, Friedrich, Die Briefe an die Korinther, NTD 7, Göttingen ^{16}1986

Levinsohn, Stephen H., Discourse Features of New Testament Greek, Dallas 1992

Lexikon der Alten Welt, hg. v. Carl Andresen, Hartmut Erbse, Olof Gigon u.a., Zürich 1965

Liddell, Henry George/Scott, Robert/Jones, Henry Stuart, A Greek-English Lexicon, Oxford ^{9}1968

Lohse, Eduard, Die Briefe an die Kolosser und an Philemon, KEK IX/2, Göttingen ^{15}1977

Louw, Johannes P./Nida, Eugene A., Greek-English Lexicon of the New Testament based on Semantic Domains (2 Bände), New York 1988

Lust, J./Eynikel, E./Hauspie, K., A Greek-English Lexicon of the Septuagint (2 Bände), Stuttgart 1992/1996

Luz, Ulrich, Das Evangelium nach Matthäus (2 Bände), EKK I, Neukirchen-Vluyn 1985/1990

Marshall, Howard I., The Book of Acts, TNTC, Leicester 1980

Marshall, Howard I., The Gospel of Luke, NIGTC 3, Grand Rapids 1986

Marshall, Howard I., The Epistles of John, NIC, Grand Rapids 1978

Metzger, Bruce M., A Textual Commentary on the Greek New Testament, London ^{2}1994

Michel, Otto, Der Brief an die Römer, KEK IV, Göttingen ^{14}1978

Moulton, James Hope/Howard, Wilbert Francis/Turner, Nigel, A Grammar of New Testament Greek (5 Bände), Edinburgh 1908-1976

Mußner, Franz, Der Galaterbrief, HThK IX, Freiburg ^{5}1988

Mußner, Franz, Der Jakobusbrief, HThK XIII/1, Freiburg ^{2}1967

Neue Genfer Übersetzung. Das Evangelium nach Johannes, Genf [1989].

Neue Genfer Übersetzung. Das Evangelium nach Lukas, Genf ^{2}1989

Neue Genfer Übersetzung. Das Evangelium nach Markus, Genf ^{2}1989

Neue Genfer Übersetzung. Das Evangelium nach Matthäus, Genf [2]1989
Neue Genfer Übersetzung. Römerbrief, Genf 1991
Das Neue Testament, übers. von Ludwig Albrecht, Gießen [9]1962
Das Neue Testament, übers. von Ulrich Wilckens, Hamburg [3]1971
Newman, M. Barclay/Nida, Eugene A., An Translator's Handbook on the Acts of the Apostles, New York 1972
Novum Testamentum Graece, nach Eberhard und Erwin Nestle hg. v. Barbara und Kurt Aland u.a., Stuttgart [27]1993
Pesch, Rudolf, Die Apostelgeschichte (2 Bände), EKK V, Neukirchen-Vluyn 1986
Pesch, Rudolf, Das Markusevangelium (2 Bände), HThK II, Freiburg 1976/1977
Pixner, Bargil/Riesner, Rainer, Wege des Messias und Stätten der Urkirche, Gießen 1991
Pohl, Adolf, Die Offenbarung des Johannes (2 Bände), WStB, Wuppertal 1969/1971
Reiser, Marius, Syntax und Stil des Markusevangeliums im Licht der hellenistischen Volksliteratur, Tübingen 1984
Robertson, A. T., A Grammar of the Greek New Testament in the Light of Historical Research, Nashville [4]1923
Roloff, Jürgen, Die Apostelgeschichte, NTD 5, Göttingen [17]1981
Roloff, Jürgen, Der erste Brief an Timotheus, EKK XV, Neukirchen-Vluyn 1988
Roloff, Jürgen, Die Offenbarung des Johannes, ZBK.NT 18, Zürich [2]1987
Schlier, Heinrich, Der Brief an die Epheser, Düsseldorf [7]1971
Schlier, Heinrich, Der Brief an die Galater, KEK VII, Göttingen [15]1989
Schnackenburg, Rudolf, Der Brief an die Epheser, EKK X, Neukirchen-Vluyn 1982
Schnackenburg, Rudolf, Die Johannesbriefe, HThK XIII/3, Freiburg [4]1970
Schnackenburg, Rudolf, Das Johannesevangelium (3 Bände), HThK IV, Freiburg 1965-1975
Schneider, Gerhard, Die Apostelgeschichte (2 Bände), HThK V, Freiburg 1980-1982
Schniewind, Matthäus, Das Evangelium nach Matthäus, NTD 2, Göttingen [12]1968
Schrage, Wolfgang, Der erste Brief an die Korinther I, EKK VII/1, Neukirchen-Vluyn 1991
Schürer, Emil/Vermes, Geza, u.a., The History of the Jewish People in the Age of Jesus Christ (175 B.C. – A.D. 135): A New English Version Revised and Edited (3 Bände), Edinburgh 1973-1987
Schürmann, Heinz, Das Lukasevangelium (2 Bände), HThK III, Freiburg [4]1990/1993

Schweizer, Eduard, Der Brief an die Kolosser, EKK XII, Neukirchen-Vluyn [3]1989

Schweizer, Eduard, Das Evangelium nach Lukas, NTD 3, Göttingen [19]1986

Spicq, Ceslas, Theological Lexicon of the New Testament (3 Bände), Peabody 1994

Stott, John R. W., The Message of Acts, BST, Leicester, 1990

Strack, Hermann L./Billerbeck, Paul, Das Evangelium nach Matthäus, Kommentar zum Neuen Testament aus Talmud und Midrasch. Band 1: Das Evangelium nach Matthäus, München [6]1974

Stuhlmacher, Peter, Der Brief an die Römer, NTD 6, Göttingen [14]1989

Theologisches Begriffslexikon zum Neuen Testament (3 Bände), hg. v. Lothar Coenen, Erich Beyreuther und Hans Bietenhard, Wuppertal [3]1972

Theologisches Begriffslexikon zum Neuen Testament, Band 1 der neubearb. Aufl. hg. v. Lothar Coenen und Klaus Haacker, Wuppertal 1997

Theologisches Wörterbuch zum Neuen Testament (11 Bände), begr. v. Gerhard Kittel, hg. v. Gerhard Friedrich, Stuttgart 1933-1979

Verseput, Donald, The Rejection of the Humble Messianic King: A Study of the Composition of Matthew 11-12, Frankfurt am Main 1986

Wiefel, Wolfgang, Das Evangelium nach Lukas, ThHK III, Berlin 1988

Wilckens, Ulrich, Der Brief an die Römer (3 Bände), EKK VI, Neukirchen-Vluyn [2]1987-1989.

Winer, Georg Benedict, Grammatik des neutestamentlichen Sprachidioms, bearb. v. Gottlieb Lünemann, Leipzig [7]1867

Zahn, Theodor, Das Evangelium des Matthäus, KNT 1, Leipzig [4]1922, Nachdr. Wuppertal 1984

Zerwick, Max, Analysis philologica Novi Testamenti Graeci, Rom 1966

Zerwick, Maximilian, Biblical Greek. Illustrated by Examples, hg. v. Joseph Smith, Rom 1963

Zerwick, Max/Grosvenor, Mary, A Grammatical Analysis of the Greek New Testament, Rom 1984

Zorell, Francisco, Lexicon Graecum Novi Testamenti, Rom [2]1931

Corrigenda und Addenda zu Band 2

	lies/ergänze:	*statt:*
S. XII, Z. 16 v.u.	**Ntr.**	Ntr.
S. XII, Z. 3 v.u.	der Grundform	derGrundform
S. XVIII, Z. 19	δύο[19f]	δύο[19]
S. XXXII	nach Z. 2: = gleich bzw.: entspricht	
S. 8, V. 29, Z. 2	*in seinem Herzen*	*in seinem Innersten*
S. 17, V. 17, Z. 2	*der Verfehlung*	*der Übertretung*
S. 18, V. 5, Z. 3	**ὁμοίωμα**[3]	**ὁμοιώμα**[3]
S. 39, V. 30, Z. 2	*ihres* (Israels) *Ungehorsams*	*ihres* (Israels) *Ungehorsam*
S. 40, V. 8, Z. 7	(drittes u. viertes)	(drittes)
S. 57, V. 21, Z. 3	nach γινώσκω.: **διὰ τῆς σοφίας** *durch ihre* (A103) *Weisheit.*	
S. 57, V. 27, Z. 3	Adj.	Adj
S. 69, V. 5, Z. 5	(B καιρός 1)	(B 1)
S. 72, V. 36, Z. 3f	(d.h. seine Verlobte, viell. seine Tochter)	(d.h. seine Verlobte)
S. 72, V. 36, Z. 6f	*verlangend* (Subj. ist der Verlobte od. die Jungfrau).	*verlangend;* Subj. ist der Mann od. die Jungfrau.
S. 74, V. 11, Z. 2	nach **ἐν** *durch.*: **σός** *dein.*	
S. 92, V. 6, Z. 2	*als* (volkssprachl. ohne Beeinflussung des Kasus, BDR §185[7])	*als* (BDR §185[7])
S. 96, V. 50, Z. 2	*Blut;* zum Sg.-Präd. s. BDR §135[2].	*Blut.*
S. 107, V. 2, Z. 1f	ἀπο-λέγω[191]	ἀπό-φημι[191]
S. 112, V. 19, Z. 7	nach Ptz., mod.: **αὐτοῖς** Pl. sinngemäße Konstruktion (A96).	
S. 113, V. 10, Z. 2	Präs. Pass.	Ptz. Präs.
S. 136, V. 7, Z. 3	(B εἰ VI9)	(B εἰ 9)
S. 137, V. 15, Z. 5	(EWNT 2, Sp. 745)	(EWNT 2; Sp. 745*)*
S. 137, V. 20, Z. 1	**ἰδοὺ**	**ἰδού**
S. 141, V. 8, Z. 1	**προ-ϊδοῦσα**	**προ-ιδοῦσα**
S. 142, V. 14, Z. 4	**ἐπ-αγγελία**	**ἐπαγγελία**
S. 146, V. 19, Z. 3	**μέχρι(ς) οὗ** m. Konj. *bis.*	**μέχρις οὗ** *bis.*
S. 158, V. 1, Z. 4	*(bete) für euch Heiden*	*(bete) für euch, die Heiden*
S. 171, V. 12, Z. 4	**ἐλήλυθεν**	**ἐ-λήλυθεν**
S. 181, V. 18, Z. 6	(B παρά I4bα)	(B παρά 4bα)
S. 184, V. 21, Z. 4	-αλλοτριόω	-αλλοτριόομαι
S. 187, V. 14, Z. 6f	*gegen uns lautenden* Schuldschein;	*gegen uns lautenden Schuldschein;*
S. 214, V. 8, Z. 3	nach **ὅσιος**: (hier als zweiendig	

	behandelt, BDR §59[2])	
S. 223, V. 5, Z. 10	V. 6 wohl im Sinn	V. 5 im Sinn
S. 227, V. 16, Z. 4	nach Aor. Pass.: (hier ohne Aug., BDR §67,1d)	
S. 228, V. 18, Z. 2	nach Aor.: (augmentiert so, als wäre das Verb ein Kompositum δια-κονέω)	
S. 231, V. 5, Z. 8	-τρέπομαι	-τρέπω
S. 238, V. 3, Z. 6	vor οἴνῳ: umschrieb. Pf. (A249), erg. εἶναι (s. zu V. 2);	
S. 241, V. 9, Z. 7	nach **μάταιος**: (hier als zweiendig behandelt, BDR §59[2])	
S. 241, V. 11, Z. 3	ἐκ-στρέφω	ἐκ-στρέφομαι
S. 243, V. 7, Z. 1	**ἔ-σχον**	**ἔσχον**
S. 245, V. 20, Z. 2	ὀνίνημι	ὀνίημι
S. 248, V. 12, Z. 6	bist/bleibst *derselbe*	*(bist/bleibst)* (A78) *derselbe*
S. 258, V. 8, Z. 3	ἀπὸ τούτων ἅ	ἀπὸ τούτων ὧν
S. 278, V. 20, Z. 3	**πρόσ-φατος**	**πρό-σφατος**
S. 286, V. 23, Z. 7	H-S §233b	H-S §233a
S. 300, V. 5, Z. 7	vor **δοθήσεται**: **καί** (zweites) kons. (A311,2) *(und) so, dann.*	
S. 302, V. 21, Z. 2	temp. (als Imp. + „und" übers.; A291,1 Anm. 1)	imp. (A294)
S. 302, V. 23, Z. 1	vor **ἔ-οικεν**: **καί** adversativ (A311,1).	
S. 303, V. 26, Z. 5	nach **μάταιος**: (hier als zweiendig behandelt, BDR §59[2])	
S. 305, V. 25, Z. 6	*herauslassen;* mod. od. kaus.	*herauslassen.*
S. 307, V. 13, Z. 1	**ἐπιστήμων**	**ἐπι-στήμων**
S. 314, V. 8, Z. 1	Ptz. ist m. ὄν verschränkt (A364b)	(A364a)
S. 319, V. 20, Z. 2	temp.	kond.
S. 319, V. 20, Z. 4	temp.	kond.
S. 322, V. 13, Z. 1	*Schaden zufügen;*	*Schaden zufügen?*
S. 327, V. 7, Z. 2	mod. (als Imp. übers.; A291,2 Anm. 1)	imp. (A294)
S. 328, V. 12, Z. 8	*in ihr/dieser* (A364a) *sollt ihr*	*in ihr/dieser sollt ihr*
S. 340, V. 1, Z. 8	u. das er gibt)	u. das ergibt)
S. 343, V. 22, Z. 3	**ὁ χριστός**	**ὁ Χριστός**
S. 350, V. 1, Z. 1	**ὁ χριστός**	**ὁ Χριστός**
S. 355, V. 6, Z. 3	(A364b)	(A364a)
S. 361, V. 24, Z. 5	**ἀγαλλίασις**[8]	**ἀγαλλίασις**
S. 364, V. 18, Z. 2	nach κλειδός ἡ: (Akk. Pl. hier κλεῖς, BDR §47[4])	

S. 367, V. 19, Z. 1	H-S §233b Anm. 2; vgl. BDR §416,2[9]; A300)	A300; vgl. BDR §416,2[9])
S. 367, V. 26, Z. 3	flgd.	fldgd.
S. 368, V. 8, Z. 4	vgl. A366	vgl. A123
S. 373, V. 4, Z. 2	*es wurde ihm erlaubt/*	*es wurde ihr* (der Sonne) *erlaubt/*
S. 387, V. 10, Z. 6	nach **μάχαιρα**: (zu -ρῃ/ρης statt -ρᾳ/ρας s. BDR §43[1])	
S. 391, V. 13, Z. 1	nach Fut. Pass.: (s. BDR §78[6])	
S. 423, T. 19, Z. 22	δισχίλιοι τετρακισχίλιοι πεντακισχίλιοι	δισχίλοι τετρασχίλιοι πεντασχίλιοι
S. 446, Verb 226	flektiert])	flektiert]),
S. 446, Sp. 3, Z. 8	γράφω	γραφω
S. 452, A77, Z. 3	*ihr werdet gehaßt werden*	ihr werdet gehaßt werden
S. 463, A105, Z. 4	*seine Begleiter*	seine Begleiter
S. 467, A134, Z. 4	oder sem. im Ausruf	oder sem. mit Adj.
S. 468, A137, Z. 4	„einer", ἄνθρωπος	„einer" (Sem.), ἄνθρωπος
S. 470, A157, Z. 4	(Mt 13,38)	(Mt 8, 12)
S. 478, A210, Z. 2	entspricht.	entspricht;
S. 482, A238, Z. 3	zum ingressiven	zum effektiven
S. 484, A249, Z. 8	Apk 16,10), sowie ὑπάρχω *(da)sein* (vgl. 78; z.B. Apg 8,16b).	Apk 16,10).
S. 485, A260, Z. 3	fast nur Lk und Apg	nur Lk und Apg
S. 488, A281, Z. 2	vor als GenO/2. Grades: als AkkO (Apg 3,12), als Subj. (Apg 27,1)	
S. 506, Z. 2 v.u.	[7]1867	[7]1967